KB234560

名士들이 쓰는
漢字成語
10,000어

名士들이 쓰는

漢字成語
10,000어

조기형 · 이상억 엮음

序文(서문)

　우리나라에서는 한글 專用(전용) 政策(정책)이 갑자기 시행된 이래 漢字(한자)나 漢文(한문)을 무시해 왔다. 그 결과 대학교육을 받은 知識人(지식인)들조차 글쓰기나 말하기가 제대로 되지 않고, 우리나라 全般(전반)에 學力低下(학력저하) 현상이 나타났다.

　한자 한문을 경시하다 보니 요즘 학생들은 말의 뜻도 모르고, 글도 안 되며, 말하는 격도 수준이 현저히 낮아졌다. 고등학생, 대학생의 문제에 국한되는 문제가 아니다. 우리 국민 대다수가 한자 半文盲(반문맹)이 되었다. 현재 심각한 言語障碍(언어장애) 현상이 나타나고 있는 것이다.

　우리의 현실은 한글 전용으로 해결되지 않는다. 우리는 언어생활, 문화생활을 영위할 때 대부분 한자나 한자어를 사용하게 된다. 國語辭典(국어사전)에 수록된 어휘의 70% 이상이 한자나 한자어로 되어 있다는 통계를 보아도 짐작할 수 있다.

　그중에 漢字成語(한자성어)는 우리에게 없었던 새로운 관념이나 사물과 현상을 알게 해, 認識(인식)의 地平(지평)을 넓히고 우리 문화의 領域(영역)을 확장시켜 주었다. 그러므로 국어생활, 文化生活(문화생활), 認識(인식)의 高揚(고양)에 있어 한자성어는 莫重(막중)한 역할을 담당한다.

　그러나 현재 우리나라의 한자사전류에는 故事成語(고사성어), 漢字成語(한자성어), 東洋古典(동양고전)의 名言句(명언구) 등을 체계적으로 엮은 辭典(사전)이 풍성하지 못하다. 한자성어를 찾아보려면 玉篇(옥편)이나 字典(자전)에 의존하거나 어휘가 貧弱(빈약)한 사전을 찾아볼 수밖에 없다. 이러한 현실은 우리가 어휘의 빈곤 속에 살고 있거나, 더 넓은 언어의 세계가 있음을 알지 못하는 상태에 놓여 있다는 점을 反證(반증)한다.

　한자성어에는 俗談(속담), 格言(격언), 慣用語(관용어), 고사성어, 동양고전 속의 警句(경구), 文學(문학), 歷史(역사), 哲學(철학) 등의 핵심어, 百家爭鳴(백가쟁명)의 주제어나 지칭어 등으로 나누어 볼 수 있다. 이 말들은 대개 비유하는 말로 발전하기도 한다.

　우리가 쓰는 고사성어, 한자성어, 고전명언구는 실제로 알고 있는 것보다 훨씬 풍부하다. 여기에 모은 말들을 이해하고 평소 생활에 공부하고 글을 쓰는 데 활용한다면 우리의 언어생활과 교양생활이 알차게 변화할 것이다. 그리고 우리나라 사람들의 學力(학력)도 伸張(신장)될 것이다.

2010년 10월
파주 예술마을 헤이리 운경재에서
조기형, 이상억 謹書

이 사전의 특징

1) 이 사전은 읽는 사전이다. 평소에 반복해 읽어서 한 번에 많이 익히는, 스스로 터득하는 사전이다. 이야기가 많이 달려 있어서 읽는 재미가 있다.
2) 일반적으로 쓰이는 빈도에 따라, 성어의 중요도에 따라 별표(★)로 등급을 매겨 놓았다. ★★★는 가장 중요한 성어에 해당한다.
3) 이 사전은 어휘가 풍부하다. 약 10,000어이다. 읽어서 익히면 어휘력을 단숨에 강화할 수 있다.
4) 한자성어의 배열이 쉽게 되어 있다. 이 사전은 한글 가나다순으로 배열하였다. 부수나 음으로 字典(자전)을 찾아서 한자성어를 찾아가려면 숱한 단계를 거쳐야 하고 자전은 한자성어 사전이 아니므로 한자성어를 찾기 어렵다.
5) 이 사전은 성어의 속뜻을 스스로 알 수 있게 배열한 사전이다. 한자성어 한 낱말을 등재할 때는 읽는 이가 스스로 속뜻을 풀이하고 쉽게 이해하고 쉽게 기억할 수 있도록 배열되었다. 한자성어 하나하나가 1, 2, 3(4) 단계(훈 - 속뜻 - 일반화된 뜻 - 전의된 뜻) 순으로 배열되어 있으므로 속뜻을 통해 스스로 해석이 가능하다. 또한 轉意(전의)된 의미, 비유적 의미까지 알 수 있다.
6) 故事成語(고사성어)의 경우에는 상세한 이야기가 달려 있다. 따라서 이 사전은 고사성어 책이나 고사성어 사전을 포괄한다. 고사성어의 경우 변이가 많다. 한 가지 성어가 여러 낱말로 분화되어 여기저기 산재되어 있게 마련이다. 그러한 경우 대표가 되는 고사성어를 정해서 그 말을 살펴보도록 지정되어 있다. 한자성어 중에도 고사성어에 관련된 인물, 사건 등이 있으면 해당되는 고사성어를 찾아 읽게 하여 사용자에게 지식의 연결, 선후관계, 동양고전에 대한 폭넓은 사고를 할 수 있도록 한다. 결국 수많은 성어들이 유기적으로 연결성을 갖도록 등재되어 있다. 찾아보기 항목을 활용하면 유기성을 확인할 수 있다.

일러두기

1. 이 책에 올린 한자성어는 훈민정음 자모의 배열 순서에 따랐다.

   첫소리: ㄱ ㄲ ㄴ ㄷ ㄸ ㄹ ㅁ ㅂ ㅃ ㅅ ㅆ ㅇ ㅈ ㅉ ㅊ ㅋ ㅌ ㅍ ㅎ
   가운뎃소리: ㅏ ㅐ ㅑ ㅒ ㅓ ㅔ ㅕ ㅖ ㅗ ㅘ ㅙ ㅚ ㅛ ㅜ ㅝ ㅞ ㅟ ㅠ ㅡ ㅢ ㅣ
   끝소리: ㄱ ㄴ ㄷ ㄹ ㅁ ㅂ ㅅ ㅇ ㅈ ㅊ ㅋ ㅌ ㅍ ㅎ

2. 이 사전은 성어 하나하나가 1, 2, 3(4) 단계(훈 - 속뜻 - 일반화된 뜻 - 전의된 뜻)로 배열되어 있으므로 속뜻을 통해 스스로 해석이 가능하다.
3. 이 책에서 사용한 기호는 다음과 같다.
   ≪≫: 책 이름.
   ( ): 책의 편명.
   [ ]: 詩(시) 제목, 글 한 편의 제목, 論文(논문) 제목.
   표제어 속의 출전에는 ≪≫기호를 생략함.
4. '찾아보기'를 통해 人名(인명), 地名(지명) 관련 일을 찾아볼 수 있다.
5. 한자의 訓音(훈음)은 쉽게 [뜻음]이라고 표기했다.
6. '之'의 훈음은 본디 '어조사 지'이지만 관습대로 '갈 지'라고 표기했다. '之'가 들어 있는 한자성어에서 之가 '간다'의 의미로 쓰인 것은 없다. 대부분 '~의, ~한'의 뜻이거나 대명사이다.
7. 훈 풀이 중 자주 틀리는 것은 ___로 표시했다.

목차

■ 서문 / 5
■ 이 사전의 특징 · 일러두기 / 6
■ 상세목차 : 이야기가 있는, 가장 중요한 고사성어 · 고전명언의 목차 (★★★) / 9

ㄱ	017	ㅈ	475
ㄴ	111	ㅊ	537
ㄷ	131	ㅋ	585
ㅁ	165	ㅌ	587
ㅂ	209	ㅍ	595
ㅅ	265	ㅎ	613
ㅇ	345		

■ 출전 / 657
■ 찾아보기 / 659

상세목차

■ 이야기가 있는, 가장 중요한 고사성어 · 고전명언의 목차 (★★★)

(ㄱ)

家徒四壁(가도사벽) / 18

佳人薄命(가인박명) / 20

苛政猛於虎(가정맹어호) / 21

家和萬事成(가화만사성) / 21

刻舟求劍(각주구검) / 24

肝膽相照(간담상조) / 25

蓋棺事始定(개관사시정) / 33

居移氣養移體(거이기양이체) / 36

居爾所知爾所不知人其舍諸
(거이소지이소부지인기사저) / 37

去者不追來者不拒(거자불추내자불거) / 37

乾坤一擲(건곤일척) / 38

桀犬吠堯(걸견폐요) / 39

乞骸骨(걸해골) / 40

格物致知(격물치지) / 41

結草報恩(결초보은) / 45

傾國之色(경국지색) / 47

敬而遠之(경이원지) / 49

鷄口牛後(계구우후) / 51

鷄群一鶴(계군일학) / 51

鷄肋(계륵) / 52

鷄鳴狗盜(계명구도) / 52

鼓腹擊壤(고복격양) / 56

告朔餼羊(고삭희양) / 57

孤城落日(고성낙일) / 57

高枕安眠(고침안면) / 60

古稀(고희) / 61

曲學阿世(곡학아세) / 62

功名垂竹帛(공명수죽백) / 64

空中樓閣(공중누각) / 65

功虧一簣(공휴일궤) / 66

瓜期(과기) / 66

過猶不及(과유불급) / 67

瓜田不納履(과전불납리) / 68

過則勿憚改(과즉물탄개) / 68

管見(관견) / 69

管鮑之交(관포지교) / 71

匡人其如予何(광인기여여하) / 73

曠日彌久(광일미구) / 73

壞汝萬里長城(괴여만리장성) / 74

巧言令色(교언영색) / 75

膠柱鼓瑟(교주고슬) / 76

膠漆之交(교칠지교) / 77

狡兔死而走狗烹(교토사이주구팽) / 77

口蜜腹劍(구밀복검) / 79

九思(구사) / 80

九容(구용) / 81

九牛一毛(구우일모) / 81

求則得之舍則失之(구즉득지사즉실지) / 83

口禍之門(구화지문) / 84

國士無雙(국사무쌍) / 85

國士遇之國士報之(국사우지국사보지) / 85

蹦天蹐地(국천척지) / 86

國破山河在(국파산하재) / 86

群盲撫象(군맹무상) / 87

君命有所不受(군명유소불수) / 87
君子可欺以其方(군자가기이기방) / 88
君子不器(군자불기) / 89
君子三樂(군자삼락) / 89
君子遠庖廚也(군자원포주야) / 90
君子易事而難說也(군자이사이난열야) / 90
君子之德風(군자지덕풍) / 91
掘墓鞭屍(굴묘편시) / 91
倒行逆施(도행역시) / 91
捲土重來(권토중래) / 94
橘化爲枳(귤화위지) / 97
克己復禮(극기복례) / 97
槿花一朝夢(근화일조몽) / 98
錦上添花(금상첨화) / 100
金城湯池(금성탕지) / 101
琴瑟之樂(금슬지락) / 101
錦衣夜行(금의야행) / 102
旣往不咎(기왕불구) / 107
杞人之憂(기인지우) / 107
騎虎之勢(기호지세) / 109
奇貨可居(기화가거) / 109

(ㄴ)
落魄(낙백) / 111
洛陽紙貴(낙양지귀) / 112
難兄難弟(난형난제) / 115
南柯一夢(남가일몽) / 115
濫觴(남상) / 117
囊中之錐(낭중지추) / 119
老馬之智(노마지지) / 122
勞而無功(노이무공) / 124
綠林豪傑(녹림호걸) / 125
壟斷(농단) / 127
累卵之危(누란지위) / 129
能書不擇筆(능서불택필) / 130
泥田鬪狗(니전투구) / 130

(ㄷ)
多岐亡羊(다기망양) / 131

多多益善(다다익선) / 131
多士濟濟(다사제제) / 131
斷機之戒(단기지계) / 132
斷腸(단장) / 134
螳螂拒轍(당랑거철) / 136
大器晩成(대기만성) / 138
大道廢有仁義(대도폐유인의) / 139
大同社會(대동사회) / 139
大義滅親(대의멸친) / 142
大丈夫(대장부) / 142
大丈夫當雄飛(대장부당웅비) / 143
德不孤必有隣(덕불고필유린) / 145
圖南鵬翼(도남붕익) / 146
桃李不言下自成蹊(도리불언하자성혜) / 147
道不拾遺(도불습유) / 148
度外視(도외시) / 148
桃園結義(도원결의) / 149
陶朱之富(도주지부) / 150
道聽塗說(도청도설) / 151
塗炭之苦(도탄지고) / 151
獨留靑塚(독류청총) / 151
讀書百遍義自見(독서백편의자현) / 152
獨眼龍(독안룡) / 153
同工異曲(동공이곡) / 155
同病相憐(동병상련) / 156
董狐直筆(동호직필) / 159
杜撰(두찬) / 161
得隴望蜀(득롱망촉) / 161
得魚忘筌(득어망전) / 162
登龍門(등용문) / 163
登泰山而小天下(등태산이소천하) / 163

(ㅁ)
磨斧作針(마부작침) / 165
馬耳東風(마이동풍) / 166
馬革裹屍(마혁과시) / 166
莫逆之友(막역지우) / 167
輓歌(만가) / 168
萬事休矣(만사휴의) / 171

亡國之音(망국지음) / 174
麥秀之嘆(맥수지탄) / 177
麥舟(맥주) / 177
明鏡止水(명경지수) / 180
明哲保身(명철보신) / 183
矛盾(모순) / 184
目不識丁(목불식정) / 185
木鐸(목탁) / 186
武陵桃源(무릉도원) / 189
無面渡江東(무면도강동) / 190
無顔(무안) / 192
無恙(무양) / 192
無用之用(무용지용) / 193
無爲而化(무위이화) / 194
無何有之鄕(무하유지향) / 196
無恒産無恒心(무항산무항심) / 196
墨翟之守(묵적지수) / 197
刎頸之交(문경지교) / 198
聞一知十(문일지십) / 200
門前成市(문전성시) / 201
門前雀羅(문전작라) / 201
問鼎輕重(문정경중) / 202
未亡人(미망인) / 204
彌縫策(미봉책) / 205
靡不有初鮮克有終(미불유초선극유종) / 205
尾生之信(미생지신) / 205
微顯而闡幽(미현이천유) / 207
民可使由之(민가사유지) / 207
盤根錯節(반근착절) / 210
伴食宰相(반식재상) / 211
拔本塞源(발본색원) / 213
傍若無人(방약무인) / 214
杯盤狼藉(배반낭자) / 215
背水一陣(배수일진) / 216
杯中蛇影(배중사영) / 216
百年河淸(백년하청) / 217
白面書生(백면서생) / 219
百聞不如一見(백문불여일견) / 219
白眉(백미) / 219

百發百中(백발백중) / 220
白髮三千丈(백발삼천장) / 220
伯牙絶絃(백아절현) / 222
白眼視(백안시) / 222
伯英草聖(백영초성) / 223
百戰百勝(백전백승) / 224
伯仲之勢(백중지세) / 224
伐柯伐柯其則不遠(벌가벌가기칙불원) / 226
法之不行自上征之(법지불행자상정지) / 227
兵死地也(병사지야) / 230
兵者不祥之器(병자불상지기) / 231
覆水不返盆(복수불반분) / 233
鳳凰(봉황) / 236
富貴如浮雲(부귀여부운) / 237
富貴者驕人乎貧賤者驕人乎
(부귀자교인호빈천자교인호) / 238
不動心(부동심) / 238
駙馬都尉(부마도위) / 239
俯仰無愧(부앙무괴) / 241
焚書坑儒(분서갱유) / 245
不共戴天之讎(불공대천지수) / 248
不念舊惡(불념구악) / 249
拂鬚塵(불수진) / 251
不入虎穴不得虎子(불입호혈부득호자) / 254
不戚戚於貧賤(불척척어빈천) / 254
不惑之年(불혹지년) / 255
不患寡而患不均(불환과이환불균) / 256
髀肉之歎(비육지탄) / 259
貧者之一燈(빈자지일등) / 262
氷炭不相容(빙탄불상용) / 263

(ㅅ)

死孔明走生仲達(사공명주생중달) / 265
四端七情(사단칠정) / 266
死馬骨五百金(사마골오백금) / 267
四面楚歌(사면초가) / 268
駟不及舌(사불급설) / 270
似而非(사이비) / 273
射人先射馬(사인선사마) / 273

獅子身中蟲(사자신중충) / 274

獅子吼(사자후) / 274

蛇足(사족) / 275

四知(사지) / 275

殺身成仁(살신성인) / 279

三顧草廬(삼고초려) / 280

三年不動不飛不鳴(삼년부동불비불명) / 281

三十六計走爲上策(삼십육계주위상책) / 284

三人成虎(삼인성호) / 284

三人行必有我師(삼인행필유아사) / 284

三從之道(삼종지도) / 285

三寸之舌 彊於百萬之師(삼촌지설강어백만지사) / 286

喪家之狗(상가지구) / 287

商鑑不遠(상감불원) / 287

相思病(상사병) / 288

桑中之期(상중지기) / 291

塞翁之馬(새옹지마) / 292

黍離之歎(서리지탄) / 294

西施矉目(서시빈목) / 295

嘗書足以記姓名(서족이기성명) / 296

噬臍莫及(서제막급) / 296

先始於隗(선시어외) / 299

先憂後樂(선우후락) / 300

先入之語(선입지어) / 301

先則制人(선즉제인) / 301

先着鞭(선착편) / 302

成功者退(성공자퇴) / 304

誠中形外(성중형외) / 306

城下之盟(성하지맹) / 307

歲月不待人(세월부대인) / 308

小國寡民(소국과민) / 309

少年易老學難成(소년이로학난성) / 309

宋襄之仁(송양지인) / 314

首鼠兩端(수서양단) / 318

漱石枕流(수석침류) / 318

水魚之交(수어지교) / 319

豎子不足與謀(수자부족여모) / 320

守株待兎(수주대토) / 321

壽則多辱(수즉다욕) / 322

誰知烏之雌雄(수지오지자웅) / 322

水至淸則無魚(수지청즉무어) / 322

脣亡齒寒(순망치한) / 325

述而不作(술이부작) / 326

勝敗兵家之常事(승패병가지상사) / 328

尸位素餐(시위소찬) / 330

食馬肉不飮酒傷人(식마육불음주상인) / 331

食少事煩(식소사번) / 332

息壤在彼(식양재피) / 332

食言(식언) / 332

識者憂患(식자우환) / 333

食指動(식지동) / 334

身言書判(신언서판) / 335

實事求是(실사구시) / 337

失言失人(실언실인) / 337

心不在焉視而不見(심부재언시이불견) / 338

心猿意馬(심원의마) / 339

十年磨一劍(십년마일검) / 340

十目所視十手所指(십목소시십수소지) / 341

十二律呂(십이율려) / 342

(ㅇ)

雁書(안서) / 348

雁鴨池骰子(안압지투자) / 349

眼中之釘(안중지정) / 350

暗中摸索(암중모색) / 351

暗行御史(암행어사) / 352

弱冠(약관) / 356

約法三章(약법삼장) / 356

良禽擇木(양금택목) / 358

羊頭狗肉(양두구육) / 358

梁上君子(양상군자) / 359

良藥苦於口利於病(양약고어구이어병) / 360

楊布之狗(양포지구) / 361

漁父之利(어부지리) / 363

掩耳盜鈴(엄이도령) / 366

餘桃之罪(여도지죄) / 367

女宿(여수) / 369

女子與小人難養(여자여소인난양) / 370

逆鱗(역린) / 368

力拔山氣蓋世(역발산기개세) / 372

易子而敎之(역자이교지) / 371

緣木求魚(연목구어) / 374

燕雀安知鴻鵠之志(연작안지홍곡지지) / 375

吮疽之仁(연저지인) / 375

鹽車之憾(염거지감) / 377

寧爲鷄口勿爲牛後(영위계구물위우후) / 380

曳尾塗中(예미도중) / 382

五斗米(오두미) / 384

五里霧中(오리무중) / 385

吾舌尙在(오설상재) / 386

烏孫公主(오손공주) / 387

五十步笑百步(오십보소백보) / 387

吳牛喘月(오우천월) / 388

吳越同舟(오월동주) / 388

吳下阿蒙(오하아몽) / 390

烏合之卒(오합지졸) / 390

屋上架屋(옥상가옥) / 391

玉石俱焚(옥석구분) / 391

玉瑕(옥하) / 392

溫故知新(온고지신) / 392

蝸角之爭(와각지쟁) / 393

臥薪嘗膽(와신상담) / 394

完璧(완벽) / 395

往者不可諫(왕자불가간) / 396

外戚(외척) / 397

遼東之豕(요동지시) / 398

要領不得(요령부득) / 398

燎原之火(요원지화) / 399

堯之德化(요지덕화) / 399

欲速不達(욕속부달) / 400

龍頭蛇尾(용두사미) / 401

愚公移山(우공이산) / 404

羽化登仙(우화등선) / 407

雲雨之樂(운우지락) / 409

運籌于帷幄之中(운주우유악지중) / 409

遠交近攻(원교근공) / 411

遠水不救近火(원수불구근화) / 411

怨入骨髓(원입골수) / 412

月旦評(월단평) / 413

月下氷人(월하빙인) / 415

爲君難爲臣不易(위군난위신불이) / 415

危急存亡之秋(위급존망지추) / 416

危邦不入(위방불입) / 416

韋編三絶(위편삼절) / 418

唯恐有聞(유공유문) / 419

有敎無類(유교무류) / 419

惟命不于常(유명불우상) / 420

有文事者必有武備(유문사자필유무비) / 420

流芳百世(유방백세) / 421

有朋自遠方來(유붕자원방래) / 421

有備無患(유비무환) / 422

遺俗不食無益於飢(유속불식무익어기) / 422

維新(유신) / 423

有若無實若虛(유약무실약허) / 423

有言者不必有德(유언자불필유덕) / 424

有勇而無義爲亂(유용이무의위란) / 424

有陰德者必有陽報(유음덕자필유양보) / 425

遺佚而不怨(유일이불원) / 425

有諸己而後求諸人(유저기이후구저인) / 426

唯酒無量不及亂(유주무량불급난) / 426

有治人無治法(유치인무치법) / 427

隆準龍眼(융절용안) / 430

殷鑑不遠(은감불원) / 430

隱居放言(은거방언) / 431

隱逸林中無榮辱(은일임중무영욕) / 432

泣斬馬謖(읍참마속) / 433

疑心生暗鬼(의심생암귀) / 436

薏苡之謗(의이지방) / 437

易其言無責(이기언무책) / 439

二桃殺三士(이도살삼사) / 439

移木之信(이목지신) / 440

履霜堅氷至(이상견빙지) / 441

以心傳心(이심전심) / 443

利用厚生(이용후생) / 444

以佚待勞(이일대로) / 445

人非木石(인비목석) / 450

人生朝露(인생조로) / 451

人而殺之曰兵也(인이살지왈병야) / 453

人因成事(인인성사) / 453

仁者無敵(인자무적) / 453

仁者樂山(인자요산) / 454

人之將死其言也善(인지장사기언야선) / 454

一擧兩得(일거양득) / 456

一犬吠形百犬吠聲(일견폐형백견폐성) / 456

一簞食一瓢飮(일단사일표음) / 458

一夫當關萬夫莫開(일부당관만부막개) / 461

一視同仁(일시동인) / 462

一陽來復(일양내복) / 463

一衣帶水(일의대수) / 465

一以貫之(일이관지) / 466

一日不讀書口中生荊棘(일일부독서구중생형극) / 466

一日三秋(일일삼추) / 466

一字千金(일자천금) / 467

一將功成萬骨枯(일장공성만골고) / 467

一敗塗地(일패도지) / 470

一暴十寒(일포십한) / 470

臨淵羨魚不如退而結網(임연선어불여퇴이결망) / 472

臨財毋苟得(임재무구득) / 472

任賢勿貳(임현물이) / 473

粒粒皆辛苦(입립개신고) / 473

入鄕循俗(입향순속) / 474

(ㅈ)

自家藥籠中物(자가약롱중물) / 475

自求多福(자구다복) / 475

子不語(자불어) / 477

子帥以正孰敢不正(자솔이정숙감부정) / 477

自勝家强(자승가강) / 477

自暴自棄(자포자기) / 479

作心三日(작심삼일) / 479

潛龍不用(잠용불용) / 481

壯士一去不復還(장사일거불부환) / 482

長袖善舞多錢善賈(장수선무다전선고) / 483

長鋏歸來乎(장협귀래호) / 485

在德不在險(재덕부재험) / 485

前車覆後車戒(전거복후거계) / 489

前門拒虎後門進狼(전문거호후문진랑) / 490

戰戰兢兢(전전긍긍) / 492

輾轉反側(전전반측) / 492

轉禍爲福(전화위복) / 493

切問而近思(절문이근사) / 494

竊符救趙(절부구조) / 494

絶聖棄知(절성기지) / 495

切磋琢磨(절차탁마) / 495

正鵠(정곡) / 496

精神一到(정신일도) / 498

井底之蛙(정저지와) / 499

庭訓(정훈) / 499

糟糠之妻(조강지처) / 501

朝令暮改(조령모개) / 502

趙孟之所貴趙孟能賤之(조맹지소귀조맹능천지) / 503

朝名市利(조명시리) / 503

朝聞道夕死可矣(조문도석사가의) / 503

朝三暮四(조삼모사) / 504

鳥獸不可與同羣(조수불가여동군) / 505

釣而不綱(조이불강) / 506

釣而不網弋不射宿(조이불망익불사숙) / 506

助長(조장) / 506

存心養性(존심양성) / 508

左顧右眄(좌고우면) / 511

左袒(좌단) / 511

周急不繼富(주급불계부) / 514

酒乃百藥之長(주내백약지장) / 514

酒池肉林(주지육림) / 517

竹馬故友(죽마고우) / 518

駿馬每馱痴漢走(준마매태치한주) / 518

樽俎折衝(준조절충) / 518

衆寡不敵(중과부적) / 519

衆口難防(중구난방) / 519

衆口鑠金(중구삭금) / 519

中石沒鏃(중석몰촉) / 520

衆惡必察衆好必察(중오필찰중호필찰) / 521

中庸之道(중용지도) / 521

中原逐鹿(중원축록) / 521

知其一非知其二(지기일비지기이) / 524
至樂無樂(지락무락) / 525
指鹿爲馬(지록위마) / 525
知我者其天乎(지아자기천호) / 527
止於至善(지어지선) / 527
池魚之殃(지어지앙) / 527
至愚責人明(지우책인명) / 528
知音(지음) / 528
知子莫如父(지자막여부) / 529
知者樂水(지자요수) / 529
只在此山中(지재차산중) / 529
知之爲知之不知爲不知是知也
(지지위지지부지위부지시지야) / 530
知彼知己百戰不殆(지피지기백전불태) / 531
盡善盡美(진선진미) / 532
盡信書則不如無書(진신서즉불여무서) / 532
懲羹吹齏(징갱취제) / 534

(ㅊ)
滄浪之水淸兮可以濯吾纓
(창랑지수청혜가이탁오영) / 539
滄桑之變(창상지변) / 539
創業易守成難(창업이수성난) / 540
采菊東籬下悠然見南山(채국동리하유연견남산) / 541
采薇歌(채미가) / 541
妻不下機嫂不爲炊(처불하기수불위취) / 542
天高馬肥(천고마비) / 543
千金買笑(천금매소) / 544
千金之子不死於市(천금지자불사어시) / 545
天道是耶非耶(천도시야비야) / 546
千慮一失(천려일실) / 546
千里眼(천리안) / 547
天網恢恢疎而不失(천망회회소이불실) / 548
天時地利人和(천시지리인화) / 550
天與不取反受其咎(천여불취반수기구) / 551
天衣無縫(천의무봉) / 552
千人之諾諾不如一士之諤諤
(천인지낙낙불여일사지악악) / 552
千丈之堤潰自蟻穴(천장지제궤자의혈) / 553

千載一遇(천재일우) / 553
天地不仁以萬物爲芻狗(천지불인이만물위추구) / 554
天下言哉(천하언재) / 557
鐵面皮(철면피) / 558
轍鮒之急(철부지급) / 559
鐵中錚錚(철중쟁쟁) / 559
淸談(청담) / 560
靑雲之志(청운지지) / 562
靑天白日(청천백일) / 563
靑天霹靂(청천벽력) / 563
靑出於藍(청출어람) / 563
焦頭爛額爲上客(초두난액위상객) / 564
焦眉之急(초미지급) / 566
焦脣乾舌(초순건설) / 566
寸鐵殺人(촌철살인) / 568
逐鹿者不顧兔(축록자불고토) / 571
春來不似春(춘래불사춘) / 572
春眠不覺曉(춘면불각효) / 572
春宵一刻值千金(춘소일각치천금) / 572
春在枝頭已十分(춘재지두이십분) / 573
出乎爾者反乎爾(출호이자반호이) / 574
忠臣不事二君(충신불사이군) / 575
吹毛覓疵(취모멱자) / 576
治水英雄(치수영웅) / 578
痴人說夢(치인설몽) / 579
卮酒安足辭(치주안족사) / 580
七去之惡(칠거지악) / 580
七步才(칠보재) / 581
七縱七擒(칠종칠금) / 582
沈魚落雁(침어낙안) / 582
沈潤之譖(침윤지참) / 583

(ㅌ)
他山之石(타산지석) / 587
逐鹿戰爭(탁록전쟁) / 587
泰山北斗(태산북두) / 590
推敲(퇴고) / 593

(ㅍ)
破鏡(파경) / 595

破瓜之年(파과지년) / 595
破竹之勢(파죽지세) / 596
敗軍將不可以言勇(패군장불가이언용) / 598
遍身綺羅者不是養蠶人(편신기라자불시양잠인) / 599
平地風波(평지풍파) / 600
蒲柳之質(포류지질) / 602
抱璧有罪(포벽유죄) / 602
飽食終日無所用心難矣哉
(포식종일무소용심난의재) / 603
暴虎馮河(포호빙하) / 604
豹變(표변) / 604
豹死留皮人死留名(표사유피인사유명) / 605
風馬牛不相及(풍마우불상급) / 606
風聲鶴唳(풍성학려) / 607
彼一時此一時(피일시차일시) / 609
匹夫不可奪志(필부불가탈지) / 610
必先苦其心志(필선고기심지) / 611

(ㅎ)

何必曰利(하필왈리) / 615
下學而上達(하학이상달) / 615
學不厭而敎不倦(학불염이교불권) / 616
學而時習(학이시습) / 617
涸轍鮒魚(학철부어) / 617
邯鄲之夢(한단지몽) / 618
邯鄲學步(한단학보) / 618
汗牛充棟(한우충동) / 619
割鷄焉用牛刀(할계언용우도) / 620
陷之死地然後生(함지사지연후생) / 621
合從連衡(합종연횡) / 621
亢龍有悔(항룡유회) / 622
偕老同穴(해로동혈) / 623
行百里者半於九十(행백리자반어구십) / 625
行不由徑(행불유경) / 625
絜矩之道(혈구지도) / 630
螢雪之功(형설지공) / 631
惠而不知爲政(혜이부지위정) / 632
狐假虎威(호가호위) / 632
虎溪三笑(호계삼소) / 633

好名之人能讓千乘之國(호명지인능양천승지국) / 635
虎視耽耽(호시탐탐) / 636
浩然之氣(호연지기) / 637
好而知其惡(호이지기악) / 637
胡蝶夢(호접몽) / 638
好行小慧(호행소혜) / 638
弘益人間(홍익인간) / 641
紅一點(홍일점) / 641
畵龍點睛(화룡점정) / 642
華胥之夢(화서지몽) / 643
和氏之璧(화씨지벽) / 644
火牛之計(화우지계) / 645
畵虎不成反類狗(화호불성반류구) / 646
換骨奪胎(환골탈태) / 646
黃絹幼婦外孫虀臼(황견유부외손제구) / 648
嚆矢(효시) / 651
犧牲(희생) / 655

呵呵大笑 (가가대소)★

[뜻음] 웃을 가, 큰 대, 웃을 소.
[풀이] 너무 우스워서 큰 소리로 껄껄 웃음. 呵呵(가가)는 껄껄 웃는 소리나 모양. 출전 傳燈錄(전등록).

家家戶戶 (가가호호)★

[뜻음] 집 가, 지게 호.
[풀이] 가가. 집집마다.

加減乘除 (가감승제)★

[뜻음] 더할 가, 덜 감, 탈 승, 덜 제.
[풀이] 더하기·빼기·나누기·곱하기를 아울러 이르는 말.

可居之地 (가거지지)★

[뜻음] 옳을 가, 살 거, 갈 지, 땅 지.
[풀이] 머물러 살 만한 곳. 살기 좋은 곳.

駕輕就熟 (가경취숙)★★

[뜻음] 수레 가, 가벼울 경, 나아갈 취, 익을 숙.
[풀이] 경쾌한 수레를 타고 낯익은 길을 달린다. 어떤 일에 숙련되어 있음. 輕車熟路(경거숙로). 출전 韓愈(한유)의 送石處士序(송석처사서).

家鷄野雉 (가계야치)★

[뜻음] 집 가, 닭 계, 들 야, 꿩 치.
[풀이] 집에 있는 닭을 싫어하고 들에 있는 꿩을 좋아한다. ① 집안에 있는 좋은 것을 버리고 나쁜 것을 탐냄. ② 좋은 筆跡(필적)을 버리고 나쁜 필적을 좋아함. ③ 正妻(정처)를 버리고 妾(첩)을 사랑함을 비유하여 이르는 말.

家計有餘 (가계유여)★

[뜻음] 집 가, 꾀 계, 있을 유, 넉넉할 여.
[풀이] 가계가 여유 있음. 가정 형편이 넉넉함.

可高可下 (가고가하)★

[뜻음] 옳을 가, 높을 고, 아래 하.
[풀이] 어진 자는 지위의 상하를 가리지 않음. 仁者(인자), 곧 어진 사람은 높은 지위에 있어도 교만하지 않고 낮은 지위에 있어도 두려워하지 않음. 출전 國語(국어).

可考文籍 (가고문적)★

[뜻음] 옳을 가, 상고할 고, 글월 문, 자취 적.
[풀이] 後日(후일)에 참고가 될 만한 글과 서적.

可考文獻 (가고문헌)★

[뜻음] 옳을 가, 상고할 고, 글월 문, 바칠 헌.
[풀이] 참고해 볼 만한 문헌. 可考文蹟(가고문적).

架空妄想 (가공망상)★★

[뜻음] 시렁 가, 빌 공, 망령될 망, 생각 상.
[풀이] 터무니없는 상상. 근거가 없고 망령된 생각.

加官進祿 (가관진록)★★

[뜻음] 더할 가, 벼슬 관, 나아갈 진, 녹 록.

[풀이] 높은 벼슬자리로 昇進(승진)하는 일. 출전 紅樓夢(홍루몽).

可口 (가구)★

[뜻음] 옳을 가, 입 구.
[풀이] 맛이 좋아 입에 맞음.

家狗向裏吠 (가구향리폐)★

[뜻음] 집 가, 개 구, 향할 향, 속 리, 짖을 폐.
[풀이] 집에서 기르는 개가 집 안을 향해 짖는다. '은혜를 원수로 갚음'을 비유하는 말. 출전 通俗編(통속편).

家給人足 (가급인족)★★

[뜻음] 집 가, 공급할 급, 사람 인, 족할 족.
[풀이] 집집마다 넉넉하고 사람마다 생활이 풍족함. 출전 漢書(한서) 貢禹傳(공우전).

可欺以其方 (가기이기방)★

[뜻음] 옳을 가, 속일 기, 써 이, 그 기, 방편 방.
[풀이] 그럴 듯한 말로써 남을 속일 수 있음. 君子可欺以其方(군자가기이기방).

可欺以方 (가기이방)★

[뜻음] 옳을 가, 속일 기, 써 이. 방도 방.
[풀이] 君子可欺以其方(군자가기이기방).

嘉納其言 (가납기언)★

[뜻음] 아름다울 가, 들일 납, 그 기, 말씀 언.
[풀이] 諫(간)하거나 권하는 말을 기꺼이 받아들임.

嫁女須勝吾家 (가녀수승오가)★★

[뜻음] 시집 갈 가, 계집 녀, 모름지기 수, 이길 승, 나 오, 집 가.
[풀이] 여식을 출가시킴에는 재산 명망 등이 자기보다 월등한 집을 선택하여야만 여자는 남편 집을 존경하고 婦道(부도)를 다한다는 것을 이름. 嫁女必須勝吾家(가녀필수승오가).

街談巷說 (가담항설)★★★

[뜻음] 거리 가, 말씀 담, 거리 항, 말씀 설.
[풀이] 거리에 떠도는 이야기. 뜬소문. 世評(세평). 風說(풍설). 비슷한 성어로는 道聽塗說(도청도설), 無根之說(무근지설), 浮言浪說(부언낭설), 浮言流說(부언유설), 浮虛之說(부허지설), 流言蜚語(유언비어) 등이 있음.

假道滅虢 (가도멸괵)★★

[뜻음] 거짓 가, 길 도, 멸망할 멸, 괵나라 괵.
[풀이] 길을 빌려서 괵나라를 멸망시킨다. 처음에는 길을 빌려 쓰다가 마침내 그 나라를 쳐 없앰. 출전 千字文(천자문).

假途滅虢踐土會盟 (가도멸괵천토회맹)★★★

[뜻음] 빌릴 가, 길 도, 멸할 멸, 나라 괵, 밟을 천, 흙 토, 모을 회, 맹세 맹.
[풀이] 길을 빌린다고 하여 괵나라를 없애고, 천토에서 제후를 모아 맹세하게 하였다.

晉(진)나라 獻公(헌공)은 虢(괵)을 치고자 하여 筍息(순식)의 謀策(모책)을 썼다. 즉, 垂棘(수극)에서 나는 구슬과 屈(굴) 지방에서 산출되는 천하의 명마를 虞(우)나라 임금에게 보내며 길을 사용할 수 있도록 요청했다. 이때 우에는 宮之奇(궁지기)라는 策士(책사)가 있어 길을 빌려주지 말라고 간했으나, 우왕은 뇌물에 눈이 어두워 길을 빌려주고 말았다. 궁지기는 앞일을 불 보듯 파악하고는 나라를 떠나 버렸다. 晉(진)나라는 괵을 멸하고 군사를 돌려 귀국하는 길에 虞(우)까지 멸해버렸다. 결국 晉獻公(진헌공)은 筍息(순식)의 계책을 채용하여 虢(괵)나라를 멸했다.

또 晉文公(진문공)은 城濮(성박)의 싸움에서 楚(초)나라 군사를 물리치고 제후를 천토대에 회합시켜 주나라 양왕을 불러 조회하고 주나라에 맹세하게 했으니 이는 천자를 등에 업고 제후들에게 호령한 것이다. 진나라가 가장 융성했던 시기의 일이었다. 진문공 같은 사람을 覇者(패자)라고 하는 것이다. 출전 千字文(천자문).

家徒壁立 (가도벽립)★★

[뜻음] 집 가, 헛될 도, 벽 벽, 설 립.
[풀이] 집 안에 세간이라고는 하나도 없고 다만 사면에 벽만이 둘러 있을 뿐이라는 뜻으로 집안이 빈궁함을 이름. 家徒四壁(가도사벽).

家徒四壁 (가도사벽)★★★

[뜻음] 집 가, 헛될 도, 넉 사, 벽 벽.
[풀이] 집안 형편이 어려워서 집 안에 있는 것이라고는 네 벽밖에 없다는 뜻. 한나라 때 문인 司馬相如(사마상여)와 卓文君(탁문군)의 故事(고사).

漢(한)나라 때 문인 司馬相如(사마상여)는 임공이라는 곳에서 왕길에게 몸을 의탁하고 있었다. 임공에는 갑부 탁왕손이라는 사람이 살고 있었다. 어느 날 탁왕손이 연회를 베풀며 사마상여와 왕길을 초청하였다. 사마상여가 그 자리에서 거문고를 탔더니, 그 소리를 들은 탁왕손의 딸 탁문군은 사마상여를 사랑하게 되었다.

그러나 탁왕손은 사마상여를 탐탁하게 여기지 않았다. 그의 집안이 너무나 빈곤했기 때문에 결혼을 반대했다. 그러자 탁문군은 사마상여를 좇아 성도에 있는 그의 집으로 夜半逃走(야반도주)를 하였다. 그런데 사마상여의 집은 가랑이가 찢어질 정도로 가난하여 방 안에는 네 벽밖에 없었다. 그래도 탁문군은 실망하지 않고 그와 百年佳約(백년가약)을 맺고 술집을 차려 생계를 꾸려 갔다.

나중에 한무제가 사마상여의 글을 읽어 보고 크게 기뻐하여 도성으로 불러 벼슬을 내렸다. 사마상여는 필명을 크게 떨치며 일세의 대문장으로 우뚝 섰고, 탁씨 집안에서도 더 이상 그를 깔보지 못했다.

이 고사에서 유명해진 말이 바로 '家徒壁立(**가도벽립**),

家徒四壁(**가도사벽**)'이다. 우리나라 속담으로 '서발 막대 거칠 것이 없다.'에 해당하는 말이다. 비슷한 말로 '曲肱而枕之(곡굉이침지), 冬月無被(동월무피), 釜中生魚(부중생어), 不蔽風雨(불폐풍우), 貧寒到骨(빈한도골), 貧寒莫甚(빈한막심), 三旬九食(삼순구식), 短褐不完(수갈불완), 易衣幷食(역의병식), 衣結屨穿(의결구천), 衣履弊穿(의리폐천), 一裘一葛(일구일갈), 赤貧如洗(적빈여세), 糟糠不厭(조강불염), 糟糠不飽(조강불포), 朝飯夕粥(조반석죽), 朝不食夕不食(조불식석불식), 朝虀暮鹽(조제모염), 甑中生塵(증중생진), 甑塵釜魚(증진부어), 至窮且窮(지궁차궁), 天寒白屋(천한백옥), 號寒蹄饑(호한제기)' 등이 있다.

可東可西 (가동가서)★

[뜻음] 옳을 가, 동녘 동, 서녘 서.
[풀이] 이렇게 할 만도 하고 저렇게 할 만도 함. 동으로도 가하고 서로도 가함.

街童走卒 (가동주졸)★★

[뜻음] 거리 가, 아이 동, 달릴 주, 졸개 졸.
[풀이] 무식한 사람이나 主着(주착) 없는 사람. 주졸은 남의 심부름을 하러 다니는 하인.

可憐 (가련)★

[뜻음] 옳을 가, 불쌍할 련.
[풀이] 맵시가 아름다운 것을 이름. 사랑스러움. 불쌍함.

價廉工省 (가렴공생)★★

[뜻음] 값 가, 쌀 렴, 장인 공, 간략할 생.
[풀이] 값이 싸고 造作(조작)이 쉬움.

苛斂誅求 (가렴주구)★★★

[뜻음] 매울 가, 거둘 렴, 벨 주, 구할 구.
[풀이] 세금을 가혹하게 거두어 백성의 재물을 강제로 빼앗아 못살게 굶. 출전 孟子(맹자).

假弄成眞 (가롱성진)★★

[뜻음] 거짓 가, 희롱할 롱, 이룰 성, 참 진.
[풀이] 농으로 한 것이 진실로 한 것같이 됨. 대수롭지 않게 시작한 일이 뚜렷한 결과를 맺게 됨을 이르는 말. 弄假成眞(농가성진).

迦陵頻迦 (가릉빈가)★

[뜻음] 막을 가, 언덕 릉, 자주 빈.
[풀이] 불교용어로 극락정토에 있는 불사조. 칼라빈카라고 하기도 하는 想像(상상)의 새 이름. 미녀의 얼굴 모습에 새의 몸을 하고 있는데, 소리가 대단히 아름답다고 함.

家母手鉅 (가모수거)★★

[뜻음] 집 가, 어미 모, 손 수, 클 거.
[풀이] 집안의 가정주부가 손이 크다. 아무 데에도 소용이 없고 도리어 해로운 것을 비유함.

嘉謀嘉猷 (가모가유)★★

[뜻음] 아름다울 가, 꾀할 모, 꾀할 유.
[풀이] 좋은 모략과 좋은 꾀. 출전 書經(서경) 君陳篇(군진편).

歌舞琴瑟 (가무금슬)★★

[뜻음] 노래 가, 춤출 무, 거문고 금, 비파 슬.
[풀이] 노래와 춤, 거문고와 비파. 거문고와 비파소리에 맞추어 노래하고 춤을 춤.

家無擔石 (가무담석)★

[뜻음] 집 가, 없을 무, 두 섬 담, 섬 석.
[풀이] '石'은 한 섬, '擔'은 두 섬을 뜻하는데, '擔石'은 두 항아리 정도의 양식, 곧 얼마 안 되는 분량. '집에 저축한 것이 조금도 없음'을 이르는 말. 출전 史記(사기) 淮陰侯傳(회음후전).

歌舞所長 (가무소장)★★

[뜻음] 노래 가, 춤출 무, 바 소, 잘할 장.
[풀이] 노래와 춤을 잘함.

歌舞宴樂 (가무연락)★★

[뜻음] 노래 가, 춤출 무, 잔치 연, 즐거울 락.
[풀이] 노래하고 춤추며 잔치를 베풀고 즐김.

家無二主 (가무이주)★★

[뜻음] 집 가, 없을 무, 두 이, 주인 주.
[풀이] 한 집에 두 주인은 없다. 上下(상하) 君臣(군신)의 다름이 있음을 이르는 말. 출전 禮記(예기).

呵壁問天 (가벽문천)★

[뜻음] 꾸짖을 가, 바람벽 벽, 물을 문, 하늘 천.
[풀이] 분한 마음이 치밀어서 속이 답답하고 분한 것을 壁(벽)을 보고 꾸짖어 푼다는 일. 출전 楚辭(초사) 天文章句(천문장구).

加俸 (가봉)★★

[뜻음] 더할 가, 봉급 봉.
[풀이] 官吏(관리)의 俸給(봉급)을 더 줌.

加不得減不得 (가부득감부득)★

[뜻음] 더할 가, 아니 부, 얻을 득, 덜 감.
[풀이] 더할 수도 뺄 수도 없음. 加減不得(가감부득).

家富疎族聚 (가부소족취)★

[뜻음] 집 가, 가멸 부, 성길 소, 겨레 족, 모을 취.
[풀이] 집이 부유해지면 사이가 멀게 지내던 친척들도 모여듦. 人情(인정)의 야박함을 찌른 말. 출전 愼子(신자).

跏趺坐 (가부좌)★

[뜻음] 책상다리할 가, 발등 부, 앉을 좌.
[풀이] 다리를 양 넓적다리 사이에 넣고 앉는 定座(정좌)방법.

葭莩之親 (가부지친)★★

[뜻음] 갈대 가, 갈대청 부, 갈 지, 친할 친.
[풀이] 아주 먼 친척을 이름. 아주 엷은 交分(교분). 葭莩(가부)는 지

극히 엷은 것으로 갈대 속의 엷은 막을 일컬음. 출전 漢書(한서) 中山靖王傳(중산정왕전).

加粉則思其心之鮮 (가분즉사기심지선)★

[뜻음] 더할 가, 가루 분, 곧 즉, 생각할 사, 그 기, 마음 심, 갈 지, 고울 선.
[풀이] 粉(분)을 바를 때에는 얼굴을 예쁘게 할 뿐 아니라 마음도 淸新(청신)하게 가지려고 함을 이름.

家貧思良妻 (가빈사양처)★

[뜻음] 집 가, 가난할 빈, 생각 사, 어질 양, 아내 처.
[풀이] 家貧思賢妻(가빈사현처).

家貧思賢妻 (가빈사현처)★★

[뜻음] 집 가, 가난할 빈, 생각 사, 어질 현, 아내 처.
[풀이] 집안이 가난해지면 살림을 잘하는 어진 아내를 생각하게 된다. 비상시에 진가(眞價)를 안다는 말. 家貧思良妻(가빈사양처). 출전 史記(사기).

家貧孝子出 (가빈효자출)★

[뜻음] 집 가, 가난할 빈, 효도 효, 아들 자, 날 출.
[풀이] 가난한 집에서 효자가 난다는 말.

佳士不屈 (가사불굴)★

[뜻음] 아름다울 가, 선비 사, 아닐 불, 굽을 굴.
[풀이] 훌륭한 사람은 오래도록 不遇(불우)한 지위에 굴복하지 않음.

家常茶飯 (가상다반)★★

[뜻음] 집 가, 떳떳할 상, 차 다, 밥 반.
[풀이] 집에서 늘 마시는 차와 먹는 밥. 또는 그와 같은 일. 늘 있는 예사로운 일. 恒茶飯事(항다반사). 家常飯(가상반).

稼穡之艱難 (가색지간난)★★

[뜻음] 농사 가, 거둘 색, 갈 지, 어려울 간, 어려울 난.
[풀이] 농사짓기의 어려움.

家書萬金 (가서만금)★★

[뜻음] 집 가, 글 서, 일만 만, 쇠 금.
[풀이] 집에서 부쳐 온 편지는 萬金(만금)보다도 더 귀하고 반갑다. 가서저만금 (가서저만금).

家書抵萬金 (가서저만금)★

[뜻음] 집 가, 글 서, 비할 저, 일만 만, 황금 금.
[풀이] 여행 중 家人(가인)으로부터 서신을 받으면 그 기쁨이 萬金(만금)을 얻은 데 비할 만하다는 말. 家書萬金(가서만금). 출전 杜甫(두보)의 春望詩(춘망시).

街說巷談 (가설항담)★

[뜻음] 거리 가, 말씀 설, 거리 항, 말씀 담.
[풀이] 街談巷說(가담항설).

加膝墜淵 (가슬추연)★

[뜻음] 더할 가, 무릎 슬, 떨어질 추, 못 연.

[풀이] 무릎 위에 앉혀 사랑하거나 못(池지)에 밀어 넣어 미워한다. 사랑하고 미워함을 기분에 따라 함으로써 그 행동이 禮(예)에 벗어남을 비유함. 출전 禮記(예기) 檀弓篇(단궁편).

佳兒佳婦 (가아가부)★

[뜻음] 아름다울 가, 아이 아, 며느리 부.
[풀이] 훌륭한 아들과 며느리. 출전 資治通鑑(자치통감).

假我數年 (가아수년)★

[뜻음] 빌 가, 나 아, 셈 수, 해 년.
[풀이] 몇 해라도 더 오래 살기를 바라는 일. 출전 論語(논어).

加也勿減也勿 (가야물감야물)★★

[뜻음] 더할 가, 어조사 야, 말 물, 덜 감.
[풀이] 더하지도 말고 덜하지도 말라. 오곡백과가 풍성하고 인심이 후하고 친지들이 모여 조상의 은덕을 기리는 한가위 추석에 만족하여 하는 말. 출전 列陽歲時記(열양세시기).

嘉言善行 (가언선행)★

[뜻음] 아름다울 가, 말씀 언, 착할 선, 행할 행.
[풀이] 아름다운 말과 착한 행실.

可與樂成 (가여낙성)★

[뜻음] 가히 가, 더불 여, 즐길 낙, 이룰 성.
[풀이] 일의 성과를 함께 즐길 수 있음. 일이 잘된 뒤에는 같이 즐겨도 좋음. 출전 史記(사기) 商君傳(상군전).

假輿馬者非利足也而致千里

(가여마자비리족야이치천리)★
[뜻음] 빌 가, 수레 여, 말 마, 놈 자, 아닐 비, 이로울 리, 발 족, 어조사 야, 말 이을 이, 이를 치, 일천 천, 마을 리.
[풀이] 여마를 빌리는 자는 빠른 발이 없어야 천 리에 이를 수 있다. 모든 일을 성취코자 할 때는 우선 依託(의탁)하는 데가 있어야 함.

假譽馳聲 (가예치성)★

[뜻음] 거짓 가, 기릴 예, 달릴 치, 소리 성.
[풀이] 재능이 없는 사람들이 서로서로 치켜세워 명성을 높임.

歌容舞態 (가용무태)★

[뜻음] 노래 가, 얼굴 용, 춤출 무, 태도 태.
[풀이] 춤추고 노래하는 모습.

家有名士三十年不知 (가유명사삼십년부지)★

[뜻음] 집 가, 있을 유, 이름 명, 선비 사, 석 삼, 열 십, 해 년, 아닐 부, 알 지.
[풀이] 집안에 뛰어난 인재가 있음에도 30년이나 모르고 지냈다 함이니, 가까운 데 있는 일이나 사람의 재능을 모르고 지냈을 때 이르는 말. ① 제게 가깝고 손쉬운 일은 흔히 무심하여 지나쳐 버리는 수가 많기 때문에 도리어 잘 모른다는 뜻. ② 등잔 밑이 어둡다는 말.

家諭戶說 (가유호세)★

[뜻음] 집 가, 깨우칠 유, 지게 호, 달랠 세.
[풀이] 집집마다 깨우쳐 알아듣게 말함.

家喩戶曉 (가유호효)★

[뜻음] 집 가, 깨우칠 유, 집 호, 밝을 효.
[풀이] 집집마다 다 알다. 누구나 다 아는 사실. 출전 烈女傳(열녀전).

佳人薄命 (가인박명)★★★

[뜻음] 아름다울 가, 사람 인, 엷을 박, 목숨 명.
[풀이] 용모가 아름다운 사람은 운명이 苛酷(가혹)하다. 미인은 운명이 기박함. 미인은 팔자가 사나움. 美人薄命(미인박명). 薄命美人(박명미인).

　　蘇軾 (소식:소동파)이 지은 [薄命佳人(박명가인)]이라는 七言律詩(칠언율시)에 이 말이 나온다.

　　두 뺨은 굳은 젖, 머리털은 옻을 발랐는데
　　눈빛은 발로 들어와 구슬처럼 또렷하구나.
　　원래 흰 깁으로 선녀의 옷을 만들고
　　붉은 연지로 타고난 바탕을 더럽히지 못한다.
　　오나라 말소리는 귀엽고 부드러워 아직 어린데
　　한없는 인간의 근심을 전연 알지 못한다.
　　예부터 가인은 흔히 명이 박하다지만
　　문을 닫은 채 봄이 다하면 버들 꽃도 지고 말겠지.

　　이 시는 蘇東坡(소동파)가 杭州(항주), 楊州(양주) 등 지방 장관으로 있을 때 우연히 절간에서 나이 팔십이 이미 넘었다는 어여쁜 여승을 보고, 그녀의 아리따웠을 소녀 시절을 회상하며 미인의 박명함을 지은 것이라 한다.
　　아름다운 사람은 명이 짧다고 해석하는 일이 많으나 사실은 그런 뜻은 아니다. 운명이 기박하다는 말이므로 팔자가 사나운 것을 나타낸다. '薄命美人(박명미인)' 또는 '美人薄命(미인박명)'이라고도 한다.
　　佳人(가인)이나 美人(미인)이라는 말은 임금과 같은 貴族(귀족)을 가리키는 경우가 많은데 요즘은 얼굴이 예쁜 여자를 가리키는 경우가 많다. 우리나라 속담에는 '一色(일색) 소박은 있어도 薄色(박색) 소박은 없다'는 말이 있다. 아무리 아름다운 여자라도 소박맞는 수가 있다는 말이다. 일색은 가인을 말하고, 박색은 臼頭深目(구두심목)인 醜女(추녀)를 말한다.

加人一等 (가인일등)★

[뜻음] 더할 가, 사람 인, 한 일, 무리 등.
[풀이] 학문과 재능 따위가 뛰어난 사람을 일컫는 말.

佳人才子 (가인재자)★★

[뜻음] 아름다울 가, 사람 인, 재주 재, 아들 자.
[풀이] 고운 여인과 슬기로운 젊은이.

假裝粉面 (가장분면)★★

[뜻음] 거짓 가, 꾸밀 장, 가루 분, 낯 면.

[풀이] 얼굴에 분을 바르고 거짓으로 꾸밈. 거짓스러운 말과 행실.

家藏什物 (가장집물)★

[뜻음] 집 가, 감출 장, 세간 집, 만물 물.
[풀이] 집에 두고 늘 쓰는 온갖 세간.

家傳寶玉 (가전보옥)★★

[뜻음] 집 가, 전할 전, 보배 보, 구슬 옥.
[풀이] 한 집안에 대대로 전해 내려오는 보물.

苛政猛於虎 (가정맹어호)★★★

[뜻음] 독할 가, 다스릴 정, 거칠 맹, 어조사 어, 호랑이 호.
[풀이] 까다로운 정치는 범보다 무섭다. 가혹한 정치는 호랑이보다 더 사납다. 苛斂誅求(가렴주구)하는 정치.

이 말은 ≪禮記(예기)≫ 檀弓篇(단궁편)에 나온다.
孔子(공자)가 제자들과 함께 泰山(태산) 옆을 지나가는데 무덤 옆에서 우는 아낙네를 보았다. 공자는 제자인 子路(자로)에게 이렇게 묻게 했다.
"내가 부인의 울음소리를 가만히 들으니 아무래도 여러 번 슬픈 일을 당한 것 같은데 어떻게 된 사연입니까?"
부인은 울음을 그치고 대답했다.
"예, 과연 그렇습니다. 옛날에는 저의 시아버지가 범에게 잡혀 죽었고, 얼마 전에는 제 남편도 또 범에게 잡혀 죽었는데, 이번에 제 자식이 또 범에게 잡혀서 죽고 말았습니다."
공자는 부인의 말을 듣자,
"그러면 어째서 이 무서운 고장을 떠나지 못하는 거요?" 하고 반문했다. 부인이 대답했다.
"그래도 이 고장에는 까다로운 정사가 없기 때문이지요"
공자는 느낀 바가 있어 제자들에게 말했다.
"너희들 잘 명심해 두어라. 까다로운 정치는 백성들이 범보다도 더 무섭게 안다는 것을"
까다로운 정치란 백성들을 달달 볶는 정치이고 이 정치는 가혹한 정치, 苛斂誅求(가렴주구)하는 정치이다.

加足帝腹 (가족제복)★

[뜻음] 더할 가, 발 족, 임금 제, 배 복.
[풀이] 중국 後漢(후한)의 嚴子陵(엄자릉)은 光武帝(광무제)의 어렸을 적 친구로, 후에 자면서 광무제의 배 위에 발을 얹었다는 옛 일에서 온 말.
光武帝(광무제): 중국 後漢(후한)의 始祖(시조)인 劉秀(유수). 前漢(전한) 高祖(고조)의 九世孫(구세손). 湖北(호북)에서 군사를 일으켜 王莽(왕망)을 昆陽(곤양)에서 격파하고, 25년 임금에 즉위한 후 10년 만에 천하를 통일하였다. 漢室(한실)을 부흥하고 洛陽(낙양)에 도읍하였다. 善政(선정)을 펴고 유학을 장려하여 후한 왕조의 터전을 닦았다. 世祖(세조)라 이른다.(B.C. 6~A.D. 57, 재위 25~57). 출전 後漢書(후한서).

家中凡節 (가중범절)★

[뜻음] 집 가, 가운데 중, 여러 범, 마디 절.
[풀이] 집안의 일상적인 모든 일. 또는 그 절차.

家中豪傑 (가중호걸)★

[뜻음] 집 가, 가운데 중, 호걸 호, 인걸 걸.
[풀이] 집안의 호걸. 즉 호걸의 풍모를 갖춘 여자.

價增一顧 (가증일고)★

[뜻음] 값 가, 더할 증, 한 일, 돌아볼 고.
[풀이] 중국 周(주)나라 때의 사람인 伯樂(백낙)이 한 번 돌아보매, 駿馬(준마)의 값이 열 배나 올랐다는 옛일에서 온 말. 말(馬)의 좋고 나쁨을 잘 가려냈으며, 또 말의 病(병)을 잘 고쳤다고 함. 伯樂一顧(백락일고). 출전 春秋後語(춘추후어).

家醜不外揚 (가추불외양)★★

[뜻음] 집 가. 더러울 추, 아닐 불, 바깥 외, 드날릴 양.
[풀이] 집안의 수치를 바깥에 드러내지 않음. 출전 通俗編(통속편).

嫁娶之禮 (가취지례)★

[뜻음] 시집갈 가, 장가들 취, 갈 지, 예도 례.
[풀이] 婚姻(혼인)의 예식. 婚禮(혼례).

軻親斷機 (가친단기)★★

[뜻음] 때 못 만날 가, 친할 친, 끊을 단, 베틀 기.
[풀이] 중국 戰國時代(전국시대)의 哲人(철인)인 孟子(맹자)가 학문을 중도에서 폐하고 돌아오자, 어머니가 짜던 베를 끊고, "지금 네가 학문을 폐하는 것은 마치 짜던 베를 이처럼 끊어 버리는 것과 같다"고 훈계했다는 옛일. '軻'는 맹자의 이름. '斷機之戒(단기지계)'를 보시오.

家宅侵入 (가택침입)★

[뜻음] 집 가, 집 택, 침입할 침, 들 입.
[풀이] 아무 이유 없이 남의 집이나 남이 지키고 있는 건조물에 침입하는 일

可痛之事 (가통지사)★

[뜻음] 옳을 가, 아플 통, 갈 지, 일 사.
[풀이] 통분할 만한 일. 원통하고 분한 일.

假虎威狐 (가호위호)★

[뜻음] 빌릴 가, 범 호, 위엄 위, 여우 호.
[풀이] '여우가 범의 위세를 빌려 다른 짐승을 위협한다'는 뜻으로, 신하로서 임금의 권위를 써서 다른 신하들을 을러맴. 출전 戰國策(전국책).

家和萬事成 (가화만사성)★★★

[뜻음] 집 가, 화목할 화, 일만 만, 일 사, 이룰 성.
[풀이] 집안이 화목하면 모든 일이 잘되어감.

이 말은 '笑門萬福來(소문만복래)'와 대를 이루어 잘
쓰이는 말이다.
　집안이 화목하려면 여유와 웃음이 있어야 한다. 웃음이
있으려면 입과 혀를 거칠게 놀리지 말아야 한다. 입과 혀
에 관한 다음 시를 보자.

입은 화의 문이요,
혀는 몸을 베는 칼

口是禍之門 구시화지문
舌是斬身刀 설시참신도

　'禍自口出(화자구출), 病自口入(병자구입)'이라는 문자
도 있다. '화는 입으로부터 나오고 병은 입으로부터 들어
간다'라는 문자이다. 입과 혀를 거칠게 놀리면 집안이 화
목하지 못하다. 그러한 집안은 크게 일어서기 어렵다. 크
게 되더라도 많은 후유증이 나타난다.
　그러면 어떤 집이 화목한가. 그것은 웃음이 넘치는 집
안이다. '笑門萬福來(소문만복래)'라는 말을 살펴보자. 이
말은 그 입에서 웃음이 자꾸 나오면 모든 어려움은 웃음
과 함께 사라지고 그 대신 기쁜 일이 찾아오게 된다는 말
이다. 그야말로 웃음은 화를 돌려 복을 만드는, 轉禍爲福
(전화위복)의 좋은 약이라고 할 수 있다.
　'修身齊家(수신제가)'라는 것은 곧 자기 몸을 잘 수양
하고 國家(국가)를 잘 다스린다는 말이다. '治國平天下(치
국평천하)'도 수신제가에서 비롯되니 가화만사성이라는
말은 뜻이 쉬우나 의미는 아주 깊다.

刻苦勉勵 (각고면려)★

[뜻음] 새길 각, 괴로울 고, 힘쓸 면, 힘쓸 려.
[풀이] 몹시 애를 쓰고 힘을 들임.

刻苦精勵 (각고정려)★

[뜻음] 새길 각, 괴로울 고, 정밀할 정, 힘쓸 려.
[풀이] 몹시 애를 쓰고 정성을 들임. 刻苦勉勵(각고면려).

刻鵠類鶩 (각곡류목)★

[뜻음] 새길 각, 고니 곡, 무리 류, 집오리 목.
[풀이] 刻鵠不成尙類鶩(각곡불성상류목).

刻鵠不成尙類鶩 (각곡불성상류목)★★

[뜻음] 새길 각, 고니 곡, 아닐 불, 이룰 성, 오히려 상, 무리 류, 집오
　리 목.
[풀이] 고니를 새기다가 이루지 못해도 오히려 집오리는 닮게 됨. 몸
가짐을 삼가는 선비를 본받으면 그와 같이는 못 될지라도 착한 사람
이 될 수 있다는 비유. 刻鵠類鶩(각곡류목). 출전 後漢書(후한서) 馬
援傳(마원전).

刻鵠類鵝 (각곡류아)★

[뜻음] 새길 각, 고니 곡, 무리 류, 거위 아.
[풀이] 刻鵠類鶩(각곡류아). 刻鵠不成尙類鶩(각곡불성상류목).

刻骨感恩 (각골감은)★

[뜻음] 새길 각, 뼈 골, 느낄 감, 은혜 은.
[풀이] 뼈에 새길 정도로 은혜에 감사함. 받은 은혜에 대해 깊이 감사
하는 마음을 가짐.

刻骨難忘 (각골난망)★

[뜻음] 새길 각, 뼈 골, 어려울 난, 잊을 망.
[풀이] 뼈에 새기어 잊기 어려움. 남에게 받은 은혜의 고마움을 뼈에
새겨 잊지 않음. 출전 後漢書(후한서).

刻骨勉勵 (각골면려)★

[뜻음] 새길 각, 뼈 골, 힘쓸 면, 힘쓸 려.
[풀이] 뼈를 깎는 정성으로 생각에 온 힘을 쏟는다. 무슨 일을 하더라
도 온 정성을 다 기울인다는 말. 흔히 杜甫(두보)의 詩風(시풍)을 이
를 때 쓰기도 함.

刻骨銘心 (각골명심)★

[뜻음] 새길 각, 뼈 골, 새길 명, 마음 심.
[풀이] 뼈에 새기고 마음에 새겨 잊지 않는다. 마음 깊이 새겨둠. 출
전 後漢書(후한서).

刻骨痛恨 (각골통한)★★

[뜻음] 새길 각, 뼈 골, 아플 통, 한할 한.
[풀이] 뼈에 사무치도록 깊은 원한. 刻骨恨(각골한).

角弓反張 (각궁반장)★

[뜻음] 뿔 각, 활 궁, 돌이킬 반, 베풀 장.
[풀이] 물건이 뒤틀어진 형세. 중풍으로 얼굴이 비뚤어지거나 半身不
隨(반신불수)가 된 모습.

恪勤勉勵 (각근면려)★

[뜻음] 삼갈 각, 부지런할 근, 힘쓸 면, 권장할 려.
[풀이] 스스로 격려하여 부지런히 힘씀. 刻苦勉勵(각고면려).

恪勤奉公 (각근봉공)★

[뜻음] 삼갈 각, 부지런할 근, 받들 봉, 공변될 공.
[풀이] 나라의 일을 위하여 정성껏 부지런히 힘씀.

恪勤匪懈 (각근비해)★

[뜻음] 삼갈 각, 부지런할 근, 아닐 비, 게으를 해.
[풀이] 삼가고 힘써서 게을리하지 않음. 중국 唐(당)나라 때에는 이것
으로 流內官(유내관)의 공을 헤아렸다고 함. 유내관이란 정일품에서
정구품까지의 品階(품계) 안에 드는 관리.

覺今是而昨非 (각금시이작비)★

[뜻음] 깨달을 각, 이제 금, 옳을 시, 말 이을 이, 어제 작, 아닐 비.
[풀이] 지금 비로소 지난날의 모든 잘못을 깨달았다는 말.

各其所長 (각기소장)★

[뜻음] 각자 각, 그 기, 바 소, 장점 장.
[풀이] 각기 저마다의 長技(장기)나 장점.

脚踏實地 (각답실지)★

[뜻음] 다리 각, 밟을 답, 충실할 실, 땅 지.
[풀이] 실지를 답사한다. 일을 처리하는 솜씨가 착실함. 일을 절실하게 함. 출전 宋史(송사).

刻露淸秀 (각로청수)★★

[뜻음] 새길 각, 이슬 로, 맑을 청, 빼어날 수.
[풀이] 잎이 떨어져 산의 모양이 환히 보이고 공기가 맑아 조망이 깨끗함. 가을의 경치를 형용한 말. 葉向高(섭향고)가 말하기를 峭刻呈露 淸爽秀麗(초각정로 청상수려)라 하였음. 출전 歐陽修(구양수)의 豊樂亭記(풍악정기).

刻鏤心骨 (각루심골)★

[뜻음] 새길 각, 새길 루, 마음 심, 뼈 골.
[풀이] 마음과 뼈에 새긴다. 마음에 깊이 새겨 잊지 않음.

各立獨行 (각립독행)★

[뜻음] 각자 각, 설 립, 홀로 독, 다닐 행.
[풀이] 각자 떨어져서 따로 실행함.

却粒飡霞 (각립찬하)★

[뜻음] 거둘 각, 낟알 립, 먹을 찬, 이내 하.
[풀이] 낟알을 먹지 아니하고 노을을 마심. 곧 神仙(신선)이 됨. 출전 齊書(제서) 褚伯玉傳(저백옥전).

刻木爲吏 (각목위리)★

[뜻음] 새길 각, 나무 목, 할 위, 아전 리.
[풀이] 나무를 깎아 官吏(관리)의 형상을 만든다. 獄吏(옥리)를 심히 저주함. 削木爲吏(삭목위리). 출전 漢書(한서).

刻薄成家 (각박성가)★

[뜻음] 새길 각, 엷을 박, 이룰 성, 집 가.
[풀이] 각박하게 생활하여 일가를 이루다. 몰인정하도록 吝嗇(인색)해서 富者(부자)가 됨.

恪別敬對 (각별경대)★

[뜻음] 삼갈 각, 나눌 별, 공경할 경, 응대할 대.
[풀이] 특별히 공손하게 대접함.

刻削之道鼻莫如大目莫如小

(각삭지도비막여대목막여소)★

[뜻음] 새길 각, 깎을 삭, 갈 지, 길 도, 코 비, 아닐 막, 같을 여, 큰 대, 눈 목, 작을 소.
[풀이] 사람의 얼굴을 조각할 때는 먼저, 코는 되도록 크게, 눈은 되도록 작게 하여, 나중에 수정할 수 있게 해 두는 것이 좋다. 일을 할 때는 먼저 방법을 잘 생각하여 실패함이 없도록 하여야 함을 비유하여 이르는 말. 출전 韓非子(한비자).

各散盡飛 (각산진비)★

[뜻음] 각자 각, 흩을 산, 다할 진, 날 비.
[풀이] 각각 흩어져 감.

各色各樣 (각색각양)★

[뜻음] 각자 각, 빛 색, 모양 양.
[풀이] 각자 빛깔이나 모양이나 다름.

各色風流 (각색풍류)★

[뜻음] 각자 각, 빛 색, 바람 풍, 흐를 류.
[풀이] 온갖 종류의 놀이. 온갖 풍류.

覺悟自殺 (각오자살)

[뜻음] 깨달을 각, 깨달을 오, 스스로 자, 죽일 살.
[풀이] 앞으로 닥쳐올 곤경을 미리 깨닫고 스스로 죽음.

刻于金石 (각우금석)★★

[뜻음] 새길 각, 어조사 우, 쇠 금, 돌 석.
[풀이] 鐘鼎(종정)이나 碑碣(비갈)에 새기다. 鍾(종)이나 鼎(정)이나 碑(비)나 碣(갈)에 사람의 공덕 등을 종정비갈에 새겨서 후세에 전함. 정은 세 발 달린 쇠솥이고, 비는 네모난 돌, 갈은 둥근 돌임.

各有所長 (각유소장)★

[뜻음] 각각 각, 있을 유, 바 소, 길 장.
[풀이] 각 사람마다 장점이나 長技(장기)를 지니고 있음.

各人各色 (각인각색)★★

[뜻음] 각자 각, 사람 인, 빛 색.
[풀이] 말과 행동과 모양새와 몸가짐 등이 각 사람마다 모두 다름.

各人各說 (각인각설)★

[뜻음] 각각 각, 사람 인, 말씀 설.
[풀이] 사람마다 主張(주장)하는 意見(의견)이나 說(설)이 제각각 다름.

各人自掃門前雪 (각인자소문전설)★

[뜻음] 각각 각, 사람 인, 스스로 자, 쓸 소, 문 문, 앞 전, 눈 설.
[풀이] 각 사람이 스스로 문 앞의 눈(雪설)을 쓴다. 자기가 할 일을 하고 남의 일에는 관여하지 말라는 뜻.

各自圖生 (각자도생)★

[뜻음] 각자 각, 스스로 자, 꾀할 도, 살 생.
[풀이] 제각기 살 길을 圖謀(도모)함.

角者無齒 (각자무치)★

[뜻음] 뿔 각, 놈 자, 없을 무, 이 치.
[풀이] 뿔이 있는 자는 이가 없다. 사람이 모든 복을 겸하지 못한다는 말.

各自爲政 (각자위정)★

[뜻음] 각각 각, 스스로 자, 할 위, 정사 정.
[풀이] 사람마다 자기 마음대로 행동함. 다른 사람과 협력하지 않으면 실패할 것이 분명하다는 말. 출전 左傳(좌전) 宣公(선공) 2년.

各自以爲大將 (각자이위대장)★

[뜻음] 각각 각, 스스로 자, 써 이, 할 위, 큰 대, 장수 장.
[풀이] 각자가 스스로 장수가 됨. 각 사람이 가장 잘난 것처럼 나섬.

刻章琢句 (각장탁구)★★

[뜻음] 새길 각, 문장 장, 다듬을 탁, 구절 구.
[풀이] 글을 쓸 때 章句(장구)를 새기고 쫌. 장구를 고치고 가다듬음.
장구를 열심히 彫琢(조탁)함.

各廛市井 (각전시정)

[뜻음] 각자 각, 가게 전, 시장 시, 우물 정.
[풀이] 각 전방과 시장. 전방은 가게.

各從其類 (각종기류)★

[뜻음] 각각 각, 따를 종, 그 기, 무리 류.
[풀이] 만물은 각기 같은 종류끼리 서로 따름. 출전 易經(역경) 文言
(문언).

各從本法 (각종본법)★

[뜻음] 각각 각, 따를 종, 밑 본, 법 법.
[풀이] 여러 사람이 共謀(공모)하여 죄를 범했을 때, 그 主從(주종)에
따라 죄의 적용을 달리하여 하나같이 처단하지 않음.

刻舟求劍 (각주구검)★★★

[뜻음] 새길 각, 배 주, 구할 구, 칼 검.
[풀이] 배에 새기고 칼을 찾는다. 칼을 강물에 떨어뜨리자 뱃전에 표
시를 했다가 나중에 그 칼을 찾으려 했다는 故事(고사). ① 어리석고
융통성이 없음. ② 시대적 변화를 모르는 어리석음.

≪呂氏春秋(여씨춘추)≫ 察今篇(찰금편)에 나오는 이
야기이다.
　楚(초)나라 사람이 배를 타고 강을 건너게 되었는데,
들고 있던 칼을 그만 강물에 떨어뜨리고 말았다. 그러자
그는 얼른 칼을 빠뜨린 곳을 뱃전에다 표시를 해 두고,
　"내가 칼을 빠뜨린 곳은 바로 여기다" 하고 자못 영리
한 것처럼 주위 사람을 둘러보았다.
　이윽고 배가 언덕에 와 닿자 그는 아까 표시를 해 놓은
그 자리에서 물로 뛰어들었다. 그는 그 자리에 칼이 있을
것으로만 믿고 있었던 것이다. 배는 이미 그동안에 칼이
빠진 곳에서 멀리 떨어져 갔는데도 그걸 미처 깨닫지 못하
고 그런 식으로 칼을 찾겠다니 한심한 사람이라고 할 수밖
에 없다.
　이 고사에서 어리석고 융통성이 없거나 시대적 변화를
모르는 어리석음을 나타내는 말로 굳어졌다.

却之不恭 (각지불공)★

[뜻음] 물리칠 각, 갈 지, 아닐 불, 공손할 공.
[풀이] 거절함은 無禮(무례)하다는 말.

覺跌千里 (각질천리)★

[뜻음] 느낄 각, 어그러질 질, 일천 천, 마을 리.
[풀이] '여기서 반걸음이라도 잘못 내딛는 날엔 천 리 먼 길이 어그러
짐을 알겠구나'에서 온 말. 큰일을 그르치는 자를 깨우치게 하는 뜻.
출전 荀子(순자) 王霸篇(왕패편).

刻燭賦詩 (각촉부시)★

[뜻음] 새길 각, 촛불 촉, 글 부, 시 시.
[풀이] 초에 금(線선)을 새겨 넣고 그 부분이 다 타기까지를 時限(시
한)으로 정하고 그 안에 詩(시)를 짓는 일.

角逐 (각축)★★

[뜻음] 뿔 각, 쫓을 축.
[풀이] 서로 뿔을 맞대고 싸우는 형세. 조금도 양보 없이 대등하게 겨
루고 있는 모습을 비유하는 말. 角逐之勢(각축지세). 互角之勢(호각
지세). 출전 戰國策(전국책) 趙策(조책).

角逐之勢 (각축지세)★

[뜻음] 뿔 각, 쫓을 축, 갈지, 세력 세.
[풀이] 角逐(각축).

角枕粲錦衾爛 (각침찬금금란)

[뜻음] 뿔 각, 베개 침, 정미 찬, 비단 금, 이불 금, 빛날 란.
[풀이] 뿔로 장식한 베개와 비단 이불이 찬란하고 화려하다. 新婚夫
婦(신혼부부)의 衾枕(금침)의 아름다움을 이르는 말. 출전 詩經(시경).

閣下 (각하)★★

[뜻음] 누각 각, 아래 하.
[풀이] 누각의 아래. 大臣(대신)의 尊稱(존칭). 殿下(전하)보다 한 등
아래임. 또 높은 벼슬이나 지위에 있는 사람을 높여 일컫는 말.

刻畵無鹽 (각화무염)★★

[뜻음] 새길 각, 그림 화, 없을 무, 소금 염.
[풀이] 무염 땅 종리춘이 화장을 하다. 醜女(추녀)가 아무리 화장을
하여도 美人(미인)과 비교할 수 없다. 전혀 비교가 되지 않음을 비유
하여 이르는 말. 無鹽(무염)은 중국 齊(제)나라의 땅 이름. 醜婦(추부)
인 제나라의 宣王(선왕)의 妃(비) 鍾離春(종리춘)의 출생지이고 이 종
리춘은 추녀의 대명사가 됨. 출전 晉書(진서).

侃侃大笑 (간간대소)★★

[뜻음] 화락할 간, 큰 대, 웃을 소.
[풀이] 재미있게 소리 내어 웃음. 얼굴에 和氣(화기)를 띠고 소리 내
어 웃음.

侃侃諤諤 (간간악악)★★

[뜻음] 굳셀 간, 곧은 말할 악.
[풀이] 옳다고 믿는 것을 거리낌 없이 直言(직언)하는 일. 忌憚(기탄)
없이 論議(논의)함.

干卿何事 (간경하사)★

[뜻음] 간여할 간, 벼슬 경, 어찌 하, 일 사.
[풀이] 경과 무슨 상관이란 말인가? 쓸데없이 남의 일에 참견하는 사
람을 비웃을 때 쓰는 말. 출전 南唐書(남당서).

干戈倥傯 (간과공총)★

[뜻음] 방패 간, 창 과, 바쁠 공, 바쁠 총.
[풀이] 전쟁으로 바쁨. 干戈는 전쟁을 나타냄. 兵戈倥傯(병과공총).

幹國之器 (간국지기)★

[뜻음] 줄기 간, 나라 국, 갈 지, 그릇 기.
[풀이] 국가를 다스릴 局量(국량)을 지닌 사람. 출전 後漢書(후한서).

閒氣人物 (간기인물)★

[뜻음] 사이 간, 기운 기, 사람 인, 만물 물.
[풀이] 세상에 드문, 썩 뛰어난 기품을 타고난 인물. 閒(간)은 間(간)의 本字(본자).

閒氣豪傑 (간기호걸)★

[뜻음] 사이 간, 기운 기, 호걸 호, 뛰어날 걸.
[풀이] 세상에 어쩌다가 나타나는 호걸. 곧 不世出(불세출)의 英雄(영웅). 閒(간)은 間(간)의 本字(본자).

艱難多事 (간난다사)★

[뜻음] 어려울 간, 어려울 난, 많을 다, 일 사.
[풀이] 괴롭고 어려운 일들이 많음.

艱難辛苦 (간난신고)★★

[뜻음] 어려울 간, 어려울 난, 매울 신, 쓸 고.
[풀이] 어려움을 겪으며 고생함. 고되고 어려움.

艱難險阻 (간난험조)

[뜻음] 어려울 간, 어려울 난, 험할 험, 험할 조.
[풀이] 인생 行路(행로)의 험하고 어려운 일.

肝腦塗地 (간뇌도지)★★★

[뜻음] 간 간, 뇌 뇌, 진흙 도, 땅 지.
[풀이] 참혹한 죽음을 당하여 간과 뇌가 땅에 떨어져 으깨어짐. 나랏일을 위해서는 지극한 곤경에 이르거나, 참혹한 죽음이라도 두려워하지 아니한다는 말. 출전 戰國策(전국책).

簡單明瞭 (간단명료)★★

[뜻음] 간단할 간, 홑 단, 밝을 명, 밝을 료.
[풀이] 간단하고 분명함. 簡明(간명).

肝膽塗地 (간담도지)★

[뜻음] 간 간, 쓸개 담, 진흙 바를 도, 땅 지.
[풀이] 간과 쓸개가 흙과 뒤범벅이 된다. 싸움터에서 斬殺(참살)당할 때의 모양을 이르는 말. 출전 史記(사기).

肝膽相照 (간담상조)★★★

[뜻음] 간 간, 쓸개 담, 서로 상, 비칠 조.
[풀이] 서로 간과 쓸개를 꺼내 보인다는 뜻. 친구 사이의 眞正(진정)한 우정. 서로 속마음을 터놓고 가까이 지냄.

唐宋八大家(당송팔대가) 중 唐代(당대)의 두 名文(명문) 대가에 韓愈[한유: 자는 退之(퇴지), 768~824]와 柳宗元[유종원: 자는 子厚(자후), 773~819]이 있었다. 이들은 함께 古文復興(고문 부흥) 운동을 제창한 문우로서 세인으로부터 韓柳(한유)라 불릴 정도로 절친한 사이였다.

당나라 11대 황제인 憲宗(헌종: 805~820) 때 柳州刺史(유주자사)로 좌천되었던 유종원이 죽자 한유는 그 墓誌銘(묘지명)을 썼다.

자신의 불우한 처지는 제쳐 놓고 오히려 연로한 어머니를 두고 변경인 播州刺史(파주자사)로 좌천, 부임하는 친구 劉夢得(유몽득)을 크게 동정했던 유종원의 진정한 우정을 찬양하고, 이어 경박한 사귐을 증오하여 이렇게 쓰고 있다.

"……사람이란 곤경에 처했을 때라야 비로소 節義(절의)가 나타나는 법이다. 평소 평온하게 살아갈 때는 서로 그리워하고 기뻐하며 때로는 놀이나 술자리를 마련하여 부르곤 한다. 또 흰소리를 치기도 하고 지나친 우스갯소리도 하지만 서로 양보하고 손을 맞잡기도 한다. 어디 그뿐인가. '서로 간과 쓸개를 꺼내 보이며[肝膽相照]' 해를 가리켜 눈물짓고 살든 죽든 서로 배신하지 말자고 맹세한다.

말은 제법 그럴듯하지만 일단 털끝만큼이라도 이해관계가 생기는 날에는 눈을 부릅뜨고 언제 봤냐는 듯 안면을 바꾼다. 더욱이 함정에 빠져도 손을 뻗쳐 구해 주기는커녕 오히려 더 깊이 빠뜨리고 위에서 돌까지 던지는 인간이 이 세상 곳곳에 널려 있는 것이다."

곧 상호간에 진심을 터놓고 격의 없이 사귐을 나타내거나 마음이 잘 맞는 절친한 사이를 일컫게 되었다.

[참고] 유종원: 당나라 중엽의 시인. 唐宋八大家(당송팔대가)의 한 사람. 자는 子厚(자후). 山西省(산서성)사람. 21세 때 進士(진사)가 됨. 山水(산수)의 자연미를 읊은 시를 많이 썼음. 33세 때 영주 자사로 좌천된 후 內職(내직)으로 복귀하지 못한 채 柳州刺史(유주자사)를 끝으로 불우한 생애를 마쳤음. 저서로는 ≪柳河東集(유하동집)≫ 등이 있음.

肝膽楚越 (간담초월)★★★

[뜻음] 간 간, 쓸개 담, 초나라 초, 월나라 월.
[풀이] 抑止(억지)로 差別(차별)을 지어 보면 간과 쓸개와 같이 서로 가까운 사물도 보기에 따라서 초나라와 월나라만큼이나 相距(상거)가 먼 것처럼 보이기도 하고, 반대로 서로 다른 것도 동일하게 생각된다는 말. 肝膽胡越(간담호월). 출전 莊子(장자) 德充符篇(덕충부편).

竿頭過三年 (간두과삼년)★

[뜻음] 장대 간, 머리 두, 지날 과, 석 삼, 해 년.
[풀이] 장대 끝에서 3년을 지냈다. 괴로움이나 위험을 오랫동안 참고 지냈음을 비유하여 이르는 말. 출전 旬五志(순오지).

竿頭之勢 (간두지세)★★

[뜻음] 장대 간, 머리 두, 갈 지, 세력 세.
[풀이] 긴 막대기 끝에 선 것처럼 매우 위태로운 형세.

干木富義 (간목부의)★★★

[뜻음] 방패 간, 나무 목, 가멸 부, 옳을 의.
[풀이] 段干木(단간목)이 義(의)에 富(부)함. 중국 魏(위)나라의 文候(문후)가 단간목이 閑居(한거)하는 마을을 지나면서, 그를 향하여 수레 위에서 절하며, "간목은 德(덕)으로 빛나고, 寡人(과인)은 權勢(권세)로 빛난다. 그는 의에 富(부)하고, 나는 재물에 부하다. 그러나 권세는 덕을 따르지 못하고, 재물은 의만 같지 못하다. 아아, 간목은 그의 덕과 과인의 권세를 바꾸려 하지 않을 것이다" 하면서 탄식하였다는 옛일에서 온 말.

乾木水生 (간목수생)★★★

[뜻음] 마를 간, 나무 목, 물 수, 살 생.
[풀이] 바싹 마른 나무에서 물을 짜낸다. 아무것도 없는 사람에게 무엇을 무리하게 요구함을 비유하여 이르는 말. 乾(건)은 '마르다'의 의미이면 '간'으로 읽어야 하고 '하늘'의 의미이면 건으로 읽어야 함.

簡髮而櫛 (간발이즐)★★

[뜻음] 가릴 간, 터럭 발, 말 이을 이, 빗질할 즐.
[풀이] 머리카락을 낱낱이 골라 가며 빗질함. 쓸데없는 곳에 精力(정력)을 浪費(낭비)함을 비유. 출전 莊子(장자) 庚桑楚篇(경상초편).

揀佛燒香 (간불소향)★

[뜻음] 가릴 간, 부처 불, 불사를 소, 향내 날 향.
[풀이] 부처를 골라서 향을 피운다. 남을 대우하는 데 厚(후)하게 하거나 薄(박)하게 함을 보임을 비유하여 이르는 말.

間不容髮 (간불용발)★

[뜻음] 사이 간, 아닐 불, 용납할 용, 터럭 발.
[풀이] 털 하나 들어갈 틈이 없음. 일이 대단히 급박함을 이름. 間不容息(간불용식).

幹事 (간사)★★

[뜻음] 줄기 간, 일 사.
[풀이] 간은 善(선)으로 일을 잘함. 또 간은 根幹(근간)으로 일의 근간 또는 事務(사무)를 주장함을 이름. 출전 易經(역경) 文言(문언).

幹事之臣 (간사지신)★

[뜻음] 줄기 간, 일 사, 갈 지, 신하 신.
[풀이] 主(주)가 되어 일을 관장하는 신하.

姦胥猾吏 (간서활리)★★

[뜻음] 간음할 간, 아전 서, 교활할 활, 관리 리.
[풀이] 간악하고 교활한 官吏(관리).

姦聲亂色 (간성난색)★★

[뜻음] 간사할 간, 소리 성, 어지러울 난, 빛 색.
[풀이] 간사한 소리와 淫亂(음란)한 여색. 간사한 소리는 귀를 어지럽게 하고, 좋지 못한 女色(여색)은 눈을 어지럽게 함. 출전 禮記(예기) 樂記篇(악기편).

干城之將 (간성지장)★★★

[뜻음] 방패 간, 성 성, 갈 지, 장수 장.
[풀이] 나라를 지키는 장수.

干城之材 (간성지재)★★

[뜻음] 방패 간, 성 성, 갈 지, 재목 재.
[풀이] 국방의 책임을 다할 장수. 武事(무사)에 뛰어난 재주. 방패와 성 구실을 하는 인재.

奸細之輩 (간세지배)★

[뜻음] 간사할 간, <u>천할 세</u>, 갈 지, 무리 배.
[풀이] 간사한 짓을 하는 사람의 무리. 奸細輩(간세배).

間世之材 (간세지재)★

[뜻음] 간간이 간, 대 세, 갈 지, 재목 재.
[풀이] 세상에 어쩌다가 나타나는, 뛰어난 인재.

看晨月座自夕 (간신월좌자석)★

[뜻음] 볼 간, 새벽 신, 달 월, 앉을 좌, 스스로 자, 저녁 석.
[풀이] 새벽달 보려고 초저녁부터 나와 앉는다. 성미가 급하거나, 때를 짐작하지 못하거나 하여 일을 너무 일찍 서두르고 준비함을 탓하는 말. 출전 靑莊館全書(청장관전서).

奸臣賊子 (간신적자)★★

[뜻음] 간사할 간, 신하 신, 도적 적, 아들 자.
[풀이] 간사한 신하와 부모에게 거역하는 자식.

奸惡無道 (간악무도)★★

[뜻음] 간사할 간, 나쁠 악, 없을 무, 법도 도.
[풀이] 간악하고 무지막지함. 도가 없음.

奸惡妖黠 (간악요힐)

[뜻음] 간사할 간, 악할 악, 괴이할 요, 약을 힐.
[풀이] 간사하고 惡毒(악독)하며 요망하고 약음.

間於齊楚 (간어제초)★★★

[뜻음] 사이 간, 어조사 어, 제나라 제, 초나라 초.
[풀이] 齊(제)나라를 섬겨야 하는가, 楚(초)나라를 섬겨야 하는가. 중간에 끼어서 이러지도 저러지도 못하는 사정. 약한 자가 강한 자의 틈에서 괴로움을 당함. 周(주)나라 말기에 鄧(등)나라가 제나라와 초나라 사이에 끼어서 괴로움을 받았다는 고사. 弱者(약자)가 强者(강자) 틈에 끼어 괴로움을 받음을 이름. 事齊事楚(사제사초).

肝葉始薄 (간엽시박)★

[뜻음] 간 간, 잎 엽, 비로소 시, 얇을 박.
[풀이] 간장이 엷어지기 시작한다. '50세쯤'을 이르는 말.

看雲步月 (간운보월)★

[뜻음] 볼 간, 구름 운, 걸음 보, 달 월.
[풀이] 고향과 가족 생각이 간절하여 낮이면 고향 쪽 하늘의 피어나는 구름을 바라보고 밤이면 달을 바라보며 거닌다는 뜻. 출전 杜甫(두보)의 恨別詩(한별시).

干雲蔽日 (간운폐일)★

[뜻음] 범할 간, 구름 운, 덮을 폐, 해 일.
[풀이] 구름을 범하고 해를 덮는다. '큰 나무'를 이르는 말.

諫議大夫 (간의대부)★★

[뜻음] 곧은 말 할 간, 의론할 의, 큰 대, 사내 부.
[풀이] 임금을 간하는 벼슬 이름. 天子(천자)의 顧問官(고문관)으로서 천자에게 잘못이 있으면 간하는 직책. 천자의 몸에 과실이 있을 때에는 이를 規諫(규간)하고, 기타 국가의 이해득실에 대하여 논의하는 것을 장악한 所任(소임).

諫而剖腹 (간이부복)★

[뜻음] 간할 간, 말 이을 이, 쪼갤 부, 배 복.
[풀이] 중국 殷(은)나라 比干(비간)이 紂王(주왕)이 옳지 못하거나 잘못한 일을 고치도록 간언하다가 배를 갈려 죽음을 당한 옛일. 출전 史記(사기).

諫而不逆 (간이불역)★★★

[뜻음] 간할 간, 말 이을 이, 아닐 불, 거스를 역.
[풀이] 옳지 못하거나 잘못한 일을 고치도록 말하기는 하지만 거스르지는 않음. 부모에게 대하는 자식의 도리로, 부모가 옳지 못하더라도 잘못을 지적하여 말할 수 있으나 거스를 수는 없다는 말. 孔子(공자)가 한 말임. 출전 禮記(예기).

間一髮 (간일발)★

[뜻음] 사이 간, 한 일, 터럭 발.
[풀이] 단 한 오라기의 머리카락을 끼울 만한 사이. 일이 매우 切迫(절박)함을 이르는 말.

干將莫射 (간장막야)★★

[뜻음] 방패 간, 장수 장, 아닐 막, 벼슬이름 야.
[풀이] 옛날 유명한 두 자루의 名劍(명검). 간장은 吳(오)나라의 刀匠(도장)이고 막야는 그의 아내로서 吳王(오왕) 闔閭(합려)를 위하여 陰(음), 陽(양)의 두 칼을 만들었다고 함. 轉(전)하여 널리 명검의 뜻으로 쓰임. 출전 吳越春秋(오월춘추) 闔閭內傳(합려내전).

姦回不軌 (간회불궤)★

[뜻음] 간음할 간, 간사할 회, 아닐 불, 굴대 궤.
[풀이] 邪惡(사악)하고 法度(법도)에 따르지 않음. 간회는 간사하다는 말.

葛巾道服 (갈건도복)★

[뜻음] 칡 갈, 수건 건, 도리 도, 옷 복.
[풀이] 葛巾野服(갈건야복).

葛巾野服 (갈건야복)★★

[뜻음] 칡 갈, 수건 건, 들 야, 옷 복. 갈건과 베옷.
[풀이] 處士(처사)나 隱士(은사)의 소박하고 거친 의복. 중국 晉(진)나라 詩人(시인) 도연명이 쓴 말.

羯鼓催花 (갈고최화)★

[뜻음] 오랑캐 갈, 북 고, 재촉할 최, 꽃 화.
[풀이] 羯鼓(갈고)는 악기의 이름으로 본래는 戎羯(융갈)의 鼓(고)임. 唐(당)의 玄宗(현종)이 뜰에서 羯鼓(갈고)를 두드리게 하였더니 百花(백화)가 만발하였다 함.

褐寬博 (갈관박)★

[뜻음] 굵은 베옷 갈, 너그러울 관, 넓을 박.
[풀이] 거친 천으로 통이 넓게 지어 입은 추레한 옷 또는 그런 옷을 입은 가난하고 천한 사람. 褐(갈)은 털로 짠 천, 寬博(관박)은 헐렁하고 크게 지은 의복. 褐博(갈박). 출전 孟子(맹자).

葛屨履霜 (갈구이상)★★

[뜻음] 칡 갈, 신발 구, 신발 이, 서리 상.
[풀이] 칡의 섬유로 만든 신은 여름에 신는 것인데 값이 싸므로 서리가 내리는 겨울에도 신으니, 이는 儉素(검소)가 너무 지나쳐 吝嗇(인색)한 일이라고 헐뜯는 말. 출전 詩經(시경).

渴驥奔泉 (갈기분천)★★

[뜻음] 목마를 갈, 천리마 기, 달릴 분, 샘 천.
[풀이] 목마른 駿馬(준마)가 샘으로 달려감. 곧 매우 빠름을 비유함.

葛藤 (갈등)★★★

[뜻음] 칡 갈, 등나무 등.
[풀이] 갈과 등이 서로 얽히어 풀리지 않는다는 뜻. 무슨 일이 몹시 까다롭게 얽히어 풀기 어려운 형편임을 이름.

渴民待雨 (갈민대우)★★

[뜻음] 목마를 갈, 백성 민, 기다릴 대, 비 우.
[풀이] 가뭄 때 백성들이 비를 몹시 기다림.

渴不飮盜泉 (갈불음도천)★★★

[뜻음] 목마를 갈, 아닐 불, 마실 음, 도둑 도, 샘 천.
[풀이] 대단히 목말라도 盜泉(도천)이라고 하는 이름의 나쁜 샘의 물을 마시지 않는다. 아무리 곤경에 빠져도 의롭지 못한 일을 하지 않음을 이름. 孔子(공자)가 山東省(산동성) 泗水縣(사수현)에 있는 盜泉(도천) 옆을 지날 때 목이 말랐으나 그 물을 마시지 아니한 고사에서 나온 말. 渴不飮盜泉水(갈불음도천수). 渴不飮盜泉之水(갈불음도천지수).

渴心生塵 (갈심생진)★

[뜻음] 목마를 갈, 마음 심, 날 생, 티끌 진.
[풀이] 사람을 방문하여 만나지 못함을 이름. 우물의 물을 푸려는데, 새끼줄이 없어서 푸지 못하는 것처럼 갈증만 더 나서 마음에 먼지가 낀다는 것.

渴飮月窟水 (갈음월굴수)★

[뜻음] 목마를 갈, 마실 음, 달 월, 암굴 굴, 물 수.
[풀이] 목이 말랐을 때 달의 암굴 중에서 솟아나는 물을 마신다. 출전 李白(이백)의 蘇武詩(소무시).

渴而穿井 (갈이천정)★★

[뜻음] 목마를 갈, 말 이을 이, 뚫을 천, 우물 정.
[풀이] 목이 마를 때 비로소 우물을 판다. 미리 준비하지 않고 일이 임박해서야 덤빔. 이미 때가 늦음. 출전 說苑(설원).

渴者易爲飮 (갈자이위음)★★

[뜻음] 목마를 갈, 놈 자, 쉬울 이, 할 위, 마실 음.
[풀이] 목이 마른 사람은 어떤 물이든지 가리지 않는다. 德(덕)에 굶주린 사람은 恩德(은덕)을 베푸는 사람에게 곧바로 心腹(심복)하는 경우에 쓰는 말. 출전 孟子(맹자) 公孫丑上篇(공손추상편).

竭轉官資 (갈전관자)

[뜻음] 올릴 갈, 옮길 전, 벼슬 관, 자리 자.
[풀이] 벼슬자리를 올리고 옮긴다. 累進(누진)시켜 최고의 官階(관계)에까지 올라가게 함.

竭忠報國 (갈충보국)★★

[뜻음] 다할 갈, 충성 충, 갚을 보, 나라 국.
[풀이] 충성을 다하여 나라의 은혜에 보답함.

竭澤焚藪 (갈택분수)★★

[뜻음] 다할 갈, 못 택, 불사를 분, 큰 늪 수.
[풀이] 못을 말려 고기를 잡고 숲을 불태워 짐승을 잡음. 포악한 행동을 이름. 竭澤而漁(갈택이어). 출전 呂氏春秋(여씨춘추).

竭澤而漁 (갈택이어)★★

[뜻음] 다할 갈, 못 택, 말 이을 이, 고기 잡을 어.
[풀이] 못물을 다 빼고 남김없이 고기를 잡는다. 모조리 철거하여 남김이 없음을 이르는 말. 竭澤焚藪(갈택분수). 출전 淮南子(회남자).

感君恩 (감군은)★★

[뜻음] 고맙게 여길 감, 임금 군, 은혜 은.
[풀이] 임금의 은혜에 감사함.

感慨無量 (감개무량)★★

[뜻음] 느낄 감, 슬퍼할 개, 없을 무, 헤아릴 량.
[풀이] 마음속에 품은 느낌이 限(한)이 없음.

感慨悲歌之士 (감개비가지사)★★

[뜻음] 느낄 감, 분개할 개, 슬플 비, 노래 가, 갈 지, 선비 사.
[풀이] 國事(국사)를 근심하는 나머지 悲憤慷慨(비분강개)하는 노래를 지어 읊어 울분을 푸는 선비. 출전 韓愈(한유)의 글.

甘瓜抱苦蒂 (감과포고체)★★

[뜻음] 느낄 감, 참외 과, 안을 포, 쓸 고, 꼭지 체.
[풀이] 단 참외에도 쓴 꼭지가 있다. 온전히 아름다운 것은 없음을 비유함. 출전 通俗編(통속편).

感舊之懷 (감구지회)★

[뜻음] 느낄 감, 옛날 구, 갈 지, 품을 회.
[풀이] 지난 일을 回想(회상)하여 감동한 懷抱(회포).

甘棠遺愛 (감당유애)★

[뜻음] 달 감, 팥배나무 당, 남길 유, 사랑 애.
[풀이] 甘棠之愛(감당지애).

甘棠之愛 (감당지애)★★★

[뜻음] 달 감, 아가위나무 당, 갈 지, 사랑 애.
[풀이] 백성이 시정자의 덕을 仰慕(앙모)하는 일. 周(주)나라의 召公(소공)의 善政(선정)에 감격하여 백성들이 그가 일찍이 쉬었던 팥배나무를 소중히 여겼다는 말. 출전 詩經(시경).

甘羅說趙王 (감라세조왕)★

[뜻음] 달 감, 그물 라, 달랠 세, 조나라 조, 임금 왕.
[풀이] 감라가 조왕을 달래다. 戰國時代(전국시대) 甘武(감무)의 孫(손) 甘羅(감라)가 어린 몸으로 秦(진)나라를 위해 趙王(조왕)을 달래어 외교적인 성공을 거두고 上卿(상경)의 지위를 받았음.

感淚嗚咽 (감루오열)★★

[뜻음] 느낄 감, 눈물 루, 흐느낄 오, 목멜 열.
[풀이] 마음에 깊이 느끼어 눈물을 흘리며 목메어 욺.

瞰亡負罪 (감망부죄)

[뜻음] 엿볼 감, 잃을 망, 질 부, 허물 죄.
[풀이] 남을 찾아갔으나 집에 있지 않았음을 이르는 말.

鑑明則塵垢不止 (감명즉진구부지)★★

[뜻음] 거울 감, 밝을 명, 곧 즉, 티끌 진, 때 구, 아닐 부, 그칠 지.
[풀이] 거울이 맑으면 티끌이 앉지 않음. 출전 莊子(장자).

鑑明者塵垢弗能埋 (감명자진구불능매)★

[뜻음] 거울 감, 밝을 명, 곧 즉, 티끌 진, 때 구, 아닐 불, 능할 능, 묻을 매.
[풀이] 거울이 맑으면 티끌이 앉지 않음. 맑은 거울은 모든 것을 환히 비추어 주는 것과 같이 사람의 마음도 밝으면 올바른 도리를 얻는다는 것. 鑑明則塵垢不止(감명즉진구부지). 출전 淮南子(회남자).

感奮興起 (감분흥기)★★

[뜻음] 느낄 감, 떨칠 분, 일어날 흥, 일어날 기.
[풀이] 감분하여 떨치고 일어남.

敢不生心 (감불생심)★★

[뜻음] 감히 감, 아닐 불, 날 생, 마음 심.
[풀이] 감히 엄두를 못 냄.

敢不生意 (감불생의)★★

[뜻음] 감히 감, 아닐 불, 날 생, 뜻 의.
[풀이] 敢不生心(감불생심).

減死島配 (감사도배)★

[뜻음] 덜 감, 죽을 사, 섬 도, 귀양 보낼 배.
[풀이] 死刑(사형)을 감해주고 섬으로 귀양 보냄.

感謝萬萬 (감사만만)★

[뜻음] 느낄 감, 사례할 사, 일만 만.
[풀이] 대단히 감사함. 감사한 마음을 이루 다 헤아릴 수 없음.

減死定配 (감사정배)★

[뜻음] 감할 감, 죽을 사, 정할 정, 유배 배.
[풀이] 사형에 처할 벌을 감하여 귀양을 보냄.

感謝千萬 (감사천만)★

[뜻음] 느낄 감, 사례할 사, 일천 천, 일만 만.
[풀이] 너무나 감사하여 이루 다 헤아릴 수 없음. 感謝萬萬(감사만만).

撼山易撼岳家軍難 (감산이감악가군난)★

[뜻음] 흔들 감, 뫼 산, 쉬울 이, 큰산 악, 집 가, 군대 군, 어려울 난.
[풀이] 산을 흔들기는 쉽고, 악비의 군대를 흔들기는 어렵구나. 宋(송)나라 岳飛(악비)의 군사가 군율이 엄격하여 동요되지 않음을 이름.

減膳撤樂 (감선철악)★★

[뜻음] 덜 감, 반찬 선, 거둘 철, 노래 악.
[풀이] 나라에 변고가 있을 때, 근신하는 뜻에서 임금의 밥상에 음식 가짓수를 줄이고 음악을 폐하던 일. 減膳徹懸(감선철현).

減膳徹懸 (감선철현)★★

[뜻음] 덜 감, 반찬 선, 거둘 철, 매달 현.
[풀이] 국가에 變故(변고)가 있을 때 天子(천자), 諸侯(제후)가 飮食(음식)의 가짓수를 줄이고 舞樂(무악)을 정지함. 懸(현)은 걸어 놓고 치는 惡器(악기). 減膳撤樂(감선철악).

敢昭告于 (감소고우)★★★

[뜻음] 감히 감, 밝힐 소, 아뢸 고, 어조사 우.
[풀이] 감히 밝혀 아룀. 흔히 祭文(제문)이나 祝文(축문)에서 神(신)에게 고하려고 쓰는 말.

甘心如薺 (감심여제)★

[뜻음] 달 감, 마음 심, 같을 여, 냉이 제.
[풀이] 마음이 냉이와 같이 달다. 마음이 가라앉고 편안하여 苦痛(고통)을 느끼지 않음을 이름. 출전 南史(남사).

甘言利說 (감언이설)★★

[뜻음] 달 감, 말씀 언, 이로울 리, 말씀 설.
[풀이] 남의 비위를 맞춘 달콤한 말과, 이로운 조건을 내세워 그럴듯하게 꾀는 말.

堪輿禍福之說 (감여화복지설)★

[뜻음] 천도 감, 탈 여, 재앙 화, 복 복, 갈 지, 말씀 설.
[풀이] 葬地(장지)가 禍福(화복)을 준다는 風水地理說(풍수지리설).

敢用玄牡 (감용현모)★

[뜻음] 감히 감, 쓸 용, 검을 현, 수컷 모.
[풀이] 검고 큰 소를 제사에 바치는 것을 말함. 출전 詩經(시경) 蕩篇(탕편).

感而遂通 (감이수통)★

[뜻음] 느낄 감, 말 이을 이, 드디어 수, 통할 통.
[풀이] 마음에 느껴 마침내 통함. 占卦(점괘)에서 神(신)이 感應(감응)되어 모든 일이 마침내 통함.

感而順通 (감이순통)★

[뜻음] 느낄 감, 말 이을 이, 좇을 순, 통할 통.
[풀이] 감응하여 순조롭게 일이 잘 풀림.

甘井先渴 (감정선갈)★★★

[뜻음] 달 감, 우물 정, 먼저 선, 목마를 갈.
[풀이] 물이 좋은 우물은 긷는 사람이 많아서 딴 우물보다 먼저 마른다. 재능이 있는 사람은 세상에 잘 쓰이기는 하나, 이 때문에 도리어 종종 뜻하지 않은 災難(재난)을 당하여 빨리 衰弊(쇠폐)함. 출전 莊子(장자).

坎井之蠅 (감정지와)★★

[뜻음] 구덩이 감, 우물 정, 갈 지, 개구리 와.
[풀이] 우물 안의 개구리. 견문이 좁은 사람의 비유. 井底之蛙(정저지와). 출전 荀子(순자).

埳中之蛙 (감중지와)★

[뜻음] 구덩이 감, 가운데 중, 갈 지, 개구리 와.
[풀이] 우물 안 개구리라는 뜻으로, 견문이 좁고 세상 형편에 어두운 사람을 비유적으로 이르는 말. 坎井之蠅(감정지와). 井底之蛙(정저지와).

甘旨供親 (감지공친)★★

[뜻음] 달 감, 뜻 지, 이바지할 공, 어버이 친.
[풀이] 맛좋은 음식으로 부모를 供養(공양)함.

感之德之 (감지덕지)★★

[뜻음] 느낄 감, 갈 지, 큰 덕.
[풀이] 분수에 넘치는 듯싶어 몹시 고맙게 여김.

監察 (감찰)★★

[뜻음] 볼 감, 살필 찰.
[풀이] 못된 짓을 못 하도록 감시하여 살핌. 司憲府(사헌부)의 한 벼슬. 品階(품계)는 정육품. 수효는 열 세 사람인데 文官(문관)이 셋, 武官(무관)이 다섯, 蔭官(음관)이 다섯임.

監察御使 (감찰어사)★

[뜻음] 볼 감, 살필 찰, 어거할 어, 하여금 사.
[풀이] 百官(백관)의 善惡(선악)을 査察(사찰)하고 기타 農桑刑獄(농상형옥) 등을 감찰하는 관리.

甘吞苦吐 (감탄고토)★★★

[뜻음] 달 감, 삼킬 탄, 쓸 고, 토할 토.
[풀이] 달면 삼키고 쓰면 뱉는다. 제 비위에 맞으면 좋아하고 맞지 않으면 싫어함. 이기적 處世(처세)나 야박한 世情(세정)을 비유하여 이르는 말.

甘馨之費 (감형지비)

[뜻음] 달 감, 냄새 형, 갈 지, 쓸 비.
[풀이] 달디 단 향기가 나는 비용. 부모를 奉養(봉양)하는 비용. 출전 白居易(백거이)의 글.

感忽悠闇 (감홀유암)★

[뜻음] 느낄 감, 문득 홀, 멀 유, 닫힌 문 암.
[풀이] 軍隊(군대)의 움직임이 매우 빨라서 敵(적)이 헤아리지 못하게 함. '感忽'은 황홀 또는 움직임이 매우 빠르다는 뜻. '悠闇'은 멀어서

분명하지 않은 모양 또는 神秘(신비)의 뜻. 출전 荀子(순자).

匣劍帷燈 (갑검유등)★

[뜻음] 갑 갑, 칼 검, 휘장 유, 등불 등.
[풀이] 갑 속의 칼과 휘장 안의 등불. 신분도 없고 이름도 알려지지 않은 평범한 사람들.

甲男乙女 (갑남을녀)★★★

[뜻음] 첫째천간 갑, 사내 남, 둘째천간 을, 계집 녀.
[풀이] 갑이라는 남자와 을이라는 여자. 평범한 보통 사람들. 비슷한 말로 樵童汲婦(초동급부), 匹夫匹婦(필부필부), 張三李四(장삼이사) 등이 있음.

甲論乙駁 (갑론을박)★★★

[뜻음] 첫째천간 갑, 의논할 론, 둘째천간 을, 반박할 박.
[풀이] 자기주장을 내세우고 남의 주장을 反駁(반박)함.

匣裏龍吟 (갑리용음)★★

[뜻음] 갑 갑, 속 리, 용 용, 읊을 음.
[풀이] 갑 속에서 용이 운다. 名劍(명검)에 불가사의한 힘이 있음을 이르는 말.

甲冑生蟣蝨 (갑주생기슬)★★

[뜻음] 갑옷 갑, 투구 주, 날 생, 서캐 기, 이 슬.
[풀이] 갑옷과 투구에 이와 서캐가 생긴다. 전쟁이 오래 계속되어 갑옷과 투구에 이가 끓음. 출전 韓非子(한비자).

强幹弱枝 (강간약지)★

[뜻음] 굳셀 강, 줄기 간, 약할 약, 가지 지.
[풀이] 줄기를 강하게 하고 가지를 약하게 함. ① 정치에 있어, 중앙을 강하게 하여 지방을 制御(제어)함. ② 根幹(근간)을 강하게 하고 枝葉(지엽)을 약하게 함. 출전 班固(반고)의 西都賦(서도부).

慷慨無量 (강개무량)★★

[뜻음] 강개할 강, 슬퍼할 개, 없을 무, 수량 량.
[풀이] 강개가 한이 없음. 慷慨(강개)는 '의기가 복받쳐 원통하고 슬퍼함'을 이름.

慷慨悲憤 (강개비분)★★

[뜻음] 강개할 강, 슬퍼할 개, 슬플 비, 분할 분.
[풀이] 의롭지 못한 것을 보고 의분을 느껴 슬퍼하고 분해함. 悲憤慷慨(비분강개).

慷慨之士 (강개지사)★★

[뜻음] 강개할 강, 분개할 개, 갈 지, 선비 사.
[풀이] 세상의 紊亂(문란)과 不義(불의)를 참지 못하여 慨嘆(개탄)하고 鬱憤(울분)을 느끼는 선비.

綱擧網疏 (강거망소)★★

[뜻음] 벼리 강, 들 거, 그물 망, 성길 소.
[풀이] 大綱(대강)을 들고, 細目(세목)을 소홀히 함. 근본을 잡고 자질구레한 점에는 구애되지 않음. 세목보다도 대법에 치중함을 이름. 출전 晉書(진서).

綱擧目張 (강거목장)★★★

[뜻음] 벼리 강, 들 거, 눈 목, 베풀 장.
[풀이] 원칙을 들면 잘게 나눈 조목은 저절로 밝혀진다. 법령은 헌법을, 下(하)는 上(상)을, 小(소)는 大(대)를 따르게 마련이라는 말. 대강을 들면 세목은 자명해진다는 말. 요점을 정확히 알고 이해함. 출전 文中子(문중자).

薑桂之性 (강계지성)★★

[뜻음] 생강 강, 계수나무 계, 갈 지, 성품 성.
[풀이] 생강과 계수나무 껍질은 오랠수록 맵다. 늙어서 더욱 剛直(강직)하여지는 성질을 이름.

康衢童謠 (강구동요)★★

[뜻음] 편안할 강, 네거리 구, 아이 동, 노래 요.
[풀이] 길거리에서 부르는 어린아이들의 노래, 곧 태평 시대를 뜻함. 중국 요임금이 길거리에서 아이들이 부르는 동요를 듣고 자신의 정치가 잘되고 있음을 알고 기뻐했다는 데에서 나온 말. '鼓腹擊壤(고복격양)'을 보시오.

康衢微服 (강구미복)★

[뜻음] 편안할 강, 네거리 구, 작을 미, 옷 복.
[풀이] 임금이 평상복으로 몰래 거리를 다니며 여론을 들음. 강구는 四通八達(사통팔달)한 큰 거리를 의미함.

康衢煙月 (강구연월)★★★

[뜻음] 편안할 강, 네거리 구, 연기 연, 달 월.
[풀이] 태평한 시대의 평화로운 거리 풍경. '鼓腹擊壤(고복격양)'을 보시오.

强近之親 (강근지친)★

[뜻음] 굳셀 강, 가까울 근, 갈 지, 친할 친.
[풀이] 도와줄 만한 아주 가까운 一家(일가).

綱紀肅正 (강기숙정)★★★

[뜻음] 벼리 강, 벼리 기, 엄숙할 숙, 바를 정.
[풀이] 法綱(법강)과 풍기를 엄숙하게 바로잡음.

綱紀頹弛 (강기퇴이)★★

[뜻음] 벼리 강, 벼리 기, 무너질 퇴, 느슨할 이.
[풀이] 정치를 펴는 道理(도리)나 나라를 다스리는 바탕이 되는 질서가 무너지고 解弛(해이)한 것.

綱紀廢弛 (강기폐이)★

[뜻음] 벼리 강, 벼리 기, 폐할 폐, 느슨할 이.
[풀이] 국가의 紀綱(기강)이 퇴폐하고 해이해짐.

江南橘化爲枳 (강남귤화위지)★★★

[뜻음] 강 강, 남녘 남, 귤나무 귤, 될 화, 될 위, 탱자나무 지.
[풀이] 江南(강남)의 橘(귤)을 江北(강북)에 移植(이식)하면 탱자로 變(변)한다는 뜻으로서, 사람도 環境(환경)을 따라서 品性(품성)이 변함을 이름. '橘化爲枳(귤화위지)'를 보시오. 출전 韓詩外傳(한시외전).

强弩極矢不能穿魯縞 (강노극시불능천노호)★

[뜻음] 굳셀 강, 쇠뇌 노, 다할 극, 화살 시, 아닐 불, 능할 능, 뚫을 천, 노둔할 노, 비단 호.
[풀이] 강한 쇠뇌로 쏜 화살도, 그 힘이 다하는 먼 곳에 이르러서는, 중국 魯(노)나라에서 생산되는 얇은 비단을 꿰뚫을 정도의 힘도 없다. 영웅도 쇠해진 末路(말로)에는 아무 일도 이룰 수 없음을 비유하여 이르는 말. 强弩之末力不能入魯縞(강노지말력불능입노호).

强弩之末 (강노지말)★★★

[뜻음] 굳셀 강, 쇠뇌 노, 갈 지, 끝 말.
[풀이] 활에서 힘차게 튕겨 나온 화살도 마지막에는 힘이 떨어져 비단에도 구멍을 못 뚫는다. 아무리 강한 것도 나중에는 쇠한다. 强弩極矢不能穿魯縞(강노극시불능천노호). 출전 史記(사기).

江東步兵 (강동보병)★

[뜻음] 강 강, 동녘 동, 걸음 보, 병사 병.
[풀이] 東晉(동진) 때의 유명한 문인 張翰(장한)을 일컫는 말. 보병은 벼슬이름인데 보통 晉(진)나라 때의 문인 완적을 일컫는 별명이다. 東晉(동진)은 강동에 도읍을 정한 나라였다. 때문에 장한을 阮籍(완적)과 비교해서 말할 때 이렇게 부르는 것임.

江東子弟多才俊 (강동자제다재준)★

[뜻음] 강 강, 동녘 동, 아들 자, 아우 제, 많을 다, 재주 재, 준걸 준.
[풀이] 項羽(항우)가 만약에 烏江(오강)을 건너 강동으로 돌아갔더라면, 뛰어난 子弟(자제)가 많아 반드시 다시 일으킬 수 있었을 것이라고 읊은 詩句(시구). '四面楚歌(사면초가)'를 보시오. 출전 杜牧(두목)의 題烏江亭詩(제오강정시).

江東八千子弟 (강동팔천자제)★

[뜻음] 강 강, 동녘 동, 여덟 팔, 일천 천, 아들 자, 아우 제.
[풀이] 楚霸王(초패왕) 項羽(항우)가 고향에서 나올 때 거느렸던 군졸. '四面楚歌(사면초가)'를 보시오.

江郎才盡 (강랑재진)★

[뜻음] 강 강, 사내 랑, 재주 재, 다할 진.
[풀이] 강씨의 재주도 이젠 거덜 났다. 재주를 다 써먹었다. 뛰어난 작가가 좋은 작품을 써내지 못하는 것. 출전 南史(남사) 江淹傳(강엄전).

剛戾自用 (강려자용)★

[뜻음] 억셀 강, 비꼬일 려, 스스로 자, 쓸 용.
[풀이] 사람의 성품이 고집 세고 비꼬여 자기 멋대로 함. 스스로의 재주와 지혜만 쓰고 남의 말을 듣지 않음. 출전 史記(사기) 秦紀(진기).

江流石不轉 (강류석부전)★★

[뜻음] 강 강, 흐를 류, 돌 석, 아닐 부, 구를 전.
[풀이] 강의 물은 흘러도 돌은 구르지 않는다. ① 兩班(양반)은 아무리 궁한 처지에 있거나 위급한 때를 당하더라도 체면과 행세를 굳게 지킨다는 말. ② 아무리 다급한 때에도 추한 모양은 보이지 않는다는 말. ③ 志操(지조)와 기개가 있는 사람은 죽게 된 경우에도 그것을 버리지 않는다는 뜻.

降臨道令 (강림도령)★★

[뜻음] 내릴 강, 임할 임, 길 도, 우두머리 령.
[풀이] 무속에서, 수명이 다한 사람을 잡아 저승으로 데리고 가는 일을 하는 염라대왕의 使者(사자).

剛木水生 (강목수생)★

[뜻음] 굳셀 강, 나무 목, 물 수, 날 생.
[풀이] 마른 나무에서 물을 짜낸다. ① '무리하게 요구함'을 이르는 말. ② 원인 없는 데서 결과가 있을 수 없다는 말.

强兵富國 (강병부국)★★

[뜻음] 굳셀 강, 군사 병, 가멸 부, 나라 국.
[풀이] 군대를 강하게 하고 나라를 부유하게 함. 강한 군대와 부유한 나라. 富國强兵(부국강병).

襁褓幼兒 (강보유아)★★

[뜻음] 포대기 강, 포대기 보, 어릴 유, 아이 아.
[풀이] 포대기에 싸인 어린아이. 아직 아무것도 모르는 애송이. 襁褓稚兒(강보치아).

江山不老 (강산불로)★★

[뜻음] 강 강, 뫼 산, 아닐 불, 늙을 로.
[풀이] 강과 산은 늙지 않으며 영구불변하다. '不老長壽(불로장수)'를 비는 말. 출전 通俗編(통속편).

江山一變 (강산일변)★

[뜻음] 강 강, 뫼 산, 한 일, 변할 변.
[풀이] 江山(강산)이 한 번 변했다. 세월이 많이 흘렀음을 일컫는 말.

江山之助 (강산지조)★★

[뜻음] 강 강, 뫼 산, 갈 지, 도울 조.
[풀이] 山水(산수)의 경치가 사람의 詩情(시정)을 돕는 일. 산수의 풍경이 사람의 시정을 도와 좋은 작품을 만들게 함을 이름. 출전 唐書(당서) 張說傳(장설전).

江山風月 (강산풍월)★★

[뜻음] 강 강, 뫼 산, 바람 풍, 달 월.
[풀이] 江山(강산)과 風月(풍월). 곧 자연의 아름다운 풍경.

江山風月主人 (강산풍월주인)★★★

[뜻음] 강 강, 뫼 산, 바람 풍, 달 월, 주인 주, 사람 인.
[풀이] 江山(강산)과 風月(풍월)의 주인. 자연의 풍경을 점유하여 마음대로 즐겨 구경함을 이르는 말. 출전 東坡集(동파집).

綱常罪人 (강상죄인)★

[뜻음] 벼리 강, 항상 상, 허물 죄, 사람 인.
[풀이] 三綱(삼강) 五常(오상)을 어긴 사람. 윤리 도덕, 부모자식 간의 도리를 저버린 사람.

綱常之變 (강상지변)★★

[뜻음] 벼리 강, 항상 상, 갈 지, 변고 변.
[풀이] 綱常(강상)에 어긋나는 행위. 강상은 三綱五倫(삼강오륜)을 일컬음. 綱常大變(강상대변). 綱常大罪(강상대죄).

江水三千里 (강수삼천리)★

[뜻음] 강 강, 물 수, 석 삼, 일천 천, 마을 리.
[풀이] 중국 揚子江(양자강)의 물은 3천 리의 먼 거리를 흐른다. 여행 중 집이 멀리 있음을 슬퍼하며 그리워한다는 말.
[참고] 양자강: 중국 대륙 중앙부를 가로지르는 큰 강. 티베트 고원의 북동부에서 발원하여 雲南(운남)·四川(사천)의 경계를 북동으로 흐르고 三峽(삼협)의 험한 곳을 거쳐, 湖北省(호북성)을 가로질러 江西(강서)·安徽(안휘)·江蘇(강소) 3省(성)으로 흘러 동중국해로 들어간다. 이 유역은 옛날부터 교통과 산업·문화의 중심이다. 길이는 약 5,800km.

强食自愛 (강식자애)★

[뜻음] 억지로 강, 먹을 식, 스스로 자, 사랑 애.
[풀이] 입맛이 없더라도 억지로 음식을 먹어 몸을 소중히 함. 출전 越絶書(월절서).

降神再拜 (강신재배)★

[뜻음] 내릴 강, 귀신 신, 두 재, 절 배.
[풀이] 제사 지낼 때 조상의 혼령이 下降(하강)하시라고 두 번 절하는 것.

江神河伯 (강신하백)★★

[뜻음] 강 강, 귀신 신, 물 하, 맏 백.
[풀이] 강과 물을 맡아 다스리는 신.

江心補漏 (강심보루)★

[뜻음] 강 강, 마음 심, 기울 보, 샐 루.
[풀이] 강의 한복판에 가서 비로소 배의 물이 들어오는 곳을 고친다. 財貨(재화)를 구하기에는 이미 때가 늦었음을 이르는 말. 출전 通俗編(통속편).

降心相從 (강심상종)

[뜻음] 내릴 강, 마음 심, 서로 상, 따를 종.
[풀이] 자기가 하고자 하는 마음을 억제하고 남의 뜻을 따름. 출전 春秋左氏傳(춘추좌씨전).

强顔 (강안)★

[뜻음] 굳셀 강, 얼굴 안.
[풀이] 얼굴이 너무 두꺼워서 부끄러움을 모름. 厚顔無恥(후안무치). 鐵面皮(철면피). 출전 新序(신서).

疆域多事 (강역다사)★

[뜻음] 지경 강, 지경 역, 많을 다, 일 사.
[풀이] 疆域(강역)에 사건이 많음. 다른 나라와의 國境(국경)에 전쟁이 일어나서 바쁨.

剛亦不吐柔亦不茹 (강역부토유역불여)★

[뜻음] 굳셀 강, 또 역, 아닐 부, 토할 토, 부드러울 유, 먹을 여.
[풀이] 억세도 토하지 않고, 부드러워도 먹지 않음. 强者(강자)도 두려워하지 않고, 弱者(약자)도 업신여기지 않음을 이르는 말. 출전 春秋左氏傳(춘추좌씨전).

姜嫄見巨人跡而孕 (강원견거인적이잉)★

[뜻음] 성 강, 棄의母 원, 볼 견, 클 거, 사람 인, 발자국 적, 말 이을 이, 아이 밸 잉.
[풀이] 周(주)나라의 先祖(선조)인 姜嫄(강원)이 巨人(거인)의 발자국을 보고 懷妊(회임)했다는 고사.

剛柔兼全 (강유겸전)★★★

[뜻음] 굳셀 강, 부드러울 유, 겸할 겸, 온전할 전.
[풀이] 剛柔(강유)를 다 갖춤. 성품이 군세면서도 부드러움.

剛毅木訥 (강의목눌)★★★

[뜻음] 굳셀 강, 굳셀 의, 순박할 목, 말더듬을 눌.
[풀이] 강직하고 군세어 굽히지 않고 꾸밈이 없고 말수가 적음. 剛直(강직) 毅然(의연)하고 質朴(질박) 語訥(어눌)한 사람. 仁(인)에 가까운 사람. 剛毅木訥近仁(강의목눌근인). 출전 論語(논어) 子路篇(자로편).

剛毅木訥近仁 (강의목눌근인)★★★

[뜻음] 굳셀 강, 굳을 의, 나무 목, 말 더듬을 눌, 가까울 근, 어질 인.
[풀이] 剛(강)은 덕성이 견고하여 욕심에 사로잡히지 아니하고, 毅(의)는 강인하여 하기 어려운 것을 능히 하고, 木(목)은 성행이 질박하여 화미한 것을 삼가고, 訥(눌)은 말이 遲鈍(지둔)하여 묵중하므로 모두 仁(인)에 가까움. 剛毅木訥(강의목눌). 출전 論語(논어) 學而篇(학이편).

剛日讀經柔日讀史 (강일독경유일독사)★

[뜻음] 굳셀 강, 날 일, 읽을 독, 경서 경, 부드러울 유, 역사 사.
[풀이] 강한 날에는 경전을 읽고 부드러운 날에는 역사책을 읽는다. 대만 장개석 총통의 사부나 다름없던 남회근 선생의 책에 나오는 말. 강한 날은 10개 天干(천간) 중에서 甲(갑)·丙(병)·戊(무)·庚(경)·壬(임)이고, 유일은 乙(을)·丁(정)·己(기)·辛(신)·癸(계)이다. 12개의 地支(지지) 중에서 강일은 磁(자)·寅(인)·辰(진)·午(오)·申(신)·戌(술)이다. 유일에 해당하는 지지는 丑(축)·卯(묘)·巳(사)·未(미)·酉(유)·亥(해)이다. 천간과 지지가 모두 강일에 해당하는 날짜, 모두 유일에 해당하는 날짜에 해당한다. 뒤숭숭한 날에는 경전을 읽으며 마음을 다스리고 차분한 날에는 역사를 읽으며 투지와 사명감을 찾으라는 말이다. 강일이나 유일이라는 말은 ≪禮記(예기)≫에 나온다.

講章對問 (강장대문)★

[뜻음] 풀이할 강, 글 장, 대답할 대, 물을 문.
[풀이] 경서의 뜻을 풀어서 밝히고 어려운 곳에 대해 問答(문답)하여 뜻과 理致(이치)를 분명하게 함.

强將下無弱兵 (강장하무약병)★★★

[뜻음] 굳셀 강, 장수 장, 아래 하, 없을 무, 약할 약, 군사 병.
[풀이] 강한 장수 밑에 약한 병졸은 없다. 뛰어난 사람에게는 저절로 인재가 모여듦. 출전 蘇軾(소식)의 글.

康哉之歌 (강재지가)★

[뜻음] 편안할 강, 어조사 재, 갈 지, 노래 가.
[풀이] 천하가 태평함을 謳歌(구가)한 노래. 태평한 시대. 謳歌(구가)는 반주 없이 노래한다는 말. 출전 三國志(삼국지) 吳志(오지).

ㄱ

强鐵之秋 (강철지추)★

[뜻음] 굳셀 강, 쇠 철, 갈 지, 가을 추.
[풀이] 강철이 간 데는 가을도 봄. 악독한 방해자가 나타나 다 되어 가던 일이 망쳐짐. 鋼鐵(강철)은 전설상의 악독한 용으로, 이 용이 머물거나 지나간 곳은 몹시 가물어 초목이나 곡식이 다 말라 죽는다고 함.

江河大潰從蟻穴 (강하대궤종의혈)★

[뜻음] 강 강, 물 하, 큰 대, 무너질 궤, 따를 종, 개미 의, 구멍 혈.
[풀이] 큰 강의 방죽도 개미구멍에서부터 무너지기 시작한다. 큰일은 반드시 작은 일을 삼가지 않은 데서 일어남을 비유하여 이르는 말. 출전 說苑(설원).

江漢以濯之秋陽以暴之 (강한이탁지추양이폭지)★

[뜻음] 강 강, 한수 한, 써 이, 깨끗할 탁, 갈 지, 가을 추, 볕 양, 볕 쬘 폭.
[풀이] 江漢(강한)의 물과 秋陽(추양)의 볕은 맑고 깨끗하여 조촐한 極致(극치)로서 더할 나위 없음. 곧 孔子(공자)의 至德(지덕)이 순수함을 비유한 말.

江海之量 (강해지량)★

[뜻음] 강 강, 바다 해, 갈 지, 헤아릴 량.
[풀이] 생각이 깊고 도량이 큼을 이르는 말.

江海之士 (강해지사)★

[뜻음] 강 강, 바다 해, 갈 지, 선비 사.
[풀이] 벼슬하지 않고 강이나 바다에서 노니는 선비. 속세를 초월한 사람. 출전 莊子(장자).

江湖散人 (강호산인)★

[뜻음] 강 강, 호수 호, 흩어질 산, 사람 인.
[풀이] 아무 係累(계루) 없이 가고 싶은 곳을 마음 내키는 대로 다니는 사람. 唐(당)나라 陸龜蒙(육구몽)의 別號(별호). 江海之士(강해지사).

江湖煙波 (강호연파)★★

[뜻음] 강 강, 호수 호, 안개 연, 물결 파.
[풀이] 강이나 호수 위에 안개처럼 보얗게 이는 잔물결. 대자연의 풍경.

江湖之氣 (강호지기)★

[뜻음] 강 강, 호수 호, 갈 지, 기운 기.
[풀이] 民間人(민간인)의 기풍. 隱居(은거)하고 싶어 하는 마음.

江湖之樂 (강호지락)★★

[뜻음] 강 강, 호수 호, 갈 지, 즐거울 락.
[풀이] 강과 호수 등 자연을 벗 삼아 누리는 즐거움. 출전 퇴계 李滉(이황)의 글.

江湖之人 (강호지인)★

[뜻음] 강 강, 호수 호, 갈 지, 사람 인.
[풀이] 民間(민간)에 있는 사람. 출전 後漢書(후한서) 皇甫規傳(황보규전).

箇箇名唱 (개개명창)★

[뜻음] 낱 개, 이름날 명, 부를 창.
[풀이] ① 노래를 하는 사람마다 명창임. ② 노래하는 사람마다 노래

를 엉터리로 부를 때 비꼬아 이르는 말.

介潔正直 (개결정직)★★

[뜻음] 굳을 개, 깨끗할 결, 바를 정, 곧을 직.
[풀이] 여럿 가운데서 뛰어나 성질이 단단하고 홀로 조촐하며 정직함.

改過不吝 (개과불린)★★

[뜻음] 고칠 개, 허물 과, 아닐 불, 인색할 린.
[풀이] 허물을 고침에 인색하지 않음. 과실이 있으면 이를 고치는 데 주저하지 않음. 출전 書經(서경) 仲虺之誥篇(중훼지고편).

改過遷善 (개과천선)★★★

[뜻음] 고칠 개, 허물 과, 옮길 천, 착할 선.
[풀이] 지난 허물을 고치어 착하게 됨.

蓋棺事始定 (개관사시정)★★★

[뜻음] 덮을 개, 널 관, 일 사, 비롯 시, 정할 정.
[풀이] 丈夫(장부)는 관을 덮어야 일이 비로소 결정된다. 사람의 일이란 관 뚜껑을 덮기 전에는 모른다. 시체를 관에 넣고 뚜껑을 덮은 뒤에라야 비로소 그 사람의 功業(공업)을 알 수 있음. '사람은 죽을 때까지 노력해야 하는 것으로, 죽은 뒤가 아니면 그 사람의 是非(시비) 선악을 평가할 수 없음'을 이르는 말. 人事蓋棺定(인사개관정).

이 말은 두보의 시에 나오는 구절이다.
杜甫(두보)가 四川省(사천성) 동쪽 夔州(기주)의 깊은 산골로 落魄(낙백)해 살고 있을 때 역시 거기에 와서 살며 失意(실의)에 찬 나날을 보내던 친구의 아들 蘇徯(소혜)에게 편지 대신 보내 준 시에 나온다.

그대는 보지 못하였는가, 길가에 버려진 못을
그대는 보지 못하였는가, 앞서 꺾어 넘어진 오동나무를
백 년 뒤 죽은 나무가 거문고로 쓰이게 되고
한 섬 오랜 물은 蛟龍(교룡)을 품기도 했다.
장부는 관을 덮어야 일이 비로소 결정된다.
그대는 아직 다행히 늙지 않았거늘
어찌 원망하리요, 초췌히 산속에 있는 것을.
심산궁곡은 살 곳이 못 된다.
벼락과 도깨비와 미친바람까지 겸했다.

우리나라에서 흔히 쓰는 말 중에 '관 뚜껑을 덮기 전에는 모른다'라는 말이 있다. 관 뚜껑을 덮은 다음에도 여러 사연이 생길 수도 있다. '부관참시'라는 말이 있지 않은가.

改頭換面 (개두환면)★★

[뜻음] 고칠 개, 머리 두, 바꿀 환, 낯 면.
[풀이] 머리를 고치고 낯을 바꿈. 마음은 고치지 아니하고 겉으로만 달라진 체함. 또 일을 근본적으로 고치지 아니하고 겉만 다르게 꾸밈. 지엽만 고치고 근본을 그대로 둠. 출전 古今風謠(고금풍요).

豈樂飮酒 (개락음주)

[뜻음] 개가 개, 즐거울 락, 마실 음, 술 주.
[풀이] 즐거워하며 술을 마심. '豈'도 '樂'의 뜻. 출전 詩經(시경).

開門納賊 (개문납적)★★

[뜻음] 열 개, 문 문, 들일 납, 도둑 적.
[풀이] 문을 열어놓고 도적을 들임. 제 스스로 災禍(재화)를 초래함을 이름.

開門而揖盜 (개문이읍도)★★

[뜻음] 열 개, 문 문, 말 이을 이, 읍할 읍, 도둑 도.
[풀이] 문을 열어 도둑을 절하고 맞이함. 스스로 災禍(재화)를 招致(초치)함의 비유. 開門揖盜(개문읍도). 출전 三國志(삼국지) 吳志(오지).

開門七件事 (개문칠건사)★

[뜻음] 열 개, 문 문, 일곱 칠, 사건 건, 일 사.
[풀이] 사람이 먹고살면서 매일같이 겪게 되는 일곱 가지 문제. 땔나무, 쌀, 기름, 소금, 간장, 식초, 차 등을 말함. 출전 夢梁錄(몽량록).

開物成務 (개물성무)★★

[뜻음] 열 개, 만물 물, 이룰 성, 힘쓸 무.
[풀이] 사람이 아직 알지 못하는 도리를 깨달아 이것을 실지로 행하여 성공함. 천하 만물의 뜻을 개통하여 모든 일을 성취함. 卜筮(복서)로 길흉을 알아내어 사업을 성취하도록 함. 출전 易經(역경) 繫辭上傳(계사상전).

開闢以來 (개벽이래)★

[뜻음] 열 개, 열 벽, 써 이, 올 래.
[풀이] 天地(천지)가 열린 이래. 開(개)는 闢(벽)과 같은 뜻.

改善匡正 (개선광정)★★

[뜻음] 고칠 개, 착할 선, 바를 광. 바를 정.
[풀이] 그릇된 것들을 고치어 바로잡음.

蓋世英雄 (개세영웅)★★

[뜻음] 덮을 개, 세상 세, 꽃부리 영, 수컷 웅.
[풀이] 기운이나 위력이 세상을 뒤덮을 만큼 뛰어난 영웅.

蓋世之風 (개세지풍)

[뜻음] 덮을 개, 대 세, 갈 지, 풍모 풍.
[풀이] 세상을 뒤덮을 만한 풍모.

鎧袖一觸 (개수일촉)★

[뜻음] 갑옷 개, 소매 수, 한 일, 닿을 촉.
[풀이] 갑옷의 소매로 조금 친다. 약한 적에게 약간의 武勇(무용)을 보여, 을러서 억누름.

慨然嘆息 (개연탄식)★

[뜻음] 분할 개, 그럴 연, 탄식할 탄, 숨 쉴 식.
[풀이] 몹시 분개하며 한탄함.

改玉改行 (개옥개행)★

[뜻음] 고칠 개, 옥 옥, 다닐 행.
[풀이] 玉(옥)은 佩玉(패옥). 行(행)은 行步(행보). 패옥은 행보를 조절하는 것이므로 패옥을 갈면 步調(보조)도 고치지 않을 수 없다는 뜻으로 법을 고치면 사물도 따라서 달라짐을 비유한 말. 출전 國語(국어).

開源節流 (개원절류)★

[뜻음] 열 개, 자원 원, 절약할 절, 흐를 류.
[풀이] 자원을 개발해서 비용을 절약한다는 말. 출전 荀子(순자) 富國篇(부국편).

介者不拜 (개자불배)★

[뜻음] 갑옷 개, 놈 자, 아닐 불, 절 배.
[풀이] 갑옷을 입은 사람은 절하여 예를 갖추지 않음. 軍中(군중)에서는 軍事(군사)에만 專心(전심)해야 하므로, 그 밖의 일은 돌보지 않는 일. 출전 禮記(예기) 曲禮上篇(곡례상편).

介胄生蟣蝨 (개주생기슬)★

[뜻음] 갑옷 개, 투구 주, 날 생, 서캐 기, 이 슬.
[풀이] 갑옷 속에까지 이가 낀다. 전쟁이 오래 끄는 것을 비유하여 이르는 말. '蟣'는 서캐, '蝨'은 이. 출전 韓非子(한비자).

蓋天蓋地 (개천개지)★

[뜻음] 덮을 개, 하늘 천, 땅 지.
[풀이] 하늘을 덮어 가리고 땅을 덮어 가린다. 衆生(중생)에게 본래 갖추어져 있는 마음의 빛이 하늘과 땅 온 천지에 가득 참을 이르는 말.

開天闢地 (개천벽지)★

[뜻음] 열 개, 하늘 천, 열릴 벽, 땅 지.
[풀이] 班固(반고)의 천지개벽 신화. 天地開闢(천지개벽).

開湯網 (개탕망)★★

[뜻음] 열 개, 탕 임금 탕, 그물 망.
[풀이] 그물을 사면으로 쳐 놓고 짐승을 잡는 것을 중국 殷(은)나라 탕왕이 보고 그 삼면을 터서 도망갈 길을 열어 주었다는 옛일에서 온 말. 죄인 등을 관대하게 처리함을 이르는 말. 출전 呂氏春秋(여씨춘추) 異用篇(이용편).

客反爲主 (객반위주)★

[뜻음] 손 객, 돌이킬 반, 할 위, 주인 주.
[풀이] 主客(주객)이 뒤바뀜.

客窓寒燈 (객창한등)★★

[뜻음] 손 객, 창 창, 찰 한, 등불 등.
[풀이] 여관방 안에 걸려 있는, 쓸쓸하게 보이는 등불.

羹藜含糗 (갱려함구)★

[뜻음] 국 갱, 명아주 려, 머금을 함, 미숫가루 구.
[풀이] 명아주 국에 미숫가루를 넣어 먹는다는 뜻으로, 惡食(악식)을 이름.

更無道理 (갱무도리)★

[뜻음] 다시 갱, 없을 무, 도리 도, 이치 리.
[풀이] 다시 어찌할 도리가 없음. 이른바 '갱무꼼짝'.

坑儒焚書 (갱유분서)★★

[뜻음] 구덩이 갱, 선비 유, 불사를 분, 책 서.
[풀이] 중국 秦(진)나라 始皇帝(시황제)에 의한 사상·언론·탄압사건. 시황제가 천하를 통일한 8년 뒤인 기원전 213년, 승상 李斯(이사)의 건의로, 스스로의 專制(전제) 지배를 관철하기 위하여 醫學(의학)·占術(점술)·農學(농학) 이외의 모든 서적을 불태우게 하였고, 이듬해에는 시황제를 비난하던 儒生(유생) 460여 명을 붙잡아 도읍인 咸陽(함양)에서 坑(갱)에 생매장하였다. 司馬遷(사마천)의 「史記(사기)」에 기록이 보이며, 진나라의 가혹한 정치를 상징하는 것으로서, 漢(한)나라 이후의 유학자들의 엄한 비난을 받았다. 焚書坑儒(분서갱유).

巨家大族 (거가대족)★

[뜻음] 클 거, 집 가, 큰 대, 겨레 족.
[풀이] 代代(대대)로 繁榮(번영)한 집안.

拒諫飾非 (거간식비)★

[뜻음] 막을 거, 간할 간, 꾸밀 식, 그를 비.
[풀이] 옳지 못하거나 잘못된 일을 고치도록 하는 말을 막고, 자기의 결점과 그릇된 행동을 변호하여 꾸미는 일. 출전 荀子(순자).

居敬窮理 (거경궁리)★★★

[뜻음] 살 거, 공경할 경, 다할 궁, 이치 리.
[풀이] 朱子學(주자학)에서 주창하는 학문 수양의 기본 방법. 거경은 내적 수양법으로 항상 몸과 마음을 삼가서 바르게 가지는 일이고, 궁리는 외적 수양법으로 널리 사물의 이치를 궁구하여 정확한 지식을 얻는 일, 곧 格物致知(격물치지).

去官留犢 (거관유독)★★

[뜻음] 갈 거, 벼슬 관, 머무를 유, 송아지 독.
[풀이] 벼슬자리에서 물러날 때에 송아지를 두고 간다. 관리로서 청렴결백함을 나타내는 고사. 魏(위)나라 때 처음으로 벼슬길에 나간 時苗(시묘)는 암소가 끄는 허술한 수레를 타고 壽春縣令(수춘현령)으로 부임했다. 1년 후 그 암소가 새끼를 낳았으나 시묘는 전임할 때 그 송아지를 외양간에 매어놓고 그냥 떠났다.

據舊以鑒新 (거구이감신)★★

[뜻음] 의거할 거, 예 구, 써 이, 거울 감, 새 신.
[풀이] 옛일을 근거로 하여 새 일의 거울로 삼음. 출전 漢書(한서).

擧國一致 (거국일치)★★

[뜻음] 모두 거, 나라 국, 한 일, 이를 치.
[풀이] 전 국민이 마음을 한가지로 함.

去其枝葉 (거기지엽)★

[뜻음] 제거할 거, 그 기, 가지 지, 잎 엽.
[풀이] 가지와 잎을 없앤다. 사물이나 현상의 가장 中樞(중추)가 되는 부분을 제거하는 것. 拔本塞源(발본색원)과 뜻이 유사함. 출전 國語(국어) 晉語(진어).

居徒四壁 (거도사벽)

[뜻음] 살 거, 맨손 도, 사방 사, 벽 벽.
[풀이] 실내에는 단지 사방에 벽이 있을 뿐 아무런 세간도 없음. 徒(도)는 아무것도 없다는 뜻.

車同軌書同文 (거동궤서동문)★★

[뜻음] 수레 거, 같을 동. 길 궤, 글 서, 글월 문.
[풀이] 온 천하에 수레는 두 바퀴의 폭이 같고, 문서는 같은 종류의 문자를 사용한다. 여러 지방을 한 나라로 병합하거나 천하가 통일되어 있는 상태를 이르는 말. 同文同軌(동문동궤)와 같음. 출전 中庸(중용).

去頭截尾 (거두절미)★★★

[뜻음] 제거할 거, 머리 두, 끊을 절, 꼬리 미.
[풀이] 머리와 꼬리를 잘라 버린다. 辭說(사설)의 자잘한 부분은 잘라 버리고 요점만 말함. 截(절)은 絶(절)임.

據理責之 (거리책지)★

[뜻음] 의거할 거, 이치 리, 꾸짖을 책, 갈 지.
[풀이] 事理(사리)에 비추어 잘못을 꾸짖음.

車馬絡繹 (거마낙역)★

[뜻음] 수레 거, 말 마, 이을 낙, 연달아 역.
[풀이] 수레와 말이 끊임없이 잇달아 있는 일. 곧 왕래가 빈번한 모양.

車馬僕從 (거마복종)

[뜻음] 수레 거, 말 마, 사내종 복, 따를 종.
[풀이] 수레와 말과 뒤따르는 종들. 車馬騶從(거마추종). 騶는 말을 먹이는 사람.

巨萬大金 (거만대금)★

[뜻음] 클 거, 일만 만, 큰 대, 쇠 금.
[풀이] 많은 액수의 돈.

鋸法取火 (거법취화)★★

[뜻음] 톱질할 거, 법 법, 얻을 취, 불 화.
[풀이] 거법으로 불을 얻음. 톱질하듯이 막대를 빠르게 비벼 불을 피운다는 말.

擧兵攻之 (거병공지)★

[뜻음] 들 거, 병사 병, 공격할 공, 갈 지.
[풀이] 군사를 일으켜 공격함.

車不得方軌 (거부득방궤)★

[뜻음] 수레 거, 아닐 부, 얻을 득, 모 방, 길 궤.
[풀이] 두 대의 수레가 나란히 갈 수 없다. 길이 좁음의 비유. 출전 史記(사기).

居不主奧 (거부주오)★

[뜻음] 살 거, 아닐 부, 주인 주, 아랫목 오.
[풀이] 奧(오)는 방의 서남쪽 모퉁이로 아랫목에 해당하므로 어른이 앉는 자리. 아들 된 자는 이곳에 앉지 못함을 이름. 출전 禮記(예기) 曲禮上篇(곡례상편).

居不重席 (거부중석)★★

[뜻음] 살 거, 아닐 부, 무거울 중, 자리 석.

[풀이] 앉을 때 깔개를 포개어 깔지 않는다. 검소한 생활을 이르는 말. 출전 春秋左氏傳(춘추좌씨전).

去思一借之情 (거사일차지정)★

[뜻음] 갈 거, 생각 사, 한 일, 빌릴 차, 갈 지, 뜻 정.
[풀이] 官員(관원)이 任地(임지)를 떠난 후, 그 지방 사람들이, 한 해만 더 있어 주었더라면 하고 사모하는 일. '一借'는 한 해 동안만 빌려 쓴다는 뜻. 출전 沈約(심약)의 글.

擧世皆濁 (거세개탁)★

[뜻음] 들 거, 세상 세, 다 개, 흐릴 탁.
[풀이] 온 세상이 다 흐림. 지위의 높고 낮음을 막론하고 모든 사람이 다 바르지 않음.

擧讎擧子 (거수거자)★★

[뜻음] 들 거, 원수 수, 아들 자.
[풀이] 원수는 미워하는 바이지만, 임용할 때 재능이 있으면 뽑아서 쓰고, 자식은 父子間(부자간)이므로 남의 의심을 받기 쉬우나, 현명하고 재간이 있으면 또한 뽑아서 씀. 출전 韓愈(한유)의 글.

擧手拜別 (거수배별)★

[뜻음] 들 거, 손 수, 절 배, 헤어질 별.
[풀이] 손을 위로 들어 인사를 하면서 이별함.

居視其所親 (거시기소친)★★

[뜻음] 살 거, 보일 시, 그 기, 바 소, 친할 친.
[풀이] 벼슬을 하지 않고 집에 있을 때, 그 사람이 어떤 사람과 친하게 사귀는가를 보며 저절로 그의 사람됨을 알게 됨. 출전 史記(사기).

去惡生新 (거악생신)★

[뜻음] 제거할 거, 악할 악, 날 생, 새 신.
[풀이] 腫處(종처)의 굳은살을 없애고 새살을 나오게 함.

居安思危 (거안사위)★★★

[뜻음] 있을 거, 편안할 안, 생각할 사, 위태할 위.
[풀이] 편안하게 살 때 앞으로 닥쳐올 위태로움을 생각함. 출전 春秋左氏傳(춘추좌씨전).

居安如危 (거안여위)★

[뜻음] 살 거, 편안할 안, 같을 여, 위태로울 위.
[풀이] 편안히 지낼 때에도 위험한 때의 일을 잊지 아니하고 늘 戒愼(계신)함. 居安思危(거안사위). 출전 春秋左氏傳(춘추좌씨전).

擧案齊眉 (거안제미)★★★

[뜻음] 들 거, 책상 안, 가지런할 제, 눈썹 미.
[풀이] 밥상을 눈썹에 나란히 맞추어 들어 바친다. 남편을 깎듯이 공경함. 중국 後漢(후한)의 梁鴻(양홍)과 그의 아내인 孟光(맹광)의 옛일에서 온 말. 출전 後漢書(후한서) 逸民傳(일민전).

車魚之歎 (거어지탄)★★★

[뜻음] 수레 거, 고기 어, 갈 지, 탄식할 탄.
[풀이] '욕심에는 한이 없음'을 이르는 말. 孟嘗君(맹상군)의 食客(식객) 馮驩(풍환)이 칼을 어루만지며 '밥상에 생선이 없다'고 투덜거렸고, 생선이 나온 다음에는 '드나들 때 수레가 없다'고 탄식하였다는 옛일에서 온 말.
[참고] *孟嘗君(맹상군): 중국 戰國時代(전국시대) 齊(제)나라의 정승이며 정치가. 來客(내객)을 후하게 대접하여 천하의 유능한 선비 몇천 명을 食客(식객)으로 두었다고 한다. 秦(진)나라에 들어가 昭王(소왕)에게 피살될 뻔하였을 때, 식객 중 鷄鳴狗盜(계명구도)의 재주를 가진 두 선비에 의하여 위기를 면한 이야기가 유명하다(?~279 B.C.).

巨鰲戴山 (거오대산)★

[뜻음] 클 거, 큰 자라 오, 일 대, 뫼 산.
[풀이] 바닷속의 神仙(신선)이 있다고 하는 산. 큰 거북이 짊어지고 있다고 한다. 출전 列子(열자) 湯問篇(탕문편).

倨傲鮮腆 (거오선전)★

[뜻음] 거만할 거, 오만할 오, 거만할 선, 두터울 전.
[풀이] 거드럭거리며 존대하게 굶. 선전은 거만하다는 뜻. 출전 蘇軾(소식)의 留侯論(유후론).

居移氣養移體 (거이기양이체)★★★

[뜻음] 살 거, 옮길 이, 기운 기, 기를 양, 몸 체.
[풀이] 居處(거처)하는 곳에 따라 기상이 달라지고, 먹고 입는 것에 따라 몸이 달라진다. 사람은 그 지위와 경우에 따라 그 기분의 차이가 있음을 이름.

≪孟子(맹자)≫에 나오는 말이다.
　孟子(맹자)가 范(범)에서 齊(제)나라 서울로 갔을 때 제나라의 王子(왕자)를 바라보고 느낀 바가 있어 喟然(위연)히 탄식하며 말했다.
　"거처는 기상을 변하게 하고, 먹고 입는 것은 몸을 달라지게 한다. 사람에게는 거처라는 것이 참으로 관계가 크다. 다 같은 사람의 자식이 아니냐"
　맹자는 계속해서 이렇게 말했다.
　"왕자가 살고 있는 집이나, 그가 타고 다니는 수레며 말이 대체로 다른 귀한 집 자식들과 다를 것이 없다. 그런데도 왕자가 저같이 달리 보이는 것은 그가 처해 있는 위치가 그렇게 만든 것이다. 그러니 하물며 천하의 넓은 곳에 살고 있는 사람이 어떠하겠느냐"
　맹자가 말한 천하의 넓은 곳이란, 도를 터득해서 천지와 호흡을 같이 하는 聖人(성인)의 경지를 말하는 것이다.
　맹자는 또 이어 다음과 같은 예를 들었다.
　"魯(노)나라 임금이 宋(송)나라로 갔을 때 垤澤(질택)이라는 城門(성문)에서 크게 외쳐 불렀다. 그러자 문을 지키고 있던 사람이 말하기를 '이상하다. 분명 우리 임금님은 아닌데 어떻게 목소리가 꼭 우리 임금님과 같을까?'라고 했다. 이것은 다른 이유에서가 아니다. 두 임금의 처해 있는 위치가 서로 같았기 때문이다." 우리나라에서는 '자리가 사람을 만든다'라는 말이 쓰인다.

居爾所知爾所不知人其舍諸

(거이소지이소부지인기사저)★★★

[뜻음] 살 거, 너 이, 바 소, 알 지, 아닐 부, 사람 인, 그 기, 버릴 사, 이 저.
[풀이] 너의 아는 바를 들면, 네가 알지 못하는 바를 사람이 버리겠느냐? 네가 아는 인재를 등용하면 네가 모르는 인재를 사람들이 어찌 버려두겠는가? 즉 인재를 쓸 때 한꺼번에 모든 인재를 찾을 수는 없지만 먼저 아는 인재부터 등용해 쓰면 모르고 있던 인재들도 사람들이 추천해서 쓸 수 있게끔 한다.

≪論語(논어)≫ 子路篇(자로편)에 나오는 말이다.
孔子(공자)의 弟子(제자) 仲弓(중궁)이 魯(노)나라의 實權者(실권자) 季氏(계씨)의 總理(총리)가 되자 공자에게 정치하는 도리를 물었다. 공자가 말했다.
"有司(유사)를 먼저 하고, 작은 허물을 용서하고, 어진 인재를 찾아내라"
유사를 먼저 하라는 말은 혼자 모든 일을 직접 통솔하고 지휘하는 번거로운 방법을 쓰지 말라는 말이다. 인재에게 믿고 내맡기라고 말한 것이다. 작은 허물을 용서하라는 말은 실수를 하더라도 꾸짖지 말라는 말이다. 중궁이 재차 물었다.
"누가 과연 인재인지 어떻게 알아볼 수 있습니까?"
공자가 답했다.
"너의 아는 바를 들면, 네가 알지 못하는 바를, 사람이 버리겠느냐?"
내가 알고 있는 인재부터 옳게 쓰면 그 인재가 다른 인재를 추천하기도 하고 또 자기가 찾아내 쓰기도 한다는 말이다. 인재를 한꺼번에 다 찾아낼 수는 없다.
어느 시대를 막론하고 인재가 없었던 때는 없다. 다만 인재를 쓰고 싶어 하는 성의와 인재를 옳게 쓰는 역량에 있는 것이다. 우리나라에서는 '人事(인사)가 萬事(만사)다'라는 말이 쓰이고 있다. 이 말은 사람 쓰는 것에 모든 일이 달려 있다는 말이다. '구관이 명관이다'라는 말도 있다. 이 말은 경험 많은 사람이 역시 일을 잘하고 믿을 만하다는 말이다.

居易以俟命 (거이이사명)★

[뜻음] 살 거, 쉬울 이, 써 이, 기다릴 사, 목숨 명.
[풀이] 君子(군자)는 현재의 지위에 安居(안거)하고, 더 요행을 바라지 않음. 출전 中庸(중용) 第十四章(제십사장).

去益深造 (거익심조)★★

[뜻음] 갈 거, 더할 익, 깊을 심, 지을 조.
[풀이] 갈수록 더욱 깊어짐.

擧一明三 (거일명삼)★

[뜻음] 들 거, 한 일, 밝을 명, 석 삼.
[풀이] 하나를 들어 보면 셋을 이해한다. 이해력이 날카로움을 이르는 말.

擧一反三 (거일반삼)★★

[뜻음] 들 거, 한 일, 되돌릴 반, 셋 삼.
[풀이] 하나를 들면 셋을 돌이켜 안다. 한 가지 일을 들어 보이면 스스로 반성하여 세 가지를 미루어 앎. 출전 論語(논어) 述而篇(술이편).

去者莫追 (거자막추)★★

[뜻음] 갈 거, 놈 자, 말 막, 좇을 추.
[풀이] 가는 사람은 붙잡지 말라는 말. 去者不追(거자불추). 去者莫追(거자막추), 往者不追(왕자불추). 출전 春秋公羊傳(춘추공양전).

去者不追來者不拒 (거자불추내자불거)★★★

[뜻음] 갈 거, 이 자, 아닐 불, 좇을 추, 올 래, 거절할 거.
[풀이] 가는 사람은 붙잡지 말고 오는 사람 거절하지 말라.

≪荀子(순자)≫ 法行篇(법행편)에는 孔子(공자)의 제자 子貢(자공)의 말이라 하여
"君子(군자)는 몸을 바르게 하여 기다릴 뿐이다. 오고 싶어 하는 사람은 거절하지 아니하고 가고 싶어 하는 사람은 붙들지 않는다"라고 나와 있다.
다음은 ≪論語(논어)≫ 述而篇(술이편)에 나오는 이야기이다.
互鄕(호향)에 사는 한 소년이 공자를 찾아와 가르침을 청했다. 제자들은 호향이 風氣(풍기)가 좋지 못한 마을로 이름나 있었기에 소년을 문밖에서 돌려보내고 싶었으나 공자에게 물었다. 공자는 조금도 주저하는 빛이 없이 그 아이를 들어오게 했다.
얼마 동안 이야기를 주고받은 끝에 아이가 물러가자, 제자들은 몹시 疑訝(의아)한 표정으로 공자를 바라보았다. 공자가 제자들을 타일러 말했다.
"나를 찾아온 그 마음을 받아들일 뿐 그가 물러가서 무엇을 하는 것까지 관여할 것은 없다. 굳이 그 아이에게만 심하게 할 이유가 없지 않겠느냐"
흔히 '가는 사람 붙들지 않고, 오는 사람 막지 않는다'라는 말을 쓰고 있다. '去者莫追(거자막추)', '往者不追(왕자불추)'라고도 한다.

去者日疎 (거자일소)★★

[뜻음] 갈 거, 놈 자, 날 일, 멀 소.
[풀이] 친밀한 사이라도 멀리 떠나가거나 죽게 되면 점점 사이가 멀어짐. 去者日以疎(거자일이소). 출전 文選(문선) 雜詩(잡시).

車載斗量 (거재두량)★

[뜻음] 수레 거, 실을 재, 말 두, 헤아릴 량.
[풀이] 수레에 싣고, 말로 된다. 물건이나 인재 따위가 아주 흔해서 귀하지 않음. 수량이 헤아릴 수 없이 많음. 출전 三國志(삼국지) 吳志(오지).

車在馬前 (거재마전)★

[뜻음] 수레 거, 있을 재, 말 마, 앞 전.

[풀이] 경험이 없는 말로 마차를 끌게 하려면, 먼저 다른 말이 끄는 수레 뒤에 매어 따라다니게 하여 길들여야 한다. 사람도 초보적인 작은 일에서부터 훈련을 거듭한 뒤에 本業(본업)에 종사하도록 해야 함을 비유하여 이르는 말.

籧篨戚施 (거저척시)★

[뜻음] 대자리 거, 대자리 저, 겨레 척, 베풀 시.
[풀이] 籧篨(거저)는 엎드릴 수 없는 병이나, 거친 대자리. 戚施(척시)는 위를 쳐다볼 수 없는 병. 안팎곱사등이. 천상바라기와 꼽추. 추악한 병인 고로, ① '醜惡(추악)한 사람'을 이르는 말. ② 남에게 아첨하거나 남을 깔보는 사람. 출전 國語(국어).

擧鼎絶臏 (거정절빈)★

[뜻음] 들 거, 솥 정, 끊을 절, 종지뼈 빈.
[풀이] 중국 秦(진)나라의 武王(무왕)이 孟說(맹열)과 함께 솥을 들어 올리다가 정강이뼈가 부러져 죽은 옛일. 감당할 수 없는 일을 무리하게 하다가 잘못됨.

擧足輕重 (거족경중)★

[뜻음] 들 거, 발 족, 가벼울 경, 무거울 중.
[풀이] 다리 한쪽을 들어 어디에 두는가에 따라 무게 중심이 옮겨져 세력의 우열이 결정된다. 아슬아슬하게 세력이 균형을 잡고 있는 것. 출전 後漢書(후한서) 竇融傳(두융전).

居住姓名 (거주성명)★

[뜻음] 살 거, 살 주, 성씨 성, 이름 명.
[풀이] 사는 곳과 이름. 居族姓名(거족성명).

居之中天 (거지중천)★

[뜻음] 살 거, 갈 지, 가운데 중, 하늘 천.
[풀이] 텅 빈 공간. 虛空(허공).

去處不明 (거처불명)★

[뜻음] 갈 거, 곳 처, 아닐 불, 밝을 명.
[풀이] 간 곳이나 가는 곳이 확실하지 않음. 간 곳을 모름.

居處必正靜 (거처필정정)★

[뜻음] 살 거, 곳 처, 반드시 필, 바를 정, 고요할 정.
[풀이] 가만히 있을 때는 몸가짐을 반드시 바르고 고요하게 가짐.

居寵思危 (거총사위)★

[뜻음] 살 거, 괼 총, 생각 사, 위태할 위.
[풀이] 得意(득의)한 때에는 失意(실의)할 때가 있을 것을 생각하여 조심하라는 경계. 출전 書經(서경) 周官篇(주관편).

渠衝入穴 (거충입혈)★

[뜻음] 도랑 거, 부딪칠 충, 들 입, 구멍 혈.
[풀이] 성을 공격할 때 쓰는 큰 수레인 거충도 흙구덩이 속에 밀어 넣으면 그 성능을 내지 못한다. 이익을 구할 줄은 알면서 그 방법을 모름을 이르는 말. 출전 荀子(순자).

居治而不忘亂 (거치이불망란)★

[뜻음] 살 거, 다스릴 치, 말 이을 이, 아니 불, 잊을 망, 어지러울 란.

[풀이] 지금은 잘 다스려진 세상일지라도 장차 혼란해질 때가 올 지도 모를 것을 생각하여 경계하고 삼감.

去弊生弊 (거폐생폐)★

[뜻음] 제거할 거, 해질 폐, 날 생.
[풀이] 弊端(폐단)을 없애려다가 도리어 폐단이 생겨남.

據虛搏影 (거허박영)

[뜻음] 의거할 거, 빌 허, 잡을 박, 그림자 영.
[풀이] 虛空(허공)에 의거하여 그림자를 친다. ① 확실한 根據(근거)나 좋은 機會(기회)를 얻지 못함. ② 束手無策(속수무책). 출전 管子(관자).

蹇蹇匪躬 (건건비궁)★

[뜻음] 절 건, 아닐 비, 몸 궁.
[풀이] 충성을 다하고 자신의 이해를 돌보지 아니함. 출전 易經(역경).

乾坤坎離 (건곤감리)★★

[뜻음] 하늘 건, 땅 곤, 구덩이 감, 떨어질 리.
[풀이] 주역에 나오는 8괘 중 네 괘의 이름. 하늘, 땅, 물 불. 우리나라 국기인 태극기의 사방을 감싸고 있는 괘의 이름. 출전 주역.

乾坤一色 (건곤일색)★

[뜻음] 하늘 건, 땅 곤, 한 일, 빛 색.
[풀이] 하늘과 땅이 한 빛깔임.

乾坤日夜浮 (건곤일야부)★

[뜻음] 하늘 건, 땅 곤, 낮 일, 밤 야, 뜰 부.
[풀이] 천지의 만물이 밤낮 水面(수면)에 떠 있음. 洞庭湖(동정호)의 수면이 바다와 같이 넓은 것을 형용한 말.

乾坤一擲 (건곤일척)★★★

[뜻음] 하늘 건, 땅 곤, 한 일, 던질 척.
[풀이] 건곤은 천지. 일척은 한 번 던진다. 하늘과 땅을 한 번 내던진다. 승패와 흥망을 걸고 마지막 결단을 내리는 일. 운명과 흥망을 걸고 단판걸이로 승부를 겨룸.

중국 唐(당)나라 때 韓愈(한유)가 鴻溝(홍구)를 지나며 楚漢(초한) 싸움 때 漢(한)의 劉邦(유방)이 홍구의 서쪽으로 돌아가려다가 말머리를 돌려, 項羽(항우)와 천하를 놓고 최후의 승부를 결정짓는 賭博(도박)을 하게 된 것을 회상한 내용의 시 속에 나온 구절이다. [過鴻溝과홍구]라는 시의 내용은 다음과 같다.
　용은 지치고 범도 고달파 강과 들을 나누었다.
　億萬蒼生(억만창생)의 목숨이 살아남게 되었네.
　누가 임금을 권해 말 머리를 돌리게 하여
　참으로 한 번 던져 하늘땅을 걸게 만들었던고!

　龍疲虎困割川原 용피호곤할천원
　億萬蒼生性命存 억만창생성명존
　誰勸君王回馬首 수권군왕회마수

眞成一擲賭乾坤 진성일척도건곤

‘乾坤(건곤)’은 천지이며 ‘一擲(일척)’은 한 번 던진다는 말이다. 따라서 이 말은 승패와 흥망을 걸고 마지막 결단을 내리는 일을 나타낸다. 운명과 흥망을 걸고 단판걸이로 승부를 겨루는 일도 나타내고 또한 이기면 하늘과 땅이 다 내 것이 되고, 지면 하늘과 땅을 다 잃게 되는 도박을 한다는 말이다.

乾坤洞然 (건곤통연)★
[뜻음] 하늘 건, 땅 곤, 꿰뚫을 통, 그럴 연.
[풀이] 天地(천지)가 廣闊(광활)하여 아무 障碍(장애)가 없음.

乾坤咸恒 (건곤함항)★
[뜻음] 하늘 건, 땅 곤, 다 함, 항상 항.
[풀이] 주역의 상경은 乾坤(건곤)으로 시작되고 하경은 咸恒(함항)으로 시작됨. 건곤은 천지를 상징하고 함항은 夫婦(부부)를 밝히며 또 건곤은 조화의 본이요, 부부는 인륜의 근원임. 출전 後漢書(후한서) 荀爽傳(순상전).

乾達 (건달)★★
[뜻음] 하늘 건, 통달할 달.
[풀이] 돈도 없으면서 아무 일도 하지 않고 게으름을 피우거나 無爲徒食(무위도식)하는 사람. 본래 불교용어로 乾達婆(건달바)를 지칭함. 건달바는 수미산 남쪽 금강굴에 살며 제석천의 음악을 관장하는 神(신).

乾道成男 (건도성남)★
[뜻음] 하늘 건, 길 도, 이룰 성, 사내 남.
[풀이] 至剛至健(지강지건)한 乾道(건도)를 얻은 것이 男性(남성)이 됨. 乾(건)은 하늘로서 陽(양)에 속함. 출전 易經(역경) 繫辭上傳(계사상전).

建瓴水 (건령수)
[뜻음] 쏟을 건, 동이 령, 물 수.
[풀이] 建(건)은 覆(복), 瓴영은 瓶(병). 옥상에서 병의 물을 밑으로 쏟는 것과 같이 세력이 급속함을 이름. 출전 史記(사기) 高祖紀(고조기).

建瓴之勢 (건령지세)★
[뜻음] 쏟을 건, 동이 령, 갈 지, 기세 세.
[풀이] 높은 곳에서 병의 물이 쏟아지듯 하는 氣勢(기세). 세찬 기세를 비유하여 이르는 말.

乾木生水 (건목생수)★★
[뜻음] 마를 건, 나무 목, 날 생, 물 수.
[풀이] 마른 나무에 물이 난다. 아무것도 없는 사람에게서 무엇을 무리하게 내라고 요구함을 비유한 말.

乾沒作錢 (건몰작전)★
[뜻음] 마를 건, 빠질 몰, 지을 작, 돈 전. 몰수하여 팖.

[풀이] 강제로 빼앗은 물건을 팔아 돈을 만듦. 건몰은 물을 말려 없애듯 재물을 마구 몰수한다는 뜻.

乾符坤珍 (건부곤진)
[뜻음] 하늘 건, 부절 부, 땅 곤, 보배 진.
[풀이] 天子(천자)가 될 祥瑞(상서). 天神(천신)과 地氣(지기)가 授與(수여)하므로 이름.

乾脣露齒 (건순노치)
[뜻음] 마를 건, 입술 순, 드러날 노, 이 치.
[풀이] 윗입술이 위로 치들려서 이가 드러나 보임.

建陽多慶 (건양다경)★
[뜻음] 세울 건, 햇볕 양, 많을 다, 경사 경.
[풀이] 맑은 날 많고, 좋은 일과 경사스런 일이 많이 생기라고 기원하는 말.

乾鵲噪而行人至 (건작조이행인지)★
[뜻음] 하늘 건, 까치 작, 떠들썩할 조, 말 이을 이, 다닐 행, 사람 인, 이를 지.
[풀이] 까치가 요란하게 울면 遠行(원행)의 손님이 찾아온다는 俗說(속설). 출전 西京雜記(서경잡기).

乾燥無味 (건조무미)★
[뜻음] 마를 건, 마를 조, 없을 무, 맛 미.
[풀이] 메말라서 아무런 운치가 없음. 글이나 그림이나 노는 자리가 깔깔하거나 딱딱하여 재미나 멋이 없음.

巾櫛所任 (건즐소임)★★
[뜻음] 수건 건, 빗 즐, 바 소, 맡길 임.
[풀이] 세수할 때 수건과 빗을 받드는 소임. 아내로서 남편을 뒷바라지하는 소임. 巾櫛之侍(건즐지시).

桀犬吠堯 (걸견폐요)★★★
[뜻음] 횃대 걸, 개 견, 짖을 폐, 요임금 요.
[풀이] 桀(걸)의 개가 堯(요)를 보고 짖는다. 옛적 하나라 걸왕 같은 포학한 사람이 기르는 개는 요임금과 같은 성군을 보고도 짖는다는 뜻으로, 사람은 선악을 불문하고 각기 그 주인에게 충성을 다한다는 말. 사람은 각기 그 상전을 위해 선악을 가리지 않고 충성을 다한다는 말. 악한 자와 한 패가 되어 어진 이를 미워함. 桀狗吠堯(걸구폐요). 跖狗吠堯(척구폐요).

　　이 말은 ≪史記(사기)≫ 淮陰侯傳(회음후전)에 나온다.
　　漢(한)나라 劉邦(유방)이 策士(책사) 蒯通(괴통)을 기름 가마에 삶아 죽일 때 괴통이 부르짖기를, “秦(진)나라가 그 사슴을 잃은지라 온 천하가 다 함께 이를 쫓았습니다. 그 결과 솜씨가 뛰어나고 발이 빠른 사람이 먼저 얻게 된 것입니다. 盜跖(도척) 같은 도둑놈의 개도 요임금을 보면 짖습니다. 요임금이 어질지 않아서가 아니라, 개는 원래 그 주인이 아니면 짖기 때문입니다. ……”라고 했다.
　　괴통은 韓信(한신)에게 謀叛(모반)하라고 충동했던 일이 있다. 그 일이 발각되어 유방은 烹刑(팽형)을 명했던 것이다.

괴통의 이 말은 중국의 걸왕(桀王)과 같은 惡人(악인)이라도 그에게서 길러지고 있는 개는 그 주인의 뜻에 따라 堯(요)임금 같은 聖人(성인)에게도 덤벼 짖는다는 말이므로 사람은 각기 그 상전을 위해 선악을 가리지 않고 충성을 다한다는 말도 되고 악한 자와 한 패가 되어 어진 이를 미워한다는 말도 된다. '桀狗吠堯(걸구폐요), 跖狗吠堯(척구폐요)'라고도 한다. '跖狗吠堯(척구폐요)'란 도척의 개가 요임금 같은 성인을 보고도 짖는다는 말이다. 도척은 요임금 시절의 흉악한 도둑을 말한다. 도적의 대명사가 도척이다.

乞巧之習 (걸교지습)★

[뜻음] 구걸할 걸, 공교할 교, 갈 지, 익힐 습.
[풀이] 칠석날 저녁에 여자 아이들이 견우와 직녀의 두 별에게 길쌈과 바느질을 잘하게 해 달라고 재주를 비는 일.

桀狗吠堯 (걸구폐요)★

[뜻음] 횃대 걸, 개 구, 짖을 폐, 요임금 요.
[풀이] 桀犬吠堯(걸견폐요).

乞兒得錦 (걸아득금)★

[뜻음] 빌 걸, 아이 아, 얻을 득, 비단 금.
[풀이] 거지 아이가 비단을 얻었다. 분수 밖에 생긴 일을 지나치게 자랑함을 비유하여 이르는 말.

乞人憐天 (걸인연천)★

[뜻음] 빌 걸, 사람 인, 불쌍히 여길 연, 하늘 천.
[풀이] 거지가 하늘을 불쌍히 여긴다. 부당한 걱정을 한다든가 불행한 처지에 있는 사람이 행복한 사람을 동정함을 비유하여 이르는 말. 출전 旬五志(순오지).

乞骸骨 (걸해골)★★★

[뜻음] 빌 걸, 뼈 해, 뼈 골. 해골을 빈다. 목숨을 구걸한다.
[풀이] 늙은 宰相(재상)이 나이가 많아 벼슬을 그만두고 쉬고 싶을 때 임금에게 청원하는 말.

楚霸王(초패왕) 項羽(항우)에게 쫓긴 漢王(한왕) 劉邦(유방)이 고전하고 있을 때의 일이다. 유방은 지난해(B.C. 203) 항우가 반란을 일으킨 彭越(팽월)·田榮(전영) 등을 치기 위해 출병한 사이에 초나라의 도읍인 彭城[팽성: 徐州(서주)]을 공략했다가 항우의 반격을 받고 겨우 榮陽[형양: 河南省(하남성) 내]으로 도망쳤다. 그러나 수개월 후 軍糧(군량) 수송로까지 끊겨 더 이상 지탱하기 어렵자 항우에게 휴전을 제의했다. 항우는 응할 생각이었으나 亞父(아부: 아버지 다음으로 존경하는 사람이란 뜻) 范增(범증)이 반대하는 바람에 쉽게 이루어지지 않았다. 이 사실을 안 유방의 참모 陳平(진평)은 간첩을 풀어 초나라 陣中(진중)에 '범증이 항우 몰래 유방과 내통하고 있다'고 헛소문을 퍼뜨렸다.

이에 화가 난 항우는 은밀히 유방에게 강화의 사신을 보냈다. 진평은 항우를 섬기다가 유방의 신하가 된 사람인 만큼 누구보다도 항우를 잘 알았다. 그래서 성급하고도 단순한 항우의 성격을 겨냥한 이간책은 멋지게 맞아떨어진 것이다. 진평은 張良(장량) 등 여러 重臣(중신)과 함께 정중히 사신을 맞이하고 이렇게 물었다.

"아부(범증을 지칭)께서는 안녕하십니까?"
"나는 초패왕의 사신으로 온 사람이요"
사신은 불쾌한 말투로 대답했다.
"뭐, 초왕의 사신이라고? 난 아부의 사신인 줄 알았는데……"

진평은 짐짓 놀란 체하면서 잘 차린 음식을 素饌(소찬)으로 바꾸게 한 뒤 말없이 방을 나가 버렸다. 사신이 돌아와서 그대로 보고하자 항우는 범증이 유방과 내통하고 있는 것으로 확신하고 그에게 주어진 모든 권한을 박탈했다. 범증은 크게 노했다.

"천하의 대세는 결정된 것과 같사오니, 전하 스스로 처리하시오소서. 신은 이제 '해골을 빌어[乞骸骨]' 초야에 묻힐까 하나이다."

항우는 어리석게도 진평의 책략에 걸려 유일한 謀臣(모신)을 잃고 말았다. 범증은 팽성으로 돌아가던 도중에 등창이 터져 75세의 나이로 죽었다고 한다.

이 말은 늙은 宰相(재상)이 나이가 많아 朝廷(조정)에 나오지 못하게 될 때 임금에게 그만두기를 奏請(주청)함을 이르는 말이 되었다.

[참고] 素饌(소찬): ① 고기나 생선이 들어가지 아니한 반찬. ② 남에게 식사를 대접할 때의 겸양의 말.

乞火不若取燧 (걸화불약취수)★

[뜻음] 빌 걸, 불 화, 아닐 불, 같을 약, 취할 취, 봉화 수.
[풀이] 남에게 불을 빌리기보다는 자기 부시로 불을 일으키는 것이 낫다. 남에게 구걸하기 보다는 스스로 노력하여야 한다는 말. 출전 淮南子(회남자).

劍閣棧道 (검각비도)★

[뜻음] 칼 검, 문설주 각, 사닥다리 비, 길 도.
[풀이] 중국 四川省(사천성) 劍州(검주)에 있는 사다리 길. 험하기로 유명함.

劍閣鐵山 (검각철산)

[뜻음] 칼 검, 문설주 각, 쇠 철, 뫼 산.
[풀이] 검각산의 방비가 철옹성 같다 하여 붙인 이름.

黔驢技窮 (검려기궁)★

[뜻음] 검을 검, 나귀 려, 재주 기, 다할 궁.
[풀이] 쥐꼬리만 한 재간마저 바닥이 드러나다. 黔驢之技(검려지기).

黔驢之技 (검려지기)★★

[뜻음] 검을 검, 나귀 려, 갈 지, 재주 기.
[풀이] 黔州(검주)는 나귀가 없는 땅이라 어떤 사람이 나귀를 타고 그곳을 지나는데 범이 보고 대단히 무서워했으나 그 후 나귀가 범을 발길로 찼던바, 범은 나귀가 그밖에 技能(기능)이 없음을 알고 마침내 나귀를 물어 죽였다는 이야기. 사람의 졸렬한 기능의 비유. 출전 柳宗元(유종원)의 글.

劍一人敵 (검일인적)★

[뜻음] 칼 검, 한 일, 사람 인, 대적할 적.
[풀이] 劍術(검술)은 한 사람을 상대하는 데 그치는 기술이므로 배울 만한 것이 못 됨. 중국 초패왕 項羽(항우)가 한 말. 출전 史記(사기).

儉者心嘗富 (검자심상부)★

[뜻음] 검소할 검, 놈 자, 마음 심, 항상 상, 가멸 부.
[풀이] 검소한 사람은 스스로 만족할 줄을 알고 있으므로 마음이 항상 넉넉함. '嘗'은 常과 통함.

儉存奢失 (검존사실)★

[뜻음] 검소할 검, 있을 존, 사치할 사, 잃을 실.
[풀이] 검소하면 오래 보존하고, 사치스러우면 오래 보존하지 못함. 출전 白居易(백거이)의 新樂府(신악부).

揭斧入淵 (게부입연)★

[뜻음] 들 게, 도끼 부, 들 입, 못 연.
[풀이] 도끼를 들고 산에 들어가야 할 것을 산에는 들어가지 않고 못에 들어간다. ① 물건을 적당한 곳에 쓰지 않고 엉뚱한 곳에 씀. ② 쓸데없는 짓을 함. 물건을 그 물건이 적당한 곳에 쓰지 않고 엉뚱한 곳에 씀. 출전 淮南子(회남자).

劫飭毀節 (겁칙훼절)★

[뜻음] 위협할 겁, 신칙할 칙, 훼손할 훼, 절개 절.
[풀이] 여자를 협박하여 강제로 절개를 꺾음.

隔江千里 (격강천리)★

[뜻음] 사이 뜰 격, 강 강, 일천 천, 마을 리.
[풀이] 강을 사이에 두고 천릿길과 같이 서로 떨어져 있어서 왕래가 불편함. 서로 가까이 있으면서도 오래 만나지 못하여 멀리 떨어져 사는 것이나 다름없다는 말.

擊鼓其鏜 (격고기당)★

[뜻음] 칠 격, 북 고, 그 기, 북소리 당.
[풀이] 북 치는 소리가 鏜然(당연)함. 전쟁 때 큰 북을 울림을 이름. '鏜'은 북소리나 전쟁을 시작할 때 치는 북. 출전 詩經(시경) 衛風(위풍) 擊鼓篇(격고편).

擊鼓鳴金 (격고명금)★

[뜻음] 칠 격, 북 고, 울 명, 쇠·징 금.
[풀이] 북을 치고 징을 울림. 옛날 전쟁에서 북을 치면 進擊(진격)하고 징을 치면 退却(퇴각)하였음.

擊斷無諱 (격단무휘)★

[뜻음] 칠 격, 끊을 단, 없을 무, 꺼릴 휘.

[풀이] 거리낌 없이 함부로 형벌을 恣行(자행)함. 출전 史記(사기) 范雎傳(범저전).

格物致知 (격물치지)★★★

[뜻음] 바로잡을 격, 만물 물, 보낼 치, 알 지.
[풀이] 실제적인 사물을 통하여 이치를 연구하여 온전한 지식에 다다른다. 사물의 이치를 근거로 지식을 명확히 한다. 실제적인 사물을 통하여 이치를 연구하여 온전한 지식에 다다름. 학문하는 방법의 하나. 주자학과 양명학에서 사용하는 용어. 주자학의 두 강목 중 窮理(궁리)에 해당함.

　　이 말은 ≪大學(대학)≫에 나온다.
　　朱子(주자)는,
　　"격물은 천하 만물의 이치를 끝까지 캐고 들어가는 것이다. ……노력을 거듭한 끝에 하루아침에 훤히 통하게 되면 모든 사물의 이치를 다 알게 된다. 이것이 치지다"라고 말했다. 주자와 동시대 학자인 陸象山(육상산)은 '格(격)'을 물리친다는 뜻으로 풀이하고 '物(물)'을 물욕의 외물로 보고, 사람의 참다운 지혜를 얻기 위해서는 사람의 마음을 어둡게 하는 物慾(물욕)을 먼저 물리쳐야만 한다고 주장했다. 그렇게 하면 良知(양지)를 얻는다고 했다.
　　王陽明(왕양명)의 경우, '物(물)'은 사람의 마음이 향하고 있는 대상을, '知(지)'는 지식이 아닌, 자연스럽고 영묘한 마음의 기능(맹자가 말한 良知양지)으로 풀이했다. 주자의 격물치지가 지식 위주이고 양명은 도덕적 실천을 중시하므로 주자학을 理學(이학)이라고 부르고, 양명학을 心學(심학)이라고 부르게 되었다.
　　이 격물치지는 학문하는 방법의 하나이다. 주자학과 양명학에서 사용하는 용어가 되었다. 주자학의 두 강목 중 窮理(궁리)에 해당한다.

激發奮起 (격발분기)★

[뜻음] 부딪칠 격, 필 발, 떨칠 분, 일어날 기.
[풀이] 격동하고 흥분하여 일어남.

擊鉢催詩 (격발최시)★

[뜻음] 칠 격, 바리때 발, 재촉할 최, 시 시.
[풀이] 중국 梁(양)나라의 蕭文琰(소문염)이, 구리 밥그릇을 쳐서 그 울림이 사라지기 전에 詩(시)를 지었다는 옛일.

隔歲顏面 (격세안면)

[뜻음] 사이 뜰 격, 해 세, 얼굴 안, 낯 면.
[풀이] 해가 바뀌도록 만나지 못하다가 처음으로 만난 얼굴.

隔世卽忘 (격세즉망)★

[뜻음] 사이 뜰 격, 세상 세, 곧 즉, 잊을 망.
[풀이] 사람이 이 세상에 새로 태어날 때에는 前世(전세)의 일을 모두 잊는다는 말.

隔世之感 (격세지감)★★

[뜻음] 사이 뜰 격, 대 세, 갈 지, 느낄 감.
[풀이] 많은 진보와 변화를 겪어서 딴 세상처럼 느껴지는 느낌. 딴 세대와도 같이 아주 달라진 느낌.

擊壤歌 (격양가)★★

[뜻음] 칠 격, 흙 양, 노래 가.
[풀이] 풍년이 들어 농부가 태평한 세월을 즐기는 노래. 중국 고대 요임금 때 늙은 농부가 태평한 세월을 즐거워하여 땅을 치면서 부른 노래. '鼓腹擊壤(고복격양)'을 보시오.

擊甕圖 (격옹도)★

[뜻음] 칠 격, 독 옹, 그림 도.
[풀이] 宋(송)나라 司馬光(사마광)이 어릴 때 여러 동무들과 놀다가 한 어린이가 잘못하여 물독 속에 빠졌던바, 곧 물독을 깨뜨려 이를 구하였음. 격옹도는 바로 이것을 그린 그림임. 출전 冷齋夜話(냉재야화).

檄愈頭風 (격유두풍)★

[뜻음] 격문 격, 나을 유, 머리 두, 바람 풍.
[풀이] 중국 삼국시대 魏(위)나라의 曹操(조조: 武帝)가 두통으로 누워 있을 때, 陳琳(진림)이 지은 檄文(격문)을 보고 그 병이 나았다는 옛일.

激而行之 (격이행지)★

[뜻음] 부딪칠 격, 말 이을 이, 행할 행, 갈 지.
[풀이] 물을 막아 거꾸로 흐르게 하는 일. 사람의 本性(본성)은 善(선)하지만 욕심이 이를 가로막으면 惡(악)을 행하게 됨을 이르는 말. 출전 孟子(맹자).

擊節嘆賞 (격절탄상)★

[뜻음] 칠 격, 마디 절, 탄식할 탄, 상줄 상.
[풀이] 무릎이나 궁둥이를 치면서 탄복하며 칭찬함.

隔阻數月 (격조수월)★

[뜻음] 사이 뜰 격, 막힐 조, 여러 수, 달 월.
[풀이] 몇 달 동안이나 소식이 막힘.

擊鐘鼎食 (격종정식)★★

[뜻음] 칠 격, 종 종, 솥 정, 밥 식.
[풀이] 종을 쳐서 집안사람을 모아 솥을 늘어놓고 먹음. 곧 가족이 많고 富貴(부귀)한 사람의 살림을 이름. 鐘鳴鼎食(종명정식). 출전 張衡(장형)의 西京賦(서경부).

隔牆有耳 (격장유이)★

[뜻음] 사이 뜰 격, 담장 장, 있을 유, 귀 이.
[풀이] 담장 사이에 귀가 있다. 남의 이야기를 몰래 엿들음.

激濁揚淸 (격탁양청)★

[뜻음] 부딪칠 격, 흐릴 탁, 오를 양, 맑을 청.
[풀이] 濁流(탁류)를 물리치고 淸波(청파)를 일게 한다. 善(선)을 宣揚(선양)하고 惡(악)을 除去(제거)함. 출전 唐書(당서) 王珪傳(왕규전).

隔胡越 (격호월)★

[뜻음] 사이 뜰 격, 오랑캐 호, 넘을 월.
[풀이] '중국 북쪽의 胡(호)나라와 남쪽의 越(월)나라가 서로 멀리 동떨어져 있다'는 뜻으로, '서로 떨어짐이 먼 것'을 이르는 말.

隔靴搔癢 (격화소양)★★

[뜻음] 사이 뜰 격, 가죽신 화, 긁을 소, 가려울 양.
[풀이] 신을 신고 발바닥을 긁는다. 신 신고 발바닥 긁기와 같다는 뜻. 일을 하느라고 애를 쓰되 정통을 찌르지 못해 답답함. 일이 철저하지 못하여 성에 차지 않는다는 말. 출전 續傳燈錄(속전등록).

激化一路 (격화일로)★★

[뜻음] 부딪혀 흐를 격, 될 화, 한 일, 길 로.
[풀이] 자꾸만 심해짐. 오로지 격렬하게 될 뿐임.

堅甲利兵 (견갑이병)★

[뜻음] 굳을 견, 갑옷 갑, 날카로울 리, 병장기 병.
[풀이] 단단한 갑옷과 날카로운 병기. 轉(전)하여 精銳(정예)한 兵力(병력).

牽强附會 (견강부회)★★★

[뜻음] 끌 견, 억지로 강, 붙을 부, 모일 회.
[풀이] 可當(가당)치도 않은 말을 抑止(억지)로 끌어 붙여 條理(조리)에 맞추려 함.

堅强之辯 (견강지변)

[뜻음] 굳을 견, 굳셀 강, 갈 지, 말 잘할 변.
[풀이] 억지로 이치를 끌어대는 변명.

繾綣之情 (견권지정)★

[뜻음] 곡진할 견, 정다울 권, 갈 지, 정 정.
[풀이] 마음속에 깊이 서리어서 잊히지 아니하는 情(정). 남녀 간의 曲盡(곡진)한 정.

見機而作 (견기이작)★★

[뜻음] 볼 견, 기미 기, 말 이을 이, 지을 작.
[풀이] 기미를 보아서 미리 변통하여 조처함.

見卵求時夜 (견란구시야)★

[뜻음] 볼 견, 알 란, 구할 구, 때 시, 밤 야.
[풀이] 달걀을 보자 곧 밤의 때를 알려 주기를 바란다는 뜻. 일의 순서를 무시하고 지나치게 조급히 굶을 이름. 見卵求時(견란구시). 見卵而求時夜(견란이구시야). 출전 孟子(맹자).

見獵心喜 (견렵심희)★

[뜻음] 볼 견, 사냥할 렵, 마음 심, 기쁠 희.
[풀이] 고향사람들이 사냥하는 것을 보고 어렸을 때 사냥하던 것을 떠올리며 몹시 기뻐함. 어렸을 때를 그리워하는 심정을 비유함. 출전 近思錄(근사록).

見利忘義 (견리망의)★★

[뜻음] 볼 견, 이로울 리, 잊을 망, 옳을 의.
[풀이] 이익을 보고 올바름을 잊어버림.

見利思義 (견리사의)★★

[뜻음] 볼 견, 이로울 리, 생각할 사, 옳을 의.
[풀이] 이끗(이익을 얻는 실마리)이 보일 때 義理(의리)를 먼저 생각함. 출전 論語(논어) 憲問篇(헌문편).

肩摩轂擊 (견마곡격)★

[뜻음] 어깨 견, 갈 마, 바퀴통 곡, 칠 격.
[풀이] 길 가는 사람의 어깨와 어깨가 서로 스치고, 수레의 바퀴통이 서로 부딪힌다. 왕래가 번잡한 모양을 이르는 말. 출전 戰國策(전국책).

犬馬難鬼魅易 (견마난귀매이)★

[뜻음] 개 견, 말 마, 어려울 난, 귀신 귀, 도깨비 매, 쉬울 이.
[풀이] 그림을 그리는 데 개나 말처럼 늘 보는 것은 그리기 어렵고, 귀신이나 도깨비처럼, 본 人(인)이 없는 것은 그리기 쉬움. 출전 韓非子(한비자).

犬馬之年 (견마지년)★★★

[뜻음] 개 견, 말 마, 갈 지, 나이 년. 개와 말의 나이.
[풀이] 자기 나이를 겸손하게 이르는 말.

犬馬之齡 (견마지령)★

[뜻음] 개 견, 말 마, 갈 지, 나이 령.
[풀이] 犬馬之齒(견마지치).

犬馬之勞 (견마지로)★★

[뜻음] 개 견, 말 마, 갈 지, 일할 로.
[풀이] 윗사람에 대해 바치는 자기의 노력을 겸손하게 이르는 말. 君主(군주) 또는 他人(타인)을 위하여 애쓰는 자기의 노력을 謙遜(겸손)하게 표현하는 말.

犬馬之養 (견마지양)★★

[뜻음] 개 견, 말 마, 갈 지, 기를 양.
[풀이] 단지 어버이를 扶養(부양)할 뿐이며 恭敬(공경)하는 마음이 없음을 이름. 출전 論語(논어) 爲政篇(위정편).

犬馬之齒 (견마지치)★

[뜻음] 개 견, 말 마, 갈 지, 이 치.
[풀이] 개나 말처럼 보람 없이 헛되게 먹은 나이. 자기의 나이를 낮추어 이르는 말. 출전 漢書(한서) 趙充國傳(조충국전).

見毛相馬 (견모상마)★

[뜻음] 개 견, 털 모, 서로 상, 말 마.
[풀이] 사람의 말만 듣고 채용하는 것은 털만 보고 말을 사는 것과 같아서 오류를 범하기 쉬움. 비슷한 말로는 以毛相馬(이모상마), 以貌取人(이모취인), 以言擧人(이언거인) 등이 있음.

畎畝之中 (견무지중)★

[뜻음] 밭도랑 견, 이랑 무, 갈 지, 가운데 중.
[풀이] 畎畝之中(견묘지중).

見蚊拔劍 (견문발검)★★★

[뜻음] 볼 견, 모기 문, 뺄 발, 칼 검.
[풀이] 모기를 보고 칼을 뺀다. 하찮은 일에 너무 巨創(거창)하게 덤빔.

見聞一致 (견문일치)★★

[뜻음] 볼 견, 들을 문, 한 일, 이를 치.
[풀이] 보고 들은 바가 꼭 같음.

見物生心 (견물생심)★★★

[뜻음] 볼 견, 만물 물, 날 생, 마음 심.
[풀이] 물건을 보면 갖고 싶은 욕심이 생김.

堅白同異 (견백동이)★★

[뜻음] 굳을 견, 흰 백, 같을 동, 다를 이.
[풀이] 단단한 것과 흰 것은 서로 엇갈린다. 중국의 名家(명가) 공손용이 '나는 同(동)과 異(이)를 합쳤고 굳음과 백을 분리시켰다'라고 한 말에서 생긴 성어. 白馬非馬(백마비마)와 함께 詭辯(궤변)을 나타내는 대명사. 공손용은 궤변론자로 통함. 자기가 아는 것만을 옳다고 주장한다. 堅白同異之辯(견백동이지변). 출전 荀子(순자) 修身篇(수신편).

堅白同異之辯 (견백동이지변)★★★

[뜻음] 굳을 견, 흰 백, 같을 동, 다를 이, 갈 지, 말 잘할 변.
[풀이] 중국 戰國(전국)시대 趙(조)나라 公孫龍(공손룡)이 唱導(창도)한 궤변. 눈으로 돌을 볼 때에는 빛이 흰 것은 아나 굳은 것은 모른다. 손으로 돌을 만질 때에는 그 굳은 것은 알지만 흰 것은 모른다. 따라서 堅白石(견백석)의 존재는 동시에 성립할 수 없다는 개념의 論法(논법)으로서, 是(시)를 非(비)라, 非(비)를 是(시)라, 同(동)을 異(이)라, 異(이)를 同(동)이라고 우겨대는 변론. 堅白同異(견백동이). 堅白同異辯(견백동이변). 출전 荀子(순자) 修身篇(수신편).
[참고] 公孫龍(공손룡): 중국 戰國時代(전국시대)의 사상가. 趙(조)나라 사람. 平原君(평원군)의 客人(객인)이 되어 孔穿(공천)과 論談(논담)하였으며 魏(위)나라의 공자 牟(모)와 친교가 있었다. 「莊子(장자)」에 그 이름이 나오는 것으로 보아 同時代(동시대)의 사람으로도 생각된다. 惠施(혜시)·鄧析(등석)과 더불어 名家(명가)에 속하는 학자로, 名實(명실: 명칭과 실체)을 바로잡아야 한다고 주장하였다. 저서로서 「漢書(한서)」에 「公孫龍子(공손룡자, 14편)」가 기록되어 있으나 현재 그중 6편만 남아 있다(320?~250? B.C.).

見壁不出 (견벽불출)

[뜻음] 볼 견, 벽 벽, 아닐 불, 날 출.
[풀이] 벽만 바라보고 앉아 밖으로 나가지 않음. 전쟁에서 싸움에 나서지 않고 防備(방비)만 하는 일을 일컬음.

堅壁淸野 (견벽청야)★

[뜻음] 굳을 견, 바람벽 벽, 맑을 청, 들 야.
[풀이] 성벽을 굳게 하고 들에 있는 것을 말끔히 치움. 物資(물자)를 얻지 못하게 하여 적을 괴롭히는 戰法(전법). 출전 三國志(삼국지) 荀彧傳(순욱전).

見不逮聞 (견불체문)★

[뜻음] 볼 견, 아닐 불, 쫓을 체, 들을 문.
[풀이] 직접 목격해 보니 이전에 들었던 것보다는 못할 때 쓰는 말. 열 사람이 백 마디 말을 해도 듣는 이 짐작.

堅氷至 (견빙지)★

[뜻음] 단단할 견, 얼음 빙, 이를 지.

[풀이] 서리가 내림은 얼음이 얼 전조임. 그런고로 일은 사소할 때에 조심해야 한다는 말. 출전 易經(역경) 坤卦(곤괘).

牽絲之幸 (견사지행)★

[뜻음] 끌 견, 실 사, 갈 지, 다행할 행.
[풀이] 婚姻(혼인)을 정함을 이름. 중국 唐(당)나라의 郭元振(곽원진)이 宰相(재상) 張嘉貞(장가정)의 信任(신임)을 얻어, 사위 되어 주기를 요청받자 그의 딸 다섯을 제각기 실을 잡고 늘어서도록 한 다음 그 가운데 하나를 잡아당겨, 意中(의중)의 여자를 보여, 셋째 딸과 혼인했다는 옛일에서 온 말.

見霜知冰 (견상지빙)★

[뜻음] 볼 견, 서리 상, 알 지, 얼음 빙.
[풀이] 서리 내린 것을 보고 얼음 얼 것을 안다. 조짐을 보아 결과를 예측함의 비유.

犬齧枯骨 (견설고골)★

[뜻음] 개 견, 깨물 설, 마를 고, 뼈 골.
[풀이] 개가 말라빠진 뼈를 핥는다. 아무 맛도 없음을 가리키는 말.

見性成佛 (견성성불)★

[뜻음] 볼 견, 성품 성, 이룰 성, 부처 불.
[풀이] 자기 본래의 天性(천성)을 깨달으면 부처가 됨.

犬牙相制 (견아상제)★

[뜻음] 개 견, 어금니 아, 서로 상, 마를 제.
[풀이] 땅의 경계가 개의 어금니와 같이 들쭉날쭉하여 서로 制御(제어)함. 출전 史記(사기) 文帝紀(문제기).

堅如金石 (견여금석)★

[뜻음] 굳을 견, 같을 여, 쇠 금, 돌 석.
[풀이] 서로 맺은 맹세가 쇠나 돌과 같이 굳음을 비유하여 이르는 말.

堅如盤石 (견여반석)★

[뜻음] 굳을 견, 같을 여, 큰 돌 반, 돌 석.
[풀이] 기초가 盤石(반석)과 같이 튼튼하고 안전함.

見堯於墻 (견요어장)★

[뜻음] 볼 견, 요임금 요, 어조사 어, 담 장.
[풀이] 중국 舜(순)임금이 죽은 堯(요)임금을 보고 그리워하던 나머지, 앉으면 담장에 그 얼굴이 보이고, 음식을 대하면 국그릇 속에 그 얼굴이 幻影(환영)으로 보였다는 옛일에서, '언제나 잊지 않음'을 이르는 말. 출전 後漢書(후한서).

見垣一方 (견원일방)★

[뜻음] 볼 견, 담 원, 한 일, 모 방.
[풀이] 담장을 隔(격)하여 저편을 봄. 출전 史記(사기).

犬猿之間 (견원지간)★★★

[뜻음] 개 견, 원숭이 원, 갈 지, 사이 간.
[풀이] 개와 원숭이의 사이처럼 매우 나쁜 두 관계.

見危授命 (견위수명)★

[뜻음] 볼 견, 위태할 위, 줄 수, 목숨 명.
[풀이] 국가나 君父(군부)의 위급에 즈음하여서는 목숨을 던져 힘을 다함. 見危致命(견위치명). 출전 論語(논어).

見危致命 (견위치명)★★★

[뜻음] 볼 견, 위태할 위, 보낼 치, 목숨 명.
[풀이] 나라의 위태로움을 당하여 자기 목숨을 바침. 見危授命(견위수명).

見異思遷 (견이사천)★

[뜻음] 볼 견, 다를 이, 생각 사, 옮길 천.
[풀이] 이상한 것을 보면 곧 마음이 그리로 쏠린다. 定見(정견)이 없음의 비유.

堅忍不拔 (견인불발)★★★

[뜻음] 굳을 견, 참을 인, 아닐 불, 뽑을 발.
[풀이] 굳게 참아서 마음을 빼앗기지 않음.

見天日 (견천일)★

[뜻음] 볼 견, 하늘 천, 날 일.
[풀이] 다시 햇빛을 본다. ① 다시 임금의 자리에 오름의 비유. ② 죄인이 풀려나옴을 이름. ③ 소경이 視力(시력)을 되찾음을 이르는 말.

見兔放狗 (견토방구)★

[뜻음] 볼 견, 토끼 토, 놓을 방, 개 구.
[풀이] 토끼를 발견한 뒤에 사냥개를 놓아서 잡게 하여도 늦지 않는다. 어떤 일이 일어나는 것을 기다린 후에 응하여도 좋음의 비유.

犬兔之爭 (견토지쟁)★

[뜻음] 개 견, 토끼 토, 갈 지, 다툴 쟁.
[풀이] 개와 토끼가 쫓고 쫓기다가 마침내 둘이 다 지쳐 쓰러지자 제삼자가 利益(이익)을 보게 되었다는 뜻. 출전 戰國策(전국책) 齊策(제책).

見賢思齊 (견현사제)★★★

[뜻음] 볼 견, 어질 현, 생각 사, 가지런할 제.
[풀이] 賢人(현인)을 보고는, 자기도 그와 같이 되려고 생각함. 출전 論語(논어).

鵑血滿胸 (견혈만흉)★

[뜻음] 두견이 견, 피 혈, 찰 만, 가슴 흉.
[풀이] 두견이가 피를 토하여 가슴에 가득하다. 사모하는 마음이 간절함.

結跏趺坐 (결가부좌)★

[뜻음] 맺을 결, 책상다리 가, 책상다리 부, 앉을 좌.
[풀이] 가부좌 또는 전가부좌, 본가부좌라고도 하며, 가는 발바닥, 부은 발등을 말한다. 오른쪽 발을 왼쪽 허벅다리 위에, 왼쪽 발을 오른쪽 허벅다리 위에 놓고 앉는 降魔坐(항마좌)와 그 반대의 吉祥坐(길상좌)가 있으며, 부처는 반드시 이렇게 앉으므로 불좌 · 여래좌라고도 한다. 한편, 왼쪽 발을 그대로 오른쪽 발밑에 두고 오른쪽 발만을 왼쪽 허벅다리 위에 올려놓는 것을 반가부좌 또는 반가좌, 보살좌라고 한다.

決江河源障之以手 (결강하원장지이수)★

[뜻음] 정할 결, 강 강, 물 하, 근원 원, 막힐 장, 갈 지, 써 이, 손 수.
[풀이] 揚子江(양자강)이나 黃河(황하) 같은 큰 江(강)의 水源(수원)을 터놓고 흐르지 못하도록 손으로 막는다는 뜻으로, 애써도 보람이 없고, 헛수고함을 이름.

結交之人 (결교지인)

[뜻음] 맺을 결, 사귈 교, 갈 지, 사람 인.
[풀이] 서로 교분을 맺어 교제하는 사람.

決潰水於千刃之堤 (결궤수어천인지제)★

[뜻음] 정할 결, 무너질 궤, 물 수, 어조사 어, 일천 천, 길 인, 갈 지, 둑 제.
[풀이] 천 길이나 되는 높은 둑을 무너뜨리고 물을 터놓는다는 뜻으로, 氣勢(기세)가 맹렬하여 당해낼 수 없음을 이름.

結縭 (결리)★

[뜻음] 맺을 결, 허리띠 리.
[풀이] 여자가 시집갈 때 그의 어머니가 친히 수건을 띠에 매어 주는 것. 출전 詩經(시경) 豳風(빈풍) 東山篇(동산편).

結髮夫婦 (결발부부)★★★

[뜻음] 맺을 결, 터럭 발, 남편 부, 지어미 부.
[풀이] 숫총각과 숫처녀로서 定式(정식)으로 婚姻(혼인)한 부부. 結髮夫妻(결발부처).

決死報國 (결사보국)★

[뜻음] 정할 결, 죽을 사, 갚을 보, 나라 국.
[풀이] 죽을 각오를 하고 나라의 은혜에 보답함.

結繩文字 (결승문자)★

[뜻음] 맺을 결, 맬 승, 글월 문, 글자 자.
[풀이] 太古(태고)에 새끼를 매듭지어 그 모양과 수로써 意思(의사)를 소통하던 문자.

結繩之政 (결승지정)★

[뜻음] 맺을 결, 맬 승, 갈 지, 정사 정.
[풀이] 옛적에 문자가 없었던 때, 새끼로 매듭을 맺어 기억의 편리를 꾀하고 또 서로의 뜻을 표시하던 것에서 온 말. 結繩(결승)으로 정치상의 명령이나 법령의 符號(부호)로 삼던 太古(태고)의 정치. 結繩政(결승정).

結約兄弟 (결약형제)★

[뜻음] 맺을 결, 약속할 약, 형 형, 아우 제.
[풀이] 의리로써 남남끼리 형제의 관계를 맺음. 또는 그 형제. 結義兄弟(결의형제).

結者解之 (결자해지)★★★

[뜻음] 맺을 결, 놈 자, 풀 해, 갈 지.
[풀이] 맺은 사람이 풀어야 한다. 일을 행한 사람이 그것을 해결해야 함. 출전 旬五志(순오지).

決絶之行 (결절지행)★

[뜻음] 정할 결, 끊을 절, 갈 지, 행할 행.
[풀이] 속세와 절연하는 행위. 志操(지조)를 높이 하여 俗世(속세)의 인연을 끊는 행위. 출전 莊子(장자).

結草報恩 (결초보은)★★★

[뜻음] 맺을 결, 풀 초, 갚을 보, 은혜 은.
[풀이] 풀을 묶어서 은혜에 보답한다. 죽어 혼령이 되어서라도 은혜를 잊지 않고 갚음.

이 이야기는 ≪동주열국지≫ 55회에 나온다.
春秋時代(춘추시대) 五覇(오패)의 한 사람인 晉(진)나라 晉文公(진문공)의 부하 장군에 魏犫(위주: 魏武子위무자)라는 勇士(용사)가 있었다. 그는 전장에 나갈 때면 魏顆(위과)와 魏錡(위기) 두 아들을 불러놓고 자기가 죽거든 자기가 사랑하는 祖姬(조희)라는 첩을 양반의 집 좋은 사람을 골라 시집을 보내 주라고 유언을 하고 떠났다. 그런데 막상 집에서 병들어 죽을 임시에는 조희를 자기와 함께 묻어달라고 유언을 했다. 당시는 귀인이 죽으면 그의 사랑하던 첩들을 殉葬(순장)하는 관습이 있었다. 그러나 위과는 아버지의 유언을 따르려 하지 않았다. 아우인 위기가 유언을 고집하자 위과는,
"아버지께서는 평상시에는 이 여자를 시집보내 주라고 유언을 했다. 臨終(임종) 때 말씀은 정신이 昏迷(혼미)해서 하신 말씀이다. 효자는 정신이 맑을 때 명령을 따르고 어지러울 때 명령을 따르지 않는다고 했다" 하고, 殉死(순사)를 면하게 하였으며 장사를 마치자 顆(과)는 아버지의 遺言(유언)을 어기고 庶母(서모)를 改嫁(개가)시켜 좋은 집으로 시집을 보내 주었다.
뒷날 그가 전쟁에 나가 秦(진)나라의 杜回(두회)와 싸워 위태하게 되었을 때, 첫 싸움에 크게 패하고 밤에 비몽사몽간에 귓전에 맴도는 '靑草坡(청초파)'라고 속삭이는 소리를 듣고는 위과는 청초파가 실제로 근처 地名(지명)이라는 것을 알고 그리로 진지를 옮겨 싸우게 했다. 적장 두회는 여전히 용맹을 떨치는데 위과가 멀리서 바라보니 웬 노인이 풀을 잡아매어 두회가 탄 말의 발을 자꾸만 걸리게 만들었다. 말이 자꾸만 무릎을 꿇자 두회는 말에서 내려와 싸웠다. 그러나 역시 발이 풀에 걸려 자꾸만 넘어지는 바람에 필경은 잡히어 포로가 되고 말았다.
그날 밤 꿈에 그 노인이 위과에게 나타나 말했다.
"나는 조희의 아비 되는 사람입니다. 장군이 先親(선친)의 治命(치명)을 따라 내 딸을 좋은 곳으로 시집보내 준 은혜를 갚기 위해 미약한 힘으로 잠시 장군을 도와드렸을 뿐입니다" 하고 낮에 있었던 일을 설명하고, 다시 장군이 그 같은 陰德(음덕)으로 뒤에 자손이 왕이 될 것까지 일러 주었다는 것이다.
이 이야기에는 '孝子 終治命 不從亂命(효자 종치명 부종난명: 효자는 정신이 맑을 때 명령을 따르고 어지러울 때 명령을 따르지 않는다)'이라는 말도 나온다.

結草啣環 (결초함환)★

[뜻음] 맺을 결, 풀 초, 재갈 함, 고리 환.
[풀이] 은혜를 잊지 않고 기필코 보답한다는 뜻. 結草報恩(결초보은).

箝口枯腸 (겸구고장)★

[뜻음] 재갈물릴 겸, 입 구, 마를 고, 창자 장.
[풀이] 입을 다물고 말을 하지 않음.

兼奴上典 (겸노상전)★★

[뜻음] 겸할 겸, 종 노, 위 상, 법 전.
[풀이] 너무 가난하여서 종을 둘 처지가 못 되어 종이 할 일까지 몸소 하는 가난한 양반을 이르는 말.

兼倂之徒 (겸병지도)★

[뜻음] 겸할 겸, 아우를 병, 갈 지, 무리 도.
[풀이] 토지 따위를 한데 합쳐 소유하는 무리.

兼愛無私 (겸애무사)★★

[뜻음] 겸할 겸, 사랑 애, 없을 무, 사사로울 사.
[풀이] 널리 사랑하여 사사로운 정이 없음.

謙讓之德 (겸양지덕)★★

[뜻음] 겸손할 겸, 사양할 양, 갈 지, 덕 덕.
[풀이] 겸손하게 사양하는 美德(미덕).

兼人之力 (겸인지력)★

[뜻음] 겸할 겸, 사람 인, 갈 지, 힘 력.
[풀이] 혼자서 능히 몇 사람을 당해낼 만한 힘.

兼人之勇 (겸인지용)★

[뜻음] 겸할 겸, 사람 인, 갈 지, 날쌜 용.
[풀이] 혼자서 능히 몇 사람을 당해 낼 만한 용기.

鉗天下之口 (겸천하지구)★★

[뜻음] 항쇄 겸, 하늘 천, 아래 하, 갈 지, 입 구.
[풀이] 세상 사람들의 입을 막아 말이 나오지 못하게 함. 출전 漢書(한서) 袁紹傳(원소전).

歉荒之年 (겸황지년)★

[뜻음] 나쁠 겸, 거칠 황, 갈 지, 해 년.
[풀이] 흉년이 든 해.

耕稼陶漁 (경가도어)★

[뜻음] 밭갈 경, 농사 가, 질그릇 도, 고기 잡을 어.
[풀이] 논밭을 갈아 곡식을 심으며, 그릇을 굽고, 고기를 잡음. 출전 孟子(맹자).

耕稼之業 (경가지업)★

[뜻음] 밭 갈 경, 농사 가, 갈 지, 업 업.
[풀이] 農業(농업)을 이르는 말.

傾家破産 (경가파산)

[뜻음] 기울 경, 집 가, 깨뜨릴 파, 재산 산.

[풀이] 집안 재산을 모두 없앰. 재산을 모두 떨어 없애어 집안이 형편 없이 됨.

傾蓋如舊 (경개여구)★

[뜻음] 잠깐 경, 덮을 개, 같을 여, 예 구.
[풀이] 길에서 우연히 만나 수레를 멈추고 깁양산을 기울여 잠시 이야기한다. 잠깐 만나도 舊面(구면)과 같이 친해짐을 이르는 말. 傾蓋如故(경개여고).

景槪絶勝 (경개절승)★★

[뜻음] 경치 경, 대개 개, 끊을 절, 이길 승.
[풀이] 경치가 대단히 아름답고 좋음.

輕擧妄動 (경거망동)★★

[뜻음] 가벼울 경, 들 거, 허망할 망, 움직일 동.
[풀이] 경솔하게 함부로 행동함.

輕車熟路 (경거숙로)★

[뜻음] 가벼울 경, 수레 거, 익을 숙, 길 로.
[풀이] 경쾌한 수레를 타고 낯익은 길을 달린다. 사물에 숙련되어 있음을 비유하여 이르는 말. 駕輕就熟(가경취숙). 출전 韓愈(한유)의 送石處士序(송석처사서).

耿耿孤枕 (경경고침)★★★

[뜻음] 빛날 경, 외로울 고, 베개 침.
[풀이] 근심에 싸여 있는 외로운 잠자리. 耿耿(경경)은 마음에 잊히지 아니하여 염려가 되는 모양, 마음이 편안하지 않은 모양, 불빛이 반짝거리는 모양 등을 나타냄.

耿耿不寐 (경경불매)★★★

[뜻음] 빛날 경, 아닐 불, 잠잘 매.
[풀이] 근심에 젖어서 잠을 이루지 못함. 耿耿(경경)은 별빛이 가물가물하게 빛나는 모양, 잊히지 않고 아련함 등을 나타냄.

哽哽咽咽 (경경열열)★

[뜻음] 목멜 경, 목멜 열.
[풀이] 슬픔으로 목메어 욺.

哽哽嗚咽 (경경오열)★

[뜻음] 목멜 경, 탄식소리 오, 목멜 열.
[풀이] 슬픔으로 목이 메어 우는 모습.

經過處取 (경과처취)★

[뜻음] 지날 경, 지날 과, 곳 처, 가질 취.
[풀이] 官吏(관리)가 公的(공적)인 업무로 出張(출장) 중 그 지나가는 도중에서 뇌물이나 그 밖의 불법 취득을 하는 일.

傾筐倒篋 (경광도협)★

[뜻음] 기울 경, 광주리 광, 넘어질 도, 상자 협.
[풀이] 광주리와 궤짝을 거꾸로 하다. 가진 것을 하나도 남김없이 다 내놓음. 몹시 款待(관대)하게 대함. 출전 世說新語(세설신어).

輕裘肥馬 (경구비마)★★

[뜻음] 가벼울 경, 갖옷 구, 살찔 비, 말 마.
[풀이] 가볍고 따뜻한 갖옷과 살찐 좋은 말. 부귀한 사람의 외출 차림을 이르는 말. 輕衣肥馬(경의비마).

經國大業 (경국대업)★★

[뜻음] 경서 경, 나라 국, 큰 대, 업 업.
[풀이] '나라를 다스리는 데 필요한 큰 사업이나 文章(문장)'을 가리켜 이르는 말. 출전 曹操(조조)의 典論(전론).

經國濟世 (경국제세)★★★

[뜻음] 다스릴 경, 나라 국, 건널 제, 대 세.
[풀이] 나라를 잘 다스려 도탄에 빠진 백성을 구제함. 經世濟民(경세제민).

經國之大業 (경국지대업)

[뜻음] 다스릴 경, 나라 국, 갈 지, 큰 대, 업 업.
[풀이] 국가를 經綸(경륜)하는 대사업. 轉(전)하여 文章(문장)의 誇稱(과칭).

經國之士 (경국지사)★

[뜻음] 다스릴 경, 나라 국, 갈 지, 선비 사.
[풀이] 經國之才(경국지재).

傾國之色 (경국지색)★★★

[뜻음] 기울 경, 나라 국, 갈 지, 빛 색.
[풀이] 나라를 위태롭게 할 만한 미인. 임금이 迷惑(미혹)하여 나라가 기울어져도 모를 만큼 매우 뛰어난 미녀. 傾城之色(경성지색).

본디 이 말은 ≪史記(사기)≫ 項羽本紀(항우본기)에 나온다.
漢王(한왕) 劉邦(유방)과 楚覇王(초패왕) 항우가 서로 천하를 놓고 다툴 때, 어느 한 기간 한왕의 父母妻子(부모처자)들이 항우에게 사로잡혀 있었다.
이때 侯公(후공)이라는 辯士(변사)가 항우를 설득시켜 한왕과의 화의를 성립시키고, 항우가 인질로 잡고 있던 한왕의 부모처자들을 돌려보내게 했다.
이 소문을 들은 세상 사람들은 후공을 이렇게 평가했다.
그는 참으로 천하의 辯士(변사)다. 그가 있는 곳이면 그의 辯舌(변설)로 인해 나라를 기울어지게 만든다.
이 말을 들은 한왕 유방은 후공의 공로를 포상하여 경국의 반대인 平國(평국)이라는 글자를 따서 그에게 平國君(평국군)이라는 칭호를 주었다 한다.
후세 사람들이 후공을 '나라를 기울게 만드는 변설가'라고 부르게 되었는데 이 말이 변하였다. 임금이 미혹하여 나라가 기울어져도 모를 만큼 매우 뛰어난 미녀. 중국 한무제의 이 부인을 일컬었다고 하기도 함.
그런데 그 뒤 傾國(경국)이니 傾城(경성)이니 絶世(절세)니 하는 말들이 뛰어난 미인을 지칭하게 된 것은 漢(한)나라 李延年(이연년)이 지은 시에서 비롯된 바가 많다고

들 한다. 다음 시를 보면,

> 북쪽에 어여쁜 사람이 있어
> 세상에 떨어져 홀로 서있네.
> 한 번 돌아보면 남의 성을 기울이고
> 두 번 돌아보면 남의 나라를 기울인다.
> 어찌 경성과 경국을 모르리오
> 어여쁜 사람은 다시 얻기 어렵다.

이연년이 漢武帝(한무제) 앞에서 자신의 누이동생을 위 시로 노래했는데 이 여자는 곧 중국 한무제의 이 부인이 된다. 이 이야기는 ≪漢書(한서)≫ 外戚傳(외척전)에 실려 있는데, 이 부인은 나라를 기울게 한 적은 전혀 없다.

瓊宮瑤臺 (경궁요대)★

[뜻음] 옥 경, 집 궁, 아름다운 옥 요, 돈대 대.
[풀이] 좋은 궁궐과 잘 꾸민 정자.

驚弓之鳥 (경궁지조)★

[뜻음] 놀랄 경, 활 궁, 갈 지, 새 조.
[풀이] 활에 놀란 새. ① 한번 놀랐던 사람이 조그마한 일에도 겁을 내어 위축됨. ② 있는 자리에서 놀란 듯 후다닥 일어섬. 출전 晉書(진서).

擎踞曲拳 (경기곡권)★

[뜻음] 받들 경, 꿇어앉을 기, 굽을 곡, 주먹 권.
[풀이] 손은 드리우고, 발을 꿇어앉고, 몸은 굽히고, 머리는 숙임. 삼가 禮(예)를 행하는 모양.

敬內義外 (경내의외)★

[뜻음] 공경할 경, 안 내, 옳을 의, 바깥 외.
[풀이] 謹愼(근신)으로써 內心(내심)을 바르게 하고 義(의)로써 外物(외물)을 바르게 함.

綆短汲深 (경단급심)★

[뜻음] 두레박줄 경, 짧을 단, 물길을 급, 깊을 심.
[풀이] 두레박의 줄이 짧으면 깊은 우물의 물을 길을 수 없다. 綆短者不可以汲深(경단자불가이급심).

耕當問奴 (경당문노)★★

[뜻음] 밭갈 경, 마땅할 당, 물을 문, 종 노.
[풀이] 농사짓는 일은 머슴에게 물어야 한다. 모든 일은 그 전문가에게 묻는 것이 옳다는 말.

耕當問奴織當問婢 (경당문노직당문비)★★

[뜻음] 밭갈 경, 마땅할 당, 물을 문, 종 노, 짤 직, 계집종 비.
[풀이] 농사짓는 일은 머슴에게 물어야 하고, 베를 짜는 일은 계집종에게 물어야 한다. 耕當問奴(경당문노). 출전 宋書(송서) 沈慶之傳(심경지전).

輕慮淺謀 (경려천모)★

[뜻음] 가벼울 경, 생각 려, 얕을 천, 꾀할 모.
[풀이] 가볍고 얕은 생각. 출전 史記(사기).

敬老慈幼 (경로자유)★

[뜻음] 공경 경, 늙을 로, 사랑 자, 어릴 유.
[풀이] 노인을 공경하고 어린이를 사랑함. 출전 孟子(맹자).

經綸之士 (경륜지사)★★

[뜻음] 다스릴 경, 벼리 륜, 갈 지, 선비 사.
[풀이] 정치적이거나 조직적인 일에 수완이 좋은 사람. 능히 천하를 다스릴 만한 사람.

經明行修 (경명행수)★

[뜻음] 경서 경, 밝을 명, 행할 행, 닦을 수.
[풀이] 經學(경학)에 밝고 행실이 착함. 經行(경행).

輕妙脫灑 (경묘탈쇄)★

[뜻음] 가벼울 경, 묘할 묘, 벗을 탈, 시원할 쇄.
[풀이] 경쾌하고 묘하며, 俗世(속세)에서 벗어나서 깨끗함.

經文緯武 (경문위무)★

[뜻음] 날줄 경, 글월 문, 씨줄 위, 호반 무.
[풀이] 文(문)을 종으로 하고 武(무)를 횡으로 함. 文武(문무)를 兼全(겸전)함.

輕薄浮虛 (경박부허)★

[뜻음] 가벼울 경, 얇을 박, 뜰 부, 빌 허.
[풀이] 輕佻浮薄(경조부박).

輕薄才子 (경박재자)★

[뜻음] 가벼울 경, 얇을 박, 재주 재, 아들 자.
[풀이] 재주는 있으나 경박한 사람.

耕夫讓畔 (경부양반)★

[뜻음] 밭갈 경, 사내 부, 사양할 양, 밭두둑 반.
[풀이] 농부들이 서로 밭고랑을 양보한다. 중국 舜(순)임금의 德(덕)이 백성에 미쳐, 농부들까지도 예의를 갖추고 겸손하게 행동하는 것을 알게 되었음을 이르는 말.

驚蛇入草 (경사입초)★★

[뜻음] 놀랄 경, 뱀 사, 들 입, 풀 초.
[풀이] 놀란 뱀이 풀 속으로 들어감. 草書(초서)의 필세가 대단히 교묘함을 형용한 말.

輕事重報 (경사중보)★

[뜻음] 가벼울 경, 일 사, 무거울 중, 갚을 보.
[풀이] 조그마한 일에 후하게 사례의 뜻을 나타냄.

耕山釣水 (경산조수)★

[뜻음] 밭갈 경, 뫼 산, 낚시 조, 물 수.
[풀이] 밭을 갈고 물고기를 잡는 생활. 소박하며 俗世(속세)에서 떠난 생활.

經世度量 (경세도량)

[뜻음] 다스릴 경, 세상 세, 법도 도, 헤아릴 량.
[풀이] 세상을 잘 다스릴 수 있는 품성.

經世濟民 (경세제민)★★★

[뜻음] 다스릴 경, 세상 세, 건널 제, 백성 민.
[풀이] 세상을 다스려 백성을 苦難(고난)에서 救濟(구제)함. 이 말이 줄어서 經濟(경제)라는 말이 나옴.

經世之策 (경세지책)★★

[뜻음] 다스릴 경, 세상 세, 갈 지, 꾀 책.
[풀이] 정치적으로나 경제적으로 세상을 다스릴 계책. 또는 經世(경세)의 방책.

經世致用 (경세치용)★★★

[뜻음] 다스릴 경, 대 세, 이를 치, 쓸 용.
[풀이] 세상을 다스리는 내용의 학문은 실제 사회에 이바지되는 것이 아니면 안 된다는 儒敎(유교)의 한 주장. 經世(경세)란 세상을 다스린다는 뜻.

經世訓民 (경세훈민)★

[뜻음] 다스릴 경, 세상 세, 가르칠 훈, 백성 민.
[풀이] 세상 사람들에게 정신 차리도록 타이름.

勁松彰於歲寒 (경송창어세한)★

[뜻음] 굳셀 경, 솔 송, 밝을 창, 어조사 어, 해 세, 찰 한.
[풀이] 굳센 소나무는 추운 날씨에서 빛난다. 굳센 소나무의 절개는 일 년 중 가장 추운 겨울에 비로소 나타난다는 말. 출전 潘岳(반악)의 西征賦(서정부).

黥首刖足 (경수월족)★

[뜻음] 자자할 경, 머리 수, 월형 월, 발 족.
[풀이] 옛날 중국에서 무거운 죄를 지은 사람에게 내리던 형벌의 한 가지. 죄인의 이마에다 먹물로 罪名(죄명)을 찍어 넣고, 발뒤꿈치를 도려 냄.

景勝之地 (경승지지)★

[뜻음] 경치 경, 빼어날 승, 갈 지, 땅 지.
[풀이] 경치가 좋기로 이름난 곳. 勝地(승지). 景勝地(경승지).

敬勝怠則吉 (경승태즉길)★

[뜻음] 공경할 경, 이길 승, 게으를 태, 곧 즉, 길할 길.
[풀이] 조심하는 마음이 게으른 마음을 이길 때에는 길함. 출전 荀子(순자).

輕施好奪 (경시호탈)★

[뜻음] 가벼울 경, 베풀 시, 좋아할 호, 빼앗을 탈.
[풀이] 제 것을 잘 주는 사람은 무턱대고 남의 것을 탐낸다는 말. 잘 주는 사람은 잘 빼앗음. 출전 文中子(문중자).

庚申年書講 (경신년서강)★

[뜻음] 일곱째 천간 경, 납 신, 해 년, 글 서, 욀 강.
[풀이] 경신년 글강 외듯 한다. ① 여러 번 되풀이하여 신신당부함.

② 하지 않아도 될 말을 거듭 되풀이함.

敬神崇祖 (경신숭조)★

[뜻음] 공경할 경, 귀신 신, 높을 숭, 조상 조.
[풀이] 神(신)을 공경하고 조상을 숭상함.

驚心動魄 (경심동백)★

[뜻음] 놀랄 경, 마음 심, 움직일 동, 넋 백.
[풀이] 마음이 놀라고 혼백이 동요함. 대단히 남을 놀라게 함을 이름. 출전 詩品(시품).

經於溝瀆 (경어구독)

[뜻음] 목맬 경, 어조사 어, 도랑 구, 도랑 독.
[풀이] 스스로 목매어 도랑에 빠져 죽는다. '개죽음'을 이르는 말. 經于溝瀆(경우구독). 출전 後漢書(후한서).

經于溝瀆 (경우구독)

[뜻음] 목맬 경, 어조사 우, 도랑 구, 도랑 독.
[풀이] 스스로 목을 매고 구렁에 빠져 죽음. 개죽음. 經於溝瀆(경어구독). 출전 論語(논어).

耕耘樹藝 (경운수예)★

[뜻음] 밭갈 경, 김맬 운, 나무 수, 재주 예.
[풀이] '耕耘'은 밭 갈고 김매는 일. '樹藝'는 초목을 심는 일. 출전 荀子(순자).

敬遠視 (경원시)★★

[뜻음] 공경할 경, 멀 원, 볼 시.
[풀이] '敬而遠之(경이원지)'를 보시오.

涇渭未必同源 (경위미필동원)★

[뜻음] 강 이름 경, 물 이름 위, 아닐 미, 반드시 필, 같을 동, 근원 원.
[풀이] 涇水(경수)의 탁한 흐름과 渭水(위수)의 맑은 흐름은 그 水源(수원)이 반드시 같으라는 법은 없다. 일의 淸濁(청탁), 善惡(선악), 邪正(사정)은 반드시 구별되어야 함을 이르는 말.

傾危之士 (경위지사)★

[뜻음] 기울 경, 위태할 위, 갈 지, 선비 사.
[풀이] 나라를 기울게 하거나 위태롭게 할 人士(인사). 詭辯(궤변)을 弄(농)하는 무리들. 출전 史記(사기) 張儀傳(장의전).

經緯天地 (경위천지)★

[뜻음] 날줄 경, 씨줄 위, 하늘 천, 땅 지.
[풀이] 천지의 경과 위가 됨. 制定(제정)한 功勞(공로)가 위대하다는 뜻. 經天緯地(경천위지). 출전 春秋左氏傳(춘추좌씨전).

輕衣肥馬 (경의비마)★

[뜻음] 가벼울 경, 옷 의, 살찔 비, 말 마.
[풀이] 가벼운 비단옷과 살찐 말. 곧 호화로운 차림새를 비유하여 이르는 말. 輕裘肥馬(경구비마).

敬而遠之 (경이원지)★★★

[뜻음] 공경할 경, 말 이을 이, 멀 원, 갈 지.

[풀이] 공경하나 멀리한다. 공경은 하면서도 가까이 하기를 꺼린다. 귀신을 공경하여 모독하지 않으며 또한 귀신이 내리는 禍福(화복)에 마음을 쓰지 않음. 겉으로는 공경하는 체하면서 속으로는 멀리함. 敬遠視(경원시).

敬遠(경원)이라는 말은 ≪論語(논어)≫ 雍也篇(옹야편)에 나온다.

孔子(공자)의 제자 樊遲(번지)가 知(지)란 어떤 것이냐고 묻자 공자는,

"백성의 道理(도리)를 힘쓰고, 귀신을 恭敬(공경)하고 멀리하면, 지라 말할 수 있다"고 대답했다.

옳게 알고 옳게 깨달은 참다운 앎이란 어떤 것이냐고 물은 것 같다. 공자는 "사람이 마땅히 해야 할 도리를 실천하는 데 힘을 기울이고 귀신의 힘을 빌려 福(복)을 구하고 禍(화)를 물리치는 어리석은 짓은 하지 않는 것이 아는 사람의 올바른 자세다" 하고 대답한 것 같다.

따라서 이 말은 귀신을 공경하여 모독하지 않으며 또한 귀신이 내리는 禍福(화복)에 마음을 쓰지 않는다는 말이고 후대에 와서는 겉으로는 공경하는 체하면서 속으로는 멀리한다든지, 존경은 하면서도 가까이 하기를 꺼리는 그런 뜻으로도 쓰이고, 겉으로는 존경하는 체하면서 속으로는 못마땅해하는 뜻으로도 쓰인다. 또한 겉 다르고 속 다른 사람을 은근히 비꼴 때 사용하는 말로 쓰이기도 한다. '敬遠(경원), 敬遠視(경원시)'라고 한다.

敬以直內 (경이직내)★

[뜻음] 공경 경, 써 이, 곧을 직, 안 내.
[풀이] 공경함으로써 마음을 바르게 함. 출전 易經(역경) 文言(문언).

耕者有田 (경자유전)★★

[뜻음] 밭갈 경, 놈 자, 있을 유, 밭 전.
[풀이] 농사를 짓는 사람이 땅을 소유해야 한다는 말.

輕敵必敗 (경적필패)★★

[뜻음] 가벼울 경, 대적할 적, 반드시 필, 패할 패.
[풀이] 적을 가볍게 보면 반드시 패함.

耕前鋤後 (경전서후)★

[뜻음] 밭갈 경, 앞 전, 호미 서, 뒤 후.
[풀이] 남편은 앞에서 밭을 갈고, 아내는 뒤에서 김을 맨다. 부부가 서로 극진히 도우며 일을 하는 것을 비유함. 출전 晉書(진서) 陶潛傳(도잠전).

耕田鑿井 (경전착정)★

[뜻음] 밭갈 경, 밭 전, 뚫을 착, 우물 정.
[풀이] 밭을 갈고 우물을 판다. 백성들이 제각기 生業(생업)을 즐겨 평화로이 살아감을 이르는 말.

鯨戰蝦死 (경전하사)★★★

[뜻음] 고래 경, 싸울 전, 새우 하, 죽을 사.

[풀이] 고래 싸움에 새우등 터진다. 强者(강자)들의 다투는 틈바구니에서 弱者(약자)가 화를 당함을 비유한 말. 출전 旬五志(순오지).

徑情直行 (경정직행)★

[뜻음] 지름길 경, 뜻 정, 곧을 직, 행할 행.
[풀이] 조금도 꾸밈이 없이 마음 내키는 대로 곧이곧대로 함. 徑行(경행).

經濟之材 (경제지재)

[뜻음] 다스릴 경, 건널 제, 갈 지, 재주 재.
[풀이] 나라를 다스리고 백성을 구제하는 재능. 또 그런 인재. 출전 杜甫(두보)의 詩(시).

輕佻浮薄 (경조부박)★

[뜻음] 가벼울 경, 방정맞을 조, 뜰 부, 엷을 박.
[풀이] 마음이 방정맞고 행동이 들뜸. 輕薄(경박). 輕佻浮虛(경조부허).

慶弔相問 (경조상문)★

[뜻음] 경사 경, 조상할 조, 서로 상, 물을 문.
[풀이] 慶事(경사)를 서로 祝賀(축하)하고 凶事(흉사)를 서로 慰問(위문)함.

更鐘 (경종)★★

[뜻음] 시각 경, 종 종.
[풀이] 시각을 알리려고 치는 종.

磬竹難書 (경죽난서)★

[뜻음] 다할 경, 대나무 죽, 어려울 난, 쓸 서.
[풀이] 그 罪惡(죄악)은 남산의 竹簡(죽간)을 다 허비해도 기록할 수 없다. 죄가 하도 많아서 일일이 다 적을 수 없음. 출전 舊唐書(구당서)·李密傳(이밀전).

鏡中美人 (경중미인)★

[뜻음] 거울 경, 가운데 중, 아름다울 미, 사람 인.
[풀이] 거울 속에 비친 미인. 삼봉 정도전이 경기도 사람들에 대해 평한 말. '泥田鬪狗(이전투구)'를 보시오.

輕重斂散 (경중염산)★

[뜻음] 가벼울 경, 무거울 중, 거둘 염, 흩을 산.
[풀이] 풍년에는 곡식 값이 떨어지므로 정부가 이를 사들임으로써 과도한 하락을 막고, 흉년에는 곡식 값이 오르므로 예비해 둔 정부의 양곡을 방매함으로써 값을 억제하는 제도. 중국의 管子(관자)의 穀價調節策(곡가조절책).

瓊枝玉葉 (경지옥엽)★

[뜻음] 미옥 경, 가지 지, 구슬 옥, 잎 엽.
[풀이] 옥과 같이 아름다운 가지와 잎이라는 뜻으로, 皇族(황족)의 비유로 쓰임.

更迭 (경질)★★★

[뜻음] 바꿀 경, 갈마들 질.
[풀이] 서로 들고 남. 있던 사람을 갈아 내고 딴 사람으로 대신 넣음. 迭(질)은 佚(질)과 통함.

輕車熟路 (경차숙로)★

[뜻음] 가벼울 경, 수레 차, 익을 숙, 길 로.
[풀이] 경쾌한 수레로 익숙한 길을 간다. 사물에 익숙함을 비유하는 말.

敬天勤民 (경천근민)★★★

[뜻음] 공경할 경, 하늘 천, 부지런할 근, 백성 민.
[풀이] 하늘을 恭敬(공경)하고 백성을 위해 부지런히 일함. 帝王(제왕)의 道理(도리).

驚天動地 (경천동지)★★★

[뜻음] 놀랄 경, 하늘 천, 움직일 동, 땅 지.
[풀이] 세상을 크게 놀라게 함. 하늘을 놀래고 땅을 움직인다는 뜻으로, 곧 世人(세인)을 대단히 놀라게 함을 이름. 출전 白居易(백거이)의 詩(시).

敬天愛人 (경천애인)★★★

[뜻음] 공경할 경, 하늘 천, 사랑 애, 사람 인.
[풀이] 하늘을 공경하고 사람을 사랑함.

經天緯地 (경천위지)★★★

[뜻음] 날줄 경, 하늘 천, 씨줄 위, 땅 지.
[풀이] 온 천하를 경륜하여 다스림. 날줄: 피륙 따위의 세로로 놓인 실. 씨줄: 피륙 따위의 가로로 놓인 줄. 출전 國語(국어).

經天之義 (경천지의)★

[뜻음] 지날 경, 하늘 천, 갈 지, 옳을 의.
[풀이] 중국 春秋時代(춘추시대)의 대철학자이며 사상가인 孔子(공자)의 六經(육경)의 大意(대의)가 하늘을 지나는 것처럼 明確(명확)함.

經天之才 (경천지재)★

[뜻음] 다스릴 경, 하늘 천, 갈 지, 재주 재.
[풀이] 천하를 다스릴 만한 재주 또는 그러한 사람.

京鄕出沒 (경향출몰)★

[뜻음] 서울 경, 시골 향, 날 출, 빠질 몰.
[풀이] 서울과 시골을 오르내리며 나타났다 사라졌다 함.

更互演繹 (경호연역)★

[뜻음] 바꿀 경, 서로 호, 펼칠 연, 늘어놓을 역.
[풀이] 甲乙(갑을) 雙方(쌍방)의 이론을 듣고 대조하여 늘이고 넓히어 설명하는 것.

京華巨族 (경화거족)★

[뜻음] 서울 경, 빛날 화, 클 거, 겨레 족.
[풀이] 번화한 서울의 권력 있는 큰 겨레붙이. 화려한 서울의 세력가.

鏡花水月 (경화수월)★★

[뜻음] 거울 경, 꽃 화, 물 수, 달 월.
[풀이] 거울에 비친 꽃과 물에 비친 달. 눈으로는 보나 손으로는 쥘 수 없는 것과 같이 詩文(시문) 등의 언어를 초월한 妙趣(묘취)를 이름. 水月鏡華(수월경화). 출전 證道歌(증도가).

驚喜雀躍 (경희작약)★

[뜻음] 놀랄 경, 기쁠 희, 뛸 작, 뛸 약.
[풀이] 놀라고 기뻐서 팔짝팔짝 뜀. 하도 기뻐서 날뜀.

鷄犬聲不到處 (계견성부도처)★

[뜻음] 닭 계, 개 견, 소리 성, 아닐 부, 이를 도, 곳 처.
[풀이] 人家(인가)와 멀리 떨어져 닭이나 개의 울음소리가 미치지 못하는 곳. 사람이 살지 않는 외진 곳.

繼繼承承 (계계승승)★

[뜻음] 이을 계, 이을 승.
[풀이] 子孫(자손)이 대대로 代(대)를 이어 감. 출전 韓愈(한유)의 글.

稽古之力 (계고지력)★

[뜻음] 상고할 계, 예 고, 갈 지, 힘 력.
[풀이] 옛일을 속속들이 파고들어 깊이 연구하는 노력. 학문으로 재산을 얻음을 이르는 말.

計較錙銖 (계교치수)★

[뜻음] 셀 계, 견줄 교, 저울눈 치, 무게단위 수.
[풀이] 조그만 일을 비교하고 재어 봄. 극히 작은 利害(이해)를 打算(타산)함. 치수는 극히 작은 수. 算錙銖(산치수). 출전 顔氏家訓(안씨가훈).

鷄狗馬之血 (계구마지혈)★

[뜻음] 닭 계, 개 구, 말 마, 갈 지, 피 혈.
[풀이] 옛날에 맹세를 할 때에 그 신분에 따라 천자는 소와 말, 제후는 개와 돼지, 大夫(대부) 이하는 닭의 피를 마셨음. 출전 史記(사기) 平原君傳(평원군전).

鷄口牛後 (계구우후)★★★

[뜻음] 닭 계, 입 구, 소 우, 뒤 후. 닭의 부리와 소의 뒤.
[풀이] 닭의 머리가 될지언정 소의 꼬리가 되지 말라. 작은 단체의 우두머리라도 되는 것이 낫다는 말. 출전 戰國策(전국책) 韓策(한책).

　戰國時代(전국시대) 중엽, 東周(동주)의 도읍 洛陽(낙양)에 蘇秦(소진: ?~B.C. 317)이란 縱橫家(종횡가: 모사)가 있었다. 그는 合縱策(합종책)으로 입신할 뜻을 품고, 당시 최강국인 秦(진)나라의 東進(동진)정책에 戰戰兢兢(전전긍긍)하고 있는 韓(한)·魏(위)·趙(조)·燕(연)·齊(제)·楚(초)의 6국을 순방하던 중 한나라 宣惠王(선혜왕)을 알현하고 이렇게 말했다.

　"전하, 한나라는 자세가 견고한데다 군사도 강병으로 알려져 있사옵니다. 그런데도 싸우지 아니하고 진나라를 섬긴다면 천하의 웃음거리가 될 것이옵니다. 게다가 진나라는 한 치의 땅도 남겨 놓지 않고 계속 국토의 할양을 요구할 것이옵니다. 하오니 전하, 차제에 6국이 남북, 즉 세로[縱]로 손을 잡는 합종책으로 진나라의 동진책을 막고 국토를 보전하시오소서. '차라리 닭의 부리가 될지언정[寧爲鷄口] 쇠꼬리는 되지 말라[勿爲牛後]'는 옛말도 있지 않사옵니까"

　선혜왕은 소진의 합종설에 전적으로 찬동했다. 이런 식으로 6국의 군왕을 설득하는 데 성공한 소진은 마침내 여섯 나라의 재상을 겸임하는 종약장이 되었다.
　'닭의 부리가 될지언정 쇠꼬리는 되지 말라'는 말이니 곧 큰 집단의 말석보다는 작은 집단의 우두머리가 되라는 말이다. 본문을 잘 읽어 보면 이 말은 소진이 만들어 낸 말이 아니고 중국 속담이다.

[참고] 종횡가: 戰國時代(전국시대)에 諸國(제국)의 君主(군주)들을 찾아다니며 독자적인 정책을 遊說(유세)하여 그들 여러 나라를 縱(종)·橫(횡)으로 묶어서 經綸(경륜)하려던 外交家(외교가)·策士(책사)·謀士(모사)의 총칭. 합종책을 說(설)한 소진과, 소진이 피살된(B.C. 317) 후 합종책을 깨기 위한 連衡策(연횡책)을 펴 성공한 張儀(장의)가 그 대표로 꼽힘.

鷄群一鶴 (계군일학)★★★

[뜻음] 닭 계, 무리 군, 하나 일, 큰 두루미 학.
[풀이] 닭의 무리 속에 한 마리의 학. 다수의 평범한 사람 중에서 뛰어난 한 사람. 鷄群孤鶴(계군고학). 群鷄一鶴(군계일학). 출전 晉書(진서).

　魏晉(위진)시대, 阮籍(완적)·阮咸(완함)·嵇康(혜강)·山濤(산도)·王戎(왕융)·劉伶(유령)·向秀(상수) 곧 竹林七賢(죽림칠현)으로 불리는 일곱 명의 선비가 있었다. 이들은 종종 지금의 河南省(하남성) 북동부에 있는 죽림에 모여 老莊(노장)의 허무 사상을 바탕으로 한 淸談(청담)을 즐겨 담론했다.
　그런데 죽림칠현 중 위나라 때 中散大夫(중산대부)로 있던 혜강이 억울한 죄를 뒤집어쓰고 처형당했다. 그때 혜강에게는 나이 열 살밖에 안 되는 아들 혜소(嵇紹: ?~304)가 있었다. 혜소가 장성하자 重臣(중신) 산도가 그를 무제[武帝: 265~290, 위나라를 멸하고 진나라를 세운 司馬炎(사마염)]에게 천거했다.
　"폐하, ≪書經(서경)≫의 <康誥篇(강고편)>에는 부자간의 죄는 서로 連坐(연좌)하지 않는다고 적혀 있나이다. 혜소가 비록 혜강의 자식이긴 하오나 총명함이 춘추시대 晉(진)나라의 대부 郤缺(극결)에게 결코 뒤지지 않사오니 그를 秘書郎(비서랑)으로 기용하시오소서"
　"卿(경)이 薦擧(천거)하는 사람이라면 丞(승)이라도 능히 감당할 것이오"
　이리하여 혜소는 비서랑보다 한 계급 위인 비서승에 임명되었다. 혜소가 입궐하던 그 이튿날, 어떤 사람이 자못 감격하여 왕융에게 말했다.
　"어제 구름처럼 많이 모인 사람들 틈에 끼어서 입궐하는 혜소를 보았습니다만, 그 늠름한 모습은 마치 '닭의 무리 속에 우뚝 선 한 마리의 학[鷄群一鶴]' 같았습니다."
　그러자 왕융은 미소를 띠고 이렇게 말했다.

"그대는 혜소의 아버지를 본 적이 없지만 그는 혜소보
다 훨씬 더 늠름했다네"
　여러 평범한 사람들 가운데 뛰어난 한 사람이 섞여 있
음을 비유하는 말로, 보통 '群鷄一鶴(군계일학)'이라고 많
이 쓴다.

計窮力盡 (계궁역진)★

[뜻음] 꾀 계, 다할 궁, 힘 역, 다할 진.
[풀이] 꾀와 힘이 다함.

雞頭之肉 (계두지육)

[뜻음] 닭 계, 머리 두, 갈 지, 살 육.
[풀이] 포근포근한 미인의 젖통을 이름. 雞頭肉(계두육).

鷄卵有骨 (계란유골)★★★

[뜻음] 닭 계, 알 란, 있을 유, 뼈 골.
[풀이] 계란에도 뼈가 있다. 공교롭게도 일이 방해됨을 이르는 말. 공
교롭게도 일에 마가 낀다는 말. 늘 일이 안되던 사람이 모처럼의 좋
은 기회에도 안 될 때를 이름. 조선 초 명재상 황희의 고사. 출전 송
남잡지 방언류.

鷄肋 (계륵)★★★

[뜻음] 닭 계, 갈비뼈 륵. 닭의 갈비뼈.
[풀이] 버리기에는 아깝고 뜯어먹을 살은 없음. 큰 소용은 못 되나 버
리기는 아까운 사물. 전국시대 위나라 조조가 명한 軍號(군호).

　≪後漢書(후한서)≫에 나오는 이야기이다. 戰國時代
(전국시대) 魏(위)나라 曹操(조조)가 명한 軍號(군호)였다.
　조조가 劉備(유비)와 漢中(한중) 땅을 놓고 싸울 때였
다. 補給(보급)이 모자라 갈팡질팡하며 幕僚(막료)들도 조
조의 意思(의사)를 몰라 명령을 내려 달라고 하자 마침 닭
의 갈비를 뜯고 있던 조조가 '鷄肋鷄肋(계륵계륵)'이라고
만 말하자 아무도 그게 무슨 뜻인지를 몰랐는데 주부 벼슬
하는 楊修(양수)가 해석하기를,
　"닭의 갈비는 먹음직한 살은 없지만 그래도 그대로 버리
기는 아까운 것이다. 결국 이곳을 버리기는 아깝지만 대단한
것은 아니라는 뜻이니 버리고 돌아가기로 결정을 내린 것"이
라고 했다. 곧 撤軍(철군)을 의미한다고 해석한 것이다.
　이튿날 조조가 정식 철수를 명령하기도 전에 군대는
기다린 듯이 바쁘게 행동을 개시했다. 조조가 놀라서 그
까닭을 물으니 양수의 예언이 하도 잘 맞기에 미리 준비
를 해 두고 있었다는 것이다.
　따라서 계륵이라는 말은 버리기에는 아깝고 뜯어 먹을
살은 없음을 나타내거나 큰 소용은 못 되나 버리기는 아
까운 사물을 나타낸다. 어떤 때는 몸이 작고 삐쩍 말라 있
는 것을 나타내는데 죽림칠현 중 한 사람인 劉伶(유령)의
말에 나오기도 한다. 후일에 양수는 조조의 시기를 받아
처형을 당하고 만다.

計里劃方 (계리획방)★

[뜻음] 셈할 계, 거리 리, 그을 획, 모 방.
[풀이] 里(리) 수를 재어 네모 형태로 만듦. 方格圖法(방격도법).

桂林一枝 (계림일지)★

[뜻음] 계수나무 계, 수풀 림, 한 일, 가지 지.
[풀이] 계수나무 숲 속에 계수나무 가지 하나. 進士(진사)에 급제한
일을 겸손하게 표현하는 말. 桂林一枝崑山片玉(계림일지곤산편옥).

桂林一枝崑山片玉 (계림일지곤산편옥)★

[뜻음] 계수나무 계, 수풀 림, 한 일, 가지 지, 곤산 곤, 뫼 산, 조각
　　　편, 옥 옥.
[풀이] 계수나무 한 가지를 꺾은 데 불과하고 곤산의 한 조각 옥에
불과하다. 진사에 급제한 일을 겸손하게 표현하는 말. 晉(진)나라 郤
詵(극선)이 겨우 계수나무 한 가지를 꺾은 데 불과하다고 말한 고사
에서 나온 말. 淸秀(청수)하고 出衆(출중)한 人品(인품)을 나타내는
말로도 쓰임. 桂林一枝(계림일지). 출전 晉書(진서) 郤詵傳(극선전).

鷄林八道 (계림팔도)★

[뜻음] 닭 계, 수풀 림, 여덟 팔, 길 도.
[풀이] 우리나라를 나타내는 옛 이름. '계림'은 新羅(신라)를 일컬으며,
팔도는 우리나라 전 지역을 말함. 출전 唐書(당서) 新羅傳(신라전).

季孟之間 (계맹지간)★

[뜻음] 끝 계, 맏 맹, 갈 지, 사이 간.
[풀이] 孔子(공자)를 齊(제)나라 景公(경공)이 國賓(국빈)으로 대접할
때 공자가 아무런 爵位(작위)가 없어서 季孫(계손)과 孟孫(맹손) 사이
의 대우로 접대하라고 하여 생긴 말. 상대를 보아 가면서 알맞게 접
대하는 것을 나타냄.

鷄鳴狗盜 (계명구도)★★★

[뜻음] 닭 계, 울 명, 개 구, 도적 도.
[풀이] 닭 울음과 개 도둑. 닭 울음소리를 낼 줄 아는 자와 개를 가장
하여 남의 물건을 훔치는 재주를 가진 자. 천한 재주도 긴하게 쓰일
때가 있다는 말. 또는 군자가 배워서는 안 될 천한 재주를 가진 사람.

　≪史記(사기)≫ 孟嘗君傳(맹상군전)에 나오는 이야기이다.
　중국 春秋戰國時代(춘추전국시대) 齊(제)나라 孟嘗君
(맹상군)은 食客(식객)을 삼천이나 거느린 귀족으로 한때
이러한 귀족이 넷이었다고 해서 사군시대라고 불리며 한
시대를 風靡(풍미)했던 인물이다. 맹상군이 아버지의 뒤를
이어 제나라 재상으로 있을 때, 秦(진)나라 昭王(소왕)이
그를 國賓(국빈)으로 초청했는데 맹상군을 재상으로 임명
할 생각이었던 소왕은 맹상군이 제나라를 진나라보다 먼
저 생각하게 되리라는 어느 사람의 말에 끌려, '이왕 내가
못 쓸 바엔 돌려보내지 않으리라' 마음먹고, 맹상군 일행
을 연금 상태에 두게 했다.
　맹상군은 갇혀 죽게 되자 식객들과 상의한 끝에 개 흉
내를 잘 내는 食客(식객)을 시켜서, 전에 왕에게 선물했던
흰 여우 가죽옷을 훔쳐내어 왕의 寵姬(총희)에게 뇌물로

바쳐 풀려나온 후, 函谷關(함곡관)으로 도망쳤으나 밤이
깊어 관문이 닫혀 있었으므로 닭의 울음소리를 낼 줄 아
는 자를 시켜 새벽인 것처럼 꾸며 울게 하니 관문이 열려
함곡관을 빠져나왔다.

　이 계명구도라는 말은 천한 재주도 긴하게 쓰일 때가
있다는 말이기도 하고 군자가 배워서는 안 될 천한 재주
를 가진 사람을 나타낼 때도 쓰는 말이다.

　맹상군이 덕을 많이 베풀어 나중에 보답을 받는다는
말이기도 하나 宋(송)나라 王安石(왕안석)은 맹상군을 酷
評(혹평)했다. 삼천이나 되는 식객을 거느리면서도 死地
(사지)로 들어가는 일을 막은 식객이 없으니 그의 곁에는
謀士(모사)다운 모사가 없었다는 말이다.

　계명구도라는 말은 닭 울음소리를 낼 줄 아는 자와 개
를 가장하여 남의 물건을 훔치는 재주를 가진 자를 나타
내기도 하고, 천한 재주도 긴하게 쓰일 때가 있다는 말이
되기도 하고, 군자가 배워서는 안 될 천한 재주를 가진 사
람을 나타내기도 한다.

鷄鳴狗吠　(계명구폐)★

[뜻음] 닭 계, 울 명, 개 구, 짖을 폐.
[풀이] 닭의 울음소리와 개 짖는 소리가 여기저기서 들린다. 人家(인
가)가 많이 相接(상접)하여 있음을 이름. 鷄犬相聞(계견상문). 출전
孟子(맹자).

鷄鳴山川　(계명산천)★★

[뜻음] 닭 계, 울 명, 뫼 산, 내 천.
[풀이] 닭의 울음소리에 산천이 밝아 온다는 말.

鷄鳴之助　(계명지조)

[뜻음] 닭 계, 울 명, 갈 지, 도울 조.
[풀이] 똑똑한 왕비가 임금을 잘 도와줌. 君主(군주)에 대한 賢妃(현
비)의 內助(내조)를 이름.

計無所出　(계무소출)

[뜻음] 셀 계, 없을 무, 바 소, 날 출.
[풀이] 어려운 일을 당하여 있는 꾀를 다 써 보아도 해결할 만한 좋
은 방안이 나오지 않음.

啓發　(계발)★★★

[뜻음] 열 계, 일으킬 발.
[풀이] 지식과 지혜를 깨우쳐 열어 준다. 문답을 주고받으면서 스스
로 이해하게 하여 지식을 향상시키고 창의력과 自助心(자조심)을 길
러 주는 교육방법. 출전 論語(논어) 述而篇(술이편).

繫臂之寵　(계비지총)★

[뜻음] 맬 계, 팔 비, 갈 지, 괼 총.
[풀이] 궁녀가 궁중에서 군주에게 받는 특별난 총애. 중국 晉(진)나라
武帝(무제: 사마염)가 예쁜 여자를 골라서 그 팔뚝에 붉은 깁을 매었
다는 일에서 온 말. 출전 晉書(진서).

稽顙拜言　(계상배언)★

[뜻음] 조아릴 계, 이마 상, 절 배, 말씀 언.
[풀이] 머리를 조아려서 사뢴다. 喪制(상제)가 한문 투의 편지 첫머리
나 자기 이름 다음에 쓰는 말.

稽顙再拜　(계상재배)★

[뜻음] 조아릴 계, 이마 상, 다시 재, 절 배.
[풀이] 머리를 조아려 두 번 절한다. 흔히 喪主(상주)가 한문 투의 편
지 첫머리나 자기 이름 다음에 쓰는 말.

稽顙再拜悚懼恐惶(계상재배송구공황)

[뜻음] 조아릴 계, 이마 상, 다시 재, 절 배, 두려울 송, 두려울 구,
　　　 두려울 공, 두려울 황.
[풀이] 이마를 땅에 대고 두 번 절하니 송구하고 황송한 마음이라. 제
사를 올리고 손님을 대접하는 것은 군자의 중요한 임무인데 그 제사
를 신중하게 모셔야 하는 것을 제시하고 있다. 《禮記(예기)》 檀弓
(단궁) 下(하)에도 "머리를 땅에 대고 절하는 것은 哀戚(애척)의 극으
로서 더할 수 없이 측은한 것이니, 稽顙(계상)이야말로 측은함의 자
심한 바이다拜稽顙 哀戚之至隱也 稽顙隱之甚也 배계상 애척지지
은야 계상은지심야"라는 구절이 있다. 再拜(재배)는 두 번 절하는 것
이니 죽은 사람에 대한 절이다. 조상님의 忌日(기일)이 되면 제사를
올리되 마치 곁에 부모나 조상을 모신 것과 같이 정성을 다해서 공경
하는 마음으로 올려야 하는 것이다. 출전 千字文(천자문).

戒世懲人　(계세징인)★★★

[뜻음] 경계할 계, 세상 세, 징계할 징, 사람 인.
[풀이] ① 세상 사람을 경계하고 징계함. ② 세상 사람이 악에 빠지
지 않게 깨우쳐 줌.

繼續不絶　(계속부절)★

[뜻음] 이을 계, 이을 속, 아닐 부, 끊을 절.
[풀이] 끊이지 않고 죽 이어짐.

繫影捕風　(계영포풍)★

[뜻음] 맬 계, 그림자 영, 잡을 포, 바람 풍.
[풀이] 그림자를 잡아매고 바람을 잡는다. 허무맹랑하고 믿을 수 없
는 일을 비유하여 이르는 말. 繫風捕影(계풍포영). 출전 溫庭筠(온정
균)의 詩(시).

桂玉之艱　(계옥지간)★

[뜻음] 계수나무 계, 구슬 옥, 갈 지, 어려울 간.
[풀이] 남의 나라 땅에서 계수나무보다 비싼 땔나무를 쓰고 玉(옥)보
다 귀한 음식을 먹고 사는 고생. 물가가 몹시 비싼 곳에서 苦學(고학)
하는 경우에도 쓰임. 출전 戰國策(전국책).

鍥而舍之　(계이사지)

[뜻음] 새길 계, 말 이을 이, 버릴 사, 갈 지.
[풀이] 새기다가 중도에 버려 둠. 출전 荀子(순자) 勸學篇(권학편).

階前萬里　(계전만리)★

[뜻음] 섬돌 계, 앞 전, 일만 만, 마을 리.
[풀이] 만 리나 떨어진 먼 곳도 발밑에 있는 계단 앞과 같이 환히 내

다룬다는 뜻으로, 지방행정의 득실을 임금이 모두 듣고 알아 신하들이 결코 속일 수 없다는 말. 출전 唐書(당서).

階前梧葉已秋聲 (계전오엽이추성)★

[뜻음] 섬돌 계, 앞 전, 오동 오, 잎 엽, 이미 이, 가을 추, 소리 성.
[풀이] 섬돌 앞의 오동잎은 이미 가을 소리를 낸다. 세월이 빨리 감을 이름.

階前千里門外萬里 (계전천리문외만리)

[뜻음] 섬돌 계, 앞 전, 일천 천, 거리 리, 문 문, 바깥 외, 일만 만.
[풀이] 섬돌 앞은 천 리를 보고 문밖은 만 리를 본다는 뜻으로, 아무리 먼 곳이라도 섬돌 앞이나 문밖에 있는 것처럼 환하게 다 안다는 말.

階梯 (계제)★

[뜻음] 섬돌 계, 사닥다리 제.
[풀이] 사닥다리. 學藝(학예) 등의 지침을 이름. 출전 易經(역경) 繫辭上傳(계사상전).

繫足紅絲 (계족홍사)★

[뜻음] 맬 계, 발 족, 붉을 홍, 실 사.
[풀이] 발을 붉은 실로 묶는다. 夫婦(부부)의 인연을 이르는 말.

契酒生面 (계주생면)★★

[뜻음] 맺을 계, 술 주, 생색낼 생, 낯 면.
[풀이] 계에서 내는 술로 생색을 낸다. 남의 것으로 제 생색을 냄. 출전 東言解(동언해).

季札挂劍 (계찰괘검)★★★

[뜻음] 끝 계, 패 찰, 걸 괘, 칼 검.
[풀이] 吳(오)나라의 계찰이 上國(상국)으로 使臣(사신) 가는 途中(도중)에 徐國(서국)을 지나는데 그 나라의 임금이 계찰의 칼을 보고 갖고 싶어 하므로 그는 마음속으로 주겠다고 생각하였는데 돌아가는 길에 서국에 들르니 그 나라 임금이 이미 죽었으므로 그는 칼을 무덤 옆의 나무에 걸고 갔다는 故事(고사). 信義(신의)를 중히 여김을 이름. 이 고사에서 '心許(심허)'라는 故事成語(고사성어)가 由來(유래)됨. 심허는 이미 마음속으로 허락하였다는 말. 출전 史記(사기) 吳太伯世家(오태백세가).

啓寵納侮 (계총납모)★★

[뜻음] 열 계, 사랑할 총, 들일 납, 업신여길 모.
[풀이] 지나치게 寵愛(총애)하면 도리어 輕蔑(경멸)을 받게 된다는 뜻. 계총이란 총애한다는 말. 출전 書經(서경) 說命(열명).

季布一諾 (계포일락)★★

[뜻음] 끝 계, 베 포, 한 일, 허락할 락.
[풀이] 계포가 허락한 한마디의 말. 절대적으로 신뢰할 수 있는 승낙. 한번 한 약속을 반드시 지킴. 계포는 원래 楚(초)나라 명장이었으나 항우가 죽은 뒤 한나라 고조 유방을 섬긴 武將(무장)으로 그는 일단 승낙한 일은 틀림없이 실행했다. 그래서 초나라 사람들이 '황금 백 근을 얻는 것보다 계포의 일낙을 얻는 것이 낫다'고 한 일에서 생긴 말.

鷄皮鶴髮 (계피학발)★★

[뜻음] 닭 계, 가죽 피, 학 학, 터럭 발.

[풀이] 닭의 살갗과 학처럼 흰 머리털. 늙어서 주름살이 잡히고 백발이 됨을 비유한 말.

谿壑之慾 (계학지욕)★

[뜻음] 시내 계, 골 학, 갈 지, 욕심 욕.
[풀이] 물릴 줄 모르는 한없는 욕심. 대단한 탐심. 골짜기의 물이 마르지 않으므로 이르는 말. 谿壑慾(계학욕).

故家大族 (고가대족)★

[뜻음] 오랠 고, 집 가, 큰 대, 겨레 족.
[풀이] 여러 대를 두고 顯達(현달)한, 門閥(문벌)이 좋은 집안.

高閣大樓 (고각대루)★

[뜻음] 높을 고, 문설주 각, 큰 대, 다락 루.
[풀이] 높고 큰 집.

鼓角喊聲 (고각함성)★

[뜻음] 북 고, 뿔 각, 고함지를 함, 소리 성.
[풀이] 북과 피리, 사람들이 다 같이 지르는 소리.

顧愷丹青 (고개단청)★

[뜻음] 돌아볼 고, 즐거울 개, 붉을 단, 푸를 청.
[풀이] 중국 晉(진)나라의 顧愷之(고개지)가 그린 그림 중 특히 丹青(단청)에 능한 일. 또 고개지는 博學(박학)에다 才氣(재기)가 있었으며, 諧謔(해학)을 즐기며, 그림에 능했으므로, 흔히 개지에게 三絶(삼절)이 있다 하였다. 삼절이란 才絶(재절)·畵絶(화절)·癡絶(치절)을 이른다. 고개지의 그림에서 '漸入佳境(점입가경)'이라는 성어가 나왔다.

高車駟馬 (고거사마)

[뜻음] 높을 고, 수레 거, 사마 사, 말 마.
[풀이] 고귀한 사람이 타는 수레를 이르는 말. '高車'는 덮개가 높고 서서 탈 수 있는 수레. '駟馬'는 네 필의 말이 끄는 수레. 출전 歐陽修(구양수)의 글.

高肩弱脊 (고견약척)★

[뜻음] 높을 고, 어깨 견, 약할 약, 등골뼈 척.
[풀이] 높은 어깨와 연약한 등. '孔子(공자)의 모습'을 평한 말. 출전 韓詩外傳(한시외전).

孤苦零丁 (고고영정)★

[뜻음] 외로울 고, 쓸 고, 떨어질 영, 넷째 천간 정.
[풀이] 가난하게 되어 도움 없이 고생하는 일. 영정이란 외롭고 낙백한 모양.

呱呱之聲 (고고지성)★★

[뜻음] 울 고, 갈 지, 소리 성.
[풀이] 사물이 처음으로 시작되는 기척. 呱呱(고고)는 어린아이가 우는 소리.

顧曲周郎 (고곡주랑)★

[뜻음] 돌아볼 고, 굽을 곡, 두루 주, 사내 랑.
[풀이] 曲奏(곡주)에 잘못이 있으면 周郎(주랑: 주유)가 돌아본다. 음악에 조예가 깊은 吳(오)나라 周瑜(주유) 같은 사람을 일컫는 말. 출

전 三國志(삼국지) 吳志(오지) 周瑜傳(주유전).

高官大爵 (고관대작)★★

[뜻음] 높을 고, 벼슬 관, 클 대, 벼슬 작.
[풀이] 지위가 높고 훌륭한 벼슬이나 그 자리에 있는 사람. 地位(지위)가 높고 고귀한 벼슬.

股肱之力 (고굉지력)★★★

[뜻음] 넓적다리 고, 팔 굉, 갈 지, 힘 력.
[풀이] 臣下(신하)로서의 힘 또는 全身(전신)의 힘. 全力(전력).

故國山川 (고국산천)★★★

[뜻음] 옛 고, 나라 국, 뫼 산, 내 천.
[풀이] 고향 또는 본국의 산과 내.

孤軍奮鬪 (고군분투)★★★

[뜻음] 외로울 고, 군사 군, 떨칠 분, 싸움 투.
[풀이] ① 數(수)가 적고 도움 없는 외로운 군대가 강한 적과 용감히 잘 싸움. ② 적은 수의 약한 힘으로 아무런 도움도 받지 않고 힘에 벅찬 일을 그악스럽게 해냄을 이르는 말.

固窮讀書 (고궁독서)★

[뜻음] 굳을 고, 다할 궁, 읽을 독, 글 서.
[풀이] 곤궁함을 달게 여기고 즐겨 글을 읽음. 고궁은 곤궁한 것을 당연한 것으로 알고 굳게 잘 지켜 나아감의 뜻.

孤根弱植 (고근약식)

[뜻음] 외로울 고, 뿌리 근, 약할 약, 심을 식.
[풀이] 친척이나 돌보는 사람이 적은 사람.

敲金擊石 (고금격석)★

[뜻음] 두드릴 고, 쇠 금, 칠 격, 돌 석.
[풀이] 金石(금석)을 두들겨 淸雅(청아)한 소리를 낸다. 詩文(시문)의 聲調(성조)가 훌륭함. 금석은 악기의 재료.

古今獨步 (고금독보)★

[뜻음] 예 고, 이제 금, 홀로 독, 걸을 보.
[풀이] 고금을 통하여 독보적임. 고금을 통하여 견줄 만한 사람이 없음.

古今東西 (고금동서)★★

[뜻음] 예 고, 이제 금, 동녘 동, 서녘 서.
[풀이] 예와 이제, 동양과 서양. 곧 모든 때와 모든 지역.

古琴之友 (고금지우)★

[뜻음] 예 고, 거문고 금, 갈 지, 벗 우.
[풀이] 자기를 잘 알아주는 친구. 중국 春秋(춘추)시대 거문고의 名手(명수) 伯牙(백아)가, 자기의 거문고 음률을 잘 이해하여 들을 줄 알던 鍾子期(종자기)가 죽은 후에는, 거문고의 줄을 끊고 다시는 타지 않았다는 옛일에서 온 말. '伯牙絕絃(백아절현)'을 보시오.

古今治亂 (고금치란)★

[뜻음] 예 고, 이제 금, 다스릴 치, 어지러울 란.
[풀이] 예부터 지금까지의 治世(치세)와 亂世(난세). 예부터 지금까지

의 나라를 잘 다스렸거나 잘못 다스린 일.

孤軍奮鬪 (고군분투)★★★

[뜻음] 외로울 고, 군대 군, 떨칠 분, 싸울 투.
[풀이] 홀로 여럿을 상대로 하여 싸움. 후원이 없는, 적은 수효의 군대가 힘겹게 적과 용감히 싸움.

皐夔稷契 (고기직설)★

[뜻음] 부르는 소리 고, 외발짐승 기, 기장 직, 사람이름 설.
[풀이] 순임금의 신하로서 법률을 세우고 감옥을 만든 '皐陶(고도)', 순임금의 신하인 '夔(기)', 주무왕의 조상 '后稷(후직)', 은나라 조상 '契(설)'을 함께 일컫는 말.

高談放言 (고담방언)★

[뜻음] 높을 고, 말씀 담, 놓을 방, 말씀 언.
[풀이] 거리낌 없이 큰 소리로 말함. 남을 꺼리거나 두려워하지 않고 제 하고 싶은 대로 소리를 높여 말을 함.

高談峻論 (고담준론)★★

[뜻음] 높을 고, 이야기 담, 험할 준, 의론할 론.
[풀이] 뜻이 높고 바르며 엄숙하고 날카로운 언론. ① 고상하고 준엄한 이야기. ② 남의 이목에 아랑곳하지 않고 고고한 척하며 하는 이야기.

高堂偏親 (고당편친)★

[뜻음] 높을 고, 집 당, 치우칠 편, 어버이 친.
[풀이] 부모님 가운데 살아 계신 한 분.

高臺廣室 (고대광실)★★

[뜻음] 높을 고, 돈대 대, 넓을 광, 집 실.
[풀이] 고래 등 같은 기와집. 굉장히 크고 좋은 집.

孤獨地獄 (고독지옥)★

[뜻음] 외로울 고, 홀로 독, 땅 지, 옥 옥.
[풀이] 너무나 외로워서 지옥과 같이 못 견디는 심경.

孤犢觸乳 (고독촉유)★

[뜻음] 외로울 고, 송아지 독, 닿을 촉, 젖 유.
[풀이] 어미 없는 송아지가 어미를 찾아 젖을 구한다. 의지할 곳 없는 고독한 사람이 돌보아 줄 사람을 구함을 이르는 말.

枯桐三尺 (고동삼척)★

[뜻음] 마를 고, 오동나무 동, 석 삼, 자 척.
[풀이] 석 자짜리 마른 오동나무. 오동나무로 만든 가야금(거문고)을 가리킴.

叩頭百拜 (고두백배)★★

[뜻음] 조아릴 고, 머리 두, 일백 백, 절 배.
[풀이] 머리를 조아려 여러 번 절함.

叩頭謝恩 (고두사은)★★

[뜻음] 조아릴 고, 머리 두, 사례할 사, 은혜 은.
[풀이] 머리를 조아리며 은혜에 감사함.

叩頭謝罪 (고두사죄)★

[뜻음] 조아릴 고, 머리 두, 사례할 사, 허물 죄.
[풀이] 머리를 조아려 사죄함.

叩頭再拜 (고두재배)★

[뜻음] 조아릴 고, 머리 두, 두 재, 절 배.
[풀이] 머리를 조아려 두 번 절함.

古來之風 (고래지풍)★★

[뜻음] 예 고, 올 래, 갈 지, 풍속 풍.
[풀이] 오랜 옛날부터 전하여 내려오는 風俗(풍속).

高麗公事三日 (고려공사삼일)★★★

[뜻음] 높을 고, 아름다울 려, 공변될 공, 일 사, 석 삼, 날 일.
[풀이] 高麗(고려)의 政令(정령)은 사흘 만에 바뀐다는 말. 참고 견디는 성질이 부족하여 朝令暮改(조령모개)함을 비꼬는 말. 공변된다는 것은 公平無私(공평무사)함을 말함.

古例施賞 (고례시상)★

[뜻음] 예 고, 법식 례, 베풀 시, 상줄 상.
[풀이] 前例(전례)를 비추어서 賞(상)을 줌.

古老相傳 (고로상전)★

[뜻음] 예 고, 늙을 로, 서로 상, 전할 전.
[풀이] 늙은이들의 말에 의하여 (이야기가) 대대로 전하여 옴.

高樓巨閣 (고루거각)★

[뜻음] 높을 고, 다락 루, 클 거, 문설주 각.
[풀이] 높고 크게 지은 집. 높고 큰 누각.

苦輪之海 (고륜지해)

[뜻음] 괴로울 고, 바퀴 륜, 갈 지, 바다 해.
[풀이] 고뇌가 끊임없이 돌고 도는 인간 세계.

藁履丁粉 (고리정분)★

[뜻음] 볏짚 고, 신발 리, 장정 정, 가루 분.
[풀이] '짚신에 정분을 칠한다' ① 격에 맞지 않는 짓을 한다는 말. ② 주되는 것이 이미 천한 것인데 화려하게 꾸밈은 당치 않다는 말.

孤立無援 (고립무원)★★★

[뜻음] 외로울 고, 설 립, 없을 무, 도울 원.
[풀이] 외톨이가 되어 구원을 받을 데가 없음.

叩馬而諫 (고마이간)★★

[뜻음] 두드릴 고, 말 마, 말 이을 이, 간할 간.
[풀이] 말을 가지 못하게 붙들고 충고함. 伯夷(백이)·叔齊(숙제)의 옛일에서 온 말. '采薇歌(채미가)'를 보시오. 출전 史記(사기).

藁網捉虎 (고망착호)★

[뜻음] 볏짚 고, 그물 망, 잡을 착, 범 호.
[풀이] 썩은 새끼줄로 범을 잡는다. 무슨 일을 소홀히 하거나 어수룩한 계획으로 준비하는 일.

高明正大 (고명정대)★

[뜻음] 높을 고, 밝을 명, 바를 정, 큰 대.
[풀이] 높고 밝으며 바르고 큼.

枯木死灰 (고목사회)★

[뜻음] 마를 고, 나무 목, 죽을 사, 재 회.
[풀이] 말라 죽은 나무와 불이 꺼진 재. 세상에 버림을 받은 불우한 몸. 형상은 고목 같고 마음은 불이 꺼진 재 같아서 기가 없고 용기 없음. 출전 莊子(장자).

枯木生花 (고목생화)★★

[뜻음] 마를 고, 나무 목, 날 생, 꽃 화.
[풀이] 마른 나무에 꽃이 피었다. 불우했던 사람이 뜻밖의 행운을 만남을 비유한 말. 나이가 들어 운수가 좋음.

古文大冊 (고문대책)★

[뜻음] 예 고, 글월 문, 큰 대, 책 책.
[풀이] 문장이 웅대한 글이나 임금의 명으로 지은 국가의 귀중한 저술. 高文大策(고문대책).

考槃 (고반)★

[뜻음] 상고할 고, 즐길 반.
[풀이] 考(고)는 成(성), 槃(반)은 盤桓(반환)의 뜻. 隱遁(은둔)하여 산수 간을 거닐며 자연을 즐기는 일. 일설에 고는 扣(고), 반은 악기 명. 이것을 두드려 노래에 맞추어 즐김을 이름. 출전 詩經(시경) 衛風(위풍) 考槃篇(고반편).

孤帆遠影 (고범원영)★

[뜻음] 외로울 고, 돛 범, 멀 원, 그림자 영.
[풀이] 외로운 배 그림자 멀리 보인다는 말.

鼓腹擊壤 (고복격양)★★★

[뜻음] 북 고, 배 복, 칠 격, 흙 양.
[풀이] 배를 두들기고 흙덩이를 친다. 태평가를 부른다. 천하의 태평 무사를 즐기는 모양을 이르는 말.

≪十八史略(십팔사략)≫ 帝堯篇(제요편)에 나오는 이야기이다.

중국 堯(요)임금이 천하를 다스린 지 50년이 되었을 때, 民情(민정)을 살피는데 康衢(강구)라는 넓은 거리에 이르렀을 때 아이들이 노래를 부르며 놀고 있었다.

우리 뭇 백성들을 살게 하는 것은
그대의 지극함이 아닌 것이 없다.
느끼지도 못하고 알지도 못하면서
임금의 법에 따르고 있다.

요임금은 다시 발길을 옮겼다. 한 노인이 두 다리를 쭉 뻗고, 한쪽 손으로는 배를 두드리고 한쪽 손으로는 흙덩이를 치면서 장단에 맞추어 노래를 부르고 있었다.

해가 뜨면 일하고
해가 지면 쉬며
우물 파서 마시고
밭을 갈아 먹으니
임금 덕이 내게 뭣이 있으랴.

천하의 태평 무사를 즐기는 모양을 이르는 말이다. '康衢童子(강구동자)'와 '擊壤老人(격양노인)'이라는 말이 이 이야기에서 비롯되었다. 孔子(공자)가 ≪書經(서경)≫을 편찬할 때 많은 전설의 임금들을 다 빼어 버리고 제일 첫머리에 제요를 두었다. 천황씨, 지황씨, 인황씨는 물론 복희 신농 황제에 관한 전설적인 이야기는 전혀 비치지 않았다. 요임금이 舜(순)임금에게 천하를 전하고 순임금이 禹(우)에게 천하를 전해 준 것만을 크게 취급했다. 그리고 공자와 맹자는 이 두 임금을 가장 이상적인 인물로 떠받들고 주나라 주공을 가장 이상적인 인물로 숭모하게 되었다. '康衢童謠(강구동요), 康衢煙月(강구연월), 堯舜時代(요순시대), 比屋可封(비옥가봉)' 등이 비슷한 말이다.

高峰峻嶺 (고봉준령)★★

[뜻음] 높을 고, 봉우리 봉, 높을 준, 재 령.
[풀이] 높은 산봉우리와 험한 고개. 높이 솟은 산봉우리와 험준한 재.

姑婦之禮 (고부지례)★★

[뜻음] 시어머니 고, 며느리 부, 갈 지, 예도 례.
[풀이] 시어머니와 며느리 사이에 지킬 예절.

鼓盆而歌 (고분이가)★★

[뜻음] 두드릴 고, 사발 분, 말 이을 이, 노래 가.
[풀이] 莊子(장자)가 아내를 잃었을 때 다리를 뻗고 앉아 술 사발을 두드리며 노래를 불렀다는 故事(고사)에서 나온 말. 아내가 죽었는데도 슬픔을 초월함. 아내가 죽은 恨歎(한탄)의 비유로 쓰임. 출전 莊子(장자).

觚不觚 (고불고)★

[뜻음] 술잔 고, 아닐 불.
[풀이] 옛날에는 모가 있었는데 지금은 모가 없어지고 이름만 그대로 쓰이는 데서, 有名無實(유명무실)한 것을 비유함. 觚(고)는 옛날 예식 때에 쓰던 두 되들이 술그릇. 출전 論語(논어).

高朋滿座 (고붕만좌)★

[뜻음] 높을 고, 친구 붕, 가득 찰 만, 자리 좌.
[풀이] 뜻이 맞는 고아한 친구들이 자리에 가득함.

高飛遠走 (고비원주)

[뜻음] 높을 고, 날 비, 멀 원, 달릴 주.
[풀이] 멀리 달아나 蹤迹(종적)을 감춤.

告朔餼羊 (고삭희양)★★★

[뜻음] 아뢸 고, 달 삭, 희생 희, 양 양.
[풀이] 옛날 天子(천자)가 매년 季冬(계동)에 다음 해 열두 달의 冊曆(책력)을 諸侯(제후)에게 나누어 주었는데, 제후는 이것을 받아 가지고 가 先祖(선조)의 宗廟(종묘)에 간직해 두고 매달 초하루에 양을 犧牲物(희생물)로 바치고 종묘에 告(고)한 후 그 달의 책력을 꺼내어 나라 안에 펴던 일. 魯(노)나라의 文公(문공)에 이르러 이런 일은 없어지고 다만 양을 바치는 습관만 남았으므로 지금은 쓸데없는 비용이나 虛禮(허례)의 뜻으로 쓰임.

高山景行 (고산경행)★

[뜻음] 높을 고, 뫼 산, 클 경, 길 행.
[풀이] 높은 산과 큰 길. 출전 詩經(시경).

高山流水 (고산유수)★

[뜻음] 높을 고, 뫼 산, 흐를 유, 물 수.
[풀이] 높은 산과 흐르는 물. 미묘한 음악의 형용. 伯牙(백아)와 鐘子期(종자기)의 故事(고사)에서 나온 말. 伯牙絶絃(백아절현)을 보시오.

高山之巓無美木 (고산지전무미목)★

[뜻음] 높을 고, 뫼 산, 갈 지, 산꼭대기 전, 없을 무, 아름다울 미, 나무 목.
[풀이] 높은 산 위에는 잘 자란 나무가 없다는 뜻으로, 높은 지위에 있는 사람은 남의 시기를 사기 쉬우므로 아름다운 이름을 보전하기가 어렵다는 말. 출전 說苑(설원).

古色蒼然 (고색창연)★★★

[뜻음] 예 고, 빛 색, 푸를 창, 그럴 연.
[풀이] 오랜 세월을 겪은 옛 정취가 역력히 나타나는 모양.

孤城落日 (고성낙일)★★★

[뜻음] 외로울 고, 성 성, 떨어질 낙, 해 일.
[풀이] 멀리 외따로 떨어져 있는 성에 해마저 기우는 쓸쓸한 심정과 삭막한 풍경. 외로운 성에서 지는 해를 봄. 孤立無援(고립무원)한 외딴 성이 해가 지려고 하는 곳에 있다는 뜻으로 도움이 없이 고립된 정상 또는 여명이 얼마 남지 않은 쓸쓸한 심경을 비유한 말. 남의 도움이 없이 고립된 상태 혹은 남의 도움을 받지 못하는 외로운 상태.

　　唐(당)나라 시인 王維(왕유)의 시 [送韋評事(송위평사: 위평사를 보내며)]에 나오는 말이다.

장군을 쫓아 우현을 잡고자,
모래 마당에 말을 달려 거연으로 향한다.
멀리 한나라 사신이 소관 밖에 옴을 아니,
외로운 성 지는 해 언저리를 근심스레 바라보는구나.

欲逐將軍取右賢 욕축장군취우현
沙場走馬向居延 사장주마향거연
遙知漢使蕭關外 요지한사소관외
愁見孤城落日邊 수견고성낙일변

왕유는 동양화 같은 고요한 맛과 그윽한 정을 풍기는 자연시를 많이 썼다. 여기서는 국경 밖의 땅을 배경으로 한 異國的(이국적)인 정서가 시를 한층 재미있게 만들고 있다.

글 제목에 나오는 '評事(평사)'는 법을 맡아 죄인을 다스리는 벼슬 이름으로, 위평사가 장군을 따라 서북 국경 밖으로 떠나보낸다는 송별시다. 漢(한)나라 시대를 배경으로 하고 있다.

고성낙일은 멸망의 그날을 초조히 기다리는 그러한 심정이나 남의 도움이 없이 고립된 상태, 혹은 남의 도움을 받지 못하는 외로운 상태를 나타내는 말이 되었다.

高聲大讀 (고성대독)★

[뜻음] 높을 고, 소리 성, 큰 대, 읽을 독.
[풀이] 목청을 높여 큰 소리로 책을 읽음.

高姓大名 (고성대명)★

[뜻음] 높을 고, 성씨 성, 큰 대, 이름 명.
[풀이] 남의 이름을 높여서 부른 말. 尊啣(존함).

高聲大叱 (고성대질)★

[뜻음] 높을 고, 소리 성, 큰 대, 꾸짖을 질.
[풀이] 크게 소리질러 꾸짖음. 高聲大罵(고성대매).

叩小小鳴叩大大鳴 (고소소명고대대명)★★

[뜻음] 두드릴 고, 작을 소, 울 명, 큰 대.
[풀이] 두들기는 정도에 따라서 그 울림이 다르다. 스승이 질문의 정도에 따라 알맞게 대답함을 이르는 말. 출전 禮記(예기).

固所願不敢請 (고소원불감청)★★★

[뜻음] 진실로 고, 바 소, 원할 원, 아닐 불, 감히 감, 청할 청.
[풀이] 감히 청하지는 못하나, 원래부터 몹시 바라던 바임. 不敢請固所願(불감청고소원).

高松特立 (고송특립)★

[뜻음] 높을 고, 소나무 송, 유다를 특, 설 립.
[풀이] 겨울에 높은 소나무가 우뚝 솟아 있음.

膏脣拭舌 (고순식설)★

[뜻음] 기름 고, 입술 순, 훔칠 식, 혀 설.
[풀이] 입술에 기름을 바르고 혀를 훔친다. 남을 비방할 만반의 준비를 갖춤을 이르는 말. 출전 後漢書(후한서).

高示闊步 (고시활보)

[뜻음] 높을 고, 볼 시, 넓을 활, 걸음 보.
[풀이] 높은 곳을 바라보며 성큼성큼 걸어간다. 氣槪(기개)가 매우 뛰어남.

姑息因循 (고식인순)★★★

[뜻음] 부녀자 고, 어린아이 식, 인할 인, 따를 순.
[풀이] 어름어름하여 일시 彌縫(미봉)을 꾀함. '姑息(고식)'이란 부녀자와 어린아이. 因循(인순)이란 舊習(구습)에 따라 행한다는 말. 姑息之計(고식지계).

姑息之計 (고식지계)★★★

[뜻음] 시어머니 고, 아이 식, 갈 지, 헤아릴 계.
[풀이] 부녀자나 어린아이가 꾸미는 것 같은 계책. 당장에 편한 것만 취하는 꾀. 근본적인 해결책이 아닌, 일시적인 계책. 비슷한 말로 彌縫策(미봉책), 姑息因循 (고식인순),因循姑息(인순고식) 등이 있음. 출전 禮記(예기) 檀弓篇(단궁편).

孤臣去國 (고신거국)★★

[뜻음] 외로울 고, 신하 신, 갈 거, 나라 국.
[풀이] 임금의 사랑이나 신임을 받지 못한 신하가 나라를 떠남.

孤臣孼子 (고신얼자)★

[뜻음] 외로울 고, 신하 신, 첩의 자식 얼, 자식 자.
[풀이] 임금에게 疎遠(소원)당한 臣下(신하)와 庶子(서자). 곧 處地(처지)가 외로운 사람. 출전 孟子(맹자) 盡心上篇(진심상편).

孤臣寃淚 (고신원루)★★★

[뜻음] 외로울 고, 신하 신, 원통할 원, 눈물 루.
[풀이] 임금에게 버림받은 외로운 신하의 원통한 눈물.

孤身隻影 (고신척영)★★

[뜻음] 외로울 고, 몸 신, 새 한 마리 척, 그림자 영.
[풀이] 외로운 몸에 외로운 그림자.

孤兒寡婦 (고아과부)★

[뜻음] 외로울 고, 아이 아, 홀어미 될 과, 부인 부.
[풀이] 부모 없는 어린아이와 남편 없는 薄福(박복)한 사람.

姑射神人 (고야신인)★

[뜻음] 시어미 고, 벼슬 야, 귀신 신, 사람 인.
[풀이] 姑射山(고야산)에 산다는 仙人(선인).

苦藥利病 (고약이병)★★

[뜻음] 쓸 고, 약 약, 이로울 리, 병 병.
[풀이] 쓴 약이 병에는 이로움. 먹기 싫은 쓴 약이 몸에는 이로운 것처럼 제정신에 이로울 충고나 교훈은 듣기에 싫고 마음에 기억하기 불쾌한 법이나, 자기 수양을 위해서는 달게 받아들여야 한다는 말. 출전 越絶書(월절서).

枯楊生稊 (고양생제)★

[뜻음] 시들 고, 버들 양, 날 생, 돌피 제.
[풀이] 시든 버드나무에 새 움이 돋는다. 늙은 노인이 자기보다 젊은 여자에게 장가를 드는 일. 零落(영락)한 사람이 성공하는 일 따위. 枯楊生華(고양생화). 출전 易經(역경) 大過卦(대과괘).

高陽酒徒 (고양주도)

[뜻음] 높을 고, 볕 양, 술 주, 일꾼 도.
[풀이] 高陽(고양)의 술꾼이라는 뜻으로 漢代(한대) 초기의 사람 酈食其(역이기)를 이름. 전하여 飮酒家(음주가)를 이름.

枯魚銜索 (고어함삭)
[뜻음] 마를 고, 물고기 어, 재갈 물릴 함, 새끼줄 삭.
[풀이] 마른 고기를 매달아 놓은 노끈이 마침내 썩는다. 사람의 생명도 그 노끈과 같이 허망하게 끊어짐을 비유하여 이르는 말. 출전 說苑(설원).

苦言利行 (고언이행)★
[뜻음] 쓸 고, 말씀 언, 이로울 이, 행할 행.
[풀이] 쓴소리가 행동에 이롭다. 듣기에는 좀 언짢으나 충고가 되는 유익한 말로 행동을 바로잡을 수 있음을 이르는 말.

高屋建瓴 (고옥건령)★
[뜻음] 높을 고, 지붕 옥, 엎지를 건, 동이 령.
[풀이] 높은 지붕 위에서 병에 든 물을 쏟는다. 높은 지붕 위에서 항아리의 물을 쏟으면 그 떨어지는 힘을 막을 수 없다는 뜻으로, 기세가 대단하여 막기 어려움을 이름. 출전 史記(사기) 高帝紀(고제기).

古往今來 (고왕금래)★★
[뜻음] 예 고, 옛날 왕, 이제 금, 올 래.
[풀이] 옛날부터 지금까지. 古今(고금). 往古來今(왕고내금).

古往知來 (고왕지래)★★
[뜻음] 예 고, 갈 왕, 알 지, 올 래.
[풀이] 이미 말한 바에 의하여 아직 말하지 않은 바를 미루어 앎. 과거를 말하면 장래까지도 짐작할 수 있음. 하나를 듣고 둘을 앎. 推察力(추찰력)이 銳敏(예민)함을 이름. 출전 論語(논어).

孤雲野鶴 (고운야학)★
[뜻음] 외로울 고, 구름 운, 들 야, 학 학.
[풀이] 하늘을 떠도는 한 조각의 구름과 무리를 떠나 혼자 사는 한 마리의 학. 명성을 떠나 홀로 은거하는 선비.

孤援無立 (고원무립)★
[뜻음] 외로울 고, 도울 원, 없을 무, 설 립.
[풀이] 孤立無援(고립무원).

固有之也 (고유지야)★
[뜻음] 항상 고, 있을 유, 갈 지, 어조사 야.
[풀이] 선천적으로 부여받음. 출전 孟子(맹자) 告子上(고자상).

苦肉之計 (고육지계)★★★
[뜻음] 괴로울 고, 살 육, 갈 지, 꾀 계.
[풀이] 적을 속이기 위해 제 몸을 괴롭히면서까지 짜내는 계책. 苦肉之策(고육지책). 출전 삼국지연의 제45회.

古人糟粕 (고인조박)★★
[뜻음] 예 고, 사람 인, 술지게미 조, 술지게미 박.
[풀이] 옛날부터 내려오는 성인들의 저서와 말은 모두 찌꺼기란 뜻으로, 무릇 참된 도는 말과 글로 전달될 수 없으므로 현재 전하는 모든 것은 술지게미에 불과하다는 뜻. '魄(백)'은 '粕(박)'과 같은 뜻으로 '술지게미'를 뜻함. 古人之糟粕(고인지조박). 출전 莊子(장자) 天道篇(천도편).

苦逸之復 (고일지복)★
[뜻음] 쓸 고, 편안할 일, 갈 지, 다시 복.
[풀이] 쓰라림과 편안함은 반복됨. 安逸(안일)이 있음으로 해서 괴로움이 그 反動(반동)으로 찾아옴. 출전 列子(열자).

孤雌寡鵠 (고자과곡)★
[뜻음] 외로울 고, 암컷 자, 홀어미 될 과, 고니 곡.
[풀이] 고자와 과곡. 짝을 잃은 새. 몹시 외로운 사람. 남편이나 아내를 잃은 사람. 孤雌寡鶴(고자과학).

高自標置 (고자표치)★
[뜻음] 높을 고, 스스로 자, 우듬지 표, 둘 치.
[풀이] 스스로 우쭐거림. 自慢(자만)하여 남에게 굽히지 않음. 스스로 자신을 높이고 교만함. 高自標樹(고자표수). 출전 晉書(진서) 劉惔傳(유담전).

孤掌難鳴 (고장난명)★★★
[뜻음] 외로울 고, 손바닥 장, 어려울 난, 울 명.
[풀이] 손바닥 하나로는 소리를 내기 어렵다. ① 혼자서는 일을 이루지 못함. ② 맞서는 사람이 없으면 싸움이 되지 않음. 출전 水滸傳(수호전).

高材疾足 (고재질족)★★
[뜻음] 높을 고, 재목 재, 빠를 질, 발 족.
[풀이] 키가 크고 걸음이 빠르다는 뜻으로, 智勇(지용)을 겸비한 사람을 이름. 高材逸足(고재일족). 출전 史記(사기) 淮陰侯傳(회음후전).

高低長短 (고저장단)★★★
[뜻음] 높을 고, 낮을 저, 긴 장, 짧을 단.
[풀이] 높고 낮음과 길고 짧음.

考績幽明 (고적유명)★★
[뜻음] 상고할 고, 공적 적, 어두울 유, 밝을 명.
[풀이] 官吏(관리)의 成績(성적)을 조사하여 나쁜 것은 물리치고, 좋은 것은 推獎(추장)하는 일. 조정에서 사람의 賢否(현부)와 일의 득실을 생각하여 밝은 것은 권장하고 어두운 것은 물리쳐 상벌을 분명히 함.

苦戰惡鬪 (고전악투)★★★
[뜻음] 괴로울 고, 싸울 전, 나쁠 악, 싸움 투.
[풀이] 몹시 괴롭게 싸움. 惡戰苦鬪(악전고투).

孤節淸心 (고절청심)★
[뜻음] 외로울 고, 절개 절, 맑을 청, 마음 심.
[풀이] 외로운 절개와 맑은 마음씨.

古井無波 (고정무파)★
[뜻음] 예 고, 우물 정, 없을 무, 물결 파.
[풀이] 물이 마른 옛 우물에는 물결이 일지 않는다. 마음을 굳게 가지고 貞節(정절)을 지키는 여자.

高情遠致 (고정원치)★
[뜻음] 높을 고, 뜻 정, 멀 원, 뜻 치.
[풀이] 고상한 심정과 원대한 뜻. 인격의 고결함.

高鳥盡良弓藏 (고조진양궁장)★★

[뜻음] 높을 고, 새 조, 다할 진, 좋을 양, 활 궁, 감출 장.
[풀이] 새를 다 잡으면 활은 창고에 버려짐. 필요할 때는 소중히 여기다가 불필요하면 없애버림. 鳥盡弓藏(조진궁장). 免死狗烹(토사구팽).

高足弟子 (고족제자)★

[뜻음] 높을 고, 발 족, 아우 제, 아들 자.
[풀이] 주로 유교나 불교에서, 학문이나 덕행이 뛰어난 제자. 高足(고족). 高弟(고제). 출전 世說新語(세설신어) 文學上篇(문학상편).

考終命 (고종명)★

[뜻음] 마칠 고, 마칠 종, 목숨 명.
[풀이] 목숨을 마침. 죽음.

苦酒一杯 (고주일배)

[뜻음] 쓸 고, 술 주, 한 일, 잔 배.
[풀이] 한 잔의 쓴 술. 대접하는 술이 좋지 못하다 하여 겸손하게 이르는 말.

孤注一擲 (고주일척)★

[뜻음] 외로울 고, 물 댈 주, 한 일, 던질 척.
[풀이] 도박에서 계속 잃고 남은 밑천을 다 걸고 승부를 겨루는 일. 있는 힘을 다해 모험함.

考證該博 (고증해박)★

[뜻음] 상고할 고, 증거 증, 갖출 해, 넓을 박.
[풀이] 옛 문헌을 상고하고 증거를 찾아 밝혀 널리 앎.

古之學者爲己 (고지학자위기)★★★

[뜻음] 옛날 고, 어조사 지, 학문 학, 사람 자, 할 위, 자기 기.
[풀이] 옛날 학자는 진실로 자기 자신의 지덕을 닦기 위하여 학문을 하였다는 말. 爲己之學(위기지학). 출전 論語(논어).

苦盡甘來 (고진감래)★★★

[뜻음] 쓸 고, 다할 진, 달 감, 올 래.
[풀이] 고생 끝에 낙이 옴. 쓰라림이 다하면 달콤한 것이 옴.

鼓跌酣眠 (고질감면)★

[뜻음] 북 고, 자빠질 질, 즐길 감, 잠 면.
[풀이] 자빠진 북 모양으로 새우등을 하고 달게 잠. 충분히 잘 잠.

苦集滅道 (고집멸도)★

[뜻음] 괴로울 고, 모을 집, 없앨 멸, 도리 도.
[풀이] 불교용어로, 聖者(성자)가 果報(과보)를 얻는 法文(법문). 苦(고)는 생사의 苦果(고과), 集(집)은 생사의 원인이 되는 번뇌, 滅(멸)은 苦集(고집)이 사라져 버린 悟境(오경), 道(도)는 오경에 도달하는 수행의 도정을 이른다. 고집은 迷惑(미혹)의 결과와 원인이고 멸도는 깨달음의 결과와 원인이다.

固執不通 (고집불통)★★

[뜻음] 굳을 고, 잡을 집, 아닐 불, 통할 통.
[풀이] 성질이 고집스러워 조금도 융통성이 없음.

苦楚萬狀 (고초만상)★

[뜻음] 쓸 고, 가시 초, 일만 만, 형상 상.
[풀이] 갖은 고초. 그지없는 어려움과 괴로움.

孤雛腐鼠 (고추부서)★★

[뜻음] 외로울 고, 병아리 추, 썩을 부, 쥐 서.
[풀이] 한 마리 병아리와 썩은 쥐. 보잘것없는 사람. 이제까지 重用(중용)하던 사람을 쉽게 버림의 비유. 출전 後漢書(후한서).

鼓吹 (고취)★★★

[뜻음] 두드릴 고, 불 취.
[풀이] 북을 치고 피리를 분다. 의견이나 사상 등을 열렬히 주장하여 널리 선전함.

孤枕單衾 (고침단금)★★★

[뜻음] 외로울 고, 베개 침, 홀 단, 이불 금.
[풀이] 한 개의 베개와 한 채의 이불. 젊은 여자가 혼자 쓸쓸히 잠.

高枕短命 (고침단명)★★

[뜻음] 높을 고, 베개 침, 짧을 단, 목숨 명.
[풀이] 베개를 높이 베고 자면 오래 살지 못한다는 말.

高枕無憂 (고침무우)★

[뜻음] 높을 고, 베개 침, 없을 무, 근심 우.
[풀이] 높은 베개를 베고 근심 없이 지냄.

高枕安眠 (고침안면)★★★

[뜻음] 높을 고, 베개 침, 편안할 안, 잘 면.
[풀이] 베개를 높이 하여 편히 잘 잔다.

戰國時代(전국시대), 蘇秦(소진)과 張儀(장의)는 縱橫家(종횡가)로서 유명한데 소진은 合縱(합종), 장의는 連衡(연횡)을 주장했다. 합종이란 秦(진)나라 이외의 여섯 나라, 곧 韓(한)·魏(위)·趙(조)·燕(연)·齊(제)·楚(초)가 동맹하여 진나라에 대항하는 것이며, 연횡이란 여섯 나라가 각각 진나라와 손잡는 것이지만 실은 진나라에 복종하는 것이었다.

소진보다 악랄했던 장의는 진나라의 무력을 배경으로 이웃 나라를 압박했다. 진나라 惠文王(혜문왕) 10년(B.C. 328)에는 장의 자신이 진나라 군사를 이끌고 위나라를 침략했다. 그 후 위나라의 재상이 된 장의는 진나라를 위해 위나라 哀王(애왕)에게 합종을 탈퇴하고 연횡에 가담할 것을 권했으나 받아들여지지 않았다. 그러자 진나라는 본보기로 한나라를 공격하고 8만에 이르는 군사를 죽였다. 이 소식을 전해 들은 애왕은 잠을 이루지 못했다. 장의는 이때를 놓치지 않고 애왕에게 말했다.

"전하, 만약 진나라를 섬기게 되면 초나라나 한나라가 쳐들어오는 일은 없을 것이옵니다. 초나라와 한나라로부터 화만 없다면 전하께서는 '베개를 높이 하여 편히 잘 주무실 수 있사옵고[高枕安眠]’ 나라도 아무런 걱정이 없을 것이옵니다.”

애왕은 결국 진나라와 화목하고 합종을 탈퇴했다. 장의는 이 일을 시작으로 나머지 다섯 나라를 차례로 방문, 설득하여 마침내 周(주)나라 赧王(난왕) 4년(B.C. 311)에 연횡을 성립시켰다.

곧 근심 없이 편히 잘 자는 것이나, 안심할 수 있는 상태를 나타낸다.

古態依然 (고태의연)★★

[뜻음] 옛날 고, 모양 태, 전과 같을 의, 그러할 연.
[풀이] 예전 모양 모습이 조금도 변함없이 그대로 있음. 舊態依然(구태의연).

高下在心 (고하재심)★

[뜻음] 높을 고, 내릴 하, 있을 재, 마음 심.
[풀이] ① 높이 하는 것도 낮게 하는 것도 모두 자기 마음에 달림. 곧 때의 변함에 따라 그때에 맞도록 함을 이름. ② 賞罰(상벌)이나 進退(진퇴)의 권리를 장악함.

高歇無常 (고헐무상)

[뜻음] 높을 고, 헐할 헐, 없을 무, 항상 상.
[풀이] 높기고 하고, 헐하기도 하여 무상함. 값이 오르고 내림이 일정하지 않아 종잡을 수 없음.

膏火自煎 (고화자전)★

[뜻음] 기름 고, 태울 화, 스스로 자, 달일 전.
[풀이] 기름불이 기름 자신을 태워 마침내 소멸한다. 재능 때문에 도리어 화를 입음. 膏燭以明自煎(고촉이명자전). 출전 阮籍(완적)의 詩(시).

罟擭陷阱 (고획함정)

[뜻음] 그물 고, 잡을 획, 빠질 함, 함정 정.
[풀이] 그물과 덫과 허방다리. 함정. 그물과 덫과 함정. 모두 禽獸(금수)를 잡는 장치임. 출전 中庸(중용).

膏肓之疾 (고황지질)★★★

[뜻음] 기름 고, 명치끝 황, 갈 지, 병 질.
[풀이] 병균이 膏肓(고황)에 침범하여 생긴 고치기 힘든 모진 병. 사물의 구하기 어려운 병폐. 고치기 어려워진 버릇. 難治病(난치병). 고질병.

古稀 (고희)★★★

[뜻음] 예 고, 드물 희.
[풀이] 옛날부터 드물다. 칠십 세를 사는 일은 옛날에는 드물었다는 시. 나이 칠십 세를 이름.

杜甫(두보)의 [曲江二首(곡강이수)]에 ‘人生七十古來稀(인생칠십고래희)’라는 시구가 있다. 곡강은 長安(장안) 중심지에 있는 못으로 風光(풍광)이 아름답고 봄이면 꽃을 찾는 사람들로 붐비었다고 한다.

[曲江二首(곡강이수)] 중 둘째 시를 보자.

조회에서 돌아오면 날마다 봄옷을 전당잡히고
매일 강 머리에서 마냥 취해 돌아온다.
술빛은 으레 가는 곳마다 있고
사람이 칠십을 산 것은 예부터 드물다.
꽃을 헤치는 호랑나비는 깊숙이 나타나 보이고
물을 적시는 잠자리는 힘차게 날고 있다.
풍광에 전해 말하니 함께 흐르고 굴러
잠시 서로 즐기며 서로 떨어지지 말자꾸나.

人生七十古來稀(인생칠십고래희)는 巷間(항간)에 전해 내려오는 말을 두보가 시로 옮긴 것이라고도 한다. 칠십 세를 사는 일은 옛날에는 드물었다는 말이므로 ‘고희’는 나이 칠십 세를 이르게 되었다.

轂擊肩摩 (곡격견마)★

[뜻음] 바퀴통 곡, 부딪칠 격, 어깨 견, 스칠 마.
[풀이] 수레가 바퀴통끼리 서로 부딪치고 사람이 어깨를 서로 스침. 繁華(번화)하여 사람과 수레의 왕래가 많은 땅의 형용. 출전 史記(사기) 蘇秦傳(소진전).

曲肱而枕之 (곡굉이침지)★★★

[뜻음] 굽힐 곡, 팔뚝 굉, 말 이을 이, 베개 침, 갈 지.
[풀이] 가난하여 베개가 없이 팔을 굽혀 베개 대신으로 하여 팔베개를 벤다. 지극히 가난해도 자족하며 사는 모양. 曲肱之樂(곡굉지락). 출전 論語(논어).

曲肱之樂 (곡굉지락)★

[뜻음] 굽을 곡, 팔뚝 굉, 어조사 지, 즐거울 락.
[풀이] 寢具(침구)도 넉넉지 못하여 팔을 베고 자는 淸貧(청빈)에 만족하며 도를 탐구하는 즐거움. 출전 論語(논어) 述而篇(술이편).

曲岐泣練 (곡기읍련)★

[뜻음] 굽을 곡, 갈림길 기, 울 읍, 흰 실 련.
[풀이] 남북 어느 곳으로도 갈 수 있으므로 岐路(기로)에서 울고 黃黑(황흑) 어느 것이나 染色(염색)될 수 있으므로 흰 실을 보고 운다는 뜻으로, 근본은 같은 것이 갖가지 선악으로 갈라짐을 탄식함을 이름. 墨子(묵자)의 고사. 출전 淮南子(회남자).

曲突徙薪 (곡돌사신)★

[뜻음] 굽을 곡, 굴뚝 돌, 옮길 사, 땔나무 신.
[풀이] 화재를 예방하기 위하여 굴뚝을 꼬불꼬불하게 만들고 아궁이 근처의 나무를 딴 곳으로 옮긴다는 뜻으로, 화를 미연에 방지함.

轂頭生角 (곡두생각)★

[뜻음] 곡식 곡, 머리 두, 날 생, 뿔 각.
[풀이] 立秋(입추)가 지나 첫 번째 돌아오는 甲子日(갑자일)에 비가 오면 그해 추수 때 장마가 져서 수확하기도 전에 곡식에서 싹이 난다는 말.

鵠面鳥形 (곡면조형)★

[뜻음] 고니 곡, 얼굴 면, 새 조, 모양 형.

[풀이] 고니의 얼굴과 새의 형상. 굶주려 파리한 모양.

曲眉豊頰 (곡미풍협)★

[뜻음] 굽을 곡, 눈썹 미, 풍성할 풍, 뺨 협.
[풀이] 초승달 모양의 눈썹과 토실토실하게 살찐 뺨. 여자의 아름다움. 비슷한 말은 傾國之色(경국지색), 傾城之美(경성지미), 巧笑倩兮美目盼兮(교소천혜미목반혜), 羅浮少女(나부소녀), 綠鬢紅顔(녹빈홍안), 丹脣皓齒(단순호치), 萬古絶色(만고절색), 曼理皓齒(만리호치), 望月方娥(망월방아), 明眸皓齒(명모호치), 無比一色(무비일색), 眉目女花(미목여화), 雪膚花容(설부화용), 羞花蔽月(수화폐월), 蛾眉曼睩(아미만록), 玉鬢紅顔(옥빈홍안), 雲鬢花容(운빈화운), 月宮姮娥(월궁항아), 柳眉桃顔(유미도안), 一顧傾國(일고경국), 一顧傾色(일고경색), 一笑千金(일소천금), 絶代佳人(절대가인), 絶世佳人(절세가인), 絶世美人(절세미인), 朱脣皓齒(주순호치), 螓首蛾眉(진수아미), 天下一色(천하일색), 天香國色(천향국색), 沈魚落雁(침어낙안), 解語花(해어화), 杏臉桃腮(행검도시), 蕙心紈質(혜심환질), 紅粉靑蛾(홍분청아), 花顔月貌(화안월모), 花容月態(화용월태) 등이 있음. 출전 韓愈(한유)의 글.

曲水流觴 (곡수유상)★★

[뜻음] 굽을 곡, 물 수, 흐를 유, 술잔 상.
[풀이] 굽이쳐 흐르는 물결에 잔을 띄우며 시를 짓고 노는 잔치. 流觴曲水(유상곡수).

哭子而喪明 (곡자이상명)★

[뜻음] 울 곡, 자식 자, 말 이을 이, 죽을 상, 밝을 명.
[풀이] 자식의 죽음에 몹시 상심하고 哭(곡)을 하다가 장님이 됨. 孔子(공자)의 제자인 子夏(자하)가 西河(서하)에서 魏文侯(위문후)의 스승으로 있을 때, 그 아들을 잃고 너무 비통한 나머지 눈이 먼 일. 출전 禮記(예기) 檀弓篇(단궁편).

曲折 (곡절)★★

[뜻음] 굽을 곡, 꺾을 절.
[풀이] 굽고 꺾임. 복잡한 사정.

曲直不問 (곡직불문)★★

[뜻음] 굽을 곡, 곧을 직, 아닐 불, 물을 문.
[풀이] 일의 옳고 그름을 묻지 않음. 不問曲直(불문곡직).

曲暢旁通 (곡창방통)

[뜻음] 굽을 곡, 펼 창, 두루 방, 통할 통.
[풀이] 말이나 글이 조리가 분명하고 명확하며 널리 통함. 출전 朱熹(주희)의 中庸章句序(중용장구서).

曲筆 (곡필)★★

[뜻음] 굽을 곡, 쓸 필.
[풀이] 바른대로 쓰지 않고 사실을 굽혀서 기록함.

曲學阿世 (곡학아세)★★★

[뜻음] 굽을 곡, 학문 학, 아첨할 아, 세상 세.
[풀이] 배운 것을 굽혀 세상에 아부하다. 학문을 왜곡하여 時勢(시세)나 권력자에 아부함.

≪史記(사기)≫ 儒林列傳(유림열전)에 나오는 이야기이다.
　중국 漢(한)나라의 轅固(원고)는 ≪詩經(시경)≫에 能通(능통)하여 博士(박사)가 되었다. 원고는 성품이 강직한 사람이었다. 景帝(경제)의 어머니 竇太后(두태후)는 老子(노자)를 崇拜(숭배)하는 사람인데 궁중으로 원고를 불러 노자에 대해 물었다. 원고는 유학자로서 노자의 신봉자들을 미워하고 있었으므로,
　"그런 것들은 하인이나 종들이 하는 말에 불과합니다" 하고 첫 마디에 貶(폄)했다.
　두태후는 노하여 원고를 가축 사육장으로 들여보내 돼지나 잡게 만들었다. 얼마 뒤 경제는 원고를 신임했으므로 다시 太傅(태부)의 자리에 임명했다.
　武帝(무제)가 卽位(즉위)하고 얼마 아니 되어 원고가 나이 아흔이 넘어서 다시 조정으로 불려갔다. 그때는 公孫弘(공손홍)이 得勢(득세)하게 되었을 때이다. 공손홍은 아첨을 잘하는 인물이었다. 그는 아흔이 넘은 원고가 또 바른말을 많이 할까 몹시 두려워하여 그를 排斥(배척)했는데 마침 조정에 들어갔을 때 원고가 공손홍을 곁에 두자,
　"배운 것을 올바로 말하기를 힘쓰고, 배운 것을 굽혀 세상에 아부하는 일이 없도록 하게" 하고 말했다.
　'곡학아세'는 자기가 배운 것을 굽혀 가면서 세상의 비위를 맞추어 학문을 왜곡하여 時勢(시세)나 권력자에 아부하는 일을 나타낸다.

昆刀切玉 (곤도절옥)

[뜻음] 곤산 곤, 칼 도, 끊을 절, 옥 옥.
[풀이] 昆吾國(곤오국)에서 나는 날카로운 칼은 玉(옥)같이 단단한 것도 벰. 출전 列子(열자) 湯問篇(탕문편).

崑山片玉 (곤산편옥)★

[뜻음] 산 이름 곤, 뫼 산, 조각 편, 옥 옥.
[풀이] 곤륜산에서 나는 이름난 옥의 하나. 인물을 얻기 어려움을 비유하는 말.

困獸猶鬪 (곤수유투)★

[뜻음] 곤란할 곤, 길짐승 수, 오히려 유, 싸울 투.
[풀이] 쫓기는 짐승이 오히려 사람을 향해 덤벼든다는 말. 위급한 경우에는 짐승일지라도 적을 향해 싸우려 덤빔. 곤경에 처하면 약한 사람도 강한 사람을 해치려 한다는 뜻. 窮鼠囓猫(궁서설묘). 출전 춘추좌씨전.

困心衡慮 (곤심형려)

[뜻음] 곤란할 곤, 마음 심, 저울질할 형, 생각 려.
[풀이] 마음으로 괴로워하며 가슴이 답답함. 衡(형)은 橫(횡)임. 출전 孟子(맹자).

琨玉秋霜 (곤옥추상)★

[뜻음] 옥돌 곤, 옥 옥, 가을 추, 서리 상.
[풀이] 아름다운 옥과 가을 서리. 高尙(고상)하고 嚴肅(엄숙)한 인품

의 비유. 출전 後漢書(후한서) 孔融傳(공융전).

閫外多事 (곤외다사)★

[뜻음] 문지방 곤, 바깥 외, 많을 다, 일 사.
[풀이] 군사상의 직무가 많아 매우 바쁨.

閫外之事 (곤외지사)

[뜻음] 문지방 곤, 바깥 외, 어조사 지, 일 사.
[풀이] 대궐 밖의 모든 것을 통제하는 일. 곧 兵馬(병마)를 통제하는 일.

閫外之臣 (곤외지신)

[뜻음] 문지방 곤, 바깥 외, 어조사 지, 신하 신.
[풀이] 대궐 밖의 모든 것을 통제하는 신하이므로 '대장군'을 나타내는 말. 출전 史記(사기) 馮唐傳(풍당전).

梱外之任 (곤외지임)★

[뜻음] 문지방 곤, 바깥 외, 어조사 지, 맡길 임.
[풀이] 국외에 관한 임무. 將軍(장군)의 職(직). 출전 周禮(주례).

困而得之 (곤이득지)★

[뜻음] 곤란할 곤, 말 이을 이, 얻을 득, 갈 지.
[풀이] 고생 끝에 겨우 성취함.

困知勉行 (곤지면행)★

[뜻음] 곤란할 곤, 알 지, 힘쓸 면, 행할 행.
[풀이] 도를 힘써 배워 알고 힘써 닦아 행함. 生知安行(생지안행)의 對(대).

骨鯁之臣 (골경지신)★★

[뜻음] 뼈 골, 물고기 뼈 경, 갈 지, 신하 신.
[풀이] 임금의 눈치를 살피지 않고 강력하게 간하는 신하. 剛直(강직)한 臣下(신하). 경은 목구멍에 걸리는 물고기의 뼈. 임금에게 간하는 신하는 목구멍에 걸린 가시와 같이 듣기에 괴롭다는 것을 비유하여 이르는 말. 骨鯁(골경). 출전 韓愈(한유)의 글.

滑稽 (골계)★★★

[뜻음] 익살 골, 상고할 계.
[풀이] 지식이 풍부하여 어떠한 어려운 문제도 쉽사리 해답을 하는 것. ≪史記(사기)≫ 索隱(색은)에 滑(골)은 亂(난), 稽(계)는 同(동)으로 辯捷(변첩)한 사람이 非(비)를 시로 是(시)를 비로 말하여 능히 同異(동이)를 혼란하게 함을 이름. 顏師古(안사고)는, 골계는 專利(전리)의 稱(칭)으로 골은 난, 계는 礙(애)로, 변란하여 유체함이 없음을 이름. 재치가 있어서 말이 유창함. 남을 웃기려고 일부러 우습게 하는 말이나 짓. 익살. 滑: 반드러울 활, 미끄러울 활, 교활할 활, 어지러울 골, 흐릴 골, 다스릴 골. '突梯滑稽(돌제골계)'를 참조하시오. 출전 楚辭(초사)卜居篇(복거편).

滑稽之雄 (골계지웅)★★

[뜻음] 익살 골, 상고할 계, 갈 지, 수컷 웅.
[풀이] 지혜가 샘솟듯 하여 그칠 줄 모르는 제 일인자. 골계는 지식이 풍부하여 어떠한 어려운 문제도 쉽사리 해답을 하는 것. 예를 들어 漢(한)나라 때 東方朔(동방삭) 같은 이는 골계왕이라 불림. 滑: 반드러울 활, 미끄러울 활, 교활할 활, 어지러울 골, 미끄러울 골, 다스릴

골. 출전 法言(법언).

骨董 (골동)★

[뜻음] 뼈 골, 감출 동.
[풀이] 뼈를 푹 고아 나온 국물. 오래되어 희귀한 세간이나 미술품. 출전 구지필기.

骨騰肉飛 (골등육비)★

[뜻음] 뼈 골, 오를 등, 살 육, 날 비.
[풀이] 몸과 마음이 躍動(약동)함. ① 용사가 비호같이 달리는 모양. ② 미인을 보았을 때 마음이 충동함. ③ 아름다운 娼女(창녀)가 사람을 호리는 것이 심함. ④ 勇士(용사)의 활약하는 상태를 이름. 출전 隋書(수서).

骨肉相殘 (골육상잔)★★★

[뜻음] 뼈 골, 고기 육, 서로 상, 해칠 잔.
[풀이] 같은 혈족(부자·형제)끼리 서로 다툼. 父母(부모)·兄弟(형제) 사이에 서로 해침. 骨肉相爭(골육상쟁).

骨肉相爭 (골육상쟁)★

[뜻음] 뼈 골, 고기 육, 서로 상, 다툴 쟁.
[풀이] 가까운 혈족끼리 서로 싸움. 骨肉相殘(골육상잔).

骨肉之情 (골육지정)★

[뜻음] 뼈 골, 살 육, 어조사 지, 뜻 정.
[풀이] 가까운 혈족 사이의 의로운 정. 骨肉之愛(골육지애).

滑疑之耀 (골의지요)

[뜻음] 어지러울 골, 의심할 의, 갈 지, 빛날 요.
[풀이] 마음속의 의심스럽던 일이 마침내 환하게 밝아짐. 출전 莊子(장자) 齊物論篇(제물론편).

鶻入鴉羣 (골입아군)

[뜻음] 송골매 골, 들 입, 갈까마귀 아, 무리 군.
[풀이] 송골매가 갈까마귀 무리 속으로 들어감. 아주 勇猛(용맹)한 자가 약한 사람들의 한 떼를 쳐 흩어버리는 비유.

公卿大臣 (공경대신)★★

[뜻음] 공작 공, 벼슬 경, 큰 대, 신하 신.
[풀이] 삼공과 경대부. 벼슬이 높은 사람.

空谷跫音 (공곡공음)★

[뜻음] 빌 공, 골짜기 곡, 발자국 소리 공, 소리 음.
[풀이] 빈 골짜기의 발자국 소리. 몹시 신기한 일이나 반가운 소식을 들음. 空谷足音(공곡족음). 출전 莊子(장자) 徐無鬼篇(서무귀편).

空谷足音 (공곡족음)★

[뜻음] 쓸쓸할 공, 골짜기 곡, 발 족, 소리 음.
[풀이] 쓸쓸한 골짜기에서 사람을 만난 기쁨. 자기와 같은 意見(의견)이나 學說(학설)을 들었을 때의 기쁨을 비유하는 말.

恐恐謹言 (공공근언)★

[뜻음] 두려울 공, 삼갈 근, 말씀 언.

[풀이] 황공하여 삼가 아룀. 편지 끝에 써서 경의를 나타내는 말.

公公私私 (공공사사)★★

[뜻음] 공변될 공, 사사로울 사.
[풀이] 공은 공, 사는 사. 공과 사를 분명히 구별함.

功過相半 (공과상반)★

[뜻음] 공 공, 허물 과, 서로 상, 절반 반.
[풀이] 공로와 허물이 서로 반반임.

功德兼隆 (공덕겸륭)★

[뜻음] 공 공, 덕 덕, 겸할 겸, 높을 륭.
[풀이] 공과 덕이 겸하여 매우 隆盛(융성)함. 출전 唐書(당서) 太宗紀
(태종기).

共倒同亡 (공도동망)★★★

[뜻음] 함께 공, 넘어질 도, 같을 동, 망할 망.
[풀이] 넘어져도 같이 넘어지고 망해도 같이 망한다. 운명을 같이함.

空理空論 (공리공론)★★★

[뜻음] 헛되이 공, 도리 리, 말할 론.
[풀이] 아무 소용이 없는 헛된 이론.

孔孟顔曾 (공맹안증)★★★

[뜻음] 성씨 공, 성씨 맹, 얼굴 안, 일찍이 증.
[풀이] 중국 古代(고대)의 聖賢(성현)인 孔子(공자), 孟子(맹자), 顔子
(안자), 曾子(증자)를 일컫는 말.

功名富貴 (공명부귀)★★★

[뜻음] 공로 공, 이름 명, 부유할 부, 귀할 귀.
[풀이] 공명과 부귀. 공을 세워 드러난 이름과 재산이 많고 지위가 높
은 것.

功名垂竹帛 (공명수죽백)★★★

[뜻음] 공로 공, 이름 명, 드리울 수, 대 죽, 비단 백.
[풀이] 공명을 죽백에 드리운다. 이름을 千秋(천추)에 전함.

죽백은 대나무와 비단이다. 옛날에는 기록을 竹(죽)이
나 비단에 했으므로 죽백이라는 말은 곧 기록이나 역사에
해당한다. 따라서 이 말은 공을 세워 이름을 역사에 남긴
다는 뜻을 담고 있다.
　이 이야기는 ≪後漢書(후한서)≫ 鄧禹傳(등우전)에 나
온다.
　등우는 광무제가 후한을 세우는 데 공을 세운 開國功
臣(개국공신)이다. 鄧禹(등우)가 소년 시절에 장안으로 가
서 공부를 하고 있었는데, 그때 劉秀(유수)도 長安(장안)
으로 와서 공부하고 있었다. 등우는 유수를 만나자마자 그
가 비범한 인물이라는 것을 알고 사귀게 되었다.
　王莽(왕망)이 新(신)을 세운 뒤에 몹시 흔들리자 漢(한)
나라 後裔(후예)로 반란군 대장에 劉玄(유현)이 추대되어
更始帝(갱시제)가 되었는데 등우가 薦擧(천거)되었으나

나아가지 않았다. 유수가 황하 이북 땅을 平定(평정)하러
떠났다는 말이 들려오자 등우는 즉시 黃河(황하)를 건너
가 鄴(업)이라는 곳에서 유수를 만났다. 유수가 자신을 따
르고 섬기는 이유를 묻자,
　"다만 明公(명공)의 威德(위덕)이 四海(사해)에 더해지
기를 바랄 뿐입니다. 나는 얼마 안 되는 힘이나마 바쳐 공
명을 죽백에 드리울 뿐입니다"라고 말했다.
　유수는 후에 光武帝(광무제)가 되었고 등우는 知人之
鑑(지인지감)이 있어서 뜻대로 되었다. 이 말은 '名垂竹帛
(명수죽백)'이라고도 하고 '名傳千秋(명전천추)'라고도 한
다. '名傳千秋(명전천추)'는 이름을 천년 동안 전한다는
말이다.

功名身退 (공명신퇴)★★

[뜻음] 공로 공, 이름 명, 몸 신, 물러날 퇴.
[풀이] 공을 세워 이름을 떨치고 관직에서 물러남.

公明正大 (공명정대)★★★

[뜻음] 공변될 공, 밝을 명, 바를 정, 큰 대.
[풀이] 하는 일이나 행동에 사사로움이 없이 공명하고 정대함.

功名顯達 (공명현달)★

[뜻음] 공로 공, 이름 명, 높을 현, 통달할 달.
[풀이] 공을 세워 이름과 덕망이 높아져 세상에 드러남.

孔門十哲 (공문십철)★★

[뜻음] 성씨 공, 문 문, 열 십, 밝을 철.
[풀이] 孔子(공자) 門下(문하)의 十代(십대) 弟子(제자). 德行(덕행)에
는 顔淵(안연), 閔子騫(민자건), 冉伯牛(염백우), 仲弓(중궁). 言語(언
어)에는 宰我(재아), 子貢(자공). 政事(정사)에는 冉有(염유), 季路(계
로). 文學(문학)에는 子游(자유), 子夏(자하).

公輔之器 (공보지기)★

[뜻음] 공변될 공, 재상 보, 어조사 지, 그릇 기.
[풀이] 재상이 될 만한 도량과 재간이 있는 인물.

公私多忙 (공사다망)★★★

[뜻음] 공변될 공, 사사로울 사, 많을 다, 바쁠 망.
[풀이] 공적인 일과 사적인 일로 인하여 매우 바쁨.

孔蛇無尺 (공사무척)★

[뜻음] 구멍 공, 뱀 사, 없을 무, 자 척.
[풀이] 구멍에 든 뱀의 길이가 긴지 짧은지 알 수 없다. 사람의 마음
이나 재주는 세상에 드러나지 않기 때문에 헤아리기 어렵다는 뜻.

空山明月 (공산명월)★★★

[뜻음] 빌 공, 뫼 산, 밝을 명, 달 월.
[풀이] ① 사람이 없는 빈산에 외로이 비치는 밝은 달. ② 산과 달이
그려진 화투짝의 한 가지. ③ '대머리'를 농으로 일컫는 말.

孔席不暇暖 (공석불가난)★★

[뜻음] 성씨 공, 자리 석, 아닐 불, 겨를 가, 따뜻할 난.
[풀이] 孔子(공자)가 앉는 자리는 따뜻해질 겨를이 없다. 공자가 도를 세상에 행하고자 하여 늘 분주히 각국을 돌아다니느라고 집에 편안히 있을 겨를이 없었음을 이름. 孔席不暖(공석불난). 출전 韓愈(한유)의 글.

空城計 (공성계)★

[뜻음] 빌 공, 성 성, 헤아릴 계.
[풀이] 성을 비워 적을 혼란에 빠뜨리는 계책. 출전 三國志(삼국지) 蜀志(촉지) 諸葛亮傳(제갈량전).

功成名遂身退天之道 (공성명수신퇴천지도)★

[뜻음] 공 공, 이룰 성, 명예 명, 이룰 수, 몸 신, 물러날 퇴, 하늘 천, 갈 지, 도리 도.
[풀이] 공을 이루고 이름을 얻으면 그 職任(직임)에서 물러나 한가히 몸을 갖는 것이 오직 天道(천도)를 따르는 일임. 天道(천도)라 함은 봄에 만물을 낳고, 여름에 기르고, 가을에 이루어, 겨울에 閉藏(폐장)하는 것으로, 四時(사시)가 각기 공을 이루고 代謝(대사)함을 이름. 출전 老子(노자).

公孫布被 (공손포피)★

[뜻음] 공변될 공, 손자 손, 베 포, 입을 피.
[풀이] 漢代(한대)의 宰相(재상) 公孫弘(공손홍)이 儉素(검소)하여 三公(삼공)의 지위에 있으면서도 베옷을 입은 故事(고사). 출전 史記(사기) 平津侯傳(평진후전).

空手來空手去 (공수래공수거)★★★

[뜻음] 빌 공, 손 수, 올 래, 갈 거.
[풀이] 빈손으로 왔다가 빈손으로 간다. 財物(재물)에 욕심을 부릴 필요가 없다는 말. 사람의 일생이 虛無(허무)하다는 불교적 사상.

拱手再拜 (공수재배)★

[뜻음] 두 손 맞잡을 공, 손 수, 두 재, 절 배.
[풀이] 두 손을 맞잡아 두 번 절하여 예를 표함.

功首罪魁 (공수죄괴)

[뜻음] 공로 공, 머리 수, 허물 죄, 우두머리 괴.
[풀이] 공을 세운 데 있어서 으뜸인 동시에 죄를 지은 것도 으뜸이라는 말.

公案 (공안)★★

[뜻음] 공변될 공, 생각 안.
[풀이] 禪宗(선종)의 問答案(문답안).

公養之仕 (공양지사)★

[뜻음] 공변될 공, 기를 양, 갈 지, 벼슬할 사.
[풀이] 임금의 優待(우대)에 감동하여 어진 사람이 出仕(출사)하는 일. 出仕(출사): 벼슬길에 나아감. 출전 孟子(맹자).

功疑惟重 (공의유중)★

[뜻음] 공 공, 의심할 의, 오직 유, 무거울 중.
[풀이] 功績(공적)의 大小(대소)를 확실히 알 수 없을 때에는 큰 편을

따라서 후하게 상 주어야 불만이 생기지 않는다는 말. 출전 書經(서경).

孔子門前賣孝經 (공자문전매효경)★★★

[뜻음] 성 공, 선생 자, 문 문, 앞 전, 팔 매, 효성 효, 경서 경.
[풀이] 孔子(공자)의 문 앞에서 孝經(효경) 책을 판다. 전문가 앞에서 자신의 보잘것없는 재주를 誇示(과시)하는 경우에 쓰는 중국 속담.

孔子穿珠 (공자천주)★★★

[뜻음] 구멍 공, 아들 자, 꿸 천, 구슬 주.
[풀이] 공자가 아홉 구비로 구부러진 구슬 구멍에 실을 꿰려다가 이루지 못하고, 하찮은 村婦(촌부)에게 개미허리에 실을 매어 꿰는 비결을 배웠다는 옛일에서 온 말. 하찮은 사람에게도 지혜가 있으므로 묻고 배워야 한다는 말. 출전 睦庵善卿(목암선경).

公才公望 (공재공망)

[뜻음] 공작 공, 재주 재, 바랄 망.
[풀이] 政丞(정승)이 될 만한 才德(재덕)과 人望(인망). 출전 世說新語(세설신어).

公傳道之 (공전도지)

[뜻음] 공변될 공, 전할 전, 길 도, 갈 지.
[풀이] 비밀로 하여야 할 일을 공개하여 퍼뜨림.

空前絕後 (공전절후)★★★

[뜻음] 빌 공, 앞 전, 끊을 절, 뒤 후.
[풀이] 이전에도 없고 이후에도 없다. 比較(비교)할 만한 것이 없음.

公正無私 (공정무사)★★★

[뜻음] 공변될 공, 바를 정, 없을 무, 사사로울 사.
[풀이] 공정하고 私心(사심)이 없음. 출전 荀子(순자).

共存共榮 (공존공영)★★★

[뜻음] 함께 공, 있을 존, 영화 영.
[풀이] 다 같이 잘 살고 번창함.

空中樓閣 (공중누각)★★★

[뜻음] 빌 공, 가운데 중, 다락 누, 다락집 각.
[풀이] 공중에 있는 樓閣(누각). 공중에 누각을 세운 것같이 根據(근거)나 土臺(토대)가 없는 사물, 이론을 이르는 말.

宋代(송대) 沈括(심괄)의 ≪夢溪筆談(몽계필담)≫에 나온 기록으로 "登州(등주)는 사면이 바다로 둘러싸여 있는데, 늦은 봄에서 여름에 걸쳐, 멀리 수평선 위로 누각들이 줄을 이은 도시가 보인다. 지방 사람들은 이것을 海市(해시)라고 한다"에서 비롯되었다는 말이다.

그 뒤 淸(청)나라 翟灝(적호)는 그가 지은 ≪通俗篇(통속편)≫ 속에 심괄의 이 글을 수록한 다음,

"지금 말과 행동이 허황된 사람을 가리켜 공중누각이라고 하는 것은 이것을 말하는 것이다"라고 했다. 물론 심괄의 이 기록은 蜃氣樓(신기루)를 일컬음이리라.

≪史記(사기)≫ 天官書(천관서)에도,

"신기는 누대의 모양을 하고 있는데 넓은 들의 기운이 흡사 궁궐을 이룩하고 있다"라고 적혀 있다.

공중누각이라는 말은 근거나 토대가 없는 사물을 나타내거나 참된 무엇이 없거나 혹은 비현실적인 이야기나 문장을 가리키는 말로 쓰인다. 우리나라에서는 空中樓閣(공중누각)이라는 말도 많이 쓰고 '沙上樓閣(사상누각), 砂上樓閣(사상누각)'이라는 말도 많이 쓴다.

空卽是色 (공즉시색)★★★

[뜻음] 빌 공, 곧 즉, 이 시, 빛 색.
[풀이] 우주 만물은 다 實體(실체)가 없는 空虛(공허)한 것이기는 하나 인연의 相關關係(상관관계)에 의하여 그대로 별개의 존재로서 존재한다는 般若心經(반야심경)속 말. 출전 반야심경.

公平無私 (공평무사)★★★

[뜻음] 공변될 공, 평안할 평, 없을 무, 사사로울 사.
[풀이] 지극히 공평하여 사사로운 점이 없음. 출전 韓詩外傳(한시외전).

工乎天而俍乎人者惟全人能之

(공호천이양호인자유전인능지)
[뜻음] 장인 공, 어조사 호, 하늘 천, 말 이을 이, 좋을 량, 사람 인, 놈 자, 오직 유, 온전할 전, 능할 능, 갈 지.
[풀이] 하늘의 도리를 잘 지킴. 출전 莊子(장자) 庚桑楚篇(경상초편).

共和政 (공화정)★★★

[뜻음] 함께 공, 화합할 화, 정사 정.
[풀이] 君主(군주)가 없을 때 公卿宰相(공경재상)이 서로 和協(화협)하여 행하는 政事(정사). 출전 史記(사기) 周紀(주기).

公侯伯子男 (공후백자남)★★

[뜻음] 공작 공, 제후 후, 맏 백, 아들 자, 사내 남.
[풀이] 五等爵(오등작)의 순서. 夏(하), 殷(은), 周(주)시대 제후의 다섯 계급. 공작, 후작, 백작, 자작, 남작. 漢(한)나라 이후에는 公(공) 위에 王(왕)을 두고 백, 자, 남은 폐하여 王公侯(왕공후)의 三等爵(삼등작)으로 하였음.

功虧一簣 (공휴일궤)★★★

[뜻음] 공 공, 이지러질 휴, 한 일, 삼태기 궤.
[풀이] 공이 한 삼태기로 허물어졌다. 아홉 길 산을 쌓는데 한 삼태기의 흙이 모자라 공이 한꺼번에 무너진다. 조금만 더하면 목적을 이룰 수 있는데 한 삼태기가 부족해서 헛된 일이 되었다는 말. 九仞功虧一簣(구인공휴일궤).

≪書經(서경)≫ 旅獒篇(여오편)에 나오는 말이다.
周(주)나라 武王(무왕)이 殷(은)나라 紂王(주왕)을 무찌르고 새 왕조를 열었는데 旅(여)라는 오랑캐 나라에서 '獒(오)'라는, 珍奇(진기)한 개를 선물로 보냈다. 오는 키가 넉 자나 되는 큰 개로 사람의 말을 잘 알아듣고 또 사람이나 짐승을 잘 덮친다 해서 무왕이 몹시 기뻐하며 소중히 여기자 동생인 召公(소공) 奭(석)은 무왕이 혹시 그런 진기

한 물건에 마음이 끌려 정치를 등한히 하지나 않을까 하는 염려에서 이를 일깨워 말하길,

"슬프다, 임금 된 사람은 아침부터 저녁까지 잠시라도 게으름을 피우면 안 된다. 아무리 사소한 일이라도 이를 조심하지 않으면 마침내 큰 덕을 해치기에 이르게 된다. 예를 들어 흙을 가져다가 산을 만드는데, 이제 조금만 일을 계속하면 아홉 길 높이에 이르게 되었을 때, 이제는 다 되었다 하고 한 삼태기의 흙을 운반하는 데 게을리하게 되면 지금까지의 해 온 일이 모두 허사가 된다"고 했다.
'아홉 길 산을 쌓는데 한 삼태기의 흙이 모자라 공이 한꺼번에 무너진다'라는 구절에서 나온 말이다. 조금만 더하면 목적을 이룰 수 있는데 한 삼태기가 부족해서 헛된 일이 되었다는 뜻으로 쓰인다. 九仞功虧一簣(구인공휴일궤)라는 숙어로 굳어져 있다. 주나라 소공이 정사에 힘쓴 일로 인해 甘棠之愛(감당지애)라는 고사성어가 나왔다.

瓜葛之親 (과갈지친)★★

[뜻음] 오이과, 칡 갈, 어조사 지, 친할 친.
[풀이] 외나 칡덩굴이 서로 얽히듯이 인척간에 서로 결련됨을 비유한 말. 姻戚(인척).

過去之事 (과거지사)★

[뜻음] 지날 과, 갈 거, 갈 지, 일 사.
[풀이] 지나간 과거의 일.

過恭非禮 (과공비례)★★★

[뜻음] 지날 과, 공손할 공, 아닐 비, 예도 례.
[풀이] 지나치게 공손함은 도리어 예에 벗어남.

瓜期 (과기)★★★

[뜻음] 참외 과, 기대할 기.
[풀이] 참외가 익을 시기.

≪史記(사기)≫에 나오는 이야기이다.
관중을 등용하여 春秋時代(춘추시대) 五覇(오패)가 된 사람이 齊桓公(제환공)이다. 그의 兄(형) 襄公(양공)은, 그의 異腹(이복) 누이 文姜(문강)과 淫亂(음란)하게 놀아났는데, 문강이 魯(노)나라 桓公(환공)에게 시집 간 뒤에도 부부를 초청한 후 몰래 즐기다가 환공에게 발각되자 공자 彭生(팽생)을 시켜 술에 만취가 된 노환공을 수레로 모시게 한 다음, 도중에 옆구리를 눌러 죽게 만든 無道(무도)한 임금이다. 이 사실은 ≪詩經(시경)≫에도 등장한다.
이 양공이 連稱(연칭)과 管至父(관지보) 두 장수에게 葵邱(규구)라는 국경지대를 수비하라는 명령을 내려 보내는데 장수가 언제쯤 교대해 줄 것이냐고 묻자 마침 참외를 먹고 있던 양공이,
"이 참외가 다시 익을 때 교대해 주지"라고 아무 생각 없이 약속했다.

어느덧 일 년이 지나 다시 참외 철이 돌아왔지만 두 장수에게는 교대하라는 명령이 전달되지 않았다. 두 사람은 임금을 일깨우려고 변방 군인들이 농사를 지어 딴 참외라면서 임금에게 참외를 바쳤다. 양공은 괘씸한 생각에 화를 버럭 내며 다시 한 해를 더 기다리라고 전해 보냈다.

그해 겨울 양공이 姑棼(고분)이라는 곳으로 사냥 나온 틈을 타 장수들은 반란을 일으켜 양공을 간단히 해치우고 公子(공자) 無知(무지)를 임금으로 세웠다.

이 일로부터 어떤 직책을 띠고 멀리 객지로 나가 있는 벼슬아치들이, 일정한 기간을 마치고 고향으로나 중앙으로 돌아오게 되는 것을 가리켜 '瓜期(과기), 瓜滿(과만), 瓜時(과시)'라고 하게 되었다.

誇大妄想 (과대망상)★★★

[뜻음] 자랑할 과, 큰 대, 망령될 망, 생각 상.
[풀이] 자기의 위치를 사실보다 지나치게 높이 평가하는 망상.

過屠門大嚼 (과도문대작)★★★

[뜻음] 지날 과, 도살장 도, 문 문, 큰 대, 씹을 작.
[풀이] 푸주 앞에서 크게 입을 벌리고 씹는 시늉을 한다는 뜻으로, 좋아하는 것을 실현은 못 하나 상상하는 것만도 즐겁다는 말.

蝌蚪文字 (과두문자)★★

[뜻음] 올챙이 과, 올챙이 두, 무늬 문, 글자 자.
[풀이] 篆文(전문) 이전에 사용된 最古(최고)의 글자. 글자의 획이 올챙이 모양 같음. 蝌蚪(과두)는 科斗(과두)라고 쓰기도 함.

蝌蚪時代 (과두시대)★★

[뜻음] 올챙이 과, 올챙이 두, 때 시, 대 대.
[풀이] 개구리가 올챙이였던 때. 과거보다 현재가 발전된 경우에 그 발전되기 전의 과거. 蝌蚪(과두)는 科斗(과두)라고 쓰기도 함.

寡頭政治 (과두정치)★

[뜻음] 적을 과, 머리 두, 정사 정, 다스릴 치.
[풀이] 小數(소수)의 사람이 支配權(지배권)을 掌握(장악)하여 政治(정치)를 행하는 共和政治(공화정치).

蝌蚪之事 (과두지사)★

[뜻음] 올챙이 과, 올챙이 두, 어조사 지, 일 사.
[풀이] 올챙이 시절의 일. 팔자가 좋은 사람이 그전에 고생하던 때의 일. 蝌蚪(과두)는 科斗(과두)라고 쓰기도 함. 蝌蚪時事(과두시사).

瓜李之嫌 (과리지혐)★

[뜻음] 참외 과, 자두 리, 갈 지, 혐의 혐.
[풀이] 참외밭이나 자두나무 아래에서의 혐의. 남에게 自請(자청)하여 사는 嫌疑(혐의). 출전 舊唐書(구당서).

過目不忘 (과목불망)★

[뜻음] 지날 과, 눈 목, 아닐 불, 잊을 망.
[풀이] 한 번 본 것은 잊지 않음. 한 번 본 일은 결코 잊어버리지 않

는다는 博聞强記(박문강기).

過門不憾 (과문불감)

[뜻음] 지날 과, 문 문, 아닐 불, 탓할 감.
[풀이] 그 사람이 내 집 앞을 지나면서도 나를 찾아 주지 않았다 하여 별로 유감스럽게 여기지 않음. 그 사람을 대수롭게 여기지 않는다는 뜻. 출전 孟子(맹자).

過門不入 (과문불입)★★★

[뜻음] 지날 과, 문 문, 아닐 불, 들 입.
[풀이] 집 앞문을 지나면서도 집에 들르지 않다. 공무에 바쁜 모습을 비유하는 성어. 堯舜時代(요순시대) 禹(우)의 행적. 출전 莊子(장자) 天下篇(천하편).

寡聞淺識 (과문천식)★★★

[뜻음] 적을 과, 들을 문, 얕을 천, 알 식.
[풀이] 견문이 적고 학식이 얕음.

過勿憚改 (과물탄개)★

[뜻음] 실수 과, 말 물, 꺼릴 탄, 고칠 개.
[풀이] 과실을 범했으면 즉시 고쳐야 함. '過則勿憚改(과즉물탄개)'를 보시오.

夸父追日影 (과보추일영)★

[뜻음] 자랑할 과, 사내 보, 쫓을 추, 해 일, 그림자 영.
[풀이] 과보가 해 그림자를 따라간다. 과보는 上古(상고) 사람의 이름. 자기의 역량도 모르고 함부로 큰일을 계획하였다가 中途(중도)에서 쓰러짐의 비유로 쓰임.

瓜熟蒂落 (과숙체락)★

[뜻음] 오이 과, 익을 숙, 꼭지 체, 떨어질 락.
[풀이] 오이가 익으면 자연히 꼭지가 떨어진다. 때가 되어 사물이 저절로 이루어짐을 비유하는 말.

過失相規 (과실상규)★

[뜻음] 허물 과, 잃을 실, 서로 상, 법 규.
[풀이] 나쁜 행실을 서로 일정하게 통제함.

果若其言 (과약기언)

[뜻음] 과연 과, 같을 약, 그 기, 말씀 언.
[풀이] 과연 그 말과 같음.

過然後能改 (과연후능개)

[뜻음] 실수 과, 그러할 연, 뒤 후, 능할 능, 고칠 개.
[풀이] 잘못을 저지른 연후에 능히 고침. 한 번 잘못을 저지른 뒤에 그 잘못을 후회하고 고쳐 선으로 옮김. 출전 孟子(맹자).

過猶不及 (과유불급)★★★

[뜻음] 지나칠 과, 오히려 유, 아닐 불, 미칠 급.
[풀이] 지나침은 미치지 못함과 같다. 정도를 지나침은 도리어 미치지 못함과 같음. 사물은 中庸(중용)이 중함.

≪論語(논어)≫ 先進篇(선진편)에 나오는 말이다.

孔子(공자)의 제자 子貢(자공)이 묻기를,

"師(사: 자장)와 商(상: 자하)은 누가 더 어집니까?" 하므로, 공자가 대답하기를, "사는 지나치고 상은 미치지 못한다" 하고 대답했다.

"그럼 사가 낫단 말씀입니까?" 반문하자 공자는,

"지나친 것은 미치지 못한 것과 같다"고 말했다.

子張(자장)과 子夏(자하)는 대조적인 인물이었다. 자장은 기상이 활달하고 생각이 진보적이었는데, 자하는 만사에 조심을 하며 모든 일을 현실적으로만 생각했다.

친구를 사귀는 데 있어서도, 자장은 천하 사람이 다 형제라는 주의로 모든 사람을 동등하게 대하고 있었는데, 자하는 '나만 못한 사람을 친구로 삼지 말라'고 제자들에게 가르쳤다.

공자가 말한 이 말은 中庸(중용)의 중함, 時中(시중)의 중요성을 말한 것이다. 싱가포르의 甲富(갑부) 某氏(모씨)는 평생의 지침이 되는 말이 바로 이 과유불급이었는데 매사 과유불급을 지켜서 아시아의 甲富(갑부)가 되지 않았나 싶다.

過人之力 (과인지력)★

[뜻음] 지날 과, 사람 인, 갈 지, 힘 력.
[풀이] 보통 사람보다 훨씬 센 힘.

過爾優逸 (과이우일)★

[뜻음] 지나칠 과, 너 이, 넉넉할 우, 편안할 일.
[풀이] 시간을 헛되이 보내며 일을 게을리함. 우일은 안일함, 편안함.

瓜字初分 (과자초분)★

[뜻음] 참외 과, 글자 자, 처음 초, 나눌 분.
[풀이] 여자의 십오륙 세. 瓜(과)라는 글자를 破字(파자)하면 16세가 됨.

瓜田不納履 (과전불납리)★★★

[뜻음] 참외 과, 밭 전, 아닐 불, 들일 납, 신발 리.
[풀이] 참외밭에서는 신발을 고쳐 신지 말라. 남의 의심을 받기 쉬운 일은 하지 말라는 말. 李下不整冠(이하부정관)과 대를 이룸.

참외밭에서는 신발을 고쳐 신지 말라. 남의 의심을 받기 쉬운 일은 하지 말라.

≪文選(문선)≫ 樂府(악부) 古辭(고사) 네 首(수) 중의 [君子行(군자행)]이라는 시에 나온다.

군자는 미연을 막아
혐의 사이에 처하지 않는다.
외밭에 신을 고쳐 신지 않고
자두나무 밑에서 갓을 바로잡지 않는다.
형수와 시아주버니는 손수 주고받지 않고
어른과 아이는 어깨를 나란히 하지 않는다.
공로에 겸손하여 그 바탕을 얻고

한데 어울리기는 심히 홀로 어렵다.
주공은 천한 집 사람에게도 몸을 낮추고
입에 든 것을 토해내며 제대로 밥을 먹지 못했다.
한 번 머리 감을 때 세 번 머리를 움켜쥐어
뒷세상이 성현이라 일컬었다.

이 노래는 군자가 세상을 살아가는 태도를 담고 있다. 공자가 그토록 숭모하는 주공의 고사가 실려 있다. 주나라 문왕, 무왕, 성왕 시대의 주공은 무왕의 동생이다. 이 주공이 인재를 등용하느라 '吐哺握髮(토포악발)'했다는 고사도 나와 있다. 과전불납리의 對(대)가 되는 것이 '李下不整冠(이하부정관)'이다. 이 말도 이 시에 나와 있다. '瓜李之嫌(과리지혐)', '瓜田梨下(과전이하)'라고도 한다.

瓜田梨下 (과전이하)★

[뜻음] 참외 과, 밭 전, 자두 리, 아래 하.
[풀이] 오이밭에서 신을 고쳐 신지 말고 자두나무 밑에서 갓을 고쳐 쓰지 말라는 뜻으로, 의심받기 쉬운 행동은 피하는 것이 좋음을 이르는 말. 瓜田不納履(과전불납리).

過庭之訓 (과정지훈)★

[뜻음] 지날 과, 뜰 정, 어조사 지, 가르칠 훈.
[풀이] 아비의 가르침. '庭訓(정훈)'을 보시오.

過則勿憚改 (과즉물탄개)★★★

[뜻음] 허물 과, 곧 즉, 말 물, 꺼릴 탄, 고칠 개.
[풀이] 잘못했거든 고치기를 꺼리지 말라. 허물은 고치는 것을 꺼리지 말라. 과실을 범했으면 즉시 거리낌 없이 고쳐야 한다는 뜻. 過勿憚改(과물탄개).

≪論語(논어)≫ 衛靈公篇(위령공편)에서 孔子(공자)는 '過而不改是謂過矣(과이불개시위과의)'라고 말했다. 잘못하고도 고치지 않는, 이것을 잘못이라고 한다는 말이다.

≪論語(논어)≫ 子罕篇(자한편)에는 '過則勿憚改(과즉물탄개)'라는 말이 나와 있다. 잘못했거든 고치기를 꺼리지 말라는 말이다.

≪論語(논어)≫ 里仁篇(이인편)에는 '觀過斯知仁矣(관과사지인의)'라는 말이 나와 있다. 그 사람의 잘못을 보고 그의 착한 것을 알게 된다는 말이다.

또 顔淵(안연)을 칭찬하는 대목에서 공자는

"그는 두 번 잘못을 범하는 일이 없다"고 칭찬했다.

曾子(증자) 같은 성인도 하루 세 번 자신을 반성해 본다고 했고 子貢(자공)도 말하기를,

"군자의 잘못은 마치 해와 달이 먹히는 것(일식, 월식)과 같다. 그가 잘못을 범했을 때는 모든 사람이 다 이를 보게 되고, 그가 그 잘못을 고쳤을 때는 사람들이 다 우러러 본다"고 했다.

瓜瓞縣縣 (과질면면)★

[뜻음] 오이 과, 북치 질, 햇솜 면.
[풀이] 오이 덩굴의 밑줄기 가까이 나는 초생 오이는 작고, 덩굴이 자란 끝에 나는 오이는 크다. ① 자손이 繁盛(번성)함. ② 오이 덩굴이 엇갈려 이어져 있듯이, 여러 나라가 서로 이어져 있음을 비유하는 말.

跨下辱 (과하욕)★★★

[뜻음] 사타구니 과, 아래 하, 욕될 욕.
[풀이] 바짓가랑이 아래를 기어 나온 치욕. 중국 漢(한)나라 韓信(한신)이 微賤(미천)할 적에 객기를 부리는 부랑아가 한신을 시험하느라 사타구니 밑으로 기어서 지나가면 살려 주겠다고 하자 한신이 치욕을 참아내며 그렇게 했던 옛일. 큰 뜻을 이루기 위해 치욕을 견디어 낸다는 말. 袴下辱(고하욕).

過火熟食 (과화숙식)★

[뜻음] 지날 과, 불 화, 익을 숙, 음식 식.
[풀이] 지나가는 불에 음식이 익는다. ① 의도하지 않았는데 남에게 은혜가 되는 것. ② 힘을 들이지 않고 남의 덕으로 이익을 얻거나 체면을 세우게 되는 것. ③ 전연 아무런 생각이 없다가 우연한 기회에 조건이 맞아서 서둘러 일을 벌여서 성사시키는 것.

過化存神 (과화존신)★

[뜻음] 지날 과, 될 화, 있을 존, 귀신 신.
[풀이] 聖人(성인)이 지나는 곳에는 그곳 백성이 그 덕에 감화하고, 성인이 있는 곳에는 그 덕화가 측량할 수 없음. 출전 孟子(맹자) 盡心上篇(진심상편).

郭巨之孝 (곽거지효)

[뜻음] 성씨 곽, 클 거, 어조사 지, 효도 효.
[풀이] 곽거의 효도. 後漢時代(후한시대) 곽거는 가난한 처지에서 老母(노모)에게 孝養(효양)을 극진히 하였다고 하는데, 어머니의 굶주림을 면하기 위해 자식을 땅에 묻으려고 땅을 파다가 황금 솥을 얻었다고 함. 출전 孝子傳(효자전).

郭汾陽八字 (곽분양팔자)★

[뜻음] 성씨 곽, 물 이름 분, 볕 양, 여덟 팔, 글자 자.
[풀이] 분양왕 郭子儀(곽자의)의 팔자. 세상의 모든 富貴(부귀)와 功名(공명)을 한 몸에 지니고 있는 팔자 좋은 사람을 가리키는 말. 출전 三國志(삼국지) 魏志(위지).
[참고] 곽자의: 중국 唐(당)나라의 名將(명장). 玄宗(현종) 때 朔方(삭방) 節度使(절도사)가 되어 安祿山(안록산)의 난을 토벌하여 하북의 10여 군을 회복하였고, 肅宗(숙종), 代宗(대종) 때에 吐蕃(토번)을 쳐서 많은 공을 세우고 使徒(사도), 中書令(중서령)에 이어 분양왕으로 봉함을 받았음.

藿食者 (곽식자)★

[뜻음] 콩잎 곽, 먹을 식, 사람 자.
[풀이] 콩잎을 먹는 사람. 일반 백성, 귀족을 肉食者(육식자)라고 하고 거기에 對(대)하는 말로 곽식자라 함. 출전 說苑(설원).

霍澤紛泊 (곽택분박)★

[뜻음] 빠를 곽, 못 택, 어지러워질 분, 늪 박.

[풀이] 짐승이 飛走(비주)하는 모양.

廓揮乾斷 (곽휘건단)★

[뜻음] 클 곽, 휘두를 휘, 임금 건, 자를 단.
[풀이] 果斷性(과단성) 있는 정치를 함. 건단은 천자가 스스로 정사를 裁決(재결)함을 이름. 廓揮乾斷(확휘건단).

觀感興起 (관감흥기)★

[뜻음] 볼 관, 느낄 감, 흥할 흥, 일어날 기.
[풀이] 눈으로 보고 마음에 느껴 흥취가 일어남. 눈으로 보고 감동하여 奮起(분기)함. 출전 孟子(맹자) 盡心下篇(진심하편).

冠蓋相望 (관개상망)★

[뜻음] 갓 관, 덮개 개, 서로 상, 바랄 망.
[풀이] 앞의 수레는 뒤의 수레의 덮개를 바라보며 뒤의 수레는 앞의 수레의 덮개를 바라본다. 수레가 연달아 가는 모양. 使者(사자)의 往來(왕래)가 끊이지 않는 모양. 관개는 수레의 덮개. 출전 戰國策(전국책).

管見 (관견)★★★

[뜻음] 대롱 관, 볼 견.
[풀이] 붓대롱 속으로 내다본다. 붓대롱 속으로 하늘을 보면 시야가 몹시 좁아짐. 우물 안 개구리. 좁은 소견. 학식이나 견문이 좁거나 또는 자신의 의견을 겸손하게 말할 때 쓰이는 성어. 管中窺豹(관중규표).

≪莊子(장자)≫ 秋水篇(추수편)에 나오는 이야기이다.
魏牟(위모)와 公孫龍(공손룡)과의 問答(문답) 가운데 위모가 말하길,
"그는 아래로는 땅속 깊이 발을 넣고 위로는 허공에까지 높이 올라 있어 남쪽도 북쪽도 없이 사방 만물 속에 꽉 차 있다. 또 헤아릴 수 없는 넓고 큰 경지에 잠겨 있어, 동쪽도 서쪽도 없이 玄冥(현명)에 비롯해서 大通(대통)에 이르러 있다. 그런데 그대는 허둥대며 좁은 지혜로 이를 찾으려 하고, 서투른 口辯(구변)으로 이를 밝히려 하고 있다. 이것은 붓대롱을 가지고 하늘을 바라보고, 송곳을 가지고 땅을 가리키는 것이니 또한 작다 아니하겠는가"
여기에 나오는 '그'는 장자를 말한다. 이 '用管窺天(용관규천)'에서 관견이라는 말이 나왔다. '용관규천'이란 붓대롱을 가지고 하늘을 바라본다는 말이다.
學識(학식)이나 見聞(견문)이 좁거나 또는 자신의 의견을 謙遜(겸손)하게 말할 때 이 말을 쓴다. 남의 偏狹(편협)한 의견을 貶下(폄하)할 때에도 管見(관견)이라는 말을 쓴다. 한국 속담으로 말하면 '소견이 바늘구멍 같다', '밴댕이 소갈딱지 같다' 등이다.

冠鷄佩猳 (관계패가)

[뜻음] 갓 관, 닭 계, 찰 패, 수태지 가.
[풀이] 용맹하고 거칠며 뜻이 곧음. 孔子(공자)의 弟子(제자)가 되기 이전의 子路(자로)의 풍모를 이른 말. 鷄는 수탉, 猳(가)는 누렇고 흰 점이 박힌 큰 곰이나 수태지. 곧 수탉을 冠帽(관모)로 하고 멧돼지를 허리에 찼다고 하는 옛일에서 온 말. 출전 史記(사기) 仲尼弟子傳(중

니제자전).

觀過知仁 (관과지인)★

[뜻음] 볼 관, 허물 과, 알 지, 어질 인.
[풀이] 군자의 過誤(과오)는 寬大(관대)한 데서 나오고 소인의 과오는 殘忍(잔인)한 데서 나오는 것이므로 그 過誤(과오)를 보고 인과 불인을 곧 알 수 있음. 출전 論語(논어) 里仁篇(이인편).

關關雎鳩 (관관저구)★★★

[뜻음] 빗장 관, 물수리 저, 비둘기 구.
[풀이] 꾸룩꾸룩 우는 저구새. 저구새는 징경이 또는 증경이 또는 원앙새. 남녀가 서로 정겹게 지내는 모양. 사랑을 구하는 모양. 출전 詩經(시경) 關雎章(관저장).

觀闕之誅 (관궐지주)★

[뜻음] 볼 관, 대궐 궐, 갈 지, 벨 주.
[풀이] 孔子(공자)가 魯(노)나라의 司寇(사구)가 되어, 정치를 문란케 한 대부 少正卯(소정묘)를 관궐 옆에서 벤 고사. 부정한 신하를 단칼에 죽임. 觀闕(관궐)은 궁성의 문. 출전 漢書(한서) 王尊傳(왕준전).

管窺錐指 (관규추지)

[뜻음] 대롱 관, 엿볼 규, 송곳 추, 가리킬 지.
[풀이] 대나무 대롱으로 보고 송곳이 가리키는 곳을 살피다. 속이 좁고 견문이 얕음. 우물 안 개구리. 管見(관견). 管中窺豹(관중규표).

官紀肅正 (관기숙정)★★★

[뜻음] 벼슬 관, 벼리 기, 엄숙할 숙, 바로잡을 정.
[풀이] 관의 기강을 바로잡음. 문란해진 관청의 규율을 바로잡음. 官紀肅淸(관기숙청).

官紀肅淸 (관기숙청)★

[뜻음] 벼슬 관, 벼리 기, 엄숙할 숙, 맑을 청.
[풀이] 관기를 바로잡아 깨끗하게 하는 일. 관의 기강을 바로잡음. 官紀肅正(관기숙정).

管寧割席 (관녕할석)★

[뜻음] 성씨 관, 편안할 녕, 가를 할, 자리 석.
[풀이] 管寧(관녕)이 자리를 나누다. 관녕과 華歆(화흠) 두 사람이 글을 읽고 있을 때 문밖에서 마차 소리가 들리어 화흠은 책을 덮고 나가 보았는데 관녕은 여전히 글 읽기를 계속하며 당신은 나의 벗이 아니라고 말했다는 고사.

寬大長者 (관대장자)★★

[뜻음] 넓을 관, 큰 대, 길 장, 사람 자.
[풀이] 도량이 넓어 뭇 사람들의 위에 설 만한 사람. 출전 漢書(한서).

貫道之器 (관도지기)★★★

[뜻음] 꿸 관, 도리 도, 어조사 지, 그릇 기.
[풀이] 문장은 도를 담는 그릇이다. 文章(문장)은 도를 밝혀 기술하는 그릇. 文章(문장)을 관도지기라 이름.

冠童之別 (관동지별)★

[뜻음] 갓 관, 아이 동, 어조사 지, 나눌 별.
[풀이] 어른과 아이의 구별. 갓을 쓰면 어른, 안 쓰면 아이였음.

關東八景 (관동팔경)★

[뜻음] 빗장 관, 동녘 동, 여덟 팔, 햇살 경.
[풀이] 강원도 동해안에 있는 여덟 군데의 명승지.

官僚政治 (관료정치)★★

[뜻음] 벼슬 관, 벼슬 료, 정사 정, 다스릴 치.
[풀이] 官吏(관리)가 權利(권리)를 농단하여 관료 사회의 利益(이익)만 도모하고 국민전체의 福利(복리)를 고려하지 아니하는 정치.

官吏藉勢 (관리자세)

[뜻음] 벼슬 관, 벼슬아치 리, 뽐낼 자, 기세 세.
[풀이] 관리의 세력을 믿고 마구 행동함.

寬猛相濟 (관맹상제)★★

[뜻음] 너그러울 관, 사나울 맹, 서로 상, 구제할 제.
[풀이] 백성을 다스리는 데 있어서 너그럽기만 하면 백성의 마음이 해이해지고 너무 엄하게 다스리면 민심이 이반하므로 寬容(관용)와 威嚴(위엄)을 병용해서, 치우쳐 생기는 弊端(폐단)을 없앰. 출전 孔子家語(공자가어).

官無事村無事 (관무사촌무사)

[뜻음] 벼슬 관, 없을 무, 일 사, 마을 촌, 없을 무.
[풀이] 관에도 마을에도 일이 없음. 公私(공사) 간에 아무런 시끄러운 일이 없음.

關方重地 (관방중지)★

[뜻음] 빗장 관, 방위 방, 무거울 중, 땅 지.
[풀이] 국경 지방에 있는 중요한 要塞地(요새지).

官逢致敗 (관봉치패)★

[뜻음] 벼슬 관, 만날 봉, 이를 치, 패할 패.
[풀이] 관리의 횡포를 만나 크게 일이 잘못됨.

官不必備 (관불필비)

[뜻음] 관청 관, 아니 불, 반드시 필, 갖출 비.
[풀이] 관청에 반드시 많은 관리를 둘 필요는 없음. 관청의 일은 사람 수보다 올바른 일꾼이 더 필요함. 출전 書經(서경) 周官篇(주관편).

官婢定屬 (관비정속)★★

[뜻음] 벼슬 관, 계집종 비, 정할 정, 살붙이 속.
[풀이] 罪人(죄인)의 아내나 딸 등을 官廳(관청)의 여종으로 삼음.

冠上加冠 (관상가관)★★

[뜻음] 갓 관, 위 상, 더할 가.
[풀이] 갓 위에 갓을 더한다. ① 관이란 벼슬을 나타낸다. 동양화 중, 닭과 맨드라미를 같이 그려서 관상가관이라는 의미를 나타냈다. 닭 벼슬과 맨드라미는 생김새가 비슷하고 벼슬은 冠(관)으로 표현되었다. 따라서 계속 승진하여 높은 지위에 오르라는 기원이 담긴 말. ② 쓸데없는 것을 더함.

官署發惡 (관서발악)★

[뜻음] 벼슬 관, 관청 서, 일으킬 발, 악할 악.
[풀이] 관청에서 앞뒤 가리지 않고 악을 씀.

關西出將關東出相 (관서출장관동출상)★

[뜻음] 빗장 관, 서녘 서, 날 출, 장수 장, 동녘 동, 제상 상.
[풀이] 중국에서 옛날부터 關西(관서)에서는 장군이, 關東(관동)에서는 재상이 많이 났음을 이르는 말. 白起(백기), 王翦(왕전), 李廣(이광), 趙充國(조충국) 등은 관서 출신이고, 蕭何(소하), 曹參(조참), 魏相(위상), 丙吉(병길) 등은 관동에서 남. 출전 後漢書(한서) 虞詡傳(우후전).

觀勢圖之 (관세도지)★

[뜻음] 볼 관, 기세 세, 꾀할 도, 어조사 지.
[풀이] 형세를 보아 계책을 세움.

觀水有術 (관수유술)★

[뜻음] 볼 관, 물 수, 있을 유, 법칙 술.
[풀이] 맹자의 사상을 보여 주는 말. 물을 보고 천류불식을 깨닫고, 형체 있음을 보는 곳에서 형체 없음을 깨닫는 것.

寬裕溫柔 (관유온유)★

[뜻음] 너그러울 관, 넉넉할 유, 따뜻할 온, 부드러울 유.
[풀이] 너그럽고 온유함.

寬而栗 (관이율)★

[뜻음] 너그러울 관, 말 이을 이, 여물 율.
[풀이] 겉은 너그러우나 속은 야무진 데가 있음을 이르는 말.

寬仁大德 (관인대덕)★

[뜻음] 너그러울 관, 어질 인, 큰대, 큰 덕.
[풀이] 너그럽고 인자한 덕.

寬仁大度 (관인대도)★

[뜻음] 너그러울 관, 어질 인, 큰 대, 도량 도.
[풀이] 너그럽고 어질며 도량이 크다. 남에게 너그럽고 자애롭게 대하는 넉넉한 마음씨를 비유하는 말. 출전 史記(사기) 高帝紀(고제기).

官災口舌 (관재구설)★★★

[뜻음] 관청 관, 재앙 재, 입 구, 혀 설.
[풀이] 官(관)에서 오는 재앙과, 是非(시비)하거나 誹謗(비방)하는 말.

關雎之亂 (관저지란)

[뜻음] 빗장 관, 저구새 저, 갈 지, 어지러울 난.
[풀이] 亂(난)은 樂章(악장)의 끝 章(장). 關雎(관저)의 詩(시)의 끝 장. 출전 論語(논어) 泰伯篇(태백편).

官猪腹痛 (관저복통)★

[뜻음] 관청 관, 돼지 저, 배 복, 아플 통.
[풀이] 관가 돼지 배 앓기. 자기와 전연 관계가 없는 사람의 괴로움을 비유함. 출전 旬五志(순오지).

關雎之化 (관저지화)★★★

[뜻음] 빗장 관, 물수리 저, 갈 지, 될 화.
[풀이] 저구새가 화목함. 夫婦(부부)가 화목하여 가정이 잘 다스려짐. 詩經(시경) 첫 장에 나오는 저구의 시. 원앙의 암수가 유난히 유별한 것을 비유하여 중국 周(주)나라 文王(문왕)의 后妃(후비)의 덕을 쓴 것. 임금의 琴瑟(금슬)이 좋은 덕이 자연히 아랫사람에게 미침을 이름. 부부의 도가 행하여져서 가정이 잘 다스려짐을 나타냄. 출전 詩經(시경) 周南(주남) 關雎篇(관저편).

冠前絶後 (관전절후)

[뜻음] 갓 관, 앞 전, 끊을 절, 뒤 후.
[풀이] 고금에 비견할 만한 것이 없음. 空前絶後(공전절후).

官尊民卑 (관존민비)★★★

[뜻음] 벼슬 관, 우러를 존, 백성 민, 천할 비.
[풀이] 관리는 존귀하고 백성은 비천하다는 말.

管中窺天 (관중규천)★★

[뜻음] 대롱 관, 가운데 중, 엿볼 규, 하늘 천.
[풀이] 대롱 구멍으로 하늘을 내다봄. 管窺(관규), 管見(관견), 管蠡(관려).

管中窺豹 (관중규표)★★

[뜻음] 대롱 관, 가운데 중, 엿볼 규, 표범 표.
[풀이] 대롱 구멍으로 표범을 보면 털의 무늬 전체를 보지 못하고 겨우 그 일부분의 무늬밖에 보지 못하므로, 識見(식견)의 좁음의 비유로 쓰임. 管中窺天(관중규천). 출전 晉書(진서).

管仲隨馬 (관중수마)★★

[뜻음] 대롱 관, 버금 중, 따를 수, 말 마.
[풀이] 관중이 말을 따라가다. 관중이 일찍이 齊(제)나라 桓公(환공)을 따라 孤竹(고죽)을 토벌하고 돌아오는 길에, 길을 잃고 곤경에 빠졌을 때 늙은 말을 풀어 그 말이 가는 뒤를 따라 길을 찾았다는 옛일. 오랜 경험을 쌓아 어떤 일에 익숙하게 단련이 되고 통달된 지혜.

管鮑之交 (관포지교)★★★

[뜻음] 대롱 관, 어물 포, 갈 지, 사귈 교.
[풀이] 관중과 포숙아 사이와 같은 사귐. 齊(제)나라 때 관중과 포숙아가 賤(천)했을 때부터 富貴(부귀)하게 된 뒤까지 우정이 두터웠다는 옛일에서 유래된 고사성어. 市勢(시세)를 떠나 친구를 위하는 두터운 우정. 서로 信賴(신뢰)하고 가깝고 변치 않는 우정.

《左傳(좌전)》 莊公(장공) 8년 초에 나오는 이야기이다.
　관중과 포숙아는 젊었을 때부터 친구였다. 처음에는 둘이서 장사를 했다. 포숙아는 자본을 대고 관중은 경영을 담당했다. 포숙아는 모든 것을 관중에게 一任(일임)하고 一切(일체) 간섭하는 일이 없었다. 기말결산에 이익배당을 할 때면 관중은 언제나 훨씬 많은 액수를 자기 몫으로 차지하곤 했다. 포숙아는 많다 적다 한마디 말하는 법이 없었다. (중략).
　제나라의 임금이 된 小白(소백)은 관중을 손수 목을 치려고 벼르고 있었다. 형과 제위를 다투었는데 형의 부하인 관중이 쏜 화살에 맞아 죽을 뻔한 과거가 있어서 복수하려고 했다. 그러나 포숙아의 설득으로 관중의 죄를 용서하고 그를 스승으로 맞아들이는 한편 임금의 권한을 대행하는 재상으로 任命(임명)했다. 포숙아는 자기가 할 재상의 자리를 굳이 사양하고 관중에게 넘겨준 것이다. 관중의 재능을 일찌감치 아는 터였다. 관중은 "나를 낳은 것은 부모지만 나를 아는 것은 오직 포숙아다"라고 말했다.

그 후 제나라는 관중의 힘으로 춘추오패가 되었고 소백은 바로 齊桓公(제환공)이다.

이 말은 齊(제)나라 때 관중과 포숙아가 賤(천)했을 때부터 富貴(부귀)하게 된 뒤까지 友情(우정)이 두터웠다는 옛일을 나타낸다. 莫逆之友(막역지우)와는 다른 말로서, 市勢(시세)를 떠나 친구를 위하는 두터운 우정을 나누거나 서로 신뢰하고 가깝고 변치 않는 사귐을 나타내게 되었다.

觀風問俗 (관풍문속)★

[뜻음] 볼 관, 풍속 풍, 물을 문, 풍속 속.
[풀이] 풍속을 자세히 살펴봄.

冠婚喪祭 (관혼상제)★★★

[뜻음] 갓 관, 혼인할 혼, 잃을 상, 제사 제.
[풀이] 冠禮(관례: 갓을 쓰는 성인식), 婚禮(혼례: 혼인하는 의식), 喪禮(상례: 초상을 치르는 의식), 祭禮(제례: 제사를 지내는 의식) 등 네 가지 의식을 통틀어 이르는 말.

寬弘磊落 (관홍뇌락)★★

[뜻음] 너그러울 관, 넓을 홍, 뜻 클 뇌, 떨어질 락.
[풀이] 도량이 넓고 마음이 豁達(활달)하여 작은 일에 拘礙(구애)하지 아니함.

寬厚宏博 (관후굉박)★

[뜻음] 너그러울 관, 두터울 후, 클 굉, 넓을 박.
[풀이] 너그럽고 후하며 넓고 큼. 局面(국면)이나 度量(도량)이 넓은 것.

觀釁而動 (관흔이동)

[뜻음] 볼 관, 피 바를 흔, 말 이을 이, 움직일 동.
[풀이] 釁鍾(흔종) 의식을 치를 때 움직임. 敵軍(적군)의 틈을 보아 我軍(아군)의 병사를 움직임. 적의 虛點(허점)을 노려 用兵(용병)함. 출전 春秋左氏傳(춘추좌씨전).

刮垢磨光 (괄구마광)★

[뜻음] 비빌 괄, 때 구, 갈 마, 빛 광.
[풀이] 갈고 비벼 때를 없애고 윤이 나게 함. 출전 韓愈(한유)의 進學解(진학해).

刮目相對 (괄목상대)★★★

[뜻음] 비빌 괄, 눈 목, 서로 상, 대할 대.
[풀이] 눈을 비비고 사람을 다시 봄. 학식이나 재주가 전에 비해 몰라볼 정도로 長足(장족)의 발전을 이룬 것. 주로 손아랫사람의 학식이

나 재주가 놀랍게 향상된 경우를 일컬음. '吳下阿蒙(오하아몽)'을 보시오. 출전 三國志(삼국지) 吳志(오지) 呂蒙傳(여몽전).

括而羽之 (괄이우지)★

[뜻음] 묶을 괄, 말 이을 이, 깃 우, 어조사 지.
[풀이] 오늬와 깃털을 붙여 화살을 만든다. 학문을 닦고 슬기를 갈아 유용한 인재가 됨. 括羽(괄우). 출전 北史(북사).

刮腸抉髓 (괄장결수)

[뜻음] 긁어낼 괄, 창자 장, 도려낼 결, 골수 수.
[풀이] 창자를 긁어내고 골수를 도려낸다. 罪惡(죄악)을 남김없이 들추어냄.

狂談悖說 (광담패설)★

[뜻음] 미칠 광, 말씀 담, 거스를 패, 말씀 설.
[풀이] 이치에 맞지 아니하는, 미친 말.

廣大無邊 (광대무변)★★

[뜻음] 넓을 광, 큰 대, 없을 무, 가 변.
[풀이] 한없이 넓고 커서 끝이 없음.

匡謬正俗 (광류정속)★★

[뜻음] 바를 광, 그릇될 류, 바를 정, 풍속 속.
[풀이] 그릇된 것을 바로잡고 풍속을 바르게 함.

光明正大 (광명정대)★★★

[뜻음] 빛 광, 밝을 명, 바를 정, 큰 대.
[풀이] 마음이 결백하고 말과 행동이 공정하고 웅대함.

曠世不再鳴 (광세부재명)★

[뜻음] 밝을 광, 세상 세, 아니 부, 두 재, 울 명.
[풀이] 밝은 세상에서는 언제까지나 울지 않는다. 뜻하는 바가 아니면 재주나 형적을 감추어 다시는 세상에 나와 재능을 쓰지 않음. 출전 阮籍(완적)의 시.

曠世之度 (광세지도)★

[뜻음] 밝을 광, 세상 세, 어조사 지, 기량 도.
[풀이] 세상을 얕볼 정도로 보기 드문 기량. 세상 사람 중에 다시 없을 만큼 큰 도량. 출전 晉書(진서).

廣詢博採 (광순박채)★

[뜻음] 넓을 광, 물을 순, 넓을 박, 캘 채.
[풀이] 널리 여러 사람의 의견을 들어 많은 사람의 의견을 채택함. 廣謨從衆(광모종중).

狂言綺語 (광언기어)★

[뜻음] 미칠 광, 말씀 언, 아름다울 기, 말씀 어.
[풀이] 사람의 흥미를 끌기 위하여 巧妙(교묘)하게 修飾(수식)한 말, 小說(소설) 등 誇大(과대)하게 꾸민 글. 출전 白居易(백거이)의 글.

狂言妄說 (광언망설)

[뜻음] 미칠 광, 말씀 언, 망령될 망, 말씀 설.
[풀이] 理致(이치)에 맞지 않고 道義(도의)에 어그러지는 말. 狂談悖

說(광담패설).

光焰萬丈 (광염만장)★

[뜻음] 빛 광, 불꽃 염, 일만 만, 한 길 장.
[풀이] 불꽃이 萬丈(만장)이나 오름. 詩文(시문)이 대단히 힘 있을 때 칭찬하는 말.

光潤有態 (광윤유태)

[뜻음] 빛 광, 젖을 윤, 있을 유, 모양 태.
[풀이] 윤기가 흘러 아름다움.

光陰如流 (광음여류)★★★

[뜻음] 빛 광, 그늘 음, 같을 여, 흐를 류.
[풀이] 세월이 물의 흐름과 같이 빠르고 한번 지나가면 다시 돌아오지 않음을 비유한 말.

光陰如箭 (광음여전)★

[뜻음] 빛 광, 그늘 음, 같을 여, 화살 전.
[풀이] 세월의 흐름이 화살처럼 빠르다는 말.

匡人其如予何 (광인기여여하)★★★

[뜻음] 땅이름 광, 사람 인, 그 기, 같을 여, 나 여, 어찌 하.
[풀이] 匡(광) 지방 사람이 나를 어찌할 수 있겠느냐? 孔子(공자)가 匡(광) 땅에서 陽虎(양호)라는 사람에게 핍박을 받을 때 한 말. 운명에 대한 자신감이나 맡은 사명에 대한 떳떳한 신념을 표현한 말.

이 말은 ≪論語(논어)≫에 나온다.
공자가 말하기를 "나는 쉰 살에 天命(천명)을 알았다"고 했다. 이것은 공자 자신을 발했다기보다는 사람의 수양 과정을 말하면서 쉰 살쯤 되면 인간은 하늘이 어떤 것이고 운명이 어떤 것인가를 알게 된다는 것을 말한 것으로 생각된다.
아무튼 공자는 세상을 올바로 이끌기 위한 오직 한 생각에서 잠시도 편안할 날이 없이 列國(열국)을 巡廻(순회)하고 있었다. 공자가 宋(송)나라를 갔을 때 桓魋(환퇴)가 공자를 죽이려고 하였다. 陽虎(양호)라는 장수가 匡(광) 고장에서 포학한 짓을 저지른 과거가 있는데 공자가 그 양호와 용모가 비슷하여 생긴 일이었다. 공자가 "하늘이 使命(사명)을 나에게 주셨으니 환퇴 그가 나를 어찌 하겠느냐" 하고 제자들을 안심시켰다.
'修人事待天命(수인사대천명)'이란 바로 이런 것을 가리켜 하는 말이다. '桓魋其如予何(환퇴기여여하)'는 이 말과 같은 말이다. 환퇴, 그가 나를 어떻게 하겠느냐는 말이다. 이 대목에는 '知天命(지천명)'이라는 숙어도 나온다. 지천명은 '知命(지명)'이라고도 하며 지금은 오십 세를 나타내는 말로 굳어졌다.

曠日彌久 (광일미구)★★★

[뜻음] 밝을 광, 날 일, 많을 미, 오랠 구.
[풀이] 오랫동안 쓸데없이 세월만 보낸다. 쓸데없이 시간만 끎.

≪戰國策(전국책)≫ 燕策(연책)에 나오는 말이다.
전국 시대 말엽, 趙(조)나라 惠文王(혜문왕) 때의 일이다. 燕(연)나라의 공격을 받은 혜문왕은 齊(제)나라에 사신을 보내어 3개 城邑(성읍)을 할양한다는 조건으로 명장 田單(전단)의 파견을 요청했다. 전단은 일찍이 연나라의 침략군을 火牛之計(화우지계)로 격파한 명장인데 조나라의 요청에 따라 총사령관이 되었다. 그러자 조나라의 명장 趙奢(조사)는 재상 平原君(평원군)에게 항의하고 나섰다.
"아니, 조나라엔 사람이 없단 말입니까? 제게 맡겨 주신다면 당장 적을 격파해 보이겠습니다."
평원군은 안 된다고 말했다. 그러자 조사는 물러서지 않았다.
"제나라와 연나라는 원수 간이긴 합니다만 전단은 타국인 조나라를 위해 싸우지 않을 것입니다. 강대한 조나라는 제나라의 패업에 방해가 되기 때문이죠. 그래서 전단은 조나라 군산을 장악한 채 '오랫동안 쓸데없이 세월만 보낼 것입니다(曠日彌久)' 두 나라가 병력을 소모하여 피폐해지는 것을 기다리면서……"
평원군은 조사의 의견을 묵살한 채 미리 정한 방침대로 전단에게 조나라 군사를 맡겨 연나라 침공군과 대적하게 했다. 결과는 조사가 예언한 대로 두 나라는 장기전에서 병력만 소모하고 말았다.
곧 쓸데없이 시간만 낭비하고 질질 끄는 경우를 나타내게 되었다.

曠日持久 (광일지구)★★

[뜻음] 밝을 광, 날 일, 유지할 지, 오랠 구.
[풀이] 오랜 세월을 견디어 냄. 출전 三國志(삼국지) 吳志(오지).

光彩燦爛 (광채찬란)★★

[뜻음] 빛 광, 무늬 채, 빛날 찬, 문드러질 란.
[풀이] 광채가 찬란함. 빛이 빛나고 눈부시게 아름다움.

光風霽月 (광풍제월)★★★

[뜻음] 빛 광, 바람 풍, 비 갤 제, 달 월.
[풀이] 비가 갠 뒤의 맑은 바람과 달. 옛날 중국의 黃庭堅(황정견)이 周敦頤(주돈이)의 인품을 평한 말. 천성이 맑은 선비의 마음을 비유한 말. 마음이 넓어 자질구레한 일에 거리끼지 않고 쾌활하며 洒落(쇄락: 시원함)한 인품을 비유하여 이르는 말. 출전 宋史(송사) 周敦頤傳(주돈이전).

廣狹長短 (광협장단)★

[뜻음] 넓을 광, 좁을 협, 길 장, 짧을 단.
[풀이] 넓음과 좁음과 길고 짧음. 폭과 길이.

匡衡鑿壁 (광형착벽)

[뜻음] 바를 광, 저울대 형, 뚫을 착, 벽 벽.
[풀이] 광형이 집이 가난하여 등불을 켤 기름이 없으므로 이웃집 벽

에 구멍을 뚫어 새어 나오는 불빛으로 글을 읽어 마침내 큰 학자가 되었다는 옛일에서 온 말. 螢雪之功(형설지공)과 비슷함.

掛冠 (괘관)★

[뜻음] 걸 괘, 갓 관.
[풀이] 城門(성문)에 冠(관)을 걸어놓는다. 官職(관직)을 물러남. 출전 後漢書(후한서) 逢萌傳(봉맹전).

怪怪罔測 (괴괴망측)★★

[뜻음] 기이할 괴, 없을 망, 측량할 측.
[풀이] 괴괴해서 헤아릴 길이 없음. 怪常罔測(괴상망측).

怪談異說 (괴담이설)★

[뜻음] 기이할 괴, 이야기 담, 기이할 이, 말씀 설.
[풀이] 괴이한 이야기

怪力亂神 (괴력난신)★★★

[뜻음] 괴이할 괴, 힘 력, 어지러울 난, 귀신 신.
[풀이] 괴이한 이야기 怪異(괴이)와 暴力(폭력)과 패란과 귀신. 곧 不可思議(불가사의)한 현상이나 존재. 孔子(공자)는 괴력난신에 대해서는 말하지 않는다고 말함. 공자는 지극히 건전한 합리주의적 인생을 살다 간 성인으로 결코 怪力亂神(괴력난신)이라는 말을 입에 담기를 좋아하지 않았다고 함. 怪(괴)는 怪異(괴이) 怪奇(괴기) 妖怪(요괴), 力(력)은 믿을 수 없는 힘이나 폭력, 亂(난)은 신하가 임금을, 아들이 아버지를 해치는 질서의 파괴와 紊亂(문란)과 背德(배덕), 神(신)은 괴이한 神(신)이나 神秘(신비)나 鬼神(귀신) 등을 말하는데 이 네 가지는 소설의 제재로 삼는 것들로 이것을 공자가 말하지 않았으므로 소설이라는 뜻으로 쓰이게 된 말이다. 또한 공자는 性(성: 인간 천부의 본질이나 성질)과 天道(천도: 자연이나 인간 생명의 운행에 명령하고 지배하는 것으로 생각해오던 초인간적인 절대력), 神(신) 天帝(천제) 등도 말하지 않았다고 하는데 이것도 소설의 제재이다. 이 네 가지를 怪力(괴력)과 亂神(난신)의 두 가지로 보는 설도 있다. '子不語(자불어)'를 보시오. 출전 論語(논어).

傀儡 (괴뢰)★

[뜻음] 클 괴, 꼭두각시 뢰.
[풀이] 허수아비. 꼭두각시.

槐門棘路 (괴문극로)★

[뜻음] 느티나무 괴, 문 문, 가시나무 극, 길 로.
[풀이] 三公(삼공)과 九卿(구경)의 지위. 또는 그들이 사는 곳.

怪常罔測 (괴상망측)★★

[뜻음] 괴이할 괴, 떳떳할 상, 없을 망, 측량할 측.
[풀이] 상도에서 벗어나 헤아릴 수가 없을 정도임. 보통과 달리 이상야릇하기 짝이 없음. 말할 수 없이 괴상함.

怪石奇草 (괴석기초)★

[뜻음] 괴이할 괴, 돌 석, 기이할 기, 풀 초.
[풀이] 이상하게 생긴 돌과 기이한 풀.

壞汝萬里長城 (괴여만리장성)★★

[뜻음] 무너질 괴, 너 여, 일만 만, 거리 리, 긴 장, 성 성.

[풀이] 너의 만리장성을 허무는구나. 자기 스스로 자기의 만리장성과 같은 존재를 허물어 없앤다는 뜻으로 어리석은 사람의 어처구니없는 處事(처사)를 痛嘆(통탄)할 때 쓰임.

　≪宋書(송서)≫ 檀道濟傳(단도제전)에 나오는 이야기이다.
　魏(위)나라가 宋(송)나라와 서로 對峙(대치)해 있을 때 송나라 檀道濟(단도제)의 威勢(위세)는 송나라 전체를 壓倒(압도)할 지경이었다.
　중앙에서 정권을 노리는 권신들도 단도제가 두려워 감히 섣불리 나오지를 못했고, 또 왕족들 중에는 그의 후환이 두려워 일찌감치 없앴으면 하는 사람도 있었다. 단도제는 관우와 장비에 비교될 만한 勇力(용력)도 지녔는데 姦臣(간신)들이 결국 임금의 病中(병중)을 틈타 그를 사로잡자 그는 두 눈이 횃불처럼 빛나 보였다. 그는 냉수를 청해서 한 말이나 들이키고 나서 머리에 쓰고 있던 건을 벗어 땅바닥에 내던지며,
　"너의 만리장성을 허문단 말이냐" 하고 외쳤다.
　北魏(북위) 사람들은 단도제가 죽었다는 말을 듣자,
　"도제가 죽었다니 이제 나머지 사람은 하나도 두려울 것이 없다" 하고 그 뒤로 해마다 남쪽을 侵犯(침범)해 내려왔다. 과연 단도제는 만리장성과 같은 존재였다.
　孟子(맹자)의 말 중에,
　"나라는 반드시 스스로 망할 짓을 한 뒤에 남이 망치게 된다"고 한 말이 있다.

怪誕不經 (괴탄불경)★

[뜻음] 괴이할 괴, 허망할 탄, 아닐 불, 상법 경.
[풀이] 怪異(괴이)하고 根據(근거)가 없으며 虛荒(허황)한 큰소리를 쳐서 正道(정도)에서 벗어남.

宏才卓識 (굉재탁식)★

[뜻음] 클 굉, 재주 재, 높을 탁, 알 식.
[풀이] 큰 재능과 빼어난 학식.

觥籌交錯 (굉주교착)★

[뜻음] 뿔 술잔 굉, 산가지 주, 서로 교, 섞일 착.
[풀이] 활쏘기에서, 진편에게 벌로 먹이는 잔 수를 세는 산가지가 뒤섞인다는 말로 술잔치의 盛大(성대)한 모양. 출전 歐陽修(구양수)의 醉翁亭記(취옹정기).

矯角殺牛 (교각살우)★★★

[뜻음] 바로잡을 교, 뿔 각, 죽일 살, 소 우.
[풀이] 쇠뿔을 바로잡으려다가 소를 잡는다. 缺點(결점)이나 欠(흠)을 고치려다 手段(수단)이 지나쳐 오히려 일을 그르침.

皎皎白駒 (교교백구)★

[뜻음] 흴 교, 흰 백, 망아지 구.
[풀이] 희고 깨끗한 망아지. 聖賢(성현)이 타는 말. 백구는 聖賢(성현)을 나타내는 동물임.

皎皎月色 (교교월색)★

[뜻음] 흴 교, 달 월, 빛 색.
[풀이] 몹시 희고 맑은 달빛.

教猱升木 (교노승목)★

[뜻음] 가르칠 교, 원숭이 노, 오를 승, 나무 목.
[풀이] 원숭이에게 나무에 오르는 것을 가르친다. ① 나쁜 사람에게 나쁜 짓을 하도록 권함을 비유하여 이르는 말. ② 사람의 마음에는 인의가 있으므로 이를 가르치면 진전이 있음. ③ 孔子(공자) 앞에서 文字(문자) 쓰는 격. 출전 詩經(시경) 小雅(소아) 角弓篇(각궁편).

交淡如水 (교담여수)★★

[뜻음] 사귈 교, 맑을 담, 같을 여, 물 수.
[풀이] 사귀어서 담박하기가 물과 같다. 담박한 군자의 교제. 출전 禮記(예기).

咬得菜根百事可做 (교득채근백사가주)★

[뜻음] 씹을 교, 얻을 득, 나물 채, 뿌리 근, 일백 백, 일 사, 옳을 가, 지을 주.
[풀이] 나물뿌리를 캐어 먹기로 각오한다면 백 가지 일을 다 할 수 있음. 곧 粗食(조식)을 달게 여기고 참으면 어떤 일이든 다 성취한다는 뜻으로, 백성들의 안일을 경계한 말. ≪菜根譚(채근담)≫이라는 책의 제목 말은 여기서 유래가 됨.

蛟龍得水 (교룡득수)★★

[뜻음] 교룡 교, 용 룡, 얻을 득, 물 수.
[풀이] 교룡이 물을 얻다. 임금은 백성을 얻음으로써 비로소 그 권위가 서게 된다. 영웅이 때를 얻는다. 교룡은 용의 한 가지. 출전 北史(북사).

蛟龍得雲雨 (교룡득운우)★★

[뜻음] 교룡 교, 용 룡, 얻을 득, 구름 운, 비 우.
[풀이] 물속에 산다는 교룡이 비구름을 얻어 하늘로 오른다. 英雄(영웅) 豪傑(호걸)이 大業(대업)을 이룰 기회를 잡아 크게 활약함. 蛟龍雲雨(교룡운우).

交隣之誼 (교린지의)★

[뜻음] 사귈 교, 이웃 린, 어조사 지, 정 의.
[풀이] 이웃 나라와 생긴 교제의 情誼(정의).

驕慢居傲 (교만거오)★

[뜻음] 교만할 교, 게으를 만, 살 거, 거만할 오.
[풀이] 잘난 체하여 뽐내고 남을 업신여김. 驕慢放恣(교만방자).

喬木世家 (교목세가)

[뜻음] 우뚝 설 교, 나무 목, 세상 세, 집 가.
[풀이] 여러 대를 중요한 지위에 있어서 나라와 운명을 같이하는 집안. 대대로 門閥(문벌)이 높고 자기 집안의 운명을 나라의 운명과 함께 하는 집안. 喬木(교목)이란 키가 크고 장대한 나무.

喬木世臣 (교목세신)★

[뜻음] 높을 교, 나무 목, 세상 세, 신하 신.
[풀이] 대대로 문벌이 높고 자기 집안의 운명을 나라의 운명과 함께 하는 신하. 여러 대를 중한 지위에 있어서 나라와 운명을 같이하는 신하. 출전 孟子(맹자).

咬文嚼字 (교문작자)★

[뜻음] 지껄일 교, 글월 문, 씹을 작, 글자 자.
[풀이] 말이 한결같지 않고 이것저것 지껄임. 학문을 배웠으나 아무 데도 쓸모가 없음을 이르는 말.

巧發奇中 (교발기중)

[뜻음] 공교할 교, 쏠 발, 기이할 기, 적중할 중.
[풀이] 교묘하게 꺼낸 말이 신기하게 들어맞음.

驕兵必敗 (교병필패)★

[뜻음] 교만할 교, 군사 병, 반드시 필, 패할 패.
[풀이] 거만 떠는 군사는 반드시 패한다는 말.

教唆 (교사)★★

[뜻음] 하여금 교, 꼬드길 사.
[풀이] 남을 煽動(선동)하여 못된 일을 하게 함.

巧詐不若拙誠 (교사불약졸성)★★★

[뜻음] 공교할 교, 속일 사, 아닐 불, 같을 약, 서툴 졸, 정성 성.
[풀이] 교묘한 詐欺(사기)는 拙劣(졸렬)한 誠心(성심)에 미치지 못함. 巧僞不如拙誠(교위불여졸성). 출전 韓非子(한비자).

驕奢淫逸 (교사음일)★★

[뜻음] 교만할 교, 사치할 사, 넘칠 음, 편안할 일.
[풀이] 성질이 교만하고 사치스러우며 放蕩無道(방탕무도)한 사람의 행실을 뜻함.

喬松之壽 (교송지수)★

[뜻음] 높을 교, 소나무 송, 어조사 지, 목숨 수.
[풀이] 長壽(장수)를 이름. 喬(교)는 王子喬(왕자교), 松(송)은 赤松子(적송자)로 모두 不老不死(불로불사)의 仙人(선인). 仙人(선인)들처럼 오래오래 살라고 축복하는 말. 출전 戰國策(전국책).

巧言令色 (교언영색)★★★

[뜻음] 공교할 교, 말씀 언, 좋을 영, 빛 색.
[풀이] 말투를 교묘하게 하고 얼굴 표정을 예쁘게 꾸미다. 번지르르하게 발라맞추는 말과 알랑거리는 낯빛.

　　≪論語(논어)≫ 學而篇(학이편)에 나오는 말이다.
　　"공교로운 말과 좋은 얼굴을 하는 사람은 착한 사람이 적다"는 공자의 말은, 풀이하면 말을 그럴듯하게 잘 꾸며 내거나 남의 비위에 맞추어 잘하는 사람, 그리고 생글생글 웃으며 남의 눈에 잘 보이려는 사람은 마음씨가 착하고 진실한 사람이 적다는 뜻이다. 결국 교언과 영색은 꾸민 말과 꾸민 얼굴을 말한 것이 된다. 꾸미기를 좋아하는 사람의 마음이 참되고 어질 수는 없는 것이다.
　　위의 책 子路篇(자로편)에는 "剛(강)과 毅(의)와 木(목)과 訥(눌)은 仁(인)에 가깝다"라는 말이 나온다.
　　강은 剛直(강직), 의는 果敢(과감), 목은 淳朴(순박), 눌은 語遁(어둔)을 말한다. 강직하고 과감하고 순박하고 어둔한 사람은 자기 본심 그대로를 지니고 있는 사람이다.

交易有無 (교역유무)

[뜻음] 사귈 교, 바꿀 역, 있을 유, 없을 무.
[풀이] 있는 것과 없는 것을 서로 바꿈. 출전 史記(사기).

嚎然而哭 (교연이곡)

[뜻음] 부르짖을 교, 그러할 연, 말 이을 이, 울 곡.
[풀이] 곡하는 소리를 형용한 말.

矯枉過正 (교왕과정)★★★

[뜻음] 바로잡을 교, 굽을 왕, 지나칠 과, 바를 정.
[풀이] 굽은 것을 바로잡으려다 도를 지나쳐 오히려 중정을 잃음. 중용을 얻지 못함. 비슷한 말로 矯枉過直(교왕과직), 矯角殺牛(교각살우) 등이 있음. 출전 漢書(한서).

矯枉過直 (교왕과직)★

[뜻음] 바로잡을 교, 굽을 왕, 지나칠 과, 곧을 직.
[풀이] 矯枉過正(교왕과정). 출전 越絶書(월절서).

敎外別傳 (교외별전)★★★

[뜻음] 가르칠 교, 바깥 외, 분별 별, 전할 전.
[풀이] 가르침 바깥에 있는 특별한 가르침. 禪宗(선종)에서, 석가가 말이나 문자를 쓰지 않고 마음으로써 심원한 뜻을 전해준 일. 비슷한 말로 以心傳心(이심전심), 心心相印(심심상인), 拈華微笑(염화미소), 不立文字(불립문자) 등이 있음.

交友以信 (교우이신)★

[뜻음] 사귈 교, 벗 우, 써 이, 믿을 신.
[풀이] 벗을 사귈 때 믿음으로써 함. 世俗五戒(세속오계)의 하나.

交友之道 (교우지도)

[뜻음] 사귈 교, 벗 우, 어조사 지, 도리 도.
[풀이] 벗을 사귀는 도리.

交遊不雜 (교유부잡)★

[뜻음] 사귈 교, 놀 유, 아니 부, 섞일 잡.
[풀이] 교유가 잡스럽지 않음. 친구 등의 사귐이 바름. 함부로 사귀지 않음.

交誼親密 (교의친밀)

[뜻음] 사귈 교, 정 의, 친할 친, 빽빽할 밀.
[풀이] 친구 사이의 사귐이 친밀함.

敎人不倦 (교인불권)★★

[뜻음] 가르칠 교, 사람 인, 아니 불, 게으를 권.
[풀이] 사람을 가르치는 데에 게으르지 않다. 부지런히 성의를 다해 가르침.

敎人佃魚 (교인전어)★

[뜻음] 가르칠 교, 사람 인, 사냥할 전, 물고기 어.
[풀이] 사람들에게 물고기를 낚는 법을 가르침. 중국 고대 복희씨가 그물을 만들어 가르쳤다 함.

敎子以義方 (교자이의방)★

[뜻음] 가르칠 교, 자식 자, 써 이, 옳을 의, 방도 방.
[풀이] 올바른 길로써 자식을 교육시킴. 자식에게 바른 길을 가르침. 義方(의방)이란 의가 있는 곳을 말함. 출전 春秋左氏傳(춘추좌씨전).

巧者拙之奴 (교자졸지노)★

[뜻음] 공교할 교, 놈 자, 졸렬할 졸, 갈 지, 노예 노.
[풀이] 꾀가 많은 사람은 용렬한 사람의 노예다. 재주 있는 자가 어리석은 자에게 흔히 쓰임을 이르는 말.

矯情鎭物 (교정진물)

[뜻음] 바로잡을 교, 뜻 정, 누를 진, 만물 물.
[풀이] 감정을 드러내지 않고 사물을 태연하게 대함.

翹足而待 (교족이대)★

[뜻음] 발돋움할 교, 발 족, 말 이을 이, 기다릴 대.
[풀이] ① 발돋움하고 서서 이제나 저제나 하고 기다림. ② 멀지 않아 그렇게 됨. ③ 많은 시간을 필요로 하지 않음. 출전 史記(사기).

膠柱鼓瑟 (교주고슬)★★★

[뜻음] 아교 교, 기둥 주, 연주할 고, 비파 슬.
[풀이] 기둥을 아교로 붙이고 거문고를 탄다. 자유롭게 옮겨 가면서 소리를 조정하게 만들어 놓은 거문고의 雁足(안족)을 아교로 고정시켜 악기의 소리를 제대로 내지 못하게 함. 너무 경직되어 융통성이 없음을 가리킴.

다음은 《史記(사기)》 廉頗藺相如列傳(염파인상여열전)에 나오는 이야기이다.

趙(조)나라 名將(명장) 趙奢(조사)는 자기 아들 趙括(조괄)이 대장이 되면 조나라는 망할 것이라고 예측했다. 趙括(조괄)은 兵法(병법) 이론에 해박한 지식을 지니고 있었다. 진나라가 침략해 왔을 때 名將(명장) 廉頗(염파)가 싸웠으나 불리하여 방어만 하고 시간을 끌었다.

진나라에서 꾀를 내었다. 진나라 측에서는 조괄이 장군이 될까 봐 몹시 겁먹고 있다는 헛소문을 유포하였고 드디어 조나라 왕이 조괄을 대장으로 임명하려 하자 藺相如(인상여)는 이렇게 반대했다.

"임금께서 이름만 듣고 조괄을 쓰려 하시는 것은 마치 기둥을 아교로 붙여 두고 거문고를 타는 것과 같습니다. 조괄은 한갓 그의 아버지가 전해 준 책을 읽었을 뿐, 때에 맞추어 변통할 줄을 알지 못합니다."

그러나 결국 조괄이 대장이 되었다. 參謀(참모)들의 말을 이론으로 반박하고 자기주장대로 싸우다 實戰(실전) 경험이 전연 없이 이론만의 작전을 敢行(감행)한 끝에 40만이라는 大軍(대군)을 몽땅 죽여 버리는, 중국 역사상 최악의 慘敗(참패)를 가져오고 말았다. 기둥을 풀로 붙여 놓고 거문고를 타니 소리가 엉망이 될 수밖에 없는 것이다.

이 말은 자유롭게 옮겨 가면서 소리를 조정하게 만들어 놓은 거문고의 雁足(안족)을 아교로 고정시켜 악기의 소리를 제대로 내지 못하게 한다는 말이다. 너무 경직되어 융통성이 없음을 가리키기도 하고, 固執不通(고집불통)인 사람을 가리키기도 한다.

거문고 줄을 가락에 맞추어 타려면 줄을 받치고 있는 기둥을 이리저리 옮겨야만 된다. 그런 것을 한 번 가락에 맞추었다 해서 아예 기둥을 아교풀로 꽉 붙여 버리면 다시는 가락에 맞는 소리를 낼 수가 없다. '鼓(고)'는 북이란 뜻이 아니다. 여기서는 탄다는 뜻이 된다.

巧遲不如拙速 (교지불여졸속)★

[뜻음] 공교할 교, 늦을지, 아니 불, 같을 여, 서툴 졸, 빠를 속.
[풀이] 교묘하나 늦은 것은 서툴러도 빠른 것만 못함. 巧遲拙速(교지졸속).

巧妻常伴拙夫眠 (교처상반졸부면)★

[뜻음] 공교할 교, 아내 처, 항상 상, 짝 반, 졸렬할 졸, 남편 부, 잠잘 면.
[풀이] 예쁜 여자는 늘 못난 놈과 함께 잠잔다. 어진 아내는 어리석은 남편을 만나기 쉬운 것처럼 세상일은 사람의 뜻대로 되지 않는다는 말.

交淺言深 (교천언심)

[뜻음] 사귈 교, 얕을 천, 말씀 언, 깊을 심.
[풀이] 사귄 지 얼마 되지 않았는데 자기 속을 털어 이야기함. 출전 後漢書(후한서).

膠漆之交 (교칠지교)★★★

[뜻음] 아교 교, 옻 칠, 갈 지, 사귈 교.
[풀이] 아교와 풀의 사귐. 사귐이 극히 두터워 아교나 풀처럼 서로 떨어질 수 없음. 교칠은 阿膠(아교)와 옻.

唐(당)나라 때 白樂天(백낙천)과 元微之(원미지)는 일찍부터 친구였는데 憲宗(헌종) 元和(원화) 元年(원년), 天子(천자)가 직접 치르는 科擧(과거)에 똑같이 壯元(장원)으로 及第(급제)하여, 낙천은 長安(장안) 근처의 尉(위 – 검찰관)에 임명되고, 미지는 門下省(문하성)의 諫官(간관)인 左拾遺(좌습유)에 임명되었다. 이리하여 두 사람은 다 같이 나라와 백성을 건져 보겠다는 불타는 열의 속에 그의 첫발을 내딛게 되었다. 그러나 강직한 성품으로 인하여 미지는 원화 구 년에 통주 사마로 左遷(좌천)이 되고 낙천은 이듬해에 강주 사마로 내려앉게 되었다. 백낙천이 원미지에게 편지를 썼는데,

"더구나 膠漆(교칠) 같은 마음으로 몸을 胡越(호월)에 둔단 말인가. 나아가도 서로 만날 수 없고, 물러나도 서로 잊을 수가 없다. 서로 잡아끌리면서도 본의 아니게 떨어져 있어, 이대로 각각 白髮(백발)이 되려 하고 있다.

어쩌면 좋은가. 실상 하늘이 하는 일이니 이를 어쩌면 좋단 말인가?"라는 표현이 있다.

巧奪天工 (교탈천공)★

[뜻음] 공교할 교, 빼앗을 탈, 하늘 천, 장인 공.
[풀이] 교묘하기가 천공을 빼앗은 것 같음. 自然(자연)에도 뒤떨어지지 않는 人工(인공)의 精巧(정교)함을 이름.

嬌態艶風 (교태염풍)★

[뜻음] 아리따울 교, 형상 태, 아름다울 염, 풍모 풍.
[풀이] 아양 부리는 태도와 아름다운 모습.

狡兔死良狗烹 (교토사양구팽)★

[뜻음] 재빠를 교, 토끼 토, 죽을 사, 좋을 양, 개 구, 삶길 팽.
[풀이] 狡兔死而走狗烹(교토사이주구팽). 死狗烹(토사구팽). 兔(토)는 兔와 같음.

狡兔死而走狗烹 (교토사이주구팽)★★★

[뜻음] 재빠를 교, 토끼 토, 죽을 사, 말 이을 이, 잘 달릴 주, 개 구, 삶길 팽.
[풀이] 교활한 토끼가 죽으면 날랜 사냥개가 삶긴다.

春秋(춘추) 末期(말기) 越(월)나라 范蠡(범려)가 大夫(대부) 鍾(종)에게 보낸 편지에,

"나는 새가 다하면 좋은 활이 들어가고, 날랜 토끼가 죽으면 달리는 개가 삶긴다. 월나라 임금의 사람됨이, 목이 길고 입이 까마귀처럼 생겼다. 환난은 같이할 수 있어도 즐거움은 같이할 수가 없다. 그대는 어찌하여 떠나가지 않는가?"라는 구절이 있다.

≪史記(사기)≫ 淮陰侯傳(회음후전)에 나오는 이야기이다.

楚漢戰(초한전)에서 項羽(항우)를 물리치는 데 가장 큰 공을 세운 사람이 淮陰侯(회음후) 韓信(한신)이다. 항우의 楚(초)가 사라지자 유방에게는 한신이 가장 두려운 적이 되었다. 그래서 제거하고자 하는데 유방의 策士(책사) 陳平(진평)이 諸侯(제후)들을 모이게 한 후에 한신을 잡으면 된다는 꾀를 내자 유방은 제후들을 陳(진)에 모이도록 한 후 한신을 사로잡으니 한신이 말했다. "과연 사람의 말과 같다. 날랜 토끼가 죽으면 좋은 개가 삶기고, 높이 나는 새가 없어지면 좋은 활이 들어가고, 적국이 파하면 謀臣(모신)이 죽는다고 했다. 천하가 이미 정해졌으니 나도 삶기는 것이 원래 당연한 일이다."

이 말은 漢(한)나라 劉邦(유방)의 名將(명장) 韓信(한신)이 전쟁이 끝난 뒤에 제거된 일을 나타내는 말로 유명하다.

우리나라 속담에 '물을 건너면 지팡이를 버린다'는 말이 있다.

흔히 '兔死狗烹(토사구팽), 狡兔死良狗烹(교토사양구팽)'이라고 한다. 이 두 이야기 속에는 '鳥盡弓藏(조진궁장)'과 '長頸烏喙(장경오훼)'라는 숙어도 나와 있다.

狡兎三窟 (교토삼굴)★

[뜻음] 교활할 교, 토끼 토, 석 삼, 굴 굴.
[풀이] 교활한 토끼는 굴을 셋을 가지고 있다. ① 재난을 잘 避(피)하거나 자신을 잘 지키는 데 빈틈이 없음. ② 무슨 일에서나 안전을 위하여 미리 여러 가지로 방도를 세워 두어야 한다는 말. 출전 戰國策(전국책) 齊策(제책).

狡兎之捷 (교토지첩)

[뜻음] 재빠를 교, 토끼 토, 어조사 지, 빠를 첩.
[풀이] 교활한 토끼의 민첩함.

嚙鞭之馬 (교편지마)★

[뜻음] 씹을 교, 고삐 편, 갈 지, 말 마.
[풀이] 말이 제 고삐를 씹음. 자기 친척이나 동기를 헐뜯으면 결국 자기에게 해가 된다는 말.

敎學相長 (교학상장)★★★

[뜻음] 가르칠 교, 배울 학, 서로 상, 길 장.
[풀이] 가르치고 배우면서 서로 성장함. 남을 가르치는 일과 스승에게서 배우는 일이 함께 실행되는 가운데 자신의 학업이 향상된다는 말. 출전 禮記(예기) 學記(학기).

謳歌 (구가)★★★

[뜻음] 노래할 구, 노래 가. 노래를 부름.
[풀이] 天子(천자)의 恩德(은덕)을 칭송하여 노래를 부름.

鳩居鵲巢 (구거작소)★

[뜻음] 비둘기 구, 살 거, 까치 작, 집 소.
[풀이] 비둘기는 집을 짓지 못하고 까치집에서 살므로, 아내가 남편의 집을 자기 집으로 삼는 데 비유하며 또 남의 집을 빌려 사는 데도 이름. 출전 詩經(시경).

勾股 (구고)★

[뜻음] 굽을 구, 넓적다리 고.
[풀이] 算法(산법)의 일종으로 勾股弦(구고현), 直角三角形(직각삼각형)의 各三邊(각삼변)에 관한 산법임. 勾(구)의 自乘(자승)과 股(고)의 自乘(자승)과의 和(화)는 弦(현)의 자승과 같음. 출전 주비산경.

舅姑之禮 (구고지례)★

[뜻음] 시아비 구, 시어미 고, 갈 지, 예도 례.
[풀이] 시부모를 처음으로 뵙고 인사드리는 예절.

九曲肝腸 (구곡간장)★★★

[뜻음] 아홉 구, 굽을 곡, 간 간, 창자 장.
[풀이] 꼬불꼬불한 창자와 간. 굽이굽이 깊이 서린 마음속. 깊은 마음속.

救過不贍 (구과불섬)★

[뜻음] 구원할 구, 허물 과, 아닐 불, 넉넉할 섬.
[풀이] 지난 잘못을 구제하는 데 시간이 부족함. 아무리 자기의 과실을 고치느라고 힘써도 시간이 모자람. 출전 史記(사기) 酷吏傳(혹리전).

區區私情 (구구사정)★★

[뜻음] 구구할 구, 사사로울 사, 뜻 정.
[풀이] 이것저것 구구하고 사사로운 정.

區區原情 (구구원정)★★

[뜻음] 구구할 구, 근원 원, 정 정.
[풀이] 자세한 사정을 하소연함. 구구는 보잘것없고 자질구레함을 말함.

句句節節 (구구절절)★

[뜻음] 구절 구, 마디 절.
[풀이] 구절구절마다.

九棘三槐 (구극삼괴)★

[뜻음] 아홉 구, 가시 극, 석 삼, 홰나무 괴.
[풀이] 三槐九棘(삼괴구극). 출전 後漢書(후한서).

驅儺儀式 (구나의식)★

[뜻음] 몰 구, 역귀 쫓을 나, 거동 의, 의식 식.
[풀이] 귀신을 쫓는 의식. 方相氏(방상시)로 분장하고 의식을 거행함.

九年面壁 (구년면벽)★★★

[뜻음] 아홉 구, 해 년, 얼굴 면, 벽 벽.
[풀이] 중국 梁(양)나라 때 達磨大師(달마대사)가 9년 동안 벽을 향하여 坐禪(좌선)한 일. 面壁九年(면벽구년).

九年之水 (구년지수)★★

[뜻음] 아홉 구, 해 년, 갈 지, 물 수.
[풀이] 9년 동안이나 계속된 큰 홍수. 중국 堯(요)나라 때의 큰 홍수. 九年洪水(구년홍수). 출전 詩經(시경).

口頭三昧 (구두삼매)★

[뜻음] 입 구, 머리 두, 석 삼, 어두울 매.
[풀이] 經文(경문)의 글귀만 외고 참된 禪理(선리)를 닦지 않는 修道(수도).

臼頭深目 (구두심목)★

[뜻음] 절구 구, 머리 두, 깊을 심, 눈 목.
[풀이] 장구머리와 움푹 파인 눈. 여자의 몹시 추한 얼굴.

口頭之交 (구두지교)★

[뜻음] 입 구, 머리 두, 갈 지, 사귈 교.
[풀이] 건성으로 사귀는 사이. 말뿐인 우정.

劬勞之恩 (구로지은)★★★

[뜻음] 수고로울 구, 수고로울 로, 갈 지, 은혜 은.
[풀이] 자녀들을 위해 수고를 아끼지 않는 부모의 은혜. 자기를 낳아 고생하며 기른 부모의 은혜.

九老會 (구로회)

[뜻음] 아홉 구, 늙을 로, 모일 회.
[풀이] 唐(당)나라 白樂天(백낙천)이 노년의 友人(우인)들과 회동하였음을 이름. 宋(송)나라 李昉(이방)이 至道元年(지도원년)에 구로회를 열어 백씨의 遺響(유향)을 이었음. 이를 至道九老會(지도구로회)라 함.

甌窶滿篝 (구루만구)★

[뜻음] 사발 구, 가난할 루, 찰 만, 배롱 구.
[풀이] 狹小(협소)한 고지에서 나는 쌀이 부담롱에 가득 찬다는 뜻으로, 大豊(대풍)을 이름. 출전 史記(사기).

丘里之言 (구리지언)★

[뜻음] 언덕 구, 마을 리, 어조사 지, 말씀 언.
[풀이] ① 민간에서 떠도는 촌스러운 말. 속된 말. 俚言(이언). ② 근거가 없는, 터무니없는 말. 출전 莊子(장자) 則陽篇(칙양편).

狗馬之心 (구마지심)

[뜻음] 개 구, 말 마, 어조사 지, 마음 심.
[풀이] 개나 말이 주인에게 충성을 다하는 마음. 자기의 성의를 겸손하게 이르는 말. 출전 漢書(한서) 汲黯傳(급암전).

九萬里長空 (구만리장공)★★

[뜻음] 아홉 구, 일만 만, 마을 리, 길 장, 허공 공.
[풀이] 한없이 높고 넓은 하늘을 이르는 말. 九萬里長天(구만리장천). 九萬長天(구만장천). 九萬里長天(구만리장천) 九萬里長空(구만리장공). 九萬長天(구만장천) 九萬里長空(구만리장공).

狗猛酒酸 (구맹주산)★★★

[뜻음] 개 구, 사나울 맹, 술 주, 식초 산.
[풀이] 사나운 개 때문에 술을 사러 오는 사람이 없어 술맛이 초맛이 되었다. 간신이 있으면 어진 신하가 모이지 않아 나라가 쇠퇴함을 비유함. 狗猛則酒酸不售(구맹즉주산불수).

苟命徒生 (구명도생)★★★

[뜻음] 구차할 구, 목숨 명, 헛될 도, 살 생.
[풀이] 구차스럽게 겨우 목숨을 이어 감. 근근이 살아감. 救命圖生(구명도생).

救命圖生 (구명도생)★

[뜻음] 구제할 구, 목숨 명, 꾀할 도, 살 생.
[풀이] 苟命徒生(구명도생).

丘墓之鄕 (구묘지향)★

[뜻음] 언덕 구, 무덤 묘, 갈 지, 시골 향.
[풀이] 先山(선산)이 있는 시골. 楸鄕(추향).

口無完人 (구무완인)★

[뜻음] 입 구, 없을 무, 완전할 완, 사람 인.
[풀이] 그 입에 오르면 완전한 사람이 없다. 누구에게나 좋게 말하지 않고 약점만 꼬집어 말하는 사람을 욕하여 이르는 말.

狗尾續貂 (구미속초)★★★

[뜻음] 개 구, 꼬리 미, 이을 속, 담비 초.
[풀이] 담비 꼬리가 모자라 개꼬리로 이음. 담비 꼬리로 꾸민 冠(관) 뒤에 개꼬리로 꾸민 관이 잇따른다는 뜻. 중국 晉(진)나라의 趙王倫(조왕륜) 일당이 행한 일. ① 벼슬을 함부로 줌. ② 훌륭한 것에 보잘것없는 것이 뒤를 이음. 貂(초)는 貂蟬(초선)임. 출전 晉書(진서) 趙王倫傳(조왕륜전).

九尾狐 (구미호)★

[뜻음] 아홉 구, 꼬리 미, 여우 호.
[풀이] 꼬리가 아홉인, 오래 묵은 여우. 奸佞(간녕)한 사람을 비유함. 간녕은 간사하고 아첨을 잘하는 것.

口蜜腹劍 (구밀복검)★★★

[뜻음] 입 구, 꿀 밀, 배 복, 칼 검.
[풀이] 입에는 꿀을 담고 뱃속에는 칼을 지녔다. 말은 정답게 하나 속으로는 해칠 생각이 있음.

≪唐書(당서)≫ 李林甫傳(이림보전)에 나오는 이야기이다.
구밀복검이라는 말은 唐(당)나라 때 李林甫(이림보)를 평하여 나온 말이다. 이림보는 현종 때 현종황제가 사랑하고 있는 후궁에게 잘 보임으로써 출세를 하기 시작, 開元(개원) 二十二년에 부총리 격인 中書省門下(중서성문하)가 되고 二년 후에 재상인 中書令(중서령)이 된 다음, 天寶(천보) 十一년 그가 병으로 죽을 때까지 十九년 동안, 항상 현종 측근에 있으면서 인사권을 한 손에 쥐고 나라의 정치를 左之右之(좌지우지)했다. 그 결과 興旺(흥왕)했던 당나라를 한때 멸망의 위기로까지 몰고 갔던 安祿山(안녹산)의 난을 불러일으키게 되었다.
그는 자기보다 잘난 사람을 가만히 두고 보지 못하는 질투의 化身(화신)이었다.
≪十八史略(십팔사략)≫에는 이림보를 평하여 이렇게 말하고 있다.
"어진 사람을 미워하고 재주 있는 사람을 시기하며, 자기보다 나은 사람을 밀어내고 내리눌렀다. 성질이 陰險(음험)해서 사람들이 말하기를 '입에는 꿀이 있고 배에는 칼이 있다'라고 했다."
말은 정답게 하나 속으로는 해칠 생각이 있는 경우를 나타내는 말이다. 우리 속담에 '앞에서 꼬리치는 개가 후에 발뒤꿈치 문다'는 말이 있다. 앞에서 아첨하는 자일수록 보이지 않는 데서는 도리어 험담을 한다는 말이다. 또한 '나무에 오르라 해놓고 흔든다'는 말도 있다. 우리나라 숙어로 '勸上搖木(권상요목)'이라고 한다.

扣盤捫燭 (구반문촉)★

[뜻음] 두드릴 구, 쟁반 반, 문지를 문, 촛불 촉.
[풀이] 쟁반을 만지고 촛불을 문지르다. 장님이 해를 모르므로 쟁반같이 생겼다고 쟁반을 두드려 보였더니 후에 둥둥 소리가 들려오자 해가 뜬다고 이해하고, 해는 매우 밝아 촛불보다 흰하다고 하며 손에 초를 쥐어 주어 가르쳤더니 나중에 이 장님이 피리를 만지며 '아 이것이 해로구나'라고 이해했다는 어리석음. 鍾盤燭籥(종반촉약).

狗飯橡實 (구반상실)★

[뜻음] 개 구, 밥 반, 상수리 상, 열매 실.
[풀이] 개밥의 도토리. 개는 도토리를 먹지 않으므로 개밥그릇에 담길 경우 늘 남겨 있게 됨. 따돌려져 고립된 사람을 비유함. 출전 東言

解(동언해).

求福不回 (구복불회)

[뜻음] 구할 구, 복 복, 아니 불, 어길 회.
[풀이] 福(복)을 구하는데 道理(도리)에 어긋난 짓을 하지 아니함. 출전 詩經(시경).

口腹之計 (구복지계)★★

[뜻음] 입 구, 배 복, 갈 지, 꾀 계.
[풀이] 먹고 살 방도. 糊口之策(호구지책).

求不得苦 (구부득고)

[뜻음] 구할 구, 아니 불, 얻을 득, 괴로울 고.
[풀이] 구하여도 얻지 못하는 고통. 八苦(팔고)의 하나.

嫗伏孕粥 (구부잉죽)★

[뜻음] 따스하게 할 구, 엎드릴 부, 아이 밸 잉, 죽 먹을 죽.
[풀이] 짐승이 번식함을 이름. 嫗伏(구부)는 알을 품어 따스하게 하여 孵化(부화)함. 孕粥(잉죽)은 孕胎(잉태)와 生育(생육)을 뜻함. 출전 禮記(예기) 樂記篇(악기편).

狗不夜吠民不見吏 (구불야폐민불견리)

[뜻음] 개 구, 아니 불, 밤 야, 짖을 폐, 백성 민, 볼 견, 벼슬아치 리.
[풀이] 개가 밤에도 짖지 않고 백성은 구실아치를 볼 수 없다. 家給人足(가급인족)하여 도둑이 다니지 아니하므로 개가 밤에 짖지 아니하고, 구실을 잘 내어 滯納(체납)하는 자가 없으므로 관리도 재촉하러 오지 아니함.

求不厭寡 (구불염과)★

[뜻음] 구할 구, 아니 불, 싫을 염, 적을 과.
[풀이] 욕구는 적을수록 좋다는 말. 출전 淮南子(회남자).

九思 (구사)★★★

[뜻음] 아홉 구, 생각 사.
[풀이] 군자의 평생 생각하는 바가 아홉 가지가 있음. 군자가 항상 유의하고 반성하여야 할 아홉 가지 생각. 視思明(시사명), 聽思聰(청사총), 色思溫(색사온), 貌思恭(모사공), 言思忠(언사충), 事思敬(사사경), 疑思問(의사문), 忿思難(분사난), 見得思義(견득사의). 출전 論語(논어).

九死一生 (구사일생)★★★

[뜻음] 아홉 구, 죽을 사, 한 일, 살 생.
[풀이] 아홉이 죽고 하나 살았다. 여러 차례 죽을 고비를 당하였다가 겨우 살아남. 출전 사기 굴원가생열전.

口尙乳臭 (구상유취)★★★

[뜻음] 입 구, 아직 상, 젖 유, 냄새 취.
[풀이] 입에서 아직 젖 냄새도 가시지 않았다. 말이나 하는 짓이 아직 幼稚(유치)함. 韓高祖(한고조: 유방가 반란을 일으킨 魏王(위왕)의 장수 柏直(백직)을 가리켜 한 말인데 한고조가 만들어 낸 말이 아니라, 흔히 하는 말을 한고조가 쓴 것임. 출전 史記(사기) 高祖紀(고조기).

口生之計 (구생지계)★

[뜻음] 입 구, 살 생, 갈 지, 꾀 계.
[풀이] 먹고 살 일에 대한 계획.

求善不厭 (구선불염)

[뜻음] 구할 구, 착할 선, 아닐 불, 싫어할 염.
[풀이] 善(선)을 구하는 데 싫증을 내지 않음. 한결같이 선을 追求(추구)함.

九世同居 (구세동거)★

[뜻음] 아홉 구, 대 세, 같을 동, 살 거.
[풀이] 중국 唐(당)나라 사람 張公藝(장공예)의 九代(구대)가 한 집에서 산 故事(고사). 집안이 아주 和睦(화목)함. 출전 唐書(당서) 孝友傳(효우전).

救世濟民 (구세제민)★★

[뜻음] 구제할 구, 세상 세, 건질 제, 백성 민.
[풀이] 세상 사람을 구제함. 救世(구세).

救世砭劑 (구세폄제)

[뜻음] 구제할 구, 세상 세, 돌침 폄, 약 지을 제.
[풀이] 의사가 병을 고치는 기구의 하나. 砭(폄)은 돌침. 劑(제)는 약제. 인간 세상을 구제하는 약을 이르는 말. 출전 唐書(당서) 儒學傳(유학전).

丘首 (구수)★★

[뜻음] 언덕 구, 머리 수.
[풀이] 여우는 한평생 구릉에 굴을 파고 살며 죽을 때에는 반드시 머리를 언덕 쪽으로 두고 죽음. 즉 그 근본을 잊지 않기 위해서임. ① 그러므로 사람도 그 근본을 잊지 말라는 비유. ② 고향을 잊지 못함을 비유함. 首丘初心(수구초심).

鳩首會議 (구수회의)★★★

[뜻음] 비둘기 구, 머리 수, 모일 회, 의논할 의.
[풀이] 비둘기처럼 머리를 맞대고 의논함.

口是傷人斧 (구시상인부)★★

[뜻음] 입 구, 이 시, 해칠 상, 사람 인, 도끼 부.
[풀이] 말은 사람을 해치는 도끼와도 같은 것임. 口禍之門(구화지문).

口是禍之門 (구시화지문)★★★

[뜻음] 입 구, 이 시, 재앙 화, 어조사 지, 문 문.
[풀이] 입은 재앙의 문이다. 화는 입으로부터 생기므로 말을 삼가야 한다는 말. 口禍之門(구화지문).

口食之計 (구식지계)★★

[뜻음] 입 구, 먹을 식, 갈 지, 꾀 계.
[풀이] 겨우 먹고 살아가는 방법.

衢室之聞 (구실지문)★

[뜻음] 네거리 구, 집 실, 어조사 지, 들을 문.
[풀이] 중국 堯(요)임금이 政事(정사)를 듣는 데에서 온 말. 백성들의 말하는 바를 들은 일에서, 널리 민중의 의견을 들음. 출전 管子(관자).

九十春光 (구십춘광)★

[뜻음] 아홉 구, 열 십, 봄 춘, 빛 광.
[풀이] 봄의 석 달, 90일 동안. 아름다운 봄날. 좋은 때.

久仰大名 (구앙대명)★

[뜻음] 오랠 구, 우러를 앙, 큰 대, 이름 명.
[풀이] 전부터 聲華(성화)는 익히 듣고 있음. 初面(초면)의 인사에 쓰이는 말. 久仰(구앙).

口若懸河 (구약현하)★

[뜻음] 입 구, 같을 약, 매달 현, 강 이름 하.
[풀이] 입이 거침없이 흐르는 물 같다. ① 흐르는 강물처럼 거침없는 말씨. ② 말은 유창하나 실천이 따르지 못함. 懸河(현하)는 쏜살같이 흐르는 강.

驅羊拾芥 (구양습개)★

[뜻음] 몰 구, 양 양, 주을 습, 티끌 개.
[풀이] 양 떼를 모는 일과 쓰레기를 줍는 일. 천하를 어지럽히는 양 떼를 쫓는 것과 같이 쉽고, 두 나라의 도읍을 얻기는 쓰레기를 줍는 것과 같이 쉽다는 뜻. 출전 晉書(진서).

九五之分 (구오지분)★★

[뜻음] 아홉 구, 다섯 오, 어조사 지, 나눌 분.
[풀이] 天子(천자)의 地位(지위). 易經(역경)에 九五(구오)는 임금의 자리에 해당하는 象(상)임. 九五之尊(구오지존).

口外不出 (구외불출)★

[뜻음] 입 구, 바깥 외, 아니 불, 나아갈 출.
[풀이] 말을 입 밖에 내지 않음. 비밀을 지킴.

鸜鵒入處 (구욕입처)

[뜻음] 구관조 구, 구관조 욕, 들 입, 곳 처.
[풀이] 구관조는 중국 북방의 새로, 남쪽의 濟水(제수)를 넘어서지 않는데, 魯(노)나라 땅에 들어가 둥지를 틀고 산다. 異變(이변)이 생길 徵兆(징조). 출전 史記(사기) 魯周公世家(노주공세가).

九容 (구용)★★★

[뜻음] 아홉 구, 몸가짐 용.
[풀이] 심신수양에 필요한 아홉 가지 태도와 몸가짐. 걸을 때에는 가볍게 행동하지 않는 것(足容重: 족용중), 손을 공손하게 모으고 쓸데없이 움직이지 않는 것(手容恭: 수용공), 시선을 바르게 하고 흘겨보거나 훔쳐보지 않는 것(目容端: 목용단), 말을 하거나 음식을 먹을 때가 아니면 입을 움직이지 않는 것(口容止: 구용지), 목소리는 조용하고 침착하게 하며, 트림 따위의 잡소리를 내지 않는 것(聲容靜: 성용정), 머리를 바르게 하고 돌리거나 한쪽으로 치우치지 않는 것(頭容直: 두용직), 호흡을 고르게 하고 소리 내지 않는 것(氣容肅: 기용숙), 바르게 서서 엄연히 덕 있는 기상이 있어야 함(立容德: 입용덕), 얼굴빛을 단정히 하여 태만함이 없어야 함(色容莊: 색용장) 등임. 출전 擊蒙要訣(격몽요결).

舊雨新雨 (구우신우)

[뜻음] 예 구, 비 우, 새 신, 비 우.
[풀이] 舊友(구우)와 新友(신우). 친구. 雨(우)는 友(우)와 음이 같음에서 빗대어 쓴 것임. 출전 杜甫(두보)의 시.

九牛一毛 (구우일모)★★★

[뜻음] 아홉 구, 소 우, 한 일, 털 모.
[풀이] 아홉 마리의 소 가운데서 뽑은 한 개의 (쇠)털. 썩 많은 것 중의 극히 적은 부분. 大海一滴(대해일적). 滄海一粟(창해일속). 출전 史記(사기) 司馬遷傳(사마천전).

漢(한)나라 7대 황제인 무제(武帝: B.C. 141~87) 때 (B.C. 99) 5,000명의 보병을 이끌고 匈奴(흉노)를 정벌하러 나갔던 이릉(李陵: ?~B.C. 72) 장군은 열 배가 넘는 적의 기병을 맞아 초전 10여 일간은 잘 싸웠으나 결국 衆寡不敵(중과부적)으로 패하고 말았다. 그런데 이듬해 놀라운 사실이 밝혀졌다. 亂戰(난전) 중에 전사한 줄 알았던 이릉이 흉노에게 투항하여 후대를 받고 있다는 것이었다. 이를 안 무제는 크게 노하여 이릉의 一族(일족)을 참형에 처하라고 엄명했다. 그러나 중신을 비롯한 이릉의 동료들은 침묵 속에 무제의 안색만 살필 뿐 누구 하나 이릉을 위해 변호하는 사람이 없었다.

그래서 이를 분개한 司馬遷(사마천: B.C. 135?~93?)이 그를 변호하고 나섰다. 사마천은 지난날 흉노에게 敬畏(경외)의 대상이었던 李廣(이광) 장군의 손자인 이릉을 평소부터 '목숨을 내던져서라도 國難(국난)에 임할 勇將(용장)'이라고 굳게 믿어 왔기 때문이다. 그는 史家(사가)로서의 냉철한 눈으로 사태의 진상을 통찰하고 솔직 대담하게 무제에게 아뢰었다.

"황공하오나 이릉은 소수의 보병으로 오랑캐의 수만 기병과 싸워 그 괴수를 경악게 하였으나 원군은 오지 않고 아군 속에 배반자까지 나오는 바람에 어쩔 수 없이 패전한 것으로 생각되옵니다. 하오나 끝까지 병졸들과 辛苦(신고)를 같이한 이릉은 인간으로서 극한의 역량을 발휘한 명장이라 해도 과언이 아닐 것이옵니다. 그가 흉노에게 투항한 것도 필시 훗날 皇恩(황은)에 보답할 기회를 얻기 위한 苦肉策(고육책)으로 사료되오니, 차제에 폐하께서 이릉의 무공을 천하에 공표하시오소서"

무제는 진노하여 사마천을 投獄(투옥)한 후 宮刑(궁형)에 처했다. 世人(세인)은 이 일을 가리켜 '이릉의 화[李陵之禍]'라 일컫고 있다. 궁형이란 남성의 생식기를 잘라 없애는 것으로 가장 수치스런 형벌이었다.

사마천은 이를 친구인 '任安(임안)'에게 알리는 글 [報任安書]'에서 '최하급의 치욕'이라고 적고, 이어 착잡한 심정을 이렇게 쓰고 있다.

"내가 법에 따라 사형을 받는다고 해도 그것은 한낱 '아홉 마리의 소 중에서 터럭 하나 없어지는 것'과 같을 뿐이니 나와 같은 존재는 땅강아지나 개미 같은 미물과 무엇이 다르겠나? 그리고 세상 사람들 또한 내가 죽는다

해도 절개를 위해 죽는다고 생각하기는커녕 나쁜 말 하다가 큰 죄를 지어서 어리석게 죽었다고 여길 것이네"

사마천이 수모를 당하면서까지 살아가는 데는 그만한 이유가 있었다. 당시 사마천은 太史令(태사령)으로 봉직했던 아버지 司馬談(사마담)이 임종 시(B.C. 122)에 '通史(통사)를 기록하라'고 한 유언에 따라 ≪史記(사기)≫를 집필 중에 있었기 때문이다. 그래서 그는 ≪사기≫를 완성하기 전에는 죽으려야 죽을 수도 없는 몸이었다. 그로부터 2년 후에 중국 최초의 史書(사서)로서 不朽(불후)의 名著(명저)로 꼽히는 ≪사기≫ 130권이 완성(B.C. 97)되어 오늘에 전해지고 있다.

많은 것 중에 가장 적은 것을 나타내므로 '滄海一粟(창해일속)'과 비슷한 말이다.

[참고] 태사령: 朝廷(조정)의 기록·천문·제사 등을 맡아보던 관청의 관리. 史官(사관).
사마천: 전한의 역사가. 자는 子長(자장). 경칭은 太史公(태사공). 젊었을 때 전국 각처를 周遊(주유)하여 전국시대 諸侯(제후)의 기록을 수집 정리함. 기원전 104년 公孫卿(공손경)과 함께 太初曆(태초력)을 제정하여 후세 曆法(역법)의 기틀을 마련함. 아버지 史馬談(사마담)의 뒤를 이어 太史令(태사령)이 됨. 匈奴(흉노) 토벌 중 포로가 되어 투항한 李陵(이릉) 장군을 변호하다가 武帝(무제)의 노여움을 사 宮刑(궁형)을 받음. 기원전 97년 불후의 명저 ≪사기≫ 130권을 완성함.

九月九日 (구월구일)★

[뜻음] 아홉 구, 달 월, 날 일.
[풀이] 菊花(국화)의 佳節(가절). 九(구)가 거듭되어 重九日(중구일), 重陽日(중양일)이라고도 함.

垢衣弊帶 (구의폐대)

[뜻음] 때 구, 옷 의, 해질 폐, 띠 대.
[풀이] 때 묻은 옷과 해진 띠. 襤褸(남루)한 옷차림을 이름.

久而敬之 (구이경지)★

[뜻음] 오랠 구, 말 이을 이, 공경할 경, 갈 지.
[풀이] 사람을 사귄 지 오래되어도 恭敬(공경)으로 대한다. 孔子(공자)가 제자들에게 제나라 晏嬰(안영: 안자)을 稱讚(칭찬)하여 한 말.

口耳之學 (구이지학)★★★

[뜻음] 입 구, 귀 이, 갈 지, 배울 학.
[풀이] 귀로 들은 즉시 입으로 내뱉어 버리는 배움. 깊이 새겨 보지도 않고 남에게 전하기만 하는 학문. 별로 이득이 없는, 淺薄(천박)한 학문. 출전 荀子(순자) 勸學篇(권학편).

九夷八蠻 (구이팔만)★

[뜻음] 아홉 구, 오랑캐 이, 여덟 팔, 오랑캐 만.
[풀이] 중국의 邊方(변방) 種族(종족)인 동쪽의 아홉 오랑캐와 남쪽의 여덟 오랑캐를 總括(총괄)하여 일컫는 말.

九仞功虧一簣 (구인공휴일궤)★★★

[뜻음] 아홉 구, 길 인, 공로 공, 무너질 휴, 한 일, 삼태기 궤.
[풀이] 功虧一簣(공휴일궤).

求仁得仁 (구인득인)★

[뜻음] 구할 구, 어질 인, 얻을 득.
[풀이] 어짊을 구해 어짊을 얻다. 백이와 숙제는 인을 구하고자 해서 인을 얻었다고 공자가 칭찬하여 한 말.

求人不如求己 (구인불여구기)★

[뜻음] 구할 구, 사람 인, 아니 불, 같을 여, 자기 기.
[풀이] 남에게 구하기보다 먼저 자신에게 구하라. 자기의 힘에 依賴(의뢰)하는 것이 빠르다는 말. 출전 通俗編(통속편).

九仞爲山功虧一簣 (구인위산공휴일궤)

[뜻음] 아홉 구, 길 인, 될 위, 뫼 산. 공로 공, 무너질 휴, 한 일, 삼태기 궤.
[풀이] 功虧一簣(공휴일궤).

蚯蚓鑽額 (구인찬액)★

[뜻음] 지렁이 구, 지렁이 인, 뚫을 찬, 이마 액.
[풀이] 지렁이가 자기의 이마를 송곳 삼아 구멍을 뚫는다. 어려운 일을 당하여 몹시 애를 씀.

苟日新日日新 (구일신일일신)★

[뜻음] 진실로 구, 날 일, 새 신.
[풀이] 진실로 날마다 항상 새로워짐. 日新又日新(일신우일신). 출전 大學(대학).

口者關也 (구자관야)★

[뜻음] 입 구, 놈 자, 빗장 관, 어조사 야.
[풀이] 입은 관문과 같은 것으로 함부로 놀려서는 안 됨. 출전 說苑(설원).

鉤章棘句 (구장극구)★

[뜻음] 갈고랑이 구, 글 장, 멧대추나무 극, 글귀 구.
[풀이] 해득하기 어렵고 무척 까다롭게 된 문장을 이름. 句(구)는 구나 귀. 鉤章棘句(구장극귀). 출전 韓愈(한유)의 글.

九章算術 (구장산술)★

[뜻음] 아홉 구, 글 장, 셈할 산, 꾀 술.
[풀이] ① 九術(구술). ② 총 九券(9권)으로 된 最古(최고)의 數學(수학) 책.

救災恤隣道也 (구재휼린도야)★

[뜻음] 건질 구, 재앙 재, 구휼할 휼, 이웃 린, 도리 도, 어조사 야.
[풀이] 재난을 구제하고 이웃을 구휼하는 것이 사람의 道理(도리)임.

寇賊姦宄 (구적간귀)★

[뜻음] 도둑 구, 도둑 적, 간사할 간, 간악할 귀.
[풀이] 살해, 협박, 도둑질 등 갖은 惡行(악행)을 하여 백성을 해치는 자. 姦宄(간귀)는 나라 안팎으로 나쁜 도적들이 날뛰어 나라가 혼란함 또는 악독하고 간사함 또는 마음이 틀어진 惡漢(악한). 출전 書經

(서경) 舜典篇(순전편).

求田問舍 (구전문사)★

[뜻음] 구할 구, 밭 전, 물을 문, 집 사.
[풀이] 田畓(전답)과 가옥을 사려고 묻는다. 자기 일신상의 이익에만 마음을 쓰고 국가의 大事(대사)에는 무관심함을 이름.

苟全性命 (구전성명)★

[뜻음] 구차할 구, 온전할 전, 성품 성, 목숨 명.
[풀이] 부질없이 몸을 온전히 함. 출전 諸葛亮(제갈량)의 出師表(출사표).

口傳心授 (구전심수)★

[뜻음] 입 구, 전할 전, 마음 심, 줄 수.
[풀이] 입으로 전하고 마음으로 가르침.

九折臂 (구절비)★

[뜻음] 아홉 구, 꺾을 절, 팔 비.
[풀이] 名醫(명의)가 되려면 아홉 번 팔꿈치를 꺾는다. 많은 경험을 쌓아야 명의가 된다는 말. 출전 楚辭(초사).

九折羊腸 (구절양장)★★★

[뜻음] 아홉 구, 굽을 절, 양 양, 창자 장.
[풀이] 양의 밸처럼, 산길 따위가 꼬불꼬불하고 험함.

九鼎大呂 (구정대려)★★★

[뜻음] 아홉 구, 솥 정, 큰 대, 음률 려.
[풀이] 九鼎(구정)과 大呂(대려). 구정은 중국 전역에서 구리를 바치게 해서 만든 아홉 개의 솥으로 夏(하)나라, 殷(은)나라, 周(주)나라 三代(삼대)에 걸쳐 전하여 내려온 보물. 大呂(대려)는 音樂(음악). 轉(전)하여 천하를 호령하는 권력과 국가의 음악. 莫重(막중)한 地位(지위)를 나타내기도 함. 鼎呂(정여). 출전 史記(사기) 平原君傳(평원군전).

求正諸己 (구정져기)★

[뜻음] 구할 구, 바를 정, 어조사 저, 자기 기.
[풀이] 자기를 바로잡는 일을 스스로 반성하여 구함. 출전 禮記(예기).

口誅筆伐 (구주필벌)★

[뜻음] 입 구, 벨 주, 붓 필, 칠 벌.
[풀이] 말이나 글로써 勸善懲惡(권선징악)의 뜻을 나타내는 일. 말이나 글로 남의 罪惡(죄악)을 暴露(폭로)하는 일.

九重宮闕 (구중궁궐)★★

[뜻음] 아홉 구, 무거울 중, 집 궁, 대궐 궐.
[풀이] 아홉 겹의 담으로 둘러싸인 궁궐. 아주 깊숙한 곳.

九重深處 (구중심처)★

[뜻음] 아홉 구, 거듭할 중, 깊을 심, 곳 처.
[풀이] 아홉 번이나 성으로 둘러싸인 깊은 곳. 임금이 있는 대궐. 九重宮闕(구중궁궐).

口中雌黃 (구중자황)★

[뜻음] 입 구, 가운데 중, 암컷 자, 누를 황.
[풀이] 입속에 있는 자황. 雌黃(자황)은 누른빛의 물감으로 옛날 책은 누런 종이로 되어 있어 틀린 글자가 있을 때에는 이 자황으로 칠해서 지워 버리고 그 위에 고쳐 쓴 데서, 온당치 않은 언론을 직접 자신이 입으로 취소하거나 고친다는 뜻. 출전 晋書(진서) 王衍傳(왕연전).

口中荊棘 (구중형극)★★★

[뜻음] 입 구, 가운데 중, 가시나무 형, 가시나무 극.
[풀이] 입속에 있는 가시. 근거 없는 말로 남을 헐뜯어 명예를 손상시키는 언론의 음험함. 一日不讀書口中生荊棘(일일부독서구중생형극).

求則得之舍則失之 (구즉득지사즉실지)★★★

[뜻음] 구할 구, 곧 즉, 얻을 득, 갈 지, 버릴 사, 잃을 실.
[풀이] 구하면 얻을 것이고 버려 두면 잃을 것이다.

≪孟子(맹자)≫ 盡心(진심) 上(상)에서 孟子(맹자)가 이렇게 말했다.
"구하면 얻고 두면 잃는다. 이 구하는 것은 얻는 것이 유익한 것이니 구하는 것이 내게 있기 때문이다. 구하는 것이 道(도)가 있고 얻는 것이 盲(맹)이 있으니, 이 구하는 것은 얻는 것이 유익할 것이 없는 것이니, 구하는 것이 밖에 있기 때문이다."
얼추 풀이하면 다음과 같다. 우리 마음속으로 찾으면 眞理(진리)와 善(선)을 찾을 수 있고 유익하다. 외부로부터 얻어지는 富(부)와 名譽(명예)는 사실 유익하지 않을 수 있고 구한다고 얻어지는 것도 아니다. 사람들은 구하면 얻어지는 유익한 것을 얻으려 하지 않고 반드시 얻어서 좋지도 않은 것들을 얻으려고 血眼(혈안)이 되어 있다는 말이다.
성경 마태복음 7장을 보면
"구하라, 그러면 너희에게 주실 것이요, 찾으라, 그러면 찾을 것이고, 문을 두드리라, 그러면 너희에게 열릴 것이니, 구하는 이마다 얻을 것이오"라고 나와 있다.

丘之禱久 (구지도구)★

[뜻음] 언덕 구, 어조사 지, 빌 도, 오랠 구.
[풀이] 丘(구)는 孔子(공자)의 이름으로, 공자는 天地(천지)에 죄를 짓지 않으려고 평소부터 빌어 온 지가 오래되었음을 이르는 말. 출전 論語(논어) 述而篇(술이편).

求之不得 (구지부득)★

[뜻음] 구할 구, 어조사 지, 아니 부, 얻을 득.
[풀이] 求(구)하여도 얻지 못함.

苟且偸安 (구차투안)★

[뜻음] 구차할 구, 또 차, 훔칠 투, 편안할 안.
[풀이] 구차하게 일시적인 安逸(안일)만을 貪(탐)함.

驅策誘掖 (구책유액)

[뜻음] 몰 구, 꾀 책, 꾈 유, 부축할 액.
[풀이] ① 부리는 방책을 가르쳐 도와줌. ② 다루어 쓰는 방도를 지도하여 도와줌.

屨賤踊貴 (구천용귀)★

[뜻음] 신 구, 천할 천, 뛸 용, 귀할 귀.
[풀이] 보통 신의 값은 싸고 죄를 지어 발목이 끊어진 사람이 신는 신의 값은 비싸다. 곧 罪人(죄인)이 넘쳐난다는 말. 踊(용)이란 죄를 지어 발목이나 발뒤꿈치가 끊어진 사람, 곧 刖刑(월형)을 당한 사람이 신는 신. 출전 春秋左氏傳(춘추좌씨전).

九泉地下 (구천지하)★

[뜻음] 아홉 구, 샘 천, 땅 지, 아래 하.
[풀이] 사람이 죽어서 간다고 믿는 지하세계. 九泉(구천).

九天玄女 (구천현녀)★

[뜻음] 아홉 구, 하늘 천, 검을 현, 계집 녀.
[풀이] 중국 上古(상고)시대의 仙女(선녀). 黃帝(황제: 헌원씨)가 蚩尤(치우)와 싸울 때 그에게 兵法(병법)을 내려주었다는 仙女(선녀). 玄女(현녀). 출전 黃帝內經(황제내경).

九秋佳節 (구추가절)★★

[뜻음] 아홉 구, 가을 추, 아름다울 가, 절기 절.
[풀이] 구십 일 간의 가을의 좋은 날씨.

九層之臺起於累土 (구층지대기어누토)★

[뜻음] 아홉 구, 층 층, 어조사 지, 돈대 대, 일어날 기, 어조사 어, 쌓을 누, 흙 토.
[풀이] 구층의 높은 대도 한 줌 흙을 쌓아올리는 데서 시작되었다. 모든 일은 작은 데에서 비롯하여 큰 데에 이른다는 말. 출전 老子(노자).

舊態依然 (구태의연)★★

[뜻음] 예 구, 모양 태, 의지할 의, 그럴 연.
[풀이] 예나 이제나 조금도 변함없이 여전함.

捄弊生弊 (구폐생폐)★

[뜻음] 건질 구, 해질 폐, 날 생, 해질 폐.
[풀이] 폐해를 바로잡으려다가 도리어 폐단을 일으킴.

丘壑 (구학)★★★

[뜻음] 언덕 구, 골짜기 학.
[풀이] 陵谷(능곡)과 山谷(산곡). 능곡과 산곡을 다니며 즐김. 風流(풍류)의 樂(낙)을 이름. 一丘一壑(일구일학).

久旱逢甘雨 (구한봉감우)★

[뜻음] 오랠 구, 가물 한, 만날 봉, 달 감, 비 우.
[풀이] 오랜 가뭄(가물) 끝에 단비를 만났다. 인생의 가장 기쁜 일을 비유함. 오랜 어려움을 겪다가 즐거운 일을 만났음. 출전 容齋隨筆(용재수필).

構虛捏造 (구허날조)★

[뜻음] 얽을 구, 빌 허, 만들 날, 지을 조.
[풀이] 빈 것을 얽고, 없는 것을 만들어 낸다. 날조함. 터무니없는 말을 만들어 냄. 構虛捏造(구허날조). 虛構捏造(허구날조).

口血未乾 (구혈미간)★★

[뜻음] 입 구, 피 혈, 아닐 미, 마를 간.

[풀이] 입속의 피가 아직 마르지 않음. 서로 모여서 피를 마시고 맹세한 지가 얼마 안 됨. 맹세할 때 입에 묻은 피가 아직 마르지 않음. 맹세한 지 얼마 되지 않음. 구혈미간이라고 읽기도 함. 乾은 본디 '마르다'의 뜻이면 간으로 읽고, '하늘'을 뜻하면 건으로 읽는 것이 맞음. 口血未乾(구혈미건). 출전 春秋左氏傳(춘추좌씨전).

鳩形鵠面 (구형곡면)★

[뜻음] 비둘기 구, 모습 형, 고니 곡, 얼굴 면.
[풀이] 비둘기의 형상에 고니의 얼굴. 매우 굶주려 야윈 모양. 출전 資治通鑑(자치통감).

口禍之門 (구화지문)★★★

[뜻음] 입 구, 재앙 화, 갈 지, 문 문.
[풀이] 입은 재앙의 문이다. 말을 함부로 하면 화를 당하기 쉽다는 말.

馮道(풍도)의 [舌詩(설시)]에 나온다.

입은 이 화의 문이요
혀는 이 몸을 베는 칼이다.
입을 닫고 혀를 깊이 간직하면
몸 편안히 간 곳마다 튼튼하다.

口是禍之門 구시화지문
舌是斬身刀 설시참신도
閉口深藏舌 폐구심장설
安身處處牢 안신처처뢰

　　말을 함부로 하면 화를 당하기 쉽다는 말이니 우리나라 속담인 '화는 입으로부터 나오고 병은 입으로부터 들어간다'라는 표현과 같다. 口是禍之門(구시화지문)이 본 말이다. 풍도는 실제로 입조심을 했는지, 당나라 말기에 태어나 당나라가 망한 뒤에도 진, 글안, 후한, 후주 등 여러 왕조에 벼슬을 하며 장수를 누렸다.
　　《太平御覽(태평어람)》 人事篇(인사편)에 보면,
　　'病從口入 禍從口出(병종구입 화종구출)'이라는 말이 있다. 입으로 인해 병도 생기도 화도 부른다는 말이다. 우리나라 속담에 '혀 아래 도끼 들었다'는 말이 있다. '口是傷人斧(구시상인부)'라는 숙어로 보면 된다.

救火投薪 (구화투신)★

[뜻음] 건질 구, 불 화, 던질 투, 섶나무 신.
[풀이] 불을 끄려고 섶나무를 던짐. 곧 오히려 해를 더 크게 함을 이름. 섶나무는 장작임. 출전 鄧析子(등석자).

救患分災 (구환분재)

[뜻음] 건질 구, 근심 환, 나눌 분, 재앙 재.
[풀이] 남의 근심과 災難(재난)을 救濟(구제)하고 災害(재해)를 分擔(분담)하여 동정함. 출전 春秋左氏傳(춘추좌씨전).

求活之德 (구활지덕)★

[뜻음] 구할 구, 살 활, 갈 지, 덕 덕.
[풀이] 어려움에 처한 사람을 구하여 살려준 은혜.

國家存亡 (국가존망)★

[뜻음] 나라 국, 집 가, 있을 존, 망할 망.
[풀이] 나라가 흥하느냐 망하느냐의 문제. 국가의 존망.

國家柱石 (국가주석)★★★

[뜻음] 나라 국, 집 가, 기둥 주, 돌 석.
[풀이] 나라의 기둥이나 주춧돌과 같은 중요한 인재.

國家昏亂有忠臣 (국가혼란유충신)★★★

[뜻음] 나라 국, 집 가, 어두울 혼, 어지러울 란, 있을 유, 충성 충,
신하 신.
[풀이] 평상시에는 누가 충신인지 정확히 알 수 없고 나라가 어지러
워야만 비로소 충신이 뚜렷이 나타남. 亂世(난세)에 충신이 누구인지
알 수 있음. 출전 老子(노자).

國家洪福 (국가홍복)★

[뜻음] 나라 국, 집 가, 클 홍, 복 복.
[풀이] 나라의 큰 幸福(행복).

國穀偸食 (국곡투식)★

[뜻음] 나라 국, 곡식 곡, 훔칠 투, 먹을 식.
[풀이] 나라의 곡식을 훔쳐 먹음.

鞠躬拜禮 (국궁배례)★★

[뜻음] 굽힐 국, 몸소 궁, 절 배, 예도 례.
[풀이] 몸을 굽혀 절하여 예를 차림.

鞠躬盡瘁 (국궁진췌)

[뜻음] 굽힐 국, 몸 궁, 다할 진, 병들 췌.
[풀이] 온갖 정성을 다하여 盡力(진력)함. 國事(국사)를 위하여 몸을
바침. 출전 諸葛亮(제갈량)의 後出師表(후출사표).

國亂則思良相 (국란즉사양상)★★

[뜻음] 나라 국, 어지러울 난, 곧 즉, 생각할 사, 어질 량, 재상 상.
[풀이] 나라가 어지러워졌을 때 어진 宰相(재상)을 생각함.

國祿之臣 (국록지신)★

[뜻음] 나라 국, 녹봉 록, 갈 지, 신하 신.
[풀이] 나라에서 주는 祿俸(녹봉)을 받는 신하.

國利民福 (국리민복)★★

[뜻음] 나라 국, 이로울 리, 백성 민, 복 복.
[풀이] 국가의 이익과 국민의 행복.

鞫問動靜 (국문동정)

[뜻음] 국문할 국, 문을 문, 움직일 동, 고요할 정.
[풀이] 어떤 사람의 行蹟(행적)을 審問(심문)함. 鞫(국)은 鞠(국)과 통함.

國富民强 (국부민강)★

[뜻음] 나라 국, 가멸 부, 백성 민, 굳셀 강.
[풀이] 나라가 부유하고 백성이 강함. 가멸은 부유함.

國士無雙 (국사무쌍)★★★

[뜻음] 나라 국, 선비 사, 없을 무, 쌍 쌍.
[풀이] 천하에서 가장 뛰어난 인물. 또는 그러하여 견줄 사람이 아예
없다는 말.

≪史記(사기)≫ 淮陰侯列傳(회음후열전)에 나오는 말
로, 韓(한)나라 때 劉邦(유방)에 의해 兎死狗烹(토사구팽)
된 淮陰侯(회음후) 韓信(한신)을 가리킨다.
한신은 본시 楚(초)나라 項羽(항우) 밑에서 일하고 있
었다. 항우가 고집이 세고 무식하며 자신을 인정해 주지
않자 결국 도망쳐, 멀리 유방을 찾아 韓(한)나라로 들어갔
다. 한나라 장군 夏侯嬰(하후영)에게 인정을 받아 軍糧(군
량)을 관리하는 治粟都尉(치속도위)에 任命(임명)되었는데
이때 丞相(승상)인 蕭何(소하)와 알게 되었다. 유방이 항우
에게 밀려 南鄭(남정)으로 떠나게 되자 많은 장수들이 실
망하고 도망을 쳤는데 소하는 한신이 도망갔다고 하므로
그를 쫓아갔고 유방은 소하까지 도망친 줄 알고 있다가 소
하가 돌아오자 도망친 이유를 물었다. 그러자 소하는 이렇
게 대답했다.
"다른 장수라면 얼마든지 보충할 수 있습니다. 그러나
한신만은 國士(국사)로서 둘도 없는 사람입니다. 임금께서
韓中(한중)의 왕으로 영영 계실 생각이라면 한신 같은 사
람은 필요가 없습니다. 그러나 天下(천하)를 놓고 겨룰 생
각이시면 한신을 빼고는 상의할 사람이 없습니다."

國士遇之國士報之 (국사우지국사보지)★★★

[뜻음] 나라 국, 선비 사, 대우할 우, 갈 지, 갚을 보.
[풀이] 國士(국사)로 나를 대우했으니 나도 국사로서 갚는다.

≪史記(사기)≫ 刺客列傳(자객열전)에 나오는 이야기이다.
진(진)나라 사람 豫讓(예양)은 智伯(지백)을 섬겼다. 지
백은 趙襄子(조양자)에게 잡혀 죽었는데 조양자는 지백을
죽인 후에 骸骨(해골)에 옻칠을 해서 술을 따르는 그릇으
로 썼다.(요강으로 썼다는 설도 있다.) 예양은 자신을 國士
(국사)로 대우한 智伯(지백)의 怨讐(원수)를 갚기 위해 趙
襄子(조양자)를 죽이려고 결심하며 한 말이 다음과 같다.
"선비는 나를 알아주는 사람을 위해 죽고 여자는 자기
를 좋아하는 사람을 위해 얼굴을 다듬는 법이다. 지금 智
伯(지백)이 나를 알아주었으니 기어코 그의 원수를 갚고
말리라"
예양은 이름을 바꾸고 몸에 옻칠을 하고 수염과 눈썹
을 밀어 문둥이로 가장하기도 하고 불이 이글이글하는 숯
을 먹고 목소리를 변하게 만들기도 하여 원수를 갚으려

하였으나 조양자에게 매번 사로잡힌 바 되었고 조양자는
왜 자신을 죽이려는지 추궁을 했다. 그러자 예양은 조양자
에게 말했다.

"신이 范氏(범씨)와 中行氏(중행씨)를 섬겼을 때는 그
들이 다 같이 나를 보통 사람으로 대우했습니다. 그러므로
나도 그들을 보통 사람으로 갚았을 뿐입니다. 그러나 지백
은 나를 국사로서 대우했습니다. 그러므로 나도 국사로서
갚으려 하는 것입니다."

예양은 세 번이나 실패한 후 결국 조양자에게 죽임을
당했다.

國色 (국색)★★

[뜻음] 나라 국, 기색 색.

[풀이] 絶世(절세)의 美人(미인). 나라에서 으뜸가는 미인. 모란을 달
리 이르는 말. 國色天香(국색천향).

國色天香 (국색천향)★★

[뜻음] 나라 국, 빛 색, 하늘 천, 향기 향.

[풀이] 나라에서 으뜸가는 미인. 모란의 雅稱(아칭).

國手 (국수)★★

[뜻음] 나라 국, 손 수.

[풀이] 매우 뛰어난 의사. ① 醫國手(의국수)의 略語(약어). 名醫(명
의). ② 바둑, 장기, 예능 등이 나라 안에서 으뜸가는 사람.

國粹主義 (국수주의)★★

[뜻음] 나라 국, 아름다울 수, 주인 주, 옳을 의.

[풀이] 자기 나라의 국민적 특수성만을 가장 우수한 것으로 믿고 유
지·보존하며 남의 나라 것을 배척하는 주의.

國是 (국시)★★★

[뜻음] 나라 국, 옳을 시.

[풀이] 나라의 근본이 되는 方針(방침). 출전 新序雜事篇(신서잡사
편) 二(이).

國子祭酒 (국자좨주)★

[뜻음] 나라 국, 사람 자, 제사 좨, 술 주.

[풀이] 국자학의 校長(교장). 좨주란 옛날에 會同(회동)하여 饗宴(향
연)을 베풀 때 尊長(존장)이 먼저 술을 땅에 따라 神(신)을 祭祀(제사)
지낸 데서 나온 말로, 長官(장관)의 竝稱(병칭)으로 되었음.

國之司直 (국지사직)★

[뜻음] 나라 국, 어조사 지, 맡을 사, 곧을 직.

[풀이] 원래 司直(사직)이란 공직을 맡은 뜻인데, 후에는 司法官(사
법관)을 칭함.

局天蹐地 (국천척지)★★★

[뜻음] 구부릴 국, 하늘 천, 살금살금 걸을 척, 땅 지.

[풀이] 跼天蹐地(국천척지).

하늘이 높아도 구부리고 땅이 두터워도 살금살금 걷다.
하늘이 높아도 부딪칠까 염려하여 허리를 굽히고 땅이 두
꺼워도 꺼질까 걱정하여 조심조심 발을 떼어 놓는다. 이
세상에 안심하고 몸을 둘 곳이 없음을 이름. 跼蹐(국척).
局天蹐地(국천척지).

≪詩經(시경)≫ 小雅(소아) 正月篇(정월편)에 나온다.

하늘이 대개 높다고 하지만
감히 굽히지 않을 수 없고
땅이 대개 두텁다고 하지만
감히 조심해 걷지 않을 수 없다.
이 말을 부르짖는 것은
도리도 있고 이치도 있다.
슬프다, 지금 사람은
어찌하여 독사요 도마뱀인가.

謂天蓋高 (위천개고)
不敢不局 (불감불국)
謂地蓋厚 (위지개후)
不敢不蹐 (불감불척)
有號斯言 (유호사언)
有倫有脊 (유윤유척)
哀今之人 (애금지인)
胡爲虺蜴 (호위훼척)

이 세상에 안심하고 몸을 둘 곳이 없음을 일컫는 말이
고 위 시는 각박한 정치현실을 개탄하는 내용으로 되어
있다. '跼蹐(국척)'이라고도 한다.

國泰民安 (국태민안)★★

[뜻음] 나라 국, 클 태, 백성 민, 편안할 안.

[풀이] 나라가 태평하고 백성이 살기가 편안함.

國破山河在 (국파산하재)★★

[뜻음] 나라 국, 깨뜨릴 파, 뫼 산, 물 하, 있을 재.

[풀이] 나라는 깨어지고 산과 물만 있다. 전쟁으로 인하여 나라는 망
하였어도 산천은 옛날 그대로 남아 있어 슬픈 마음을 자아낸다는 말.

唐(당)나라 詩聖(시성) 杜甫(두보)의 [春望(춘망)]한 句
節(구절)이다.

나라는 깨어지고 산과 물만 있다.
성안은 봄이 되어 초목만 무성하고
때를 생각하니 꽃에도 눈물을 뿌리고
이별을 한하니 새도 마음을 놀래준다.
봉화불이 석 달을 계속하니
집에 편지가 만금에 해당한다.

흰 머리를 긁으니 다시 짧아져서
온통 비녀를 이겨내지 못할 것 같다.

    國破山河在 (국파산하재)
    城春草木深 (성춘초목심)
    感時花濺淚 (감시화천루)
    恨別馬驚心 (한별마경심)
    烽火連三月 (봉화연삼월)
    家書抵萬金 (가서저만금)
    白頭搔更短 (백두소갱단)
    渾欲不勝簪 (혼욕불승잠)

이 시는 전쟁으로 인하여 나라는 망하였어도 산천은 옛날 그대로 남아 있어 슬픈 마음을 자아낸다는 내용으로 되어 있다. 이 시에는 '家書萬金(가서만금)'이라는 숙어도 들어 있다.

國風醇化 (국풍순화)★★

[뜻음] 나라 국, 풍속 풍, 깨끗할 순, 될 화.
[풀이] 나라의 풍속을 계통이 있고 순수하게 함.

羣居守口獨坐防心 (군거수구독좌방심)★

[뜻음] 무리 군, 살 거, 지킬 수, 입 구, 홀로 독, 앉을 좌, 막을 방, 마음 심.
[풀이] 여러 사람과 있을 때는 말과 행동을 삼가고, 혼자 있을 때는 그릇된 생각이 일어나지 않도록 힘씀.

群犬吠所怪 (군견폐소괴)

[뜻음] 무리 군, 개 견, 짖을 폐, 바 소, 기이할 괴.
[풀이] 뭇 개들이 괴이한 바에 짖는다. 俗人(속인)들이 聖賢(성현)의 언행이 자기들과 다른 것을 괴이쩍게 여겨 誹謗(비방)함의 비유. 출전 楚辭(초사) 懷沙賦(회사부).

群輕折軸 (군경절축)★

[뜻음] 무리 군, 가벼울 경, 부러질 절, 굴대 축.
[풀이] 가벼운 물건도 많이 모이면 수레의 굴대를 부러뜨림. 작은 힘도 합하면 非常(비상)한 힘이 됨의 비유. 출전 史記(사기) 張儀傳(장의전).

群鷄一鶴 (군계일학)★★★

[뜻음] 무리 군, 닭 계, 한 일, 학 학.
[풀이] 닭 무리 속의 한 마리 학. 여럿 가운데서 가장 뛰어난 사람. 鷄群孤鶴(계군고학). '鷄群一鶴(계군일학)'을 보시오. 출전 晉書(진서).

君君臣臣 (군군신신)★★

[뜻음] 임금 군, 신하 신.
[풀이] 임금은 임금으로서의 道理(도리)를 다하고, 신하는 신하로서의 도리를 다함. 출전 論語(논어).

軍器輜重 (군기치중)★

[뜻음] 군사 군, 그릇 기, 짐수레 치, 무거울 중.
[풀이] 무기와 말 등 군사에 관한 일에 쓰이는 物資(물자).

軍令泰山 (군령태산)★

[뜻음] 군사 군, 영 령, 클 태, 뫼 산.
[풀이] 軍中(군중)의 命令(명령)은 泰山(태산)같이 무겁고 엄함.

群盲撫象 (군맹무상)★★★

[뜻음] 무리 군, 눈멀 맹, 어루만질 무, 코끼리 상.
[풀이] 맹인 코끼리 만지기. 여러 명의 장님들이 코끼리를 어루만져 보고, 배를 만진 장님은 바람벽과 같다고 하고 다리를 만진 장님은 기둥과 같다고 하는 등 자기가 만져 본 부분에 의하여 의견을 말하는 일. 사물을 총체적으로 파악하지 못하고 모든 사물을 자기 주관과 좁은 소견으로 그릇 판단한다는 뜻. 群盲評象(군맹평상).

≪涅槃經(열반경)≫에 나오는 이야기이다.

어느 곳 한 왕이 하루는 한 대신을 불러 코끼리를 끌어내어 소경들에게 보여 주고 무엇인지 물으라고 하자 소경들은 코끼리인 줄을 모르고 이빨을 만진 소경은 무라고 대답하고 귀를 만져 본 소경은 키라고 대답하고 머리를 만진 소경은 돌이라고 대답하자 왕이 말하길,

"善男子(선남자)들이여, 이 소경들은 코끼리와 몸뚱이를 제대로 말하고는 있지 않지만 그렇다고 말하고 있지 않는 것도 아니다. 그들이 말하고 있는 코끼리는 아니지만, 이것을 떠나서 또 달리 코끼리가 있는 것도 아니다"라고 말했다.

이 이야기에 나오는 코끼리는 佛性(불성)을 비유해서 말한 것으로, 소경은 모든 어리석은 중생을 비유해 말한 것이다. 그리고 이 이야기는 모든 중생이 불성을 부분적으로 이해하고 있다는 점을 지적하고 있다. 또한 모든 중생에게는 다 불성이 있다는 것을 보여 주고 있는 것이다.

또 다른 말로는, 여러 명의 장님들이 코끼리를 어루만져 보고, 배를 만진 장님은 바람벽과 같다고 하고 다리를 만진 장님은 기둥과 같다고 하는 등 자기가 만져 본 부분에 의하여 의견을 말하는 일을 가리킨다.

우리가 쓰고 있는 뜻은, 못나고 어리석은 凡人(범인)들이 위대한 인물이나 사업을 비판한다 해도 그것은 한갓 일부분에 지나지 않는 평으로, 전체에 대한 올바른 평이 될 수 없다는 뜻이다. 사물을 총체적으로 파악하지 못하고 모든 사물을 자기 주관과 좁은 소견으로 그릇 판단한다는 뜻이다. '群盲評象(군맹평상)', '群盲象評(군맹상평)'이라고도 한다.

君命有所不受 (군명유소불수)★★★

[뜻음] 임금 군, 명령 명, 있을 유, 바 소, 아닐 불, 받을 수.
[풀이] 장수가 군에 있을 때는 임금의 명령도 받지 않는 경우가 있다. 전쟁을 치를 때에는 상황에 따라 장수는 임금의 명령이라도 듣지 않

을 수 있음.

≪孫子(손자)≫ 九變篇(구변편)에 나오는 말이다. ≪史記(사기)≫ 司馬穰苴列傳(사마양저열전)에도 나온다.
齊景公(제경공) 때 晉(진)나라가 阿甄(아견)을 치고 燕(연)나라가 河上(하상)을 침략해 왔다. 제나라 군사가 번번이 패하기만 하자 宰相(재상) 晏嬰(안영)이 穰苴(양저)를 薦擧(천거)했고 양저는 대장으로 임명되자 임금이 신임하는 사람을 監軍(감군)으로 정해 같이 보내 주면 장병들이 동요하지 않고 자신을 따를 것이라고 했다. 임금은 莊賈(장가)라는 寵臣(총신)을 감군(감독관)으로 보냈는데 감저가 지위와 임금의 寵愛(총애)를 믿고 軍律(군율)을 어기자 양저는 가차 없이 목을 베어 버렸다. 감저는 임금에게 도움을 청했지만 특사가 늦게 도착하여 이미 죽었고 양저는 소리 높여 군사들에게 말했다. "장수가 군에 있을 때는 임금의 명령도 받지 않는 경우가 있다."
양저는 진과 연의 군대를 물리치고 잃었던 땅을 모두 찾았다.
將帥(장수)가 戰爭(전쟁)을 遂行(수행)하는 마당에 있어서는 임금의 명령도 경우에 따라 듣지 않을 수 있다는 말이다.

軍門梟首 (군문효수)★

[뜻음] 군사 군, 문 문, 올빼미 효, 머리 수.
[풀이] 죄인의 자른 목을 올빼미가 매달린 듯하게 軍門(군문) 앞에 높이 매달던 일.

君師父一體 (군사부일체)★★

[뜻음] 임금 군, 스승 사, 아비 부, 한 일, 몸 체.
[풀이] 임금과 스승과 아버지의 은혜는 다 같다는 뜻. 君父一體(군부일체).

君射則臣決 (군사즉신결)★

[뜻음] 임금 군, 궁술 사, 곧 즉, 신하 신, 깍지 결.
[풀이] 임금이 활쏘기를 좋아하면 신하는 깍지를 낀다. 윗사람이 좋아하는 일을 아랫사람은 꼭 본받음. 임금의 뜻을 신하가 잘 받는다는 말. 決(결)은 활을 쏠 때 손가락에 끼는 깍지.

群蝨處褌中 (군슬처곤중)★

[뜻음] 무리 군, 이 슬, 살 처, 잠방이 곤, 가운데 중.
[풀이] 많은 이가 잠방이 속에 있다. ① 俗人(속인)이 한때의 안락에 만족하여 세월을 보냄을 이름. ② 사람이 천지간에 있는 것도 이와 같다는 말. ③ 見識(견식)이 좁고 일시적인 安逸(안일)을 탐하는 사람. 蝨(슬)은 이(서캐)를 뜻함. 출전 晉書(진서).

君臣有義 (군신유의)★

[뜻음] 임금 군, 신하 신, 있을 유, 옳을 의.
[풀이] 임금과 신하 사이에 義理(의리)가 있어야 함. 五倫(오륜)의 하나.

君臣將卒 (군신장졸)★

[뜻음] 임금 군, 신하 신, 장수 장, 군사 졸.

[풀이] 임금과 신하, 그리고 장수와 졸병.

君辱臣死 (군욕신사)★★

[뜻음] 임금 군, 욕될 욕, 신하 신, 죽을 사.
[풀이] 임금이 恥辱(치욕)을 당하면 臣下(신하)는 죽음을 무릅쓰고 雪辱(설욕)한다. 임금과 신하는 生死(생사)艱苦(간고)를 함께한다는 뜻. 출전 國語(국어) 越語(월어).

群雄割據 (군웅할거)★★★

[뜻음] 무리 군, 수컷 웅, 나눌 할, 의거할 거.
[풀이] 여러 英雄(영웅)이 각지에 자리를 잡고 서로 세력을 다툼.

君恩罔極 (군은망극)★

[뜻음] 임금 군, 은혜 은, 없을 망, 다할 극.
[풀이] 임금의 은혜가 그지없음.

君恩報答 (군은보답)★

[뜻음] 임금 군, 은혜 은, 갚을 보, 답할 답.
[풀이] 임금의 은혜를 갚음.

群疑滿腹 (군의만복)

[뜻음] 무리 군, 의심할 의, 찰 만, 배 복.
[풀이] 여러 사람들이 모두 疑心(의심)을 품음. 출전 諸葛亮(제갈량)의 後出師表(후출사표).

群蟻附腥羶 (군의부성전)★

[뜻음] 무리 군, 개미 의, 붙을 부, 비릴 성, 누린내 전.
[풀이] 뭇 개미들이 비린내 노린내 나는 생선과 고기에 붙는다. 사람이 이로운 데로 떼를 지어 모임을 비유. 群蟻附羶(군의부전).

君以民爲體 (군이민위체)★

[뜻음] 임금 군, 써 이, 백성 민, 삼을 위, 몸 체.
[풀이] 임금은 백성을 몸으로 삼는다. 임금은 백성의 힘으로써 국가를 이룩하므로 體(체)라 함. 임금과 백성은 정신과 육체의 관계와 같음. 출전 禮記(예기) 緇衣篇(치의편).

羣而不黨 (군이부당)★

[뜻음] 무리 군, 말 이을 이, 아니 부, 무리 당.
[풀이] 무리를 이루지만 당파를 만들지는 않는다. 많은 사람들과 가까이 지내지만 사사로운 개인의 정으로 누구에게 편들거나 빌붙지 않음. 출전 論語(논어).

君子可欺以其方 (군자가기이기방)★★★

[뜻음] 군자 군, 선생 자, 가할 가, 속일 기, 써 이, 그 기, 방도 방.
[풀이] 군자는 그럴듯한 방법으로 남을 속일 수 있음. 可欺以方(가기이방). 可欺以其方(가기이기방). 君子可欺以其方(군자가기이기방).

孟子(맹자)가 들려주는 이야기이다.
옛날 산 물고기를 鄭(정)나라 子産(자산)이 선물로 받자 자산은 살아 있는 물고기를 차마 잡아먹을 수 없어 정원을 관리하는 校人(교인)에게 연못에 넣어 잘 살게 하라고 보냈다. 교인은 물고기를 다 잡아먹고 태연하게 그렇게 했노라 보고하니 아무것도 모르는 자산은 그 물고기가 제 있을 곳을 얻었다며 기뻐했다. 교인은 밖으로 나와 자못 자랑스러운 듯이 이렇게 말했다.

"누가 자산을 보고 지혜 있는 사람이라 하는가. 이미 삶아 먹은 것도 모르고 제 있을 곳을 얻었구나 하지 않겠는가. 그러므로 군자는 그럴듯한 방법으로 속일 수는 있어도, 그 도리가 아닌 것으로는 속이기 어려운 것이다."

맹자는 이 예를 순임금을 변명하기 위해 들고 있다. 학식과 덕행이 높은 사람을 가리켜 군자라 말하고 있다. 이 군자라도 남에게 속아 넘어갈 수가 있다는 말이다. 세상물정 모르는 군자 같은 사람들이 교활한 사람에게 속아 넘어가는 것을 가리키는 말이다. 정나라 자산은 이름난 재상인데 맹자는 자산을 흉보고 있다. 특이한 장면이다. 본말은 '君子可欺以其方(군자가기이기방)'이다.

君子過如日月食 (군자과여일월식)★

[뜻음] 군자 군, 선생 자, 허물 과, 같을 여, 해 일, 달 월, 먹을 식.
[풀이] 군자의 過失(과실)은 日蝕(일식)이나 月蝕(월식)과 같다. 군자는 잘못이 있더라도 한때 그 빛을 잃을 뿐이지 머지않아 그 본바탕인 덕이 다시 빛난다는 말. 출전 論語(논어) 子張篇(자장편).

君子交淡若水 (군자교담약수)★

[뜻음] 군자 군, 선생 자, 사귈 교, 담박할 담, 같을 약, 물 수.
[풀이] 군자의 사귐은 淡泊(담박)하여 물을 마심과 같다. 군자의 사귐이 담박하고 영구히 변하지 아니함을 이름. 출전 莊子(장자).

君子勞心小人勞力 (군자노심소인노력)★

[뜻음] 군자 군, 선생 자, 힘쓸 노, 마음 심, 작을 소, 사람 인, 힘 력.
[풀이] 군자는 정신을, 소인은 육체를 수고롭게 한다. 爲政者(위정자)는 정신을 써서 백성을 다스리고, 백성은 체력을 써서 맡은 바 일에 종사한다. 지위의 높고 낮음에 따라 힘쓰는 바가 각기 다름. 출전 春秋左氏傳(춘추좌씨전).

君子大路行 (군자대로행)★★

[뜻음] 군자 군, 선생 자, 큰 대, 길 로, 다닐 행.
[풀이] 덕이 있고 점잖은 사람은 한길로 다닌다. 군자는 사소한 이익에 이끌리지 아니하고 부정한 짓, 무모한 짓을 하지 않음.

君子萬年 (군자만년)★

[뜻음] 군자 군, 선생 자, 일만 만, 연령 년.
[풀이] 유덕한 사람은 장수를 누림. 군자의 長壽(장수)를 비는 말.

君子務本 (군자무본)★★

[뜻음] 군자 군, 선생 자, 힘쓸 무, 근본 본.
[풀이] 학식과 덕행이 높은 사람은 根本(근본)에 힘쓴다는 말.

君子無所爭 (군자무소쟁)★

[뜻음] 군자 군, 선생 자, 없을 무, 바 소, 다툴 쟁.
[풀이] 군자는 남과 다투는 바가 없음. 출전 論語(논어) 八佾篇(팔일편).

君子無一朝之患 (군자무일조지환)★

[뜻음] 군자 군, 선생 자, 없을 무, 한 일, 아침 조, 어조사 지, 근심 환.
[풀이] 군자는 일시적인 자기 자신에 대한 근심이 없음. 출전 孟子(맹자) 離婁下篇(이루하편).

君子防未然 (군자방미연)★

[뜻음] 군자 군, 선생 자, 막을 방, 아직 미, 그러할 연.
[풀이] 군자는 미연에 방지함. 군자는 어떠한 일이 일어나기 전에 미리 이를 방지함. 출전 古樂府(고악부).

君子不愧于屋漏 (군자불괴우옥루)★

[뜻음] 군자 군, 선생 자, 아니 불, 부끄러워할 괴, 어조사 우, 집 옥, 샐 루.
[풀이] 군자는 사람이 보지 않는 곳에서도 언행을 삼가서 부끄러운 일을 하지 않음. 屋漏(옥루)는 방의 서북편 가장 구석지어 침침한 곳. 출전 詩經(시경) 大雅(대아) 抑篇(억편).

君子不器 (군자불기)★★★

[뜻음] 군자 군, 선생 자, 아닐 불, 그릇 기.
[풀이] 군자는 한 가지 소용에 맞지 않는다. 군자는 그릇으로 잴 수 없다. ① 그릇이란 제각기 한 가지 소용에 맞는 것이나, 덕이 있는 사람은 그렇지 않아, 온갖 방면에 통함을 이르는 말. ② 군자는 기량이 워낙 커서 측량할 수 없다는 말.

《論語(논어)》에 나오는 말이다.

군자는 기량이 워낙 커서 측량할 수 없다는 뜻이다. 군자는 한 가지 소용에 맞지 않는다. 그릇이란 제각기 한 가지 소용에 맞는 것이나, 덕이 있는 사람은 그렇지 않아, 온갖 방면에 통한다. 도량이 넓고 덕이 많은 사람이 되라는 말과 같다. 사람이 이러하다면 어떤 일이든지 수행할 수 있는 능력이 있다는 말이다. 朱熹(주희)에 따르면, 그릇은 각각 그 쓰임새에 적당한 능력밖에 없지만 덕을 이룬 선비는 어떤 한 가지 재주나 기술에만 국한되지 않아서 이렇게 부른다고 했다.

君子三戒 (군자삼계)★

[뜻음] 군자 군, 선생 자, 석 삼, 계율 계.
[풀이] 군자가 경계해야 할 세 가지. 젊을 때는 色慾(색욕)을 경계하고, 장년기에는 다툼을 경계하고, 노년기에는 탐욕을 경계하라는 말. 출전 論語(논어) 季氏篇(계씨편).

君子三樂 (군자삼락)★★★

[뜻음] 군자 군, 선생 자, 석 삼, 즐거울 락.
[풀이] 군자에게는 세 가지 즐거움이 있다. 곧 부모가 살아계시고 형제간에 탈이 없는 것, 자기의 행하는 일이 온 세상에 떳떳하여 하늘과 남에게 부끄러울 것이 없는 일, 천하에 재주 있는 사람을 모아 가르치는 일.

전국시대, 哲人(철인)으로서 공자의 사상을 계승 발전시킨 맹자(孟子)는 ≪孟子(맹자)≫ 盡心篇(진심편)에서 이렇게 말했다.

"군자에게는 세 가지 즐거움이 있다.
[君子有三樂(군자유삼락)]
양친이 다 살아 계시고 형제가 무고한 것이 첫 번째 즐거움이요,
[父母俱存 兄弟無故 一樂也(부모구존 형제무고 일락야)]
우러러 하늘에 부끄럽지 않고 굽어보아도 사람들에게 부끄럽지 않은 것이 두 번째 즐거움이요,
[仰不愧於天 俯不怍於人 二樂也(앙불괴어천 부부작어인 이락야)]
천하의 영재를 얻어서 교육하는 것이 세 번째 즐거움이다."
[得天下英才 而教育之 三樂也(득천하영재 이교육지 삼락야)]

유가의 최고 목표는 성인이 되는 데 있다. 성인 버금가는 사람을 현인이라 한다. 현인 버금가는 사람을 군자라고 한다. 군자와 어슷비슷하거나 버금가는 사람을 선비라고 하면 될 것인데 군자의 세 가지 즐거움은 사리사욕과 관계없는 일에서 비롯됨을 알 수 있다.

[참고] 한편 공자는 ≪孔子家語(공자가어)≫ 六本篇(육본편)에서 '인생의 세 가지 즐거움'을 다음과 같이 꼽고 있음. 곧 사람으로 태어난 것[吾得爲人 一樂也], 남자로 태어난 것[吾得爲男 二樂也], 장수하는 것[吾行年九十五有矣 三樂也].

君子三畏 (군자삼외)★

[뜻음] 군자 군, 선생 자, 석 삼, 두려워할 외.
[풀이] 군자가 경계해야 할 세 가지 일. 세 대상은 天命(천명), 大人(대인), 聖人(성인)을 가리킴.

君子上達小人下達 (군자상달소인하달)

[뜻음] 군자 군, 선생 자, 위 상, 통달할 달, 작을 소, 사람 인, 아래 하, 통달할 달.
[풀이] 군자는 道義(도의)를 따르므로 더욱 더 훌륭하게 되고, 소인은 이익을 추구하므로 더욱더 타락하게 됨. 출전 論語(논어).

君子成人美 (군자성인미)★

[뜻음] 군자 군, 선생 자, 이룰 성, 사람 인, 아름다울 미.
[풀이] 군자는 사람을 인도하여 착한 일을 이루게 함. 출전 論語(논어) 顏淵篇(안연편).

君子愼獨 (군자신독)★

[뜻음] 군자 군, 선생 자, 삼갈 신, 홀로 독.
[풀이] 군자는 혼자 있어도 마음가짐을 바로 가져야 한다. 출전 大學(대학).

君子遠庖廚也 (군자원포주야)★★★

[뜻음] 군자 군, 선생 자, 멀 원, 부엌 포, 부엌 주, 어조사 야.

[풀이] 군자는 푸줏간을 멀리한다.

≪孟子(맹자)≫에 나오는 말이다.
포주는 푸줏간이다. 소, 돼지 등 가축을 잡는 곳이다.
孟子(맹자)가 齊(제)나라 宣王(선왕)을 만났다. 맹자가 선왕과 대화를 나누는 중 이런 대목이 나온다.
"신이 胡齕(호흘)이란 왕의 신하에게서 들은 바에 의하면, 어느 날 왕께서 대청 위에 앉아 계시는데 그 아래로 소를 몰고 가는 사람이 있었습니다. 왕께서 어딜 가는 소냐고 물으시니, 장차 소를 잡아 그 피로써 새로 만든 종에 바르려 한다고 대답했습니다. 왕은 말씀하시기를, '그만두어라 죄 없이 죽으러 끌려가며 부들부들 떨고 있는 모습을 차마 볼 수가 없다'고 하셨습니다. '그럼 종에 피 칠을 하는 것은 그만두오리까?' 하고 물었을 때 왕께서는 말씀하시기를, '어찌 그만둘 수 있겠느냐 양으로 대신하라' 고 하셨다는데 그것이 사실입니까?"
선왕이 죽으러 끌려가는 소가 불쌍한 나머지 양으로 대신한 일을 두고 맹자는 그의 착한 마음씨가 천하를 통일할 수 있다는 것을 일깨우려고 왕의 그 차마 죽이지 못하는 마음을 평가하면서 다음과 같이 말했다.
"조금도 이상할 것이 없습니다. 그것이 어진 마음이라는 것입니다. 소는 직접 부들부들 떨고 있는 것을 보셨고 양은 직접 보시지 않았기 때문입니다. 군자는 짐승에 대해서, 그 사는 것을 보고 차마 그 죽는 것을 보지 못하며, 그 소리를 듣고 차마 그 고기를 먹지 못합니다. 이런 까닭에 군자는 포주를 멀리하는 것입니다"라고 말했다.

君子易事而難說也 (군자이사이난열야)★★★

[뜻음] 군자 군, 선생 자, 쉬울 이, 섬길 사, 말 이을 이, 어려울 난, 기꺼울 열, 어조사 야.
[풀이] 군자는 섬기기는 쉬워도 기쁘게 하기는 어렵다.

이 말은 ≪論語(논어)≫ 子路篇(자로편)에 나온다.
"군자는 섬기기는 쉬워도 기쁘게 하기는 어렵다. 기쁘게 하기를 정당한 도리로써 하지 않으면 기뻐하지 않지만 그가 사람을 쓸 때는 각각 그 그릇에 맞추어 쓰기 때문이다. 소인은 섬기기는 어렵고 기쁘게 하기는 쉽다. 기쁘게 하는 것은 정당한 도리가 아니더라도 기뻐하지만, 그가 사람을 쓸 때는 한 사람이 다 잘하기를 요구하기 때문이다."
누구를 섬겨야 하는지 많은 사람을 거느려야 할 때 어찌할 것인가를 시사해 주는 공자의 말이다.

君子貞而不諒 (군자정이불량)★

[뜻음] 군자 군, 사람 자, 곧을 정, 말 이을 이, 아니 불, 믿을 량.
[풀이] 군자는 곧고 바른 마음을 가지되, 偏狹(편협)한 일은 믿지 않음. 출전 論語(논어) 衛靈公篇(위령공편).

君者舟也庶人者水也 (군자주야서인자수야)★★

[뜻음] 임금 군, 노릇 자, 배 주, 어조사 야, 여러 서, 사람 인, 놈 자,
　　　 물 수, 어조사 야.
[풀이] 임금이라는 직책은 배이고 일반 백성들은 물이로다. 물은 배
를 띄우지만 때로는 배를 顚覆(전복)시키기도 한다. 백성은 君主(군
주)를 돕기도 하지만 해칠 수도 있다는 말.

君子之德風 (군자지덕풍)★★★

[뜻음] 군자 군, 사람 자, 어조사 지, 덕 덕, 바람 풍.
[풀이] 군자의 덕은 바람이다. 윗자리에 있는 사람의 덕은 바람과 같
아서 아랫사람은 다 그의 風化(풍화)를 받음.

　　≪論語(논어)≫ 顔淵篇(안연편)에 나오는 말이다.
　　魯(노)나라 實權者(실권자) 季康子(계강자)는 政治(정
치)를 논하면서 공자에게 이렇게 물었다.
　　"정치란 어떻게 해야만 하는 것입니까" 하고 물었을 때 공자는
　　"정치란 바른 것이다. 그대가 아랫사람과 백성을 거느
리기를 올바른 것으로 하면 누가 감히 바르지 않겠는가"
하고 대답했다.
　　계강자가 또 물었다.
　　"만일 無道(무도)한 사람을 죽임으로써 백성들을 올바
른 길로 引導(인도)한다면 어떻겠습니까?"
　　그러자 공자는 이렇게 말했다.
　　"그대가 정치를 하고 있으면서 어떻게 죽인다는 말을
그렇게 할 수 있는가. 그대가 착한 일을 하고 싶어 하면
백성들은 스스로 착해지게 마련이다. 그래서 君子(군자)의
덕은 바람이요, 小人(소인)의 덕은 풀이다. 풀 위에 바람이
불면 풀은 반드시 눕게 마련이다."
　　윗물이 맑아야 아랫물이 맑다는 말이다. 풀이 바람에
의해 눕듯 군자의 덕에 감화되어 백성들이 따른다는 말이다.
이 이야기에는 '政者正也(정자정야)'라는 숙어도 나온다.

君子豹變 (군자표변)★★★

[뜻음] 임금 군, 아들 자, 표범 표, 변할 변.
[풀이] 군자는 표범과 같이 변한다. 군자는 허물을 고쳐 바른길로 나
가는 것이 표범이 가을에 새로 털갈이를 하는 것처럼 분명하다. 표변
이라는 말이 긍정적인 의미로 쓰임에 유의해야 함. '豹變(표변)'을 보
시오. 출전 易經(역경).

君子避三端 (군자피삼단)★

[뜻음] 군자 군, 선생 자, 피할 피, 석 삼, 실마리 단.
[풀이] 군자는 세 가지 남과 다투는 端緒(단서)를 회피함으로써 몸을
지킴. 삼단이란 文士(문사)의 筆端(필단), 武士(무사)의 鋒端(봉단),
辯士(변사)의 舌端(설단)임. 출전 韓詩外傳(한시외전).

君子好逑 (군자호구)★★

[뜻음] 군자 군, 선생 자, 좋아할 호, 짝 구.
[풀이] 군자의 좋은 配匹(배필). 출전 詩經(시경) 周南(주남).

君子和而不同 (군자화이부동)★★★

[뜻음] 군자 군, 선생 자, 화할 화, 말 이을 이, 아니 부, 같을 동.
[풀이] 군자는 남과 조화를 이루나 남과 동일하지는 않음. 和而不同
(화이부동).

君子禍至不懼 (군자화지불구)★

[뜻음] 군자 군, 선생 자, 재앙 화, 닿을 지, 아니 불, 두려워할 구.
[풀이] 군자는 평소 언행을 닦아 모자라는 곳이 없으므로, 재앙이 닥
쳐도 두려워하지 않음. 출전 孔子家語(공자가어).

君舟臣水 (군주신수)★

[뜻음] 임금 군, 배 주, 신하 신, 물 수.
[풀이] 물은 배를 띄우지만 때로는 배를 顚覆(전복)시키기도 한다. 백
성은 군주를 돕기도 하지만 해칠 수도 있다는 말. 君者舟也庶人者水
也(군자주야서인자수야). 출전 荀子(순자) 王制篇(왕제편).

君唱臣和 (군창신화)★

[뜻음] 임금 군, 부를 창, 신하 신, 화할 화.
[풀이] 임금이 주창하고, 신하는 거기에 맞추어 정무를 집행함. 君臣
(군신)이 화합하여 정치를 함.

軍行旅進 (군행여진)★

[뜻음] 군대 군, 행할 행, 군대 여, 나아갈 진.
[풀이] 군대가 전쟁터로 나아감. 旅(여)는 旅團(여단).

掘墓鞭屍 (굴묘편시)★★★

[뜻음] 팔 굴, 무덤 묘. 채찍 편, 주검 시.
[풀이] 무덤을 파헤치고 주검에 채찍질을 하다. 지나친 복수. 세대를
이어받은 복수.

　　姦臣(간신)의 弄奸(농간)으로 忠臣(충신)을 逆賊(역적)
으로 몰아 伍子胥(오자서)의 아버지와 형을 죽인 楚(초)나
라 平王(평왕)이 죽은 뒤 오자서에 의해 그의 무덤이 파이
고 시체가 채찍질을 당했다.
　　≪史記(사기)≫ 伍子胥列傳(오자서열전)에도,
　　"이에 楚平王(초평왕)의 무덤을 파고 그의 시체를 꺼내
삼백 대를 내리친 뒤에야 그만두었다"라고 나와 있다. 자
서의 친구인 신포서가 오자서의 행동을 지나치다고 하자
오자서는,
　　"나는 날이 저물고 길이 멀어서, 그렇기 때문에 거꾸로
걸으며 거꾸로 일을 했다"고 말했다.
　　오자서는 자신의 행위에 문제가 있음을 인정하는 듯한
말을 했다. '굴묘편시'는 신하로서 임금의 무덤을 파서 그
시체에 매를 가하는 일이나 통쾌한 복수, 지나친 복수라는
뜻도 있다. 위 이야기에는 '倒行逆施(도행역시)', '日暮途
遠(일모도원)'이라는 숙어도 나타나 있다.

屈産之乘 (굴산지승)★

[뜻음] 나라이름 굴, 낳을 산, 어조사 지, 탈 승.
[풀이] 名馬(명마). 屈(굴)은 屈之國(굴지국)으로 장안의 서쪽 천오백

리에 있으며 옛날에 名馬(명마)가 많이 나던 곳임. 乘(승)은 말 네 필. 출전 春秋左氏傳(춘추좌씨전).

屈首受書 (굴수수서)★

[뜻음] 굽을 굴, 머리 수, 받을 수, 책 서.
[풀이] 머리를 숙이고 책을 받음. 스승에게 가르침을 받음.

屈伸無常 (굴신무상)★

[뜻음] 굽을 굴, 펼 신, 없을 무, 상도 상.
[풀이] 굽히고 펴고 하는 데 일정한 기준이 없음. 절조 없이 형편에 따라 굽실거림. 출전 後漢書(후한서).

屈指計日 (굴지계일)★

[뜻음] 굽을 굴, 손가락 지, 셈할 계, 날 일.
[풀이] 손을 꼽아 가며 그 날을 기다림. 屈指計數(굴지계수).

掘地得金 (굴지득금)★

[뜻음] 팔 굴, 땅 지, 얻을 득, 금 금.
[풀이] 땅을 파다가 금을 얻었다. 뜻밖에 橫財(횡재)를 함.

窮居野處 (궁거야처)★

[뜻음] 가난할 궁, 살 거, 들 야, 곳 처.
[풀이] 가난하고 구차한 생활을 하며 시골에 삶. 출전 韓愈(한유)의 글.

窮寇莫追 (궁구막추)★★

[뜻음] 궁할 궁, 도둑 구, 말 막, 쫓을 추.
[풀이] 궁지에 빠진 적이나 도둑을 모질게 핍박하거나 쫓지 말라. 窮地(궁지)에 빠진 寇敵(구적)을 급히 쫓으면 결사적으로 反擊(반격)하여 도리어 敗(패)하는 일이 있음. 窮寇勿追(궁구물추).

弓裘之業 (궁구지업)★★★

[뜻음] 활 궁, 갖옷 구, 어조사 지, 일 업.
[풀이] 활을 만들고 갖옷을 만드는 일. 先祖(선조) 대대로 전해 오는 家業(가업)을 이르는 말. 출전 白居易(백거이)의 글.

窮達有命 (궁달유명)★★

[뜻음] 다할 궁, 통달할 달, 있을 유, 운수 명.
[풀이] 貧窮(빈궁)과 榮達(영달)은 운명에 의한 것으로, 사람의 힘으로써 어찌할 수 없다는 뜻.

窮當益堅 (궁당익견)★★

[뜻음] 다할 궁, 마땅할 당, 더할 익, 굳을 견.
[풀이] 남자란 困窮(곤궁)하여도 더욱더 굳세지고, 志操(지조)를 군게 지켜야 함.

窮當益堅老當益壯 (궁당익견노당익장)★★

[뜻음] 다할 궁, 마땅할 당, 더할 익, 굳을 견, 늙을 노, 씩씩할 장.
[풀이] 대장부로서는 곤궁하면 더욱 굳세고 단단한 뜻을 가져야 하며 늙을수록 더욱 기력이 왕성해야 한다는 말. 老益壯(노익장). 출전 後漢書(후한서) 馬援傳(마원전).

窮理盡性 (궁리진성)★

[뜻음] 다할 궁, 다스릴 리, 다할 진, 성품 성.

[풀이] 하늘의 理致(이치)와 사람의 본성을 모두 깊이 研究(연구)함. 출전 易經(역경) 說卦(설괘).

弓馬才操 (궁마재조)★

[뜻음] 활 궁, 말 마, 재주 재, 재주 조.
[풀이] 활 쏘고 말을 달리는 재주. 弓馬之才(궁마지재).

弓馬之家 (궁마지가)

[뜻음] 화살 궁, 말 마, 어조사 지, 집 가.
[풀이] 弓馬(궁마)를 쓰는 집안. 虎班(호반)의 집안.

弓馬之才 (궁마지재)★

[뜻음] 활 궁, 말 마, 갈 지, 재주 재.
[풀이] 활 쏘고 말을 달리는 재주. 弓馬才操(궁마재조).

窮木浮而爲舟 (궁목부이위주)★

[뜻음] 다할 궁, 나무 목, 뜰 부, 말 이을 이, 만들 위, 배 주.
[풀이] 떨어진 나뭇가지가 물에 뜨는 것을 보고 배를 만들다. 옛사람이 떨어지는 낙엽을 보고 배를 만들다. 黃帝(황제), 堯(요), 舜(순) 등이 배를 만든 일. 古者觀落葉因以爲舟(고자관낙엽인이위주).

窮無所不爲 (궁무소불위)★

[뜻음] 궁할 궁, 없을 무, 바 소, 아니 불, 할 위.
[풀이] 궁하면 무슨 짓이든 한다. 사람이 살기 어려우면 禮義(예의)나 廉恥(염치)를 돌보지 않는다는 말.

窮奢極侈 (궁사극치)★

[뜻음] 다할 궁, 사치할 사, 다할 극, 사치할 치.
[풀이] 奢侈(사치)가 극도에 달함. 몹시 심한 사치.

宮商角緻羽 (궁상각치우)★★★

[뜻음] 집 궁, 장사 상, 뿔 각, 밸 치, 깃 우.
[풀이] 음악의 오음. '五音六律(오음육률)'을 보시오.

窮鼠齧猫 (궁서설묘)★★★

[뜻음] 궁할 궁, 쥐 서, 깨물 설, 고양이 묘.
[풀이] 궁지에 몰린 쥐가 고양이를 문다. 사람이 危急(위급)해지면 평소에 못 할 일도 하게 된다는 뜻. 출전 鹽鐵論(염철론) 刑法篇(형법편).

窮愁著書 (궁수저서)

[뜻음] 궁핍할 궁, 시름 수, 저술할 저, 글 서.
[풀이] 현인이 곤란에 부딪쳐 그 뜻을 펴지 못하고, 글을 지어 그 뜻을 표현. 출전 史記(사기) 平原君傳(평원군전).

弓矢槍劍 (궁시창검)★

[뜻음] 활 궁, 화살 시, 창 창, 칼 검.
[풀이] 활과 화살, 그리고 창과 칼. 弓箭槍劍(궁전창검).

窮心覓得 (궁심멱득)★

[뜻음] 궁구할 궁, 마음 심, 찾을 멱, 얻을 득.
[풀이] 온갖 궁리 끝에 겨우 찾아 얻음. 힘을 다하여 마침내 목적을 달성함.

窮餘一策 (궁여일책)

[뜻음] 궁할 궁, 남을 여, 한 일, 꾀 책.
[풀이] 궁박한 나머지 생각다 못하여 짜낸 꾀. 窮餘之策(궁여지책)

窮餘之策 (궁여지책)★★

[뜻음] 궁할 궁, 남을 여, 갈 지, 꾀 책.
[풀이] 궁박한 나머지 생각다 못하여 짜낸 꾀.

窮猿奔林豈暇擇木 (궁원분림기가택목)★

[뜻음] 궁할 궁, 원숭이 원, 다릴 분, 수풀 림, 어찌 기, 겨를 가, 가릴 택, 나무 목.
[풀이] 궁지에 빠진 원숭이가 나무를 가릴 사이 없이 아무 나무나 도망쳐 올라가는 것처럼, 가난한 때에는 官祿(관록)을 가리지 않고 벼슬함에 비유한 말. 사람이 궁하면 처소를 가리지 아니하고 몸을 의탁함의 비유. 출전 晉書(진서).

窮而後工 (궁이후공)★★★

[뜻음] 가난할 궁, 말 이을 이, 뒤 후, 장인 공.
[풀이] 가난한 뒤에야 공교해진다. 詩人(시인)은 가난하여야 詩(시)를 잘 지음. 예술가는 가난해야 예술이 교묘해진다는 말. 출전 歐陽修(구양수)의 글.

窮日之力 (궁일지력)★

[뜻음] 다할 궁, 해 일, 어조사 지, 힘 력.
[풀이] 아침부터 저녁까지 조금도 쉬지 않고 힘씀. 출전 孟子(맹자).

弓折矢盡 (궁절시진)★

[뜻음] 활 궁, 부러질 절, 화살 시, 다할 진.
[풀이] 활은 부러지고 화살은 다 없어짐. 싸울 기세도 사라지고 힘도 다 빠짐. 백 가지 꾀가 다 떨어져 어떻게 더 해 볼 도리가 없음. 곧 勢窮力盡(세궁역진)함.

弓旌之召 (궁정지소)★

[뜻음] 활 궁, 기 정, 갈 지, 부를 소.
[풀이] 高官(고관)으로 採用(채용)되는 일. 士(사)를 招聘(초빙)할 때에는 弓(궁), 大夫(대부)에는 旌(정)을 쓴 데서 유래함. 활과 기 모두 임금이 예를 두터이 하여 어진 사람을 부르는 데 씀. 출전 春秋左氏傳(춘추좌씨전).

窮鳥入懷 (궁조입회)★★★

[뜻음] 궁할 궁, 새 조, 들 입, 품을 회.
[풀이] 쫓기는 새가 사람의 품에 날아든다. ① 窮(궁)하면 敵(적)에게도 의지할 수 있음. ② 急迫(급박)한 사정이 있어서 도움을 청해 오는 사람이 있으면 도와주어야 한다는 말. 출전 顏氏家訓(안씨가훈).

窮則通 (궁즉통)★★★

[뜻음] 궁할 궁, 곧 즉, 통할 통.
[풀이] 궁하면 오히려 통하는 데가 있음. 매우 궁한 처지에 이르면 도리어 펴 나갈 방법이 생김.

窮村僻地 (궁촌벽지)★★

[뜻음] 다할 궁, 마을 촌, 후미질 벽, 땅 지.
[풀이] 都會地(도회지)에서 멀리 떨어진 村落(촌락)이나 지대. 사람이 드물고 가난한 시골.

窮通各有命 (궁통각유명)★

[뜻음] 다할 궁, 통할 통, 각각 각, 있을 유, 운수 명.
[풀이] 궁하건 통하건 팔자가 있다. 困窮(곤궁)과 榮達(영달)이 모두 그 사람의 미리 정해진 運命(운명)임. 출전 白居易(백거이)의 詩(시).

卷甲韜旗 (권갑도기)★

[뜻음] 말 권, 갑옷 갑, 감출 도, 기 기.
[풀이] 갑옷을 말아 개고 군기를 치운다. 전쟁을 그만둠. 출전 晉書(진서).

眷顧回隱 (권고회은)

[뜻음] 돌아볼 권, 돌아볼 고, 돌 회, 숨길 은.
[풀이] 앞뒤를 잘 살펴 도망쳐 숨음.

拳拳服膺 (권권복응)★

[뜻음] 주먹 권, 옷 복, 가슴 응.
[풀이] 늘 마음에 두고 정성껏 지킴. 항상 정성껏 지켜 잠시도 잊지 아니하는 모양. 拳拳(권권)은 정성껏 지키는 모양. 출전 中庸(중용).

眷眷不忘 (권권불망)★

[뜻음] 돌아볼 권, 아니 불, 잊을 망.
[풀이] 가엾게 여겨 늘 돌보며 잊어버리지 않음.

權留養親 (권류양친)★

[뜻음] 권세 권, 머무를 류, 기를 양, 어버이 친.
[풀이] 때에 따라 임기응변으로 일을 처리하는 방도로서, 집에 머무르게 하여 어버이를 봉양하게 함. 조부모 부모가 늙어 병들어 있고, 달리 奉養(봉양)할 성년 남자가 없을 경우, 死罪犯(사죄범)일지라도 十惡(십악)의 죄가 아니면 집에서 侍養(시양)하도록 하여, 그들이 죽은 후나 병이 나은 후에 형을 집행하던 일.

勸馬聲 (권마성)★

[뜻음] 권할 권, 말 마, 소리 성.
[풀이] 임금이나 높은 관리가 말이나 가마를 타고 행차할 때 위세를 더하기 위하여 앞에서 하졸들이 목청을 길게 빼어 부르던 소리.

權謀術數 (권모술수)★★★

[뜻음] 권세 권, 꾀할 모, 꾀 술, 셈할 수.
[풀이] 남을 이기기 위한 목적 달성을 위해 수단과 방법을 가리지 않는 온갖 재주.

權門貴族 (권문귀족)★

[뜻음] 권세 권, 문 문, 귀할 귀, 겨레 족.
[풀이] 권세가의 귀족을 통틀어 일컬음. 상류사회의 사람들.

權門勢家 (권문세가)★

[뜻음] 권세 권, 문 문, 세력 세, 집 가.
[풀이] 權勢(권세) 있는 집과 귀족을 통틀어 일컬음. 상류사회의 사람들. 權門勢族(권문세족).

權不十年 (권불십년)★★

[뜻음] 권세 권, 아닐 불, 열 십, 해 년.
[풀이] 권력은 십년을 못 간다는 말. 花無十日紅(화무십일홍).

勸上搖木 (권상요목)★★

[뜻음] 권할 권, 오를 상, 흔들 요, 나무 목.
[풀이] 나무에 오르게 해놓고 흔들어 댄다. 남을 煽動(선동)하고 뒤에서는 해를 끼침.

勸善懲惡 (권선징악)★★★

[뜻음] 권할 권, 착할 선, 징계할 징, 악 악.
[풀이] 착한 일을 勸獎(권장)하고 악한 일을 懲戒(징계)함. 출전 春秋左氏傳(춘추좌씨전).

卷舌 (권설)

[뜻음] 말 권, 혀 설.
[풀이] 혀를 말아 들인다. 놀라서 말을 못 함. 놀라서 말이 나오지 않음. 말을 하지 않는 모양.

權輿 (권여)★

[뜻음] 저울추 권, 차대 여.
[풀이] 사물의 시초, 기원. 창시. 저울을 만들 때에는 추부터 만들고, 수레를 만들 때에는 차대부터 만든다는 데서 온 말.

權要請託 (권요청탁)★

[뜻음] 권세 권, 종요로울 요, 청할 청, 부탁할 탁.
[풀이] 권세와 요직을 차지한 사람에게 어떤 일을 봐 달라고 부탁하는 일. 출전 蘇軾(소식)의 글.

權在足下 (권재족하)★

[뜻음] 권세 권, 있을 재, 발 족, 아래 하.
[풀이] 권한은 오로지 당신에게 있다. 남에게 도움을 청할 때 쓰는 말.

捲土重來 (권토중래)★★★

[뜻음] 말 권, 흙 토, 거듭 중, 올 래.
[풀이] 흙먼지를 말아 일으키며 다시 쳐들어온다. ① 한 번 패했다 세력을 회복하여 다시 쳐들어옴. ② 어떤 일에 실패한 뒤 힘을 쌓아 다시 그 일에 착수함.

唐(당)나라 末期(말기) 詩人(시인) 杜牧(두목)이 ≪烏江亭(오강정)을 두고 지은 시≫에도 나온다.

勝敗(승패)는 兵家(병가)도 기약할 수 없다.
부끄러움을 안고 참는 이것이 사나이
강동의 자제는 豪傑(호걸)이 많으니
땅을 말듯이 거듭 올 것을 알 수 없다.

勝敗兵家不可期 (승패병가불가기)
包羞忍恥是男兒 (포수인치시남아)
江東子弟多豪傑 (강동자제다호걸)
捲土重來未可知 (권토중래미가지)

楚(초)나라 項羽(항우)가 四面楚歌(사면초가)에 몰려 죽은 오강의 전투를 떠올리며 항우가 江東(강동) 자제 8,000명을 모두 잃고 面目(면목)이 없어서 강동 땅으로 돌아가지 못했던 일을 回顧(회고)하며 지은 시이다.
한 번 싸움에 패한 사람이 다시 힘을 길러 땅을 휘말듯 쳐들어오는 것이나 한 번 패했다가 세력을 회복하여 다시 쳐들어오는 일, 어떤 일에 실패한 뒤 힘을 쌓아 다시 그 일에 착수하는 것을 나타내는 말로 쓰인다.

勸學講文 (권학강문)★

[뜻음] 권할 권, 배울 학, 익힐 강, 글월 문.
[풀이] 학문을 권장하며 글을 익히게 함.

蹶起大會 (궐기대회)★★

[뜻음] 벌떡 설 궐, 일어설 기, 큰 대, 모일 회.
[풀이] 벌떡 일어나는 대회. 참고 참다가 더 이상은 참을 수가 없어 벌떡 일어나 크게 모이는 것.

闕門餞送 (궐문전송)★

[뜻음] 대궐 궐, 문 문, 전별할 전, 보낼 송.
[풀이] 궁궐 문까지 나와서 사람을 이별하여 보냄.

厥宗噬膚 (궐종서부)★

[뜻음] 그 궐, 마루 종, 씹을 서, 살갗 부.
[풀이] 厥宗(궐종)은 黨(당)의 무리, 噬膚(서부)는 피부 속 깊이 파고 들어간다는 말. 黨(당)이 굳게 결합함. 君臣(군신)이 서로 마음이 잘 맞음을 이르는 말. 출전 易經(역경).

軌範 (궤범)★★★

[뜻음] 바큇자국 궤, 규범 범.
[풀이] 궤는 수레의 왼쪽 바퀴와 오른쪽 바퀴 사이를 말하며 범은 洪範(홍범)의 준말로 큰 법을 이름. 큰 법도. 규범. 출전 中庸(중용).

跪之讀祝 (궤지독축)

[뜻음] 꿇어앉을 궤, 갈 지, 읽을 독, 빌 축.
[풀이] 꿇어앉아서 祝文(축문)을 읽음.

詭銜竊轡 (궤함절비)★

[뜻음] 뱉을 궤, 재갈 함, 뜯을 절, 고삐 비.
[풀이] 말이 재갈을 뱉어내고 고삐를 물어뜯음. 羈束(기속)된 것이 統制(통제)하기 어렵도록 抗拒(항거)함을 이름. 구속이 심할수록 벗어나려고 발버둥을 침. 출전 莊子(장자).

貴脚踏賤地 (귀각답천지)★

[뜻음] 귀할 귀, 다리 각, 밟을 답, 천할 천, 땅 지.
[풀이] 귀한 발로 천한 땅을 밟는다. '잘 오셨습니다'라는 뜻.

鬼瞰其室 (귀감기실)★

[뜻음] 귀신 귀, 볼 감, 그 기, 집 실.
[풀이] 富貴(부귀)한 집은 귀신이 늘 엿보아 해치려고 하는 일이 있다는 말. 부귀해도 늘 조심해야 한다는 말. 출전 揚雄(양웅)의 글.

歸去來辭 (귀거래사)★★★

[뜻음] 돌아갈 귀, 갈 거, 올 래, 말 사.
[풀이] 중국 晉(진)나라의 陶淵明(도연명)이 팽택 현령이 되었을 때, 군의 장관이 '의관을 갖추고 拜謁(배알)하라'고 함에 憤慨(분개)하여 '내 五斗米(오두미)의 봉급 때문에 허리를 굽히고 향리의 소인에게 절을 해야 하느냐'고, 그날로 사직하고 歸鄕(귀향)한 것을 적은 글을 남겼는데 그것이 歸去來辭(귀거래사)이다. 歸去來(귀거래). '五斗米(오두미)'를 보시오.

貴鵠賤雞 (귀곡천계)★

[뜻음] 귀할 귀, 고니 곡, 천할 천, 닭 계.
[풀이] 고니를 貴重(귀중)히 여기고 닭을 천하게 여김. 人情(인정)이란 드물고 먼 것을 귀하게 보고 흔하고 가깝게 있는 것을 賤(천)하게 봄의 비유. 家鷄野稚(가계야치).

歸馬放牛 (귀마방우)★

[뜻음] 돌아갈 귀, 말 마, 풀어놓을 방, 소 우.
[풀이] 말을 돌려보내고 소를 방목하다. 전쟁이 끝나고 태평한 시대를 여는 것을 비유함. 중국 周(주)나라 武王(무왕)이 殷(은)나라를 치고 돌아와 한 일. 출전 書經(서경).

歸馬于華山之陽 (귀마우화산지양)★

[뜻음] 돌아갈 귀, 말 마, 어조사 우, 꽃 화, 뫼 산, 어조사 지, 볕 양.
[풀이] 周(주)나라 武王(무왕)이 殷(은)나라를 멸한 뒤 戰馬(전마)를 화산의 남쪽에 放牧(방목)하여 천하에 다시 싸움을 하지 않을 것을 알린 고사. 歸馬放牛(귀마방우). 출전 書經(서경).

鬼魅最易 (귀매최이)★

[뜻음] 귀신 귀, 도깨비 매, 가장 최, 쉬울 이.
[풀이] 귀신이나 도깨비처럼 형체가 없는 것이 오히려 가장 그리기 쉽다는 말. 출전 韓非子(한비자) 外儲說上左(외저설상좌).

龜毛兎角 (귀모토각)★

[뜻음] 거북 귀, 털 모, 토끼 토, 뿔 각.
[풀이] 거북의 털과 토끼의 뿔. 事物(사물)의 있을 수 없음의 비유. 있을 수 없는 것이나 불가능한 일 등의 비유. 출전 搜神記(수신기).

劌目鉥心 (귀목술심)

[뜻음] 상처 낼 귀, 눈 목, 찌를 술, 심장 심.
[풀이] 눈에 상처를 입히고 심장을 찌른다. 사람을 몹시 놀라게 함. 출전 韓愈(한유)의 글.

龜文金神 (귀문금신)★

[뜻음] 거북 귀, 무늬 문, 금 금, 신 신.
[풀이] 귀문에 있는 금신. 귀문은 鬼星(귀성)이 있다는 방위. 점술가들은 귀신이 드나든다고 하여 매사에 꺼리는 방위로서 동북방을 가리킴. 금신은 白虎神(백호신)으로 사람에게 災禍(재화)를 내린다고 함.

龜文鳥跡 (귀문조적)★

[뜻음] 거북 귀, 무늬 문, 새 조, 자취 적.
[풀이] 거북 등껍데기의 무늬와 새의 발자국. 모두 文字(문자)의 起源(기원)을 이룸.

貴不忘賤 (귀불망천)★

[뜻음] 귀할 귀, 아닐 불, 잊을 망, 천할 천.
[풀이] 부귀하게 되어 貧賤(빈천)했을 때를 잊지 않음.

貴視其所擧 (귀시기소거)★

[뜻음] 귀할 귀, 볼 시, 그 기, 바 소, 들 거.
[풀이] 그 사람의 신분이 높아졌을 때는, 그가 어떤 인물을 어떤 자리에 쓰도록 추천하는가를 보아 그 사람의 인격을 판단함. 인물에 대해 판단해 보는 방법의 하나. 출전 說苑(설원).

鬼神避之 (귀신피지)★

[뜻음] 귀신 귀, 신 신, 피할 피, 갈 지.
[풀이] 귀신이 피한다. 과단성 있게 행하면 귀신도 피하고 방해하지 아니한다는 말.

鬼神害盈而福謙 (귀신해영이복겸)★

[뜻음] 귀신 귀, 신 신, 해칠 해, 찰 영, 말 이을 이, 복 복, 겸손할 겸.
[풀이] 귀신은 집안이 번창하고 흥성한 사람을 해치고 겸손한 자에게는 복을 줌. 하늘은 가득하게 찬 것을 미워하고 謙退(겸퇴)하는 사람에게 행복을 주는 것을 이름. 출전 易經(역경).

貴耳而賤目 (귀이이천목)★

[뜻음] 귀할 귀, 귀 이, 말 이을 이, 천할 천, 눈 목.
[풀이] 듣는 일을 귀하게 여기고 보는 일을 천시함. 곧 생각이 淺薄(천박)함을 이름. 家鷄野稚(가계야치). 貴耳賤目(귀이천목). 출전 張衡(장형)의 東京賦(동경부).

貴人賤己 (귀인천기)★

[뜻음] 귀할 귀, 사람 인, 천할 천, 자기 기.
[풀이] 남을 귀하게 여기고 자신을 천하게 여김. 君子(군자)는 仁恕(인서)의 마음이 있으므로 자기보다 다른 사람을 높임. 출전 禮記(예기) 坊記篇(방기편).

歸正反本 (귀정반본)★

[뜻음] 돌아갈 귀, 바를 정, 돌이킬 반, 근본 본.
[풀이] 正道(정도)로 돌아오고 本源(본원)으로 돌이킴. 출전 三國志(삼국지) 蜀志(촉지).

貴珠出賤蚌 (귀주출천방)★

[뜻음] 귀할 귀, 진주 주, 날 출, 천할 천, 조개 방.
[풀이] 귀한 진주는 천한 조개에서 나온다. 賢人(현인)이나 뛰어난 인물은 빈천한 데서 나온다는 말. 출전 抱朴子(포박자).

貴重顧籍 (귀중고적)

[뜻음] 귀할 귀, 무거울 중, 돌아볼 고, 서적 적.
[풀이] 自重(자중)하여 함부로 나아가지 않음. 籍(적)은 惜(석).

貴賤上下 (귀천상하)★

[뜻음] 귀할 귀, 천할 천, 위 상, 아래 하.
[풀이] 귀함과 천함, 높음과 낮음.

貴賤之別 (귀천지별)

[뜻음] 귀할 귀, 천할 천, 어조사 지, 나눌 별.

[풀이] 귀함과 천함의 구별.

龜鶴之壽 (귀학지수)★

[뜻음] 거북 귀, 학 학, 어조사 지, 목숨 수.
[풀이] 거북이나 학 같은 동물은 오래 살므로 長壽(장수)를 이르는 말. 장수하라고 축복해 주는 말. 출전 白居易(백거이)의 詩(시).

葵傾向日 (규경향일)★★★

[뜻음] 해바라기 규, 기울 경, 향할 향, 해 일.
[풀이] 해바라기 꽃이 늘 해를 따라 기운다. 임금이나 윗사람을 존경하며 충성을 다함.

葵藿傾陽 (규곽경양)★

[뜻음] 해바라기 규, 콩잎 곽, 기울 경, 볕 양.
[풀이] 해바라기와 콩잎이 해를 향해 기운다. 葵傾向日(규경향일). 출전 曹植(조식)의 글.

規矩準繩 (규구준승)★

[뜻음] 곧은 자 규, 곡척 구, 법 준, 줄 승.
[풀이] 規矩(규구)와 準繩(준승). 일상생활에서 지켜야 할 기준과 사물의 準則(준칙). 출전 淮南子(회남자).

赳赳武夫 (규규무부)★★

[뜻음] 살필 규, 호반 무, 사내 부.
[풀이] 용맹스러운 武士(무사). 출전 詩經(시경).

閨秀 (규수)★★

[뜻음] 안방 규, 빼어날 수.
[풀이] 남의 집 처녀를 정중하게 이르는 말. 학문과 재주가 뛰어난 여자. 才媛(재원)

規摸 (규모)★★

[뜻음] 곧은 자 규, 베낄 모.
[풀이] 사물을 企劃(기획)하여 구성하는 일. 물건의 형틀. 規(규)는 원을 그리는 兩脚器(양각기), 摸(모)는 畵工(화공)이 채색을 하기 전에 초벌 그림을 그리는 것을 이름. 출전 漢書 高帝紀(고제기).

閨房不肅 (규방불숙)

[뜻음] 규방 규, 방 방, 아니 불, 정숙할 숙.
[풀이] 婦人(부인)의 品行(품행)이 좋지 못함. 규방은 부녀자들이 거처하는 안방을 이름.

窺御激夫 (규어격부)★★★

[뜻음] 엿볼 규, 어거할 어, 부딪칠 격, 사내 부.
[풀이] 중국 춘추시대 齊(제)나라 晏子(안자: 晏嬰안영)의 마부의 아내가, 남편의 수레 모는 모습을 엿보고 그를 격려한 옛일에서, 內助(내조)의 공을 이르는 말. 안자의 수레를 끄는 마부가 意氣揚揚(의기양양)한 모습을 보고 마부의 아내가 이혼을 요구하였다. 키가 4자도 안 되는 안자는 재상이면서 침착하고 항상 겸허한 데 비하여 키자 8자나 되는 남편은 마부인 주제에 得意滿面(득의만면)하여 안자의 위신에 해를 끼쳤다는 것이 그 이유였다. 마부가 잘못을 깨닫고 自重(자중)하기에, 안자는 그를 大夫(대부)에 추천하였다고 한다. 출전 史記(사기).

竅如七星 (규여칠성)★

[뜻음] 뚫릴 규, 같을 여, 일곱 칠, 별 성.
[풀이] 북두칠성처럼 구멍이 뚫리다. 집이 헐어 천장에서 군데군데 빛이 새 들어오는 것을 익살스럽게 표현한 것임.

閨英閣秀 (규영각수)★

[뜻음] 규방 규, 꽃 영, 문설주 각, 빼어날 수.
[풀이] 아리따운 부녀자를 이름.

窺窬分毫 (규유푼호)★

[뜻음] 엿볼 규, 넘을 유, 한 푼 푼, 터럭 호.
[풀이] 한 毫(호)의 사소한 것도 엿보아 훔친다. 장사치를 이르는 말. 호는 1의 일천분의 일.

珪璋特達 (규장특달)★

[뜻음] 홀 규, 홀 장, 수컷 특, 보낼 달.
[풀이] 혼약의 예물로 다른 폐물은 보내지 않고 다만 珪璋(규장)만을 보낸다. 덕이 출중함을 비유하여 이르는 말. 珪璋(규장)은 옥으로 만든 귀중한 그릇. 예식 때 장식으로 쓰는 구슬. 훌륭한 인품.

閨中薄命 (규중박명)★

[뜻음] 안방 규, 가운데 중, 엷을 박, 목숨 명.
[풀이] 팔자가 사나운 젊은 여자. 박명이란 명이 짧은 것이 아니라 팔자가 기박한 것임.

閨中處子 (규중처자)★

[뜻음] 안방 규, 가운데 중, 곳 처, 자식 자.
[풀이] 안방 속에 있어서 아직 시집가지 않은 처녀. 안방에서만 생활한 처녀라서 세상 물정에 어두운 처녀를 나타낼 때 쓰기도 함.

窺豹一斑 (규표일반)★

[뜻음] 엿볼 규, 표범 표, 한 일, 무늬 반.
[풀이] 대롱 속으로 표범의 한 개의 얼룩무늬를 본다. 전체를 보지 못하고 한 부분만을 봄. 출전 晉書(진서).

糾合之衆 (규합지중)★★

[뜻음] 꼴 규, 모일 합, 갈 지, 무리 중.
[풀이] 烏合之衆(오합지중). 烏合之卒(오합지졸). 출전 史記(사기).

規行矩步 (규행구보)★

[뜻음] 곧은 자 규, 행할 행, 곱자 구, 걸음 보.
[풀이] 행보가 법도에 맞는다는 뜻. 곧 품행이 方正(방정)함. 곧은 자나 곱자는 모두 자이므로 법이나 법도를 나타냄. 출전 晉書(진서).

叫喚地獄 (규환지옥)★

[뜻음] 부르짖을 규, 부를 환, 땅 지, 옥 옥.
[풀이] 八熱地獄(팔열지옥)의 第四(제사). 阿鼻叫喚(아비규환).

鈞天廣樂 (균천광악)★

[뜻음] 서른 근 균, 하늘 천, 넓을 광, 풍악 악.
[풀이] 아주 미묘한 天上(천상)의 음악.

橘化爲枳 (귤화위지)★★★

[뜻음] 귤 귤, 화할 화, 될 위, 탱자 지.
[풀이] 귤이 변하여 탱자가 된다. 같은 종류의 것이라도 기후와 풍토가 다르면 그 모양과 성질이 달라진다. 사람도 주위환경이 달라지면 바뀌게 마련이라는 말.

≪周禮(주례)≫에 나오는 이야기이다.
春秋時代(춘추시대) 末期(말기) 齊(제)나라 晏嬰(안영)이 楚(초)나라 靈王(영왕)을 지혜로 굴복시키며 한 말. 안영은 孔子(공자)와는 맞수라고 할 수 있는 명재상으로 초나라 영왕은 그가 키가 작은 것을 빌미로 망신 주려 하면서 죄인을 안영 앞에서 심문하며,
"그 죄인이 어느 나라 사람이냐"고 물으니 捕吏(포리)들이 제나라 사람이라고 한즉, "제나라 사람은 원래 도둑질을 잘하오?" 하면서 안영을 凌蔑(능멸)하려 하자 안영은,
"회남의 귤을 회북에 옮겨 심으면 탱자가 된다"고 말해서 역공격으로 도리어 제나라를 멸시했다. 이 안영이 곧 晏子(안자)이다.

隙駒光陰 (극구광음)★★

[뜻음] 틈 극, 망아지 구, 빛 광, 그늘 음.
[풀이] 내달리는 말을 문틈으로 보는 것과 같다. 세월의 흐름이 썩 빠름. 광음은 세월임.

極口發明 (극구발명)★★

[뜻음] 다할 극, 입 구, 일으킬 발, 밝을 명.
[풀이] 온갖 말을 다 하여 변명함. 極口辯明(극구변명).

克己復禮 (극기복례)★★★

[뜻음] 이길 극, 몸 기, 회복할 복, 예도 례.
[풀이] 나를 이기고 예의를 회복하다. 제 욕심을 버리고 예의범절을 좇음.

≪論語(논어)≫ 顏淵篇(안연편)에 나오는 말이다.
顏淵(안연)이 孔子(공자)에게 仁(인)에 대해 물었을 때 공자는 이렇게 말했다.
"나를 이기고 예에 돌아가는 것이 인이다. 하루만 나를 이겨 예로 돌아가면 천하가 인으로 돌아온다. 인을 하는 것은 내게 있다. 남에게 있는 것이 아니다."
이 극기와 복례에 대해서는 여러 가지 학설이 있다. 그러나 대개 자신을 이긴다는 것은 이성으로 인간의 육체적인 욕망을 극복하는 것으로 풀이될 수 있고 복례의 禮(예)는 천지만물의 자연을 말하는 것으로 無我(무아)의 경지를 말한 것이라 볼 수 있다.
안연은 공자의 애제자이다. 공자는 또 다른 곳에서 제자들을 모아놓고 이렇게 평했다.
"回(회: 안연의 이름)는 석 달을 인에서 벗어나지 않았고, 그 나머지 사람들은 혹 하루에 한 번, 한 달에 한 번

잠시 인에 이를 뿐이다."
안연이 인에 대해 더 구체적으로 대답해 달라고 묻자,
"예가 아니면 보지도 말고, 예가 아니면 듣지도 말고, 예가 아니면 말도 하지 말고, 예가 아니면 움직이지도 말라"고 말했다.
克己(극기)라고도 하는데 극기는 자신을 이긴다는 뜻이다. 결국 극기복례는 제 욕심을 버리고 예의범절을 좇는다는 말이다.

克己奉公 (극기봉공)★★

[뜻음] 이길 극, 몸 기, 받들 봉, 공변될 공.
[풀이] 자신의 욕망을 엄격하게 제어하고 한마음 한뜻으로 사업에 몰두함. 극기와 봉공.

極樂淨土 (극락정토)★

[뜻음] 지극할 극, 즐거울 락, 깨끗할 정, 흙 토.
[풀이] 極樂世界(극락세계).

極樂往生 (극락왕생)★

[뜻음] 지극할 극, 즐거울 락, 갈 왕, 날 생.
[풀이] 죽어서 극락세계에서 다시 태어남.

劇孟一敵 (극맹일적)★

[뜻음] 심할 극, 맏 맹, 한 일, 원수 적.
[풀이] 周亞夫(주아부)가 河南(하남)에 이르러, 제후들에게 사내답고 용감하다고 알려진 劇孟(극맹)을 얻고 크게 기뻐하여, '한 敵國(적국)을 얻은 것과 같다'고 말했다는 옛일에서 온 말.

棘木之聽 (극목지청)★

[뜻음] 멧대추나무 극, 나무 목, 어조사 지, 들을 청.
[풀이] 罪狀(죄상)을 訊問(신문)하는 일. 왼쪽 九棘(구극)에는 三公(삼공)이 자리 잡고 오른쪽 구극에는 九卿(구경)이 자리 잡음.

極邊遠竄 (극변원찬)★

[뜻음] 다할 극, 가장자리 변, 멀 원, 숨길 찬.
[풀이] 아주 먼 지방으로 귀양을 보냄.

極奢極侈 (극사극치)★

[뜻음] 더할 극, 사치할 사, 사치할 치.
[풀이] 더할 수 없이 매우 奢侈(사치)함.

郤詵一枝 (극선일지)★

[뜻음] 고을이름 극, 많을 선, 한 일, 가지 지.
[풀이] 중국 晉(진)나라의 郤詵(극선)이 武帝(무제)에게, 자기의 對策(대책)은 천하제일이나 역시 桂林(계림)의 한 가지요, 崑山(곤산)의 片玉(편옥)과 같다고 대답한 옛일에서 온 말로, 자기의 관직을 맞갖지 않게 생각하여 대수롭지 않은 출세라는 뜻으로 이르는 말. 桂林一枝(계림일지).

極盛則敗 (극성즉패)★★

[뜻음] 다할 극, 번성할 성, 곧 즉, 패할 패.

[풀이] 너무 성하면 필경에는 敗亡(패망)함.

極惡無道 (극악무도)★

[뜻음] 다할 극, 악할 악, 없을 무, 도리 도.
[풀이] 지극히 악하고도 道義心(도의심)이 없음.

棘針刺心 (극침자심)★

[뜻음] 가시 극, 바늘 침, 찌를 자, 마음 심.
[풀이] 중국 진나라의 顧愷之(고개지)가 사모하는 여인의 초상화를 그려 놓고, 가시나무 가시로 그 가슴을 찔러, 마침내 뜻을 이루었다는 옛일에서 온 말.

隙穴之臣 (극혈지신)★

[뜻음] 틈 극, 구멍 혈, 어조사 지, 신하 신.
[풀이] 안에 있으면서 은밀히 적에게 內通(내통)하는 者(자). 임금의 틈을 엿보는 叛逆(반역)의 뜻을 품은 신하. 背反者(배반자). 출전 韓非子(한비자).

勤儉勞作 (근검노작)★

[뜻음] 부지런할 근, 검소할 검, 힘쓸 노, 지을 작.
[풀이] 부지런하고 검소하여 노력을 들여 일함.

勤儉尙武 (근검상무)★

[뜻음] 부지런할 근, 검소할 검, 숭상할 상, 굳셀 무.
[풀이] 업무에 勤實(근실)하고 儉約(검약)을 존중하며 武勇(무용)을 숭상함.

勤儉治家之本 (근검치가지본)★

[뜻음] 부지런할 근, 검소할 검, 다스릴 치, 집 가, 어조사 지, 근본 본.
[풀이] 근검과 절약은 집안을 다스리는 데 근본이 됨.

僅僅扶持 (근근부지)★

[뜻음] 겨우 근, 도울 부, 가질 지.
[풀이] 겨우 배겨 나감. 간신히 견디어 나감.

勤勤孜孜 (근근자자)★

[뜻음] 부지런할 근, 힘쓸 자.
[풀이] 아주 부지런하게 사는 모양.

勤無價寶 (근무가보)★

[뜻음] 부지런할 근, 없을 무, 값 가, 보물 보.
[풀이] 부지런함은 값을 매길 수 없는 보물이다. 부지런히 일하는 것은 헤아릴 수 없이 큰 보배라는 뜻.

近墨者黑 (근묵자흑)★★★

[뜻음] 가까울 근, 먹 묵, 놈 자, 검을 흑.
[풀이] 먹을 가까이하면 검어진다. 좋지 못한 사람과 가까이 하면 악에 물들게 됨. 近朱者赤近墨者黑(근주자적근묵자흑).

謹愼 (근신)★★

[뜻음] 삼갈 근, 삼갈 신.
[풀이] 말과 행동을 조심하고 삼감. 출전 諸葛亮(제갈량)의 出師表(출사표).

謹言愼行 (근언신행)★

[뜻음] 삼갈 근, 말씀 언, 삼갈 신, 행할 행.
[풀이] 말을 삼가고 행동을 조심함. 출전 禮記(예기).

近悅遠來 (근열원래)★

[뜻음] 가까울 근, 기쁠 열, 멀 원, 올 래.
[풀이] 인근 사람들이 즐거워하고, 먼 데 사람들도 흠모하여 모여듦. 덕택이 널리 미치는 일. 近者說遠者來(근자열원자래). 출전 論語(논어).

近者說服 (근자열복)★

[뜻음] 가까울 근, 사람 자, 기꺼울 열, 복종할 복.
[풀이] 인근의 백성들이 즐겨 따름. 출전 論語(논어).

近朱者赤近墨者黑 (근주자적근묵자흑)★★

[뜻음] 가까울 근, 붉을 주, 놈 자, 붉을 적, 먹 묵, 검을 흑.
[풀이] 붉은 인주를 가까이 하면 붉게 되고 먹을 가까이하게 되면 검게 물든다. 착한 사람과 사귀면 착해지고, 악한 사람과 사귀면 악해짐에 비유함.

近取諸身遠取諸物 (근취저신원취저물)★

[뜻음] 가까울 근, 취할 취, 어조사 저, 몸 신, 멀 원, 만물 물.
[풀이] 가깝게는 자기 몸에서 진리를 찾고 멀리는 각각의 사물에서 진리를 찾아야 함. 출전 易經(역경) 繫辭上傳(계사상전).

謹賀新年 (근하신년)★

[뜻음] 삼갈 근, 하례할 하, 새 신, 해 년.
[풀이] 삼가 새해를 축복하옵니다. 새해의 복을 비는 인사.

槿花一日榮 (근화일일영)★

[뜻음] 무궁화 근, 꽃 화, 한 일, 날 일, 영화 영.
[풀이] 무궁화는 아침에 피었다가 저녁에 시듦. 곧 잠시의 영화. 사람의 榮華(영화)가 무궁화처럼 덧없음. 무궁화꽃은 하루라도 스스로 영화로 삼는다는 말. 槿花一朝夢(근화일조몽).

槿花一朝夢 (근화일조몽)★★★

[뜻음] 무궁화 근, 꽃 화, 한 일, 아침 조, 꿈 몽.
[풀이] 무궁화꽃은 하루라도 스스로 영화로 삼는다. 槿花一日榮(근화일일영).

근화는 무궁화꽃을 말한다. 겨우 하루아침만의 영화를, 덧없고 허무한 인간의 영화에 비교해서 쓰고 있는 말이다.
白樂天(백낙천)의 시에는 '槿花一日榮(근화일일영)'이라는 구절이 나온다.

태산은 털끝도 업신여기기를 필요로 않고
顔子(안자)는 老彭(노팽)을 부러워하는 마음이 없다.
소나무는 천 년이라도 끝내는 썩고 말고
무궁화꽃은 하루라도 스스로 영화로 삼는다.
어찌 모름지기 세상을 그리워하며 항상 죽음을 근심하리오
또한 몸을 싫어하고 함부로 삶을 싫어하지 말라.
삶이 가고 죽음이 오는 것이 다 이것이 헛것이다.

헛된 사람의 슬퍼하고 즐겨하는 것에 무슨 정을 매리오.

그러나 白樂天(백낙천)이 여기서 말한 무궁화꽃의 하루영화란, 영화의 덧없는 것을 한탄한 것이 아니고 하루의 영화로 만족해하라는 뜻이다. 우리가 현재 쓰고 있는 하루 아침의 꿈이란 뜻과는 상당한 거리가 있는 말이다.

琴歌酒賦 (금가주부)★

[뜻음] 거문고 금, 노래 가, 술 주, 문장 부.
[풀이] 거문고를 타며 노래하고 술을 마시며 시를 짓는다. 隱者(은자)의 생활.

金剛夜叉 (금강야차)★

[뜻음] 쇠 금, 굳셀 강, 밤 야, 깍지 낄 차.
[풀이] 불교에서 五大明王(오대명왕)의 하나. 얼굴이 셋이고 팔이 여섯으로 무기를 가지고 북방을 지켜 일체의 악마를 항복받음.

金鼓振天 (금고진천)★

[뜻음] 쇠 금, 북 고, 떨칠 진, 하늘 천.
[풀이] 종소리와 북소리가 하늘을 뒤흔든다. 激戰(격전)을 형용하는 말. 출전 三國志(삼국지) 蜀志(촉지).

金鼓喊聲 (금고함성)★

[뜻음] 쇠 금, 북 고, 소리 함, 소리 성.
[풀이] 전쟁터에서 징소리 북소리와 군사들이 지르는 고함소리.

金谷酒數 (금곡주수)★

[뜻음] 쇠 금, 골짜기 곡, 술 주. 셈 수.
[풀이] 미처 시를 짓지 못한 사람에게 주는 벌주. 중국 晉(진)나라 石崇(석숭)이 금곡의 별장에 빈객을 초대하여 잔치를 베풀고 시를 짓지 못하는 사람에게는 罰酒(벌주) 서 말을 먹였다는 일. 석숭은 부자의 대명사가 됨. 출전 李白(이백)의 春夜宴桃李園序(춘야연도리원서).

金科玉條 (금과옥조)★★★

[뜻음] 쇠 금, 조목 과, 구슬 옥, 조목 조.
[풀이] 금이나 옥과 같이 귀중한 법칙이나 규정. 조금도 움직일 수 없는, 금이나 옥처럼 귀중히 여기는 법률. 출전 揚雄(양웅)의 글.

金口木舌 (금구목설)★

[뜻음] 쇠 금, 입 구, 나무 목, 혀 설.
[풀이] 옛날에 敎令(교령)을 발포할 때 치던 목탁의 구조를 이름. 轉(전)하여 학자가 지위를 얻어 민중을 교도함을 비유한 말. 言說(언설)로써 사회를 이끄는 인물.

金甌無缺 (금구무결)★

[뜻음] 황금 금, 사발 구, 없을 무, 흠 결.
[풀이] 조금도 흠집이 없는 황금 단지. 나라가 한 번도 外侮(외모)를 받지 않음을 이름. 外侮(외모): 외부로부터의 모멸과 모욕. 출전 南史(남사).

金甌覆名 (금구복명)★

[뜻음] 쇠 금, 사발 구, 뒤집을 복, 이름 명.
[풀이] 새로 재상을 임명하는 일. 唐(당)의 玄宗(현종)이 재상을 임명하여 그 이름을 책상 위에 써놓고 금사발로 가려 신하에게 맞히게 한 고사에서 나옴. 출전 唐書(당서) 崔琳傳(최림전).

金口閉舌 (금구폐설)★

[뜻음] 쇠 금, 입 구, 닫을 폐, 혀 설.
[풀이] 입을 다물고 혀를 놀리지 않는다. 침묵하고 말하지 않음을 이름.

金龜換酒 (금귀환주)★

[뜻음] 쇠 금, 거북 귀, 바꿀 환, 술 주.
[풀이] 금 거북으로 술을 바꾸어 마심. 중국 唐(당)나라 때 詩人(시인) 李太白(이태백)과 賀知章(하지장)이 만나서 금 거북을 주고 술을 사 먹은 고사에서 유래함.

琴棋書畵 (금기서화)★

[뜻음] 거문고 금, 바둑 기, 글 서, 그림 화.
[풀이] 속세를 떠난 경지에서, 거문고를 타며, 바둑을 두며, 글씨를 쓰며, 그림을 그린다. 風雅(풍아)한 사람의 風流韻事(풍류운사)를 이르는 말.

琴棋詩酒 (금기시주)★★

[뜻음] 거문고 금, 바둑 기, 시 시, 술 주.
[풀이] 속세를 떠난 경지에서, 거문고를 타며, 바둑을 두며, 시를 지으며, 술을 마신다. 풍류 있게 노는 것. 琴棋書畵(금기서화). 출전 通俗編(통속편).

金蘭之交 (금란지교)★★★

[뜻음] 쇠 금, 난초 란, 갈 지, 사귈 교.
[풀이] 쇠라도 자를 수 있고 난초의 향기 같은, 친구 사이의 매우 두터운 情誼(정의). 출전 易經(역경) 繫辭上傳(계사상전).

錦鱗玉尺 (금린옥척)★★

[뜻음] 비단 금, 비늘 린, 옥 옥, 자 척.
[풀이] 아름답게 보이고 맛도 좋으며 크기가 한 자가량 되는 물고기.

金馬玉堂 (금마옥당)★

[뜻음] 쇠 금, 말 마, 옥 옥, 집 당.
[풀이] 한나라 때 金馬門(금마문) 玉堂殿(옥당전)은 문학을 하는 선비가 出仕(출사)하는 관아로, 후세에 翰林院(한림원)을 金馬玉堂(금마옥당)이라 함. 출전 漢書(한서) 公孫弘傳(공손홍전).

今榜壯元 (금방장원)★

[뜻음] 이제 금, 방 방, 씩씩할 장, 으뜸 원.
[풀이] 이번 과거 시험에서 으뜸을 한 사람.

金山玉海 (금산옥해)★

[뜻음] 쇠 금, 뫼 산, 옥 옥, 바다 해.
[풀이] 氣宇(기우)가 뛰어나고 거룩하며 智謀(지모)가 깊은 인격을 이름.

金山鐵壁 (금산철벽)★

[뜻음] 쇠 금, 뫼 산, 쇠 철, 벽 벽.
[풀이] 어떤 물건이 금산과 철벽처럼 매우 견고함.

錦上添花 (금상첨화)***

[뜻음] 비단 금, 위 상, 더할 첨, 꽃 화.
[풀이] 비단 위에 꽃을 더한다. 좋은 것에 더 좋은 것을 보탬. 아름다운 데에 아름다운 것을 더함. 좋은 일에 또 좋은 일을 더함.

唐宋(당송) 八大家(팔대가) 중의 한 사람인 王安石(왕안석)의 [卽事(즉사)]에 나온다.

강은 남원을 흘러 언덕 서쪽으로 기우는데
바람엔 맑은 빛이 있고 이슬에는 꽃이 있다.
문 앞의 버들은 옛사람 도령의 집이요
우물가의 오동은 전날 총지의 집이다.
좋은 모임에 잔 속의 술을 비우려 하는데
고운 노래는 비단 위에 꽃을 더한다.
문득 무릉의 술과 안주를 즐기는 손이 되어
내 근원엔 응당 붉은 노을이 적지 않으리라.

河流南苑岸西斜　風有晶光露有華
(하류남원안서사　풍유정광로유화)
門柳故人陶令宅　井桐前日總恃家
(문류고인도영택　정동전일총시가)
嘉招欲覆盃中淥　麗唱仍添錦上花
(가초욕복배중록　려창인첨금상화)
便作武陵樽俎客　川源應未少紅霞
(편작무릉준조객　천원응미소홍하)

이 시는 그가 晩年(만년)에 政界(정계)를 떠나 南京(남경)의 閑寂(한적)한 곳에 살 때 지은 것으로 추측된다. '즉사'는 보고 느낀 대로 즉석에서 읊은 卽興詩(즉흥시)를 말한다.

今生苦樂 (금생고락)*

[뜻음] 이제 금, 살 생, 괴로울 고, 즐거울 락.
[풀이] 현재 세상에서 겪는 고통과 즐거움.

金生麗水 (금생여수)*

[뜻음] 쇠 금, 날 생, 고울 여, 물 수.
[풀이] 금은 중국의 여수에서 많이 난다는 말.

金生麗水玉出崑岡 (금생려수옥출곤강)*

[뜻음] 쇠 금, 날 생, 고울 려, 물 수, 구슬 옥, 날 출, 뫼 곤, 뫼 강.
[풀이] 금은 여수에서 나고, 구슬은 崑崙山(곤륜산)에서 나온다.

黃金(황금)은 여수 하천의 모래 속에서 나고, 옥은 곤륜의 산등성이에서 난다. 사금이 나는 여수의 위치에는 구구한 설이 있다. ≪韓非子한비자≫에서는 "형남의 땅 여수에서 금이 나는데 사람들이 자주 몰래 캐어 간다. 荊南之地 麗水之中 生金 人多竊采金 형남지지 여수지중 생

금 인다절채금"이라 했다. 또 雲南省(운남성) 麗江(여강) 納西族(납서족) 자치현으로 흘러 들어오는 북녘 金沙江(금사강)을 드는 사람도 있다. 昆岡(곤강)에 대해서도 여수와 같이 그 설은 두 갈래인데, 일설에는 江蘇省(강소성) 江都縣(강도현) 서북 녘에 있는 崑山(곤산)을 말한다고 한다. 곤산은 곤륜산이라고도 부른다. 楚(초)나라 사람 卞和(변화)가 이 산에서 옥을 얻어 성왕에게 바치니 이것이 바로 和氏璧(화씨벽)이다. 우리가 흔히 完璧(완벽)이라는 말을 쓰는데 바로 이 화씨벽에서 비롯된 말이다. 뒤에 진나라에서 이것으로 玉璽(옥새)를 만들었다고 한다. 출전 千字文(천자문).

金石牢約 (금석뇌약)*

[뜻음] 쇠 금, 돌 석, 우리 뇌, 묶을 약.
[풀이] 金石盟約(금석맹약).

金石盟約 (금석맹약)**

[뜻음] 쇠 금, 돌 석, 맹서 맹, 약속 약.
[풀이] 금석처럼 굳은 약속. 金石牢約(금석뇌약).

金石絲竹 (금석사죽)**

[뜻음] 쇠 금, 돌 석, 실 사, 대 죽.
[풀이] 악기의 네 가지 재료. 금은 종, 석은 경, 사는 거문고와 비파, 죽은 피리나 퉁소 따위. 출전 禮記(예기).

金石相約 (금석상약)*

[뜻음] 쇠 금, 돌 석, 서로 상, 약속할 약.
[풀이] 金石盟約(금석맹약)

今昔之感 (금석지감)***

[뜻음] 이제 금, 옛 석, 갈 지, 느낄 감.
[풀이] 지금과 옛날에 대한 느낌. 옛날과 비교해 변함이 심하여 저절로 일어나는 느낌.

金蟬脫殼 (금선탈각)*

[뜻음] 쇠 금, 매미 선, 벗을 탈, 허물 각.
[풀이] 허물을 벗음. 몸을 빼고 도망함.

金聲玉振 (금성옥진)***

[뜻음] 쇠 금, 소리 성, 옥 옥, 떨칠 진.
[풀이] 금성은 鐘(종)소리, 옥진은 磬(경)소리. 八音(팔음)을 합주할 때, 맨 처음 종을 쳐서 그 소리를 헤치고, 맨 끝으로 경을 쳐서 그 음을 거두어들여 음악을 끝낸다. ① 始終(시종)을 온전히 하여 智德(지덕)을 겸비하고 있음을 비유하여 이르는 말. ② 사물을 集大成(집대성)하는 일. ③ 전자와 후자의 언론 詞藻(사조)가 맥락이 서로 연결되어 모두 일세의 숭상하는 바 됨을 이름. ④ 孔子(공자)의 集大成(집대성)을 讚美(찬미)한 말. 集大成(집대성). 출전 孟子(맹자) 萬章下篇(만장하편).

金城湯池 (금성탕지) ★★★

[뜻음] 쇠 금, 재 성, 끓일 탕, 못 지.
[풀이] 끓어오르는 못에 둘러싸인 무쇠 성. 쇠로 만든 성곽과 끓는 물로 채운 연못. 방비가 아주 견고함. 金城鐵壁(금성철벽).

≪漢書(한서)≫ 蒯通傳(괴통전)에 나오는 말이다.
秦(진)나라 시황제(始皇帝: B.C. 246∼210)가 죽고 어리석은 2세 황제가 즉위하자 전국 시대 6강국의 후예들이 군사를 일으켜 고을의 우두머리를 죽이고 관청을 점거했다. 그 무렵, 武臣(무신)이라는 사람이 趙(조)나라의 옛 땅을 평정하고 武信君(무신군)이라 일컬었다. 이를 본 모사 蒯通(괴통)은 范陽縣令(범양 현령) 서공을 찾아가 이렇게 말했다.
"사또께서는 지금 매우 위급한 처지에 놓여 있습니다. 그러나 제 말대로 하시면 轉禍爲福(전화위복)이 될 수도 있습니다."
서공은 깜짝 놀라서 물었다.
"무엇이 위급하다는 거요?""사또께서 현령으로 재임한 지난 10년 동안에 진나라의 가혹한 형벌로 인해 부모가 처형당한 사람, 손발이 잘린 사람, 억울하게 죄인이 된 사람들이 많은데, 지금 그들은 사또를 원망하여 죽일 기회만 노리고 있다는 걸 모르십니까?"
"모르오, 그런데, 전화위복이란 또 무슨 말이오?"
"제가 사또를 대신해서 지금 세력이 한창인 무신군을 만나, 싸우지 않고 땅이나 성을 손에 넣을 수 있는 계책을 말해 주면, 그는 틀림없이 사또를 후대할 것입니다."
"그럼, 나를 위해 수고해 주시오."
이리하여 무신군을 찾아간 괴통은 이렇게 말했다.
"만약 귀공이 범양을 쳐서 현령이 항복한 경우, 그 현령을 푸대접한다면 죽음을 두려워하며 부귀를 바라는 각지의 현령들은 '항복하면 범양 현령처럼 푸대접받는다'며 더욱 군비를 강화하여 마치 '끓어오르는 못에 둘러싸인 무쇠 성(金城湯池)' 같은 鐵壁(철벽)의 수비를 굳히고 귀공의 군대를 기다릴 것입니다. 그땐 공격이 쉽지 않을 것이오. 그러니 지금 범양 현령을 극진히 맞이하여 그로 하여금 각지의 현령들을 찾아보게 하십시오. 그러면 그들은 모두 싸우지 않고 기꺼이 항복할 것입니다."
무신군은 쾌히 괴통의 제안을 받아들였다. 그리고 그대로 실행한 결과 화북(華北: 황하 중·하류 유역의 지방)에서만도 30여 성이 항복을 자청해 왔다. 한편 戰禍(전화)를 모면한 범양 백성들은 서공의 덕을 칭송하며 기뻐했다고 한다.
방비가 아주 견고함을 이르는 말이니 '難攻不落(난공불락)'의 성이나 다름없다.

錦繡江山 (금수강산) ★★★

[뜻음] 비단 금, 비단 수, 강 강, 뫼 산.
[풀이] 비단에 수를 놓은 듯이 아름다운 산천. 우리나라 삼천리 강산의 아름다움. 경치가 좋은 山川(산천).

禽獸魚蟲 (금수어충) ★

[뜻음] 날짐승 금, 길짐승 수, 물고기 어, 벌레 충.
[풀이] 날짐승과 길짐승과 물고기와 벌레. 사람이 아닌 모든 동물을 통틀어 이르는 말.

琴瑟不調 (금슬부조) ★★

[뜻음] 거문고 금, 거문고 슬, 아니 부, 고를 조.
[풀이] 작은 거문고와 큰 거문고가 가락이 맞지 않음. 부부간에 서로 화합하지 못함.

琴瑟相和 (금슬상화) ★★

[뜻음] 거문고 금, 큰 거문고 슬, 서로 상, 화할 화.
[풀이] 거문고와 큰 거문고 소리가 잘 調和(조화)됨. 부부간에 화합. 琴瑟之樂(금슬지락).

琴瑟之樂 (금슬지락) ★★★

[뜻음] 거문고 금, 비파 슬, 갈 지, 즐거울 락.
[풀이] 夫婦(부부)의 화평하고 즐거움. 일가 화합의 즐거움. 夫婦(부부)의 화평하고 즐거움. 일가 화합의 즐거움. '금실지락', '금슬'이라고도 한다.

≪詩經(시경)≫ 小雅(소아) 常棣篇(상체편)은 한 집안의 和合(화합)함을 노래했다. 이 시의 제七章(칠장)에,

처자의 좋게 합하는 것이
거문고를 치는 것과 같고
형제가 이미 합하여
화락하고 또 즐겁다.

妻子好合 처자호합
如鼓瑟琴 여고슬금
兄弟歸翕 형제귀흡
和樂且湛 화락차탐

라고 했다.
여기서 슬금이 곧 금슬이다. 슬은 큰 거문고를 말하고 금은 보통 거문고를 말한다. 큰 거문고와 보통 거문고를 가락에 맞추어 치듯, 아내와 뜻이 잘 맞는다는 것을 말한 것이다. 처자는 아내와 자식이란 뜻도 되고, 아내를 나타내기도 한다.
또 같은 ≪詩經(시경)≫ 國風(국풍) 關雎篇(관저편) 제四章(사장)에,

요조한 숙녀를

금슬로써 벗한다.

窈窕淑女 요조숙녀
琴瑟友之 금슬우지

고 했다. 조용하고 얌전한 처녀를 아내로 맞아 거문고를 치며 서로 사이좋게 지낸다는 뜻이다. 여기서 부부간의 정을 금슬로써 표현하게 되었고 부부간의 금슬이 좋은 것을 '琴瑟相和(금슬상화)'라는 문자로 표현하기도 한다.

今時發福 (금시발복)★

[뜻음] 이제 금, 때 시, 트일 발, 복 복.
[풀이] 어떤 일을 한 뒤에 이내 좋은 수가 트이어 부귀를 누리게 됨. 당장 복이 나타남.

今時初聞 (금시초문)★

[뜻음] 이제 금, 때 시, 처음 초, 들을 문.
[풀이] 이제야 막 처음으로 들음.

琴瑟相和 (금슬상화)★

[뜻음] 거문고 금, 비파 슬, 서로 상, 화할 화.
[풀이] 琴瑟相和(금슬상화)

衾影無慚 (금영무참)★

[뜻음] 이불 금, 그림자 영, 없을 무, 부끄러울 참.
[풀이] 이불이나 자기 그림자에 대해서도 부끄러운 짓을 하지 않는다. 남이 안 보는 데서도 言行(언행)을 삼가 良心(양심)에 조금도 부끄러울 것이 없음. 출전 宋史(송사).

金烏玉兎 (금오옥토)★

[뜻음] 쇠 금, 까마귀 오, 구슬 옥, 토끼 토.
[풀이] 금빛으로 빛나는 까마귀와 옥토끼. 해와 달의 상징물.

金玉君子 (금옥군자)★

[뜻음] 쇠 금, 구슬 옥, 군자 군, 선생 자.
[풀이] 외모와 행실이 아름답고 품격이 있는 남자. 절개가 굳은 군자. 출전 宋史(송사).

金玉滿堂 (금옥만당)★

[뜻음] 쇠 금, 옥 옥, 찰 만, 집 당.
[풀이] 보배가 방 안에 가득 참. 轉(전)하여 어진 신하가 조정에 가득함을 비유. 재주와 학문이 빼어남.

金玉崇而寇盜至 (금옥숭이구도지)★

[뜻음] 쇠 금, 옥 옥, 높을 숭, 말 이을 이, 도둑 구, 훔칠 도, 이를지.
[풀이] 금옥을 숭상하면 도둑이 든다. 한갓 재물을 귀하게 여기면 재앙이 따른다는 말. 출전 抱朴子(포박자).

金旺之節 (금왕지절)★

[뜻음] 쇠 금, 성할 왕, 어조사 지, 절기 절.
[풀이] 五行(오행) 중에서 金氣(금기)가 왕성한 절기. 가을의 절후.

金友玉昆 (금우옥곤)★

[뜻음] 쇠 금, 벗 우, 옥 옥, 형 곤.
[풀이] 남의 형제를 기리어 이르는 말. 금 같은 아우와 옥 같은 아우. 거울이 될 만한 남의 형제를 칭찬하는 말.

金銀寶貨 (금은보화)★

[뜻음] 쇠 금, 은 은, 보배 보, 재화 화.
[풀이] 금과 은과 보배로운 물건. 金銀寶貝(금은보패).

錦衣尚絅 (금의상경)★

[뜻음] 비단 금, 옷 의, 오히려 상, 홑옷 경.
[풀이] 비단옷이 너무 화려하여 비단옷을 입을 때는 그 위에 絅衣(경의)를 걸쳐 입어 지나치게 화려한 느낌이 들지 않게 함. 선비가 내면에 높은 학식과 덕망을 갖추었더라도 남 앞에서 가볍게 이를 뽐내거나 드러내서는 안 됨을 비유함.

錦衣夜行 (금의야행)★★★

[뜻음] 비단 금, 옷 의, 밤 야, 다닐 행.
[풀이] 비단옷을 입고 밤길을 걷다. 자랑삼아 하지만 생색이 나지 않음을 이르는 말.

≪史記(사기)≫ 項羽本紀(항우본기)에 나오는 이야기이다. 부귀를 갖추고도 고향에 돌아가지 않는 것은 비단옷을 입고 밤길을 가는 것과 같다고 한 항우의 고사에 나온다.
楚(초)나라 項羽(항우)의 참모가 鴻門(홍문)잔치에서 劉邦(유방)을 죽이려다가 시기를 놓친 후 며칠이 지나 서쪽으로 향해 秦(진)나라 서울 咸陽(함양)을 무찔렀다. 이미 유방이 항복을 받아놓은 땅에 거저로 入城(입성)한 항우는 궁전을 불사르고 秦始皇(진시황)의 孫子(손자)이자 부소의 아들인 子嬰(자영)을 끌어내 죽이고 금은보화를 차지하고 다시 동으로 향했다. 참모 중 한 사람이 關中(관중)을 차지해야 천하를 圖謀(도모)할 수 있다고 간하자 항우는 다음과 같이 말했다.
"부귀를 하고 고향에 돌아가지 않으면 비단옷을 입고 밤길 가는 것과 같다. 누가 알아줄 사람이 있겠는가!"
항우는 그저 출세한 줄 알고 고향에 돌아가고 싶은 마음만 가득했다. 항우의 謀士(모사)들이 왜 다들 떠나 버렸는지 알 만한 대목이다.

錦衣玉食 (금의옥식)★

[뜻음] 비단 금, 옷 의, 구슬 옥, 밥 식.
[풀이] 비단 옷에 흰 쌀밥. 의식이 사치하고 호강스러움. 비단 옷과 옥 같은 밥. 호화로운 생활. 출전 宋史(송사) 李薦傳(이천전).

錦衣還鄉 (금의환향)★★★

[뜻음] 비단 금, 옷 의, 돌아올 환, 고을 향.
[풀이] 비단 옷을 입고 고향에 돌아감. 벼슬하여 또는 성공하여 고향에 돌아옴. 衣錦還鄉(의금환향). 출전 南史(남사).

今日之顔子 (금일지안자)★

[뜻음] 이제 금, 날 일, 갈 지, 얼굴 안, 선생 자.
[풀이] 요즘 세상의 顔回(안회). 어진 사람을 극찬하는 말. 안회는 孔子(공자)의 제자로 인자하고 덕이 있었음. 출전 晉書(진서) 羊祜傳(양호전).

金章玉句 (금장옥구)★

[뜻음] 쇠 금, 글 장, 옥 옥, 글귀 구.
[풀이] 금옥처럼 훌륭한 시가나 문장. 月章星句(월장성구).

金章紫綬 (금장자수)★

[뜻음] 쇠 금, 문장 장, 자줏빛 자, 인끈 수.
[풀이] 높은 벼슬아치에게 주는 표지인 인장과 인끈.

金齏玉膾 (금제옥회)★

[뜻음] 쇠 금, 양념 제, 옥 옥, 회 회.
[풀이] 맛있는 무침과 생선회. 제는 양념, 회는 날것. 맛있는 요리.

金樽美酒千人血 (금준미주천인혈)★★

[뜻음] 쇠 금, 술동이 준, 아름다울 미, 술 주, 일천 천, 사람 인, 피 혈.
[풀이] 금동이 술은 백성들의 고혈임. 백성을 착취한 수령을 풍자하는 이몽룡의 시구. 출전 春香傳(춘향전).

金枝玉葉 (금지옥엽)★★★

[뜻음] 쇠 금, 가지 지, 구슬 옥, 잎 엽.
[풀이] 금 가지와 옥 잎사귀. ① '임금의 가족'을 높여 이르는 말. ② 귀여운 자손. ③ 황족. 왕족. 수목에 비유한 말. ④ 아름다운 구름의 형용. 아름다운 초목에 비유한 말.

禽之止羽必墮 (금지지우필추)★

[뜻음] 날짐승 금, 어조사 지, 그칠 지, 깃 우, 반드시 필, 떨어질 추.
[풀이] 새가 앉는 곳마다 깃이 떨어진다. ① 사람이 이사를 자주 하면 손해를 본다. ② 직장을 자주 옮기면 좋지 않다. ③ 사람이나 짐승은 머물렀다가 떠나면 흔적을 남기게 마련이다. 출전 青莊館全書(청장관전서).

禁治産者 (금치산자)★

[뜻음] 금할 금, 다스릴 치, 낳을 산, 놈 자.
[풀이] 재산을 행사할 권리를 금지당한 사람.

金盒玉壺 (금합옥호)★

[뜻음] 쇠 금, 합 합, 구슬 옥, 호리병 호.
[풀이] 금으로 만든 상자와 옥으로 만든 항아리.

金革之亂 (금혁지난)★

[뜻음] 피 금, 가죽 혁, 어조사 지, 어지러울 란.
[풀이] 金革(금혁)은 兵器(병기)를 통틀어 이르는 말. 따라서 전쟁의 고난을 이름.

金革之世 (금혁지세)★

[뜻음] 쇠 금, 가죽 혁, 어조사 지, 세상 세.
[풀이] 金革(금혁)은 兵器(병기)를 통틀어 이르는 말. 전쟁이 끊이지 아니하는 난세. 전란의 세상

禁火禁伐 (금화금벌)★

[뜻음] 금할 금, 불 화, 벨 벌.
[풀이] 산에서 불 쓰는 것을 금하고 함부로 나무를 베지 못하게 함.

金丸彈雀 (금환탄작)★

[뜻음] 쇠 금, 탄환 환, 쏠 탄, 참새 작.
[풀이] 황금의 탄환으로 참새를 쏜다. 소득이 적은데 쓸데없는 비용만 들임. 출전 西京雜記(서경잡기).

急急如律令 (급급여율령)★★

[뜻음] 급할 급, 같을 여, 법 율, 명령 령.
[풀이] 빨리빨리 律令(율령)과 같이 하라는 뜻으로 본시 漢代(한대)의 공문서의 용어였으나 후세에 道士(도사)가 邪鬼(사귀)를 쫓는 呪文(주문)의 끝에 첨가하여 빨리 달아나라는 뜻으로 쓴 말.

急急營營 (급급영영)★

[뜻음] 급할 급, 경영할 영.
[풀이] 바쁘게 부지런히 일함.

急流勇退 (급류용퇴)★★★

[뜻음] 급할 급, 흐를 류, 날랠 용, 물러날 퇴.
[풀이] 물살이 급한 강물을 용감하게 건넌다. 기회를 보아 벼슬자리에서 서슴없이 물러남.

汲深綆短 (급심경단)★★

[뜻음] 길을 급, 깊을 심, 두레박줄 경, 짧을 단.
[풀이] 깊은 우물의 물을 긷는데 두레박줄이 짧다. 임무는 무거운데 힘이 부침. 출전 莊子(장자).

急於星火 (급어성화)★

[뜻음] 급할 급, 어조사 어, 별 성, 불 화.
[풀이] 마치 별똥의 불빛같이 급하고 빠름.

急轉直下 (급전직하)★

[뜻음] 급할 급, 구를 전, 곧을 직, 아래 하.
[풀이] 갑자기 전환하여 곧장 떨어짐. 어떤 일이나 형세가 갑자기 바뀌어 걷잡을 수 없이 막 내리밀림.

急進急退 (급진급퇴)★

[뜻음] 급할 급, 나아갈 진, 물러날 퇴.
[풀이] 급작스럽게 앞으로 나아갔다가 급작스럽게 물러남.

急行無善步 (급행무선보)★

[뜻음] 급할 급, 행할 행, 없을 무, 착할 선, 걸음 보.
[풀이] 급한 걸음에 좋은 걸음걸이가 없다. 급히 한 일에는 좋은 결과가 없음의 비유로 쓰임. 출전 論衡(논형).

肯綮 (긍경)★

[뜻음] 수긍할 긍, 힘줄 붙은 곳 경.
[풀이] 긍은 뼈에 붙은 살이고, 경은 힘줄과 뼈가 한데 엉킨 곳이다. 따라서 中肯綮(중긍경)은 일의 급소를 찌르는 것, 요점을 정확히 포착하는 것을 말함.

肯構肯堂 (긍구긍당)★

[뜻음] 수긍할 긍, 얽을 구, 집 당.
[풀이] 아비가 업을 시작하고 자식이 繼承(계승)함의 비유.

兢兢業業 (긍긍업업)★

[뜻음] 삼갈 긍, 업 업.
[풀이] 늘 조심하여 공경하고 삼감. 兢兢(긍긍).

肯堂肯構 (긍당긍구)★

[뜻음] 즐길 긍, 집 당, 얽을 구.
[풀이] 아버지의 사업을 아들이 계승하여 이루는 일. 肯構肯堂(긍구긍당). 출전 書經(서경).

掎角之勢 (기각지세)★★★

[뜻음] 뽑을 기, 뿔 각, 어조사 지, 기세 세.
[풀이] 앞뒤에서 적과 맞서는 태세. 기각이란 사슴을 사로잡을 때 쓰는 수법으로 군사를 좌우로 벌이고 서로 도우면서 공격하는 전술. 출전 三國志演義(삼국지연의).

氣蓋關中 (기개관중)★

[뜻음] 기운 기, 덮을 개, 빗장 관, 가운데 중.
[풀이] 의기가 관중을 압도한다. 의기가 왕성함. 關中(관중)은 函谷關(함곡관)으로, 武關(무관). 蕭關(소관). 隴關(농관). 大散關(대산관) 등과 함께 중요한 통치지였음. 渭水(위수) 유역에 있는 평야. 출전 史記(사기) 季布傳(계포전).

氣蓋世 (기개세)★

[뜻음] 기운 기, 덮을 개, 세상 세.
[풀이] 씩씩한 氣魄(기백)이 지극히 뛰어나 一世(일세)를 뒤덮고도 남을 만함. 力拔山氣蓋世(역발산기개세).

起居動作 (기거동작)★★

[뜻음] 일어날 기, 살 거, 움직일 동, 지을 작.
[풀이] 사람의 살아가는 일상의 모든 행동. 起臥(기와).

起居動靜 (기거동정)★

[뜻음] 일어날 기, 살 거, 움직일 동, 고요할 정.
[풀이] 起居動作(기거동작).

機械之心 (기계지심)★★

[뜻음] 틀 기, 형틀 계, 어조사 지, 마음 심.
[풀이] 교묘하게 남을 속이려는 마음. 策略(책략)을 꾸미는 마음. 機心(기심). 출전 淮南子(회남자).

氣高萬丈 (기고만장)★★★

[뜻음] 기운 기, 높을 고, 일만 만, 길 장.
[풀이] 기운이 일만 장이나 될 정도로 높음. 일이 뜻대로 잘될 때에 씩씩한 기운이 대단함.

騎鼓喊聲 (기고함성)★★

[뜻음] 말 탈 기, 북칠 고, 소리 지를 함, 소리 성.
[풀이] 전쟁에 쓰이는 북소리와 고함소리.

氣骨壯大 (기골장대)★★

[뜻음] 기운 기, 뼈 골, 기운 셀 장, 클 대.
[풀이] 기골이 건강하고 큼. 기혈과 뼈대가 굳세고 큼직함.

奇怪罔測 (기괴망측)★

[뜻음] 기이할 기, 이상할 괴, 없을 망, 헤아릴 측.
[풀이] 奇怪(기괴)하여 헤아릴 수 없음.

崎嶇罔測 (기구망측)★

[뜻음] 험할 기, 험할 구, 없을 망, 잴 측.
[풀이] ① 운수가 사납기 짝이 없음. ② 산길이 매우 험함.

箕裘之業 (기구지업)★★★

[뜻음] 키 기, 갖옷 구, 어조사 지, 일 업.
[풀이] 조상 대대로 전승하여 오는 사업. 활 만드는 사람의 아들은 그 아버지가 굳은 뿔을 바로잡아 활 만드는 것을 보고, 버들가지를 구부려 키를 만드는 것을 배우며, 또 대장장이 아들은 그 아버지가 쇠를 녹여 솥 때우는 것을 보고, 짐승의 가죽을 기워 갖옷 만드는 것을 배움. 키나 갖옷은 그 아버지가 하던 家業(가업)은 아니지만 하는 일이 비슷한 바가 있으며 쉬운 데서 어려운 데로 미쳐, 나중에는 名弓名冶(명궁명야)가 된다는 것. 출전 禮記(예기) 學記篇(학기편).

欺君罔上 (기군망상)★

[뜻음] 속일 기, 임금 군, 속일 망, 위 상.
[풀이] 임금을 속임. 欺君(기군).

奇奇妙妙 (기기묘묘)★

[뜻음] 기이할 기, 묘할 묘.
[풀이] 몹시 기이하고 묘함.

奇談怪說 (기담괴설)★

[뜻음] 기이할 기, 말씀 담, 기이할 괴, 말씀 설.
[풀이] 기이하고 괴상한 이야기와 논설.

綺羅星 (기라성)★★★

[뜻음] 비단 기, 비단 라, 별 성.
[풀이] 기라와 별. 아름답고 호화스러운 무리. 綺羅(기라)는 곱고 아름다운 비단.

綺羅叢中 (기라총중)★★

[뜻음] 비단 기, 비단 라, 모일 총, 가운데 중.
[풀이] 기라는 곱고 아름다운 비단. ① 상류여성 가운데. ② 호화로운 생활을 하는 무리들 가운데.

騎驢覓驢 (기려멱려)★

[뜻음] 말 탈 기, 나귀 려, 찾을 멱, 나귀 려.
[풀이] 나귀를 타고서 나귀를 찾는다. 根本(근본)을 잊고서 딴 곳에서 구하는 어리석음의 比喩(비유). 騎牛覓牛(기우멱우). 출전 黃庭堅(황정견)의 시.

羈旅之臣 (기려지신)★

[뜻음] 기댈 기, 나그네 려, 어조사 지, 신하 신.
[풀이] 他國(타국)에 寄寓(기우)하는 나그네로서의 신하. 손님입장으

로 와 있는 신하. 覊(기)는 寄(기), 旅(여)는 客(객). 覊旅臣(기려신). 출전 史記(사기).

耆老久次 (기로구차)★
[뜻음] 늙은이 기, 늙을 로, 오랠 구, 버금 차.
[풀이] 늙을 때까지 오래도록 한 벼슬에 머물러 昇進(승진)하지 못하는 일. 출전 漢書(한서).

岐路亡羊 (기로망양)★
[뜻음] 갈림길 기, 길 로, 잃을 망, 양 양.
[풀이] 갈림길이 많아서 양을 잃음. '多岐亡羊(다기망양)'을 보시오.

麒麟兒 (기린아)★★
[뜻음] 기린 기, 기린 린, 아이 아.
[풀이] 기린과 같은 존재. 재능이나 기술이 비상하게 뛰어난 사람을 비유하는 말. 출전 禮記(예기).

騎馬欲率奴 (기마욕솔노)★
[뜻음] 말 탈 기, 말 마, 하고자 할 욕, 거느릴 솔, 종 노.
[풀이] 말 타면 종에게 경마(고삐) 잡히고 싶다. 인간의 욕심은 한이 없음을 나타내는 말. 출전 旬五志(순오지).

氣脈相通 (기맥상통)★★★
[뜻음] 기운 기, 맥 맥, 서로 상, 통할 통.
[풀이] 기맥이 잘 통하고 있음. 남하고 마음과 뜻이 서로 통함.

器皿折枝 (기명절지)★
[뜻음] 그릇 기, 그릇 명, 꺾을 절, 가지 지.
[풀이] 진귀한 갖가지의 옛날 그릇과 꺾은 花草(화초)의 가지를 섞어서 그린 그림.

奇門遁甲 (기문둔갑)★
[뜻음] 기이할 기, 문 문, 숨을 둔, 첫째천간 갑.
[풀이] 다른 물체로 변하거나 순식간에 숨는 術法(술법). 遁甲術(둔갑술).

奇文僻書 (기문벽서)★
[뜻음] 기이할 기, 글월 문, 후미질 벽, 글 서.
[풀이] 기이한 글과 괴벽한 책.

記聞之學 (기문지학)★★
[뜻음] 기록할 기, 월 문, 어조사 지, 배울 학.
[풀이] 古書(고서)와 같은 글을 외기만 하고 제대로 이해하지 못한 학문. 記誦之學(기송지학). 출전 禮記(예기) 學記篇(학기편).

幾微 (기미)★
[뜻음] 기미 기, 작을 미.
[풀이] 일의 야릇한 기틀. 낌새. 출전 易經(역경) 繫辭下傳(계사하전).

機敏慧黠 (기민혜힐)★
[뜻음] 빠를 기, 재빠를 민, 슬기로울 혜, 약을 힐.
[풀이] 눈치가 빠르고 약삭빠름. 敏捷慧黠(민첩혜힐).

機變百出 (기변백출)★
[뜻음] 틀 기, 변할 변, 일백 백, 날 출.
[풀이] 적절한 때를 따르고 변화에 응하여 온갖 기술을 나타냄.

驥服鹽車 (기복염거)★
[뜻음] 천리마 기, 끌 복, 소금 염, 수레 거.
[풀이] 천리마가 소금을 실은 수레를 끈다. 뛰어난 사람이 賤役(천역)에 종사하여 그 재능을 발휘하지 못함을 이름. 驥服鹽車(기복염차). '鹽車之憾(염거지감)'을 보시오. 출전 戰國策(전국책).

箕濮情 (기복정)★
[뜻음] 키 기, 강 이름 복, 뜻 정.
[풀이] 은둔할 뜻을 이름. 箕(기)는 산 이름으로 許由(허유)가 숨어산 곳. 濮(복)은 강 이름으로 莊子(장자)가 낚시질을 한 곳.

起復出仕 (기복출사)★
[뜻음] 일으킬 기, 돌아올 복, 날 출, 벼슬할 사.
[풀이] 부모의 居喪(거상)중에 출사함. 상중에는 벼슬하지 않는다는 관례를 깨고, 부모의 상중에 벼슬에 나아감. 起復(기복).

箕封江山 (기봉강산)★
[뜻음] 키 기, 봉할 봉, 강 강, 뫼 산.
[풀이] 箕子(기자)가 봉해준 江山(강산). 우리나라를 箕子朝鮮(기자조선)의 後裔(후예)로 보고 한 말. 기자는 殷(은)나라의 왕족으로 은이 망하면서 朝鮮(조선)으로 와 檀君(단군)을 잇는 기자조선을 세웠다고 하는데, 고대 서적을 통해 은나라는 동이족의 나라라고 해석함.

肌膚之會 (기부지회)★
[뜻음] 살 기, 살갗 부, 어조사 지, 모일 회.
[풀이] 살과 살갗이 만나는 곳. 몸의 중요한 곳을 이르는 말.

飢不啄粟 (기불탁속)★★★
[뜻음] 굶주릴 기, 아닐 불, 쫄 탁, 조 속.
[풀이] 鳳凰(봉황)은 비록 굶주려 배가 고파도 땅에 떨어진 낟곡식을 쪼아 먹지는 않는다. 고매한 品格(품격)을 가진 사람을 비유할 때 쓰임.

紀事本末體 (기사본말체)★
[뜻음] 벼리 기, 일 사, 밑 본, 끝 말, 몸 체.
[풀이] 年代(연대)의 순서에 의하지 아니하고 사건마다 그 本末(본말)을 綜合(종합)하여 적는 역사의 한 체.

奇事異蹟 (기사이적)★
[뜻음] 기묘할 기, 일 사, 유다를 이, 자취 적.
[풀이] 기묘하고 이상야릇한 일.

幾死之境 (기사지경)★★
[뜻음] 거의 기, 죽을 사, 어조사 지, 지경 경.
[풀이] 거의 다 죽게 된 지경.

起死回生 (기사회생)★★★
[뜻음] 일어날 기, 죽을 사, 돌아올 회, 날 생.
[풀이] 죽은 사람을 살린다. 重病(중병)으로 죽을 뻔하다가 다시 살아남. 출전 史記(사기) 扁鵲傳(편작전).

箕山潁水 (기산영수)★★★

[뜻음] 키 기, 뫼 산, 물 이름 영, 물 수.
[풀이] 중국 하남성에 있는 산과 시내의 이름. 堯(요)임금 때 巢父(소보)와 許由(허유)가 임금의 자리를 물려받으라는 왕명을 피하여 들어가 隱居(은거)했다는 산과 물.

箕山之節 (기산지절)★

[뜻음] 키 기, 뫼 산, 어조사 지, 마디 절.
[풀이] 箕山之志(기산지지).

箕山之志 (기산지지)★★★

[뜻음] 키 기, 뫼 산, 어조사 지, 뜻 지.
[풀이] 許由(허유), 巢父(소보)가 名利(명리)를 피하여 箕山(기산)에 숨은 고사에서 유래. 隱退(은퇴)하여 절개를 지키고자 하는 뜻. 허유가 요임금으로부터 양위하겠다는 말을 듣자 '귀가 더러워졌다'며 영천에서 귀를 씻고 기산에 은거했다는 일과, 때마침 소를 몰고 영천에 갔다가 허유가 귀를 씻고 있는 것을 본 소보가 '더럽혀진 물은 소에게도 먹일 수 없다'며 그냥 돌아간 뒤 역시 기산에 들어가 나무 위에 집을 짓고 살았다는 옛일에서 온 말. 출전 漢書(한서).

奇想天外 (기상천외)★★

[뜻음] 기이할 기, 생각 상, 하늘 천, 바깥 외.
[풀이] 보통 사람이 짐작할 수 없을 정도로 엉뚱하고 奇拔(기발)한 것.

氣塞昏絶 (기색혼절)★★

[뜻음] 기운 기, 막힐 색, 어두울 혼, 끊어질 절.
[풀이] 숨이 막혀 까무러침.

技成眼昏 (기성안혼)★

[뜻음] 재주 기, 이룰 성, 눈 안, 저물 혼.
[풀이] 재주를 다 배우고 나니 눈이 어둡다. 늙어서 좋은 기술이 無用之物(무용지물)이 됨을 나타내는 말. 출전 旬五志(순오지).

氣勢洋洋 (기세양양)★

[뜻음] 기운 기, 기세 세, 바다 양.
[풀이] 기운차게 뻗는 힘이 넘침.

棄世隱遁 (기세은둔)★★

[뜻음] 버릴 기, 세상 세, 숨길 은, 달아날 둔.
[풀이] 세상을 멀리하고 숨어 지냄.

己所不欲勿施於人 (기소불욕물시어인)★★★

[뜻음] 나 기, 바 소, 아닐 불, 하고자 할 욕, 말 물, 베풀 시, 어조사 어, 남 인.
[풀이] 자기의 원하지 않는 바를 남에게 베풀지 말라. 출전 論語(논어) 衛靈公篇(위령공편).

記誦詞章 (기송사장)★★

[뜻음] 기록할 기, 욀 송, 말씀 사, 글 장.
[풀이] 記誦(기송)은 암기하여 입으로 외는 것, 詞章(사장)은 詩歌(시가)와 文章(문장)의 길을 닦는 것. 따라서 人格(인격) 陶冶(도야)와는 동떨어진 학문을 이르는 말. 출전 朱熹(주희)의 大學章句序(대학장구서).

記誦之學 (기송지학)★

[뜻음] 기록할 기, 외울 송, 어조사 지, 배울 학.
[풀이] 古書(고서)와 같은 글을 외우기만 하고 제대로 이해하지 못한 학문. 記聞之學(기문지학).

氣數所關 (기수소관)★

[뜻음] 기운 기, 운수 수, 바 소, 빗장 관.
[풀이] 모든 일이 運數(운수)에 관계되므로 사람의 힘으로는 어쩔 수 없음.

起承轉結 (기승전결)★★★

[뜻음] 일어날 기, 이을 승, 바꿀 전, 맺을 결.
[풀이] 글을 쓸 때, 문제를 제기하는 것을 기(起), 그 문제를 전개하는 것을 승(承), 결정적으로 방향을 한 번 전환하는 것을 전(轉), 거두어 끝맺는 것을 결(結)이라 함. 본디 漢詩(한시)의 作法(작법)임.

氣息奄奄 (기식엄엄)★

[뜻음] 기운 기, 숨 쉴 식, 가릴 엄.
[풀이] 숨이 거의 끊어지려 함. 생활 형편이 어려워 살아가기 힘들어 하는 모습. 출전 李密(이밀)의 陳情表(진정표).

氣食牛 (기식우)★

[뜻음] 기운 기, 밥 식, 소 우.
[풀이] 호랑이나 표범의 새끼는 작아도 소를 먹는 의기가 있다. 젊어서 남을 능가하는 旺盛(왕성)한 意氣(의기)가 있음을 이르는 말.

饑餓線上 (기아선상)★

[뜻음] 주릴 기, 주릴 아, 줄 선, 위 상.
[풀이] 飢餓之境(기아지경).

飢餓之境 (기아지경)★

[뜻음] 굶주릴 기, 주릴 아, 갈 지, 지경 경.
[풀이] 굶주리는 상태에 이른 지경.

奇巖怪石 (기암괴석)★

[뜻음] 기이할 기, 바위 암, 괴상할 괴, 돌 석.
[풀이] 기이하고 괴상한 바위와 돌.

奇巖絶壁 (기암절벽)★

[뜻음] 기이할 기, 바위 암, 끊을 절, 벽 벽.
[풀이] 기이한 모양의 바위와 깎아지른 듯한 낭떠러지.

棄暗投明 (기암투명)★★

[뜻음] 버릴 기, 어둘 암, 던질 투, 밝을 명.
[풀이] 邪惡(사악)한 세력을 버리고 올바른 쪽에 投降(투항)함.

技癢所致 (기양소치)★

[뜻음] 재주 기, 가려울 양, 바 소, 보낼 치.
[풀이] 기양이 빚어낸 일. 기양을 참지 못하여 하는 일. 技癢: 지니고 있는 재주를 쓰고 싶어서 마음이 간질간질함.

其然未然 (기연미연)★

[뜻음] 그 기, 그럴 연, 아닐 미.

[풀이] 그런지 그렇지 않은지 확실하지 않다는 말.

氣焰 (기염)★

[뜻음] 기운 기, 불꽃 염.
[풀이] 활활 타는 불꽃. 轉(전)하여 대단한 기세.

氣焰萬丈 (기염만장)★

[뜻음] 기운 기, 불꽃 염, 일만 만, 길 장.
[풀이] 호기스러운 기세가 만장이나 됨. 氣高萬丈(기고만장).

旣往不咎 (기왕불구)★★★

[뜻음] 이미 기, 갈 왕, 아닐 불, 허물 구.
[풀이] 이미 지나간 일은 탓하지 않음. 已往之事(이왕지사)는 탓하지
아니함.

≪論語(논어)≫ 八佾篇(팔일편)에 보면 魯(노)나라 哀
公(애공)이 공자의 제자 宰我(재아)에게 社(사)에 대해서
물었다. 사는 천자나 제후가 나라를 지켜 주는 수호신을
제사 지내는 제단을 말하는 것으로 그 제단 주위에는 나
무를 심게
되어 있었다.

재아는 임금의 물음에 대충 설명하고 이렇게 맺었다.
"夏后氏(하후씨)는 사에다 소나무를 심고, 殷(은)나라
사람은 사에다 잣나무를 심었는데 周(주)나라 사람이 사에
다 밤나무를 심은 까닭은 백성들로 하여금 戰慄(전율)하
게 하려는 뜻에서였습니다."

이 말을 전해 들은 공자는 재아의 그 같은 말이 가뜩이
나 백성을 사랑할 줄 모르는 임금에게 엉뚱한 공포정치를
하게 할 마음이 일어나게 할까 두려워 재아를 꾸중하며,
"이루어진 일이라 말하지 않고, 되어 버린 일이라 간하지
않으며, 이미 지나간 일이라 허물하지 않는다"라고 했다.

공자는 재아가 돌이킬 수 없는 잘못을 저질렀다는 것
을 알면서도 이미 어찌할 수 없는 일이라 꾸짖기를 단념
한 것이다. '旣往勿咎(기왕물구)'라고도 한다.

旣往之事 (기왕지사)★★

[뜻음] 이미 기, 갈 왕, 갈 지, 일 사.
[풀이] 이미 지나간 일.

杞憂 (기우)★

[뜻음] 나라이름 기, 근심 우.
[풀이] 杞人之憂(기인지우).

氣韻生動 (기운생동)★★

[뜻음] 기운 기, 운치 운, 날 생, 움직일 동.
[풀이] 氣品(기품)이 넘쳐 있음. 뛰어난 예술품에 대하여 이르는 말.

饑而求黍稷 (기이구서직)

[뜻음] 주릴 기, 말 이을 이, 구할 구, 기장 서, 기장 직.
[풀이] 굶주린 후에 곡식을 구함. 소 잃고 외양간 고치기. 출전 說苑
(설원).

飢而忘食 (기이망식)★

[뜻음] 주릴 기, 말 이을 이, 잊을 망, 밥 식.
[풀이] 배가 고픈데도 먹는 일을 잊고 있다. 걱정이 많음. 출전 史記
(사기).

器二不匱 (기이불궤)

[뜻음] 그릇 기, 두 이, 아닐 불, 함 궤.
[풀이] 같은 그릇을 두 개 備置(비치)하면 이를 쓰는 데 불편함이 없음.

期頤之壽 (기이지수)★

[뜻음] 주기 기, 턱 이, 갈 지, 목숨 수.
[풀이] 나이 백 살이 되는 나이. 또는 그러한 노인. 上壽(상수). 사람의
수명은 100년을 1주기로 하므로 期(기)라 했고, 頤(이)는 養(양), 곧 몹
시 늙어서 음식과 起居(기거)가 다른 사람에게 길러지게 된다는 뜻.

杞人之憂 (기인지우)★★★

[뜻음] 나라이름 기, 사람 인, 갈 지, 근심 우.
[풀이] 杞(기)나라 사람의 쓸데없는 걱정. 하늘이 무너질까 걱정했다
고 함.

≪列子(열자)≫ 天瑞篇(천서편)에 나오는 寓話(우화)이다.
杞(기)나라에 한 사람이 있었다. 그는 하늘이 무너지고
땅이 꺼지면 몸 붙일 곳이 없을 것을 걱정한 나머지 침식
을 폐하고 말았다. 여기에 또 그의 그 같은 쓸데없는 걱정
을 하고 있는 것을 걱정하는 사람이 있었다. 그가 침식을
폐하고 누워 있는 사람을 찾아가 이렇게 말했다.

"하늘은 기운이 쌓여서 된 것으로 기운이 없는 곳은 한
곳도 없다. 우리가 몸을 움츠렸다 폈다 하는 것도, 숨을 내
쉬었다 마셨다 하는 것도 다 기운 속에서 하고 있다. 그런
데 무슨 무너질 것이 있겠는가?"

그러자 그 사람은 또,
"하늘이 과연 기운으로 된 것이라면 하늘에 떠 있는 해
와 달과 별들이 떨어질 수 있지 않겠는가?" 하고 물었다.

"해와 달과 별들도 역시 기운이 쌓인 것으로 빛을 가지
고 있는 것뿐이다. 설사 떨어진다 해도 그것이 사람을 상
하게 하지는 못한다."

"그건 그렇다 치고 땅이 꺼지면 어떻게 할 것인가?"
"땅은 쌓이고 쌓인 덩어리로 되어 있다. 사방에 꽉 차
있어서 덩어리로 되어 있지 않은 곳이 없다. 사람이 걸어
다니고 뛰놀고 하는 것도 종일 땅 위에서 하고 있다. 그런
데 어떻게 꺼질 수 있겠는가?"

이 말에 寢食(침식)을 폐하고 누워 있던 사람은 꿈에서
깨어난 듯 기뻐 어쩔 줄을 몰랐다. 그의 그 같은 모습을
보고 깨우쳐 주러 간 사람도 따라서 크게 기뻐했다는 것
이다.

이 이야기 다음에, 열자는 다시 장려자의 말을 덧붙이
고 있다.

이들 두 사람의 주고받은 이야기를 전해 들은 장려자
는 이렇게 말했다.

"하늘과 땅이 무너지지 않을까 걱정하는 것은 너무 지
나친 걱정이라고 말할 수는 있다. 그러나 무너지지 않는다
고 단언하는 것도 또한 옳은 것은 못 된다."

끝으로 열자는 이렇게 매듭을 짓고 있다.

"하늘과 땅이 무너지든 무너지지 않든, 그런 것에 마음
이 끌리지 않는 無心(무심)의 경지가 중요한 것이다."

위의 이야기는 쓸데없는 걱정을 보여 주는 사례이지만
고대인의 우주관이 나타나 있는 듯하니 詳考(상고)할 필요
가 있는 대목이다. '기인지우'는 보통 '杞憂(기우)'라고 쓴다.

欺人取物 (기인취물)★

[뜻음] 속일 기, 사람 인, 빼앗을 취, 만물 물.
[풀이] 사람을 속여 돈이나 물건을 빼앗음.

飢者甘食 (기자감식)★

[뜻음] 주릴 기, 놈 자, 달 감, 밥 식.
[풀이] 몹시 굶주린 사람은 음식을 가리지 않고 달게 먹는다는 말.

饑者甘糟糠 (기자감조강)★

[뜻음] 주릴 기, 놈 자, 달 감, 지게미 조, 겨 강.
[풀이] 굶주린 사람은 술지게미나 쌀겨도 달게 먹음. 출전 史記(사기).

奇子奇女 (기자기녀)★

[뜻음] 기이할 기, 아들 자, 계집 녀.
[풀이] 뛰어나게 잘난 아들과 딸.

驥子龍文 (기자용문)★

[뜻음] 천리마 기, 아들 자, 용 룡, 무늬 문.
[풀이] 중국 後魏(후위)의 裵宣明(배선명)의 두 아들인 景鸞(경란)과
景鴻(경홍)이 모두 뛰어난 재주가 있어 河東(하동) 지방에서는 경란
을 驥子(기자), 경홍을 龍文(용문)이라 이른 데서 온 말. 두 어진 아
들, 훌륭한 자제의 일컬음.

箕子朝鮮 (기자조선)★★★

[뜻음] 키 기, 선생 자, 아침 조, 고울 선.
[풀이] 箕子(기자)가 봉해준 江山(강산). 우리나라를 箕子朝鮮(기자
조선)의 後裔(후예)로 보고 한 말. 기자는 殷(은)나라의 왕족으로 은
이 망하면서 朝鮮(조선)으로 와 檀君(단군)을 잇는 기자조선을 세웠
다고 하는데, 고대 서적을 통해 은나라는 동이족의 나라라고 해석함.
箕封江山(기봉강산).

箕子之明夷 (기자지명이)★

[뜻음] 성씨 기, 아들 자, 어조사 지, 밝을 명, 상처 날 이.
[풀이] 箕子(기자)는 殷(은)나라 紂王(주왕)의 신하로 三仁(삼인)의
한 사람. 明夷(명이)는 易(역)의 卦名(괘명)으로 어진 사람이 闇君(암
군)을 만나 禍(화)를 입을 것을 설명한 것. 夷(이)는 傷(상). 출전 역경
明夷卦(명이괘).

旣張之舞 (기장지무)★★

[뜻음] 이미 기, 펼칠 장, 어조사 지, 춤출 무.
[풀이] 이미 벌인 춤. 기왕 시작한 일이니 중간에 그만둘 수는 없다는 말.

氣財酒色 (기재주색)★

[뜻음] 기운 기, 재물 재, 술 주, 여색 색.
[풀이] 화투나 골패 같은 것으로, 그날 운수를 점치는 것으로, 네 가
지 運數(운수)인 기운, 재물, 술, 여색을 이르는 말. 패를 뗄 때는 떨
어진 짝들을 차례로 같은 數爻(수효)를 넷으로 나누어 각각 패를 지
어 그 끗수와 多寡(다과)로 운수를 점침.

機杼成一家 (기저성일가)★

[뜻음] 틀 기, 북 저, 이룰 성, 한 일, 집 가.
[풀이] 기저가 一家(일가)를 이룸. 독특한 문장을 지어 일가를 이룸을
이름. 機杼(기저)는 베틀의 북으로 이 말이 변하여 文辭(문사)의 結構
(결구)를 나타냄.

氣絶落膽 (기절낙담)★

[뜻음] 기운 기, 끊을 절, 떨어질 낙, 쓸개 담.
[풀이] 몹시 놀라서 정신을 잃음. 氣絶膽落(기절담낙).

奇正相生 (기정상생)★

[뜻음] 뛰어날 기, 바를 정, 서로 상, 살 생.
[풀이] 孫子兵法(손자병법)에서, 전쟁에서 奇襲法(기습법)과 正攻法
(정공법)은 절대적 구별이 있는 것이 아니고, 서로 原因(원인)과 結果
(결과)로 되어 돌고 도는 것이라는 말.

羈鳥戀舊林 (기조연구림)★★

[뜻음] 굴레 기, 새 조, 사모할 연, 예 구, 수풀 림.
[풀이] 새장 안에 갇힌 새가 원래 살던 산림을 그리워함. 타향에 떠도
는 나그네가 故鄕(고향)을 그리워함의 비유. 陶潛(도잠)의 詩句(시구).

幾至死境 (기지사경)★

[뜻음] 거의 기, 이를 지, 죽을 사, 지경 경.
[풀이] 거의 죽게 됨.

氣盡脈盡 (기진맥진)★★

[뜻음] 기운 기, 다할 진, 이어질 맥, 다할 진.
[풀이] 기력과 의지력이 죄다 없어짐. 氣盡力盡(기진역진).

氣盡力盡 (기진역진)★★

[뜻음] 기운 기, 다할 진, 힘 력, 다할 진.
[풀이] 氣力(기력)이 죄다 없어짐. 氣盡脈盡(기진맥진).

氣質之性 (기질지성)★★★

[뜻음] 기운 기, 바탕 질, 어조사 지, 성품 성.
[풀이] 形質(형질)이 있고 난 후에 생기는 성품. 淸(청)이 있고 濁(탁)
이 있음. 맑은 이는 聖賢(성현)이고 탁한 이는 昏愚(혼우)함. 본연의
성은 이에서 생겨나므로 純一無雜(순일무잡)하여 움직이지 않지만,
氣質(기질)의 性(성)은 氣(기)에서 생겨나기 때문에, 기의 淸濁(청탁),
昏明(혼명), 厚薄(후박)을 따라 善惡(선악), 賢愚(현우)의 차별이 생긴
다는 程朱學派(정주학파)의 학설. 性理學(성리학). 출전 朱子語類(주
자어류).

氣體安寧 (기체안녕)★★
[뜻음] 기운 기, 몸 체, 편안할 안, 편안할 령.
[풀이] 웃어른의 기력과 신체가 편안한 지를 묻는 말.

箕箒之妾 (기추지첩)★
[뜻음] 키 기, 빗자루 추, 어조사 지, 첩 첩.
[풀이] 쓰레받기나 빗자루를 가지고 청소하는 下女(하녀). 남의 妻(처)가 되는 것을 겸손하게 이르는 말. 출전 史記(사기) 高祖紀(고조기).

旗幟槍劍 (기치창검)★★
[뜻음] 깃발 기, 표기 치, 창 창, 칼 검.
[풀이] 陣中(진중)에서 쓰는 깃발 창, 칼 따위를 통틀어 이르는 말. 旗幟劍戟(기치검극). 旗幟軍物(기치군물).

氣稟 (기품)★★
[뜻음] 기운 기, 줄 품.
[풀이] 타고난 기질과 성품. 氣稟之性(기품지성).

棄瑕取用 (기하취용)★
[뜻음] 버릴 기, 티 하, 취할 취, 쓸 용.
[풀이] 瑕疵(하자) 있는 자를 버리고, 쓸 만한 인재를 뽑아서 씀. 출전 三國志(삼국지) 吳志(오지).

騎鶴上揚州 (기학상양주)★
[뜻음] 말 탈 기, 학 학, 위 상, 오를 양, 고을 주.
[풀이] 학을 타고 양주에 오름. 많은 福樂(복락)을 한 몸에 갖추려고 함을 말함. 轉(전)하여 實行(실행)하기 어려운 妄想(망상)의 비유.

饑寒起盜心 (기한기도심)★
[뜻음] 주릴 기, 찰 한, 일어날 기, 훔칠 도, 마음 심.
[풀이] 배고프고 추우면 盜心(도심)을 일으킴. 춥고 배고프면 훔칠 생각이 절로 남. 출전 漢書(한서).

飢寒到骨 (기한도골)★
[뜻음] 주릴 기, 찰 한, 이를 도, 뼈 골.
[풀이] 배고프고 추운 것이 뼛속에까지 이름.

跂行喙息 (기행훼식)
[뜻음] 육발이 기, 다닐 행, 부리 훼, 숨 쉴 식.
[풀이] 기어 다니고 부리로 숨 쉰다는 뜻으로 蟲類(충류)·鳥類(조류)를 이름. 출전 史記(사기) 匈奴傳(흉노전).

棄虛崇實 (기허숭실)★
[뜻음] 버릴 기, 빌 허, 높을 숭, 열매 실.
[풀이] 허망한 생각을 버리고 실제의 일을 실행함을 숭상함.

氣血雙補 (기혈쌍보)★
[뜻음] 기운 기, 피 혈, 쌍 쌍, 기울 보.
[풀이] 약을 먹어 元氣(원기)와 피를 다 補(보)함.

騎虎拔鬚 (기호발수)★
[뜻음] 탈 기, 호랑이 호, 뺄 발, 수염 수.
[풀이] 호랑이 등에 타고 그 수염을 뽑음. 위험하고 무모한 일의 비유.

騎虎之勢 (기호지세)★★★
[뜻음] 말 탈 기, 범 호, 갈 지, 형세 세.
[풀이] 호랑이를 타고 달리는 기세. 중도에서 그만둘 수 없는 형세.

이 말은 隋(수)나라 文帝(문제)인 楊堅(양견)의 皇后(황후) 獨孤氏(독고씨)가 남편을 격려하는 말 가운데 나와 있다.
독고씨의 아버지는 北周(북주)의 大司馬(대사마) 何內公(하내공) 信(신)이다. 신은 양견을 앞으로 크게 될 사람으로 예견하고 열네 살짜리 딸을 양견에게 주어서 사위를 삼았다.
그녀는 결혼 당초에 남편에게 첩의 자식을 낳지 않겠다는 맹세를 받았다고 하는데 어찌나 질투가 심했던지 언제나 후궁에게 감시의 눈을 떼지 않았고,
그녀가 쉰 살로 죽을 때까지 후궁에게서는 단 한 명의 자식도 태어나지 않았다고 한다. 단 한 번 문제가 후궁의 미녀에게 손을 댄 일이 있었는데, 이것을 안 그녀는 문제가 조회에 나간 사이에 그 미녀를 죽이고 말았다.
화가 치민 문제는 혼자 말을 타고 궁중을 뛰쳐나가 뒤쫓아 온 신하들을 보고,
"나는 명색이 天子(천자)로서 내가 하고 싶은 일도 할 수 없단 말인가?" 하며 울기까지 했다고 한다.
그렇지만 과거에 北周(북주)의 宣帝(선제)가 죽고 양견이 나이 어린 靜帝(정제)를 업고 모든 일을 혼자 처리하고 있을 때, 독고씨는 宦官(환관)을 시켜 남편 양견에게 이렇게 전하게 했다. "큰일은 이미 騎虎之勢(기호지세)로 되고 말았소. 이제 내려올 수는 없소, 최선을 다하시오"
이리하여 결국 양견은 정제를 밀어내고 隋(수)나라 皇帝(황제)가 된 것이다.
우리 속담에 '벌인 춤'이란 말이 있다. 잘 추든 못 추든 손을 벌리고 추기를 시작했으면 추는 데까지 출 수밖에 없다는 뜻이다.

奇貨可居 (기화가거)★★★
[뜻음] 기이할 기, 재화 화, 옳을 가, 살 거.
[풀이] "진기한 보물이다. 차지해야 한다." 珍奇(진기)한 물건을 사두었다가 때를 기다리면 큰 이익을 볼 수 있다는 말. 전하여 좋은 기회의 뜻으로 쓰임.

≪史記(사기)≫ 呂不韋列傳(여불위열전)에 나오는 이야기이다.
呂不韋(여불위)는 韓(한)나라 서울 陽翟(양적)의 큰 장사꾼으로 趙(조)나라 서울 邯鄲(한단)으로 장사하러 갔을 때 秦(진)나라 安國君(안국군)의 아들 子楚(자초)가 조나라에 인질로 온 것을 알고 자초를 보자 혼자 이런 말을 던졌다.
"진기한 보물이다. 차지해야 한다."
이때 자초는 異人(이인)이란 이름을 썼었다. 이리하여 여불위는 자초를 만나 그를 갖은 방법으로 도와주고 위로하고 하여 마침내는 그와 뒷날을 굳게 약속한 다음, 그를

華陽夫人(화양부인)의 아들로 입양을 시켜 안국군의 後嗣(후사)를 잇게 하는 데 성공했다. 그가 자초의 환심을 사고 화양부인을 달래기 위한 교제비로 천금이란 돈을 물 쓰듯 했다. 나중에 여불위는 美女(미녀) 趙姬(조희)를 자초에게 보내 아내로 삼게 했고 그 여자의 몸에는 이미 자신의 자식이 들어 있었다. 그것이 요행히 사내아이일 경우 진나라를 자기 자식의 손으로 남모르게 넘겨주겠다는 음모가 깔려 있었다.

과연 조희는 아들을 낳았고 자신은 정부인이 되었다. 이 자식은 나중에 중국을 최초로 통일한 秦始皇(진시황) 政(정)으로, 장사를 해도 크게 한 셈이다. 진시황은 여불위를 丞相(승상)으로 임명했다. 문신후에 봉해지며 십만 호의 봉읍을 먹게 되었으나 얼마 후에 진시황에 의해 제거되었다.

흔히 奇貨(기화)라고 쓴다. 珍奇(진기)한 물건을 사두었다가 때를 기다리면 큰 이익을 볼 수 있다는 말도 되고 轉(전)하여 좋은 기회의 뜻으로 쓰인다. ≪呂氏春秋(여씨춘추)≫는 여불위가 만금을 써 가며 만든 역사책이다.

琪花瑤草 (기화요초)★

[뜻음] 옥 기, 꽃 화, 옥돌 요, 풀 초.
[풀이] 仙境(선경)에 있다고 하는 곱고 아름다운 꽃과 풀. 奇花異草(기화이초).

奇花異草 (기화이초)★

[뜻음] 기이할 기, 꽃 화, 다를 이, 풀 초.
[풀이] 기이한 꽃과 풀. 琪花瑤草(기화요초).

綺紈子弟 (기환자제)★

[뜻음] 비단 기, 흰 비단 환, 아들 자, 아우 제.
[풀이] 비단처럼 귀한 자제. 부귀한 집안이나 公爵(공작)의 자제. 綺紈公子(기환공자).

岐黃之術 (기황지술)★

[뜻음] 갈림길 기, 누를 황, 어조사 지, 재주 술.
[풀이] 醫術(의술)을 이름. 岐伯(기백)과 黃帝(황제)는 醫術(의술)의 鼻祖(비조)임. 黃帝(황제)는 ≪소녀경≫에 나오는 황제로 헌원씨라 부름. 비조는 '비조'를 찾아보시오.

緊張弛緩 (긴장이완)★★

[뜻음] 오그라들 긴, 팽팽할 장, 느슨할 이, 늦출 완.
[풀이] 緊張(긴장)은 줄이나 활시위를 팽팽하게 당긴 것처럼 정신을 똑바로 차려 움츠러든 상태이고, 弛緩(이완)은 당겼던 활시위를 놓은 것처럼 느슨하게 늦춤을 이름. 긴장과 이완.

佶屈聱牙 (길굴오아)★

[뜻음] 굽을 길, 굽을 굴, 말 듣지 않을 오, 어금니 아.
[풀이] 글이 몹시 어려워 읽기가 거북함. 길굴은 답답한 모양, 오아는 듣기 힘들다는 뜻이므로 글 뜻이 어렵고 막혀서 매우 읽기가 거북함. 詰屈聱牙(힐굴오아). 출전 韓愈(한유)의 進學解(진학해).

吉人天相 (길인천상)★

[뜻음] 길할 길, 사람 인, 하늘 천, 도울 상.
[풀이] 착한 사람은 하늘이 도움. 남의 불행을 위로할 때 쓰는 말. 출전 通俗編(통속편).

吉則大凶 (길즉대흉)★

[뜻음] 길할 길, 곧 즉, 큰 대, 흉할 흉.
[풀이] 身數(신수)가 썩 좋을 때는 오히려 정반대로 大凶(대흉)하다는 말. 점괘로, 사주풀이에 나오는 대목.

吉凶同域 (길흉동역)★

[뜻음] 길할 길, 흉할 흉, 한가지 동, 지경 역.
[풀이] 길한 것과 흉한 것이 경계를 같이한다. 禍福(화복)이 無常(무상)함을 이름.

吉凶禍福 (길흉화복)★★

[뜻음] 길할 길, 흉할 흉, 재앙 화, 복 복.
[풀이] 길흉과 화복. 길한 일과 언짢은 일과 재화와 복록.

金張七葉 (김장칠엽)★★★

[뜻음] 성 김, 베풀 장, 일곱 칠, 잎 엽.
[풀이] 金日磾(김일제)와 張安世(장안세)의 자손이 일곱 대 동안 천자를 가까이하여 영화를 누린 고사. 김일제는 匈奴王(흉노왕) 休屠(휴도)의 아들로, 漢(한)나라 武帝(무제)가 흉노와 싸울 때 청년장군 곽거병에게 포로가 되었고, 그 후 무제에게 총애를 받아 金氏(김씨) 姓(성)을 하사받고, 거기장군을 역임하며, 죽은 후에는 현재 중국 섬서성 함양 부근의 武陵(무릉: 한무제의 무덤)에 陪葬(배장)되어 있다. 출전 漢書列傳(한서열전).

喫着不盡 (끽착부진)★

[뜻음] 먹을 끽, 입을 착, 아닐 불, 다할 진.
[풀이] 먹고 입는 데 부족함이 없음. 衣食(의식)이 넉넉함.

那伽大定 (나가대정)★★★

[뜻음] 어찌 나, 절 가, 큰 대, 정할 정.
[풀이] 불교에서 말하는 위대한 고요. 大寂光(대적광). 산스크리트어 나가는 큰 뱀, 용을 가리키는 말로, 龍樹(용수)가 쓴 불교 경전 중 中論(중론)의 핵심은 八不中道(팔불중도)이다. 生(생)도 아니고 滅(멸)도 아니고, 斷(단)도 아니고 常(상)도 아니고, '一(일)도 아니고 異(이)도 아니고, 去(거)도 아니고 來(내)도 아니다'라는 내용이다. 이 용수의 이름이 나가르주나이다. 大寂(대적)이나 大定(대정)이 없으면 큰 지혜가 나오지 않으므로 나가대정은 큰 지혜가 나오는 원천인 것이다.

儺儺之聲 (나나지성)★

[뜻음] 역귀 쫓을 나, 어조사 지, 소리 성.
[풀이] 푸닥거리하는 소리.

儺禮 (나례)★

[뜻음] 역귀 쫓을 나, 예도 례.
[풀이] 고려부터 궁중에서 거행된, 魔鬼(마귀)와 邪神(사신)을 쫓아내는 액막이 행사.

羅浮少女 (나부소녀)★★

[뜻음] 벌일 나, 뜰 부, 젊을 소, 여자 녀.
[풀이] 趙師雄(조사웅)이 만난 나부산 梅林(매림)의 精靈(정령)인 미인. 羅浮仙(나부선). 美人(미인)을 나타냄. 羅浮之夢(나부지몽).

羅浮之夢 (나부지몽)★★

[뜻음] 벌일 나, 뜰 부, 어조사 지, 꿈 몽.
[풀이] 중국 隋(수)나라의 趙師雲(조사운, 趙師雄조사웅)이 나부의 梅花村(매화촌)에 留宿(유숙)하면서 꿈속에서 나부소녀를 만나 즐겁게 놀았다는 옛일을 이름.

羅列春秋 (나열춘추)★

[뜻음] 벌일 라, 늘어놓을 열, 봄 춘, 가을 추.
[풀이] 經書(경서)인 春秋(춘추)를 벌여 놓는다. 책을 여러 권 벌여 놓고 공부함. 춘추는 역사책을 이름.

羅雀掘鼠 (나작굴서)★

[뜻음] 그물 라, 참새 작, 파헤칠 굴, 쥐 서.
[풀이] 그물을 쳐서 참새를 잡고 굴을 파서 쥐를 잡다. 궁지에 몰려 할 수 있는 모든 일을 다 해 보는 것을 비유하는 말.

樂極哀生 (낙극애생)★

[뜻음] 즐거울 낙, 다할 극, 슬플 애, 날 생.
[풀이] 낙이 지나치면 반드시 슬픔이 생김.

落膽喪魂 (낙담상혼)★

[뜻음] 떨어질 낙, 쓸개 담, 죽을 상, 넋 혼.
[풀이] 크게 놀라거나 근심하여 정신을 잃음.

落落難合 (낙락난합)★

[뜻음] 떨어질 낙, 어려울 난, 합할 합.
[풀이] 여기저기 떨어져 있어 한자리에 모이기가 매우 어려움. 뜻이 커서 세상 사람과 맞지 아니함. 출전 後漢書(후한서).

落落穆穆 (낙락목목)★

[뜻음] 떨어질 낙, 화목할 목.
[풀이] 뜻이 크고 마음이 청렴함을 이름. 출전 晉書(진서) 王澄傳(왕징전).

落落長松 (낙락장송)★★★

[뜻음] 떨어질 낙, 길 장, 소나무 송.
[풀이] 가지가 축축 늘어진, 키가 큰 소나무. 의지가 굳센 사람.

落淚嗟嘆 (낙루차탄)★

[뜻음] 떨어질 낙, 눈물 루, 탄식할 차, 탄식할 탄.
[풀이] 눈물을 흘리며 슬퍼함.

落木空山 (낙목공산)★

[뜻음] 떨어질 낙, 나무 목, 빌 공, 뫼 산.
[풀이] 잎이 떨어진 뒤의 쓸쓸하게 보이는 산. 落木寒天(낙목한천).

落木寒天 (낙목한천)★

[뜻음] 떨어질 낙, 나무 목, 찰 한, 하늘 천.
[풀이] 잎이 떨어진 뒤의 추운 날씨.

落眉之厄 (낙미지액)★

[뜻음] 떨어질 낙, 눈썹 미, 갈 지, 재앙 액.
[풀이] 눈썹에 떨어진 재앙. 갑자기 닥친 재액.

洛閩之學 (낙민지학)★

[뜻음] 땅 이름 낙, 종족 이름 민, 갈 지, 배울 학.
[풀이] 程朱(정주)의 學派(학파). 程顥(정호), 程頤(정이)는 洛陽(낙양) 사람이고, 주자는 閩中(민중)사람인 데서 나온 말. 程朱學(정주학).

落榜擧子 (낙방거자)★

[뜻음] 떨어질 낙, 방 써 붙일 방, 과거 거, 자식 자.
[풀이] 科擧(과거)시험에 떨어진 선비.

落魄 (낙백)★★★

[뜻음] 떨어질 낙, 넋 백.
[풀이] 넋이 달아났다. 零落(영락)하다. 뜻을 얻지 못하고 처지가 곤궁해짐.

≪史記(사기)≫ 酈生陸賈列傳(역생육가열전)에 보면 역생에 대해 다음과 같이 나와 있다.

"역생(역이기)라는 사람은 陳留(진류) 高陽(고양) 사람으로 글 읽기를 좋아했으나 집이 가난하고 落魄(낙백)하여, 입고 먹기 위한 일을 하는 것이 없었다."

역이기는 훗날 마을 문지기 노릇을 했는데 늘 거만을 떨어서 사람들은 그를 미치광이라고 불렀다. 나이는 60이 넘고 키가 팔 척이었다.

그러던 그가 진시황이 죽고 천하가 다시 어지러워지자 출세의 꿈에 부풀어 줄을 잘 서고 잘나가는 장수를 찾기 시작했다.

마침 패공 휘하의 기사 한 사람을 알아서 그 기사의 소개를 받아서 유방을 만나게 되었다.

패공 劉邦(유방)은 마침 발을 씻기고 있었다. 그대로 역이기를 대했더니 역이기는 두 손을 높이 들어 보일 뿐 절은 하지 않고 목소리를 가다듬어 입을 열었다.

"족하는 진나라를 도와 제후를 칠 생각이요, 아니면 제후를 거느리고 진나라를 칠 생각이오?"

패공은 큰 소리로 꾸짖어 대답했다.

"이 철부지 선비야, 천하가 다 같이 진나라에서 시달린지 오래다. 그래서 제후가 서로 힘을 합해 진나라를 치려는 것이 아니냐. 진나라를 도와 제후를 치다니 무슨 뚱딴지같은 소리를 한단 말이냐!"

"만일 군대를 모으고 의병을 합쳐 무도한 진나라를 칠 생각이면, 그렇게 걸터앉아 늙은이를 대하지는 못할 거요"

이 말에 패공은 얼른 물그릇을 치우게 하고, 일어나 의관을 갖춘 다음 역생을 상좌로 모셔 올려 그의 의견을 들었다.

역이기는 60평생을 낙백으로 보냈지만 뛰어난 말재주로 출세하고 비상한 공을 많이 세웠다. 그러나 종당에는 韓信(한신)이 猜忌(시기)하고 謀陷(모함)하여 유방은 역이기를 기름 가마에 넣어 죽였다.

낙백이란 모든 일이 뜻대로 되지 않아 형편이 말이 아닌 그런 상태를 말한다. 一定(일정)한 職業(직업)도 生業(생업)도 없이 끼니를 때울 데 없는 그런 상태를 말하기도 한다. 우리나라에서는 落鄕(낙향)한다는 말을 많이 쓰는데 낙백의 처지가 되어 고향으로 내려가는 것을 일컫는 말이다.

樂不可極 (낙불가극)★

[뜻음] 즐거울 낙, 아닐 불, 옳을 가, 다할 극.
[풀이] 즐거움은 끝까지 다하지 말아야 함. '敖不可長(오불가장)'과 대를 이룸. 敖不可長(오불가장)은 교만한 마음은 억제하여야 한다는 뜻.

樂生於憂 (낙생어우)★

[뜻음] 즐거울 낙, 날 생, 어조사 우, 근심 우.
[풀이] 즐거움은 항상 고생하는 데서 나옴. 출전 明心寶鑑(명심보감).

洛水靑雲 (낙수청운)

[뜻음] 물 낙, 물 수, 푸를 청, 구름 운.
[풀이] 낙수에 푸른 구름. 서울에 올라가 벼슬자리를 얻음.

樂是苦因 (낙시고인)

[뜻음] 즐거울 낙, 옳을 시, 괴로울 고, 인할 인.
[풀이] 安樂(안락)은 苦生(고생)의 原因(원인)임.

落心千萬 (낙심천만)★

[뜻음] 떨어질 낙, 마음 심, 일천 천, 일만 만.
[풀이] 몹시 실망함. 극도로 낙심이 됨.

洛陽城東桃李花 (낙양성동도리화)★★

[뜻음] 떨어질 낙, 볕 양, 성 성, 동녘 동, 복숭아나무 도, 자두 리, 꽃 화.
[풀이] 낙양성의 동쪽에 복사꽃과 자두꽃이 피어 있지만 그 꽃이 쉬지듯이 세상은 변천하기 쉽고 인생은 덧없이 늙어짐을 비유한 시구.

洛陽紙價貴 (낙양지가귀)★

[뜻음] 물 이름 낙, 볕 양, 종이 지, 값 가, 귀할 귀.
[풀이] ① 晉(진)나라 사람 左思(좌사)가 霽都賦(제도부)와 三都賦(삼도부)를 지었을 때 洛陽(낙양) 사람들이 다투어서 傳寫(전사)하였기 때문에 洛陽(낙양)의 종이 값이 비싸진 옛일. ② 著書(저서)가 많이 팔리는 것을 이름. 洛陽紙貴(낙양지귀).

洛陽紙貴 (낙양지귀)★★★

[뜻음] 물 이름 낙, 볕 양, 종이 지, 귀할 귀.
[풀이] 낙양 땅 종이 값이 크게 오르다. 책이 널리 세상에 퍼져 愛讀(애독)됨. 저서가 호평을 받아 매우 잘 팔린다는 뜻. 본말은 洛陽紙價貴(낙양지가귀).

《晉書(진서)》 左思傳(좌사전)에 나오는 이야기이다.
晉(진)나라 左思(좌사)는 臨淄(임치) 사람이었다.

좌사는 젊었을 때 글과 음악을 배웠으나 도무지 늘지가 않았다. 그런데 어느 날 그의 아버지가 친구를 보고,

"내가 젊었을 때는 저렇지는 않았는데……" 하는 소리를 들은 뒤부터 나도 하면 된다는 결심을 하고 공부에 열중하기 시작했다.

그는 뛰어난 문장의 소질을 갖고 있었으나 얼굴이 못생긴데다가 날 때부터 말더듬이였기 때문에, 사람을 대하기를 싫어하여 항상 집 안에 틀어박혀 창작에만 열중하고 있었다.

그러다가 임치의 모습을 韻文(운문)으로 엮은 [齊都賦(제도부)]를 지은 후, 蜀(촉)나라 서울이었던 成都(성도)와 吳(오)나라 서울 建業(건업)과 魏(위)나라 서울 鄴(업)을 노래한 [三都賦(삼도부)]를 지었는데 처음에는 반응이 신통치 않다가 皇甫謐(황보밀)이 크게 칭찬한 후 대단한 문장으로 알려졌고, 司空(사공 - 치수와 토목을 맡은 재상) 張華(장화)는,

"班固(반고)와 張衡(장형)과 맞먹는 작품이다. 읽는 사람으로 하여금, 다 읽고 나서도 餘韻(여운)을 남기게 하고, 여러 날이 지나도 感銘(감명)을 새롭게 한다"라고 評(평)한 후 사람들이 앞을 다투어 서로 베껴서 洛陽(낙양)의 종이 값이 오르게 되었다.

반고와 장형에 맞먹는다는 말은 반고의 [二都賦(이도부)], 장형의 [二京賦(이경부)]와 맞먹는다는 말이니, 讚辭(찬사) 중의 찬사라 아니할 수 없다.

絡繹不絶 (낙역부절)★

[뜻음] 이어질 낙, 풀어낼 역, 아닐 부, 끊을 절.

[풀이] 오고 감이 잦아 끊이지 않음.

落葉喬木 (낙엽교목)★

[뜻음] 떨어질 낙, 잎 엽, 높을 교, 나무 목.
[풀이] 가을에 잎이 떨어지는 키 큰 나무. 갈잎큰키나무.

落葉歸根 (낙엽귀근)★

[뜻음] 떨어질 낙, 잎 엽, 돌아갈 귀, 뿌리 근.
[풀이] 낙엽은 뿌리로 돌아간다. 결국은 자기의 본래 났거나 자랐던 곳으로 돌아감을 이르는 말.

落月屋梁 (낙월옥량)★

[뜻음] 떨어질 낙, 달 월, 지붕 옥, 들보 량.
[풀이] 지는 달빛만이 지붕에 가득하구나. 밤에 벗의 꿈을 꾸고 깨보니, 지는 달이 지붕을 비추고 있다는 뜻. 벗을 그리는 마음이 간절함을 이름.

樂而不淫 (낙이불음)★★★

[뜻음] 즐거울 낙, 어조사 이, 아닐 불, 넘칠 음.
[풀이] 즐기되 그 정도를 넘지 않음. 즐거워하되 정도를 넘지 아니함. 즐거워하되 음란하지 않음. 출전 論語(논어) 八佾篇(팔일편).

落張不入 (낙장불입)★

[뜻음] 떨어질 낙, 베풀 장, 아닐 불, 들 입.
[풀이] 화투를 할 때 바닥에 이미 내놓은 패를 물리기 위해 다시 집어 들이는 일은 용납되지 않는다는 말.

落點不入 (낙점불입)★

[뜻음] 떨어질 낙, 점 점, 아닐 불, 들 입.
[풀이] 바둑에서, 한 번 놓은 돌은 다시 집어 들이지는 못한다는 규칙.

落穽下石 (낙정하석)★

[뜻음] 떨어질 낙, 허방다리 정, 아래 하, 돌 석.
[풀이] 사람이 陷穽(함정)에 빠진 것을 보고 그 위에 돌을 던짐. 곤궁한 처지에 있는 사람을 더욱 못살게 굶. 출전 韓愈(한유)의 글.

樂只君子 (낙지군자)★

[뜻음] 즐거울 낙, 다만 지, 군자 군, 선생 자.
[풀이] 道(도)를 즐기는 군자라는 뜻. 只(지)는 助辭(조사). 출전 詩經(시경) 小雅(소아) 南山(남산) 有臺篇(유대편).

落紙雲煙 (낙지운연)★

[뜻음] 떨어질 낙, 종이 지, 구름 운, 연기 연.
[풀이] 종이에 떨어뜨리면 구름이나 연기와 같음. 落紙는 글씨를 쓰는 일, 雲煙은 草書(초서)의 필세가 아름답고 교묘하며 雄渾(웅혼)한 모양을 형용하여 이르는 말. 출전 杜甫(두보)의 시.

落地以後 (낙지이후)★

[뜻음] 떨어질 낙, 땅 지, 써 이, 뒤 후.
[풀이] 이 세상에 태어난 뒤. 난생 후.

樂天知命 (낙천지명)★

[뜻음] 즐거울 낙, 하늘 천, 알 지, 명 명.
[풀이] 천명을 깨달아 즐기며 이에 順應(순응)하는 일. 출전 易經(역경).

洛浦宓妃 (낙포복비)★

[뜻음] 물 낙, 개 포, 성 복, 왕비 비.
[풀이] '洛浦仙女(낙포선녀)'를 보시오.

洛浦仙女 (낙포선녀)★★★

[뜻음] 물 낙, 개 포, 신선 선, 계집 녀.
[풀이] 낙포의 딸. 낙포의 선녀. 伏羲氏(복희씨)의 딸 宓妃(복비)를 일컬음. 그녀는 낙수에 溺死(익사)하여 낙수의 신이 되었다 함. 魏(위)나라 曹植(조식)이 曹丕(조비)의 王后(왕후)가 된 옛 情人(정인)의 혼을 洛水 가에서 만나 보고, 그 일을 낙수신 복비를 만나는 것으로 비유하여 [洛神賦(낙신부)]를 지었음.

落筆點蠅 (낙필점승)★

[뜻음] 떨어질 낙, 붓 필, 점 점, 파리 승.
[풀이] 붓 떨어진 자리에 파리를 그려 그림을 살려내다. 화가의 훌륭한 기량. 吳(오)나라의 화가 曹不興(조불흥)이 吳王(오왕) 孫權(손권)의 명을 받고 屛風(병풍)에 그림을 그리다가 붓을 떨어뜨려 그만 점이 찍히고 말았다. 그래서 그는 그 점을 파리로 고쳐 그렸다. 완성하여 바치자 손권이 진짜 파리인 줄 알고 손가락으로 튀겼다는 옛일에서 온 말.

落花難上枝 (낙화난상지)★

[뜻음] 떨어질 낙, 꽃 화, 어려울 난, 위 상, 가지 지.
[풀이] 한 번 떨어진 꽃은 다시 가지에 올라가 달리지 못함. 한 번 저지른 잘못은 원상회복하기가 힘듦.

落花暮煙 (낙화모연)★

[뜻음] 떨어질 낙, 꽃 화, 저물 모, 안개 연.
[풀이] 떨어지는 꽃잎과 저녁 안개.

落花芳草 (낙화방초)★

[뜻음] 떨어질 낙, 꽃 화, 꽃다울 방, 풀 초.
[풀이] 떨어진 꽃과 아름다운 풀.

落花時節又逢君 (낙화시절우봉군)★

[뜻음] 떨어질 낙, 꽃 화, 때 시, 절기 절, 또 우, 만날 봉, 그대 군.
[풀이] 꽃 떨어지는 시절에 또 그대를 만나는 구나. 친구를 늦은 봄에 다시 만나게 됨의 기쁨. 출전 杜甫(두보)의 시.

落花流水 (낙화유수)★

[뜻음] 떨어질 낙, 꽃 화, 흐를 유, 물 수.
[풀이] 흐르는 물에 꽃잎이 떨어진다. 남녀 간의 그리운 심정. 衰殘零落(쇠잔영락)을 나타내기도 함.

落後 (낙후)★

[뜻음] 떨어질 낙, 뒤 후.
[풀이] 사물에 뒤떨어짐.

爛柯仙客 (난가선객)★

[뜻음] 빛날 난, 가지 가, 신선 선, 손 객.
[풀이] 바둑돌을 이름. 棋石(기석).

爛柯之樂 (난가지락)★

[뜻음] 빛날 난, 가지 가, 갈 지, 즐거울 락.
[풀이] 바둑의 재미. 나무꾼이 바둑구경을 하다가 도낏자루가 썩는 줄도 몰랐다는 이야기.

難攻不落 (난공불락)★★

[뜻음] 어려울 난, 공격할 공, 아닐 불, 떨어질 락.
[풀이] 공격하기가 어려워 쉽사리 함락되지 않음.

難得者兄弟 (난득자형제)★

[뜻음] 어려울 난, 얻을 득, 놈 자, 형 형, 아우 제.
[풀이] 형제는 사람의 힘으로 얻어지는 것이 아니므로 서로 형제간에 誼(의)가 좋아야 한다는 말.

爛漫同歸 (난만동귀)★

[뜻음] 빛날 난, 부질없을 만, 같을 동, 돌아올 귀.
[풀이] 옳지 않은 일에 함부로 어울려서 한통속이 됨.

爛漫相議 (난만상의)★

[뜻음] 무르녹을 란, 흩어질 만, 서로 상, 의논할 의.
[풀이] 오래 두고 여러 차례 충분히 의논함.

難忘之恩 (난망지은)

[뜻음] 어려울 난, 잊을 망, 갈 지, 은혜 은.
[풀이] 잊을 수 없는 은혜. 큰 은덕.

鸞鳳孔雀 (난봉공작)★

[뜻음] 난새 난, 봉새 봉, 구멍 공, 참새 작.
[풀이] 난새와 봉황 및 공작새.

難事必作易 (난사필작이)★

[뜻음] 어려울 난, 일 사, 반드시 필, 지을 작, 쉬울 이.
[풀이] 어려운 일은 반드시 쉬운 일에서 생김. 곧 쉬운 일은 조심해야면 어려운 일은 일어나지 아니한다는 말. 출전 老子(노자).

卵上加卵 (난상가란)

[뜻음] 알 난, 위 상, 더할 가.
[풀이] 알 위에 알을 포개다. 위험하거나 무모한 일.

爛商公論 (난상공론)★

[뜻음] 빛날 난, 헤아릴 상, 공변될 공, 의논할 론.
[풀이] 충분히 의견을 나누어 자세히 토의함.

鸞翔鳳翥 (난상봉저)★

[뜻음] 난새 난, 날 상, 봉황 봉, 날아오를 저.
[풀이] 난새가 나는 듯, 봉새가 나는 듯. 書法(서법)이 妙(묘)한 것을 형용한 말.

爛商討議 (난상토의)★

[뜻음] 문드러질 난, 헤아릴 상, 칠 토, 의논할 의.
[풀이] 자세하게 잘 의논함.

亂世英雄 (난세영웅)★★

[뜻음] 어지러울 난, 세상 세, 꽃부리 영, 수컷 웅.
[풀이] 才略(재략)이 뛰어나고 權謀術數(권모술수)에 능하여 어지러운 세상에 큰 공을 세우는 영웅. 亂世之英雄(난세지영웅). 출전 後漢書(후한서).

亂臣賊子 (난신적자)★★★

[뜻음] 어지러울 난, 신하 신, 도둑 적, 아들 자.
[풀이] 임금을 죽이는 신하와 어버이를 죽이는 아들. 逆賊(역적). 출전 孟子(맹자) 滕文公篇(등문공편).

蘭艾同焚 (난애동분)★

[뜻음] 난초 난, 쑥 애, 같을 동, 불사를 분.
[풀이] 난초와 쑥을 함께 태운다. 君子(군자)와 小人(소인)의 구별 없이 함께 災厄(재액)을 당함.

蘭怨桂親 (난원계친)

[뜻음] 난초 난, 원망할 원, 계수나무 계, 친할 친.
[풀이] 사람이 세상에 나타나고 숨는 데 따라 형세가 다른 것을 비유하는 말. 출전 晉書(진서) 陸機傳(육기전).

卵育 (난육)★

[뜻음] 알 난, 기를 육.
[풀이] 어미 새가 알을 까서 새끼 새를 품어 기르듯이 어버이가 자식을 어루만져 기르는 일. 卵翼(난익).

暖衣飽食 (난의포식)★★★

[뜻음] 따뜻할 난, 옷 의, 배부를 포, 먹을 식.
[풀이] 따뜻하게 입고 배불리 먹음. 게으른 생활. 출전 孟子(맹자) 滕文公篇(등문공편).

卵翼 (난익)★

[뜻음] 알 난, 날개 익.
[풀이] 어미 새가 알을 까서 새끼 새를 품어 기르듯이 어버이가 자식을 어루만져 기르는 일. 卵育(난육).

卵翼之恩 (난익지은)★

[뜻음] 알 난, 날개 익, 갈 지, 은혜 은.
[풀이] 알을 까서 날개로 품어 길러 준 은혜. 자기를 낳아 길러 준 어버이 은혜.

鸞資蕙質 (난자혜질)★

[뜻음] 난새 난, 바탕 자, 난초 혜, 바탕 질.
[풀이] 아름다운 외모와 지혜로운 자질.

蘭亭殉葬 (난정순장)★

[뜻음] 난초 란, 정자 정, 따라 죽을 순, 장사 장.
[풀이] 唐太宗(당태종)이 王羲之(왕희지)의 蘭亭帖(난정첩)을 대단히 좋아하여 죽을 때에 棺(관) 속에 넣게 한 고사.

難中之難 (난중지난)★

[뜻음] 어려울 난, 가운데 중, 갈 지.
[풀이] 어려운 중에도 유달리 어려움.

蘭芷漸滫 (난지점수)★

[뜻음] 난초 란, 구릿대 지, 점점 점, 뜨물 수.
[풀이] 향기로운 난초도 오래된 구정물이나 오줌에 담가 놓으면 악취가 밴다. 향초를 뜨물에 담근다는 뜻. 賢人(현인)과 善人(선인)도 惡人(악인)의 틈새에서 살면 악인을 닮아 간다는 말. 출전 荀子(순자) 勸學篇(권학편).

難盡筆紙 (난진필지)

[뜻음] 어려울 난, 다할 진, 붓 필, 종이 지.
[풀이] 붓과 종이, 곧 글월로는 이루 다 表現(표현)할 수 없음.

蘭摧玉折 (난최옥절)★

[뜻음] 난초 난, 꺾을 최, 구슬 옥, 꺾을 절.
[풀이] 난초가 꺾이고 옥이 부수어짐. 賢人(현인), 才子(재자), 佳人(가인)의 죽음. 출전 世說新語(세설신어).

難兄難弟 (난형난제)★★★

[뜻음] 어려울 난, 형 형, 어려울 난, 아우 제.
[풀이] 누구를 형이라 하고 누구를 아우라 하기 어렵다. 우열이나 정도의 차이를 판단하기 어려움을 비유하는 말. 莫上莫下(막상막하).

≪世說新語(세설신어)≫ 夙惠篇(숙혜편)에 나오는 이야기이다.

'梁上君子(양상군자)'라는 故事成語(고사성어)로 有名(유명)한 後漢(후한) 말기의 陳寔(진식)에게 두 아들이 있는데 元方(원방) 陳紀(진기), 季方(계방) 陳諶(진심)과 함께 三君(삼군)이라고 불릴 정도로 德望(덕망)이 높았다. 진기의 아들 陳群(진군)도 秀才(수재)였다. 이 진군이 어렸을 때 언젠가 진심의 아들 陳忠(진충)과 사촌끼리 서로 자기 아버지의 功績(공적)과 德行(덕행)을 자랑하여 서로 훌륭하다고 주장을 했으나 결말이 나지 않았다. 그래서 할아버지 진식에게 판정을 내려 줄 것을 요구했다. 그러자 진식은 "원방도 형 되기가 어렵고, 계방도 동생 되기가 어렵다"라고 말했다.

누구를 형이라 하고 누구를 아우라 하기 어렵다는 의미로 쓰인다. 우열이나 정도의 차이를 판단하기 어려움을 비유하는 말이기도 하다. 우리나라에서 잘 쓰이는 형제와 관련된 속담 중에 '형만 한 아우 없다'는 말이 있다. 아우가 형을 생각한다고는 하나 형의 아우에 대한 그것에는 미치지 못한다는 말이다. '갈모 형제라' 하는 말은 아우가 형보다 잘났을 때 쓰는 말이다. '형제는 잘 두면 보배, 못 두면 원수'라는 말은 집안에 사람 구실 못 하는 형제가 있으면 피해를 많이 본다는 말이다. 난형난제와 비슷한 말로는 伯仲之勢(백중지세), 伯仲之間(백중지간), 莫上莫下(막상막하), 互角之勢(호각지세) 등이 있다.

難化之物 (난화지물)★

[뜻음] 어려울 난, 될 화, 갈 지, 만물 물.
[풀이] 教化(교화)시키기 어려운 사람이나 동물.

蘭薰桂馥 (난훈계복)★

[뜻음] 난초 난, 향기 훈, 계수나무 계, 향기 복.
[풀이] 난초와 계수나무의 향기. ① 덕행을 쌓아 아름다운 이름을 후세에 남기는 것. ② 가문이 번영하고 자제가 뛰어난 것.

捏而不緇 (날이불치)★★★

[뜻음] 물들 날, 말 이을 이, 아닐 불, 검을 치.
[풀이] 검게 물들여도 검게 되지 않는다. 어진 사람이 쉽사리 惡(악)에 물들지 않음. 출전 論語(논어).

捋虎鬚 (날호수)★

[뜻음] 어루만질 날, 범 호, 수염 수.
[풀이] 범의 수염을 어루만진다. ① 용맹한 것을 복종시킴.② 위험을 무릅씀. 중국 吳(오)나라의 朱桓(주환)이 멀리 떠남에 즈음하여 손권에게 청하여 그의 수염을 쓰다듬은 옛일에서 온 말.

南柯一夢 (남가일몽)★★★

[뜻음] 남녘 남, 자루 가, 한 일, 꿈 몽.
[풀이] 남쪽으로 뻗은 나뭇가지 아래에서의 한 꿈. 중국 당나라 때 淳于棼(순우분)이 자기 집 남쪽에 있는 늙은 회화나무 밑에서 술에 취하여 자고 있는데 꿈속에서 南柯郡(남가군)을 다스리어 20여 년간이나 부귀를 누리다가 깨었다는 고사. 꿈 또는 一場春夢(일장춘몽).

중국 唐(당)나라 李公佐(이공좌)의 소설 ≪南柯記(남가기)≫에서 유래한 말이다.

唐(당)나라 德宗(덕종) 때, 강남인 揚州(양주) 땅에 淳于棼(순우분)이 살고 있었다.

그의 집 남쪽에는 몇 아름이나 되는 큰 회화나무가 수십 평의 그늘을 짓고 있었는데 여름철이면 친구들과 어울려 그 나무 밑에서 술을 마시며 즐기곤 했다.

하루는 술에 취해 누워 있는데 두 관원이 엎드려 절하며, "괴안국 국왕의 어명을 받잡고 모시러 왔습니다" 하는 것이었다. 그가 따라가자 회화나무 뿌리 쪽에 있는 굴로 들어갔다. 그곳은 槐安國(괴안국)이었다. 그곳에서 그는 駙馬(부마)가 되었다.

이윽고 남가군의 태수로 임명되어, 이십 년 동안 고을을 태평하게 다스리고 그사이 다섯 아들과 두 딸을 얻었는데 아들들은 다 높은 벼슬에 오르고 딸은 왕가에 시집을 보냈다.

이십 년이 되던 해 檀羅國(단라국) 군대가 침략하여 나가 싸웠으나 크게 패하고 아내는 급한 병으로 죽어 벼슬을 사임하고 서울로 돌아왔다.

그의 명성 때문에 찾아오는 이가 많아 역적 음모를 꾸민다고 조정에 투서가 들어가 왕은 그에게 근신을 명령했다. 순우분의 세력이 만만치 않은 것을 알게 된 왕은 그를 달래어 고향에 다녀오라 했다. 순우분이 놀라서,
"저의 집이 여긴데 어디에 간단 말입니까?" 하고 반문하자,
"그대는 본시 속세사람으로, 여기는 그대의 집이 아닐

세" 하며 웃었다.

그가 깨닫자 본디 처마 밑에서 자고 있는 자신으로 돌아왔다. 그가 친구와 함께 회화나무 굴로 들어가 살펴보니 성 모양을 한 개미집이 있는데, 머리가 붉은 큰 개미 주위를 수십 마리의 큰 개미가 지키고 있었다. 그것이 자기가 꿈 속에서 본 大槐安國(대괴안국)의 왕궁이었다. 다시 구멍을 더듬어 남쪽으로 뻗은 가지를 네 길쯤 올라가자 네모진 곳이 있고 성 모양의 개미집이 있었다. 그가 있던 南柯郡(남가군)이었다.

南梗北頑 (남경북완)★

[뜻음] 남녘 남, 가시 경, 북녘 북, 완강할 완.
[풀이] 전부터 나라의 근심거리였던 남쪽의 日本(일본)과 북쪽의 野人(야인)을 일컫는 말.

男耕女織 (남경여직)★

[뜻음] 사내 남, 밭갈 경, 계집 여, 짤 직.
[풀이] 남자는 밭을 갈고 여자는 베를 짠다. 남녀에 각각 부여된 자연의 職分(직분)을 이르는 말.

覽古考新 (남고고신)★

[뜻음] 볼 남, 옛 고, 상고할 고, 새 신.
[풀이] 옛일을 살펴 지금의 일을 考察(고찰)함. 출전 漢書(한서).

南郭濫吹 (남곽남취)★

[뜻음] 남녘 남, 외성 곽, 넘칠 남, 불 취.
[풀이] 남곽처사는 본래 생우를 불 줄 모르더니 마구 불어댔다. 실력이나 재능이 없는데도 부당하게 자리를 차지하고 있음. 南郭濫竽(남곽남우).

南橘北枳 (남귤북지)★

[뜻음] 남녘 남, 귤 귤, 북녘 북, 탱자 지.
[풀이] '橘化爲枳(귤화위지)'를 보시오.

南箕北斗 (남기북두)★★

[뜻음] 남녘 남, 키 기, 북녘 북, 말 두.
[풀이] 남쪽의 箕星(기성)과 北斗星(북두성). 키로는 곡식을 까불고 말로는 곡식을 되지만, 남쪽의 箕星(기성)으로는 곡식을 까불지 못하고 北斗星(북두성)으로는 곡식을 되지 못한다. 有名無實(유명무실)한 것을 비유.

南男北女 (남남북녀)★★★

[뜻음] 남녘 남, 사내 남, 북녘 북, 계집 녀.
[풀이] 남쪽은 남자가 잘나고 북쪽은 여자가 아름답다는 말. 우리나라의 속담임.

男女老少 (남녀노소)★

[뜻음] 사내 남, 계집 녀, 늙을 로, 젊을 소.
[풀이] 남자와 여자와 늙은이와 젊은이. 모든 사람. 男女老幼(남녀노유).

男女老幼 (남녀노유)★

[뜻음] 사내 남, 계집 녀, 늙을 로, 어릴 유.
[풀이] 男女老少(남녀노소).

男女無別 (남녀무별)★

[뜻음] 사내 남, 계집 녀, 없을 무, 분별 별.
[풀이] 남녀 교제가 분별없이 紊亂(문란)함.

男女不同席 (남녀부동석)★

[뜻음] 사내 남, 계집 녀, 아니 부, 같을 동, 자리 석.
[풀이] 일곱 살 이후의 남녀는 같은 자리에 앉지 않음. 남녀의 區別(구별)을 엄격히 하여야 한다는 말. 男女七歲不同席(남녀칠세부동석). 출전 禮記(예기) 內則篇(내칙편).

男女相悅之詞 (남녀상열지사)★★

[뜻음] 사내 남, 계집 녀, 서로 상, 기쁠 열, 갈 지, 시문 사.
[풀이] 남녀가 함께 어울려 즐겁게 노는 장면이 나오는 노래. 조선 초기 儒學者(유학자)들이 고려가요를 낮추어 이르던 말.

男女有別 (남녀유별)★

[뜻음] 사내 남, 계집 녀, 있을 유, 다를 별.
[풀이] 남녀 사이에는 分別(분별)이 있음.

男女情欲 (남녀정욕)★

[뜻음] 사내 남, 계집 녀, 뜻 정, 하고자 할 욕.
[풀이] 남자와 여자 사이의 성적 욕망.

男女七歲不同席 (남녀칠세부동석)★★

[뜻음] 사내 남, 계집 녀, 일곱 칠, 해 세, 아니 부, 같을 동, 자리 석.
[풀이] 남녀가 일곱 살이 되면 자리를 같이하지 않는다. 內外(내외)해야 한다는 말.

南大門入納 (남대문입납)★

[뜻음] 남녘 남, 큰 대, 문 문, 들 입, 바칠 납.
[풀이] 집주소가 분명하지 않은 편지나 또는 이름도 주소도 모르고 집을 찾는 것을 嘲弄(조롱)하는 말.

南樓之會 (남루지회)

[뜻음] 남녘 남, 다락 루, 갈 지, 모일 회.
[풀이] 가을 밤 달맞이의 宴會(연회)를 이름. 晉(진)나라의 庚亮(유양)이 武昌(무창)의 남루에 올라가 여러 사람과 가을밤에 談論(담론)하며 시를 읊은 고사. 가을밤 달맞이의 연회. 출전 晉書(진서) 庚亮傳(유양전).

南蠻鴃舌 (남만격설)★

[뜻음] 남녘 남, 오랑캐 만, 때까치 격, 혀 설.
[풀이] 남녘 오랑캐의 말은 때까치 소리와 같다. 알아들을 수 없는 외국어를 蔑視(멸시)하여 이르는 말. 출전 孟子(맹자).

南蠻北狄 (남만북적)★

[뜻음] 남녘 남, 오랑캐 만, 북녘 북, 오랑캐 적.
[풀이] 남쪽과 북쪽에 사는 오랑캐.

南蠻西戎 (남만서융)*

[뜻음] 남녘 남, 오랑캐 만, 서녘 서, 오랑캐 융.
[풀이] 남쪽의 오랑캐와 서쪽의 오랑캐를 싸잡아 부르는 말.

南面百城 (남면백성)★★

[뜻음] 남녘 남, 낯 면, 일백 백, 재 성.
[풀이] 임금이 조정에서 신하에 대하여 남쪽으로 향해 앉는 자리이므로 南面(남면)은 帝王(제왕)의 地位(지위)를 나타내고, 군주의 높은 지위와 성 百(백)을 領有(영유)하는 넓은 영토. 임금의 자리와 일백 성이나 되는 넓은 영토.

南面之德 (남면지덕)*

[뜻음] 남녘 남, 낯 면, 갈 지, 큰 덕.
[풀이] 임금이 조정에서 신하에 대하여 남쪽으로 향해 앉는 자리이므로 南面(남면)은 帝王(제왕)의 地位(지위)를 나타냄. 임금의 지위.

南面稱孤 (남면칭고)★★

[뜻음] 남녘 남, 낯 면, 일컬을 칭, 외로울 고.
[풀이] 군주가 됨. 임금이 조정에서 신하에 대하여 남쪽으로 향해 앉는 자리이므로 南面(남면)은 帝王(제왕)의 地位(지위)를 나타내고 孤(고)는 王公(왕공)의 謙稱(겸칭). 출전 史記(사기).

藍尾酒 (남미주)*

[뜻음] 탐할 남, 꼬리 미, 술 주.
[풀이] 맨 끝 차례로 마시는 술잔. 또는 末席(말석)에 앉은 사람이 연거푸 술을 석 잔 마시는 일. 藍(남)은 婪(남)임. 마지막에 얻는 것이 많으므로 이르는 말. 婪尾酒(남미주).

男負女戴 (남부여대)★★★

[뜻음] 사내 남, 질 부, 계집 녀, 일 대.
[풀이] 남자는 어깨에 지고 여자는 머리 위에 인다. 가난한 사람이 살 곳을 찾아 이리저리 떠돌아다님. 戰亂(전란)을 당하여 避難(피난)하는 사람들의 모습.

攬轡澄淸 (남비징청)*

[뜻음] 잡을 남, 고삐 비, 맑을 징, 맑을 청.
[풀이] 말의 고삐를 잡고 천하를 깨끗이 한다. 宰相(재상)이 되어 어지러운 천하를 바로잡으려고 하는 큰 뜻.

男寺黨 (남사당)★★

[뜻음] 사내 남, 절 사, 무리 당.
[풀이] 천한 娼婦(창부)를 假裝(가장)한 남자. 남사당 패거리의 남자로 娛樂(오락)과 技藝(기예)를 팔아먹고 사는 떠돌이 예인 유랑집단.

藍謝靑 (남사청)*

[뜻음] 쪽 남, 사례할 사, 푸를 청.
[풀이] 푸른빛은 본디 쪽에서 얻어진 것. 중국 後魏(후위)의 李謐(이밀)은 孔璠(공번)에게서 배웠으나 몇 년 뒤에는 번이 도리어 밀에게 학문을 배웠다는 옛일에서 온 말. 靑出於藍(청출어람).

南山不落 (남산불락)*

[뜻음] 남녘 남, 뫼 산, 아닐 불, 떨어질 락.
[풀이] 중국 終南山(종남산)의 堅固(견고)한 것을 城(성)의 要害(요해)가 견고한 것에 비유한 말. 성이 남산처럼 견고하므로 難攻不落(난공불락)이라는 말.

南山之壽 (남산지수)★★

[뜻음] 남녘 남, 뫼 산, 갈 지, 수명 수.
[풀이] 장수를 축원함. 남산처럼 오랜 수명. 終南山(종남산)처럼 무한하게 長壽(장수)하시라고 祝願(축원)하는 말. 출전 詩經(시경).

濫觴 (남상)★★★

[뜻음] 넘칠 남, 술잔 상.
[풀이] 사물의 맨 처음. 기원. 술잔이 뜰 정도로 적은 물. 양자강 같은 큰 강도 근원을 따라 올라가면 잔을 띄울 만한 가는 물줄기로부터 시작되었다는 말. 시초나 근원.

≪荀子(순자)≫ 子道篇(자도편)에 나오는 이야기이다.
공자의 제자 子路(자로)가 화려한 차림을 하고 나타나자 공자는 그 같은 모습을 보고 말했다.
"由(유: 자로의 이름)야, 너의 그 거창한 차림은 어찌된 일이냐?"
공자는 자로가 전과 달리 그런 화려한 차림을 하고 있는 것을 보자 양자강을 비유해서 자로에게 말했다.
"원래 양자강은 岷山(민산)에서 시작되는데 그것이 처음 시작할 때는 그 물이 겨우 술잔을 띄울 만했다. 그러나 그것이 강나루에 와 닿았을 때는 큰 배를 띄우고 바람을 피하지 않고는 건널 수 없다. 그것은 하류의 물이 많기 때문에 사람들이 겁이 나서 그러는 것이다. 지금 너는 화려한 옷을 입고, 몹시 만족해하는 얼굴을 하고 있는데, 사람들이 너의 그 같은 태도를 보게 될 때 누가 너를 위해 좋은 충고를 해 줄 사람이 있겠느냐"
그가 혹시 4사치와 교만에 빠져드는 것이 아닌가 싶어 걱정이 되어서 제자에게 충고하는 말이다. '남상'을 '잔을 담근다'고 풀이하기도 한다. 사물의 맨 처음이나 기원, 시초나 근원을 나타내는 말이 되었다. 비슷한 의미로 쓰이는 말에는 '嚆矢(효시), 元祖(원조), 鼻祖(비조)' 등이 있다.

男色 (남색)*

[뜻음] 남자 남, 색욕 색.
[풀이] 남자끼리 性(성) 관계를 맺음. 鷄姦(계간). 출전 戰國策(전국책).

南船北馬 (남선북마)*

[뜻음] 남녘 남, 배 선, 북녘 북, 말 마.
[풀이] 중국의 지세는 남쪽은 강이 많아서 주로 배를 타고, 북쪽은 평지가 많아서 주로 말을 탄다. 뜻이 바뀌어 항상 여행을 하거나 분주히 사방으로 돌아다님을 이름.

南巡兄弟 (남순형제)*

[뜻음] 남녘 남, 돌 순, 형 형, 아우 제.
[풀이] 남쪽을 순수한 형제. 舜(순)의 두 왕비 娥皇(아황)과 女英(여영)이, 남쪽으로 巡行(순행) 간 순임금을 찾아 헤매다가 蘇相江(소

상강에 이르러, 순임금이 창오산에서 崩(붕)함을 듣고 피눈물을 흘리고 죽었다는 고사에서 유래한 말.

男兒須讀五車書 (남아수독오거서)★★★

[뜻음] 사내 남, 아이 아, 모름지기 수, 읽을 독, 다섯 오, 수레 거, 책 서.
[풀이] 남자는 모름지기 수레 다섯에 실을 만한 많은 책을 읽어야 한다는 말.

男兒一言重千金 (남아일언중천금)★★★

[뜻음] 사내 남, 아이 아, 한 일, 말씀 언, 무거울 중, 일천 천, 쇠 금.
[풀이] 남자의 한마디 말은 천금같이 값지고 무거움.

男兒立志出鄕關 (남아입지출향관)★

[뜻음] 사내 남, 아이 아, 설 립, 뜻 지, 날 출, 고향 향, 빗장 관.
[풀이] 남자가 뜻을 세워 고향을 떠나옴.

南陽草廬 (남양초려)★

[뜻음] 남녘 남, 볕 양, 풀 초, 오두막집 려.
[풀이] 後漢(후한) 말에 劉備(유비)가 하동성 남양부로 제갈공명을 尋訪(심방)하였을 때 그가 晝耕夜讀(주경야독)하며 隱居(은거)하던 草家(초가). '三顧草廬(삼고초려)'를 보시오.

爐影湖光 (남영호광)

[뜻음] 산 이름 남, 그림자 영, 호수 호, 빛날 광.
[풀이] 산의 그림자와 호수의 빛깔이라는 뜻으로, 산수의 風光(풍광)을 이름.

南倭北虜 (남왜북로)★

[뜻음] 남녘 남, 왜국 왜, 북녘 북, 오랑캐 로.
[풀이] 明(명)나라를 괴롭힌 남쪽의 倭寇(왜구)와 북쪽의 몽골의 여러 부족을 중국에서 이르던 말.

濫竽充數 (남우충수)★

[뜻음] 넘칠 남, 피리 우, 채울 충, 숫자 수.
[풀이] 남아도는 樂士(악사)로 머릿수를 채우다. 마구 불어대고 연주함.

男子不死於婦人之手 (남자불사어부인지수)★

[뜻음] 사내 남, 아들 자, 아닐 불, 죽을 사, 어조사 어, 며느리 부, 사람 인, 갈 지, 손 수.
[풀이] 남자는 부인의 손에 안겨 죽지 아니함. 군자는 죽음을 중히 여겨 男女有別(남녀유별)을 분명히 하거나, 將帥(장수)가 전쟁터에서 죽기를 각오하며 하는 말. 출전 禮記(예기) 喪大記篇(상대기편).

男裝美人 (남장미인)★

[뜻음] 사내 남, 꾸밀 장, 아름다울 미, 사람 인.
[풀이] 남자처럼 꾸민 아리따운 여자.

南田北畓 (남전북답)★★

[뜻음] 남녘 남, 밭 전, 북녘 북, 논 답.
[풀이] 남쪽 밭과 북쪽 논. 소유한 전답이 여러 곳에 흩어져 있는 것을 이르는 말.

藍田生玉 (남전생옥)★

[뜻음] 쪽 남, 밭 전, 날 생, 구슬 옥.
[풀이] 남전에서 아름다운 옥이 난다. 남전산에서 옥을 산출하듯, 名門(명문)에서 名士(명사)가 남. 명문에서 현명한 자제가 배출됨. 부자를 함께 칭송할 때 쓰는 말.

南征北伐 (남정북벌)★★

[뜻음] 남녘 남, 칠 정, 북녘 북, 칠 벌.
[풀이] 남쪽을 정복하고 북쪽을 討伐(토벌)함. 四方(사방)을 토벌함.

男尊女卑 (남존여비)★★

[뜻음] 사내 남, 높을 존, 계집 녀, 낮을 비.
[풀이] 남자는 높고 여자는 낮음. 출전 列子(열자) 天瑞篇(천서편).

南宗北宗 (남종북종)★

[뜻음] 남녘 남, 마루 종, 북녘 북.
[풀이] 晋(진)나라의 중 神秀(신수)와 慧能(혜능)이 각각 佛學(불학)을 이수한 후 양파로 나누어진 것을 이름. 禪宗(선종)의 二派(이파). 또는 남종화, 북종화 등 화가의 二派(이파).

男左女右 (남좌여우)★

[뜻음] 사내 남, 왼 좌, 계집 여, 오른 우.
[풀이] 陰陽說(음양설)에서 남자는 왼쪽, 여자는 오른쪽이 重(중)하다는 말. 출전 禮記(예기).

南酒北餠 (남주북병)★

[뜻음] 남녘 남, 술 주, 북녘 북, 떡 병.
[풀이] 옛날 서울 南村(남촌)은 술맛이 좋았고, 北村(북촌)은 떡 맛이 좋았다는 말.

南枝春信 (남지춘신)★

[뜻음] 남녘 남, 가지 지, 봄 춘, 믿을 신.
[풀이] 梅花(매화)는 봄에 남쪽 가지에서부터 꽃을 피운다. 동양화의 畵題(화제). 매화를 그린 것.

男唱女隨 (남창여수)★

[뜻음] 사내 남, 부를 창, 계집 녀, 따를 수.
[풀이] ① 남자가 앞에 나서서 부르고 여자는 따라만 함. ② 남편의 주장에 아내가 따름. 출전 孔叢子(공총자).

濫吹 (남취)★

[뜻음] 넘칠 남, 불 취.
[풀이] 불 줄도 모르며 악기를 마구 불어댐. 濫竽充數(남우충수).

南風不競 (남풍불경)★

[뜻음] 남녘 남, 바람 풍, 아닐 불, 다툴 경.
[풀이] 南方(남방)의 歌謠(가요)의 音調(음조)가 活氣(활기)가 없음. 轉(전)하여 남방의 세력이 不振(부진)함을 이르는 말. 출전 春秋左氏傳(춘추좌씨전).

南風之薫 (남풍지훈)★

[뜻음] 남녘 남, 바람 풍, 갈 지, 향기 훈.
[풀이] 虞舜(우순: 우땅에 살던 순임금)이 五絃琴(오현금)으로 南風

歌(남풍가)를 노래하니 천하백성이 和樂(화락)하고 太平을 謳歌(구가)하였다는 것. 출전 孔子家語(공자가어) 辨樂篇(변락편).

南行北走 (남행북주)★

[뜻음] 남녘 남, 다닐 행, 북녘 북, 달릴 주.
[풀이] 남으로 가고 북으로 달린다. 바삐 돌아다님을 이름.

男婚女嫁 (남혼여가)★

[뜻음] 사내 남, 혼인할 혼, 계집 녀, 시집갈 가.
[풀이] 아들은 장가들고 딸은 시집간다. 자녀의 婚姻(혼인).

男婚女配 (남혼여배)★

[뜻음] 사내 남, 혼인할 혼, 계집 녀, 아내 배.
[풀이] 男婚女嫁(남혼여가).

男婚女姻 (남혼여인)★

[뜻음] 사내 남, 혼인할 혼, 계집 녀, 혼인 인.
[풀이] 男婚女嫁(남혼여가). 출전 詩經(시경).

男欣女悅 (남흔여열)★

[뜻음] 사내 남, 기뻐할 흔, 계집 녀, 기쁠 열.
[풀이] 夫婦(부부)가 和樂(화락)함.

臘尾春頭 (납미춘두)★

[뜻음] 섣달 납, 꼬리 미, 봄 춘, 머리 두.
[풀이] 세밑과 새해의 처음. 年末(연말)과 歲初(세초).

納約自牖 (납약자유)★

[뜻음] 들일 납, 대략 약, 스스로 자, 창 유.
[풀이] 자기가 남에게 먼저 설명할 때 상대방이 알기 쉬운 것부터 설명하여 깨닫도록 인도함. 출전 易經(역경) 坎卦(감괘).

納幣行禮 (납폐행례)★

[뜻음] 바칠 납, 비단 폐, 다닐 행, 예도 례.
[풀이] 신랑 집에서 신부 집으로 禮緞(예단)을 보내고 婚姻式(혼인식)을 치름.

朗朗細語 (낭랑세어)★

[뜻음] 밝을 랑, 가늘 세, 말씀 어.
[풀이] 낭랑한 목소리로 속삭이듯 말함.

廊廟之器 (낭묘지기)★

[뜻음] 행랑 낭, 사당 묘, 갈 지, 그릇 기.
[풀이] 廟堂(묘당)에 앉아 나라의 政務(정무)에 參與(참여)할 만한 인물. 宰相(재상)이 될 만한 인물. 廊廟(낭묘)는 나라의 정치를 하는 宮殿(궁전). 출전 三國志(삼국지) 蜀志(촉지).

狼跋其胡載疐其尾 (낭발기호재치기미)★

[뜻음] 이리 낭, 밟을 발, 그 기, 오랑캐 호, 실을 재, 엎드러질 치, 꼬리 미.
[풀이] 늙은 이리는 앞으로 갈 때에는 턱 밑에 늘어져 있는 살을 밟아 자빠지고, 뒤로 갈 때에는 꼬리를 밟아 넘어진다. 進退兩難(진퇴양난)을 이름. 궁지에 빠짐. 출전 詩經(시경).

囊砂之計 (낭사지계)★

[뜻음] 주머니 낭, 모래 사, 갈 지, 셈할 계.
[풀이] 韓信(한신)이 龍且(용저)를 濰水(유수)에서 쳤을 때 만여 개의 모래주머니를 만들어 유수의 上流(상류)를 막았다가 敵軍(적군)이 강을 건너기를 기다려 막은 물을 터놔서 적군을 크게 깨뜨린 計巧(계교). 출전 史記(사기) 淮陰侯傳(회음후전).

浪說藉藉 (낭설자자)★★

[뜻음] 물결 낭, 말씀 설, 자자할 자.
[풀이] 헛된 소문이 여러 사람의 입에 오르내림.

狼心狗行 (낭심구행)★

[뜻음] 이리 낭, 마음 심, 개 구, 행할 행.
[풀이] 이리와 같은 마음과 행동. 짐승과 같은 행동.

娘子軍 (낭자군)

[뜻음] 아가씨 낭, 자식 자, 군사 군.
[풀이] 唐(당)나라 때 군대의 이름. 주로 여자로 조직이 되었으므로 이름.

狼子野心 (낭자야심)★★

[뜻음] 이리 낭, 아들 자, 들 야, 마음 심.
[풀이] 이리 새끼는 아무리 길들여 기르려 하여도 野獸(야수)의 성질을 벗어나지 못한다. 본래 성질이 비뚤어진 사람은 아무리 恩惠(은혜)를 베풀어도 終當(종당) 背反(배반)한다는 뜻. 출전 春秋左氏傳(춘추좌씨전).

囊中無一物 (낭중무일물)

[뜻음] 주머니 낭, 가운데 중, 없을 무, 하나 일, 만물 물.
[풀이] 주머니 속에 돈이 한 푼도 없음. 돈 한 푼도 가지고 있지 아니함.

囊中之物 (낭중지물)★

[뜻음] 주머니 낭, 가운데 중, 갈 지, 만물 물.
[풀이] 자기 수중에 있는 물건.

囊中之錐 (낭중지추)★★★

[뜻음] 주머니 낭, 가운데 중, 갈 지, 송곳 추.
[풀이] 주머니 속에 든 송곳. 재능이 뛰어난 사람은 숨어 있어도 남의 눈에 띔.

≪史記(사기)≫에 나오는 말이다.
전국시대 말엽, 秦(진)나라의 공격을 받은 趙(조)나라 惠文王(혜문왕)은 동생이자 재상인 平原君(평원군: 趙勝)을 楚(초)나라에 보내어 구원군을 청하기로 했다. 20명의 수행원이 필요한 평원군은 그의 3,000여 食客(식객) 중에서 19명을 쉽게 뽑았으나 나머지 한 사람을 뽑지 못해 고심하고 있었다. 이때 毛遂(모수)라는 식객이 自薦(자천)하고 나섰다.
　"대감, 저를 데려가 주십시오"
　평원군은 어이없다는 얼굴로 이렇게 물었다.
　"그대는 내 집에 온 지 얼마나 되었소?"

“이제 3년이 됩니다.”

“재능이 뛰어난 사람은 숨어 있어도 마치 ‘주머니 속의 송곳[囊中之錐]’ 끝이 밖으로 나오듯이 남의 눈에 드러나는 법이오. 그런데 내 집에 온 지 3년이나 되었다는 그대는 이제까지 단 한 번도 이름이 드러난 적이 없지 않소?”

“그건 나리께서 이제까지 저를 단 한 번도 주머니 속에 넣어 주시지 않았기 때문이죠. 하지만 이번에 주머니 속에 넣어 주시기만 한다면 끝뿐 아니라 자루[柄]까지 드러내 보이겠습니다.”

이 재치 있는 답변에 만족한 평원군은 모수를 수행원으로 뽑았다.

재능이 뛰어난 사람은 숨어 있어도 남의 눈에 드러난다는 말이다.

囊中取物 (낭중취물)

[뜻음] 주머니 낭, 가운데 중, 가질 취, 사물 물.
[풀이] 자기 주머니 속에 든 물건을 꺼내듯이 손쉽게 얻을 수 있음을 말함. 출전 三國志(삼국지).

郎廳坐起 (낭청좌기)★

[뜻음] 사내 낭, 관청 청, 앉을 좌, 일어날 기.
[풀이] 벼슬이 낮은 낭관이 좌기한다. 아랫사람이 윗사람보다 더 지독함. 성질이나 하는 일이 아랫사람이 윗사람보다 더 심하고 지독함.
[참고] 낭청: 조선조 때 당하관을 달리 일컫던 말. 좌기: 관청의 으뜸 벼슬에 있는 사람이 출근하여 일을 잡아냄.

狼貪虎視 (낭탐호시)★

[뜻음] 이리 낭, 탐낼 탐, 범 호, 보일 시.
[풀이] 이리처럼 탐내고 범같이 본다. ① 기회를 노리고 형세를 살핌. ② 야심만만함.

狼狽爲奸 (낭패위간)★

[뜻음] 승냥이 낭, 이리 패, 할 위, 간사할 간.
[풀이] 악당들이 모여 못된 흉계를 꾸미는 것. 곤경을 겪어서 볼품없이 됨. 狼狽(낭패). 출전 박물전회.

閬風瑤池 (낭풍요지)

[뜻음] 솟을대문 낭, 바람 풍, 옥 요, 못 지.
[풀이] 閬風苑(낭풍원)과 瑤池(요지). 神仙(신선)이 산다는 곳. 낭풍은 閬風苑(낭풍원)이고, 瑤池(요지)는 아름다운 못으로 모두 崑崙山(곤륜산)에 있다 함.

囊螢讀書 (낭형독서)★

[뜻음] 주머니 낭, 개똥벌레 형, 읽을 독, 쓸 서.
[풀이] 晉(진)나라의 車胤(차윤)이 여름밤에 비단 주머니에 개똥벌레를 넣어서 그 빛으로 책을 읽은 고사. 苦學(고학)함. ‘螢雪之功(형설지공)’을 참조하시오.

內剛外柔 (내강외유)★

[뜻음] 안 내, 굳셀 강, 바깥 외, 부드러울 유.
[풀이] 겉은 곧고 꿋꿋하나 겉으로는 부드럽고 순함.

來來世世 (내내세세)★

[뜻음] 올 내, 대 세.
[풀이] 내세의 또 다음의 내세.

襁襠子 (내대자)★

[뜻음] 패랭이 내, 패랭이 대, 아들 자.
[풀이] 避暑笠(피서립)을 쓴 사람. 전하여 더운 날씨에 盛裝(성장)을 하고 남을 찾아가는 사람. 미욱하여 사정에 어두운 사람. 三伏(삼복) 중에 예복을 입고 방문하는 사람을 嘲弄(조롱)하는 말.

內務 (내무)★

[뜻음] 안 내, 일 무.
[풀이] 朝廷(조정)의 政務(정무).

乃武乃文 (내무내문)★

[뜻음] 이에 내, 굳셀 무, 글월 문.
[풀이] 천지를 經緯(경위)하는 것을 文(문)이라 하고, 禍亂(화란)을 戡定(감정)하는 것을 武(무)라 함. 文武(문무)를 모두 갖추었다는 뜻으로, 天子(천자)가 德(덕)이 있다고 稱頌(칭송)하는 말. 允文允武(윤문윤무). 출전 書經(서경).

內房歌辭 (내방가사)★

[뜻음] 안 내, 방 방, 노래 가, 말 사.
[풀이] 嶺南(영남) 지방의 양반 부녀자가 지어 부른 가사. 아녀자들의 가사. 閨房歌詞(규방가사).

內富外貧 (내부외빈)★

[뜻음] 안 내, 가멸 부, 바깥 외, 가난할 빈.
[풀이] 집안 살림은 아주 넉넉하면서도 거지같이 보이는 사람을 이름.

內三千外八百 (내삼천외팔백)★

[뜻음] 안 내, 석 삼, 일천 천, 바깥 외, 여덟 팔, 일백 백.
[풀이] 京官(경관)이 삼천, 外官(외관)이 팔백 명. 文武百官(문무백관)이 의장을 갖추고 一堂(일당)에 모임. 경관은 조선조 외직에 대하여 서울에 있던 각 관아의 관직을 통틀어 이르는 말. 문무와 각 衙門(아문). 외관은 지방의 관직이나 관원을 통틀어 이르는 말. 監營(감영) 府(부) 牧(목) 郡(군) 縣(현)의 兵營(병영)과 水營(수영)에 딸린 지방관과 문관 무관.

內聖外王 (내성외왕)★★★

[뜻음] 안 내, 성인 성, 바깥 외, 임금 왕.
[풀이] 속은 聖人(성인)이고 겉은 國王(국왕). 學術(학술)의 體用本末(체용본말)을 兼備(겸비)함. 학술과 덕행을 아울러 갖춘 사람. 중국 철학에서 궁극적 인간으로 상정된 聖人(성인)의 특성이라고 풍우란 교수가 말함. 출전 莊子(장자) 天下篇(천하편).

內視反聽 (내시반청)★

[뜻음] 안 내, 보일 시, 돌이킬 반, 들을 청.
[풀이] 자신을 反省(반성)하여 살핌. 출전 後漢書(후한서).

奈若何 (내약하)★

[뜻음] 어찌 내, 만약 약, 어찌 하.
[풀이] 어찌할 것인가. 한문 투 문장의 끝에 붙여서 '어찌할 것인가'라는 의미의 의문문을 만드는 말.

內外賓客 (내외빈객)★

[뜻음] 안 내, 바깥 외, 손님 빈, 손 객.
[풀이] 안과 밖의 손님.

內外四祖 (내외사조)

[뜻음] 안 내, 바깥 외, 넉 사, 할아비 조.
[풀이] 아버지, 할아버지, 증조, 외증조를 통틀어 일컬음.

內外之間 (내외지간)★★

[뜻음] 안 내, 바깥 외, 갈 지, 사이 간.
[풀이] 남편과 아내의 사이. 내외간. 부부간.

內憂外患 (내우외환)★★★

[뜻음] 안 내, 근심 우, 바깥 외, 근심 환.
[풀이] 나라 안팎의 여러 가지 근심과 걱정. 출전 國語(국어).

內柔外剛 (내유외강)★★★

[뜻음] 안 내, 부드러울 유, 바깥 외, 굳셀 강.
[풀이] 속은 부드럽고 순하나 겉으로는 굳고 꿋꿋함. 출전 易經(역경).

來者可追 (내자가추)★

[뜻음] 올 내, 놈 자, 옳을 가, 내쫓을 추.
[풀이] 오는 것은 따라갈 수 있다. 이미 지나간 일은 어찌할 도리가 없으나, 미래의 일은 경계하여 전과 같은 과실을 범하지 않을 수 있다는 말. 출전 論語(논어) 微子篇(미자편).

來者勿拒去者勿追 (내자물거거자물추)★★

[뜻음] 올 내, 놈 자, 말 물, 막을 거, 갈 거, 따를 추.
[풀이] 오는 사람 막지도 않고, 가는 사람 쫓아가지도 않는다는 말.

內殿菩薩 (내전보살)★

[뜻음] 안 내, 대궐 전, 보살 보, 보살 살.
[풀이] 알고도 모르는 체하고 시치미를 떼고 있는 사람을 이르는 말.

內庭突入 (내정돌입)★

[뜻음] 안 내, 뜰 정, 부딪칠 돌, 들 입.
[풀이] 주인의 허락 없이 남의 안뜰에 불쑥 들어감.

內助之功 (내조지공)★★★

[뜻음] 안 내, 도울 조, 갈 지, 공 공.
[풀이] 집안에서 도와주는 공. 아내가 집안을 잘 다스려 남편을 돕는 일을 비유하는 말. 출전 三國志(삼국지) 魏志(위지).

內淸外濁 (내청외탁)★

[뜻음] 안 내, 맑을 청, 바깥 외, 흐릴 탁.
[풀이] 속은 맑고 겉은 흐림. 속은 맑고 겉은 흐리게 삶. 亂世(난세)를 만나면 明哲保身(명철보신)하는 방법 중의 하나. 출전 通俗編(통속편).

內治外交 (내치외교)★

[뜻음] 안 내, 다스릴 치, 바깥 외, 사귈 교.
[풀이] 안으로는 나라 안의 일을 다스리는 일과 밖으로는 다른 나라와 사귐을 맺는 일.

內虛外飾 (내허외식)

[뜻음] 안 내, 빌 허, 바깥 외, 꾸밀 식.
[풀이] 속은 비고 겉만 꾸밈. 겉은 화려해 보이나 속은 가난함.

內訌 (내홍)★

[뜻음] 안 내, 집안싸움 홍.
[풀이] 內亂(내란)과 같음. 출전 詩經(시경) 大雅(대아).

冷暖自知 (냉난자지)★

[뜻음] 찰 냉, 따뜻할 난, 스스로 자, 알 지.
[풀이] 차고 더운 것을 자기가 안다. 물을 마시면 스스로 차고 따뜻함을 알 수 있듯, 佛法(불법)은 남에게 배워서 깨닫는 것이 아니라 몸소 체험해야 깨닫는다는 것.

冷面寒鐵 (냉면한철)

[뜻음] 찰 냉, 낯 면, 찰 한, 쇠 철.
[풀이] 사사롭고 偏僻(편벽)이 없이 정직하여 권세를 두려워하지 않음. 중국 明(명)나라의 周新(주신)의 옛일에서 온 말.

冷語侵人 (냉어침인)

[뜻음] 찰 냉, 말씀 어, 침노할 침, 사람 인.
[풀이] 매정한 말로 남의 마음을 찌름. 비꼬는 말로 남을 풍자함.

冷嘲熱罵 (냉조열매)★

[뜻음] 찰 냉, 조롱할 조, 더울 열, 꾸짖을 매.
[풀이] 冷嘲(냉조)는 멸시하여 조롱하는 것, 熱罵(열매)는 몹시 욕질하는 것. 남을 몹시 비웃고 심하게 욕하는 것.

怒甲移乙 (노갑이을)★

[뜻음] 성낼 노, 첫째 갑, 옮길 이, 둘째 을.
[풀이] 甲(갑)에게 당한 노여움을 乙(을)에게로 옮기다. 이편에서 당한 노염을 저편에서 화풀이함.

露槐風棘 (노괴풍극)★

[뜻음] 이슬 노, 홰나무 괴, 바람 풍, 멧대추나무 극.
[풀이] 三公九卿(삼공구경)을 이름. 三槐九棘(삼괴구극).

老嫗能解 (노구능해)★

[뜻음] 늙을 노, 할미 구, 능할 능, 풀 해.
[풀이] 중국 唐(당)나라의 白居易(백거이)가 시를 지을 때마다, 한 노파에게 읽어주어 그 이해하는 것을 보고 비로소 기록하였다는 옛일에서 온 말.

鷺窺魚事 (노규어사)★

[뜻음] 해오라기 노, 엿볼 규, 물고기 어, 일 사.
[풀이] 해오라기가 평화롭게 노니는 물고기를 엿본다. 强者(강자)가 弱者(약자)를 덮칠 기회를 노리고 있음.

勞筋勞骨 (노근노골) ★

[뜻음] 수고로울 노, 힘줄 근, 뼈 골.
[풀이] 매우 힘써 일함. 몸을 아끼지 않고 일에 힘씀. 노골노골. 출전 孟子(맹자).

怒氣騰騰 (노기등등) ★★

[뜻음] 성낼 노, 기운 기, 오를 등.
[풀이] 몹시 성이 치받쳐 화난 기운이 얼굴에 가득 참. 몹시 화가 남. 怒氣大發(노기대발).

呶呶不休 (노노불휴)

[뜻음] 떠들썩할 노, 아닐 불, 쉴 휴.
[풀이] 수다스러움. 마구 떠듦. 수다스럽게 입을 놀림.

老當益壯 (노당익장) ★★★

[뜻음] 늙을 노, 마땅할 당, 더할 익, 씩씩할 장.
[풀이] 늙었어도 기운이 더욱 씩씩함. 老益壯(노익장). 출전 後漢書(후한서).

老萊之戲 (노래지희)

[뜻음] 늙은이 노, 명아주 래, 갈 지, 놀이 희.
[풀이] 노래자의 유희. 중국 초나라 때의 효자인 노래자(老萊子)가 나이 칠십에 어린애의 옷을 입고 늙은 부모 앞에서 재롱을 부려 즐겁게 해드림으로써 늙음을 잊게 했다는 고사에서 온 말. 班衣之戲(반의지희). 彩衣娛親(채의오친). 戲綵娛親(희채오친). 출전 高士傳(고사전).

勞力者治於人 (노력자치어인) ★

[뜻음] 수고로울 노, 힘 력, 놈 자, 다스릴 치, 어조사 어, 사람 인.
[풀이] 힘을 쓰는 사람은 남에게 다스려짐. 곧 육체적인 노동을 하는 백성은 벼슬아치의 지배를 받게 된다는 뜻. 출전 孟子(맹자).

路柳墻花 (노류장화) ★★★

[뜻음] 길 노, 버들 류, 담장 장, 꽃 화.
[풀이] 누구든지 꺾을 수 있는 길가의 버들과 담 밑의 꽃이라는 뜻으로, 娼婦(창부: 창녀)를 가리키는 말.

盧李之親 (노리지친)

[뜻음] 그릇 노, 오얏 리, 갈 지, 친할 친.
[풀이] 唐(당)나라의 盧綸(노륜)과 李益(이익)은 내외종 간으로 당의 十才子(십재자) 안에 들음.

露馬脚 (노마각) ★

[뜻음] 드러날 노, 말 마, 다리 각.
[풀이] 眞相(진상)을 노출함. 속셈이 드러남. 見馬脚(현마각). 출전 通俗編(통속편).

駑馬十駕 (노마십가)

[뜻음] 둔한 말 노, 말 마, 열 십, 수레 가.
[풀이] 둔한 말이라도 열흘에 駿馬(준마)가 하루 가는 길은 갈 수 있다. 鈍才(둔재)도 힘쓰면 재주 있는 사람을 따를 수 있다는 말. 출전 荀子(순자) 勸學篇(권학편).

駑馬戀棧豆 (노마연잔두) ★★

[뜻음] 둔한 말 노, 말 마, 사모할 연, 비계 잔, 콩 두.
[풀이] 노둔한 말이 외양간과 콩을 그리워한다. 선비가 옛 주인집을 그리워함. 범용한 사람이 벼슬자리나 俸祿(봉록)에 연연해함.

老馬厭太乎 (노마염태호) ★

[뜻음] 늙을 노, 말 마, 싫을 염, 클 태, 온 호.
[풀이] 늙은 말이 콩 마다하랴. 늙은 말이 콩을 더 밝힌다는 말.

老馬之智 (노마지지) ★★★

[뜻음] 늙을 노, 말 마, 갈 지, 슬기 지.
[풀이] 늙은 말의 지혜란 뜻으로, 아무리 하찮은 것일지라도 저마다 장기나 장점을 지니고 있음을 이르는 말. 齊(제)나라 桓公(환공)이 길을 잃고 헤맬 때에, 管仲(관중)이 노마를 풀어 놓고 그 뒤를 따라가 마침내 길을 찾았다고 하는 고사. 轉(전)하여 쓸모없는 사람도 때로는 有用(유용)함을 이름.

≪韓非子(한비자)≫ 說林篇(설림편)에 나오는 말이다.
春秋時代(춘추시대), 五覇(오패)의 한 사람이었던 齊(제)나라 환공(桓公: 재위 B.C. 685~643) 때의 일이다. 어느 해 봄, 환공은 명재상 관중(管仲: ?~B.C. 645)과 대부 枾朋(습붕)을 데리고 고죽국[孤竹國: 河北省(하북성) 내]을 정벌하러 나섰다.

그런데 전쟁이 의외로 길어지는 바람에 그해 겨울에야 끝이 났다. 그래서 혹한 속에 지름길을 찾아 귀국하다가 길을 잃고 말았다. 全軍(전군)이 進退兩難(진퇴양난)에 빠져 떨고 있을 때 관중이 말했다.

"이럴 때 '늙은 말의 지혜'가 필요하다[老馬之智]"
즉시 늙은 말 한 마리를 풀어 놓았다. 그리고 전군이 그 뒤를 따라 행군한 지 얼마 안 되어 큰길이 나타났다.

또, 한번은 산길을 행군하다가 식수가 떨어져 전군이 갈증에 시달렸다. 그러자 이번에는 습붕이 말했다.

"개미란 원래 여름엔 산 북쪽에 집을 짓지만 겨울엔 산 남쪽 양지바른 곳에 집을 짓고 산다. 흙이 한 치[一寸]쯤 쌓인 개미집이 있으면 그 땅속 일곱 자쯤 되는 곳에 물이 있는 법이다."

군사들이 산을 뒤져 개미집을 찾은 다음 그곳을 파 내려가자 과연 샘물이 솟아났다.

이 이야기에 이어 韓非子(한비자: 韓非 ?~B.C. 233)는 그의 저서 ≪한비자≫에서 이렇게 쓰고 있다.

"관중의 총명과 습붕의 지혜로도 모르는 것은 늙은 말과 개미를 스승으로 삼아 배웠다. 그러나 그것을 수치로 여기지 않았다. 그런데 오늘날 사람들은 자신이 어리석음에도 성현의 지혜를 스승으로 삼아 배우려 하지 않는다. 이것은 잘못된 일이 아닌가"

'老馬之智(노마지지)'란 여기서 나온 말인데 요즈음에도 '경험을 쌓은 사람이 갖춘 지혜'란 뜻으로 흔히 쓰이고 있다.

弩末之勢 (노말지세)★

[뜻음] 큰활 노, 끝 말, 갈 지, 세력 세.
[풀이] 큰 활 끝의 힘. 걷잡을 수 없이 튕겨 나오는 세력.

鹵莽滅裂 (노망멸렬)★

[뜻음] 소홀할 노, 거칠 망, 멸망할 멸, 찢을 렬.
[풀이] 거칠고 조잡하여 일을 되는대로 처리함. 鹵莽滅裂(노무멸렬).

驢鳴犬吠 (노명견폐)★

[뜻음] 나귀 노, 울 명, 개 견, 짖을 폐.
[풀이] 당나귀가 울고 개가 짖는다. 보잘것 없는 文章(문장)이나 詩文(시문). 들을 가치가 없는 말.

櫨木櫃 (노목궤)★

[뜻음] 거먕옻나무 노, 나무 목, 궤 궤.
[풀이] 한 번 머리에 든 지식을 언제까지나 고집스럽게 지닐 뿐 조금도 융통성이 없는 미련한 사람. 사랑하는 딸을 둔 노인이 사위를 고를 때 남몰래 거먕옻나무 궤를 짜서 쌀 55말을 넣어두고 이것을 알아맞히는 사람을 사위로 삼기로 했는데, 딸이 어리석은 장사군에게 일러주어 알아맞히게 하였다는 데서 온 말.

露尾藏頭 (노미장두)

[뜻음] 이슬 노, 꼬리 미, 감출 장, 머리 두.
[풀이] 꼬리가 드러난 채 머리만 숨긴다. 잘못을 숨기려고 애써도 결국 綻露(탄로)남을 비유하여 이르는 말.

魯般雲梯 (노반운제)★

[뜻음] 어리석을 노, 돌 반, 구름 운, 사다리 제.
[풀이] 魯般(노반)은 周代(주대)에 器械(기계)를 잘 만든 사람. 楚王(초왕)의 명을 받아 宋(송)나라를 칠 때 雲梯(운제)를 만들어서 성 위에 올라간 것을 墨子(묵자)가 방어했다는 故事(고사). '墨翟之守(묵적지수)'를 보시오.

怒發大發 (노발대발)★

[뜻음] 성낼 노, 일어날 발, 큰 대.
[풀이] 대단히 성을 냄. 펄펄 뛰며 성을 냄.

怒髮衝冠 (노발충관)★★

[뜻음] 성낼 노, 터럭 발, 찌를 충, 갓 관.
[풀이] 곤두선 머리털이 갓을 추켜올린다. 대단히 성을 내어 머리털이 곤두섬. 크게 노한 勇士(용사)의 모양을 형용한 말. 출전 史記(사기).

老蚌生珠 (노방생주)★★

[뜻음] 늙을 노, 조개 방, 날 생, 구슬 주.
[풀이] 오래된 조개가 진주를 낳는다. 남에게 총명한 아들이 있음을 칭찬하여 이르는 말. 父子(부자)의 학재가 뛰어남을 비유함. 晚年(만년)에 자식을 낳음의 비유.

路傍殘邑 (노방잔읍)★

[뜻음] 길 노, 곁 방, 남을 잔, 고을 읍.
[풀이] 높은 벼슬아치를 대접하느라고 백성들의 생활이 피폐해진, 큰 길가의 작은 고을.

爐邊談話 (노변담화)★★

[뜻음] 화로 노, 가장자리 변, 이야기 담, 말씀 화.
[풀이] 화로나 난롯가에 모여 앉아서 서로 친밀하게 나누는 이야기.

老病有孤舟 (노병유고주)

[뜻음] 늙을 노, 병들 병, 있을 유, 외로울 고, 배 주.
[풀이] 늙고 병든 몸을 依託(의탁)할 것은 오직 한 척의 작은 배 뿐이어서, 定處(정처)가 없음. 두보의 시구임.

路不拾遺 (노불습유)★★★

[뜻음] 길 노, 아닐 부, 주울 습, 버릴 유.
[풀이] 길에 떨어진 남의 물건이 있어도 주워서 제 것으로 하지 않는다. 나라가 잘 다스려져 모든 백성이 매우 정직한 모양. 출전 舊唐書(구당서).

老師先生 (노사선생)★

[뜻음] 늙을 노, 스승 사, 먼저 선, 날 생.
[풀이] 나이 많은 학자와 선배, 선비를 이름.

老士宿儒 (노사숙유)★★★

[뜻음] 늙을 노, 선비 사, 오랠 숙, 선비 유.
[풀이] 나이가 많고 학식이 깊은 선비.

勞思逸淫 (노사일음)★★

[뜻음] 힘쓸 노, 생각 사, 편안할 일, 넘칠 음.
[풀이] 늘 안일하게 생활하면 방탕해지고 타락하여 나쁜 마음이 생긴다. 일을 해야만 좋은 생각이 드는 법.

路上發恝 (노상발괄)★

[뜻음] 길 노, 위 상, 일어날 발, 억울할 괄.
[풀이] 길에서 억울함을 하소연함. 공개적으로 자기 사정을 하소연한다는 말.

盧生之夢 (노생지몽)★

[뜻음] 성씨 노, 살 생, 갈 지, 꿈 몽.
[풀이] 邯鄲之夢(한단지몽).

老生之常譚 (노생지상담)★

[뜻음] 늙을 노, 선생 생, 갈 지, 항상 상, 이야기 담.
[풀이] 노학자의 常套(상투)적인 말. 노학자의 常套的(상투적)인 말. 늙은이의 평범한 의론이나 時世(시세)에 어두운 이론. 老儒常語(노유상어).

老鼠燒尾 (노서소미)

[뜻음] 늙을 노, 쥐 서, 불사를 소, 꼬리 미.
[풀이] 늙은 쥐가 꼬리를 태운다. 재능이 없으면서 과거에 급제함. 중국 唐(당)나라의 宇文翾(우문굉)이 그의 딸을 寶璠(두번)에게 시집보내어 그 덕택으로 上科(상과)에 급제하였음을 相國(상국)인 韋說(위열)이 더럽다고 하여 빗대어 굉을 욕한 말.

老少同樂 (노소동락)★

[뜻음] 늙을 노, 젊을 소, 같을 동, 즐거울 락.
[풀이] 늙은이와 젊은이가 나이를 가리지 않고 함께 즐김.

老少不定 (노소부정)★

[뜻음] 늙을 노, 젊을 소, 아니 부, 정할 정.
[풀이] 노인이나 소년이나 壽命(수명)이 일정하지 아니하여 언제 죽을는지 알 수 없음.

老少婢僕 (노소비복)★

[뜻음] 늙을 로, 젊을 소, 계집종 비, 사내종 복.
[풀이] 늙고 젊은 남종과 여종.

老少鄕黨 (노소향당)★

[뜻음] 늙을 노, 젊을 소, 마을 향, 무리 당.
[풀이] 시골의 늙은이와 젊은이.

路需等節 (노수등절)

[뜻음] 길 노, 쓰일 수, 가지런할 등, 마디 절.
[풀이] 여행할 때 드는 노자와 그에 따르는 모든 물건.

露宿風餐 (노숙풍찬)★

[뜻음] 이슬 노, 잘 숙, 바람 풍, 먹을 찬.
[풀이] 한데 잠을 자면서 바람을 맞으며 밥을 먹음. 風餐露宿(풍찬노숙).

怒蠅拔劍 (노승발검)★★

[뜻음] 노할 노, 파리 승, 뽑을 발, 칼 검.
[풀이] 파리에게 노하여 칼을 뺀다. 사소한 일에 화를 냄. 사소한 일에 크게 대응함.

勞身焦思 (노신초사)★

[뜻음] 수고로울 노, 몸 신, 그을릴 초, 생각 사.
[풀이] 몸을 고달프게 하며, 마음을 애타게 함. 출전 史記(사기).

勞心焦思 (노심초사)★★★

[뜻음] 일할 노, 마음 심, 그을릴 초, 생각 사.
[풀이] 마음으로 애를 쓰며 속을 태움.

奴顔婢膝 (노안비슬)★

[뜻음] 종 노, 얼굴 안, 계집종 비, 무릎 슬.
[풀이] 종의 안색, 계집종의 무릎. 남에게 종처럼 지나치게 굽실거리는 鄙陋(비루)한 態度(태도). 출전 抱朴子(포박자).

魯魚之謬 (노어지류)★

[뜻음] 둔할 노, 물고기 어, 갈 지, 그릇될 류.
[풀이] 魯(노)자와 魚(어)자를 혼동하는 오류. 출전 事文類聚(사문유취).

魯魚之誤 (노어지오)★

[뜻음] 둔할 노, 물고기 어, 갈 지, 그르칠 오.
[풀이] 비슷한 글자의 誤寫(오사). 魯(노)자와 魚(어)자가 비슷하므로 이름. 魯魚之謬(노어지류).

魯魚亥豕 (노어해시)★

[뜻음] 둔할 노, 물고기 어, 돼지 해, 돼지 시.
[풀이] 魯(노)자와 魚(어)자, 亥(해)자와 豕(시)자를 구별 못 하고 잘못 보는 일. 문자를 잘못 보는 오류. 魯魚之謬(노어지류).

怒猊抉石渴驥奔泉 (노예결석갈기분천)★

[뜻음] 성낼 노, 사자 예, 도려낼 결, 돌 석, 목마를 갈, 천리마 기, 달릴 분, 샘 천.
[풀이] 書法(서법)의 묘함을, 성난 사자가 돌을 긁고, 목마른 천리마가 泉流(천류)를 향하여 뛰어가는 것에 비유한 말. 출전 唐書(당서).

老牛舐犢 (노우지독)★

[뜻음] 늙을 노, 소 우, 핥을 지, 송아지 독.
[풀이] 어미 소가 송아지를 핥음. 자식을 사랑함. 吮犢之情(연독지정). 출전 後漢書(후한서).

老幼男女 (노유남녀)★

[뜻음] 늙을 노, 어릴 유, 사내 남, 계집 녀.
[풀이] 늙은이와 어린이와 사내와 여자. 모든 사람을 이르는 말.

盧醫扁鵲 (노의편작)★

[뜻음] 밥그릇 노, 의원 의, 넓을 편, 까치 작.
[풀이] 훌륭한 두 의원인 노의와 편작.

勞而無功 (노이무공)★★★

[뜻음] 수고할 노, 말 이을 이, 없을 무, 공 공.
[풀이] 애만 쓰고 애쓴 보람이 없는 것. 愁苦(수고)를 많이 했으나 아무 功(공)이 없음.

≪莊子(장자)≫ 天運篇(천운편)에 나오는 이야기이다.
孔子(공자)가 衛(위)나라로 갔을 때, 위나라 師金(사금)이라는 자가 공자의 제자 顔淵(안연)을 보고 공자를 이렇게 평했다.
"물 위를 가는 데는 배만 한 것이 없고 육지를 가는 데는 수레만 한 것이 없다. 만일 물 위를 가는데 적당한 배를 육지에서 밀고 가려 한다면 평생 걸려도 몇 발자국을 가지 못할 것이다. 옛날과 지금과는 물과 육지처럼 달라져 있고, 주나라와 노나라와는 배와 수레만큼 차이가 있다. 그런데 지금 주나라 때에 행해지고 있던 도를 노나라에서 행하려 하고 있으니 이것은 배를 육지에서 밀고 있는 것과 같다. 애쓰고 공이 없을 뿐만 아니라 몸에 반드시 화가 미치게 될 것이다. 공자는 아직 사물에 따라 막힘이 없는 무한한 변화를 가진 도가 있다는 것을 모르고 있다."
≪管子(관자)≫ 形勢篇(형세편)에 "옳지 못한 것에 편들지 말라. 능하지 못한 것을 강제하지 말라. 알지 못하는 사람에게 이르지 말라. 이 같은 것을 가리켜 수고롭기만 하고 공이 없다고 말한다."라고 쓰여 있다.
그러나 사금의 예상은 들어맞는 것이 별로 없다. 장자는 사금의 말을 빌려 공자의 행위를 비판하고 있으나 많이 빗나간다. 몸에 반드시 화가 미친 것도 전혀 없다.

老而不死 (노이불사)★

[뜻음] 늙은이 노, 말 이을 이, 아닐 불, 죽을 사.
[풀이] 늙은 나이에 어지러운 일이 자꾸 닥치어, 꼴사나워서 죽고 싶

어도 죽지 못함을 한탄하여 이르는 말.

勞而不怨 (노이불원)★

[뜻음] 수고할 노, 말 이을 이, 아닐 불, 원망할 원.
[풀이] 孝子(효자)는 수고를 많이 하나 (부모를) 원망하지 않음. 출전 論語(논어) 里仁篇(이인편).

路人所知 (노인소지)★★★

[뜻음] 길 노, 사람 인, 바 소, 알 지.
[풀이] 세상 사람이 모두 아는 바. 길가는 사람도 안다. 속이 뻔히 들여다보이는 속셈. 司馬昭(사마소)의 마음. 사마소의 마음은 길 가는 사람도 역시 안다. '其心所在 路人所知(기심소재 로인소지)' 즉 그 마음의 소재는 길가는 사람도 안다는 말. 사마소는 三國時代(삼국시대) 魏(위)나라의 허수아비 황제를 죽이고, 위나라를 멸망시키고 晉(진)나라를 創業(창업)한 시조임. 사마소가 나라를 삼킬 것이라는 그 속마음은 길가는 사람도 다 알고 있다는 말. 속이 뻔히 들여다보이는 속셈. 路人皆知(노인개지). 司馬昭之心(사마소지심).

鸕鷀不打脚下塘 (노자불타각하당)★

[뜻음] 가마우지 노, 가마우지 자, 아닐 불, 칠 타, 다리 각, 아래 하, 못 당.
[풀이] 가마우지는 제가 서식하는 곳의 물고기는 해치지 않는다. 아무리 强暴(강포)한 사람이라도 제 이웃에는 인심을 잃지 않으려 함. 출전 通俗編(통속편).

勞作家畜 (노작가축)

[뜻음] 수고로울 노, 지을 작, 집 가, 가축 축.
[풀이] 말이나 소 따위. 힘들여 일하는 가축.

老蠶作繭 (노잠작견)★

[뜻음] 늙을 노, 누에 잠, 지을 작, 고치 견.
[풀이] 늙은 누에가 고치를 만든다. 늙어서도 도를 구하여 노력함. 출전 [석지시 – 소식]

老莊之道 (노장지도)★

[뜻음] 늙을 노, 엄할 장, 갈 지, 길 도.
[풀이] 老子(노자)와 장자(莊子)가 내세운 학설. 無爲(무위)와 自然(자연)을 표준으로 하는 도덕.

爐田分下 (노전분하)

[뜻음] 화로 노, 밭 전, 나눌 분, 아래 하.
[풀이] 그 당시 현장에 있는 사람에게만 나누어 줌.

魯酒薄而邯鄲圍 (노주박이한단위)★

[뜻음] 둔할 노, 술 주, 엷을 박, 말 이을 이, 땅이름 한, 땅이름 단, 둘레 위.
[풀이] 전국시대에 魯(노)·趙(조) 두 나라가 술을 楚(초)나라에게 바칠 때 노나라의 술은 싱겁고 조나라의 술은 독하므로 노나라의 使者(사자)가 술을 바꾸어 놓은 것을 醋王(초왕)이 알지 못하고 조나라의 술이 싱겁다 하여 조나라의 서울 邯鄲(한단)을 포위한 故事(고사). 轉(전)하여 남 때문에 뜻밖의 재난을 당함을 이름. 출전 莊子(장자) 胠篋篇(거협편).

奴主之分 (노주지분)★

[뜻음] 종 노, 주인 주, 갈 지, 나눌 분.
[풀이] 종과 상전의 나뉨. 매우 거리가 멀어서 바꿔 설 수 없는 대인 관계.

蘆洲蟹舍 (노주해사)★

[뜻음] 갈대 노, 물가 주, 게 해, 집 사.
[풀이] 갈대밭 물가와 어부의 집. 江村(강촌)의 경치를 이르는 말. 해사는 어부의 집. 출전 [육유의 시].

老則麒麟不如駑馬 (노즉기린불여노마)★

[뜻음] 늙을 노, 곧 즉, 기린 기, 기린 린, 아닐 불, 같을 여, 비루먹은 말 노, 말 마.
[풀이] 늙으면 기린도 비루먹은 말만 못하다. 영웅도 노쇠하면 보통 사람만 못하다는 것을 비유함.

老親侍下 (노친시하)★

[뜻음] 늙을 노, 친할 친, 모실 시, 아래 하.
[풀이] 늙으신 父母(부모)를 모시고 있는 터.

老婆心切 (노파심절)★★

[뜻음] 늙을 노, 할미 파, 마음 심, 절실할 절.
[풀이] 늙은 할미가 세세하게 마음을 쓰듯이 남의 걱정을 너무 하는 마음. 남을 위하여 지나치게 걱정함. 老婆心(노파심).

老漢少楚 (노한소초)★

[뜻음] 늙을 노, 한수 한, 젊을 소, 초나라 초.
[풀이] 장기를 둘 때 나이가 많은 사람은 붉은 빛깔의 漢(한)을 가지고 나이가 적은 사람은 푸른 빛깔인 楚(초)를 가지고 두는 법이라는 말.

轆轤韻 (녹로운)

[뜻음] 도르래 녹, 물레 로, 소리 운.
[풀이] 古詩(고시)의 앞뒤 구절에 같은 운을 사용하는 것을 이름.

碌碌腐儒 (녹록부유)★

[뜻음] 용렬할 녹, 썩을 부, 선비 유.
[풀이] 보잘것없는 썩은 선비. 변변치 못한 못난 선비를 가리킴. 녹록하게 보이는 못난 선비.

綠林豪客 (녹림호객)★

[뜻음] 푸를 녹, 수풀 림, 호걸 호, 손 객.
[풀이] 綠林豪傑(녹림호걸).

綠林豪傑 (녹림호걸)★★★

[뜻음] 푸를 녹, 수풀 림, 호걸 호, 뛰어날 걸.
[풀이] 녹림은 본래 중국 형주에 있는 산 이름. 푸른 숲으로, 도둑떼의 소굴을 의미함.

≪漢書(한서)≫ 王莽傳(왕망전)에 나오는 말이다.
　　녹림은 원래는 산 이름이었다. 荊州(형주) 綠林山(녹림산)이다. 前漢(전한)과 後漢(후한) 사이에 王莽(왕망)의 新(신)나라가 15년간 계속될 때 新市(신시)사람 왕광과 王鳳(왕봉)이 난민들을 操縱(조종)하여 녹림산에 근거지를 차렸고, 劉秀(유수)와 유현이 군사를 일으켰을 때 이에 합류하였다. 유수는 後漢(후한)을 建國(건국)하여 光武帝(광무제)가 된다.
　　이 말은 火賊(화적), 山賊(산적), 불한당 패거리를 일컫는 말이다. 본말은 綠林(녹림)이다. '綠林黨(녹림당)' 하면 도둑떼를 뜻한다. '綠林豪客(녹림호객)'이라고도 쓴다. 綠林(녹림)과 山林(산림)을 혼동해서 '綠林處士(녹림처사)'라고 쓰면 잘못이다. '山林處士(산림처사)'라고 하면 잘 만들어진 말이다. 處士(처사)는 火賊(화적)이나 불한당과는 의미가 전혀 통하지 않는다. 처사는 도를 추구하되 산속이나 절에 들어가지 않고 속가에 머물러 있거나, 산속이나 절에 있어도 몸은 속가의 형태로 있으면서 도를 추구하고 세속의 녹을 먹지 않는 선비를 보통 처사라고 하니 불한당 패거리와는 거리가 먼 말이다. 대표적인 處士(처사)는 南冥(남명) 曺植(조식)이었다.

綠滿窓前草不除 (녹만창전초부제)★★

[뜻음] 푸를 녹, 찰 만, 창 창, 앞 전, 풀 초, 아니 부, 벨 제.
[풀이] 푸른 풀이 창에 가득 우거져 있어도 베어내지 않음. 천지는 만물을 생성, 발육시키는 성질이 있음. 朱子(주자)가 '지금 창 앞의 풀을 보건대, 자연대로 두면 자랄 대로 자라는 것은 천지의 기를 받은 것으로, 사람의 그것과 같은 것이다. 그러므로 베지 않고 두어 천지의 자연의 뜻을 따른다'고 말함. 출전 朱熹(주희)의 시.

鹿鳴君臣之宴 (녹명군신지연)★★

[뜻음] 사슴 녹, 울 명, 임금 군, 신하 신, 갈 지, 잔치 연.
[풀이] 임금과 신하가 한자리에 모여 詩經(시경)에 나오는 鹿鳴(녹명)의 시를 읊는 연회. 鹿鳴(녹명)은 군주가 신하들을 모아놓고 향응하는 연회의 시. 鹿鳴之宴(녹명지연). 출전 三國志(삼국지) 魏志(위지).

鹿鳴之宴 (녹명지연)★★

[뜻음] 사슴 녹, 울 명, 갈 지, 잔치 연.
[풀이] 중국 唐(당)나라 때에 地方官(지방관)에 의하여 朝廷(조정)에 推薦(추천)된 사람을 州縣(주현)의 元(원)이나 首領(수령)이 융숭히 대접하던 연회. 詩經(시경)에 나오는 녹명의 시를 읊은 데서 이르는 말. 群臣(군신)·嘉賓(가빈) 등 좋은 손님을 환대하는 연회. 鹿鳴君臣之宴(녹명군신지연).

祿不期侈 (녹불기치)★

[뜻음] 복 녹, 아닐 불, 기약할 기, 사치할 치.
[풀이] 후한 俸祿(봉록)을 받으면 알지도 못하는 사이에 奢侈(사치)에 흐르게 됨. 출전 書經(서경).

綠鬢紅顔 (녹빈홍안)★★

[뜻음] 푸를 녹, 귀밑털 빈, 붉을 홍, 얼굴 안.
[풀이] 젊고 곱게 생긴 여자의 얼굴. 푸른 귀밑머리, 홍조를 띤 얼굴.

鹿死不擇音 (녹사불택음)★

[뜻음] 사슴 녹, 죽을 사, 아닐 불, 가릴 택, 소리 음.
[풀이] 사슴의 울음소리는 優雅(우아)하지만, 죽음이 臨迫(임박)했을 때에는 좋은 소리를 고를 틈이 없다. 危急(위급)이 切迫(절박)했을 때는 節度(절도)를 잃음. 출전 春秋左氏傳(춘추좌씨전).

鹿死誰手 (녹사수수)★

[뜻음] 사슴 녹, 죽을 사, 누구 수, 손 수.
[풀이] 사슴은 누구의 손에 죽는가. 온 천하가 누구의 손에 돌아가게 될 것이냐 하는 비유. '中原逐鹿(중원축록)'을 보시오. 출전 晉書(진서).

綠蓑衣 (녹사의)★

[뜻음] 푸를 녹, 도롱이 사, 옷 의.
[풀이] 푸른색의 도롱이. 어부가 잘 입는 비옷.

綠楊芳草 (녹양방초)★★

[뜻음] 푸를 녹, 버들 양, 꽃다울 방, 풀 초.
[풀이] 푸른 버들과 아름다운 풀.

綠葉成陰 (녹엽성음)

[뜻음] 푸를 녹, 잎 엽, 이룰 성, 그늘 음.
[풀이] 푸른 잎이 무성하게 피어 그늘을 짙게 드리우다. 婚姻(혼인)한 여자가 膝下(슬하)에 많은 자녀를 둔 것을 비유하는 말.

綠陰芳草 (녹음방초)★

[뜻음] 푸를 녹, 그늘 음, 꽃다울 방, 풀 초.
[풀이] 푸른 잎이 우거진 나무 그늘과 꽃다운 풀. 여름철의 자연 경치를 가리킴.

綠陰芳草勝花時 (녹음방초승화시)★

[뜻음] 푸를 녹, 그늘 음, 꽃다울 방, 풀 초, 이길 승, 꽃 화, 때 시.
[풀이] 나뭇잎이 푸르게 우거진 그늘과 향기로운 풀이 꽃보다 나을 때. 첫여름을 나타내기도 함.

綠衣使者 (녹의사자)

[뜻음] 푸를 녹, 옷 의, 하여금 사, 놈 자.
[풀이] 푸른 옷을 입은 사자. 鸚鵡(앵무)의 別稱(별칭).

綠衣紅裳 (녹의홍상)★★

[뜻음] 푸를 녹, 옷 의, 붉을 홍, 치마 상.
[풀이] 초록 저고리에 붉은 치마. 젊은 여자의 고운 옷차장을 이르는 말.

綠衣黃裏 (녹의황리)★

[뜻음] 푸를 녹, 옷 의, 누를 황, 속 리.
[풀이] 綠衣黃裳(녹의황상). 출전 詩經(시경) 邶風(패풍).

騄耳霜蹄 (녹이상제)★

[뜻음] 녹이 녹, 귀 이, 서리 상, 굽 제.
[풀이] 중국 周(주)나라의 穆王(목왕)이 타던 준마의 이름. 하루에 천

리나 간다는 이름난 말. 駿馬(녹마), 駿耳(녹이). 출전 淮南子(회남자).

論功封爵 (논공봉작)★

[뜻음] 의논할 논, 공 공, 봉할 봉, 벼슬 작.
[풀이] 공을 따져서 제후로 봉하고 관작을 줌.

論功行賞 (논공행상)★★★

[뜻음] 의논할 논, 공 공, 행할 행, 상줄 상.
[풀이] 공로를 조사하여 상을 주는 일. 세운 공을 평가하고 의논하여 표창을 하거나 상을 줌.

論道經邦 (논도경방)★

[뜻음] 논의할 논, 길 도, 경서 경, 나라 방.
[풀이] 나라를 다스릴 길을 놓아, 국가를 經綸(경륜)함. 출전 書經(서경).

論病及國 (논병급국)★

[뜻음] 말할 논, 병들 병, 미칠 급, 나라 국.
[풀이] 病(병)을 연구하여 얻은 이론을 응용하여 國政(국정)을 논함. 출전 漢書(한서).

弄假成眞 (농가성진)★

[뜻음] 놀 농, 거짓 가, 이룰 성, 참 진.
[풀이] 장난삼아 한 것이 진짜가 됨.

弄巧成拙 (농교성졸)★

[뜻음] 희롱할 농, 공교로울 교, 이룰 성, 서툴 졸.
[풀이] 지나치게 기교를 부리다가 도리어 서툴게 됨.

隴耕井汲 (농경정급)★

[뜻음] 고개이름 농, 밭갈 경, 우물 정, 길을 급.
[풀이] 밭 갈아 먹고 우물물을 길어 마심. 소박한 전원생활을 이름.

壟斷 (농단)★★★

[뜻음] 밭두둑 농, 끊을 단.
[풀이] 깎아 세운 듯이 높이 솟은 언덕. 홀로 우뚝한 곳을 차지한다. 가장 유리한 위치에서 이익과 권력을 독차지한다는 말.

　《孟子(맹자)》 公孫丑章句(공손추장구)에 나오는 말이다.
　원문은 龍斷(용단)으로 되어 있지만, 여기서는 龍(용)이 壟(농)의 뜻으로 쓰이고 있다. 농은 언덕, 단은 낭떠러지 즉 높직한 낭떠러지를 말한다.
　孟子(맹자)가 齊(제)나라 客卿(객경)의 자리를 仕退(사퇴)하고 집에 머물게 되자 齊(제)나라 宣王(선왕)은 時子(시자)라는 사람을 보내 잘 대접하고 싶은 심정을 전했다.
　"서울 중심지에 있는 큰 저택을 제공하고 다시 만 종의 녹을 주어 제자들을 양성시킴으로써 모든 대신들과 백성들로 하여금 본보기가 되게 하고 싶다."
　시자의 이 이야기를 陳臻(진진)이라는 제자를 통해 전해들은 맹자는,
　"시자는 그것이 옳지 못한 것인 줄 알지 못할 것이다. 만 鍾(종)의 녹으로 나를 붙들고 싶어 하지만, 내가 만일

녹을 탐낸다면 십만 종 녹을 받는 객경의 자리를 사양하고 만 종의 녹을 받을 리 있겠느냐? 옛날 季孫(계손)이라는 사람이 子叔疑(자숙의)를 이렇게 평했다.
　'자신이 뜻이 맞지 않아 물러났으면 그만둘 일이지 또 그 제자들로 대신이 되게 하니 이상하지 않은가. 부귀를 마다할 사람이 있겠는가. 하지만 부귀 속에 혼자 농단을 해서야 쓰겠는가.'"
　맹자가 시자에게 농단에 대한 설명을 다음과 같이 한다.
　"옛날 시장이란 것은, 각자가 있는 것을 가지고 있는 것을 바꾸었는데 소임이 있어 시비를 가려 주곤 했다. 그런데 한 못난 사나이가 있어 반드시 농단을 찾아 그 위로 올라가 좌우를 살핀 다음 시장의 이익을 그물질했다. 사람들이 이를 밉게 보아서 그에게 세금을 물리게 되었는데, 장사꾼에게 세금을 받는 일이 이 못난 사나이에서 비롯된 것이다."
　결국 이 말은 홀로 우뚝한 곳을 차지한다는 말이다. 가장 유리한 위치에서 이익과 권력을 독차지한다는 말이기도 하다. 농단이란 앞과 좌우를 잘 살펴볼 수 있는 지형과 위치를 말하는데, 이곳에 서서 시장 상황을 종합적으로 판단한 뒤에 그날의 물가 동향을 예측하고 나서 부족할 만한 물건을 모조리 사들여 폭리를 취하는 데에서 생긴 말이다.

弄兵潢池 (농병황지)★

[뜻음] 희롱할 농, 병사 병, 깊을 황, 못 지.
[풀이] 병장기를 휘두르며 수렁에서 놀다. 하는 일이 아이들 장난과도 같음. 몹시 소란스러움. 출전 漢書(한서) 龔遂傳(공수전).

農夫作耦 (농부작우)★

[뜻음] 농사 농, 지아비 부, 지을 작, 밭갈 우.
[풀이] 농민의 부부가 짝을 지어 耕作(경작)함. 출전 國語(국어).

農不失時 (농불실시)★★

[뜻음] 농사 농, 아닐 불, 잃을 실, 때 시.
[풀이] 농사짓는 일은 제때를 놓치지 말아야 한다는 뜻.

醲肥辛甘非眞味 (농비신감비진미)

[뜻음] 텁텁한 술 농, 살찔 비, 매울 신, 달 감, 아닐 비, 참 진, 맛 미.
[풀이] 美酒(미주), 美肉(미육)과 같이 맵게 또는 달게 조리한 요리는 참맛이 아님. 淡白(담백)한 것에 참맛이 있음. 출전 菜根譚(채근담).

農時方劇 (농시방극)★

[뜻음] 농사 농, 때 시, 바야흐로 방, 심할 극.
[풀이] 농사철이 되어 일이 한창 바쁨.

農食之本 (농식지본)★

[뜻음] 농사 농, 밥 식, 갈 지, 근본 본.
[풀이] 농업은 음식물을 얻는 근본임. 출전 後漢書(후한서).

弄瓦之慶 (농와지경)★★★

[뜻음] 놀 농, 실패 와, 갈 지, 경사 경.
[풀이] 딸을 낳은 즐거움. 옛날 중국에서 딸을 낳으면 장난감으로 실을 감는 실패를 주었다는 데에서 온 말. 弄瓦之喜(농와지희).

農爲政本 (농위정본)★

[뜻음] 농사 농, 할 위, 정사 정, 근본 본.
[풀이] 농업은 정치의 근본임.

農者天下之大本 (농자천하지대본)★★★

[뜻음] 농사 농, 놈 자, 하늘 천, 아래 하, 큰 대, 밑 본.
[풀이] 농사는 천하의 가장 큰 근본이 되는 중요한 일.

農者興德之本 (농자흥덕지본)★

[뜻음] 농사 농, 놈 자, 흥할 흥, 클 덕, 갈 지, 근본 본.
[풀이] 농업은 덕을 일으키는 근본임. 출전 漢書(한서).

弄璋之慶 (농장지경)★★★

[뜻음] 놀 농, 구슬 장, 갈 지, 경사 경.
[풀이] 아들을 낳은 즐거움. 옛날 중국에서 아들을 낳으면 구슬을 손에 쥐어 주었다는 데서 온 말. 弄璋之喜(농장지희). 출전 詩經(시경) 小雅(소아).

弄璋之喜 (농장지희)

[뜻음] 희롱할 농, 홀 장, 갈 지, 기쁠 희.
[풀이] 사내아이를 낳은 기쁨. 옛날, 아들을 낳으면 장난감으로 장이란 옥을 준 고사에 의함. 弄璋之慶(농장지경). 출전 詩經(시경) 小雅(소아).

籠鳥戀雲 (농조연운)★★

[뜻음] 새장 농, 새 조, 그리워할 연, 구름 운.
[풀이] 새장 속 새가 구름을 그리워한다. ① 束縛(속박) 속에 있는 사람이 자유를 그리워함. ② 고향 생각이 懇切(간절)함을 비유. 출전 鶡冠子(갈관자).

籠鳥檻猿 (농조함원)★

[뜻음] 새장 농, 새 조, 함거 함, 원숭이 원.
[풀이] 새장에 든 새와 우리에 갇힌 원숭이. 束縛(속박)되어 자유를 빼앗김.

弄翰戲語 (농한희어)★

[뜻음] 희롱할 농, 붓 한, 희롱할 희, 말씀 어.
[풀이] 落書(낙서)와 弄談(농담).

攂鼓吶喊 (뇌고눌함)

[뜻음] 칠 뇌, 북 고, 말더듬을 눌, 고함지를 함.
[풀이] 북을 마구 치며 큰 소리로 고함을 지름.

攂鼓喊聲 (뇌고함성)★

[뜻음] 두드릴 뇌, 북 고, 소리 함, 소리 성.
[풀이] 북을 어지럽게 치며 소리를 지름.

雷同附和 (뇌동부화)★

[뜻음] 우레 뇌, 같을 동, 붙을 부, 화활 화.
[풀이] 附和雷同(부화뇌동).

磊落壯烈 (뇌락장렬)★

[뜻음] 활달할 뇌, 떨어질 락, 씩씩할 장, 매울 렬.
[풀이] 기상이 쾌활하고 志氣(지기)가 장대함.

磊磊落落 (뇌뢰낙락)★★★

[뜻음] 돌무더기 뇌, 떨어질 락.
[풀이] 磊落(뇌락). ① 뜻이 커서 작은 일에 구애받지 아니함. ② 과일이 주렁주렁 많이 달린 모양. 출전 晉書(진서) 石勒戴記(석륵대기).

雷逢電別 (뇌봉전별)★

[뜻음] 우레 뇌, 만날 봉, 번개 전, 다를 별.
[풀이] 천둥같이 만나고 번개같이 作別(작별)한다. 잠깐 만났다가 곧 이별한다. 忽然(홀연) 相逢(상봉)하였다가 홀연 이별하는 일.

雷聲大名 (뇌성대명)★

[뜻음] 우레 뇌, 소리 성, 큰 대, 이름 명.
[풀이] ① 세상에 드날려 알려진 이름. ② 남을 높여 그의 명성을 이르는 말.

雷聲霹靂 (뇌성벽력)★

[뜻음] 우레 뇌, 소리 성, 벼락 벽, 벼락 력.
[풀이] 천둥소리와 벼락. 雷霆霹靂(뇌정벽력).

樓閣臺榭 (누각대사)★

[뜻음] 다락 누, 누각 각, 돈대 대, 정자 사.
[풀이] 누각과 대사. 고층 건물. 출전 西京雜記(서경잡기).

累巨萬金 (누거만금)★

[뜻음] 여러 누, 클 거, 일만 만, 쇠 금.
[풀이] 굉장히 많은 돈.

累巨萬年 (누거만년)★

[뜻음] 여러 누, 클 거, 일만 만, 해 년.
[풀이] 아주 오래된 세월.

累代奉祀 (누대봉사)★

[뜻음] 여러 누, 세대 대, 받들 봉, 제사 사.
[풀이] 여러 대 조상의 제사를 모심.

累牘連編 (누독연편)★

[뜻음] 묶을 누, 편지 독, 잇달 연, 역을 편.
[풀이] 문장이 번거롭고 冗長(용장)함을 이름. 冗長(용장)은 쓸데없이 길다는 뜻.

累卵之勢 (누란지세)★

[뜻음] 쌓을 누, 알 란, 갈 지, 기세 세.
[풀이] 累卵之危(누란지위)

累卵之危 (누란지위)★★★

[뜻음] 쌓을 누, 알 란, 갈 지, 위험 위.
[풀이] 알을 쌓아 올린 것처럼 아슬아슬한 위험. 몹시 위험한 형세.
累卵之勢(누란지세).

≪史記(사기)≫ 范雎蔡澤列傳(범수채택열전)에 나오는 이야기이다.

遠交近攻(원교근공)의 對外政策(대외정책)으로 그 이름이 알려진 范雎(범수)는, 그의 조국인 위나라에서 억울한 죄명으로 하마터면 죽을 뻔한 끝에 용케 살아나 張祿(장록)이란 이름으로 행세하며, 마침 魏(위)나라를 다녀와 돌아가는 진나라 사신 王季(왕계)의 도움으로 진나라로 망명을 하게 된다. 이때 왕계가 진나라 왕에게 이렇게 보고했다.

"위나라에 장록 선생이란 사람이 있는데 그는 천하에 뛰어난 辯士(변사)였습니다. 그가 말하기를 '진나라는 지금 알을 쌓아 둔 것보다도 더 위험하다. 나를 얻으면 안전하게 될 수 있다. 그러나 이것을 글로는 전할 수 없다'고 하는 터라, 신이 데리고 왔습니다."

진나라는 위기의식을 느낀 나머지 범수를 부른다. 범수는 진나라 재상이 되고 자신을 죽음으로 몰았던 수가를 혼내 주었다.

몹시 위험한 형세를 일컫는 말이다. 알을 쌓아놓은 것이 무슨 큰 위험이 있겠는가마는 위태로운 상황을 비유하는 말로 적절하다. '累卵之勢(누란지세)'라는 말을 많이 쓴다. 비슷한 말로는 '百尺竿頭(백척간두)', '風前燈火(풍전등화)' 등이 있다.

鏤氷雕朽 (누빙조후)★

[뜻음] 새길 누, 얼음 빙, 다듬을 조, 썩을 후.
[풀이] 얼음덩어리나 썩은 나무에 조각한다. 애쓴 보람이 없음을 이름.

漏洩春光 (누설춘광)★

[뜻음] 샐 누, 샐 설, 봄 춘, 빛 광.
[풀이] 봄빛을 새어 나가게 함. 오늘날, 서로 소식을 전한다는 말로도 쓰임.

鏤月裁雲 (누월재운)

[뜻음] 새길 누, 달 월, 마를 재, 구름 운.
[풀이] 달을 아로새기고 구름을 마름. 細工(세공)의 교묘함을 비유한 말.

螻蟻之誠 (누의지성)★★

[뜻음] 땅강아지 누, 개미 의, 갈 지, 정성 성.
[풀이] 땅강아지와 개미같이 작은 것들의 정성. 작은 벌레의 정성. 자신의 정성을 겸손히 표현함.

漏盡夜行 (누진야행)★★

[뜻음] 샐 누, 다할 진, 밤 야, 다닐 행.
[풀이] 通行(통행)을 禁止(금지)한 子正(자정) 때 길을 감. 年老(연로)하여 餘命(여명)이 얼마 남지 않았는데도 官慾(관욕)에 戀戀(연연)하여 벼슬을 내놓지 않는 비유로 쓰임. 漏盡(누진)이란 물시계의 물이 다 새어 나왔다는 말로 밤 열두 시가 됨을 나타내는 말.

陋巷簞瓢 (누항단표)★

[뜻음] 더러울 누, 거리 항, 도시락 단, 표주박 표.
[풀이] '簞瓢陋巷(단표누항)'을 보시오.

訥言敏行 (눌언민행)★★★

[뜻음] 더듬을 눌, 말 언, 민첩할 민, 다닐 행.
[풀이] 말은 느리고 어눌하나 행동은 민첩함. 君子(군자)는 어눌하더라도 행동이 민첩하기를 원한다는 말. 출전 論語(논어) 里仁篇(이인편).

訥於言而敏於行 (눌어언이민어행)★

[뜻음] 말 더듬을 눌, 어조사 어, 말씀 언, 말 이을 이, 민첩할 민, 행할 행.
[풀이] 訥言敏行(눌언민행). 출전 論語(논어) 里仁篇(이인편).

勒銘考誠 (늑명고성)★

[뜻음] 새길 늑, 새길 명, 상고할 고, 정성 성.
[풀이] 器物(기물)에 그 제작을 맡았던 사람의 이름을 새겨 넣게 함으로써 그 사람의 정성이 있는가 없는가를 살피는 것을 말함. 기물을 만들 때 제작자, 장인의 이름을 새기게 하여 그 사람의 성실유무를 조사하던 일. 출전 禮記(예기) 月令(월령).

勒于金石 (늑우금석)★

[뜻음] 새길 늑, 어조사 우, 쇠 금, 돌 석.
[풀이] 그 사람의 공덕 등을 鐘鼎(종정), 碑碣(비갈)에 새겨 후세에 전함.

凜凜雄偉 (늠름웅위)★

[뜻음] 의젓할 늠, 수컷 웅, 훌륭할 위.
[풀이] 의젓하고 당당하고 씩씩함.

能見難思 (능견난사)

[뜻음] 능할 능, 볼 견, 어려울 난, 생각 사.
[풀이] 잘 살펴보고도 보통의 이치로는 아무리 해도 추측할 수 없는 일.

陵谷之變 (능곡지변)★

[뜻음] 언덕 능, 골 곡, 갈 지, 변할 변.
[풀이] 언덕이 변하여 골짜기가 되고 골짜기가 변하여 언덕이 됨. 世事(세사)의 변천이 격심함의 형용. 陵谷(능곡). 桑滄之變(상창지변). 출전 詩經(시경).

綾羅錦繡 (능라금수)★

[뜻음] 비단 능, 벌일 라, 비단 금, 수놓을 수.
[풀이] 명주실로 짠 피륙의 총칭. 轉(전)하여 華麗(화려)한 의복.

能不兩工 (능불양공)

[뜻음] 능할 능, 아닐 불, 두 량, 장인 공.
[풀이] 인간의 능력은 모든 사물에 능할 수는 없다. 잘하는 일이 있는 반면 잘 못하는 일도 있게 마련임. 출전 呂氏春秋(여씨춘추).

能士匿謀 (능사익모)★

[뜻음] 능할 능, 선비 사, 숨길 익, 꾀할 모.
[풀이] 재능이 있는 사람은 計策(계책)을 감추고 남에게 알리지 않음. 출전 孔叢子(공총자).

能書不擇筆 (능서불택필)★★★

[뜻음] 능할 능, 글 쓸 서, 아닐 불, 가릴 택, 붓 필.
[풀이] 명필은 붓을 가리지 않는다. 글이 능한 사람은 붓 탓을 하지 않는다는 말.

≪論書(논서)≫에 나오는 이야기이다.
唐(당)나라 초기 三大(삼대) 名筆(명필) 중 歐陽詢(구양순), 虞世南(우세남), 褚遂良(저수량) 중에서 저수량이 우세남에게 구양순 선생과 자기의 글씨를 비교해 달라고 묻자 "내가 듣기에 구양순은 종이와 붓을 가리지 않고, 어떤 종이에 어떤 붓을 가지고 쓰든 다 자기 뜻대로 되었다고 한다. 네가 어떻게 그럴 수 있겠느냐"라고 답했다. 그런데 저수량은 너구리 털로 심을 넣고 토끼털로 겉을 싼 붓끝에 상아나 코뿔소 뿔로 자루를 한 붓이 아니면 절대로 글씨를 쓰지 않았다고 한다.
한국 俗談(속담)에 '서투른 무당이 장구 탓한다'라는 말이 있다. 우리나라의 명필로 알려진 추사 김정희는 붓을 택하는 데 저수량만큼이나 까다로웠다. 저수량의 경우는 구양순과는 반대로 글씨를 잘 쓰는 사람은 반드시 붓을 가린다는 전통을 만든 것일지도 모른다.

能小能大 (능소능대)★★

[뜻음] 능할 능, 작을 소, 클 대.
[풀이] 크고 작은 일에 두루 능함. 사람과의 접촉하는 수단이 능함.

凌霄之志 (능소지지)★★

[뜻음] 능가할 능, 하늘 소, 갈 지, 뜻 지.
[풀이] 하늘을 뛰어넘고 세상을 뒤덮을 만한 큰 뜻. 凌雲之志(능운지지). 출전 晉書(진서).

能言鸚鵡 (능언앵무)★

[뜻음] 능할 능, 말씀 언, 앵무새 앵, 앵무새 무.
[풀이] 말이 능한 앵무새. 말은 잘하나 실제 학문이 없는 사람.

凌煙閣勳臣 (능연각훈신)

[뜻음] 능가할 능, 안개 연, 문설주 각, 공 훈, 신하 신.
[풀이] 唐(당)나라 太宗(태종)이 능연각에서 스물네 명의 勳臣(훈신)의 초상을 그려서 걸어놓게 한 고사. 나라에 공로가 큰 신하.

凌雲之志 (능운지지)★★★

[뜻음] 건널 능, 구름 운, 갈 지, 뜻 지.
[풀이] 구름을 뚫고 하늘로 올라가는 뜻. 세상 밖으로 超脫(초탈)하여 속세를 벗어나려는 뜻. ① 세속의 밖에 초연한 뜻. ② 높은 지위에 올라가고자 하는 뜻. 靑雲之志(청운지지). 출전 後漢書(후한서).

能者多勞 (능자다로)★

[뜻음] 능할 능, 놈 자, 많을 다, 힘쓸 로.
[풀이] 재능이 있는 사람은 남보다 더 수고함. 능력이 있는 사람일수록 가외 수고를 하게 됨. 출전 莊子(장자).

陵遲處斬 (능지처참)★

[뜻음] 무덤 능, 더딜 지, 곳 처, 벨 참.
[풀이] 大逆(대역) 죄인에게 과하던 최대의 형벌. 죄인을 죽이거나, 무덤 속에서 시체를 꺼내 머리, 양팔, 양다리, 몸뚱이의 순으로 여섯 부분으로 찢어서 각지에 보내어 여러 사람에게 구경시킴. 陵遲(능지)의 형벌로 베어 죽임. 剖棺斬尸(부관참시).

凌波 (능파)★

[뜻음] 건널 능, 물결 파.
[풀이] 물결을 건너듯 미인의 걸음걸이가 가볍고 우아함. 출전 曹植(조식)의 洛神賦(낙신부).

泥田鬪狗 (니전투구)★★★

[뜻음] 진흙 이, 밭 전, 싸움 투, 개 구.
[풀이] 진흙탕에서 싸우는 개. 볼썽사납게 서로 헐뜯거나 다투는 것이나 이익을 차지하려고 지저분하게 다툼. 본뜻은 함경도 사람의 강인한 성격을 평한 말. 삼봉 정도전의 지역 평을 보면, 경기도는 鏡中美人(경중미인: 거울 속에 비친 미인), 충청도는 淸風明月(청풍명월: 맑은 바람과 밝은 달빛), 전라도는 風前細柳(풍전세류: 바람 앞에 하늘거리는 가는 버드나무), 경상도는 松竹大節(송죽대절: 소나무와 대나무 같은 굳은 절개), 강원도는 巖下老佛(암하노불: 바위 아래 늙은 부처), 황해도는 春波投石(춘파투석: 봄 물결에 던져진 돌멩이), 평안도는 山林猛虎(산림맹호: 산속 숲에 사는 거친 호랑이), 함경도는 泥田鬪狗(이전투구)라고 했다가 태조 이성계의 얼굴이 벌게지므로 고쳐서 石田耕牛(석전경우: 돌밭을 가는 소)라고 말함.

泥醉 (니취)★

[뜻음] 진흙 이, 취할 취.
[풀이] 사람이 술에 질탕하게 취한 것. 출전 李白(이백)의 시.

多感多情 (다감다정)*

[뜻음] 많을 다, 느낄 감, 뜻 정.
[풀이] 정이 많고 감수성이 풍부함.

多岐亡羊 (다기망양)***

[뜻음] 많을 다, 갈래 기, 잃을 망, 양 양.
[풀이] 달아난 양을 찾는데 길이 여러 갈래여서 양을 잃다. ① 학문의 길이 여러 갈래이므로 진리를 찾기 어려움. ② 방침이 너무 많아 도리어 갈 바를 모름. 讀書亡羊(독서망양).

　　《楊子(양자)》 說符篇(설부편)에 나오는 말이다.
　　楊朱(양주)가 이웃 사람에게 잃어버린 양에 대해 묻자 이웃사람이 "갈림길에 갈림길이 또 있어 양이란 놈이 어디로 갔는지 도무지 알 수가 없어 그만 지쳐서 양을 잃었다"라고 말했다.
　　학문이나 어떤 재주를 배우는 데 있어서도 너무 배우는 방법이 여러 가지가 있거나 枝葉的(지엽적)인 것에 拘礙(구애)를 받게 되면, 얻으려던 것을 얻지 못하게 된다.

多難興邦 (다난흥방)*

[뜻음] 많을 다, 어려울 난, 흥할 흥, 나라 방.
[풀이] 어려운 일을 겪고 나서야 나라를 일으킨다. 큰일을 성취하려면 刻苦(각고)의 노력이 있어야 함.

多男子則多懼 (다남자즉다구)*

[뜻음] 많을 다, 사내 남, 아들 자, 곧 즉, 걱정할 구.
[풀이] 아들이 많으면 여러 가지 걱정이 많음.

多能卑事 (다능비사)*

[뜻음] 많을 다, 능할 능, 낮을 비, 일 사.
[풀이] 낮고 속된 일에 재능이 많음. 출전 論語(논어) 子罕篇(자한편).

多多益善 (다다익선)***

[뜻음] 많을 다. 더할 익, 좋을 선.
[풀이] 많을수록 더욱 좋음.

　　《史記(사기)》 淮陰侯列傳(회음후열전)에 나오는 이야기다.
　　韓高祖(한고조) 劉邦(유방)이 천하를 주름잡고 韓信(한신)은 楚王(초왕)으로 있다가 잡혀 와 淮陰侯(회음후)로 降等(강등)된 후의 이야기이다. 유방이 여러 장수들의 능력에 대해 한신과 의견을 교환하고 있었다.
　　이야기가 끝날 무렵 고조는, "그럼 나는 어느 정도의 군사를 거느릴 수 있다고 보는가?" "폐하께선 고작 십만 명 정도밖에 거느릴 수 없을 것입니다."
　　"그럼 그대는 어느 정도인가?"
　　"신은 많으면 많을수록 더욱 좋습니다."
　　그러자 한고조는 어이없다는 듯이 웃고 나서 이렇게 물었다.
　　"그렇게 多多益善(다다익선)인 그대가 어떻게 해서 내게 잡혀 왔단 말인가?"

"폐하께선 군사를 거느리는 데는 능하지 못하지만, 將帥(장수)는 잘 거느리십니다. 이것이 신이 폐하에게 사로잡히게 된 까닭입니다. 그리고 폐하의 경우는 이른바 하늘이 주신 것으로 사람의 힘은 아닙니다" 하고 대답했다.

多歷年所 (다력연소)

[뜻음] 많을 다, 지낼 력, 해 연, 바 소.
[풀이] 여러 해가 지나감. 출전 書經(서경).

多聞多讀多商量 (다문다독다상량)***

[뜻음] 많을 다, 들을 문, 읽을 독, 헤아릴 상, 헤아릴 량.
[풀이] 많이 듣고, 많이 읽으며, 많이 생각함. 중국의 歐陽修(구양수)가 글 잘 짓는 秘訣(비결)로 든 三多(삼다).

多聞博識 (다문박식)*

[뜻음] 많을 다, 들을 문, 넓을 박, 알 식.
[풀이] 보고 들은 것이 많고 학식이 넓음.

茶飯事 (다반사)**

[뜻음] 차 다, 밥 반, 일 사.
[풀이] 항상 먹는 차와 밥 등과 관계있는 일. 보통의 일. 늘 있는 일. 恒茶飯事(항다반사).

多福多男 (다복다남)*

[뜻음] 많을 다, 복 복, 사내 남.
[풀이] 복이 많고 아들이 여럿임. 八字(팔자)가 좋음.

多事多難 (다사다난)*

[뜻음] 많을 다, 일 사, 어려울 난.
[풀이] 여러 가지로 일이 많은데다 어려움도 많음.

多事奔走 (다사분주)**

[뜻음] 많을 다, 일 사, 달릴 분, 달릴 주.
[풀이] 多事多忙(다사다망).

多士濟濟 (다사제제)***

[뜻음] 많을 다, 선비 사, 건널 제.
[풀이] 錚錚(쟁쟁)한 인물이 많음. 여러 선비가 모두 다 뛰어남. 濟濟(제제)는 威儀(위의)가 있는 모양. 濟濟多士(제제다사).

　　《詩經(시경)》 大雅(대아) 文王篇(문왕편)에 이 말이 나온다.
　　대대로 나타나지 않았던가.
　　그 꾀하는 일은 조심스러웠다.
　　그리고 훌륭한, 많은 선비들이 이 왕국에 났다.
　　왕국이 능히 낳았으니 이들이 주나라의 받침대다.
　　제제한 많은 선비여 문왕이 이로써 편안하도다.

　　世之不顯 세지불현
　　厥猶翼翼 궐유익익

思皇多士 사황다사
生此王國 생차왕국
王國克生 왕국극생
維周之楨 유주지정
濟濟多士 제제다사
文王以寧 문왕이녕

周(주)나라 文王(문왕)의 거룩한 덕이 대대로 후대에까지 빛나고 있어, 그가 계획한 일이 조심스럽게 지켜 내려오고, 많은 인재들이 이 왕국에서 태어나서 이 나라의 기둥이 되었다는 말이다. '다사제제'란 錚錚(쟁쟁)한 인물이 많다는 말이다. '濟濟多士(제제다사)'라고도 많이 쓴다.

多事之秋 (다사지추)★

[뜻음] 많을 다, 일 사, 갈 지, 때 추.
[풀이] 가장 바쁜 때.

多率食口 (다솔식구)★

[뜻음] 많을 다, 거느릴 솔, 밥 식, 입 구.
[풀이] 많은 식구를 거느림.

多識君子 (다식군자)★

[뜻음] 많을 다, 알 식, 임금 군, 선생 자.
[풀이] 보고 들은 것이 많아 지식이 넓은 군자.

多言數窮 (다언삭궁)★★

[뜻음] 많을 다, 말씀 언, 자주 삭, 다할 궁.
[풀이] 말이 많으면 자주 困境(곤경)에 빠짐. 출전 老子(노자).

茶烟鬢絲之感 (다연빈사지감)★

[뜻음] 차 다, 연기 연, 귀밑털 빈, 실 사, 갈 지, 느낄 감.
[풀이] 사람이 늙어 白髮(백발)이 성성할 때 절에 가서 놀며 차를 끓이는 연기가 맑게 오르는 모양을 보고 지난날의 젊은 시절을 回想(회상)하는 느낌.

茶而觀 (다이관)★

[뜻음] 차 다, 말 이을 이, 볼 관.
[풀이] 차를 마시면서 觀法(관법)을 함.
[참고] 茗禪(명선): 차가 곧 禪(선)이라는 말. 秋史(추사) 金正喜(김정희)의 말.

多才多病 (다재다병)★★

[뜻음] 많을 다, 재주 재, 병 병.
[풀이] 재주가 많은 사람은 흔히 몸이 弱(약)하고 病(병)이 많다는 말.

多才多藝 (다재다예)★

[뜻음] 많을 다, 재주 재, 심을 예.
[풀이] 才藝(재예)가 많음. 출전 書經(서경) 金縢篇(금등편).

多錢善賈 (다전선고)★★★

[뜻음] 많을 다, 돈 전, 잘할 선, 장사 고.
[풀이] 밑천이 많으면 마음대로 장사를 잘할 수 있음. 출전 韓非子(한비자).

多情多感 (다정다감)★★

[뜻음] 많을 다, 정 정, 느낄 감.
[풀이] 사물에 대하여 애틋한 정도 많고 느끼는 생각도 많음. 생각이 섬세하고 풍부함.

多幸多福 (다행다복)

[뜻음] 많을 다, 다행 행, 복 복.
[풀이] 다행하고 매우 행복함.

斷簡零墨 (단간영묵)★

[뜻음] 끊을 단, 대쪽 간, 내릴 영, 먹 묵.
[풀이] 여러 조각이 난 문서나 문서의 단편. 斷簡(단간). 斷簡殘篇(단간잔편).

斷簡殘篇 (단간잔편)★

[뜻음] 끊을 단, 대쪽 간, 해칠 잔, 책 편.
[풀이] 여러 조각이 난 문서나 문서의 단편. 옛날에는 대쪽에 글을 써서 문서를 만들었음. 斷簡零墨(단간영묵).

短褐不完 (단갈불완)★★

[뜻음] 짧을 단, 털옷 갈, 아닐 불, 완전할 완.
[풀이] 짧은 털옷도 具備(구비)하지 못함. 가난한 사람의 제대로 차리지 못한 옷차림. 출전 荀子(순자) 大略篇(대략편).

短綆不可汲深井 (단경불가급심정)★

[뜻음] 짧을 단, 두레박줄 경, 아닐 불, 옳을 가, 길을 급, 깊을 심, 우물 정.
[풀이] 짧은 두레박줄로는 깊은 우물물을 길을 수 없다. 학식이 옅은 사람은 깊은 도리를 말할 수 없음. 출전 莊子(장자).

檀君紀元 (단군기원)★

[뜻음] 박달나무 단, 임금 군, 벼리 기, 으뜸 원.
[풀이] 단군이 卽位(즉위)했다는 서기전 2333년을 元年(원년)으로 하는 기원.

斷金之契 (단금지계)★

[뜻음] 끊을 단, 쇠 금, 갈 지, 맺을 계.
[풀이] 斷金之交(단금지교).

斷金之交 (단금지교)★

[뜻음] 끊을 단, 쇠 금, 갈 지, 사귈 교.
[풀이] 친구 사이의 정의가 매우 두터운 교분. 쇠붙이도 끊을 만큼 우정이 깊음. 斷金之契(단금지계).

斷機之戒 (단기지계)★★★

[뜻음] 끊을 단, 베틀 기, 갈 지, 경계할 계.
[풀이] 맹자의 어머니가 유학 도중에 돌아온 맹자를 훈계하기 위해 짜던 베를 끊어서 경계함. 학문을 중도에서 그만두면 아무 쓸모없이

된다고 경계함을 이르는 말.

漢(한)나라 劉向(유향)이 편찬한 ≪烈女傳(열녀전)≫에 나오는 이야기이다.

孟子(맹자)는 가난한 선비의 집에서 태어났는데, 아버지는 일찍 죽고 홀어머니 밑에서 자랐다.

처음에 맹자가 살던 집은 공동묘지 근처였다. 어린 맹자는 눈에 보이는 대로 상여를 메고 가는 시늉과 상여꾼들의 노래 부르는 흉내를 내며, 땅을 파고 널을 묻은 다음 둥그렇게 봉분을 짓는 그런 장난을 했다.

"여기는 자식을 기를 만한 곳이 못 되는구나"

이렇게 생각한 맹자의 어머니는 곧 집을 시장 근처로 옮겼다.

그러자 맹자는 또 장사꾼들의 흉내를 내며 놀지 않겠는가.

"여기도 역시 자식을 기를 곳이 못 된다" 하고 맹자의 어머니는 여러 가지 생각을 한 후에 이번에는 학교 근처로 집을 옮겼다.

그러자 맹자는, 학생들의 공부하는 모습과, 제사상을 차리는 법과, 예의를 갖추고 인사하고 행동하는 광경을 일일이 흉내 내며 놀고 있었다.

"여기가 참으로 자식을 두고 기를 만한 곳이다" 하고 어머니는 학교 근처에 자리를 잡고 살았다.

그 뒤 맹자는 집을 떠나 멀리 밖으로 유학을 가게 되었다. 얼마 지나지 않아 집으로 돌아왔다. 어머니는 그때 베틀에 앉아 베를 짜고 있었다.

"공부는 어떻게 끝을 마쳤느냐?"

"끝을 마치다니요. 어머님이 뵙고 싶어서 잠시 다녀가려고 왔습니다."

어머니는 아무 말 없이 옆에 있는 칼을 들어 베를 잘라 버렸다. 북이며 바디며 잉앗대가 바닥으로 흐러내렸다.

어머니가 맹자에게 말하기를 "네가 공부를 도중에 그만둔 것은 내가 짜던 베를 다 마치지 못하고 끊어버리는 것과 같다."

맹자 어머니가 맹자의 학구열이 식은 것을 깊이 깨우쳐 주기 위해 짜고 있던 베를 칼로 끊었다는 故事(고사)이다. 학문을 중도에서 그만두면 아무 쓸모없이 된다고 경계함을 이르는 말이다. 이 이야기 속에는 孟母三遷之敎(맹모삼천지교), 孟母三遷(맹모삼천) 고사도 함께 나온다. 원문은 '斷織(단직)'으로 되어 있는데 후에 '斷機(단기)'로 쓰게 되었다. '斷機之敎(단기지교)'라고도 한다.

斷斷無他 (단단무타)★

[뜻음] 끊을 단, 없을 무, 다를 타.
[풀이] 성실하여 딴 마음이 없음. 斷斷(단단)은 誠實(성실)하고 專一(전일)한 모양을 나타내는 말.

單刀直入 (단도직입)★★★

[뜻음] 홀 단, 칼 도, 곧을 직, 들 입.
[풀이] 혼자서 칼을 휘두르며 거침없이 적진으로 쳐들어감. 문제의 요점이나 중심을 곧바로 말함.

斷頭將軍 (단두장군)★

[뜻음] 끊을 단, 머리 두, 장수 장, 군사 군.
[풀이] 죽어도 降服(항복)할 줄 모르는 장군. 출전 三國志(삼국지) 蜀志(촉지) 張飛傳(장비전).

斷爛朝報 (단란조보)★★★

[뜻음] 끊을 단, 문드러질 란, 조정 조, 알릴 보.
[풀이] 여러 조각이 난 朝廷(조정)의 기록. 王安石(왕안석)은 처음에 스스로 ≪春秋(춘추)≫를 註解(주해)하여 천하에 펴려고 했으나 이미 孫莘老(손신로)의 春秋經解(춘추경해)가 나왔고, 그와 견줄 수가 없음을 스스로 깨닫고 마침내, 왕안석이 春秋(춘추)를 헐뜯어 이를 폐하고 이것을 '단란조보'라 한 일. ≪春秋(춘추)≫는 孔子(공자)가 엮은 역사책.

團欒之樂 (단란지락)★

[뜻음] 둥글 단, 나무이름 난, 갈 지, 즐길 락.
[풀이] 단란하게 지내는 즐거움.

鍛鍊之吏 (단련지리)★

[뜻음] 쇠 불릴 단, 불릴 련, 갈 지, 벼슬아치 리.
[풀이] 갖가지로 罪案(죄안)을 꾸며 사람을 죄에 얽어 넣는 관리.

簞醪投河 (단료투하)★

[뜻음] 대광주리 단, 막걸리 료, 던질 투, 강 하.
[풀이] 將帥(장수)가 군사와 苦樂(고락)을 같이함을 이름. 장수가 얼마 안 되는 막걸리를 강에 풀어 군사와 같이 마심.

斷末魔 (단말마)★★

[뜻음] 끊을 단, 끝 말, 마귀 마.
[풀이] 사람이 숨이 끊어질 때의 苦痛(고통). 말마는 梵語(범어)로, 急所(급소)나 死血(사혈)을 나타낸다. 급소를 끊는다는 말.

丹鳳朝陽 (단봉조양)★★★

[뜻음] 붉을 단, 봉황 봉, 아침 조, 햇볕 양.
[풀이] 아침 해에 붉은 鳳凰(봉황)을 그린 동양화의 畫題(화제)의 한 가지. 상서로움을 나타냄.

旦不保夕 (단불보석)★

[뜻음] 아침 단, 아닐 불, 보존할 보, 저녁 석.
[풀이] 오늘 저녁을 보증하지 못한다. 매우 위독함.

斷不容貸 (단불용대)

[뜻음] 끊을 단, 아닐 불, 용납할 용, 빌릴 대.
[풀이] 조금도 容恕(용서)하지 아니함.

簞食豆羹 (단사두갱)★★★

[뜻음] 도시락 단, 밥 사, 제기 두, 국 갱.
[풀이] 도시락밥과 작은 그릇의 국, 변변치 못한 음식. 豆羹(두갱)은

祭器(제기)에 담은 국, 소량의 국. 簞食瓢飲(단사표음). 출전 孟子(맹자) 告子上篇(고자상편).

單絲不成線 (단사불성선)

[뜻음] 홑 단, 실 사, 아닐 불, 이룰 성, 줄 선.
[풀이] 외가닥 실은 선을 이루지 못하므로 아무 쓸모가 없다는 뜻. 출전 水滸傳(수호전).

簞食瓢飲 (단사표음)★

[뜻음] 도시락 단, 밥 사, 표주박 표, 마실 음.
[풀이] 도시락밥과 표주박 물. 淸貧(청빈)하고 소박한 생활을 비유하는 말. 簞食壺漿(단사호장). 簞食豆羹(단사두갱). 출전 論語(논어) 顔淵篇(안연편).

簞食壺漿 (단사호장)★

[뜻음] 도시락 단, 밥 사, 병 호, 미음 장.
[풀이] 대그릇에 담은 밥과 병에 넣은 漿(장). 轉(전)하여 백성이 군사를 歡迎(환영)하여 맞이함을 이름. 출전 孟子(맹자) 梁惠王下篇(양혜왕하편).

袒裼裸裎 (단석나정)★

[뜻음] 목기 단, 웃통 벗을 석, 벗을 나, 드러낼 정.
[풀이] 웃옷을 벗어 어깨를 드러냄과 발가벗음. 모두 無禮(무례)한 행위. 출전 孟子(맹자).

旦夕之費 (단석지비)★

[뜻음] 아침 단, 저녁 석, 갈 지, 쓸 비.
[풀이] 아침저녁의 끼니를 이어가는 수고.

丹脣皓齒 (단순호치)★★★

[뜻음] 붉을 단, 입술 순, 흴 호, 이 치.
[풀이] 붉은 입술과 하얀 이. 아름다운 여자를 비유함. 朱脣晧齒(주순호치).

端雅貞淑 (단아정숙)★

[뜻음] 바를 단, 우아할 아, 곧을 정, 맑을 숙.
[풀이] 단정하고 얌전함.

端雅俊逸 (단아준일)★

[뜻음] 바를 단, 우아할 아, 준걸 준, 뛰어날 일.
[풀이] 단정하고 훤칠하게 잘 생겨 逸品(일품)임.

斷崖靑壁 (단애청벽)★

[뜻음] 끊을 단, 벼랑 애, 푸를 청, 벽 벽.
[풀이] 붉은빛의 낭떠러지와 푸른빛의 石壁(석벽)이 높고 아름다움. 人品(인품)이 高尙(고상)함. 쉽사리 보기 어려운 사람을 만남. 斷崖靑壁之銘(단애청벽지명).

斷而敢行鬼神避之 (단이감행귀신피지)★

[뜻음] 끊을 단, 말 이을 이, 감히 감, 갈 행, 귀신 귀, 귀신 신, 피할 피, 갈 지.
[풀이] 뜻한 바를 용맹스럽게 斷行(단행)하면 難關(난관)을 극복하고 귀신까지도 피하여 달아남. 출전 史記(사기) 李斯傳(이사전).

斷腸 (단장)★★★

[뜻음] 끊을 단, 창자 장.
[풀이] 창자가 끊어질 듯한 고통.

　≪世說新語(세설신어)≫ 출면편에 나오는 이야기이다.
　桓溫(환온)이 蜀(촉)나라로 가는 도중, 三峽(삼협)을 배로 오르고 있을 때 부대에 있는 사람이 원숭이 새끼를 잡았다. 그러자 어미 원숭이는 새끼를 잃고 슬피 울며 언덕을 따라 백여 리를 따라온 뒤에 마침내는 배 안으로 뛰어들어 그 길로 숨이 끊어지고 말았다.
　죽은 어미 원숭이의 배를 가르고 속을 들여다보았더니, 창자가 토막토막 끊어져 있었다. 이 이야기를 전해 들은 환온은 크게 노하여 새끼를 잡은 사람을 군대에서 내쫓도록 명령했다.
　우리말에 애가 탄다는 말이 있다. 이 '애'는 옛말로, '창자'를 뜻한다.

斷長補短 (단장보단)★

[뜻음] 끊을 단, 길 장, 기울 보, 짧을 단.
[풀이] 남는 것을 끊어 모자라는 것을 기움. 장점을 취하여 단점을 보충함.

斷章摘句 (단장적구)★

[뜻음] 끊을 단, 글 장, 딸 적, 글 구.
[풀이] 어떤 고전이나 원서의 한 부분만을 인용한 글 또는 구.

斷章取義 (단장취의)★

[뜻음] 끊을 단, 글 장, 취할 취, 옳을 의.
[풀이] 原作者(원작자)의 本意(본의)의 如何(여하)를 不問(불문)하고 詩文(시문) 중에서 자기가 소용되는 부분만을 따서 마음대로 해석하여 씀. 출전 孝經(효경).

丹赤漆黑 (단적칠흑)★

[뜻음] 붉을 단, 붉을 적, 옻 칠, 검을 흑.
[풀이] 붉은 흙 속에 있는 것은 붉게 되고 칠 속에 있는 것은 검게 된다. ① 감화의 무서움. ② 사람은 사귀는 벗에 따라 착하게도 되고, 악하게도 된다는 말. 출전 孔子家語(공자가어).

斷虀畫粥 (단제획죽)★

[뜻음] 끊을 단, 냉이 제, 자를 획, 국 국.
[풀이] 냉이로 국을 끓이고 이것을 엉기게 하여 갈라 먹음. 가난을 꾹 참고 苦學(고학)함. 畵(화)는 그림 화, 그을 획.

丹漆不文 (단칠불문)★

[뜻음] 붉을 단, 옻 칠, 아닐 불, 무늬 문.
[풀이] 본래부터 아름답고 훌륭한 것은 단장할 필요가 없다는 말.

簞瓢陋空 (단표누공)★

[뜻음] 도시락 단, 표주박 표, 누추할 누, 빌 공.
[풀이] 簞瓢陋巷(단표누항).

簞瓢陋巷 (단표누항)★★★

[뜻음] 도시락 단, 표주박 표, 누추할 누, 거리 항.
[풀이] 도시락밥과 표주박물과 누추한 마을. 소박한 시골 살림을 비유하여 이르는 말. 출전 論語(논어) 顔淵篇(안연편).

斷割之勢 (단할지세)

[뜻음] 끊을 단, 나눌 할, 갈 지, 기세 세.
[풀이] 칼로 가르듯이 그칠 줄 모르는 맹렬한 기세. 출전 越絶書(월절서).

斷港絶潢 (단항절황)

[뜻음] 끊을 단, 도랑 항, 끊어질 절, 웅덩이 황.
[풀이] 흘러갈 곳이 끊어진 지류와 이어질 곳이 없는 못. 연락이 두절된 것의 비유. 港(항)은 지류, 潢(황)은 연못. 출전 韓愈(한유)의 글.

達詁達言 (달고달언)★

[뜻음] 통달할 달, 주낼 고, 말씀 언.
[풀이] 일정한 訓詁(훈고), 즉 經書(경서)와 言語(언어).

獺多則魚擾 (달다즉어요)★

[뜻음] 수달 달, 많을 다, 곧 즉, 고기 어, 어지러울 요.
[풀이] 수달이 많으면 물고기가 두려워서 혼란에 빠진다. 官吏(관리)가 많으면 백성들이 여러 면에서 압박을 받아 곤경에 처한다는 말. 獺多魚擾(달다어요). 출전 抱朴子(포박자).

達道之人 (달도지인)★

[뜻음] 통달할 달, 도리 도, 갈 지, 사람 인.
[풀이] 도를 몸소 체험하여 알게 된 사람.

達不離道 (달불리도)

[뜻음] 통달할 달, 아닐 불, 떼놓을 리, 길 도.
[풀이] 아무리 立身出世(입신출세)를 하여도 결코 道理(도리)에 벗어나는 일은 하지 않음. 출전 孟子(맹자).

達視其所擧 (달시기소거)★

[뜻음] 통달할 달, 볼 시, 그 기, 바 소, 들 거.
[풀이] 사람이 출세한 뒤에 어떤 사람을 어떤 자리에 추천하는가를 봄. 그것으로 薦擧(천거)하는 사람의 인물을 알아볼 수 있다는 말. 출전 史記(사기).

達人大觀 (달인대관)★

[뜻음] 통달할 달, 사람 인, 큰 대, 볼 관.
[풀이] 사리에 통달한 사람은 전체를 올바르게 널리 관찰하여 公明正大(공명정대)한 판단을 내린다는 말.

獺祭 (달제)★

[뜻음] 수달 달, 제사 제.
[풀이] 수달이 고기를 잡아다가 벌려 놓는다는 말. 詩文(시문)을 지을 때에 많은 참고서적을 閱覽(열람)하느라고 좌우에 어수선하게 늘어놓은 것을 이름.

達則兼善天下 (달즉겸선천하)★

[뜻음] 통달할 달, 곧 즉, 겸할 겸, 착할 선, 하늘 천, 아래 하.
[풀이] 출세하여 높은 지위와 직위에 오르면 백성과 더불어 도를 행

하여 세상을 선으로 이끌어 감.

膽大心小 (담대심소)★

[뜻음] 쓸개 담, 큰 대, 마음 심, 작을 소.
[풀이] ① 담은 커 무슨 일이고 두려워하지 아니하며 마음은 緻密(치밀)하여서 무슨 일이고 소홀히 하지 아니함. ② 문장을 짓는 데에 조심할 일. 담력은 크게 갖되 조심은 세심하게 하여야 한다는 말.

澹臺毀璧 (담대훼벽)★

[뜻음] 담박할 담, 돈대 대, 헐 훼, 둥근 옥 벽.
[풀이] 澹臺滅明(담대멸명)이 千金(천금)에 해당하는 귀중한 璧玉(벽옥)을 가지고 강을 건너가는데, 河神(하신)이 이를 탐내어 大波神陽侯(대파신양후)의 파도를 일으키고 두 鮫人(교인: 인어)을 붙잡았다. 멸명은 '나에게 의로써 구슬을 달라고 하면 모르되, 힘으로써는 빼앗지 못할 것이라' 하면서, 왼손에 구슬을 쥐고 오른손에 칼을 잡아 교인을 쳐 죽이고 강을 건넌 후, 구슬을 세 번이나 강에 던졌으나 하신이 강에서 뛰어올라 되돌려 주므로, 멸명이 마침내 구슬을 깨뜨려 버리고 떠나갔다는 옛일에서 온 말.

淡泊無爲 (담박무위)★★

[뜻음] 묽을 담, 담박할 박, 없을 무, 할 위.
[풀이] 淡泊(담박)은 욕심이 적고 꾸밈이 없는 일, 無爲(무위)는 자연 그대로 인위를 가하지 않는 일. 老莊(노장) 사상의 근본을 이루는 것.

擔負之役 (담부지역)★★

[뜻음] 멜 담, 질 부, 갈 지, 부릴 역.
[풀이] ① 짐을 지어 나르는 일. ② 짐을 메거나 지는 막일. 막벌이 일.

儋石之祿 (담석지록)★

[뜻음] 멜 담, 섬 석, 갈 지, 녹봉 록.
[풀이] 한두 섬짜리 녹봉. 어깨에 멜 정도밖에 되지 않는 곡식 가마를 녹봉으로 받다. 얼마 안 되는 녹봉. 儋石(담석): 두 섬과 한 섬. 출전 漢書(한서) 蒯通傳(괴통전).

淡掃蛾眉 (담소아미)

[뜻음] 엷을 담, 쓸 소, 나방 아, 눈썹 미.
[풀이] 옅은 화장을 하는 일. 가벼운 얼굴 손질을 함.

談笑自若 (담소자약)★★

[뜻음] 말씀 담, 웃을 소, 스스로 자, 같을 약.
[풀이] 아무 일도 없는 듯이 태연하게 웃으며 이야기함.

淡水之交 (담수지교)★★

[뜻음] 엷을 담, 물 수, 갈 지, 사귈 교.
[풀이] 물과 같은 담박한 교제. 君子(군자)의 교제. 芝蘭之交(지란지교).

談言微中 (담언미중)★

[뜻음] 말씀 담, 말씀 언, 작을 미, 적중할 중.
[풀이] 완곡히 남의 急所(급소)를 찔러 말함. 모나지 않고 부드럽게 남의 급소를 찔러 말함. 출전 史記(사기) 滑稽傳(골계전).

淡如水 (담여수)★

[뜻음] 맑을 담, 같을 여, 물 수.

[풀이] 욕심이 없고 마음이 깨끗하여 물과 같다. 군자의 마음씨를 형용하는 말.

淡粧濃抹 (담장농말)★

[뜻음] 묽을 담, 치장할 장, 짙을 농, 지울 말.
[풀이] 담장과 농말. ① 여자의 옅은 화장과 짙은 화장. ② 날씨가 개거나 비가 옴에 따라 변하는 풍경의 짙거나 옅음.

談天雕龍之辯 (담천조룡지변)★★

[뜻음] 말씀 담, 하늘 천, 새길 조, 용 룡, 갈지, 말 잘할 변.
[풀이] 천상을 말하는 것처럼 망막하고 용을 조각한 것과 같이 화려한 辯舌(변설). 言辯(언변)이 宏博(굉박)함. 談天雕龍(담천조룡). 출전 史記(사기).

談何容易 (담하용이)★

[뜻음] 말씀 담, 어찌 하, 쉬울 용, 쉬울 이.
[풀이] 담론이 어찌 쉽겠는가? 이야기하기 쉽지 아니함. 轉(전)하여 이야기하기는 쉬우나, 실행하기가 어려움을 이름. 출전 漢書(한서) 東方朔傳(동방삭전).

踏虎尾 (답호미)★

[뜻음] 밟을 답, 호랑이 호, 꼬리 미.
[풀이] 호랑이 꼬리를 밟는다. 극히 위험한 짓을 함.

黨錮之禍 (당고지화)★

[뜻음] 무리 당, 땜질할 고, 갈 지, 재화 화.
[풀이] 後漢(후한)의 桓帝(환제) 때 陣蕃(진번)·李膺(이응) 등 憂國之士(우국지사)가 宦官(환관)의 跋扈(발호)를 미워하여 太學生(태학생)들을 거느리고 환관을 공격하니, 환관들이 조정을 반대하는 黨人(당인)이라고 도리어 몰아 이들 우국지사를 獄(옥)에 가두고 그 仕進(사진)의 길을 막았으며, 靈帝(영제) 때 竇武(두무)·陣蕃(진번) 등이 환관 등을 죽이려 하다가 일이 漏泄(누설)되어 그와 뜻을 같이하는 백여 명과 함께 피살당한 사건. 출전 唐書(당서).

堂狗三年吠風月 (당구삼년폐풍월)★★

[뜻음] 서당 당, 개 구, 석 삼, 해 년, 짖을 폐, 바람 풍, 달 월.
[풀이] 서당개 삼년에 풍월을 읊는다. 무식한 사람도 배우는 환경에 오래 있다 보면 유식해지고 문자도 쓸 수 있게 된다. 일설에 狗(구)는 嫗(구: 할미)라 함. 이것이 訛傳(와전)되어 狗(구)로 바뀌었다고 林必煥(임필환)은 주장함. 한학자이신 조부에게 들은 내용이라 함. 風月(풍월)은 바람과 달이므로 아름다운 자연을 노래한 漢詩(한시). 堂狗風月(당구풍월).

堂構之樂 (당구지락)★

[뜻음] 집 당, 얽을 구, 갈 지, 즐길 락.
[풀이] 아들이 아버지가 설계한 집을 짓는 즐거움. 아들이 아버지의 業(업)을 계승하는 즐거움을 이름.

堂構之業 (당구지업)★

[뜻음] 집 당, 얽을 구, 갈 지, 생계 업.
[풀이] 아버지가 건축의 설계를 세우고 아들이 터를 닦아 집을 짓는다. 아들이 아버지에게서 계승한 업을 이름.

堂狗風月 (당구풍월)★

[뜻음] 집 당, 개 구, 바람 풍, 달 월.
[풀이] 서당개 삼 년이면 풍월을 읊는다. 서당에 있는 개도 삼 년을 공부하는 소리를 듣다 보면 시를 읊조리게 된다. 堂狗三年吠風月(당구삼년폐풍월).

當局者迷 (당국자미)★

[뜻음] 당할 당, 판 국, 놈 자, 미혹할 미.
[풀이] 실제 그 일을 맡아보는 사람이 오히려 실정에 어둡다는 말.

堂堂之陣 (당당지진)★★

[뜻음] 당당할 당, 갈 지, 병영 진.
[풀이] 잘 정돈된 진. 軍容(군용)이 왕성한 진.

當代發福 (당대발복)

[뜻음] 당할 당, 이을 대, 필 발, 복 복.
[풀이] 당대에 복이 일어남. 어버이를 明堂(명당)에 장사 지내어 곧 부귀를 누리게 됨.

唐突西施 (당돌서시)★

[뜻음] 갑자기 당, 갑자기 돌, 서녘 서, 베풀 시.
[풀이] 好人(호인)을 건드리고 범함. 가당치 않은 사람과 비교됨을 이르는 말. 서시는 越(월)나라의 美人(미인).

黨同伐異 (당동벌이)★★★

[뜻음] 무리 당, 같을 동, 칠 벌, 다를 이.
[풀이] 잘잘못에 관계없이 자기와 같은 무리끼리는 한데 뭉쳐 서로 돕고 반대자를 공격하는 일. 同黨伐異(동당벌이). 출전 後漢書(후한서).

螳螂拒轍 (당랑거철)★★★

[뜻음] 사마귀 당, 버마재비 랑, 막을 거, 바퀴자국 철.
[풀이] 사마귀가 버티고 서서 수레바퀴를 가로막다. 미약한 자가 제 분수도 모르고 무모하게 덤빔.

≪淮南子(회남자)≫ 人間訓篇(인간훈편)에 나오는 이야기이다.

齊(제)나라의 莊公(장공)이 사냥을 하러 나가는데, 벌레 하나가 장공이 타고 가는 수레바퀴에 발을 들어 치려했다. 장공은 御者(어자)에게 물었다.

"저게 무슨 벌레인가?"

"저놈이 이른바 버마재비란 놈입니다. 저놈은 원래 앞으로 나아갈 줄만 알고 뒤로 물러설 줄을 모르며 제 힘도 헤아리지 않고 상대를 업신여기는 놈입니다."

"그래, 그놈이 만일 사람이라면 반드시 천하의 용사가 될 것이다" 하고 장공은 수레를 돌려 버마재비를 피해 갔다.

≪莊子(장자)≫의 人間世篇(인간세편)에는,

"그대는 당랑을 알지 못하는가. 그 팔을 높이 들어 수레바퀴를 막으려 한다. 그것이 감당할 수 없는 것임을 모르기 때문이다"라고 나와 있다.

미약한 자가 제 분수도 모르고 무모하게 덤비는 경우

나 타고난 성질을 고치기 어렵다고 할 때 이 말을 쓴다. 당랑은 버마재비, 혹은 사마귀라고 부른다. 당랑거철은 '螳螂之斧(당랑지부)'라고도 한다.

螳螂窺蟬 (당랑규선)★

[뜻음] 사마귀 당, 사마귀 랑, 엿볼 규, 매미 선.
[풀이] 이슬을 먹으려는 매미는 그 뒤에서 사마귀가 노리는 줄을 모른다. 螳螂在後(당랑재후).

螳螂在後 (당랑재후)★

[뜻음] 사마귀 당, 사마귀 랑, 있을 재, 뒤 후.
[풀이] 단지 눈앞의 이익에만 눈이 어두워 장차 그 뒤에 올 災殃(재앙)을 알지 못함을 비유하는 말. 螳螂窺蟬(당랑규선). 螳螂搏蟬(당랑박선)

螳螂之力 (당랑지력)★★

[뜻음] 사마귀 당, 사마귀 랑, 갈 지, 힘 력.
[풀이] 사마귀의 힘. 미약한 힘.

螳螂之斧 (당랑지부)★★

[뜻음] 사마귀 당, 사마귀 랑, 갈 지, 도끼 부.
[풀이] 당랑의 도끼. 사마귀의 도끼. 허약한 사람이 자기의 분수도 모르고 덤벼들거나 저돌적으로 밀어붙이는 것. 螳螂拒轍(당랑거철). 출전 韓詩外傳(한시외전).

當來之職 (당래지직)

[뜻음] 감당할 당, 올 래, 갈 지, 직분 직.
[풀이] 신분에 알맞은 職位(직위)나 마땅히 차례 올 職分(직분).

當路之人 (당로지인)★

[뜻음] 감당할 당, 길 로, 갈지, 사람 인.
[풀이] 중요한 지위에 있는 사람. 대신이나 장관. 當局者(당국자). 그 일을 직접 맡아보는 자리에 있는 사람. 當路者(당로자). 출전 孟子(맹자) 公孫丑上篇(공손추상편).

當面錯過 (당면착과)

[뜻음] 당할 당, 낯 면, 잘못 볼 착, 지날 과.
[풀이] 눈앞에 두고 보면서도 잘못을 저지름. 착오를 일으킴. 當面蹉過(당면차과).

當捧之物 (당봉지물)

[뜻음] 마땅 할 당, 거둘 봉, 갈 지, 만물 물.
[풀이] 마땅히 받아들일 물건. 당연히 거둬들일 물건.

當不當 (당부당)★

[뜻음] 마땅할 당, 아닐 불.
[풀이] 당연함과 당연하지 못함. 맞음과 맞지 않음.

堂上百里堂下千里 (당상백리당하천리)★

[뜻음] 집 당, 위 상, 일백 백, 마을 리, 아래 하, 일천 천. 당 위로 백 리. 당 아래로 천 리.
[풀이] 善政(선정)을 하면 천 리 밖의 일도 階前(계전)의 일과 같이 알 수 있으나, 그렇지 못하면 당내의 일도 천 리 밖의 일이 된다는 말. 君主(군주)의 見聞(견문)이 좁아서 事情(사정)에 어두움을 이름. 출전 管子(관자).

當世得失 (당세득실)★

[뜻음] 당할 당, 대 세, 얻을 득, 잃을 실.
[풀이] 그 당시의 이로움과 해로움. 출전 史記(사기).

當世儒宗 (당세유종)★

[뜻음] 당할 당, 대 세, 선비 유, 마루 종.
[풀이] 당대의 첫째가는 儒學者(유학자).

當世之風 (당세지풍)★

[뜻음] 당할 당, 대 세, 갈 지, 풍속 풍.
[풀이] 그 시대의 풍조.

唐宋八大家 (당송팔대가)★★★

[뜻음] 당나라 당, 송나라 송, 여덟 팔, 클 대, 집 가.
[풀이] 당·송 2대의 八人(팔인)의 대문장가. 곧 당나라의 韓愈(한유)·柳宗元(유종원) 두 사람과 송나라의 歐陽修(구양수)·蘇洵(소순)·蘇軾(소식)·蘇轍(소철)·曾鞏(증공)·王安石(왕안석) 여섯 사람.

當然之事 (당연지사)★

[뜻음] 마땅할 당, 그럴 연, 갈 지, 일 사.
[풀이] 의당한 일. 당연한 일.

唐虞之化 (당우지화)★★

[뜻음] 땅 이름 당, 땅 이름 우, 갈 지, 될 화.
[풀이] 帝堯(제요) 陶唐氏(도당씨)와 帝舜(제순) 有虞氏(유우씨)의 至治(지치)의 德化(덕화). 당의 요와 우의 순임금의 덕화. 요임금과 순임금의 덕화. 唐이나 虞는 임금이 살았던 땅 이름.

當仁不讓於師 (당인불양어사)★

[뜻음] 당할 당, 어질 인, 아닐 불, 양보할 양, 어조사 어, 스승 사.
[풀이] 仁(인)을 행할 때는 비록 스승이라 할지라도 讓步(양보)할 필요가 없음.

當場猝辦 (당장졸판)

[뜻음] 당할 당, 마당 장, 갑자기 졸, 힘쓸 판.
[풀이] 무슨 일에 부닥쳐서 그 자리에서 갑자기 마련하여 차림.

當前決意 (당전결의)★

[뜻음] 당할 당, 앞 전, 터질 결, 뜻 의.
[풀이] 당장에 뜻을 결정함.

棠棣之華 (당체지화)★★★

[뜻음] 팥배나무 당, 산앵두나무 체, 갈 지, 꽃 화.
[풀이] 산앵두나무의 꽃. 많은 형제들을 나타냄. 산앵두나무 열매가 많이 열리듯 형제를 많이 두고 복 많은 집안. 棠棣之華(상체지화). '당체'는 '상체'로도 읽음.

唐慌失色 (당황실색)★

[뜻음] 황당할 당, 다급할 황, 잃을 실, 빛 색.

[풀이] 놀라거나 다급하여 얼굴빛이 변함.

待價而沽 (대가이고)★

[뜻음] 기다릴 대, 값 가, 말 이을 이, 팔 고.
[풀이] ① 값이 오르기를 기다려 파는 것. ② 때를 기다려 행동함.

大駕播遷 (대가파천)★

[뜻음] 큰 대, 멍에 가, 뿌릴 파, 옮길 천.
[풀이] 임금이 都城(도성)을 떠나 딴 곳으로 피난 감.

大覺見性 (대각견성)

[뜻음] 큰 대, 깨달을 각, 볼 견, 성품 성.
[풀이] 자기 속에 숨어 있는 불성을 찾아내어 크게 깨달음.

大覺金仙 (대각금선)

[뜻음] 큰 대, 깨달을 각, 쇠 금, 신선 선.
[풀이] 釋迦佛(석가불)을 이름. 출전 宋史(송사) 徽宗紀(휘종기).

臺閣生風 (대각생풍)★

[뜻음] 돈대 대, 문설주 각, 날 생, 바람 풍.
[풀이] 대각에 바람이 일다. 대각에 있는 대신이 두려워하여 동요함.
廟堂(묘당)에서 대신이 모두 肅然(숙연)히 두려워하는 모양.

大姦似忠 (대간사충)★

[뜻음] 큰 대, 간사할 간, 같을 사, 충성 충.
[풀이] 아주 간사한 사람은 겉을 巧妙(교묘)하게 꾸미므로 도리어 忠臣(충신)같이 보임. 출전 宋史(송사).

大喝一聲 (대갈일성)★

[뜻음] 큰 대, 소리 지를 갈, 한 일, 소리 성.
[풀이] 크게 외치는 한마디 소리. 禪門(선문)의 법임.

大江長流 (대강장류)★

[뜻음] 큰 대, 강 강, 길 장, 흐를 류.
[풀이] 크고 긴 강.

對客初人事 (대객초인사)★

[뜻음] 대할 대, 손님 객, 처음 초, 사람 인, 일 사.
[풀이] 손님을 대접하는 첫 인사. 찾아온 손님에게 우선 담배를 권함.

大羹不和 (대갱불화)★★

[뜻음] 큰 대, 국 갱, 아닐 불, 화할 화.
[풀이] 제사에 쓰던 순 고깃국에는 조미료를 쓰지 않음. 사람으로 하여금 너무 口腹(구복)의 욕심만 차리지 말고 質素(질소)한 정을 기르도록 하기 위해서임. 大羹(대갱)은 고깃국. 출전 禮記(예기) 樂記篇(악기편).

大羹玄酒 (대갱현주)★★

[뜻음] 큰 대, 국 갱, 검을 현, 술 주.
[풀이] 대갱과 현주. 玄酒(현주)는 옛날 제사 때 술 대신으로 쓴 맹물. 규칙에만 사로잡힌 淡泊(담박)하고 無味(무미)한 문장. '大羹不和(대갱불화)'를 참조하시오.

帶經耕鋤 (대경경서)★

[뜻음] 띠 두를 대, 경서 경, 밭갈 경, 호미 서.
[풀이] 經書(경서)를 지니고 다니면서 밭을 맴. 帶經而鋤(대경이서).

大驚失色 (대경실색)★

[뜻음] 클 대, 놀랄 경, 잃을 실, 빛 색.
[풀이] 크게 놀라서 낯빛을 잃음. 大驚罔極(대경망극).

帶經而鋤 (대경이서)★

[뜻음] 띠 두를 대, 경서 경, 말 이을 이, 호미 서.
[풀이] 經書(경서)를 지니고 다니면서 밭을 맴. 帶經耕鋤(대경경서). 출전 漢書(한서).

大公無私 (대공무사)★

[뜻음] 큰 대, 공변될 공, 없을 무, 사사로울 사.
[풀이] 公正(공정)하고 사심이 없음. 公平無私(공평무사)함.

大巧若拙 (대교약졸)★★

[뜻음] 큰 대, 교묘할 교, 같을 약, 서투를 졸.
[풀이] 아주 교묘한 재주를 가진 사람은 그 재주를 자랑하지 아니하므로 언뜻 보기에는 서투른 것 같음. 출전 老子(노자).

大衾長枕 (대금장침)★

[뜻음] 큰 대, 이불 금, 길 장, 베게 침.
[풀이] 큰 이불과 긴 베개. 同寢(동침)하기에 편리하다는 데에서 서로 친밀한 교분을 이르는 말.

大器晚成 (대기만성)★★★

[뜻음] 클 대, 그릇 기, 늦을 만, 이룰 성.
[풀이] 큰 그릇은 덜된 것처럼 보인다. 크게 될 사람은 오랫동안 공적을 쌓아 늦게 이루어짐. 큰 그릇은 만드는 데 오래 걸림.

≪老子(노자)≫ 제41장에 나오는 말이다.
　위대한 사람은 도를 들으면 이를 실천하고, 보통 사람은 도를 들으면 반신반의하게 된다. 그리고 가장 못난 사람은 도를 들으면 아예 믿으려 하지 않고 코웃음만 친다. 코웃음을 치지 않으면 참다운 도가 될 수 없다. 그러기에 옛사람의 말에도,
　"밝은 길은 어두운 것처럼 보이고, 앞으로 나아가는 길은 뒤로 물러나는 길로 보이며, 평탄한 길은 험하게 보인다. 높은 덕은 낮게 보이고, 참으로 흰 것은 더러운 것으로 보이며, 넓은 덕은 좁은 것처럼 보이고, 견실한 덕은 약한 것처럼 보이며, 변하지 않는 덕은 변하는 것처럼 보인다. ……(중략)"
　"크게 모난 것은 귀가 없고 큰 그릇은 늦게 이루어지며, 큰 소리는 울림이 잘 들리지 않고 큰 모양은 형체가 없다."
　본래의 뜻은 '큰 그릇은 덜된 것처럼 보인다'는 뜻이다. 지금은 그런 뜻으로는 쓰이지 않는다. 크게 될 사람은 오

랫동안 공적을 쌓아 늦게 이루어진다는 뜻이거나 큰 그릇
은 만드는 데 오래 걸린다는 의미로 쓰인다.

大器小用 (대기소용)★★★

[뜻음] 큰 대, 그릇 기, 작을 소, 쓸 용.
[풀이] 큰 그릇을 작게 쓴다. 큰 인물을 작은 일에 씀.

大膽無雙 (대담무쌍)★★

[뜻음] 큰 대, 쓸개 담, 없을 무, 쌍 쌍.
[풀이] 대담하기가 비할 데가 없음.

代代復戶 (대대복호)★

[뜻음] 세대 대, 돌아올 복, 집 호.
[풀이] 효자나 충신이 난 집안에 대대로 賦役(부역)과 토지세 이외의
잡부금을 免除(면제)하여 줌.

代代孫孫 (대대손손)★★

[뜻음] 대신할 대, 자손 손.
[풀이] 대대로 내려오는 자손. 오래도록 내려온 여러 대.

大德之人必得其壽 (대덕지인필득기수)★

[뜻음] 큰 대, 덕 덕, 갈 지, 사람 인, 반드시 필, 얻을 득, 그 기, 목숨 수.
[풀이] 덕이 많은 사람은 장수를 누릴 수 있다. 덕을 많이 쌓으면 天
佑神助(천우신조)를 받는다는 말. 출전 中庸(중용) 제17장.

大道廢有仁義 (대도폐유인의)★★★

[뜻음] 큰 대, 길 도, 폐할 폐, 있을 유, 어질 인, 옳을 의.
[풀이] 上古(상고)시대에는 大道(대도)가 행하여져서 모든 사람이 淳
朴(순박)하였으나 後世(후세)에 이르러 대도가 점차로 消滅(소멸)하
매, 仁義(인의)라고 불리는 것이 나왔다는 말로, 이는 老子(노자)가
儒敎(유교)의 인의의 교는 천지자연의 도가 아니라고 비방한 말임.

　《老子(노자)》 제18장에 나오는 말이다.
　"큰 도가 없어지자 인과 의가 있고, 지혜가 나오자 큰
거짓이 있고, 육친이 불화하므로 효도와 사랑이 있고, 국
가가 혼란하므로 충신이 있다."
　上古(상고)시대에는 大道(대도)가 행하여져서 모든 사
람이 淳朴(순박)하였으나 後世(후세)에 이르러 대도가 점
차로 消滅(소멸)하매, 仁義(인의)라고 불리는 것이 나왔다
는 말이다. 이는 老子(노자)가 儒敎(유교)에서 말하는 인
의의 敎(교)는 천지자연의 도가 아니라고 비방한 말이다.

大道無門 (대도무문)★★★

[뜻음] 큰 대, 길 도, 없을 무, 문 문.
[풀이] 큰 도리나 正道(정도)로 나갈 때에는 거칠 것이 없다. 누구나
그 길을 걸으면, 승리할 수 있다는 말.

大同團結 (대동단결)★★

[뜻음] 큰 대, 같을 동, 뭉칠 단, 맺을 결.
[풀이] 서로 다른 黨派(당파)나 여러 사람이 같은 목적을 이룩하기 위

하여 작은 異見(이견)을 버리고 뭉쳐서 한 덩이가 됨.

大同社會 (대동사회)★★★

[뜻음] 큰 대, 같을 동, 사회 사, 모일 회.
[풀이] 큰 도가 행해지고 모두 하나 되는 사회. 가장 이상적인 사회를
일컫는 말.

　《禮記(예기)》 禮運篇(예운편)에 나오는 말이다.
　큰 도가 행해지면 전체 사회가 공정해져서 현명한 사
람과 능력 있는 사람이 지도자로 뽑히게 되며 신의가 존
중되고 친목이 두터워진다. 그러므로 모든 사람들은 자기
부모만을 부모로 생각하지 않고 남의 부모도 내 부모와
똑같이 생각하며, 자기 자식만을 자식으로 생각하지 않고
남의 자식도 내 자식과 똑같이 생각한다.
　늙은이는 여생을 편안히 마치게 되고 젊은이는 각각
자기의 적성과 능력에 맞는 일자리에서 활동하게 되며, 어
린이들은 곱고 바르게 자라게 되고, 홀아비와 홀어미며 의
지할 곳 없고 불구가 된 사람들은 모두 편안히 보호를 받
게 된다. 남자는 다 자기 분수에 맞는 일을 하게 되고, 여
자들은 다 적당한 곳으로 시집가 살게 된다.
　재물과 물건들이 헛되이 버려지는 것을 싫어하지만 그
것을 자기 집에다 감춰 두는 일이 없으며 자기가 직접 노
력을 제공하지 않는 것을 싫어하지만 그것이 자기 개인을
위한 것으로는 생각하지 않는다. 그렇기 때문에 권모술수
와 같은 것이 필요치 않게 되고 도둑이나 불량배 같은 것
이 있을 수 없다. 이리하여 집집마다 문을 열어두고 닫는
일이 없다. 이러한 사회를 가리켜 대동이라 말한다.
　위 이야기는 거의 유토피아에 대한 설명이나 다름없다.
가장 이상적인 사회를 일컫는 말이다. 孫文(손문)의 三民
主義(삼민주의) 이론의 根底(근저)에는 대동사상이 커다
란 뿌리를 이루고 있는 것으로 보고 있다.

大同小異 (대동소이)★★

[뜻음] 큰 대, 같을 동, 작을 소, 다를 이.
[풀이] 큰 차이가 없고 거의 같고 조금만 다름. 어금지금함. 출전 莊
子(장자) 天下篇(천하편).

大同之役 (대동지역)★

[뜻음] 큰 대, 같을 동, 갈 지, 부릴 역.
[풀이] 뭇 사람이 다 함께 하는 부역.

大同之患 (대동지환)

[뜻음] 큰 대, 같을 동, 갈 지, 근심 환.
[풀이] 여러 사람이 같이 당하는 患難(환난).

擡頭不起 (대두불기)

[뜻음] 들 대, 머리 두, 아닐 불, 일어날 기.
[풀이] 머리를 쳐들고 일어나지 못함.

帶厲之誓 (대려지서)★★

[뜻음] 띠 대, 갈 려, 갈 지, 언약할 서.
[풀이] 黃河(황하)가 띠와 같이 좁아지고 泰山(태산)이 숫돌과 같이 작게 되어도 國土(국토)는 滅亡(멸망)하지 않는다는 뜻. ① 功臣(공신)의 집은 永久(영구)히 斷切(단절)시키지 않겠다는 맹세. ② 영원히 충성하겠다는 맹세의 말. 山厲河帶(산려하대).

大馬不死 (대마불사)★★

[뜻음] 큰 대, 말 마, 아닐 불, 죽을 사.
[풀이] 큰 말은 죽지 않는다. 바둑 둘 때 이어진 여러 개의 바둑점은 반드시 살 길이 생겨 죽지 않는다는 말.

代馬不思越 (대마불사월)★

[뜻음] 대신할 대, 말 마, 아닐 불, 생각 사, 월나라 월.
[풀이] 중국 북방의 代郡(대군)에서 난 말은 남방의 越(월)나라를 사모하지 않는다. 微物(미물)도 제 고향만을 그리워함. 代馬(대마)는 중국의 대군에서 나던 명마. 출전 李白(이백)의 시.

對面通行 (대면통행)

[뜻음] 대할 대, 낯 면, 통할 통, 갈 행.
[풀이] 도로 통행 규칙의 하나. 걷는 사람과 거마의 통행을 대면하게 함으로써 교통사고를 미리 방지하려는 것. 사람은 왼쪽, 거마는 오른쪽인데 올바른 규칙인지 알 수 없음.

大名之下難以久居 (대명지하난이구거)★

[뜻음] 큰 대, 이름 명, 갈 지, 아래 하, 어려울 난, 써 이, 오랠 구, 있을 거.
[풀이] 名聲(명성)이 높은 地位(지위)에는 猜疑(시의)나 謀陷(모함)을 받아 오래 있기 어려움. 출전 史記(사기).

大明天地 (대명천지)★★

[뜻음] 큰 대, 밝을 명, 하늘 천, 땅 지.
[풀이] 아주 훤하게 밝은 세상.

大無之年 (대무지년)★

[뜻음] 큰 대, 없을 무, 갈 지, 해 년.
[풀이] 거두어들일 것이 전혀 없을 만큼 몹시 심한 흉년. 아주 큰 흉년. 大殺年(대살년). 大凶年(대흉년).

大味必淡 (대미필담)★

[뜻음] 큰 대, 맛 미, 반드시 필, 담백할 담.
[풀이] 정말 좋은 맛이란 반드시 淡白(담백)한 것이라는 말.

大辯如訥 (대변여눌)★

[뜻음] 큰 대, 말 잘할 변, 같을 여, 말 더듬을 눌.
[풀이] 워낙 말을 잘하는 사람은 함부로 지껄이지 않으므로 도리어 말더듬이처럼 보임. 출전 老子(노자).

大福不再 (대복부재)

[뜻음] 큰 대, 복 복, 아니 부, 두 재.
[풀이] 큰 幸運(행운)은 다시 오는 것이 아님.

大富由命小富由勤 (대부유명소부유근)★

[뜻음] 큰 대, 넉넉할 부, 말미암을 유, 목숨 명, 작을 소, 부지런할 근.
[풀이] 큰 부자는 天命(천명)으로 말미암고, 작은 부자는 人力(인력)이나 부지런한 생활로 말미암는다는 말.

戴盆望天 (대분망천)★

[뜻음] 일 대, 동이 분, 바라볼 망, 하늘 천.
[풀이] 머리에 쟁반을 이고 하늘을 바라볼 수 없다. 두 일을 함께 겸하기는 어렵다는 뜻. 출전 漢書(한서).

代不乏人 (대불핍인)★

[뜻음] 대신할 대, 아닐 불, 가난할 핍, 사람 인.
[풀이] 어느 시대나 人才(인재)가 없지 아니함. 人才(인재) 등용이 원만하지 못할 때 쓰는 말.

代婢定贖 (대비정속)★★

[뜻음] 대신할 대, 계집종 비, 정할 정, 속바칠 속.
[풀이] 옛날에 관청의 여종이나 기생이 자기 대신에 다른 사람을 사서 넣고 자신은 자유롭게 되는 일.

大事不糊塗 (대사불호도)★

[뜻음] 큰 대, 일 사, 아닐 불, 풀칠할 호, 진흙 도.
[풀이] 큰일에는 결단성 있게 처리하고 흐리터분하게 얼버무려서는 안 됨. 큰일을 糊塗(호도)하지 않음. 출전 宋史(송사).

大山不讓土壤 (대산불양토양)★★★

[뜻음] 큰 대, 뫼 산, 아닐 불, 사양할 양, 흙 토, 흙 양.
[풀이] 큰 산은 어느 흙이고 가리지 않고 다 받아들이므로 큰 산을 이루고 있다. 도량이 넓은 사람은 남의 의견을 잘 받아들여 자신이 더욱 크게 됨.

大上立德 (대상입덕)★

[뜻음] 큰 대, 위 상, 설 립, 덕 덕.
[풀이] 사람의 가장 크고 훌륭한 행실은 덕을 닦아 세상을 다스리어 사람을 구제하는 데 있음. 출전 春秋左氏傳(춘추좌씨전).

大書特筆 (대서특필)★★

[뜻음] 큰 대, 글 서, 유다를 특, 붓 필.
[풀이] 특히 드러나도록 큰 글자로 나타냄. 특히 큰 글자로 적어 표시함.

大成 (대성)★★★

[뜻음] 큰 대, 이룰 성.
[풀이] 孔子(공자)가 伯夷(백이), 伊尹(이윤), 柳下惠(유하혜) 등 세 聖人(성인)의 일을 모아서, 一大聖人(일대성인)의 일을 이루었음은 音樂(음악)에 있어서 衆音(중음)의 小成(소성)을 모아 한 大成(대성)을 이룸과 같음을 이름. 음악의 一種(일종)을 成(성)이라 함. 集大成(집대성). 출전 孟子(맹자) 萬章下篇(만장하편).

大姓家門 (대성가문)★

[뜻음] 큰 대, 성 성, 집 가, 문 문.
[풀이] 겨레붙이가 번성하고 세력 있는 집안.

大聲不入里耳 (대성불입리이)★

[뜻음] 큰 대, 소리 성, 아닐 불, 들 입, 속될 리, 귀 이.
[풀이] 바르고 심원한 음악은 俗人(속인)이 알 수 없다. 高尙(고상)한 言論(언론)은 凡人(범인)이 이해하기 어렵다는 비유로 쓰임. 里(리)는 俚(리)와 통함. 출전 莊子(장자).

大聲一喝 (대성일갈)★

[뜻음] 큰 대, 소리 성, 한 일, 꾸짖을 갈.
[풀이] 큰 목소리로 꾸짖음.

大成殿 (대성전)★★★

[뜻음] 큰 대, 이룰 성, 전각 전.
[풀이] 孔子(공자)를 奉祀(봉사)하는 殿閣(전각)의 이름. 宋(송)나라 시대부터 이렇게 불렸음. 奉祀(봉사)는 제사를 받들어 모신다는 말. 출전 宋史(송사) 禮志(예지).

大成之人 (대성지인)★

[뜻음] 큰 대, 이룰 성, 갈 지, 사람 인.
[풀이] 덕을 대성한 사람. 老子(노자)를 이름. 출전 莊子(장자).

大聲叱呼 (대성질호)★

[뜻음] 큰 대, 소리 성, 꾸짖을 질, 부를 호.
[풀이] 큰 목소리로 꾸짖음.

大聲痛哭 (대성통곡)★

[뜻음] 큰 대, 소리 성, 아플 통, 울 곡.
[풀이] 큰 소리로 목을 놓아 슬피 욺.

代數代命 (대수대명)★

[뜻음] 대신할 대, 셀 수, 목숨 명.
[풀이] ① 災厄(재액)을 다른 사람에게로 옮겨 보내는 무당의 말. ② 남의 재액을 자기가 맡음.

大樹將顚非一繩所維 (대수장전비일승소유)★

[뜻음] 큰 대, 나무 수, 장차 장, 넘어질 전, 아닐 비, 한 일, 줄 승, 바 소, 바칠 유.
[풀이] 큰 집이 넘어지려 하는 것을 나무 하나로는 버틸 수 없다. 국가가 장차 망하려 할 때에는 한 사람의 힘으로는 도저히 구할 수 없음을 비유한 말. 大廈將顚非一木所支(대하장전비일목소지).

大樹下無美草 (대수하무미초)★

[뜻음] 큰 대, 나무 수, 아래 하, 없을 무, 아름다울 미, 풀 초.
[풀이] 큰 나무 밑에는 아름다운 풀이 없다. 賢路(현로)가 막힌 곳에는 人才(인재)가 나오지 않음을 비유한 말. 大樹之下無美草(대수지하무미초).

大雅之人 (대아지인)★

[뜻음] 큰 대, 우아할 아, 갈 지, 사람 인.
[풀이] 바르고 품격이 높은 사람. 君子(군자).

大惡無道 (대악무도)★

[뜻음] 큰 대, 악할 악, 없을 무, 도리 도.
[풀이] 아주 모질고 道義心(도의심)이 없음.

對岸之火 (대안지화)★

[뜻음] 상대할 대, 언덕 안, 갈 지, 불 화.
[풀이] 강 건너 불. 어떤 일이 자기에게는 아무 관계도 없다는 듯 대함.

對揚休命 (대양휴명)★

[뜻음] 대답할 대, 오를 양, 쉴 휴, 목숨 명.
[풀이] 임금의 명령에 대답하고 그 뜻을 민중에게 널리 알림. 君命(군명)에 應(응)하여 그 뜻을 일반에게 宣揚(선양)함.

大魚呑小魚 (대어탄소어)★

[뜻음] 큰 대, 물고기 어, 삼킬 탄, 작을 소.
[풀이] 큰 고기가 작은 고기를 삼킨다. 큰 나라가 작은 나라를 침략함을 이르는 말. 출전 說苑(설원).

大言壯談 (대언장담)★

[뜻음] 큰 대, 말씀 언, 장할 장, 말씀 담.
[풀이] 제 분수에 당치 않은 말을 희떱게 지껄임. 또 그러한 말.

大逆無道 (대역무도)★★

[뜻음] 큰 대, 거스를 역, 없을 무, 도리 도.
[풀이] 몹시 人倫(인륜)에 거스르고, 道理(도리)를 무시한 행위. 謀叛(모반)을 이름. 大逆不道(대역부도). 출전 史記(사기).

大悟徹底 (대오철저)★

[뜻음] 큰 대, 깨달을 오, 통할 철, 밑 저.
[풀이] ① 크게 깨달아서 煩惱(번뇌)와 疑惑(의혹)이 다 없어짐. ② 宇宙(우주)의 大我(대아)를 남김없이 다 앎.

大勇不忮 (대용불기)★★

[뜻음] 큰 대, 날쌜 용, 아닐 불, 해칠 기.
[풀이] 참된 용기를 가진 사람은 함부로 남을 해치지 않음. 출전 莊子(장자) 齊物篇(제물편).

大勇若怯 (대용약겁)★

[뜻음] 큰 대, 날쌜 용, 같을 약, 겁낼 겁.
[풀이] 대단히 勇猛(용맹)한 사람은 함부로 날뛰지 않으므로 도리어 겁쟁이같이 보임.

大禹惜寸陰 (대우석촌음)★

[뜻음] 큰 대, 우임금 우, 아낄 석, 마디 촌, 그늘 음.
[풀이] 위대한 禹(우)는 寸陰(촌음)을 아껴서 노력했다는 말. 治水(치수)로 바쁘게 생활했고 寸陰(촌음)을 아꼈으며 公務(공무)에 열중한 나머지 살갗에 난 털이 거의 다 빠지고 나중에는 불구자가 되어 한쪽 다리를 끌며 다녔다고 함. 출전 晉書(진서) 陶侃傳(도간전).

對牛彈琴 (대우탄금)★

[뜻음] 대할 대, 소 우, 탈 탄, 거문고 금.
[풀이] 소를 향해서 거문고를 彈奏(탄주)함. 어리석은 자에게 깊은 이치를 말하여 주어도 아무 소용없음을 이름. 출전 通俗編(통속편).

帶牛佩犢 (대우패독)★

[뜻음] 두를 대, 소 우, 지닐 패, 송아지 독.
[풀이] 칼을 팔아 소를 삼. 전쟁을 그만두고 농사를 지음. 중국 漢(한)

나라 宣帝(선제) 때 渤海(발해)에 흉년이 들어 많은 사람이 칼을 가지고 도둑질을 하므로, 龔遂(공수)가 太守(태수)가 되어, 칼을 팔아 소를 사라고 가르쳤다는 옛일에서 온 말. 출전 漢書(한서) 龔遂傳(공수전).

大儒之稽 (대유지계)★

[뜻음] 큰 대, 선비 유, 갈 지, 이룰 계.
[풀이] 稽(계)는 成(성)임. 大儒(대유)의 도를 이룸을 이름. 道學者(도학자)의 도를 크게 이룸.

大隱隱朝市 (대은은조시)★

[뜻음] 큰 대, 숨길 은, 조정 조, 저자 시.
[풀이] 참된 隱士(은사)는 자기의 닦은 도가 행하여지지 않으면, 혹은 朝廷(조정)에 出仕(출사)하여 小官(소관)도 不辭(불사)하고 혹은 市中(시중)에서 醫員(의원) 賣卜者(매복자) 노릇까지도 함. 小隱者(소은자)는 이와 반대임. 출전 白居易(백거이)의 시.

大義滅親 (대의멸친)★★★

[뜻음] 큰 대, 옳을 의, 멸할 멸, 어버이 친.
[풀이] 대의를 위해서는 친족도 멸한다는 뜻으로, 국가나 사회의 대의를 위해서는 부모 형제의 정도 돌보지 않는다는 말.

≪春秋左氏傳(춘추좌씨전)≫에 나오는 말이다.
魯(노)나라 隱公(은공) 4년, 衛(위)나라 公子(공자) 州吁(주우)가 임금 桓公(환공)을 죽이고 스스로 임금 자리에 올랐다. 환공과 주우는 異腹兄弟(이복형제) 사이로, 주우는 첩의 소생이었다. 그는 어릴 때부터 성질이 거칠고 행동이 방자했는데 아버지 莊公(장공)은 그를 사랑한 나머지 멋대로 하게 내버려 두고 있었다. 대신 石碏(석작)이 장공에게 주우를 태자로 세울 생각을 하면 안 된다고 말렸다. 나중에 석작의 아들 石厚(석후)가 주우와 어울려 다니다 환공을 죽이고 왕위를 차지하려 했다. 주우가 민심을 얻지 못하고 궁한 처지에 몰리자 석후가 아버지에게 방법을 물었다. 석작은 陳(진)나라로 가라고 일러주고는 주우와 석후가 떠나자 진나라에 전갈을 보냈다.
"우리나라는 힘이 없어 역적의 무리를 다스리지 못하고 있으니, 임금을 죽인 이들 두 사람을 귀국에서 처치해 주시기 바랍니다."
나라를 위해 자기의 아들을 기꺼이 죽인 것이다. ≪左傳(좌전)≫에는 석작에 대한 평이 나온다. "석작은 충성된 신하다. 주우를 미워하여 내 자식인 후까지 죽였다. 대의를 위해 육친의 정을 버린다는 것은 이를 두고 한 말일 것이다."
이 말은 국가나 사회의 대의를 위해서는 부모 형제의 정도 돌보지 않는다는 뜻으로 쓰인다.

大義名分 (대의명분)★★★

[뜻음] 큰 대, 뜻 의, 이름 명, 나눌 분.
[풀이] 사람으로서 지키지 않으면 안 될 道理(도리)나 本分(본분). 人倫(인륜)의 중요한 대의와 명분.

大義忠節 (대의충절)★★

[뜻음] 큰 대, 뜻 의, 충성 충, 마디 절.
[풀이] 인륜의 큰 의리에 충성하는 절개.

大人君子 (대인군자)★

[뜻음] 큰 대, 사람 인, 임금 군, 아들 자.
[풀이] 말과 행실이 바르고 점잖은 사람. 훌륭한 덕을 갖춘 사람.

大人無己 (대인무기)★★

[뜻음] 큰 대, 사람 인, 없을 무, 몸 기.
[풀이] 큰 덕이 있는 사람은 자기가 없음. 곧 彼我(피아)를 구별하지 않음. 출전 莊子(장자).

大人不責小人過 (대인불책소인과)★

[뜻음] 큰 대, 사람 인, 아닐 불, 책할 책, 작을 소, 허물 과.
[풀이] 큰 덕을 갖춘 사람은 하찮은 사람의 실수를 책망하지 않음.

大人虎變 (대인호변)★★

[뜻음] 큰 대, 사람 인, 범 호, 변할 변.
[풀이] 王者(왕자)가 天下(천하)를 變革(변혁)함은 條理(조리)가 炳然(병연)하여 범의 털에 文采(문채)가 있는 것과 같다는 말. 성덕이 있는 사람이 爲政者(위정자)가 되면 천하의 문물제도가 모두 선명하게 개혁됨. 豹變(표변).

大慈大悲 (대자대비)★

[뜻음] 큰 대, 인자할 자, 슬플 비.
[풀이] 불교용어. 넓고 커서 끝없는 자비. 觀音菩薩(관음보살)이 衆生(중생)을 사랑하고 불쌍히 여기는 마음.

大丈夫 (대장부)★★★

[뜻음] 큰 대, 장부 장, 사내 부.
[풀이] 뜻이 큰 남자를 달리 부르는 말. 본디 장은 사람의 키를 나타내는 단위임.

출전 ≪孟子(맹자)≫ 滕文公章句(등문공장구)에 나오는 말이다.
景春(경춘)이라는 사람이 맹자를 찾아와 말했다.
"公孫衍(공손연)과 張儀(장의)는 어찌 참으로 대장부가 아니겠는가. 그들이 한 번 성을 내면 제후들이 행여나 싫어 겁을 먹고, 그들이 조용히 있으면 온 천하가 다 조용하다."
공손연과 장의는 유명한 辯士(변사)들이었다. 공손연은 합종론으로 장의는 연횡론으로 유명하다.
"이들이 어떻게 대장부일 수 있겠는가. 그대는 예를 배우지 않았던가. 장부가 갓 처음 쓰게 될 때는 아버지가 교훈을 주고, 여자가 시집을 가면 어머니가 교훈을 주는데 어머니는 대문 앞에서 딸을 보내며 이렇게 말한다.
'너의 집에 가거든 공경하고 조심하여 남편에게 어기는 일이 없게 해라. 남에게 순종하는 것으로 정당한 것을 삼는 것은 첩이나 아내가 하는 길이다.'"
공손연이나 장의는 순종이나 하는 존재라는 말이다. 그

리고 맹자는 대장부에 대해 다음과 같이 말했다.

"천하의 넓은 곳에 몸을 두고, 천하의 바른 위치에 서 있으며, 천하의 큰길을 걷는다. 뜻을 얻었을 때는 백성들과 함께 그 길을 가고, 뜻을 얻지 못했을 때는 혼자 그 길을 간다. 부귀를 가지고도 그의 마음을 어지럽게 만들 수 없고, 가난과 천대로 그의 마음을 바꿔 놓지는 못하며, 위세나 폭력으로도 그의 지조를 꺾지 못한다. 이런 사람을 가리켜 대장부라고 한다."

大丈夫當雄飛 (대장부당웅비)★★★

[뜻음] 클 대, 장부 장, 사내 부, 당할 당, 수컷 웅, 날 비.
[풀이] 대장부는 마땅히 웅비해야 한다. 사나이는 마땅히 수컷답게 날아야 한다.

　　출전 ≪後漢書(후한서)≫ 趙典傳(조전전)에 나오는 이야기이다.
　　趙典(조전)은 後漢(후한) 말기 사람으로 成都(성도) 출신이다. 그는 젊었을 때부터 학문과 실천으로 이름이 알려졌는데 桓帝(환제) 때 侍中(시중)으로 있으면서 천자를 바른길로 이끌기 위해 바른말을 많이 했다. 그의 형의 아들 趙溫(조온)도 기질이 조전과 비슷했는데 조온은 "대장부란 마땅히 雄飛(웅비)해야만 한다. 어떻게 능히 가만히 엎드려 있을 수 있겠는가" 하고 京兆丞(경조윤) 벼슬을 그만두고 말았다.
　　후에 조온은 흉년이 들어 사람들이 굶주리는 것을 보자 집에 있는 식량을 풀어 만 명 이상의 사람을 구했고 獻帝(헌제) 때는 江南亭侯(강남정후)에 封(봉)해졌으므로 雄飛(웅비)했다고 할 수 있다.

大丈夫當雄飛安能雌伏 (대장부당웅비안능자복)★★

[뜻음] 클 대, 어른 장, 사내 부, 마땅할 당, 수컷 웅, 날 비, 어찌 안, 능할 능, 암컷 자, 엎드릴 복.
[풀이] 대장부는 마땅히 웅비해야지 어찌 능히 암컷처럼 엎드릴 것인가. 사나이는 마땅히 수컷답게 날아야 하고 아녀자처럼 집안에 침복하여 일생을 낭비할 것이 아니라는 말.

大丈夫處世當掃除天下 (대장부처세당소제천하)★

[뜻음] 클 대, 어른 장, 사내 부, 살 처, 세상 세, 당할 당, 쓸 소, 섬돌 제, 하늘 천, 아래 하.
[풀이] 무릇 대장부로서 이 세상에 나서는 마땅히 천하의 亂(난)을 평정하여야 한다는 말.

大匠不斲 (대장불착)★

[뜻음] 클 대, 장인 장, 아닐 불, 깎을 착.
[풀이] 솜씨 있는 대목은 나무를 깎기 전부터 재목의 曲直(곡직)을 알듯이, 도를 아는 사람은 일을 행하기 전에 미리 그 得失(득실)을 앎. 출전 呂氏春秋(여씨춘추).

大將節鉞 (대장절월)★

[뜻음] 큰 대, 장수 장, 마디 절, 도끼 월.
[풀이] 대장임을 표시하는 절과 부월. 절은 手旗(수기)와 같고, 斧鉞(부월)은 도끼같이 만든 것으로 軍令(군령)을 어기는 자에 대한 生殺權(생살권)을 상징함. 출전 後漢書(후한서).

大杖則走 (대장즉주)★

[뜻음] 큰 대, 막대 장, 곧 즉, 달릴 주.
[풀이] 효자가 어버이에게 벌을 받을 때, 매로 치면 순순히 받을 것이지만, 크게 화가 나서 몽둥이로 쳐 죽이려 할 때는 달아나서 어버이가 不義(불의)를 범하지 않도록 함.

大張風樂 (대장풍악)

[뜻음] 큰 대, 베풀 장, 바람 풍, 즐길 악.
[풀이] 풍류의 놀이를 크게 벌여 차림.

大材小用 (대재소용)★★

[뜻음] 큰 대, 재목 재, 작을 소, 쓸 용.
[풀이] 유능한 사람을 능력에 걸맞지 않은 낮은 자리에 앉히고 부림. 大器小用(대기소용).

大寂光 (대적광)★

[뜻음] 큰 대, 고요할 적, 빛 광.
[풀이] 위대한 고요. '那伽大定(나가대정)'을 보시오.

大漸彌留 (대점미류)

[뜻음] 큰 대, 차차 점, 오랠 미, 낫지 않을 류.
[풀이] 병이 날로 중해져서 오랫동안 낫지 않음. 출전 書經(서경) 顧命篇(고명편).

對證之藥 (대증지약)★

[뜻음] 대할 대, 증거 증, 갈 지, 약 약.
[풀이] 病症(병증)에 따라서 알맞게 方文(방문)을 내어 짓는 약. 處方(처방)하는 자나 服藥(복약)하는 자가 다 的中(적중)함의 비유.

大智不異愚 (대지불이우)★★★

[뜻음] 큰 대, 슬기 지, 아닐 불, 다를 이, 어리석을 우.
[풀이] 뛰어나게 슬기로운 사람은 그윽하고 깊어 슬기로운 체를 아니 하므로 마치 어리석은 사람처럼 보임.

大智若愚 (대지약우)★

[뜻음] 클 대, 슬기 지, 같을 약, 어리석을 우.
[풀이] 큰 지혜는 어리석음과 같다. 참된 智者(지자)는 함부로 영리함을 드러내지 않아서 오히려 어리석어 보인다. 大智如愚(대지여우). 중국의 속담임.

大直若屈 (대직약굴)★

[뜻음] 클 대, 곧을 직, 같을 약, 굽을 굴.
[풀이] 大義(대의)를 위하는 자는 小節(소절)에 拘礙(구애)하지 않으므로 언뜻 보기에는 곧은 사람이 아닌 것같이 보임. 출전 老子(노자).

對質訊問 (대질신문)★

[뜻음] 대할 대, 물을 질, 물을 신, 물을 문.

[풀이] 對質審問(대질심문).

對質審問 (대질심문)★

[뜻음] 대할 대, 물을 질, 살필 심, 물을 문.
[풀이] 상대방을 불러 같이 질문을 하고 자세히 물음.

大耋之嗟 (대질지차)★

[뜻음] 큰 대, 여든 살 질, 갈 지, 탄식할 차.
[풀이] 노인의 한숨지어 탄식하는 것. 耋(질)은 나이 팔십이 된 것을 말함. 출전 易經(역경) 離卦(이괘).

大車無軏 (대차무예)★

[뜻음] 클 대, 수레 차, 없을 무, 끌채 끝 예.
[풀이] 소달구지의 채에 마구리가 없다. 마구리가 없는 큰 수레. 신용이 없는 사람은 처세하기가 곤란하다는 말. 출전 論語(논어) 爲政篇(위정편).

大倉稊米 (대창제미)★

[뜻음] 큰 대, 곳집 창, 돌피 제, 쌀 미.
[풀이] 많은 가운데 단 하나 있다. 보잘것없고 미미한 것. 大海一滴(대해일적).

帶妻食肉 (대처식육)★

[뜻음] 두를 대, 아내 처, 먹을 식, 고기 육.
[풀이] 중의 몸으로 아내를 두고 고기를 먹음.

大川滔瀁虯螭遊 (대천도양규리유)★

[뜻음] 큰 대, 내 천, 클 도, 큰물 양, 규룡 규, 교룡 리, 놀 유.
[풀이] 크고 넓은 물속에 큰 고기가 살고 있는 것과 같이 사람이 많이 살아 견문이 넓은 곳에서 인재가 나올 수 있다는 뜻. 출전 抱朴子(포박자).

對天之閎休 (대천지굉휴)★

[뜻음] 대할 대, 하늘 천, 갈 지, 클 굉, 길할 휴.
[풀이] 하늘과 나란히 할 만한 큰 幸福(행복). 閎(굉)은 크다는 뜻이고 休(휴)는 吉祥(길상)을 나타냄.

戴天之怨讐 (대천지원수)★★

[뜻음] 일 대, 하늘 천, 갈 지, 원망할 원, 원수 수.
[풀이] 한 하늘 아래에서 함께 살 수 없는 극악한 원수. 戴天之讐(대천지수). 不俱戴天之讐(불구대천지수).

大總戎 (대총융)★

[뜻음] 큰 대, 거느릴 총, 병기 융.
[풀이] 대장 중에서 가장 높은 대장. 大元帥(대원수).

大蟲不喫伏肉 (대충불끽복육)★

[뜻음] 큰 대, 벌레 충, 아닐 불, 먹을 끽, 엎드릴 복, 고기 육.
[풀이] 大蟲(대충)은 범의 별칭으로서, 범은 생물을 잡아먹되 죽은 짐승의 고기는 먹지 않는다는 말. 출전 水滸傳(수호전).

對痴人設夢 (대치인설몽)★

[뜻음] 대할 대, 어리석을 치, 사람 인, 이야기할 설, 꿈 몽.

[풀이] 바보에게 꿈 이야기를 함. 가당찮은 짓의 비유. 어리석은 짓의 비유.

大廈棟梁 (대하동량)★

[뜻음] 큰 대, 처마 하, 용마루 동, 들보 량.
[풀이] 큰 집을 지을 때 쓰는 기둥과 들보. 국가의 중요한 임무를 맡을 인재. 출전 淮南子(회남자).

大廈成燕雀相賀 (대하성연작상하)★★

[뜻음] 클 대, 처마 하, 이룰 성, 제비 연, 까치 작, 서로 상, 하례 하.
[풀이] 큰 건물은 제비와 까치가 사이좋게 살게 한다. 밝은 정치 밑에서 편안히 살게 되는 백성의 즐거움을 비유한 말. 출전 淮南子(회남자) 說林訓(설림훈).

大廈將顛非一木所支 (대하장전비일목소지)★

[뜻음] 클 대, 처마 하, 장차 장, 넘어질 전, 아닐 비, 한 일, 나무 목, 바 소, 지탱할 지.
[풀이] 큰 집이 넘어지려 하는 것을 나무 하나로는 버틸 수 없다. 국가가 장차 망하려 할 때에는 한 사람의 힘으로는 도저히 구할 수 없음을 비유한 말. 大廈將顚非一木所支也(대하장전비일목소지야). 출전 文中子(문중자).

大廈之材非一丘之木 (대하지재비일구지목)★

[뜻음] 클 대, 처마 하, 갈 지, 재목 재, 아닐 비, 한 일, 언덕 구, 나무 목.
[풀이] 한 언덕의 나무로 큰 집을 세울 수 없듯이 한두 신하의 힘으로 治國安民(치국안민)을 기한다는 것은 거의 불가능하다는 말.

大旱望雲霓 (대한망운예)★

[뜻음] 큰 대, 가물 한, 바랄 망, 구름 운, 무지개 예.
[풀이] 큰 가물에 구름이 일기를 갈망한다. 자기가 목적하는 바의 달성을 몹시 초조하게 바란다는 뜻.

大旱不渴 (대한불갈)★

[뜻음] 클 대, 가물 한, 아닐 불, 마를 갈.
[풀이] 큰 가뭄에도 마르지 않는다. 혼탁한 세상 속에서 仁義(인의)의 정치를 베풀 지도자가 나타나기를 希求(희구)한다는 말.

大旱慈雨 (대한자우)★

[뜻음] 큰 대, 가물 한, 자애로울 자, 비 우.
[풀이] 큰 가뭄에 쏟아진 자애로운 비. 어지러운 세상에 仁義(인의)의 정치를 베풀 임금이 나타나기를 渴望(갈망)함의 비유.

大海一滴 (대해일적)★★

[뜻음] 클 대, 바다 해, 한 일, 물방울 적.
[풀이] 너르고 큰 바다에 한 방울의 물. 썩 많은 가운데 섞여 있는 하찮은 작은 물건. 九牛一毛(구우일모). 滄海一粟(창해일속).

大絃急小絃絕 (대현급소현절)★

[뜻음] 큰 대, 악기 줄 현, 급할 급, 작을 소, 끊을 절.
[풀이] 거문고를 타는데 一絃(일현)이 굵으면 강하게 걸고, 四絃(사현)이 가늘면 약하게 걸도록 함. 만약 사현까지도 일현과 같이 강하게 걸면 줄이 모두 끊어지게 마련임. 백성을 다스리는데 紀綱(기강)을 엄숙히 세우는 동시에 寬大(관대)한 조치가 있어야 한다는 비유.

출전 後漢書(후한서).

大昕鼓徵 (대흔고징)

[뜻음] 큰 대, 아침 흔, 북 고, 두드릴 징.
[풀이] 해 뜰 무렵에 큰 북을 쳐서 여러 사람을 부름.

德高望重 (덕고망중)★

[뜻음] 덕 덕, 높을 고, 바랄 망, 무거울 중.
[풀이] 人格(인격)이 높고 名望(명망)이 큼.

德高量宏 (덕고양굉)★

[뜻음] 덕 덕, 높을 고, 헤아릴 양, 클 굉.
[풀이] 인격이 높고 度量(도량)이 큼.

德隆望尊 (덕륭망존)★★

[뜻음] 덕 덕, 융성할 륭, 바랄 망, 높을 존.
[풀이] 덕성과 인망이 높음.

德無常師 (덕무상사)★★

[뜻음] 덕 덕, 없을 무, 항상 상, 스승 사.
[풀이] 덕을 닦는 데는 정해진 스승이 따로 없음. 출전 書經(서경).

德不孤必有隣 (덕불고필유린)★★★

[뜻음] 큰 덕, 아닐 불, 외로울 고, 반드시 필, 있을 유, 이웃 린.
[풀이] 덕이 있는 사람은 고립되어 있는 것이 아니고 반드시 따르는 이웃이 있다.

　　이 말은 ≪論語(논어)≫ 里仁(이인)에 나온다.
　　훌륭한 일을 하는 사람은 한때 고립되고 남의 질시를 받을 수도 있지만 결국 정성이 통해 이에 동참하는 사람이 나온다는 말이다. 德必有隣(덕필유린)이라고도 한다.
　　≪周易(주역)≫ 文言(문언)에는 "군자는 공경으로써 마음을 바르게 하고 의로움으로써 외모를 반듯하게 한다. 공경과 의로움이 섰으니 덕은 외롭지 않다 君子敬以直內 義以方外 敬義立而德不孤 군자경이직내 의의방외 경의립이덕불고"는 말이 있다. 孔子(공자)의 말은 이 ≪주역≫에 나오는 말을 심화시킨 말이라고 볼 수 있다.

德輶如毛 (덕유여모)★★

[뜻음] 덕 덕, 가벼울 유, 같을 여, 털 모.
[풀이] 도덕을 실행하는 것은 가벼운 털을 드는 것처럼 容易(용이)한 일. 출전 詩經(시경).

德則在博而久 (덕즉재박이구)★

[뜻음] 덕 덕, 곧 즉, 있을 재, 넓을 박, 말 이을 이, 오랠 구.
[풀이] 덕이란 것은 널리 베풀어 오래 계속하는 것이 중요함.

道可道非常道 (도가도비상도)★★★

[뜻음] 길 도, 가할 가, 말할 도, 아닐 비, 항상 상.
[풀이] 도를 도라고 말할 수 있으면 이미 영원한 도가 아니다. 도는 그 경우를 따라 다른 것이니, 항상 고정되어 변하지 않는 도가 있다고 한다면 그것은 참된 도가 아님. 도가 도라는 말로 일컬어지는 도는 참된 도가 아님. 출전 老子(노자).

塗歌里抃 (도가이변)★

[뜻음] 진흙 도, 노래할 가, 마을 리, 손뼉 칠 변.
[풀이] 길가는 사람이나 마을 사람들이 民謠(민요)를 부르고 손뼉을 침. 백성이 모두 태평을 칭송하며 노래함.

陶侃之母 (도간지모)★

[뜻음] 성씨 도, 강직할 간, 갈 지, 어미 모.
[풀이] 도간의 어머니. 晋(진)나라 陶侃(도간)이라는 가난한 선비 집에 친구가 찾아왔으나 마침 식량까지 떨어져 차려낼 음식이 아무것도 없자 도간의 母親(모친) 잠씨가 자기의 頭髮(두발)을 잘라서 팔아가지고 술을 사서 손님을 대접했다는 고사. 截髮易酒(절발역주).

渡江楫 (도강즙)★

[뜻음] 건널 도, 강 강, 노 즙.
[풀이] 전쟁터에 나갈 때 맹세하는 말. 임무를 다하지 못하면 두 번 다시 이 강을 건너지 않겠다는 決意(결의). 중국 五胡(오호)의 난 때, 西晋(서진)의 祖逖(조적)이 병사를 이끌고 양자강을 건널 때, 그 중류에서 노를 치며 북방 中原(중원)의 回復(회복)을 맹세한 옛일에서 온 말.

刀鋸之餘 (도거지여)★

[뜻음] 칼 도, 톱 거, 갈 지, 남을 여.
[풀이] ① 宮刑(궁형), 刖刑(월형) 등의 형벌을 당하여 불구자로서 사는 일. 또는 그 사람. ② 宦官(환관). 고자대감.

刀鋸鼎鑊 (도거정확)★

[뜻음] 칼 도, 톱 거, 세발솥 정, 가마솥 확.
[풀이] 宮刑(궁형)에 쓰는 칼, 刖刑(월형)에 쓰는 톱, 烹刑(팽형)에 쓰는 가마솥. 곧 慘酷(참혹)한 刑罰(형벌).

途見桑婦 (도견상부)★

[뜻음] 길 도, 볼 견, 뽕나무 상, 지어미 부.
[풀이] 길에서 뽕잎 따는 여자를 보고 私通(사통)한다. 눈앞의 일시적인 이익을 좇다가 가지고 있던 모든 것을 잃는다는 말. 출전 列子(열자) 說符(설부).

陶犬瓦鷄 (도견와계)★

[뜻음] 질그릇 도, 개 견, 기와 와, 닭 계.
[풀이] 질그릇으로 만든 개와 기와로 만든 닭. 無用之物(무용지물)의 비유.

刀耕火耨 (도경화누)★★

[뜻음] 칼 도, 밭 갈 경, 불 화, 김맬 누.
[풀이] 刀耕火種(도경화종).

刀耕火種 (도경화종)★★★

[뜻음] 칼 도, 밭 갈 경, 불 화, 씨 뿌릴 종.
[풀이] 山地(산지)의 숲을 베어 이를 불사르고 그 자리에 곡식의 씨를 뿌림. 火田(화전). 刀耕火耨(도경화누).

道高魔盛 (도고마성)★

[뜻음] 길 도, 높을 고, 마귀 마, 무성할 성.
[풀이] 도가 높아지면 덩달아서 마귀가 날뛴다는 말.

道高益安 (도고익안)★

[뜻음] 길 도, 높을 고, 더할 익, 편안 안.
[풀이] 도덕은 높이 쌓으면 쌓을수록 몸이 편안하여짐.

韜光養晦 (도광양회)★★★

[뜻음] 감출 도, 빛 광, 기를 양, 숨길 회.
[풀이] 힘을 기르고 때를 기다림. 韜光(도광): 빛을 감추고 밖에 나타
내지 아니함. 韜晦(도회): 재덕을 숨기어 감춘다. 養晦(양회): 덕을 기
르고 종적을 감춤.

圖窮匕首見 (도궁비수현)★

[뜻음] 그림 도, 다할 궁, 비수 비, 머리 수, 나타날 현.
[풀이] 그림을 다 펼치자 비수가 드러났다. 계획이나 비밀이 탄로 남
을 이르는 말. 중국 燕(연)나라의 太子(태자) 丹(단)의 刺客(자객)인
荊軻(형가)가 督亢(독항)의 地圖(지도)를 바칠 때 몸을 가까이하여 秦
王(진왕)을 칼로 찔러 죽이려고 하였으나, 지도를 다 펼치자마자 그
속에 숨겨 두었던 匕首(비수)가 드러나 일이 실패로 돌아간 옛일에서
온 말. 연나라는 秦(진)나라에 의해 곧 멸망하였음. 출전 史記(사기).

道揆法守 (도규법수)★

[뜻음] 길 도, 헤아릴 규, 법 법, 지킬 수.
[풀이] 도리로써 事理(사리)의 옳고 그름을 판단하고, 법으로써 스스
로 지켜 나감.

倒騎牛 (도기우)

[뜻음] 거꾸로 도, 말 탈 기, 소 우.
[풀이] 거꾸로 소를 탐.

道殣相望 (도근상망)★

[뜻음] 길 도, 굶어 죽을 근, 서로 상, 바라볼 망.
[풀이] 길에서 굶어 죽는 사람이 많음을 이르는 말. 출전 春秋左氏傳
(춘추좌씨전).

圖南鵬翼 (도남붕익)★★★

[뜻음] 꾀할 도, 남녘 남, 붕새 붕, 날개 익.
[풀이] 대붕이 날개를 펴고 남쪽으로 옮겨 가려 한다. 대업 또는 원정
을 계획하는 큰 뜻. 圖南(도남)이란 대업을 꾀한다는 말.

이 圖南(도남)이란 말은 붕새가 북쪽 바다에서 남쪽 바
다로 옮겨 갈 때의 어마어마한 광경을 이야기한 ≪莊子
(장자)≫에서 나온 말이다.
"北海(북해)에 鯤(곤)이라는 고기가 있다. 그 크기는 몇
천 리가 되는지 알 수 없다. 이 고기가 化(화)해서 鵬(붕)이
라는 새가 된다. 붕새의 등은 그 길이가 몇천 리가 되는지
알 수 없다. 이 새가 한번 날아오르게 되면 그 날개는 하늘
을 덮은 구름처럼 보인다. 이 새는 바다에 물결이 일기 시
작하면 남쪽 바다로 옮겨 가려 한다. 남쪽 바다는 천연의

못이다."
≪齊諧(제해)≫라는 책에는 다음과 같이 나와 있다.
"붕새가 남해로 옮겨 가려는 때는 날개가 물 위를 치는
것이 삼천 리에 미치고, 회오리바람을 일으키며 날아오르
는 것이 구만 리에 이른다. 여섯 달을 계속 난 다음에야
쉰다."
圖南(도남)이란 대업을 꾀한다는 말이고 붕익은 대붕의
날개라는 말이다. 여기에서 圖南(도남), 鵬翼(붕익), 鵬程萬
里(붕정만리) 등의 말이 나왔다. 大業(대업) 또는 遠征(원
정)을 계획하는 큰 뜻을 나타낸다. 어느 다른 지역으로 가
서 큰 사업을 시작하려고 하는 것을 가리켜 圖南(도남)이라
고 한다.

徒能讀 (도능독)★

[뜻음] 무리 도, 능할 능, 읽을 독.
[풀이] 글의 깊은 뜻은 알지 못하며 다만 읽기만 잘한다. 臨機應變
(임기응변)의 재능이 없음을 이르는 말. 중국 趙(조)나라의 임금이 趙
括(조괄)로 廉頗(염파)를 대신하게 할 때 藺相如(인상여)가 조괄을 평
한 말에서 따온 말. '膠柱鼓瑟(교주고슬)'을 보시오. 출전 史記(사기).

道大莫容 (도대막용)★

[뜻음] 길 도, 클 대, 아닐 막, 담을 용.
[풀이] 孔子(공자)의 道(도)는 지극히 커서 천하에 容納(용납)되지 않
음. 출전 史記(사기).

道德君子 (도덕군자)★★

[뜻음] 길 도, 큰 덕, 임금 군, 선생 자.
[풀이] 道學(도학)을 깊게 닦고 익힌 점잖은 사람.

道德名望 (도덕명망)

[뜻음] 길 도, 덕 덕, 이름 명, 바랄 망.
[풀이] 도덕과 아울러 名聲(명성)과 人望(인망)을 이름. 출전 晉書(진
서) 吾彦傳(오언전).

濤瀾洶湧 (도란흉용)

[뜻음] 큰 물결 도, 물결 란, 물살 세찰 흉, 샘솟을 용.
[풀이] 큰 물결이 세차게 일어나는 모양.

跳踉放恣 (도랑방자)★

[뜻음] 뛸 도, 뛸 랑, 놓을 방, 방자할 자.
[풀이] 행동이나 태도에서 너무 똑똑하게 굴어 아무 거리낌이 없는
모양.

稻粱謀 (도량모)★

[뜻음] 벼 도, 기장 량, 꾀할 모.
[풀이] 벼와 기장을 얻을 꾀. 가난한 살림에서 그저 겨우 먹고 살아
가는 모책.

道令喪九方相 (도령상구방상)★

[뜻음] 길 도, 영 령, 죽을 상, 아홉 구, 모 방, 서로 상.

[풀이] 도련님 죽은 초상에 악귀 물리친다는 방상시만 아홉이나 된다는 말. 도련님 초상에 方相氏(방상시)가 아홉. 대단하지 않은 일을 거창하게 벌인다는 뜻. 출전 靑莊館全書(청장관전서).

道路難澁 (도로난삽)★

[뜻음] 길 도, 길 로, 어려울 난, 껄끄러울 삽.
[풀이] 길을 다니기가 매우 어려움.

徒勞無功 (도로무공)★

[뜻음] 헛될 도, 힘쓸 로, 없을 무, 공 공.
[풀이] 한갓 애만 쓰고 공을 들인 보람이 없음.

徒勞無益 (도로무익)★

[뜻음] 헛될 도, 힘쓸 로, 없을 무, 더할 익.
[풀이] 한갓 수고만 하고 아무 이로움이 없음.

道路以目 (도로이목)

[뜻음] 길 도, 길 로, 써 이, 눈 목.
[풀이] 虐政(학정)에 대한 불만이 있어도 벌을 받는 것이 무서워서 공공연히 비난 못 하고 路上(노상)에서 눈짓으로 의사를 소통함. 道路側目(도로측목). 출전 三國志(삼국지) 魏志(위지).

道路之言 (도로지언)★

[뜻음] 길 도, 길 로, 갈 지, 말씀 언.
[풀이] 길에서 주고받는 말. 세상의 평판. 출전 三國志(삼국지) 吳志(오지).

屠龍之技 (도룡지기)★

[뜻음] 잡을 도, 용 룡, 갈 지, 재주 기.
[풀이] 龍(용)을 잡는 재주. 용은 상상의 동물이므로 곧 쓸데없는 재주. 출전 莊子(장자).

桃李滿問 (도리만문)★★

[뜻음] 복숭아 도, 자두 리, 찰 만, 물을 문.
[풀이] 才智(재지)나 풍모가 뛰어난 제자가 門下(문하)에 가득하다는 말. 桃李門前(도리문전). 滿門桃李(만문도리). 文墻桃李(문장도리).

桃李門前 (도리문전)★★

[뜻음] 복숭아 도, 자두 리, 문 문, 앞 전.
[풀이] 스승이 길러낸 제자, 인재들이 도처에 있음. 桃李(도리)는 스승이 길러낸 뛰어난 제자를 말함. 桃李滿門(도리만문). 文墻桃李(문장도리).

桃李不言 (도리불언)★

[뜻음] 복숭아나무 도, 자두 리, 아닐 닐 불, 말씀 언.
[풀이] 桃李不言下自成蹊(도리불언하자성혜).

桃李不言下自成蹊 (도리불언하자성혜)★★★

[뜻음] 복숭아나무 도, 자두 리, 아닐 불, 말씀 언, 아래 하, 스스로 자, 이룰 성, 지름길 혜.
[풀이] 복숭아나무와 자두나무는 말을 하지 않아도 그 밑에 절로 길이 난다는 말.

≪史記(사기)≫ 李將軍列傳(이장군열전)에 나오는 말이다.
漢(한)나라 武帝(무제) 때 李將軍(이장군) 李廣(이광)은 활의 명수로 유명했고, 힘이 세고 몸이 빨랐기 때문에 匈奴(흉노)들은 그를 漢(한)나라의 날아다니는 장수라는 이름으로 漢飛將軍(한비장군)이라고 부를 정도였는데 太史公(태사공) 司馬遷(사마천)이 이광을 두고 한 말이며, 이광이 특히 말이 없었기 때문에, 이 속담으로 말이 없는 그의 성실성을 비유해 표현한 것이다.
이광은 '화살이 돌에 박혔다'는 일화로도 유명하다.
하루는 사냥을 나갔던 이광이 늦게 돌아오는데 범이 산 옆에 웅크리고 있는 것을 발견했다. 활의 명수인 이광은 화살을 얹어 있는 힘을 다해 범을 쏘았다. 화살이 꽂히는 소리가 나며 범은 그대로 꼼짝을 하지 않았다.
죽었으려니 하고 가까이 가 보니 그것은 범이 아니고 돌이었다.
이 逸話(일화)가 '射虎石(사호석)'이라는 이름으로 전해 내려온다.
속담에 말하기를 복숭아나무와 자두나무는 말을 하지 않아도 그 밑에 절로 길이 난다고 했다. 이 말은 아주 쉽고 평범한 말이기는 하지만, 李廣(이광)과 같은 큰 덕을 비유해서 한 말로 볼 수 있다. 복숭아나무와 자두나무는 열매가 맛이 있어서 따 먹으러 오는 사람이 많은 까닭에 자연히 길이 생긴다는 뜻으로, 德行(덕행)이 있는 사람은 無言(무언)중에 남을 심복시킴을 비유하는 말이다.

道謀是用 (도모시용)★

[뜻음] 길 도, 꾀할 모, 옳을 시, 쓸 용.
[풀이] 길옆에 집을 짓는데, 길 가는 사람과 어떻게 짓는 것이 좋은가 상의하면 그들의 생각이 구구하여 일치되지 않아 집을 지을 수 없음. 作舍道傍(작사도방). 출전 詩經(시경) 小雅(소아) 小旻篇(소민편).

道無終始 (도무종시)★

[뜻음] 길 도, 없을 무, 마칠 종, 처음 시.
[풀이] 道(도)에는 처음도 끝도 없음. 출전 莊子(장자).

屠門談佛 (도문담불)

[뜻음] 고기 잡을 도, 문 문, 말씀 담, 부처 불.
[풀이] 고기를 파는 저잣거리에서 佛道(불도)를 논한다. 말과 행동이 주위환경과 맞지 않음을 이르는 말.

屠門大嚼 (도문대작)★★★

[뜻음] 고기 잡을 도, 문 문, 큰 대, 씹을 작.
[풀이] 고기를 파는 집을 지나면서 입을 벌리고 씹는 흉내를 내면, 고기를 먹지 않아도 그것으로 기분이 만족스럽다. 좋아하는 것을 실현하지 못하더라도, 상상만 해도 유쾌하다는 말.

道傍苦李 (도방고리)★★

[뜻음] 길 도, 곁 방, 쓸 고, 자두나무 리.
[풀이] 길가에 있는 쓴 자두 열매. 사람에게 버림을 받음의 비유. 출전 晉書(진서).

盜不過五女之門 (도불과오녀지문)★

[뜻음] 도둑 도, 아닐 불, 지날 과, 다섯 오, 계집 녀, 갈 지, 문 문.
[풀이] 여자를 시집보내는 데는 費用(비용)이 많이 들어 살림이 가난하여지므로, 도둑도 딸을 다섯 둔 집에는 훔치러 들어가지 아니함.

道不拾遺 (도불습유)★★★

[뜻음] 길 도, 아닐 불, 주울 습, 남길 유.
[풀이] 길에 물건이 떨어져 있어도 줍지 않을 정도로 나라가 잘 다스려지고 있음. 곧 善政(선정)을 베풀어 사람마다 물자가 풍부하고 道義心(도의심)이 강함을 이름. 路不拾遺(노불습유).

≪孔子家語(공자가어)≫, ≪史記(사기)≫, ≪韓非子(한비자)≫ 등에 나오는 이야기이다.

鄭(정)나라 임금 簡公(간공)은 자기 스스로의 부족을 자책하는 한편, 새로운 재상에 임명된 子産(자산)에게 모든 정치를 바로잡는 책임을 지고 과감한 시책을 단행할 것을 당부했다. 그래서 자산은 물러나와 재상으로서 정치를 오 년을 계속했는데, 나라에는 도적이 없고 길에는 떨어진 것을 줍지 않았으며, 복숭아와 대추가 거리를 덮고 있어도 이를 따 가는 사람이 없었으며, 송곳이나 칼을 떨어뜨렸을 때도 사흘 후에 가 보면 그 자리에 그대로 있었고, 삼 년을 흉년이 들어도 백성이 굶주리는 일이 없었다고 했다.

또 孔子(공자)가 魯(노)나라 정승으로 석 달을 정치를 하게 되자, 송아지나 돼지를 팔러 가는 사람이 아침에 물을 먹이는 일이 없고, 길에 떨어진 것을 줍는 사람이 없었다고 전한다. 어느 곳에 가나 물을 얻어 먹일 수 있으므로 애써 아침에 물을 많이 먹일 필요가 없고 사람들이 순박해서 남의 물건을 보고도 욕심을 내지 않았다는 말이다.

본디 善政(선정)의 極致(극치)를 표현해서 한 말이었는데, 商鞅(상앙)의 경우와 같이 법이 너무 엄해서 겁을 먹고 길에 떨어진 것을 줍지 못하는 예도 있었다. 상앙은 공포정치를 했던 것이다. '道不拾遺(도불습유)'는 '路不拾遺(노불습유)'라고도 한다. 위 이야기에는 '國無盜賊(국무도적)'이라는 숙어도 나온다.

刀山劍水 (도산검수)

[뜻음] 칼 도, 뫼 산, 칼 검, 물 수.
[풀이] 칼처럼 뾰족하고 險峻(험준)한 山水(산수).

刀山劍樹 (도산검수)★

[뜻음] 칼 도, 뫼 산, 칼 검, 나무 수.
[풀이] 도검이 산과 나무를 이룸. 가혹한 형벌. 酷刑(혹형). 출전 宋史

(송사) 劉銀傳(유창전).

桃三李四 (도삼이사)★

[뜻음] 복숭아나무 도, 석 삼, 자두나무 리, 넉 사.
[풀이] 복숭아꽃은 심은 지 삼 년 만에 열매를 맺고, 자두는 사 년 만에 맺음. 무슨 일이든 이루어지는 데에는 그에 상응하는 시간이 필요함을 비유.

道釋之敎 (도석지교)

[뜻음] 길 도, 풀 석, 갈 지, 가르칠 교.
[풀이] 도교와 불교. 釋(석)은 釋迦牟尼(석가모니).

徒善不如惡 (도선불여악)★

[뜻음] 헛될 도, 착할 선, 아닐 불, 같을 여, 악할 악.
[풀이] 헛되이 착한 것은 惡(악)만도 못하다. 성품이 어련무던하기만 하고 주변성이 없는 것은 惡(악)만 못하다 함이니 사람이 지나치게 용해 빠져서 주변성이 조금도 없음을 비웃는 말.

渡世念佛 (도세염불)

[뜻음] 건널 도, 세상 세, 생각할 염, 부처 불.
[풀이] 신앙을 위한 것이 아니고 생활 수단으로 외는 염불. 또는 그 염불하는 사람.

屠所之羊 (도소지양)★

[뜻음] 잡을 도, 바 소, 갈 지, 양 양.
[풀이] 屠獸場(도수장)에 끌려가는 羊(양). 죽음이 臨迫(임박)한 者(자)나 無常(무상)한 人生(인생)을 뜻함.

兜率世界 (도솔세계)★

[뜻음] 투구 도, 거느릴 솔, 세상 세, 지경 계.
[풀이] 불교에서 말하는 欲界(욕계) 六天(육천) 중 넷째 하늘. 내와 외 두 원이 있는데 내원에는 미륵보살이 살면서 釋迦(석가)의 교화를 받지 못한 중생을 위하여 설법하며, 외원은 천중의 환락 장소라고 함. 도교에서는 태상노군이 거처한다는 하늘을 말함.

徒手空拳 (도수공권)★

[뜻음] 헛될 도, 손 수, 빌 공, 주먹 권.
[풀이] 맨손. 맨주먹. 맨주먹을 강조하여 이르는 말.

陶冶鍛鍊 (도야단련)★★

[뜻음] 질그릇 도, 쇠 불릴 야, 단련할 단, 단련할 련.
[풀이] 도자기를 굽고 쇠붙이를 달구어 두드려서 튼튼하게 한다. 타고난 품성이나 재능을 온전한 것으로 만들기 위해 잘 가르치고 몸이나 마음을 길러 굳세게 함.

盜瓦者死 (도와자사)★

[뜻음] 도둑 도, 기와 와, 놈 자, 죽을 사.
[풀이] 기와를 훔쳐 가는 놈은 죽음. 중국에서 出土(출토)된 와당에 새겨진 말.

度外視 (도외시)★★★

[뜻음] 법 도, 바깥 외, 볼 시.
[풀이] 문제시할 것 없다. 안중에 두지 않고 무시함. 문제로 삼지 않

고 생각 밖으로 내버려 둠. 가외 것으로 봄. 안중에 두지 않고 무시함. 문제 삼지 않음. 置之度外(치지도외). 度外置之(도외치지).

≪後漢書(후한서)≫ 光武帝紀(광무제기)에 나오는 말이다.
후한의 시조 光武帝(광무제) 때의 일이다. 광무제 劉秀(유수)는 한(漢: 前漢)나라를 빼앗아 新(신)나라를 세운 王莽(왕망)을 멸하고 劉玄(유현)을 세워 황제로 삼고 한나라를 재흥했다.
大司馬(대사마)가 된 유수는 그 후 銅馬(동마)·赤眉(적미) 등의 반란군을 무찌르고 부하들에게 추대되어 제위에 올랐으나 천하 통일의 싸움은 여전히 계속되었다. 이윽고 齊(제) 땅과 江淮(강회) 땅이 평정되자 中原(중원)은 거의 광무제의 세력권으로 들어왔다. 그러나 벽지인 秦(진) 땅에 웅거하는 외효와 역시 산간오지인 蜀(촉) 땅의 成都(성도)에 거점을 둔 公孫述(공손술)만은 항복해 오지 않았다.
중신들은 계속 이 두 반군의 토벌을 진언했다. 그러나 광무제는 이렇게 말하며 듣지 않았다.
"이미 중원은 平定(평정)되었으니 이제 그들은 문제시 할 것 없소[度外視]."
광무제는 그간 함께 많은 고생을 한 병사들을 하루 속히 고향으로 돌려보내어 쉬게 해 주고 싶었던 것이다.

度外置之 (도외치지)

[뜻음] 법도 도, 바깥 외, 둘 치, 갈 지.
[풀이] 문제로 삼지 않고 생각 밖으로 내버려 둠. 度外視(도외시).

桃夭時節 (도요시절)★★

[뜻음] 복숭아나무 도, 요염할 요, 때 시, 마디 절.
[풀이] 봄에 복숭아꽃이 요염하게 피는 시절. ① 처녀가 나이로 보아 시집가기에 좋은 시절. ② 婚姻(혼인)을 올리기에 알맞은 시절.

蹈于湯火 (도우탕화)★

[뜻음] 밟을 도, 어조사 우, 넘어질 탕, 불 화.
[풀이] 탕화를 밟음. 위험한 곳에 들어감을 비유하는 말.

道韻平淡 (도운평담)★

[뜻음] 길 도, 소리 운, 평평할 평, 맑을 담.
[풀이] 도를 닦는 사람의 인품이 맑고 깨끗함. 출전 晉書(진서).

桃園結義 (도원결의)★★★

[뜻음] 복숭아 도, 뜰 원, 맺을 결, 옳을 의.
[풀이] 복숭아밭에서 맺은 의로운 약속. 촉한의 유비 관우 장비가 도원에서 의형제를 맺었다는 고사. 의형제를 맺음.

≪三國志演義(삼국지연의)≫라는 소설에 나오는 이야기이다.
蜀漢(촉한)의 劉備(유비) 關羽(관우) 張飛(장비)가 도원에서 의형제를 맺었다는 고사이다. 장비의 청으로 그의 집

후원 복숭아밭에서 세 사람이 형제의 의를 맺고 힘을 합쳐 천하를 위해 일하기로 맹세를 했다.
생각하건대, 유비·관우·장비는 비록 성은 다르지만 이미 의를 맺어 형제가 되었으니, 곧 마음을 같이하고 힘을 합하여, 괴로운 것을 건지고 위태로운 것을 붙들어 위로는 국가에 보답하고 아래로는 만백성을 편안케 하리라. 같은 해, 같은 달, 같은 날 나기를 구할 수는 없지만, 다만 같은 해 같은 달 같은 날 죽기를 원한다. 천지신명은 참으로 이 마음을 굽어 살피시옵소서. 의리를 저버리고 은혜를 잊는 일이 있으면 하늘과 사람이 함께 죽이리라.
의형제를 맺는다는 말이다. ≪三國志(삼국지)≫는 歷史書(역사서)이고 ≪三國志演義(삼국지연의)≫는 小說(소설)이다. 우리나라 사람들은 이 문제를 혼동한다. 우리가 주로 이야기하는 ≪三國志(삼국지)≫는 바로 ≪三國志演義(삼국지연의)≫에 나오는 일들이다. 演義(연의)라는 말은 뜻을 보태고, 經書(경서)에 나오는 좋은 뜻을 보태어 해석하고 꾸민다는 말이다. 국어사전에는 연의를 '사실을 부연하고 자세하고 재미있게 설명하는 것'이라고 뜻을 풀었지만 정확한 풀이가 아니다. 소설과 역사서는 확실히 구분해야 한다.

桃源境 (도원경)★

[뜻음] 복숭아 도, 근원 원, 지경 경.
[풀이] 무릉도원의 세계, 평화스러운 理想鄕(이상향).

盜寃竟雪淫誣難滅 (도원경설음무난멸)★

[뜻음] 도둑 도, 원통할 원, 마침내 경, 누명 벗을 설, 음란할 음, 무고할 무, 어려울 난, 멸망할 멸.
[풀이] 도둑의 때(누명)는 벗어도 화냥의 때는 못 벗음. 娼女(창녀)의 과거는 지우기가 어렵다는 말. 화냥은 몸을 파는 일.

桃源樂土 (도원낙토)

[뜻음] 복숭아 도, 근원 원, 즐거울 낙, 흙 토.
[풀이] 理想鄕(이상향). 武陵桃源(무릉도원).

道遠日暮 (도원일모)★

[뜻음] 길 도, 멀 원, 날 일, 저물 모.
[풀이] 갈 길은 멀고 날은 저물. '日暮途遠(일모도원)'을 보시오

道遠知驥 (도원지기)★

[뜻음] 길 도, 멀 원, 알 지, 천리마 기.
[풀이] 천리마의 능력은 먼 길을 달려 보고서야 비로소 알 수 있음.

都兪吁咈 (도유우불)★★

[뜻음] 도읍 도, 점점 유, 탄식할 우, 어길 불.
[풀이] 도유는 찬성, 우불은 반대의 뜻. 堯(요)임금이 군신과 정사를 의논할 때에 쓰인 말. 轉(전)하여 군신 간의 토론·심의의 뜻으로 쓰임. 都兪(도유), 吁咈(우불)은 堯(요)나라의 관직이름이기도 함.

道隱無名 (도은무명)★

[뜻음] 진리 도, 숨을 은, 없을 무, 이름 명.
[풀이] 도는 숨어 있어서 이름이 없다. '도는 영원하고 이름이 없고 다듬지 않은 통나무이다. 다듬어졌을 때 비로소 이름이 있다'는 老子 (노자)의 말. 출전 老子(노자).

盜以後捉不以前捉 (도이후착불이전착)★

[뜻음] 도둑 도, 써 이, 뒤 후, 잡을 착, 아닐 불, 앞 전.
[풀이] 도둑을 뒤로 잡나, 앞으로 잡지! 도둑은 분명한 증거를 가지고 잡아야지, 추측만으로 남을 의심하거나 생사람을 잡아서는 안 된다는 말.

屠者羹藿 (도자갱곽)★

[뜻음] 잡을 도, 놈 자, 국 갱, 콩잎 곽.
[풀이] 백정은 자기 손으로 소를 잡아도 고기를 먹지 못하고 콩잎을 쩌서 먹는다. 남을 위하여 하고 자기를 위하여 하지 못함을 이르는 말. 출전 淮南子(회남자) 說林訓(설림훈).

陶者用缺盆 (도자용결분)★

[뜻음] 질그릇 도, 놈 자, 쓸 용, 이지러질 결, 옹기 분.
[풀이] 옹기장이는 흠이 있는 그릇을 쓴다. 멀쩡한 것은 내다 팔아야 하므로 이르는 말임. 缺盆(결분)은 깨진 그릇. 출전 淮南子(회남자) 說林訓(설림훈).

倒載干戈 (도재간과)★★

[뜻음] 거꾸로 될 도, 실을 재, 방패 간, 창 과.
[풀이] 방패와 창을 뒤쪽으로 향하게 하여 수레에 싣는다. 전쟁을 그만둠. 태평한 시대가 到來(도래)함. 옛날에 무기를 수레에 싣는데 出征(출정)할 때에는 무기가 앞을 향하게 하여 싣고, 凱旋(개선)할 대에는 무기의 날이 뒤로 가게 하여 실었음.

道在屎尿 (도재시뇨)★

[뜻음] 길 도, 있을 재, 똥 시, 오줌 뇨.
[풀이] 도는 똥이나 오줌에도 있다. 도는 어디에나 있음을 말함. 출전 莊子(장자).

刀折矢盡 (도절시진)★★

[뜻음] 칼 도, 부러질 절, 화살 시, 다할 진.
[풀이] 칼은 부러지고 화살은 다 써서 없어짐. 칼과 화살을 다 消盡 (소진)하여 더 싸워 나갈 방도가 없음. 출전 後漢書(후한서).

陶朱猗頓之富 (도주의돈지부)★

[뜻음] 질그릇 도, 붉을 주, 아름다울 의, 조아릴 돈, 갈 지, 넉넉할 부.
[풀이] 陶朱(도주)와 猗頓(의돈)의 부유함. 모두 옛날의 富豪(부호). 轉(전)하여, 富豪(부호). 도주는 도주공으로 越(월)나라 범려임. '陶朱之富(도주지부)'를 참조하시오.

陶朱之富 (도주지부)★★★

[뜻음] 질그릇 도, 붉을 주, 갈 지, 부유할 부.
[풀이] 도주공의 부유함.

≪史記(사기)≫ 殖貨列傳(식화열전)에 나오는 이야기이다.
'臥薪嘗膽(와신상담)'이라는 고사에 나오는 越王(월왕) 句踐(구천)은 吳(오)나라의 포로에서 풀려나온 20년 뒤에, 마침내 오나라를 멸하고 남방의 覇者(패자)가 되었다. 구천을 도와 이날이 있게 한 것은 范蠡(범려)의 공이었다. 그러나 오나라를 멸하고 상장군이 되어 돌아온 범려는 "나는 새가 죽으면 좋은 활은 광으로 들어가고, 날랜 토끼가 죽으면 사냥개는 삶아 먹힌다"는 옛말의 교훈을 따르고, 또한 구천의 인물됨이 長頸烏喙(장경오훼) 상이라고 생각했다. 고생은 같이할 수 있어도 낙은 같이할 수 없는 사람이라고 생각한 것이다. 결국 그는 월나라를 떠나 바다 건너 멀리 齊(제)나라로 갔다.
범려는 鴟夷子皮(치이자피)라는 이름으로 행세를 했다. 얼마 안 되어 수천만의 재산을 모았다. 그러자 제나라에서는 그가 비범한 사람인 것을 알고 그를 재상으로 맞아들였다.
그러나 범려가 말하길 "집은 천금의 부를 이루고 벼슬은 재상에 올랐으니 이는 평민으로서는 극도에 달한 것이다. 오래 높은 이름을 누린다는 것은 상서롭지 못한 일이다" 하고 남몰래 陶(도)란 곳으로 가 숨어 살며 朱公(주공)이란 이름으로 행세를 했다.
도주공은 후에 석숭과 함께 부자의 대명사가 되었다.

倒持泰阿 (도지태아)★

[뜻음] 거꾸로 도, 잡을지, 클 태, 언덕 아.
[풀이] 泰阿(태아)를 거꾸로 쥐었다. 칼을 거꾸로 잡고 자루를 남에게 준다. 남에게 이롭게 해 주고 오히려 자기가 해를 입음. 태아는 전설적인 名劍(명검)의 이름. 출전 漢書(한서) 梅福傳(매복전).

到處狼狽 (도처낭패)★

[뜻음] 이를 도, 곳 처, 이리 랑, 이리 패.
[풀이] 하는 일마다 모두 실패함. 가는 곳마다 봉변을 당함. '狼狽(낭패)'를 참조하시오.

到處宣化堂 (도처선화당)★

[뜻음] 이를 도, 곳 처, 베풀 선, 될 화, 집 당.
[풀이] 가는 곳마다 대접을 잘 받음을 이르는 말. 선화당: 監司(감사)가 道內(도내)를 시찰할 때 이르는 곳이므로 감사의 집무소.

到處靑山 (도처청산)★★

[뜻음] 이를 도, 곳 처, 푸를 청, 뫼 산.
[풀이] 가는 곳마다 살기 좋은 조건이 마련되어 있음을 이르는 말.

到處靑山骨可埋 (도처청산골가매)★

[뜻음] 이를 도, 곳 처, 푸를 청, 뫼 산, 뼈 골, 가할 가, 묻을 매.
[풀이] 뼈를 묻을 청산은 어느 곳에나 있음. 어디든 가서 살 수 있음.

到處春風 (도처춘풍)★

[뜻음] 이를 도, 곳 처, 봄 춘, 바람 풍.
[풀이] 모든 곳에 다 봄바람이 분다. 가는 곳마다 일이 순조롭게 되거

나 좋은 일이 있음을 이르는 말.

饕餮 (도철)★★

[뜻음] 탐할 도, 탐할 철.
[풀이] 재화나 음식을 탐내는 것을 이름. 일설에 악한 괴수를 이름. 옛날 청동기 문양에 더러 있음.

道聽塗說 (도청도설)★★★

[뜻음] 길 도, 들을 청, 진흙길 도, 말씀 설.
[풀이] 길에서 얻어듣고 이를 이내 길에서 옮겨 말함. 아무 근거도 없는 허황한 소문. 좋은 말을 듣고도 마음에 깊이 새기지 아니함의 비유. 거리의 소문을 전함. 천박한 사람은 교훈이 될 만한 좋은 말을 듣고도 이를 깊이 간직하지 못함.

≪論語(논어)≫ 陽貨篇(양화편), ≪荀子(순자)≫ 勸學篇(권학편) 등에 나오는 말이다.

≪論語(논어)≫ 陽貨篇(양화편)에서 공자는 "길에서 듣고 길에서 이야기하는 것은 덕을 버리는 것이다"라고 말했으며,

공자는 또 말하기를 "사람을 보고 말을 택하지 말고 말을 가지고 사람을 택하지 말라"고 했다.

≪荀子(순자)≫ 勸學篇(권학편)에는 "소인들의 학문은 귀로 들어와서 입으로 나간다. 귀와 입 사이에는 네 치밖에 안 된다. 어떻게 그것으로 일곱 자 몸을 아름답게 할 수 있겠는가?"라고 나와 있다.

도청도설은 아무 근거도 없는 허황한 소문을 말하고 다니는 경우나, 천박한 사람이 교훈이 될 만한 좋은 말을 듣고도 이를 깊이 간직하지 못하는 경우를 나타내는 말이다.

塗炭之苦 (도탄지고)★★★

[뜻음] 진흙 도, 숯 탄, 갈 지, 괴로울 고.
[풀이] 진구렁에 빠지고 숯불에 타는 듯한 고생. 몹시 고통스러운 처지. 진구렁에 빠지고 숯불에 타는 듯한 고생.

≪書經(서경)≫ 仲虺之誥(중훼지고, 중회지고)에 나오는 말이다.

"유하의 어두운 덕으로 백성이 도탄에 빠졌다"라는 구절이 있다. 殷(은)나라 湯(탕)임금이 桀(걸)을 내쫓고 천자가 되자 무력혁명에 의해 천하를 얻게 된 것을 부끄러워하자 左相(좌상)인 仲虺(중회)가 글을 지어 탕임금을 위로했는데 그 글 속에,

"슬프다, 하늘이 사람을 내었으나 사람에게는 욕심이란 것이 있어 이를 이끌어 줄 지도자가 없으면 곧 혼란을 가져오게 된다. 그러므로 하늘은 총명한 임금을 낳아 이들을 올바로 이끌게 한다. 그런데 夏(하)나라 桀(걸)임금은 어둡고 덕이 없어 백성들이 진흙과 숯불 속에 빠지게 되었다. 그래서 하늘은 임금에게 용기와 지혜를 주어, 모든 나라들을 법도로써 바로잡게 하고, 우임금의 옛 영토를 이

어받게 했다. 지금은 우임금의 옛 제도를 따라 천명에 순종하는 것이 마땅할 뿐이다"라고 나와 있다.

이 글은 중회가 탕임금의 행동을 격려한 글이다. 탕임금이 역성혁명을 일으키며 "나는 후세 사람이 내가 한 일을 가지고 구실을 삼을까 두렵다"고 하자 임금에게 힘을 실어 주고 정당한 일을 한 것이라고 격려하는 말이다. '도탄지고'는 백성들이 몹시 고통스러운 처지에 빠져 있다는 말이다.

刀筆之吏 (도필지리)★

[뜻음] 칼 도, 붓 필, 갈 지, 벼슬아치 리.
[풀이] 글씨를 쓰는 관리. 賤職(천직). 옛적에는 죽간에 글씨를 쓰다가 잘못 쓰면 칼로 깎아 냈기 때문에 글씨 쓰는 것을 도필이라고 했음. 출전 戰國策(전국책).

道學君子 (도학군자)★

[뜻음] 길 도, 배울 학, 임금 군, 아들 자.
[풀이] 도학을 닦아서 德行(덕행)이 높은 사람.

桃弧棘矢 (도호극시)★

[뜻음] 복숭아나무 도, 활 호, 가시나무 극, 화살 시.
[풀이] 복숭아나무로 만든 활과 가시나무로 만든 화살. 재앙을 쫓는 데 사용.

桃花水 (도화수)

[뜻음] 복숭아나무 도, 꽃 화, 물 수.
[풀이] 도화가 피어날 무렵, 얼음이 녹아 많이 불은 물을 이름.

獨見之明 (독견지명)

[뜻음] 홀로 독, 볼 견, 갈 지, 밝을 명.
[풀이] 다른 사람이 보지 못하고 깨닫지 못하는 것을 깨닫는 총명.

篤老侍下 (독로시하)

[뜻음] 도타울 독, 늙을 로, 모실 시, 아래 하.
[풀이] 일흔 살이 넘는 연로한 어버이를 모시는 처지.

獨留青塚 (독류청총)★★★

[뜻음] 홀로 독, 머무를 류, 푸를 청, 무덤 총.
[풀이] 왕소군 무덤의 풀만이 홀로 푸른빛을 띠었다.

중국 漢(한)나라 元帝(원제) 때의 궁녀 王昭君(왕소군)과 관련된 말. 원제는 궁녀를 직접 보지 않고 화가로 하여금 궁녀들의 용모를 그리게 하여 이를 보고 선택하여서 궁녀들은 자기 얼굴을 예쁘게 그리게 하기 위해 많게는 십만 금에서 적어도 오만 금을 뇌물로 화공에게 바쳐야 했는데, 왕소군은 스스로 자신의 용모만을 믿어 뇌물을 주지 않았다. 뒤에 흉노가 입조하매 궁녀를 뽑아 이에게 짝 맞춰 주는데, 밉게 그려진 그림만 보고 왕소군으로 하여금 이에 代充(대충)케 하였다. 왕소군은 오랑캐 땅으로 가는 도중

에 시름을 이기지 못하여 말 위에서 비파를 뜯어 자신의
원한을 풀었고, 그 뒤에 독약을 먹고 자살하니 오랑캐 땅
에 장사 지내 주었다. 원래 그 땅에는 풀이 모두 흰 빛을
띠었는데, 왕소군의 무덤 위의 풀만은 홀로 푸르러 이것을
靑塚(청총)이라 불렀다. 따라서 이 말은 '왕소군 무덤의
풀만이 홀로 푸른빛을 띠었다'는 뜻임.

獨立獨步 (독립독보)★

[뜻음] 홀로 독, 설 립, 걸을 보.
[풀이] 독립적이고 독보적임. 달리 나란히 겨룰 만한 것이 없음.

獨立不羈 (독립불기)★★

[뜻음] 홀로 독, 설 립, 아닐 불, 굴레 기.
[풀이] 독립하여 남에게 속박을 받지 않음. 남에게 제어되지 않고 자
기 소신대로 일을 처리함.

獨立不慚于影 (독립불참우영)★★

[뜻음] 홀로 독, 설 립, 아닐 불, 부끄러울 참, 어조사 우, 그림자 영.
[풀이] 품행이 方正(방정)하여 內心(내심)에 조금도 부끄러울 것이 없
음. 홀로 있어도 자기 그림자에 부끄럽지 않음. 혼자 있을 때도 부끄
러울 만한 짓은 하지 않음. 출전 晏子(안자) 外篇(외편).

獨立自存 (독립자존)★

[뜻음] 홀로 독, 설 립, 스스로 자, 보존할 존.
[풀이] 독립하여 처세하며 자기의 존재를 스스로 지켜 감. 독립하여
행세하며 자기의 인격과 위엄을 보전함.

獨木不林 (독목불림)★

[뜻음] 홀로 독, 나무 목, 아닐 불, 수풀 림.
[풀이] 한 그루의 나무만으로는 숲이 되지 못한다는 뜻.

獨不將軍 (독불장군)★★★

[뜻음] 홀로 독, 아닐 불, 장수 장, 군사 군.
[풀이] ① 혼자서는 장군이 될 수 없으므로 협조해야 한다는 말. ②
따돌림을 받고 외톨이가 된 사람이나, 무슨 일이든 혼자서 처리하는
사람.

讀書談論 (독서담론)★

[뜻음] 읽을 독, 글 서, 이야기 담, 의론한 론.
[풀이] 글을 읽고 서로 意見(의견)을 이야기함.

讀書萬卷始通神 (독서만권시통신)

[뜻음] 읽을 독, 글 서, 일만 만, 책 권, 비로소 시, 통할 통, 귀신 신.
[풀이] 책 만 권을 읽고 난 후라야 비로소 필적이 神通(신통)하여 훌
륭하게 된다는 뜻.

讀書亡羊 (독서망양)★★★

[뜻음] 읽을 독, 책 서, 잃을 망, 양 양.
[풀이] 책을 읽다가 정신이 팔려 먹이고 있던 양을 잃었다. 다른 일에
정신이 팔려 중요한 일을 소홀히 여기는 것. 마음을 딴 곳에 쓰노라
고 본디의 길을 잃어버림. 출전 莊子(장자).

讀書百遍義自見 (독서백편의자현)★★★

[뜻음] 읽을 독, 책 서, 일백 백, 두루 편, 뜻 의, 스스로 자, 드러날 현.
[풀이] 같은 책을 여러 번 되풀이해 읽으면 저절로 뜻을 알게 됨. 讀
書百遍義自通(독서백편의자통).

　같은 책을 여러 번 되풀이해 읽으면 저절로 뜻을 알게 됨.
≪三國志(삼국지)≫ 魏志(위지) 제13권에 나오는 말이
다. [주자훈학재규]에도 나온다.
　魏(위)나라 董遇(동우)는 後漢(후한) 말기 사람으로 당
시는 모든 사람들이 자기가 가지고 있는 조그만 재주를
유력자에게 팔아 바침으로써 출세를 하고 생활을 하는 시
대였다. 그러나 동우는 그럴 생각은 조금도 없이 가난 속
에 몸소 일을 해 가면서 공부에 열중하고 있었다. 그는 잠
시도 손에서 책을 놓는 일이 없었던 것으로 유명하다.
　그 뒤 동우는 黃門侍郎(황문시랑)이라는 벼슬에 올라
헌제의 글공부 상대가 되어 왔었는데 승상이었던 曹操(조
조)의 의심을 받아 閒職(한직)으로 쫓겨나게 되었다.
　그 뒤 조조가 정권을 장악한 후에도 侍中(시중) 大司農
(대사농) 등 대신의 벼슬에 올랐었다. 동우는 글을 배우겠
다는 사람이 찾아오면,
　"내게서 배우기보다는 집에서 자네 혼자 읽고 또 읽어
보게. 그러면 자연 뜻을 알게 될 테니" 하고 거절했다.
　三國志(삼국지) 魏志(위지) 제13권에는 "동우는 가르
치기를 즐기지 아니하며 말하기를, '반드시 마땅히 먼저
백번을 읽으라' 했고 '글을 백번 읽으면 뜻이 절로 나타난
다'고 말했다"라는 말이 나온다.

讀書不求甚解 (독서불구심해)★

[뜻음] 읽을 독, 글 서, 아닐 불, 구할 구, 깊을 심, 풀 해.
[풀이] 책을 읽는데 모르는 데가 있으면 잠깐 나중으로 미루어 두고,
당장 억지로 캐어 알려고 하지 아니함. 출전 陶潛(도잠)의 五柳先生
傳(오류선생전).

讀書三到 (독서삼도)★

[뜻음] 읽을 독, 책 서, 석 삼, 이를 도.
[풀이] 독서할 때 가져야 할 세 가지 도. 心到(심도), 眼到(안도), 口到
(구도). 마음과 눈과 입을 함께 기울여 책을 읽으라는 말. 출전 朱子
(주자)의 글.

讀書三昧 (독서삼매)★★

[뜻음] 읽을 독, 글 서, 석 삼, 어두울 매.
[풀이] 오직 책 읽기에만 골몰하고 있음. 三昧(삼매)는 잡념을 버리고
오직 한 가지 일에만 정신을 집중하는 일.

讀書三餘 (독서삼여)★

[뜻음] 읽을 독, 글 서, 석 삼, 남을 여.
[풀이] 독서하기에 알맞은 세 餘暇(여가). 곧 겨울, 밤, 비올 때. 출전
三國志(삼국지) 魏志(위지).

讀書尚友 (독서상우)★

[뜻음] 읽을 독, 책 서, 숭상할 상, 벗 우.
[풀이] 책을 읽음으로써 옛 賢人(현인)과 벗이 될 수 있다는 말. 출전 孟子(맹자) 萬章下篇(만장하편).

讀書餘暇 (독서여가)

[뜻음] 읽을 독, 글 서, 남을 여, 겨를 가.
[풀이] 독서를 하며 閑暇(한가)하게 餘暇(여가)를 즐김. 兼齋(겸재) 鄭敾(정선)의 畵題(화제) 중 하나.

讀書種子 (독서종자)★

[뜻음] 읽을 독, 글 서, 씨 종, 아들 자.
[풀이] 가문 대대로 독서하며 학문을 하는 자손.

獨善其身 (독선기신)

[뜻음] 홀로 독, 착할 선, 그 기, 몸 신.
[풀이] 자기 혼자만 착한 일을 함. 남이야 어떻든 간에 제 처신만을 온전하게 함. 출전 孟子(맹자).

獨守空房 (독수공방)★

[뜻음] 홀로 독, 지킬 수, 빌 공, 방 방.
[풀이] 아내가 남편 없이 혼자 밤을 지내는 일. 獨宿空房(독숙공방).

獨宿空房 (독숙공방)★

[뜻음] 홀로 독, 잠잘 숙, 빌 공, 방 방.
[풀이] 夫婦(부부)가 서로 별거함. 흔히 여자가 남편 없이 지냄을 이르는 말. 獨守空房(독수공방).

讀十遍不如寫一遍 (독십편불여사일편)★

[뜻음] 읽을 독, 열 십, 두루 편, 아닐 불, 같을 여, 베낄 사, 한 일.
[풀이] 열 번 읽기보다 한 번 베끼는 것이 이해와 기억에 더 나음.

獨眼龍 (독안룡)★★★

[뜻음] 홀로 독, 눈 안, 용 룡.
[풀이] 애꾸눈의 용. 외눈박이 용. 애꾸눈의 영웅, 애꾸눈의 용맹한 장수, 애꾸눈의 高德(고덕)한 사람 등을 나타낸다. 당나라 말에 황소의 난을 진압하는 데 큰 공을 세운 李克用(이극용: 후당의 태조)은 눈 한쪽이 몹시 작아 거의 감겨 있었기 때문에 이렇게 부름.

　唐(당)나라 18대 황제인 僖宗(희종: 873～883) 때의 일이다. 山東(산동) 출신인 黃巢(황소)는 王仙芝(왕선지) 등과 반란을 일으킨 지 5년 만에 10여 만의 농민군을 이끌고 마침내 도읍인 장안에 입성했다. 그리고 스스로 齊帝(제제)라 일컫고 大齊國(대제국)을 세웠다.
　한편 成都(성도)로 蒙塵(몽진)한 희종은 突厥族(돌궐족) 출신인 맹장 이극용(李克用: 856～908)을 기용하여 황소 토벌을 명했다. 당시 4만여 명에 이르는 이극용의 군사는 모두 검은 옷을 입고 사정없이 맹공을 가했기 때문에 반란군은 '갈까마귀의 군사[鴉軍]가 왔다!'며 심히 두려워했다고 한다.

　19대 황제인 昭宗(소종: 883～903)이 즉위한 그 이듬해 마침내 반란군은 토벌되었고 황소도 敗死(패사)하고 말았다. 이극용은 그 공에 隴西[농서: 甘肅省(감숙성)] 郡王(군왕)에 책봉되었다. 그러나 이극용은 숙적 주전충[朱全忠: 852～912, 반란군에 가담했다가 귀순한 뒤 황소 토멸에 공을 세워 東平郡王(동평군왕)이 됨]과 정권을 다투다가 패하고 실의 속에 세상을 떠났다.
　조정의 실권을 장악한 주전충은 20대 황제인 哀宗(애종: 903～907)을 폐하고 스스로 제위에 올라 후량(後梁: 907～923)을 세웠으나 16년 후 이극용의 아들 이존욱[後唐(후당)의 초대 황제인 莊宗(장종)]에게 멸망했다.
　맹장 이극용에 대해 ≪五代史(오대사)≫ 唐記(당기)에는 다음과 같이 적혀 있다.
　"이극용은 젊고 효용(驍勇: 사납고 날쌤)했는데 軍中(군중)에서는 李鴉兒(이아아)라고 일컬었다. 그의 눈은 애꾸눈이었다. 그가 귀한 자리에 오르자 일컬어 '독안룡'이라고 했다."

獨也青青 (독야청청)★★★

[뜻음] 홀로 독, 어조사 야, 푸를 청.
[풀이] 모든 초목이 가을 서리에 누렇게 시든 속에서 홀로 푸르다. 홀로 높은 절개를 드러내고 있음. 홀로 고고한 척하는 사람을 놀리는 말로도 쓰임.

獨陽不生 (독양불생)★

[뜻음] 홀로 독, 볕 양, 아닐 불, 날 생.
[풀이] 양만으로는 물이 생겨나지 못함. 반드시 그 상대인 음과의 조화가 있어야 함을 이르는 말. 홀로는 아이를 낳을 수 없다는 말. 출전 春秋穀梁傳(춘추곡량전).

讀五車書 (독오거서)★

[뜻음] 읽을 독, 다섯 오, 수레 거, 글 서.
[풀이] 다섯 대의 수레에 가득 실은 만큼 많은 책을 읽음. 출전 杜甫(두보)의 시.

讀爲讀若 (독위독약)★

[뜻음] 읽을 독, 할 위, 같을 약.
[풀이] 經書注法(경서주법)의 하나. '～와 같이 읽음'으로, 讀爲(독위)는 음이 비슷한 글자를, 讀若(독약)은 음이 같은 글자를 들어 그 음과 뜻을 설명하는 일.

獨陰不生 (독음불생)★

[뜻음] 홀로 독, 응달 음, 아닐 불, 날 생.
[풀이] 음만으로는 물이 생겨나지 못함. 반드시 그 상대인 陽(양)과의 조화가 있어야 함을 이르는 말. 출전 春秋穀梁傳(춘추곡량전).

獨一無二 (독일무이)

[뜻음] 홀로 독, 한 일, 없을 무, 두 이.
[풀이] 단 하나뿐이고 둘도 없음.

獨酌而遣愁 (독작이유수)★★

[뜻음] 홀로 독, 따를 작, 말 이을 이, 버릴 유, 시름 수.
[풀이] 홀로 술을 마시며 시름을 잊음.

獨掌難鳴 (독장난명)★★★

[뜻음] 홀로 독, 손바닥 장, 어려울 난, 울 명.
[풀이] 외손바닥은 소리가 나지 아니한다. 혼자 힘으로는 일하기 어렵다는 것.

獨掌不鳴 (독장불명)★

[뜻음] 홀로 독, 손바닥 장, 아닐 불, 울 명.
[풀이] 외손뼉이 울랴. 獨掌難鳴(독장난명). 출전 旬五志(순오지).

督責之術 (독책지술)★★

[뜻음] 살펴볼 독, 꾸짖을 책, 갈 지, 꾀 술.
[풀이] 조정에서 백성을 구박하여 심하게 부리는 술책.

獨淸獨醒 (독청독성)★★

[뜻음] 홀로 독, 맑을 청, 깰 성.
[풀이] 온 세상이 혼탁해도 홀로 맑으며, 뭇 사람이 다 취해 있어도 홀로 깨어 있다. 홀로 깨끗한 정조를 지키고 정도로 나아감. 어지럽고 혼탁한 세상에서 혼자만이 깨끗하고 정신이 맑음. '滄浪之水(창랑지수)'를 보시오.

讀出師表不泣者非忠臣 (독출사표불읍자비충신)★★

[뜻음] 읽을 독, 날 출, 스승 사, 겉 표, 아닐 불, 울 읍, 놈 자, 아닐 비, 충성 충, 신하 신.
[풀이] [出師表(출사표)]를 읽고 감동하여 울지 않는 자는 忠信(충신)이 아니다. 출사표를 읽고 감동하지 않는 사람이 없음. '出師表(출사표)'를 참조하시오.

毒嘴惡爪 (독취악조)★

[뜻음] 독 독, 부리 취, 악할 악, 손톱 조.
[풀이] 독이 있는 주둥이와 날카로운 손톱. 포학한 것을 이르는 말

獨學孤陋 (독학고루)★★

[뜻음] 홀로 독, 배울 학, 외로울 고, 더러울 루.
[풀이] 獨學(독학)하였기에 見聞(견문)이 넓지 못하고 正道(정도)에 들기 힘들다는 말. 출전 禮記(예기) 學記篇(학기편).

獨弦哀歌 (독현애가)

[뜻음] 홀로 독, 활 탈 현, 슬플 애, 노래 가.
[풀이] 홀로 거문고를 타며 슬픈 가락으로 노래함.

豚犬 (돈견)★

[뜻음] 돼지 돈, 개 견.
[풀이] 자기 자식을 남 앞에서 낮추어 부르는 말. 豚兒(돈아). 출전 三國志(삼국지) 吳志(오지).

豚肩不掩豆 (돈견불엄두)★★

[뜻음] 돼지 돈, 어깨 견, 아닐 불, 가릴 엄, 제기 두.
[풀이] 齊(제)나라의 晏嬰(안영)이 儉素(검소)하여 제사를 지내는데 돼지의 肩肉(견육)이 너무 적어서 祭器(제기)를 다 채우지 못했다는

고사. 轉(전)하여 아주 간략한 제사를 이름. 출전 禮記(예기).

頓斷無心 (돈단무심)

[뜻음] 조아릴 돈, 끊을 단, 없을 무, 마음 심.
[풀이] 사물에 대하여 도무지 탐탁하게 여기는 마음이 없음을 이르는 말. 頓淡無心(돈담무심).

敦睦之誼 (돈목지의)★★

[뜻음] 두터울 돈, 화목할 목, 갈 지, 사이좋을 의.
[풀이] 정이 두텁고 화목한 情誼(정의).

頓首再拜 (돈수재배)★★

[뜻음] 조아릴 돈, 머리 수, 두 재, 절 배.
[풀이] ① 머리를 땅에 닿도록 굽혀 절을 두 번 함. ② 편지의 첫머리나 끝에, '경의를 표함'이라는 뜻으로 쓰는 말.

頓首請罪 (돈수청죄)★

[뜻음] 조아릴 돈, 머리 수, 청할 청, 허물 죄.
[풀이] 머리가 땅에 닿을 정도로 숙여 잘못을 사과함.

頓悟漸修 (돈오점수)★★

[뜻음] 갑자기 돈, 깨달을 오, 점차 점, 닦을 수.
[풀이] 갑자기 깨우치고 점진적으로 수양한다. 중국 화엄종의 제5조 종밀에 의해 정립된 수행법이자 고려시대 승려 지눌이 계승한 수행법.

豚蹄穰田 (돈제양전)★

[뜻음] 돼지 돈, 굽 제, 풍족할 양, 밭 전.
[풀이] 돼지 발굽을 신에게 바치고 풍년을 빈다. 가진 것은 적으면서 바라는 것이 많음을 이르는 말. 豚蹄盂酒(돈제우주).

豚蹄盂酒 (돈제우주)★

[뜻음] 돼지 돈, 굽 제, 사발 우, 술 주.
[풀이] 돼지 발굽 하나와 한 잔의 술. 얼마 안 되는 술과 안주, 곧 적은 제수로 풍년을 빈다는 뜻. 주는 것은 적고 탐하는 것은 많음을 비유하여 이르는 말. 豚蹄穰田(돈제양전). 출전 史記(사기) 滑稽傳(골계전).

敦厚周愼 (돈후주신)

[뜻음] 도타울 돈, 두터울 후, 두루 주, 삼갈 신.
[풀이] 인정이 도탑고 조심성이 많음. 출전 後漢書(후한서).

咄咄怪奇 (돌돌괴기)★

[뜻음] 꾸짖을 돌, 기이할 괴, 기이할 기.
[풀이] 대단히 괴이한 일, 놀랄 만한 괴이한 일. 전연 뜻밖의 일. 咄咄(돌돌)은 의외의 일에 놀라서 지르는 소리.

突入內庭 (돌입내정)★

[뜻음] 갑자기 돌, 들 입, 안 내, 뜰 정.
[풀이] 주인의 허락 없이 남의 집 안뜰에 불쑥 들어감.

突將無前 (돌장무전)

[뜻음] 갑자기 돌, 장차 장, 없을 무, 앞 전.
[풀이] 군대의 行列(행렬). 隊伍(대오).

突梯滑稽 (돌제골계)★★★

[뜻음] 부딪칠 돌, 사다리 제, 미끄러울 골, 계고할 계.
[풀이] '돌제'는 모지지 않는 모양, 미끄러지는 모양. '골계'는 구르는 모양. '돌제골계'는 게을러서 빈둥거리며 살아가는 것을 형용하는 말. 골계의 유래가 되는 말. 출전 屈原(굴원)의 卜居(복거).

東家丘 (동가구)★

[뜻음] 동녘 동, 집 가, 언덕 구.
[풀이] 東家之丘(동가지구).

東家食西家宿 (동가식서가숙)★★★

[뜻음] 동녘 동, 집 가, 먹을 식, 서녘 서, 잠잘 숙.
[풀이] 동쪽 집에서 먹고 서쪽 집에서 잠잔다. 떠돌아다니며 얻어먹고 지냄. 東家宿西家食(동가숙서가식).

動駕迎接 (동가영접)

[뜻음] 움직일 동, 멍에 가, 맞이할 영, 사귈 접.
[풀이] 임금이 수레를 타고 대궐 밖으로 나가서 맞이함.

東家之丘 (동가지구)★★★

[뜻음] 동녘 동, 집 가, 갈 지, 언덕 구.
[풀이] 자기 마을에 賢人(현인)이 있다는 것을 모르고 있음의 비유. 남의 진가를 알지 못하고 도리어 경멸함의 비유. 공자의 이웃에 사는 한 어리석은 사람이 孔子(공자)가 성인이라는 것도, 이름이 구라는 것도 모르고 늘 '동쪽 집 丘(구)씨'라고 불렀다는 옛일에서 온 말. 丘(구)는 공자의 이름.

同價紅裳 (동가홍상)★★★

[뜻음] 같을 동, 값 가, 붉을 홍, 치마 상.
[풀이] 같은 값이면 다홍치마. 같은 값이면 좋은 물건을 가짐.

東擊西襲 (동격서습)★

[뜻음] 동녘 동, 칠 격, 서녘 서, 습격할 습.
[풀이] 敵兵(적병)을 이리 치고 저리 쳐서 마구 공격함.

同苦同樂 (동고동락)★★

[뜻음] 같을 동, 괴로울 고, 즐거울 락.
[풀이] 괴로움도 즐거움도 함께함.

同工異曲 (동공이곡)★★★

[뜻음] 같을 동, 장인 공, 다를 이, 굽을 곡.
[풀이] 서로 재주는 같으나 취미가 다름. 기교는 같지만 표현 형식이나 내용은 다름.

韓愈(한유)의 [進學解(진학해)]에 나오는 말이다.
한유가 학생과 문답하는 내용 중에 학생은 한유의 문장을 칭찬하며 "위로는 舜(순)임금과 禹(우)임금의 문장, 그리고 '詩經(시경)'의 바르고 화려함, 아래로는 莊子(장자)와 屈原(굴원), 司馬遷(사마천)의 ≪史記(사기)≫, 揚雄(양웅)과 司馬相如(사마상여)와 더불어 工(공)을 같이하고 曲(곡)을 달리한다"고 말했다.

즉 한유는 문체만 다를 뿐 그 내용에 있어서는 옛날 위대한 문장의 글과 조금도 다를 것이 없다는 말이다.
음악이나 문장이 됨됨은 비슷한데 내용이 다르다든가, 혹은 또 하는 일이나 만들어 놓은 것이 얼른 보면 다른 것 같은데 실상 조금도 다를 것이 없다는 뜻으로 쓰인다. 서로 재주는 같으나 취미가 다른 것을 나타내기도 한다. 원래 이 '동공이곡'은 상대를 칭찬해서 한 말이었는데 지금은 오히려 경멸하는 뜻으로 쓰이는 경우가 많다. 즉 똑같은 내용의 것을 다른 것처럼 보이려 하고 있는 경우를 꼬집어 말할 때 쓰인다. 同工異體(동공이체)라고도 한다.

同歸殊塗 (동귀수도)★★

[뜻음] 한가지 동, 돌아갈 귀, 다를 수, 길 도.
[풀이] 같은 곳으로 돌아가지만 경로는 같지 아니함. 천하의 이치는 歸着(귀착)이 같으나 道(도)에 따라 다를 수 있음. 출전 易經(역경) 繫辭下傳(계사하전).

同氣相求 (동기상구)★

[뜻음] 한가지 동, 기운 기, 서로 상, 구할 구.
[풀이] 마음이 맞는 사람끼리는 서로 찾아 친하게 모임. 同聲相應(동성상응). 출전 易經(역경).

同氣之間 (동기지간)★★

[뜻음] 같을 동, 기운 기, 갈 지, 사이 간.
[풀이] 兄弟姉妹(형제자매) 사이.

冬暖夏淸 (동난하정)

[뜻음] 겨울 동, 따뜻할 난, 여름 하, 서늘할 정.
[풀이] 겨울옷은 따뜻하게 하고 여름옷은 시원하게 함. 부모에게 이렇게 효도하여야 한다는 말. 출전 晏子(안자).

童男童女 (동남동녀)★

[뜻음] 아이 동, 사내 남, 계집 녀.
[풀이] 사내아이와 여자아이. 숫총각과 숫처녀. 출전 史記(사기).

洞內坊內 (동내방내)★

[뜻음] 마을 동, 안 내, 동네 방.
[풀이] 동네방네의 원말. 온 동네.

東道西器 (동도서기)★★

[뜻음] 동녘 동, 이치 도, 서녘 서, 그릇 기.
[풀이] 동양의 道理(도리)와 서양의 과학기술. 동양의 정신문화를 그대로 계승하고 서양의 기술만 받아들이자는 구호.

東塗西抹 (동도서말)

[뜻음] 동녘 동, 칠할 도, 서녘 서, 칠할 말.
[풀이] 이리저리 마구 칠함. ① 문필가가 자기 글을 낮추어 이르는 말. ② 이리저리 간신히 발라맞춤.

銅頭鐵額 (동두철액)★★★

[뜻음] 구리 동, 머리 두, 쇠 철, 이마 액.

[풀이] 구리로 된 머리와 쇠로 된 이마. 蚩尤(치우)의 형용. 치우는 동이족의 우두머리로, 치우를 卑下(비하)하여 성질이 모질고 포악함을 나타내는 말로 쓰기도 함. 출전 史記(사기) 五帝本紀(오제본기).

同樂太平 (동락태평)★

[뜻음] 같이 동, 즐거울 락, 클 태, 평평할 평.
[풀이] 태평과 안락을 같이 즐김.

棟梁之器 (동량지기)★★★

[뜻음] 용마루 동, 들보 량, 갈 지, 그릇 기.
[풀이] 國家大事(국가대사)나 主任(주임)을 맡을 만한 器量(기량).

棟樑之臣 (동량지신)★

[뜻음] 마루 동, 대들보 량, 갈지, 신하 신.
[풀이] 棟梁之材(동량지재).

棟梁之材 (동량지재)★

[뜻음] 마루 동, 대들보 량, 갈 지, 재목 재.
[풀이] 기둥과 들보가 될 만한 인재. 한 집이나 나라를 맡아 다스릴 만한 인재. 棟樑之臣(동량지신).

東籬君子 (동리군자)★

[뜻음] 동녘 동, 울타리 리, 임금 군, 선생 자.
[풀이] 菊花(국화)에 대한 別稱(별칭).

東面征西夷怨 (동면정서이원)

[뜻음] 동녘 동, 낯 면, 칠 정, 서녘 서, 오랑캐 이, 원망할 원.
[풀이] 仁義(인의)의 군사는 가는 곳마다 환영을 받음. 출전 孟子(맹자) 梁惠王下篇(양혜왕하편).

同名異人 (동명이인)★

[뜻음] 같을 동, 이름 명, 다를 리, 사람 인.
[풀이] 같은 이름의 딴 사람.

同文古來 (동문고래)

[뜻음] 같을 동, 글월 문, 예 고, 올 래.
[풀이] 古書(고서)에서 글을 인용할 때 문맥상 불필요한 부분도 죄다 끌어다 늘어놓는 일.

同文同軌 (동문동궤)★★

[뜻음] 한가지 동, 글월 문, 차축 궤.
[풀이] 文字(문자)가 같고 수레의 製作法(제작법)이 일정하다. 한 天子(천자)가 天下(천하)를 統一(통일)함. 출전 中庸(중용).

同文同種 (동문동종)★

[뜻음] 한가지 동, 글월 문, 씨 종.
[풀이] 두 나라가 사용하는 문자와 겨레붙이가 서로 같음.

東問西答 (동문서답)★★★

[뜻음] 동녘 동, 물을 문, 서녘 서, 답할 답.
[풀이] 동을 물으니 서를 답한다. 물음과는 딴판인 엉뚱한 대답.

同門受學 (동문수학)★

[뜻음] 같을 동, 문 문, 받을 수, 배울 학.
[풀이] 한 스승에게서 함께 학문을 닦고 배움. 同門修學(동문수학).

同門爲朋 (동문위붕)

[뜻음] 한가지 동, 문 문, 될 위, 벗 붕.
[풀이] 같은 스승 밑에서 공부하는 벗. 출전 論語(논어) 學而篇(학이편).

同門異戶 (동문이호)★

[뜻음] 한가지 동, 문 문, 다를 이, 지게 호.
[풀이] 같은 聖人(성인)의 門下(문하)에서 배웠으나 旨趣(지취)가 서로 다름. 동문수학한 처지이나 學說(학설)이 다른 경우. 출전 法言(법언).

東方朔流亞 (동방삭유아)★

[뜻음] 동녘 동, 모 방, 초하루 삭, 흐를 유, 버금 아.
[풀이] 東方朔(동방삭)은 前漢(전한) 武帝(무제)의 신하이며 익살을 잘 부려 담소할 때는 항상 풍자로써 상대를 웃기는 말을 잘하였으므로, 익살을 잘하는 사람을 그의 流亞(유아: 무리)라고 함.

洞房華燭 (동방화촉)★★

[뜻음] 마을 동, 방 방, 화려할 화, 촛불 촉.
[풀이] 혼례를 치른 뒤에 신랑이 신부 방에 머물러 자는 의식. 華燭洞房(화촉동방).

同病相憐 (동병상련)★★★

[뜻음] 같을 동, 병 병, 서로 상, 불쌍할 련.
[풀이] 같은 병을 앓는 사람끼리 서로 가엾게 여김. 어려운 사람끼리 동정하고 도움.

≪吳越春秋(오월춘추)≫ 闔閭內傳(합려내전)에 나오는 이야기이다.

吳子胥(오자서)가 闔閭王(합려왕)의 심복으로 吳(오)나라의 실권을 잡게 되었을 때 楚(초)나라에서 백주리의 아들 伯嚭(백비)가 찾아왔다. 백주리도 오자서의 아버지를 죽게 만든 費無忌(비무기)라는 간신에 의해 억울하게 죽었기 때문에 백비는 오자서에게 몸을 의탁하기 위해 찾아온 것이다. 오자서는 원수를 같이하는 그를 동정하여 그를 합려왕에게 천거해서 대부의 벼슬에 앉게 했다. 이때 오자서는 이미 대부의 벼슬에 오른 피리의 충고를 받게 된다. 피리가 물었다. "당신은 어째서 백비를 한 번 겨우 만나보고 그토록 신임을 하시오?"

오자서가 말하기를 "그것은 나와 같은 원한을 품고 있기 때문이오. 강가 사람들이 부르는 노래를 듣지 못했소. 과부의 설움은 과부가 안다고, 그 노래에 말하기를,

같은 병은 서로 불쌍히 여기고
같은 근심은 서로 구원한다.
놀라 나는 새는
서로 따라 날고

여울 아래 물은
따라 다시 함께 흐른다.

同病相憐 동병상련
同憂相救 동우상구
驚翔之鳥 경상지조
相隨而飛 상수이비
瀨下之水 뢰하지수
因復俱流 인부구류

고 했소."
　'동병상련'이란 어려운 사람끼리 동정하고 도와준다는
말이다. 그러나 백비는 훗날에 적국인 월나라의 뇌물에 팔
려 충신 오자서를 자살하게 만들었고 곧 오나라를 멸망케
한 장본인이 된다.

東扶西倒 (동부서도)

[뜻음] 동녘 동, 도울 부, 서녘 서, 넘어질 도.
[풀이] 술에 취한 사람을 부축하는 것처럼 이리 붙들면 저리 넘어짐.
기르고 가르치는 일의 어려움을 비유한 말.

東奔西走 (동분서주)★★

[뜻음] 동녘 동, 달아날 분, 서녘 서, 달릴 주.
[풀이] 이리저리 바쁘게 돌아다님.

凍氷可折 (동빙가절)★★

[뜻음] 얼 동, 얼음 빙, 옳을 가, 꺾을 절.
[풀이] 흐르는 물도 얼음이 되면 쉽게 부러진다. '사물은 그 때를 얻
으면 처리하기 쉬운데, 그 때를 얻기가 어려움'을 비유하여 이르는
말. 또는 사람의 성격도 때에 따라 변한다는 말. 剛柔(강유)의 본성이
때에 따라 변함. 출전 文子(문자).

凍氷寒雪 (동빙한설)★★

[뜻음] 얼 동, 얼음 빙, 차가울 한, 눈 설.
[풀이] 얼어붙은 얼음과 차가운 눈. 심한 추위.

東山高臥 (동산고와)★

[뜻음] 동녘 동, 뫼 산, 높을 고, 누울 와.
[풀이] 동산에 높이 누워 있다. 세상일을 피하여 산중에 은거함. 晉
(진)나라의 謝安(사안)이 동산에서 隱居(은거)한 고사.

同床異夢 (동상이몽)★★★

[뜻음] 같을 동, 침상 상, 다를 리, 꿈 몽.
[풀이] 한자리에 자면서 꿈을 다르게 꾼다. 겉으로는 같이 행동하면
서도, 속으로는 딴 생각을 함. 同床各夢(동상각몽).

東西古今 (동서고금)★★★

[뜻음] 동녘 동, 서녘 서, 예 고, 이제 금.
[풀이] 동양이나 서양이나 예나 지금이나. 언제 어디서나.

東西南北 (동서남북)★★

[뜻음] 동녘 동, 서녘 서, 남녘 남, 북녘 북.
[풀이] 동서남북 사방 천지.

東西南北人 (동서남북인)★

[뜻음] 동녘 동, 서녘 서, 남녘 남, 북녘 북, 사람 인.
[풀이] 동서남북 사방으로 돌아다니는 사람. 住居(주거)가 일정하지
않은 사람. 출전 禮記(예기) 檀弓上篇(단궁상편).

東西不辨 (동서불변)★

[뜻음] 동녘 동, 서녘 서, 아닐 불, 분별할 변.
[풀이] 동과 서를 분별하지 못함. 아무것도 모름.

冬扇夏爐 (동선하로)★

[뜻음] 겨울 동, 부채 선, 여름 하, 화로 로.
[풀이] 겨울의 부채와 여름의 화로. 때에 맞지 않아 쓸모없이 된 사물
을 가리킴. 아무 쓸모없는 물건. 夏爐冬扇(하로동선).

同姓同本 (동성동본)★

[뜻음] 같을 동, 성 성, 밑 본.
[풀이] 姓(성)과 本貫(본관)이 같음.

同聲相應 (동성상응)★

[뜻음] 같을 동, 소리 성, 서로 상, 응할 응.
[풀이] 같은 소리는 서로 應對(응대)한다. 같은 의견을 가진 사람은
서로 친해짐. 同氣相求(동기상구). 출전 易經(역경) 文言(문언).

東施效顰 (동시효빈)★★

[뜻음] 동녘 동, 베풀 시, 본받을 효, 찡그릴 빈.
[풀이] 동시가 서시의 눈썹 찌푸림을 본받는다. 시비선악의 판단 없
이 굳이 남의 흉내를 냄을 비유하는 말. 서시는 吳(오)나라 왕 부차의
애첩. 效顰(효빈)과 같은 말. 출전 吳越春秋(오월춘추).

同心同德 (동심동덕)★

[뜻음] 같을 동, 마음 심, 큰 덕.
[풀이] 같은 목표를 위해 다 같이 힘쓰고 노력하는 것. 출전 書經(서
경) 泰誓篇(태서편).

同心之言其臭如蘭 (동심지언기취여란)★

[뜻음] 같을 동, 마음 심, 갈 지, 말씀 언, 그 기, 냄새 취, 같을 여,
　　　난초 란.
[풀이] 마음이 합한 사람끼리의 말은, 그 향기로움이 마치 난초와도
같음. 출전 易經(역경).

同心合力 (동심합력)★

[뜻음] 같을 동, 마음 심, 합할 합, 힘 력.
[풀이] 마음을 합쳐 서로 도움. 마음과 힘을 한가지로 함.

同惡相助 (동악상조)

[뜻음] 같을 동, 나쁠 악, 서로 상, 도울 조.
[풀이] 악인은 악을 이루기 위하여 서로 돕는다는 말. 同惡相助(동오
상조). 출전 史記(사기).

同業相仇 (동업상구)★★

[뜻음] 같을 동, 업 업, 서로 상, 원수 구.
[풀이] 동업자는 利害(이해)관계로 서로 怨讐(원수)가 되기 쉬움.

動如參商 (동여삼상)★

[뜻음] 움직일 동, 같을 여, 별자리 삼, 별자리 상.
[풀이] 자칫하면 參星(삼성)과 商星(상성)같이 멀어지게 됨. 인생에는 이별이 많아 서로 만나기 힘듦을 이르는 말. 출전 杜甫(두보)의 시.

桐葉封弟 (동엽봉제)★

[뜻음] 오동나무 동, 잎 엽, 봉할 봉, 아우 제.
[풀이] 주나라 무왕이 죽고 어린 成王(성왕)이 왕위에 올랐을 때, 성왕이 뜰에 있던 오동나무 잎을 따서 동생에게 주면서 진나라 侯(후)로 封(봉)한다고 戲言(희언)을 하자 성왕을 輔弼(보필)하던 叔父(숙부) 周公(주공) 旦(단)이 임금은 희언이 없어야 한다고 엄하게 꾸짖은 고사. 출전 呂氏春秋(여씨춘추).

冬溫夏淸 (동온하정)★

[뜻음] 겨울 동, 따뜻할 온, 여름 하, 서늘할 정.
[풀이] 부모를 섬김에 겨울에는 따뜻하게, 여름에는 서늘하게 함.

東湧西沒 (동용서몰)

[뜻음] 동녘 동, 샘솟을 용, 서녘 서, 가라앉을 몰.
[풀이] 동쪽에서 솟아 서쪽에 가라앉는다. 행동이 自由自在(자유자재)하며 迅速(신속)함.

動容周旋 (동용주선)★

[뜻음] 움직일 동, 얼굴 용, 두루 주, 돌 선.
[풀이] ① 몸을 갖는 태도와 주선하는 솜씨. ② 동작. 용의 및 진퇴, 곧 사람의 모든 행동을 이르는 말.

童牛角馬 (동우각마)

[뜻음] 아이 동, 소 우, 뿔 각, 말 마.
[풀이] 뿔이 없는 송아지와 뿔이 있는 말. 도리에 어긋남을 나타냄.

同憂相救 (동우상구)★★

[뜻음] 한가지 동, 근심할 우, 서로 상, 구원할 구.
[풀이] 같은 걱정이 있는 사람끼리 서로 동정하고 돕는다는 말. 출전 吳越春秋(오월춘추).

同源異派 (동원이파)★

[뜻음] 한가지 동, 근원 원, 다를 이, 물갈래 파.
[풀이] 근본은 같으면서 끝이 다름. 한 근원에서 갈라진 여러 파.

冬月無被 (동월무피)★

[뜻음] 겨울 동, 달 월, 없을 무, 피복 피.
[풀이] 겨울에 의복이 없다. 몹시 가난함을 이르는 말.

同而不和 (동이불화)★★★

[뜻음] 같을 동, 어조사 이, 아닐 불, 화할 화.
[풀이] 겉으로는 同意(동의)를 표시하면서 속마음은 그렇지 않음. 附和雷同(부화뇌동)할 뿐 진정 和合(화합)하고 있는 것이 아님. 小人(소인)들의 사귐을 이르는 말. 출전 論語(논어) 子路篇(자로편).

冬日之日 (동일지일)★

[뜻음] 겨울 동, 날 일, 갈 지, 해 일.
[풀이] 겨울날의 태양처럼 화기애애하고 사랑스러움.

童子何知 (동자하지)★

[뜻음] 아이 동, 아들 자, 어찌 하, 알 지.
[풀이] 어린아이가 무엇을 알까. 어린아이처럼 사물의 이치를 모른다고 나무라는 말. 출전 春秋左氏傳(춘추좌씨전).

東作西收 (동작서수)

[뜻음] 동녘 동, 지을 작, 서녘 서, 거둘 수.
[풀이] 봄에 농사를 지어 가을에 거둠.

同藏無間 (동장무간)★

[뜻음] 한가지 동, 감출 장, 없을 무, 사이 간.
[풀이] 남녀의 의류를 한 옷장에 넣고 따로따로 두지 않는다. 늙어서 서로 스스럼이 없음을 이르는 말. 남녀가 같은 방에서 거처함. 출전 禮記(예기).

棟折榱崩 (동절최붕)★

[뜻음] 용마루 동, 꺾을 절, 서까래 최, 무너질 붕.
[풀이] 마룻대가 부러지면 서까래가 무너진다. 위에 있는 사람이 망하면 아래에 있는 사람까지도 망함을 이름. 출전 春秋左氏傳(춘추좌씨전).

東漸西被 (동점서피)★

[뜻음] 동녘 동, 차차 점, 서녘 서, 미칠 피.
[풀이] 차츰 동서로 옮겨 나아감.

東征西伐 (동정서벌)★★★

[뜻음] 동녘 동, 칠 정, 서녘 서, 칠 벌.
[풀이] 동서로 敵軍(적군)이나 죄 있는 무리를 침. 여러 나라를 이리저리 정벌함.

動靜一如 (동정일여)★

[뜻음] 움직일 동, 고요할 정, 한 일, 같을 여.
[풀이] 움직일 때나 고요할 때나 한결같이 話頭(화두)가 잡히는 상태. 이 상태이면 깨달음이 있다고 性徹(성철)이 말함.

同祖同根 (동조동근)★

[뜻음] 같을 동, 조상 조, 뿌리 근.
[풀이] 조상이 같고 근본이 같음. 日帝(일제)가 우리나라를 同化(동화)시키기 위해 만들어 낸 말.

凍足放尿 (동족방뇨)★★

[뜻음] 얼 동, 발 족, 놓을 방, 오줌 뇨.
[풀이] 언 발에 오줌 누기. 臨時變通(임시변통)으로 한 일이 나쁜 결과를 가져오는 일을 비유하는 말. 彌縫策(미봉책). 출전 旬五志(순오지).

同族相殘 (동족상잔)★★

[뜻음] 같을 동, 겨레 족, 서로 상, 죽일 잔.
[풀이] 同族(동족)끼리 서로 싸우고 죽임. 同族相爭(동족상쟁).

同舟共濟 (동주공제)★

[뜻음] 같을 동, 배 주, 함께 공, 건널 제.
[풀이] 같을 배를 타고 함께 물을 건너다. 고락을 함께함.

同舟相救 (동주상구)★

[뜻음] 같을 동, 배 주, 서로 상, 구할 구.
[풀이] 한 배를 탔다가 難船(난선)하면 너와 나의 구별이 없이 서로 돕는다는 말. 이해관계와 처지가 같은 사람은 危急(위급)할 때 서로 구함. 출전 孫子(손자) 九地篇(구지편).

東走西奔 (동주서분)★

[뜻음] 동녘 동, 달릴 주, 서녘 서, 달아날 분.
[풀이] 東奔西走(동분서주).

冬至時食 (동지시식)★

[뜻음] 겨울 동, 이를 지, 때 시, 먹을 식.
[풀이] 24절기 중 동짓날에 먹는 음식. 주로 팥죽을 먹음.

洞天福地 (동천복지)★

[뜻음] 마을 동, 하늘 천, 복 복, 땅 지.
[풀이] 천하의 名山(명산)과 勝地(승지). 仙人(선인)이 산다는 36洞天(동천), 72福地(복지). 깊은 산 人跡(인적)이 닿지 않는 곳에 실재한다고 믿은 樂園(낙원).

動輒得咎 (동첩득구)★

[뜻음] 움직일 동, 빈번할 첩, 얻을 득, 때 구.
[풀이] 자칫 남에게 욕을 먹음. 남의 원한을 사기 쉬움.

東取西貸 (동취서대)★

[뜻음] 동녘 동, 취할 취, 서녘 서, 빌릴 대.
[풀이] 동쪽 서쪽에서 돈을 빌리다. 여러 곳에 빚을 짐.

同枕同衾 (동침동금)★

[뜻음] 같을 동, 베개 침, 이불 금.
[풀이] 한 이부자리에서 베개를 베고 잠을 잠.

銅駝荊棘 (동타형극)★★

[뜻음] 구리 동, 낙타 타, 가시 형, 가시 극.
[풀이] 구리로 만든 낙타가 가시덤불 속에 묻혀 있다. 궁전이나 왕족들의 산소, 나라의 동산이 폐허가 됨. 荊棘銅駝(형극동타).

東風新燕 (동풍신연)★

[뜻음] 동녘 동, 바람 풍, 새 신, 제비 연.
[풀이] 동풍을 따라 새로 나온 제비.

東海夫人 (동해부인)★

[뜻음] 동녘 동, 바다 해, 지아비 부, 사람 인.
[풀이] 紅蛤(홍합)의 별칭.

凍解氷釋 (동해빙석)★

[뜻음] 얼 동, 풀 해, 얼음 빙, 풀 석.
[풀이] 얼음이 풀리듯 의문이 해소됨.

東行西走 (동행서주)

[뜻음] 동녘 동, 갈 행, 서녘 서, 달릴 주.
[풀이] 사방으로 바쁘게 다님. 출전 易林(역림).

同好相趨 (동호상추)★

[뜻음] 같을 동, 좋아할 호, 서로 상, 달릴 추.
[풀이] 취미나 즐기고 좋아하는 바가 같은 사람은 같은 방향으로 달려감.

董狐之筆 (동호지필)★

[뜻음] 감독할 동, 여우 호, 갈 지, 붓 필.
[풀이] 사실을 숨기지 아니하고 그대로 씀을 이르는 말. 董狐直筆(동호직필).

董狐直筆 (동호직필)★★★

[뜻음] 감독할 동, 여우 호, 곧을 직, 붓 필.
[풀이] 동호는 晉(진)나라의 직필하던 사관이므로 威勢(위세)를 두려워하지 아니하고 사실을 사실대로 直筆(직필)하였던 고사를 이름.

≪春秋左氏傳(춘추좌씨전)≫에 나오는 말이다.
　趙(조)나라의 어진 재상이었던 趙盾(조돈)은 어리석고 못난 靈公(영공) 임금의 부당한 처사를 일일이 못 하게 諫(간)함으로써 영공의 미움을 받게 되었다. 그러나 임금은 그를 재상에서 파면시킬 만한 명분도 없었고 힘도 없었다. 그래서 임금은 비겁하게 자객을 시켜 조돈을 죽이려다가 실패하자 다시 그를 초대한 자리에서 그에게 칼을 빼게 한 다음 그것을 구실로 그를 죽이려고 했다. 그러나 조돈은 음모가 있는 것을 알고 급히 자리에서 일어나 밖으로 달아났다.
　그러자 영공은 숨겨 두었던 무사들을 풀어 조돈의 뒤를 추격하는 한편, 호랑이 같은 개를 풀어놓아 그를 물어 죽이게 하려 했다. 그러나 조돈의 심복 호위였던 堤彌明(제미명)이라는 장사가 개를 쳐서 죽이고 다시 뒤쫓아 오는 무사 가운데 전에 조돈에 의해 목숨을 건지게 된 靈輒(영첩)이라는 사람이 있어서 조돈을 업고 달아나 무사히 난을 면했다.
　조돈은 국외로 망명할 생각으로 국경까지 왔다가 趙穿(조천)이 영공을 죽였다는 소식을 듣고 국경을 넘지 않고 돌아갔다.
　그러자 太史(태사)인 董狐(동호)가 나라에서 보관하는 사건 기록에 '조돈이 그 임금을 죽였다'라고 쓰고 그 사실을 조정에 널리 알렸다.
　"그건 사실과 다르오" 하고 조돈이 말하자 董狐(동호)는 이렇게 대답했다.
　"당신은 재상으로서 달아나 국경을 넘지 않았고 돌아와 하수인을 처형하지 않았으니 그 책임을 당신이 지지 않고 누가 지겠소."

그러자 조돈이 이렇게 탄식했다.

"그대로 국경을 넘어설 것을 그래도 나랏일이 걱정이 되어 되돌아왔더니 결국 이런 죄명을 쓰게 되었구나."

뒤에 공자는 이 일을 두고 이렇게 평했다.

"동호는 옛날 훌륭한 사관이다. 법을 굽히지 않고 바른 대로 썼다. 조돈은 옛날 훌륭한 대신이다. 법을 위해 싫은 이름을 그대로 받았다. 애석하게도 국경을 넘었더라면 그런 이름을 면했을 것을."

권세를 두려워하지 않고 사실대로 쓰는 것을 동호의 直筆(직필)에 비유해서 말한다. '董狐之筆(동호지필)'이라고도 한다.

冬烘先生 (동홍선생)★

[뜻음] 겨울 동, 횃불 홍, 먼저 선, 날 생.
[풀이] 시골 서당의 훈장. 낡은 지식밖에 없는 시골 훈장. 學究(학구).

斗斛之祿 (두곡지록)★

[뜻음] 한 말 두, 한 섬 곡, 갈 지, 녹봉 록.
[풀이] 얼마 안 되는, 小官(소관)의 녹을 이름. 출전 韓愈(한유)의 글.

杜口裹足 (두구과족)★

[뜻음] 닫을 두, 입 구, 쌀 과, 발 족.
[풀이] 입을 다물고 아무 말도 하지 않으며 발을 동여 가지고 걷지도 않는 것. 마음속에 우러나 反感(반감)이 있으면서도 의견을 말하지 않고 무슨 일에 함께 從事(종사)하려고도 하지 않는 태도.

蠹國病民 (두국병민)★

[뜻음] 좀먹을 두, 나라 국, 병들 병, 백성 민.
[풀이] 나라를 좀먹고 백성을 병들게 함.

豆萁之喩 (두기지유)★

[뜻음] 콩 두, 콩깍지 기, 갈 지, 고할 유.
[풀이] 콩깍지를 때서 콩을 볶는다. 형제끼리 못살게 굶. '七步才(칠보재)'를 보시오.

斗南一人 (두남일인)★

[뜻음] 별 이름 두, 남녘 남, 한 일, 사람 인.
[풀이] 북두칠성 以南(이남)에서 제일가는 사람. 천하에서 제일가는 훌륭한 인물. 출전 唐書(당서).

頭童齒豁 (두동치활)

[뜻음] 머리 두, 아이 동, 이 치, 뚫릴 활.
[풀이] 산에 초목이 없음을 童(동)이라 하고, 이가 빠져서 구멍이 보임을 豁(활)이라 함. 머리가 벗겨지고 이가 빠짐. 노인이 됨. 출전 韓愈(한유)의 進學解(진학해).

杜武庫 (두무고)

[뜻음] 팥배나무 두, 용맹할 무, 곳집 고.
[풀이] 晉(진)나라의 杜預(두예)가 재식이 많음을 武庫(무고)의 병기가 森然(삼연)하게 늘어서 있는 것에 비교한 말. 출전 晉書(진서) 杜預傳(두예전).

杜門卻掃 (두문각소)★

[뜻음] 닫을 두, 문 문, 그만둘 각, 쓸 소.
[풀이] 문을 닫고 청소를 그만둠. 賓客(빈객)을 謝絕(사절)하여 淸靜自適(청정자적)함. 출전 北史(북사).

杜門不出 (두문불출)★

[뜻음] 막을 두, 문 문, 아닐 불, 날 출.
[풀이] 집 안에만 틀어박혀 밖으로 나다니지 않음.

斗米官遊 (두미관유)★

[뜻음] 말 두, 쌀 미, 벼슬 관, 놀 유.
[풀이] 五斗米(오두미)를 받으며 고향에서 멀리 떨어져 관리생활을 하던 도연명이 한 말. 얼마 안 되는 녹봉을 받기 위해 官吏(관리)가 되어 고향을 멀리 떠나 근무함. 오두미는 다섯 말의 쌀. 얼마 안 되는 祿俸(녹봉). '五斗米(오두미)'를 참조하시오.

頭眉相稱 (두미상칭)★

[뜻음] 머리 두, 꼬리 미, 서로 상, 일컬을 칭.
[풀이] 머리와 꼬리가 서로 응함.

頭髮上指 (두발상지)★

[뜻음] 머리 두, 터럭 발, 위 상, 가리킬 지.
[풀이] 머리털이 곧추선다. 勇士(용사)가 激奮(격분)함을 형용함. 출전 史記(사기).

頭髮種種 (두발종종)

[뜻음] 머리 두, 터럭 발, 씨 종.
[풀이] 늙어서 머리가 짧은 것. 출전 春秋左氏傳(춘추좌씨전).

斗柄指東 (두병지동)★

[뜻음] 별 이름 두, 자루 병, 가리킬 지, 동녘 동.
[풀이] 북두칠성의 첫째 별이 동쪽을 가리키면 立春(입춘)의 절기임. 출전 鶡冠子(갈관자).

頭西尾東 (두서미동)★

[뜻음] 머리 두, 서녘 서, 꼬리 미, 동녘 동.
[풀이] 祭床(제상)에 祭需(제수)를 벌여놓는 방식 중 하나. 생선의 머리는 서쪽을 향하게, 꼬리는 동쪽을 향하게 놓는다는 말.

斗筲之人 (두소지인)★

[뜻음] 말 두, 한 말 두 되 소, 갈 지, 사람 인.
[풀이] 변변하지 못한 사람. 局量(국량)이 작은 사람. 두는 한 말들이 말, 소는 한 말 두 되들이 대나무 그릇. 출전 論語(논어) 子路篇(자로편).

斗筲之才 (두소지재)★

[뜻음] 말 두, 대그릇 소, 갈 지, 재목 재.
[풀이] 그릇이 작고 보잘것없는 재능. 변변치 못한 재주. 斗筲之人(두소지인).

斗升之祿 (두승지록)★

[뜻음] 말 두, 되 승, 갈 지, 녹봉 록.

[풀이] 적은 祿俸(녹봉).

杜詩韓文 (두시한문)★

[뜻음] 팥배나무 두, 시 시, 나라 이름 한, 글월 문.
[풀이] 杜甫(두보)의 詩(시)와 韓愈(한유)의 文章(문장).

頭痒搔跟 (두양소근)

[뜻음] 머리 두, 상처 양, 긁을 소, 발꿈치 근.
[풀이] 머리가 가려운데 발뒤꿈치를 긁음. 무익한 일. 출전 易林(역림).

斗折蛇行 (두절사행)★

[뜻음] 별 이름 두, 꺾일 절, 뱀 사, 갈 행.
[풀이] 북두칠성의 꺾인 모양 또는 뱀이 굼틀굼틀 가는 모양 같은 길. 또는 강 같은 것이 꼬불꼬불함.

頭足異處 (두족이처)★

[뜻음] 머리 두, 발 족, 다를 이, 곳 처.
[풀이] 몸이 베이어 두 동강이 남. 출전 史記(사기).

斗酒百篇 (두주백편)★

[뜻음] 말 두, 술 주, 일백 백, 책 편.
[풀이] 술을 많이 마시고 시를 잘 지음.

斗酒不辭 (두주불사)★★★

[뜻음] 말 두, 술 주, 아닐 불, 사양할 사.
[풀이] 한 말의 술도 사양하지 않음. 酒量(주량)이 매우 큼.

斗酒隻鷄 (두주척계)★

[뜻음] 말 두, 술 주, 한 마리 척, 닭 계.
[풀이] 술 한 말과 닭 한 마리. 魏(위)나라 武帝(무제: 曹操조조)가 知己(지기)인 橋玄(교현)의 묘에 절하며 한 말. 죽은 벗을 생각하는 마음.

杜撰 (두찬)

[뜻음] 막을 두, 가릴 찬.
[풀이] 杜黙(두묵)이 지은 글. 典據(전거)가 확실치 못한 저술이나 틀린 곳이 많은 작품을 가리켜 杜撰(두찬)이라고 한다. '두선'으로 발음하는 사람도 혹 있다. 杜黙(두묵)은 宋(송)나라의 시인으로, 그의 시는 당시 歐陽修(구양수)와 함께 인기가 있었으나 '律(율)'이 잘 맞지 않았다. 그래서 무엇이고 격식에 맞지 않는 것을 가리켜 두찬이라고 했다는 것이다.

頭寒足熱 (두한족열)★★

[뜻음] 머리 두, 차가울 한, 발 족, 더울 열.
[풀이] 동양의학에서 강조되는 건강법의 한 가지. 머리는 차게 발은 덥게 하는 일.

頭會箕斂 (두회기렴)★

[뜻음] 머리 두, 모일 회, 키 기, 거둘 렴.
[풀이] 사람의 머리수로 곡식을 내게 하여 키(삼태기)로 이것을 거두어들임. 곧 가혹하게 세금을 징수함을 이름. 출전 史記(사기).

遯世無悶 (둔세무민)★★

[뜻음] 숨을 둔, 세상 세, 없을 무, 번민할 민.

[풀이] 속세에서 달아나 숨어 살며 고민이 없음.

鈍筆勝聰 (둔필승총)★★

[뜻음] 무딜 둔, 붓 필, 나을 승, 총명할 총.
[풀이] 무딘 붓이 더 총명하다. 재치 없는 글이 더 총명함. 서툰 글씨라도 기록하는 것이 기억보다 낫다는 말.

鈍學累工 (둔학누공)★

[뜻음] 무딜 둔, 배울 학, 쌓을 누, 공들일 공.
[풀이] 학문의 재주가 둔해도 공력을 계속 쌓음. 출전 顔氏家訓(안씨가훈).

得匣還珠 (득갑환주)★★

[뜻음] 얻을 득, 갑 갑, 돌아올 환, 구슬 주.
[풀이] 구슬을 담은 갑만 갖고 구슬은 돌려주다. 쓸데없는 일에 힘을 기울이고 정말 긴요한 일은 잊음의 비유. 買櫝還珠(매궤환주). 買匣還珠(매갑환주). 출전 韓非子(한비자).

得隴望蜀 (득롱망촉)★★★

[뜻음] 얻을 득, 고개이름 롱, 바라볼 망, 나라이름 촉.
[풀이] 롱을 얻은 후 촉을 바란다. 한나라 때 광무제가 농주 땅을 정복하고 난 뒤 촉나라를 탐냈다는 말로, 끝없는 욕심을 말함.

　　≪後漢書(후한서)≫ 岑彭傳(잠팽전)에 나오는 이야기이다.
　　한나라 建武(건무) 八年(팔년)(A.D. 32년) 岑彭(잠팽)은 군사를 거느리고 光武帝(광무제)를 따라 天水(천수)를 점령한 다음 隗囂(외효)를 西城(서성)에서 포위했는데 이때 公孫述(공손술)이 외효를 구원하기 위해 부장 李育(이육)을 시켜 천수 서쪽 60리 떨어진 上邽城(상규성)을 지키게 했다. 그래서 광무제는 다시 군대를 나누어 이를 포위하게 했으나 자신은 일단 낙양으로 돌아가기로 하고 떠날 때 잠팽에게 편지를 보내,
　　"두 성이 만일 함락되거든 곧 군사를 거느리고 남쪽으로 蜀(촉)나라 오랑캐를 쳐라. 사람은 만족할 줄을 모르기 때문에 고통스러운 것이다. 이미 隴(농: 감숙성)을 평정했는데 다시 촉을 바라게 되는구나. 매양 한번 군사를 출동시킬 때마다 그로 인해 머리털이 희어진다"라고 했다.
　　여기서는 '득롱망촉'이 아닌 '平隴望蜀(평롱망촉)'으로 되어 있는데 4년 후인 건무 12년에는 성도의 공손술을 패해 죽게 함으로써 '망촉'을 실현시키게 된다. 지금은 이 말이 끝없는 욕심을 나타낸다.

得斧喪斧 (득부상부)★

[뜻음] 얻을 득, 도끼 부, 잃을 상.
[풀이] 얻은 도끼나 잃은 도끼나 마찬가지. 得失(득실)이 같음.

得勝頭廻 (득승두회)★

[뜻음] 얻을 득, 이길 승, 머리 두, 돌릴 회.
[풀이] 이 이야기는 충분히 했으므로 다른 이야기를 함. 화제를 바꿀 때 하는 말. 却說(각설)이나 且說(차설)과 같은 말.

得勝之會 (득승지회)

[뜻음] 얻을 득, 이길 승, 갈 지, 모일 회.
[풀이] 구원받아 하늘로 올라간 사람이 천당에 모임.

得時無怠 (득시무태)★

[뜻음] 얻을 득, 때 시, 없을 무, 게으를 태.
[풀이] 시기를 얻어서는 태만함이 없이 근면하여 때를 놓치지 말라는 뜻. 출전 國語(국어) 越語(월어).

得時則駕 (득시즉가)★

[뜻음] 얻을 득, 때 시, 곧 즉, 탈 가.
[풀이] 시기를 얻으면 곧 이 기회를 탐. 史記(사기) 老子傳(노자전).

得伸其情 (득신기정)★

[뜻음] 얻을 득, 펼 신, 그 기, 뜻 정.
[풀이] 그 뜻을 펼칠 수 있음. 뜻을 펼칠 기회가 옴.

得失相半 (득실상반)★

[뜻음] 얻을 득, 잃을 실, 서로 상, 반 반.
[풀이] 얻음과 잃음이 서로 반반임.

得魚忘筌 (득어망전)★★★

[뜻음] 얻을 득, 물고기 어, 잊을 망, 통발 전.
[풀이] 물고기를 잡고 나면 통발을 잊는다. ① 사소한 일에 얽매여 큰일을 놓치지 말아야 한다. ② 목적을 달성하면 그동안 쓰이던 사물이나 사람은 무용지물이 됨. ③ 학문이 성취되면 책이 무용하게 됨을 이름. 轉(전)하여 근본을 확립하면 지엽적인 것은 문제가 되지 않음의 뜻.

≪莊子(장자)≫ 外物篇(외물편)에서 장자가 말했다.
"가리는 고기를 잡기 위한 것이다. 그러나 고기를 잡으면 가리는 잊고 만다. 덫은 토끼를 잡기 위한 것이다. 그러나 토끼를 잡으면 덫은 잊고 만다. 말은 뜻을 나타내기 위한 것이다. 그러나 뜻을 나타낸 뒤에는 말은 잊고 만다. 나는 어떻게 하면 말을 잊는 사람을 만나 함께 이야기할 수 있을까?"
장자는 시비선악을 초월한 사람을 만나길 원한다는 표현인데 지금은 다양하게 쓰인다. 사소한 일에 얽매여 큰일을 놓치지 말아야 한다는 의미로 쓰기도 하고 목적을 달성하면 그동안 쓰이던 사물이나 사람은 無用之物(무용지물)이 되는 것을 나타내기도 하고, 학문이 성취되면 책이 무용하게 됨을 이르기도 하고, 轉(전)하여 근본을 확립하면 지엽적인 것은 문제가 되지 않는다는 뜻까지 보태졌다. 책에 나온 의미와는 많이 멀어졌다.

得意滿面 (득의만면)★

[뜻음] 얻을 득, 뜻 의, 가득 찰 만, 얼굴 면.
[풀이] 뜻한 바를 이루어서 뽐내고 우쭐거림.

得意忘形 (득의망형)

[뜻음] 얻을 득, 뜻 의, 잊을 망, 형체 형.
[풀이] 뜻을 얻어 자신의 형체마저 잊어버리다. 得意揚揚(득의양양)해 함.

得意揚揚 (득의양양)★★★

[뜻음] 얻을 득, 뜻 의, 떨칠 양.
[풀이] 뜻하는 바를 이루어서 뽐내고 우쭐거림.

得意而忘言 (득의이망언)★

[뜻음] 얻을 득, 뜻 의, 말 이을 이, 잊을 망, 말씀 언.
[풀이] 언어의 속뜻을 이해했으면 언어는 이미 쓸모없는 것이므로 잊음. 출전 莊子(장자).

得意之色 (득의지색)

[뜻음] 얻을 득, 뜻 의, 갈 지, 빛 색.
[풀이] 뜻을 이룩했을 때의 얼굴색이나 기색.

得精忘麤 (득정망추)★

[뜻음] 얻을 득, 정밀 정, 잊을 망, 대략 추.
[풀이] 도의 정수를 깨닫고 그 자취를 생각하지 않음을 이름. 출전 列子(열자) 說符篇(설부편).

得正而斃 (득정이폐)

[뜻음] 얻을 득, 바를 정, 말 이을 이, 죽을 폐.
[풀이] 바른 도를 얻고서 죽음.

得麤忘精 (득추망정)★

[뜻음] 얻을 득, 대강 추, 잊을 망, 정밀할 정.
[풀이] 大綱(대강)은 이해하고 있으나 가장 중요한 내용은 터득하지 못하고 있음. '得精忘麤(득정망추)'를 참조하시오.

得兎而忘蹄 (득토이망제)★

[뜻음] 얻을 득, 토끼 토, 말 이을 이, 잊을 망, 올무 제.
[풀이] 토끼를 잡으면 올무는 필요 없게 됨. 학문을 성취하면 책이 필요 없게 됨의 비유. 출전 莊子(장자).

登高自卑 (등고자비)★★★

[뜻음] 오를 등, 높을 고, 부터 자, 낮을 비.
[풀이] 낮은 곳에서부터 높은 곳으로 오름. 모든 일은 차례를 밟아서 해야 함. 지위가 높아질수록 스스로를 낮춤. 출전 中庸(중용) 제15장.

登科擧官 (등과거관)★

[뜻음] 오를 등, 과거 과, 들 거, 벼슬 관.
[풀이] 과거 시험에 합격하여 벼슬자리를 얻음. 登科立身(등과입신).

燈臺不自照 (등대불자조)★

[뜻음] 등잔 등, 돈대 대, 아닐 불, 스스로 자, 비출 조.
[풀이] 등대의 불은 먼 곳을 밝게 비춰 주나 등대 자신은 어두움. 사람도 다른 사람의 일은 잘 살펴보면서 자기 자신의 일에는 도리어 어두움을 비유.

登樓去梯 (등루거제)★

[뜻음] 오를 등, 다락 루, 제거할 거, 사다리 제.
[풀이] 다락에 오르게 하고 사다리를 치운다. 남을 꾀어 충동하고 난

처한 처지에 빠지게 함.

登峰造極 (등봉조극)★

[뜻음] 오를 등, 봉우리 봉, 지을 조, 극 극.
[풀이] 봉우리에 올라 극을 만들어 냄. 학문이나 技藝(기예)가 가장 深奧(심오)한 경지에 오름.

登山臨水 (등산임수)★

[뜻음] 오를 등, 뫼 산, 임할 임, 물 수.
[풀이] 산에 오르기도 하고 물가로 나가기도 함.

登龍門 (등용문)★★★

[뜻음] 오를 등, 용 룡, 문 문.
[풀이] 용문에 오른다. 출세의 관문을 일컬음. 중요한 시험에 譬喩(비유)하기도 함. 立身揚名(입신양명)함.

　出世(출세)의 關門(관문)이란 뜻으로 등용문이란 말을 많이 쓰고 있다. 쉽게 생각할 때 용이 되어 하늘로 올라가는 문이란 뜻으로 풀이될 수도 있다.
　後漢(후한) 말기 宦官(환관)이 得勢(득세)하고 농단할 때 李膺(이응)은 官僚(관료)의 領袖(영수)로 字(자)는 元禮(원례)였다. 혼자서 頹廢(퇴폐)된 紀綱(기강)을 바로 세우려고 애쓰고 性品(성품)이 高潔(고결)하다 보니 '천하의 모범은 이원례'라고까지 칭찬을 받게 되었는데, 특히 청년 관료들은 그와 알게 되는 것을 '등용문'이라고 부르며 몹시 자랑으로 알고 있었다는 것이다.
　≪後漢書(후한서)≫ 李膺傳(이응전)에 보면, "선비들로 그의 容接(용접)을 받는 사람이 있으면, 이름 하여 등용문이라고 했다"고 나와 있다. 이 부분에 대한 註解(주해)에 따르면 다음과 같다.
　"하진은 一名(일명) 용문인데 물이 험해 통하지 못한다. 고기나 자라의 무리는 능히 오를 수 없었다. 강과 바다의 큰 고기가 용문 밑으로 다가가 모이는 것이 수천이었지만, 오르지는 못한다. 오르면 용이 된다."
　唐代(당대)에 와서는 오로지 과거에 급제하는 것을 가리켜 말하게 되었다. 지금은 출세의 관문을 나타내거나 중요한 시험에 비유하기도 한다. 보통 立身揚名(입신양명)하는 것을 가리킨다. 용문은 황하 상류에 있는 급류이고 이 이야기 속의 이응은 당고지화를 당해서 제거된다.

登泰山而小天下 (등태산이소천하)★★★

[뜻음] 오를 등, 클 태, 뫼 산, 말 이을 이, 작을 소, 하늘 천, 아래 하.
[풀이] 태산에 올라가면 천하가 조그맣게 보인다. 태산에 올라야 천하가 작은 것을 안다. 큰 진리를 깨우친 사람은 그만큼 사고나 행동의 폭이 넓어져 세상을 인식하는 방식도 거침이 없어진다는 말.

　≪孟子(맹자)≫ 盡心(진심) 上(상)에 나오는 맹자의 말에, "공자께서 노나라 동산에 올라가서는 노나라를 작게 여기시고, 태산에 올라가서는 천하를 작게 여기셨다. 그렇기 때문에 바다를 구경한 사람에게는 어지간한 큰 강물 따위는 물같이 보이지가 않고 성인의 문에서 배운 사람에게는 어지간한 말들은 말같이 들리지가 않는 법이다"라는 말이 있다.
　지금은 이 말을 좋은 뜻에서보다 사람의 일관성 없는 태도를 비유해서 말하기도 하고 '개구리가 올챙이 적 생각을 못 한다'는 의미로 쓰이기도 한다. 본래의 의미는 다르다. 사람은 그가 있는 위치에 따라 보는 눈이 달라진다는 말이다. 곧 견문이 넓어지면 뜻이 커지고 사람의 눈과 귀가 열린다는 말이다.

燈下不明 (등하불명)★★★

[뜻음] 등불 등, 아래 하, 아닐 불, 밝을 명.
[풀이] 등잔 밑이 어둡다. 가까이에서 생긴 일을 오히려 잘 모름. 출전 東言解(동언해).

燈火可親 (등화가친)★★★

[뜻음] 등불 등, 불 화, 가할 가, 친할 친.
[풀이] 등불을 가까이하기에 좋다. 가을밤은 글을 읽기에 좋다는 말.

馬家五常 (마가오상)★

[뜻음] 말 마, 집 가, 다섯 오, 항상 상.
[풀이] 형제가 모두 재주와 명망이 높은 자를 이름. 마씨 오형제는 자에 모두 常(상)자가 들어 있음. '白眉(백미), 泣斬馬謖(읍참마속)'을 보시오.

馬脚露出 (마각노출)★★

[뜻음] 말 마, 다리 각, 드러날 노, 날 출.
[풀이] 말의 다리로 분장한 사람이 자기 모습을 드러낸다. 정체가 저도 모르는 사이에 드러남.

摩乾軋坤 (마건알곤)★

[뜻음] 갈 마, 하늘 건, 삐걱거릴 알, 땅 곤.
[풀이] 天地(천지)에 꽉 차 있음. 천지에 가까이 다가섬.

磨鏡者流 (마경자류)★

[뜻음] 갈 마, 거울 경, 놈 자, 무리 류.
[풀이] 중국 唐(당)나라 여자 협객 聶隱(섭은)이 거울을 가는 소년을 만나 남편을 삼았는데 알고 보니 거울을 가는 것뿐 다른 재주는 없었다고 한탄한 고사.

麻姑搔痒 (마고소양)★★★

[뜻음] 삼 마, 시어머니 고, 긁을 소, 가려울 양.
[풀이] 중국 후한의 蔡經(채경)이 마고의 긴 손톱을 보고, 가려운 곳이 있으면 어디고 다 긁을 수 있으리라고 생각했다는 옛일. 원하는 일이 뜻대로 됨을 이르는 말. 麻姑(마고): 중국의 옛적 仙女(선녀)의 이름. 출전 神仙傳(신선전).

麻姑爬痒 (마고파양)★

[뜻음] 삼 마, 시어머니 고, 긁을 파, 가려울 양.
[풀이] 麻姑搔痒(마고소양).

馬工枚速 (마공매속)★

[뜻음] 말 마, 느릴 공, 줄기 매, 빠를 속.
[풀이] 司馬相如(사마상여)가 글을 짓는 데 느리고 枚皐(매고)는 빨랐다는 말. 출전 西京雜記(서경잡기).

馬頭出令 (마두출령)★

[뜻음] 말 마, 머리 두, 날 출, 명령 령.
[풀이] 갑자기 명령을 내림. 갑자기 내린 명령.

馬良白眉 (마량백미)★

[뜻음] 말 마, 좋을 량, 흰 백, 눈썹 미.
[풀이] '白眉(백미)'를 보시오.

摩壘 (마루)★★

[뜻음] 문지를 마, 진 루.
[풀이] 적의 성루를 만질 수 있을 정도로 가까이 간다. 적진 가까이 쳐들어감. 기량이나 지위가 상대방과 거의 동등함. 詩文(시문)의 技巧(기교)가 옛사람이나 名人(명인)에게 匹敵(필적)함.

馬舞之災 (마무지재)★

[뜻음] 말 마, 춤출 무, 갈 지, 재앙 재.

[풀이] 火災(화재). 말이 춤추는 꿈을 꾸면 불이 난다는 데서 나온 말. 舞馬之災(무마지재). 출전 晉書(진서).

磨斧爲針 (마부위침)★

[뜻음] 갈 마, 도끼 부, 만들 위, 바늘 침.
[풀이] 磨斧作針(마부작침).

磨斧作針 (마부작침)★★★

[뜻음] 갈 마, 도끼 부, 만들 작, 바늘 침.
[풀이] 도끼를 갈아서 바늘을 만든다. 아무리 이루기 힘든 일도 끊임없는 노력과 인내로 성공함. 끈기 있게 학문이나 일에 힘씀. 磨斧爲針(마부위침). 磨杵作針(마저작침).

詩仙(시선)이라 불렸던 당나라의 시인 李白[이백: 자는 太白(태백), 701~762]의 어렸을 때 이야기이다. 이백은 아버지의 임지인 蜀(촉) 땅인 成都(성도)에서 자랐다. 그때 훌륭한 스승을 찾아 象宜山(상의산)에 들어가 修學(수학)했는데 어느 날 공부에 싫증이 나자 그는 스승에게 말도 없이 산을 내려오고 말았다. 집을 향해 걷고 있던 이백이 계곡을 흐르는 냇가에 이르자 한 노파가 바위에 열심히 도끼(일설에는 쇠공이[鐵杵철저])를 갈고 있었다.

"할머니, 지금 뭘 하고 계세요?"
"바늘을 만들려고 도끼를 갈고 있다[磨斧作針]."
"그렇게 큰 도끼를 간다고 바늘이 될까요?"
"그럼, 되고말고. 중도에 그만두지만 않는다면….."
이백은 '중도에 그만두지만 않는다면'이란 말이 마음에 걸렸다. 여기서 생각을 바꾼 그는 노파에게 공손히 인사하고 다시 산으로 올라갔다. 그 후 이백은 마음이 해이해지면 바늘을 만들려고 열심히 도끼를 갈고 있던 그 노파의 모습을 떠올리곤 분발했다고 한다.
아무리 어려운 일이라도 참고 계속하면 언젠가는 반드시 성공하는 일, 노력을 거듭해서 목적을 달성한다는 것, 끈기 있게 학문이나 일에 힘씀 등을 나타내는 말이다.

馬上得之 (마상득지)★★

[뜻음] 말 마, 위 상, 얻을 득, 갈 지.
[풀이] 馬上得天下(마상득천하). 출전 史記(사기).

馬上得天下 (마상득천하)★★

[뜻음] 말 마, 위 상, 얻을 득, 하늘 천, 아래 하.
[풀이] 말을 타고 싸우며 東奔西走(동분서주)하여 天下(천하)를 얻음. 출전 史記(사기).

馬生角 (마생각)★

[뜻음] 말 마, 날 생, 뿔 각.
[풀이] 말대가리에 뿔이 난다. 세상에 결코 일어날 수 없는 일을 가리킴. 출전 史記(사기) 索隱(색은).

馬瘦毛長 (마수모장)★★★

[뜻음] 말 마, 수척할 수, 털 모, 긴 장.

[풀이] 말이 야위면 털만 길어진다. 사람이 貧賤(빈천)하면 愚鈍(우둔)해진다는 말.

馬首是瞻 (마수시첨)★

[뜻음] 말 마, 머리 수, 옳을 시, 살필 첨.
[풀이] 나의 말머리를 살펴 따라 하라. 옛날 전쟁에서 병사들이 장수의 말머리를 따라 움직였듯이 한 사람의 의사를 좇아 一絲不亂(일사불란)하게 행동하는 것. 馬首東(마수동).

磨揉遷革 (마유천혁)★★★

[뜻음] 갈 마, 순하게 할 유, 옮길 천, 가죽 혁.
[풀이] 제자를 가르쳐서 遷善(천선)케 한다는 말. 磨(마)는 琢磨(탁마), 揉(유)는 矯揉(교유), 遷(천)은 遷善(천선), 革(혁)은 改革(개혁). 研磨(연마)시키고 善導(선도)하여 훌륭한 인물을 만듦.

馬陰藏相 (마음장상)★

[뜻음] 말 마, 그늘 음, 감출 장, 모습 상.
[풀이] 道人(도인)이 도가 통하여 경지에 오르면 생식기 쪽 陽氣(양기)가 줄어들고 그 양기가 머리 쪽으로 올라가 생식기가 아주 작아지는 경지. 道家(도가)에서 쓰는 말.

馬耳東風 (마이동풍)★★

[뜻음] 말 마, 귀 이, 동녘 동, 바람 풍.
[풀이] 말 귀에 봄바람. 남의 의견이나 비평을 귀담아 듣지 않고 흘려버림.

唐(당)나라 李白(이백)의 [答王十二寒夜獨酌有懷(답왕십이한야독작유회)]라는 장편 시 가운데 나오는 말이다. 차가운 밤에 혼자 술을 마시며 느낀 바가 있어서 쓴다는 시이다. 일부분만 보면 다음과 같다.

세상 사람들은 내가 하는 이 소리를 듣고 모두 머리를 내두른다.
마치 조용히 불어오는 동풍이 말의 귀를 스쳐 가는 것처럼.

世人聞比皆棹頭 세인문비개도두
有如東風射馬耳 유여동풍사마이

'말의 귀에 동풍'이라는 뜻이다. 우리 속담에 '쇠귀에 경 읽기'란 말이 있는데 한문 문자 '牛耳讀經(우이독경)', '牛耳誦經(우이송경)'과 같은 말이다. 즉 남의 하는 말을 전연 관심 없이 들어 넘기는 것을 말하기도 하고, 이쪽에서 아무리 열심히 떠들어 보아야 상대에게 아무런 반응도 주지 못하는 것을 말할 때 쓴다. 남의 의견이나 비평을 귀담아 듣지 않고 흘려버리는 경우에도 이 말을 쓴다.

磨而不磷涅而不緇 (마이불린날이불치)★

[뜻음] 갈 마, 말 이을 이, 아닐 불, 닳을 린, 물들 날, 검을 치.
[풀이] 지극히 단단한 것은 갈아도 닳지 않고 아주 흰 것은 물들여도 검게 되지 아니한다. 君子(군자)는 外界(외계)의 여하한 변동에도 마

음의 중심을 변치 아니한다는 뜻. 출전 論語(논어) 陽貨篇(양화편).

磨杵作針 (마저작침)★★★

[뜻음] 갈 마, 공이 저, 만들 작, 바늘 침.
[풀이] 쇠공이를 갈아서 바늘을 만든다. 磨斧作針(마부작침).

摩頂放踵 (마정방종)★

[뜻음] 갈 마, 정수리 정, 놓을 방, 발꿈치 종.
[풀이] 정수리로부터 磨滅(마멸)시켜 발꿈치까지 이른다는 뜻. 粉骨碎身(분골쇄신)함을 이름. 출전 孟子(맹자).

麻中之蓬 (마중지봉)★★★

[뜻음] 삼 마, 가운데 중, 갈 지, 쑥 봉.
[풀이] 삼밭에 나는 쑥. 삼밭의 쑥은 삼을 따라 자라기 때문에 곧게 잘 자람. 좋은 환경에서 자라면 악한 사람도 선량해진다는 뜻.

馬遲枚速 (마지매속)★

[뜻음] 말 마, 느릴 지, 줄기 매, 빠를 속.
[풀이] 漢(한)나라 司馬相如(사마상여)가 글을 짓는 데 느리고, 枚杲(매고)는 빨랐다는 말. 馬工枚速(마공매속).

磨穿鐵硯 (마천철연)★

[뜻음] 갈 마, 뚫을 천, 쇠 철, 벼루 연.
[풀이] 쇠 벼루를 갈고 뚫는다. 학문에 열심히 하여 딴 데 마음을 두지 않음. 출전 五代史(오대사).

磨鐵杵 (마철저)★

[뜻음] 갈 마, 쇠 철, 절굿공이 저.
[풀이] 쇠공이를 갈아서 바늘을 만든다. 鐵杵磨針(철저마침). 磨斧作針(마부작침).

馬汗之力 (마한지력)★

[뜻음] 말 마, 땀 한, 갈 지, 힘 력.
[풀이] 전쟁에서 馳驅(치구)하는 힘. 馳驅(치구)는 달려 나간다는 뜻.

馬行處牛亦去 (마행처우역거)★★

[뜻음] 말 마, 다닐 행, 곳 처, 소 우, 역시 역, 갈 거.
[풀이] 말 가는 데 소도 간다. ① 재주가 달려도 꾸준히 노력하면 일을 성취할 수 있다는 말. ② 아니 갈 데를 간다는 말. 출전 靑莊館全書(청장관전서).

馬革裹屍 (마혁과시)★★★

[뜻음] 말 마, 가죽 혁, 쌀 과, 시체 시.
[풀이] 말가죽에 시신을 싸고 담는다. 전쟁에 나가기 전에 戰意(전의)를 가다듬으면서 하는 말.

≪後漢書(후한서)≫馬援傳(마원전)에 나오는 마원의 말이다.
馬援(마원)은 後漢(후한) 光武帝(광무제) 때 伏波將軍(복파장군)으로 지금의 越南(월남)인 交趾(교지)를 平定(평정)하고 건무 20년(서기 44년) 수도 낙양으로 돌아왔다. 그는 용맹과 인격이 뛰어난 名將(명장)이었다.

마원이 凱旋(개선)했을 때 많은 사람들이 성 밖으로 나와 그를 맞이했는데 그 속에는 지모가 뛰어나기로 유명했던 孟翼(맹익)도 있었다. 맹익은 많은 사람들 사이에 판에 박은 축하의 인사만을 건넸다. 그러자 마원이 맹익에게 말했다.

"나는 그대가 가슴에 사무치는 충고의 말을 해 줄 것으로 기대하고 있었다. 겨우 남과 똑같은 인사만을 한단 말인가. 옛날 복파장군 路博德(노박덕)은 南越(월남)을 평정하여 일곱 군을 새로 만드는 큰 공을 세우고도 겨우 수백 호의 작은 영토를 받은 데 불과했다. 그런데 지금 나는 별로 공을 세우지도 못했는데 큰 고을을 봉읍으로 받게 되었다. 공에 비해 은상이 너무 크다. 도저히 이대로 오래 영광을 누릴 수는 없을 것 같다. 그대에게 무슨 좋은 생각은 없는가?"

맹익이 좋은 꾀가 생각나지 않는다고 대답하자, 마원은 다시 말을 계속했다.

"지금 匈奴(흉노)와 烏桓(오환)이 북쪽 변경을 시끄럽게 하고 있다. 이들을 정벌할 것을 청하리라. 사나이는 마땅히 변경 싸움터에서 죽어야만 한다. 말가죽으로 시체를 싸서 돌아와 장사를 지낼 뿐이다. 어찌 침대 위에 누워 여자의 시중을 받으며 죽을 수 있겠는가?"라고 말했다.

전쟁에 나가기 전에 戰意(전의)를 가다듬으면서 하는 말이며, 전쟁터에 나가 적과 싸우다가 죽고 말겠다는 용장의 각오를 가리켜 한 말이다.

馬好替乘 (마호체승)

[뜻음] 말 마, 좋을 호, 바꿀 체, 탈 승.
[풀이] 말을 갈아타는 것이 좋다. 새것으로 바꾸어 보는 것도 더욱 즐거운 일이라는 말. 출전 東言解(동언해).

莫可奈何 (막가내하)★

[뜻음] 말 막, 가할 가, 어찌 내, 어찌 하.
[풀이] 어찌할 수 없음.

藐姑射山 (막고야산)★

[뜻음] 멀 막, 시어머니 고, 벼슬이름 야, 뫼 산.
[풀이] 玉皇上帝(옥황상제)가 산다는 산. 別天地(별천지). 藐姑射之山(막고야지산). 출전 列子(열자) 黃帝篇(황제편).

寞寞江山 (막막강산)★

[뜻음] 적막할 막, 강 강, 뫼 산.
[풀이] 막막한 땅 또는 그곳. 또는 그 산과 같은 처지. 寞寞窮山(막막궁산).

漠漠大海 (막막대해)★

[뜻음] 넓을 막, 클 대, 바다 해.
[풀이] 끝없이 넓고 아득한 바다. 寞寞大海(막막대해).

漠漠陰陰 (막막음음)

[뜻음] 조용할 막, 응달 음.
[풀이] 뿌옇고 침침하다. 남의 작품에다가 약간의 변화를 주어 자기 작품인 양 행세함. 唐(당)나라 詩人(시인) 王維(왕유)의 시를 평하면서 생긴 말.

莫無可奈 (막무가내)★★

[뜻음] 말 막, 없을 무, 가할 가, 어찌 내.
[풀이] 한 번 정한 대로 고집하여 도무지 융통성이 없음. 어찌할 수 없음.

莫不得已 (막부득이)★

[뜻음] 없을 막, 아니 부, 얻을 득, 이미 이.
[풀이] 마지못하여. 하는 수 없이. 不得已(부득이).

莫非天運 (막비천운)★

[뜻음] 말 막, 아닐 비, 하늘 천, 운수 운.
[풀이] 하늘이 정한 운명 아닌 것이 없음. 莫非天數(막비천수). 莫非天命(막비천명).

莫上莫下 (막상막하)★★

[뜻음] 말 막, 위 상, 아래 하.
[풀이] 어느 것이 낫고 어느 것이 못하다고 밝혀 말하기 어려울 만큼, 差異(차이)가 별로 없음. 優劣(우열)을 가리기 어려움.

幕上之燕巢 (막상지연소)★

[뜻음] 장막 막, 위 상, 갈 지, 제비 연, 둥지 소.
[풀이] 장막 위에 있는 제비집. 위험한 상태. 매우 위험한 곳에 처소를 정함. 매우 위험한 처지에 있음을 비유하여 이르는 말.

莫逆之間 (막역지간)★

[뜻음] 없을 막, 거스를 역, 갈 지, 사이 간.
[풀이] 거스를 것이 없는 사이. 막역한 사이. 벗으로서 아주 허물없이 썩 친한 사이. 莫逆之友(막역지우).

莫逆之交 (막역지교)★

[뜻음] 없을 막, 거스를 역, 갈 지, 사귈 교.
[풀이] 마음에 거슬림이 없는 사귐. 서로 뜻이 맞는 교제. 意氣投合(의기투합)한 벗. 莫逆之友(막역지우).

莫逆之友 (막역지우)★★★

[뜻음] 말 막, 거스를 역, 갈 지, 벗 우.
[풀이] 거스를 것이 없는 벗. 아주 허물없이 지내는 친구. 莫逆之間(막역지간).
더할 나위 없이 친한 친구를 막역지우라고 하고 그러한 사이를 '막역한 사이'니 '막역지간'이니 또는 '막역간'이니 하고 말한다. 막역은 '마음에 조금도 거슬리는 것이 없다'는 뜻으로 말이 나오게 된 ≪莊子(장자)≫ 大宗師篇(대종사편) 원문에는 '莫逆於心(막역어심)'이라고 되어 있다.

莫然不知 (막연부지)★

[뜻음] 없을 막, 그러할 연, 아닐 부, 알 지.
[풀이] 막연하여 알 수 없음.

莫重大事 (막중대사)★★

[뜻음] 말 막, 무거울 중, 클 대, 일 사.
[풀이] 더할 나위 없이 큰 일. 가장 중대한 일.

莫知其子之惡 (막지기자지악)★

[뜻음] 말 막, 알 지, 그 기, 아들 자, 갈 지, 악할 악.
[풀이] 부모 된 사람은 자기 자식의 잘못을 모른다. 어버이의 자식에 대한 사랑이 맹목적임을 이르는 말. 출전 大學(대학).

幕天席地 (막천석지)★

[뜻음] 막 막, 하늘 천, 자리 석, 땅 지.
[풀이] 하늘을 帳幕(장막)으로 삼고 땅을 자리로 삼는다. 의기가 호방함을 이르는 말. 志氣(지기)가 雄大(웅대)한 형용.

輓歌 (만가)★★★

[뜻음] 끌 만, 노래 가.
[풀이] 상여를 메고 갈 때 부르는 노래. 상여를 메고 갈 때 수레를 끌면서 부르는 노래. 죽은 사람을 애도하는 노래.

≪蒙求(몽구)≫에 나오는 이야기이다.

漢(한)나라 고조 劉邦(유방)이 즉위하기 직전의 일이다. 한나라 창업 三傑(삼걸) 중 한 사람인 韓信(한신)에게 급습당한 齊王(제왕) 田橫(전횡)은 그 분풀이로 유방이 보낸 說客(세객) 酈食其(역이기)를 삶아 죽여 버렸다. 이윽고 고조가 즉위하자 보복을 두려워한 전횡은 500여 명의 부하와 함께 渤海灣(발해만)에 있는 지금의 전횡도로 도망갔다.

그 후 고조는 전횡이 반란을 일으킬까 우려하여 그를 용서하고 불렀다. 전횡은 일단 부름에 응했으나 낙양을 30여 리 앞두고 스스로 목을 찔러 자결하고 말았다. 포로가 되어 고조를 섬기는 것이 부끄러웠기 때문이다. 전횡의 목을 고조에게 전한 두 부하를 비롯해서 섬에 남아 있던 500여 명도 전횡의 절개를 경모하여 모두 殉死(순사)했다.

그 무렵, 전횡의 門人(문인)이 薤露歌(해로가)·蒿里曲(호리곡)이라는 두 곡의 상가를 지었는데 전횡이 자결하자 그 죽음을 애도하여 노래했다.

부추잎의 이슬은 어찌 그리 쉬이 마르는가
[薤上朝露何易晞(해상조로하이희)]
이슬은 말라도 내일 아침 다시 내리지만
[露晞明朝更復落(노희명조갱부락)]
사람은 죽어 한 번 가면 어느 때 돌아오리
[人死一去何時歸(인사일거하시귀)]
- 해로가 -

호리는 뉘 집터인고
[蒿里誰家地(호리수가지)]
혼백을 거둘 땐 현·우가 따로 없네
[聚斂魂魄無賢愚(취렴혼백무현우)]

귀백은 어찌 그리 재촉하는고
[鬼伯一何相催促(귀백일하상최촉)]
인명은 잠시도 머뭇거리지 못하네
[人命不得少踟躕(인명부득소지주)]
- 호리곡 -

이 두 상가는 그 후 7대 황제인 무제(武帝: B.C. 141~81) 때에 樂府(악부) 총재인 李延年(이연년)에 의해 작곡되어 해로가는 公卿貴人(공경귀인), 호리곡은 士夫庶人(사부서인)의 장례 시에 상여꾼이 부르는 '만가'로 정해졌다고 한다.

죽은 사람을 애도하는 노래나 시나 글을 만가라고 하게 되었다.

滿腔春意 (만강춘의)★

[뜻음] 찰 만, 속 빌 강, 봄 춘, 뜻 의.
[풀이] 남을 祝賀(축하)하여 이르는 말. 滿腔子都是春意(만강자도시춘의).

滿腔血誠 (만강혈성)★

[뜻음] 찰 만, 속 빌 강, 피 혈, 정성 성.
[풀이] 가슴속에 가득 찬 진실에서 우러나오는 정성.

萬頃琉璃 (만경유리)★★

[뜻음] 일만 만, 밭이랑 경, 유리 유, 유리 리.
[풀이] 만경이나 드넓게 펼쳐진, 유리처럼 아름답고 반반한 바다. '경'은 밭 100이랑. 출전 杜甫(두보)의 시.

萬頃蒼波 (만경창파)★★

[뜻음] 일만 만, 이랑 경, 푸를 창, 물결 파.
[풀이] 한없이 넓고 푸른 바다.

萬古江山 (만고강산)★★

[뜻음] 일만 만, 예 고, 강 강, 뫼 산.
[풀이] 오랜 세월을 통하여 변함이 없는 강산.

萬古文章 (만고문장)★

[뜻음] 일만 만, 예 고, 글월 문, 글 장.
[풀이] 세상에 유례가 없을 만큼 뛰어난 글.

萬古不滅 (만고불멸)★

[뜻음] 일만 만, 예 고, 아닐 불, 멸망할 멸.
[풀이] 오랜 세월을 두고 영원히 없어지지 않음.

萬古不易 (만고불역)★

[뜻음] 일만 만, 예 고, 아닐 불, 바꿀 역.
[풀이] 영원히 바뀌지 아니함.

萬古不朽 (만고불후)★

[뜻음] 일만 만, 예 고, 아닐 불, 썩을 후.

[풀이] 영원히 썩지 아니함.

萬古常靑 (만고상청)★

[뜻음] 일만 만, 예 고, 항상 상, 푸를 청.
[풀이] 오랜 세월을 두고 늘 푸름.

萬古千秋 (만고천추)★

[뜻음] 일만 만, 예 고, 일천 천, 가을 추.
[풀이] 천년만년의 기나긴 세월. 오랫동안. 영원히. 언제까지나. 과거 미래에 걸친 오랜 세월을 이르는 말.

萬古天下 (만고천하)★

[뜻음] 일만 만, 예 고, 하늘 천, 아래 하.
[풀이] ① 아득한 옛날의 천하. ② 만대에 영원한 이 세상.

萬古風霜 (만고풍상)★

[뜻음] 일만 만, 예 고, 바람 풍, 서리 상.
[풀이] 오랫동안 바람과 서리를 맞다. 사는 동안에 겪은 많은 고생.

萬斛泉源 (만곡천원)★

[뜻음] 일만 만, 휘 곡, 샘 천, 근원 원.
[풀이] 끊임없이 솟아나는 샘의 근원. 詩文(시문)에 대한 構想(구상)이 풍부함을 이르는 말.

萬口成碑 (만구성비)★

[뜻음] 일만 만, 입 구, 이룰 성, 비석 비.
[풀이] 여러 사람이 異口同聲(이구동성)으로 칭찬하는 것은 碑(비)를 세우는 것과 같다는 말.

萬卷詩書 (만권시서)★

[뜻음] 일만 만, 책 권, 시 시, 책 서.
[풀이] 만 권이 넘는 시집과 책. 굉장히 많은 책.

萬金不換 (만금불환)

[뜻음] 일만 만, 쇠 금, 아닐 불, 바꿀 환.
[풀이] 만금을 주어도 바꾸지 않음. 무릇 墨(먹)은 날마다 쓰고 일 년이 지나도 겨우 반 치밖에 닳지 않음.

萬機親覽 (만기친람)★

[뜻음] 일만 만, 틀 기, 친할 친, 볼 람.
[풀이] 임금이 온갖 政事(정사)를 친히 보살핌.

萬兩太守 (만냥태수)★

[뜻음] 일만 만, 두 냥, 클 태, 지킬 수.
[풀이] 祿(녹)이 많은 元(원).

萬年不敗 (만년불패)★

[뜻음] 일만 만, 해 년, 아닐 불, 패할 패.
[풀이] 매우 튼튼하여 오래도록 깨지지 않음. 오래되어도 절대로 깨어지지 아니함.

萬年之計 (만년지계)★

[뜻음] 일만 만, 해 년, 갈 지, 꾀 계.

[풀이] 아주 먼 훗날까지 미리 내다본 계획. 썩 먼 뒷날까지에 걸친 큰 계획.

萬端改諭 (만단개유)★

[뜻음] 일만 만, 실마리 단, 고칠 개, 타이를 유.
[풀이] 여러 가지 좋은 말로 잘 타이름.

萬端無方 (만단무방)

[뜻음] 일만 만, 끝 단, 없을 무, 모 방.
[풀이] 가지각색이어서 일정한 규정이 없음. 규칙이나 규정이 없이 제멋대로인 사람. 萬無方(만무방). 출전 淮南子(회남자).

萬端說話 (만단설화)★★

[뜻음] 일만 만, 실마리 단, 말씀 설, 이야기 화.
[풀이] 가슴속에 서리고 서린 온갖 이야기.

萬端愁心 (만단수심)★

[뜻음] 일만 만, 끝 단, 근심 수, 마음 심.
[풀이] 여러 갈래로 일어나는 근심. 萬端愁懷(만단수회).

萬端情話 (만단정화)★

[뜻음] 일만 만, 실마리 단, 정서 정, 말씀 화.
[풀이] 여러 가지 정다운 이야기.

萬端情懷 (만단정회)★

[뜻음] 일만 만, 실마리 단, 정서 정, 품을 회.
[풀이] 여러 가지 정다운 이야기. 온갖 정서와 회포.

萬堂春色 (만당춘색)★

[뜻음] 찰 만, 집 당, 봄 춘, 빛 색.
[풀이] 집 안을 가득 채운 봄빛. 복숭아나무의 큰 가지를 말함.

萬代不朽 (만대불후)★

[뜻음] 일만 만, 시대 대, 아닐 불, 썩을 후.
[풀이] 영원히 썩거나 없어지지 아니함.

萬代遺轉 (만대유전)★

[뜻음] 일만 만, 시대 대, 끼칠 유, 구를 전.
[풀이] 만대를 전하여 내려옴.

萬綠叢中紅一點 (만록총중홍일점)★★

[뜻음] 일만 만, 푸를 록, 모일 총, 가운데 중, 붉을 홍, 한 일, 점 점.
[풀이] 많은 푸른 잎 가운데에 붉은 꽃이 하나 있음. 많은 평범한 것 가운데 하나의 뛰어난 것이 있음. 紅一點(홍일점).

萬里鵬翼 (만리붕익)★

[뜻음] 일만 만, 거리 리, 붕새 붕, 날개 익.
[풀이] 만 리를 대붕의 날개로 난다. 만 리나 멀리 떨어진 넓은 하늘이나 바닷길. '圖南鵬翼(도남붕익)'을 참조하시오.

萬里沃野 (만리옥야)★

[뜻음] 일만 만, 거리 리, 기름질 옥, 들 야.
[풀이] 끝없이 멀고 넓은 기름진 들판.

萬里長舌 (만리장설)★

[뜻음] 일만 만, 거리 리, 길 장, 혀 설.
[풀이] 끝없이 장황하게 늘어놓는 말.

萬里前程 (만리전정)★

[뜻음] 일만 만, 거리 리, 앞 전, 길 정.
[풀이] 젊은이의 희망에 찬 앞길을 이르는 말.

萬萬多幸 (만만다행)★

[뜻음] 일만 만, 많을 다, 다행 행.
[풀이] 아주 다행한 것.

萬萬不當 (만만부당)★

[뜻음] 일만 만, 아니 부, 마땅할 당.
[풀이] 절대로 옳지 아니함.

萬萬不可 (만만불가)★

[뜻음] 일만 만, 아닐 불, 옳을 가.
[풀이] 아주 옳지 않음. 전혀 經緯(경위)에 당치 않음.

蠻貊之邦 (만맥지방)★

[뜻음] 오랑캐 만, 북방종족 맥, 갈 지, 나라 방.
[풀이] 중국의 남쪽과 북쪽에 살던, 문명하지 못한 백성들이 살던 나라라는 뜻. 만족과 맥족의 나라. 맥족은 강원도 춘천을 근거지로 했다고 전해옴.

滿面愁色 (만면수색)

[뜻음] 가득 찰 만, 얼굴 면, 근심 수, 빛 색.
[풀이] 얼굴에 가득히 나타난 근심의 빛.

滿面羞慚 (만면수참)★

[뜻음] 가득할 만, 낯 면, 부끄러울 수, 부끄러울 참.
[풀이] 얼굴에 가득히 나타나는 부끄러운 기색.

滿面春風 (만면춘풍)★

[뜻음] 가득할 만, 얼굴 면, 봄 춘, 바람 풍.
[풀이] 기쁨에 넘치는 얼굴. 滿面喜色(만면희색).

滿面喜色 (만면희색)★

[뜻음] 가득할 만, 낯 면, 기쁠 희, 빛 색.
[풀이] 얼굴에 가득 찬 기쁜 빛.

萬無一失 (만무일실)

[뜻음] 일만 만, 없을 무, 한 일, 잃을 실.
[풀이] 失敗(실패)할 염려가 조금도 없음.

滿門桃李 (만문도리)★

[뜻음] 가득할 만, 문 문, 복숭아 도, 자두 리.
[풀이] 스승이 길러낸 제자, 인재들이 도처에 있음. 桃李滿門(도리만문). 文墻桃李(문장도리). 桃李門前(도리문전).

萬物得基本者生 (만물득기본자생)

[뜻음] 일만 만, 만물 물, 얻을 득, 터 기, 근본 본, 놈 자, 날 생.

[풀이] 만물은 모두 근본이 있음으로써 생겼다는 말. 출전 說苑(설원).

萬物父母 (만물부모)★

[뜻음] 일만 만, 만물 물, 아비 부, 어미 모.
[풀이] 만물의 부모. 만물이 생장하는 천지. 천지는 만물을 낳으므로 이르는 말.

萬物殊理 (만물수리)★

[뜻음] 일만 만, 만물 물, 다를 수, 이치 리.
[풀이] 만물이 다 이치를 달리함.

萬物逆旅 (만물역려)★

[뜻음] 일만 만, 만물 물, 맞이할 역, 나그네 려.
[풀이] 만물의 여관이라는 뜻으로 천지를 가리킴. 역려는 여관임.

萬物之靈 (만물지령)★

[뜻음] 일만 만, 만물 물, 갈 지, 신령 령.
[풀이] 만물 중에 가장 神靈(신령)한 것. 곧 사람. 출전 書經(서경).

萬物之靈長 (만물지영장)★

[뜻음] 일만 만, 만물 물, 갈 지, 신령 령, 길 장.
[풀이] 만물의 영장이므로 사람을 이름.

滿盤熟肉 (만반숙육)★

[뜻음] 가득 찰 만, 쟁반 반, 익힐 숙, 고기 육.
[풀이] 상에 가득히 차린 삶아 익힌 고기. 熟肉(숙육)을 요즘 '수육'으로 읽고 말하고 있음.

滿盤珍羞 (만반진수)★

[뜻음] 가득할 만, 쟁반 반, 진귀할 진, 음식물 수.
[풀이] 소반이나 상에 가득 차린 진귀하고 맛 좋은 음식.

滿帆順風 (만범순풍)★

[뜻음] 찰 만, 돛 범, 순할 순, 바람 풍.
[풀이] 순풍을 받아 돛에 바람이 가득함.

萬病通治 (만병통치)★

[뜻음] 일만 만, 병 병, 통할 통, 다스릴 치.
[풀이] 어떤 한 가지 약의 효험이 온갖 병에 다 맞음.

萬不當千不當 (만부당천부당)★

[뜻음] 일만 만, 아닐 부, 마땅할 당, 일천 천.
[풀이] 몹시 부당함.

萬夫之望 (만부지망)★

[뜻음] 일만 만, 사내 부, 갈 지, 바랄 망.
[풀이] 萬人(만인)의 仰望(앙망)하는 바. 천하의 만인이 우러러 사모함 또는 그 사람. 천하 만인의 소망이나 일 등. 출전 易經(역경) 繫辭下傳(계사하전).

萬分多幸 (만분다행)★

[뜻음] 일만 만, 나눌 분, 많을 다, 다행 행.
[풀이] 일이 뜻밖에 잘되어 매우 다행함.

萬分之一 (만분지일)★

[뜻음] 일만 만, 나눌 분, 갈 지, 한 일.
[풀이] 만으로 나눈 그중의 하나.

萬死無惜 (만사무석)★

[뜻음] 일만 만, 죽을 사, 없을 무, 아낄 석.
[풀이] 죄가 너무 무거워 만 번 죽여도 아깝지 않음. 萬戮猶輕(만륙유경).

萬事無心 (만사무심)★

[뜻음] 일만 만, 일 사, 없을 무, 마음 심.
[풀이] 온갖 일에 관심이 없음.

萬死餘生 (만사여생)

[뜻음] 일만 만, 죽을 사, 남을 여, 날 생.
[풀이] 정말 죽을 고비를 벗어나 살아나게 된 목숨.

萬事如意 (만사여의)★★

[뜻음] 일만 만, 일 사, 같을 여, 뜻 의.
[풀이] 모든 일이 뜻과 같이 잘됨.

萬事瓦解 (만사와해)★

[뜻음] 일만 만, 일 사, 기와 와, 풀릴 해.
[풀이] 모든 일이 기왓장이 무너지듯 다 실패함.

萬死猶輕 (만사유경)★

[뜻음] 일만 만, 죽을 사, 오히려 유, 가벼울 경.
[풀이] 만 번을 죽는다 해도 못 미칠 만큼 죄가 무거움을 일컫는 말.

萬事太平 (만사태평)★★

[뜻음] 일만 만, 일 사, 클 태, 평평할 평.
[풀이] 모든 일에 근심 걱정이 없어 평안함.

萬事亨通 (만사형통)★★★

[뜻음] 일만 만, 일 사, 형통할 형, 통할 통.
[풀이] 모든 일이 거리낌 없이 뜻대로 잘됨. 출전 易經(역경).

萬事休 (만사휴)★

[뜻음] 일만 만, 일 사, 쉴 휴.
[풀이] 萬事休矣(만사휴의).

萬事休矣 (만사휴의)★★★

[뜻음] 일만 만, 일 사, 쉴 휴, 어조사 의.
[풀이] 모든 일이 끝장남. 어떻게 해 볼 도리가 없다는 말.

이 말은 ≪宋史(송사)≫ 荊南高氏世家(형남고씨세가)에 나온다.

荊南(형남) 고씨 집 4대째 임금인 保勗(보욱)은 어릴 때부터 몸이 약했고 자라난 뒤로는 몹시 음란한 짓을 좋아했는데 매일같이 娼女(창녀)들을 한방에 모아 넣고 군대 속에서 건장한 사람을 뽑아 함께 亂雜(난잡)한 짓을 하

게 만든 다음 그 광경을 姬妾(희첩)들과 함께 발 뒤에 숨어 구경을 하는 변태성욕자였다.

이 고보욱이 아직 어릴 때 일이다. 그는 수많은 아들들 가운데서 아버지 종희의 사랑을 독차지하고 있었는데 그래서 그가 미워 눈을 흘기며 노려보는 사람이 있어도 보욱은 자기가 귀여워서 그런 줄로 알고 벙글벙글 웃고만 있었다 한다. 이런 것을 보는 사람들은 모든 일은 끝났다고 했다는 것이다.

결국 그가 자라 왕이 되자 곧 망하여 형남 고씨는 역사 속으로 사라졌다.

'이젠 끝장이다'라는 말을 흔히 듣는다. 다시 어떻게 해 볼 방법도, 행여나 하는 희망도 전연 없게 된 절망과 체념의 뜻을 표하는 말이다. '만사휴의'는 그런 경우에 쓰는 말이다.

滿山紅葉 (만산홍엽)★

[뜻음] 가득 찰 만, 뫼 산, 붉을 홍, 잎사귀 엽.
[풀이] 단풍이 들어 온 산의 나뭇잎이 붉게 물들어 있는 모양.

萬石嫗 (만석구)★

[뜻음] 일만 만, 돌 석, 어미 구.
[풀이] 만석꾼의 어머니. 嚴延平(엄연평)의 어머니는 아들 다섯이 모두 대관이 되어 俸祿(봉록)이 萬石(만석)이었음.

萬歲同樂 (만세동락)★

[뜻음] 일만 만, 해 세, 한가지 동, 즐길 락.
[풀이] 영원히 오래도록 함께 즐김.

萬歲無疆 (만세무강)★

[뜻음] 일만 만, 해 세, 없을 무, 끝 강.
[풀이] ① 오랜 세대에 걸쳐 끝이 없음. ② 萬壽無疆(만수무강).

萬世不刊 (만세불간)★

[뜻음] 일만 만, 세상 세, 아닐 불, 깎을 간.
[풀이] 영원히 깎아낼 수 없음. 영원히 지우지 못함. 刊(간)은 削(삭).

萬世不忘 (만세불망)★★

[뜻음] 일만 만, 세상 세, 아닐 불, 잊을 망.
[풀이] 영원히 恩德(은덕)을 잊지 않음.

萬歲不變 (만세불변)★

[뜻음] 일만 만, 해 세, 아닐 불, 변할 변.
[풀이] 영원히 변하지 않음.

萬世不易 (만세불역)★

[뜻음] 일만 만, 세상 세, 아닐 불, 바꿀 역.
[풀이] 永久不變(영구불변). 萬古不易(만고불역). 출전 荀子(순자) 正論篇(정론편).

萬世不朽 (만세불후)★

[뜻음] 일만 만, 세상 세, 아닐 불, 썩을 후.
[풀이] 萬古不朽(만고불후).

萬世之業 (만세지업)★

[뜻음] 일만 만, 세상 세, 갈 지, 업 업.
[풀이] 영원히 계속될 不朽(불후)의 사업.

萬歲千秋 (만세천추)★

[뜻음] 일만 만, 해 세, 일천 천, 가을 추.
[풀이] ① 천년만년. ② 오래 살기를 祝壽(축수)하는 말.

萬壽無疆 (만수무강)★★

[뜻음] 일만 만, 목숨 수, 없을 무, 지경 강.
[풀이] 만년을 살아도 끝이 없음. 손윗사람이나 尊敬(존경)하는 분의 건강을 빌 때 쓰임. 출전 詩經(시경) 豳風(빈풍).

萬愁憂患 (만수우환)★

[뜻음] 일만 만, 시름 수, 걱정할 우, 근심 환.
[풀이] 온갖 시름과 근심 걱정.

漫垂雲鬟 (만수운환)★

[뜻음] 질펀할 만, 드리울 수, 구름 운, 쪽진 머리 환.
[풀이] 되는대로 흐트러져 구름 같은 쪽진 머리. 구름처럼 헝클어져 늘어진 머리털을 이르는 말.

萬殊一理 (만수일리)★

[뜻음] 일만 만, 다를 수, 한 일, 이치 리.
[풀이] 우주의 森羅萬象(삼라만상)이 서로 다르지만 그 근본의 원리는 하나라는 뜻. 우주의 萬象(만상)이 결국은 한 이치로 돌아감.

萬乘之國 (만승지국)★★

[뜻음] 일만 만, 수레 승, 갈 지, 나라 국.
[풀이] 일만 대의 兵車(병거)를 갖춰 낼 만한 힘을 가진 나라. 곧 천자의 나라. 萬乘天子(만승천자). 출전 孟子(맹자) 梁惠王上篇(양혜왕상편).

萬乘之君 (만승지군)★

[뜻음] 일만 만, 수레 승, 갈 지, 임금 군.
[풀이] 萬乘之國(만승지국)을 다스리는 君主(군주). 天子(천자)를 이름. 출전 孟子(맹자).

萬乘之尊 (만승지존)★

[뜻음] 일만 만, 수레 승, 갈 지, 높을 존.
[풀이] 天子(천자)의 地位(지위).

萬乘之主 (만승지주)★

[뜻음] 일만 만, 수레 승, 갈 지, 주인 주.
[풀이] 萬乘之君(만승지군). 출전 孟子(맹자) 梁惠王上篇(양혜왕상편).

晚時之歎 (만시지탄)★★

[뜻음] 늦을 만, 때 시, 갈 지, 탄식할 탄.
[풀이] 機會(기회)를 놓쳐 뒤늦었음을 안타까워하는 탄식. 기회를 놓친 한탄. 이미 때가 늦었음을 한탄함.

晚食當肉 (만식당육)★

[뜻음] 늦을 만, 먹을 식, 당할 당, 고기 육.
[풀이] 늦게 먹는 음식은 맛있는 고기에 해당. 배가 고플 때 음식을 먹으면 맛이 없는 것이라도 입에 당김. 출전 戰國策(전국책).

滿身是膽 (만신시담)★

[뜻음] 찰 만, 몸 신, 이 시, 쓸개 담.
[풀이] 온몸이 전부 쓸개이다. 대단히 담이 큼. 아주 대담함. 출전 三國志(삼국지) 蜀志(촉지).

滿身瘡痍 (만신창이)★

[뜻음] 찰 만, 몸 신, 부스럼 창, 상처 이.
[풀이] 온몸이 성한 데가 없이 여러 군데 다친 상처투성이가 되거나 그 상처. 전체가 성한 데가 하나도 없을 만큼 결함이 많음.

萬牛難回 (만우난회)★

[뜻음] 일만 만, 소 우, 어려울 난, 되돌릴 회.
[풀이] 만 마리의 소가 끌어도 돌리기 어렵다. 고집이 매우 센 사람을 비유함.

蠻夷戎狄 (만이융적)★

[뜻음] 오랑캐 만, 오랑캐 이, 되 융, 오랑캐 적.
[풀이] 사방의 야만국. 옛날부터 중국의 漢(한)민족들은 자기 나라를 중심으로 하여 사방의 모든 나라를 東夷(동이), 西戎(서융), 南蠻(남만), 北狄(북적)이라고 하였음.

萬二千峰 (만이천봉)★

[뜻음] 일만 만, 두 이, 일천 천, 봉우리 봉.
[풀이] 산봉우리가 많다는 뜻. 많은 산봉우리로 된 金剛山(금강산)의 絶勝(절승)한 山勢(산세)를 일컫는 말.

萬人異心 (만인이심)

[뜻음] 일만 만, 사람 인, 다를 이, 마음 심.
[풀이] 각 사람마다 각기 마음이 다름. 출전 淮南子(회남자).

蔓引株求 (만인주구)★

[뜻음] 덩굴 만, 끌 인, 그루 주, 찾을 구.
[풀이] 덩굴을 더듬어 뿌리까지 찾아냄. 一網打盡(일망타진)의 뜻.

萬人之上 (만인지상)★

[뜻음] 일만 만, 사람 인, 갈 지, 위 상.
[풀이] 人臣(인신)으로서 최고 지위. 옛날 領議政(영의정)의 지위를 이르던 말.

萬人逐兔一人獲之 (만인축토일인획지)★

[뜻음] 일만 만, 사람 인, 쫓을 축, 토기 토, 한 일, 잡을 획, 갈 지.
[풀이] 많은 사람이 토끼를 몰지만 토끼를 잡는 사람은 오직 한 사람임. 출전 後漢書(후한서).

萬紫千紅 (만자천홍)★

[뜻음] 일만 만, 자줏빛 자, 일천 천, 붉을 홍.
[풀이] 온갖 빛깔의 아름다운 꽃.

萬丈氣焰 (만장기염)★

[뜻음] 일만 만, 단위 장, 기운 기, 불 댕길 염.
[풀이] 매우 당당한 語勢(어세)나 氣勢(기세).

萬丈瀑布 (만장폭포)★

[뜻음] 일만 만, 단위 장, 폭포 폭, 베 포.
[풀이] 만 발이나 되는 몹시 높은 데서 떨어지는 폭포.

萬丈紅塵 (만장홍진)★

[뜻음] 일만 만, 단위 장, 붉을 홍, 먼지 진.
[풀이] 만 장이나 되도록 하늘 높이 뻗쳐 오른 먼지. 곧 한없이 구차스럽고 속된 이 세상. 홍진은 티끌 많은 속세를 나타냄.

慢藏誨盜 (만장회도)★

[뜻음] 느슨할 만, 곳집 장, 가르칠 회, 도둑 도.
[풀이] 곳간의 문단속을 잘하지 않는 것은 도둑에게 도둑질하라고 가르치는 것과 다름이 없음. 출전 易經(역경).

萬全之策 (만전지책)★

[뜻음] 일만 만, 온전할 전, 갈 지, 대책 책.
[풀이] 가장 안전한 대책. 한 치의 실수도 허락하지 않는 방안. 출전 後漢書(후한서).

萬折必東 (만절필동)

[뜻음] 일만 만, 꺾일 절, 반드시 필, 동녘 동.
[풀이] 황하는 아무리 곡절이 많아도 반드시 동쪽으로 흘러간다. 충신의 절개는 꺾을 수 없다는 말. 출전 荀子(순자).

滿庭桃花 (만정도화)★

[뜻음] 가득할 만, 뜰 정, 복숭아나무 도, 꽃 화.
[풀이] 뜰에 가득한 복숭아꽃.

滿朝百官 (만조백관)★

[뜻음] 가득 찰 만, 조정 조, 일백 백, 벼슬 관.
[풀이] 朝廷(조정)의 여러 신하. 온 조정의 모든 벼슬아치.

萬重雲山 (만중운산)★

[뜻음] 일만 만, 거듭 중, 구름 운, 뫼 산.
[풀이] 첩첩이 겹쳐 구름이 덮인 산.

萬疊靑山 (만첩청산)★

[뜻음] 일만 만, 겹쳐질 첩, 푸를 청, 뫼 산.
[풀이] 봉우리가 중첩한 푸른 산.

滿招損謙受益 (만초손겸수익)★

[뜻음] 찰 만, 부를 초, 손해 볼 손, 겸손할 겸, 받을 수, 더할 익.
[풀이] 사물은 한껏 차면 자만심이 생기므로 손실을 초래하고, 겸손하면 이익을 받는다. 교만하면 손해를 부르고 겸손하면 이익을 받는다는 의미. 출전 書經(서경) 大禹謨篇(대우모편).

蠻觸之爭 (만촉지쟁)★

[뜻음] 오랑캐 만, 닿을 촉, 갈 지, 다툴 쟁.
[풀이] 작은 나라끼리의 싸움. 하찮은 일로 승강이를 하는 것을 이르는 말. ≪莊子(장자)≫에, 달팽이의 왼쪽 뿔에 蠻氏(만씨), 오른쪽 뿔에 觸氏(촉씨)가 있어 서로 싸웠다는 옛일에서 온 말. 출전 莊子(장자).

晩就善終 (만취선종)

[뜻음] 늦을 만, 이룰 취, 착할 선, 끝날 종.
[풀이] 늦게 이루어진 것은 끝까지 훌륭함. 출전 三國志(삼국지) 魏志(위지).

萬波息笛 (만파식적)★

[뜻음] 일만 만, 물결 파, 숨 쉴 식, 피리 적.
[풀이] 모든 풍파가 사라지는 피리. 新羅(신라) 신문왕이 동해에 갔다가 용이 바친 대나무로 피리를 만들었는데, 이 피리를 불면 쳐들어왔던 적병이 돌아가고 파도가 가라앉았다는 고사. 따라서 온갖 풍파를 잠재우는 피리를 나타냄.

萬壑千峰 (만학천봉)★★

[뜻음] 일만 만, 골짜기 학, 일천 천, 봉우리 봉.
[풀이] 첩첩이 겹쳐진 골짜기와 수많은 봉우리.

萬恒河沙 (만항하사)★

[뜻음] 일만 만, 항상 항, 강 이름 하, 모래 사.
[풀이] 天竺(천축) 東界(동계)의 지금의 갠지스 강인 恒河(항하)의 무수히 많은 모래. 無限(무한), 無數(무수)한 것을 비유한 말. 恒沙(항사). 恒河沙(항하사).

萬戶長安 (만호장안)★

[뜻음] 일만 만, 집 호, 긴 장, 편안할 안.
[풀이] 수많은 사람이 살고 있는 서울. 장안은 서울을 나타냄.

萬化方暢 (만화방창)★★

[뜻음] 일만 만, 될 화, 바야흐로 방, 화창할 창.
[풀이] 따뜻한 봄날이 되어 온갖 생물이 나서 자람.

萬彙群象 (만휘군상)★★

[뜻음] 일만 만, 모을 휘, 무리 군, 모양 상.
[풀이] 세상 만물의 형상. 森羅萬象(삼라만상).

末大必折 (말대필절)★

[뜻음] 끝 말, 큰 대, 반드시 필, 꺾일 절.
[풀이] 초목의 가지와 잎이 커지면 줄기가 부러진다. 支孫(지손)이 강성하여지면 반드시 宗家(종가)를 멸망시킨다는 뜻. 출전 春秋左氏傳(춘추좌씨전).

末流之弊 (말류지폐)★

[뜻음] 끝 말, 흐를 류, 갈 지, 해질 폐.
[풀이] 잘해 나가다가 끝판에 생기는 폐단.

末學膚受 (말학부수)★

[뜻음] 끝 말, 배울 학, 살갗 부, 받을 수.
[풀이] 근본을 배우지 않고 그 겉껍질만을 배우는 일. 학문의 천박함을 이르는 말. 膚受(부수)는 피부로만 받을 뿐, 마음속 깊이 스며들지 않음을 이름.

網開三面 (망개삼면)★

[뜻음] 그물 망, 열 개, 석 삼, 방면 면.
[풀이] 빙 둘러친 그물의 三面(삼면)을 열어 禽獸(금수)가 자유롭게 도망칠 수 있게 했다는 중국 殷(은)나라 湯王(탕왕)의 옛일. 恩德(은덕)이 모든 짐승에까지 미침을 이름. 출전 史記(사기).

網擧目隨 (망거목수)★

[뜻음] 그물 망, 들 거, 눈 목, 따를 수.
[풀이] '그물을 들면 그물눈도 따라 올라간다'는 뜻으로, 아래는 위를 따르고, 적은 것은 큰 것을 따른다는 말. 요점을 잡으면 뒤에 따른 문제는 자연히 해결됨. 網擧目張(망거목장).

網擧目張 (망거목장)★

[뜻음] 그물 망, 들 거, 눈 목, 펼칠 장.
[풀이] 사물의 핵심을 파악하면 그 외의 것은 자연히 해결됨. 網擧目隨(망거목수).

亡國大夫 (망국대부)★★★

[뜻음] 망할 망, 나라 국, 큰 대, 사내 부.
[풀이] ① 나라를 망치게 하는 벼슬아치. ② 망하여 없어진 나라의 벼슬아치. 출전 禮記(예기).

亡國富庫 (망국부고)

[뜻음] 망할 망, 나라 국, 넉넉할 부, 곳집 고.
[풀이] 망하는 나라의 임금은 백성을 부하게 하지 않고 헛되이 자신의 倉庫(창고)만 가득 채움. 출전 淮南子(회남자).

亡國之聲 (망국지성)★

[뜻음] 망할 망, 나라 국, 갈 지, 소리 성.
[풀이] 亡國之音(망국지음). 출전 韓非子(한비자).

亡國之音 (망국지음)★★★

[뜻음] 망할 망, 나라 국, 갈 지, 소리 음.
[풀이] 망해 가는 나라의 음악. 樂記(악기)에서 슬프고 근심이 많고, 원망에 차 있고, 노여움으로 떨리고, 음란한 음악을 일컬음.

《禮記(예기)》 중 樂記(악기)에 나오는 말이다.
樂記(악기)의 대목을 보면 "무릇 음악이란 것은 사람의 마음에서 나오는 것이다. 감정이 속에서 움직이기 때문에 그것이 소리에 나타나게 된다. 소리가 문장을 이루고 있는 것을 음악이라고 말한다.
이런 까닭에 태평시대의 음악은 편안하고 즐겁다. 그 정치가 자연스럽기 때문이다. 어지러운 시대의 음악은 원망스럽고 노여움을 띠고 있다. 그 정치가 정상이 아니기 때문이다. 망해 버린 나라의 음악은 슬프고 옛날을 생각하게 된다. 그 백성이 고달프기 때문이다"라고 나와 있다.
도에 지나치게 음악을 좋아하는 것도 망국의 한 조건이 된다는 것을 말하고 있다. 슬프고 근심이 많고, 원망에 차 있고, 노여움으로 떨리고, 음란한 음악, 망한 나라의 음악이 망국지음이다. 나라를 망하게 하는 음악이라는 말도

된다. '亡國之聲(망국지성)'이라고도 한다.
孔子(공자)가 극찬한 음악은 순임금의 韶(소)였다. 이 소를 듣고 공자는 감격한 나머지 한 달 동안 고기 맛을 잊었다고 했다.

亡戟得矛 (망극득모)

[뜻음] 잃을 망, 창 극, 얻을 득, 창 모.
[풀이] '극을 잃고 대신 모를 얻는다'는 뜻으로 '결국은 손해가 없다'는 말. 물건을 얻거나 잃거나 함에 있어 그 이해를 두 가지로 해석할 수 있다는 뜻.

罔極之恩 (망극지은)★

[뜻음] 없을 망, 다할 극, 갈 지, 은혜 은.
[풀이] 한없는 은혜. 끝없는 은혜. 출전 詩經(시경).

亡國之歎 (망국지탄)★

[뜻음] 망할 망, 나라 국, 갈 지, 한탄할 탄.
[풀이] 나라가 망한 것에 대한 한탄.

罔極之痛 (망극지통)★

[뜻음] 없을 망, 다할 극, 갈 지, 아플 통.
[풀이] 한없는 슬픔. 임금과 부모의 喪事(상사)에 쓰는 말.

忘年之交 (망년지교)★

[뜻음] 잊을 망, 해 년, 갈 지, 사귈 교.
[풀이] 나이를 잊은 사귐. 나이를 따지지 않고 사귀는 벗. 忘年交(망년교).

忘年之友 (망년지우)★

[뜻음] 잊을 망, 해 년, 갈 지, 벗 우.
[풀이] 長幼(장유)를 不問(불문)하고 단지 才學(재학)으로써 사귀는 벗. 출전 陳書(진서).

茫茫大洋 (망망대양)★

[뜻음] 넓을 망, 클 대, 바다 양.
[풀이] 茫茫大海(망망대해).

茫茫大海 (망망대해)★

[뜻음] 넓을 망, 클 대, 바다 해.
[풀이] 한없이 넓고 큰 바다. 茫茫大洋(망망대양).

望梅解渴 (망매해갈)★

[뜻음] 바라볼 망, 매실 매, 풀 해, 목마를 갈.
[풀이] 매실을 생각하고 갈증을 품. 삼국시대 魏(위)나라 曹操(조조)가 하퇴 중에 갈증을 호소하는 麾下(휘하) 將卒(장졸)들에게 梅實(매실) 이야기를 해 주었더니, 금세 입안에 침이 괴어 갈증을 풀었다는 옛일에서 온 말. 望梅止渴(망매지갈). 출전 世說新語(세설신어).

亡命逃走 (망명도주)★★

[뜻음] 도망할 망, 목숨 명, 달아날 도, 달릴 주.
[풀이] 죽을 죄를 지은 사람이 몸을 숨겨 멀리 도망함.

網目不疎 (망목불소) ★

[뜻음] 그물 망, 눈 목, 아닐 불, 트일 소.
[풀이] 그물코가 성기지 않음. 그물코가 촘촘하다는 말. 法律(법률)이 細細(세세)함을 비유. 출전 世說新語(세설신어).

茫無頭緒 (망무두서) ★

[뜻음] 아득할 망, 없을 무, 머리 두, 실마리 서.
[풀이] 정신이 茫然(망연)하여 일머리를 알 수 없고 事理(사리)를 分揀(분간)할 수 없음.

望聞問切 (망문문절) ★

[뜻음] 바라볼 망, 들을 문, 물을 문, 끊을 절.
[풀이] 동양의학에서 네 단계 問診法(문진법). 患者(환자)의 顏色(안색)을 보고, 病勢(병세)에 대해 들은 후, 다시 詳細(상세)히 病症(병증)을 질문하고, 脈(맥)을 보는 일.

望文生義 (망문생의) ★

[뜻음] 바랄 망, 글월 문, 날 생, 뜻 의.
[풀이] 한자의 본뜻을 잘 파악하지 않고 글자의 배열만 보고 그럴싸하게 해석함. 望文生訓(망문생훈).

蟒蜂不取 (망봉불취)

[뜻음] 등에 망, 벌 봉, 아닐 불, 취할 취.
[풀이] 등에와 벌을 한꺼번에 잡으려 하지 않는다. 욕심을 내면 손해를 봄. 두 가지를 한꺼번에 얻으려다가 둘 다 잃음.

望夫石 (망부석) ★★

[뜻음] 바라볼 망, 지아비 부, 돌 석.
[풀이] 遠行(원행)하는 남편과의 이별을 슬퍼하여, 가는 남편의 뒤를 바라다보며 선 채로 죽어 돌로 化(화)하였다는 고사.

罔釋厥疑 (망석궐의) ★

[뜻음] 도깨비 망, 풀 석, 다할 궐, 의심할 의.
[풀이] 의심나는 일을 풀어 알게 해 줌. 점을 칠 때 점쟁이가 신에게 비는 말.

忙食咽喉 (망식열후)

[뜻음] 바쁠 망, 밥 식, 목멜 열, 목구멍 후.
[풀이] 급히 먹는 밥이 목에 멘다. 일을 급히 서두르면 실패하기 쉽다는 말. 출전 旬五志(순오지).

忘身忘家 (망신망가) ★

[뜻음] 잊을 망, 몸 신, 집 가.
[풀이] 임금을 위하여 제 한 몸을 잊고, 나라를 위하여 가정을 잊음.

亡羊之歎 (망양지탄) ★★★

[뜻음] 잃을 망, 양 양, 갈 지, 한탄할 탄.
[풀이] 갈림길이 많아서 잃어버린 양을 찾을 수 없음을 한탄한다. 학문의 길이 여러 갈래여서 한 갈래의 진리도 구하기 어려움. 어떤 일에 방법을 찾지 못함을 한탄함.

望洋之歎 (망양지탄) ★★★

[뜻음] 바라볼 망, 큰 바다 양, 갈 지, 한탄할 탄.
[풀이] 위대한 인물이나 심원한 학문 등에 접하여, 자기의 힘이 미치지 못함을 느껴서 하는 탄식. 望洋興歎(망양흥탄).

望洋興歎 (망양흥탄) ★★★

[뜻음] 바랄 망, 큰 바다 양, 흥겨울 흥, 탄식할 탄.
[풀이] 큰 바다를 보자 절로 탄식이 나오다. 남의 훌륭한 점을 보아야 자신이 보잘것없다는 것을 안다. 힘이 부족하고 조건이 결핍되어 할 수 없는 경우. 望洋之歎(망양지탄). 출전 莊子(장자) 秋水篇(추수편).

妄語兒 (망어아)

[뜻음] 허황될 망, 말씀 어, 아이 아.
[풀이] 거짓말을 하는 사람.

妄言多謝 (망언다사) ★

[뜻음] 망령될 망, 말씀 언, 많을 다, 사과할 사.
[풀이] 편지나 비평문 등에서 자기의 글을 낮추어 겸손히 이를 때 쓰는 말. 망언을 사과하는 뜻으로 쓰는 말.

茫然自失 (망연자실) ★★

[뜻음] 멍할 망, 그럴 연, 스스로 자, 잃을 실.
[풀이] 멍하니 제정신을 잃고 있는 모양. 출전 莊子(장자).

望雲之情 (망운지정) ★★★

[뜻음] 바라볼 망, 구름 운, 갈 지, 정 정.
[풀이] 자식이 객지에서 고향 부모를 생각하는 마음. 望雲之懷(망운지회). 출전 舊唐書(구당서).

亡子計齒 (망자계치) ★

[뜻음] 죽을 망, 아들 자, 셀 계, 이 치.
[풀이] 죽은 자식 나이 세기. 아쉬워해도 소용없는 일. 출전 東言解(동언해).

妄自尊大 (망자존대) ★

[뜻음] 허망할 망, 스스로 자, 높을 존, 클 대.
[풀이] 망령되게 함부로 자신을 높이고 잘난 체함. 출전 後漢書(후한서) 馬援傳(마원전).

芒種 (망종) ★

[뜻음] 까끄라기 망, 씨 종.
[풀이] 24절기 가운데 9번째. 태양의 황경이 75도에 이르는 때로서 음력으로 대개 5월 초이고 양력으로는 6월 5, 6일경. 망은 보리처럼 까끄라기가 있는 작물이 수확할 만큼 성숙했다는 뜻이고, 종은 벼나 기장 같은 곡물을 심을 때라는 뜻.

忙中有閑 (망중유한) ★

[뜻음] 바쁠 망, 가운데 중, 있을 유, 한가할 한.
[풀이] 바쁜 가운데서도 또한 한가한 짬을 얻어 여유를 즐김.

忙中偸閑 (망중투한) ★

[뜻음] 바쁠 망, 가운데 중, 훔칠 투, 한가할 한.
[풀이] 바쁜 중에도 한가한 짬을 얻어 여유를 즐김.

罔知所措 (망지소조)★

[뜻음] 없을 망, 알 지, 바 소, 거조 조.
[풀이] 너무 唐惶(당황)하거나 急(급)하여 어찌할 바를 모름. 허둥지둥함. 措(조)는 '섞일 착'으로도 쓰임. 罔知猶措(망지유조).

網之一目 (망지일목)★

[뜻음] 그물 망, 갈지, 한 일, 눈 목.
[풀이] 새는 그물의 한 코에 걸려 잡히지만, 새 그물을 한 코만 만들어 치면 잡히지 않는다는 뜻. 출전 淮南子(회남자).

妄評多謝 (망평다사)★

[뜻음] 망령될 망, 평할 평, 많을 다, 사죄할 사.
[풀이] 자기의 批評(비평)을 겸손히 이를 때에 비평문 끝에 쓰는 말.

望風歸順 (망풍귀순)★

[뜻음] 바랄 망, 바람 풍, 돌아갈 귀, 순종할 순.
[풀이] 멀리 바라보고 귀순함. 望風而靡(망풍이미). 望風而順(망풍이순).

望風而靡 (망풍이미)★

[뜻음] 바라볼 망, 바람 풍, 말 이을 이, 쓰러질 미.
[풀이] 멀리 바라보고 놀라서 싸우지도 않고 흩어져 달아남. 높은 덕망을 듣고 우러러 사모하여 반항하거나 반역하려는 마음을 버리고, 스스로 돌아서서 따라오거나 복종함. 출전 漢書(한서).

忘形之交 (망형지교)★

[뜻음] 잊을 망, 형용 형, 갈 지, 사귈 교.
[풀이] 신분이나 학벌이나 용모 등에 구애하지 않는 친밀한 사귐. 격의 없는 교제. 忘形之友(망형지우).

賣家鬻莊 (매가육장)

[뜻음] 팔 매, 집 가, 팔 육, 장원 장.
[풀이] 집과 논밭을 모두 다 팔아 없앰.

賣官賣職 (매관매직)★★

[뜻음] 팔 매, 벼슬 관, 직분 직.
[풀이] 돈이나 재물을 받고 官職(관직)을 시킴. 賣官鬻爵(매관육작).

買匣還珠 (매갑환주)★

[뜻음] 살 매, 갑 갑, 돌려줄 환, 구슬 주.
[풀이] 화려한 상자에 현혹되어 그 속의 구슬은 돌려주고 빈 상자만 사는 어리석음. 買櫝還珠(매궤환주). '買櫝還珠(매독환주)'를 보시오.

賣劍買犢 (매검매독)★

[뜻음] 팔 매, 칼 검, 살 매, 송아지 독.
[풀이] 칼을 팔아서 송아지를 산다. 전쟁을 그만두고 고향에 돌아가 농업에 종사함을 이르는 말. 賣劍買牛(매검매우). 출전 漢書(한서).

買櫝還珠 (매독환주)★

[뜻음] 살 매, 함 독, 돌려줄 환, 구슬 주.
[풀이] 상자는 사고 구슬은 돌려줌. 중국 楚(초)나라 사람이 木蘭(목란) 상자에 찬란한 장식을 하여, 그 속에 구슬을 넣어 鄭(정)나라 사람에게 팔았더니 정나라 사람은 그 상자는 사고 구슬을 돌려주었다는 옛일. 귀한 것은 천히 여기고 천한 것은 귀히 여김을 비유함. 買匣

還珠(매갑환주). 買櫃還珠(매궤환주). 得匣還珠(득갑환주). 출전 韓非子(한비자).

梅蘭菊竹 (매란국죽)★★

[뜻음] 매화나무 매, 난초 란, 국화 국, 대 죽.
[풀이] 四君子(사군자). 절개와 지조를 상징하는 사군자. 梅蘭松竹(매란송죽).

買隣 (매린)★

[뜻음] 살 매, 이웃 린.
[풀이] 이웃을 산다는 말로 살 곳을 정할 때 이웃의 풍습이 좋은 곳을 택하라는 말.

靺眛任禁 (매매임금)★

[뜻음] 가죽 매, 어두울 매, 맡길 임, 금할 금.
[풀이] 東夷(동이)의 음악을 매매, 南夷(남이)의 음악을 임, 北夷(북이)의 음악을 금이라 이름. 옛날 중국에서 오랑캐의 음악을 아울러 일렀던 말.

賣文賣筆 (매문매필)★

[뜻음] 팔 매, 글월 문, 붓 필.
[풀이] 글씨나 글을 파는 것. 돈을 벌려고 실속 없는 글을 짓거나 또는 글씨를 써서 파는 것.

買死馬骨 (매사마골)★★

[뜻음] 살 매, 죽을 사, 말 마, 뼈 골.
[풀이] 이미 죽은 천리마의 뼈를 사 오다. 쓸모없는 것을 사 가지고 쓸모 있을 때가 오기를 기다림. 또 재능이 대단치 않은 자를 優待(우대)하여 賢者(현자)가 자연히 모여들기를 기다린다는 뜻. '死馬骨五百金(사마골오백금), 先始於隗(선시어외)'를 보시오. 출전 戰國策(전국책).

賣笑獻媚 (매소헌미)★

[뜻음] 팔 매, 웃음 소, 바칠 헌, 아첨할 미.
[풀이] 歡心(환심)을 사기 위해 웃음을 짓고 아양을 떤다. 남에게 아첨함을 이르는 말.

買臣之妻 (매신지처)

[뜻음] 살 매, 신하 신, 갈 지, 아내 처.
[풀이] 漢(한)나라 朱買臣(주매신)의 처가 남편이 貧寒(빈한)한데다가 讀書(독서)만 한다 하여 섬기지 않고 다른 곳으로 다시 시집갔다는 고사. 買妻恥醮(매처치초).

呆然自失 (매연자실)★

[뜻음] 어리석을 매, 그러할 연, 스스로 자, 잃을 실.
[풀이] 멍하니 제정신을 잃은 모양.

賣鹽逢雨 (매염봉우)★★

[뜻음] 팔 매, 소금 염, 만날 봉, 비 우.
[풀이] 소금을 팔다가 비를 만난다. 하는 일에 생각지 않은 장애가 생김.

梅子十二 (매자십이)★

[뜻음] 매화나무 매, 아들 자, 열 십, 두 이.

[풀이] 매화나무는 심은 지 12년 만에 열매가 맺는다는 뜻.

邁進一路 (매진일로)★

[뜻음] 갈 매, 나아갈 진, 한 일, 길 로.
[풀이] 씩씩하게 한 곳으로 빨리 나아감. 또는 씩씩하게 나아갈 따름.

梅妻鶴子 (매처학자)★

[뜻음] 매화 매, 아내 처, 학 학, 선생 자.
[풀이] 매화를 아내로 삼고 학을 자식으로 삼았다는 말. 속세를 떠나 자연을 벗 삼으며 悠悠自適(유유자적)하게 사는 것. 宋(송)나라 임포의 삶. 임포의 호는 和靖(화정). 출전 詩話總龜(시화총귀).

脈絡貫通 (맥락관통)★

[뜻음] 맥 맥, 이을 락, 꿰뚫을 관, 통할 통.
[풀이] 내용이 一貫(일관)함.

麥飯豆羹 (맥반두갱)★

[뜻음] 보리 맥, 밥 반, 콩 두, 국 갱.
[풀이] 보리밥과 콩국. 野人(야인)이나 農夫(농부)의 음식을 비유함.

陌上桑 (맥상상)★

[뜻음] 두렁 맥, 위 상, 뽕나무 상.
[풀이] 秦氏(진씨)의 딸 羅敷(나부)가 뽕을 따고 있을 때 楚王(초왕)이 나부를 보고 그의 미모에 반하여 그의 정조를 빼앗으려 하매 나부가 '陌上桑歌(맥상상가)'를 지어 초왕을 물리쳤다는 고사. 출전 古今注(고금주).

陌上塵 (맥상진)★

[뜻음] 거리 맥, 위 상, 먼지 진.
[풀이] 저잣거리의 먼지. 人生無常(인생무상)을 비유함.

陌上花 (맥상화)★

[뜻음] 거리 맥, 위 상, 꽃 화.
[풀이] 길가에 피는 꽃. 아름다운 것이 곧 버림을 받는 것을 비유함.

麥穗之歌 (맥수지가)★

[뜻음] 보리 맥, 이삭 수, 갈 지, 노래 가.
[풀이] 箕子(기자)가 廢墟(폐허)가 된 殷(은)나라의 도읍터를 지나다가 그 폐허에 자란 보리가 팬 것을 보고 한탄하여 지은 노래. 麥秀之嘆(맥수지탄).

麥秀之嘆 (맥수지탄)★★★

[뜻음] 보리 맥, 빼어날 수, 갈 지, 탄식할 탄.
[풀이] 기자가 은나라가 망한 후에도 보리만은 잘 자람을 보고 한탄했다는 고사에서 나온 말로, 고국의 멸망을 한탄함을 이름. 黍離之嘆(서리지탄).

箕子(기자)의 東來說(동래설)을 놓고 우리나라 古代史(고대사)에 많은 문제를 남기고 있는 기자는 殷(은)나라 마지막 임금인 紂(주)의 작은아버지뻘 되는, 덕이 높은 분이었다. 周(주)나라 武王(무왕)에 의해 주는 죽고 은나라는 망한다.

은의 주가 酒池肉林(주지육림)에 빠져 있을 때, 기자는 주에게 간곡히 충고했다. 그러나 통하지 않고 목숨이 위태로워지자 기자는 몸을 멀리 피해 머리를 풀어 미치광이 행세를 하며, 남의 집 종이 되어 세상을 숨어 살았다. 주는 주나라 무왕에 의해 죽고 은나라는 망했다. 그 뒤 가자가 은나라 옛 도성을 지나다가 무상한 조국의 흥망에 감개를 이기지 못하여 눈물 대신 麥秀之詩(맥수지시)를 지어 읊었다.

옛 궁궐 자리에는 보리만이 무성해 있고
벼와 기장들도 잎이 기름져 있다.
화려하던 도성이 이 꼴로 변해 버린 것은 그 미친 녀석이 내 말을 듣지 않았기 때문이다.

麥秀漸漸兮 맥수점점혜
禾黍油油 화서유유
彼狡童兮 피교동혜
不如我好兮 불여아호혜

故國(고국)의 滅亡(멸망)을 歎息(탄식)하는 것을 '맥수지탄'이라고 한다. 맥수는 보리가 무성하다는 뜻이다. 옛날에는 榮華(영화)를 자랑하던 도읍의 궁궐 터가 보리밭으로 변해 버린 것을 보고 興亡盛衰(흥망성쇠)의 無常(무상)함이 感慨無量(감개무량)해서 불렀다는 맥수의 노래에서 나온 말이다. 고국의 멸망을 한탄한다는 뜻이 되었다. '亡國之歎(망국지탄), 黍離之歎(서리지탄)'은 비슷한 말이다.

麥舟 (맥주)

[뜻음] 보리 맥, 배 주.
[풀이] 물건을 보내어 남의 喪事(상사)를 돕는 일. 扶助(부조). 北宋(북송)의 명재상 范仲淹(범중엄)이 맏아들 堯夫(요부)를 고향인 姑蘇(고소: 蘇洲소주)로 보리 500석을 가지러 보냈다. 요부는 귀갓길에 친구 石曼卿(석만경)을 만나 "요 몇 년 사이에 부모와 아내를 잃었으나 假埋葬(가매장)했을 뿐"이라는 말을 듣자 보리 500석을 배째로 내주고 빈손으로 돌아왔다. 요부가 범중엄에게 고향 소식을 전하면서 석만경의 어려운 처지를 말했다. 범중엄이 "그럼, 왜 보리 싣는 배를 주지 않았느냐"고 꾸짖듯이 묻자 요부는 "벌써 주었습니다"라고 대답했다는 옛일에서 온 말.

孟嘉落帽 (맹가낙모)★

[뜻음] 맏 맹, 아름다울 가, 떨어질 낙, 모자 모.
[풀이] 중국 晉(진)나라의 孟嘉(맹가)가 宴席(연석)에서 바람에 모자가 떨어져도 당황하지 않고 도리어 태연히 풍류를 발휘하였다는 옛일.

孟光擧案 (맹광거안)★

[뜻음] 맏 맹, 빛 광, 들 거, 밥상 안.
[풀이] 중국 후한(後漢)의 양홍(梁鴻)의 아내인 맹광이 남편에게 식사를 드릴 때, 밥상을 자기의 눈썹 높이만큼이나 높이 받들어 그를 공

경하였다는 옛일.

孟光荊釵 (맹광형차)★

[뜻음] 맏 맹, 빛 광, 가시나무 형, 비녀 차.
[풀이] 중국 後漢(후한)의 梁鴻(양홍)의 아내인 맹광이 처음 양홍에게 出嫁(출가)하였을 때 양홍이 아름다운 옷으로 盛裝(성장)하는 것을 싫어함을 알고 베옷을 입고 가시나무 비녀를 꽂았더니, 그제야 양홍이 기뻐하였다는 옛일에서 온 말. 釵(채)는 '채'나 '차'로 읽음. 출전 後漢書(후한서).

甿隷之人 (맹례지인)

[뜻음] 촌부 맹, 부릴 례, 갈 지, 사람 인.
[풀이] 천한 백성. 甿隷(맹례). 출전 史記(사기).

孟母斷機 (맹모단기)★

[뜻음] 맏 맹, 어미 모, 끊을 단, 베틀 기.
[풀이] 孟子(맹자)가 학업을 중도에 폐지하고 돌아왔을 때, 그의 어머니가 짜던 베를 칼로 끊어서 훈계하고 학업을 완성하게 하였다는 옛일. '斷機之戒(단기지계)'를 보시오. 출전 烈女傳(열녀전).

孟母三遷 (맹모삼천)★★★

[뜻음] 맏 맹, 어미 모, 석 삼, 옮길 천.
[풀이] 맹자의 어머니가 세 번 이사를 하여 맹자를 교육시킨 고사. 처음에 공동묘지 근방에 살았는데 맹자가 장사 지내는 흉내를 내므로 장거리에 옮겼더니 이번에는 물건 파는 흉내를 내어 또 다시 글방 있는 근처로 옮겼다고 함. 孟母斷機(맹모단기). 孟母三遷之教(맹모삼천지교). '斷機之戒(단기지계)'를 보시오.

孟母三遷之教 (맹모삼천지교)★

[뜻음] 맏 맹, 어미 모, 석 삼, 옮길 천, 갈 지, 가르칠 교.
[풀이] 맹자의 어머니가 맹자의 교육을 위해 세 번 집을 옮긴 일. 孟母三遷(맹모삼천).

盲目 (맹목)★

[뜻음] 소경 맹, 눈 목.
[풀이] 장님. 소경. 봉사.

孟賁之勇 (맹분지용)

[뜻음] 맏 맹, 클 분, 갈 지, 날쌜 용. 큰 용맹.
[풀이] 大勇(대용). 맹분은 고대 衛(위)나라의 勇士(용사). 출전 說苑(설원).

猛獸不群 (맹수불군)★

[뜻음] 사나울 맹, 짐승 수, 아닐 불, 무리 군.
[풀이] 사나운 짐승은 서로 싸우기 때문에 떼를 지어 살지 않음. 출전 淮南子(회남자) 說林訓(설림훈).

猛獸將擊弭耳帖伏 (맹수장격미이첩복)★

[뜻음] 사나울 맹, 짐승 수, 장차 장, 부딪칠 격, 내려뜨릴 미, 귀 이, 늘어뜨릴 첩, 엎드릴 복.
[풀이] 맹수가 짐승을 쳐 잡으려고 할 때에는 귀를 내려뜨리고 潛伏(잠복)한다. 적을 치려고 할 때에는 비밀리에 계획을 추진하여야 한다는 뜻. 출전 吳越春秋(오월춘추).

盲玩丹靑 (맹완단청)★★

[뜻음] 소경 맹, 볼 완, 붉을 단, 푸를 청.
[풀이] 소경 단청 구경하기. 보아도 알지 못하면서 형식을 갖춤. 盲者丹靑(맹자단청). 출전 旬五志(순오지).

孟曰取義 (맹왈취의)

[뜻음] 맏 맹, 이를 왈, 취할 취, 의로울 의.
[풀이] 孟(맹)은 맹자. 取義(취의)는 舍生而取義(사생이취의)를 줄인 말. 맹자는 捨生取義(사생취의)를 말했다. 곧 의를 행하기 위해서는 생명까지도 버려야 한다는 말.

盲人騎瞎馬夜半臨深池 (맹인기할마야반임심지)

[뜻음] 소경 맹, 사람 인, 말 탈 기, 외눈박이 할, 말 마, 밤 야, 반 반, 다다를 임, 깊을 심, 못 지.
[풀이] 소경이 외눈박이 말을 타고 캄캄한 밤에 깊은 못가에 간다. 아주 危險(위험)한 일. 출전 世說新語(세설신어) 排調篇(배조편).

盲人摸像 (맹인모상)★

[뜻음] 눈멀 맹, 사람 인, 더듬을 모, 모습 상.
[풀이] 장님이 코끼리 만지듯 問題(문제)나 狀況(상황)을 전체적으로 관찰하지 못하고 一面(일면)만 봄을 비유. 출전 涅槃經(열반경) 32.

盲人眼疾 (맹인안질)★

[뜻음] 소경 맹, 사람 인, 눈 안, 병 질.
[풀이] 장님이 눈병이 났다. 있으나마나 아무 상관이 없다는 뜻.

盲者丹靑 (맹자단청)★

[뜻음] 소경 맹, 놈 자, 붉을 단, 푸를 청.
[풀이] 소경 단청 구경과 같은 뜻으로, 보아 알지도 못하는 것을 아는 체함을 이름. 盲玩丹靑(맹완단청).

盲者正門 (맹자정문)

[뜻음] 소경 맹, 놈 자, 바를 정, 문 문.
[풀이] 愚昧(우매)한 사람이 우연히 理致(이치)에 맞는 일을 함을 이름. 盲者直門(맹자직문).

盲者孝道 (맹자효도)★

[뜻음] 소경 맹, 놈 자, 효도 효, 길 도.
[풀이] 눈먼 자식이 효도한다. 무능하다고 여긴 사람이 도리어 인간다운 일을 해냄을 비유함.

孟仲叔季 (맹중숙계)★★

[뜻음] 맏 맹, 버금 중, 아재비 숙, 끝 계.
[풀이] 맏이와 둘째와 셋째와 넷째. 伯仲叔季(백중숙계).

猛虎伏草 (맹호복초)★

[뜻음] 사나울 맹, 범 호, 엎드릴 복, 풀 초.
[풀이] 사나운 범이 풀숲에 엎드려 있다. 英雄(영웅)은 숨어 있어도 반드시 나타나게 됨.

猛虎在深山 (맹호재심산)★★

[뜻음] 사나울 맹, 범 호, 있을 재, 깊을 심, 뫼 산.
[풀이] 사나운 범이 깊은 산중에 있다. 豪傑(호걸)이 자기의 뜻을 펼

만한 適所(적소)를 얻음.

猛虎出林 (맹호출림)★★★

[뜻음] 사나울 맹, 범 호, 날 출, 수풀 림.
[풀이] 사나운 호랑이가 숲에서 나온다. 평안도 사람의 용맹하고 성급한 성격을 평한 말. '泥田鬪狗(이전투구)'를 참조하시오.

汨羅之鬼 (멱라지귀)★

[뜻음] 빠질 멱, 새그물 라, 갈 지, 귀신 귀.
[풀이] 멱라수에 빠져 죽은 楚(초)나라 屈原(굴원)의 넋. 곧 물에 빠져 죽은 귀신.

綿裏藏針 (면리장침)★

[뜻음] 솜 면, 속 리, 감출 장, 바늘 침.
[풀이] 솜 속에 바늘을 감추어 꽂는다. 겉으로는 부드러운 듯하나 속으로는 아주 흉악함.

綿綿不絕漫漫奈何 (면면부절만만내하)★

[뜻음] 솜 면, 아닐 불, 끊을 절, 질펀할 만, 어찌 내, 어찌 하.
[풀이] 면면은 나긋나긋함. 만만은 뻗어남. 덩굴풀은 무성하기 전에 뽑지 않으면 무성한 연후에는 제거하기 곤란하다. 화근은 보잘것없고 미약할 때에 제거하지 않으면 마침내 제거할 수가 없게 된다. 화를 막으려면 미약할 때 없애야 함을 비유함. 출전 戰國策(전국책).

面面相顧 (면면상고)★

[뜻음] 얼굴 면, 서로 상, 돌아볼 고.
[풀이] 아무 말도 없이 서로 얼굴만 물끄러미 바라봄.

面面村村 (면면촌촌)★

[뜻음] 방면 면, 마을 촌.
[풀이] 한 군데도 빠짐없는 여러 곳.

面命提耳 (면명제이)★

[뜻음] 낯 면, 명할 명, 끌 제, 귀 이.
[풀이] 면전에서 가르치고 귀를 당겨 일러줌. 곧 아주 친절히 일러줌.

面目 (면목)

[뜻음] 얼굴 면, 눈 목.
[풀이] 얼굴과 눈. 체면. 출전 史記(사기) 項羽本紀(항우본기).

面目可憎 (면목가증)★

[뜻음] 낯 면, 눈 목, 옳을 가, 미워할 증.
[풀이] 얼굴의 생김새가 추하고 불쾌함.

面無須眉 (면무수미)

[뜻음] 얼굴 면, 없을 무, 수염 수, 눈썹 미.
[풀이] 얼굴에 수염도 눈썹도 없음. 출전 荀子(순자).

免無識 (면무식)★★

[뜻음] 면할 면, 없을 무, 알 식.
[풀이] 겨우 無識(무식)이나 면할 정도의 학식밖에 없음.

面壁九年 (면벽구년)★★★

[뜻음] 얼굴 면, 벽 벽, 아홉 구, 해 년.

[풀이] 달마대사 이야기. 면벽을 구 년 하다. 面壁(면벽). 達磨(달마)가 小林寺(소림사)에서 아홉 해 동안 벽을 향하여 坐禪(좌선)하여 마침내 형태가 돌 가운데로 들어갔다는 고사. 한 가지 일에 오랜 시일을 심혈을 기울여 매달림. 정성을 다하면 金石(금석)까지도 뚫을 수 있다는 말.

面壁九年始有此神悟 (면벽구년시유차신오)★

[뜻음] 낯 면, 벽 벽, 아홉 구, 해 년, 처음 시, 있을 유, 이 차, 귀신 신, 깨달을 오.
[풀이] 아홉 해 동안 벽을 향하여 坐禪(좌선)한 후에 비로소 크게 깨달은 바가 있다. 남의 학업의 정통함을 칭찬하여 이르는 말.

面壁修養 (면벽수양)★

[뜻음] 면할 면, 벽 벽, 닦을 수, 기를 양.
[풀이] 面壁九年(면벽구년).

面如冠玉 (면여관옥)★★

[뜻음] 얼굴 면, 같을 여, 갓 관, 구슬 옥.
[풀이] 얼굴이 관옥 같다. 冠(관)에 달린 옥 같은 얼굴. 용모가 아름다움. 겉만 아름답고 그 알맹이가 없음을 비유하는 말로도 쓰임. 출전 南史(남사).

面如土色 (면여토색)★

[뜻음] 얼굴 면, 같을 여, 흙 토, 빛 색.
[풀이] 몹시 놀라거나 겁에 질려 얼굴이 흙빛이 됨.

面譽不忠 (면예불충)★

[뜻음] 낯 면, 칭찬할 예, 아닐 불, 충성 충.
[풀이] 얼굴을 대하여 그 사람을 칭찬하는 사람은 진실함이 없음.

免而無恥 (면이무치)★

[뜻음] 면할 면, 말 이을 이, 없을 무, 부끄러울 치.
[풀이] 진심으로 자기 잘못을 부끄러이 여기는 것이 아니라, 다만 형벌이나 면하면 그만이라고 생각하는 일. 출전 論語(논어).

面張牛皮 (면장우피)★

[뜻음] 낯 면, 베풀 장, 소 우, 가죽 피.
[풀이] 얼굴에 쇠가죽을 발랐다. 뻔뻔한 사람을 가리키는 말.

面折廷爭 (면절정쟁)★

[뜻음] 낯 면, 꺾을 절, 조정 정, 다툴 쟁.
[풀이] 조정에서 마주 대하여 나무라고 다툼. 곧 장소를 가리지 않고 아무 거리낌 없이 다툼. 面爭廷論(면쟁정론). 출전 史記(사기) 呂后紀(여후기).

面從腹背 (면종복배)★★★

[뜻음] 낯 면, 따를 종, 배 복, 등 배.
[풀이] 겉으로는 복종하는 체하면서 속으로는 배반함.

滅却心頭火亦凉 (멸각심두화역량)

[뜻음] 멸망할 멸, 물리칠 각, 마음 심, 머리 두, 불 화, 또 역, 서늘할 량.
[풀이] 마음속의 잡념을 말끔히 떨어 없애면 불속에 있어도 서늘함을 느낌.

滅倫敗常 (멸륜패상)★★

[뜻음] 멸망할 멸, 윤리 륜, 패할 패, 법도 상.
[풀이] 五倫(오륜)과 五常(오상)을 깨뜨려 없앰. 悖倫(패륜)을 저지름.

滅門之禍 (멸문지화)★★

[뜻음] 멸망할 멸, 문 문, 갈 지, 재앙 화.
[풀이] 멸문을 당하는 큰 재앙. 한 집안이 모두 없어지는 큰 재앙. 한 집안이 모두 살육당하는 큰 재앙.

滅私奉公 (멸사봉공)★★

[뜻음] 멸할 멸, 사사로울 사, 받들 봉, 공변될 공.
[풀이] 私(사)를 버리고 公(공)을 위해 힘써 일함.

蔑視賤待 (멸시천대)★

[뜻음] 업신여길 멸, 보일 시, 천할 천, 대할 대.
[풀이] 멸시하고 천대함. 깔보고 업신여기며 천하게 여김.

滅族之禍 (멸족지화)★

[뜻음] 멸망할 멸, 겨레 족, 갈 지, 재화 화.
[풀이] 한 가족이나 한 겨레가 망하여 없어지는 일을 당하는 재앙.

滅此而朝食 (멸차이조식)★

[뜻음] 멸망할 멸, 이 차, 말 이을 이, 아침 조, 밥 식.
[풀이] 이것을 멸망시키고 나서 아침밥을 먹는다. 적을 멸망시키기가 매우 급함. 滅此朝食(멸차조식). 출전 春秋左氏傳(춘추좌씨전).

名繮利鎖 (명강리쇄)

[뜻음] 이름 명, 고삐 강, 이익 리, 쇠사슬 쇄.
[풀이] 명예의 고삐 줄과 이익이라는 쇠사슬.

明見萬里 (명견만리)★

[뜻음] 밝을 명, 볼 견, 일만 만, 마을 리.
[풀이] 만 리 밖의 일을 훤하게 알고 있다. 관찰력이나 판단력 따위가 날카롭고 정확함을 이르는 말. 출전 後漢書(후한서) 竇融傳(두융전).

明鏡不疲 (명경불피)★

[뜻음] 밝을 명, 거울 경, 아닐 불, 피로할 피.
[풀이] 맑은 거울은 몇 번이고 사람의 모습을 비추어도 피로하지 않음. 밝은 슬기는 아무리 많이 써도 손상되지 않음을 비유하는 말. 출전 世說新語(세설신어).

命輕於鴻毛 (명경어홍모)★

[뜻음] 목숨 명, 가벼울 경, 어조사 어, 기러기 홍, 털 모.
[풀이] 목숨이 기러기 털보다도 가볍다. 임금이나 나라를 위해서는 목숨을 아낌없이 버린다는 뜻.

明鏡止水 (명경지수)★★

[뜻음] 밝을 명, 거울 경, 그칠 지, 물 수.
[풀이] 맑은 거울과 조용한 물. 아주 맑고 깨끗한 심경(心境).

孔子(공자)가 제자 常季(상계)와 문답하는 내용이 ≪莊子(장자)≫ 德充符篇(덕충부편)에 나온다. 발이 잘린 王駘(왕태)라는 불구자의 이야기이다. 왕태의 문하에서 배우는 사람의 수는 공자의 문하에서 배우는 사람의 수만큼 많았다. 그래서 상계는 속으로 그것을 다소 불만스럽게 생각하고 공자에게 그 까닭을 물었다.

"왕태는 몸을 닦는 데 있어서, 자신의 지혜로써 자신의 마음을 알고, 그것에 의해 자신의 본심을 깨닫는다고 합니다. 이것은 어디까지나 자기 자신만을 위한 공부로서 남을 위하거나 세상을 위한 공부는 아닙니다. 그런데도 어떻게 그토록 많은 사람들이 그에게 모여드는지 알 수 없습니다."

공자는 이렇게 대답했다.

"사람은 흐르는 물을 거울로 삼는 일이 없이 그쳐 있는 물을 거울로 삼는다. 왕태의 마음은 그쳐 있는 물처럼 조용하기 때문에 사람들은 그를 거울삼아 모여들고 있는 것이다."

공자는 왕태의 마음을 명경지수에 비유했다. 명경지수는 아주 맑고 깨끗한 心境(심경)이라는 뜻이다. 사람의 마음이 맑고 조용한 것을 비유해서 명경지수와 같다고 한다. 佛經(불경)에 흔히 邪念(사념)이 없이 맑고 깨끗한 마음을 가리켜서 명경지수라 말하고 있다.

鳴雞吠狗烟火萬里 (명계폐구연화만리)★

[뜻음] 울 명, 닭 계, 짖을 폐, 개 구, 연기 연, 불 화, 일만 만, 마을 리.
[풀이] 닭 우는 소리와 개 짖는 소리가 들리고 인가가 만 리에 잇닿아 있다. 태평한 세상을 비유하는 말. 출전 史記(사기) 律書(율서).

鳴鼓而攻之 (명고이공지)★

[뜻음] 울릴 명, 북 고, 말 이을 이, 공격할 공, 이 지.
[풀이] 북을 울려 공격하다. 허물을 범한 사람을 여럿이서 공박함. 罪狀(죄상)을 하나하나 들어서 攻駁(공박)함. 論語(논어) 先進篇(선진편).

名過其實 (명과기실)★

[뜻음] 이름 명, 지날 과, 그 기, 열매 실.
[풀이] 세상의 평판이 실제보다 나음.

名教 (명교)★★★

[뜻음] 이름 명, 가르칠 교.
[풀이] 儒教(유교)를 달리 이르는 말. 名分(명분)을 분명히 하는 가르침.

名教內自有樂地 (명교내자유낙지)★

[뜻음] 이름 명, 가르칠 교, 안 내, 스스로 자, 있을 유, 즐거울 낙, 땅 지.
[풀이] 名教(명교), 곧 人倫(인륜)의 가르침을 행하면 快樂(쾌락)이 스스로 온다는 뜻. 출전 晉書(진서) 樂廣傳(악광전).

名弓名冶 (명궁명야)★

[뜻음] 이름날 명, 활 궁, 불릴 야.
[풀이] 弓矢(궁시)의 名人(명인)과 대장장이 명인.

名妓名唱 (명기명창)★

[뜻음] 이름 명, 기생 기, 노래 창.
[풀이] 이름난 기생과 노래 잘하는 사람.

明能正俗 (명능정속)★

[뜻음] 밝을 명, 능할 능, 바를 정, 풍속 속.
[풀이] 벼슬에 있는 사람이 公明(공명)하면 백성의 風俗(풍속)을 바로 잡을 수 있음. 출전 孝經(효경).

明堂子孫 (명당자손)★

[뜻음] 밝을 명, 집 당, 아들 자, 손자 손.
[풀이] 조상이 명당자리에 묻혔기 때문에, 탈 없이 부귀영화를 누리고 있는 자손.

明德惟馨 (명덕유형)

[뜻음] 밝을 명, 덕 덕, 늘어설 유, 향기 형.
[풀이] 군주의 공명한 덕행이 좋은 향내와 같이 그윽함. 출전 書經(서경) 君陳篇(군진편).

明德治民 (명덕치민)★

[뜻음] 밝을 명, 덕 덕, 다스릴 치, 백성 민.
[풀이] 公明正大(공명정대)한 덕행으로 백성을 다스림.

明道學派 (명도학파)★

[뜻음] 밝을 명, 길 도, 배울 학, 물갈래 파.
[풀이] 宋(송)나라 程顥(정호)가 主唱(주창)한 儒學(유학)의 한 流波(유파). 정호의 號(호)는 明道(명도)임.

螟蛉有子蜾蠃負之 (명령유자과라부지)★★

[뜻음] 마디충 명, 잠자리 령, 있을 유, 아들 자, 나나니벌 과, 나나니벌 라, 질 부, 이 지.
[풀이] 螟蛉(명령)은 뽕나무 벌레, 蜾蠃(과라)는 나나니벌. 뽕나무 벌레의 새끼는 나나니벌에 의하여 깨서 나나니벌로 된다는 뜻으로, 轉(전)하여 異姓(이성)에게 養子(양자) 가는 것을 螟蛉子(명령자)라 이름. 출전 詩經(시경) 小雅(소아) 小宛篇(소완편).

名論卓說 (명론탁설)★

[뜻음] 이름 명, 의논할 론, 높을 탁, 말씀 설.
[풀이] 이름난 이론이나 학설.

銘誄尚實 (명뢰상실)

[뜻음] 새길 명, 조문 뢰, 높일 상, 열매 실.
[풀이] 碑銘(비명)과 祭文(제문)은 내용이 사실과 꼭 들어맞아야 함.

明明白白 (명명백백)★★

[뜻음] 밝을 명, 흰 백.
[풀이] 밝고 흼. 秋毫(추호)도 의심할 여지가 없음.

明眸皓齒 (명모호치)★

[뜻음] 밝을 명, 눈동자 모, 흴 호, 이 치.
[풀이] 밝은 눈동자와 흰 이. 美人(미인)의 아름다움을 이르는 말.

明目張膽 (명목장담)★

[뜻음] 밝을 명, 눈 목, 크게 할 장, 쓸개 담.
[풀이] 눈을 밝게 하고 담을 크게 함. 두려워하지 않고 용기를 내어 일을 함. 출전 唐書(당서) 韋思謙傳(위사겸전).

暝目調息 (명목조식)

[뜻음] 눈감을 명, 눈 목, 고를 조, 숨 쉴 식.
[풀이] 눈을 감고 숨을 調節(조절)함.

名門巨族 (명문거족)★

[뜻음] 이름 명, 문 문, 클 거, 겨레 족.
[풀이] 이름나고 세력이 있는 큰 집안. 名門貴族(명문귀족).

名門大家 (명문대가)

[뜻음] 이름 명, 문 문, 클 대, 집 가.
[풀이] 이름이 나고 세력이 있는 큰 집안.

名門世族 (명문세족)★★

[뜻음] 이름 명, 문 문, 세상 세, 겨레 족.
[풀이] ① 이름 있는 집안과 세력 있는 족속. ② 명문으로서 대를 거듭하여 중요한 벼슬을 해 내려와 자기 집안의 운명을 국가의 운명과 같이하는 집안.

名不虛得 (명불허득)★

[뜻음] 이름 명, 아닐 불, 빌 허, 얻을 득.
[풀이] 명예, 명성은 헛되이 얻어지는 것이 아니라는 뜻.

名不虛傳 (명불허전)★★

[뜻음] 이름 명, 아닐 불, 빌 허, 전할 전.
[풀이] 이름은 헛되이 전하여지는 법이 아니다. 명성이나 명예가 널리 알려진 데는 그럴 만한 실력이나 사실이 있음을 이르는 말.

明四目達四聰 (명사목달사총)

[뜻음] 밝을 명, 넉 사, 눈 목, 통달할 달, 총명할 총.
[풀이] 사방의 일을 보고 듣고 하여 견문을 넓혀 총명이 가리지 않게 함. 널리 사방의 사물을 견문함. 출전 書經(서경) 舜典篇(순전편).

名士夙儒 (명사숙유)★★

[뜻음] 이름 명, 선비 사, 일찍 숙, 선비 유.
[풀이] 재덕이 뛰어난 인사, 名望(명망)이 있고, 年功(연공)을 쌓은 학자. 夙儒(숙유)는 노학자, 노련한 대학자로, 宿儒(숙유)와 같은 말.

明沙十里 (명사십리)★

[뜻음] 밝을 명, 모래 사, 열 십, 마을 리.
[풀이] 함경남도 원산에 있는 모래톱으로 곱고 부드러운 모래와 해당화로 아름다운 경치를 이룬 해수욕장.

鳴沙十里 (명사십리)★

[뜻음] 울 명, 모래 사, 열 십, 마을 리.
[풀이] 곱고 부드러운 모래가 밟을 때마다 사각사각 우는 소리를 내는 모래톱.

名士宰相 (명사재상)★

[뜻음] 이름 명, 선비 사, 재상 재, 재상 상.
[풀이] 이름난 선비와 2품 이상의 벼슬아치.

名士風流 (명사풍류)★

[뜻음] 이름 명, 선비 사, 바람 풍, 흐를 류.
[풀이] 명사의 풍류. 훌륭한 인물의 品格(품격). 출전 世說新語(세설신어).

名山大刹 (명산대찰)★

[뜻음] 이름 명, 뫼 산, 클 대, 절 찰.
[풀이] 이름난 산과 큰 절.

名山大川 (명산대천)★

[뜻음] 이름 명, 뫼 산, 클 대, 내 천.
[풀이] 경개 좋고 이름난 산천. 名山勝地(명산승지). 출전 書經(서경) 武成篇(무성편).

名聲籍甚 (명성자심)★

[뜻음] 이름 명, 소리 성, 자자할 자, 심할 심.
[풀이] 평판이 세상에 아주 널리 퍼짐.

名垂竹帛 (명수죽백)★★

[뜻음] 이름 명, 드리울 수, 대나무 죽, 비단 백.
[풀이] 이름을 죽백에 드리우다. 이름이 역사에 길이 빛남. '죽백'은 책 또는 역사를 뜻함. 옛날에는 역사기록을 죽간이나 비단에 했음. '功名垂竹帛(공명수죽백)'을 보시오.

名實相符 (명실상부)★★★

[뜻음] 이름 명, 열매 실, 서로 상, 부절 부.
[풀이] 이름과 實相(실상)이 서로 맞음.

銘心不忘 (명심불망)★

[뜻음] 새길 명, 마음 심, 아닐 불, 잊을 망.
[풀이] 마음에 깊이 새겨두고 잊지 아니함. 銘心鏤骨(명심누골).

命也福也 (명야복야)

[뜻음] 목숨 명, 어조사 야, 복될 복.
[풀이] 겹치는 행복. 연거푸 생기는 행복.

明若觀火 (명약관화)★★

[뜻음] 밝을 명, 같을 약, 볼 관, 불 화.
[풀이] 불을 보는 듯이 환하게 살필 수가 있음. 출전 書經(서경).

名與器不可以假人 (명여기불가이가인)★

[뜻음] 이름 명, 줄 여, 그릇 기, 아닐 불, 가할 가, 써 이, 빌 가, 사람 인.
[풀이] 名(명)과 器(기)는 임금이 신하를 다루는 권위를 나타내는 것이므로, 함부로 남에게 빌려서는 안 됨. 名(명)은 爵位(작위), 器(기)는 수레와 의복을 나타내므로 신분을 상징함. 名器(명기).

命緣義輕 (명연의경)★

[뜻음] 목숨 명, 묶을 연, 의로울 의, 가벼울 경.
[풀이] 소중한 목숨도 의를 위하여서는 아끼지 않는다는 뜻. 목숨도 정의와 비교해서는 가벼움. 義(의)를 위해서는 생명을 아끼지 않음. 출전 後漢書(후한서).

明王之使人如巧匠制木 (명왕지사인여교장제목)★

[뜻음] 밝을 명, 임금 왕, 갈 지, 사용할 사, 사람 인, 같을 여, 교묘할 교, 장인 장, 만들 제, 나무 목.
[풀이] 어진 군주의 用人(용인)하는 법은 노련한 목수가 나무를 켜는 것과 같다는 말.

明月爲燭 (명월위촉)★

[뜻음] 밝을 명, 달 월, 삼을 위, 촛불 촉.
[풀이] 밝은 달로 등불을 대신함. 달빛으로 촛불을 대신함. 출전 唐書(당서).

明月清風 (명월청풍)★

[뜻음] 밝을 명, 달 월, 맑을 청, 바람 풍.
[풀이] 밝은 달과 맑은 바람. 밝은 달밤에 부는 시원한 바람. '清風明月(청풍명월)'을 보시오.

名者實之賓 (명자실지빈)★

[뜻음] 이름 명, 놈 자, 열매 실, 갈 지, 손님 빈.
[풀이] 명예는 객이고 실제는 주인이다. 덕이 있는 뒤에 비로소 名譽(명예)가 따른다는 말. 출전 莊子(장자) 逍遙遊篇(소요유편).

命在頃刻 (명재경각)★

[뜻음] 목숨 명, 있을 재, 잠깐 경, 새길 각.
[풀이] 곧 숨이 끊어질 지경에 이름.

命在朝夕 (명재조석)★

[뜻음] 목숨 명, 있을 재, 아침 조, 저녁 석.
[풀이] 거의 다 죽게 되어서 목숨이 언제 끊어질지 모를 지경에 이름. 命在旦夕(명재단석).

名詮自性 (명전자성)★

[뜻음] 이름 명, 설명할 전, 스스로 자, 성품 성.
[풀이] 이름은 그 사물의 성질을 나타냄.

名正言順 (명정언순)★★

[뜻음] 명분 명, 바를 정, 말씀 언, 순할 순.
[풀이] 명분이 바르고 말이 사리에 맞음. 출전 論語(논어).

明珠兼乘未若一言 (명주겸승미약일언)★

[뜻음] 밝을 명, 구슬 주, 쌓을 겸, 수레 승, 아닐 미, 같을 약, 한 일, 말씀 언.
[풀이] 수레에 가득 실은 명주도 한마디의 충고만 같지 못하다. 忠告(충고)나 諫言(간언)의 귀중함. 乘은 수레임.

明珠闇投 (명주암투)★

[뜻음] 밝을 명, 구슬 주, 어두울 암, 던질 투.
[풀이] 밝은 구슬을 어두운 밤중에 집어 던진다. 빛나는 구슬이라도 밤에 던지면 아무 빛도 발하지 못한다. 지극히 귀한 보물도 남에게 예를 갖추어 주지 아니하면 도리어 원한을 삼. 남을 도울 때도 방법이 나쁘면 도리어 원망을 사게 됨. 출전 史記(사기) 鄒陽傳(추양전).

明主愛一嚬一笑 (명주애일빈일소)★

[뜻음] 밝을 명, 주인 주, 아낄 애, 한 일, 찡그릴 빈, 웃을 소.
[풀이] 똑똑한 임금은 한 번 찡그리거나 한 번 웃는 일을 아낀다. 현명한 군주는 신하 앞에서 함부로 喜怒哀樂(희로애락)의 정을 나타내지 아니함을 비유함. 출전 韓非子(한비자) 內儲說上篇(내저설상편).

明珠出老蚌 (명주출로방)★

[뜻음] 밝을 명, 구슬 주, 날 출, 늙을 로, 조개 방.
[풀이] 밝은 구슬이 늙은 조개에서 난다. 보잘것없는 아버지가 훌륭한 아들을 두거나 그 외 '개천에서 용 난' 경우를 일컬음.

明珠彈雀 (명주탄작)★

[뜻음] 밝을 명, 구슬 주, 쏠 탄, 참새 작.
[풀이] 새를 잡는 데 구슬을 쏜다. 작은 것을 잡으려고 그보다 훨씬 좋은 것을 써 버리는 어리석음.

明察秋毫 (명찰추호)★

[뜻음] 밝을 명, 살필 찰, 가을 추, 가는 털 호.
[풀이] 눈이 잘 보여 秋毫(추호)라도 분간함. 眼力(안력)이 아주 밝음. 출전 孟子(맹자) 梁惠王上篇(양혜왕상편).

明哲保身 (명철보신)★★★

[뜻음] 밝을 명, 밝을 철, 보호할 보, 몸 신.
[풀이] 밝고 능통하여 그 몸을 보전한다. 세태와 사리에 밝아서 자기를 위험한 곳에 빠뜨리지 않고 잘 보전함.

≪詩經(시경)≫大雅(대아) 烝民篇(증민편)에 나오는 말이다.

숙숙한 왕명을
중산보가 맡고 있다.
나라의 좋고 나쁜 것을
중산보가 밝힌다.
이미 밝고 또 통한지라
그로써 그 몸을 보전한다.
아침이나 밤이나 게으르지 않고
그로써 한 사람(王)을 섬긴다.

肅肅王命 숙숙왕명
仲山甫將之 중산보장지
邦國若否 방국약부
仲山甫明之 중산부보지
旣明且哲 기명차철
夙夜匪解 숙야비해
以事一人 이사일인

이 시에서 '명철보신'이라는 말이 나온다. 明은 이치에 밝은 것을 말하고 哲은 사물에 능통하다는 뜻이다. 保身은 몸을 안전한 위치에 두는 것을 뜻한다. 세상일을 훤히 내다보는 처세를 잘함으로써 亂世(난세)를 무사히 살아가게 되는 것을 말한다. 대개 부귀를 탐내지 않고 자기의 재주와 학식을 숨긴 채 평범한 인물로서 표 나지 않게 살아가는 것을 가리켜 말하게 된다. 세태와 사리에 밝아서 자기를 위험한 곳에 빠뜨리지 않고 잘 보전하는 경우에 쓰여야 마땅하나 요즘은 자기 위주의 현명한 처세술을 의미하는 정도가 강하다. 오죽하면 補身主義(보신주의)라는 말이 생겼겠는가!

明七才子 (명칠재자)

[뜻음] 나라 이름 명, 일곱 칠, 재주 재, 아들 자.
[풀이] 明代(명대)의 유명한 詩人(시인) 일곱 사람. 李于麟(이우린), 王世貞(왕세정), 吳國倫(오국륜), 徐中行(서중행), 宗臣(종신), 梁有譽(양유예), 謝茂蓁(사무진).

明刑弼敎 (명형필교)★

[뜻음] 밝을 명, 형사 형, 도울 필, 가르칠 교.
[풀이] 형법을 밝게 함으로써 오륜의 가르침을 도움. 출전 書經(서경).

茅居蒿狀 (모거호상)

[뜻음] 띠 모, 집 거, 쑥 호, 마루 상.
[풀이] 띠로 인 집에 쑥을 깐 마루. 곧 陋醜(누추)한 집.

暮鼓晨鐘 (모고신종)★

[뜻음] 저물 모, 두드릴 고, 새벽 신, 종 칠 종.
[풀이] ① 절에서 아침저녁으로 북과 종으로 쳐서 시각을 알림. ② 미묘한 말로써 남을 깨우쳐 주는 일. 곧 훈계하는 일.

毛骨悚然 (모골송연)★★

[뜻음] 털 모, 뼈 골, 두려워할 송, 그럴 연.
[풀이] 끔찍스러워 몸이 으쓱하며 털끝이 쭈뼛해짐. '모골'은 터럭과 뼈.

謀及婦人 (모급부인)★

[뜻음] 꾀할 모, 함께 급, 며느리 부, 사람 인.
[풀이] 부인과 꾀를 꾸미다. 부인과 꾀를 꾸미면 漏泄(누설)될 염려가 많으므로 여자와 같이 일을 꾸미는 것은 어리석은 일이라고 비웃는 말. 출전 春秋左氏傳(춘추좌씨전).

某年某日 (모년모일)★

[뜻음] 아무 모, 해 년, 날 일.
[풀이] 뚜렷한 연월일이 아니고 어떤 해, 어느 달, 어느 날이라는 뜻.

謀略中傷 (모략중상)★

[뜻음] 꾸밀 모, 꾀 략, 가운데 중, 해칠 상.
[풀이] 남을 모략하여 名譽(명예)를 損傷(손상)시키는 일.

謀莫難于固密 (모막난우고밀)★

[뜻음] 꾀할 모, 없을 막, 어려울 난, 어조사 우, 굳을 고, 빽빽할 밀.
[풀이] 謀事(모사)는 누설되기 쉬우며 비밀을 지키기가 어려움. 출전 鬼谷子(귀곡자).

某某諸人 (모모제인)★

[뜻음] 아무 모, 여러 제, 사람 인.
[풀이] 아무아무 여러 사람들. 아무개 아무개의 여러 사람. 모모인.

冒沒廉恥 (모몰염치)★

[뜻음] 가릴 모, 잠길 몰, 청렴할 염, 부끄러울 치.
[풀이] 염치없는 줄 알면서도 무릅쓰고 함.

謀叛大逆 (모반대역)★★

[뜻음] 꾀할 모, 배반할 반, 큰 대, 거스를 역.
[풀이] 왕실이나 정부를 뒤엎고자 하는 큰 역적 행위. 大明律(대명률)에 있는 十惡(십악)의 한 條文(조문)으로, 과거 우리나라에도 적용된 罪(죄)의 일종.

毛髮絲粟 (모발사속)

[뜻음] 털 모, 터럭 발, 실 사, 조 속.
[풀이] 모와 발과 사와 속. 지극히 작은 것을 나타내는 말.

謀事在人成事在天 (모사재인성사재천)★★★

[뜻음] 꾸밀 모, 일 사, 있을 재, 사람 인, 이룰 성, 하늘 천.
[풀이] 일을 꾸미는 것은 사람이지만 그 일이 다 이루어지는 것은 하늘에 달려 있다는 뜻. 출전 三國志演義(삼국지연의) 제103회.

暮色蒼然 (모색창연)★★

[뜻음] 저물 모, 빛 색, 푸를 창, 그러할 연.
[풀이] 저녁 무렵의 경치가 점점 어두워 가는 모양. 출전 柳宗元(유종원)의 글.

貌雖瘦天下肥 (모수수천하비)★★

[뜻음] 모양 모, 비록 수, 여윌 수, 하늘 천, 아래 하, 살찔 비.
[풀이] 내가 정사에 골몰하여 비록 내 용모는 여위었으나 천하는 살쪘다. 중국 唐(당)나라 玄宗(현종)이 백성의 富裕(부유)함을 기뻐하여 이른 말. 출전 資治通鑑(자치통감).

毛遂自薦 (모수자천)★★

[뜻음] 털 모, 드디어 수, 스스로 자, 천거할 천.
[풀이] 모수가 자신을 추천하다. 趙(조)나라에서 초나라에 구원을 청할 使者(사자)를 물색할 때 모수가 스스로 자기를 천거했다는 고사. 자기가 자기를 추천함.

矛盾 (모순)★★★

[뜻음] 창 모, 방패 순.
[풀이] 창과 방패. 옛날 어떤 사람이 창과 방패를 팔았는데 그는 자기의 창이 어떤 방패도 뚫을 수 있다고 한 다음, 자기의 방패는 어떤 창이라도 막아낼 수 있다고 한 데에서 나온 성어. 서로 앞뒤가 맞지 않음. 矛盾撞着(모순당착).

≪韓非子(한비자)≫ 說難篇(세난편)에 나와 있는 이야기이다.

楚(초)나라 사람으로 방패와 창을 같이 놓고 파는 장사꾼이 있었다. 그가 선전하기를,

"자아, 이 방패로 말할 것 같으면 아무리 날카로운 창으로도 뚫을 수 없는 견고한 것입니다."

"자아, 이 창으로 말할 것 같으면 제아무리 여물고 단단한 것이라도 단 한 번에 꿰뚫고 맙니다."

그러자 한 사람이 말했다.

"그럼 그 창으로 그 방패를 한번 찔러 보시오. 그러면 그 결과가 어떻게 되겠소?"

장사꾼은 대답이 궁했다.

이 일에서 서로 앞뒤가 맞지 않는 일을 모순이라고 한다. 矛盾撞着(모순당착), 自家撞着(자가당착)이라고도 한다.

矛盾撞着 (모순당착)★★

[뜻음] 창 모, 방패 순, 칠 당, 붙을 착.
[풀이] 같은 사람의 말이나 행동이 앞뒤가 맞지 않음. 矛盾撞著(모순당착). 矛盾(모순).

某也某也 (모야모야)★

[뜻음] 아무 모, 잇기 야.
[풀이] 아무아무. 아무개 아무개. 誰某誰某(수모수모).

暮夜無知 (모야무지)

[뜻음] 저물 모, 밤 야, 없을 무, 알 지.
[풀이] 어두운 밤중에 하는 일이어서 아무도 모름.

冒雨剪韭 (모우전구)★

[뜻음] 무릅쓸 모, 비 우, 자를 전, 부추 구.
[풀이] 비가 오는데도 불구하고 부추를 솎아 찾아온 손님을 대접한다. 友情(우정)이 매우 두터움.

暮雲落日 (모운락일)

[뜻음] 저물 모, 구름 운, 떨어질 락, 해 일.
[풀이] 저녁 구름과 지는 해. 국가의 쇠퇴, 개인의 쇠망을 슬퍼하는 심정.

暮雲春樹 (모운춘수)★★

[뜻음] 저물 모, 구름 운, 봄 춘, 나무 수.
[풀이] 먼 곳에 있는 친구를 생각하는 정이 간절함을 이름. 春樹暮雲(춘수모운). 출전 杜甫(두보)의 詩(시).

毛義奉檄 (모의봉격)★

[뜻음] 털 모, 옳을 의, 받들 봉, 격문 격.
[풀이] 모의가 격문을 보고 기뻐해 받들다. 毛義(모의)라는 사람은 집이 가난하고 노모가 있었는데 그를 임관한다는 府(부)의 소장이 오니 그는 본시 벼슬에 뜻이 없었으나 노모를 기뻐하게 하기 위하여 소장을 받들고 희색이 만면하여 안에 들어갔다가 그의 지조를 사모하여 와 있던 張奉(장봉)에게 지조가 없는 사람이라고 오해를 산 고사. 출전 後漢書(후한서).

母以子貴 (모이자귀)★

[뜻음] 어미 모, 써 이, 아들 자, 귀할 귀.
[풀이] 어머니는 자식이 귀하게 됨을 따라 귀하게 됨. 출전 春秋公羊傳(춘추공양전).

茅茨不剪 (모자부전)★★★

[뜻음] 띠 풀 모, 지붕을 일 자, 아니 부, 자를 전.
[풀이] 이엉으로 덮은 지붕을 깎아 가지런하게 하지 않음. 꾸미지 않고 거칠고 자연스러운 그대로 둔다는 말. 儉素(검소)하게 사는 모습을 말함. 출전 太平御覽(태평어람).

毛嬙西施 (모장서시)★★

[뜻음] 털 모, 궁녀 장, 서녘 서, 베풀 시.
[풀이] 毛嬙(모장)과 西施(서시). 둘 다 절세의 미인임. 絕世美人(절세미인).

冒占良民 (모점양민)

[뜻음] 무릅쓸 모, 차지할 점, 어질 양, 백성 민.
[풀이] 양민을 강제로 노비처럼 부림.

摹天畵日 (모천화일)★

[뜻음] 본뜰 모, 하늘 천, 그릴 화, 해 일.
[풀이] 하늘을 본뜨고 해를 그리다. 임금의 功德(공덕)을 稱頌(칭송)하는 말.

暮春花時 (모춘화시)★

[뜻음] 저물 모, 봄 춘, 꽃 화, 때 시.
[풀이] 늦은 봄꽃이 만발하는 철.

木强則折 (목강즉절)★

[뜻음] 나무 목, 굳셀 강, 곧 즉, 꺾일 절.
[풀이] 나무가 강하면 곧 부러진다. 너무 강한 것은 도리어 부러지기 쉽다는 말. 출전 老子(노자).

目耕 (목경)★

[뜻음] 눈 목, 밭갈 경.
[풀이] 눈으로 밭을 갈다. 讀書(독서)에 힘쓰며 學問(학문)을 닦는다는 뜻.

木屐登山 (목극등산)★

[뜻음] 나무 목, 나막신 극, 오를 등, 뫼 산.
[풀이] 중국 晉(진)나라의 謝靈運(사령운)이 나막신을 신고 산에 올랐다는 옛일. 사물에 구애되지 않음.

睦郎廳調 (목낭청조)★

[뜻음] 화목할 목, 사내 랑, 관청 청, 가락 조.
[풀이] 목씨 성을 가진 낭청. 낭청은 관아의 6품 당하관. 분명하지 않은 태도. 어름어름하면서 얼버무리는 말씨. 睦郎廳(목낭청)은 이래도 응, 저래도 응 하는 사람을 조롱하여 일컫는 말.

木乃伊 (목내이)★

[뜻음] 나무 목, 이에 내, 저 이.
[풀이] 미이라.

目挑心招 (목도심초)

[뜻음] 눈 목, 돋울 도, 마음 심, 부를 초.
[풀이] 눈으로 집적거리고 마음으로 부른다. 몸을 파는 여자가 사람을 유혹하는 모양. 目挑心招(목조심초). 출전 史記(사기).

目不窺園 (목불규원)★

[뜻음] 눈 목, 아닐 불, 바라볼 규, 뜰 원.
[풀이] 집에 있으면서 정원을 바라볼 겨를이 없다. 講學(강학)에 열중하느라 틈이 없음을 나타내는 말. 출전 漢書(한서) 董仲舒傳(동중서전).

目不識丁 (목불식정)★★★

[뜻음] 눈 목, 아닐 불, 알 식, 고무래 정.
[풀이] 눈을 뜨고도 고무래를 알아보지 못한다. 아주 무식함. 고무래를 앞에 놓고도 고무래 정자를 알지 못한다. 눈을 뜨고도 고무래를 알아보지 못한다.

　　≪唐書(당서)≫ 張弘靖傳(장홍정전)에 나오는 이야기이다.
　　장홍정은 憲宗(헌종) 때 유주 節度使(절도사)였던 劉總(유총) 덕분에 幽州(유주)로 부임하며 安祿山(안녹산)의 무덤을 파헤치고 지방민들을 무시하며,
　　"이 태평 시대에 너희들이 兩石弓(양석궁)을 당긴들 그것이 무슨 소용이 있느냐. 차라리 고무래 정자 하나라도 아는 것이 낫지"라고 말했다.
　　이 '고무래 정자'는 詳考(상고)해야 되겠지만 '一介字(일개자)'의 의미로 풀이하여야 할 것 같다. ≪康熙字典(강희자전)≫에 보면 이 丁(정) 자는 옛날에는 개와 같이 썼기 때문에 一介字(일개자), 즉 한 개의 글자라는 것을 잘못 알고 그릇 전해진 것이라 했다.
　　고무래는 멍석에 널어놓은 곡식을 넓고 고르게 펴기 위해 미는 기구이다. 생김새가 고무래 정 자와 흡사하다. 우리말에 '낫 놓고 기역 자도 모른다'는 말이 있다. 이른바 글자라고는 전연 모르는 까막눈이란 뜻이다. 菽麥(숙맥), 漁魯不辨(어로불변), 一字無識(일자무식) 등이 비슷한 말이다.

目不忍見 (목불인견)★★

[뜻음] 눈 목, 아닐 불, 참을 인, 볼 견.
[풀이] 눈으로 차마 볼 수 없음.

木石肝腸 (목석간장)★★

[뜻음] 나무 목, 돌 석, 간 간, 창자 장.
[풀이] 목석같은 마음씨. 나무나 돌처럼 아무런 감정도 없는 마음씨.

木石難得 (목석난득)

[뜻음] 나무 목, 돌 석, 어려울 난, 얻을 득.
[풀이] 나무에도 돌에도 붙일 데가 없다. 가난하고 고단하여 의지할 데가 없는 처지를 비유.

木石心腸 (목석심장)★

[뜻음] 나무 목, 돌 석, 마음 심, 창자 장.
[풀이] 목석같은 심장을 지닌 사람. 人情(인정)이 없는 사람.

木屑竹頭 (목설죽두)★

[뜻음] 나무 목, 가루 설, 대 죽, 머리 두.
[풀이] 竹頭木屑(죽두목설).

木罌缶 (목앵부)

[뜻음] 나무 목, 병 앵, 항아리 부.
[풀이] 항아리를 나무에 매어 타고 강을 건너는 것.

木野狐 (목야호)★

[뜻음] 나무 목, 들 야, 여우 호.
[풀이] 나무로 된 들여우. 바둑판의 딴 이름. 사람을 잘 誘惑(유혹)하여 빠지게 함을 이르는 말.

目語 (목어)★

[뜻음] 눈 목, 말씀 어.
[풀이] 눈과 눈으로 말함. 눈으로 의사를 통함.

木旺之節 (목왕지절)★

[뜻음] 나무 목, 왕성할 왕, 갈 지, 마디 절.
[풀이] 五行(오행)의 木(목)이 성하는 계절. 곧 봄철.

沐浴齋戒 (목욕재계)★

[뜻음] 머리감을 목, 목욕할 욕, 재계 재, 경계할 계.
[풀이] 제사를 지내거나 신성한 일을 할 때, 목욕을 깨끗이 하여 마음을 가다듬어 不淨(부정)을 피하는 일.

木牛流馬 (목우유마)★

[뜻음] 나무 목, 소 우, 흐를 유, 말 마.
[풀이] 소나 말 모양으로 만든 기계장치를 단 수레. 諸葛亮(제갈량)이 만들어 軍糧(군량)을 운반하는 데 썼다 함. 출전 三國志演義(삼국지연의).

沐雨櫛風 (목우즐풍)★

[뜻음] 머리감을 목, 비 우, 빗질할 즐, 바람 풍.
[풀이] 비로 머리를 감고 바람으로 머리를 빗질한다. 堯舜時代(요순시대) 禹(우)가 홍수를 다스리느라 풍우를 무릅쓰고 東奔西走(동분서주)함을 이름. 櫛風沐雨(즐풍목우). 출전 淮南子(회남자) 修務訓(수무훈).

木子得國 (목자득국)★

[뜻음] 나무 목, 아들 자, 얻을 득, 나라 국.
[풀이] 李氏(이씨: 이성계)가 나라를 얻게 된다. 목자는 李(이)를 破字(파자)한 것. 고려 말에 유행했다는, 예언하는 노래.

牧豬奴戲 (목저노희)★

[뜻음] 칠 목, 돼지 저, 종 노, 놀 희.
[풀이] 돼지나 소 먹이는 자가 하는 劣等(열등)한 遊戲(유희). 賭博(도박)을 이름.

目前之計 (목전지계)★

[뜻음] 눈 목, 앞 전, 갈 지, 꾀 계.
[풀이] 눈앞에 보이는 한 때만을 생각하는 것. 임시적인 꾀.

木從繩則正 (목종승즉정)★

[뜻음] 나무 목, 좇을 종, 먹줄 승, 곧 즉, 바를 정.
[풀이] 굽은 나무도 먹줄을 놓아서 깎으면 바르게 된다. 학문을 하거나 충고를 따르면 훌륭한 사람이 됨을 비유. 출전 書經(서경) 說命上

篇(열명상편).

目皮相 (목피상)

[뜻음] 눈 목, 가죽 피, 바탕 상.
[풀이] 사람의 인품을 보는 데 있어서 다만 인상만을 보고 평가하는 것을 이름.

木鐸 (목탁)★★★

[뜻음] 나무 목, 방울 탁.
[풀이] 나무로 만든 방울. 세상 사람을 깨우쳐 인도할 만한 사람이나 기관. 佛家(불가)에서 많이 쓰이지만 그 이전에 儒家(유가)에서 이 말을 사용함. '신문은 사회의 목탁이 되어야 한다'는 말이 보편적으로 쓰임.

≪論語(논어)≫ 八佾篇(팔일편)에 나오는 말이다.
孔子(공자)가 모국인 魯(노)나라를 떠나 衛(위)나라 국경 가까이에 있는 儀(의)라는 곳에 와 닿았을 때, 이곳 관문을 지키는 封人(봉인)이 공자에게 면회를 청하며, 그는 공자에게 "여러분께서는 조금도 안타까워하실 필요가 없습니다. 천하가 어지러운 지 이미 오래인지라, 하늘이 장차 선생님으로 목탁을 삼으실 것입니다"라고 말하며 공자의 제자들을 위로했다.
목탁은 혀가 나무로 된 방울을 말한다. 쇠로 만든 것을 옛날에는 금탁이라고 했다.
'신문은 사회의 목탁이다' 할 때, 그것은 사회를 올바로 깨우쳐 주고 이끌어 주는 것이란 뜻을 갖게 된다. 옛날에는 대중의 관심을 집중시키기 위한 방법으로 금탁과 목탁을 사용했다. 즉 관에서 군사와 관련이 있는 일을 백성들에게 주지시킬 때는, 담당 관원이 금탁을 두들기며 관의 지시와 명령을 대중에게 전달했다. 또 군사가 아닌 일반 행정이나 문교에 관한 사항을 전달할 때는 목탁을 두들기며 관원이 골목을 돌곤 했다. 이 관습에서 목탁이란 세상 사람을 깨우쳐 인도할 만한 사람이나 기관을 나타내게 되었다. 현재 佛家(불가)에서 많이 쓰이지만 그 이전에 儒家(유가)에서 이 말을 사용했다.

目下十行 (목하십행)★

[뜻음] 눈 목, 아래 하, 열 십, 갈 행.
[풀이] 한눈에 열 줄을 읽는다. 速讀(속독)을 함.

沐猴而冠 (목후이관)★

[뜻음] 머리감을 목, 원숭이 후, 말 이을 이, 갓 관.
[풀이] 원숭이가 관을 씀. 곧 외모는 사람 같지만 마음은 원숭이처럼 미련하다고 冷笑(냉소)한 말. 출전 史記(사기) 項羽紀(항우기).

木欣欣以向榮 (목흔흔이향영)

[뜻음] 나무 목, 기뻐할 흔, 써 이, 향할 향, 번성할 영.
[풀이] 따뜻한 봄을 맞이하여 나무들이 기쁜 듯이 점점 뻗어나 무성해짐. 출전 陶潛(도잠)의 歸去來辭(귀거래사).

沒頭沒尾 (몰두몰미)

[뜻음] 없어질 몰, 머리 두, 꼬리 미.
[풀이] 밑도 끝도 없음. 처음과 나중이 없음.

夢蘭有兆 (몽란유조)★

[뜻음] 꿈 몽, 난초 란, 있을 유, 조짐 조.
[풀이] 중국 春秋時代(춘추시대) 鄭(정)나라 文公(문공)의 첩 燕姞(연길)이, 하늘이 사람을 시켜 난초를 주면서 이 난초로 네 자식을 만들겠노라고 말한 꿈을 꾼 뒤, 문공이 연길에게 내린 난초를 문공 모신 증거로 삼아서 穆公(목공)을 낳고 이름을 蘭(난)이라 지은 옛일. 부녀자가 아기를 孕胎(잉태)함을 일컫는 말. 아기를 밴 징조가 있음.

朦朧世界 (몽롱세계)★

[뜻음] 흐릴 몽, 흐릿할 롱, 세상 세, 지경 계.
[풀이] 흐리멍덩한 세계.

蒙網捉魚 (몽망착어)

[뜻음] 입을 몽, 그물 망, 잡을 착, 고기 어.
[풀이] 그물을 머리에 쓰고 고기를 잡는다. 우연히 운이 좋았음의 비유. 출전 旬五志(순오지).

夢寐之間 (몽매지간)★★

[뜻음] 꿈 몽, 잠잘 매, 갈 지, 사이 간.
[풀이] 꿈을 꾸는 동안. 자는 동안. 夢寐間(몽매간).

夢中夢夢 (몽중몽몽)★★

[뜻음] 꿈 몽, 가운데 중.
[풀이] 인생의 不可知(불가지)에 대한 비유. 일설에는 인생의 덧없음을 나타내는 말이라고도 함. 출전 莊子(장자) 齊物論篇(제물론편).

夢中夢說 (몽중몽설)★

[뜻음] 꿈 몽, 가운데 중, 말씀 설.
[풀이] 꿈속에서 꿈 이야기를 하듯이 무엇을 말하는지 종잡을 수 없는 말을 함.

夢中又占其夢 (몽중우점기몽)★

[뜻음] 꿈 몽, 가운데 중, 또 우, 점칠 점, 그 기.
[풀이] 꿈속에서 또 그 꿈의 길흉을 점친다. 인생의 덧없음을 나타냄. 인생이 이와 같다는 말.

夢筆生花 (몽필생화)★

[뜻음] 꿈 몽, 붓 필, 날 생, 꽃 화.
[풀이] 唐(당)나라 李白(이백)이 그가 쓰는 붓끝에 꽃이 피는 꿈을 꾼 뒤 文名(문명)을 크게 떨쳤다는 옛일에서 온 말.

蒙學訓長 (몽학훈장)★★

[뜻음] 어릴 몽, 배울 학, 가르칠 훈, 길 장.
[풀이] 어린아이나 가르칠 만한 훈장. 어린아이를 가르치는 훈장.

夢幻泡影 (몽환포영)★

[뜻음] 꿈 몽, 헛것 환, 거품 포, 그림자 영.
[풀이] 인간사의 모든 것은 꿈, 환상, 거품, 그림자와 같다. 인생의 덧없음을 표현하는 말. 출전 金剛經(금강경).

妙技百出 (묘기백출)★★

[뜻음] 예쁠 묘, 재주 기, 일백 백, 날 출.
[풀이] 묘기가 백 가지 나온다. 교묘한 기술과 재주가 여러 가지 모양으로 나옴.

妙年才格 (묘년재격)

[뜻음] 묘할 묘, 해 년, 재주 재, 품격 격.
[풀이] 젊은 나이에 타고난 높은 품격과 재주.

廟堂公論 (묘당공론)

[뜻음] 사당 묘, 집 당, 공변될 공, 논할 론.
[풀이] 朝廷(조정)의 君臣(군신)들이 國事(국사)를 論議(논의)함.

廟堂之高 (묘당지고)

[뜻음] 사당 묘, 집 당, 갈 지, 높을 고.
[풀이] 조정의 높은 관직. 또는 거룩하고 높은 조정.

廟堂之器 (묘당지기)★

[뜻음] 당 묘, 집 당, 갈 지, 그릇 기.
[풀이] 나라의 정치를 능히 해낼 경륜과 기량. 정치를 이끌어 갈 만한 인물.

猫頭懸鈴 (묘두현령)★★

[뜻음] 고양이 묘, 머리 두, 매달 현, 방울 령.
[풀이] 고양이 목에 방울 달기. 불가능한 일을 의논함. 쥐들이 고양이 목에 방울을 달려고 의논하였으나 아무도 달 수가 없었음. 猫項縣鈴(묘항현령). 출전 旬五志(순오지).

眇眇忽忽 (묘묘홀홀)★

[뜻음] 흐릴 묘, 소홀히 할 홀.
[풀이] 흐려서 分別(분별)하기 어려운 모양.

猫鼠同眠 (묘서동면)★

[뜻음] 고양이 묘, 쥐 서, 한가지 동, 잠잘 면.
[풀이] 고양이와 쥐가 함께 잠을 잔다. 위아래가 부정하게 결탁하여 나쁜 짓을 함을 비유. 猫鼠同處(묘서동처). 출전 唐書(당서).

眇視跛履 (묘시파리)★

[뜻음] 애꾸눈 묘, 볼 시, 절름발이 파, 신을 리.
[풀이] 애꾸눈이 잘 보려 하고 절름발이가 먼 데를 가려고 한다. 力量(역량)과 덕이 부족한 사람이 자기 분수에 넘치는 큰일을 하려다가 도리어 禍(화)를 當(당)함. 출전 易經(역경) 履卦(이괘).

妙在心手 (묘재심수)★

[뜻음] 묘할 묘, 있을 재, 마음 심, 손 수.
[풀이] 技藝(기예)가 뛰어남은 그 사람의 마음과 손에 달려 있음.

猫前乞蘇魚 (묘전걸소어)★

[뜻음] 고양이 묘, 앞 전, 빌 걸, 밴댕이 소, 물고기 어.
[풀이] 고양이 앞에서 밴댕이를 구걸하다. 고양이 앞에서는 밴댕이라도 구걸하지 말라는 말. 소어는 밴댕이. ① 자기 능력에 미치지 못할 일은 하지도 말라는 말. ② 받으려고 하는 사람에게 도리어 달라고 한다는 말.

卯坐酉向 (묘좌유향)★

[뜻음] 넷째 자리 묘, 앉을 좌, 닭 유, 향할 향.
[풀이] 집터나 묏자리 등이 묘방, 곧 동쪽을 등지고 유방, 곧 서쪽을 향하여 앉은 터.

妙處不傳 (묘처부전)★

[뜻음] 묘할 묘, 곳 처, 아닐 부, 전할 전.
[풀이] 玄妙(현묘)한 境地(경지)는 말로 전할 수 없으며, 스스로 攄得(터득)할 수밖에 없다는 말.

廟垣之鼠 (묘원지서)★

[뜻음] 사당 묘, 담 원, 갈 지, 쥐 서.
[풀이] 正殿(정전) 주위의 담에 굴을 파고 사는 쥐. 君側(군측)의 小人(소인). 姦臣(간신). 출전 唐書(당서).

猫項縣鈴 (묘항현령)★

[뜻음] 고양이 묘, 목 항, 매달 현, 방울 령.
[풀이] 고양이 목에 방울 달기. 猫頭懸鈴(묘두현령).

無可奈何 (무가내하)★

[뜻음] 없을 무, 옳을 가, 어찌 내, 어찌 하.
[풀이] 어찌할 수가 없이 됨.

無價大寶 (무가대보)★

[뜻음] 없을 무, 값 가, 클 대, 보배 보.
[풀이] 無價之寶(무가지보).

無價之寶 (무가지보)★

[뜻음] 없을 무, 값 가, 갈 지, 보물 보.
[풀이] 값을 칠 수가 없이 몹시 귀중한 보배.無價大寶(무가대보).

無間地獄 (무간지옥)★

[뜻음] 없을 무, 틈 간, 땅 지, 옥 옥.
[풀이] 불교용어. 八大地獄(팔대지옥)의 하나. 五逆罪(오역죄)의 한 가지를 범한 자가 가는 곳으로, 끊임없이 고통을 받는다 함.

無疆之休 (무강지휴)★

[뜻음] 없을 무, 지경 강, 갈 지, 쉴 휴.
[풀이] 무궁의 미. 한없는 아름다움. 休(휴)는 善美(선미)한 모양. 출전 書經(서경) 太甲篇(태갑편).

無去無來 (무거무래)★

[뜻음] 없을 무, 갈 거, 올 래.
[풀이] 시작도 없고 끝도 없음. 無始無終(무시무종).

無稽之言勿聽 (무계지언물청)★

[뜻음] 없을 무, 근거 계, 갈 지, 말씀 언, 말 물, 들을 청.
[풀이] 근거 없는 말은 듣지 말라. 출전 書經(서경) 大禹篇(대우편).

無告之民 (무고지민)★

[뜻음] 없을 무, 알릴 고, 갈 지, 백성 민.
[풀이] 어디에다가 호소할 데가 없는 어려운 백성.

無故擅入 (무고천입)★

[뜻음] 없을 무, 연고 고, 함부로 천, 들 입.
[풀이] 볼 일이 없는 사람은 함부로 들어오지 말라는 뜻. 漢代(한대)에 관청의 문에 걸던 금제.

無骨好人 (무골호인)★★★

[뜻음] 없을 무, 뼈 골, 좋아할 호, 사람 인.
[풀이] 뼈 없이 좋은 사람. 아주 순하여 남의 비위에 두루 맞는 사람. 충청도 사람들의 기질을 좋게 표현할 때 쓰기도 함. 無等好人(무등호인).

無孔鐵鎚 (무공철추)★

[뜻음] 없을 무, 구멍 공, 쇠 철, 망치 추.
[풀이] 구멍이 없는 쇠망치. 자루가 없는 망치는 손댈 데가 없으므로 言語(언어)로는 설명할 수 없는 眞理(진리)의 비유로 쓰임.

無愧於心 (무괴어심)★

[뜻음] 없을 무, 부끄러울 괴, 어조사 어, 마음 심.
[풀이] 말과 행실이 밝아서 마음에 조금도 부끄러움이 없음.

無咎無譽 (무구무예)

[뜻음] 없을 무, 허물 구, 기릴 예.
[풀이] 허물도 없고 기릴 것도 없음. 출전 後漢書(후한서).

無窮無盡 (무궁무진)★★

[뜻음] 없을 무, 다할 궁, 다할 진.
[풀이] 한이 없고 끝이 없음.

無窮自在 (무궁자재)★★

[뜻음] 없을 무, 다할 궁, 스스로 자, 있을 재.
[풀이] 무궁무진하고 自由自在(자유자재)함. 구속이나 제한됨이 없이 마음대로 할 수 있음.

無窮害兼 (무궁해겸)

[뜻음] 없을 무, 다할 궁, 훼방할 해, 겸할 겸.
[풀이] 무한은 겸애와 양립하지 않는다. 중국 墨家(묵가)의 兼愛說(겸애설)에 대한 反論(반론)으로 '지구상의 인간의 수는 무한한데, 그렇다면 어떻게 그들 모두를 사랑하는 것이 가능한가'라는 주장.

無極而太極 (무극이태극)★★★

[뜻음] 없을 무, 다할 극, 말 이을 이, 클 태.
[풀이] 무에서 유를 낳는 것. 무극이 곧 태극이요, 태극이 곧 무극이라. 무극은 태극의 맨 처음의 상태. 태극은 역학에서 우주 만물이 생긴 근원이라고 보는 본체. 하늘과 땅이 아직 나누어지기 이전, 세상 만물이 생기는 근원이 되는 것. 출전 太極圖說(태극도설).

無根無蔕 (무근무체)★

[뜻음] 없을 무, 뿌리 근, 꼭지 체.
[풀이] 뿌리도 없고 꼭지도 없다. 의지할 곳이 없음. 출전 漢書(한서).

無根之說 (무근지설)★★

[뜻음] 없을 무, 뿌리 근, 갈 지, 말씀 설.
[풀이] 터무니없는 뜬소문. 근거 없는 소문.

無男獨女 (무남독녀)★

[뜻음] 없을 무, 사내 남, 홀로 독, 계집 녀.
[풀이] 아들이 없는 집안에서 귀엽게 자란 외딸.

無念無想 (무념무상)★

[뜻음] 없을 무, 생각할 념, 생각 상.
[풀이] 無我(무아)의 경지에 들어가 모든 煩惱(번뇌)에서 벗어남.

無能無力 (무능무력)★

[뜻음] 없을 무, 능할 능, 힘 력.
[풀이] 무능력하고 무력함. 아무 능력이 없음.

無能自處 (무능자처)★

[뜻음] 없을 무, 능할 능, 스스로 자, 곳 처.
[풀이] 재능이 있으면서 스스로 무능하다고 겸손한 태도를 가지는 일. 능력이 없다고 제 스스로 인정함.

武斷政治 (무단정치)★

[뜻음] 힘셀 무, 끊을 단, 정사 정, 다스릴 치.
[풀이] 무력으로 억압하여 專斷(전단)하는 정치.

無斷出入 (무단출입)★

[뜻음] 없을 무, 끊을 단, 날 출, 들 입.
[풀이] 관계없는 사람이 승낙도 없이 함부로 드나듦.

無當卮 (무당치)★

[뜻음] 없을 무, 밑 당, 술잔 치.
[풀이] 밑이 없는 술잔. 當(당)은 밑. 쓸모없는 것. 소용이 없는 것을 비유함.

無道之人 (무도지인)★

[뜻음] 없을 무, 길 도, 갈 지, 사람 인.
[풀이] 도리에 벗어난 생각과 행동을 하는 사람.

無等好人 (무등호인)★

[뜻음] 없을 무, 가지런할 등, 좋을 호, 사람 인.
[풀이] 그지없이 좋은 사람. 더할 나위 없이 인간성이 좋은 사람.

武梁祠畫像 (무량사화상)★

[뜻음] 굳셀 무, 들보 량, 사당 사, 그림 화, 형상 상.
[풀이] 前漢(전한)의 종사 무씨의 묘전 석실 안의 벽에 그려 있는 옛날의 제왕, 충신, 효자, 현부의 畫像(화상). 古朝鮮(고조선) 檀君(단군)의 遺蹟(유적)이 있다고 알려짐.

無量世界 (무량세계)★

[뜻음] 없을 무, 수량 량, 세상 세, 지경 계.
[풀이] 그지없이 크고 넓은 세계.

無賴之輩 (무뢰지배)★

[뜻음] 없을 무, 힘입을 뢰, 갈 지, 무리 배.
[풀이] 일정한 직업도 없이 돌아다니며 나쁜 짓을 하는 사람들. 無賴輩(무뢰배).

無聊之民 (무료지민)★

[뜻음] 없을 무, 즐길 료, 갈 지, 백성 민.
[풀이] 마음에 근심하는 바가 있어 즐거워하지 못하는 백성. 출전 漢書(한서).

無類失親 (무류실친)

[뜻음] 없을 무, 무리 류, 잃을 실, 친할 친.
[풀이] 무리가 없으면 친함을 잃음. 출전 孔子家語(공자가어).

無倫無脊 (무륜무척)★

[뜻음] 없을 무, 순서 륜, 등뼈 척.
[풀이] 뒤범벅이 되어 순서나 차례가 없음.

武陵桃源 (무릉도원)★★★

[뜻음] 호반 무, 언덕 릉, 복숭아 도, 근원 원.
[풀이] 무릉의 복숭아밭. 신선들이 사는 이상세계. 이 세상을 떠난 別天地(별천지).

이 말은 陶淵明(도연명)이 지은 [桃花源記(도화원기)]라는 글에 나온다. 줄거리만 略(약)하면 다음과 같다.

晉(진)나라 太元(태원) 연간(376－396)에 무릉의 어느 고기잡이가 시냇물을 따라 무작정 올라가던 중, 문득 양쪽 언덕이 온통 복숭아 숲으로 덮여 있는 곳에 와 닿았다. 막 복숭아꽃이 만발해 있을 때라 고기잡이는 노를 저으며 정신없이 바라보고 있었다. 복숭아 숲은 가도 가도 끝이 없었다. 꽃잎은 푸른 잔디 위로 펄펄 날아 내리고 있다. 시냇물 근원까지 오자 숲도 함께 끝나고 앞은 산이 가로막혀 있고 산 밑으로 조그마한 바위굴이 하나 있었다. 그 굴속으로 무언가 빛나고 있었다. 그곳으로 굴이 나 있는데 그 속에 들어가자 그곳은 별천지였다.

그래서 속세와 떨어져 있는 별천지란 뜻으로 무릉도원이란 말을 쓰게 되었고 또 '무릉도원'이니 '桃源境(도원경)'이니 하는 말은 평화롭고 조용한 이상향이란 뜻이 담기게 되었다. 이 무릉도원에는 주씨와 진씨 두 성이 서로 사돈을 하며 내려왔다 해서 서로 사돈이 되는 것을 '朱陳之誼(주진지의)'를 맺는다고 한다.

舞馬之災 (무마지재)★

[뜻음] 춤출 무, 말 마, 갈 지, 재앙 재. 火災(화재).
[풀이] 말이 춤추는 꿈을 보면 불이 난다는 데서 나온 말. 馬舞之災(마무지재). 출전 晉書(진서).

毋望之福 (무망지복)★

[뜻음] 없을 무, 바랄 망, 갈 지, 복 복.
[풀이] 뜻밖의 행복. 바라지 않은 행복. 반드시 얻게 될 행복. 無妄之福(무망지복). 출전 史記(사기) 春申君傳(춘신군전).

無妄之禍 (무망지화)

[뜻음] 없을 무, 바랄 망, 갈 지, 불행 화.

[풀이] 毋望之禍(무망지화). 无望之禍(무망지화).

無媒獨身 (무매독신)

[뜻음] 없을 무, 누이 매, 홀로 독, 몸 신.
[풀이] 형제자매가 없는 외로운 몸.

無面渡江 (무면도강)★

[뜻음] 없을 무, 낯 면, 건널 도, 강 강.
[풀이] 無面渡江東(무면도강동).

無面渡江東 (무면도강동)★★★

[뜻음] 없을 무, 낯 면, 건널 도, 강 강, 동녘 동.
[풀이] 江東(강동)으로 건너갈 面目(면목)이 없다. 고향에 돌아갈 면목이 없음.

≪史記(사기)≫ 項羽本紀(항우본기)에 나온다.
　마지막 싸움에 패하고 單身(단신)으로 烏江(오강)까지 도망쳐 온 項羽(항우)가 자살하기에 앞서 남긴 말에서 나온 말이다.
　漢(한)나라 군사에 포위된 垓下(해하)에 버티고 있던 항우는 휘하 장수 팔백여 명을 거느리고 어두운 밤을 타서 적의 포위를 뚫고 탈출하게 된다. 항우는 양자강을 건널 생각으로 오강까지 왔다. 오강 亭長(정장)이 배를 준비하여 기다리고 있었다. 정장은 항우를 보고 이렇게 위로했다.
　"강동이 좁다고는 하지만 그래도 사방 천 리 땅에 있으니 어서 건너십시오. 현재 배를 가진 사람은 소인 한 사람밖에 없으므로 한나라 군사가 건너지는 못할 것입니다."
　그러나 항우는 굴욕을 참지 못했다."하늘이 나를 망하게 했는데 건너가면 무얼 하겠는가. 내가 강동 자제 팔천 명을 거느리고 강을 건너왔었는데 지금 함께 돌아가는 사람이 한 사람도 없지 않은가. 강동의 부형들이 나를 불쌍히 여겨 임금으로 받든다 한들, 내가 무슨 면목으로 이들을 대하겠는가. 그들이 비록 말은 하지 않더라도 내가 어떻게 마음에 부끄럽지 않겠는가?" 하고 다시 돌아서서 한나라 군사와 싸워 수백 명을 죽인 다음 스스로 목을 쳐 죽고 말았다.
　사업에 실패한 사람들이 고향으로 돌아갈 면목이 없는 그런 경우를 가리켜 이 문자를 쓴다.

無明 (무명)★

[뜻음] 없을 무, 밝을 명.
[풀이] 梵語(범어)로, 眞理(진리)를 깨치지 못한 蒙昧(몽매)한 상태. 그 외에 다양한 불교적인 의미를 지님.

無明世界 (무명세계)

[뜻음] 없을 무, 밝을 명, 세상 세, 지경 계.
[풀이] 煩惱(번뇌)에 시달리는 사바세계.

舞文曲筆 (무문곡필)★

[뜻음] 춤출 무, 글월 문, 굽을 곡, 붓 필.
[풀이] 붓을 함부로 놀려 歪曲(왜곡)된 文事(문사)를 씀.

舞文弄法 (무문농법)★

[뜻음] 춤출 무, 글월 문, 희롱할 농, 법 법.
[풀이] 舞文弄筆(무문농필). 출전 史記(사기).

舞文弄筆 (무문농필)★

[뜻음] 춤출 무, 글월 문, 희롱할 농, 붓 필.
[풀이] 刑法(형법)의 글을 멋대로 해석하고 어지럽게 사용하여 죄를 씌움. 법률의 條文(조문)을 마음대로 解釋(해석)하여 법을 濫用(남용)함. 舞文弄法(무문농법).

無味乾燥 (무미건조)★

[뜻음] 없을 무, 맛 미, 마를 건, 마를 조.
[풀이] 느끼는 바가 깔깔하거나 딱딱하여 아무런 재미나 멋이 없음.

無法天地 (무법천지)★

[뜻음] 없을 무, 법 법, 하늘 천, 땅 지.
[풀이] 法(법)이 없는 세상. 무질서하고 亂暴(난폭)한 사회.

無邊廣大 (무변광대)★★

[뜻음] 없을 무, 가장자리 변, 넓을 광, 클 대.
[풀이] 한없이 넓고 커서 끝이 없음.

無邊大海 (무변대해)★

[뜻음] 없을 무, 가장자리 변, 큰 대, 바다 해.
[풀이] 끝이 없는 넓은 바다.

無病而自灸 (무병이자구)★

[뜻음] 없을 무, 병 병, 말 이을 이, 스스로 자, 뜸 구.
[풀이] 병이 없는데 공연히 뜸질한다는 뜻으로, 아무 소용없는 일을 함을 이름. 출전 莊子(장자) 盜跖篇(도척편).

無病長者 (무병장자)★

[뜻음] 없을 무, 병 병, 긴 장, 놈 자.
[풀이] 사람이 병을 앓게 되면 돈이 많이 들게 되므로 앓지 않고 사는 것이 곧 富者(부자)로 사는 것이라는 말.

無本大商 (무본대상)★

[뜻음] 없을 무, 밑 본, 큰 대, 장사 상.
[풀이] 밑천 없이 하는 큰 장사. 도둑을 비꼬는 말이기도 함.

無縫天衣 (무봉천의)★★

[뜻음] 없을 무, 꿰맬 봉, 하늘 천, 옷 의.
[풀이] 꿰맨 자리가 없는 天女(천녀)의 옷. 轉(전)하여 構造(구조)가 자연스럽고도 지극히 巧妙(교묘)한 문장의 비유. 天衣無縫(천의무봉).

無不干涉 (무불간섭)★

[뜻음] 없을 무, 아닐 불, 간여할 간, 건널 섭.
[풀이] 무슨 일에나 간섭함.

無不通知 (무불통지)★★

[뜻음] 없을 무, 아닐 불, 통할 통, 알 지.
[풀이] 두루 통하여 모르는 것이 없음. 無所不至(무소부지).

霧鬢風鬟 (무빈풍환)

[뜻음] 안개 무, 귀밑털 빈, 바람 풍, 쪽진 머리 환.
[풀이] 윤이 나는 아름다운 머리. 霧鬟(무환).

無憑可考 (무빙가고)

[뜻음] 없을 무, 기댈 빙, 옳을 가, 상고할 고.
[풀이] 憑據(빙거)가 되어 詳考(상고)할 만한 것이 없음.

無師獨學 (무사독학)★

[뜻음] 없을 무, 스승 사, 홀로 독, 배울 학.
[풀이] 스승이 없이 혼자서 배움.

無事得謗 (무사득방)

[뜻음] 없을 무, 일 사, 얻을 득, 헐뜯을 방.
[풀이] 아무 까닭 없이 남에게 나무람을 받음.

無私無偏 (무사무편)★★

[뜻음] 없을 무, 사사로울 사, 치우칠 편.
[풀이] 公平(공평)하여 치우치지 아니함. 출전 文中子(문중자).

無事奔走 (무사분주)★

[뜻음] 없을 무, 일 사, 달릴 분, 달릴 주.
[풀이] 별로 하는 일이 없이 공연히 바쁘기만 함.

無事泰平 (무사태평)★

[뜻음] 없을 무, 일 사, 클 태, 평평할 평.
[풀이] 아무 탈 없이 편안함. 아무 걱정도 안 하고 편히 즐기는 일을 비꼬는 표현이기도 함.

巫山洛浦 (무산낙포)★

[뜻음] 무당 무, 뫼 산, 물 이름 낙, 개 포.
[풀이] 巫山神女(무산신녀)와 洛浦宓妃(낙포복비)를 함께 일컫는 말. ‘무산신녀’는 구름과 비로 변하여 楚懷王(초회왕)과 놀았던 선녀이고, ‘복비’는 낙수 가에서 살던 河伯(하백)의 아내로서 영웅 羿(예)와 사랑을 했다는 여신. ‘巫山之夢(무산지몽)’을 참조하시오.

巫山仙女 (무산선녀)★

[뜻음] 무당 무, 뫼 산, 신선 선, 계집 녀.
[풀이] 巫山之夢(무산지몽). 雲雨之樂(운우지락)’을 보시오.

巫山之夢 (무산지몽)★★

[뜻음] 무당 무, 뫼 산, 갈 지, 꿈 몽.
[풀이] 남녀간의 密會(밀회)나 情交(정교)를 이르는 말. 전국시대 초나라 희왕이 낮잠을 자다가 무산의 여자인 巫山仙女(무산선녀)를 만나 雲雨之樂(운우지락)을 나누고 이별한 꿈 이야기. ‘雲雨之樂(운우지락)’을 보시오.

無常苦空 (무상고공)

[뜻음] 없을 무, 항상 상, 진실로 고, 빌 공.
[풀이] 인생이 무상하고 공허함. 출전 三國遺事(삼국유사).

無想無念 (무상무념)★

[뜻음] 없을 무, 생각할 상, 생각할 념.
[풀이] 일체의 想念(상념)을 떠나 마음이 빈 듯이 담담한 상태. 잡생각이 없음.

無常往來 (무상왕래)★

[뜻음] 없을 무, 항상 상, 갈 왕, 올 래.
[풀이] 아무 때나 거리낌 없이 왔다 갔다 함. 때 없이 오고감.

無喪而戚憂必讐焉 (무상이척우필수언)★

[뜻음] 없을 무, 죽을 상, 말 이을 이, 슬퍼할 척, 근심할 우, 반드시 필, 맞을 수, 이 언.
[풀이] 喪事(상사)같은 큰일이 없는데 하찮은 일로 자꾸 걱정하면 참으로 근심할 만한 큰일이 생긴다는 말. 출전 左傳(좌전) 僖公五年(희공오년).

無常出入 (무상출입)★

[뜻음] 없을 무, 항상 상, 날 출, 들 입.
[풀이] 아무 때나 자주 또는 거리낌 없이 드나듦.

茂選英俊豪傑賢聖 (무선영준호걸현성)

[뜻음] 우거질 무, 가릴 선, 꽃부리 영, 준걸 준, 영웅 호, 뛰어날 걸, 어질 현, 성스러울 성.
[풀이] 지식의 多寡(다과)에 따라 名命(명명)한 명칭. 출전 淮南子(회남자).

無聲無臭 (무성무취)★

[뜻음] 없을 무, 소리 성, 냄새 취.
[풀이] 天道(천도)는 알기 어려워서 들어도 소리가 없고 맡아도 냄새가 없음. 출전 詩經(시경).

無所忌憚 (무소기탄)★

[뜻음] 없을 무, 바 소, 꺼릴 기, 꺼릴 탄.
[풀이] 아무것도 꺼려야 할 것이 없음.

無所不知 (무소부지)★

[뜻음] 없을 무, 바 소, 아닐 부, 알 지.
[풀이] 모르는 것이 없음.

無所不能 (무소불능)★★

[뜻음] 없을 무, 바 소, 아닐 불, 능할 능.
[풀이] 무엇이든지 능통하지 아니한 것이 없음.

無所不爲 (무소불위)★★★

[뜻음] 없을 무, 바 소, 아닐 불, 할 위.
[풀이] 못 할 일이 전연 없음. 善惡(선악)을 가리지 않고 무슨 짓이고 함. 無所不能(무소불능).

貿首之讐 (무수지수)★

[뜻음] 바꿀 무, 머리 수, 갈 지, 원수 수.
[풀이] 목을 바꿔 벨 만한 怨讐(원수). 서로 상대의 머리를 얻고자 하

는 깊은 원수. 자기의 머리가 잘려져 달아나는 한이 있더라도 머리를 베어 죽이고 싶은 不俱戴天(불구대천)의 원수. 출전 戰國策(전국책).

無始無終 (무시무종) ★★★

[뜻음] 없을 무, 처음 시, 마침내 종.
[풀이] 시간도 없고 공간도 없다. 시작도 없고 끝도 없음. 불변의 진리. 佛家(불가)에서는 우주의 本理(본리)인 大我(대아)를 이름. 輪廻(윤회)의 無限性(무한성). 출전 莊子(장자).

無識所致 (무식소치) ★

[뜻음] 없을 무, 알 식, 바 소, 다다를 치.
[풀이] 무식한 까닭. 실패한 원인이 무식에 있다는 말.

無信不立 (무신불립) ★

[뜻음] 없을 무, 믿을 신, 아닐 불, 설 립.
[풀이] 사람에게 믿음이 없으면 살아갈 수 없다. 사람이 살아가는 데 가장 중요한 미덕은 역시 信賴(신뢰)라는 말. 출전 三國志(삼국지).

武臣不惜死 (무신불석사) ★

[뜻음] 힘셀 무, 신하 신, 아닐 불, 아낄 석, 죽을 사.
[풀이] 무신은 죽음을 아끼지 않음. 출전 宋史(송사).

務實力行 (무실역행) ★★★

[뜻음] 힘쓸 무, 열매 실, 힘 역, 다닐 행.
[풀이] 참되고 실속 있도록 힘쓰고 실행함.

無我陶醉 (무아도취) ★★

[뜻음] 없을 무, 나 아, 질그릇 도, 술 취할 취.
[풀이] 자신의 존재를 완전히 잊고 흠뻑 취함. 自我(자아)를 잊고 도취함.

無我之境 (무아지경) ★★★

[뜻음] 없을 무, 나 아, 갈 지, 지경 경.
[풀이] 마음이 한곳으로 온통 쏠려 자신의 존재를 잊고 있는 경지. 無我境(무아경).

無顔 (무안) ★★★

[뜻음] 없을 무, 얼굴 안.
[풀이] 얼굴이 없다. 잘못을 깨닫고 부끄러워 고개를 들지 못할 때 쓰는 말.

이 無顔(무안)이란 말은 白居易(백거이)의 유명한 [長恨歌(장한가)]에 나온다.
중국 황제가 여색을 귀중히 여겨 傾國(경국)의 미인을 사모했으나
천자로 있는 여러 해 동안 구해도 얻지 못했다.
양씨 집에 딸이 있어 이제 겨우 장성했으나
깊은 안방에 들어 있어 아는 사람이 없었다.
하늘이 고운 바탕을 낳았으니 스스로 버리기 어려운지라
하루아침에 뽑혀 임금의 곁에 있게 되었다.
눈동자를 돌려 한 번 웃으면 백 가지 사랑스러움이 생겨서
육궁의 분 바르고 눈썹 그린 궁녀들이 얼굴빛이 없다.

漢皇重色思傾國　한황중색사경국
御宇多年求不得　어우다년구부득
楊家有女初長成　양가유녀초장성
養在深閨人未識　양재심규인미식
天生麗質難自棄　천생여질난자기
一朝選在君王側　일조선재군왕측
廻眸一笑百媚生　회모일소백미생
六宮粉黛無顔色　육궁분대무안색

양귀비의 아리따운 모습 앞에 궁녀들이 얼굴값을 못 하는 상황을 그려낸 시이다. 요즘은 잘못을 깨닫고 부끄러워 고개를 들지 못할 때 쓰는 말이다. 또 기가 죽어 상대를 떳떳하게 대하지 못하는 것을 무안하다고 한다. 無顔色(무안색), 無色(무색)이라고도 한다. 무색이라는 말은 현재 많이 쓰이고 있다.
장한가는 백낙천이 36세 때 지은 작품으로 안녹산의 난으로 당나라 현종이 양귀비를 잃고 만 극적인 사건을 소재로 쓴 시이다. 양귀비는 경국의 책임을 물어 마외파에서 장수들에 의해 처형된다.

無恙 (무양) ★★★

[뜻음] 없을 무, 병 양.
[풀이] 병이 없다. 탈이 없다. 모든 일이 평온무사하거나 사람이 건강한 것. 無故(무고).

≪戰國策(전국책)≫ 齊策(제책)에 나오는 말이다.
제나라 왕이 趙(조)나라 威太后(위태후)에게 사신을 보내 안부를 묻게 한 이야기가 나온다. 위태후가 실권을 쥐고 있을 때다. 위태후는 사신이 올리는 글을 뜯어 보기도 전에 먼저 이렇게 물었다. "해도 무양한가. 백성도 무양한가. 왕도 무양한가."
그러자 사신은 임금의 안부부터 묻지 않는다고 불평을 했다. 그러자 태후는,
"풍년이 들고 난 다음이라야 백성은 그 생활을 유지할 수가 있고, 백성이 편한 뒤라야 임금은 그 지위를 보존할 수가 있다. 그 근본부터 먼저 묻는 것이 어찌 순서가 바뀐 것이 되겠는가?" 하고 타일렀다는 것이다.
後漢(후한)의 應邵(응소)가 지은 ≪風俗通義(풍속통의)≫에는 무양의 양을 벌레의 이름이라고 하고 "양은 사람을 무는 벌레. 사람의 마음을 잘 물어, 사람들은 항상 이를 근심하고 괴로워한다"고 했다. 그렇지만 무양이라는 말은 벌레와는 아무 상관이 없다.
본디 이 말이 쓰였을 때는 걱정이 없다는 정도로 쓰이고 있었던 것 같다. 지금은 모든 일이 평온무사하거나 사람이 건강한 것을 나타낸다. 無故(무고)라고 보면 된다. 해방 전의 우리나라 소설에서는 무양이라는 말이 자주 쓰였다. 홍

명희가 쓴 ≪林巨正(임꺽정)≫에 "……감사까지 밤사이 무양한 것을 기뻐하는 기색이 현연하였다"라고 나와 있다.

無言居士 (무언거사)★

[뜻음] 없을 무, 말씀 언, 살 거, 선비 사.
[풀이] ① 修養(수양)을 쌓아 말이 없는 사람. ② 말주변이 없는 사람을 비꼬아 이르는 말.

無鹽女 (무염녀)★

[뜻음] 없을 무, 소금 염, 여자 여.
[풀이] 醜(추)한 부녀자를 이름. 제나라 부인 鍾離春(종리춘)은 極醜無雙(극추무쌍)하여 무염녀라고 부름.

蕪穢不治 (무예불치)

[뜻음] 거칠어질 무, 더러울 예, 아닐 불, 바로잡을 치.
[풀이] 전원이 거칠고 어지러운데 손질하지 않음. 사물이 정돈되지 않고 난잡함을 비유한 말.

武藝十八事 (무예십팔사)★

[뜻음] 굳셀 무, 기예 예, 열 십, 여덟 팔, 일 사.
[풀이] 열여덟 가지 武藝(무예). 矛(모), 鎚(추), 弓(궁), 弩(노), 銃(총), 鞭(편), 簡(간), 劍(검), 鏈(연), 朳(팔), 斧(부), 鉞(월), 戈(과), 戟(극), 牌(패), 棒(봉), 槍(창), 耞(과). 시대에 따라 약간 다름. 十八般武藝(십팔반무예).

無完膚 (무완부)★

[뜻음] 없을 무, 완전할 완, 살갗 부.
[풀이] 상처 없는 완전한 피부가 없다. 남의 언설을 철저히 논파하는 일. 원문의 箇所(개소)가 남아 있지 않을 정도로 문장을 정정하는 일.

無用之物 (무용지물)★★

[뜻음] 없을 무, 쓸 용, 갈 지, 만물 물.
[풀이] 아무 짝에도 쓸모가 없는 물건.

無用之辯 (무용지변)

[뜻음] 없을 무, 쓸 용, 갈 지, 말 잘할 변.
[풀이] 불필요한 변설. 필요하지 않은 말. 출전 荀子(순자) 天論篇(천론편).

無用之用 (무용지용)★★★

[뜻음] 없을 무, 쓸 용, 갈 지.
[풀이] 쓸모없는 것의 쓸모. 쓸모없다고 생각하는 것이 실은 쓸모가 있음.

≪莊子(장자)≫ 人間世篇(인간세편)에 나오는 이야기이다.
"산의 나무는 제 스스로를 해치고 있다. 기름불의 기름은 제 스스로 태우고 있다. 계피는 먹을 수 있는 것이기 때문에 사람들이 그 나무를 베게 된다. 옻은 칠로 쓰이기 때문에 사람들이 칼로 쪼갠다. 사람은 모두 쓸모 있는 것의 쓸모만을 알고, 쓸모없는 것의 쓸모를 알지 못한다."

이 이야기는 孔子(공자)가 楚(초)나라에 갔을 때 초나라의 隱者(은자) 狂接輿(광접여)가 공자가 묵고 있는 집 문 앞에서 한 말로 되어 있는 마지막 부분이다.
≪莊子(장자)≫ 外物篇(외물편)에는 또 이러한 이야기가 나온다.
惠子(혜자)가 장자에게 말했다. "당신이 하는 말은 아무 데도 소용이 닿지 않는 것뿐이다."
장자가 말했다.
"쓸모가 없는 것을 아는 사람이라야 무엇이 참으로 쓸모가 있는 것인가를 말할 수 있다. 땅이 넓지만 사람이 서 있는 데는 발을 둘 곳만 있으면 된다. 하지만 발을 둘 곳만을 남기고 그 주위를 깊숙이 파 버린다면 사람이 서 있을 수 있겠는가?"
"서 있을 수 없다."
"그렇다면 쓸모없는 것이 쓸모 있는 것도 또한 알 수 있지 않은가"
≪莊子(장자)≫ 山木篇(산목편)에는 이러한 이야기가 나온다.
장자가 산길을 가노라니 가지와 잎이 무성한 큰 나무가 있었다. 바라보고 있노라니 그 옆에 나무꾼이 있는데도 베려 하지 않는다. 장자가 그 까닭을 물으니 "아무 짝에도 소용이 없기 때문에"라고 대답했다. 그러자 장자는 말했다.
"이 나무는 좋지 못하기 때문에 그 타고난 수명을 다하게 된다"
'無用之物(무용지물)'이란 아무 데도 쓸모없는 물건을 말한다. 그 무용지물이 때로는 有用之物(유용지물)이 되는 경우가 있다. 이와 마찬가지로 아무 쓸모없는 것처럼 보이는 것이 실상보다 쓸모 있는 것이 되는 것이 '無用之用(무용지용)'이다. 세속 사람들이 생각하고 있는 그 반대쪽에 항상 진리가 있다고 주장하는 道家(도가)의 생각에서 나온 말이다.
莊子(장자)는 逆說的(역설적)으로 무용지용에 대해 말했다. 우리나라 속담에 '굽은 나무가 선산 지킨다'는 말이 있는데 무용지용의 의미와 符合(부합)한다.

舞雩歸詠 (무우귀영)★

[뜻음] 춤출 무, 기우제 우, 돌아올 귀, 읊을 영.
[풀이] 舞雩詠歸(무우영귀). 출전 論語(논어).

舞雩詠歸 (무우영귀)★★★

[뜻음] 춤출 무, 기우제 우, 읊을 영, 돌아올 귀.
[풀이] 무우에서 놀다가 시를 읊으며 돌아옴. 자연을 즐기는 快樂(쾌락)을 이름. 무우는 언덕 이름. 舞雩歸詠(무우귀영). 출전 論語(논어).

無援孤立 (무원고립)★

[뜻음] 없을 무, 도울 원, 외로울 고, 설 립.
[풀이] 아무도 도와줄 사람이 없는 외로운 처지. 孤立無援(고립무원).

無遠慮必有近憂 (무원려필우근우)★

[뜻음] 없을 무, 멀 원, 생각할 려, 반드시 필, 있을 유, 가까울 근,

근심할 우.

[풀이] 먼 장래를 생각하지 않고 일을 계획 없이 추진하면 반드시 눈앞에 걱정거리가 생김을 이르는 말. 無遠慮者必有近憂(무원려자필우근우). 출전 論語(논어) 衛靈公篇(위령공편).

無爲徒食 (무위도식)★★

[뜻음] 없을 무, 할 위, 헛될 도, 먹을 식.
[풀이] 하는 일 없이 먹고 놀기만 함.

無爲復朴 (무위복박)★★

[뜻음] 없을 무, 할 위, 돌아올 복, 순박할 박.
[풀이] 無爲無心(무위무심)으로, 인간 본래의 모습인 素朴(소박)으로 되돌아감. 출전 莊子(장자).

無爲而無不爲 (무위이무불위)★

[뜻음] 없을 무, 할 위, 말 이을 이, 아닐 불.
[풀이] 아무것도 하지 않으면서, 하지 않는 것이 없다는 말. 출전 老子(노자).

無爲而治 (무위이치)★

[뜻음] 없을 무, 할 위, 말 이을 이, 다스릴 치.
[풀이] 無爲而化(무위이화). 출전 論語(논어) 衛靈公篇(위령공편).

無爲而化 (무위이화)★★★

[뜻음] 없을 무, 할 위, 어조사 이, 될 화.
[풀이] 아무런 일을 하지 않아도 일이 저절로 이루어진다. 성인의 덕은 지대하여서 아무 일도 하지 아니하여도 저절로 다스려짐.

≪老子(노자)≫ 57章(장)에,
한 나라를 다스리는 데는 바른 정책을 쓰고, 전쟁을 하는 데는 奇策(기책)을 쓴다. 그러나 천하를 얻는 데는 이 正(정)과 奇(기)를 초월한 無事(무사)로써 하지 않으면 아니 된다. 어째서인가. 다음과 같은 것을 보면 알 수가 있다.
천하에 禁令(금령)이 많으면 많을수록 백성들은 가난해지고, 백성들의 지혜가 더해 가면 더해 갈수록 나라는 어지러워진다. 사람들의 기술이 향상되면 향상될수록 괴상한 것들이 나타나게 되고, 법령이 무서우면 무서울수록 도적이 늘어난다. 그렇게 때문에 聖人(성인)은 이렇게 말하고 있다.
"내가 하는 것이 없으면 백성은 스스로 화하고, 내가 움직이지 않고 가만히 있으면 백성은 스스로 바르게 된다. 내가 일 없이 있으면 백성은 저절로 잘살게 되고, 내가 욕심이 없으면 백성은 저절로 소박해진다."
애써 바로잡지 않아도 저절로 잘 고쳐져 나가는 것을 '無爲而化(무위이화)'라고 한다. 위대한 정치가, 위대한 교육가는 다 같이 이 무위이화를 이상으로 하고 있다. 無爲之治(무위지치)란 바로 이 무위이화로 이루어지는 정치를 말한다.
그러나 여기서 말하는 무위이화는 백성들이 무위자연의 원시상태로 되돌아가는 것을 이상으로 삼고 한 말이다.

지금은 이 말이 정치하는 사람이 백성에게 지나친 간섭을 하는 일이 없어, 알지 못하는 사이에 모두 착하고 올바른 사람이 되는 경우를 말하게 된다. 말하자면 '無爲而治(무위이치)'와 같은 뜻으로도 쓰이고 있는 것이다.

無爲而治 (무위이치)★★★

[뜻음] 없을 무, 할 위, 어조사 이, 다스릴 치.
[풀이] 하는 일이 없이 정치를 하다. 성인의 덕은 지대하여서 아무 일도 하지 아니하여도 저절로 다스려짐. 정치하는 사람이 백성에게 지나친 간섭을 하는 일이 없어, 알지 못하는 사이에 모두 착하고 올바른 사람이 되는 경우.

無爲自然 (무위자연)★★★

[뜻음] 없을 무, 할 위, 스스로 자, 그럴 연.
[풀이] 사람이 힘을 더하지 않은 채로의 자연. 힘써 함이 없이 내버려 둠.

無爲之治 (무위지치)★★

[뜻음] 없을 무, 할 위, 갈 지, 다스릴 치.
[풀이] 성인의 덕은 지극히 커서 아무 일도 하지 않은 채 천하가 자연히 다스려진다는 뜻. 출전 論語(논어).

無義無信 (무의무신)

[뜻음] 없을 무, 의로울 의, 믿을 신.
[풀이] 信義(신의)가 없음. 義理(의리)도 없고 믿음도 없음.

無依無托 (무의무탁)★

[뜻음] 없을 무, 의지할 의, 맡길 탁.
[풀이] 몸을 依託(의탁)할 데가 없음. 몹시 孤獨(고독)함.

毋意毋必毋固毋我 (무의무필무고무아)★★

[뜻] 말 무, 뜻 의, 반드시 필, 굳을 고, 나 아.
[풀이] 意(의)는 私意(사의)와 私心(사심), 必(필)은 반드시 이루려고 무리를 하는 것, 固(고)는 旣往(기왕)의 일에 執着(집착)하는 것, 我(아)는 자기를 내세우는 것임. 이 네 가지는 보통 사람의 通弊(통폐)이므로, 이 네 가지만 버리면 胸中(흉중)에 조금도 사가 없게 된다는 말. 聖人(성인)의 마음은 虛明(허명)하며, 私意(사의), 期必(기필), 固執(고집), 自我(자아)가 없음. 기필은 마음에 단단히 기대하는 일. 출전 論語(논어) 子罕篇(자한편).

武夷九曲 (무이구곡)★★

[뜻음] 호반 무, 평평할 이, 아홉 구, 굽을 곡.
[풀이] 중국 복건성 건녕부 숭안현 무이산 안에 있는 아홉 굽이 계곡을 이르는 말. 朱子(주자: 朱熹주희)의 고향. 주자는 武夷九曲歌(무이구곡가)를 지은 바도 있고, 이에 영향을 받아 李滉(이황)은 陶山十二曲(도산십이곡)을, 李珥(이이)는 高山九曲歌(고산구곡가)를 지음. 출전 군서습타.

無以鑄兵 (무이주병)

[뜻음] 없을 무, 써 이, 빚을 주, 병기 병.
[풀이] 兵器(병기)를 製造(제조)하지 않는 것. 출전 左傳(좌전) 僖公十八年(희공십팔년).

無翼而飛 (무익이비)★

[뜻음] 없을 무, 날개 익, 말 이을 이, 날 비.
[풀이] 날개 없이 낢. 名聲(명성)이 세상에 널리 퍼짐을 이름. 돈을 이르기도 함.

無人孤島 (무인고도)★

[뜻음] 없을 무, 사람 인, 외로울 고, 섬 도.
[풀이] 사람이 살고 있지 않는, 육지와 외따로 떨어진 섬. 無人絶島(무인절도).

無人窮途 (무인궁도)★

[뜻음] 없을 무, 사람 인, 다할 궁, 길 도.
[풀이] 사람이 없고 가기 힘든 길. 사람이 없는 외딴 곳.

無人絶島 (무인절도)★

[뜻음] 없을 무, 사람 인, 끊을 절, 섬 도.
[풀이] 사람이 살지 않는 외딴 섬.

無人之境 (무인지경)★★

[뜻음] 없을 무, 사람 인, 갈 지, 지경 경.
[풀이] 사람이라고는 전혀 없는 외진 곳. 아무것도 거칠 것이 없는 판국.

無立錐之地 (무입추지지)★★

[뜻음] 없을 무, 설 립, 송곳 추, 갈 지, 땅 지.
[풀이] 송곳 꽂을 만한 땅도 없음. 立錐(입추)의 여지가 없음. 매우 가난함. 사람들이 꽉 들어차서 발을 들여 놓을 만한 빈자리가 조금도 없음. 출전 呂氏春秋(여씨춘추).

無子鬼神 (무자귀신)

[뜻음] 없을 무, 자식 자, 귀신 귀, 귀신 신.
[풀이] 자손을 두지 못한 사람이 죽어서 된 귀신.

毋自欺 (무자기)★

[뜻음] 말 무, 스스로 자, 속일 기.
[풀이] 자기를 속이지 말라는 계명. 자신이 惡(악)함을 알면서도 남에게는 善(선)이라 속이는 것. 출전 大學(대학).

無字碑 (무자비)★

[뜻음] 없을 무, 글자 자, 비석 비.
[풀이] ① 文字(문자)를 조각하지 않은 비. ② 문자를 모르는 사람을 嘲笑(조소)하는 말.

無子息上八字 (무자식상팔자)★★

[뜻음] 없을 무, 자식 자, 자식 식, 위 상, 여덟 팔, 글자 자.
[풀이] 자식이 없는 것이 걱정이 적어서 도리어 편하다는 말.

無腸公子 (무장공자)★★

[뜻음] 없을 무, 창자 장, 공작 공, 아들 자.
[풀이] 창자 없는 공자. 게를 이르는 말. 氣力(기력)이 없는 사람. 膽力(담력)이나 氣槪(기개)가 없는 사람. 출전 抱朴子(포박자).

無醬嗜羹 (무장기갱)★

[뜻음] 없을 무, 젓갈 장, 즐길 기, 국 갱.
[풀이] 장도 없는 처지에 국을 즐긴다. 제 분수에 넘치거나 할 수 없는 일을 감히 바라는 어리석음의 비유.

無障無碍 (무장무애)★

[뜻음] 없을 무, 막을 장, 거리낄 애.
[풀이] 아무런 장애가 되는 것이 없음. 障碍(장애)는 障礙(장애)와 같음.

無財餓鬼 (무재아귀)★

[뜻음] 없을 무, 재물 재, 굶주릴 아, 귀신 귀.
[풀이] 극히 가난하여 음식을 목으로 넘길 수 없는 아귀. 아귀: 율법을 깨뜨려 아귀도에 떨어진 귀신. 이 귀신은 몸이 앙상하게 마르고 목구멍이 바늘구멍 같아서 음식을 먹을 수 없어 늘 굶주리는 벌을 받는다고 함. 염치없이 음식을 탐하는 사람을 비유함. 싸움을 잘하는 사람을 비유함.

無敵於天下 (무적어천하)★

[뜻음] 없을 무, 대적할 적, 어조사 어, 하늘 천, 아래 하.
[풀이] 천하에 당할 사람이 없음. 天下無敵(천하무적). 출전 孟子(맹자) 公孫丑上篇(공손추상편).

無錢旅行 (무전여행)★

[뜻음] 없을 무, 금전 전, 나그네 여, 다닐 행.
[풀이] 돈 없이 여행을 하는 일.

無錢遊興 (무전유흥)★

[뜻음] 없을 무, 금전 전, 놀 유, 흥할 흥.
[풀이] 요릿집이나 음식점 같은 곳에서 돈 없이 먹고 놀고 값을 치르지 않는 일.

無錢取食 (무전취식)★★

[뜻음] 없을 무, 돈 전, 취할 취, 먹을 식.
[풀이] 값을 치를 돈도 없이 남이 파는 음식을 먹고 값을 치르지 않음.

無情歲月 (무정세월)★

[뜻음] 없을 무, 정 정, 해 세, 달 월.
[풀이] 덧없이 흘러가는 빠른 세월.

無足之言飛千里 (무족지언비천리)★

[뜻음] 없을 무, 발 족, 갈 지, 말씀 언, 날 비, 일천 천, 거리 리.
[풀이] 발 없는 말이 천 리를 간다. 한 번 한 말은 절로 퍼지니 말조심하라는 말. 無足之言行千里(무족지언행천리).

無尊丈衙門 (무존장아문)

[뜻음] 없을 무, 존경할 존, 어른 장, 마을 아, 문 문.
[풀이] 衙門(아문)이나 兵營(병영)에서는 존장도 없다. 어른에게 버릇없이 마구 대하는 사람을 이름.

無主古冢 (무주고총)

[뜻음] 없을 무, 주인 주, 예 고, 무덤 총.
[풀이] 자손이나 또는 거두어 주는 사람이 없는 옛 무덤.

無主孤魂 (무주고혼)★★

[뜻음] 없을 무, 주인 주, 외로울 고, 혼백 혼.

[풀이] 자손이나 모셔줄 사람이 없어서 의지할 곳 없이 떠돌아다니는 외로운 영혼을 이르는 말.

無主空山 (무주공산)★★★

[뜻음] 없을 무, 주인 주, 빌 공, 뫼 산.
[풀이] 인가도 인기척도 없는 쓸쓸한 산. 임자가 없는 산.

無酒不成禮 (무주불성례)★

[뜻음] 없을 무, 술 주, 아닐 불, 이룰 성, 예도 례.
[풀이] 중국 속담으로, 술이 있어야 禮儀(예의)가 오갈 수 있다는 말.

無知莫知 (무지막지)★★

[뜻음] 없을 무, 알 지, 없을 막.
[풀이] 아는 것이 없고 아무것도 알지 못함. 매우 무식함. 無識(무식) 하고 우악스러움.

無知蒙昧 (무지몽매)★

[뜻음] 없을 무, 알 지, 어릴 몽, 어두울 매.
[풀이] 전혀 아는 것이 없고 사리에 어두움.

無盡藏 (무진장)★

[뜻음] 없을 무, 다할 진, 감출 장.
[풀이] ① 물건이나 지식을 습득한 것이 많아 바닥이 나지 않음. ② 부처님의 한량없는 자비심을 말함.

無慚愧僧 (무참괴승)

[뜻음] 없을 무, 부끄러울 참, 부끄러워할 괴, 중 승.
[풀이] 부끄러워할 줄 모르는 중. 계율을 깨뜨린 중. 破戒僧(파계승).

無偏無黨 (무편무당)★

[뜻음] 없을 무, 치우칠 편, 무리 당.
[풀이] 公平(공평)하여 치우치지 아니함. 不偏不黨(불편부당).

無偏無頗 (무편무파)★

[뜻음] 없을 무, 치우칠 편, 바르지 못할 파.
[풀이] 법이란 치우침이 없이 공정하게 시행되어야 함을 말함. 출전 書經(서경) 洪範篇(홍범편).

無何有之鄕 (무하유지향)★★★

[뜻음] 없을 무, 어찌 하, 있을 유, 갈 지, 고을 향.
[풀이] 그 무엇도 없는 곳. 장자가 말한 理想鄕(이상향).

서 편안히 누워 쉬지 않는가."
　또 ≪莊子(장자)≫ 應帝王篇(응제왕편)을 보면,
　"저 끝없는 하늘 저쪽을 나는 새를 타고, 우주 밖으로 나가서 무하유의 고을에 놀며, 끝없이 넓은 들판에 몸을 두고 싶다"라고 했다.
　또 ≪莊子(장자)≫ 知北遊篇(지북유편)에는,
　"한번 무하유의 집에 놀며, 상대적인 것을 초월한 절대적인 위치에서 끝이 없는 것에 대해 서로 이야기해 보지 않겠는가…"라고 한 대목이 나온다.
　'무하유지향'이란 말은 세속적인 번거로움이 없는 자연 그대로의 곳, 즉 이상향이란 뜻으로 쓰이고 있다. 여기에 나오는 의미는 거의 우주, 우주적 존재, 너무 텅 빈 쓸쓸한 그런 곳을 나타내는 것 같으니 우리가 지금 쓰는 의미인 '이상향'과는 거리가 먼 듯한 느낌이다.

無何有鄕 (무하유향)★

[뜻음] 없을 무, 어찌 하, 있을 유, 고을 향.
[풀이] 無何有之鄕(무하유지향).

無學無識 (무학무식)★

[뜻음] 없을 무, 배울 학, 알 식.
[풀이] 학문과 지식이 없음. 또 그 모양.

無限世界 (무한세계)★

[뜻음] 없을 무, 한계 한, 세상 세, 지경 계.
[풀이] 끝없이 넓은 세상. 無邊世界(무변세계).

無銜之馬 (무함지마)★

[뜻음] 없을 무, 재갈 함, 갈 지, 말 마.
[풀이] 재갈을 물리지 않은 말. 뜻이 아직 정해지지 않음을 이르는 말.

無恒産無恒心 (무항산무항심)★★★

[뜻음] 없을 무, 항상 항, 낳을 산, 마음 심.
[풀이] 일정한 생산이 없으면 일정한 마음도 없다. 생계를 유지할 일정한 바탕이 없으면 放縱(방종)하거나 彷徨(방황)하게 된다는 말. 의식주의 중요성을 나타낸 말.

우리 속담에 '곳집이 차야 예절을 안다'는 말에 부합하는 말이다. 항심이란 말은 우리가 많이 쓰고 있다. 변하지 않는 언제나 지니고 있는 떳떳한 마음이란 뜻이다.

이 이야기에는 網民(망민)이라는 말도 나온다. 백성들을 그물질한다는 말이다. 법률이 너무 까다로워 '耳懸鈴鼻懸鈴(이현령비현령)'이 되는 경우를 '網民法(망민법)'이라고 한다.

無形者物之大祖也 (무형자물지대조야)★

[뜻음] 없을 무, 모양 형, 놈 자, 만물 물, 갈 지, 큰 대, 조상 조, 어조사 야.
[풀이] 이 세상에 형체를 나타낸 것은 원래 無形(무형)에서 나왔으므로, 무형은 형체 있는 모든 물건의 근본이라는 말. 출전 淮南子(회남자) 原道訓(원도훈).

無虎洞中狸作虎 (무호동중이작호)★

[뜻음] 없을 무, 범 호, 고을 동, 가운데 중, 너구리 리, 지을 작, 범 호.
[풀이] 범 없는 고을에서 너구리가 범 노릇한다. 자기보다 나은 사람이 없는 곳에서 저 혼자 잘난 체함을 비유하는 말. 출전 東言解(동언해).

無後爲大 (무후위대)

[뜻음] 없을 무, 뒤 후, 삼을 위, 클 대.
[풀이] 子孫(자손) 없는 것을 不孝(불효) 중에 가장 큰 것으로 삼음. 不孝三千無後爲大(불효삼천무후위대). 출전 孟子(맹자) 離婁下篇(이루하편).

黙稿 (묵고)★

[뜻음] 침묵할 묵, 원고 고.
[풀이] 배 속에서 草稿(초고)를 쓰다. 글을 억지로 생각해서 짓는 것이 아니라 붓을 들기 전에 반복적으로 構想(구상)을 익히는 것을 가리킴. 腹稿(복고)라고도 함.

墨突不得黔 (묵돌부득검)★

[뜻음] 먹 묵, 굴뚝 돌, 아닐 부, 얻을 득, 검을 검.
[풀이] 春秋時代(춘추시대) 魯(노)나라 墨翟(묵적: 묵자)이 道(도)를 전하기에 바빠 언제나 천하를 두루 돌아다니느라고 집에 있을 때가 드물어서 그의 집의 굴뚝이 검게 될 겨를이 없었다는 고사로서 대단히 바빠 東奔西走(동분서주)함을 이름. 墨突不黔(묵돌불검). 출전 韓愈(한유)의 글.

冒頓單于 (묵돌선우)★

[뜻음] 무릅쓸 모, 조아릴 돈, 홀 선, 어조사 우.
[풀이] 冒頓(묵돌)은 匈奴(흉노)의 酋長(추장) 이름. 單于(선우)는 넓고 크다는 뜻으로 흉노가 추장을 존경하여 부르던 이름. 출전 史記(사기) 匈奴傳(흉노전).

墨名儒行 (묵명유행)★

[뜻음] 먹 묵, 이름 명, 유학 유, 갈 행.
[풀이] 겉으로는 墨翟(묵적: 묵자)의 학자이지만 속으로는 孔子(공자)의 儒教(유교)를 信奉(신봉)하는 일.

黙黙無言 (묵묵무언)★

[뜻음] 침묵할 묵, 없을 무, 말씀 언.
[풀이] 입을 다문 채 한마디도 말이 없음.

黙黙不答 (묵묵부답)★★

[뜻음] 침묵할 묵, 아닐 부, 대답할 답.
[풀이] 묻는 말에 입을 다문 채 대답이 없음.

墨悲絲染 (묵비사염)★

[뜻음] 먹 묵, 슬플 비, 실 사, 물들일 염.
[풀이] 墨子(묵자)가 실이 물드는 것을 보고 슬퍼함. 본디 좋은 성품이 환경에 따라 변하는 것을 슬퍼함.

墨悲絲染詩讚羔羊 (묵비사렴시찬고양)★★★

[뜻음] 먹 묵, 슬플 비, 실 사, 물들일 염, 글 시, 기릴 찬, 염소 고, 양 양.
[풀이] 묵자는 흰 실이 물듦을 슬퍼했고, 詩(시)에서는 羔羊篇(고양편)을 기렸느니라.

墨翟(묵적)은 흰 실에 물들이는 자를 보고 슬퍼했고, 詩(시)는 羔羊(고양)의 純一(순일)함을 찬양했다. 묵적은 "이 하얀 실은, 파랗게 물들이면 파랗게 되고 노랗게 물이면 노랗게 된다. 마찬가지로 사람도 善(선)에 물들면 선하게 되고, 惡(악)에 물들면 악하게 된다"고 하면서, 사람들이 악에 오염되는 것을 보며 슬퍼했다. 인간은 순수한 본성을 잘 지켜 나가야 한다는 점을 강조한 것이다.
≪詩經(시경)≫에서는 [羔羊(고양)]시가 찬미되었는데, 召南(소남)의 국왕이 문왕의 德政(덕정)에 감화되니 卿大夫(경대부)들은 저절로 節儉(절검)하고 正直(정직)하게 되었고, 또한 온 백성이 고양같이 온순하게 변했다고 한다.
문왕을 보면 전혀 물들지 않고 백성을 다스리니 남국 지방의 大夫(대부)가 이 교화에 힘입어 절약과 검소, 정직을 실천하게 되었다는 말이다. 출전 千字文(천자문).

墨色淋漓 (묵색임리)★

[뜻음] 먹 묵, 빛 색, 물 뿌릴 임, 스며들 리.
[풀이] 그림이나 글씨의 먹빛이 윤이 남. 잘 쓴 글씨, 그림 등을 칭찬하는 말. 墨色蒼潤(묵색창윤).

墨守成規 (묵수성규)★

[뜻음] 먹 묵, 지킬 수, 이룰 성, 규칙 규.
[풀이] 낡은 규칙을 끝까지 고수하다. 낡은 틀에 얽매여 있음. '墨翟之守(묵적지수)'를 보시오.

墨翟之守 (묵적지수)★★★

[뜻음] 먹 묵, 꿩 적, 갈 지, 지킬 수.
[풀이] 묵적(墨子: 묵자)이 끝까지 성을 지켰다는 고사. 자기의 의견 또는 소신을 굽힘이 없이 끝까지 지키는 것. 융통성이 없음. 墨守(묵수).

≪戰國策(전국책)≫ 齊策(제책)에는 墨翟(묵적)의 이야기가 나온다.

魯仲連(노중련)이 燕(연)나라 장수에게 보낸 편지의 구절에,

"지금 공께서 피폐된 요성 백성을 거느리고 제나라 전체 군사를 상대로 버티고 있으니 이는 묵적의 지킴이다"라는 구절이 있다. 강대국인 초나라의 침략에 떨고 있는 송나라를 묵자가 그 제자들과 함께 무사히 지켜낸 것을 말한다. 이야기의 내용을 요약하면 다음과 같다.

"묵적의 적은 공수반이었다. 公輸盤(공수반)은 원래 宋(송)나라 사람이었는데 송나라에서 푸대접을 받고 楚(초)나라로 가서 출세를 하게 된 사람이다. 공수반은 초나라 왕을 달래서 송나라를 치게 했는데 기계제작에 천재적 소질을 가진 사람이었다. 그래서 성을 공격할 수 있는 전차와 구름사다리(雲梯운제)를 만들어 공격 준비를 마쳤다.

그때 묵적도 송나라 사람으로 공수반과 같은 기술자 계급 출신이었다. 그는 방어 기계를 만들어 배치하고 공수반과 만나 담판을 지어서 둘이 모의 전쟁을 하여 공수반의 의도를 꺾어놓는다. 초왕은 결국 송나라 침공을 포기했다."

이 말이 나온 ≪後漢書(후한서)≫의 鄭玄傳(정현전)에 정현의 높은 학식을 칭찬하는 말 가운데,

"그때 任城(임성)의 何休(하휴)는 公羊學(공양학: 春秋公羊傳춘추공양전)을 좋아하여 드디어 ≪公羊墨守(공양묵수)≫와 ≪左氏膏肓(좌씨고황)≫과 ≪穀梁廢疾(곡량폐질)≫이라는 책을 지었다. 그래서 정현은 이 묵수를 쳐부수고 고황(불치병)을 침을 놓아 고치고 폐질(병신)을 일으켜 세웠다"라는 부분이 있다.

이 말은 자기 의견이나 주장을 끝까지 지켜 나가는 것을 말한다. 좋은 뜻으로도 쓰이지만, 좀 완고하고 변통을 모르는 그런 태도나 생각을 답답하게 여기는 어감을 약간 풍기는 말이다. 자기의 의견 또는 소신을 굽힘이 없이 끝까지 지키는 것을 나타내기도 하고 융통성이 없음을 나타내기도 한다. 墨翟之守(묵적지수)란 말이 줄어들어서 '墨守(묵수)'가 된 것이다.

[참고] 墨子(묵자): 중국 전국시대 宋(송)나라 사람인데 魯(노)나라 출신이라고도 함. 이름은 翟(적). 생명 있는 것을 사랑하고 검소 질박함을 숭상해야 한다는 墨家(묵가)의 시조로 겸애설을 주장함. 겸애설은 맹자에게 심한 攻駁(공박)을 당함. ≪墨家全書묵자전서≫를 지었음. 사람과 사귀는 데 조심해야 된다며 실에 대한 비유를 들었다.

黙識心通 (묵지심통)★

[뜻음] 묵묵할 묵, 알 지, 마음 심, 통할 통.
[풀이] 識(식)은 '지'나 '식'으로 읽음. 黙識心通(묵식심통).

門可羅雀 (문가라작)★

[뜻음] 문 문, 가할 가, 새그물 라, 참새 작.
[풀이] 문 앞에 참새를 잡을 그물을 칠 수 있다. 찾아오는 손님이 적음을 비유함. '門前雀羅(문전작라)'를 보시오

蚊脚蟹行 (문각해행)

[뜻음] 모기 문, 다리 각, 게 해, 갈 행.
[풀이] 모기 다리와 같이 가늘고 게가 기어간 것처럼 구불구불하다. 획이 가늘고 가로 쓰는 로마 문자를 형용하는 말.

文江學海 (문강학해)★

[뜻음] 글월 문, 강 강, 배울 학, 바다 해.
[풀이] 文學(문학)의 根源(근원)으로 삼는 곳. 문학의 深奧(심오)한 곳.

刎頸之交 (문경지교)★★★

[뜻음] 목 벨 문, 목 경, 갈 지, 사귈 교.
[풀이] 목을 베어 줄 수 있을 정도로 절친한 사귐. 생사를 같이하는 사귐, 또는 그 벗. 설사 목이 달아날지라도 마음이 변치 아니할 만큼 친한 교제. 곧 생사를 함께하는 친한 사이.

≪史記(사기)≫ 廉頗藺相如傳(염파인상여전)에 나오는 이야기이다.

인상여는 華氏璧(화씨벽)을 진나라로부터 잘 보존하여 다시 가져와서 상대부에 임명되었다. 염파 장군은 이를 시기하였다. 인상여가 벼락출세를 한 셈이니 염파는 그를 인정하지 않았던 것이다. 그래서 인상여는 염파를 만나려 하지 않고 되도록이면 피해 다녔다.

화씨벽을 고스란히 물려주게 된 秦(진)나라는 여러 차례 쳐들어온 끝에 사신을 보내 조나라와 화친을 맺고 싶다면서 양국 국경 가까이 있는 면지에서 만나자고 통고를 해 왔다.

조왕은 어쩔 수 없이 면지에 나갔다. 진왕이 조왕에게 거문고를 타게 하며 모욕을 주자 인상여가 진왕을 대신 모욕했다. 인상여가 진왕 가까이 다가가 협박을 했다.

진왕은 조나라가 이미 만일의 일에 대비한 것을 알고는 조나라를 침범하지 못했다.

조왕이 무사히 귀국하자 왕은 인상여를 上卿(상경)에 임명했다. 염파는 더욱 화가 났다.

"나는 조나라 장군으로서 성을 치고 들에서 싸운 큰 공이 있는 사람이다. 인상여는 한갓 입과 혀를 놀림으로써 나보다 윗자리에 오르다니 이는 용납할 수 없는 일이다" 하면서 인상여를 모욕하려고 벼르게 되었다.

인상여는 염파가 나라를 지탱하는 장군이라서 그와 사이가 벌어질까 염려하여 그와의 다툼을 피하며 자기의 측근들에게 자신이 염파를 무서워하여 피하는 것이 아니고 염파와 자신 사이에 틈이 생기면 진나라가 쳐들어올 것이기 때문이라고 이야기하였다. 염파는 그 이야기를 전해 듣고 인상여의 집을 찾아가 무릎을 꿇고 사죄했다. 이리하여

두 사람은 다시 친한 사이가 되어 죽음을 함께해도 마음이 변하지 않는 그런 사이가 되었다.

刎頸之交(문경지교)는 곧 서로 죽음을 같이할 수 있는 의기가 상통하는 사이를 말한다. 생사를 같이하는 사귐 또는 그 벗을 나타낸다. '竹馬故友(죽마고우), 金蘭之交(금란지교), 莫逆之友(막역지우), 知己之友(지기지우), 伯牙絶絃(백아절현)' 등은 비슷해 보이나 이 말과는 다른 의미를 지닌다.

文過其實 (문과기실)★★★

[뜻음] 꾸밀 문, 지날 과, 그 기, 열매 실.
[풀이] 꾸밈이 실제보다 더함. 文飾(문식)이 너무 지나침. 출전 後漢書(후한서) 馮衍傳(풍연전).

文過遂非 (문과수비)★

[뜻음] 꾸밀 문, 허물 과, 이룰 수, 아닐 비.
[풀이] 허물을 어름어름 숨기고 나쁜 짓을 함.

文過飾非 (문과식비)★★

[뜻음] 꾸밀 문, 지나칠 과, 장식할 식, 아닐 비.
[풀이] 잘못을 조금도 뉘우치지 않고 오히려 꾸며대고 전보다 잘난 체를 함.

文恬武嬉 (문념무희)★

[뜻음] 문관 문, 편안할 념, 무관 무, 기쁠 희.
[풀이] 세상이 태평하기 때문에 文官(문관)이나 武官(무관)이 모두 편안하여 즐거워함. 세상이 태평하여 문관, 무관이 안일에 빠짐. 곧 제 직분을 지키지 않아 정치가 퇴폐한다는 말. 文恬武熙(문념무희). 출전 韓愈(한유)의 글.

文當學遷 (문당학천)★

[뜻음] 글월 문, 마땅할 당, 배울 학, 옮길 천.
[풀이] 문장은 마땅히 司馬遷(사마천)을 배울 것임. 출전 事文類聚(사문유취).

門堂戶對 (문당호대)

[뜻음] 문 문, 평평할 당, 집 호, 상대할 대.
[풀이] 문벌이 상대가 될 정도로 엇비슷함. 두 집안의 지체가 서로 비슷함. 결혼의 조건이 알맞음을 이르기도 함.

問東答西 (문동답서)★

[뜻음] 물을 문, 동녘 동, 대답할 답, 서녘 서.
[풀이] 동을 물으면 서를 대답한다. 딴소리하는 것을 이르는 말. 엉뚱한 대답. 東問西答(동문서답).

問柳尋花 (문류심화)

[뜻음] 물을 문, 버들 류, 찾을 심, 꽃 화.
[풀이] 버들에 대하여 묻고 꽃을 찾음.

文盲不學 (문맹불학)★

[뜻음] 글월 문, 소경 맹, 아닐 불, 배울 학.
[풀이] 전혀 學識(학식)이 없음.

蚊虻走牛 (문맹주우)

[뜻음] 모기 문, 등에 맹, 달아날 주, 소 우.
[풀이] 모기나 등에 같은 微物(미물)이 소 같은 큰 짐승을 도망가게 한다. ① 작은 것이 큰 것을 制壓(제압)함. ② 작은 것도 禍根(화근)이 되면 큰 해를 끼칠 수 있음의 비유.

問名納采 (문명납채)★

[뜻음] 물을 문, 이름 명, 바칠 납, 캘 채.
[풀이] 신부 어머니의 이름을 묻고 신랑의 집에서 신부의 집으로 婚姻(혼인)을 구함.

文武兼備 (문무겸비)★★

[뜻음] 글월 문, 무예 무, 겸할 겸, 갖출 비.
[풀이] 문과 무를 함께 갖춤. 文藝(문예)와 武事(무사)를 다 갖춤. 文武兼全(문무겸전). 출전 唐書(당서).

文武兼全 (문무겸전)★★

[뜻음] 글월 문, 무예 무, 겸할 겸, 온전할 전.
[풀이] 文識(문식)과 武略(무략)을 다 갖춤. 文武兼備(문무겸비).

文武代爲雌雄 (문무대위자웅)★★

[뜻음] 글월 문, 무예 무, 대신할 대, 될 위, 암컷 자, 수컷 웅.
[풀이] 文(문)과 武(무)가 서로 主(주)가 되기도 하고 從(종)이 되기도 함. 治世(치세)에는 문이 雄(웅), 무가 雌(자)가 되는 따위. 출전 淮南子(회남자).

文武百官 (문무백관)★

[뜻음] 글월 문, 무예 무, 일백 백, 벼슬 관.
[풀이] 모든 文官(문관)과 武官(무관). 文武諸臣(문무제신).

文武之道 (문무지도)★

[뜻음] 글월 문, 무예 무, 갈 지, 길 도.
[풀이] 周(주)나라의 文王(문왕)과 武王(무왕)의 도. 곧 聖人(성인)의 도.

文房四友 (문방사우)★

[뜻음] 글월 문, 방 방, 넉 사, 벗 우.
[풀이] 선비들이 방에 갖추고 日用(일용)하던 네 도구인 붓, 먹, 종이, 벼루. 곧 筆墨紙硯(필묵지연).

文房諸具 (문방제구)★

[뜻음] 글월 문, 방 방, 모두 제, 도구 구.
[풀이] 종이 · 붓 · 먹 · 벼루 및 글 쓰는 데 필요한 모든 기구.

文炳雕龍 (문병조룡)★

[뜻음] 글월 문, 밝을 병, 새길 조, 용 룡.
[풀이] 글이 龍(용)을 아로새긴 듯 빛남. 교묘하게 잘 된 문장을 일컬음. 출전 魏書(위서).

門生天子 (문생천자)★

[뜻음] 문 문, 날 생, 하늘 천, 아들 자.
[풀이] 천자를 문생으로 보다. 唐末(당말)에 宦官(환관)이 政權(정권)

을 專橫(전횡)하여 천자를 마치 試官(시관)이 과거를 보는 사람 보듯이 하던 일. 科擧(과거) 응시자가 試官(시관)에 대하여 선생이라 칭하고, 자기는 문생이라 함. 門生(문생)은 과거를 보는 사람.

文選爛秀才半 (문선난수재반)

[뜻음] 글월 문, 가릴 선, 문드러질 난, 빼어날 수, 재주 재, 반 반.
[풀이] 宋(송)나라 때 過去(과거)를 보는 선비는 모두 文選(문선)을 暗誦(암송)하였는데 文選(문선)에 爛熟(난숙)하면 科擧(과거)에 及第(급제)하여 秀才(수재)가 되는 자격을 받은 셈이 된다는 뜻.

文所以載道 (문소이재도)★★★

[뜻음] 글월 문, 바 소, 써 이, 실을 재, 도리 도.
[풀이] 文章(문장)은 先王(선왕)의 道(도)를 실어 먼 후세까지 전하는 것임. 도는 반드시 글을 빌려 후세에 전해진다는 말. 文以載道(문이재도). '文者貫道之器也(문자관도지기야)'를 보시오.

刎首決腹 (문수결복)

[뜻음] 목 벨 문, 머리 수, 가를 결, 배 복.
[풀이] 목을 베고 배를 가름.

文臣不愛錢 (문신불애전)★

[뜻음] 글월 문, 신하 신, 아닐 불, 사랑 애, 금전 전.
[풀이] 문신은 돈을 사랑하지 않는다. 文官(문관)은 潔白(결백)하여 私利(사리)를 꾀하지 않고 충성을 다함.

文心慧竇 (문심혜두)★★★

[뜻음] 글월 문, 마음 심, 슬기로울 혜, 구멍 두.
[풀이] 글의 속뜻과 지혜의 구멍. 다산 정약용 선생이 '千字文(천자문)은 읽어서는 안 된다'라고 말하며, '漢字(한자) 공부는 형상이나 뜻 또는 주제별로 분류해서 익혀야 지혜의 구멍이 크게 열린다'라고 한 데서 나온 말.

文雅風流 (문아풍류)★

[뜻음] 글월 문, 고아할 아, 바람 풍, 흐를 류.
[풀이] 詩文(시문)을 짓고 읊조리는 풍류.

問安視膳 (문안시선)

[뜻음] 물을 문, 편안할 안, 볼 시, 찬 선.
[풀이] 웃어른에게 문안을 올리고 차려 드릴 음식을 보살핌. 출전 資治通鑑(자치통감).

蚊蚋負山 (문예부산)★★

[뜻음] 모기 문, 파리 예, 짊어질 부, 뫼 산.
[풀이] 모기가 산을 짊어진다. 역량이나 능력이 적어 重任(중임)을 감당할 수 없음.

門外可設雀羅 (문외가설작라)★

[뜻음] 문 문, 바깥 외, 옳을 가, 베풀 설, 참새 작, 그물 라.
[풀이] 문밖에 참새 그물을 칠 수 있음. 곧 찾아오는 사람이 없어 한적함을 이름. '門前雀羅(문전작라)'를 보시오. 출전 史記(사기).

門外漢 (문외한)★★★

[뜻음] 문 문, 바깥 외, 사내 한.

[풀이] 그 일에 관계하지 않는 사람. 전문가가 아닌 사람.

文以載道 (문이재도)★★★

[뜻음] 글월 문, 써 이, 실을 재, 도리 도.
[풀이] 글이란 도를 담는 그릇이어야 한다는 말.

文以足言 (문이족언)

[뜻음] 글월 문, 써 이, 만족할 족, 말씀 언.
[풀이] 글은 말의 결함을 메워 줌. 출전 春秋左氏傳(춘추좌씨전).

文人墨客 (문인묵객)★

[뜻음] 글월 문, 사람 인, 먹 묵, 손 객.
[풀이] 먹을 가지고 글씨를 쓰고 그림을 그리는 문필업에 종사하는 사람.

文人相輕 (문인상경)★

[뜻음] 글월 문, 사람 인, 서로 상, 가벼울 경.
[풀이] 文人(문인)은 교만한 기운이 많아서 남을 깔보는 버릇이 있음. 文人(문인)은 저마다 大家(대가)라고 생각하며 서로를 輕蔑(경멸)함. 출전 典論(전론).

門人弟子 (문인제자)★

[뜻음] 문하 문, 사람 인, 아우 제, 아들 자.
[풀이] 같은 스승 밑에서 배운 제자들.

聞一知十 (문일지십)★★★

[뜻음] 들을 문, 한 일, 알 지, 열 십.
[풀이] 한 가지를 들으면 열을 미루어 앎. 한 대목을 듣고 나머지 열 대목을 깨달아 앎, 극히 총명함. 聞一以知十(문일이지십).

≪論語(논어)≫ 公冶長篇(공야장편)에 나오는 이야기이다.
孔子(공자)가 제자 子貢(자공)을 불러 물었다.
"너는 顔回(안회)와 누가 낫다고 생각하느냐?"
공자의 제자가 삼천이나 되었고 후세에 이름을 남긴 제자가 72명이나 된다고 한다. 당시 재주로서는 자공을 첫손으로 꼽고 있었다. 실상 안회가 자공보다 월등히 나은 편이었지만 안회는 아는 척을 하지 않고 바보같이 사는 사람이었다.
자공은 서슴지 않고 이렇게 대답했다.
"賜(사)가 어찌 감히 回(회)를 바랄 수 있습니까. 회는 하나를 들으면 열을 알고, 賜(사)는 하나를 들으면 둘을 알 뿐입니다" 공자가 또 말했다.
"네가 안회만은 못하다. 나도 네 말을 인정한다."
賜(사)는 자공의 이름이다. 안회는 공자가 가장 아끼는 제자였다.
'聞一知十(문일지십)'은 하나를 들으면 열을 안다는 말로, 재주가 비상하다거나 극히 총명함을 이른다. 공자는 이름난 제자가 72명이나 된다고 했는데 그 숫자는 그냥 많은 수를 지칭한 것인지, 아니면 구체적인 숫자인지 알 수 없다. 자공의 말에서는 '聞一知二(문일지이)'라는 말이 보인다. 하나를 들으면 둘을 안다는 말로, 문일지십과는 다르다.

文者貫道之器也 (문자관도지기야)★★

[뜻음] 글월 문, 놈 자, 꿸 관, 도리 도, 갈 지, 그릇 기, 어조사 야.
[풀이] 문장이란 사람으로서 닦아야 할 도를 표현하여 먼 훗날까지도 길이 전해 주는 그릇임. 文以載道(문이재도).

文字癖 (문자벽)

[뜻음] 글월 문, 글자 자, 버릇 벽.
[풀이] 학문을 좋아하는 것.

文章經國之大業 (문장경국지대업)★★★

[뜻음] 글월 문, 글 장, 다스릴 경, 나라 국, 갈 지, 큰 대, 일 업.
[풀이] 문장은 나라를 경영하는 데에 반드시 필요한 일이다. 文章經國之大業不朽之盛事(문장경국지대업불후지성사). 출전 曹丕(조비)의 典論(전론).

門墻桃李 (문장도리)★★

[뜻음] 문 문, 담 장, 복숭아나무 도, 자두나무 리.
[풀이] 門墻(문장)은 스승의 門下(문하)이고, 桃李(도리)는 스승이 길러낸 뛰어난 제자를 말함. 스승이 길러낸 제자들이 도처에 있음. 桃李門前(도리문전). 桃李滿門(도리만문). 滿門桃李(만문도리).

文章三易 (문장삼이)★★

[뜻음] 글월 문, 글 장, 석 삼, 쉬울 이.
[풀이] 글은 알기 쉽고 글자가 어렵지 않으며 읽기 쉬워야 한다. 문장이 갖추어야 할 세 가지 정도를 말함.

文章宿老 (문장숙로)★

[뜻음] 글월 문, 글 장, 묵을 숙, 늙을 로.
[풀이] 文壇(문단)의 元老(원로).

文章一小技 (문장일소기)★

[뜻음] 글월 문, 글 장, 한 일, 작을 소, 재주 기.
[풀이] 문장은 하찮은 한 技藝(기예)에 불과함.

門前乞食 (문전걸식)★

[뜻음] 문 문, 앞 전, 구걸할 걸, 밥 식.
[풀이] 이 집 저 집 돌아다니며 밥을 빌어먹음. 집집이 돌아다니며 먹을 것을 구걸함.

門前成市 (문전성시)★★★

[뜻음] 문 문, 앞 전, 이룰 성, 시장 시.
[풀이] 문 앞이 시장바닥 같다. 권세가 크거나 부자가 되어 문 앞이 찾아오는 손님들로 마치 저자를 이룬 것 같음. 門庭如市(문정여시).

　　≪漢書(한서)≫ 鄭崇傳(정숭전)에 나오는 이야기이다.
　　漢(한)나라 멸망 직전 哀帝(애제)는 스무 살에 천자가 되었는데 정치적인 실권은 외척들의 손아귀에 들어 있고,

그는 다만 자리만 차지하고 있을 뿐이었다.
　　이 애제를 받들고 정치를 잘해 보려고 애쓴 사람이 정숭이다. 처음에 정숭은 애제에 발탁되어 尙書僕射(상서복야)에 있었는데 그 무렵은 外戚(외척)들의 專橫(전횡)을 두고 볼 수 없어 자주 애제에게 대책을 건의했다. 애제는 외척 세력을 이겨내지 못하고 정숭을 멀리하게 되었다.
　　애제가 자포자기가 되어 나랏일을 잘 돌보려 하지 않자 鄭崇(정숭)이 나서서 諫言(간언)을 하다가 譴責(견책)을 받았다. 마침 尙書令(상서령) 趙昌(조창)이 정숭을 미워하여 모함하자 그의 말을 그대로 믿고 정숭을 불러 問責(문책)했다. "그대의 집 문전에는 사람이 시장바닥 같다는데 무엇 때문에 나를 괴롭히려 하는 건가?"
　　"신의 문전은 시장바닥 같아도, 신의 마음은 물처럼 맑습니다. 바라옵건대 다시 한 번 조사를 해 보시기 바랍니다."
　　이 말을 듣고 애제는 성을 내며 그를 옥에 가두어 버렸다. 정숭은 끝내 옥중에서 죽고 말았다.
　　門庭如市(문정여시)라는 말도 있다. 이 말은 본디 임금께 諫(간)하는 신하들이 조정에 가득 차 있다는 말로 쓰였다. 지금은 같은 뜻으로 쓰인다.

門前沃畓 (문전옥답)★★

[뜻음] 문 문, 앞 전, 기름질 옥, 논 답.
[풀이] 집 앞에 가까이 있는 좋은 논. 많은 재산을 일컫는 말.

門前沃土 (문전옥토)★

[뜻음] 문 문, 앞 전, 기름질 옥, 흙 토.
[풀이] 門前沃畓(문전옥답).

門前雀羅 (문전작라)★★★

[뜻음] 문 문, 앞 전, 참새 작, 그물 라.
[풀이] 문 앞에 새그물을 친다. 아무도 찾는 사람이 없어 문 앞에 참새를 잡는 그물을 칠 수 있을 정도로 쓸쓸하다는 뜻.

　　前漢(전한) 7대 황제인 武帝(무제) 때 汲黯(급암)과 鄭當詩(정당시)라는 두 賢臣(현신)이 있었다. 그들은 한때 각기 구경(九卿: 9개 부처의 각 으뜸 벼슬)의 지위에까지 오른 적도 있었지만 둘 다 개성이 강한 탓에 좌천·면직·재등용을 되풀이하다가 급암은 淮陽太守(회양태수)를 끝으로 벼슬을 마쳤다. 이들이 각기 현직에 있을 때에는 방문객이 늘 문전성시를 이루었으나 면직되자 방문객의 발길이 뚝 끊어졌다고 한다.
　　이어 司馬遷(사마천)은 ≪史記(사기)≫ 汲鄭列傳(급정열전)에서 이렇게 덧붙여 쓰고 있다.
　　"급암과 정당시 정도의 현인이라도 세력이 있으면 賓客(빈객)이 열 배로 늘어나지만 세력이 없으면 당장 모두 떨어져 나간다. 그러니 보통 사람의 경우는 더 말할 나위도 없다."

또 翟公(적공)의 경우는 이렇다. 적공이 廷尉(정위)가 되자 빈객이 문전성시를 이룰 정도로 붐볐다. 그러나 그가 면직되자 빈객은 금세 발길을 끊었다. 집 안팎이 어찌나 한산한지 '문 앞(밖)에 새그물을 쳐 놓을 수 있을 정도[門外可設雀羅]'였다. 얼마 후 적공은 다시 정위가 되었다. 빈객들이 몰려들자 적공은 대문에 이렇게 써 붙였다.

한 번 죽고 한 번 삶에 곧 사귐의 정을 알고
[一死一生 卽知交情(일사일생 즉지교정)]
한 번 가난하고 한 번 부함에 곧 사귐의 태도를 알며
[一貧一富 卽知交態(일빈일부 즉지교태)]
한 번 귀하고 한 번 천함에 곧 사귐의 정이 나타나네
[一貴一賤 卽見交情 (일귀일천 즉현교정)]

권세를 잃거나 貧賤(빈천)해지면 문 앞(밖)에 새그물을 쳐 놓을 수 있을 정도로 방문객의 발길이 끊어진다는 말이다. 炎凉世態(염량세태)를 잘 나타내는 말이다.

問鼎輕重 (문정경중)★★★

[뜻음] 물을 문, 솥 정, 가벼울 경, 무거울 중.
[풀이] 솥이 가벼운지 무거운지 묻다. 楚(초)나라 莊王(장왕)이 천하를 뺏으려는 野心(야심)을 품고, 周(주)나라 定王(정왕)에게 帝位(제위)의 象徵(상징)이며 全國(전국)의 보물인 九鼎(구정)의 무게를 물었다는 고사. 타인의 실력 또는 內幕(내막)을 엿봄을 비유함.

春秋五覇(춘추오패)의 한 사람인 楚(초)나라 莊王(장왕)이 천하를 뺏으려는 野心(야심)을 품고, 周(주)나라 定王(정왕)에게 帝位(제위)의 象徵(상징)이며 全國(전국)의 보물인 九鼎(구정)의 무게를 물었다. 그러자 정왕의 대부 王孫滿(왕손만)은 대답했다.
"솥의 크기와 무게는 그것을 가지고 있는 사람의 덕에 의해 결정되는 것으로 솥 자체에 있는 것은 아닙니다. 禹(우)임금이 만든 솥이 桀(걸)의 부덕으로 商(상)나라로 옮겨 갔고, 육백 년 뒤에 紂(주)가 포학하자 솥은 다시 주나라로 옮겨 갔습니다. 덕이 크고 밝으면 비록 작아도 무겁고, 어둡고 어지러우면 비록 커도 가볍습니다. … 成王(성왕)께서 솥을 주나라로 옮긴 뒤 대를 점쳐 三十(삼십)을 얻고 해를 점쳐 백을 얻었으니 이는 하늘이 명한 것입니다. 지금 주나라의 덕이 비록 쇠했어도 천명은 아직 고쳐지지 않았으니 솥의 무게는 물을 일이 못 되는 줄로 압니다."
全國(전국)의 보물인 九鼎(구정)은 솥이다. 이 솥은 무게가 천 鈞(균)이나 되었다고 한다. 한 균이 三十(삼십) 근이니 천균은 三萬(삼만) 근이다. 진시황이 이것을 함양으로 옮겨 간 기록이 남아 있을 뿐 현재는 없다. 왕손만은 아직 초나라가 천하를 주름잡지 못하고 있으므로 김칫국부터 마시지 말라고 정중하게 대답한 것이다. 본디 '問鼎

之輕重(문정지경중)'으로 되어 있다. 타인의 실력 또는 內幕(내막)을 엿보거나 상대방의 실력을 떠본다는 뜻으로 쓰이는 말이다.

聞則病不聞藥 (문즉병불문약)★

[뜻음] 들을 문, 곧 즉, 병 병, 아닐 불, 약 약.
[풀이] 들으면 병이요, 못 들으면 약이라. 자기에게 걱정거리가 될 말은 그것을 들으면 근심하기 때문에 병이 되고, 그런 말을 듣지 않으면 근심도 하지 않게 되어 약으로 된다는 뜻. 마음에 걸리는 말은 처음부터 듣지 않는 편이 낫다는 말.

文之烏獲 (문지오획)

[뜻음] 글월 문, 갈 지, 까마귀 오, 잡을 획.
[풀이] 문장에 있어서 天下壯士(천하장사) 오획에 해당한다는 말. 文豪(문호)라는 말. 烏獲(오획)은 옛날의 力士(역사) 이름.

文質彬彬 (문질빈빈)★★★

[뜻음] 글월 문, 바탕 질, 빛날 빈.
[풀이] 문과 질이 알맞게 섞여 조화를 이루는 일. 곧 겉모양의 아름다움과 속내의 미가 서로 잘 어울린 모양. 출전 論語(논어) 雍也篇(옹야편).

文質三統 (문질삼통)★★★

[뜻음] 글월 문, 바탕 질, 석 삼, 큰 줄기 통.
[풀이] 夏(하), 殷(은), 周(주) 三代(삼대)의 政事(정사)의 특색. 은나라는 質(질), 주나라는 文(문)을 숭상한 것처럼, 王朝(왕조)에 따라 돌아가며 採用(채용)되어 禮制(예제) 改編(개편)의 원리가 된 것. 문은 文華(문화), 질은 質朴(질박)을 나타냄. 출전 論語(논어) 爲政篇(위정편).

文質遞興 (문질체흥)

[뜻음] 글월 문, 바탕 질, 번갈아 체, 흥할 흥.
[풀이] 시대의 변천을 이름. 어느 시대에는 文(문)이 숭상되고, 어느 시대에는 質(질)이 숭상되어 형식과 실질이 번갈아 隆替(융체)한다는 뜻.

文昌星 (문창성)★

[뜻음] 글월 문, 창성할 창, 별 성.
[풀이] 북두성 가운데서 첫째 별. 이 별에 기원하면 과거에 급제한다는 믿음이 있음.

蚊睫之蟲 (문첩지충)

[뜻음] 모기 문, 눈썹 첩, 갈 지, 벌레 충.
[풀이] 모기의 눈썹에 산다는 벌레. 극히 미세함을 비유하는 말.

門下晩生 (문하만생)

[뜻음] 문하 문, 아래 하, 늦을 만, 날 생.
[풀이] 스승의 아버지. 스승의 스승. 아버지의 스승에 대해 제자가 스스로를 일컫는 말.

文行忠信 (문행충신)★★★

[뜻음] 글월 문, 갈 행, 충성 충, 믿을 신.
[풀이] 孔子(공자)가 사람을 교육하는 데 근본으로 삼은 네 가지 덕. 詩書禮樂(시서예악), 躬行(궁행), 忠誠(충성), 信實(신실). 곧 文學(문

학) · 德行(덕행) · 忠誠(충성) · 信實(신실). 출전 論語(논어) 述而篇(술이편).

物各有主 (물각유주)★

[뜻음] 만물 물, 각자 각, 있을 유, 주인 주.
[풀이] 물건에는 제각기 임자가 있음. 곧 그 물건이 아무개의 손에나 되는대로 들어가는 것은 아니라는 뜻.

物極則反 (물극즉반)★

[뜻음] 만물 물, 다할 극, 곧 즉, 돌아올 반.
[풀이] 사물이 窮極(궁극)에 다다르면 도로 그전 상태로 돌아오는 법임. 출전 鶡冠子(갈관자).

物極必反 (물극필반)★

[뜻음] 만물 물, 다할 극, 반드시 필, 돌아올 반.
[풀이] 物極則反(물극즉반)

物物交換 (물물교환)★

[뜻음] 만물 물, 서로 교, 바꿀 환.
[풀이] 물건과 물건을 화폐의 매개를 통하지 않고 직접 交換(교환)하는 경제 상태.

物微志信 (물미지신)

[뜻음] 만물 물, 작을 미, 뜻 지, 믿을 신.
[풀이] 새나 벌레 같은 미물에도 信義(신의)가 있음. 출전 後漢書(후한서).

物薄而情厚 (물박이정후)★

[뜻음] 만물 물, 엷을 박, 말 이을 이, 정 정, 두터울 후.
[풀이] 사람과 사귀는 데 좋은 선물을 보내지 못하고 豊盛(풍성)하게 待接(대접)은 못 하나 情(정)은 두터움. 物薄情厚(물박정후).

物不得其平則鳴 (물부득기평즉명)★

[뜻음] 만물 물, 아닐 부, 얻을 득, 그 기, 평평할 평, 곧 즉, 울릴 명.
[풀이] 물건의 소리는 모두 그 중심이 안정되어 있지 못하여 일어난다. 사람이 그 마음속에 불평이 있으면 이를 말로써 밖으로 나타냄.

物腐蟲生 (물부충생)★

[뜻음] 만물 물, 썩을 부, 벌레 충, 날 생.
[풀이] 물건이 썩고 벌레가 생긴다. 먼저 의심하고 다음에 헐뜯음.

物常聚於所好 (물상취어소호)★

[뜻음] 만물 물, 항상 상, 모일 취, 어조사 어, 바 소, 좋아할 호.
[풀이] 사람이 어떤 물건을 좋아하면 그 물건은 항상 그 사람에게로 모여듦.

物色 (물색)★★

[뜻음] 만물 물, 빛깔 색.
[풀이] 물건의 빛깔. ① 사람의 인상착의를 그려 그 사람을 찾음. ② 어떤 일에 쓸 만한 사람이나 물건을 찾음. 출전 通俗編(통속편).

物盛則衰 (물성즉쇠)★

[뜻음] 만물 물, 번성할 성, 곧 즉, 쇠퇴할 쇠.

[풀이] 세상의 모든 사물은 한 번 興盛(흥성)하면 또 반드시 衰(쇠)하여지는 법임. 출전 戰國策(전국책).

勿失好機 (물실호기)★★

[뜻음] 말 물, 잃을 실, 좋아할 호, 베틀 기.
[풀이] 좋은 기회를 놓치지 말라는 뜻.

物心一如 (물심일여)★★

[뜻음] 만물 물, 마음 심, 한 일, 같을 여.
[풀이] 물체와 마음이 구분 없이 하나의 근본으로 통합됨.

物外閒人 (물외한인)★

[뜻음] 만물 물, 밖 외, 한가할 한, 사람 인.
[풀이] 현실에서 벗어나 한가하게 지내는 사람.

物有本末 (물유본말)★

[뜻음] 만물 물, 있을 유, 밑 본, 끝 말.
[풀이] 물건에는 근본과 끝이 있다. 사물에는 앞과 뒤, 즉 질서가 있음.

物議 (물의)★★★

[뜻음] 만물 물, 논의할 의.
[풀이] 세상 사람들의 評判(평판)이나 뒷소문 따위를 말함. 출전 南史(남사).

物以類聚 (물이유취)★

[뜻음] 물건 물, 써 이, 무리 유, 모일 취.
[풀이] 물건이란 종류대로 모이게 마련이다. 비슷한 것끼리 모임. 惡漢(악한)들이 한데 모여 凶計(흉계)를 꾸밈.

物在人亡無見期 (물재인망무견기)

[뜻음] 만물 물, 있을 재, 사람 인, 죽을 망, 없을 무, 볼 견, 기약할 기.
[풀이] 故人(고인)이 愛用(애용)하던 물건은 있건마는 고인은 다시 볼 期約(기약)이 없음.

勿翦之歡 (물전지환)★

[뜻음] 말 물, 자를 전, 갈 지, 기쁠 환.
[풀이] 감당나무를 베지 않고 보존하며 사모하는 기쁨. '甘棠之愛(감당지애)'를 보시오. 출전 詩經(시경) 甘棠篇(감당편).

勿出朝報 (물출조보)★

[뜻음] 말 물, 날 출, 조정 조, 알릴 보.
[풀이] 조정의 비밀에 속하는 일을 발표하지 않음.

物貨相通 (물화상통)★

[뜻음] 만물 물, 재화 화, 서로 상, 통할 통.
[풀이] 物貨(물화)를 서로 통함.

物和則嘉成 (물화즉가성)★

[뜻음] 만물 물, 화할 화, 곧 즉, 기쁠 가, 이룰 성.
[풀이] 만물이 조화를 이루면 경사스러운 風樂(풍악)이 이루어짐. 출전 春秋左氏傳(춘추좌씨전).

物換星移 (물환성이)★

[뜻음] 만물 물, 바뀔 환, 별 성, 옮길 이.
[풀이] 물건은 바뀌고 별은 이동한다. 세상은 變遷(변천)한다는 뜻.

未見鑽火得氷 (미견찬화득빙)

[뜻음] 아닐 미, 볼 견, 끌 찬, 불 화, 얻을 득, 얼음 빙.
[풀이] 얼음을 얻으려면 물에서 구할 것이요, 불에서 찾아서는 얻지 못한다. 목적을 달성하려면 옳은 방법으로 해야 함을 이름. 鑽(찬)은 돌과 쇠를 비벼서 불을 일으키는 것을 이름.

美景良辰 (미경양신)★

[뜻음] 아름다울 미, 볕 경, 어질 양, 날 신.
[풀이] 좋은 景致(경치)와 좋은 季節(계절). 출전 陳書(진서).

微官末職 (미관말직)★★

[뜻음] 작을 미, 벼슬 관, 끝 말, 직분 직.
[풀이] 지위가 아주 낮아 변변치 않은 벼슬 또는 그런 벼슬아치.

未久不遠 (미구불원)★

[뜻음] 아닐 미, 오랠 구, 아닐 불, 멀 원.
[풀이] 오래지 않고 멀지 않음. 오래지 않고 가까움.

米櫃大監 (미궤대감)★

[뜻음] 쌀 미, 함 궤, 큰 대, 볼 감.
[풀이] 思悼世子(사도세자), 즉 莊獻世子(장헌세자)를 달리 이르는 말. 쌀 궤짝에 갇혀 죽었으므로 이러한 이름이 생김.

美女者醜婦之仇 (미녀자추부지구)★

[뜻음] 아름다울 미, 여자 녀, 놈 자, 추할 추, 부녀 부, 갈 지, 원수 구.
[풀이] 아름다운 여자는 못생긴 여자의 원수. 충신, 賢士(현사)는 奸臣(간신), 俗士(속사)의 怨讐(원수)라는 말.

未能免俗 (미능면속)★

[뜻음] 아닐 미, 능할 능, 면할 면, 풍속 속.
[풀이] 속세와의 인연을 아직 끊지 못함. 출전 晉書(진서) 阮咸傳(완함전).

尾大難掉 (미대난도)

[뜻음] 꼬리 미, 클 대, 어려울 난, 흔들 도.
[풀이] 꼬리가 커서 흔들기가 어렵다. 尾大不掉(미대부도).

尾大不掉 (미대부도)★

[뜻음] 꼬리 미, 클 대, 아닐 부, 흔들 도.
[풀이] 꼬리가 커서 흔들기가 어렵다. ① 臣下(신하)의 세력이 강하여 君主(군주)가 자유로이 制御(제어)할 수 없음을 이름. ② 일의 끝에 이르러 크게 벌어져서 처리하기가 어려움. 출전 春秋左氏傳(춘추좌씨전).

未冷尸 (미랭시)

[뜻음] 아닐 미, 찰 랭, 시체 시.
[풀이] 겨우 목숨만 붙어 있는 송장. 다 늙어 빠져서 사람 구실을 제대로 하지 못하는 사람.

米糧魚鹽 (미량어염)★

[뜻음] 쌀 미, 양식 량, 물고기 어, 소금 염.
[풀이] 양식이나 생선, 소금 등 일상생활에 필요한 음식을 통틀어 이르는 말.

眉黎耋鮐 (미려질태)★

[뜻음] 눈썹 미, 검을 려, 늙은이 질, 늙을 태.
[풀이] 眉(미)는 白眉(백미)이므로 흰 눈썹, 黎(려)는 黑面(흑면)이므로 검은 얼굴, 耋(질)은 팔십 노인을 이르는 말, 鮐(태)는 구십 노인을 이르는 말. 나이 많은 노인을 이르는 말. 출전 揚子(양자).

麋鹿之姿 (미록지자)★

[뜻음] 고라니 미, 사슴 록, 갈 지, 맵시 자.
[풀이] 고라니와 사슴 같은 자질. 시골에서 배우지 못하고 자라 거칠게 행동하는 성격을 비유하여 이르는 말. 산림 전야에 한가롭게 지내는 자기를 겸손하게 이르는 말. 麋鹿性情(미록성정). 출전 朱熹(주희)의 글.

彌勒菩薩 (미륵보살)★

[뜻음] 기울 미, 굴레 륵, 보리 보, 보살 살.
[풀이] 釋迦牟尼(석가모니)의 入滅(입멸) 후 오십육억 칠천만 년을 지나서 이 세상에 나타나 衆生(중생)을 引導(인도)한다는 보살.

未亡人 (미망인)★★★

[뜻음] 아닐 미, 죽을 망, 사람 인.
[풀이] 아직 죽지 못한 사람. 남편과 사별한 여자가 스스로를 지칭하는 말.

≪春秋左氏傳(춘추좌씨전)≫에 나오는 이야기이다.
　　楚(초)나라 令尹(영윤)인 子元(자원)이 죽은 文王(문왕)의 부인 文夫人(문부인)을 유혹할 계획으로 부인이 있는 궁전 옆에 자기 관사를 짓고 거기에서 殷(은)나라 湯(탕)임금이 처음 만들었다는 萬(만)이란 춤을 추게 하며 음악을 울렸다. 부인은 음악소리를 듣자 눈물을 흘리며 말했다.
　　"선군께서는 이 춤의 음악을 軍隊(군대)를 調練(조련)할 때에 쓰시곤 했다. 그런데 지금 영윤은 이것을 원수들을 치기 위해 쓰지 않고 이 미망인 옆에서 하고 있으니 또한 이상하지 않은가"
　　자원은 즉시 춤과 음악을 걷어치우고 말았다.
　　남편과 사별한 여자가 스스로를 지칭하는 말이다. 과부라는 말을 듣기 좋게 말할 때 미망인이라고 한다. 미망인은 죽지 못한 사람이라는 뜻이다. 남편을 따라 죽어야 마땅할 사람이 죽지 못하고 살아 있다는 뜻이니 따지고 보면 실례가 되는 말 같기도 하다. 지금은 여자 스스로 쓰는 말로 한정되지 않고 아무나 쓰고 있다.

眉目盼兮 (미목반혜)★

[뜻음] 눈썹 미, 눈 목, 눈 예쁠 반, 어조사 혜.
[풀이] 검은 자위와 흰자위가 분명하며 동그랗고 아름다운 눈. 아름

ㅁ

다운 容貌(용모). 美人(미인)의 형용.

眉目秀麗 (미목수려)★

[뜻음] 눈썹 미, 눈 목, 빼어날 수, 고울 려.
[풀이] 용모가 빼어나게 아름다움. 출전 詩經(시경).

微妙玄通 (미묘현통)★

[뜻음] 작을 미, 묘할 묘, 검을 현, 통할 통.
[풀이] 앎의 의식 작용이 미묘하고 매우 아득하고 깊은 곳까지 환하게 깨달음. 진리를 앎. 출전 老子(노자).

靡靡之樂 (미미지악)★

[뜻음] 쓰러질 미, 갈 지, 풍류 악.
[풀이] 亡國(망국)의 음악. 중국 殷(은)나라의 최후 임금인 紂王(주왕)이 師延(사연)에게 시켜서 만든 음악. 망한 나라의 음악. 은나라가 망하자 사연은 도망쳐 濮水(복수)까지 와서 물에 몸을 던져 죽는데 그 뒤로 음악을 좋아하는 사람이 근처를 지날 때면 한밤중에 들렸다는 음악. '亡國之音(망국지음)'을 보시오. 출전 淮南子(회남자).

微服潛行 (미복잠행)★

[뜻음] 작을 미, 입을 복, 잠길 잠, 다닐 행.
[풀이] 무엇을 몰래 살피기 위해 남이 알아차리지 못하도록 襤褸(남루)한 옷차림으로 슬그머니 다님.

彌縫漫澱 (미봉만환)

[뜻음] 기울 미, 꿰맬 봉, 질펀할 만, 분간 못 할 환.
[풀이] 그때그때 겨우 발라맞춰 나가던 일이 몹시 얽히고 설킨 것을 이르는 말. '彌縫策(미봉책)'을 보시오.

彌縫策 (미봉책)★★★

[뜻음] 기울 미, 꿰맬 봉. 꾀 책.
[풀이] 터진 곳을 임시로 얽어맨다. 빈구석이나 잘못된 것을 그때그때 임시변통으로 메움. 彌縫(미봉).

≪左傳(좌전)≫ 桓公五年(환공오년)에 나오는 이야기이다.
周(주)나라 桓王(환왕) 13년 왕이 鄭(정)나라를 치려 했다. 정나라 장공으로부터 왕실의 경사라는 직책을 거두어 들였고, 이를 못마땅하게 생각한 정장공은 왕실에 대한 조공을 일체 중지해 버렸다. 환왕은 이 기회에 정나라를 쳐서 주나라 왕실의 위신을 회복할 생각이었다.
환왕은 虢(괵) 蔡(채) 晋(진) 衛(위) 등 네 나라 군대도 함께 거느리고 위세당당하게 정나라로 향했다. 정장공은,
"내란이 생겨 진나라 군사는 싸울 경황이 없을 테니 먼저 이를 치면 곧 달아나게 될 것입니다. 그렇게 되면 다른 나라들도 지탱을 못 하고 달아날 것입니다. 그런 다음 왕이 지휘하는 군사를 집중 공격하면 승리는 우리의 것이 될 것입니다" 하는 의견을 받아들이고 전차 부대를 앞세우고, 보병을 그 뒤에 세워 전차의 틈 사이를 보병으로 미봉하게 했다. 곧 사람으로 戰車(전차) 사이사이를 이어 고기그물처럼 진을 친 것을 彌縫(미봉)이라 했다.

전차가 헝겊조각이라면 사람은 실이 된 셈이다. '彌縫(미봉)'은 터진 곳을 임시로 얽어맨다는 뜻이다. 이 말에서 임시로 꾸며대어 눈가림만 하는 계책을 미봉책이라 하게 되었다. 결점이나 실패를 일시 얼버무려 나가는 것을 가리킨다. '臨時變通(임시변통), 姑息之計(고식지계), 下石上臺(하석상대)' 등이 비슷한 의미로 쓰인다. 우리나라 속담에 '언 발에 오줌 누기'라는 말이 있다.

靡不用極 (미불용극)

[뜻음] 아닐 미, 아닐 불, 쓸 용, 다할 극.
[풀이] 마음과 힘을 다하여 함.

靡不有初鮮克有終 (미불유초선극유종)★★★

[뜻음] 없을 미, 아닐 불, 있을 유, 처음 초, 선명할 선, 능히 극, 마칠 종.
[풀이] '靡不有初(미불유초)'는 '처음이 있지 않는 것은 없다'는 뜻이고 '鮮克有終(선극유종)은 '능히 끝이 있는 것이 적다'는 뜻이다.

晋(진)나라 靈公(영공)이 한때 무도했다. 영공을 諫(간)하기 위해 내전으로 들어간 사계는 지나가는 영공의 앞으로 다가가서 넙죽이 엎드렸다. 영공은 못 본 체하며 발길을 옮겼다. 세 번째 처마 밑까지 가서 엎드리자 그제야 겨우 알아차린 체했다.
사계가 말을 꺼내기 무섭게 영공은,
"알았소. 내가 잘못했소. 앞으로 그러지 않겠소" 하고 입을 막으려 했다. 그러나 사계는 영공의 그 말을 받아 이렇게 간곡히 호소했다.
"사람이 누가 허물이 없겠습니까. 잘못하고 능히 고친다면 그보다 더 훌륭한 일은 없습니다. ≪詩經시경≫에도 말하기를 '처음을 갖지 않는 사람은 없으나 능히 끝을 얻는 사람이 적다'고 했습니다. 이 말만 보더라도 잘못을 바로잡는 사람이 드물 것 같습니다. 만일 임금께서 능히 끝을 맺으신다면 이는 이 나라의 복이옵니다."
즉 처음 시작할 때는 누구나가 성공을 결심하고 열심히 하게 되지만, 끝까지 그 결심이 누그러지는 일이 없이 계속하는 사람은 적다는 뜻이다. 사계가 인용한 말은 ≪詩經(시경)≫ 大雅(대아) 蕩篇(탕편)에 나오는 말로, '有終之美(유종지미)'를 일컬은 것이다. '有終之美(유종지미)'라는 말은 도중에 그만 두는 일이 없이 끝까지 견디어 나가 목적을 달성하는 것을 가리켜서 하는 말이다. 이 유종의 미를 거두기 어려운 것을 표현한 말이다.

美辭麗句 (미사여구)★★★

[뜻음] 아름다울 미, 말 사, 고울 여, 글귀 구.
[풀이] 아름답게 표현된 말과 훌륭한 글귀.

尾生之信 (미생지신)★★★

[뜻음] 꼬리 미, 날 생, 갈 지, 믿을 신.

[풀이] 미생이 지킨 信義(신의).

≪史記(사기)≫ 蘇秦列傳(소진열전)에 보면, 소진이
燕(연)나라 왕의 의심을 풀기 위해 미생의 이야기를 늘어
놓았다. 소진은 자신을 왕이 믿지 않는 것은 누군가 자신
을 重傷(중상)하기 때문이라고 말하면서 연왕에게 말했다.
"실상 나는 曾參(증삼) 같은 효도도 없고, 伯夷(백이) 같
은 청렴도 없고, 미생 같은 신의도 없습니다. 그러나 왕께
서는 증삼 같은 효도와, 백이 같은 청렴과, 미생 같은 신의
가 있는 사람을 얻어 왕을 섬기도록 하면 어떻겠습니까?"
"만족합니다."
"그렇지 않습니다. 효도가 증삼 같으면 하룻밤도 부모
를 떠나 밖에 자지 않을 텐데, 왕께서 어떻게 그를 걸어서
천 리 길을 오게 할 수 있겠습니까. 백이는 무왕의 신하가
되는 것이 싫어 수양산에서 굶어 죽고 말았는데 어떻게
그런 사람을 천 리의 제나라 길을 달려가게 할 수 있겠습
니까. 신의가 미생 같다면 그가 여자와 다리 밑에서 만나
기로 약속을 해 두고 기다렸으나, 여자는 오지 않고 물이
불어 오르는지라 다리 기둥을 안고 죽었으니 이런 사람을
왕께서 천 리를 달려가 제나라의 강한 군사를 물리치게
할 수 있겠습니까. 나를 불효하고 청렴하지 못하고 신의가
없다고 중상하는 사람이 있지만, 그렇기 때문에 나는 부모
를 버리고 여기까지 와서 약한 연나라를 도와 제나라를
달래어 빼앗긴 성을 다시 바치게 한 것이 아니겠습니까."
따라서 미생의 신의라 함은 하나만 알고 둘은 모르는
바보 같은 신의, 愚直(우직)하고 융통성이 없으며 매우 미
련한 것을 말한다.

未成一簣 (미성일궤)★

[뜻음] 아닐 미, 이룰 성, 한 일, 삼태기 궤.
[풀이] 산을 만드는데 마지막 한 삼태기로 이루지 못한다. '九仞功虧
一簣(구인공휴일궤)'를 보시오. 출전 論語(논어).

美成在久 (미성재구)

[뜻음] 아름다울 미, 이룰 성, 있을 재, 오랠 구.
[풀이] 훌륭한 일은 오래가야 이루어진다는 말. 출전 莊子(장자) 人間
世篇(인간세편).

美如冠玉 (미여관옥)★

[뜻음] 아름다울 미, 같을 여, 갓 관, 옥 옥.
[풀이] 관옥같이 아름답다는 말. ① 外樣(외양)은 버젓하나 속이 텅 빔
을 비유함. ② 재주만 있고 德(덕)이 없음을 비유함. 출전 史記(사기).

味如嚼蠟 (미여작랍)

[뜻음] 맛 미, 같을 여, 씹을 작, 밀 랍.
[풀이] 밀(벌집)을 씹는 것과 같이 아무 맛이 없다. 재미가 조금도 없
음을 비유함.

米鹽博辯 (미염박변)

[뜻음] 쌀 미, 소금 염, 넓을 박, 말 잘할 변.
[풀이] 쌀이나 소금에 대해서도 자세히 논하다. 사소한 일까지 자세하
게 논함. 번거로운 辯論(변론). 출전 韓非子(한비자) 說難篇(세난편).

未雨綢繆 (미우주무)★

[뜻음] 아닐 미, 비 우, 얽을 주, 얽을 무.
[풀이] 비가 내리기 전에 미리 새(부엉이)가 둥지의 문을 닫아 동여맨
다. 事變(사변)이 일어나기 전에 미리 防止(방지)함을 이름. 출전 詩
經(시경).

微吟緩步 (미음완보)★★★

[뜻음] 작을 미, 읊을 음, 느릴 완, 걸을 보.
[풀이] 작은 소리로 읊으며 천천히 거닒.

美衣美食 (미의미식)★

[뜻음] 아름다울 미, 옷 의, 먹을 식.
[풀이] 아름다운 옷과 잘 차려진 음식. 美衣玉食(미의옥식).

美意延年 (미의연년)

[뜻음] 아름다울 미, 뜻 의, 늘일 연, 해 년.
[풀이] 마음을 즐겁게 가지면 장수함. 출전 荀子(순자).

美衣玉食 (미의옥식)★

[뜻음] 아름다울 미, 옷 의, 구슬 옥, 먹을 식.
[풀이] 아름다운 의복과 맛있는 음식.

美人薄命 (미인박명)★

[뜻음] 아름다울 미, 사람 인, 엷을 박, 목숨 명.
[풀이] 용모가 썩 아름다운 여자는 대개 불행한 사람이 많다는 뜻.
'佳人薄命(가인박명)'을 보시오.

美人不得濫 (미인부득람)★

[뜻음] 아름다울 미, 사람 인, 아닐 부, 얻을 득, 넘칠 람.
[풀이] 옛날의 참된 사람은 美人(미인)도 그 마음을 어지럽힐 수 없음
을 이름. 출전 莊子(장자).

米珠薪桂 (미주신계)★

[뜻음] 쌀 미, 구슬 주, 땔나무 신, 계수나무 계.
[풀이] 쌀값이 구슬 값과 같고, 땔나무 값이 계수나무 값과 같다. 物
價(물가)가 너무 치솟아 살아가기 힘든 것을 비유함. 출전 戰國策(전
국책) 楚策(초책).

未曾有 (미증유)★★

[뜻음] 아닐 미, 일찍이 증, 있을 유.
[풀이] 아직까지 한 번도 있어 본 적이 없음. 이제까지 들어 본 적이
없는 일. 출전 墨子(묵자).

未知鹿落誰手 (미지녹락수수)★

[뜻음] 아닐 미, 알 지, 사슴 녹, 떨어질 락, 누구 수, 손 수.
[풀이] 사슴이 누구의 손에 죽을지 알 수 없다. 누가 천하를 차지할지
알 수 없다는 뜻. 未知鹿死誰手(미지녹사수수). '中原逐鹿(중원축
록)'을 보시오.

迷天步障 (미천보장)

[뜻음] 미혹할 미, 하늘 천, 걸을 보, 방해할 장.
[풀이] 안개를 이르는 말. 迷空步障(미공보장).

未測深淺 (미측심천)

[뜻음] 아닐 미, 측량할 측, 깊을 심, 얕을 천.
[풀이] 아직 깊은지 얕은지 헤아릴 수 없다. 물이나 사정이나 자질 등을 아직 잘 모르는 상황. 출전 北史(북사).

美風良俗 (미풍양속)★★★

[뜻음] 아름다울 미, 바람 풍, 어질 량, 풍속 속.
[풀이] 아름답고 좋은 풍속.

微顯而闡幽 (미현이천유)★

[뜻음] 작을 미, 드러날 현, 말 이을 이, 열 천, 그윽할 유.
[풀이] 누구나가 알 수 있는 환한 일도 궁리하고 연구하여 미묘한 경지에 이르러, 누구에게도 알 수 없는 원리를 뚜렷하게 밝힘. 명백한 일을 노골적으로 말하지 않고, 또 명백하지 못한 일을 명료하게 밝힘. 아무라도 알 수 있는 일까지도 깊이 캐내어서 오묘한 지경에까지 도달하여 세상이 모르는 원리를 구명해 냄. 微顯闡幽(미현천유). 출전 易經(역경).

獼猴戱 (미후희)

[뜻음] 재주부릴 미, 원숭이 후, 희롱할 희.
[풀이] 원숭이를 희롱하는 것. 원숭이의 재주 부림.

民可使由之 (민가사유지)★

[뜻음] 백성 민, 옳을 가, 시킬 사, 말미암을 유, 이 지.
[풀이] 백성은 우매하기 때문에 위에서 무슨 일이든 하라고 시킬 따름이지, 그 시키게 된 까닭을 알아듣도록 설명할 수는 없다는 말. 백성은 정치와 교육에 따르게 할 수는 있으나, 백성 하나하나에게 이를 상세하게 알리기는 어려움. 民可使由之不可使知之(민가사유지불가사지지라).

民可使由之不可使知之 (민가사유지불가사지지)★★★

[뜻음] 백성 민, 옳을 가, 시킬 사, 말미암을 유, 이 지. 아닐 불, 알이지.
[풀이] 백성이란 가야 할 길로 걸어가게는 할 수 있어도, 그것을 알게 만들 수는 없다.

 ≪論語(논어)≫ 泰伯篇(태백편)에 나오는 말이다.
 정치를 말할 때 흔히 인용되는 孔子(공자)의 말이다. 즉 당시의 현실을 느낀 그대로 안타까워서 탄식한 말이다. 그 증거로 공자는 이런 말을 한 적이 있다. "백성을 가르치지 않고 전쟁을 하는 것은 버리는 것과 마찬가지다."
 쉽게 말해 나라를 사랑하고 민중을 사랑하는 사상교육을 하지 않고 전쟁으로 끌고 나가는 것은 사람을 소모품으로 취급하는 것이라는 뜻이다.

民膏民脂 (민고민지)★

[뜻음] 백성 민, 기름 고, 기름 지.
[풀이] 백성의 피와 땀. 백성들에게서 과중하게 받아 거둔 租稅(조세)

나 財物(재물).

民得四生 (민득사생)

[뜻음] 백성 민, 얻을 득, 넉 사, 날 생.
[풀이] 聖人(성인)이 위에 있으면, 백성은 네 가지 生道(생도)를 얻음. 첫째, 제후들이 사사로운 일로 서로 침범하지 않으며, 둘째, 의식이 풍족하여 얼고 굶주리는 사람이 없으며, 셋째, 형벌이 행해지지 않으며 夭遏(요알)의 誅(주)가 없으며, 넷째, 백성에 돌림으로 앓는 열병이 없음. 誅(주)는 베어 죽임.

民力休養 (민력휴양)★

[뜻음] 백성 민, 힘 력, 쉴 휴, 기를 양.
[풀이] 課稅(과세)와 負擔(부담)을 적게 하여 백성의 財力(재력)을 넉넉히 하는 일.

民不堪命 (민불감명)

[뜻음] 백성 민, 아닐 불, 견딜 감, 목숨 명.
[풀이] 徵集(징집), 召集(소집) 등이 잦아 백성이 견뎌내지 못함. 출전 春秋左氏傳(춘추좌씨전).

民生於三 (민생어삼)★

[뜻음] 백성 민, 살 생, 어조사 어, 석 삼.
[풀이] 인간은 아버지와 스승과 임금의 덕으로 이 세상에 生存(생존)하고 있으므로, 이 세 사람에게 奉仕(봉사)해야 한다는 뜻. 출전 國語(국어) 晉語(진어).

民心無常 (민심무상)★★

[뜻음] 백성 민, 마음 심, 없을 무, 항상 상.
[풀이] 백성의 마음은 일정하지 않다. 정치의 득실에 따라 착하게도 되고, 악하게도 됨을 이르는 말. 백성의 마음은 일정하지 않아 군주가 善政(선정)을 베풀면 思慕(사모)하고 惡政(악정)을 하면 怏心(앙심)을 품음. 출전 書經(서경) 蔡仲之命篇(채중지명편).

民有七亡 (민유칠망)★★

[뜻음] 백성 민, 있을 유, 일곱 칠, 망할 망.
[풀이] 백성들을 궁지에 빠뜨려 못살게 하는 데는 일곱 가지 원인이 있음. 곧 불순한 天候(천후), 가중한 租稅(조세), 貪官汚吏(탐관오리)의 賂物(뇌물), 豪族(호족)의 蠶食(잠식), 不時(불시)의 賦役(부역), 남녀의 動員(동원), 도둑이 脅迫(협박)하여 빼앗기는 것 등. 출전 漢書(한서) 鮑宣傳(포선전).

民以食爲天 (민이식위천)★

[뜻음] 백성 민, 써 이, 먹을 식, 삼을 위, 하늘 천.
[풀이] 백성은 음식을 하늘로 여긴다는 말.

敏而好學不恥下問 (민이호학불치하문)★★

[뜻음] 총명할 민, 말 이을 이, 좋을 호, 배울 학, 아닐 불, 부끄러울 치, 아래 하, 물을 문.
[풀이] 영민하고 배우기를 좋아하여 아랫사람에게 묻기를 부끄러워하지 않는다. 출전 論語(논어).

民者卑賤而神 (민자비천이신)★

[뜻음] 백성 민, 놈 자, 낮을 비, 천할 천, 말 이을 이, 귀신 신.

[풀이] 백성은 卑賤(비천)하지만 爲政者(위정자)가 그들을 사랑하는 지의 여부를 아는 데는 신처럼 총명함. 출전 孔子家語(공자가어).

民族相殘 (민족상잔)★

[뜻음] 백성 민, 겨레 족, 서로 상, 해칠 잔.
[풀이] 같은 겨레끼리 서로 다투고 싸움.

民重君輕 (민중군경)★

[뜻음] 백성 민, 중할 중, 임금 군, 가벼울 경.
[풀이] 백성이 더 중하고 임금이 가벼움.

閩中三絶 (민중삼절)★

[뜻음] 종족이름 민, 가운데 중, 석 삼, 빼어날 절.
[풀이] 중국 唐(당)나라의 林滋(임자), 詹雄(섬웅), 鄭誠(정성)을 아울러 이르는 말. 임자는 賦(부), 섬웅은 詩(시), 정성은 文(문)에 뛰어났다고 함. 민중은 지역 이름.

敏捷慧黠 (민첩혜힐)★

[뜻음] 재빠를 민, 빠를 첩, 지혜로울 혜, 약을 힐.
[풀이] 약삭빠르고도 능란함. 재빠름. 눈치가 빠르고 약삭빠름. 機敏慧黠(기민혜힐).

密語相通 (밀어상통)★

[뜻음] 그윽할 밀, 말씀 어, 서로 상, 통할 통.
[풀이] 남몰래 書信(서신)으로 서로 의사를 통함.

密雲不雨 (밀운불우)★

[뜻음] 빽빽할 밀, 구름 운, 아닐 불, 비 우.
[풀이] 짙은 구름만 끼고 비는 오지 않는다. ① 어떠한 일의 조짐만 보이고 그 일은 닥치지 아니함을 이름. ② 은혜나 혜택이 아래에까지 미치지 못함. 출전 易經(역경) 小畜卦(소축괘).

博古知今 (박고지금)★

[뜻음] 넓을 박, 옛 고, 알 지, 이제 금.
[풀이] 고금의 일을 모두 널리 잘 앎. 널리 옛날 일을 알면 오늘날의 일도 알게 된다는 말.

博大眞人 (박대진인)★

[뜻음] 넓을 박, 클 대, 참 진, 사람 인.
[풀이] 莊子(장자)가 關尹(관윤)과 老子(노자)를 칭찬한 말. 출전 莊子(장자) 天下篇(천하편).

博覽強記 (박람강기)★★★

[뜻음] 넓을 박, 볼 람, 굳셀 강, 기억할 기.
[풀이] 동서고금의 여러 가지 책을 널리 읽고 사물을 잘 기억함. 博學多識(박학다식). 博學多才(박학다재).

博浪槌聲 (박랑퇴성)★

[뜻음] 넓을 박, 물결 랑, 망치 퇴, 소리 성.
[풀이] 博浪沙(박랑사)에서 철퇴 치는 소리. 중국 秦始皇(진시황) 때, 滄海力士(창해역사)가 張良(장량)의 부탁을 받고 박랑사에서 철퇴로 진시황을 습격한 고사에서 유래한 말.

薄利多賣 (박리다매)★★★

[뜻음] 엷을 박, 이로울 리, 많을 다, 팔 매.
[풀이] 이익을 적게 보고 물건을 많이 팔아 전체 이익을 올림.

剝面皮 (박면피)

[뜻음] 벗길 박, 낯 면, 가죽 피.
[풀이] 낯가죽이 너무 두꺼우므로 벗겨주겠다. 부끄러움을 모르는 뻔뻔한 사람을 攻駁(공박)할 때 하는 말.

博聞強記 (박문강기)★★

[뜻음] 넓을 박, 들을 문, 굳셀 강, 기록할 기.
[풀이] 견문이 넓고 기억력이 좋음.

博文約禮 (박문약례)★★★

[뜻음] 넓을 박, 글월 문, 따를 약, 예도 례.
[풀이] 널리 학문을 닦고 事理(사리)를 깨달은 뒤에, 예절을 잘 지킴. 출전 論語(논어) 雍也篇(옹야편).

剝復乘除 (박복승제)★

[뜻음] 괘 이름 박, 괘 이름 복, 탈 승, 제거할 제.
[풀이] 剝(박)과 復(복)은 주역의 卦(괘) 이름으로, 박괘는 一陽(일양)이 五陰(오음)의 위에 있어 음이 길어지고 양은 없어짐을 상징하며, 복괘는 일양이 오음의 밑에 있어 양기의 길어짐을 상징함. 이는 亂世(난세)가 극도에 달한 후 다시 治世(치세)가 돌아옴을 의미하는 것임.

薄氷如臨 (박빙여림)★

[뜻음] 엷을 박, 얼음 빙, 같을 여, 임할 임.
[풀이] 살얼음을 밟는 것처럼 위태로움.

撲朔迷離 (박삭미리)★

[뜻음] 칠 박, 초하루 삭, 미혹할 미, 떼어낼 리.
[풀이] 토끼의 암수 구별이 분명하지 않다. 수토끼는 앞발을 잘 비비고 암토끼는 눈을 잘 감지만, 둘이 함께 달려갈 때는 암수를 분별하기 어렵도다. 남자인지 여자인지 분명하지 않음을 이르는 말. 사물이나 상황이 마구 뒤섞여 있어 갈피를 잡을 수 없음. 출전 木蘭從軍(목란종군).

拍手喝采 (박수갈채)★

[뜻음] 손뼉 칠 박, 손 수, 큰소리 갈, 칭찬할 채.
[풀이] 계속하여 두 손뼉을 치면서 歡迎(환영)하거나 贊成(찬성)하거나 稱讚(칭찬)함.

薄言往愬逢彼之怒 (박언왕소봉피지노)★

[뜻음] 어조사 박, 말씀 언, 갈 왕, 하소연할 소, 만날 봉, 저 피, 갈 지, 성낼 노.
[풀이] 진정을 말씀드렸다가 도리어 꾸중만 들었소이다. '胡爲乎泥中(호위호니중: 어쩌다가 진흙에 빠졌는가?)'라는 구절과 함께, 鄭玄(정현)이 학문을 좋아하여 그 집에 사는 종들도 詩經(시경)의 구절을 줄줄 외워 썼다는 고사에서 나온 말로, 종이 표현한 구절 중 하나. 출전 詩經(시경) 式微章(식미장), 柏舟章(백주장).

璞玉渾金 (박옥혼금)★

[뜻음] 옥돌 박, 옥 옥, 흐릴 혼, 쇠 금.
[풀이] 아직 彫琢(조탁)하지 않은 옥과 아직 精鍊(정련)하지 않은 금이란 뜻. 바탕이 좋아 겉을 꾸미지 아니함의 비유. 출전 晉書(진서) 山濤傳(산도전).

博而寡要 (박이과요)★

[뜻음] 넓을 박, 말 이을 이, 적을 과, 종요로울 요.
[풀이] 아는 것이 많기는 하나 要領(요령)을 얻지 못함. 출전 史記(사기).

博而不精 (박이부정)★★★

[뜻음] 넓을 박, 어조사 이, 아닐 불, 자세할 정.
[풀이] 널리 알되 능숙하거나 정밀하지 못함.

朴而不文 (박이불문)★★

[뜻음] 소박할 박, 말 이을 이, 아닐 불, 꾸밀 문.
[풀이] 소박하여 꾸미지 아니함. 소박하여 겉치레가 없음. 출전 禮記(예기).

博引旁證 (박인방증)★

[뜻음] 넓을 박, 끌 인, 두루 방, 증거 증.
[풀이] 사물을 설명하는 데 널리 사례를 인용하며 여러 典據(전거)를 끌어냄.

拍掌大笑 (박장대소)★★

[뜻음] 칠 박, 손바닥 장, 클 대, 웃을 소.
[풀이] 손뼉을 치며 크게 웃음.

薄酒山菜 (박주산채)★★

[뜻음] 엷을 박, 술 주, 뫼 산, 나물 채.
[풀이] 맛이 변변치 못한 술과 산나물. 자기가 내는 술과 안주를 겸손하게 일컫는 말.

薄志弱行 (박지약행)

[뜻음] 엷을 박, 뜻 지, 약할 약, 갈 행.
[풀이] 意志(의지)가 薄弱(박약)하여 실행력이 없음.

博學廣覽 (박학광람)★

[뜻음] 넓을 박, 배울 학, 넓을 광, 볼 람.
[풀이] 학문과 견식이 모두 넓음.

博學宏詞 (박학굉사)★

[뜻음] 넓을 박, 배울 학, 클 굉, 말씀 사.
[풀이] 학문을 널리 알고 시문을 잘함.

博學多聞 (박학다문)★

[뜻음] 넓을 박, 배울 학, 많을 다, 들을 문.
[풀이] 학식과 문견이 썩 넓음.

博學多識 (박학다식)★★★

[뜻음] 넓을 박, 배울 학, 많을 다, 알 식.
[풀이] 학문이 넓고 식견이 많음.

博學多才 (박학다재)★★

[뜻음] 넓을 박, 배울 학, 많을 다, 알 식.
[풀이] 학문이 넓고 識見(식견)이 많음.

博學篤志 (박학독지)★★

[뜻음] 넓을 박, 배울 학, 도타울 독, 뜻 지.
[풀이] 널리 공부하여 덕을 닦으려고 뜻을 굳건히 함. 널리 배우고 도탑게 뜻을 둠. 출전 論語(논어) 子張篇(자장편).

博學審問 (박학심문)★

[뜻음] 넓을 박, 배울 학, 살필 심, 물을 문.
[풀이] 널리 배우고 자상하게 물음. 中庸(중용)에 서술되어 있는 학문 연구의 방법. 審問(심문)은 자상하게 물음.

博奕嗜酒 (박혁기주)★

[뜻음] 넓을 박, 바둑 혁, 즐길 기, 술 주.
[풀이] 바둑 두고 술 마시기를 즐김.

半跏趺坐 (반가부좌)★

[뜻음] 반 반, 책상다리 가, 책상다리 부, 앉을 좌.
[풀이] 책상다리를 하고 앉는 법의 한 가지. 오른 발을 왼편 허벅다리에 얹고, 왼발을 오른편 무릎 밑에 넣고 앉는 일.

反間計 (반간계)★★

[뜻음] 거꾸로 반, 이간질할 간, 꾀 계.
[풀이] 敵國(적국)의 사람으로 假裝(가장)하여 적의 陣中(진중)에 들어가 정보를 얻어 돌아옴. 적의 諜者(첩자)가 우리 편에 잠입해 偵探(정탐)하다가 발각된 뒤에 그를 설득해서 반대로 我軍(아군)을 위해 일하게 하는 경우. 반간은 間諜(간첩)을 이름. 출전 孫子兵法(손자병법).

反間苦肉之策 (반간고육지책)★

[뜻음] 되돌릴 반, 이간질할 간, 쓸 고, 살 육, 갈 지, 채찍 책.
[풀이] 적을 離間(이간)시키기 위하여 자기편의 고통을 돌보지 않고

꾀를 냄.

盤古之九變 (반고지구변)★

[뜻음] 소반 반, 옛 고, 갈 지, 아홉 구, 변할 변.
[풀이] 반고는 중국의 창조신. 전설에 의하면 천지개벽 때 盤古(반고)는 混沌(혼돈)한 가운데 있어 하루에 아홉 번씩 변하여 하늘의 신이 되고 땅의 聖(성)이 되어 하늘은 날마다 일 장씩 높아지고 땅도 날마다 일 장씩 두터워지고 반고도 날마다 일 장씩 커져 이러하기를 일만 팔천 세에 이르렀다 함. 출전 三國史記(삼국사기) 券(권) 七(칠).

反骨 (반골)★★★

[뜻음] 거꾸로 반, 뼈 골.
[풀이] 인체의 뼈가 거꾸로 솟아 있다. 權勢(권세)나 權威(권위)에 妥協(타협)하지 않고 저항하는 강인한 정신력. 출전 三國志(삼국지) 蜀志(촉지).

半官半民 (반관반민)

[뜻음] 반 반, 벼슬 관, 백성 민.
[풀이] 반은 관에서 맡고 반은 민간이 경영하고 조직하는 일.

反裘而負薪 (반구이부신)

[뜻음] 되돌릴 반, 가죽옷 구, 말 이을 이, 짊어질 부, 땔감나무 신.
[풀이] 갖옷을 뒤집어서 입고 땔나무를 짊어진다. 털을 아끼다가 도리어 가죽이 긁히고 찢어지는 일을 깨닫지 못함을 비웃는 말. 출전 鹽鐵論(염철론).

反求諸己 (반구저기)★★

[뜻음] 거꾸로 반, 구할 구, 어조사 저, 몸 기.
[풀이] 허물을 자기에게서 구하다. 잘못의 원인을 자기에게서 찾음.

盤根錯節 (반근착절)★★★

[뜻음] 얽힐 반, 뿌리 근, 섞일 착, 마디 절.
[풀이] 뿌리가 많이 내리고 마디가 이리저리 서로 얽혀 있다. ① 구불구불한 길. ② 정당한 방법을 취하지 않고 옳지 못한 手段(수단)을 써서 抑止(억지)로 일을 한다는 말. ③ 통상 곤란한 일 또는 고난에 부딪쳐야 비로소 그 사람의 참된 가치를 안다는 뜻으로 사용됨. 槃根錯節(반근착절).

≪後漢書(후한서)≫ 虞詡傳(우후전)에 나오는 말이다.
後漢(후한) 安帝(안제) 永初(영초) 4년, 북방 이민족이 침략을 해 오자 대장군 鄧騭(등즐)은 凉州(양주)를 포기하고 변방을 지키자고 주장했으나 虞詡(우후)는 서슴지 않고 반대하여 등즐은 우후를 미워하게 되었다. 마침 朝歌縣(조가현: 안휘성)에 도적 떼가 일어나자 등즐은 갑자기 우후를 조가현 장관에 임명해서 분풀이를 대신했다. 우후의 친구들이 모두 우후를 걱정하자 우후가 말하길,
　"생각은 쉬운 것을 찾지 않고, 일은 어려운 것을 피하지 않는 것이 신하 된 사람의 직분이다. 반근착절을 만나지 않으면, 어떻게 잘 드는 연장을 구별할 수 있겠는가."
　조가에 赴任(부임)한 우후는 지혜와 용맹으로 도적을 평정했다. 그 뒤에도 外戚(외척)과 宦官(환관)들을 비롯한 모든 不義(불의)와 맞서 끝까지 싸워 나갔다.

'槃根錯節(반근착절)'은 뿌리가 많이 내리고 마디가 이리저리 서로 얽혀 있다는 뜻이므로 세력이 뿌리깊이 박혀 있고 당파가 잘 단결이 되어 있어 이를 제거하기가 어려울 때 쓰는 말이다. 또한 정당한 방법을 취하지 않고 옳지 못한 수단을 써서 억지로 일을 한다는 말로도 쓰고, 통상 곤란한 일 또는 고난에 부딪쳐야 비로소 그 사람의 참된 가치를 안다는 뜻으로 사용된다. 槃根(반근)은 盤根(반근)으로도 쓴다.

飯囊酒帒 (반낭주대)★

[뜻음] 밥 반, 주머니 낭, 술 주, 전대 대.
[풀이] 밥주머니와 술 부대. 밥이나 술만 축내는 아무 쓸모없는 사람을 비웃는 말. 酒帒飯囊(주대반낭).

半途而廢 (반도이폐)★

[뜻음] 반 반, 길 도, 말 이을 이, 그만둘 폐.
[풀이] 일을 하다가 중도에서 그만둠. 中道而廢(중도이폐).

蟠桃進上 (반도진상)★

[뜻음] 서릴 반, 복숭아 도, 나아갈 진, 위 상.
[풀이] 삼천 년에 한 번씩 열매가 연다는 仙界(선계)의 복숭아를 西王母(서왕모)가 옥황상제에게 바침.

攀龍附鳳 (반룡부봉)★

[뜻음] 잡고 오를 반, 용 룡, 붙을 부, 봉새 봉.
[풀이] 용의 비늘을 끌어 잡고 봉황의 날개에 붙는다. 聖人(성인)을 따라 덕을 이루기를 원함. 英主(영주)를 섬겨 功名(공명)을 세움. 출전 漢書(한서).

反面教師 (반면교사)★★★

[뜻음] 반할 반, 낯 면, 가르칠 교, 스승 사.
[풀이] 다른 사람, 사물들의 부정적인 측면에서 가르침을 얻는다는 뜻.

反目嫉視 (반목질시)★

[뜻음] 돌이킬 반, 눈 목, 시기할 질, 시기할 시.
[풀이] 서로 미워하고 시기함.

班門弄斧 (반문농부)★

[뜻음] 나눌 반, 문 문, 희롱할 농, 도끼 부.
[풀이] 魯(노)나라의 名工(명공) 班輸(반수)의 門前(문전)에서 도끼를 함부로 휘두른다. 공자 앞에서 문자 쓴다는 의미.

斑駁之嘆 (반박지탄)

[뜻음] 아롱질 반, 얼룩말 박, 갈 지, 탄식할 탄.
[풀이] 편파적이고 불공평함을 한탄함.

返璧 (반벽)

[뜻음] 돌려줄 반, 둥근 옥 벽.
[풀이] 벽옥을 돌려보냄. 받은 선물, 빌린 물건을 돌려보냄.

反覆無常 (반복무상)★

[뜻음] 되돌릴 반, 뒤엎을 복, 없을 무, 항상 상.
[풀이] 언행을 이랬다저랬다 하여 일정한 주장이 없음.

反覆小人 (반복소인)★

[뜻음] 되돌릴 반, 뒤엎을 복, 작을 소, 사람 인.
[풀이] 언행을 이랬다저랬다 하는 변변치 못한 사람.

半部論語 (반부논어)★★

[뜻음] 반 반, 나눌 부, 논할 논, 말씀 어.
[풀이] 중국 宋(송)나라의 趙普(조보)가 論語(논어)를 즐겨 읽어, 그 半(반)으로 太祖(태조)를 도와 나라를 세우고, 나머지 半(반)으로 太宗(태종)을 도와 太平盛世(태평성세)를 이루었다는 옛일에서 온 말. 출전 續資治通鑑(속자치통감).

盤石之固 (반석지고)★

[뜻음] 밑 받침 반, 돌 석, 갈 지, 굳을 고.
[풀이] 盤石(반석)같이 굳음.

盤石之安 (반석지안)★

[뜻음] 밑 받침 반, 돌 석, 갈 지, 편안할 안.
[풀이] 盤石(반석)같은 안전함. 지극히 堅固(견고)함.

反受其殃 (반수기앙)★

[뜻음] 되돌릴 반, 받을 수, 그 기, 재앙 앙.
[풀이] 남에게 재앙을 끼치려다가 도리어 재앙을 받음.

反水不收 (반수불수)★★

[뜻음] 뒤집을 반, 물 수, 아닐 불, 거둘 수.
[풀이] 엎지른 물은 다시 담지 못함. 한번 저지른 실수는 다시 바로잡거나 돌이킬 수 없음. 출전 後漢書(후한서).

半升鐺內煮乾坤 (반승당내자건곤)★

[뜻음] 반 반, 되 승, 솥 당, 안 내, 삶을 자, 하늘 건, 땅 곤.
[풀이] 다섯 홉들이 노구솥에 천지를 삶는다. 眞如(진여)는 大小(대소)를 超越(초월)함을 비유하여 이르는 말. 半升鐺內煮乾坤(반승쟁내자건곤).

伴食大臣 (반식대신)★

[뜻음] 따를 반, 밥 식, 큰 대, 신하 신.
[풀이] 아무 하는 일이 없이 한갓 먹기만 하고 자리만 차지하고 있는 무능한 대신. 伴食宰相(반식재상).

伴食宰相 (반식재상)★★★

[뜻음] 따를 반, 밥 식, 재상 재, 재상 상.
[풀이] 밥이나 축내는 재상. 유능한 관리 옆에 붙어서 정치에 참여하는 무능한 사람. 伴食大臣(반식대신).

≪唐書(당서)≫ 盧懷愼傳(노회신전)에 나오는 이야기이다.

당나라 6대 황제인 玄宗(현종)을 도와 唐代(당대) 最盛期(최성기)인 '開元(개원)의 治(치)'를 연 대신은 姚崇(요숭)이었다.

개원 2년(713), 현종이 망국의 근원인 사치를 추방하기 위해 문무백관의 호사스런 비단 관복을 正殿(정전) 앞에 쌓아 놓고 불사른 일을 비롯하여 조세와 부역을 감하여 백성들의 부담을 줄이고, 형벌제도를 바로잡아 억울한 죄인을 없애고, 農兵(농병)제도를 募兵(모병)제도로 고친 것도 모두 요숭의 진언에 따른 개혁이었다.

이처럼 요숭은 백성들의 안녕을 꾀하는 일이 곧 나라 번영의 지름길이라 믿고 늘 이 원칙을 관철하는 데 힘썼다. 특히 政務裁決(정무재결)에 있어서의 迅速的確(신속적확)함에는 그 어느 宰相(재상: 大臣)도 요숭을 따르지 못했는데 당시 黃門監(황문감: 환관 감독부서의 으뜸 벼슬)인 盧懷愼(노회신)도 예외는 아니었다.

노회신은 청렴결백하고 근면한 사람이었으나 휴가 중인 요숭의 직무를 10여 일간 대행할 때 요숭처럼 신속히 재결하지 못함으로 해서 정무를 크게 정체시키고 말았다. 이때 자신이 요숭에게 크게 미치지 못한다는 것을 체험한 노회신은 이후 매사를 요숭에게 상의한 다음에야 처리하곤 했다. 그래서 사람들은 노회신을 가리켜 '자리만 차지하고 회식이나 하는 무능한 대신[伴食宰相]'이라고 冷評(냉평)했다.

半信半疑 (반신반의)★

[뜻음] 반 반, 믿을 신, 의심할 의.
[풀이] 참과 거짓의 판단이 어려워 반쯤은 믿고 반쯤은 의심하는 일.

半身不隨 (반신불수)★

[뜻음] 반 반, 몸 신, 아닐 불, 따를 수.
[풀이] 몸의 어느 한쪽을 잘 쓰지 못함.

反掖之寇 (반액지구)★

[뜻음] 뒤엎을 반, 겨드랑이 액, 갈 지, 도적 구.
[풀이] 겨드랑이에서 모반하는 오랑캐. 內亂(내란)을 이름. 蕭牆之禍(소장지화).

潘楊之好 (반양지호)★

[뜻음] 성 반, 성 양, 갈 지, 좋아할 호.
[풀이] 대대로 내려오는 친척 또는 姻戚(인척)간의 두터운 情誼(정의). 晉(진)나라의 潘岳(반악)의 집안과 그의 아내 楊經(양경)의 집안은 여러 대에 걸쳐 通婚(통혼)한 집안이므로 이름.

飯牛之歌 (반우지가)★

[뜻음] 밥 먹을 반, 소 우, 갈 지, 노래 가.
[풀이] 甯戚(영척)이 지은 노래로, 자기를 알아주는 군주를 만나지 못하여 평생을 곤궁 속에 천한 일로 지냄을 한탄하고 桓公(환공) 밑에

있기를 원하여 지은 노래. 출전 蒙求(몽구).

攀轅臥轍 (반원와철)★

[뜻음] 매달릴 반, 끌채 원, 누울 와, 수레바퀴 철.
[풀이] 수레의 멍에를 끌어당기고 바퀴 아래에서 자며 수레가 가지 못하게 함. 地方官(지방관)이 떠나는 것을 섭섭히 여기어 그 留任(유임)을 懇請(간청)하는 情(정)의 간절함.

斑衣之喜 (반의지희)★★

[뜻음] 무늬 반, 옷 의, 갈 지, 기쁠 희.
[풀이] 마음을 다하여 부모를 奉養(봉양)함. 老來者(노래자)가 일흔 살에 알록달록한 옷을 입고 늙은 어버이에게 어리광을 부려 어버이의 늙음을 잊게 하였다는 옛일. 斑衣喜(반의희). 老萊之戲(노래지희). 출전 蒙求(몽구).

攀鱗翼 (반인익)

[뜻음] 매달릴 반, 비늘 린, 날개 익.
[풀이] 용의 비늘과 봉의 날개에 매달린다. 일을 함에 있어서 권세 있는 주요한 지위에 있는 사람의 힘을 빌림.

反者道之動 (반자도지동)★★

[뜻음] 되돌릴 반, 놈 자, 길 도, 갈 지, 움직일 동.
[풀이] 반전하는 것이 도의 움직임임. 사물은 극에 달하면 그로부터 反轉(반전)하는데 그것이 곧 道(도)의 움직임이라는 老子(노자)의 말. 출전 莊子(장자).

半醉半醒 (반취반성)★

[뜻음] 반 반, 취할 취, 깰 성.
[풀이] 술이 완전히 깬 듯도 하고 아직 덜 깬 듯도 하게 취한 상태.

反哺報恩 (반포보은)★

[뜻음] 돌이킬 반, 머금을 포, 갚을 보, 은혜 은.
[풀이] 反哺之孝(반포지효).

反哺之孝 (반포지효)★★★

[뜻음] 돌이킬 반, 머금을 포, 갈 지, 효도 효.
[풀이] 자식이 커서 어버이의 은혜에 보답하는 효성. 까마귀가 다 자란 뒤에 늙은 어미 새에게 먹을 것을 물어다 준다는 뜻. 反哺報恩(반포보은). 反哺鳥(반포조).

反風滅火 (반풍멸화)

[뜻음] 돌이킬 반, 바람 풍, 멸망할 멸, 불 화.
[풀이] 守宰(수재)가 善政(선정)을 함을 이름. 불이 났을 때 江陵令(강릉령) 劉昆(유곤)이 불을 보고 머리로 치니 불이 삽시간에 꺼졌다는 고사. 출전 後漢書(후한서) 儒林傳(유림전).

反汗 (반한)★

[뜻음] 되돌릴 반, 땀 한.
[풀이] 일단 내린 명령을 취소하는 것은 마치 땀을 몸속으로 되돌리는 것과 같다는 말. 한번 명령한 것을 취소함. 약속을 어김.

飯後濃茶 (반후농다)★

[뜻음] 밥 반, 뒤 후, 짙을 농, 차 다.

[풀이] 식사 후에 짙은 차를 마심.

拔角脫距 (발각탈거)★

[뜻음] 뺄 발, 뿔 각, 벗을 탈, 며느리발톱 거.
[풀이] 짐승의 뿔을 뽑고 닭의 며느리발톱을 벗긴다. 적의 利器(이기)를 奪取(탈취)함.

拔群功績 (발군공적)★

[뜻음] 빼어날 발, 무리 군, 공 공, 쌓을 적.
[풀이] 여럿 중에서 뛰어난 공적.

撥亂反正 (발란반정)★

[뜻음] 다스릴 발, 어려울 란, 되돌릴 반, 바를 정.
[풀이] 난리를 平定(평정)하여 질서 있는 세상으로 회복함. 출전 後漢書(후한서) 高帝紀(고제기).

發明無路 (발명무로)★

[뜻음] 필 발, 밝을 명, 없을 무, 길 로.
[풀이] 죄가 없음을 밝힐 길이 없다는 뜻. 변명할 도리가 없음.

發福之地 (발복지지)★

[뜻음] 필 발, 복 복, 갈 지, 땅 지.
[풀이] 복이 발하는 땅. 좋은 집터나 묏자리.

拔本塞源 (발본색원)★★★

[뜻음] 뽑을 발, 밑 본, 막을 색, 근원 원.
[풀이] 뿌리를 뽑고 근원을 막는다. 일을 올바로 처리하기 위하여 폐단의 근원을 아주 뽑아서 없애 버림. 弊害(폐해) 같은 것의 根源(근원)을 아주 뽑아서 없애 버림.

이 말은 무슨 일을 다시 후환이 없도록 완전히 처치해 버리는 것을 말한다.
《春秋左氏傳(춘추좌씨전)》 昭公(소공) 9년에 나오는 周(주)나라 왕이 한 말이다.
周(주)나라 왕이,
"나는 伯父(백부)에게 있어서, 마치 옷에 갓이 있고, 나무와 물에 뿌리와 근원이 있고, 백성들에게 집주인이 있어야 하는 것과 같다. 백부가 만일 갓을 찢어버리고, 뿌리를 뽑고 근원을 막으며, 집주인을 아주 버린다면, 비록 저 오랑캐들이라도 나 한 사람을 우습게 볼 것이다"라고 말했다.
伯父(백부) 덕분에 나라를 굳건히 이어가게 되었다고 武王(무왕)의 어린 아들인 聖王(성왕)이 말한 내용이다. 여기에서 백부는 곧 자신의 叔父(숙부)인 주공이다. 주공은 武王(무왕)이 죽고 어린 성왕이 즉위하자 성왕을 지성으로 보좌하여 주나라의 기틀을 세운 사람이다. 성왕이 주공에게 얼마나 많이 의존하고 있는지 이 대목을 보면 알 수 있다.

發憤忘食 (발분망식)★

[뜻음] 필 발, 성낼 분, 잊을 망, 먹을 식.

[풀이] 단단히 결심하여 끼니까지 잊고 노력함. 출전 論語(논어) 述而篇(술이편).

拔山蓋世 (발산개세)★

[뜻음] 뽑을 발, 뫼 산, 덮을 개, 대 세.
[풀이] 힘은 산을 뽑고, 기상은 세상을 덮을 만함. 중국 楚(초)나라 項羽(항우) 고사. '力拔山氣蓋世(역발산기개세)'를 보시오. 출전 史記(사기).

拔眼中釘 (발안중정)★

[뜻음] 뽑을 발, 눈 안, 가운데 중, 못 정.
[풀이] 눈에 박힌 못, 눈엣가시 등을 빼낸다. 奸臣(간신)을 제거하는 것의 비유. '眼中釘(안중정), 眼中之釘(안중지정)'을 보시오. 출전 五代史(오대사).

勃然大怒 (발연대노)★

[뜻음] 발끈할 발, 그럴 연, 큰 대, 성낼 로.
[풀이] 느닷없이 성을 내는 모양.

髮引千鈞 (발인천균)★

[뜻음] 터럭 발, 끌 인, 일천 천, 서른 근 균.
[풀이] 한 머리카락으로 천 균의 무게를 당긴다. ① 머리카락의 각 부분이 균등하여 약한 부분만 없다면 천 균 무게의 물건을 끌어도 끊어지지 않음. ② 불가능 또는 위험한 일을 비유하는 말. '千鈞得船則浮(천균득선즉부)'를 보시오. 출전 列子(열자).

跋前躓後 (발전치후)★

[뜻음] 밟을 발, 앞 전, 발끝에 채일 치, 뒤 후.
[풀이] 나아가고 물러서는 것이 자유스럽지 못함. 跋胡躓尾(발호치미).

發蹤指示 (발종지시)★

[뜻음] 풀어놓을 발, 놓아 보낼 종, 손가락 지, 보일 시.
[풀이] 사냥개를 풀어서 짐승이 있는 곳을 가리켜 잡게 한다. 방법을 가르쳐 무엇을 어떻게 하라고 지시함. 발종은 개의 맨 줄을 풀어 주는 것. 지시는 사냥감을 손으로 가리키는 것. 출전 史記(사기).

跋扈 (발호)★★★

[뜻음] 뛰어넘을 발, 통발 호.
[풀이] 자기 마음대로 행동하다. 발은 뛰어넘는다는 뜻이고 호는 대나무로 만든 통발을 말한다. 통발에서 큰 물고기들이 뛰어넘어 달아난다는 데서 由來(유래). 아랫사람이 윗사람의 권한을 침범하며 날뜀. 출전 後漢書(후한서) 梁冀傳(양기전).

跋胡躓尾 (발호치미)★

[뜻음] 밟을 발, 턱밑 살 호, 발끝 채일 치, 꼬리 미.
[풀이] 늙은 이리가 앞으로 나가려면 胡(호)를 밟고 뒤로 물러나려면 꼬리를 밟아서 넘어진다는 뜻으로, 進退兩難(진퇴양난)에 처했음을 이름. 출전 詩經(시경).

方可謂 (방가위)★

[뜻음] 바야흐로 방, 가할 가, 할 위.
[풀이] 과연 그렇다고 할 만하게.

方格圖法 (방격도법)★

[뜻음] 방법 방, 바로잡을 격, 그릴 도, 모형 법.
[풀이] 리 수를 재어 네모 형태로 만듦. 計里劃方(계리획방).

傍系尊屬 (방계존속)★

[뜻음] 곁 방, 이을 계, 높을 존, 이을 속.
[풀이] 방계 혈족에 속하는 尊屬(존속). 伯叔父母(백숙부모), 伯叔祖父母(백숙조부모), 伯叔從父母(백숙종부모) 등.

旁觀者審當局者迷 (방관자심당국자미)

[뜻음] 곁 방, 볼 관, 놈 자, 자세할 심, 맡을 당, 판 국, 미혹할 미.
[풀이] 옆에서 보는 사람의 판단은 공평하고, 직접 일을 담당하는 사람은 도리어 판단을 잘못한다는 말. 출전 通俗編(통속편).

邦畿千里 (방기천리)★

[뜻음] 나라 방, 지경 기, 일천 천, 마을 리.
[풀이] 왕이 都邑(도읍)한 곳. 사방 千里(천리)가 됨. 출전 詩經(시경).

放膽文 (방담문)

[뜻음] 놓을 방, 쓸개 담, 글월 문.
[풀이] 문법, 수식 등에 拘碍(구애)되지 않고 생각나는 대로 아무 거리낌 없이 쓴 글.

房杜不言功 (방두불언공)★

[뜻음] 곁방 방, 팥배나무 두, 아닐 불, 말씀 언, 공 공.
[풀이] 중국 唐(당)나라의 房玄齡(방현령)과 杜如晦(두여회)는 宰相(재상)이 되어 천하를 다스렸지만, 그의 공적을 스스로 말하지 않았다는 옛일. 공로를 자랑하지 않고 겸손함. 출전 唐書(당서).

方面之任 (방면지임)★★

[뜻음] 모 방, 면 면, 갈 지, 맡길 임.
[풀이] 觀察使(관찰사)의 임무를 이르는 말.

紡文績學 (방문적학)★

[뜻음] 실 잣을 방, 글월 문, 길쌈할 적, 배울 학.
[풀이] 문장을 짓고 학문을 닦는 것을 길쌈을 하는 데 비유한 말.

放飯流歠 (방반유철)★

[뜻음] 놓을 방, 밥 반, 흐를 유, 마실 철.
[풀이] 게걸스럽게 밥을 입에 가득 넣어 먹고 국이나 물을 훌쩍훌쩍 소리 내어 들이마심. 예절에 어그러진 식사를 함. 출전 孟子(맹자) 盡心下篇(진심하편).

坊坊曲曲 (방방곡곡)★★

[뜻음] 동네 방, 굽을 곡.
[풀이] 한 군데도 빠짐없이 갈 수 있는 모든 곳.

榜上掛名 (방상괘명)★

[뜻음] 방 방, 위 상, 걸 괘, 이름 명.
[풀이] 科擧(과거)에 급제한 사람의 성명을 발표하던 榜目(방목)에 이름이 기록됨. 과거에 合格(합격)함.

放聲大哭 (방성대곡)★★

[뜻음] 놓을 방, 소리 성, 큰 대, 울 곡.
[풀이] 목을 놓아 소리를 크게 하여 몹시 슬프게 우는 것. 大聲痛哭(대성통곡). 放聲痛哭(방성통곡).

放聲痛哭 (방성통곡)★★

[뜻음] 놓을 방, 소리 성, 아플 통, 울 곡.
[풀이] 放聲大哭(방성대곡).

方術之士 (방술지사)★

[뜻음] 술법 방, 꾀 술, 갈 지, 선비 사.
[풀이] 神秘(신비)한 方術(방술)의 실천가.

傍若無人 (방약무인)★★★

[뜻음] 곁 방, 같을 약, 없을 무, 사람 인.
[풀이] 곁에 사람이 없는 듯이 세상이 제 것처럼 여러 사람 앞에서 아무 어렵성 없이 마음대로 행동하고 버릇없이 굶. 거리낌 없이 함부로 행동함.

≪史記(사기)≫ 刺客列傳(자객열전)에 나오는 말이다.
전국시대도 거의 막을 내릴 무렵, 즉 秦王(진왕) 정(政: 훗날의 시황제)이 천하를 통일하기 직전의 일이다. 당시 暴虐無道(포학무도)한 진왕을 암살하려다 실패한 자객 중에 荊軻(형가)라는 사람이 있었다.
그는 衛(위)나라 사람이었으나 위나라 元君(원군)이 써주지 않자 여러 나라를 전전하다가 燕(연)나라에서 축(筑: 거문고와 비슷한 악기)의 명수인 高漸離(고점리)를 만났다. 형가와 고점리는 곧 意氣投合(의기투합)하여 매일 저자에서 술을 마셨다. 취기가 돌면 고점리는 축을 연주하고 형가는 노래를 불렀다. 그러다가 감회가 북받치면 함께 엉엉 울었다. 마치 '곁에 아무도 없는 것처럼[傍若無人]' ···.
주위의 다른 사람을 전혀 의식하지 않은 채 제멋대로 마구 행동함을 이르는 말이다.

魴魚赬尾 (방어정미)★

[뜻음] 방어 방, 물고기 어, 붉을 정, 꼬리 미.
[풀이] 방어의 꼬리는 본시 희나 피로하면 꼬리가 붉어지므로 사람이 너무 피로하여 憔悴(초췌)해짐을 이름. 출전 詩經(시경).

放言高論 (방언고론)★★

[뜻음] 멋대로 할 방, 말씀 언, 높을 고, 논할 론.
[풀이] 거리낌 없이 언론을 함. 생각하는 바를 마음대로 말함. 아무 거리낌 없이 드러내 놓고 논의함.

方枘圓鑿 (방예원조)★★★

[뜻음] 모 방, 자루 예, 둥글 원, 구멍 조.
[풀이] 네모진 자루와 둥근 구멍이란 뜻으로 서로 맞지 않는 것의 비유. 鑿은 '뚫을 착이나 구멍 조'임. 方底圓蓋(방저원개). 圓鑿方枘(원착방예). 圓蓋方底(원개방저). 출전 史記(사기).

方外 (방외)★★★

[뜻음] 떳떳할 방, 바깥 외.
[풀이] 떳떳한 일의 바깥. ① 斯道(사도: 유교의 도)를 좇지 않는다는 뜻으로 儒敎(유교)에서 道家(도가)와 佛家(불가)를 일컫는 말. ② 중국 방역의 밖이란 뜻으로 오랑캐의 땅을 이름.

方外之志 (방외지지)★

[뜻음] 떳떳할 방, 바깥 외, 갈 지, 뜻 지.
[풀이] 俗世(속세)를 떠나 佛門(불문)이나 道敎(도교)에 들어가고자 하는 뜻.

放牛歸馬 (방우귀마)★

[뜻음] 놓을 방, 소 우, 돌아올 귀, 말 마.
[풀이] 放牛于桃林之野(방우우도림지야). 歸馬放牛(귀마방우). 출전 書經(서경).

放牛于桃林之野 (방우우도림지야)★

[뜻음] 놓을 방, 소 우, 어조사 우, 복숭아 도, 수풀 림, 갈 지, 들 야.
[풀이] 전쟁에 쓰던 소를 도림의 들판에 放牧(방목)함. 戰亂(전란)이 그침을 이름. 周(주)나라 武王(무왕)의 고사. 歸馬放牛(귀마방우). 출전 書經(서경).

方底圓蓋 (방저원개)★

[뜻음] 모 방, 밑 저, 둥글 원, 덮을 개.
[풀이] 둥근 구멍에 네모난 자루를 넣을 수 없다. 아래가 네모진 것에 둥근 뚜껑의 뜻. 서로가 맞지 않음의 비유. 方底而圓蓋(방저이원개). 圓鑿方柄(원착방예). 출전 史記(사기) 孟軻傳(맹가전).

放情溝壑 (방정구학)★

[뜻음] 놓을 방, 뜻 정, 도랑 구, 골짜기 학.
[풀이] 구학에서 방정함. 산천 사이에서 逍遙(소요)하며 마음껏 즐김을 말함.

方正之士 (방정지사)★

[뜻음] 떳떳할 방, 바를 정, 갈 지, 선비 사.
[풀이] 품행이 바른 사람. 출전 漢書(한서).

方寸之地 (방촌지지)★

[뜻음] 모 방, 마디 촌, 갈 지, 땅 지.
[풀이] 마음의 위치는 고작 한 뼘일 뿐이다. 방촌은 심장이나 마음. 출전 [기원진 - 백거이의 시].

放逐鄕里 (방축향리)★

[뜻음] 놓을 방, 쫓을 축, 시골 향, 마을 리.
[풀이] 우리나라에서 벼슬을 削奪(삭탈)하고 제 시골로 내리쫓던 刑罰(형벌).

方春和時 (방춘화시)★

[뜻음] 바야흐로 방, 봄 춘, 화창할 화, 때 시.
[풀이] 바야흐로 봄이 한창 화창한 때.

旁蹊曲徑 (방혜곡경)★

[뜻음] 곁 방, 지름길 혜, 굽을 곡, 지름길 경.

[풀이] 正道(정도)를 밟지 않고 그른 방법으로 일을 함.

蚌鷸之爭 (방휼지쟁)★★★

[뜻음] 조개 방, 도요새 휼, 갈 지, 다툴 쟁.
[풀이] 모시조개와 도요새의 다툼. 둘 사이에 이익을 다투고 있을 때, 제삼자, 딴 사람이 그 이익을 가로챔. 蚌鷸之勢(방휼지세), 漁父之利(어부지리).

背故向新 (배고향신)

[뜻음] 배반할 배, 옛날 고, 향할 향, 새 신.
[풀이] 옛 친구를 배반하고 새로운 사람과 사귐.

杯弓蛇影 (배궁사영)★

[뜻음] 잔 배, 활 궁, 뱀 사, 그림자 영.
[풀이] '杯中蛇影(배중사영)'을 보시오.

杯盤狼藉 (배반낭자)★★★

[뜻음] 잔 배, 소반 반, 어수선할 낭, 깔 자.
[풀이] 술잔과 그릇이 어지러이 널려 있음. 거나한 술자리가 罷(파)한 모습.

'배반이 낭자하다'는 말은 술잔과 안주 접시가 질서 없이 뒤섞여 있다는 뜻으로 술을 진탕 마시며 정신없이 놀고 난 자리의 어지러운 모습을 말한다.
≪史記(사기)≫ 滑稽列傳(골계열전)의 淳于髡傳(순우곤전)에 나오는 말이다.
齊威王(제위왕)이 순우곤을 후궁으로 초대하여 술을 마시며 물었다.
"선생은 어느 정도 마시면 취하는지?"
"한 말로도 취하고 한 섬으로도 취합니다."
"한 말로 취하는 사람이 한 섬을 마실 수야 없지 않겠소. 어떻게 하는 말씀이신지?"
순우곤은 술이란 마시는 사람의 기분에 따라 취하는 양이 달라진다는 것을 말하고는 끝으로 한 섬을 마시게 되는 경우를 말했다.
"날이 저물어 술이 얼근해졌을 때 술통을 한데 모으고 무릎을 맞대며 남자와 여자가 한자리에 앉아, 신발이 서로 엇갈리고, 술잔과 안주 접시가 어지럽게 흩어져 있는데, (중략)
그러기에 말하기를, 술이 극도에 달하면 어지러워지고 즐거움이 극도에 달하면 슬퍼진다고 합니다. 술뿐이 아니고 모든 일이 다 그렇습니다."
순우곤이 이렇게 꾸며 대어 말하자 위왕은 밤 깊도록 술을 마시는 일을 중지했다고 한다.

徘徘徊徊 (배배회회)★

[뜻음] 노닐 배, 노닐 회.
[풀이] 자꾸 徘徊(배회)함. 아무런 목적 없이 이리저리 걸어 다님.

排山壓卵 (배산압란)★

[뜻음] 물리칠 배, 뫼 산, 누를 압, 알 란.
[풀이] 산을 무너뜨려 달걀을 누른다는 뜻. 강대(強大)한 힘을 가지고 약소(弱小)한 것을 가볍게 물리침. 아주 쉬움. 출전 晉書(진서).

背山臨水 (배산임수)★★★

[뜻음] 등 배, 뫼 산, 임할 임, 물 수.
[풀이] 땅의 形勢(형세)가 산을 등지고 물에 면하고 있음.

背水一陣 (배수일진)★★★

[뜻음] 등질 배, 물 수, 한 일, 줄 진.
[풀이] 물을 등지고 軍陣(군진)을 치다. 목숨을 걸고 일을 도모하는 결연한 자세. ① 병사들이 물러나지 못하도록 물을 등지고 치는 진. ② 위험을 무릅쓰고 전력을 다하는 경우의 비유. 背水之陣(배수지진). 背水陣(배수진).

≪史記(사기)≫ 淮陰侯列傳(회음후열전)에 나오는 이야기이다. 韓信(한신)이 趙(조)나라를 칠 때의 일이다.

한신이 말하길,

"우리 주력부대는 퇴각을 한다. 그것을 보면 적은 진지를 비우고 우리를 추격해 올 것이다. 그러면 제군들은 재빨리 조나라 진지로 들어가 조나라의 기를 뽑아버리고 한나라의 붉은 기를 세우는 거다" 하고는 또,

"오늘 아침은 조나라를 이기고 나서 모여서 잘 먹기로 하자" 하고 모든 장수들에게 전하게 했다.

장수들은 속으로 코웃음을 쳤다. 한신은 軍吏(군리)들에게 이렇게 말했다.

"조나라 군사는 유리한 곳을 점령하여 진을 치고 있기 때문에 싸움을 서두르지 않을 것이다. 그리고 적은 우리쪽 대장기를 보기 전에는 나와 싸우려 하지 않을 것이다."

이리하여 한신은 1만의 군사를 먼저 가게 하여 물을 등지고 이른바 背水陣(배수진)을 치게 했다. 조나라 군사들은 이것을 바라보며 병법을 모르는 놈들이라고 크게 웃었다. 그러나 한신은 조나라를 이겼다. 병사들이 한신에게 물었다.

"병법에는 산을 등지고 물을 앞으로 진을 치라고 했는데, 장군께선 물을 등지고 진을 쳐서 이겼습니다. 그리고 조나라를 이기고 나서 아침을 먹자고 하시더니 과연 말대로 되었습니다. 이것은 무슨 전법입니까?"

한신이 대답했다.

"이것은 병법에 있는 것이다. 제군들이 미처 몰랐을 뿐이다. 병법에 '죽을 땅에 빠뜨려 두어야 사는 길이 있다'고 하지 않았는가. 그리고 우리 군사는 아직 烏合之卒(오합지졸)이다. 이들을 결사적으로 싸우게 하려면 죽을 곳을 뒤에 두지 않으면 안 된다."

병사들이 물러나지 못하도록 물을 등지고 치는 진이므로 목숨을 걸고 일을 도모하는 결연한 자세를 나타낸다든지 위험을 무릅쓰고 전력을 다하는 경우를 비유할 때 쓰는 말이다. 背水

之陣(배수지진), 背水陣(배수진)이라고도 한다. 우리나라 속담에 '죽을 땅에 빠진 후에 산다'는 말이 있다. 배수진과 비슷한 말이다.

背恩忘德 (배은망덕)★★

[뜻음] 배반할 배, 은혜 은, 잊을 망, 큰 덕.
[풀이] 남에게 입은 恩德(은덕)을 잊고 저버림.

配義與道 (배의여도)★★

[뜻음] 짝지을 배, 옳을 의, 함께 여, 진리 도.
[풀이] 孟子(맹자)가 주장하는 浩然之氣(호연지기)를 기르는 방법으로 하나는 道(도)를 깨닫는 일(마음의 함양으로 이르는 길), 다른 하나는 義(의)를 蓄積(축적)하는 일(사람이 우주 내에서 마땅히 행해야 할 바를 끊임없이 행하는 것)로 이 둘의 결합을 배의여도라 함.

杯中蛇影 (배중사영)★★★

[뜻음] 잔 배, 가운데 중, 뱀 사, 그림자 영.
[풀이] 악광의 친구 한 사람이 벽에 걸린 활 그림자가 술잔에 비친 것을 뱀으로 잘못 알고 뱀을 삼켰다고 생각하여 병이 되었는데 악광이 그렇지 않음을 소상히 설명해 주었더니 곧 개운하게 병이 나았다는 옛일에서 온 말. 杯弓蛇影(배궁사영).

후한 말기의 학자 應邵(응소)가 지은 ≪風俗通(풍속통)≫에 자신의 할아버지 應彬(응빈)이 남긴 말 중에 두선에 관한 이야기가 있다.

세상에는 이상한 것을 보고 놀라 스스로 병이 되는 사람이 많다…… 우리 할아버지 응빈이 汲縣(급현) 원이 되었을 때 일이다. 夏至(하지)날 문안을 온 主簿(주부) 杜宣(두선)에게 술을 대접했다. 마침 북쪽 벽에 빨간 칠을 한 활 하나가 걸려 있었는데 그것이 잔에 든 술에 흡사 뱀처럼 비치었다. 두선은 오싹 놀랐으나 상관의 앞이라서 그냥 아무 말도 못 하고 억지로 마셨다.

그런데 그날로 가슴과 배가 몹시 아프기 시작하고 음식을 못 먹고 설사만 계속했다. 그 후 아무리 해도 낫지 않았다.

그 뒤 할아버지 응빈이 두선의 집으로 가서 문병할 때 까닭을 물었더니 두선은 사실대로 이야기했다. 집으로 돌아온 할아버지는 두선에게서 들은 이야기를 놓고 여러모로 생각하던 끝에 벽에 걸린 활을 돌아보며,

"저것이 틀림없다" 하고 사람을 보내 두선을 가마에 태워 곱게 데려오게 했다.

그리고는 자리를 전과 똑같은 위치에 차리고 술을 따라 전과 같이 뱀의 그림자가 비치게 한 다음, 그에게 말하길,

"보게, 이건 벽에 걸린 활의 그림자가 술에 비친 걸세. 괴물이 무슨 괴물이란 말인가" 하고 일러 주었다.

그러자 두선은 갑자기 새 정신이 들며 아픈 증세가 모두 사라져 버렸다.

≪晉書(진서)≫ 樂廣傳(악광전)에는 악광의 친구 한 사람이 벽에 걸린 활 그림자가 술잔에 비친 것을 뱀으로 잘못 알고

뱀을 삼켰다고 생각하여 병이 되었는데 악광이 그렇지 않음을 소상히 설명해 주었더니 곧 개운하게 병이 나았다는 옛일이 나온다.

이 이야기에서 공연한 헛것을 보고 놀라 속을 썩이는 것을 가리켜 후세 사람들이 '배중사영'이라고 한다. '杯弓蛇影(배궁사영)'이라고도 한다. '노루가 제 방귀에 놀란다'는 속담이 있다.

百家爭鳴 (백가쟁명)★★★

[뜻음] 일백 백, 집 가, 다툴 쟁, 울 명.
[풀이] ① 많은 학자, 문인 등 지식층의 활발한 논쟁 ② 여러 사람이 서로 자기주장을 내세움.

百擧百捷 (백거백첩)★

[뜻음] 일백 백, 들 거, 이길 첩.
[풀이] 백번 들고 일어나 백번 다 이기다. 온갖 일이 다 뜻대로 되어 감. 출전 三國志(삼국지) 吳志(오지).

百計無策 (백계무책)★

[뜻음] 일백 백, 꾀 계, 없을 무, 꾀할 책.
[풀이] 백 가지 꾀로도 대책이 없음. 온갖 계책이 다 소용없음.

白骨難忘 (백골난망)★★

[뜻음] 흰 백, 뼈 골, 어려울 난, 잊을 망.
[풀이] 백골이 되어도 잊기 어렵다. 큰 恩惠(은혜)나 德(덕)을 입었을 때 감사의 뜻으로 하는 말.

白骨南行 (백골남행)★★

[뜻음] 흰 백, 뼈 골, 남녘 남, 갈 행.
[풀이] 과거에 의하지 않고 다만 父祖(부조)의 공으로 얻어하는 벼슬. 蔭職(음직)이라고 함.

百工技藝 (백공기예)★

[뜻음] 일백 백, 장인 공, 재주 기, 기예 예.
[풀이] 온갖 장색의 재주. 장색: 손재주를 가지고 여러 가지 물건을 만드는 것으로 업을 삼거나 건축 따위 일에 불려 다니면서 벌이를 하는 사람. 목수나 미장이 같은 사람.

百工五種 (백공오종)★

[뜻음] 일백 백, 장인 공, 다섯 오, 종자 종.
[풀이] 온갖 匠人(장인)과 五穀(오곡)의 종자.

百官有司 (백관유사)★

[뜻음] 일백 백, 벼슬 관, 있을 유, 맡을 사.
[풀이] 모든 벼슬아치. 조정의 많은 벼슬아치. 지위가 높은 벼슬아치를 백관, 낮은 벼슬아치를 유사라 함.

白駒空谷 (백구공곡)★★

[뜻음] 흰 백, 망아지 구, 빌 공, 골 곡.
[풀이] 흰 망아지가 공곡에 있음. 賢人(현인)이 草野(초야)에 묻혀 있음. 출전 詩經(시경).

白圭之詩 (백규지시)★

[뜻음] 흰 백, 모서리 규, 갈 지, 시 시.
[풀이] 언어의 경솔함을 경계한 시. 말을 삼가야 할 것을 경계한 시. 詩經(시경)에 나오는 시임.

白圭鑿鄰 (백규학린)★

[뜻음] 흰 백, 모서리 규, 도랑 학, 이웃 린.
[풀이] 白圭(백규)라는 사람이 자기 나라에 둑을 쌓아서 水害(수해)를 免(면)하게 하고 이 물을 이웃 나라에 흐르게 하여 水害(수해)를 입게 한 不仁(불인)한 행위를 이름. 학린은 이웃 나라를 溝壑(구학: 물이 흐르는 골짜기)으로 만들었다는 말.

百金買宅千金買鄰 (백금매택천금매린)★

[뜻음] 일백 백, 금전 금, 살 매, 집 택, 일천 천, 이웃 린.
[풀이] 백금으로 집을 사고, 천금으로 이웃을 산다. 집을 구할 때에는 좋은 이웃을 선택하여야 함을 비유하여 이르는 말.

百年佳約 (백년가약)★★★

[뜻음] 일백 백, 해 년, 아름다울 가, 약속 약.
[풀이] 젊은 남녀가 결혼하여 평생을 같이 살자고 하는 아름다운 언약.

百年大計 (백년대계)★★★

[뜻음] 일백 백, 해 년, 큰 대, 셈할 계.
[풀이] 먼 장래까지 내다보면서 세우는 계획.

百年言約 (백년언약)★

[뜻음] 일백 백, 해 년, 말씀 언, 약속할 약.
[풀이] 젊은 남녀가 결혼하여 평생을 같이 지내자고 말로 약속함. 百年佳約(백년가약).

百年之客 (백년지객)

[뜻음] 일백 백, 해 년, 갈 지, 손님 객.
[풀이] 아무리 스스럼이 없어져도 한평생 손님으로 맞아 예의를 잊지 말아야 한다는 뜻으로, 사위를 이르는 말. 百年佳客(백년가객).

百年之計莫如樹人 (백년지계막여수인)★

[뜻음] 일백 백, 해 년, 갈 지, 꾀 계, 없을 막, 같을 여, 기를 수, 사람 인.
[풀이] 백년지계로는 사람을 기르는 것이 가장 좋다는 말.

百年之苦樂 (백년지고락)★

[뜻음] 일백 백, 해 년, 갈 지, 괴로울 고, 즐거울 락.
[풀이] 남편과 아내로서 함께 지내는 일생 동안의 괴로움과 즐거움.

百年河淸 (백년하청)★★★

[뜻음] 일백 백, 해 년, 황하 하, 맑을 청.
[풀이] 황하가 늘 흐려 맑을 때가 없다는 뜻. 아무리 오래되어도 어떤 일이 이루어지기 어려움.

《左傳(좌전)》 襄公(양공) 8년조에 나오는 말이다.
楚(초)나라가 鄭(정)나라를 쳐들어오자 정나라에서는 항복을 하자는 측과, 晉(진)나라의 구원을 기다려 저항을 해야 한다는 측이 맞서 의견의 일치를 보지 못하였다. 이

때 항복을 주장하는 측의 子駟(자사)가 말했다.

"주나라 시에 말하기를, '하수가 맑기를 기다리고 있으면 사람은 늙어 죽고 만다. 여러 가지를 놓고 점을 치면 그물에 얽힌 듯 갈피를 못 잡는다'고 했다. 그리고는, 우선 급한 대로 초나라 군사를 맞아 그들의 말을 따르기로 하고 진나라 군사가 오게 되면 또 진나라에 쫓으면 그만이다. 우리는 그들을 맞이할 선물이나 준비해 두고 기다리는 것이 마땅하다"고 역설했다.

어느 세월에 진나라 구원병이 오기를 기다릴 수 있겠느냐 하는 뜻이다.

'百年河淸(백년하청)'이란 말은 아무리 기다려도 소용이 없다는 뜻으로 쓰인다. 중국의 黃河(황하)는 항상 물이 누렇게 흐려 있기 때문에 백 년에 한 번 물이 맑아질 때가 있거나 한다는 말에서 생겨난 말이다. 원래는 백년하청을 기다린다고 하던 것이 기다린다는 말없이 백년하청만으로 같은 뜻을 나타내고 있다. 아무리 오래되어도 어떤 일이 이루어지기 어려움을 뜻한다.

百年偕樂 (백년해락)★

[뜻음] 일백 백, 해 년, 함께 해, 즐길 락.
[풀이] 夫婦(부부)가 되어 함께 평생토록 和樂(화락)하게 보냄.

百年偕老 (백년해로)★★

[뜻음] 일백 백, 해 년, 함께 해, 늙을 로.
[풀이] 백년을 함께 늙음. 부부가 함께 늙음.

百年行樂 (백년행락)★★

[뜻음] 일백 백, 해 년, 갈 행, 즐길 락.
[풀이] 한평생 잘 놀고 즐겁게 지냄.

百段改誘 (백단개유)★

[뜻음] 일백 백, 구분 단, 고칠 개, 꾈 유.
[풀이] 여러 가지 말이나 수단으로 달램.

百鍛千練 (백단천련)★

[뜻음] 일백 백, 쇠 불릴 단, 일천 천, 익힐 련.
[풀이] 백 번 천 번 단련함. 글이나 문장을 지을 때 推敲(퇴고)를 수십 번 거듭하는 일.

百代過客 (백대과객)★

[뜻음] 일백 백, 세대 대, 지날 과, 손님 객.
[풀이] 영구히 쉬지 않고 길을 가는 나그네. 百代之過客(백대지과객).

百代同風 (백대동풍)★

[뜻음] 일백 백, 세대 대, 한가지 동, 바람 풍.
[풀이] 여러 대에 걸쳐서 같은 바람이 분다. 천하가 통일되어 오랫동안 풍속을 같이함.

百代文宗 (백대문종)★

[뜻음] 일백 백, 세대 대, 글월 문, 마루 종.

[풀이] 오랜 후대까지의 문장 本宗(본종).

白頭大幹 (백두대간)★

[뜻음] 흰 백, 머리 두, 큰 대, 줄기 간.
[풀이] 신경준의 ≪산경표≫에서 말한 우리나라의 가장 큰 산맥. 太白山脈(태백산맥)을 말함.

白頭如新 (백두여신)★

[뜻음] 흰 백, 머리 두, 같을 여, 새 신.
[풀이] 머리가 흴 때까지 오랫동안 사귀어도 서로 상대방의 才能(재능)을 理解(이해)하지 못하면 새로 사귄 벗과 조금도 다름이 없음. 친구 사이에 서로 마음을 이해하지 못했던 것을 사과하는 말로 쓰임. 白頭如新傾蓋如故(백두여신경개여고).

伯樂一顧 (백락일고)★★

[뜻음] 맏 백, 즐거울 락, 한 일, 돌아볼 고.
[풀이] 名馬(명마)가 伯樂(백락)의 눈에 띄어 그 재능이 알려지다. 재능을 잘 알아보는 사람을 만나 인정을 받음. 사람의 재능이 賢者(현자)의 인정을 받음. 출전 戰國策(전국책) 燕策(연책).

伯樂子 (백락자)★

[뜻음] 맏 백, 즐거울 락, 아들 자.
[풀이] 伯樂(백락)의 아들이라는 말로 아주 어리석은 사람을 나타냄. 백락의 아들은 백락과 달리 말 감정법을 가르쳐 주어도 두꺼비를 보고 명마라고 할 정도로 어리석었음.

白露爲霜 (백로위상)

[뜻음] 흰 백, 이슬 로, 될 위, 서리 상.
[풀이] 흰 이슬이 엉겨 서리가 됨. 계절이 白露(백로)에서 霜降(상강)으로 접어듦. 날씨가 차츰 음산하여짐을 이르는 말. 출전 詩經(시경).

白鹿洞 (백록동)★

[뜻음] 흰 백, 사슴 록, 고을 동.
[풀이] 南唐(남당)시대의 學舘(학관)으로 朱子(주자)가 다시 일으킨 곳. 당나라 李渤(이발)이 이곳에 흰 사슴을 길렀다 하여 이름 붙임. 지금의 江西省(강서성) 南康府(남강부) 五老峰(오로봉) 밑에 있음.

白鹿書院 (백록서원)★

[뜻음] 흰 백, 사슴 록, 글 서, 집 원.
[풀이] 唐(당)나라 사람 李渤(이발), 李涉(이섭) 형제가 은거한 동네. 그들이 흰 사슴을 길렀으므로 이름 지은 것임. '白鹿洞(백록동)'을 보시오.

白鹿隨車轂 (백록수차곡)★

[뜻음] 흰 백, 사슴 록, 따를 수, 수레 차, 바퀴 곡.
[풀이] 흰 사슴이 수레를 따른다. 榮轉(영전)의 吉兆(길조)가 있음을 이름.

白龍魚服 (백룡어복)★

[뜻음] 흰 백, 용 룡, 물고기 어, 입을 복.
[풀이] 신령스러운 흰 용이 물고기로 변하였다가 예저라는 어부에게 잡힌 일. ① 轉(전)하여 貴人(귀인)의 微行(미행)의 비유로 쓰임. ② 높은 지위에 있는 사람이 남모르게 나가 다니다가 욕을 당함을 비유

百里負米 (백리부미)★★★

[뜻음] 일백 백, 거리 리, 짊어질 부, 쌀 미.
[풀이] 백 리나 떨어진 먼 곳으로 쌀을 등에 지고 나른다. 貧寒(빈한)하면서도 孝誠(효성)이 지극하여 갖은 고생을 다하여 부모의 奉養(봉양)을 잘함을 이름.

百里之才 (백리지재)★

[뜻음] 일백 백, 거리 리, 갈 지, 재주 재.
[풀이] 100리쯤 되는 땅(한 고을)을 다스릴 만한 재주. 사람됨이 크나썩 크지는 못하다는 말. 百里才(백리재).

百馬伐驥 (백마벌기)★

[뜻음] 일백 백, 말 마, 칠 벌, 준마 기.
[풀이] 백 마리의 말이 한 준마를 침. 군신이 한 賢臣(현신)을 제거하려고 몰아침을 비유하여 이르는 말.

白馬非馬 (백마비마)★

[뜻음] 흰 백, 말 마, 아닐 비.
[풀이] 흰 말은 말이 아니다. 公孫龍(공손룡)의 궤변으로 알려진 철학 이야기. 詭辯(궤변)을 나타냄. 堅白同異(견백동이).

白面書郎 (백면서랑)★

[뜻음] 흰 백, 낯 면, 글 서, 사나이 랑.
[풀이] 白面書生(백면서생).

白面書生 (백면서생)★★★

[뜻음] 흰 백, 낯 면, 글 서, 날 생.
[풀이] 얼굴이 하얀, 글 읽는 선비. 글만 읽고 세상일에는 조금도 경험이 없는 사람. 책상물림, 샌님, 풋내기, 白面書郎(백면서랑).

≪宋書(송서)≫ 沈慶之傳(심경지전)에 나오는 이야기이다.
南北朝(남북조)시대, 남조인 宋(송)나라 3대 황제인 文帝(문제: 424~453) 때 吳(오: 절강성) 땅에 沈慶之(심경지)라는 사람이 있었다. 그는 어릴 때부터 힘써 무예를 닦아 그 기량이 뛰어났다. 前(전) 왕조인 東晉(동진: 317~420)의 遺臣(유신) 孫恩(손은) 장군이 반란을 일으켰을 때 그는 불과 10세의 어린 나이에 一團(일단)의 私兵(사병)을 이끌고 반란군과 싸워 번번이 승리하여 武名(무명)을 떨쳤다.
그의 나이 40세 때 異民族(이민족)의 반란을 진압한 공로로 장군에 임명되었다. 문제에 이어 즉위한 孝武帝(효무제: 453~464) 때는 도읍인 建康(건강: 南京)을 지키는 방위 책임자로 승진했다. 그 후 또 많은 공을 세워 建武將軍(건무장군)에 임명되어 변경 수비군의 總帥(총수)로 부임했다.
어느 날 효무제는 심경지가 배석한 자리에 문신들을 불러 놓고 숙적인 北魏(북위: 386~534)를 치기 위한 출병을 논의했다. 먼저 심경지는 北伐(북벌) 실패의 전례를 들어 출병을 반대하고 이렇게 말했다.

"폐하, 밭갈이는 농부에게 맡기고 바느질은 아낙에게 맡겨야 하옵니다.
하온데 폐하께서는 어찌 북벌 출병을 '백면서생'과 논의하려 하시나이까?"
그러나 효무제는 심경지의 의견을 듣지 않고 문신들의 의견을 받아들여 출병했다가 크게 패하고 말았다.

百畝之田 (백무지전)★

[뜻음] 일백 백, 경작단위 무, 갈 지, 밭 전.
[풀이] 옛날 井田(정전)의 제도에서 한 井(정)을 구백 무(묘)로 하고 이를 백 묘씩 구등분한 전지. 중앙의 한 區(구)는 公田(공전)으로 하고 주위의 팔백 묘는 여덟 집에서 나누어 私田(사전)으로 하여 경작하였음.

百聞不如一見 (백문불여일견)★★★

[뜻음] 일백 백, 들을 문, 아닐 불, 같을 여, 한 일, 볼 견.
[풀이] 백 번 듣는 것이 한 번 보는 것만 못하다. 무엇이든지 실제로 경험하여야 확실히 안다는 말.

≪漢書(한서)≫ 趙充國傳(조충국전)에 나오는 말이다.
한나라 宣帝(선제: 서기전 74~49) 神爵(신작) 元年(원년: 서기전 61)에 羌(강)이라는 티베트 계통의 유목민족이 반란을 일으켰다. 선제는 御使大夫(어사대부) 丙吉(병길)을 後將軍(후장군) 趙充國(조충국)에게 보내 적임자를 물었더니 "내가 비록 나이는 늙었지만 나보다 나은 사람은 없습니다" 하고 대답했다. 조충국의 나이는 70이 넘었다. 선제는 병길의 보고를 듣자 곧 조충국을 불러 물었다. "반란군 진압에 장군은 어떤 군략을 쓸 것인가? 병력은 어느 정도 필요하고?" 그러자 조충국은 대답했다.
"백 번 듣는 것이 한 번 보는 것만 같지 못합니다. 군사 일이란 멀리 떨어져 있어서는 계획을 짜기 어려운 것입니다. 신은 급히 금성으로 달려가 현지 도면을 놓고 방안을 짜기를 바라고 있습니다." 선제는 웃으며 이를 승낙했다. 이리하여 조충국은 金城(금성)으로 달려가 현지 踏査(답사)로써 정세를 파악한 다음 屯田策(둔전책)을 세웠다. 즉 步兵(보병) 약 만 명을 각지에 배치시켜 농사일을 해 가면서 軍務(군무)에 종사하게 했다.
이 말은 글자 그대로 백 번 듣는 것이 한 번 보는 것만 못하다는 말이다. 우리 속담에 '귀 장사 말고 눈 장사하라'는 말이 있다. 소문만 듣고 쫓아다니지 말고 눈으로 직접 보고 나서 행동하라는 뜻이다.

白眉 (백미)★★★

[뜻음] 흰 백, 눈썹 미.
[풀이] 흰 눈썹. 蜀漢(촉한)의 馬良(마량)이 5형제 중 가장 재주가 뛰어났다는 데서 유래한 말로, 여럿 가운데 가장 뛰어난 사람이나 물건을 이름.

≪三國志(삼국지)≫ 蜀志(촉지) 馬良傳(마량전)에 있는 이야기다.

제갈량과도 남다른 친교를 맺은 바 있었던 마량은 형제가 다섯 사람이었다. 다섯 형제는 字(자)에 모두 常(상)이란 글자가 붙어 있었기 때문에 세상 사람들은 그들 형제를 가리켜 '馬氏五常(마씨오상)'이라 불렀다. 다섯 사람이 다 재주로 이름이 높았으나 그중에서도 마량이 가장 뛰어나 있었으므로 그 고을 사람들은, "마씨 집 5상은 모두 뛰어나지만 그중에서도 흰 눈썹이 가장 훌륭하다"고 했다. 마량은 어릴 적부터 눈썹 속에 흰 털이 섞여 있었기 때문에 이렇게 불렸다는 것이다. '泣斬馬謖(읍참마속)' 고사에 나오는 마속은 마량의 아우였다.

'백미(白眉)'는 흰 눈썹이란 뜻이다. 그런데 그 흰 눈썹이란 여럿 가운데서 가장 뛰어난 것을 말하게 된다.

그렇다면 壓卷(압권)이라는 말은 무슨 뜻인가? 고대 중국의 관리 등용 시험에서 가장 뛰어난 답안지를 다른 답안지 위에 얹어 놓았다. 그래서 생긴 말이 압권이다. 지금은 이 말이 가장 잘 지은 책이나 작품, 그 책 중 가장 잘 지은 부분, 가장 뛰어난 것을 나타낸다. 판소리에서 눈 대목에 해당하는 것을 일러 압권이라 해도 과히 틀리지 않는다.

白髮老人 (백발노인)★

[뜻음] 흰 백, 머리털 발, 늙을 노, 사람 인.
[풀이] 머리털이 하얗게 센 늙은이.

百發百中 (백발백중)★★★

[뜻음] 일백 백, 쏠 발, 적중할 중.
[풀이] 백 번 쏘아 백 번 맞힌다. 모든 일이 계획대로 들어맞음.

≪史記(사기)≫ 周紀(주기)에 나오는 이야기이다.

楚(초)나라에 養由基(양유기)라는 사람이 있었는데 활을 잘 쏘는 사람이었다. 버드나무 잎을 백 보 떨어진 곳에서 쏘면 백 번 쏘아 백 번 맞히었다……

양유기는 활을 잘 쏘기만 하는 것이 아니라 막기도 잘하고 힘도 또한 세어 화살이 소리보다 먼저 갔다고 한다.

鬪越椒(투월초)라는 초나라 재상이 반란을 일으켰을 때 양유기는 이름 없는 하급 장교였다. 양유기가 나서서 단 둘이 담판을 짓자고 제안하여 투월초와 양유기 둘이 승부를 결정짓게 되었을 때 먼저 투월초가 활을 쏘아 보냈다. 처음은 활로써 오는 화살을 막고 두 번째는 몸을 옆으로 기울여 화살을 피했다. 세 번째는 몸을 피하지 않고 이빨로 물어서 화살을 막았다.

그 다음 양유기는 단 한 발을 쏘아 투월초를 죽였고 반란은 끝났다.

그러나 초나라 共王(공왕)은 그가 재주만 믿고 함부로 날뛴다 해서 항상 주의를 주며 활을 함부로 쏘지 못하게 했다. 그 뒤 양유기는 결국 화살에 맞아 죽고 말았다.

요즘은 이 말이 모든 일이 계획대로 들어맞거나 하는 일마다 족족 적합하고 득이 되는 일일 경우에 많이 쓴다.

白髮三千丈 (백발삼천장)★★★

[뜻음] 흰 백, 터럭 발, 석 삼, 일천 천, 단위 장.
[풀이] 근심으로 허옇게 센 머리카락의 길이가 삼천 장이나 된다. 백발이 길다는 것을 과장한 표현.

李伯(이백)의 시에는 과장된 표현이 많은 것이 한 특성인데 그의 시 [秋浦歌(추포가)]에 나오는 말이다.

흰 머리털이 삼천 길
수심으로 이토록 길었나.
알지 못하겠도다, 거울 속
어디서 가을 서리를 얻었던고.

白髮三千丈 백발삼천장
緣愁似箇長 연수사개장
不知明鏡裏 부지명경리
何處得秋霜 하처득추상

근심으로 허옇게 센 머리카락의 길이가 삼천 장이나 된다. 이것은 愁心(수심)으로 덧없이 늙어가는 것을 한탄하는 뜻으로도 쓰이지만, 흔히 표현이 지나치게 과장된 예로 들기도 한다. 백발삼천장은 머리털을 표현한 것보다도 한이 없는 근심과 슬픔을 말한 것이리라. 이러한 誇張(과장)에는 그의 浩蕩(호탕)한 성격이 그대로 살아 있다.

白髮星星 (백발성성)★

[뜻음] 흰 백, 터럭 발, 별 성.
[풀이] 머리털이 희끗희끗함.

白髮紅顔 (백발홍안)★

[뜻음] 흰 백, 터럭 발, 붉을 홍, 얼굴 안.
[풀이] 머리털은 세었으나 소년처럼 불그레한 얼굴.

百方曉諭 (백방효유)★

[뜻음] 일백 백, 방도 방, 환히 알 효, 깨달을 유.
[풀이] 여러모로 알아듣도록 일러줌.

百拜謝禮 (백배사례)★

[뜻음] 일백 백, 절 배, 사례할 사, 예도 례.
[풀이] 여러 번 절을 하면서 고맙다는 뜻을 나타냄. 몹시 고마워 거듭거듭 사례함. 百拜頓首(백배돈수).

百拜謝罪 (백배사죄)★

[뜻음] 일백 백, 절 배, 사죄할 사, 허물 죄.
[풀이] 수없이 절을 하며 용서를 빎.

百拜致賀 (백배치하)★

[뜻음] 일백 백, 절 배, 보낼 치, 축하할 하.
[풀이] 여러 번 절하면서 칭찬하여 축하함.

白璧斷獄 (백벽단옥)★

[뜻음] 흰 백, 둥근 옥 벽, 끊을 단, 소송 옥.
[풀이] 중국 梁(양)나라에 疑獄(의옥)이 있어 결정을 짓지 못하여, 梁王(양왕)이 朱叟(주수)에게 물으니, 朱公(주공)이 말하기를 白璧(백벽)은 그 厚薄(후박)에 따라 값이 다르다 하였다. 이 말에 깨달은 바가 있어 의심스러운 獄事(옥사)는 이를 버리고, 의심스러운 褒賞(포상)은 이를 주었다는 옛일에서 온 말.

白璧微瑕 (백벽미하)★

[뜻음] 흰 백, 둥근 옥 벽, 작을 미, 티 하.
[풀이] 흰 구슬에 있는 작은 티. 흰 環狀(환상)의 옥에 있는 조그마한 欠(흠). 거의 완전하나 약간의 缺點(결점)이 있는 것의 비유.

百病通治 (백병통치)★

[뜻음] 일백 백, 병 병, 통할 통, 다스릴 치.
[풀이] 어떤 약이 무슨 병에든지 효험이 있음.

百不失一 (백불실일)★

[뜻음] 일백 백, 아닐 불, 잘못 실, 한 일.
[풀이] 백에 하나도 틀리지 아니함. 결코 失手(실수)하지 아니함. 출전 論衡(논형).

百不猶人 (백불유인)★

[뜻음] 일백 백, 아닐 불, 같을 유, 타인 인.
[풀이] 백이면 백 가지가 다 남만 같지 못함.

白蘋紅蓼 (백빈홍료)★

[뜻음] 흰 백, 마름 빈, 붉을 홍, 여뀌 료.
[풀이] 흰 꽃이 피는 마름과 붉은 꽃이 피는 여뀌.

百事大吉 (백사대길)★

[뜻음] 일백 백, 일 사, 클 대, 길할 길.
[풀이] 모든 일이 다 길함.

百事如意 (백사여의)★

[뜻음] 일백 백, 일 사, 같을 여, 뜻 의.
[풀이] 모든 일이 다 뜻대로 됨.

百死一生 (백사일생)★

[뜻음] 일백 백, 죽을 사, 한 일, 살 생.
[풀이] 백 명 죽고 한 명 살게 됨. 九死一生(구사일생). 출전 淮南子(회남자).

百舍重繭 (백사중견)★

[뜻음] 일백 백, 삼십 리 사, 무거울 중, 누에고치 견.
[풀이] 삼천 리를 급행하느라고 발이 부르터서 누에고치 모양으로 된다. 萬難(만난)을 참고 견디며 먼 길을 가는 형용. 繭(견)은 일설에는 발에 못이 박히는 뜻이라 함. 舍(사)는 삼십 리. 里(이)는 삼백육십 보. 백사를 백 리 걷고 하루 묵음이라고도 해석함. 출전 淮南子(회남자).

白沙青松 (백사청송)★★

[뜻음] 흰 백, 모래 사, 푸를 청, 소나무 송.
[풀이] 흰 모래톱에 푸른 소나무. 물가의 아름다운 경치.

白山黑水 (백산흑수)★★★

[뜻음] 흰 백, 뫼 산, 검을 흑, 물 수.
[풀이] 장백산과 흑룡강. 곧 백두산과 흑룡강.

白石蒼波 (백석창파)★

[뜻음] 흰 백, 돌 석, 푸를 창, 물결 파.
[풀이] 푸른 물결에 흰 돌이 깔린 바닷가 경치.

百世不易 (백세불역)

[뜻음] 일백 백, 세상 세, 아닐 불, 바꿀 역.
[풀이] 오랜 세월을 두고 언제까지나 바꾸지 않음.

百世之利 (백세지리)

[뜻음] 일백 백, 세상 세, 갈 지, 이로울 리.
[풀이] 영원한 利益(이익). 출전 史記(사기).

百世之師 (백세지사)★

[뜻음] 일백 백, 세상 세, 갈 지, 스승 사.
[풀이] 대대 후까지도 사람의 師表(사표)로서 尊仰(존앙)받을 사람. 출전 孟子(맹자) 盡心下篇(진심하편).

百世清風 (백세청풍)★★

[뜻음] 일백 백, 세상 세, 맑을 청, 바람 풍.
[풀이] 오랫동안 맑은 바람이 부는 곳.

白手乾達 (백수건달)★

[뜻음] 흰 백, 손 수, 마를 건, 통달할 달.
[풀이] 아무것도 없는 멀쩡한 乾達(건달).

白首空歸 (백수공귀)★

[뜻음] 흰 백, 머리 수, 헛될 공, 돌아갈 귀.
[풀이] 흰 머리로 헛되이 돌아간다. 늙어서까지도 학문을 이루지 못함. 출전 後漢書(후한서).

百壽百福 (백수백복)★

[뜻음] 일백 백, 오래 살 수, 복될 복.
[풀이] 많은 수와 많은 복. 두껍닫이 같은 데에 붙이기 위하여 갖가지로 써놓은 篆字(전자)의 壽福(수복) 字(자).

白首北面 (백수북면)★

[뜻음] 흰 백, 머리 수, 북녘 북, 면할 면.
[풀이] 재덕이 없는 사람은 늙어서도 북면하여 스승의 가르침을 받음이 마땅하다는 말. 북면: 북쪽으로 면함. 임금은 언제나 남면하여 앉으므로 신하로서 임금을 섬김을 이르는 말. 출전 文中子(문중자).

百獸率舞 (백수솔무)★

[뜻음] 일백 백, 짐승 수, 따를 솔, 춤출 무.
[풀이] 微妙(미묘)한 晉曲(음곡)에 감동하여 갖가지 짐승들까지 춤을 춤. 출전 書經(서경) 益稷篇(익직편).

白水旌信 (백수정신)★

[뜻음] 흰 백, 물 수, 나타낼 정, 믿을 신.
[풀이] 마음의 潔白(결백)을 맹세하는 일.

白首之年 (백수지년)★

[뜻음] 흰 백, 머리 수, 갈 지, 해 년.
[풀이] 늙은 나이를 이르는 말.

白水眞人 (백수진인)★

[뜻음] 흰 백, 물 수, 참 진, 사람 인.
[풀이] 돈(錢: 전의 別稱(별칭). 王莽(왕망) 때 돈을 貨泉(화천)이라고 하였는데, 泉(천)을 破子(파자)하면 백수가 되고 貨(화)를 파자하면 진인 비슷하게 되므로 이름. 출전 後漢書(후한서).

白首隻雁 (백수척안)★

[뜻음] 흰 백, 머리 수, 새 한 마리 척, 기러기 안.
[풀이] 흰 머리의 외기러기. 늙어 형제를 잃고 외롭게 지냄.

白首風神 (백수풍신)★

[뜻음] 흰 백, 머리 수, 바람 풍, 귀신 신.
[풀이] 백발노인의 훤칠한 風采(풍채).

白首風塵 (백수풍진)★

[뜻음] 흰 백, 머리 수, 바람 풍, 티끌 진.
[풀이] 늙바탕에 겪는 세상의 어지러움이나 온갖 곤란을 말함.

百乘之家 (백승지가)★

[뜻음] 일백 백, 수레 승, 갈 지, 집 가.
[풀이] 周代(주대)의 제도에서 戰時(전시)에 수레 백 대를 내놓는 집. 곧 千乘(천승)의 나라 대부. 卿大夫(경대부). 출전 禮記(예기).

伯牙絶絃 (백아절현)★★★

[뜻음] 맏 백, 어금니 아, 끊을 절, 줄 현.
[풀이] 백아가 거문고 줄을 끊음. 즉 절친한 친구를 잃음. 춘추시대 거문고의 명수 백아가 자신의 음악세계를 제대로 알아주는 친구 종자기가 죽자 거문고의 줄을 끊고 다시는 연주를 하지 않았다는 고사.

春秋時代 (춘추시대), 거문고의 명수로 이름 높은 伯牙(백아)에게는 그 소리를 누구보다 잘 감상해 주는 친구 鐘子期(종자기)가 있었다. 백아가 거문고를 타며 높은 산과 큰 강의 분위기를 그려 내려고 시도하면 옆에서 귀를 기울이고 있던 종자기의 입에서는 탄성이 연발했다.

"아, 멋지다. 하늘 높이 우뚝 솟은 그 느낌은 마치 泰山(태산) 같군"

"응, 훌륭해. 넘칠 듯이 흘러가는 그 느낌은 마치 黃河(황하) 같군"

두 사람은 그토록 마음이 통하는 연주자였고 청취자였으나 불행히도 종자기는 병으로 죽고 말았다. 그러자 백아는 절망한 나머지 거문고의 줄은 끊고 다시는 연주하지 않았다고 한다.

知己(지기)를 가리켜 知音(지음)이라고 일컫는 것은 이 고사에서 나온 말이다. 곧 서로 마음이 통하는 절친한 벗(知己)의 죽음을 이르는 말이다. 친한 벗을 잃은 슬픔을 나타내기도 한다. '知己之友(지기지우)'도 知音(지음)이나 伯牙絶絃(백아절현)에서 나온 말이다.

百惡具備 (백악구비)★

[뜻음] 일백 백, 악할 악, 모두 구, 갖출 비.
[풀이] 온갖 나쁜 짓이 다 갖추어져 있음. 사람됨이 고약하여 나쁜 점이란 나쁜 점은 모두 갖추고 있음.

白眼視 (백안시)★★★

[뜻음] 흰 백, 눈 안, 볼 시.
[풀이] 눈을 흘겨 노려 보다. 흰 눈동자로 흘겨봄. 즉 남을 업신여기거나 홀대함. 중국 晉(진)나라의 阮籍(완적)이 친한 사람은 靑眼(청안)으로, 거만한 사람은 白眼(백안)으로 대하였다는 고사.

≪晉書(진서)≫ 阮籍傳(완적전)에 나오는 말이다.
魏晉時代(위진시대: 3세기 후반)에 있었던 이야기이다.
老莊(노장)의 철학에 심취하여 대나무 숲에 은거하던 竹林七賢(죽림칠현)의 한 사람에 阮籍(완적)이 있었다. 그는 예의범절에 얽매인 지식인을 보면 속물이라 하여 白眼視(백안시)했다고 한다.
어느 날 역시 죽림칠현의 한 사람인 嵆康(혜강)의 형 嵆喜(혜희)가 찾아왔다. 완적이 냉대하여 흘겨보자 혜희는 불쾌하여 물러가고 말았다. 혜강이 이 이야기를 듣고 완적이 좋아하는 술과 거문고를 가지고 찾아가자 완적은 크게 기뻐하여 靑眼(청안)으로 맞이했다.
이처럼 상대가 친지의 형일지라도 완적은 그가 속세의 지식인인 이상 靑眼視(청안시)하지 않고 백안시했던 것이다. 그래서 당시 朝野(조야)의 지식인들은 완적을 마치 원수 대하듯 몹시 미워했다고 한다.

百藥無效 (백약무효)★

[뜻음] 일백 백, 약 약, 없을 무, 효과 효.
[풀이] 좋다는 약을 다 써도 병이 낫지 않음.

百藥之長 (백약지장)★

[뜻음] 일백 백, 약 약, 갈 지, 길 장.
[풀이] 모든 약 중에서 제일가는 것이라는 뜻으로, 술의 別稱(별칭). 출전 漢書(한서) 食貨志(식화지).

白魚入舟 (백어입주)★

[뜻음] 흰 백, 고기 어, 들 입, 배 주.

[풀이] 중국 周(주)나라 武王(무왕)이 殷(은)나라 紂王(주왕)을 치려고
강을 건널 때 白魚(백어)가 배 안으로 뛰어들었는데, 이는 곧 은나라
가 항복할 兆朕(조짐)이라고 보았던 옛일에서 온 말. 백은 은나라의
색. 적이 항복하여 복종한다는 말.

伯英草聖 (백영초성)★

[뜻음] 맏 백, 꽃부리 영, 처음 초, 성인 성.
[풀이] 백영은 초서의 성인이다. 後漢(후한)의 張芝(장지)는 字(자)가
伯英(백영)이며 敦煌(돈황)의 酒泉(주천) 사람인데, 草書(초서)를 잘
썼다. 백영의 붓 돌림은 매우 정교하였다. 무릇 집에 흰 명주 옷감이
있으면 반드시 글씨 연습을 한 뒤에 옷을 지었고, 못 근처에서 연습
할 때면 못물이 모두 검어질 때까지 썼다. 바쁘면 초서로 썼으며, 寸
紙(촌지)라도 남겨진 데를 볼 수가 없었다. 위중장도 백영을 일러 초
성이라고 하였다. 출전 蒙求(몽구).

白玉樓 (백옥루)★★

[뜻음] 흰 백, 구슬 옥, 누각 루.
[풀이] 文人(문인)이 죽으면 간다는 하늘에 있는 누각. 詩人墨客(시
인묵객)의 죽음. 출전 唐書(당서) 李賀傳(이하전).

白玉無瑕 (백옥무하)★

[뜻음] 흰 백, 구슬 옥, 없을 무, 티 하.
[풀이] 조금도 흠이 없는 것의 비유.

白雲孤飛 (백운고비)★

[뜻음] 흰 백, 구름 운, 외로울 고, 날 비.
[풀이] 나그네 길에서 부모를 사모함. 중국 唐(당)나라 狄仁傑(적인
걸)이 幷州 法曹參軍(병주 법조참군)이 되어, 大行山(대행산)에 올라
고향을 바라보며 '저 흰 구름 아래 부모가 계신다'고 하며 부모를 그
리면서 탄식한 옛일.

白雲蒼狗 (백운창구)★

[뜻음] 흰 백, 구름 운, 검푸를 창, 개 구.
[풀이] 흰 구름이 검푸른 개로 변하다. 세상만사가 뜻밖으로 급하게
변화하는 것을 비유함. 출전 두보의 시.

伯兪泣杖 (백유읍장)★

[뜻음] 맏 백, 대답할 유, 울 읍, 매질할 장.
[풀이] 韓伯兪(한백유)는 효성이 지극하여, 어머니로부터 종아리를
맞아도 아프지 않다 하여 어머니의 늙음을 통탄했다는 고사. 출전 說
苑(설원).

白意丹衷 (백의단충)★

[뜻음] 흰 백, 뜻 의, 붉을 단, 속마음 충.
[풀이] 순결하고 정성 어린 마음.

白衣同胞 (백의동포)★

[뜻음] 흰 백, 옷 의, 한가지 동, 태보 포.
[풀이] 白衣民族(백의민족).

白衣民族 (백의민족)★★★

[뜻음] 흰 백, 옷 의, 백성 민, 겨레 족.
[풀이] 옛날부터 우리나라 사람들이 흰옷을 즐겨 입은 데서 우리 민

족을 일컫는 말이 됨.

白衣使者 (백의사자)★

[뜻음] 흰 백, 옷 의, 시킬 사, 놈 자.
[풀이] 술을 가져온 하인. 중국 晉(진)나라 陶淵明(도연명)이 重陽節
(중양절)날 마침 술이 떨어졌던 판에 江州刺史(강주자사) 王弘(왕홍)
이 흰옷의 사자를 보내 술을 선사한 옛일에서 온 말. 白衣送酒(백의
송주).

白衣勇士 (백의용사)★

[뜻음] 흰 백, 옷 의, 용감할 용, 선비 사.
[풀이] 치료 중에 흰옷을 입는 데서 傷痍軍人(상이군인)을 이르는 말.

白衣宰相 (백의재상)★

[뜻음] 흰 백, 옷 의, 재상 재, 재상 상.
[풀이] ① 유생으로 있던 사람이 순서를 밟지 않고 대번에 정승 벼슬
에 오른 사람. ② 野人(야인)으로 있으면서 재상의 대우를 받음. 출전
南史(남사).

白衣從軍 (백의종군)★★★

[뜻음] 흰 백, 옷 의, 따를 종, 군사 군.
[풀이] 흰옷을 입고 군대를 따름. 벼슬 없이 군대를 따라 전장에 감.
아무런 직책이 없이 일개 평민으로 일함.

白衣天使 (백의천사)★

[뜻음] 흰 백, 옷 의, 하늘 천, 하여금 사.
[풀이] 흰옷을 입고 있으므로 간호사를 미화하여 부르는 말.

伯夷叔齊 (백이숙제)★★★

[뜻음] 맏 백, 오랑캐 이, 아재비 숙, 가지런할 제.
[풀이] 백이와 숙제는 殷(은)나라 孤竹君(고죽군)의 아들인데 왕위를
서로 讓步(양보)했고, 周(주)나라 武王(무왕)이 은나라 紂(주)를 討伐
(토벌)하자 천자를 공격한 신하라며 섬기기를 拒否(거부)하고 首陽山
(수양산)에 들어가 고사리를 캐어 먹다 죽어서 忠臣(충신)의 대명사
가 됨. '采薇歌(채미가)'를 보시오. 출전 史記(사기) 伯夷傳(백이전).

白刃可蹈 (백인가도)★

[뜻음] 흰 백, 칼날 인, 가할 가, 밟을 도.
[풀이] 시퍼런 칼날을 밟고 갈 만큼 勇氣(용기)가 있음을 이름.

百人百色 (백인백색)★

[뜻음] 일백 백, 사람 인, 빛 색.
[풀이] 많은 사람마다 제각기 다른 특색이 있음.

伯仁由我而死 (백인유아이사)★★

[뜻음] 맏 백, 어질 인, 말미암을 유, 나 아, 말 이을 이, 죽을 사.
[풀이] 백인이 나로 말미암아 죽다. 백인을 직접 죽이지 않았지만 죽
은 사람에 대해 자신에게 책임이 커서 죄책감을 느낀다는 말. 남의
잘못이 아니라 나의 탓임. 출전 晉書(진서).

白日昇天 (백일승천)★

[뜻음] 흰 백, 날 일, 오를 승, 하늘 천.
[풀이] 정성스레 道(도)를 닦아 肉身(육신)을 가진 채 神仙(신선)이

되어 하늘로 올라감.

白日靑天 (백일청천)★

[뜻음] 흰 백, 날 일, 푸를 청, 하늘 천.
[풀이] 밝은 해가 비치고 맑게 갠 푸른 하늘.

百子千孫 (백자천손)★

[뜻음] 일백 백, 자식 자, 일천 천, 손자 손.
[풀이] 이루 헤아릴 수 없이 많은 자손.

百戰老將 (백전노장)★★★

[뜻음] 일백 백, 싸움 전, 늙을 로, 장수 장.
[풀이] 수없이 많은 전투를 치른 노련한 장수. 세상 풍파를 많이 겪은 사람.

百戰老卒 (백전노졸)★

[뜻음] 일백 백, 싸움 전, 늙을 노, 군사 졸.
[풀이] 세상의 온갖 風波(풍파)를 겪은 사람. 경난꾼.

百戰百勝 (백전백승)★★★

[뜻음] 일백 백, 싸움 전, 이길 승.
[풀이] 백 번 싸워 백 번을 모두 이김. 싸울 때마다 반드시 이긴다는 말이다.

春秋時代(춘추시대) 齊(제)나라 사람으로서 吳王(오왕)의 闔閭(합려: B.C. 514~496)를 섬긴 병법가 孫子(손자: 孫武)가 썼다고 하는 《孫子(손자)》 謀攻篇(모공편)에 다음과 같은 글이 실려 있다.

"승리에는 두 종류가 있다. 적을 공격하지 않고서 얻는 승리와 적을 공격한 끝에 얻는 승리인데 전자는 最上策(최상책)이고 후자는 次善策(차선책)이다. '백 번 싸워 백 번 이겼다[百戰百勝]' 해도 그것은 최상의 승리가 아니다. 싸우지 않고 상대방을 굴복시키는 것이야 말로 최상의 승리인 것이다

곧, 최상책은 적이 꾀하는 바를 간파하고 이를 봉쇄하는 것이다. 그 다음 상책은 적의 동맹관계를 끊고 적을 고립시키는 것이고, 세 번째로는 적과 싸우는 것이며, 최하책은 모든 수단을 다 쓴 끝에 강행하는 攻城(공성)이다."

百折不屈 (백절불굴)★★

[뜻음] 일백 백, 꺾을 절, 아닐 불, 굽을 굴.
[풀이] 수없이 꺾여도 굽히지 않음. 百折不撓(백절불요). 출전 後漢書(후한서).

百折不撓 (백절불요)

[뜻음] 일백 백, 꺾을 절, 아닐 불, 구부러질 요.
[풀이] 백번 꺾여도 굽히지 아니함. 萬難(만난)을 克服(극복)함.

白晝拔劍 (백주발검)★

[뜻음] 흰 백, 낮 주, 뽑을 발, 칼 검.
[풀이] 대낮에 칼을 빼어 들고 함부로 날뜀.

栢舟之操 (백주지조)★★★

[뜻음] 잣나무 백, 배 주, 갈 지, 지조 조.
[풀이] 잣나무로 만든 배의 절개. 중국 衛(위)나라의 太子(태자) 共伯(공백)의 아내 共姜(공강)이 남편이 죽은 뒤 再嫁(재가)하지 않고 지조를 지켰다고 한 고사로, 남편에 대한 지극한 애정과 정절을 비유하는 말. 栢舟操(백주조). 출전 詩經(시경) 庸風(용풍).

白晝搶奪 (백주창탈)★★

[뜻음] 흰 백, 낮 주, 빼앗을 창, 빼앗을 탈.
[풀이] 대낮에 남의 물건을 강제로 빼앗음.

伯仲叔季 (백중숙계)★★

[뜻음] 맏 백, 버금 중, 아재비 숙, 끝 계.
[풀이] 네 사람 형제의 차례. 첫째, 둘째, 셋째, 막내.

伯仲之勢 (백중지세)★★★

[뜻음] 맏 백, 버금 중, 갈 지, 형세 세.
[풀이] 서로 우열을 가리기 힘든 형세. 伯仲之間(백중지간).

이 백중이란 말을 누구보다 먼저 쓴 사람으로 魏(위)나라 文帝(문제) 曹丕(조비)를 꼽는다. 그는 典論(전론)이란 논문 첫머리에,

"글 쓰는 사람끼리 서로 상대를 업신여기는 것은 옛날부터 그러했다. 예를 들면 傅毅(부의)와 班固(반고)는 그 역량에 있어 서로 백중한 사이였다"라고 쓰고 있다.

또한 唐(당)나라 시인 杜甫(두보)도 시에서 諸葛亮(제갈량)을 칭찬하며 殷(은)나라 湯王(탕왕)을 도와 殷(은)을 건국한 伊尹(이윤)과 周(주)나라 文王(문왕), 武王(무왕)을 도와 周(주) 왕조를 창건한 태공망 呂尙(여상)과 맞먹는다고 했다.

우열을 가릴 수 없는 양쪽을 가리켜 '백중지세'니 '伯仲之間(백중지간)'이니 하고 말한다. 백중숙계라는 말도 있다. 맏이를 백씨라 부르고 둘째를 중씨라 부르고 끝을 계씨라 부르는 것은 지금도 행해지고 있는 호칭이다.

百尺竿頭 (백척간두)★★★

[뜻음] 일백 백, 자 척, 장대 간, 머리 두.
[풀이] 백 척이나 되는 장대 위에 있음. 몹시 위태롭고 어려운 地境(지경)에 빠짐.

百尺竿頭進一步 (백척간두진일보)★★

[뜻음] 일백 백, 자 척, 장대 간, 머리 두, 나아갈 진, 한 일, 걸음 보.
[풀이] 백 척이나 되는 긴 장대 위에 있어서 다시 한 걸음 더 나간다. 이미 충분히 향상하였는데 다시 더욱 분발하여 향상하거나, 충분히 설명하였는데 다시 精彩(정채) 있는 말을 추가함을 이름.

百川歸海 (백천귀해)★★

[뜻음] 일백 백, 내 천, 돌아갈 귀, 바다 해.
[풀이] 한 가지 일을 추론함에 있어, 먼저 갖가지 예증을 들어 이를 논하고, 마지막으로 이를 종합하여 결론을 짓는, 문장 쓰기법의 한 가지.

百千萬劫 (백천만겁)★

[뜻음] 일백 백, 일천 천, 일만 만, 겁 겁.
[풀이] 무한한 햇수. 무한한 해의 數(수).

百千萬事 (백천만사)★

[뜻음] 일백 백, 일천 천, 일만 만, 일 사.
[풀이] 모든 일. 가지가지의 일.

百川朝海 (백천조해)★

[뜻음] 일백 백, 내 천, 아침 조, 바다 해.
[풀이] 모든 강이 바다로 흘러들 듯이, 이익이 있는 곳에는 자연히 사람이 모이게 마련이라는 뜻.

百川學海 (백천학해)★

[뜻음] 일백 백, 내 천, 배울 학, 바다 해.
[풀이] 百川學海而至于海(백천학해이지우해). 출전 揚子(양자).

百川學海而至于海 (백천학해이지우해)★

[뜻음] 일백 백, 내 천, 배울 학, 바다 해, 말 이을 이, 이를 지, 어조사 우.
[풀이] 천하의 모든 냇물이 바다를 배워서 밤낮으로 쉬지 않고 흘러 마침내 바다에 이름과 같이 사람도 부지런히 배워 쉬지 않으면 끝내는 君子聖人(군자성인)의 지위에까지도 到達(도달)할 수 있다는 말. 출전 揚子(양자).

白打錢 (백타전)★

[뜻음] 흰 백, 칠 타, 돈 전.
[풀이] 蹴鞠(축국) 놀이. 축국은 蹴球(축구)의 기원이 되는 공놀이.

百態具備 (백태구비)★

[뜻음] 일백 백, 모양 태, 모두 구, 갖출 비.
[풀이] 온갖 아리따운 姿態(자태)가 골고루 갖추어져 있음.

百八煩惱 (백팔번뇌)★

[뜻음] 일백 백, 여덟 팔, 괴로워할 번, 괴로워할 뇌.
[풀이] 인간의 과거, 현재, 미래의 삼세에 걸쳐 있다는 백여덟 가지 번뇌.

百八念珠 (백팔염주)★

[뜻음] 일백 백, 여덟 팔, 생각할 염, 구슬 주.
[풀이] 작은 구슬 백여덟 개를 꿰어 그 끈을 맞맨 염주. 이것을 돌리며 念佛(염불)을 하면 백팔번뇌를 물리쳐 無常(무상)의 경지에 이른다 함.

百弊俱存 (백폐구존)★

[뜻음] 일백 백, 해질 폐, 모두 구, 있을 존.
[풀이] 온갖 폐단이 모두 있음.

百弊俱興 (백폐구흥)

[뜻음] 일백 백, 해질 폐, 모두 구, 흥할 흥.
[풀이] 衰弊(쇠폐)한 것이 모두 다시 興(흥)함.

白布遮日 (백포차일)★

[뜻음] 흰 백, 베 포, 막을 차, 해 일.

[풀이] 흰 베로 만든, 햇볕을 가리기 위해 치는 포장.

百骸九竅 (백해구규)★

[뜻음] 일백 백, 뼈 해, 아홉 구, 구멍 규.
[풀이] 사람의 몸을 구성하고 있는 모든 뼈와 눈, 코, 귀의 여섯 구멍과 입, 항문, 요도 등 세 구멍을 합한 아홉 구멍.

百害無益 (백해무익)★★

[뜻음] 일백 백, 해로울 해, 없을 무, 더할 익.
[풀이] 해롭기만 할 뿐 조금도 이로울 것이 없음.

白海桑田 (백해상전)★

[뜻음] 흰 백, 바다 해, 뽕나무 상, 밭 전.
[풀이] 碧海桑田(벽해상전). 桑田碧海(상전벽해).

白虎靑龍 (백호청룡)★★

[뜻음] 흰 백, 범 호, 푸를 청, 용 룡.
[풀이] ① 하얀 호랑이와 푸른 용. ② 두부와 푸른 채소. 청룡은 푸른 채소, 백호는 두부임.

白虹貫日 (백홍관일)★

[뜻음] 흰 백, 무지개 홍, 뚫을 관, 해 일.
[풀이] 흰 무지개가 해를 꿰뚫음. 兵亂(병란)이 일어날 兆朕(조짐)이라 함. 또 至誠(지성)이 感天(감천)하여 나타나는 조짐이라 함. 출전 史記(사기) 鄒陽傳(추양전).

百花爛漫 (백화난만)★

[뜻음] 일백 백, 꽃 화, 빛날 난, 흩어질 만.
[풀이] 온갖 꽃이 한물로 활짝 피어 아름답게 흐드러짐. 百花滿發(백화만발).

百花滿發 (백화만발)★

[뜻음] 일백 백, 꽃 화, 찰 만, 필 발.
[풀이] 百花爛漫(백화난만).

白話文學 (백화문학)

[뜻음] 흰 백, 말씀 화, 글월 문, 배울 학.
[풀이] 중국에서 현재의 俗語(속어)로 쓰는 문학.

百花齊放 (백화제방)★★★

[뜻음] 일백 백, 꽃 화, 가지런할 제, 놓을 방.
[풀이] 많은 꽃이 한꺼번에 흐드러지게 핌. 갖가지 학문과 예술, 사상 등이 함께 성함.

白黑之辨 (백흑지변)★★

[뜻음] 흰 백, 검을 흑, 갈 지, 분별할 변.
[풀이] 善(선)과 惡(악)의 구별. 淸(청)과 濁(탁), 正(정)과 邪(사)의 변별.

煩禮多儀 (번례다의)★

[뜻음] 번거로울 번, 예도 례, 많을 다, 예의 의.
[풀이] 번거로운 예절과 갖가지 의식.

藩籬之鷃 (번리지안)★

[뜻음] 울타리 번, 울타리 리, 갈 지, 메추라기 안.
[풀이] 울타리에 앉은 메추라기. 見識(견식)이 좁은 소인을 이르는 말.

繁文縟禮 (번문욕례)★★★

[뜻음] 번성할 번, 글월 문, 화문 놓을 욕, 예도 례.
[풀이] 지나치게 번거롭고 형식적인 절차나 禮文(예문), 煩禮(번례). 쓸데없는 虛禮(허례)나 煩雜(번잡)한 規則(규칙) 따위를 이르는 말.

煩文縟禮 (번문욕례)★★

[뜻음] 번거로울 번, 글월 문, 화문 놓을 욕, 예도 례.
[풀이] 繁文縟禮(번문욕례).

繁文錯節 (번문착절)★

[뜻음] 뒤섞일 번, 글월 문, 섞일 착, 마디 절.
[풀이] 규칙의 조목 따위가 복잡하고 번거로움.

飜覆無常 (번복무상)★★

[뜻음] 엎어질 번, 뒤집힐 복, 없을 무, 항상 상.
[풀이] 변화가 매우 심함. 翻雲覆雨(번운복우).

翻手作雲覆手雨 (번수작운복수우)★★

[뜻음] 뒤집을 번, 손 수, 지을 작, 구름 운, 뒤집힐 복, 비 우.
[풀이] 翻手(번수)는 손바닥을 위로, 覆手(복수)는 손바닥을 아래로 뒤집음. 人情(인정)이 변하기 쉬움을 이름. 杜甫(두보)의 시 貧交行 (빈교행)의 구절.

煩言碎辭 (번언쇄사)★★

[뜻음] 번거로울 번, 말씀 언, 부술 쇄, 말씀 사.
[풀이] 言辭(언사)를 煩碎(번쇄)하게 함 또는 그 言辭(언사). 출전 漢書(한서).

幡然開悟 (번연개오)★

[뜻음] 기 번, 그러할 연, 열 개, 깨달을 오.
[풀이] 모르던 事理(사리)를 갑자기 깨달음.

燔灼而喫 (번작이끽)★★

[뜻음] 구울 번, 구울 작, 말 이을 이, 먹을 끽.
[풀이] 불에 구워 먹음.

繁絃急管 (번현급관)★

[뜻음] 번성할 번, 악기 줄 현, 급할 급, 피리 관.
[풀이] 음악의 박자가 빠른 것.

繁華之期 (번화지기)★

[뜻음] 번성할 번, 꽃 화, 갈 지, 기약할 기.
[풀이] 번화스러운 시기.

伐柯伐柯其則不遠 (벌가벌가기칙불원)★★★

[뜻음] 칠 벌, 자루 가, 그 기, 법칙 칙, 아닐 불, 멀 원.
[풀이] 도끼자루를 베는 것이여, 도끼자루를 베는 것이여, 그 법이 멀지 않다.

이것은 ≪中庸(중용)≫ 13장에 나오는 유명한 말이다. 孔子(공자)가 ≪詩經(시경)≫의 구절을 인용하여 말하길,
"도는 사람에게서 먼 것이 아니다. 사람에게서 먼 도를 한다면 그것은 도가 될 수가 없다. ≪詩經(시경)≫에 말하기를, '도끼자루를 베는 것이여, 도끼자루를 베는 것이여, 그 법이 멀지 않다'고 했다. 사람들은 도끼를 들고 도끼자루를 베러 가서도 무슨 어려운 일을 하는 것처럼 이 나무 저 나무 물끄러미 바라보기만 한다. 자기가 잡고 있는 도끼자루에 맞추어 그만한 크기와 그만한 길이의 나무를 베면 그만인 것을"
공자도 이 말을 해석했다. "忠恕(충서)는 道(도)에서 멀지 않다. 그것은 자신이 원치 않는 것을 다른 사람에게 베풀지 않는 것뿐이다……"
柯(가)는 도끼자루, 伐(벌)은 벤다는 뜻, 其則不遠(기칙불원)은 그 법이 멀지 않다는 말이다. 사람들은 도가 하늘에서 떨어진 것으로 여길 정도로 늘 어려운 것이라고 한다. 그러나 전혀 멀리 있거나 어려운 것이 아니라는 말이다. 그러기에 위대한 사람은 사람을 지도할 때 무슨 특별한 방법을 쓰는 일이 없이, 자신을 포함한 모든 사람에게 공통되어 있는 것으로 하게 된다. 그리하여 그들이 자신의 본심을 되찾으면 더 이상 간섭할 필요가 없다. 그러나 공자의 해석에 의하면 道(도)가 곧 忠恕(충서)이고 충서는 거짓 없는 본심의 忠(충), 그 본심을 그대로 미루어 나가는 恕(서)가 곧 도나 별로 다를 것이 없는 것이다. 왜냐하면 내 자신이 원하지 않는 것을 남에게 시키지 않는 것이 충서이기 때문이다. 즉 내 마음을 미루어 남의 마음을 알고 그대로 실천하는 것이 곧 도를 향해 가는 길인 것이다.

伐木丁丁山更幽 (벌목정정산갱유)★★★

[뜻음] 벨 벌, 나무 목, 도끼찍는 소리 정, 뫼 산, 다시 갱, 그윽할 유.
[풀이] 나무를 베는 도끼질 소리에 산중의 靜寂(정적)은 한결 더 깊어짐. 杜甫(두보)의 시구.

伐木之契 (벌목지계)★

[뜻음] 벨 벌, 나무 목, 갈 지, 맺을 계.
[풀이] 아무도 없는 깊은 산에서 나무하는 두 벗의 우정처럼 아주 친밀한 벗 사이의 交際(교제).

罰弗及嗣 (벌불급사)★

[뜻음] 죄 벌, 아닐 불, 미칠 급, 후손 사.
[풀이] 법을 어긴 사람은 處罰(처벌)하되, 그 자손까지는 미치게 하지 않음. 출전 書經(서경).

伐氷之家 (벌빙지가)★

[뜻음] 칠 벌, 얼음 빙, 갈 지, 집 가.
[풀이] 중국 周(주)나라 때 葬事(장사)나 제사에 얼음을 쓸 資格(자격)이 있는 卿大夫(경대부) 이상의 집. 門閥(문벌)이 높고 고귀한 집안. 출전 大學(대학).

伐性之斧 (벌성지부)★★

[뜻음] 칠 벌, 성품 성, 갈 지, 도끼 부.
[풀이] 여색을 탐하고 요행을 바라는 것은 곧 목숨을 끊는 도끼와 같다. 목숨을 끊는 도끼. 저속한 음악이나 女色(여색). 출전 呂氏春秋(여씨춘추) 本性篇(본성편).

閥閱 (벌열)★

[뜻음] 공훈 벌, 뽑을 열.
[풀이] 공적 또는 문벌.

伐齊爲名 (벌제위명)★

[뜻음] 칠 벌, 제나라 제, 될 위, 이름 명.
[풀이] 燕(연)나라 將帥(장수) 樂毅(악의)가 齊(제)나라를 쳤을 때 제나라의 장수 田單(전단)이 反間計(반간계)를 써서 '악의가 벌제한 후 帝王(제왕)이 되려 한다'고 퍼뜨려 연왕이 악의를 召喚(소환)한 고사에서 나온 말로 어떤 일을 하는 체하고 속으로는 딴짓을 함을 비유하는 말.

罰責處分 (벌책처분)★

[뜻음] 죄 벌, 책망할 책, 곳 처, 나눌 분.
[풀이] 가볍게 벌하여 처분함.

泛駕之馬 (범가지마)★

[뜻음] 띄울 범, 멍에 가, 갈 지, 말 마.
[풀이] 탈 것을 뒤집는 말. 常道(상도)를 따르지 않는 英雄(영웅)을 비유함.

范彊張達 (범강장달)★★★

[뜻음] 풀이름 범, 굳셀 강, 베풀 장, 통달할 달.
[풀이] 범강과 장달. ≪三國志演義(삼국지연의)≫에 나오는 張飛(장비)를 죽인 범강, 장달이 키가 크고 凶暴(흉포)했다는 데서 온 말로, 키가 크고 凶惡(흉악)한 사람을 가리키는 말.

汎濫停蓄 (범람정축)★

[뜻음] 뜰 범, 넘칠 람, 머무를 정, 쌓을 축.
[풀이] 학문이 넓고 깊음. 汎濫(범람)은 널리 골고루 미치는 일. 停蓄(정축)은 물이 가득 괴는 일. 큰물이 넘치듯이 널리 책을 耽讀(탐독)하여 기억하는 일.

凡百事物 (범백사물)★

[뜻음] 무릇 범, 일백 백, 일 사, 만물 물.
[풀이] 가지가지 모든 사물.

凡夫肉眼 (범부육안)★

[뜻음] 무릇 범, 지아비 부, 살 육, 눈 안.
[풀이] 보통 사람들의 淺薄(천박)한 견해.

凡聖一如 (범성일여)★

[뜻음] 속계 범, 성인 성, 한 일, 같을 여.
[풀이] 衆生(중생)과 聖者(성자)와는 구별이 있으나 그 本性(본성)은 一切(일체) 평등함. 凡聖不二(범성불이).

汎愛兼利 (범애겸리)★★

[뜻음] 넓을 범, 사랑 애, 겸할 겸, 이로울 리.
[풀이] 모든 사람을 골고루 사랑하고 이익을 같이하는 일. 墨子(묵자)가 提唱(제창)한 사상. 출전 莊子(장자).

泛彼中流 (범피중류)★★★

[뜻음] 뜰 범, 저 피, 가운데 중, 흐를 류.
[풀이] 배가 넓은 강이나 바다의 중간쯤에 둥둥 떠 있음. 泛泛中流(범범중류).

法古創新 (법고창신)

[뜻음] 본받을 법, 옛 고, 비롯할 창, 새 신.
[풀이] 옛것을 본받아 새것을 창조해 냄.

法久弊生 (법구폐생)★★

[뜻음] 법 법, 오랠 구, 해질 폐, 날 생.
[풀이] 좋은 법도 오래되면 弊害(폐해)가 생김.

法約三章 (법약삼장)★

[뜻음] 법 법, 약속할 약, 석 삼, 글 장.
[풀이] 漢(한) 高祖(고조)가 秦(진)나라의 苛酷(가혹)한 법을 고쳐 간략한 삼장으로 함. '約法三章(약법삼장)'을 보시오.

法語之言 (법어지언)★★

[뜻음] 법 법, 말씀 어, 갈 지, 말씀 언.
[풀이] 바른말 정면의 충고 올바른 말로 사람들을 가르치는 것 출전 論語(논어).

法遠拳近 (법원권근)★

[뜻음] 법 법, 멀 원, 주먹 권, 가까울 근.
[풀이] 법은 멀고 주먹은 가깝다. 일이 急迫(급박)할 때는 이성보다도 腕力(완력)에 호소하게 되기 쉽다는 말.

法之不行自上征之 (법지불행자상정지)★★★

[뜻음] 법 법, 갈 지, 아닐 불, 갈 행, <u>부터 자</u>, 위 상, 칠 정.
[풀이] 법이 행해지지 않는 것은 윗사람이 먼저 범하기 때문이다. 법이 제대로 시행되지 않는 것은 위에 있는 사람부터 법을 어기기 때문이라는 말.

  商鞅(상앙)의 유명한 말이다. 秦孝公(진효공)의 신임을 받는 상앙은 새 법령을 반포하고 시행했으나 번거롭고 벌이 무거워서 대신과 백성들의 불평불만이 많았다. 마침 태자가 법령을 위반하게 되었다. 태자는 상앙을 처음부터 좋지 않게 생각하고 있었으며 또 백성들의 불만이 너무도 큰 것을 보고 고의로 백성들을 대표해서 직접 반대하고 나선 행동이었다.
  상앙은 노엽기도 하고 좋은 기회다 싶어서,
  "법이 행해지지 않는 것은 윗사람이 먼저 범하기 때문이다"라고 하고 태자를 법으로 다스리려 했으나 그럴 수가 없었다. 그래서 법을 제대로 시행하고자 한다는 명목하에 태자의 太傅(태부: 스승)인 公子虔(공자건)을, 지도를 잘못한 책임을 지워 처형하고 공자건의 스승인 公孫賈(공손가)의 이마에다 먹물을 넣었다.

이 소문이 한번 퍼지자 다음 날부터 진나라 사람으로 감히 새 법에 따르지 않는 사람이 없었다.

이렇게 새 법령을 십 년 계속 실시하자 진나라 백성으로 좋아하지 않는 사람이 없었다. 그도 그럴 것이, 길에 떨어진 물건을 줍는 사람이 없고, 산에 도적이 없었으며, 집은 넉넉하고 인구도 많아지고, 나라를 위한 싸움에도 용감하고, 사사로이 싸우는 일은 무서워했기 때문이다.

상앙은 또 새 법이 불편하다고 말한 사람과 좋다고 일부러 찾아와서 말하는 사람들을 기록하게 한 다음 이들을 모두 변방으로 이민을 보내버렸다. 이리하여 진나라가 통일천하할 수 있는 힘의 바탕이 상앙의 이 법령에 의해 다져지게 되었다.

그러나 효공이 죽고 태자가 임금이 되던 그날, 상앙은 묵은 원한으로 인해 車裂(거열)이라는, 수레로 몸을 찢어 죽이는 무서운 형벌을 받아 죽고 말았다.

법이 제대로 행해지지 못하는 것은, 윗사람이 먼저 그 법을 위반하기 때문이라는 것이다. 이 이야기 속에는 道不拾遺(도불습유)라는 숙어도 나온다. 여기에서는 사람들이 너무나 무서워서 길에 떨어진 물건을 줍지 않는다는 의미로 쓰였다. 이와 달리 태평시대를 나타낼 때도 이 말이 쓰인다. 사람들이 하나같이 선량하고 바르기 때문에 길에 물건이 떨어져 있어도 줍지 않는다는 말이다.

碧溪山間 (벽계산간)★

[뜻음] 푸를 벽, 시내 계, 뫼 산, 사이 간.
[풀이] 푸른 시내가 흐르는 산골.

辟穀絶粒 (벽곡절립)★

[뜻음] 허물 벽, 곡식 곡, 끊을 절, 낟알 립.
[풀이] 곡물을 먹지 않는 일. 仙人(선인)이 되는 일.

霹靂閃電 (벽력섬전)★

[뜻음] 벼락 벽, 벼락 력, 번쩍할 섬, 번개 전.
[풀이] 천둥과 번개. 몹시 빠름을 비유하는 말. 출전 隋書(수서).

霹靂手 (벽력수)★

[뜻음] 벼락 벽, 벼락 력, 손 수.
[풀이] 재주가 敏捷(민첩)하거나 그런 사람.

霹靂車 (벽력차)★

[뜻음] 벼락 벽, 벼락 력, 수레 차.
[풀이] 전쟁터에서 쓰는, 돌을 던지는 장치를 한 차.

壁立千仞 (벽립천인)★

[뜻음] 벼랑 벽, 설 립, 일천 천, 길 인.
[풀이] 바위가 높이 솟아 있음.

辟邪進慶 (벽사진경)★★

[뜻음] 물리칠 벽, 간사할 사, 나아갈 진, 경사 경.
[풀이] 요사스러운 귀신을 물리치고 기뻐할 만한 일로 나아감.

碧眼胡僧 (벽안호승)★

[뜻음] 푸를 벽, 눈 안, 오랑캐 호, 중 승.
[풀이] 파란 눈의 오랑캐 중. 達摩(달마)를 말함.

擗踊過禮 (벽용과례)★★

[뜻음] 가슴 칠 벽, 뛸 용, 지날 과, 예도 례.
[풀이] 어버이의 喪(상)을 당하여 슬피 울며 가슴을 치고 몸부림을 치는 것이 예의에 지나침. 擗踊哀痛(벽용애통). 擗踊痛哭(벽용통곡).

擗踊痛哭 (벽용통곡)★

[뜻음] 가슴 칠 벽, 뛸 용, 아플 통, 슬피 울 곡.
[풀이] 擗踊過禮(벽용과례).

壁有耳 (벽유이)★

[뜻음] 벽 벽, 있을 유, 귀 이.
[풀이] 벽에는 귀가 있다. 너무 경솔히 말을 하지 말라는 뜻. 출전 詩經(시경) 小雅(소아) 小弁篇(소변편).

闢異崇正 (벽이숭정)★

[뜻음] 피할 벽, 다를 이, 존중할 숭, 바를 정.
[풀이] 이단을 排擊(배격)하고 正學(정학)을 높임. 儒敎(유교)를 숭상하고 異端(이단)을 배격함.

闢土拓地 (벽토척지)★

[뜻음] 열 벽, 흙 토, 개척할 척, 땅 지.
[풀이] 버려두었던 땅을 갈고 다루어서 쓸모 있게 만듦. 闢土地(벽토지).

劈破門閥 (벽파문벌)★

[뜻음] 쪼갤 벽, 깨뜨릴 파, 문 문, 공훈 벌.
[풀이] 인재를 뽑아 쓰는 데 있어 문벌을 가리지 않음.

僻巷窮村 (벽항궁촌)★★

[뜻음] 궁벽할 벽, 거리 항, 궁할 궁, 마을 촌.
[풀이] 외따로 떨어져 있어 사람이 드물게 살고 아주 가난한 마을.

碧海桑田 (벽해상전)★

[뜻음] 푸를 벽, 바다 해, 뽕나무 상, 밭 전.
[풀이] 桑田碧海(상전벽해).

變六百里爲六里 (변륙백리위륙리)★

[뜻음] 변할 변, 여섯 육, 일백 백, 단위 리, 할 위.
[풀이] 張儀(장의)가 楚(초)나라 懷王(회왕)에게 商於(상어) 땅 육백 리를 바치리라 하고, 초나라의 使者(사자)가 秦(진)나라에 이르자, 다만 封邑(봉읍) 육 리의 땅만을 바쳐 이를 속인 옛일에서 온 말. 變六百里爲六里(변육백리위육리).

辨明無路 (변명무로)★

[뜻음] 말 잘할 변, 밝을 명, 없을 무, 길 로.
[풀이] 변명할 길이 없음. 發明無路(발명무로).

騈拇枝指 (변무지지)★

[뜻음] 나란히 할 변, 엄지손가락 무, 가지 지, 손가락 지.
[풀이] 네 발가락과 여섯 손가락. 無用之物(무용지물)의 비유. 출전 莊子(장자).

變法自彊 (변법자강)★

[뜻음] 변할 변, 법 법, 스스로 자, 굳셀 강.
[풀이] 낡은 법을 고쳐서 스스로 나라를 굳세게 함. 법령을 개혁하여 국력을 강하게 함. 중국 淸(청)나라 말기에 강유위가 주장한 말.

騈四儷六 (변사여륙)

[뜻음] 나란히 할 변, 넉 사, 나란히 할 려, 여섯 육.
[풀이] 騈儷(변려). 四字句(사자구)와 六字句(육자구)의 대구를 써서 지은 화려한 문장. 六朝(육조) 시대에 많이 쓰임.

變六百里爲六里 (변육백리위육리)★

[뜻음] 변할 변, 여섯 육, 일백 백, 단위 리, 할 위.
[풀이] 變六百里爲六里(변륙백리위륙리).

辯足以飾非 (변족이식비)★★

[뜻음] 말 잘할 변, 족할 족, 써 이, 꾸밀 식, 아닐 비.
[풀이] 辯才(변재)가 있어 자기의 잘못을 잘 꾸며 대어 辯解(변해)함. 출전 莊子(장자) 盜跖篇(도척편).

變則通 (변즉통)★

[뜻음] 변할 변, 곧 즉, 통할 통.
[풀이] 지금까지의 주의나 태도 등을 바꾸면 막혔던 길이 새로 열림. 출전 易經(역경).

變徵之聲 (변치지성)★

[뜻음] 변할 변, 가락 치, 갈 지, 소리 성.
[풀이] 變徵調(변치조)의 악곡. 몹시 悲壯(비장)한 곡. 徵은 '부를 징, 가락 치.' 출전 史記(사기) 刺客列傳(자객열전).

變態百出 (변태백출)★

[뜻음] 변할 변, 모양 태, 일백 백, 날 출.
[풀이] 갖가지로 모양을 바꿈. 출전 唐書(당서).

變風移俗 (변풍이속)★★

[뜻음] 변할 변, 바람 풍, 옮길 이, 풍속 속.
[풀이] 풍속을 바꿈. 출전 史記(사기).

變化難測 (변화난측)★

[뜻음] 변할 변, 될 화, 어려울 난, 헤아릴 측.
[풀이] 변화함이 한정이 없음. 변화가 심하고 많아 이루 다 헤아리기 어려움. 變化無窮(변화무궁).

變化莫測 (변화막측)★

[뜻음] 변할 변, 될 화, 말 막, 헤아릴 측.
[풀이] 무궁(無窮)한 변화(變化)를 헤아릴 수가 없음. 變化難測(변화난측).

變化無窮 (변화무궁)★

[뜻음] 변할 변, 될 화, 없을 무, 다할 궁.
[풀이] 변화가 끝이 없음. 變化難測(변화난측).

變化無方 (변화무방)★

[뜻음] 변할 변, 될 화, 없을 무, 방위 방.
[풀이] 변화함에 일정한 방향이 없음. 다양하게 변화하는 일. 출전 三國志(삼국지) 魏志(위지).

變化無常 (변화무상)★

[뜻음] 변할 변, 될 화, 없을 무, 항상 상.
[풀이] 변화가 심하여 종잡을 수가 없음. 출전 莊子(장자).

變化無雙 (변화무쌍)★

[뜻음] 변할 변, 될 화, 없을 무, 쌍 쌍.
[풀이] 더없이 변화가 많거나 심하여 서로 견줄 만한 것이 없음.

變化不測 (변화불측)★

[뜻음] 변할 변, 될 화, 아닐 불, 헤아릴 측.
[풀이] 무궁한 변화를 이루 헤아릴 수 없음.

別開生面 (별개생면)★

[뜻음] 따로 별, 열 개, 날 생, 낯 면.
[풀이] 따로 새로운 分野(분야)를 개척함. 남달리 技藝(기예)가 뛰어남.

別般措處 (별반조처)★

[뜻음] 나눌 별, 옮길 반, 둘 조, 곳 처.
[풀이] 특별히 다르게 하는 조치.

別星行次 (별성행차)★

[뜻음] 다를 별, 별 성, 다닐 행, 버금 차.
[풀이] 임금의 命(명)으로 외국에 가는 使臣(사신)의 행차.

別有乾坤 (별유건곤)★

[뜻음] 나눌 별, 있을 유, 하늘 건, 땅 곤.
[풀이] 별다르게 특별히 경치가 좋거나 분위기가 좋은 곳. 별세계. 별천지. 別有世界(별유세계).

別有世界 (별유세계)★

[뜻음] 다를 별, 있을 유, 세상 세, 경계 계.
[풀이] 別世界(별세계). 別有天地非人間(별유천지비인간).

別有天地 (별유천지)★

[뜻음] 다를 별, 있을 유, 하늘 천, 땅 지.
[풀이] 別有天地非人間(별유천지비인간)

別有天地非人間 (별유천지비인간)★★★

[뜻음] 다를 별, 있을 유, 하늘 천, 땅 지, 아닐 비, 사람 인, 사이 간.
[풀이] 딴 세상이고 인간세계가 아니다. 특별히 경치가 좋거나 분위기가 뛰어난 곳. 別有世界(별유세계). 출전 [산중문답 – 이백의 시]

兵家常事 (병가상사)★★★

[뜻음] 군사 병, 집 가, 항상 상, 일 사.

[풀이] 병가에서는 늘 있는 일. 전쟁에서 이기고 지는 것은 아주 흔한 일이니 지더라도 낙담하지 말라는 의미. 勝敗兵家常事(승패병가상사).

病加於小愈 (병가어소유)★

[뜻음] 병 병, 더할 가, 어조사 어, 작을 소, 낳을 유.
[풀이] 병은 회복기에 調理(조리)를 게을리하면 도리어 전보다 더 무거워진다. 禍(화)는 사소한 방심에서 비롯됨의 비유. 병이 좀 나았다고 不注意(부주의)하면 더하는 법임. 출전 說苑(설원).

兵彊則滅 (병강즉멸)★

[뜻음] 군사 병, 굳셀 강, 곧 즉, 멸할 멸.
[풀이] 군사가 강하면 결국 전쟁하기를 즐기고, 그러한 결과로 마침내 국력이 疲弊(피폐)하여 나라가 망한다는 뜻. 출전 列子(열자).

兵車之會 (병거지회)★

[뜻음] 군사 병, 수레 거, 갈 지, 모일 회.
[풀이] 병거를 거느리고 무력으로써 제후를 會合(회합)시키는 일.

兵戈倥傯 (병과공총)★

[뜻음] 군사 병, 창 과, 바쁠 공, 바쁠 총.
[풀이] 전쟁으로 바쁨. 干戈倥傯(간과공총).

兵貴先聲後實 (병귀선성후실)★★

[뜻음] 군사 병, 귀할 귀, 앞 선, 소리 성, 뒤 후, 열매 실.
[풀이] 전쟁에서는 先聲後實(선성후실)을 귀하게 여긴다. 전쟁에서 처음에는 적에게 恐喝(공갈)을 함으로써 싸우지 않고 이겨야 되며, 만부득이한 경우에만 무력으로 공격해야 한다는 뜻.

兵貴神速 (병귀신속)★★

[뜻음] 군사 병, 귀할 귀, 귀신 신, 빠를 속.
[풀이] 用兵(용병)에는 신속함이 귀하고 중요함. 兵尙神速(병상신속). 출전 三國志(삼국지) 魏志(위지) 郭嘉傳(곽가전).

丙吉牛喘 (병길우천)★★★

[뜻음] 남녘 병, 길할 길, 소 우, 헐떡거릴 천.
[풀이] 前漢(전한)의 명 宰相(재상)이 소가 허덕거리는 것을 보고 時候(시후)가 調和(조화)를 잃은 것을 알아 천하의 政治(정치)에 더욱 主意(주의)한 고사.

兵馬之權 (병마지권)★★

[뜻음] 군사 병, 말 마, 갈 지, 권세 권.
[풀이] 군사를 다스리는 권력. 전군을 지휘하고 통수할 수 있는 권능. 兵權(병권).

兵無常勢 (병무상세)★★

[뜻음] 군사 병, 없을 무, 항상 상, 세력 세.
[풀이] 戰陣(전진)은 敵(적)의 形勢(형세)에 따라 변화하므로 일정한 형세가 있는 것이 아님. 출전 孫子(손자) 虛實篇(허실편).

兵不厭詐 (병불염사)★★★

[뜻음] 병사 병, 아닐 불, 싫어할 염, 속일 사.
[풀이] 兵法(병법)에는 속이는 것을 꺼리지 않는다. 計策(계책)을 써서 이기는 것이 중요하다는 말. 출전 韓非子(한비자).

病不離身 (병불이신)★

[뜻음] 병날 병, 아닐 불, 떠날 이, 몸 신.
[풀이] 몸에서 병이 떠날 날이 없음.

兵不血刃 (병불혈인)★

[뜻음] 병장기 병, 아닐 불, 피 혈, 칼날 인.
[풀이] 병장기에 피를 묻히지 않았다. 피를 흘리지 않고 승리를 거둠.

兵死地也 (병사지야)★★★

[뜻음] 전쟁 병, 죽을 사, 땅 지, 어조사 야.
[풀이] 전쟁은 필사의 경지임. 지극히 위험한 일이라는 말. 전쟁터에 나가서는 목숨을 걸고 싸워야 한다는 말.

군대니 전쟁이니 하는 것은 죽느냐 사느냐 하는 문제가 걸려 있는 곳이라는 뜻이다.

이 말은 戰國(전국) 말기 趙(조)나라의 명장 趙奢(조사)에게서 나온 말이다. 조사에게는 趙括(조괄)이라는 아들이 있었다. 어릴 때부터 兵書(병서)를 좋아해서 아버지 조사와 兵法(병법)을 놓고 토론을 하면 조사가 항상 이론에 밀리곤 했다. 그러나 한 번도 아들을 칭찬하는 일이 없었다. 그 부인이 까닭을 묻자 조사는 이렇게 대답했다. "전쟁은 죽는 곳이다. 그런데 괄은 그것을 쉽게 말하고 있다. 조나라로 하여금 괄을 대장으로 임명하지 않도록 하면 다행이거니와, 만일 기어코 대장으로 임명한다면 조나라 군사를 패하게 만들 사람은 반드시 괄이 될 것이다."

조사가 죽고, 진나라가 다시 침략해 왔을 때, 조나라 왕은 조괄의 어머니의 반대 호소를 듣지 않고, 그를 대장으로 임명했다. 과연 조괄은 조사의 예언대로 크게 패했다. 조나라 군사 40만이 떼죽음을 당하는 진기한 기록을 남기고 조나라는 멸망의 길을 재촉했다.

兵尙神速 (병상신속)★★

[뜻음] 군사 병, 숭상할 상, 귀신 신, 빠를 속.
[풀이] 군대의 일은 신속함을 숭상함. 兵貴神速(병귀신속).

炳如日星 (병여일성)★

[뜻음] 밝을 병, 같을 여, 해 일, 별 성.
[풀이] 해나 별처럼 밝게 빛남.

丙午丁未 (병오정미)★

[뜻음] 남녘 병, 낮 오, 고무래 정, 아닐 미.
[풀이] 時俗(시속)에 병오년과 정미년의 두 해를 厄年(액년)이라고 하여 災厄(재액)이 많다고 꺼림.

兵猶火 (병유화)★

[뜻음] 군사 병, 같을 유, 불 화.
[풀이] 군대는 불과 같다. 군대는 언제나 주의를 게을리해서는 안 된다는 뜻

秉彛之性 (병이지성)★★

[뜻음] 잡을 병, 떳떳할 이, 갈 지, 성품 성.

[풀이] 떳떳하게 타고난 천성.

病入膏肓 (병입고황)★★★

[뜻음] 병 병, 들 입, 기름 고, 명치끝 황.
[풀이] 병이 危重(위중)하여 治療(치료)할 수 없음. 重態(중태). 어떤 사물의 구하기 어려운 병폐. 病入骨髓(병입골수). 출전 左傳(좌전).

病入骨髓 (병입골수)★★

[뜻음] 병 병, 들 입, 뼈 골, 골수 수.
[풀이] 病入膏肓(병입고황).

兵者詭道也 (병자궤도야)★★

[뜻음] 군사 병, 놈 자, 속일 궤, 길 도, 어조사 야.
[풀이] 用兵(용병)하는 데에는 속임수나 기이한 꾀를 써야 한다는 말. 출전 孫子(손자) 始計篇(시계편).

兵者百歲不一用 (병자백세불일용)★

[뜻음] 전쟁 병, 놈 자, 일백 백, 해 세, 아닐 불, 한 일, 쓸 용.
[풀이] 전쟁이란 인류 최대의 죄악이므로, 백 년에 단 한 번의 용병도 있어서는 안 될 정도로 愼重(신중)을 기해야 한다는 말.

兵者不祥之器 (병자불상지기)★★★

[뜻음] 군사 병, 놈 자, 아닐 불, 상서로울 상, 갈 지, 그릇 기.
[풀이] 병장기는 사람을 해치는 데 쓰이므로 상서롭지 못한 기구이다. 兵者凶器也(병자흉기야).

　　무기란 상서롭지 못한 기구란 뜻이다. 兵(병)은 칼이란 뜻도 되고 모든 무기를 가리켜 말하기도 한다.
　　≪老子(노자)≫ 31장에 있는 말이다.
　　"대저 무기라는 것은 상서롭지 못한 기구다. 자연物 물은 그래서 이를 미워한다. 그러므로 도를 깨달은 사람은 이것을 쓰지 않는다……"
　　≪國語(국어)≫ 越語篇(월어편)에도 范蠡(범려)의 말이라 하여,
　　"용기란 것은 거슬린 덕이요, 무기란 것은 흉한 도구요, 싸움이란 것은 일의 마지막이다"라는 말이 실려 있다. 여기에 '兵者凶器也(병자흉기야)'라고 되어 있다.
　　국가의 興亡(흥망)이 兵(병)을 일으켜 전쟁을 하는 일에 달려 있는 경우도 허다하다.

兵者凶器也 (병자흉기야)★★

[뜻음] 군사 병, 놈 자, 흉할 흉, 그릇 기, 어조사 야.
[풀이] 무기는 흉한 기구. 전쟁은 사람을 해치는 흉한 일. 兵者凶器(병자흉기). 兵者不祥之器(병자불상지기).

病從口入禍從口出 (병종구입화종구출)★

[뜻음] 병 병, 따를 종, 입 구, 들 입, 재앙 화, 날 출.
[풀이] 병은 음식을 조심하지 않는 데서 오며, 災禍(재화)는 말을 조심하지 아니하는 데서 나옴.

并州之情 (병주지정)★

[뜻음] 아우를 병, 고을 주, 갈 지, 정 정.

[풀이] 第二(제이)의 故鄕(고향)이라고 할 만한 땅을 戀慕(연모)하는 마음. 唐(당)나라의 賈島(가도)가 并州(병주)에 오래 살다가 떠날 때 시를 지으며 나온 말.

餠之罃罍之恥 (병지경뇌지치)★★

[뜻음] 술그릇 병, 갈 지, 빌 경, 술독 뇌, 부끄러울 치.
[풀이] 餠(병)과 罍(뇌)는 다 술그릇. 병은 작고 뇌는 크다. 병은 뇌에서 술 공급을 받는데, 병에 술이 떨어짐은 뇌의 공급이 모자라기 때문으로 뇌의 수치이다. 부자가 가난한 사람에게 나누어 주지 않는 일, 대중이 소수를 同情(동정)하지 않는 일 또는 그 근본을 다스리지 않음을 풍자한 말. 罃(경)은 다함을 뜻함. 출전 詩經(시경) 小雅(소아).

兵盡矢窮 (병진시궁)★

[뜻음] 군사 병, 다할 진, 화살 시, 다할 궁.
[풀이] 싸움터에서 병사가 거의 다 犧牲(희생)되고 화살이 다함.

秉燭夜遊 (병촉야유)★

[뜻음] 잡을 병, 촛불 촉, 밤 야, 놀 유.
[풀이] 촛불을 밝히고 밤이 깊도록 놀며 즐김.

病風傷暑 (병풍상서)

[뜻음] 병들 병, 바람 풍, 상처 상, 더위 서.
[풀이] 바람에 병들고 더위에 상한다. 세상의 온갖 고생에 쪼들림을 비유하는 말.

保家衛國 (보가위국)★

[뜻음] 보존할 보, 집 가, 지킬 위, 나라 국.
[풀이] 한 집안을 다스려 보전함과 동시에 나라를 지켜 나감.

輔車相依 (보거상의)★★★

[뜻음] 덧방나무 보, 수레바퀴 거, 서로 상, 의지할 의.
[풀이] 수레의 덧방나무와 바퀴가 떨어져 있을 수 없듯이 서로 돕고 의지한다. 이해관계가 매우 깊은 사이를 이름. '輔車相依(보차상의)'를 보시오. 출전 春秋左氏傳(춘추좌씨전).

輔國安民 (보국안민)★★

[뜻음] 도울 보, 나라 국, 편안 안, 백성 민.
[풀이] 나랏일을 돕고 백성을 편안하게 함.

補闕選擧 (보궐선거)★

[뜻음] 도울 보, 빌 궐, 가릴 선, 들 거.
[풀이] 빈자리를 보충하는 선거.

簠簋不飾 (보궤불식)★

[뜻음] 제기이름 보, 제기이름 궤, 아닐 불, 꾸밀 식.
[풀이] 祭器(제기)가 정돈되어 있지 않다. 청렴하지 못한 신하나 대신의 受賂罪(수뢰죄)를 彈劾(탄핵)하여 벼슬을 떨어뜨려 물리칠 때를 비유하여 이르는 말. 출전 漢書(한서).

步武堂堂 (보무당당)★★

[뜻음] 걸을 보, 호반 무, 당당할 당.
[풀이] 걸음걸이가 씩씩하고 버젓함.

步步生蓮花 (보보생연화)★★

[뜻음] 걸음 보, 날 생, 연꽃 연, 꽃 화.
[풀이] 발걸음마다 연꽃이 피어난다. 미인의 가볍고 부드러운 걸음걸이를 일컬음. 출전 南史(남사).

報復之理 (보복지리)★

[뜻음] 갚을 보, 돌아올 복, 갈 지, 다스릴 리.
[풀이] 서로 대갚음을 하는 자연의 이치.

報本反始 (보본반시)★★★

[뜻음] 갚을 보, 근본 본, 돌아갈 반, 처음 시.
[풀이] 근본에 갚고 시초로 돌아간다. 天地(천지) 또는 父祖(부조)의 恩惠(은혜)를 갚는 일. 출전 禮記(예기) 郊特牲傳(교특생전).

補瀉兩難 (보사양난)

[뜻음] 도울 보, 쏟을 사, 두 양, 어려울 난.
[풀이] 병이 危重(위중)하여 보약도 설사약도 쓰기 어려움.

保守主義 (보수주의)★

[뜻음] 지킬 보, 지킬 수, 주인 주, 뜻 의.
[풀이] 옛날의 전통을 지키려는 주의.

輔時求難 (보시구난)★★

[뜻음] 도울 보, 때 시, 구할 구, 어려울 난.
[풀이] 시대를 도와서 환난을 구한다. 잘못된 곳을 바로잡고 미치지 못하는 곳을 보필함.

保身之策 (보신지책)★

[뜻음] 지킬 보, 몸 신, 갈 지, 꾀 책.
[풀이] 자기 몸을 保全(보전)하는 計策(계책).

鴇羽之嗟 (보우지차)★

[뜻음] 능에 보, 깃 우, 갈 지, 한탄할 차.
[풀이] 능에 깃의 탄식. 臣民(신민)이 戰役(전역)에 종사하여 父母(부모)를 奉養(봉양)치 못함을 한탄함. 전쟁에 나가는 바람에 부모를 봉양하지 못하는 차탄. 보는 능에나 너새. 출전 詩經(시경).

報怨以德 (보원이덕)★

[뜻음] 갚을 보, 원망할 원, 써 이, 덕 덕.
[풀이] 怨恨(원한) 있는 자에게 恩德(은덕)으로써 갚음.

輔車相依 (보차상의)★★★

[뜻음] 광대뼈 보, 잇몸 차, 서로 상, 의지할 의.
[풀이] 輔(보)는 광대뼈, 車(차)는 치은으로 잇몸. 광대뼈는 외 골이고 치은은 내 골이어서, 이 두 뼈가 서로 움직여서 작용하는 것이므로 의지하고 보조하지 아니하면 그 존재를 보전하기 어려움을 비유하여 이름.

普天率土 (보천솔토)★★

[뜻음] 두루 보, 하늘 천, 거느릴 솔, 흙 토.
[풀이] 普天之下率土之濱(보천지하솔토지빈).

普天率土 (보천솔토)★★

[뜻음] 넓을 보, 하늘 천, 거느릴 솔, 흙 토.
[풀이] 普天之下率土之濱(보천지하솔토지빈).

補天浴日 (보천욕일)★★

[뜻음] 기울 보, 하늘 천, 목욕할 욕, 해 일.
[풀이] 補天(보천)은 女媧(여왜, 여와)씨가 하늘의 이지러진 데를 기운 고사. 浴日(욕일)은 義和(의화)가 해를 목욕시킨 고사. 轉(전)하여 국가에 큰 功(공)이 있음을 이름.

普天之下 (보천지하)★★★

[뜻음] 넓을 보, 하늘 천, 갈 지, 아래 하.
[풀이] 온 하늘 아래의 전체. 온 천하, 넓은 세상. 普天之下率土之濱(보천지하솔토지빈).

普天之下率土之濱 (보천지하솔토지빈)★★

[뜻음] 두루 보, 하늘 천, 갈 지, 아래 하, 거느릴 솔, 흙 토, 물가 빈.
[풀이] 하늘이 두루 덮고 있는 밑과, 육지가 연속해 있는 끄트머리. 천하를 나타내는 말. 普天之下率土之濱(보천지하솔토지빈). 출전 春秋左氏傳(춘추좌씨전).

輔弼之臣 (보필지신)★★★

[뜻음] 도울 보, 도울 필, 갈 지, 신하 신.
[풀이] 임금의 德業(덕업)을 보필하는 신하.

輔弼之任 (보필지임)★

[뜻음] 도울 보, 도울 필, 갈 지, 맡길 임.
[풀이] 임금을 보좌하는 책임. 보필하는 직임.

寶貨難售 (보화난수)★

[뜻음] 보배 보, 재화 화, 어려울 난, 팔릴 수.
[풀이] 보물은 값이 비싸 잘 팔리지 않는다. 뛰어난 인물은 잘 쓰이지 않음을 비유하는 말. 출전 論衡(논형).

覆車之戒 (복거지계)★★

[뜻음] 엎어질 복, 수레 거, 갈 지, 경계할 계.
[풀이] 앞의 수레가 엎어지는 것을 보고 뒤의 수레는 미리 경계하여 엎어지지 않도록 한다. 앞사람의 실패를 거울 삼아 잘못을 저지르지 말라는 훈계. 출전 漢書(한서) 賈誼傳(가의전).

福輕乎羽 (복경호우)★

[뜻음] 복될 복, 가벼울 경, 어조사 호, 깃 우.
[풀이] 福(복)은 새의 날개보다 가벼움. 자기 마음가짐을 어떻게 가지느냐에 따라 행복하게 된다는 말. 출전 莊子(장자) 人間世篇(인간세편).

腹稿 (복고)★

[뜻음] 배 복, 원고 고.
[풀이] 배 안에서 초고를 쓰다. 글을 억지로 생각해서 짓는 것이 아니라 붓을 들기 전에 반복적으로 構想(구상)을 익히는 것을 가리켜 腹稿(복고), 默稿(묵고)라고 함.

福過災生 (복과재생)

[뜻음] 복 복, 지나칠 과, 재앙 재, 날 생.

[풀이] 복이 지나치면 도리어 재앙이 생김. 출전 晉書(진서).

伏龍鳳雛 (복룡봉추)★★

[뜻음] 엎드릴 복, 용 룡, 봉황 봉, 새 새끼 추.
[풀이] 엎드려 있는 龍(용)과 봉황의 새끼. 복룡은 蜀漢(촉한)의 諸葛亮(제갈량), 봉추는 蜀漢(촉한)의 龐統(방통)을 이르므로 숨어 있는 큰 인물을 나타냄. 출전 三國志(삼국지) 蜀志(촉지).

伏魔殿 (복마전)★★★

[뜻음] 엎드릴 복, 마귀 마, 전각 전.
[풀이] 악마가 숨어 있는 전각. 惡魔(악마)의 소굴. 나쁜 일을 꾸미는 자들이 모여 있는 곳. 禍(화)의 根源地(근원지). 출전 水湖志(수호지).

伏慕區區 (복모구구)★★

[뜻음] 엎드릴 복, 그리워할 모, 구구할 구.
[풀이] 상대방을 높여, '삼가 사모하는 마음이 그지없습니다'의 뜻으로 한문 투 편지에 쓰는 말. 區區(구구)는 잔단 모양이나, 작은 모양이나 자기의 謙稱(겸칭)이나 得意(득의)한 모양.

伏慕無任 (복모무임)★★

[뜻음] 엎드릴 복, 그리워할 모, 없을 무, 견딜 임.
[풀이] 상대방을 높여 '삼가 사모하여 견딜 수 없습니다'의 뜻으로 한문 투 편지에 쓰는 말.

伏慕不任 (복모불임)★

[뜻음] 엎드릴 복, 그리워할 모, 아닐 불, 견딜 임.
[풀이] 伏慕無任(복모무임).

覆杯之水 (복배지수)★★★

[뜻음] 엎어질 복, 잔 배, 갈 지, 물 수.
[풀이] 엎지른 물은 다시 담을 수 없음. 覆水不返盆(복수불반분).

覆盆之願 (복분지원)★

[뜻음] 엎어질 복, 동이 분, 갈 지, 원할 원.
[풀이] 항아리 밑바닥에 가려진 사람의 소원. 멀리 떨어져 있거나 보이지 않는 곳에 있는 사람의 所願(소원).

卜不襲吉 (복불습길)★

[뜻음] 점 복, 아닐 불, 이을 습, 길할 길.
[풀이] 점은 吉兆(길조)를 거듭 받을 수 없다. 처음에 吉兆(길조)를 얻으면 다시 더 점을 칠 필요가 없음.

腹笥便便 (복사편편)★

[뜻음] 배 복, 상자 사, 편할 편.
[풀이] 많은 책을 마음속에 기억하고 있음. 博學多識(박학다식)함.

濮上之音 (복상지음)★★★

[뜻음] 강 이름 복, 위 상, 갈 지, 소리 음.
[풀이] 음란한 노래. 중국 衛(위)나라 靈公(영공)이 晉(진)나라에 가는 중 濮水(복수) 근처에서 이 곡을 들었는데 이것을 平公(평공) 앞에서 연주하게 했더니 師曠(사광)이 亡國(망국) 殷(은)나라의 음악이라 하여 中止(중지)시켰다는 옛일. '亡國之音(망국지음)'을 참조하시오. 출전 禮記(예기).

福生於微 (복생어미)★

[뜻음] 복 복, 날 생, 어조사 어, 작을 미.
[풀이] 복은 아주 작은 일에서 생김. 출전 說苑(설원).

福生於隱約 (복생어은약)★

[뜻음] 복 복, 날 생, 어조사 어, 숨길 은, 약속할 약.
[풀이] 복은 겉으로 드러나지 않아 사람의 눈에 보이지 않는 데서 생긴다는 말.

福善禍淫 (복선화음)★

[뜻음] 복 복, 착할 선, 불행 화, 음란할 음.
[풀이] 착한 사람에게는 복이 돌아가고 악한 사람에게는 災殃(재앙)이 돌아감. 출전 書經(서경).

覆巢無完卵 (복소무완란)★

[뜻음] 엎어질 복, 둥지 소, 없을 무, 완전할 완, 알 란.
[풀이] 뒤집어진 둥우리 밑에 온전한 알은 없다. 줄기가 죽으면 가지나 잎도 이에 따라 말라 없어짐. 부모가 당하는 뜻밖의 곤란에 자식도 그 禍(화)를 당함. 출전 世說新語(세설신어).

覆巢之下復有完卵乎 (복소지하부유완란호)

[뜻음] 엎어질 복, 둥지 소, 갈 지, 아래 하, 어찌 부, 있을 유, 완전할 완, 알 란, 어조사 호.
[풀이] 覆巢無完卵(복소무완란).

覆巢破卵 (복소파란)

[뜻음] 엎어질 복, 둥지 소, 깰 파, 알 란.
[풀이] 둥우리를 뒤엎고 알을 깬다. 부모의 재난에 자식도 화를 당함.

覆水難收 (복수난수)★

[뜻음] 엎어질 복, 물 수, 어려울 난, 거둘 수.
[풀이] 엎지른 물은 다시 담을 수 없다는 말로, 한 번 저지른 일은 어찌할 수 없다는 또는 다시 중지할 수 없다는 뜻. 覆水不返盆(복수불반분).

覆水不收 (복수불수)★

[뜻음] 엎어질 복, 물 수, 아닐 불, 거둘 수.
[풀이] 覆水不返盆(복수불반분).

覆水不返盆 (복수불반분)★★★

[뜻음] 엎어질 복, 물 수, 아닐 불, 되돌릴 반, 동이 분.
[풀이] 엎지른 물은 다시 담을 수 없음.

　　太公望(태공망) 呂尙(여상)의 첫 아내는 馬氏(마씨)였다. 마씨는 태공이 공부만 하고 살림을 전연 돌보지 않는지라 남편을 버리고 친정으로 돌아가 버린다. 그 뒤 태공이 齊(제)나라 임금이 되어 돌아가자 마씨는 다시 만나 살았으면 하고 태공 앞에 나타난다. 태공은 물동이를 길어오라 해서 그것을 땅에 부은 후 마씨를 바라보며 그 물을 다시 동이에 담으라고 했다. 마씨는 열심히 담으려 했으나 진흙만이 손에 잡힐 뿐이었다. 그것을 보고 태공은 말했다.

"그대는 떨어졌다 다시 합칠 수 있다고 생각하겠지만, 이미 엎지른 물이라 다시 담을 수는 없는 것이다"라고 말했다.

원래는 한 번 헤어진 부부가 다시 만나 살 수 없다는 것을 말한 것이었지만, 그 뒤로 무엇이고 일단 해버린 것은 다시 原狀復舊(원상복구)를 한다거나 다시 시작해 볼 수 없다는 뜻으로 쓰이게 되었다.

우리 속담에 '엎질러진 물'이란 말이 있다. 위 이야기와 비슷한 말이다. 태공망 여상은 우리나라 사람들의 입에 오르내린다. 낚시꾼을 강태공이라고 하는데 바로 은나라 탕왕의 책사로서 은을 세운 개국 공신 태공망 여상을 가리킨다. 여상이 출세하기 전 매일 위수에서 고기만 잡고 있었다는 逸話(일화)에서 비롯된 일이다.

腹心大臣 (복심대신)★★

[뜻음] 배 복, 마음 심, 클 대, 신하 신.
[풀이] 임금을 곁에서 모시는 대신.

覆雨飜雲 (복우번운)★★★

[뜻음] 뒤집을 복, 비 우, 바꿀 번, 구름 운.
[풀이] 손을 엎으면 비가 되고, 손을 뒤집으면 구름이 된다. 小人(소인)의 우정이 변덕스럽다는 말. 출전 杜甫(두보)의 [빈교행].

卜以決疑不疑何卜 (복이결의불의하복)★

[뜻음] 점 복, 써 이, 터질 결, 의심할 의, 아닐 불, 어찌 하.
[풀이] 卜筮(복서)의 목적은 의심나는 것을 判斷(판단)하기 위하여 행하는 것이므로 의심나는 것이 없으면 점을 칠 필요가 없다는 말. 출전 易經(역경).

福因福果 (복인복과)★

[뜻음] 복 복, 인할 인, 열매 과.
[풀이] 복의 원인이 있으면 복덕의 과보를 얻음. 좋은 일이 원인이 되어 좋은 결과를 얻음.

複雜怪奇 (복잡괴기)★

[뜻음] 겹칠 복, 섞일 잡, 괴이할 괴, 괴이할 기.
[풀이] 복잡하고 괴상하며 이상함. 複雜奇怪(복잡기괴).

複雜多岐 (복잡다기)★

[뜻음] 겹칠 복, 섞일 잡, 많을 다, 갈래 기.
[풀이] 複雜多端(복잡다단).

複雜多端 (복잡다단)★★

[뜻음] 겹칠 복, 섞일 잡, 많을 다, 끝 단.
[풀이] 일이 뒤섞여 갈피를 잡기 어려움.

輻輳幷臻 (복주병진)★

[뜻음] 바퀴살 복, 모일 주, 아우를 병, 이를 진.
[풀이] 輻輳幷臻(폭주병진)이 변한 말이니 '輻輳幷臻(폭주병진)'을 보시오.

卜晝卜夜 (복주복야)★

[뜻음] 점 복, 낮 주, 밤 야.
[풀이] ① 낮 또는 밤의 吉凶(길흉)을 점침. ② 술 마시고 노는 것이 절도가 없이 밤낮으로 계속됨을 일컫는 말. 출전 春秋左氏傳(춘추좌씨전).

伏地謝禮 (복지사례)★★

[뜻음] 엎드릴 복, 땅 지, 사례할 사, 예도 례.
[풀이] 땅에 엎드려 용서를 빎.

伏地流涕 (복지유체)★★

[뜻음] 엎드릴 복, 땅 지, 흐를 유, 울 체.
[풀이] 땅에 엎드려 눈물을 흘리며 욺.

覆敗之患 (복패지환)

[뜻음] 뒤집힐 복, 패할 패, 갈 지, 근심 환.
[풀이] 뒤집혀서 패배할 근심. 배가 뒤집힐 근심. 싸움에 패할 근심. 집안 운수가 기울어질 근심.

本同而末異 (본동이말이)★

[뜻음] 밑 본, 한가지 동, 말 이을 이, 끝 말, 다를 이.
[풀이] 문자의 본질은 같으나 표현 방법은 같지 않음.

本來面目 (본래면목)★

[뜻음] 밑 본, 올 래, 낯 면, 눈 목.
[풀이] 자기의 본래 모습.

本末顚倒 (본말전도)

[뜻음] 밑 본, 끝 말, 거꾸로 전, 넘어질 도.
[풀이] 본말이 거꾸로 됨. 근본과 끝이 뒤집혀진 상태.

本然之性 (본연지성)★

[뜻음] 밑 본, 그러할 연, 갈 지, 성품 성.
[풀이] 주자학에서 주장하는, 사람이 본디 가지고 있는 심성. 지극히 선하고 지극히 사욕이 없는 性(성). 氣質之性(기질지성)의 對(대)가 되는 말.

本然之性氣質之性 (본연지성기질지성)★★

[뜻음] 밑 본, 그러할 연, 갈 지, 성품 성, 기운 기, 바탕 질.
[풀이] 사람의 성품에는 선천적인 것과 후천적인 것의 두 가지가 있다는 뜻. '本然之性(본연지성), 氣質之性(기질지성)'을 보시오.

本第入納 (본제입납)★

[뜻음] 근본 본, 차례 제, 들 입, 들일 납.
[풀이] 자기 집에 들어가는 편지. 자기가 자기 집에 편지를 부칠 때 겉봉에 쓰는 말.

本支百世 (본지백세)★

[뜻음] 근본 본, 가지 지, 일백 백, 대 세.
[풀이] 從孫(종손)과 支孫(지손)의 집안이 百世(백세)를 잇는다. 한 겨레붙이의 자손이 번성함. 출전 詩經(시경).

本土之民 (본토지민)★

[뜻음] 근본 본, 흙 토, 갈 지, 백성 민.
[풀이] 대대로 그 고장에서 붙박이로 사는 사람.

封疆之臣 (봉강지신)★

[뜻음] 봉할 봉, 지경 강, 갈 지, 신하 신.
[풀이] 封疆(봉강)은 諸侯(제후)에게 봉하여 준 땅. 신하는 마땅히 자기 나라에서 죽어야 하므로 봉강지신이라고 함. 출전 禮記(예기) 樂記篇(악기편).

鳳去臺空 (봉거대공)

[뜻음] 봉황 봉, 갈 거, 돈대 대, 빌 공.
[풀이] 봉황은 이미 떠나 버리고 그 이름의 봉황대만이 허전하게 남아 있음. 찾아갔던 사람이 이미 떠나고 없을 때나, 妓女(기녀)를 찾아갔으나 이미 딴 곳으로 옮겼을 경우 등을 이르는 말.

奉檄之喜 (봉격지희)★

[뜻음] 받들 봉, 격문 격, 갈 지, 기쁠 희.
[풀이] 부모가 있는 사람이 부모님 계신 고을의 元(원)이 되는 기쁨.

封建制度 (봉건제도)★★★

[뜻음] 봉할 봉, 세울 건, 만들 제, 법도 도.
[풀이] 한 君主(군주) 아래에서 貴族(귀족)들이 封疆(봉강)을 世襲(세습)으로 받아 諸侯(제후)가 되어 그 官內(관내)의 정치를 專制(전제)하는 制度(제도).

封庫罷職 (봉고파직)★★

[뜻음] 봉할 봉, 곳집 고, 방면할 파, 직분 직.
[풀이] 御使(어사)나 監司(감사)가 못된 원님을 파면하고 官家(관가)의 창고를 封(봉)하여 잠그는 일.

奉公守法 (봉공수법)★

[뜻음] 받들 봉, 공변될 공, 지킬 수, 법 법.
[풀이] 공사에 봉사하고 법률을 지킴.

蜂起 (봉기)★★★

[뜻음] 꿀벌 봉, 일어날 기.
[풀이] 벌이 떼 지어 일어나듯이 각처에서 兵亂(병란)이나 民亂(민란)이 일어남. 蜂駭(봉해).

鳳饑不啄粟 (봉기불탁속)★

[뜻음] 봉황 봉, 굶을 기, 아닐 불, 쫄 탁, 좁쌀 속.
[풀이] 봉은 굶주려도 좁쌀을 쪼지 않는다. 굳은 절개를 말함.

奉箕箒 (봉기추)★

[뜻음] 받들 봉, 키 기, 빗자루 추.
[풀이] 받들어 청소를 한다. 남의 아내가 된다. 漢(한)나라 劉邦(유방)에게 呂公(여공)이 자기의 딸을 바치면서 아내로 삼아줄 것을 懇請(간청)할 때 한 말. 출전 史記(사기) 高祖紀(고조기).

蓬頭垢面 (봉두구면)★★

[뜻음] 쑥 봉, 머리 두, 때 구, 얼굴 면.
[풀이] 쑥대강이같이 흐트러진 머리와 때 묻은 얼굴. 겉모양이 몹시 나쁘거나 겉모양에 무관심함을 이름. 蓬頭亂髮(봉두난발). 출전 顔氏家訓(안씨가훈).

蓬頭亂髮 (봉두난발)★★

[뜻음] 쑥 봉, 머리 두, 어지러울 난, 터럭 발.
[풀이] 쑥대처럼 뒤죽박죽 헝클어진 머리카락. 쑥대머리. 蓬頭垢面(봉두구면).

蓬頭歷齒 (봉두역치)★

[뜻음] 쑥 봉, 머리 두, 지날 역, 이 치.
[풀이] 쑥대강이같이 흐트러진 머리털과 성긴 이. 노인이 됨. 노인의 용모.

蓬萊弱水 (봉래약수)★★

[뜻음] 쑥 봉, 명아주 래, 약할 약, 물 수.
[풀이] 중국 고대 전설 속 蓬萊山(봉래산)은 神仙(신선)이 사는 곳으로서 멀리 弱水(약수)를 격하고 있다고 함. 따라서 서로 멀리 떨어져 있음을 이름. 약수는 길이가 삼천 리나 되며 浮力(부력)이 매우 약하여 기러기의 털도 가라앉는다고 하므로 사람으로서 도저히 건널 수 없는 강이라고 함.

鳳麟芝蘭 (봉린지란)★

[뜻음] 봉새 봉, 기린 린, 지초 지, 난초 란.
[풀이] 鳳凰(봉황)이나 麒麟(기린)과 같이 잘난 남자와 芝草(지초)나 蘭草(난초)와 같이 어여쁜 여자. 젊은 남녀의 아름다움을 표현하는 말.

奉命使臣 (봉명사신)★

[뜻음] 받들 봉, 명령 명, 하여금 사, 신하 신.
[풀이] 임금의 명령을 받들고 남의 나라로 가는 사신.

鳳鳴而鷙翰 (봉명이지한)★

[뜻음] 봉황 봉, 울 명, 말 이을 이, 맹금 지, 날개 한.
[풀이] 봉새가 우는 듯하나 사나운 새가 난다. 孔子(공자)의 도를 말하면서 蘇秦(소진)이나 張儀(장의)와 같은 행동을 함.

鳳鳴朝陽 (봉명조양)★★★

[뜻음] 봉새 봉, 울 명, 아침 조, 볕 양.
[풀이] 봉황이 산 동쪽에서 운다. 천하가 태평해질 祥瑞(상서)로운 조짐. 출전 詩經(시경) 大雅(대아).

鳳毛麟角 (봉모인각)★

[뜻음] 봉황 봉, 털 모, 기린 인, 뿔 각.
[풀이] 봉의 털과 기린의 뿔. 매우 드물게 뛰어난 인물을 칭찬하여 이르는 말.

捧腹絶倒 (봉복절도)★

[뜻음] 받들 봉, 배 복, 끊을 절, 넘어질 도.
[풀이] 몹시 우스워서 배를 안고 몸을 가누지 못할 만큼 웃음. 抱腹絶倒(포복절도).

蓬生麻中不扶自直 (봉생마중불부자직)★

[뜻음] 쑥 봉, 날 생, 삼 마, 가운데 중, 아닐 불, 붙들 부, 스스로 자, 곧을 직.

[풀이] 꾸불꾸불 자라게 마련인 다북쑥도 삼밭에 나면 손을 쓰지 않아도 삼처럼 곧게 자란다. 사람은 환경에 따라 곧게도 굽게도 변한다는 말. 착한 사람을 만나 사귀면 저절로 선하게 됨. 麻中之蓬(마중지봉). 출전 荀子(순자) 勸學篇(권학편).

封禪 (봉선)★★★

[뜻음] 봉할 봉, 봉선 선.
[풀이] 흙을 쌓아 올려 하늘에 지내는 제사를 封(봉), 땅을 깨끗이 하고 산천에 지내는 제사를 禪(선)이라 함. 출전 管子(관자).

옛 순임금에 대하여 상고하면 이름은 重華(중화)라 하였다. 堯(요)임금을 받들어 모셨으며, 신중하고 어질며 의젓하고 명석하였다. 온화하고 공손하며 진지하고 착실하여 숨은덕이 위에까지 들리니, 드디어 제위를 계승하라는 명을 받게 되었다. 삼가 오륜을 아름답게 하라 하니 오륜이 잘 지켜졌고, 百揆(백규)의 직책을 맡기니 그 직무를 잘 처리하였다. 사대문에서 제후들을 영접하게 하니 거기에 화기가 넘쳐흘렀고, 커다란 숲속에 들어놓았으나 열풍과 뇌우에도 길을 잃지 않았다. 요임금께서 말씀하셨다. "그대 순에게 알리노라. 일을 묻고 말을 고찰하여 그대의 언행이 가히 공적을 이룰 수 있다고 보아 온 지 3년이 되었으니, 그대가 제위에 오르도록 하시오" 순은 겸양의 미덕을 발휘하여 제위를 잇지 않았다. (중략)
정월 上日(상일)에 요임금의 퇴위를 文祖(문조)의 廟(묘)에 아뢰었다. 옥으로 장식된 渾天儀(혼천의)를 살피시어 日月五星(일월오성)의 운행을 바로잡으셨다. 이어 상제에게 제사를 지내고, 천지와 춘하추동의 六宗(육종)에게 제사를 지냈다. 그리고 산천에 제사 지내는 등 뭇 신들에게 두루 제사를 지냈다. 다섯 가지 홀을 모으고, 좋은 달과 날을 받아 사악과 뭇 州牧官(주목관)들을 접견한 뒤 홀을 제후들에게 나누어주었다. 이해 2월에 동쪽으로 巡狩(순수)를 나서 泰山(태산)에 이르러 柴祭(시제)를 지내고, 차례로 산천의 신들에게 제사를 올렸다.
이 글은 ≪書經(서경)≫ 虞書(우서) 舜典(순전)의 한 대목이다. 요가 순에게 제위를 물려주는 장면, 순은 거듭 사양하는 장면, 요임금 대신 攝政(섭정)을 하면서 봉선을 지내는 장면이 나와 있다.

蜂窩住宅 (봉와주택)★

[뜻음] 벌 봉, 굴 와, 집 주, 집 택.
[풀이] 아파트를 벌집에 譬喻(비유)하여 일컫는 말.

鳳友蘭交 (봉우난교)★

[뜻음] 봉새 봉, 벗 우, 난초 난, 사귈 교.
[풀이] 남녀 간의 情交(정교). 房事(방사).

蜂蟻君臣 (봉의군신)

[뜻음] 벌 봉, 개미 의, 임금 군, 신하 신.

[풀이] 미물인 벌이나 개미에게도 군신의 구별이 엄연히 있다. 특히 신분관계의 질서를 강조할 때에 이르는 말.

逢人輒說 (봉인첩설)★

[뜻음] 만날 봉, 사람 인, 번번이 첩, 말씀 설.
[풀이] 만나는 사람마다 붙들고 지껄여 소문을 퍼뜨림.

鳳翥鸞翔 (봉저난상)★

[뜻음] 봉황 봉, 날아오를 저, 난새 난, 빙빙 돌아 날 상.
[풀이] 用筆(용필)의 뛰어난 모양을 이르는 말

蜂蝶隨香 (봉접수향)★

[뜻음] 벌 봉, 나비 접, 따를 수, 향기 향.
[풀이] 벌과 나비가 향기를 따른다. 남자가 여자의 아름다움을 따름. 출전 開元天寶遺事(개원천보유사).

鳳鳥不至 (봉조부지)★★

[뜻음] 봉황 봉, 새 조, 아닐 부, 이를 지.
[풀이] 봉황이 오지 않는다. 聖君(성군)이 나타나지 아니하여 人道(인도)가 쇠미한 것을 개탄하는 말. 출전 論語(논어) 子罕篇(자한편).

鳳兮鳳兮 (봉혜봉혜)★

[뜻음] 봉새 봉, 어조사 혜.
[풀이] 봉새는 세상에 도가 행해지면 나오고 도가 행해지지 않으면 숨는데, 孔子(공자)는 세상이 어지러운데도 隱居(은거)하지 않았다고 어떤 隱士(은사)가 나무라는 말. 출전 論語(논어) 微子篇(미자편).

蓬蒿滿宅 (봉호만택)★

[뜻음] 쑥 봉, 쑥 호, 가득할 만, 집 택.
[풀이] 쑥이 집 안에 가득 자랐다. 세상의 名利(명리)에 조금도 개의하지 않음. 출전 世說新語(세설신어).

蓬戶甕牖 (봉호옹유)★

[뜻음] 쑥 봉, 문 호, 옹기 옹, 창 유.
[풀이] 쑥으로 엮어 만든 문과 깨진 항아리의 주둥이로 만든 창. 출전 淮南子(회남자).

鳳凰 (봉황)★★★

[뜻음] 봉황새 봉, 봉황새 황.
[풀이] 봉과 황.

봉황은 수컷인 봉과 암컷인 황이 합성된 한자어이다. 우리나라의 고대 사회에는 봉황에 대한 신성 관념이 강하지 않았다. 봉황의 모습에 대해서는 여러 가지 설이 있다. 일반적으로 닭의 주둥이, 제비의 턱, 뱀의 목, 거북의 등, 용의 무늬, 물고기의 꼬리 모양을 갖춘 것으로 본다. 그리고 오색의 깃털을 지니고, 五音(오음)의 소리를 내며, 오동나무에 깃들이고 대나무의 열매를 먹고 산다는 상서로운 새로서 동방의 君子之國(군자지국), 곧 우리나라에서 난다고 했다.
봉황과 가까운 것은 신라 시조 혁거세와 알영 왕비의

신화에 나오는 鷄龍(계룡)이다. 삼국유사에 의하면 자주색 (또는 보라색) 알에서 태어난 혁거세왕을 맞이한 후 왕후를 구하고자 했을 때, 알영정 가에 계룡이 나타나 왼쪽 옆구리에서 여자아이를 낳았는데, 자태와 얼굴은 유달리 고왔으나, 입술이 닭의 부리와 같았다. 월성 북쪽 냇가에 가서 목욕시키니, 그것이 빠졌다. 태어난 곳에 의해 알영이라 불렸다.

즉 봉황을 닮은 계룡의 출현과 함께 성인(왕후)이 세상에 나타났다.

위 이야기는 《한국문화 상징사전》에 나오는 김종주의 글이다. 공자는 오랑캐의 나라라고 하더라도 仁(인)이 베풀어지고 군자가 사는 땅이라면 기꺼이 갈 수 있다고 말했다.

鳳凰來儀 (봉황래의)★

[뜻음] 봉황 봉, 봉황 황, 올 래, 거동 의.
[풀이] 봉황이 와서 춤춘다는 뜻. 태평의 吉兆(길조). 출전 書經(서경).

鳳凰于飛 (봉황우비)★

[뜻음] 봉황 봉, 봉황 황, 이 우, 날 비.
[풀이] 봉황이 이에 날다. 곧 한 자웅인 봉황이 서로 짝지어 난다는 말이니 부부가 서로 화목함을 비유하여 이르는 말. 남의 혼인을 축하하는 말로 쓰임. 출전 春秋左氏傳(춘추좌씨전).

鳳凰在笯 (봉황재노)

[뜻음] 봉황 봉, 봉황 황, 있을 재, 새장 노.
[풀이] 봉황이 새장에 갇혀 있다는 뜻. 聖賢(성현) · 君子(군자)가 그 지위를 잃음을 이름. 출전 楚辭(초사).

富强之國 (부강지국)★

[뜻음] 가멸 부, 굳셀 강, 갈 지, 나라 국.
[풀이] 부유하고 강한 나라.

鳧脛雖短續之則憂 (부경수단속지즉우)★★★

[뜻음] 물오리 부, 정강이 경, 비록 수, 짧을 단, 이을 속, 이 지, 곧 즉, 근심할 우.
[풀이] 물오리의 발이 짧다고 이어 대면 근심걱정이 된다. 사물의 특성을 인위적으로 損益加減(손익가감) 하여서는 안 된다는 말. 출전 莊子(장자).

婦姑勃谿 (부고발계)

[뜻음] 며느리 부, 시어미 고, 성낼 발, 대단할 계.
[풀이] 며느리와 시어머니가 서로 싸우는 것. 출전 莊子(장자).

剖棺斬尸 (부관참시)★★

[뜻음] 쪼갤 부, 널 관, 벨 참, 주검 시.
[풀이] 五刑(오형) 중에서 죽은 사람의 관을 쪼개 시체를 꺼내어 목을 베는 형벌. '日暮途遠(일모도원)'을 보시오.

富國强兵 (부국강병)★★★

[뜻음] 가멸 부, 나라 국, 굳셀 강, 군사 병.
[풀이] 나라를 부유하게 하고 兵力(병력)을 강하게 함. 富裕(부유)한 나라와 강한 군대. 출전 戰國策(전국책) 秦策(진책).

富國安民 (부국안민)★★★

[뜻음] 가멸 부, 나라 국, 편안할 안, 백성 민.
[풀이] 나라를 富裕(부유)하게 하고 백성을 편안하게 함.

富貴功名 (부귀공명)★★★

[뜻음] 편안할 부, 귀할 귀, 공 공, 이름 명.
[풀이] 재산이 많고 지위가 높으며 功(공)을 세워 그 이름을 널리 드러냄.

富貴多男 (부귀다남)★

[뜻음] 가멸 부, 귀할 귀, 많을 다, 사내 남.
[풀이] 재산이 많고 지위도 높고 아들이 많음.

富貴浮雲 (부귀부운)★★

[뜻음] 가멸 부, 귀할 귀, 뜰 부, 구름 운.
[풀이] 부하고 귀함은 뜬구름과 같아서 부정한 방법으로 재물을 蓄積(축적)하고 지위를 높여도 소용없다는 말.

富貴貧賤 (부귀빈천)★

[뜻음] 가멸 부, 귀할 귀, 가난할 빈, 천할 천.
[풀이] 부귀와 빈천. 재산이 많고 지위가 높은 것과 가난하고 천한 것.

富貴生驕奢 (부귀생교사)★

[뜻음] 가멸 부, 귀할 귀, 날 생, 교만할 교, 사치할 사.
[풀이] 사람이 재산이 많아지고 지위가 높아지면 자연히 교만하고 사치하려는 마음이 생김.

富貴如浮雲 (부귀여부운)★★★

[뜻음] 가멸 부, 귀할 귀, 같을 여, 뜰 부, 구름 운.
[풀이] 不義(불의)로써 얻은 재산이나 지위는 어진 사람이 보기에는 뜬구름처럼 덧없음과 같다.

이 말은 원래 孔子(공자)가 한 말에서 찾아볼 수 있다. 《論語(논어)》 述而篇(술이편)에 보면 孔子(공자)의 말씀으로 이런 것이 나온다.

"나물밥 먹고 맹물 마시며 팔을 굽혀 베고 자도 즐거움이 또한 그 속에 있다. 옳지 못한 부나 귀는 내게 있어서 뜬구름과 같다. 飯疏食飲水 曲肱而枕之 樂亦在其中 不義而富且貴 於我如浮雲(반소사음수 곡굉이침지 낙역재기중 불의이부차귀 어아여부운)"

부니 귀니 하는 것은 떠가는 구름이나 다를 것이 없다는 말이다. 불의한 부나 귀는 공자에게 있어서 아무런 애착이 없는 것이었다. '曲肱而枕之(곡굉이침지)'라는 숙어도 보인다.

富貴榮華 (부귀영화)★

[뜻음] 가멸 부, 귀할 귀, 영화 영, 빛날 화.
[풀이] 부귀와 영화. 재산이 많고 지위가 높으며 귀하게 되어서 몸이 세상에 드러나고 이름이 빛남.

富貴者驕人乎貧賤者驕人乎 (부귀자교인호빈천자교인호)★★★

[뜻음] 가멸 부, 귀할 귀, 놈 자, 교만할 교, 사람 인, 어조사 호, 가난한 빈.
[풀이] "부귀한 사람이 남을 업신여깁니까, 가난하고 천한 사람이 남을 업신여깁니까?"

≪史記(사기)≫ 魏世家(위세가)에 나오는 이야기이다.
위와 같이 물은 사람은 魏文侯(위문후)의 태자 擊(격)이었다. 위문후는 전국 초기의 가장 위대한 임금으로 알려졌다.

그는 공자의 제자 子夏(자하)에게 몸소 글을 배웠고 도가 계통의 인물인 田子方(전자방)을 스승이나 친구처럼 대우했다. 태자가 中山(중산)을 통치할 때 태자의 수레가 전자방과 마주쳤다. 전자방은 당연히 태자를 致賀(치하)해야 했는데 수레에서 내리지도, 치하하지도 않고 무심하게 지나쳤다. 태자는 괘씸하여 수레를 멈추게 하고 물었다.

"부귀한 사람이 남을 업신여깁니까, 가난하고 천한 사람이 남을 업신여깁니까?" 가난하고 천한 사람은 남을 업신여길 수 없다는 말이다.

이 물음을 들은 田子方(전자방)은 그것도 모르느냐는 듯이,

"그야 빈천한 사람이 사람을 업신여기지. 제후가 사람을 업신여기면 그 나라를 잃고, 대신이 사람을 업신여기면 그 집이 망하게 된다. 그러나 빈천한 사람은 하는 일이 뜻에 맞지 않고 하는 말을 써주지 않으면 멀리 훌쩍 떠나버리면 그만이다. 어떻게 같을 수가 있겠는가?"

태자 격은 말을 잃었다. 이 이야기를 듣고 위문후는 전자방을 더욱 존경하게 되었다.

富貴在天 (부귀재천)★★★

[뜻음] 가멸 부, 귀할 귀, 있을 재, 하늘 천.
[풀이] 부귀는 이미 하늘이 정해 놓은 것이어서 사람이 바란다고 마음대로 되는 것이 아님.

富貴妻榮 (부귀처영)★

[뜻음] 가멸 부, 귀할 귀, 아내 처, 영화 영.
[풀이] 남편의 신분이 존귀해지면, 아내는 그를 따라 영광을 입게 됨.

富貴草頭露 (부귀초두로)★

[뜻음] 가멸 부, 귀할 귀, 풀 초, 머리 두, 이슬 로.
[풀이] 재산이 많고 지위가 높은 것은 풀잎에 맺힌 이슬같이 덧없는 것.

富貴逼人 (부귀핍인)★

[뜻음] 가멸 부, 귀할 귀, 다가올 핍, 사람 인.

[풀이] 부귀가 사람에게 다가온다. 사람이 스스로 노력하면 구하지 않아도 부귀가 저절로 찾아옴. 출전 北史(북사).

負笈從師 (부급종사)★

[뜻음] 질 부, 책 상자 급, 따를 종, 스승 사.
[풀이] 책 상자를 지고 스승을 좇는다. 留學(유학)함.

附驥尾 (부기미)★★

[뜻음] 붙을 부, 천리마 기, 꼬리 미.
[풀이] 쉬파리가 천리마의 꼬리에 붙어 먼 데까지 간다. 어리석은 사람도 현명한 사람을 따라가면 실력 이상의 힘을 발휘할 수 있다는 말.

附驥攀鴻 (부기반홍)★★

[뜻음] 붙을 부, 천리마 기, 매달릴 반, 큰 기러기 홍.
[풀이] 모기나 등에도 천리마의 꼬리에 붙든지 기러기의 날개에 매달리면, 천리를 달리고 사해를 날 수 있다. ① 후배가 선배의 덕으로 크게 됨을 이름. ② 남의 세력 밑에 붙어 다니며 사는 일. 附驥尾(부기미). 출전 史記(사기) 伯夷傳(백이전).

不踏覆轍 (부답복철)★

[뜻음] 아닐 부, 밟을 답, 엎을 복, 자국 철.
[풀이] 수레바퀴가 엎어진 길을 따라 밟지 않는다. 先人(선인)들의 실패를 되풀이하지 않는다는 말.

不當利得 (부당이득)★

[뜻음] 아닐 부, 마땅할 당, 이로울 리, 얻을 득.
[풀이] 정당하지 못한 방법에 의해 남에게 손해를 끼치면서 얻은 이득.

不當之事 (부당지사)★

[뜻음] 아닐 부, 마땅할 당, 갈 지, 일 사.
[풀이] 정당하지 않은 일. 부당한 일.

不倒翁 (부도옹)★

[뜻음] 아닐 부, 넘어질 도, 늙은이 옹.
[풀이] 오뚝이.

不動心 (부동심)★★★

[뜻음] 아닐 부, 움직일 동, 마음 심.
[풀이] 정의감이 흔들리지 않는 마음.

≪孟子(맹자)≫ 公孫丑上(공손추상)에 나오는 이야기이다.
공손추가 맹자에게 물었다.

"선생님께서는 제나라의 재상이 되어 도를 행하시게 되면 覇(패)나 王(왕)을 이루시어도 이상할 것은 없습니다. 그러나 그렇게 되면 마음을 움직이게 되십니까, 그렇지 않습니까?"

맹자가 대답했다. "그렇지 않다. 나는 마흔에 마음을 움직이지 않게 되었다."

공손추가 다시 물었다.

그럼 선생님께선 孟賁(맹분)과는 거리가 머시겠습니다.
맹분은 한 손으로 황소 뿔을 잡아 뽑아 죽게 만들었다

는 이름난 장사였다.

　"맹분과 같은 그런 부동심은 어려운 것이 아니다. 告子(고자) 같은 사람도 나보다 먼저 부동심이 되었다."

　"부동심에도 道(도)가 있습니까?"

　"(중략) 옛날 曾子(증자)께서 子襄(자양)을 보고 말씀하셨다. 그대는 용병을 좋아하는가. 내 일찍이 공자에게서 큰 용기에 대해 들었다. '스스로 돌이켜 보아 옳지 못하면 비록 천한 사람일지라도 내가 양보를 한다. 스스로 돌이켜 보아옳으면 비록 천만 명일지라도 밀고 나간다'고 하셨다."

　마음이 어떤 일이나 외부의 충격으로 인해 동요되는 일이 없는 것을 뜻한다. 공자가 "마흔에 의혹을 하지 않았다"고 해서 不惑(불혹)이라는 말이 생겼는데 의혹이 없으면 자연 동요하는 일이 없기 때문에 부동심과 비슷한 말이 된다. 양심에 따라 행동을 하는 것에 참다운 용기가 생기고 이러한 용기가 부동심을 만든다.

不同鄕黨 (부동향당)★

[뜻음] 아닐 부, 한가지 동, 시골 향, 마을 당.
[풀이] 九族(구족)의 원수와 향당을 같이하지는 않음. 옛날에는 12,500집이 향이 되고, 500집이 당이 됨. 출전 春秋公羊傳(춘추공양전).

不得其死 (부득기사)★

[뜻음] 아닐 부, 얻을 득, 그 기, 죽을 사.
[풀이] 天壽(천수)를 다하지 못함. 살인이나 재해 등으로 죽음. 橫死(횡사)함.

不得不然 (부득불연)★

[뜻음] 아닐 부, 얻을 득, 아닐 불, 그러할 연.
[풀이] 하지 않을 수 없게 상황이 되어 있음. 어찌할 수 없음. 출전 孟子(맹자).

不得要領 (부득요령)★★

[뜻음] 아닐 부, 얻을 득, 허리 요, 옷깃 령.
[풀이] 要領(요령)을 잡을 수 없음. 요령은 가장 중요한 목. 출전 漢書(한서).

不得意 (부득의)★

[뜻음] 아닐 부, 얻을 득, 뜻 의.
[풀이] 뜻을 얻지 못함. 마음대로 되지 않음. 출전 史記(사기).

不得已 (부득이)★★

[뜻음] 아닐 부, 얻을 득, 이미 이.
[풀이] 마지못하여. 하는 수 없이.

浮浪子弟 (부랑자제)★

[뜻음] 뜰 부, 물결 랑, 아들 자, 아우 제.
[풀이] 떠돌아다니며 난봉 짓이나 하는 청소년을 좀 점잖게 이르는 말.

婦老爲姑 (부로위고)★

[뜻음] 며느리 부, 늙을 로, 될 위, 시어미 고.
[풀이] 며느리가 늙어서 시어머니가 된다. 나이가 어리다고 업신여기지 말라는 말. 출전 東言解(동언해).

駙馬 (부마)★★

[뜻음] 곁말 부, 말 마.
[풀이] 부마는 궁궐에 예비로 준비해 둔 말인데 임금의 사위로 뜻이 바뀜. 駙馬都尉(부마도위).

駙馬都尉 (부마도위)★★★

[뜻음] 곁말 부, 말 마, 도읍 도, 벼슬 위.
[풀이] 임금의 사위. 駙馬(부마).

　임금의 사위를 駙馬(부마) 혹은 駙馬都尉(부마도위)라고 한다. 이 부마도위란 이름은 漢武帝(한무제) 때 처음 생긴 벼슬의 이름이었다. 한무제는 匈奴(흉노)의 왕자로 한나라에 항복해 온 金日禪(김일선)에게 이 벼슬을 처음으로 주었다. 부마도위는 일정한 정원이 없이 천자가 자기 마음에 드는 사람에게 이 벼슬을 주곤 했었다. 그것이 魏晉(위진) 이후로 公主(공주)의 남편 되는 사람에 한해서 이 벼슬을 주게 됨으로써 임금의 사위를 부마라고 부르게 되었다. 駙馬(부마)는 원래 천자가 타는 副車(부거)에 딸린 말로 그것을 맡은 벼슬이 부마도위다. 부마도위의 계급과 봉록은 比二千石(비이천석)으로 대신과 같은 급이었다.

　김일선은 김일제의 조상이다. 김일제는 갑자기 김해김씨 시조 수로왕 왕릉 비문에 나온다. 수로왕의 말에 의하면 자신의 조상 어르신이 투후 김일제라고 밝혔다. 김해김씨가 성으로 쓰인 예가 김수로왕으로부터 비롯되었는데 김수로왕의 말에 의하면 김해김씨의 본원은 바로 흉노왕자 김일선에서 시작되고 그 성을 하사한 사람은 바로 한무제가 된다. 김해김씨는 조상이 북방에서 내려온 이주민이라는 사실을 알게 된다. '金張七葉(김장칠엽)'을 참조하시오.

父母劬勞 (부모구로)★

[뜻음] 아비 부, 어미 모, 수고로울 구, 일할 로.
[풀이] 부모가 자식을 기르기에 골몰하는 일. 劬勞之恩(구로지은). 출전 詩經(시경).

父母俱存 (부모구존)★★

[뜻음] 아비 부, 어미 모, 함께 구, 있을 존.
[풀이] 부모가 다 살아 있음.

父母唯其疾之憂 (부모유기질지우)★

[뜻음] 아비 부, 어미 모, 오직 유, 그 기, 병 질, 갈 지, 근심할 우.
[풀이] 부모는 유별나게 자식의 병을 근심함. 부모는 자식이 병이 날까 하여 晝夜(주야)로 그것만 근심함. 어버이의 자식에 대한 사랑이 깊음. 병을 앓지 않는 것이 가장 큰 효도임. 출전 論語(논어) 爲政篇(위정편).

父母在不遠游 (부모재불원유)★

[뜻음] 아비 부, 어미 모, 있을 재, 아닐 불, 멀 원, 놀 유.
[풀이] 부모가 살아 있는 사람은 먼 곳에 가 놀지 않음. 먼 곳에 가 있어 昏定晨省(혼정신성)의 예를 缺(결)하고 또 자기 몸에 대한 걱정을 끼치는 일이 없어야 함을 이르는 말. 출전 論語(논어).

父母妻子 (부모처자)★

[뜻음] 아비 부, 어미 모, 아내 처, 아들 자.
[풀이] 부모와 처.

腐木不可以爲柱 (부목불가이위주)★★

[뜻음] 썩을 부, 나무 목, 아닐 불, 옳을 가, 써 이, 될 위, 기둥 주.
[풀이] 썩은 나무는 기둥으로 쓸 수 없다. 어리석고 못난 사람은 중요한 직위에 앉힐 수 없음을 비유하는 말. 출전 漢書(한서).

負米百里之外 (부미백리지외)★★

[뜻음] 질 부, 쌀 미, 일백 백, 단위 리, 갈 지, 바깥 외.
[풀이] 백 리 밖에 쌀을 지고 가 부모를 공양함. 가난한 살림이면서 부모에게 효성이 극진함을 이름. 百里負米(백리부미).

剖腹藏珠 (부복장주)

[뜻음] 가를 부, 배 복, 감출 장, 구슬 주.
[풀이] 배를 가르고 구슬을 감춤. 재물을 지나치게 사랑하여 몸을 해치는 경우를 일컬음. 출전 唐書(당서).

夫婦有別 (부부유별)★★

[뜻음] 남편 부, 아내 부, 있을 유, 다를 별.
[풀이] 五倫(오륜)의 하나로, 부부(내외)간이라도 엄격히 구별이 있어야 한다는 말. 출전 禮記(예기).

父父子子 (부부자자)★★★

[뜻음] 아비 부, 자식 자.
[풀이] 아버지는 아버지답고 자식은 자식다움.

俯不怍於人 (부부작어인)★

[뜻음] 굽어볼 부, 아닐 부, 부끄러울 작, 어조사 어, 사람 인.
[풀이] 구부려서는 모든 사람에 대하여 부끄럽지 않음. 양심에 거리낌이 없음. '君子三樂(군자삼락)'을 보시오. 출전 孟子(맹자).

夫婦之間 (부부지간)★

[뜻음] 지아비 부, 지어미 부, 갈 지, 사이 간.
[풀이] 夫婦(부부)의 사이.

夫婦之約 (부부지약)★

[뜻음] 지아비 부, 지어미 부, 갈 지, 약속 약.
[풀이] 부부가 되기로 약속함.

夫婦之情 (부부지정)★

[뜻음] 지아비 부, 지어미 모, 갈 지, 정 정.
[풀이] 부부간의 애정.

負山之累 (부산지루)★

[뜻음] 질 부, 뫼 산, 갈 지, 누 끼칠 루.
[풀이] 산을 진 누. 신분에 맞지 않는 무거운 임무.

富商大賈 (부상대고)★★

[뜻음] 가멸 부, 장사할 상, 클 대, 상인 고.
[풀이] 많은 자본을 가지고 장사를 크게 하는 商人(상인).

父生母育 (부생모육)★

[뜻음] 아비 부, 날 생, 어미 모, 기를 육.
[풀이] 아버지는 낳게 하고 어머니는 기름.

浮生若夢 (부생약몽)★

[뜻음] 뜰 부, 날 생, 같을 약, 꿈 몽.
[풀이] 인생은 꿈같이 덧없음. 浮生如夢(부생여몽).

浮生如夢 (부생여몽)★

[뜻음] 뜰 부, 날 생, 같을 여, 꿈 몽.
[풀이] 인생은 뜬구름과 같다. 덧없는 인생은 뜬구름과 같음. 浮生若夢(부생약몽).

負析薪 (부석신)★

[뜻음] 질 부, 쪼갤 석, 땔나무 신.
[풀이] 아버지는 장작을 패고 아들은 이것을 나른다는 말. 父子(부자)가 先祖(선조)의 남긴 일을 잘 繼承(계승)하여 보전해 감을 이름.

負石入海 (부석입해)★

[뜻음] 질 부, 돌 석, 들 입, 바다 해.
[풀이] 志士(지사)가 자기 뜻을 세상에 베풀지 못함을 비관하고 돌을 짊어지고 바닷속으로 뛰어 들어갔다는 옛일에서 온 말. 출전 史記(사기) 鄒陽傳(추양전).

負俗之累 (부속지누)

[뜻음] 질 부, 풍속 속, 갈 지, 누 끼칠 누.
[풀이] 훌륭한 사람이 한동안 세상 사람들의 쓸데없는 戱弄(희롱)을 받게 되는 괴로움. 志操(지조)가 높아 세속에 벗어나므로 세상 사람에게서 비난을 받는 어려움. 負俗之累(부속지루). 출전 漢書(한서).

膚受之愬 (부수지소)★

[뜻음] 살갗 부, 받을 수, 갈 지, 하소연 소.
[풀이] 膚受之言(부수지언). '浸潤之譖(침윤지참)'을 보시오. 출전 論語(논어) 顏淵篇(안연편).

膚受之言 (부수지언)★

[뜻음] 살갗 부, 받을 수, 갈 지, 말씀 언.
[풀이] 겉만 핥아 그 깊은 뜻을 알지 못하는 말. '浸潤之譖(침윤지참)'을 보시오. 출전 後漢書(후한서).

俛首帖耳 (부수첩이)★

[뜻음] 숙일 부, 머리 수, 늘어뜨릴 첩, 귀 이.
[풀이] 머리를 숙이고 귓불을 늘어뜨리다. 阿諂(아첨)하는 꼴.

負薪救火 (부신구화)★

[뜻음] 질 부, 섶나무 신, 건질 구, 불 화.
[풀이] 섶을 지고 불을 끈다. 어리석거나 방법을 잘못 택하여 일을 돌

이킬 수 없이 크게 그르침의 비유.

負薪入火 (부신입화)

[뜻음] 질 부, 섶나무 신, 들 입, 불 화.
[풀이] 섶을 지고 불속으로 들어간다. 負薪救火(부신구화).

負薪之憂 (부신지우)★

[뜻음] 질 부, 땔나무 신, 갈 지, 근심할 우.
[풀이] 땔나무를 하여 지고 가다가 지쳐 병이 들었다는 뜻으로, 자기 병의 謙稱(겸칭). 負薪憂(부신우). 採薪之憂(채신지우). 출전 禮記(예기) 曲禮下篇(곡례하편).

負薪之資 (부신지자)★

[뜻음] 질 부, 땔나무 신, 갈 지, 자질 자.
[풀이] 땔나무를 지는 촌스러운 자질. 곧 용렬한 자질. 자기의 재주를 겸손하게 말하는 경우에도 씀. 負薪之才(부신지재).

負兒覓三年 (부아멱삼년)★

[뜻음] 질 부, 아이 아, 찾을 멱, 석 삼, 해 년.
[풀이] 업은 아이 삼 년 찾는다는 말.

俯仰無愧 (부앙무괴)★★★

[뜻음] 굽어볼 부, 우러를 앙, 없을 무, 부끄러워할 괴.
[풀이] 하늘을 우러러보나 세상을 굽어보나 양심에 거리낄 만한 것이 조금도 없음.

　≪孟子(맹자)≫ 盡心(진심) 上(상)에 나오는 말이다.
　"군자는 세 가지 즐거움이 있다. 그러나 천하에 왕 노릇 하는 것은 이 세 가지 속에 들어 있지 않다. 부모가 함께 살아 계시고 형제가 無故(무고)한 것이 첫째 즐거운 일이다. 우러러 하늘에 부끄럽지 않고, 굽어 사람에게 부끄럽지 않은 것이 둘째 즐거움이다. 천하의 영재를 얻어 가르쳐 기르는 것이 셋째 즐거움이다. 이렇게 군자에겐 세 가지 즐거움이 있지만, 이 속에 천하에 왕 노릇 하는 것은 들어 있지 않다."
　이것이 이른바 맹자가 말한 君子三樂(군자삼락)이다. 이 속에 나오는 俯仰不愧(부앙불괴)란 말은 글자 그대로 풀면, '굽어보나 우러러보나 부끄럽지 않다'는 뜻이다. '仰不愧於天 俯不作於人(앙불괴어천 부부작어인: 우러러 하늘에 부끄럽지 않고, 굽어 사람에게 부끄럽지 않다)'는 말에서 나온 말이다. 마음가짐에 있어서나 행동에 있어서나 양심에 아무 부끄러울 것이 없는 대장부의 公明正大(공명정대)한 심경을 가리켜서 한 말이다.

俯仰一世 (부앙일세)★

[뜻음] 구부릴 부, 우러를 앙, 한 일, 세상 세.
[풀이] 세상에 順應(순응)하여 행동함.

俯仰低徊 (부앙저회)★

[뜻음] 구부릴 부, 우러를 앙, 밑 저, 어정거릴 회.

[풀이] 感慨無量(감개무량)하여 위를 쳐다보았다 아래를 내려다보았다 하며 어정거림.

俯仰天地 (부앙천지)★

[뜻음] 숙일 부, 우러를 앙, 하늘 천, 땅 지.
[풀이] 하늘을 우러러보고 땅을 굽어봄.

富於春秋 (부어춘추)★

[뜻음] 가멸 부, 어조사 어, 봄 춘, 가을 추.
[풀이] 나이가 어림. 아주 젊어서 춘추(나이)가 넉넉함. 富春秋(부춘추). 출전 史記(사기)

浮言浪說 (부언낭설)★

[뜻음] 뜰 부, 말씀 언, 허황될 낭, 말씀 설.
[풀이] 浮言流說(부언유설).

浮言讒說 (부언참설)★

[뜻음] 뜰 부, 말씀 언, 해칠 참, 말씀 설.
[풀이] 근거 없이 떠돌아다니는, 讒訴(참소)하는 말. 세상을 떠도는, 헐뜯는 말.

敷衍說明 (부연설명)★

[뜻음] 늘어놓을 부, 넘칠 연, 말씀 설, 밝을 명.
[풀이] 알기 쉽게 자세히 늘어놓아 설명함.

附炎棄寒 (부염기한)★

[뜻음] 붙을 부, 불탈 염, 버릴 기, 찰 한.
[풀이] 權勢(권세)가 떨칠 때에는 붙좇고 권세가 쇠하면 버리고 떠남. 인정의 輕薄(경박)함을 이름.

浮雲驚龍 (부운경룡)★

[뜻음] 뜰 부, 구름 운, 놀랄 경, 용 룡.
[풀이] 筆勢(필세)가 매우 자유로운 모양. 출전 晉書(진서).

浮雲富貴 (부운부귀)★

[뜻음] 뜰 부, 구름 운, 가멸 부, 귀할 귀.
[풀이] 뜬구름같이 덧없는 不義(불의)의 富貴(부귀).

浮雲翳白日 (부운예백일)★

[뜻음] 뜰 부, 구름 운, 가릴 예, 흰 백, 해 일.
[풀이] 뜬구름이 해를 가린다. 小人(소인)이 君主(군주)의 聰明(총명)을 가리거나 군자의 德(덕)을 가림을 비유하는 말.

浮雲朝露 (부운조로)★★

[뜻음] 뜰 부, 구름 운, 아침 조, 이슬 로.
[풀이] 하늘에 떠도는 구름과 아침 이슬. 인생의 덧없음.

浮雲蹤跡 (부운종적)

[뜻음] 뜰 부, 구름 운, 자취 종, 자취 적.
[풀이] 사라지거나 떠난 뒤에 그 痕迹(흔적)이 일정하지 않게 이리저리 떠돌아다님.

浮雲之志 (부운지지)★★

[뜻음] 뜰 부, 구름 운, 갈 지, 뜻 지.
[풀이] 뜬구름 같은 不義(불의)의 富貴(부귀)를 증오하는 마음.

斧鉞之下 (부월지하)★

[뜻음] 큰 도끼 부, 작은 도끼 월, 갈 지, 아래 하.
[풀이] 옛날 중국에서 권력의 상징으로 삼았던 큰 도끼와 작은 도끼의 아래. '천자의 위엄'을 말함.

夫爲婦綱 (부위부강)★

[뜻음] 지아비 부, 삼을 위, 지어미 부, 벼리 강.
[풀이] 三綱(삼강)의 하나로, 부부 사이에 지켜야 하는 떳떳한 도리.

父爲子綱 (부위자강)★

[뜻음] 아비 부, 삼을 위, 자식 자, 벼리 강.
[풀이] 三綱(삼강)의 하나로, 부모와 자식 사이에 지켜야 하는 떳떳한 도리.

父爲子隱 (부위자은)★

[뜻음] 아비 부, 할 위, 아들 자, 숨길 은.
[풀이] 아버지는 아들의 罪惡(죄악)을 숨기는 것이 인정상 당연함. '直躬證父(직궁증부)'를 참조하시오. 출전 論語(논어).

蜉蝣人生 (부유인생)★

[뜻음] 하루살이 부, 하루살이 유, 사람 인, 날 생.
[풀이] 하루살이 같은 인생. 곧 덧없고 허무한 인생.

婦有長舌 (부유장설)★

[뜻음] 지어미 부, 있을 유, 길 장, 혀 설.
[풀이] 여자가 말이 많음은 禍(화)의 발단이 된다는 뜻. 여자들이 모이면 말이 많고 떠들썩하다는 말. 출전 詩經(시경) 大雅(대아).

富潤屋 (부윤옥)★★

[뜻음] 가멸 부, 윤택할 윤, 집 옥.
[풀이] 재산이 많으면 자연히 집이 윤택해진다는 말.

附耳細語 (부이세어)★★

[뜻음] 붙을 부, 귀 이, 가늘 세, 말씀 어.
[풀이] 귀에 대고 소곤거리며 말하다. 남의 장단점을 함부로 말하지 말라는 말. 출전 芝峯類說(지봉유설).

附耳之言 (부이지언)★

[뜻음] 붙을 부, 귀 이, 갈 지, 말씀 언.
[풀이] 귀에 대고 하는 말. 비밀이란 새기 쉬운 것이라는 말.

婦人三從 (부인삼종)

[뜻음] 지어미 부, 사람 인, 석 삼, 따를 종.
[풀이] 여자가 順從(순종)해야 할 세 가지. 아버지를 따르고, 시집가서는 남편을 따르고, 남편이 죽은 뒤에는 자식을 따라야 한다는 것.

婦人之性 (부인지성)★

[뜻음] 지어미 부, 사람 인, 갈 지, 성품 성.
[풀이] 남자로서 여자처럼 偏僻(편벽)되고 좁은 성질.

富者不仁仁者不富 (부자불인인자불부)

[뜻음] 가멸 부, 놈 자, 아닐 불, 어질 인.
[풀이] 부자는 어질지 못하고, 인자는 부자가 되지 못한다. 仁(인)과 富(부)는 竝立(병립)하기 힘들다는 말.

父子相逢 (부자상봉)★

[뜻음] 아비 부, 아들 자, 서로 상, 만날 봉.
[풀이] 헤어진 아버지와 아들이 서로 만남.

父子相傳 (부자상전)★

[뜻음] 아비 부, 아들 자, 서로 상, 전할 전.
[풀이] 父傳子傳(부전자전).

父子有親 (부자유친)★

[뜻음] 아비 부, 아들 자, 있을 유, 친할 친.
[풀이] 오륜의 하나, 부자의 도는 親密(친밀)에 있음.

夫子自道 (부자자도)★★★

[뜻음] 지아비 부, 자식 자, 스스로 자, 길 도.
[풀이] 孔子(공자)가 자기의 일을 자기가 말한다. 자기 일을 자기가 말함. 자기의 일을 스스로 말함. 夫子(부자)는 공자를 높여 부르는 말. 출전 論語(논어) 憲問篇(헌문편).

父慈子孝 (부자자효)★

[뜻음] 아비 부, 자애로울 자, 아들 자, 효도할 효.
[풀이] 부모는 자녀에게 자애롭고 자녀는 부모에게 효행을 다함. 출전 禮記(예기) 禮運篇(예운편).

父子聚麀 (부자취우)★

[뜻음] 아비 부, 아들 자, 취할 취, 암사슴 우.
[풀이] 짐승은 禮義(예의)를 모르기 때문에 아비와 새끼가 같은 암컷과 關係(관계)함. 출전 禮記(예기) 曲禮上篇(곡례상편).

不藏怒焉 (불장노언)★

[뜻음] 아닐 불, 감출 장, 성낼 노, 어조사 언.
[풀이] 노여움은 마음속에 묻어두지 않는다. 곧 노할 일은 노해 버리고 마음속에 오래도록 묻어두지 말라는 말.

腐腸之藥 (부장지약)★

[뜻음] 썩을 부, 창자 장, 갈 지, 약 약.
[풀이] 창자를 썩히는 약. 곧 좋은 음식과 술을 나타냄.

富在知足 (부재지족)★★

[뜻음] 가멸 부, 있을 재, 알 지, 족할 족.
[풀이] 富(부)는 족한 것을 아는 데 있다. 자기 分數(분수)를 알아 이에 만족하여야 함을 이름. 만족할 줄 아는 사람이 부자라는 말. 출전 說苑(설원).

父傳子傳 (부전자전)★

[뜻음] 아비 부, 전할 전, 아들 자.
[풀이] 子子孫孫(자자손손)이 전하여 가진다. 대대로 아버지가 아들에게 전함.

父祖傳來 (부조전래)★★

[뜻음] 아비 부, 할아비 조, 전할 전, 올 래.
[풀이] 선조 때부터 전하여 옴.

不祧之典 (부조지전)★★

[뜻음] 아닐 부, 사당 조, 갈 지, 법 전.
[풀이] 나라에 큰 功勳(공훈)이 있는 사람의 神主(신주)를 永久(영구)히 祠堂(사당)에 모시고 祭祀(제사) 지내게 하는 特典(특전). 不遷位(불천위).

不足可論 (부족가론)★

[뜻음] 아닐 부, 족할 족, 옳을 가, 논할 론.
[풀이] 같이 의논할 거리가 못 됨.

負罪引慝 (부죄인특)

[뜻음] 질 부, 허물 죄, 끌 인, 허물 특.
[풀이] 스스로 인정하여 자기 허물을 삼고 스스로 이끌어 자기의 잘못으로 삼는 일. 허물을 자기에게 돌려 자기의 죄로 인정하는 일. 출전 書經(서경).

釜中生魚 (부중생어)★★

[뜻음] 가마솥 부, 가운데 중, 날 생, 고기 어.
[풀이] 오래 밥을 하지 못하여 솥 안에 물고기가 생김. 極貧(극빈)의 형용. 後漢(후한)의 范冉(범염)이 가난하여 이따금 끼니를 굶은 고사. 출전 後漢書(후한서).

釜中之魚 (부중지어)★★★

[뜻음] 가마솥 부, 가운데 중, 갈 지, 물고기 어.
[풀이] 솥 안에 든 고기. 가마솥의 물고기가 곧 삶겨 죽을 줄도 모르고 즐겁게 헤엄치고 있다. 헤어날 수 없는 곤경에 빠져 옴짝달싹 못하고 마지막 운명만을 기다리는 처지를 비유하여 이르는 말. 죽음이 눈앞에 닥쳐옴. 涸轍鮒魚(학철부어). 출전 資治通鑑(자치통감).

富則多事 (부즉다사)★★

[뜻음] 가멸 부, 곧 즉, 많을 다, 일 사.
[풀이] 재산이 많으면 귀찮은 일이 많음. 돈이나 재물이 많으면 그만큼 걱정거리나 어려운 일이 많음. 출전 莊子(장자) 天地篇(천지편).

不知去處 (부지거처)★★

[뜻음] 아닐 부, 알 지, 갈 거, 곳 처.
[풀이] 간 곳을 알 수 없음.

不知輕重 (부지경중)★

[뜻음] 아닐 부, 알 지, 가벼울 경, 무거울 중.
[풀이] 물건의 분량을 알지 못함. 판단을 그르침을 비유하는 말. 출전 晉書(진서).

不知其數 (부지기수)★★

[뜻음] 아닐 부, 알 지, 그 기, 셈할 수.
[풀이] 그 수를 알 수 없을 만큼 썩 많음.

不知不識間 (부지불식간)★

[뜻음] 아닐 부, 알 지, 알 식, 사이 간.

[풀이] 생각지도 알지도 못하는 사이에. 생각지도 알지도 못하는 사이. 부지중.

不知世上 (부지세상)★

[뜻음] 아닐 부, 알 지, 세상 세, 위 상.
[풀이] 세상 일, 돌아가는 형편을 도무지 알지 못함.

不知所向 (부지소향)★

[뜻음] 아닐 부, 알 지, 바 소, 향할 향.
[풀이] 갈 곳을 알지 못함.

不知肉味 (부지육미)★

[뜻음] 아닐 부, 알 지, 고기 육, 맛 미.
[풀이] 고기 맛을 알지 못함. 어떤 일에 열중하여서 마음이 딴 데에 팔리지 아니함. 출전 論語(논어).

不知人間有羞恥事 (부지인간유수치사)

[뜻음] 아닐 부, 알 지, 사람 인, 사이 간, 있을 유, 부끄러울 수, 부끄러울 치, 일 사.
[풀이] 자기의 수치를 스스로 깨닫지 못한다는 말. 파렴치한 사람을 비웃는 말.

不知寢食 (부지침식)★★

[뜻음] 아닐 부, 알 지, 잠잘 침, 먹을 식.
[풀이] 생활에 제일 중요한 寢食(침식)을 잊음. 어떤 일에 汨沒(골몰)하거나 어떤 일에 몹시 걱정이 커서 침식을 잊음.

不知何歲月 (부지하세월)★★★

[뜻음] 아닐 부, 알 지, 어찌 하, 해 세, 달 월.
[풀이] 일이 언제 이루어질 지 도무지 그 기한을 알 수가 없음.

斧鑕之刑 (부질지형)

[뜻음] 도끼 부, 모탕 질, 갈 지, 형벌 형.
[풀이] 死刑(사형)을 받음. 罪人(죄인)을 죽이는 데 쓰이는 도끼와 쇠모탕.

斧鑿之痕 (부착지흔)★★

[뜻음] 도끼 부, 끌 착, 갈 지, 흔적 흔.
[풀이] 도끼나 끌의 흔적. 詩(시)나 文(문), 書畵(서화)의 제작에 마구 技巧(기교)를 부린 흔적. 斧鑿痕(부착흔).

俯察仰觀 (부찰앙관)★

[뜻음] 굽을 부, 살필 찰, 우러를 앙, 볼 관.
[풀이] 아랫사람의 형편을 두루 굽어 살피고, 윗사람을 존경하는 마음으로 우러러봄. 땅을 굽어보고 지리를 살피고, 하늘을 우러러보고 천문을 봄.

夫唱婦隨 (부창부수)★★★

[뜻음] 지아비 부, 부를 창, 지어미 부, 따를 수.
[풀이] 남편이 주장하고 아내가 잘 따르는 것이 부부의 도리라는 말. 남편이 부르고 아내가 이에 따름. 출전 關尹子(관윤자).

夫倡婦隨 (부창부수)★

[뜻음] 지아비 부, 부를 창, 지어미 부, 따를 수.
[풀이] 夫唱婦隨(부창부수).

負債如山 (부채여산)★★

[뜻음] 질 부, 빚 채, 같을 여, 뫼 산.
[풀이] 남에게 진 빚이 산처럼 많음.

夫妻反目 (부처반목)★

[뜻음] 지아비 부, 아내 처, 되돌릴 반, 눈 목.
[풀이] 부부가 서로 싸우는 것. 출전 易經(역경) 小畜卦(소축괘).

附贅縣疣 (부췌현우)★

[뜻음] 붙을 부, 혹 췌, 매달 현, 사마귀 우.
[풀이] 혹과 무사마귀. 轉(전)하여 無用之物(무용지물)을 말함. 출전 莊子(장자) 大宗師篇(대종사편).

赴湯蹈火 (부탕도화)★

[뜻음] 나아갈 부, 끓을 탕, 밟을 도, 불 화.
[풀이] 끓는 물과 타는 불에도 헤아리지 않고 들어간다. 어떠한 괴로움도 辭讓(사양)하지 않음. 赴湯冒火(부탕모화). 출전 漢書(한서).

赴湯冒火 (부탕모화)★

[뜻음] 나아갈 부, 끓을 탕, 무릅쓸 모, 불 화.
[풀이] 끓는 물이나 타는 불에라도 들어간다. 윗사람의 명령을 시행하기 위해 어떤 어려움이든 피하지 않는다는 말. 赴湯蹈火(부탕도화).

浮萍心性 (부평심성)★

[뜻음] 뜰 부, 부평초 평, 마음 심, 성품 성.
[풀이] 부평초 같은 심성. 부평초처럼 정처 없이 떠다니는, 落伍(낙오)된 신세.

浮萍轉蓬 (부평전봉)★

[뜻음] 뜰 부, 부평초 평, 구를 전, 쑥 봉.
[풀이] 부평초가 쑥이 된다. 살 도리가 없어서 정처 없이 떠다니는 낙오된 신세.

父風母習 (부풍모습)★

[뜻음] 아비 부, 바람 풍, 어미 모, 익힐 습.
[풀이] 생김새나 말, 행동 등이 아버지와 어머니를 골고루 닮음.

浮虛之說 (부허지설)★

[뜻음] 뜰 부, 빌 허, 갈 지, 말씀 설.
[풀이] 길거리에서나 巷間(항간)에서 떠돌아다니는 허황한 말.

父兄子弟 (부형자제)★

[뜻음] 아비 부, 형 형, 아들 자, 아우 제.
[풀이] 아버지나 형에게 가르침을 받고 자라난 젊은 사람.

附和雷同 (부화뇌동)★★★

[뜻음] 붙을 부, 화할 화, 우레 뇌, 한가지 동.
[풀이] 번개가 치니 천둥이 화하다. 줏대 없이 남의 의견에 따라 움직임. 출전 禮記(예기) 曲禮篇(곡례편).

浮華放縱 (부화방종)★★

[뜻음] 뜰 부, 꽃 화, 놓을 방, 늘어질 종.
[풀이] 허영심에 들떠 실속은 없이 겉치레만 화려하고 방종함. 浮華放蕩(부화방탕).

浮華放蕩 (부화방탕)★

[뜻음] 뜰 부, 빛날 화, 놓을 방, 방탕할 탕.
[풀이] 浮華放縱(부화방종)

附和隨行 (부화수행)

[뜻음] 붙을 부, 화할 화, 따를 수, 갈 행.
[풀이] 附和雷同(부화뇌동).

附會之說 (부회지설)★

[뜻음] 붙을 부, 모일 회, 갈 지, 말씀 설.
[풀이] 事理(사리)를 억지로 발라맞춘 의견. 牽強附會(견강부회).

北斗以南一人而已 (북두이남일인이이)

[뜻음] 북녘 북, 말 두, 써 이, 남녘 남, 한 일, 사람 인, 말 이을 이, 이미 이.
[풀이] 북두칠성 以南(이남)에서 단 한 사람뿐. 세상에서 보기 드문 賢人(현인)을 이름. 泰山北斗(태산북두)와 비슷한 말.

北斗七星 (북두칠성)★

[뜻음] 북녘 북, 말 두, 일곱 칠, 별 성.
[풀이] 북쪽으로 별이 일곱 개 있는 별자리. 본디 아홉 개 별이 있음.

北虜南倭 (북로남왜)

[뜻음] 북녘 북, 오랑캐 로, 남녘 남, 왜적 왜.
[풀이] 중국 명나라의 두 가지 大患(대환). 곧 북방을 침략하던 蒙古(몽고)와 남방에서 노략질하던 倭寇(왜구).

北馬南船 (북마남선)★

[뜻음] 북녘 북, 말 마, 남녘 남, 배 선.
[풀이] 옛날 중국의 교통수단은, 남쪽은 강이 많아 배를 이용하고, 북쪽은 산과 사막이 많아서 말을 많이 탔다는 데서 온 말. 사방으로 늘 여행함. 쉴 사이 없이 바쁘게 돌아다님. 南船北馬(남선북마). 출전 淮南子(회남자).

北邙山川 (북망산천)★

[뜻음] 북녘 북, 산 이름 망, 뫼 산, 내 천.
[풀이] 사람이 죽어서 파묻히는 곳. 중국에 있는 北邙山(북망산).

北鄙之音 (북비지음)★

[뜻음] 북녘 북, 더러울 비, 갈 지, 소리 음.
[풀이] 북쪽 오랑캐의 속되고 살벌한 음악. 출전 史記(사기) 殷紀(은기).

北山之感 (북산지감)★

[뜻음] 북녘 북, 뫼 산, 갈 지, 느낄 감.
[풀이] 북산에서의 느낌. 임금을 섬기느라고 부모님을 奉養(봉양)하지 못하는 恨歎(한탄). 詩經(시경) 小雅(소아)의 北山編(북산편)의 詩意(시의)에서 바뀌어 만들어진 말. 출전 詩經(시경) 小雅(소아).

北叟失馬 (북수실마)★

[뜻음] 북녘 북, 늙은이 수, 잃을 실, 말 마.
[풀이] 북수는 북방 邊塞(변새)에 살던 老翁(노옹)으로, 그가 말을 잃었다가 다시 좋은 말을 얻었다는 고사. 인간의 吉凶禍福(길흉화복)은 늘 변한다는 말. '塞翁之馬(새옹지마)'를 보시오. 출전 淮南子(회남자).

北轅適楚 (북원적초)★

[뜻음] 북녘 북, 멍에 원, 갈 적, 가시나무 초.
[풀이] 수레의 멍에는 북쪽으로 하고 楚(초)나라로 간다. 멍에를 북쪽으로 돌리고 가는 것은 남쪽 楚(초)나라로 간다. 뜻과 행동이 相反(상반)됨을 비유함.

北窓三友 (북창삼우)★

[뜻음] 북녘 북, 창 창, 석 삼, 벗 우.
[풀이] 거문고(瑟: 슬), 술(酒: 주), 詩(시)를 이르는 말. 출전 伯居易(백거이)의 詩(시).

北風寒雪 (북풍한설)★★

[뜻음] 북녘 북, 바람 풍, 찰 한, 눈 설.
[풀이] 북쪽에서 불어오는 된바람과 차가운 눈.

焚膏油繼晷 (분고유계귀)

[뜻음] 불사를 분, 기름 고, 기름 유, 이을 계, 빛 귀.
[풀이] 기름을 태워 빛을 이어감. 밤을 낮에 이어 일을 함. 밤낮으로 애써 독서함. 焚膏繼晷(분고계귀).

粉骨碎身 (분골쇄신)★★★

[뜻음] 가루 분, 뼈 골, 부술 쇄, 몸 신.
[풀이] ① 목숨을 아끼지 않고 있는 힘을 다함. ② 참혹하게 죽음. 분신쇄골. 碎骨粉身(쇄골분신).

憤氣騰騰 (분기등등)★

[뜻음] 성낼 분, 기운 기, 오를 등.
[풀이] 분한 마음이 몹시 치밀어 오르는 것.

憤氣沖天 (분기충천)★

[뜻음] 성낼 분, 기운 기, 날아오를 충, 하늘 천.
[풀이] 憤氣衝天(분기충천). 忿氣衝天(분기충천). 憤氣撐天(분기탱천).

奔利死名 (분리사명)★

[뜻음] 달릴 분, 이익 리, 죽을 사, 이름 명.
[풀이] 세상 사람들이 名利(명리)에 陶醉(도취)되어 있음.

墳墓之地 (분묘지지)★

[뜻음] 무덤 분, 무덤 묘, 갈 지, 땅 지.
[풀이] 조상 대대의 무덤이 있는 땅. 태어난 고향. 출전 管子(관자).

粉白黛綠 (분백대록)★

[뜻음] 단장할 분, 흰 백, 눈썹먹 대, 초록 록.
[풀이] 흰 분을 바르고 푸른 먹을 눈썹에 칠함. 곧 부인의 고운 化粧(화장)을 말함. 粉白黛黑(분백대흑).

粉白黛黑 (분백대흑)★★

[뜻음] 단장할 분, 흰 백, 눈썹먹 대, 검을 흑.
[풀이] 분으로 얼굴을 하얗게 바르고 눈썹을 먹으로 칠함. 粉白黛綠(분백대록). 출전 戰國策(전국책).

粉壁紗窓 (분벽사창)★★★

[뜻음] 가루 분, 벽 벽, 깁 사, 창 창.
[풀이] 하얗게 꾸민 벽과 깁으로 바른 창. 여자가 거처하는, 아름답게 꾸민 방.

紛紛擾擾 (분분요요)★

[뜻음] 어지러워질 분, 어지러울 요.
[풀이] 紛亂(분란)한 모양.

分崩離析 (분붕이석)★★

[뜻음] 나눌 분, 무너질 붕, 떼놓을 리, 쪼갤 석.
[풀이] 조각조각 깨지고 뿔뿔이 흩어짐. 백성을 恩惠(은혜)로 다스릴 수도 없고 團結(단결)하게 할 수도 없음. 출전 論語(논어) 季氏篇(계씨편).

紛紛致賀 (분분치하)★

[뜻음] 어지러울 분, 보낼 치, 하례 하.
[풀이] 수선스럽게 축하하는 인사를 함.

忿思難 (분사난)★★

[뜻음] 성낼 분, 생각할 사, 어려울 난.
[풀이] 화가 날 때는 그것으로 말미암아 생겨날 患難(환난)을 생각함. 성날 때에 참고 견뎌야 함을 경계하는 말. 출전 論語(논어).

焚書坑儒 (분서갱유)★★★

[뜻음] 불사를 분, 글 서, 묻을 갱, 선비 유.
[풀이] 진시황이 학자들의 정치 비판을 막기 위해 민간의 서적을 불태우고 儒生(유생)들을 구덩이에 묻어 죽인 일.

≪史記(사기)≫ 秦始皇本紀(진시황본기)에 나오는 이야기이다.

秦始皇(진시황)은 咸陽宮(함양궁)에서 술자리를 베풀었다. 이때 郡縣制度(군현제도)를 찬양하는 僕射(복야) 周靑臣(주청신)과 封建制度(봉건제도)의 부활을 주장하는 博士(박사) 淳于越(순우월)이 시황 앞에서 대립된 의견을 놓고 싸웠다.

시황은 신하들에게 토의하게 했는데 승상 李斯(이사)가 순우월의 주장에 몹시 못마땅해하며 다음과 같이 안을 제시했다.

"史官(사관)이 맡고 있는 진나라 기록 이외의 것은 모두 태워 없앤다. 박사가 직무상 취급하고 있는 것 이외에 감히 詩書(시서)나 百家語(백가어)들을 가지고 있는 사람이 있으면, 모두 고을 수령들에게 이를 바치게 해서 태워 없앤다. 감히 시서를 말하는 사람이 있으면 모두 시장 바닥에 끌어내다 죽인다. 옛날 것을 가지고 지금 것을 비난하는 사람은 일족을 다 처형시킨다. 관리로서 이를 알고도 검거하지 않는 사람도 같은 죄로 다스린다. 금령이 내린 삼십 일 이내에 태워 없애지 않는 사람은 이마에 먹물을 넣고 징역형에 처한다. 태워 없애지 않는 것은 醫藥(의약), 卜筮(복서), 농사에 관한 책들이다. 만일 법령을 배우고자 할 때는 관리에게 배워야 한다.”

이것이 秦始皇本紀(진시황본기)에 나온 焚書(분서) 사건이다. 진시황이 학자들의 정치 비판을 막기 위해 민간의 서적을 불태우고 儒生(유생)들을 구덩이에 묻어 죽인 일이다.

그러나 이4 분서갱유를 대단치 않은 사건으로 보는 학자도 있다. 죽은 사람은 460명뿐이었고, 책들은 사실상 참고를 위해 몇 벌씩 정부 서고에 보관되어 있었다. 그것을 불살라 버린 것은 초패왕 項羽(항우)였다.

分袖相別 (분수상별)★

[뜻음] 나눌 분, 소매 수, 서로 상, 다를 별.
[풀이] 서로 소매를 나누고 헤어짐. 서로 이별함. 分首分袂(분수분몌).

粉飾會計 (분식회계)★

[뜻음] 가루 분, 꾸밀 식, 모일 회, 셈할 계.
[풀이] 분으로 장식하듯 꾸민 엉터리 회계.

粉身糜骨 (분신미골)★

[뜻음] 가루 분, 몸 신, 문드러질 미, 뼈 골.
[풀이] 정성으로 노력함을 이르는 말. 粉骨碎身(분골쇄신). 粉身碎骨(분신쇄골). 출전 三國史記(삼국사기).

粉身碎骨 (분신쇄골)★

[뜻음] 가루 분, 몸 신, 부술 쇄, 뼈 골.
[풀이] ① 목숨을 아끼지 않고 있는 힘을 다함. ② 참혹하게 죽음. 粉骨碎身(분골쇄신).

奮往邁進 (분왕매진)★★

[뜻음] 떨칠 분, 갈 왕, 멀리 갈 매, 나아갈 진.
[풀이] 씩씩하고 세찬 기세로 달려 나아감.

奔獐顧放獲兎 (분장고방획토)

[뜻음] 달릴 분, 노루 장, 돌아볼 고, 놓을 방, 얻을 획, 토끼 토.
[풀이] 달아나는 노루를 보고 얻은 토끼를 놓았다. 어떤 이익을 구하려고 분주히 서두르다가 도리어 실패함.

奮戰力鬪 (분전역투)★★

[뜻음] 떨칠 분, 싸울 전, 힘 역, 다툴 투.
[풀이] 있는 힘을 다하여 맹렬히 싸움.

分錢粒米 (분전입미)★

[뜻음] 돈 분, 돈 전, 알 립, 쌀 미.
[풀이] 아주 적은 돈과 곡식.

奔走多事 (분주다사)★★★

[뜻음] 달아날 분, 달릴 주, 많을 다. 일 사.
[풀이] 일이 많아서 매우 바쁨.

奔車之上無仲尼 (분차지상무중니)★

[뜻음] 달릴 분, 수레 차, 갈 지, 위 상, 없을 무, 버금 중, 중 니.
[풀이] 마구 달리는 수레 위에는 孔子(공자)가 없다. 聖賢(성현)은 위험한 곳에 있지 않음. 중니는 공자의 字(자). 출전 韓非子(한비자) 安危篇(안위편).

糞土之言 (분토지언)★

[뜻음] 똥 분, 흙 토, 갈 지, 말씀 언.
[풀이] 도리에 어긋난, 가치 없는 말. 더럽고 이치에 닿지 않는 말.

糞土之墻 (분토지장)★★

[뜻음] 더러울 분, 흙 토, 갈 지, 담 장.
[풀이] 썩은 흙으로 된 담장. 糞土之墻不可圬(분토지장불가오).

糞土之墻不可圬 (분토지장불가오)★★★

[뜻음] 더러울 분, 흙 토, 갈 지, 담 장, 아닐 불, 가할 가, 흙손 오.
[풀이] 썩은 흙으로 쌓아서 다시 고쳐 바를 수 없는 담. 게을러서 가르쳐도 소용없는 사람의 비유. 糞土之墻(분토지장). 출전 論語(논어) 公冶長篇(공야장편).

奮鬪努力 (분투노력)★

[뜻음] 떨칠 분, 싸울 투, 힘쓸 노, 힘 력.
[풀이] 온 힘을 다하여 노력함.

奮鬪爭先 (분투쟁선)★

[뜻음] 떨칠 분, 싸울 투, 다툴 쟁, 앞 선.
[풀이] 있는 힘을 다하여 서로 앞서기를 다툼.

焚香再拜 (분향재배)★

[뜻음] 불사를 분, 향기 향, 다시 재, 절 배.
[풀이] 향을 피우고 두 번 절을 올려 제사를 지냄.

分形連氣 (분형연기)★

[뜻음] 나눌 분, 모양 형, 잇닿을 연, 기운 기.
[풀이] 형제는 같은 부모에게서 낳았으므로 형체는 나누어져 있지만 그 기맥은 서로 이어져 있음. 출전 顔氏家訓(안씨가훈).

不可干以私 (불가간이사)★

[뜻음] 아닐 불, 옳을 가, 간섭할 간, 써 이, 사사로울 사.
[풀이] 사삿일로 윗사람에게 請託(청탁)하여서는 안 됨. 출전 漢書(한서).

不可近不可遠 (불가근불가원)★

[뜻음] 아닐 불, 가할 가, 가까울 근, 멀 원.
[풀이] 가까이할 수도, 멀리할 수도 없음.

不可不得 (불가부득)★

[뜻음] 아닐 불, 옳을 가, 얻을 득.
[풀이] 不得已(부득이). 마지못하여 할 수 없이. 어쩔 수 없이.

不可分離 (불가분리)★

[뜻음] 아닐 불, 가할 가, 나눌 분, 떼놓을 리.
[풀이] 분리하려야 분리할 수가 없음. 나누려야 나눌 수가 없음.

不可思議 (불가사의)★★

[뜻음] 아닐 불, 옳을 가, 생각 사, 의논할 의.
[풀이] 사람이 미루어 헤아리기 힘들 만큼 이상야릇함.

不可入性 (불가입성)

[뜻음] 아닐 불, 옳을 가, 들 입, 성품 성.
[풀이] 두 물체가 동시에 같은 空間(공간)을 占有(점유)할 수 없는 일.

不可諱 (불가휘)★

[뜻음] 아닐 불, 가할 가, 피할 휘.
[풀이] 사람의 죽음을 이름. 죽음은 사람으로서 피할 수 없다는 말.

不暇草書 (불가초서)★

[뜻음] 아닐 불, 겨를 가, 풀 초, 글 서.
[풀이] 한자 草書(초서)를 쓸 때는 획과 점을 일일이 쓰지 않으나, 이것마저 쓸 틈이 없다. 대단히 바쁨. 출전 晉書(진서).

不可知論 (불가지론)★

[뜻음] 아닐 불, 옳을 가, 알 지, 말할 론.
[풀이] 알 수 없는 實在(실재)를 인정하고, 또 궁극의 실재는 알 수 없는 것이라고 하는 哲學(철학) 學說(학설).

不可抗力 (불가항력)★

[뜻음] 아닐 불, 옳을 가, 막을 항, 힘 력.
[풀이] 天災(천재)나 地異(지이)와 같이 사람의 힘으로 어찌할 수 없는 힘.

不可形言 (불가형언)★

[뜻음] 아닐 불, 옳을 가, 모양 형, 말씀 언.
[풀이] 形容(형용)하여 말할 수 없음.

不覺技痒 (불각기양)★★★

[뜻음] 아닐 불, 깨달을 각, 재주 기, 부스럼 양.
[풀이] 재주를 드러내고 싶어 몸이 가려움을 깨닫지 못하다. 戰國時代(전국시대) 燕(연)나라 고점리는 筑(축)의 名手(명수)였는데 친구인 荊軻(형가)가 진시황을 저격하려다 실패하자 몸을 숨겼는데, 피신처에서 주인이 축을 타라고 하자 참지 못하고 연주에 대해 말하고 축을 타서 은신처가 탄로났다는 말. 자신이 가지고 있는 재주를 보이고 싶어 안달하는 것을 비유함. 不堪伎癢(불감기양).

不刊之書 (불간지서)★

[뜻음] 아닐 불, 깎을 간, 갈 지, 책 서.
[풀이] 永久(영구)히 전하여 없어지지 않는 良書(양서). 不朽(불후)의 冊(책).

不敢生心 (불감생심)★

[뜻음] 아닐 불, 감히 감, 날 생, 마음 심.
[풀이] 힘에 겨워서 감히 할 생각도 내지 못함. 不敢生意(불감생의).

不敢生意 (불감생의)★

[뜻음] 아닐 불, 감히 감, 날 생, 뜻 의.
[풀이] 힘에 겨워서 감히 할 생각도 내지 못함. 不敢生心(불감생심).

不敢贊一辭 (불감찬일사)★

[뜻음] 아닐 불, 감히 감, 기릴 찬, 한 일, 말씀 사.
[풀이] 너무 훌륭하여 감히 칭찬의 말을 한마디도 못 함.

不敢請固所願 (불감청고소원)★★★

[뜻음] 아닐 불, 감히 감, 청할 청, 진실로 고, 바 소, 원할 원.
[풀이] 감히 청하지는 못하나, 원래부터 몹시 바라던 바임. 固所願不敢請(고소원불감청)

不敢暴虎 (불감폭호)★

[뜻음] 아닐 불, 감히 감, 해칠 폭, 범 호.
[풀이] 맨주먹으로 맹수를 치지 않는다. 모험을 하지 않는다는 뜻. '暴虎馮河(포호빙하)'를 보시오. 출전 詩經(시경) 小雅(소아).

不敢毀傷孝之始也 (불감훼상효지시야)★

[뜻음] 아닐 불, 감히 감, 헐 훼, 상할 상, 효도할 효, 갈 지, 처음 시, 어조사 야.
[풀이] 부모에게서 받은 자기 몸을 상하게 하거나 辱(욕)되지 않게 하는 것이 효도의 비롯함이라는 말. 출전 孝經(효경).

不經新何由得故 (불경신하유득고)

[뜻음] 아닐 불, 경험할 경, 새 신, 어찌 하, 말미암을 유, 얻을 득, 옛 고.
[풀이] 새것을 겪지 않으면 무엇으로 말미암아 헌것을 얻으리오. 처음부터 새것이 아닌, 헌것이란 있을 수 없다는 말. 중국 晉(진)나라의 환충이 새 옷 입기를 좋아하지 않으므로 그 부인이 그에게 새 옷을 권하며 한 말.

不更二夫 (불경이부)★★

[뜻음] 아닐 불, 고칠 경, 두 이, 지아비 부.
[풀이] 두 남편을 섬기지 않는 절개.

不經之談 (불경지담)★

[뜻음] 아닐 불, 경서 경, 갈 지, 말씀 담.
[풀이] 실없고 간사한 말. 道理(도리)에 어긋날 말.

不經之說 (불경지설)★

[뜻음] 아닐 불, 경서 경, 갈 지, 말씀 설.
[풀이] 경서의 내용에 어그러진 말. 도덕에 어그러진 말.

不敬之說 (불경지설)★

[뜻음] 아닐 불, 공경할 경, 갈 지, 말씀 설.
[풀이] 윗사람에게 무례한 말.

不敬之習 (불경지습)★

[뜻음] 아닐 불, 공경할 경, 갈 지, 익힐 습.
[풀이] 윗사람에게 무례하게 구는 버릇.

不繼富 (불계부)★

[뜻음] 아닐 불, 이을 계, 가멸 부.
[풀이] 부자에게 이익을 붙여주지 않음. 출전 論語(논어) 雍也篇(옹야편).

不繫之舟 (불계지주)★★★

[뜻음] 아닐 불, 맬 계, 갈 지, 배 주.
[풀이] 매어 놓지 않은 배. ① 속세를 초월한 虛心坦懷(허심탄회)한 마음. ② 정처 없이 방랑하는 몸을 비유함. 출전 莊子(장자) 列禦寇篇(열어구편).

不顧家事 (불고가사)★

[뜻음] 아닐 불, 돌아볼 고, 집 가, 일 사.
[풀이] 집안일을 돌아보지 아니함.

不顧廉恥 (불고염치)★

[뜻음] 아닐 불, 돌아볼 고, 청렴할 염, 부끄러워할 치.
[풀이] 염치를 돌아보지 아니함.

不顧而去 (불고이거)★

[뜻음] 아닐 불, 돌아볼 고, 어조사 이, 갈 거.
[풀이] 뒤도 돌아보지 않고 가버림.

不顧利害 (불고이해)★

[뜻음] 아닐 불, 돌아볼 고, 이로울 리, 해로울 해.
[풀이] 이해를 가려 따지지 아니함.

不告知罪 (불고지죄)★

[뜻음] 아닐 불, 알릴 고, 알 지, 죄 죄.
[풀이] 알려 주지 않은 죄. 신고하지 않은 죄.

不顧體面 (불고체면)★

[뜻음] 아닐 불, 돌아볼 고, 몸 체, 얼굴 면.
[풀이] 체면을 돌아보지 아니함.

不共戴天 (불공대천)★

[뜻음] 아닐 불, 함께 공, 일 대, 하늘 천.
[풀이] 不共戴天之讎(불공대천지수).

不共戴天之讎 (불공대천지수)★★★

[뜻음] 아닐 불, 함께 공, 일 대, 하늘 천, 갈 지, 원수 수.
[풀이] 함께 하늘을 이지 않는 원수. 不俱戴天之怨讎(불구대천지원수).

≪禮記(예기)≫ 曲禮篇(곡례편)에 나오는 말이다.
　　"아비의 원수는 더불어 하늘을 이지 않는다. 형제의 원수는 칼을 돌이키지 않는다. 사귀어 온 사람의 원수는 나라를 함께하지 않는다."
　　글자대로 새기면 '함께 하늘을 이지 않는 원수'란 말이다. '하늘을 인다'는 것은, '서서 걸어 다닌다'는 뜻이다. 죽지 않고 서는 한 하늘을 이고 다니지 않을 수 없다. 즉 함께 세상에 살아 있을 수 없는 원수, 상대를 죽이든가 아니면 내가 죽든가 해

야 할 원수, 다시 말해 누가 죽든 결판을 내고 말아야 할 원수가 불공대천지수다. 혹 '불공대천지원수'라고 말하는 사람도 있다. '不俱戴天之怨讎(불구대천지원수), 不共戴天之怨讎(불공대천지원수), 不共戴天(불공대천), 不俱戴天(불구대천)'이라고도 한다.

不恭說話 (불공설화)★

[뜻음] 아닐 불, 공손할 공, 말씀 설, 말할 화.
[풀이] 함부로 지껄이는 말. 공손하지 않은 말. 不恭之說(불공지설).

不攻陷落 (불공함락)★

[뜻음] 아닐 불, 공격할 공, 빠질 함, 떨어질 락.
[풀이] 공격을 받지 않고 함락됨.

不關之事 (불관지사)★

[뜻음] 아닐 불, 빗장 관, 갈 지, 일 사.
[풀이] 아무 상관이 없는 일.

不愧屋漏 (불괴옥루)★

[뜻음] 아닐 불, 부끄러워할 괴, 집 옥, 샐 루.
[풀이] 옥루는 방의 서북쪽 구석으로 제일 어두운 곳임. 사람이 보지 아니하는 데에 있어도 행동을 신중히 하고 경계하므로 귀신에게도 부끄럽지 아니함. 不欺闇室(불기암실).

不教而誅 (불교이주)★★

[뜻음] 아닐 불, 가르칠 교, 어조사 이, 벨 주.
[풀이] 교육은 시키지 않고 사람만 죽이는 것. 평소에 제대로 가르치지 않다가 일단 일을 저지르면 輕率(경솔)하게 사람을 죽인다는 뜻. 출전 論語(논어) 堯曰篇(요왈편).

不俱戴天之讎 (불구대천지수)★

[뜻음] 아닐 불, 함께 구, 일 대, 하늘 천, 갈 지, 원망할 원, 원수 수.
[풀이] 不共戴天之怨讎(불공대천지원수).

不驅蚊 (불구문)★★

[뜻음] 아닐 불, 몰 구, 모기 문.
[풀이] 모기를 쫓지 않는다. 각별한 효심. 晉(진)나라 때 효심이 지극한 吳猛(오맹)이 자기 몸에 달라붙은 모기를 쫓으면 부모에게로 날아갈까 두려워서 쫓지 않았다는 옛일에서 온 말.

不求聞達 (불구문달)★

[뜻음] 아닐 불, 구할 구, 들을 문, 통달할 달.
[풀이] 세상에 이름이 떨치기를 바라지 아니함.

不求甚解 (불구심해)★★

[뜻음] 아닐 불, 구할 구, 심할 심, 풀 해.
[풀이] 깊이 이해하려고 하지 않음. 책을 읽으면서 깊이 이해하려고 하지 않는 餘裕綽綽(여유작작)한 태도. 출전 [오류선생전]

不貴異物 (불귀이물)★★

[뜻음] 아닐 불, 귀할 귀, 다를 이, 만물 물.

[풀이] 진기한 물건을 구하는 것은 奢侈(사치)하는 일이기 때문에 이런 물건을 결코 귀중하게 여기지 않음. '九仞功虧一簣(구인공휴일궤)'를 보시오. 출전 書經(서경) 旅獒篇(여오편).

不根之論 (불근지론)★

[뜻음] 아닐 불, 뿌리 근, 갈 지, 말할 론.
[풀이] 나무에 뿌리가 없는 것 같은, 착실하지 않은 설. 출전 漢書(한서).

不及馬腹 (불급마복)★★

[뜻음] 아닐 불, 미칠 급, 말 마, 배 복.
[풀이] 채찍은 길어도 말의 배에는 닿지 않는다. 인생에는 사람의 힘이 미치지 못하는 곳이 있음을 비유하는 말. 출전 春秋左氏傳(춘추좌씨전).

不欺闇室 (불기암실)★★

[뜻음] 아닐 불, 속일 기, 닫힌 문 암, 집 실.
[풀이] 사람이 보지 않는 암실에서도 행동을 삼가, 양심을 속이는 일을 하지 아니함. 不愧屋漏(불괴옥루).

不吉之言 (불길지언)★

[뜻음] 아닐 불, 길할 길, 갈 지, 말씀 언.
[풀이] 길하지 못한 말. 좋지 않은 말.

不吉之兆 (불길지조)★

[뜻음] 아닐 불, 길할 길, 갈 지, 조짐 조.
[풀이] 불길한 일이 일어날 징조.

不喫烟火食 (불끽연화식)★

[뜻음] 아닐 불, 먹을 끽, 연기 연, 불 화, 먹을 식.
[풀이] 불기운이 간 음식을 먹지 않음. 곧 神仙(신선)을 이르는 말. 출전 宋史(송사).

不念舊惡 (불념구악)★★★

[뜻음] 아닐 불, 생각할 념, 예 구, 악할 악.
[풀이] 남의 예전 허물을 掛念(괘념)치 않음. 不念舊惡(불념구악).

≪孟子(맹자)≫ 公孫丑(공손추) 上(상)에 보면 맹자는 伯夷(백이)에 대해 이렇게 말한다.

"백이는 그 임금이 아니면 섬기지 않고, 그 벗이 아니면 사귀지 않았으며, 악한 사람의 조정에 서지도 않고, 악한 사람과는 함께 말도 하지 않았다. 악한 사람의 조정에 서거나, 악한 사람과 함께 말하는 것은, 마치 예복을 입고 예모를 쓴 채 시궁창이나 숯검정 위에 앉은 것처럼 여겼다. 이러한 악한 것을 미워하는 마음을 확대시켜 시골 사람들과 같이 섰을 때, 그 사람의 갓이 비뚤어졌으면 뒤도 돌아보지 않고 가버렸다. 마치 더러운 것이라도 묻은 것처럼 생각했다. 그러니 제후들 중에 좋은 말로 그를 모시러 오는 사람이 있어도 이를 거절했다."

백이는 까다롭고 결백했던 사람임을 알 수 있다. 그런데 ≪論語(논어)≫ 公冶長(공야장)편에 보면 공자는 이렇게 말하고 있다.
"伯夷(백이)와 叔齊(숙제)는 옛 惡(악)을 생각지 않았

다. 그래서 원망이 적었다."

지나간 잘못을 염두에 두지 않는 것이 '不念舊惡(불념구악)'이다. 지나간 일을 탓하지 않는 것을 '旣往不咎(기왕불구)'라고 한다. 이 말과 약간 일맥상통하는 것이 있기는 하나 뜻은 다르다. '기왕불구'가 의식적인 노력에서 나오는 아량이라면, '不念舊惡(불념구악)'은 그야말로 明鏡止水(명경지수)와 같은 聖者(성자)의 超然(초연)한 심정에서일 것이다.

不農不商 (불농불상)★

[뜻음] 아닐 불, 농사 농, 장사 상.
[풀이] 농사도 장사도 아니 하고 놀고먹음.

佛頭放糞 (불두방분)★

[뜻음] 부처 불, 머리 두, 놓을 방, 똥 분.
[풀이] 부처의 머리에 똥을 깔긴다. 무지막지한 소인이 군자를 헐뜯어도 군자는 개의치 않고 내버려 둠. 佛頭着糞(불두착분).

佛狼機 (불랑기)★

[뜻음] 부처 불, 이리 랑, 틀 기.
[풀이] 원래 중국에서 포르투갈 또는 유럽 사람을 불랑기라 하였는데 거기서 만든 총을 또한 불랑기라고 이름을 붙였음.

弗慮胡獲 (불려호획)★

[뜻음] 아닐 불, 생각할 려, 어찌 호, 잡을 획.
[풀이] 생각도 없이 어찌 얻겠는가. 무슨 일이든지 신중히 생각하지 않으면 좋은 결과를 얻을 수 없음. 출전 書經(서경) 太甲下篇(태갑하편).

不逞分子 (불령분자)★★

[뜻음] 아닐 불, 검속할 령, 나눌 분, 아들 자.
[풀이] 나라에 대하여 불평불만을 품고 구속받지 않으려고 하며 제멋대로 행동하는 무리. 일제 강점기 일본인들이 조선인을 감시하며 부르던 말. 불량배. 不逞之徒(불령지도).

不逞之徒 (불령지도)★★

[뜻음] 아닐 불, 검속할 령, 갈 지, 무리 도.
[풀이] 나라에 대하여 불평불만을 품고 구속받지 않으려고 하며 제멋대로 행동하는 무리. 불량배. 不逞分子(불령분자).

不老不死 (불로불사)★

[뜻음] 아닐 불, 늙을 로, 죽을 사.
[풀이] 늙지도 않고 죽지도 않음. 출전 列子(열자) 湯問篇(탕문편).

不老不少 (불로불소)★

[뜻음] 아닐 불, 늙을 로, 젊을 소.
[풀이] 늙지도 젊지도 않음.

不勞所得 (불로소득)★

[뜻음] 아닐 불, 수고로울 로, 바 소, 얻을 득.
[풀이] 노동에 직접 종사하지 않고 얻은 이익.

不老長生 (불로장생)★

[뜻음] 아닐 불, 늙을 로, 긴 장, 날 생.
[풀이] 영원히 늙지 않고 오래 삶.

不立文字 (불립문자)★★

[뜻음] 아닐 불, 설 립, 글월 문, 글자 자.
[풀이] 문자로는 세울 수 없음. 道(도)는 글이나 말로 전하는 것이 아니라 마음에서 마음으로 전하는 것이라는 뜻. 출전 傳燈錄(전등록).

不蔓不支 (불만부지)★★

[뜻음] 아닐 불, 넝쿨 만, 가지 지.
[풀이] 넝쿨도 내지 않고 가지도 나누지 않는다. 군자가 純一(순일)을 지켜 잡념이 없고 고고하여 함부로 偏黨(편당)하지 않음. 문장의 간결함을 평하는 말로 쓰이기도 함.

不免虎口 (불면호구)★

[뜻음] 아닐 불, 면할 면, 범 호, 입 구.
[풀이] 위험을 면치 못함. 출전 莊子(장자) 盜跖篇(도척편).

不滅不生 (불멸불생)★

[뜻음] 아닐 불, 멸할 멸, 날 생.
[풀이] 불교용어로, 멸하지도 않고 낳지도 않아 無始無終(무시무종)이라는 뜻.

不牧之民 (불목지민)★

[뜻음] 아닐 불, 마소 칠 목, 갈 지, 백성 민.
[풀이] 남에게 길러지지 않는 민족. 지배당하지 않는 민족. 출전 漢書(한서).

不牧之地 (불목지지)★

[뜻음] 아닐 불, 마소 칠 목, 갈 지, 땅 지.
[풀이] 가축 따위를 기를 수 없는 황폐한 땅. 출전 鹽鐵論(염철론).

不問可知 (불문가지)★★

[뜻음] 아닐 불, 물을 문, 옳을 가, 알 지.
[풀이] 묻지 않아도 알 수 있음.

不問曲折 (불문곡절)★★

[뜻음] 아닐 불, 물을 문, 굽을 곡, 꺾을 절.
[풀이] 어떻게 된 曲折(곡절)을 묻지 않음.

不問曲直 (불문곡직)★★

[뜻음] 아닐 불, 물을 문, 굽을 곡, 곧을 직.
[풀이] 옳고 그름을 묻지 않고 다짜고짜로 마구 함.

不問馬 (불문마)★

[뜻음] 아닐 불, 물을 문, 말 마.
[풀이] 말에 대해서는 묻지 않다. 마구간에 불이 났는데 孔子(공자)께서 조정에 돌아오셔서서 사람이 다쳤는가는 묻고 말에 대해서는 묻지 않았다는 고사. 출전 論語(논어) 鄕黨篇(향당편).

不文憲法 (불문헌법)

[뜻음] 아닐 불, 글월 문, 법 헌, 법 법.

[풀이] 成文法(성문법)의 형식을 갖추지 아니한 헌법. 예를 들면 英國(영국)에 있는 헌법.

不伐己長 (불벌기장)★

[뜻음] 아닐 불, 나타낼 벌, 자기 기, 긴 장.
[풀이] 자기 장점을 자랑하지 말라. 伐은 矜(긍)을 나타냄.

不伐不德 (불벌부덕)★

[뜻음] 아닐 불, 칠 벌, 덕 덕.
[풀이] 자기의 공로를 자랑하지 않음. 부덕은 덕을 드러내지 않음을 이름.

不辨東西 (불변동서)★

[뜻음] 아닐 불, 분별할 변, 동녘 동, 서녘 서.
[풀이] 不分東西(불분동서).

不辨菽麥 (불변숙맥)★★★

[뜻음] 아닐 불, 구별할 변, 콩 숙, 보리 맥.
[풀이] 콩과 보리를 구별하지 못함. 바보. 菽麥(숙맥). 출전 春秋左氏傳(춘추좌씨전).

不寶金玉忠信爲寶 (불보금옥충신위보)

[뜻음] 아닐 불, 보배 보, 쇠 금, 구슬 옥, 충성할 충, 믿을 신, 삼을 위.
[풀이] 금과 옥보다 忠信(충신)을 더 귀히 여김. 출전 禮記(예기) 儒行篇(유행편).

不服之心 (불복지심)★

[뜻음] 아닐 불, 복종할 복, 갈 지, 마음 심.
[풀이] 복종하지 않는 마음.

不分東西 (불분동서)★

[뜻음] 아닐 불, 나눌 분, 동녘 동, 서녘 서.
[풀이] 동서를 분별하지 못한다. 어리석어서 사리를 分揀(분간) 못 함.

不憤不啓 (불분불계)★

[뜻음] 아닐 불, 분발할 분, 가르칠 계.
[풀이] 奮發(분발)하는 바가 없으면 계도하지 않는다. 스스로 터득하려고 무한히 애쓰는 사람이라야 스승의 가르침으로 미묘한 이치에 통달할 수 있음을 이르는 말. 출전 論語(논어).

不憤不啓不悱不發 (불분불계불비불발)★★★

[뜻음] 아닐 불, 분발할 분, 가르칠 계, 말로 표현 못 할 비, 필 발.
[풀이] 언어로 표현하지 못하여 고심하는 사람이 아니면, 이를 인도하여 통하게 하여 주지 않는다. 학문을 하는 데 우선 분발심이 있어야만 계발이 된다는 말. 不憤不啓(불분불계). 출전 論語(논어) 述而篇(술이편).

不分上下 (불분상하)★

[뜻음] 아닐 불, 나눌 분, 위 상, 아래 하.
[풀이] 상하 貴賤(귀천)을 分揀(분간)하지 못함.

不悱不發 (불비불발)★

[뜻음] 아닐 불, 말로 표현 못 할 비, 필 발.

[풀이] 언어로 표현하지 못하여 고심하는 사람이 아니면, 이를 인도하여 통하게 하여 주지 않는다. 스스로 터득하고자 힘쓰는 사람이라야 스승의 계발로 깊은 이치에 통달할 수 있음. 不憤不啓(불분불계). 출전 論語(논어).

不死不滅 (불사불멸)★

[뜻음] 아닐 불, 죽을 사, 멸망할 멸.
[풀이] 죽지도 없어지지도 않음. 神(신)의 특성임.

不事二君 (불사이군)★★

[뜻음] 아닐 불, 섬길 사, 두 이, 임금 군.
[풀이] 忠臣(충신)은 두 임금을 섬기지 아니함. 한 사람이 두 임금을 섬기지 않음. 출전 史記(사기) 田單傳(전단전).

不三宿桑下 (불삼숙상하)★

[뜻음] 아닐 불, 석 삼, 잘 숙, 뽕나무 상, 아래 하.
[풀이] 佛弟子(불제자)는 한 뽕나무 밑에서 사흘을 계속해서 자지 않는다. 남에게 도움 받기를 원하지 않음. 출전 後漢書(후한서) 襄楷傳(양해전).

不生不滅 (불생불멸)★

[뜻음] 아닐 불, 날 생, 멸망할 멸.
[풀이] ① 생겨나지도 않고 없어지지도 않고 항상 그대로 변함이 없음. 곧 眞如實相(진여실상)의 존재. ② 不生不死(불생불사).

不生不死 (불생불사)★

[뜻음] 아닐 불, 날 생, 죽을 사.
[풀이] 생겨나지도 않고 죽지도 않고 항상 그대로 변함없음. 산 것도 아니고 죽은 것도 아니고 겨우 목숨만 붙어 있음.

不生者能生生 (불생자능생생)★

[뜻음] 아닐 불, 날 생, 놈 자, 능할 능.
[풀이] 낳지 않는 것이 능히 생을 낳음. 無(무)라는 것이 능히 만물을 낳는다는 말. 출전 列子(열자).

不成器 (불성기)★

[뜻음] 아닐 불, 이룰 성, 그릇 기.
[풀이] 그릇은 사람에게 유용한 것이니 유능한 사람이 사회를 이롭게 함을 成器(성기)라 하고, 그렇지 못한 것을 불성기라 이름.

不誠無物 (불성무물)★

[뜻음] 아닐 불, 정성 성, 없을 무, 만물 물.
[풀이] 정성은 모든 사물의 근본이므로 정성이 없는 곳에는 아무것도 없음. 출전 中庸(중용).

不世出 (불세출)★★

[뜻음] 아닐 불, 세상 세, 날 출.
[풀이] 좀처럼 세상에 나타나지 않을 만큼 드물고 뛰어남.

不須多言 (불수다언)★

[뜻음] 아닐 부, 모름지기 수, 많을 다, 말씀 언.
[풀이] 여러 말을 할 필요가 없음.

不脩邊幅 (불수변폭)★

[뜻음] 아닐 불, 닦을 수, 가 변, 폭 폭.
[풀이] 모양을 내지 않음. 외모에 구애되지 않음.

拂鬚塵 (불수진)★★★

[뜻음] 떨 불, 수염 수, 먼지 진.
[풀이] 수염에 붙은 먼지를 떨어냄.
拂(불)은 턴다는 뜻이다.

　　≪宋史(송사)≫ 寇準傳(구준전)에 나오는 이야기이다. 宋(송)나라 眞宋(진송) 때 宰相(재상)이었던 寇準(구준)은 정의파였다. 어느 날 中書省(중서성)에서 회식이 있었을 때, 구준의 수염에 국 찌꺼기가 붙어 있었다. 구준의 一擧一動(일거일동)에 주의를 보내고 있던 丁謂(정위)는 그것을 보는 즉시 자리에서 일어나, 구준의 옆으로 다가가서 그 묻은 것을 털어 주었다.
　　구준은 그 같은 태도가 약간 못마땅하였다.
　　"參政(참정)이라면 一國(일국)의 重臣(중신)인데, 그런 사람이 上官(상관)의 수염을 털어줄 것까지야 없지 않은가" 하고 웃으며 그의 아부하는 태도를 일깨워 주었다. 이 일로 인해 정위는 구준을 밀어낼 궁리만 하다가 임금이 병이 위독한 틈을 타 구준을 황후에게 모함하여 쫓아내고 자기가 그 재상자리를 차지해 버렸다.
　　이 말은 남의 환심을 사려는 어울리지 않는 행동을 가리켜서 말할 때 쓰이고 있다. 아부를 한다는 말로 유명한 말은 '嘗糞之徒(상분지도)'이다. '吮疽之仁(연저지인)'이라는 말도 유명하다.

弗詢之謀 (불순지모)★

[뜻음] 아닐 불, 물을 순, 갈 지, 꾀할 모.
[풀이] 여러 사람과 詳議(상의)하지 않고 독단적으로 정한 謀策(모책). 弗詢謀(불순모).

不勝梧杓 (불승배표)

[뜻음] 아닐 불, 이길 승, 잔 배, 자루 표.
[풀이] 술이 몹시 취하여 더 이상 마실 수 없음. 不勝杯酌(불승배작). 출전 史記(사기) 項羽紀(항우기).

不勝永慕 (불승영모)★

[뜻음] 아닐 불, 이길 승, 길 영, 사모할 모.
[풀이] 길이 사모하는 마음이 북받쳐 참지 못함. 祝文(축문)에 쓰는 말. 便紙(편지)에 쓰는 말.

不勝之任 (불승지임)★

[뜻음] 아닐 불, 이길 승, 갈 지, 맡길 임.
[풀이] 견뎌 낼 수 없는 정도의 무거운 임무. 출전 淮南子(회남자).

不識一丁字 (불식일정자)★

[뜻음] 아닐 불, 알 식, 한 일, 고무래 정, 글자 자.

[풀이] 낫 놓고 기역 자도 모른다. 글자를 전연 모름. 매우 무식함. '目不識丁(목불식정)'을 보시오.

不食周粟 (불식주속)★★

[뜻음] 아닐 불, 먹을 식, 나라 주, 조 속.
[풀이] 周(주)나라에서 나는 곡식을 먹지 않음. 중국 고대 殷(은)나라의 신하 伯夷(백이)와 叔齊(숙제)가 자기 나라를 멸망시킨 주나라의 곡식을 먹지 않겠다고 하면서 수양산에 들어가 고사리를 꺾어 먹으면서 일생을 마쳤다는 고사에서 나온 말. 조국에 대한 충절을 지킴. '采薇歌(채미가)'를 보시오.

不食之地 (불식지지)★

[뜻음] 아닐 불, 먹을 식, 갈 지, 땅 지.
[풀이] 개간할 수 없는 땅. 耕作(경작)할 수 없는 땅. 출전 禮記(예기) 檀弓篇(단궁편).

不失正鵠 (불실정곡)★

[뜻음] 아닐 불, 잃을 실, 바를 정, 고니 곡.
[풀이] 과녁을 빗나가지 아니함. 핵심을 벗어나지 아니함. 출전 禮記(예기).

不失尺寸 (불실척촌)★

[뜻음] 아닐 불, 잃을 실, 자 척, 마디 촌.
[풀이] 법도나 규격에 딱 맞아 조금도 어긋나지 아니함. 不失錙銖(불실치수).

不失錙銖 (불실치수)★

[뜻음] 아닐 불, 잃을 실, 저울눈 치, 무게단위 수.
[풀이] 조금도 틀리지 아니함.

佛心天子 (불심천자)

[뜻음] 부처 불, 마음 심, 하늘 천, 아들 자.
[풀이] 중국 梁(양)나라 武帝(무제)가 袈裟(가사)를 입고 經典(경전)을 講(강)하였으므로 무제를 달리 이르던 말.

不安寢席 (불안침석)★

[뜻음] 아닐 불, 편안할 안, 잠잘 침, 자리 석.
[풀이] 걱정이 있어 편안하게 잠을 자지 못함.

不夜城 (불야성)★★

[뜻음] 아닐 불, 밤 야, 성 성.
[풀이] 밤이 오지 않는 성. 등불이 많음을 형용한 말. 밤에도 대낮처럼 환함. 활기찬 도시, 번화한 도시의 모습. 출전 三齊略記(삼제략기).

不語怪力亂神 (불어괴력난신)★★

[뜻음] 아닐 불, 말씀 어, 괴이할 괴, 힘 력, 어지러울 난, 귀신 신.
[풀이] 子不語(자불어). '怪力亂神(괴력난신)'을 보시오. 출전 論語(논어).

不言之敎 (불언지교)★

[뜻음] 아닐 불, 말씀 언, 갈 지, 가르칠 교.
[풀이] 無爲(무위)로써 자연에 同化(동화)시키는 敎(교). 老子(노자)나 莊子(장자)의 敎(교). 출전 老子(노자).

不言之花 (불언지화)★

[뜻음] 아닐 불, 말씀 언, 갈 지, 꽃 화.
[풀이] 복숭아꽃이나 자두꽃. 桃花(도화), 李花(이화)의 別稱(별칭). 출전 史記(사기).

弗與共戴天 (불여공대천)

[뜻음] 아닐 불, 줄 여, 함께 공, 일 대, 하늘 천.
[풀이] 不共戴天之讎(불공대천지수).

不如歸 (불여귀)★★★

[뜻음] 아닐 불, 같을 여, 돌아갈 귀.
[풀이] 소쩍새 울음소리가 不如歸去(불여귀거)라고 들리기 때문에 소쩍새를 이름. 출전 蜀王本紀(촉왕본기).

不如意恒七八 (불여의항칠팔)★

[뜻음] 아닐 불, 같을 여, 뜻 의, 항상 항, 일곱 칠, 여덟 팔.
[풀이] 칠, 팔 할은 항시 뜻대로 안 된다. 사람의 하는 일이란 뜻대로 안 될 때가 많음.

不亦樂乎 (불역낙호)★

[뜻음] 아닐 불, 또 역, 즐거울 낙, 어조사 호.
[풀이] 또한 즐겁지 아니한가. 출전 論語(논어).

不亦說乎 (불역열호)★

[뜻음] 아닐 불, 또 역, 기쁠 열, 어조사 호.
[풀이] 또한 기쁘지 아니한가. 출전 論語(논어).

不易之典 (불역지전)★

[뜻음] 아닐 불, 바꿀 역, 갈 지, 법 전.
[풀이] 변경할 수 없는 法(법).

不易之地 (불역지지)★

[뜻음] 아닐 불, 바꿀 역, 갈 지, 땅 지.
[풀이] 누구와도 바꿀 수 없는 땅.

不撓不屈 (불요불굴)★★

[뜻음] 아닐 불, 휘어질 요, 굽을 굴.
[풀이] 결심이나 뜻이 어려운 고비에서도 흔들리거나 굽지 아니함.

不要不急 (불요불급)★★

[뜻음] 아닐 불, 허리 요, 급할 급.
[풀이] 꼭 필요하거나 급하지 아니함.

不辱君命 (불욕군명)★★

[뜻음] 아닐 불, 욕될 욕, 임금 군, 명령 명.
[풀이] 임금의 명령을 욕되게 하지 않는다. 외국으로 使臣(사신) 가서 使命(사명)을 完遂(완수)함. 출전 論語(논어) 子路篇(자로편).

不遇之歎 (불우지탄)★

[뜻음] 아닐 불, 만날 우, 갈 지, 한탄할 탄.
[풀이] 불우한 데 대한 한탄.

不遠將來 (불원장래)★★

[뜻음] 아닐 불, 멀 원, 장차 장, 올 래.
[풀이] 머지않은 앞날.

不遠千里 (불원천리)★★★

[뜻음] 아닐 불, 멀 원, 일천 천, 마을 리.
[풀이] 천 리가 멀다고 여기지 않고 (찾아오다). 먼 길을 오는 수고도 마다하지 않는 정성. 출전 孟子(맹자) 梁惠王篇(양혜왕편).

不遠千里而來 (불원천리이래)★

[뜻음] 아닐 불, 멀 원, 일천 천, 마을 리, 말 이을 이, 올 래.
[풀이] 천 리가 멀다고 여기지 않고 찾아오다. 不遠千里(불원천리).

不怨天不尤人 (불원천불우인)★★★

[뜻음] 아닐 불, 원망할 원, 하늘 천, 탓할 우, 사람 인.
[풀이] 어떠한 逆境(역경)에 처하여도 팔자가 奇薄(기박)하다고 하늘을 원망하거나 세상 사람들이 자기를 몰라준다고 탓하지 않고 태연히 道(도)를 닦음. 출전 論語(논어).

不違農時 (불위농시)★★

[뜻음] 아닐 불, 어길 위, 농사 농, 때 시.
[풀이] 농사지을 때를 어기지 않는다. 적절한 시기에 적절한 일을 꼭 행하도록 배려함. 출전 孟子(맹자).

不爲福先 (불위복선)★

[뜻음] 아닐 불, 할 위, 복 복, 앞 선.
[풀이] 행복을 남보다 먼저 차지하면 남한테 미움을 받으므로 남에 앞서서 차지하려 하지 않음. 출전 莊子(장자) 刻意篇(각의편).

不爲酒困 (불위주곤)★★

[뜻음] 아닐 불, 할 위, 술 주, 괴로울 곤.
[풀이] 술에 곤드레가 되어 난폭한 짓을 하지 않음. 술 때문에 곤경을 겪는 일을 하지 않음. 출전 論語(논어) 子罕篇(자한편).

不由徑 (불유경)★★★

[뜻음] 아닐 불, 말미암을 유, 지름길 경.
[풀이] 작은 길이나 지름길로 다니지 않는다. 公明正大(공명정대)한 大道(대도)를 걸어야 한다는 말. 출전 禮記(예기).

不有餘力 (불유여력)★

[뜻음] 아닐 불, 있을 유, 남을 여, 힘 력.
[풀이] 있는 힘을 남기지 않고 다 씀.

不乙 (불을)★

[뜻음] 아닐 불, 새 을.
[풀이] 책을 읽다가 말았을 때 乙(을) 자 형의 표를 하므로 편지 끝에 不乙(불을)이라 써서 뜻이 未盡(미진)한 것, 즉 할 말을 아직 다하지 않았음을 뜻함. 출전 漢書(한서) 東方朔傳(동방삭전).

不義富貴 (불의부귀)

[뜻음] 아닐 불, 옳을 의, 가멸 부, 귀할 귀.
[풀이] 의롭지 못한 부귀는 뜬구름에 지나지 않음. 출전 論語(논어) 述而篇(술이편).

不義榮利 (불의영리)★

[뜻음] 아닐 불, 옳을 의, 영화 영, 이로울 리.
[풀이] 옳지 않게 누리는 영화와 이익.

不意之變 (불의지변)★

[뜻음] 아닐 불, 뜻 의, 갈 지, 변할 변.
[풀이] 뜻밖의 變故(변고).

不義之富貴 (불의지부귀)★

[뜻음] 아닐 불, 옳을 의, 갈 지, 가멸 부, 귀할 귀.
[풀이] 不正(부정)한 手段(수단)으로 얻은 財物(재물).

不義之士 (불의지사)★

[뜻음] 아닐 불, 옳을 의, 갈 지, 선비 사.
[풀이] 의롭지 못한 선비.

不疑何卜 (불의하복)★

[뜻음] 아닐 불, 의심할 의, 어찌 하, 점칠 복.
[풀이] 의심할 것이 없는데 어찌 점치겠는가. 점을 침은 의심을 풀기 위한 것이므로 의심이 없을 때는 점을 칠 필요가 없다는 뜻. 출전 周易(주역).

不以辯飾之 (불이변식지)★

[뜻음] 아닐 불, 써 이, 말 잘할 변, 꾸밀 식, 이 지.
[풀이] 부족한 지식을 입담으로 꾸미지 않음. 출전 莊子(장자) 繕性篇(선성편).

不夷不惠 (불이불혜)★

[뜻음] 아닐 불, 오랑캐 이, 은혜 혜.
[풀이] 伯夷(백이)와 같이 편벽되지도 않고 柳下惠(유하혜)와도 같이 不恭(불공)하지도 않아 出處進退(출처진퇴)가 언제나 時宜(시의)에 맞음. 孔子(공자)가 한 말. 夷(이)는 백이, 惠(혜)는 유하혜. 출전 論語(논어).

不以人廢言 (불이인폐언)★

[뜻음] 아닐 불, 써 이, 사람 인, 그만둘 폐, 말씀 언.
[풀이] 옳은 말이면 말한 사람의 신분이 낮다 할지라도 결코 버려서는 안 됨. 출전 論語(논어).

不翼而飛 (불익이비)★

[뜻음] 아닐 불, 날개 익, 어조사 이, 날 비.
[풀이] 날개 없이 날아가는 것이 소식이다. 알리지 않아도 신속하게 전파됨. 어떤 물건이 감쪽같이 없어짐.

不忍之心 (불인지심)★★

[뜻음] 아닐 불, 참을 인, 갈 지, 마음 심.
[풀이] 차마 하지 못하는 마음. 남의 불행에 대해 차마 모른 척하고 지나칠 수 없는 마음. 출전 孟子(맹자) 公孫丑篇(공손추편).

不入於楊則入於墨 (불입어양즉입어묵)

[뜻음] 아닐 불, 들 입, 어조사 어, 양자 양, 곧 즉, 묵자 묵.
[풀이] 楊子(양자)에게 들어가지 못하면 곧 墨子(묵자)에게 들어감. 異端(이단)과 邪說(사설)에 世人(세인)이 眩惑(현혹)됨을 이름.

不入虎穴不得虎子 (불입호혈부득호자)★★★

[뜻음] 아닐 불, 들 입, 호랑이 호, 구멍 혈, 얻을 득, 자식 자.
[풀이] 호랑이 굴에 들어가지 않고는 호랑이 새끼를 잡을 수 없다.

≪後漢書(후한서)≫ 班超傳(반초전)에 나오는 말이다.
班超(반초)의 말이다. 반초가 36명의 장사를 이끌고 鄯善國(선선국)으로 사신을 갔을 때의 일이다. 국왕인 廣(광)은 반초를 극진히 대우했다. 그러나 며칠이 안 가서 갑자기 대우가 달라졌다. 알고 보니 匈奴(흉노)의 사신 무리가 찾아와서 선선국은 눈치를 보는 중이었다.

선선은 天山(천산) 남쪽 길가 북쪽길이 갈라지는 분기점에 있는 교통의 요지였으므로 흉노도 많은 관심을 가지고 자기 지배하에 두려 했다. 광왕은 흉노를 한나라 이상으로 무서워하고 있었다.

정세의 변동을 재빨리 알아차린 반초는 광왕의 시종한 사람을 불러내어,

"흉노의 사신이 온 지 며칠 되었는데 그들은 지금 어디에 있는가?" 하고 유도 심문을 했다.

시종이 겁을 먹고 사실을 말하자 반초는 곧 그를 골방에 가둬두고 부하들을 모아 잔치를 벌였다. 술이 얼근해 올 무렵, 반초는 그들을 격분시키는 어조로 말했다.

"지금 흉노의 사신이 여기 와 있다. 이곳 왕이 우리를 잡아 흉노에게 넘겨줄지도 모른다. 그렇게 되면 우리는 만리타국에서 승냥이의 밥이 되고 말 것이다. ……호랑이 굴에 들어가지 않으면 호랑이 새끼를 얻지 못한다고 했다. 지금 우리로서는 밤에 불로 놈들을 공격하는 길밖에 없다"라고 말하곤 흉노의 숙소에 쳐들어가 모조리 다 죽였다. 선선왕은 한나라에 항복했다.

반초는 ≪漢書(한서)≫를 쓴 班固(반고)의 아우이다.

不戚戚於貧賤不汲汲於富貴

(불척척어빈천불급급어부귀)★★★

[뜻음] 아닐 불, 걱정할 척, 어조사 어, 가난할 빈, 천할 천, 조바심할 급, 가멸 부, 귀할 귀.
[풀이] 가난하고 천하게 살아도 걱정하지 않고 부귀를 못 해 조바심하는 일도 없는 것.

≪烈女傳(열녀전)≫, [五柳先生傳(오류선생전)] 등에 나오는 이야기이다.

前漢(전한)의 劉向(유향)이 편찬한 烈女傳(열녀전) 가운데 나오는 黔婁(검루)의 아내가 남편이 죽은 뒤 弔喪(조상)온 曾子(증자)에게 한 말을 陶淵明(도연명)이 다시 인용한 것이다.

검루는 춘추 말기 魯(노)나라의 어진 사람이었다. 검루의 아내가 증자에게 이렇게 말했다.

"그분은 천하의 맛없는 것을 달게 여기고 천하의 낮은

자리를 편안한 곳이라 하여, 가난하고 천한 것을 슬퍼하지 아니하고 부와 귀를 기뻐하지 아니하며, 仁(인)을 구하여 인을 얻고, 義(의)를 구하여 의를 얻었습니다"라고 말했다.

도연명은 자신이 지은 [五柳先生傳(오류선생전)]에서 이렇게 끝을 맺고 있다.

"검루가 말하기를 '빈천에 척척하지 않고 부귀에 급급하지 않는다. 不戚戚於貧賤 不汲汲於富貴(불척척어빈천불급급어부귀)'고 했다. 이 말을 캐고 오류선생은 이런 종류의 사람이었던가. 술잔을 즐겨하고 시를 지으며 자기의 뜻을 즐겼다. 그는 無懷氏(무회씨)의 백성이었던가. 葛天氏(갈천씨)의 백성이었던가?"

검루는 無懷氏(무회씨)의 백성이고 葛天氏(갈천씨)의 백성이며, 오류선생 도연명도 이들을 追從(추종)하던 사람으로 여겨진다. 오류선생은 도연명 자신이다. 자신의 집 앞에 다섯 그루의 버드나무가 있었기에 지어진 이름이다. 무회씨나 갈천씨는 道家(도가)에 나오는 聖王(성왕)이다.

不遷怒 (불천노)★★

[뜻음] 아닐 불, 옮길 천, 성낼 노.
[풀이] 甲(갑)에게 성낼 것을 乙(을)에게 옮기지 않는 것. 출전 論語(논어) 雍也篇(옹야편).

不遷之位 (불천지위)★★★

[뜻음] 아닐 불, 옮길 천, 갈 지, 지위 위.
[풀이] 나라에 큰 功勳(공훈)이 있어서 영원히 사당에 모셔지고 제사를 받는 神位(신위)로, 나라에서 허락해 준 분을 모실 수 있음. 不遷位(불천위).

不撤薑食 (불철강식)★

[뜻음] 아닐 불, 거둘 철, 생강 강, 먹을 식.
[풀이] 生薑(생강)은 몸에 유익하므로 孔子(공자)가 食事(식사)를 할 때에 언제나 생강을 가려내지 아니하고 먹었다는 故事(고사). 출전 論語(논어) 鄕黨篇(향당편).

不撤晝夜 (불철주야)★★

[뜻음] 아닐 불, 거둘 철, 낮 주, 밤 야.
[풀이] 일을 하는 데 있어서 밤낮을 가리지 않음. 일에 全心全力(전심전력)함.

不請客自來 (불청객자래)★

[뜻음] 아닐 불, 청할 청, 손님 객, 스스로 자, 올 래.
[풀이] 청하지 않은 손님이 스스로 옴.

不淸不濁 (불청불탁)★

[뜻음] 아닐 불, 맑을 청, 흐릴 탁.
[풀이] 맑지도 흐리지도 않음.

不肖子弟 (불초자제)★★

[뜻음] 아닐 불, 닮을 초, 자식 자, 아우 제.
[풀이] 不肖(불초)는 아버지를 닮지 않았다는 말. 어버이의 德望(덕

망)이나 사업을 이어받지 못할 만한 못난 자손. 출전 孟子(맹자).

不充詘於富貴 (불충굴어부귀)

[뜻음] 아닐 불, 찰 충, <u>굽힐 굴</u>, 어조사 어, 가멸 부, 귀할 귀.
[풀이] 부귀를 얻는 데만 너무 좋아하여 절개를 굽히는 일이 많음. 출전 禮記(예기) 儒行篇(유행편).

不忠不孝 (불충불효)★

[뜻음] 아닐 불, 충성할 충, 아닐 불, 효도할 효.
[풀이] 나라에 충성하지 못함과 부모에게 효도하지 못함.

不娶同姓 (불취동성)★

[뜻음] 아닐 불, 장가들 취, 같을 동, 성 성.
[풀이] 姓(성)이 같은 사람끼리는 혼인을 하지 아니함. 출전 禮記(예기).

不測之淵 (불측지연)★

[뜻음] 아닐 불, 헤아릴 측, 갈 지, 연못 연.
[풀이] 깊이를 알지 못하는 못. 위험한 곳, 불안한 곳의 譬喩(비유)로 쓰임. 출전 史記(사기).

不恥下問 (불치하문)★★★

[뜻음] 아닐 불, 부끄러울 치, 아래 하, 물을 문.
[풀이] 자기보다 아래인 사람에게 묻는 일을 부끄러워하지 않음. 출전 論語(논어) 述而篇(술이편).

不擇細流 (불택세류)★★

[뜻음] 아닐 불, 가릴 택, 가늘 세, 흐를 류.
[풀이] 바다는 큰 강물이나 가느다란 시냇물을 가리지 않고 받아들임.

不偏不黨 (불편부당)★★

[뜻음] 아닐 불, 치우칠 편, 무리 당.
[풀이] 어느 편에도 치우치지 않음. 公平(공평)하고 중립적임.

不平滿滿 (불평만만)★

[뜻음] 아닐 불, 평평할 평, 찰 만.
[풀이] 마음이 불평으로 가득 차 있음.

不平分子 (불평분자)★

[뜻음] 아닐 불, 평평할 평, 나눌 분, 아들 자.
[풀이] 어떤 일에 불만을 품고 투덜거리는 사람을 나쁘게 부르는 말.

不平不滿 (불평불만)★

[뜻음] 아닐 불, 평평할 평, 찰 만.
[풀이] 불평과 불만.

不平之鳴 (불평지명)★

[뜻음] 아닐 불, 평평할 평, 갈 지, 울 명.
[풀이] 一切(일체)의 것은 마땅한 자리를 얻지 못하면 반드시 우는 소리를 내는 것을 말함. 불평이란 두 자는 그 뜻이 극히 넓어, 喜怒哀樂(희로애락) 등 사람의 모든 감정에도 쓰는 말인데 세상에선 대개 不滿(불만)을 의미하는 말로만 쓰이고 있음.

不避湯禹 (불피탕우)★

[뜻음] 아닐 불, 피할 피, 넘어질 탕, 하우씨 우.
[풀이] 殷(은)나라 湯(탕)이나 夏(하)나라 禹(우) 임금 시대에 못지않다는 말.

不避湯火 (불피탕화)★

[뜻음] 아닐 불, 피할 피, 끓을 탕, 불 화.
[풀이] 물불을 가리지 아니함.

不避風雨 (불피풍우)★

[뜻음] 아닐 불, 피할 피, 바람 풍, 비 우.
[풀이] 바람과 비를 피하지 않고 한결같이 일을 함.

不學無術 (불학무술)★

[뜻음] 아닐 불, 배울 학, 없을 무, 꾀 술.
[풀이] 학식도 없고 계책도 없음. 학문 예술에 대한 소양이 없음. 출전 漢書(한서).

不學無識 (불학무식)★

[뜻음] 아닐 불, 배울 학, 없을 무, 알 식.
[풀이] 배우지 못하여 아는 것이 없음.

不幸中多幸 (불행중다행)★★

[뜻음] 아닐 불, 다행 행, 가운데 중, 많을 다.
[풀이] 불행하지만 그보다 더 불행할 뻔한 데 견주어 볼 때 오히려 다행함.

不許葷酒入山門 (불허훈주입산문)

[뜻음] 아닐 불, 허락할 허, <u>매운 채소 훈</u>, 술 주, 들 입, 뫼 산, 문 문.
[풀이] 불교에서 葷菜(훈채)는 부정하고, 술은 깨끗한 생각을 어지럽히기 때문에 淸淨(청정)한 사찰 안으로 들여옴을 허락하지 않는다는 뜻.

不血食 (불혈식)★★

[뜻음] 아닐 불, 피 혈, 밥 식.
[풀이] 犧牲(희생)을 올려 제사를 지내지 못한다. 나라가 망하고 자손이 끊어짐을 이름. 출전 管子(관자).

不挾長 (불협장)

[뜻음] 아닐 불, 낄 협, 길 장.
[풀이] 남에게 대하여 자기가 나이가 많음을 내세워 거드름을 피우지 않음. 출전 孟子(맹자).

不好事紡車似 (불호사방차사)★

[뜻음] 아닐 불, 좋을 호, 일 사, 자을 방, 수레 차, 같을 사.
[풀이] 惡(악)의 보복이 순환하여 물레바퀴와 같다. 나쁜 일은 오래지 않아 그 보복을 받게 된다는 말.

不惑之年 (불혹지년)★★★

[뜻음] 아닐 불, 미혹될 혹, 갈 지, 해 년.
[풀이] 나이 40을 이르는 말. 공자는 40이 되어서야 세상일에 미혹되지 않았다 하여 쓰이는 말. 불혹은 의혹되지 않는다는 말. 不惑(불혹).

이 말은 ≪論語(논어)≫ 爲政篇(위정편)에 있는 孔子(공자)의 말씀에서 나온 말이다.

공자는 일생을 회고하며 자신의 학문 수양의 발전 과정에 대해 ≪논어≫ 爲政篇(위정편)에서 이렇게 말했다.

나는 열다섯 살에 학문에 뜻을 두었고
[吾十有五而志于學(오십유오이지우학) – 志學]
서른 살에 (학문상) 자립했다.
[三十而立(삼십이립) – 而立]
마흔 살에는 미혹하지 않게 되었고
[四十而不惑(사십이불혹) – 不惑]
쉰 살에 하늘의 명을 알게 되었다.
[五十而知天命(오십이지천명) – 知天命]
예순 살에는 남의 말을 순순히 이해하게 되었고
[六十而耳順(육십이이순) – 耳順]
일흔 살이 되니 마음 내키는 대로 해도 법도를 넘어서지 않았다.
[七十而從心所欲 不踰矩(칠십이종심소욕불유구) – 從心]
나이 마흔 살을 일컫게 되어 지금 많이 쓰인다. 나이 마흔쯤 되니 세상 경험이 많아져 의혹됨이 별로 없다는 말일 것이다.

이 외에도 20세는 弱冠(약관)이라 하고, 삼십을 입년 대신 而立(이립)이라는 말을 쓰기도 하며, 오십을 명년 대신 知命(지명)이라는 말로 쓰고 있다. 두보의 시에 의하여 칠십은 古稀(고희)라는 말이 생겨서 지금은 종심보다는 고희라는 말을 많이 쓴다.
여자는 옛날 十五 살만 먹으면 쪽을 올리고 비녀를 꽂았다. 그래서 笄年(계년)이라면 여자의 나이 十五 세를 가리키게 된다.

[참고] 20세: 弱冠(약관), ≪禮記(예기)≫에서 온 말. 60세: 還甲(환갑). 70세: 古稀(고희), 杜甫(두보)의 시 '人生七十古來稀'에서 온 말. 77세: 喜壽(희수), '喜'의 草書體(초서체)는 七七이라 읽을 수 있음. 88세: 米壽(미수), '米' 자를 파자하면 八十八이 됨.

不患寡而患不均 (불환과이환불균)★★★

[뜻음] 아닐 불, 근심 환, 적을 과, 어조사 이, 고를 균.
[풀이] 적은 것을 걱정하지 않고 고르지 못한 것을 걱정한다는 말임.

이 말은 ≪論語(논어)≫ 季氏篇(계씨편)에 나오는 공자가 한 말이다.
魯(노)나라 實權者(실권자) 季氏(계씨)가 노나라의 屬國(속국)인 顓臾(전유)를 쳐서 자신의 영지로 만들려 했을 때 공자는 제자 冉有(염유)와 子路(자로)가 계씨의 家臣(가신)으로 있어서 공자는 내심 걱정을 하고, 출세 지향적

인물인 염유가 변명을 해대자 그를 탓하며,
"네가 조종하는 일이 아니냐. 전유는 노나라에 속해 있는 나라인데 이것을 칠 이유가 무엇이란 말이냐?"라고 말했다.
그러자 그들은 그 일이 계씨의 단독 의사로, 자신들은 관여한 바가 없다고 발뺌을 했고 공자는 다시 그들을 나무랐다. 염유가 이렇게 말했다.
"전유는 費(비)에 가까이 있고 또 견고한 성이므로 지금 이것을 점령하지 않으면 뒷날 반드시 자손들에게 걱정을 끼치게 될 것입니다."
공자가 꾸짖었다.
"그러기에 군자는, 솔직히 탐이 난다고 말하지 않고, 뭔가 구실을 붙여 자기의 행동을 정당화시키려는 사람을 미워한다." 그리고 다시 덧붙여,
"내가 들으니, 나라를 갖고 집을 가진 사람은 적은 것을 걱정하지 않고 고르지 못한 것을 걱정하며, 가난한 것을 걱정하지 않고 편안하지 못한 것을 걱정한다고 했다. 대개 고르면 가난한 사람이 없고, 서로 사이가 좋으면 적은 일이 없으며, 평안하면 서로 넘어지는 일이 없기 때문이다"라고 말하며 계씨가 밖으로 욕심을 드러내고 있으므로 반드시 내부로부터 변란이 있을 것이라고 예고했다.

不患無位 (불환무위)★★

[뜻음] 아닐 불, 근심 환, 없을 무, 자리 위.
[풀이] 군자는 벼슬자리에 오르지 못함을 마음에 두고 끼워 두지 않음. 출전 論語(논어).

不孝莫甚 (불효막심)★

[뜻음] 아닐 불, 효도 효, 없을 막, 심할 심.
[풀이] 불효함이 매우 심함.

不孝不悌 (불효부제)★

[뜻음] 아닐 불, 효도 효, 공경할 제.
[풀이] 불효와 부제. 어버이에게 효성스럽지 못하고 어른에게 공손하지 못함.

不孝三千無後爲大 (불효삼천무후위대)★

[뜻음] 아닐 불, 효도 효, 석 삼, 일천 천, 없을 무, 뒤 후, 할 위, 클 대.
[풀이] 불효에 삼천 가지가 있는데, 그중에 後孫(후손)을 두지 못한 것이 가장 큰 불효이다. 無後爲大(무후위대). 不孝有三無後爲大(불효유삼무후위대).

不孝有三 (불효유삼)★

[뜻음] 아닐 불, 효도 효, 있을 유, 석 삼.
[풀이] 불효에 세 종류가 있음. 첫째, 부모에게 영합하여 불의에 빠지게 하는 일. 둘째, 집이 가난하고 부모가 늙어도 벼슬하지 않은 일. 셋째, 장가들지 않고 후사가 없어 선조의 제사를 끊는 일. 출전 孟子(맹자) 離婁篇(이루편).

不朽功績 (불후공적)★

[뜻음] 아닐 불, 썩을 후, 공 공, 쌓을 적.
[풀이] 오래도록 전해질 不滅(불멸)의 공적.

不虧不崩不震不騰 (불휴불붕부진부등)

[뜻음] 아닐 불, 이지러질 휴, 무너질 붕, 떨 진, 오를 등.
[풀이] 나라가 잘 다스려짐을 형용한 말. 출전 詩經(시경) 魯頌宮篇
(노송궁편).

不恤緯 (불휼위)★★★

[뜻음] 아닐 불, 근심할 휼, 씨 위.
[풀이] 베를 짜는 과부가 씨줄이 모자라는 것을 걱정하지 않고 周(주)
나라가 망하는 것을 걱정했다는 옛일. ① 자기의 일을 내버려두고 나
랏일을 걱정함. ② 村婦(촌부)도 나랏일을 걱정하니 사람은 마땅히
나랏일을 걱정해야 한다는 말. 출전 春秋左氏傳(춘추좌씨전).

不歆非類 (불흠비류)★

[뜻음] 아닐 불, 받을 흠, 아닐 비, 무리 류.
[풀이] 鬼神(귀신)은 그 族類(족류)가 아닌 자가 지내는 祭祀(제사)는
歆享(흠향)하지 아니함.

朋黨執虎 (붕당집호)★

[뜻음] 벗 붕, 무리 당, 잡을 집, 범 호.
[풀이] 붕당의 힘은 범도 잡을 수 있다. 붕당의 힘은 능히 邪理(사리)
를 굽힐 수도 있음을 이르는 말. 출전 漢書(한서).

崩城之痛 (붕성지통)★

[뜻음] 무너질 붕, 성 성, 갈 지, 아플 통.
[풀이] 성이 무너지는 아픔. 임금이나 부모님이 돌아가신 슬픔.

朋友講習 (붕우강습)★★

[뜻음] 벗 붕, 벗 우, 풀이할 강, 익힐 습.
[풀이] 벗끼리 모여서 학문을 연구함. 출전 易經(역경).

朋友有信 (붕우유신)★

[뜻음] 벗 붕, 벗 우, 있을 유, 믿을 신.
[풀이] 친구 사이에는 믿음이 있어야 함.

朋友責善 (붕우책선)★

[뜻음] 벗 붕, 벗 우, 책망할 책, 착할 선.
[풀이] 벗끼리 서로 좋은 일을 하도록 권함.

朋自遠方來 (붕자원방래)★

[뜻음] 벗 붕, 스스로 자, 멀 원, 모 방, 올 래.
[풀이] 벗이 먼 곳으로부터 찾아오면 기쁘다는 말. 有朋自遠方來(유
붕자원방래). 출전 논어 학이편.

鵬程萬里 (붕정만리)★★★

[뜻음] 붕새 붕, 길 정, 일만 만, 마을 리.
[풀이] 붕새를 타고 만 리를 난다. ① 머나먼 앞길. ② 앞날이 양양함.
③ 앞길이 구만 리 같음. 출전 莊子(장자) 逍遙遊篇(소요유편).

蚍撼大樹 (비감대수)★

[뜻음] 왕개미 비, 흔들 감, 큰 대, 나무 수.
[풀이] 왕개미가 제 힘을 돌보지 않고 큰 나무를 흔들려 한다. 학문이
얕은 사람이 대학자를 비판함. 제 분수를 모름.

非敢後馬不進也 (비감후마부진야)★

[뜻음] 아닐 비, 감히 감, 뒤 후, 말 마, 아닐 부, 나아갈 진, 어조사 야.
[풀이] 後(후)는 군대가 패주할 때 맨 뒤에 남아서 보호하는 부대를
말하며 展(전)이라고도 함. 군대가 패주할 때는 후군은 가장 중대한
임무이기 때문에 그 공을 크게 봄. 魯(노)나라의 대부 孟側(맹측 - 자
는 之反)은 후군이 되었지만 그 공을 숨기기 위해서 말이 빨리 달리
지 않기 때문에 후군이 되었다고 말한 것을 이름. 출전 論語(논어) 雍
也篇(옹야편).

飛去飛來 (비거비래)★

[뜻음] 날 비, 갈 거, 올 래.
[풀이] 날아가고 날아옴.

比肩隨踵 (비견수종)★

[뜻음] 견줄 비, 어깨 견, 따를 수, 발꿈치 종.
[풀이] 어깨를 나란히 하고 발뒤꿈치를 따름. 곧 계속하여 끊이지 않
고 잇닮. 속출함. 출전 韓非子(한비자).

匪躬之節 (비궁지절)★

[뜻음] 아닐 비, 몸 궁, 갈 지, 절개 절.
[풀이] 자기 한 몸의 이해를 돌아보지 않는 충성.

批郤導窾 (비극도관)★

[뜻음] 칠 비, 틈 극, 이끌 도, 빌 관.
[풀이] 批(비)는 擊(격), 郤(극)은 隙(극), 窾(관)은 空(공)과 같음. 뼈와
살 사이에 칼을 넣어서 쇠고기 요리를 묘하게 한다. 자연의 妙道(묘
도)를 행함을 비유함. 출전 莊子(장자) 養生主篇(양생주편).

否極反泰 (비극반태)★★

[뜻음] 아닐 부, 다할 극, 되돌릴 반, 클 태.
[풀이] 사물이 막혀 통하지 않는다 하더라도 그 극에 도달하면 天運
(천운)이 순환하여 개통하여짐. 불운이 절정에 달하면 행운이 돌아옴.
否(비)와 泰(태)는 괘 이름. 周易(주역) 괘 풀이의 하나.

批答 (비답)★

[뜻음] 비답 비, 대답할 답.
[풀이] 天子(천자)가 大臣(대신)의 上奏文(상주문)에 의견을 적어 답함.

飛來飛去 (비래비거)★

[뜻음] 날 비, 갈 거, 올 래.
[풀이] 날아가고 날아옴. 飛去飛來(비거비래).

否來泰去 (비래태거)★

[뜻음] 아닐 비, 올 래, 클 태, 갈 거.
[풀이] 좋은 運數(운수)는 가고 나쁜 운수가 돌아옴.

非禮勿動 (비례물동)★

[뜻음] 아닐 비, 예도 례, 말 물, 움직일 동.

[풀이] 예의에 맞지 않는 일에는 움직이지 말라는 뜻. 四勿(사물). 출전 論語(논어) 顔淵篇(안연편).

非禮勿視 (비례물시)★

[뜻음] 아닐 비, 예도 례, 말 물, 볼 시.
[풀이] 예의에 맞지 않는 일이면 보지 말라는 뜻. 四勿(사물). 출전 論語(논어) 顔淵篇(안연편).

非禮勿言 (비례물언)★

[뜻음] 아닐 비, 예도 례, 말 물, 말씀 언.
[풀이] 예의에 맞지 않는 일이면 말하지 말라. 四勿(사물). 출전 論語(논어) 顔淵篇(안연편).

非禮勿聽 (비례물청)★

[뜻음] 아닐 비, 예도 례, 말 물, 들을 청.
[풀이] 예의에 맞지 않는 일이면 듣지 말라. 四勿(사물). 출전 論語(논어) 顔淵篇(안연편).

非禮之禮 (비례지례)★

[뜻음] 아닐 비, 예도 례, 갈 지.
[풀이] 예절에 맞는 것 같으면서도 실제로는 맞지 않는 예. 출전 孟子(맹자) 離婁下篇(이루하편).

飛龍乘雲 (비룡승운)★

[뜻음] 날 비, 용 룡, 탈 승, 구름 운.
[풀이] 비룡이 구름을 탄다. 영웅이 때를 만나 득세함. 출전 韓非子(한비자).

飛流直下三千尺 (비류직하삼천척)★★★

[뜻음] 날 비, 흐를 류, 곧을 직, 아래 하, 석 삼, 일천 천, 자 척.
[풀이] 날릴 듯 떨어지는 폭포의 물줄기가 삼천 척이나 된다. 곧바로 아래로 흘러 떨어짐. 출전 李白(이백)의 望廬山瀑布(망여산폭포).

鄙俚淺近 (비리천근)★★

[뜻음] 인색할 비, 천할 리, 얕을 천, 가까울 근.
[풀이] 풍속이나 언어 등이 낮고 거칠어 촌스럽고 천박함. 鄙近(비근).

鄙吝之萌復存乎心 (비린지맹부존호심)

[뜻음] 인색할 비, 탐할 린, 갈 지, 싹 맹, 다시 부, 있을 존, 어조사 호, 마음 심.
[풀이] 鄙陋(비루)한 마음이 다시 싹틈을 이름. 출전 後漢書(후한서) 黃憲傳(황헌전).

肥馬輕裘 (비마경구)★★

[뜻음] 살찔 비, 말 마, 가벼울 경, 갖옷 구.
[풀이] 살찐 말과 가벼운 여우털옷. 부귀한 사람의 호화로운 차림새. 輕裘肥馬(경구비마). 출전 論語(논어).

非命橫死 (비명횡사)★

[뜻음] 아닐 비, 목숨 명, 거스를 횡, 죽을 사.
[풀이] 뜻밖의 災變(재변)으로 제 명대로 살지 못하고 죽음. 명이 아닌 불시의 변사. 非命慘死(비명참사). 非命(비명).

非夢似夢 (비몽사몽)★★

[뜻음] 아닐 비, 꿈 몽, 같을 사.
[풀이] 잠이 들락 말락 할 때. 꿈인지 생시인지 어렴풋한 때.

飛文染翰 (비문염한)★

[뜻음] 날 비, 글월 문, 물들일 염, 문장 한.
[풀이] 빼어난 문장. 훌륭한 문서. 문장을 쓰는 형용.

秘密結社 (비밀결사)★

[뜻음] 숨길 비, 빽빽할 밀, 맺을 결, 토지의 신 사.
[풀이] 정부에 대하여 그 존재, 목적, 규정 등을 숨기는 結社(결사).

鄙薄之奠 (비박지전)★

[뜻음] 인색할 비, 엷을 박, 갈 지, 제사 지낼 전.
[풀이] 보잘것 없는 제사 음식.

誹謗之木 (비방지목)★

[뜻음] 헐뜯을 비, 헐뜯을 방, 갈 지, 나무 목.
[풀이] 임금의 잘못을 써 붙이는 나무. 중국 舜(순) 임금이 다리 위에 나무를 세워 놓고 백성들에게 정치의 그릇됨을 비방하는 말을 쓰게 하여 스스로 반성하였다는 옛일. 일설에는 나무를 대궐 문에 세워 두고 비방할 일이 있으면 이를 두드리게 하였다고도 함. 華表木(화표목). 華表柱(화표주). 출전 呂氏春秋(여씨춘추).

飛蓬乘風 (비봉승풍)★

[뜻음] 날 비, 쑥 봉, 탈 승, 바람 풍.
[풀이] 쑥이 바람에 날려 흩어진다. 사람이 좋은 기회를 탐. 출전 商子(상자).

蚍蜉撼大樹 (비부감대수)★

[뜻음] 왕개미 비, 작은 개미 부, 흔들 감, 큰 대, 나무 수.
[풀이] 왕개미가 큰 나무를 흔들려고 한다는 뜻. 蚍蜉撼樹(비부감수).

蚍蜉蟻子之援 (비부의자지원)

[뜻음] 왕개미 비, 하루살이 부, 개미 의, 아들 자, 갈 지, 원조할 원.
[풀이] 왕개미나 작은 개미의 援助(원조). 곧 아주 보잘것 없는 도움.

悲憤慷慨 (비분강개)★★★

[뜻음] 슬플 비, 분할 분, 강개할 강, 강개할 개.
[풀이] 슬프고 분하여 마음이 몹시 복받침.

飛沙走石 (비사주석)★

[뜻음] 날 비, 모래 사, 달릴 주, 돌 석.
[풀이] 모래가 날리고 돌멩이가 굴러 달음질한다. 바람이 세차게 부는 것. 揚沙走石(양사주석). 출전 搜神記(수신기).

卑辭重幣 (비사중폐)★

[뜻음] 낮을 비, 말 사, 무거울 중, 예물 폐.
[풀이] 卑辭厚幣(비사후폐).

卑辭厚幣 (비사후폐)★

[뜻음] 낮을 비, 말 사, 후할 후, 예물 폐.
[풀이] 말을 정중히 하고 예물을 후하게 함. 어진 인재를 招聘(초빙)

하거나 작은 나라가 큰 나라를 섬기는 예절의 하나.

非常之變 (비상지변)★

[뜻음] 아닐 비, 항상 상, 갈 지, 변할 변.
[풀이] 뜻밖의 재변이나 사고. 출전 漢書(한서).

非常之事 (비상지사)

[뜻음] 아닐 비, 항상 상, 갈 지, 일 사.
[풀이] 세상에 두 번 다시 없는 사업. 아주 큰 일. 출전 漢書(한서).

匪石之心 (비석지심)★★

[뜻음] 아닐 비, 돌 석, 갈 지, 마음 심.
[풀이] 내 마음은 돌이 아니므로 굴려서 바꾸지 못한다는 뜻으로, 確固不動(확고부동)한 마음을 이르는 말. 출전 詩經(시경) 邶風(패풍) 柏舟篇(백주편).

婢膝奴顔 (비슬노안)★

[뜻음] 계집종 비, 무릎 슬, 종 노, 얼굴 안.
[풀이] 계집종의 무릎과 사내종의 얼굴색. 남에게 아첨하는 모양. 출전 抱朴子(포박자) 外篇(외편).

非僧非俗 (비승비속)★

[뜻음] 아닐 비, 중 승, 속될 속.
[풀이] 중도 아니고 속세의 인간도 아닌 반거들충이. 半僧半俗(반승반속).

匪兕匪虎 (비시비호)★★

[뜻음] 아닐 비, 외뿔소 시, 범 호.
[풀이] 외뿔소도 범도 아닌데 광야를 헤맨다. 賢人(현인)이 災厄(재액)을 만나 그 不幸(불행)을 歎息(탄식)함. 匪兕匪虎率彼曠野(비시비호솔피광야). 출전 詩經(시경) 小雅(소아).

匪兕匪虎率彼曠野 (비시비호솔피광야)★★

[뜻음] 아닐 비, 외뿔소 시, 범 호, 좇을 솔, 저 피, 넓을 광, 들 야.
[풀이] 외뿔소도 범도 아닌데 광야를 헤맨다. 賢人(현인)이 災厄(재액)을 만나 그 不幸(불행)을 歎息(탄식)함. 출전 詩經(시경) 小雅(소아).

鼻息如雷 (비식여뢰)★

[뜻음] 코 비, 숨 쉴 식, 같을 여, 천둥 뢰.
[풀이] 코고는 소리가 천둥과 같음.

飛蛾赴火 (비아부화)★

[뜻음] 날 비, 나방 아, 나아갈 부, 불 화.
[풀이] 불나방이 불속으로 날아든다. 벌레가 등불에 날아들어 타 죽듯이, 위험한 일을 自進(자진)해서 저지름을 이름. 출전 梁書(양서).

非我所關 (비아소관)★

[뜻음] 아닐 비, 나 아, 바 소, 빗장 관.
[풀이] 내가 관계할 바가 아님. 내 소관이 아님.

飛揚跋扈 (비양발호)★★

[뜻음] 날 비, 오를 양, 넘을 발, 통발 호.
[풀이] 날랜 새가 날고, 큰 물고기가 날뛴다. 날랜 새가 飛揚(비양)하

고 큰 고기가 跋扈(발호)하듯이, 臣下(신하)가 멋대로 굴어 법을 좇지 아니하는 일. 또는 謀叛(모반)하는 일. 출전 北史(북사).

斐然成章 (비연성장)★★★

[뜻음] 문채 날 비, 그러할 연, 이룰 성, 글 장.
[풀이] 斐(비)는 문채 있는 모양. 學問(학문)이나 修養(수양)이 성취되어 훌륭함. 출전 論語(논어) 公冶長篇(공야장편).

誹譽在俗 (비예재속)

[뜻음] 비방할 비, 기릴 예, 있을 재, 세속 속.
[풀이] 헐뜯기거나 칭찬받는 것은 다 世俗(세속)에 맡기고 자신의 本體(본체)를 지켜 움직이지 않음. 출전 淮南子(회남자).

比屋可封 (비옥가봉)★★★

[뜻음] 견줄 비, 집 옥, 가할 가, 봉할 봉.
[풀이] 집집마다 표창할 만한 인물이 많다는 뜻으로, 나라에 착하고 어진 사람이 많음을 이르는 말. 太平聖代(태평성대)를 뜻하기도 함. 比屋而可封(비옥이가봉). 출전 論衡(논형).

比屋而可誅 (비옥이가주)★

[뜻음] 견줄 비, 집 옥, 말 이을 이, 가할 가, 벨 주.
[풀이] 집집마다 모든 사람이 다 벌 받아야 할 惡人(악인)들. 桀(걸), 紂(주)의 백성들이 다 惡德(악덕)에 물들었음. 출전 論衡(논형).

飛冤駕害 (비원가해)★

[뜻음] 날 비, 원통할 원, 멍에 가, 해칠 해.
[풀이] 터무니없는 일을 조작하여 謀陷(모함)하는 일.

沸油神判 (비유신판)

[뜻음] 끓을 비, 기름 유, 귀신 신, 판단할 판.
[풀이] 고대 중국과 인도에서 하던 신판의 하나. 끓는 기름 속에서 화폐를 꺼내게 하여 화상을 입는지의 여부로 是非(시비) 曲直(곡직)을 가렸다고 함.

髀肉皆消 (비육개소)★

[뜻음] 넓적다리 비, 고기 육, 다 개, 없어질 소.
[풀이] 넓적다리의 살이 닳아 없어진다. 항상 말을 탐을 이름.

非肉不飽 (비육불포)★

[뜻음] 아닐 비, 고기 육, 아닐 불, 배부를 포.
[풀이] 고기를 먹지 않으면 배가 부르지 않다. 노인의 쇠약해진 때를 이르는 말.

髀肉之歎 (비육지탄)★★★

[뜻음] 넓적다리 비, 살 육, 갈 지, 탄식할 탄.
[풀이] 말 타고 전장에 나가지 않은 지가 오래되어 넓적다리의 살만 찜을 탄식함. 촉한의 유비가 천하를 호령하는 몸이 되지 못하고, 헛되이 세월만 보내어, 넓적다리의 살만 찌게 됨을 한탄함. 능력을 발휘하여 보람 있는 일을 하지 못하고 헛되이 세월만 보내는 것을 한탄함.

　≪三國志(삼국지)≫ 蜀志(촉지)에 나오는 이야기이다.
　삼국시대 玄德(현덕) 劉備(유비)가 한 말이다. 유비는

한때 曹操(조조)와 협력하여 呂布(여포)를 下邳(하비)에서
격파하고 임시 수도였던 許昌(허창)으로 올라와 조조의
주선으로 獻帝(헌제)를 拜謁(배알)하고 좌장군에 임명된
다. 그러나 조조 밑에 있는 것이 싫어 허창을 탈출하여 같
은 皇族(황족)인 형주의 유표에게 의지하였고, 유비의 부
하들은 이 땅을 은근히 넘보고 있었다.
　유비가 荊州(형주) 땅 유표에게 의지하고 있을 때, 유
표가 마련한 술자리에서 술을 마시다 변소에 다녀오다 넓
적다리에 살이 붙은 것을 느끼고 크게 울다가 자리에 돌
아오는데 유표가 낌새를 알고 왜 우느냐 물으니,
　“나는 언제나 몸이 말안장을 떠날 겨를이 없어 넓적다
리 살이 붙은 일이 없었는데, 요즘은 말을 타는 일이 없어
넓적다리 안쪽에 살이 다시 생기지 않았겠습니까. 세월은
달려가 머지않아 늙음이 닥쳐올 텐데 공도 일도 이룬 것
이 없어 그래서 슬퍼했던 것입니다” 하며 자신의 신세를
한탄했다.
　능력을 발휘하여 보람 있는 일을 하지 못하고 헛되이
세월만 보내는 것을 한탄하는 경우를 가리키는 말이다. 髀
肉(비육)은 넓적다리 살을 말한다. 바쁘게 돌아다닐 일이
없어 가만히 놀고먹기 때문에 넓적다리에 살만 찐다고 한
탄하는 말이 ‘비육지탄’이다.

飛鷹走狗 (비응주구)★

[뜻음] 날 비, 매 응, 달릴 주, 개 구.
[풀이] 매를 날리고 개를 달리게 한다. 사냥을 함. 출전 後漢書(후한서).

費而隱 (비이은)★

[뜻음] 쓸 비, 어조사 이, 숨길 은.
[풀이] 費(비)는 부부의 사이로부터 모든 일에 걸치는 작용을 이르며
隱(은)은 體(체)의 은미한 것으로 그 안에 理(이)가 있음을 이름. 곧
군자의 도는 광대하지만 잘 나타나지 않음을 이름. 성인의 도는 그
효용이 광대하여 두루 미치나, 그 자체는 겉으로 드러나지 않음. 출
전 中庸(중용).

飛耳長目 (비이장목)★

[뜻음] 날 비, 귀 이, 길 장, 눈 목.
[풀이] 먼 곳의 일을 잘 보고 듣는 耳目(이목). 사물을 예민하게 관찰
함. 널리 정보를 수집함의 비유. 출전 管子(관자).

比翼連理 (비익연리)★★★

[뜻음] 견줄 비, 날개 익, 이을 연, 이치 리.
[풀이] 비익조와 연리지. 比翼鳥(비익조)는 한 새가 눈 하나와 날개
하나만 있어서 두 마리가 서로 나란히 해야 비로소 두 날개를 이루어
날 수 있다고 하는 새이며, 連理枝(연리지)는 두 나무의 가지가 서로
접해서 木理(목리)가 합친 가지임. ① 부부의 정이 두터워서 떨어지
지 않음. ② 화목한 부부, 서로 깊이 사랑하는 남녀의 관계. 비익의
새와 연리의 가지. 모두 夫婦(부부)의 의가 대단히 좋거나 남녀 간의
애정이 썩 깊음을 비유함.

比翼齊飛 (비익제비)★

[뜻음] 견줄 비, 날개 익, 나란히 제, 날 비.
[풀이] 날개를 나란히 하고 나는 모습.

比翼鳥 (비익조)★★

[뜻음] 견줄 비, 날개 익, 새 조.
[풀이] 암수의 눈과 날개가 각각 하나씩이어서 짝을 짓지 않으면 날
지 못한다는 傳說上(전설상)의 새. ‘比翼連理(비익연리)’를 보시오.

飛潛同置 (비잠동치)★

[뜻음] 날 비, 잠길 잠, 같을 동, 놓을 치.
[풀이] 날고 잠기는 표현이 같은 작품에 놓여 있다. 날고 잠기는 것처
럼 對句(대구)가 있어야 좋은 작품이 됨. 漢詩(한시)를 지을 때 좋은
작품을 얻기 위한 기본적인 수사법.

轡長則踏 (비장즉답)★

[뜻음] 고삐 비, 길 장, 곧 즉, 밟을 답.
[풀이] 고삐가 길면 밟힌다. 나쁜 짓을 오래 계속하면 당장은 드러나
지 않더라도 끝내 들키고 만다는 말. 轡長必踐(비장필천).

非錢不行 (비전불행)★

[뜻음] 아닐 비, 돈 전, 아닐 불, 갈 행.
[풀이] 뇌물을 쓰지 않고는 아무 일도 되지 않는다. 官家(관가)의 紀
綱(기강)이 紊亂(문란)함.

非戰之罪 (비전지죄)

[뜻음] 아닐 비, 싸울 전, 갈 지, 허물 죄.
[풀이] 楚(초)나라 項羽(항우)가 해하의 싸움에 패하고 탄식한 말로,
일을 잘못한 것이 아니라 있는 힘을 다했으나 운수가 글러서 성공하
지 못한 것이라고 탄식한 말.

悲絶慘絶 (비절참절)★

[뜻음] 슬플 비, 끊을 절, 참혹할 참.
[풀이] 매우 비참함. 慘絶悲絶(참절비절).

鼻祖 (비조)★★★

[뜻음] 코 비, 할아버지 조.
[풀이] 始祖(시조), 창시자. 어떤 일을 맨 처음 시작한 사람. 우리나라
민간 신앙에 사람이 어머니의 배 속에서 생겨날 때 맨 처음 코부터
생겨난다는 민간신앙에서 비롯된 말. 중국 허정양의 ≪복기서≫, 양
웅의 ≪반이소≫라는 글에는 이와 같은 내용이 나온다. 濫觴(남상),
元祖(원조), 嚆矢(효시) 등은 비슷한 뜻을 가진 말이다.

飛鳥驚蛇 (비조경사)★

[뜻음] 날 비, 새 조, 놀랄 경, 뱀 사.
[풀이] 새가 수림을 벗어나 날고 뱀이 놀라 숲속으로 뛰어들다. 활달
하고 생동감 넘치는 書體(서체).

飛鳥不入 (비조불입)★★★

[뜻음] 날 비, 새 조, 아닐 불, 들 입.
[풀이] 나는 새도 들어갈 수가 없다. 陣地(진지)나 城(성) 등이 防備
(방비)가 튼튼하여 빈틈이 없음.

蜚鳥盡良弓藏 (비조진양궁장)★★

[뜻음] 날 비, 새 조, 다할 진, 좋을 양, 활 궁, 감출 장.
[풀이] 새가 없어지면 활이 소용없게 되므로 활집에 넣어둔다. 狡兎死走狗烹(교토사주구팽). 출전 史記(사기).

蜚鳥盡良弓藏狡兎死走狗烹

(비조진양궁장교토사주구팽)★

[뜻음] 날 비, 새 조, 다할 진, 좋을 양, 활 궁, 감출 장, 교활할 교, 토끼 토, 죽을 사, 달릴 주, 개 구, 삶을 팽.
[풀이] 새가 없어지면 활이 소용없게 되므로 활집에 넣어두고 날랜 토끼가 죽으면 사냥개는 솥에 삶게 된다. 실컷 부려먹고 쓸모없게 되면 버리거나 잡아먹음. 狡兎死走狗烹(교토사주구팽). 출전 史記(사기).

俾晝作夜 (비주작야)★

[뜻음] 더할 비, 낮 주, 지을 작, 밤 야.
[풀이] 대낮에도 밤처럼 술잔치를 일삼아 나랏일을 살피지 않음. 출전 詩經(시경) 大雅(대아).

批准 (비준)

[뜻음] 칠 비, 승인할 준.
[풀이] 비는 신하로부터 오르는 表奏(표주)의 뒤에 천자가 스스로 답측을 쓰는 것이며, 준은 허락함이라는 뜻.

非池中物 (비지중물)★

[뜻음] 아닐 비, 못 지, 가운데 중, 만물 물.
[풀이] 못 속의 용은 언젠가는 때를 만나 하늘에 오름. 곧 英雄(영웅)은 세상에 묻혀 있어도 때만 만나면 반드시 功(공)을 이룬다는 말. 출전 三國志(삼국지) 吳志(오지).

非知之艱 (비지지간)★

[뜻음] 아닐 비, 알 지, 갈 지, 어려울 간.
[풀이] 배우기는 쉬우나 實踐(실천)하기는 힘듦. 사물을 아는 일은 그리 어렵지 않으나, 이를 실행하는 일은 매우 어렵다는 말. 출전 書經(서경) 說命(열명).

非知之知 (비지지지)★

[뜻음] 아닐 비, 알 지, 갈 지.
[풀이] 지식 아닌 지식. 道家(도가)에서 말하는, 고차적 차원의 지식.

琵琶別抱 (비파별포)★

[뜻음] 비파 비, 비파 파, 다를 별, 안을 포.
[풀이] 여자가 再嫁(재가)함을 이름.

悲風慘雨 (비풍참우)★

[뜻음] 슬플 비, 바람 풍, 참혹할 참, 비 우.
[풀이] 매우 서글프고 비참한 처지.

鼻下政事 (비하정사)★

[뜻음] 코 비, 아래 하, 정사 정, 일 사.
[풀이] 코 밑에 있는 일에 관한 정사. 겨우 먹고 살아가는 일을 이르는 말. 임시 彌縫(미봉)의 정치. 鼻下公事(비하공사).

批亢擣虛 (비항도허)★

[뜻음] 칠 비, 목 항, 찌를 도, 빌 허.
[풀이] 목을 치고 빈 데를 찌른다. 急所(급소)를 눌러 虛(허)를 찌름을 이름. 출전 史記(사기) 孫子篇(손자편).

飛黃騰達 (비황등달)★

[뜻음] 날 비, 누를 황, 오를 등, 통달할 달.
[풀이] 신마와 같이 빨리 달린다. 지위가 매우 빨리 높아지고 신분이 귀하여짐. 飛黃騰踏(비황등답).

批虛導窾 (비허도관)★

[뜻음] 칠 비, 빌 허, 이끌 도, 빌 관.
[풀이] 敵(적)의 防備(방비)가 허술한 데를 치고, 我軍(아군)의 虛(허)를 짐짓 보여서 적을 誘引(유인)함.

牝鷄司晨 (빈계사신)★★★

[뜻음] 암컷 빈, 닭 계, 맡을 사, 새벽 신.
[풀이] 암탉이 울어 때를 알린다는 말이므로 음양의 이치가 바뀌어 집안이 망할 징조. 后妃(후비)가 國政(국정)을 마음대로 하거나 妻妾(처첩)이 家政(가정)을 마음대로 휘두름. 牝鷄司晨惟家之索(빈계사신유가지색). 출전 書傳(서전).

牝鷄司晨惟家之索 (빈계사신유가지색)★★

[뜻음] 암컷 빈, 닭 계, 맡을 사, 새벽 신, 오직 유, 집 가, 갈 지, 막힐 색.
[풀이] 암탉이 새벽을 맡으면 집안 운수가 꽉 막힌다. 牝鷄司晨(빈계사신). 출전 書傳(서전).

牝馬之貞 (빈마지정)★★

[뜻음] 암컷 빈, 말 마, 갈 지, 곧을 정.
[풀이] 암말과 같이 柔順(유순)한 덕이 있고 忍耐心(인내심)이 강하여 일에 성공함을 이름. 출전 易經(역경) 坤卦(곤괘).

牝牡相偶 (빈모상우)★

[뜻음] 암컷 빈, 수컷 모, 서로 상, 짝 우.
[풀이] 암수가 서로 짝을 지음. 출전 列子(열자).

牝牡驪黃 (빈모여황)★

[뜻음] 암컷 빈, 수컷 모, 검을 여, 누를 황.
[풀이] 겉에 나타난 모양. 중국 秦(진)나라 穆公(목공)이 伯樂(백락)의 추천으로 九方皐(구방고)를 써서 말을 구하였을 때, 누런 암말을 구하였다고 보고하여 왔으므로 사람을 시켜서 그것을 가져오게 하니 검은 수말이어서 목공이 말의 몸빛과 암수조차 분별할 수 없음을 꾸짖던 바, 백락이 말을 고르는 데는 그 천기를 볼 것이지 형태에 구애할 것이 아니라고 일러 주었다는 옛일. 출전 列子(열자).

貧富貴賤 (빈부귀천)★★

[뜻음] 가난할 빈, 가멸 부, 귀할 귀, 천할 천.
[풀이] 가난하고 부유함과 귀하고 미천함.

貧不三世 (빈불삼세)★★

[뜻음] 가난할 빈, 아닐 불, 석 삼, 대 세.
[풀이] 가난도 三世(삼세) 동안은 계속되지 않음.

鬢絲茶煙 (빈사다연)★★

[뜻음] 귀밑털 빈, 실 사, 차 다, 연기 연.
[풀이] 하얗게 흐트러진 머리털과 차 끓이는 연기. 老後(노후)에 枯淡(고담)한 생활을 즐기면서 화려했던 젊은 날을 그리워하는 孤獨感(고독감)을 이르는 말.

瀕死之境 (빈사지경)★★

[뜻음] 임박할 빈, 죽을 사, 갈 지, 지경 경.
[풀이] 거의 죽게 된 상태.

賓有禮主則擇之 (빈유례주즉택지)

[뜻음] 손님 빈, 있을 유, 예도 례, 주인 주, 곧 즉, 가릴 택, 이 지.
[풀이] 예의 바른 손님에게는 席次(석차)와 기타 마땅한 것을 가려 공손히 대함을 이름. 석차는 대자리. 출전 左傳(좌전) 隱公十一年(은공십일년).

貧而樂 (빈이낙)★★

[뜻음] 가난할 빈, 말 이을 이, 즐길 낙.
[풀이] 貧寒(빈한)한 몸이로되 天命(천명)으로 여겨 道(도)를 즐김. 출전 論語(논어) 學而篇(학이편).

貧而樂道 (빈이낙도)★★

[뜻음] 가난할 빈, 말 이을 이, 즐길 낙, 길 도.
[풀이] 몸은 困窮(곤궁)하나 도를 닦아 즐기는 일. 출전 論語(논어).

貧而無怨 (빈이무원)★★★

[뜻음] 가난할 빈, 어조사 이, 없을 무, 원망할 원.
[풀이] 가난하나 원망하지 않음.

貧者不以貨財爲禮 (빈자불이화재위례)★

[뜻음] 가난할 빈, 놈 자, 아닐 불, 써 이, 재화 화, 재물 재, 삼을 위, 예도 례.
[풀이] 貧者(빈자)는 재화로써 예의를 삼지 않는다. 빈자의 사례는 마음으로써 하며 물질이 필요치 않음. 출전 禮記(예기).

貧者小人 (빈자소인)★

[뜻음] 가난 빈, 놈 자, 작을 소, 사람 인.
[풀이] 가난하면 남에게 굽히는 일이 많아 氣(기)를 펴지 못하는 까닭에 저절로 낮고 천한 사람처럼 된다는 말.

貧者一燈 (빈자일등)★★★

[뜻음] 가난할 빈, 놈 자, 한 일, 등불 등.
[풀이] 부자의 만 등보다 가난한 사람의 정성 어린 한 등이 낫다는 뜻으로, 물질의 많고 적음보다 정성이 소중하다는 말. 貧者之一燈(빈자지일등).

貧者之一燈 (빈자지일등)

[뜻음] 가난할 빈, 놈 자, 갈 지, 한 일, 등불 등.
[풀이] 부자의 만 등보다 가난한 사람의 정성 어린 한 등이 낫다는 뜻. 貧者一燈(빈자일등).

≪賢愚經(현우경)≫에 나오는 이야기이다.
　釋迦世尊(석가세존)께서 舍衛國(사위국)의 어느 精舍(정사)에 계실 때 일이다. 사위국에 難陀(난타)라는 한 가난한 여인이 있었는데, 몸을 의지할 곳이 없이 얻어먹으며 다녔다. 그녀는 국왕을 비롯해 많은 사람들이 각각 신분에 맞는 供養(공양)을 석가와 그 제자들에게 하고 있는 것을 보자 스스로 한탄하여 이렇게 말했다.
　"나는 前生(전생)에 범한 죄 때문에 가난하고 천한 몸으로 태어나, 모처럼 고마우신 스님을 뵙게 되었는데도 아무 공양도 할 수가 없다."
　이렇게 슬퍼한 나머지, 온종일 거리를 돌아다니며 求乞(구걸)한 끝에 겨우 돈 한 푼을 얻게 되었다. 그녀는 그 돈 한 푼을 가지고 기름집으로 갔다. 기름을 사서 등불을 만들려는 것이었다. 그러나 기름집 주인은, "아니 겨우 한 푼어치 기름을 사다가 어디에 쓰려는 것인지 모르지만" 하고 기름을 주려고 하지 않았다.
　난타는 마음속에 있는 말을 다 이야기했다. 그러자 기름집 주인은 딱한 생각에 돈 한 푼을 받고 몇 배나 되는 기름을 주었다.
　난타는 기뻐 어쩔 줄을 모르며 등을 하나 만들어 석가가 계신 精舍(정사)로 달려갔다. 이를 석가에게 바치고 불을 밝혀 佛壇(불단) 앞에 있는 무수한 등불 속에 놓아두었다.
　그런데 이상하게도 난타가 바친 등불만이 새벽까지 홀로 밝게 타고 있었다. 손을 저어 바람을 보내도, 옷을 흔들어 바람을 보내도 꺼지지 않았다. 뒤에 석가가 난타의 정성을 알고 그녀를 比丘尼(비구니)로 받아들였다는 것이다.
　부자의 萬(만) 燈(등)보다 가난한 사람의 정성 어린 한 등이 낫다는 뜻으로, 물질의 많고 적음보다 정성이 소중하다는 말이다.

賓主之禮 (빈주지례)★

[뜻음] 손님 빈, 주인 주, 갈 지, 예도 례.
[풀이] 손님과 주인 사이에 지켜야 할 예의.

貧卽多事 (빈즉다사)★

[뜻음] 가난할 빈, 곧 즉, 많을 다, 일 사.
[풀이] 가난하면 살림에 쪼들려 번거로운 일이 많음.

貧賤不能移 (빈천불능이)★★

[뜻음] 가난할 빈, 천할 천, 아닐 불, 능할 능, 옮길 이.
[풀이] 바른 길을 걷는 사람은 아무리 가난하더라도 결코 그 志操(지조)를 꺾지 않음. 출전 孟子(맹자) 滕文公下篇(등문공하편).

貧賤者驕人 (빈천자교인)★

[뜻음] 가난할 빈, 천할 천, 놈 자, 교만할 교, 사람 인.
[풀이] 빈천한 사람은 남에게 미움을 받아도 잃을 것이 없으므로 남에게 대하여 아무 거리낌이 없음.

貧賤之交 (빈천지교)★

[뜻음] 가난할 빈, 천할 천, 갈 지, 사귈 교.
[풀이] 빈천할 때에 사귄 친구.

貧賤之交不可忘 (빈천지교불가망)★

[뜻음] 가난할 빈, 천할 천, 갈 지, 사귈 교, 아닐 불, 옳을 가, 잊을 망.
[풀이] 빈천할 때에 사귄 친구는 잊어서는 아니 됨. 출전 後漢書(후한서).

貧賤親戚離 (빈천친척리)★

[뜻음] 가난할 빈, 천할 천, 친할 친, 겨레 척, 떼놓을 리.
[풀이] 가난하면 一家親戚(일가친척)도 멀어진다. 인정의 輕薄(경박)스러움을 이름.

貧寒到骨 (빈한도골)★★

[뜻음] 가난할 빈, 찰 한, 이를 도, 뼈 골.
[풀이] 매우 가난하여 쓸쓸한 것이 뼈에까지 스며든다. 몹시 가난함.

憑公營私 (빙공영사)★

[뜻음] 기댈 빙, 공변될 공, 꾸려 갈 영, 사사로울 사.
[풀이] 公事(공사)를 憑藉(빙자)하여 私利(사리)를 圖謀(도모)함.

氷肌雪腸 (빙기설장)★

[뜻음] 얼음 빙, 살 기, 눈 설, 창자 장.
[풀이] 얼음 같은 살결과 눈 같은 뱃속. 몸도 마음도 潔白(결백)한 일.

氷肌玉骨 (빙기옥골)★★★

[뜻음] 얼음 빙, 살 기, 구슬 옥, 뼈 골.
[풀이] 얼음처럼 투명한 살과 옥 같은 바탕. ① 매화를 형용하는 말. ② 美人(미인)을 형용하여 이르는 말. 氷姿玉質(빙자옥질).

氷釋理順 (빙석이순)★★

[뜻음] 얼음 빙, 풀릴 석, 이치 리, 순할 순.
[풀이] 얼음이 풀리듯 순리대로 됨. 의문이 죄다 풀려 이치를 환히 알게 됨.

冰雪心 (빙설심)★

[뜻음] 얼음 빙, 눈 설, 마음 심.
[풀이] 결백한 마음.

氷消瓦解 (빙소와해)★★

[뜻음] 얼음 빙, 사라질 소, 기와 와, 풀 해.
[풀이] 얼음이 녹고 기와가 산산이 부서지듯이 자취도 없이 消滅(소멸)함.

氷姿玉骨 (빙자옥골)★★

[뜻음] 얼음 빙, 맵시 자, 구슬 옥, 뼈 골.
[풀이] 氷肌玉骨(빙기옥골).

氷姿玉質 (빙자옥질)★★★

[뜻음] 얼음 빙, 맵시 자, 구슬 옥, 바탕 질.
[풀이] 얼음같이 맑고 깨끗한 살결과 구슬같이 아름다운 자질. 매화의 딴 이름. 氷肌玉骨(빙기옥골).

冰蠶作繭 (빙잠작견)★

[뜻음] 얼음 빙, 누에 잠, 지을 작, 고치 견.
[풀이] 얼음같이 투명한 누에가 고치를 만든다. 훌륭한 사람이 아름답고 무결한 작업을 이룸.

氷炭不同器 (빙탄부동기)★

[뜻음] 얼음 빙, 숯 탄, 아닐 부, 한가지 동, 그릇 기.
[풀이] 성질이 정반대여서 서로 용납 못 함. 氷炭不相容(빙탄불상용). 출전 韓非子(한비자).

氷炭不相竝 (빙탄불상병)★

[뜻음] 얼음 빙, 숯 탄, 아닐 불, 서로 상, 나란할 병.
[풀이] 氷炭不相容(빙탄불상용). 출전 楚辭(초사).

氷炭不相容 (빙탄불상용)★★★

[뜻음] 얼음 빙, 숯 탄, 아닐 불, 서로 상, 용납할 용.
[풀이] 두 사물이 서로 화합할 수 없음을 이르는 말.

≪楚辭(초사)≫ 七諫(칠간)의 自悲(자비)에 나오는 말이다. ≪楚辭(초사)≫는 屈原(굴원)의 작품과 후대사람들이 굴원을 위해 지은 작품들을 수록해 놓은 책이다. 빙탄불상용이라는 말이 나오는 구절은 다음과 같다.

얼음과 숯이 서로 같이 할 수 없음이여
내 처음부터 목숨이 길지 못한 것을 알았노라.
홀로 고생하다 죽어 낙이 없음이여
내 나이를 다하지 못함을 안타까워 하노라.

氷炭不可以相並兮 빙탄불가이상병혜
吾固知乎命之不長 오고지호명지부장
哀獨苦死之無樂兮 애독고사지무락혜
惜予年之未央 석여년지미앙

굴원은 간신들이 모함을 받아, 나라를 위하고 임금을 위하는 일편단심을 안은 채 멀리 고향을 떠나 귀양살이를 하는 신세가 되었다. 자신을 모함하는 간신들과 나라를 사랑하는 자신은 성질상 얼음과 숯이 함께 있을 수 없는 그런 운명을 지니고 있다. 자신은 목숨이 길지 않음을 알고 있다. 그마저 다 살지 못하고 객지에서 죽어 갈 생각을 하면 안타까울 따름이다.

결국 굴원은 멱라수에 몸을 던져 물고기 배 속에 장사 지냈다고 한다. 그래서 '魚腹忠魂(어복충혼)'이라는 말까지 생겨났다.

성질이 정반대여서 도저히 서로 융합될 수 없는 사이를 '氷炭間(빙탄간)'이라고 한다. 빙탄상용이라는 말도 많이 쓰인다.

氷炭相愛 (빙탄상애)★

[뜻음] 얼음 빙, 숯 탄, 서로 상, 사랑 애.
[풀이] 얼음은 숯불에 녹아서 물의 本性(본성)으로 되돌아가고 숯불은 얼음 때문에 꺼져서 다 타지 않고 숯으로 그냥 남으므로, 서로 사랑함의 비유로 쓰임.

氷炭相容 (빙탄상용)★

[뜻음] 얼음 빙, 숯 탄, 서로 상, 용납할 용.
[풀이] 얼음과 숯이 서로를 용납함. ① 상반되는 사물이 서로 협조함. ② 벗이 서로 충고하고 거울로 삼음의 비유. ③ 세상에 그러한 예가 전혀 없음을 비유.

氷壺之心 (빙호지심)★

[뜻음] 얼음 빙, 병 호, 갈 지, 마음 심.
[풀이] 백옥으로 만든 항아리에 얼음 한 조각을 넣은 것처럼 맑고 투명한 심경. 지극히 淸廉潔白(청렴결백)한 마음. 氷壺心(빙호심).

徙家忘妻 (사가망처)★

[뜻음] 옮길 사, 집 가, 잊을 망, 아내 처.
[풀이] 이사할 때에 깜박 잊고 아내를 두고 간다. 사물을 잘 잊어버리는 사람의 비유.

舍車而徒 (사거이도)★

[뜻음] 버릴 사, 수레 거, 말 이을 이, 걸을 도.
[풀이] 수레를 버리고 걸어서 간다. 옳지 못한 地位(지위)를 버리고 淸貧(청빈)하게 삶. 출전 易經(역경).

寫經換鵞 (사경환아)★

[뜻음] 베낄 사, 경서 경, 바꿀 환, 거위 아.
[풀이] 王羲之(왕희지)가 道德經(도덕경)을 베껴서 거위와 바꾼 일. 명필 왕희지는 거위를 몹시 사랑했다고 함.

使鷄司夜 (사계사야)★

[뜻음] 하여금 사, 닭 계, 맡길 사, 밤 야.
[풀이] 닭에게 밤의 시각을 알리는 일을 맡게 한다. 닭은 指時鳥(지시조)임으로 適材適所(적재적소)함을 비유하는 말. 출전 韓非子(한비자) 揚權篇(양권편).

四顧無親 (사고무친)★

[뜻음] 넉 사, 돌아볼 고, 없을 무, 친할 친.
[풀이] 의지할 만한 데가 전혀 없음. 四顧無人(사고무인)

死孔明走生仲達 (사공명주생중달)★★★

[뜻음] 죽을 사, 구멍 공, 밝을 명, 달아날 주, 살 생, 버금 중, 이를 달.
[풀이] 죽은 諸葛亮(제갈량)이 살아 있는 司馬懿(사마의)를 도망치게 한 일.

≪三國志(삼국지)≫에 나오는 이야기이다.
　蜀(촉)나라 제갈공명은 魏(위)나라 대장군 사마의(중달)와 대치하던 중 陣中(진중)에서 병으로 사망한다. 촉나라 군사들은 하는 수 없이 철수를 단행했다. 항상 공명에게 속아만 온 중달은 공명이 죽었다는 소문과 철수작전이 모두 자기를 유인해 내기 위한 술책이라고 생각하게 되었다. 잘못하다가는 앞뒤로 협격을 당할 염려마저 없지 않았으므로 중달은 허둥지둥 달아나기가 바빴다. 이 사실을 안 백성들이 "죽은 제갈량이 산 중달을 달아나게 했다"고 말했다. 이 말을 전해 들은 중달은 멋쩍은 웃음을 지으며 "산 사람이 하는 일이야 알 수 있지만 죽은 사람이 하는 일이야 어떻게 알 수가 있어야지" 했다는 것이다.
　죽은 諸葛亮(제갈량)이 살아 있는 司馬懿(사마의)를 도망치게 한 사실을 놓고 그 당시 사람들이 만들어 냈다고 전해 오는 말이다. 원문에는 死孔明(사공명)이 아니고 死諸葛(사제갈)로 되어 있다. 그것을 다음에 있는 仲達(중달)과 맞추기 위해서인지 '사공명'이란 말을 쓰기도 한다. 중달은 사마의의 자다.
　제갈량은 꾀가 많은 사람이었다. 늘 싸움에 임하느라

분주했는데 군사들의 식량을 조달하기 위해 채소 중에서 무를 많이 심었다고 한다. 무는 몇 달만 지나면 다 자라는지라 군영을 차릴 때마다 무를 많이 심어서 병사들의 배고픔을 달랬다고 하여 무를 제갈채라고 부르게 되었다고 할 정도이다.

謝公之屐 (사공지극)★

[뜻음] 사례할 사, 공변될 공, 갈 지, 나막신 극.
[풀이] 중국 南朝(남조) 때 宋(송)나라의 謝靈運(사령운)이 산을 유람할 때 산에 오를 때는 나막신의 앞굽을 빼고, 내려올 때는 뒷굽을 뺐다는 옛일에서 온 말. 격식을 버리고 때에 따라 맞춤. 謝公屐(사공극).

四科十哲 (사과십철)★

[뜻음] 넉 사, 과정 과, 열 십, 밝을 철.
[풀이] 공자의 제자 가운데 덕행, 언어, 정사, 문학 등에 뛰어난 열 사람. '孔門十哲(공문십철)'을 보시오.

師曠之聰 (사광지총)★★

[뜻음] 스승 사, 밝을 광, 갈 지, 귀 밝을 총.
[풀이] 師曠(사광)은 春秋時代(춘추시대) 晉(진)나라의 音樂家(음악가)로, 소리를 들으면 잘 分別(분별)하여 吉凶(길흉)을 점쳤음. 微妙(미묘)한 소리를 잘 분별함을 이름.

四衢八街 (사구팔가)★

[뜻음] 넉 사, 네거리 구, 여덟 팔, 거리 가.
[풀이] 四面(사면)八方(팔방)으로 통하는 길.

事君以忠 (사군이충)★★

[뜻음] 섬길 사, 임금 군, 써 이, 충성 충.
[풀이] 임금을 섬김에 충성으로써 함. 신라시대 화랑들의 규율인 世俗五戒(세속오계)의 하나.

四君子 (사군자)★★★

[뜻음] 넉 사, 임금 군, 아들 자.
[풀이] 동양화에서 그 고귀함이 군자와 같다는 뜻으로, 매화, 국화, 난초, 대나무를 일컫는 말.

事君之道 (사군지도)★

[뜻음] 섬길 사, 임금 군, 갈 지, 길 도.
[풀이] 신하가 임금을 섬기는 도리.

四窮之首 (사궁지수)★★

[뜻음] 넉 사, 다할 궁, 갈 지, 머리 수.
[풀이] 늙은 홀아비 鰥(환), 늙은 홀어미 寡(과), 부모 없는 아이 孤(고), 자식 없는 늙은이 獨(독) 등의 네 가지 불행한 일 중에서 첫째는 늙어서 아내 없는 홀아비라는 말.

事貴迅速 (사귀신속)★★

[뜻음] 일 사, 귀할 귀, 빠를 신, 빠를 속.
[풀이] 일은 迅速(신속)히 하는 것이 좋음.

四歸一成 (사귀일성)★

[뜻음] 넉 사, 돌아갈 귀, 한 일, 이룰 성.
[풀이] 본래의 넷이 결과적으로 하나를 이룬다. 곧 목화 너 근이 솜 한 근으로, 水蔘(수삼) 너 근이 乾蔘(건삼) 한 근으로 되는 일 따위.

士氣旺盛 (사기왕성)★

[뜻음] 선비 사, 기운 기, 왕성할 왕, 성할 성.
[풀이] 몸과 마음이 기운으로 넘쳐 씩씩한 기세가 매우 성함.

辭氣從容 (사기종용)★

[뜻음] 말할 사, 기운 기, 부드러울 종, 조용할 용.
[풀이] 말하는 것이 여유가 있고 차분함.

舍己從人 (사기종인)★★★

[뜻음] 버릴 사, 자기 기, 좇을 종, 남 인.
[풀이] 자신의 私利私慾(사리사욕)을 버리고 다른 사람의 착한 행실과 마음을 좇는다. 남의 언행을 거울 삼아 나의 言行(언행)을 바로잡는다는 뜻. 출전 孟子(맹자) 公孫丑上篇(공손추상편).

士氣衝天 (사기충천)★

[뜻음] 선비 사, 기운 기, 부딪칠 충, 하늘 천.
[풀이] 사기가 하늘을 찌를 듯함.

司農卿 (사농경)★

[뜻음] 맡을 사, 농사 농, 벼슬 경.
[풀이] 租穀徵收(조곡징수)를 맡은 관리.

士農工商 (사농공상)★★★

[뜻음] 선비 사, 농사 농, 장인 공, 장사 상.
[풀이] 선비, 농부, 工匠(공장), 商人(상인) 등 모든 계급의 백성. 봉건시대 계급 순서. 출전 管子(관자) 小匡篇(소광편).

紗緞紬屬 (사단주속)★

[뜻음] 깁 사, 비단 단, 명주 주, 묶을 속.
[풀이] 얇은 사(紗)와 두꺼운 단(緞) 따위의 비단을 통틀어 이르는 말. 紗羅綾緞(사라능단).

舍短取長 (사단취장)★★

[뜻음] 버릴 사, 짧을 단, 취할 취, 길 장.
[풀이] 나쁜 점은 버리고 좋은 점을 취함. 출전 漢書(한서) 藝文志(예문지).

四端七情 (사단칠정)★★★

[뜻음] 넉 사, 실마리 단, 일곱 칠, 뜻 정.
[풀이] 사단과 칠정을 합한 말. 사단은 仁義禮智(인의예지), 칠정은 喜怒哀樂愛惡欲(희로애락애오욕).

≪孟子(맹자)≫ 公孫丑(공손추) 上(상)에 나오는 말이다.
맹자의 이 사단론은 性善說(성선설)에 바탕을 둔 정치 이론에서부터 출발한다.
"사람은 누구나 남에게 차마 못 하는 마음을 가지고 있다. 옛 聖王(성왕)들은 남에게 차마 못 하는 마음을 가지

고 남에게 차마 못 하는 정치를 했다. 남에게 차마 못 하는 마음으로 남에게 차마 못 하는 정치를 행하면 천하를 다스리는 것은 손바닥 위에 올려놓고 놀리는 것과 같다.
이른바 사람이 다 남에게 차마 못 하는 마음을 가졌다는 것은, 지금 사람들이 어린아이가 우물에 빠지려 하는 것을 보면, 그 순간 누구나가 놀라며 슬퍼하고 아파하는 마음을 갖게 된다. 그것은 어린아이 부모에게 잘 보이려는 것도 아니요, 이웃 친구들의 칭찬을 듣기 위해서도 아니며, 흉보는 소리가 싫어서 그런 것도 아니다.
이것을 놓고 보면, 측은해하는 마음이 없는 것도 사람이 아니며, 부끄러워하는 마음이 없는 것도 사람이 아니며, 사양하는 마음이 없는 것도 사람이 아니며, 사양하는 마음이 없는 것도 사람이 아니다.
측은해하는 마음은 인의 실마리요, 부끄러워하는 마음은 의의 실마리요, 사양하는 마음은 예의 실마리요, 옳다 그르다 하는 마음은 지의 실마리다."
"사람이 이 사단을 가진 것은 그가 四體(사체: 四端)를 가지고 있는 것과 같다. 이 사단을 가지고 있으면서 스스로 못 한다고 하는 사람은 자기 자신을 해치는 사람이요, 임금을 보고 못 한다고 하는 사람은 임금을 해치는 사람이다. 무릇 사단이 나에게 있는 것을 모두 키워 나가 이를 충실하게 할 줄을 알면, 그것이 불이 처음 타기 시작하는 것과 같고, 샘물이 처음 솟아나는 것과 같다. 참으로 계속 키워 나가게 되면 천하도 능히 다스릴 수 있고, 참으로 키워 나가지 못한다면 부모도 제대로 섬길 수 없다."
端(단)은 끝이란 뜻인데 그것은 처음 시작되는 끝을 말한다. 우리가 어떤 사건을 해결하는 단서(端緒)를 찾았다고 할 때의 단서와 같은 뜻이다. 우리말의 실마리에 해당한다.
仁義禮智(인의예지) 중에서 仁(인)의 실마리는 惻隱之心(측은지심), 義(의)의 실마리는 羞惡之心(수오지심), 禮(예)의 실마리는 辭讓之心(사양지심), 智(지)의 실마리는 是非之心(시비지심) 등이며 보통 인의예지 이 네 가지를 말하게 된다.

四達五通 (사달오통)★★

[뜻음] 넉 사, 통달할 달, 다섯 오, 통할 통.
[풀이] 이리저리 사방(四方)으로 통(通)함. 四通八達(사통팔달).

辭達而已矣 (사달이이의)★

[뜻음] 말 사, 통달할 달, 어조사 이, 이미 이, 어조사 의.
[풀이] 언어·문장의 목적은 자기의 의사를 충분히 나타내면 그만임. 辭達而已(사달이이). 출전 論語(논어) 衛靈公篇(위령공편).

祠堂養子 (사당양자)

[뜻음] 사당 사, 집 당, 기를 양, 아들 자.
[풀이] 이미 죽은 사람을 양자로 삼아서 대를 잇게 하는 일. 白骨養

子(백골양자).

四當五落 (사당오락)★★★

[뜻음] 넉 사, 해당할 당, 다섯 오, 떨어질 락.
[풀이]네 시간을 자면서 공부하면 당선이나 합격이고, 다섯 시간을 자면서 하면 낙선이나 불합격이라는 말.

事大交隣 (사대교린)★★

[뜻음] 섬길 사, 큰 대, 사귈 교, 이웃 린.
[풀이] 큰 나라를 받들어 섬기고 이웃 나라와 화평하게 사귐.

四大奇書 (사대기서)★

[뜻음] 넉 사, 큰 대, 기이할 기, 글 서.
[풀이] 중국 소설 중의 白眉(백미)라고 일컫는 네 소설. 곧 三國志演義(삼국지연의)·西廂記(서상기)·琵琶記(비파기)·水湖志(수호지) 또는 수호지 ·삼국지연의·西遊記(서유기)·金甁梅(금병매).

四大肉身 (사대육신)★★

[뜻음] 넉 사, 큰 대, 살 육, 몸 신.
[풀이] 사대와 육신으로 이루어진 사람의 몸. 곧 팔, 다리, 머리, 몸뚱이.

四大六身 (사대육신)★★

[뜻음] 넉 사, 큰 대, 여섯 육, 몸 신.
[풀이] 사대로 이루어진 두 팔, 두 다리, 머리, 몸뚱이. 온몸.

事大主義 (사대주의)★★★

[뜻음] 섬길 사, 큰 대, 주인 주, 뜻 의.
[풀이] 일정한 主見(주견)이 없이 세력이 강한 나라나 사람을 붙좇아 자기의 존재를 유지하려고 하는 주의.

査頓八寸 (사돈팔촌)★★

[뜻음] 조사할 사, 조아릴 돈, 여덟 팔, 마디 촌.
[풀이] 사돈의 팔촌. 남이나 다를 바 없는 疎遠(소원)한 친척. 출전 東言解(동언해).

絲蘿托喬木 (사라탁교목)★★

[뜻음] 실 사, 새삼 넌출 라, 밀 탁, 높을 교, 나무 목.
[풀이] 새삼 넌출이 큰 나무에 의탁하여 감고 올라감. 여자가 훌륭한 남자에게 依託(의탁)하여 그 처첩이 됨을 이름. 사라는 새삼 넌출.

似蘭斯馨如松之盛 (사란사형여송지성)

[뜻음] 같을 사, 난초 란, 이 사, 향기 형, 같을 여, 솔 송, 갈 지, 성할 성.
[풀이] 난초 향기와 비슷하고, 소나무가 다옥한 것과 같다.

　≪孝經(효경)≫에는 "효도는 덕의 근본이니 여기에서 교육이 시작된다. 夫孝者德之本也 敎之所由生也 부효자 덕지본야 교지소유생야"고 했다.
　덕은 난초와 같이 멀리까지 향기를 풍기고, 눈 위에서도 시들지 않는 송백과 같은 무성함이 있다. 꽃은 수수하지만 그윽한 향기가 멀리까지 퍼져 나가는 蘭(난)은 예로부터 君子(군자)의 德化(덕화)에 비겨졌고, 사시사철 늘 푸른 소나무는 군자의 꿋꿋한 절개에 비겨졌다. 그러므로

효자 된 명성은 마치 향기로운 난초와 같이 멀리까지 미치고, 나라를 위한 절개는 松柏(송백)처럼 雪中(설중)에서도 獨也靑靑(독야청청)하다고 한다. 출전 千字文(천자문).

捨糧沈船 (사량침선)★★

[뜻음] 버릴 사, 양식 량, 가라앉을 침, 배 선.
[풀이] 軍糧米(군량미)를 버리고 타고 간 배를 가라앉힌다. 살아서는 돌아가지 않을 결심을 함. 죽음을 각오하고 싸우겠다는 말. 捨糧沈舟(사량침주). 출전 史記(사기) 項羽紀(항우기).

紗籠中人 (사롱중인)★

[뜻음] 깁 사, 대나무 롱, 가운데 중, 사람 인.
[풀이] 재상은 저승에서 반드시 그 상을 세우고 紗籠(사롱)을 둘러 보호한다는 옛이야기에서 온 말로, 宰相(재상)이 될 팔자를 타고난 사람. 재상에 오른 사람.

四六倍版 (사륙배판)★

[뜻음] 넉 사, 여섯 육, 곱 배, 널 판.
[풀이] 사륙판의 갑절이 되는 印刷物(인쇄물)의 規格(규격).

私利私腹 (사리사복)★

[뜻음] 사사로울 사, 이로울 리, 배 복.
[풀이] 사사(私事)로운 욕심(慾心)과 이익(利益). 私利私慾(사리사욕).

私利私慾 (사리사욕)★★

[뜻음] 사사로울 사, 이로울 리, 욕심 욕.
[풀이] 사사로운 이익과 욕심. 私利私腹(사리사복).

駟馬高蓋 (사마고개)★

[뜻음] 사마 사, 말 마, 높을 고, 덮을 개.
[풀이] 말 네 필이 끄는, 지붕 높은 고급 수레.

死馬骨五百金 (사마골오백금)★★★

[뜻음] 죽을 사, 말 마, 뼈 골, 다섯 오, 일백 백, 쇠 금.
[풀이] 죽은 말의 뼈를 오백금에 사다. 買死馬骨(매사마골).

　≪戰國策(전국책)≫에 나오는 이야기이다.
　燕(연)나라 昭王(소왕)은 임금이 되자 부왕을 죽이고 나라를 짓밟았던 齊(제)나라에게 앙갚음하기 위해 腐心(부심)하던 중 먼저 인재를 얻지 않으면 안 된다고 생각했다. 그래서 그의 옛날 스승이었던 郭隗(곽외)를 찾아가서 인재를 얻는 방법을 물었다. 곽외는 소왕에게 천리마를 구하기 위해 죽은 말의 뼈를 오백 금을 주고 사왔던 涓人(연인)에 대해 이야기를 하였다.
　연인은 어떤 임금이 천리마를 구해 오라고 해서 죽은 말의 뼈를 사서 돌아왔다. 임금이 크게 노하여 그를 꾸짖자 인이 대답하기를 "죽은 천리마도 오백 금을 주고 샀으니 산 천리마야 말할 것이 있겠습니까. 천리마를 가진 사람이 소문을 듣고 不遠千里(불원천리)하고 찾아오게 될

것입니다. 애쓰고 돌아다녀도 구하기 힘든 천리마를 이제
앉아서 얻게 될 것입니다"라고 말했는데 과연 그렇게 되
었다고 말하며 임금께서 곽외 자신을 우선 五百金(오백
금)을 주고 사라고 했다. 왕이 늙은 곽외를 그리하였더니
樂毅(악의), 鄒衍(추연), 劇辛(극신) 같은 名將(명장)과 名
士(명사)들이 앞을 다투어 연나라로 모여들었다. 소왕은
百官(백관)들과 고락을 함께하기를 스물여덟 해, 마침내
악의를 上將軍(상장군)으로 하여 제나라를 일거에 휩쓸고
들어가 꿈에도 잊지 못하던 원수를 갚을 수 있었다.
　　본디 '買死馬骨五百金而還(매사마골오백금이환)'이다.
'先始於隗(선시어외)'라는 말도 생겼다.

駟馬不調造父能以取道 (사마부조조보능이취도)★

[뜻음] 사마 사, 말 마, 아닐 부, 다스릴 조, 지을 조, 남자미칭 보,
　　능할 능, 써 이, 취할 취, 길 도.
[풀이] 駟馬(사마)라도 잘 조련하지 않으면, 造父(조보)라 할지라도
몰아서 길을 갈 수 없다. 君臣(군신)이 화합하지 않으면 나라를 잘 다
스릴 수가 없음. 조보는 중국 周(주)나라 때 말을 잘 부렸다는 어자.
父(부)는 '아비 부, 남자 미칭 보' 출전 文子(문자).

駟馬不能追 (사마불능추)★

[뜻음] 사마 사, 말 마, 아닐 불, 능할 능, 따를 추.
[풀이] 말 네 필이 끄는 말로 능히 따라잡을 수 없다. 말을 조심해야
함. '駟不及舌(사불급설)'을 보시오. 출전 說苑(설원).

司馬昭之心 (사마소지심)★★

[뜻음] 맡을 사, 말 마, 밝을 소, 갈 지, 마음 심.
[풀이] 사마소의 마음은 길 가는 사람도 다 안다. 司馬昭之心路人所
知(사마소지심로인소지).

司馬昭之心路人所知 (사마소지심로인소지)★★★

[뜻음] 맡을 사, 말 마, 밝을 소, 갈 지, 마음 심, 길 로, 사람 인, 바
　　소, 알이지.
[풀이] 사마소의 마음은 길 가는 사람도 다 안다. 흑심이 만천하에 알
려졌다는 말. 魏(위) 문제 曹丕(조비)가 죽은 후 정권이 차츰 사마씨
의 손으로 넘어가고 있을 때 조비의 아들 조예가 죽고 그의 아들 조
방이 등극한 뒤 사마의는 실권을 잡았고 사마의 아들 사마소는 황제
의 자리를 넘보는 뜻이 세상에 이미 다 알려졌다는 말. 司馬昭之心(사
마소지심). 출전 三國志(삼국지) 魏志(위지) 高貴鄕公紀(고귀향공기).

四面受敵(사면수적)★

[뜻음] 넉 사, 방면 면, 받을 수, 적 적.
[풀이] 四面楚歌(사면초가)에 빠짐. 사방에서 적의 공격을 받음.

四面楚歌 (사면초가)★★★

[뜻음] 넉 사. 방면 면, 초나라 초. 노래 가.
[풀이] 사면에서 들려오는 초나라 노래. ① 사방이 모두 적으로 둘러
싸인 형국이나 누구의 도움도 받을 수 없는 고립된 상태. 孤立無援
(고립무원)의 상태. ② 사방으로부터 비난을 받음.

漢王(한왕) 劉邦(유방)이 약속을 어기고 項羽(항우)를
垓下(해하)에서 포위했다. 해하에 진을 친 항우는 군사도
적고 식량도 다 떨어졌다. 겹겹이 포위한 한나라 군사는
長良(장량)의 꾀로 초나라 출신 장병들을 항우 진영 가까
이 배치하고 밤에 초나라 노래를 부르게 했다.
　　≪史記(사기)≫ 項羽本紀(항우본기)에 보면,
　　밤에 한나라 군사가 사면에서 모두 초나라 노래를 부
르는 것을 듣자, 항왕은 이에 크게 놀라 말하기를 "한나라
가 이미 다 초나라를 얻었단 말인가. 어째서 초나라 사람
이 이다지도 많소?"
　　항우는 더 이상 싸울 기력을 잃고 만다.
　　'四面楚歌(사면초가)'는 사방이 완전히 적으로 둘러싸
여 있다는 뜻인데, 그 속에는 내 편이었던 사람까지 적에
가담하고 있는 비참한 처지라는 뜻이 포함되어 있다. 사방
이 모두 적으로 둘러싸인 형국이나 누구의 도움도 받을
수 없는 고립된 상태이다. 孤立無援(고립무원)의 상태를
나타내거나 사방으로부터 비난을 받는 경우에도 쓰는 말
이다.

四面春風 (사면춘풍)★★

[뜻음] 넉 사, 얼굴 면, 봄 춘, 바람 풍.
[풀이] 모든 곳에 다 봄바람이 분다. 언제나 누구에게나 모나지 않게
둥글둥글 대하는 일이나 사람. 두루 춘풍. 출전 東言解(동언해).

四面八方 (사면팔방)★

[뜻음] 넉 사, 얼굴 면, 여덟 팔, 모 방.
[풀이] 사면과 팔방. 모든 곳.

紗帽冠帶 (사모관대)★

[뜻음] 깁 사, 모자 모, 갓 관, 띠 대.
[풀이] 옛날 벼슬아치가 쓰던 모자와 입던 관복. 벼슬아치의 예복. 일
반 백성들이 결혼할 때 남자의 복장.

思慕不忘 (사모불망)★

[뜻음] 생각 사, 그리워할 모, 아닐 불, 잊을 망.
[풀이] 사모하여 잊지 않음.

徙木之信 (사목지신)★★★

[뜻음] 옮길 사, 나무 목, 갈 지, 믿을 신.
[풀이] 나무를 옮겨 信用(신용)을 얻었다는 뜻으로, 爲政者(위정자)가
백성을 속이지 아니함을 이름.

秦(진)나라 때 商鞅(상상)이 法律(법률)을 變更(변경)하
여 國家(국가)의 富强(부강)을 圖謀(도모)하려 하나 백성
이 자기를 믿지 않을까 염려하여 한 꾀를 써서 세 길 되는
나무를 國都(국도) 南門(남문)에 세우고 이것을 옮기면 五
十金(오십금)을 상 준다고 하였는데 백성이 怪狀(괴상)히
여기고 實行(실행)하는 사람이 없으므로 다시 布告(포고)

하기를 五十金(오십금)을 상 준다고 하니 어떤 사람이 옮기므로 곧 五十金(오십금)을 주어 거짓이 아닌 것을 보인 故事(고사)에서 나온 말. 移木之信(이목지신). 출전 史記(사기) 商君傳(상군전).

思無疆 (사무강)★

[뜻음] 생각할 사, 없을 무, 끝 강.
[풀이] 사고함이 深奧廣大(심오광대)하여 끝이 없음. 출전 詩經(시경).

蛇無頭不行 (사무두불행)★

[뜻음] 뱀 사, 없을 무, 머리 두, 아닐 불, 갈 행.
[풀이] 뱀이 머리가 없으면 나아가지 못한다. 단체에는 수령이 없어서는 안 됨. 출전 金史(금사).

思無邪 (사무사)★★★

[뜻음] 생각할 사, 없을 무, 사악할 사.
[풀이] 공자가 한 말로, 《詩經(시경)》에 나오는 詩(시)라고 하는 것은 생각에 奸邪(간사)스럽거나 아주 못된 마음이 없는 것이라는 말. 출전 論語(논어).

師巫邪術 (사무사술)★

[뜻음] 스승 사, 무당 무, 간사할 사, 꾀 술.
[풀이] 무당이 요술로써 사람을 현혹되게 함.

四無三缺 (사무삼결)★

[뜻음] 넉 사, 없을 무, 석 삼, 모자랄 결.
[풀이] 三水甲山(삼수갑산) 蓋馬高原(개마고원)의 풍토가 지배하는 함경도 사람의 기질을 표현한 말. 곧 기생이 없고, 거지가 없고, 식모가 없고, 글장님이 없으며, 또 아첨이 결하고, 화해가 결하고, 적당이라는 것이 결한다는 것.

死無餘恨 (사무여한)★

[뜻음] 죽을 사, 없을 무, 남을 여, 한스러울 한.
[풀이] 죽어도 아무 한이 없음.

私門結縛 (사문결박)

[뜻음] 사사로울 사, 문 문, 맺을 결, 묶을 박.
[풀이] 권세 있는 집에서 백성을 잡아다가 사사로이 결박하는 일.

斯文亂賊 (사문난적)★★★

[뜻음] 이 사, 글월 문, 어지러울 난, 도둑 적.
[풀이] 敎理(교리)에 어긋나는 언동으로 儒敎(유교)를 어지럽히는 사람. 儒家(유가)의 입장에서 보았을 때, 異端(이단)의 학문을 총칭하는 말. 斯文(사문)이란 儒學(유학)을 뜻함. 출전 論語(논어) 子罕篇(자한편).

使蚊負山 (사문부산)★

[뜻음] 시킬 사, 모기 문, 질 부, 뫼 산.
[풀이] 모기에게 산을 지게 한다. 능력이 모자라 중책을 감당하지 못함의 비유. 蚊子負山(문자부산). 출전 莊子(장자) 應帝王篇(응제왕편).

四勿 (사물)★★

[뜻음] 넉 사, 말 물.
[풀이] 儒敎(유교)에서 禁(금)하는 네 가지. 곧 예가 아니면 보지 말고 듣지 말고, 말하지 말고, 움직이지 말라. 非禮勿視(비례물시), 非禮勿聽(비례물청), 非禮勿言(비례물언), 非禮勿動(비례물동).

使民以時 (사민이시)★★

[뜻음] 하여금 사, 백성 민, 써 이, 때 시.
[풀이] 農繁期(농번기)를 피하여 백성을 使役(사역)시킴. 출전 論語(논어).

四民平等 (사민평등)★★

[뜻음] 넉 사, 백성 민, 평평할 평, 고를 등.
[풀이] 士農工商(사농공상)의 모든 백성을 평등하게 취급하는 일.

娑婆世界 (사바세계)★

[뜻음] 춤출 사, 할미 바, 대 세, 지경 계.
[풀이] 불교용어로, 사바. 俗世(속세).

沙鉢農事 (사발농사)★★

[뜻음] 모래 사, 목탁 발, 농사 농, 일 사.
[풀이] 사발로 짓는 농사. 곧 사발을 들고 다니면서 乞食(걸식)하는 짓. 빌어먹는 일.

沙鉢通文 (사발통문)★★★

[뜻음] 모래 사, 목탁 발, 통할 통, 글월 문.
[풀이] 主謀者(주모자)를 숨기기 위하여 관계자의 성명을 둥글게 빙 돌려 적은 통문.

四方之樂 (사방지락)★

[뜻음] 넉 사, 모 방, 갈 지, 즐거울 락.
[풀이] 사방을 경영하는 즐거움. 또 四方(사방)으로 遠遊(원유)하는 재미.

四方八方 (사방팔방)★

[뜻음] 넉 사, 모 방, 여덟 팔.
[풀이] 여기저기. 모든 방면. 여러 방면.

事倍功半 (사배공반)★

[뜻음] 일 사, 곱 배, 공로 공, 반 반.
[풀이] 많은 노력을 기울여도 효과는 적음.

四百四病 (사백사병)★

[뜻음] 넉 사, 일백 백, 병 병.
[풀이] 사백 네 가지의 병.① 五臟(오장)에 각각 여든한 가지의 병이 있어서 그 總數(총수)가 사백오인데 그중에서 죽음을 하나 빼면 사백사 종의 병이 됨. ② 불교용어로, 사람은 땅·물·불·바람의 四大(사대)로 이루어졌으므로 만약 이 사대가 조화를 얻지 못하면 사대는 각각 백한 가지의 병이 생기는데 바람·물로 인해서 생기는 冷病(냉병) 이백이 종과 땅·불로 인하여 생기는 熱病(열병) 이백이 종을 합하여 사백사 종의 병이 됨. 출전 智論(지론).

謝病 (사병)★

[뜻음] 사양할 사, 병 병.
[풀이] 병을 핑계 대고 君命(군명)을 사절함. 병을 핑계 대고 남의 부탁을 거절함.

死病無良醫 (사병무양의)★★

[뜻음] 죽을 사, 병 병, 없을 무, 어질 양, 의원 의.
[풀이] 죽을 병이 든 病者(병자)는 어떠한 名醫(명의)도 고칠 수가 없음. 출전 孔叢子(공총자).

舍本而事末 (사본이사말)★

[뜻음] 버릴 사, 근본 본, 말 이을 이, 섬길 사, 끝 말.
[풀이] 근본을 버리고 지엽을 섬긴다. 농업을 버리고 상공업에 종사함. 출전 呂氏春秋(여씨춘추).

舍本而治末 (사본이치말)★

[뜻음] 버릴 사, 근본 본, 말 이을 이, 다스릴 치, 끝 말.
[풀이] 근본을 버리고 줄거리를 다스린다. 일의 本末(본말)이 뒤바뀌어짐.

思婦病母 (사부병모)★

[뜻음] 생각할 사, 아내 부, 병 병, 어미 모.
[풀이] 아내가 보고 싶어 어머니의 병을 거짓으로 핑계 대어 휴가를 청하는 일.

賜斧鉞 (사부월)★★

[뜻음] 줄 사, 도끼 부, 도끼 월.
[풀이] 천자가 生殺(생살)의 작은 도끼, 큰 도끼를 준다. 천자가 생살의 권리이자 대장군의 지위를 나타내는 斧鉞(부월)을 주는 것이므로 대장군에 임명됨을 이름.

四分五裂 (사분오열)★★★

[뜻음] 넉 사, 나눌 분, 다섯 오, 찢어질 열.
[풀이] 갈기갈기 찢어지다. 뿔뿔이 흩어짐. 본디 春秋戰國(춘추전국) 시대 군사적인 戰術(전술)의 한 가지. 출전 史記(사기).

駟不及舌 (사불급설)★★★

[뜻음] 말 네 필 사, 아닐 불, 미칠 급, 혀 설.
[풀이] 네 마리 말도 혀에는 미치지 못한다. 네 마리 말이 끄는 마차도 혓바닥같이 빠르지는 못하다는 말.

≪論語(논어)≫ 顔淵篇(안연편)에 나오는 子貢(자공)의 말이다.
棘子成(극자성)이 자공을 보고 말했다. "군자는 質(질)만 있으면 그만이다. 文(문)이 무엇 때문에 필요하겠는가?" 그러자 자공은, "안타깝도다. 駟(사)도 혀를 미치지못한다. 문이 질과 같고, 질이 문과 같다면 호랑이나 표범 의 가죽이 개나 양의 가죽과 같단 말인가?"라고 그의 경솔한 말을 반박했다. 네 마리 말이 끄는 마차도 혓바닥같이 빠르지는 못하다는 말이다. 위에 나온 質(질)은 소박한 인간의 본성을 말하고, 文(문)은 인간만이 가지고 있는 예의범절 등 외면치레를 나타낸다.
말을 조심해야 한다는 경계의 말은 예부터 많이 전해지고 있다. ≪詩經(시경)≫ 大雅(대아) 抑篇(억편)에 나오는, "흰 구슬의 이지러진 것은 오히려 갈 수 있지만 이 말의 이지러진 것은 어찌할 수 없다"도 그 예이다.
唐(당)나라 명재상 馮道(풍도)는 그의 [舌詩(설시)]에서 "입은 화의 문이요, 혀는 몸을 베는 칼이다"라고 했다.

死不瞑目 (사불명목)★

[뜻음] 죽을 사, 아닐 불, 눈감을 명, 눈 목.
[풀이] 恨(한)이 많아 죽어서도 눈을 감지 못함.

邪不犯正 (사불범정)★★★

[뜻음] 간사할 사, 아닐 불, 범할 범, 바를 정.
[풀이] 바르지 못한 것이 바른 것을 범하지 못함. 사는 정을 이길 수 없음. 즉 정의가 반드시 이긴다는 말.

事不如意 (사불여의)★

[뜻음] 일 사, 아닐 불, 같을 여, 뜻 의.
[풀이] 일이 뜻대로 되지 아니함.

絲不如竹竹不如肉 (사불여죽죽불여육)★

[뜻음] 실 사, 아닐 불, 같을 여, 대 죽, 살 육.
[풀이] 絃樂器(현악기)는 管樂器(관악기)만 못하고 관악기는 肉聲(육성)만 못함. 곧 음악은 자연에 가까울수록 좋다는 말. 출전 世說新語(세설신어).

事不厭省 (사불염생)★

[뜻음] 일 사, 아닐 불, 싫을 염, 덜 생.
[풀이] 일은 아무리 생략되어도 지장이 없음. 일은 적어지면 적어질수록 다스리기 쉬운 데서 이르는 말. 출전 淮南子(회남자).

仕非爲貧 (사비위빈)★

[뜻음] 벼슬할 사, 아닐 비, 할 위, 가난할 빈.
[풀이] 벼슬은 가난 때문에 하는 것이 아니다. 벼슬하는 사람은 천하에 道(도)를 펴려 함이지 가난을 免(면)하려 벼슬하는 것은 아니라는 말. 출전 孟子(맹자) 萬章下篇(만장하편).

事事件件 (사사건건)★★

[뜻음] 일 사, 사건 건.
[풀이] 모든 일. 온갖 사건.

邪思妄念 (사사망념)★

[뜻음] 간사할 사, 생각할 사, 망령될 망, 생각 념.
[풀이] 간사한 생각과 망령된 생각.

事事物物 (사사물물)★

[뜻음] 일 사, 만물 물.
[풀이] 모든 사물. 모든 현상.

事事不成 (사사불성)★

[뜻음] 일 사, 아닐 불, 이룰 성.
[풀이] 모든 일이 이루어지지 않음. 일마다 성공하지 못함.

事事如意 (사사여의)★

[뜻음] 일 사, 같을 여, 뜻 의.

[풀이] 每事(매사)가 뜻대로 됨.

四捨五入 (사사오입)★★

[뜻음] 넉 사, 버릴 사, 다섯 오, 들 입.
[풀이] 넷 이하는 버리고 다섯 이상은 열로 하여 원 자리에 끌어 올리어 계산하는 법. 반올림.

四散犇潰 (사산분궤)★

[뜻음] 넉 사, 흩어질 산, 달아날 분, 무너질 궤.
[풀이] 사방으로 흩어져 달아남. 四散奔走(사산분주).

四散奔走 (사산분주)★

[뜻음] 넉 사, 흩어질 산, 달릴 분, 달릴 주.
[풀이] 사방으로 흩어져 달아남. 四散犇潰(사산분궤).

四散奔竄 (사산분찬)★

[뜻음] 넉 사, 흩어질 산, 달릴 분, 숨을 찬.
[풀이] 사방으로 흩어져 숨음. 四散奔走(사산분주). 四散犇潰(사산분궤).

砂上樓閣 (사상누각)★★★

[뜻음] 모래 사, 위 상, 다락 누, 문설주 각.
[풀이] 모래 위에 지은 집. 기초가 튼튼하지 못해 곧 무너짐. 헛된 것. 풍수지리학적으로 볼 때 地氣(지기)가 통하지 않아서 나쁜 곳에 누각을 짓는 짓.

四象醫學 (사상의학)★★★

[뜻음] 넉 사, 코끼리 상, 치료할 의, 배울 학.
[풀이] 이제마가 창안한 의료법으로 인간의 체질을 네 가지로 나누고 이 체질에 따라 치료법을 달리 적용하는 의학을 창안함.

泗上弟子 (사상제자)★

[뜻음] 물 이름 사, 위 상, 아우 제, 아들 자.
[풀이] 孔子(공자)의 門人(문인). 공자의 제자. 泗(사)는 泗水(사수)로, 중국 산동성을 흐르는 강이며, 孔子(공자)의 고향인 곡부와 가까움. 출전 史記(사기).

事上之道 (사상지도)★

[뜻음] 섬길 사, 위 상, 갈 지, 길 도.
[풀이] 윗사람을 받들고 섬기는 도리.

四塞之國 (사색지국)★

[뜻음] 넉 사, 막힐 색, 갈 지, 나라 국.
[풀이] 四方(사방)의 國境(국경)이 모두 險峻(험준)한 나라. 출전 戰國策(전국책).

四塞之地 (사색지지)★

[뜻음] 넉 사, 막힐 색, 갈 지, 땅 지.
[풀이] 사방의 地勢(지세)가 험하고도 堅固(견고)하여 자연의 要塞(요새)로 되어 있는 땅.

死生決斷 (사생결단)★★

[뜻음] 죽을 사, 살 생, 정할 결, 끊을 단.
[풀이] 죽고 삶을 돌보지 않고 끝장을 냄.

死生同苦 (사생동고)★

[뜻음] 죽을 사, 살 생, 같을 동, 쓸 고.
[풀이] 죽고 삶을 같이함. 죽고 사는 고생을 함께하기로 함.

死生有命富貴在天 (사생유명부귀재천)

[뜻음] 죽을 사, 날 생, 있을 유, 목숨 명, 가멸 부, 귀할 귀, 있을 재, 하늘 천.
[풀이] 생사는 壽命(수명)이고 부귀는 天命(천명)이므로 사람의 힘으로는 어떻게 할 수 없다는 말.

死生存亡 (사생존망)★★

[뜻음] 죽을 사, 살 생, 있을 존, 망할 망.
[풀이] 죽느냐, 사느냐, 존속하느냐, 멸망하느냐의 판가름이 나는 고비.

死生出沒 (사생출몰)★

[뜻음] 죽을 사, 살 생, 날 출, 가라앉을 몰.
[풀이] 死生存亡(사생존망).

捨生取義 (사생취의)★★

[뜻음] 버릴 사, 살 생, 취할 취, 옳을 의.
[풀이] 목숨을 버려서라도 의를 좇음. 출전 孟子(맹자).

四書三經 (사서삼경)★★★

[뜻음] 넉 사, 글 서, 석 삼, 경서 경.
[풀이] 사서와 삼경. '사서'는 論語(논어), 孟子(맹자), 中庸(중용), 大學(대학) '삼경'은 詩經(시경), 書經(서경), 周易(주역).

社鼠城狐 (사서성호)★

[뜻음] 사직 사, 쥐 서, 성 성, 여우 호.
[풀이] 사람들이 함부로 손댈 수 없는 사직단에 깃들인 쥐와 성곽에 사는 여우. 임금의 측근에 있는 쉽게 제거할 수 없는 奸臣(간신)을 비유하는 말.

射石爲虎 (사석위호)★

[뜻음] 쏠 사, 돌 석, 삼을 위, 범 호.
[풀이] 李廣(이광)이 돌을 범으로 잘못 보고 쏜 화살이 깊숙이 돌을 뚫고 들어가 박힌 故事(고사). 熱誠(열성)을 다하면 어떤 일이든지 성취할 수 있음을 비유하기도 함. 출전 呂氏春秋(여씨춘추).

射石飮羽 (사석음우)★

[뜻음] 쏠 사, 돌 석, 마실 음, 깃 우.
[풀이] 범인 줄 알고 쏘았는데 돌에 화살의 깃까지 들어가 박혔다. 熱誠(열성)을 다하면 어떤 일이든지 성취할 수 있음을 비유하기도 함. 射石爲虎(사석위호). 출전 呂氏春秋(여씨춘추).

沙石之地 (사석지지)★

[뜻음] 모래 사, 돌 석, 갈 지, 땅 지.
[풀이] 모래와 자갈로 되어 거칠고 메마른 땅.

事勢難處 (사세난처)★

[뜻음] 일 사, 세력 세, 어려울 난, 곳 처.
[풀이] 일이 되어 가는 형세가 처리하기가 매우 어려움.

事勢不得已 (사세부득이)★

[뜻음] 일 사, 기세 세, 아닐 부, 얻을 득, 이미 이.
[풀이] 어쩔 수 없는 상황 때문에 그렇게 할 수밖에 없어. 事勢不得 (사세부득).

些少之事 (사소지사)★

[뜻음] 적을 사, 적을 소, 갈 지, 일 사.
[풀이] 자질구레한 일. 사소한 일.

私讎不及公 (사수불급공)★

[뜻음] 개인 사, 원수 수, 아닐 불, 미칠 급, 공변될 공.
[풀이] 사사로운 원한 때문에 公事(공사)에까지 害(해)를 미치지 않음. 출전 春秋左氏傳(춘추좌씨전).

私淑 (사숙)★★★

[뜻음] 사사로울 사, 사모할 숙.
[풀이] 직접 가르침을 받지는 않았으나 마음속으로 그 사람을 敬慕(경모)하고 본받아서 道(도)나 학문을 닦음. 출전 孟子(맹자) 離婁(이루).

私塾 (사숙)★★

[뜻음] 사사로울 사, 글방 숙.
[풀이] 글방이나 書堂(서당).

辭勝於理 (사승어리)★

[뜻음] 말 사, 이길 승, 어조사 어, 도리 리.
[풀이] 말이 도리를 이김. 말이 아름다워 道理(도리)가 빛이 나지 않음. 출전 孔叢子(공총자).

四時佳節 (사시가절)★

[뜻음] 넉 사, 때 시, 아름다울 가, 마디 절.
[풀이] 사시의 名節(명절).

四時長春 (사시장춘)★★

[뜻음] 넉 사, 때 시, 긴 장, 봄 춘.
[풀이] 사철 어느 때나 늘 봄빛임. 늘 잘 지냄.

四時之序成功者去 (사시지서성공자거)★

[뜻음] 넉 사, 때 시, 갈 지, 차례 서, 이룰 성, 공로 공, 놈 자, 갈 거.
[풀이] 춘하추동은 각기 할 일을 다 마치면 가 버린다. 사람도 성공하면 물러나야 한다는 말. 成功者去(성공자거). 출전 史記(사기).

四時春風 (사시춘풍)★★

[뜻음] 넉 사, 때 시, 봄 춘, 바람 풍.
[풀이] 누구에게나 늘 좋은 낯으로 대하며 無事泰平(무사태평)한 사람을 일컫는 말.

四時風流 (사시풍류)★★

[뜻음] 넉 사, 때 시, 바람 풍, 흐를 류.
[풀이] 사철의 어느 때나 늘 風流(풍류)임. 늘 풍류로 지냄.

蛇身人首 (사신인수)★

[뜻음] 뱀 사, 몸 신, 사람 인, 머리 수.
[풀이] 옛날 중국의 제왕 伏羲氏(복희씨)가 몸은 뱀이고 머리는 사람

의 모양이었다고 함.

事實無根 (사실무근)★

[뜻음] 일 사, 열매 실, 없을 무, 뿌리 근.
[풀이] 근거가 없음. 터무니없는 일. 전연 사실과 다름.

寫實主義 (사실주의)★

[뜻음] 베낄 사, 열매 실, 주인 주, 옳을 의.
[풀이] 객관적 사실이나 상태를 실제 그대로 충실히 그리어 내는 예술상의 주의.

四十而不惑 (사십이불혹)★★

[뜻음] 넉 사, 열 십, 말 이을 이, 아닐 불, 미혹될 혹.
[풀이] 四十不動心(사십부동심). '不惑(불혹)'을 보시오. 출전 論語(논어).

四十初襪 (사십초말)★

[뜻음] 넉 사, 열 십, 처음 초, 버선 말.
[풀이] 갓 마흔에 첫 버선. 늙어서야 마음먹은 일이 이루어짐을 이르는 말.

바느질 솜씨가 형편없는 한 여인이 남편의 나이 40이 되어서야 겨우 버선 한 켤레를 지었다. 이튿날 남편은 자랑이라도 하듯 그 버선을 신고 登廳(등청)했다. 이를 본 동료들이 "웬 자루를 신고 왔느냐"며 拍掌大笑(박장대소)하자 그는 "어쨌든 갓 마흔에 內子(내자)가 지은 첫 버선일세"라며 아내의 솜씨가 자못 대견스럽다는 듯 버선만 쓰다듬고 있더라는 옛일에서 온 말. 출전 송남잡지.

使羊將狼 (사양장랑)★

[뜻음] 부릴 사, 양 양, 거느릴 장, 이리 랑.
[풀이] 양으로 하여금 이리를 거느리게 함. 출전 史記(사기).

辭讓之心 (사양지심)★

[뜻음] 사양할 사, 양보할 양, 갈 지, 마음 심.
[풀이] 孟子(맹자)의 四端(사단)의 하나. 禮(예)에서 우러나는 사양할 줄 아는 마음. 겸손한 마음. 출전 孟子(맹자).

邪慾偏情 (사욕편정)★

[뜻음] 간사할 사, 욕심 욕, 치우칠 편, 뜻 정.
[풀이] 올바른 道理(도리)에 어긋나는 모든 情慾(정욕).

詐僞無實 (사위무실)

[뜻음] 속일 사, 거짓 위, 없을 무, 열매 실.
[풀이] 거짓을 꾸며 속여도 실속이 없음.

史有三長 (사유삼장)★★

[뜻음] 역사 사, 있을 유, 석 삼, 길 장.
[풀이] 한 나라의 역사를 쓰는 데에는 세 가지 장점을 지니고 있어야 하는데 그것은 學(학)과 識(식)과 才(재)임. 출전 唐書(당서).

絲恩髮怨 (사은발원)

[뜻음] 실 사, 은혜 은, 터럭 발, 원망할 원.

[풀이] 조그마한 恩惠(은혜)와 怨恨(원한). 출전 資治通鑑(자치통감).

謝恩肅拜 (사은숙배)★

[뜻음] 사례할 사, 은혜 은, 엄숙할 숙, 절 배.
[풀이] 삼가 공손히 절함. 임금의 은혜를 감사히 여겨 경건하게 절함.
肅拜(숙배).

舍易求難 (사이구난)★

[뜻음] 버릴 사, 쉬울 이, 구할 구, 어려울 난.
[풀이] 쉬운 일은 버리고 어려운 일을 구함.

事以密成 (사이밀성)★★

[뜻음] 일 사, 써 이, 빽빽할 밀, 이룰 성.
[풀이] 모든 일은 緻密(치밀)히 하여야 이루어짐. 출전 韓非子(한비자) 說難篇(세난편).

似而非 (사이비)★★★

[뜻음] 같을 사, 어조사 이, 아닐 비.
[풀이] 겉은 진짜처럼 보이지만 사실은 가짜.

이 사이비라는 말은 孟子(맹자)가 한 말로 ≪孟子(맹자)≫ 盡心下(진심하)에 보면, 맹자는 제자 萬章(만장)과 이러한 문답을 한다.

"온 고을이 다 그를 원인이라고 하면 어디를 가나 원인일 터인데, 孔子(공자)께서 덕의 도적이라고 하신 것은 무슨 까닭입니까?"

"비난을 하려 해도 비난할 것이 없고 공격을 하려 해도 공격할 것이 없다. 시대의 흐름에 함께 휩쓸리며 더러운 세상과 호흡을 같이하여, 그의 태도는 충실하고 신의가 있는 것 같으며, 그의 행동은 청렴하고 결백한 것 같다. 모든 사람들도 다 그를 좋아하고 그 자신도 스스로 옳다고 생각하고 있다. 그러나 그와는 함께 참다운 성현의 길로는 들어갈 수가 없다. 그래서 덕의 도적이라고 말하는 것이다. 공자는 말씀하시기를 '惡似而非者(악사이비자: 나는 같고도 아닌 것을 미워한다)'고 하셨다. 가라지를 미워하는 것은 그것이 곡식을 어지럽게 할까 두려워함이요…… 鄕原(향원)을 미워하는 것은 그것이 덕을 어지럽게 할까 두려워함이다……" 겉으로 보면 같은데 실상은 그것이 아닌 것이 僞善者(위선자)이다. 일찍이 論語(논어)에서 공자는 향원을 덕을 해치는 도적이라고 욕한 적이 있다. 향원은 덕이 있는 체하나 덕이 없는 사람이다. 사이비 군자이다. 원인이 이 향원을 뜻하는 것으로 판단된다.

似而非禮 (사이비례)★

[뜻음] 같을 사, 말 이을 이, 아닐 비, 예도 례.
[풀이] 예의에 맞는 듯하지만 실제는 違背(위배)되는 예의.

似而非義 (사이비의)★

[뜻음] 같을 사, 말 이을 이, 아닐 비, 옳을 의.

[풀이] 옳은 것 같지만 실제로는 義(의)가 아닌 것.

似而非者 (사이비자)★

[뜻음] 흡사할 사, 어조사 이, 아닐 비, 놈 자.
[풀이] 언뜻 보아 같지만 잘 보면 다른 것. 의심스러운 것.

四夷八蠻 (사이팔만)★★

[뜻음] 넉 사, 오랑캐 이, 여덟 팔, 오랑캐 만.
[풀이] 옛날 중국에서 다른 나라와 민족들을 모두 미개한 야만으로 여기어 사면팔방의 오랑캐들이라는 뜻으로 이르던 말.

斯人斯疾 (사인사질)★

[뜻음] 이 사, 사람 인, 병 질.
[풀이] 이 사람이 몹쓸 병에 걸렸다니! 아까운 사람이 몹쓸 병에 걸려 죽게 되었음. 孔子(공자)의 제자 중 冉伯牛(염백우)가 병에 걸려 위급해지자 공자는 문병을 가서 이렇게 말함. 斯人而有斯疾(사인이유사질).

射人先射馬 (사인선사마)★★★

[뜻음] 쏠 사, 사람 인, 먼저 선, 말 마.
[풀이] 사람을 쏘려거든 먼저 그가 타고 가는 쏘기 쉬운 말부터 쏘아 거꾸러뜨려 놓고 그 다음에 사람을 쏘라는 뜻.

杜甫(두보)의 ≪前出塞(전출새)≫라는 시에 나온다. 아홉 首(수)로 된 이 시의 여섯째 수에 나온다.

활을 당기려거든 마땅히 센 것을 당기라.
화살을 쏘려거든 마땅히 긴 것을 써라.
사람을 쏘려거든 먼저 말을 쏘고
적을 사로잡으려거든 먼저 왕을 사로잡으라.
사람을 죽이는 것도 또한 한이 있고
나라를 세우면 스스로 국경이 있다.
진실로 능히 侵陵(침릉)을 제지한다면
어찌 살상을 많이 할 필요가 있으리오.

적의 침략을 막고 제지할 수만 있다면 그것으로 목적을 달성한 것이고, 구태여 많은 생명을 희생시킬 필요가 없다는 뜻이 담겨 있다. 이 시는 邊塞詩(변새시)에 해당한다고 볼 수 있다.

事人如天 (사인여천)★

[뜻음] 섬길 사, 사람 인, 같을 여, 하늘 천.
[풀이] 사람을 하늘과 같이 섬긴다. 천도교에서 한울님을 공경하듯이 사람도 서로 공경하여 예의를 높이는 윤리. 人乃天(인내천).

斯人而有斯疾 (사인이유사질)★

[뜻음] 이 사, 사람 인, 어조사 이, 있을 유, 병 질.
[풀이] '덕행이 뛰어난 사람이 이런 질병에 걸리다니' 그 병에 걸린 것을 대단히 애석히 여겨 하는 말. 斯人斯疾(사인사질).

獅子百獸王爲小蟲吼 (사자백수왕위소충후)

[뜻음] 사자 사, 아들 자, 일백 백, 짐승 수, 임금 왕, 할 위, 작을 소, 벌레 충, 울 후.
[풀이] 큰 인물도 세력과 그 지위를 잃으면 군중으로부터 빈정거림의 웃음을 받는다. 출전 대지도론.

獅子奮迅之勢 (사자분신지세)★

[뜻음] 사자 사, 아들 자, 성낼 분, 빠를 신, 갈 지, 기세 세.
[풀이] 사자가 몸을 떨쳐 성내는 迅速勇猛(신속용맹)한 기세. 獅子(사자)가 성낸 듯이 달리는 기세. 부처의 무서운 위세. 사람의 기세가 대단함을 이르는 말. 師子奮迅(사자분신). 獅子奮迅勢(사자분신세).

師子身中蟲 (사자신중충)★★★

[뜻음] 사자 사, 아들 자, 몸 신, 가운데 중, 벌레 충.
[풀이] 사자의 몸속에서 사자를 좀먹는 벌레. 獅子(사자)의 목숨이 끊어지면 감히 딴 짐승들은 먹으려 하지 않지만, 사자의 몸속에서 생긴 벌레는 그 사체를 먹는다는 말.

≪梵綱經(범강경)≫에 이르길,
 "사자 몸속의 벌레가 스스로 사자의 살을 먹고, 다른 밖의 벌레가 아닌 것과 같다. 이와 같이 불제자가 스스로 불법을 파괴한다. 外道(외도)와 하늘의 魔鬼(마귀)가 능히 파괴하는 것이 아니다."
 본디 불교용어이다. 獅子(사자)의 목숨이 끊어지면, 감히 딴 짐승들은 먹으려 하지 않지만, 사자의 몸속에서 생긴 벌레는 그 사체를 먹는다.
 불가에서는 이 말을 불교의 正法(정법)은 法(법) 속의 惡比丘(악비구) 때문에 무너진다는 말로 쓴다. 즉 內部(내부)에서 생기는 禍亂(화란)을 비유적으로 말한 것이다.

奢者心嘗貧 (사자심상빈)★

[뜻음] 사치할 사, 놈 자, 마음 심, 항상 상, 가난할 빈.
[풀이] 사치를 좋아하는 사람은 만족할 줄 모르므로, 그 마음은 항상 가난함.

獅子吼 (사자후)★★★

[뜻음] 사자 사, 자식 자, 으르렁거릴 후.
[풀이] 사자의 으르렁거림, 즉 울부짖으며 熱辯(열변)을 토하는 연설을 일컬음. 불교에서는 부처님의 威嚴(위엄) 있는 설법에 모든 악마들이 屈服(굴복)하여 歸依(귀의)함을 비유한 말.

≪傳燈錄(전등록)≫에서 석가모니는 처음 나자마자, 한 손으로는 하늘을 가리키고, 한 손으로는 땅을 가리키며 일곱 걸음을 옮겨 돈 다음 사방을 둘러보고 '하늘 위 하늘 아래에 오직 나만이 홀로 높다'고 했다는 이야기가 나온다. 여기 나오는 '天上天下唯我獨尊(천상천하유아독존)'을 사자후로 풀이하여 '석가모니 부처님께서 도솔천에 태어나 손을 나눠 하늘과 땅을 가리키며 獅子吼(사자후) 소리를 질렀다'라고 했다.

또 다른 뜻이 있다. 蘇東坡(소동파)가 친구 吳德仁(오덕인)에게 보낸 시 가운데서, 같은 친구인 陣系常(진계상)의 아내가 남편에게 퍼붓는 욕설을 '사자후'라고 표현하고 있다.

용구거사는 역시 가련하다.
空(공)과 有(유)를 말하며 밤에도 자지 않는데
문득 하동의 사자후를 듣자
拄杖(주장)이 손에서 떨어지며 마음이 아찔해진다.

이때는 아내의 불호령, 아내가 남편에게 퍼붓는 욕설을 의미한다. 진계상(용구거사)은 아내가 으르렁거리자 지팡이도 떨어뜨리며 마음이 아찔해진다고 했으니 벌벌 떤다는 말이다.
 석가의 설법이 사자후와 같다고 한 말이 다시 일반에게 전용되어 熱辯(열변)을 吐(토)하며 정당한 의론으로 남을 說服(설복)한다는, 다시 말해 雄辯(웅변)이란 뜻으로 쓰이게 되었다. 부처님의 위엄 있는 說法(설법)에 모든 惡魔(악마)들이 屈服(굴복)하여 歸依(귀의)함을 비유한 말이다. 그리고 보통 아내가 남편에게 악다구니를 써가며 크게 소리 지르는 것을 일컫는다. 진계상 같은 사람을 우리나라에서는 恐妻家(공처가)라고 부른다.

四顚五起 (사전오기)★★★

[뜻음] 넉 사, 거꾸러질 전, 다섯 오, 일어날 기.
[풀이] 네 번이나 거꾸러지고 다섯 번째 일어남. 온갖 고난을 이겨내고 승리함.

四節遊宅 (사절유택)★★

[뜻음] 넉 사, 절기 절, 놀 유, 집 택.
[풀이] 옛날 양반들이 춘하추동 네 계절에 따라 놀던 별장. 봄에는 冬野宅(동야택), 여름에는 谷良宅(곡량택), 가을에는 仇知宅(구지택), 겨울에는 加伊宅(가이택)으로 불렀음.

事情事情 (사정사정)★★

[뜻음] 일 사, 정 정.
[풀이] 딱한 사정을 간곡히 하소연하거나 비는 모양.

死諸葛走生仲達 (사제갈주생중달)★

[뜻음] 죽을 사, 모두 제, 칡 갈, 달릴 주, 날 생, 버금 중, 통달할 달.
[풀이] '死孔明走生仲達(사공명주생중달)'을 보시오.

師弟同行 (사제동행)★★★

[뜻음] 스승 사, 아우 제, 같을 동, 다닐 행.
[풀이] 스승과 제자가 함께 길을 감.

師弟三世 (사제삼세)★

[뜻음] 스승 사, 아우 제, 석 삼, 세상 세.
[풀이] 스승과 제자와의 인연은 前世(전세), 現世(현세), 來世(내세)에

ㅅ

까지 계속된다는 말로, 그 관계는 매우 깊고 밀접하다는 뜻.

師弟之間 (사제지간)★

[뜻음] 스승 사, 아우 제, 갈 지, 사이 간.
[풀이] 스승과 제자와의 사이. 師弟間(사제 간).

蛇足 (사족)★★★

[뜻음] 뱀 사, 다리 족.
[풀이] 뱀의 발. 뱀은 발이 없는데 발을 그린다. 필요 없는 것을 덧붙여 일을 그르침.

≪戰國策(전국책)≫ 楚策(초책)에 나오는 말이다.

楚(초)나라 令尹(영윤) 昭陽(소양)이 초나라를 위해 위나라를 치고, 다시 齊(제)나라를 치려 했다. 陳軫(진진)이라는 辯士(변사)가 제나라 왕을 위해 소양을 찾아가서 설득하였다.

"초나라에선 전쟁에 크게 승리하면 어떤 벼슬을 주게 됩니까?"

"벼슬은 上柱國(상주국), 작은 上執珪(상집규)가 되겠지요."

"그보다 더 높은 지위는 무엇입니까?"

"영윤이 있을 뿐입니다."

"그럼 영윤이 된 사람에게는 관작을 높일 수가 없지 않습니까? 제가 장군을 위해 비유를 하나 들겠습니다."

"여러 사람이 술 한 대접을 놓고 혼자 다 마실 내기를 했다. 내기는 땅바닥에 뱀을 먼저 그리는 것이었다. 한 사람이 뱀을 제일 먼저 그렸다. 그는 '술은 내 것이다'하고 왼쪽 손으로 술잔을 들고 오른손으로는 계속 뱀의 발을 그리면서 '나는 발까지 그릴 수 있다'고 뽐냈다. 그러나 그가 미처 발을 다 그리지 않아서, 다른 사람이 뱀 그리기를 마치고 술잔을 뺏어 들더니,

'뱀은 원래 발이 없다. 그런데 자네는 발까지 그렸으니 발을 그린 뱀은 뱀이 아니다' 하고 술을 쭉 들이켜고 말았다."
이 이야기를 마친 진진은,

"만일 제나라와의 싸움에서 만에 하나 실수라도 한다면 뱀의 발을 그리려다 전부를 잃게 되는 꼴이 되지 않는다고 누가 장담하겠습니까"라고 말했다. 소양은 과연 그렇겠다 싶어 군대를 거두어 철수하고 말았다.

이 이야기에서 아무 도움도 되지 않는 공연한 것을 가리켜 '족'이라고 하게 되었다. 필요 없는 것을 덧붙여 일을 그르치는 경우를 일컫는다.

私豵獻豜 (사종헌견)★

[뜻음] 사사로울 사, 돼지새끼 종, 바칠 헌, 큰 돼지 견.
[풀이] 豵(종)은 돼지새끼, 豜(견)은 큰 돼지. 작은 짐승은 자기가 갖고 큰 짐승은 임금에게 바친다. 윗사람을 공경하는 마음을 이르는 말. 출전 詩經(시경) 豳風(빈풍).

死罪死罪 (사죄사죄)★★

[뜻음] 죽을 사, 허물 죄.
[풀이] 書札(서찰)이나 上疏文(상소문) 끝에 붙여, 말에 실례됨이 많음을 謝過(사과)하는 말. 출전 史記(사기).

四柱宮合 (사주궁합)★★

[뜻음] 넉 사, 기둥 주, 집 궁, 모일 합.
[풀이] 四柱(사주)를 五行(오행)에 맞추어 相生(상생)과 相剋(상극)을 따져 吉凶(길흉)을 점치는 것. 사주는 사람이 태어난 年月日時(연월일시).

四柱單子 (사주단자)

[뜻음] 넉 사, 기둥 주, 홀 단, 자식 자.
[풀이] 혼인을 정하고 난 뒤에 신랑 집에서 색시 집으로 보내는 四柱(사주)를 적은 것.

四柱八字 (사주팔자)★★

[뜻음] 넉 사, 기둥 주, 여덟 팔, 글자 자.
[풀이] 사주의 干支(간지)가 되는 여덟 글자. 피하지 못할 타고난 運數(운수)라는 뜻도 됨.

絲竹管絃 (사죽관현)★★

[뜻음] 실 사, 대 죽, 대롱 관, 줄 풍류 현.
[풀이] 사는 거문고, 죽은 피리, 관은 피리, 현은 거문고를 나타냄. 음악. 본디 絲竹筦絃(사죽관현)임. 출전 漢書(한서) 張禹傳(장우전).

絲竹筦絃 (사죽관현)★

[뜻음] 실 사, 대 죽, 쌍피리 관, 줄 풍류 현.
[풀이] 絲竹管絃(사죽관현).

死中求活 (사중구활)★

[뜻음] 죽을 사, 가운데 중, 구할 구, 살 활.
[풀이] 죽을 곳에서 도망할 길을 찾음, 窮境(궁경)에 빠져서도 만회할 계책을 강구함. 출전 後漢書(후한서).

沙中偶語 (사중우어)★

[뜻음] 모래 사, 가운데 중, 짝 우, 말씀 어.
[풀이] 臣下(신하)가 몰래 謀叛(모반)하려고 의논하는 일. 漢高祖(한고조)가 功臣(공신) 20여 인을 封(봉)하였을 때, 여러 장수들이 모래 땅 위에 앉아서 수군거리는 것을 보고 수상히 여겨 張良(장양)에게 물었더니, 장양이 그들은 論功行賞(논공행상)에 불만을 품고 背叛(배반)하려고 서로 의논하는 것이라고 한 故事(고사)에서 나온 말. 출전 漢書(한서).

四知 (사지)★★★

[뜻음] 넉 사, 알 지.
[풀이] 넷이 알다. 하늘이 알고 땅이 알고 그대가 알고 내가 안다는 말.

後漢(후한)의 楊震(양진)은 그의 해박한 지식과 淸廉潔白(청렴결백)으로 關西公子(관서공자)라는 칭호를 들었다고 한다. 그가 東萊(동래) 태수로 부임할 때 昌邑(창읍)에서 묵게 되었는데 창읍 현령인 王密(왕밀)이 밤에 찾아와

서 10금을 내밀며 뇌물로 바쳤다. 양진은 좋은 말로 타이르며 거절했다.

"나는 당신을 정직한 사람으로 믿어왔는데, 당신은 나를 이렇게 대한단 말인가"

왕밀은,

"지금은 밤중이라 아무도 아는 사람이 없습니다" 하고, 마치 양진이 소문날까 두려워하는 식으로 말했다. 양진이 나무랐다.

"아무도 모른다니, 하늘이 알고 땅이 알고 그대가 알고 내가 아는데 어째서 아는 사람이 없다고 한단 말인가"

여기에서 사지라는 말이 생겼다고 한다.

死地同苦 (사지동고)★

[뜻음] 죽을 사, 땅 지, 같을 동, 쓸 고.
[풀이] 죽고 사는, 어려운 고생을 같이 하기로 함.

事之曲直 (사지곡직)★

[뜻음] 일 사, 갈 지, 굽을 곡, 곧을 직.
[풀이] 일의 옳고 그름.

駟之過隙 (사지과극)★

[뜻음] 사마 사, 갈 지, 지날 과, 틈 극.
[풀이] 駟馬(사마)가 문틈 앞을 지나간다. 세월의 빠름을 비유함. 사마는 말 네 필이 끄는 수레. 출전 禮記(예기).

死之五等 (사지오등)★★

[뜻음] 죽을 사, 갈 지, 다섯 오, 가지런할 등.
[풀이] 신분에 따라 다른 죽음의 名稱(명칭)으로, 다섯 등급이 있음. 天子(천자)는 崩(붕)·諸侯(제후)는 薨(훙)·大夫(대부)는 卒(졸)·士(사)는 不祿(불록)·庶人(서인)은 死(사). 출전 禮記(예기) 曲禮(곡례).

社稷之神 (사직지신)★★★

[뜻음] 토지 신 사, 곡식 신 직, 갈 지, 귀신 신.
[풀이] 社稷壇(사직단)에 모신 土神(토신)과 穀神(곡신). 국가의 安危(안위)와 存亡(존망)을 한 몸에 맡은 중신. 출전 禮記(예기).

辭盡意不盡 (사진의부진)★★★

[뜻음] 말 사, 다할 진, 뜻 의, 아닐 부.
[풀이] 말은 다 하였으되 말하고 싶은 뜻은 아직 그냥 남아 있음.

駟驖孔阜 (사철공부)★

[뜻음] 말 네 필 사, 구렁말 철, 구멍 공, 언덕 부.
[풀이] 말의 털 빛깔이 쇠의 색과 같다는 말. 출전 詩經(시경) 秦風(진풍) 駟驖(사철).

師出以律 (사출이율)★

[뜻음] 군사 사, 날 출, 써 이, 법 율.
[풀이] 出征(출정)할 때에는 엄격한 군법을 가져야 한다는 뜻. 출전 易經(역경).

事親渴力 (사친갈력)★

[뜻음] 섬길 사, 어버이 친, 목마를 갈, 힘 력.
[풀이] 어버이를 섬기는 데 온 힘을 다함.

事親以孝 (사친이효)★

[뜻음] 섬길 사, 어버이 친, 써 이, 효도할 효.
[풀이] 世俗五戒(세속오계)의 한 가지. 어버이 섬기기를 효도로써 해야 함.

事親之道 (사친지도)

[뜻음] 섬길 사, 친할 친, 갈 지, 길 도.
[풀이} 어버이를 섬기는 도리.

四通五達 (사통오달)★

[뜻음] 넉 사, 통할 통, 다섯 오, 통달할 통.
[풀이} 길이나 교통, 통신 등이 막힘없이 사방으로 통함. 출전 史記(사기).

四通八達 (사통팔달)★

[뜻음] 넉 사, 통할 통, 여덟 팔, 통달할 달.
[풀이} 길이 사방으로 통함.

事必歸正 (사필귀정)

[뜻음] 일 사, 반드시 필, 돌아갈 귀, 바를 정.
[풀이} 모든 是非曲直(시비곡직)은 결국 바른 길로 돌아옴. 만사는 반드시 正理(정리)로 돌아감.

仕學竝長 (사학병장)★

[뜻음] 벼슬 사, 학문 학, 아우를 병, 긴 장.
[풀이} 관리로서의 능력과 학문이 나란히 뛰어남. 출전 論語(논어) 子張篇(자장편).

賜骸骨 (사해골)★

[뜻음] 줄 사, 뼈 해, 뼈 골.
[풀이} 致仕(치사)를 허락함. 또는 허락받음. '乞骸骨(걸해골)'을 보시오. 출전 史記(사기).

四海同胞 (사해동포)★

[뜻음] 넉 사, 바다 해, 같을 동, 태보 포.
[풀이} 四海兄弟(사해형제).

四海承風 (사해승풍)★

[뜻음] 넉 사, 바다 해, 이을 승, 바람 풍.
[풀이} 천하가 다 그 敎化(교화)를 받음. 출전 孔子家語(공자가어).

四海龍王 (사해용왕)★

[뜻음] 넉 사, 바다 해, 용 용, 임금 왕.
[풀이} 동서남북의 네 바다 속에 있다는 龍王(용왕).

四海爲家 (사해위가)★

[뜻음] 넉 사, 바다 해, 삼을 위, 집 가.
[풀이} 천하를 제 한집안으로 만듦. ① 帝業(제업)의 광대함을 이르는 말. ② 온 나라 어느 곳에도 집은 있다는 뜻으로, 떠돌아다니며 일정한 住居(주거)가 없는 일. 출전 史記(사기).

四海波靜 (사해파정)★

[뜻음] 넉 사, 바다 해, 물결 파, 고요할 정.
[풀이] 온 나라 물결이 잠잠하다. 나라 안팎이 평화스럽게 다스려져서 천하가 태평함을 비유한 말.

四海兄弟 (사해형제)

[뜻음] 넉 사, 바다 해, 형 형, 아우 제.
[풀이] 온 세상 사람이 형제와 다름없이 친함. 출전 論語(논어) 顔淵篇(안연편).

思鄕之心 (사향지심)★

[뜻음] 생각할 사, 시골 향, 갈 지, 마음 심.
[풀이] 고향을 그리며 생각하는 마음.

死或重於泰山或輕於鴻毛 (사혹중어태산혹경어홍모)★

[뜻음] 죽을 사, 혹 혹, 무거울 중, 어조사 어, 클 태, 뫼 산, 가벼울 경, 기러기 홍, 털 모.
[풀이] 죽음이란 태산보다 무겁기도 하고 홍모보다 가볍기도 하다. 사람의 생명은 경우에 따라서 輕重(경중)이 대단히 다른데 그 경중은 다만 儀(의)에 의하여 결정된다. 鴻毛(홍모): 기러기 털처럼 아주 조그마한 것. 출전 司馬遷(사마천)의 글.

死灰復燃 (사회부연)★

[뜻음] 죽을 사, 재 회, 다시 부, 불탈 연.
[풀이] 죽은 재가 다시 불탄다. 세력을 잃은 사람이 다시 得勢(득세)하는 일. 然(연)은 燃(연). 출전 史記(사기).

死後功名 (사후공명)★

[뜻음] 죽을 사, 뒤 후, 공 공, 이름 명.
[풀이] 죽은 뒤에 받은 벼슬이나 諡號(시호).

事後承諾 (사후승낙)★★

[뜻음] 일 사, 뒤 후, 이을 승, 허락할 낙.
[풀이] 급한 경우에 우선 일을 처리하고 뒤에 관계자에게 승낙을 받는 일.

死後藥方文 (사후약방문)★★★

[뜻음] 죽을 사, 뒤 후, 약 약, 방도 방, 글월 문.
[풀이] 죽은 뒤에 약방문을 써 준다. 때를 놓치고 난 뒤에 기울이는 헛된 노력.

索居獨棲 (삭거독서)★

[뜻음] 쓸쓸할 삭, 살 거, 홀로 독, 깃들일 서.
[풀이] 세상과 떨어져서 홀로 고독한 생활을 보냄.

削官遠竄 (삭관원찬)★

[뜻음] 깎을 삭, 벼슬 관, 멀 원, 달아날 찬.
[풀이] 벼슬을 빼앗고 먼 곳으로 귀양 보냄.

削髮爲僧 (삭발위승)★

[뜻음] 깎을 삭, 터럭 발, 될 위, 중 승.
[풀이] 출가하여 머리를 깎고 중이 됨. 削髮披緇(삭발피치).

數數往來 (삭삭왕래)★

[뜻음] 자주 삭, 갈 왕, 올 래.
[풀이] 자주 왕래하는 일.

朔而生望而落 (삭이생망이락)★★

[뜻음] 초하루 삭, 말 이을 이, 날 생, 바랄 망, 떨어질 락.
[풀이] 옛날 중국 요임금 때 朝廷(조정)의 뜰 섬돌 가에 蓂莢(명협)이란 瑞草(서초)가 나서 초하룻날부터 매일 한 잎씩 나서 자라다가 열엿새부터 매일 한 잎씩 져서 旬朔(순삭)을 알았다는 옛일에서 온 말.

削奪官爵 (삭탈관작)★

[뜻음] 깎을 삭, 빼앗을 탈, 벼슬 관, 벼슬 작.
[풀이] 削奪官職(삭탈관직).

削奪官職 (삭탈관직)

[뜻음] 깎을 삭, 빼앗을 탈, 벼슬 관, 직분 직.
[풀이] 죄를 지은 자의 벼슬과 품계를 빼앗고 仕版(사판)에서 이름을 깎아버림.

山歌野唱 (산가야창)★

[뜻음] 뫼 산, 노래 가, 들 야, 부를 창.
[풀이] 시골에서 불리는 속된 노래. 시골 노래.

山鷄野鶩 (산계야목)★

[뜻음] 뫼 산, 닭 계, 들 야, 집오리 목.
[풀이] 산닭과 들오리. 자기 마음대로 하고 남의 말을 듣지 않는 사람.

山高水長 (산고수장)★★★

[뜻음] 뫼 산, 높을 고, 물 수, 긴 장.
[풀이] 산이 높고 물이 길다. 君子(군자)나 어진 사람의 德(덕)이 後世(후세)에 길이길이 전함. 人品(인품)이 높고 節操(절조)가 있음.

山高水淸 (산고수청)

[뜻음] 뫼 산, 높을 고, 물 수, 맑을 청.
[풀이] 산은 높고 물은 맑다. 경치가 좋음.

山谷之士 (산곡지사)★

[뜻음] 뫼 산, 골 곡, 갈 지, 선비 사.
[풀이] 산골짜기에서 사는 은사.

山窮水盡 (산궁수진)★

[뜻음] 뫼 산, 궁할 궁, 물 수, 다할 진.
[풀이] 깊은 산중에 들어가 산은 앞을 막고 물줄기는 끊어져 더 갈 길이 없다. 막다른 경우에 이름을 비유한 말.

山東出相山西出將 (산동출상산서출장)★

[뜻음] 뫼 산, 동녘 동, 날 출, 재상 상, 서녘 서, 장수 장.
[풀이] 山東(산동)에서 宰相(재상)이 나고 山西(산서)에서는 將帥(장수)가 난다는 뜻으로 風俗(풍속)이나 感化(감화)에 의하여 地方(지방)에 따라 특징이 다른 人物(인물)이 나온다는 말.

山厲河帶 (산려하대)★★

[뜻음] 뫼 산, 갈 려, 강 하, 띠 대.

[풀이] 맹서할 때에 쓰는 말. 爵(작)을 봉할 때의 盟誓文(맹서문)으로써 태산이 숫돌과 같이 납작하게 닳고, 황하가 띠와 같이 좁게 되는 한이 있더라도 변함이 없다는 뜻.

山林猛虎 (산림맹호)★★★

[뜻음] 뫼 산, 수풀 림, 사나울 맹, 범 호.
[풀이] 산속 숲에 사는 거친 호랑이. 삼봉 정도전이 평안도 사람들을 평한 말.

山林門下 (산림문하)★

[뜻음] 뫼 산, 수풀 림, 문 문, 아래 하.
[풀이] 벼슬을 하지 않고 있는 學德(학덕)높은 선비의 문학.

山林處士 (산림처사)

[뜻음] 뫼 산, 수풀 림, 곳 처, 선비 사.
[풀이] 산골에 살며 글이나 읽고 세속을 멀리하는 사람. 山林學士(산림학사).

山林學士 (산림학사)★

[뜻음] 뫼 산, 수풀 림, 배울 학, 선비 사.
[풀이] 벼슬을 하지 않고 있는 學德(학덕)높은 선비의 문학. 山林處士(산림처사).

山鳴谷應 (산명곡응)★

[뜻음] 뫼 산, 울 명, 골 곡, 응할 응.
[풀이] 산이 울면 골짜기가 응함. 곧 소리가 산과 골짜기에 울림.

山明水紫 (산명수자)★

[뜻음] 뫼 산, 밝을 명, 물 수, 자줏빛 자.
[풀이] 山水(산수)의 경치가 매우 아름다움.

山不厭高 (산불염고)★

[뜻음] 뫼 산, 아닐 불, 싫을 염, 높을 고.
[풀이] 산은 높음을 싫어하지 않는다. 德(덕)은 쌓을수록 좋음을 비유함.

山上有山 (산상유산)★

[뜻음] 뫼 산, 위 상, 있을 유.
[풀이] 산위에 산이 있다. '나간다'는 隱語(은어). 出(출)은 山(산)자 둘이 포개져있는 모양이므로 생긴 말.

山棲谷飮 (산서곡음)★

[뜻음] 뫼 산, 깃들일 서, 골 곡, 마실 음.
[풀이] 산에 살며 계곡의 물을 마신다. 隱者(은자)의 생활을 비유함.

山藪藏疾 (산수장질)★

[뜻음] 뫼 산, 숲 수, 감출 장, 병 질.
[풀이] 산이나 숲은 荒草汚穢(황초오예)를 隱匿(은닉)하고 있다는 것. 출전 左傳(좌전) 宣公十四年(선공십사년).

山聳水出 (산용수출)★

[뜻음] 뫼 산, 솟을 용, 물 수, 날 출.
[풀이] 산이 솟고 물이 용솟음침.

山容水態 (산용수태)★

[뜻음] 뫼 산, 얼굴 용, 물 수, 모양 태.
[풀이] 산수의 풍경. 山容水相(산용수상).

山陰夜雪 (산음야설)★

[뜻음] 뫼 산, 그늘 음, 밤 야, 눈 설.
[풀이] 진나라 왕자 유가 산음에 있을 때 눈 오는 밤에 배를 타고 벗 대안도를 방문한 고사. 山陰乘興(산음승흥). 출전 世說新語(세설신어) 任誕篇(임탄편).

山紫水明 (산자수명)★★

[뜻음] 뫼 산, 자줏빛 자, 물 수, 밝을 명.
[풀이] 산은 자줏빛으로 보이고 물은 깨끗하고 맑다. 산수의 경치가 썩 아름다움. 山明水紫(산명수자).

山底貴杵 (산저귀저)

[뜻음] 뫼 산, 밑 저, 귀할 귀, 공이 저.
[풀이] 산 밑에 절굿공이가 귀하다. 물건이 그 생산지에서 도리어 더 귀함을 비유함. 마땅히 있음직한 곳에 오히려 귀하다는 말. 출전 旬五志(순오지).

山岨水厓 (산저수애)

[뜻음] 뫼 산, 돌산 저, 물 수, 낭떠러지 애.
[풀이] 산의 험한 곳과 강가의 험한 곳. 轉(전)하여 俗世(속세)에서 멀리 떨어진 장소. 산수의 가팽이.

山戰水戰 (산전수전)★★★

[뜻음] 뫼 산, 싸울 전, 물 수.
[풀이] 산과 물에서 싸움. 이 세상의 온갖 고생과 어려움을 다 겪어 경험이 많음. 출전 孫子(손자).

山情無限 (산정무한)★

[뜻음] 뫼 산, 뜻 정, 없을 무, 한할 한.
[풀이] 산에서 느끼는 情趣(정취)가 한없이 많음.

山中貴物 (산중귀물)

[뜻음] 뫼 산, 가운데 중, 귀할 귀, 만물 물.
[풀이] 그곳에서는 나지 않는 몹시 드물고 귀한 물건. 산속에서만 나는 귀한 물건.

山中無曆日 (산중무력일)★★★

[뜻음] 뫼 산, 가운데 중, 없을 무, 책력 력, 날 일.
[풀이] 산속에서 달력도 없이 지낸다. 산중에서 세상과 멀리 떨어져 세월 가는 줄을 모른다는 말.

山中豪傑 (산중호걸)★★

[뜻음] 뫼 산, 가운데 중, 호방할 호, 인걸 걸.
[풀이] 산속에 있는 호걸. 호랑이. 호랑이의 기상.

散之四方 (산지사방)★★★

[뜻음] 흩어질 산, 갈 지, 넉 사, 모 방.
[풀이] 사방으로 뿔뿔이 흩어짐.

山盡水窮 (산진수궁)★★

[뜻음] 뫼 산, 다할 진, 물 수, 다할 궁.
[풀이] 산이 다하고 물이 막힘. 막다른 지경에 이르러 피해 나갈 도리가 없음. 山窮水盡(산궁수진).

山盡水廻處 (산진수회처)★

[뜻음] 뫼 산, 다할 진, 물 수, 돌 회, 곳 처.
[풀이] 산과 물이 서로 짜고 돌게 된 곳.

山珍海味 (산진해미)★★

[뜻음] 뫼 산, 보배 진, 바다 해, 맛 미.
[풀이] 산과 바다에서 나는 진귀한 음식. 산해의 진미. 山海珍味(산해진미).

山川祈禱 (산천기도)★

[뜻음] 뫼 산, 내 천, 빌 기, 기도할 도.
[풀이] 산과 물의 신령에게 드리는 기도.

山川景槪 (산천경개)★

[뜻음] 뫼 산, 내 천, 볕 경, 풍치 개.
[풀이] 산천의 경치. 山川風光(산천풍광).

山川草木 (산천초목)★★

[뜻음] 뫼 산, 내 천, 풀 초, 나무 목.
[풀이] 산과 물과 풀과 나무. 자연.

山頹木壞 (산퇴목괴)★

[뜻음] 뫼 산, 무너질 퇴, 나무 목, 무너질 괴.
[풀이] 태산이 허물어지고 들보가 무너짐. 孔子(공자)가 죽을 때의 말. 賢人(현인)의 죽음을 이르는 말. 출전 禮記(예기) 檀弓篇(단궁편).

山河衿帶 (산하금대)★

[뜻음] 뫼 산, 강 이름 하, 옷깃 금, 띠 대.
[풀이] 산과 강이 둘러싼 자연의 要害(요해).

山河大地 (산하대지)★

[뜻음] 뫼 산, 강 이름 하, 큰 대, 땅 지.
[풀이] 산과 강과 들판.

山海珍味 (산해진미)★

[뜻음] 뫼 산, 바다 해, 맛난 음식 진, 맛 미.
[풀이] 산과 바다의 産物(산물)을 다 갖추어서 잘 차린 음식.

山呼萬歲 (산호만세)★

[뜻음] 뫼 산, 부를 호, 일만 만, 해 세.
[풀이] 중국 漢(한)나라의 무제가 嵩山(숭산) 위에서 제사 지낼 때 신민이 만세를 三唱(삼창)한 데서, 나라의 큰 의식에 황제나 임금의 祝壽(축수)를 나타내기 위하여 신하들이 두 손을 치켜들고 '萬歲(만세)' 또는 '千歲(천세)'를 일제히 부르던 일.

散花功德 (산화공덕)★★

[뜻음] 흩트릴 산, 꽃 화, 공로 공, 덕 덕.
[풀이] 꽃을 뿌려 공덕을 기림. 부처에게 꽃을 뿌려 공덕을 기림.

産後別症 (산후별증)★

[뜻음] 낳을 산, 뒤 후, 나눌 별, 증세 증.
[풀이] 아이를 낳은 뒤에 일어나는 갖가지 병증.

殺鷄白飯 (살계백반)★

[뜻음] 죽일 살, 닭 계, 흰 백, 밥 반.
[풀이] 닭 잡고 흰밥을 곁들인 음식. 서민의 盛饌(성찬)을 속되게 이르는 말.

殺鷄爲黍 (살계위서)★

[뜻음] 죽일 살, 닭 계, 할 위, 기장 서.
[풀이] 닭을 잡고 기장밥을 지어서 객을 接待(접대)하는 것을 이름. 출전 論語(논어) 微子篇(미자편).

殺氣騰騰 (살기등등)★

[뜻음] 죽일 살, 기운 기, 오를 등.
[풀이] 남을 해치거나 죽이려는 무시무시한 기운이 잔뜩 나 있음.

殺生有擇 (살생유택)★

[뜻음] 죽일 살, 날 생, 있을 유, 가릴 택.
[풀이] 世俗五戒(세속오계)의 하나. 함부로 살생을 하지 않음. 죽이고 살리는 것을 가림.

殺生之柄 (살생지병)★★

[뜻음] 죽일 살, 날 생, 갈 지, 자루 병.
[풀이] 생살의 권리. 죽이고 살리는 권리. 출전 三國志(삼국지) 魏志(위지).

殺身報國 (살신보국)★★

[뜻음] 죽일 살, 몸 신, 갚을 보, 나라 국.
[풀이] 목숨을 바쳐 나라의 은혜를 갚음. 출전 三國遺事(삼국유사).

殺身成仁 (살신성인)★★★

[뜻음] 죽일 살, 몸 신, 이룰 성, 어질 인.
[풀이] 자신의 몸을 죽여 仁(인)을 이룸. 곧 옳은 일을 위하여 자기 몸을 희생함.

이 말은 《論語(논어)》 衛靈公篇(위령공편)에 나오는 공자의 말이다.

공자는 말하기를, "志士(지사)와 仁人(인인)은 삶을 찾아 인을 해치는 일이 없고, 몸을 죽여 인을 이룩하는 일은 있다"라고 했다.

살신성인은 간단히 말해서 올바른 일을 위해서는 몸도 犧牲(희생)한다는 뜻이다. 志士(지사)란 의를 지키는 義士(의사)의 뜻을 나타낸다.

殺戮之變 (살육지변)★

[뜻음] 죽일 살, 죽일 육, 갈 지, 변할 변.
[풀이] 무엇을 트집 잡아 사람을 잔인하게 마구 죽이는 變故(변고).

殺風景 (살풍경)★★

[뜻음] 죽일 살, 바람 풍, 볕 경.
[풀이] 흥을 깨뜨림.

殺活之權 (살활지권)★

[뜻음] 죽일 살, 살 활, 갈 지, 권세 권.
[풀이] 사람을 죽이고 살리는 권리.

三角關係 (삼각관계)★★

[뜻음] 석 삼, 뿔 각, 빗장 관, 이을 계.
[풀이] ① 세 사람 또는 세 단체 사이의 관계. ② 남녀 관계에 있어서 一男二女(일남이녀) 혹은 二男一女(이남일녀) 사이에 맺어진 戀愛(연애) 관계.

三角山風流 (삼각산풍류)★

[뜻음] 석 삼, 뿔 각, 뫼 산, 바람 풍, 흐를 류.
[풀이] 삼각산에서 풍류를 즐기듯 한다. 往來(왕래)가 매우 잦은 것을 일컫는 말. 삼각산은 북한산의 본래 이름.

三間斗屋 (삼간두옥)★

[뜻음] 석 삼, 사이 간, 말 두, 집 옥.
[풀이] 三間草家(삼간초가).

三間草家 (삼간초가)★

[뜻음] 석 삼. 사이 간, 풀 초, 집 가.
[풀이] 세 칸밖에 안 되는 초가. 몇 칸 안 되는 작은 오막살이집. 곧 썩 작은 초가.

三間草屋 (삼간초옥)★

[뜻음] 석 삼, 사이 간, 풀 초, 집 옥.
[풀이] 三間草家(삼간초가).

三綱五倫 (삼강오륜)★★

[뜻음] 석 삼, 벼리 강, 다섯 오, 인륜 륜.
[풀이] 사람이 지켜야 할 도리를 이른 유교의 기본 덕목.
三綱(삼강): 君爲臣綱(군위신강), 父爲子綱(부위자강), 夫爲婦綱(부위부강). 임금과 신하, 부모와 자식, 부부 사이에는 서로 지켜야할 벼리가 있다는 말.
五倫(오륜): 君臣有義(군신유의), 父子有親(부자유친), 夫婦有別(부부유별), 長幼有序(장유유서), 朋友有信(붕우유신). 군신유의는 임금과 신하 사이에 의리가 있어야 한다는 말. 부자유친은 부모와 자식 간에 사랑이 있어야 한다는 말. 부부유별은 부부 사이에도 구별이 있어야 한다는 말. 장유유서는 어른과 젊은이 사이에는 서열과 순서가 있다는 말. 붕우유신은 벗 사이에는 믿음이 있어야 한다는 말.

三綱五常 (삼강오상)★

[뜻음] 석 삼, 벼리 강, 다섯 오, 항상 상.
[풀이] 삼강과 오상. 五常(오상)은 仁義禮智信(인의예지신).

三顧草廬 (삼고초려)★★★

[뜻음] 석 삼, 돌아볼 고, 풀 초, 오두막 려.
[풀이] 오두막을 세 번 찾아간다. 중국 촉한의 임금 유비가 제갈량의 초옥을 세 번 찾아가 懇請(간청)하여 드디어 諸葛亮(제갈량)을 軍師

(군사: 군대의 우두머리)로 맞아들인 일.

　제갈량의 ≪出師表(출사표)≫에 나오는 말이다.
　三國時節(삼국시절)의 劉玄德(유현덕)이 臥龍江(와룡강)에 숨어 사는 제갈공명을 불러내기 위해 세 번이나 그를 찾아가 있는 정성을 다해 보임으로써 마침내 공명의 마음을 감동시켜 그를 세상 밖으로 끌어낼 수 있었던 이야기에서 비롯된 말이다.
　"신은 본래 布衣(포의)로서 몸소 南陽(남양)에서 밭갈이하며 구차히 어지러운 세상에 목숨을 보존하려 했을 뿐, 제후들 사이에 이름이 알리기를 바라지는 않았습니다. 先帝(선제: 유현덕)께서 신의 천한 몸을 천하다 생각지 않으시고, 황공하게도 스스로 몸을 굽히시어 세 번이나 신을 草幕(초막) 속으로 찾아오셔서 신에게 당면한 세상일을 물으시는지라, 이로 인해 감격하여 선제를 쫓아다닐 것을 결심하게 되었던 것입니다."
　이 일 이전에도 殷(은)나라 湯王(탕왕)이 三顧之禮(삼고지례)로 伊尹(이윤)을 맞이한 일이 古典(고전)에 나온다. 그러므로 삼고초려는 유비가 처음 행한 일이 아닌 듯하다. 지금은 이 말이 신분이나 지위가 높은 사람이 자기 신분과 지위를 잊고 세상 사람들이 대단치 않게 보는 사람을 끌어내다가 자기 사람으로 만들려고 하는 겸손한 태도와 간곡한 성의를 뜻하는 말로 쓰이게 되었다.

三過其門不入 (삼과기문불입)★

[뜻음] 석 삼, 지날 과, 그 기, 문 문, 아닐 불, 들 입.
[풀이] 맡은 바 직무에 열중함. 중국 夏(하)나라의 禹王(우왕)이 治水(치수)하느라 東奔西走(동분서주)할 때, 세 번이나 자기 집 앞을 지나면서도 들르지 않았다는 옛일에서 온 말. 출전 孟子(맹자).

三槐 (삼괴)★★★

[뜻음] 석 삼, 홰나무 괴.
[풀이] ① 周代(주대)에 外朝(외조)에 심은 홰나무 세 그루. ② 三公(삼공)이 이 세 그루의 홰나무를 향하여 앉았기 때문에 三公(삼공)을 이름.

三槐九棘 (삼괴구극)★

[뜻음] 석 삼, 홰나무 괴, 아홉 구, 가시나무 극.
[풀이] 조선 시대에, 삼정승과 의정부 좌우참찬, 육조 판서, 한성 판윤을 통틀어 이르던 말. 중국 주나라 때에, 삼공과 소사(少師)・소부(少傅)・소보(少保)・총재(冢宰)・사도(司徒)・종백(宗伯)・사마(司馬)・사구(司寇)・사공(司空)을 통틀어 이르던 말. 三公九卿(삼공구경).

三九之位 (삼구지위)★

[뜻음] 석 삼, 아홉 구, 갈 지, 자리 위.
[풀이] 조선 시대에, 삼정승과 의정부 좌우참찬, 육조 판서, 한성 판윤을 통틀어 이르던 말. 중국 주나라 때에, 삼공과 소사(少師)・소부(少傅)・소보(少保)・총재(冢宰)・사도(司徒)・종백(宗伯)・사마(司馬)・사구(司寇)・사공(司空)을 통틀어 이르던 말. 三公九卿(삼공구

경). 三槐九棘(삼괴구극).

三國鼎立 (삼국정립)★

[뜻음] 석 삼, 나라 국, 세발가마솥 정, 설 립.
[풀이] 三國鼎足(삼국정족).

三軍可奪帥 (삼군가탈수)★★

[뜻음] 석 삼, 군사 군, 가할 가, 빼앗을 탈, 장수 수.
[풀이] 아무리 많은 군졸이 호위하고 있을지라도 부하들의 마음이 화합되어 있지 않으면 그 대장을 탈취할 수 있음. 출전 論語(논어).

三軍可奪帥匹夫不可奪志 (삼군가탈수필부불가탈지)★★★

[뜻음] 석 삼, 군사 군, 가할 가, 빼앗을 탈, 장수 수, 짝 필, 사내 부,
　　　아닐 불, 뜻 지.
[풀이] 아무리 많은 군졸이 호위하고 있을지라도 부하들의 마음이 화합되어 있지 않으면 그 대장을 탈취할 수 있음. 이는 그 대장이 병졸들의 힘에 의존하고 있기 때문임. 이와 반대로 보잘것없고 미천한 사내라도 굳게 지키는 바가 있으면 그 뜻을 빼앗을 수가 없다는 뜻으로, 사람의 뜻의 尊貴(존귀)함을 이르는 말. 三軍可奪帥(삼군가탈수). 출전 論語(논어).

三年無改於父之道可謂孝 (삼년무개어부지도가위효)★★

[뜻음] 석 삼, 해 년, 없을 무, 고칠 개, 어조사 어, 아비 부, 갈 지,
　　　길 도, 가할 가, 할 위, 효도 효.
[풀이] 아버지가 돌아가신 후 3년 동안 아버지 살아 계실 때 한 일을 그대로 두고 변경하지 않는 것은 효도라 할 수 있음. 출전 論語(논어).

三年不動不飛不鳴 (삼년부동불비불명)★★★

[뜻음] 석 삼, 해 년, 아닐 불, 움직일 동, 날 비, 울 명.
[풀이] 삼 년 동안 꼼짝도 않으며 날지도 울지도 않는다.

　≪呂氏春秋(여씨춘추)≫ 重言篇(중언편)에 나오는 이야기이다. 五覇(오패)의 한 사람인 楚莊王(초장왕)은 왕이 된 지 삼 년이 되도록 술, 여자, 춤, 노래만 즐기고 있었는데 이를 말리는 신하가 자주 번거롭게 하자 '감히 간하는 사람이 있으면 죽음을 당하리라'는 현판까지 걸어두었다.
　成公賈(성공가)가 이를 보다 못해 꾀를 내었다.
　성공가가 들어오는 태도를 바라보고 있던 장왕은,
　"간하는 사람은 죽는다는 현판을 보지 못했는가. 아니면 술이 마시고 싶어 들어왔는가. 음악이 듣고 싶어 들어왔는가?" 하고 선수를 쳤다.
　"신은 간하러 온 것이 아니라 수수께끼를 말씀드리러 왔습니다."
　"남쪽 언덕에 새가 한 마리 날아와 앉았는데 삼 년이 되도록 꼼짝도 하지 않으며 나는 일도 없으며 우는 일도 없으니 이 새가 대관절 무슨 새이겠습니까?"
　초장왕은 이 말을 알아들었다. 그리고 그는 그동안 누가 奸臣(간신)이고 누가 忠臣(충신)인지 알게 되었고 정치를 어떻게 해야 할지 알게 되었다고 말한 후 肅淸(숙청)을 단행하고 하늘을 나는 기세로 천하를 橫行(횡행)하여 세

상을 놀라게 하는 霸業(패업)을 이룩했다.
　이 말은 활동해야 할 사람이 활동을 하지 않는 것을 가리켜 말하게 된다. '三年不蜚又不鳴(삼년불비우불명)'이라고도 한다.

三年不弔 (삼년부조)

[뜻음] 석 삼, 해 년, 아닐 부, 조상할 조.
[풀이] 喪期(상기) 삼 년 동안에 弔喪(조상)을 하지 못하거나 아니 함.

三年不窺園 (삼년불규원)★★★

[뜻음] 석 삼, 해 년, 아닐 불, 엿볼 규, 동산 원.
[풀이] 삼 년 동안이나 문밖에 나가서 정원을 보지 않는다. 방에 콕 들어박혀 학문에 열중함. 중국 漢(한)나라의 董仲舒(동중서)가 밖에 나오지 않고 공부에만 힘썼다는 옛일에서 온 말. 출전 漢書(한서).

三年不蜚 (삼년불비)★

[뜻음] 석 삼, 해 년, 아닐 불, 날 비.
[풀이] 새가 삼 년 동안이나 날지 않는다. 사람이 後日(후일)에 雄飛(웅비)할 기회를 기다림. 三年不動不飛不鳴(삼년부동불비불명).

三年有成 (삼년유성)★

[뜻음] 석 삼, 해 년, 있을 유, 이룰 성.
[풀이] 나를 써서 나라를 다스리게 한다면 삼 년 후에는 治績(치적)을 올려 반드시 成就(성취)하는 바가 있을 것이라고 孔子(공자)가 한 말. 출전 論語(논어) 子路篇(자로편).

三多三無島 (삼다삼무도)★

[뜻음] 석 삼, 많을 다, 석 삼, 없을 무, 섬 도.
[풀이] 세 가지가 많고, 세 가지가 없는 섬. 濟州道(제주도)를 달리 이르는 말. 三多島(삼다도)와 三無島(삼무도)를 합쳐서 일컫는 말.

三段教授 (삼단교수)★★

[뜻음] 석 삼, 구분 단, 가르칠 교, 줄 수.
[풀이] 교수의 과정을 直觀(직관), 總括(총괄), 應用(응용)의 삼단으로 나누어 가르치는 교수법.

三段論法 (삼단논법)★★

[뜻음] 석 삼, 구분 단, 의논할 논, 법 법.
[풀이] 大前提(대전제), 小前提(소전제), 斷案(단안)의 삼단으로 배열하여 추리하는 論理(논리)의 방식.

三達德 (삼달덕)★

[뜻음] 석 삼, 통달할 달, 큰 덕.
[풀이] 어떠한 경우에도 통하는 세 가지의 德(덕). 智(지), 仁(인), 勇(용)을 이름. 출전 中庸(중용).

三達尊 (삼달존)★

[뜻음] 석 삼, 통달할 달, 높을 존.
[풀이] 존귀한 것 세 가지. 곧 조정에서는 爵位(작위)를 숭상하고, 鄕里(향리)에서는 윗사람을 존경하며, 세상에서는 덕을 존중해야 한다는 말.

三代日月 (삼대일월)★

[뜻음] 석 삼, 시대 대, 날 일, 달 월.
[풀이] 옛날 중국에서 王道(왕도) 정치가 행하여졌던 夏(하)·殷(은)·周(주) 삼 대의 세월.

三冬雪寒 (삼동설한)★

[뜻음] 석 삼, 겨울 동, 눈 설, 찰 한.
[풀이] 눈이 오고 추운 겨울철의 석 달 동안.

森羅萬象 (삼라만상)★★★

[뜻음] 빽빽할 삼, 그물 라, 일만 만, 모양 상.
[풀이] 宇宙(우주) 사이에 벌여 있는 온갖 물건과 모든 現象(현상). 萬物(만물).

三樂 (삼락)★

[뜻음] 석 삼, 즐거울 락.
[풀이] 人生三樂(인생삼락). '君子三樂(군자삼락)'을 보시오.

三閭大夫 (삼려대부)★

[뜻음] 석 삼, 이문 려, 큰 대, 지아비 부.
[풀이] 楚(초)나라의 관직 명. 왕족의 三姓(삼성)을 통솔하는 직책으로 屈原(굴원)이 이 관직에 있었으므로 굴원을 지칭하는 말. 출전 史記(사기) 屈原傳(굴원전).

三令五申 (삼령오신)★

[뜻음] 석 삼, 명령 령, 다섯 오, 신칙할 신.
[풀이] 자주 되풀이하여 訓令(훈령)을 내려 申飭(신칙)함. 성의를 다하여 타이름. 출전 史記(사기) 孫子傳(손자전).

三老五更 (삼로오경)★★★

[뜻음] 석 삼, 늙을 로, 다섯 오, 바꿀 경.
[풀이] 周(주)나라 시대에 年老(연로)하여 官職(관직)에서 물러난 사람을 임금이 父兄(부형)의 예로써 대접한 일. 삼로는 三德(삼덕)을 아는 사람, 오경은 五事(오사)를 아는 사람으로 淸廟(청묘)에서 모셨는데 청묘는 채색 없는 나무 서까래로 지어졌고 이엉으로 지붕을 하였다. 이러한 데에서 墨家(묵가)가 儉約(검약)과 兼愛(겸애)를 강조하는 철학으로 비롯되었다. 삼덕은 直(직)·剛(강)·柔(유). 오사는 貌(모)·言(언)·視(시)·聽(청)·思(사). 현대 철학자 憑友蘭(풍우란)의 말. 출전 禮記(예기) 樂記篇(악기편).

三馬太守 (삼마태수)★

[뜻음] 석 삼, 말 마, 클 태, 지킬 수.
[풀이] 淸白吏(청백리)를 가리키는 말. 한 고을의 수령이 다른 부임지로 떠날 때나 임기가 끝났을 때 감사의 표시로 고을에서 좋은 말 여덟 마리를 바치는 것이 관례였다. 조선 중종 때 宋欽(송흠)은 새로 부임해 갈 때마다 세 마리의 말만 받았다. 한 마리는 본인, 나머지는 어머니와 아내가 탈 말이었다. 그래서 당시 사람들이 그를 삼마태수라 불렀음.

三昧 (삼매)★★★

[뜻음] 석 삼, 잠깰 매.
[풀이] 梵語(범어)로, ① 불교에서 잡념을 버리고 한 가지 일에만 정신을 집중하는 일. ② 다른 말 아래에 쓰이어, 그 일에 열중하여 여념이 없음을 이르는 말. 三昧境(삼매경).

三無五多 (삼무오다)★

[뜻음] 석 삼, 없을 무, 다섯 오, 많을 다.
[풀이] 세 가지는 없고 다섯 가지는 많다는 것 곧 도둑, 거지, 바퀴 달린 물건이 없는 대신 눈, 바람, 오징어, 향나무, 미인 다섯 가지가 많다는 뜻으로 울릉도를 이르는 말

三伏炎天 (삼복염천)★★★

[뜻음] 석 삼, 엎드릴 복, 더울 염, 하늘 천.
[풀이] 삼복이 든 철의 몹시 심한 더위.

三釜之養 (삼부지양)★

[뜻음] 석 삼, 엿 말 넉 되 부, 갈 지, 기를 양.
[풀이] 薄俸(박봉)을 타서 부모를 奉養(봉양)하는 일. 삼부는 엿 말 넉 되.

三分五裂 (삼분오열)★★★

[뜻음] 석 삼, 나눌 분, 다섯 오, 찢어질 열.
[풀이] 세 갈래 다섯 갈래로 찢어지고 나누어짐.

三分鼎立 (삼분정립)★★

[뜻음] 석 삼, 나눌 분, 솥 정, 설 립.
[풀이] 천하를 三分(삼분)하여 서로 대립함. 三分鼎足(삼분정족).

三分鼎足 (삼분정족)★

[뜻음] 석 삼, 나눌 분, 솥 정, 발 족.
[풀이] 三分鼎立(삼분정립).

三分天下 (삼분천하)★

[뜻음] 석 삼, 나눌 분, 하늘 천, 아래 하.
[풀이] 온 나라를 세 부분으로 나눔. 곧 한 나라를 세 사람의 君主(군주)나 英傑(영걸)이 나누어 차지함.

三不去 (삼불거)★

[뜻음] 석 삼, 아닐 불, 갈 거.
[풀이] 七去(칠거)의 惡(악)이 있는 아내라도 버리지 못하는 세 가지 경우. 곧 돌아가서 의지할 곳이 없을 때, 부모의 삼년상을 같이 치렀을 때, 가난할 때 같이 고생하다가 뒤에 富貴(부귀)하게 된 경우.

三不祥 (삼불상)★

[뜻음] 석 삼, 아닐 불, 상서로울 상.
[풀이] 세 가지의 상서롭지 못한 일. ① 나라에 불길한 세 가지. 곧 현인이 있는 것을 모르는 일, 알면서도 등용하지 않는 일, 등용하고서도 신임하지 않는 일. ② 자기에게 불길한 세 가지, 곧 어리면서도 연장자를 섬기지 않는 일, 賤(천)하면서도 귀인을 섬기지 않는 일, 不肖(불초)하면서도 어진 이를 섬기지 않는 일. 출전 說苑(설원).

三不畏 (삼불외)

[뜻음] 석 삼, 아닐 불, 두려워할 외.
[풀이] 居喪(거상) 중에 있는 사람이 두려워하지 않는다는 비, 도둑, 범 세 가지.

三不幸 (삼불행)★

[뜻음] 석 삼, 아닐 불, 다행 행.
[풀이] 세 가지의 불행한 일. ① 중국 宋(송)나라의 程伊川(정이천)이 한 말. 年少(연소)하면서 大科(대과)에 오르는 일, 父兄(부형)의 세력으로 美官(미관)을 얻는 일, 재능이 빼어나 文章(문장)을 잘 짓는 일. ② 孟子(맹자)가 말한 세 가지 불행, 곧 재산의 축적에 전념하는 일, 자기의 처자만을 사랑하는 일, 부모의 孝養(효양)을 등한시하는 일.

三不惑 (삼불혹)★

[뜻음] 석 삼, 아닐 불, 미혹할 혹.
[풀이] 몹시 좋아하여 정신을 잃고 거기에 빠지지 말아야 할 세 가지. 곧 술, 여자, 재물.

三不孝 (삼불효)★

[뜻음] 석 삼, 아닐 불, 효도 효.
[풀이] 세 가지의 불효. 곧 부모를 不義(불의)에 빠지게 하는 일, 부모가 늙고 집이 가난하여도 벼슬하지 않고 가난하게 지내는 일, 자식이 없어 조상의 제사를 끊어지게 하는 일.

三思而行 (삼사이행)★

[뜻음] 석 삼, 생각할 사, 어조사 이, 갈 행.
[풀이] 세 번 생각한 뒤에 떠나다. 深思熟考(심사숙고)한 다음에 실천에 옮김. 출전 論語(논어) 公冶長篇(공야장편).

三三五五 (삼삼오오)★★★

[뜻음] 석 삼, 다섯 오.
[풀이] 두서넛 또는 네댓 사람이 떼 지어 여기저기 흩어져 있는 모양. 서너 사람이나 네댓 사람. 떼를 지어 다니거나 무엇을 하고 있는 모양.

參商之歎 (삼상지탄)★★

[뜻음] 별이름 삼, 별이름 상, 갈 지, 탄식할 탄.
[풀이] 參星(삼성)과 商星(상성)이 멀리 동서에 떨어져 있는 것과 같이, 두 사람이 서로 멀리 떨어져 있어 만나기 어려움을 한탄하여 이르는 말.

三生 (삼생)★

[뜻음] 석 삼, 날 생.
[풀이] 세 생애. 前生(전생), 今生(금생), 後生(후생)을 이름.

三生佳約 (삼생가약)★

[뜻음] 석 삼, 날 생, 아름다울 가, 약속할 약.
[풀이] 三生(삼생)을 두고 끊어지지 않을 아름다운 언약. 곧 '約婚(약혼)'을 이르는 말.

三生奇緣 (삼생기연)★

[뜻음] 석 삼, 날 생, 기이할 기, 인연 연.
[풀이] 三生(삼생)을 두고 끊어지지 않을 기이한 인연.

三生緣分 (삼생연분)★

[뜻음] 석 삼, 날 생, 인연 연, 나눌 분.
[풀이] 三生(삼생)에 걸쳐 끊어질 수 없는 가장 깊은 인연. 곧 夫婦(부부)간의 인연.

三生怨讐 (삼생원수)★

[뜻음] 석 삼, 날 생, 원망할 원, 원수 수.
[풀이] 삼생에 걸쳐 끊어질 수 없는, 뼈에 깊이 사무치는 원수.

三牲之養 (삼생지양)★

[뜻음] 석 삼, 희생 생, 갈 지, 봉양할 양.
[풀이] 소, 양, 돼지를 잡아 봉양함. 힘껏 어버이를 奉養(봉양)하는 것. 三牲(삼생)은 소, 양, 돼지를 이름. 출전 孝經(효경).

三省吾身 (삼성오신)★★★

[뜻음] 석 삼, 살필 성, 나 오, 몸 신.
[풀이] 거듭 자신의 행동이나 생각을 반성해 본다는 말. 출전 論語(논어) 學而篇(학이편).

三歲之習至于八十 (삼세지습지우팔십)★

[뜻음] 석 삼, 해 세, 갈 지, 익힐 습, 이를 지, 어조사 우, 여덟 팔, 열 십.
[풀이] 세 살 버릇 여든까지 간다. 習性(습성)은 고치기 어렵다는 뜻. 어릴 때부터 버릇을 잘 가르쳐야 한다는 말. 三歲志八十至(삼세지팔십지).

三損友 (삼손우)★★★

[뜻음] 석 삼, 덜 손, 벗 우.
[풀이] 사귀면 손해를 보는 세 부류의 벗. 편벽 진 便辟友(편벽우), 착하기만 하고 줏대가 없는 善柔友(선유우), 말만 잘하고 성실하지 못한 便佞友(편녕우). 출전 論語(논어).

三水甲山 (삼수갑산)★

[뜻음] 석 삼, 물 수, 갑옷 갑, 뫼 산.
[풀이] 우리나라 최고의 奧地(오지)라고 일컫는 삼수와 갑산 지역. 한번 가면 돌아오기 힘든 곳. 귀양지. 교통이 불편한 오지. 몹시 어려운 지경.

三旬九食 (삼순구식)★★

[뜻음] 석 삼, 열흘 순, 아홉 구, 먹을 식.
[풀이] 한 달에 아홉 번밖에 먹지 못하는 아주 가난한 지경.

三豕金根 (삼시금근)★★

[뜻음] 석 삼, 돼지 시, 쇠 금, 뿌리 근.
[풀이] 文字(문자)를 誤讀(오독), 誤用(오용)함을 이름. 己亥(기해)의 字形(자형)을 잘못 보고 三豕(삼시)라고 읽고 金根(금근)을 잘못이라 하여 金銀(금은)이라고 고친 故事(고사)에서 나온 말. 三豕涉河(삼시섭하). 출전 孔子家語(공자가어).

三豕渡河 (삼시도하)★

[뜻음] 석 삼, 돼지 시, 건널 도, 강 이름 하.
[풀이] 三豕金根(삼시금근). '三豕涉河(삼시섭하)'를 보시오.

三豕涉河 (삼시섭하)★

[뜻음] 석 삼, 돼지 시, 건널 섭, 강 이름 하.
[풀이] 史官(사관)의 기록을 읽는 사람이 "晋(진)나라 군사가 '삼시(세 마리 돼지)'에 강을 건넜다"고 읽자 공자의 제자인 子夏(자하)가 "삼시가 아니라 '己亥(기해: 60갑자의 36째일)'일 것이오"라고 정정

했다는 옛일에서 온 말. 三豕渡河(삼시도하). 三豕金根(삼시금근).

三十有室 (삼십유실)★

[뜻음] 석 삼, 열 십, 있을 유, 집 실.
[풀이] 남자가 서른 살에 아내를 얻는다는 말.

三十六計 (삼십육계)★★★

[뜻음] 석 삼, 열 십, 여섯 육, 꾀 계.
[풀이] ① 손자병법의 한 가지. 서른여섯 번째의 꾀로, 도망가야 할 때에는 기회를 보고 무조건 도망을 쳐서 몸을 안전하게 하는 일이 兵法上(병법상)의 最上策(최상책)이라는 뜻. ② 서른여섯 가지 꾀. 많은 계책. 三十六計走爲上策(삼십육계주위상책). 출전 齊書(제서).

三十六計走爲上策 (삼십육계주위상책)★★★

[뜻음] 석 삼, 열 십, 여섯 육, 꾀 계, 달아날 주, 될 위, 위 상, 꾀 책.
[풀이] 삼십육 종이나 되는 많은 꾀 가운데서 도망치는 것이 제일 좋은 꾀가 된다는 말이다.

南北朝時代(남북조시대)에 宋(송)나라 명장 檀道濟(단도제)가 北魏(북위)와 싸울 때, 자신 없는 접전을 회피하여 툭하면 달아나곤 하였기 때문에 당시 사람들이 "단공은 서른여섯 가지 꾀 중에서는 달아나는 것이 최상의 것이 된다"고 한 데서 나온 말이라고 한다.

혹자는 ≪손자병법≫의 36계에 나와 있는 전술이라고 한다.

우리나라에서는 '삼십육계 줄행랑을 친다'고 표현한다. 삼육이란 많다는 것의 표현에 불과하다. 이 '삼십육계 주위상책'에서 생겨난 말인 듯하다. 이 말이 현재는 자신 없는 일에는 우물쭈물 주저할 것 없이 얼른 걷어치우거나 피해 버리는 것이 제일이란 뜻이다.

三十而立 (삼십이립)★★

[뜻음] 석 삼, 열 십, 말 이을 이, 설 립.
[풀이] 나이 삼십에 이르러, 비로소 어떠한 일에도 움직이지 않는 신념이 서게 되었다는 孔子(공자)의 경험담. 서른 살을 이르는 말. 출전 論語(논어).

三餘讀書 (삼여독서)★

[뜻음] 석 삼, 남을 여, 읽을 독, 글 서.
[풀이] 책을 읽기에 좋은 세 가지 여유 있는 시간. 겨울과 밤과 비올 때. 讀書三餘(독서삼여).

三王不同龜 (삼왕부동귀)★

[뜻음] 석 삼, 임금 왕, 아닐 부, 같을 동, 거북 귀.
[풀이] 夏(하), 殷(은), 周(주)의 三王(삼왕)이 점칠 때 같은 거북을 쓰지 않았음. 출전 史記(사기) 龜策傳(귀책전).

三位一體 (삼위일체)★★★

[뜻음] 석 삼, 자리 위, 한 일, 몸 체.
[풀이] 기독교에서 聖父(성부), 聖子(성자), 聖神(성신) 등의 三位(삼위)를 한 몸으로 보는 敎義(교의).

三益友 (삼익우)★★★

[뜻음] 석 삼, 더할 익, 벗 우.
[풀이] 사귀어 이로운 세 가지 벗, 곧 정직한 사람, 성실한 사람, 보고 들은 것이 많은 사람. 출전 論語(논어).

三人成虎 (삼인성호)★★★

[뜻음] 석 삼, 사람 인, 이룰 성, 범 호.
[풀이] 세 사람이 입을 모으면 호랑이를 만들 수 있음. 거짓말이라도 여럿이 말하면 참말이 되어 버린다는 뜻.

≪戰國策(전국책)≫ 魏志(위지)에 나오는 麗葱(방총)의 말이다.

방총은 태자 때문에 人質(인질)로 趙(조)나라 서울인 邯鄲(한단)으로 가게 되었는데 惠王(혜왕)에게, 호랑이가 장마당에 나타났다고 한 번 말하면 믿지 못하겠지만 여러 사람이 차례로 와서 호랑이가 나타났다고 하면 왕께서는 믿게 될 것이라고 전제한 후,

"대체로 장마당에 호랑이가 나타나지 않는다는 것은 누구나 알고 있는 사실입니다. 그런데도 세 사람이 똑같이 호랑이가 나타났다고 하면 나타난 것이 되고 맙니다. 지금 한단은 大梁(대량: 위나라 서울)에 떨어져 있는 것이 장마당보다 멀고, 신을 모함하는 사람은 세 사람 정도가 아닙니다. 바라옵건대 왕께서는 굽어 살피십시오"

과연 방총이 떠나자 모함하는 사람이 나타나서 방총은 인질에서 풀려난 후에도 임금을 뵐 수가 없었다.

이와 같은 이야기가 曾子(증자)의 경우에도 나온다. 同名異人(동명이인)인 증자가 살인을 하자 사람들이 거듭 증자의 어머니에게 증자가 살인을 했다고 하자 두 번째까지 믿지 않던 어머니가 세 번째 말하는 사람이 있자 베틀에서 일어나 피해 숨었다는 이야기이다.

거짓말이라도 여럿이 말하면 참말이 되어 버린다는 뜻이다. 우리 속담에 '열 번 찍어 안 넘어 가는 나무 없다'는 말이 있다. 이것을 문자로 '十伐之木(십벌지목)'이라 한다. 약간 경우는 다르지만 사실이 없는 거짓말을 여러 사람이 하고 또 함으로써 상대방을 믿게 하는 것이다.

三人行必有我師 (삼인행필유아사)★★★

[뜻음] 석 삼, 사람 인, 다닐 행, 반드시 필, 있을 유, 나 아, 스승 사.
[풀이] 세 사람이 길을 가면 반드시 나의 스승이 될 만한 사람이 있다.

≪論語(논어)≫ 述而篇(술이편)에 보면 孔子(공자)의 말씀으로 이렇게 실려 있다.

"세 사람이 가면 반드시 내 스승이 있다. 그중 착한 사람은 이를 좇고, 그중 착하지 못한 사람은 이를 고친다. 三人行 必有我師 擇其善者而從之 其不善者而改之(삼인행 필유아사 택기선자이종지 기불선자이개지)"
≪論語(논어)≫ 里仁篇(이인편)에,

ㅅ

　　"착한 것을 보면 같기를 생각하고 착하지 못한 것을 보면, 안으로 스스로 살핀다. 見賢思齊焉 見不賢而內自省也(견현사제언 견불현이내자성야)"고 한 말이 바로 이 말의 바탕이 되는 말이다.

　　남의 착한 행실은 따를 만하고, 남의 악한 행실은 반면교사로 삼을 일이다. 他山之石(타산지석)이라는 말도 이와 비슷한 말이다.

　　우리 속담에 '남의 흉보고 내 흉 고친다'라는 말이 있다.

三一僕射　(삼일복야)★

[뜻음] 석 삼, 한 일, 시중꾼 복, 벼슬이름 야.
[풀이] 晉(진)나라 周顗(주의)가 僕射(복야)가 되어 주야로 음주만 하고 정사를 하지 않았던 데서 나온 말. 삼일은 執政(집정)한 날이 적다는 말. 출전 晉書(진서) 周顗傳(주의전).

三日遊街　(삼일유가)★★

[뜻음] 석 삼, 날 일, 놀 유, 거리 가.
[풀이] 科擧(과거) 시험에서 及第(급제)한 사람이 사흘 동안 스승과 선배 및 친지들을 찾아 인사를 드리기 위해 받는 休暇(휴가). 질탕 나게 풍악을 울리며 행렬이 앞장서고, 머리에 御史花(어사화)를 꽂은 급제자가 말을 타고 인사를 다님.

三日點考　(삼일점고)★

[뜻음] 석 삼, 날 일, 점 점, 상고할 고.
[풀이] 옛날에 首領(수령)이 赴任(부임)한 뒤 사흘 만에 아랫사람들을 점고하던 일.

三日天下　(삼일천하)★★

[뜻음] 석 삼, 한 일, 하늘 천, 아래 하.
[풀이] 삼 일 동안 천하를 차지함. 짧은 동안 政權(정권)을 잡았다가 곧 逐出(축출) 당함을 이름.

三災不入之地　(삼재불입지지)★

[뜻음] 석 삼, 재앙 재, 아닐 불, 들 입, 갈 지, 땅 지.
[풀이] 삼재의 재앙이 들지 않는 좋은 땅을 이르는 말. 난리 · 질병 · 기근이 침범하지 못한다는 말.

三災八難　(삼재팔난)★

[뜻음] 석 삼, 재앙 재, 여덟 팔, 어려울 난.
[풀이] 삼재와 팔난. 곧 모든 재난.

三足烏　(삼족오)★★★

[뜻음] 석 삼, 발 족, 까마귀 오.
[풀이] 중국 신화에 나오는, 해 속에 산다는 세 발 가진 까마귀. 태양을 상징함.

三足鼎立　(삼족정립)★

[뜻음] 석 삼, 발 족, 세발솥 정, 설 립.
[풀이] 세발솥처럼 세 세력이 버티고 선 모양. 勢如鼎足(세여정족).

三族之罪　(삼족지죄)★

[뜻음] 석 삼, 겨레 족, 갈 지, 벌줄 죄.
[풀이] 죄를 범한 본인과 함께 三族(삼족)이 벌 받는 죄. 출전 史記(사기) 秦紀(진기).

三從之道　(삼종지도)★★★

[뜻음] 석 삼, 좇을 종, 갈 지, 길 도.
[풀이] 여자가 지켜야 할 세 가지 도리.

　　≪禮記(예기)≫에,
　　"여자는 세 가지 좇는 길이 있으니, 집에서는 아비를 좇고, 남에게 시집가서는 남편을 좇고, 남편이 죽으면 아들을 좇는다. 女子有三從之道 在家從父 適人從夫 夫死從子(여자유삼종지도 재가종부 적인종부 부사종자)"라고 되어 있다.

　　'삼종지도'는 여자가 평생을 통해 좇아야 되는 세 가지 길이란 뜻이다. 여자가 지켜야 할 세 가지 도리. 곧 어렸을 때는 어버이를, 시집가서는 남편을, 남편과 사별한 뒤에는 아들을 좇는 일. 같은 뜻의 말로 '三從之道(삼종의탁) 三從之德(삼종지덕), 三從之禮(삼종지례), 三從之法(삼종지법), 三從之義(삼종지의), 三從之托(삼종지탁)' 등이 있다.

三從兄弟　(삼종형제)★

[뜻음] 석 삼, 따를 종, 형 형, 아우 제.
[풀이] 高祖(고조)가 같고 曾祖(증조)가 다른 형제. 八寸(팔촌).

三重苦　(삼중고)★

[뜻음] 석 삼, 거듭할 중, 괴로울 고.
[풀이] 고통이 세 가지로 겹치는 일. 특히 소경, 귀머거리, 벙어리의 고통을 아울러 갖고 있는 것을 이르는 말.

三徵七辟　(삼징칠벽)★

[뜻음] 석 삼, 부를 징, 일곱 칠, 임금 벽.
[풀이] '三徵'은 임금이 세 번 부르는 일, '七辟'은 州郡(주군)에서 일곱 번 부르는 일. 세상을 피하여 숨어 사는 선비를 관직에 임명시키려고 조정에서나 지방 관아에서 자주 부름을 이르는 말. 출전 晉書(진서).

三尺童子　(삼척동자)★★★

[뜻음] 석 삼, 자 척, 아이 동, 자식 자.
[풀이] 키가 석 자밖에 안 되는 어린애. 철모르는 아이. 출전 孟子(맹자) 滕文公(등문공).

三千甲子　(삼천갑자)★★★

[뜻음] 석 삼, 일천 천, 첫째천간 갑, 아들 자.
[풀이] 육십갑자의 삼천 배. 곧 18만 년을 이른다. 꼭두각시놀음에 나오는 검은 머리를 한 늙은이.

三千甲子東方朔　(삼천갑자동방삭)★★★

[뜻음] 석 삼, 일천 천, 첫째천간 갑, 자식 자, 동녘 동, 모 방, 초하루 삭.
[풀이] ① 육십갑자의 삼천 배. 십팔만 년 ② 꼭두각시놀음에서 보는

검은 머리의 늙은이. ③ 삼천갑자를 살았다는 전설상의 인물인 東方朔(동방삭). 출전 漢書(한서) 東方朔傳(동방삭전).

三遷之教 (삼천지교)★

[뜻음] 석 삼, 옮길 천, 갈 지, 가르칠 교.
[풀이] 맹자의 어머니가 아들의 교육에 나쁜 영향을 주는 환경을 피하여 세 번 집을 옮김. 孟母三遷之教(맹모삼천지교). '斷機之戒(단기지계)'를 보시오. 출전 열녀전.

三廳冷埃 (삼청냉돌)★★★

[뜻음] 석 삼, 관청 청, 차가울 냉, 부딪칠 돌.
[풀이] 禁軍(금군)의 삼청은 방에 불을 때지 않아 몹시 차므로, 차디찬 방을 나타냄.

三寸之舌彊於百萬之師 (삼촌지설강어백만지사)★★★

[뜻음] 석 삼, 마디 촌, 갈 지, 혀 설, 강할 강, 어조사 어, 일백 백, 일만 만, 갈 지, 군사 사.
[풀이] 세 치의 혀가 백만 명의 군대보다 더 강하다는 말.

≪史記(사기)≫에 나오는 말이다.

戰國(전국) 말기, 趙(조)나라가 진나라의 침략으로 거의 멸망을 해 갈 무렵 조나라 공자 平原君(평원군)이 楚(초)나라로 구원을 청할 인재를 찾을 때 언변과 지식과 담력이 있는 사람 20명을 구하고자 하는데 19명까지 구하곤 나머지 한 명을 뽑지 못하는데, 이때 식객 중에서 毛遂(모수)라는 사람이 자진해 나와 평원군에게 청했다. 그러자 평원군이 말했다.

"대체로 훌륭한 선비가 세상을 살아가는 것은 송곳이 주머니 속에 들어 있는 것과 같아서 반드시 그 끝이 밖으로 나타나기 마련입니다. 그런데 선생은 삼 년이나 내 집에 있는 동안 이렇다 할 소문 하나 들려준 일이 없으니 특별히 남다른 재주를 갖고 있지 않다는 증거가 아니겠습니까. 선생은 좀 무리일 것 같습니다."

모수는 "그러니까 저를 오늘 주머니에 넣어 주십사 하는 겁니다. 저를 일찍 주머니 속에 넣어 주셨으면 끝은 고사하고 자루까지 밖으로 내밀어 보였을 것입니다"라고 하여 사신으로 가게 되었다. (중략)

모수의 활약으로 용케 성공을 거두고 조나라로 돌아온 평원군은,

"나는 앞으로 사람을 평하지 않으리라. 지금까지 수백 명의 선비를 보아온 나는 아직껏 사람을 잘못 보았다는 생각을 해 본적이 없었다. 그런데 이번은 모 선생을 몰라보았다…… 모 선생은 세 치 혀로써 백만의 군사보다 더 강한 일을 했다"라고 했다.

백만 군대의 위력으로도 되지 않을 일을 말로써 상대를 설복시켜 뜻을 이루게 되었다는 뜻이다. 이 일에서 '毛遂自薦(모수자천)'이라는 고사성어가 생겼고, 숙어로 '囊中之錐(낭중지추)', '人因成事(인인성사)'라는 말도 나온다.

三秋之思 (삼추지사)★

[뜻음] 석 삼, 가을 추, 갈 지, 생각할 사.
[풀이] 하루만 만나지 않아도 삼 년 동안이나 만나지 않은 것같이 생각됨. 思慕(사모)하는 마음이 아주 간절함. 三秋思(삼추사). 一刻如三秋(일각여삼추). 출전 詩經(시경) 王風(왕풍) 采葛篇(채갈편).

三春佳節 (삼춘가절)★★★

[뜻음] 석 삼, 봄 춘, 아름다울 가, 마디 절.
[풀이] 봄철 석 달의 좋은 시절.

三春行樂 (삼춘행락)★

[뜻음] 석 삼, 봄 춘, 다닐 행, 즐거울 락.
[풀이] 봄철을 봄맞이·꽃놀이·화전놀이 따위로 즐겁게 지내는 일.

三七日 (삼칠일)★

[뜻음] 석 삼, 일곱 칠, 날 일.
[풀이] 이십일 일. 삼 주일.

三統歷 (삼통력)★

[뜻음] 석 삼, 큰 줄기 통, 책력 력.
[풀이] 夏(하), 殷(은), 周(주) 三代王(삼대왕)이 창조한 책력.

三韓甲族 (삼한갑족)★

[뜻음] 석 삼, 나라 한, 첫째천간 갑, 겨레 족.
[풀이] 우리나라의 옛적부터 대대로 門閥(문벌)이 높은 집안.

三寒四溫 (삼한사온)★★

[뜻음] 석 삼, 찰 한, 넉 사, 따뜻할 온.
[풀이] 겨울철에 한국, 만주 등 지에서 사흘가량 추운 날씨가 계속되다가 그 다음에 나흘가량 따스한 날씨가 계속되는, 週期的(주기적)인 기후현상.

三革五刃 (삼혁오인)★

[뜻음] 석 삼, 가죽 혁, 다섯 오, 칼날 인.
[풀이] 갑옷·투구·방패의 세 가죽무장과, 칼·큰 칼·세모창·가지 달린 창의 다섯 쇠붙이 무기를 통틀어 이르는 말. 삼혁은 갑옷, 투구, 방패. 오인은 칼, 검, 창, 극, 화살. 출전 國語(국어).

三絃六角 (삼현육각)★★★

[뜻음] 석 삼, 줄 현, 여섯 육, 뿔 각.
[풀이] 현악기 셋과 관악기 여섯. 거문고, 가얏고, 향비파의 세 가지 현악기와 북, 장구, 해금, 피리, 한 쌍의 대평소.

三魂七魄 (삼혼칠백)

[뜻음] 석 삼, 넋 혼, 일곱 칠, 넋 백.
[풀이] 사람의 모든 혼백을 통틀어 이르는 말.

三皇五帝 (삼황오제)★★★

[뜻음] 석 삼, 임금 황, 다섯 오, 임금 제.
[풀이] 세 황제와 다섯 임금. '삼황'은 중국 고대 전설에 나오는 세 임금으로 天皇氏(천황씨), 地皇氏(지황씨), 人皇氏(인황씨) 또는 伏羲氏(복희씨), 神農氏(신농씨), 燧人氏(수인씨)를 말하고, '오제'는 고대 중국의 다섯 聖君(성군)으로 少昊(소호) 또는 黃帝(황제), 顓頊(전

욱), 帝嚳(제곡), 堯(요), 舜(순)을 말함.

三喜聲 (삼희성)★★★

[뜻음] 석 삼, 기쁠 희, 소리 성.
[풀이] 세 가지 기쁜 소리. '다듬이 소리, 글 읽는 소리, 갓난아이의 우는 소리'를 이르는 말.

颯颯悲風 (삽삽비풍)★

[뜻음] 바람소리 삽, 슬플 비, 바람 풍.
[풀이] 쓸쓸하고 구슬픈 느낌을 주는 바람.

喪家之狗 (상가지구)★★★

[뜻음] 죽을 상, 집 가, 갈 지, 개 구.
[풀이] 초상난 집 개. 주인 없는 개. 초라한 모습으로 얻어먹을 것만 찾아다니는 이를 빈정거려 이르는 말.

  ≪孔子家語(공자가어)≫ 입관편에 나오는 말이다.
  孔子(공자)가 鄭(정)나라로 갔을 때 제자들과 길이 어긋나고 말았다. 공자는 제자들이 오기를 기다리며 동쪽 성문 밖에 혼자 서 있었다. 공자를 찾던 子貢(자공)에게 한 노인이 이렇게 말했다.
  "글쎄, 당신 스승이 누구인지는 알 수 없으나 이런 사람이 동문 밖에 서 있는 것을 보았소. 이마는 堯(요)임금 같고, 목은 皐陶(고요) 같고, 어깨는 子産(자산) 같고, 허리의 아래는 禹(우)임금보다 세 치가 모자라는데 흡사 초상집 개 같습디다."
  이 말은 隱士(은사)가 공자의 처지를 놀려 말한 것이다. 공자는 요임금, 우임금처럼 위대한 성인의 덕을, 고요나 자산처럼 위대한 정치인의 자질을 가지고는 있지만 때를 얻지 못해 여기저기 벼슬길을 구하고 다니는 비참한 처지라는 것이다.
  나중에 공자가 이 말을 듣고 "형상은 그렇지 못하지만, 초상집 개 같다는 것은 과연 그렇다"라고 답했다.
  초상집 개는 주인이 슬픔에 잠겨 미처 개를 돌볼 정신이 없어 배가 고파도 먹지를 못한 채 주인의 얼굴을 찾아 기웃거리기만 하게 된다. 그래서 뜻을 얻지 못하고 이리저리 돌아다니는 정치인이나 사업가들의 실의에 찬 모습을 가리켜 '상가지구', 즉 '초상집 개' 같다는 말을 하게 된다. 초라한 모습으로 얻어먹을 것만 찾아다니는 이를 빈정거려 이르는 말이다.

桑間濮上 (상간복상)★

[뜻음] 뽕나무 상, 사이 간, 강 이름 복, 위 상.
[풀이] 淫亂(음란)한 음악. 濮水(복수) 가에 있는 뽕나무 숲 사이에서 유행하였으므로 음란한 음악의 대명사가 됨. '亡國之音(망국지음)'을 보시오.

商鑑不遠 (상감불원)★★★

[뜻음] 상나라 상, 거울 감, 아닐 불, 멀 원.

[풀이] 殷(은)나라 紂王(주왕)이 거울로 삼아 경계하여야 할 일은 前代(전대)의 하나라 桀王(걸왕)이 어질지 못한 정치를 하여 망한 일이라는 뜻. 자기가 거울로 삼아 경계하여야 할 先例(선례)는 바로 가까이에 있다는 말. 商(상)나라는 중국의 殷(은)나라로, 周(주)의 문왕이 殷(은)의 주왕이 폭정을 일삼아 망할 징조가 보이자 주의 문왕이 경계한 말. 하나라는 폭군 桀(걸)로 인해 망함. 곧 '남의 실패를 나의 거울'로 삼는다는 뜻. 殷鑑不遠(은감불원). 출전 詩經(시경) 大雅(대아) 蕩間篇(탕문편).

相敬如賓 (상경여빈)★

[뜻음] 서로 상, 공경할 경, 같을 여, 손님 빈.
[풀이] 부부는 가장 친밀한 사이이지만, 항상 서로 공경하여 손님을 대하듯 해야 하는 것이 곧 夫婦有別(부부유별)이라는 말. 출전 後漢書(후한서).

尚古主義 (상고주의)★

[뜻음] 숭상할 상, 옛 고, 주인 주, 옳을 의.
[풀이] 옛적 문물을 숭상하여 이것으로 표준을 삼고자 하는 주의. 옛 것을 숭상하는 주의.

尚古趣味 (상고취미)★

[뜻음] 숭상할 상, 예 고, 취미 취, 맛 미.
[풀이] 옛날의 文物(문물)이나 사물을 존중하고 좋아함.

傷弓之鳥 (상궁지조)★

[뜻음] 상처 상, 활 궁, 갈 지, 새 조.
[풀이] 활에 한 번 상처가 나 본 새. 예전의 경험 때문에 겁을 먹는 사람을 비유하는 말. 출전 戰國策(전국책) 楚策(초책).

傷肌犯骨 (상기범골)

[뜻음] 상처 상, 살 기, 범할 범, 뼈 골.
[풀이] 살이 상하고 뼈를 침범함. 苛酷(가혹)한 체형을 시행함.

賞奇析疑 (상기석의)★

[뜻음] 감상할 상, 기이할 기, 쪼갤 석, 의심 의.
[풀이] 기이한 문장을 감상하고 의심스러운 것을 풀어 나감.

象寄鞮譯 (상기제역)★

[뜻음] 코끼리 상, 부칠 기, 가죽신 제, 번역 역.
[풀이] 넉 자가 모두 사방의 언어를 通譯(통역)하는 벼슬을 나타내므로, 곧 通譯官(통역관). 출전 禮記(예기) 王制篇(왕제편).

上大人 (상대인)★

[뜻음] 위 상, 큰 대, 사람 인.
[풀이] 중국에서 아이가 처음 글쓰기를 배울 때 가르치는 문자.

上德不德 (상덕부덕)★

[뜻음] 위 상, 큰 덕, 아닐 부.
[풀이] 최상의 덕은 덕같이 여겨지지 않는다. 진심에서 우러나오는 참된 덕성은 자랑하지 않아도 저절로 밖으로 드러나 사람들의 認定(인정)을 받는다는 뜻. 출전 老子(노자) 제38장.

上梁文 (상량문)★

[뜻음] 위 상, 들보 량, 글월 문.
[풀이] 上梁(상량)을 축하하는 글. 문체의 하나.

相憐之情 (상련지정)★

[뜻음] 서로 상, 불쌍할 련, 갈 지, 뜻 정.
[풀이] 서로 가엾게 여겨서 동정하는 정.

霜露之思 (상로지사)★

[뜻음] 서리 상, 이슬 로, 갈 지, 생각 사.
[풀이] 무덤에 서리와 이슬이 내렸을 것을 생각한다. 부모의 죽음을 슬퍼함을 이르는 말.

霜露之病 (상로지병)

[뜻음] 서리 상, 이슬 로, 갈 지, 병 병.
[풀이] 寒冷(한랭)으로 생긴 병. 霜露之疾(상로지질).

上漏下濕 (상루하습)★

[뜻음] 위 상, 샐 루, 아래 하, 축축할 습.
[풀이] 지붕에서는 비가 새고 밑에서는 습기가 올라온다. 허술한 집. 貧寒(빈한)한 家庭(가정). 출전 莊子(장자).

常鱗凡介 (상린범개)★

[뜻음] 항상 상, 물고기 린, 평범할 범, 조개 개.
[풀이] 흔하게 나오는 물고기와 조개. 평범한 인물.

桑林之說 (상림지설)★

[뜻음] 뽕나무 상, 수풀 림, 갈 지, 말씀 설.
[풀이] 중국 殷(은)나라 湯王(탕왕)이 卽位(즉위)한 뒤 7년 大旱(대한)이 계속되었을 때, 祈雨祭(기우제)를 지내고 비를 얻은 이야기.

桑麻蠶積 (상마잠적)★

[뜻음] 뽕나무 상, 삼 마, 누에 잠, 쌓을 적.
[풀이] 뽕을 따서 누에를 기르고, 삼을 심어 실을 뽑아 길쌈하는 일.

桑麻之交 (상마지교)★

[뜻음] 뽕나무 상, 삼 마, 갈 지, 사귈 교.
[풀이] 뽕나무와 삼나무를 벗 삼아 지낸다. 전원에 隱居(은거)하여 농사꾼들 하고나 사귀며 지냄을 비유하는 말.

喪明之痛 (상명지통)★

[뜻음] 죽을 상, 밝을 명, 갈 지, 아플 통.
[풀이] 孔子(공자)의 제자인 子夏(자하)가 아들이 죽자 상심한 나머지 밤낮을 울다가 마침내 눈이 멀었다는 고사. 출전 論語(논어).

尚武一遍 (상무일편)★

[뜻음] 높일 상, 호반 무, 하나 일, 두루 편.
[풀이] 武士(무사)만을 몹시 숭상하고 다른 일은 가벼이 봄.

上薄下厚 (상박하후)★★★

[뜻음] 위 상, 얇을 박, 아래 하, 두터울 후.
[풀이] 待遇(대우)하는 데에 윗사람에게는 박하게 하고, 아랫사람에게는 후하게 함.

桑蓬之志 (상봉지지)★★

[뜻음] 뽕나무 상, 쑥 봉, 갈 지, 뜻 지.
[풀이] 뽕나무와 쑥에 담긴 뜻. 천하를 위하여 일해서 공명을 세우고자 하는 뜻. 옛날에 사내아이가 태어나면 뽕나무 활에 쑥대 화살을 당기어 장래에 천하를 위하여 큰 공을 세우기를 빌면서 사방에 다 쏘았으므로 생긴 말. 출전 禮記(예기) 射義篇(사의편).

上奉下率 (상봉하솔)

[뜻음] 위 상, 받들 봉, 아래 하, 거느릴 솔.
[풀이] 위로는 부모를 봉양하고 아래로는 妻子(처자)를 거느림.

相扶相助 (상부상조)★★★

[뜻음] 서로 상, 도울 부, 도울 조.
[풀이] 서로서로 도움.

嘗糞 (상분)★★

[뜻음] 맛볼 상, 똥 분.
[풀이] 똥을 맛보다. ① 효성이 지극하여 어버이의 똥을 맛보고 치료하다. 병자를 치료하다. ② 지나치게 아첨하다. '嘗糞之徒(상분지도)'를 참조하시오.

嘗糞吮癰 (상분연옹)★

[뜻음] 맛볼 상, 똥 분, 핥을 연, 헌데 옹.
[풀이] 똥을 맛보고 등에 난 큰 부스럼을 빨아 준다. 윗사람에게 몹시 아첨함을 이르는 말.

嘗糞之徒 (상분지도)★★★

[뜻음] 맛볼 상, 똥 분, 갈 지, 무리 도.
[풀이] 똥을 맛보며 아부하는 무리들. 嘗糞(상분)이란 똥을 맛본다는 말로, 唐(당)나라의 侍御史(시어사) 郭弘覇(곽홍패)가 大夫(대부) 魏元忠(위원충)에게 阿諂(아첨)하여 위원충의 病中(병중)에 그의 병의 輕重(경중)을 알려고 똥을 맛본 옛일에서 나온 말. 義理(의리)·廉恥(염치)가 없이 다만 아첨만 할 줄 아는 무리.

相思病 (상사병)★★★

[뜻음] 서로 상, 그리워할 사, 병 병.
[풀이] 사랑하면서도 그 뜻을 이루지 못해 생긴 마음의 병.

≪搜神記(수신기)≫에 나오는 말이다.
春秋時代(춘추시대) 宋(송)은 康王(강왕)의 暴虐(포학)으로 망한다. 이 강왕은 그의 뛰어난 용맹으로 한때 이웃 나라를 침략해서 영토를 확장시키는 등 대단한 위세를 떨치고 있었다. 여기에 그는 眼下無人(안하무인)이 되어 정도를 벗어난 짓을 자행하게 된다.
강왕의 시종 韓憑(한빙)의 아내 河氏(하씨)는 絶世美人(절세미인)이었는데 강왕이 우연한 기회에 하씨를 보자 강제로 데려와 후궁으로 삼았다. 그 후로 한빙과 하씨는 서로 사무치게 그리워하다가 한빙이 자살을 했다. 얼마 후 한빙이 자살한 것을 알자 하씨는 자기가 입는 옷을 썩게 만들었다가, 성위를 구경하던 중 몸을 던졌다. 수행한 사람들이 급히 옷소매를 잡았으나 소매만 끊어지고 사람은 아래로 떨어졌다. 죽은 그녀의 띠에는 유언이 적혀 있었다.

"임금은 사는 것을 다행으로 여기지만 나는 죽는 것을 다행으로 압니다. 바라건대 시체와 뼈를 한빙과 합장하게 해 주십시오"

노한 강왕은 고의로 무덤을 서로 떨어지게 만들었다. 그러자 밤사이에 두 그루 노나무가 각각 두 무덤에 나더니 열흘이 못 가서 아름드리로 자란 후 위로는 가지가 얽히고 아래로는 뿌리가 맞닿았다. 그리고 나무 위에는 한 쌍의 원앙새가 앉아 서로 목을 안고 슬피 울며 듣는 사람을 애처롭게 만들었다. 사람들은 이 새를 한빙 부부의 넋이라 했다.

송나라 사람들은 이를 슬피 여겨, 그 나무를 想思樹(상사수)라고 했는데, '想思(상사)'라는 이름이 여기에서 시작되었다. 想思樹(상사수)라고도 한다. 남녀 사이에 서로 그리워하며 뜻을 이루지 못해 생긴 병을 상사병이라고 한다. 글자 그대로 서로 생각하는 병인 것이다. 이 이야기에는 連理枝(연리지)라는 말도 나오고 있다.

相思不忘 (상사불망)★

[뜻음] 서로 상, 생각 사, 아닐 불, 잊을 망.
[풀이] 사랑하는 남녀끼리 서로 그리워하여 잊지 않음.

相思一念 (상사일념)★

[뜻음] 서로 상, 생각할 사, 하나 일, 생각 념.
[풀이] 서로 그리워하여 생각하는 마음이 오직 한 가지뿐임.

上山求魚 (상산구어)★

[뜻음] 위 상, 뫼 산, 구할 구, 고기 어.
[풀이] 산 위에서 고기를 구한다. 당치 않은 일을 무리하게 하려 함을 비유하는 말. 緣木求魚(연목구어).

常山蛇勢 (상산사세)★

[뜻음] 항상 상, 뫼 산, 뱀 사, 기세 세.
[풀이] ① 會稽(회계)의 常山(상산)에 率然(솔연)이라는 뱀이 있어서 머리를 건드리면 꼬리가 이르고 꼬리를 건드리면 머리가 오고 허리를 찌르면 머리와 꼬리가 함께 이른다는, ≪孫子(손자)≫에 나오는 故事(고사)에서 나온 말로, 이 뱀과 같이 左右前後(좌우전후)가 相應(상응)하여 쳐들어올 기회를 주지 않는 陣法(진법)을 이름. ② 文章(문장)의 首尾(수미)가 서로 照應(조응)함을 이름. 출전 晉書(진서).

商山四晧 (상산사호)★★★

[뜻음] 장사 상, 뫼 산, 넉 사, 흴 호.
[풀이] 중국 秦始皇(진시황) 때 세상의 어지러움을 피하여 陝西省(섬서성) 상산에 숨은 東園公(동원공), 夏黃公(하황공), 角里先生(녹리선생), 綺里季(기리계) 네 사람을 말하는데 모두 수염과 눈썹이 하얗게 세었으므로 이렇게 일컬음. 출전 晉書(진서).

象山學派 (상산학파)★

[뜻음] 코끼리 상, 뫼 산, 배울 학, 갈래 파.
[풀이] 宋(송)나라 陸九淵(육구연), 象山(상산)이 제창한 儒學(유학)의 한 파. 朱子學(주자학)에 반대하여 陽明學(양명학)에 크게 영향을 미쳤음.

相生相剋 (상생상극)★★

[뜻음] 서로 상, 날 생, 이길 극.
[풀이] 五行(오행)의 運行(운행)에 있어서 각각 서로 다른 것을 낳는 일과 다른 것을 이기는 일. 상생과 상극.

相生之理 (상생지리)★★★

[뜻음] 서로 상, 날 생, 갈 지, 이치 리.
[풀이] 서로 잘 사는 이치. 상생의 이치.

相鼠有皮 (상서유피)★

[뜻음] 바탕 상, 쥐 서, 있을 유, 가죽 피.
[풀이] 예절을 모르는 사람을 비난하는 말. 相鼠(상서)는 쥐를 보는 것을 憑藉(빙자)하여 사람의 無禮(무례)함을 나무라는 내용의 시로 ≪詩經(시경)≫에 실려 있음.

庠序學校 (상서학교) ★

[뜻음] 학교 상, 차례 서, 배울 학, 학교 교.
[풀이] 庠(상), 序(서), 校(교)는 모두 鄕校(향교)이고, 學(학)은 國學(국학)이므로 곧 大學(대학). 출전 孟子(맹자) 滕文公下篇(등문공하편).

上石下臺 (상석하대)★★★

[뜻음] 위 상, 돌 석, 아래 하, 돈대 대.
[풀이] '아랫돌 빼서 윗돌 괴고 윗돌 빼서 아랫돌 괴기' 곧 臨時變通(임시변통)으로 이리저리 둘러맞춤.

賞善罰惡 (상선벌악)★

[뜻음] 상줄 상, 착할 선, 벌줄 벌, 악할 악.
[풀이] 착한 사람은 칭찬하고 악한 사람은 벌함.

上善若水 (상선약수)★★★

[뜻음] 위 상, 좋을 선, 같을 약, 물 수.
[풀이] 老子(노자) 사상의 표현으로, 최상의 선은 물과 같다는 말. 이 세상에서 물을 가장 윗길 가는 선의 標本(표본)으로 여겨 이르는 말.

霜雪雨露 (상설우로)★

[뜻음] 서리 상, 눈 설, 비 우, 이슬 로.
[풀이] 서리와 눈과 비와 이슬.

上壽如水 (상수여수)★

[뜻음] 위 상, 목숨 수, 같을 여, 물 수.
[풀이] 건강하게 오래 살기 위해서는 흐르는 물처럼 도리에 따라 살아야 한다는 뜻.

常勝之道 (상승지도)★

[뜻음] 항상 상, 이길 승, 갈 지, 길 도.
[풀이] 언제든지 이기는 방법. 출전 列子(열자).

象牙塔 (상아탑)★★★

[뜻음] 코끼리 상, 어금니 아, 탑 탑.
[풀이] ① 속세를 떠나 조용히 예술을 사랑하는 태도나, 현실 도피적인 학구 태도. ② 대학 또는 대학의 연구실 따위. '牛骨塔(우골탑)'을 참조하시오.

商鞅徙木立信 (상앙사목입신)

[뜻음] 헤아릴 상, 가슴걸이 앙, 옮길 사, 나무 목, 설 립, 믿을 신.
[풀이] 秦(진)나라의 상앙이 나무를 옮긴 사람에게 오십 금을 주어 信賞必罰(신상필벌)의 뜻을 보인 일. 移木之信(이목지신). 徙木之信(사목지신). 출전 史記(사기) 商君傳(상군전).

相愛之道 (상애지도)★

[뜻음] 서로 상, 사랑 애, 갈 지, 길 도.
[풀이] 서로 사랑하는 道里(도리).

喪與其易也寧戚 (상여기이야영척)★

[뜻음] 죽을 상, 줄 여, 그 기, 쉬울 이, 어조사 야, 거상 영, 슬퍼할 척.
[풀이] 모든 예절은 중용을 중하게 여기지만 상례 때만은 의식을 갖추는 것보다는 哀慟(애통)을 중하게 여긴다는 말. 출전 論語(논어) 八佾篇(팔일편).

霜葉紅於二月花 (상엽홍어이월화)★

[뜻음] 서리 상, 잎 엽, 붉을 홍, 어조사 어, 두 이, 달 월, 꽃 화.
[풀이] 서리 맞은 낙엽이 이월 봄꽃보다 더 붉구나. 출전 杜牧(두목)의 詩句(시구).

上用目下飾觀 (상용목하식관)★

[뜻음] 위 상, 쓸 용, 눈 목, 아래 하, 꾸밀 식, 볼 관.
[풀이] 천하를 다스리는 군주가 지나치게 明察(명찰)하면 밑에 있는 자는 행동을 거짓으로 꾸미므로, 도리어 참된 일을 볼 수 없다는 말. 출전 韓非子(한비자) 有度篇(유도편).

尚友 (상우)★

[뜻음] 숭상할 상, 벗 우.
[풀이] 옛 賢人(현인)을 벗으로 삼는 것. 尙(상)은 上(상)과 통함. 출전 孟子(맹자) 盡心上篇(진심상편).

上援下推 (상원하추)★

[뜻음] 위 상, 당길 원, 아래 하, 밀 추.
[풀이] 위에 있는 사람이 끌어올리고 밑에 있는 사람이 밀어주어 벼슬에 취임함. 一說(일설)에는 위에 있는 사람은 아랫사람을 끌어올리고 아래에 있는 사람은 윗사람을 推戴(추대)함을 이른다 함. 출전 禮記(예기) 儒行篇(유행편).

桑楡 (상유)★

[뜻음] 뽕나무 상, 느릅나무 유.
[풀이] 뽕나무와 느릅나무. 저녁 해질 무렵. ① 늙어서 死期(사기)에 임박한 것. ② 전에 실패한 것을 후에 회복한 것. 출전 初學記(초학기) 天部上(천부상).

象有齒以焚其身 (상유치이분기신)★

[뜻음] 코끼리 상, 있을 유, 이 치, 써 이, 불사를 분, 그 기, 몸 신.
[풀이] 코끼리는 어금니로 인해 몸을 태운다. 몸에 지닌 보물이 도리어 해가 된다는 말. 출전 左傳(좌전) 襄公二十四年(양공이십사년).

上意下達 (상의하달)★★

[뜻음] 위 상, 뜻 의, 아래 하, 통달할 달.
[풀이] 윗사람의 뜻이나 명령을 아랫사람에게 전함.

桑梓之鄕 (상재지향)★★

[뜻음] 뽕나무 상, 가래나무 재, 갈 지, 시골 향.
[풀이] 여러 대의 조상의 무덤이 있는 고향. 대대로 살아 내려오는 故鄕(고향).

桑田碧海 (상전벽해)★★★

[뜻음] 뽕나무 상, 밭 전, 푸를 벽, 바다 해.
[풀이] 뽕나무 밭이 변하여 푸른 바다가 됨. 세상의 갑작스런 변천. 세상이 많이 변했음. 세상일이 덧없이 바뀜을 이르는 말. '滄桑之變(창상지변)'을 보시오. 출전 神仙傳(신선전).

上田沃畓 (상전옥답)★

[뜻음] 위 상, 밭 전, 기름질 옥, 논 답.
[풀이] 수확이 많은, 좋은 밭과 기름진 논.

桑田滄海 (상전창해)★

[뜻음] 뽕나무 상, 밭 전, 푸를 창, 바다 해.
[풀이] 桑田碧海(상전벽해).

賞從重罰從輕 (상종중벌종경)★

[뜻음] 상줄 상, 따를 종, 무거울 중, 죄 벌, 가벼울 경.
[풀이] 賞與(상여)는 아무쪼록 무겁게 하고, 형벌을 아무쪼록 가볍게 함을 이름. 출전 說苑(설원).

尙左尙右 (상좌상우)★

[뜻음] 숭상할 상, 왼 좌, 오른 우.
[풀이] 좌를 숭상했다가 우를 숭상했다가 함. 시대 변천에 따라 왼쪽을 숭상할 때도 있고 오른쪽을 숭상할 때도 있음을 이름.

相坐之法 (상좌지법)

[뜻음] 서로 상, 앉을 좌, 갈 지, 법 법.
[풀이] 연좌하는 법률. 한 사람이 罪(죄)가 있으면 그 가족 또는 그 일족을 處罰(처벌)하는 법. 連坐法(연좌법).

觴酒豆肉 (상주두육)★

[뜻음] 술잔 상, 술 주, 제사그릇 두, 고기 육.
[풀이] 술잔에 담긴 술과 두에 담긴 고기 요리.

常住不滅 (상주불멸)★

[뜻음] 항상 상, 살 주, 아닐 불, 멸할 멸.
[풀이] 本然眞心(본연진심)이 없어지지 않고 영원히 있는 것.

常住坐臥 (상주좌와)★

[뜻음] 항상 상, 살 주, 앉을 좌, 누을 와.
[풀이] 평상시의 起居(기거)와 坐臥(좌와).

桑中之期 (상중지기)★★★

[뜻음] 뽕나무 상, 가운데 중, 갈 지, 기약할 기.
[풀이] 뽕밭 속에서 약속함. 桑中之喜(상중지희).

≪詩經(시경)≫ 鄘風(용풍)에 나오는 [桑中(상중)]이라는 시에 나온다.

여기에 풀을 뜯는다.
沬(매)라는 마을에서.
누구를 생각하는가.
아름다운 孟姜(맹강)이로다.
나와 뽕밭 속에서 약속하고
나를 다락으로 맞아들여
나를 강물 위에서 보내준다.
爰采唐矣 원채당의
沬之鄕矣 매지향의
云誰之思 운수지사
美孟姜矣 미맹강의
期我乎桑中 기아호상중
要我乎上宮 요아호상궁
送我淇之上矣 송아기지상의

중국 衛(위)나라의 공실이 음탕하여 뽕나무 밭에서 정을 통하였다는 옛일로 해석하기도 한다. 남녀 간의 不義(불의)의 쾌락, 남녀 간의 密會(밀회), 密通(밀통), 淫事(음사), 姦通(간통)을 일러 말한다. 桑中之約(상중지약), 桑中之喜(상중지희)라고도 말한다. 우리나라 속담에 '임도 보고 뽕도 딴다'는 말이 있다.

桑中之喜 (상중지희)

[뜻음] 뽕나무 상, 가운데 중, 갈 지, 기쁠 희.
[풀이] 중국 위나라의 공실이 음탕하여 뽕나무 밭에서 정을 통하였다는 옛일. 남녀 간의 不義(불의)의 쾌락. 남녀 간의 密會(밀회), 淫事(음사), 姦通(간통)을 이름. 출전 詩經(시경) 鄘風(용풍). 桑中之期(상중지기).

尙志 (상지)★

[뜻음] 오히려 상, 뜻 지.
[풀이] 뜻을 고상하게 갖는다는 말. 출전 孟子(맹자) 盡心上篇(진심상편).

上知與下愚不移 (상지여하우불이)★

[뜻음] 위 상, 알 지, 더불어 여, 아래 하, 만날 우, 아닐 불, 옮길 이.
[풀이] 上知(상지)는 세상에 나면서부터 아는 사람. 下愚(하우)는 가르쳐도 쓸 데가 없는 사람. 이 두 가지는 옮길 수 없다는 것. 출전 論語(논어) 陽貨篇(양화편).

常棣之華 (상체지화)★★★

[뜻음] 아가위 상, 아가위 체, 갈 지, 빛날 화.
[풀이] 아가위나무의 꽃. 형제가 많아서 집안이 번성함. 아가위나무나 팥배나무의 꽃은 수많은 형제를 나타냄. 棠棣之華(당체지화).

桑樞瓮牖 (상추옹유)★★

[뜻음] 뽕나무 상, 문지도리 추, 옹기 옹, 들창 유.
[풀이] 뽕나무로 된 지게문과 헌 독 주둥이로 된 봉창. 가난한 집. 貧家(빈가). 출전 莊子(장자) 讓王篇(양왕편).

象齒焚身 (상치분신)★

[뜻음] 코끼리 상, 이 치, 불사를 분, 몸 신.
[풀이] 코끼리는 상아로 인해 몸이 불태워짐. 재산이 많은 사람은 禍(화)를 입기 쉽다는 비유. 출전 春秋左氏傳(춘추좌씨전).

上濁下不淨 (상탁하부정)★★★

[뜻음] 위 상, 흐릴 탁, 아래 하, 아닐 불, 깨끗할 정.
[풀이] 윗물이 흐리면 아랫물도 깨끗하지 못함. 윗사람의 몸가짐이 바르지 못하면, 아랫사람의 행실도 바르지 못하다는 말.

桑土綢繆 (상토주무)★★

[뜻음] 뽕나무 상, 흙 토, 얽힐 주, 얽을 무.
[풀이] 뽕나무 뿌리로 주무하다. 비바람이 오기 전에 새가 뽕나무 뿌리를 물어다가 새 둥지의 구멍을 막는다는 뜻. 患難(환난)을 未然(미연)에 防止(방지)함을 이름. 출전 詩經(시경) 豳風(빈풍).

上通天文 (상통천문)★

[뜻음] 위 상, 통달할 통, 하늘 천, 글월 문.
[풀이] 우주와 천체에 대한 온갖 현상에 관하여 자세히 앎.

霜風高節 (상풍고절)★

[뜻음] 서리 상, 바람 풍, 높을 고, 마디 절.
[풀이] 어떠한 어려운 곤경에 처해도 굽히지 않는 높은 절개를 이르는 말.

傷風敗俗 (상풍패속)★

[뜻음] 상할 상, 바람 풍, 질 패, 풍속 속.
[풀이] 풍속을 문란하게 함 또는 썩어 빠지고 문란한 풍속.

上下老少 (상하노소)★

[뜻음] 위 상, 아래 하, 늙을 로, 젊을 소.
[풀이] 윗사람이나 아랫사람과 늙은이나 젊은이. 곧 모든 사람.

上下不及 (상하불급)★

[뜻음] 위 상, 아래 하, 아닐 불, 미칠 급.
[풀이] 위에 미치기는 짧고 아래에 대기에는 길다. 이쪽저쪽에 모두 미치지 못하는 일의 비유. 上下寺不及(상하사불급).

桑下餓人 (상하아인)★

[뜻음] 뽕나무 상, 아래 하, 주릴 아, 사람 인.
[풀이] 뽕나무 아래의 굶주린 사람. 중국 晉(진)나라의 趙盾(조순)이 뽕나무 아래에 굶주린 사람이 있음을 보고 그에게 음식을 주었는데, 뒷날 그 사람이 진의 宰相(재상)이 되어 순이 亂(난)을 만나자 순을 도와 탈출시켰다는 옛일에서 온 말.

上下一致 (상하일치)★

[뜻음] 위 상, 아래 하, 한 일, 이를 치.
[풀이] 윗사람과 아랫사람이 마음을 합침. 상하가 협력함.

上下轉倒 (상하전도)★

[뜻음] 위 상, 아래 하, 넘어질 전, 거꾸로 도.
[풀이] 위아래의 순서가 바뀜 또는 尊卑(존비)·高低(고저) 등의 순서가 뒤바뀜.

上下之分 (상하지분)★

[뜻음] 위 상, 아래 하, 갈 지, 나눌 분.
[풀이] 윗사람과 아랫사람의 分別(분별).

上下撑石 (상하탱석)★★

[뜻음] 위 상, 아래 하, 버틸 탱, 돌 석.
[풀이] 윗돌을 빼서 아랫돌을 괴고, 아랫돌을 빼서 윗돌을 괸다. 일이 몹시 꼬이는데 臨時變通(임시변통)으로 이리저리 견뎌 나감.

上下和睦 (상하화목)★

[뜻음] 위 상, 아래 하, 화할 화, 화목할 목.
[풀이] 윗사람과 아랫사람이 서로 화목하게 지냄.

上下和順 (상하화순)★

[뜻음] 위 상, 아래 하, 화할 화, 순할 순.
[풀이] 위와 아래가 서로 뜻이 맞아 온화함.

尙饗 (상향)★★★

[뜻음] 바랄 상, 흠향할 향.
[풀이] 祭文(제문)의 首尾語(수미어). 庶幾來饗(서기내향)의 뜻. 庶幾來饗(서기내향)은 '바라건대 조상님 혼백이 오셔서 제사음식을 歆饗(흠향)하시라'는 말.

桑海之變 (상해지변)★

[뜻음] 뽕나무 상, 바다 해, 갈 지, 변할 변.
[풀이] 뽕나무밭이 푸른 바다가 되었다라는 뜻으로, 세상(世上)이 몰라 볼 정도(程度)로 바뀐 것. 桑田碧海(상전벽해).

桑弧蓬矢 (상호봉시)★

[뜻음] 뽕나무 상, 활 호, 쑥 봉, 화살 시.
[풀이] 뽕나무로 만든 활과 쑥대로 만든 살. 예전에 중국에서는 남자가 태어나면 이 두 가지를 만들어서 천지사방에 쏘아 큰 뜻을 이루기를 빌던 풍속이 있었음.

桑戶瓮牖 (상호옹유)★

[뜻음] 뽕나무 상, 집 호, 옹기 옹, 들창 유.
[풀이] 뽕나무를 휘어서 만든 문지도리와 헌 독 주둥이로 된 봉창. 가난한 집. 貧家(빈가). 桑樞瓮牖(상추옹유).

喪魂落膽 (상혼낙담)★

[뜻음] 죽을 상, 넋 혼, 떨어질 낙, 쓸개 담.
[풀이] 혼이 날 만큼 몹시 놀라서 넋을 잃음.

上厚下薄 (상후하박)★

[뜻음] 위 상, 두터울 후, 아래 하, 얇을 박.
[풀이] 待遇(대우)하는 데에 윗사람에게는 후하고 아랫사람에게는 박함.

曬書胞衣 (새서포의)★★

[뜻음] 볕 쬘 새, 글 서, 쬘 포, 옷 의.
[풀이] 칠석날에 장마에 축축해진 책이나 옷 등을 햇볕에 쬐던 일. 曬書胞衣(쇄서포의).

賽神萬明 (새신만명)★

[뜻음] 굿할 새, 귀신 신, 일만 만, 밝을 명.
[풀이] 굿하는 무당. 경망스럽게 행동하는 사람.

塞翁得失 (새옹득실)★

[뜻음] 변방 새, 늙은이 옹, 얻을 득, 잃을 실.
[풀이] 利(이)가 害(해)가 되고 失(실)이 得(득)이 되는 수도 있음. 塞翁之馬(새옹지마).

塞翁之馬 (새옹지마)★★★

[뜻음] 변방 새, 늙은이 옹, 갈 지, 말 마.
[풀이] 변방 늙은이의 말. 인생에 있어서의 吉凶禍福(길흉화복)은 항상 바뀌어 미리 헤아릴 수가 없다는 말. 吉凶禍福(길흉화복)이 無常(무상)함. 塞翁馬(새옹마).

≪淮南子(회남자)≫ 人間訓(인간훈)에 나오는 이야기다.
북방 국경 가까이 점을 잘 치는 사람이 살고 있었다. 하루는 말이 아무 까닭도 없이 도망쳐 오랑캐들이 사는 국경 너머로 들어갔다. 마을 사람들이 찾아와 동정하며 위로를 하자, 이 집 늙은이는,
"이것이 어찌 복이 될 줄 알겠소" 하고 걱정이 없었다.
그럭저럭 몇 달 지났는데 하루는 뜻밖에도 도망쳤던 말이 오랑캐의 좋은 말 한 필을 데리고 돌아왔다. 마을 사람들은 모두 몰려와서 횡재를 했다면서 축하했다. 그러자 그 영감은 또,
"그것이 어떻게 화가 되라는 법이 없겠소" 하며 조금도 기뻐하는 기색이 보이지 않았다. 그런데 집에 좋은 말이 하나 더 생기자, 전부터 말 타기를 좋아했던 주인의 아들이, 데리고 온 호마를 타고 들판으로 마구 돌아다니다가 그만 말에서 떨어져 넓적다리를 다치고 말았다.
사람들은 또 몰려와서 아들이 병신이 된 데 대해 안타까워하며 인사를 보냈다. 그러자 영감은,
"그것이 복이 될 줄 누가 알겠소" 하고 담담했다.
그럭저럭 1년이 지나자 오랑캐들이 국경을 넘어 대규모로 침략했다. 장정들은 일제히 활을 들고 나가 적과 싸웠다. 그리하여 국경 근처의 사람들이 열에 아홉은 죽었는데 영감의 아들은 다리병신이라서 부자가 함께 무사했다.
인생에 있어서의 吉凶禍福(길흉화복)은 항상 바뀌어 미리 헤아릴 수가 없다는 말이다. 利(이)가 害(해)가 되고

失(실)이 得(득)이 되는 수도 있으며 吉凶禍福(길흉화복)
이 無常(무상)하다는 점을 시사한 이야기이다. '塞翁馬(새
옹마), 塞翁得失(새옹득실), 人間萬事(인간만사), 塞翁之
馬(새옹지마), 塞翁禍福(새옹화복)' 등으로도 말한다.

色斯擧矣 (색사거의)★

[뜻음] 빛 색, 이 사, 들 거, 어조사 의.
[풀이] 새가 사람의 얼굴빛을 살피고 날아가 버린다. 孔子(공자)가 남
의 얼굴빛이 좋지 못함을 보고 떠난 옛일에서 온 말. 사람도 기틀을
보고 일어나고 살핀 뒤에 처할 곳을 택하는 것이 새와 같음. 출전 論
語(논어) 鄕黨篇(향당편).

色思溫 (색사온)★

[뜻음] 빛 색, 생각할 사, 따뜻할 온.
[풀이] 얼굴빛을 항상 온화하게 하려고 마음을 씀. 孔子(공자)가 말한
九思(구사)의 하나. '九思(구사)'를 보시오.

色盛者驕 (색성자교)★

[뜻음] 빛 색, 성할 성, 놈 자, 거만할 교.
[풀이] 용모가 아름다운 사람이 그것을 내세워 교만하게 군다는 말.

色卽是空 (색즉시공)★★★

[뜻음] 빛 색, 곧 즉, 이 시, 빌 공.
[풀이] 般若心經(반야심경)에 나오는 말로, 이 세상에 존재하는 모든
형체(色)는 공(空)이라는 말. 곧 형상은 일시적인 모습일 뿐, 實體(실
체)는 없다는 것. 色卽示空空卽示色(색즉시공공즉시색).

色卽示空空卽示色 (색즉시공공즉시색)★★★

[뜻음] 빛 색, 곧 즉, 보일 시, 빌 공.
[풀이] 마음이 미혹될 때는 공을 색으로 하고, 깨달을 때는 색을 공으
로 함. 본래 색, 공은 同一體(동일체)로서 차별이 없음을 이름. 색은
공으로부터 생기고 공은 색에 의해서 나타남. 이 세상에 존재하는 모
든 형체(色)는 공(空)이라는 말. 곧 형상은 일시적인 모습일 뿐, 實體
(실체)는 없다는 것.

笙磬同音 (생경동음)

[뜻음] 생황 생, 경쇠 경, 한가지 동, 소리 음.
[풀이] 생황과 경쇠가 어울려 한가지 소리를 낸다. 사람이 서로 協助
(협조)함을 비유함. 출전 詩經(시경).

生計無策 (생계무책)★

[뜻음] 살 생, 꾀 계, 없을 무, 꾀 책.
[풀이] 살아갈 道理(도리)가 없음.

生口不網 (생구불망)★

[뜻음] 살 생, 입 구, 아닐 불, 그물 망.
[풀이] 산 사람 입에 거미줄 치랴. 살기 어렵다고 해서 쉽사리 죽기야
하겠느냐는 말.

生男惡生女好 (생남오생녀호)★

[뜻음] 날 생, 사내 남, 미워할 오, 계집 녀, 좋을 호.
[풀이] 남자를 낳으면 兵役(병역)에 복무하다가 戰死(전사)하므로 싫
고, 딸을 낳으면 가까운 곳에 出嫁(출가)시키므로 좋음. 당나라 때에
兵亂(병란)이 많았으므로 이른 말.

生道之方 (생도지방)★

[뜻음] 살 생, 길 도, 갈 지, 모방 방.
[풀이] 살아 나갈 방책.

生老病死 (생로병사)

[뜻음] 날 생, 늙을 로, 병 병, 죽을 사.
[풀이] 인간이 평생 거치게 되는 네 가지 큰 苦痛(고통). 태어나고, 늙
고, 병들고, 죽고 하는 일.

生老病死苦 (생로병사고)★

[뜻음] 날 생, 늙을 로, 병 병, 죽을 사, 괴로울 고.
[풀이] 인간이 평생 거치게 되는 다섯 가지 큰 苦痛(고통). 태어나고,
늙고, 병들고, 죽고, 괴로움을 당하는 일. 生老病死(생로병사).

生面大責 (생면대책)★

[뜻음] 살 생, 낯 면, 큰 대, 꾸짖을 책.
[풀이] 사실 내용을 모르고 根據(근거)도 없이 무턱대고 남을 責望
(책망)하는 일.

生面不知 (생면부지)★

[뜻음] 날 생, 얼굴 면, 아닐 부, 알지.
[풀이] 서로 한 번도 만나 본 일이 없음. 일면식도 없는 사람.

生滅流轉 (생멸유전)★

[뜻음] 살 생, 멸할 멸, 흐를 류, 구를 전.
[풀이] 우주 만물은 생기고 없어지며 끊임없이 변천함.

生巫殺人 (생무살인)★

[뜻음] 살 생, 무당 무, 죽일 살, 사람 인.
[풀이] 선무당이 사람 잡는다. 기술과 경험이 일천한 사람이 젠 체하
다가 도리어 화를 초래한다는 뜻. 출전 東言解(동언해).

生不如死 (생불여사)★

[뜻음] 살 생, 아닐 불, 같을 여, 죽을 사.
[풀이] 살아 있으나 죽은 이만 못하다. 극도로 困難(곤란)을 당하고
있음을 이름.

生死一如 (생사일여)★

[뜻음] 살 생, 죽을 사, 한 일, 같을 여.
[풀이] 生(생)과 死(사)는 한가지라는 老子(노자)와 莊子(장자)의 주장.

生死立判 (생사입판)

[뜻음] 살 생, 죽을 사, 설 립, 판단할 판.
[풀이] 사느냐 죽느냐가 당장에 판정됨.

生死存亡 (생사존망)★

[뜻음] 살 생, 죽을 사, 있을 존, 망할 망.
[풀이] 생사와 존망, 곧 살아 있음과 죽어 없어짐.

生死存沒 (생사존몰)★

[뜻음] 살 생, 죽을 사, 있을 존, 빠질 몰.
[풀이] 生死存亡(생사존망).

生殺與奪 (생살여탈)★

[뜻음] 살 생, 죽일 살, 줄 여, 빼앗을 탈.
[풀이] 사람을 살리기도 하고 죽이기도 하며, 목숨을 주기도 하고 빼앗기도 함. 출전 韓非子(한비자) 삼수편.

生殺之權 (생살지권)★★

[뜻음] 살 생, 죽일 살, 갈 지, 권세 권.
[풀이] 마음대로 살리고 죽이는 權利(권리).

生生世世 (생생세세)★

[뜻음] 날 생, 세상 세.
[풀이] 현세나 미래나 어느 세상이고 영원히. 언제까지나. 未來永劫(미래영겁). 출전 南史(남사).

生生之理 (생생지리)★

[뜻음] 날 생, 갈 지, 이치 리.
[풀이] 모든 생물이 繁殖(번식)하여 퍼지는 자연의 이치.

生而知之 (생이지지)★

[뜻음] 날 생, 어조사 이, 알 지, 이 지.
[풀이] 배우지 않아도 나면서부터 앎. 곧 聖人(성인)을 이름.

生者必滅 (생자필멸)★

[뜻음] 날 생, 놈 자, 반드시 필, 멸할 멸.
[풀이] 불교에서 생명이 있는 것은 반드시 죽을 때가 있음을 이르는 말.

生存競爭 (생존경쟁)★

[뜻음] 살 생, 있을 존, 겨룰 경, 다툴 쟁.
[풀이] 생물이 그 生存(생존)을 유지하기 위하여 서로 競爭(경쟁)하는 일.

生住異滅 (생주이멸)★

[뜻음] 살 생, 살 주, 다를 이, 멸할 멸.
[풀이] 모든 사물이 생기고, 머물고, 변화하고, 소멸한다고 하는 네 가지의 모양. 곧 사물의 無常(무상)함을 설명한 것.

生芻一束 (생추일속)★

[뜻음] 날 생, 꼴 추, 한 일, 묶을 속.
[풀이] 미처 마르지 않은 한 다발의 꼴. 賢人(현인)이 세상에 쓰이지 않아 흰 말을 타고 가 버리는 것을 애석히 여겨, 한 다발의 생생한 꼴이나마 드려 말에게 먹이고 싶다는 말. 출전 後漢書(후한서).

生呑活剝 (생탄활박)★

[뜻음] 날 생, 삼킬 탄, 살 활, 벗길 박.
[풀이] 산 것을 통째로 삼키고 또 산 채로 가죽을 벗긴다. 남이 지은 詩文(시문)을 消化(소화)하지 않고 그대로 훔쳐 씀을 이름.

噬犬不露齒 (서견불로치)★

[뜻음] 씹을 서, 개 견, 아닐 불, 드러낼 로, 이 치.
[풀이] 사람을 무는 개는 이를 드러내지 않는다. 남을 해치고자 하는

자는 먼저 부드러운 태도로 상대를 속임. 출전 通俗編(통속편).

西瓜皮砥 (서과피지)★

[뜻음] 서녘 서, 오이 과, 겉 피, 핥을 지.
[풀이] 수박 겉핥기. 서과는 수박. 출전 東言解(동언해).

庶幾來饗 (서기내향)★

[뜻음] 여러 서, 기미 기, 올 내, 잔치할 향.
[풀이] 바라건대 조상님 혼백이 오셔서 제사음식을 歆饗(흠향)하시라는 말. 尙饗(상향). 서기는 '~하기 바란다'는 말.

序其譜屬 (서기보속)★

[뜻음] 차례 서, 그 기, 계보 보, 이을 속.
[풀이] 一門(일문)의 系圖(계도) 순서를 세워 바로잡는 것을 이름. 謀事(모사)가 시행되고 職務(직무)가 履修(이수)되는 것을 말함. 謀行職修(모행직수). 출전 楚辭(초사).

庶幾之望 (서기지망)★

[뜻음] 여러 서, 몇 기, 갈 지, 바랄 망.
[풀이] 거의 될 듯한 희망. 거의 가까움. 庶幾(서기)는 近似(근사)하다는 말, '~하기 바란다'는 말.

黍離之歎 (서리지탄)★★★

[뜻음] 기장 서, 무성할 리, 갈 지, 탄식할 탄.
[풀이] 기장이 무성한 것을 보고 탄식한다. 나라가 망하고 종묘·궁전이 없어져 그 터가 기장 밭이 된 탄식. 곧 세상의 榮枯盛衰(영고성쇠)가 무상한 탄식. 麥秀之嘆(맥수지탄).

≪詩經(시경)≫ 王風(왕풍)에 나오는 말이다.

저 기장의 무성함이여,
저 피의 싹이여.
가는 걸음의 더딤이여
속마음이 어지럽도다.
나를 아는 사람은
나를 일러 마음이 아프다 하는데
나를 모르는 사람은
나를 일러 무엇을 찾는가 한다.
아득한 푸른 하늘이여
이것이 누구의 탓입니까?

彼黍離離 피서리리
彼稷之苗 피직지묘
行邁靡靡 행매미미
中心搖搖 중심요요
知我者 지아자
謂我心憂 위아심우
不知我者 부지아자
謂我何求 위아하구
悠悠蒼天 유유창천

此何人哉 차하인재

나라가 망하고 옛 도성의 궁궐터가 밭으로 변해 버린
것을 한탄하는 시이며 여기에서 나온 말이 서리지탄이다.
이 시에 대한 毛詩(모시)의 序(서)에 따르면 이 시는 周
(주)나라 大夫(대부)가 원래 주나라의 宗廟(종묘)와 宮闕
(궁궐)이 서 있던 자리에 기장과 피가 무성하게 자라나 있
는 것을 보고 주나라의 衰亡(쇠망)을 슬퍼하며 차마 그 앞
을 그대로 지나가지 못하고 서성거리며 지은 시라고 한다.
　서리의 離(이)는 離離(이리)가 약해진 것으로 '무성하
다'는 뜻이다.

西門豹佩韋 (서문표패위)★

[뜻음] 서녘 서, 문 문, 표범 표, 찰 패, 가죽 위.
[풀이] 西門豹(서문표)는 戰國時代(전국시대) 魏(위)나라 文侯(문후)
의 신하. 성질이 급한 까닭에 부드럽게 무두질한 가죽을 佩用(패용)
하여 스스로 警戒(경계)한 고사. 출전 韓非子(한비자).

西方美人 (서방미인)★

[뜻음] 서녘 서, 모 방, 아름다울 미, 사람 인.
[풀이] 서쪽에 있는, 美德(미덕)이 있는 사람. 출전 詩經(시경) 邶風
(패풍).

西方英儁 (서방영전)★

[뜻음] 서녘 서, 모 방, 꽃 영, 영특할 전.
[풀이] 서쪽의 뛰어난 인재. 儁은 '준걸 준, 영특할 전'

西方淨土 (서방정토)★

[뜻음] 서녘 서, 모 방, 깨끗할 정, 흙 토.
[풀이] 佛家(불가)에서 말하는 서쪽 십만 억 국토를 지나서 있다는 極
樂世界(극락세계).

西伯利亞 (서백리아)★

[뜻음] 서녘 서, 맏 백, 이로울 리, 버금 아.
[풀이] 시베리아의 중국식 音譯(음역).

鼠憑社貴 (서빙사귀)★

[뜻음] 쥐 서, 기댈 빙, 토지 신 사, 귀할 귀.
[풀이] 祠堂(사당)에 굴을 판 쥐는 이를 잡고자 하여도 사당을 부술까
두려워 내버려 둠. 임금의 威嚴(위엄)에 편승하는 小人(소인)의 비유.
鼠憑社而貴(서빙사이귀). 狐藉虎威(호자호위).

鼠憑社而貴 (서빙사이귀)★

[뜻음] 쥐 서, 기댈 빙, 토지의 신 사, 말 이을 이, 귀할 귀.
[풀이] 쥐가 宗社(종사)에 의지하면 귀하게 된다. 쥐가 종사에 집을
지으면, 쥐구멍에 불을 지펴 불길로 쫓아내려 해도, 그런 소란은 신
령에 대하여 무엄한 일이 되므로 하지 못하고, 부득이 放恣(방자)하
게 구는 대로 버려두는 수밖에 없으므로 임금의 총애를 받는 奸臣(간
신)을 이르는 말. 鼠憑社貴(서빙사귀). 狐藉虎威(호자호위).

西山落日 (서산낙일)★★★

[뜻음] 서녘 서, 뫼 산, 떨어질 낙, 해 일.
[풀이] 서산에 지는 해. 勢力(세력)이나 힘 따위가 기울어져 어쩔 수
없이 滅亡(멸망)하게 된 판국. 日落西山(일락서산).

鼠首僨事 (서수분사)★

[뜻음] 쥐 서, 머리 수, 넘어질 분, 일 사.
[풀이] 躊躇(주저)하다가 일을 그르침. 결단력 없음을 나무라는 말.
서수는 쥐가 관망하는 모양이므로, 진퇴의 뜻이나 주저의 뜻.

鼠鬚筆 (서수필)★

[뜻음] 쥐 서, 수염 수, 붓 필.
[풀이] 쥐의 수염으로 만든 붓. 名筆(명필) 王羲之(왕희지)가 썼다고 함.

暑濕之氣 (서습지기)★

[뜻음] 더울 서, 축축할 습, 갈 지, 기운 기.
[풀이] 더운 기운과 축축한 기운.

西施臏目 (서시빈목)★★★

[뜻음] 서녘 서, 베풀 시, 찌푸릴 빈, 눈 목.
[풀이] 서시가 눈살을 찌푸린다. 서시가 눈살 찌푸리는 것을 흉내 냄.
중국 월나라의 미인 서시가 속병이 있어서 눈을 찌푸리고 있었는데,
이것을 본 마을의 못난 여자들이 눈을 찌푸리면 아름답게 보이는 줄
알고 자기도 눈을 찌푸리니 더욱 못나게 보였다는 옛일. ① 영문도
모르고 무조건 흉내를 냄. ② 남의 단점을 장점인 줄 알고 본뜸. 西施
捧心(서시봉심). 效顰(효빈).

　春秋時代(춘추시대) 말엽, 吳(오)나라와의 전쟁에서 패
한 越王(월왕) 勾踐(구천)은 吳王(오왕) 夫差(부차)의 방심
을 유도하기 위해 절세의 미인 西施(서시)를 바쳤다. 그러
나 서시는 가슴앓이로 말미암아 고향으로 돌아왔다.
　그런데 그녀는 길을 걸을 때 가슴의 통증 때문에 늘 눈
살을 찌푸리고 걸었다. 이것을 본 그 마을의 醜女(추녀)가
자기도 눈살을 찌푸리고 다니면 예쁘게 보일 것으로 믿고
서시의 흉내를 냈다. 그러자 마을 사람들은 모두 질겁해서
집 안으로 들어가 대문을 굳게 걸어 잠그고 아무도 밖으
로 나오려 하지 않았다.
　≪莊子(장자)≫ 天運篇(천운편)에 나오는 이 이야기는
원래 反儒教的(반유교적)인 장자가 외형에만 사로잡혀 本
質(본질)을 꿰뚫어 볼 능력이 없는 사람을 신랄하게 풍자
하고 있는 것으로, 실로 意味深長(의미심장)하다.
　춘추시대 말엽의 亂世(난세)에 태어난 공자가 그 옛날
周王朝(주왕조)의 理想政治(이상정치)를 그대로 魯(노)나
라와 衛(위)나라에 재현시키려는 것은 마치 '서시빈목'을
흉내 내는 추녀의 행동과 같은 것이라는 것이다.
　곧 영문도 모르고 남의 흉내를 내는 일, 남의 단점을
장점인 줄 알고 모방하려는 일 등을 비유하는 말이다. '嚬
蹙(빈축)을 사다'라는 말이 있다.

棲神之域 (서신지역)★

[뜻음] 살 서, 귀신 신, 갈 지, 지경 역.
[풀이] 신이 사는 곳. 墳墓(분묘)를 높여 부르는 말.

書心畵也 (서심화야)

[뜻음] 글 서, 마음 심, 그림 화, 어조사 야.
[풀이] 글씨는 그 사람의 정신을 나타내는 것이므로 心畵(심화)라고 함. 출전 揚子 法言問神篇(양자 법언문신편).

鼠牙雀角之爭 (서아작각지쟁)★

[뜻음] 쥐 서, 어금니 아, 참새 작, 뿔 각, 갈 지, 다툴 쟁.
[풀이] 쥐의 어금니, 참새의 뿔. 爭訟(쟁송)함을 이름. 서로 다투고 訟事(송사)하는 일. 특히 자잘한 일로 송사하는 것.

庶孼公子 (서얼공자)★

[뜻음] 첩 서, 서자 얼, 공작 공, 아들 자.
[풀이] 첩의 몸에서 난 公子(공자). 출전 史記(사기) 商君傳(상군전).

西域妖僧 (서역요승)★

[뜻음] 서녘 서, 지경 역, 괴이할 요, 중 승.
[풀이] 서역의 요사스런 중.

西王母 (서왕모)★

[뜻음] 서녘 서, 임금 왕, 어미 모.
[풀이] 神仙(신선)의 이름.

逝者如斯夫 (서자여사부)★

[뜻음] 갈 서, 놈 자, 같을 여, 이 사, 사내 부.
[풀이] 가는 것은 이와 같음인저! 잠시도 쉬지 않고 흐르는 물을 감탄한 말. 도를 닦는 일도 또한 이러해야 할 것임을 은유한 말. 출전 論語(논어) 子罕篇(자한편).

書籍放肆 (서적방사)★

[뜻음] 쓸 서, 서적 적, 놓을 방, 가게 사.
[풀이] '書肆(서사)'의 본디 말이니 오늘날의 서점을 뜻함.

庶積咸熙 (서적함희)★

[뜻음] 여러 서, 쌓을 적, 다 함, 넓을 희.
[풀이] 정치가 골고루 잘 베풀어져서 많은 공적이 널리 이루어짐. 熙(희)는 廣(광). 출전 書經(서경) 堯典篇(요전편).

鼠竊狗偸 (서절구투)★★

[뜻음] 쥐 서, 훔칠 절, 개 구, 훔칠 투.
[풀이] 쥐나 개처럼 가만히 물건을 훔친다는 말. 슬쩍 훔치는 것. 좀 도둑을 욕하여 이르는 말. 鼠賊(서적). 출전 史記(사기) 叔孫通傳(숙손통전).

噬臍莫及 (서제막급)★★★

[뜻음] 물 서, 배꼽 제, 말 막, 미칠 급.
[풀이] 배꼽을 물려고 하지만 입이 닿지 않는다. 機會(기회)를 잃고 난 뒤에는 아무리 後悔(후회)해도 소용이 없다는 말.

≪左傳(좌전)≫ 莊公(장공) 6년에 나오는 말이다.
기원전 7세기 말엽, 周王朝(주왕조) 莊王(장왕) 때의 이야기이다. 楚(초)나라 文王(문왕)이 지금의 河南省(하남성)에 있었던 申(신)나라를 치기 위해 역시 하남성에 있었던 鄧(등)나라를 지나가자 등나라의 임금인 祁侯(기후)는 '내 조카가 왔다'며 반갑게 맞이하여 진수성찬으로 환대했다. 그러자 세 賢人(현인)이 기후 앞으로 나와 이렇게 진언했다.
"아뢰옵기 황공하오나 머지않아 저 문왕은 반드시 등나라를 멸하고 말 것이옵니다. 하오니 지금 조치하지 않으면 훗날 후회해도 소용이 없을 것이옵니다."
그러나 기후는 펄쩍 뛰며 듣지 않았다. 그로부터 10년이 지난 어느 날, 문왕은 군사를 이끌고 등나라로 쳐들어왔다. 이리하여 등나라는 일찍이 세 현인이 예언한 대로 문왕에게 멸망하고 말았다.
곧 기회를 잃고 후회해도 아무 소용없음을 빗대어 나타내는 말이다.

書足以記姓名 (서족이기성명)★★★

[뜻음] 글 서, 족할 족, 써 이, 기록할 기, 성 성, 이름 명.
[풀이] 글은 성과 이름만 쓸 줄 알면 그만이다.

≪史記(사기)≫ 項羽本紀(항우본기)에 나오는 말이다.
項籍(항적)은 下相(하상) 사람으로 字(자)를 羽(우)라고 했다. 처음 일어났을 때 나이 스물넷이었다. 그의 작은 아버지는 項梁(항량)이었는데 양의 아버지는 바로 초나라 장군 項燕(항연)으로 秦(진)나라 장군 王翦(왕전)에게 죽은 바 된 사람이다.
항적은 어릴 때 글을 배우다가 이루지 못하고 그만두었는데 칼을 배우다가 또 이루지 못했다. 항량이 화를 내며 그를 꾸짖자 항적은 이렇게 말했다.
"글은 성명만 쓸 줄 알면 족하고 칼은 한 사람을 대적하는 것이니 배울 만한 것이 못 됩니다. 만 사람을 대적하는 것을 배우겠습니다."
그래서 항량은 그에게 兵法(병법)을 가르쳤다.
이 말은 항우가 어릴 때 했다는 말로, 너무 학식만을 내세우는 사람들을 비웃는 그런 뜻으로 쓰이기도 하고 지식보다는 행동이라는 뜻으로 쓰이기도 한다. 이 이야기에는 '劍一人敵(검일인적)'이라는 말도 나온다.

書中有女顔如玉 (서중유녀안여옥)★

[뜻음] 글 서, 가운데 중, 있을 유, 계집 녀, 얼굴 안, 같을 여, 구슬 옥.
[풀이] 힘써 공부하여 영광스러운 지위에 오르면 아름다운 여자와 혼인할 수 있다는 뜻.

書中自有千鐘粟 (서중자유천종속)★★★

[뜻음] 글 서, 가운데 중, 스스로 자, 있을 유, 일천 천, 술잔 종, 조 속.
[풀이] 책을 읽어 부지런히 공부하면 높은 벼슬에 올라 많은 녹을 얻을 수 있음.

誓泉之譏 (서천지기)★

[뜻음] 맹세할 서, 황천 천, 갈 지, 원망할 기.
[풀이] 어버이를 박대한다는 비난. 중국 鄭(정)나라 莊公(장공)이 그 어머니 姜氏(강씨)를 恝視(괄시)하여 黃泉(황천)에 가기 전에는 보지 않겠다고 맹세하였다는 옛일에서 온 말. 출전 春秋左氏傳(춘추좌씨전).

西河之痛 (서하지통)★

[뜻음] 서녘 서, 물 하, 갈 지, 아플 통.
[풀이] 자식을 잃은 슬픔. 孔子(공자)의 제자인 子夏(자하)가 서하에 있을 때 자식을 잃고, 너무 슬피 운 나머지 소경이 된 옛일에서 온 말. 출전 史記(사기).

西海若 (서해약)★

[뜻음] 서녘 서, 바다 해, 해신 약.
[풀이] 若(약)은 海神(해신)을 말하는 것으로 西海(서해)의 海神(해신)을 이름. 출전 三國遺事(삼국유사).

釋迦如來 (석가여래)★

[뜻음] 풀 석, 막을 가, 같을 여, 올 래.
[풀이] 佛敎(불교)를 創始(창시)한 釋迦牟尼(석가모니)를 말함.

釋褐 (석갈)★

[뜻음] 벗을 석, 털옷 갈.
[풀이] 평민의 옷을 벗는다. 처음으로 任官(임관)됨을 이름. 출전 揚雄(양웅)의 글.

石鼓 (석고)★

[뜻음] 돌 석, 북 고.
[풀이] 중국 고대의 石碑(석비)로서, 그 모양이 북과 흡사하므로 석고라 함. 석고의 노래는 한유나 소식이 지은 것으로 ≪古文眞寶(고문진보)≫ 전집에 있음. 석고문의 작자에 대하여는 예부터 구구한 설이 있음. 출전 異苑(이원).

席藁待罪 (석고대죄)★★★

[뜻음] 자리 석, 볏짚 고, 기다릴 대, 허물 죄.
[풀이] 거적을 깔고 엎드려 處罰(처벌)을 기다린다. 저지른 죄에 대한 處分(처분)을 기다림.

碩果不食 (석과불식)★

[뜻음] 클 석, 과실 과, 아닐 불, 먹을 식.
[풀이] 큰 과실은 다 먹지 않고 남긴다. ① 자기의 욕심을 抑制(억제)하고 자손에게 福(복)을 끼쳐 줌을 이름. ② 소인은 많고 군자는 겨우 몇 명만 남은 비유. 출전 易經(역경) 剝卦(박괘).

席卷 (석권)★★★

[뜻음] 자리 석, 말 권.
[풀이] 자리를 말다. 자리를 마는 것처럼 한쪽에서부터 토지를 攻擊(공격)해 전체를 取(취)하는 것을 말한다. 으뜸이 된다는 말. 출전 史記(사기).

席卷之勢 (석권지세)★

[뜻음] 자리 석, 말 권, 갈 지, 권세 세.
[풀이] 자리를 말듯이 세차고 거침없이 세력을 펴는 기세.

惜墨如金 (석묵여금)

[뜻음] 아낄 석, 먹 묵, 같을 여, 쇠 금.
[풀이] 먹을 아끼기를 금같이 한다. 가벼이 붓을 들려 하지 않음을 이르는 말.

惜別之情 (석별지정)★

[뜻음] 아낄 석, 다를 별, 갈 지, 뜻 정.
[풀이] 서로 떨어지기를 섭섭히 여기는 마음. 이별을 애틋하게 여기는 마음. 석별의 정.

釋服從吉 (석복종길)★

[뜻음] 풀 석, 옷 복, 따를 종, 길할 길.
[풀이] 喪中(상중)에 있는 사람이 스스로 상복을 벗고 즐거움에 耽溺(탐닉)하여 哀悼(애도)의 뜻을 잊어버림. 불효죄로 十·惡(십악)의 하나.

惜分陰 (석분음)★

[뜻음] 아낄 석, 나눌 분, 그늘 음.
[풀이] 시간을 아끼는 것.

釋紛利俗竝皆佳妙 (석분이속병개가묘)

[뜻음] 풀 석, 어지러울 분, 이로울 이, 세상 속, 아우를 병, 다 개, 아름다울 가, 묘할 묘.
[풀이] 얽힌 것을 풀어 세상을 이롭게 하니 모두 다 아름답고 묘한 것들이었다. ≪史記(사기)≫ 魯仲連傳(노중련전)에 보면 평원군이 1,000금을 보내서 노중련의 장수를 축하하자 노중련이 말하기를 "천하의 선비들이 귀하게 여기는 바는, 남을 위해서 근심을 없애주고 어려운 일을 풀어주며 시끄럽고 어지러운 것을 해결해 주고서도 사례를 받지 않는 것이다"라고 했다는 내용이 있다. 출전 千字文(천자문).

席不暇暖 (석불가난)★

[뜻음] 자리 석, 아닐 불, 겨를 가, 따뜻할 난.
[풀이] 동서로 분주히 돌아다니느라고 한곳에 편안히 머물러 있지 기 때문에 그 자리가 따뜻해질 겨를이 없음.

石上不生五穀 (석상불생오곡)

[뜻음] 돌 석, 위 상, 아닐 불, 날 생, 다섯 오, 곡식 곡.
[풀이] 돌 위에는 곡물이 나지 않는다. 무슨 일이든지 원인이 있어야 결과가 있다는 말. 출전 道應訓(도응훈).

席上之珍 (석상지진)★

[뜻음] 자리 석, 위 상, 갈 지, 진기할 진.
[풀이] 上古(상고)의 아름다운 道(도)를 늘어놓음. 一說(일설)에는 儒學者(유학자)의 學德(학덕)을 席上(석상)의 珍品(진품)에 비유한 말이라 함. 席上珍(석상진). 출전 禮記(예기).

釋生取義 (석생취의)★

[뜻음] 풀 석, 날 생, 얻을 취, 옳을 의.

[풀이] 목숨을 버리고 의로움을 취함.

釋眼儒心 (석안유심)★

[뜻음] 풀 석, 눈 안, 선비 유, 마음 심.
[풀이] 釋迦牟尼(석가모니)의 눈과 孔子(공자)의 마음. 곧 매우 자비스럽고 인애 깊은 일.

惜玉憐香 (석옥연향)★

[뜻음] 아낄 석, 구슬 옥, 불쌍할 연, 향기 향.
[풀이] 옥을 소중히 하고 향을 어여삐 여김. 옥과 향을 사랑함. 옥과 향은 여자를 나타내므로 '여색을 좋아함'을 뜻하는 말.

碩人之蔿 (석인지과)★

[뜻음] 클 석, 사람 인, 갈 지, 굶주릴 과.
[풀이] 大人(대인)의 굶주림. 출전 詩經(시경) 衛風(위풍) 考槃篇(고반편).

石田耕牛 (석전경우)★★★

[뜻음] 돌 석, 밭 전, 밭갈 경, 소 우.
[풀이] 돌밭을 가는 소. 삼봉 정도전이 함경도 사람들을 평한 말. '泥田鬪狗(니전투구)'를 보시오.

蜥蜴祈雨 (석척기우)★★

[뜻음] 도마뱀 석, 도마뱀 척, 빌 기, 비 우.
[풀이] 蜥蜴(석척)은 도마뱀. 옛날 중국에서 도마뱀이 용과 비슷하다 하여 이것을 잡아 병에 넣어 祈雨祭(기우제)를 지냈던 일. 蜥蜴祈雨祭(석척기우제).

蜥蜴祈雨祭 (석척기우제)★★

[뜻음] 도마뱀 석, 도마뱀 척, 빌 기, 비 우, 제사 제.
[풀이] 도마뱀을 이용하는 기우제. 비를 관장하는 용으로 간주된 도마뱀 10마리를 독 안에 넣고 나뭇잎으로 덮은 뒤 푸른 옷을 입고, 손발을 푸르게 염색한 동자 수십 명이 버들가지를 물에 적셔 독을 두드리면서 '비가 오게 하면 놓아 주겠다'고 외치며 독을 돌며 기우제를 지냄.

石破天驚 (석파천경)★

[뜻음] 돌 석, 깰 파, 하늘 천, 놀랄 경.
[풀이] 돌을 깨고 하늘을 놀라게 함. 아주 의표를 찔러 형용할 수가 없음. ① 착상이 기발함을 이르는 말. ② 뜻밖의 일로 남을 놀라게 함.

石火光陰 (석화광음)★

[뜻음] 돌 석, 불 화, 빛 광, 그늘 음.
[풀이] 돌이 맞부딪칠 때에 불빛이 한 번 번쩍하고 곧 없어지는 것처럼 세월이 매우 빠름을 비유하여 이르는 말.

先甲三日後甲三日 (선갑삼일후갑삼일)★★

[뜻음] 먼저 선, 첫째천간 갑, 석 삼, 날 일, 뒤 후.
[풀이] 갑은 십간의 첫째이므로 일의 시작을 뜻함. 새 법령을 만드는 날의 삼 일 전부터 深思熟考(심사숙고)하고 또 작성한 후에 삼 일간을 다시 검토한다는 뜻으로 사려가 깊고 추구함이 넓음을 이름. 출전 易經(역경) 蠱卦(고괘).

先甲後甲 (선갑후갑)★

[뜻음] 먼저 선, 첫째천간 갑, 뒤 후.
[풀이] 모든 일에 주의를 기울여 과오를 범하지 않도록 한다는 뜻으로 쓰이는 말. 先甲三日後甲三日(선갑삼일후갑삼일).

旋乾轉坤 (선건전곤)★

[뜻음] 돌 선, 하늘 건, 구를 전, 땅 곤.
[풀이] 天地(천지)를 回轉(회전)한다. 天下(천하)의 形勢(형세)를 一新(일신)함.

先見之明 (선견지명)★★★

[뜻음] 먼저 선, 볼 견, 갈 지, 밝을 명.
[풀이] 앞일을 미리 내다보는 智慧(지혜). 출전 後漢書(후한서).

先庚後庚 (선경후경)★

[뜻음] 먼저 선, 일곱째 경, 나중 후.
[풀이] 先甲三日後甲三日(선갑삼일후갑삼일).

先景後事 (선경후사)★

[뜻음] 먼저 선, 경치 경, 뒤 후, 일 사.
[풀이] 경치를 먼저 내세운 뒤 일이나 감정은 뒤로한다. 한시를 창작할 때의 시상 전개 방식임. 先景後情(선경후정).

先景後敍 (선경후서)★

[뜻음] 먼저 선, 경치 경, 뒤 후, 서술할 서.
[풀이] 先景後情(선경후정).

先景後情 (선경후정)★★★

[뜻음] 먼저 선, 경치 경, 뒤 후, 뜻 정.
[풀이] 경치를 먼저 내세운 뒤에 情緖(정서)를 드러냄. 漢詩(한시)를 創作(창작)할 때의 시상 전개 방식임. 先景後事(선경후사). 先景後敍(선경후서).

先公後私 (선공후사)★★★

[뜻음] 먼저 선, 공변될 공, 뒤 후, 사사로울 사.
[풀이] 사사로운 일이나 이익보다 公事(공사)나 公益(공익)을 앞세움.

璇璣玉衡 (선기옥형)★★

[뜻음] 아름다운 옥 선, 구슬 기, 옥 옥, 저울대 형.
[풀이] 璇(선)은 美珠(미주), 璣(기)는 機(기), 衡(형)은 橫(횡)으로 橫簫(횡소)를 이름. 즉 璇(선)을 璣(기)로 하고 玉(옥)을 衡(형)으로 한 天文測度(천문측도)의 用器(용기). 璿璣玉衡(선기옥형). 渾天儀(혼천의).

善騎者墮 (선기자타)★

[뜻음] 잘할 선, 말 탈 기, 놈 자, 떨어질 타.
[풀이] 말을 잘 타는 사람이 말에서 떨어진다. 한 가지 재주에 뛰어난 사람이 그 재주만 믿고 自慢(자만)하다가 도리어 재앙을 당함을 이르는 말.

先己後人 (선기후인)★

[뜻음] 먼저 선, 몸 기, 뒤 후, 사람 인.
[풀이] 자기를 먼저 하고 남을 뒤로함. 곧 자신의 일을 먼저 성실히 한 뒤에 남에게 미침.

人

先拏後奏 (선나후주)★

[뜻음] 먼저 선, 붙잡을 나, 뒤 후, 아뢸 주.
[풀이] 죄지은 사람을 먼저 잡아 놓고 나중에 임금에게 아뢰던 일. 죄를 저지른 奏任官(주임관)을 잡던 절차.

先難而後獲 (선난이후획)★★

[뜻음] 먼저 선, 어려울 난, 말 이을 이, 뒤 후, 잡을 획.
[풀이] 하기 어려운 公的(공적)인 일을 먼저 하고, 자신의 이익이 되는 사사로운 일을 나중에 함. 출전 論語(논어) 雍也篇(옹야편).

善男善女 (선남선녀)★

[뜻음] 착할 선, 사내 남, 계집 녀.
[풀이] 착하고 어진 사람들. 佛法(불법)에 귀의한 사람들. (참고) 甲男乙女(갑남을녀): 보통사람들. 갑이라는 남자와 을이라는 여자.

先大夫人 (선대부인)★

[뜻음] 먼저 선, 큰 대, 지아비 부, 사람 인.
[풀이] 남의 돌아가신 어머니를 높이어 일컫는 말.

先禮後學 (선례후학)★

[뜻음] 먼저 선, 예도 례, 뒤 후, 배울 학.
[풀이] 먼저 예의를 배우고 나중에 학문을 배우라는 말. 곧 禮義(예의)가 첫째라는 뜻.

先發制人 (선발제인)★★

[뜻음] 먼저 선, 필 발, 만들 제, 사람 인.
[풀이] 先則制人(선즉제인). 출전 漢書(한서).

先府君 (선부군)★

[뜻음] 먼저 선, 곳집 부, 임금 군.
[풀이] 亡父(망부). 府君(부군)이라고도 함. 원래 牧守(목수)의 벼슬을 하는 사람을 칭하는 말이었으나, 후세에는 관위가 없는 사람도 그 身(신)을 존숭하여 이름. 출전 學山錄(학산록).

蟬不知雪 (선부지설)★

[뜻음] 매미 선, 아닐 부, 알 지, 눈 설.
[풀이] 매미는 여름에만 사는 벌레여서 눈이란 것을 알지 못한다. 見聞(견문)이 매우 좁음. 출전 鹽鐵論(염철론).

鱔似蛇蠶似蠋 (선사사잠사촉)★

[뜻음] 드렁허리 선, 같을 사, 뱀 사, 누에 잠, 애벌레 촉.
[풀이] 드렁허리는 뱀을 닮고, 누에는 나비의 애벌레를 닮았다. 그 생김새는 징그러우나, 이롭기 때문에 사람이 취함을 이르는 말. 출전 韓非子(한비자).

善書不擇紙筆 (선서불택지필)★

[뜻음] 착할 선, 글 서, 아닐 불, 가릴 택, 종이 지, 붓 필.
[풀이] 글씨를 잘 쓰는 사람은 종이나 붓의 질을 가리지 아니함. 能書不擇筆(능서불택필).

善善惡惡 (선선악악)★

[뜻음] 착할 선, 악할 악.
[풀이] 선과 악을 잘 분별함. 善惡(선악)을 忌憚(기탄)없이 直言(직언)하거나 直筆(직필)함. 출전 史記(사기).

先聲奪人 (선성탈인)★

[뜻음] 먼저 선, 소리 성, 빼앗을 탈, 사람 인.
[풀이] 먼저 큰 소리를 동시에 질러 威勢(위세)를 誇示(과시)하여 敵(적)의 機先(기선)을 制壓(제압)하고 肝膽(간담)을 서늘하게 함.

先聲後實 (선성후실)★★

[뜻음] 먼저 선, 소리 성, 뒤 후, 열매 실.
[풀이] 먼저 말로써 놀라게 하고, 실력은 뒤에 가서 보여 줌. 聲勢(성세)로 기선을 잡은 후 交戰(교전)함. 전쟁에서는 선성후실을 귀하게 여긴다. 전쟁에서 처음에는 적에게 恐喝(공갈)을 함으로써 싸우지 않고 이겨야 되며, 만부득이한 경우에만 무력으로 공격해야 한다는 뜻. 兵貴先聲後實(병귀선성후실). 출전 史記(사기) 淮陰侯傳(회음후전).

先始於隗 (선시어외)★★★

[뜻음] 먼저 선, 비로소 시, 어조사 어, 높을 외.
[풀이] 먼저 隗(외)부터 시작하라.

　　戰國時代(전국시대), 燕(연)나라가 영토의 태반을 齊(제)나라에 빼앗기고 있을 때의 일이다. 이런 어려운 시기에 즉위한 昭王(소왕)은 어느 날, 재상 郭隗(곽외)에게 失地(실지) 회복에 필요한 인재를 모으는 방법을 물었다. 곽외는 이렇게 대답했다.

　　"신은 이런 이야기를 들은 적이 있사옵니다. 옛날에 어느 왕이 千金(천금)을 가지고 천리마를 구하려 했으나 3년이 지나도 얻지 못했나이다. 그러던 어느 날, 잡일을 맡아 보는 신하가 천리마를 구해 오겠다고 자청하므로 왕은 그에게 천금을 주고 그 일을 맡겼나이다. 그는 석 달 뒤에 천리마가 있는 곳을 알고 달려갔으나 애석하게도 그 말은 그가 도착하기 며칠 전에 죽었다고 하옵니다. 그런데 그가 그 '죽은 말의 뼈를 五百金(오백 금)이나 주고 사 오자[買死馬骨]' 왕은 진노하여 '과인이 원하는 것은 산 천리마야. 누가 죽은 말뼈에 오백 금을 버리라고 하였느냐'며 크게 꾸짖었나이다. 그러자 그는 '이제 세상 사람들이 천리마라면 그 뼈조차 거금으로 산다는 것을 안 만큼 머지않아 반드시 천리마를 끌고 올 것'이라고 말했나이다. 과연 그 말대로 1년이 안 되어 천리마가 세 필이나 모였다고 하옵니다. 하오니 전하께오선 진정으로 賢才(현재)를 구하신다면 '먼저 신 외부터[先始於隗] 스승의 예로 대하도록 하옵소서. 그러면 외 같은 자도 저렇듯 후대를 받는다며 신보다 어진 이가 천 리 길도 멀다 않고 스스로 모여들 것이옵니다."

　　소왕은 곽외의 말을 옳게 여겨 그를 위해 黃金臺(황금대)라는 궁전을 짓고 스승으로 예우했다. 이 일이 諸國(제국)에 알려지자 천하의 현재가 다투어 연나라로 모여들었는데 그중에는 趙(조)나라의 명장 樂毅(악의)를 비롯하여

陰陽說(음양설)의 鼻祖(비조)인 鄒衍(추연), 대정치가인 劇辛(극신)과 같은 큰 인물도 있었다. 이들의 보필을 받은 소왕은 드디어 諸國(제국)의 군사와 함께 제나라를 쳐부수고 숙원을 풀었다.

가까이 있는 나(너)부터 또는 말한 사람(제안자)부터 시작하고 실천에 옮기라는 말이다.

善惡皆吾師 (선악개오사)★

[뜻음] 착할 선, 악할 악, 모두 개, 나 오, 스승 사.
[풀이] 세상 사람의 착한 짓이나 악한 짓이 모두 자기 修養(수양)의 거울이 된다는 말.

善惡邪正 (선악사정)★

[뜻음] 착할 선, 악할 악, 간사할 사, 바를 정.
[풀이] 착함과 악함과 간사함과 올바름.

善惡之報若影隨形 (선악지보약영수형)★

[뜻음] 착할 선, 악할 악, 갈 지, 갚을 보, 같을 약, 그림자 영, 따를 수, 모양 형.
[풀이] 착한 일이나 악한 일에 대한 果報(과보)는, 마치 그림자가 형체를 따르는 것처럼 반드시 오게 마련임. 출전 舊唐書(구당서).

禪讓放伐 (선양방벌)★★★

[뜻음] 고요할 선, 사양할 양, 놓을 방, 칠 벌.
[풀이] '선양'은 王位(왕위)를 有德(유덕)한 他姓(타성)에게 물려주는 일. '방벌'은 無道(무도)한 임금을 追放(추방) 討伐(토벌)하는 일.

善言煖於布帛 (선언난어포백)★

[뜻음] 착할 선, 말씀 언, 따뜻할 난, 어조사 어, 베 포, 비단 백.
[풀이] 착한 말을 남에게 해 주는 것은 베나 비단으로 남을 따뜻하게 하여 주는 것보다도 낫다는 말. 출전 荀子(순자) 榮辱篇(영욕편).

善與人同 (선여인동)★

[뜻음] 착할 선, 더불어 할 여, 사람 인, 같을 동.
[풀이] 선을 남과 함께함. 선은 독점할 것이 아니라 세상 사람과 함께 할 것이며, 다른 사람의 선을 보면 자기 고집을 버리고 즉시 그에 따름. 출전 孟子(맹자).

嬋娟綽約 (선연작약)★★

[뜻음] 고울 선, 예쁠 연, 너그러울 작, 묶을 약.
[풀이] 얼굴이 곱고 아름답고, 몸이 가냘프고 아리따움.

禪悅法喜 (선열법희)★

[뜻음] 고요할 선, 기쁠 열, 법 법, 기쁠 희.
[풀이] 禪定(선정)에 들어간 즐거움과 부처의 교법을 듣는 즐거움.

先塋陰德 (선영음덕)★

[뜻음] 먼저 선, 무덤 영, 응달 음, 덕 덕.
[풀이] 조상의 숨은 덕.

先塋香火 (선영향화)★

[뜻음] 먼저 선, 무덤 영, 향불 향, 불 화.
[풀이] 조상의 무덤에 바치는 제사.

先憂後樂 (선우후락)★★★

[뜻음] 먼저 선, 근심 우, 뒤 후, 즐거울 락.
[풀이] 천하의 근심은 내가 먼저 하고 천하의 낙은 내가 뒤에 한다. 세상에 근심할 일은 남보다 먼저 걱정하고, 즐거워할 일은 남보다 나중에 즐김. 근심할 일은 남보다 먼저 근심하고, 즐거워할 일은 남보다 나중에 즐거워함. 곧 志士(지사)나 어진 사람의 마음씨.

范仲淹(범중엄)의 ≪岳陽樓記(악양루기)≫에 나오는 말이다. 朱子(주자)의 ≪名臣言行錄(명신언행록)≫에도 나온다.

宋(송)나라 명재상 范仲淹(범중엄)이 한 말이다. 범중엄은 가난한 집에서 태어나 재상까지 되었다. 그가 어렸을 때 사당 앞을 지나다가 사람들이 소원을 빌면 뜻대로 된다고 하는지라 그는 들어가 이렇게 빌었다.

"저는 훌륭한 재상이 되기를 원하지 않고 훌륭한 醫員(의원)이 되기를 원합니다."

이렇듯 인자한 생각을 가진 사람이었다.

朱子(주자)의 ≪名臣言行錄(명신언행록)≫에서,

"슬프다 내가 일찍이 옛날 어진 사람의 마음을 찾아보건대, 부처나 노자와 다른 점이 무엇이겠는가. 물건으로 기뻐하지 않고 자기로써 슬퍼하지 않는다. 조정에 있어서는 백성을 걱정하고, 강호에 있어서는 임금을 걱정한다. 이것은 나아가도 걱정이요, 물러나도 걱정이다. 그러면 어느 때에 즐거워하는가. 그것은 필시 천하의 근심을 먼저 해서 근심하고, 천하의 낙을 뒤에 해서 즐긴다고 말할 수 있지 않을까. 슬프다, 이 사람이 아니면 내가 누구와 함께 할 것인가"라고 말했다.

세상에 근심할 일은 남보다 먼저 걱정하고, 즐거워할 일은 남보다 나중에 즐긴다. 곧 志士(지사)나 어진 사람의 마음씨를 나타낸다. '先天下之憂 而後天下之樂(선천하지우 이후천하지락)'에서 비롯된 말이다.

善游者溺 (선유자익)★

[뜻음] 잘할 선, 헤엄칠 유, 놈 자, 익사할 익.
[풀이] 헤엄을 잘 치는 자가 溺死(익사)함. 곧 자기의 능한 바를 믿다가 도리어 危險(위험)이나 災難(재난)을 招來(초래)함을 이름. 출전 淮南子(회남자).

先意承志 (선의승지)★

[뜻음] 먼저 선, 뜻 의, 이을 승, 뜻 지.
[풀이] (남이 생각하기도 전에) 눈치 빠르게 그의 뜻을 받들어 脾胃(비위)를 맞춤. 출전 禮記(예기) 祭儀(제의).

善因善果 (선인선과)★

[뜻음] 착할 선, 인할 인, 과보 과.
[풀이] 선한 일을 쌓으면 반드시 좋은 과보가 있음.

先人奪人 (선인탈인)★

[뜻음] 먼저 선, 사람 인, 빼앗을 탈.
[풀이] 적을 앞지르려면 우선 적의 정신을 어리둥절하게 하여 아무것도 못 하게 함을 이름. 출전 左傳(좌전) 文公七年(문공칠년).

先入關中 (선입관중)★

[뜻음] 먼저 선, 들 입, 빗장 관, 가운데 중.
[풀이] 漢(한)나라 高祖(고조) 劉邦(유방)이 楚(초)나라 項羽(항우)와 약속하기를 먼저 관중에 들어가는 사람이 천하를 차지하기로 했는데, 유방이 관중에 먼저 들어가 천하를 차지한 일.

先入爲主 (선입위주)★

[뜻음] 먼저 선, 들 입, 될 위, 주인 주.
[풀이] 먼저 들은 바를 믿고, 나중에 들은 바는 여간하여 믿지 아니함. 출전 漢書(한서).

先入之語 (선입지어)★★★

[뜻음] 먼저 선, 들 입, 갈 지, 말씀 어.
[풀이] 먼저 들어온 말. 先入見(선입견). 先入主(선입주).

≪漢書(한서)≫ 息夫躬傳(식부궁전)에 나오는 이야기이다.

漢(한)나라 哀帝(애제) 때 息夫躬(식부궁)이라는 辯士(변사)가 애제에게 匈奴(흉노)가 곧 쳐들어오려 하니 대군을 邊境(변경)에 배치해야 한다고 力說(역설)했다. 애제가 丞相(승상) 王嘉(왕가)에게 상의하자 왕가는 浪說(낭설)이라고 일축하였다. 그러면서 애제가 간신들에게 놀아나지 않도록 충고하길,

"옛날 秦穆公(진목공)은 百里奚(백리해)와 蹇叔(건숙)의 말을 좇지 않았다가 그 군사를 패하게 한 다음, 허물을 뉘우치고 스스로를 책하며, 교묘한 말로 남을 속이는 신하들을 미워하고, 경험이 많은 노인의 말을 존중하게 되었으므로 이름이 후세에까지 전하게 되었습니다. 폐하께서는 옛날 교훈을 살피시어 거듭 참고로 삼으시고 먼저 들어온 말로써 주장을 삼지 마십시오" 하고 간했다.

사람은 누구나 먼저 들은 이야기가 마음속을 차지하고 있어 나중 듣는 이야기를 거부하려는 마음을 가질 수도 있다. 본디 '以先入之語爲主(이선입지어위주)'라고 한다.

善者不辯 (선자불변)★

[뜻음] 착할 선, 놈 자, 아닐 불, 말 잘할 변.
[풀이] 진실로 착한 사람은 자기의 선함을 남에게 말하지 않음. 출전 老子(노자).

仙姿玉質 (선자옥질)★

[뜻음] 신선 선, 자태 자, 구슬 옥, 바탕 질.
[풀이] 신선 같은 풍모와 옥 같은 바탕. 흔히 美人(미인)의 姿態(자태)를 이름.

蟬噪蛙鳴 (선조와명)★

[뜻음] 매미 선, 떠들 조, 개구리 와, 울 명.
[풀이] 매미와 개구리가 요란스럽게 운다. 시끄럽게 떠듦. 論說(논설), 文章(문장)이 拙劣(졸렬)함.

先奏後拿 (선주후나)★

[뜻음] 먼저 선, 아뢸 주, 뒤 후, 붙잡을 나.
[풀이] 먼저 임금에게 아뢴 다음에 犯人(범인)을 잡던 일.

先酒後麵 (선주후면)★

[뜻음] 먼저 선, 술 주, 뒤 후, 밀가루 면.
[풀이] 먼저 술을 마시고 난 뒤에 국수를 먹는다는 말.

先則制人 (선즉제인)★★★

[뜻음] 먼저 선, 곧 즉, 누를 제, 사람 인.
[풀이] 남보다 먼저 하면 남을 이긴다는 말. 先發制人(선발제인). 선수를 치면 남을 누르게 된다. 남보다 먼저 하면 남을 이긴다는 말.

≪史記(사기)≫ 項羽本紀(항우본기)에 나오는 말이다.
項羽(항우)의 작은 아버지 項梁(항량)은 항우와 함께 會稽(회계)에 와 있었는데 회계 태수로 와 있던 殷通(은통)이 항량을 보고 이런 말을 했다.

"江西(강서)가 다 反旗(반기)를 들고 일어섰으니 이것은 아마 하늘이 秦(진)나라를 망하게 하는 시기인 것 같습니다. 내가 들으니 '먼저 하면 곧 남을 누르고 뒤에 하면 남의 누르는 바가 된다'고 했는데 나도 군사를 일으켜 공과 桓楚(환초)로 장군을 삼을까 합니다."

이때 환초는 도망쳐 다른 곳에 가 있었다. 항량은 딴 생각을 품고 은통에게,

"환초가 숨어 있는 곳을 아는 사람은 籍(적: 항우)밖에 없습니다."

이렇게 말한 다음, 일어나 밖으로 나가 항우에게 귓속말로 무어라 타이르고 칼을 준비하여 밖에서 기다리게 했다.

다시 들어온 항량은 태수와 마주앉아,

"적을 불러 태수의 명령을 받아 환초를 불러오도록 하시지요" 하고 청했다. 태수가 그러라고 하자 항량은 항우를 데리고 들어왔다. 잠시 후 항량은 항우에게 눈짓을 하며,

"그렇게 해라" 하고 일렀다. 순간 항우는 칼을 빼들고 은통의 목을 쳤다.

이리하여 자신이 회계태수를 맡고, 항우는 비장으로 삼아서 정병 팔천을 뽑아 강을 건너 진나라로 진격하게 된다.

先知後行 (선지후행)★

[뜻음] 먼저 선, 알 지, 뒤 후, 다닐 행.

[풀이] 주자학에서, 먼저 도덕상의 事理(사리)를 완전히 알아야만 비로소 이를 완전히 實行(실행)할 수 있다는 주장.

鮮車怒馬 (선차노마)★

[뜻음] 고울 선, 수레 차, 성낼 노, 말 마.
[풀이] 좋은 수레와 힘센 말.

先着鞭 (선착편)★★★

[뜻음] 먼저 선, 붙을 착, 채찍 편.
[풀이] 먼저 채찍을 친다. 먼저 말에 채찍을 가해 남보다 먼저 도착한다는 말. 어떤 일을 남보다 먼저 시작한다는 것.

≪晉書(진서)≫ 劉琨傳(유곤전)에 나오는 이야기이다.
西晉(서진)이 무너지기 직전 幷州刺使(병주자사)가 된 劉琨(유곤)은 산서지방에서 匈奴(흉노)와 해마다 싸웠으나 여러 해 지나 手下(수하)에 補給(보급)이 끊어져, 버려진 상태에 있었다.
그는 이해에 흉노의 左賢王(좌현왕)인 段匹磾(단필제)와 동맹을 맺고, 세력을 확장시켜 가는 羯族(갈족) 출신인 石勒(석륵)에 대항해 싸울 준비를 서두르고 있었다.
그러나 나중에는 운이 없었던지 모함을 받아 段匹磾(단필제)의 손에 죽게 된다.
이 유곤이 祖逖(조적)과 친한 사이였는데 조적이 장군에 임용되었다는 소식을 듣자 친구에게 보내는 편지에 "나는 창을 베고 누워 아침을 기다리며 생각은 옛적 오랑캐를 무찌르는 데 두고 항상 祖生(조생)이 나를 앞서 채찍을 댈까 두려워하고 있다"고 썼다.
지금은 이 말이 다른 사람보다 일을 먼저 시작하는 뜻으로 쓰인다. 그러나 원래 이 말에는 먼저 채찍을 들어 말을 달리게 함으로써 남이 이루기 전에 자기가 먼저 공을 세운다는, 보다 큰 뜻이 있었다.

先斬後啓 (선참후계)★

[뜻음] 먼저 선, 벨 참, 뒤 후, 알릴 계.
[풀이] 軍律(군율)을 어긴 자를 먼저 베고 나중에 上奏(상주)함.

善治民情 (선치민정)★

[뜻음] 착할 선, 다스릴 치, 백성 민, 뜻 정.
[풀이] 백성의 사정을 잘 살펴서 정치를 잘함.

扇枕溫被 (선침온피)★★★

[뜻음] 부채 선, 베개 침, 따뜻할 온, 이불 피.
[풀이] 여름에 베개 벤 데를 부채질하여 시원하게 해드리고 겨울에는 이불을 따뜻하게 해드린다. 어버이에게 지극히 효도를 함.

先鍼而後縷 (선침이후루)★

[뜻음] 먼저 선, 바늘 침, 말 이을 이, 뒤 후, 실 루.
[풀이] 바늘이 먼저 가야 실이 뒤따르게 됨. 사물에는 선후가 있음을 비유하여 이르는 말. 출전 淮南子(회남자).

仙風道骨 (선풍도골)★

[뜻음] 신선 선, 풍모 풍, 길 도, 뼈 골.
[풀이] 신선의 풍채와 도인의 골격. 남달리 훌륭한 풍채. 고상한 풍채. 아름다운 風采(풍채).

先何心後何心 (선하심후하심)★

[뜻음] 먼저 선, 어찌 하, 마음 심, 뒤 후.
[풀이] 먼저는 무슨 마음이고 뒤에는 또 무슨 마음이냐. 이랬다저랬다 하는 변덕스러운 마음을 이르는 말.

善行無轍迹 (선행무철적)★

[뜻음] 착할 선, 갈 행, 없을 무, 바퀴자국 철, 자취 적.
[풀이] 착한 행실은 자국이 없다는 뜻으로 선행은 자연에 좋기 때문에 사람의 눈에 잘 띄지 않는다는 말. 출전 老子(노자).

先花後果 (선화후과)★

[뜻음] 먼저 선, 꽃 화, 뒤 후, 과실 과.
[풀이] 먼저 꽃이 피고 나중에 열매를 맺음. 처음에 딸을 낳고 나중에 아들을 낳음.

先後撞着 (선후당착)★

[뜻음] 먼저 선, 뒤 후, 칠 당, 붙을 착.
[풀이] 앞뒤가 서로 맞지 않음. 앞뒤가 矛盾(모순)됨.

善後之地 (선후지지)

[뜻음] 착할 선, 뒤 후, 갈 지, 땅 지.
[풀이] 죽은 뒤에 묻을 땅.

先後之策 (선후지책)★

[뜻음] 먼저 선, 뒤 후, 갈 지, 꾀 책.
[풀이] 뒷갈망을 잘하려는 계책.

旋興旋廢 (선흥선폐)★

[뜻음] 갑자기 선, 흥할 흥, 폐할 폐.
[풀이] 갑자기 흥하였다가 갑자기 쇠한다. 變遷(변천)이 심함.

舌乾脣焦 (설건순초)★

[뜻음] 혀 설, 마를 건, 입술 순, 그을릴 초.
[풀이] 혀가 마르고 입술이 탈 정도로 빨리 말한다. 매우 잘 지껄인다는 뜻. 출전 史記(사기).

舌券囊縮 (설권낭축)★

[뜻음] 혀 설, 말릴 권, 주머니 낭, 오그라질 축.
[풀이] 혀가 구부러지고 불알이 오그라든다. 病勢(병세)가 매우 위독함을 가리키는 말.

舌根未乾 (설근미건)★

[뜻음] 혀 설, 뿌리 근, 아닐 미, 마를 건.
[풀이] 혀뿌리의 침이 아직 마르지 않다. ① 방금 말하고 시간이 채 지나지 않은 것. ② 금시 한 말을 번복하는 경우에 쓰는 말.

雪泥鴻爪 (설니홍조)★★

[뜻음] 눈 설, 진흙 니, 큰 기러기 홍, 손톱 조.

[풀이] 눈 녹은 진창 위의 기러기 발자국처럼, 흔적 없는 인생의 자취를 비유함. 人生無常(인생무상).

舌芒於劍 (설망어검)★

[뜻음] 혀 설, 까끄라기 망, 어조사 어, 칼 검.
[풀이] 혀는 칼보다 껄끄럽다. 입에서 나오는 말이 칼보다 무섭다는 말.

舌芒于劍 (설망우검)★

[뜻음] 혀 설, 까끄라기 망, 어조사 우, 칼 검.
[풀이] 혀는 칼보다 날카로움.

雪魄氷姿 (설백빙자)★

[뜻음] 눈 설, 넋 백, 얼음 빙, 맵시 자.
[풀이] 꽃의 깨끗함을 비유하는 말. 花容(화용)의 결백함을 비유함.

雪膚花容 (설부화용)★★

[뜻음] 눈 설, 피부 부, 꽃 화, 얼굴 용.
[풀이] 눈같이 흰 살결과 꽃같이 아름다운 얼굴.

雪憤伸寃 (설분신원)★★★

[뜻음] 씻을 설, 분할 분, 펼 신, 원통할 원.
[풀이] 원통함을 풀어 버리고 부끄러운 일을 씻어 버리는 일.

齧臂之誓 (설비지서)★

[뜻음] 물 설, 팔 비, 갈 지, 맹세할 서.
[풀이] 팔뚝을 깨물어 성공을 굳게 맹세함. 魏(위)나라 兵法家(병법가) 吳起(오기)는 자기를 誹謗(비방)하는 無賴漢(무뢰한) 30여 명을 죽이고 도망갈 때, 성문 밖까지 따라온 어머니에게 將相(장상)이 되기 전에는 돌아오지 않겠다며 팔뚝을 깨물어 맹세했다는 옛일에서 온 말. '吳起吮疽(오기연저), 在德不在險(재덕부재험)'을 참조하시오.

雪上加霜 (설상가상)★★★

[뜻음] 눈 설, 위 상, 더할 가, 서리 상.
[풀이] 눈 위에 서리가 내린다. 어려운 일이 연거푸 일어남을 비유하는 말. 無用(무용)한 일의 비유. 또 不幸(불행)한 일이 거듭되는 것을 이름. 엎친 데 덮치기.

說往說來 (설왕설래)★★★

[뜻음] 말씀 설, 갈 왕, 말씀 설, 올 래.
[풀이] 서로 辯論(변론)을 주고받느라고 옥신각신함.

舌底有斧 (설저유부)★

[뜻음] 혀 설, 밑 저, 있을 유, 도끼 부.
[풀이] 혀 아래 도끼 들었다. 제가 한 말이 불행이 생기는 근원으로 되어 죽을 수도 있다는 말. 말을 잘못하면 큰 화를 입게 되는 것이므로 말조심하라는 뜻.

雪中高士 (설중고사)★

[뜻음] 눈 설, 가운데 중, 높을 고, 선비 사.
[풀이] 雪中君子(설중군자).

雪中君子 (설중군자)★

[뜻음] 눈 설, 가운데 중, 임금 군, 자식 자.

[풀이] 梅花(매화)의 딴 이름. 매화나무의 별칭.

雪中騎驢孟浩然 (설중기려맹호연)★

[뜻음] 눈 설, 가운데 중, 말 탈 기, 당나귀 려, 맏 맹, 클 호, 그럴 연.
[풀이] 唐(당)나라 시인 猛浩然(맹호연)이 눈을 맞으며 말 타고 시를 읊은 일.

雪中四友 (설중사우)★

[뜻음] 눈 설, 가운데 중, 넉 사, 벗 우.
[풀이] 玉梅(옥매)·臘梅(납매)·水仙(수선)·山茶(산다)의 일컬음.

雪中松柏 (설중송백)★★★

[뜻음] 눈 설, 가운데 중, 소나무 송, 잣나무 백.
[풀이] 소나무와 잣나무는 눈 속에서도 그 빛이 변하지 않는다. 節操(절조)가 굳음. 매우 절조 있는 사람.

說弊救弊 (설폐구폐)★

[뜻음] 말씀 설, 폐단 폐, 구원할 구.
[풀이] 먼저 폐단을 말하고 그 폐단을 바로잡음.

雪豊年之兆 (설풍년지조)★

[뜻음] 눈 설, 풍성할 풍, 해 년, 갈 지, 조짐 조.
[풀이] 눈이 많이 내리는 해는 풍년이 들 前兆(전조)임. 출전 毛傳(모전).

楔形文字 (설형문자)★

[뜻음] 쐐기 설, 모양 형, 글월 문, 글자 자.
[풀이] 쐐기형 문자. 기원전 3500년경 바빌로니아, 아시리아, 페르시아 등지에서 사용했다고 함.

纖纖弱骨 (섬섬약골)★

[뜻음] 가늘 섬, 약할 약, 뼈 골.
[풀이] 纖纖弱質(섬섬약질).

纖纖弱質 (섬섬약질)★

[뜻음] 가늘 섬, 약할 약, 바탕 질.
[풀이] 실오라기처럼 가냘픈 몸. 纖纖弱骨(섬섬약골).

纖纖玉手 (섬섬옥수)★★

[뜻음] 섬세할 섬, 구슬 옥, 손 수.
[풀이] 실오라기처럼 가냘프고 옥 같은 손. 여자의 고운 손.

躡蹻擔簦 (섭교담등)

[뜻음] 밟을 섭, 발돋움할 교, 멜 담, 우산 등.
[풀이] 짚신을 신고 우산을 멘다. 먼 길을 떠남을 이르는 말. 출전 史記(사기).

燮理陰陽 (섭리음양)★

[뜻음] 화할 섭, 이치 리, 그늘 음, 볕 양.
[풀이] 天地(천지)의 道(도)를 調和(조화)함. 宰相(재상)이 천하를 조화롭게 統治(통치)함을 비유하는 말. 출전 金史(금사).

聖敬日躋 (성경일제)★

[뜻음] 성인 성, 공경 경, 해 일, 오를 제.

[풀이] 성덕이 있고 공경하는 행위가 날로 진전하여 그치지 않는다. 詩人(시인)이 중국 殷(은)나라 湯王(탕왕)의 덕을 칭송한 말. 출전 詩經(시경).

聖經賢傳 (성경현전)★★

[뜻음] 성인 성, 경서 경, 어질 현, 전할 전.
[풀이] 성현이 지은 경전. 聖人(성인)의 글을 經(경)이라 하고 현인의 글을 傳(전)이라 함. 출전 文心雕龍(문심조룡).

成功者去 (성공자거)★

[뜻음] 이룰 성, 공 공, 놈 자, 갈 거.
[풀이] 成功者退(성공자퇴).

成功者退 (성공자퇴)★★★

[뜻음] 이룰 성, 공 공, 놈 자, 물러날 퇴.
[풀이] 공을 이룬 사람은 물러나야 한다.

≪史記(사기)≫ 范睢蔡澤列傳(범수채택열전)에 나오는 蔡澤(채택)의 말이다.

하루아침에 秦(진)나라 승상이 된 范睢(범수)가 차츰 실수를 저지르게 되자 秦昭王(진소왕)의 신임이 점차 없어져 가고 있을 때 채택이 범수의 뒤를 물려받고자 咸陽(함양)으로 들어와 헛소문을 퍼트려 범수의 귀에 들어가게 했다.

"燕(연)나라 사람 채택은 천하의 豪傑(호걸)이요 辯士(변사)다. 그가 한 번 진왕을 뵙게 되면 왕은 재상의 자리를 앗아 채택에게 줄 것이다."

범수는 채택을 데려다 물었다.

"당신이 나를 대신해서 진나라 승상이 된다고 했다는데 그런 사실이 있소?"

"그렇습니다."

"어디 이야기를 한번 들어 봅시다."

채택이 대답했다.

"어쩌면 그렇게도 보시는 것이 더디십니까. 대저 四時(사시)의 순서란 공을 이룬 것은 가는 법입니다. (중략)"

범수의 추천으로 채택은 진나라의 재상이 되었다. 몇 달 지나자 그를 모략하는 사람이 있자, 곧 병을 핑계로 자리를 내놓는다. 그리하여 편안히 여생을 진나라에서 보냈다.

원말은 '成功者去(성공자거)'다. '成功之下不可久處(성공지하불가구처)'를 참고할 만하다.

成功之下不可久處 (성공지하불가구처)★

[뜻음] 이룰 성, 공 공, 갈 지, 아래 하, 아닐 불, 가할 가, 오랠 구, 살 처.
[풀이] 功業(공업)을 이루어 오래도록 명예스럽고 귀한 지위에 있으면 남의 猜忌(시기)와 嫉妬(질투)를 받아서 화를 입기 쉽다는 말. 출전 史記(사기).

聲氣相通 (성기상통)★

[뜻음] 소리 성, 기운 기, 서로 상, 통할 통.
[풀이] ① 소식이 서로 통함. ② 마음과 뜻이 서로 통함.

成鸞鳳 (성난봉)★

[뜻음] 이룰 성, 난새 난, 봉새 봉.
[풀이] 난새와 봉새가 관계를 이루다. 뜻이 같은 벗이 됨을 이름.

盛年不重來 (성년부중래)★

[뜻음] 성할 성, 해 년, 아닐 부, 무거울 중, 올 래.
[풀이] 청춘의 시절은 두 번 다시 오지 아니함.

成德君子 (성덕군자)★

[뜻음] 이룰 성, 큰 덕, 임금 군, 아들 자.
[풀이] 덕이 매우 높은 사람.

盛德大業 (성덕대업)★

[뜻음] 무성할 성, 덕 덕, 큰 대, 업 업.
[풀이] 덕을 크게 이루고 대업을 성취함. 耿光大烈(경광대열)을 이름.

聲東擊西 (성동격서)★★★

[뜻음] 소리 성, 동녘 동, 칠 격, 서녘 서.
[풀이] 동쪽을 칠 듯이 말하고 실제로는 서쪽을 친다는 말. 상대방을 欺瞞(기만)하여 기묘하게 공략함을 비유함. 출전 通典(통전) 兵傳(병전).

聲動梁塵 (성동양진)★

[뜻음] 소리 성, 움직일 동, 들보 양, 먼지 진.
[풀이] 노랫소리가 들보 위의 먼지를 움직이게 한다. 노랫소리의 뛰어남을 형용하여 이르는 말.

星羅宿列 (성라수열)★

[뜻음] 별 성, 벌일 라, 머무를 수, 벌일 열.
[풀이] 별처럼 벌여 있거나, 별들이 벌여 있음. 星羅(성라).

星羅棋布 (성라기포)★

[뜻음] 별 성, 벌일 라, 바둑 기, 베 포.
[풀이] 밤하늘의 별같이 벌여 있고 바둑돌처럼 늘어 놓았다. 곧 물건이 여기저기 많이 흩어져 있음을 이르는 말.

星羅雲布 (성라운포)★

[뜻음] 별 성, 벌일 라, 구름 운, 베 포.
[풀이] 밤하늘의 별같이 벌여 있고 구름처럼 늘어 놓았다. 물건이 여기저기 벌여 있는 모양을 이르는 말.

性理學 (성리학)★★★

[뜻음] 성품 성, 다스릴 리, 배울 학.
[풀이] 宋(송)나라 시절에 생긴 儒學(유학)의 한 계통. 곧 理(이), 氣(기), 心(심), 性(성), 情(정), 欲(욕)의 상호관계를 연구하는 哲學(철학).

聲名狼藉 (성명낭자)★

[뜻음] 소리 성, 이름 명, 어지러울 낭, 자자할 자.
[풀이] 명성이 사방에 자자함.

姓名不知 (성명부지)★

[뜻음] 성 성, 이름 명, 아닐 부, 알 지.
[풀이] 성명을 알지 못함. 전혀 아는 사이가 아님.

性命雙修 (성명쌍수)★

[뜻음] 성품 성, 목숨 명, 쌍 쌍, 닦을 수.
[풀이] 몸과 마음을 모두 修養(수양)함.

盛名下其實難副 (성명하기실난부)★

[뜻음] 성할 성, 이름 명, 아래 하, 그 기, 열매 실, 어려울 난, 버금 부.
[풀이] 명성은 대개 실제보다는 지나쳐서 誹謗(비방)을 초래하기 쉬움.

聲聞過情 (성문과정)★

[뜻음] 소리 성, 들을 문, 지날 과, 뜻 정.
[풀이] 명성이 실제를 앞선다. 그 사람의 실제 가치 이상으로 평판이 높음을 이르는 말. 출전 孟子(맹자).

城復于隍 (성복우황)★

[뜻음] 성 성, 돌아갈 복, 어조사 우, 해자 황.
[풀이] 성의 둘레에 垓字(해자)를 파서 그 흙으로 성을 쌓았는데 그 성이 무너져서 흙이 해자로 도로 돌아간다는 뜻으로 나라가 잘 다스려진 뒤에는 亂離(난리)가 일어나고 福(복)이 極盡(극진)하면 禍(화)가 오고 利(이)가 極盡(극진)하면 害(해)가 생김을 이름.

成事在天 (성사재천)★

[뜻음] 이룰 성, 일 사, 있을 재, 하늘 천.
[풀이] 일이 되고 안 됨은 오로지 天運(천운)에 달렸다는 말.

性相近習相遠 (성상근습상원)★

[뜻음] 성품 성, 바탕 상, 가까울 근, 익힐 습, 멀 원.
[풀이] 天賦(천부)의 성질은 거의 같으나 교육, 습관 등에 의해서 賢愚(현우)의 구별이 생김. 현우는 밝음과 어두움, 명철함과 혼미함.

盛衰之理 (성쇠지리)★

[뜻음] 성할 성, 쇠할 쇠, 갈 지, 이치 리.
[풀이] 끊임없이 잇달아 도는, 성하고 쇠하는 이치. 성쇠가 돌아가며 뒤바뀌는 이치.

盛衰興廢 (성쇠흥폐)★

[뜻음] 성할 성, 쇠할 쇠, 일어날 흥, 폐할 폐.
[풀이] 융성하는 일과 쇠퇴하는 일. 興旺(흥왕)하는 일과 頹廢(퇴폐)하는 일.

聖壽無疆 (성수무강)★

[뜻음] 성인 성, 목숨 수, 없을 무, 지경 강.
[풀이] 임금의 나이가 끝이 없음. 임금이 오래 살기를 비는 말. 聖壽萬歲(성수만세).

盛水不漏 (성수불루)★

[뜻음] 성할 성, 물 수, 아닐 불, 샐 루.
[풀이] 물이 가득 차도 조금도 새지 않는다. 사물이 빈틈없이 꽉 짜이거나 또 지극히 정밀함을 이르는 말. 빈틈없음. 주의가 구석구석까지 미침.

誠於中形於外 (성어중형어외)★

[뜻음] 정성 성, 어조사 어, 가운데 중, 형상 형, 바깥 외.
[풀이] 마음속에 정성스러움이 있으면 반드시 겉모양으로 나타남. 출전 大學(대학).

性猶湍水 (성유단수)★

[뜻음] 성품 성, 같을 유, 여울 단, 물 수.
[풀이] 사람의 본성은 여울물과도 같아, 동으로 트면 동으로 흐르고, 서로 트면 서로 흐르듯이 착하게도 악하게도 될 수 있는 것이므로, 본성은 착하지도 악하지도 않다는 告子(고자)의 설. 출전 孟子(맹자).

誠意正心 (성의정심)★

[뜻음] 정성 성, 뜻 의, 바를 정, 마음 심.
[풀이] 뜻을 성실히 하고 마음을 바르게 가짐. 출전 大學(대학).

聖益聖 (성익성)★

[뜻음] 성인 성, 더할 익.
[풀이] 聖人(성인)은 언제나 스승을 따르기를 즐겨하므로 더욱 슬기로워짐.

聖人見霜而知氷 (성인견상이지빙)★

[뜻음] 성인 성, 사람 인, 볼 견, 서리 상, 말 이을 이, 알 지, 얼음 빙.
[풀이] 聖人(성인)은 서리를 보고 얼음이 얼 것을 안다. 성인은 사소한 兆朕(조짐)을 보고도 나중에 중대한 결과가 올 것을 미리 앎을 비유하여 이르는 말. 출전 淮南子(회남자).

聖人無常師 (성인무상사)★

[뜻음] 성인 성, 사람 인, 없을 무, 항상 상, 스승 사.
[풀이] 聖人(성인)에게는 일정한 스승이 없다는 말. 성인인 孔子(공자)에게는 일정한 스승이 없었음.

聖人無爲 (성인무위)★

[뜻음] 성인 성, 사람 인, 없을 무, 할 위.
[풀이] 聖人(성인)은 人爲(인위)를 쓰지 않음. 출전 老子(노자).

聖人無全能 (성인무전능)★

[뜻음] 성인 성, 사람 인, 없을 무, 온전할 전, 능할 능.
[풀이] 聖人(성인)이라도 모든 사물을 능히 할 수 있는 재능은 없음. 출전 列子(열자).

聖人不雜 (성인부잡)★★

[뜻음] 성스러울 성, 사람 인, 아닐 부, 섞일 잡.
[풀이] 聖人(성인)의 덕은 純粹(순수)하여 불순한 것이 섞이지 않음. 출전 孟子(맹자) 滕文公下篇(등문공하편).

聖人不易民而敎 (성인불역민이교)★

[뜻음] 성인 성, 사람 인, 아닐 불, 바꿀 역, 백성 민, 말 이을 이, 가르칠 교.
[풀이] 성인이 다스리는 나라의 정치가 잘됨은 백성을 交易(교역)한 때문이 아니고, 진실로 도를 행하기 때문이라는 뜻. 출전 商子(상자) 更法篇(갱법편).

聖人不仁 (성인불인)★

[뜻음] 성인 성, 사람 인, 아닐 불, 어질 인.
[풀이] 聖人(성인)은 仁愛(인애)를 모르는 不仁(불인)한 사람임. 백성을 자연의 순리에 맡기는 성인의 大仁(대인)을 이르는 말. 출전 老子(노자).

聖人畏微 (성인외미)★★

[뜻음] 성인 성, 사람 인, 삼갈 외, 작을 미.
[풀이] 성인은 작은 일에서 기미를 알아내므로 작은 일을 삼감. 성인은 능히 사물의 機微(기미)를 앎. 출전 管子(관자).

成人之美 (성인지미)★

[뜻음] 이룰 성, 남 인, 갈 지, 아름다울 미.
[풀이] 남의 아름다운 점을 도와 더욱 빛나게 함.

聖人被褐懷玉 (성인피갈회옥)★

[뜻음] 성스러울 성, 사람 인, 입을 피, 털옷 갈, 품을 회, 구슬 옥.
[풀이] 성인은 외모에 무관심하고 내심을 가짐. 출전 老子(노자) 第七十章(제칠십장).

性者質也 (성자질야)★

[뜻음] 성품 성, 놈 자, 바탕 질, 어조사 야.
[풀이] 前漢(전한) 제국의 이론가 董仲舒(동중서)는 '性(성)'을 기본적 質料(질료)'라고도 말함. 동중서의 '春秋繁露(춘추번로)'는 ≪춘추≫로부터의 무성한 이슬이라는 의미를 지녀 그의 주장이 춘추에 근거함을 알 수 있음. 출전 春秋繁露(춘추번로).

聖子神孫 (성자신손)★

[뜻음] 성인 성, 아들 자, 귀신 신, 손자 손.
[풀이] 성인의 아들이나 신의 손자. 역대의 임금이나 임금의 혈통을 이르는 말.

誠者天之道也 (성자천지도야)★

[뜻음] 정성 성, 놈 자, 하늘 천, 갈 지, 길 도, 어조사 야.
[풀이] 성은 천지자연의 도리임. 진실하여 꾸밈이 없음은 天道(천도)의 本然(본연)이라는 뜻. 誠(성)은 진실하여 꾸밈이 없음.

盛粧麗服 (성장여복)★

[뜻음] 성할 성, 단장할 장, 고울 려, 옷 복.
[풀이] 아름답게 단장함. 성장하고, 고운 옷을 입음.

誠哉是言 (성재시언)★

[뜻음] 진실로 성, 어조사 재, 옳을 시, 말씀 언.
[풀이] '정말 도리에 맞는 말이로다'라는 말. 출전 論語(논어).

性靜情逸心動神疲 (성정정일심동신피)

[뜻음] 성품 성, 고요할 정, 뜻 정, 편안할 일, 마음 심, 움직일 동, 귀신 신, 고달플 피.
[풀이] 마음 바탕이 고요하면 정서가 푸근하고, 마음이 흔들리면 정신이 고달파진다.

사람의 성품이 고요하면 느낌이 편안하고, 마음이 동요하면 정신이 지쳐 버린다. ≪中庸(중용)≫에 이르기를 "천명을 성품이라 한다. 天命謂性(천명위성)" 하였으니, 사람마다 태어날 때부터 지니게 된 마음 바탕인 性品(성품)을 잘 지켜 흔들림이 없도록 하라는 말이다.

인간은 성품이 변질되지 않았을 때 자연히 마음도 편안함을 느끼게 된다. ≪禮記(예기)≫에 "사람이 나서 고요해지는 것은 하늘의 성품이요, 사물에 감동되어 움직이는 것은 성품의 욕심이라. 人生而靜 天之性也 感於物而動 性之欲也(인생이정 천지성야 감어물이동성지욕야)"는 구절이 있다. 사람이 태어나 고요할 때는 본성이 그대로 살고 사물에 감동되어 움직이게 되면 정이 생긴다. 마음은 사물을 만날 때마다 흔들리기 쉽다. 마음이 사물에 따라 동요하여 못 속에 빠지기도 하고 하늘 위로 날기도 한다면 그 성품을 온전히 보전하지 못하여 정신이 피곤해진다. 요컨대 타고난 성품을 유지하면서 마음이 꿋꿋하면 안정을 얻는다. 출전 千字文(천자문).

誠中形外 (성중형외)★★★

[뜻음] 정성 성, 가운데 중, 모양 형, 바깥 외.
[풀이] 심중에 생각하고 있는 것을 비록 숨기려고 하여도 겉으로 나타나는 법임. 誠於中形於外(성어중형어외).

속마음에 들어 있는 참된 것은 숨기려 해도 자연 밖에 나타나게 된다.
≪大學(대학)≫ 誠意章(성의장)에 보면,
"이른바 그 뜻을 정성되게 한다는 것은, 스스로 속이지 않는 것이다. 나쁜 냄새를 싫어하듯 하며 좋은 色(색)을 좋아하듯 하는 것이 스스로 마음 편하게 하는 것이다. 그러므로 군자는 반드시 그 홀로 있을 때를 조심한다"라고 나와 있으며 또한,
"소인이 한가하게 있을 때면 착하지 못한 일을 하는 것이, 이르지 않는 바가 없다. 그러다가 군자를 보면 씻은 듯이 그의 착하지 못한 것을 감추고 그의 착한 것을 나타내려 한다. 그러나 남이 날 보기를 자기 속 들여다보듯 하는데 무슨 소용이 있겠는가. 이것을 일러 속에 참된 것이 있으면 밖에 나타난다고 한다. 그러므로 군자는 반드시 그 홀로 있을 때를 조심한다"라고 나와 있다.
원래는 誠於中形於外(성어중형어외)이다. '그 홀로 있을 때를 조심한다'는 말이 곧 愼獨(신독)이다. 소인은 한가할 때면 남이 상상조차 할 수 없는, 갖은 악한 짓을 거리낌 없이 하게 된다. 이것이 곧 '無所不至(무소부지)'다.

誠則形 (성즉형)★

[뜻음] 정성 성, 곧 즉, 형상 형.
[풀이] 마음속에 정성스러움이 있으면 반드시 그 결과가 바깥에 드러

남. 誠中形外(성중형외). 출전 中庸(중용).

成敗之機 (성패지기)★

[뜻음] 이룰 성, 패할 패, 갈 지, 기미 기.
[풀이] 성공하느냐 패배하느냐의 순간.

城下之盟 (성하지맹)★★★

[뜻음] 성 성, 아래 하, 갈 지, 맹세할 맹.
[풀이] 성 아래에서의 맹세. 적군이 성 밑까지 쳐들어와서 항복하고 체결하는 맹약. 대단히 屈辱的(굴욕적)인 講和(강화).

≪春秋左氏傳(춘추좌씨전)≫ 桓公(환공) 十二年(십이년) 기록에 나오는 이야기이다.

楚(초)나라가 絞(교)로 쳐들어가, 성 남문에 진을 쳤다. 莫敖(막오)라는 벼슬에 있는 屈瑕(굴하)가 계책을 말했다.

"교 땅의 사람들은 도량이 좁고 경솔합니다. 사람이 경솔하면 또한 생각하고 염려하는 것이 부족합니다. 땔나무를 하는 인부들을 호위병을 딸리지 않은 채 내보내서 이것을 미끼로 삼아 그들을 치는 것이 어떻겠습니까?"

그래서 나무하는 인부들을 내보냈다. 교 땅 사람들은 예상대로 북문을 열고 나와 산속에 있는 초나라 인부를 삼십 명이나 잡아갔다.

이튿날은 더 많이 인부를 내보냈더니 교 사람들은 재미를 붙여서 성문을 열고 서로 앞을 다투어 산속으로 들어가 인부를 쫓기에 바빴다. 그 틈을 타 초나라 군사들은 북문을 점령하고, 산기슭에 숨겨두었던 복병이 일어나 성 밖으로 나온 군사를 습격함으로써 크게 승리를 거두고, 성 아래에서의 맹세를 하고 돌아왔다는 것이다.

같은 책 宣公(선공) 15년의 기록에도 나오는 이야기이다.

초나라가 송나라 성을 포위했을 때 송나라가 끝내 버티고 항복을 하지 않는지라 초나라 申叔時(신숙시)의 꾀를 써서 숙사를 짓고 밭을 가는 등 장기전 태세를 보였다. 과연 송나라는 겁을 먹고 사신을 보내 화평을 청해왔다.

"성 아래에서의 맹세는 나라가 망하는 한이 있어도 맺을 수가 없습니다. 그러니 군대를 30리만 후퇴시키십시오. 그러면 어떤 조건이라도 받아들이겠습니다."

적군이 성 밑까지 쳐들어와서 항복하고 체결하는 맹약을 일컫는다. 아주 屈辱的(굴욕적)인 講和(강화)나 적에게 성을 포위당한 끝에 견디다 못해서 나가 항복을 하는 것이다. 성 아래에서의 맹세는 압도적인 승리와 패배를 뜻하므로 성하지맹을 당하는 쪽의 굴욕은 견디기 어려운 것이 아닐 수 없다.

盛夏之熱 (성하지열)★

[뜻음] 성할 성, 여름 하, 갈 지, 더울 열.
[풀이] 몹시 더운 여름.

城狐社鼠 (성호사서)★

[뜻음] 성 성, 여우 호, 사직 사, 쥐 서.
[풀이] 성중에 사는 여우와 사직단 안에 사는 쥐. 몸을 안전한 곳에 두고 나쁜 짓을 하는 사람. 곧 임금 곁에 있는 奸臣(간신)의 무리를 이르는 말. 출전 晉書(진서).

星火督促 (성화독촉)★★

[뜻음] 별 성, 불 화, 감독할 독, 재촉할 촉.
[풀이] 별똥이 떨어지듯이 몹시 다급하게 재촉함.

星火發狂 (성화발광)★

[뜻음] 별 성, 불 화, 일으킬 발, 미칠 광.
[풀이] 몹시 급하게 서두르며 화를 내는 것.

星火燎原 (성화요원)★

[뜻음] 별 성, 불 화, 화톳불 요, 들판 원.
[풀이] 별똥처럼 작은 불이 들을 태운다. 사소한 것을 放置(방치)하면 나중에 엄청난 재난을 가져온다는 말.

勢家子弟 (세가자제)★

[뜻음] 기세 세, 집 가, 아들 자, 아우 제.
[풀이] 권세가 있는 집안의 자제.

世居之地 (세거지지)★

[뜻음] 세상 세, 살 거, 갈 지, 땅 지.
[풀이] 대대로 내려오며 살고 있는 고장.

世降末俗 (세강말속)★

[뜻음] 세상 세, 내릴 강, 끝 말, 풍속 속.
[풀이] 세상이 내려갈수록 못되어서 風俗(풍속)이 어지러움. 世降俗末(세강속말).

洗垢索瘢 (세구색반)★

[뜻음] 씻을 세, 때 구, 찾을 색, 흉터 반.
[풀이] 때를 씻고 묻혀 있는 흉터를 찾는다. 남의 허물을 들추어냄을 이르는 말. 출전 唐書(당서).

歲久年深 (세구연심)★

[뜻음] 해 세, 오랠 구, 해 년, 깊을 심.
[풀이] 세월이 매우 오래됨.

勢窮力盡 (세궁역진)★★

[뜻음] 기세 세, 다할 궁, 힘 력, 다할 진.
[풀이] 기세가 꺾이고 힘이 다 빠져 어찌할 수가 없음.

世道人心 (세도인심)★

[뜻음] 대 세, 길 도, 사람 인, 마음 심.
[풀이] 세상의 道義(도의)와 사람의 마음. 風敎(풍교).

世祿之臣 (세록지신)★

[뜻음] 대 세, 녹봉 록, 갈 지, 신하 신.
[풀이] 대대로 國祿(국록)을 타는 臣下(신하).

勢利之交 (세리지교)

[뜻음] 세력 세, 이로울 리, 갈 지, 사귈 교.
[풀이] 權勢(권세)나 利益(이익)을 좇아 하는 交際(교제). 출전 漢書(한서).

勢無十年 (세무십년)★

[뜻음] 기세 세, 없을 무, 열 십, 해 년.
[풀이] 세도가 십 년을 가지 못한다. 사람의 권세와 영화는 오래 계속되지 못함.

勢不得已 (세부득이)★

[뜻음] 기세 세, 아닐 부, 얻을 득, 이미 이.
[풀이] 세력이 딸려 하는 수 없음. 일이 되어 가는 형세가 그렇게 하지 않을 수 없음.

歲不我與 (세불아여)★

[뜻음] 해 세, 아닐 불, 나 아, 더불어 여.
[풀이] 세월은 덧없이 지나가 나를 기다리지 않음. 출전 論語(논어).

勢不兩立 (세불량립)★

[뜻음] 세력 세, 아닐 불, 두 량, 설 립.
[풀이] 세력이란 두 개가 같이 설 수는 없다는 말. 勢不兩立(세불양립).

世事難測 (세사난측)★

[뜻음] 세상 세, 일 사, 어려울 난, 헤아릴 측.
[풀이] 세상일은 자주 달라지므로 이루 헤아리기 어려움.

世上萬事 (세상만사)★

[뜻음] 세상 세, 위 상, 일만 만, 일 사.
[풀이] 세상에서 일어나는 온갖 일.

世上風波老不禁 (세상풍파노불금)★

[뜻음] 세상 세, 위 상, 바람 풍, 물결 파, 늙을 노, 아닐 불, 금할 금.
[풀이] 세상의 거친 풍파는 늙은 몸에도 사정없이 불어옴.

歲序遷易 (세서천역)★★

[뜻음] 해 세, 차례 서, 옮길 천, 바꿀 역.
[풀이] 세월의 차례가 옮겨 바뀜. 제사 지낼 때 읽는 祝文(축문)의 구절로, 해가 바뀌었다는 말.

世世不輟 (세세불철)★★

[뜻음] 대대로 세, 아닐 불, 그칠 철.
[풀이] 대대로 제사가 끊어지지 않다. 후손들이 조상을 잘 받들어 모시는 것. 출전 呂氏春秋(여씨춘추) 孟冬紀(맹동기).

細細事情 (세세사정)★

[뜻음] 가늘 세, 일 사, 뜻 정.
[풀이] 아주 꼼꼼하고 자세한 일의 형편이나 곡절. 자세한 사정.

世世孫孫 (세세손손)★

[뜻음] 세상 세, 자손 손.
[풀이] 대대로 내려오는 자손. 오래도록 내려오는 여러 대.

世俗五戒 (세속오계)★

[뜻음] 세상 세, 풍속 속, 다섯 오, 경계할 계.
[풀이] 신라 26대 진평왕 때 원광법사가 이른 다섯 가지 戒律(계율). 事君以忠(사군이충), 事親以孝(사친이효), 交友以信(교우이신), 臨戰無退(임전무퇴), 殺生有擇(살생유택).

洗髓伐毛 (세수벌모)

[뜻음] 씻을 세, 골수 수, 칠 벌, 털 모.
[풀이] 골수를 씻어내고 털을 깎는다. 다시 태어난다는 뜻.

歲時伏臘 (세시복랍)★

[뜻음] 해 세, 때 시, 엎드릴 복, 납향 랍.
[풀이] 새해와 三伏(삼복)과 臘享(납향)을 통틀어 이르는 말.

洒心自新 (세심자신)

[뜻음] 씻을 세, 마음 심, 스스로 자, 새로울 신.
[풀이] 마음을 씻고 기분을 새롭게 함. 출전 漢書(한서).

勢如鼎足 (세여정족)★

[뜻음] 세력 세, 같을 여, 세발솥 정, 발 족.
[풀이] 세발솥처럼 세 세력이 버티고 선 모양. 三足鼎立(삼족정립).

勢如破竹 (세여파죽)★

[뜻음] 기세 세, 같을 여, 깨뜨릴 파, 대나무 죽.
[풀이] 기세가 매우 맹렬하여 대항할 만한 적이 없는 모양. 破竹之勢(파죽지세).

歲月如流 (세월여류)★

[뜻음] 세월 세, 달 월, 같을 여, 흐를 류.
[풀이] 세월이 물 흐르듯 빨리 지나감. 덧없이 흐르는 세월. 歲月流水(세월유수).

歲月不待人 (세월부대인)★★★

[뜻음] 해 세, 달 월, 아닐 부, 기다릴 대, 사람 인.
[풀이] 세월은 사람을 기다리지 않는다. 젊었을 때 부지런히 학문에 힘쓰라는 당부.

勸學詩(권학시)로 알고 있는 陶淵明(도연명)의 시에 나온다.

한창 시절은 거듭 오지 않고
하루는 두 번 새기 어렵다.
때에 미쳐 마땅히 힘쓰라
세월은 사람을 기다리지 않는다.

盛年不重來 성년부중래
一日難再晨 일일난재신
及時當勤勵 급시당근려
歲月不待人 세월부대인

그러나 실상 이 시는 늙기 전에 술을 실컷 마시자는 勸酒詩(권주시)로, 공부를 열심히 하라는 勸學詩(권학시)는 아니다.

歲月流水 (세월유수)★

[뜻음] 해 세, 달 월, 흐를 유, 물 수.
[풀이] 세월이 물처럼 흐른다는 뜻.

世有伯樂然後有千里馬 (세유백락연후유천리마)★

[뜻음] 세상 세, 있을 유, 맏 백, 즐거울 락, 그럴 연, 뒤 후, 일천 천, 마을 리, 말 마.
[풀이] 세상에 伯樂(백락)이 있은 연후에 천리마가 있다. 아무리 재능 있는 사람도 그것을 꿰뚫어보는 사람이 없다면, 그 재능은 세상에 나타나지 않고 그대로 썩어버림을 비유함. '伯樂一顧(백락일고)'를 보시오.

洗耳恭聽 (세이공청)★

[뜻음] 씻을 세, 귀 이, 공손할 공, 들을 청.
[풀이] 귀를 씻고 공손하게 들음. 마음을 쏟아 가르침을 듣는 일.

世葬之地 (세장지지)★

[뜻음] 대 세, 장사지낼 장, 갈 지, 땅 지.
[풀이] 대대로 묘를 쓰고 있는 땅. 여러 대의 무덤이 있는 땅. 先山(선산). 先塋(선영).

世傳之寶 (세전지보)★

[뜻음] 세상 세, 전할 전, 갈 지, 보배 보.
[풀이] 여러 대에 걸쳐 오래 전해 내려오는 보물.

世態炎凉 (세태염량)★

[뜻음] 세상 세, 모양 태, 더울 염, 서늘할 량.
[풀이] 세상사의 盛衰(성쇠). 인정의 反覆(반복). 권세가 있을 때는 아부하고 세력이 없어지면 푸대접하는 세상인심. 炎凉世態(염량세태). 출전 송서 악지.

世態人情 (세태인정)★

[뜻음] 세상 세, 태도 태, 사람 인, 뜻 정.
[풀이] 세상 物情(물정)과 백성들의 人心(인심).

歲寒三友 (세한삼우)★

[뜻음] 해 세, 찰 한, 석 삼, 벗 우.
[풀이] 동양화 畵題(화제)의 한 가지로, 추운 겨울에도 잘 견디는 松(송), 竹(죽), 梅(매)를 그린 것을 이르는 말.

歲寒然後知松柏之節 (세한연후지송백지절)★

[뜻음] 해 세, 찰 한, 그럴 연, 뒤 후, 알 지, 소나무 송, 측백나무 백, 갈 지, 마디 절.
[풀이] 世寒然後知松柏之後凋(세한연후지송백지후조)

歲寒然後知松柏之後凋 (세한연후지송백지후조)★★★

[뜻음] 해 세, 찰 한, 그럴 연, 뒤 후, 알 지, 소나무 송, 측백나무 백, 갈 지, 시들 조.
[풀이] 날씨가 추워진 후에야 소나무와 측백나무가 늦게 시듦을 안

다. 志士(지사)의 훌륭한 뜻과 기상은 나라가 어려울 때에야 알게 된다는 뜻. 歲寒然後知松柏之節(세한연후지송백지절).

歲寒知松柏 (세한지송백)★★

[뜻음] 해 세, 찰 한, 알 지, 소나무 송, 측백나무 백.
[풀이] 겨울에도 푸름을 변하지 않는 소나무와 측백나무. 君子(군자)가 困窮(곤궁)과 患難(환난)에 처해서도 志操(지조)를 바꾸지 않음을 비유함. 歲寒知松柏(세한지송백). 출전 論語(논어) 子罕篇(자한편).

小國寡民 (소국과민)★★★

[뜻음] 작을 소, 나라 국, 적을 과, 백성 민.
[풀이] 나라는 작고 백성은 적다. 이상 국가가 갖추어야 할 핵심조건.

≪老子(노자)≫ 제80장에,
"나라가 작고 백성이 적으면 여러 가지 기구가 있어도 쓰지 않게 된다. 백성은 생명이 중한 것을 알아 멀리 떠나가는 일도 없고, 배며 수레가 있어도 타고 갈 곳이 없으며 무기가 있어도 쓸 곳이 없다. 백성들도 다시 옛날로 돌아가 글자 대신 노끈을 맺어 쓰게 하고, 그들의 먹는 것을 달게 여기고, 그들의 입는 것을 아름답게 여기며, 그들의 삶을 편안히 여기고, 그들의 관습을 즐기게 한다. 이웃나라끼리 서로 바라보며 닭 울음과 개 짖는 소리가 서로 들리지만, 백성들은 늙어 죽도록 서로 가고 오는 일이 없다"라고 나온다.
이른바 약소국가를 가리킨 말 같은데 실은 그것이 아니고 가장 평화롭고 이상적인 사회를 말한다. 노자가 그린 이상사회다. 이 이야기에는 '鷄犬相聞(계견상문)'이라는 성어도 나온다.

小屈必有大伸 (소굴필유대신)

[뜻음] 작을 소, 굽힐 굴, 반드시 필, 있을 유, 큰 대, 펼 신.
[풀이] 조금 몸을 굽히면 후에 반드시 크게 펼 날이 옴. 출전 南史(남사).

蕭規曹隨 (소규조수)

[뜻음] 맑은대쑥 소, 법 규, 마을 조, 따를 수.
[풀이] 蕭何(소하)가 정한 것을 曹參(조참)이 좇다. 옛날의 법도를 그대로 물려 쓰는 것. 소하는 漢(한)나라 大臣(대신)임.

小隙沈舟 (소극침주)★

[뜻음] 작을 소, 틈 극, 가라앉을 침, 배 주.
[풀이] 조그마한 틈에서 물이 새어 들어와 배가 가라앉는다. 작은 일에 게을리하면 큰 재앙이 옴을 이르는 말. 출전 關尹子(관윤자).

少年登科 (소년등과)★

[뜻음] 적을 소, 해 년, 오를 등, 과목 과.
[풀이] 소년으로서 科舉(과거)에 급제함.

少年易老學難成 (소년이로학난성)★★★

[뜻음] 젊을 소, 해 년, 쉬울 이, 늙을 로, 배울 학, 어려울 난, 이룰 성.
[풀이] 젊은이는 쉽게 늙어버리는데 학문은 이루기가 어렵다.

이 말은 南宋(남송: 1127~1279)의 大儒學者(대유학
자)로서 송나라의 理學(이학)을 대성한 朱子(주자: 朱熹)
의 ≪朱文公文集(주문공문집)≫ [勸學文(권학문)]에 나오
는 시의 첫 구절이다.

소년은 늙기 쉬우나 학문을 이루기는 어렵다
순간순간의 세월을 헛되이 보내지 마라
연못가의 봄풀이 채 꿈도 깨기 전에
계단 앞 오동나무 잎이 가을을 알린다

少年易老學難成 소년이로학난성
一寸光陰不可輕 일촌광음불가경
未覺池塘春草夢 미각지당춘초몽
階前梧葉已秋聲 계전오엽이추성

늙음은 금방 오는 것이고 학문은 이루기 어려우니 촌
각이라도 아껴서 공부 열심히 하라는 말이다.

笑裏藏刀 (소리장도)★

[뜻음] 웃을 소, 속 리, 감출 장, 칼 도.
[풀이] 웃음 속에 칼을 감춘다. 겉으로는 웃지만, 속으론 칼을 품은
陰凶(음흉)한 사람. 笑中刀(소중도).

巢林一枝 (소림일지)★★★

[뜻음] 둥지 소, 수풀 림, 한 일, 가지 지.
[풀이] ① 작은 새가 숲에 새집을 짓는 데는 나뭇가지 하나로 족하다
는 뜻. ② 겨우 몸 하나 들 수 있는 정도의 변변치 않은 집에 만족함
을 비유하는 말. ③ 작은 집. 또는 낮은 지위. 출전 莊子(장자).

笑罵從汝好官須我爲之 (소매종여호관수아위지)

[뜻음] 웃을 소, 욕할 매, 따를 종, 너 여, 좋아할 호, 벼슬 관, 모름지
　　　기 수, 나 아, 할 위, 이 지.
[풀이] 남이야 비웃건 말건, 나는 高位高官(고위고관)이 되려는 뜻.
출전 宋史(송사) 鄧綰傳(등관전).

笑面夜叉 (소면야차)★

[뜻음] 웃을 소, 낯 면, 밤 야, 귀신 이름 차.
[풀이] 웃는 얼굴의 야차. 笑裏藏刀(소리장도).

笑面虎 (소면호)★

[뜻음] 웃을 소, 낯 면, 범 호.
[풀이] 웃는 얼굴의 호랑이. 겉으로는 웃지만 속으로는 딴마음을 가
진 사람을 이름.

掃門萬福來 (소문만복래)★★★

[뜻음] 쓸 소, 문 문, 일만 만, 복 복, 올 래.
[풀이] 집 안을 깨끗이 쓸고 청소하면 만복이 들어온다. '家和萬事成
(가화만사성)'과 對(대)를 이루어 잘 쓰이므로 '가화만사성'을 보시오.

燒眉之急 (소미지급)★

[뜻음] 불태울 소, 눈썹 미, 갈 지, 급할 급.
[풀이] 눈썹이 불타는 위급함. 썩 위급한 경우. 焦眉之急(초미지급).

小辯害義 (소변해의)★

[뜻음] 작을 소, 말 잘할 변, 해칠 해, 옳을 의.
[풀이] 조그마한 辯才(변재)는 오히려 의리를 해친다는 말. 출전 孔子
家語(공자가어).

素服丹粧 (소복단장)★

[뜻음] 흴 소, 옷 복, 붉을 단, 단장할 단.
[풀이] 아래위를 하얗게 차리고 모양을 내어 곱게 꾸밈.

素服淡粧 (소복담장)★

[뜻음] 흴 소, 옷 복, 묽을 담, 단장할 장.
[풀이] 흰옷을 입고 엷게 화장함.

少不動念 (소부동념)★

[뜻음] 적을 소, 아닐 부, 움직일 동, 생각할 념.
[풀이] 조금도 마음을 움직이지 아니함.

小北奸臣 (소북간신)★

[뜻음] 작을 소, 북녘 북, 간사할 간, 신하 신.
[풀이] 기회주의적이고 表裏不同(표리부동)한 사람을 얕잡아 이르는 말.

宵不下堂 (소불하당)★★

[뜻음] 밤 소, 아닐 불, 아래 하, 집 당.
[풀이] 밤에는 집 밖에 나가지 않는다. 여자가 삼갈 일의 하나. 출전
春秋穀梁傳(춘추곡량전).

笑殺 (소살)

[뜻음] 웃을 소, 죽일 살.
[풀이] 크게 웃고 상대하지 않음. 웃음으로 얼버무리고 문제시하지 않음.

笑殺天下人 (소살천하인)★

[뜻음] 웃을 소, 죽일 살, 하늘 천, 아래 하, 사람 인.
[풀이] 세상 사람들을 크게 웃김. '殺'은 정도의 심함을 뜻하는 造字
(조자). 출전 唐書(당서).

昭詳分明 (소상분명)★

[뜻음] 밝을 소, 자세할 상, 나눌 분, 밝을 명.
[풀이] 밝고 상세하여 똑똑함.

瀟湘斑竹 (소상반죽)★

[뜻음] 강 이름 소, 강 이름 상, 무늬 반, 대 죽.
[풀이] 瀟湘(소상)에서 나는 斑竹(반죽).

瀟湘夜雨 (소상야우)★

[뜻음] 강 이름 소, 강 이름 상, 밤 야, 비 우.
[풀이] 중국 호남성 소상강 지역의, 밤에 비 오는 풍경. 소상팔경의 하나.

練裳竹笥 (소상죽사)★

[뜻음] 베 소, 치마 상, 대 죽, 상자 사.

[풀이] 베치마와 대나무 함. 여자가 시집갈 때의 혼수를 謙遜(겸손)하게 이르는 말. 또는 여자를 시집보내는 데 준비가 소홀함. 출전 後漢書(후한서).

瀟湘八景 (소상팔경)★★

[뜻음] 물 이름 소, 물 이름 상, 여덟 팔, 경치 경.
[풀이] 소수와 상수 일대에 펼쳐진 여덟 군데 아름다운 경치.

小小曲折 (소소곡절)★

[뜻음] 작을 소, 굽을 곡, 구부러질 절.
[풀이] 자질구레한 여러 가지 까닭.

昭昭明明 (소소명명)★

[뜻음] 밝을 소, 밝을 명.
[풀이] 일이 아주 환하게 밝음.

小小食放細屎 (소소식방세시)

[뜻음] 작을 소, 먹을 식, 놓을 방, 가늘 세, 똥 시.
[풀이] 적게 먹고 가는 똥 누라. 큰 이익을 탐하지 말고 절약해 쓰라는 뜻. 출전 旬五志(순오지).

掃愁帚 (소수추)★

[뜻음] 쓸 소, 근심할 수, 비 추.
[풀이] 수심, 근심하는 마음을 쓸어내는 빗자루. 술을 말함.

蔬筍之氣 (소순지기)★

[뜻음] 나물 소, 죽순 순, 갈 지, 기운 기.
[풀이] 채소나 죽순만 먹고 육식하지 않는 사람의 풍도와 기상. 흔히 승려의 기풍을 이름.

少時之過 (소시지과)★

[뜻음] 젊을 소, 때 시, 갈 지, 허물 과.
[풀이] 젊었을 적에 저지른 잘못.

消息不通 (소식불통)★

[뜻음] 사라질 소, 소식 식, 아닐 불, 통할 통.
[풀이] 소식의 왕래가 없음. 소식이 없어 전혀 알지 못함.

消息盈虛 (소식영허)★

[뜻음] 사라질 소, 숨 쉴 식, 찰 영, 빌 허.
[풀이] 시세의 변천. 세상 형편의 바뀜. 消息滿虛(소식만허). 출전 易經(역경).

燒身供養 (소신공양)★

[뜻음] 불사를 소, 몸 신, 이바지할 공, 기를 양.
[풀이] 자기 몸을 불살라 부처 앞에 바침.

少室山人索價高 (소실산인색가고)

[뜻음] 적을 소, 집 실, 뫼 산, 사람 인, 찾을 색, 값 가, 높을 고.
[풀이] 지조가 굳어 호락호락하게 응하지 아니함을 이름. 唐(당)나라 李渤(이발)이 少室山(소실산)에 隱居(은거)하였으므로 그를 가리킨 말.

小心謹愼 (소심근신)★

[뜻음] 작을 소, 마음 심, 삼갈 근, 삼갈 신.
[풀이] 대단히 조심하여 잔일에도 주의를 게을리하지 아니함. 출전 漢書(한서).

小心翼翼 (소심익익)★★

[뜻음] 작을 소, 마음 심, 날개 익.
[풀이] 대단히 조심하고 삼가는 모양. 뜻이 바뀌어 도량이 좁고 겁이 많아 벌벌 떠는 모양. 출전 詩經(시경) 大雅(대아) 大明篇(대명편).

宵壤之間 (소양지간)★

[뜻음] 하늘 소, 흙 양, 갈 지, 사이 간.
[풀이] 하늘과 땅의 차, 곧 사물이 서로 엄청나게 다름을 일컫는 말. 宵壤之差(소양지차).

霄壤之差 (소양지차)★

[뜻음] 하늘 소, 흙 양, 갈 지, 어긋날 차.
[풀이] 하늘과 땅의 차. 곧 사물이 서로 엄청나게 다름을 일컫는 말. 그 차이가 매우 심하다는 말.

逍遙散懷 (소요산회)★★★

[뜻음] 노닐 소, 멀 요, 흩을 산, 품을 회.
[풀이] 슬슬 거닐어 바람을 쐬면서 울적한 기분을 풀어 없앰.

逍遙吟詠 (소요음영)★★★

[뜻음] 노닐 소, 멀 요, 읊을 음, 읊을 영.
[풀이] 정한 곳 없이 슬슬 거닐어 돌아다니면서 나직이 시를 읊조림. 微吟緩步(미음완보).

逍遙自在 (소요자재)★★★

[뜻음] 노닐 소, 멀 요, 스스로 자, 있을 재.
[풀이] 구속됨이 없이 자유로이 슬슬 거닐어 돌아다님.

所願成就 (소원성취)★★

[뜻음] 바 소, 바랄 원, 이룰 성, 나아갈 취.
[풀이] 소원을 달성함. 원하던 바를 이룸.

宵衣旰食 (소의간식)★★

[뜻음] 밤 소, 옷 의, 해질 간, 먹을 식.
[풀이] 날이 새기 전에 일어나 옷을 입고, 해가 진 후에 늦게 저녁을 먹는다. 天子(천자)가 부지런히 政事(정사)에 힘씀. 출전 唐書(당서).

小異大同 (소이대동)★

[뜻음] 작을 소, 다를 이, 큰 대, 같을 동.
[풀이] 큰 차이가 없이 거의 같고 조금 다름.

笑而不答 (소이부답)★★★

[뜻음] 웃을 소, 어조사 이, 아닐 부, 답할 답.
[풀이] 웃기만 할 뿐 대답을 하지 않는다. 남에게 질문을 받고 대답하기 싫어하거나 곤란해할 때의 태도 悠悠自適(유유자적)한 심정의 상태.

騷人墨客 (소인묵객)★★★

[뜻음] 시끄러울 소, 사람 인, 먹 묵, 손님 객.

[풀이] 詩文(시문)과 書畵(서화)를 하는 풍류객. 시인, 문인, 화가 등의 부류. 詩文(시문) · 書畵(서화) 등을 일삼는 사람. 戰國時代(전국시대) 楚(초)나라의 憂國詩人(우국시인) 屈原(굴원)이 읊은 [離騷(이소)]에서 비롯된 말이 騷人(소인)임. 이소가 사람들에게 회자되면서 시인을 소인이라고 부르게 되었음.

小人不可作緣 (소인불가작연)

[뜻음] 작을 소, 사람 인, 아닐 불, 가할 가, 지을 작, 인연 연.
[풀이] 소인과 애는 당초 인연을 맺지 않는 것이 좋음. 출전 世說新語(세설신어).

小人之過必文 (소인지과필문)★★

[뜻음] 작을 소, 사람 인, 갈 지, 과실 과, 반드시 필, 꾸밀 문.
[풀이] 소인은 자기의 잘못을 깨달아도 고치려고 하지 않고, 도리어 그것을 합리화하려고 함. 문은 '꾸민다, 수식한다'는 말. 출전 論語(논어).

騷人之愁 (소인지수)★★

[뜻음] 떠들 소, 사람 인, 갈 지, 시름 수.
[풀이] 詩人(시인)의 고민이나 한탄. 소인은 시인을 나타낸다. 전국시대 楚(초)나라의 憂國詩人(우국시인) 屈原(굴원)이 읊은 [離騷(이소)]에서 비롯된 말이 騷人(소인)이다. 이소가 사람들에게 회자되면서 시인을 소인이라고 부르게 되었음.

小人之勇 (소인지용)★

[뜻음] 작을 소, 사람 인, 갈 지, 용기 용.
[풀이] 血氣(혈기)에서 나오는 작은 勇氣(용기). 匹夫之勇(필부지용). 출전 荀子(순자).

小人閒居爲不善 (소인한거위불선)★★★

[뜻음] 작을 소, 사람 인, 한가할 한, 살 거, 할 위, 아닐 불, 착할 선.
[풀이] 도량이 좁고 간사한 자는 스스로 자제하는 마음이 부족하여 홀로 있을 때 마음을 올바르게 지니지 못함. 출전 大學(대학).

小人革面 (소인혁면)★

[뜻음] 작을 소, 사람 인, 가죽 혁, 낯 면.
[풀이] 소인은 변화가 그다지 없으므로 단지 그 얼굴빛만을 고칠 뿐이라는 말. 출전 易經(역경) 革卦(혁괘).

笑者難測 (소자난측)★

[뜻음] 웃을 소, 놈 자, 어려울 난, 헤아릴 측.
[풀이] 언제나 웃고 있는 사람은 그 眞意(진의)가 어디에 있는지 헤아리기 어렵다는 말.

消長之數 (소장지수)★

[뜻음] 끌 소, 긴 장, 갈 지, 셀 수.
[풀이] 꺼지거나 자라나는 운수. 興亡盛衰(흥망성쇠)의 理致(이치).

蕭墻之變 (소장지변)★★

[뜻음] 맑은대쑥 소, 담 장, 갈 지, 변할 변.
[풀이] 담장 안에서의 변란. ① 침략에 의한 것이 아니라 내부에서 일어난 변사. ② 형제간의 싸움을 이르는 말.

蕭墻之患 (소장지환)★★

[뜻음] 맑은대쑥 소, 담 장, 갈 지, 근심 환.
[풀이] 형제간의 싸움. 蕭墻之變(소장지변).

小積大成 (소적대성)★

[뜻음] 적을 소, 쌓을 적, 큰 대, 이룰 성.
[풀이] 작은 것이 쌓이고 쌓여서 큰 것으로 됨. 積小成大(적소성대).

掃除天下 (소제천하)★

[뜻음] 쓸 소, 덜 제, 하늘 천, 아래 하.
[풀이] 세상의 亂(난)을 平定(평정)하는 일.

小宗大宗 (소종대종)★

[뜻음] 작을 소, 마루 종, 큰 대.
[풀이] 小宗(소종)은 大宗(대종)에서 갈라져 나간 傍系(방계), 대종은 嫡子(적자)가 계승하는 宗家(종가)를 이름. 출전 禮記(예기) 喪服小記(상복소기).

笑中有劍 (소중유검)

[뜻음] 웃을 소, 가운데 중, 있을 유, 칼 검.
[풀이] 웃음 속에 칼이 있다. 겉으로는 친절한 체하지만, 속으로는 은근히 해롭게 한다는 말.

蘇秦張儀 (소진장의)★★★

[뜻음] 깨어날 소, 진나라 진, 베풀 장, 거동 의.
[풀이] 소진과 장의. 말을 잘하는 사람을 이르는 말. 중국 戰國時代(전국시대)의 謀士(모사) 소진, 장의처럼 言辯(언변)이 좋은 사람을 가리키는 말.

小貪大失 (소탐대실)★★★

[뜻음] 작을 소, 탐낼 탐, 큰 대, 잃을 실.
[풀이] 큰 것을 탐내다가 작은 것을 잃음.

嘯風弄月 (소풍농월)★

[뜻음] 휘파람 불 소, 바람 풍, 희롱할 농, 달 월.
[풀이] 바람에 휘파람을 불고 달을 희롱한다. 자연 풍경을 玩賞(완상)함을 이르는 말.

所乏者上樑文 (소핍자상량문)★

[뜻음] 바 소, 가난할 핍, 놈 자, 위 상, 들보 량, 글월 문.
[풀이] 빠진 것이 상량문이구나. 다 갖추었으나 가장 필요한 물건이 빠지고 없음을 비유하는 말.

蕭何定律 (소하정률)★

[뜻음] 맑은대쑥 소, 어찌 하, 정할 정, 법 률.
[풀이] 중국의 명재상인 소하가 漢(한)나라의 高祖(고조)를 도와 진나라를 멸하고, 秦(진)나라 법률의 번거롭고 가혹함을 없애고 오직 9장의 법률을 정했으므로, 진나라 백성이 크게 기뻐하여 한나라에 歸復(귀복)한 옛일.

所向無敵 (소향무적)★

[뜻음] 바 소, 향할 향, 없을 무, 원수 적.
[풀이] 이르는 곳마다 적수가 없다. 매우 강하여 어디를 가나 대적할

자가 없음. 天下無敵(천하무적).

巢毀卵破 (소훼난파)

[뜻음] 둥지 소, 부서질 훼, 알 란, 깨뜨릴 파.
[풀이] 보금자리가 부서지면 알도 깨어진다는 말. 국가나 사회가 불행에 빠지면 국민들도 큰 불행을 당한다는 말.

速去千里 (속거천리)★

[뜻음] 빠를 속, 갈 거, 일천 천, 거리 리.
[풀이] 귀신을 물리칠 때 어서 멀리 가라고 쫓아버리는 뜻으로 쓰는 呪文(주문).

屬對聲律 (속대성률)★

[뜻음] 엮을 속, 대할 대, 소리 성, 법 율.
[풀이] 試業(시업)에 응하는 문장. 平仄(평측)을 配比(배비)하여 科文(과문)을 만드는 것. 屬(속)은 경전의 말을 接屬(접속) 聚合(취합)하는 것, 對(대)는 對偶(대우), 聲律(성률)은 律賦(율부).

速登者易顚 (속등자이전)

[뜻음] 빠를 속, 오를 등, 놈 자, 쉬울 이, 넘어질 전.
[풀이] 빨리 오르려 하면 엎어지기 쉽다는 뜻. 너무 재주를 피우는 자는 화를 입기 쉽다는 비유. 출전 唐書(당서) 高智周傳(고지주전).

俗物根性 (속물근성)★

[뜻음] 속될 속, 만물 물, 뿌리 근, 성품 성.
[풀이] 金錢(금전)이나 榮譽(영예)를 제일로 치는 생각이나 성질.

俗不可醫 (속불가의)★

[뜻음] 범속할 속, 아닐 불, 옳을 가, 치료할 의.
[풀이] 俗氣(속기)가 있는 사람은 濟度(제도)할 수 없음. 俗氣(속기): 고상하지 못하고 천하게 보이는 기질.

速成速敗 (속성속패)★

[뜻음] 빠를 속, 이룰 성, 패배할 패.
[풀이] 급하게 이루어진 일은 빨리 패함.

束手無策 (속수무책)★★★

[뜻음] 묶을 속, 손 수, 없을 무, 꾀 책.
[풀이] 어쩔 도리 없이 꼼짝 못함.

束脩之禮 (속수지례)★★★

[뜻음] 묶을 속, 육포 수, 갈 지, 예 례.
[풀이] 묶은 肉脯(육포)를 올리는 예의. 스승을 처음 만나 가르침을 청할 때 작은 선물을 함으로써 예절을 갖추는 것. 출전 論語(논어) 述而篇(술이편).

速戰速決 (속전속결)★★★

[뜻음] 빠를 속, 싸울 전, 정할 결.
[풀이] 싸움을 오래 끌지 않고 될 수 있는 대로 빨리 승부를 냄.

孫康映雪 (손강영설)★★

[뜻음] 손자 손, 편안할 강, 비칠 영, 눈 설.
[풀이] 孫康(손강)이 눈빛에 책을 비추어 읽었다. 고생하여 학문에 힘

씀. 오랫동안 고학함. 螢雪之功(형설지공). 출전 蒙求(몽구).

孫敬閉戶 (손경폐호)★

[뜻음] 손자 손, 공경할 경, 닫을 폐, 지게 호.
[풀이] 중국 漢(한)나라의 손경은 항상 문을 닫아걸고 글을 읽었으므로, 그때 사람들이 '폐호선생'이라고 불렀다는 옛일. 출전 蒙求(몽구).

孫龐鬪智 (손방투지)★

[뜻음] 자손 손, 클 방, 싸울 투, 지혜 지.
[풀이] 孫臏(손빈)과 龐涓(방연)이 지혜를 다투다. 서로 대등한 재능을 가진 사람 둘이 智謀(지모)를 다툼을 이름.

孫臏減竈策 (손빈감조책)★

[뜻음] 손자 손, 정강이뼈 빈, 덜 감, 부엌 조, 채찍 책.
[풀이] 齊(제)나라 손빈의 奇策(기책). 매일 적에게 欺瞞策(기만책)으로 부엌의 수를 줄여 적으로 하여금 병력이 감소한 줄로 誤認(오인)케 한 기책. 출전 史記(사기) 孫武吳起傳(손무오기전).

損上剝下 (손상박하)★

[뜻음] 덜 손, 위 상, 괴롭힐 박, 아래 하.
[풀이] 임금에게 손해를 끼치고 人民(인민)의 재물을 빼앗음.

損上益下 (손상익하)

[뜻음] 덜 손, 위 상, 이로울 익, 아래 하.
[풀이] 윗사람에게 해를 끼쳐서 나온 것으로 아랫사람에게 이롭게 함.

孫子兵法 (손자병법)★

[뜻음] 손자 손, 아들 자, 군사 병, 법 법.
[풀이] 중국 전국시대 孫武(손무)가 편찬했다고 하는 兵法書(병법서)로, 戰略(전략)과 戰術(전술)의 法則(법칙)이나 準據(준거)를 상세하게 설명한 책.

損者三樂 (손자삼요)★★

[뜻음] 덜 손, 놈 자, 석 삼, 좋아할 요.
[풀이] 몸에 해로운 세 가지를 좋아함. 驕樂(교락): 교만하고 사치를 즐김. 佚遊(일유): 편안하게 놀기를 즐기는 일. 宴樂(연락): 잔치를 베풀고 즐기기를 좋아하는 일. 출전 論語(논어).

損者三友 (손자삼우)★★

[뜻음] 덜 손, 놈 자, 석 삼, 벗 우.
[풀이] 사귀면 손해를 보는 세 가지의 해로운 벗. 편벽한 사람, 착하기는 하나 줏대가 없는 사람, 말만 잘하고 성실하지 못한 사람. 논어에 나오는 말. 사귀어 불리한 세 종류의 벗. 곧 便辟(편벽)·善柔(선유)·便佞(편녕)의 벗.

遜志時敏 (손지시민)

[뜻음] 겸손할 손, 뜻 지, 때 시, 민첩할 민.
[풀이] 謙虛(겸허)한 마음을 가지고 학문에 힘씀. 출전 書經(서경).

損下益上 (손하익상)★

[뜻음] 덜 손, 아래 하, 더할 익, 위 상.
[풀이] 아랫사람을 해롭게 하고 윗사람을 이롭게 함.

率口而發 (솔구이발)

[뜻음] 거느릴 솔, 입 구, 말 이을 이, 쏠 발.
[풀이] 입에서 나오는 대로 함부로 지껄이는 말.

率馬以驥 (솔마이기)★

[뜻음] 거느릴 솔, 말 마, 써 이, 천리마 기.
[풀이] 예사로운 말을 통솔하는 데는 준마로써 함. 대중을 지도함에 는 훌륭한 인물로써 함을 비유함.

率性之謂道 (솔성지위도)★

[뜻음] 거느릴 솔, 성품 성, 갈 지, 이를 위, 길 도.
[풀이] 사람이 천성을 지키어 행함을 도라 함. 사람이 하늘로부터 받은 그 본성에 따르는 것을 도라고 이름. 출전 中庸(중용).

率獸而食人 (솔수이식인)★

[뜻음] 거느릴 솔, 짐승 수, 말 이을 이, 먹을 식, 사람 인.
[풀이] 짐승을 거느리고 와서 사람을 잡아먹게 한다. 포악한 정치, 학정을 비유하여 이르는 말. 率獸食人(솔수식인). 출전 孟子(맹자).

率爾操觚 (솔이조고)★

[뜻음] 거느릴 솔, 너 이, 잡을 조, 술잔 고.
[풀이] 古代(고대)에 글자를 연습하던 팔각형 혹은 육각형의 나무 막대기를 觚(고)라고 했음. 모서리가 있는 술잔 觚(고)와 비슷하므로 신중지 못하고 무책임하게 문장을 짓는 행위를 이름. 당장 글을 지음. '操觚(조고)'는 詩文(시문)을 짓는 일.

率土之民 (솔토지민)★★

[뜻음] 거느릴 솔, 흙 토, 갈 지, 백성 민.
[풀이] 온 나라 안의 백성.

率土之濱 (솔토지빈)★★

[뜻음] 거느릴 솔, 흙 토, 갈 지, 물가 빈.
[풀이] 온 나라. 온 천하. 河海(하해)와 접한 육지의 모두. 率濱(솔빈). 率土(솔토). 率普(솔보). 출전 詩經(시경).

送故迎新 (송고영신)★

[뜻음] 보낼 송, 옛 고, 맞을 영, 새 신.
[풀이] 전임자를 보내고 신임자를 맞이함. 送舊迎新(송구영신). 출전 漢書(한서) 王嘉傳(왕가전).

松喬之壽 (송교지수)★★

[뜻음] 소나무 소, 높을 교, 갈 지, 목숨 수.
[풀이] 赤松子(적송자)와 王之喬(왕지교)의 壽(수). 두 사람 모두 長壽(장수)하였다고 하며 도를 닦아 신선이 되었다는 대표적 인물.

送舊迎新 (송구영신)★★

[뜻음] 보낼 송, 예 구, 맞을 영, 새 신.
[풀이] 묵은 해를 보내고 새해를 맞이함. 送故迎新(송고영신).

松菊主人 (송국주인)★

[뜻음] 소나무 송, 국화 국, 주인 주, 사람 인.
[풀이] 소나무와 국화의 주인. 시끄러운 세상일을 버리고 한적한 곳에 숨어 사는 '은둔자'를 이르는 말. 출전 唐書(당서).

松都契員 (송도계원)★

[뜻음] 소나무 송, 도읍 도, 맺을 계, 수효 원.
[풀이] 조그마한 지위나 얄팍한 세력을 믿고 남을 蔑視(멸시)하는 사람을 비유하는 말.

松都三絶 (송도삼절)★★

[뜻음] 소나무 송, 도읍 도, 석 삼, 빼어날 절.
[풀이] 조선시대 松都(송도: 개성)의 유명하고 뛰어난 존재인 서화담, 황진이, 박연폭포.

松柏之茂 (송백지무)★

[뜻음] 소나무 송, 잣나무 백, 갈 지, 무성할 무.
[풀이] 송백의 푸른빛이 변하지 않는 것처럼, 오래 번영함.

松柏之節 (송백지절)★

[뜻음] 소나무 송, 잣나무 백, 갈 지, 마디 절.
[풀이] 松柏之操(송백지조).

松柏之操 (송백지조)★

[뜻음] 소나무 송, 잣나무 백, 갈 지, 지조 조.
[풀이] 소나무와 잣나무가 사철 푸름과 같이 지조가 굳은 경우. 松柏之節(송백지절). 출전 南史(남사).

松栢之質 (송백지질)★

[뜻음] 소나무 송, 측백나무 백, 갈 지, 바탕 질.
[풀이] 소나무와 잣나무가 굳건한 것처럼 몸이 튼튼함을 스스로 이르는 말. 또는 건강한 체질을 이름. 출전 世說新語(세설신어).

宋襄之仁 (송양지인)★★★

[뜻음] 송나라 송, 도울 양, 갈 지, 어질 인.
[풀이] 송나라 양공의 어짊.

《左傳(좌전)》에 나오는 말이다.
春秋時代(춘추시대) 宋(송)나라 襄公(양공)은 楚(초)나라와 싸움이 일어났을 때 아들 目夷(목이)가 초나라의 허점을 공격하자고 하였다.
"적이 강을 반쯤 건너왔을 때를 타서 공격을 가하면 적은 수로 많은 적을 이길 수 있습니다."
"그건 정정당당한 싸움이 될 수 없다. 정정당당하게 싸워 이기지 못한다면 어떻게 참다운 覇者(패자)가 될 수 있겠는가?"
초나라 군사가 진을 벌리고 있을 때 또 목이가 말했다.
"적이 진을 미처 다 벌이기 전에 이를 치면 적을 혼란에 빠뜨릴 수가 있습니다."
양공이 말했다. "군자는 사람이 어려운 때 괴롭히지 않는다" 하고 말을 듣지 않았다. 결국 송나라는 크게 패했다.
이 일로 인해 이 말은 남에게 비웃음을 받게 된 어짊을 나타낸다. 어리석은 사람의 잠꼬대 같은 名分論(명분론)을 비웃어 하는 말이다.

ㅅ

送往迎來 (송왕영래)★

[뜻음] 보낼 송, 갈 왕, 맞을 영, 올 래.
[풀이] 떠나가는 사람을 환송하고 오는 사람을 迎接(영접)함.

松竹大節 (송죽대절)★★★

[뜻음] 소나무 송, 대 죽, 큰 대, 마디 절.
[풀이] 소나무와 대나무 같은 굳은 절개. 삼봉 정도전이 경상도 사람들을 평한 말. '泥田鬪狗(니전투구)'를 보시오.

松竹梅 (송죽매)★

[뜻음] 소나무 송, 대 죽, 매화나무 매.
[풀이] 추위를 견디는 나무인 소나무, 대나무, 매화, 이 셋을 '歲寒三友(세한삼우)'라 함.

松竹之節 (송죽지절)★

[뜻음] 소나무 송, 대 죽, 갈 지, 마디 절.
[풀이] 소나무같이 꿋꿋하고 대나무같이 곧은 절개.

松風蘿月 (송풍나월)★★

[뜻음] 솔 송, 바람 풍, 담쟁이덩굴 라, 달 월.
[풀이] 솔가지 사이로 부는 바람과 담쟁이덩굴 사이로 비치는 달.

碎骨粉身 (쇄골분신)★★

[뜻음] 부술 쇄, 뼈 골, 가루 분, 몸 신.
[풀이] 뼈가 부서지고 몸이 가루가 되도록 애씀. 粉身碎骨(분신쇄골).

灑落奇異 (쇄락기이)★★

[뜻음] 씻을 쇄, 떨어질 락, 기이할 기, 다를 이.
[풀이] 기분이나 마음이 깨끗하고 남다름.

曬書曝衣 (쇄서포의)★★★

[뜻음] 볕 쬘 쇄, 글 서, 햇볕 쬘 포, 옷 의.
[풀이] 칠석날에, 장마에 축축해진 책이나 옷 등을 햇볕에 쬐던 일. 曝(폭)은 '폭이나 포'. 曬書胞衣(새서포의).

灑掃應對 (쇄소응대)★★★

[뜻음] 씻을 쇄, 쓸 소, 응할 응, 대할 대.
[풀이] 물을 뿌리고 비질을 하며 윗사람의 부름에 응답하는 일. 年少者(연소자)가 하는 일. 출전 小學(소학).

碎首灰塵 (쇄수회진)

[뜻음] 부술 쇄, 머리 수, 재 회, 티끌 진.
[풀이] 머리를 부서뜨려 재와 티끌을 만든다. 온 정성과 노력을 다함을 이름. 출전 三國史記(삼국사기) 卷第七(권제칠) 新羅本紀(신라본기).

洒洒落落 (쇄쇄낙락)★

[뜻음] 물 뿌릴 쇄, 떨어질 락.
[풀이] 洒落(쇄락)한 모양. 시원하고 상쾌한 모양.

碎身粉骨 (쇄신분골)★

[뜻음] 부술 쇄, 몸 신, 가루 분, 뼈 골.
[뜻음] 정성으로 노력함을 이르는 말. 碎骨粉身(쇄골분신). 粉身碎骨(분신쇄골).

隨駕隱士 (수가은사)★★★

[뜻음] 따를 수, 가마 가, 숨을 은, 선비 사.
[뜻음] 車駕(거가: 임금이 타는 수레)를 따르는 隱士(은사). 산중에 있으면서도 항상 벼슬할 것을 꿈꾸는 사람을 조롱하여 이르는 말. 출전 唐書(당서).

數間斗屋 (수간두옥)★

[뜻음] 여러 수, 틈 간, 말 두, 집 옥.
[풀이] 몇 칸 안 되는 작은 집. 아주 작은 집을 이르는 말.

數間茅屋 (수간모옥)★★

[뜻음] 여러 수, 사이 간, 띠 모, 집 옥.
[풀이] 몇 칸 안 되는 작은 초가. 草家三間(초가삼간).

數間草屋 (수간초옥)★★

[뜻음] 여러 수, 사이 간, 풀 초, 집 옥.
[풀이] 몇 칸 안 되는 작은 草家(초가).

裋褐不完 (수갈불완)★

[뜻음] 해진 옷 수, 베옷 갈, 아닐 불, 완전할 완.
[풀이] 해진 옷도 갖추지 못함. 極貧(극빈)함. 출전 漢書(한서).

數車無車 (수거무거)★

[뜻음] 여러 수, 수레 거, 없을 무.
[풀이] 뒤턱나무 軫(진), 바퀴 輪(륜), 바퀴살 輻(폭), 차체 輿(여) 따위가 모여서 하나의 수레를 이루지만, 하나하나 이것을 살피면 모두 부분일 뿐, 마침내 수레라고 일컬을 만한 것이 없음. 그 없는 것이 곧 수레인 所以(소이)로, '무'란 用(용)이 있는 곳임을 밝힌 말. 출전 老子(노자).

水鏡無私 (수경무사)★★

[뜻음] 물 수, 거울 경, 없을 무, 사사로울 사.
[풀이] 늘 수평을 유지하는 맑은 물과 물체의 형상을 있는 그대로 비추는 거울처럼 私心(사심) 없이 공평함을 비유하는 말.

水鏡之人 (수경지인)★★

[뜻음] 물 수, 거울 경, 갈 지, 사람 인.
[풀이] 늘 수평을 유지하는 맑은 물과 물체의 형상을 있는 그대로 비추는 거울처럼 사심 없이 공평하여 남의 師表(사표)가 되는 사람. 맑고 총명한 사람.

垂拱之治 (수공지치)★★

[뜻음] 드리울 수, 팔짱 낄 공, 갈 지, 다스릴 치.
[풀이] 옷소매를 늘어뜨리고 팔짱을 끼고 다스린다. 일부러 하지 않고 자연에 맡기는 정치. 출전 書經(서경).

垂拱之化 (수공지화)★★

[뜻음] 드리울 수, 팔짱 낄 공, 갈 지, 될 화.
[풀이] 爲政者(위정자)의 德(덕)에 의하여 백성이 착해져서 政事(정사)가 자연히 잘됨. 垂拱(수공)이란 팔짱을 끼고 아무 일도 하지 아니함을 나타냄.

受袴下辱 (수과하욕)★

[뜻음] 받을 수, 사타구니 과, 아래 하, 욕될 욕.
[풀이] 사타구니를 지나는 치욕을 감수한 韓信(한신)의 고사. '袴下辱(과하욕)'을 보시오.

羞愧無面 (수괴무면)

[뜻음] 부끄러울 수, 부끄러울 괴, 없을 무, 낯 면.
[풀이] 부끄럽고 창피스러워 볼 낯이 없음.

守口如瓶 (수구여병)★

[뜻음] 지킬 수, 입 구, 같을 여, 병 병.
[풀이] 병에 마개를 꼭 막듯이 입을 다문다. 말을 대단히 삼감.

首丘初心 (수구초심)★★★

[뜻음] 머리 수, 언덕 구, 처음 초, 마음 심.
[풀이] 여우가 죽을 때, 제 살던 언덕 쪽으로 머리를 둔다는 이야기에서, 고향을 그리워하는 마음을 비유하는 말. 출전 禮記(예기).

獸窮則齧 (수궁즉설)★

[뜻음] 짐승 수, 궁할 궁, 곧 즉, 물 설.
[풀이] 짐승은 窮地(궁지)에 몰리면 문다는 뜻으로 사람은 궁하면 거짓말을 한다는 비유. 출전 韓詩外傳(한시외전).

修己不責人 (수기불책인)★★

[뜻음] 닦을 수, 자기 기, 아닐 불, 책할 책, 타인 인.
[풀이] 자기 몸을 수양하고 다른 사람의 缺點(결점)을 책망하지 않음. 출전 좌전.

修己而不責人則免於難 (수기이불책인즉면어난)

[뜻음] 닦을 수, 자기 기, 어조사 이, 아닐 불, 책망할 책, 사람 인, 곧 즉, 면할 면, 어조사 어, 어려울 난.
[풀이] 자기 몸을 잘 닦아 남의 잘못을 꾸짖지 않으면 곧 危難(위난)에서 벗어날 수 있음. 출전 春秋左氏傳(춘추좌씨전).

水能載舟又覆舟 (수능재주우복주)★★

[뜻음] 물 수, 능할 능, 실을 재, 배 주, 또 우, 뒤엎을 복.
[풀이] 물은 배를 띄우기도 하고 顚覆(전복)시키기도 한다는 뜻으로 백성도 군주가 善政(선정)을 베풀면 推仰(추앙)하여 사모하고, 惡政(악정)을 행하면 怏心(앙심)을 품고 해치고자 한다는 말. 출전 荀子(순자).

誰能出不由戶 (수능출불유호)★

[뜻음] 누구 수, 능할 능, 날 출, 아닐 불, 말미암을 유, 출입구 호.
[풀이] 누가 능히 지게문을 거치지 않고 출입할 수 있으리오. 道(도)는 마치 지게문과 같은 것인데 어찌하여 사람들은 이 도를 따르지 않는고! 孔子(공자)가 개탄한 말. 출전 論語(논어).

樹德務滋 (수덕무자)★

[뜻음] 나무 수, 덕 덕, 힘쓸 무, 불을 자.
[풀이] 德(덕)을 심어 가꾸는 데 끊임없이 번성하여야 한다. 항상 덕을 쌓아야 한다는 말. 출전 書經(서경).

修德昌盛 (수덕창성)★

[뜻음] 닦을 수, 덕 덕, 창성할 창, 담을 성.
[풀이] 덕을 닦아 크게 번성함.

殊塗同歸 (수도동귀)★

[뜻음] 다를 수, 길 도, 같을 동, 돌아갈 귀.
[풀이] 가는 길은 다르나 돌아가는 바는 같음. 출전 易經(역경).

水到魚行 (수도어행)★

[뜻음] 물 수, 이를 도, 물고기 어, 다닐 행.
[풀이] 물이 흘러오면, 고기가 그 물속으로 다닌다는 뜻으로, 무슨 일이건 때가 오면 저절로 이루어진다는 말.

垂頭喪氣 (수두상기)★

[뜻음] 드리울 수, 머리 두, 죽을 상, 기운 기.
[풀이] 근심걱정으로 고개가 숙고 맥이 풀림. 풀이 죽고 기세가 완전히 꺾임.

垂頭失氣 (수두실기)★

[뜻음] 드리울 수, 머리 두, 잃을 실, 기운 기.
[풀이] 기력이 쇠함을 이름. 垂頭喪氣(수두상기). 출전 唐書(당서).

水落石出 (수락석출)★

[뜻음] 물 수, 떨어질 락, 돌 석, 날 출.
[풀이] 물이 빠져 밑바닥의 돌이 드러난다. 일의 黑幕(흑막)이 걷히고 나면 眞相(진상)이 드러나기 마련이다. 출전 소식의 [후적벽부].

垂簾之政 (수렴지정)★

[뜻음] 드리울 수, 발 렴, 갈 지, 정사 정.
[풀이] 발을 드리우고 하는 정치. 곧 황태후 등이 天子(천자)를 대신하여 하는 정치. 垂簾聽政(수렴청정).

垂簾聽政 (수렴청정)★★★

[뜻음] 드리울 수, 발 렴, 들을 청, 정사 정.
[풀이] 왕대비가 신하를 대할 때는 그 앞에 발을 늘이던 데서 생긴 말. 임금이 어린 나이에 즉위하였을 때 太皇(태황), 太后(태후), 皇太后(황태후) 등이 대신 執政(집정)하는 일. 출전 漢書(한서).

水陸萬里 (수륙만리)★

[뜻음] 물 수, 뭍 륙, 만 만, 마을 리.
[풀이] 바다와 육지를 사이에 두고 서로 멀리 떨어짐.

水陸珍味 (수륙진미)★★★

[뜻음] 물 수, 뭍 륙, 보배 진, 맛 미.
[풀이] 바다와 육지에서 나는 온갖 맛있는 음식물. 비슷한 말로는 膏粱珍味(고량진미), 山海珍味(산해진미), 珍羞盛饌(진수성찬), 水陸珍饌(수륙진찬) 등이 있음.

水陸珍饌 (수륙진찬)★

[뜻음] 물 수, 뭍 육, 보배 진, 반찬 찬.
[풀이] 바다와 육지에서 나는 온갖 진귀한 반찬.

受命於天 (수명어천)★

[뜻음] 받을 수, 목숨 명, 어조사 어, 하늘 천.
[풀이] 천명을 받았다. 왕위에 오름을 말함.

受命如絲 (수명여사)★

[뜻음] 받을 수, 명령 명, 같을 여, 실 사.
[풀이] 왕명은 처음 나올 때는 실같이 가늘지만 이를 밖에서 시행하여 넓히면 커짐.

受命延長 (수명연장)★

[뜻음] 받을 수, 목숨 명, 끌 연, 길 장.
[풀이] 長生(장생)을 이름. 출전 論衡(논형).

壽命長壽 (수명장수)★

[뜻음] 목숨 수, 목숨 명, 긴 장, 목숨 수.
[풀이] 목숨이 길어 오래도록 삶.

垂名竹帛 (수명죽백)★

[뜻음] 드리울 수, 이름 명, 대 죽, 비단 백.
[풀이] 이름이 역사책에 실려 후세에 길이 전하여짐. 竹帛(죽백)이란 기록하는 물건인 대와 비단. '功名垂竹帛(공명수죽백)'을 보시오. 출전 後漢書(후한서).

受命之君 (수명지군)

[뜻음] 받을 수, 목숨 명, 갈 지, 임금 군.
[풀이] 천명을 받아 제위에 오른 임금. 출전 史記(사기).

手舞足蹈 (수무족도)★

[뜻음] 손 수, 춤출 무, 발 족, 뛸 도.
[풀이] 손이 춤추고 발이 뛴다. 몹시 좋아서 뜀. 춤을 춤. 출전 孟子(맹자) 離婁(이루).

隨問隨答 (수문수답)

[뜻음] 따를 수, 물을 문, 대답할 답.
[풀이] 묻는 대로 거침없이 대답함.

手勿雜戱 (수물잡희)★

[뜻음] 손 수, 말 물, 섞일 잡, 놀 희.
[풀이] 손으로 잡스러운 놀이를 하지 말라. 수업을 할 때 학생들은 손으로 무엇을 잡고 놀지 말라는 말.

須彌內芥中 (수미내개중)★

[뜻음] 모름지기 수, 두루 미, 넣을 내, 겨자 개, 가운데 중.
[풀이] 큰 수미산을 조그마한 겨자 속에 넣음. 곧 우주의 진리는 大小(대소)를 초월함을 이름.

首尾相救 (수미상구)★

[뜻음] 머리 수, 꼬리 미, 서로 상, 구원할 구.
[풀이] 首尾相應(수미상응). 출전 戰國策(전국책).

首尾相衛 (수미상위)★

[뜻음] 머리 수, 꼬리 미, 서로 상, 지킬 위.
[풀이] 머리와 꼬리가 서로 호응하여 防衛(방위)함. 首尾相應(수미상응).

首尾相應 (수미상응)★★★

[뜻음] 머리 수, 꼬리 미, 서로 상, 응할 응.
[풀이] 常山(상산)의 뱀은 머리를 치면 꼬리가 오고, 꼬리를 치면 머리가 오며, 몸 중간을 치면 머리와 꼬리가 함께 이른다는 데서, 左右(좌우)前後(전후)가 서로 응함.

首尾相接 (수미상접)★

[뜻음] 머리 수, 꼬리 미, 서로 상, 사귈 접.
[풀이] 서로 이어서 끊이지 아니함.

首尾完備 (수미완비)★

[뜻음] 머리 수, 꼬리 미, 완전할 완, 갖출 비.
[풀이] 처음부터 끝까지 완전히 구비함.

數米而炊 (수미이취)

[뜻음] 셀 수, 쌀 미, 말 이을 이, 밥 지을 취.
[풀이] 쌀알을 세어서 밥을 지음. 곧 하는 짓이 번거롭고 잘달아서 보람이 적음. 출전 莊子(장자).

首尾一貫 (수미일관)★★

[뜻음] 머리 수, 꼬리 미, 한 일, 꿸 관.
[풀이] 처음부터 끝까지 변함없이 일을 해 나아감.

隨髮黃落 (수발황락)★

[뜻음] 따를 수, 터럭 발, 누를 황, 떨어질 락.
[풀이] 수염과 머리털이 세어 빠진다. 늙어서 쇠약해짐.

隨方就圓 (수방취원)★

[뜻음] 따를 수, 모 방, 나아갈 취, 둥글 원.
[풀이] 네모난 방형에나 둥근 원형에나 다 들어맞는다. 여러 방면으로 융통성이 있거나 잘 적응함.

壽福康寧 (수복강녕)★★★

[뜻음] 목숨 수, 복 복, 편안할 강, 편안할 녕.
[풀이] 몸이 건강하고 편안하게 오래 삶.

壽福富貴 (수복부귀)★

[뜻음] 장수할 수, 복 복, 가멸 부, 귀할 귀.
[풀이] 長壽(장수)와 복과 부유함과 귀함.

壽富多男子 (수부다남자)★★

[뜻음] 장수 수, 가멸 부, 많을 다, 사내 남, 아들 자.
[풀이] 오래 살고 살림이 매우 넉넉하고 아들이 많음. 출전 莊子(장자).

手不釋卷 (수불석권)★★★

[뜻음] 손 수, 아닐 불, 놓을 석, 책 권.
[풀이] 손에서 책을 놓지 않는다. 늘 글을 읽음. 출전 三國志(삼국지) 吳志(오지).

嫂不爲炊 (수불위취)★

[뜻음] 형수 수, 아닐 불, 할 위, 밥 지을 취.
[풀이] 兄嫂(형수)가 밥을 해주지 않는다. '妻不下機嫂不爲炊(처불하기수불위취)'를 보시오.

殊死奮鬪 (수사분투)★

[뜻음] 정할 수, 죽을 사, 떨칠 분, 싸울 투.
[풀이] 죽기를 결심하고 있는 힘을 다하여 싸움.

收司連坐 (수사연좌)★

[뜻음] 거둘 수, 맡을 사, 이을 연, 앉을 좌.
[풀이] 남의 죄에 걸려듦. 連坐(연좌).

洙泗之風 (수사지풍)★★★

[뜻음] 물 이름 수, 물 이름 사, 갈 지, 바람 풍.
[풀이] 孔子(공자)의 가르침. 공자의 고향이 수수와 사수 근방이어서 생긴 말.

壽山福海 (수산복해)★★

[뜻음] 목숨 수, 뫼 산, 복 복, 바다 해.
[풀이] 수명은 산과 같고 복은 바다만큼 받는다. 長壽(장수)를 비는 말. 사람의 장수를 축하하는 말.

秀色可燦 (수색가찬)

[뜻음] 빼어날 수, 빛 색, 옳을 가, 빛날 찬.
[풀이] 빛의 아름다움을 極言(극언)한 것. 출전 侍兒小名錄(시아소명록).

愁色滿面 (수색만면)★★★

[뜻음] 근심 수, 빛 색, 가득 찰 만, 얼굴 면.
[풀이] 근심스런 빛이 얼굴에 가득함.

首鼠滿懷 (수서만회)★

[뜻음] 근심 수, 실마리 서, 찰 만, 품을 회.
[풀이] 어느 쪽으로도 결정짓지 못하고 의심하여 망설이는 일. 쥐는 본디 의심이 많아, 구멍에서 머리를 내밀고는 바깥 형편을 엿보아, 나갈까 말까를 결정하지 못하는 데서 비유된 말. 一說(일설)에는 進退(진퇴)의 뜻 또는 躊躇(주저)의 뜻.

首鼠兩端 (수서양단)★★★

[뜻음] 머리 수, 쥐 서, 두 량, 끝 단.
[풀이] 쥐가 구멍에서 머리만 내밀고 요리조리 엿봄. 進退(진퇴)나 去就(거취)를 결단하지 못하고 관망하고 있는 상태.

'首鼠(수서)'는 머리를 구멍으로 내밀고 있는 쥐를 말한다. '兩端(양단)'은 반대되는 두 끝을 말한다. 쥐가 구멍에서 머리를 내밀고 밖으로 나올까 안으로 들어갈까 형편을 살피고 있는 것이다.
≪史記(사기)≫ 魏其武安列傳(위기무안열전)에 나오는 이야기이다.
한무제 때 外戚(외척) 魏其侯(위기후) 竇嬰(두영)의 편을 들던 장군 灌夫(관부)가 홀로 위기후를 감싸고 있을 때 田蚡(전분)은 관부의 실수를 빌미로 옥에 가두고 그에게 불경죄와 여러 죄를 씌어 관부를 사형에 처하고 가족까지 몰살하려 했으나 위기가 무제에게 상소를 올려 관부의 처리가 조신들의 공론에 처해졌다. 이때 어사대부 韓安國

(한안국)이 천자의 裁斷(재단)에 맡겨야 한다고 奏請(주청)하자 한무제는 신하들의 어정쩡한 태도를 보고 토론을 중단해 버렸다. 조정에서 물러나온 무안이 어사대부 한안국을 자기 수레에 태우고 돌아오며 꾸짖었다.
"그대와 함께 대머리 늙은이를 해치우려 했었는데, 어째서 首鼠兩端(수서양단)의 태도를 취한단 말인가."

繡蓆錦屛 (수석금병)

[뜻음] 수놓을 수, 자리 석, 비단 금, 병풍 병.
[풀이] 수를 놓아 만든 방석과 비단 병풍.

漱石枕流 (수석침류)★★★

[뜻음] 양치질 수, 돌 석, 베개 침, 흐를 류.
[풀이] 돌로 양치질하고 흐르는 물을 베개 삼는다고 잘못 말하고서도 억지로 옳다고 그럴 듯이 꾸며댄다는 故事(고사)로서, 勝癖(승벽)이 지나쳐서 마구 우겨대는 경우를 말함.

≪晉書(진서)≫에 나오는 이야기이다.
晉(진: 265~317)나라 초엽, 馮翊太守(풍익태수)를 지낸 孫楚(손초)가 벼슬길에 나가기 전, 젊었을 때의 일이다. 당시 사대부 간에는 속세의 도덕·名聞(명문)을 경시하고 老莊(노장)의 哲理(철리)를 중히 여겨 담론하는 이른바 淸談(청담)이 유행하던 때였다. 그래서 손초도 竹林七賢(죽림칠현)처럼 속세를 떠나 산림에 은거하기로 작정하고 어느 날 친구인 王濟(왕제)에게 흉금을 털어놓았다.
이때 '돌을 베개 삼아 눕고, 흐르는 물로 양치질하는 생활을 하고 싶다[枕流漱石]'고 해야 할 것을, 반대로 '돌로 양치질하고, 흐르는 물로 베개로 삼겠다[漱石枕流]'고 잘못 말했다. 왕제가 웃으며 실언임을 지적하자 자존심이 강한데다가 文才(문재)까지 뛰어난 손초는 서슴없이 이렇게 강변했다.
"흐르는 물을 베개로 삼겠다는 것은 옛날 隱士(은사)인 許由(허유)와 같이 쓸데없는 말을 들었을 때 귀를 씻기 위해서이고, 돌로 양치질한다는 것은 이를 닦기 위해서라네."
곧 엉터리를 인정하려 들지 않고 억지를 쓴다든지 억지로 발라 맞춰 발뺌을 한다든지 남에게 지기 싫어서 좀처럼 체념을 아니하고 억지가 센 경우를 나타낸다.

首善之地 (수선지지)★★★

[뜻음] 머리 수, 착할 선, 갈 지, 땅 지.
[풀이] 다른 곳보다 더 나은 곳 또는 그런 지위. '서울'이나 또는 '옛 성균관'을 이르는 말. 京師(경사), 天子(천자)의 서울. 출전 史記(사기).

垂成之業 (수성지업)★

[뜻음] 드리울 수, 이룰 성, 갈 지, 일 업.
[풀이] 자손에게 뒤를 이어 이루게 하는 일.

守成之主 (수성지주)★★

[뜻음] 지킬 수, 이룰 성, 갈 지, 임금 주.
[풀이] 創業(창업)의 뒤를 이어 基礎(기초)를 굳게 지키는 君主(군주).

袖手傍觀 (수수방관)★★★

[뜻음] 소매 수, 손 수, 곁 방, 볼 관.
[풀이] 손을 소매에 넣고 곁에서 바라봄. 응당 해야 할 일에 아무런 干與(간여)도 하지 않고 그대로 버려 둠.

水隨方圓器 (수수방원기)★★

[뜻음] 물 수, 따를 수, 모 방, 둥글 원, 그릇 기.
[풀이] 물은 그것을 넣는 그릇에 따라 네모지게도 되고 동그랗게도 된다는 뜻으로, 백성은 임금의 善惡(선악)에 感化(감화)되어 착하게도 되고 악하게도 됨을 비유하는 말. 또, 사람은 사귀는 벗의 影響(영향)을 받는다는 비유로도 쓰임. 백성의 선악은 임금의 선악을 따른다는 비유. 출전 韓非子(한비자).

囚首喪面 (수수상면)★

[뜻음] 가둘 수, 머리 수, 죽을 상, 낯 면.
[풀이] 罪囚(죄수)처럼 머리를 빗지 아니하고 喪主(상주)와 같이 洗手(세수)를 하지 않아, 陋醜(누추)한 容貌(용모).

隨時變通 (수시변통)★★

[뜻음] 따를 수, 때 시, 변할 변, 통할 통.
[풀이] 그때그때마다 형편에 따라 변하는 대로 일을 처리함.

隨時變化 (수시변화)★★

[뜻음] 따를 수, 때 시, 변할 변, 될 화.
[풀이] 때에 따라 바뀜. 출전 論衡(논형).

隨時順應 (수시순응)★

[뜻음] 따를 수, 때 시, 순할 순, 응할 응.
[풀이] 무슨 일이든지 때와 형편에 맞추어 함.

隨時應變 (수시응변)★

[뜻음] 따를 수, 때 시, 응할 응, 변할 변.
[풀이] 그때그때 변하는 대로 따라 함. 隨時處變(수시처변).

修飾邊幅 (수식변폭)★★★

[뜻음] 닦을 수, 꾸밀 식, 가장자리 변, 너비 폭.
[풀이] 옷의 가장자리를 장식하듯이 쓸데없는 허세 허식을 말함. 출전 後漢書(후한서) 馬援傳(마원전).

修身齊家 (수신제가)★★★

[뜻음] 닦을 수, 몸 신, 가지런할 제, 국가 가.
[풀이] 몸과 마음을 닦아 수양하고 國家(국가)를 다스림. 家는 집안보다는 국가나 집단에 해당되는 말임.

修身齊家治國平天下 (수신제가치국평천하)★★★

[뜻음] 닦을 수, 몸 신, 가지런할 제, 국가 가, 다스릴 치, 나라 국, 평평할 평, 하늘 천, 아래 하.
[풀이] 몸과 마음을 닦아 수양하고 집단을 가지런하게 하며 나라를 다스리고 천하를 평한다. 출전 大學(대학).

手實法 (수실법)

[뜻음] 손 수, 열매 실, 법 법.
[풀이] 人民(인민)의 재산을 일일이 조사하여 상부에 進達(진달)하는 법. 출전 唐六典(당육전).

水深而魚娶 (수심이어취)★

[뜻음] 물 수, 깊을 심, 말 이을 이, 고기 어, 모을 취.
[풀이] 물이 깊으면 고기가 모여든다. 덕이 높은 군자에게는 사람들이 스스로 모여듦을 비유하여 이르는 말.

守約施博 (수약시박)★

[뜻음] 지킬 수, 묶을 약, 베풀 시, 넓을 박.
[풀이] 지키는 바는 簡略(간략)한데 이를 시행하면 무슨 일이든지 통함. 출전 孟子(맹자).

水魚之交 (수어지교)★★★

[뜻음] 물 수, 고기 어, 갈 지, 사귈 교.
[풀이] 물과 물고기의 사귐. 아주 친하여 떨어질 수 없는 사이. 임금과 신하의 친밀함. 부부의 화목함. 水魚之親(수어지친). 물과 물고기의 사귐. 아주 친하여 떨어질 수 없는 사이. 임금과 신하의 친밀함. 부부의 화목함. 水魚之親(수어지친).

　　≪三國志(삼국지)≫ 志(촉지) 諸葛亮傳 (제갈량전)에 나오는 이야기이다.
　　蜀漢(촉한)의 劉玄德(유현덕)이 諸葛亮(제갈량)을 만난 후 사이가 지나치게 친밀해 보이자 關羽(관우)와 張飛(장비) 등 武將(무장)들이 현덕의 태도에 불만을 품자 유현덕이 무장들에게,
　　"내가 공명을 가졌다는 것은 물고기가 물을 가진 것과 같다. 제군들은 다시는 아무 말도 하지 말아주게"라고 말했다.
　　그렇게 잠시도 떨어져 살 수 없는 친밀한 사이를 水魚之交(수어지교)나 魚水之親(어수지친)이니 하고 말한다. 魚水之樂(어수지락)이라고 했을 때는 부부와 남녀 사이의 사랑을 뜻하게 된다. 비슷한 말로는 '管鮑之交(관포지교), 膠漆之交(교칠지교), 金石之交(금석지교), 斷金之交(단금지교), 刎頸之交(문경지교)' 등이 있다.

數魚混水 (수어혼수)★

[뜻음] 여러 수, 고기 어, 섞을 혼, 물 수.
[풀이] 나쁜 사람 하나가 많은 사람에게 좋지 않은 영향을 주어 못쓰게 만든다는 것을 이르는 말. 악한 것은 조그마한 것이라도 곧 퍼진다는 말.

羞與噲等伍 (수여쾌등오)★

[뜻음] 부끄러워할 수, 줄 여, 목구멍 쾌, 무리 등, 대오 오.
[풀이] 번쾌와 같은 대오에 있다니 부끄럽다. 중국 漢(한)나라의 韓信(한신)이 번쾌와 더불어 같은 항오에 서게 된 것을 한탄한 말로, 범용한 사람들과 사귀는 것을 부끄럽게 여긴다는 뜻.

羞惡之心 (수오지심)★★

[뜻음] 부끄러울 수, 미워할 오, 갈 지, 마음 심.
[풀이] 孟子(맹자)의 四端(사단) 중 하나로, 자기의 잘못을 부끄러워할 줄 알고 남의 착하지 못함을 미워하는 모양. '四端(사단)'을 보시오. 출전 孟子(맹자).

秀外而惠中 (수외이혜중)

[뜻음] 빼어날 수, 바깥 외, 말 이을 이, 은혜 혜, 가운데 중.
[풀이] 風采(풍채)가 뛰어나고 마음이 慧敏(혜민)함.

壽夭長短 (수요장단)★★★

[뜻음] 장수 수, 어릴 요, 긴 장, 짧을 단.
[풀이] '수요'를 강조하여 이르는 말. 오래 삶과 일찍 죽음.

壽辱多 (수욕다)★★

[뜻음] 목숨 수, 욕 욕, 많을 다.
[풀이] 오래 살면 욕됨이 많음. 壽則多辱(수즉다욕). 출전 莊子(장자) 天地篇(천지편).

樹欲靜而風不止 (수욕정이풍부지)★★★

[뜻음] 나무 수, 하고자 할 욕, 고요할 정, 어조사 이, 바람 풍, 아닐 부, 그칠 지.
[풀이] 나무는 고요하게 있고 싶어 하나 바람은 그치지 않아 움직이게 한다. 子欲養而親不待(자욕양이친부대)와 대를 이룸. 子欲養而親不待는 자식이 어버이를 봉양하고자 하나 어버이는 이미 돌아가 이 세상에 없음을 이름. 출전 韓詩外傳(한시외전).

水湧石出 (수용석출)★

[뜻음] 물 수, 샘솟을 용, 돌 석, 날 출.
[풀이] 詩文(시문)을 짓는 재주가 비상함을 비유하는 말. 湧(용)은 용솟음친다는 말.

隨友適江南 (수우적강남)★

[뜻음] 따를 수, 벗 우, 갈 적, 강 강, 남녘 남.
[풀이] 친구 따라 강남 간다. ① 친구를 좋아하면 먼 곳이라도 피로를 잊고 따라간다. ② 자기는 하고 싶지 않으나 남에게 끌려서 덩달아 하게 되는 경우를 이르는 말. 출전 旬五志(순오지).

垂于竹帛 (수우죽백)★

[뜻음] 드리울 수, 어조사 우, 대나무 죽, 비단 백.
[풀이] 이름을 역사에 남김. '공명수죽백'을 보시오. 출전 史記(사기).

誰怨誰咎 (수원수구)★★

[뜻음] 누구 수, 원망할 원, 탓할 구.
[풀이] 남을 원망하거나 탓할 것이 없음. 모두가 자신의 탓임. 誰怨孰尤(수원숙우). 伯仁由我而死(백인유아이사).

誰怨孰尤 (수원숙우)★

[뜻음] 누구 수, 원망할 원, 누구 숙, 더욱 우.
[풀이] 誰怨誰咎(수원수구).

水月鏡花 (수월경화)★

[뜻음] 물 수, 달 월, 거울 경, 꽃 화.

[풀이] 물에 비친 달과 거울에 비친 꽃. 볼 수는 있어도 손으로 잡을 수 없는 것을 이르는 말.

雖有萬死 (수유만사)★

[뜻음] 비록 수, 있을 유, 만 만, 죽을 사.
[풀이] '비록 만 번 죽는 일이 있더라도'의 뜻.

雖有絲麻無棄菅蒯 (수유사마무기관괴)★★

[뜻음] 비록 수, 있을 유, 실 사, 삼 마, 없을 무, 버릴 기, 골풀 관, 황모 괴.
[풀이] 絲麻(사마)와 菅蒯(관괴)는 신을 삼는 데 쓰는 섬유. 신 삼을 때엔 上品(상품)의 사마가 있더라도 下品(하품)의 관괴를 버려서는 안 된다는 뜻으로, 精細(정세)한 것이 있더라도 賤(천)한 것, 거친 것을 버려서는 아니 됨을 이름. 출전 春秋左氏傳(춘추좌씨전).

雖有鎡基不如待時 (수유자기불여대시)★

[뜻음] 비록 수, 있을 유, 호미 자, 터 기, 아닐 불, 같을 여, 기다릴 대, 때 시.
[풀이] 비록 호미가 있어도 때를 기다림만 같지 못하다. 훌륭한 지혜를 가졌다 하더라도 때가 오지 않으면 功名(공명)을 이룰 수 없다는 것. 鎡基(자기)는 農具(농구). 즉 호미. 출전 孟子(맹자) 公孫丑上篇(공손추상편).

雖有智者不能其後 (수유지자불능기후)

[뜻음] 비록 수, 있을 유, 슬기 지, 놈 자, 아닐 불, 능할 능, 그 기, 뒤 후.
[풀이] 처음에 잘못하면 나중에 가서 아무리 잘해 봐도 소용없다는 뜻. 출전 孫子(손자) 作戰篇(작전편).

受恩罔極 (수은망극)★

[뜻음] 받을 수, 은혜 은, 없을 망, 다할 극.
[풀이] 입은 은혜가 그지없음.

繡衣夜行 (수의야행)★★

[뜻음] 비단 수, 옷 의, 밤 야, 갈 행.
[풀이] 비단옷을 입고 밤길 가기. 생색이 나지 않는 일. 衣繡夜行(의수야행)과 같음. 錦衣夜行(금의야행). 출전 史記(사기).

修人事待天命 (수인사대천명)★★★

[뜻음] 닦을 수, 사람 인, 일 사, 기다릴 대,
[풀이] 사람으로서 할 수 있는 데까지 최선을 다하고, 그 결과는 하늘의 운명에 맡김.

水因地而制流 (수인지이제류)

[뜻음] 물 수, 인할 인, 땅 지, 어조사 이, 만들 제, 흐를 류.
[풀이] 물은 地勢(지세)에 따라서 흘러내리기 마련이라는 말. 출전 孫子(손자) 虛實篇(허실편).

豎子不足與謀 (수자부족여모)★★★

[뜻음] 더벅머리 수, 아들 자, 아닐 부, 족할 족, 함께 여, 꾀할 모.
[풀이] 미숙한 아이와 무슨 일을 도모하겠는가? 나이가 어리고 경험이 부족한 사람과는 함께 큰일을 할 수 없다는 것. 爲人(위인)이 좀 모자라서 함께 議論(의논)할 만한 사람이 못 됨을 비유한 말. 豎(수)는 '더벅머리, 내시, 천하다'의 의미.

이것은 화가 난 范增(범증)이 項羽(항우)를 보고 한 소리였는데 같이 일을 하다가 상대가 시킨 대로 하지 않고 제 주장만 내세워 일을 망치거나 했을 때 흔히 쓰는 문자다.

秦(진)나라 말기 項羽(항우)가 沛公(패공: 유방)을 맞아 술자리를 베푼 鴻門宴(홍문연: 홍문에서의 잔치)에서 范增(범증)은 항우에게, 패공을 죽여 없애지 않는 한 천하는 누구의 것이 될지 모른다고 그를 죽이도록 권했다. 항우는 군대가 40만이고 유방은 10만이었다. 이날 술자리에서도 범증은 패공을 죽이라고 허리에 차고 있는 구슬을 들어 세 번이나 신호를 보냈다. 항우는 패공이 겸손하게 사과를 해 오는 바람에 죽일 생각이 전혀 없었다. 범증은 칼춤을 추며 패공을 죽이려 했으나 패공의 장수 樊噲(번쾌)가 맞대응을 하는 바람에 죽일 수가 없었다. 패공은 술을 핑계로 도중에 자리를 뜨며 구슬 한 쌍을 항우에게 바치고, 옥으로 만든 술잔 한 쌍을 범증에게 선물로 주었다.

항우는 구슬을 받아 자리에 놓았다. 그러나 범증은 잔을 받아 땅에 놓더니 칼을 뽑아 쳐 깨뜨리며

"에잇! 어린 것과는 일을 같이 할 수 없다. 항왕의 천하를 앗을 사람은 반드시 패공이다. 우리 무리들은 이제 그의 포로가 되고 말 것이다"라고 했다 한다.

酬酌 (수작)★★★

[뜻음] 술줄 수, 따를 작.
[풀이] 應對(응대). ① 잔을 주고받고 하는 것. ② 이야기를 주고받음. ③ 이상한 짓거리를 함. 출전 易經(역경) 繫辭上篇(계사상편).

搜章摘句 (수장적구)★

[뜻음] 찾을 수, 글 장, 쌓을 적, 글귀 구.
[풀이] 문장 또는 詩歌(시가)를 찾아 그중에서 좋은 구를 따낸다는 뜻. 출전 唐書(당서).

水滴穿石 (수적천석)★★★

[뜻음] 물 수, 물방울 적, 뚫을 천, 돌 석.
[풀이] 물방울이 돌을 뚫는다. ① 물방울이라도 끊임없이 떨어지면 종내엔 돌에 구멍을 뚫듯이, 작은 노력이라도 끈기 있게 계속하면 큰 일을 이룰 수 있음의 비유. ② 작은 것이라도 모이고 쌓이면 큰 것이 됨을 비유. 큰 힘을 발휘함의 비유.

北宋(북송: 960~1127) 때 崇陽縣令(숭양현령)에 張乖崖(장괴애)라는 사람이 있었다. 어느 날 그는 관아를 돌아보다가 창고에서 황급히 튀어나오는 한 구실아치를 발견했다. 당장 잡아서 조사해보니 상투 속에서 한 푼짜리 엽전 한 닢이 나왔다. 엄히 추궁하자 창고에서 훔친 것이라고 한다. 즉시 刑吏(형리)에게 곤장을 치라고 했다. 그러자 그 구실아치는 장괴애를 노려보며 이렇게 말했다.

"이건 너무 하지 않습니까? 사또. 그까짓 엽전 한 푼 훔친 게 뭐 그리 큰 죄라고."

이 말을 듣자 장괴애는 화가 머리끝까지 치밀었다.

"네 이놈! 티끌 모아 태산[塵合泰山]이라는 말도 못 들었느냐? 하루 한 푼[一文]이라도 천 날이면 천 푼이요, '물방울이 끊임없이 떨어지면 돌에 구멍을 뚫는다[水滴穿石]'고 했다."

장괴애는 말을 마치자마자 층계 아래 있는 죄인 곁으로 다가가 칼을 빼어 목을 치고 말았다. 이 같은 일은 당시 상관을 무시하는 구실아치의 잘못된 풍조를 고치려는 행위였다고 ≪鶴林玉露(학림옥로)≫에는 적혀 있다.

水積成川 (수적성천)★

[뜻음] 물 수, 쌓을 적, 이룰 성, 내 천.
[풀이] 소량의 물이 모여 쌓여서 내가 됨. 출전 說苑(설원).

守錢奴 (수전노)★★★

[뜻음] 지킬 수, 돈 전, 노예 노.
[풀이] 돈을 지나치게 아껴, 모을 줄만 알고 쓸 줄을 모르는 사람. 구두쇠. 출전 後漢書(후한서) 馬援傳(마원전).

守節死義 (수절사의)

[뜻음] 지킬 수, 절개 절, 죽을 사, 옳을 의.
[풀이] 節介(절개)를 지키고 의롭게 죽음. 곧 죽음을 무릅쓰고 절의를 지킴.

水晶燈籠 (수정등롱)★★

[뜻음] 물 수, 수정 정, 등잔 등, 농 롱.
[풀이] 수정과 등롱. 두뇌가 총명하고 事理(사리)에 밝은 사람. 출전 宋史(송사).

水晶不落 (수정불락)★

[뜻음] 물 수, 수정 정, 아닐 불, 떨어질 락.
[풀이] 수정으로 만든 술잔. 불락은 술잔.

獸蹄鳥跡 (수제조적)★★

[뜻음] 짐승 수, 발 굽 제, 새 조, 자취 적.
[풀이] 짐승의 굽과 새의 발자취, 곧 천하가 混亂(혼란)하여 금수가 橫行(횡행)함. 獸蹄鳥跡之道交於中國(수제조적지도교어중국). 출전 孟子(맹자) 鄧文公上篇(등문공상편).

手足異處 (수족이처)★

[뜻음] 손 수, 발 족, 다를 이, 살 처.
[풀이] 허리를 베어 몸이 두 동강 남. 허리를 베어 몸을 두 동강 내는 斬刑(참형). 출전 史記(사기) 孔子世家(공자세가).

手足之愛 (수족지애)★

[뜻음] 손 수, 발 족, 갈 지, 사랑 애.
[풀이] 수족이나 다름없는 형제간의 友愛(우애). 출전 禮記(예기).

守株待兎 (수주대토)★★★

[뜻음] 지킬 수, 그루 주, 기다릴 대, 토끼 토.
[풀이] 그루터기를 지키며 토끼를 기다린다. 어떤 착각에 사로잡혀

안 될 일을 고집하고 있는 어리석음. 완고하고 미련함. 한비자가 말한 偶話(우화).

≪韓非子(한비자)≫ 五蠹篇(오두편)에 다음과 같은 이야기가 나와 있다.

宋(송)나라에 한 농부가 있었다. 하루는 밭을 가는데 토끼 한 마리가 달려가더니 밭 가운데 있는 그루터기에 머리를 들이받고 목이 부러져 죽었다. 그걸 본 농부는 토끼가 그렇게 달려와 죽을 줄 알고 쟁기를 놓아둔 채 그루터기만을 지켜보고 있었다. 그러나 토끼는 다시 나오지 않았다. 결국 온 나라 사람들의 웃음거리만 되고 말았다.

水中孤魂 (수중고혼)★★

[뜻음] 물 수, 가운데 중, 외로울 고, 넋 혼.
[풀이] 물에 빠져 죽은 사람의 외로운 넋.

獸中之王 (수중지왕)★

[뜻음] 짐승 수, 가운데 중, 갈 지, 임금 왕.
[풀이] 짐승 중의 왕. '범'을 이르는 말.

壽則多辱 (수즉다욕)★★★

[뜻음] 목숨 수, 곧 즉, 많을 다, 욕 욕.
[풀이] 오래 살면 욕됨이 많음.

≪莊子(장자)≫ 天地篇(천지편)에 나오는 이야기이다.
堯(요)임금이 華(화)란 곳으로 시찰을 나갔을 때 일이다. 그곳 관문을 지키는 봉인이 요임금과 말했다.
"수와 부와 많은 아들은 모든 사람들이 바라는 것인데 임금님만 이를 마다하니 어찌된 일입니까?" 요임금이 대답했다.
"아들이 많으면 두려운 일이 많고 부하면 일이 많고, 오래 살면 욕된 일이 많은지라 이 세 가지는 덕을 기르는 것이 되지 못하므로 그래서 사양하는 거요."
임금의 이 말에 봉인은 이렇게 반박을 가한다.
"나는 처음 당신을 거룩한 성인인 줄로 알았더니 이제 보니 겨우 군자라고 할 수 있는 그런 사람이구려. 하늘이 모든 사람을 낳을 때 각각 직업을 갖도록 해주면 무슨 두려울 것이 있겠는가. 재물이 불어나는 대로 그것을 사람들에게 나눠주면 무슨 귀찮은 일이 있겠는가…. 천 년이나 살다가 세상이 싫어지면 하늘에 올라가 신선이 되어 흰 구름을 타고 상제가 있는 곳으로 가면 그만이다. 병과 늙음과 죽음 세 가지 걱정에 이르지 않고, 몸은 항상 재난을 입는 일이 없거늘 무슨 욕될 것이 있겠는가."

收之桑楡 (수지상유)★

[뜻음] 거둘 수, 갈 지, 뽕나무 상, 느릅나무 유.
[풀이] 지는 해의 그림자가 뽕나무와 느릅나무 끝에 남아 있다는 뜻에서 연유한 말. ① 桑楡(상유)는 뽕나무와 느릅나무이지만 해 질 녘의 해의 그림자를 뜻하기도 하여 日暮(일모)라고 해석할 수 있다. 노년을 비유하기도 하므로 晩年(만년)이라는 의미도 있고 해가 지는 서쪽을 나타내기도 한다. ② 前日(전일)에 실패한 일을 後日(후일)에 회복하게 됨을 이르는 말.

誰知烏之雌雄 (수지오지자웅)★★★

[뜻음] 누구 수, 알 지, 까마귀 오, 갈 지, 암컷 자, 수컷 웅.
[풀이] 누가 까마귀의 암수를 구분할 수 있겠는가? 사물의 是非(시비), 善惡(선악)을 가리기가 무척 어렵다는 말.

≪詩經(시경)≫ 小雅(소아) 正月(정월)편 제오장에,

산을 대개 낮다고 하지 마라.
뫼가 되고 언덕이 된다.
백성의 거짓된 말을
어찌하여 막지 못하는가?
저 옛 늙은이를 불러
꿈을 점쳐 묻는다.
모두 내가 성인이라지만
누가 까마귀의 암수를 알리.

못된 정치를 원망한 시의 한 대목으로, 저마다 모두 성인이라고 자랑하지만 누가 위대한지 알 사람이 누구이겠는가의 의미를 지니고 있다. 여기에서 그게 그것 같아 구별할 수 없는 것을 가리켜 까마귀의 암컷 수컷이라 말하게 되었다.

水至淸則無魚 (수지청즉무어)★★★

[뜻음] 물 수, 다할 지, 맑을 청, 곧 즉, 없을 무, 물고기 어.
[풀이] 물이 지극히 맑으면 물고기가 없다. 엄격하고 급하면 친구가 없음.

이것은 청렴결백이 좋다고는 하지만 그것이 도에 지나치면 사람이 따르지 않는다는 것을 비유해 하는 말이다. 옛말에 '탐관 밑에서는 살 수 있어도 淸官(청관) 밑에서는 살지 못한다'는 말이 있다.
≪孔子家語(공자가어)≫ 入官篇(입관편)에 子張(자장)의 물음에 대답한 孔子(공자)의 긴 말 가운데 "물이 지나치게 맑으면 고기가 없고 사람이 지나치게 맑으면 따르는 사람이 없다"고 하는 말이 나오고 백성이 작은 허물이 있으면 그의 착한 점을 찾아내어 그의 허물을 용서하라고 했다.
≪後漢書(후한서)≫ 班超傳(반초전)에는 西域都護(서역도호)로 있던 반초가 그의 後任(후임)으로 온 任尙(임상)을 訓戒(훈계)한 말이라 하여,
"그대는 성질이 엄하고 급하다. 물이 맑으면 큰 고기가 없는 법이니 마땅히 蕩佚(탕일)하고 簡易(간이)하게 하라"고 나와 있다.

ㅅ

水天髣髴 (수천방불)★

[뜻음] 물 수, 하늘 천, 비슷할 방, 비슷할 불.
[풀이] 먼 데 아득히 보이는 바다의 물과 하늘이 한 빛깔이어서 分別(분별)할 수 없음.

水天一碧 (수천일벽)★

[뜻음] 물 수, 하늘 천, 한 일, 푸를 벽.
[풀이] 구름 한 점이 없어 바다의 물이나 하늘이 한결같이 푸르게 보임.

水天一色 (수천일색)★

[뜻음] 물 수, 하늘 천, 한 일, 빛 색.
[풀이] 水天一碧(수천일벽).

水淺者大魚不遊 (수천자대어불유)

[뜻음] 물 수, 얕을 천, 놈 자, 큰 대, 고기 어, 아닐 불, 놀 유.
[풀이] 물이 얕은 곳에는 큰 물고기가 놀지 않음을 이름. 출전 黃石公素書(황석공소서).

數疊青山 (수첩청산)★

[뜻음] 여러 수, 거듭할 첩, 푸를 청, 뫼 산.
[풀이] 겹겹이 둘러싸인 푸른 산.

水清無大魚 (수청무대어)★

[뜻음] 물 수, 맑을 청, 없을 무, 큰 대, 고기 어.
[풀이] 수지청즉무어(水至淸則無魚).

垂髫戴白 (수초대백)★

[뜻음] 드리울 수, 다박머리 초, 일 대, 흰 백.
[풀이] 머리를 늘어뜨린 아이와 머리털이 허연 노인.

水村山郭 (수촌산곽)★★

[뜻음] 물 수, 마을 촌, 뫼 산, 성곽 곽.
[풀이] 물가에 있는 마을과 산 가까이에 있는 마을.

獸聚而鳥散 (수취이조산)★★

[뜻음] 짐승 수, 모일 취, 어조사 이, 새 조, 흩어질 산.
[풀이] 짐승처럼 모이고 새처럼 헤어짐. 獸聚鳥散(수취조산). 출전 漢書(한서).

水濁者魚噞 (수탁자어엄)★

[뜻음] 물 수, 흐릴 탁, 놈 자, 고기 어, 고기 우물거릴 엄.
[풀이] 물이 흐리면 물고기는 수면 가까이 나와 숨을 쉰다. 가혹한 정치를 베풀면 백성이 괴로워하며 어지럽게 됨을 비유하여 이르는 말. 출전 文子(문자).

雖鞭之長不及馬腹 (수편지장불급마복)★★

[뜻음] 비록 수, 채찍 편, 갈 지, 긴 장, 미칠 급, 말 마, 배 복.
[풀이] 채찍이 길다 하여도 타고 있는 말의 배에는 닿지를 않음. 勢力(세력)이 強大(강대)할지라도 오히려 미치지 못하는 데가 있음. 一說(일설)에는 세력이 넘쳐도 함부로 휘두르지 말라는 비유도 있음.

水旱併食 (수한병식)★★

[뜻음] 물 수, 가물 한, 아우를 병, 밥 식.

[풀이] 장마나 가뭄의 영향을 받지 않고 늘 농사를 지어 먹을 수 있음.

水旱蟲雹霜 (수한충박상)★★★

[뜻음] 물 수, 가물 한, 벌레 충, 우박 박, 서리 상.
[풀이] 농사에 가장 두려운 홍수, 가뭄, 충해, 우박, 이른 서리 등 다섯 가지 災害(재해).

隨行逐隊 (수행축대)

[뜻음] 따를 수, 행할 행, 쫓을 축, 대 대.
[풀이] 많은 사람을 따라 행동함. 남이 하는 대로 함.

隨鄉入鄉 (수향입향)★★★

[뜻음] 따를 수, 고을 향, 들 입.
[풀이] 지방에 가서는 그 지방의 풍속과 예절에 좇아야 함.

水火之交 (수화지교)★

[뜻음] 물 수, 불 화, 갈 지, 사귈 교.
[풀이] 조금도 교제하지 아니함을 비유함.

水火無交 (수화무교)★

[뜻음] 물 수, 불 화, 없을 무, 사귈 교.
[풀이] 물이나 불과 같은 일상생활의 필수적인 것마저도 서로 빌리지 않는다. 아주 담을 쌓고 지냄을 이르는 말. 출전 隋書(수서).

水火不相容 (수화불상용)★

[뜻음] 물 수, 불 화, 아닐 불, 서로 상, 용납할 용.
[풀이] 물과 불처럼 서로 용납되기 어려움. 氷炭不相容(빙탄불상용).

水火氷炭 (수화빙탄)★

[뜻음] 물 수, 불 화, 얼음 빙, 숯 탄.
[풀이] 물과 불, 얼음과 숯의 관계. ① 서로 반대됨을 비유하여 이르는 말. ② 사이가 나쁨을 비유하여 이르는 말.

水火相克 (수화상극)★

[뜻음] 물 수, 불 화, 서로 상, 이길 극.
[풀이] 물과 불이 서로 용납하지 못한다. 서로 원수 사이가 됨.

羞花閉月 (수화폐월)★★

[뜻음] 부끄러울 수, 꽃 화, 숨을 폐, 달 월.
[풀이] 꽃도 부끄러워하고 달도 숨는다는 뜻으로, 絶世(절세)의 미인의 형용.

愁懷交集 (수회교집)★

[뜻음] 근심 수, 마음 회, 사귈 교, 모일 집.
[풀이] 근심스러운 懷抱(회포)가 여러 가지로 뒤얽혀 서림.

愁懷萬端 (수회만단)★★

[뜻음] 근심 수, 마음 회, 일만 만, 실마리 단.
[풀이] 근심스러운 회포가 여러 가지로 얼크러짐.

繡繪彫琢之文 (수회조탁지문)★

[뜻음] 수놓을 수, 그림 회, 새길 조, 꾸밀 탁, 갈 지, 무늬 문.
[풀이] 奇巧(기교)를 부리어 아름답게 꾸민 문장.

熟穀之人 (숙곡지인)★★

[뜻음] 익을 숙, 곡식 곡, 갈 지, 사람 인.
[풀이] 곡식을 여물게 한 사람. '농부'를 이르는 말.

熟鹿皮大典 (숙녹피대전)★

[뜻음] 익을 숙, 사슴 녹, 가죽 피, 클 대, 법 전.
[풀이] 부드럽게 만든 사슴의 가죽에 글자를 써 놓으면 좌우상하에서 잡아당기는 데 따라 日字(일 자)도 되고 曰字(왈자)도 된다는 뜻. 출전 旬五志(순오지).

孰能生巧 (숙능생교)

[뜻음] 익을 숙, 능할 능, 날 생, 공교로울 교.
[풀이] 능숙함에서 기교도 나올 수 있다. 뛰어난 기교도 오랜 기간의 수련을 통해서만 이루어진다는 말.

孰能禦之 (숙능어지)★

[뜻음] 누구 숙, 능할 능, 제지할 어, 이 지.
[풀이] 누가 능히 막으랴 하는 뜻으로, 막을 수 없음을 이름.

淑德善行 (숙덕선행)★★

[뜻음] 맑을 숙, 덕 덕, 착할 선, 다닐 행.
[풀이] 여자의 정숙하고 端雅(단아)한 미덕과 아름다운 행실.

熟讀玩味 (숙독완미)★

[뜻음] 익을 숙, 읽을 독, 놀 완, 맛 미.
[풀이] 익숙하도록 읽어 뜻을 깊이 음미함.

宿慮斷行 (숙려단행)★

[뜻음] 익을 숙, 생각 려, 끊을 단, 행할 행.
[풀이] 곰곰이 생각한 후에 마음먹고 실행함.

宿瘤採桑 (숙류채상)★

[뜻음] 잘 숙, 혹 류, 캘 채, 뽕나무 상.
[풀이] 중국 춘추시대 제나라 민왕의 왕후는 목에 혹이 있었으므로 숙류라 하였다. 처음 왕이 나가 놀 때에 농부들 가운데 왕을 보지 않고 뽕잎만 따는 여자가 있어, 왕이 奇異(기이)하게 여겨 그와 이야기를 나누어 보니 더욱 어진 말을 하므로 가상히 여겨 왕비로 삼았다고 하는 옛일에서 온 말.

菽麥不辨 (숙맥불변)★★★

[뜻음] 콩 숙, 보리 맥, 아닐 불, 분별할 변.
[풀이] 콩과 보리를 구별 못함. 어리석고 못난 사람을 비유하는 말. 菽麥(숙맥). 비슷한 말로는 目不識丁(목불식정), 魚魯不辨(어로불변) 등이 있음. 출전 春秋左氏傳(춘추좌씨전).

宿西食東 (숙서식동)★

[뜻음] 묵을 숙, 서녘 서, 밥 식, 동녘 동.
[풀이] 욕심이 많음을 이르는 말. 중국 齊(제) 나라의 어떤 처녀가 동쪽에 있는 부잣집에서 먹고, 서쪽에 있는 미남의 집에서 잠자고 싶다고 한 옛일에서 온 말.

宿昔之憂 (숙석지우)★

[뜻음] 묵을 숙, 옛 석, 갈 지, 근심할 우.
[풀이] 밤낮으로 잊을 수 없는 근심. 깊은 근심, 묵은 근심.

菽粟之文 (숙속지문)★★

[뜻음] 콩 숙, 조 속, 갈 지, 글월 문.
[풀이] 콩이나 조와 같이 사람들에게 유용한 글. 일반 사람들이 두루 알 수 있는 쉬운 글. 세상에 널리 통하는 아주 쉬운 글.

熟手練鍛 (숙수연단)★★

[뜻음] 익을 숙, 손 수, 익힐 연, 단련할 단.
[풀이] 잘 단련되고 숙달한 사람.

菽水之歡 (숙수지환)★★

[뜻음] 콩 숙, 물 수, 갈 지, 기쁠 환.
[풀이] 콩을 먹고 물을 마시는 가난한 생활을 하면서도 부모에게 효도하는 기쁨. 가난한 중에도 부모를 잘 섬기는 즐거움. 출전 禮記(예기) 檀弓篇(단궁편).

熟是熟非 (숙시숙비)★

[뜻음] 익을 숙, 옳을 시, 아닐 비.
[풀이] 누가 옳고 누가 그른지 알기 어려움. 是非(시비)가 분명하지 않음.

熟柿主義 (숙시주의)★★★

[뜻음] 익을 숙, 감 시, 주인 주, 옳을 의.
[풀이] 감이 익어서 저절로 떨어지듯, 일이 절로 잘되거나 가만히 있어도 利權(이권)이 자기에게 돌아올 때를 기다리는 주의.

夙夜恐懼 (숙야공구)★

[뜻음] 일찍 숙, 밤 야, 두려울 공, 두려워할 구.
[풀이] 이른 아침부터 늦은 밤까지 항상 두려워하고 조심함.

夙夜夢寐 (숙야몽매)★

[뜻음] 일찍 숙, 밤 야, 꿈 몽, 잠잘 매.
[풀이] 자나 깨나.

夙夜在公 (숙야재공)★

[뜻음] 일찍 숙, 밤 야, 있을 재, 공변될 공.
[풀이] 관원이 이른 아침부터 밤이 깊을 때까지 公廳(공청)에서 부지런히 근무함. 출전 詩經(시경).

淑人君子 (숙인군자)★

[뜻음] 맑을 숙, 사람 인, 임금 군, 아들 자.
[풀이] 善人君子(선인군자)라는 뜻. 출전 詩經(시경) 曹風(조풍) 鳲鳩篇(시구편).

宿虎衝鼻 (숙호충비)★

[뜻음] 잘 숙, 범 호, 찌를 충, 코 비.
[풀이] 자는 범의 코를 찌른다. 아무 일도 없는 것을 잘못 건드려서 화를 당한다는 말.

夙興夜寐 (숙흥야매)★★★

[뜻음] 일찍 숙, 일어날 흥, 밤 야, 잠잘 매.
[풀이] 아침 일찍 일어나고 밤늦게 잠자리에 들다. 책임을 다하기 위해 애쓰고 노력하는 모습. 출전 詩經(시경) 衛風(위풍).

蓴羹鱸膾 (순갱노회)★

[뜻음] 순채 순, 국 갱, 농어 노, 날고기 회.
[풀이] 순챗국과 농어회. 고향의 맛난 음식. 張翰(장한)이 벼슬을 그만두며 한 말. 출전 晉書(진서).

純潔無垢 (순결무구)★★★

[뜻음] 순수할 순, 깨끗할 결, 없을 무, 때 구.
[풀이] 몸과 마음이 아주 깨끗하여 조금도 때가 묻지 않음.

殉國先烈 (순국선열)

[뜻음] 목숨 바칠 순, 나라 국, 먼저 선, 세찰 열.
[풀이] 나라를 위해 목숨을 바쳐 먼저 죽은 열사. 愛國先烈(애국선열).

脣亡齒寒 (순망치한)★★★

[뜻음] 입술 순, 망할 망, 이 치, 찰 한.
[풀이] 입술이 없으면 이가 시리다. 이해관계가 서로 밀접하여 한쪽이 망하면 다른 한쪽도 보전하기 어려움을 비유한 말.

≪左傳(좌전)≫ 僖公(희공) 5년에 나오는 말이다.
春秋時代(춘추시대) 초기 晉獻公(진헌공)이 虢(괵)나라를 치기 위해 虞(우)나라에 길을 빌려 달라고 청을 넣었다. 우나라를 거쳐야만 괵으로 갈 수 있었기 때문이다. 진헌공은 순식을 보내 천하에 이름이 알려져 있는 명마와 구슬을 우나라 임금에게 뇌물로 바치고, 진나라와 우나라와의 형제 우의를 거짓 약속하며 청을 받아 줄 것을 간청하게 했다.
우나라의 임금은 뇌물이 탐나고 하는 말에 솔깃해서 순순히 청을 받아들이려 했는데 宮之奇(궁지기)라는 신하가 이를 말렸다.
"괵나라는 우나라의 울타리입니다. 괵나라가 망하면 우나라도 반드시 따라 망하게 됩니다. 침략자와 행동을 같이해서는 안 됩니다. 전에도 한 번 그런 실수를 했는데, 똑같은 실수를 두 번 다시 되풀이해서 되겠습니까. 속담에 이른바 '덧방나무와 수레는 서로가 의지하고 입술이 없어지면 이가 시리다'고 한 말이 바로 우리나라와 괵나라를 두고 한 말입니다."
그러나 우나라 임금은 진나라 荀息(순식)의 달콤한 말과 뇌물에 마음을 빼앗겨 길을 빌려 주기로 했다. 궁지기는 나라를 떠나며 "우리나라는 한 해를 넘기지 못할 것이다"라고 했다. 과연 그해 8월에 진나라는 괵을 쳐들어가 이를 자기의 땅으로 만들어 버리고 돌아오는 길에 우나라를 기습해서 마저 자기 것으로 만들고 말았다. 미끼로 던져 주었던 명마와 구슬도 땅과 함께 도로 진나라로 돌아갔다.
여기에 나오는 두 나라의 관계와 같은 경우를 가리켜 '순망치한'이라고 한다. '가도멸괵'이라는 고사성어도 이 일에서 나온 말이다. 또 '輔車相衣(보거상의)'란 말도 쓰고 둘을 합친 '脣齒輔車(순치보거)'란 말을 쓰기도 한다.

詢謀僉同 (순모첨동)

[뜻음] 물을 순, 꾀할 모, 다 첨, 같을 동.
[풀이] 여러 사람의 의견이 일치함.

順序不同 (순서부동)★

[뜻음] 순할 순, 차례 서, 아닐 부, 같을 동.
[풀이] 순서가 일정한 기준에 의하지 않음. 여러 사람의 이름 등을 쓸 때에 端緒(단서)로 붙이는 말.

瞬息間 (순식간)★

[뜻음] 잠깐 순, 숨 쉴 식, 사이 간.
[풀이] 눈을 한 번 깜짝하거나 숨 한 번 쉴 만한 사이와 같이 극히 짧은 동안.

舜人也我亦人也 (순인야아역인야)★★★

[뜻음] 순임금 순, 사람 인, 어조사 야, 나 아, 또 역.
[풀이] 중국의 순임금도 사람이요, 나도 사람이니, 힘써 도를 닦으면 순과 같은 성인이 될 수 있다. 뜻을 세움에 있어서는 모름지기 고상하게 해야 함을 이르는 말. 출전 孟子(맹자).

舜作五絃之琴 (순작오현지금)★

[뜻음] 순임금 순, 만들 작, 다섯 오, 악기 줄 현, 갈 지, 거문고 금.
[풀이] 옛날 舜(순)임금이 五絃(오현)의 거문고를 만든 일. 출전 禮記(예기) 樂記篇(악기편).

舜之徒 (순지도)★

[뜻음] 순임금 순, 갈 지, 무리 도.
[풀이] 舜(순)임금과 같이 착한 사람들. 출전 孟子(맹자) 盡心上篇(진심상편).

鶉之奔奔 (순지분분)★★

[뜻음] 메추라기 순, 갈 지, 달릴 분.
[풀이] 메추라기의 암수가 나란히 난다. '음란함'을 諷刺(풍자)하여 이르는 말. 출전 詩經(시경).

順天應人 (순천응인)★

[뜻음] 순할 순, 하늘 천, 응할 응, 사람 인.
[풀이] 위로 천명에 순종하고, 아래는 인심에 응함. 출전 易經(역경).

順天者存 (순천자존)★

[뜻음] 따를 순, 하늘 천, 놈 자, 있을 존.
[풀이] 하늘의 뜻에 따르는 사람은 살아남음. 출전 孟子(맹자) 離婁上篇(이루상편).

順天者存逆天者亡 (순천자존역천자망)★★★

[뜻음] 따를 순, 하늘 천, 놈 자, 있을 존, 거스를 역, 망할 망.
[풀이] 천리에 순종하는 자는 번영과 생존을 누리고 천리를 거스르는 자는 망함. 출전 孟子(맹자) 離婁上篇(이루상편).

脣齒輔車 (순치보거)★★★

[뜻음] 입술 순, 이 치, 덧방나무 보, 수레바퀴 거.
[풀이] 입술과 이, 덧방나무와 수레바퀴처럼 서로 의지하고 도와야 제구실을 다할 수 있다는 말. 脣亡齒寒(순망치한)을 보시오.

脣齒之國 (순치지국)★★

[뜻음] 입술 순, 이 치, 갈 지, 나라 국.
[풀이] 입술과 이의 사이처럼 이해관계가 밀접한 두 나라를 비유한 말. '脣亡齒寒(순망치한)'을 보시오.

脣齒之勢 (순치지세)★

[뜻음] 입술 순, 이 치, 갈 지, 기세 세.
[풀이] 입술과 이처럼 서로 의지하고 돕는 형세를 비유적으로 이르는 말. 脣亡齒寒(순망치한).

淳風美俗 (순풍미속)★★★

[뜻음] 순박할 순, 바람 풍, 아름다울 미, 풍속 속.
[풀이] 인정이 두텁고 아름다운 풍속과 습관. 특히 부모에 효도하고 형제가 우애하고 부부가 서로 화합하는 일과 단란한 가족 도덕을 이름.

順風而呼 (순풍이호)★

[뜻음] 따를 순, 바람 풍, 어조사 이, 부를 호.
[풀이] 바람이 부는 방향으로 부르면 잘 들린다는 뜻. 출전 荀子(순자) 勸學篇(권학편).

循環之理 (순환지리)★

[뜻음] 돌 순, 고리 환, 갈 지, 다스릴 리.
[풀이] 榮枯盛衰(영고성쇠) 등의 순환하는 이치.

術藝之場 (술예지장)★★

[뜻음] 꾀 술, 기예 예, 갈 지 마당 장.
[풀이] 예와 술의 優劣(우열)을 다투는 곳. 術藝(술예)는 기술과 문예, 곧 學問(학문).

述而不作 (술이부작)★★★

[뜻음] 이을 술, 어조사 이, 아닐 부, 지을 작.
[풀이] 기술만 할 뿐 창작하지 않는다. ① 선인의 업적을 이어 이를 설명하고 서술할 뿐 새로운 부분을 만들어 첨가하지 않는 태도. ② 禮樂(예악)을 제작하려면 반드시 덕과 지위를 겸해야 하는데 孔子(공자)는 덕은 있으나 지위가 없음을 이름. 述(술)은 舊章(구장)을 傳(전)하는 것, 作(작)은 새로 製作(제작)하는 것.

術(술)은 著述(저술)이란 뜻이고 作(작)은 創作(창작)이란 뜻이다. 저술은 예부터 내려오는 사상과 문화를 바탕으로 이것을 다시 정리하거나 서술하는 것을 말하고 창작은 지금까지 일찍이 없었던 새로운 사상과 학설을 처음으로 만들어내는 것을 말한다.
≪論語(논어)≫ 述而篇(술이편)에 나오는 말이다.
孔子(공자)는 말하기를 "전해 말하고, 새것을 만들지 않으며, 믿어 옛것을 좋아하는 것을, 가만히 우리 老彭(노팽)에게 비교해본다"고 했다.
노팽은 殷(은)나라의 어진 대신이라고 하는데 공자는 자신의 일을 겸손하게 표현하려고 述而不作(술이부작)이라는 말을 썼는데 거기에서 더 나아가 자신의 일을 노팽에게 비교해본다고 했다. 자신이 직접 만든 것은 거의 없다는, 지극히 겸손한 태도이다.

述者之能 (술자지능)★

[뜻음] 지을 술, 놈 자, 갈 지, 능할 능.
[풀이] ① 문장의 잘되고 못됨은 쓴 사람의 글재주에 달렸다는 말. ② 일의 잘되고 안 됨은 그 사람의 수단에 달렸다는 말.

述作 (술작)★

[뜻음] 지을 술, 지을 작.
[풀이] 傳述(전술)과 創作(창작)을 이름. '述而不作(술이부작)'을 참조하시오. 출전 論語(논어) 述而篇(술이편).

嵩岳降神 (숭악강신)★

[뜻음] 높을 숭, 큰 산 악, 내릴 강, 귀신 신.
[풀이] 生男(생남)한 것을 축하하여 이르는 말.

崇岳遐齡 (숭악하령)★

[뜻음] 높을 숭, 큰 산 악, 멀 하, 나이 령.
[풀이] 畵題(화제)의 하나. 아침에 돋는 해에 소나무와 학을 그려 장수를 기원하고 상서로운 기운을 나타냄. 遐齡(하령)이란 보통사람보다 나이가 많아 오래 사는 것을 이름.

崇德廣業 (숭덕광업)★★

[뜻음] 높을 숭, 덕 덕, 넓을 광, 업 업.
[풀이] 높은 덕과 큰 사업. 또 덕을 높이고 業(업)을 넓힘.

崇祖尚門 (숭조상문)★

[뜻음] 높을 숭, 조상 조, 숭상할 상, 문 문.
[풀이] 祖上(조상)을 崇拜(숭배)하고 門中(문중)을 위함.

膝甲盜賊 (슬갑도적)★★

[뜻음] 무릎 슬, 첫째 천간 갑, 훔칠 도, 도적 적.
[풀이] 남의 詩文(시문)의 글귀를 조금 손질하여 제 것으로 하는 사람.

蝨脛蟣肝 (슬경기간)★

[뜻음] 이 슬, 종아리 경, 서캐 기, 간 간.
[풀이] 이의 종아리와 서캐의 간이란 뜻. 극히 작거나 하찮은 일을 비유함.

膝癢搔背 (슬양소배)★

[뜻음] 무릎 슬, 가려울 양, 긁을 소, 등 배.
[풀이] 무릎이 가려운데 등을 긁는다. 의론 따위가 이치에 맞지 않음을 이르는 말.

蝨朝生暮孫 (슬조생모손)

[뜻음] 이 슬, 아침 조, 날 생, 저물 모, 손자 손.
[풀이] 이는 아침에 태어나도 저녁에는 손자를 낳는다. 번식이 빠름을 이르는 말.

蝨處褌中 (슬처곤중)★

[뜻음] 이 슬, 살 처, 잠방이 곤, 가운데 중.
[풀이] 이가 잠방이 속에 숨어 삶. 출전 晉書(진서).

膝行頓首 (슬행돈수)★

[뜻음] 무릎 슬, 행할 행, 조아릴 돈, 머리 수.

[풀이] 돈수는 본래 중국의 예법으로 머리를 땅에 붙이고 敬意(경의)를 표하는 일. 무릎으로 걸어가서 머리를 깊이 숙이고 경례를 함.

習貫如自然 (습관여자연)★★

[뜻음] 익힐 습, 꿸 관, 같을 여, 스스로 자, 그러할 연.
[풀이] 습관은 자기도 모르는 사이에 변하여 天性(천성)과 같이 됨. 習慣若自然(습관약자연). 習貫成自然(습관성자연). 출전 漢書(한서) 賈誼傳(가의전).

習俗移性 (습속이성)★★

[뜻음] 익힐 습, 풍속 속, 옮길 이, 성품 성.
[풀이] 습관과 풍속은 마침내 그 사람의 성질을 바꾸어 놓음. 출전 晏子(안자).

習與性成 (습여성성)★★

[뜻음] 익힐 습, 줄 여, 성품 성, 이룰 성.
[풀이] 습관이 쌓이면 마침내 그 사람의 성질이 된다. 習慣(습관)이 배어 性質(성질)을 변화시킴. 출전 書經(서경).

拾人涕唾 (습인체타)★★

[뜻음] 주울 습, 사람 인, 눈물 체, 침 타.
[풀이] 남의 눈물과 침을 줍는다. 남의 설을 자기의 의견으로 삼는 일. 詩文(시문)을 만들 때 선인의 흉내를 냄.

拾蠶握蟺 (습잠악선)★

[뜻음] 주울 습, 누에 잠, 쥘 악, 두렁허리 선.
[풀이] 누에는 뽕나무벌레와 비슷하고, 두렁허리는 뱀과 흡사하여 징그럽지만, 사람이 다 이를 싫어하지 않고 만지는 것은 모두 다 사람에게 이롭기 때문이라는 말. 출전 韓非子(한비자).

繩愆紏謬 (승건규류)★★★

[뜻음] 먹줄 승, 허물 건, 살필 규, 그릇될 류.
[풀이] 허물을 고치고 잘못을 바로잡음. 愆(건)은 마음의 잘못을 나타내고, 謬(류)는 언어를 잘못 쓰는 것을 말함. 출전 書經(서경) 冏命篇(경명편).

僧敲月下門 (승고월하문)★★★

[뜻음] 중 승, 두드릴 고, 달 월, 아래 하, 문 문.
[풀이] 중은 달빛 아래 문을 두드린다. 唐(당)나라 詩人(시인) 賈島(가도)의 詩句(시구)로, 고사성어 '推敲(퇴고)'의 出處(출처)가 됨. 가도가 '퇴'로 쓸지 '고'로 쓸지 고민하다가 韓愈(한유)의 行次(행차)와 부딪쳤고, 이로 인해 한유와 대화를 나누고 한유는 '고' 자를 골라 주었으며 후에 가도와 한유는 시를 논하는 관계가 됨.

昇堂入室 (승당입실)★★

[뜻음] 오를 승, 마루 당, 들 입, 집 실.
[풀이] 마루에 올라 방에 들어간다. 도에 들어가는 순서를 비유한 말. 순서를 밟아 차근차근히 학문을 닦으면 결국엔 深奧(심오)한 경지에 이르게 됨을 이르는 말. 출전 論語(논어) 先進篇(선진편).

勝負兵家常勢 (승부병가상세)★

[뜻음] 이길 승, 질 부, 군사 병, 집 가, 항상 상, 기세 세.
[풀이] '勝敗兵家之常事(승패병가지상사)'를 보시오. 출전 唐書(당서).

承上接下 (승상접하)★

[뜻음] 받들 승, 위 상, 댈 접, 아래 하.
[풀이] 윗사람을 받들고 아랫사람을 보살펴 그 사이를 잘 周旋(주선)함.

乘勝長驅 (승승장구)★★★

[뜻음] 탈 승, 이길 승, 길 장, 몰 구.
[풀이] 싸움에 이긴 기세를 타고 거리낌 없이 마구 휘몰아치는 일.

承顔接辭 (승안접사)★

[뜻음] 이을 승, 얼굴 안, 댈 접, 말 사.
[풀이] '그 사람을 직접 만나 그 하는 말을 들음'을 겸손하게 이르는 말.

承夜逃走 (승야도주)★

[뜻음] 탈 승, 밤 야, 달아날 도, 달릴 주.
[풀이] 밤을 타서 도망함.

承夜越墻 (승야월장)★

[뜻음] 탈 승, 밤 야, 넘을 월, 담 장.
[풀이] 밤을 타서 남의 집 담을 넘어 들어감.

蠅營狗苟 (승영구구)★★★

[뜻음] 파리 승, 경영할 영, 개 구, 구차할 구.
[풀이] 쇠파리가 앵앵거리고 개가 苟且(구차)하게 군다. 파렴치한 인간을 비유해서 일컫는 말. 출전 詩經(시경) 小雅(소아).

勝者所用敗子碁 (승자소용패자기)★

[뜻음] 이길 승, 놈 자, 바 소, 쓸 용, 패할 패, 아들 자, 바둑돌 기.
[풀이] 바둑에 이긴 사람이 둔 바둑돌은 전에 바둑에 진 사람이 두던 바둑돌이다. 사용하는 인물이나 사물은 같으나 이를 사용하는 사람 如何(여하)에 따라서 그 功過(공과)에 큰 차이가 생김을 이름.

勝殘去殺 (승잔거살)★

[뜻음] 이길 승, 잔인할 잔, 갈 거, 죽일 살.
[풀이] 승잔과 거살. 승잔은 포악한 사람이 善政(선정)의 감화에 의하여 殘虐(잔학)한 짓을 하지 않는 것. 거살은 백성이 모두 선정의 감화에 의해 죄를 범하지 않으므로 형벌을 쓸 필요가 없다는 것. 곧 선정을 베풀어 백성이 모두 덕화됨을 이르는 말. 출전 論語(논어) 先進篇(선진편).

承長風破萬里浪 (승장풍파만리랑)★★

[뜻음] 탈 승, 길 장, 바람 풍, 깨뜨릴 파, 일만 만, 마을 리, 물결 랑.
[풀이] 장풍을 타고 만 리 물결을 깨뜨린다. ① 먼 곳까지 불어가는 큰 바람을 타고 끝없는 바다의 물결을 헤쳐 배를 달리는 일. ② 大業(대업)을 이룸 또는 원대한 뜻이 있음을 비유하여 이르는 말. 乘風破浪(승풍파랑). 출전 宋書(송서).

承除之理 (승제지리)★

[뜻음] 탈 승, 덜 제, 갈 지, 이치 리.
[풀이] 끊임없이 잇달아 도는, 盛(성)하고 衰(쇠)하는 이치. 성하고 쇠하는 것이 돌아가며 뒤바뀌는 이치.

勝地本來無定主 (승지본래무정주)★

[뜻음] 이길 승, 땅 지, 근본 본, 올 래, 없을 무, 정할 정, 주인 주.

[풀이] 경치가 뛰어난 자연 세계는 본디 일정한 임자가 없음. 자연은 임자가 없으니 마음 놓고 실컷 구경할 수 있다는 말.

繩趨尺步 (승추척보)★★

[뜻음] 먹줄 승, 달릴 추, 자 척, 걸을 보.
[풀이] 예절에 맞는 행동을 하는 사람. 거동에 법도가 있음. 儒學者(유학자)를 이르는 말. 출전 宋史(송사).

勝敗兵家之常事 (승패병가지상사)★★★

[뜻음] 이길 승, 패할 패, 군사 병, 집 가, 갈 지, 항상 상, 일 사.
[풀이] 이기고 지는 것은 병가에서 일상적인 일이다.

≪唐書(당서)≫ 배도전에 나오는 말이다.
　이 말은 옛날 역사적 기록에 자주 나오는 말이다. 특히 전쟁에 패하고 낙심하고 있는 임금이나 장군들을 위로하기 위해 늘 인용되는 말이다. 전쟁을 직업처럼 일삼고 있는 兵家(병가)로서는 이기고 지고 하는 것을 당연한 것으로 알고 있어야 한다. 기뻐하지도 낙심하지도 말고 당연히 있을 수 있는 일이라는 태연한 생각과 앞으로의 대책에 보다 신중을 기하라는 뜻이다. 위로와 훈계와 격려와 분발을 뜻하는 말이다. 져 본 놈이 이긴다. 이기는 방법을 배우는 것은 주로 지는 데 있다.

乘風破浪 (승풍파랑)★★★

[뜻음] 탈 승, 바람 풍, 깨뜨릴 파, 물결 랑.
[풀이] 風雲(풍운)을 타고 세상에 나와 手腕(수완)을 부려 大業(대업)을 이룬다. 遠大(원대)한 뜻이 있음. 承長風破萬里浪(승장풍파만리랑).

乘興而來興盡而返 (승흥이래흥진이반)★★

[뜻음] 탈 승, 흥할 흥, 어조사 이, 올 래, 다할 진, 돌아갈 반.
[풀이] 흥겨움을 따라왔다가, 흥이 다하여 돌아간다. 外物(외물)에 마음이 束縛(속박)되지 않는 참된 쾌락을 이르는 말. 중국 晉(진)나라 때 王羲之(왕희지)가 눈 오는 밤에 배를 타고 戴逵(대규)를 찾아가서 문간에서 되돌아서매, 누가 물으니 흥이 나서 찾아왔고 흥이 다했으니 돌아간다고 대답하였다고 한 일에서 나온 말. 출전 初學記(초학기).

時刻待變 (시각대변)★

[뜻음] 때 시, 새길 각, 기다릴 대, 변할 변.
[풀이] ① 병세가 퍽 급하고 위중한 상태. ② 마음이 잘 변함.

時刻到來 (시각도래)★

[뜻음] 때 시, 새길 각, 이를 도, 올 래.
[풀이] 어떤 일에 적합한 시기가 닥쳐옴.

豕交獸畜 (시교수축)★

[뜻음] 돼지 시, 사귈 교, 짐승 수, 쌀을 축.
[풀이] 돼지와 같이 사귀고 짐승과 같이 기른다는 뜻으로, 사람을 짐승같이 취급함을 이름. 출전 孟子(맹자) 盡心篇(진심편).

鳲鳩之仁 (시구지인)★

[뜻음] 뻐꾸기 시, 비둘기 구, 갈 지, 어질 인.
[풀이] 시구의 인자함. 뻐꾸기가 새끼를 기르는 인애.

始勤終怠 (시근종태)★

[뜻음] 시작할 시, 부지런할 근, 마칠 종, 게으름 태.
[풀이] 일을 시작한 처음에는 부지런하나 나중에는 게으름을 이르는 말.

時急之事 (시급지사)★

[뜻음] 때 시, 급할 급, 갈 지, 일 사.
[풀이] 시급한 일. 시급을 요하는 일.

時機相應 (시기상응)★

[뜻음] 때 시, 틀 기, 서로 상, 응할 응.
[풀이] 가르침이 그 시기가 서로 맞게 적당함.

時機尚早 (시기상조)★★★

[뜻음] 때 시, 틀 기, 오히려 상, 이를 조.
[풀이] 어떤 일을 하려 할 때, 아직 때가 이름을 나타냄.

猜忌之心 (시기지심)★

[뜻음] 샘할 시, 꺼릴 기, 갈 지, 마음 심.
[풀이] 남을 시기하는 마음.

時代思潮 (시대사조)★

[뜻음] 때 시, 대 대, 생각할 사, 조수 조.
[풀이] 시대사상의 조류.

時代錯誤 (시대착오)★

[뜻음] 때 시, 대 대, 섞일 착, 그릇될 오.
[풀이] 시대의 趨勢(추세)를 따르지 아니하는 착오.

恃德者昌 (시덕자창)★★★

[뜻음] 믿을 시, 덕 덕, 놈 자, 창성할 창.
[풀이] 모든 일에 道德(도덕)을 근본으로 삼는 자는 더욱 榮達(영달)함. 출전 史記(사기).

豺狼當道 (시랑당도)★

[뜻음] 승냥이 시, 이리 랑, 막을 당, 길 도.
[풀이] 승냥이와 이리가 길을 막다. 豺狼當路(시랑당로).

豺狼當路 (시랑당로)★★

[뜻음] 승냥이 시, 이리 랑, 막을 당, 길 로.
[풀이] 승냥이와 이리에 비길 만한 사악하고 잔인한 사람이 要路(요로)를 점거하여 권세를 떨침의 비유. 출전 後漢書(후한서) 張綱傳(장강전).

豺狼當路安問狐狸 (시랑당로안문호리)★

[뜻음] 승냥이 시, 이리 랑, 막을 당, 길 로, 어찌 안, 물을 문, 여우 호, 삵 리.
[풀이] 시랑은 승냥이와 이리로, 곧 중앙의 大官(대관)을 뜻하며, 호리는 여우와 삵, 지방의 小吏(소리). 간악한 大官(대관)이 횡포를 부리면, 지방의 小吏(소리) 따위의 죄는 말할 필요조차도 없다는 뜻. 출전 後漢書(후한서) 張綱傳(장강전).

ㅅ

豺狼橫道 (시랑횡도)★

[뜻음] 승냥이 시, 이리 랑, 가로막을 횡, 이를 도.
[풀이] 승냥이와 이리가 길을 가로막아 있다. 간악한 자가 요로에 있어 권력을 부림을 비유하여 이르는 말. 豺狼當路(시랑당로).

時來運到 (시래운도)★

[뜻음] 때 시, 올 래, 운전할 운, 이를 도.
[풀이] 때가 되어 운이 돌아옴.

詩禮之訓 (시례지훈)★

[뜻음] 시 시, 예도 례, 갈 지, 경계할 훈.
[풀이] 자식이 부친에게서 받는 教訓(교훈). 伯魚(백어)가 부친인 孔子(공자)에게서 시와 예를 배워야 할 이유를 든 고사에서 나온 말.

詩魔 (시마)★★★

[뜻음] 시 시, 마귀 마.
[풀이] ① 바르지 못한 詩想(시상). ② 시를 너무 좋아하는 病(병). 출전 滄浪詩話(창랑시화).

視民如傷 (시민여상)★

[뜻음] 볼 시, 백성 민, 같을 여, 상할 상.
[풀이] 백성을 보기를 다친 자를 보듯이 한다. 깊이 백성을 사랑하고 矜恤(긍휼)히 여김을 이름. 출전 孟子(맹자) 離婁下篇(이루하편).

侍奉體候 (시봉체후)★★

[뜻음] 모실 시, 받들 봉, 몸 체, 물을 후.
[풀이] 어버이를 모시는 몸이라는 뜻으로, 便紙(편지)에 부모를 모시고 있는 사람에 쓰는 말.

詩賦欲麗 (시부욕려)★

[뜻음] 시 시, 시부 부, 하고자 할 욕, 고울 려.
[풀이] 詩(시) 賦(부)는 화려하여야 한다는 뜻.

時不久留 (시불구류)★

[뜻음] 때 시, 아닐 불, 오랠 구, 머무를 류.
[풀이] 때는 오래 머무르지 않음. 기회는 이내 지나가 버림을 이르는 말. 출전 呂氏春秋(여씨춘추).

是非曲直 (시비곡직)★★

[뜻음] 옳을 시, 아닐 비, 굽을 곡, 곧을 직.
[풀이] 옳고 그르고 굽고 곧음.

是非善惡 (시비선악)★★

[뜻음] 옳을 시, 아닐 비, 착할 선, 악할 악.
[풀이] 옳고 그름과 선함과 악함.

是非顚倒 (시비전도)★★

[뜻음] 옳을 시, 아닐 비, 넘어질 전, 거꾸로 도.
[풀이] 시비가 전도됨. 黑白(흑백)이 뒤집힘. 비슷한 말로는 混淆黑白(혼효흑백), 反白爲黑(반백위흑), 黑白顚倒(흑백전도) 등이 있음.

是非之心 (시비지심)★

[뜻음] 옳을 시, 아닐 비. 갈 지, 마음 심.
[풀이] 선을 옳게 여기고 악을 그르게 여기는 마음. 출전 孟子(맹자) 公孫丑上篇(공손추상편).

是非叢中 (시비총중)★

[뜻음] 옳을 시, 아닐 비, 모을 총, 가운데 중.
[풀이] 잘잘못이 빈번하여 말썽이 많은 속. 是非場(시비장).

視死若歸 (시사약귀)★

[뜻음] 볼 시, 죽을 사, 같을 약, 돌아갈 귀.
[풀이] 죽는 것을 자기 집에 돌아가듯이 생각함. 죽음을 조금도 두려워하지 아니함. 視死如歸(시사여귀).

屍山血海 (시산혈해)★★

[뜻음] 주검 시, 뫼 산, 피 혈, 바다 해.
[풀이] 사람의 시체가 산을 이루고 피가 바다같이 흐른다는 말.

詩書誤儒 (시서오유)★

[뜻음] 시 시, 글 서, 그르칠 오, 선비 유.
[풀이] 詩經(시경)과 書經(서경), 곧 책에만 拘碍(구애)되어 실제적인 활용이 부족함을 말함.

詩書之道 (시서지도)★★

[뜻음] 시 시, 글 서, 갈 지, 길 도.
[풀이] 詩經(시경)·書經(서경)의 道(도). 聖賢(성현)의 가르침을 이르는 말.

詩書百家 (시서백가)★★

[뜻음] 시 시, 글 서, 일백 백, 집 가.
[풀이] 詩經(시경)과 書經(서경) 등 儒敎(유교)에서 말하는 온갖 종류의 書籍(서적).

詩書音律 (시서음률)★★

[뜻음] 시 시, 글 서, 소리 음, 가락 률.
[풀이] 시 짓기와 글쓰기와 音樂(음악).

矢石之間 (시석지간)★

[뜻음] 화살 시, 돌 석, 갈 지, 사이 간.
[풀이] 화살과 돌이 날아다니는 곳. 전쟁터.

時俗人心 (시속인심)★★

[뜻음] 때 시, 속될 속, 사람 인, 마음 심.
[풀이] 속된 요사이의 인심. 세상의 속된 인심.

時羞之奠 (시수지전)★★

[뜻음] 때 시, 드릴 수, 갈 지, 제사 지낼 전.
[풀이] 그 철에 나는 食物(식물)을 신에게 바침. 또는 그 祭物(제물).

時時刻刻 (시시각각)★

[뜻음] 때 시, 새길 각.
[풀이] 시간이 흐름에 따라. 시각마다.

是是非非 (시시비비)★★★

[뜻음] 옳을 시, 그를 비.

[풀이] ① 여러 가지의 잘잘못. ② 옳은 것은 옳고 그른 것은 그르다고 공정하게 판단함. 출전 荀子(순자).

時時種種 (시시종종)★★★

[뜻음] 때 시, 씨 종.
[풀이] 때때로 있는 갖가지. 여러 가지.

是心是佛 (시심시불)

[뜻음] 옳을 시, 마음 심, 부처 불.
[풀이] 사람은 煩惱(번뇌)로 말미암아 마음이 더러워지나 본마음은 佛性(불성)으로서 중생의 마음이 곧 부처이며 밖에 따로 부처가 없다는 말.

時時誤拂 (시시오불)★★

[뜻음] 때 시, 그릇할 오, 떨 불.
[풀이] 때때로 일부러 樂器(악기)를 틀리게 연주함. 중국 吳(오)나라의 周瑜(주유)가 音樂(음악)에 精通(정통)하여 길을 가다가도 음악이 잘못되는 것을 들으면 돌아다보았으므로 당시 사람들이 주유를 돌아보게 하기 위하여 일부러 음악을 틀리게 연주하곤 하였다는 고사에서 온 말.

是耶非耶 (시야비야)★

[뜻음] 옳을 시, 어조사 야, 아닐 비.
[풀이] 옳다고 해야 하는지 그르다고 해야 하는지 알 수 없어 잘 판단을 내리지 못함. 출전 史記(사기).

鰣魚多骨 (시어다골)★

[뜻음] 준치 시, 고기 어, 많을 다, 뼈 골.
[풀이] 준치는 맛은 좋되 뼈가 많다. 좋은 일의 한편에는 나쁜 일이 있음을 이르는 말.

詩言志歌永言 (시언지가영언)★★

[뜻음] 시 시, 말씀 언, 뜻 지, 노래 가, 읊을 영.
[풀이] 마음 가는 바를 뜻이라 하고, 뜻 있는 곳이면 반드시 말로 나타나는 것이므로, 시는 뜻을 말하는 것이며, 이미 말로 나타났을 때는 반드시 長短(장단)의 절이 있으므로 노래는 말을 길게 뽑아 읊는 것임. 출전 書經(서경) 舜典篇(순전편).

時雨之化 (시우지화)

[뜻음] 때 시, 비 우, 갈 지, 될 화.
[풀이] 알맞은 때에 비가 내려 자연히 초목을 잘 자라게 한다는 뜻. ① 有德者(유덕자)의 教化(교화)가 잘 베풀어짐의 비유. ② 스승의 은혜. 은혜가 널리 미치는 일. 출전 孟子(맹자) 盡心上篇(진심상편).

時運不幸 (시운불행)★★

[뜻음] 때 시, 돌 운, 아닐 불, 다행 행.
[풀이] 시대의 運數(운수)가 불행함.

尸位素餐 (시위소찬)★★★

[뜻음] 시동 시, 자리 위, 흴 소, 먹을 찬.
[풀이] 벼슬자리에 있어 그 직책을 다하지 못하고 녹만 타 먹는 사람을 이르는 말. 시위는 尸童(시동)의 자리.

尸位(시위)의 尸(시)는 尸童(시동)을 말한다. 옛날 중국에서는 조상의 제사를 지낼 때 조상의 혈통을 이은 어린아이를 조상의 神位(신위)에 앉혀 놓고 제사를 지냈다는데 그때 신위에 앉아 있는 아이가 神童(신동)이다.

그러므로 아무것도 모르고 아무 실력도 없으면서 남이 만들어 놓은 높은 자리에 우두커니 앉아 있는 것을 가리켜 시위라고 한다.

素餐(소찬)의 素(소)는 맹탕이라는 뜻이다. 素饌(소찬)이라고 쓰면 고기나 생선 같은 맛있는 반찬이 없는 것을 뜻하고 素餐(소찬)이라고 쓰면 공짜로 먹는다는 뜻이 된다. 그러므로 尸位素餐(시위소찬)이라는 말은 분수에 벗어난 높은 자리에 앉아 하는 일 없이 공으로 祿(녹)만 받아먹는 것을 말하게 된다.

詩有四離 (시유사리)★★★

[뜻음] 시 시, 있을 유, 넉 사, 떼어낼 리.
[풀이] 시를 지을 때 빠지지 말고 거리를 두어야 할 네 가지 상황. 비록 도의 旌麾(정휘)를 기약한다 해도 과감하고 偏僻(편벽)된 경우에서 떠나야 하고, 비록 경전과 사서를 쓴다고 해도 먹물 든 書生(서생)의 차원은 벗어나야 하고, 비록 고아하고 隱逸(은일)한 것을 숭상해도 迂闊(우활)하고 먼 것은 떠나야 하고, 날고뛰고자 하더라도 輕薄(경박)하고 浮華(부화)한 套式(투식)에서는 벗어나야 한다는 말. 출전 皎然(교연)의 詩式(시식).

詩有四不 (시유사불)★

[뜻음] 시 시, 있을 유, 넉 사, 아닐 불.
[풀이] 시를 지을 때 범해서는 안 될 네 가지 규칙. 詩有四離(시유사리).

詩有四深 (시유사심)★

[뜻음] 시 시, 있을 유, 넉 사, 깊을 심.
[풀이] 시를 지을 때 드러나는 한계를 극복하기 위한 네 가지 심오한 修鍊(수련)을 말함. 詩有四離(시유사리).

時移俗易 (시이속역)★

[뜻음] 때 시, 옮길 이, 풍속 속, 바꿀 역.
[풀이] ① 세월이 흘러가면 풍속도 저절로 바뀜. ② 세상이 변함.

視子蚤蝨 (시자조슬)★

[뜻음] 볼 시, 그대 자, 벼룩 조, 이 슬.
[풀이] 큰 인물을 본 뒤에 평범한 사람을 보면 벼룩이나 이처럼 작게 보인다는 말. 개인의 榮達(영달)에 눈이 멀어 훌륭한 인물을 草野(초야)에 묻혀 살게 한다는 뜻.

始作俑者 (시작용자)★★

[뜻음] 처음 시, 만들 작, 허수아비 용, 놈 자.
[풀이] 장본인. 罪惡(죄악)의 근원 된 자. 始作俑者其務後乎(시작용자기무후호).

始作俑者其無後乎 (시작용자기무후호)★★★

[뜻음] 처음 시, 만들 작, 허수아비 용, 놈 자, 그 기, 없을 무, 뒤 후,

어조사 호.
[풀이] 처음으로, 殉葬(순장)에 쓰는 나무 인형을 考案(고안)한 사람은, 그것이 사람과 흡사함에도 불구하고 흙에 묻기를 생각해낸 잔인한 사람이므로 아마 천벌을 받아 후손이 없으리라는 뜻. 출전 孟子(맹자).

矢在弦上不可不發 (시재현상불가불발)★

[뜻음] 화살 시, 있을 재, 시위 현, 위 상, 아닐 불, 가할 가, 쏠 발.
[풀이] 화살이 이미 시위에 메겨져 있으니 쏘지 않을 수 없다. 사물은 일단 착수한 이상 중지할 수 없음을 이르는 말.

施政改善 (시정개선)★★★

[뜻음] 베풀 시, 정사 정, 고칠 개, 착할 선.
[풀이] 정치를 좋게 고침.

市井雜輩 (시정잡배)★★

[뜻음] 저자 시, 우물 정, 섞일 잡, 무리 배.
[풀이] 거리의 부랑배. 시중의 무뢰배. 시정무뢰.

市井之徒 (시정지도)★★

[뜻음] 저자 시, 우물 정, 갈 지, 무리 도.
[풀이] ① 백성, 시민. ② 시내의 불량배. 출전 舊唐書(구당서).

市井之利 (시정지리)★★

[뜻음] 저자 시, 우물 정, 갈 지, 이로울 리.
[풀이] 시중의 이익.

市井之人 (시정지인)★

[뜻음] 저자 시, 우물 정, 갈 지, 사람 인.
[풀이] 市中(시중)에 사는 庶民(서민). 출전 史記(사기).

始終如一 (시종여일)★

[뜻음] 처음 시, 마칠 종, 같을 여, 한 일.
[풀이] 처음과 끝이 변함이 없이 꼭 같음.

始終一貫 (시종일관)★★★

[뜻음] 처음 시, 마침내 종, 한 일, 꿸 관.
[풀이] 처음부터 끝까지 조금도 변함없이 한결같음.

尸坐齋立 (시좌재립)★★

[뜻음] 시동 시, 앉을 좌, 재계할 재.
[풀이] 尸童(시동)처럼 앉고 齋戒(재계)할 때처럼 선다는 뜻으로 몸가짐이 대단히 端正(단정)하고 愼重(신중)함을 이름.

施主乞粒 (시주걸립)★

[뜻음] 베풀 시, 주인 주, 빌 걸, 낱알 립.
[풀이] 중이 施主(시주)받기 위하여 집집이 돌아다니는 일.

詩中有畫 (시중유화)★

[뜻음] 시 시, 가운데 중, 있을 유, 그림 화.
[풀이] 경치를 교묘하게 描寫(묘사)한 詩(시)를 칭찬한 말.

詩中天子 (시중천자)★

[뜻음] 시 시, 가운데 중, 하늘 천, 아들 자.
[풀이] 가장 으뜸이 되는 시인. 詩人(시인) 중에 天子(천자)처럼 지위가 높다는 의미로, 唐(당)나라 시인 李白(이백)에게 붙여진 별명.

矢志不移 (시지불이)★

[뜻음] 화살 시, 뜻 지, 아닐 불, 옮길 이.
[풀이] 영원히 변치 않기를 맹세함. 矢(시)와 誓(서)는 고대에 음이 같았기 때문에 시는 때로 서로 차용되기도 함.

漸盡灰滅 (시진회멸)★

[뜻음] 다할 시, 다할 진, 재 회, 사라질 멸.
[풀이] 얼음이 녹아 없어지고 불에 다 타 재가 되는 것같이 자취를 찾아볼 수 없이 멸망함.

侍執巾櫛 (시집건즐)★★★

[뜻음] 모실 시, 잡을 집, 수건 건, 빗 즐.
[풀이] 아내가 남편 곁에서 수건이나 빗을 가지고 儀容(의용)을 단정히 해줌. 출전 春秋左氏傳(춘추좌씨전).

時和歲豊 (시화세풍)★

[뜻음] 때 시, 화할 화, 해 세, 풍성할 풍.
[풀이] 時和年豊(시화연풍).

時和年豊 (시화연풍)★★★

[뜻음] 때 시, 화할 화, 해 년, 풍성할 풍.
[풀이] 기후가 순조로워 풍년이 듦.

食祿之臣 (식록지신)★★

[뜻음] 먹을 식, 녹봉 록, 갈 지, 신하 신.
[풀이] 나라의 녹을 먹던 신하.

食毛踐土 (식모천토)

[뜻음] 먹을 식, 털 모, 밟을 천, 흙 토.
[풀이] 그 나라 곡식을 먹고, 그 나라 흙을 밟음. 나라의 은혜를 입음. 毛는 땅에서 나는 곡물과 채소. 출전 春秋左氏傳(춘추좌씨전).

食馬肉不飲酒傷人 (식마육불음주상인)★★★

[뜻음] 먹을 식, 말 마, 고기 육, 아닐 불, 마실 음, 상할 상, 사람 인.
[풀이] 말고기를 먹고 술을 마시지 않으면 사람을 해치게 된다는 말.

≪史記(사기)≫에 나오는 이야기이다.
春秋(춘추) 五覇(오패)의 한 사람인 秦穆公(진목공)은 마음이 착하고 도량이 크기로 이름이 나 있었다. 岐山(기산)으로 사냥을 나갔을 때 마구간에 매어놓은 말 몇 마리가 없어져서 군사를 풀어 도둑을 잡으니 三百(삼백)이나 되는 野人(야인)들이 말을 잡아먹고 있었다. 군법에 의해 모두 사형에 처하게 되었는데 목공은,
"군자는 짐승 때문에 사람을 해치지 않는 법이다. 내가 들으니 좋은 말고기를 먹고 술을 마시지 않으면 사람을 상한다고 하더라" 하고 모두 술을 나눠 주게 한 다음 곱게

돌려보내 주었다

　먼 훗날 은혜를 많이 베풀었던 晋(진)나라가 배신을 하자, 진목공은 군대를 이끌고 몸소 나가 晋惠公(진혜공)과 격전을 벌이다 포로가 될 순간에 처하여서 "아아 하늘도 무심하구나" 하며 탄식을 하고 있는데 뜻밖에 머리를 풀어헤치고 반나체가 된 수백 명의 사람들이 칼을 휘두르며 쳐들어와 진목공을 구해 주었다. 나중에 그들에게 큰 상을 내리려 하자,

　"저희들은 이미 은상을 받은 지 오래입니다. 다시 또 무엇을 바라겠습니까? 저희들은 옛날 임금의 말을 훔쳐서 잡아먹고 죽을죄를 지은 몸이었는데 임금께서 처형은커녕 좋은 술까지 하사해주신 그 도둑놈들이올시다"라고 말했다.

食不重肉 (식부중육)★★

[뜻음] 먹을 식, 아닐 부, 거듭 중, 고기 육.
[풀이] 한 번 하는 식사에 고기를 두 가지 이상 놓고 먹지 아니함. 齊(제)나라 晏嬰(안영)의 생활이 儉素(검소)했다는 고사. 출전 史記(사기).

食不知其味 (식부지기미)★

[뜻음] 먹을 식, 아닐 부, 알 지, 그 기, 맛 미.
[풀이] 마음을 딴 데 두면 밥을 먹어도 그 맛을 모름. 출전 莊子(장자).

食不甘味 (식불감미)★

[뜻음] 밥 식, 아닐 불, 달 감, 맛있을 미.
[풀이] 걱정이 많아 음식을 먹어도 맛을 못 느낌. 출전 漢書(한서).

食不厭精膾不厭細 (식불염정회불염세)★

[뜻음] 밥 식, 아닐 불, 싫을 염, 흰쌀 정, 회 회, 가늘 세.
[풀이] 밥은 흴수록 좋고 회는 가늘수록 좋다는 孔子(공자)의 말.

食不二味 (식불이미)★

[뜻음] 먹을 식, 아닐 불, 두 이, 맛 미.
[풀이] 일상 먹는 식사에 딴 음식을 더 보태지 아니함. 곧 음식을 잘 차려 먹지 아니함. 출전 春秋左氏傳(춘추좌씨전).

食不重肉 (식불중육)

[뜻음] 먹을 식, 아닐 부, 무거울 중, 고기 육.
[풀이] 食不重肉(식부중육).

食不遑味 (식불황미)

[뜻음] 밥 식, 아닐 불, 바쁠 황, 맛있을 미.
[풀이] 바빠서 식사를 충분히 맛볼 겨를이 없음.

殖産興業 (식산흥업)★★

[뜻음] 번식할 식, 낳을 산, 흥할 흥, 일 업.
[풀이] 생산을 늘리고 산업을 일으킴.

食色性也 (식색성야)★

[뜻음] 먹을 식, 빛 색, 성품 성, 어조사 야.
[풀이] 식욕과 성욕은 선천적으로 가지고 있는 사람의 고유한 性(성)임. 출전 孟子(맹자) 告子上篇(고자상편).

食少事煩 (식소사번)★★★

[뜻음] 먹을 식, 적을 소, 일 사, 번거로울 번.
[풀이] 먹는 것은 적은데 일만 번거롭다. 춘추전국시대 위나라 사마의가 제갈공명이 보낸 使臣(사신)에게 제갈량을 평하여 '먹는 것은 적고 일은 번거로우니 어디 오래 살 수 있겠소?'라고 한 말에서 由來(유래)됨.

　≪三國志(삼국지)≫에 나오는 이야기이다. 春秋戰國時代(춘추전국시대) 魏(위)나라 司馬懿(사마의)가 諸葛孔明(제갈공명)과 對峙(대치)하고 있을 때이다.
　제갈량은 사마의를 끌어내어 빨리 승패를 결정지으려 했으나 사마의는 지구전으로 제갈량이 지칠 때를 기다리고 있었다. 서로 대치하며 사신만 자주 왕래할 때 사마의는 제갈공명이 보낸 사신에게 물었다.
　"공명은 하루 식사를 어떻게 하며, 일 처리를 어떻게 하시오?"
　그러자 사자는 음식은 지나치게 적게 먹고, 일은 새벽부터 밤중까지 손수 일일이 처리한다는 이야기를 했다. 사마의는,
　"먹는 것은 적고 일은 번거로우니 어떻게 오래 지탱할 수 있겠소" 하고 진담 반 농담 반으로 말했다.
　사자가 돌아오자 제갈량은,
　"사마의가 무슨 하는 말이 없던가" 하고 물었다.
　사자가 들은 그대로 전하자 제갈량도,
　"중달의 말이 맞다. 나는 아무래도 오래 살 것 같지가 않다"고 말했다는 것이다.
　과연 제갈량은 곧 병이 깊어져 진중에서 죽었다.

植松望亭 (식송망정)★

[뜻음] 심을 식, 소나무 송, 바라볼 망, 정자 정.
[풀이] 솔을 심어 정자를 바라봄. 몹시 성급한 생각.

息壤在彼 (식양재피)★★★

[뜻음] 숨 쉴 식, 흙 양, 있을 재, 저 피.
[풀이] 息壤(식양)은 저기 있습니다. (전에 거기서 한 맹세를 잊으실 수야 있겠습니까?) 秦(진)나라 武王(무왕)이 息壤(식양)에서 맹세를 한 후, 甘茂(감무)에게 韓(한)나라의 宜陽(의양)을 討伐(토벌)하게 하였는데, 다섯 달이 되어도 陷落(함락)시키지 못하므로 무왕이 近臣(근신)을 召喚(소환)하는 것이 좋다는 말을 듣고, 감무를 불러 싸움을 그만두게 하려 하였을 때 감무가 한 말. 約束(약속)을 어기지 말라는 말.

食魚無反 (식어무반)

[뜻음] 먹을 식, 물고기 어, 없을 무, 되돌릴 반.
[풀이] 생선을 먹을 때는, 한쪽만 먹고 다른 쪽은 남겨둔다. 백성들의 힘을 모아두는 일. 출전 晏子(안자).

食言 (식언)★★★

[뜻음] 먹을 식, 말씀 언.

[풀이] 약속한 말을 지키지 않음. 음식이 입안에서 없어지는 것과 같다는 뜻.

≪書經(서경)≫ 湯誓(탕서)에 이 말이 나온다. 탕서는 殷(은)나라 탕임금이 夏(하)나라 桀王(걸왕)을 치기 위해 군사를 일으켰을 때 모든 사람들에게 맹세한 말이다.

탕왕이 말씀하셨다.

"고하노니 그대들이여, 모두 짐의 말을 들으라. 결코 내가 경솔하게 감히 난을 일으키는 것이 아니고 하나라의 죄가 크기에 하늘이 나에게 명하여 그를 멸하도록 한 것이다. 이제 그대들은 말하기를 '우리 임금이 우리들을 가엾게 여기지 않고 우리들의 농사를 그르치게 하고, 하나라를 치게 한다'라고 한다. 나도 그대들의 말을 들었다. 그러나 하나라의 왕이 죄를 지은 이상 나는 하늘이 두려워 감히 정벌하지 않을 수 없다.

이제 그대들은 '하나라의 죄가 무엇이냐'고 물을 것이다. 하의 걸왕은 모든 사람의 힘을 고갈시키고 하나라를 해치기만 하였다. 이에 모든 사람들은 게을러지고 걸왕과 화합하지 못하게 되어 말하기를 '이 해가 언제 망할 것인가. 내 너와 함께 망했으면 한다'고 하였다. 하왕의 덕이 이와 같으니 이제 나도 반드시 가서 정벌해야 하겠다. 바라건대 그대들은 오로지 나를 보필하여 하늘의 벌을 이루도록 하라. 내 그대들에게 크게 상을 내리리라. 그대들은 이 말을 불신하지 말라. 나는 말을 먹지 않는다"라고 말한다.

여기에는 '말을 먹는다'라고 나와 있는데 결국 이 말은 약속한 말을 지키지 않는다는 뜻이다.

食玉炊桂 (식옥취계)★

[뜻음] 먹을 식, 옥 옥, 불 땔 취, 계수나무 계.
[풀이] 玉(옥)을 먹고, 桂樹(계수)나무로 밥을 지음. 곧 物價(물가)가 비쌈의 비유. 출전 戰國策(전국책).

食牛之氣 (식우지기)★

[뜻음] 먹을 식, 소 우, 갈 지, 기운 기.
[풀이] 소를 삼킬 만한 큰 기상. 어려서부터 비범한 기상이 있음을 이름. 吞牛之氣(탄우지기). 출전 太平御覽(태평어람).

食爲民天 (식위민천)★★★

[뜻음] 먹을 식, 할 위, 백성 민, 하늘 천.
[풀이] 백성은 먹는 것을 하늘로 삼는다. 먹는 일은 백성에게 있어 가장 소중한 일이라는 말.

食猶糊口 (식유호구)★

[뜻음] 먹을 식, 같을 유, 풀칠할 호, 입 구.
[풀이] 간신히 밥을 먹고 살 정도임.

食肉富貴 (식육부귀)★

[뜻음] 먹을 식, 고기 육, 가멸 부, 귀할 귀.
[풀이] 맛있는 고기만 먹고 지내면서 누리는 부귀.

食肉之祿 (식육지록)★★★

[뜻음] 먹을 식, 고기 육, 갈 지, 녹봉 록.
[풀이] 고기를 먹을 수 있을 만큼의 祿俸(녹봉)을 받는 사람. 朝廷(조정)에서 벼슬로 살고 있는 벼슬아치. 출전 春秋左氏傳(춘추좌씨전).

食飮全廢 (식음전폐)★★★

[뜻음] 먹을 식, 마실 음, 온전할 전, 폐할 폐.
[풀이] 음식을 전혀 먹지 않음.

食日萬錢 (식일만전)★

[뜻음] 먹을 식, 날 일, 일만 만, 돈 전.
[풀이] 하루의 밥값으로 만 전을 쓴다. 먹는 일에 지나치게 낭비함.

食者民之命 (식자민지명)★

[뜻음] 먹을 식, 놈 자, 백성 민, 갈 지, 목숨 명.
[풀이] 양식은 백성에게 있어 목숨처럼 소중한 것임.

食者民之本 (식자민지본)★

[뜻음] 먹을 식, 놈 자, 백성 민, 갈 지, 근본 본.
[풀이] 음식은 백성을 보존하는 근본임. 음식물을 먹는 것은 인민을 양육하는 근본.

食子狗君 (식자순군)★

[뜻음] 먹을 식, 자식 자, 좇을 순, 임금 군.
[풀이] 자기 자식을 삶아서 임금에게 바친다. 윗사람에게 不仁(불인)으로 阿附(아부)를 하는 행위를 이름. 狗(순)은 徇(순)의 俗字(속자).

識者憂患 (식자우환)★★★

[뜻음] 알 식, 놈 자, 근심 우, 근심 환.
[풀이] 학식이 있는 것이 도리어 근심을 사게 됨. 識者憂患始(식자우환시).

서투른 지식 때문에 도리어 일을 망치는 경우가 많다. 이럴 때 흔히 쓰는 문자가 '識字憂患(식자우환)'이다. 글자를 아는 것이 우환이란 말이다.

≪三國志(삼국지)≫라는 역사책을 보면 徐庶(서서)의 어머니 衛夫人(위부인)이 曹操(조조)에게 속고 한 '女子識字憂患(여자식자우환)'이란 말이 있다. 서서는 劉玄德(유현덕)의 謀士(모사)로, 세상에 이름난 효자였다. 조조가 서서의 꾀에 숱하게 농락당하자 서서를 자기편으로 만들려고 서서의 어머니가 자식과 편지를 주고받을 때 편지를 僞造(위조)하여 서서에게 보내 서서가 집으로 돌아오게 만들었다. 위부인은 본시 아들이 유현덕을 섬기기를 원하던 사람이었다. 이 사실을 알게 된 위부인이 "도시 여자가 글자를 안다는 것부터가 걱정을 낳게 한 근본 원인이다" 하고 체념했다.

蘇東坡(소동파)의 [石蒼舒醉墨堂詩(석창서취묵당시)]에도 '식자우환'이라는 말이 나온다.

인생은 글자를 알 때부터 우환이 시작된다.

성명만 대충 쓸 줄 알면 그만둘 일이다.

食前方丈 (식전방장)★★

[뜻음] 먹을 식, 앞 전, 모 방, 한 길 장.
[풀이] 사방 열 자짜리 상에 잘 차린 음식. 호화롭게 많이 차린 성찬. 출전 孟子(맹자) 盡心下篇(진심하편).

食指動 (식지동)★★★

[뜻음] 먹을 식, 손가락 지, 움직일 동.
[풀이] 식지가 움직인다.

≪春秋左氏傳(춘추좌씨전)≫ 宣公(선공) 4년에 楚(초)나라 사람이 鄭(정)나라 靈公(영공)에게 큰 자라를 바쳤다. 영공은 그 자라로 죽을 끓여 朝臣(조신)들에게 나눠 줄 생각이었다. 그날 아침 공자 宋(송)이 공자 子家(자가)와 조회에 들어가려는데, 공자 송의 둘째손가락이 갑자기 움직이기 시작했다. 공자 송은 그것을 자가에게 보이며, "오늘은 반드시 뭔가 별미를 먹게 될 거야. 전에도 이 둘째손가락이 공연히 움직이게 되면 그날은 반드시 별미를 먹게 되었거든" 하면서 서로 웃었다. 이 모습을 본 영공이 이유를 물어 알자 심술이 나서 자라요리를 일부러 적게 만들어 송에게는 주지 않으며 "아무리 손가락이 움직여도 과인이 주지 않으면 먹지 못할 것이 아닌가" 해서 공자 송을 놀렸다. 격분해서 나가버린 송은 영공이 자신을 죽이려 하는 기미를 알아차리고 공자 자가와 함께 기습하여 영공을 죽이고 만다.
食指(식지)는 둘째손가락을 말한다. 음식을 그 손가락으로 집어 먹는다고 해서 먹는 손가락(식지)이라는 이름이 붙게 된 것이다. '식지가 동한다'는 말은 먹을 생각이 간절해서 손가락이 절로 음식이 있는 쪽으로 움직이게 된다는 뜻이다. 그래서 이 말은 '구미가 당긴다, 야심을 품는다' 하는 뜻으로 많이 쓰이게 되었다.

食火之國 (식화지국)★★★

[뜻음] 먹을 식, 불 화, 갈 지, 나라 국.
[풀이] 불을 먹는 물건으로 삼는 나라. 출전 山海經(산해경).

身兼奴僕 (신겸노복)★

[뜻음] 몸 신, 겸할 겸, 종 노, 시중꾼 복.
[풀이] 집안이 가난하여 종이 할 일을 몸소 함.

薪桂米金 (신계미금)★

[뜻음] 땔나무 신, 계수나무 계, 쌀 미, 쇠 금.
[풀이] 가난하여 땔나무나 쌀을 쉽게 얻을 수 없는 사람에게 땔나무는 계수나무처럼, 쌀은 금처럼 귀중하게 여겨진다는 말.

辛苦遭逢 (신고조봉)★

[뜻음] 매울 신, 쓸 고, 만날 조, 만날 봉.
[풀이] 어려운 일에 부딪힘.

神工鬼斧 (신공귀부)★★★

[뜻음] 귀신 신, 장인 공, 귀신 귀, 도끼 부.
[풀이] 귀신의 도끼로 다듬은 듯 솜씨가 정교하여 靈妙(영묘)하게 만들어진 물건.

愼厥初惟其終 (신궐초유기종)★★

[뜻음] 삼갈 신, 다할 궐, 처음 초, 생각할 유, 그 기, 마칠 종.
[풀이] 사람은 무엇이나 처음과 끝을 생각하여 처신하여야 한다는 말. 출전 書經(서경) 蔡仲之命篇(채중지명편).

信及豚魚 (신급돈어)★

[뜻음] 믿을 신, 미칠 급, 돼지 돈, 물고기 어.
[풀이] 돼지와 물고기도 感應(감응)할 정도의 두터운 신의. 출전 易經(역경).

神機漏泄 (신기누설)★★

[뜻음] 귀신 신, 기미 기, 샐 누, 샐 설.
[풀이] 감추어져 있는 神妙(신묘)한 계기를 누설함. 비밀을 누설함.

蜃氣樓 (신기루)★★★

[뜻음] 무명조개 신, 기운 기, 망루 루.
[풀이] 바람이 없고 온화한 날 멀리 물건의 형상이 바다 위에서는 空中(공중)에 서고, 沙漠(사막) 위에서는 地平線(지평선)에 혹은 곧게 서고 혹은 거꾸로 나타나는 현상으로 옛날에는 이것을 大蛤(대합) 조개가 기를 뿜어 나타내는 空中樓閣(공중누각)이라고 하였으며 또 일설에는 蜃(신)은 이무기의 屬(속)으로 능히 기운을 뿜어 樓臺城郭(누대성곽)의 모양을 이루는데, 이것이 비가 오려고 할 때면 허공에 보인다는 것. 출전 史記(사기) 天官書(천관서).

神技妙算 (신기묘산)★★

[뜻음] 귀신 신, 재주 기, 묘할 묘, 셈할 산.
[풀이] 신기와 묘책. 뛰어난 재주와 신묘한 꾀.

神農嘗百草 (신농상백초)★

[뜻음] 귀신 신, 농사 농, 맛볼 상, 일백 백, 풀 초.
[풀이] 太古(태고) 때 神農氏(신농씨)가 가지가지의 풀을 씹어 맛을 보고 醫藥(의약)의 처방을 생각해냈다는 것. 출전 淮南子(회남자) 脩務訓(수무훈).

神農虞夏 (신농우하)★

[뜻음] 귀신 신, 농사 농, 헤아릴 우, 여름 하.
[풀이] 염제 신농씨와 제순 유우씨와 하나라의 우왕. 모두 太古(태고)의 聖王(성왕)들임. '三皇五帝(삼황오제)'를 보시오.

神農遺業 (신농유업)★

[뜻음] 귀신 신, 농사 농, 끼칠 유, 업 업.
[풀이] 신농씨가 끼쳐 놓은 일. 農事(농사)를 이름.

神茶鬱壘 (신도울루)★

[뜻음] 귀신 신, 씀바귀 도, 막힐 울, 진 루.
[풀이] 신도와 울루. 문을 맡아 악귀를 쫓는 두 귀신의 이름. 百鬼(백

ㅅ

귀)를 잡는 것을 맡았다고 함. 출전 論衡(논형) 訂鬼篇(정귀편).

愼獨 (신독)★

[뜻음] 삼갈 신, 홀로 독.
[풀이] 자기 홀로 있을 때에도 도리에 어그러지는 일을 하지 않고 삼감. 출전 大學(대학).

新郞新婦 (신랑신부)★★

[뜻음] 새 신, 사나이 랑, 며느리 부.
[풀이] 새로 부부가 된 자. 새서방과 새색시.

信命者亡壽夭 (신명자무수요)★

[뜻음] 믿을 신, 목숨 명, 놈 자, 없을 무, 목숨 수, 어릴 요.
[풀이] 천명을 믿는 자는 생사를 眼中(안중)에 두지 아니하므로, 長壽(장수)하거나 夭死(요사)하거나 괘념치 아니하고 문제가 되지 않는다는 것. 출전 列子(열자).

神目如電天聽如雷 (신목여전천청여뢰)★

[뜻음] 귀신 신, 눈 목, 같을 여, 번개 전, 하늘 천, 들을 청, 우레 뢰.
[풀이] 귀신의 눈은 번개와 같고, 하늘이 듣는 것은 우레와 같다. 어두운 방 안에서 제 마음은 속일 수 있지만 귀신의 눈으로 볼 때는 번개와도 같이 밝게 보이고, 사사로이 하는 말일지라도 하늘이 들을 때는 천둥소리처럼 크게 들린다는 말. 출전 明心寶鑑(명심보감) 天命篇(천명편).

信木熊浮 (신목웅부)★

[뜻음] 믿을 신, 나무 목, 곰 웅, 뜰 부.
[풀이] 믿는 나무에 곰이 뜬다. 꼭 잘되려니 하고 믿었던 일에 뜻밖의 변화가 생김의 비유.

新沐者必彈冠 (신목자필탄관)★★★

[뜻음] 새 신, 머리감을 목, 놈 자, 반드시 필, 털 탄, 갓 관.
[풀이] 새로 머리를 감은 사람은 반드시 갓의 먼지를 턴다. 자기를 깨끗이 하려고 하는 자는 外物(외물)로 인하여 더럽혀지지 않을까 하고 항상 조심한다는 말. 출전 史記(사기).

新沐者必彈冠新浴者必塵衣

(신목자필탄관신욕자필진의)★★

[뜻음] 새 신, 머리 감을 목, 놈 자, 반드시 필, 털 탄, 갓 관, 목욕할 욕, 먼지 진, 옷 의.
[풀이] 새로 머리를 감은 사람은 반드시 갓의 먼지를 털고, 목욕을 방금 한 사람은 옷에 묻은 먼지를 떨어낸다. 자기 몸의 깨끗함이 다른 것으로 더러워지는 것을 두려워함. 출전 史記(사기).

神妙不測 (신묘불측)★★★

[뜻음] 귀신 신, 묘할 묘, 아닐 불, 헤아릴 측.
[풀이] 신기하고 묘해서 미리 헤아릴 수 없음.

信文之孚 (신문지부)★

[뜻음] 믿을 신, 덕 문, 갈 지, 미쁠 부.
[풀이] 信(신)은 거짓이 없으므로 남을 感服(감복)시킴. 곧 참된 덕임. 文(문)은 덕의 총칭. 孚(부)는 참됨. 출전 國語(국어).

伸眉 (신미)★

[뜻음] 펼 신, 눈썹 미.
[풀이] 눈썹을 펴다. 근심걱정이 없어짐을 이름.

神變通力 (신변통력)★

[뜻음] 귀신 신, 변할 변, 통할 통, 힘 력.
[풀이] 즉 헤아릴 수 없는 변화의 재주를 가진 힘. 神通力(신통력).

神不享非禮 (신불향비례)★★

[뜻음] 귀신 신, 아닐 불, 누릴 향, 아닐 비, 예도 례.
[풀이] 神命(신명)은 제사 지낼 자격이 없는 사람의 제사는 歆饗(흠향)하지 아니함. 출전 論語(논어).

神不歆非類 (신불흠비류)★

[뜻음] 귀신 신, 아닐 불, 받을 흠, 아닐 비, 무리 류.
[풀이] 神不享非禮(신불향비례). 출전 春秋左氏傳(춘추좌씨전).

神秘主義 (신비주의)★

[뜻음] 귀신 신, 비밀 비, 주인 주, 뜻 의.
[풀이] 直觀(직관)에 의하여 현실을 超越(초월)하여 진리에 到達(도달)하려는 주의.

信賞必罰 (신상필벌)★★★

[뜻음] 확실할 신, 상줄 상, 반드시 필, 벌줄 벌.
[풀이] 상을 줄 만한 勳功(훈공)이 있는 사람에게는 반드시 상을 주고, 벌할 만한 罪科(죄과)가 있는 사람에게는 반드시 벌을 주는 일. 상벌을 규정대로 공정하고 엄중하게 함. 출전 後漢書(후한서).

晨星落落 (신성낙락)★★

[뜻음] 새벽 신, 별 성, 떨어질 락.
[풀이] 새벽에 별이 드문드문 보이는 것과 같이 친구가 차차 적어짐.

申申當付 (신신당부)★★★

[뜻음] 거듭 신, 마땅할 당, 줄 부.
[풀이] 몇 번이고 거듭 간절히 하는 부탁. 申申付託(신신부탁).

申申付託 (신신부탁)★★

[뜻음] 거듭 신, 줄 부, 의탁할 탁.
[풀이] 몇 번이고 연거푸 간절히 하는 付託(부탁). 申申當付(신신당부).

身若不勝衣 (신약불승의)★★

[뜻음] 몸 신, 같을 약, 아닐 불, 이길 승, 옷 의.
[풀이] 몸이 옷의 무게에 견디지 못하는 것 같음. 몸이 대단히 虛弱(허약)함의 형용. 恐懼(공구)하여 대단히 조심함의 형용. 출전 韓詩外傳(한시외전).

信言不美 (신언불미)★

[뜻음] 믿을 신, 말씀 언, 아닐 불, 아름다울 미.
[풀이] 믿음직한 말은 꾸미지 않는다는 말. 출전 老子(노자).

身言書判 (신언서판)★★★

[뜻음] 몸 신, 말씀 언, 글 서, 판단할 판.
[풀이] 사람됨을 판단하는 네 가지 기준. 신수(身), 말씨(言), 문필력

(書), 판단력(判)을 일컬음.

　　풍채와 언변과 문장력과 판단력. 본디 당나라 때 관리를 등용하는 네 가지 기준에서 유래하였다. ≪唐書(당서)≫ 選擧志(선거지)에 다음과 같은 기록이 있다.

　　무릇 사람을 가리는 방법에는 네 가지가 있다. 첫째는 身이니 풍채나 외모가 풍성하고 훌륭한 것을 말한다. 둘째는 言이니 언변이나 말투가 분명하고 바른 것이다. 셋째는 書니 글씨체가 굳고 아름다운 것을 말한다. 넷째는 判이니 글의 이치가 우아하고 뛰어난 것을 말한다. 이 네 가지를 갖추고 있으면 뽑아 쓸 만하다.

　　지금은 그다지 시의적절하지 못한 이야기인 듯하다. 풍채나 외모는 중요하지 않다. 글씨체는 전혀 중요하지 않다.

伸冤雪恥 (신원설치)★★★

[뜻음] 펼칠 신, 원통할 원, 씻을 설, 부끄러울 치.
[풀이] 冤痛(원통)함을 풀고 부끄러운 일을 씻어 버림.

神人共怒 (신인공노)★★

[뜻음] 귀신 신, 사람 인, 함께 공, 노할 노.
[풀이] 신과 사람이 다 함께 성낸다. 누구나 분노할 만큼 증오스럽거나 도저히 용납될 수 없음.

神人共憤 (신인공분)★

[뜻음] 귀신 신, 사람 인, 함께 공, 분할 분.
[풀이] 神人共怒(신인공노).

新入舊出 (신입구출)★

[뜻음] 새 신, 들 입, 옛 구, 날 출.
[풀이] 새것이 들어오고 묵은 것이 나감. 새것과 헌것이 서로 바뀜.

晨入夜歸 (신입야귀)★

[뜻음] 새벽 신, 들 입, 밤 야, 돌아갈 귀.
[풀이] 아침 일찍 出仕(출사)하고 밤늦게 歸家(귀가)함.

呻佔畢 (신점필)★

[뜻음] 끙끙거릴 신, 엿볼 점, 간책 필.
[풀이] 글 뜻을 잘 모르고 읽음. 學識(학식)이 淺薄(천박)한 스승을 이른 말. 점필재 김종직의 호가 여기에서 나옴. 점필이란 책의 글자만 읽을 뿐이고, 그 깊은 뜻은 통하지 못함을 이름. 출전 禮記(예기) 學記篇(학기편).

新情之初 (신정지초)★

[뜻음] 새 신, 뜻 정, 갈 지, 처음 초.
[풀이] 주로 남녀 간에, 새로 사귀어 정이 든 지 얼마 되지 않을 때.

愼終追遠 (신종추원)★★★

[뜻음] 삼갈 신, 끝날 종, 쫓을 추, 멀 원.
[풀이] 부모의 상을 당하여서는 슬픔을 다하여 葬禮(장례)를 두터이 하며, 조상의 제사에는 恭敬(공경)을 다함. 출전 論語(논어) 學而篇(학이편).

薪盡火滅 (신진화멸)★

[뜻음] 섶 신, 다할 진, 불 화, 멸망할 멸.
[풀이] 機緣(기연)이 다하여 사물이 멸망함. 사람의 죽음을 이르기도 함.

神采英拔 (신채영발)★

[뜻음] 정신 신, 풍채 채, 꽃부리 영, 뛰어날 발.
[풀이] 정신과 風采(풍채)가 특별하게 뛰어남. 출전 陳書(진서).

身體髮膚受之父母 (신체발부수지부모)★★★

[뜻음] 몸 신, 몸 체, 터럭 발, 살갖 부, 받을 수, 갈 지, 아비 부, 어미 모.
[풀이] 몸과 머리털과 살갖은 부모에게서 받은 것. 몸 전체는 부모님께서 받은 것. 출전 孝經(효경).

伸縮自在 (신축자재)★

[뜻음] 펼 신, 오그라들 축, 스스로 자, 있을 재.
[풀이] 마음대로 늘어나고 줄어듦.

新春報喜 (신춘보희)

[뜻음] 새 신, 봄 춘, 알릴 보, 기쁠 희.
[풀이] 새봄에 기쁜 소식을 알린다. 한국 民畵(민화) 중에서 虎鵲圖(호작도)가 상징하는 의미에 해당함.

神出鬼沒 (신출귀몰)★★★

[뜻음] 귀신 신, 나올 출, 귀신 귀, 없어질 몰.
[풀이] 귀신같이 나왔다가 감쪽같이 없어지다. 자유자재로 出沒(출몰)하여 그 변화가 無窮無盡(무궁무진)함. 출전 회남자 병략편.

新出貴物 (신출귀물)★

[뜻음] 새 신, 날 출, 귀할 귀, 만물 물.
[풀이] 새로 나와서 흔하지 않고 귀한 물건.

神出鬼行 (신출귀행)★

[뜻음] 귀신 신, 날 출, 귀신 귀, 갈 행.
[풀이] 귀신같이 나왔다가 감쪽같이 없어지다. 神出鬼沒(신출귀몰). 출전 淮南子(회남자).

身土不二 (신토불이)★★★

[뜻음] 몸 신, 흙 토, 아닐 불, 두 이.
[풀이] 자기 몸과 태어난 땅은 하나. 같은 땅에서 나는 것이라야 체질에 맞는다는 말. ≪東醫寶鑑(동의보감)≫의 약식동원론에서 온 말.

神通之力 (신통지력)★

[뜻음] 귀신 신, 통할 통, 갈 지, 힘 력.
[풀이] 神變通力(신변통력), 즉 헤아릴 수 없는 변화의 재주를 가진 힘. 神通力(신통력).

晨虎之勢 (신호지세)★

[뜻음] 새벽 신, 범 호, 갈 지, 기세 세.
[풀이] 굶주린 새벽 호랑이의 기세. 아주 맹렬한 기세.

身後之諫 (신후지간)★

[뜻음] 몸 신, 뒤 후, 갈 지, 간할 간.
[풀이] 생전에 미리 작정한, 죽은 뒤의 諫言(간언). 죽은 뒤의 諫(간).

尸諫(시간). 출전 孔子家語(공자가어) 困誓篇(곤서편).

身後之計 (신후지계)★

[뜻음] 몸 신, 뒤 후, 갈 지, 꾀 계.
[풀이] 죽은 뒤의 계획.

室家之樂 (실가지락)★★

[뜻음] 집 실, 집 가, 갈 지, 즐거울 락.
[풀이] 부부간의 和樂(화락). 출전 詩經(시경).

室家之心 (실가지심)★

[뜻음] 집 실, 집 가, 갈 지, 마음 심.
[풀이] 婚姻(혼인)하려는 마음.

失脚 (실각)★★

[뜻음] 잃을 실, 다리 각.
[풀이] 발을 헛디딤. 어떤 자리에서 권력을 잃고 나가 떨어짐. 출전 棠陰秘事(당음비사).

實錄 (실록)★

[뜻음] 열매 실, 기록할 록.
[풀이] 사실을 숨기지 않고 있는 그대로를 기록한 史書(사서). 역사의 한 체. 출전 漢書(한서) 司馬遷傳贊(사마천전찬).

失馬治廏 (실마치구)★

[뜻음] 잃을 실, 말 마, 다스릴 치, 마굿간 구.
[풀이] 말을 잃고 나서 외양간 고친다. 이미 때가 늦음. 失牛治廏(실우치구).

失斧得斧同 (실부득부동)★

[뜻음] 잃을 실, 도끼 부, 얻을 득, 같을 동.
[풀이] 잃은 도끼나 얻은 도끼나 일반. 주고받고 한 결과가 같아서 이익도 손해도 없음.

失斧疑隣 (실부의린)★

[뜻음] 잃을 실, 도끼 부, 의심할 의, 이웃 린.
[풀이] 도끼를 잃어버리자 이웃 사람을 의심하다. 한번 의심하는 마음이 생기면 평소에는 아무렇지도 않은 일마저 의심이 생긴다는 말. '疑心生暗鬼(의심생암귀)'를 보시오. 출전 列子(열자) 說符篇(설부편).

實事求是 (실사구시)★★★

[뜻음] 사실 실, 일 사, 구할 구, 옳을 시.
[풀이] 사실에 토대를 두어 진리를 탐구함. 사실에 의거하여 진리를 탐구하다. 사실에 임하여 그 일의 진상을 찾고 구하는 것.

'實事(실사)'는 진실한 사물을 말한다. '求是(구시)'는 올바른 것을 찾는다는 뜻이다. 즉 눈으로 보고 귀로 듣고 손으로 만져 보는 것과 같은 실험과 연구를 거쳐 누구도 부정하거나 부인할 수 없는 객관적 사실을 통해 정확한 판단, 정확한 해답을 얻는 것이 실사구시이다.
이것은 ≪漢書(한서)≫ 河間獻王德傳(하간헌왕덕전)에 나오는 '修學好古 實事求是 (수학호고 실사구시)'에서

비롯되었다고들 한다. 즉 '학문을 닦아 옛것을 좋아하며, 일을 실상되게 하여 옳은 것을 찾는다'는 말의 뒷부분을 따다가 새롭게 만들어낸 말이다. 이 말은 주로 학문을 하는 태도를 말한다.
淸朝(청조) 전기 考證學(고증학)의 중심인물은 戴震(대진)이다. 대진은 말하기를, "학자는 마땅히 남의 것으로 자신을 가리지 말고, 내 것으로 남을 가리지 말아야 한다"고 했다.
'실사구시'에서 實學(실학)이라는 말이 緣由(연유)되었다.

實學 (실학)★★★

[뜻음] 사실 실, 배울 학.
[풀이] 실제로 소용되는 학문. 조선 시대에, 실생활의 유익을 목표로 한 새로운 학풍. 實事求是(실사구시).

實相中道 (실상중도)★

[뜻음] 열매 실, 바탕 상, 가운데 중, 길 도.
[풀이] 진실의 상과 중용의 도.

失聲痛哭 (실성통곡)★

[뜻음] 잃을 실, 소리 성, 아플 통, 울 곡.
[풀이] 목소리가 가라앉아 나오지 않을 정도로 소리를 높여 슬피 욺.

室於怒市於色 (실어노시어색)★

[뜻음] 집 실, 어조사 어, 성낼 노, 저자 시, 빛 색.
[풀이] 怒於室色於市(노어실색어시)의 倒句法(도구법). 실내에서 성내고 그 怒氣(노기)를 사람이 많이 모이는 저자에서 보임. 곧 갑한테 성낸 것을 을한테 화풀이한다는 뜻. 遷怒(천노). 출전 春秋左氏傳(춘추좌씨전).

失言 (실언)★

[뜻음] 잃을 실, 말씀 언.
[풀이] 말을 잃다. 경우 없이 말을 해서 남에게 실례를 범하는 것. 失言失人(실언실인).

失言失人 (실언실인)★★★

[뜻음] 잃을 실, 말씀 언, 사람 인.
[풀이] 실언하여 사람을 잃는다.

失言(실언)이란 말은 우리가 흔하게 쓰는 말이다. 무심중에 하지 않을 말을 한 것도 실언이고 상대가 누구인지도 모르고 실례되는 말을 한 것도 실언이다. 결국 말을 안 해야 할 것을 해버린 것이 실언이다.
≪論語(논어)≫ 衛靈公篇(위령공편)을 보면 孔子(공자)는 이렇게 말했다.
"함께 말할 만한데 함께 말하지 않으면 그것은 사람을 잃는 것이다. 함께 말할 만하지 못한데 함께 말을 하면 그것은 말을 잃는 것이다. 知者(지자)는 사람을 잃지도 않고, 또 말을 잃지도 않는다."

말이 중요하고도 어려운 것임을 짐작하고 말한 것이다.

失牛治廏 (실우치구)★

[뜻음] 잃을 실, 소 우, 다스릴 치, 마굿간 구.
[풀이] 失馬治廏(실마치구).

悉有佛性 (실유불성)★

[뜻음] 모두 실, 있을 유, 부처 불, 성품 성.
[풀이] 중생에게는 누구나 다 부처가 될 본성이 있다는 말.

實則虛 (실즉허)★

[뜻음] 옹골찰 실, 곧 즉, 빌 허.
[풀이] 실한 듯하나 텅 비어 있음. 겉보기에 충실하나 속은 비어 있음.

實指虛掌 (실지허장)★

[뜻음] 열매 실, 손가락 지, 빌 허, 손바닥 장.
[풀이] 書道(서도)에 있어 붓을 잡는 법. 손가락은 붓대를 꽉 쥐고 손바닥은 넓게 함.

實踐躬行 (실천궁행)★★★

[뜻음] 옹골찰 실, 밟을 천, 몸소 궁, 행할 행.
[풀이] 실제로 몸소 이행함.

失墜 (실추)★

[뜻음] 잃을 실, 떨어질 추.
[풀이] 떨어뜨려 잃어버림. 또 실패함. 출전 左傳(좌전).

心歌腹詠 (심가복영)★

[뜻음] 마음 심, 노래 가, 배 복, 읊을 영.
[풀이] 마음속으로 노래하고 배 속으로 읊는다. 筆舌(필설)로 나타내지는 않으나 시적 感興(감흥)이 솟아오름을 이르는 말.

心廣體胖 (심광체반)★★

[뜻음] 마음 심, 넓을 광, 몸 체, 살찔 반.
[풀이] 마음이 너그러우면 몸이 편안하여 살찜. 마음이 넓고 편안하면 몸도 윤택해짐. 마음이 너그러워 몸에 살이 찜. 출전 大學(대학).

深溝高壘 (심구고루)★

[뜻음] 깊을 심, 개울 구, 높을 고, 진 루.
[풀이] 垓字(해자)를 깊게 파고 軍壘(군루)를 높이 쌓아서 防備(방비)를 엄하게 함.

深根固柢 (심근고저)★

[뜻음] 깊을 심, 뿌리 근, 굳을 고, 뿌리 저.
[풀이] 뿌리가 땅속 깊이 뻗어 움직이지 않는다. 근본이 튼튼함. 근본을 튼튼히 함.

心根固蔕 (심근고체)★

[뜻음] 마음 심, 뿌리 근, 굳을 고, 꼭지 체.
[풀이] 근본을 確固(확고)하게 함. 深根固柢(심근고저).

心機一轉 (심기일전)★★★

[뜻음] 마음 심, 틀 기, 한 일, 구를 전.
[풀이] 심기를 일전함. 어떤 계기로 그 전까지의 생각을 뒤집듯이 바꿈.

深厲淺揭 (심려천게)★★

[뜻음] 깊을 심, 걷어올릴 려, 얕을 천, 들어 올릴 게.
[풀이] 내를 건너는데 물이 깊으면 허리까지 옷을 걷어 올리고 얕으면 무릎 밑까지 걷는다. 일의 형편을 따라 행동함. 출전 詩經(시경).

深謀遠慮 (심모원려)★★★

[뜻음] 깊을 심, 꾀할 모, 멀 원, 생각 려.
[풀이] 깊은 計略(계략)과 먼 장래에 대한 생각.

深目高準 (심목고절)★

[뜻음] 깊을 심, 눈 목, 높을 고, 콧마루 절.
[풀이] 움푹 들어간 눈과 우뚝한 코. 準은 '법 준, 콧마루 절'.

心無所主 (심무소주)★

[뜻음] 마음 심, 없을 무, 바 소, 주인 주.
[풀이] 마음에 꿋꿋한 主見(주견)이 없음.

心煩意亂 (심번의란)★

[뜻음] 마음 심, 번거로울 번, 뜻 의, 어지러울 란.
[풀이] 마음이 번거롭고 뜻이 어지러움. 의지가 흔들려 심란하고 동요됨. 출전 楚辭(초사).

心腹之友 (심복지우)★

[뜻음] 마음 심, 배 복, 갈 지, 벗 우.
[풀이] 서로 흉금을 터놓고 지내는, 썩 친한 벗.

心腹之人 (심복지인)★

[뜻음] 마음 심, 배 복, 갈 지, 사람 인.
[풀이] 心腹(심복)이 되어준 사람. 心腹(심복).

心腹之疾 (심복지질)★

[뜻음] 마음 심, 배 복, 갈 지, 병 질.
[풀이] 마음 속에 있는 병. 고치기 어려운 병. 心腹之患(심복지환). 출전 春秋左氏傳(춘추좌씨전).

心不在焉視而不見 (심부재언시이불견)★★★

[뜻음] 마음 심, 아닐 부, 있을 재, 어조사 언, 볼 시, 어조사 이, 볼 견.
[풀이] 마음에 있지 아니하면 보아도 보이지 않는다는 말.

《大學(대학)》 正心章(정심장)에 나오는 말이다.
　"이른바 몸을 닦는 것이 그 마음을 바르게 하는 데 있다. 몸에 분노하는 바가 있으면 그 바름을 얻지 못하고, 두려워하는 바가 있으면 그 바름을 얻지 못하고, 좋아하는 바가 있으면 그 바름을 얻지 못하고, 근심하는 바가 있으면 그 바름을 얻지 못한다. 마음이 있지 아니하면 보아도 보이지 않고 들어도 들리지 않고 먹어도 그 맛을 알지 못한다. 이것이 이른바 몸을 닦는 것이 그 마음을 바르게 하

ㅅ

는 데 있다는 것이다."

深思默考 (심사묵고)★

[뜻음] 깊을 심, 생각할 사, 침묵할 묵, 상고할 고.
[풀이] 깊고 고요히 생각함.

深思熟考 (심사숙고)★

[뜻음] 깊을 심, 생각 사, 익을 숙, 상고할 고.
[풀이] 깊이 생각하고 고려함.

深思熟慮 (심사숙려)★

[뜻음] 깊을 심, 생각 사, 익을 숙, 고려할 려.
[풀이] 깊이 생각하고 고려함.

深山溪谷 (심산계곡)★

[뜻음] 깊을 심, 뫼 산, 시내 계, 골 곡.
[풀이] 높은 산과 깊은 골짜기.

深山窮谷 (심산궁곡)★★

[뜻음] 깊을 심, 뫼 산, 궁할 궁, 골 곡.
[풀이] 깊은 산속의 험하고 가파른 골짜기.

深山大澤生龍蛇 (심산대택생용사)★

[뜻음] 깊을 심, 뫼 산, 큰 대, 못 택, 날 생, 용 용, 이무기 사.
[풀이] 심산이나 大澤(대택)에 용사가 난다. 凡常(범상)치 아니한 곳에 범상치 아니한 것이 난다는 의미. 출전 春秋左氏傳(춘추좌씨전).

深山猛虎 (심산맹호)★★

[뜻음] 깊을 심, 뫼 산, 사나울 맹, 범 호.
[풀이] 깊은 산속의 사나운 호랑이.

深山幽谷 (심산유곡)★★

[뜻음] 깊을 심, 뫼 산, 깊을 유, 골 곡.
[풀이] 깊은 산속 험하고 가파른 골짜기. 深山窮谷(심산궁곡). 출전 列子(열자).

心身不安 (심신불안)★

[뜻음] 마음 심, 몸 신, 아닐 불, 편안할 안.
[풀이] 마음과 몸이 몹시 불안함.

心神散亂 (심신산란)★

[뜻음] 미음 심, 정신 신, 흩어질 산, 어지러울 란.
[풀이] 마음과 정신이 산란함.

深深山谷 (심심산곡)★

[뜻음] 깊을 심, 뫼 산, 골짜기 곡.
[풀이] 아주 깊은 골짜기.

深深山川 (심심산천)★

[뜻음] 깊을 심, 뫼 산, 시내 천.
[풀이] 아주 깊은 산천.

心心相印 (심심상인)★

[뜻음] 마음 심, 서로 상, 도장 찍을 인.
[풀이] 말 없는 가운데 마음과 마음으로 뜻이 서로 통함. '拈華微笑(염화미소)'를 보시오.

心若死灰 (심약사회)★

[뜻음] 마음 심, 같을 약, 죽을 사, 재 회.
[풀이] 마음이 죽은 재와 같다. 욕심이 없어 名利(명리)에 냉담함.

深淵薄氷 (심연박빙)★★

[뜻음] 깊을 심, 못 연, 엷을 박, 얼음 빙.
[풀이] 깊은 못에 얼어 있는 얇은 얼음을 밟는다. ① 깊은 못을 임한 듯, 얇은 얼음을 밟듯이 두려워하며 행동을 삼감. ② 아주 위험한 처지에 놓여 있음. 출전 詩經(시경).

心悅誠服 (심열성복)★

[뜻음] 마음 심, 기쁠 열, 정성 성, 복종할 복.
[풀이] 즐거운 마음으로 성심을 다하여 순종함. 출전 孟子(맹자).

心外無別法 (심외무별법)★

[뜻음] 마음 심, 바깥 외, 없을 무, 다를 별, 법 법.
[풀이] 불교용어. 세계의 萬事萬象(삼라만상)은 마음의 所現(소현)으로서 마음 외에 따로 만사만상이 없음.

心猿意馬 (심원의마)★★★

[뜻음] 마음 심, 원숭이 원, 뜻 의, 말 마.
[풀이] 마음은 원숭이처럼 이랬다저랬다 하고 생각은 말처럼 달아난다. 변덕이 심하고 번뇌가 많음.

　　중국 唐(당)나라 石頭大師(석두대사)는, 禪(선)의 이치를 말한 ≪參同契(참동계)≫ 註釋(주석)에서 말하기를,
　　"마음의 원숭이는 가만히 있지 못하고, 생각의 말은 사방으로 달리며, 神氣(신기)는 밖으로 어지럽게 흩어진다"고 했다.
　　王陽明(왕양명. 1472~1528)은 '심원의마'를 다음과 같이 쓰고 있다.
　　"처음 배울 때는 마음이 원숭이 같고 생각이 말과 같아, 붙들어 매어 안정시킬 수가 없다……"라고 학문하는 일의 어려움을 말하며 학문의 목적이 지식보다는 마음의 안정에 있다는 것을 강조하였다.
　　원숭이는 잠시도 가만히 있지 못하는 성질이다. 마음이 조용히 가라앉지 못하고 이랬다저랬다 하는 것이 心猿(심원)이다. 말은 달리는 성질을 가지고 있다. 생각이 가만히 한곳에 있지 못하고 먼 곳으로 달아나버리는 것이 意馬(의마)다. 사람이 번뇌로 인해 잠시도 마음과 생각을 가라앉히지 못하는 것을 원숭이와 말에 비유한 것이다. 변덕이 죽 끓듯 하거나 안절부절못하는 것을 나타내기도 한다. '意馬心猿(의마심원)'이라고 쓰기도 한다.

尋章覓句 (심장멱구)★

[뜻음] 찾을 심, 글 장, 구할 멱, 글귀 구.
[풀이] 옛사람의 글귀를 따서 詩文(시문)을 지음. 尋章摘句(심장적구).

深藏若虛 (심장약허)★

[뜻음] 깊을 심, 감출 장, 같을 약, 빌 허.
[풀이] 깊이 감추어, 있는 것 같지 않음. 출전 史記(사기).

尋章摘句 (심장적구)★

[뜻음] 찾을 심, 글 장, 딸 적, 글귀 구.
[풀이] 자그마한 章(장) 하나, 句(구) 하나를 깊게 파헤쳐 알려고 하거나 연구한다. 옛사람의 글귀를 따서 시문을 지음.

心齋坐忘 (심재좌망)★

[뜻음] 마음 심, 재계할 재, 앉을 좌, 잊을 망.
[풀이] 후세에 坐禪(좌선)의 선구가 된 중국의 莊子(장자)가 제창한 수양법으로, 심신 一切(일체)의 경지에서 마음의 일체의 더러움을 씻고 모든 것을 잊어버려 虛(허)의 상태에서 도와 일체가 되는 일.

心在鴻鵠 (심재홍곡)★

[뜻음] 마음 심, 있을 재, 큰 기러기 홍, 고니 곡.
[풀이] 학업을 닦으면서 마음을 다른 곳에 씀. 鴻鵠(홍곡)은 큰 기러기와 고니이므로 큰 인물이나 원대한 抱負(포부)를 비유함. 출전 孟子(맹자) 告子上篇(고자상편).

心正筆正 (심정필정)★

[뜻음] 마음 심, 바를 정, 붓 필.
[풀이] 마음이 바른 사람은 筆法(필법)도 스스로 바름.

深造自得 (심조자득)★★★

[뜻음] 깊을 심, 만들 조, 스스로 자, 얻을 득.
[풀이] 학문의 깊은 뜻을 궁리하고 연구하여 스스로 터득함. 출전 孟子(맹자) 離婁篇(이루편).

心中所懷 (심중소회)★

[뜻음] 마음 심, 가운데 중, 바 소, 품을 회.
[풀이] 마음속 생각이나 느낌.

心織筆耕 (심직필경)★★

[뜻음] 마음 심, 짤 직, 붓 필, 밭갈 경.
[풀이] 마음으로 베를 짜고 붓으로 농사를 지음. 중국 唐(당)나라의 王勃(왕발)이 가는 곳마다 請託(청탁)을 받고 글을 지어, 돈과 비단이 가득 쌓였으므로, 그때 사람들이 이를 이른 말.

心通乎道然後能辨是非 (심통호도연후능변시비)

[뜻음] 마음 심, 통할 통, 어조사 호, 길 도, 그러할 연, 뒤 후, 능할 능, 분별할 변, 옳을 시, 아닐 비.
[풀이] 도에 통한다는 것은, 格物致知(격물치지)하여 모든 사물의 지당한 이치에 훤하게 깨달아 앎에 이른다는 말. 마음이 도를 통한 뒤라야 사물의 옳고 그름을 분별할 수 있음.

心許 (심허)★

[뜻음] 마음 심, 허락할 허.
[풀이] 마음속으로 허락하다. 마음속에서 이미 허락한 바는 상황이 변해도 실행을 함. 출전 史記(사기) 오태백세가.

十瞽一杖 (십고일장)★

[뜻음] 열 십, 소경 고, 한 일, 지팡이 장.
[풀이] 열 소경에 한 자루의 지팡이. 여러 곳에 다 같이 긴요하게 쓰이는 사물의 비유. 十盲一杖(십맹일장).

十年減壽 (십년감수)★★

[뜻음] 열 십, 해 년, 줄어들 감, 목숨 수.
[풀이] 목숨이 십 년이나 단축될 정도의 공포나 위험.

十年工夫 (십년공부)★★★

[뜻음] 열 십, 해 년, 장인 공, 지아비 부.
[풀이] 십 년이나 쌓은 功(공). 工夫(공부)는 '방법을 생각해냄, 품성이나 수양, 의지의 단련, 학문이나 기술을 배움, 배운 것을 연습함, 토목 공사에 종사하는 인부' 등을 나타내는 말.

十年工夫南無阿彌陀佛 (십년공부나무아미타불)★★

[뜻음] 열 십, 해 년, 장인 공, 지아비 부, 남녘 남, 없을 무, 언덕 아, 두루 미, 비탈질 타, 부처 불.
[풀이] 여러 해 애써 한 일이 아무 보람이 없게 됨. 십 년 공부가 虛事(허사)가 됨.

十年構思 (십년구사)★

[뜻음] 열 십, 해 년, 얽을 구, 생각 사.
[풀이] 다년간 詩文(시문)을 修鍊(수련)함. 시문을 십여 년간 수련함. 출전 晉書(진서).

十年磨一劍 (십년마일검)★★★

[뜻음] 열 십, 해 년, 갈 마, 한 일, 칼 검.
[풀이] 10년 동안 칼 한 자루를 갈다. 여러 해 동안 武藝(무예)를 鍊磨(연마)함.

王陽明(왕양명)은 학문의 첫 목적이 지식에 있지 않고 마음의 안정에 있다는 것을 강조하여 '10년을 두고 칼 한 자루를 간다'는 말을 썼다. 원래는 불의를 무찔러 없애기 위한 원대한 계획과 결심을 뜻하는 말로 쓰였는데 지금은 어떤 목적을 위해 때를 기다리며 준비를 게을리하지 않는다는 뜻으로 널리 쓰이고 있다.

中唐(중당) 詩人(시인) 賈島(가도)의 五言古詩(오언고시) [劍客(검객)]에 나오기도 한다.

십 년을 두고 한 칼을 갈아
서릿발 칼날을 일찍이 시험하지 못했다.
오늘 가져다 그대에게 보이노니
누군가 불평의 일이 있는가.

즉 정의를 위해 칼을 한번 옳게 써 보겠다는 큰 뜻을 갖는 검객을 대변해 하는 말이다.

十年磨一刀 (십년마일도)★

[뜻음] 열 십, 해 년, 갈 마, 한 일, 칼 도.
[풀이] 十年磨一劍(십년마일검).

十年浮海一身輕 (십년부해일신경)★

[뜻음] 열 십, 해 년, 뜰 부, 바다 해, 한 일, 몸 신, 가벼울 경.
[풀이] 이는 朱子(주자)가 胡銓(호전)의 客館(객관)에 題(제)한 詩句(시구)로서, 호전은 上高宗封事(상고종봉사)의 한편으로 강직하다는 이름을 얻었으나 黎渦(여와)라는 歌妓(가기)에 迷惑(미혹)된 바 있으므로, 주자가 이를 경고한 것임. 출전 朱熹(주희)의 題胡氏客館詩(제호씨객관시).

十年樹木百年樹人 (십년수목백년수인)★

[뜻음] 열 십, 해 년, 기를 수, 나무 목, 일백 백, 사람 인.
[풀이] 십 년 뒤를 내다보며 나무를 심고 백 년 뒤를 내다보며 사람을 심는다. 장기적인 안목에서 인재를 양성함. 출전 管子(관자) 權修篇(권수편).

十年一得 (십년일득)★

[뜻음] 열 십, 해 년, 한 일, 얻을 득.
[풀이] 십 년에 한 번 얻다. 홍수 혹은 가뭄을 입기 쉬운 논과 밭이 간혹 잘되는 것을 이르는 말.

十年之計 (십년지계)★

[뜻음] 열 십, 해 년, 갈 지, 꾀 계.
[풀이] 앞으로 십 년을 목표로 한 원대한 계획.

十年知己 (십년지기)★

[뜻음] 열 십, 해 년, 알 지, 몸 기.
[풀이] 오래 전부터 사귀어 온 친구.

十大洞天 (십대동천)★

[뜻음] 열 십, 큰 대, 동굴 동, 하늘 천.
[풀이] 道家(도가)에서 여러 신선이 살고 있다는 열 군데의, 산과 내로 둘러싸인 경치 좋은 곳.

十大名茶 (십대명차)★

[뜻음] 열 십, 큰 대, 이름날 명, 차 차.
[풀이] 臺灣(대만) 陳文懷(진문회) 선생이 주장한 십대명차. 西湖龍井(서호용정), 安溪鐵觀音(안계철관음), 蒙頂茶(몽정차), 碧螺春(벽라춘), 黃山毛峰(황산모봉), 白毫銀針(백호은침), 凍頂烏龍(동정오룡), 君山銀針(군산은침), 祁門紅茶(기문홍차), 雲南普洱茶(운남보이차).

十讀不如一寫 (십독불여일사)★

[뜻음] 열 십, 읽을 독, 아닐 불, 같을 여, 한 일, 베낄 사.
[풀이] 열 번 읽는 것보다 한 번 써보는 것이 더 기억이 잘 되고 잘 알 수 있음.

十萬長安 (십만장안)★

[뜻음] 열 십, 일만 만, 긴 장, 편안할 안.
[풀이] 지난날에, 사람이 썩 많이 사는 서울이라는 뜻으로 이르던 말.

十盲一杖 (십맹일장)★

[뜻음] 열 십, 눈멀 맹, 한 일, 지팡이 장.
[풀이] 열 소경에 한 지팡이. 어떠한 사물이 여러 사람에게 다 같이 緊要(긴요)하게 쓰이는 것을 이르는 말. 十瞽一杖(십고일장).

十目所視 (십목소시)★

[뜻음] 열 십, 눈 목, 바 소, 보일 시.
[풀이] 여러 사람이 보는 바. 十目所視十手所指(십목소시십수소지). 출전 大學(대학)

十目所視十手所指 (십목소시십수소지)★★★

[뜻음] 열 십, 눈 목, 바 소, 보일 시, 열 십, 손 수, 가리킬 지.
[풀이] 여러 사람이 보는 바이고 여러 사람이 손가락질하는 바. 여러 사람이 잘 아는 바.

十目은 열 눈이란 말이다. 그러나 열은 많다는 것을 나타내는 말로 많은 사람의 눈이란 뜻이다. 즉 무수한 사람들이 지켜보고 있는 것이 '十目所視(십목소시)'고, 여러 사람이 손가락질하고 있는 것이 '十手所指(십수소지)'다.

≪大學(대학)≫ 誠意章(성의장)에는 말하기를, "악한 소인들이 남이 보지 않는 곳에서는 갖은 못된 짓을 하면서, 착한 사람 앞에서는 악한 것을 숨기고 착한 것을 내보이려 하고 있다. 그러나 사람들이 자기를 보는 것이 자기 마음속 들여다보듯 하고 있는데 무슨 소용이 있겠느냐"고 했다.

성의장에는 愼獨(신독)이라는 말이 두 번이나 거듭 나온다. 여러 사람이 있는 앞에서보다 혼자 있을 때를 더 조심하는 것이 愼獨(신독)이다. 이 신독이란 말 다음에 曾子(증자)의 말을 인용하고 있다. 즉 증자는 말하기를, "열 눈이 보는 바요, 열 손이 가리키는 바니 참으로 무서운 일이구나"라고 했다.

江希張(강희장)의 ≪四書白話(사서백화)≫에는 十目(십목)을 열 눈이 아닌 十方(십방)의 모든 視線(시선)을 나타내는 말로 해석하고 있다.

十目十手 (십목십수)★

[뜻음] 열 십, 눈 목, 손 수.
[풀이] 열 사람의 눈과 열 사람의 손. 보는 사람과 손가락질하는 사람이 많음.

十伐之木 (십벌지목)★

[뜻음] 열 십, 칠 벌, 갈 지, 나무 목.
[풀이] 열 번 찍어 안 넘어가는 나무 없다. 심지가 굳은 사람이라도 여러 번 권하고 꾀면 따르게 된다는 말.

十步之內 (십보지내)★

[뜻음] 열 십, 걸음 보, 갈 지, 안 내.
[풀이] 얼마 안 되는 거리. 중국 戰國時代(전국시대)에 趙(조)나라의 모수가 평원군을 따라 楚(초)나라에 사신으로 갔을 때, 저 혼자 초왕

앞으로 나아가 검을 어루만지며, 초나라의 군대가 아무리 많다고 해도 왕과 나와의 거리는 겨우 열 발작 거리이므로, 자기는 그 군대가 움직이기 전에 왕을 죽일 수 있다고 하여 마침내 사신으로서의 司命(사명)을 완수한 일에서 온 말. '毛遂自薦(모수자천)'을 보시오. 출전 史記(사기).

十分無疑 (십분무의)★

[뜻음] 열 십, 나눌 분, 없을 무, 의심할 의.
[풀이] 충분한 근거가 있어 조금도 의심할 여지가 없음.

十死一生 (십사일생)★

[뜻음] 열 십, 죽을 사, 한 일, 살 생.
[풀이] 열은 죽고, 하나 살다. 九死一生(구사일생). 출전 漢書(한서).

十常八九 (십상팔구)★

[뜻음] 열 십, 항상 상, 여덟 팔, 아홉 구.
[풀이] 열에 여덟아홉은 그러함. 거의 다 그러함.

十生九死 (십생구사)★

[뜻음] 열 십, 살 생, 아홉 구, 죽을 사.
[풀이] 열은 살고 아홉은 죽다. 위험한 지경을 겨우 벗어남. '九死一生'을 보시오.

十歲沖年 (십세충년)★

[뜻음] 열 십, 해 세, 빌 충, 해 년.
[풀이] 십 세의 아주 어린 나이.

十手所指 (십수소지)★

[뜻음] 열 십, 손 수, 바 소, 손가락 지.
[풀이] 뭇사람이 손가락질을 한다. '十目所視十手所指(십목소시십수소지)'를 보시오. 출전 大學(대학).

什襲而藏 (십습이장)★

[뜻음] 열 사람 십, 엄습할 습, 어조사 이, 감출 장.
[풀이] 열 번이나 묶은 뒤 갈무리하다. 귀중한 물건을 잘 간직하여 둠. 什襲藏之(십습장지).

十勝之地 (십승지지)★★

[뜻음] 열 십, 이길 승, 갈 지, 땅 지.
[풀이] 풍수가들이 말하는 피난처 열 곳. 饑饉(기근)이나 兵禍(병화)의 염려가 없는 곳. 公州(공주)의 維鳩(유구)와 麻谷(마곡), 茂朱(무주)의 茂豊(무풍), 報恩(보은)의 俗離山(속리산), 扶安(부안)의 邊山(변산), 星州(성주)의 萬壽洞(만수동), 奉化(봉화)의 春陽(춘양), 醴泉(예천)의 金堂洞(금당동), 寧越(영월)의 正東上流(정동상류), 雲峯(운봉)의 頭流山(두류산), 豊基(풍기)의 金鷄村(금계촌).

十匙一飯 (십시일반)★★★

[뜻음] 열 십, 숟가락 시, 한 일, 밥 반.
[풀이] 열 술이면 밥 한 그릇. 여럿이 힘을 합하면 한 사람을 돕기 쉽다는 비유.

十室之邑 (십실지읍)★★

[뜻음] 열 십, 집 실, 갈 지, 고을 읍.

[풀이] 집이 열 채 가량 있는 작은 동네. 작은 촌락으로서 狹小(협소)한 地方(지방)을 이름. 출전 論語(논어) 公冶長篇(공야장편).

十羊九牧 (십양구목)★

[뜻음] 열 십, 양 양, 아홉 구, 기를 목.
[풀이] 열 마리의 양에 아홉 사람의 牧者(목자). 백성은 적고 벼슬아치만 많음을 비유한 말. 출전 隋書(수서).

十二時中莫欺 (십이시중막기)

[뜻음] 열 십, 두 이, 때 시, 가운데 중, 말 막, 속일 기.
[풀이] 晝夜(주야) 열두 시간 중 조금도 자기의 마음을 속인 바가 없다는 것. 출전 宋史(송사) 葛邲傳(갈필전).

十二列國 (십이열국)★★

[뜻음] 열 십, 두 이, 나란할 열, 나라 국.
[풀이] 중국 춘추시대 열두 강국. 魯(노), 衛(위), 晉(진), 鄭(정), 曹(조), 蔡(채), 燕(연), 齊(제), 陳(진), 宋(송), 楚(초), 秦(진).

十二律呂 (십이율려)★★★

[뜻음] 열 십, 두 이, 법 율, 음률 려.
[풀이] 피리소리로 표준을 잡는 音階(음계)를 말한다. 상고시대 황제 때 伶倫(영윤)이라는 사람이 대나무를 쪼개 통을 만든 피리가 있는데, 이 피리 길이의 장단으로 소리의 청탁 고하를 분별한다. 여기에서 음양을 나누어 양의 6은 율이 되고 음의 6은 여가 된다. 이 피리의 길이는 후대에 척도의 기준이 되었으며, 그 피리 속에는 기장을 넣었고, 거기에 들어가는 기장의 무게가 무게의 기준이 되는 동시에 다시 부피의 기준이 되었다. 우리나라에서는 경기도 광주에서 나는 기장을 사용하였으며 이를 기준으로 도량형을 제작하였다. 율은 또한 법률, 고르게 나누어준다는 뜻을 지니고 있으니, 율려를 기준으로 하여 천하의 모든 단위를 표준화시켰다는 말이다. 그러므로 율려는 세상을 경륜하는 법도라고도 할 수 있다.
[참고] 六律 (육률): 육률은 십이율 가운데 陽聲(양성)에 속하는 여섯 가지 소리로, 대나무를 잘라 통을 만들었으니, 太簇(태족), 姑洗(고세), 黃鐘(황종), 夷則(이칙), 無射(무역), 蕤賓(유빈)을 말한다.
[참고] 六呂 (육려): 육려는 陰聲(음성)에 속하는 여섯 가지 소리로, 大呂(대려), 夾鐘(협종), 仲呂(중려), 林鐘(임종), 南呂(남려), 應從(응종)이라 한다.

十二支 (십이지)★★★

[뜻음] 열 십, 두 이, 가를 지.
[풀이] 子(자), 丑(축), 寅(인), 卯(묘), 辰(진), 巳(사), 午(오), 未(미), 申(신), 酉(유), 戌(술), 亥(해). 十干(십간)은 甲(갑), 乙(을), 丙(병), 丁(정), 戊(무), 己(기), 庚(경), 申(신), 壬(임), 癸(계).

十二指腸 (십이지장)★

[뜻음] 열 십, 두 이, 손가락 지, 내장 장.
[풀이] 소장의 일부로, 위의 幽門(유문)에 이어진 부분. 길이가 손가락 열둘을 늘어놓은 것과 같다고 이름 붙여짐.

十翼 (십익)★

[뜻음] 열 십, 날개 익.
[풀이] 孔子(공자)가 지었다고 하는 易(역)의 註釋(주석).

十人十色 (십인십색)★★

[뜻음] 열 십, 사람 인, 빛 색.
[풀이] 생각이나 趣向(취향)이 사람마다 모두 다름.

十日一水 (십일일수)★

[뜻음] 열 십, 날 일, 한 일, 물 수.
[풀이] 열흘 동안에 그림 한 폭의 일부분인 강줄기 하나를 그렸다. 畵工(화공)의 苦心(고심)과 노력을 이르는 말. 十日一水五日一石(십일일수오일일석).

十日之菊 (십일지국)★

[뜻음] 열 십, 날 일, 갈 지, 국화 국.
[풀이] 때가 지난 것을 말함. 菊花(국화)는 구월 구일까지를 제철로 보므로 이름.

十長生 (십장생)★★★

[뜻음] 열 십, 긴 장, 날 생.
[풀이] 長生不死(장생불사)한다는 열 가지. 해, 산, 물, 돌, 구름, 소나무, 불로초, 거북, 학, 사슴.

十顚九倒 (십전구도)★

[뜻음] 열 십, 넘어질 전, 아홉 구, 거꾸러질 도.
[풀이] 열 번 넘어지고 아홉 번 거꾸러짐. 온갖 고생을 겪음.

十戰九勝 (십전구승)★

[뜻음] 열 십, 싸울 전, 아홉 구, 이길 승.
[풀이] 열 번 싸워 아홉 번 이김.

十全十美 (십전십미)★

[뜻음] 열 십, 온전할 전, 아름다울 미.
[풀이] 사람 혹은 사물이 매우 완전하여 전혀 흠잡을 데가 없다는 말.

十戰十勝 (십전십승)★

[뜻음] 열 십, 싸울 전, 이길 승.
[풀이] 열 번 싸워 열 번 이김. 싸우면 반드시 이김.

十中八九 (십중팔구)★★★

[뜻음] 열 십, 가운데 중, 여덟 팔, 아홉 구.
[풀이] 열 가운데 여덟아홉이 그러함. 거의 그러함. 十常八九(십상팔구).

十八般武藝 (십팔반무예)★★★

[뜻음] 열 십, 여덟 팔, 돌 반, 힘쓸 무, 기예 예.
[풀이] 열여덟 가지의 무예. 矛(모), 鎚(추), 弓(궁), 弩(노), 銃(총), 鞭(편), 簡(간), 劍(검), 鏈(연), 朳(팔), 斧(부), 鉞(월), 戈(과), 戟(극), 牌(패), 棒(봉), 槍(창), 耞(과).

十風五雨 (십풍오우)★★

[뜻음] 열 십, 바람 풍, 다섯 오, 비 우.
[풀이] 열흘에 한 번씩 바람이 불고 닷새에 한 번씩 비가 내림. 기후가 순조로워 농사가 잘됨. 雨順風調(우순풍조).

十寒一曝 (십한일폭)★★

[뜻음] 열 십, 찰 한, 한 일, 햇볕 쬘 폭.
[풀이] 열흘 춥고 하루 햇볕이 쬔다. 일을 하는 데 근면성실하지 못하여 자주 중단함을 이르는 말. 출전 孟子(맹자) 告子上篇(고자상편).

賸水殘山 (싱수잔산)★★

[뜻음] 남을 싱, 물 수, 무너질 잔, 뫼 산.
[풀이] 남아 있는 산하. 亡國(망국)을 이르는 말.

雙去雙來 (쌍거쌍래)★★

[뜻음] 쌍 쌍, 갈 거, 올 래.
[풀이] 쌍쌍이 오고 감.

雙鯉魚出 (쌍리어출)★

[뜻음] 쌍 쌍, 잉어 리, 고기 어, 날 출.
[풀이] 後漢(후한)의 姜詩(강시)와 晉(진)나라 王祥(왕상)의 고사. 孝心(효심)이 지극한 덕으로 두 마리의 잉어를 낚았다고 함. 王祥得鯉(왕상득리). 출전 後漢書(후한서).

雙聲疊韻 (쌍성첩운)★

[뜻음] 쌍 쌍, 소리 성, 겹쳐질 첩, 운 운.
[풀이] 음운상의 술어로, 雙聲(쌍성)은 初聲(초성)이 같은 두 자로 구성된 숙어. 예를 들어 乾坤(건곤), 玄護(현획) 등. 疊韻(첩운)은 운이 같을 뿐 아니라 中聲(중성)도 같은 두 자로 된 숙어. 예를 들어 嬋娟(선연). 출전 南史(남사) 謝莊傳(사장전).

雙宿雙飛 (쌍숙쌍비)★

[뜻음] 쌍 쌍, 잘 숙, 날 비.
[풀이] 암수가 함께 잠자고 함께 날아간다. 부부가 깊은 애정으로 起居(기거)를 함께 함.

我家龜龍 (아가귀룡)★

[뜻음] 나 아, 집 가, 거북 귀, 용 룡.
[풀이] 자기의 자식을 사랑해서 부르는 말. 출전 唐書(당서) 崔液傳
(최액전).

我歌查唱 (아가사창)★★

[뜻음] 나 아, 노래 가, 사돈 사, 노래 부를 창.
[풀이] 내가 부를 노래를 사돈이 부른다. 책망을 들어야 할 사람이 도
리어 책망함의 비유.

阿家阿翁 (아고아옹)★

[뜻음] 존칭 아, 집 가, 늙은이 옹.
[풀이] 며느리가 시부모를 부르는 말. 阿家翁(아고옹).

峨冠博帶 (아관박대)★

[뜻음] 높을 아, 갓 관, 넓을 박, 띠 대.
[풀이] 크고 덕이 높은 선비의 衣冠(의관).

我躬不閱 (아궁불열)★★

[뜻음] 나 아, 궁할 궁, 아닐 불, 돌볼 열.
[풀이] 내 한 몸도 돌보지 못하는 형편. 곧 자기의 후손 또는 다른 일
을 걱정할 여지가 없음을 이르는 말. 출전 詩經(시경).

阿其所好 (아기소호)★

[뜻음] 아첨 아, 그 기, 바 소, 좋아할 호.
[풀이] 좋아하는 사람에게 阿附(아부)함. 좋아하는 사람을 過大評價
(과대평가)함.

兒女之債 (아녀지채)★

[뜻음] 아이 아, 계집 녀, 갈 지, 빚 채.
[풀이] 자식들에게 드는 교육비, 혼인비 등 비용.

兒童走卒 (아동주졸)★

[뜻음] 아이 아, 아이 동, 달릴 주, 하인 졸.
[풀이] 아이와 심부름꾼. 철없는 아이들과 어리석은 사람들. 無知蒙
昧(무지몽매)한 사람을 나타냄. 출전 宋史(송사).

兒童之言宜納耳門 (아동지언의납이문)★

[뜻음] 아이 아, 아이 동, 갈 지, 말씀 언, 마땅할 의, 들일 납, 귀 이,
　　　문 문.
[풀이] 어린아이의 말도 마땅히 귀담아 들어야 한다. 쓸모가 있을 때
가 있으니 모두 무조건 버릴 것은 아니라는 말.

阿頭 (아두)★

[뜻음] 언덕 아, 머리 두.
[풀이] 바보, 못난이 멍청이. 조자룡이 아두를 구해왔을 때 劉備(유
비)가 땅에 던져 머리를 다쳐 후에 바보같이 변했다는 말. 우리말 '아
둔하다'는 말도 여기에서 유래된 듯함. 출전 三國志演義(삼국지연의).

俄羅斯 (아라사)★

[뜻음] 갑자기 아, 새그물 라, 이 사.
[풀이] 露西亞(노서아). 러시아.

餓狼之口 (아랑지구)★

[뜻음] 굶을 아, 이리 랑, 갈 지, 입 구.
[풀이] 굶주린 이리의 입. 곧 危險(위험)한 장소. 출전 晉書(진서).

我馬瘏疑 (아마도의)★

[뜻음] 나 아, 말 마, 앓을 도, 의심할 의.
[풀이] 내 말이 들퍼졌다는 것. 출전 詩經(시경) 周南(주남) 卷耳篇
(권이편).

我武維揚 (아무유양)★

[뜻음] 나 아, 힘셀 무, 받칠 유, 오를 양.
[풀이] 우리나라의 武威(무위)가 드날림. 우리 편의 武力(무력) 위세
가 드날림. 출전 書經(서경).

蛾眉曼睩 (아미만록)★★

[뜻음] 초승달 아, 눈썹 미, 길 만, 바라볼 록.
[풀이] 아미가 가늘고 긺. 미인의 용모. 曼睩(만록)은 눈초리가 가늘
고 길다는 말. 출전 楚辭(초사).

阿彌陀佛 (아미타불)★

[뜻음] 언덕 아, 두루 미, 비탈질 타, 부처 불.
[풀이] 西方淨土(서방정토)의 극락세계에 있다는 부처의 이름. 모든
중생을 구제한다는 큰 誓願(서원)을 세운 부처로서, 이 부처를 믿고
염불하면 죽은 뒤에 곧 極樂淨土(극락정토)에서 태어나게 된다고 함.

蛾撲燈蕊 (아박등예)★

[뜻음] 나방 아, 칠 박, 등불 등, 꽃술 예.
[풀이] 나방이 등불 심지를 때린다. 화를 스스로 불러들임을 비유하
는 말.

阿附雷同 (아부뇌동)★★

[뜻음] 아첨 아, 붙을 부, 우레 뢰, 한가지 동.
[풀이] 시비의 판단 없이 자기의 이익에 부합하는 사람에게 붙좇음의
비유. 附和雷同(부화뇌동)과 유사함.

阿鼻叫喚 (아비규환)★

[뜻음] 언덕 아, 코 비, 부르짖을 규, 부르짖을 환.
[풀이] 아비지옥에 떨어져 혹독한 고통으로 울부짖음. 참혹한 고통
속에서 살려 달라고 울부짖는 상태. 阿鼻地獄(아비지옥)과 叫喚地獄
(규환지옥)을 합하여 阿鼻叫喚(아비규환)이라 함.

阿鼻地獄 (아비지옥)★

[뜻음] 언덕 아, 코 비, 땅 지, 옥 옥.
[풀이] 阿鼻(아비). 阿鼻叫喚(아비규환).

餓死線上 (아사선상)★

[뜻음] 주릴 아, 죽을 사, 실 선, 위 상.
[풀이] 굶어 죽게 될 선 위에 있음. 餓死之境(아사지경).

餓死之境 (아사지경)★★

[뜻음] 주릴 아, 죽을 사, 갈 지, 지경 경.
[풀이] 굶어서 죽게 된 지경.

阿世曲學` (아세곡학)★★

[뜻음] 아첨할 아, 세상 세, 굽을 곡, 배울 학.
[풀이] 바르지 못한 학문으로 세상에 아첨함. 曲學阿世(곡학아세).

阿修羅場 (아수라장)★

[뜻음] 언덕 아, 닦을 수, 비단 라, 마당 장.
[풀이] 끔찍하게 흐트러진 현장. 法席(법석)을 떨어 惹端(야단)이 난 곳. 아수라는 印度(인도) 신화에 나오는 착한 신이었으나 나중에 하늘과 싸우면서 나쁜 신이 되어, 전쟁의 신으로 통하고 있음.

我心匪石不可轉 (아심비석불가전)★★★

[뜻음] 나 아, 마음 심, 아닐 비, 돌 석, 아닐 불, 가할 가, 구를 전.
[풀이] 나의 마음은 돌이 아니므로 구를 수가 없다. 돌 같으면 구를 것이나 단단한 나의 마음은 움직일 수가 없음. 출전 詩經(시경) 邶風(패풍) 柏舟篇(백주편).

我心如秤 (아심여칭)★

[뜻음] 나 아, 마음 심, 같을 여, 저울 칭.
[풀이] 내 마음은 저울 같다는 뜻으로, 자기 마음속에 조금도 사사로움이 없음을 이름.

啞然大笑 (아연대소)★

[뜻음] 벙어리 아, 그러할 연, 큰 대, 웃을 소.
[풀이] 크게 소리 내어 웃음. 출전 列子(열자) 周穆王篇(주목왕편).

啞然失色 (아연실색)★★

[뜻음] 벙어리 아, 그럴 연, 잃을 실, 빛 색.
[풀이] 뜻밖의 일에 너무 놀라서 얼굴빛이 변함.

阿諛苟容 (아유구용)★

[뜻음] 아첨할 아, 아첨할 유, 구차할 구, 얼굴 용.
[풀이] 남에게 구차스럽게 아첨하는 일. 출전 史記(사기).

阿諛順旨 (아유순지)★

[뜻음] 아첨할 아, 아첨할 유, 좇을 순, 뜻 지.
[풀이] 아첨하여 그 사람의 뜻을 따름. 출전 後漢書(후한서).

阿諛諂佞 (아유첨녕)★

[뜻음] 아첨할 아, 아첨할 유, 아첨할 첨, 아첨할 녕.
[풀이] 남에게 잘 보이려고 알랑거리며 비위를 맞춤.

阿諛偏頗 (아유편파)★

[뜻음] 아첨할 아, 아첨할 유, 치우칠 편, 바르지 못할 파.
[풀이] 아첨하여 한쪽으로 치우침. 阿偏(아편).

蛾子時術 (아자시술)★

[뜻음] 나방 아, 자식 자, 때 시, 꾀 술.
[풀이] 나방의 새끼는 微蟲(미충)이나, 때로는 그 어미의 하는 일을 배워 흙을 물어다 작은 개미 둑을 이루고 나중에는 큰 개미 둑을 이룬다는 말. 학자가 때때로 학문을 닦아 大道(대도)를 성취함을 비유함. 출전 禮記(예기) 學記篇(학기편).

牙墻錦纜 (아장금람)★

[뜻음] 어금니 아, 담 장, 비단 금, 닻줄 람.
[풀이] 상아로 만든 돛대와 비단으로 만든 닻줄, 화려한 배의 모습을 형용하는 말.

兒在負三年搜 (아재부삼년수)★

[뜻음] 아이 아, 있을 재, 질 부, 석 삼, 해 년, 찾을 수.
[풀이] 업은 아이 삼 년 찾는다는 한국 속담.

我田引水 (아전인수)★★★

[뜻음] 나 아, 밭 전, 끌 인, 물 수.
[풀이] 자기 논에 물대기. 자기에게만 이롭게 되도록 생각하거나 행동함.

餓則爲用飽則颺去 (아즉위용포즉양거)

[뜻음] 주릴 아, 곧 즉, 할 위, 쓸 용, 물릴 포, 날릴 양, 갈 거.
[풀이] 궁할 때에는 복종하여 섬기나 궁하지 아니할 때는 謀叛(모반)하고 가버리어 放心(방심)할 수 없음을 이름.

雅致可掬 (아치가국)★

[뜻음] 우아할 아, 이를 치, 옳을 가, 움켜쥘 국.
[풀이] 風雅(풍아)한 취미를 가진 것. 可掬(가국)은 손아귀에 움켜쥐고 본다는 뜻으로 환히 볼 수 있음을 이름. 출전 三國名臣贊(삼국명신찬).

雅致高節 (아치고절)★★★

[뜻음] 우아할 아, 다할 치, 높을 고, 마디 절.
[풀이] 아담한 風致(풍치)와 高尙(고상)한 절개. 梅花(매화)를 나타내기도 함.

餓虎之蹊 (아호지혜)★

[뜻음] 굶주릴 아, 범 호, 갈 지, 지름길 혜.
[풀이] 굶주린 범이 다니는 길. 매우 위험한 곳을 비유하는 말. 출전 史記(사기).

鴉鬟蟬鬢 (아환선빈)★

[뜻음] 검을 아, 쪽진 머리 환, 매미 선, 귀밑털 빈.
[풀이] 검은 머리에 매미 날개 같은 귀밑털. 검고 아름다운 부녀자의 머리.

娥皇女英 (아황여영)★★

[뜻음] 예쁠 아, 임금 황, 계집 녀, 꽃부리 영.
[풀이] 중국 고대의 임금 堯(요)의 두 딸. 자매가 모두 舜(순)에게 시집갔는데, 순이 天子(천자)가 되자 아황은 后(후)가 되고 여영은 妃(비)가 됨. 그 후 순이 죽자 강에 빠져 죽어 湘君(상군)이 됨.

惡木盜泉 (악목도천)★

[뜻음] 악할 악, 나무 목, 훔칠 도, 샘 천.
[풀이] 더워도 나쁜 나무 그늘에는 쉬지 않으며 목이 말라도 盜(도)라는 이름이 붙은 샘물은 마시지 않는다. 아무리 곤란해도 道(도)에 벗어난 일은 하지 않음의 비유.

惡木不陰 (악목불음)★

[뜻음] 나쁠 악, 나무 목, 아닐 불, 그늘 음.
[풀이] 나쁜 나무는 그늘도 지지 않는다. 좋지 못한 사람에게는 바랄 것이 아무것도 없다는 말.

握髮吐哺 (악발토포)★★★

[뜻음] 쥘 악, 머리털 발, 토할 토, 먹을 포.
[풀이] 머리털을 움켜쥐고 먹던 것을 뱉다. 周(주)나라 周公(주공)이 賢人(현인)을 모시기 위해 손님이 찾아오면 성의를 다하던 정성과 자세. 吐哺捉髮(토포착발). 출전 韓詩外傳(한시외전).

惡傍逢雷 (악방봉뢰)★

[뜻음] 악할 악, 곁 방, 만날 봉, 우레 뢰.
[풀이] 죄지은 놈 옆에 있다가 벼락 맞는다. 나쁜 짓을 한 사람과 함께 있다가 죄 없는 사람까지 벌을 받거나 陋名(누명)을 쓰게 된다는 말.

惡事千里 (악사천리)★

[뜻음] 악할 악, 일 사, 일천 천, 마을 리.
[풀이] 惡事行千里(악사행천리).

嶽崇海豁 (악숭해활)★

[뜻음] 큰 산 악, 높을 숭, 바다 해, 넓을 활.
[풀이] 산처럼 높고, 바다같이 넓음.

謁謁之臣 (악악지신)★

[뜻음] 곧은 말할 악, 갈 지, 신하 신.
[풀이] 언제나 바른 말을 하는 신하. 直言(직언)을 忌憚(기탄) 없이 하는 신하. 출전 韓詩外傳(한시외전).

謁謁之友 (악악지우)★

[뜻음] 곧은 말할 악, 갈 지, 벗 우.
[풀이] 언제나 道理(도리)를 밝혀 諫(간)하는 벗.

惡言不出口 (악언불출구)★

[뜻음] 악할 악, 말씀 언, 아닐 불, 날 출. 입 구.
[풀이] 남을 해치는 말을 입 밖에 내지 않음. 출전 禮記(예기).

惡逆無道 (악역무도)★

[뜻음] 악할 악, 거스를 역, 없을 무, 도리 도.
[풀이] 비길 데 없이 惡毒(악독)하고 도리에 어긋남.

愕然失色 (악연실색)★

[뜻음] 놀랄 악, 그러할 연, 잃을 실, 빛 색.
[풀이] 깜짝 놀라 얼굴빛이 달라짐.

握月擔風 (악월담풍)★

[뜻음] 쥘 악, 달 월, 멜 담, 바람 풍.
[풀이] 달을 손아귀에 넣고 바람을 어깨에 메다. 風月(풍월)을 鑑賞(감상)함. 呑花臥酒(탄화와주)와 對(대)를 이룸. '呑花臥酒(탄화와주)'는 꽃을 보면서 술을 마신다는 말.

惡衣蓬髮 (악의봉발)★

[뜻음] 악할 악, 옷 의, 쑥 봉, 머리털 발.

[풀이] 좋지 못한 의복과 흐트러진 머리. 꾸미지 않은 모양.

惡衣惡食 (악의악식)★★

[뜻음] 악할 악, 옷 의, 밥 식.
[풀이] 좋지 못한 의복과 맛없는 음식. 변변하지 못한 衣食(의식). 출전 論語(논어) 里仁篇(이인편).

樂以道和 (악이도화)★

[뜻음] 풍류 악, 써 이, 길 도, 화할 화.
[풀이] 음악은 화합의 정신을 나타내는 것임. 출전 莊子(장자).

惡因惡果 (악인악과)★

[뜻음] 악할 악, 인할 인, 과보 과.
[풀이] 나쁜 원인에는 나쁜 결과가 따른다는 말.

惡戰苦鬪 (악전고투)★

[뜻음] 악할 악, 싸움 전, 괴로울 고, 싸울 투.
[풀이] 매우 어려운 조건을 무릅쓰고 죽을 힘을 다하여 싸움.

樂正子春傷足 (악정자춘상족)

[뜻음] 즐거울 악, 바를 정, 아들 자, 봄 춘, 다칠 상, 발 족.
[풀이] 옛날에 樂正子春(악정자춘)이 발을 다치고, 부모의 遺體(유체)를 지키지 못하고 부주의한 것을 크게 탄식한 고사. 출전 禮記(예기) 祭義篇(제의편).

嶽峙淵淸 (악치연청)

[뜻음] 큰 산 악, 높이 솟을 치, 못 연, 맑을 청.
[풀이] 높은 산처럼 우뚝 솟아 있고, 연못물처럼 맑다. 人格(인격)이 고상함을 비유하는 말.

安家樂業 (안가낙업)★

[뜻음] 편안할 안, 집 가, 즐거울 낙, 업 업.
[풀이] 편안하게 생활하며 그 생업을 즐김.

安敢生心 (안감생심)★

[뜻음] 어찌 안, 감히 감, 날 생, 마음 심.
[풀이] 감히 마음도 먹지 못함. 焉敢生心(언감생심).

安居樂業 (안거낙업)★★

[뜻음] 편안할 안, 살 거, 즐거울 낙, 업 업.
[풀이] 편안하게 생활하며 그 生業(생업)을 즐김.

安居危思 (안거위사)★

[뜻음] 편안할 안, 살 거, 위급할 위, 생각할 사.
[풀이] 아무런 탈 없이 편안할 때에 어려움이 닥칠 것을 잊지 말고 미리 대비해야 함. 居安思危(거안사위).

安車蒲輪 (안거포륜)★★

[뜻음] 편안할 안, 수레 거, 부들 포, 수레바퀴 륜.
[풀이] 부들로 수레바퀴를 싸서 편안한 수레를 만들어 제공하다. 안거의 바퀴를 부들로 싸서 그 충격을 덜하게 한 것. 老人(노인)을 優待(우대)함을 비유하는 말. 출전 漢書(한서).

按劍相視 (안검상시)

[뜻음] 어루만질 안, 칼 검, 서로 상, 볼 시.
[풀이] 칼을 어루만지며 노려봄. 서로 怨讐(원수)같이 봄.

顔苦孔卓 (안고공탁)

[뜻음] 얼굴 안, 괴로울 고, 구멍 공, 뛰어날 탁.
[풀이] 공자의 제자 顔回(안회)는 孔子(공자)의 높이 뛰어남에 미치지 못함을 괴로워함.

眼高手卑 (안고수비)★

[뜻음] 눈 안, 높을 고, 손 수, 낮을 비.
[풀이] 눈은 높고 통은 크나 재주가 없어 따르지 못함.

眼光徹紙背 (안광철지배)★

[뜻음] 눈 안, 빛 광, 뚫을 철, 종이 지, 등 배.
[풀이] 눈빛이 종이 뒤를 뚫는다. 讀書(독서) 이해력이 銳敏(예민)함. 眼透紙背(안투지배).

按圖索駿 (안도색준)★★

[뜻음] 어루만질 안, 그림 도, 찾을 색, 준마 준.
[풀이] 그림을 어루만져 준마를 찾다. 그림 속의 駿馬(준마)를 가려내기는 어려움. 실지로 부딪혀 얻은 지식이 아니면 쓸모가 없음의 비유. 매우 어리석은 사람. 진실을 잃음의 비유.

安樂世界 (안락세계)★

[뜻음] 편안할 안, 즐거울 락, 세상 세, 지경 계.
[풀이] 阿彌陀佛(아미타불)의 極樂淨土(극락정토)가 있는 世界(세계). 安樂淨土(안락정토). 極樂淨土(극락정토).

安樂淨土 (안락정토)★

[뜻음] 편안할 안, 즐거울 락, 맑을 정, 흙 토.
[풀이] 극락세계, 極樂淨土(극락정토).

鞍馬之勞 (안마지로)★

[뜻음] 안장 안, 말 마, 갈 지, 힘쓸 로.
[풀이] 먼 길을 달려가는 수고.

顔面薄待 (안면박대)★

[뜻음] 얼굴 안, 낯 면, 엷을 박, 대할 대.
[풀이] 잘 아는 사람을 면대하여 푸대접함.

顔面不知 (안면부지)★

[뜻음] 얼굴 안, 낯 면, 아닐 부, 알 지.
[풀이] 만난 일이 없어 얼굴을 모름.

眼目所視 (안목소시)★

[뜻음] 눈 안, 눈 목, 바 소, 볼 시.
[풀이] 남이 보고 있는 터.

安步當車 (안보당거)

[뜻음] 편안할 안, 걸음 보, 마땅할 당, 수레 차.
[풀이] 安步以當車(안보이당차).

安富恤窮 (안부휼궁)

[뜻음] 편안할 안, 가멸 부, 구휼할 휼, 궁할 궁.
[풀이] 부자의 마음을 편안하게 하며 가난한 사람을 구하여 물품을 베풀어줌. 출전 資治通鑑(자치통감).

安分知足 (안분지족)★★★

[뜻음] 편안할 안, 나눌 분, 알 지, 넉넉할 족.
[풀이] 편안한 마음으로 분수를 지켜 만족함을 앎.

安不忘危 (안불망위)★

[뜻음] 편안할 안, 아닐 불, 잊을 망, 위태로울 위.
[풀이] 천하가 태평할 때에도 變亂(변란)에 대해 걱정하고 마음을 놓지 않음. 편안하게 살아도 위태로울 것을 잊지 않음. 출전 易經(역경).

安貧樂道 (안빈낙도)★★★

[뜻음] 편안할 안, 가난할 빈, 즐길 낙, 도 도.
[풀이] 가난한 생활 속에서도 편안한 마음으로 분수를 지키고 지내며 도를 즐김.

顔色整齊 (안색정제)★

[뜻음] 얼굴 안, 빛 색, 가지런할 정, 가지런할 제.
[풀이] 얼굴빛이 바르고 반듯함. 또는 안색을 바르게 가짐. 출전 管子(관자).

雁書 (안서)★★★

[뜻음] 기러기 안, 글 서.
[풀이] 기러기 발에 달린 글귀. 편지 혹은 어떤 소식. 雁足(안족).

≪漢書(한서)≫ 蘇武傳(소무전)에 나오는 이야기이다.

蘇武(소무)는 漢武帝(한무제) 때 한나라 使臣(사신)으로 匈奴(흉노)의 포로를 호송하고 갔다가, 그 길로 흉노에게 붙들려 그들이 강요하는 항복에 응하지 않고, 온갖 고초를 겪으면서 끝내 한나라 사신으로서의 지조를 지키고 살아남았다. 그러는 동안 무제는 죽고, 昭帝(소제)가 즉위했다. 소제가 즉위한 몇 해 후에 한나라와 흉노는 다시 和親(화친)을 하게 되었다. 이때 흉노로 갔던 한나라 사신이 소무를 돌려줄 것을 요구했다. 흉노는 소무가 이미 죽은 지 오래되었다고 거짓말을 했다. 그 뒤 한나라 사신이 흉노로 갔을 때 常惠(상혜)라는 자가 꾀를 내어 사신으로 하여금 시킨 대로 말하게 했다.

"우리 천자께서 上林苑(상림원)에서 사냥을 하시다가 기러기를 쏘아 잡았습니다. 그런데 기러기 발에 비단에 쓴 편지가 매여 있었는데 내용인즉 소무 일행이 어느 늪 속에 있다는 것이었습니다."

흉노왕은 깜짝 놀라며 잘못을 사과하고 소무를 내놓았다. 이리하여 소무는 十九(십구)년 만에 고국으로 돌아올 수가 있었다. 그러나 四十(사십) 살에 떠난 당시의 씩씩하던 모습은 볼 수 없고 머리털이 하얗게 센 늙은이가 되어 있었다 한다.

雁書(안서)는 기러기가 전해다 준 편지란 뜻에서 먼 거리에서 전해 온 반가운 편지를 가리켜 말하게 되었고, 뒤에는 반가운 편지 내지는 단순히 편지, 소식을 나타내게 되었다. 雁足(안족)으로 쓰기도 하는데 이럴 경우 가야금의 줄을 떠받치는 나무발이 되기도 한다.

顏叔秉燭 (안숙병촉)

[뜻음] 얼굴 안, 아재비 숙, 잡을 병, 촛불 촉.
[풀이] 옛날 顏叔子(안숙자)는 과부와 이웃하여 혼자 살고 있는데 어느 날 밤 폭풍에 집이 무너지자 그 과부가 달려와서 구원을 청했다. 숙자는 방에 들게 하였으나 과부로 하여금 새벽까지 촛불을 들게 하여 쓸데없는 嫌疑(혐의)를 면했다는 옛 일.

安身立命 (안신입명)★★

[뜻음] 편안할 안, 몸 신, 설 립, 목숨 명.
[풀이] 信念(신념)에 安住(안주)하여 身命(신명)의 安危(안위)를 조금도 걱정하지 아니함.

安心立命 (안심입명)★★

[뜻음] 편안할 안, 마음 심, 설 립, 목숨 명.
[풀이] 天命(천명)을 깨닫고 안심하여 生死(생사)와 利害(이해)를 초월함.

雁鴨池骰子 (안압지투자)★★★

[뜻음] 기러기 안, 오리 압, 못 지, 주사위 투, 물건 자.
[풀이] 경주 안압지에서 출토된 14면체 주사위가 있다. 이 주사위는 6개 면은 정사각형이고 8개 면은 육각형이다. 그리고 한 면을 제외한 나머지 13면에는 한자로 네 글자씩 적혀 있었다. 나머지 한 면은 다섯 글자였다.

이 글자의 해석대로라면 이 주사위는 벌칙용이다.
정사각형에 적힌 말
飮盡大笑(음진대소): 술 마시고 크게 웃기.
三盞一去(삼잔일거): 술 석 잔을 단숨에 마시기 혹은 술 석 잔을 마시고 한 걸음 가기.
自唱自飮(자창자음): 혼자 노래 부르고 술 마시기.
禁聲作舞(금성작무): 소리 내지 않고 춤추기.
衆人打鼻(중인타비): 여러 사람으로부터 코를 맞기.
有犯空過(유범공과): 여러 사람이 덤벼서 장난쳐도 참기.

육각형에 적힌 벌칙
醜物莫放(추물막방): 더러워도 버리지 않기.
兩盞則放(양잔즉방): 술 두 잔을 빨리 마시고 다른 이에게 돌리기.
任意請歌(임의청가): 아무나 지목해 노래 청하기.
曲臂則盡(곡비즉진): 팔을 구부리고 술을 다 마시기.
弄面孔過(농면공과): 얼굴을 간지럽게 해도 참기.
自唱怪來晚(자창괴래만): '괴래만'이라는 노래를 부르기.

月鏡一曲(월경일곡): '월경'이라는 노래 부르기.
空詠詩過(공영시과): 시 한 수 읊기.

晏御揚揚 (안어양양)★★★

[뜻음] 늦을 안, 다스릴 어, 오를 양.
[풀이] 晏子(안자)의 어자가 의기가 양양한 태도를 보임. 중국 春秋時代(춘추시대) 齊(제)나라 晏子(안자: 晏嬰안영)의 마부의 아내가, 남편의 수레 모는 모습을 엿보고 그를 격려한 옛일에서, 內助(내조)의 공을 이르는 말.

안자의 수레를 끄는 마부의 의기양양한 모습을 보고 마부의 아내가 이혼을 요구하였다. 키가 4자도 안 되는 안자는 재상이면서 침착하고 항상 겸허한 데 비하여 키가 8자나 되는 남편은 마부인 주제에 得意滿面(득의만면)하여 안자의 위신에 해를 끼쳤다는 것이 그 이유였다. 마부가 잘못을 깨닫고 自重(자중)하기에, 안자는 그를 대부에 추천하였다고 한다. 窺御激夫(규어격부). 晏子之御(안자지어). 출전 史記(사기).

安如磐石 (안여반석)★

[뜻음] 편안할 안, 같을 여, 너럭바위 반, 돌 석.
[풀이] 安如泰山(안여태산).

安如泰山 (안여태산)★★

[뜻음] 편안할 안, 같을 여, 클 태, 뫼 산.
[풀이] 편안하고 든든하기가 태산 같아서 끄떡없음. 출전 漢書(한서).

安然無恙 (안연무양)★

[뜻음] 편안할 안, 그러할 연, 없을 무, 근심 양.
[풀이] 무사태평하다. 편안하다. 잘 보존되다. '無恙(무양)'을 보시오.

晏嬰之狐裘 (안영지호구)★★

[뜻음] 늦을 안, 갓난아이 영, 갈 지, 여우 호, 가죽옷 구.
[풀이] 齊(제)나라 宰相(재상) 晏嬰(안영)은 한 벌의 여우 털 갖옷을 30년이나 입었다는 고사. 매우 검약한 생활. 안영은 晏子(안자)로, ≪安子春秋(안자춘추)≫를 지었음.

安于磐石 (안우반석)★

[뜻음] 편안할 안, 어조사 우, 너럭바위 반, 돌 석.
[풀이] 반석처럼 견고하여 매우 편안함. 출전 荀子(순자) 富國篇(부국편).

安危未定 (안위미정)★

[뜻음] 편안할 안, 위태로울 위, 아닐 미, 정할 정.
[풀이] 아직 안정되지 않은 상태. 안전함과 위태함을 아직 구별할 수 없음.

安而不忘危 (안이불망위)★

[뜻음] 편안 안, 말 이을 이, 아닐 불, 잊을 망, 위급할 위.
[풀이] 平溫(평온)無事(무사)한 때에도 危難(위난)에 對備(대비)하여 警戒(경계)를 소홀히 하지 아니함. 출전 易經(역경) 繫辭下傳(계사하전).

雁字鶯梭 (안자앵사)★

[뜻음] 기러기 안, 글자 자, 꾀꼬리 앵, 북 사.
[풀이] 기러기가 줄지어 나는 것을 글자에 비유하고, 꾀꼬리가 나무 사이를 나는 것을 베틀의 북이 왔다 갔다 하는 데 비유한 말.

晏子之御 (안자지어)★

[뜻음] 늦을 안, 아들 자, 갈 지, 다스릴 어.
[풀이] 하찮은 지위에 만족하여 뻐기는 사람의 비유. 윗사람의 위세만 믿고 우쭐대는 사람의 비유. 齊(제)나라의 명재상 晏嬰(안영)의 御者(어자)가 야망 없이 현실에 만족하고, 너무 뻐기는 데 실망한 아내로부터 이혼 요구를 받았다. 그래서 어자는 분발하여 마침내 대부에까지 출세했다는 옛 일에서 온 말. 晏御揚揚(안어양양).

眼前莫同 (안전막동)★

[뜻음] 눈 안, 앞 전, 말 막, 한가지 동.
[풀이] 못생긴 아이라도 늘 가까이 데리고 있으면 정이 저절로 생긴다는 뜻.

眼中無人 (안중무인)★

[뜻음] 눈 안, 가운데 중, 없을 무, 사람 인.
[풀이] 눈 속에 사람이 없다는 뜻으로, 스스로 驕慢(교만)하여 남을 업신여김을 이르는 말. 眼下無人(안하무인).

眼中有鐵 (안중유철)★

[뜻음] 눈 안, 가운데 중, 있을 유, 쇠 철.
[풀이] 눈까지 무장하고 있다. 완전무장하여 정신이 긴장되어 있음. 출전 資治通鑑(자치통감).

眼中人 (안중인)★

[뜻음] 눈 안, 가운데 중, 사람 인.
[풀이] 늘 마음속에 두고 만나 보기를 원하는 사람. 眼中之人(안중지인).

眼中刺 (안중자)★

[뜻음] 눈 안, 가운데 중, 가시 자.
[풀이] 눈 안의 가시. 방해자. 장애물. 眼中之釘(안중지정).

眼中之人 (안중지인)★

[뜻음] 눈 안, 가운데 중, 갈 지, 사람 인.
[풀이] 意中(의중)에 있는 사람. 친애하는 사람. 희망을 걸고 있는 사람.

眼中之釘 (안중지정)★★★

[뜻음] 눈 안, 가운데 중, 갈 지, 못 정.
[풀이] '눈 속의 못'이란 말이다. 우리말의 '눈엣가시'라는 말과 똑같이 쓰이는 말이다. 眼中釘(안중정).

≪五代史補(오대사보)≫ 趙在禮(조재례)의 이야기에서 안중지정이라는 말이 나온다. 조재례는 唐(당)나라 말기에 백성에게서 긁어모은 돈으로 권력자들을 매수하여 後梁(후량), 後唐(후당), 後晋(후진) 3대에 걸쳐 각지의 절도사를 역임한 간악하고 눈치 빠른 인간이었다. 그가 宋州(송주)에서 절도사로 있다가 여기에서 실컷 긁을 대로 긁어낸 다음 永興(영흥) 절도사로 옮겨가게 되었다. 이 소문을 듣고 기뻐한 것은 송주 백성들이었다. 그들은, "놈이 우리 송주를 떠난다니 마치 눈에 박힌 못을 뺀 것처럼 시원하구나" 하고 서로 위로를 했다. 그런데 백성들의 소문을 들은 조재례는 앙갚음을 할 생각으로 1년만 더 있도록 뇌물을 썼다. 조정 중신들은 조재례의 뇌물에 놀아났기 때문에 이를 승낙했다. 그는 주민들에게 집집마다 一年(일년) 안에 一千(일천) 錢(전)을 바치게 하고 이를 拔釘錢(발정전: 못을 뽑는 데 드는 돈)이라 불렀다.

安宅正路 (안택정로)★★

[뜻음] 편안할 안, 집 택, 바를 정, 길 로.
[풀이] 인과 의의 길. 仁(인)과 義(의). 안택은 인, 정로는 의임. 인은 사람이 몸을 둘 곳이므로 안택이라 하고, 의는 사람이 마땅히 행하여야 할 바이므로 정로라 이름. 출전 孟子(맹자) 公孫丑上篇(공손추상편).

眼透紙背 (안투지배)★★★

[뜻음] 눈 안, 뚫을 투, 종이 지, 등 배.
[풀이] 眼光(안광)이 종이를 꿰뚫는다. 책을 精讀(정독)하여 그 이해가 깊고 날카로움을 이름.

眼下無人 (안하무인)★★★

[뜻음] 눈 안, 아래 하, 없을 무, 사람 인.
[풀이] 放恣(방자)하고 驕慢(교만)하여 사람을 모두 얕잡아 봄. 자기 이외에는 사람이 없는 것처럼 구는 일. 傍若無人(방약무인).

顔巷 (안항)★

[뜻음] 얼굴 안, 고을 항.
[풀이] 顔回(안회)가 살던 좁고 누추한 거리. 淸貧(청빈)한 사람들이 사는 곳.

雁行失序 (안항실서)★

[뜻음] 기러기 안, 줄 항, 잃을 실, 질서 서.
[풀이] 형제간의 의가 좋지 못함. 안항: 남의 형제를 높여 부르는 말.

雁行之折翼 (안항지절익)★

[뜻음] 기러기 안, 줄 항, 갈 지, 꺾을 절, 날개 익.
[풀이] 형제가 뿔뿔이 흩어짐을 이르는 말. 마치 나는 기러기의 날개를 꺾음과 같음에서 온 말.

雁行避影 (안항피영)★

[뜻음] 기러기 안, 줄 항, 피할 피, 그림자 영.
[풀이] 기러기가 줄지어 나는 것처럼 어른을 앞서지 않고 그 그림자를 밟지 않도록 주의함. 어른을 모시고 갈 때 敬意(경의)를 다하는

일. 출전 莊子(장자).

顏回簞瓢 (안회단표)★

[뜻음] 얼굴 안, 돌 회, 대광주리 단, 박 표.
[풀이] 안회가 安貧樂道(안빈낙도)한 옛 일. '단표누항'을 보시오. 출전 論語(논어).

揠苗助長 (알묘조장)★★★

[뜻음] 뽑을 알, 싹 묘, 도울 조, 성장할 장.
[풀이] 곡식의 싹을 잡아당겨 빨리 자라도록 돕는다. 자연의 순리를 거스르고 억지로 일을 진행시킴. '助長(조장)'을 보시오. 출전 孟子(맹자) 公孫丑篇(공손추편).

遏密八音 (알밀팔음)★

[뜻음] 막을 알, 조용할 밀, 여덟 팔, 소리 음.
[풀이] 遏(알)은 그치는 것, 密(밀)은 조용한 것. 즉 임금의 喪事(상사) 때 음악을 그치고 조용하게 함을 이름. 출전 書經(서경) 堯典篇(요전편).

謁聖壯元 (알성장원)★★

[뜻음] 아뢸 알, 성스러울 성, 씩씩할 장, 으뜸 원.
[풀이] 조선시대 임금이 成均館(성균관)의 文廟(문묘)에 參拜(참배)하고 나서 보던 알성 문과에서 甲科(갑과)의 첫째로 급제함.

遏雲曲 (알운곡)★

[뜻음] 막을 알, 구름 운, 곡조 곡.
[풀이] 흘러가는 구름을 막는 노래. 정말로 아름다운 노랫가락. 遏雲遶梁(알운요량).

遏雲遶梁 (알운요량)★★

[뜻음] 막을 알, 구름 운, 두를 요, 들보 량.
[풀이] 노랫소리는 가는 구름을 멈추게 하고 여음은 들보에 감돈다. 노랫소리가 아름다움을 형용하는 말.

巖居川觀 (암거천관)★

[뜻음] 바위 암, 살 거, 시내 천, 볼 관.
[풀이] 바위 사이 또는 석굴 같은 데 살면서 냇물을 바라보고 지냄. 곧 속세를 떠나 산간에서 자연을 즐기는 사람의 생활을 이름. 출전 史記(사기).

巖居穴處 (암거혈처)★★

[뜻음] 바위 암, 살 거, 구멍 혈, 곳 처.
[풀이] 바위굴 속에서 삶. 세속을 떠나 숨어서 삶.

暗渡陳倉 (암도진창)★

[뜻음] 어두울 암, 건널 도, 펼칠 진, 창고 창.
[풀이] 남몰래 진창을 건넜다. 남모르게 행동해서 성공했다는 말. 기습에 성공함. 남녀 간에 私通(사통)함. 출전 史記(사기) 高祖本紀(고조본기).

闇於自見 (암어자견)★★

[뜻음] 어두울 암, 어조사 어, 스스로 자, 볼 견.
[풀이] 自我觀察(자아관찰)에 어두운 것을 이름. 和而不壯(화이부장)과 짝을 이룸. 和而不壯(화이부장): 온화하나 웅장하지 못함.

闇然而日章 (암연이일장)★

[뜻음] 어두울 암, 그러할 연, 말 이을 이, 해 일, 밝을 장.
[풀이] 겉은 암흑 같으나 속은 날로 밝아진다. 君子(군자)는 外樣(외양)을 꾸미지 않고 안으로 道(도)를 닦음을 이르는 말.

巖牆之下 (암장지하)

[뜻음] 바위 암, 담 장, 갈 지, 아래 하.
[풀이] 허물어져 가는 돌담 아래. 곧 매우 위험한 곳. 출전 孟子(맹자).

暗箭難防 (암전난방)★

[뜻음] 어두울 암, 화살 전, 어려울 난, 막을 방.
[풀이] 숨어서 쏘는 화살은 막기가 어려움. 狙擊(저격)은 위험하다는 뜻. 치기보다 막기가 어려움.

暗箭傷人 (암전상인)★★

[뜻음] 어두울 암, 화살 전, 상할 상, 사람 인.
[풀이] 숨어서 쏘는 화살로 남을 상하게 함. 몰래 남을 상하게 함. 몰래 남을 중상함.

暗中工作 (암중공작)★

[뜻음] 어두울 암, 가운데 중, 장인 공, 지을 작.
[풀이] 비밀리에 남이 모르게 일을 꾸밈. 또는 그러한 일.

暗中摸索(암중모색)★★★

[뜻음] 어두울 암, 가운데 중, 더듬을 모, 찾을 색.
[풀이] ① 어둠 속에서 더듬어 찾음. ② 어림으로 무엇을 알아내거나 찾아내려 함.

　　중국 역사상 유일한 女帝(여제)였던 당나라 則天武后(측천무후: 690~705) 때 許敬宗(허경종)이란 학자가 있었다.
　　그는 경망한데다가 방금 만났던 사람조차 기억하지 못할 정도로 건망증이 심했다. 어느 날, 한 친구가 허경종의 건망증을 꼬집어 이렇게 말했다.
　　"자네는 이름 없는 사람이야 기억할 수 없겠지만 만약 何晏(하안)이나 劉楨(유정)·沈約(심약)·謝靈運(사령운) 같은 유명인을 만난 다음 '암중모색'을 해서라도 알 수 있을 것이네."

[참고] 심약: 남북조시대의 博學多識(박학다식)한 학자·시인. 자는 休文(휴문). 宋(송)·齊(제)·梁(양)나라에 벼슬함. 音韻學(음운학)의 四聲(사성) 연구를 처음 시작한 학자로 유명. 《宋書(송서)》, 《齊紀(제기)》, 《四聲韻譜(사성운보)》 등 많은 저서를 남김.
사령운: (385~433). 남북조시대 南宋(남송)의 시인. 별명 謝康樂(사강락). 여러 벼슬을 지냈으나 治積(치적)을 쌓지 못하자 그의 글재주를 아끼는 문제(文帝: 424~453)의 만류에도 불구하고 사임. 이후 막대한 유산으로 연일 수백 명의 文人(문인)들과 더불어 산야에서 豪遊(호유)하다가 반역죄에 몰려 처형됨. 抒情(서정)을 바탕으로 하는 중국 문화사상에 山水詩(산수시)의 길을 열어 놓음에 따라 '산수 시인'이라 불리기도 함. 《산수시》, 《山居賊(산거적)》 등의 시집을 남김.

暗中瞬目(암중순목)★

[뜻음] 어두울 암, 가운데 중, 눈 깜짝일 순, 눈 목.
[풀이] 남이 이해할 수 없는 방법으로 자기 의사를 나타낸다. 남을 위하여 일을 하여도 그 사람이 고맙게 생각하지 않음. 남이 보지 못하는 데에서 아무리 애써 일을 하여도 아무 효력이 없다는 말.

巖下古佛 (암하고불)★

[뜻음] 바위 암, 아래 하, 옛 고, 부처 불.
[풀이] 巖下老佛(암하노불).

巖下老佛 (암하노불)★★★

[뜻음] 바위 암, 아래 하, 늙을 로, 부처 불.
[풀이] 바위 아래 늙은 부처. 바위 밑의 오래된 불상. 산골의 착하기만 하여 진취성이 없고 어리석은 사람. 삼봉 정도전이 강원도 사람들을 평한 말. '泥田鬪狗(니전투구)'를 보시오.

暗香浮動 (암향부동)★★★

[뜻음] 어두울 암, 향기 향, 떠다닐 부, 움직일 동.
[풀이] 그윽한 梅花(매화)의 향기가 은근하게 떠돎.

暗行御史 (암행어사)★★★

[뜻음] 어두울 암, 갈 행, 다스릴 어, 역사 사.
[풀이] 조선시대에, 임금 특명을 받아 지방관의 치적과 비위를 탐문하고 백성의 어려움을 살펴서 개선하는 일을 맡아 하던 임시 벼슬.

조선 초기 적바림에 密遣(밀견)·潛行體察(잠행체찰)·暗行糾察(암행규찰) 같은 기사가 보여 이것이 암행어사의 전신인 것으로 보이나, 이 용어가 처음으로 나타난 것은 "4월 암행어사를 각 道(도)에 보내다."라고 기록된 1509년(중종 4) ≪중종실록≫임. 선조 때까지는 암행어사에 대한 비판이 강하여 별로 파견하지 못하다가, 인조 때부터 점차 제도로 되었음. 국왕이 직접 臺諫(대간)·玉堂(옥당) 같은 젊은 朝臣(조신)을 임명하여 封書(봉서)·事目(사목) 한 권·馬牌(마패) 한 개·鍮尺(유척) 두 개를 수여하였는데, 숭례문을 나서야 뜯어보게 되었던 봉서에는 누구를 무슨 도 암행어사로 삼는다는 신분 표시와 임무 내용이 적혀 있었음. 사목은 암행어사 직무를 규정한 책이고, 마패는 驛馬(역마)와 驛卒(역졸)을 이용할 수 있는 증명이며, 유척은 檢屍(검시)를 할 때 쓰는 놋쇠 자[尺]임. 이들이 행차할 때는 선문(先文: 지방에 출장할 때 관리의 도착 날을 그 외방에 미리 통지한 공문)을 사용하지 않고 미복으로 암행하여 수령의 행적과 백성의 억울한 사정 따위 민정을 자세히 살펴, 필요한 경우에는 출두하여 그 신분을 밝혔음. 非違(비위)·貪汚(탐오) 따위 수령의 잘못이 밝혀지면 그 죄질에 따라 관인을 빼앗고 봉고 파직하여 직무 집행을 정지시키고, 임시로 刑獄(형옥)을 심리하여 백성들의 억울함을 풀어주었음.

이들이 행차할 때는 선문(先文: 지방에 출장할 때 관리의 도착 날을 그 외방에 미리 통지한 공문)을 사용하지 않고 미복으로 암행하여 수령의 행적과 백성의 억울한 사정 따위 민정을 자세히 살펴, 필요한 경우에는 출두하여 그 신분을 밝혔음. 非違(비위)·貪汚(탐오) 따위 수령의 잘못이 밝혀지면 그 죄질에 따라 관인을 빼앗고 봉고 파직하여 직무 집행을 정지시키고, 임시로 刑獄(형옥)을 심리하여 백성들의 억울함을 풀어주었음. 임무가 끝나면 書啓(서계)에 수령 행적에 대해서 상세히 기록하고 別單(별단)에 자신이 보고 들은 민정과 효자·열녀 같은 미담을 적어 국왕에게 바쳐 외방행정 개선을 촉구하였음. 1892년(고종 29) 李冕相(이면상)을 전라도 암행어사로 파견한 것을 끝으로 폐지되었음.

巖穴之士 (암혈지사)★★

[뜻음] 바위 암, 구멍 혈, 갈 지, 선비 사.
[풀이] 석굴 속에서 사는 사람. 俗界(속계)를 떠나서 산중에서 사는 隱士(은사). 출전 史記(사기).

暗黑天地 (암흑천지)★

[뜻음] 어두울 암, 검을 흑, 하늘 천, 땅 지.
[풀이] 하늘과 땅이 캄캄하고 어두운 모양. 부도덕한 행위나 범죄 등이 거리낌 없이 제멋대로 저질러지는 세상.

壓卷 (압권)★★★

[뜻음] 누를 압, 두루마리 권.
[풀이] 고대 중국의 관리 등용 시험에서, 가장 뛰어난 답안지를 다른 답안지 위에 얹어 놓았음. ① 가장 잘 지은 책이나 작품. ② 그 책 중 가장 잘 지은 부분. ③ 가장 뛰어난 것. 출전 문장변체 변시.

壓顱破脣 (압로파순)★

[뜻음] 누를 압, 두개골 로, 깨뜨릴 파, 언저리 순.
[풀이] 남의 무덤 영역을 범하여 埋葬(매장)함. 무덤 뒤 가까운 곳을 顱(로)라고 하고, 무덤 앞 가까운 곳을 脣(순)이라 함.

押付上送 (압부상송)★

[뜻음] 누를 압, 줄 부, 위 상, 보낼 송.
[풀이] 죄인 등을 체포하여 상부로 넘겨 보냄. 押上(압상).

狎而敬之 (압이경지)★

[뜻음] 익숙할 압, 어조사 이, 공경할 경, 이 지.
[풀이] 아주 親近(친근)한 사이일지라도 恭敬(공경)하는 마음을 잃지 않는다는 의미. 출전 禮記(예기).

仰感俯愧 (앙감부괴)★

[뜻음] 우러러볼 앙, 느낄 감, 굽어볼 부, 부끄러울 괴.
[풀이] 하늘을 우러러 남의 덕이 높은 데 감격하고, 땅을 굽어보아 자기의 庸劣(용렬)함을 부끄러이 여긴다는 말.

仰觀俯察 (앙관부찰)

[뜻음] 우러러볼 앙, 볼 관, 굽어볼 부, 살필 찰.
[풀이] 하늘을 우러러보고, 땅을 굽어보아 살핌. 출전 易經(역경) 繫辭上傳(계사상전).

殃及池魚 (앙급지어)★★★

[뜻음] 재앙 앙, 미칠 급, 연못 지, 고기 어.
[풀이] 뜻하지 아니한 재앙을 당함. 재앙이 아무 관계없는 딴 사물에까지 미침. 옛날에 楚(초)나라의 城門(성문)이 탔을 때 불을 끄느라고 못물을 퍼내 없어서 못 안의 고기가 다 죽었다는 故事(고사)에서 나옴. 轉(전)하여 火災(화재)가 일어남. '池魚之殃(지어지앙)'을 보시오.

仰望不及 (앙망불급)★

[뜻음] 우러러볼 앙, 바라볼 망, 아닐 불, 미칠 급.
[풀이] 우러러보아도 미치지 못함.

仰望終身 (앙망종신)

[뜻음] 우러러볼 앙, 바라볼 망, 마칠 종, 몸 신.
[풀이] 한평생 존경하고 높이 사모하여 내 몸을 의탁함. 아내가 남편에 대하여 하는 말. 출전 孟子(맹자).

仰釜日影 (앙부일영)★

[뜻음] 우러러볼 앙, 가마솥 부, 해 일, 그림자 영.
[풀이] 햇빛으로 생기는 그림자로 시각을 헤아리는 해시계의 일종. 모양이 가마솥 같고 안에 24절기 선을 그리어 선 위에 비치는 해의 그림자가 줄어들거나 크는 것으로 시각을 알게 되었다.

仰不愧於天俯不怍於人 (앙불괴어천부부작어인)★★★

[뜻음] 우러러볼 앙, 아닐 불, 부끄러울 괴, 어조사 어, 하늘 천, 굽어볼 부, 부끄러울 작, 사람 인.
[풀이] 하늘을 우러러 부끄러움이 없고 땅을 굽어보아도 부끄러울 것이 없다. 매사에 公明正大(공명정대)하여 마음에 한 점의 흐림도 없음. 출전 孟子(맹자).

仰鼻息 (앙비식)★★★

[뜻음] 우러를 앙, 코 비, 숨 쉴 식.
[풀이] 鼻息(비식)을 우러러본다. 콧김을 더듬는다는 말.

'鼻息(비식)'은 코로 쉬는 숨, 콧김이란 뜻으로 쓰인다. '비식이 奄奄(엄엄)하다'는 말이 있다. 이것은 숨이 곧 떨어질 것 같다는 말로 직접적인 표현으로 쓰이지만, 한때 내로라하고 세력을 자랑하던 사람이 궁지에 빠져 氣盡脈盡(기진맥진)해 있는 모습을 가리켜 말하게 된다. ≪後漢書(후한서)≫ 袁紹傳(원소전)에서 원소가 冀州(기주)를 차지하려고 장관인 韓馥(한복)에게 자리를 내놓으라고 윽박지르니 한복이 그냥 기주를 바치려 하자 부하들이 한복에게 간했다. "원소는 지금 올데갈데없는 형편으로 패잔병을 이끌고 다니는 사람으로, 우리 콧김만 우러러보고 있습니다"고 말하며 기주를 내놓지 못하게 했다.

결국 상대방의 의도를 몹시 조심하고 있는 태도를 가리켜 비식을 우러러본다고 한 것이다. 우리말에는 '콧김이 세다'라는 말이 있다. 병이 들어 열로 인해 숨결이 거칠 때 쓰기도 하지만 영향력이 거칠고 셀 때 쓰는 말이다. 힘 있는 자가 부당하게 영향력을 행사할 때에도 쓴다. 그와 약간 달리 '방귀깨나 뀌고 산다'라는 말도 있다. 가진 것 좀 있고, 권세도 좀 부리는 사람에게 쓰는 속담이다.

仰事俯育 (앙사부육)★

[뜻음] 우러러볼 앙, 섬길 사, 굽어볼 부, 기를 육.
[풀이] 위로 부모를 섬기고 아래로 처자를 기름. 仰事俯畜(앙사부휵).

仰事俯畜 (앙사부휵)★

[뜻음] 우러러볼 앙, 섬길 사, 굽어볼 부, 기를 휵.
[풀이] 위로는 어버이를 봉양하고 아래로는 처자를 먹여 살림. 부모를 섬기고 처자를 보살핌. 仰事俯育(앙사부육). 출전 孟子(맹자).

仰首伸眉 (앙수신미)

[뜻음] 우러를 앙, 머리 수, 펼 신, 눈썹 미.
[풀이] 머리를 쳐들고 눈썹 사이를 편다는 뜻. 곧 태도가 당당하여 굽히지 않는 모양을 이름.

怏怏不樂 (앙앙불락)★★★

[뜻음] 원망할 앙, 아닐 불, 즐거울 락.
[풀이] 마음에 섭섭하거나 속에 차지 않아 즐거워하지 않음. 怏怏之心(앙앙지심).

怏怏之心 (앙앙지심)★

[뜻음] 원망할 앙, 갈 지, 마음 심.
[풀이] 마음에 섭섭하거나 속에 차지 않아 즐거워하지 않음. 怏怏不樂(앙앙불락).

仰人鼻息 (앙인비식)★

[뜻음] 우러러볼 앙, 사람 인, 코 비, 숨 쉴 식.
[풀이] '仰鼻息(앙비식)'을 보시오.

仰之彌高鑽之彌堅 (앙지미고찬지미견)★

[뜻음] 우러러볼 앙, 갈 지, 더욱 미, 높을 고, 뚫을 찬, 굳을 견.
[풀이] 孔子(공자)의 덕이 높고 커서 도저히 미칠 수 없음을 탄식한 말. 공자의 덕을 칭찬하는 말로서 이를 우러러보면 더욱 높아 미칠 수 없고, 뚫고자 하면 더욱 굳어서 들어가지 않는다고 비유를 쓴 말. 출전 論語(논어) 子罕篇(자한편).

仰天大笑 (앙천대소)★★★

[뜻음] 우러러볼 앙, 하늘 천, 큰 대, 웃을 소.
[풀이] 하늘을 우러러보며 큰 소리로 웃는다. 자신의 氣槪(기개)를 떨쳐 보이거나 남을 비웃을 때의 태도. 출전 史記(사기) 滑稽列傳(골계열전).

仰天俯地 (앙천부지)★

[뜻음] 우러러볼 앙, 하늘 천, 굽어볼 부, 땅 지.

[풀이] 하늘을 우러러보고 땅을 굽어봄, 마음에 부끄러움이 없음.

仰天而笑 (앙천이소)★

[뜻음] 우러러볼 앙, 하늘 천, 말 이을 이, 웃을 소.
[풀이] 하늘을 향하여 웃는 것. 출전 史記(사기) 滑稽列傳(골계열전).

仰天而唾 (앙천이타)★

[뜻음] 우러를 앙, 하늘 천, 어조사 이, 침 타.
[풀이] 하늘 보고 침 뱉기. 남을 해치려다가 오히려 자기가 당함.

仰天祝手 (앙천축수)★

[뜻음] 우러러볼 앙, 하늘 천, 빌 축, 손 수.
[풀이] 하늘을 우러러 빎.

仰天痛哭 (앙천통곡)★

[뜻음] 우러러볼 앙, 하늘 천, 아플 통, 울 곡.
[풀이] 하늘을 쳐다보고 몹시 욺.

揚揚自得 (양양자득)★

[뜻음] 날릴 양, 스스로 자, 얻을 득.
[풀이] 뜻을 이루어 뽐내는 모양. 揚揚(양양)은 得意(득의)한 모양을 나타내는 말.

揚州之鶴 (양주지학)★

[뜻음] 날릴 양, 고을 주, 갈 지, 학 학.
[풀이] 학을 타고 양주에 오름. 모든 樂(낙)을 一身(일신)에 모으려고 함. 많은 福樂(복락)을 한 몸에 갖추려고 함을 말함. 轉(전)하여 實行(실행)하기 어려운 妄想(망상)의 비유. 騎鶴上揚州(기학상양주).

哀乞伏乞 (애걸복걸)★

[뜻음] 슬플 애, 빌 걸, 엎드릴 복.
[풀이] 갖은 수단으로 머리 숙여 자꾸 빌고 원함.

哀慶相問 (애경상문)★★

[뜻음] 슬플 애, 경사 경, 서로 상, 물을 문.
[풀이] 슬픈 일에는 서로 위로하고 즐거운 일에는 서로 축하함.

哀苦之情 (애고지정)

[뜻음] 슬플 애, 괴로울 고, 갈 지, 뜻 정.
[풀이] 슬프고 괴로운 마음.

愛及屋烏 (애급옥오)★★★

[뜻음] 사랑 애, 미칠 급, 옥상 옥, 까마귀 오.
[풀이] 사람을 사랑하면 그 사람이 사는 집의 지붕 위에 있는 까마귀까지도 귀엽게 보임.

愛多則憎至 (애다즉증지)★★

[뜻음] 사랑 애, 많을 다, 곧 즉, 미워할 증, 이를 지.
[풀이] 寵愛(총애)를 심히 받으면 반드시 사람들로부터 미움을 받게 됨. 출전 亢倉子(항창자).

哀梨蒸食 (애리증식)

[뜻음] 슬플 애, 배 리, 삶을 증, 먹을 식.
[풀이] 漢(한)나라 哀仲(애중)이 맛 좋은 배를 쪄서 먹었다는 고사. 좋고 나쁨을 모름. 어리석은 사람이나 그러한 일.

曖昧模糊 (애매모호)★

[뜻음] 흐릴 애, 어두울 매, 본보기 모, 풀칠할 호.
[풀이] 애매하고 모호함. 사물의 이치가 희미하고 확실하지 못함. 흐릿함.

愛別離苦 (애별리고)★

[뜻음] 사랑 애, 다를 별, 떼놓을 리, 괴로울 고.
[풀이] 불교용어. 팔고의 하나. 別離(별리)를 애석하게 여기는 괴로움이라는 뜻으로, 부자, 형제, 부부 등과 같이 서로 사랑하는 사람이 헤어지는 괴로움을 이름.

哀絲激肉 (애사격육)★

[뜻음] 슬플 애, 실 사, 흐를 격, 고기 육.
[풀이] 애사는 슬픈 가락을 퉁기는 거문고이고 激肉(격육)은 肉聲(육성)으로 뽑는 격한 노랫소리.

哀絲豪竹 (애사호죽)★

[뜻음] 슬플 애, 실 사, 클 호, 피리 죽.
[풀이] 슬픈 음의 거문고와 용장한 음의 피리소리가 비장하여 사람을 감동시킴.

愛惜弊袴 (애석폐고)★★

[뜻음] 사랑 애, 아낄 석, 해질 폐, 바지 고.
[풀이] 해진 헌 바지도 남에게 그냥 주기를 아까워한다. 전하여 信賞必罰(신상필벌)을 행하는 일. 戰國時代(전국시대) 명군으로 이름난 韓(한)나라 昭侯(소후)의 명에 따라 궁인이 고리짝에 소후의 해진 헌 바지를 담고 있었다. 이를 본 신하가 "하사하시라"고 하자 소후는 "名君(명군)은 一嚬一笑(일빈일소)를 아낀다고 들었다. 그런데 어떻게 과인의 바지를 그냥 줄 수 있느냐. 잘 간수했다가 有功者(유공자)에게 주겠다"며 거절했다는 옛일에서 온 말. 一嚬一笑(일빈일소): 사소한 일로 한 번 찡그리거나 웃는 일.

哀而不悲 (애이불비)★★★

[뜻음] 슬플 애, 어조사 이, 아닐 불, 슬플 비.
[풀이] 속으로는 슬퍼하지만, 겉으로는 슬픔을 나타내지 않음.

哀而不傷 (애이불상)★★★

[뜻음] 슬플 애, 어조사 이, 아닐 불, 해칠 상.
[풀이] 슬퍼하되 정도를 넘지 않음. 心情(심정) 또는 音調(음조)에 슬픔이 있으나 마음에 해롭도록 정도를 지나치지는 아니함. 출전 論語(논어).

愛人如己 (애인여기)★

[뜻음] 사랑 애, 사람 인, 같을 여, 자기 기.
[풀이] 남을 사랑하기를 제 몸처럼 사랑함.

愛人以德 (애인이덕)★

[뜻음] 사랑 애, 사람 인, 써 이, 덕 덕.
[풀이] 남을 사랑함에는 덕으로써 함. 출전 禮記(예기).

愛一嚬一笑 (애일빈일소)★★

[뜻음] 아낄 애, 한 일, 찡그릴 빈, 웃을 소.
[풀이] 근심이나 기쁨을 외면으로 나타내지 않음. 찡그리고 웃는 일을 아낀다는 뜻. 名君(명군)은 일빈일소를 아낀다는 뜻. 출전 韓非子(한비자) 內儲說上篇(내저설상편).

睚眦之怨 (애자지원)

[뜻음] 눈초리 애, 눈 흘길 자, 갈 지, 원망할 원.
[풀이] 눈을 흘기는 정도의 怨望(원망). 썩 작은 원망.

愛憎厚薄 (애증후박)★★

[뜻음] 사랑 애, 미워할 증, 두터울 후, 엷을 박.
[풀이] 사랑함과 미워함과 후함과 박함.

愛之重之 (애지중지)★★★

[뜻음] 사랑할 애, 갈 지, 무거울 중.
[풀이] 매우 사랑하여 所重(소중)히 여기는 모양.

愛親敬長 (애친경장)★

[뜻음] 사랑 애, 친할 친, 공경 경, 어른 장.
[풀이] 부모를 사랑하고 어른을 공경함.

磑風舂雨 (애풍용우)★

[뜻음] 맷돌 애, 바람 풍, 방아 찧을 용, 비 우.
[풀이] 눈에 놀이(蠛蠓멸몽)가 몰려 맷돌처럼 빙빙 돌아다니면 바람이 일어날 前兆(전조)이고, 떼를 지어 절구질 모양으로 올라갔다 내려왔다 하면 비가 올 前兆(전조)라는 말. 출전 淮南子(회남자).

愛他主義 (애타주의)★

[뜻음] 사랑 애, 다를 타, 주인 주, 옳을 의.
[풀이] 다른 사람의 행복 증진을 행위의 기준으로 삼는 주의.

哀痛罔極 (애통망극)★

[뜻음] 슬플 애, 아플 통, 없을 망, 다할 극.
[풀이] 그지없이 애통함.

哀痛切痛 (애통절통)★

[뜻음] 슬플 애, 아플 통, 절박할 절.
[풀이] 哀痛罔極(애통망극).

哀號涕泣 (애호체읍)★

[뜻음] 슬플 애, 부르짖을 호, 눈물 체, 울 읍.
[풀이] 슬프게 부르짖고 눈물을 흘리며 욺. 출전 梁書(양서).

哀鴻甫集 (애홍보집)★

[뜻음] 슬플 애, 큰 기러기 홍, 클 보, 모일 집.
[풀이] 슬피 우는 기러기가 떼를 지어 몰리다. 流浪民(유랑민)이 굶주림에 울며 몰려오는 일.

哀鴻遍野 (애홍편야)★★

[뜻음] 슬플 애, 큰 기러기 홍, 두루 편, 들 야.
[풀이] 가는 곳마다 피난민이 가득하다. 男負女戴(남부여대)하며 살 길을 찾아 헤맨다는 말. 출전 詩經(시경) 小雅(소아).

冶家無食刀 (야가무식도)★

[뜻음] 대장장이 야, 집 가, 없을 무, 먹을 식, 칼 도.
[풀이] 대장간에 식칼이 논다. 생활에 쫓기다 보니 남의 바라지만 하고 정작 제 집 일에는 등한히 함. 마땅히 흔해야 할 곳에 도리어 그 물건이 의외로 부족하거나 없는 경우를 이름.

夜光明月 (야광명월)★★

[뜻음] 밤 야, 빛 광, 밝을 명, 달 월.
[풀이] 밤에 빛나는 밝은 달. 또는 夜光珠(야광주)와 명월주.

夜光明珠 (야광명주)★★

[뜻음] 밤 야, 빛 광, 밝을 명, 구슬 주.
[풀이] 밤이나 어두운 곳에서 빛을 내는 구슬. 夜光珠(야광주)

冶金踊躍 (야금용약)★★

[뜻음] 녹일 야, 쇠 금, 뛸 용, 뛰어넘을 약.
[풀이] 녹은 쇳물이 도가니 속에서 굽이쳐 바깥으로 뛰어 나오려 한다. 풀무에 백열된 쇠가 뛰는 것. 분수에 만족하지 않음을 이름. 출전 莊子(장자) 大宗師篇(대종사편).

惹起鬧端 (야기요단)★

[뜻음] 이끌 야, 일어날 기, 시끄러울 요, 실마리 단.
[풀이] 是非(시비)의 단서를 끌어 일으킴. 준말이 바로 惹鬧(야료)임. 惹鬧(야료): 생트집을 잡고 함부로 떠들어댐.

野壇法席 (야단법석)★★

[뜻음] 들 야, 단 단, 법 법, 자리 석.
[풀이] 본래 불교용어로 野外(야외)에 베푼 講座(강좌). 서로 다투고 떠들고 시끄러운 판. 야단은 야외에 세운 단, 법석은 불법을 펴는 자리. 惹端法席(야단법석).

惹端惹端 (야단야단)★★

[뜻음] 끌어당길 야, 끝 단.
[풀이] 함부로 떠들어대는 모양, 마구 꾸짖는 모양.

夜郎自大 (야랑자대)★★

[뜻음] 밤 야, 사나이 랑, 스스로 자, 큰 대.
[풀이] 漢代(한대)에 西南夷(서남이: 지금의 귀주성) 중에서 夜郎國(야랑국)의 왕이 한나라의 사신에게 자국의 세력을 자랑한 끝에 "한나라의 국력이 야랑국을 따를 수 있겠느냐"고 물었다는 옛일에서 온 말. 가장 세력이 强(강)하여 傲慢(오만)하였으므로 凡庸(범용)하거나 愚昧(우매)한 무리 중에서 세력이 있어 잘난 체하고 뽐냄을 비유하여 이름.

夜半逃走 (야반도주)★★★

[뜻음] 밤 야, 동반할 반, 도망 도, 달릴 주.
[풀이] 한밤중에 도망함.

夜半無禮 (야반무례)★

[뜻음] 밤 야, 동반할 반, 없을 무, 예도 예.
[풀이] 어두운 밤에는 예의를 제대로 차리지 못한다는 말.

夜不閉門 (야불폐문)★★

[뜻음] 밤 야, 아닐 불, 닫을 폐, 문 문.

[풀이] 밤에 대문을 닫지 아니한다. 세상이 태평하고 인심이 좋음을 이르는 말.

野心滿滿 (야심만만)★★

[뜻음] 들 야, 마음 심, 가득 찰 만.
[풀이] 자기 분수에 맞지 않게 야망을 채우려는 욕심이 가득 참. 야심이란 야망을 품은 마음, 야비한 마음 등임.

夜深無禮 (야심무례)★

[뜻음] 밤 야, 깊을 심, 없을 무, 예도 예.
[풀이] 어두운 밤에는 예의를 제대로 차리지 못한다는 말. 夜半無禮(야반무례).

冶容之誨 (야용지회)★

[뜻음] 요염할 야, 얼굴 용, 갈 지, 가르칠 회.
[풀이] 冶容誨淫(야용회음).

冶容誨淫 (야용회음)★★★

[뜻음] 요염할 야, 얼굴 용, 가르칠 회, 음란할 음.
[풀이] 야용은 예쁘게 단장하는 것, 음란한 것을 가르친다는 뜻으로, 너무 예쁘게 단장하면 자연히 음란해지기 쉬움을 이름. 출전 易經(역경) 繫辭上傳(계사상전).

夜雨對牀 (야우대상)★

[뜻음] 밤 야, 비 우, 대할 대, 침상 상.
[풀이] 밤비 소리를 들으며 침대를 가지런히 하여 잠. 형제나 친구 사이가 다정함을 나타냄.

夜以繼日 (야이계일)★★

[뜻음] 밤 야, 써 이, 이을 계, 해 일.
[풀이] 晝夜(주야)를 쉬지 아니하고 함. 출전 莊子(장자).

夜以繼晝 (야이계주)★

[뜻음] 밤 야, 써 이, 이을 계, 낮 주.
[풀이] 夜以繼日(야이계일).

夜而忘寢 (야이망침)★

[뜻음] 밤 야, 말 이을 이, 잊을 망, 잠들 침.
[풀이] 밤이 되어도 자는 것을 잊음. 사물에 열중함을 이름. 출전 史記(사기).

野人獻芹 (야인헌근)★

[뜻음] 들 야, 사람 인, 바칠 헌, 미나리 근.
[풀이] 촌사람이 미나리를 바친다. 남에게 물품을 보낼 때 쓰는 謙辭(겸사)의 말.

野人獻日 (야인헌일)★

[뜻음] 들 야, 사람 인, 바칠 헌, 해 일.
[풀이] 촌사람이 겨울 햇볕을 임금에게 바치려 했던 고사. 출전 列子(열자).

夜行被繡 (야행피수)★

[뜻음] 밤 야, 갈 행, 입을 피, 비단 수.

[풀이] 밤에 수놓은 비단 옷을 입고 간다는 뜻으로 공명을 이루고서도 그 이름이 고향 또는 세상에 알려지지 않음의 비유로 쓰임. 錦衣夜行(금의야행).

野狐禪 (야호선)★

[뜻음] 들 야, 여우 호, 참선 선.
[풀이] 진실하게 參禪(참선)도 하지 아니하고서 깨달은 듯이 거짓으로 꾸며 남을 속이는 사람을 여우에 비유하여 욕하는 말.

弱冠 (약관)★★★

[뜻음] 약할 약, 모자 관.
[풀이] 옛날에 나이 스물이 되면 冠禮(관례)를 올려 갓을 쓰게 하고 成人(성인)으로 대접함. 남자 나이 20세가 된 때. 만 스물.

《禮記(예기)》 曲禮篇(곡례편)에 나오는 말이다.
　"사람이 나서 10년을 말하여 幼(유)라 한다. 이때부터 글을 배운다. 스물을 말하여 弱(약)이라 한다. 갓을 쓴다. 서른을 말하여 壯(장)이라 한다. 집을 갖는다. 마흔을 말하여 强(강)이라 한다. 벼슬을 한다. 쉰을 말하여 艾(애)라 한다. 官政(관정)을 맡는다. 예순을 말하여 耆(기)라 한다. 가리켜 시킨다. 일흔을 말하여 老(노)라 한다. 전한다(자식에게). 八, 九十세를 말하여 耄(모)라 하고 일곱 살을 悼(도)라 하는데 도와 모는 죄가 있어도 형벌을 더하지 않는다. 백 살을 말하여 期(기)라 한다. 기른다."
　약관이라는 말은 약과 관을 합쳐서 된 말인데 스무 살은 약한 편이지만 어른으로서 갓을 쓰는 나이라는 말이다.

弱能制强 (약능제강)★★

[뜻음] 약할 약, 능할 능, 제압할 제, 강할 강.
[풀이] 약한 것이 능히 강한 것을 누를 수 있음.

若得一敵國 (약득일적국)★

[뜻음] 같을 약, 얻을 득, 한 일, 원수 적, 나라 국.
[풀이] 자기 나라와 힘이 대등한 나라를 얻은 것 같다는 말로 훌륭한 人才(인재)를 얻음을 이름. 출전 史記(사기) 游俠傳(유협전).

藥籠中物 (약롱중물)★★

[뜻음] 약 약, 대그릇 롱, 가운데 중, 만물 물.
[풀이] 약통에 든 약이라는 뜻. 꼭 필요한 인물. 출전 唐書(당서).

藥房甘草 (약방감초)★★★

[뜻음] 약 약, 방 방, 달 감, 풀 초.
[풀이] 약방의 감초처럼 어느 일에나 빠지지 않는 사람이나 일.

約法三章 (약법삼장)★★★

[뜻음] 약속할 약, 법 법, 석 삼, 글 장.
[풀이] 漢(한) 왕조의 창시자인 高祖(고조: 유방)가 그의 승전 혁명군을 이끌고 長安(장안)으로 들어갔을 때 공포한 약식법.

≪史記(사기)≫에 나오는 이야기이다.

劉邦(유방)이 秦(진)나라 군사를 쳐서 이기고 수도 咸陽(함양) 동쪽에 있는 覇上(패상)으로 진군해서 秦王(진왕) 子嬰(자영)의 항복을 받고 다시 함양에 入城(입성)했다가 樊噲(번쾌)와 張良(장량)의 권고로 패상으로 다시 돌아온 유방은 진나라의 많은 호걸들과 부로들을 불러 모아 놓고 이렇게 말했다.

一, 사람을 죽인 사람은 죽는다.
二, 사람을 상케 한 사람과 도둑질한 사람은 죄를 받는다.
三, 나머지 진나라의 법은 모두 없애버린다.

약속한 법이 겨우 세 가지란 뜻으로 원래는 秦(진)나라 서울 함양을 점령한 沛公(패공) 劉邦(유방)이 진나라 부로들에게 약속한 것을 가리킨 것이다. 지금은 법이 복잡하지 않고 간편해야 한다는 뜻으로 쓰이고 있다.

若不繫之舟 (약불계지주)★

[뜻음] 같을 약, 아닐 불, 맬 계, 갈 지, 배 주.
[풀이] 마치 매놓지 않은 배와 같음. 조금도 거리낌 없이 마음 내키는 대로 이리저리 돌아다님을 비유한 말.

若不勝衣 (약불승의)

[뜻음] 같을 약, 아닐 불, 이길 승.
[풀이] 옷의 무게를 이기지 못할 만큼 몸이 여위어 파리한 모양. 출전 禮記(예기).

若崩厥角 (약붕궐각)

[뜻음] 같을 약, 무너질 붕, 그 궐, 모서리 각.
[풀이] 짐승이 무서워서 그 뿔을 땅에 처박고 쩔쩔매는 것과 같이 두려워서 어찌할 줄 모르는 모양. 모서리를 무너뜨리는 것같이 쉬운 일이라는 뜻. 출전 書經(서경).

禴祠烝嘗 (약사증상)★★

[뜻음] 종묘 제사 약, 봄제사 사, 겨울제사 증, 가을제사 상.
[풀이] 중국 周(주)나라의 宗廟(종묘)의 時祭(시제). 여름, 봄, 겨울, 가을의 순으로 되어 있다. 蠶殷(잠은)시대에는 봄을 禴(약), 여름을 禘(체), 가을을 嘗(상), 겨울을 烝(증)이라 하였으나, 周(주)에 이르러 禘(체)를 殷祭(은제)로 했기 때문에 체를 빼고 사를 더하여 봄과 바꾼 것이라고 함. 출전 詩經(시경).

藥石之言 (약석지언)★

[뜻음] 약 약, 침 석, 갈 지, 말씀 언.
[풀이] 약과 침이 되는 말. 남의 잘못을 훈계하여 그것을 바로잡는 데 도움이 되는 말. 藥言(약언). 藥石(약석). 출전 唐書(당서).

若涉大水 (약섭대수)★

[뜻음] 같을 약, 건널 섭, 큰 대, 물 수.
[풀이] 맨발로 큰 강을 건너는 것과 같다. 매우 위험함의 비유. '咆虎馮河(포호빙하)'를 보시오.

若涉春氷 (약섭춘빙)★

[뜻음] 같을 약, 건널 섭, 봄 춘, 얼음 빙.
[풀이] 봄 얼음 위를 건너는 것과 같다. 위태하여 마음이 몹시 불안함. 若涉大水(약섭대수).

若是若是 (약시약시)★

[뜻음] 같을 약, 이 시.
[풀이] 이러이러함.

弱肉强食 (약육강식)★★★

[뜻음] 약할 약, 살 육, 강할 강, 먹을 식.
[풀이] 弱者(약자)의 살은 强者(강자)의 먹이가 된다. 강한 자가 약한 자를 희생시켜서 번영하거나 또는 약한 자는 강한 자에게 먹이가 된다는 말. 출전 韓愈(한유)의 諍臣論(쟁신론).

若飮醇醪 (약음순료)★

[뜻음] 같을 약, 마실 음, 진한 술 순, 막걸리 료.
[풀이] 좋은 술을 마시는 것처럼 그 사람의 德(덕)에 저절로 感化(감화)되는 일.

弱而能强 (약이능강)★

[뜻음] 약할 약, 말 이을 이, 능할 능, 강할 강.
[풀이] 겉보기는 약한 듯하나 內實(내실)은 매우 강함. 출전 淮南子(회남자).

弱者先手 (약자선수)★

[뜻음] 약할 약, 놈 자, 먼저 선, 손 수.
[풀이] 바둑, 장기 따위에 있어서 수가 낮은 사람이 먼저 두는 일.

若合符節 (약합부절)★

[뜻음] 같을 약, 합할 합, 부신 부, 마디 절.
[풀이] 꼭 들어맞아 조금도 틀리지 아니함. 符節(부절)은 옥으로 만든 것으로 글자를 새겨 양분해서 두 사람이 하나씩 나누어 가졌다가 나중에 신표로 썼음. 如合符節(여합부절). 출전 孟子(맹자) 離婁下篇(이루하편).

若火之燎于原 (약화지요우원)

[뜻음] 같을 약, 불 화, 갈 지, 불탈 요, 어조사 우, 벌판 원.
[풀이] 불이 대단한 세력으로 들판에 번지듯이 사물의 氣勢(기세)가 猛烈(맹렬)하여 사람의 힘으로는 어찌할 수 없는 상태. '燎原之火(요원지화)'를 보시오. 출전 書經(서경).

良家淑女 (양가숙녀)★

[뜻음] 좋을 양, 집 가, 맑을 숙, 계집 녀.
[풀이] 좋은 집안의 정숙하고 품위 있는 여자. 良家閨秀(양가규수).

兩脚野狐 (양각야호)

[뜻음] 두 양, 다리 각, 들 야, 여우 호.
[풀이] 발이 둘인 여우. 아첨을 잘하고 간사한 사람을 욕하는 말. 출전 唐書(당서).

良賈深藏若虛 (양고심장약허)★★

[뜻음] 어질 양, 장사 고, 깊을 심, 감출 장, 같을 약, 빌 허.
[풀이] 장사를 잘하는 사람은 물품을 깊숙이 감추어 둠. 어진 사람이 자신의 學識(학식)과 德行(덕행)을 감춤.

兩句三年得 (양구삼년득)★★★

[뜻음] 두 양, 글귀 구, 석 삼, 해 년, 얻을 득.
[풀이] 두 구를 얻는 데 삼 년 걸림. 唐(당)나라의 賈島(가도)가 詩文(시문)을 지을 때, 삼 년 걸려 두 구를 얻은 고사. 시문을 짓기가 고되고 어려움.

揚弓擧矢 (양궁거시)★

[뜻음] 오를 양, 활 궁, 들 거, 화살 시.
[풀이] 활과 화살을 높이 들다. 곧 승리를 비유하는 말.

良弓難張 (양궁난장)★

[뜻음] 좋을 양, 활 궁, 어려울 난, 넓힐 장.
[풀이] 좋은 활은 강하기 때문에 시위 얹기가 어려움. 출전 墨子(묵자).

良金美玉 (양금미옥)★

[뜻음] 어질 양, 쇠 금, 아름다울 미, 구슬 옥.
[풀이] 좋은 금과 아름다운 옥. 뛰어난 문장. 뛰어난 덕성. 출전 宋史(송사).

量衾伸足 (양금신족)

[뜻음] 헤아릴 양, 이불 금, 펼 신, 발 족.
[풀이] 이불깃 안 봐 가며 발 편다. 무슨 일에나 그 결과를 헤아리면서 힘이 許諾(허락)하는 한도 내에서 행하라는 말.

良禽擇木 (양금택목)★★★

[뜻음] 좋을 양, 날짐승 금, 가릴 택, 나무 목.
[풀이] 현명한 새는 좋은 나무를 가려서 둥지를 친다는 뜻으로, 현명한 사람은 자기 재능을 키워줄 훌륭한 사람을 가려서 섬김의 비유.

≪春秋左氏傳(춘추좌씨전)≫에 나오는 이야기이다.
춘추시대, 儒家(유가)의 鼻祖(비조)인 孔子(공자)가 治國(치국)의 도를 遊說(유세)하기 위해 衛(위)나라에 갔을 때의 일이다. 어느 날, 孔文子(공문자)가 大叔疾(대숙질)을 공격하기 위해 공자에게 상의하자 공자는 이렇게 대답했다.
"제사 지내는 일에 대해선 배운 일이 있습니다만, 전쟁에 대해선 전혀 아는 것이 없습니다."
그 자리를 물러나온 공자는 제자에게 서둘러 수레에 말을 매라고 일렀다. 제자가 그 까닭을 묻자 공자는 '한시라도 빨리 위나라를 떠나야겠다'며 이렇게 대답했다.
"현명한 새는 좋은 나무를 가려서 둥지를 친다[良禽擇木]고 했다. 마찬가지로 신하가 되려면 마땅히 훌륭한 군주를 가려서 섬겨야 하느니라."
이 말을 전해 들은 공문자는 황급히 객사로 달려와 공자의 귀국을 만류했다.

"나는 결코 딴 뜻이 있어서 물었던 것이 아니오. 다만 위나라의 대사에 대해 물어 보고 싶었을 뿐이니 언짢게 생각 말고 좀 더 머물도록 하시오."
공자는 기분이 풀리어 위나라에 머물려고 했으나 때마침 魯(노)나라에서 사람이 찾아와서 귀국을 간청했다. 그래서 고국을 떠난 지 오래인 공자는 老軀(노구)에 스미는 고향 생각에 사로잡혀 서둘러 노나라로 돌아갔다.

陽氣發處金石亦透 (양기발처금석역투)★

[뜻음] 볕 양, 기운 기, 필 발, 곳 처, 쇠 금, 돌 석, 또 역, 뚫을 투.
[풀이] 양기가 발하는 곳에서는 금석도 뚫음. 곧 결심을 단단히 하면 어떠한 難關(난관)도 극복할 수 있음을 비유.

羊踏破菜園 (양답파채원)★

[뜻음] 양 양, 밟을 답, 깨뜨릴 파, 나물 채, 동산 원.
[풀이] 양이 야채밭을 짓밟음. 평소 菜食(채식)만 하던 사람이 갑자기 양고기를 먹었더니 꿈에 五臟(오장)의 신이 그렇게 말했다고 함. ① 채식가가 양고기를 먹었음을 놀려대는 말. ② 잘 먹고 배탈을 일으킴.

羊頭狗肉 (양두구육)★★★

[뜻음] 양 양, 머리 두, 개 구, 고기 육.
[풀이] 양의 머리를 내놓고 개고기를 판다. 겉으로는 그럴듯하게 내세우나 속은 변변치 않음.

이 말은 여러 곳에서 발견되는데 ≪晏子春秋(안자춘추)≫에 나오는 이야기는 다음과 같다.
春秋時代(춘추시대) 齊靈公(제영공)은 어여쁜 여자에게 남자의 옷을 입혀놓고 즐기는 별난 취미를 가지고 있었는데 곧 민간에서도 따라 하여 제나라에는 男裝(남장) 미인의 수가 늘어났다.
이 말을 전해 들은 영공은 천한 것들이 임금의 흉내를 낸다고 해서 남장을 금하라는 영을 내렸다. 그러나 좀체 그런 풍조가 사라지지 않자 晏子(안자: 안영)에게 이유를 물었더니 "임금께서는 궁중에서는 여자에게 남장을 하게 하시면서 밖으로 백성들만을 못 하도록 금하고 계십니다. 이것은 쇠머리를 문에다 걸고 말고기를 안에서 파는 것과 같습니다. 임금께선 어째서 궁중에도 같은 금령을 실시하시지 않습니까. 그러시면 밖에서도 감히 남장하는 여자가 없게 될 것입니다."
영공이 궁중에서도 금하자 곧 민간에서 남장의 풍습이 사라졌다. 이 이야기에는 쇠머리와 말고기로 대체되어 나온다.

兩豆塞耳不聞雷霆 (양두색이불문뇌정)★

[뜻음] 두 량, 콩 두, 막힐 색, 귀 이, 아닐 불, 들을 문, 우레 뢰, 천둥 소리 정.
[풀이] 두 알의 콩으로 귀를 막으면 우레 소리도 들리지 않는다. 마음이 物慾(물욕)에 가리면 道理(도리)를 분별할 수 없음을 이르는 말.

楊柳青青 (양류청청)★

[뜻음] 버들 양, 버들 류, 푸를 청.
[풀이] 수양버들 가지가 푸름.

楊柳片金 (양류편금)★

[뜻음] 버들 양, 버들 류, 조각 편, 쇠 금.
[풀이] 버드나무 잎사귀가 햇빛에 황금빛을 띠며 반짝이는 모습.

陽明學 (양명학)★★★

[뜻음] 볕 양, 밝을 명, 배울 학.
[풀이] 明(명)나라 王守仁(왕수인)이 주창한 儒敎(유교) 학파로서, 宋儒(송유)의 性理學(성리학)에 만족하지 않고 知行合一(지행합일)의 실천을 위주로 하는 致良知說(치양지설)을 주장하였음.

讓畔讓居 (양반양거)★

[뜻음] 사양할 양, 논둑 반, 살 거.
[풀이] 논둑을 양보하며 자기 거소를 讓步(양보)함. 어진 임금의 덕에 感服(감복)한 백성을 이르는 말. 讓畔而耕(양반이경). 출전 史記(사기).

讓畔而耕 (양반이경)★

[뜻음] 사양할 양, 논둑 반, 말 이을 이, 밭갈 경.
[풀이] 농부가 서로 경계선을 양보하면서 밭을 간다. 民情(민정)이 淳厚(순후)함. 讓畔讓居(양반양거).

兩鳳連飛 (양봉연비)★

[뜻음] 두 양, 봉새 봉, 이을 연, 날 비.
[풀이] 兩鳳齊飛(양봉제비).

兩鳳齊飛 (양봉제비)★

[뜻음] 두 양, 봉새 봉, 나란히 제, 날 비.
[풀이] 두 鳳(봉)이 나란히 날다. 兄弟(형제)가 함께 榮達(영달)함. 北齊(북제)의 崔陵(최릉)이 그의 아우 仲文(중문)과 함께 같은 날에 宰相(재상)이 된 故事(고사). 鳳(봉)은 鳳凰(봉황) 중 수컷. 兩鳳連飛(양봉연비).

兩部鼓吹 (양부고취)★

[뜻음] 두 양, 거느릴 부, 북 고, 불 취.
[풀이] 옛날의 樂(악)에 坐部(좌부)와 立部(입부)가 있었는데 이를 양부라 함. 鼓吹(고취)는 모든 악기를 통틀어서 연주하는 일. 天子(천자)가 君臣(군신)을 즐겁게 할 때 대체로 일부만으로 했으며 양부를 다 씀은 특례로서 드물었음. ① 양부의 악기를 한꺼번에 연주하는 일. ② 뭇 개구리가 시끄럽게 우는 소리를 비유함. 출전 南史(남사) 孔珪傳(공규전).

攘臂大談 (양비대담)

[뜻음] 물리칠 양, 팔 비, 큰 대, 말씀 담.
[풀이] 소매를 걷어붙이고 큰소리를 침.

揚沙走石 (양사주석)★

[뜻음] 오를 양, 모래 사, 달릴 주, 돌 석.
[풀이] 모래가 날리고 돌멩이가 굴러 달음질칠 만큼 바람이 매우 세참.

良史之才 (양사지재)★

[뜻음] 어질 양, 역사 사, 갈 지, 재주 재.
[풀이] 훌륭한 역사가로서의 뛰어난 재능. 출전 漢書(한서).

梁上君子 (양상군자)★★★

[뜻음] 들보 양, 위 상, 임금 군, 아들 자.
[풀이] 대들보 위의 군자. '도둑'을 듣기 좋게 이르는 말.

≪後漢書(후한서)≫ 陳寔傳(진식전)에 나오는 이야기이다.

後漢(후한) 말기 陳寔(진식)은 성질이 온후하고 청렴하며 학식이 풍부하여 존경받는 인물이었다. 그가 太丘縣(태구현)의 장관으로 있을 때 어느 해 흉년이 들어 많은 백성들이 고통을 겪던 중 자기 집 천정 대들보 위에 도둑이 웅크리고 있는 것을 보고 아들과 손자들을 불러 모아 이렇게 훈계했다.

"대저 사람이란 자기 스스로 노력하지 않으면 안 된다. 착하지 못한 일을 하는 사람도 반드시 처음부터 악한 사람은 아니었다. 평소의 잘못된 버릇이 그만 성격으로 변해 나쁜 일을 하게 되는 것이다. 저 들보 위의 군자가 바로 그러하다."

도둑은 이 말에 깜짝 놀라 얼른 뛰어 내려와 이마를 조아리며 죽여 달라고 사죄를 했다.

진식은 조용히 타일렀다.

"내 그대의 얼굴을 보아하니 나쁜 사람 같지가 않다. 깊이 반성하여 자기 마음을 이겨내면 착한 사람이 될 것이다. 그러나 이것이 다 가난한 탓에서 온 것일 것이다."

그러면서 그 도둑에게 비단 두 필을 주고 죄를 용서해 돌려보냈다.

이 일이 널리 알려지게 되자 고을 안에 도둑질하는 사람이 한 사람도 없게 되었다는 것이다.

養生喪死 (양생상사)★

[뜻음] 기를 양, 날 생, 죽을 상, 죽을 사.
[풀이] 살아 있는 사람을 잘 扶養(부양)하고 죽은 사람을 공손히 장사 지냄. 養生送死(양생송사).

兩姓生殖 (양성생식)★

[뜻음] 두 양, 성 성, 날 생, 번식할 식.
[풀이] 雌(자)와 雄(웅), 양성으로 되는 생식.

兩小無猜 (양소무시)

[뜻음] 두 양, 작을 소, 없을 무, 의심할 시.
[풀이] 두 아이가 서로 친숙하여 의심하지 않음. 아이들의 天眞(천진)한 모양을 이름.

養松見亭子 (양송견정자)★

[뜻음] 기를 양, 소나무 송, 볼 견, 정자 정, 아들 자.
[풀이] 솔 심어 정자나무 되기를 기다린다. ① 원대한 계획을 이르는 말. ② 몹시 성급하다는 말.

兩手兼將 (양수겸장)★

[뜻음] 두 양, 손 수, 겸할 겸, 장군 장.
[풀이] 장기에서 한편에서 가진 두 개의 말이 한꺼번에 장을 부르게 되는 일.

兩手交之 (양수교지)★

[뜻음] 두 양, 손 수, 마주잡을 교, 이 지.
[풀이] 두 손을 마주잡고 공손히 서 있음.

兩手執餠 (양수집병)★

[뜻음] 두 양, 손 수, 잡을 집, 떡 병.
[풀이] 양손에 떡을 쥠. 가지기도 어렵고 버리기도 어려운 처지.

兩是雙非 (양시쌍비)★

[뜻음] 두 양, 옳을 시, 쌍 쌍, 그를 비.
[풀이] 양편 주장이 다 이유가 합당하여 시비를 가리기 어려움.

良辰美景 (양신미경)★

[뜻음] 좋을 양, 때 신, 아름다울 미, 볕 경.
[풀이] 좋은 시절과 아름다운 경치.

良藥苦口 (양약고구)★

[뜻음] 좋을 양, 약 약, 쓸 고, 입 구.
[풀이] 좋은 약은 입에 쓰다. 忠言(충언)은 귀에 거슬리나 자신에게 이롭다는 말. 良藥苦於口利於病(양약고어구이어병).

良藥苦於口利於病 (양약고어구이어병)★★★

[뜻음] 좋을 양, 약 약, 쓸 고, 어조사 어, 입 구, 이로울 리, 병 병.
[풀이] 좋은 약은 입에 쓰나 병을 다스리는 데는 이롭다. 忠言(충언)은 귀에 거슬리나 자신에게 이롭다는 말.

≪孔子家語(공자가어)≫에서 孔子(공자)가 이런 말을 하고 있다.
　“좋은 약은 입에 써도 병에 이롭고, 충성된 말은 귀에 거슬려도 행하는 데 이롭다. 湯(탕)임금과 武王(무왕)은 곧은 말을 하는 사람으로 일어나고, 桀(걸)과 紂(주)는 순종하는 사람들로 망했다. 임금으로 말리는 신하가 없고, 아비로 말리는 아들이 없고, 형으로 말리는 아우가 없고, 선비로 말리는 친구가 없으면 과오를 범하지 않는 사람이 없다.”
　탕은 바른말 잘하는 伊尹(이윤)으로 섰고, 무왕은 바른말 잘하는 呂尙(여상)으로 섰고, 걸과 주는 바른말하는 사람을 곁에 두지 않아서 나라를 잃고 말았다.
　≪史記(사기)≫ 留侯世家(유후세가)에는 張良(장량)이 沛公(패공) 劉邦(유방)을 달랠 때에도 “충성된 말은 귀에 거슬려도 행하는 데 이롭고, 독한 약은 입에 써도 병에 이롭다 했습니다”라고 말했다고 한다.

佯若不知 (양약부지)

[뜻음] 거짓 양, 같을 약, 아닐 부, 알 지.
[풀이] 모르는 체함.

洋洋大海 (양양대해)★★

[뜻음] 큰 바다 양, 큰 대, 바다 해.
[풀이] 한없이 넓고 큰 바다.

揚揚自得 (양양자득)★★

[뜻음] 오를 양, 스스로 자, 얻을 득.
[풀이] 뜻을 이루어 뽐내며 거들먹거림. '揚揚(양양)'은 기쁘고 자신만만한 빛을 외모와 행동에 나타내는 태도가 있음을 이르는 말.

良玉美金 (양옥미금)★

[뜻음] 좋을 양, 옥 옥, 아름다울 미, 쇠 금.
[풀이] 좋은 옥과 아름다운 금. 아름다운 문장. 良金美玉(양금미옥). 출전 唐書(당서).

良玉不彫 (양옥부조)★

[뜻음] 좋을 양, 옥 옥, 아닐 부, 새길 조.
[풀이] 좋은 옥은 彫琢(조탁)할 필요가 없는 것같이, 바탕이 좋은 것은 꾸미지 않아도 아름다움.

兩雄不俱立 (양웅불구립)★★★

[뜻음] 두 양, 수컷 웅, 아닐 불, 함께 구, 설 립.
[풀이] 두 영웅이 함께 존재할 수 없으므로 반드시 둘 사이에는 싸움이 일어나 한쪽이 패하고 만다는 말.

兩雄相爭 (양웅상쟁)★

[뜻음] 두 양, 수컷 웅, 서로 상, 다툴 쟁.
[풀이] 두 영웅이 서로 싸운다. 강한 두 사람이 서로 勝負(승부)를 다툼.

兩雄相鬪 (양웅상투)★

[뜻음] 두 양, 수컷 웅, 서로 상, 싸움 투.
[풀이] 兩雄相爭(양웅상쟁).

亮遺巾幗 (양유건괵)★

[뜻음] 밝을 양, 보낼 유, 수건 건, 꾸미개 괵.
[풀이] 중국 蜀(촉)나라의 諸葛亮(제갈량)이 司馬懿(사마의)와 渭水(위수)에서 對陣(대진)했을 때, 사마의가 自重(자중)하여 움직이지 않자, 제갈량이 부인의 머리 장식 용구를 보내어 그를 용기 없는 아녀자라고 비웃었다는 옛 일.

養由號猿 (양유호원)★

[뜻음] 기를 양, 말미암을 유, 부르짖을 호, 원숭이 원.
[풀이] 중국 春秋時代(춘추시대) 때에, 楚王(초왕)이 養由基(양유기)로 하여금 흰 원숭이를 쏘게 하였던 바, 양유기가 아직 활을 쏘기 전에 원숭이가 기둥을 안고 울부짖었다는 옛 일. '百發百中(백발백중)'을 보시오.

良二千石 (양이천석)★

[뜻음] 어질 양, 두 이, 일천 천, 돌 석.
[풀이] 어진 지방 장관. 漢代(한대)에 郡(군) 太守(태수) 年俸(연봉)인 2천 석에서 유래함. 출전 漢書(한서).

量入儉用(양입검용)★★

[뜻음] 헤아릴 양, 들 입, 검소할 검, 쓸 용.
[풀이] 수입을 헤아려서 적당하게 지출을 절약함.

量入計出 (양입계출)★

[뜻음] 헤아릴 양, 들 입, 셈 계, 날 출.
[풀이] 수입을 헤아려 보고 지출을 계획함. 收支(수지)를 알맞게 함. 量入儉用(양입검용).

養子方知父母恩 (양자방지부모은)★★

[뜻음] 기를 양, 자식 자, 바야흐로 방, 알 지, 아비 부, 어미 모, 은혜 은.
[풀이] 제 자식을 길러 보고서야 비로소 부모의 은혜를 앎. 養子方知父慈(양자방지부자). 출전 明心寶鑑(명심보감).

養子息知親力 (양자식지친력)★★

[뜻음] 기를 양, 자식 자, 숨 쉴 식, 알 지, 친할 친, 힘 력.
[풀이] 자식을 길러 보아야 어버이의 수고를 앎. 자식을 길러 보기 전에는 부모의 공을 모른다는 말.

兩者擇一 (양자택일)★★

[뜻음] 두 양, 놈 자, 택할 택, 한 일.
[풀이] 두 가지 가운데서 한 가지를 선택함.

禳災招福 (양재초복)★

[뜻음] 푸닥거리할 양, 재앙 재, 부를 초, 복 복.
[풀이] 잡귀와 화를 쫓고 복을 부르는 일.

量敵而後進 (양적이후진)

[뜻음] 헤아릴 양, 원수 적, 말 이을 이, 뒤 후, 나아갈 진.
[풀이] 적의 많고 적음을 헤아려 본 뒤에 군대를 나아가게 한다는 뜻. 출전 孟子(맹자) 公孫丑上篇(공손추상편).

良田不如心田好 (양전불여심전호)★

[뜻음] 좋을 양, 밭 전, 아닐 불, 같을 여, 마음 심, 좋을 호.
[풀이] 마음씨 좋은 사람에게는 좋은 논밭도 미치지 못한다. 사람의 마음씨가 가장 중요함을 이름.

良田沃畓 (양전옥답)★

[뜻음] 좋을 양, 밭 전, 기름질 옥, 논 답.
[풀이] 기름진 밭과 논.

楊朱泣岐 (양주읍기)★

[뜻음] 버들 양, 구슬 주, 울 읍, 갈림길 기.
[풀이] 양주가 갈림길에서 울었다는 고사. 근본은 같으나 말단에 가서 다름을 이름. 사람도 갈림길에서 갈리듯이 마음 쓰기 여하에 따라서, 착한 사람도 되고 몹쓸 사람도 된다는 말. 출전 淮南子(회남자).

揚州之鶴 (양주지학)★

[뜻음] 오를 양, 고을 주, 갈 지, 학 학.
[풀이] 모든 세속적인 즐거움과 많은 욕망을 다 채우고자 탐냄. 옛날 여러 사람이 모여 각자 자신의 욕망을 말하는데 어떤 사람은 揚州刺史(양주자사)가 되겠다고 하고, 어떤 사람은 많은 재물을 얻겠다고 하고, 어떤 사람은 학을 타고 하늘에 오르겠다고 했을 때, 남은 한 사

람이 말하기를 허리에 10만 관의 돈을 차고 학을 타고 양주에 오르겠다고 한 옛 일.

良知良能 (양지양능)★

[뜻음] 좋을 양, 알 지, 능할 능.
[풀이] 經驗(경험)이나 敎育(교육)에 의하지 아니하고도 알며, 또한 행할 수 있는 타고난 지능. 출전 孟子(맹자).

良妻賢母 (양처현모)★

[뜻음] 좋을 양, 아내 처, 어질 현, 어미 모.
[풀이] 賢母良妻(현모양처).

揚淸激濯 (양청격탁)★

[뜻음] 오를 양, 맑을 청, 부딪쳐 흐를 격, 씻을 탁.
[풀이] 청렴한 사람을 높이 들어 올리고 汚濁(오탁)한 사람을 제거함을 이르는 말.

量體裁衣 (양체재의)★

[뜻음] 헤아릴 양, 몸 체, 마름질할 재, 옷 의.
[풀이] 몸에 맞춰 옷을 만든다. 누울 자리를 보아 가며 발을 뻗음. 稱體裁衣(칭체재의)가 변한 말.

陽春佳節 (양춘가절)★★

[뜻음] 볕 양, 봄 춘, 아름다울 가, 마디 절.
[풀이] 따뜻한 봄의 아름다운 절기.

陽春和氣 (양춘화기)★★

[뜻음] 볕 양, 봄 춘, 화할 화, 기운 기.
[풀이] 따뜻한 봄의 온화한 기운.

陽春惠澤 (양춘혜택)★

[뜻음] 볕 양, 봄 춘, 은혜 혜, 못 택.
[풀이] 따뜻한 봄날 같은 은혜와 덕택.

量出制入 (양출제입)★

[뜻음] 헤아릴 양, 날 출, 만들 제, 들 입.
[풀이] 지출의 비용을 헤아려 이에 따르는 수입의 길을 생각함.

揚湯止沸 (양탕지비)★

[뜻음] 오를 양, 넘어질 탕, 멈출 지, 끓을 비.
[풀이] 끓는 물을 끼얹어 끓어오르는 것을 막으려 하기보다는 불을 끄는 것이 옳다. 일을 枝葉(지엽)에서 다스리기보다는 근본에서 다스려야 함을 비유함. 출전 漢書(한서).

楊布之狗 (양포지구)★★★

[뜻음] 버들 양, 베 포, 갈 지, 개 구.
[풀이] 양포라는 사람의 집 개.

겉이 달라졌다고 해서 속까지 달라진 것으로 알고 있는 사람을 가리켜 '양포라는 사람의 집 개'라고 한다. 이 말은 韓非(한비)가 자기 학설을 주장하기 위해 만들어낸 이야기 중에 나오는 말이다.

楊朱(양주)의 아우 楊布(양포)가 아침에 나갈 때 흰옷을 입고 나갔는데 돌아올 때는 비가 오기 때문에 검정 옷으로 갈아입고 들어왔다. 집에 있는 개가 낯선 사람으로 알고 마구 짖어대자 양포가 화가 나서 개를 때리려 했다. 형 양주가 양포를 타일렀다.

"개를 탓하지 마라. 너도 마찬가지일 것이다. 만일 너의 개가 조금 전에 희게 하고 나갔다가 까맣게 해 가지고 들어오면 너는 이상하게 생각하지 않겠느냐?"

楊朱(양주)는 戰國時代(전국시대) 중엽의 사상가로 墨子(묵자)와 대조적인 사상을 주장하고 있었다. 孟子(맹자)는 사상가들을 두루 평하여 말하기를 "楊子(양자: 양주)는 나만을 위하니 아비가 없고, 묵자는 똑같이 사랑하니 임금이 없다. 아비가 없고 임금이 없으면 이는 곧 새, 짐승과 다를 것이 없다"고 했다.

良風美俗 (양풍미속)★

[뜻음] 어질 양, 바람 풍, 아름다울 미, 풍속 속.
[풀이] 선량하고 아름다운 풍속. 좋은 풍속.

兩虎相鬪 (양호상투)★

[뜻음] 두 양, 범 호, 서로 상, 싸울 투.
[풀이] 양호가 서로 싸우다. 두 영웅 또는 두 강대국이 서로 싸움. 출전 史記(사기).

養虎遺患 (양호유환)★★

[뜻음] 기를 양, 호랑이 호, 남길 유, 근심 환.
[풀이] 禍根(화근)을 길러서, 후에 화를 입게 된다는 말. 호랑이를 길러 화를 自招(자초)함.

養虎後患 (양호후환)★

[뜻음] 기를 양, 범 호, 뒤 후, 근심 환.
[풀이] 養虎遺患(양호유환).

禳禍求福 (양화구복)★

[뜻음] 무당거리할 양, 재화 화, 구할 구, 복 복.
[풀이] 재앙을 물리치고 행복을 祈求(기구)함.

陽昫山立 (양후산립)★

[뜻음] 볕 양, 따뜻하게 할 후, 뫼 산, 설 립.
[풀이] 태양이 따사롭고 산이 우뚝 솟았다는 뜻으로, 人品(인품)이 溫和(온화)하고 端正(단정)함을 이름. 양후는 햇볕의 온화함이고, 산립은 산이 단연하게 솟아 있는 모양.

魚潰鳥散 (어궤조산)★★

[뜻음] 물고기 어, 무너질 궤, 새 조, 흩어질 산.
[풀이] 물고기 떼나 새 떼가 흩어져 달아난다. 사방팔방으로 산산이 흩어짐을 비유함. 출전 隋書(수서).

魚東肉西 (어동육서)★★

[뜻음] 물고기 어, 동녘 동, 고기 육, 서녘 서.
[풀이] 祭床(제상)에 음식을 차려 놓을 때에, 魚饌(어찬)은 동쪽에, 肉饌(육찬)은 서쪽에 놓는 일.

魚頭鳳尾 (어두봉미)★★

[뜻음] 물고기 어, 머리 두, 봉새 봉, 꼬리 미.
[풀이] 맛이 썩 좋은 飮食(음식).

魚頭肉尾 (어두육미)★★★

[뜻음] 물고기 어, 머리 두, 고기 육, 꼬리 미.
[풀이] 물고기는 머리 쪽이 맛있고, 짐승의 고기는 꼬리 쪽이 맛있다는 말.

魚頭一味 (어두일미)★

[뜻음] 물고기 어, 머리 두, 한 일, 맛 미.
[풀이] 물고기는 머리 쪽이 맛이 있고, 짐승의 고기는 꼬리 쪽이 맛이 있다는 말.

魚爛土崩 (어란토붕)★★

[뜻음] 물고기 어, 문드러질 란, 흙 토, 무너질 붕.
[풀이] 고기는 썩어 문드러지고 쌓인 흙은 무너진다는 뜻으로, 백성이 離散(이산)하고 綱紀(강기)가 解弛(해이)해짐을 이름.

魚魯不辨 (어로불변)★

[뜻음] 물고기 어, 둔할 로, 아닐 불, 분별할 변.
[풀이] '어' 자와 '로' 자를 分揀(분간)하지 못하다. 몹시 無識(무식)함을 이름.

魚魯之誤 (어로지오)★

[뜻음] 물고기 어, 둔할 로, 갈 지, 그릇될 오.
[풀이] 魚魯不辨(어로불변).

魚鱗鶴翼 (어린학익)★★

[뜻음] 고기 어, 비늘 린, 학 학, 날개 익.
[풀이] 魚鱗(어린)의 陣(진)과 학의 날개를 편 것 같은 진.

魚網鴻離 (어망홍리)★

[뜻음] 물고기 어, 그물 망, 큰 기러기 홍, 떼어낼 리.
[풀이] 물고기를 잡으려고 친 그물에 기러기가 걸림. 구하는 물건은 얻지 못하고 엉뚱한 물건을 얻음의 비유. 출전 詩經(시경) 邶風(패풍) 新臺篇(신대편).

語無倫脊 (어무윤척)

[뜻음] 말씀 어, 없을 무, 순서 윤, 조리 척.
[풀이] 말이 순서와 줄거리가 없음.

魚變成龍 (어변성룡)★★

[뜻음] 물고기 어, 변할 변, 이룰 성, 용 룡.
[풀이] 물고기가 용이 되다. 어렵게 지내던 사람이 영화롭게 됨. 登龍

門(등용문) 고사에서 나온 말.

魚腹孤魂 (어복고혼)★★

[뜻음] 물고기 어, 배 복, 외로울 고, 넋 혼.
[풀이] 물고기 배 속에 들어간 외로운 혼. 물에 빠져 죽은 외로운 넋.
魚腹忠魂(어복충혼). 출전 屈原(굴원)의 [離騷(이소)]

漁父之利 (어부지리)★★★

[뜻음] <u>고기 잡을 어</u>, 사내 부, 갈 지, 이로울 리.
[풀이] 도요새와 무명조개 둘이 싸우는 사이에 엉뚱한 사람이 이익을
가로챔. 蚌鷸之勢(방휼지세).

≪戰國策(전국책)≫ 燕策(연책) 二(이)에 있는 蘇秦(소
진)의 아우 蘇代(소대)의 입에서 나오게 된다. 趙(조)나라
가 燕(연)나라를 치려 하고 있었다. 연나라에 와 있던 소
대는 연나라 왕의 부탁을 받고 조나라 惠文王(혜문왕)을
찾아가 왕을 이렇게 달랬다.
　"이번에 제가 이리로 올 때 易水(역수)를 건너오게 되
었습니다. 때마침 민물조개가 물가로 나와 입을 벌리고 햇
볕을 쪼이고 있는데 물새란 놈이 지나가다가 조개 살을
보고 쪼아 먹으려 하지 않았겠습니까. 조개란 놈이 깜짝
놀라 입을 오므리자 물새는 그만 주둥이를 꽉 물리고 말
았습니다. 그렇게 되자 물새가 말했습니다. '오늘도 내일
도 비만 오지 않으면 그때는 바짝 말라 죽은 조개를 보게
될 것이다.'
　조개는 조개대로 또, '오늘도 열어 주지 않고 내일도
열어 주지 않으면 그때는 죽은 물새를 보게 될 것이다.'
　하며 서로 버티고 있었습니다. 그러나 그때 마침 지나
가던 어부가 이 광경을 보고 새와 조개를 함께 잡아넣고
말았습니다."
　소대의 비유를 들은 혜문왕은 연나라를 칠 계획을 그
만두었다.
　두 사람이 맞붙어 싸우는 바람에 엉뚱한 제삼자가 덕
을 보는 경우를 漁父之利(어부지리)라 하고 서로 맞붙어
버티며 양보하기 어려운 형편에 있는 것을 가리켜 蚌鷸之
勢(방휼지세)라 한다.

漁父之勇 (어부지용)★

[뜻음] 고기 잡을 어, 아비 부, 갈 지, 용기 용.
[풀이] 어부는 물속에서는 무서워하지 않은 데서, 체험에서 얻은 용
기를 이름. 오랜 체험에서 얻은 결단력, 기력.

魚不可以無餌釣 (어불가이무이조)★

[뜻음] 물고기 어, 아닐 불, 가할 가, 써 이, 없을 무, 먹이 이, 낚시 조.
[풀이] 물고기는 미끼 없이 낚을 수 없다. 자본이 없이는 아무 일도
할 수 없음을 비유함. 출전 淮南子(회남자).

語不成說 (어불성설)★★★

[뜻음] 말씀 어, 아닐 불, 이룰 성, 말씀 설.
[풀이] 조리가 맞지 않아 도무지 말이 되지 않음.

御史雨 (어사우)★

[뜻음] 다스릴 어, 역사 사, 비 우.
[풀이] ① 唐(당)나라의 顔眞卿(안진경)이 어사가 되어 獄(옥)의 罪囚
(죄수)를 다스렸는데 때마침 오랫동안 가뭄이 심하던 중, 별안간 비가
내려 백성이 즐거워하고 어사의 비라고 일컬었음. ② 明(명)나라의
秦世禎(진세정)의 고사로 사실은 앞과 같음. 출전 唐書(당서) 顔眞卿
전(안진경전).

御史出頭 (어사출두)★★

[뜻음] 다스릴 어, 역사 사, 날 출, 머리 두.
[풀이] 暗行御史(암행어사)가 중요한 사건을 처리하기 위하여 地方
(지방) 官衙(관아)에 가서 開坐(개좌)하는 일.

魚水之親 (어수지친)★

[뜻음] 물고기 어, 물 수, 갈 지, 친할 친.
[풀이] 임금과 백성이 親密(친밀)한 것. 水魚之親(수어지친).

魚菽之祭 (어숙지제)★

[뜻음] 물고기 어, 콩 숙, 갈 지, 제사 제.
[풀이] 물고기와 콩을 차려 놓고 지내는 제사. 祭需(제수)가 변변치
못한 제사. 몹시 가난한 집 제사.

語順理正 (어순이정)★

[뜻음] 말씀 어, 따를 순, 다스릴 리, 바를 정.
[풀이] 말이나 이치가 바르고 옳음. 言正理順(언정이순).

魚豕之惑 (어시지혹)★

[뜻음] 물고기 어, 돼지 시, 갈 지, 미혹할 혹.
[풀이] 어인지 시인지 알 수 없는 의혹. '글자가 잘못 쓰였다'라는 뜻
으로, 여러 번 옮겨 쓰면 반드시 誤字(오자)가 생긴다는 말.

魚我所欲也熊掌亦我所欲也

(어아소욕야웅장역아소욕야)

[뜻음] 물고기 어, 나 아, 바 소, 하고자 할 욕, 어조사 야, 곰 웅, 발
　　　바닥 장, 또 역.
[풀이] 물고기도 나의 원하는 바요, 곰의 발바닥도 또한 나의 원하는
바임. 물고기와 곰의 발바닥은 다 맛있는 음식. 두 가지 좋은 것을 다
가지고 싶다는 뜻. 출전 孟子(맹자) 告子上篇(고자상편).

御樂風流 (어악풍류)★

[뜻음] 다스릴 어, 음악 악, 바람 풍, 흐를 류.
[풀이] 朝鮮時代(조선시대) 때, 掌樂院(장악원)의 樂生(악생)들이 與
民樂(여민락)을 演奏(연주)해 올리던 일.

語言詭譎 (어언궤휼)

[뜻음] 말씀 어, 말씀 언, 속일 궤, 속일 휼.
[풀이] 말에 속임이 있음. 출전 小學(소학).

語言無味 (어언무미)★

[뜻음] 말씀 어, 말씀 언, 없을 무, 맛 미.
[풀이] 말에 아무 맛이 없음. 독서하지 않는 사람의 말은 흥미가 없다
는 뜻.

魚鹽柴水 (어염시수)★

[뜻음] 물고기 어, 소금 염, 땔나무 시, 물 수.
[풀이] 생선·소금·땔나무·물, 곧 생활에 필요한 물건의 총칭.

御營非營 (어영비영)★

[뜻음] 어거할 어, 경영할 영, 아닐 비.
[풀이] 어영부영. 흐지부지. 조선시대 말. 御營(어영)의 軍氣(군기)가 흐려져 군대의 면모가 거의 흐트러진 데서 나온 말.

魚肉百姓 (어육백성)★

[뜻음] 물고기 어, 고기 육, 일백 백, 성 성.
[풀이] 백성을 어육으로 만듦. 백성을 殺戮(살육)하는 일. 출전 後漢書(후한서).

漁莊蟹舍 (어장해사)★

[뜻음] 고기 잡을 어, 별장 장, 게 해, 집 사.
[풀이] 고기잡이 어부의 집. 어장. 어장은 고기잡이의 집.

御前風流 (어전풍류)★

[뜻음] 어거할 어, 앞 전, 바람 풍, 흐를 류.
[풀이] 임금의 앞에서 베푸는 풍류.

御題詩文 (어제시문)★

[뜻음] 어거할 어, 표제 제, 시 시, 글월 문.
[풀이] 임금이 친히 지은 詩文(시문).

於中間 (어중간)★

[뜻음] 어조사 어, 가운데 중, 사이 간.
[풀이] 거의 중간쯤 되는 데. 어지간히 비슷함.

於之中間 (어지중간)★

[뜻음] 어조사 어, 갈 지, 가운데 중, 틈 간.
[풀이] 거의 중간쯤 되는 때.

於此彼 (어차피)★

[뜻음] 어조사 어, 이 차, 저 피.
[풀이] 이렇게 하든지 저렇게 하든지. 於此於彼(어차어피).

漁樵閑話 (어초한화)★

[뜻음] 고기 잡을 어, 나무꾼 초, 한가할 한, 말씀 화.
[풀이] 어부와 나무꾼이 한가로이 하는 이야기. 俗世(속세)의 名利(명리)를 떠난 이야기.

魚懸由甘餌 (어현유감이)★

[뜻음] 물고기 어, 매달릴 현, 말미암을 유, 달 감, 먹이 이.
[풀이] 낚시에 물고기가 걸리는 것은 맛있는 미끼 때문이라는 뜻으로, 사람이 이익을 취하다가 생명이나 명예를 잃음을 이르는 말. 출전 晉書(진서).

漁兄漁弟 (어형어제)★

[뜻음] 고기 잡을 어, 맏 형, 아우 제.
[풀이] 낚시 친구를 이르는 말.

抑强扶弱 (억강부약)★

[뜻음] 누를 억, 강할 강, 도울 부, 약할 약.
[풀이] 강한 자를 누르고 약한 자를 도와줌. 출전 三國志(삼국지) 魏志(위지).

億萬長者 (억만장자)★

[뜻음] 억 억, 일만 만, 긴 장, 놈 자.
[풀이] 억만 금을 가진 사람. 헤아리기 어려울 만큼 많은 재산을 가진 사람.

億萬蒼生 (억만창생)★★

[뜻음] 억 억, 일만 만, 푸를 창, 살 생.
[풀이] 億兆蒼生(억조창생).

抑佛崇儒 (억불숭유)★★

[뜻음] 누를 억, 부처 불, 우러를 숭, 선비 유.
[풀이] 불교를 억제하고 儒敎(유교)를 숭상함.

抑弱扶强 (억약부강)★

[뜻음] 누를 억, 약할 약, 도울 부, 강할 강.
[풀이] 약한 자를 억누르고 강한 자를 붙잡아 도와줌.

億兆蒼生 (억조창생)★

[뜻음] 억 억, 일조 조, 푸를 창, 날 생.
[풀이] 극히 많은 백성. 億萬蒼生(억만창생).

抑何心腸 (억하심장)★

[뜻음] 누를 억, 어찌 하, 마음 심, 창자 장.
[풀이] 도대체 무슨 심정으로 그리하는지 그 마음을 알 수 없다는 뜻.

抑何心情 (억하심정)★

[뜻음] 누를 억, 어찌 하, 마음 심, 정 정.
[풀이] 도대체 무슨 심정으로 그리하는지 그 마음을 알 수 없다는 뜻. 抑何心腸(억하심장).

焉敢生心 (언감생심)★★★

[뜻음] 어찌 언, 감히 감, 날 생, 마음 심.
[풀이] 감히 그런 마음을 품을 수도 없음. 감히 하려고 마음을 먹지 못함. 敢不生心(감불생심).

言去言來 (언거언래)★

[뜻음] 말씀 언, 갈 거, 올 래.
[풀이] ① 여러 말이 서로 오고 감. 말을 서로 주고받음. ② 言爭(언쟁)함.

言過其實 (언과기실)★

[뜻음] 말씀 언, 지날 과, 그 기, 열매 실.
[풀이] 말만 지나치게 크게 내놓고 실행이 부족함. 말하는 것이 실제보다 지나침. 출전 管子(관자).

言近而旨遠 (언근이지원)★★

[뜻음] 말씀 언, 가까울 근, 말 이을 이, 뜻 지, 멀 원.
[풀이] 말은 알아듣기 쉬우나 그 뜻이 깊고 원대함. 말은 卑賤(비천)

하나 뜻은 深長(심장)함. 言近旨遠(언근지원). 출전 孟子(맹자).

言無足而千里 (언무족이천리)★

[뜻음] 말씀 언, 없을 무, 발 족, 말 이을 이, 일천 천, 거리 리.
[풀이] 발 없는 말이 천 리 간다는 속담. 말은 한 번 하기만 하면 비밀로 한 말도 얼마든지 잘 퍼지니 말을 삼가라는 말.

言文深刻 (언문심각)

[뜻음] 말씀 언, 글월 문, 깊을 심, 새길 각.
[풀이] 남의 죄과를 깊이 캐어 엄하게 論(논)함.

言文一致 (언문일치)★★

[뜻음] 말씀 언, 글월 문, 한 일, 이를 치.
[풀이] 실제로 쓰는 말과 글로 적는 말이 똑같음.

諺文風月 (언문풍월)★★

[뜻음] 속어 언, 글월 문, 바람 풍, 달 월.
[풀이] 지난날, 한글로 지은 풍월을 가리킴. 風月(풍월)은 淸風明月(청풍명월)을 읊은 詩(시).

言不盡意 (언부진의)★★

[뜻음] 말씀 언, 아닐 부, 다할 진, 뜻 의.
[풀이] 말로는 충분히 心情(심정)을 나타낼 수 없음. 출전 易經(역경).

言飛千里 (언비천리)★

[뜻음] 말씀 언, 날 비, 일천 천, 단위 리.
[풀이] 발 없는 말이 천 리를 간다. 말이 傳播(전파)되는 것이 빠른 것을 이름.

言辭不恭 (언사불공)★

[뜻음] 말씀 언, 말씀 사, 아닐 불, 공손할 공.
[풀이] 말씨가 공손하지 못함.

偃鼠飮河不過滿腹 (언서음하불과만복)★★★

[뜻음] 누울 언, 쥐 서, 마실 음, 강 하, 아닐 불, 지날 과, 찰 만, 배 복.
[풀이] 두더지가 강물을 마셔도 자기 배를 채우는 데 불과하다. 사람은 한계가 있으므로 자기의 타고난 분수에 만족하여야 함을 비유한 말. 偃鼠(언서)는 두더지. 출전 莊子(장자) 逍遙遊篇(소요유편).

言笑自若 (언소자약)★

[뜻음] 말씀 언, 웃을 소, 스스로 자, 같을 약.
[풀이] 근심되는 일이나 놀라운 일을 만나도 평시와 같은 태도를 가짐. 泰然(태연)함.

偃鼠之望 (언서지망)★

[뜻음] 누울 언, 쥐 서, 갈 지, 바랄 망.
[풀이] 시궁쥐의 바람. 사소한 所望(소망)을 이르는 말. 偃鼠(언서)는 두더지나 시궁쥐.

偃鼠婚 (언서혼)★

[뜻음] 누울 언, 쥐 서, 혼인할 혼.
[풀이] 두더지 혼인. 偃鼠(언서)는 두더지나 시궁쥐.

言順理正 (언순이정)★

[뜻음] 말씀 언, 순할 순, 다스릴 리, 바를 정.
[풀이] 言正理順(언정이순).

言語君子之樞機 (언어군자지추기)★★

[뜻음] 말씀 언, 말씀 어, 군자 군, 아들 자, 갈 지, 지도리 추, 기틀 기.
[풀이] 言語(언어)는 君子(군자)의 樞機(추기). 樞機(추기): 요점, 근본.

言語道斷 (언어도단)★★★

[뜻음] 말씀 언, 말씀 어, 진리 도, 끊을 단.
[풀이] 언어가 도를 끊어버림. ① 말로 표현할 수 없는 오묘한 도리, 진리. ② 어이가 없어 말을 할 수가 없음. 출전 老子(노자).

言語不通 (언어불통)★

[뜻음] 말씀 언, 말씀 어, 아닐 불, 통할 통.
[풀이] 언어가 통하지 않음. 출전 禮記(예기).

言語酬酌 (언어수작)★★

[뜻음] 말씀 언, 말씀 어, 잔 돌릴 수, 잔 돌릴 작.
[풀이] 말을 서로 주고받음. 酬酌(수작)은 본래 술잔을 주거니 받거니 한다는 말.

偃然端坐 (언연단좌)★

[뜻음] 당당할 언, 그럴 연, 바를 단, 앉을 좌.
[풀이] 위엄 있고 단정하게 앉음. '偃然(언연)'은 태도가 당당하고 위엄이 있음을 이르는 말.

言往說來 (언왕설래)★

[뜻음] 말씀 언, 갈 왕, 말씀 설, 올 래.
[풀이] 서로 변론하느라고 말이 옥신각신함. 말이 오고 감.

言外之意 (언외지의)★

[뜻음] 말씀 언, 바깥 외, 갈 지, 뜻 의.
[풀이] 暗示(암시)하는 뜻. 말에 나타난 뜻 이외의 숨은 뜻.

言者不知 (언자부지)★

[뜻음] 말씀 언, 놈 자, 아닐 부, 알 지.
[풀이] 안다고 스스로 처신하고 함부로 지껄이는 사람은 사실상 알지 못하는 사람임.

焉哉乎也 (언재호야)★

[뜻음] 어조사 언, 어조사 재, 어조사 호, 어조사 야.
[풀이] 넉 字(자)가 다 文章(문장)에 쓰는 助字(조자). ≪千字文(천자문)≫의 맨 끝 구절임.

言正理順 (언정이순)★

[뜻음] 말씀 언, 바를 정, 이치 리, 순할 순.
[풀이] 말이나 이치가 사리에 닿고 옳음. 언어가 事理(사리)에 맞음.

言足以飾非 (언족이식비)★

[뜻음] 말씀 언, 족할 족, 써 이, 꾸밀 식, 아닐 비.
[풀이] 자기 잘못을 巧妙(교묘)한 말로 꾸며대어 속임. 말을 썩 잘함을 이름. 辯足以飾非(변족이식비). 출전 史記(사기) 殷紀(은기).

言中有骨 (언중유골)★★★
[뜻음] 말씀 언, 가운데 중, 있을 유, 뼈 골.
[풀이] 예사로운 말속에 단단한 뼈와 같은 속뜻이 있음.

言中有言 (언중유언)★
[뜻음] 말씀 언, 가운데 중, 있을 유.
[풀이] 말속에 다른 뜻이 포함되어 있음.

言則是也 (언즉시야)★★
[뜻음] 말씀 언, 곧 즉, 옳을 시, 어조사 야.
[풀이] 말인즉 事理(사리)에 맞고 옳음. 이치에 어그러진 것이 없음.

言必稱 (언필칭)★★★
[뜻음] 말씀 언, 반드시 필, 칭할 칭.
[풀이] 말을 할 때마다 반드시.

言必稱堯舜 (언필칭요순)★★★
[뜻음] 말씀 언, 반드시 필, 칭할 칭, 요임금 요, 순임금 순.
[풀이] 말할 때마다 堯舜(요순) 임금을 거론함. 구체적 대책이 없이 언제나 원칙만을 말하거나 같은 말만 되풀이함.

言下 (언하)★
[뜻음] 말씀 언, 아래 하.
[풀이] 말하자마자 바로. 그런 생각을 하자마자 곧바로.

言行君子之樞機 (언행군자지추기)★
[뜻음] 말씀 언, 갈 행, 임금 군, 아들 자, 갈 지, 지도리 추, 기틀 기.
[풀이] 말과 행동은 군자의 가장 중요한 것임. 훌륭한 사람일수록 말과 행동에 주의하여야 한다는 말. 출전 易經(역경).

言行相詭 (언행상궤)★
[뜻음] 말씀 언, 갈 행, 서로 상, 어긋날 궤.
[풀이] 말하는 것과 행동하는 것이 서로 어긋남. 출전 呂氏春秋(여씨춘추).

言行相反 (언행상반)★
[뜻음] 말씀 언, 갈 행, 서로 상, 돌이킬 반.
[풀이] 말과 행실이 서로 어긋남. 言行相詭(언행상궤). 출전 荀子(순자).

言行相悖 (언행상패)★
[뜻음] 말씀 언, 다닐 행, 서로 상, 어긋날 패.
[풀이] 言行相詭(언행상궤).

言行一致 (언행일치)★★★
[뜻음] 말씀 언, 다닐 행, 한 일, 다할 치.
[풀이] 하는 말과 행동이 같음. 말한 대로 실행함.

嚴家無悍虜 (엄가무한로)★
[뜻음] 엄할 엄, 집 가, 없을 무, 사나울 한, 종 로.
[풀이] 엄격한 집에는 주인의 명령에 거역하는 사나운 종이 없음. 출전 韓非子(한비자) 顯學篇(현학편).

掩卷輒忘 (엄권첩망)★
[뜻음] 덮을 엄, 책 권, 문득 첩, 잊을 망.
[풀이] 책을 덮으면 곧 잊음. 記憶力(기억력)이 좋지 않음.

嚴冬雪寒 (엄동설한)★★
[뜻음] 엄할 엄, 겨울 동, 눈 설, 찰 한.
[풀이] 눈이 오고 몹시 추운 겨울.

奄成老人 (엄성노인)★
[뜻음] 문득 엄, 이룰 성, 늙을 로, 사람 인.
[풀이] 갑자기 노인이 되다. 문득 노인이 됨. 빨리 늙음.

掩耳盜鈴 (엄이도령)★★★
[뜻음] 가릴 엄, 귀 이, 훔칠 도, 방울 령.
[풀이] 귀를 가리고 방울을 훔친다. 눈 가리고 아웅. 나쁜 짓을 하고 남의 비난을 받기 싫어하여도 아무 소용이 없다는 말. 掩耳盜鐘(엄이도종).

이 이야기는 ≪呂氏春秋(여씨춘추)≫ 不苟論(불구론)의 自知篇(자지편)에 나온다.
晉(진)나라 六卿(육경)의 한 사람인 范氏(범씨)는 다른 네 사람에 의해 中行氏(중행씨)와 함께 망하게 된다.
이 범씨가 망하게 되자, 혼란한 틈을 타서 범씨 집의 종을 훔친 사람이 있었다. 그러나 종이 지고 가기에는 너무 컸기 때문에 하는 수 없이 망치로 이를 깨뜨렸다. 그러자 꽝! 하는 요란한 소리가 들렸다. 도둑은 혹시 다른 사람이 듣고 와서 자기가 훔친 것을 앗아갈까 하는 생각에 얼른 손으로 자기 귀를 가렸다는 것이다.
이 이야기는 비유적인 이야기이다. 임금이 바른말을 하는 신하를 소중히 여겨야 한다는 뜻이 들어가 있다. 임금이 자신의 잘못을 자기가 듣지 않는다고 해서 남도 모르는 줄 아는 것은 귀를 가리고 종을 깨뜨리는 도둑과 똑같이 어리석다는 것이다.
원래는 귀를 가리고 종을 훔친다는 '掩耳盜鐘(엄이도종)'이었는데 후에 종 대신에 방울이라는 글자를 쓰게 되었다.

掩耳盜鐘 (엄이도종)★
[뜻음] 가릴 엄, 귀 이, 훔칠 도, 종 종.
[풀이] 掩耳盜鈴(엄이도령).

掩耳偸鈴 (엄이투령)★
[뜻음] 가릴 엄, 귀 이, 훔칠 투, 방울 령.
[풀이] 귀를 덮고 방울을 훔친다. 掩耳盜鈴(엄이도령). 掩耳盜鐘(엄이도종).

嚴妻侍下 (엄처시하)★★★
[뜻음] 엄할 엄, 아내 처, 모실 시, 아래 하.
[풀이] 아내의 주장 밑에서 쥐여사는 남편을 嘲弄(조롱)하는 말.

業精於勤 (업정어근)★

[뜻음] 일 업, 정진할 정, 어조사 어, 부지런할 근.
[풀이] 학문은 부지런히 힘쓰면 힘쓸수록 진보함. 業精於勤荒於嬉
(업정어근황어희). 출전 韓愈(한유)의 進學解(진학해).

如驚蛇入草 (여경사입초)★

[뜻음] 같을 여, 놀랄 경, 뱀 사, 들 입, 풀 초.
[풀이] 초서의 奇怪(기괴)함이 놀란 뱀이 풀밭으로 뛰어 들어가는 것
같다는 것.

如鼓琴瑟 (여고금슬)★

[뜻음] 같을 여, 두드릴 고, 거문고 금, 큰 거문고 슬.
[풀이] 부부가 잘 화합함. 금실이 좋음. 출전 詩經(시경).

如鼓琴瑟 (여고금실)★

[뜻음] 같을 여, 두드릴 고, 거문고 금, 큰 거문고 실.
[풀이] 금실이 좋음. 금슬이 금실로 변함. 如鼓琴瑟 (여고금슬).

如狂如醉 (여광여취)★

[뜻음] 같을 여, 미칠 광, 취할 취.
[풀이] 매우 기쁘거나 감격하여 미친 듯도 하고 취한 듯도 하다. 이성
을 잃은 것 같음.

與國家同休戚 (여국가동휴척)★

[뜻음] 더불어 여, 나라 국, 집 가, 같을 동, 쉴 휴, 슬플 척.
[풀이] 국가와 더불어 苦樂(고락)을 함께하는 일.

如斷一臂 (여단일비)★

[뜻음] 같을 여, 끊을 단, 한 일, 팔 비.
[풀이] 한쪽 팔을 잘린 것과 같다. 자기 힘이 된다고 믿고 있던 의논
상대를 잃음의 비유.

餘桃啗君 (여도담군)★

[뜻음] 남을 여, 복숭아 도, 먹일 담, 임금 군.
[풀이] 餘桃之罪(여도지죄). 출전 韓非子(한비자).

餘桃之罪 (여도지죄)★★★

[뜻음] 남을 여, 복숭아 도, 갈 지, 허물 죄.
[풀이] '먹다 남은 복숭아를 준 죄'란 뜻으로, 애정과 증오의 변화가
심함의 비유.

　　≪韓非子(한비자)≫ 說難篇(세난편)에 나오는 이야기
이다.
　　전국시대 衛(위)나라에 왕의 총애를 받는 彌子瑕(미자
하)란 美童(미동)이 있었다. 어느 날 어머니가 병이 났다
는 전갈을 받은 미자하는 허락 없이 임금의 수레를 타고
집으로 달려갔다. 당시 허락 없이 임금의 수레를 타는 사
람은 刖刑(월형: 발뒤꿈치를 자르는 형벌)이라는 중벌을
받게 되어 있었다. 그런데 미자하의 이야기를 들은 왕은
오히려 효심을 칭찬하고 용서했다.

"실로 효자로다. 어미를 위해 월형도 두려워하지 않다
니……."
　　또 한번은 미자하가 왕과 과수원을 거닐다가 복숭아를
따서 한입 먹어 보니 아주 달고 맛이 있었다. 그래서 왕에
게 바쳤다. 왕은 기뻐하며 말했다.
　　"제가 먹을 것도 잊고 '과인에게 먹이다[啗君]'니……."
　　흐르는 세월과 더불어 미자하의 자태는 점점 빛을 잃
었고 왕의 총애도 엷어졌다. 그러던 어느 날, 미자하가 처
벌을 받게 되자 왕은 지난 일을 상기하고 이렇게 말했다.
　　"이놈은 언젠가 몰래 과인의 수레를 탔고, 게다가 '먹
다 남은 복숭아[餘桃]'를 과인에게 먹인 일도 있다."
　　이처럼 한번 애정을 잃으면 이전에 칭찬을 받았던 일
도 오히려 화가 되어 벌을 받게 되는 것이다.

如得千金 (여득천금)★

[뜻음] 같을 여, 얻을 득, 일천 천, 쇠 금.
[풀이] 천금을 얻은 것같이 마음에 흡족하게 여김을 일컫는 말.

膂力過人 (여력과인)★

[뜻음] 등골 여, 힘 력, 지날 과, 사람 인.
[풀이] 腕力(완력)이 남보다 뛰어남.

驪龍之珠 (여룡지주)★

[뜻음] 검을 여, 용 룡, 갈 지, 구슬 주.
[풀이] 검은 용의 턱 밑에 있는 귀중한 구슬. 쉽게 손에 넣을 수 없는
보물. 목숨을 걸고 구하지 않으면 얻을 수 없는 귀중한 것. 위험을 무
릅쓰고 큰 이익을 얻음의 비유.

如履薄氷 (여리박빙)★★★

[뜻음] 같을 여, 밟을 리, 엷을 박, 얼음 빙.
[풀이] 얇은 얼음을 밟는 것과 같다. 아주 조심함. 아주 위험한 짓, 위
태위태하여 마음이 몹시 불안함. 출전 周易(주역).

驢鳴犬吠 (여명견폐)★★

[뜻음] 당나귀 여, 울 명, 개 견, 짖을 폐.
[풀이] 당나귀가 울고 개가 짖는다. 들을 가치가 없음. 拙劣(졸렬)한
문장의 譬喩(비유).

茹毛飮血 (여모음혈)★

[뜻음] 먹일 여, 털 모, 마실 음, 피 혈.
[풀이] 짐승을 먹이고 피를 마신다. 火食(화식)할 줄을 모른 上古時
代(상고시대)에 짐승의 고기를 날로 먹은 일.

女無美惡入宮見妒 (여무미악입궁견투)★

[뜻음] 여자 여, 없을 무, 아름다울 미, 악할 악, 들 입, 집 궁, 볼 견,
　　　시샘할 투.
[풀이] 여자는 용모가 잘생기고 못생기고 간에 후궁에 들어가면 다른
여자들한테서 질투를 받는다는 뜻. 출전 史記(사기) 魯仲連鄒陽傳
(노중련추양전).

與民同樂 (여민동락)★★★

[뜻음] 더불어 여, 백성 민, 같을 동, 즐거울 락.
[풀이] 백성들과 더불어 즐거움을 함께 한다는 말. 출전 孟子(맹자) 梁惠王下篇(양혜왕하편).

與民由之 (여민유지)★

[뜻음] 더불 여, 백성 민, 말미암을 유, 갈 지.
[풀이] 백성들과 더불어 말미암는다. 백성들에게 봉사하고 어려운 일이 닥쳤을 때 당당하게 맞서는 사람. 모든 일을 백성들과 함께 공유할 줄 알 때, 大丈夫(대장부)라 할 수 있다는 말.

如反掌 (여반장)★★★

[뜻음] 같을 여, 뒤집을 반, 손바닥 장.
[풀이] 손바닥을 뒤집는 것 같다. 아주 쉬운 일.

如拔痛齒 (여발통치)★

[뜻음] 같을 여, 뽑을 발, 아플 통, 이 치.
[풀이] 앓던 이 빠진 것 같다. 괴롭던 것이 없어져 시원함을 이르는 말.

如白駒之過隙 (여백구지과극)★

[뜻음] 같을 여, 흰 백, 망아지 구, 갈 지, 지날 과, 틈 극.
[풀이] 흰 망아지가 벽의 틈새를 날쌔게 달려 지나가는 것 같다는 뜻으로, 세월이 빠름의 비유. 如白駒過隙(여백구과극). '白駒過隙 (백구과극)'을 보시오. 출전 莊子(장자).

餘不備禮 (여불비례)★★

[뜻음] 남을 여, 아닐 불, 갖출 비, 예도 례.
[풀이] 나머지는 예를 갖추지 못한다. 便紙(편지)의 본문 뒤에 쓰는 말.

如不勝衣 (여불승의)★★

[뜻음] 같을 여, 아닐 불, 이길 승, 옷 의.
[풀이] 체질이 허약하여 옷의 무게도 견디지 못함. 두려워 謹愼(근신)함을 형용. 출전 禮記(예기) 檀弓下篇(단궁하편).

如臂使指 (여비사지)

[뜻음] 같을 여, 팔 비, 부릴 사, 손가락 지.
[풀이] 팔이 손가락을 부린다. 마음대로 사람을 부림을 이름. 출전 漢書(한서).

餘事作詩人 (여사작시인)★

[뜻음] 남을 여, 일 사, 만들 작, 시 시, 사람 인.
[풀이] 學業(학업)을 닦는 한편, 취미로 하는 재주나 기술로 詩(시)를 짓는 사람.

如俟河淸 (여사하청)★

[뜻음] 같을 여, 기다릴 사, 황하 하, 맑을 청.
[풀이] 황하 물은 흐리어 천 년에 한 번밖에 맑아지지 않는다고 하니 이것을 바라는 것은 空漠(공막)한 소망이라는 뜻. '百年河淸(백년하청)'을 보시오. 출전 左傳(좌전) 襄公八年(양공팔년).

礪山帶河 (여산대하)★★

[뜻음] 숫돌 여, 뫼 산, 띠 대, 황하 하.
[풀이] 태산이 숫돌만큼, 항하(黃河)가 허리띠만큼 작아질 때까지, 나

라가 永遠無窮(영원무궁)하게 번영한다. '국가의 무궁한 번영'을 비유하여 이르는 말. '山礪河帶(산려하대)'를 보시오.

如山若海 (여산약해)★★

[뜻음] 같을 여, 뫼 산, 같을 약, 바다 해.
[풀이] 情義(정의)·은혜·壽福(수복) 따위가 산과 같고 바다와 같음. 매우 크고 넓음을 이르는 말.

廬山眞面目 (여산진면목)★★★

[뜻음] 오두막집 여, 뫼 산, 참 진, 얼굴 면, 눈 목.
[풀이] 중국 여산의 실제 형상. 여산은 보는 장소에 따라 달리 보이므로 참모습을 알기 어렵다는 뜻임. 출전 소식의 [제서림벽].

與世俯仰 (여세부앙)

[뜻음] 더불 여, 대 세, 굽어볼 부, 우러를 앙.
[풀이] 세상 사람들과 함께 浮沈(부침)하여 거슬리지 않음.

與世浮沈 (여세부침)★★

[뜻음] 더불 여, 대 세, 뜰 부, 가라앉을 침.
[풀이] 與世俯仰(여세부앙).

與世推移 (여세추이)★★★

[뜻음] 더불 여, 인간 세, 옮길 추, 옮길 이.
[풀이] 세상이 변함에 따라 함께 변함. 출전 屈原(굴원)의 [漁父辭(어부사)].

女宿 (여수)★★★

[뜻음] 계집 녀, 별이름 수.
[풀이] 제사를 주관하는 별자리. 출전 干寶(간보)의 ≪중국고대민담≫.

　　蜀郡(촉군)에 사는 張寬(장관)은 자가 叔文(숙문)이다. 한나라 무제 때 侍中(시중)이 되어 무제를 모시고 甘泉(감천)에 제사 지내러 간 적이 있었다. 그 행렬이 渭橋(위교)에 이르자, 한 여인이 渭水(위수)에서 목욕을 하고 있었다. 그런데 그녀의 유방이 7자나 되는 것이 아닌가? 무제는 그것을 무척 괴이하게 여겨, 사람을 시켜 연유를 알아보게 했다. 그러자 그 여인이 말했다.
　　"황제의 수레 뒤쪽으로 일곱 번째 수레를 타고 오는 사람에게 물어보시면 내가 온 곳을 알 것이오."
　　때마침 일곱 번째 수레에 장관이 타고 있다가 대답했다.
　　"그 여인은 제사를 주관하는 천상의 별자리이옵니다. 제대로 齋戒(재계)를 하지 않으면 28수 중의 하나인 이 女宿(여수)가 모습을 드러내곤 합니다."
　　옛날 중국인이나 우리나라 사람들은 28수가 제각기 인간세계의 일 중에서 주관하는 일이 있다고 여겼다. 그중 여수는 북방 7수 중 세 번째 별에 해당하는데 제사를 담당했다고 여겼다.

麗水生金 (여수생금)★

[뜻음] 고울 여, 물 수, 날 생, 쇠 금.

[풀이] 여수에서 금이 생산됨. 금이 남. 麗水(여수)는 雲南省(운남성)의 金沙江(금사강)을 일컬음. 金生麗水(금생여수).

如水在器方圓不常(여수재기방원불상)

[뜻음] 같을 여, 물 수, 있을 재, 그릇 기, 모 방, 둥글 원, 아닐 불, 항상 상.

[풀이] 凡人(범인)의 性品(성품)은 선악이 일정치 않아, 물이 둥근 그릇 속에서는 둥글어지고 모난 그릇 속에서는 모지는 것과 같다는 뜻. 출전 宋史(송사) 化基傳(화기전).

如水投水 (여수투수)★

[뜻음] 같을 여, 물 수, 던질 투, 물 수.

[풀이] 물에 물을 탄 듯 아무 맛도 없다. ① 일이 극히 無味(무미)함. 아무리 가공을 하여도 본바탕은 조금도 변하지 않음. ② 더한 흔적이 없거나 흐리멍덩함의 비유.

如是我聞 (여시아문)★

[뜻음] 같을 여, 옳을 시, 나 아, 들을 문.

[풀이] 불교용어. 나는 이렇게 들었다는 뜻으로, 經文(경문)의 첫머리에 쓰는 말.

如失一臂 (여실일비)★

[뜻음] 같을 여, 잃을 실, 한 일, 팔 비.

[풀이] 한쪽 팔을 잃었다. '가장 믿고 힘이 되는 사람을 잃음'의 비유. 출전 唐書(당서).

如失左右手 (여실좌우수)★

[뜻음] 같을 여, 잃을 실, 왼 좌, 오른 우, 손 수.

[풀이] 좌우 두 손을 잃은 것 같음. 대단히 믿던 사람을 잃고 경황없음의 비유.

如蛾赴火 (여아부화)★

[뜻음] 같을 여, 나방 아, 나아갈 부, 불 화.

[풀이] 나방이 불 속으로 뛰어듦과 같음. 곧 貪慾(탐욕)하여 몸을 망침의 비유.

女冶容而淫 (여야용이음)★

[뜻음] 계집 여, 꾸밀 야, 얼굴 용, 말 이을 이, 음란할 음.

[풀이] 여자가 모양을 내고 요염하게 꾸밈은 음란하게 되는 길이라는 뜻. 冶容誨淫(야용회음).

如養鷹虎 (여양응호)★

[뜻음] 같을 여, 기를 양, 매 응, 범 호.

[풀이] 배불리 먹이지 않으면 주인도 잡아먹는 범과, 배불리 먹이면 날아가 버리는 매를 기르는 일과 같다. 마음이 삐뚤어진 惡人(악인)은 잘 구슬려도 쓰기가 쉽지 않음을 비유함.

如魚得水 (여어득수)★

[뜻음] 같을 여, 물고기 어, 얻을 득, 물 수.

[풀이] 고기가 물을 만난 듯하다. 유비가 공명을 만난 것. 水魚之交(수어지교). 출전 三國志(삼국지) 魏志(위지).

如魚失水 (여어실수)★

[뜻음] 같을 여, 고기 어, 잃을 실, 물 수.

[풀이] 물고기가 물을 잃음과 같다. 困窮(곤궁)한 사람이 의지할 곳 없이 괴로워함의 비유. 출전 莊子(장자).

如燕巢于幕上 (여연소우막상)★

[뜻음] 같을 여, 제비 연, 보금자리 소, 어조사 우, 장막 막, 위 상.

[풀이] 제비가 흔들리는 장막 위에 보금자리를 짓고 사는 것 같다는 뜻으로, 居所(거소)가 심히 편안하지 아니함을 이름.

如椽之筆 (여연지필)★

[뜻음] 같을 여, 서까래 연, 갈 지, 붓 필.

[풀이] 서까래 같은 筆力(필력). 글재주가 뛰어난 것.

閭閻處子(여염처자)★

[뜻음] 이문 여, 동네 문 염, 살 처, 자식 자.

[풀이] 서민 사회에서 자란 처녀. '여염'은 庶民(서민)이 모여 사는 마을.

閭閻休戚 (여염휴척)★

[뜻음] 이문 여, 동네 문 염, 쉴 휴, 슬플 척.

[풀이] 백성들의 기쁨과 근심.

呂翁枕 (여옹침)★

[뜻음] 음률 여, 늙은이 옹, 베개 침.

[풀이] 여옹의 베개. '南柯一夢(남가일몽)'을 보시오.

女媧煉五色石補天 (여와연오색석보천)★

[뜻음] 여자 여, 여자이름 와, 불릴 연, 다섯 오, 빛 색, 돌 석, 기울 보, 하늘 천.

[풀이] 女媧(여와, 여왜)가 오색 돌을 불리어 하늘을 기운 고사. 紛亂(분란)이 심함을 이름. 출전 淮南子(회남자) 覽冥訓(남명훈).

如月之恒 (여월지항)★

[뜻음] 같을 여, 달 월, 갈 지, 항상 항.

[풀이] 상현달이 점차 만월로 나아감과 같다. 일이 날로 번영해짐을 이르는 말. '恒(항)은 弦(현)의 뜻.' 출전 詩經(시경).

如蝟負瓜 (여위부과)★

[뜻음] 같을 여, 고슴도치 위, 질 부, 오이 과.

[풀이] 고슴도치가 제 가시에 오이를 짊어지듯 한다. ① 대추나무에 연 걸리듯 남에게 빚을 많이 짐. ② 맏아들이 부모형제들 때문에 짐이 무겁다는 말.

女有四行 (여유사행)★

[뜻음] 여자 여, 있을 유, 넉 사, 갈 행.

[풀이] 부녀자가 실행해야 할 네 가지 도리. 곧 貞淑(정숙) 自省(자성)의 婦德(부덕), 言辭正美(언사정미)의 婦言(부언), 淸潔無垢(청결무구)의 婦容(부용), 紡績調理(방적조리)의 婦功(부공)을 이름.

餘裕綽綽 (여유작작)★★

[뜻음] 남을 여, 넉넉할 유, 너그러울 작.

[풀이] 빠듯하지 않고 아주 넉넉함.

如律令施行 (여율령시행)★★

[뜻음] 같을 여, 법 율, 명령 령, 베풀 시, 갈 행.
[풀이] 명령을 내리기가 무섭게 그대로 시행함.

餘音繞梁 (여음요량)★★

[뜻음] 남을 여, 소리 음, 둘러쌀 요, 들보 량.
[풀이] 餘音(여음)이 들보를 감돈다. '노랫소리의 미묘하고 아름다움'을 이르는 말. 출전 列子(열자).

餘音嫋嫋 (여음요요)★

[뜻음] 남을 여, 소리 음, 예쁠 요.
[풀이] 악곡의 여음이 길게 남는 일. 소리가 가늘고 길게 이어져 끊이지 않는 모양.

如蟻輸垤 (여의수질)★

[뜻음] 같을 여, 개미 의, 나를 수, 개밋둑 질.
[풀이] 개미 금탑 모으듯 한다. 개미처럼 부지런히 일해서 재산을 조금씩 늘려 나감의 비유.

如蟻偸垤 (여의투질)★

[뜻음] 같을 여, 개미 의, 훔칠 투, 개밋둑 질.
[풀이] 개미가 둑 쌓듯 한다. ① 극히 적게 운반하나 나중에는 많이 쌓인다는 말. ② 부지런히 재물 같은 것을 조금씩 조금씩 모음. ③ 자꾸 쌓아서 공을 이룸.

與人同樂 (여인동락)★

[뜻음] 더불 여, 사람 인, 같을 동, 즐거울 락.
[풀이] 다른 사람과 더불어 같이 즐김. 與人樂(여인락).

如日月之食 (여일월지식)★★

[뜻음] 같을 여, 해 일, 달 월, 갈 지, 먹을 식.
[풀이] 日蝕(일식), 月蝕(월식)과 같다. 君子(군자)의 어진 덕이 세상에 끼치는 영향을 말함.

如入芝蘭之室 (여입지란지실)★

[뜻음] 같을 여, 들 입, 지초 지, 난초 란, 갈 지, 집 실.
[풀이] 향기 풍기는 방에 들어가는 것과 같음. 착한 사람과 사귀면 저도 모르는 사이에 감화되어 또한 착해짐의 비유. '芝蘭'은 지초와 난초로, 모두 향초임. 출전 孔子家語(공자가어).

女子善懷 (여자선회)★

[뜻음] 여자 여, 아들 자, 잘할 선, 품을 회.
[풀이] 여자는 무슨 생각에 잘 잠긴다는 뜻. 출전 詩經(시경) 鄘風(용풍).

女子與小人難養 (여자여소인난양)★★★

[뜻음] 여자 여, 아들 자, 더불 여, 작을 소, 사람 인, 어려울 난, 다룰 양.
[풀이] 여자와 소인은 가까이하면 버릇없이 굴고 멀리하면 怨望(원망)하기 때문에 다루기가 어려움.

《論語(논어)》에 나오는 孔子(공자)의 말이다. 陽貨篇(양화편)에,
　"오직 여자와 소인만은 기르기 어려운 것이 된다. 이를 가까이하면 공손하지 못하고, 이를 멀리하면 원망을 한다 (唯女子與小人 爲難養也 近之則不孫遠之則怒 유여자여소인 위난양야 근지즉불손원지즉노)"라고 말했다.
　朱子(주자)의 註釋(주석)에서 소인이라는 말은 종과 하인을 가리킨다고 했다. 그러므로 소인은 소견이 좁은 사람이 아닐 수도 있다.

如茨如梁 (여자여량)★

[뜻음] 같을 여, 지붕 일 자, 들보 량.
[풀이] 곡식이 많이 쌓인 것을 형용한 말.

如嚼鷄肋 (여작계륵)★

[뜻음] 같을 여, 씹을 작, 닭 계, 갈비 륵.
[풀이] 닭의 갈비뼈를 씹는 듯하다. '鷄肋(계륵)'을 보시오.

如鳥過目 (여조과목)

[뜻음] 같을 여, 새 조, 지날 과, 눈 목.
[풀이] 새가 눈앞을 빨리 날아 지나가듯이 光陰(광음)이 빨리 지나감을 이름.

如足如手 (여족여수)★

[뜻음] 같을 여, 발 족, 손 수.
[풀이] 팔다리와 같음. 형제간의 友愛(우애)가 두터움을 말함.

女尊男卑 (여존남비)★

[뜻음] 여자 여, 존중할 존, 사내 남, 천할 비.
[풀이] 여자를 귀히 여기고 남자를 천시함. 男尊女卑(남존여비)의 對(대).

如坐針席 (여좌침석)★

[뜻음] 같을 여, 앉을 좌, 바늘 침, 자리 석.
[풀이] 바늘방석에 앉은 것 같다. 몹시 불안하고 거북함을 비유하는 말.

慮周藻密 (여주조밀)★

[뜻음] 생각할 여, 두루 주, 빽빽할 조, 빽빽할 밀.
[풀이] 생각이 두루 미쳐 文彩(문채)가 완전하고 細密(세밀)함. 출전 文心雕龍(문심조룡).

女中君子 (여중군자)★

[뜻음] 계집 여, 가운데 중, 임금 군, 아들 자.
[풀이] 淑德(숙덕)이 높은 婦女(부녀).

女中堯舜 (여중요순)★

[뜻음] 여자 여, 가운데 중, 요임금 요, 순임금 순.
[풀이] 현명한 后妃(후비). 宋(송)나라의 高后(고후)를 일컫는 말.

女中豪傑 (여중호걸)★

[뜻음] 여자 여, 가운데 중, 호걸 호, 뛰어날 걸.
[풀이] 豪俠(호협)한 氣像(기상)이 있는 婦女(부녀).

如此如此 (여차여차)★

[뜻음] 같을 여, 이 차.
[풀이] 이러이러함.

女唱男隨 (여창남수)★

[뜻음] 여자 여, 부를 창, 사내 남, 따를 수.
[풀이] 여자가 앞에 나서서 서두르고 남자는 따라만 함. 아내는 주장하고 남편은 따름.

與天地同休 (여천지동휴)★

[뜻음] 더불어 여, 하늘 천, 땅 지, 함께 동, 쉴 휴.
[풀이] 천지와 더불어 그 善美(선미)의 덕을 함께함. 休(휴)는 善美(선미)라는 뜻.

如春蠶吐絲 (여춘잠토사)★★★

[뜻음] 같을 여, 봄 춘, 누에 잠, 토할 토, 실 사.
[풀이] 봄누에가 실을 토하듯 한다. 畵筆(화필)이 輕妙(경묘)함을 이름. 출전 圖繪寶鑑(도회보감).

如醉如狂 (여취여광)★

[뜻음] 같을 여, 취할 취, 미칠 광.
[풀이] 기뻐서 취한 듯도 하고 미친 듯도 함.

予取予求 (여취여구)★

[뜻음] 나 여, 취할 취, 구할 구.
[풀이] 남이 나에게서 얻고 나에게서 구함. 남이 나에 대해 제멋대로 대함. 출전 春秋左氏傳(춘추좌씨전).

如醉如夢 (여취여몽)★

[뜻음] 같을 여, 취할 취, 꿈 몽.
[풀이] 취한 것 같기도 하고 꿈같기도 함.

如脫弊屣 (여탈폐사)★

[뜻음] 같을 여, 벗을 탈, 해질 폐, 신발 사.
[풀이] 헌신짝 버리듯 아무 미련 없이 버림.

如風過耳 (여풍과이)★

[뜻음] 같을 여, 바람 풍, 지날 과, 귀 이.
[풀이] 바람이 귓전을 스치어 가는 程度(정도)로 여겨 조금도 介意(개의)하지 않음. 아무런 관심도, 흥미도 없음. 출전 南史(남사).

女必從夫 (여필종부)★

[뜻음] 계집 여, 반드시 필, 따를 종, 지아비 부.
[풀이] 여성은 남성에게 무조건 服從(복종)해야 한다는 말.

與噲等伍 (여쾌등오)★

[뜻음] 더불어 여, 목구멍 쾌, 나란할 등, 대오 오.
[풀이] 樊噲(번쾌)와 더불어 나란히 있다니. 漢(한)나라 韓信(한신)이 살아 있을 때 번쾌와 어깨를 나란히 하였다 하여 恨歎(한탄)한 말. 출전 史記(사기) 淮陰侯傳(회음후전).

如壎如篪 (여훈여지)★

[뜻음] 같을 여, 질나발 훈, 대 이름 지.

[풀이] 형제가 우애가 있음을 이름. '壎篪相和(훈지상화)'를 참조하시오.

逆旅乾坤 (역려건곤)★★

[뜻음] 맞이할 역, 여관 려, 하늘 건, 땅 곤.
[풀이] 마치 여관과 같은 이 세상. 덧없고 허무한 세상. 逆(역)은 여객을 마중한다는 뜻. 逆旅(역려)는 旅館(여관).

逆旅過客 (역려과객)★★

[뜻음] 맞이할 역, 여관 려, 지날 과, 손님 객.
[풀이] 길 가는 손님이라는 뜻으로, 관계없는 사람을 가리키는 말. 逆(역)은 여객을 마중한다는 뜻. 逆旅(역려)는 旅館(여관).

逆鱗 (역린)★★★

[뜻음] 거스를 역, 이웃 린.
[풀이] 거슬러 난 비늘.

  ≪韓非子(한비자)≫ 說難篇(세난편)에 나오는 말이다. 세난이란 남을 설득시키기가 어렵다는 뜻으로, 한비는 이 편에서 다음과 같이 말하고 있다.
  "상대가 좋은 이름과 높은 지조를 동경하고 있는데, 이익이 크다는 것으로 그를 달래려 하면, 상대는 자기를 비루하고 지조가 없는 사람으로 대한다 하여 멀리할 것이 틀림없다. 반대로 상대가 큰 이익을 원하고 있는데 명예가 어떻고, 지조가 어떻고 하는 말로 이를 달래려 하면, 이쪽을 세상 물정에 어두운 사람이라 하여 상대를 해주지 않을 것이 뻔하다. 상대가 속으로는 큰 이익을 바라고 있으면서 겉으로만 명예와 지조를 대단히 아는 척할 때, 그를 명예와 지조를 가지고 설득하려 하면 겉으로는 이쪽을 대우하는 척하며 속으로는 멀리하게 될 것이며, 그렇다고 이익을 가지고 이를 달래면 속으로 이쪽 말만 받아들이고 겉으로는 나를 버리고 말 것이다……."
  한비는 남을 설득시키기 어려운 점을 말하고 맨 나중에 다음과 같이 말한다.
  "용이란 짐승은 잘 친하기만 하면 올라탈 수도 있다. 그러나 그의 목 아래에 붙어 있는 직경 한 자쯤 되는 逆鱗(역린)을 사람이 건드리기만 하면 반드시 사람을 죽이고 만다. 임금도 또한 역린이 있다. 말하는 사람이 임금의 역린만 능히 건드리지 않을 수 있다면 목적을 달성할 수 있을 것이다."
  이 이야기에서 임금의 노여움을 역린이라고 하게 되었다. 龍(용)의 턱밑에 있는 이 비늘을 건드리기만 하면 사람을 죽이기 때문에 임금의 노여움을 사는 것을 '역린에 부산 친다'고 했다.

力拔山氣蓋世 (역발산기개세)★★★

[뜻음] 힘 역, 뽑을 발, 뫼 산, 기운 기, 덮을 개, 세상 세.
[풀이] 힘은 산을 뽑을 정도이고 기개는 세상을 덮을 정도로 기력이 雄大(웅대)함.

≪史記(사기)≫ 項羽紀(항우기)에 나오는 말이다.
楚(초)나라 項羽(항우)가 漢(한)나라 沛公(패공) 劉邦
(유방)을 맞아 垓下(해하)에서 최후의 결전을 치르던 날
군대는 적고 먹을 것마저 떨어져 四面楚歌(사면초가)에
몰렸는데 자신의 여자 虞美人(우미인)과 술을 한잔 마시
며 감개가 무량해서 시를 읊었다.

힘은 산을 뽑고 기상은 세상을 덮었다는데
때가 불리하니 騅(추)마저 가지 않누나.
추마저 가지 않으니 난들 어찌하리.
虞(우)야, 우야 너를 어찌하리.

노래를 마치고 우미인과 눈물을 흘리다가 우미인에게,
"너는 얼굴이 아름다우니 잘만 하면 沛公(패공)의 사랑
을 받아 살아날 수 있을 것이다."
그러나 우미인은 자살을 하고 만다. 위의 시를 '虞兮歌
(우혜가)'라고 한다. 騅(추)는 항우의 말인 오추마이다.

力不及 (역불급)★
[뜻음] 힘 역, 아닐 불, 미칠 급.
[풀이] 힘이 달려 미치지 못함.

力不贍 (역불섬)★
[뜻음] 힘 역, 아닐 불, 넉넉할 섬.
[풀이] 힘이 넉넉하지 못함. 재력이 넉넉하지 못함.

易姓革命 (역성혁명)★★★
[뜻음] 바꿀 역, 성 성, 가죽 벗길 혁, 목숨 명.
[풀이] 성씨를 바꾸는 혁명. 왕조가 바뀌는 일.

易世革命 (역세혁명)★
[뜻음] 바꿀 역, 대 세, 가죽 벗길 혁, 목숨 명.
[풀이] 덕이 있으면 천명(天命)을 받아 나라를 다스리게 되지만 덕을
잃으면 다른 덕이 있는 이에게 천명(天命)이 옮으므로 혁명(革命)이
일어난다는 뜻으로, '왕조(王朝)가 바뀜'을 이르는 말. 易姓革命(역성
혁명).

力勝貧 (역승빈)★★★
[뜻음] 힘 역, 이길 승, 가난할 빈.
[풀이] 힘써 일하면 가난을 이길 수 있다는 뜻.

力勝貧愼勝禍 (역승빈신승화)★★★
[뜻음] 힘 역, 이길 승, 가난 빈, 삼갈 신, 불행 화.
[풀이] 힘써 일하면 가난을 이길 수 있고 몸가짐을 신중히 하면 禍
(화)를 면한다는 말. 출전 論衡(논형).

疫神媽媽 (역신마마)★
[뜻음] 염병 역, 귀신 신, 어미 마.
[풀이] 疫神(역신)을 높여 이르는 말. 별성마마. 마마.

怒如調飢 (역여조기)★
[뜻음] 허출할 역, 같을 여, 아침 조, 굶주릴 기.
[풀이] 허출함이 아침을 먹지 못한 빈 배 속과 같다. 남을 그리는 정
이 간절함. 사람을 극진히 생각하는 것. 調(조)는 朝(조)와 통함. 調飢
(조기)는 아직 아침밥을 못 먹어서 배고픔을 이름. 출전 詩經(시경)
周南(주남) 汝墳篇(여분편).

逆耳之言 (역이지언)★
[뜻음] 거스를 역, 귀 이, 갈 지, 말씀 언.
[풀이] 귀에 거슬리는 말.

易子敎之 (역자교지)★
[뜻음] 바꿀 역, 자식 자, 가르칠 교, 갈 지.
[풀이] 易子而敎之(역자이교지).

易者象也 (역자상야)★
[뜻음] 바꿀 역, 놈 자, 모양 상, 어조사 야.
[풀이] 易(역)은 記號(기호)로 성립된다. 출전 周易(주역) 繫辭(계사)
上(상).

易子而敎之 (역자이교지)★★★
[뜻음] 바꿀 역, 자식 자, 어조사 이, 가르칠 교, 이 지.
[풀이] 자식은 자신이 직접 가르칠 수 없으니 서로 바꾸어 가르치다.
자기 자식을 부모가 가르치기 어려우므로 자식을 서로 바꾸어서 가
르침.

≪孟子(맹자)≫ 離婁(이루) 上(상)에 보면 맹자와 제자
公孫丑(공손추)와의 사이에 문답이 나온다. 공손추는 맹
자에게 "군자가 자기 아들을 직접 가르치지 않는 것은 어
떤 이유에서입니까?"라고 묻는다. 공자의 아들 鯉(이)를 공
자는 직접 가르치지 않았는데 그 일을 보고 물은 것이다.
맹자는 "형편이 그렇게 될 수 없기 때문이다. 가르치는
사람은 반드시 바르게 하라고 가르친다. 바르게 하라고 가
르쳐도 그대로 실행하지 않으면 자연 노여움이 따르게 된
다. 그렇게 되면 도리어 부자간의 정리를 상하게 된다. 자
식이 속으로 생각하기를, 아버지는 나보고 바른 일을 하라
고 가르치지만 아버지도 역시 바르게는 못 하고 있다 한
다. 이것은 부자가 다 같이 정리를 상하게 하는 것이 된다.
그러기에 옛날 사람들은 자식을 바꾸어 가르쳤다. 결국 부
모가 직접 자기 자식을 가르치지 않는다. 부자 사이에는
잘못한다고 책하지 않는 법이다. 잘못한다고 책하게 되면
서로 정리가 멀어지게 된다. 정리가 멀어지면 그보다 더
불행한 일이 어디 또 있겠는가?"라고 말했다.

易子而食 (역자이식)★
[뜻음] 바꿀 역, 자식 자, 말 이을 이, 먹을 식.
[풀이] 자기 자식은 차마 먹지 못하여 자식을 서로 바꾸어 먹는다. 전
쟁 속 처참하고 굶어 죽을 상황 속의 일임. 易子析骸(역자석해).

易地思之 (역지사지)★★★

[뜻음] 바꿀 역, 땅 지, 생각할 사, 갈 지.
[풀이] 처지를 바꾸어 생각함.

易簀 (역책)★★

[뜻음] 바꿀 역, 대자리 책.
[풀이] 대자리 寢牀(침상)을 바꾼다. 사람이 죽는 것을 이름. 曾子(증자)의 臨終(임종)과 관련된 말. 증자가 병이 위독했을 때 그가 깔고 있던 자리가 너무 화려하여 자기 신분에 맞지 않는다고 하여 바꾸게 한 뒤에 죽었다는 옛일.

逆天者亡 (역천자망)★★★

[뜻음] 거스를 역, 하늘 천, 놈 자, 망할 망.
[풀이] 天命(천명), 하늘이 준 명을 拒逆(거역)하는 사람은 망함.

逆取順守 (역취순수)★

[뜻음] 거스를 역, 취할 취, 순종할 순, 지킬 수.
[풀이] 正道(정도)에 어그러지는 행위로 천하를 빼앗고서 정도로 지킴. 출전 史記(사기).

力透紙背 (역투지배)★

[뜻음] 힘 역, 통할 투, 종이 지, 등 배.
[풀이] 筆力(필력)이 종이 뒷면에까지 사무친다. ① 필법이 날카롭고 힘참. ② 詩(시)의 내용이 근엄하고 高潔(고결)함. ③ 온 정신을 집중하여 정밀하게 책을 읽음.

鳶肩豺目 (연견시목)★

[뜻음] 솔개 연, 어깨 견, 승냥이 시, 눈 목.
[풀이] 솔개처럼 치올라간 어깨와 승냥이 같은 눈. 奸惡(간악)한 모양. 출전 後漢書(후한서).

延頸擧踵 (연경거종)★

[뜻음] 늘일 연, 목 경, 들 거, 발꿈치 종.
[풀이] 목을 늘이고 발뒤꿈치를 올린다. 사람이 찾아오기를 苦待(고대)함. 출전 呂氏春秋(여씨춘추).

延頸鶴望 (연경학망)★

[뜻음] 늘일 연, 목 경, 학 학, 바랄 망.
[풀이] 학처럼 목을 길게 하여 간절하게 기다림.

年高者白 (연고자백)★

[뜻음] 해 연, 높을 고, 놈 자, 흰 백.
[풀이] 바둑을 둘 때 나이가 많은 사람이 흰 바둑돌을 잡는다는 말.

年久歲深 (연구세심)★★★

[뜻음] 해 연, 오랠 구, 해 세, 깊을 심.
[풀이] 오랜 세월. 세월이 오래됨.

練句練字 (연구연자)★★

[뜻음] 익힐 연, 글귀 구, 글자 자.
[풀이] 詩文(시문)을 짓는 데 字句(자구)를 여러 번 고침.

年久月深 (연구월심)★★

[뜻음] 해 연, 오랠 구, 달 월, 깊을 심.
[풀이] 세월(歲月)이 매우 오램. 年久歲深(연구세심).

練囊盛螢 (연낭성형)★★

[뜻음] 이을 연, 주머니 낭, 담을 성, 개똥벌레 형.
[풀이] 晉(진)나라의 車胤(차윤)이 집이 가난하여 기름을 살 돈이 없어서 여름밤에 명주 주머니에 개똥벌레를 여러 마리 잡아 담고 그 빛으로 공부하였다는 고사.

年年歲歲 (연년세세)★★

[뜻음] 해 연, 해 세.
[풀이] 매년. 해마다.

年年歲歲花相似 (연년세세화상사)★★★

[뜻음] 해 연, 해 세, 꽃 화, 서로 상, 닮을 사.
[풀이] 해마다 꽃은 피는데 꽃마다 다를 게 없네. 자연의 변함없는 모습.

延年益壽 (연년익수)★★

[뜻음] 이을 연, 해 년, 더할 익, 목숨 수.
[풀이] 연년. 나이를 많이 먹고 오래오래 사는 것. 목숨을 늘림. 長壽(장수)함.

椽大之筆 (연대지필)★★

[뜻음] 서까래 연, 큰 대, 갈 지, 붓 필.
[풀이] 서까래와 같이 큰 붓. 大文章(대문장)이나 大論文(대논문). 출전 晉書(진서).

緣督以爲經 (연독이위경)★

[뜻음] 말미암을 연, 등솔기 독, 써 이, 삼을 위, 경서 경.
[풀이] 中庸(중용)의 도에 의합으로써 처세상의 常道(상도)로 삼음. 독은 의복의 등솔기. 따라서 중용의 도를 상징함. 출전 莊子(장자).

吮犢之情 (연독지정)★★

[뜻음] 빨 연, 송아지 독, 갈 지, 뜻 정.
[풀이] 어미 소가 송아지를 핥는 정. 자기의 자녀에 대한 애정이나 아랫사람에 대한 사랑을 겸손하게 이르는 말.

連絡不絶 (연락부절)★★

[뜻음] 이을 연, 이을 락, 아닐 부, 끊을 절.
[풀이] 연락이 끊이지 않음. 오고 감이 잦아 끊이지 않음.

連理比翼 (연리비익)★

[뜻음] 이을 연, 이치 리, 견줄 비, 날개 익.
[풀이] 연리지와 비익조. '比翼連理(비익연리)'를 보시오.

連理枝 (연리지)★★★

[뜻음] 이을 연, 이치 리, 가지 지.
[풀이] 서로 다른 나무의 가지가 맞닿아서 결이 통하여 하나가 된 것. 화목한 夫婦(부부). 남녀의 정을 맺음. '比翼連理(비익연리)'를 보시오. 출전 後漢書(후한서) 蔡邕傳(채옹전).

戀慕之情 (연모지정)★★★

[뜻음] 그리워할 연, 사모할 모, 갈 지, 정 정.
[풀이] 사랑하여 그리워하는 마음.

緣木求魚 (연목구어)★★★

[뜻음] <u>오를 연</u>, 나무 목, 구할 구, 물고기 어.
[풀이] 나무에 올라가서 물고기를 구하려 한다. 불가능한 일을 무리하게 하려 함을 비유하는 말.

　　≪孟子(맹자)≫ 梁惠王(양혜왕) 上(상)에 나오는 이야기이다.
　　맹자는 제선왕의 어진 마음씨를 추어올리며,
　　"왕께서 왕천하를 못 하는 것은 못 하는 것이 아니라 하지 않는 것입니다"라고 말한다. 그러자 왕은,
　　"하지 않는 것과 못 하는 것은 무엇이 다릅니까?" 하고 묻는다.
　　"태산을 옆에 끼고 바다를 건너뛰는 것을 못 한다고 하면 그것은 정말 못하는 것이 되지만, 어른을 위해 나뭇가지 하나 꺾는 것을 못 한다고 하면 이것은 못하는 것이 아니라 하지 않는 것입니다."
　　孟子(맹자)가 齊宣王(제선왕)에게 王天下(왕천하: 천하를 거느리고 왕 노릇 하는 일)하는 방법을 설명하면서,
　　"그렇다면 왕의 소원이 무엇인지를 알 수 있습니다. 땅을 넓히고 강대국인 진나라, 초나라를 조공을 바치게 만든 다음, 중국에 군림하여 사방 오랑캐들을 어루만지는 것입니다. 지금 하고 있는 것으로 그 같은 소원을 이루려 한다면, 그것은 나무에 올라가 고기를 잡으려 하는 것과 같습니다"라고 말했다.
　　제선왕이 하는 일로는 統一天下(통일천하)를 아예 할 수 없다는 말이다.

連名上疏 (연명상소)★

[뜻음] 이을 연, 이름 명, 위 상, 멀 소.
[풀이] 여러 사람이 이름을 나란히 써 임금에게 글을 올림 또는 그 글.

燃眉之急 (연미지급)★

[뜻음] 불탈 연, 눈썹 미, 갈 지, 급할 급.
[풀이] 눈썹이 타는 듯한 위급함. 눈앞에 매우 급박하게 닥치는 厄禍(액화). 燃眉之厄(연미지액).

燃眉之厄 (연미지액)★

[뜻음] 불탈 연, 눈썹 미, 갈 지, 재난 액.
[풀이] 뜻밖에 들이닥친 災難(재난)을 비유하는 말.

年方二八 (연방이팔)★

[뜻음] 해 연, 모 방, 두 이, 여덟 팔.
[풀이] 나이가 바야흐로 열여섯 살. 여자의 나이가 *妙齡*(묘령)에 이름.

蓮步 (연보)★

[뜻음] 연꽃 연, 걸음 보.

[풀이] 중국 南齊(남제)의 東昏候(동혼후)가 潘妃(번비)에게 금으로 만든 연꽃 위를 걷게 한 데서 유래한 말로, '미인의 걸음걸이'를 비유하는 말.

年富力强 (연부역강)★

[뜻음] 해 년, 가멸 부, 힘 역, 굳셀 강.
[풀이] 나이가 젊고 힘이 셈.

鳶飛魚躍 (연비어약)★★★

[뜻음] 솔개 연, 날 비, 물고기 어, 뛸 약.
[풀이] 솔개가 하늘을 나는 것이나 물고기가 못에서 뛰는 것이나 다 자연법칙의 작용으로, 새나 물고기가 스스로 터득한다. ① 道理(도리)는 천지간 어디에나 있다는 말. ② 君子(군자)의 德化(덕화)가 널리 미친 상태. 출전 詩經(시경) 大雅(대아).

蜎飛蠕動 (연비연동)★

[뜻음] 장구벌레 연, 날 비, 꿈틀거릴 연, 움직일 동.
[풀이] 蟲類(충류)가 움직이는 모양. 출전 鬼谷子(귀곡자).

聯臂聯臂 (연비연비)★★

[뜻음] 잇달을 연, 팔 비.
[풀이] 여러 겹의 간접적 소개. '聯臂(연비)'는 사이에 사람을 넣어 간접으로 소개함을 이르는 말.

煙蓑雨笠 (연사우립)★★

[뜻음] 안개 낄 연, 도롱이 사, 비 우, 삿갓 립.
[풀이] 자욱이 오는 이슬비 속에서 도롱이를 입고 삿갓을 쓰고 일을 함. 公(공)과 私(사)에 束縛(속박)됨이 없이 자연 가운데 悠悠自適(유유자적)하는 경지.

連山連峰 (연산연봉)★

[뜻음] 이을 연, 뫼 산, 봉우리 봉.
[풀이] 죽 잇달아 뻗어 있는 산줄기와 산봉우리.

煉石補天 (연석보천)★★

[뜻음] 불릴 연, 돌 석, 기울 보, 하늘 천.
[풀이] 큰 공적을 세움. 옛날 共工氏(공공씨)와 祝融氏(축융씨)가 싸울 때 不周山(부주산)을 들이받아서 天柱(천주)가 부러지고 땅이 갈라졌으므로 女媧(여와, 여왜)가 五色(오색)의 돌을 불려서 하늘의 서북쪽 이지러진 곳을 깁고, 자라 다리를 잘라 사극을 세웠다고 하는 중국 神話(신화). 출전 史記(사기).

燃鬚 (연수)★★★

[뜻음] 탈 연, 수염 수.
[풀이] 수염을 태운 부하를 문책하지 않았다. 도량이 넓음의 비유.

　　宋(송)나라의 魏侯(위후) 韓琦(한기)가 定州節度使(정
주절도사)로 있을 때, 시중병에게 촛불을 들게 하고 편지
를 쓰는데 시중병이 잠깐 한눈을 팔다가 그만 한기가 애
지중지하는 수염을 태우고 말았다. 이튿날 그 일로 해서
시중병이 바뀌자 한기는 당장 부관을 불러 "시중병을 바
꾸지 말라. 이제 촛불 드는 법은 알 것이다"라고 말하고
그를 문책하지 않았다. 그래서 휘하 장병들이 모두 감복했
다는 옛 일에서 온 말.

年深歲久 (연심세구)★

[뜻음] 해 연, 깊을 심, 해 세, 오랠 구.
[풀이] 세월이 오램.

宴安酖毒 (연안짐독)★★

[뜻음] 잔치 연, 편안할 안, 짐새 짐, 독 독.
[풀이] 연안이란 곧 짐독이다. 아무것도 하지 않고 유흥을 일삼는 것
은 鴆毒(짐독)이라는 새의 깃을 술에 담갔다가 마시면 죽는 것과 같
이 사람을 해치는 것이라는 뜻. '鴆毒(짐독)'은 ≪산해경≫에 나오는
毒鳥(독조). 출전 春秋左氏傳(춘추좌씨전).

奭弱不勝任 (연약불승임)★

[뜻음] 가냘플 연, 약할 약, 아닐 불, 이길 승, 맡길 임.
[풀이] 몸이 쇠약하여 맡은 바 직무를 감당할 수 없음. 출전 漢書(한서).

戀戀不忘 (연연불망)★

[뜻음] 그리워할 연, 아닐 불, 잊을 망.
[풀이] 안타깝게 그리워하며 잊지 못함.

軟娟弱質 (연연약질)★

[뜻음] 부드러울 연, 예쁠 연, 약할 약, 바탕 질.
[풀이] 아주 가냘프고 연약한 체질.

燕燕于歸 (연연우귀)★

[뜻음] 제비 연, 어조사 우, 돌아갈 귀.
[풀이] 婚姻(혼인)을 이름.

吮癰舐痔 (연옹지치)★★

[뜻음] 빨 연, 등창 옹, 핥을 지, 치질 치.
[풀이] 종기의 고름을 빨고 치질을 앓는 밑을 핥는다. 종기와 치질을
빨고 핥는다. 남에게 크게 阿諂(아첨)함.

烟雲萬里 (연운만리)★★

[뜻음] 연기 연, 구름 운, 일만 만, 거리 리.
[풀이] 길이 매우 먼 것을 비유하는 말. 출전 三國遺事(삼국유사).

年月日時 (연월일시)★

[뜻음] 해 연, 달 월, 날 일, 때 시.
[풀이] 해와 달과 날과 시.

燕雀不生鳳 (연작불생봉)★

[뜻음] 제비 연, 참새 작, 아닐 불, 날 생, 봉황 봉.

[풀이] 제비와 참새는 鳳凰(봉황)을 낳을 수 없다. 不肖(불초)한 사람
은 어진 아들을 낳을 수 없음을 비유하는 말. 출전 易經(역경).

燕雀安知鴻鵠之志 (연작안지홍곡지지)★★★

[뜻음] 제비 연, 참새 작, 어찌 안, 알 지, 기러기 홍, 고니 곡, 갈 지,
　　　뜻 지.
[풀이] 제비나 참새가 어찌 기러기나 고니의 뜻을 알겠는가? 소인배
들이 대인군자의 뜻을 알 수 없다는 말. 燕雀安知鴻鵠志(연작안지홍
곡지).

　　≪史記(사기)≫　陳涉世家(진섭세가)에　陳勝(진승)은
陽城(양성) 사람으로 자를 섭이라 했는데 젊었을 때에는
사람들과 함께 남의 집에서 품팔이를 했다. 언젠가 일을
마치고 언덕으로 올라가 쉬며 주인을 돌아보며,
　　"우리 다 같이 이 뒷날 부귀하게 되거든, 오늘의 이 정리
를 잊지 않기로 합시다." 그러자 주인이 웃으며 대답했다.
　　"품팔이하는 신세에 대체 부귀가 무슨 놈의 부귀인가?"
　　말한 본전도 못 찾게 된 진섭은 크게 한숨을 내쉬며 말
했다.
　　"제비와 참새가 어찌 기러기의 마음을 알겠는가?"
　　멀리 하늘을 날아오를 포부를 가지고 있는 영웅호걸의
큰 뜻을 평범한 사람들이 어떻게 이해할 수 있겠느냐 하
는 비유로 쓰인다. 진나라 제국을 멸망으로 몰고 가는 첫
봉화를 올린 것이 진승이고 진승이 탄식하며 한 말이 이
말이다.
　　'王侯將相寧有種乎(왕후장상영유종호)'이라는 말을 남
긴 것도 이 진승이다.

燕雀之徒 (연작지도)

[뜻음] 제비 연, 참새 작, 갈 지, 무리 도.
[풀이] 小人(소인)의 무리.

燕雀處堂 (연작처당)★

[뜻음] 제비 연, 참새 작, 살 처, 집 당.
[풀이] 제비와 참새가 사람의 집에 집을 짓고 살면서 그 집이 불이
나서 타는 줄도 모르고 있었다는 고사에서 나온 말. 안심하고 있어
화가 닥쳐오는 것도 모름을 이름. 출전 孔叢子(공총자).

吮疽之仁 (연저지인)★★★

[뜻음] 빨 연, 등창 저, 갈 지, 어질 인.
[풀이] 남의 몸에 난 종기를 빨아 고쳐주는 어진 행동. ① 대장이 사
졸을 극진히 사랑하여 덕을 얻음. ② 남에게 신용을 얻기 위해서 험
하거나 추한 일이라도 마다하지 않는 정성. 부정적인 뜻으로 많이 쓰
임. 吳起吮疽(오기연저).

戰國時代(전국시대) 魏(위)나라의 將帥(장수) 吳起(오기)가 자기 部下(부하)의 몸에 난 腫氣(종기)를 입으로 빨아서 고쳤다는 故事(고사)로, ≪史記(사기)≫ 孫子吳起列傳(손자오기열전)에 나오는 이야기이다.

오기는 孔子(공자)의 제자 曾子(증자)에게 배운 일이 있다. 그러나 그의 어머니가 죽었다는 소식을 듣고도 집에 돌아가지 않자 증자는 그를 쫓아버렸다. 오기는 병법을 공부하고 魯(노)나라에서 벼슬을 하다가 그의 아내가 제나라 귀족의 딸이어서 출세의 길이 막히자 위나라 文侯(문후)에게로 가서 벼슬을 하게 되었다. 위나라 장군이 된 오기는 신분이 가장 낮은 졸병들과 생활을 하며 병졸 가운데 종기를 앓는 사람이 있자 오기는 입으로 종기의 고름을 빨아낸 다음 손수 약을 발라주곤 했다. 그러자 이 소문을 들은 그 병졸의 어머니가 통곡을 했다. 사람들이 영광된 일인데 왜 우느냐 묻자,

"그런 게 아닙니다. 지나간 해에도 오 장군이 그 애 아버지의 종기를 빤 일이 있었는데, 그 애 아버지는 싸워 돌아오지 못하고 마침내 적에게 죽고 말았습니다. 오 장군이 이번에 또 그 자식을 빨았으니 나는 그 애가 언제 어디서 죽게 될지 알 수가 없습니다. 그래서 우는 것입니다."

결국 종기를 빨아주면 병사들은 감격한 나머지 목숨을 아끼지 않고 싸우다 죽었다는 이야기다.

連戰連勝 (연전연승)★★

[뜻음] 연할 연, 싸울 전, 이길 승.
[풀이] 여러 번 連續(연속)하여 싸울 때마다 이김.

連戰連捷 (연전연첩)★★

[뜻음] 이을 연, 싸울 전, 이길 첩.
[풀이] 連戰連勝(연전연승).

連戰連敗 (연전연패)★★

[뜻음] 이을 연, 싸울 전, 패할 패.
[풀이] 여러 번 싸울 때마다 연달아 짐.

燕趙悲歌士 (연조비가사)★

[뜻음] 연나라 연, 조나라 조, 슬플 비, 노래 가, 선비 사.
[풀이] 燕(연), 趙(조) 두 나라에는 古來(고래)로 憂國(우국)의 슬픈 노래를 부르는 선비가 많았으므로, 悲憤慷慨(비분강개)하는 憂國之士(우국지사)를 이름.

軟地揷抹 (연지삽말)★

[뜻음] 연할 연, 땅 지, 꽂을 삽, 말뚝 말.
[풀이] 무른 땅에 말뚝 박기. 매우 쉬운 일.

臙脂虎 (연지호)★

[뜻음] 연지 연, 기름 지, 범 호.
[풀이] 연지를 찍은 범. 慓毒(표독)한 여자.

煙塵千里 (연진천리)★

[뜻음] 먼지 연, 먼지 진, 일천 천, 거리 리.
[풀이] 군마의 발굽에서 일어나는 먼지가 구름처럼 가득히 천 리에 걸쳐 끊이지 않는다. 전쟁이 이어져 어지러운 세상. 출전 資治通鑑(자치통감).

研鑽 (연찬)★★★

[뜻음] 갈 연, 뚫을 찬.
[풀이] 사물의 도리를 깊이 연구함. 출전 郭璞(곽박)의 爾雅序(이아서).

煙波釣徒 (연파조도)★

[뜻음] 연기 연, 물결 파, 고기 잡을 조, 무리 도.
[풀이] 안개 낀 물결 속에 있는 어부.

煙波千里 (연파천리)★★

[뜻음] 안개 연, 물결 파, 일천 천, 거리 리.
[풀이] 연기나 안개가 뿌옇게 낀, 머나먼 수면. 江湖(강호)의 연파에서 멀리 떨어짐. 헤어져서 다시 만나기 어려움.

連篇累牘 (연편누독)★

[뜻음] 잇닿을 연, 책 편, 묶을 누, 편지 독.
[풀이] 연이어진 글과 쌓여있는 편지. 많은 문장. 수량은 많지만 내용은 부실한 글. 출전 隋書(수서).

年豊民樂 (연풍민락)★

[뜻음] 해 연, 풍년들 풍, 백성 민, 즐거울 락.
[풀이] 풍년이 들어 백성들이 즐거워함.

煙霞痼疾 (연하고질)★★★

[뜻음] 안개 연, 노을 하, 고질병 고, 병 질.
[풀이] 안개와 노을과 고질병. 자연을 사랑하는 마음이 매우 강하여 산수를 즐기는 性癖(성벽)이 강함. 煙霞之癖(연하지벽). 출전 唐書(당서).

煙霞療養 (연하요양)★

[뜻음] 안개 연, 놀 하, 병 고칠 요, 기를 양.
[풀이] 공기 좋고 山水(산수) 좋은 곳에서 요양함.

煙霞日輝 (연하일휘)★★★

[뜻음] 안개 연, 놀 하, 해 일, 빛날 휘.
[풀이] 안개와 노을과 빛나는 햇살.

煙霞之癖 (연하지벽)★★★

[뜻음] 연기 연, 놀 하, 갈 지, 버릇 벽.
[풀이] 안개와 노을을 심히 좋아하는 버릇. 자연을 사랑하는 병. 煙霞痼疾(연하고질).

燕頷投筆 (연함투필)★

[뜻음] 제비 연, 턱 함, 던질 투, 붓 필.
[풀이] 분연히 붓을 던지고 일어선다. 문사를 버리고 무사에 나아감. 후한의 반초가 한 말.

年號連書 (연호연서)★

[뜻음] 해 연, 부를 호, 잇닿을 연, 쓸 서.

[풀이] 두 개의 年號(연호)를 부를 때 각기 한 자씩은 생략하고 칭하는 것. 예를 들면 光武(광무)와 隆熙(융희)를 光熙(광희)라고 하는 따위. 출전 十駕齋養新錄(십가재양신록).

燕鴻之歎 (연홍지탄)

[뜻음] 제비 연, 기러기 홍, 갈 지, 탄식할 탄.
[풀이] 길이 어긋나서 서로 만나지 못하는 한탄.

蓮花似六郎 (연화사육랑)

[뜻음] 연꽃 연, 꽃 화, 닮을 사, 여섯 육, 사나이 랑.
[풀이] 중국 唐(당)나라 시대 則天武后(측천무후) 시절, 六郎(육랑) 張昌宗(장창종)은 용모가 몹시 아름다웠으므로 이를 칭찬하여 육랑이 연꽃을 닮은 것이 아니라 연꽃이 육랑을 닮았다고 한 옛 일에서 남자의 용모가 매우 아름다움을 나타내는 말.

煙火中人 (연화중인)★

[뜻음] 연기 연, 불 화, 가운데 중, 사람 인.
[풀이] 火食(화식)하는 사람. 俗世(속세)의 人間(인간).

連環計 (연환계)★★★

[뜻음] 잇달을 연, 고리 환, 꾀 계.
[풀이] 중국 三國時代(삼국시대) 吳(오)나라 周瑜(주유)가 魏(위)나라 曹操(조조)의 군사를 火攻(화공)으로 물리칠 때, 龐統(방통)을 보내어 조조로 하여금 軍艦(군함)을 쇠고리로 단단히 잇게 한 후 불태운 일. 적에게 간첩을 보내어 計巧(계교)를 꾸미게 하고 그 계교를 역이용하여 勝利(승리)를 차지하는 꾀.

然後之事 (연후지사)★★

[뜻음] 그러할 연, 뒤 후, 갈 지, 일 사.
[풀이] 그러한 뒤의 일.

烈女不更二夫 (열녀불경이부)★★★

[뜻음] 세찰 열, 계집 녀, 아닐 불, 고칠 경, 두 이, 지아비 부.
[풀이] 열녀는 두 번 남편을 갖지 않음. 열녀는 절개 곧은 여자.

列名靈駕 (열명영가)★

[뜻음] 벌일 열, 이름 명, 영혼 영, 멍에 가.
[풀이] ① 여러 사람의 이름을 나란히 벌여 적고 그 영혼을 지칭함. ② 세상의 모든 영혼을 일컬음.

烈不更二夫 (열불경이부)★

[뜻음] 세찰 열, 아닐 불, 고칠 경, 두 이, 지아비 부.
[풀이] 열녀(烈女)는 두 번 시집가지 않는다는 의미. 烈女不更二夫(열녀불경이부).

烈士猛將 (열사맹장)★★

[뜻음] 세찰 열, 선비 사, 사나울 맹, 장수 장.
[풀이] 나라를 위하여 節義(절의)를 굳게 지켜 죽은 사람과 용맹한 장수.

烈士殉名 (열사순명)★

[뜻음] 세찰 열, 선비 사, 따라 죽을 순, 이름 명.
[풀이] 열사는 이름 때문에 한 목숨을 버림. 출전 史記(사기).

熱心丹衷 (열심단충)★

[뜻음] 더울 열, 마음 심, 붉을 단, 속마음 충.
[풀이] 마음이 뜨끈뜨끈하게 되고 진실함. 열렬한 정성. 지극한 정성.

烈丈夫 (열장부)★

[뜻음] 매울 열, 어른 장, 사내 부.
[풀이] 절의를 굳게 지키는 사나이. 烈士(열사). 출전 史記(사기).

列鼎而食 (열정이식)★

[뜻음] 벌일 열, 세발솥 정, 말 이을 이, 먹을 식.
[풀이] 정이 가지런하니 먹을 일이 있다는 말.

熱血男兒 (열혈남아)★★★

[뜻음] 더울 열, 피 혈, 사내 남, 아이 아.
[풀이] 熱情(열정)으로 피가 끓는 사나이. 혈기가 극히 왕성한 남자.

鹽車之憾 (염거지감)★★★

[뜻음] 소금 염, 수레 거, 갈 지, 서운할 감.
[풀이] 소금 수레를 보고 흐느껴 운다. 천리마도 운이 나쁘면 여느 말과 같이 소금 수레나 끈다. 뛰어난 인재가 때를 못 만나 불우한 처지를 한탄함. 鹽車憾(염거감). 鹽車之憾(염차지감).

≪戰國策(전국책)≫ 燕策(연책)에 나오는 이야기이다.
春秋時代(춘추시대) 秦穆公(진목공: B.C. 660~621) 때 언젠가 孫陽(손양)이, 천리마가 다른 짐말과 함께 소금 수레를 끌고 고갯길을 올라오는 것을 마주치게 되었다. 말은 고갯길로 접어들자 발길을 멈추고 멍에를 멘 채 땅에 무릎을 꿇었다. 그리고는 손양을 쳐다보며 소리쳐 울었다. 손양은 수레에서 내려, "너에게 소금 수레를 끌리다니!" 하며 말의 목을 잡고 함께 울었다. 말은 고개를 숙여 한숨을 짓고 다시 고개를 들어 울었다. 그 우렁차고 슬픈 소리는 하늘에까지 울렸다.

하루 천 리를 달릴 수 있는 말도 이를 알아주는 사람이 없으면 짐수레를 끌며 늙고 만다는 뜻이다. 아무리 재능 있는 사람도 그것을 꿰뚫어보는 사람이 없다면, 그 재능은 세상에 나타나지 않고 그대로 썩어 버릴 것이다.

濂溪學派 (염계학파)★★★

[뜻음] 내 이름 염, 시내 계, 배울 학, 물갈래 파.
[풀이] 程朱學派(정주학파). 廉洛關閩之學(염락관민지학).

念念不忘 (염념불망)★

[뜻음] 생각할 염, 아닐 불, 잊을 망.
[풀이] 자꾸 생각하여 잊지 못함.

恬淡虛無 (염담허무)★★

[뜻음] 편안할 염, 맑을 담, 빌 허, 없을 무.
[풀이] 세상의 一切(일체) 名利(명리)를 떠나 마음을 無我(무아)의 경지에 둠.

濂洛關閩之學 (염락관민지학)★★★

[뜻음] 내 이름 염, 강 이름 락, 빗장 관, 위문할 민, 갈 지, 배울 학.
[풀이] 濂溪(염계)의 周敦頤(주돈이), 洛陽(낙양)의 鄭顥(정호), 그 아우 鄭頤(정이), 關中(관중)의 張載(장재), 閩中(민중)의 朱熹(주희)가 提唱(제창)한 儒敎(유교). 곧 宋學(송학).

濂洛六君子 (염락육군자)★★★

[뜻음] 내 이름 염, 강 이름 락, 여섯 육, 임금 군, 아들 자.
[풀이] 宋(송)나라 신종, 철종 때의 염계와 낙양의 여섯 碩學(석학). 周敦頤(주돈이: 주렴계), 邵雍(소옹: 소강절), 司馬光(사마광), 鄭顥(정호), 鄭頤(정이), 張載(장재: 장횡거). '濂洛關閩之學(염락관민지학)'을 참조하시오.

炎凉世態 (염량세태)★★★

[뜻음] 불꽃 염, 서늘할 량, 세상 세, 태도 태.
[풀이] 권세가 있을 때는 아첨하여 따르고 권세가 없어지면 푸대접하는 세속의 인심. 뜨거워졌다 서늘해졌다 하는 세태.

恬不爲愧 (염불위괴)

[뜻음] 편안할 염, 아닐 불, 할 위, 부끄러워할 괴.
[풀이] 부정한 행위를 하고도 뻔뻔스럽게 조금도 부끄러워하지 아니함.

厭世主義 (염세주의)★★

[뜻음] 싫을 염, 세상 세, 주인 주, 옳을 의.
[풀이] 현세를 사는 데 염증을 느끼는 생각.

斂膝端坐 (염슬단좌)★

[뜻음] 거둘 염, 무릎 슬, 바를 단, 앉을 좌.
[풀이] 무릎을 거두고 옷자락을 바로 하여 단정히 앉음.

焱焱炎炎 (염염염염)★

[뜻음] 불꽃 염, 불탈 염.
[풀이] 불꽃이 타오르는 모양에서, 旗(기)가 펄럭이며 光彩(광채)가 움직이는 모양을 이름.

炎而附寒而棄 (염이부한이기)★

[뜻음] 더울 염, 말 이을 이, 따를 부, 찰 한, 버릴 기.
[풀이] 권세와 지위가 높은 사람에게 아부하여 따르다가, 세력이 약해지면 내버린다. 세상 인정이 輕薄(경박)함.

恬而不怪 (염이불괴)

[뜻음] 편안할 염, 말 이을 이, 아닐 불, 괴이할 괴.
[풀이] 마음이 아주 편안하여 아무런 생각도 없고 의심하는 바도 없음. 恬而不知怪(염이부지괴). 출전 後漢書(후한서) 賈誼傳(가의전).

廉而不劌 (염이불귀)★

[뜻음] 청렴할 염, 말 이을 이, 아닐 불, 상처 입힐 귀.
[풀이] 모가 나나 부서지지 않는다. 옥이 모가 있어도 망가지지 않듯이 君子(군자)의 덕이 堅固(견고)하여 外部(외부)의 사물로 인하여 더럽혀지지 않음을 이름. 옥이 모가 나도 다른 물건을 상하게 하지 않듯, 군자는 의리로 制裁(제재)하나 그로 인해 남을 다치게 하지는 않음. 출전 老子(노자).

念茲在茲 (염자재자)★

[뜻음] 생각할 염, 이 자, 있을 재.
[풀이] 이 일을 생각함은 이 몸에 있는 것임. 사람은 정치를 하든지 또 다른 일을 하든지 항상 생각하여 자기 몸에 있는 것처럼 하라는 말. 자꾸 생각하여 잊지 않음. 念念不忘(염념불망). 출전 書經(서경) 大禹謨篇(대우모편).

檿弧箕服 (염호기복)★

[뜻음] 산뽕나무 염, 활 호, 키 기, 옷 복.
[풀이] 산뽕나무로 만든 활과 기나무로 만든 동개. 중국 周(주)나라 宣王(선왕) 때 童謠(동요)로서 주나라의 滅亡(멸망)을 예언한 동요임. 동개는 활과 화살을 꽂아 넣어 등에 지도록 만든 물건. 가죽으로 만드는데 활은 반만 들어가고 살은 아랫도리만 들어가게 되었다. 출전 國語(국어) 鄭語(정어).

拈華微笑 (염화미소)★★

[뜻음] 잡을 염, 꽃 화, 작을 미, 웃을 소.
[풀이] 꽃을 잡고 미소를 짓다. 석가가 연꽃을 들어 대중에게 보였을 때 카시아파(가섭)만이 그 뜻을 깨달아 미소를 지음. 그래서 석가가 그에게 불교의 진리를 傳授(전수)하였다는 故事(고사). 전(轉)하여 이심전심(以心傳心)의 묘처(妙處)를 이름. 마음에서 마음으로 전함. 비슷한 말로, 以心傳心(이심전심). 敎外別傳(교외별전). 拈華示衆(염화시중).

拈華示衆 (염화시중)★★

[뜻음] 잡을 염, 화려할 화, 보일 시, 무리 중.
[풀이] 꽃을 따서 무리에게 보인다는 뜻으로, 말이나 글에 의(依)하지 않고 이심전심(以心傳心)으로 뜻을 전(傳)하는 일. 拈華微笑(염화미소).

葉落歸根 (엽락귀근)★

[뜻음] 잎 엽, 떨어질 락, 돌아갈 귀, 뿌리 근.
[풀이] 사물이 그 근본으로 돌아감.

葉落知秋 (엽락지추)★

[뜻음] 잎사귀 엽, 떨어질 락, 알 지, 가을 추.
[풀이] 잎이 떨어지는 것을 보고 가을이 왔음을 앎.

詠歌舞蹈 (영가무도)★

[뜻음] 읊을 영, 노래 가, 춤출 무, 밟을 도.
[풀이] 노래를 부르고 춤을 춤.

英傑之主 (영걸지주)★

[뜻음] 꽃부리 영, 뛰어날 걸, 갈 지, 주인 주.
[풀이] 영걸스러운 기상을 가진 군주. 英特(영특)하고 기상이 傑出(걸출)한 임금.

零絹殘墨 (영견잔묵)★

[뜻음] 내릴 영, 명주 견, 해칠 잔, 먹 묵.
[풀이] 오래되어 낡은 글씨나 그림.

永訣終天 (영결종천)★

[뜻음] 길 영, 이별할 결, 끝날 종, 하늘 천.
[풀이] 죽어서 영원토록 이별함.

榮啓期三樂 (영계기삼락)★

[뜻음] 꽃 영, 열 계, 기약할 기, 석 삼, 즐거울 락.
[풀이] 榮啓期(영계기)의 세 가지 즐거움. 사람으로 태어났고, 남자로 태어났고, 95세까지 장수하는 즐거움.

榮枯盛衰 (영고성쇠)★★

[뜻음] 영화 영, 마를 고, 성할 성, 쇠잔할 쇠.
[풀이] 성함과 쇠함이 無常(무상)하여 일정하지 않음. 성함과 쇠함이 서로 바뀜. 출전 漢書(한서).

盈科而後進 (영과이후진)★

[뜻음] 찰 영, 과목 과, 말 이을 이, 뒤 후, 나아갈 진.
[풀이] 물의 흐름은 조금이라도 낮은 곳이 있으면, 먼저 거기를 가득 채운 뒤에 다시 앞으로 나아간다. 학문은 모든 과정을 차근차근 밟아야 한다는 말. 출전 孟子(맹자) 離婁下篇(이루하편).

永久不變 (영구불변)★★

[뜻음] 길 영, 오랠 구, 아닐 불, 변할 변.
[풀이] 영원히 변하지 않음.

令女之節 (영녀지절)★

[뜻음] 하여금 영, 계집 녀, 갈 지, 절개 절.
[풀이] 영녀의 절개. 曹令女(조영녀)는 文叔(문숙)의 아내로 남편이 죽은 후, 친정에서 再嫁(재가)시키려 하자, 스스로 귀와 코를 베고 이에 불응하여 끝까지 절개를 지킨 고사. 출전 三國志(삼국지) 魏志(위지).

靈臺 (영대)★

[뜻음] 신령 영, 대 대.
[풀이] 마음. 周(주)나라 文王(문왕)의 臺(대) 名(명). 출전 詩經(시경) 大雅(대아) 靈臺篇(영대편).

盈滿之咎 (영만지구)★

[뜻음] 찰 영, 찰 만, 갈 지, 허물 구.
[풀이] 달도 차면 기울듯이 세상만사가 다 이루어졌을 때 도리어 재앙이 닥침. 출전 後漢書(후한서).

影不離身 (영불리신)★

[뜻음] 그림자 영, 아닐 불, 떼놓을 리, 몸 신.
[풀이] 그림자는 몸에서 떨어지지 않는다. ① 몸에서 떨어지지 않는 것. ② 허물이 있으면 그것을 고쳐야지 비난만 해서는 허물이 사라지지 않는다는 말.

永不敍用 (영불서용)★

[뜻음] 오랠 영, 아닐 불, 쓸 서, 쓸 용.
[풀이] 죄를 지어 罷免(파면)된 관원을 영구히 다시 임용하여 쓰지 않는 일.

永生不滅 (영생불멸)★★

[뜻음] 길 영, 날 생, 아닐 불, 멸망할 멸.
[풀이] 영원히 살아서 없어지지 않음.

郢書燕說 (영서연열)★

[뜻음] 나라이름 영, 쓸 서, 제비 연, 기쁠 열.
[풀이] 郢(영) 땅에서 편지를 쓰다가 촛불을 높이 들라는 말을 잘못 썼는데 燕(연)나라가 이 말을 보고 자기 나라가 光明正大(광명정대)하게 統治(통치)되고 있다는 말로 해석하면서 몹시 기뻐했다는 이야기. 말을 억지로 끌어다 붙여 그럴듯하게 해설하는 일. 도리에 맞지 않는 것을 도리처럼 말하는 것. 牽强附會(견강부회)와 비슷함.

靈犀一點通 (영서일점통)★

[뜻음] 신령 영, 무소 서, 한 일, 점 점, 통할 통.
[풀이] 영검이 있는 무소(물소)의 뿔은 한 가닥의 흰 줄이 밑부터 끝까지 통하고 있다는 말에서, 彼此(피차)의 마음과 마음이 暗默(암묵) 중에서도 통함을 이름. 靈犀(영서).

映雪讀書 (영설독서)★★

[뜻음] 비출 영, 눈 설, 읽을 독, 글 서.
[풀이] 눈에 비추어 책을 읽다. 중국 晉(진)나라 孫康(손강)은 집이 매우 가난하여 호롱불조차 켤 형편이 안 되자 겨울이면 마당에 쌓인 눈빛에 비춰 책을 읽었다. 손강의 책상을 雪案(설안)이라 한다. '螢雪之功(형설지공)'을 보시오. 출전 晉書(진서).

詠雪之才 (영설지재)★

[뜻음] 읊을 영, 눈 설, 갈 지, 재주 재.
[풀이] 謝氏(사씨)의 딸이 눈을 버들개지에 비유하여 눈 깜짝할 사이에 妙句(묘구)를 지은 데서 온 말. 글재주가 뛰어난 여인. 女子(여자)가 文才(문재)가 있는 것. 柳絮之才(유서지재).

永世無窮 (영세무궁)★★

[뜻음] 길 영, 대 세, 없을 무, 궁할 궁.
[풀이] 끝없이 영원한 세월. 출전 書經(서경).

永世不忘 (영세불망)★★★

[뜻음] 길 영, 날 생, 아닐 불, 잊을 망.
[풀이] 길이길이 잊지 않음.

領袖 (영수)★★★

[뜻음] 옷깃 영, 소매 수.
[풀이] 옷깃과 옷소매. 옷깃을 바로잡으면 옷을 입은 매무새가 바르게 되므로, 여럿 중의 우두머리.

潁水隱士 (영수은사)★★★

[뜻음] 물이름 영, 물 수, 숨을 은, 선비 사.
[풀이] 중국 堯(요)임금 때 영수에서 숨어 살았다는 許由(허유)를 이름. 隱遁(은둔) 선비를 대표하는 이름. 요임금이 자기에게 천하를 내주겠다는 말을 듣고 귀가 더러워졌다 하여 영수에서 귀를 씻었다고 한다. 마침 이때 巢父(소보, 소부)가 송아지에게 물을 먹이려다가 허유가 귀를 씻는 것을 보고 더러운 물을 먹일 수 없다 하여 소를 끌고 상류에 가서 먹였다 한다. '箕山潁水(기산영수)'를 참조하시오. 출전 高士傳(고사전).

領袖會談 (영수회담)★

[뜻음] 옷깃 영, 소매 수, 모일 회, 말씀 담.
[풀이] 국가나 정치, 단체 또는 어떤 사회 조직의 최고 우두머리가 서로 만나서 의제를 가지고 말을 나눔. 領袖(영수)는 본래 옷깃과 옷소매.

羚羊挂角 (영양괘각)★

[뜻음] 영양 영, 양 양, 걸 괘, 뿔 각.
[풀이] 영양이 밤에 잠을 잘 때에는 나뭇가지에 뿔을 걸어 危害(위해)를 막음. ① 흔적을 찾을 수 없는 일. ② 모든 것을 超脫(초탈)하여 자유분방한 詩(시)의 세계를 이르기도 함. 출전 滄浪詩話(창랑시화).

囹圄空虛 (영어공허)★

[뜻음] 감옥 영, 옥 어, 빌 공, 빌 허.
[풀이] 감옥이 비어 있다. 나라가 잘 다스려져 있음. 출전 史記(사기).

囹圄生草 (영어생초)★

[뜻음] 감옥 영, 옥 어, 날 생, 풀 초.
[풀이] 옥에 풀이 난다는 뜻으로 세상이 잘 다스려져 옥에 갇혀 있는 罪囚(죄수)가 없음을 이름. 출전 隋書(수서).

領如蝤蠐 (영여추제)★

[뜻음] 목 영, 같을 여, 나무굼벵이 추, 굼벵이 제.
[풀이] 美人(미인)의 목의 맑고 흼의 비유. 蝤蠐(추제)는 나무속에 사는 맑고 희게 생긴 굼벵이. 출전 詩經(시경) 衛風(위풍).

營營汲汲 (영영급급)★

[뜻음] 경영할 영, 물길을 급.
[풀이] 營營逐逐(영영축축).

永永無窮 (영영무궁)★

[뜻음] 오랠 영, 없을 무, 궁할 궁.
[풀이] 길이 계속하여 다함이 없음. 출전 史記(사기).

營營逐逐 (영영축축)★

[뜻음] 경영할 영, 쫓을 축.
[풀이] 명예, 세력, 이익 등을 얻으려고 매우 분주하게 지냄. 永永汲汲(영영급급).

英勇無雙 (영용무쌍)★

[뜻음] 영특할 영, 용감할 용, 없을 무, 쌍 쌍.
[풀이] 영특하고 용감하기가 비길 데 없음.

縈紆盤折 (영우반절)★

[뜻음] 돌 영, 감돌 우, 서릴 반, 꺾을 절.
[풀이] 꾸불꾸불함. 휘돌아 돌아감.

英雄忌人 (영웅기인)★

[뜻음] 꽃부리 영, 수컷 웅, 꺼릴 기, 사람 인.
[풀이] 영웅은 자기보다 더 잘난 사람은 가까이하지 않으려 한다. 영웅은 功名(공명)을 세우기 위하여 남을 猜忌(시기)함. 출전 三國志(삼국지).

英雄欺人 (영웅기인)★

[뜻음] 꽃부리 영, 수컷 웅, 속일 기, 사람 인.
[풀이] 영웅은 뛰어난 계교로 보통 사람이 상상할 수 없는 일을 함. 才智(재지)가 뛰어난 인물은 남의 意表(의표)를 찌름.

英雄善泣 (영웅선읍)★

[뜻음] 꽃부리 영, 수컷 웅, 잘할 선, 울 읍.
[풀이] 영웅은 잘 우는 버릇이 있음.

英雄之材 (영웅지재)★

[뜻음] 꽃부리 영, 수컷 웅, 갈 지, 재목 재.
[풀이] 영웅이 될 재질이 있는 사람.

英雄豪傑 (영웅호걸)★★★

[뜻음] 꽃부리 영, 수컷 웅, 호걸 호, 뛰어날 걸.
[풀이] 담력과 武勇(무용)과 지혜와 용기가 뛰어나고 기개와 풍모가 있는 사람.

英雄好色 (영웅호색)★★

[뜻음] 꽃부리 영, 수컷 웅, 좋아할 호, 빛 색.
[풀이] 영웅은 女色(여색)을 좋아하는 버릇이 있다는 말.

永遠無窮 (영원무궁)★★

[뜻음] 길 영, 멀 원, 없을 무, 다할 궁.
[풀이] 다함이 없이 오래고 오램.

永遠不滅 (영원불멸)★★

[뜻음] 길 영, 멀 원, 아닐 불, 멸망할 멸.
[풀이] 영원히 없어지지 않음.

永遠不變 (영원불변)★★

[뜻음] 길 영, 멀 원, 아닐 불, 변할 변.
[풀이] 영원히 변하지 않음.

映月讀書 (영월독서)★

[뜻음] 비칠 영, 달 월, 읽을 독, 글 서.
[풀이] 달빛에 글을 읽음. 출전 宋書(송서).

寧爲鷄口勿爲牛後 (영위계구물위우후)★★★

[뜻음] 편안할 영, 할 위, 닭 계, 입 구, 말 물, 소 우, 뒤 후.
[풀이] 닭은 작아도 그 입은 먹이를 먹지만 소는 커도 그 꽁무니는 똥을 누므로 강대한 사람의 뒤에 붙어서 심부름만 하느니보다는 작은 단체일지라도 그 頭目(두목)이 되라는 말. 예부터 내려오는 속담을 蘇秦(소진)이 인용한 말.

≪史記(사기)≫ 蘇秦列傳(소진열전)에 나오는 이야기이다.
소진이 六國(육국)을 연합해서 秦(진)나라에 대항해야 한다는 合從策(합종책)을 들고, 燕(연)나라와 趙(조)나라 임금을 설득시킨 다음, 조나라 肅侯(숙후)의 후원을 얻어 한나라로 가게 되었다.
소진이 韓(한)나라 宣惠王(선혜왕)을 달래며 하는 말에 이 속담이 나온다.

"대왕께서 진나라를 섬기게 되면 진나라는 한나라에 땅을 요구하게 될 것입니다. 금년에 요구를 들어주면 명년에 또 요구를 하게 될 것입니다. 이렇게 주다 보면 나중에는 줄 땅이 없게 되고 주지 않게 되면 지금까지 준 것이 아무 소용이 없이 화를 입게 될 것이 아닙니까. 또 대왕의 땅은 끝이 있지만 진나라의 요구는 끝이 없습니다. 끝이 있는 땅을 가지고 끝이 없는 요구를 들어주지 못하면 이것이 이른바 '원한을 사서 화를 맺는다'는 것으로 싸우기도 전에 땅부터 먼저 주게 되는 것입니다. 신이 듣건대 속담에 말하기를 '차라리 닭의 주둥이가 될망정 소 궁둥이는 되지 말라'고 했습니다. 대왕의 현명하심으로 강한 한나라의 군사를 가지고 계시면서 소 궁둥이의 이름을 갖는다는 것은, 대왕을 위해 부끄러운 일이 아닐 수 없습니다."

이 말에 선혜왕은 발끈 성이 나서 눈을 부릅뜨고 팔을 뽑아서 칼을 어루만지며 하늘을 우러러보고 말했다.

"과인이 아무리 못났지만 진나라를 섬길 수 없다"고 했다.

이리하여 소진은 가는 곳마다 환영을 받으며 마침내 6국의 合從(합종)을 이룩하게 된다.

榮位勢利如寄客 (영위세리여기객)★

[뜻음] 영화 영, 자리 위, 기세 세, 이로울 리, 같을 여, 붙일 기, 손님 객.
[풀이] 화려한 지위와 권세와 이익 등은 다 잠깐 묵어가는 나그네와 같다. 권세와 이익은 일시적이므로 오래 가질 수 없다는 말. 寄客(기객)은 잠깐 묵는 나그네.

寧有種乎 (영유종호)★

[뜻음] 어찌 영, 있을 유, 씨 종, 어조사 호.
[풀이] (왕후나 장상이) 어찌 따로 종자가 있겠는가? 사람이 타고나면서 貴賤(귀천)이 따로 없다는 말. 秦(진)나라 말기 진승이 한 말. 王侯將相寧有種乎(왕후장상영유종호). 출전 史記(사기).

聆音察理 (영음찰리)

[뜻음] 깨달을 영, 소리 음, 살필 찰, 이치 리.
[풀이] 소리를 들을 줄 알고 이치를 살필 수 있는 사람. 孔子(공자)의 제자 子路(자로)가 공자에게 聖人(성인)이라고 하자 공자가 자로에게 자신은 聖人(성인)이 아니고 영음찰리일 뿐이라고 한 말. 출전 論語(논어).

甯子飯牛 (영자반우)★

[뜻음] 소원 영, 아들 자, 먹일 반, 소 우.
[풀이] 甯戚(영척)이란 사람은 소를 먹이면서 齊(제)나라 桓公(환공)에게 등용되기를 기다려서, 드디어 뜻을 이루어 제나라의 대신이 되었다는 옛 일. 甯戚牛角(영척우각). 출전 呂氏春秋(여씨춘추).

永字八法 (영자팔법)★★★

[뜻음] 길 영, 글자 자, 여덟 팔, 법 법.
[풀이] '永(영)'이라는 한자로써 나타낸, 모든 글자를 쓰는 데 共通(공통)한 여덟 가지 運筆(운필)의 법.

永字筆法 (영자필법)★★

[뜻음] 길 영, 글자 자, 붓 필, 법 법.
[풀이] 永字八法(영자팔법). 始筆書永(시필서영).

寧折不彎 (영절불만)★

[뜻음] 차라리 영, 꺾을 절, 아닐 불, 굽을 만.
[풀이] 부러질지언정 굽지는 않음.

零丁孤苦 (영정고고)★

[뜻음] 비 내릴 영, 일개 정, 외로울 고, 쓸 고.
[풀이] 세력이나 살림이 보잘것없이 찌부러져 도와주는 사람도 없어 홀로 고생함.

盈則必虧 (영즉필휴)★

[뜻음] 찰 영, 곧 즉, 반드시 필, 이지러질 휴.
[풀이] 꽉 차서 극에 달하면 반드시 이지러짐. 출전 呂氏春秋(여씨춘추).

潁川洗耳 (영천세이)★★★

[뜻음] 강 이름 영, 시내 천, 씻을 세, 귀 이.
[풀이] 영천에서 귀를 씻다. 소부 허유의 일에서 온 말. 몸가짐이 결백함의 비유. 불쾌한 이야기를 듣는 것을 싫어함. 箕山之節(기산지절). '潁水隱士(영수은사)'를 보시오.

迎風待月 (영풍대월)★

[뜻음] 맞이할 영, 바람 풍, 기다릴 대, 달 월.
[풀이] 남녀가 비밀히 만나는 일.

咏歎淫液 (영탄음액)★

[뜻음] 읊을 영, 감탄할 탄, 넘칠 음, 진 액.
[풀이] 咏歎(영탄)은 소리를 길게 내며 감탄하는 것, 淫液(음액)은 소리를 계속해서 내므로 침이 그치지 않고 흐름을 이름. 출전 禮記(예기) 樂記篇(악기편).

盈虛之理 (영허지리)★

[뜻음] 가득 찰 영, 빌 허, 갈 지, 이치 리.
[풀이] 달이 차고 기우는 이치.

榮華秀英 (영화수영)★

[뜻음] 영화 영, 빛날 화, 빼어날 수, 꽃부리 영.
[풀이] 풀의 꽃을 榮, 나무의 꽃을 華, 꽃이 피지 않고 열매를 맺는 것을 秀, 꽃은 피나 열매를 맺지 않는 것을 英이라 함.

詣闕奉命 (예궐봉명)★

[뜻음] 이를 예, 대궐 궐, 받들 봉, 명령 명.
[풀이] 대궐에 들어가 임금의 명령을 받듦.

銳氣方張 (예기방장)★★

[뜻음] 날카로울 예, 기운 기, 바야흐로 방, 펼칠 장.
[풀이] 날카로운 기백이나 기세가 한참 동안 성함.

枻棹蘭槳 (예도난장)★

[뜻음] 도지개 예, 노 도, 난초 난, 상앗대 장.
[풀이] 노와 목란 상앗대. 호화롭게 장식한 배를 이름.

禮門義路 (예문의로)★★

[뜻음] 예도 예, 문 문, 의로울 의, 길 로.
[풀이] 禮(예)는 군자가 드나드는 문이며, 義(의)는 군자가 걸어가는
길임. 출전 孟子(맹자).

曳尾塗中 (예미도중)★★★

[뜻음] 끌 예, 꼬리 미, 진흙 도, 가운데 중.
[풀이] 진흙 속에 꼬리를 끌고 다닌다. 거북은 죽어서 점치는 데 쓰이
어 귀하게 되는 것보다는 살아서 꼬리를 진흙 속에서 끌고 다니기를
더 좋아함. 벼슬아치가 되어 束縛(속박)받는 것보다는 匹夫(필부)로
서 편안히 살기를 원함. 莊子(장자)가 宰相(재상) 자리를 거절할 때
한 말.

≪莊子(장자)≫ 秋水篇(추수편)에 나오는 이야기이다.
　莊子(장자)가 濮水(복수)가에서 낚시질을 하고 있었다.
그러자 楚(초)나라 왕이 두 대신을 보내,
　"선생님께 나라의 정치를 맡기고 싶습니다"라는 뜻을
전하게 했다.
　장자는 낚싯대를 잡은 채 돌아보지도 않고 말했다.
　"들으니 초나라에는 神龜(신귀)라는 三千年(삼천 년)
묵은 죽은 거북을 왕이 비단 상자에 넣어 廟堂(묘당) 안에
간직하고 있다더군요. 그 거북이 살았을 때 죽어서 그같이
소중하게 여기는 뼈가 되기를 원했겠소. 그보다 살아서 꼬
리를 진흙 속에 끌고 다니기를 바랐겠소."
　"그야 물론 살아서 진흙 속에 꼬리를 끌고 다니기를 바
라겠지요."
　"그렇다면 그만 돌아가 주시오. 나는 진흙 속에 꼬리를
끌겠으니."
　≪莊子(장자)≫ 列禦寇(열어구) 편에도 이와 비슷한 이
야기가 나온다.
　어느 임금이 장자를 招聘(초빙)했다. 장자는 사신에게
이렇게 말했다.
　"당신들은 제사에 쓰는 소를 보았겠지요. 비단옷을 입
히고 풀과 콩을 먹이지만 끌려 太廟(태묘: 죽은 사람의 영
혼을 모시는 사당)에 들어가게 되었을 때 그 소가 외로운
송아지가 되기를 바란들 무슨 소용이 있겠소."
　우리나라 속담에 '죽어 석 잔 술이 살아 한 잔 술만 못
하다', '말똥에 굴러도 이승이 좋다'라는 말이 있다.

禮煩則亂 (예번즉난)★

[뜻음] 예도 예, 까다로울 번, 곧 즉, 어지러울 난.
[풀이] 禮儀(예의)가 너무 까다로우면 도리어 문란해짐. 출전 書經(서
경) 說命(열명).

禮不可廢 (예불가폐)★

[뜻음] 예도 예, 아닐 불, 가할 가, 그만둘 폐.
[풀이] 때와 장소에 상관없이 예의는 지켜야 함.

禮尚往來 (예상왕래)★

[뜻음] 예도 예, 숭상할 상, 갈 왕, 올 래.
[풀이] 예는 서로 방문하여 왕래하는 것을 尊崇(존숭)함. 출전 禮記
(예기).

霓裳羽衣曲 (예상우의곡)★

[뜻음] 무지개 예, 치마 상, 깃 우, 옷 의, 곡조 곡.
[풀이] 天人(천인)의 음악을 상징하여 지은 악곡. 출전 龍神錄(용신록).

叡聖文武 (예성문무)★

[뜻음] 밝을 예, 성스러울 성, 문관 문, 호반 무.
[풀이] 天子(천자)가 賢明(현명)하여 文武兩道(문무양도)에 통함. 중
국 唐(당)나라 憲宗(헌종)에 대한 尊號(존호).

禮順人情 (예순인정)★

[뜻음] 예도 예, 좇을 순, 사람 인, 뜻 정.
[풀이] 예는 인정에 순종함. 예의는 사회에서 인사 행위의 기준이므
로 인정에 따라야 함. 法治主義(법치주의)에 상대하여 이르는 말.

禮勝則離 (예승즉리)★

[뜻음] 예도 예, 이길 승, 곧 즉, 멀어질 리.
[풀이] 禮(예)도 正道(정도)를 지나치면 인심이 소통하지 아니함. 예
가 지나치면 도리어 사이가 멀어짐. 출전 禮記(예기) 樂記篇(악기편).

禮失則昏 (예실즉혼)★

[뜻음] 예도 예, 잃을 실, 곧 즉, 어두울 혼.
[풀이] 예의를 잃으면 昏迷(혼미)하게 됨. 출전 史記(사기) 孔子世家
(공자세가).

譽兒癖 (예아벽)★

[뜻음] 칭찬할 예, 아이 아, 버릇 벽.
[풀이] 자기 자식을 칭찬하는 버릇. 출전 唐書(당서).

禮樂不興刑罰不中 (예악불흥형벌부중)★

[뜻음] 예도 예, 풍류 악, 아닐 불, 흥할 흥, 형벌 형, 죄 벌, 가운데 중.
[풀이] 예악과 형벌은 王道(왕도)의 네 기둥으로, 예악이 쇠퇴하면 형
벌이 濫用(남용)되어 그 중정을 얻지 못하므로 인도에서 벗어나 모질
게 되어 백성은 편안한 삶을 누릴 수 없음. 출전 論語(논어).

禮樂之邦 (예악지방)★

[뜻음] 예도 예, 풍류 악, 갈 지, 나라 방.
[풀이] 예악이 잘 행하여지는 나라. 漢族(한족)이 자기 나라를 자랑하
는 말.

禮樂刑政 (예악형정)★★★

[뜻음] 예도 예, 풍류 악, 형벌 형, 정사 정.
[풀이] 예는 사회질서를 보전하여 일상생활을 바르게 실행하기 위한
규칙이며, 악은 민심을 화합하게 하기 위한 음악이고, 형은 악을 방
지하기 위한 형벌, 정은 행정상의 모든 기관.

禮樂刑政其極一也 (예악형정기극일야)★

[뜻음] 예도 예, 풍류 악, 형벌 형, 정사 정, 그 기, 다할 극, 한 일,
어조사 야.

[풀이] 禮樂刑政(예악형정)은 그 쓰이는 곳이 다르나, 결국 나라를 다스리는 한 가지 일에 歸結(귀결)됨을 이름. 출전 禮記(예기) 樂記篇(악기편).

曳牛却行 (예우각행)

[뜻음] 끌 예, 소 우, 물러날 각, 갈 행.
[풀이] 소를 끌고 뒷걸음을 쳐서 간다. 매우 힘이 셈. 출전 北史(북사).

禮儀法度 (예의법도)★

[뜻음] 예도 예, 거동 의, 법 법, 법도 도.
[풀이] 예의와 법도.

禮義生於富足 (예의생어부족)★

[뜻음] 예도 예, 옳을 의, 날 생, 어조사 어, 가멸 부, 족할 족.
[풀이] 국민의 생활이 넉넉해지면 자연히 예의를 尊重(존중)하게 됨. 禮義生富足(예의생부족). 출전 潛夫論(잠부론).

禮義廉恥 (예의염치)★

[뜻음] 예도 례, 옳을 의, 청렴할 염, 부끄러울 치.
[풀이] 예의와 염치. 출전 管子(관자).

禮義之國 (예의지국)★

[뜻음] 예도 예, 옳을 의, 갈 지, 나라 국.
[풀이] 禮儀之邦(예의지방).

禮儀之邦 (예의지방)★

[뜻음] 예도 예, 거동 의, 갈 지, 나라 방.
[풀이] 예의를 숭상하며 이를 잘 기키는 나라.

枘鑿不相容 (예조불상용)★★★

[뜻음] 자루 예, 네모구멍 조, 아닐 불, 서로 상, 용납할 용.
[풀이] 둥근 장부는 네모진 구멍에는 들어가 맞지 아니한다는 뜻으로, 쌍방의 사물이 相違(상위)하여 서로 맞지 아니함을 이름. 鑿(착)은 '끌 착, 네모구멍 조.' 圓鑿方枘(원조방예). 출전 楚辭(초사) 九辨(구변).

醴酒不設 (예주불설)★

[뜻음] 단술 예, 술 주, 아닐 불, 베풀 설.
[풀이] 중국 漢(한)나라의 穆生(목생)은 술을 좋아하지 않았으므로, 楚(초)나라의 元王(원왕)이 특히 단술로 厚待(후대)하였으나, 뒤에 王戊(왕무)에 이르러 이것이 폐지되었으므로 목생이 초나라를 떠났다는 옛 일에서 온 말. 스승을 대접하는 禮儀(예의)가 차차 박해짐을 이름. 출전 漢書(한서).

枘鑿不相容 (예착불상용)★★

[뜻음] 장부 예, 네모구멍 착, 아닐 불, 서로 상, 용납할 용.
[풀이] 둥근 구멍(원착)에 네모진 자루(방예)를 박으면 용납되지 않음. 方枘(방예)는 圓鑿(원착)에 들어가지 않음. 적합하지 않은 것. 서로 맞지 않은 것. 圓鑿方枘(원조방예, 원착방예). 출전 楚辭(초사) 九辨(구변).

豫察豫報 (예찰예보)★

[뜻음] 미리 예, 살필 찰, 알릴 보.

[풀이] 미리 관찰하여 알리는 일.

禮必本於天 (예필본어천)★

[뜻음] 예도 예, 반드시 필, 근본 본, 어조사 어, 하늘 천.
[풀이] 예는 사람이 만든 것이기는 하나, 그것은 천리의 자연에 근본하여 이루어진 것임. 출전 禮記(예기).

五車之書 (오거지서)★★★

[뜻음] 다섯 오, 수레 거, 갈 지, 책 서.
[풀이] 다섯 수레에 가득 실을 만큼 많은 藏書(장서). 五車書(오거서). 출전 莊子(장자).

五經鼓吹 (오경고취)★

[뜻음] 다섯 오, 경서 경, 두드릴 고, 불 취.
[풀이] 고취는 북을 치고 피리를 불어서 노래나 춤을 돕는 것으로, 오경의 뜻을 밝힌 문장을 이름. 출전 晉書(진서) 孫綽傳(손작전).

五經博士 (오경박사)★

[뜻음] 다섯 오, 날실 경, 넓을 박, 선비 사.
[풀이] 다섯 경전의 文意(문의)에 通達(통달)한 박사.

五更三點 (오경삼점)★

[뜻음] 다섯 오, 고칠 경, 석 삼, 점 점.
[풀이] 하룻밤을 다섯 更(경)으로 나누고 오경의 삼점이라는 말로 지금의 몇 시 몇 분과 같음. 출전 水滸傳楔子(수호전설자).

五經掃地 (오경소지)★

[뜻음] 다섯 오, 경서 경, 쓸 소, 땅 지.
[풀이] 五經(오경)이 땅에 버려짐. 孔子(공자), 孟子(맹자)의 가르침이 쇠퇴하여 더 이상 행해지지 않음. 출전 唐書(당서).

五羖大夫 (오고대부)★

[뜻음] 다섯 오, 검은 암양 고, 큰 대, 사내 부.
[풀이] 다섯 장의 염소가죽으로 사온 사람. 중국 春秋時代(춘추시대) 秦(진)나라의 百里奚(백리해)를 이름. 진나라의 穆公(목공)이 다섯 장의 염소가죽으로 초나라에 代贖(대속)하고 백리해를 모셔 와 그에게 國政(국정)을 맡겼다는 옛 일. 출전 史記(사기).

五穀百果 (오곡백과)★★★

[뜻음] 다섯 오, 곡식 곡, 일백 백, 과실 과.
[풀이] 다섯 가지 곡식과 백 가지 과일. 온갖 곡식, 온갖 과일.

五穀不分 (오곡불분)★

[뜻음] 다섯 오, 곡식 곡, 아닐 불, 나눌 분.
[풀이] 게을러서 오곡을 나누어 심지 않음. 오곡을 판별하지 못함. 출전 論語(논어).

五穀不升 (오곡불승)★

[뜻음] 다섯 오, 곡식 곡, 아닐 불, 되 승.
[풀이] 오곡이 한 되도 못 됨. 흉년이 듦. 오곡이 모두 결실이 안 되었다는 말. 출전 春秋穀梁傳(춘추곡량전).

烏口雜湯 (오구잡탕)★

[뜻음] 까마귀 오, 입 구, 섞일 잡, 넘어질 탕.
[풀이] 갖가지 너저분한 짓들을 하는 잡된 무리들. 烏家雜湯(오가잡탕).

吾君萬年 (오군만년)★

[뜻음] 나 오, 임금 군, 일만 만, 해 년.
[풀이] 어떠한 축복이나 영원한 번영을 기원하며 외치는 소리. 만세 소리.

五禽之戲 (오금지희)★

[뜻음] 다섯 오, 날짐승 금, 갈 지, 희롱할 희.
[풀이] 道家(도가)에서 다섯 종류의 짐승의 자세를 模倣(모방)하여 筋肉(근육)과 뼈를 부드럽게 하고, 혈액순환을 돕는 養生(양생) 방법.

吳起吮疽 (오기연저)★★

[뜻음] 성 오, 일어날 기, 빨 연, 등창 저.
[풀이] 戰國時代(전국시대) 魏(위)나라의 將帥(장수)가 部下(부하)의 몸에 난 腫氣(종기)를 입으로 빨아서 고쳤다는 故事(고사). 남에게 신용을 얻기 위해서 험하거나 추한 일이라도 마다하지 않는 정성. ‘吮疽之仁(연저지인)’을 보시오.

五段教授 (오단교수)★★

[뜻음] 다섯 오, 단계 단, 가르칠 교, 줄 수.
[풀이] 가르치는 방법 중 豫備(예비), 提示(제시), 連結(연결), 統括(통괄), 應用(응용) 등 다섯 가지 단계를 거치는 教授(교수) 방법.

五達道 (오달도)★

[뜻음] 다섯 오, 통달할 달, 길 도.
[풀이] 天下(천하) 古今(고금)에 변함이 없는 다섯 가지 道理(도리). 출전 中庸(중용) 第二十章(제이십장).

梧桐斷角 (오동단각)★

[뜻음] 오동나무 오, 오동나무 동, 끊을 단, 뿔 각.
[풀이] 부드러운 오동나무가 견고한 뿔을 자른다. 부드러운 것이 능히 강한 것을 이김을 비유함. 출전 淮南子(회남자).

梧桐一葉 (오동일엽)★

[뜻음] 오동나무 오, 오동나무 동, 한 일, 잎사귀 엽.
[풀이] 오동나무의 잎이 하나 떨어지는 것을 보고 가을이 왔음을 안다는 말.

五斗米 (오두미)★★★

[뜻음] 다섯 오, 말 두, 쌀 미.
[풀이] 쌀 다섯 말.

오두미는 쌀 다섯 말이라는 말이다. 그러므로 이것은 얼마 안 되는 봉급이라는 뜻을 지닌다.

[歸去來辭(귀거래사)]로 유명한 陶淵明(도연명)은 東晋(동진) 말년의 어지러운 세상에 태어나서 출세에는 별로 뜻이 없고 자연과 술과 글을 즐기며 평생을 보낸 위대한 시인이다.

≪晋書(진서)≫ 隱逸傳(은일전)과 ≪宋書(송서)≫에 陶淵明(도연명)과 관련된 사연이 나온다. 그는 처음 江州(강주)의 祭酒(좨주)가 되었으나 관리로서의 번거로운 일들이 싫어서 곧 그만두고 고향으로 돌아오고 말았다.

그 뒤 손수 농사일을 하며 생활해가는 동안 친구들에게 “고을 원이라도 되어 궁함을 좀 면해 볼까 하는데 어떨까”라고 말한 것이 계기가 되어 彭澤縣(팽택현, 평택현)의 원이 되었다. 고을 원이 된 후 도연명은 그 수확으로 자기 俸祿(봉록)을 삼는 고을 公田(공전)에다가 전부 찹쌀 농사를 짓도록 명령했다.

“나는 늘 술에 취해 있으면 그것으로 충분하다”는 것이었다. 그러나 식구들이 조르는 바람에 頃(경) 五十 畝(묘, 무)에는 찰벼를 심게 하고 나머지 오십 묘에는 벼를 심게 했다.

어느 날 주지사가 순찰관을 팽택현으로 보냈다. 고을 아전들이, “예복을 입고 맞이하지 않으면 안 됩니다”라고 했다. 가뜩이나 버슬에 뜻이 없던 연명은 길게 한숨을 쉬며 말했다.

“내 어찌 닷 말 쌀 때문에 허리를 꺾고 시골 어린아이를 대할 수 있겠는가” 하고 그날로 職印(직인)을 끌러 놓고 떠나가 버렸다.

五斗米道 (오두미도)★

[뜻음] 다섯 오, 말 두, 쌀 미, 길 도.
[풀이] 중국 민간 종교의 하나. 후한 말에 노자로부터 부수주법을 받았다고 하는 장릉에 의해 사천 지방에서 시작된, 병을 치료해주는 것을 주목적으로 하는 도교. 장릉에게서 도를 받고자 하는 사람에게는 쌀 닷 말을 내게 하였으므로 이렇게 일컬음. 天師道(천사도).

烏頭白馬生角 (오두백마생각)★

[뜻음] 까마귀 오, 머리 두, 흰 백, 말 마, 날 생, 뿔 각.
[풀이] 중국 秦王(진왕)이 燕(연)나라 태자 丹(단)을 사로잡았을 때, 까마귀 머리가 희고 말 머리에 뿔이 돋으면 놓아주겠다고 한 옛 일. 있을 수 없는 일. 불가능한 일. 출전 史記(사기).

吳頭楚尾 (오두초미)★

[뜻음] 오나라 오, 머리 두, 초나라 초, 꼬리 미.
[풀이] 머리는 吳(오)나라에 가 있고, 꼬리는 楚(초)나라에 가 있다. 두 지역이 아주 가까운 것을 비유함.

五斗解酲 (오두해정)★

[뜻음] 다섯 오, 말 두, 풀 해, 숙취 정.

[풀이] 숙취로 좋지 않은 기분을 다섯 말의 술로 없애버림. 해정은 숙취를 푼다는 말. 출전 世說新語(세설신어) 任誕篇(임탄편).

五龍爭珠 (오룡쟁주)★

[뜻음] 다섯 오, 용 룡, 다툴 쟁, 구슬 주.
[풀이] 다섯 마리의 용이 여의주를 얻으려고 서로 다투는 일.

五柳歸莊 (오류귀장)★

[뜻음] 다섯 오, 버들 류, 돌아갈 귀, 풀 성할 장.
[풀이] 동양화 화제의 하나. 도연명이 귀거래사를 짓고 莊園(장원)으로 돌아가는 이야기를 그린 그림.

五柳先生 (오류선생)★

[뜻음] 다섯 오, 버들 류, 앞 선, 날 생.
[풀이] 중국 晋(진)나라의 陶淵明(도연명)을 이름. 도연명이 자기 집 앞에 버드나무 다섯 그루를 심고 스스로를 오류선생이라 하고 오류선생전을 씀. 출전 晉書(진서).

五輪大會 (오륜대회)★

[뜻음] 다섯 오, 수레바퀴 륜, 큰 대, 모일 회.
[풀이] 올림픽 競技(경기).

五里霧中 (오리무중)★★★

[뜻음] 다섯 오, 거리 리, 안개 무, 가운데 중.
[풀이] 五里(오 리)가 안개에 싸임. 어떤 일에 갈피를 못 잡고 알 길이 없음. 널리 낀 짙은 안개 속에서 길을 찾아 헤맨다는 말.

　≪後漢書(후한서)≫ 張楷傳(장해전)에 나오는 이야기이다. 장해는 후한 중엽 사람으로 이름 있는 학자였다. 제자도 많고 귀인과 학자들 중에 친구도 많은 학자였다.
　벼슬하는 것이 싫어서 산속에 숨어 살고 있었다. 장해가 산속에 숨어 살게 된 뒤에 새로 즉위한 順帝(순제)가 그의 덕행과 지조를 높이 평가하여 河南(하남) 태수로 부임하라는 勅書(칙서)를 보냈으나, 장해는 병을 핑계로 끝내 벼슬에 오르지 않았다.
　장해는 또 천성이 도술을 좋아해서 능히 五里(오 리) 안개를 일으킬 수도 있었다. 그런데 그때 裵優(배우)라는 자가 있어서, 그 역시 三里霧(삼리무)를 일으킬 수가 있었다. 그러나 장해의 五里霧(오리무)에는 미치지 못하는지라 장해의 제자가 되기를 청했다. 그러나 장해는 자취를 감추고 그를 만나주지 않았다. 그 뒤 배우는 안개를 일으키며 나쁜 짓을 하고 돌아다니다가 관에 붙들려 취조를 받게 되었다. 이때 배우는 장해가 자기를 만나주지 않는데 앙심을 품고 안개를 일으키는 재주를 장해에게서 배웠다고 진술했다. 이로 인해 장해도 감옥에 들어가게 되었는데, 곧 사실무근으로 밝혀져 풀려나왔다. 여기에서 오리무중이라는 말이 나왔는데 지금은 이 말이 뭐가 뭔지 알 수 없다는 뜻으로 많이 쓰인다. 마음이 뒤숭숭해서 뭐가 뭔지 알 수 없다는 뜻으로도 쓰인다.

傲慢無道 (오만무도)★

[뜻음] 거만할 오, 게으를 만, 없을 무, 길 도.
[풀이] 거만하여 도의를 돌보지 않음.

傲慢無禮 (오만무례)★

[뜻음] 거만할 오, 게으를 만, 없을 무, 예도 례.
[풀이] 거만하여 예의를 돌보지 않음.

寤寐不忘 (오매불망)★

[뜻음] 깰 오, 잠잘 매, 아닐 불, 잊을 망.
[풀이] 자나 깨나 항상 잊지 못함. 출전 詩經(시경) 國風(국풍).

寤寐思服 (오매사복)★

[뜻음] 깰 오, 잠잘 매, 생각할 사, 옷 복.
[풀이] 자나 깨나 생각함. 항상 생각하고 있음. 사복은 생각하는 것.

烏面鵠形 (오면혹형)★

[뜻음] 까마귀 오, 낯 면, 따오기 혹, 모양 형.
[풀이] 까마귀와 같은 얼굴, 따오기와 같은 모습. 굶주린 사람의 모습을 형용하는 말. 출전 南史(남사).

五畝之宅 (오묘지택)★

[뜻음] 다섯 오, 이랑 묘, 갈 지, 집 택.
[풀이] 五畝之宅(오무지택).

於穆不已 (오목불이)★

[뜻음] 감탄사 오, 아름다울 목, 아닐 불, 그칠 이.
[풀이] 아 아름다움이 그치지 않는구나. 천명이 무궁함을 찬미하는 말. 於(오)는 감탄사. 목은 美(미). 출전 詩經(시경).

五畝之宅 (오무지택)★

[뜻음] 다섯 오, 이랑 무, 갈 지, 집 택.
[풀이] 井田法(정전법)에 일 부마다 五畝(오 묘)의 집터가 있음을 이름. 출전 孟子(맹자) 梁惠王上篇(양혜왕상편).

奧密稠密 (오밀조밀)★★

[뜻음] 속 오, 빽빽할 밀, 빽빽할 조.
[풀이] 솜씨나 재간이 갖가지로 매우 정교하고 세밀함.

五方神將 (오방신장)★

[뜻음] 다섯 오, 방위 방, 귀신 신, 장수 장.
[풀이] 民俗(민속)에서, 오방을 다스린다고 하는 신장. 方位神(방위신). 오방은 동, 서, 남, 북, 중앙.

五方猪尾 (오방저미)★

[뜻음] 다섯 오, 방위 방, 돼지 저, 꼬리 미.
[풀이] 권세가 있거나 돈 많은 사람에게나 누구를 막론하고 아부를 잘하는 사람.

五方之民 (오방지민)★

[뜻음] 다섯 오, 방위 방, 갈 지, 백성 민.
[풀이] 중국 및 四夷(사이)의 백성을 이름. 출전 大戴禮記(대대례기) 千乘篇(천승편).

於變時雍 (오변시옹)★

[뜻음] 어조사 오, 변할 변, 때 시, 온화할 옹.
[풀이] 아아, 바뀌었구나. 이 화목함이여. 백성이 선도에 나아가 서로 화목하여 천하가 잘 다스려졌음을 이르는 말. 於는 감탄사. 變(변)은 악을 바꾸어 선으로 옮아감. 時(시)는 是(시). 雍(옹)은 和(화). 출전 書經(서경).

惡夫佞者 (오부녕자)★

[뜻음] 미워할 오, 사내 부, 아첨할 녕, 놈 자.
[풀이] 아첨하는 사람을 미워함. 출전 論語(논어).

傲不可長 (오불가장)★

[뜻음] 거만할 오, 아닐 불, 옳을 가, 긴 장.
[풀이] 교만한 마음은 억제하여야 함. 출전 禮記(예기) 曲禮上篇(곡례상편).

惡不去善 (오불거선)★

[뜻음] 미워할 오, 아닐 불, 버릴 거, 착할 선.
[풀이] 사람을 미워하더라도 그 사람의 착한 점은 버리지 않음. 출전 春秋左氏傳(춘추좌씨전).

吾不關焉 (오불관언)★★

[뜻음] 나 오, 아닐 불, 빗장 관, 어찌 언.
[풀이] 나는 그 일에 상관하지 않음. 모른 체함.

五不取 (오불취)★

[뜻음] 다섯 오, 아닐 불, 취할 취.
[풀이] 아내로 삼아서는 안 되는 다섯 가지 경우. 역적 집안의 딸, 음란한 집안의 딸, 대대로 형을 받은 집안의 딸, 대대로 나쁜 병이 있는 집안의 딸, 아버지가 없는 집의 장녀. 五不娶(오불취).

五不孝 (오불효)★★

[뜻음] 다섯 오, 아닐 불, 효도 효.
[풀이] 다섯 가지 불효. 게을러서 부모를 돌보지 않는 것, 도박과 술을 좋아하여 부모를 돌보지 않는 것, 재화와 처자만을 좋아하여 부모를 돌보지 않는 것, 유흥을 좋아하여 부모를 욕되게 하는 것, 성질이 사납고 싸움을 잘하여 부모를 불안하게 하는 것. 출전 孟子(맹자) 離婁下篇(이루하편).

吾鼻三尺 (오비삼척)★★★

[뜻음] 나 오, 코 비, 석 삼, 자 척.
[풀이] 내 코가 석 자라서 남의 형편을 돌볼 처지가 아님.

烏飛梨落 (오비이락)★★★

[뜻음] 까마귀 오, 날 비, 배 리, 떨어질 락.
[풀이] 까마귀 날자 배 떨어진다. 우연히 일치함. 어떤 일이 공교롭게도 함께 발생함.

吾鼻涕垂三尺 (오비체수삼척)★

[뜻음] 나 오, 코 비, 눈물 체, 드리울 수, 석 삼, 자 척.
[풀이] 내 코가 석 자. 자신이 곤경에 처하여 남의 일을 돌볼 처지가 못 되는 경우.

烏飛兎走 (오비토주)★★

[뜻음] 까마귀 오, 날 비, 토끼 토, 달릴 주.
[풀이] 세월이 빨리 흘러감을 이르는 말. 중국의 신화 속에서 해에는 세 발 가진 까마귀가 있는 것으로 생각하고 이를 금오라 부르고, 달에는 불로불사의 약을 만든다는 토끼가 있는 것으로 여기고 이를 옥토라고 불렀다 한다. ‘金烏玉兎(금오옥토)’를 참조하시오.

吾事畢矣 (오사필의)★

[뜻음] 나 오, 일 사, 마칠 경, 어조사 의.
[풀이] 나의 일은 끝났다는 말. 자신의 맡은 바 임무를 다 마쳤음을 강조하는 말.

傲霜孤節 (오상고절)★★

[뜻음] 거만할 오, 서리 상, 외로울 고, 마디 절.
[풀이] 서릿발이 심한 속에서도 꺾이지 않고 외로이 지키는 절개. 菊花(국화)를 나타냄.

五色玲瓏 (오색영롱)★★

[뜻음] 다섯 오, 빛 색, 옥 소리 영, 옥 소리 롱.
[풀이] 오색이 한데 섞여 영롱하고 찬란함.

五色燦爛 (오색찬란)★★

[뜻음] 다섯 오, 빛 색, 빛날 찬, 빛날 란.
[풀이] 여러 빛깔이 한데 섞여 눈부시게 황홀하고 아름다움.

梧鼠技窮 (오서기궁)★★

[뜻음] 오동나무 오, 쥐 서, 재주 기, 궁할 궁.
[풀이] 오동나무에서 사는 날다람쥐는 자기의 많은 재주 때문에 궁하다. 날다람쥐는 날고, 나무를 타고, 헤엄치고, 달리고, 흙을 파는 다섯 가지 재주를 가졌으나 어느 것이나 미숙하여서 궁지에 빠지는 일이 많음. 여러 가지 일을 수박 겉핥기로 하기보다는 한 가지 일에 專一(전일)하여야 함을 이름. 鼯鼠之技(오서지기). 출전 荀子(순자).

誤書落字 (오서낙자)★

[뜻음] 실수할 오, 쓸 서, 떨어질 낙, 글자 자.
[풀이] 글씨를 잘못 씀과 빠뜨리고 씀. 誤字落書(오자낙서).

鼯鼠五能 (오서오능)★

[뜻음] 날다람쥐 오, 쥐 서, 다섯 오, 능할 능.
[풀이] 날다람쥐의 다섯 가지 기능. 기능은 많아도 쓸모 있는 것은 하나도 없음. 梧鼠技窮(오서기궁).

鼯鼠之技 (오서지기)★★

[뜻음] 날다람쥐 오, 쥐 서, 갈 지, 재주 기.
[풀이] 날다람쥐는 날기, 나무 오르기, 헤엄치기, 구멍 파기, 달리기 등 다섯 가지를 다 할 줄 아나 모두 서투르다는 뜻으로, 재주는 많아도 하나도 제대로 이룬 것이 없음의 비유. 梧鼠技窮(오서기궁).

吾舌尚在 (오설상재)★★★

[뜻음] 나 오, 혀 설, 아직 상, 있을 재.
[풀이] 내 혀가 아직도 있는가!

≪史記(사기)≫에 나오는 이야기이다.

連衡論(연횡론)을 주장한 張儀(장의)가 도둑의 혐의를 입고 매를 맞아 반쯤 죽어서 돌아왔을 때 그의 아내를 보고 했던 말이다. 세 치 혀로써 蘇秦(소진)과 함께 천하를 주름잡고 돌아다니던 장의는 같은 鬼谷先生(귀곡선생)의 제자였다. 소진이 막 득세를 했을 당시, 그는 아직 뜻을 얻지 못하고 초나라 재상 昭陽(소양)의 집에서 門客(문객) 노릇을 하며 지내고 있었다. 그때 소양은 위나라와 싸워 크게 이긴 공로로 威王(위왕)으로부터 유명한 和氏璧(화씨벽)을 下賜(하사)받았는데 그는 그 구슬을 언제나 가지고 다녔다. 이 소양이 잔치에서 손님들에게 화씨벽을 구경시키려 할 때 연못에서 물고기가 뛰어올라 한눈을 판 순간 구슬이 사라졌다. 그래서 결국 가장 옷이 허름하고 평소에 남과 잘 어울리지 않은 장의가 도둑 누명을 쓰고 죽도록 매를 맞게 되었다.

옷이 피투성이가 되어 업혀 들어온 장의를 아랫목에 눕힌 아내는 눈물을 흘리며 이렇게 말했다.

"당신이 글을 읽고 遊說(유세)만 하지 않았던들 이런 욕을 당하겠소?"

그러자 장의는 아내를 보고 말했다.

"내 혀를 보오, 아직 그대로 있는가."

"혀가 있지요."

"그럼 됐소."

후에 장의는 소진의 合從策(합종책)을 부수고 連衡論(연횡론)으로 각국에서 환대받는 신분이 되었다.

지금도 말 잘하는 사람을 '소진장의'라고 하며, 각국의 정책을 아우르거나 각 무리들을 뜻대로 움직일 때 '合從連衡(합종연횡)'이라는 말을 쓴다.

五世其昌 (오세기창)★★

[뜻음] 다섯 오, 대 세, 그 기, 번성할 창.
[풀이] 敬仲(경중), 곧 중국 陳(진)나라 公子(공자) 完(완)이 오세의 후에는 번창할 것이라고 예언한 옛 일에서, '자손이 번성함'을 이름. 新婚(신혼)의 祝辭(축사)로 쓰는 말. 출전 春秋左氏傳(춘추좌씨전).

五世親盡 (오세친진)★

[뜻음] 다섯 오, 대 세, 친할 친, 다할 진.
[풀이] 오대로 골육 관계가 끝남. 사세 고조의 위, 사세 현손의 아래는 종친의 범위에 들지 않음.

烏孫公主 (오손공주)★★★

[뜻음] 까마귀 오, 손자 손, 귀인 공, 주인 주.
[풀이] 政略(정략) 결혼의 犧牲物(희생물)이 된 슬픈 운명의 여인.

오손은 前漢(전한) 때 西域(서역) 지방에 할거하던 터키系(계)의 유목 민족으로, 그 세력권은 天山(천산)산맥 북쪽의 호수 부근으로부터 伊犁河(이리하: 일리강) 유역의 분지를 포함하여 아랄 해로 흘러 들어가는 시르 강 상류의 나린 강 계곡에 있던 赤谷城(적곡성: 본거지)에까지 이르렀다.

그러나 당시 오손과는 비교할 수 없을 만큼 강성했던 흉노는 북방 몽골 땅을 근거지로 삼고 한나라를 끊임없이 침범했다. 그래서 한나라 7대 황제인 武帝(무제)는 흉노를 무찌르기 위해 建元(건원) 26년(B.C. 115) 張騫(장건)을 오손에 보내어 동맹을 맺었다. 그리고 10년 후 무제의 형인 江都王(강도왕)의 딸 細君(세군)을 공주로 꾸며 오손왕에게 출가시킴으로써 동맹은 더욱 굳어졌다.

이리하여 흉노는 한나라와 오손의 협공에 견디지 못하고 서역은 물론 한나라의 변경으로부터 북방 멀리 쫓겨가고 말았다. 그러자 그때까지 흉노의 지배하에 있던 서역 50여 이민족의 소국들은 한나라를 상국으로 섬기게 되었다. 그리고 한나라는 이들 나라의 이반을 막기 위해 龜玆(구자: 쿠차)에 감독·사찰기관으로서의 西域都護府(서역도호부)를 두었다. 건국 이후 100여 년 이상 시달려온 흉노의 침략으로부터 벗어난 것이다. 그러나 먼 이국의 이민족에게 주어진 오손 공주는 망향의 노래를 부르며 슬픔의 나날을 보냈다고 한다.

五獸不動 (오수부동)★

[뜻음] 다섯 오, 짐승 수, 아닐 부, 움직일 동.
[풀이] 고양이, 사자, 개, 범, 닭이 한곳에 모이면 서로 무서워서 움직이지 않는다. 세력 범위 안에서 저마다 분수를 지켜 살아간다는 말.

吾雖瘠天下肥 (오수척천하비)★

[뜻음] 나 오, 비록 수, 야윌 척, 하늘 천, 아래 하, 살찔 비.
[풀이] 나는 정사에 골몰하여 여위었지만, 천하는 태평하고 백성은 부유하게 되었다는 唐(당)나라 玄宗(현종)의 말. 출전 唐書(당서).

五辛盤 (오신반)★

[뜻음] 다섯 오, 매울 신, 쟁반 반.
[풀이] 설날에 다섯 가지 매운 음식을 차려놓고 이것을 먹으면 오장에 기운이 통하여 건강을 보유한다는 것. 지금의 蓬萊(봉래)를 이름. 출전 風土記(풍토기).

五十步百步 (오십보백보)★★

[뜻음] 다섯 오, 열 십, 걸음 보, 일백 백.
[풀이] 五十步笑百步(오십보소백보).

五十步笑百步 (오십보소백보)★★★

[뜻음] 다섯 오, 열 십, 걸음 보, 웃을 소, 일백 백.
[풀이] 오십 보를 달아난 사람이 백 보를 달아난 사람을 보고 웃었는데 실상 도망간 것은 마찬가지라는 말. 大同小異(대동소이)와 비슷한 말. 五十步百步(오십보백보).

≪孟子(맹자)≫ 梁惠王(양혜왕) 上(상)에 있는 양혜왕과 맹자의 대화에 나오는 말이다. 양혜왕은 맹자에게 자기 자랑과 함께 이런 질문을 한다.

"과인은 나랏일에 정성을 다하고 있습니다. 河內(하내)가 흉년이 들면 그곳 백성들을 河東(하동)으로 옮기고, 하동의 곡식을 하내로 옮깁니다. 그리고 하동이 흉년이 들었을 때도 마찬가지로 백성들과 곡식을 서로 옮기곤 합니다. 이웃 나라의 정치를 살펴볼 때 과인처럼 마음을 쓰는 사람이 없습니다. 그런데도 이웃 나라 백성이 더 줄지도 않고, 과인의 백성이 더 많아지지도 않으니 어찌된 일입니까."

맹자는 이렇게 대답했다.

"왕께서 싸움을 좋아하시니까 싸움으로 비유를 하겠습니다. 북을 요란스럽게 두들기며 칼날이 맞부딪게 되었을 때, 갑옷을 버리고 무기를 끌고 달아나는데 혹은 백 보를 가서 그리고 혹은 오십 보를 가서 그쳤습니다. 그런데 오십 보를 달아난 사람이 백 보 달아난 사람을 보고, 겁이 많은 사람이라 비웃는다면 왕께선 이를 어떻게 보십니까."

"그야 옳지 못한 일이지요. 설사 백 보는 아닐망정 역시 달아난 건 달아난 거니까요."

"왕께서 만일 오십 보로 백 보를 비웃는 것이 옳지 못한 줄 아신다면, 백성들이 다른 나라보다 많아지기를 바라지 마십시오."

결국 근본적인 문제 해결을 꾀하지 않고 지엽말단의 임시방편 같은 것으로 효과를 바란다는 것은 오십 보가 백 보를 웃는 어리석은 짓이라는 것이다.

五嶽山神 (오악산신)★

[뜻음] 다섯 오, 큰 산 악, 뫼 산, 귀신 신.
[풀이] 중국의 다섯 靈山(영산)을 관장하는 신.

烏魚之瑞 (오어지서)★

[뜻음] 까마귀 오, 물고기 어, 갈 지, 상서로울 서.
[풀이] 붉은 까마귀와 흰 물고기가 나타나 상서로운 조짐을 보임. 중국 周(주)나라 武王(무왕)에게 나타난 祥瑞(상서).

烏焉漁魯 (오언어로)★

[뜻음] 까마귀 오, 어조사 언, 고기 잡을 어, 미련할 로.
[풀이] 오와 언, 어와 노와 같이 字體(자체)가 비슷하여 서로 틀리기 쉬운 글자. 혼동하기 쉬운 글자.

五言之詩 (오언지시)★

[뜻음] 다섯 오, 말씀 언, 갈 지, 시 시.
[풀이] 한 구절이 다섯 자로 된 시. 五言詩(오언시).

嗚咽長歎 (오열장탄)★

[뜻음] 탄식할 오, 목멜 열, 긴 장, 탄식할 탄.
[풀이] 목이 메어 울며 길게 탄식함.

汚穢之物 (오예지물)★

[뜻음] 오염될 오, 더러울 예, 갈 지, 만물 물.
[풀이] 지저분하고 더러운 물건. 汚穢物(오예물).

吳牛見月喘 (오우견월천)★

[뜻음] 나라 이름 오, 소 우, 볼 견, 달 월, 헐떡거릴 천.
[풀이] 吳牛喘月(오우천월).

吳牛喘月 (오우천월)★★★

[뜻음] 나라 이름 오, 소 우, 헐떡거릴 천, 달 월.
[풀이] 오나라 소가 달을 보고 헐떡거린다. 오나라는 중국 남방의 몹시 더운 지방이므로 낮에 더위에 지친 소가 밤에 달이 뜬 것을 보고 또 해가 뜬 줄 알고 숨을 헐떡거린다는 말. 담이 작아 미리 겁을 집어먹음을 이름. '자라 보고 놀란 가슴 솥뚜껑 보고 놀란다.' 吳牛見月喘(오우견월천).

晉(진)의 2대 황제인 惠帝(혜제) 때 尙書令(상서령)을 지낸 바가 있는 滿奮(만분)이 이보다 앞서 武帝(무제) 때 있었던 일이다. 무제는 전부터 발명되어 있던 유리를 창문에 이용하고 있었다. 오늘날과 달라 그 당시는 보석과 같은 귀한 것이었다. 만분이 편전에서 무제와 마주 앉게 되었을 때 무제가 앉은 뒤 창문이 유리로 되어 있는 것을, 그는 휑하니 뚫려 있는 것으로 착각을 하고 있었다. 유리 창문을 일찍이 본 일이 없는 그로서는 당연한 일이 아닐 수 없다. 만분은 기질이 약해 바람을 무서워하고 바람을 조금이라도 쏘이면 감기에 걸리는 모양이었다. 무제는 그가 바람을 싫어하는 것을 잘 알고 있었기 때문에 바람이 통하지 않는 유리창이란 것을 설명하고 크게 웃었다. 그러자 만분은 황공한 듯이 말했다.

"오나라 소가 달을 보고 헐떡인다는 말은 바로 신을 두고 한 말 같습니다."

烏雲之陣 (오운지진)★★

[뜻음] 까마귀 오, 구름 운, 갈 지, 줄 진.
[풀이] 까마귀가 날아 흩어지고 구름이 모이는 듯이 離散(이산)과 변화가 무궁한 陳法(진법).

吳越同舟 (오월동주)★★★

[뜻음] 오나라 오, 월나라 월, 같을 동, 배 주.
[풀이] 오와 월이 한 배를 타고 있음. 오나라와 월나라와 같이 서로 사이가 대단히 나쁜 자가 같은 장소에 있음을 이름. ① 서로 반목하면서도 같은 곤란과 이해관계에 대하여 협력함. ② 사이가 나쁜 사람이 한자리에 있음.

원수 사이라도 한 배에 타고 있는 한 목적지에 도착할 때까지는 서로 운명을 같이하고 협력하게 된다. '臥薪嘗膽(와신상담)'이라는 말에 나와 있듯 오나라와 월나라는 오랜 원수 사이였다.

≪孫子(손자)≫에서는 이렇게 말하고 있다.

"대저 오나라 사람과 월나라 사람은 서로 미워한다. 그러나 그들이 같은 배를 타고 가다가 바람을 만나게 되면 서로 돕기를 좌우의 손이 함께 협력하듯 한다."

우리나라 속담에 '원수는 외나무다리에서 만난다'는 말이 있다. 원수는 공교롭게도 피하기 어려운 곳에서 만나게 된다는 말이다. '원수는 順(순)으로 풀라'는 말이 있다. 원한 관계는 화평한 가운데 풀어야 후환이 없다는 말이다. '밤 잔 원수 없다'는 말도 있다. 남에게 원한을 품고 있다가도 때가 지나면 차차 덜해지고 잊힌다는 말이다.

五月飛霜 (오월비상)★★★

[뜻음] 다섯 오, 달 월, 날 비, 서리 상.
[풀이] 오월에 서리가 내림. 여자가 한을 품으면 오월 더운 여름에도 서리가 내린다고 함.

吳越之思 (오월지사)★

[뜻음] 나라 이름 오, 월나라 월, 갈 지, 생각할 사.
[풀이] 戰國時代(전국시대) 吳王(오왕) 夫差(부차)와 越王(월왕) 句踐(구천)이 오랫동안 싸운 고사에서 나온 말. 敵意(적의)를 품고 서로 미워한다는 말. 吳越同舟(오월동주).

吳越之爭 (오월지쟁)★

[뜻음] 오나라 오, 월나라 월, 갈 지, 다툴 쟁.
[풀이] 오나라와 월나라의 다툼. 吳越同舟(오월동주).

烏有反哺之孝 (오유반포지효)★★

[뜻음] 까마귀 오, 있을 유, 되돌릴 반, 먹을 포, 갈 지, 효도 효.
[풀이] 까마귀는 새끼 때 길러준 어미 새의 恩惠(은혜)를 잊지 않고 어미 새가 늙은 뒤에 먹이를 갖다가 어미 새의 입에 물려 주는 孝誠(효성)이 있음. 출전 事文類聚(사문유취).

五音六律 (오음육률)★★★

[뜻음] 다섯 오, 소리 음, 여섯 육, 가락 률.
[풀이] 옛날 중국 음악의 다섯 가지 소리와 여섯 가지 율. '오음'은 宮, 商, 角, 徵, 羽(궁상각치우)이고, '육률'은 십이율 가운데서 陽聲(양성)인 太簇(태주), 姑洗(고선), 黃鐘(황종), 蕤賓(유빈), 夷則(이칙), 無射(무역) 여섯 음을 통틀어 이름.

烏衣子弟 (오의자제)★

[뜻음] 까마귀 오, 옷 의, 자식 자, 아우 제.
[풀이] 富貴(부귀)한 집안의 자제. 烏衣巷(오의항).

五日京兆 (오일경조)★

[뜻음] 다섯 오, 날 일, 서울 경, 조짐 조.
[풀이] 漢(한)나라 張敞(장창)이 京兆允(경조윤)에 任命(임명)되었다

가 며칠 후에 免職(면직)된 고사. 며칠 안 되어 交替(교체)됨을 이름. 출전 漢書(한서).

傲者不長 (오자부장)★

[뜻음] 거만할 오, 놈 자, 아닐 부, 길 장.
[풀이] 오만한 자는 오래가지 못하고 망함. 출전 老子(노자).

惡紫奪朱 (오자탈주)★★★

[뜻음] 미워할 오, 자줏빛 자, 빼앗을 탈, 붉을 주.
[풀이] 間色(간색)인 자주색이 正色(정색)인 붉은빛을 망쳐 놓음을 미워한다는 뜻. 간사한 사람이 정직한 선비의 태도를 취하면서 사람을 속이는 것을 이름. 옛날에 자색은 꼭두서니 빛을 이른 것으로 주색과 비슷함. 가짜가 진짜를 밀어냄을 비유함. 似而非(사이비)가 난무함을 비유함. 출전 論語(논어) 陽貨篇(양화편).

烏鵲南飛 (오작남비)★★★

[뜻음] 까마귀 오, 까치 작, 남녘 남, 날 비.
[풀이] 까치가 남쪽을 향하여 날아감. 영웅이 나타나니 다른 인물들이 萎縮(위축)되어 자취를 감춘다고 하여 三國時代(삼국시대) 魏(위)나라 曹操(조조)가 우쭐하는 마음으로 쓴 시. 출전 위무제의 短歌行(단가행).

五臟六腑 (오장육부)★★★

[뜻음] 다섯 오, 내장 장, 여섯 육, 장부 부.
[풀이] 內臟(내장)의 總稱(총칭)으로, 五臟(오장)과 六腑(육부)를 말함.

五鼎食 (오정식)★★

[뜻음] 다섯 오, 솥 정, 먹을 식.
[풀이] 옛날 大夫(대부)의 제사에는 다섯 솥의 고기를 바쳤으므로 榮進(영진)하는 뜻으로 씀. 출전 漢書(한서) 主父偃傳(주부언전).

五鼎烹 (오정팽)★★

[뜻음] 다섯 오, 솥 정, 삶을 팽.
[풀이] 罪(죄) 있는 자를 솥에 넣고 삶는 것을 이름. 이는 主父偃(주부언)이 五鼎食(오정식)과 짝을 지어 말한 것으로 실제로 烹刑(팽형)에 五鼎(오정)이라는 것은 없음. 출전 漢書(한서) 主父偃傳(주부언전).

烏鳥私情 (오조사정)★

[뜻음] 까마귀 오, 새 조, 사사로울 사, 뜻 정.
[풀이] 어미 새가 길러준 은혜를 갚는 까마귀의 情愛(정애). 곧 反哺(반포)의 마음. 轉(전)하여 자식이 어버이에게 효도를 다하고자 하는 마음. 反哺之孝(반포지효).

烏鳥之情 (오조지정)★

[뜻음] 까마귀 오, 새 조, 갈 지, 정 정.
[풀이] 까마귀가 자기를 낳아준 어미의 정을 잊지 않고 먹을 것을 물어다 준다는 데서 나온 말로, 부모와 자식 간의 은혜를 가리킴. 反哺之孝(반포지효).

烏之雌雄 (오지자웅)★

[뜻음] 까마귀 오, 갈 지, 암컷 자, 수컷 웅.
[풀이] 까마귀의 암놈과 수놈은 分別(분별)하기 어려우므로, 是非(시비), 善惡(선악)을 분별하기 어려운 사물의 비유로 쓰임. '誰知烏之雌

雄(수지오지자웅)'을 보시오. 출전 詩經(시경).

烏集之交 (오집지교)★

[뜻음] 까마귀 오, 모을 집, 갈 지, 사귈 교.
[풀이] 까마귀 떼의 사귐. 거짓이 많고 信義(신의)가 없는 사귐. 利慾(이욕)으로 맺어진 交際(교제). 출전 管子(관자).

五彩玲瓏 (오채영롱)★

[뜻음] 다섯 오, 무늬 채, 옥 소리 영, 옥 소리 롱.
[풀이] 五色燦爛(오색찬란).

五尺之童 (오척지동)★

[뜻음] 다섯 오, 자 척, 갈 지, 아이 동.
[풀이] 어린아이. 척은 周尺(주척)이 약 22.5센티미터. 어른의 신장을 丈(장)이라 하여 丈夫(장부)라 하고, 그 반인 5척을 童子(동자)라 함. 출전 孟子(맹자) 滕文公上篇(등문공상편).

吳楚東南坼 (오초동남탁)★

[뜻음] 오나라 오, 초나라 초, 동녘 동, 남녘 남, 갈라질 탁.
[풀이] 중국의 동정호로 말미암아 옛날 오, 초 두 나라 땅이 동과 남으로 갈라져 보임. 동정호가 넓다는 말. 杜甫(두보)의 詩句(시구).

惡醉而强酒 (오취이강주)★

[뜻음] 미워할 오, 취할 취, 말 이을 이, 굳셀 강, 술 주.
[풀이] 취하는 것을 싫어하면서 굳이 술을 마심. 생각과는 반대로 행위를 하는 일. 惡醉强酒(오취강주). 출전 孟子(맹자).

五風十雨 (오풍십우)★

[뜻음] 다섯 오, 바람 풍, 열 십, 비 우.
[풀이] 닷새에 한 번씩 바람이 불고 열흘에 한 번씩 비가 온다. 기후가 순조롭고 풍년이 들어 천하가 태평함을 이르는 말. 雨順風調(우순풍조). 출전 論衡(논형).

吳下阿蒙 (오하아몽)★★★

[뜻음] 나라 이름 오, 아래 하, 애칭 아, 입을 몽.
[풀이] 오나라 시골에 있을 때의 그 여몽. 학식이나 재주가 전에 비해 몰라볼 정도로 長足(장족)의 발전을 이룬 것. 주로 손아랫사람의 학식이나 재주가 놀랍게 향상된 경우를 일컬음. 반대로 언제 만나도 늘 그 모양인 것을 가리키기도 한다. 刮目相對(괄목상대).

《三國志(삼국지)》 吳志(오지) 여몽전에 나오는 이야기이다.

삼국시대 吳(오)나라 孫權(손권)의 부하 중에 呂蒙(여몽)이라는 장수가 있었다. 그는 武勇(무용)은 뛰어났으나 학식은 별로 없었다. 그 여몽이 장군으로 승진이 되었을 때 손권은 그에게 武人(무인)도 학문이 필요하다는 것을 말했다. 그 뒤로 여몽은 열심히 학문에 힘썼다. 한동안 지난 뒤에 여몽이 魯肅(노숙)을 만났다. 노숙은 학식이 뛰어난 사람으로 여몽과 오랜 친구 사이였다. 서로 이야기하는 동안 노숙은 여몽의 학식에 놀라며 "나는 그대를 무략만이 있는 줄 알았더니, 이제 보니 학식이 어찌나 대단한지

옛날 오나라 시골에 있을 때의 그 여몽은 아니로군" 하고 말했다.

그러자 여몽은 또 이렇게 대답했다. "선비란 것은 헤어진 지 사흘만 되면 곧 다시 눈을 비비고 서로 대할 정도의 진보를 하는 법이거든."

'아몽'의 阿(아)는 중국 사람들이 흔히 이름 위에 붙여 부르는 애칭이다. 여몽이 한 말에서 유래된 고사성어는 '괄목상대'이다.

烏合之卒 (오합지졸)★★★

[뜻음] 까마귀 오, 모을 합, 갈 지, 군사 졸.
[풀이] 까마귀를 모아 놓은 군대. ① 갑자기 모인 훈련 안 된 군사. ② 규율이나 통일성 없는 군중. 어중이떠중이.

《史記(사기)》 酈生陸賈列傳(역생육가열전)에는 酈食其(역이기)가 漢沛公(한패공) 劉邦(유방)이 秦(진)나라로 쳐들어가려 했을 때 한 말 가운데 이런 것이 있다.

"귀하께서 糾合(규합)한 무리들을 일으키고 흩어진 군사들을 거두어도 만 명이 차지 못하는데 그것으로 강한 진나라로 곧장 들어가려고 한다면, 이것이야말로 호랑이의 입을 더듬는 것입니다."

여기에는 '糾合之衆(규합지중)'으로 나오는데 다른 책에는 '烏合之衆(오합지중)'이나 '瓦合之衆(와합지중)'으로 나와 있다. 오합이든 규합이든 와합이든 마찬가지 뜻으로 통제 없는, 마구잡이로 긁어모은 그런 사람이나 군대를 말한 것이다.

《後漢書(후한서)》 耿弇傳(경엄전)에는 경엄이 군대를 이끌고 劉秀(유수: 후한 광무제)에게 달려가고 있을 때, 그의 부하 중에 유수의 밑으로 가지 말고 王郎(왕랑)의 밑으로 가자고 권하는 사람이 있었다. 그러자 경엄은 그들을 꾸짖는 가운데 이런 말을 했다. "우리 돌격대로써 왕랑의 烏合之衆(오합지중)을 짓밟기란 마른 나무 꺾는 거나 다를 것이 없다."

烏合之衆 (오합지중)★

[뜻음] 까마귀 오, 합할 합, 갈 지, 무리 중.
[풀이] 烏合之卒(오합지졸).

五行俱下 (오행구하)★

[뜻음] 다섯 오, 줄 행, 함께 구, 아래 하.
[풀이] 다섯 줄을 한 번에 읽어 내린다. 독서하는 속도가 빠름. 十行俱下(십행구하).

五行相剋 (오행상극)★★

[뜻음] 다섯 오, 다닐 행, 서로 상, 이길 극.
[풀이] 五行(오행)이 서로 이기는 이치. 土克水(토극수), 水克火(수극화), 火克金(화극금), 金克木(금극목), 木克土(목극토)의 이치.

五行上生 (오행상생)★★

[뜻음] 다섯 오, 다닐 행, 위 상, 날 생.
[풀이] 木(목), 火(화), 土(토), 金(금), 水(수)의 五行(오행)이 서로 순환하면서 낳는 이치. 木生火(목생화), 火生土(화생토), 土生金(토생금), 金生水(금생수), 水生木(수생목)의 이치.

嗚呼哀哉 (오호애재)★★★

[뜻음] 탄식소리 오, 부를 호, 슬플 애, 어조사 재.
[풀이] 아아 슬프구나. 아아 슬프도다. 嗚呼痛哉(오호통재).

嗚呼痛哉 (오호통재)★★★

[뜻음] 탄식할 오, 부를 호, 아플 통, 어조사 재.
[풀이] 아아 슬프도다. 嗚呼哀哉(오호애재).

嗚呼噫嘻 (오호희희)★

[뜻음] 탄식소리 오, 부를 호, 탄식할 희, 즐길 희.
[풀이] 어어 참이라고 할 때에 나오는 감탄사. 놀라 탄식하는 소리. 嗚呼(오호)는 탄식하는 소리.

五患 (오환)★

[뜻음] 다섯 오, 근심 환.
[풀이] 다섯 가지 근심. 풍수지리는 믿을 것이 못 되고 다만 조상 및 부모의 장지를 정할 때 다섯 가지 근심이 없는 곳을 택하면 충분하다는 말로, 도로, 성곽, 연못이 될 자리와, 세력가에게 빼앗기거나, 농지가 될 만한 곳 등을 피하면 됨.

玉溪淸流 (옥계청류)★

[뜻음] 구슬 옥, 시내 계, 맑을 청, 흐를 류.
[풀이] 옥과 같은 맑은 물이 흐르는 계곡의 맑은 물.

玉昆金友 (옥곤금우)★

[뜻음] 구슬 옥, 형 곤, 쇠 금, 아우 우.
[풀이] 옥 같은 형과 금 같은 아우라는 뜻으로 남의 형제를 稱讚(칭찬)하는 말. 출전 南史(남사).

玉骨仙風 (옥골선풍)★★

[뜻음] 구슬 옥, 뼈 골, 신선 선, 풍채 풍.
[풀이] 살갗이 희고 고결하며 神仙(신선)과 같은 풍채. 玉骨風采(옥골풍채).

玉女佳人 (옥녀가인)★

[뜻음] 구슬 옥, 계집 녀, 아름다울 가, 사람 인.
[풀이] 마음과 몸이 옥같이 아름답고 고운 여인.

玉盤佳肴 (옥반가효)★★

[뜻음] 구슬 옥, 쟁반 반, 아름다울 가, 안주 효.
[풀이] 옥반의 맛좋은 안주.

玉不磨不光 (옥불마불광)★

[뜻음] 구슬 옥, 아닐 불, 갈 마, 빛 광.
[풀이] 학문을 닦지 않으면 지능을 啓發(계발)하지 못함을 이름.

玉不琢不成器 (옥불탁불성기)★★

[뜻음] 구슬 옥, 아닐 불, 다듬을 탁, 이룰 성, 그릇 기.
[풀이] 옥의 바탕이 본시 아름답지만 다듬지 아니하면 쓰지 못한다는 뜻으로, 天性(천성)이 뛰어나도 학문을 닦지 아니하면 뛰어난 인물이 되지 못함을 이름. 출전 禮記(예기) 樂記篇(악기편).

玉鬢紅顔 (옥빈홍안)★★

[뜻음] 옥 옥, 귀밑머리 빈, 붉을 홍, 얼굴 안.
[풀이] 아름다운 귀밑머리와 붉은 얼굴. 아리따운 여자 모습.

屋上架屋 (옥상가옥)★★★

[뜻음] 집 옥, 위 상, 시렁 가, 집 옥.
[풀이] 지붕 위에 또 지붕을 씌운다. 일이 쓸데없이 중복됨. 屋下架屋(옥하가옥).

≪世說新語(세설신어)≫ 文學篇(문학편)에 나오는 이야기이다.

東晉(동진) 庾仲初(유중초)가 首都(수도) 建康(건강: 남경)의 아름다움을 묘사한 [揚都賦(양도부)]를 지었을 때 그는 먼저 이 글을 친척인 세도재상 庾亮(유양)에게 보였다. 유양은 친척의 情誼(정의)를 생각해서 과장된 평을 해 주었다.

"그의 [양도부]는 左太沖(좌태충)이 지은 [三都賦(삼도부)]와 조금도 손색이 없다" 했다.

그러자 사람들은 앞다투어 그 글을 베껴 가느라 장안의 종이 값이 오르는 형편이었다. 그러나 이와 같은 輕薄(경박)한 風潮(풍조)에 대해 太傅(태부)로 있는 謝安石(사안석: 이름은 石석)은 이렇게 나무라는 말을 했다.

"그건 안 될 소리다. 이것은 지붕 밑에 지붕을 걸쳤을 뿐이다."

결국 남의 것을 모방해서 만든, 서툰 문장이라는 뜻이다.

屋上建瓴水 (옥상건령수)★

[뜻음] 집 옥, 위 상, 세울 건, 동이 령, 물 수.
[풀이] 지붕 위에서 동이의 물을 쏟는다. 기세가 대단함.

玉石俱焚 (옥석구분)★★★

[뜻음] 구슬 옥, 돌 석, 함께 구, 불탈 분.
[풀이] 옥과 돌이 함께 탄다는 뜻. 곧 나쁜 사람이나 좋은 사람이나 같이 災厄(재액)을 당함을 이름.

≪書經(서경)≫ 夏書(하서) 胤征篇(윤정편)에 나오는 말이다.

"불이 崑崙山(곤륜산)에 붙으면 옥과 돌이 다 함께 타고 만다. 天吏(천리: 하늘이 명하신 관리)가 그 덕을 잃게 되면 그 해독은 사나운 불보다도 무섭다. 그 魁首(괴수)는 죽일지라도 마지못해 따라 한 사람은 죄 주지 않는다. 오래 물든 더러운 습성을 버리고 다 함께 새로운 사람이 되라."

胤征(윤정)이 胤侯(윤후)가 夏王(하왕)의 명령으로 義和(희화)를 치러 갈 때 한 선언으로, 희화를 치게 된 이유를 설명한 다음, 위에 나온 말이 계속된다. 결국 죄 없는 백성들을 보호하기 위해 희화를 일찌감치 쳐 없앤다는 것을 강조하고 위협에 못 이겨 끌려간 사람은 벌하지 않을 것이라는 말이다.

여기에서 착한 사람과 악한 사람이 함께 화를 입는 것을 '옥석구분'이라 하게 되었다. 우리 속담에 '모진 놈 옆에 있다가 벼락 맞는다'라는 말과 유사하다.

玉石同匱 (옥석동궤)★

[뜻음] 옥 옥, 돌 석, 한가지 동, 함 궤.
[풀이] 옥과 돌을 같은 궤에 넣어둔다는 뜻. 어진 사람과 어리석은 사람이 뒤섞여 賢愚(현우)를 分揀(분간)할 수 없음을 이름. 玉石混淆(옥석혼효). 출전 楚辭(초사).

玉石同碎 (옥석동쇄)★

[뜻음] 구슬 옥, 돌 석, 함께 동, 부술 쇄.
[풀이] 옥과 돌이 함께 부서진다. 玉石俱焚(옥석구분).

玉石混淆 (옥석혼효)★

[뜻음] 구슬 옥, 돌 석, 섞을 혼, 뒤섞일 효.
[풀이] 옥과 돌이 뒤섞여 있다. 좋은 것과 나쁜 것이 한데 섞여 있음. 출전 抱朴子(포박자).

玉液瓊漿 (옥액경장)★

[뜻음] 옥 옥, 진 액, 옥 경, 미음 장.
[풀이] 빛깔과 맛이 좋은 술.

屋烏之愛 (옥오지애)★

[뜻음] 집 옥, 까마귀 오, 갈 지, 사랑 애.
[풀이] 한 사람을 사랑하면 그가 사는 집 지붕 위의 까마귀까지 귀엽다는 뜻으로 사람을 사랑하는 마음은 그 사람의 주위의 것에까지도 미침을 이름. 우리나라 속담에 '아내가 귀여우면 처갓집 말뚝 보고도 절을 한다'와 뜻이 같음. 출전 說苑(설원).

玉衣玉食 (옥의옥식)★

[뜻음] 구슬 옥, 옷 의, 먹을 식.
[풀이] 좋은 옷을 입고 맛있는 음식을 먹음.

玉折蘭摧 (옥절난최)★

[뜻음] 옥 옥, 꺾을 절, 난초 난, 꺾을 최.
[풀이] 옥절과 같음. 玉折(옥절)은 훌륭한 죽음을 뜻함.

玉巵無當 (옥치무당)★

[뜻음] 옥 옥, 잔 치, 없을 무, 밑 당.
[풀이] 귀중한 옥 술잔이라도 밑이 없다면 쓸데가 없음. 겉보기는 훌륭해도 실제로는 쓸모가 없음. 훌륭한 사람이나 물건에 치명적인 缺點(결점)이 있음의 비유.

玉瑕 (옥하)★★★

[뜻음] 구슬 옥, 티 하. 옥에 티.
[풀이] 옥에 흠집이 있다. 아주 훌륭한 것에 결점이 있음을 이르는 말.

≪淮南子(회남자)≫ 說林訓篇(설림훈편)에 다음과 같은 말이 나온다.

"쥐구멍을 고치다가 마을 문을 부수기도 하고 작은 여드름을 짜다가 큰 종기를 만드는 것은, 진주에 주근깨가 있고, 옥에 티가 있는 것을 그대로 두면 온전할 것을 그것을 없애려다가 깨어버리는 것과 같다."

또 같은 편에,

"표범의 가죽옷이 얼룩무늬가 있는 것은 여우의 가죽옷이 순수한 것만 못하다. 흰 구슬에 험이 있으면 보물이 되기 어렵다. 이것은 完全無缺(완전무결)하기가 어려운 것을 말해주는 것이다"라고 나와 있다.

조그마한 결점은 있는 법이니, 그것을 굳이 없애려고 하지 말라는 말이고, 이 세상에 완전무결이란 있을 수 없다는 말이다.

屋下架室 (옥하가실)★

[뜻음] 집 옥, 아래 하, 시렁 가, 집 실.
[풀이] 지붕 밑에 또 지붕을 얹는다는 뜻으로 무슨 일에 부질없이 거듭하여 함의 비유. 屋上架屋(옥상가옥).

屋下架屋 (옥하가옥)★

[뜻음] 집 옥, 아래 하, 시렁 가.
[풀이] 屋上架屋(옥상가옥).

屋下私談 (옥하사담)★

[뜻음] 집 옥, 아래 하, 사사로울 사, 말씀 담.
[풀이] 쓸데없는 개인의 私事(사사)로운 이야기.

玉皇上帝 (옥황상제)★

[뜻음] 구슬 옥, 임금 황, 위 상, 임금 제.
[풀이] 玉皇(옥황).

溫故知新 (온고지신)★★★

[뜻음] 익힐 온, 예 고, 알 지, 새로울 신.
[풀이] 옛것을 익히고 그것으로 미루어 새로운 것을 앎.

≪論語(논어)≫ 爲政篇(위정편)에 나오는 孔子(공자)의 말씀으로,

"옛것을 익혀 새것을 알면 남의 스승이 될 수 있다(溫故而之新 可以爲師矣 온고이지신 가이위사의)."라고 실려 있다.

≪中庸(중용)≫ 二十七章(이십칠장)에도 '溫故而知新(온고이지신)'이라는 말이 나오는데 여기의 溫(온)에 대해서는 여러 가지 해석이 행해지고 있다. 鄭玄(정현)은 燖溫

(심온)을 溫(온)과 같다고 했는데 燖(심)은 고기를 뜨거운 물속에 넣어 따뜻하게 하는 것을 말한다. 즉 옛것을 배워 가슴속에 따듯하게 품고 있는 것을 말한다. 朱子(주자)의 註(주)에는 尋繹(심역)하는 것이라고 했다. 찾아 연구한다는 말이다.

溫故之情 (온고지정)★★

[뜻음] 따뜻할 온, 예 고, 갈 지, 뜻 정.
[풀이] 옛것을 돌이켜 살피고 생각하는 정.

溫恭自虛 (온공자허)★

[뜻음] 따뜻할 온, 공손할 공, 스스로 자, 빌 허.
[풀이] 얼굴빛을 부드럽게 하고, 행실을 삼가고, 겸허하게 스승의 가르침을 받으며, 자기 의견을 고집하지 않는 일. 출전 管子(관자).

溫恭直諒 (온공직량)★

[뜻음] 따뜻할 온, 공손할 공, 곧을 직, 서늘할 량.
[풀이] 온화하고 공경하며 정직하고 정성스러움.

溫良恭儉讓 (온량공검양)★

[뜻음] 따뜻할 온, 어질 량, 공손할 공, 검소할 검, 사양 양.
[풀이] 溫和(온화), 善良(선량), 恭敬(공경), 節制(절제), 謙讓(겸양) 다섯 가지 德(덕). 子貢(자공)이 스승 孔子(공자)의 용모, 성격을 평한 말. 출전 論語(논어) 學而篇(학이편).

溫柔謙遜 (온유겸손)★

[뜻음] 따뜻할 온, 부드러울 유, 겸손할 겸, 겸손할 손.
[풀이] 유순하고 부드러우며 倨慢(거만)하지 않음.

溫柔敦厚 (온유돈후)★

[뜻음] 따뜻할 온, 부드러울 유, 두터울 돈, 두터울 후.
[풀이] 온화하고 부드러우며 인정이 두터움. 온후함. 온유하고 돈후함. 따뜻하고 두터움. 溫厚(온후). 출전 禮記(예기).

溫柔鄕 (온유향)★

[뜻음] 따뜻할 온, 부드러울 유, 마을 향.
[풀이] 웃음과 몸을 파는 여자가 있는 곳. 미인의 부드러운 살결. 花柳界(화류계).

溫潤而澤 (온윤이택)

[뜻음] 따뜻할 온, 젖을 윤, 말 이을 이, 못 택.
[풀이] 온순하고 인자함. 출전 禮記(예기).

溫而厲 (온이여)★

[뜻음] 따뜻할 온, 어조사 이, 엄할 여.
[풀이] 온후하면서도 엄함. 孔子(공자)의 모습을 형용한 말.

溫淸定省 (온정정성)★

[뜻음] 따뜻할 온, 서늘할 정, 정할 정, 살필 성.
[풀이] 겨울에는 따뜻하게, 여름에는 시원하게, 밤에는 이부자리를 펴고, 아침에는 問安(문안)을 드린다. 至誠(지성)으로 효도함.

縕袍不恥 (온포불치)★

[뜻음] 헌솜 온, 핫옷 포, 아닐 불, 부끄러울 치.
[풀이] 溫袍(온포)를 입고도 부끄러워하지 않는다. 뜻이 높아 의복 따위 자질구레한 일에 구애되지 아니함. 孔子(공자)가 子路(자로)를 기린 말. 온포는 묵은 솜을 넣어 만든 도포.

溫厚篤實 (온후독실)★

[뜻음] 따뜻할 온, 두터울 후, 도타울 독, 열매 실.
[풀이] 성질이 온화하고 착실함.

兀然獨坐 (올연독좌)★★

[뜻음] 우뚝할 올, 그럴 연, 홀로 독, 앉을 좌.
[풀이] 홀로 우뚝하게 앉아 있는 모양.

甕裏醯鷄 (옹리혜계)★

[뜻음] 항아리 옹, 속 리, 초 혜, 닭 계.
[풀이] 물 항아리나 술 단지 속에 있는 작은 羽蟲(우충). 작은 초항아리나 술독 속에 있는 날벌레. 세상일을 모르는 小人(소인)의 비유로 쓰임.

甕算畵餠 (옹산화병)★★

[뜻음] 독 옹, 셈할 산, 그림 화, 떡 병.
[풀이] 독장수셈과 그림의 떡. 헛수고로 애만 쓰거나 헛배만 부르고 실속이 없음의 비유. 옛날에 한 독장수가 길가에 독을 실은 지게를 받쳐놓고 쉬면서 독을 다 팔면 얼마나 남을까 계산하다가 잠이 들었다. 꿈속에서도 장사를 하여 큰 부자가 된 독장수는 어찌나 좋은지 겅중겅중 뛰다가 깨어 보니 지게는 엎어지고 독은 다 깨어져 있더라는 옛일에서 온 말.

甕牖繩樞 (옹유승추)★

[뜻음] 독 옹, 창 유, 새끼 승, 지도리 추.
[풀이] 깨진 항아리의 입을 창으로 하고 새끼를 지도리에 맨다는 뜻으로, 貧寒(빈한)한 집의 형용.

雍齒封侯 (옹치봉후)★

[뜻음] 온화할 옹, 이 치, 봉할 봉, 제후 후.
[풀이] 漢高祖(한고조: 유방)가 張良(장량)의 계략을 써서 먼저 그가 미워하는 雍齒(옹치)를 제후에 봉하여 다른 여러 장수들을 鎭撫(진무)한 고사. 출전 史記(사기).

蝸角之勢 (와각지세)★★

[뜻음] 달팽이 와, 뿔 각, 갈 지, 형세 세.
[풀이] 달팽이의 뿔 위에서 싸움. 하찮은 일로 승강이를 하는 형세. 蝸角之爭(와각지쟁). 출전 장자 則陽篇(칙양편).

蝸角之爭 (와각지쟁)★★★

[뜻음] 달팽이 와, 뿔 각, 갈 지, 다툴 쟁.
[풀이] 달팽이 뿔 위에서의 싸움. 하찮은 일로 승강이를 하는 형세. 촉각 위에 있는 두 나라가 전쟁을 한다는 뜻으로 사소한 일로 싸움. 蝸角之勢(와각지세). 蝸牛角上爭(와우각상쟁).

우주의 광대한 위치에서 지구상의 전쟁을 굽어보았을 때의 비유라고 말할 수 있다.

≪莊子(장자)≫ 則陽篇(칙양편)에 나오는 이야기이다. 魏惠王(위혜왕)과 齊威王(제위왕)은 서로 침략을 않기로 맹약을 했었는데, 위왕이 먼저 배신을 하자 혜왕은 자객을 보내 위왕을 죽이려 하였다. 그러자 혜왕의 신하 公孫衍(공손연)은 정정당당하게 군사를 일으켜 제나라를 칠 것을 주장했다. 그러나 季子(계자)라는 신하는 무고한 백성들만 괴롭히게 된다고 이를 말렸다. 혜왕이 어느 쪽 말을 들어야 할지 몰라 망설이고 있는데 재상인 惠子(혜자)가 戴晉人(대진인)이란 사람을 시켜 혜왕을 만나게 했다. 대진인은 혜왕을 보고 말을 꺼냈다.

"왕께서도 달팽이란 것을 알고 계십니까?"

"알고 있소."

"그 달팽이의 왼쪽 뿔에는 觸氏(촉씨)라는 사람이 그리고 오른쪽 뿔에는 蠻氏(만씨)라는 사람이 나라를 세우고 있는데, 언젠가 서로 영토를 놓고 싸워 죽은 사람이 만 명에 달했어도 달아나는 적을 보름이나 추격한 끝에 돌아온 일이 있습니다."

이 이야기는 맹자에게 제시하는 寓話(우화)이다. 왕의 다툼은 달팽이 뿔 위의 싸움처럼 사소한 것이라는 말이다.

臥龍鳳雛 (와룡봉추)★

[뜻음] 누울 와, 용 룡, 봉새 봉, 병아리 추.
[풀이] 와룡과 봉추. 와룡과 같은 뜻. 누운 용은 때를 만나면 雲雨(운우)를 얻어 하늘로 올라가는 것. 곧 때를 기다리는 豪傑(호걸)의 비유. 臥龍(와룡)은 누운 용, 雛(추)는 병아리. 봉추는 봉황의 새끼. 출전 資治通鑑(자치통감).

臥龍先生 (와룡선생)★

[뜻음] 누울 와, 용 룡, 먼저 선, 날 생.
[풀이] 중국 三國時代(삼국시대) 蜀(촉)나라의 재상인 諸葛亮(제갈량)의 호. 누워 있는 용. '와룡'은 때를 기다리는 호걸.

蛙鳴蟬噪 (와명선조)★

[뜻음] 개구리 와, 울 명, 매미 선, 떠들썩할 조.
[풀이] 개구리와 매미가 시끄럽게 욺. 졸렬한 의논. 졸렬한 문장을 비웃는 말.

瓦釜雷鳴 (와부뇌명)★

[뜻음] 기와 와, 솥 부, 우레 뇌, 울 명.
[풀이] 질솥이 우레처럼 울린다. 기와로 만든 솥은 본래 소리가 없는 법인데 천둥소리같이 크게 울린다. 讒言(참언) 또는 邪說(사설)이 盛行(성행)하거나 어리석은 사람이 고위고관에 오름의 비유로 쓰임. 무식한 사람이 아는 체하면서 과장함. 출전 楚辭(초사).

臥薪嘗膽 (와신상담)★★★

[뜻음] 누울 와, 섶 신, 맛볼 상, 쓸개 담.
[풀이] 땔나무 위에 눕고 쓸개를 맛보다. 뜻을 이루기 위해 온갖 괴로

움을 무릅씀. 각각 다른 두 사람의 이야기가 합쳐져서 생긴 말로, 와신은 오왕 부차가 아버지의 원수를 갚으려고 섶 위에서 자며 고생한 고사이고, 상담은 월나라 구천이 오나라 때문에 당한 치욕을 씻고자 쓸개를 핥으며 報復(보복)을 잊지 않았다는 고사.

≪史記(사기)≫ 越王句踐世家(월왕구천세가), ≪吳越春秋(오월춘추)≫ 등에 나오는 이야기이다.

周敬王(주경왕) 二四年(이십사년)에 吳王(오왕) 闔閭(합려)는 군사를 이끌고 越(월)나라를 쳐들어갔다가 越王(월왕) 句踐(구천)에게 패해 발에 독 묻은 화살을 맞고 陣中(진중)에서 죽게 된다.

합려는 죽을 때 太子(태자) 夫差(부차)를 불러 이렇게 말했다.

"너는 구천이 이 아비를 죽인 원수라는 것을 잊지 않겠지?"

"어찌 잊을 리 있겠습니까?"

이렇게 대답한 부차는 나라에 돌아오자 장작 위에 자리를 펴고 자며 방 앞에 사람들 세워 두고 나고 들 때마다,

"부차야, 아비 죽인 원수를 잊었느냐" 하고 외치게 했다.

부차의 이 같은 소식을 들은 월왕 구천은, 선수를 쳐서 오나라를 먼저 쳐들어갔으나 패했다. 구천은 겨우 오천 명 남은 군사를 거느리고 會稽山(회계산)에서 농성을 하지만 결국 오나라에 항복을 한 후 포로가 되어 아내, 모사 范蠡(범려)와 함께 갖은 고역과 모욕을 겪은 끝에 영원히 오나라의 속국이 되기를 맹세하고 무사히 귀국하게 된다.

구천은 나라로 돌아오자 일부러 몸과 마음을 괴롭히며 자리 옆에는 항상 쓸개를 달아매어 두고, 앉았을 때나 누워 있을 때나 이 쓸개를 씹으며 쓴맛을 되씹었다.

또 음식을 먹을 때도 먼저 쓸개를 씹고 나서,

"너는 회계의 치욕을 잊었느냐" 하고 자신에게 타이르곤 했다.

월왕 구천이 오나라를 쳐서 이기고 오왕 부차로 하여금 자살하게 만든 것은 이로부터 20여 년이 지난 뒤의 일이다. '會稽之恥(회계지치)'라고도 한다.

臥遊江山 (와유강산)★

[뜻음] 누울 와, 놀 유, 강 강, 뫼 산.
[풀이] 누워서 강산을 노닌다. 산수를 그린 그림을 보고 즐김.

污尊而抔飮 (와준이부음)★

[뜻음] 땅 팔 와, 술통 준, 말 이을 이, 움킬 부, 마실 음.
[풀이] 먼 옛날에, 땅을 파서 술통으로 쓰고, 술을 손으로 움켜 마시던 일. 출전 鹽鐵論(염철론)

臥治天下 (와치천하)★

[뜻음]누울 와, 다스릴 치, 하늘 천, 아래 하.
[풀이] 누워서 천하를 다스린다. 편하게 천하를 다스림. 太平聖代(태평성대)를 말함.

臥治淮陽 (와치회양)★

[뜻음] 엎드릴 와, 다스릴 치, 강 이름 회, 볕 양.
[풀이] 정치를 간략히 하여 백성을 잘 다스리고 안락하게 하는 것. 출전 史記(사기) 汲黯傳(급암전).

臥榻豈容鼾睡 (와탑기용한수)

[뜻음] 누울 와, 침상 탑, 어찌 기, 용납할 용, 코 골 한, 잠잘 수.
[풀이] 자기의 침대에 남이 잠자는 것을 어찌 허용할 수 있으랴. 자기 영토 내에서 제멋대로 구는 것을 허용하지 않음.

瓦合 (와합)★★

[뜻음] 기와 와, 합할 합.
[풀이] 깨진 기와 조각을 서로 맞추어 보는 것과 같이 아무리 모아 합쳐 보아도 완전하게 되지 않음을 비유한 말. 출전 史記(사기) 儒林傳(유림전).

瓦合之卒 (와합지졸)★

[뜻음] 기와 와, 합할 합, 갈 지, 군사 졸.
[풀이] 규칙도 통일성도 없는 군중. '瓦合(와합)'을 보시오. 출전 漢書(한서).

瓦解冰銷 (와해빙소)★

[뜻음] 기와 와, 풀 해, 얼음 빙, 녹일 소.
[풀이] 기와가 깨지듯 하고 얼음이 녹아 버리듯 한다. 사물이 산산이 흩어지고 없어짐. 출전 舊唐書(구당서).

瓦解土崩 (와해토붕)★

[뜻음] 기와 와, 풀 해, 흙 토, 무너질 붕.
[풀이] 기와가 깨지고 흙이 무너진다. 대세가 허물어짐. 출전 漢書(한서).

完久之計 (완구지계)★

[뜻음] 완전할 완, 오랠 구, 갈 지, 꾀 계.
[풀이] 완전하여 영구히 변하지 않을 계교. 완전하고 오래 지속될 수 있는 꾀.

腕力成黨 (완력성당)★

[뜻음] 팔 완, 힘 력, 이룰 성, 무리 당.
[풀이] 여러 사람이 동아리를 지어서 기세 좋게 하는 일. 울력성당.

玩物喪志 (완물상지)★

[뜻음] 놀 완, 만물 물, 죽을 상, 뜻 지.
[풀이] 진귀한 물건에 정신이 팔려 본심을 잃어버린다. 쓸데없는 물건을 가지고 노는 데 팔려 所重(소중)한 자기의 本心(본심)을 잃음. 출전 書經(서경).

完璧 (완벽)★★★

[뜻음] 완전할 완, 화씨벽 벽.
[풀이] 전국시대 조나라의 '화씨지벽'이라는 진귀한 구슬. 흠이나 결점이 없음을 나타냄. 完璧歸趙(완벽귀조).

≪史記(사기)≫ 藺相如列傳(인상여열전)에 나오는 이야기이다. 흠이 없는 구슬이란 뜻도 되고, 구슬을 온전히 보존한다는 뜻도 된다.

이 완벽이란 말을 처음으로 쓰게 된 사람은 戰國時代(전국시대) 말기 趙(조)나라의 藺相如(인상여)란 사람이었다. 조나라 惠文王(혜문왕)은 당시 천하의 제일가는 보물로 알려져 있던 華氏璧(화씨벽)을 우연히 손에 넣게 되었다. 그러자 이 소문을 전해 들은 진나라 昭陽王(소양왕)이 성 열다섯과 화씨벽을 맞바꾸자고 사신을 보내 청해 왔다. 진나라의 속셈은 구슬을 먼저 받아 쥐고 성은 주지 않을 작정이었다. 혜문왕은 어쩔 줄을 모르다가 인상여를 불러 대책을 의논한 후 인상여가 구슬을 가지고 사신으로 가게 되었다.

진나라 소양왕은 구슬을 보고 크게 기뻐하며 후궁과 시신들에게 구경시켰다. 인상여는

"그 구슬에는 티가 있습니다. 신이 그것을 보여 드리겠습니다" 하고 속여 구슬을 받아 드는 순간 뒤로 물러나 기둥에 의지하고 서서 왕에게 말했다.

"조나라에서는 진나라를 의심하고 구슬을 주지 않으려 했습니다. 그런 것을 신이 굳이 진나라 같은 대국이 신의를 지키지 않을 리 없다고 말하여 가져오게 된 것입니다. 보내기에 앞서 우리 임금께선 닷새를 재계를 했는데 그것은 대국을 존경하는 뜻에서였습니다. 그런데 대왕께서는 신을 진나라 신하와 같이 대하며 모든 예절이 정중하지 못했을 뿐만 아니라 구슬을 받아 미인에게까지 보내 구경을 시키며 신을 희롱하였습니다. 신이 생각하기에 대왕께선 조나라에 성을 주실 생각이 없으신 것 같습니다. 그러므로 신은 다시 구슬을 가져가겠습니다. 대왕께서 구슬을 강요하신다면 신의 머리는 이 구슬과 함께 기둥에 부딪치고 말 것입니다."

구슬이 깨어질까 겁이 난 소양왕은 지도를 가리키며 땅을 주라고 말했다. 모두가 연극인 것을 안 인상여는 말했다.

"대왕께서도 우리 임금과 같이 닷새 동안을 목욕재계한 다음 의식을 갖추어 천하의 보물을 받도록 하십시오. 그렇지 않으면 신은 감히 구슬을 올리지 못하겠습니다."

소양왕은 인상여가 말하는 바를 정중하게 지키며 닷새를 기다리기로 했고, 이 사이에 인상여는 부하를 시켜 샛길로 구슬을 가지고 조나라로 돌아가게 해서 구슬은 다시 돌아왔다. 진왕은 속았지만 인상여를 죽이면 대국으로서 소문이 나쁘게 날까 염려되어 인상여를 후히 대접하고 돌려보냈다. 이 일로 인해 완벽이라는 말이 생겼다.

完如盤石 (완여반석)

[뜻음] 완전할 완, 같을 여, 쟁반 반, 돌 석.

[풀이] 온전하고 튼튼하기가 넓고 편편한, 큰 돌과 같음.

玩月長醉 (완월장취)★★

[뜻음] 희롱할 완, 달 월, 길 장, 취할 취.
[풀이] 달을 벗 삼아 술을 오래도록 마심.

完全無缺 (완전무결)★★

[뜻음] 완전할 완, 온통 전, 없을 무, 흠 결.
[풀이] 완전하여 결점이 없음.

完全無欠 (완전무흠)★

[뜻음] 완전할 완, 온전할 전, 없을 무, 부족할 흠.
[풀이] 完全無缺(완전무결).

緩衝地帶 (완충지대)★★

[뜻음] 느릴 완, 찌를 충, 땅 지, 띠 대.
[풀이] 양국 또는 여러 나라의 衝突(충돌)을 緩和(완화)하기 위하여 설치한 중립 지대.

浣花日 (완하일)★

[뜻음] 씻을 완, 꽃 화, 날 일.
[풀이] 蜀(촉)나라 成都(성도)의 풍속으로 매년 사월 십구일에 杜甫(두보)의 浣花溪(완화계)의 草堂(초당)에 모여 宴會(연회)를 하던 날을 이름. 출전 老學菴筆記(노학암필기).

曰可曰否 (왈가왈부)★★★

[뜻음] 이를 왈, 옳을 가, 아닐 부.
[풀이] 어떤 일에 대하여 옳으니 그르니 함. 어떤 사람은 옳다 하고 어떤 사람은 그르다 함.

曰是曰非 (왈시왈비)★

[뜻음] 이를 왈, 옳을 시, 아닐 비.
[풀이] 어떤 일에 대하여 옳고 그름을 말함. 잘잘못을 가림.

往古今來 (왕고금래)★★

[뜻음] 갈 왕, 옛 고, 이제 금, 올 래.
[풀이] 예로부터 지금까지. 往古來今(왕고내금).

往古來今 (왕고내금)★★

[뜻음] 갈 왕, 옛 고, 올 내, 이제 금.
[풀이] 과거, 현재, 미래 시간의 흐름. 古往今來(고왕금래).

王顧左右而言也 (왕고좌우이언야)

[뜻음] 임금 왕, 돌아볼 고, 왼 좌, 오른 우, 말 이을 이, 말씀 언, 어조사 야.
[풀이] 왕이 좌우를 돌아보며 다른 이야기를 하다. 딴전을 피우며 회피함. '左顧右眄(좌고우면)'을 보시오.

往來不絶 (왕래부절)★

[뜻음] 갈 왕, 올 래, 아닐 부, 끊을 절.
[풀이] 끊임없이 오고 감.

王良登車馬不罷駑 (왕량등차마불피노)★

[뜻음] 임금 왕, 어질 량, 오를 등, 수레 차, 말 마, 아닐 불, 지칠 피, 둔할 노.
[풀이] 왕량이 수레에 오르면 말이 지치거나 둔해지지 않는다. 왕량은 춘추시대 말을 잘 모는 어자로 조보와 짝이 된다. 말을 잘 알아보는 것으로는 백락과 짝이 되는 사람이다. 훌륭한 수레몰이는 말이 지치고 힘들게 하지 않는다는 말이다. '파'는 '지치다, 피로하다'의 의미로 쓰일 때에는 '피'로 읽는다. 王良登車馬不罷駑(왕량등거마불피노). 출전 荀子(순자) 王覇篇(왕패편).

王司敬民 (왕사경민)★

[뜻음] 임금 왕, 맡을 사, 공경할 경, 백성 민.
[풀이] 임금은 하늘을 대신하여 백성을 다스리는 것으로, 정사를 삼가고 백성을 소중히 하는 것이 그 직분임.

王祥得鯉 (왕상득리)★

[뜻음] 임금 왕, 상서로울 상, 얻을 득, 잉어 리.
[풀이] 西晉(서진) 시대에 태보를 지낸 王祥(왕상)이 어려서부터 효성이 지극하여 그의 계모가 생선을 먹고 싶어 하였을 때, 얼음 위에 누워 얼음이 녹는 것을 기다려 얼음을 깨고 잉어 두 마리를 얻은 고사.

王者氣象 (왕자기상)★

[뜻음] 임금 왕, 놈 자, 기운 기, 모양 상.
[풀이] 임금이 될 만한 기상. 임금의 기상.

王者無外 (왕자무외)★★

[뜻음] 임금 왕, 놈 자, 없을 무, 바깥 외.
[풀이] 임금은 천하로써 집을 삼기 때문에 바깥이라는 데가 없다. 왕이 크게 통일한 세상을 이름.

王者無親 (왕자무친)★★

[뜻음] 임금 왕, 놈 자, 없을 무, 친할 친.
[풀이] 임금이라도 국법 앞에서는 사사로운 정으로 일을 처리하지 못함.

往者不可諫 (왕자불가간)★★★

[뜻음] 갈 왕, 놈 자, 아닐 불, 가할 가, 간할 간.
[풀이] 지나간 일은 諫(간)하여 고칠 수 없다는 뜻으로, 지나간 일은 다시 돌이킬 수 없다는 말. 지나간 일은 하는 수 없지만 이제부터라도 하면 된다.

≪論語(논어)≫ 微子篇(미자편)에 나오는 말이다.
孔子(공자)가 수레를 타고 지나가는데, 거짓 미치광이 행세를 하며 세상을 숨어 사는 接輿(접여)라는 隱士(은사)가 이런 노래를 부르며 지나갔다.

봉이여, 봉이여, 어찌 덕이 쇠했는가
간 것은 간할 수 없지만 오는 것은 오히려 미칠 수 있다.
그만둘지어다, 그만둘지어다, 지금의 정치에 종사하는 사람은 위태롭다.

공자는 얼른 수레에서 내려 그와 함께 이야기를 나누

려 했으나 그가 사람들 사이로 피하는 바람에 이야기를 못 하고 말았다.

접여는 공자를 봉황에다 비유했다. 때를 만나지 못해 고생하고 돌아다니는 공자를 안타까워하며 지나간 고생은 공연한 고생이었지만 앞으로나 그런 헛고생을 말고 가만히 있으라고 충고한다. 자칫하면 큰 위험이 따를 뿐이라고 공자에게 경고하고 있다.

王者中立 (왕자중립)★

[뜻음] 임금 왕, 놈 자, 가운데 중, 설 립.
[풀이] 임금은 公平無私(공평무사)하여 어느 쪽으로도 치우치지 않음. 출전 鹽鐵論(염철론).

王佐之材 (왕좌지재)★

[뜻음] 임금 왕, 보좌할 좌, 갈 지, 재목 재.
[풀이] 제왕을 도울 만한 재목, 宰相(재상)이 될 만한 인물. 출전 漢書(한서).

枉直隨形 (왕직수형)

[뜻음] 굽을 왕, 곧을 직, 따를 수, 모양 형.
[풀이] 그림자는 형체에 따라 굽기도 하고 곧기도 함. 출전 列子(열자).

枉尺而直尋 (왕척이직심)★

[뜻음] 굽을 왕, 자 척, 말 이을 이, 곧을 직, 찾을 심.
[풀이] 여덟 자를 곧게 하기 위해서는 한 자를 굽힘. 大(대)를 위해서는 小(소)를 犧牲(희생)시킴. 작은 욕에 신경 쓰지 않고 큰일을 이룸. 짧은 자를 굽히고 긴 자를 편다. 여덟 자를 곧게 하기 위해서는 한 자를 굽힘. 枉尺直尋(왕척직심). 출전 孟子(맹자) 滕文公下篇(등문공하편).

王侯將相 (왕후장상)★

[뜻음] 임금 왕, 제후 후, 장수 장, 재상 상.
[풀이] 帝王(제왕), 諸侯(제후), 大將(대장), 宰相(재상)을 통틀어 이르는 말. 백성의 지배층.

王侯將相寧有種乎 (왕후장상영유종호)★★

[뜻음] 임금 왕, 과녁 후, 장수 장, 재상 상, 어찌 영, 있을 유, 종자 종, 어조사 호.
[풀이] 왕후와 장상에 어찌 血統(혈통)이 있겠느냐 하는 뜻으로, 發憤(발분)하면 누구나 왕후장상이 될 수 있다는 말. 王侯將相何有種(왕후장상하유종). 출전 史記(사기).

矮人看場 (왜인간장)★

[뜻음] 왜소할 왜, 사람 인, 볼 간, 마당 장.
[풀이] 난쟁이가 여러 사람 틈에서 演劇(연극)을 구경한다는 뜻으로, 직접 보지도 못하고 대중으로 事物(사물)을 判斷(판단)함을 비유함.

外剛內柔 (외강내유)★★

[뜻음] 바깥 외, 힘셀 강, 안 내, 부드러울 유.
[풀이] 內柔外剛(내유외강).

外剛內柔 (외강내유)★★★

[뜻음] 바깥 외, 힘셀 강, 안 내, 부드러울 유.
[풀이] 겉으로는 강하게 보이나 속은 부드러움.

外交內治 (외교내치)★★

[뜻음] 바깥 외, 사귈 교, 안 내, 다스릴 치.
[풀이] 밖으로는 다른 나라들과 교제하고 안으로는 나라 안을 다스리는 일.

外房出入 (외방출입)★★

[뜻음] 바깥 외, 방 방, 날 출, 들 입.
[풀이] 딴 여자를 보고 다님. 계집질을 하고 다님.

外富內貧 (외부내빈)★

[뜻음] 바깥 외, 가멸 부, 안 내, 가난할 빈.
[풀이] 겉으로는 부자 같으나 실상은 구차하고 가난함.

外貧內富 (외빈내부)★

[뜻음] 바깥 외, 가난할 빈, 안 내, 가멸 부.
[풀이] 外樣(외양)은 가난한 것 같으나 실상은 부자임.

根闑店楔 (외얼점설)★

[뜻음] 지도리 외, 문 말뚝 얼, 빗장 점, 문설주 설.
[풀이] 문지도리와 문지방과 문빗장과 문설주.

外柔中剛 (외유중강)★

[뜻음] 밖 외, 부드러울 유, 가운데 중, 강직할 강.
[풀이] 겉으로 보기에는 柔順(유순)한 듯하나 內心(내심)은 剛直(강직)함.

巍巍蕩蕩 (외외탕탕)★★

[뜻음] 높고 클 외, 방탕할 탕.
[풀이] 높고 크며 넓고 먼 모양.

外柔內剛 (외유내강)★★★

[뜻음] 바깥 외, 부드러울 유, 안 내, 강직할 강.
[풀이] 겉으로는 부드럽고 순하나 속은 곧고 꿋꿋함.

外戚 (외척)★★★

[뜻음] 바깥 외, 겨레 척.
[풀이] 친척이라 하면 친가 쪽과 외가 쪽을 합쳐 부르는 말이고 외척이라는 말은 외가 쪽만을 의미함.

중국 역사를 살펴보면 외척과 환관내시들이 득세하던 때가 많음을 알 수 있다. 동양 사회에서는 여자가 시집을 가더라도 자기의 성을 그대로 유지하면서 친정과의 관계가 끈끈하기 때문에 벌어진 일이라고 볼 수 있다.

외척들의 跋扈(발호)는 특히 자기가 낳은 아들이 왕이 되었을 때 더욱 심했다. 한나라 고조 유방의 처 여후 일족의 폭정과 황실 유린은 너무도 유명하다. 전한을 멸망시킨 王莽(왕망)은 당시 황제인 평제의 장인이었다. 또 측천무

후는 당나라 조정을 뒤엎고 나라 이름을 周(주)라고 고친
후 무씨 천하를 만들기도 했다. 당현종 때에는 楊貴妃(양
귀비)의 오빠인 양국충의 專橫(전횡)으로 결국 안록산의
난이 일어나 멸망의 계기가 되고 말았다.

外親內疎 (외친내소)★★

[뜻음] 바깥 외, 친할 친, 안 내, 멀 소.
[풀이] 겉으로는 가까운 체하고 속으로는 멀리함.

外虛內實 (외허내실)★

[뜻음] 밖 외, 빌 허, 안 내, 열매 실.
[풀이] 겉은 허술한 듯 보이나 속은 충실함.

外戶而不閉 (외호이불폐)★

[뜻음] 밖 외, 집 호, 어조사 이, 아닐 불, 닫을 폐.
[풀이] 대문 빗장을 벗겨 놓고 닫지 않는다. 세상이 태평하여 不正(부
정)이 없음. 출전 禮記(예기).

外華內貧 (외화내빈)★★

[뜻음] 밖 외, 화려할 화, 안 내, 가난 빈.
[풀이] 겉은 화려해 보이나 속은 가난함.

姚江學派 (요강학파)★

[뜻음] 예쁠 요, 강 강, 배울 학, 물갈래 파.
[풀이] 姚江(요강)은 浙江省(절강성) 餘姚縣(여요현)의 남쪽에 있는
강. 明(명)나라 王守仁(왕수인)은 절강성 여요현 사람이므로 陽明學
派(양명학파)를 요강학파라고 부름.

堯鼓舜木 (요고순목)★

[뜻음] 요임금 요, 북 고, 순임금 순, 나무 목.
[풀이] 堯(요)임금은 조정에 북을 걸어두어 임금에게 諫(간)하려는 사
람은 누구나 이 북을 치게 하였고, 舜(순)임금은 마루를 세워서 여기
에 警戒(경계)하는 말을 쓰게 한 일. 聖天子(성천자)가 착한 말을 잘
받아들이는 것을 이름. 출전 舊唐書(구당서).

堯敎丹朱 (요교단주)★

[뜻음] 요임금 요, 가르칠 교, 붉을 단, 붉을 주.
[풀이] 중국의 堯(요) 임금이 그 아들 丹朱(단주)에게 바둑을 가르친
일. 단주의 어리석음을 깨우치기 위해 바둑을 개발하여 가르쳤다고
함. 출전 南帝書(남제서).

搖旗納喊 (요기납함)★

[뜻음] 흔들 요, 기 기, 보낼 납, 소리칠 함.
[풀이] 깃발을 흔들며 함성을 보냄. 응원을 가열하게 함.

遼東之豕 (요동지시)★★★

[뜻음] 멀 요, 동녘 동, 갈 지, 돼지 시.
[풀이] 요동 땅의 돼지. 남이 보기에는 대단찮은 물건을 대단히 귀한
것으로 생각하는 어리석은 태도. 견문이 좁고 오만한 탓에 하찮은 공
을 득의양양하여 자랑함의 비유.

後漢(후한) 건국 직후, 漁陽太守(어양태수) 彭寵(팽총)
이 논공 행사에 불만을 품고 반란을 꾀하자 大將軍(대장
군) 朱浮(주부)는 그의 비리를 꾸짖는 글을 보냈다.
"그대는 이런 이야기를 들어 본 적이 있는가? '옛날에
요동 사람이 그의 돼지가 대가리가 흰[白頭] 새끼를 낳자
이를 진귀하게 여겨 왕에게 바치려고 河東(하동)까지 가
보니 그곳 돼지는 모두 대가리가 희므로 부끄러워 얼른
돌아갔다'고 한다. 지금 조정에서 그대의 공을 논한다면
폐하[光武帝]의 개국에 공이 큰 군신 가운데 저 요동의
돼지에 불과함을 알 것이다."
팽총은 처음에 후한을 세운 光武帝(광무제) 劉秀(유수)
가 叛軍(반군)을 토벌하기 위해 河北(하북)에 布陣(포진)
하고 있을 때에 3,000여 보병을 이끌고 달려와 가세했다.
또 광무제가 옛 趙(조)나라의 도읍 邯鄲(한단)을 포위 공
격했을 때에는 군량 보급의 重責(중책)을 맡아 차질 없이
완수하는 등 여러 번 큰 공을 세워 佐命之臣(좌명지신)의
한 사람이 되었다.
그러나 팽총은 스스로 燕王(연왕)이라 일컫고 조정에
반기를 들었다가 2년 후 토벌당하고 말았다.

搖頭轉目 (요두전목)★

[뜻음] 흔들 요, 머리 두, 구를 전, 눈 목.
[풀이] 머리를 흔들고 눈을 굴리면서 몸을 움직임. 침착성 없이 행동함.

搖梁三日 (요량삼일)★★

[뜻음] 두를 요, 대들보 량, 석 삼, 날 일.
[풀이] 음악소리가 사흘 동안 대들보를 울린다. 노랫소리나 音樂(음
악)이 絶妙(절묘)한 것.

要領不得 (요령부득)★★★

[뜻음] 구할 요, 옷깃 령, 아닐 부, 얻을 득.
[풀이] 말이나 글의 요령을 잡을 수가 없음. 말이나 글이, 목적과 줄
거리가 뚜렷하지 못해 무엇을 나타내려는 것인지 알 수 없을 때.

옛날에 要領不得(요령부득)이라는 말은 두 가지 다른
뜻으로 쓰이고 있었다. 하나는 '요령'의 '요'가 '허리 요'
와 같은 뜻으로 쓰이는 경우인데, 이때의 요령부득은 제명
에 죽지 못하는 것을 말한다. 옛날에는 죄인을 사형에 처
할 때 무거운 죄는 허리를 베고 가벼운 죄는 목을 베게 되
어 있었다. 요는 허리를 말하고 령은 목을 뜻한다. 그러므
로 요령부득은 허리와 목을 온전히 보존하지 못한다는 뜻
이 된다.
그러나 요즘 '요령'이란 말은 옷의 허리띠와 깃을 말한
다. 옷을 들 때는 반드시 허리띠 있는 곳과 깃이 있는 곳
을 들어야만 옷을 얌전히 제대로 들 수 있다. 여기에서 허
리띠와 깃이 요긴한 곳을 가리키는 말로 변하게 되었다.
≪史記(사기)≫ 大宛傳(대원전)에 漢武帝(한무제)가

흉노를 치기 위해 張騫(장건)을 大月氏國(대월지국)으로 보낸 이야기가 나온다. 장건은 포로가 되는데 거기서 10여 년 抑留(억류) 생활을 하며 아내를 얻어 자식까지 낳게 되는데 흉노가 안심했을 때 도망쳐서 대원으로 갔다. 거기서 다시 대월지국까지 갔다가 大夏(대하)까지 가게 되는데, 거기서 끝내 월지왕과 그 나라의 방침이나 외교관계에 대해 아는 바가 없이 모르고 1년 남짓 허송하며 억류되어 있다가 한나라로 돌아오게 되는데 다시 흉노에게 붙들려 1년여를 억류되어 있다가 무려 13년 만에 한나라 長安(장안)으로 돌아오게 된다.

대하에서 아무것도 모르고 요령을 얻지 못한 채 생활한 것을 ≪史記(사기)≫에서는 '要領不得(요령부득), 不得要領(부득요령)'이라고 표현하고 있다.

妖不勝德 (요불승덕)★

[뜻음] 아리따울 요, 아닐 불, 이길 승, 덕 덕.
[풀이] 요사스러운 악은 올바른 덕을 이길 수 없음. 출전 史記(사기).

樂山樂水 (요산요수)★★★

[뜻음] <u>좋아할 요</u>, 뫼 산, 물 수.
[풀이] 산을 좋아하고 물을 좋아한다. 산수의 자연을 즐김. 仁者樂山 智者樂水(인자요산지자요수). 출전 論語(논어) 雍也篇(옹야편).

搖脣鼓舌 (요순고설)★

[뜻음] 흔들 요, 입술 순, 두드릴 고, 혀 설.
[풀이] 입술을 움직거리고 혀를 참. 곧 함부로 남의 좋고 나쁨을 지껄여 批評(비평)함. 출전 莊子(장자).

堯舜時代 (요순시대)★

[뜻음] 요임금 요, 순임금 순, 때 시, 시대 대.
[풀이] 중국 요임금, 순임금 시절. 太平(태평)하게 잘 統治(통치)되는 시대.

堯舜時節 (요순시절)★

[뜻음] 요임금 요, 순임금 순, 때 시, 마디 절.
[풀이] 堯舜時代(요순시대).

堯舜之民可比屋而封 (요순지민가비옥이봉)★

[뜻음] 요임금 요, 순임금 순, 갈 지, 백성 민, 옳을 가, 비할 비, 집 옥, 말 이을 이, 봉할 봉.
[풀이] 요순시대에는 백성들도 모두 성덕에 감화되어 착하고 어질었으므로, 집집마다 벼슬에 봉할 만한 태평한 시대였다는 말. 比屋可封(비옥가봉). 출전 新語(신어).

要言不煩 (요언불번)

[뜻음] 구할 요, 말씀 언, 아닐 불, 번거로울 번.
[풀이] 요점을 파악하여 하는 말은 번거롭게 수다를 떨지 않아도 그 취지를 이해할 수 있음.

夭夭灼灼 (요요작작)★

[뜻음] 예쁠 요, 빛날 작.
[풀이] 나이가 젊고 용모가 꽃같이 아름다움.

燎原之火 (요원지화)★★★

[뜻음] 불탈 요, 들판 원, 갈 지, 불 화.
[풀이] 요원의 불. 벌판의 불. 기세가 어마어마하여 도저히 막을 수 없음을 나타냄. 燎原(요원: 불타는 벌판)을 遼遠(요원: 멀리 끝없이 계속되는 넓은 벌판)으로 알고 있는 사람도 있다.

≪書經(서경)≫ 盤庚(반경)에 나오는 말이다.

"소민들을 보면 모두 타이르는 말을 돌아보고 그 발언에 혹 실언이라도 있을까 저어하고 있다. 그런데 내가 그대들의 짧고 긴 목숨을 장악하고 있는데도 너희들은 어찌 내게 알리지도 않고, 서로 어울려 뜬소문을 퍼뜨리며, 민중들을 공포 속에 몰아넣고 있느냐. 불이 벌판에 타게 되면 가까이 향해 갈 수도 없는데 어떻게 그것을 꺼 없앨 수 있겠느냐. 곧 너희 무리가 스스로 불안을 만들어낸 것으로 내게 허물이 있는 것은 아니다.

자임은 말한 적이 있다. '사람은 옛사람을 구하지만 그릇은 헌것을 버리고 새것을 구한다'라고. 옛날 우리 선왕들은 그대들의 할아버지, 아버지들과 고락을 같이했는데, 내 어찌 불합리한 벌을 그대들에게 가하겠는가? 선왕 이래 대대로 그대들의 공로를 헤아리고 있으며, 나는 결코 그대들의 좋은 점을 무시하지 않을 것이다. 그렇기 때문에 내가 선왕들에게 크게 제사 지낼 때, 그대들의 조상들도 제향을 받아 복을 내리든가 재앙을 내리든가 하는 것이니, 이는 내가 부당하게 은덕을 남용한 것이 아니다."

이 대목은 殷(은)나라 湯(탕)임금의 10세손인 반경이 황하의 수해를 피하기 위해, 수도를 옮기며 미리 관직에 있는 사람들을 타이르기 위해 쓴 글이다. 이 글에 분명히 요원의 불이란 벌판에 타오르는 불길이라는 뜻으로 쓰이고 있다.

窈窕淑女 (요조숙녀)★★★

[뜻음] 깊을 요, 정숙할 조, 조용할 숙, 계집 녀.
[풀이] 貞淑(정숙)하고 氣品(기품) 있는 여자. 출전 시경 주남편.

瑤池景 (요지경)★★★

[뜻음] 미옥 요, 못 지, 경치 경.
[풀이] 요지의 경치. 매우 아름다운 경치를 이름. '요지'는 중국 周(주)나라 穆王(목왕)이 西王母(서왕모)와 만났다는 仙境(선경)인 崑崙山(곤륜산)에 있다는 못.

堯之德化 (요지덕화)★★★

[뜻음] 요임금 요, 갈 지, 큰 덕, 될 화.
[풀이] 요임금의 덕화.

唐(당)은 堯(요)임금의 姓(성)이다. 요임금은 舜(순)임금과 더불어 태평성세의 대명사요, 유교정치의 이상적인 군주로 추앙받고 있는 중국 고대의 제왕이다. 요임금은 羲仲(희중), 羲叔(희숙), 和仲(화중), 和叔(화숙) 등 네 사람에게 명하여 각기 東西南北(동서남북) 일월성신을 관측하게 함과 더불어 절기와 달력을 만들어 농업을 장려시켰다. 또한 홍수를 다스리기 위해서 鯀(곤: 禹우의 아버지)이라는 신하를 발탁했으나 끝내 다스리지는 못하였다고 한다. 만년에 들어서는 자신의 아들 朱(주)의 어리석음을 고치기 위해 바둑을 만들어 가르쳐 보기도 했으나 끝내 무위로 돌아가자 효성이 지극하기로 소문난 순에게 자신의 두 딸 아황과 여영을 아내로 주면서까지 임금의 자리를 양위해 주었다. 요임금의 몸가짐은 매우 정중하고 어질며 우아하고 신중하여 사람들로 하여금 온유함을 느끼게 하였다. 희중에게는 동쪽으로 가게 하여 춘분 등 봄의 절기를 알리게 했고, 희숙에게는 남쪽으로 가게 하여 하지 등 여름의 절기를, 화중에게는 서쪽으로 가게 하여 추분 등 가을의 절기를, 화숙에게는 북쪽으로 가게 하여 동지 등 겨울의 절기를 주관하도록 하였다. 요임금의 이름은 放勳(방훈)이다.

搖之不動 (요지부동)★★★

[뜻음] 흔들 요, 갈 지, 아닐 부, 움직일 동.
[풀이] 흔들어도 꼼짝하지 않음.

堯趨舜步 (요추순보)★

[뜻음] 요임금 요, 달릴 추, 순임금 순, 걸음 보.
[풀이] 堯(요)임금이 달리고 舜(순)임금이 걷는 것처럼 德容(덕용)이 盛(성)한 일. 禹步舜趨(우보순추).

堯風舜雨 (요풍순우)★

[뜻음] 요임금 요, 바람 풍, 순임금 순, 비 우.
[풀이] 堯舜(요순) 두 임금의 어진 덕이 천하에 널리 퍼진 것을 비바람의 혜택이 이르지 않는 곳이 없음에 견주어 이른 말. 또 태평한 세월에 비바람이 때에 맞게 오고 부는 뜻으로도 쓰임.

僥倖萬一 (요행만일)★

[뜻음] 요행 요, 요행 행, 일만 만, 한 일.
[풀이] 만에 하나도 있기 어려운 요행을 바람.

徼幸者伐性之斧 (요행자벌성지부)★

[뜻음] 훔칠 요, 다행 행, 놈 자, 칠 벌, 성품 성, 갈 지, 도끼 부.
[풀이] 뜻하지 않게 얻은 행복은 덕성을 해치는 도끼에 견줄 만함. 뜻밖의 행복을 얻으면 사람의 심성을 錯亂(착란)시킴.

欲去順風 (욕거순풍)★

[뜻음] 하고자 할 욕, 갈 거, 좇을 순, 바람 풍.
[풀이] 가고 싶을 때 순풍이 분다. 어떤 일을 하려고 할 때 마침 조건이 갖추어짐의 비유.

欲哭逢打 (욕곡봉타)★

[뜻음] 하고자 할 욕, 울 곡, 맞을 봉, 칠 타.
[풀이] 울려고 하는 아이를 때려서 울게 한다. 불평을 품고 있는 사람을 煽動(선동)함.

欲巧反拙 (욕교반졸)★

[뜻음] 욕심 욕, 공교할 교, 되돌릴 반, 서투를 졸.
[풀이] 잘하려고 하다가 도리어 잡쳐 놓음.

浴沂之樂 (욕기지락)★★

[뜻음] 목욕할 욕, 물 이름 기, 갈 지, 즐거울 락.
[풀이] 沂水(기수)에서 목욕하는 즐거움. 孔子(공자)가 제자들과 問答(문답)할 때 나온 고사. 제자와 같이 郊外(교외)에서 노는 즐거움. 출전 論語(논어) 先進篇(선진편).

浴沂風舞雩 (욕기풍무우)★★★

[뜻음] 목욕할 욕, 물 이름 기, 바람 풍, 춤출 무, 기우제 우.
[풀이] 기수에서 목욕하고 무우대에서 바람을 맞는다. 浴沂之樂(욕기지락).

欲速不達 (욕속부달)★★★

[뜻음] 하고자 할 욕, 빠를 속, 아닐 부, 통달할 달.
[풀이] 마음이 급하면 일이 잘되지 않음.

너무 서두르면 도리어 일이 진척되지 않는 것이 '欲速不達(욕속부달)'이고 너무 좋게 만들려다가 도리어 그대로 둔 것만 못한 결과를 가져오게 되는 것이 '欲巧反拙(욕교반졸)'이다.
《論語(논어)》 子路篇(자로편)에 나오는 이야기이다.
孔子(공자)의 제자 子夏(자하)가 莒父(거부)라는 고을의 장관이 되자, 공자를 찾아와 정치하는 방법을 물었다. 그러자 공자는 이렇게 말했다.
"빨리 하려 하지 말고 작은 이익을 보지 마라. 빨리 하려 하면 일이 잘되지 않고 작은 이익을 보면 큰일이 이루어지지 않는다."
공자는 자하가 눈앞에 보이는 빠른 효과와 작은 이익에 집착하는 성격을 가지고 있기 때문에 이 같은 말을 하게 된 것이다.

欲速之心 (욕속지심)

[뜻음] 하고자 할 욕, 빠를 속, 갈 지, 마음 심.
[풀이] 어떤 일이 빨리 이루어지기를 바라는 마음.

欲勝人者必先自勝 (욕승인자필선자승)

[뜻음] 하고자 할 욕, 이길 승, 사람 인, 놈 자, 반드시 필, 앞 선, 스스로 자.
[풀이] 남에게 이기기를 바란다면, 먼저 자기 자신에게 이기지 않으면 안 됨. 출전 呂氏春秋(여씨춘추).

欲知來者察往 (욕지래자찰왕)★

[뜻음] 하고자 할 욕, 알 지, 올 래, 놈 자, 살필 찰, 갈 왕.
[풀이] 미래의 일을 알려면, 과거의 일에서 살펴야 함. 출전 鶡冠子
(갈관자).

欲吐未吐 (욕토미토)

[뜻음] 하고자 할 욕, 토할 토, 아닐 미.
[풀이] 말을 할 듯하면서 아직 하지 않음.

龍歌鳳笙 (용가봉생)

[뜻음] 용 용, 노래 가, 봉새 봉, 생황 생.
[풀이] 맑은 노래와 아름다운 풍류를 이름.

勇敢無雙 (용감무쌍)★★★

[뜻음] 날랠 용, 감히 감, 없을 무, 쌍 쌍.
[풀이] 용감하기 짝이 없음. 매우 용감함.

龍褰鳳翥 (용건봉저)★

[뜻음] 용 용, 오를 건, 봉황 봉, 날아오를 저.
[풀이] 용이 오르고 봉이 낢. 人品(인품)이 出衆(출중)함을 이름.

龍骨車 (용골차)★

[뜻음] 용 용, 뼈 골, 수레 차.
[풀이] 물레방아의 딴 이름.

用管闚天 (용관규천)★★

[뜻음] 쓸 용, 대통 관, 살필 규, 하늘 천.
[풀이] 대통 구멍으로 하늘을 본다. 識見(식견)이 좁음의 비유. 坐井
觀天(좌정관천). 출전 莊子(장자).

容光必照 (용광필조)★

[뜻음] 용납할 용, 빛 광, 반드시 필, 비칠 조.
[풀이] 해와 달은 본디 밝음이 있으므로 자그마한 구멍이라도 내어서
빛을 받아들이면 거기에 해와 달의 빛은 반드시 내리쬐게 되어 있다.
眞理(진리)를 받아들이는 通路(통로)를 만들어야 한다는 말.

龍駒鳳雛 (용구봉추)★

[뜻음] 용 용, 망아지 구, 봉황 봉, 병아리 추.
[풀이] 용구와 봉추. 곧 재주와 지혜가 뛰어난 아이. 秀才(수재)인 兒
童(아동). 출전 晉書(진서).

勇氣百倍 (용기백배)★★

[뜻음] 날랠 용, 기운 기, 일백 백, 갑절 배.
[풀이] 씩씩하고 굳센 기운을 백 곱절이 되게 함.

龍挐猊攫 (용나예확)★

[뜻음] 용 용, 붙잡을 나, 사자 예, 붙잡을 확.
[풀이] 용과 사자가 붙어 싸움. 격렬한 싸움의 형용. 猊(예)는 사자의
무리. 龍挐虎攫(용나호확).

龍挐虎擲 (용나호척)★

[뜻음] 용 용, 붙잡을 나, 범 호, 던질 척.
[풀이] 용과 범처럼 덤벼들어 싸움. 맹렬한 싸움을 말함. 龍挐猊攫(용
나예확).

勇動多怨 (용동다원)★

[뜻음] 용감할 용, 움직일 동, 많을 다, 원망할 원.
[풀이] 용기만 믿고 행동하면 남의 원한을 사기 쉬움. 출전 莊子(장자).

龍頭蛇尾 (용두사미)★★★

[뜻음] 용 용, 머리 두, 뱀 사, 꼬리 미.
[풀이] 머리는 용이고 꼬리는 뱀이라는 말. 처음은 좋으나 끝이 좋지
않음.

碧巖錄(벽암록)≫에 나오는 말이다.
陳尊者(진존자)는 睦州(목주) 사람으로 그곳에 있는 龍
興寺(용흥사)라는 절에 살고 있었다. 그러나 뒤에 절에서
나와 각지로 돌아다니며, 짚신을 삼아 가지고는 길 가는
나그네들이 주워 신도록 길바닥에 던져 주곤 했다고 한
다.(우리나라에도 경허스님의 제자 수월스님이 이러한 수
행을 했다.)
그 진존자가 나이 늙었을 때의 일이다. 어느 중을 만나
서로 말을 주고받는데, 갑자기 상대가 '에잇!' 하고 호령을
≪하는 것이었다. 그래서 "허허, 이거 야단맞았군." 하고
상대를 바라보자 그 중은 또 한 번 '에잇!' 하고 꾸중을 하
는 것이었다. 그 중의 재치 빠른 태도와 말재간은 제법도
를 닦은 도승처럼 보이기도 했다. 그러나 진존자는 속으로,
"이 중이 얼른 보기에 그럴듯하기는 한데, 역시 참으로
도를 깨치지는 못한 것 같다. 모르긴 하지만 한갓 용의 머
리에 뱀의 꼬리이기 쉬울 것 같다."고 생각한 후,
"그대는 '에잇!' '에잇!' 하고 위세는 좋은데 세 번 네
번 소리를 외친 뒤에는 무엇으로 어떻게 마무리를 지을
생각인가?"
하고 묻자, 중은 그만 자기 속셈이 드러난 것을 알고
뱀의 꼬리를 내보이고 말았다는 것이다.

勇猛精進 (용맹정진)★

[뜻음] 날랠 용, 사나울 맹, 정기 정, 나아갈 진.
[풀이] 불교용어-용맹한 기운으로 정성 드려 佛道(불도)를 닦음.

容貌疤記 (용모파기)★

[뜻음] 얼굴 용, 얼굴 모, 흉터 파, 기록할 기.
[풀이] 사람을 잡기 위하여 그 사람의 용모에 대한 특징을 기록함 또
는 그 기록.

用武之地 (용무지지)★

[뜻음] 쓸 용, 힘셀 무, 갈 지, 땅 지.
[풀이] 전쟁을 하기에 적당한 곳. 용병하여 功名(공명)을 이루기에 적
당한 곳. 출전 晉書(진서).

龍門點額 (용문점액)★★

[뜻음] 용 용, 문 문, 점찍을 점, 이마 액.
[풀이] 용문을 솟아오르려다가 떨어질 때 바위에 이마를 부딪쳐 큰

상처를 입고 하류로 떠내려가는 것. 점액은 과거시험에 落榜(낙방)한 것을 빗대어 하는 말. 등용문 고사에서 나온 말. 科擧(과거)에 떨어지고 돌아옴의 비유. '登龍門(등용문)'을 보시오.

龍味鳳湯 (용미봉탕)★

[뜻음] 용 용, 맛 미, 봉새 봉, 국 탕.
[풀이] 맛이 썩 좋은 음식을 비유하여 이르는 말.

龍蟠鳳逸 (용반봉일)★

[뜻음] 용 용, 서릴 반, 봉황 봉, 숨을 일.
[풀이] 물속에 서리고 있는 용과, 숨어서 모습을 나타내지 않는 봉황. 뛰어난 재주를 가진 선비가 아직 세상에 쓰이지 아니함을 이름.

龍蟠鳳逸之士 (용반봉일지사)★

[뜻음] 용 용, 서릴 반, 봉황 봉, 숨을 일, 갈 지, 선비 사.
[풀이] 뛰어난 재주를 가지고 있고서도 뜻을 펴지 못하여 민간에 있는 사람.

龍龐比干 (용방비간)★

[뜻음] 용 용, 클 방, 견줄 비, 방패 간.
[풀이] 夏(하)나라 桀王(걸왕)의 신하 關龍龐(관용방)과 殷(은)나라 紂王(주왕)의 신하 比干(비간). 둘 다 임금에게 諫(간)하다가 죽임을 당함. 따라서 '忠諫之士(충간지사)'를 비유하는 말로 쓰임. 龍比(용비).

用兵如神 (용병여신)★

[뜻음] 쓸 용, 군사 병, 같을 여, 귀신 신.
[풀이] 軍士(군사)를 부리는 것을 귀신같이 잘함.

用兵之道(용병지도)★

[뜻음] 쓸 용, 군사 병, 갈 지, 길 도.
[풀이] 전쟁을 하는 道(도).

用兵之害猶豫最大 (용병지해유예최대)★

[뜻음] 쓸 용, 군사 병, 갈 지, 해칠 해, 오히려 유, 미리 예, 가장 최, 큰 대.
[풀이] 전쟁에는 신속 과감함이 제일이고 猶豫(유예)하여 결단을 못 내리면 그 해가 이보다 더 큰 것이 없다는 뜻. 출전 六韜三略(육도삼략) 軍勢篇(군세편).

龍鳳之姿 (용봉지자)★

[뜻음] 용 용, 봉황 봉, 갈 지, 자태 자.
[풀이] 용과 봉황의 모습. 俊秀(준수)한 모습. 帝王(제왕)의 모습.

宂不見治 (용불견치)★

[뜻음] 쓸데없을 용, 아닐 불, 볼 견, 다스릴 치.
[풀이] 행하는 用務(용무)가 쓸모없고 閑散(한산)하여 治積(치적)을 보여줄 수가 없음.

龍蛇飛騰 (용사비등)★★★

[뜻음] 용 용, 뱀 사, 날 비, 날 등.
[풀이] 용과 뱀이 날아오르는 것과 같이 글씨가 힘참.

龍蛇之章 (용사지장)

[뜻음] 용 용, 뱀 사, 갈 지, 글 장.
[풀이] 옛날에 介子推(개자추)가 陳(진)나라 文公(문공)과 함께 망명길에서 돌아온 후, 論功行賞(논공행상)에서 빠지자, 자기를 뱀에 견주어 홀로 원망하며 한탄한 옛일. 한식날이 개자추로 인해 생겼다고 함. 출전 後漢書(후한서).

用舍行藏 (용사행장)★★

[뜻음] 쓸 용, 버릴 사, 갈 행, 감출 장.
[풀이] 세상에 쓰일 때는 자기의 도를 행하고 버림받을 때는 물러가 숨음. 君子(군자)의 處世(처세)를 이름. 출전 論語(논어) 述而篇(술이편).

龍城飛將 (용성비장)

[뜻음] 용 용, 성 성, 날 비, 장수 장.
[풀이] 용성은 흉노의 王廷(왕정)이 있던 곳. 漢(한)나라 대장군 李廣(이광)이 한때 흉노에게 잡혔다가 틈을 보아 그들의 말을 훔쳐 타고 되돌아왔으므로 그를 飛將軍(비장군)이라 하여 두려워하였음.

用心處事 (용심처사)

[뜻음] 쓸 용, 마음 심, 처리할 처, 일 사.
[풀이] 마음을 써서 알뜰히 일을 처리함.

龍攘虎搏 (용양호박)

[뜻음] 용 용, 발동할 양, 범 호, 칠 박.
[풀이] 용처럼 돌격하여 물리치고 범처럼 맹렬하게 침. 激戰(격전)의 형용.

龍驤虎視 (용양호시)★

[뜻음] 용 용, 머리 들 양, 범 호, 볼 시.
[풀이] 용처럼 벌떡 뛰어 오르고 범이 노려본다는 뜻으로, 英雄(영웅)이 한 지방의 세력을 부식하고 천하를 倂合(병합)하고자 하여 虎視耽耽(호시탐탐)함을 이름. 출전 三國志(삼국지) 蜀志(촉지).

龍如得雲 (용여득운)★

[뜻음] 용 용, 같을 여, 얻을 득, 구름 운.
[풀이] 용이 구름을 얻은 듯이 큰 인물이 활약할 기회를 얻음의 비유.

勇往邁進 (용왕매진)★★

[뜻음] 날랠 용, 갈 왕, 갈 매, 나아갈 진.
[풀이] 거리낌 없이 힘차고 용감하게 똑바로 나아가기만 함.

庸庸碌碌 (용용녹록)★

[뜻음] 평범할 용, 만만할 록.
[풀이] 극히 평범함. 용용은 평범함, 녹록은 만만함을 나타냄.

庸庸之徒 (용용지도)★

[뜻음] 평범할 용, 갈 지, 무리 도.
[풀이] 평범한 사람.

用意周到 (용의주도)★★★

[뜻음] 쓸 용, 뜻 의, 두루 주, 이룰 도.
[풀이] 어떤 일을 하려고 마음의 준비가 두루 미쳐 빈틈이 없음.

勇者不懼 (용자불구)★

[뜻음] 용감할 용, 놈 자, 아닐 불, 두려울 구.
[풀이] 참으로 용감한 사람은 道義(도의)를 위해서는 목숨을 아끼지 않으므로 어떠한 경우를 당하여도 두려워하지 아니함.

龍章鳳姿 (용장봉자)★

[뜻음] 용 용, 모습 장, 봉황 봉, 맵시 자.
[풀이] 俊秀(준수)한 風采(풍채). 출전 晉書(진서).

勇將手下無弱兵 (용장수하무약병)★★

[뜻음] 날랠 용, 장수 장, 손 수, 아래 하, 없을 무, 약할 약, 병사 병.
[풀이] 용감한 장수 밑에는 약한 군사가 없음. 勇將下無弱兵(용장하무약병).

勇將下無弱兵 (용장하무약병)★★

[뜻음] 날랠 용, 장수 장, 아래 하, 없을 무, 약할 약, 군사 병.
[풀이] 용감한 장수 밑에는 약한 군사가 없음. 勇將手下無弱兵(용장수하무약병).

用錢如水 (용전여수)★★

[뜻음] 쓸 용, 돈 전, 같을 여, 물 수.
[풀이] 돈을 물 쓰듯 한다는 말.

庸中佼佼 (용중교교)★

[뜻음] 떳떳할 용, 가운데 중, 예쁠 교.
[풀이] 아름다운 여인. 동류 중에서 좀 나은 사람. 鐵中錚錚(철중쟁쟁). 출전 後漢書(후한서).

容之如地 (용지여지)

[뜻음] 너그러울 용, 갈 지, 같을 여, 땅 지.
[풀이] 大地(대지)가 만물을 포용하듯이 받아들이는 마음이 너그럽고 큼을 나타내는 말. 출전 春秋左氏傳(춘추좌씨전).

用之則爲虎不用則爲鼠 (용지즉위호불용즉위서)

[뜻음] 쓸 용, 갈 지, 곧 즉, 할 위, 범 호, 쥐 서.
[풀이] 사람을 중요한 지위에 任用(임용)하면 범 같은 威勢(위세)가 있으나 쓰지 않으면 쥐처럼 숨게 됨의 비유. 출전 동방삭의 [客難(객난)].

龍泉太阿 (용천태아)★

[뜻음] 용 용, 샘 천, 클 태, 언덕 아.
[풀이] 옛날 寶劍(보검)의 이름. 太阿龍泉(태아용천). 龍淵太阿(용연태아).

用錐指地 (용추지지)★

[뜻음] 쓸 용, 송곳 추, 손가락 지, 땅 지.
[풀이] 송곳 끝으로 넓은 땅을 찔러 봤자 한 점뿐이라는 뜻. 조그마한 識見(식견)으로 큰 理致(이치)를 살핌. 출전 莊子(장자).

勇退高踏 (용퇴고답)★★

[뜻음] 날랠 용, 물러날 퇴, 높을 고, 밟을 답.
[풀이] 官職(관직)에서 용감하게 물러나와 속세를 떠나 생활하는 일.

龍疲虎困 (용피호곤)★

[뜻음] 용 용, 지칠 피, 범 호, 곤할 곤.
[풀이] 용과 호랑이가 다 지쳤다. 두 영웅이 다 싸움에 지침.

用筆沈雄 (용필침웅)

[뜻음] 쓸 용, 붓 필, 가라앉을 침, 뛰어날 웅.
[풀이] 그림이나 글씨의 운필이 침착하고 迫力(박력)이 있음.

用夏變夷 (용하변이)★★

[뜻음] 쓸 용, 하나라 하, 변할 변, 오랑캐 이.
[풀이] 중국의 풍속으로써 오랑캐의 풍속을 바로잡는다는 뜻. 출전 孟子(맹자) 滕文公上篇(등문공상편).

龍翰鳳雛 (용한봉추)★

[뜻음] 용 용, 날개 한, 봉황 봉, 병아리 추.
[풀이] 훌륭한 사람. 군자를 이름.

用行舍藏 (용행사장)★★★

[뜻음] 쓸 용, 다닐 행, 버릴 사, 감출 장.
[풀이] 세상에 쓰일 때는 자기의 도를 행하고 버림받을 때는 물러가 숨음. 進退(진퇴)의 태도가 훌륭함을 이르는 말. 用舍行藏(용사행장).

龍行虎步 (용행호보)★

[뜻음] 용 용, 갈 행, 범 호, 걸을 보.
[풀이] 용이나 범이 보행하듯이 위풍당당한 걸음걸이. 출전 宋書(송서).

龍虎相搏 (용호상박)★★★

[뜻음] 용 용, 범 호, 서로 상, 칠 박.
[풀이] 용과 범이 서로 씨름한다. 두 强者(강자)끼리 서로 싸움. 두 强者(강자)가 서로 승패 겨룸을 이름.

龍虎之姿 (용호지자)★

[뜻음] 용 용, 범 호, 갈 지, 맵시 자.
[풀이] 뛰어난 風采(풍채). 영웅의 바탕.

龍虎之爭 (용호지쟁)★

[뜻음] 용 용, 범 호, 갈 지, 다툴 쟁.
[풀이] 龍虎相搏(용호상박).

牛角掛書 (우각괘서)★

[뜻음] 소 우, 뿔 각, 걸 괘, 글 서.
[풀이] 소뿔에 책을 걸다. 소를 타고 책을 읽는 일. 출전 唐書(당서).

羽蓋芝輪 (우개지륜)★

[뜻음] 깃 우, 덮을 개, 지초 지, 바퀴 륜.
[풀이] 王侯(왕후)의 수레에 덮은, 녹색의 새 깃털로 된 덮개. 또는 그런 수레.

牛骨塔 (우골탑)

[뜻음] 소 우, 뼈 골, 탑 탑.
[풀이] 소의 뼈로 쌓은 탑, 곧 대학에 다니기 위해 시골에서 소를 팔아야 했던 때 大學(대학)을 일컫는 말. 象牙塔(상아탑)을 대신하여 쓰던 말.

愚公移山 (우공이산)★★★

[뜻음] 어리석을 우, 귀인 공, 옮길 이, 뫼 산.
[풀이] 우공이라는 사람이 산을 옮기듯이 난관을 두려워하지 않고 굳센 의지를 가지고 노력한다면 결국 성공할 수 있다는 말.

어리석은 영감이 산을 옮겨 놓는다는 말로 남 보기에는 미련한 것같이 보이지만, 한 가지 일을 계속 물고 늘어지면 언젠가는 목적을 달성하게 된다는 비유이다.

≪列子(열자)≫ 湯問篇(탕문편)에 나오는 이야기이다. 太行山(태항산)은 사방 둘레가 700리나 되고, 높이가 만 길이나 되는데, 원래는 冀州(기주) 남쪽, 河陽(하양) 북쪽에 있었다.

그런데 北山(북산)의 愚公(우공)이라는 사람이 나이는 벌써 아흔이 가까운데, 이 두 산을 앞에 놓고 살고 있었기 때문에 산 북쪽이 길을 막고 있어 드나들 때마다 멀리 돌아서 다녀야만 했다. 영감은 그것이 몹시 불편하게 생각되어 가족들과 상의하여 산을 옮기기로 했다.

"나는 너희들과 함께 힘을 다해 높은 산을 평평하게 만들고 豫州(예주) 남쪽으로 길을 내 한수 남쪽까지 갈 수 있게 할까 하는데 너희들 생각은 어떠냐?"

모두가 찬성을 했다. 그러나 우공의 아내만은 이렇게 반대를 했다.

"당신 힘으로는 작은 언덕도 허물 수가 없을 텐데, 그런 큰 산을 어떻게 한단 말입니까. 그리고 허물어낸 흙과 돌을 어디로 치운단 말입니까?"

"勃海(발해) 구석이나 隱土(은토) 북쪽에라도 버리면 되겠지요, 뭐."

모두 이렇게 우공을 두둔하고 나섰다. 그래서 우공은 아들, 손자들을 거느리고 산을 허물기 시작했다. 짐을 지는 사람은 세 사람, 돌을 깨고 흙을 파서 그것을 삼태기와 거적에 담아 발해로 운반했다.

우공의 이웃에 사는 京城氏(경성씨) 집 과부에게 이제 겨우 칠팔 세 되는 아들이 하나 있었는데 이 아이가 또 열심히 우공의 산 파는 일을 도왔다. 그러나 일 년에 두 차례 겨우 흙과 돌을 버리고 돌아오는 정도였다.

그러자 河曲(하곡)에 있는 智叟(지수)라는 영감이 이 광경을 보고 웃으며 이렇게 말렸다.

"이 사람아, 어쩌면 그렇게도 어리석은가. 다 죽어가는 자네 힘으로는 풀 한 포기도 제대로 뜯지 못할 터인데 그 흙과 돌을 어떻게 할 작정인가?"

그러자 우공은 한숨을 내쉬며 말했다.

"자네의 그 좁은 소견에는 정말 놀라지 않을 수 없네. 자네는 저 과부의 어린아이 지혜만도 못하지 않은가. 내가 죽더라도 자식이 있지 않은가. 그 자식에 손자가 또 생기고 그 손자에 또 자식이 생기지 않겠는가. 이렇게 사람은 자자손손 대를 이어 한이 없지만 산은 불어나는 일이 없

지 않은가. 그러니 언젠가는 평평해질 날이 있지 않겠나?"

지수는 말문이 막혀 잠자코 있었다.

두 손에 뱀을 들고 있다는 산신령이 이 말을 듣자 산을 허무는 인간의 노력이 끝없이 계속될까 겁이 났다. 그래서 옥황상제에게 이를 말려 주도록 호소했다. 그러나 옥황상제는 우공의 정성에 감동하여 힘이 세기로 유명한 夸娥氏(과아씨)의 아들을 시켜 두 산을 들어 옮겨, 하나는 朔東(삭동)에 두고 하나는 雍南(옹남)에 두게 했다. 이리하여 기주 남쪽에서 한수 남쪽에 이르기까지는 산이 없게 되었다.

쉬지 않고 꾸준히 노력해서 성공하게 된다는 이야기이다. 그리스로마 신화 중 피그말리온 이야기가 이와 유사한 면이 있다.

禹過家門不入 (우과가문불입)★

[뜻음] 하우씨 우, 지날 과, 집 가, 문 문, 아닐 불, 들 입.
[풀이] 禹(우)임금은 집 앞을 지날 때 집에 들르지 않았다. 過門不入(과문불입).

憂國丹忠 (우국단충)★

[뜻음] 근심할 우, 나라 국, 붉을 단, 충성할 충.
[풀이] 나라를 걱정하는, 참된 마음. 나라를 걱정하는, 진실한 충성.

憂國奉公 (우국봉공)★

[뜻음] 근심 우, 나라 국, 받들 봉, 공변될 공.
[풀이] 나라를 근심하고 염려하며 임금을 위하여 힘을 다함. 출전 後漢書(후한서).

憂國之士 (우국지사)★★★

[뜻음] 근심 우, 나라 국, 갈 지, 선비 사.
[풀이] 나랏일을 근심하는, 氣槪(기개)가 높고 抱負(포부)가 큰 사람.

憂國之心 (우국지심)★

[뜻음] 근심 우, 나라 국, 갈 지, 마음 심.
[풀이] 나라의 일을 걱정하는 마음.

憂國盡忠 (우국진충)★

[뜻음] 근심 우, 나라 국, 다할 진, 충성할 충.
[풀이] 나라의 일을 근심하고 충성을 다함.

憂國衷情 (우국충정)★★★

[뜻음] 근심 우, 나라 국, 진실로 충, 정 정.
[풀이] 나라의 일을 근심하고 염려하는 참된 심정.

憂國忠情 (우국충정)★

[뜻음] 근심 우, 나라 국, 충성 충, 정 정.
[풀이] 나라 일을 근심하는 충성스런 마음.

右軍習氣 (우군습기)★

[뜻음] 오른 우, 군사 군, 익힐 습, 기운 기.
[풀이] 서예가 王羲之(왕희지)의 냄새. 왕희지의 筆法(필법)을 따라

했을 뿐이라는 말. 필법을 흉내 내고 脫化(탈화)하지 못함을 이름.

牛驥同皁 (우기동조)★

[뜻음] 소 우, 천리마 기, 한가지 동, 마구간 조.
[풀이] 느린 소와 천리마가 한 마구간에 매어 있음, 곧 不肖(불초)한 사람과 俊才(준재)를 같이 取扱(취급)함을 이름. 어진 사람과 어리석은 사람이 같은 대우를 받음의 비유. 출전 史記(사기).

藕斷絲連 (우단사련)★

[뜻음] 연뿌리 우, 끊을 단, 실 사, 이을 련.
[풀이] 연뿌리를 切斷(절단)하여도 그 가운데에 있는 실은 끊어지지 아니한다는 뜻. 夫婦(부부)의 관계를 끊고서도 아직 남편에게 미련을 가지는 아내의 마음.

牛刀割鷄 (우도할계)★★★

[뜻음] 소 우, 칼 도, 나눌 할, 닭 계.
[풀이] 소를 잡는 칼로 닭을 잡는다는 뜻으로, 작은 일을 하는 데에 지나치게 큰 器具(기구)를 사용함. 출전 論語(논어) 陽貨篇(양화편).

雨露之恩 (우로지은)★

[뜻음] 비 우, 이슬 로, 갈 지, 은혜 은.
[풀이] 雨露之澤(우로지택).

雨露之澤 (우로지택)★★

[뜻음] 비 우, 이슬 로, 갈 지, 못 택.
[풀이] 이슬이나 비 같은 은혜. 넓고도 큰 임금의 恩惠(은혜).

雨笠煙簑 (우립연사)★

[뜻음] 비 우, 삿갓 립, 연기 연, 도롱이 사.
[풀이] 漁父(어부)나 農民(농민) 등의 雨中(우중)의 간단한 몸차림.

優孟衣冠 (우맹의관)★

[뜻음] 넉넉할 우, 맏 맹, 옷 의, 갓 관.
[풀이] 옛날 중국 삼국시대 楚(초)나라의 이름난 俳優(배우) 優孟(우맹)이 청렴한 재상 孫叔敖(손숙오)가 죽자 知己(지기)였던 그의 의관을 착용하고 어렵게 살아가는 그의 가족을 도와주었다. 왕이 우맹을 재상으로 기용하려 하자 그는 "사심 없이 국정에 임해 온 손숙오의 가족이 어렵게 살아가는 것을 볼 때 신이 재상이 되더라도 死後(사후)가 걱정된다"며 사절했다. 왕은 크게 깨닫고 손숙오의 아들에게 논밭을 하사하는 한편 청백리의 자손이 가난하여 조상의 제사를 지내지 못하는 일이 없도록 배려했다는 옛일에서 온 말. 전하여 似而非(사이비)한 것의 비유로 쓰이기도 한다. 출전 史記(사기).

牛毛麟角 (우모인각)

[뜻음] 소 우, 털 모, 기린 린, 뿔 각.
[풀이] 배우는 사람은 쇠털같이 많으나 성공하는 사람은 麒麟(기린)의 뿔같이 아주 드묾.

愚問愚答 (우문우답)★★

[뜻음] 어리석을 우, 물을 문, 답할 답.
[풀이] 어리석은 질문에 어리석은 대답.

愚問賢答 (우문현답)★★

[뜻음] 어리석을 우, 물을 문, 어질 현, 대답할 답.
[풀이] 어리석은 물음에 賢明(현명)한 대답.

盂方水方 (우방수방)★

[뜻음] 바리 우, 모 방, 물 수.
[풀이] 모난 밥그릇에 물을 담으면 그 물의 모양도 네모꼴이 된다. 백성들의 선악은 임금에 따라 결정된다는 말. 출전 韓非子(한비자).

禹拜昌言 (우배창언)

[뜻음] 하우씨 우, 절 배, 창성할 창, 말씀 언.
[풀이] 昌言(창언)은 도리에 합당한 말이라는 뜻이며, 배는 절을 하여 이것을 받음을 이름. 夏(하)나라 禹(우)임금은 창언이면 절을 하여 받들었다는 말. 출전 書經(서경) 大禹謨篇(대우모편).

禹步舜趨 (우보순추)★

[뜻음] 우임금 우, 걸음 보, 순임금 순, 달릴 추.
[풀이] 우보는 한쪽 다리를 끌며 느릿느릿 걷는 일. 우임금은 나랏일에 골몰하느라 한쪽 다리를 절게 되었다 함. 순추는 순임금이 빨리 달리는 것. 임금이 정사에 골몰하여 덕이 성함.

愚夫愚婦 (우부우부)★

[뜻음] 어리석을 우, 지아비 부, 지어미 부.
[풀이] 어리석은 남녀. 어리석은 백성. 愚民(우민). 평범한 보통 사람들을 나타냄. 출전 書經(서경).

羽書之警 (우서지경)★

[뜻음] 깃 우, 글 서, 갈 지, 경계할 경.
[풀이] 戰爭(전쟁)이 일어났다는 通文(통문). 戰時(전시)에는 羽書(우서)를 이용하여 통신했기 때문임. 우서는 닭 깃을 꽂아 보내던, 군사상 급하게 전하는 檄文(격문).

禹惜寸陰 (우석촌음)★

[뜻음] 하우씨 우, 아낄 석, 마디 촌, 그늘 음.
[풀이] 夏(하)나라의 禹(우)임금은 짧은 시간도 아꼈다는 말. 출전 帝王世紀(제왕세기).

迂疏空闊 (우소공활)

[뜻음] 멀 우, 트일 소, 빌 공, 트일 활.
[풀이] 세상 물정에 어두워 실제에 적합하지 아니함.

牛溲馬勃 (우수마발)★★★

[뜻음] 소 우, 오줌 수, 말 마, 똥 발.
[풀이] 쇠오줌과 말똥, 즉 대수롭지 않은 물건. 아무 가치가 없는 글. 출전 宋史(송사).

牛首阿旁 (우수아방)★

[뜻음] 소 우, 머리 수, 언덕 아, 곁 방.
[풀이] 地獄(지옥)의 쇠 대가리 수문장. 음험하고 악독한 사람. 아방은 지옥의 獄卒(옥졸)임.

雨順風調 (우순풍조)★★★

[뜻음] 비 우, 순할 순, 바람 풍, 고를 조.

[풀이] 농사가 잘되도록, 바람 불고 비 오는 것이 때와 분량이 알맞음.

優勝劣敗 (우승열패)★

[뜻음] 뛰어날 우, 이길 승, 못할 열, 패할 패.
[풀이] 나은 자는 이기고 못난 자는 진다. 生存競爭(생존경쟁)과 自然淘汰(자연도태).

憂心如醉 (우심여취)★

[뜻음] 근심 우, 마음 심, 같을 여, 취할 취.
[풀이] 시름하여 마음이 술에 취한 것처럼 흐리멍덩함.

憂心如熏 (우심여훈)★

[뜻음] 근심할 우, 마음 심, 같을 여, 그을릴 훈.
[풀이] 가슴속이 타는 듯 근심함. 출전 詩經(시경).

憂心烈烈 (우심열렬)★

[뜻음] 근심 우, 마음 심, 세찰 열.
[풀이] 마음에 몹시 시름함.

憂心愈愈 (우심유유)★

[뜻음] 근심 우, 마음 심, 더할 유.
[풀이] 시름하는 마음이 심함.

憂心殷殷 (우심은은)★

[뜻음] 근심할 우, 마음 심, 성할 은.
[풀이] 마음에 근심을 안음. 殷殷(은은)은 근심하는 모양. 출전 詩經(시경).

憂心忡忡 (우심충충)★

[뜻음] 근심 우, 마음 심, 근심할 충.
[풀이] 시름을 안고 못 견뎌함.

友愛之情 (우애지정)★

[뜻음] 벗 우, 사랑 애, 갈 지, 정 정.
[풀이] 형제자매가 서로 사랑하는 정.

偶然之事 (우연지사)★

[뜻음] 짝 우, 그러할 연, 갈 지, 일 사.
[풀이] 우연한 일. 우연히 일어난 일.

虞芮之訴 (우예지소)★

[뜻음] 우나라 우, 예나라 예, 갈 지, 하소연할 소.
[풀이] 우나라와 예나라 사이의 소송이라는 뜻. 남의 일을 보고 자기 잘못을 고침. 서로 자기 이익을 주장하여 소송함. 서로 자기 잘못을 깨닫고 소송을 취하함. 虞芮爭田(우예쟁전). 虞芮之訟(우예지송).

牛往馬往 (우왕마왕)★

[뜻음] 소 우, 갈 왕, 말 마.
[풀이] 소가 가고 말이 다닌 온갖 곳을 다 다닌다. ① 온갖 고난을 다 겪음. ② 여기저기 안 다니는 곳이 없음.

右往左往 (우왕좌왕)★★★

[뜻음] 오른 우, 갈 왕, 왼 좌.

[풀이] 이리저리로 왔다 갔다 함. 갈팡질팡함.

雨雲衣 (우운의)★

[뜻음] 비 우, 구름 운, 옷 의.
[풀이] 운우에 젖은 옷. 情事(정사) 뒤의 옷. '雲雨之情(운우지정)'을 보시오.

迂儒救火 (우유구화)

[뜻음] 어리석을 우, 선비 유, 건질 구, 불 화.
[풀이] 어리석은 선비가 불을 끄려 한다. 급박한 상황에서도 원칙만 따지다 일을 그르치는 어리석은 행동.

優遊渡日 (우유도일)★

[뜻음] 넉넉할 우, 놀 유, 건널 도, 날 일.
[풀이] 하는 일 없이 세월을 보냄. 우유: 한가로운 모양, 果斷性(과단성)이 없는 모양, 姑息的(고식적)인 모양.

優柔不斷 (우유부단)★★★

[뜻음] 넉넉할 우, 부드러울 유, 아닐 부, 끊을 단.
[풀이] 어물거리기만 하고 딱 잘라서 결단하지 못함. 유약해서 결단성이 없음. 優遊不斷(우유부단). 출전 漢書(한서).

優遊不斷 (우유부단)★★★

[뜻음] 넉넉할 우, 놀 유, 아닐 부, 끊을 단.
[풀이] 優柔不斷(우유부단).

優柔厭飫 (우유염어)★

[뜻음] 넉넉할 우, 부드러울 유, 싫증날 염, 물릴 어.
[풀이] 한가롭고 여유가 있으며 세속적인 일에 염증을 느낌.

優游自適 (우유자적)★

[뜻음] 넉넉할 우, 놀 유, 스스로 자, 갈 적.
[풀이] 한가롭게 스스로 만족을 하며 지냄. 悠悠自適(유유자적).

牛耳讀經 (우이독경)★★★

[뜻음] 소 우, 귀 이, 읽을 독, 경서 경.
[풀이] 쇠귀에 경 읽기. 아무리 가르치고 일러도 알아듣지 못함.

牛耳誦經 (우이송경)★

[뜻음] 소 우, 귀 이, 욀 송, 경서 경.
[풀이] 쇠귀에 경 읽기. 牛耳讀經(우이독경).

羽翼已成 (우익이성)★★★

[뜻음] 깃 우, 날개 익, 이미 이, 이룰 성.
[풀이] 새의 날개와 깃이 이미 자람. 여건이나 능력이 충분히 성숙됨. 이 성어에서 어느 편을 돕거나 지지하는 세력이나 사람을 羽翼(우익)이라 부르게 되었음.

愚者多悔 (우자다회)★

[뜻음] 어리석을 우, 놈 자, 많을 다, 후회할 회.
[풀이] 어리석은 자는 후회하는 일이 많음. 출전 晏子(안자).

愚者一得 (우자일득)★

[뜻음] 어리석을 우, 놈 자, 한 일, 얻을 득.
[풀이] 어리석은 사람도 그의 여러 가지 생각 중에는 취할 만한 훌륭한 것이 간혹 있다는 뜻.

愚者千慮 (우자천려)★

[뜻음] 어리석을 우, 놈 자, 일천 천, 생각할 려.
[풀이] 어리석은 사람의 천 가지 생각. '千慮一失(천려일실)'을 보시오.

愚者千慮必有一得 (우자천려필유일득)★

[뜻음] 어리석을 우, 놈 자, 일천 천, 생각할 려, 반드시 필, 있을 유, 한 일, 얻을 득.
[풀이] 愚者一得(우자일득). 출전 史記(사기) 淮陰侯傳(회음후전).

牛鼎鷄烹 (우정계팽)

[뜻음] 소 우, 솥 정, 닭 계, 삶을 팽.
[풀이] 소 삶는 솥에 닭 삶는다. 큰 재주를 가진 사람은 작은 일에 쓸모가 없음의 비유.

牛鼎之意 (우정지의)★

[뜻음] 소 우, 솥 정, 갈 지, 뜻 의.
[풀이] 우선 남의 의견에 맞는 설을 펴고 나중에 이것을 바른 길로 이끈다는 뜻. 伊尹(이윤)이 솥을 지고 殷(은)나라 湯王(탕왕)을 따라다니며 격려한 끝에 그를 왕위에 오르게 하였고, 百里奚(백리해)가 소달구지 아래서 소를 기르다가 秦(진)나라 穆公(목공)에게 기용되어 그의 패업을 이루게 했다는 옛일에서 온 말. 출전 史記(사기).

牛蹄之魚 (우제지어)★

[뜻음] 소 우, 발굽 제, 갈 지, 물고기 어.
[풀이] 소 발자국에 괸 물에 있는 물고기. 매우 위급한 처지에 놓였거나 몹시 고단하고 壅塞(옹색)한 사람을 비유함. 牛蹄魚(우제어).

迂直之計 (우직지계)★

[뜻음] 돌아갈 우, 곧을 직, 갈 지, 꾀 계.
[풀이] 가까운 길이라고 곧바로 가는 것이 아니라 돌아갈 줄도 알아야 한다는 병법의 한 가지. 비실제적으로 보이는 것이 실은 실제적이라는 뜻. 돌아가는 것이 지름길임.

杅穿皮蠹 (우천피두)★

[뜻음] 물그릇 우, 뚫을 천, 가죽 피, 좀 두.
[풀이] 물그릇이 쌓이면 넘어져 깨어지고, 갖옷을 많이 간직하면 좀이 먹는다. 국력이 부강해야 사방으로 힘이 뻗쳐 朝聘(조빙)과 征伐(정벌)을 할 것이므로, 이미 정벌의 길에 올랐으면 군사들이 다치고 죽는 것은 불가피한 일이라는 말. 조빙은 朝見(조현)과 交聘(교빙). 신하가 조정에 나아가 임금을 뵈는 것과 나라와 나라 사이에 서로 사신을 보내는 것.

雨風順調 (우풍순조)★

[뜻음] 비 우, 바람 풍, 좇을 순, 고를 조.
[풀이] 雨順風調(우순풍조).

羽翮已就 (우핵이취)★

[뜻음] 깃 우, 깃촉 핵, 이미 이, 나아갈 취.

[풀이] 날개와 깃이 이미 나아갔다. 중국 漢(한)나라의 高祖(고조) 劉邦(유방)이 태자를 폐하고 戚夫人(척부인)의 아들 趙王(조왕)을 世子(세자)로 冊封(책봉)하려고 할 때 나온 말로, 보좌할 陣容(진용)이 이미 되어 있음을 비유하는 말. 출전 史記(사기).

禹行舜趨 (우행순추)★

[뜻음] 우임금 우, 갈 행, 순임금 순, 달릴 추.
[풀이] 우임금의 행동과 순임금의 걸음걸이. 聖人(성인)의 外貌(외모)만 따르고 實質(실질)이 없음을 이름. 출전 荀子(순자).

優賢揚歷 (우현양력)

[뜻음] 높을 우, 현명할 현, 드날릴 양, 지날 력.
[풀이] 높고 현명함을 널리 드날림. 출전 今文尙書(금문상서) 般庚(반경).

羽化登仙 (우화등선)★★★

[뜻음] 깃 우, 될 화, 오를 등, 신선 선.
[풀이] 몸에 날개가 돋아 신선이 되어 하늘로 올라감. 羽化(우화)는 번데기가 날개가 있는 벌레로 변하는 것을 말한다. 그래서 道家(도가)에서는 알몸뚱이뿐인 사람이 날개가 돋쳐 神仙(신선)이 되어 하늘로 올라가는 것을 이름.

　蘇東坡(소동파)의 [前赤壁賦(전적벽부)]에 이 말이 나온다. 宋(송)나라 神宗(신종) 元豊(원풍) 5년 七月에 東坡(동파)는 양자강의 명승지인 赤壁(적벽)에서 놀았다. 소동파는 불교나 도교에 심취하였는데 이 작품에도 이러한 사상이 배어 있다. 한 구절을 보면,

　"임술년 가을 칠월 십육일 蘇子(소자: 동파 자신)는 손과 함께 배를 띄워 적벽 아래에서 놀게 되었다. 맑은 바람이 조용히 불어와서 물결마저 일지 않았다. 술을 들어 손을 권하며 明月(명월)의 시를 읊고 窈窕(요조)의 글을 노래 불렀다. 조금 있으니 달이 동산 위에 떠올라 별 사이를 거쳐 가고 있었다. 흰 이슬이 가에 내린 듯 물빛은 하늘에 닿아 있었다. 갈대 같은 작은 배에 내맡겨 만 이랑 아득한 물 위를 거침없이 떠간다. 허공에 떠 바람을 타고 그칠 바를 모르듯, 훌쩍 세상을 버리고 홀몸이 돼서 날개를 달고 신선이 되어 하늘로 오르는 것만 같다. ……(중략)

　소자가 말했다. '손님도 저 물과 달을 아시지요. 이렇게 흐르고 있지만 언제나 그대로요. 저렇게 둥글었다, 이지러졌다 하지만 끝내 그대로가 아닙니까. 변하는 측면에서 보면 하늘과 땅도 한순간을 그대로 있지 않고, 변하지 않는 측면에서 보면 만물이나 나나 다할 날이 없는 겁니다. 세상에 부러울 것이 무엇입니까……' 손이 기뻐 웃으며 잔을 씻어 다시 술을 권했다. 안주와 과일이 이미 없어지자 술잔과 접시들이 마구 흩어진 채 서로가 서로를 베고 배 안에서 잠이 들어 동쪽 하늘이 훤히 밝아 오는 것도 모르고 있었다."

　여기에는 우화등선뿐 아니라 '杯盤狼藉(배반낭자)'라는 성어도 나온다.

雨後送傘 (우후송산)

[뜻음] 비 우, 뒤 후, 보낼 송, 우산 산.
[풀이] 비 온 뒤에 우산을 보낸다. 이미 지나간 일에 쓸데없는 말과 행동을 보태는 경우.

雨後竹筍 (우후죽순)★★★

[뜻음] 비 우, 뒤 후, 대나무 죽, 죽순 순.
[풀이] 비 온 뒤에 여기저기 무럭무럭 솟는 죽순. 어떤 일이 한때에 많이 생겨남.

郁郁靑靑 (욱욱청청)★★

[뜻음] 성할 욱, 푸를 청.
[풀이] 향기가 대단히 나며 무성한 모양.

旭日昇天 (욱일승천)★★★

[뜻음] 빛날 욱, 해 일, 오를 승, 하늘 천.
[풀이] 아침 해가 하늘에 떠오른다. 왕성한 氣勢(기세).

雲捲天晴 (운권천청)

[뜻음] 구름 운, 말 권, 하늘 천, 갤 청.
[풀이] 구름이 걷히고 하늘이 맑게 갬. 病(병)·근심 등이 씻은 듯 부신 듯 없어지는 것을 이름.

運斤成風 (운근성풍)★★

[뜻음] 돌릴 운, 도끼 근, 이룰 성, 바람 풍.
[풀이] 재주가 훌륭한 工匠(공장)의 형용. 중국 郢(영) 땅에 사는 사람이 그의 콧등에 白土(백토)를 엷게 바르면, 장석이 도끼를 휘둘러 바람을 일으키며 날쌔게 이를 깎아내되 코는 다치지 않았다는 옛일. 후배가 선배에게 시문 따위의 첨삭을 청할 때, '영부를 빈다'느니 '성풍을 바란다'느니 하는 말은 여기에서 유래되었다고 함. 출전 莊子(장자).

運氣調息 (운기조식)★

[뜻음] 돌릴 운, 기운 기, 고를 조, 숨 쉴 식.
[풀이] 몸 안의 기를 돌리고 호흡을 조절함. 道家(도가)의 양생법 중 하나.

雲泥之差 (운니지차)★

[뜻음] 구름 운, 진흙 니, 갈 지, 다를 차.
[풀이] 구름과 진흙의 차이. 하늘과 땅의 차이. 매우 심한 차이.

雲泥鴻爪 (운니홍조)★

[뜻음] 구름 운, 진흙 니, 큰기러기 홍, 손톱 조.
[풀이] 기러기가 눈이나 진흙 위에 남기는 발자국. 자취 없이 사라짐. 인간 세상의 여행길에서의 자취.

雲翻雨覆 (운번우복)★

[뜻음] 구름 운, 뒤집을 번, 비 우, 뒤집힐 복.
[풀이] 구름이 뒤집어지고 비가 엎어짐. 人情(인정)이 이리저리 뒤쳐 엎어지기 쉬움을 이름.

雲鬢花容 (운빈화용)★

[뜻음] 구름 운, 귀밑머리 빈, 꽃 화, 얼굴 용.
[풀이] 탐스러운 귀밑머리와 꽃같이 예쁜 얼굴의 여자를 가리키는 말.

雲散霧散 (운산무산)★

[뜻음] 구름 운, 흩어질 산, 안개 무.
[풀이] 구름이 흩어지고 안개가 걷히듯, 걱정이나 근심 따위가 깨끗이 사라짐.

雲上氣稟 (운상기품)★★

[뜻음] 구름 운, 위 상, 기운 기, 늠름할 품.
[풀이] 世俗的(세속적)인 것을 벗어난 高尙(고상)한 기질과 성품.

雲消霧散 (운소무산)★

[뜻음] 구름 운, 사라질 소, 안개 무, 흩어질 산.
[풀이] 구름처럼 사라지고 안개처럼 꺼짐. 의심이나 걱정이 말끔하게 사라짐. 形體(형체)도 없이 사라짐을 형용하는 말.

運數不吉 (운수불길)★★

[뜻음] 돌 운, 셀 수, 아닐 불, 길할 길.
[풀이] 운수가 좋지 않음.

運數不幸 (운수불행)★

[뜻음] 돌 운, 셀 수, 아닐 불, 다행 행.
[풀이] 운수가 좋지 않음. 運數不吉(운수불길).

運數所關 (운수소관)★★★

[뜻음] 운전할 운, 운수 수, 바 소, 빗장 관.
[풀이] 모든 일이 운수에 따른다 하여 사람의 힘으로는 어찌할 수 없다는 말.

雲樹之懷 (운수지회)

[뜻음] 구름 운, 나무 수, 갈 지, 품을 회.
[풀이] 절친한 벗을 그리는 회포.

雲心鶴眼 (운심학안)★

[뜻음] 구름 운, 마음 심, 학 학, 눈 안.
[풀이] 無慾無心(무욕무심)한 일. 仙人(선인), 道士(도사) 등의 일.

雲烟變態 (운연변태)★

[뜻음] 구름 운, 연기 연, 변할 변, 모양 태.
[풀이] 구름과 안개가 천변만화하여 갖가지 정취를 일으킴.

雲煙飛動 (운연비동)★

[뜻음] 구름 운, 연기 연, 날 비, 움직일 동.
[풀이] 글자의 筆勢(필세)가 躍動(약동)하는 것 같음.

雲霓之望 (운예지망)★★

[뜻음] 구름 운, 무지개 예, 갈 지, 바랄 망.
[풀이] 큰 가뭄에 비 오기를 바라듯이 희망이 간절함을 이름. 매우 간절한 희망. 출전 孟子(맹자) 梁惠王(양혜왕).

雲雨巫山 (운우무산)★

[뜻음] 구름 운, 비 우, 무당 무, 뫼 산.
[풀이] '巫山之夢(무산지몽)'을 보시오.

雲雨之樂 (운우지락)***

[뜻음] 구름 운, 비 우, 갈 지, 즐거울 락.
[풀이] 남녀가 육체적으로 어울리는 즐거움. 중국 초나라 혜왕이 고당에서 꿈에 무산선녀를 만났다는 고사에서 유래된 말. 雲雨(운우). 남녀의 交情(교정). 입신출세할 기회.

≪文選(문선)≫에 실려 있는 宋玉(송옥)의 [高唐賦(고당부)] 序文(서문)에 나오는 말이다. 송옥은 전국 말기 楚(초)나라 대부로 屈原(굴원)의 제자다. 그는 ≪楚辭(초사)≫에 있는 九辯(구변)과 招魂(초혼)을 지은 작자로, 이 高唐賦(고당부)의 서문은 초회왕이 雲夢(운몽)에 있는 高唐(고당)으로 갔을 때 꿈에 巫山(무산) 神女(신녀)와 만나 즐겼다는 옛이야기를 말한 것이다.

그 내용을 소개하면 다음과 같다.

옛날 초나라 襄王(양왕)이 송옥과 함께 운몽의 대에 놀며 고당의 누대를 바라보고 있노라니 그 위로 구름 같은 것이 높이 떠오르더니 갑자기 모습을 바꾸어 순식간에 여러 가지 형태로 변했다. 양왕이 그것을 보고 송옥에게 물었다.

"대체 저것이 무슨 기운일까?"

"저것이 이른바 아침구름이라는 것입니다."

"아침구름이라니 무슨 뜻인가"

"옛날 先王(선왕: 懷王회왕)께서 일찍이 고당에 오셔서 노신 적이 있습니다. 곤해서 낮잠을 주무시고 계신데 꿈에 한 부인이 나타나더니 '첩은 무산의 신녀이옵니다. 고당에 놀러 왔다가 임금께서 고당에 놀러 오셨단 말을 듣고 왔습니다. 바라옵건대 베개와 자리를 받들어 올릴까 하옵니다'라고 청했습니다. 그래서 왕께선 그녀를 사랑하시게 되었는데 그녀가 떠날 때 말하기를,

'첩은 무산 남쪽 높은 절벽 위에 살고 있습니다. 아침에는 아침구름이 되고 저녁에는 지나가는 비가 되어 아침마다 저녁마다 陽臺(양대) 아래에서 임금님을 그리며 지나겠습니다' 하는 것이었습니다. 다음 날 선왕께서 무산 남쪽을 바라보셨더니 과연 여자가 말한 그대로였습니다. 그래서 祠堂(사당)을 세우고 사당 이름을 朝雲(조운)이라 불렀습니다."

이 구름과 비 이미지는 만해 한용운의 시에도 나타난다. 말뜻이 바뀌어서 남녀간의 密會(밀회)나 情交(정교), 남녀가 육체적으로 어울리는 즐거움을 이른다. '巫山雲雨(무산운우), 巫山之夢(무산지몽), 雲雨之情(운우지정), 朝雲暮雨(조운모우)' 등이 같은 말이다.

雲雨之情 (운우지정)*

[뜻음] 구름 운, 비 우, 갈 지, 뜻 정.
[풀이] 雲雨之樂(운우지락).

運轉亡已 (운전망이)*

[뜻음] 돌 운, 구를 전, 없을 망, 그칠 이.
[풀이] 우주의 만물은 늘 운행하고 변하여 잠시도 그치지 않음. 출전 列子(열자).

雲從龍風從虎 (운종룡풍종호)*

[뜻음] 구름 운, 쫓을 종, 용 룡, 바람 풍, 범 호.
[풀이] 용 가는 데 구름 가고 범 가는 데 바람 간다. 마음이 맞는 사람끼리 서로 구하고 좇는 긴밀한 관계. 용이 토하면 구름이 생기고 범이 울면 바람이 생기는 것처럼, 聖君(성군)이 나오면 賢臣(현신)이 반드시 나와 도움을 비유하는 말. 출전 易經(역경) 文言(문언).

運籌于帷幄之中 (운주우유악지중)***

[뜻음] 돌 운, 헤아릴 주, 어조사 우, 휘장 유, 휘장 악, 갈 지, 가운데 중.
[풀이] 軍幕(군막) 속에서 전략을 세움.

'運籌(운주)'는 算(산)가지를 놀린다는 뜻이고 '帷幄之中(유악지중)'은 장막 안이란 말이다.

장막 안에서 가만히 들어앉아 계획을 꾸민다는 말이다.

≪史記(사기)≫ 古祖本記(고조본기)에 나오는 말이다. 통일천하를 끝낸 고조(한나라 유방)가 신하들과 이야기를 하는 중,

"경들은 숨김없이 말하라. 내가 천하를 얻은 까닭과 項羽(항우)가 천하를 잃은 까닭이 무엇인가를."라고 물었다.

高起(고기)와 王陵(왕릉)이 이렇게 대답했다.

"폐하께서는 성을 치고 공략하게 되면 공을 세운 사람에게 그 땅을 주어 천하 사람들과 이익을 함께하셨습니다. 그러나 항우는 의심과 질투가 많아 싸움에 이겨도 성을 주지 않고 땅을 얻어도 나눠 주는 일이 없었습니다. 이것이 폐하께서 천하를 얻고 항우가 천하를 잃은 이유인 줄 아옵니다."

그러자 고조가 말했다.

"경은 하나만 알고 둘은 모른다. 대체로 산가지를 장막 안에서 움직여 천 리 밖에 승리를 얻게 하는 것은 내가 子房(자방: 장량)만 못하고, 나라를 편안히 하고, 백성을 어루만져 주며, 군대의 보급을 끊어지지 않게 하는 것은 내가 蕭何(소하)만 못하며, 백만의 군사를 거느리고 싸우면 반드시 이기고 치면 반드시 빼앗는 것은 내가 韓信(한신)만 못하다. 이 세 사람은 모두 뛰어난 인걸들이다. 나는 그들을 제대로 쓸 수가 있었다. 이것이 바로 내가 천하를 차지할 수 있었던 이유다. 항우는 范增(범증) 한 사람이 있을 뿐이었는데 그 하나도 제대로 쓰지 못했다. 이것이 나에게 패한 이유다."

運籌帷幄 (운주유악)*

[뜻음] 돌 운, 헤아릴 주, 휘장 유, 휘장 악.
[풀이] 장막 안에서 계책을 세워 운용하다는 뜻으로, 모든 사실과 자료를 바탕으로 기획하고 지시 내리는 참모사령부의 뜻을 가진 말. 運

籌于帷幄之中(운주우유악지중).

雲中白鶴 (운중백학)★

[뜻음] 구름 운, 가운데 중, 흰 백, 학 학.
[풀이] 구름 속의 학이란 뜻으로, 고상한 人品(인품)의 비유.

雲蒸龍變 (운증용변)★

[뜻음] 구름 운, 찔 증, 용 용, 변할 변.
[풀이] 물이 증발하여 구름이 되고 뱀이 용으로 변하여 하늘로 오른다. 곧 영웅호걸이 時運(시운)을 만나 크게 일어남. 출전 史記(사기).

運之掌上 (운지장상)★

[뜻음] 돌 운, 갈 지, 손바닥 장, 위 상.
[풀이] 손바닥 위에서 물건을 굴리는 것처럼 마음대로 할 수 있음. 퍽 행하기가 쉬운 일의 비유.

雲集霧散 (운집무산)★

[뜻음] 구름 운, 모일 집, 안개 무, 흩어질 산.
[풀이] 구름같이 모이고 안개같이 헤어짐. 곧, 일시에 모였다가 일시에 헤어짐의 형용.

運七氣三 (운칠기삼)★★★

[뜻음] 돌 운, 일곱 칠, 기운 기, 석 삼.
[풀이] 운이 7할이고 기가 3할이다. 운이 기보다 더 중요하다는 말.

雲霞癖 (운하벽)★

[뜻음] 구름 운, 노을 하, 버릇 벽.
[풀이] 봄을 사랑하는 성벽. 산수를 사랑하는 버릇.

雲行雨施 (운행우시)★

[뜻음] 구름 운, 갈 행, 비 우, 베풀 시.
[풀이] 구름이 하늘에서 쳐져 비가 되어 만물을 기름. 출전 易經(역경).

菀柳之刺 (울류지자)★★

[뜻음] 자완 울, 버들 류, 갈 지, 찌를 자.
[풀이] 중국 周(주)나라의 幽王(왕)이 暴虐(포학)하고 無親(무친)하여 刑罰(형벌)도 公正(공정)하지 않았다고 비방하는 말. 菀柳(울류)는 무성한 버들인데, 시경의 편명이기도 하다. 이 편에 유왕을 비방하는 시가 있음.

鬱鬱不樂 (울울불락)★

[뜻음] 울적할 울, 아닐 불, 즐거울 락.
[풀이] 마음이 답답하고 즐겁지 않음.

熊經鳥申 (웅경조신)★

[뜻음] 곰 웅, 매달 경, 새 조, 펼 신.
[풀이] 神仙(신선)이 長生不死(장생불사)하기 위하여 몸을 鍛鍊(단련)시키는 법. 곰이 나무에 몸을 매달듯 하고 새가 목을 길게 뺀 것같이 함. 출전 莊子(장자).

雄鷄夜鳴 (웅계야명)★

[뜻음] 수컷 웅, 닭 계, 밤 야, 울 명.
[풀이] 수탉이 밤에 우는 것. 한 나라의 왕이 다른 나라를 征伐(정벌)

할 뜻을 지니면 이러한 현상이 생긴다고 함.

雄大豪壯 (웅대호장)★

[뜻음] 수컷 웅, 큰 대, 호걸 호, 씩씩할 장.
[풀이] 씩씩하고 크며 훌륭함.

雄猛卓特 (웅맹탁특)★

[뜻음] 수컷 웅, 사나울 맹, 높을 탁, 수컷 특.
[풀이] 웅장하며 용맹하고 탁월하며 특출함.

雄蜂雌蝶 (웅봉자접)★

[뜻음] 수컷 웅, 벌 봉, 암컷 자, 나비 접.
[풀이] 수놈 벌과 암나비. 봉접은 벌과 나비.

熊貔之士 (웅비지사)★

[뜻음] 곰 웅, 비휴 비, 갈 지, 선비 사.
[풀이] 곰 같고 비휴 같은 장사. 豼貅(비휴)는 맹수 이름.

雄材大略 (웅재대략)★

[뜻음] 뛰어날 웅, 재목 재, 큰 대, 지략 략.
[풀이] 뛰어난 재주와 꾀. 또는 그러한 사람. 출전 漢書(한서).

雄唱雌和 (웅창자화)★

[뜻음] 수컷 웅, 부를 창, 암컷 자, 화할 화.
[풀이] 수컷이 主唱(주창)하니 암컷이 和答(화답)함. 서로 손이 맞아서 일을 하는 것을 이름. 서로 손발이 착착 맞음.

熊川巨擘 (웅천거벽)

[뜻음] 곰 웅, 내 천, 클 거, 엄지손가락 벽.
[풀이] 儒生(유생)으로서 글 잘한다는 명성은 있으나 그 著作(저작)은 낮고 천한 사람을 비웃는 말.

雄卓猛特 (웅탁맹특)★

[뜻음] 수컷 웅, 높을 탁, 사나울 맹, 유다를 특.
[풀이] 굉장히 뛰어남.

熊虎之將 (웅호지장)★

[뜻음] 곰 웅, 범 호, 갈 지, 장수 장.
[풀이] 곰이나 범같이 사납고 힘이 센 將帥(장수).

刓方爲圜 (완방위환)

[뜻음] 깎을 완, 모날 방, 할 위, 둥글 환.
[풀이] 네모진 것을 깎아서 둥글게 함. 方正(방정)한 節操(절조)를 꺾어 世俗(세속)에 同化(동화)함.

願乞骸骨 (원걸해골)★

[뜻음] 원할 원, 빌 걸, 뼈 해, 뼈 골.
[풀이] 몸은 원래 主君(주군)에게 매인 것이니 정신과 혼은 남겨두고 빈 껍질만을 草野(초야)에 묻히게 해 달라는 뜻. 楚(초)나라 項羽(항우)의 謀士(모사) 범증이 유방의 謀士(모사) 진평의 계략으로 인해 적과 내통한다는 嫌疑(혐의)를 받고 궁지에 몰렸을 때 항우에게 스스로 물러날 뜻을 밝히며 한 말. '乞骸骨(걸해골)'을 보시오.

圓孔方木 (원공방목)★

[뜻음] 둥글 원, 구멍 공, 모 방, 나무 목.
[풀이] 둥근 구멍에 네모난 나무를 꽂아 맞춘다. 圓鑿方枘(원조방예).

遠交近攻 (원교근공)★★★

[뜻음] 멀 원, 사귈 교, 가까울 근, 공격할 공.
[풀이] 먼 나라와 가까이하고 가까운 나라를 공격함. 전국시대 秦(진)나라 소왕 때 재상 장록(본명 범수)의 외교정책.

　≪史記(사기)≫ 范雎蔡澤傳(범수채택전)에 나와 있는 이야기다. 범수는 위나라 사람으로 字(자)를 叔(숙)이라 했다. 제후들을 遊說(유세)하고 싶었지만 집이 가난한 탓으로 여비가 없어 길을 떠나지 못하고 위나라 왕을 섬길 생각이었으나 그마저 통할 길이 없어 우선 중대부 須賈(수가)의 밑에서 일을 보고 있었다. 수가가 魏(위)나라 昭王(소왕)의 명령으로 齊(제)나라에 사신을 가게 되었는데 범수도 따라가 수가가 대처하지 못하는 것을 범수가 다 하자 제왕은 범수의 재주를 아껴 그와 뒷날을 약속했다. 수가는 귀국하자 범수에게 재상 자리를 빼앗길까 두려워 모함한다. 범수는 거의 죽도록 맞고 버려졌다가 진나라로 들어와 秦昭王(진소왕)을 만나 遠交近攻策(원교근공책)을 유세하여 재상이 된다. 범수가 원교근공을 말한 대목을 소개하면 이렇다.
　"왕께선 멀리 사귀고 가까이 치는 것보다 좋은 방법은 없습니다. 한 치를 얻어도 왕의 한 치 땅이 되고, 한 자를 얻어도 왕의 한 자 땅이 됩니다. 이제 이를 버리고 멀리 공략을 한다면 어찌 틀린 일이 아니겠습니까."
　진나라에서는 이름을 張祿(장록)이라고 바꾸었고 수가가 진에 사신으로 왔을 때에는 수가가 옛정을 생각해 비단 옷을 벗어준 일로 인해 차마 죽이지 못하고 살려 보낸다. '累卵之危(누란지위)'란 말도 범수 이야기에 나와 있다.

圓頭方足 (원두방족)★

[뜻음] 둥글 원, 머리 두, 모 방, 발 족.
[풀이] 둥근 머리 모난 발. 사람. 圓顱方趾(원로방지). 출전 淮南子(회남자).

圓顱方趾 (원로방지)★

[뜻음] 둥글 원, 머리뼈 로, 모 방, 발 지.
[풀이] 둥근 머리와 모난 발이라는 뜻으로, 사람을 이름. 圓頭方足(원두방족). 출전 南史(남사).

遠路行役 (원로행역)★

[뜻음] 멀 원, 길 로, 다닐 행, 부릴 역.
[풀이] 먼 길을 가느라고 겪는 고생.

遠謀深慮 (원모심려)★

[뜻음] 멀 원, 꾀할 모, 깊을 심, 생각할 려.
[풀이] 먼 앞날을 깊이 생각함.

圓木警枕 (원목경침)★

[뜻음] 둥글 원, 나무 목, 경계할 경, 베개 침.
[풀이] 베면 굴러가도록 둥근 나무로 만든 목침. 宋(송)나라 司馬光(사마광)이 베던 둥근 木枕(목침). 조금 자면 베개가 굴러 깨도록 만들었음. 轉(전)하여 苦學(고학)의 뜻으로 쓰임.

怨不在大不在小 (원부재대부재소)★

[뜻음] 원망할 원, 아닐 부, 있을 재, 큰 대, 작을 소.
[풀이] 古代(고대)의 말로, 백성의 원망은 그 일의 크고 작은 데 있지 않으며, 오직 임금이 도리에 따름과 거슬림 또는 정치에 힘씀과 힘쓰지 않음에 있을 뿐이라는 말. 民怨(민원)은 도리에 맞는 政事(정사)를 하느냐 하지 않느냐에 따라 생긴다는 말.

遠不忘君 (원불망군)★

[뜻음] 멀 원, 아닐 불, 잊을 망, 임금 군.
[풀이] 충신은 멀리 내침을 당하여도 임금을 생각하여 잊지 않음. 출전 春秋左氏傳(춘추좌씨전).

猿臂之勢 (원비지세)★

[뜻음] 원숭이 원, 팔 비, 갈 지, 형세 세.
[풀이] 형세가 좋을 때에는 진출하고 불리할 때에는 퇴각하여 군대의 進退(진퇴)를 자유로이 한다는 뜻. 猿臂(원비)는 원숭이와 같은 긴 팔이라는 뜻. 출전 舊唐書(구당서).

原賞春陵 (원상춘릉)★

[뜻음] 근원 원, 상줄 상, 봄 춘, 언덕 릉.
[풀이] 趙(조)나라의 平原君(평원군), 齊(제)나라의 孟嘗君(맹상군), 楚(초)나라의 春申君(춘신군), 魏(위)나라의 信陵君(신릉군) 등 네 사람. 모두 戰國時代(전국시대)에 食客(식객)을 길러 豪俠(호협)한 행동을 했음.

遠上寒山石徑斜 (원상한산석경사)★

[뜻음] 멀 원, 위 상, 찰 한, 뫼 산, 돌 석, 지름길 경, 비낄 사.
[풀이] 杜牧(두목)의 시구. '멀리 겨울 산 꾸불꾸불 돌길 올라'라는 뜻.

遠水不救近火 (원수불구근화)★★★

[뜻음] 멀 원, 물 수, 아닐 불, 구할 구, 가까울 근, 불 화.
[풀이] 먼 데 있는 물은 가까이 난 불을 구해낼 수 없다. 먼 곳에 있는 친척은 급할 때 소용이 없음의 비유.

　≪韓非子(한비자)≫ 說林上(설림상)에 나오는 이야기이다.
　魯(노)나라 穆公(목공)은 齊(제)나라의 침략을 막는 한 방법으로, 제나라의 득세를 싫어하고 있는 楚(초)나라와 韓(한)·魏(위)·趙(조) 세 나라에 公子(공자)를 보내 그들 나라를 섬기게 했다. 그러자 犁鉏(이서)라는 사람이 이렇게 간했다.
　"멀리 있는 越(월)나라 사람을 불러다가 물에 빠진 아이를 구하려 한다면, 월나라 사람이 아무리 헤엄을 잘 친다 해도 아이는 살지 못할 것입니다. 불이 난 것을 바닷물로 끄려 한다면, 바닷물이 아무리 많아도 불을 끌 수는 없

을 것입니다. 먼 물은 가까운 불을 구하지 못합니다. 지금
三晉(삼진)과 초나라가 비록 강하다 해도 제나라가 그들
나라보다 가까이 있기 때문에 노나라의 위급함을 구해줄
수는 없습니다."

原始要終 (원시요종)★

[뜻음] 근원 원, 처음 시, 구할 요, 마칠 종.
[풀이] 어떤 일에 있어서나 시작을 깊이 궁리 연구하고, 그 일의 마지
막을 잘 알아차림. 출전 易經(역경) 繫辭下傳(계사하전).

元惡大憝 (원악대대)★

[뜻음] 으뜸 원, 악할 악, 큰 대, 원망할 대.
[풀이] ① 아주 흉악한 인간. ② 반역을 범한 흉악범.

鴛鴦衾枕 (원앙금침)★

[뜻음] 원앙 원, 원앙 앙, 이불 금, 베개 침.
[풀이] 원앙을 수놓은 이불과 베개.

鴛鴦翡翠 (원앙비취)★

[뜻음] 원앙새 원, 원앙새 앙, 물총새 비, 물총새 취.
[풀이] 원앙새와 물총새. 암수의 정이 두터워 夫婦(부부)의 和睦(화
목)함을 비유함.

鴛鴦之契 (원앙지계)★

[뜻음] 원앙새 원, 원앙새 앙, 갈 지, 맺을 계.
[풀이] 원앙새와 같이 금실이 좋은 맺음. 부부 사이에 금실(금슬)이
좋은 것. 출전 수신기.

元元本本 (원원본본)★

[뜻음] 으뜸 원, 근본 본.
[풀이] 근본으로 들어감. 근원을 찾아냄. 출전 漢書(한서).

冤冤相報 (원원상보)★

[뜻음] 원망할 원, 서로 상, 갚을 보.
[풀이] 서로 원한을 보복함.

遠猶辰告 (원유신고)★

[뜻음] 멀 원, 오히려 유, 날 신, 알릴 고.
[풀이] 국가 장래를 위한 계획을 세우고 이를 공포함. 猶(유)는 謀(모)
이고, 辰(신)은 時(시)임.

垣有耳 (원유이)★

[뜻음] 담 원, 있을 유, 귀 이.
[풀이] 담장에도 귀가 있음. 말조심을 해야 함. 牆有耳(장유이).

願一見之 (원일견지)★

[뜻음] 원할 원, 한 일, 볼 견, 갈 지.
[풀이] 한번 만나 보기를 바람.

元日朝賀 (원일조하)★

[뜻음] 으뜸 원, 날 일, 조정 조, 하례 하.
[풀이] 정월 초하룻날 朝廷(조정)에 가서 拜下(배하)하는 일. 출전 通

典(통전).

怨入骨髓 (원입골수)★★★

[뜻음] 원망할 원, 들 입, 뼈 골, 골수 수.
[풀이] 원한이 뼈에 사무침.

　　≪史記(사기)≫ 秦本紀(진본기)에 나오는 이야기이다.
春秋時代(춘추시대) 五覇(오패)의 한 사람인 秦穆公(진목
공)은 그가 도와 覇天下(패천하)까지 하게 만들었던 晉文
公(진문공)이 죽자 그 기회를 틈타 멀리 鄭(정)나라를 치
게 된다. 이 소식에 晉襄公(진양공)은, 자기를 무시한 행
동이라 하여 喪服(상복) 차림으로 군대를 보내 맹렬히 무
찔러 적을 전멸하고 대장 孟明視(맹명시), 白乙丙(백을
병), 西乞術(서걸술) 등 진나라 三帥(삼수)를 사로잡았는
데 그 공로는 거의 先軫(선진)의 것이었다. 그런데 진문공
의 부인 文嬴(문영)은 진목공의 딸로, 진양공에 대해서는
어머니뻘이 되는 賢哲(현철)한 여자로, 친정과 시집의 싸
움에 끼이게 되자 그녀는 세 장군을 살려 보내고 싶어서
양공에게 이렇게 청했다.
　　"진나라 임금은 이 세 사람을 뼈 속에 사무치도록 원망
하고 있을 터이니, 이 세 사람을 돌려보내 우리 아버지로 하
여금 직접 이들을 기름가마에 넣어 한을 풀게 해 주시오."
　　양공은 문영을 우러러볼 뿐만 아니라 지난날의 情誼
(정의)를 생각해 세 장수를 풀어 본국으로 돌아가게 했다.
선진은 이 일을 알고 노발대발하며 임금을 철이 없다고
꾸중했다. 아녀자의 말을 듣고 일을 망쳐버린 것이 너무도
분했던 것이다. 진목공은 애초에 百里奚(백리해)나 蹇叔
(건숙)의 반대를 무릅쓰고 한 일이었고 자신의 잘못을 알
기에 세 장수를 환영하고 지위를 유지시켜 주며 힘을 길
러 결국 覇者(패자)가 될 수 있었다.

原田每每 (원전매매)★

[뜻음] 들 원, 밭 전, 잦을 매.
[풀이] 고원의 밭에 풀이 무성하다. 軍兵(군병)이 많음. 每每(매매)는
풀이 무성한 모양. 출전 春秋左氏傳(춘추좌씨전).

圓轉滑脫 (원전활탈)★

[뜻음] 둥글 원, 구를 전, 부드러울 활, 벗을 탈.
[풀이] 말이나 또는 일을 처리하는 데 모나지 않고 원만하게 변화하
여 거침이 없음.

原情定罪 (원정정죄)

[뜻음] 근원 원, 뜻 정, 정할 정, 허물 죄.
[풀이] 사실을 究明(구명)한 연후에 형벌을 정함. 출전 漢書(한서) 王
嘉傳(왕가전).

圓鑿方枘 (원조방예)★★

[뜻음] 둥글 원, 구멍 조, 모 방, 자루 예.
[풀이] 둥근 구멍에 네모진 자루를 박는다는 뜻으로 서로 맞지 않는

사물을 이름. 鑿(착)은 '조'나 '착'으로 읽음. 출전 史記(사기).

元從功臣 (원종공신)★★

[뜻음] 으뜸 원, 따를 종, 공 공, 신하 신.
[풀이] 創業(창업) 때부터 참여하여 큰 功績(공적)을 이룩한 신하.

源泉萬斛 (원천만곡)★

[뜻음] 근원 원, 샘 천, 일만 만, 용량 곡.
[풀이] 글 뜻이 한없이 넓음.

怨天尤人 (원천우인)★

[뜻음] 원망할 원, 하늘 천, 탓할 우, 사람 인.
[풀이] 하늘을 원망하고 사람을 탓함.

怨徹骨髓 (원철골수)★

[뜻음] 원한 원, 뚫을 철, 뼈 골, 골 수.
[풀이] 원한이 깊어 골수에 사무치다. 원한이 골수에 사무침.

遠浦歸帆 (원포귀범)★★

[뜻음] 멀 원, 개 포, 돌아올 귀, 돛단배 범.
[풀이] 중국 호남성에 있는 동정호에서 먼 포구로부터 돌아오는 돛단배의 모습으로, 소상팔경 중 하나.

猿鶴沙蟲 (원학사충)★

[뜻음] 원숭이 원, 학 학, 물여우 사, 벌레 충.
[풀이] 원숭이와 학과 물여우와 벌레. 중국 周(주)나라 穆王(목왕)이 南征(남정)할 때, 全軍(전군)이 戰死(전사)하여 君子(군자)는 원숭이와 학이 되고, 小人(소인)은 물여우와 벌레로 화하였다는 옛일. 전장에 나가서 죽은 將兵(장병). 출전 太平御覽(태평어람).

元亨利貞 (원형이정)★★★

[뜻음] 으뜸 원, 형통할 형, 날카로울 리, 정숙할 정.
[풀이] 易理(역리)에서 말하는 天道(천도)의 네 가지 德(덕). 사물의 근본 원리를 이름. 元(원) – 봄, 어짊. 亨(형) – 여름, 예의. 利(이) – 가을, 의로움. 貞(정) – 겨울, 지혜. 출전 周易(주역) 乾卦(건괘).

遠禍召福 (원화소복)★★★

[뜻음] 멀 원, 불행 화, 부를 소, 복 복.
[풀이] 화를 물리쳐 멀리하고, 福(복)을 불러들임.

越犬吠雪 (월견폐설)★

[뜻음] 월나라 월, 개 견, 짖을 폐, 눈 설.
[풀이] 월나라의 개가 눈을 보고 짖는다. 어리석고 식견이 좁아서 보통의 사물을 보고도 크게 놀람의 비유. 蜀犬吠日(촉견폐일), 吳牛喘月(오우천월)과 유사함.

越雞不能伏鵠卵 (월계불능복곡란)

[뜻음] 넘을 월, 닭 계, 아닐 불, 능할 능, 엎드릴 복, 고니 곡, 알 란.
[풀이] 작은 월계는 백조의 큰 알을 깨지 못함. 小(소)는 大(대)를 制御(제어)하지 못함. 월계는 당닭이나 소계. 출전 莊子(장자).

月光讀書 (월광독서)★

[뜻음] 달 월, 빛 광, 읽을 독, 글 서.

[풀이] 달빛으로 책을 읽는다. 집이 가난하여 苦學(고학)함. 출전 晉書(진서).

月宮姮娥 (월궁항아)★★

[뜻음] 달 월, 집 궁, 항아 항, 예쁠 아.
[풀이] 달나라 속의 仙女(선녀) 姮娥(항아). 美人(미인).

月幾望 (월기망)★

[뜻음] 달 월, 기미 기, 기대할 망.
[풀이] 그늘이 빛을 받는 것이 달이 햇빛을 받는 것과 같다. 大臣(대신)이 오직 임금을 위하여 충성을 다하는 것을 이름. 출전 易經(역경) 歸妹卦(귀매괘).

月旦 (월단)★

[뜻음] 달 월, 아침 단.
[풀이] 사람에 대한 평(評). 중국 후한(後漢) 때에 허소(許劭)라는 사람이 매월 초하루마다 마을 사람들의 인물을 평했다는 데서 유래한다. 月旦評(월단평).

月旦評 (월단평)★★★

[뜻음] 달 월, 아침 단, 평가할 평.
[풀이] 사람에 대한 평가. 月旦(월단).

월단평은 人物評(인물평)이라는 뜻이다. 月朝評(월조평)이라고도 한다. 李朝(이조)시대에는 旦(단)이 태조 이성계가 임금이 된 뒤에 갖게 된 이름이었기 때문에 글자를 본래대로 읽지 않고 朝(조)와 같은 글자로 읽었기 때문이다. 月旦(월단)을 月朝(월조)라고 읽은 것도 역시 같은 이유에서였다. 이른바 觸諱(촉휘)라는 것으로 임금의 이름을 함부로 부르지 못하는 제도 때문이었다.

이 말은 ≪後漢書(후한서)≫ 許劭傳(허소전)에 나온다. 後漢(후한) 말기, 汝南(여남)에 觀相(관상)을 잘 보기로 이름이 높았던 許劭(허소)가 그의 從兄(종형) 되는 許靖(허정)과 함께 즐겨 고을 사람들의 인물을 평했는데 매달 초하루마다 인물에 대한 평을 달리하여 발표했기 때문에 여남에서는 월단평이라는 俗語(속어)가 생기게 되었다. 이 허소에게 三國志(삼국지) 속의 영웅 曹操(조조)가 찾아와 상평해줄 것을 요구하자 허소는 조조를 보고 곧 거부했다. 조조는 평을 해주지 않으면 죽이겠다고 위협을 했다. 조조를 좋지 못한 인간으로 보았기 때문에 거부하였지만 말을 하지 않을 수가 없었다.

"그대는 올바르고 태평스런 세상에선 간사한 도적이 될 것이요, 어지러운 세상에서는 영웅이 될 것이다."라고 했다.

≪十八史略(십팔사략)≫에서는 허소가,

"그대는 잘 다스려진 세상에서는 능력 있는 신하가 될 것이요, 어지러운 세상에서는 간사한 영웅이 될 것이다."라고 말한 것으로 되어 있다.

아무튼 조조가 기뻐한 것은 '난세의 영웅'이라는 말 때문이었고 이에 몹시 만족하고 돌아갔다 한다.

越度關塞 (월도관새)★
[뜻음] 넘을 월, 건널 도, 빗장 관, 변방 새.
[풀이] 관문과 요새를 넘어 건너감.

月落參橫 (월락삼횡)★
[뜻음] 달 월, 떨어질 락, 석 삼, 가로 횡.
[풀이] 달이 지고 參星(삼성)이 동쪽에 비낄 무렵. 달이 지고 그림자가 가로세로 있음을 이름.

月落烏啼霜滿天 (월락오제상만천)★
[뜻음] 달 월, 떨어질 락, 까마귀 오, 울 제, 서리 상, 가득할 만, 하늘 천.
[풀이] 달은 서산에 기울어 까마귀는 울고, 서리가 가득 내림. 가을의 새벽을 읊은 詩(시).

月老赤繩 (월로적승)★★
[뜻음] 달 월, 늙을 로, 붉을 적, 줄 승.
[풀이] 월하노인이 가지고 다니며 남녀의 인연을 맺어준다고 하는 주머니의 붉은 끈. 月老繩(월로승).

月裏嫦娥 (월리항아)★
[뜻음] 달 월, 속 리, 항아 항, 예쁠 아.
[풀이] 月宮姮娥(월궁항아).

月滿則虧 (월만즉휴)★
[뜻음] 달 월, 찰 만, 곧 즉, 이지러질 휴.
[풀이] 달이 보름달이 되면 이지러짐. 곧 사물은 興盛(흥성)하면 반드시 衰亡(쇠망)한다는 말. 출전 史記(사기).

月明星稀 (월명성희)★★
[뜻음] 달 월, 밝을 명, 별 성, 드물 희.
[풀이] 달이 밝게 빛나면, 별빛은 희미해진다. 魏(위)나라 맹덕 曹操(조조)의 시. 달은 자신, 별은 다른 영웅을 의미함. 곧, 큰 영웅이 나타나면, 군웅의 존재가 희미해짐을 비유함. 조조는 蜀(촉)나라의 先主(선주)가 도망간 것을 비꼬면서 자신의 기개를 드러냄. 출전 조조의 [단가행]

月麗于箕 (월여우기)★
[뜻음] 달 월, 통과할 여, 어조사 우, 기성 기.
[풀이] 달이 箕星(기성)에 걸림. 바람이 부는 징조라고 함. 별자리에 대해서는 '銀河列宿(은하열수)'를 보시오. 출전 春秋緯(춘추위).

月盈則食 (월영즉식)★
[뜻음] 달 월, 찰 영, 곧 즉, 먹을 식.
[풀이] 月滿則虧(월만즉휴).

越王式怒蛙 (월왕식노와)★
[뜻음] 월나라 월, 임금 왕, 법식 식, 성낼 노, 개구리 와.
[풀이] 越王(월왕)이 怒蛙(노와)에 式(식)함. 式(식)은 軾(식)과 통하는 자로 차 위에 가로 댄 橫木(횡목). 또는 車(차) 위에서 절할 때 이 나무를 잡고 허리를 굽히는 것을 역시 식이라 함. 노와에 식함은 국민이 적개심에 불타 성나게 하기 위해서임. 출전 韓非子(한비자) 內儲說上篇(내저설상편).

月離于畢 (월이우필)
[뜻음] 달 월, 가를 리, 어조사 우, 필성 필.
[풀이] 달이 畢星(필성)에 걸림. 머지않아 비가 올 징조라고 함. 출전 詩經(시경) 小雅(소아) 漸漸之石篇(점점지석편).

月章星句 (월장성구)★
[뜻음] 달 월, 글 장, 별 성, 글귀 구.
[풀이] 달 같은 문장, 별 같은 구절. 화려한 章句(장구). 金章玉句(금장옥구).

越鳥巢南枝 (월조소남지)★★
[뜻음] 월나라 월, 새 조, 둥지 소, 남녘 남, 가지 지.
[풀이] 남쪽 월나라에서 온 새는 조금이라도 고향에 가까운 남쪽 나뭇가지에 집을 지음. 고향을 잊지 못함을 비유함.

越俎之罪 (월조지죄)★
[뜻음] 넘을 월, 도마 조, 갈 지, 허물 죄.
[풀이] 제 직분을 넘어 부당히 남의 일에 간섭하는 죄. 越俎之嫌(월조지혐). 출전 莊子(장자).

月中嫦娥 (월중항아)★
[뜻음] 달 월, 가운데 중, 항아 항, 예쁠 아.
[풀이] 月中嫦娥(월중상아), 月宮姮娥(월궁항아). 嫦(항)은 姮(항)과 같음.

月中蟾蜍 (월중섬여)★
[뜻음] 달 월, 가운데 중, 두꺼비 섬, 두꺼비 여.
[풀이] 달 속에 있다는 두꺼비.

刖趾適屨 (월지적구)★
[뜻음] 벨 월, 발뒤꿈치 지, 맞출 적, 신 구.
[풀이] 발뒤꿈치를 베어 신에 맞춘다. 本末主客(본말주객)을 바꿈. 잘 해 보려던 일이 도리어 나빠짐.

越津乘船 (월진승선)
[뜻음] 넘을 월, 나루 진, 탈 승, 배 선.
[풀이] 나루를 건너가서 배를 타다. 가까운 데 있는 것을 버리고 먼 데 있는 것을 취함의 비유. 순서가 뒤바뀜, 당사자를 제쳐놓고 엉뚱한 사람과 싸움의 비유.

月沈三更 (월침삼경)★
[뜻음] 달 월, 잠길 침, 석 삼, 고칠 경.
[풀이] 달마저 서천으로 기운 컴컴한 한밤중. 달도 없는 아주 깊은 밤.

月態花容 (월태화용)★
[뜻음] 달 월, 모양 태, 꽃 화, 얼굴 용.
[풀이] 달 같은 姿態(자태)와 꽃 같은 얼굴. 아름다운 여인의 모습.

月下老人 (월하노인)★
[뜻음] 달 월, 아래 하, 늙을 로, 사람 인.
[풀이] 부부의 인연을 맺어 준다는 전설의 늙은이. 중국 당나라의 위고(韋固)가 달밤에 어떤 노인을 만나 장래의 아내에 대한 예언을

들었다는 데서 유래한다. 月下氷人(월하빙인).

月下氷人 (월하빙인)★★★

[뜻음] 달 월, 아래 하, 얼음 빙, 사람 인.
[풀이] 달빛 아래에 있는 노인, 얼음판 위의 사람. 남녀의 인연을 맺어주는 사람. 결혼 중매쟁이. 月下老人(월하노인).

　'月下人(월하인)'이란 인간세계의 부부 인연을 맺어주는 저승의 노인을 말한다. 그래서 중매를 서는 사람을 지칭한다. 월하노인의 전설과 얼음 밑에 있는 사람의 전설이 합쳐진 月下氷人(월하빙인)이란 말도 같은 뜻으로 쓰이고 있다.≪太平廣記(태평광기)≫에 나오는 定婚店(정혼점) 전설에 월하노인이 나온다.
　"長安(장안) 근처 杜陵(두릉)에 韋固(위고)가 宋城(송성) 남쪽 마을에 묵고 있을 때 어떤 사람이 위고에게 혼담을 말해와 龍興寺(용흥사) 문 앞에서 만나기로 했는데 웬 노인이 돌계단에서 베자루에 기대앉아 책을 읽고 있어 이 노인에게서 처자 될 사람을 소개받게 된다. 그 처자는 아직 세 살밖에 되지 않았으니 앞으로 십오 년을 기다려야 하며 이 마을 북쪽에서 채소 장사를 하고 있는 陳(진)이란 노파의 딸이라고 일러주었다. 위고가 궁금해하자 노인은 붉은 끈이 담겨 있는 자루를 메고 시장에 나가 늙은 여자 품에 안겨 있는 계집아이를 가리키며 配匹(배필)이라고 말했다. 위고는 거지 딸이라고 생각하고 나중에 죽이려 했으나 실패하고 아기의 눈썹에 상처만 냈다. 14년 후 위고가 相州(상주)의 관리로 있을 때 주장관의 신임을 얻어 그의 딸을 아내로 맞게 되었는데 눈썹에 있는 상처를 숨기고 있었다. 알고 보니 그녀는 수양딸이고 자신을 기른 것은 진 노파라고 실토하여, 옛날의 그 아이가 자신의 처자인 것을 알았다."
　'氷下人(빙하인)'은 ≪晉書(진서)≫ 藝術傳(예술전)에 나오는 索紞(색담)이라는 점쟁이의 이야기이다. 令狐策(영호책)이라는 사람이 얼음 위에서 얼음 밑에 있는 사람과 이야기하는 꿈을 꾸었다. 색담을 찾아가 해몽을 했더니,
　"얼음 위는 양이고 얼음 밑은 음이니 음양, 즉 남녀에 관한 일입니다. 아마 당신이 누구의 중매를 서서 얼음이 풀리는 시기에 결혼식을 올리게 될 것입니다." 과연 조금 뒤 영호책은 지방장관으로부터 아들 혼사를 위해 중매를 서 달라는 부탁을 받게 되었고 일이 잘 진행이 되어 解凍(해동)과 더불어 식을 올리게 되었다.
　우리나라 속담에 '중매는 잘하면 술이 석 잔이요, 못하면 뺨이 세 대'라는 말이 있다. 혼인 중매는 잘해도 대접이 좋지 않고 잘못되면 뺨을 맞는 것이니 애써 할 일이 아니라는 말이다.

月下花前 (월하화전)★

[뜻음] 달 월, 아래 하, 꽃 화, 앞 전.
[풀이] 남녀가 비밀스럽게 만나는 장소.

位高金多 (위고금다)★

[뜻음] 자리 위, 높을 고, 쇠 금, 많을 다.
[풀이] 지위가 높고 재산이 많음. 부귀를 누림.

韋袴布被 (위고포피)★

[뜻음] 다룸가죽 위, 바지 고, 베 포, 옷 피.
[풀이] 가죽바지와 베옷. 가죽바지에다 베옷을 입는다. 곧 貧士(빈사)의 차림새. 출전 後漢書(후한서).

爲高必因丘陵 (위고필인구릉)

[뜻음] 할 위, 높을 고, 반드시 필, 인할 인, 언덕 구, 큰 언덕 릉.
[풀이] 일을 할 때 자연의 형세를 좇아서 하면 작은 노력으로 많은 공을 거둘 수 있다는 말. 출전 禮記(예기) 禮器篇(예기편).

魏顆結草 (위과결초)★

[뜻음] 위나라 위, 낱알 과, 맺을 결, 풀 초.
[풀이] 魏顆(위과)가 풀을 엮어 놓다. '結草報恩(결초보은)'을 보시오.

爲國盡忠 (위국진충)★

[뜻음] 할 위, 나라 국, 다할 진, 충성 충.
[풀이] 나라를 위하여 충성을 다함.

爲國忠節 (위국충절)★★★

[뜻음] 할 위, 나라 국, 충성 충, 마디 절.
[풀이] 나라를 위한 충성스러운 節槪(절개).

爲君難爲臣不已 (위군난위신불이)★★★

[뜻음] 할 위, 임금 군, 어려울 난, 신하 신, 아닐 불, 따름 이.
[풀이] 남의 임금 노릇도 하기 어렵고 남의 신하 노릇도 하기 쉽지 않다.

　≪論語(논어)≫ 子路篇(자로편)에 나오는 말이다.
　魯(노)나라 定公(정공)이 孔子(공자)에게 물었다.
　"한마디 말로 나라를 일으킬 수 있는 말이 있습니까?"
　"말이란 한마디로 그 같은 효과를 기대할 수는 없는 것입니다. 그러나 사람들이 말하기를, '임금 노릇 하기도 어렵고 신하 노릇 하기도 쉽지 않다.'고 했습니다. 참으로 임금 노릇 하기가 어렵다는 것을 안다면, 이 한마디로 나라를 일으킬 수 있지 않겠습니까?"
　정공이 또 질문을 했다.
　"말 한마디로 나라를 잃게 되는 수도 있습니까?"
　"말이란 한마디로 그런 것을 기대할 수 없는 것입니다. 그러나 사람들이 말하기를 '내가 임금이 되어서 즐거울 것은 아무것도 없지만, 오직 하나 말을 거역할 사람이 없는 것이다.'라고 했습니다. 만일 임금의 말씀이 착해서 거역하는 사람이 없다면 이 또한 좋은 일이 아니겠습니까. 그러나 만일 임금의 하는 말이 착지 못한데도 아무도 반대하는 사람이 없다면 이 한마디로 나라를 잃을 수 있지 않겠습니까?"

누구든 책임을 다한다는 것은 어려운 일이다. 그리고 한 사람에 의한 독재는 나라를 순식간에 망친다는 점을 공자는 쉽게 말해준다.

葦戟桃杖 (위극도장)★

[뜻음] 갈대 위, 창 극, 복숭아 도, 지팡이 장.
[풀이] 갈대로 만든 창과 복숭아나무로 만든 지팡이. 옛날 액귀를 쫓던 물건.

危急存亡之秋 (위급존망지추)★★★

[뜻음] 위태로울 위, 급할 급, 있을 존, 망할 망, 갈 지, 가을 추.
[풀이] 나라의 존망이 달려 있는 아주 중요한 때. 존망이 달려 있는 위태로운 때.

三國時代(삼국시대) 劉玄德(유현덕)이 죽고 劉禪(유선)이 임금일 때 諸葛亮(제갈량)은 內政(내정)과 더불어 서남방을 평정하여 후방의 염려를 없앤 다음 曹操(조조)의 魏(위)나라와 결전을 감행하게 된다. 出征(출정)에 앞서 庸劣(용렬)하기로 유명한 後主(후주) 유선에게 출정의 동기와 목적을 밝힌 表文(표문)이 바로 出師表(출사표)이다. 그러나 첫 번째 출정은 뜻을 이루지 못하고 돌아왔다. 그리하여 이듬해 다시 출정을 하게 되었는데. 이때 바친 것이 바로 [後出師表(후출사표)]이다. 그러나 이 출정에서 제갈량은 목적을 이루지 못하고 병으로 진중에서 죽게 된다.
"先帝(선제)께서 漢室(한실) 부흥의 사업을 시작하시고 아직 그 반도 이루지 못하신 채, 도중에 세상을 떠나시고, 지금 천하가 셋으로 나눠 있는데 그중에서도 蜀漢(촉한)의 益州(익주) 백성이 가장 지쳐 있으니, 지금이야말로 살아남느냐 망하느냐 하는 위급한 때입니다. (이하 생략)"

危機一髮 (위기일발)★

[뜻음] 위태할 위, 기회 기, 한 일, 터럭 발.
[풀이] 조금도 여유가 없이 닥친 썩 위급한 순간.

爲己之學 (위기지학)★★★

[뜻음] 할 위, 자기 기, 갈 지, 배울 학.
[풀이] 자기의 인격수양을 위하여 학문을 함. 孔子(공자)가 한 말. 옛날 학자는 진실로 자기 자신의 지덕을 닦기 위하여 학문을 하였다는 말. 古之學者爲己(고지학자위기).

爲奴爲婢 (위노위비)★

[뜻음] 할 위, 종 노, 계집종 비.
[풀이] 역적으로 廢族(폐족)된 집안의 처자를 종으로 삼음.

爲礪磨刀 (위려마도)

[뜻음] 할 위, 숫돌 려, 갈 마, 칼 도.
[풀이] 숫돌을 위해 칼을 간다. 主客(주객)이 顚倒(전도)됨의 비유.

威力劫奪 (위력겁탈)★

[뜻음] 위협할 위, 힘 력, 위협할 겁, 뺏을 탈.
[풀이] 폭력을 써서 강제로 겁탈함.

威力成黨 (위력성당)★★

[뜻음] 위협할 위, 힘 력, 이룰 성, 무리 당.
[풀이] '울력성당'의 원말. 여러 사람이 동아리를 지어서 기세 좋게 하는 일.

圍籬安置 (위리안치)★★★

[뜻음] 둘레 위, 울타리 리, 편안 안, 둘 치.
[풀이] 귀양을 간 罪人(죄인)이 그곳에서 달아나지 못하도록 가시로 울타리를 만들고 그 안에 가두어둠.

緯武經文 (위무경문)★

[뜻음] 씨실 위, 호반 무, 날실 경, 문관 문.
[풀이] 무를 씨실로 삼고, 문을 날실로 삼아 나라를 다스림. 문과 무를 종횡으로 하여 국가를 經綸(경륜)함. 출전 晉書(진서).

爲民父母 (위민부모)★

[뜻음] 할 위, 백성 민, 아비 부, 어미 모.
[풀이] 예전에 임금은 온 백성의 어버이가 되고 각 고을의 원은 그 고을의 어버이가 됨을 뜻함.

危邦不入 (위방불입)★★★

[뜻음] 위급할 위, 나라 방, 아닐 불, 들 입.
[풀이] 위급한 곳에는 가지 않는다. 위태로운 나라에는 들어가지 않는다는 말.

≪論語(논어)≫ 泰伯篇(태백편)에 있는 孔子(공자)의 말씀이다. 이미 자기가 몸담고 있는 곳이 위태롭다고 도망쳐 나오란 말은 아니고 새로 들어갈 곳이 위태롭고 위험한 곳이라면 들어가지 말라는 말이다. 약간을 소개하면 다음과 같다.
"篤實(독실)하게 학문을 좋아하고, 죽음으로 옳은 도리를 지킨다. 위태한 나라는 들어가지 말고, 반란이 일어나 있는 나라에는 머물러 살지 않는다. 천하에 道(도)가 있으면 나타나고 도가 없으면 숨는다. 나라에 도가 있는데 가난하고 천한 것도 부끄러운 일이요, 나라에 도가 없는데 부자로 살거나 높은 자리에 있는 것도 부끄러운 일이다." 깨끗한 선비로 처신하는 법을 제시하고 있는데 선비의 길이 만만치 않음을 알 수 있다.

危邦不入亂邦不居 (위방불입난방불거)★★

[뜻음] 위급할 위, 나라 방, 아닐 불, 들 입, 어지러울 난, 머무를 거.
[풀이] 멸망할 듯한 나라에는 들어가지 않으며, 정치와 풍속이 어지러운 나라에는 머무르지 않음. 危邦不入(위방불입).

爲法自弊 (위법자폐)★

[뜻음] 할 위, 법 법, 스스로 자, 해칠 폐.

[풀이] 자기가 정한 법을 자기가 범하여 처벌을 받는다는 뜻으로, 자기가 놓은 덫에 자기가 걸려듦을 이르는 말.

位不期驕 (위불기교)★

[뜻음] 자리 위, 아닐 불, 기약할 기, 교만할 교.
[풀이] 귀한 지위에 오르면 자연히 교만한 마음이 생김. 출전 書經(서경).

渭濱漁父 (위빈어부)★

[뜻음] 강 이름 위, 물가 빈, 고기 잡을 어, 사내 부.
[풀이] 渭水(위수) 물가의 어부. 太公望(태공망) 呂尙(여상)이 위수에서 낚시질을 하다가 文王(문왕)에게 拔擢(발탁)되어 將相(장상)이 된 故事(고사)에서 나온 말로 태공망 여상을 이름. 한국에서는 강태공이라고 부름. 출전 史記(사기).

爲先之道 (위선지도)★

[뜻음] 할 위, 앞 선, 갈 지, 도리 도.
[풀이] 祖上(조상)을 받들어 위하는 도리.

爲善最樂 (위선최락)★

[뜻음] 할 위, 착할 선, 가장 최, 즐거울 락.
[풀이] 선을 실행하는 것이 무엇보다도 즐거움. 출전 後漢書(후한서).

葦巢悔 (위소회)★

[뜻음] 갈대 위, 집 소, 뉘우칠 회.
[풀이] 갈대 위에 집을 지은 것을 후회하다. 학문을 하는 사람은 確固(확고)한 主觀(주관)을 가져야 함을 강조하면서 제시한 비유.

渭樹江雲 (위수강운)★

[뜻음] 강 이름 위, 나무 수, 강 강, 구름 운.
[풀이] 한 사람은 渭水(위수)가에 있고 한 사람은 강가에 있어서 서로 먼 곳에 있는 벗을 그리워한다는 뜻으로, 먼 곳에 있는 벗을 그리워하는 간절한 정을 이름. 暮雲春樹(모운춘수).

蝟愛子蝟毛美 (위애자위모미)★

[뜻음] 고슴도치 위, 사랑 애, 자식 자, 털 모, 아름다울 미.
[풀이] 고슴도치도 제 새끼는 아름답다고 한다. 자기 자식의 나쁜 점을 알지 못하고 도리어 자랑함.

危若朝露 (위약조로)★

[뜻음] 위급할 위, 같을 약, 아침 조, 이슬 로.
[풀이] 위험하기가 마치 아침 해에 곧 마를 이슬과 같다. 아침 이슬이 마르듯이 매우 위급함. 출전 史記(사기).

危於累卵 (위어누란)★

[뜻음] 위급할 위, 어조사 어, 쌓을 누, 알 란.
[풀이] 危如累卵(위여누란).

危如一髮 (위여일발)★

[뜻음] 위태로울 위, 같을 여, 한 일, 터럭 발.
[풀이] ① 아슬아슬한 순간(瞬間) ② 아주 급(急)한 순간. 危機一髮(위기일발).

危如朝露 (위여조로)★

[뜻음] 위태로울 위, 같을 여, 아침 조, 이슬 로.
[풀이] 아침 이슬이 해가 뜨면 곧 사라지듯이 危機(위기)가 臨迫(임박)함을 이름. 史記(사기) 商君傳(상군전).

爲淵毆魚 (위연구어)

[뜻음] 할 위, 못 연, 몰 구, 물고기 어.
[풀이] 수달이 고기를 몰아 못 속으로 들어가게 한다. 폭군 밑에 있는 백성이 도망하여 어진 임금에게 붙음.

爲淵毆魚爲叢毆雀 (위연구어위총구작)★

[뜻음] 할 위, 못 연, 몰 구, 물고기 어, 모을 총, 참새 작.
[풀이] 깊은 못에 물고기를 모이게 한 것은 수달이며, 깊은 숲 속에 새들을 모이게 한 것은 새매이다. ① 백성들이 貪官汚吏(탐관오리)들을 증오하고 멀리한다는 말. ② 暴君(폭군) 밑에 있는 백성이 도망하여 어진 임금에게 붙음.

喟然歎息 (위연탄식)★

[뜻음] 한숨 위, 그러할 연, 탄식할 탄, 숨 쉴 식.
[풀이] 한숨을 쉬며 크게 탄식함.

委委佗佗 (위위타타)★

[뜻음] 맡길 위, 편안할 타.
[풀이] 마음이 너그럽고 아름다운 모양. 출전 詩經(시경).

委肉虎蹊 (위육호혜)

[뜻음] 맡길 위, 고기 육, 범 호, 지름길 혜.
[풀이] 자기의 육신을 굶주린 범이 다니는 산길에 둠. 개죽음이나 無益(무익)한 죽음. 출전 史記(사기).

威儀堂堂 (위의당당)★

[뜻음] 위엄 위, 거동 의, 당당할 당.
[풀이] 위엄찬 거동이 훌륭함.

危而不持 (위이부지)

[뜻음] 위급할 위, 말 이을 이, 아닐 부, 지킬 지.
[풀이] 나라가 위기에 처해도 돕지 않음. 출전 論語(논어).

威而不猛 (위이불맹)★

[뜻음] 위엄 위, 말 이을 이, 아닐 불, 사나울 맹.
[풀이] 위엄이 있으나 사납지 않음. 출전 論語(논어) 述而篇(술이편).

爲人謀而不忠乎 (위인모이불충호)★★

[뜻음] 할 위, 사람 인, 꾀할 모, 말 이을 이, 아닐 불, 충성 충, 어조사 호.
[풀이] 남을 위하여 일을 꾀할 때 이것이 진심에서 나온 것인가를 반성해보는 것. 출전 論語(논어) 學而篇(학이편).

爲人謀忠 (위인모충)★

[뜻음] 할 위, 사람 인, 꾀할 모, 충성 충.
[풀이] 남을 위해 정성껏 일을 꾀함.

瘻人不忘起 (위인불망기)

[뜻음] 앉은뱅이 위, 사람 인, 아닐 불, 잊을 망, 일어날 기.
[풀이] 앉은뱅이는 일어나 걷기를 바라 마지않는다. 매우 切實(절실)한 처지를 이름. 출전 史記(사기).

爲人之學 (위인지학)★

[뜻음] 할 위, 남 인, 갈 지, 배울 학.
[풀이] 남을 위하여 학문을 함. 孔子(공자)가 한 말. 爲己之學(위기지학)에 대가 되는 말.

魏紫姚黃 (위자요황)

[뜻음] 나라이름 위, 자줏빛 자, 예쁠 요, 누를 황.
[풀이] 牡丹(모란)의 다른 이름. 본시 魏氏(위씨)와 姚氏(요씨) 두 집에서 심었다는 데서 나온 말.

爲子之道 (위자지도)

[뜻음] 할 위, 자식 자, 갈 지, 도리 도.
[풀이] 부모에 대한 자식 된 도리.

爲者敗之 (위자패지)★

[뜻음] 할 위, 놈 자, 패할 패, 갈 지.
[풀이] 자연에 拒逆(거역)하여 사사로운 개인의 뜻을 실패함. 출전 老子(노자).

危在朝夕 (위재조석)★

[뜻음] 위급할 위, 있을 재, 아침 조, 저녁 석.
[풀이] 아주 위험하여 하루를 넘기기가 썩 어려운 형편.

位竊和羹重 (위절화갱중)★

[뜻음] 자리 위, 훔칠 절, 화할 화, 국 갱, 무거울 중.
[풀이] 자질이 없는 사람이 높은 지위에 앉음. 깊은 은총을 받음. 和羹(화갱)은 宰相(재상)의 자리를 말함. '和羹鹽梅(화갱염매)'를 참조하시오.

爲政在去三冗 (위정재거삼용)★

[뜻음] 할 위, 정사 정, 있을 재, 버릴 거, 석 삼, 쓸데없을 용.
[풀이] 정치를 함에는 세 가지 緊要(긴요)하지 않은 것을 버림에 있음. 冗官(용관)과 冗兵(용병)과 冗費(용비). 용관은 별로 중요하지 않은 벼슬. 용병은 불필요한 군사. 용비는 꼭 필요하지 않은 잡비.

衛正斥邪 (위정척사)★★

[뜻음] 지킬 위, 바를 정, 배척할 척, 간사할 사.
[풀이] 正義(정의)를 지키고 邪惡(사악)한 氣運(기운)을 排斥(배척)함.

爲楚非爲趙 (위초비위조)★

[뜻음] 할 위, 초나라 초, 아닐 비, 조나라 조.
[풀이] 초나라를 위하는 것이지 조나라를 위하는 것이 아니다. 곧 겉으로는 爲(위)하는 체하면서 實狀(실상)은 딴것을 위함을 이름.

爲親之道 (위친지도)★

[뜻음] 할 위, 친할 친, 갈 지, 길 도.
[풀이] 어버이를 섬기는 도리.

韋編三絶 (위편삼절)★★★

[뜻음] 가죽 위, 묶을 편, 석 삼, 끊을 절.
[풀이] 공자가 만년에 주역을 좋아하여 자꾸 숙독하였기 때문에 맨 가죽 끈이 세 번이나 끊어졌다는 고사. 열심히 공부한다는 뜻.

'韋編(위편)'은 가죽으로 맨 책 끈을 말한다. 가죽으로 맨 책 끈이 세 번이나 닳아 끊어진 것이 韋編三絶(위편삼절)이다.

≪史記(사기)≫ 孔子世家(공자세가)에 있는 말로 공자가 晚年(만년)에 周易(주역)을 좋아해서 어찌나 여러 번 읽고 또 읽었는지 그만 대쪽(대를 쪼개서 기록하여 엮은 책. 당시에는 대쪽에 기록했다.)을 엮은 가죽 끈이 세 번이나 끊어졌다고 한 데서 공자의 공부하는 태도를 알 수 있다.

세가에 "공자가 늦게 易(역)을 좋아하여 역을 읽어 가죽 끈이 세 번 끊어졌다."고 했다.

공자는 그 자신을 평하기를 "나는 發憤(발분)하여 밥 먹는 것도 잊고 즐거움으로 근심마저 잊은 채, 세월이 흘러 몸이 늙어가는 것조차 모른다."고 했다.

공자는 음악을 좋아했는데 제나라로 가서 韶(소: 순임금의 음악)라는 음악을 들었을 때는 석 달 동안 고기 맛을 모를 정도로 열중한 끝에 "내가 음악을 이렇게까지 좋아하게 될 줄은 미처 몰랐다."고 했다. 공자가 심취를 잘하는 성격을 지닌 것을 알 수 있다.

威風凜凜 (위풍늠름)★★

[뜻음] 위엄 위, 풍채 풍, 의젓할 늠.
[풀이] 위풍이 늠름함. 위풍이 당당함.

威風堂堂 (위풍당당)★★

[뜻음] 위협할 위, 풍채 풍, 당당할 당.
[풀이] 威風凜凜(위풍늠름).

危險千萬 (위험천만)★★

[뜻음] 위급할 위, 험할 험, 일천 천, 일만 만.
[풀이] 매우 위험하기 짝이 없음. 매우 위험함.

韋弦之佩 (위현지패)★

[뜻음] 다룸가죽 위, 시위 현, 갈 지, 찰 패.
[풀이] 西門豹(서문표)는 성질이 급하였으므로 부드러운 가죽을 차고 다녔고, 董安于(동안우)는 성질이 느렸으므로 활시위를 차고 다녔음. 자기의 성질을 고치는 警戒(경계)의 표지로 삼음. 출전 韓非子(한비자).

爲虎傅翼 (위호부익)★

[뜻음] 위할 위, 범 호, 붙일 부, 날개 익.
[풀이] 범을 위하여 날개를 붙인다는 뜻으로, 威勢(위세) 있는 惡人(악인)에게 加勢(가세)하여 더욱 猛威(맹위)를 떨치게 함을 이름.

爲虎作倀 (위호작창)★

[뜻음] 위할 위, 호랑이 호, 지을 작, 창귀 창.

[풀이] 호랑이한테 물려죽은 사람이 귀신이 되어 호랑이를 도와 나쁜 짓을 한다. 남의 앞잡이가 되어 나쁜 짓을 일삼음.

儒家者流 (유가자류)★★

[뜻음] 선비 유, 집 가, 놈 자, 흐를 류.
[풀이] 孔子(공자), 孟子(맹자)의 도를 祖述(조술)하는 학파. 출전 漢書(한서) 藝文志(예문지).

猶恐不及 (유공불급)★

[뜻음] 오직 유, 두려워할 공, 아닐 불, 미칠 급.
[풀이] ① 오직 미치지 못할까 두려워함. ② 두려워할 바 못 됨.

唯恐有聞 (유공유문)★★★

[뜻음] 있을 유, 공 공, 오직 유, 두려울 공, 들을 문.
[풀이] 혹시나 또 무슨 말을 듣게 될까 겁을 냄.

《論語(논어)》 公冶長(공야장)에 나오는 子路(자로)의 이야기이다.

자로는 한번 옳다고 생각되면 잠시도 지체하지 못하는 성격을 지니고 있었다. 그래서 공자는 그의 그런 점을 때로는 칭찬도 하고 때로는 염려했다. 공자는 언젠가 자로를 이렇게 평했다.

"도가 행해지지 않는지라 뗏목을 타고 바다에 뜰까 하는데, 아마 나를 따라나설 사람은 자로밖에 없을 것이다."

이 말을 전해 듣고 자로가 기뻐하자 공자는 또 그를 이렇게 말했다.

"由(유: 자로)는 용감한 것은 나보다도 앞서 있지만 그 밖에 취할 만한 것이 없다."

또 자로는 남과 약속한 일을 뒤로 미루거나 이행하지 않거나 한 일이 없다고 한다. 그 자로의 특성 중 하나가 唯恐有聞(유공유문)이다.

"자로는 들은 것을 아직 다 행하지 못했을 때는 또 다른 것을 들을까 봐 두려워할 뿐이었다."

들은 것을 다 행하려 한 자로의 노력을 엿볼 수 있다.

有功必報 (유공필보)★

[뜻음] 있을 유, 공 공, 반드시 필, 갚을 보.
[풀이] 공을 들인 일이 있으면 어느 면에서나 반드시 그만한 보답을 받음.

有敎無類 (유교무류)★★★

[뜻음] 있을 유, 가르칠 교, 없을 무, 무리 류.
[풀이] 모든 사람을 가르쳐 이끌어줄 뿐, 가르치는 상대에게 차별을 두는 일이 없음.

신분 지위에 상관없이 누구나 다 가르치겠다는 공자의 말. 유는 종류, 분류 등의 차별을 의미한다.

이 말은 《論語(논어)》 衛靈公篇(위령공편)에 나오는 공자의 말이다.

공자는 互鄕(호향)이라는 마을에 사는 아이가 찾아왔을 때, 제자들은 그 아이를 대문 밖에서 돌려보내려 했으나 공자는 그 아이를 들어오라 해서 반갑게 만나 주고 또 그가 묻는 말에 일일이 대답해준 일이 있다. 互鄕(호향)은 평판이 나쁜 동네였음을 짐작할 수 있다. 제자들이 그 아이를 만나 준 데 대해 공자의 처사를 의심하였는데 이때 공자는 제자들을 이렇게 타일렀다.

"사람이 깨끗한 마음으로 찾아오면 그 깨끗한 마음을 받아들일 뿐 그가 과거에 어떤 일을 한 것까지 따질 것이야 있겠느냐. 그의 과거를 따지는 그런 심한 차별을 할 것까지는 없지 않으냐?"

有口無言 (유구무언)★★★

[뜻음] 있을 유, 입 구, 없을 무, 말씀 언.
[풀이] 입이 있어도 아무 말도 못 함.

乳狗撲人 (유구박인)★

[뜻음] 젖 유, 개 구, 때릴 박, 사람 인.
[풀이] 새끼를 밴 개가 사람을 친다. 연약한 자가 자식 사랑 때문에 강해짐. 출전 資治通鑑(자치통감).

有口不言 (유구불언)★

[뜻음] 있을 유, 입 구, 아닐 불, 말씀 언.
[풀이] 할 말이 있으나 사정이 거북하여 말을 하지 않음.

流金鑠石 (유금삭석)

[뜻음] 흐를 유, 쇠 금, 녹일 삭, 돌 석.
[풀이] 金石(금석)을 녹여 흐르게 한다는 뜻으로, 몹시 덥거나 뜨거움을 이름. 출전 楚辭(초사).

有羅紈者必有麻蒯 (유나환자필유마괴)★★

[뜻음] 있을 유, 비단 나, 흰 비단 환, 놈 자, 반드시 필, 삼 마, 황모 괴.
[풀이] 나환이 있더라도 마괴를 버리지 않는다. ① 直諫(직간)하는 신하를 버리지 말아야 한다는 말. ② 영화로운 생활을 영구히 계속하지는 못한다는 말. ③ 화려한 옷을 입은 사람은 반드시 초라한 옷을 입을 때가 옴.

有女懷春 (유녀회춘)★

[뜻음] 있을 유, 계집 녀, 품을 회, 봄 춘.
[풀이] 여자가 봄을 맞이하여 춘정을 품음. 출전 詩經(시경) 召南(소남).

柔能制剛 (유능제강)★★

[뜻음] 부드러울 유, 능할 능, 억제할 제, 굳셀 강.
[풀이] 부드러운 것이 강한 것을 이김. 약한 것을 보이고 적의 허술한 때를 타 능히 강한 것을 制壓(제압)함. 출전 三略(삼략).

有待之身 (유대지신)

[뜻음] 있을 유, 기다릴 대, 갈 지, 몸 신.
[풀이] ① 장차 일을 하려고 시기를 기다리고 있는 몸. ② 남의 助力(조력)을 얻어 생존하는 凡夫(범부)의 몸. 출전 禮記(예기).

惟德動天 (유덕동천)★

[뜻음] 어조사 유, 덕 덕, 움직일 동, 하늘 천.
[풀이] 덕의 힘은 하늘도 움직임. 출전 書經(서경).

有德者必有言 (유덕자필유언)★

[뜻음] 있을 유, 덕 덕, 놈 자, 반드시 필, 말씀 언.
[풀이] 덕이 있는 사람은 반드시 본받을 만한 훌륭한 말을 함.

有道卽見 (유도즉현)★

[뜻음] 있을 유, 도리 도, 곧 즉, 보일 현.
[풀이] 도리가 행해지는 세상이 되면, 비로소 세상에 나타나 활동함.

留犢 (유독)★

[뜻음] 머무를 유, 송아지 독.
[풀이] 時苗(시묘)라는 사람은 淸廉(청렴)해서 지방관으로 갔을 때 소가 새끼를 낳으매 그 새끼를 놓고 돌아왔다는 고사. 우리나라 전라남도 순천에 팔마비가 있는데 그 내용과 비슷함. 출전 魏略(위략).

油頭粉面 (유두분면)★

[뜻음] 기름 유, 머리 두, 가루 분, 낯 면.
[풀이] 기름 바른 머리와 분을 바른 얼굴. ① 부녀자가 化粧(화장)함. 또는 그 여자. ② 娼女(창녀). 賣春婦(매춘부).

由來之風 (유래지풍)★★

[뜻음] 말미암을 유, 올 래, 갈 지, 풍속 풍.
[풀이] 오랜 옛적부터 전해 내려오는 풍속.

流連荒亡 (유련황망)★

[뜻음] 흐를 유, 이을 련, 거칠 황, 망할 망.
[풀이] 노는 데 정신이 팔려 집에 돌아가는 것을 잊음. 酒色(주색), 狩獵(수렵) 등에 耽溺(탐닉)하여 각처로 쏘다니며 집으로 돌아갈 줄 모름. 출전 孟子(맹자) 梁惠王(양혜왕).

流離乞食 (유리걸식)★

[뜻음] 흐를 류, 떠날 리, 빌 걸, 먹을 식.
[풀이] 정처 없이 떠돌아다니면서 빌어먹는 일.

流離彷徨 (유리방황)★

[뜻음] 흐를 유, 떠날 리, 거닐 방, 노닐 황.
[풀이] 遊離漂迫(유리표박).

流離漂迫 (유리표박)★

[뜻음] 흐를 유, 떼놓을 리, 떠돌 표, 닥칠 박.
[풀이] 일정한 거처가 없이 이곳저곳 떠돌아다님. 流離彷徨(유리방황).

蹂躪 (유린)★★★

[뜻음] 밟을 유, 짓밟을 린.
[풀이] 발로 문질러 버림. 출전 班固(반고)의 西都賦(서도부).

唯隣是卜 (유린시복)

[뜻음] 오직 유, 이웃 인, 옳을 시, 점 복.
[풀이] 살 곳을 정하는 데는 풍수설을 따를 것이 아니라 좋은 이웃을 택하여야 된다는 말. 출전 春秋左氏傳(춘추좌씨전).

類萬不同 (유만부동)★★★

[뜻음] 무리 류, 일만 만, 아닐 부, 같을 동.
[풀이] ① 비슷한 것은 많으나 서로 같지는 않음. ② 분수에 맞지 않음. 또는 정도에 넘침.

有名無實 (유명무실)★★★

[뜻음] 있을 유, 이름 명, 없을 무, 열매 실.
[풀이] 이름만 있고 실상은 없음. 평판과 실제가 같지 않음. 출전 漢書(한서).

惟命不于常 (유명불우상)★★★

[뜻음] 오직 유, 목숨 명, 아닐 불, 어조사 우, 항상 상.
[풀이] 천명은 늘 한곳에만 있지 않다.

≪書經(서경)≫ 康誥(강고)에 있는 말이다. 命(명)은 天命(천명)을 말한다. 康誥(강고)에 말하기를 "오직 천명은 떳떳하지 않다"고 했다. 이 말은, 착하면 천하를 얻게 되고 착하지 못하면 천하를 잃게 된다는 것을 말한 것이다.

幽明之理 (유명지리)★

[뜻음] 그윽할 유, 밝을 명, 갈 지, 다스릴 리.
[풀이] 관원의 성적이 좋으면 승진시키고, 나쁘면 내쫓는 이치.

有名之人 (유명지인)★

[뜻음] 있을 유, 이름 명, 갈 지, 사람 인.
[풀이] 이름이 세상에 널리 알려져 있는 사람. 유명한 사람.

幽冥之地 (유명지지)★

[뜻음] 그윽할 유, 어두울 명, 갈 지, 땅 지.
[풀이] 어두운 곳. 저승.

游目騁懷 (유목빙회)★

[뜻음] 헤엄칠 유, 눈 목, 달릴 빙, 품을 회.
[풀이] 여러 가지 아름다운 것을 보고 울적한 마음을 품. 눈을 즐겁게 하고 상상을 마음대로 하는 것.

有無相通 (유무상통)★

[뜻음] 있을 유, 없을 무, 서로 상, 통할 통.
[풀이] 유와 무는 서로를 발생시킨다. 있고 없는 것을 서로 融通(융통)함.

有文事者匹有武備 (유문사자필유무비)★★★

[뜻음] 있을 유, 글월 문, 일 사, 놈 자, 짝 필, 호반 무, 갖출 비.
[풀이] 학문에 造詣(조예)가 있는 자는 반드시 武藝(무예)도 갖추어야 한다. 文武兼備(문무겸비) 해야 한다는 말.

문사는 무사에 대해서 하는 말이다. 즉 전쟁이나 전투를 제외한 모든 일이 다 문사다.

평화적인 일을 하는 사람은 그 일의 원만한 성공을 위해 항상 만일의 사태에 대비한 전투 준비가 되어 있어야 한다는 것이다.

이 말은 ≪十八史略(십팔사략)≫에 있는 孔子(공자)의 말로 魯(노)나라 定公(정공)이 齊(제)나라 景公(경공)과 夾谷(협곡)에서 모임을 갖게 되었을 때, 만일에 대비해서 필요한 전투준비를 갖추고 가야만 된다는 것을 강조한 말이다. ≪동주열국지≫에 따르면, 공자는 정공의 묻는 말에,

"신은 듣건대 문사가 있는 사람은 반드시 무비가 있어야 한다고 했습니다. 문과 무의 일은 서로 떨어질 수 없습니다"라고 대답하고 좌우사마를 갖추어 만일에 대비할 것을 청했다.

그래서 申句須(신구수)를 右司馬(우사마)로 하고, 樂頎(악기)를 左司馬(좌사마)로 하여 각각 兵車(병거) 五百(오백) 乘(승)을 거느리고 멀찍이 뒤따르게 하였다. 그 결과 제나라의 음모에 대해 대응할 수 있었다.

有物有則 (유물유칙)★

[뜻음] 있을 유, 만물 물, 법칙 칙.
[풀이] 사물에는 일정한 규칙이 있음. 父子(부자) 간 親(친), 君臣(군신) 간 義(의), 夫婦(부부) 간 別(별) 등. 출전 詩經(시경).

柳眉桃顔 (유미도안)★

[뜻음] 버들 유, 눈썹 미, 복숭아 도, 얼굴 안.
[풀이] 버들잎 같은 눈썹과 복숭아꽃 빛의 얼굴. 美人(미인)의 얼굴.

唯美主義 (유미주의)★

[뜻음] 오직 유, 아름다울 미, 주인 주, 옳을 의.
[풀이] 19세기 말에 일어난 藝術至上主義(예술지상주의)의 하나. 미는 인생 意志(의지)의 것으로서 실생활의 公利(공리)와는 아무 관계가 없다고 주장하는 주의. 耽美主義(탐미주의).

流芳百世 (유방백세)★★★

[뜻음] 흐를 류, 향기 방, 일백 백, 대 세.
[풀이] 향기로운 냄새가 백 세대를 흘러간다. 꽃다운 이름이 後世(후세)에 길이 전함.

≪晉書(진서)≫ 桓溫傳(환온전)에 나오는 말이다. 진나라와 북방 이민족들은 오래전부터 끊임없이 마찰을 빚어왔다. 354년 드디어 환온은 보병과 기병 4만 명을 이끌고 북벌을 단행하여 氐族(저족)을 비롯한 羌族(강족)과 鮮卑族(선비족) 등 북방의 이민족들에게 치명적인 타격을 가했고, 그 이후로 이들은 감히 중국을 넘보지 못했다. 363년, 환온은 그 공으로 大司馬(대사마)에 임명되었다. 조정에서 가장 높은 지위를 차지한 그는 군사력을 장악하고 中原(중원)을 회복함으로써 명망을 높여 스스로 황제가 되려는 야심을 품고 말았다. 그는 일찍이 이처럼 말했다.

"대장부가 훌륭한 명성을 후세에 전할 수 없다면, 나쁜 이름을 길이 남기는 일인들 가능하겠는가?"

373년, 예순 살의 나이로 병상에 누워 있으면서도 그는 야망을 버리지 못했는데, 재상 謝安(사안)의 만류로 뜻을 이루지는 못했다.

有方之士 (유방지사)★

[뜻음] 있을 유, 모 방, 갈 지, 선비 사.
[풀이] 예의를 지키는 사람. 有方(유방)은 도에 합당한 행동. 출전 史記(사기).

流芳後世 (유방후세)★

[뜻음] 흐를 유, 향기 방, 뒤 후, 세상 세.
[풀이] 명성을 후세에 전함. 流芳(유방).

幽幷之氣 (유병지기)★

[뜻음] 그윽할 유, 어우를 병, 갈 지, 기운 기.
[풀이] 幽幷(유병)은 옛날 燕趙(연조)의 땅. 그곳 風俗(풍속)은 氣節(기절)을 崇尙(숭상)하고, 遊俠(유협)을 奬勵(장려)하였으므로 詩(시)에 俠氣(협기)가 있는 것을 幽幷之氣(유병지기)라고 함. 출전 金史(금사).

遺腹子 (유복자)★

[뜻음] 끼칠 유, 배 복, 자식 자.
[풀이] 아버지가 죽은 뒤에 낳은 遺子(유자). 출전 淮南子(회남자).

有朋自遠方來 (유붕자원방래)★★★

[뜻음] 있을 유, 벗 붕, 부터 자, 멀 원, 지방 방, 올 래.
[풀이] 벗이 있어 먼 곳으로부터 오면 또한 즐겁지 아니하냐.

≪論語(논어)≫ 맨 첫 장 學而篇(학이편)에 나오는 孔子(공자)의 말이다. 공자는 이렇게 말하고 있다.

"배우고 때로 익히면 또한 기쁘지 아니하냐學而時習之 不亦說乎(학이시습지 불역열호), 벗이 있어 먼 곳으로부터 오면 또한 즐겁지 아니하냐有朋自遠方來 不亦樂乎(유붕자원방래 불역낙호), 사람이 알지 못해도 노엽게 생각지 않으면 또한 군자가 아니냐人不知而不慍 不亦君子乎(인부지이불온 불역군자호)"

배우고 때로 익히며 공부를 하는 것이 즐거운 일이며 다른 사람이 자신을 알아주지 않아도 노엽게 생각하지 않으면 군자라고 할 수 있다.

有斐君子 (유비군자)★★

[뜻음] 있을 유, 문채 날 비, 임금 군, 자식 자.
[풀이] 학식과 인격이 훌륭한 사람. 출전 詩經(시경).

有備無患 (유비무환)★★★

[뜻음] 있을 유, 갖출 비, 없을 무, 근심 환.
[풀이] 미리 준비해 두면 근심될 것이 없음.

이 말은 ≪書經(서경)≫ 說命(열명)에 나오는 말이다.
說命(열명)은 殷(은)나라 高宗(고종)이 傅說(부열)이란
어진 재상을 얻게 되는 경위와 그로 하여금 어진 정사에
대한 의견을 말하게 하고, 이를 실천하게 하는 내용을 기
록한 글인데 이 말이 들어 있는 첫 부분을 소개하면 다음
과 같다.

"생각이 옳으면 이를 행동으로 옮기되, 그 옮기는 것을
시기에 맞게 하십시오. 스스로 그것이 옳다는 생각을 가지
고 있으면 그 옳은 것을 잃게 되고, 스스로 그 능한 것을
자랑하게 되면 그 공을 잃게 됩니다. 오직 모든 일은 다
그 갖춘 것이 있는 법이니 갖춘 것이 있어야만 근심이 없
게 될 것입니다."

모든 일에는 그것이 갖추고 있어야만 되는 여러 가지
조건이 있으므로 그 조건이 다 구비되어 있어야만 다른
염려가 없다는 것이다.

有非常之事然後立非常之功

(유비상지사연후입비상지공)

[뜻음] 있을 유, 아닐 비, 항상 상, 갈 지, 일 사, 그러할 연, 뒤 후,
설 입, 공 공.
[풀이] 비상한 일이 있은 다음에야 비로소 비상한 공을 세울 수가 있
다. 태평한 세상에서는 공을 세우기가 어렵다는 말.

游辭巧飾 (유사교식)

[뜻음] 헤엄칠 유, 말 사, 공교할 교, 꾸밀 식.
[풀이] 말을 교묘하게 꾸며 거짓말을 하는 일.

有史以來 (유사이래)★★★

[뜻음] 있을 유, 역사 사, 써 이, 올 래.
[풀이] 歷史(역사)가 始作(시작)된 뒤.

有史以前 (유사이전)★★★

[뜻음] 있을 유, 역사 사, 써 이, 앞 전.
[풀이] 歷史(역사)가 始作(시작)되기 전.

有事之秋 (유사지추)★★

[뜻음] 있을 유, 일 사, 갈 지, 때 추.
[풀이] 국가나 사회 또는 개인에게 비상한 일이 있을 때.

有觴曲水 (유상곡수)★★★

[뜻음] 흐를 유, 술잔 상, 굽을 곡, 물 수.
[풀이] 흐르는 曲水(곡수: 구불구불한 물길)에 술잔을 띄우고 술을 마
시는 풍류. 통일신라시대 포석정에서 曲水宴(곡수연)을 베풀었음. 창
덕궁 옥류천의 流杯渠(유배거)에도 유상곡수의 흔적이 남아 있음.

鼬鼠道切 (유서도절)★

[뜻음] 족제비 유, 쥐 서, 길 도, 끊을 절.
[풀이] 鼬鼠(유서)는 족제비. 족제비는 한 번 지나간 길은 다시 지나
가지 않는다는 데서, 교제가 아주 끊어짐을 이름.

柳絮之才 (유서지재)★

[뜻음] 버들 유, 솜 서, 갈 지, 재주 재.
[풀이] 柳絮(유서)는 늦은 봄에 솜같이 흩날리는 버들개지. 여자가 文
才(문재)가 있음. 중국 晉(진)나라의 王凝之(왕응지)의 아내 謝道韞
(사도온)이 눈을 버들개지에 비겨 卽興(즉흥)으로 詩(시)를 읊은 데서
나온 말.

流星光底 (유성광저)

[뜻음] 흐를 유, 별 성, 빛 광, 밑 저.
[풀이] 칼의 빛이 번쩍하는 아래.

遊說 (유세)★

[뜻음] 나아갈 유, 달랠 세.
[풀이] 책사가 제후의 나라를 돌아다니며 자기의 의견을 말하여 제후
를 설복시키는 일. 출전 史記(사기) 齊太公世家(제태공세가).

維歲次 (유세차)

[뜻음] 바 유, 해 세, 차례 차.
[풀이] 이 해의 차례. 維(유)는 발어사. 제사 祝文(축문)의 첫머리에
관용적으로 쓰는 말이다.

遊說翩翩 (유세편편)★

[뜻음] 나아갈 유, 달랠 세, 빨리 달릴 편.
[풀이] 機敏(기민)하게 돌아다니며 유세함.

遺俗不食無益於飢 (유속불식무익어기)★★★

[뜻음] 끼칠 유, 풍속 속, 아닐 불, 먹을 식, 없을 무, 더할 익, 어조사
어, 굶주릴 기.
[풀이] 아무리 양식이 많아도 굶는 사람을 먹이지 않으면 소용이 없
다는 것.

≪鹽鐵論(염철론)≫에 나오는 이야기이다. 粟(속)은 조
를 말하지만 곡식이란 뜻으로 쓰인다. 黃河(황하)를 중심
으로 한 옛날 중국에서는 조가 主穀(주곡)이었기 때문이다.
바다에서 소금이 나지만 사람이 소금을 만드는 노력을
하지 않는 한 그것은 소금이 되지 않는다. 산에서 쇠가 나
지만 광석을 캐내서 선광을 하고 제련을 하지 않는 한 쇠
가 되지 않는다. 가지고 있는 풍부한 자원을 활용할 수 있
는 지혜와 노력이 더해지지 않는 한, 그것은 창고에 있는
조가 그대로 밥이 되어 입으로 들어오기를 바라는 것과
조금도 다를 것이 없다.
곡식을 아무리 창고에 가득 쌓아 두었더라도 이것을
찧어 밥을 해 먹지 않으면 배고픈 것을 면하는 데 아무런
도움도 주지 못한다는 말이다. "구슬이 서 말이라도 꿰어
야 보배"라는 말이다.

流水光陰 (유수광음)★

[뜻음] 흐를 유, 물 수, 빛 광, 그늘 음.
[풀이] 물결에 비치는 달빛. 세월이 흘러가는 것이 흐르는 물과 같음. 流光(유광).

游手徒食 (유수도식)★

[뜻음] 놀 유, 손 수, 헛될 도, 먹을 식.
[풀이] 아무 일도 하지 않고 놀고먹음.

流水不腐 (유수불부)★

[뜻음] 흐를 유, 물 수, 아닐 불, 썩을 부.
[풀이] 흐르는 물은 썩지 않는다. 늘 運動(운동)하는 것은 썩지 않음을 비유하는 말. 출전 呂氏春秋(여씨춘추).

幽囚受辱 (유수수욕)★

[뜻음] 깊을 유, 가둘 수, 받을 수, 욕될 욕.
[풀이] 감금되어 치욕을 당함.

由是觀之 (유시관지)★

[뜻음] 말미암을 유, 옳을 시, 볼 관, 이 지.
[풀이] 이에서 이를 보건대. 이 일로 미루어 생각하면. 위를 받아 아래를 꺼내는 말. 위 글을 이어받아 그 판단을 서술하는 말. 由此觀之(유차관지). 출전 孟子(맹자).

有始有終 (유시유종)★

[뜻음] 있을 유, 처음 시, 마칠 종.
[풀이] 시작할 때부터 끝을 맺을 때까지 변함이 없음.

游食之民 (유식지민)★

[뜻음] 놀 유, 먹을 식, 갈 지, 백성 민.
[풀이] 아무 하는 일 없이 놀고먹는 사람.

有識之哂 (유식지신)

[뜻음] 있을 유, 알 식, 갈 지, 비웃을 신.
[풀이] 견식이 있는 사람이 비웃음을 이름. 출전 隋書(수서).

維新 (유신)★★★

[뜻음] 발어사 유, 새로울 신.
[풀이] 새롭게 한다. 혁명이 아니라 자체 내에서 점진적인 개혁을 말할 때 쓰기도 함.

　'維(유)'는 發語辭(발어사)라고 해서 별 뜻이 없다. 維新(유신)은 결국 새롭다는 뜻이다.
　이 말은 ≪詩經(시경)≫ 大雅(대아) 文王篇(문왕편)에 나온다. 문왕편은 문왕의 덕을 추모하고 찬양한 詩(시)로서 이 말이 들어 있는 첫 장을 소개하면 다음과 같다.

　문왕이 위에 계시니
　아아, 하늘에 빛나시로다.
　주나라가 비록 옛 나라이나
　그 명이 새롭도다.

주나라가 빛나지 않으리오.
상제의 명이 때가 아니리오.
문왕이 오르내리시며 상제의 좌우에 계시도다.

　周(주)나라가 비록 오랜 나라이나 그 命(명)이 새롭다고 한, 革新(혁신)의 뜻이 보다 강하게 들어 있다.
　≪書經(서경)≫ 夏書(하서) 胤征篇(윤정편)에서는 咸與維新(함여유신: 다 함께 새롭게 하자)이라고 썼다. '維新時代(유신시대)'라는 말은 여기에서 나온 말이다.

維新之初 (유신지초)★

[뜻음] 발어사 유, 새로울 신, 갈 지, 처음 초.
[풀이] 모든 사물이 바뀌어 새로워진 처음.

唯我獨尊 (유아독존)★★

[뜻음] 오직 유, 나 아, 홀로 독, 높을 존.
[풀이] 세상에서 자기 혼자만이 잘났다고 하는 일.

由我而死 (유아이사)★

[뜻음] 말미암을 유, 나 아, 말 이을 이, 죽을 사.
[풀이] 나로 말미암아 죽음.

由我之歎 (유아지탄)★

[뜻음] 말미암을 유, 나 아, 갈 지, 탄식할 탄.
[풀이] 나로 인해 남에게 해가 미친 것을 뉘우치는 탄식.

帷幄之臣 (유악지신)★★

[뜻음] 휘장 유, 휘장 악, 갈 지, 신하 신.
[풀이] 장막 안에서 작전을 짜는 신하. 謀臣(모신)을 이름. '運籌于帷幄之中(운주우유악지중)'을 보시오.

有耶無耶 (유야무야)★★★

[뜻음] 있을 유, 어조사 야, 없을 무.
[풀이] 있는 듯 없는 듯 흐리멍덩한 모양.

有若無 (유약무)★

[뜻음] 있을 유, 같을 약, 없을 무.
[풀이] 있어도 없는 것과 같이 한다. 재덕을 자랑하지 않음. 有若無實若虛(유약무실약허).

有若無實若虛 (유약무실약허)★★★

[뜻음] 있을 유, 같을 약, 없을 무, 열매 실, 빌 허.
[풀이] 있어도 없는 것 같고 차 있어도 텅 빈 것 같다.

　≪論語(논어)≫ 泰伯篇(태백편)에 있는 말로, 曾子(증자)가 죽은 顔子(안자: 顔回안회)의 옛 모습을 회상하며 한 말 가운데 나오는 말이다.
　"능한 것으로 능하지 못한 것에 묻고, 많은 것으로 적은 것에 묻고, 있어도 없는 것 같고, 차도 빈 것 같으며, 상대가 나를 침범해 와도 그것을 탓하지 않는 것을 옛날

내 친구가 이렇게 했었다.”

　여기에는 옛날 내 친구라고만 나와 있지만 이것은 공자보다 먼저 죽은 안자를 가리켜 말한 것으로 보인다. 안자는 공자의 제자 중에서 가장 道(도)에 가까운 인물로 평가되며, 위의 말이 도에 가까운 경지를 말한 것으로 해석되기 때문이다.

流言蜚語 (유언비어)★★★

[뜻음] 흐를 유, 말씀 언, 날 비, 말씀 어.
[풀이] 아무 근거 없이 널리 퍼진 風說(풍설)이나 뜬소문.

有言者不必有德 (유언자불필유덕)★★★

[뜻음] 있을 유, 말씀 언, 놈 자, 아닐 불, 반드시 필, 덕 덕.
[풀이] 훌륭한 말을 하는 사람이 반드시 덕이 있는 사람이라고 할 수 없다. 말을 잘하는 사람이 반드시 그만한 마음의 수양이 되어 있는 것은 아니다. 덕은 없어도 말은 번드르르하게 하는 사람이 있음을 비유함.

　≪論語(논어)≫ 憲問篇(헌문편)에 나오는 공자의 말씀이다.
　“덕이 있는 사람은 반드시 말이 있지만, 말이 있는 사람이 반드시 덕이 있는 것은 아니다.
　어진 사람은 반드시 용기가 있지만, 용기 있는 사람이 반드시 어진 것은 아니다.”

柔茹剛吐 (유여강토)★

[뜻음] 부드러울 유, 먹을 여, 단단할 강, 토할 토.
[풀이] 연한 것은 먹고 딱딱한 것은 뱉는다. 弱者(약자)를 업신여기고 強者(강자)를 두려워함. 柔亦不茹剛亦不吐(유역불여강역불토). 출전 詩經(시경).

有如曒日 (유여교일)★

[뜻음] 있을 유, 같을 여, 밝을 교, 해 일.
[풀이] 밝은 해와 같다. 마음이 명백한 것을 비유하는 말. 출전 詩經(시경) 王風(왕풍) 采葛篇(채갈편).

柔亦不茹剛亦不吐 (유역불여강역불토)★

[뜻음] 부드러울 유, 또 역, 아닐 불, 먹을 여, 단단할 강, 토할 토.
[풀이] 부드럽다고 하여 먹지 않고 억세다고 하여 뱉지 않는다. 弱者(약자)라고 하여 업신여기지 않고 強者(강자)라고 하여 두려워하지 아니함.

猶豫 (유예)★★★

[뜻음] 오히려 유, 미리 예.
[풀이] 결단하지 못하고 망설임. 머뭇거림. 시일을 늦춤. 주저하여 결단을 내리지 못함. 遷延(천연)함. 의심이 많아서 매사에 망설이는 버릇이 있는 유와 예라는 두 동물의 이름에서 온 말이라는 설이 있음. 출전 離騷(이소).

猶豫未決 (유예미결)★

[뜻음] 오히려 유, 미리 예, 아닐 미, 터질 결.
[풀이] 망설여 決定(결정)짓지 못함.

有勇而無義爲亂 (유용이무의위란)★★★

[뜻음] 있을 유, 날랠 용, 말 이을 이, 없을 무, 옳을 의, 만들 위, 어지러울 란.
[풀이] 용기만 있고 의가 없으면 세상을 어지럽히게 된다는 말.

　≪論語(논어)≫ 陽貨篇(양화편)에 나오는 공자의 말씀이다. 공자의 제자 중에 자로는 가장 勇力(용력)이 뛰어난 사람이었다. 공자가 이렇게 말한 적이 있다.
　“由(유: 자로의 이름)가 내 문에 들어온 뒤로 사람들이 우리를 업신여기는 일이 없어졌다.”
　그러나 자로의 용기가 걱정되어 늘 걱정을 했다. 그래서 공자는 자로가 용기에 대한 말만 하면 항상 그 기회를 이용해 일깨워주곤 했다. 자로가 물었다.
　“군자도 용기를 숭상합니까?”
　공자는 또 용기냐 싶어 이렇게 대답했다.
　“군자는 義(의)를 위로 하고 있다. 군자가 용기만 있고 의가 없으면 반란을 일으키게 되고, 소인이 용기만 있고 의가 없으면 도둑질을 하게 된다.”
　후에 자로는 위나라에 내란이 일어났을 때 자진해서 뛰어 들어가, 이를 바로잡으려다가 죽고 말았다. 공자는 내란이 일어났을 때 이미 자로가 죽을 것을 예언했었다.

幽憂之病 (유우지병)★

[뜻음] 깊을 유, 근심할 우, 갈 지, 병 병.
[풀이] 마음에 맺힌 것이 있어 쉽사리 감상적으로 되는 병. 마음이 울적한 병. 울우병. 출전 莊子(장자) 讓王篇(양왕편).

游雲驚龍 (유운경룡)★

[뜻음] 헤엄칠 유, 구름 운, 놀랄 경, 용 룡.
[풀이] 하늘거리는 구름과 놀란 용. 노는 구름과 놀란 용. 교묘한 초서의 형용. 잘 쓴 글씨의 형용. 출전 晉書(진서) 王羲之傳(왕희지전).

柔遠能邇 (유원능이)★

[뜻음] 부드러울 유, 멀 원, 능할 능, 가까이할 이.
[풀이] 먼 데 있는 사람을 어루만지고 잘 달래어 가까이 있는 사람과 친근해지게 함. 출전 書經(서경).

六月飛霜 (유월비상)★

[뜻음] 여섯 육, 달 월, 날 비, 서리 상.
[풀이] 음력 유월에 서리가 내림. 억울한 獄事(옥사)가 일어날 兆朕(조짐)이라고 함.

有爲則虧 (유위즉휴)★

[뜻음] 있을 유, 할 위, 곧 즉, 이지러질 휴.
[풀이] 자연에 거슬러서 사사로운 정을 개입시키면 실패함. 출전 莊子(장자).

唯唯諾諾 (유유낙낙)★

[뜻음] 오직 유, 대답할 낙.
[풀이] 일의 좋고 나쁨을 가리지 않고 무조건 따름. 두말없이 승낙함.

類類相從 (유유상종)★

[뜻음] 무리 유, 서로 상, 좇을 종.
[풀이] 같은 무리끼리 서로 사귐. 출전 周易(주역) 繫辭(계사).

悠悠自適 (유유자적)★★★

[뜻음] 멀 유, 스스로 자, 한가할 적.
[풀이] 속세를 떠나 아무 속박 없이 조용하고 편안하게 삶.

悠悠蒼天曷其有極 (유유창천갈기유극)★

[뜻음] 멀 유, 푸를 창, 하늘 천, 어찌 갈, 그 기, 있을 유, 다할 극.
[풀이] 유유하구나 저 푸른 하늘이여, 어느 때나 이 슬픈 勞役(노역)
이 그칠 것인가. 강제노동에 시달리는 백성이 하늘에 하소연하는 말.
출전 詩經(시경).

有陰德者必有陽報 (유음덕자필유양보)★★★

[뜻음] 있을 유, 응달 음, 덕 덕, 놈 자, 반드시 필, 볕 양, 갚을 보.
[풀이] 숨은덕이 있는 사람은 반드시 밝은 갚음이 있음.

　　陰德(음덕)은 남이 알지 못하는 착한 일을 말하고 陽報
(양보)는 세상이 다 알게 복을 받는 것을 말한다.
　　이 말은 ≪淮南子(회남자)≫ 人間訓篇(인간훈편)에 나
오는 말이다.
　　"聖王(성왕)이 덕을 펴고 은혜를 베푸는 것은 그 갚음
을 백성에게 구해서가 아니다. (중략) 군자는 그 도를 다하
면 福(복)과 祿(녹)이 돌아오게 된다. 대저 숨은덕이 있는
사람은 반드시 밝은 갚음이 있고, 숨은 행실이 있는 사람
은 반드시 밝은 이름이 있게 된다."
　　德(덕)에는 세 가지가 있는데 그 첫째는 남이 알지 못
하는 이른바 陰德(음덕)이란 것이고, 그 둘째는 마음으로
남을 도우려 하고 동정하는 이른바 心德(심덕)이란 것, 그
리고 마지막에 권력과 재물로써 남에게 좋은 일을 하는
이른바 功德(공덕)이란 것이다.

襦衣甘食 (유의감식)★

[뜻음] 고울 유, 옷 의, 달 감, 먹을 식.
[풀이] 아름다운 옷을 입고 맛있는 음식을 먹음.

遊衣遊食 (유의유식)★

[뜻음] 놀 유, 옷 의, 먹을 식.
[풀이] 아무 하는 일이 없이 놀면서 입고 먹음.

有伊尹之志卽可 (유이윤지지즉가)★

[뜻음] 있을 유, 저 이, 다스릴 윤, 갈 지, 뜻 지, 곧 즉, 가할 가.
[풀이] 伊尹(이윤)은 殷(은)나라 太甲(태갑)의 賢臣(현신)으로서 그가
섬기던 임금을 廢立(폐립)하였는데, 임금을 폐립함은 신하로서 못 할
행위이나 이윤과 같이 나라와 임금을 위해서라면 이런 행위도 괜찮

다는 뜻. 출전 孟子(맹자) 盡心上篇(진심상편).

游刃有餘地 (유인유여지)

[뜻음] 놀 유, 칼날 인, 있을 유, 남을 여, 땅 지.
[풀이] 살을 가를 때 살점과 살점 사이에 틈이 있어 칼을 마음대로
쓸 수 있다. 일을 能手能爛(능수능란)하게 잘 처리함.

幽人之貞 (유인지정)

[뜻음] 그윽할 유, 사람 인, 갈 지, 곧을 정.
[풀이] 世俗(세속)을 피하여 숨어 사는 사람의 곧은 지조.

唯一無二 (유일무이)★★★

[뜻음] 오직 유, 한 일, 없을 무, 두 이.
[풀이] 오직 하나만 있고 둘은 없음.

維日不足 (유일부족)★

[뜻음] 맬 유, 날 일, 아닐 부, 족할 족.
[풀이] 종일 힘써도 시간이 모자람. 일이 많아서 아무리 노력해도 끝
나지 않음. 부지런히 쉬지 않고 노력을 함. 출전 詩經(시경).

遺佚而不怨 (유일이불원)★★★

[뜻음] 버릴 유, 빠뜨릴 일, 말 이을 이, 아닐 불, 원망할 원.
[풀이] 세상이 나를 버려도 세태를 원망하지 않는다. 大凡(대범)하게
처신함. 遺佚不怨(유일불원).

　　遺(유)는 버린다는 뜻이고 佚(일)은 잘못해서 빠뜨린다
는 뜻이다.
　　이 말은 ≪孟子(맹자)≫ 公孫丑(공손추) 上(상)에 나오
는 柳下惠(유하혜)에 대한 인물평이다.
　　"유하혜는, 더러운 임금을 섬기는 것도 부끄럽게 생각
지 않고, 작은 벼슬도 낮다고 생각지 않았다. 세상에 나아
가게 되면 재주를 숨기지 않고 반드시 최선을 다해 일했
고, 버려두어도 원망하지 않고, 곤궁하게 살아도 걱정하지
않았다. 그러므로 말하기를 '너는 너요 나는 나다. 네가 비
록 내 옆에서 팔을 걷어 올리고 몸을 드러낸다 해도 나를
더럽힐 수는 없다'고 했다."
　　맹자는 또 伯夷(백이)와 유하혜에 대해 評(평)하기를,
　　"백이는 너무 偏狹(편협)하고 유하혜는 너무 疏脫(소
탈)하다. 편협과 소탈은 다 군자가 걸어갈 中庸(중용)의
길은 아니다."
　　그러나 맹자는 다른 곳에서는 유하혜를 '聖之和者(성
지화자)'라고 평했다. 마음이 너그러운 聖人(성인)이라는
뜻이다.

遺子黃金滿籯不如一經 (유자황금만영불여일경)★★★

[뜻음] 남길 유, 자식 자, 누를 황, 쇠 금, 찰 만, 바구니 영, 아닐 불,
　　　같을 여, 한 일, 경서 경.
[풀이] 많은 황금을 자식에게 물려주는 것이 경서 한 권만 못하다. 자
식에게는 유산보다 공부를 시키는 것이 낫다는 말. 출전 漢書(한서).

帷墻之制 (유장지제)

[뜻음] 휘장 유, 담 장, 갈 지, 억제할 제.
[풀이] 임금이 近臣(근신)이나 侍妾(시첩) 등에게 자유를 拘束(구속)당하는 일. 帷(유)는 휘장으로서 婢妾(비첩)이 있는 곳. 牆(장)은 담으로서 近臣(근신)이 있는 곳.

踰牆鑽隙 (유장찬극)★

[뜻음] 넘을 유, 담 장, 뚫을 찬, 틈 극.
[풀이] 담장을 넘고, 구멍을 뚫는다. 남녀가 남의 눈을 피하여 만나는 일. 재물이나 남의 집 여자를 탐내 몰래 들어감. 窬牆鑽穴(유장찬혈). 窬牆穿穴(유장천혈). 출전 孟子(맹자).

窬牆鑽穴 (유장찬혈)★

[뜻음] 넘을 유, 담 장, 뚫을 찬, 구멍 혈.
[풀이] 담장을 넘고, 구멍을 뚫는다. 踰牆鑽隙(유장찬극). 窬牆穿穴(유장천혈).

有諍氣者勿與論 (유쟁기자물여론)★

[뜻음] 있을 유, 다툴 쟁, 기운 기, 놈 자, 말 물, 더불 여, 논의할 론.
[풀이] 남에게 이기려고 하는 마음으로 다투는 사람과는 함께 논의하지 말라는 말. 출전 韓詩外傳(한시외전).

有諸己而後求諸人 (유저기이후구저인)★★★

[뜻음] 있을 유, 어조사 저, 몸 기, 말 이을 이, 뒤 후, 구할 구, 남 인.
[풀이] 내게 있은 뒤에 남에게 요구하라는 말. 내가 할 수 있는 다음에 남에게도 그 같은 일을 하도록 요구함. 有諸己而後求諸人(유제기이후구제인).

이 말은 ≪大學(대학)≫ 治國章(치국장)에 나오는 말이다.
　“요순 같은 어진 임금이 천하를 거느리고 어진 일을 하자, 온 백성이 다 따라 어진 일을 했다. 걸과 주 같은 못된 임금이 천하를 거느리고 모진 일을 하자, 온 백성이 다 따라서 못된 일을 했다. 그러므로 그가 명령하는 것이 그가 좋아하는 것과 어긋나면 백성은 따르지 않는다. 이런 까닭에 군자는 내게 있은 뒤에 남에게 요구하고 내게 없은 뒤에 남을 그르다 한다.”
　率先垂範(솔선수범)해야 대중들은 지도자를 따르게 된다는 말이다. 修身齊家(수신제가)해야 平天下(평천하)한다는 말이다.

有錢可使鬼 (유전가사귀)★

[뜻음] 있을 유, 돈 전, 가할 가, 부릴 사, 귀신 귀.
[풀이] 돈이 있으면 귀신도 부릴 수가 있다. 돈의 위력이 큼. 출전 通俗編(통속편).

有靦面目 (유전면목)

[뜻음] 있을 유, 뻔뻔할 전, 낯 면, 눈 목.
[풀이] 부끄럽거나 무안한 빛이 얼굴에 나타남. 또는 그 얼굴. 뻔뻔스러운 빛이 얼굴에 나타남.

有錢無罪無錢有罪 (유전무죄무전유죄)★★

[뜻음] 있을 유, 돈 전, 없을 무, 허물 죄.
[풀이] 돈이 있으면 죄가 없고, 돈이 없으면 죄가 있음.

有錢使鬼神 (유전사귀신)★

[뜻음] 있을 유, 돈 전, 부릴 사, 귀신 귀, 신령 신.
[풀이] 有錢可使鬼(유전가사귀).

有錢者生無錢者死 (유전자생무전자사)

[뜻음] 있을 유, 돈 전, 놈 자, 살 생, 없을 무, 죽을 사.
[풀이] 돈이 사람의 운명을 좌우하는 힘을 가졌음을 이르는 말. 출전 漢書(한서).

惟齊非齊 (유제비제)★

[뜻음] 오직 유, 가지런할 제, 아닐 비.
[풀이] 다만 가지런히만 하는 것은 정제함이 아니다. 형벌은 때의 형편에 따라 輕重(경중)을 알맞게 하여야지, 時勢(시세)를 무시하고 千篇一律(천편일률적)으로 不正(부정)을 바로잡으려 하는 것은 참된 길이 아님. 출전 書經(서경).

有條不紊 (유조불문)★

[뜻음] 있을 유, 가지 조, 아닐 불, 어지러울 문.
[풀이] 條理(조리)가 있어 紊亂(문란)하지 않음. 출전 書經(서경).

有終之美 (유종지미)★

[뜻음] 있을 유, 마칠 종, 갈 지, 아름다울 미.
[풀이] 시작한 일을 끝까지 잘하여 끝맺음이 좋음.

宥佐之器 (유좌지기)★

[뜻음] 도울 유, 도울 좌, 갈 지, 그릇 기.
[풀이] 곁에 두고 自己(자기)를 警戒(경계)하는 데 쓰는 道具(도구). 宥(유)는 佑(우)의 뜻. 출전 荀子(순자).

有酒亡國 (유주망국)★

[뜻음] 있을 유, 술 주, 망할 망, 나라 국.
[풀이] 술로 말미암아 나라도 망할 수 있으니 지나친 음주를 경계하라는 말.

唯酒無量 (유주무량)★

[뜻음] 발어사 유, 술 주, 없을 무, 헤아릴 양.
[풀이] 술을 얼마든지 마실 정도로 주량이 큼. 술을 마시되 그 분량을 제한하지 않음. 출전 論語(논어) 鄕黨篇(향당편).

唯酒無量不及亂 (유주무량불급난)★★★

[뜻음] 오직 유, 술 주, 없을 무, 헤아릴 량, 아닐 불, 미칠 급, 어지러울 난.
[풀이] 술은 일정한 분량을 정해 두지 않고 기분이 좋은 정도에서 그친다는 말.

　孔子(공자)의 일상생활을 기록한 ≪論語(논어)≫ 鄕黨篇(향당편)에 나오는 말이다.
　“밥은 精(정)한 것을 싫어하지 않았고 膾(회)는 가는 것

을 싫어하지 않았다. 밥이 쉬거나 맛이 변한 것과 생선이
신선하지 않은 것과 고기가 상한 것을 먹지 않았다. 빛이
좋지 않아도 먹지 않고 냄새가 좋지 않아도 먹지 않고 제
대로 삶아지지 않은 것도 먹지 않고, 철 아닌 것도 먹지
않았다. 칼로 벤 것이 반듯하지 못한 것도 먹지 않고, 간이
제대로 되지 않은 것도 먹지 않았다. 고기가 많은 경우라
도 밥 기운을 이기도록은 먹지 않았고, 술은 일정한 양이
없이 정신이 어지러워지지 않는 정도로 그쳤다. 사 온 술
과 사 온 마른 고기를 먹지 않고, 생강 먹는 것을 쉬지 않
았으며, 많이 먹지 않았다. 밥 먹을 때 말하지 않고, 누워
잘 때 말하지 않았다.”

遺珠之歎 (유주지탄)

[뜻음] 버릴 유, 구슬 주, 갈 지, 탄식할 탄.
[풀이] 마땅히 登用(등용)되어야 할 사람이 빠져서 한탄하는 일.

牖中窺日 (유중규일)

[뜻음] 창 유, 가운데 중, 엿볼 규, 해 일.
[풀이] 들창으로 해를 엿본다. 지식이 좁음을 비유함. 출전 世說新語
(세설신어).

有志竟成 (유지경성)★★

[뜻음] 있을 유, 뜻 지, 마침내 경, 이룰 성.
[풀이] 뜻이 있는 사람은 반드시 성공한다는 말. 출전 後漢書(후한서)
耿弇傳(경엄전).

有志君子 (유지군자)★

[뜻음] 있을 유, 뜻 지, 임금 군, 아들 자.
[풀이] 좋은 일에 깊은 뜻을 둔 점잖은 사람.

有車必見其軾 (유차필견기식)★

[뜻음] 있을 유, 수레 차, 반드시 필, 볼 견, 그 기, 실은 물건 식.
[풀이] 軾(식)은 차상에 실은 물건을 이름. 車(차)는 사람이나 물건을
싣는 것이므로 차가 있으면 반드시 그 차에 무엇이 실렸는가를 보게
된다는 뜻. 무슨 일이든지 하면 반드시 이루어지는 것이 있음을 비유
한 말. 출전 禮記(예기) 緇衣篇(치의편).

類推 (유추)

[뜻음] 무리 유, 옳을 추.
[풀이] 같은 종류를 보고 다른 사물을 추측하는 것. 유비추리. 출전
淮南子(회남자) 說山訓(설산훈).

遺臭萬年 (유취만년)★★

[뜻음] 남길 유, 냄새 취, 일만 만, 해 년.
[풀이] 더러운 이름을 萬代(만대)에까지 남김. 출전 晉書(진서).

有治人無治法 (유치인무치법)★★★

[뜻음] 있을 유, 다스릴 치, 사람 인, 없을 무, 법 법.
[풀이] 다스리는 사람이 있을 뿐, 다스리는 법은 없다. 나라를 잘 다
스리는 사람은 있어도 나라를 잘 다스리는 법령은 없다. 오직 사람의
힘에 의해 나라가 잘 다스려진다는 말.

세상을 옳게 다스리는 것은 사람에게 달려 있을 뿐 옳
게 다스리는 법이 따로 있는 것은 아니란 뜻이다.
이 말은 ≪荀子(순자)≫ 君道篇(군도편)에 있다. 법에
의해 사람이 움직이는 것이 아니라 사람에 의해 법이 통
용되는 것이다.
≪中庸(중용)≫ 二十章(이십장)에도 나온다. 哀公(애
공)이 孔子(공자)에게 정치에 대해 물었다. 공자는 이렇게
대답했다.
“文王(문왕)과 武王(무왕)의 어진 政治(정치)가 책에
다 그대로 실려 있습니다. 그 사람이 있으면 그 정치가 행
해지지만 그 사람이 없으면 그 정치는 없어지게 됩니다.
그러므로 정치를 하는 것은 사람에 있고 사람을 택하는
것은 임금에게 있습니다.”
秦始皇(진시황)은 李斯(이사)의 법률만능주의에 의해
지나치게 많은 법이 생겨나 진시황이 죽는 그날로 천하가
뒤흔들리고 말았지만, 漢(한) 沛公(패공: 유방)은 約法三
章(약법삼장)의 정신으로 위대한 문화를 대변하는 대제국
을 건설하여 수백 년 王業(왕업)을 이어갔다.

有恥且格 (유치차격)★

[뜻음] 있을 유, 부끄러울 치, 또 차, 바로잡을 격.
[풀이] 수치를 알고 바른길에 이름. 不善(불선)을 부끄러워할 줄 알아
야 바르게 됨. 출전 論語(논어).

兪扁之門 (유편지문)★★

[뜻음] 그러할 유, 넓적할 편, 갈 지, 문하 문.
[풀이] 옛날 중국 黃帝(황제) 軒轅氏(헌원씨) 때의 名醫(명의) 兪跗
(유부)와 周(주)나라 때 扁鵲(편작)의 醫術(의술)을 배운 문하생. 名醫
(명의)의 門下(문하). 兪扁之術(유편지술)을 참조하시오.

兪扁之術 (유편지술)★★

[뜻음] 그러할 유, 넓적할 편, 갈 지, 꾀 술.
[풀이] 옛날 중국 黃帝(황제) 軒轅氏(헌원씨) 때의 名醫(명의) 兪跗
(유부)와 周(주)나라 때 扁鵲(편작)의 醫術(의술). 명의의 치료를 일컬
음. 兪扁之門(유편지문)을 참조하시오. 출전 史記(사기).

猶抱薪而救火 (유포신이구화)

[뜻음] 마치 유, 안을 포, 땔나무 신, 말 이을 이, 건질 구, 불 화.
[풀이] 섶을 안고 불을 끄려는 것을 비유함. 抱薪救火(포신구화). 출
전 戰國策(전국책).

流風善政 (유풍선정)★★★

[뜻음] 흐를 유, 풍속 풍, 착할 선, 정사 정.
[풀이] 先王(선왕)의 아름다운 풍속과 恩澤(은택)이 있는 정치. 출전
孟子(맹자) 公孫丑上篇(공손추상편).

遊必有方 (유필유방)★

[뜻음] 놀 유, 반드시 필, 있을 유, 방향 방.

[풀이] 자식은 부모가 생존해 계실 때는 그 슬하에서 모셔야 하며 비록 먼 곳으로 눌러 갈 때는 반드시 자기의 行方(행방)을 부모에게 알려야 함. 부모가 살아 있는 동안에는 遊學(유학)을 하게 되더라도 멀리가지 말고 반드시 일정한 곳을 정하여 머물러야 한다는 뜻. 출전 論語(논어) 里仁篇(이인편).

游必就士 (유필취사)★★

[뜻음] 놀 유, 반드시 필, 나아갈 취, 선비 사.
[풀이] 교제하는 상대로서 반드시 훌륭한 사람을 택해야 함을 이름. 就(취)는 그 사람에게 나아가 가르침을 청한다는 뜻. 출전 晏子(안자).

有閑公子 (유한공자)★★

[뜻음] 있을 유, 한가할 한, 공작 공, 자식 자.
[풀이] 衣食(의식) 걱정이 없이 한가롭게 노는 사람. 한가하여 유흥에 팔린 부귀한 집 자제. 부귀한 집안의 子弟(자제).

流汗淋漓 (유한임리)★★

[뜻음] 흐를 류, 땀 한, 물방울 질 림, 물 스밀 리.
[풀이] 땀이 마구 흘러 떨어짐.

幽閑靜貞 (유한정정)★★

[뜻음] 그윽할 유, 한가할 한, 고요할 정, 곧을 정.
[풀이] 婦女(부녀)의 淑德(숙덕)이 높음. 부녀의 인품이 얌전함.

幽閒靜貞 (유한정정)★

[뜻음] 그윽할 유, 틈 한, 고요할 정, 곧을 정.
[풀이] 幽閑靜貞(유한정정).

柳巷花街 (유항화가)★

[뜻음] 버들 유, 거리 항, 꽃 화, 거리 가.
[풀이] 버들가지와 꽃이 있는 거리. 花柳街(화류가). 遊廓(유곽). 紅燈街(홍등가).

有害無益 (유해무익)★

[뜻음] 있을 유, 해로울 해, 없을 무, 더할 익.
[풀이] 해는 있되 이익은 없음.

流血狼藉 (유혈낭자)★★

[뜻음] 흐를 유, 피 혈, 어지러울 낭, 깔 자.
[풀이] 流血淋漓(유혈임리).

流血浮尸 (유혈부시)★

[뜻음] 흐를 유, 피 혈, 뜰 부, 시체 시.
[풀이] 피가 흘러서 시체를 띄울 만큼 사상자가 많음.

流血成川 (유혈성천)★

[뜻음] 흐를 유, 피 혈, 이룰 성, 내 천.
[풀이] 피가 흘러서 내를 이룬다는 뜻으로, 戰死者(전사자)가 많음을 이르는 말. 출전 戰國策(전국책).

流血漂鹵 (유혈표로)★★

[뜻음] 흐를 유, 피 혈, 떠돌 표, 방패 로.
[풀이] 전사자가 많아 피가 흘러 내를 이루고 방패가 떠내려감. 流血漂杵(유혈표저).

流血漂杵 (유혈표저)★★

[뜻음] 흐를 유, 피 혈, 떠돌 표, 절굿공이 저.
[풀이] 전쟁이 격렬하여 流血(유혈)이 절굿공이를 漂流(표류)하게 함. 流血漂櫓(유혈표로). 출전 孟子(맹자).

攸好德 (유호덕)★

[뜻음] 닦을 유, 좋아할 호, 덕 덕.
[풀이] 덕을 좋아하며 즐겨 덕을 행하려고 하는 일. 오복의 하나. 유는 소와 같음. 출전 書經(서경).

宥和政策 (유화정책)★

[뜻음] 달랠 유, 화할 화, 정사 정, 꾀 책.
[풀이] 달래어서 마음을 누그러뜨려 나아가자고 상대를 이끄는 정치 방침.

遺黃金滿籯不如一經 (유황금만영불여일경)★★

[뜻음] 남길 유, 누를 황, 쇠 금, 찰 만, 바구니 영, 아닐 불, 같을 여, 한 일, 경서 경.
[풀이] 황금 만 바구니를 남기는 것보다 한 권의 경서를 남기는 것이 후손들을 위하는 일이라는 말. 출전 漢書(한서).

猶獲石田 (유획석전)★

[뜻음] 마치 유, 얻을 획, 돌 석, 밭 전.
[풀이] 돌밭을 얻은 것 같다. 물건을 얻었으나 쓸모가 없음. 출전 春秋左氏傳(춘추좌씨전).

遊戲三昧 (유희삼매)★★★

[뜻음] 놀 유, 희롱할 희, 석 삼, 어두울 매.
[풀이] 즐겁게 놀고 장난하는 데 열중함. ① 부처의 경지에서 노닐며 그 무엇에도 사로잡히지 않음. ② 중생을 구제하는 데 전심함. ③ 예술 같은 것이 戟塵(극진)한 경지에 이름을 말함.

六經 (육경)★★

[뜻음] 여섯 육, 경서 경.
[풀이] 詩(시), 書(서), 易(역), 春秋(춘추), 禮(예), 樂(악)의 여섯 經書(경서). 시경, 서경, 역경, 춘추, 예기, 악기. 출전 禮記(예기) 經解篇疏(경해편소).

六經注我我注六經 (육경주아아주육경)★★

[뜻음] 여섯 육, 경서 경, 부을 주, 나 아.
[풀이] 내 마음에는 천지 만물이 갖추어져 있기 때문에 六經(육경)은 내 마음의 注釋(주석)도 되고, 또 내 마음은 육경의 주석도 된다. 육경은 천지의 이치를 설명한 책인데, 천지의 이치는 사람마다 마음속에 갖추고 있으므로, 육경은 결국 사람 개개인에 대한 설명으로 된 책이라는 말. 宋(송)나라 儒敎大家(유교대가)인 陸九淵(육구연)의 말. 출전 宋史(송사) 陸九淵傳(육구연전).

肉袒 (육단)★

[뜻음] 고기 육, 웃통 벗을 단.
[풀이] 사죄하는데 웃옷을 벗어 어깨를 드러내놓고 맞을 각오를 표시하는 일. 출전 左傳(좌전) 宣公三年(선공삼년).

肉袒牽羊 (육단견양)★

[뜻음] 고기 육, 웃통 벗을 단, 끌 견, 양 양.
[풀이] 윗도리 한쪽을 벗고 윗몸을 드러내고 양을 끌고 감. 항복하여 신하가 될 것을 청하는 일. 출전 春秋左氏傳(춘추좌씨전).

肉袒面縛 (육단면박)★

[뜻음] 고기 육, 웃통 벗을 단, 낯 면, 동여맬 박.
[풀이] 윗도리 한쪽을 벗고 윗몸을 드러내고, 두 손을 등 쪽으로 묶고 얼굴만 보이게 함. 降服(항복)하는 모습. 출전 史記(사기).

肉袒負荊 (육단부형)★

[뜻음] 고기 육, 웃통 벗을 단, 질 부, 매 형.
[풀이] 맨살이 드러난 등에 笞刑(태형)에 쓰이는 刑杖(형장)을 지고 '이것으로 때려 달라'고 謝罪(사죄)의 뜻을 나타내는 행위. 출전 史記 (사기).

肉跳風月 (육도풍월)

[뜻음] 고기 육, 뛸 도, 바람 풍, 달 월.
[풀이] 글자를 잘못 써서 알아보기 어렵고 가치가 없는 漢詩(한시)를 이르는 말.

肉頭文字 (육두문자)★★★

[뜻음] 고기 육, 머리 두, 글월 문, 글자 자.
[풀이] 肉談(육담)으로 하는 욕설. 肉談(육담): 淫談(음담)과 같은 야비하고 품격이 낮은 말이나 이야기.

六波羅蜜 (육바라밀)

[뜻음] 여섯 육, 물결 파, 비단 라, 꿀 밀.
[풀이] 불교용어. 보살이 닦아야 할 여섯 행위. 報施(보시), 持戒(지계), 忍辱(인욕), 精進(정진), 禪定(선정), 知慧(지혜).

肉薄骨幷 (육박골병)

[뜻음] 고기 육, 좁을 박, 뼈 골, 어울릴 병.
[풀이] ① 많은 사람이 몸이 맞닿을 정도로 밀집함. ② 肉薄戰(육박전)으로 적을 공격함. 출전 元史(원사).

肉屏風 (육병풍)★

[뜻음] 고기 육, 병풍 병, 바람 풍.
[풀이] 唐(당)나라 楊國忠(양국충)이 손이 와서 飮酒(음주)할 때 妓生(기생)들을 사방에 둘러서게 했음을 이름.

肉山脯林 (육산포림)★

[뜻음] 고기 육, 뫼 산, 포 포, 수풀 림.
[풀이] 고기를 산처럼 쌓아놓고 포를 숲처럼 베풀어 놓았다. 매우 호사스러운 잔치를 비유하여 이르는 말. 夏(하)나라 桀王(걸왕)과 殷 (은)나라 紂王(주왕)의 옛일에서 온 말.

肉食帶妻 (육식대처)★

[뜻음] 고기 육, 밥 식, 띠 두를 대, 아내 처.
[풀이] 중이 고기를 먹고 아내를 가지는 일.

肉食者 (육식자)★

[뜻음] 고기 육, 먹을 식, 놈 자.
[풀이] 고기를 먹는, 부유한 사람. 많은 祿(녹)을 받는 자. 즉 大夫(대부) 이상의 사람을 이름. 출전 左傳(좌전) 莊公十年(장공십년).

肉食妻帶 (육식처대)★

[뜻음] 고기 육, 먹을 식, 아내 처, 띠 대.
[풀이] 肉食帶妻(육식대처).

六十甲子 (육십갑자)★★★

[뜻음] 여섯 육, 열 십, 첫째천간 갑, 아들 자.
[풀이] 10天干(천간)과 12地支(지지)를 차례로 맞춘 것.

六十四掛 (육십사괘)★

[뜻음] 여섯 육, 열 십, 넉 사, 걸 괘.
[풀이] 八卦(팔괘)의 각 괘를 둘씩 겹쳐 만든 64개의 괘. 역경의 괘.

蓼莪之詩 (육아지시)★★★

[뜻음] 여뀌 요, 지칭개 아, 갈 지, 시 시.
[풀이] 孝子(효자)가 전쟁에 나가서 집에 없었기 때문에 부모께 효양치 못하다가 그 부모가 돌아가신 뒤에 슬퍼함을 읊은 시. 효자가 부모의 奉養(봉양)을 뜻대로 하지 못하는 것을 슬퍼하여 읊은 시. 출전 詩經(시경) 小雅(소아) 蓼莪篇(육아편).

六言六蔽 (육언육폐)★

[뜻음] 여섯 육, 말씀 언, 덮을 폐.
[풀이] 사람에게 육언의 덕이 있어도 배우기 싫어하면 이를 가리게 하는 여섯 가지 폐단. 곧 遇(우), 蕩(탕), 賊(적), 絞(교), 亂(란), 狂(광) 등. 출전 論語(논어) 陽貨篇(양화편).

陸王之學 (육왕지학)★

[뜻음] 뭍 육, 임금 왕, 갈 지, 배울 학.
[풀이] 상산 육구연과 수인 왕양명의 학문. 중국 宋(송)나라 陸九淵 (육구연)과 明(명)나라 王陽明(왕양명)의 학풍을 이름. 朱熹(주희)의 학이 사물의 이치를 연구한 것인데 대하여 왕양명은 頓悟(돈오)를 중히 여겼음. 명나라 왕수인의 良知(양지)의 학은 구연의 학설에 기초를 두었음. 고로 그들의 학설을 육왕지학이라고 함.

肉慾天國 (육욕천국)★

[뜻음] 고기 육, 욕망 욕, 하늘 천, 나라 국.
[풀이] 육체적인 욕망을 마음대로 充足(충족)시킬 수 있는 장소나 사회. 花柳界(화류계). 遊廓(유곽).

陸績懷橘 (육적회귤)★★★

[뜻음] 뭍 육, 지을 적, 품을 회, 귤 귤.
[풀이] 중국 三國時代(삼국시대) 吳(오)나라의 육적이 육세 때 袁術 (원술)을 뵙고, 그 집에서 내놓는 귤 세 개를 가슴속에 숨겨 어머니에게 드리려 했던 일. 갸륵한 효도. 출전 三國志(삼국지) 吳志(오지).

六菖十菊 (육창십국)★

[뜻음] 여섯 육, 창포 창, 열 십, 국화 국.
[풀이] 창포는 5월 5일, 국화는 9월 9일이 제 명절인데, 5월 6일과 9월 10일은 그 다음 날이므로, 기회를 잃었다는 것을 비유함.

六尺之孤 (육척지고)★

[뜻음] 여섯 육, 자 척, 갈 지, 외로울 고.
[풀이] 14, 15세의 孤兒(고아). 일척은 두 살 반. 나이 어린 後嗣(후사). 출전 論語(논어) 太伯篇(태백편).

六尺之託 (육척지탁)★

[뜻음] 여섯 육, 자 척, 갈 지, 부탁할 탁.
[풀이] 어린 임금을 도와주고 보좌해 줄 부탁을 받음.

閏宮閏徵 (윤궁윤치)★

[뜻음] 윤달 윤, 집 궁, 가락 치.
[풀이] 音樂(음악)의 變宮(변궁), 變徵(변치)를 이름.

輪囷離奇 (윤균이기)

[뜻음] 둥글 윤, 꼬불꼬불 균, 가를 이, 기이할 기.
[풀이] 나무가 꼬불꼬불하고 마디진 모양. 꼬불꼬불한 모양. 출전 鄒陽(추양)의 글.

允文允武 (윤문윤무)★★

[뜻음] 진실로 윤, 글월 문, 호반 무.
[풀이] 진실로 文(문)이 있고 진실로 武(무)가 있도다. 文武(문무)를 兼備(겸비)한 天子(천자)의 덕을 稱頌(칭송)하는 말. 천지를 經緯(경위)하는 것을 文(문)이라 하고, 禍亂(화란)을 戡定(감정)하는 것을 武(무)라 함. 文武(문무)를 모두 갖추었다는 뜻으로, 天子(천자)가 德(덕)이 있다고 稱頌(칭송)하는 말. 乃武乃文(내무내문). 출전 詩經(시경) 魯頌(노송) 泮水篇(반수편).

允執闕中 (윤집궐중)★★★

[뜻음] 진실로 윤, 잡을 집, 대궐 궐, 가운데 중.
[풀이] 堯(요) 임금이 舜(순) 임금에게 禪讓(선양)하며 '하늘의 운수가 그대에게 있으니 진실로 그 中(중: 지나침도 없고 모자라지도 않는 핵심)을 잡아라. 천하가 困窮(곤궁)해지면 하늘이 임금에게 내리시는 녹이 영원히 끊어질 것이다.'라고 말했다. 執中有權(집중유권)과 유사. 출전 論語(논어) 堯曰篇(요왈편).

戎馬關山北 (융마관산북)★★★

[뜻음] 오랑캐 융, 말 마, 빗장 관, 뫼 산, 북녘 북.
[풀이] 융족 융, 중국 唐(당)나라 詩人(시인) 杜甫(두보)의 詩句(시구). 토번이 늘 關中(관중)을 침범하므로 관산의 북쪽에는 전쟁이 멎을 때가 없다는 말.

戎馬生郊 (융마생교)★

[뜻음] 병거 융, 말 마, 날 생, 성 밖 교.
[풀이] 軍馬(군마)의 새끼가 國境(국경)에서 태어난다. 이웃나라와의 전쟁이 끊이지 않음. 출전 老子(노자).

戎馬之間 (융마지간)★★★

[뜻음] 병거 융, 말 마, 갈 지, 사이 간.
[풀이] 전쟁을 하고 있는 동안. 융간.

隆準龍眼 (융절용안)★★★

[뜻음] 높을 융, 콧마루 절, 용 룡, 눈 안.
[풀이] 우뚝한 코와 용의 눈. 중국 한나라 고조 유방의 얼굴의 특징.

隆準龍眼(융준용안).

　隆準(융절, 융준)은 콧대가 우뚝 솟은 것을 말하고 龍顔(용안)은 얼굴 생김새가 용처럼 생겼다는 뜻으로 풀이하고 있다.
　漢高祖(한고조)의 胎生傳說(태생전설)이 실려 있는 ≪史記(사기)≫ 高祖本紀(고조본기)의 첫머리를 소개하면 다음과 같다.
　고조는 沛豐邑(패풍읍) 中陽里(중양리) 사람으로 姓(성)은 劉氏(유씨)고 字(자)는 季(계)다. 아버지는 太公(태공)이라 불렀고, 어머니는 劉媼(유온)이라 했다. 유온이 언젠가 큰 못가 언덕에서 자고 있는데, 꿈에 귀신과 만나게 되었다. 그때 천둥 번개가 요란하고 천지가 캄캄했다. 태공이 가서 자세히 보니 그 위에 蛟龍(교룡)이 나타나 있었다. 그런 다음 태기가 있어 드디어 고조를 낳았다. 고조는 사람 된 것이 隆準(융준)에 龍顔(용안)이었고, 수염이 아름다우며 왼쪽 다리에 七十二(칠십이) 개의 검은 점이 있었다.
　'龍顔(용안)'을 용처럼 이마가 높다고 해석하기도 한다. 顔(안)이 얼굴이 아니라 이마라는 말이다. 지금은 이 말이 남자답게 잘생겼다는 뜻으로 쓰인다. 고전소설에 나오는 남자 주인공의 인물 특색이기도 하다. 진시황은 '蜂目長準(봉목장절)'이었다고 한다. 대개 코가 높았다는 것이다.

殷鑑不遠 (은감불원)★★★

[뜻음] 은나라 은, 거울 감, 아닐 불, 멀 원.
[풀이] 商(상)나라가 거울로 삼아야 하는 일은 멀리 있지 않다. 殷(은)나라 紂王(주왕)이 거울로 삼아 경계하여야 할 일은 前代(전대)의 夏(하)나라 桀王(걸왕)이 어질지 못한 정치를 하여 망한 일이라는 뜻으로, 자기가 거울로 삼아 경계하여야 할 先例(선례)는 바로 가까이에 있다는 말. 은나라는 상나라라고 부름. 商鑑不遠(상감불원).

　약 600년을 내려온 商(상)나라는 28대 왕인 紂(주) 대에 망하는데 紂(주)가 妲己(달기)라는 여자에게 기울어 酒池肉林(주지육림)과 炮烙之刑(포락지형)으로 타락했을 때 西伯(서백) 周王(주왕) 昌(창: 후에 周文王(주문왕)이 됨)이 紂(주)를 諫(간)한 말이다. 이 말은 ≪詩經(시경)≫ 大雅(대아) 湯問篇(탕문편) 제8장에 나와 있다.

文王(문왕)이 말하길
슬프다 너 殷商(은상)아,
사람이 또한 말이 있다.
넘어지는 일이 일어나면
가지와 잎은 해가 없어도
뿌리는 실상 먼저 끊어진다고
은나라 거울이 멀지 않다.
夏后(하후)의 시대에 있다.

그러나 실상 이 시는, 周(주)나라 10대 왕인 厲王(여왕)의 포학함을 한탄한 召穆公(소목공)이 여왕을 간할 목적으로 자기가 하고 싶은 말을 문왕이 주에게 한 말로 꾸며서 지은 것이라 한다. 여하튼 商(상)의 紂(주)를 문왕의 아들 武王(무왕)이 쳐서 멸망시키고 周(주)라는 새 왕조를 세우게 된다.

隱居放言 (은거방언)★★★

[뜻음] 숨을 은, 살 거, 놓을 방, 말씀 언.
[풀이] 隱居(은거)는 세상에 나가 활동을 하지 않고 조용히 집에서 사는 것을 말하고, 放言(방언)은 말을 함부로 한다는 뜻이다.

이 말은 ≪論語(논어)≫ 微子篇(미자편)에 나와 있다.
逸民(일민: 출세하지 못한 사람)에 伯夷(백이) 叔齊(숙제) 虞中(우중) 夷逸(이일) 朱張(주장) 柳下惠(유하혜) 少連(소련) 등이 있었다. 孔子(공자)는 말씀하셨다.
"그 뜻을 굽히지 않고 그 몸을 욕되게 하지 않는 것은 백이와 숙제다."
또 유하혜와 소련에 대해서는 이렇게 말씀하셨다.
"뜻을 굽히고 몸을 욕되게 했으나 하는 말이 도리에 맞고 하는 행동이 이치에 맞았다."
또 우중과 이일을 놓고 이렇게 말씀하셨다.
"숨어 살며 말을 함부로 했으나 몸을 깨끗이 지녔고 버린 것이 권도에 맞았다."
공자는 끝으로 말하기를,
"나는 이들과는 다르다. 나는 꼭 옳다는 것도 없고, 옳지 않다는 것도 없다. 無可無不可(무가무불가)"
우중은 周文王(주문왕)의 仲父(중부)로 아우인 王季(왕계)에게 太子(태자)의 자리를 물려주기 위해, 맏형인 泰伯(태백)과 함께 병들어 누운 아버지 대왕의 약을 구하러 간다면서 멀리 남쪽 바닷가로 피해 버린 사람이었다. 즉 仲雍(중옹)을 말한다. 그것은 태백의 뜻을 따라 왕계에게 태자의 자리를 물려줌으로써 문왕으로 하여금 임금이 되게 하려는, 나라와 천하를 위한 자기희생이었다.

隱居處士 (은거처사)★★★

[뜻음] 숨을 은, 살 거, 곳 처, 선비 사.
[풀이] 世波(세파)의 표면에 나서지 않고 조용히 숨어 사는 선비. 비슷한 말은 江海之士(강해지사), 江湖散人(강호산인), 江湖之人(강호지인), 山林處士(산림처사), 山林學士(산림학사), 巖居穴處(암거혈처), 巖穴之士(암거지사) 등이 있음.

隱公左傳 (은공좌전)★

[뜻음] 숨길 은, 공변될 공, 왼 좌, 전할 전.
[풀이] 은공은 중국 春秋時代(춘추시대) 노나라의 왕. 좌전은 春秋左氏傳(춘추좌씨전). 좌전을 읽을 결심을 하고서, 좌전 처음인 은공의 조목에서 싫증이 남. 공부 따위를 오래 하지 못함을 이르는 말.

慇懃無禮 (은근무례)★

[뜻음] 친절할 은, 은근할 근, 없을 무. 예도 예.
[풀이] 지나치게 은근하게 대접하여 오히려 예의에 어긋남.

銀鱗玉尺 (은린옥척)★★

[뜻음] 은 은, 비늘 린, 구슬 옥, 자 척.
[풀이] 비늘이 은빛처럼 반짝이고 모양이 좋고 큰 물고기. 물고기를 미화한 표현.

隱不違親貞不絶俗 (은불위친정부절속)★

[뜻음] 숨길 은, 아닐 불, 어길 위, 친할 친, 곧을 정, 끊을 절, 풍속 속.
[풀이] 사회를 떠나 깊은 산중에서 살망정 부모의 뜻을 어기지 아니함은 晉(진)나라 介子推(개자추)와 같고, 바른 덕을 지키며 세속의 눈에 거슬리는 언행을 하지 아니함이 魯(노)나라 柳下惠(유하혜)와 같음. 세상을 떠나 살면서 인격이 원만함을 이름. 출전 後漢書(후한서) 郭太傳(곽태전).

恩山德海 (은산덕해)★

[뜻음] 은혜 은, 뫼 산, 덕 덕, 바다 해.
[풀이] 산과 바다와 같이 높고 넓은 은덕.

恩讐分明 (은수분명)★★

[뜻음] 은혜 은, 원수 수, 나눌 분, 밝을 명.
[풀이] 은혜와 원수를 분명히 함. 恩惠(은혜)는 꼭 갚고, 怨讐(원수)는 꼭 앙갚음을 함.

恩甚則怨生 (은심즉원생)★

[뜻음] 은혜 은, 심할 심, 곧 즉, 원망할 원, 날 생.
[풀이] 은혜를 지나치게 베풀면 도리어 원망을 받게 됨. 恩甚則怨生(은심원생).

隱惡揚善 (은악양선)

[뜻음] 숨길 은, 악할 악, 오를 양, 착할 선.
[풀이] 나쁜 점을 숨기고 좋은 점을 드러냄. 출전 中庸(중용).

恩揜義 (은암의)★

[뜻음] 은혜 은, 가릴 암, 옳을 의.
[풀이] 은혜가 의리를 가림. 가정에서는 은혜와 애정을 주로 하기 때문에 義理(의리)가 가려지기 쉽다는 말. 출전 禮記(예기).

隱然中 (은연중)★★★

[뜻음] 숨을 은, 그러할 연, 가운데 중.
[풀이] 남모르는 가운데.

隱然之中 (은연지중)★

[뜻음] 숨을 은, 그러할 연, 갈 지, 가운데 중.
[풀이] 隱然中(은연중).

隱忍自重 (은인자중)★★★

[뜻음] 숨을 은, 참을 인, 스스로 자, 무거울 중.
[풀이] 괴로움을 감추어 참고 몸가짐을 조심함.

隱逸林中無榮辱 (은일임중무영욕)★★★

[뜻음] 숨길 은, 숨을 일, 수풀 림, 가운데 중, 없을 무, 영화 영, 욕될 욕.
[풀이] 숨어 사는 숲 속에는 영광과 치욕이 없음.

이 말은 ≪菜根譚(채근담)≫ 後集(후집)에 있는 말이다. "숨어 사는 숲 속에는 영욕이 없고 道義(도의)의 길 위에는 염량이 없다."
염량은 더워졌다 식었다 하는 인간의 변덕성을 말한다. 보통 '炎凉世態(염량세태)'라고 표현한다. 더우면 그늘을 찾고 추우면 불을 찾는 인간의 심성. 자기에게 유리한 편에 가서 붙었다 떨어졌다 하는 기회주의를 뜻한다. '世態炎凉(세태염량)'이라고도 한다.

隱卒之典 (은졸지전)

[뜻음] 숨길 은, 죽을 졸, 갈 지, 법 전.
[풀이] 임금이 죽은 功臣(공신)에게 哀悼(애도)의 뜻을 나타내는 禮典(예전). 관직을 추봉하거나 諡號(시호)를 내리는 일 등.

恩重泰山 (은중태산)★

[뜻음] 은혜 은, 무거울 중, 클 태, 뫼 산.
[풀이] 은혜가 태산과 같이 높음.

銀河落九天 (은하낙구천)★

[뜻음] 은 은, 강 하, 떨어질 낙, 아홉 구, 하늘 천.
[풀이] 은하가 하늘에서 떨어짐. 瀑布(폭포)가 쏜살같이 떨어지는 형용.

銀河列宿 (은하열수)★★★

[뜻음] 은 은, 물 하, 벌일 열, 별자리 수.
[풀이] 은하수 옆에는 많은 별들이 벌여 서 있다. 이른바 28수. '宿'은 '잠잘 숙, 별자리 수'

東(동): 靑龍(청룡) – 角(각) 亢(항) 氐(저) 房(방) 心(심) 尾(미) 箕(기).
西(서): 白虎(백호) – 奎(규) 婁(루) 胃(위) 昴(묘) 畢(필) 觜(자) 參(삼).
南(남): 朱雀(주작) – 井(정) 鬼(귀) 柳(유) 星(성) 張(장) 翼(익) 軫(진).
北(북): 玄武(현무) – 斗(두) 牛(우) 女(여) 虛(허) 危(위) 室(실) 壁(벽).

銀河鵲橋 (은하작교)★★★

[뜻음] 은 은, 물 하, 까막까치 작, 다리 교.
[풀이] 칠월 칠석 날 牽牛(견우)와 織女(직녀)를 이어준다는 銀河水(은하수) 다리.

乙夜之覽 (을야지람)★★★

[뜻음] 새 을, 밤 야, 갈 지, 볼 람.
[풀이] 天子(천자)의 讀書(독서). 임금의 독서시간. 천자가 政務(정무)를 끝내고 就寢(취침)하기 전인 열시 경에 독서를 하므로 이름.

乙丑甲子 (을축갑자)★

[뜻음] 새 을, 소 축, 첫째천간 갑, 아들 자.
[풀이] 무슨 일이 제대로 되지 않고 그 순서가 뒤바뀜을 이름. 순서상, 갑자을축인데, 을축갑자는 순서가 맞지 않음.

陰談誖說 (음담패설)★★

[뜻음] 그늘 음, 말씀 담, 거스를 패, 말씀 설.
[풀이] 淫蕩(음탕)한 이야기.

陰德陽報 (음덕양보)★★

[뜻음] 그늘 음, 큰 덕, 볕 양, 갚을 보.
[풀이] 남몰래 덕을 닦는 사람은 비록 사람들이 몰라준다 하더라도 하늘이 알아주어 겉으로 나타날 만한 복을 받는다는 것. 남모르게 德行(덕행)을 쌓은 사람은 훗날 그 보답을 버젓이 받음. 남몰래 행한 덕에 공공연한 善報(선보)가 있음. 출전 說苑(설원).

吟味到達 (음미도달)

[뜻음] 읊을 음, 맛 미, 이를 도, 통달할 달.
[풀이] 철저하게 사고하면서 목적하는 바에 이름. 미도.

飲水思源 (음수사원)★

[뜻음] 마실 음, 물 수, 생각할 사, 근원 원.
[풀이] 물을 마시며 그 根源(근원)을 생각하다. 근원을 잊지 말라는 뜻.

飲食男女人之大慾存焉 (음식남녀인지대욕존언)

[뜻음] 마실 음, 먹을 식, 사내 남, 계집 녀, 사람 인, 갈 지, 큰 대, 욕망 욕, 있을 존, 어조사 언.
[풀이] 음식과 남녀의 정은 인간의 가장 큰 욕정이니 삼가야 함을 이름. 식욕과 성욕은 인간의 크나큰 욕정이므로, 애써 삼가야 함. 출전 禮記(예기) 禮運篇(예운편).

飲食凡百 (음식범백)★

[뜻음] 마실 음, 먹을 식, 무릇 범, 일백 백.
[풀이] 온갖 음식.

瘖啞叱咤 (음아질타)★

[뜻음] 벙어리 음, 벙어리 아, 꾸짖을 질, 꾸짖을 타.
[풀이] 분한 마음이 한꺼번에 터져 나와서 큰 소리로 꾸짖음.

陰陽家 (음양가)★★

[뜻음] 그늘 음, 볕 양, 집 가.
[풀이] 天文(천문), 曆數(역수), 卜筮(복서), 地相(지상)을 연구하고 吉凶(길흉) 禍福(화복)을 豫言(예언)하는 사람. 출전 史記(사기) 太史公自序(태사공자서).

陰陽配合 (음양배합)★★

[뜻음] 응달 음, 볕 양, 배필 배, 합할 합.
[풀이] 남녀가 서로 뜻이 잘 맞음.

陰陽不調 (음양부조)★★

[뜻음] 그늘 음, 볕 양, 아닐 부, 고를 조.
[풀이] 음양이 서로 조화되지 않음. 출전 漢書(한서).

陰陽相摩 (음양상마)★

[뜻음] 응달 음, 볕 양, 서로 상, 갈 마.
[풀이] 음양 두 氣(기)가 상관하여 천지 만물을 조성케 함. 출전 禮記(예기) 樂記篇(악기편).

陰陽之樂 (음양지락)★

[뜻음] 응달 음, 볕 양, 갈 지, 즐거울 락.
[풀이] 남녀가 和樂(화락)하는 즐거움.

陰陽之理 (음양지리)★

[뜻음] 응달 음, 볕 양, 갈 지, 다스릴 리.
[풀이] 음양에 관한 이치.

陰陽和合 (음양화합)★

[뜻음] 그늘 음, 볕 양, 화할 화, 합할 합.
[풀이] 음과 양이 서로 교합하여 만물을 調和(조화) 昌盛(창성)하는 일. 남녀의 性交(성교).

音與政通 (음여정통)★

[뜻음] 소리 음, 더불 여, 정사 정, 통할 통.
[풀이] 音樂(음악)과 政治(정치)와는 相通(상통)함이 있음. 출전 禮記(예기) 樂記篇(악기편).

淫者好酸 (음자호산)★

[뜻음] 음란할 음, 놈 자, 좋을 호, 초 산.
[풀이] 색을 좋아하는 사람은 신 것을 좋아함.

飮酒高會 (음주고회)★

[뜻음] 마실 음, 술 주, 높을 고, 모일 회.
[풀이] 성대한 술잔치를 베풂.

陰地轉陽地變 (음지전양지변)★

[뜻음] 그늘 음, 땅 지, 구를 전, 볕 양, 변할 변.
[풀이] 음지가 변하여 양지가 된다. 세상일은 돌고 돌아 不運(불운)과 幸運(행운)이 뒤바뀐다는 말.

飮至策勳 (음지책훈)★

[뜻음] 마실 음, 이를 지, 채찍 책, 공 훈.
[풀이] 개선하여 宗廟(종묘)에 이르러 술을 마시고 戰功(전공)을 기록함. 출전 春秋左氏傳(춘추좌씨전).

吟風弄月 (음풍농월)★★★

[뜻음] 읊을 음, 바람 풍, 희롱할 롱, 달 월.
[풀이] 맑은 바람을 쐬며 노래를 읊고 밝은 달을 보며 시를 짓고 흥취를 자아내어 즐긴다. 자연을 즐기며 시를 읊조림. 吟風咏月(음풍영월).

吟風咏月 (음풍영월)★★

[뜻음] 읊을 음, 바람 풍, 읊을 영, 달 월.
[풀이] 吟風弄月(음풍농월).

飮河滿腹 (음하만복)★

[뜻음] 마실 음, 황하 하, 가득할 만, 배 복.
[풀이] 시궁쥐는 작은 동물이므로 황하의 물을 마셔도 배만 부르면 만족히 여김. 사람도 모두 자기 분수에 만족하여야 한다는 비유. 출전 莊子(장자).

邑犬群吠 (읍견군폐)★

[뜻음] 고을 읍, 개 견, 무리 군, 짖을 폐.
[풀이] 동네 개들이 떼 지어 짖어댄다. 여러 小人輩(소인배)들이 남을 誹謗(비방)함의 비유. 출전 楚辭(초사).

泣鬼神 (읍귀신)★

[뜻음] 울 읍, 귀신 귀, 신령 신.
[풀이] 귀신도 느껴 울게 한다. 사람의 마음을 깊이 감동시킴.

揖讓之風 (읍양지풍)★

[뜻음] 읍할 읍, 사양할 양, 갈 지, 풍속 속.
[풀이] 읍양의 예를 잘 지키는, 아름다운 풍속. 揖讓(읍양)이란 읍하는 동작과 사양하는 동작.

泣斬馬謖 (읍참마속)★★★

[뜻음] 울 읍. 벨 참, 말 마, 일어날 속.
[풀이] 울면서 마속을 벤다는 뜻으로, 공정함을 지키기 위해 사사로운 정을 버린다는 말. 중국 蜀(촉)나라의 諸葛亮(제갈량)이 馬謖(마속)을 사랑했으나 명령을 어겨 가정 싸움에서 패전한 책임을 물어 울면서 사형에 처한 옛일.

　《三國志(삼국지)》 蜀志(촉지) 馬謖傳(마속전)에 나오는 말이다.
　제갈량이 제1차 北伐(북벌)을 했을 때 魏(위)나라 明帝(명제)는 남방의 吳(오)나라와의 국경선에 진치고 있던 張郃(장합)을 불러 올려 급히 祁山(기산)으로 향하게 했다. 장합은 渭水(위수) 북쪽에 있는 요충지인 街亭(가정)에서 촉나라 선봉과 충돌, 이를 단 한 번에 격파하고 말았다. 이 가정의 지휘 책임자가 바로 마속이었다. 그는 제갈량의 지시를 어기고 자기의 얕은 생각으로 임의로 행동했기 때문에 패한 것이다. 제갈량의 작전은 이 가정이 무너짐으로써 완전 실패로 돌아가고 부득이 전면철수를 해야만 했다.
　"한중으로 돌아온 제갈량은 마속을 옥에 가두고 군법에 의해 그를 사형에 처했다. 제갈량은 그를 위해 눈물을 흘렸다. 마속의 나이 그때 서른아홉이었다."
　이 말은 공정함을 지키기 위해 사사로운 정을 버린다는 말이다. 대중을 이끌어 나가고 법을 집행하는 사람은 사사로운 인정을 떠나 공정하게 법을 운용을 해야 된다는 말이다.

泣血三年未嘗見齒 (읍혈삼년미상현치)★

[뜻음] 울 읍, 피 혈, 석 삼, 해 년, 아닐 미, 일찍이 상, 나타낼 현, 이 치.
[풀이] 부모상에 피눈물을 흘리기 삼 년 동안 일찍이 한 번도 이를 드러내어 웃는 것을 보지 못했다. 孔子(공자)의 弟子(제자) 高柴(고시)가 親喪(친상)을 당하여 지나치게 슬퍼하고 마음을 상함을 이름. 출전 禮記(예기).

鷹擊毛摯 (응격모지)★

[뜻음] 매 응, 칠 격, 털 모, 잡을 지.
[풀이] 매가 새를 잡고 맹수가 작은 짐승을 채듯이, 엄혹하여 조금도 빈틈이 없음.

鷹犬之任 (응견지임)★

[뜻음] 매 응, 개 견, 갈 지, 맡길 임.
[풀이] 매나 사냥개처럼 남에게 부림을 당하는 所任(소임). 출전 後漢書(후한서).

應口輒對 (응구첩대)★

[뜻음] 응할 응, 입 구, 쉬울 첩, 대답할 대.
[풀이] 묻는 대로 곧 대답함.

應基立斷 (응기입단)

[뜻음] 응할 응, 터 기, 설 입, 끊을 단.
[풀이] 臨機應變(임기응변)으로 일을 경우에 따라 迅速(신속)하게 處斷(처단)함.

應對如流 (응대여류)★

[뜻음] 응할 응, 대할 대, 같을 여, 흐를 류.
[풀이] 남의 질문에 물 흐르듯이 대답함. 출전 南史(남사).

鷹馬酒色蘭石 (응마주색난석)★

[뜻음] 매 응, 말 마, 술 주, 여색 색, 난초 난, 돌 석.
[풀이] 옛사람들이 인간의 취미 단계를 6단계로 나누어 순서지은 것. 매 사냥, 말타기, 술, 색 밝히기, 난초 기르기, 돌 수집.

應符之兆 (응부지조)

[뜻음] 응할 응, 부신 부, 갈 지, 조짐 조.
[풀이] 天子(천자)가 될 조짐. 출전 後漢書(후한서).

鷹視狼步 (응시낭보)★

[뜻음] 매 응, 볼 시, 이리 랑, 걸음 보.
[풀이] 매 같은 날카로운 눈매와 이리 같은 탐욕스러운 걸음걸이. 매나 이리처럼 날래고 탐욕스러움. 출전 吳越春秋(오월춘추).

應時而出 (응시이출)★

[뜻음] 응할 응, 때 시, 말 이을 이, 날 출.
[풀이] 사물이 때를 맞추어 태어남.

應天順人 (응천순인)★

[뜻음] 응할 응, 하늘 천, 따를 순, 사람 인.
[풀이] 天命(천명)에 응하고 人爲(인위)에 順應(순응)해서 일하는 것. 天意(천의)에 응하고 民意(민의)에 順從(순종)함. 출전 易經(역경) 革卦 象傳(혁괘상전).

應弦而倒 (응현이도)

[뜻음] 응할 응, 시위 현, 말 이을 이, 넘어질 도.
[풀이] 쏜 화살이 보기 좋게 명중하여 활시위의 소리에 응하듯이 적이 넘어짐. 출전 史記(사기) 李將軍傳(이장군전).

衣架飯囊 (의가반낭)★

[뜻음] 옷 의, 시렁 가, 밥 반, 주머니 낭.
[풀이] 옷걸이와 밥주머니. 쓸모없는 사람의 비유. '酒囊飯袋(주낭반대)'를 보시오.

宜家之樂 (의가지락)★★★

[뜻음] 마땅할 의, 집 가, 갈 지, 즐거울 락.
[풀이] 부부 사이의 화목한 즐거움.

犄角之勢 (의각지세)★★

[뜻음] 거세할 의, 뿔 각, 갈 지, 기세 세.
[풀이] 양쪽에서 잡아당겨 찢으려는 양면 작전의 태세.

衣結屨穿 (의결구천)★

[뜻음] 옷 의, 맺을 결, 신 구, 뚫을 천.
[풀이] 옷은 해져서 꿰매고 신은 떨어져 구멍이 남. 몹시 가난함.

懿公喜鶴 (의공희학)

[뜻음] 아름다울 의, 공변될 공, 좋아할 희, 학 학.
[풀이] 懿公(의공)이 학을 좋아한다. 지나치게 물건을 사랑하는 것은 재앙의 근원임을 비유함.

倚官仗勢 (의관장세)

[뜻음] 의지할 의, 벼슬 관, 의지할 장, 기세 세.
[풀이] 官吏(관리)가 職權(직권)을 濫用(남용)하여 民弊(민폐)를 끼침. 또는 勢道(세도)를 부림.

衣冠之盜 (의관지도)★

[뜻음] 옷 의, 갓 관, 갈 지, 훔칠 도.
[풀이] 朝服(조복)을 훔쳐 입은 도둑. 직책을 다하지 않는 공직자나 무능한 관리를 가리키는 말. 횡포하고 무례한 관리를 비난하는 말.

蟻潰堤 (의궤제)★

[뜻음] 개미 의, 무너질 궤, 둑 제.
[풀이] 개미가 둑을 무너뜨린다. 작은 일을 소홀히 하면 큰일을 그르침. 매우 작은 힘으로 큰일을 이룸. 출전 韓非子(한비자) 喩老篇(유로편).

衣錦褧衣 (의금경의)★

[뜻음] 옷 의, 비단 금, 홑옷 경, 옷 의.
[풀이] 비단옷을 입고 그 위에 홑옷을 입는다. 군자가 미덕이 있으나 이를 자랑하지 않음을 비유함. 褧(경)은 絅(경)으로도 씀. 衣錦尙絅(의금상경). 출전 詩經(시경) 衛風(위풍).

衣錦尙褧 (의금상경)★

[뜻음] 옷 의, 비단 금, 높일 상, 홑옷 경.
[풀이] 화려함을 避(피)하고자 비단옷 위에 홑옷을 걸침. 衣錦褧衣(의금경의). 출전 中庸(중용).

衣錦夜行 (의금야행)★★

[뜻음] 옷 의, 비단 금, 밤 야, 갈 행.
[풀이] 비단옷을 입고 밤길을 간다. 출세하고도 고향에 알리지 않음의 비유. 출전 漢書(한서).

衣錦晝行 (의금주행)★

[뜻음] 옷 의, 비단 금, 낮 주, 갈 행.
[풀이] 비단옷을 입고 낮 길을 간다. 출세하여 영광스럽게 고향에 돌아감.

衣錦還鄕 (의금환향)★

[뜻음] 옷 의, 비단 금, 돌아갈 환, 고향 향.
[풀이] 출세하여 고향에 돌아감. 출전 南史(남사).

義氣男兒 (의기남아)★

[뜻음] 옳을 의, 기운 기, 사내 남, 아이 아.
[풀이] 의로운 뜻을 지닌 남자.

義氣男子 (의기남자)★

[뜻음] 옳을 의, 기운 기, 사내 남, 아들 자.
[풀이] 義氣男兒(의기남아).

意氣相投 (의기상투)★

[뜻음] 뜻 의, 기운 기, 서로 상, 던질 투.
[풀이] 서로 마음이 맞음.

意氣銷沈 (의기소침)★

[뜻음] 뜻 의, 기운 기, 쇠 녹일 소, 잠길 침.
[풀이] 의기가 쇠하여 사그라짐. 意氣沮喪(의기저상).

宜其室家 (의기실가)★

[뜻음] 마땅할 의, 그 기, 집 실, 집 가.
[풀이] 온 가족이 화목함. 출전 詩經(시경).

意氣揚揚 (의기양양)★★★

[뜻음] 뜻 의, 기운 기, 날릴 양.
[풀이] 뜻대로 되어 으쓱거리는 기상이 펄펄함. 득의한 마음이 얼굴에 나타나는 모양. 출전 史記(사기).

意氣沮喪 (의기저상)★

[뜻음] 뜻 의, 기운 기, 막을 저, 죽을 상.
[풀이] 意氣銷沈(의기소침).

意氣之勇 (의기지용)

[뜻음] 뜻 의, 기운 기, 갈 지, 날랠 용.
[풀이] 의기에 불타 일어나는 용맹.

意氣衝天 (의기충천)★

[뜻음] 뜻 의, 기운 기, 찌를 충, 하늘 천.
[풀이] 得意(득의)한 마음이 하늘을 찌를 듯함.

意氣投合 (의기투합)★

[뜻음] 뜻 의, 기운 기, 던질 투, 합할 합.
[풀이] 서로 마음이 맞음.

猗頓之富 (의돈지부)★

[뜻음] 아름다울 의, 조아릴 돈, 갈 지, 가멸 부.
[풀이] 의돈은 春秋時代(춘추시대) 魯(노)나라의 大富豪(대부호)이므로 巨萬(거만)의 富(부)를 일컫는 말. 陶朱猗頓之富(도주의돈지부).

倚閭而望 (의려이망)★

[뜻음] 의지할 의, 마을 려, 말 이을 이, 바랄 망.
[풀이] 倚閭之望(의려지망).

倚閭之望 (의려지망)★★★

[뜻음] 의지할 의, 마을 려, 갈 지, 바랄 망.
[풀이] 어머니가 동구 밖에까지 나가서 자녀가 돌아오기를 초조하게 기다림. 부모님의 자식 걱정. 依門之望(의문지망). 출전 戰國策(전국책) 齊策(제책).

倚閭之情 (의려지정)★

[뜻음] 의지할 의, 마을 려, 갈 지, 정 정.
[풀이] 倚閭之望(의려지망).

倚老賣老 (의로매로)★

[뜻음] 기댈 의, 늙을 로, 팔 매.
[풀이] 늙음에 기대어 늙음을 판다. 손위임을 믿고 남을 얕보거나 젊은 사람을 억누름. 늙음을 내세워 뽐냄.

義理之學 (의리지학)★★★

[뜻음] 옳을 의, 이치 리, 갈 지, 배울 학.
[풀이] 宋學(송학)을 이름. 經書(경서)의 해석에 拘碍(구애)되지 않고 오로지 聖人(성인)의 도리를 연구하는 학문. 理學(이학). 性理學(성리학).

衣履弊穿 (의리폐천)★

[뜻음] 옷 의, 신 리, 해질 폐, 뚫을 천.
[풀이] 옷은 해어지고 신에는 구멍이 남. 천하고 가난한 차림. 출전 莊子(장자).

疑隣人之言 (의린인지언)★

[뜻음] 의심할 의, 이웃 인, 사람 인, 갈 지, 말씀 언.
[풀이] 이웃 사람의 말을 의심한다. 같은 일이라도 가족이 말하면 선의적으로, 남이 말하면 악의적으로 해석하는 경우가 많음을 이르는 말. 송나라에 한 부자가 있었다. 비가 와서 흙 담장이 무너지자 아들이 "당장 고쳐놓지 않으면 도둑이 든다"고 말했다. 과연 그날 밤에 도둑이 들어와 많은 물건을 훔쳐 갔다. 그러자 부자는 아들에게는 옳은 말을 했다고 칭찬했으나 이웃 사람에 대해서는 '저놈이 범인일 것'이라고 의심했다는 옛일에서 온 말.

意馬心猿 (의마심원)★

[뜻음] 뜻 의, 말 마, 마음 심, 원숭이 원.
[풀이] 마음은 원숭이 같고 뜻은 말과 같다. 변덕이 죽 끓듯 하거나 안절부절못하는 것. '心猿意馬(심원의마)'를 보시오.

倚馬之才 (의마지재)★

[뜻음] 기댈 의, 말 마, 갈 지, 재주 재.
[풀이] 倚馬七紙(의마칠지).

倚馬七紙 (의마칠지)★

[뜻음] 기댈 의, 말 마, 일곱 칠, 종이 지.
[풀이] 袁虎(원호)가 말에 기대어 즉시 일곱 장에 걸친 長文(장문)을

草(초)한 고사. 文才(문재)가 뛰어나서 글을 빠르게 잘 지음. 倚馬可待(의마가대). 출전 世說新語(세설신어).

疑謨勿成 (의모물성)★

[뜻음] 의심할 의, 꾀할 모, 없을 물, 이룰 성.
[풀이] 조금이라도 의심스러운 일은 이루어지지 않으므로 하지 말아야 함. 곧 모든 일은 계획을 잘 세운 뒤에 행하라는 뜻.

倚門賣笑 (의문매소)★

[뜻음] 기댈 의, 문 문, 팔 매, 웃을 소.
[풀이] 문에 기대어 웃음을 판다. 돈을 받고 아무 남자에게나 몸을 파는 여자가 손님을 찾음. 출전 戰國策(전국책).

依門倚閭 (의문의려)★

[뜻음] 의지할 의, 문 문, 이문 려.
[풀이] 倚閭之望(의려지망).

依門而望 (의문이망)★

[뜻음] 의지할 의, 문 문, 말 이을 이, 바랄 망.
[풀이] 倚閭之望(의려지망).

意味深長 (의미심장)★

[뜻음] 뜻 의, 맛 미, 깊을 심, 길 장.
[풀이] 말이나 글의 뜻이 매우 깊음. 출전 論語(논어) 序說(서설).

義方之訓 (의방지훈)★

[뜻음] 옳을 의, 모 방, 갈 지, 가르칠 훈.
[풀이] 아버지가 아들에게 하는 교훈. 집안에서 덕의에 알맞은 교훈을 하는 일. 출전 左傳(좌전) 隱公二年(은공이년).

蟻封穴雨 (의봉혈우)★

[뜻음] 개미 의, 막을 봉, 구멍 혈, 비 우.
[풀이] 개미는 능히 비가 올 것을 예측하므로 개미가 구멍을 막을 때는 비가 올 징조임.

義不取容 (의불취용)★

[뜻음] 옳을 의, 아닐 불, 취할 취, 담을 용.
[풀이] 道義(도의)를 위해서는 반드시 남에게 包容(포용)되기를 바라지는 않음. 출전 史記(사기).

疑事無功 (의사무공)★

[뜻음] 의심할 의, 일 사, 없을 무, 공 공.
[풀이] 의심을 품는 일을 하여서는 성공하는 일이 없음. 의심하여 일을 하면 되는 일이 없음. 출전 史記(사기) 趙世家(조세가).

衣裳之會 (의상지회)★

[뜻음] 옷 의, 치마 상, 갈 지, 모일 회.
[풀이] 平和(평화)의 會合(회합). 출전 春秋穀梁傳(춘추곡량전).

義小爲之卽小有福 (의소위지즉소유복)★

[뜻음] 옳을 의, 작을 소, 할 위, 갈 지, 곧 즉, 있을 유, 복 복.
[풀이] 의를 작게 행하면 곧 작은 복을 얻고, 크게 행하면 큰 복을 얻음. 출전 呂氏春秋(여씨춘추).

衣繡夜行 (의수야행)★

[뜻음] 옷 의, 비단 수, 밤 야, 갈 행.
[풀이] 衣錦夜行(의금야행). 출전 史記(사기).

衣繡晝行 (의수주행)★

[뜻음] 옷 의, 비단 수, 낮 주, 갈 행.
[풀이] 수놓은 비단옷을 입고 대낮에 걷는다. 부귀한 몸이 되어 고향으로 돌아감.

疑是銀河落九天 (의시은하낙구천)★

[뜻음] 의심할 의, 옳을 시, 은 은, 강 하, 떨어질 낙, 아홉 구, 하늘 천.
[풀이] 千仞絶壁(천인절벽)에서 떨어지는 폭포를 보고, 銀河水(은하수)가 구만 리 장천에서 떨어지는 것이 아닌가 하고 의심한다는 詩句(시구). 출전 이백의 여산폭포 시.

衣食於奔走 (의식어분주)★

[뜻음] 옷 의, 먹을 식, 어조사 어, 달릴 분, 달릴 주.
[풀이] 糊口(호구)하기 위하여 奔走(분주)하게 돌아다님. 糊口(호구): 입에 풀칠함.

衣食者民之本 (의식자민지본)★

[뜻음] 옷 의, 먹을 식, 놈 자, 백성 민, 갈 지, 근본 본.
[풀이] 衣(의)와 食(식)은 인민의 근본임. 출전 鹽鐵論(염철론).

衣食爲本 (의식위본)★

[뜻음] 옷 의, 먹을 식, 할 위, 근본 본.
[풀이] 백성은 의식으로써 근본을 삼음.

衣食足知榮辱 (의식족지영욕)★

[뜻음] 옷 의, 먹을 식, 족할 족, 알 지, 영화 영, 욕될 욕.
[풀이] 의식이 넉넉해야 영예와 치욕을 안다. 사람은 생활이 足(족)하여야만 비로소 名譽(명예)와 恥辱(치욕)을 알아 몸을 닦고 德(덕)을 기르게 됨. 衣食足則知榮辱(의식족즉지영욕). 출전 管子(관자).

衣食足而知禮節 (의식족이지예절)★

[뜻음] 옷 의, 먹을 식, 족할 족, 말 이을 이, 알 지, 예도 예, 마디 절.
[풀이] 입는 것, 먹는 것이 넉넉해야 예절을 안다. 사람은 생활이 윤택해야 예절과 체면을 차릴 수 있다는 말.

疑心生暗鬼 (의심생암귀)★★★

[뜻음] 의심할 의, 마음 심, 날 생, 어두울 암, 귀신 귀.
[풀이] 의심이 암귀를 낳는다. 마음에 의심하는 바가 있으면 種種(종종)의 무서운 妄想(망상)이 생김.

'暗鬼(암귀)'는 어둠을 지배하는 귀신이다. 여기서는 사람의 마음을 어둡게 만드는 魔鬼(마귀)란 뜻이다. 즉 의심을 하면 마음도 따라 어두워진다는 것이다.
≪列子(열자)≫ 說符篇(설부편)에 이러한 이야기가 있다. 어느 사람이 도끼를 잃어버렸다. 혹시 이웃집 아들이 훔쳐 간 것이 아닌가 하고 그를 유심히 살펴보았다. 그의 걸음걸이를 보아도 도끼를 훔칠 그런 인간으로 보였고, 그

의 얼굴색을 보아도 어딘가 그런 것만 같고, 그의 말하는
것을 보아도 역시 수상한 데가 있었다. 그의 동작이며 태
도며 어느 것 하나 도둑놈처럼 안 보이는 것이 없었다.
　그러다가 며칠 후 우연히 골짜기를 파다가 잃어 버렸
던 도끼를 발견하게 되었다. 거기다 빠뜨리고 온 것이다.
그 뒤 다시 그 이웃 집 아들을 보자 그의 모든 동작과 태
도가 어느 모로나 도끼를 훔칠 그런 사람으로는 보이지
않았다는 것이다.

醫藥卜筮 (의약복서)★

[뜻음] 치료할 의, 약 약, 점 복, 점칠 서.
[풀이] 醫術(의술)과 占術(점술).

依樣畵葫蘆 (의양화호로)★

[뜻음] 의지할 의, 모양 양, 그림 화, 오랑캐 호, 호리병 로.
[풀이] 옛날 사람의 그림 양식에 따라 호리병을 그리다. 곧 옛 사람을
모방만 하고 창의성이 없음.

倚玉之榮 (의옥지영)★

[뜻음] 의지할 의, 옥 옥, 갈 지, 꽃 영.
[풀이] 婚姻(혼인)을 맺음을 이름.

意外之變 (의외지변)★

[뜻음] 뜻 의, 밖 외, 갈 지, 변할 변.
[풀이] 뜻밖에 일어난 變故(변고). 생각하지 못했던 변고.

意外之事 (의외지사)★

[뜻음] 뜻 의, 밖 외, 갈 지, 일 사.
[풀이] 생각지 않은 일. 의외의 일.

薏苡明珠 (의이명주)★

[뜻음] 율무 의, 질경이 이, 밝을 명, 구슬 주.
[풀이] '薏苡之謗(의이지방)'을 보시오.

薏苡之謗 (의이지방)★★★

[뜻음] 율무 의, 질경이 이, 갈 지, 헐뜯을 방.
[풀이] 얼토당토않은 욕. 전혀 가당치 않은 욕. 터무니없는 혐의를 받
음의 비유. 받지 않은 뇌물을 받았다고 비난받음의 비유. 後漢(후한)
을 세운 光武帝(광무제)의 공신인 복파장군 馬援(마원)이 交趾(교지:
북부 베트남)를 정벌했을 때 그곳의 율무, 즉 의이를 먹어보니 맛도
약효도 좋았다. 그래서 귀국할 때 씨앗용으로 한 마차 싣고 왔다. 그
러나 마원이 죽자 '그가 가져온 것은 율무가 아니라 약탈한 금은보
화'라고 헐뜯는 사람이 있었다. 이에 진노한 광무제는 당장 그 비방
자를 잡아 극형에 처했다는 옛일에서 온 말. 薏苡之讒(의이지참).

薏苡之讒 (의이지참)★

[뜻음] 율무 의, 질경이 이, 갈 지, 참소할 참.
[풀이] 뜻밖의 참소. 後漢(후한)의 馬援(마원)이 交趾(교지)에서 돌아
올 대 율무를 이식하려고 수레에 싣고 온 것을 어떤 사람이 남토의
진귀한 明珠(명주)를 싣고 돌아왔다고 讒訴(참소)한 고사에서 나온
말. 薏苡之謗(의이지방).

疑者闕之 (의자궐지)★

[뜻음] 의심할 의, 놈 자, 빠뜨릴 궐, 이 지.
[풀이] 의심나는 것은 빼어 버려라. 의심스러운 일은 억지로 자세히
캘 필요가 없음을 이름.

醫者意也 (의자의야)★★★

[뜻음] 의원 의, 놈 자, 뜻 의, 어조사 야.
[풀이] 의술의 깊은 진리는 마음으로 스스로 깨닫는 것이지 말로는
표현할 수 없음.

意匠慘憺 (의장참담)★

[뜻음] 뜻 의, 장인 장, 참담할 참, 편안할 담.
[풀이] 의장에 고심하여 참담함. 繪畵(회화), 詩文(시문) 등 製作(제
작)에 있어 그 着想(착상)에 골몰하여 무척 애씀. 어떤 일을 고안하는
데 매우 苦心(고심)함을 이름. 출전 杜甫(두보)의 글.

意在言外 (의재언외)★

[뜻음] 뜻 의, 있을 재, 말씀 언, 바깥 외.
[풀이] 뜻이 말 밖에 있음. 문학의 내용을 이루는 의미가 직접 표현된
언어의 개념과는 다른 방면에 있는 것.

蟻制鯨 (의제경)★

[뜻음] 개미 의, 다룰 제, 고래 경.
[풀이] 개미는 작은 벌레이나 능히 고래를 制御(제어)함. 고래는 크나
물을 잃으면 그 기운을 못 쓰기 때문. 출전 韓詩外傳(한시외전).

意中之人 (의중지인)★

[뜻음] 뜻 의, 가운데 중, 갈 지, 사람 인.
[풀이] 마음속에 새겨져 잊을 수 없는 사람. 마음속으로 指目(지목)
한 사람.

疑則勿用用則勿疑 (의즉물용용즉물의)★

[뜻음] 의심할 의, 곧 즉, 말 물, 쓸 용.
[풀이] 의심스러우면 쓰지 말고 일단 쓰면 의심하지 말라는 말. 任賢
勿貳(임현물이)와 유사함. 출전 通俗編(통속편).

衣至骭 (의지한)★

[뜻음] 옷 의, 이를 지, 정강이뼈 한.
[풀이] 옷이 짧아서 겨우 정강이까지 내려온다. 검소함. 無(무)를 崇
尙(숭상)함.

意必固我 (의필고아)★

[뜻음] 뜻 의, 반드시 필, 굳을 고, 나 아.
[풀이] 私意(사의), 期必(기필), 固執(고집), 自我(자아). 성인의 마음
은 밝고 맑아서 이 네 가지가 전혀 없음. 출전 論語(논어) 子罕篇(자
한편).

宜兄宜弟 (의형의제)★

[뜻음] 두터울 의, 맏 형, 아우 제.
[풀이] 형제간에 우애가 깊음.

離間骨肉 (이간골육)★

[뜻음] 떼어낼 리, 사이 간, 뼈 골, 고기 육.

[풀이] 부자 형제의 사이를 이간질함. 출전 晉書(진서) 王豹傳(왕표전).

異居同財 (이거동재)★

[뜻음] 다를 이, 살 거, 같을 동, 재물 재.
[풀이] 집은 달리하여 살지만 같은 재산으로 생활한다. 형제는 한 몸이므로 同居同財(동거동재)를 원칙으로 하나, 같이 살면 부모를 섬기기 어려우므로 형제는 사는 집을 달리하고 재산만은 공동으로 쓴다는 말.

以桀攻桀 (이걸공걸)★

[뜻음] 써 이, 홰 걸, 공격할 공.
[풀이] 걸이 걸을 공격함. 부정한 자가 부정한 자를 따지고 공격함. 桀(걸)은 夏(하)나라를 패망케 했다는 暴君(폭군). 출전 漢書(한서).

以桀詐堯 (이걸사요)★

[뜻음] 써 이, 걸왕 걸, 속일 사, 요임금 요.
[풀이] 걸왕 같은 폭군이 요임금을 속임. 불가능한 일을 비유함. 桀(걸)은 夏(하)나라를 패망케 한 暴君(폭군). 출전 漢書(한서).

以鎌遮眼 (이겸차안)★

[뜻음] 써 이, 낫 겸, 막을 차, 눈 안.
[풀이] 낫으로 눈 가리기. 어리석은 방법으로 잘못을 숨기려 함의 비유.

以古爲鑑 (이고위감)★

[뜻음] 써 이, 옛 고, 할 위, 거울 감.
[풀이] 옛일을 거울로 삼음. 출전 唐書(당서).

異曲同工 (이곡동공)★

[뜻음] 다를 이, 곡조 곡, 한가지 동, 장인 공.
[풀이] 연주곡은 다르나 그 교묘함은 같다. 方法(방법)은 다르나 結果(결과)는 같음.

以功報功 (이공보공)★

[뜻음] 써 이, 공 공, 갚을 보.
[풀이] 남의 恩功(은공)은 은공으로써 갚음.

伊霍之事 (이곽지사)★

[뜻음] 저 이, 갑자기 곽, 갈 지, 일 사.
[풀이] 伊尹(이윤)과 霍光(곽광)의 故事(고사). 殷(은)나라의 名相(명상) 이윤이 임금인 太甲(태갑: 은나라 창시자 탕임금의 손자)을 桐宮(동궁)으로 내쫓아 惡行(악행)을 고치게 하고는 다시 부른 일과, 前漢(전한)의 곽광이 昌邑王(창읍왕) 賀(하)를 廢(폐)하고 孝宣帝(효선제)를 迎立(영립)한 고사. 뜻이 옮겨져 황제나 왕을 廢立(폐립)했다가 바르게 고친 후 다시 옹립하는 일. 출전 晉書(진서).

以管窺天 (이관궁천)★

[뜻음] 써 이, 대롱 관, 다할 궁, 하늘 천.
[풀이] 以管窺天(이관규천).

以管窺天 (이관규천)★★★

[뜻음] 써 이, 대롱 관, 엿볼 규, 하늘 천.
[풀이] 대롱 구멍으로 하늘을 본다. 좁은 소견으로 세상을 봄. 비슷한 말로 井底之蛙(정저지와), 坐井觀天(좌정관천) 등이 있음.

以寬服民 (이관복민)★★

[뜻음] 써 이, 너그러울 관, 따를 복, 백성 민.
[풀이] 寬大(관대)한 태도로써 백성을 따르게 함. 출전 春秋左氏傳(춘추좌씨전).

圯橋取履 (이교취리)★

[뜻음] 흙다리 이, 다리 교, 가질 취, 신 리.
[풀이] 韓(한)나라 유방의 謀士(모사) 張良(장량: 장자방)이 圯橋(이교)에서 黃石公(황석공)이 다리 밑에 떨어뜨린 신을 주어다가 그에게 신게 하고 兵書(병서)를 받은 故事(고사)를 일컬음.

異口同聲 (이구동성)★★

[뜻음] 다를 리, 입 구, 같을 동, 소리 성.
[풀이] 여러 사람의 하는 말이 한결같고 일치함. 異口同音(이구동음).

異口同音 (이구동음)★

[뜻음] 다를 이, 입 구, 한가지 동, 소리 음.
[풀이] 여러 사람이 다 같은 소리를 함. 여러 사람의 말이 一致(일치)함.

異國情調 (이국정조)★

[뜻음] 다를 이, 나라 국, 뜻 정, 고를 조.
[풀이] 자기 나라와 다른 風景(풍경)이나 情趣(정취).

利國便民 (이국편민)★

[뜻음] 이로울 이, 나라 국, 편안할 편, 백성 민.
[풀이] 나라를 이롭게 하고 백성을 편안하게 함.

離羣索居 (이군삭거)★

[뜻음] 떨어질 리, 무리 군, 삭막할 삭, 살 거.
[풀이] 同僚(동료)들과 떨어져 홀로 쓸쓸하게 지냄. 離羣索居(이군색거). 출전 禮記(예기) 檀弓篇(단궁편).

離群絶俗 (이군절속)★

[뜻음] 떼놓을 리, 무리 군, 끊을 절, 풍속 속.
[풀이] 俗世(속세)와 因緣(인연)을 끊고 홀로 살아감.

二簋可用享 (이궤가용향)★

[뜻음] 두 이, 제사이름 궤, 옳을 가, 쓸 용, 제사 지낼 향.
[풀이] 진심으로 존경하는 마음이 있다면, 두 개의 祭器(제기)에 담을 정도의 보잘것없는 것이라도, 神(신)에게 바치는 데 충분함. 출전 易經(역경) 損卦(손괘).

耳根圓通 (이근원통)★

[뜻음] 귀 이, 뿌리 근, 둥글 원, 통할 통.
[풀이] 이근으로 원통한다. 소리, 청각에 집중하여 眞理(진리)를 體得(체득)하는 수행법.

二氣感應 (이기감응)★

[뜻음] 두 이, 기운 기, 느낄 감, 응할 응.
[풀이] 陰陽(음양)의 두 기가 감응함.

易其言無責 (이기언무책)★★★

[뜻음] 쉬울 이, 그 기, 말씀 언, 없을 무, 꾸짖을 책.
[풀이] 말을 쉽게 하는 사람은 책임감이 없다는 뜻. 또 쉬운 대답은 믿지 말라는 뜻으로도 쓰임.

   ≪孟子(맹자)≫ 離婁(이루) 上(상)에 있는 맹자의 말이다. "사람이 그 말을 쉽게 하는 것은 責(책)이 없기 때문이다." 여기에서 말한 책은 罪責(죄책)이니 責罰(책벌)이니 하는 뜻이라고 풀이한다. 쉽게 말하면, 말을 함부로 하는 것은 뜨거운 꼴을 당해 보지 못한 때문이라는 말이다.

以羈而御駻突 (이기이어한돌)★★

[뜻음] 써 이, 재갈 기, 말 이을 이, 길들일 어, 사나운 말 한, 갑자기 돌.
[풀이] 고삐 하나만으로 사나운 말을 다룸. 가벼운 방법으로 獰惡(영악)한 사람이나 타락한 時俗(시속)을 制御(제어)함.

利己主義 (이기주의)

[뜻음] 이로울 이, 몸 기, 주인 주, 뜻 의.
[풀이] 자기의 幸福(행복)만을 꾀함을 행위의 목적으로 하는 주의.

二氣合一 (이기합일)★★★

[뜻음] 두 이, 기운 기, 합할 합, 한 일.
[풀이] 明(명)나라 王陽明(왕양명)의 설로서, 朱子學(주자학)에서는 理(이)와 氣(기)를 구별하여 논했는데, 양명은 천지는 원래가 한 元氣(원기)로서, 理(이)는 氣(기) 속의 條理(조리)라고 주장했으니 이를 이기합일이라고 함. 출전 傳習錄(전습록).

以短攻短 (이단공단)★

[뜻음] 써 이, 짧을 단, 칠 공.
[풀이] 자기의 결점을 돌아보지 않고 남의 잘못을 비난함. 출전 菜根談(채근담).

異端之道 (이단지도)★

[뜻음] 다를 리, 끝 단, 갈 지, 길 도.
[풀이] 異端(이단)의 길. 이단은 잘못 가는 옳지 않은 道(도)를 이름.

異代同調 (이대동조)★

[뜻음] 다를 이, 시대 대, 같을 동, 가락 조.
[풀이] 시대는 다르나 가락은 한 가지. 예나 지금이나 인간 세상의 일이란 다를 바가 없다는 말.

以德報怨 (이덕보원)★

[뜻음] 써 이, 덕 덕, 갚을 보, 원망할 원.
[풀이] 怨恨(원한)이 있는 자에게 도리어 恩德(은덕)으로 갚음. 출전 論語(논어) 憲問篇(헌문편).

二桃殺三士 (이도살삼사)★★★

[뜻음] 두 이, 복숭아 도, 죽일 살, 석 삼, 선비 사.
[풀이] 복숭아 두 개로 세 협객을 죽이다.

   ≪晏子春秋(안자춘추)≫에 나오는 이야기를 옮기면 다음과 같다.

   중국 齊(제)나라 景公(경공)이 田開彊(전개강), 古冶子(고야자), 公孫捷(공손첩) 등 용맹스러운 세 선비를 두었지만 이들은 나라에 공이 있어 높은 지위에 오르고 교만하기 짝이 없자 晏子(안자: 안영)가 꾀를 써서 그들을 제거하려고 말하되,

   "외국에서 복숭아 세 개(萬壽金桃만수금도)를 보내온 고로 짐이 하나를 먹으니 맛이 아주 좋아 경들에게 주려 하오. 그런데 두 개뿐이니 공이 큰 사람이 드시오."

   전개강은 사냥 때에 호랑이와 이리로부터 대왕을 구해 준 것을 큰 공으로 믿고 복숭아 하나를 먹었다. 고야자는 동해에서 蛟龍(교룡)으로부터 대왕의 목숨을 구해 준 것을 큰 공으로 믿고 나머지 복숭아를 먹었다. 공손첩은 초군 백만 명을 물리치고 대왕을 구한 것을 큰 공으로 믿었으나 복숭아를 얻지 못함을 부끄러이 여겨 스스로 목을 찔러 죽었다. 복숭아를 먹은 두 사람도 부끄러이 여겨 따라 죽었다. 모두 晏嬰(안영)의 計巧(계교)였다.

   그런데 이 사건이 더욱 유명하게 된 것은 諸葛亮(제갈량)이 이들 세 사람의 무덤이 있는 蕩陰里(탕음리)를 지나다가 읊었다는 [梁甫吟(양보음)] 때문이라고 볼 수 있다.

   걸어서 제나라 동문을 나가
   멀리 탕음리를 바라보니
   마을 가운데 세 무덤이 있는데
   나란히 겹쳐 서로 꼭 같다.
   이것이 누구 집 무덤이냐고 물었더니
   전강과 고야자라고 한다.
   힘은 능히 남산을 밀어내고
   문은 능히 지기를 끊는다.
   하루아침에 음모를 만나
   두 복숭아로 세 장사를 죽였다.
   누가 능히 이 짓을 했는가
   相國(상국)인 제나라 안자였다.

   二桃殺三士(이도살삼사)는 奇計(기계)로써 사람을 自殺(자살)하게 하는 일을 나타낸다.

泥道軒冕 (이도헌면)★

[뜻음] 진흙 이, 길 도, 장부 헌, 면류관 면.
[풀이] 高位高官(고위고관)을 진흙처럼 하찮게 여김. 泥塗軒冕(니도헌면).

以毒制毒 (이독제독)★

[뜻음] 써 이, 독 독, 마를 제.
[풀이] 독으로써 독을 제어한다. 惡(악)을 물리치는 데 다른 惡(악)을

이용함.

李杜韓柳 (이두한류)★

[뜻음] 오얏 이, 팥배나무 두, 나라이름 한, 버들 류.
[풀이] 중국 唐(당)나라의 李白(이백)과 杜甫(두보)와 韓愈(한유)와 柳宗元(유종원). 시와 문에 뛰어난 사람.

李杜韓白 (이두한백)★

[뜻음] 오얏 이, 팥배나무 두, 나라이름 한, 흰 백.
[풀이] 중국 唐(당)나라의 李白(이백)과 杜甫(두보)와 韓愈(한유)와 白居易(백거이).

以卵擊石 (이란격석)★★★

[뜻음] 써 이, 알 란, 칠 격, 돌 석.
[풀이] 계란으로 바위 치기. 지극히 약한 것으로 지극히 강한 것을 치면 반드시 실패함을 이름. 출전 荀子(순자).

以卵投石 (이란투석)★

[뜻음] 써 이, 알 란, 던질 투, 돌 석.
[풀이] 계란으로 바위 치기. 以卵擊石(이란격석).

以蠡測海 (이려측해)★

[뜻음] 써 이, 표주박 려, 헤아릴 측, 바다 해.
[풀이] 달팽이나 소라 껍데기 따위로 바닷물을 재려 한다. 표주박으로 바다를 잰다. 옅은 識見(식견)으로 深奧(심오)한 理致(이치)를 헤아림.

以力服人 (이력복인)★

[뜻음] 써 이, 힘 력, 복종할 복, 사람 인.
[풀이] 威力(위력)으로써 사람을 服從(복종)시킴.

利令智昏 (이령지혼)★

[뜻음] 이로울 이, 하여금 령, 지혜 지, 어두울 혼.
[풀이] 이익은 지혜를 어둡게 만든다. 이익만 찾으면 人智(인지)가 어두워진다는 말. 출전 史記(사기).

異路同歸 (이로동귀)★

[뜻음] 다를 이, 길 로, 같을 동, 돌아갈 귀.
[풀이] 가는 길은 같지 아니하나 歸着(귀착)하는 곳은 같음. 방법은 다르나 그 結果(결과)는 같음. 출전 淮南子(회남자).

驪龍之珠 (이룡지주)★

[뜻음] 검을 이, 용 룡, 갈 지, 구슬 주.
[풀이] 귀중한 구슬. 이것을 얻으려면 극히 위험하므로 위험을 무릅쓰고 큰 이득을 얻는 것에 비유해서 쓰는 말. 驪(여, 이)는 黑色(흑색)의 뜻. 출전 莊子(장자) 列禦寇篇(열어구편).

李陵之禍 (이릉지화)★

[뜻음] 오얏 이, 언덕 릉, 갈 지, 불행 화.
[풀이] 중국 漢(한)나라 武帝(무제) 때 匈奴(흉노)를 정벌하러 간 장수 이릉이 흉노를 맞아 싸우다가 衆寡不敵(중과부적)으로 패하고 降服(항복)했을 때 司馬遷(사마천)이 이릉을 변호했다가 宮刑(궁형)에 처해진 일. 궁형을 당하고 ≪史記(사기)≫를 執筆(집필)함.

以隣爲壑 (이린위학)★

[뜻음] 써 이, 이웃 인, 할 위, 구덩이 학.
[풀이] 이웃나라를 물구덩이로 만든다. 재앙을 남에게 전가하다. 남의 사정은 돌보지 않고 자신의 이익만 챙기는 태도.

而立之年 (이립지년)★

[뜻음] 말 이을 이, 설 입, 갈 지, 해 년.
[풀이] 이립은 서른 살. 孔子(공자)가 나이 서른에 비로소 어떤 일에도 흔들리지 않는 신념이 서게 되었다는 말. 나이를 나타내는 말에 대해서는 '不惑(불혹)'을 보시오. 출전 論語(논어) 爲政篇(위정편).

夷蠻戎狄 (이만융적)★

[뜻음] 오랑캐 이, 오랑캐 만, 되 융, 오랑캐 적.
[풀이] 사방의 모든 오랑캐. 사방의 야만국. 출전 禮記(예기).

螭魅魍魎 (이매망량)★

[뜻음] 교룡 리, 도깨비 매, 도깨비 망, 도깨비 량.
[풀이] 魑魅魍魎(이매망량).

魑魅魍魎 (이매망량)★

[뜻음] 도깨비 리, 도깨비 매, 도깨비 망, 도깨비 량.
[풀이] 이매는 산도깨비, 망량은 물 도깨비. 온갖 도깨비. 山川(산천)이나 木石(목석)의 精靈(정령)에서 생겨난다는 온갖 도깨비. 어처구니없이 虛無孟浪(허무맹랑)한 사람들. 출전 春秋左氏傳(춘추좌씨전).

裏面不汗黨 (이면불한당)★

[뜻음] 속 이, 낯 면, 아닐 불, 땀 한, 무리 당.
[풀이] 사리를 멀쩡히 알면서도 나쁜 짓을 하는 사람.

里名勝母曾子不入 (이명승모증자불입)★

[뜻음] 마을 리, 이름 명, 이길 승, 어미 모, 더할 증, 아들 자, 아닐 불, 들 입.
[풀이] 어머니를 이긴다는 뜻을 지닌 마을 이름 때문에 효자인 증자는 그 승모라는 마을에 들어가지 않음.

以毛相馬 (이모상마)★

[뜻음] 써 이, 털 모, 서로 상, 말 마.
[풀이] 털빛으로 말을 判斷(판단)한다. 겉만 보고 事物(사물)을 판단하는 잘못. 출전 鹽鐵論(염철론).

耳目口鼻 (이목구비)★★★

[뜻음] 귀 이, 눈 목, 입 구, 코 비.
[풀이] 귀 눈 입 코를 아울러 이르는 말.

移木之信 (이목지신)★★★

[뜻음] 옮길 이, 나무 목, 갈 지, 믿을 신.
[풀이] 나무를 옮기게 하는 믿음.

≪史記(사기)≫ 商君傳(상군전)에 나오는 이야기이다.
秦(진)나라 孝公(효공) 때 商鞅(상앙: ?∼B.C.338)이란 명재상이 있었다. 그는 衛(위)나라의 公族(공족) 출신으로 법률에 밝았는데 특히 법치주의를 바탕으로 한 富國强兵

策(부국강병책)을 펴 천하 통일의 기틀을 마련한 정치가로 유명했다.

한번은 상앙이 법률을 제정해 놓고도 즉시 공표하지 않았다. 백성들이 믿어 줄지 그것이 의문이었기 때문이다. 그래서 상앙은 한 가지 계책을 내어 남문에 길이 3장(三丈)에 이르는 나무를 세워 놓고 이렇게 써 붙였다.

"이 나무를 북문으로 옮겨 놓는 사람에게는 十金(십금)을 주리라"

그러나 아무도 옮기려 하는 사람이 없었다. 그래서 五十金(오십 금)을 주겠다고 써 붙였더니 이번에는 옮기는 사람이 있었다. 상앙은 약속대로 오십 금을 주었다. 그리고 법령을 공표하자 백성들은 조정을 믿고 법을 잘 지켰다.

[참고] 상앙(?~B.C.338): 戰國時代(전국시대), 秦(진)나라의 명재상. 諸子百家(제자백가)의 한 사람. 별명은 公孫鞅(공손앙). 商君(상군). 衛(위)나라의 公族(공족) 출신. 일찍이 刑名學(형명학)을 공부하고 진나라 孝公(효공)을 섬김. 法治主義(법치주의)에 입각한 富國强兵策(부국강병책)을 단행하여 진나라의 國勢(국세)를 신장시킴. 효공이 죽자 그간 반감이 쌓인 귀족들의 讒訴(참소)로 사형당함.

耳目之慾 (이목지욕)★

[뜻음] 귀 이, 눈 목, 갈 지, 하고자 할 욕.
[풀이] 귀로 듣고 눈으로 봄으로써 생기는 물욕. 온갖 종류의 욕망. 감각적 욕망.

耳目聰明 (이목총명)★

[뜻음] 귀 이, 눈 목, 귀 밝을 총, 밝을 명.
[풀이] 귀와 눈이 유난히 총명함.

以文會友 (이문회우)★★★

[뜻음] 써 이, 글월 문, 모일 회, 벗 우.
[풀이] 學問(학문)으로써 친구를 모음. 또는 학문을 연구하기 위하여 벗을 모음. 출전 論語(논어) 顏淵篇(안연편).

以微知明 (이미지명)★

[뜻음] 써 이, 작을 미, 알 지, 밝을 명.
[풀이] ① 작은 일을 통하여 커다란 진리를 터득함. ② 작은 일을 궁구하여 그것으로 미루어 환히 알게 됨. ③ 시작을 보고 결과를 추측하여 앎. 출전 荀子(순자).

以民爲天 (이민위천)★

[뜻음] 써 이, 백성 민, 삼을 위, 하늘 천.
[풀이] 백성으로써 하늘을 삼는다. 백성을 하늘과 같이 섬김. 출전 史記(사기).

以辯飾知 (이변식지)★

[뜻음] 써 이, 말 잘할 변, 꾸밀 식, 알 지.
[풀이] 말재주로 知識(지식)을 꾸밈. 실력이 없는데도 재치 있는 말재주로써 모자라는 지식을 隱蔽(은폐)함. 출전 莊子(장자).

以不敎民戰是謂棄之 (이불교민전시위기지)★

[뜻음] 써 이, 아닐 불, 가르칠 교, 백성 민, 싸울 전, 이 시, 이를 위, 버릴 기, 이 지.
[풀이] 평상시부터 훈련하여 놓지 않은 백성을 싸우게 하는 것은 그 백성을 버려 죽이는 것과 같다는 뜻. 출전 論語(논어) 子路篇(자로편).

以不貪爲寶 (이불탐위보)★

[뜻음] 써 이, 아닐 불, 탐할 탐, 할 위, 보배 보.
[풀이] 탐욕하지 않는 것으로써 보배로 여김. 출전 左傳(좌전) 襄公十五年(양공십오년).

嫠不恤緯 (이불휼위)★★

[뜻음] 과부 리, 아닐 불, 구휼할 휼, 씨 위.
[풀이] 베틀에서 길쌈을 하는 寡婦(과부)는 씨가 모자라는 것을 걱정할 터임에도 불구하고 그 걱정은 하지 않고 周(주)나라가 망하지나 않을까 하고 걱정함은 곧 이내 禍(화)가 자신에게까지 미치지나 않을까 두려워하기 때문이므로, 대장부는 모름지기 자신을 잊고 憂國之士(우국지사)가 되어야 한다는 말. 출전 春秋左氏傳(춘추좌씨전).

二寺狗 (이사구)★

[뜻음] 두 이, 절 사, 개 구.
[풀이] 두 절의 개. 두 절에 속한 개가 양쪽 절로 분주하게 다니다가 어느 한 곳에서도 밥을 얻어먹지 못하므로 이러한 신세에 해당하는 일을 나타냄. 한 사람이 양쪽에 이름을 걸어 놓고 다니면 한 가지 일도 제대로 이루지 못함.

理事無碍 (이사무애)★

[뜻음] 다스릴 이, 일 사, 없을 무, 거리낄 애.
[풀이] 理(이)와 事(사)에 걸림이 없다. '理判事判(이판사판)'을 참조하시오.

履霜堅氷至 (이상견빙지)★

[뜻음] 밟을 이, 서리 상, 굳을 견, 얼음 빙, 이를 지.
[풀이] 서리를 밟게 되면 머지않아 단단한 얼음을 보게 된다는 말이다. 서리를 밟을 때가 되면 얼음이 얼 때도 곧 닥칠 것이라는 뜻. 禍害(화해)가 점점 깊어 감을 비유한 말. 어떤 일의 徵候(징후)가 보이면 멀지 않아 큰 일이 일어날 것이라는 譬喩(비유).

이 말은 ≪易經(역경)≫ 坤卦(곤괘) 初爻(초효)에 있는 爻辭(효사)이다. 坤(곤)은 땅을 뜻하고 陰(음)을 뜻한다. 음은 찬 것, 어두운 것을 뜻한다. 곤의 반대는 乾(건)이다. 건은 하늘이요, 陽(양)이다. 양은 더운 것, 밝은 것이다. 계절로는 가을과 겨울이 곤에 속하고, 봄과 여름이 건에 속한다.

그러므로 가을이 되어 서리를 밟게 되면, 차츰 날씨가 추워져 끝내는 천지만물이 다 얼어붙는 깊은 겨울이 오게 되는 것이다. 단풍잎 하나가 땅에 떨어지는 것을 보고 가을을 느껴 알듯, 인간은 첫서리를 밟는 순간 추운 겨울에 대비할 만반 준비를 갖추기 시작해야 한다는 뜻이다.

履霜之戒 (이상지계)★

[뜻음] 밟을 이, 서리 상, 갈 지, 경계할 계.
[풀이] 서리가 내리는 것은 얼음이 얼 徵兆(징조)이므로 징조를 보고 미리 禍亂(화란)을 防止(방지)하여야 한다는 경계. 履霜堅氷至(이상견빙지).

以鼠爲璞 (이서위박)★★★

[뜻음] 써 이, 쥐 서, 할 위, 옥돌 박.
[풀이] 쥐를 가지고 옥돌이라고 한다. 곧 쓸데없는 것을 보물처럼 귀하게 여겨 소중히 간직함의 비유. 未明(미명)에 사로잡혀 그 본질을 꿰뚫어 보지 못함의 비유. 周(주)나라 사람들은 햇볕에 말린 쥐를 '朴(박)'이라고 불렀다. 어느 날 주나라 사람이 저자에서 鄭(정)나라 사람에게 "박을 사지 않겠느냐"고 물었다. 정나라 사람은 아직 다듬지 않은 옥돌을 말하는 줄 알고 "박이면 어디 보자"고 했다. 주나라 사람이 품속에서 말린 쥐를 꺼내자 정나라 사람은 깜짝 놀라 달아나듯가 버리고 말았다는 옛 일에서 온 말. 출전 戰國策(전국책).

以石擊石 (이석격석)★

[뜻음] 써 이, 돌 석, 칠 격.
[풀이] 돌로 돌을 친다. 힘이 서로 엇비슷함의 비유.

利析秋毫 (이석추호)★

[뜻음] 이로울 이, 쪼갤 석, 가을 추, 터럭 호.
[풀이] 利(이)에는 추호(가을날의 새털)까지 쪼갠다. 이익 앞에서는 사소한 것까지 다 따짐을 이름. 출전 史記(사기).

二姓之合 (이성지합)★

[뜻음] 두 이, 성씨 성, 갈 지, 합할 합.
[풀이] 姓(성)이 다른 남자와 여자가 婚姻(혼인)하는 일.

二姓之好 (이성지호)★

[뜻음] 두 이, 성씨 성, 갈 지, 좋아할 호.
[풀이] 婚姻(혼인)함. 남편의 집과 아내의 집이 서로 화목함. 출전 禮記(예기).

理所固然 (이소고연)★

[뜻음] 다스릴 이, 바 소, 진실로 고, 그러할 연.
[풀이] 이치가 본디부터 그러함.

以小事大 (이소사대)★

[뜻음] 써 이, 작을 소, 섬길 사, 큰 대.
[풀이] 작은 것으로써 큰 것을 섬김. 事大(사대).

離疏釋蹻 (이소석교)★

[뜻음] 떼놓을 리, 트일 소, 풀 석, 짚신 교.
[풀이] 거친 식사를 중지하고 짚신을 벗어 버린다. 卑賤(비천)한 생활을 버리고 고상하게 삶. 출전 漢書(한서) 王褒傳(왕포전).

以小成大 (이소성대)★

[뜻음] 써 이, 작을 소, 이룰 성, 큰 대.
[풀이] 작은 일에서부터 시작하여 큰일을 이룸.

耳屬于垣 (이속우원)★

[뜻음] 귀 이, 엮을 속, 어조사 우, 담 원.
[풀이] 담에도 귀가 있다. 남이 듣지 않는 곳에서도 말을 삼가라는 말.

利鎖名韁 (이쇄명강)★★

[뜻음] 날카로울 리, 쇠사슬 쇄, 이름 명, 고삐 강.
[풀이] 名譽(명예)와 利益(이익)에 얽매어 신체의 자유가 없음.

以水投石 (이수투석)★

[뜻음] 써 이, 물 수, 던질 투, 돌 석.
[풀이] 돌에 물을 끼얹는다. 아무 효과가 없음.

泥首銜玉 (이수함옥)★

[뜻음] 진흙 이, 머리 수, 머금을 함, 옥 옥.
[풀이] 머리를 진흙에 대고 입에 구슬을 물다. 謝罪(사죄)하거나 降伏(항복)할 때의 모습. 출전 後漢書(후한서).

以升量石 (이승양석)★

[뜻음] 써 이, 되 승, 헤아릴 양, 섬 석.
[풀이] 되(升)로 섬(石) 되는 양을 센다. 어리석은 사람이 賢者(현자)의 마음을 헤아리기 불가능함. 출전 淮南子(회남자).

以食爲首 (이식위수)★

[뜻음] 써 이, 먹을 식, 삼을 위, 머리 수.
[풀이] 먹고사는 문제를 해결하는 것이 정치의 급선무임.

以食爲天 (이식위천)★★★

[뜻음] 써 이, 먹을 식, 삼을 위, 하늘 천.
[풀이] 먹는 것으로써 하늘을 삼는다. 백성이 살아가는 데 먹는 것이 가장 소중함을 이름. 食者民之本(식자민지본). 출전 史記(사기).

以臣伐君 (이신벌군)★

[뜻음] 써 이, 신하 신, 칠 벌, 임금 군.
[풀이] 신하된 자로서 군사를 일으켜 임금을 침.

以身殉利 (이신순리)★

[뜻음] 써 이, 몸 신, 따라 죽을 순, 이익 이.
[풀이] 이익을 위하여 목숨을 내던짐. 출전 莊子(장자).

頤神養性 (이신양성)★

[뜻음] 기를 이, 정신 신, 기를 양, 성품 성.
[풀이] 마음을 가다듬어 精神(정신)을 修養(수양)함.

以身役物 (이신역물)★

[뜻음] 써 이, 몸 신, 부릴 역, 만물 물.
[풀이] 몸이 물건에 부림을 당함. 物慾(물욕)에 사로잡혀 몸이 물건에 使役(사역)을 당함. 물욕에 마음이 움직여 그 욕망을 충족시키기 위해 몸을 일하게 한다는 말. 출전 淮南子(회남자).

以信爲本 (이신위본)★

[뜻음] 써 이, 믿을 신, 될 위, 밑 본.
[풀이] 신의를 근본으로 삼다. 어려운 처지에 놓여도 信義(신의)를 저버려서는 안 된다는 말. 출전 三國志(삼국지).

以實直告 (이실직고)★

[뜻음] 써 이, 열매 실, 곧을 직, 아뢸 고.
[풀이] 사실을 곧이곧대로 알림.

以心傳心 (이심전심)★★★

[뜻음] 써 이, 마음 심, 전할 전.
[풀이] 마음과 마음으로 서로 뜻이 통함. 문자나 언어 없이 남을 깨닫게 한다는 말.

　　원래 이 말은 불교의 法統(법통) 계승에 쓰여 온 말이다. ≪傳燈錄(전등록)≫은 宋(송)나라 沙門(사문) 道彦(도언)이 釋迦世尊(석가세존) 이래로 내려온 祖師(조사)들의 法脈(법맥)의 계통을 세우고 많은 法語(법어)들을 기록한 책으로, "부처님이 가신 뒤 법을 가섭에게 붙였는데, 마음으로써 마음에 전했다"고 나와 있다. 즉 석가세존께서 迦葉尊者(가섭존자)에게 불교의 진리를 전했는데 그것은 이심전심으로 행해졌다는 것이다.
　　이심전심을 한 장소는 靈山(영산) 집회였는데 이 집회에 대해 같은 송나라 사문 普濟(보제)가 지은 ≪五燈會元(오등회원)≫에는 다음과 같이 기록되어 있다.
　　어느 날 세존께서 영산에 제자들을 모아 놓고 설교를 했다. 그때 세존은 연꽃을 손에 들고 꽃을 비틀어 보였다.
　　제자들은 그 뜻을 알 수 없어 잠자코 있었는데 가섭존자만이 그 뜻을 깨닫고 활짝 미소를 지어 보였다. 그러자 세존은 이렇게 말했다.
　　"나는 正法眼藏(정법안장: 사람이 원래부터 지니고 있는 마음의 묘덕), 涅槃妙心(열반묘심: 번뇌와 미망을 벗어나 진리를 증득한 마음), 實相無相(실상무상: 생멸 계를 떠난 만유의 진상, 불변의 진리), 微妙法門(미묘법문: 진리를 아는 마음)을 글로 기록하지 않고 가르침 밖에 따로 전하는 것이 있다. 그것을 가섭존자에게 전한다."
　　글로 기록하지 않고, 가르침 밖에 따로 전하는 이것(敎外別傳교외별전)이 바로 이심전심인 것이다.

二十四氣 (이십사기)★★★

[뜻음] 두 이, 열 십, 넉 사, 기운 기.
[풀이] 二十四節氣(이십사절기). 십오일을 一氣(일기)로 하여 일 년을 二十四分(이십사분)한 칭호. 立春(입춘), 雨水(우수), 驚蟄(경칩), 春分(춘분), 淸明(청명), 穀雨(곡우), 立夏(입하), 小滿(소만), 芒種(망종), 夏至(하지), 小暑(소서), 大暑(대서), 立秋(입추), 處暑(처서), 白鷺(백로), 秋分(추분), 寒露(한로), 霜降(상강), 立冬(입동), 小雪(소설), 大雪(대설), 冬至(동지), 小寒(소한), 大寒(대한).

二十四番風 (이십사번풍)★

[뜻음] 두 이, 열 십, 넉 사, 차례 번, 바람 풍.
[풀이] 二十四番花信風(이십사번화신풍).

二十四番花信風 (이십사번화신풍)★★★

[뜻음] 두 이, 열 십, 넉 사, 차례 번, 꽃 화, 믿을 신, 바람 풍.
[풀이] 이십사절기 중, 小寒(소한)에서 穀雨(곡우)까지 부는 바람. 닷새만큼씩 새로운 바람이 부는데 그에 응해서 절기의 꽃이 차례로 핀다고 함.

二十四史 (이십사사)★★★

[뜻음] 두 이, 열 십, 넉 사, 역사 사.
[풀이] 二十二史(이십이사) 중의 唐書(당서)와 五代史(오대사)를 각각 新舊(신구) 두 種類(종류)로 나누어 일컫는 말. '二十二史(이십이사)'를 보시오.

二十四詩品 (이십사시품)★

[뜻음] 두 이, 열 십, 넉 사, 시 시, 품평할 품.
[풀이] 唐(당)나라의 司空圖(사공도)가 나눈, 詩(시)의 스물 네 品格(품격).

二十四節氣 (이십사절기)★

[뜻음] 두 이, 열 십, 넉 사, 마디 절, 기운 기.
[풀이] 태양의 황도(黃道) 상의 위치에 따라서 정한 음력의 절기. 평기(平氣)로는 오 일을 일후(一候), 삼후(三候)를 일기(一氣), 일 년을 이십사기(二十四氣)로 하며, 정기(定氣)로는 황도를 이십사 등분하여 각 등분점에 태양의 중심이 오는 시기를 가지고 이십사기라고 한다. 입춘, 우수, 경칩, 춘분, 청명, 곡우, 입하, 소만, 망종, 하지, 소서, 대서, 입추, 처서, 백로, 추분, 한로, 상강, 입동, 소설, 대설, 동지, 소한, 대한이다. 二十四氣(이십사기).

二十四節候 (이십사절후)★

[뜻음] 두 이, 열 십, 넉 사, 마디 절, 과녁 후.
[풀이] 二十四氣(이십사기).

二十二史 (이십이사)★

[뜻음] 두 이, 열 십, 역사 사.
[풀이] 중국 上代(상대)부터 明(명)나라까지의 二十二種(이십이종)의 史書(사서). 史記(사기 - 사마천), 漢書(한서 - 반고), 後漢書(후한서 - 범엽) 등의 三史(삼사)와 三國志(삼국지 - 진수), 晉書(진서 - 요사렴), 宋書(송서 - 심약), 南齊書(남제서 - 소자현), 梁書(양서 - 요사렴), 陳書(진서 - 요사렴), 後魏書(후위서 - 위수), 北齊書(북제서 - 이백약), 周書(주서 - 영호덕분), 隋書(수서 - 위징), 南史(남사 - 이연수), 北史(북사 - 이연수), 唐書(당서 - 구양수), 五代史(오대사 - 구양수) 이상 十七史(십칠사)와 遼史(요사 - 탁극탁), 金史(금사 - 탁극탁), 宋史(송사 - 탁극탁), 元史(원사 - 송염) 이상 二十一史(이십일사)와 明史(명사 - 장정옥)의 총 二十二史(이십이사).

二十八宿 (이십팔수)★★★

[뜻음] 두 이, 열 십, 여덟 팔, 별자리 수.
[풀이] 天文學(천문학)에서 하늘의 별자리를 28자리로 나눈 것. 이른바 28수. 銀河列宿(은하열수).

　　東(동): 靑龍(청룡) - 角(각) 亢(항) 氐(저) 房(방) 心(심) 尾(미) 箕(기).
　　西(서): 白虎(백호) - 奎(규) 婁(루) 胃(위) 昴(묘) 畢(필)

觜(자) 參(삼).

南(남): 朱雀(주작) − 井(정) 鬼(귀) 柳(유) 星(성) 張(장)
翼(익) 軫(진).

北(북): 玄武(현무) − 斗(두) 牛(우) 女(여) 虛(허) 危(위)
室(실) 壁(벽).

以羊易牛 (이양역우)★

[뜻음] 써 이, 양 양, 바꿀 역, 소 우.
[풀이] 양으로써 소를 바꾼다. 큰 소 대신 양을 쓴다. 크고 작은 차이가 있지만 같은 행위에 속한다. 梁惠王(양혜왕)이 鍾(종)에 피를 바르고자 소를 죽이려고 함을 보고서 불쌍히 여기어 소 대신 양을 쓰도록 한 고사. 출전 孟子(맹자) 梁惠王(양혜왕).

以魚驅蠅 (이어구승)

[뜻음] 써 이, 물고기 어, 몰 구, 파리 승.
[풀이] 물고기를 이용하여 파리를 몰아내려 한다. 어리석은 행위. 출전 韓非子(한비자).

以餘桃啗君 (이여도담군)★★

[뜻음] 써 이, 남을 여, 복숭아 도, 먹일 담, 임금 군.
[풀이] 魏(위)나라의 彌子瑕(미자하)가 군주에게 총애를 받았는데, 먹다 남은 복숭아를 임금에게 먹여도 좋다고 하다가 나중에 미움을 받을 때는 그전의 그 행위를 죄목으로 다스렸다는 고사. '餘桃啗君(여도담군)'을 보시오. 출전 韓非子(한비자) 說難篇(세난편).

易如反掌 (이여반장)★

[뜻음] 쉬울 이, 같을 여, 되돌릴 반, 손바닥 장.
[풀이] 어떤 일을 함에 있어, 손바닥을 뒤집는 것보다 더 쉽다는 말. 如反掌(여반장).

爾汝之交 (이여지교)★★★

[뜻음] 너 이, 너 여, 갈 지, 사귈 교.
[풀이] 서로 스스럼없이 '너' '나' 하고 부르는 썩 친한 사이. 아주 친밀한 사귐.

以熱治熱 (이열치열)★★★

[뜻음] 써 이, 더울 열, 다스릴 치.
[풀이] 熱(열)은 熱(열)로써 다스림. 같은 것으로 같은 것을 다스려 相殺(상쇄)함.

以訛傳訛 (이와전와)★

[뜻음] 써 이, 거짓말 와, 전할 전.
[풀이] 거짓말에 거짓말이 섞여 자꾸 거짓 전해짐. 訛傳(와전).

已往之事 (이왕지사)★

[뜻음] 이미 이, 갈 왕, 갈 지, 일 사.
[풀이] 이미 지나간 일.

已往之事勿咎 (이왕지사물구)★

[뜻음] 이미 이, 갈 왕, 갈 지, 일 사, 말 물, 꾸짖을 구.
[풀이] 이미 지나간 일은 꾸짖지 말라는 말.

以往察來 (이왕찰래)★

[뜻음] 써 이, 갈 왕, 살필 찰, 올 래.
[풀이] 지난날을 돌아봄으로써 미래를 미루어 앎.

利用厚生 (이용후생)★★★

[뜻음] 이로울 이, 쓸 용, 두터울 후, 날 생.
[풀이] 이용이란 匠人(장인)이 그릇을 만들고 장사가 재물을 운반하는 것 등이고, 후생이란 옷을 입고 고기를 먹어 추위에 떨지 않고 굶주리지 않는 것 등을 이름. 백성이 사용하는 기구를 편리하게 하고 衣食(의식)을 풍부하게 하여 生活(생활)을 潤澤(윤택)하게 함. 출전 書經(서경) 大禹謨篇(대우모편).

犁牛之子 (이우지자)★★★

[뜻음] 얼룩소 이, 소 우, 갈 지, 자식 자.
[풀이] 얼룩소의 새끼. 공자의 제자 중궁이 나쁜 아버지를 두었지만 똑똑하였기 때문에 공자가 소에 비유하여, 잡종의 소 새끼일지라도 그 털색이 붉고 뿔이 곧으면 犧牲(희생)으로써 하늘에 바칠 수 있다고 하였다. 아버지가 못났어도 아들이 현명하면 등용됨. 출전 論語(논어) 雍也篇(옹야편).

以怨報怨 (이원보원)★

[뜻음] 써 이, 원망할 원, 갚을 보.
[풀이] 원한을 원한으로 갚는다는 말. 출전 禮記(예기).

理院鵲巢 (이원작소)★

[뜻음] 다스릴 이, 집 원, 까치 작, 둥지 소.
[풀이] 까치가 法院(법원) 구내에 둥지를 튼다. 범죄가 없어서 법원이 한가하다는 말이므로, 잘 다스려지는 세상을 나타냄.

梨園弟子 (이원제자)★

[뜻음] 배 이, 동산 원, 아우 제, 아들 자.
[풀이] 연극배우, 광대, 기생을 말함. 이원은 樂工(악공)과 妓生(기생)이 배우고 노는 곳. 梨園風樂(이원풍악).

以僞亂眞 (이위난진)

[뜻음] 써 이, 거짓 위, 어지러울 난, 참 진.
[풀이] 가짜가 진짜를 어지럽혀 분별하기 어려움. 출전 顔氏家訓(안씨가훈).

梨園風樂 (이원풍악)★

[뜻음] 배 이, 동산 원, 바람 풍, 음악 악.
[풀이] 궁중에서 벌이는 잔치 놀이. '梨園(이원)'은 중국 唐(당)나라 玄宗(현종)이 스스로 배우의 기술을 가르치던 곳인데, 뜻이 바뀌어 배우 집단이나 연예계를 일컫게 됨. 梨園弟子(이원제자).

爾爲爾我爲我 (이위이아위아)★

[뜻음] 너 이, 할 위, 나 아.
[풀이] 너는 너의 할 바를 하라. 나는 나의 할 바를 한다. 너는 너 할 대로 하고 나는 나 할 대로 한다. 너의 태도가 어떠하든지 내가 관여할 바가 아니라는 뜻. 상관하지 않음. 출전 孟子(맹자).

以肉去蟻 (이육거의)★

[뜻음] 써 이, 고기 육, 제거할 거, 개미 의.

[풀이] 고기로써 개미를 쫓음. 곧 제거하는 방법이 틀림. 출전 韓非子(한비자).

伊尹負鼎 (이윤부정)★

[뜻음] 저 이, 다스릴 윤, 질 부, 솥 정.
[풀이] 이윤이 솥을 지다. 이윤이 殷(은)나라의 湯王(탕왕)에게 인정받기 위해 스스로 요리사가 되어 마침내 뜻을 이루어 宰相(재상)이 됨.

伊尹太公之謀 (이윤태공지모)★

[뜻음] 저 이, 다스릴 윤, 클 태, 공변될 공, 갈 지, 꾀 모.
[풀이] 이윤과 강태공의 꾀. 이윤은 殷(은)나라의 功臣(공신), 姜太公(강태공)은 周(주)나라의 開國功臣(개국공신). 강태공의 이름은 呂尙(여상).

二律背反 (이율배반)★★★

[뜻음] 두 이, 법률 율, 등 배, 돌이킬 반.
[풀이] 서로 모순되는 명제인 정립과 그 반정립이 같은 합리적 근거를 가지고 맞섬.

以意逆志 (이의역지)★★★

[뜻음] 써 이, 뜻 의, 맞아들일 역, 뜻 지.
[풀이] 讀者(독자) 자신의 생각으로 作者(작자)의 뜻을 맞아들임. 逆(역)은 迎(영). 迎(영): 맞아들이다. 출전 孟子(맹자).

以義制事 (이의제사)★

[뜻음] 써 이, 옳을 의, 마를 제, 일 사.
[풀이] 올바른 道(도)로 일을 처리함. 출전 書經(서경) 仲虺之誥篇(중훼지고편).

以夷攻夷 (이이공이)★

[뜻음] 써 이, 오랑캐 이, 공격할 공.
[풀이] 以夷制夷(이이제이).

以夷制夷 (이이제이)★★★

[뜻음] 써 이, 오랑캐 이, 제압할 제.
[풀이] 오랑캐를 이용하여 다른 오랑캐를 통제하고 부림. 이 나라의 힘을 이용하여 저 나라를 제어함. 以夷功夷(이이공이).

二人同心其利斷金 (이인동심기리단금)★★★

[뜻음] 두 이, 사람 인, 같을 동, 마음 심, 그 기, 날카로울 리, 끊을 단, 쇠 금.
[풀이] 두 사람이 마음을 합하면 그 예리함이 쇠라도 끊을 수 있다. 合心(합심)하면 안 될 일이 없다는 말. 출전 易經(역경) 繫辭上傳(계사상전).

以人爲鑑 (이인위감)★

[뜻음] 써 이, 남 인, 삼을 위, 거울 감.
[풀이] 남의 善惡(선악)을 보고 거울로 삼아 경계함. 출전 唐書(당서).

以佚待勞 (이일대로)★★★

[뜻음] 써 이, 편안할 일, 기다릴 대, 피로할 로.
[풀이] 편안하게 지내면서 기운을 돋운 我軍(아군)을 거느리고 멀리서 오는 疲勞(피로)한 敵(적)을 기다림.

적과 싸울 때 이쪽을 편안히 쉬게 하여 상대가 지치기를 기다렸다.
≪孫子(손자)≫ 第七篇(제칠편) 君爭(군쟁)에 나와 있는 말이다.
아침은 기운이 왕성하고 낮은 기운이 누그러지고, 저물면 완전히 기운이 떨어지고 만다. 그러므로 싸움을 잘하는 사람은 상대방의 기운이 왕성한 때를 피하고, 누그러지거나 떨어졌을 때에 공격한다. 이것은 적의 사기를 이용하는 방법이다. 질서 있는 군대로써 적의 혼란한 시기를 기다리고 냉정한 태도로써 적이 경솔하게 나올 때를 기다린다. 이것은 적의 심리를 이용하는 방법이다. 우리 군대를 싸움터 가까이 대기시켜 두고 적이 멀리서 쳐들어오기를 기다리며, 이쪽은 충분한 군량을 확보해 두고 적이 식량부족으로 배고프기를 기다린다. 이것은 힘을 이용하는 방법이다. 그러므로 깃발이 질서정연한 적을 맞아 싸우는 일을 피하고 기세가 당당하게 진을 치고 있는 적을 공격하는 일은 피한다. 이것은 적의 상황변화를 기다려 승리를 얻도록 하는 방법이다.

以一知萬 (이일지만)★

[뜻음] 써 이, 한 일, 알 지, 일만 만.
[풀이] 한 가지로 만 가지를 미루어 앎. 출전 荀子(순자).

二者擇一 (이자택일)

[뜻음] 두 이, 놈 자, 가릴 택, 한 일.
[풀이] 둘 가운데 하나를 택함. 兩者擇一(양자택일). 二者選一(이자선일).

以長擊短 (이장격단)★

[뜻음] 써 이, 긴 장, 칠 격, 짧을 단.
[풀이] 나의 長處(장처)를 이용하여 남의 短處(단처)를 친다. 長點(장점)을 이용하여 短點(단점)을 침. 출전 史記(사기) 淮陰侯傳(회음후전).

以長補短 (이장보단)★

[뜻음] 써 이, 긴 장, 도울 보, 짧을 단.
[풀이] 長點(장점)으로 短點(단점)을 補完(보완)함. 출전 說苑(설원).

以財發身 (이재발신)★

[뜻음] 써 이, 재물 재, 필 발, 몸 신.
[풀이] 재물의 힘으로 출세함. 어진 사람은 財産(재산)을 善用(선용)하여 자기 몸을 완성함. 출전 大學(대학).

以財行求 (이재행구)

[뜻음] 써 이, 재물 재, 갈 행, 구할 구.
[풀이] 어떤 사건에 관하여, 當局者(당국자)에게 賂物(뇌물)을 써서 자기의 이익을 챙기려 함.

以荻書地 (이적서지)★

[뜻음] 써 이, 갈대 적, 쓸 서, 땅 지.

[풀이] 宋(송)나라 歐陽脩(구양수)가 어렸을 때 집이 가난해서 글씨 공부를 하는 筆墨(필묵)을 사지 못하고 갈대로 붓을 대신해서 쓴 일을 이름. 출전 宋史(송사) 歐陽脩傳(구양수전).

泥田鬪狗 (이전투구)★★★

[뜻음] 진흙 이, 밭 전, 싸움 투, 개 구.
[풀이] 진흙탕에서 싸우는 개. 본뜻은 함경도 사람의 강인한 성격을 평한 말. 볼썽사납게 서로 헐뜯거나 다투는 것이나 이익을 차지하려고 지저분하게 다툼. '泥田鬪狗(니전투구)'를 보시오.

夷齊盜跖俱亡羊 (이제도척구망양)★

[뜻음] 오랑캐 이, 가지런할 제, 훔칠 도, 발 디딜 척, 함께 구, 잃을 망, 양 양.
[풀이] 伯夷(백이), 叔齊(숙제), 盜跖(도척) 모두가 양을 잃다. 결백한 백이 숙제도, 악명 높은 도척도 다 같이 얻고자 하는 것을 얻지 못하였으니, 사람은 큰 理想(이상)이나 욕망을 가지기보다는 그때그때의 즐거움을 찾아 누리라는 말.

耳提面命 (이제면명)★

[뜻음] 귀 이, 끌 제, 낯 면, 목숨 명.
[풀이] 귀를 끌어당기어 들려주고 눈앞에서 가르쳐 줌, 곧, 친절히 가르쳐 줌의 형용. 提耳面命(제이면명). 출전 詩經(시경) 大雅(대아) 抑篇(억편).

二帝三王 (이제삼왕)★★★

[뜻음] 두 이, 임금 제, 석 삼, 임금 왕.
[풀이] 이제는 堯(요)임금과 舜(순)임금, 삼왕은 夏(하)나라 禹王(우왕), 殷(은)나라 湯王(탕왕), 周(주)나라 文王(문왕)과 武王(무왕)을 이름. '三皇五帝(삼황오제)'를 보시오. 출전 漢書(한서) 揚雄傳(양웅전).

以珠彈雀 (이주탄작)★

[뜻음] 써 이, 구슬 주, 탄알 탄, 참새 작.
[풀이] 구슬로 새를 쏜다. 중하고 가벼운 것을 헤아리지 못함. 출전 莊子(장자).

以衆伐寡 (이중벌과)

[뜻음] 써 이, 무리 중, 칠 벌, 적을 과.
[풀이] 多數(다수)가 少數(소수)를 침. 출전 史記(사기).

以指測海 (이지측해)★

[뜻음] 써 이, 손가락 지, 헤아릴 측, 바다 해.
[풀이] 손가락을 가지고 바다의 깊이를 재려 한다. 量(양)조차 모르는 어리석은 사람의 비유.

以直報怨 (이직보원)

[뜻음] 써 이, 곧을 직, 갚을 보, 원망할 원.
[풀이] 원한을 가진 사람에게도 바른 도로 대함. 원수를 정의로 대함. 출전 論語(논어) 憲問篇(헌문편).

以此以彼 (이차이피)★

[뜻음] 써 이, 이 차, 저 피.
[풀이] 이렇게 하든지 저렇게 하든지. 於此彼(어차피). 於此於彼(어차어피).

以千鈞弩潰癰 (이천균노궤옹)★

[뜻음] 써 이, 일천 천, 서른 근 균, 활 노, 무너질 궤, 등창 옹.
[풀이] 천균이나 나가는 강한 활로 등창을 허물어버린다. 강한 힘으로 상대방이 피로한 틈을 타서 치면 깨뜨리기가 쉬움을 비유함. 출전 史記(사기).

二千石 (이천석)★★

[뜻음] 두 이, 일천 천, 돌 석.
[풀이] 한 郡(군)의 太守(태수)를 이름. 그의 年俸(연봉)이 이천 석이었음. 출전 漢書(한서) 百官表(백관표).

伊川先生 (이천선생)★

[뜻음] 저 이, 내 천, 먼저 선, 날 생.
[풀이] 宋(송)나라의 학자 程頤(정이). 程顥(정호)의 아우이며 이름은 頤(이). 晩年(만년)에 龍門(용문) 伊水(이수) 가에서 살아서 이천선생이라 부르게 됨.

移天易日 (이천역일)★★

[뜻음] 옮길 이, 하늘 천, 바꿀 역, 해 일.
[풀이] 하늘을 옮기고 해를 바꾼다. 政權(정권)을 빼앗아 弄奸(농간)을 부림. 출전 晉書(진서).

異體同心 (이체동심)★

[뜻음] 다를 이, 몸 체, 같을 동, 마음 심.
[풀이] 몸은 다르나 마음은 같음. 부부나 친구 간에 마음이 一致(일치)함을 이르는 말.

以錐刀墮太山 (이추도휴태산)

[뜻음] 써 이, 송곳 추, 칼 도, 무너뜨릴 휴, 클 태, 뫼 산.
[풀이] 송곳과 작은 칼로써 태산을 헌다. 작은 힘으로 큰 적을 對敵(대적)하여도 이기는 것이 불가능하다는 비유. 출전 荀子(순자).

利他主義 (이타주의)

[뜻음] 이로울 이, 다를 타, 주인 주, 옳을 의.
[풀이] 남을 이롭게 하려는 생각이나 사상, 주의.

以湯沃沸 (이탕옥비)★

[뜻음] 써 이, 끓을 탕, 물댈 옥, 끓을 비.
[풀이] 끓는 것으로써 끓는 것에 더한다. 禍亂(화란)을 더 助長(조장)함. 출전 淮南子(회남자).

理判事判 (이판사판)★★★

[뜻음] 이치 이, 가를 판, 일 사.
[풀이] 이판승과 사판승. 이판은 교리 연구파, 사판은 절의 행정이나 사무 처리를 담당하던 중. 본래 불교에서 쓰는 말이었으나 오늘날 사태가 막다른 곳에 다다라 더 이상 어쩔 수가 없게 되었을 때 自暴自棄(자포자기)하는 심정으로 결정을 내리는 것을 나타냄.

二八青春 (이팔청춘)★★

[뜻음] 두 이, 여덟 팔, 푸를 청, 봄 춘.
[풀이] 열여섯 살 前後(전후)의 젊은 時節(시절).

以暴易暴 (이포역포)★★

[뜻음] 써 이, 사나울 포, 바꿀 역.
[풀이] 횡포한 사람으로 횡포한 사람을 바꾼다. 난폭한 자를 없애기 위해 난폭한 행위를 함. 暴는 '포'나 '폭', 출전 史記(사기) 伯夷傳(백이전).

移風易俗 (이풍역속)★★★

[뜻음] 옮길 이, 풍속 풍, 바꿀 역, 풍속 속.
[풀이] 風俗(풍속)을 改良(개량)하여 세상을 좋게 함.

李下無蹊 (이하무혜)★★★

[뜻음] 오얏 이, 아래 하, 없을 무, 지름길 혜.
[풀이] 복숭아나무와 오얏나무는 말이 없어도 그 밑에 저절로 길이 생긴다는 말에 빗대어, 李文(이문)이라는 사람을 만나기를 청하나 그 길이 없음을 이른 말. '도리'의 이는 이씨의 이이고 혜는 길이다. 桃李不言下自成蹊(도리불언하자성혜). 출전 唐書(당서).

李下不整冠 (이하부정관)★★★

[뜻음] 오얏 이, 아래 하, 아닐 부, 정리할 정, 갓 관.
[풀이] 오얏나무 아래에서는 갓을 고쳐 쓰지 않는다. 남의 의심을 살 만한 일은 피하는 게 좋다.

　　이 말은 ≪文選(문선)≫에 수록되어 있는 작자 미상의 君子行(군자행)이라는 樂府(악부)에 있는 말이다.

　　군자는 미연에 막아
　　혐의 사이에 처하지 않는다.
　　참외밭 가에서 신을 신지 말고
　　오얏나무 밑에서 갓을 바로 말라.

　　君子防來然 군자방래연
　　不處嫌疑間 불처혐의간
　　瓜田不納履 과전불납리
　　李下莫正冠 이하막정관

　　악부는 漢代(한대)의 民謠風(민요풍)의 시를 말하는 것으로 이 악부 속에는 오랜 옛날부터 내려오는 교훈의 말들이 많이 들어 있다. 남의 의심을 살 만한 일은 피하는 게 좋다. 李下不正冠(이하부정관)이라고도 하며 瓜田不納履(과전불납리)는 거의 같은 뜻으로 쓰인다.

以蝦釣鯉 (이하조리)★★

[뜻음] 써 이, 새우 하, 낚을 조, 잉어 리.
[풀이] 새우로 잉어를 낚는다. 적은 밑천이나 사소한 노력으로 큰 이익을 얻음의 비유. 以蝦釣鱉(이하조별).

以蝦釣鱉 (이하조별)★

[뜻음] 써 이, 새우 하, 낚을 조, 자라 별.
[풀이] 새우로써 자라를 낚는다. 적은 밑천이나 사소한 노력으로 큰 이익을 얻음의 비유. 以蝦釣鯉(이하조리).

李下之冠 (이하지관)★

[뜻음] 오얏 이, 아래 하, 갈 지, 갓 관.
[풀이] 李下不整冠(이하부정관).

離合集散 (이합집산)★★★

[뜻음] 헤어질 이, 모일 합, 모일 집, 흩어질 산.
[풀이] 헤어졌다가 모였다가 하는 일.

利害關頭 (이해관두)★

[뜻음] 이로울 이, 해로울 해, 빗장 관, 머리 두.
[풀이] 이해의 갈래가 나누어지는 고비. 利益(이익)과 損害(손해)의 관계가 결정되는 판.

利害得失 (이해득실)★

[뜻음] 이로울 이, 해로울 해, 얻을 득, 잃을 실.
[풀이] 이로움과 해로움. 얻음과 잃음.

利害不計 (이해불계)★

[뜻음] 이로울 이, 해로울 해, 아닐 불, 셈할 계.
[풀이] 이익과 손해를 가리지 않음.

利害相反 (이해상반)★

[뜻음] 이로울 이, 해로울 해, 서로 상, 돌이킬 반.
[풀이] 이해관계가 서로 반대가 됨.

離鄕背井 (이향배정)★

[뜻음] 떼놓을 이, 고을 향, 등질 배, 우물 정.
[풀이] 고향을 떠남.

異鄕異客 (이향이객)★

[뜻음] 다를 이, 고을 향, 손님 객.
[풀이] 타향에 머물러 있는 사람. 나그네의 몸.

離鄕卽賤 (이향즉천)★

[뜻음] 떼놓을 이, 시골 향, 곧 즉, 천할 천.
[풀이] 고향을 떠나면 신세가 천하게 된다. 他鄕(타향)에서 귀한 대접 받기가 어렵다는 말.

耳懸鈴鼻懸鈴 (이현령비현령)★★★

[뜻음] 귀 이, 매달 현, 방울 령, 코 비.
[풀이] 귀에 방울을 걸면 귀걸이, 코에 걸면 코걸이. 어떤 사실이 이렇게도 저렇게도 해석됨.

以火救火 (이화구화)★

[뜻음] 써 이, 불 화, 건질 구.
[풀이] 불로써 불을 끄려 한다. 폐해를 제거하려다가 같은 폐해를 겹치게 함. 해만 가중할 뿐 아무런 이익도 없음. 도리어 해를 조장함의 비유. 출전 莊子(장자).

梨花雪 (이화설)★

[뜻음] 배 이, 꽃 화, 눈 설.

[풀이] 배꽃의 하얗고 깨끗함을 이름. 梨花雲(이화운).

梨花一枝春帶雨 (이화일지춘대우)★

[뜻음] 배 이, 꽃 화, 한 일, 가지 지, 봄 춘, 띠 대, 비 우.
[풀이] 楊貴妃(양귀비)가 눈물을 흘리고 있는 모양을 형용한 詩句(시구). 白居易(백거이)의 長恨歌(장한가) 詩句(시구)임.

梨花春風 (이화춘풍)★★

[뜻음] 배 이, 꽃 화, 봄 춘, 바람 풍.
[풀이] 배꽃에 부는 봄바람.

翼覆嘔煦 (익복구후)★

[뜻음] 날개 익, 뒤집을 복, 토할 구, 입김 후.
[풀이] 날개로 덮고 입김을 불어 따뜻하게 한다. 남을 보살펴 사랑함.

弋不射宿 (익불사숙)★★★

[뜻음] 주살 익, 아닐 불, 쏠 사, 잘 숙.
[풀이] 주살로 나는 새는 쏴도 잠자는 새는 쏘지 않는다. 지나치게 잔인한 짓은 하지 않음. 생물의 씨를 말리는 그런 살생은 하지 않음. 어진 이의 마음을 이르는 말.

> 孔子(공자)는 생활의 필요에 의해 일간 낚시는 했어도 주낙으로 한꺼번에 많은 물고기는 잡지 않았으며 주살로 나는 새는 쐈어도 잠자는 새는 쏘지 않았다는 옛일에서 온 말. 주살: 오늬(화살의 머리를 시위에 끼도록 에어낸 부분)에 노끈이나 실 같은 줄을 매어 쏘는 화살. 주낙: 한 가닥의 낚싯줄에 여러 개의 낚시를 달아 물속에 떨어뜨려 두었다가 한꺼번에 많은 고기를 잡는 漁具(어구)의 하나. 출전 論語(논어) 述而篇(술이편).

益者三樂 (익자삼요)★★★

[뜻음] 더할 익, 놈 자, 석 삼, 좋아할 요.
[풀이] 사람이 좋아하여 유익한 것 세 가지. 곧 禮樂(예악)을 적당히 좋아하는 것과 사람의 착함을 좋아하는 것과 착한 벗이 많음을 좋아하는 것. 損者三樂(손자삼요)의 對(대). 출전 論語(논어) 季氏篇(계씨편).

益者三友 (익자삼우)★★★

[뜻음] 더할 익, 놈 자, 석 삼, 벗 우.
[풀이] 사귀어 자기에게 유익한 세 벗. 곧, 正直(정직)한 사람, 信義(신의)가 있는 사람, 知識(지식)이 있는 사람. 출전 論語(논어) 季氏篇(계씨편).

匿跡掃聲 (익적소성)★

[뜻음] 숨을 익, 자취 적, 쓸 소, 소리 성.
[풀이] 깊숙한 곳에 隱遁(은둔)하여 세상일을 알려고도 하지 않고 묻지도 않음을 이름.

匿瑕含垢 (익하함구)

[뜻음] 숨을 익, 티 하, 머금을 함, 때 구.
[풀이] 아름다운 玉(옥)이라 할지라도 흠을 가지고 있는 데 견주어 이른 말. 임금의 度量(도량)이 넓고 커서 널리 용서하고 羞恥(수치)를

참는 일. 출전 左傳(좌전) 宣公十五年(선공십오년).

人各有耦 (인각유우)

[뜻음] 사람 인, 각자 각, 있을 유, 짝 우.
[풀이] 사람은 각자 알맞은 배우자를 찾아야 함. 출전 春秋左氏傳(춘추좌씨전).

人間大事 (인간대사)★★★

[뜻음] 사람 인, 사이 간, 큰 대, 일 사.
[풀이] 인간의 일생 중 가장 중대한 일. 出生(출생), 婚姻(혼인), 葬禮(장례) 등임.

人間到處有靑山 (인간도처유청산)★★★

[뜻음] 사람 인, 사이 간, 이를 도, 곳 처, 있을 유, 푸를 청, 뫼 산
[풀이] 사람 살 곳은 곳곳마다 있다. 아무리 어려운 때라도 도와주는 사람이 어디나 있다는 말. 인간이 뼈를 묻을 곳은 이 세상 어디나 있다는 뜻으로, 고향을 떠나 어디든지 진출하여 큰 뜻을 펼치라는 말. 출전 소식의 시.

人間萬事塞翁之馬 (인간만사새옹마)★

[뜻음] 사람 인, 사이 간, 일만 만, 일 사, 변방 새, 늙은이 옹, 갈 지, 말 마.
[풀이] '塞翁之馬(새옹지마)'를 보시오.

人間霹靂 (인간벽력)★

[뜻음] 사람 인, 틈 간, 벼락 벽, 벼락 력.
[풀이] 사람의 벼락. 곧 銃(총)을 이름.

人間離別 (인간이별)★★

[뜻음] 사람 인, 사이 간, 나눌 이, 다를 별.
[풀이] 인간을 下直(하직)함. 곧 죽음을 이름.

人間行樂 (인간행락)★

[뜻음] 사람 인, 사이 간, 갈 행, 즐거울 락.
[풀이] 인생의 즐거움.

人間行路難 (인간행로난)★★

[뜻음] 사람 인, 사이 간, 갈 행, 길 로, 어려울 난.
[풀이] 사람 세상은 살아가기가 어렵다는 말.

人皆可折 (인개가절)★

[뜻음] 사람 인, 모두 개, 옳을 가, 꺾을 절.
[풀이] 路柳墻花(노류장화)는 사람마다 모두 꺾을 수 있음. 妓生(기생)이 여러 남자의 노리개가 될 수 있음을 말함.

人皆有一癖 (인개유일벽)

[뜻음] 사람 인, 다 개, 있을 유, 한 일, 버릇 벽.
[풀이] 인간은 모두 한 가지 정도의 버릇을 가지고 있음.

鱗介之族 (인개지족)★

[뜻음] 비늘 인, 딱지 개, 갈 지, 겨레 족.
[풀이] 물고기 종류와 조개 종류. 어패류.

人傑地靈 (인걸지령)★★★

[뜻음] 사람 인, 뛰어날 걸, 땅 지, 신령 령.
[풀이] 인물은 걸출하고, 땅의 형세는 신령스러움.

人格陶冶 (인격도야)★★★

[뜻음] 사람 인, 격식 격, 질그릇 도, 불릴 야.
[풀이] 인격을 마치 질그릇을 굽고 쇠를 풀무질하듯 닦고 가다듬음.

因果應報 (인과응보)★★★

[뜻음] 인할 인, 과보 과, 응할 응, 갚을 보.
[풀이] 사람이 짓는 善惡(선악)의 인업에 응하여 과보가 있음. 또는 행한 대로 업에 대한 대가를 받는 일. 좋은 因緣(인연)에는 좋은 과보가 오고 악한 인연에는 악한 과보가 옴. 곧 因(인)과 果(과)가 서로 응함.

人口傳播 (인구전파)★

[뜻음] 사람 인, 입 구, 전할 전, 뿌릴 파.
[풀이] 말이 이 사람의 입에서 저 사람의 입으로 전해 퍼짐.

人口膾炙 (인구회자)★★

[뜻음] 사람 인, 입 구, 날고기 회, 구운고기 자.
[풀이] 사람들의 구미에 맞는 회와 구운 고기. 널리 자주 입에 오르내림. 膾炙人口(회자인구).

鄰國爲壑 (인국위학)★

[뜻음] 이웃 인, 나라 국, 삼을 위, 도랑 학.
[풀이] 중국 戰國時代(전국시대) 白圭(백규)가 둑을 쌓아 물을 이웃나라로 흐르게 하여 자기 나라의 憂患(우환)만 구하고, 남의 사정을 돌보지 않았던 옛일. 출전 孟子(맹자).

人窮反本 (인궁반본)★

[뜻음] 사람 인, 궁할 궁, 되돌릴 반, 근본 본.
[풀이] 사람은 곤궁하면 근본으로 돌아간다. 사람은 궁해지면 부모를 다시 생각해 냄. 출전 史記(사기).

人窮志短 (인궁지단)★

[뜻음] 사람 인, 궁할 궁, 뜻 지, 짧을 단.
[풀이] 사람은 貧困(빈곤)해지면 遠大(원대)한 뜻이 없어짐. 窮(궁)하면 鈍(둔)해짐.

人鬼相半 (인귀상반)

[뜻음] 사람 인, 귀신 귀, 서로 상, 반 반.
[풀이] 사람과 귀신이 반반이다. 사람이 죽을 지경에 이르러 귀신같은 형용을 하고 있음을 이르는 말.

人琴之嘆 (인금지탄)★

[뜻음] 사람 인, 거문고 금, 갈 지, 탄식할 탄.
[풀이] 육조시대 晉(진)나라 王獻之(왕헌지)가 죽자 절친했던 친구가 헌지의 거문고를 탄주했지만 음률이 맞지 않자 한탄하여 '아, 사람과 거문고가 함께 갔구나' 하며 탄식한 일. 사람의 죽음을 몹시 슬퍼함. 왕헌지는 王羲之(왕희지)의 아들.

人給家足 (인급가족)★

[뜻음] 사람 인, 넉넉할 급, 집 가, 족할 족.
[풀이] 家給人足(가급인족). 출전 史記(사기).

人急智生 (인급지생)

[뜻음] 사람 인, 급할 급, 슬기 지, 날 생.
[풀이] 사람은 다급해지면 좋은 꾀가 생김. 人急計生(인급계생).

人飢不食烏喙 (인기불식오훼)★

[뜻음] 사람 인, 굶을 기, 아닐 불, 먹을 식, 까마귀 오, 주둥이 훼.
[풀이] 사람은 굶주려도 독초인 烏頭(오두)풀은 먹지 않는다. 한때의 공복은 채울지라도 중독되면 餓死(아사)와 다를 바 없음. 人飢不食烏喙(인기불식오탁). 출전 戰國策(전국책).

人乃天 (인내천)★★★

[뜻음] 사람 인, 이에 내, 하늘 천.
[풀이] 사람이 곧 하늘이라는 천도교의 강령. 사람 섬기기를 하늘같이 하고 사람을 곧 하늘로 보는 천도교의 강령. 事人如天(사인여천).

人道主義 (인도주의)

[뜻음] 사람 인, 도리 도, 주인 주, 옳을 의.
[풀이] 사랑과 인간에 대한 애정으로 인류를 대하는 주의.

人倫大事 (인륜대사)★★★

[뜻음] 사람 인, 차례 륜, 큰 대, 일 사.
[풀이] 인간 생활에 있어서 겪는 중대한 일. 出生(출생), 婚姻(혼인), 葬禮(장례) 등을 일컬음. 人倫之大事(인륜지대사).

因利乘便 (인리승편)★

[뜻음] 인할 인, 이로울 이, 탈 승, 편할 편.
[풀이] 土地(토지)의 形勢(형세)에 따라서 나라의 境界(경계)를 定(정)하는 것.

人理之悔吝 (인리지회린)★

[뜻음] 사람 인, 다스릴 이, 갈 지, 후회할 회, 인색할 린.
[풀이] 사람에게 일어나는 悔(회), 吝(린)의 변화. 悔(회)는 후회하여 악에서 선으로 가는 일. 吝(린)은 몹시 인색한 짓을 하여 선에서 악으로 가는 일. 출전 列子(열자).

鄰里鄕黨 (인리향당)★

[뜻음] 이웃 인, 마을 리, 고을 향, 무리 당.
[풀이] 周(주)나라의 제도로서, 인리 근향의 뜻. 五家(오가)를 鄰(인), 五人(오인)을 里(이), 일만 이천오백 家(가)를 鄕(향), 오백 가를 黨(당)이라고 함. 이웃 마을과 근처를 이름. 출전 論語(논어).

人馬絡繹 (인마낙역)★

[뜻음] 사람 인, 말 마, 이을 낙, 풀어낼 역.
[풀이] 사람과 말이 끊임없이 이어짐. 繁華(번화)한 都市(도시)를 일컬음.

人莫知其子惡 (인막지기자악)★

[뜻음] 사람 인, 없을 막, 알 지, 그 기, 자식 자, 악할 악.
[풀이] 사람은 (사랑에 눈이 멀어) 그 자식의 악함을 모름. 人莫知其子之惡(인막지기자지악). 출전 大學(대학).

人亡家廢 (인망가폐)

[뜻음] 사람 인, 망할 망, 집 가, 폐할 폐.
[풀이] 사람은 죽고 집은 결딴남. 아주 망해버림.

認妄爲眞 (인망위진)

[뜻음] 인정할 인, 망령될 망, 삼을 위, 참 진.
[풀이] 망령된 것을 인정하여 참된 것으로 삼음. 거짓을 참으로 앎.

人面獸心 (인면수심)

[뜻음] 사람 인, 얼굴 면, 짐승 수, 마음 심.
[풀이] 사람의 낯에 짐승의 마음. 마음이나 행동이 몹시 흉악함. 또는 그런 사람. 출전 漢書(한서).

人命在刻 (인명재각)★★

[뜻음] 사람 인, 목숨 명, 있을 재, 시각 각.
[풀이] 사람의 목숨이 頃刻(경각)에 달림. 命在頃刻(명재경각).

人命在天 (인명재천)★★★

[뜻음] 사람 인, 목숨 명, 있을 재, 하늘 천.
[풀이] 사람의 목숨은 하늘에 매어 있어 사람의 힘으로는 어찌할 수 없다는 뜻.

人本主義 (인본주의)★

[뜻음] 사람 인, 근본 본, 주인 주, 옳을 의.
[풀이] 인간을 근본으로 삼는 주의. 진리나 인식이 인간의 要求(요구), 選擇(선택), 評價(평가)에 의해서 상대적으로 생겨나고 制約(제약)당한다고 주장하는 주의.

寅不祭祀 (인부제사)★

[뜻음] 셋째지지 인, 아닐 부, 제사 제, 제사 사.
[풀이] 寅日(인일)에는 忌諱(기휘)되어 제사를 지내지 않음. 인일: 日辰(일진)의 地支(지지)가 인으로 된 날. 甲寅(갑인), 丙寅(병인) 戊寅(무인)의 날. 忌諱(기휘): 꺼리어 피함.

人不厭故 (인불염고)★

[뜻음] 사람 인, 아닐 불, 싫을 염, 예 고.
[풀이] 사귀는 대상은 오래 된 사이일수록 좋음. 출전 淮南子(회남자).

人不學不知道 (인불학부지도)★★★

[뜻음] 사람 인, 아닐 불, 배울 학, 알 지, 도리 도.
[풀이] 사람이 배우지 않으면 사람의 도리를 알지 못함. 출전 禮記(예기).

人不學不成行 (인불학불성행)★★★

[뜻음] 사람 인, 아닐 불, 배울 학, 이룰 성, 갈 행.
[풀이] 사람이 배우지 않고는 훌륭한 행동을 할 수 없음. 출전 韓詩外傳(한시외전).

人非木石 (인비목석)★★★

[뜻음] 사람 인, 아닐 비, 나무 목, 돌 석.
[풀이] 사람은 木石(목석)이 아니다. 곧 인간은 인정, 감정이 있다는 말.

≪史記(사기)≫의 저자 司馬遷(사마천)의 편지에 身非木石(신비목석)이라는 말이 나온다. 사마천은 漢武帝(한무제)의 노여움을 입고 항변할 여지도 없이 宮刑(궁형)을 받으려 下獄(하옥)되었을 때 任少卿(임소경)에게 편지를 보내는 가운데 이렇게 말한다.
"집이 가난해서 돈으로 죄를 대신할 수도 없고, 사귄 친구들도 구해 주려 하는 사람이 없으며 좌우에 있는 친근한 사람들도 말 한마디 해주는 사람이 없다. 몸이 목석이 아니거늘 홀로 獄吏(옥리)들과 짝을 지어 깊이 감옥 속에 갇히게 되었다."
인간으로서 견디기 어려운 고통을 말한 것이다. 한편 六朝時代(육조시대) 시인 鮑照(포조)는 [義行路難(의행로난)]이라는 시에서 '心非木石(심비목석)'라는 말을 썼다.

人事蓋棺定 (인사개관정)★

[뜻음] 사람 인, 일 사, 덮을 개, 관짝 관, 정할 정.
[풀이] 사람이 행한 일에 대한 평가는 대개 죽어서 관에 들어간 이후에 결정됨. '蓋棺事始定(개관사시정)'을 보시오.

人事考課 (인사고과)★

[뜻음] 사람 인, 일 사, 살필 고, 매길 과.
[풀이] 사람의 행적을 살펴서 고과 점수를 매기고 그 점수에 따라 職級(직급) 부여에 활용하는 일.

人事不省 (인사불성)★★

[뜻음] 사람 인, 일 사, 아닐 불, 살필 성.
[풀이] 사람으로서 지켜야 할 예절을 차릴 줄 모름. 큰 병이나 重傷(중상)으로 意識(의식)을 잃어버린 상태.

人死有名 (인사유명)★

[뜻음] 사람 인, 죽을 사, 있을 유, 이름 명.
[풀이] 사람은 죽어서 이름을 남김.

人死有名虎死留皮 (인사유명호사유피)★

[뜻음] 사람 인, 죽을 사, 있을 유, 이름 명, 범 호, 남길 유, 가죽 피.
[풀이] 사람은 죽어서 이름을 남기고, 호랑이는 죽어서 가죽을 남긴다. 이름값을 잘하며 부끄럽지 않게 살아야 한다는 말. 출전 五代史(오대사).

人山人海 (인산인해)★

[뜻음] 사람 인, 뫼 산, 바다 해.
[풀이] 사람으로 산과 바다를 이루다. 사람이 헤아릴 수 없이 많이 모인 상태.

仁山智水 (인산지수)★

[뜻음] 어질 인, 뫼 산, 슬기 지, 물 수.
[풀이] 산과 물. 山水(산수).

引商刻羽 (인상각우)★★

[뜻음] 끌 인, 상나라 상, 새길 각, 깃 우.

[풀이] 오음 중에서 '상'과 '우'라는 가락을 길게 늘이고 새기듯이 한다. 高尙(고상)한 음악을 연주함을 이름. 商(상)나라의 音樂(음악)을 演奏(연주)하다. 商(상)나라는 殷(은)나라이므로 高尙(고상)한 음악을 연주함을 이름.

吝嗇之心 (인색지심)★

[뜻음] 아낄 인, 아낄 색, 갈 지, 마음 심.
[풀이] 재물에 대한 욕심이 많아서 인색한 마음.

人生無常 (인생무상)★★★

[뜻음] 사람 인, 날 생, 없을 무, 항상 상.
[풀이] 덧없는 인생. 변화가 심하여 아무 보장이 없는 인생.

人生三樂 (인생삼락)★★

[뜻음] 사람 인, 날 생, 석 삼, 즐길 락.
[풀이] 사람으로서 즐거운 일 세 가지. ① 부모가 살아계시고 형제가 무고한 것, 英才(영재)를 얻어서 교육하는 일, 하늘과 남에게 부끄러움이 없는 일. ② 사람으로 태어난 것, 사내로 태어난 것, 장수하는 것.

人生識字憂患始 (인생식자우환시)★

[뜻음] 사람 인, 살 생, 알 식, 글자 자, 근심 우, 걱정할 환, 처음 시.
[풀이] 인생은 글자를 알게 되는 것이 근심과 환란의 시초가 됨. 출전 소식의 시.

人生若寓 (인생약우)★★

[뜻음] 사람 인, 날 생, 같을 약, 머무를 우.
[풀이] 인생이란 寓居(우거)하는 것과 같다. 죽음이 느닷없이 온다는 말. 寓居(우거): 임시로 머물러 삶.

人生如寄 (인생여기)★

[뜻음] 사람 인, 살 생, 같을 여, 부칠 기.
[풀이] 사람이 이 세상에 살고 있는 것은 임시 住居(주거)와 같은 것. '죽음이 곧 가까이 옴'을 이르는 말.

人生如夢 (인생여몽)★

[뜻음] 사람인, 살 생, 같을 여, 꿈 몽.
[풀이] 사람의 일생은 꿈과 같이 덧없는 것임.

人生如朝露 (인생여조로)★

[뜻음] 사람 인, 날 생, 같을 여, 아침 조, 이슬 로.
[풀이] 인생이란 아침 이슬과 같이 虛無(허무)하게 사라지는 것. 출전 漢書(한서).

人生如風燈 (인생여풍등)★

[뜻음] 사람 인, 날 생, 같을 여, 바람 풍, 등잔 등.
[풀이] 인생이란 風前燈火(풍전등화)와 같이 위태롭고 내일을 期約(기약)할 수 없음. 風前燈火(풍전등화): 바람 앞에 등불.

人生自古誰無死 (인생자고수무사)

[뜻음] 사람 인, 날 생, 부터 자, 옛 고, 누구 수, 없을 무, 죽을 사.
[풀이] 인생살이에서 자고이래로 누가 죽지 않았던가. 인간은 모두 죽으므로 충성을 다하여 이름을 후세에 전하여야 한다는 말.

人生再勤 (인생재근)★

[뜻음] 사람 인, 살 생, 거듭 재, 부지런할 근.
[풀이] 사람은 부지런함에 그 근본을 두어야 함.

人生朝露 (인생조로)★★★

[뜻음] 사람 인, 살 생, 아침 조, 이슬 로.
[풀이] 인생은 아침 이슬과 같이 덧없다는 말.

　　前漢(전한) 武帝(무제) 때(B.C.100) 中郞將(중랑장) 蘇武(소무)는 포로 교환 차 사절단을 이끌고 흉노의 땅에 들어갔다가 그들의 내분에 말려 잡히고 말았다. 흉노의 우두머리인 單于(선우)는 한사코 항복을 거부하는 소무를 '숫양이 새끼를 낳으면 귀국을 허락하겠다'며 北海(북해: 바이칼 호) 변으로 추방했다. 소무가 들쥐와 풀뿌리로 연명하던 어느 날, 고국의 친구인 李陵(이릉) 장군이 찾아왔다.
　　이릉은 소무가 고국을 떠난 그 이듬해 5000여 명의 보병으로 5만이 넘는 흉노의 기병과 혈전을 벌이다가 衆寡不敵(중과부적)으로 참패한 뒤 부상, 昏絶(혼절) 중에 포로가 되고 말았다. 그 후 이릉은 선우의 빈객으로 후대를 받았으나 降將(항장)이 된 것이 부끄러워 감히 소무를 찾지 못하다가 이번엔 선우의 특청으로 먼 길을 달려온 것이다. 이릉은 주연을 베풀어 소무를 위로하고 이렇게 말했다.
　　"선우는 자네가 내 친구라는 것을 알고, 꼭 데려오라며 나를 보냈네. 그러니 자네도 이제 고생 그만하고 나와 함께 가도록 하세. '인생은 아침 이슬과 같다[人生如朝露]'고 하지 않는가"
　　이릉은 끝내 소무의 절조를 꺾지 못하고 혼자 돌아갔다. 그러나 소무는 그 후(B.C.81) 昭帝(소제: 무제의 아들)가 파견한 특사의 機智(기지)로 풀려나 19년 만에 다시 고국 땅을 밟았다.

人生七十古來稀 (인생칠십고래희)★★★

[뜻음] 사람 인, 날 생, 일곱 칠, 열 십, 옛 고, 올 래, 드물 희.
[풀이] 사람이 일흔 살까지 산다는 것은 예로부터 드문 일이라는 말. 칠십 세를 古稀(고희)라고 말하며 칠십 세 생신 잔치를 古稀宴(고희연)이라고 함. 출전 [곡강 - 두보의 시].

人生何處不相逢 (인생하처불상봉)★★

[뜻음] 사람 인, 살 생, 어찌 하, 곳 처, 아닐 불, 서로 상, 만날 봉.
[풀이] 사람은 어디서 다시 만나지 않겠는가? 어디에선가 반드시 또 만난다는 말. 출전 通俗編(통속편).

人生行路 (인생행로)★★★

[뜻음] 사람 인, 살 생, 다닐 행, 길 로.
[풀이] 인간의 일생의 앞길을 예측할 수 없는 나그네의 길로 비유한 말. 세상살이.

人性本善 (인성본선)★

[뜻음] 사람 인, 성품 성, 근본 본, 착할 선.

[풀이] 사람의 性品(성품)은 본디 착함.

人性本惡 (인성본악)★

[뜻음] 사람 인, 성품 성, 근본 본, 악할 악.
[풀이] 사람의 성품은 본디 악함.

因循姑息 (인순고식)★★★

[뜻음] 인할 인, 좇을 순, 시어머니 고, 어린아이 식.
[풀이] 할미나 아이의 뜻을 따른다. 낡은 관습이나 폐단을 벗어나지 못하고 당장의 편안함을 취함.

引繩批根 (인승비근)★

[뜻음] 끌 인, 노 승, 파낼 비, 뿌리 근.
[풀이] ① 먹줄을 당겨 구부러진 곳을 바로잡고 또 뿌리를 파내 버린다. ② '새끼줄을 걸어서 잡아당겨 뿌리째 뽑아 버린다'는 뜻. ③ 둘이서 새끼를 꼬는 것처럼 '힘을 합하여 남을 배척하고 그와 사귀지 않도록 함'을 이르는 말. ④ 남을 排斥(배척)하여 除去(제거)함을 이름. 引繩排根(인승배근). 출전 史記(사기).

因時制宜 (인시제의)★

[뜻음] 인할 인, 때 시, 마를 제, 마땅할 의.
[풀이] 그때그때의 변함을 따라 그때에 맞도록 함. 시대의 변화에 따라 時勢(시세)에 맞게 함.

人神共憤 (인신공분)★

[뜻음] 사람 인, 귀신 신, 함께 공, 분할 분.
[풀이] 사람과 神(신)이 함께 憤怒(분노)함. 출전 舊唐書(구당서).

人身攻擊 (인신공격)★

[뜻음] 사람 인, 몸 신, 칠 공, 부딪칠 격.
[풀이] 남의 신상에 대한 공격.

人身賣買 (인신매매)★

[뜻음] 사람 인, 몸 신, 팔 매, 살 매.
[풀이] 사람을 물건처럼 팔고 사는 일.

仁信智勇嚴 (인신지용엄)★

[뜻음] 어질 인, 믿을 신, 슬기 지, 날쌜 용, 엄할 엄.
[풀이] 大將(대장) 노릇하는 자가 마땅히 갖추어야 할 다섯 가지 덕.

人心難測 (인심난측)★★★

[뜻음] 사람 인, 마음 심, 어려울 난, 헤아릴 측.
[풀이] 사람의 마음속은 헤아려보기 어렵다. 열 길 물속은 알아도 사람 마음속은 알 수 없다는 말. 출전 史記(사기) 淮陰侯傳(회음후전).

人心世態 (인심세태)★

[뜻음] 사람 인, 마음 심, 세상 세, 모양 태.
[풀이] 세상 사람들의 마음과 세상의 되어 가는 형편.

人心所關 (인심소관)★

[뜻음] 사람 인, 마음 심, 바 소, 빗장 관.
[풀이] 사람의 마음과 관계되는 바.

人心如面 (인심여면)★

[뜻음] 사람 인, 마음 심, 같을 여, 낯 면.
[풀이] 사람의 마음이 제 각각인 것은 사람의 얼굴이 제 각각인 것과 같은 이치임. 출전 春秋左氏傳(춘추좌씨전).

人心險於山川 (인심험어산천)★

[뜻음] 사람 인, 마음 심, 험할 험, 어조사 어, 뫼 산, 내 천.
[풀이] 인심은 산천보다도 험하고 매서움. 출전 莊子(장자).

人心洶洶 (인심흉흉)★

[뜻음] 사람 인, 마음 심, 물살 세찰 흉.
[풀이] 인심이 크게 흔들리고 쑥스러움.

姻婭親戚 (인아친척)★

[뜻음] 시집갈 인, 동서 아, 친척 친, 겨레 척.
[풀이] 인아와 친척. 곧 모든 친척. 姻婭(인아)는 사위의 아버지와 동서. 요즘은 姻戚(인척)이라 함.

人言可畏 (인언가외)★

[뜻음] 사람 인, 말씀 언, 옳을 가, 두려울 외.
[풀이] 사람의 말이 두렵다. 사람의 쑥덕공론이 두렵다는 말.

因緣和合 (인연화합)

[뜻음] 인할 인, 인연 연, 화할 화, 합할 합.
[풀이] 불교용어. 인과 연이 화합하여 과를 낳음.

刃迎縷解 (인영누해)★★

[뜻음] 칼날 인, 맞이할 영, 실 누, 풀 해.
[풀이] 칼날로 실을 끊어 풀 듯 이치를 分別(분별)함.

忍辱負重 (인욕부중)★

[뜻음] 참을 인, 욕될 욕, 질 부, 무거울 중.
[풀이] 세상의 비난을 참으면서 맡은 중대한 임무를 힘써 수행함.

人月刀兪 (인월도유)★

[뜻음] 사람 인, 달 월, 칼 도, 점점 유.
[풀이] 성씨인 劉(유)를 破字로 일컫는 말. 漢(한) 고조 유방이 유 씨임.

人爲淘汰 (인위도태)★

[뜻음] 사람 인, 할 위, 가릴 도, 흐릴 태.
[풀이] 인위적으로 도태시킴. 自然淘汰(자연도태)의 대가 되는 말.

引喩失義 (인유실의)★

[뜻음] 끌 인, 깨우칠 유, 잃을 실, 옳을 의.
[풀이] 쓸데없는 前例(전례)나 譬喩(비유)를 끌어들임으로써 올바른 본래의 의의를 잃어버림. 좋지 않은 지난날의 예를 인용하여 큰 뜻을 그르치게 함. 출전 諸葛亮(제갈량)의 前出師表(전출사표).

人肉市場 (인육시장)★★

[뜻음] 사람 인, 고기 육, 시장 시, 마당 장.
[풀이] 육체를 파는 시장. 賣春婦(매춘부)들이 몸을 파는 거리나 地帶(지대).

仁義多責 (인의다책)

[뜻음] 어질 인, 옳을 의, 많을 다, 꾸짖을 책.
[풀이] 仁義(인의)를 행하는 사람은 천하의 사람들이 그의 사랑을 받고자 하므로, 반면 남의 책망도 많이 받게 됨. 儒教(유교)에 반대한 莊子(장자)의 말. 출전 莊子(장자).

仁義禮智 (인의예지)★★

[뜻음] 어질 인, 옳을 의, 예도 예, 슬기 지.
[풀이] 사람이 날 때부터 마음에 지닌 네 가지 덕. 어질고, 의롭고, 예의를 지킬 줄 알고, 지혜로움. 출전 孟子(맹자) 公孫丑上篇(공손추상편).

仁義禮智信 (인의예지신)★★★

[뜻음] 어질 인, 옳을 의, 예도 예, 슬기 지, 믿을 신.
[풀이] 사람이 항상 갖추어야 하는 다섯 가지 道理(도리). 어질고, 외롭고, 예의 있고, 지혜로우며, 믿음이 있어야 한다는 것. 五常(오상).

仁義之端 (인의지단)★

[뜻음] 어질 인, 옳을 의, 갈 지, 끝 단.
[풀이] 仁義(인의)의 실마리. 출전 莊子(장자).

仁義之道 (인의지도)★

[뜻음] 어질 인, 옳을 의, 갈 지, 길 도.
[풀이] 仁(인)과 義(의)의 道(도), 道德(도덕).

仁義之情 (인의지정)★

[뜻음] 어질 인, 옳을 의, 갈 지, 뜻 정.
[풀이] 仁義(인의)의 본질. 곧, 마음이 外物(외물)과 화합하여 차별이 없고 兼愛無私(겸애무사)함.

仁義忠孝 (인의충효)★

[뜻음] 어질 인, 옳을 의, 충성 충, 효도 효.
[풀이] 仁(인), 義(의), 忠(충), 孝(효)의 四德(사덕). 또 이 네 가지가 德目(덕목)의 대표적인 것이므로 '道德(도덕)'의 뜻으로 씀.

引而不發 (인이불발)★★★

[뜻음] 끌 인, 말 이을 이, 아닐 불, 필 발.
[풀이] 화살을 메겨 시위를 당기기는 하나 활을 쏘지는 않는다. 남을 가르칠 때는 스스로 그 이치를 깨달을 수 있도록 학문하는 방법만 가르치고, 함부로 모든 것을 다 가르치지는 않음. 출전 孟子(맹자) 盡心上篇(진심상편).

人而殺之曰兵也 (인이살지왈병야)★★★

[뜻음] 사람 인, 말 이을 이, 죽일 살, 갈 지, 가로 왈, 무기 병, 어조사 야.
[풀이] 사람을 죽이고는 흉기가 죽였다고 말하는 것.

孟子(맹자)가 한 말이다.
"임금이 백성들을 위해 마음을 쓴다고 말은 하고 있지만, 그것은 한낱 형식적인 것에 불과하다. 지금 궁중과 대갓집에서는 개와 돼지들이 사람이 먹는 양식을 먹고 있는데도 이를 제한하는 일이 없고, 반면 길거리에 굶주린 사람이 쓰러져 죽어 있는데도 식량을 풀어 그들을 구제할 대책을 쓰지 않고 있다. 그러면서 그 죽은 사람들을 보고, '내가 정치를 잘못한 것 때문이 아니고 해가 흉년이 들어서 그렇다'고 한다. 이것은 마치 사람을 칼로 찔러 죽게 하고는 '그건 내가 죽인 것이 아니고 칼이 잘못 들어갔기 때문이다'고 하는 것과 같다. 개나 돼지가 먹는 창고의 양식을 왜 사람에게 나눠주지 못한단 말인가?"

人因成事 (인인성사)★★★

[뜻음] 남 인, 인할 인, 이룰 성, 일 사.
[풀이] 남의 힘으로 일을 이룸. 독립적인 기상이 없이 남의 힘을 빌려서 일하는 것. ≪史記(사기)≫ 平原君傳(평원군전)에 나오는 말이다. '원님 덕에 나팔 분다' 식의 가벼운 뜻으로 쓰였다.

秦(진)나라가 趙(조)나라 성 邯鄲(한단)을 포위하자 조나라는 平原君(평원군)을 楚(초)나라로 보내 구원병을 청하는데 평원군이 인재 스물을 데리고 가려 했다. 열아홉까지는 정했으나 하나가 채워지지 않아 고민하는데 여기에 자청한 사람이 毛遂(모수)이다. 평원군이 초왕을 만나 회담을 했지만 성과가 없자 모수가 칼을 잡고 나아가 초왕에게 당당하게 논리를 펼치자 초왕은 모수의 기세에 겁을 먹고 모수의 제안대로 出兵(출병)을 결정하게 된다. 담판을 마치자 모수는 맹약을 하며 초왕에게 피를 권하여 마시게 하고는 왼손에 피 쟁반을 들고 오른손으로 열아홉 명을 손짓해 말했다.
"당신들은 함께 이 피를 대청 아래에서 받으시오. 당신들은 녹록한 사람들로 이른바 남으로 인해 일을 이룩하는 사람들입니다."
'因人成事(인인성사)'는 녹록한 사람들이 잘난 사람의 덕을 보는 것을 뜻하고 있다.

忍字工夫 (인자공부)★

[뜻음] 참을 인, 글자 자, 장인 공, 남편 부.
[풀이] 참을 忍(인)자를 쓰고 쓰면서 참고 견디는 마음을 기름.

仁者無敵 (인자무적)★★★

[뜻음] 어질 인, 놈 자, 없을 무, 적 적.
[풀이] 어진 자에게는 적이 없음. 어진 사람에게는 누구나 따르므로 적이 없다는 뜻.

≪孟子(맹자)≫ 梁惠王上篇(양혜왕상편)에 나오는 말이다.
양혜왕이 제나라, 진나라, 초나라에게 침략당한 것을 분해하며, 원수를 갚고 싶은데 어떻게 하면 좋겠느냐고 물었다. 이에 맹자는 다음과 같은 대답을 했다. "인자는 적이 없다고 했으니 왕께선 조금도 의아해 하지 마십시오"

仁者不窮約 (인자불궁약)★

[뜻음] 어질 인, 놈 자, 아닐 불, 궁할 궁, 얽맬 약.
[풀이] 仁者(인자)는 막다른 골목에 다다라 고생하는 일이 없음.

仁者不憂 (인자불우)★

[뜻음] 어질 인, 사람 자, 아닐 불, 근심할 우.
[풀이] 어진 사람은 安貧樂道(안빈낙도)하므로 근심이 없음. 출전 論語(논어).

仁者安人 (인자안인)

[뜻음] 어질 인, 놈 자, 편안 안, 사람 인.
[풀이] 어진 사람은 天命(천명)을 알아 仁(인)의 境地(경지)에 편안히 잠겨 있어 不仁(불인)한 일로 마음이 움직이지 않음. 출전 論語(논어).

仁者樂山 (인자요산)★★★

[뜻음] 어질 인, 놈 자, 좋아할 요, 뫼 산.
[풀이] 어진 이는 산을 좋아한다. 어진 이는 고요함을 좋아한다. 그러므로 壽(수)한다. 孔子(공자)의 말. 확대 해석하면 인자(어진 사람)는 의리에 만족하여 몸가짐이 진중하고 심덕이 두터워 그 마음이 산과 비슷하므로 자연히 산을 좋아한다는 말. 출전 論語(논어) 雍也篇(옹야편).

仁者義之本也 (인자의지본야)★

[뜻음] 어질 인, 놈 자, 옳을 의, 갈 지, 근본 본, 어조사 야.
[풀이] 인은 의를 행하는 근본임. 출전 禮記(예기).

仁者必有勇 (인자필유용)★

[뜻음] 어질 인, 놈 자, 반드시 필, 있을 유, 날랠 용.
[풀이] 仁者(인자)는 사심이 없고 그릇됨이 없으므로 정의를 실천하는 데 주저하지 않음.

仁者好生 (인자호생)★

[뜻음] 어질 인, 놈 자, 좋아할 호, 살 생.
[풀이] 仁者(인자)는 어질어서 만물이 生生(생생)함을 좋아함. 好生之德(호생지덕).

仁漿義粟 (인장의속)★

[뜻음] 어질 인, 미음 장, 옳을 의, 조 속.
[풀이] '仁義(인의)가 담긴 음식과 곡식', '慈善家(자선가)가 베푸는 음식물'을 이르는 말. 義捐金(의연금) 따위의 募金函(모금함)에 이 句(구)를 많이 씀.

人跡未踏 (인적미답)★

[뜻음] 사람 인, 자취 적, 아닐 미, 밟을 답.
[풀이] 지금까지 사람이 지나간 일이 전연 없음. 사람이 발을 들여놓지 않음.

人迹不到 (인적부도)★

[뜻음] 사람 인, 자취 적, 아닐 부, 이를 도.
[풀이] 산이 험하고 깊거나 또는 인가에서 멀리 떨어져 있거나 해서 사람의 발자취가 이르지 않음.

人迹不到處 (인적부도처)★

[뜻음] 사람 인, 자취 적, 아닐 부, 이를 도, 곳 처.
[풀이] 인적이 닿지 아니한 곳.

仁霑義摩 (인점의마)★★★

[뜻음] 어질 인, 젖을 점, 옳을 의, 갈 마.
[풀이] 仁惠(인혜)로써 젖어들게 하고 正義(정의)로써 갈고 닦게 한다. 백성들을 다스리는데 인혜로써 젖어들게 하고 정의로써 갈고 닦게 해서 백성들이 仁義(인의)에 다가서게 함. 출전 漢書(한서) 董仲舒傳(동중서전).

人情冷暖 (인정냉난)★

[뜻음] 사람 인, 뜻 정, 찰 랭, 따뜻할 난.
[풀이] 人情(인정)에는 冷淡(냉담)함과 溫厚(온후)함이 있음.

人情世態 (인정세태)★

[뜻음] 사람 인, 뜻 정, 세상 세, 태도 태.
[풀이] 人心世態(인심세태).

人定勝天 (인정승천)★

[뜻음] 사람 인, 정할 정, 이길 승, 하늘 천.
[풀이] 人力(인력)은 능히 운명을 돌이켜 바로잡을 수 있음. 사람이 노력하면 어떤 어려운 일이라도 극복할 수 있음.

仁政必自經界始 (인정필자경계시)★

[뜻음] 어질 인, 정사 정, 반드시 필, 부터 자, 날 경, 지경 계, 비롯할 시.
[풀이] 王者(왕자)의 인정은 먼저 토지의 경계를 바르게 하고 課稅(과세)를 정확히 함을 이름. 출전 孟子(맹자) 滕文公上篇(등문공상편

人之常情 (인지상정)★★★

[뜻음] 사람 인, 갈 지, 항상 상, 뜻 정.
[풀이] 사람들이 보편적으로 가지고 있는 정. 人情(인정).

人之安宅 (인지안택)★★

[뜻음] 사람 인, 갈 지, 편안 안, 집 택.
[풀이] '仁德(인덕)'을 이르는 말. 인덕이 있는 사람에 대하여는 危害(위해)를 가할 사람이 없으므로, 인덕은 사람이 편안히 살 수 있는 집이란 뜻. 출전 孟子(맹자).

人之領袖 (인지영수)★

[뜻음] 사람 인, 갈 지, 옷깃 령, 소매 수.
[풀이] 뭇사람들의 우두머리를 이름. 출전 晉書(진서) 魏舒傳(위서전).

人之將死其言也善 (인지장사기언야선)★★★

[뜻음] 사람 인, 갈 지, 장차 장, 죽을 사, 그 기, 말씀 언, 어조사 야, 착할 선.
[풀이] 사람이 장차 죽으려 할 때에는 그 하는 말이 착해짐을 이름.

《論語(논어)》 泰伯篇(태백편)에 있는 曾子(증자)의 말이다.

증자가 오랜 병으로 누워 있을 때 魯(노)나라 勢道(세도) 대신 孟敬子(맹경자)가 문병을 왔다. 그러자 증자는

그에게 이런 말을 했다.

"새가 장차 죽으려면 그 울음소리가 슬프고, 사람이 장차 죽으려면 그 말이 착한 법이다."

그런 다음 군자가 귀중하게 여겨야 할 세 가지 일을 들어 말한 다음, 그 밖의 사무적인 일은 각각 맡은 사람이 있으므로 그런 것에 너무 관심을 갖지 말고, 윗사람으로서의 체통을 지키라고 권한다. 위의 말은 예부터 전해 내려오는 말로, 죽음에 임하여 하는 내 말이니 착한 말로 알고 깊이 명심해서 실천하라고 한 말이다.

麟趾呈祥 (인지정상)★
[뜻음] 기린 린, 발가락 지, 보일 정, 상서로울 상.
[풀이] 남의 生男(생남)을 축하하여 이르는 말.

人之準繩 (인지준승)★
[뜻음] 사람 인, 갈 지, 법 준, 먹줄 승.
[풀이] 準繩(준승)과 같은 모범적인 인간. 準繩(준승): 법이나 곧은 먹줄.

麟趾之化 (인지지화)★
[뜻음] 기린 린, 발 지, 갈 지, 될 화.
[풀이] 周(주)나라 文王(문왕)의 后妃(후비)의 德(덕)이 子孫宗族(자손종족)까지 善化(선화)한 까닭에 詩人(시인)이 麟之趾(인지지)의 시를 지어서 이를 稱誦(칭송)한 일. 因(인)하여 皇后(황후)·皇太后(황태후)의 덕을 기리는 말. 출전 詩經(시경) 召南(소남).

鱗集仰流 (인집앙류)★
[뜻음] 비늘 린, 모일 집, 우러를 앙, 흐를 류.
[풀이] 물고기들이 모여서 물 위에 입을 내놓고 벌름거린다. 사방의 백성들이 德(덕)을 欽慕(흠모)하여 모여듦의 비유. 출전 漢書(한서).

引錐自刺 (인추자자)
[뜻음] 끌 인, 송곳 추, 스스로 자, 찌를 자.
[풀이] 공부하다가 잠이 오면 송곳으로 자기 몸을 찔러 잠을 깨게 하는 것. 출전 戰國策(전국책) 秦策(진책).

仁親爲寶 (인친위보)
[뜻음] 어질 인, 친할 친, 삼을 위, 보배 보.
[풀이] 부모를 위함을 財寶(재보)로 여김. 출전 大學(대학).

因敗爲功 (인패위공)★
[뜻음] 인할 인, 패할 패, 할 위, 공 공.
[풀이] 유능한 사람은 실패를 도리어 성공으로 바꾸어 놓는다는 말.

人平不語 (인평불어)
[뜻음] 사람 인, 평평할 평, 아닐 불, 말씀 어.
[풀이] 사람은 만족하면 아무 말도 하지 않음. 출전 通俗編(통속편).

咽喉之地 (인후지지)★
[뜻음] 목구멍 인, 목구멍 후, 갈 지, 땅 지.
[풀이] 목구멍과 같은 땅. 要害處(요해처). 매우 중요한 목.

一家眷屬 (일가권속)★★
[뜻음] 한 일, 집 가, 돌볼 권, 붙을 속.
[풀이] 한집안의 모든 겨레붙이 및 부하. 또, 일파의 사람들.

一家團欒 (일가단란)★★
[뜻음] 한 일, 집 가, 모일 단, 가름대 란.
[풀이] 한집안 식구가 무릎을 모아 둘러앉는다. 한집안 식구가 화목하게 지냄을 이름.

一家門中 (일가문중)★
[뜻음] 한 일, 집 가, 문 문, 가운데 중.
[풀이] 멀고 가까운 모든 일가.

日加月增 (일가월증)★
[뜻음] 날 일, 늘어날 가, 달 월, 더할 증.
[풀이] 날로 달로 더해서 늘고 불어 감.

一家和合 (일가화합)★
[뜻음] 한 일, 집 가, 화할 화, 합할 합.
[풀이] 한집안 식구가 모두 뜻이 고르고 맞음.

一刻三秋 (일각삼추)★★
[뜻음] 한 일, 십오분 각, 석 삼, 가을 추.
[풀이] 一刻如三秋(일각여삼추).

一刻如三秋 (일각여삼추)★★★
[뜻음] 한 일, 십오분 각, 같을 여, 석 삼, 가을 추.
[풀이] 일각이 삼 년의 세월같이 여겨진다. 기다리는 마음이 매우 간절함.

一刻千金 (일각천금)★★
[뜻음] 한 일, 시각 각, 일천 천, 쇠 금.
[풀이] 一刻(일각: 15분)의 짧은 시간도 아깝기가 千金(천금)과 같음. 또 매우 즐거운 경우를 이름. 一刻値千金(일각치천금). 출전 蘇軾(소식)의 시.

一間斗屋 (일간두옥)★
[뜻음] 한 일, 사이 간, 말 두, 집 옥.
[풀이] 작은 오막살이 집. 一間草屋(일간초옥).

一間草屋 (일간초옥)★
[뜻음] 한 일, 사이 간, 풀 초, 집 옥.

一竿風月 (일간풍월)★★
[뜻음] 한 일, 장대 간, 바람 풍, 달월.
[풀이] ① 낚싯대를 드리우고 덧없는 속세의 일을 잊음. ② 속세의 일을 잊고 낚시질하며 풍류를 즐김. 風流三昧(풍류삼매).

一介書生 (일개서생)★
[뜻음] 한 일, 작을 개, 책 서, 날 생.
[풀이] 하찮은 서생. 변변치 않은 서생. 서생은 글을 읽는 사람.

一介之士 (일개지사)★

[뜻음] 한 일, 작을 개, 갈 지, 선비 사.
[풀이] 보잘것없는 선비. 識見(식견)이 얕은 頑固(완고)한 사람.

一去無消息 (일거무소식)★

[뜻음] 한 일, 갈 거, 없을 무, 사라질 소, 숨 쉴 식.
[풀이] 한 번 간 후로 전혀 소식이 없음.

一擧三得 (일거삼득)

[뜻음] 한 일, 들 거, 석 삼, 얻을 득.
[풀이] 한 가지 일을 하여 세 가지 이익을 봄을 이르는 말.

一擧手一投足 (일거수일투족)★

[뜻음] 한 일, 들 거, 손 수, 던질 투, 발 족.
[풀이] 손을 한 번 듦과 발을 한 번 옮겨 놓음. 아주 조그만 일에 이르기까지의 하나하나의 동작.

一擧兩得 (일거양득)★★★

[뜻음] 한 일, 들 거, 두 량, 얻을 득.
[풀이] 한 가지 일을 하여 두 가지의 이득을 봄.

≪春秋後語(춘추후어)≫에 나오는 말이다.

秦(진)나라 惠文王(혜문왕) 때(B.C.317)의 일이다. 중신 司馬錯(사마조)는 어전에서 '중원으로의 진출이야 말로 朝名市利(조명시리)에 부합하는 霸業(패업)'이라며 중원으로의 출병을 주장하는 재상 張儀(장의)와는 달리 혜문왕에게 이렇게 진언했다.

"신이 듣기로는 부국을 원하는 군주는 먼저 국토를 넓히는 데 힘써야 하고, 强兵(강병)을 원하는 군주는 먼저 백성의 富(부)에 힘써야 하며, 霸者(패자)가 되기 원하는 군주는 먼저 덕을 쌓는 데 힘써야 한다고 하옵니다. 이 세 가지 요건이 갖춰지면 패업은 자연히 이루어지는 법이옵니다. 그래서 이 두 가지 문제를 한꺼번에 해결하려면 먼저 막강한 진나라의 군사로 蜀(촉) 땅의 오랑캐를 정벌하는 길밖에 달리 좋은 방법이 없는 줄로 아옵니다. 그러면 국토는 넓어지고 백성들의 재물은 쌓일 것이옵니다. 이야말로 '일거양득'이 아니고 무엇이옵니까?

그러나 지금 천하를 호령하기 위해 천하의 宗室(종실)인 周(주)나라와 동맹을 맺고 있는 韓(한)나라를 침범하면, 한나라는 齊(제)나라와 趙(조)나라를 통해서 楚(초)나라와 魏(위)나라에 구원을 청할 것이 분명하오며, 더욱이 주나라의 九鼎(구정)은 초나라로 옮겨질 것이옵니다. 그때는 진나라가 공연히 천자를 위협한다는 惡名(악명)만 얻을 뿐이옵니다."

혜문왕은 사마조의 진언에 따라 촉 땅의 오랑캐를 정벌하고 국토를 넓혔다.

[참고] 구정: 禹王(우왕) 때에 당시 전 중국 대륙인 아홉 고을[九州]에서 바친 금(金, 일설에는 구리)으로 만든 솥. 夏(하)·殷(은)

이래 天子(천자)에게 전해 오는 상징적 보물이었으나 周王朝(주왕조) 때에 없어졌다고 함.

一擧兩全 (일거양전)

[뜻음] 한 일, 들 거, 두 양, 온전할 전.
[풀이] 한 행동에 의하여 두 가지 일이 잘 이루어짐.

日居月諸 (일거월저)★

[뜻음] 날 일, 어조사 거, 달 월, 어조사 저.
[풀이] 해여, 달이여. 임금과 신하. 임금과 그의 부인. 부모님. 날과 달이 지나가는 일. 세월이 흘러가는 일. 居(거)와 諸(저, 제)는 助辭(조사). 출전 詩經(시경) 邶風(패풍).

一擧一動 (일거일동)★★★

[뜻음] 한 일, 들 거, 움직일 동.
[풀이] 사소한 동작.

一劍之任 (일검지임)

[뜻음] 한 일, 칼 검, 갈 지, 맡길 임.
[풀이] 刺殺(척살) 또는 決鬪(결투) 등에 의하여 일을 결말지어야 할 임무. 출전 戰國策(전국책).

一犬吠形百犬吠聲 (일견폐형백견폐성)★★★

[뜻음] 한 일, 개 견, 짖을 폐, 모양 형, 일백 백, 소리 성.
[풀이] 개 한 마리가 헛그림자를 보고 짖어대면, 온 마을 개가 그 소리에 따라 짖는다.

後漢(후한)의 王符(왕부)가 지은 ≪潛夫論(잠부론)≫의 賢難篇(현난편)에 이 말이 나온다. 潛夫(잠부)란 숨어 사는 사람이라는 말이다.

왕부는 출세 지상의 풍조에 환멸을 느끼고 벼슬을 단념하고 고향에서 숨어 살며 ≪潛夫論(잠부론)≫을 지었다. 그 가운데,

"천하가 잘 다스려지지 않는 까닭은, 賢難(현난)에 있다. 현난이란 어진 사람이 되기가 어려운 것이 아니라 어진 사람을 얻기가 어려운 것을 말하는 것이다"라는 말이 나온다. 그리고

"속담에 말하기를 한 개가 그림자를 보고 짖으면 모든 개는 소리만 듣고 짖는다고 했다. 세상의 이 같은 병은 참으로 오래된 것이다"라고 나와 있다.

一莖九穗之瑞 (일경구수지서)★★

[뜻음] 한 일, 줄기 경, 아홉 구, 이삭 수, 갈 서, 상서로울 서.
[풀이] 한 포기의 줄기에서 아홉 개의 이삭이 맺는다. 상서로운 조짐이나 그 穀物(곡물)을 이르는 말. 출전 後漢書(후한서) 光武帝紀(광무제기).

一經博士 (일경박사)★

[뜻음] 한 일, 경서 경, 넓을 박, 선비 사.
[풀이] 經書(경서) 하나만 연구하여 된 박사. '융통성이 없는 학자'를

이르는 말. 박사는 學藝(학예)를 맡은 벼슬. 一經之儒(일경지유).

一驚一喜 (일경일희)★

[뜻음] 한 일, 놀랄 경, 기쁠 희.
[풀이] 한편으로 놀라면서도 한편으로 기뻐함.

一經之訓 (일경지훈)★★★

[뜻음] 한 일, 경서 경, 갈 지, 가르칠 훈.
[풀이] 중국 漢(한)나라의 韋賢(위현)이 아들들을 공부시켜 그로 말미암아 아들들이 모두 높은 벼슬자리에 올랐으므로 당시의 사람들이 자식을 위해서는 황금을 남기는 것보다 '一經'을 가르치는 것이 좋다고 한 옛일에서 온 말.

　　명나라 때 홍자성이 쓴 『채근담』을 보면,
　　"祖上(조상)의 덕을 묻는다면 내 몸이 누리는 것이 바로 그것이니 마땅히 그 쌓기 어려움을 생각할 것이요, 자손의 복을 묻는다면 내 몸이 끼칠 것이 그것이니 그 기울어 엎어지기 쉬움을 생각해야 할 것이다"라고 나와 있다.
　　내가 지금 누리는 모든 것은 조상의 덕택이니 조상들의 노고에 감사하는 마음을 가지고, 또 내가 지금 잘해야 자손이 복 있는 삶을 누릴 것이니 항상 겸허하고 차분한 마음으로 살아야 한다는 뜻이다.
　　옛말에 '자손에게 千金(천금)을 남기는 것보다 經書(경서) 한 권 남겨주는 것이 훨씬 유익하다'고 했다. 천금이란 임자가 누구인지 알 수 없게 사라지게 마련이고, 많은 돈이란 갑자기 災殃(재앙)으로 突變(돌변)하는 경우가 많다. 경서를 읽고 바른 가치관을 가지고 지혜롭게 살게 하는 것이 후손을 진정으로 위하는 길이 될 것이다. 아무리 많은 유산을 물려주어도 자손이 배운 것이 없고 어리석으면 재산을 지킬 수가 없는 것이다. 우리나라 속담에 '부자 삼 대 못 간다'라는 말이 있다.

一繼一及 (일계일급)★

[뜻음] 한 일, 이을 계, 미칠 급.
[풀이] 아버지가 죽어 자식이 그 뒤를 이음을 '繼', 형이 죽어 아우가 그 뒤를 이음을 '及'이라 한다. 출전 史記(사기).

一鼓可破 (일고가파)

[뜻음] 한 일, 북 고, 옳을 가, 깨뜨릴 파.
[풀이] 한 차례 북을 쳐서 士氣(사기)를 鼓舞(고무)시킴으로써 적을 깨뜨릴 수 있음.

一顧傾國 (일고경국)★

[뜻음] 한 일, 돌아볼 고, 기울 경, 나라 국.
[풀이] 한번 돌아보면 나라가 기운다. 絶世(절세)의 미녀. 一顧傾城(일고경성). 唐(당)나라 때 楊貴妃(양귀비)를 傾國之色(경국지색)이라 함.

一顧傾城 (일고경성)★

[뜻음] 한 일, 돌아볼 고, 기울어질 경, 성 성.
[풀이] 여자의 秋波(추파)를 받음으로써 그 色香(색향)에 마음이 쏠려

한 城(성)이나 한 나라를 망친다는 말. 뛰어난 美人(미인)을 형용하여 이르는 말. 출전 漢書(한서).

一鼓手二名唱 (일고수이명창)★

[뜻음] 한 일, 북 고, 손 수, 두 이, 이름날 명, 부를 창.
[풀이] 판소리에서, 북을 치는 사람이 첫째요, 소리 잘하는 이는 버금이라는 말. 북 잘 치는 사람이 명창보다도 드물다는 말.

一顧千金 (일고천금)★

[뜻음] 한 일, 돌아볼 고, 일천 천, 쇠 금.
[풀이] 賢者(현자)로부터 한 번 보살핌을 받는 것은 황금 천 냥의 값어치가 있음.

日久月深 (일구월심)★★

[뜻음] 날 일, 오랠 구, 달 월, 깊을 심.
[풀이] 날이 오래고 달이 깊어진다. ① 세월이 오래될수록 자꾸만 더해 감. ② 골똘히 바람.

一口二言 (일구이언)

[뜻음] 한 일, 입 구, 두 이, 말씀 언.
[풀이] 한 입으로 두 가지의 말을 함. 곧 약속을 어김.

一裘一葛 (일구일갈)★

[뜻음] 한 일, 갖옷 구, 칡 갈.
[풀이] 여름에 입는 갈포로 만든 옷 한 벌과 겨울에 입는, 가죽으로 만든 옷 한 벌. 轉(전)하여 가난한 살림. 貧寒(빈한)한 생활.

一丘一壑 (일구일학)★★★

[뜻음] 한 일, 언덕 구, 골짜기 학.
[풀이] 때로는 언덕에 올라가 소풍을 하고 때로는 골짜기의 시내에서 낚시질한다는 뜻으로, 俗世(속세)를 떠나 자연을 벗 삼으며 몸을 고상하게 가짐을 이름. 출전 晉書(진서).

一丘之狢 (일구지학)★

[뜻음] 한 일, 언덕 구, 갈 지, 오소리 학.
[풀이] 한 언덕에서 같이 사는 오소리(담비)라는 뜻으로, 同類(동류)의 비유로 쓰임. 차별하기 어려운 같은 종류. 출전 漢書(한서).

一饋而十起 (일궤이십기)★

[뜻음] 한 일, 먹일 궤, 말 이을 이, 열 십, 일어날 기.
[풀이] 夏(하)나라의 禹王(우왕)이 지극히 백성을 사랑하여 한 번 식사하는 동안에도 열 번이나 일어나 그들을 걱정한 고사. 임금이 정치에 열의가 있음. 출전 淮南子(회남자).

一歸何處 (일귀하처)★

[뜻음] 한 일, 돌아올 귀, 어찌 하, 곳 처.
[풀이] '모든 것이 마침내 한군데로 돌아간다 하니, 나는 어디로 가는고'의 뜻. 禪宗(선종)의 1,700 公案(공안) 가운데 하나임.

一竅不通 (일규불통)

[뜻음] 한 일, 구멍 규, 아닐 불, 통할 통.
[풀이] '염통의 구멍이 막혔다'는 뜻으로, '事理(사리)에 어두움'을 이르는 말.

一琴一鶴 (일금일학)★

[뜻음] 한 일, 거문고 금, 학 학.
[풀이] '하나의 거문고와 한 마리의 학이 가진 것의 전부'라는 뜻으로, '世俗(세속)에 뜻이 없고 청렴한 官吏(관리)의 생활'을 이르는 말. 출전 宋史(송사).

一騎當千 (일기당천)★★★

[뜻음] 한 일, 말 탈 기, 당할 당, 일천 천.
[풀이] 한 騎兵(기병)이 천 명의 적을 당해 낼 수 있다는 말. 武藝(무예)나 능력이 썩 뛰어남.

一諾千金 (일낙천금)★

[뜻음] 한 일, 허락할 낙, 일천 천, 쇠 금.
[풀이] 한 번 승낙한 것은 값이 천금이나 된다는 뜻으로, 약속은 굳게 지켜야 함을 비유한 말. '季布一諾(계포일락)'을 보시오.

一年一到 (일년일도)★

[뜻음] 한 일, 해 년, 이를 도.
[풀이] 한 해에 한 번씩 돌아옴.

一念通天 (일념통천)

[뜻음] 한 일, 생각할 념, 통할 통, 하늘 천.
[풀이] 마음만 한결같이 먹으면 어떠한 어려운 일이라도 이룰 수 있음. 한마음으로 정성을 다해 노력하면 그 뜻이 하늘에 통해 어떤 일이든 성취된다는 뜻.

一茶頃 (일다경)

[뜻음] 한 일, 차 다, 잠깐 경.
[풀이] 한 잔의 차를 마실 정도의 사이. '매우 짧은 시간'을 이르는 말.

一簞食一豆羹 (일단사일두갱)★★

[뜻음] 한 일, 대광주리 단, 밥 사, 제기 두, 국 갱.
[풀이] 대나무로 만든 밥그릇 하나에 담은 밥과 祭器(제기) 하나에 담은 국. 빈한한 사람의 간소하고 적은 음식. 출전 孟子(맹자) 告子上篇(고자상편).

一簞食一瓢飮 (일단사일표음)★★★

[뜻음] 한 일, 대광주리 단, 밥 사, 표주박 표, 마실 음.
[풀이] 대나무로 만든 밥그릇 하나에 담은 밥과 표주박 하나에 담은 음료. 빈한한 사람의 간소하고 적은 음식.

이 말은 ≪論語(논어)≫ 雍也篇(옹야편)에 있다. 孔子(공자)가 顏子(안자)를 칭찬한 말 가운데 있는 말이다.
"어질도다 回(회: 顏淵)여, 한 도시락밥과 한 바가지 물로 더러운 골목에 사는 것을 사람들은 그 고생을 견디지 못해하는데, 회는 그 즐거움을 고치지 않으니 어질도다, 회여"
공자는 述而篇(술이편)에서 자신의 심경을 고백하는 가운데 "거친 밥 먹고, 물을 마시고 팔을 베고 자도, 즐거움이 또한 그 속에 있다. 옳지 못한 부귀나 명성 같은 것은 내게 있어서 뜬 구름과 같다"고 말했다.

魯哀公(노애공)이 공자에게 어느 제자가 제일 학문을 좋아하느냐고 묻자,
"안회란 사람이 학문을 좋아해서 노여움을 옮기지 않고 같은 잘못을 두 번 되풀이하는 일이 없더니 지금은 죽고 없는지라 아직 학문을 좋아하는 사람이 있는 것을 듣지 못했습니다" 하고 대답했다.

一短一長 (일단일장)★

[뜻음] 한 일, 짧을 단, 길 장.
[풀이] 한 가지 단점과 한 가지 장점. 단점도 있고 장점도 있음.

一當百 (일당백)★★★

[뜻음] 한 일, 마땅할 당. 일백 백.
[풀이] 한 사람이 백 사람을 당해낸다. 매우 勇猛(용맹)하거나 능력이 많은 사람. 출전 後漢書(후한서).

一代談宗 (일대담종)★

[뜻음] 한 일, 대 대, 말씀 담, 마루 종.
[풀이] 一世(일세)의 言談(언담)의 大家(대가)로 받들린 사람.

一代英雄 (일대영웅)★

[뜻음] 한 일, 세대 대, 꽃부리 영, 수컷 웅.
[풀이] 당시의 가장 뛰어난 인물.

一刀三禮 (일도삼례)

[뜻음] 한 일, 칼 도, 석 삼, 예도 례.
[풀이] 불교용어. 佛像(불상)을 새길 때 부처에게 敬意(경의)를 표하기 위하여 세 번 절하는 일.

一刀兩斷 (일도양단)★★

[뜻음] 한 일, 칼 도, 두 양, 끊을 단.
[풀이] 한 칼을 대번에 쳐서 두 동강을 낸다. 일이나 행동을 머뭇거리지 않고 선뜻 결정함. 과단성 있게 일을 처리함.

一動一靜 (일동일정)★

[뜻음] 한 일, 움직일 동, 고요할 정.
[풀이] 때로는 움직이고 때로는 정지함. 활동하기도 하고 정지하기도 함. 출전 禮記(예기) 樂記篇(악기편).

一斗粟尙可春 (일두속상가용)★

[뜻음] 한 일, 말 두, 조 속, 오히려 상, 가할 가, 찧을 용.
[풀이] 얼마 안 되는 양식이라도 찧어서 서로 나누어 먹어야 한다는 뜻으로, 형제간 友愛(우애)가 좋아야 함을 이름. 漢(한)나라 文帝(문제)가 아우와 不睦(불목)한 것을 譏刺(기자)한 民謠(민요)의 한 句(구)임. 출전 史記(사기).

日落西山 (일락서산)★★★

[뜻음] 해 일, 떨어질 락, 서녘 서, 뫼 산.
[풀이] 해가 西山(서산)에 떨어짐. 힘, 세력 등이 기울어져 어쩔 수 없게 된 형세.

一諾千金 (일락천금)★

[뜻음] 한 일, 허락할 락, 일천 천, 쇠 금.
[풀이] 말 한마디가 천금과 같다. 季布一諾(계포일락).

日落咸池 (일락함지)★★

[뜻음] 해 일, 떨어질 락, 모두 함, 못 지.
[풀이] 해가 서쪽으로 짐. '咸池(함지)'는 중국 고대 전설에서 해가 지는 곳이라고 믿었던 서쪽의 큰 연못.

一亂一治 (일란일치)★

[뜻음] 한 일, 어지러울 란, 다스릴 치.
[풀이] 어지러워졌다가, 다스려졌다가 함.

一覽不忘 (일람불망)★

[뜻음] 한 일, 볼 람, 아닐 불, 잊을 망.
[풀이] 한 번 보면 잊지 아니함.

一覽輒記 (일람첩기)★★

[뜻음] 한 일, 볼 람, 문득 첩, 기억할 기.
[풀이] 한 번 보면 곧 기억함. 한 번 훑어보고 단박에 암기함. 聰氣(총기)가 썩 좋음.

一來一往 (일래일왕)★

[뜻음] 한 일, 올 래, 갈 왕.
[풀이] ① 왔다 갔다 함. 오고 감. 왕래함. ② 사귐. 교제함.

一路福星 (일로복성)★

[뜻음] 한 일, 길 로, 복 복, 별 성.
[풀이] 복성은 행복을 주는 별이란 뜻으로 덕으로써 다스리는 사람에 비유함. ① 善政(선정)을 베푸는 사람을 이르는 말. '福星'은 행복을 주는 별. ② 一路平安(일로평안). 출전 山堂肆考(산당사고).

一路連科 (일로연과)★★★

[뜻음] 한 일, 길 로, 잇닿을 연, 과목 과.
[풀이] 한꺼번에 연달아 과거에 급제하라는 기원을 담고 있는 말. 해오라기 한 마리와 연꽃 한 송이를 그리는 그림을 一鷺蓮果(일로연과)라고 하는데 이 화제에는 한꺼번에 연달아 과거에 급제하라는 기원을 담고 의미가 담김.

一勞永佚 (일로영일)★

[뜻음] 한 일, 수고로울 로, 길 영, 편안할 일.
[풀이] 한때 고생하고 오랫동안 안락하게 지냄.

一怒一老一笑一少 (일로일로일로일소)★

[뜻음] 한 일, 성낼 로, 늙을 로, 웃을 소, 젊을 소.
[풀이] 한 번 성내면 한 번 늙고 한 번 웃으면 한 번 젊어짐.

一龍一蛇 (일룡일사)★

[뜻음] 한 일, 용 룡, 뱀 사.
[풀이] 혹은 용이 되어 하늘로 올라가고 혹은 뱀이 되어 못 속에서 숨는다는 뜻으로, 治世(치세)에는 나아가서 立身揚名(입신양명)하고 亂世(난세)에는 숨어서 明哲保身(명철보신)함을 이름. 출전 莊子(장자).

一龍一豬 (일룡일저)★

[뜻음] 한 일, 용 룡, 돼지 저.
[풀이] 부지런하느냐 태만하느냐에 따라 한 사람은 용이 되고 한 사람은 돼지가 된다. 地位(지위) 또는 賢愚(현우)의 차이가 懸隔(현격)하여짐.

一輪明月 (일륜명월)★

[뜻음] 한 일, 수레바퀴 륜, 밝을 명, 달 월.
[풀이] 하나의 둥글고 맑은 달.

一粒萬倍 (일립만배)★

[뜻음] 한 일, 낟알 립, 일만 만, 곱 배.
[풀이] 한 알의 곡식도 심으면 만 알이 된다. 작은 것도 쌓이면 많게 된다는 말.

一馬一鞍 (일마일안)★

[뜻음] 한 일, 말 마, 안장 안.
[풀이] 한 마리 말에는 안장 하나. 一夫一妻(일부일처)를 이르는 말.

一望無涯 (일망무애)★

[뜻음] 한 일, 바랄 망, 없을 무, 끝 애.
[풀이] 一望無際(일망무제).

一望無際 (일망무제)★★★

[뜻음] 한 일, 바랄 망, 없을 무, 사이 제.
[풀이] 아득히 멀어서 끝이 없음. 아득하게 끝없이 멀어 눈을 가리는 것이 없음. 一望無涯(일망무애).

一網打盡 (일망타진)★★★

[뜻음] 한 일, 그물질할 망, 칠 타, 다할 진.
[풀이] 한 그물에 물고기를 모두 잡다. 한꺼번에 모조리 잡음. 세력을 완전히 꺾어 버림. 출전 宋史(송사).

一脈相通 (일맥상통)★

[뜻음] 한 일, 맥 맥, 서로 상, 통할 통.
[풀이] 생각이나 처지, 상태 등이 한 줄기로 서로 통함.

一盲引衆盲 (일맹인중맹)

[뜻음] 한 일, 눈멀 맹, 끌 인, 무리 중.
[풀이] 한 소경이 여러 소경을 인도한다. 어리석은 자가 여러 어리석은 자를 그릇된 길로 인도한다는 뜻.

一面驅禽 (일면구금)★

[뜻음] 한 일, 낮 면, 몰 구, 새 금.
[풀이] 한쪽에서 새를 모는 일. 중국 殷(은)나라의 湯王(탕왕)이 四面(사면)에 그물을 치고 새를 잡고 있는 것을 보고 그 삼면을 풀어 오직 한쪽에만 새를 잡게 하여, 어진 정치를 짐승에게까지 베푼 옛일에서 온 말.

一面不知 (일면부지)★

[뜻음] 한 일, 낮 면, 아닐 부, 알 지.
[풀이] 한 번도 만나 본 일이 없어 알지 못함.

一面識 (일면식)★★★

[뜻음] 한 일, 낯 면, 알 식.
[풀이] 한 번 서로 인사를 한 정도로 약간 顔面(안면)이 있는 일.

一面之分 (일면지분)★

[뜻음] 한 일, 낯 면, 갈 지, 나눌 분.
[풀이] 한 번 만나 본 정도의 교분.

一鳴驚人 (일명경인)★

[뜻음] 한 일, 울 명, 놀랄 경, 사람 인.
[풀이] 한 번 울어 사람들을 놀라게 한다. 중국 戰國時代(전국시대)의 齊(제)나라 淳于髡(순우곤)이 새를 빌려 威王(위왕)을 諫(간)한 옛일에서 온 말. 한번 시작하면 한마디로 사람들을 깜짝 놀라게 할 만한 일을 할 수 있다는 뜻. 출전 史記(사기).

日暮途窮 (일모도궁)★★★

[뜻음] 날 일, 저물 모, 길 도, 다할 궁.
[풀이] 날은 저물고 갈 길은 막힌다. 늙고 쇠약하여 앞날이 아득함.

日暮途遠 (일모도원)★★★

[뜻음] 날 일, 저물 모, 길 도, 멀 원.
[풀이] 해는 저물고 갈 길은 멀고 아득함. 늙고 쇠약한데 앞으로 해야 할 일은 산더미처럼 많음. 사태가 급박하여 갑자기 서둘러도 미치지 못함. '掘墓鞭屍(굴묘편시)'를 보시오. 출전 史記(사기) 伍子胥傳(오자서전).

一目羅不可以得鳥 (일목라불가이득조)★

[뜻음] 한 일, 눈 목, 새그물 라, 아닐 불, 가할 가, 써 이, 얻을 득, 새 조.
[풀이] 한 눈의 그물로는 새를 잡을 수 없다. ① 예를 갖추지 않으면, 현인을 불러 이르게 할 수 없음. ② 겨우 한 사람에게만 맡겨서는 많은 사람을 다루기 어려움. 一目之羅(일목지라). 출전 淮南子(회남자).

一目十行 (일목십행)★

[뜻음] 한 일, 눈 목, 열 십, 다닐 행.
[풀이] 글 열 줄을 동시에 본다. 독서력이 비상하여 대단히 速讀(속독)함을 이름. 출전 北齊書(북제서).

一目瞭然 (일목요연)★

[뜻음] 한 일, 눈 목, 밝을 료, 그럴 연.
[풀이] 한 번 척 보고 알 수 있도록 환하고 명백함.

一目將軍 (일목장군)

[뜻음] 한 일, 눈 목, 장수 장, 군사 군.
[풀이] '애꾸눈이'를 농으로 이르는 말.

一牡多牝 (일무다빈)★★

[뜻음] 한 일, 수컷 무, 많을 다, 암컷 빈.
[풀이] 한 마리의 수컷에 여러 마리의 암컷. 한 마리의 수컷이 여러 마리의 암컷을 거느리는 현상.

一無所得 (일무소득)★

[뜻음] 한 일, 없을 무, 바 소, 얻을 득.
[풀이] 하나도 얻을 만한 것이 없음.

一無消息 (일무소식)★

[뜻음] 한 일, 없을 무, 사라질 소, 쉴 식.
[풀이] 도무지 소식이 하나도 없음. 終無消息(종무소식).

一問一答 (일문일답)★

[뜻음] 한 일, 물을 문, 대답할 답.
[풀이] 한 번의 물음에 한 번씩 대답함. 물음에 대하여 곧 그 자리에서 대답함.

溢美溢惡 (일미일악)★

[뜻음] 넘칠 일, 아름다울 미, 악할 악.
[풀이] 지나치게 칭찬함과 지나치게 헐뜯음. 출전 莊子(장자).

溢美之言 (일미지언)★

[뜻음] 넘칠 일, 아름다울 미, 갈 지, 말씀 언.
[풀이] 지나치게 칭찬하는 말. 過讚(과찬)의 말. 출전 莊子(장자).

一斑全豹 (일반전표)★

[뜻음] 한 일, 얼룩 반, 온전할 전, 표범 표.
[풀이] 표범의 한 반점을 보고 그 전모를 안다. 사물의 일부분만을 보고 그 전체를 헤아림의 비유. 一斑評全豹(일반평전표).

一飯之報 (일반지보)★

[뜻음] 한 일, 밥 반, 갈 지, 갚을 보.
[풀이] 한 끼니의 밥을 얻어먹은 데 대한 報恩(보은). 아주 작은 은혜에 대한 보은. 一飯之恩(일반지은).

一飯之恩 (일반지은)★

[뜻음] 한 일, 밥 반, 갈 지, 은혜 은.
[풀이] 한 끼의 밥을 얻어먹은 恩德(은덕). 一飯之德(일반지덕). 출전 史記(사기) 淮陰侯傳(회음후전).

一飯千金 (일반천금)★

[뜻음] 한 일, 밥 반, 일천 천, 쇠 금.
[풀이] 중국 한나라 韓信(한신)이 漂母(표모)한테 한 끼니의 밥을 얻어먹고 후에 千金(천금)을 주어 그 은혜를 갚은 일. 一飯之恩(일반지은). 출전 史記(사기) 淮陰侯傳(회음후전).

一飯吐哺 (일반토포)★

[뜻음] 한 일, 밥 반, 토할 토, 머금을 포.
[풀이] 周(주)나라 周公(주공)이 어진 이를 구하는 데 열심이어서 한 끼의 식사에 세 번이나 입에 넣은 밥을 뱉고 일어나 손님을 迎接(영접)한 고사. 吐哺握發(토포악발).

一斑評全豹 (일반평전표)★

[뜻음] 한 일, 얼룩질 반, 평론할 평, 온전할 전, 표범 표.
[풀이] 검은 점 하나를 보고 표범 전체를 평한다. '사물의 일부분을 보고, 그 전체를 비평함'을 이르는 말. 출전 晉書(진서).

壹發五犯 (일발오파)★

[뜻음] 한 일, 쏠 발, 다섯 오, 산돼지 파.

[풀이] 화살을 한 번 쏘아 산돼지 다섯 마리를 잡는다는 뜻으로 사냥하여 잡은 것이 많음을 이름. 출전 詩經(시경) 召南(소남).

一髮引千鈞 (일발인천균)★

[뜻음] 한 일, 터럭 발, 끌 인, 일천 천, 서른 근 균.
[풀이] 한 가닥의 머리카락으로 삼만 근이나 되는 무거운 물건을 끌어당긴다. 극히 위험하거나 무모한 일을 비유하는 말. 一髮千鈞(일발천균).

一罰百戒 (일벌백계)★★★

[뜻음] 한 일, 벌줄 벌, 일백 백, 경계할 계.
[풀이] 한 사람 또는 한 가지 죄과를 벌줌으로써 여러 사람의 警覺心(경각심)을 불러일으킴.

一帆風順 (일범풍순)★

[뜻음] 한 일, 돛 범, 바람 풍, 순할 순.
[풀이] 順風(순풍)을 받은 배처럼 운명이 순조로운 일. 幸運(행운)이 계속하는 일. 편안한 여행길을 祝願(축원)하는 말.

一封軺傳 (일봉초전)

[뜻음] 한 일, 봉할 봉, 수레 초, 전할 전.
[풀이] 漢(한)나라 시대의 제도로서 사방으로 전차를 타고 가는 사람들이 길이가 한자 여섯 치나 되는 木札(목찰)을 통에 넣고 어사대부의 封印(봉인)을 받아 지녔는데 이것을 傳(전)이라 하며, 軺(초)는 마차를 뜻함. 출전 漢書(한서) 孝平紀(효평기).

一夫多妻 (일부다처)★★★

[뜻음] 한 일, 지아비 부, 많을 다, 아내 처.
[풀이] 한 남편이 둘 이상의 아내를 거느림.

一夫當關萬夫莫開 (일부당관만부막개)★★★

[뜻음] 한 일, 지아비 부, 당할 당, 빗장 관, 일만 만, 없을 막, 열 개.
[풀이] 한 명의 軍士(군사)가 關門(관문)을 지키고 있으면 萬(만) 명의 군사가 이를 열지 못함.

李白(이백)의 樂府(악부)[蜀道難(촉도난)]에 이 구절이 나온다. 악부라는 말은 詩體(시체)의 일종으로, 원래는 漢代(한대)에 있던 음악을 보존하고 연주한 관청이름이었던 것이 뒤에는 거기서 취급된 음악을 말하게 되었으며, 다시 음악과는 상관없이 歌辭(가사)를 말하게 되었고 나중에는 詩體(시체)로 독립하게 된다. [촉도난]이라는 악부는 옛날부터 있었는데 이백이 새롭게 장편시로 써서 유명해졌다. 맨 처음,

아아, 아아, 위태롭고 높도다.
촉나라 길의 어려움은 푸른 하늘에 오르기보다도 어렵도다.

라고 서두를 꺼낸 다음 촉나라의 개국의 유래를 말하고, 이어 산천의 험한 것을 이모저모 묘사하고 있다. 그리고 끝에 가서,

슬프다. 그대 먼 길의 사람이 어찌해 왔는가?
검각은 높고도 험하다.
한 사람이 관을 지키면 만 사람이 열지 못한다.
… 촉나라 길의 어려움이 푸른 하늘에 오르기보다도 어렵다.
몸을 발돋움하여 서쪽을 바라보며 길게 한숨짓는다.

하고 끝을 맺는다.

一夫從事 (일부종사)★

[뜻음] 한 일, 지아비 부, 좇을 종, 섬길 사.
[풀이] 한 남편만 섬김. 또는 그 도리.

一夫終身 (일부종신)★

[뜻음] 한 일, 지아비 부, 마칠 종, 몸 신.
[풀이] 남편이 죽은 뒤에 후살이가지 않고 일생을 마침.

一婦含怨五月飛霜 (일부함원오월비상)★

[뜻음] 한 일, 지어미 부, 품을 함, 원망할 원, 다섯 오, 달 월, 날 비, 서리 상.
[풀이] 여자가 한번 怨恨(원한)을 품으면 오뉴월에도 서리가 친다. '여자가 원한을 품고 있으면 그 영향이 매우 무서움'을 이르는 말. 출전 莊子(장자).

一分一秒 (일분일초)★

[뜻음] 한 일, 분 분, 초 초.
[풀이] 1분과 1초라는 짧은 시간.

一臂之力 (일비지력)★★

[뜻음] 한 일, 팔뚝 비, 갈 지, 힘 력.
[풀이] 한 팔의 힘. 남을 도와주는 조그마한 힘.

一飛沖天 (일비충천)

[뜻음] 한 일, 날 비, 깊을 충, 하늘 천.
[풀이] 한 번 날면 높이 하늘에까지 달한다. 한 번 奮發(분발)하면 大業(대업)을 성취함을 이르는 말. 출전 史記(사기).

一嚬一笑 (일빈일소)★

[뜻음] 한 일, 찡그릴 빈, 웃을 소.
[풀이] 얼굴을 찡그리기도 하고 웃기도 함. 혹은 근심하고 혹은 기뻐함. 사소한 감정의 변화. 남의 눈치를 살피는 일. 출전 韓非子(한비자) 內儲說上篇(내저설상편).

一絲不亂 (일사불란)★★★

[뜻음] 한 일, 실 사, 아닐 불, 어지러울 란.
[풀이] 질서나 체계가 정연하게 바로잡혀 조금도 얼크러진 데나 어지러운 데가 없음.

一瀉千里 (일사천리)★★★

[뜻음] 한 일, 쏟아질 사, 일천 천, 거리 리.
[풀이] 한 번 쏟아진 물이 천 리를 흐른다. 매우 기세 좋게 진행됨.

출전 복희전서.

一生一代 (일생일대)★★

[뜻음] 한 일, 날 생, 시대 대.
[풀이] 죽기까지. 일생 동안. 一生一世(일생일세).

一生一死 (일생일사)★

[뜻음] 한 일, 날 생, 죽을 사.
[풀이] 한 번 나고 한 번 죽는 일.

一石二鳥 (일석이조)★★★

[뜻음] 한 일, 돌 석, 두 이, 새 조.
[풀이] 돌 하나를 던져 두 마리 새를 얻다. 한 가지 일을 하여 두 가지 이익을 봄. 一擧兩得(일거양득).

一盛一衰 (일성일쇠)★

[뜻음] 한 일, 무성할 성, 쇠할 쇠.
[풀이] 성하는 때도 있고 쇠하는 때도 있음. 한 번 성하면 한 번 쇠함. 一榮一落(일영일락). 출전 莊子(장자).

一聲胡笳 (일성호가)★

[뜻음] 한 일, 소리 성, 오랑캐 호, 호드기 가.
[풀이] 한 곡조의 피리 소리.

一世九遷 (일세구천)★

[뜻음] 한 일, 대 세, 아홉 구, 옮길 천.
[풀이] 한 해 동안에 아홉 번이나 승진한다. 帝王(제왕)의 寵愛(총애)를 받음.

一世之雄 (일세지웅)★

[뜻음] 한 일, 세상 세, 갈 지, 수컷 웅.
[풀이] 한 시대에 가장 뛰어난 인물.

一笑千金 (일소천금)★

[뜻음] 한 일, 웃을 소, 일천 천, 쇠 금.
[풀이] '한 번 웃는 것이 천금의 값어치가 있다'는 뜻.

一樹百穫 (일수백확)★

[뜻음] 한 일, 나무 수, 일백 백, 거둘 확.
[풀이] 나무 한 그루를 심으면 백의 수확이 있다. 인재를 길러내면 사회에 막대한 이익이 있음. 출전 管子(관자).

一手不退 (일수불퇴)★★★

[뜻음] 한 일, 손 수, 아닐 불, 물러날 퇴.
[풀이] 바둑이나 장기에서, 한번 둔 수는 물리지 않음을 말함.

一勝一負 (일승일부)★

[뜻음] 한 일, 이길 승, 질 부.
[풀이] 이기기도 하고 지기도 하여 승부의 결말이 나지 아니함. 출전 孫子(손자).

一勝一敗 (일승일패)★

[뜻음] 한 일, 이길 승, 패할 패.

[풀이] 한 번 이기고 한 번 지기도 하여 판가름 나지 않음. 이기고 지고 함.

一勝一敗兵家常事 (일승일패병가상사)★

[뜻음] 한 일, 이길 승, 패할 패, 군사 병, 집 가, 항상 상, 일 사.
[풀이] ① '한 번 이기고 한 번 지는 것은 군사상 보통 있을 수 있는 일'이라는 뜻으로, 일에 실패한 사람을 위로하거나 실패한 사람 자신이 그것을 정당화하는 구실로 이르는 말. ② 사업하는 과정에는 성과와 함께 시련도 실패도 있을 수 있음을 이르는 말.

一視同仁 (일시동인)★★★

[뜻음] 한 일, 보일 시, 같을 동, 어질 인.
[풀이] 모든 사람을 평등하게 보아 똑같이 사랑한다. 彼我(피아)의 차별이 없이 똑같이 사랑함.

이 말은 唐(당)나라의 유명한 문장가 韓愈(한유)가 지은[原人(원인)]이라는 글 가운데 있다.
"즉 성인은 모든 사람을 똑같이 보고 똑같이 사랑하기 때문에 가까운 사람에게도 알뜰히 하고 먼 데 있는 사람들도 다 같이 그 재주에 따라 이를 등용시킨다."
≪禮記(예기)≫ 禮運篇(예운편)에서 공자는,
"큰 도가 행해지면 사람은 자기 부모만을 부모로 생각하지 않고, 자기 자식만을 자식으로 생각하지 않는다"라고 하고 이것이 곧 大同(대동)이라고 했는데, 일시동인은 대동의 사상과 통하는 데가 있다.
'一視同人(일시동인)'으로 풀이하는 사람도 있다.
똑같은 사람으로 본다는 뜻이다. 이 말은 한때 정복자들이 피점령 지역 민족들을 차별하지 않는다는 표어로 들고 나와 유세를 떤 적도 있다.

一息耕 (일식경)★★

[뜻음] 한 일, 숨 쉴 식, 밭갈 경.
[풀이] 한 息耕(식경)의 밭을 갈 시간쯤 되는 동안. 곧 한참 동안.

一食頃 (일식경)★★★

[뜻음] 한 일, 밥 식, 잠깐 경.
[풀이] 한 끼의 밥을 먹는 동안. 곧 짧은 시간. 한 식경. 一餉(일향).

一食萬錢 (일식만전)★

[뜻음] 한 일, 먹을 식, 일만 만, 돈 전.
[풀이] 한 번의 식사에 많은 돈을 들인다. 극히 호화로운 생활을 함. 출전 晉書(진서).

一食而三起 (일식이삼기)

[뜻음] 한 일, 밥 식, 말 이을 이, 석 삼.
[풀이] 한 번 식사에 세 번이나 일어나 사람을 맞이한다. '어진 사람을 맞는 데 급함'을 형용한 말. 吐哺握發(토포악발). 출전 呂氏春秋(여씨춘추).

一身都是膽 (일신도시담)★

[뜻음] 한 일, 몸 신, 모두 도, 이 시, 쓸개 담.

[풀이] 온몸이 담 덩어리. 사람이 아주 대담함. 一身是膽(일신시담).

日新又日新 (일신우일신)★★★

[뜻음] 날 일, 새 신, 또 우.
[풀이] 나날이 더욱 새로워짐. 출전 大學(대학).

一身一家 (일신일가)★

[뜻음] 한 일, 몸 신, 집 가.
[풀이] ① 한 몸과 한 집안. ② 개인의 사사로운 일.

一室同居 (일실동거)★

[뜻음] 한 일, 집 실, 같을 동, 살 거.
[풀이] 한방에서 함께 지냄.

一心同歸 (일심동귀)★

[뜻음] 한 일, 마음 심, 같을 동, 돌아올 귀.
[풀이] 合心(합심)하여 같은 목적으로 향함.

一心同體 (일심동체)★★★

[뜻음] 한 일, 마음 심, 같을 동, 몸 체.
[풀이] 굳게 합심하여 한마음 한 몸이 됨.

一心萬能 (일심만능)★

[뜻음] 한 일, 마음 심, 일만 만, 능할 능.
[풀이] 어떤 일이든지 全心全力(전심전력)하면 불가능한 것이 없음.

一心一德 (일심일덕)★

[뜻음] 한 일, 마음 심, 큰 덕.
[풀이] 임금과 신하가 어떤 일을 마음을 합하여 처리함. 출전 書經(서경).

一心一意 (일심일의)

[뜻음] 한 일, 마음 심, 뜻 의.
[풀이] 하나에 집중함. 一心專力(일심전력).

一心專力 (일심전력)★★★

[뜻음] 한 일, 마음 심, 오로지 전, 힘 력.
[풀이] 한마음 한뜻으로 온 정신을 기울이고 오로지 힘을 다함.

一心正念 (일심정념)★

[뜻음] 한 일, 마음 심, 바를 정, 생각 념.
[풀이] 오직 한 가지 일에만 마음을 쓰고 생각함. 또는 그런 생각. 一意專心(일의전심).

一心精力 (일심정력)★

[뜻음] 한 일, 마음 심, 자세할 정, 힘 력.
[풀이] 오직 한 가지 일에만 정력을 쏟음. 또는 그러한 정력.

一心協力 (일심협력)★

[뜻음] 한 일, 마음 심, 화할 협, 힘 력.
[풀이] 한마음 한뜻으로 힘을 합함.

一夜十起 (일야십기)★

[뜻음] 한 일, 밤 야, 열 십, 일어날 기.

[풀이] 하룻밤에 열 번도 더 일어난다. 病者(병자)를 정성스럽게 간호하는 것을 이름.

一陽來復 (일양내복)★★★

[뜻음] 한 일, 볕 양, 올 내, 돌아올 복.
[풀이] ① 음력 시월은 陰(음)이 가장 왕성한 때여서 陽(양)이 하나도 없다가 동짓달이 되어 비로소 一陽(일양)이 처음 생김. 轉(전)하여 冬至(동지). 동짓달. ② 겨울이 가고 봄이 옴. 新年(신년). 새해. ③ 흉한 것이 가고 길한 것이 돌아옴. ④ 사물이 好運(호운)으로 향함. 一陽來復(일양내복).

陽氣(양기)가 陰氣(음기) 속에서 다시 움트기 시작하는 것을 말한다.
陽(양)은 밝고 따뜻하고 뻗어나가는 힘을 말한다. 길었던 해가 점점 짧아져서 추운 겨울로 접어들었다가 동지를 極寒(극한)으로 하여 다시 길어지기 시작하는 것이다. 그래서 음력 동1. 음력 시월은 陰(음)이 가장 왕성한 때여서 陽(양)이 하나도 없다가 동짓달이 되어 이 동짓달을 復月(복월)이라고 한다. ≪易經(역경)≫ 復卦(복괘) 卦辭(괘사)에, "그 길을 되풀이하여 이레로 다시 온다."
고 한 말이 있다. 암흑 속에서 새로운 광명을 찾게 되고 새로운 희망이 생기는 때를 가리키며 옛날에는 이때를 새해의 시작으로 보기도 했다. 花潭(화담) 서경덕 선생은 이 '復(복)'에서 자신의 호를 따와 '復齋(복재)'라고 했다.

一魚濁水 (일어탁수)★★

[뜻음] 한 일, 물고기 어, 흐릴 탁, 물 수.
[풀이] 한 마리의 물고기가 온 물을 흐린다. 한 사람의 잘못으로 여러 사람이 그 피해를 입게 됨.

一言可破 (일언가파)★

[뜻음] 한 일, 말씀 언, 옳을 가, 깨뜨릴 파.
[풀이] 여러 말을 하지 않고 한마디의 말만으로도 論破(논파)할 수 있음.

一言居士 (일언거사)★★★

[뜻음] 한 일, 말씀 언, 살 거, 선비 사.
[풀이] 무슨 일이든지 한마디씩 참견하지 않으면 마음이 놓이지 않는 사람. 말참견을 많이 하는 사람을 비꼬는 말.

一言半句 (일언반구)★★

[뜻음] 한 일, 말씀 언, 반 반, 구절 구.
[풀이] 아주 짧은 말. 아주 짧은 글귀. 一言半辭(일언반사).

一言半辭 (일언반사)★★

[뜻음] 한 일, 말씀 언, 반 반, 말씀 사.
[풀이] 간단한 말. 一言半句(일언반구). 출전 史記(사기).

一言以蔽之 (일언이폐지)★

[뜻음] 한 일, 말씀 언, 써 이, 가릴 폐, 갈 지.
[풀이] 한마디의 말로 능히 그 전체의 뜻을 다 말함. 출전 論語(논어) 爲政篇(위정편).

一言而興邦 (일언이흥방)★

[뜻음] 한 일, 말씀 언, 말 이을 이, 흥할 흥, 나라 방.
[풀이] 단 한마디의 말로써 나라가 흥할 격언을 이름. 출전 論語(논어) 子路篇(자로편).

一言之下 (일언지하)★★★

[뜻음] 한 일, 말씀 언, 갈 지, 아래 하.
[풀이] 말 한마디로 끊음. 딱 잘라 말함.

一言千金 (일언천금)★

[뜻음] 한 일, 말씀 언, 일천 천, 쇠 금.
[풀이] 한마디의 말은 천금의 값어치가 있음.

一言出口駟不及舌 (일언출구사불급설)★

[뜻음] 한 일, 말씀 언, 날 출, 입 구, 사마 사, 아닐 불, 미칠 급, 혀 설.
[풀이] 駟馬不及(사마불급)을 보시오. 출전 舊唐書(구당서).

一與一奪 (일여일탈)★

[뜻음] 한 일, 줄 여, 빼앗을 탈.
[풀이] 어느 때는 주고 어느 때는 빼앗음. 주었다 빼앗았다 함. 출전 春秋左氏傳(춘추좌씨전).

日亦不足 (일역부족)★

[뜻음] 날 일, 또 역, 아닐 부, 족할 족.
[풀이] 종일 하여도 시간이 모자람. 日不暇給(일불가급). 출전 詩經(시경).

一易之地 (일역지지)★

[뜻음] 한 일, 바꿀 역, 갈 지, 땅 지.
[풀이] 땅이 메말라 한 해 걸러 耕作(경작)하는 땅. 一易田(일역전).

一葉小船 (일엽소선)★

[뜻음] 한 일, 잎 엽, 작을 소, 배 선.
[풀이] 작은 배를 나뭇잎에 비유하여 이르는 말.

一葉知秋 (일엽지추)★

[뜻음] 한 일, 잎 엽, 알 지, 가을 추.
[풀이] 오동나무 잎이 하나 떨어지는 것을 보고 가을이 다가오는 것을 안다. 낙엽 하나를 보고 가을이 왔음을 안다. 사물의 일단을 앎으로써 대세를 미루어 앎. 출전 淮南子(회남자).

一葉片舟 (일엽편주)★★★

[뜻음] 한 일, 잎사귀 엽, 조각 편, 배 주.
[풀이] 한 조각의 작은 조각배.

一葉蔽目不見泰山 (일엽폐목불견태산)

[뜻음] 한 일, 잎사귀 엽, 가릴 폐, 눈 목, 아닐 불, 볼 견, 클 태, 뫼 산.
[풀이] 한 장의 나뭇잎 하나로 눈을 가리면 태산같이 큰 것도 볼 수 없다. 한 점의 私心(사심)이 公明(공명)한 마음을 덮는 것을 비유함. 출전 鶡冠子(갈관자).

一詠三嘆 (일영삼탄)★

[뜻음] 한 일, 읊을 영, 석 삼, 탄식할 탄.

[풀이] 한 번 시를 읊을 때마다 세 번 감탄함. 詩(시)나 文章(문장)의 妙(묘)를 칭찬함.

一榮一落 (일영일락)★

[뜻음] 한 일, 영화 영, 떨어질 락.
[풀이] 一盛一衰(일성일쇠).

一詠一觴 (일영일상)★

[뜻음] 한 일, 읊을 영, 술잔 상.
[풀이] 한 수의 시를 읊으며 한 잔의 술을 마심.

一詠一吟 (일영일음)★

[뜻음] 한 일, 읊을 영, 읊을 음.
[풀이] 시를 읊음. 출전 晉書(진서) 孫綽傳(손작전).

一盈一虛 (일영일허)★

[뜻음] 한 일, 찰 영, 빌 허.
[풀이] 또는 가득 차고 또는 텅 빔.

一臥三十年 (일와삼십년)★

[뜻음] 한 일, 은거할 와, 석 삼, 열 십, 해 년.
[풀이] 벼슬하지 않고 삼십 년이란 오랜 세월을 민간에서 지조를 지킴. 臥(와)는 高(고)의 뜻으로 은거하여 지조를 지키는 일. 출전 南唐書(남당서) 隱者傳(은자전).

一往一來 (일왕일래)★

[뜻음] 한 일, 갈 왕, 올 래.
[풀이] ① 가고 오고 함. 또는 가고 또는 옴. ② 교제함. 왕래함.

日用凡百 (일용범백)★★★

[뜻음] 날 일, 쓸 용, 평범할 범, 일백 백.
[풀이] 날마다 쓰는 여러 가지 물건.

一雄多雌 (일웅다자)★★

[뜻음] 한 일, 수컷 웅, 많을 다, 암컷 자.
[풀이] 물개와 같은 동물에서 볼 수 있는 현상으로 번식기에 달한 수컷 한 마리가 여러 마리의 암컷을 거느리는 일.

日月光華 (일월광화)★

[뜻음] 해 일, 달 월, 빛 광, 빛날 화.
[풀이] 해와 달에 빛나는 기운이 있음. '太平(태평)의 象(상)'을 이르는 말.

日月基除 (일월기제)★

[뜻음] 날 일, 달 월, 터 기, 빠를 제.
[풀이] 해와 달이 빠르게 가는구나. '세월은 사람을 기다리지 않고 곧바로 지나가 버림'을 이름. '除'는 빠르다는 뜻. 출전 詩經(시경) 唐風(당풍) 蟋蟀篇(실솔편).

日月無私照 (일월무사조)★

[뜻음] 해 일, 달 월, 없을 무, 사사로울 사, 비출 조.
[풀이] 일월은 공평하게 비춘다. 至公無私(지공무사)함. 출전 禮記(예기) 孔子閒居篇(공자한거편).

一月三捷 (일월삼첩)★

[뜻음] 한 일, 달 월, 석 삼, 이길 첩.
[풀이] 한 달 동안에 세 번 싸움에 이김. 출전 詩經(시경) 小雅(소아) 采薇篇(채미편).

日月逝矣歲不我與 (일월서의세불아여)★

[뜻음] 해 일, 달 월, 갈 서, 어조사 의, 해 세, 아닐 불, 나 아, 베풀 여.
[풀이] 세월은 쉬지 않고 자꾸 흘러 사람은 빨리 늙어 감. 출전 論語(논어) 陽貨篇(양화편).

日月說話 (일월설화)★★★

[뜻음] 해 일, 달 월, 말씀 설, 말씀 화.
[풀이] 해와 달에 관한 설화. 옛날 세 아이를 가진 어머니가 산 넘어 방아품팔이 갔다가 돌아오는 길에 그만 호랑이에게 속아 잡혀 먹혔다. 호랑이는 다시 어머니의 옷을 입고 집에 와서 아이들을 속이고 막내도 잡아먹었다. 이를 본 남매는 도망하여 우물가 나무 위로 올라가 하느님께 빌어 하늘에서 내려 준 줄을 타고 하늘에 올라갔는데, 호랑이도 하늘로 줄을 타고 올라가다가 떨어져 죽고 남매는 해와 달이 되었다 한다.

日月星宿 (일월성수)★

[뜻음] 해 일, 달 월, 별 성, 별 수.
[풀이] 日月星辰(일월성신).

日月星辰 (일월성신)★

[뜻음] 해 일, 달 월, 별 성, 별 신.
[풀이] 해와 달과 별의 天體(천체). 日月星宿(일월성수)

日月如流 (일월여류)★

[뜻음] 날 일, 달 월, 같을 여, 흐를 류.
[풀이] 세월이 흐르는 물과 같다. 세월이 덧없이 빨리 지나감. 光陰如流(광음여류). 歲月流水(세월유수).

日月麗天 (일월여천)★

[뜻음] 해 일, 달 월, 붙을 여, 하늘 천.
[풀이] 일월이 하늘에 걸려 있다는 말. 麗(려)는 附(부). 출전 漢書(한서).

日月欲明浮雲蔽之 (일월욕명부운폐지)★

[뜻음] 해 일, 달 월, 하고자할 욕, 밝을 명, 뜰 부, 구름 운, 가릴 폐, 이 지.
[풀이] 해와 달은 밝고자 하나 뜬구름이 그것을 가린다. 군주는 총명하게 정사를 보려 하나 간신이 가로막고 있다는 말. 일월의 밝은 것을 본래의 善心(선심) 또는 君主(군주)의 聰明(총명)에 비유하고 邪慾(사욕) 또는 奸臣(간신)을 뜬구름에 비유한 말. 출전 文子(문자).

日月運行 (일월운행)★

[뜻음] 해 일, 달 월, 돌 운, 갈 행.
[풀이] 해와 달이 서로 동서에서 운행하여 寒暑(한서)가 바뀌어 일 년이 됨을 이름. 출전 易經(역경) 繫辭上傳(계사상전).

日月逾邁 (일월유매)★

[뜻음] 해 일, 달 월, 지나갈 유, 멀리 갈 매.
[풀이] 세월이 쉬지 않고 가 버린다. 늙어서 죽을 때가 가까워짐. 출전 書經(서경) 泰書篇(태서편).

日月之食 (일월지식)★

[뜻음] 해 일, 달 월, 갈 지, 먹을 식.
[풀이] 日蝕(일식)과 月蝕(월식). 日食(일식)과 月食(월식).

一陰一陽 (일음일양)★

[뜻음] 한 일, 그늘 음, 볕 양.
[풀이] 陰陽(음양)의 두 原理(원리). 출전 易經(역경) 繫辭上傳(계사상전).

一飮一啄 (일음일탁)

[뜻음] 한 일, 마실 음, 쫄 탁.
[풀이] 얼마 안 되는 음식. 곧 사람이 이미 정해진 자기의 분수를 지켜서 분수 이외의 것을 탐내지 않음의 비유.

一意孤行 (일의고행)

[뜻음] 한 일, 뜻 의, 외로울 고, 행할 행.
[풀이] 다름 사람에 掛念(괘념)하지 않고 자기 혼자 생각을 실행해 감.

一衣帶水 (일의대수)★★★

[뜻음] 한 일, 옷 의, 띠 대, 물 수.
[풀이] 한 줄기의 띠와 같은 좁은 시냇물. 허리띠처럼 좁다랗게 가로지르는 개울물. 매우 좁고 작을 때 쓰는 말. 隋(수)나라 文帝(문제) 楊堅(양견)이 양자강을 一衣帶水(일의대수)에 비유함.

이 말은 띠처럼 가로지른 강물을 말한다. 강물이 흐르는 것을 멀리서 바라보면 마치 허리에 두른 띠처럼 들판을 가로지르고 있다.

진(진)이 동으로 옮겨가 東晉(동진)으로 불리게 된 뒤로, 남북으로 나누어져 있던 중국을 오랜만에 다시 통일한 것이 수나라 문제 양견이었다. 그는 北周(북주)의 武將(무장) 출신으로 즉위하자 곧 後梁(후량)을 병합하는 한편 진나라를 공략할 것을 선언했다.

"나는 지금까지 진나라와 평화를 유지하려 했었다. 그런데 지금 진나라 임금은 횡포와 방탕을 일삼고 백성들은 도탄에 빠져 있다. 내가 백성의 부모로서 어찌 좁은 한 가닥 강물로 인해 이를 구하지 않을 수 있겠는가"

이리하여 문제는 오십만 대군으로 일제히 양자강을 건너 진나라로 쳐들어가게 했다. 진나라 後主(후주)는 궁중의 우물 속에 숨어 있다가 군사들에게 붙들리고 진나라는 이렇게 해서 33년 만에 망하고 말았다.

589년 隋(수)나라는 드디어 중국 전체를 통일한 대제국이 된다.

一意專心 (일의전심)★

[뜻음] 한 일, 뜻 의, 오로지 전, 마음 심.
[풀이] 한 가지 일에 온 마음을 기울임. 一心正念(일심정념).

一以貫之 (일이관지)★★★

[뜻음] 한 일, 써 이, 꿸 관, 갈 지.
[풀이] 하나로써 꿰뚫다. 일관성이 있음. 一貫(일관).

　　이 말은 孔子(공자)가 한 말인데, ≪論語(논어)≫ 里仁篇(이인편)에서 공자는 이렇게 말했다.
　　參(삼)아, 내 도는 하나로써 꿰었다.
　　삼은 曾子(증자)의 이름이다. 그러자 증자는, "네에" 하고 대답했다. 공자가 나가자 증자의 제자들이 증자에게 물었다. "무슨 말씀이십니까?"
　　"선생님의 道(도)는 忠(충)과 恕(서)뿐이다."
　　충은 至誠(지성)이라는 뜻이다. ≪中庸(중용)≫에 보면 지성은 하늘과 통해 있다고 했다. 恕(서)는 지성 그대로를 실천에 옮기는 것을 말한다. 즉 진리에 따라 그대로 행하는 것이 '一以貫之(일이관지)'인 것이다.
　　≪論語(논어)≫ 衛靈公篇(위령공편)에는 또 이렇게 기록되어 있다. 공자가 말했다. "賜(사)야, 너는 내가 많이 배워서 알고 있는 사람으로 아느냐"
　　子貢(자공)이 대답해 말했다.
　　"그렇습니다. 아닙니까?" 공자가 말했다. "아니다 나는 하나로써 꿰었다."
　　일관이란 처음부터 끝까지 변함이 없다는 뜻으로 쓰이고 있는 것이다.

一人當百 (일인당백)★★

[뜻음] 한 일, 사람 인, 마땅할 당, 일백 백.
[풀이] '한 사람이 능히 백 사람과 맞설 용기가 있음'을 형용하여 이르는 말. 一當百(일당백).

一人當千 (일인당천)★★

[뜻음] 한 일, 사람 인, 마땅할 당, 일천 천.
[풀이] 한 사람이 천 사람의 적을 당한다. 爲人(위인)이 대단히 용감함.

一人不敵衆人智 (일인부적중인지)★

[뜻음] 한 일, 사람 인, 아닐 부, 맞을 적, 무리 중, 사람 인, 슬기 지.
[풀이] 한사람의 지혜는 숱한 사람들의 지혜를 당해내지 못한다는 말. 출전 通俗編(통속편).

一人一技 (일인일기)★★

[뜻음] 한 일, 사람 인, 재주 기.
[풀이] 한 사람이 하나의 기술을 가짐.

一人之下萬人之上 (일인지하만인지상)★★

[뜻음] 한 일, 사람 인, 갈 지, 아래 하, 일만 만, 위 상.
[풀이] '領議政(영의정)'의 지위를 이르는 말.

一日九遷 (일일구천)★

[뜻음] 한 일, 날 일, 아홉 구, 옮길 천.
[풀이] 하루 동안에 아홉 번이나 昇進(승진)한다. 제왕의 寵愛(총애)를 받음. 一世九遷(일세구천).

一日難再晨 (일일난재신)★

[뜻음] 한 일, 날 일, 어려울 난, 두 재, 새벽 신.
[풀이] 하루에 새벽이 두 번 오지 않는다. 이미 지난 시간은 다시 오지 않음.

一日不讀書口中生荊棘 (일일부독서구중생형극)★★★

[뜻음] 한 일, 날 일, 아닐 부, 읽을 독, 글 서, 입 구, 가운데 중, 날 생, 가시나무 형, 멧대추나무 극.
[풀이] 하루라도 책을 읽지 아니하면 입안에 가시가 돋친다. ① 하루라도 책을 읽지 않으면 남에게 가시 돋친 말, 비방하는 말만 하게 된다는 말. ② 근거 없는 말로 남을 헐뜯어 명예를 손상시키는 언론의 음험함. 口中荊棘(구중형극).

一日不作百日不食 (일일부작백일불식)★

[뜻음] 한 일, 날 일, 아닐 부, 지을 작, 일백 백, 밥 식.
[풀이] 농부가 하루 일을 쉬면 백 일 동안의 양식을 잃는다. ① 미리 준비가 없으면 나중에 곤란을 받는다는 말. ② '제철을 놓치지 말고 부지런히 일하라'는 뜻. 출전 史記(사기).

一日三秋 (일일삼추)★★★

[뜻음] 한 일, 날 일, 석 삼, 가을 추.
[풀이] ① 하루가 삼 년 같다. 매우 지루하거나 애를 태우며 기다림. ② 하루만 만나지 않아도 아홉 달이나 만나지 않은 것같이 생각된다. 사람을 사모하는 마음이 대단히 간절함. 一日千秋(일일천추).

　　≪詩經(시경)≫ 王風(왕풍) 采葛(채갈)이라는 시에 있는 말이다. 남편이 나랏일로 멀리 타국에 가고 돌아오지 않는지라, 그 부인이 행여나 하는 생각에 바구니를 들고 나가 나물을 뜯고 칡뿌리를 캐며 남편이 돌아오는 길목을 지켜보는 심정을 노래한 시다.

　　하루를 보지 못하는 것이 석 달만 같다.
　　하루를 보지 못하는 것이 세 가을만 같다.
　　하루를 보지 못하는 것이 세 해만 같다.

　　'一日三秋(일일삼추), 一日如三秋(일일여삼추), 一刻如三秋(일각여삼추), 一日千秋(일일천추)' 등이 갈래 져서 나왔다.

日日新又日新 (일일신우일신)★

[뜻음] 날 일, 새 신, 또 우.
[풀이] 날마다 자꾸 진보함. 日新又日新(일신우일신). 출전 大學(대학).

一日二日萬幾 (일일이일만기)★

[뜻음] 한 일, 날 일, 두 이, 일만 만, 기틀 기.
[풀이] 君主(군주)를 경계한 말로서, 단 하루 이틀 사이에 만 가지 일의 기틀이 싹트므로 군주는 조금이라도 政事(정사)를 怠慢(태만)히 하여서는 안 된다는 뜻. 출전 書經(서경).

一日之計在于晨 (일일지계재우신)★

[뜻음] 한 일, 날 일, 갈 지, 꾀 계, 있을 재, 어조사 우, 새벽 신.
[풀이] 그 날의 계획은 그 날 아침에 세워야 함.

一日之狗不知畏虎 (일일지구부지외호)★

[뜻음] 한 일, 날 일, 갈 지, 개 구, 아닐 부, 알 지, 두려워할 외, 범 호.
[풀이] 하룻강아지 범 무서운 줄 모른다. 도저히 상대가 되지 않을, 제 힘에 겨운 것을 철모르고 함부로 덤비는 것.

一日千秋 (일일천추)★

[뜻음] 한 일, 날 일, 일천 천, 가을 추.
[풀이] 一日三秋 (일일삼추).

一日暴之十日寒之 (일일폭지십일한지)★★

[뜻음] 한 일, 날 일, 햇빛 쪼일 폭, 갈 지, 열 십,찰 한.
[풀이] 하루 동안 따뜻하게 하고 열흘 동안 식힌다. 학업 같은 것을 닦는 데 힘쓸 때는 적고 게을리할 때가 많음. 출전 孟子(맹자).

一字無消息 (일자무소식)★

[뜻음] 한 일, 글자 자, 없을 무, 사라질 소, 쉴 식.
[풀이] 전혀 소식이 없음.

一字無識 (일자무식)★★

[뜻음] 한 일, 글자 자, 없을 무, 알 식.
[풀이] 글자를 한 자도 모르는 정도의 무식.

一字師 (일자사)★

[뜻음] 한 일, 글자 자, 스승 사.
[풀이] 잘못 읽은 한 글자를 바로잡아 준 스승. 正鵠(정곡)을 찔러 核心(핵심)을 깨우쳐 주는 가르침.

一字三禮 (일자삼례)★

[뜻음] 한 일, 글자 자, 석 삼, 예도 례.
[풀이] 經文(경문)을 베껴 쓸 때, 한 글자를 쓸 때마다 세 번씩 절하는 일.

一字之師 (일자지사)★

[뜻음] 한 일, 글자 자, 갈 지, 스승 사.
[풀이] 겨우 한 자만 배운 선생. 시 또는 글 중에서 온당치 않은 한 자를 고쳐 주어 名篇(명편)이 되게 하여 준 사람을 존경하여 이르는 말.

一字千金 (일자천금)★★★

[뜻음] 한 일, 글자 자, 일천 천, 쇠 금.
[풀이] 한 자의 값이 千金(천금)에 해당한다.

한 자의 값이 千金(천금)에 해당한다. 중국 秦(진)나라의 진시황의 親父(친부)인 呂不韋(여불위)가 ≪呂氏春秋(여씨춘추)≫를 만들며 이 책에 한 글자라도 더하거나 뺄 수 있는 사람이 있다면 천금을 준다고 한 데서 유래한 말. 呂不韋(여불위)는 秦始皇(진시황)의 즉위와 더불어 相國(상국)의 자리에 앉으며 文信侯(문신후)라는 칭호로 洛陽(낙양)의 십만 호를 식읍으로 받았다. 그는 권력과 돈을 배경으로 천하의 뭇 인재들을 모아서 食客(식객)이 三千(삼천)이나 되었다. 그 식객들에게 그들이 알고 듣고 보고 한 것을 기록하게 하고, 이를 한데 모아 정리한 결과 八覽(팔람), 六論(육론), 十二紀(십이기) 등 이십만 字(자)가 넘는 방대한 책이 되어 자기 성을 따서 ≪呂氏春秋(여씨춘추≫라고 이름을 붙였다.

그는 이것을 秦(진)나라 수도 咸陽城(함양성) 市門(시문) 앞에 진열해 두고 다시 천금을 그 위에 걸어 놓은 다음 각국의 학자와 지식인들을 끌어들이기 위한 한 방법으로 이렇게 써서 붙였다.

"능히 한 글자라도 이것을 보태고 빼고 하는 사람이 있으면 이 千金(천금)을 준다."

一字褒貶 (일자포폄)★★★

[뜻음] 한 일, 글자 자, 기릴 포, 깎아내릴 폄.
[풀이] 孔子(공자)가 지은 ≪春秋(춘추)≫의 書法(서법)으로서, 한 자에도 褒貶(포폄)의 뜻이 있는 일. 예컨대 칭찬할 때는 그 사람의 字(자)를, 깎아 말할 때는 그 사람의 이름을 쓰는 따위.

一將功成萬骨枯 (일장공성만골고)★★★

[뜻음] 한 일, 장수 장, 공 공, 이룰 성, 일만 만, 뼈 골, 마를 고.
[풀이] 한 장수가 공을 세우면 만 명의 군사가 뼈를 들판에 버리게 된다는 말.

≪三體詩(삼체시)≫ 안에 수록되어 있는 曹松(조송)의 七言絶句(칠언절구) [己亥歲(기해세)]의 마지막 글귀이다.

못의 나라 강과 산이 싸움의 판도에 들었으니
산 백성이 어찌 나무를 하고 풀 뜯는 것을 즐길 생각을 하리오.
그대에게 부탁하오니 후를 봉하는 일을 말하지 말라.
한 장수가 공이 이뤄지면 만 명의 뼈가 마른다.

이 시는 黃巢(황소)의 난이 한창이던 唐僖宗(당희종) 乾符(건부) 6년에 해당한 己亥年(기해년)에 지은 것으로 추측된다.

전쟁터를 지나가다가 읊은 古詩(고시)에,

바라건대 그대는 영웅의 일을 묻지 말라.
한 장수가 공이 이뤄지면 만 명이 죽는다.

고 한 글귀가 있다.

一場說話 (일장설화)★★

[뜻음] 한 일, 마당 장, 말씀 설, 이야기 화.
[풀이] 한바탕의 이야기.

一長一短 (일장일단)★★

[뜻음] 한 일, 긴 장, 짧을 단.
[풀이] 장점도 있고 단점도 있음.

一張一弛 (일장일이)★

[뜻음] 한 일, 베풀 장, 늦출 이.
[풀이] 활시위를 죄었다 늦췄다 한다. 나라를 다스리는 데도 백성을 적당히 쉬게 하며 혹은 엄하게 하고 혹은 너그럽게 하여야 한다는 말. 출전 禮記(예기).

一場春夢 (일장춘몽)★★★

[뜻음] 한 일, 마당 장, 봄 춘, 꿈 몽.
[풀이] 아무 흔적도 없는 한바탕의 봄 꿈. 헛된 영화나 덧없는 일을 비유함. 인생의 榮枯盛衰(영고성쇠)가 덧없음을 비유한 말. '南柯一夢(남가일몽)'을 보시오.

一場風波 (일장풍파)★

[뜻음] 한 일, 마당 장, 바람 풍, 물결 파.
[풀이] 한바탕의 소란.

一積十鋸 (일적십거)★

[뜻음] 한 일, 쌓을 적, 열 십, 톱질할 거.
[풀이] 하나가 쌓여 나아가 마침내 열을 이루고 두루 열 방위를 톱질 하듯 조화를 베푼다. 孔子(공자)가 1에서 10에 이르는 천지의 수로써 모든 변화를 이루고 귀신의 조화를 행한다고 한 말씀.

一箭雙鵰 (일전쌍조)★

[뜻음] 하나 일, 화살 전, 쌍 쌍, 수리 조.
[풀이] 화살 하나로 수리 두 마리를 떨어뜨린다. 곧 한 가지 일로 두 가지 이득을 취함의 비유.

一節動而百枝搖 (일절동이백지요)★

[뜻음] 한 일, 마디 절, 움직일 동, 말 이을 이, 일백 백, 가지 지, 동 요할 요.
[풀이] 한 줄기의 대가 움직이면 여러 가지가 움직인다. 한 곳에서 난 리가 나면 소란이 전국에 미친다는 것을 이름. 출전 鹽鐵論(염철론) 申韓篇(신한편).

一點素心 (일점소심)★

[뜻음] 하나 일, 점 점, 흴 소, 마음 심.
[풀이] 순결하고 物慾(물욕)에 물들지 않은 마음. 출전 菜根談(채근담).

一點一劃 (일점일획)★

[뜻음] 하나 일, 점 점, 그을 획.
[풀이] 글자의 한 점과 한 획. 출전 顏氏家訓(안씨가훈).

一點血肉 (일점혈육)★★

[뜻음] 한 일, 점 점, 피 혈, 살 육.
[풀이] 자기가 낳은 단 하나의 자녀.

一點紅 (일점홍)★★★

[뜻음] 한 일, 점 점, 붉을 홍.
[풀이] ① 여럿 속에서 특별히 나은 것. ② 여러 남자 중 단 한 사람

의 여자. 紅一點(홍일점). 靑一點(청일점)의 대. ③ 石榴(석류)의 別稱(별칭). ④ 妓女(기녀)의 別稱(별칭). 靑一點: 여러 여자 중 단 한 사람의 남자.

一定不變 (일정불변)★★

[뜻음] 한 일, 정할 정, 아닐 불, 변할 변.
[풀이] 한 번 정해져 바뀌지 않음.

一定不易 (일정불역)★

[뜻음] 하나 일, 글자 자, 아닐 불, 바꿀 역.
[풀이] 一定不變(일정불변).

一朝富貴 (일조부귀)★

[뜻음] 한 일, 아침 조, 가멸 부, 귀할 귀.
[풀이] 貧賤(빈천)한 사람이 갑자기 부귀를 누리게 되는 일.

一朝有事時 (일조유사시)★★

[뜻음] 한 일, 아침 조, 있을 유, 일 사, 때 시.
[풀이] 하루아침에 급한 일이 생김. 비상사태 유사시. 一旦有急(일단 유급). 출전 鹽鐵論(염철론).

一朝一夕 (일조일석)★

[뜻음] 한 일, 아침 조, 저녁 석.
[풀이] 하루아침이나 하루 저녁. 짧은 시각. 출전 易經(역경).

一朝之忿 (일조지분)★

[뜻음] 한 일, 아침 조, 갈 지, 성낼 분.
[풀이] 감정이 북받쳐 일어난 일시의 분노. 출전 論語(논어) 顏淵篇 (안연편).

一朝之患 (일조지환)★

[뜻음] 하나 일, 아침 조, 갈 지, 근심 환.
[풀이] 갑자기 덮치는 근심과 재앙. 출전 孟子(맹자).

一縱一橫 (일종일횡)★

[뜻음] 한 일, 세로 종, 가로 횡.
[풀이] ① 가로 세로 됨. ② 그물이나 실 따위에 대하여 이르는 말. ③ 合縱(합종)과 連橫(연횡)이 번갈아 됨.

日中則而月滿則虧 (일중즉이월만즉휴)★

[뜻음] 해 일, 가운데 중, 곧 즉, 말 이을 이, 달 월, 찰 만, 이지러질 휴.
[풀이] 해는 중천에 뜨면 기울고, 달이 지면 기운다. 盛(성)하면 곧 衰(쇠)하는 것이 자연의 攝理(섭리)라는 말.

一汁一菜 (일즙일채)★

[뜻음] 한 일, 진액 즙, 나물 채.
[풀이] 국 한 그릇과 나물 한 그릇의 식사. 곧 '변변치 못한 식사'를 비유한 말.

日增月加 (일증월가)★

[뜻음] 날 일, 더할 증, 달 월, 더할 가.
[풀이] 날로 달로 증가함. 나날이 늘어 감.

一枝梅贈人 (일지매증인) ★

[뜻음] 한 일, 가지 지, 매화 매, 보낼 증, 사람 인.
[풀이] 越(월)나라 사신이 梁王(양왕)에게 한 가지 매화를 寄贈(기증)한 고사. 출전 說苑(설원) 奉使篇(봉사편).

一陣狂風 (일진광풍) ★★★

[뜻음] 한 일, 진칠 진, 미칠 광, 바람 풍.
[풀이] 한바탕 부는 사납고 거센 바람.

日進月步 (일진월보) ★

[뜻음] 날 일, 나아갈 진, 달 월, 걸음 보.
[풀이] 날로 달로 끊임없이 진보 발전함.

一進一退 (일진일퇴) ★

[뜻음] 한 일, 나아갈 진, 물러날 퇴.
[풀이] 한 번 나갔다 한 번 물러났다 함. 출전 荀子(순자).

一質一文 (일질일문) ★★

[뜻음] 한 일, 바탕 질, 글월 문.
[풀이] 옛날 중국에서, 王朝(왕조)의 교체에 따라 禮制(예제)가 바뀔 때, 前(전) 왕조가 質(질)에 치중하면, 다음 왕조는 文(문)에 치중함과 같이 질과 문이 번갈아 행하여진 일에서, '또는 質樸(질박)하고 또는 華奢(화사)함'을 이름.

一倡三歎 (일창삼탄) ★★

[뜻음] 한 일, 부를 창, 석 삼, 노래할 탄.
[풀이] ① 周(주)나라의 文王(문왕)의 宗廟(종묘)에서 아뢰는 풍류는 고상하여서 이를 좋아하는 사람이 얼마 안 되기 때문에 한 사람이 發聲(발성)하면 겨우 세 사람이 歎美(탄미)하여 和唱(화창)할 뿐임. ② 轉(전)하여 지금은 뛰어난 시문을 격찬하여 이르는 말. 壹倡三歎(일창삼탄)으로 쓰기도 함. 출전 禮記(예기) 樂記篇(악기편).

一倡一和 (일창일화) ★

[뜻음] 한 일, 광대 창, 화할 화.
[풀이] 노래·시 따위를 차례로 한편에서 부르고 한편에서 和答(화답)함.

一妻多夫 (일처다부) ★

[뜻음] 한 일, 아내 처, 많을 다, 지아비 부.
[풀이] 한 아내에게 여러 남편이 있는 일.

一妻一妾 (일처일첩) ★

[뜻음] 한 일, 아내 처, 첩 첩.
[풀이] 한 아내와 한 첩.

一擲賭乾坤 (일척도건곤) ★

[뜻음] 한 일, 던질 척, 걸 도, 하늘 건, 땅 곤.
[풀이] 천하를 내던져 놀음을 건다. 천하를 차지하느냐 못 하느냐의 운명을 건 판가름 싸움을 하는 것. 항우와 유방의 대결. '乾坤一擲(건곤일척)'을 보시오.

一擲百萬 (일척백만)

[뜻음] 한 일, 던질 척, 일백 백, 일만 만.

[풀이] 一擲千金(일척천금).

一尺之面 (일척지면)

[뜻음] 한 일, 자 척, 갈 지, 낯 면.
[풀이] 한 자나 되는 긴 얼굴.

一擲千金 (일척천금) ★

[뜻음] 한 일, 던질 척, 일천 천, 쇠 금.
[풀이] 천금을 한 번에 걸다. ① 많은 돈을 한꺼번에 써 버림. 호화롭게 놂. 배짱이 셈. ② 선뜻 큰일을 함. 一擲百萬(일척백만).

一淸一濁 (일청일탁) ★

[뜻음] 한 일, 맑을 청, 흐릴 탁.
[풀이] 맑았다가 흐렸다가 함.

一切衆生 (일체중생) ★

[뜻음] 한 일, 온통 체, 무리 중, 날 생.
[풀이] 이 세상에 살아 있는 모든 사람을 이름. 출전 法華經(법화경).

一體偏枯 (일체편고)

[뜻음] 한 일, 몸 체, 치우칠 편, 마를 고.
[풀이] 몸의 일부분이 마비되어 자유롭지 못함. 四肢(사지)의 일부가 움직이지 않게 됨. 半身不隨(반신불수).

一觸卽發 (일촉즉발) ★★★

[뜻음] 한 일, 닿을 촉, 곧 즉, 필 발.
[풀이] 한 번 닿으면 곧 터진다. 조그마한 일로도 원인이 되어 크게 벌어질 수 있는 아주 위급하고 切迫(절박)한 모양.

一寸肝腸 (일촌간장) ★★

[뜻음] 한 일, 마디 촌, 간 간, 창자 장.
[풀이] 일촌밖에 되지 않는 간장. 보잘것없는 속마음.

一寸光陰不可輕 (일촌광음불가경) ★★★

[뜻음] 한 일, 마디 촌, 빛 광, 그늘 음, 아닐 불, 가할 가, 가벼울 경.
[풀이] 일촌의 광음이라도 가벼이 하지 말라. 짧은 시간이라고 가벼이 여기지 말라. 출전 주희의 우성시.

日出三竿 (일출삼간)

[뜻음] 해 일, 날 출, 석 삼, 장대 간.
[풀이] 해가 높이 뜬 오전 여덟시 경.

一寸丹心 (일촌단심) ★

[뜻음] 한 일, 마디 촌, 붉을 단, 마음 심.
[풀이] 약간의 참된 정성. '자기의 진심'을 겸손하게 일컫는 말.

日出而作日入而息 (일출이작일입이식) ★

[뜻음] 해 일, 날 출, 말 이을 이, 지을 작, 들 입, 숨 쉴 식.
[풀이] 해가 뜨면 일어나 일하고, 해가 지면 들어와 쉼. 자연에 따라 順理(순리)대로 행하여 무리를 하지 않음을 이르는 말. 출전 擊壤歌(격양가).

日就月將 (일취월장)★★★

[뜻음] 날 일, 나아갈 취, 달 월, 나아갈 장.
[풀이] 날로 달로 자라거나 발전함. 출전 詩經(시경) 周頌(주송).

一炊之夢 (일취지몽)★

[뜻음] 한 일, 불 땔 취, 갈 지, 꿈 몽.
[풀이] '南柯一夢(남가일몽), 邯鄲之夢(한단지몽)'을 보시오.

一醉千日 (일취천일)

[뜻음] 한 일, 취할 취, 일천 천, 날 일.
[풀이] 한 번 마시면 千日(천일)을 취함. 술이 참으로 좋음을 나타냄.

一針見血 (일침견혈)★

[뜻음] 한 일, 바늘 침, 볼 견, 피 혈.
[풀이] 한 번 침을 놓아 죽은피를 뽑아내면 혈액순환이 원활해진다.
간단한 방법을 써서 본질적인 문제나 병을 고치는 것을 비유함.

一層奇觀 (일층기관)★

[뜻음] 한 일, 층 층, 기이할 기, 볼 관.
[풀이] 한결 더 奇異(기이)한 광경.

一彈丸地 (일탄환지)★

[뜻음] 한 일, 탄알 탄, 알 환, 땅 지.
[풀이] 한 탄알만 한 땅. 아주 협소한 땅.

一波萬波 (일파만파)★★★

[뜻음] 한 일, 물결 파, 일만 만.
[풀이] 하나의 물결이 연쇄적으로 많은 물결을 만든다. 한 가지 일이
만 가지 일로 번짐. 작은 일이 크게 확대되어 파란이 큼.

一波纔動萬波隨 (일파재동만파수)★

[뜻음] 한 일, 물결 파, 겨우 재, 움직일 동, 일만 만, 따를 수.
[풀이] 한 물결이 약간 움직이면 천만의 물결이 따라 움직인다는 뜻.
출전 冷齋夜話(냉재야화).

一敗塗地 (일패도지)★★★

[뜻음] 한 일, 패할 패, 진흙 도, 땅 지.
[풀이] 싸움에 한 번 패하여 肝(간)과 腦(뇌)가 땅바닥에 으깨어진다.
여지없이 패하여 다시 일어날 수 없게 됨. 再起不能(재기불능)이 됨.
塗地: 흙투성이가 됨.

≪史記(사기)≫ 古祖本紀(고조본기) 秦始皇(진시황)
말년 劉邦(유방)은 진시황에게 해를 입을까 봐 산중으로
숨었는데 陳勝(진승)이 반란을 일으키자 각 고을에서 수
령을 죽이고 진승에게 호응했다. 沛(패) 고을의 수령도 산
중의 유방을 불러들여 힘을 과시하려 했다. 수백 명이 떼
를 지어 오자 현령은 겁을 먹고 성문을 닫아 버리자 유방
은 縣令(현령)을 죽였다.
　유방을 맞이한 父老(부로)들이 그를 현령에 추대하려
하자 유방은 사양하며,
　"한 번 패해 넘어지면 땅에 깔리고 만다. 천하가 한창 시

끄러워 제후들이 사방에서 함께 일어나고 있는데 지금 장수
를 한 번 잘못 두게 되면 一敗塗地(일패도지)하고 만다."
　하고 말했다. 그러나 결국 유방은 패현의 현령이 되고
沛公(패공)이 되었다가 漢王(한왕)이 되고 다시 漢高祖(한
고조)가 된다.

一片孤月 (일편고월)★

[뜻음] 한 일, 조각 편, 외로울 고, 달 월.
[풀이] 외로이 떠 있는 한 조각달.

一片丹心 (일편단심)★★★

[뜻음] 한 일, 조각 편, 붉을 단, 마음 심.
[풀이] 한 조각의 정성된 마음. 참된 충정. 충성된 마음. 정성스러운
마음.

一片舟 (일편주)★

[뜻음] 한 일, 조각 편, 배 주.
[풀이] 한 조각배. 하나의 작은 배. 一扁舟(일편주).

一鞭之力 (일편지력)★

[뜻음] 한 일, 채찍 편, 갈 지, 힘 력.
[풀이] 채찍 하나의 힘. 보잘것없게나마 남을 도와주는 조그마한 힘
을 이르는 말.

一偏之論 (일편지론)★

[뜻음] 한 일, 치우칠 편, 갈 지, 논의할 론.
[풀이] 공정하지 못하고 한쪽으로 치우친 議論(의론). 僻論(벽론).

一暴十寒 (일포십한)★★★

[뜻음] 한 일, 햇볕 쬘 포, 열 십, 찰 한.
[풀이] ① 아무리 잘 자라는 초목이라도 하루 볕을 쬐고 열흘 동안
추운 곳에 놓아두면 자라지 못한다. ② 하루 데워서 열흘 걸려 식혀
버린다는 뜻. '노력함이 적고 게으름이 많음'을 경계한 말. 一暴十寒
萬物不長(일폭십한만물부장).

≪孟子(맹자)≫ 告子上(고자상)에 있는 맹자의 말이다.
맹자는 齊宣王(제선왕)이 그의 타고난 어진 성품과 총명
을 제대로 발휘하지 못하고 잠시 희망이 엿보이다가는 다
시 제자리걸음을 치는 것이 안타까워 말한다.
　"왕의 지혜롭지 못한 것을 이상하게 생각할 것이 없다.
아무리 세상에 쉽게 자라는 물건이 있다 하더라도 하루
따뜻하고 열흘 동안 추우면 능히 자랄 물건이 없다. 내가
왕을 만나는 일이 드문데다가, 내가 물러나면 차게 하는
사람들이 모여들게 되니, 비록 싹이 있은들 내가 어떻게
자라게 할 수 있겠는가?"
　'一日暴之十日寒之(일일폭지십일한지)'가 略(약)해져
서 '一暴十寒(일폭십한)'이 되었다.

一暴十寒萬物不長 (일폭십한만물부장)★

[뜻음] 한 일, 사나울 폭, 열 십, 찰 한, 일만 만, 만물 물, 아닐 부,

자랄 장.
[풀이] 햇볕 쬘 폭, 함께 구, 살 생. 하루 볕 나고 열흘 추우면 만물이 자라지 못하나 하루 춥고 열흘 볕 나면 만물이 잘 자람. 一寒十曝萬物俱生(일한십폭만물구생)과 짝을 이룸.

一彼一此 (일피일차)★

[뜻음] 한 일, 저 피, 이 차.
[풀이] 혹은 이것을 따르기도 하고 혹은 저것을 따르기도 한다. 항상 일정하지 않음을 이름. 출전 春秋左氏傳(춘추좌씨전).

一筆三禮 (일필삼례)

[뜻음] 한 일, 붓 필, 석 삼, 예도 례.
[풀이] 佛像(불상)을 그리거나 佛經(불경)을 베낄 때, 붓을 쉬게 될 때 매우 고생하며 베낌.

一筆揮之 (일필휘지)★

[뜻음] 한 일, 붓 필, 휘두를 휘, 갈 지.
[풀이] 단숨에 글씨를 내리 씀.

日下無蹊徑 (일하무혜경)★

[뜻음] 해 일, 아래 하, 없을 무, 지름길 혜, 지름길 경.
[풀이] 蹊徑(혜경)은 좁은 길. 해가 비치고 있는 곳에서는 좁은 길이 없다 함이니, 즉 나쁜 일이 행해지지 아니한 것을 嘆美(탄미)한 말임. 출전 唐書(당서) 李乂傳(이예전).

一寒一暑 (일한일서)★

[뜻음] 한 일, 찰 한, 더울 서.
[풀이] 추웠다 더웠다 함.

一合一離 (일합일리)★

[뜻음] 한 일, 모일 합, 떨어질 리.
[풀이] 혹은 합치고 혹은 떨어짐. 어느 때는 합하고 어느 때는 떨어짐. 출전 戰國策(전국책).

一虛一盈 (일허일영)★

[뜻음] 한 일, 빌 허, 찰 영.
[풀이] 있는가 하면 없고 없는가 하면 있음. 변화가 무쌍함.

一狐裘三十年 (일호구삼십년)★

[뜻음] 한 일, 여우 호, 갖옷 구, 석 삼, 열 십, 해 년.
[풀이] 齊(제)나라 宰相(재상) 晏嬰(안영)이 節儉力行(절검역행)을 숭상하여 狐裘(호구) 하나를 삼십 년간 입은 故事(고사). 출전 禮記(예기) 檀弓篇(단궁편).

一呼百諾 (일호백낙)★

[뜻음] 한 일, 부를 호, 일백 백, 대답할 낙.
[풀이] 한 사람이 소리치면 여러 사람이 이에 호응한다. 權勢(권세)가 대단함을 이름.

一呼再諾 (일호재낙)★

[뜻음] 한 일, 부를 호, 두 재, 대답할 낙.
[풀이] 한 번 부르는데 두 번 대답함. 사람이 비굴하여 阿諛苟容(아유구용)하며 무조건 복종함을 이름. 일설에는 奴僕(노복)이 주인 명

령에 공손히 복종하는 뜻이라 함. 출전 韓詩外傳(한시외전).

一壺天 (일호천)★

[뜻음] 한 일, 병 호, 하늘 천.
[풀이] ① 하나의 작은 天地(천지). 小天地(소천지). ② 俗世(속세)를 떠난 곳. 別天地(별천지). 중국 後漢(후한)의 費長房(비장방)이 약을 파는 노인과 더불어 항아리 속에 들어가 별세계의 즐거움을 얻었다는 옛일에서 온 말. 출전 後漢書(후한서).

一壺千金 (일호천금)★

[뜻음] 한 일, 표주박 호, 일천 천, 쇠 금.
[풀이] 표주박 하나도 파선을 하였을 때에는 이것을 가지고 물 위에 뜰 수 있으므로 천금의 값이 나감. 출전 鶡冠子(갈관자).

一攫千金 (일확천금)★

[뜻음] 한 일, 움킬 확, 일천 천, 쇠 금.
[풀이] 힘들이지 않고 단번에 많은 財物(재물)을 얻음.

一薰一蕕十年尚猶有臭 (일훈일유십년상유유취)★

[뜻음] 한 일, 향 풀 훈, 누린내 풀 유, 열 십, 해 년, 오히려 상, 있을 유, 냄새 취.
[풀이] 훈은 향초, 유는 취초임. 좋은 일은 잘 잊히나 나쁜 일은 오래도록 전하여 내려온다는 말. 출전 春秋左氏傳(춘추좌씨전).

一喜一懼 (일희일구)★

[뜻음] 한 일, 기쁠 희, 두려워할 구.
[풀이] 한편으로 기뻐하고 한편으로는 두려워함. 또는 기쁘고 또는 두려움. 기쁨과 두려움이 번갈아 일어남.

一喜一怒 (일희일노)★

[뜻음] 한 일, 기쁠 희, 노할 노.
[풀이] 또는 기뻐하고 또는 성냄.

一喜一悲 (일희일비)★

[뜻음] 한 일, 기쁠 희, 슬플 비.
[풀이] 기쁨과 슬픔이 번갈아 일어남. 한편으로는 기쁘고 한편으로는 슬픔.

臨渴掘井 (임갈굴정)★★★

[뜻음] 임할 림, 목마를 갈, 팔 굴, 우물 정.
[풀이] 목이 말라서야 우물을 판다. 평소에 준비 없이 일을 당하고서야 허둥지둥 서두름. 臨耕掘井(임경굴정).

臨機應變 (임기응변)★★★

[뜻음] 임할 림, 기미 기, 응할 응, 변할 변.
[풀이] 그때그때의 사정과 형편에 맞게 그 자리에서 처리함. 출전 唐書(당서).

臨難不懼 (임난불구)★

[뜻음] 임할 임, 어려울 난, 아닐 불, 두려워할 구.
[풀이] 난국에 봉착해서도 당황하지 않는 것을 일컬음.

臨難鑄兵 (임난주병)★

[뜻음] 임할 림, 어려울 난, 부어 만들 주, 군사 병.
[풀이] 난을 당해서야 비로소 武器(무기)와 군사를 모은다. 이미 일이 실패된 뒤에 손질하거나 뉘우쳐도 쓸데없음의 비유.

臨農奪耕 (임농탈경)★

[뜻음] 임할 임, 농사 농, 빼앗을 탈, 밭갈 경.
[풀이] 농사철에 쟁기를 빼앗는다. ① 농사철에 이르러 소작인을 바꿈. ② 이미 다 마련된 것을 헛되게 함의 비유.

任大責重 (임대책중)★

[뜻음] 맡길 임, 큰 대, 꾸짖을 책, 무거울 중.
[풀이] 임무가 크고 책임이 무거움.

林林叢叢 (임림총총)★

[뜻음] 수풀 림, 모을 총.
[풀이] 많이 모여 빽빽하게 들어서 있는 모양.

姙姒之德 (임사지덕)★★

[뜻음] 아이 밸 임, 동서 사, 갈 지, 덕 덕.
[풀이] 周(주)나라 文王(문왕)과 武王(무왕)의 妃(비)가 厚德(후덕)함을 이르는 말임. 后妃(후비)의 賢淑(현숙)한 德行(덕행).

臨時狼狽 (임시낭패)★

[뜻음] 임할 림, 때 시, 이리 랑, 이리 패.
[풀이] 미리 기약하여 다 잘 된 일이 그 時期(시기)에 임하여 틀어짐.

臨時變通 (임시변통)★★★

[뜻음] 임할 림, 때 시, 변할 변, 통할 통.
[풀이] 豫期(예기)치 않던 일을 당하여 우선 아쉬운 대로 둘러맞춰서 잠시 처리함.

臨時應變 (임시응변)★★★

[뜻음] 임할 림, 때 시, 응할 응, 변할 변.
[풀이] 臨機應變(임기응변).

臨時處變 (임시처변)★

[뜻음] 임할 임, 때 시, 곳 처, 변할 변.
[풀이] 기회를 따라 처리함. 臨機應變(임기응변).

臨深履薄 (임심리박)★★

[뜻음] 임할 림, 깊을 심, 밝을 리, 엷을 박.
[풀이] 깊은 못에 임하고, 얇은 얼음을 밟는다. 매우 조심함. 매우 위험함의 비유. 출전 詩經(시경).

臨淵羨魚不如退而結網 (임연선어불여퇴이결망)★★★

[뜻음] 임할 림, 못 연, 부러워할 선, 물고기 어, 아닐 불, 같을 여, 물러날 퇴, 말 이을 이, 맺을 결, 그물 망.
[풀이] 연못가에서 물고기를 보고 부러워하니 물러가 그물을 맺는 것만 못하다. 앉아서 헛되이 행복을 바라기보다는 물러서서 행복을 얻을 수 있는 방법을 강구하는 것이 나음.

이 말은 《淮南子(회남자)》 說林訓(설림훈)에 나오는 말이다. 같은 내용의 말이 《漢書(한서)》 董仲舒傳(동중서전)에도 있다.
　　"못에 가서 고기를 부러워하는 것이, 물러나 그물을 만드는 것만 같지 못하다."
　　《文子(문자)》 上德篇(상덕편)에는,
　　"강에 가서 고기를 욕심내는 것이 돌아와 그물을 짜는 것만 같지 못하다."고 했다.

臨財毋苟得 (임재무구득)★★★

[뜻음] 임할 임, 재물 재, 말 무, 구차할 구, 얻을 득.
[풀이] 재물을 대하매 苟且(구차)스럽게 얻지 말라는 뜻. 곧 옳으면 취하고 옳지 못하면 취하지 말 것이며, 결코 私慾(사욕)에 끌려서 얻고자 해서는 아니 된다는 말.

이 말은 《禮記(예기)》 曲禮篇(곡례편)에 있는 말이다.
　　'臨財毋苟得(임재무구득)'은 재물을 앞에 놓고 그것을 얻을 수도 있고 얻지 못할 수도 있을 경우, 굳이 그것을 얻겠다고 조바심을 하거나 남과 경쟁을 하거나 하지 말라는 말이다. 재물을 탐내지 않는다는 말이다. '臨難毋苟免(임난무구면)'은 어떤 뜻하지 않은 어려움을 당했을 때, 당황하거나 어떤 비겁한 방법으로 벗어나려 하지 말라는 뜻이다.
　　이 말은 《論語(논어)》 憲問篇(헌문편)에 나오는 '見利思義(견리사의) 見危授命(견위수명)'과 비슷한 뜻이다.

臨戰無退 (임전무퇴)★★

[뜻음] 임할 임, 싸울 전, 없을 무, 물러날 퇴.
[풀이] 싸움에 임하여 물러섬이 없음.

臨戰態勢 (임전태세)★★

[뜻음] 임할 림, 싸움 전, 태도 태, 기세 세.
[풀이] 싸움에 임하는 만반의 태세. 싸움을 시작할 만한 모든 다잡이.

林中不賣薪 (임중불매신)★

[뜻음] 수풀 림, 가운데 중, 아닐 불, 팔릴 매, 장작 신.
[풀이] 나무가 많은 곳에서는 장작이 팔리지 아니한다. 사물은 필요한 장소가 아니면 찾는 사람이 없음. 출전 淮南子(회남자).

臨陣易將 (임진역장)★★

[뜻음] 임할 임, 줄 진, 바꿀 역, 장수 장.
[풀이] 싸움터에서 장수를 바꾼다. 熟達(숙달)한 사람을 서투른 사람과 바꿈을 가리키는 말.

臨河羨魚 (임하선어)★★

[뜻음] 임할 림, 물 하, 부러워할 선, 고기 어.
[풀이] 내에 임하여 고기를 탐낸다. 부질없이 행복을 바람. 臨淵羨魚不如退而結網(임연선어불여퇴이결망). 출전 淮南子(회남자).

任賢勿貳 (임현물이)★★★

[뜻음] 맡길 임, 어질 현, 말 물, 두 마음 이.
[풀이] 適任者(적임자)에게 일을 맡겼으면 무슨 소리를 듣든 끝까지
맡겨야 한다는 말.

≪書經(서경)≫ 大虞謨(대우모)에 있는 益(익)의 말이다.
익은 禹(우) 임금이 자기의 뒤를 이어 天子(천자)가 되
기를 기대했을 정도로 위대한 인물이었다.
그 익이 말하기를, "어진 이를 맡긴 다음 두 생각을 말
고, 간사한 사람을 버리기를 주저하지 말며, 의심스러운
꾀는 이루지 말라"고 했다.
春秋時代(춘추시대) 五覇(오패)로 첫손을 꼽는 齊桓公
(제환공)과 管仲(관중)의 대화에도 이 말이 나온다.
환공이 관중을 보고 물었다.
"과인은 불행하게도 사냥을 좋아하고 또 여자를 좋아
하는데 覇(패)에 해가 되지 않을지?"
"해가 될 것이 없습니다."
"그러면 무엇이 패에 해로운 것인가?"
"어진 사람을 쓰지 않는 것이 패를 해치게 됩니다. 즉
어진 줄을 알고도 쓰지 않으면 패를 해치고 쓰면서도 완
전히 맡기지 않으면 패를 해치고, 맡겨놓고 다시 소인으로
간섭하게 하면 패를 해칩니다."
환공은 관중을 신임하여 覇者(패자)가 된다.

任賢使能 (임현사능)★

[뜻음] 맡길 임, 어질 현, 부릴 사, 능할 능.
[풀이] 유능한 인재를 등용함.

入境問禁 (입경문금)★

[뜻음] 들 입, 지경 경, 물을 문, 금할 금.
[풀이] 他國(타국)에 들어가면 우선 그 나라에서 금하는 일부터 묻고
범하는 일이 없도록 조심하라는 말. 그 나라에 들어가면 그 나라의
풍속을 물어서 따름. 入境問俗(입경문속). 入國問俗(입국문속). 출전
禮記(예기) 曲禮上篇(곡례상편).

入境問俗 (입경문속)★

[뜻음] 들 입, 지경 경, 물을 문, 속될 속.
[풀이] 그 나라에 들어가면 그 나라의 풍속을 물어서 따름. 入境問禁
(입경문금).

入彀中 (입구중)★

[뜻음] 들 입, 당길 구, 가운데 중.
[풀이] 彀(구)는 활을 힘껏 당긴다는 뜻으로, 천하의 영웅을 모두 자
기 손아귀에 쥐었다는 말. 英雄入彀中(영웅입구중). 출전 摭言(척언).

立極垂統 (입극수통)★

[뜻음] 설 입, 다할 극, 드리울 수, 한 줄기 통.
[풀이] 大中至正(대중지정)의 도를 세움.

立稻先買 (입도선매)★★★

[뜻음] 설 입, 벼 도, 먼저 선, 팔 매.
[풀이] 모낸 뒤 여물기 전의 벼, 아직 논에서 자라고 있는 벼를 파는
일. 立麥先賣(입맥선매).

粒粒皆辛苦 (입립개신고)★★★

[뜻음] 낱알 립, 모두 개, 매울 신, 쓸 고.
[풀이] 낱알이 모두 농부의 땀의 結晶(결정)임. 穀食(곡식)의 소중함
을 이른 말. 또, 苦心(고심)하여 일의 성취에 노력함을 이름. 粒粒辛
苦(입립신고).

≪古文眞寶(고문진보)≫ 前集(전집)에 있는 李紳(이
신)의 五言古風(오언고풍) [憫農(민농)]에 있는 글귀다.

벼를 호미질하여 해가 낮이 되니
땀이 벼 밑의 흙으로 방울져 떨어진다.
뉘가 알리요 상 위의 밥이
알알이 다 피땀인 것을.

鋤禾日當午 서화일당오
汗滴禾下土 한적화하토
誰知盤中飱 수지반중손
粒粒皆辛苦 입립개신고

농부가 지어 만든 쌀알 하나하나가 모두 피와 땀으로
이룩된 것이라는 말이다. 憫農(민농)이라는 말은 농부를
딱하게 생각한다는 뜻도 되고 농사일이 힘든 것을 민망하
게 여긴다는 뜻도 된다. 옛날에는 농부를 여름지이라고 불
렀다. 열매, 과실을 수확하는 자이다.

立馬吳山第一峰 (입마오산제일봉)

[뜻음] 설 입, 말 마, 오나라 오, 뫼 산, 차례 제, 한 일, 봉우리 봉.
[풀이] 金(금)나라 廢帝(폐제) 亮(양)이 宋(송)나라의 도읍 臨安(임안)
의 지도에 題詞(제사)로 쓴 시의 한 구.

入幕之賓 (입막지빈)

[뜻음] 들 입, 장막 막, 갈 지, 손 빈.
[풀이] 특별히 친분이 가까운 손님. 곧, 機密(기밀)을 서로 의논할 수
있는 상대. 출전 晉書(진서).

立不失容 (입불실용)

[뜻음] 설 입, 아닐 불, 잃을 실, 의용 용.
[풀이] 儀容(의용)을 갖추어 자세를 變(변)하지 아니하고 서 있음. 출
전 莊子(장자).

入山修道 (입산수도)★★★

[뜻음] 들 입, 뫼 산, 닦을 수, 길 도.
[풀이] 산에 들어가 道(도)를 닦음.

立身揚名 (입신양명)★★★

[뜻음] 설 입, 몸 신, 떨칠 양, 이름 명.
[풀이] 立身出世(입신출세)하여 세상에 이름을 드날림. 立身出世(입신출세).

立身出世 (입신출세)★★★

[뜻음] 설 입, 몸 신, 날 출, 세상 세.
[풀이] 세상에 몸을 우뚝 세우고 출세함.

立身行道 (입신행도)

[뜻음] 설 입, 몸 신, 다닐 행, 길 도.
[풀이] 출세하여 바른 道(도)를 행함. 출전 孝經(효경).

入室操矛 (입실조모)★

[뜻음] 들 입, 집 실, 잡을 조, 창 모.
[풀이] 그 사람의 도로써 그 사람을 손상시킴. 남의 무기를 이용하여 그 사람을 공격한다. '상대방의 學說(학설)을 가지고 그 사람의 학문을 공격함'을 비유하여 이르는 말. 중국 後漢(후한)의 何休(하휴)가 鄭玄(정현)의 論駁(논박)을 감탄한 옛일에서 온 말.

立我烝民莫匪爾極 (입아증민막비이극)★

[뜻음] 설 입, 나 아, 여럿 증, 백성 민, 말 막, 풀 초, 대아닐 비, 너 이, 다할 극.
[풀이] 立(입)은 粒(입)과 통하고 烝(증)은 衆(중), 爾는 后稷(후직)을 가리키며, 極(극)은 至(지)임. 우리 일반 백성이 곡식을 먹고 살게 하는 것은 천자의 弘德(홍덕)에 의한 것이라는 뜻. 출전 詩經(시경) 周頌(주송) 思文篇(사문편).

入于幽谷 (입우유곡)★

[뜻음] 들 입, 어조사 우, 그윽할 유, 골짜기 곡.
[풀이] 깊고 고요한 골짜기에 들어감. 출전 易經(역경) 困卦(곤괘).

立斬以徇 (입참이순)★★★

[뜻음] 설 입, 벨 참, 써 이, 두루 순.
[풀이] 그 자리에서 斬首(참수)하여 大衆(대중)의 본보기로 징계함. '徇' 은 두루 대중에게 보인다는 뜻.

立錐之地 (입추지지)★★★

[뜻음] 설 입, 송곳 추, 갈 지, 땅 지.
[풀이] 송곳하나 꽂을 만한 땅. 매우 좁아 조금도 餘裕(여유)가 없음을 나타냄. 아주 좁음. 출전 史記(사기).

立春大吉 (입춘대길)★★★

[뜻음] 설 입, 봄 춘, 큰 대, 길할 길.
[풀이] 立春(입춘)을 맞이하여 吉運(길운)을 기원하는 글. 建陽多慶(건양다경)과 짝을 이룸. 建陽多慶(건양다경): 좋은 일, 경사스러운 일이 많이 생기라고 기원하는 글.

入鄕循俗 (입향순속)★★★

[뜻음] 들 입, 시골 향, 좇을 순, 속될 속.
[풀이] 다른 지방에 들어가서는 그 지방의 풍속을 따라야 한다는 의미.

≪淮南子(회남자)≫ 齊俗篇(제속편)에 "그 나라에 들어가는 사람이 그 고장의 풍속을 따른다"라는 말이 있고 ≪莊子(장자)≫ 外篇(외편) 山木(산목)에도 나와 있다. "그 풍속에 들어가서는 그 풍속에 따른다"고 했다.
서양 격언에는 "로마에 가면 로마의 법을 따르라"라는 말이 있다.

立憲政體 (입헌정체)

[뜻음] 설 입, 법 헌, 정사 정, 몸 체.
[풀이] 憲法(헌법)을 제정하여 국민의 참정권을 인정하고 입법, 행정, 사법을 구별하여 각기 독립기관을 세운 정체.

立賢無方 (입현무방)★

[뜻음] 설 입, 어질 현, 없을 무, 모 방.
[풀이] 人才(인재)를 등용하는 데는 親疎(친소)나 貴賤(귀천)에 구애되지 않음. 출전 孟子(맹자).

入乎耳出乎口 (입호이출호구)★

[뜻음] 들 입, 어조사 호, 귀 이, 날 출, 입 구.
[풀이] 귀로 듣고, 곧 이것을 입으로 말할 뿐 실천을 하지 않는 것을 이름. 출전 荀子(순자).

自家撞着(자가당착)★

[뜻음] 스스로 자, 집 가, 칠 당, 붙을 착.
[풀이] 같은 사람의 말이나 행동이 앞뒤가 맞지 않음. 矛盾撞着(모순당착).

自家藥籠中物 (자가약롱중물)★★★

[뜻음] 스스로 자, 집 가, 약 약, 대그릇 롱, 가운데 중, 만물 물.
[풀이] 약통에 든 약이라는 뜻. 꼭 필요한 인물. 藥籠中物(약롱중물).

　　唐(당) 高宗(고종)의 皇后(황후) 則天武后(측천무후)는 고종이 죽자 자신이 직접 天子(천자) 노릇을 하고 나라 이름도 周(주)로 바꾸고 武氏(무씨)의 세상을 만들었으며 위대함과 악명을 동시에 떠올리게 하는 女傑(여걸)이다. 그녀는 수많은 남자 첩과 승려를 데리고 상상할 수 없는 음란한 행동을 자행했지만 인재를 쓸 줄 알았다. 聖歷(성력) 원년 이씨의 세상을 무씨의 세상으로 만들려고 하던, 무후의 친정 조카인 武承嗣(무승사), 武三思(무삼사)가 자신들이 태자가 되려고 무후를 충동질하자 狄仁傑(적인걸)이 목숨을 걸고 諫言(간언)하여 무후는 귀양 가 있는 廬陵王(노릉왕) 李哲(이철)을 불러들여 태자로 세웠다.

　　무후는 적인걸의 直諫(직간)을 잘 받아들였고 적인걸은 많은 인재를 조정에 천거했다. 자기가 마음에 드는 사람을 요직에 많이 심어 둔 것이다. 적인걸이 아끼는 사람 가운데 元行沖(원행충)이 있었는데, 바른말 잘하고 박식한 원행충이 적인걸을 보고 이렇게 말했다.

　　"대감 댁에는 珍味(진미)가 너무 많으니, 나를 약상자 한구석에 끼어 두시지 않겠습니까?"

　　그러자 인걸은 껄껄 웃으며 대답했다. "내 약 상자 속 약이야 어찌 하루인들 없을 수 있겠소."

　　언제든지 바른말을 해 달라는 대답이었다.

　　적인걸은 당나라 중흥대신이 되었고, 무후는 惡行(악행)이 많아서 그런지 죽은 후에 비석에 글자가 없는 이른바 無字碑(무자비)를 세우게 되었다.

自强不息 (자강불식)★★★

[뜻음] 스스로 자, 굳셀 강, 아닐 불, 쉴 식.
[풀이] 스스로 힘써 쉬지 않음. 출전 周易(주역).

自彊不息 (자강불식)★

[뜻음] 스스로 자, 굳셀 강, 아닐 불, 쉴 식.
[풀이] 自强不息(자강불식).

刺客之變 (자객지변)★

[뜻음] 찌를 자, 손 객, 갈 지, 변할 변.
[풀이] 사람을 몰래 찔러 죽이는 자객의 습격을 받은 變故(변고).

資格 (자격)★★★

[뜻음] 자질 자, 격조할 격.

[풀이] 관리가 될 만한 가치가 있음을 이름. 이 말은 원래 시험으로 인재를 채용하여 온 말. 출전 唐書(당서) 選擧志(선거지).

自激之心 (자격지심)★★★

[뜻음] 스스로 자, 부딪칠 격, 갈 지, 마음 심.
[풀이] 어떤 일에 대하여 자기 스스로 미흡하게 여기는 마음.

刺股讀書 (자고독서)★★

[뜻음] 찌를 자, 넓적다리 고, 읽을 독, 글 서.
[풀이] 넓적다리를 송곳으로 찌르며 글을 읽다. 소진이 책을 읽을 때 졸리면 송곳으로 넓적다리를 찌르며 글을 읽어서 피가 발목까지 흘러내렸다는 고사. 刺股懸梁(자고현량). 출전 史記(사기).

自古英雄盡解詩 (자고영웅진해시)★

[뜻음] 부터 자, 옛 고, 꽃부리 영, 수컷 웅, 다할 진, 풀 해, 시 시.
[풀이] 예로부터 영웅치고 시를 이해하지 못한 사람은 없다는 시 구절.

自古以來 (자고이래)★

[뜻음] 부터 자, 예 고, 써 이, 올 래.
[풀이] 예로부터 내려오면서.

自高自大 (자고자대)★

[뜻음] 스스로 자, 높을 고, 큰 대.
[풀이] 스스로 잘난 체하며 교만함.

刺股懸梁 (자고현량)★★

[뜻음] 찌를 자, 다리 고, 매달 현, 들보 량.
[풀이] 중국 戰國時代(전국시대)의 蘇秦(소진)이 졸음이 오면 송곳으로 허벅다리를 찌르고, 楚(초)나라의 孫敬(손경)은 머리를 새끼로 묶어 대들보에 매달아 졸음을 쫓았다는 옛일에서 태만함을 극복하고 열심히 공부함을 이르는 말. 刺股讀書(자고독서).

自愧之心 (자괴지심)★★★

[뜻음] 스스로 자, 부끄러워할 괴, 갈 지, 마음 심.
[풀이] 스스로 부끄럽게 여기는 마음.

自求多福 (자구다복)★★★

[뜻음] 스스로 자, 구할 구, 많을 다, 복 복.
[풀이] 스스로 많은 복을 구함.

　　《詩經(시경)》 大雅(대아) 文王篇(문왕편)에 나오는 말이다.

　　"많은 복은 하늘이 주어서가 아니라 자기가 구해서 얻어지는 것으로, 하늘은 스스로 돕는 자를 돕는다는 말이다."
　　이 말은 《孟子(맹자)》 公孫丑(공손추) 上(상)에 인용되어 있다.

　　"어질면 영화가 오고 어질지 못하면 욕이 온다. 지금 욕된 것을 싫어하면서 어질지 못한 생활을 하는 것은 마치 축축한 것을 싫어하면서 낮은 땅에 살고 있는 것과 같다.
　　욕된 것을 싫어하면 덕을 소중히 알고 선비를 높이 받드는 길밖에 없다. 어진 사람이 높은 지위에 있고 능력 있는 사람이 일을 담당하여 남는 여가를 헛되이 하지 말고 열심히 정치와 법령을 바르게 하는 데 힘을 기울이면 아무리 큰 나라라 할지라도 이쪽을 업신여기지 못한다.

지금 나라가 평화로우면 마음껏 즐기며 게으름을 피우고 거만을 부린다. 이것은 스스로 화를 부르는 것이다. 화와 복은 스스로 구하지 않는 것이 없다. ≪詩≫에 말하기를 '길이 命(명: 天命천명)에 맞게 하기를 생각하는 것이 스스로 많은 복을 구하는 것이다'라고 했다."

藉寇兵而齎盜糧 (자구병이재도량)★

[뜻음] 빌려 줄 자, 원수 구, 병기 병, 말 이을 이, 줄 재, 도적 도, 양식 량.
[풀이] 적에게 병기를 빌려 주고 식량을 준다. 자기가 자기를 해침을 이름. 출전 秦(진)나라 丞相(승상) 李斯(이사)의 글.

藉口之端 (자구지단)

[뜻음] 빙자할 자, 입 구, 갈 지, 끝 단.
[풀이] 핑계거리, 핑계 삼을 만한 거리. 구실을 붙일 단서. 출전 春秋左氏傳(춘추좌씨전).

自國之亂 (자국지란)★

[뜻음] 스스로 자, 나라 국, 갈 지, 어지러울 란.
[풀이] 內亂(내란)을 예스럽게 이르는 말.

自屈之心 (자굴지심)★

[뜻음] 스스로 자, 굽힐 굴, 갈 지, 마음 심.
[풀이] [풀이] 스스로를 굽히는 마음.

煮豆燃萁 (자두연기)★★★

[뜻음] 삶을 자, 콩 두, 불탈 연, 콩대 기.
[풀이] 콩을 삶는데 콩대를 땔감으로 함. 콩과 콩대는 같은 뿌리에서 자라난 것이면서 서로를 해친다. 따라서 형제가 서로 다툼을 비유함. 위무제 조조의 아들 조식의 시에 나오는 말. '七步才(칠보재)'를 보시오. 출전 世說新語(세설신어).

煮豆燃豆萁 (자두연두기)★

[뜻음] 삶을 자, 콩 두, 불탈 연, 콩대 기.
[풀이] 煮豆燃萁(자두연기). '七步才(칠보재)'를 보시오. 출전 世說新語(세설신어).

自得之妙 (자득지묘)★

[뜻음] 스스로 자, 얻을 득, 갈 지, 묘할 묘.
[풀이] 스스로 깨달아 터득한 오묘한 이치.

自樂自足 (자락자족)★

[뜻음] 스스로 자, 즐거울 락, 넉넉할 족.
[풀이] 자기 스스로 즐기고 스스로 만족하게 여김.

自量處之 (자량처지)

[뜻음] 스스로 자, 헤아릴 량, 곳 처, 갈 지.
[풀이] 스스로 헤아려서 처리함.

自力更生 (자력갱생)★★★

[뜻음] 스스로 자, 힘 력, 다시 갱, 날 생.
[풀이] 남에게 의지하지 않고 자기 스스로의 힘으로 어려운 처지나 생활환경을 향상시키는 일.

子路負米 (자로부미)★

[뜻음] 아들 자, 길 로, 질 부, 쌀 미.
[풀이] 孔子(공자)의 제자인 子路(자로)는 가난하여 매일 쌀을 백 리 밖까지 져다 주고 그 품삯으로 부모를 奉養(봉양)한 옛일에서, 가난한 가운데서 孝養(효양)을 이르는 말. 출전 孔子家語(공자가어).

玼吝考妣 (자린고비)★★★

[뜻음] 죽은 아비 자, 아낄 린, 죽은 아비 고, 죽은 어미 비.
[풀이] 아주 다라울 정도로 吝嗇(인색)하고 非情(비정)한 사람을 꼬집어 이르는 말.

子寞執中 (자막집중)★

[뜻음] 아들 자, 쓸쓸할 막, 잡을 집, 가운데 중.
[풀이] 중국 戰國時代(전국시대) 사람인 子寞(자막)이 변통성이 없이 항상 中庸(중용)만을 지키고 있었다는 옛이야기에서 생긴 말로, 변통성이나 융통성이 통 없음을 이르는 말. 출전 孟子(맹자).

自滅之計 (자멸지계)★

[뜻음] 스스로 자, 멸망할 멸, 갈 지, 셈할 계.
[풀이] 잘한다는 것이 도리어 잘못되어 스스로 망하게 되는 꾀. 自滅策(자멸책).

慈母有敗子 (자모유패자)★

[뜻음] 사랑할 자, 어미 모, 있을 유, 해칠 패, 자식 자.
[풀이] 너무 귀엽게만 기른 어머니 밑에서 도리어 불량하고 버릇없는 아들이 생김. 慈母敗子(자모패자). 출전 史記(사기).

字牧之任 (자목지임)★

[뜻음] 글자 자, 칠 목, 갈 지, 맡길 임.
[풀이] '원', '守令(수령)'의 딴 이름. 字牧은 원이 백성을 애무함의 뜻.

子卯不樂 (자묘불악)★

[뜻음] 아들 자, 넷째 지지 묘, 아닐 불, 풍류 악.
[풀이] 子日(자일)과 卯日(묘일)은 音樂(음악)을 하지 아니함. 商(상)나라 紂王(주왕)은 甲子日(갑자일)에 망하고 周(주)나라 桀王(걸왕)은 乙卯日(을묘일)에 망하였으므로 그날은 惡日(악일)이라 하여 꺼리는 것임.

子墨客卿 (자묵객경)★

[뜻음] 아들 자, 먹 묵, 손님 객, 벼슬 경.
[풀이] 먹의 異名(이명).

自問自答 (자문자답)★★★

[뜻음] 스스로 자, 물을 문, 대답할 답.
[풀이] 자기가 묻고 자기가 답함.

子房取履 (자방취리)★

[뜻음] 아들 자, 방 방, 가질 취, 신 리.

[풀이] 子房(자방)은 張良(장량)의 字(자). 중국 漢(한)나라의 장량이 下批(하비)의 다리 위에서 한 노인을 만나, 그 노인이 일부러 떨어뜨린 미투리를 주워 바쳤는데, 그 노인이 太公望(태공망)의 兵法(병법)이라고 일컫는 책을 주었다는 옛일.

資辯捷疾 (자변첩질)★

[뜻음] 자질 자, 말 잘할 변, 이길 첩, 병 질.
[풀이] 말재주가 있고, 행동이 민첩함. 口辯(구변)이 좋고 빠름. 출전 史記(사기).

雌伏 (자복)★★★

[뜻음] 암컷 자, 엎드릴 복.
[풀이] 암새가 수새에게 복종한다. ① 강자에게 굴복함. ② 속세를 떠나 은거함, 활약하지 않고 세월만 보냄.

自斧刖足 (자부월족)★

[뜻음] 스스로 자, 도끼 부, 발꿈치 자를 월, 발 족.
[풀이] 제 도끼에 제 발등을 찍힌다. 잘 알고 있다고 조심을 하지 않다가 큰 실수를 하게 됨. 믿는 도끼에 발등 찍힌다는 말. 自斧斫足(자부작족).

自斧斫足 (자부작족)★

[뜻음] 스스로 자, 도끼 부, 밸 작, 발 족.
[풀이] 제 도끼에 제 발등 찍힌다. 자기 일을 자기가 망친다는 말. 自斧刖足(자부월족).

子不語 (자불어)★★★

[뜻음] 공자 자, 아닐 불, 말씀 어.
[풀이] 孔子(공자)는 말하지 않았다. 小說(소설)을 이르는 말. 공자는 지극히 건전한 합리주의적 인생을 살다간 성인으로, 결코 怪力亂神(괴력난신)이라는 말을 입에 담기를 좋아하지 않았다고 함.

怪(괴)는 怪異(괴이) 怪奇(괴기) 妖怪(요괴), 力(력)은 믿을 수 없는 힘이나 폭력, 亂(난)은 신하가 임금을, 아들이 아버지를 해치는 질서의 파괴와 紊亂(문란)과 背德(배덕), 神(신)은 괴이한 神(신)이나 神秘(신비)나 鬼神(귀신) 등을 말하는데 이 네 가지는 소설의 제재로 삼는 것들로 이것을 공자가 말하지 않았으므로 소설이라는 뜻으로 쓰이게 된 말이다. 또한 공자는 性(성: 인간 천부의 본질이나 성질)과 天道(천도: 자연이나 인간 생명의 운행에 명령하고 지배하는 것으로 생각해 오던 초인간적인 절대력), 神(신) 天帝(천제) 등도 말하지 않았다고 하는데 이것도 소설의 제재이다. 이 네 가지를 怪力(괴력)과 亂神(난신)의 두 가지로 보는 설도 있다.

慈悲之心 (자비지심)★

[뜻음] 사랑 자, 슬플 비, 갈 지, 마음 심.
[풀이] 자비의 마음. 衆生(중생)을 사랑하고 가엾게 여기는 마음. 慈悲心(자비심).

子誠齊人 (자성제인)★

[뜻음] 맹자 자, 정성 성, 제나라 제, 사람 인.
[풀이] 孟子(맹자)가 자기 나라의 것만을 아는 齊(제)나라의 公孫丑(공손추)에게 '자네는 참 제나라 사람이로군'이라고 말한 故事(고사)로서, 見聞(견문)이 좁아 固陋(고루)함을 이름. 공손추는 맹자의 제자로 제나라 사람이었다. 그가 제나라의 명재상이었던 管仲(관중)과 晏嬰(안영)만을 장한 줄 알고 말끝마다 그들을 들먹이자 이에 식상한 맹자가 한 말.

子孫萬代 (자손만대)★

[뜻음] 자식 자, 자손 손, 일만 만, 대신할 대.
[풀이] 子子孫孫(자자손손). 자손의 여러 代(대).

子孫末裔 (자손말예)★

[뜻음] 아들 자, 손자 손, 끝 말, 후손 예.
[풀이] 子孫萬代(자손만대).

子率以正孰敢不正 (자솔이정숙감부정)★★★

[뜻음] 스스로 자, 거느릴 솔, 써 이, 바를 정, 누구 숙, 감히 감, 아닐 부.
[풀이] 자신이 거느리기를 바른 것으로 하면 누가 감히 바르지 않겠느냐는 뜻.

이 말은 ≪論語(논어)≫ 顔淵篇(안연편)에 있는 孔子(공자)의 말이다. 魯(노)나라 實權者(실권자)인 季康子(계강자)가 공자에게 정치를 물었다. 공자가 이렇게 대답했다.
"정치(政)라는 것은 바른(正) 것이다. 그대가 거느리기를 바른 것으로 하면 누가 감히 바르지 않겠는가."
子(자)는 그대라는 뜻이거나 자기 자신이라는 뜻이다. 帥(솔)은 거느린다는 의미의 솔(率)과 같다. '政者正也(정자정야)'라는 유명한 말이 여기에서 나왔다.

炙手可熱 (자수가열)

[뜻음] 가까이할 자, 손 수, 옳을 가, 탈 열.
[풀이] 손을 그것에 쬐면 덴다. 권세가 대단하여 접근하기가 어려움을 비유하는 말.

自手成家 (자수성가)★★★

[뜻음] 스스로 자, 손 수, 이룰 성, 집 가.
[풀이] 물려받은 재산이 없는 사람이 자기의 힘으로 한 살림을 이룩함.

自勝家强 (자승가강)★★★

[뜻음] 스스로 자, 이길 승, 집 가, 굳셀 강.
[풀이] 스스로를 이기는 사람이 진정으로 강한 사람이다. ≪老子(노자)≫ 제33장에 나오는 말이다. "남을 아는 것은 지혜로운 일이다. 그러나 자신을 아는 사람이 참으로 밝은 사람이다. 남을 이기는 것은 힘이 있다는 일이다. 그러나 자기를 이기는 것이 가장 강하다"고 했다. 孔子(공자)도 "나를 이겨 자연으로 돌아가는 것이 仁(인)이다"라고 했고, 왕양명은 "산속의 도적을 깨뜨리기는 쉬워도 마음속의 도적을 깨뜨리기는 어렵다"고 했다.

自繩自縛 (자승자박)***

[뜻음] 스스로 자, 먹줄 승, 묶을 박.
[풀이] 자신이 한 말과 행동에 자신이 옭아 들어감.

自勝之癖 (자승지벽)**

[뜻음] 스스로 자, 이길 승, 갈 지, 버릇 벽.
[풀이] 언제나 자기가 남보다 나은 줄로만 여기고 고집을 부리는 버릇.

自是之癖 (자시지벽)**

[뜻음] 스스로 자, 옳을 시, 갈 지, 버릇 벽.
[풀이] ① 제 뜻이 항상 옳은 줄로만 믿는 버릇. ② 偏僻(편벽)된 소견을 고집부리는 버릇.

自信滿滿 (자신만만)*

[뜻음] 스스로 자, 믿을 신, 가득 찰 만.
[풀이] 아주 자신이 있음.

者也之乎 (자야지호)*

[뜻음] 놈 자, 잇기 야, 갈 지, 어조사 호.
[풀이] 모두 문장을 돕는 助字(조자). 이 조자를 많이 쓰는 데서, '딱딱한 문장 또는 말투'를 이름. '그렇다면 · 그러면' 따위.

自業自得 (자업자득)***

[뜻음] 스스로 자, 일 업, 얻을 득.
[풀이] 자기가 저지른 일의 果報(과보)를 자기 자신이 받음.

自然淘汰 (자연도태)***

[뜻음] 스스로 자, 그러할 연, 씻을 도, 통과할 태.
[풀이] 생물이 외계의 상태로 맞는 자는 競爭(경쟁)에 이기어 생존하고, 그렇지 못한 것은 滅亡(멸망)하는 상태. 淘汰(도태)란 물건을 물에 넣고 일어서 좋은 것만 가려낸다는 말.

子欲養而親不待 (자욕양이친부대)***

[뜻음] 자식 자, 하고자 할 욕, 기를 양, 어조사 이, 어버이 친, 아닐 부, 기다릴 대.
[풀이] 자식은 부모를 扶養(부양)하려 하나 부모는 연로하여 기다려 주지 않는다는 말. 출전 韓詩外傳(한시외전).

雌雄未決 (자웅미결)**

[뜻음] 암컷 자, 수컷 웅, 아닐 미, 터놓을 결.
[풀이] 암컷인지 수컷인지 아직 결정이 안 됨. 아직 자웅이 결정되지 않음. 승부가 아직 나지 않음. 출전 後漢書(후한서).

自怨自乂 (자원자예)

[뜻음] 스스로 자, 원망할 원, 벨 예.
[풀이] 잘못을 뉘우치고 악을 베어 버림. 전에 저지른 非行(비행)을 後悔(후회)하고 언행을 삼감. 출전 孟子(맹자).

子爲父隱 (자위부은)*

[뜻음] 아들 자, 할 위, 아비 부, 숨길 은.
[풀이] 자식은 다른 사람에 대하여 아비의 나쁜 일을 숨긴다. 父子(부자)간의 天倫(천륜)을 이르는 말. 直躬證父(직궁증부). 출전 論語(논어) 子路篇(자로편).

自由自在 (자유자재)***

[뜻음] 스스로 자, 말미암을 유, 있을 재.
[풀이] 자기의 뜻대로 자유롭게 마음대로 할 수 있음. 아무 거리낌이 없는 상태

自隱無名 (자은무명)*

[뜻음] 스스로 자, 숨을 은, 없을 무, 이름 명.
[풀이] 스스로 세상에서 도피하여 숨어서 이름이 세상에 알려지지 않음. 출전 史記(사기) 老子傳(노자전).

子子孫孫 (자자손손)**

[뜻음] 아들 자, 손자 손.
[풀이] 자손의 여러 代(대). 자손의 끝까지. 代代孫孫(대대손손). 世世孫孫(세세손손). 子孫萬代(자손만대). 출전 書經(서경).

自酌自飲 (자작자음)*

[뜻음] 스스로 자, 술 작, 마실 음.
[풀이] 술을 손수 따라 마심.

自作之孽 (자작지얼)**

[뜻음] 스스로 자, 만들 작, 갈 지, 재앙 얼.
[풀이] 제 스스로 저지른 일로 말미암아 생긴 災殃(재앙).

自全之計 (자전지계)*

[뜻음] 스스로 자, 온전 전, 갈 지, 셈할 계.
[풀이] 자신의 안전을 꾀하는 계책.

自頂至踵 (자정지종)*

[뜻음] 부터 자, 정수리 정, 이를 지, 발꿈치 종.
[풀이] ① 이마에서부터 발뒤꿈치에 이르기까지라는 뜻으로, 온몸을 뜻하는 말. ② 생활 전체.

自尊自大 (자존자대)*

[뜻음] 스스로 자, 높을 존, 큰 대.
[풀이] 스스로 자기를 높고 크게 여김.

自尊自慢 (자존자만)*

[뜻음] 스스로 자, 높은 존, 거만할 만.
[풀이] 스스로 자기를 높여 잘난 체하며 뽐냄.

自主獨立 (자주독립)**

[뜻음] 스스로 자, 주인 주, 홀로 독, 설 립.
[풀이] 남의 간섭을 받지 않고 자기 힘으로 자기의 일을 처리함.

自主獨往 (자주독왕)*

[뜻음] 스스로 자, 주인 주, 홀로 독, 갈 왕.
[풀이] 남의 태도나 주장에 거리낌 없이 자기가 믿는 主義(주의)나 주장대로 행동함.

自重自愛 (자중자애)**

[뜻음] 스스로 자, 무거울 중, 사랑 애.
[풀이] 자기의 몸을 소중히 하고 제 몸을 제가 아낌.

自中之亂 (자중지란)★★★

[뜻음] 스스로 자, 가운데 중, 갈 지, 어지러울 란.
[풀이] 같은 패 안에서 일어나는 싸움.

自唱自和 (자창자화)★

[뜻음] 스스로 자, 부를 창, 화할 화.
[풀이] 스스로 거문고를 타고 노래함. 남을 위해서 자기가 마련한 것을 자기가 이용함.

刺草之臣 (자초지신)

[뜻음] 깎을 자, 풀 초, 갈 지, 신하 신.
[풀이] 풀이나 깎는 천한 신하. 임금 앞에서 자신을 낮추어 일컫는 말.

自初至終 (자초지종)★★★

[뜻음] 부터 자, 처음 초, 이를 지, 마칠 종.
[풀이] 처음부터 끝까지의 동안. 또는 처음부터 끝까지의 과정.

自稱天子 (자칭천자)

[뜻음] 스스로 자, 일컬을 칭, 하늘 천, 아들 자.
[풀이] 자기를 천자라고 이른다. 자기 자랑이 심한 사람을 비웃어 이르는 말. 자기가 한 일을 자기 스스로 칭찬하는 사람을 비웃는 말. 自稱王(자칭왕).

紫奪朱 (자탈주)★

[뜻음] 자줏빛 자, 빼앗을 탈, 붉을 주.
[풀이] 惡紫奪朱(오자탈주). 출전 論語(논어).

自暴自棄 (자포자기)★★★

[뜻음] 스스로 자, 해칠 포, 버릴 기.
[풀이] 자기의 몸을 스스로 해치고 버림.

　　≪孟子(맹자)≫ 離婁(이루) 上(상)에 나오는 맹자의 말이다.
　　"自暴(자포)하는 사람은 함께 말을 할 수가 없고, 自棄(자기)하는 사람은 함께 일을 할 수가 없다. 말을 예의에 벗어나게 하는 사람을 '자포'라고 말하고 자기 자신이 능히 어진 일을 할 수 없고, 옳은 길로 갈 수 없다고 하는 것을 '자기'라고 말한다. 어짐(仁)은 사람의 편안한 집이요, 옳음은 사람의 바른 길이다. 편안한 집을 비워 두고 살지 않으며 바른 길을 버리고 그곳으로 가지 않으니 슬픈 일이다"
　　라고 했다.

自畵自讚 (자화자찬)★★★

[뜻음] 스스로 자, 그림 화, 스스로 자, 기릴 찬.
[풀이] 자기가 그린 그림을 자기가 칭찬함. 자기가 한 일을 스스로가 칭찬함. 본래 동양화에서, 자기가 그린 그림에 대해 설명하느라 붙인 글, 감상하느라 쓰는 글을 나타냄.

雀角鼠牙之爭 (작각서아지쟁)★

[뜻음] 참새 작, 뿔 각, 쥐 서, 어금니 아, 갈 지, 다툴 쟁.
[풀이] 사람과 소송을 하는 것. 訟事(송사)를 提起(제기)하고 曲直(곡직)을 法庭(법정)에서 다툼. 출전 詩經(시경) 召南(소남) 行露篇(행로편).

作狂作聖 (작광작성)★

[뜻음] 지을 작, 미칠 광, 성인 성.
[풀이] 사람은 마음 하나로 미친 사람도 되고 聖人(성인)도 됨. 출전 書經(서경).

作文三上 (작문삼상)★

[뜻음] 지을 작, 글월 문, 석 삼, 위 상.
[풀이] 글을 짓는 데 汨沒(골몰)할 수 있는 가장 알맞은 세 가지 장소, 곧 마상(馬上: 말 위)·침상(枕上: 이부자리 위)·측상(厠上: 화장실 변기 위). 三上(삼상).

作法自斃 (작법자폐)★

[뜻음] 지을 작, 법 법, 스스로 자, 죽을 폐.
[풀이] 자기가 만든 法(법)에 자신이 害(해)를 입음. 출전 史記(사기) 商君傳(상군전).

鵲報喜 (작보희)★

[뜻음] 까치 작, 알릴 보, 기쁠 희.
[풀이] 까치가 기쁜 소식을 알린다. 까치가 울면 기쁜 소식이 있다는 말. 民畵(민화)의 소재가 되는 말.

作舍道傍三年不成 (작사도방삼년불성)★★

[뜻음] 지을 작, 집 사, 길 도, 곁 방, 석 삼, 해 년, 아닐 불, 이룰 성.
[풀이] 길가에서 집을 짓는 사람이 지나가는 사람들이 제각기 다른 의견을 내놓은 바람에 삼 년이 지나도 집을 짓지 못했다는 뜻. 의견이 분분하여 결정을 제대로 짓지 못함. 출전 後漢書(후한서).

雀鼠之爭 (작서지쟁)★

[뜻음] 참새 작, 쥐 서, 갈 지, 다룰 쟁.
[풀이] 서로 다투어 訟事(송사)하는 일.

鵲巢鳩居 (작소구거)★

[뜻음] 까치 작, 둥지 소, 비둘기 구, 살 거.
[풀이] 까치집에 비둘기가 산다. 남의 지위를 빼앗음의 비유. 출전 詩經(시경).

酌水成禮 (작수성례)★★★

[뜻음] 따를 작, 물 수, 이룰 성, 예도 례.
[풀이] 물을 떠놓고 婚禮(혼례)를 지낸다. 가난한 집안에서 구차하게 혼례를 치름.

作心三日 (작심삼일)★★★

[뜻음] 지을 작, 마음 심, 석 삼, 날 일.
[풀이] 지어 먹은 마음이 사흘을 가지 못한다. 결심이 굳지 못함을 이르는 말. 일시적인 느낌으로 먹은 마음이 오래가지 못한다는 뜻.

두 가지 뜻으로 쓰인다.

사흘을 두고 생각하고 생각한 끝에 비로소 결정을 보았다는 신중성을 의미하기도 하고, 마음을 단단히 먹기는 했지만 사흘만 지나면 그 결심이 흐지부지하게 된다는 뜻으로 쓰인다.

作心(작심)이라는 말이 ≪孟子(맹자)≫ 騰文公(등문공) 下(하)의 이른바 好辯章(호변장)에 나오는 말이다.

"…그 마음에 일어나서 그 일을 해치고, 그 일에 일어나서 그 정치를 해친다. …"

작심이란 마음을 일으킨다는 말이다. 억지로 하기 싫은 것을 의식적으로 일깨운다는 뜻이 된다.

勺藥之贈 (작약지증)★

[뜻음] 구기 작, 약 약, 갈 지, 보낼 증.
[풀이] 남녀 간에 향기로운 함박꽃을 보내어 정을 더욱 두텁게 하는 것을 이름. 출전 詩經(시경) 鄭風(정풍) 溱洧篇(진유편).

灼艾分痛 (작애분통)★

[뜻음] 구울 작, 쑥 애, 나눌 분, 아플 통.
[풀이] 중국 宋(송)나라의 太宗(태종)이 병으로 뜸을 뜨는데, 형인 太祖(태조)가 자기 몸에도 뜸을 놓아 그 아픔을 나눴다는 옛일에서 온 말. '형제간에 우애가 두터움'을 이르는 말. 출전 宋史(송사).

作俑 (작용)★★★

[뜻음] 만들 작, 허수아비 용.
[풀이] 죽은 사람과 함께 매장하던 목상을 만든다는 뜻. 나쁜 전례를 만드는 일. 惡例(악례)를 만듦의 비유. 좋지 못한 일을 首唱(수창)하는 일. 먼 옛날에는 풀이나 나무로 인형을 만들어 시체와 함께 묻었는데 이것이 나중에 사람을 殉死(순사)시키는 풍습을 낳는 근원이 되었다고 한다. 그래서 孔子(공자)는 이 풍속을 不仁(불인)의 極惡(극악)이라며 그 창시자를 증오했다는 옛일에서 온 말.

綽綽然有餘裕 (작작연유여유)★

[뜻음] 너그러울 작, 그러할 연, 있을 유, 남을 여, 넉넉할 유.
[풀이] 言行(언행)과 態度(태도)에 여유가 있음. 곧, 일을 당하여 놀라거나 唐惶(당황)하지 않고 沈着(침착)함. 출전 孟子(맹자) 公孫丑下篇(공손추하편).

昨醉未惺 (작취미성)★

[뜻음] 어제 작, 취할 취, 아닐 미, 깰 성.
[풀이] 어제 마신 술이 아직 깨지 않음.

殘膏賸馥 (잔고잉복)★

[뜻음] 남을 잔, 살찔 고, 보낼 잉, 향기 복.
[풀이] 남아 있는 기름과 향기라는 뜻으로 뒤에 남은 의미나 音調(음조) 등의 맛 또는 後世(후세)까지 남은 遺風(유풍)과 餘香(여향)을 이름. 殘(잔)은 餘(여)와 같음. 출전 唐書(당서).

殘豆之戀 (잔두지련)★★

[뜻음] 우리 잔, 콩 두, 갈 지, 사모할 연.

[풀이] 말이 얼마 안 되는 콩을 못 잊어 마구간을 떠나지 못한다. 사소한 이익을 斷念(단념)하지 못함을 이르는 말. 棧豆(잔두)는 말에게 먹이는 콩. 殘豆之戀(잔두지련). 출전 晉書(진서).

殘杯冷羹 (잔배냉갱)★

[뜻음] 남을 잔, 잔 배, 찰 냉, 국 갱.
[풀이] 먹다 남은 술과 다 식은 국. 殘杯冷炙(잔배냉적).

殘山剩水 (잔산잉수)★

[뜻음] 남을 잔, 뫼 산, 남을 잉, 물 수.
[풀이] 山水(산수)의 남은 것, 곧 보잘것없는 작은 경치. ① 자연의 일부분만 그린 산수화. ② 중국 남송의 馬遠(마원) 등에 의한 산수화. ③ 敗亡(패망)한 나라의 황폐한 산천.

殘月曉星 (잔월효성)★★★

[뜻음] 남을 잔, 달 월, 새벽 효, 별 성.
[풀이] 새벽달과 새벽별. 天地神明(천지신명)과 유사함.

殘人害物 (잔인해물)

[뜻음] 남을 잔, 사람 인, 해칠 해, 만물 물.
[풀이] 사람에게 잔인하게 굴고 물건을 해침. 殘害(잔해).

殘編斷簡 (잔편단간)★

[뜻음] 해칠 잔, 엮을 편, 끊을 단, 대쪽 간.
[풀이] 책의 떨어진 쪽지. ① 넝마가 다 된 책. ② 형편없는 자신의 졸작.

潛德幽光 (잠덕유광)

[뜻음] 잠길 잠, 덕 덕, 그윽할 유, 빛 광.
[풀이] 세상에 드러나지 않는 유덕자의 숨은 빛.

蠶頭馬蹄 (잠두마제)★★

[뜻음] 누에 잠, 머리 두, 말 마, 발굽 제.
[풀이] 한문 글씨 쓰는 筆法(필법)의 한 가지. 모필 글씨에서 가로 긋는 획의 처음 시작은 말발굽 형상, 바른쪽 끝은 누에의 머리 모양이 되도록 씀을 이름.

潛銷暗鑠 (잠소암삭)

[뜻음] 잠길 잠, 쇠 녹일 소, 어두울 암, 쇠 녹일 삭.
[풀이] 알지 못하는 사이에 쇠가 녹듯이 슬그머니 줄어들어 없어짐.

蠶食 (잠식)★★★

[뜻음] 누에 잠, 먹을 식.
[풀이] 누에가 뽕잎을 먹는다. ① 남의 영토를 점차적으로 침략 병탄함. ② 세금을 점차 무겁게 부과함. ③ 자기는 일하지 않고 남의 것을 먹음의 비유.

簪纓舊族 (잠영구족)★★

[뜻음] 비녀 잠, 갓끈 영, 예 구, 겨레 족.
[풀이] 높은 벼슬을 지낸 양반의 자손.

簪纓世家 (잠영세가)★★

[뜻음] 비녀 잠, 갓끈 영, 대 세, 집 가.

ㅈ

[풀이] 대대로 높은 벼슬을 해 온 집.

簪纓世族 (잠영세족)★★

[뜻음] 비녀 잠, 갓끈 영, 대 세, 겨레 족.
[풀이] 대대로 높은 벼슬을 하는 집안.

潛龍不用 (잠용불용)★★★

[뜻음] 자맥질할 잠, 용 룡, 아닐 불, 쓸 용.
[풀이] 잠용은 자기의 능력을 다 쓰지 말라. 물에 잠긴 용 같은 사람은 자신의 용 같은 재주를 모두 발휘하지 말라. 재주를 다 발휘하다 사냥꾼의 화살을 맞는다는 말.

≪易經(역경)≫ 乾卦(건괘) 初爻(초효)의 爻辭(효사)에 있는 말이다. 潛龍(잠룡)은 땅속 깊이 숨어 있는 용이라는 말이다. 勿用(물용)은 쓰지 말라는 말이다. 乾(건)은 하늘을 말하고 純陽(순양)을 뜻한다. 陽(양)은 맑고 따뜻하고 뻗어 오르는 기운을 말한다. 그래서 하늘에 날아오르는 용으로써 이를 상징한다.

아무리 천하를 통일할 역량과 포부를 간직한 영웅이라도 아직은 時機(시기)가 아니므로 가만히 숨어 있고 나오지 말라는 뜻으로 풀이되므로 이 효사는 결국 아직은 때가 아니므로 조용히 기다려야 한다는 말이다. '亢龍有悔(항룡유회)'라는 말을 참조할 만하다.

潛邸 (잠저)★★

[뜻음] 자맥질할 잠, 집 저.
[풀이] 創業(창업)의 왕 또는 宗室(종실)에서 들어온 왕이 아직 卽位(즉위)하기 전에 살던 집. 출전 三國遺事(삼국유사).

蠶績蟹匡 (잠적해광)★

[뜻음] 누에 잠, 길쌈할 적, 게 해, 바로잡을 광.
[풀이] 누에는 고치를 지으나, 그것을 담을 광주리를 갖고 있지 않다. 하지만 게(蟹)의 등에 있는 광주리(게딱지)는 누에를 위해 있는 것이 아니다. 중국 成(성) 땅 사람이 그 兄(형)의 喪(상)을 입지 않았는데, 成(성)의 守令(수령)인 자고가 지극히 효성이 두터웠으므로, 자기의 잘못을 벌하지나 않을까 하고 두려워한 나머지 服(복)을 입은 일을 그때 사람들이 평한 말.

潛踪秘跡 (잠종비적)

[뜻음] 잠길 잠, 자취 종, 숨길 비, 발자취 적.
[풀이] 자취나 형상을 아주 감추어 버림.

簪筆之臣 (잠필지신)★

[뜻음] 비녀 잠, 붓 필, 갈 지, 신하 신.
[풀이] 史筆(사필)을 가진 신하라는 뜻으로, 朝鮮(조선) 시대 藝文館(예문관)의 檢閱(검열)이나 承政院(승정원)의 主書(주서)를 이르는 말.

長杠大筆 (장강대필)★★

[뜻음] 길 장, 깃대 강, 큰 대, 붓 필.
[풀이] 문장이 씩씩하여 힘 있고 웅대한 글. 길고도 힘 있는 글을 가리키는 말.

長江大海 (장강대해)★★

[뜻음] 길 장, 강 강, 큰 대, 바다 해.
[풀이] 장강과 대해. 길고 큰 강과 크고 넓은 바다.

長頸烏喙 (장경오훼)★★

[뜻음] 긴 장, 목 경, 까마귀 오, 주둥이 훼.
[풀이] 긴 목과 까마귀 주둥이. 긴 목과 뾰족하게 나온 입. 범려가 월왕 구천을 평한 말. 참을성이 많고 患難(환난)은 같이할 수 있으나 잔인하고 욕심이 많으며 남을 의심하는 마음이 강하여 安樂(안락)은 같이 누릴 수 없는 인상. 출전 史記(사기) 越世家(월세가).

將計就計 (장계취계)★

[뜻음] 가지고 장, 꾀 계, 나아갈 취.
[풀이] 상대편의 계략을 미리 알아채고 그것을 역이용하는 계책.

長廣舌 (장광설)★★★

[뜻음] 길 장, 넓을 광, 혀 설.
[풀이] 깊고 넓은 혀. ① 대단한 雄辯(웅변). 또는 쓸데없이 장황하게 늘어놓는 말. ② 부처님이나 전륜성왕의 모습 가운데 하나. 본래 부처님의 진실하고 거짓 없는 말을 의미함.

長姣美人 (장교미인)★

[뜻음] 길 장, 아름다울 교, 아름다울 미, 사람 인.
[풀이] 키가 크고 아름다운 여자. 출전 史記(사기).

藏巧於拙 (장교어졸)★

[뜻음] 감출 장, 공교로울 교, 어조사 어, 서툴 졸.
[풀이] 재능을 감추고 졸렬한 듯이 보임. 출전 菜根談(채근담).

長久之計 (장구지계)★★

[뜻음] 길 장, 오랠 구, 갈 지, 셈할 계.
[풀이] 장구하게 고민한 계책. 어떤 일이 오래 계속될 것을 꾀하는 계책. 長久之策(장구지책).

長久之策 (장구지책)★

[뜻음] 길 장, 오랠 구, 갈 지, 꾀 책.
[풀이] 長久之計(장구지계).

章句之學 (장구지학)★

[뜻음] 글 장, 글귀 구, 갈 지, 배울 학.
[풀이] 문장의 章(장)과 句(구)의 해석에만 몰두하여 전체의 도리를 깨닫지 못하는 학문. 중국 漢代(한대)의 訓詁學(훈고학)을 이르는 말.

將軍出龍馬出 (장군출용마출)★★

[뜻음] 장수 장, 군사 군, 날 출, 용 룡, 말 마.
[풀이] 장군 나자 龍馬(용마) 난다. ① 무슨 일이거나 잘 되면 좋은 기회가 절로 응함을 이르는 말. ② 훌륭한 사람이 있으면 저절로 그 사람에게 필요한 것이 마련되거나 그를 보좌할 사람도 있음을 이르는 말.

長短說 (장단설)★

[뜻음] 길 장, 짧을 단, 말씀 설.
[풀이] 길게 이야기하고 싶으면 길게 이야기하고, 간단히 이야기하고 싶으면 간단히 이야기함. 戰國時代(전국시대)의 策士(책사)의 雄辯

術(웅변술). 출전 史記(사기) 田儋傳(전담전).

長短有命 (장단유명)★

[뜻음] 길 장, 짧을 단, 있을 유, 목숨 명.
[풀이] 사람 목숨의 길고 짧음은 運命(운명)에 달렸음.

藏頭露尾 (장두노미)★

[뜻음] 감출 장, 머리 두, 드러날 노, 꼬리 미.
[풀이] 머리는 감추었으나 꼬리가 드러난다. 무슨 일이든지 흔적 없이 감추기는 어렵다는 말

麞頭鹿耳 (장두록이)

[뜻음] 노루 장, 머리 두, 사슴 록, 귀 이.
[풀이] 노루 대가리와 사슴 귀. 貧賤(빈천)한 기골의 사람을 이르는 말. 麞頭鼠目(장두서목).

腸肚相連 (장두상련)★

[뜻음] 창자 장, 밥통 두, 서로 상, 이을 연.
[풀이] 밥통과 창자가 서로 잇닿았다. 어떤 사람들끼리 무엇을 궁리하거나 생각하는 것이 똑같아서 배짱이 잘 맞음.

麞頭鼠目 (장두서목)★

[뜻음] 노루 장, 머리 두, 쥐 서, 눈 목.
[풀이] 貧賤(빈천)한 용모를 이르는 말. 麞頭鹿耳(장두록이). 獐頭鼠目(장두서목). 출전 唐書(당서).

獐頭鼠目 (장두서목)★

[뜻음] 노루 장, 머리 두, 쥐 서, 눈 목.
[풀이] 노루 대가리와 쥐의 눈. ① 농부의 비천한 용모 ② 안절부절 못함을 형용하는 말. ③ 人相學(인상학)에서 卑賤(비천)의 相(상)을 이르는 말. 麞頭鹿耳(장두록이). 麞頭鼠目(장두서목).

長樂未央 (장락미앙)★

[뜻음] 길 장, 즐거울 락, 아닐 미, 그칠 앙.
[풀이] 즐거움이 그치지 않는다. 장락궁과 미앙궁. 중국 한나라 궁전 이름으로, 이 두 궁전의 기와에 이 넉 자를 새김.

張良之椎 (장량지추)★

[뜻음] 베풀 장, 어질 량, 갈 지, 방망이 추.
[풀이] 張良(장량)이 韓(한)나라의 怨讐(원수)를 갚으려고 力士(역사)를 시켜 博浪沙(박랑사)에서 鐵椎(철추)로 秦始皇(진시황)을 狙擊(저격)한 故事(고사)에서 나온 말. 張良之椎(장양지추).

將幕之誼 (장막지의)★

[뜻음] 장수 장, 휘장 막, 갈 지, 옳을 의.
[풀이] 將帥(장수)와 부하들 사이의 情誼(정의).

張脈憤興 (장맥분흥)★

[뜻음] 베풀 장, 맥 맥, 성낼 분, 흥할 흥.
[풀이] 사람이 憤激(분격)하면 血脈(혈맥)은 張動(장동)하여 外形(외형)은 彊形(강형)이나 속은 乾竭(건갈)함을 이름. 출전 左傳(좌전) 僖公十五年(희공십오년).

長明燈 (장명등)★

[뜻음] 길 장, 밝을 명, 등잔 등.
[풀이] 밤새도록 켜 놓는 등. 무덤 앞에 세우는, 돌로 네모지게 만든 등. 처마 끝에 달거나 마당에 세운 기둥에 꽂아 불을 켜는 등. 출전 太平廣記(태평광기).

長命富貴 (장명부귀)★

[뜻음] 길 장, 목숨 명, 가멸 부, 귀할 귀.
[풀이] 장수와 부귀. 오래 살며 부귀를 누림. 남을 頌祝(송축)할 때 쓰는 말.

長毋相忘 (장무상망)★

[뜻음] 길 장, 말 무, 서로 상, 잊을 망.
[풀이] 길이 서로 잊지 말자. 중국 산서성 순화에서 출토된 瓦當(와당)에 새겨진 말.

將門必有將 (장문필유장)★

[뜻음] 장수 장, 문 문, 반드시 필, 있을 유.
[풀이] 장군의 집안에는 자손 중에 반드시 장군이 될 인물이 나옴.

丈夫爲志窮當益堅 (장부위지궁당익견)★

[뜻음] 어른 장, 아비 부, 할 위, 뜻 지, 궁할 궁, 마땅할 당, 더할 익, 단단할 견.
[풀이] 대장부는 한 번 뜻을 세우면 궁할수록 더욱 굳게 해야 함. 출전 後漢書(후한서).

丈夫一言重千金 (장부일언중천금)★★★

[뜻음] 대장부 장, 사내 부, 한 일, 말씀 언, 무거울 중, 일천 천, 쇠 금.
[풀이] 남자가 한 말은 천금보다 더 무게가 있다. 약속은 꼭 지키라는 말.

張飛軍令 (장비군령)★★

[뜻음] 베풀 장, 날 비, 군사 군, 명령 령.
[풀이] ≪三國志演義(삼국지연의)≫ 속의 성미 급한 張飛(장비)의 군령처럼 별안간 당하는 일. 졸지에 몹시 서두르는 일.

腸肥腦滿 (장비뇌만)

[뜻음] 창자 장, 살찔 비, 뇌 뇌, 찰 만.
[풀이] 남을 욕하는 말. 겉모습은 버젓하나 지식이 없음의 비유.

壯士髮衝冠 (장사발충관)★

[뜻음] 씩씩할 장, 선비 사, 터럭 발, 찌를 충, 갓 관.
[풀이] 의기 왕성한 젊은이가 분개한 나머지 머리털이 곤두서서 관을 찌름.

壯士一去不復還 (장사일거불부환)★★★

[뜻음] 씩씩할 장, 선비 사, 한 일, 갈 거, 아닐 불, 다시 부, 돌아올 환.
[풀이] 장사는 한 번 가면 다시 오지 못하리. 중국 燕(연)나라 刺客(자객) 荊軻(형가)가 易水(역수)에서 고점리와 헤어질 때, 太子(태자)인 丹(단)과 헤어질 때 읊은 시구.

≪史記(사기)≫ 刺客列傳(자객열전)에 나오는 荊軻(형가)가 부른 노래의 한 구절이다.

형가는 秦始皇(진시황)을 암살하려 했던 자객이다. 의심 많고 새가슴으로 알려진 진시황이 형가와 대화하는 가운데 조금도 수상한 점을 느끼지 못하고 가까이했다는 데에, 형가의 태도가 얼마나 신중하고 침착한지 짐작할 수 있다.

진시황에 대한 복수심으로 불타는 燕(연)나라 太子(태자) 丹(단)의 부탁으로 형가는 喪服(상복) 차림을 한 태자와 사람들의 배웅을 받으며 마침내 易水(역수)까지 왔다, 여기서 길제사를 지내고 다시 떠나게 되었다. 형가의 친한 친구인 高漸離(고점리)가 筑(축)이라는 악기를 타고 형가는 그 곡에 맞추어 노래를 불렀다.

바람은 소소한데 역수마저 차구나
장사는 한 번 가면 다시 오지 못하리.

형가는 자신이 다시 돌아오지 못할 것을 알고 있었다. 진시황에게 연나라 지도를 바치며 지도 속에 넣었던 匕首(비수)를 꺼내고 진시황의 소매를 잡으며 칼로 찔렀으나 칼은 빗나가고 서로 쫓고 쫓기는 상황이 벌어지다가 환관이 藥囊(약낭)을 던져 형가를 妨害(방해)할 때 진시황은 장검을 어깨 뒤로 놓고 뽑아 형가를 잡게 된다. 형가는 죽을 때도 껄껄 웃으며 죽었다 한다.

長蛇陣 (장사진)★★★

[뜻음] 길 장, 뱀 사, 진열할 진.
[풀이] 孫子(손자)의 陣法(진법) 이름. 길게 줄지어 섬. 출전 孫子(손자) 九地篇(구지편).

張三李四 (장삼이사)★★★

[뜻음] 베풀 장, 석 삼, 오얏 이, 넉 사.
[풀이] 중국에서 가장 흔한 성인 장씨의 셋째 아들과 이씨의 넷째 아들. 평범한 사람들. 비슷한 말로 甲男乙女(갑남을녀), 樵童汲婦(초동급부), 匹夫匹婦(필부필부) 등이 있음.

掌上煎醬 (장상전장)★

[뜻음] 손바닥 장, 위 상, 달일 전, 간장 장.
[풀이] 손바닥에 장을 지진다. 무엇을 장담할 때나 강력하게 부인할 때 스스로 맹세하여 쓰는 말.

將相之器 (장상지기)★

[뜻음] 장수 장, 재상 상, 갈 지, 그릇 기.
[풀이] 장상이 될 만한 器局(기국). 장수 또는 재상이 될 만한 그릇.

長生不死 (장생불사)★

[뜻음] 긴 장, 날 생, 아닐 불, 죽을 사.
[풀이] 오래 살고 죽지 않음.

匠石運斤 (장석운근)★

[뜻음] 장인 장, 돌 석, 운행할 운, 자귀 근.
[풀이] 장석은 옛날의 유명한 匠人(장인)으로 자귀로 물건을 쪼는 데 조금도 틀림이 없었다고 함. 技藝(기예)가 微妙(미묘)한 境地(경지)에 오름.

長袖善舞多錢善賈 (장수선무다전선고)★★★

[뜻음] 길 장, 소매 수, 능할 선, 춤출 무, 많을 다, 돈 전, 잘할 선, 장사 고.
[풀이] 소매가 길면 춤을 잘 춘다는 뜻으로, 財物(재물)이 많은 자는 일을 하기가 쉬움을 이름. 長袖善舞(장수선무).

이 말은 중국의 속담으로, ≪韓非子(한비자)≫ 五蠹篇(오두편)에 나오는 말이다.

'長袖善舞(장수선무)'는 소매가 길면 춤을 추기가 좋다는 말이고, '多錢善賈(다전선고)'는 돈이 많으면 장사를 잘할 수 있다는 뜻이다.

한비자는 이 말을 다시 풀어,

"이 말은 자본이 많으면 일을 하기가 쉽다는 뜻이다. 그러므로 정치가 잘되어 있는 나라와 유력한 사람은 계획을 꾸미기가 쉽고 약한 사람과 어지러운 나라는 계획을 꾸미기가 어렵다. 그러므로 秦(진)나라 같은 부강한 나라에서 일하는 신하들은 열 번 계획을 변경해도 그로 인해 실패를 가져오는 일은 드물다. 반대로 연나라 같은 약소국에서 일하는 신하들은 한 번만 변경해도 성공을 거두기가 힘들다. 진나라에 쓰이는 신하가 반드시 지혜가 있는 사람이어서 그런 것도 아니고, 燕(연)나라에 쓰이는 사람이 반드시 어리석은 사람이라서 그런 것은 아니다. 결국 나라가 잘 다스려져 있느냐, 어지러워 있느냐 하는 밑바탕이 다르기 때문인 것이다"라고 했다.

한비자가 하고 싶은 말은 돈이 많아야 장사를 잘할 수 있듯이 큰 계획을 임의로 꾸미게 되려면 먼저 정치적인 질서와 경제적인 번영이 있어야 한다는 것이었다.

長安似奕棋 (장안사혁기)★

[뜻음] 길 장, 편안 안, 닮을 사, 바둑 혁, 바둑 기.
[풀이] 王者興亡(왕자흥망)의 빈번함을 바둑 · 장기의 승패가 無常(무상)함에 비유한 말.

長夜之飮 (장야지음)★

[뜻음] 길 장, 밤 야, 갈 지, 마실 음.
[풀이] 밤을 새어도 문을 닫고 초를 켜놓고 술을 마심. 밤새도록 술을 마심. 출전 韓非子(한비자).

張良之椎 (장양지추)★

[뜻음] 베풀 장, 어질 양, 갈 지, 방망이 추.
[풀이] 張良(장양)이 漢나라의 怨讐(원수)를 갚으려고 역사를 시켜 박랑사에서 鐵鎚(철추)로 秦始皇(진시황)을 저격한 고사. 張良之椎(장량지추).

長髥主簿 (장염주부)

[뜻음] 길 장, 구레나룻 염, 주인 주, 장부 부.
[풀이] 羊(양)의 異稱(이칭). 양의 수염은 길어서 털로 붓을 만들기 때문에 일컬음.

妝幺作態 (장요작태)

[뜻음] 단장할 장, 작을 요, 지을 작, 태도 태.
[풀이] 시침을 떼며 짐짓 어떠한 체함.

瘴雲霾雨 (장운매우)

[뜻음] 장기 장, 구름 운, 흙비 올 매, 비 우.
[풀이] 병을 발생케 하는 구름과 비. 출전 張遠(장원)의 詩(시).

壯元及第 (장원급제)★★★

[뜻음] 씩씩할 장, 으뜸 원, 미칠 급, 차례 제.
[풀이] 科擧(과거)에서 장원으로 급제함.

壯元三場喫着不盡 (장원삼장끽착부진)★

[뜻음] 씩씩할 장, 으뜸 원, 석 삼, 마당 장, 마실 끽, 붙을 착, 아닐 부, 다할 진.
[풀이] 鄕試(향시), 省試(성시), 廷試(정시)의 세 시험에 모두 壯元(장원)을 한 사람은 일생 동안 衣食(의식)에 걱정이 없음.

長圍之策 (장위지책)

[뜻음] 길 장, 두를 위, 갈 지, 채찍 책.
[풀이] 오래 둘러싸서 적군의 兵糧(병량)이 끊어지게 하는 計策(계책).

長幼有序 (장유유서)★★★

[뜻음] 긴 장, 어릴 유, 있을 유, 차례 서.
[풀이] 五倫(오륜)의 하나. 연장자와 연소자 사이에는 지켜야 할 차례와 순서가 있음. 長幼之序(장유지서).

長幼之序 (장유지서)★

[뜻음] 긴 장, 어릴 유, 갈 지, 차례 서.
[풀이] 연장자와 연소자의 사회적 지위의 순서. 長幼有序(장유유서). 출전 禮記(예기).

長耳目 (장이목)

[뜻음] 길 장, 귀 이, 눈 목.
[풀이] 남의 언동을 가장 주의 깊게 보고 들음. 출전 漢書(한서).

張而不弛文武不能 (장이불이문무불능)★

[뜻음] 베풀 장, 말 이을 이, 아닐 불, 늦출 이, 글월 문, 굳셀 무, 능할 능.
[풀이] 활시위를 당긴 채 늦춰 주지 않으면 활의 힘이 점점 약해져 결국에는 없어지듯이, 백성을 부리기만 하고 휴식시키지 않으면 마침내 그 곤궁함이 극도에 달하여, 文王(문왕)이나 武王(무왕)과 같은 聖王(성왕)이라 할지라도 이를 구제할 수 없게 됨. 백성을 부림에 있어서 때로는 일을 시키고 때로는 휴식을 주어야 함을 이르는 말. 너무 嚴格(엄격)하기만 하여서는 아무 일도 되지 않음을 이르는 말.

長者風度 (장자풍도)★

[뜻음] 길 장, 놈 자, 바람 풍, 법도 도.

[풀이] 덕망이 있으며, 많은 경력을 쌓아서 세상일에 노련하고 익숙한 사람의 점잖은 태도.

長長春日 (장장춘일)★

[뜻음] 길 장, 봄 춘, 날 일.
[풀이] 길고도 긴 봄날. 기나긴 봄날.

長足進步 (장족진보)★★

[뜻음] 긴 장, 발 족, 나아갈 진, 걸음 보.
[풀이] 매우 빠르게 되어 가는 진보나 발전.

將卒之間 (장졸지간)★

[뜻음] 장수 장, 군사 졸, 갈 지, 사이 간.
[풀이] 매우 빠르게 되어 가는 진보나 발전.

漿酒霍肉 (장주곽육)★

[뜻음] 간장 장, 술 주, 콩잎 곽, 고기 육.
[풀이] 고기를 보기를 콩잎같이, 술을 보기를 간장같이 생각한다. 사치함을 비유하여 이르는 말. 霍(곽)은 藿(곽)과 통함. 藿(곽)은 가난한 사람이 먹음. 출전 漢書(한서) 鮑宣傳(포선전).

莊周之夢 (장주지몽)★★★

[뜻음] 엄할 장, 두루 주, 갈 지, 꿈 몽.
[풀이] 莊子(장자)의 꿈. 장자가 꿈에 나비가 되었는데, 자기가 나비인지 나비가 자기인지 알 수 없었다는 말. 장주는 장자의 본이름. '胡蝶夢(호접몽)'을 보시오. 출전 莊子(장자).

場中得失 (장중득실)★

[뜻음] 마당 장, 가운데 중, 얻을 득, 잃을 실.
[풀이] 시험장에서는 잘하는 사람도 낙방하는 수가 있고 못하는 이도 급제할 때가 있다. 일이란 생각대로 이루어지지만은 않는다는 말.

掌中寶玉 (장중보옥)★★

[뜻음] 손바닥 장, 가운데 중, 보배 보, 구슬 옥.
[풀이] 손 안에 있는 보배로운 옥. 사랑하는 자식. 매우 소중히 여기는 물건.

長槍大劍 (장창대검)★

[뜻음] 길 장, 창 창, 큰 대, 칼 검.
[풀이] 긴 창과 큰 칼. 곧, 精銳(정예)한 무기.

長鞭不及馬腹 (장편불급마복)★★

[뜻음] 길 장, 채찍 편, 아닐 불, 미칠 급, 말 마, 배 복.
[풀이] 채찍이 길어도 말의 배까지는 닿지 아니함. 힘이 강대해도 오히려 미치지 못하는 곳이 있음의 비유. 출전 春秋左氏傳(춘추좌씨전).

長風破浪 (장풍파랑)★★★

[뜻음] 길 장, 바람 풍, 깨뜨릴 파, 물결 랑.
[풀이] 먼 곳까지 불고 가는 큰 바람을 타고 끝없는 바다 저쪽으로 배를 달린다. 大業(대업)을 이룸의 비유. 출전 李白(이백)의 行路難詩(행로난시).

將蝦釣鼈 (장하조별)★

[뜻음] 써 장, 새우 하, 낚을 조, 자라 별.
[풀이] 새우로 자라를 낚음. 적은 밑천을 가지고 많은 이득을 보려고
함의 뜻.

長鋏歸來乎 (장협귀래호)★★★

[뜻음] 길 장, 칼 협, 돌아올 귀, 올 래, 어조사 호.
[풀이] 긴 칼이여, 돌아갈거나. 食客(식객) 등이 榮達(영달)을 구하는
뜻으로 쓰임. 욕심에는 한이 없음을 이름. 車魚之歎(거어지탄).

이 말은 ≪戰國策(전국책)≫ 齊策(제책)에 있는 孟嘗
君(맹상군)의 食客(식객) 馮驩(풍환)의 이야기에 나오는
말이다.
제나라 사람인 풍환은 올 데 갈 데 없는 가난한 신세가
되어 사람을 중간에 넣어 맹상군의 食客(식객)이 되려 했다.
맹상군은 중간에 말하는 사람에게 물었다.
"그 사람은 무엇을 좋아합니까?"
"좋아하는 것이 없습니다."
"그럼 뭘 잘합니까?"
"잘하는 것이 없습니다."
맹상군은 웃고 나서 허락을 했다. 맹상군은 풍환을 하
등 식객으로 대우했다. 며칠 후 풍환은 차고 있는 칼을 두
들기며 노래를 불렀다.
"긴 칼이여, 돌아갈거나. 먹는데 고기가 없구나. 長鋏
歸來乎食無魚(장협귀래호식무어)."
맹상군이 알아듣고 고기 대접을 해 주었다. 얼마 지나
지 않아 그는 또 노래를 불렀다.
"긴 칼이여, 돌아갈거나. 밖에 나가는데 수레가 없구나.
長鋏歸來乎出無車(장협귀래호출무거)"라 노래하므로 맹
상군은 수레를 내어 주었다. 그런데 또 얼마를 지난 뒤 노
래를 불렀다.
"긴 칼이여, 돌아갈거나. 살 집이 없구나. 長鋏歸來乎
無以爲家(장협귀래호무이위가)."
맹상군은 이를 들고서 풍환의 老母(노모)에게 먹을 것
과 필요한 것을 주었다.
그 뒤 풍환은 맹상군을 잘 섬겼다고 한다.

在家讀書 (재가독서)★

[뜻음] 있을 재, 집 가, 읽을 독, 글 서.
[풀이] 밖에 나가지 않고 집에서 글을 읽음.

在家貧亦好 (재가빈역호)

[뜻음] 있을 재, 집 가, 가난 빈, 또 역, 좋을 호.
[풀이] 집에 있으면 가난해도 또한 좋음. 자기 집이야말로 安住處(안
주처)임을 이르는 말.

才幹之士 (재간지사)★★

[뜻음] 재주 재, 줄기 간, 갈 지, 선비 사.
[풀이] 재능이 있어서 큰일을 해낼 수 있는 사람.

再顧傾人國 (재고경인국)★

[뜻음] 두 재, 돌아볼 고, 기울 경, 사람 인, 나라 국.
[풀이] 다시 돌아보면 그 아름다움에 혹하여 나라를 기울게 할 만큼
썩 뛰어난 美人(미인)임을 이르는 말. '傾國之色(경국지색)'을 보시
오. 출전 漢書(한서).

再考三思 (재고삼사)★

[뜻음] 두 재, 상고할 고, 석 삼, 생각할 사.
[풀이] 再三思之(재삼사지).

再起不能 (재기불능)★★

[뜻음] 두 재, 일어날 기, 아닐 불, 능할 능.
[풀이] 다시 일어날 힘이 없음.

財多命殆 (재다명태)

[뜻음] 재물 재, 많을 다, 목숨 명, 위태로울 태.
[풀이] 재물을 많이 가지고 있으면 盜賊(도적)의 겨냥을 받으므로 목
숨이 위태함. 출전 通俗編(통속편).

才德兼備 (재덕겸비)★★

[뜻음] 재주 재, 큰 덕, 겸할 겸, 갖출 비.
[풀이] 재주와 덕행을 겸하여 갖춤.

在德不在鼎 (재덕부재정)★

[뜻음] 있을 재, 덕 덕, 아닐 부, 솥 정.
[풀이] 덕에 있을 뿐, 솥에 있지 않음. 임금 될 자격은 그 사람의 덕이
어떠한가에 달려 있을 뿐, 그 자리 따위에 있지 않음. '정'은 王位(왕
위)를 전하는 寶器(보기). 출전 史記(사기).

在德不在險 (재덕부재험)★★★

[뜻음] 있을 재, 덕 덕, 아닐 부, 험할 험.
[풀이] 나라를 다스리는 데는 덕을 베풀어 어진 정사를 하여야 하며
산천이 험한 것을 믿어서는 안 된다는 말.

≪史記(사기)≫ 孫子吳起列傳(손자오기열전)에 있는
吳起(오기)의 말이다. 오기가 魏文侯(위문후)를 섬겨 西河
(서하) 태수로 있다가 문후가 죽자 武侯(무후)를 섬기게
되었는데 어느 날 무후는 서하에 배를 띄우고 좌우 산천
을 구경하며 내려갔다.
무후는 오기를 돌아보며,
"참 아름답구려. 산과 물이 이토록 천험의 요새를 이루
고 있으니 이야말로 위나라의 보배가 아니겠소?" 하고 못
내 자랑스러워했다.
그러자 오기는, "임금의 덕에 있지 산천의 험한 것에
있는 것이 아닙니다(在德不在險)"
라고 말하며 망한 나라들은 지리가 험하지 않아서가
아니라 임금이 정치를 바르게 하지 않았기 때문이라고 설
명한 후 다시,
"이로 미루어 볼 때 덕에 있고, 험한 것에 있는 것이 아

닙니다. 만일 임금께서 덕을 닦지 않으시면 배 안에 있는 사람이 다 적국이 될 수 있습니다.”

무후가 자기 나라의 장점을 믿고 좋아하자 그것의 문제점을 잘 지적해 주고 있다.

在明明德 (재명명덕)★

[뜻음] 있을 재, 밝을 명, 덕 덕.
[풀이] 본디 타고난 맑고 밝은 덕성을 밝히는 데 있음. 출전 大學(대학).

再三強勸 (재삼강권)★

[뜻음] 두 재, 석 삼, 강제로 강, 권할 권.
[풀이] 두세 번, 곧 여러 번 억지로 권함.

再三再四 (재삼재사)★★

[뜻음] 두 재, 석 삼, 넉 사.
[풀이] 두세 번 그리고 다시 네 번 거듭한다. 여러 번.

財上分明 (재상분명)

[뜻음] 재물 재, 위 상, 나눌 분, 밝을 명.
[풀이] 돈을 거래하는 데에 있어서, 조금도 흐트러짐이 없고 경위가 밝음.

才勝德薄 (재승덕박)★

[뜻음] 재주 재, 이길 승, 덕 덕, 엷을 박.
[풀이] 재주는 있으나 덕이 적음. 才勝薄德(재승박덕).

才勝薄德 (재승박덕)★

[뜻음] 재주 재, 이길 승, 엷을 박, 덕 덕.
[풀이] 才勝薄德(재승덕박).

再實之木根必傷 (재실지목근필상)★

[뜻음] 두 재, 열매 실, 갈 지, 나무 목, 뿌리 근, 반드시 필, 상할 상.
[풀이] 일 년에 두 번 열매를 맺으면 나무뿌리가 상한다는 말. 출전 淮南子(회남자).

災妖不勝善政 (재요불승선정)★

[뜻음] 재앙 재, 괴이할 요, 아닐 불, 이길 승, 착할 선, 정사 정.
[풀이] 天災地變(천재지변)의 재난이 善政(선정)을 이기지는 못한다는 말. 출전 孔子家語(공자가어).

在邇求遠 (재이구원)★

[뜻음] 있을 재, 가까울 이, 구할 구, 멀 원.
[풀이] 가까이 있는 것을 멀리서 구한다. 학문의 길은 자기 주변에 있음을 모르고 엉뚱하게 먼 곳에서 찾으려고 애씀을 이르는 말. 출전 孟子(맹자).

才子佳人 (재자가인)★

[뜻음] 재주 재, 자식 자, 아름다울 가, 사람 인.
[풀이] 재주 있는 남자와 아름다운 여자.

才子多病 (재자다병)★

[뜻음] 재주 재, 아들 자, 많을 다, 병들 병.
[풀이] 재주가 있는 사람은 흔히 병이 잦음.

再造之恩 (재조지은)★

[뜻음] 다시 재, 지을 조, 갈 지, 은혜 은.
[풀이] 거의 멸망하게 된 것을 구원하여 도와 준 은혜. 출전 宋史(송사).

載舟覆舟 (재주복주)★

[뜻음] 실을 재, 배 주, 엎을 복.
[풀이] 물은 배를 띄우지만 배를 뒤집어엎기도 한다. 백성은 임금을 받들지만, 또한 임금을 해칠 수도 있음을 비유하여 이르는 말. 출전 荀子(순자).

載楫干戈 (재즙간과)★

[뜻음] 실을 재, 거둘 즙, 방패 간, 창 과.
[풀이] 戰亂(전란)이 끝나 무기를 거두어 간다. 천하가 태평함을 이르는 말. 출전 詩經(시경).

在地願爲連理枝 (재지원위연리지)★

[뜻음] 있을 재, 땅 지, 바랄 원, 될 위, 이을 연, 이치 리, 가지 지.
[풀이] 地上(지상)에 태어나서는 연리지가 되기를 원한다. 남녀의 알뜰한 애정의 맹세를 이르는 말. 連理枝(연리지)는 한 나무의 가지가 다른 나무의 가지와 서로 맞붙어서 하나로 된 것. 比翼連理(비익연리).

在陳之厄 (재진지액)★

[뜻음] 있을 재, 진영 진, 갈 지, 재앙 액.
[풀이] 쌀이 없음을 이르는 말. 食糧(식량)이 다 떨어짐. 孔子(공자)가 陳(진)나라와 蔡(채)나라 사이에서 당한 봉변. 공자가 채나라에 머무를 때, 楚(초)나라에 초빙되자 진·채의 大夫(대부)가 그들의 결점이 드러날까 두려워하여 무리를 내어 국경 지대에서 包圍(포위)하였으므로 양식이 떨어지고 從者(종자)가 병을 앓은 재액을 이름.

在此一擧 (재차일거)★

[뜻음] 있을 재, 이 차, 하나 일, 들 거.
[풀이] 이 한 판에 달려 있음. 단판 씨름으로 決判(결판)을 지어야 할 형세를 이르는 말.

財聚則民散 (재취즉민산):

[뜻음] 재물 재, 모을 취, 곧 즉, 백성 민, 흩어질 산.
[풀이] 윗자리에 있는 사람이 자기의 재물만 모으려고 하면 民心(민심)을 잃어 백성은 이리저리 헤어져 흩어짐. 출전 大學(대학).

才學識三長 (재학식삼장)★

[뜻음] 재주 재, 배울 학, 알 식, 석 삼, 길 장.
[풀이] 재주·학문·식견의 세 방면에 빼어남. 훌륭한 역사를 쓰는 데는 이 세 가지가 필요하다고 함. 출전 唐書(당서) 劉知幾傳(유지기전).

爭名者於朝 (쟁명자어조)★

[뜻음] 다툴 쟁, 이름 명, 놈 자, 어조사 어, 조정 조.
[풀이] 名聲(명성)을 경쟁하는 자는 조정에서 한다는 뜻. 출전 史記(사기) 張儀傳(장의전).

杵臼之交 (저구지교)★

[뜻음] 절굿공이 저, 절구 구, 갈 지, 사귈 교.

[풀이] 절굿공이와 절구의 사귐. 귀천을 가리지 않고 사귀는 일. 傭人 (용인: 품팔이꾼)들이 하는 교제. 출전 後漢書(후한서).

猪突之勇 (저돌지용)★★

[뜻음] 산돼지 저, 갑자기 돌, 갈 지, 날랠 용.
[풀이] 猪突豨勇(저돌희용).

猪突豨勇 (저돌희용)★★★

[뜻음] 멧돼지 저, 돌진할 돌, 멧돼지 희, 용기 용.
[풀이] 멧돼지가 돌진하는 것과 같이 힘차고 迫力(박력)있는 勇氣(용기). 산돼지처럼 앞뒤를 헤아리지 않는 용기. 출전 漢書(한서) 食貨志(식화지).

低頭平身 (저두평신)★

[뜻음] 낮을 저, 머리 두, 평평할 평, 몸 신.
[풀이] 謝罪(사죄)하기 위하여 머리를 숙이고 몸을 낮춤.

樗櫟散木 (저력산목)★

[뜻음] 가죽나무 저, 참나무 력, 흩어질 산, 나무 목.
[풀이] 자기 자신을 겸손하여, 아무데도 쓸모가 없다는 뜻으로 이르는 말. 樗櫟之才(저력지재). 樗散(저산).

低山趣味 (저산취미)★

[뜻음] 낮을 저, 뫼 산, 취미 취, 맛 미.
[풀이] 낮은 산을 逍遙(소요)하는 것을 특히 즐거움으로 삼는 취미.

羝羊觸藩 (저양촉번)★★★

[뜻음] 숫양 저, 양 양, 부딪칠 촉, 울타리 번.
[풀이] 뿔싸움을 좋아하는 숫양이 나무 울타리를 들이받았다가 뿔이 걸렸다는 말로, 앞으로 나아갈 줄만 알고 물러설 줄 모르는 양의 性質(성질)을 닮아 어려운 지경을 당하여 이러지도 저러지도 못하는 立場(입장)을 말함. 하찮은 제 용기만 믿고 저돌적으로 돌진했다가 進退兩難(진퇴양난)에 빠짐의 비유. 출전 易經(역경) 大壯卦(대장괘).

著於竹帛 (저어죽백)★

[뜻음] 지을 저, 어조사 어, 대 죽, 비단 백.
[풀이] 역사에 이름을 남김. 竹帛은 史記(사기)나 역사서를 이름.

羝乳乃得歸 (저유내득귀)★★

[뜻음] 숫양 저, 젖 유, 이에 내, 얻을 득, 돌아올 귀.
[풀이] 숫양이 새끼를 낳으면 돌려보내 준다. 영구히 돌려보내지 않음을 비유하여 이르는 말. 중국 漢(한)나라 蘇武(소무)가 匈奴(흉노)에게 잡혔을 때, 흉노가 소무에게 말한 옛일. 출전 漢書(한서).

杼軸空虛 (저축공허)

[뜻음] 베틀 저, 굴대 축, 빌 공, 빌 허.
[풀이] 베틀의 굴대가 비어 있다. 나라가 貧寒(빈한)함의 비유. 출전 詩經(시경) 小雅(소아) 大東篇(대동편).

樗蒲牧猪奴戲耳 (저포목저노희이)★

[뜻음] 가죽나무 저, 부들 포, 칠 목, 돼지 저, 종 노, 놀 희, 어조사 이.
[풀이] 賭博(도박)은 돼지를 치는 종 같은 자나 할 유희로서 선비나 군자가 할 일이 아님을 이름. 樗蒲(저포)는 도박임. 출전 晉書(진서)

陶侃傳(도간전).

赤脚女婢 (적각여비):

[뜻음] 붉을 적, 다리 각, 계집 녀, 여자종 비.
[풀이] 계집종의 벌겋게 드러낸 다리. 맨다리.

謫降神仙 (적강신선)★

[뜻음] 귀양 갈 적, 내릴 강, 귀신 신, 신선 선.
[풀이] 하늘나라에서 죄를 짓고 인간세계로 유배되어 내려온 신선.

積功累德 (적공누덕)★

[뜻음] 쌓을 적, 공 공, 여러 루, 큰 덕.
[풀이] 佛果(불과)의 菩提(보리)를 얻기 위하여 언제나 착한 일을 하며 功德(공덕)을 쌓는 일.

積功之塔不隳 (적공지탑불휴)★★

[뜻음] 쌓을 적, 공 공, 갈 지, 탑 탑, 아닐 불, 무너질 휴.
[풀이] 공든 탑이 무너지랴. 공을 들여 정성껏 이루어 놓은 일은 결코 쉽게 깨뜨려지지 않으며 그 결과가 헛되지 않음.

適口之餠 (적구지병)★

[뜻음] 맞을 적, 입 구, 갈 지, 떡 병.
[풀이] 입에 맞는 떡이라는 속담으로, 꼭 자기 마음에 드는 사물을 이르는 말.

敵國破謀臣亡 (적국파모신망)★

[뜻음] 원수 적, 나라 국, 깨뜨릴 파, 꾀 모, 신하 신, 망할 망.
[풀이] 적국이 있는 동안은 謀臣(모신)이 優待(우대)를 받으나 적국이 망하면 謀叛(모반)할까 염려하여 모신을 죽임. '兔死狗烹(토사구팽)'과 유사한 말임. 출전 史記(사기).

寂寞江山 (적막강산)★★

[뜻음] 고요할 적, 고요할 막, 강 강, 뫼 산.
[풀이] 고요하고 적막한 강산. 몹시 쓸쓸한 풍경. 寂寞空山(적막공산).

寂寞空山 (적막공산)★★

[뜻음] 고요할 적, 고요할 막, 빌 공, 뫼 산.
[풀이] 적막하고 깊은 산.

寂滅之道 (적멸지도)★

[뜻음] 고요할 적, 멸망할 멸, 갈 지, 길 도.
[풀이] 불교용어. 적멸에 이르는 도리. 곧 '불교'를 이르는 말.

賊反荷杖 (적반하장)★★★

[뜻음] 도적 적, 돌이킬 반, 짊어질 하, 매 장.
[풀이] 盜賊(도적)이 도리어 매를 든다. 잘못한 사람이 도리어 잘못 없는 사람을 나무람.

赤壁大戰 (적벽대전)★★

[뜻음] 붉을 적, 벽 벽, 큰 대, 싸울 전.
[풀이] 중국 삼국시대인 208년 孫權(손권), 劉備(유비)의 소수 연합군이 曹操(조조)의 大軍(대군)을 격파한 싸움. 이로 인하여 손권은 江南(강남)의 대부분을, 유비는 巴蜀(파촉) 지방을 얻어 중국 천하를 三分

(삼분)하였음.

賊夫人之子 (적부인지자)★

[뜻음] 도둑 적, 지아비 부, 사람 인, 갈 지, 아들 자.
[풀이] 학문이 미숙한 사람을 관직에 등용하여 極務(극무)에 시달리게 함은 그 사람을 賊害(적해)하는 것과 같다. 남의 자식을 버려 놓음. 출전 論語(논어) 先進篇(선진편).

敵不可假 (적불가가)★

[뜻음] 대적할 적, 아닐 불, 옳을 가, 빌 가.
[풀이] 敵(적)은 마땅히 전멸시킬 것이며 사정을 보아주거나 용서해 주어서는 안 됨. 출전 史記(사기) 春申君傳(춘신군전).

赤貧無依 (적빈무의)★

[뜻음] 붉을 적, 가난할 빈, 없을 무, 기댈 의.
[풀이] 몹시 가난한데다가 의지할 곳도 없음.

積善餘慶 (적선여경)★★

[뜻음] 쌓을 적, 착할 선, 남을 여, 경사 경.
[풀이] 쌓이고 쌓인 善行(선행)의 갚음으로 慶福(경복)이 자손에게 미침. 출전 易經(역경).

積善之家必有餘慶 (적선지가필유여경)★★★

[뜻음] 쌓을 적, 착할 선, 갈 지, 집 가, 반드시 필, 있을 유, 남을 여, 경사 경.
[풀이] 착한 일을 한 집안에는 반드시 남은 경사가 있다. 좋은 일을 많이 한 사람은 자신뿐만 아니라 후손에 이르기까지 큰 복을 누린다는 말. 출전 易經(역경) 坤卦(곤괘).

赤舌燒城 (적설소성)★

[뜻음] 붉을 적, 혀 설, 불사를 소, 성 성.
[풀이] 小人(소인)들이 君子(군자)를 讒害(참해)하는 혓바닥은 불같아서 성곽이라도 태워 버릴 만하다. 讒言(참언)의 무서움을 비유한 말.

積小成多 (적소성다)★

[뜻음] 쌓을 적, 작을 소, 이룰 성, 많을 다.
[풀이] 작거나 적은 것도 쌓이면 크거나 많아짐. 티끌모아 태산. 출전 董仲舒(동중서)의 對策(대책).

積小成大 (적소성대)★

[뜻음] 쌓을 적, 작을 소, 이룰 성, 큰 대.
[풀이] 작거나 적은 것도 쌓이면 크거나 많아짐.

赤手空拳 (적수공권)★★★

[뜻음] 붉을 적, 손 수, 빌 공, 주먹 권.
[풀이] 맨손과 맨주먹, 즉 아무것도 가진 것이 없음.

赤手單身 (적수단신)★

[뜻음] 붉을 적, 손 수, 홀 단, 몸 신.
[풀이] 맨손과 홀몸이라는 뜻으로, 곧 가진 재산도 없고 의지할 일가 붙이도 없는 외로운 몸.

赤手成家 (적수성가)★★

[뜻음] 붉을 적, 손 수, 이룰 성, 집 가.
[풀이] 몹시 가난한 집에 태어난 사람이 제 힘으로 노력하여 살림을 장만하고 한 집안을 이룸.

適時適期 (적시적기)★★

[뜻음] 맞을 적, 때 시, 기약할 기.
[풀이] 꼭 알맞은 시기, 적기·적시를 강조한 말.

積薪之嘆 (적신지탄)★

[뜻음] 쌓을 적, 섶나무 신, 갈 지, 탄식할 탄.
[풀이] 장작을 쌓을 때 나중의 것이 위로 올라가 있는 것을 보고 탄식한 일. 後任者(후임자)가 前任者(전임자)보다 먼저 登用(등용)됨을 恨歎(한탄)함. 출전 史記(사기).

積失人心 (적실인심)

[뜻음] 쌓을 적, 잃을 실, 사람 인, 마음 심.
[풀이] 남에게 번번이 인심을 많이 잃음.

赤心報國 (적심보국)★

[뜻음] 붉을 적, 마음 심, 갚을 보, 나라 국.
[풀이] 誠心(성심)으로써 나라에 忠誠(충성)을 다함.

積惡餘殃 (적악여앙)★

[뜻음] 쌓을 적, 악할 악, 남을 여, 재앙 앙.
[풀이] 쌓이고 쌓인 惡行(악행)의 보복으로 재앙이 자손에게 미침. 출전 說苑(설원).

積惡之家 (적악지가)★

[뜻음] 쌓을 적, 악할 악, 갈 지, 집 가.
[풀이] 남에게 악한 짓을 많이 한 집.

寂然不動 (적연부동)★★

[뜻음] 고요할 적, 그럴 연, 아닐 부, 움직일 동.
[풀이] 마음이 안정되어 사물에 동요되지 않음. 출전 易經(역경) 繫辭上傳(계사상전).

積玉之圃 (적옥지포)★

[뜻음] 쌓을 적, 구슬 옥, 갈 지, 밭 포.
[풀이] 옥을 쌓아놓은 밭. 名文(명문)이 많음을 비유.

積羽沈舟 (적우침주)★★

[뜻음]]쌓을 적, 깃 우, 가라앉을 침, 배 주.
[풀이] 새털 같은 가벼운 물건도 많이 쌓이면 배를 침몰시킴. 곧 여럿이 합친 힘이 놀랍게 큼의 비유. 출전 戰國策(전국책).

適者生存 (적자생존)★

[뜻음] 맞을 적, 놈 자, 살 생, 있을 존.
[풀이] 생물이 외계의 형편에 맞는 것은 살고 그렇지 못한 것은 전멸하는 자연 淘汰(도태)의 현상.

適材適所 (적재적소)★

[뜻음]알맞을 적, 재목 재, 바 소.

[풀이] 적당한 人才(인재)를 적당한 자리에 씀.

適材適處 (적재적처)★

[뜻음]알맞을 적, 재목 재, 곳 처.
[풀이] 適材適所(적재적소).

積載定量 (적재정량)★

[뜻음]쌓을 적, 실을 재, 정할 정, 헤아릴 량.
[풀이] 선박이나 차, 車馬(거마) 등에 적재할 수 있는 양.

赤地千里 (적지천리)★★

[뜻음] 붉을 적, 땅 지, 일천 천, 마을 리.
[풀이] 立春(입춘) 뒤, 첫 번째 甲子日(갑자일)에 비가 오면, 그해 봄이 몹시 가물어서 천 리에 걸치는 넓은 논밭이 흉년이 들어 거둘 것이 없게 된다는 말.

赤懸神州 (적현신주)★

[뜻음] 붉을 적, 매달 현, 귀신 신, 물가 주.
[풀이] 중국 陰陽家(음양가)의 대표적 인물인 鄒衍(추연)이 중국을 적현신주라 이름 하였음. 중국의 別稱(별칭).

積毀銷骨 (적훼소골)★

[뜻음] 쌓을 적, 헐 훼, 녹일 소, 뼈 골.
[풀이] 여러 사람이 헐뜯어 비방하면 골육 간의 정도 쇠가 녹듯이 끊어지고 만다. 讒言(참언)을 자꾸 하면 뼈도 녹아 없어짐. 곧 남들의 헐뜯는 말의 무서움을 비유함. 출전 通俗編(통속편).

傳家之寶 (전가지보)★

[뜻음]전할 전, 집 가, 갈 지, 보배 보.
[풀이] 祖上(조상) 때부터 대대로 전해 내려오는 寶物(보물).

錢可通神 (전가통신)★

[뜻음] 돈 전, 옳을 가, 통할 통, 귀신 신.
[풀이] 돈의 위력은 神(신)과도 통할 수가 있다. 돈의 힘이 큼의 비유.

前呵後擁 (전가후옹)

[뜻음] 앞 전, 꾸짖을 가, 뒤 후, 부축할 옹.
[풀이] 지위가 높은 사람이 행차할 때, 앞에서는 하인들이 잡인의 통행을 금지하고 뒤에서는 護衛(호위)하는 일.

前車覆後車戒 (전거복후거계)★★★

[뜻음] 앞 전, 수레 거, 엎을 복, 뒤 후, 수레 거, 경계할 계.
[풀이] 앞에 가던 수레가 뒤집히면, 뒤에 가는 수레의 경계가 된다.

　　이 말은 ≪漢書(한서)≫ 賈誼傳(가의전)에 있는 가의의 上疏文(상소문) 중에 나온다.
　　"속담에 말하기를 '관리 노릇 하기가 익숙지 못하거든 이미 이루어진 일을 보라' 했고, 또 말하기를 '앞에 가던 차가 넘어진 것을 보면 뒤의 차는 조심을 하게 된다'고 했습니다. (중략) 진나라 세상이 갑자기 끊어진 것은 그 바퀴 자국을 볼 수 있습니다. 그런데도 이를 피하지 않으면 뒤 수레가 또 넘어지게 될 것입니다(이하 생략)."

　　'前覆後戒(전복후계)'라고도 하며 '前車覆轍(전거복철)'이라고도 한다.

前車覆轍 (전거복철)

[뜻음] 앞 전, 수레 거, 엎어질 복, 바퀴자국 철.
[풀이] 앞 수레가 엎어진 바퀴 자국. 앞의 실패를 거울로 삼음. 前車覆後車戒(전거복후거계). 출전 韓詩外傳(한시외전).

前車之鑑 (전거지감)★

[뜻음] 앞 전, 수레 거, 갈 지, 거울 감.
[풀이] 앞의 실패를 거울로 삼음. 前車覆轍(전거복철). 前車覆後車戒(전거복후거계).

傳遽之臣 (전거지신)

[뜻음] 전할 전, 급할 거, 갈 지, 신하 신.
[풀이] 驛站(역참)에서 運送(운송)에 종사하는 바쁜 말단 구실아치. 선비가 자기를 謙遜(겸손)하게 이르는 말. 출전 禮記(예기).

前倨後恭 (전거후공)

[뜻음] 앞 전, 거만할 거, 뒤 후, 공손할 공.
[풀이] 처음에는 거만하게 우쭐거리던 사람이 나중에는 오히려 굽실거리다. 형편에 따라 태도를 달리함.

前古未聞 (전고미문)★ˢ

[뜻음] 앞 전, 예 고, 아닐 미, 들을 문.
[풀이] 지난날에는 들어 보지 못한 일.

前古未曾有 (전고미증유)★

[뜻음] 앞 전, 예 고, 아닐 미, 일찍 증, 있을 유.
[풀이] 自古以來(자고이래)로 있어 본 일이 없음. 예부터 일찍이 한 번도 없음.

電光石火 (전광석화)★★★

[뜻음] 번개 전, 빛 광, 돌 석, 불 화.
[풀이] 번개가 치거나 부싯돌이 부딪칠 때의 번쩍이는 빛. 신속한 동작. 극히 짧은 시간. 번개와 부싯돌의 불꽃. 출전 淮南子(회남자).

戰國時代 (전국시대)★★

[뜻음] 싸움 전, 나라 국, 때 시, 시대 대.
[풀이] 교전 중의 나라. 또 싸움이 그칠 사이 없는 나라. 어지러운 세상. 亂世(난세).

傳國玉璽 (전국옥새)★

[뜻음] 전할 전, 나라 국, 구슬 옥, 도장 새.
[풀이] 나라에서 나라로 전한, 옥으로 만든 도장. 임금을 상징하는 도장.

戰國七雄 (전국칠웅)★

[뜻음] 싸울 전, 나라 국, 일곱 칠, 수컷 웅.
[풀이] 戰國時代(전국시대) 일곱 강국. 齊(제), 楚(초), 燕(연), 韓(한), 趙(조), 魏(위), 秦(진).

全歸全受 (전귀전수)

[뜻음] 온전할 전, 돌아올 귀, 줄 수.
[풀이] 자식은 부모로부터 완전한 신체를 받았으므로, 몸을 삼가고 훼손함이 없이 죽을 때 완전한 몸을 부모에게 돌려주어야 한다는 말.

前代未聞 (전대미문)★★

[뜻음] 앞 전, 대 대, 아닐 미, 들을 문.
[풀이] 지금까지 들은 적이 없음.

前途洋洋 (전도양양)★★

[뜻음] 앞 전, 길 도, 큰 바다 양.
[풀이] 앞길이 바다와 같음. 장래가 매우 밝음. 前途有望(전도유망).

前道遼遠 (전도요원)★★

[뜻음] 앞 전, 길 도, 멀 요, 멀 원.
[풀이] 앞으로 갈 길이 아득히 멀리 있음. 목적한 바에 이르기에는 아직도 멀리 있음.

前途有望 (전도유망)★★★

[뜻음] 앞 전, 길 도, 있을 유, 바랄 망.
[풀이] 앞길에 좋게 될 희망이 있음. 將來(장래)가 유망함.

顚鸞倒鳳 (전란도봉)★

[뜻음] 거꾸로 전, 난새 란, 넘어질 도, 봉새 봉.
[풀이] ① 뒤바뀌어 순서를 읽는 일. ② 남녀가 부둥켜안고 性交(성교)하는 모양을 비유하여 이르는 말.

傳來之風 (전래지풍)★

[뜻음] 전할 전, 올 래, 갈 지, 풍속 풍.
[풀이] 예전부터 전하여 내려오는 風俗(풍속).

戰罹災民 (전리재민)★★

[뜻음] 싸움 전, 걸릴 리, 재앙 재, 백성 민.
[풀이] 戰災民(전재민)과 罹災民(이재민)을 아울러 이르는 말, 전쟁의 재난을 당한 사람과 재해를 입어 살 길이 막연한 사람들을 통틀어 이르는 말.

戰亡將卒 (전망장졸)★

[뜻음] 싸움 전, 망할 망, 장수 장, 군사 졸.
[풀이] 전쟁터에서 싸우다가 죽은 군사들.

專賣射利 (전매사리)

[뜻음] 구를 전, 팔 매, 쏠 사, 이로울 이.
[풀이] 샀던 물건을 도로 다른 사람에게 팔아 넘겨서 이익을 얻으려고 꾀하는 일.

專賣特許 (전매특허)

[뜻음] 오로지 전, 팔 매, 유다를 특, 허락할 허.
[풀이] 전매하는 특허권.

典謨訓誥 (전모훈고)★★

[뜻음] 법 전, 꾀 모, 가르칠 훈, 고할 고.
[풀이] 옛날 聖賢(성현)들이 정해 놓은 法訓(법훈)을 이름. 출전 書經

(서경).

前無後無 (전무후무)★★

[뜻음] 앞 전, 없을 무, 뒤 후.
[풀이] 그전에도 없었고, 앞으로도 없음. 空前絶後(공전절후).

前門拒虎後門進狼 (전문거호후문진랑)★★★

[뜻음] 앞 전, 문 문, 막을 거, 범 호, 뒤 후, 나아갈 진, 이리 랑.
[풀이] 앞문에서 호랑이를 막았는데 뒷문으로 이리가 들어온다. 간신히 禍(화)를 피하였는데 또 다른 화가 들이닥침.

앞뒤로 위험이 가로놓여 있는 것을 비유해서 쓰기도 하고 또 앞문의 호랑이를 쫓아내기 위해 뒷문으로 늑대를 끌어들인 결과가 된 것을 비유해서 말하기도 한다.
後漢(후한)은 外戚(외척)과 고자대감(宦官환관)들 때문에 망했다고 한다. 후한 和帝(화제)가 열 살로 즉위하자 竇太后(두태후)가 垂簾聽政(수렴청정)을 하게 되었다. 태후의 오빠인 竇憲(두헌)이 머리를 쳐들게 된다. 두헌은 大將軍(대장군)에 임명되고 그들 父子(부자)가 요직을 다 차지하게 된다. 화제는 환관 鄭衆(정중)을 끼고 두헌을 제거하게 되나 곧 정중 및 환관들이 國政(국정)을 壟斷(농단)하게 된다.
결국 속담에 나온 말처럼 앞문에서 호랑이를 막으니 뒷문으로 늑대를 끌어들인다는 결과가 나타났다.
이 말에는 '一難去一難來(일난거일난래)'라는 뜻도 있다.

專門分野 (전문분야)★

[뜻음] 오로지 전, 문 문, 나눌 분, 들 야.
[풀이] 각자 자신이 오로지하여 잘 하는 분야. 분야란 본디 고대 천문학에서 별자리를 위치에 따라 구분한 데서 나온 말.

翦髮易書 (전발역서)★★

[뜻음] 자를 전, 터럭 발, 바꿀 역, 글 서.
[풀이] 머리카락을 잘라 책과 바꾸었다. 어머니나 아내가 자식과 남편을 위해 눈물겨운 뒷바라지를 한다는 말. 출전 元史(원사) 陳祐傳(진우전).

前跋後疐 (전발후치)★★

[뜻음] 앞 전, 밟을 발, 뒤 후, 꼭지 채일 치.
[풀이] 늙은 이리가 앞으로 갈 때에는 턱 밑에 늘어진 살을 밟고, 뒤로 물러갈 때에는 꼬리를 밟아 넘어진다. 進退維谷(진퇴유곡)이 되어 버림.

專房之寵 (전방지총)

[뜻음] 오로지 전, 방 방, 갈 지, 괼 총.
[풀이] 많은 妃嬪(비빈) 가운데에서 어떤 한 사람만이 오로지 받는 君主(군주)의 寵愛(총애). 출전 晉書(진서).

錢本糞土 (전본분토)★

[뜻음] 돈 전, 근본 본, 똥 분, 흙 토.
[풀이] 돈은 원래 똥이나 흙처럼 더러운 것임. 돈은 원래 똥이 섞인 흙처럼 더러운 것임.

前鋒相値 (전봉상치)★★

[뜻음] 앞 전, 칼끝 봉, 서로 상, 값 치.
[풀이] 기창과 비위라는 두 弓師(궁사)가 마주 상대하여 활을 쏘았는데 그 솜씨가 莫上莫下(막상막하)하여 두 蕭(살)이 중간에서 정통으로 부딪쳐 땅으로 떨어졌다는 이야기에서, 전하여 師弟(사제)의 奇緣(기연)이 일치함을 이름.

田夫野童 (전부야동)★

[뜻음] 밭 전, 사내 부, 들 야, 아이 동.
[풀이] 농부와 시골 아이.

田夫野老 (전부야로)★

[뜻음] 밭 전, 사내 부, 들 야, 늙을 로.
[풀이] 농부와 촌노인.

田夫野人 (전부야인)★

[뜻음] 밭 전, 사내 부, 들 야, 사람 인.
[풀이] 교양이 없는 粗野(조야)한 사람. 시골 사람. 丘民(구민).

田父之功 (전부지공)★

[뜻음] 밭 전, 아비 부, 갈 지, 공 공.
[풀이] 힘들이지 않고 利(이) 보는 것을 비유하여 이르는 말. 쓸데없이 싸우다가 제삼자에게 이익을 안겨줌의 비유.

傳不習乎 (전불습호)★★★

[뜻음] 전할 전, 아닐 불, 익힐 습, 어조사 호.
[풀이] 아직 익숙하지 못한 것을 남에게 전하여 가르치는 일은 없었는가를 반성해야 한다는 말. 또는, 스승에게서 학문을 전해 받은 뒤에 연습을 게을리하지는 않았는가를 반성해야 한다는 말. 출전 論語(논어).

田舍漢 (전사한)★

[뜻음] 밭 전, 집 사, 사나이 한.
[풀이] 시골 사람. 시골뜨기.

翦商之業 (전상지업)★

[뜻음] 가위 전, 장사 상, 갈 지, 일 업.
[풀이] 無道(무도)를 정벌하는 혁명의 사업. '翦商'은 중국 周(주)나라의 古公亶父(고공단보)가 無道(무도)한 천자인 商(상)나라의 紂王(주왕)을 정벌하였음을 이름. 상나라는 殷(은)나라임.

前生業冤 (전생업원)★

[뜻음] 앞 전, 날 생, 업 업, 원통할 원.
[풀이] 전생에 지은 죄로 말미암아 이생에서 받는 괴로움.

前生緣分 (전생연분)★

[뜻음] 앞 전, 날 생, 묶을 연, 나눌 분.
[풀이] 이 세상에 나오기 전에 맺은 연분.

前生此生 (전생차생)★

[뜻음] 앞 전, 날 생, 이 차, 날 생.
[풀이] 前生(전생)과 此生(차생). 곧 지난 세상과 이 세상.

傳世舊物 (전세구물)★

[뜻음] 전할 전, 대 세, 오랠 구, 만물 물.
[풀이] 대대로 물려서 전하는 오래된 물건.

傳授心法 (전수심법)★★

[뜻음] 전할 전, 줄 수, 마음 심, 법 법.
[풀이] 옛날부터 師弟(사제)가 傳授(전수)하여 온 심법을 이름. 출전 中庸章句(중용장구).

全守一節 (전수일절)★

[뜻음] 온전 전, 지킬 수, 한 일, 마디 절.
[풀이] [풀이] 절개를 온전히 지킴.

戰勝功旣高 (전승공기고)★★★

[뜻음] 싸울 전, 이길 승, 공 공, 이미 기, 높을 고.
[풀이] 싸움에 이겨 세운 공이 이미 높음. 乙支文德(을지문덕)의 시구.

戰勝攻取 (전승공취)★

[뜻음] 싸울 전, 이길 승, 칠 공, 취할 취.
[풀이] 적과 싸우면 이기고 치면 빼앗는다는 뜻으로, 連戰連勝(연전연승)함을 이름. 출전 戰國策(전국책).

戰勝易守勝難 (전승이수승난)★

[뜻음] 싸울 전, 이길 승, 쉬울 이, 지킬 수, 어려울 난.
[풀이] 전쟁에서 이기기는 쉬우나 그 승리를 持續(지속)하기는 어려움.

傳神寫照 (전신사조)★★★

[뜻음] 전할 전, 귀신 신, 베낄 사, 비출 조.
[풀이] 동양화에서 초상화, 인물화를 그려 그 인물의 정신세계를 전하는 그림. 인물화의 정통법. 출전 晉書(진서).

全心全力 (전심전력)★★

[뜻음] 온통 전, 마음 심, 힘 력. 온 마음과 온 힘.
[풀이] 마음과 힘을 한데 모아서 씀.

典雅之辭 (전아지사)★

[뜻음] 법 전, 아담할 아, 갈 지, 말 사.
[풀이] 화려하면서도 아담한 말.

儁永之論 (전영지론)★

[뜻음] 준걸 전, 길 영, 갈 지, 논할 론.
[풀이] 의미심장한 언론. 儁(준)은 '전, 준'으로 읽음. 출전 漢書(한서) 蒯通傳(괴통전).

前圓後圃 (전원후포)★

[뜻음] 앞 전, 동산 원, 뒤 후, 채마밭 포.
[풀이] 동산을 앞에 하고, 밭을 뒤로 한다. 벼슬을 물러나서 田園(전원)에서 自適(자적)함의 비유.

前衛藝術 (전위예술)

[뜻음] 앞 전, 지킬 위, 심을 예, 꾀 술.
[풀이] 맨 앞에 위치한 예술. 가장 앞서 가는 예술.

傳衣鉢 (전의발)★

[뜻음] 전할 전, 옷 의, 바리때 발.
[풀이] 불교용어. 衣(의)는 袈裟(가사), 鉢(발)은 應器(응기)를 이름. 따라서 佛家(불가)에 있어서 그 법을 전함을 의발을 전한다고 함. 출전 傳燈錄(전등록).

全人敎育 (전인교육)

[뜻음] 온전할 전, 사람 인, 가르칠 교, 기를 육.
[풀이] 완전한 사람을 만드는 교육.

前人未踏 (전인미답)★★★

[뜻음] 앞 전, 사람 인, 아닐 미, 밟을 답.
[풀이] 이제까지의 세상 사람이 누구도 아직 가 보지 못하거나 해 보지 못함.

前人之述 (전인지술)★

[뜻음] 앞 전, 사람 인, 갈 지, 지을 술.
[풀이] 이전 사람이 지은 詩文(시문).

戰者逆德也 (전자역덕야)★

[뜻음] 싸울 전, 놈 자, 어길 역, 덕망 덕, 어조사 야.
[풀이] 전쟁이란 것은 본말을 뒤바꿔 놓은 덕이라는 뜻. 출전 史記(사기).

轉轉乞食 (전전걸식)★

[뜻음] 구를 전, 빌 걸, 먹을 식.
[풀이] 정처 없이 이리저리 돌아다니면서 빌어먹음.

戰戰兢兢 (전전긍긍)★★★

[뜻음] 떨 전, 떨릴 긍.
[풀이] 매우 두려워하여 겁을 냄.

≪詩經(시경)≫ 小雅(소아) 小旻(소민)에 나오는 글귀다.

감히 범을 맨손으로 잡지 않고
감히 하수를 배 없이 건너지 않으나
사람은 그 하나만 알고
그 밖의 것은 알지 못한다.
두려워서 조심조심하며
깊은 못에 다다른 듯하고
엷은 얼음을 밟듯 한다.

이 시는 포학한 정치를 한탄해서 지은 시이다. 범을 맨주먹으로 잡거나 황하를 배 없이 헤엄쳐 건너는 일을 하지 않지만, 눈앞의 이해에만 눈이 어두워 그것이 다음날 큰 患難(환난)이 되는 것을 알지 못한다. 사람들은 그 무서운 정치 속에서 마치 깊은 못가에 서 있는 듯, 엷은 얼음을 걸어가는 듯 불안에 떨며 움츠리고 있다는 뜻이다. '如履薄氷(여리박빙)'이라는 말도 여기에 나타난다.

輾轉反側 (전전반측)★★★

[뜻음] 돌아누울 전, 구를 전, 돌이킬 반, 옆 측.
[풀이] 想念(상념)에 싸여 누워서 몸을 뒤척이며 잠을 못 이룸. 輾: 반 바퀴 도는 것. 轉: 한 바퀴 도는 것. 輾轉不寐(전전불매).

輾(전)은 반쯤 돌아 몸을 모로 세우는 것을 말하고 轉(전)은 뒹군다는 뜻이다. 反(반)은 뒤집는다는 뜻이고 側(측)은 옆으로 세운다는 뜻이다.
≪詩經(시경)≫ 맨 첫 편인 關雎(관저)에 나오는 말이다. 원래 이 말은 착하고 아름다운 여인을 그리워하며 잠을 이루지 못하는 것을 묘사한 것이었다.

요조한 숙녀를
자나 깨나 구한다.

구해도 얻지 못한지라
자나 깨나 생각한다.
생각하고 또 생각하며
옆으로 누웠다 엎었다 뒤쳤다 한다.

관저의 시를 評(평)하여 孔子(공자)는, "관저는 즐거우면서도 음탕하지가 않고 슬퍼해도 마음을 상하지 않는다"고 했다.
여기에는 '樂而不淫(낙이불음), 哀而不傷(애이불상), 窈窕淑女(요조숙녀)'라는 말도 나타나 있다.

輾轉不寐 (전전불매)★

[뜻음] 돌아누울 전, 구를 전, 아닐 불, 잘 매.
[풀이] 輾轉反側(전전반측).

戰戰慄慄 (전전율률)★

[뜻음] 떨 전, 두려워할 률.
[풀이] 몹시 두려워하여 떠는 모양.戰慄(전율). 출전 淮南子(회남자).

前程萬里 (전정만리)★★

[뜻음] 앞 전, 길 정, 일만 만, 거리 리.
[풀이] 앞길이 만 리이다. 前途(전도)가 매우 유망한 것.

專制政體 (전제정체)★

[뜻음] 오로지 전, 마를 제, 정사 정, 몸 체.
[풀이] 한 나라의 統治(통치)를 특정의 主權者(주권자) 한 사람의 意思(의사)대로 행하는 政勢(정세).

全知全能 (전지전능)★★★

[뜻음] 온통 전, 알 지, 능할 능.
[풀이] 모든 것을 다 알고 모든 것에 다 능함. 完全無缺(완전무결)한 知能(지능). 神佛(신불)의 능력.

傳之傳播 (전지전파)★

[뜻음] 전할 전, 갈 지, 씨 뿌릴 파.
[풀이] 전하는 말로 연해 널리 퍼짐.

前車覆後車戒 (전차복후차계)★

[뜻음] 앞 전, 수레 차, 엎어질 복, 뒤 후, 경계할 계.
[풀이] 앞차가 엎어진 것을 보고 뒤차가 경계한다. 앞사람의 실패를 보고 뒷사람은 이를 경계로 삼아야 한다는 말. ‘前車覆後車戒(전거복후거계)’를 보시오.

前瞻後顧 (전첨후고)★

[뜻음] 앞 전, 망볼 첨, 뒤 후, 돌아볼 고.
[풀이] 앞에서 망을 보고 뒤에서는 둘러 봄. 일을 할 때 용기 있게 처결하지 못하고 앞뒤를 재며 躊躇(주저)함.

轉敗爲功 (전패위공)★

[뜻음] 구를 전, 패할 패, 할 위, 공 공.
[풀이] 실패를 이용하여 공을 이루는 契機(계기)로 삼음. 실패를 바꾸어 공이 되게 함. 출전 史記(사기).

戰必勝攻必取 (전필승공필취)★

[뜻음] 싸움 전, 반드시 필, 이길 승, 칠 공, 취할 취.
[풀이] 싸우면 반드시 이기고 공격하면 반드시 빼앗는다. 언제나 계획대로 이루어진다는 말. ‘용병을 잘함’을 이르는 말.

殿下 (전하)★★

[뜻음] 펼 전, 아래 하.
[풀이] 皇太子(황태자) 또는 帝王(제왕)의 존칭.

銓衡 (전형)★★★

[뜻음] 저울질할 전, 저울대 형.
[풀이] 인물을 시험하여 任官(임관)함. 출전 晉書(진서) 吳隱之傳(오은지전).

銓衡之職 (전형지직)★

[뜻음] 저울질할 전, 저울대 형, 갈 지, 직분 직.
[풀이] 吏部(이부)의 관직. 관리의 전형을 맡아봄. 출전 晉書(진서) 吳隱之傳(오은지전).

轉禍爲福 (전화위복)★★★

[뜻음] 구를 전, 재앙 화, 위할 위, 복 복.
[풀이] 언짢은 일이 계기가 되어 오히려 좋은 일이 생김.

　　≪史記(사기)≫ 관안열전에 나오는 말이다.
　　戰國時代(전국시대) 合從策(합종책)으로 6국, 곧 韓(한)·魏(위)·趙(조)·燕(연)·齊(제)·楚(초)의 　재상을 겸임했던 종횡가(縱橫家:모사) 蘇秦(소진)은 이런 말을 한 적이 있다.
　　“옛날에 일을 잘 처리했던 사람은 화를 바꾸어 복이 되게 했고[轉禍爲福], 실패한 것을 바꾸어 功(공)이 되게 했다[因敗爲功].”

어떤 불행한 일이라도 끊임없는 노력과 강인한 의지로 힘쓰면 불행을 행복으로 바꾸어 놓을 수 있다는 말이다.

[참고] 소진: 전국 시대 말엽의 종횡가. 周(주)나라의 도읍 낙양[洛陽: 山西省(산서성) 내] 사람. 낙양 근처의 鬼谷(귀곡)에 은거하던 수수께끼의 종횡가 귀곡선생[鬼谷先生: 제반 지식에 통달한 인물로서 종횡설을 논한 ≪鬼谷子(귀곡자)≫ 3권을 지었다고 함]에게서 배웠음. 따라서 소진이 죽은 뒤 連橫策(연횡책)을 펴서 합종책을 깨뜨린 장의(張儀: ?~B.C.309)와는 同文(동문). 齊(제)나라에서 살해됨(?~B.C.317).

前後曲折 (전후곡절)★

[뜻음] 앞 전, 뒤 후, 굽을 곡, 꺾을 절.
[풀이] 일의 까닭·과정·결과 따위의 앞뒤 자세한 사정이나 내용.

前後矛盾 (전후모순)★

[뜻음] 앞 전, 뒤 후, 창 모, 방패 순.
[풀이] 앞에 한 말과 뒤에 한 말이 서로 일치하지 않음.

前後不覺 (전후불각)

[뜻음] 앞 전, 뒤 후, 아닐 불, 깨달을 각.
[풀이] 앞뒤의 구별도 할 수 없을 만큼 정체가 없는 것.

前後相顧 (전후상고)★

[뜻음] 앞 전, 뒤 후, 서로 상, 돌아볼 고.
[풀이] 앞뒤를 서로 돌아본다. 사람들의 왕래가 頻繁(빈번)한 모양을 이르는 말.

前後相悖 (전후상패)★

[뜻음] 앞 전, 뒤 후, 서로 상, 거스를 패.
[풀이] 앞뒤가 서로 맞지 않음. 출전 韓非子(한비자).

前後左右 (전후좌우)★

[뜻음] 앞 전, 뒤 후, 왼 좌, 오른 우.
[풀이] 앞쪽과 뒤쪽, 왼쪽과 오른 쪽.

節儉力行 (절검역행)★★

[뜻음] 마디 절, 검소할 검, 힘 역, 다닐 행.
[풀이] 절검과 역행. 절검은 절약하고 검소하게 함. 역행은 힘써 일하는 일. 출전 史記(사기).

絶代佳人 (절대가인)★★★

[뜻음] 끊을(뛰어날) 절, 이을 대, 아름다울 가, 사람 인.
[풀이] 이 세상에는 비할 데 없이 아름다운 여인. 絶世美人(절세미인).

絶島定配 (절도정배)★★

[뜻음] 끊을 절, 섬 도, 정할 정, 귀양 보낼 배.
[풀이] 죄인을 육지와 멀리 떨어져 있는 외딴 섬으로 귀양 보냄.

折柳樊圃 (절류번포)★

[뜻음] 꺾을 절, 버들 류, 울타리 칠 번, 밭 포.
[풀이] 버들로 菜圃(채포)에 울타리를 두르면 狂人(광인)도 놀라서 넘

지 않음을 이름. 출전 詩經(시경) 齊風(제풍) 東方未明篇(동방미명편).

絶類離倫 (절류이륜)★★

[뜻음] 끊을 절, 무리 류, 나눌 이, 벼리 륜.
[풀이] 동료들보다도 월등하게 뛰어남.

絶妙好辭 (절묘호사)★

[뜻음] 끊을 절, 묘할 묘, 좋을 호, 말 사.
[풀이] 아주 묘한 詩文(시문)을 칭찬하는 말. ‘黃絹幼婦外孫虀臼(황견유부외손제구)’를 보시오.

切問而近思 (절문이근사)★★★

[뜻음] 끊을 절, 물을 문, 말 이을 이, 가까울 근, 생각 사.
[풀이] 알뜰히 묻고서 몸 가까이 있는 것을 생각하는 것. 실제에 적절한 질문을 하여 곧 행하고자 생각함. 切問近思(절문근사).

위의 말은 구체적인 질문과 일상생활과 관계되는 사색을 의미한다.

이것은 ≪論語(논어)≫ 子張篇(자장편)에 있는 子夏(자하)의 말이다.

“널리 배우고 뜻을 篤實(독실)히 하며, 알뜰히 묻고 가깝게 생각하면 어진 것이 그 가운데 있다.”

자하는 또 이런 말을 했다.

“달마다 그 없는 바를 알고, 달마다 그 능한 바를 잊지 않으면 학문을 좋아한다고 말할 수 있다.”

자하는 현실적인 교육가였다. 孔子(공자)의 제자인 子由(자유)가 자하를 평해 이렇게 말했다.

“자하의 제자들은, 물을 뿌리고 청소를 하며, 말에 대답하고 몸을 움직이는 하나하나는 잘한다고 볼 수 있다. 그러나 그런 것들은 형식적인 말단의 일에 지나지 않는다. 보다 근본적인 사상과 도덕에 관한 것은 볼 만한 것이 없으니 장차 어떻게 할 것인가?”

퍽이나 현실적이고 일상 생활면에 교육의 중점을 두고 있으므로 朱子(주자)는 자하의 말을 따서 ≪近思錄(근사록)≫이란 책을 썼다.

截髮易酒 (절발역주)★★★

[뜻음] 자를 절, 터럭 발, 바꿀 역, 술 주.
[풀이] 머리털을 잘라 술과 바꾸다. 晉(진)나라 陶侃(도간)이라는 가난한 선비 집에 친구가 찾아왔으나 마침 식량까지 떨어져 차려낼 음식이 아무것도 없자 도간의 母親(모친) 잠 씨가 자기의 頭髮(두발)을 잘라서 팔아 가지고 술을 사서 손님을 대접했다는 고사. 출전 晉書(진서).

絶壁江山 (절벽강산)★★

[뜻음] 끊을 절, 벽 벽, 강 강, 뫼 산.
[풀이] 귀가 어두워 잘 듣지 못하는 상태 또는 그러한 사람. 몹시 어두움. 絶壁(절벽).

竊符救趙 (절부구조)★★★

[뜻음] 훔칠 절, 부신 부, 건질 구, 조나라 조.

戰國時代(전국시대) 信陵君(신릉군)이 조나라의 위급함을 구하기 위해, 임금의 병부를 훔쳐내어 魏(위)나라 군사를 이끌고 진나라 군사를 물리친 사건을 말한다.

신릉군 魏無忌(위무기)는 魏昭王(위소왕)의 작은아들이었고 안희왕의 배다른 동생이었다. 소왕이 죽고 안희왕이 즉위하자 그를 신릉군에 봉했다. 신릉군은 덕이 있고 지혜가 있고 또 知人之鑑(지인지감)이 있었다. 그는 夷門(이문)을 지키는 侯嬴(후영)이라는 늙은 문지기를 스승처럼 위했고, 白丁(백정)인 朱亥(주해)를 귀한 손님처럼 받아들였다.

안희왕 20년 조나라를 크게 물리친 진나라가 수도 邯鄲(한단)을 포위하자 조나라는 안희왕에게 구원군을 청했다. 안희왕은 장수 晉鄙(진비)를 통해 구원병 십만을 보내자 진나라가 위나라를 위협했다. 안희왕은 겁이 나서 진비가 국경선을 넘지 못하도록 명령을 내렸다. 이러한 위급한 상황에서 신릉군은 후영이 일러주는 대로 안희왕의 寵姬(총희) 如姬(여희)를 통해 虎符(호부)를 훔쳐내어 진비에게 대조시켜 군대를 움직이게 하였다. 그러나 진비는 진의를 의심하여 지휘권을 넘겨주지 않아 주해를 시켜 진비를 쳐 죽이고 8만의 군대를 이끌어 결국 큰 승리를 거두었다.

이 말은 보다 큰 목적을 위해서는 사소한 의리 같은 것은 버려도 된다는 뜻으로 쓰이게 되었다.

≪老子(노자)≫ 제 十九章(십구장)에 나오는 말이다.

“聖(성)을 끊고 智(지)를 버리면 백성의 이익이 백배가 되고, 仁(인)을 끊고 義(의)를 버리면 백성이 효도하고 사랑하는 것에로 돌아오며, 巧(교)를 끊고 利(이)를 버리면 도적이 있는 일이 없다. 이 세 가지는 그리 넉넉지 못한 것이 된다. 그러므로 붙인 바를 잇게 한다. 素(소)를 나타내고, 朴(박)을 안아, 私(사)를 적게 하고 欲(욕)을 적게 하는 것이다.”

풀이하면 다음과 같다.

성스러우니 지혜로우니 하는 것들을 완전히 없애 버리면, 백성들은 명예니 공로니 하는 것을 다투는 일이 없기 때문에 백배나 더 이를 얻게 된다. 어질다든가 의롭다든가 하는 것을 다 없애 버리면 백성들은 양심을 속이는 일이 없기 때문에 참다운 효도와 사랑을 할 수 있게 된다. 또 자연을 해치는 교묘한 것이라든가, 보다 편리한 물건을 만드는 일이 없으면 백성들은 배를 채우고 추위를 막는 것 외에 욕심을 부릴 것이 없게 되므로 자연히 도둑이 없게 되는 것이다. 素朴(소박)한 그대로를 두어 사사로운 욕심을 나지 않게 하는 것이다.

絶聖棄智(절성기지)는 곧 ‘小私寡欲(소사과욕)’이고 소사과욕은 곧 ‘無爲自然(무위자연)’이다.

竊鈇之疑 (절부지의)★

[뜻음] 훔칠 절, 도끼 부, 갈 지, 의심할 의.
[풀이] 도끼를 잃은 사람이 그 이웃 사람을 의심하여, 그 걸음걸이, 말씨, 얼굴빛, 모든 동작을 유심히 관찰할수록 틀림없이 그 사람이 훔친 것으로 보였다는 옛일에서, 의심을 가지고 보면 무슨 일이든지 의심스럽게 보임을 비유하여 이르는 말.

節上生枝 (절상생지)

[뜻음] 마디 절, 위 상, 날 생, 가지 지.
[풀이] 가지에 또 가지가 난다. 차례차례로 말을 거듭함. 너무 枝葉(지엽)에 치우쳐 根本(근본)을 잃음을 비유한 말. 출전 朱子語錄(주자어록).

絶聖棄知 (절성기지)★★★

[뜻음] 끊을 절, 성인 성, 버릴 기, 알 지.
[풀이] 학문을 중도에서 그쳐 버리면 걱정이 없어짐. 老子(노자)가 유교의 학문을 두고 평한 말.

絶世 (절세)★★★

[뜻음] 끊을 절, 세상 세.
[풀이] ① 월등하게 뛰어남. 절세의 미인. ② 자손이 끊김. ③ 죽음.

絶世美人 (절세미인):

[뜻음] 끊을 절, 세상 세, 아름다울 미, 사람 인.
[풀이] 이 세상에 나오는 것이 끊어진, 세상에 견줄 사람이 없는 미인. 뛰어난 미인. 絶世佳人(절세가인).

折楊柳 (절양류)★★

[뜻음] 꺾을 절, 버들 양, 버들 류.
[풀이] 강변의 버들을 꺾어 떠나는 손님에게 주는 이별의 정경을 노래한 시. 柳(류)는 留(류)와 음이 같아서 손님이 오래 머무르라는 기원이 담김.

竊玉偸香 (절옥투향)★★

[뜻음] 훔칠 절, 구슬 옥, 훔칠 투, 향기 향.
[풀이] 남자가 여자에게 정을 품고 몰래 접근하는 일. 偸香(투향).

節用而愛人 (절용이애인)★

[뜻음] 줄일 절, 쓸 용, 말 이을 이, 사랑 애, 사람 인.
[풀이] 나라의 재물을 아껴 쓰고 백성을 사랑하라는 말.

絶人之力 (절인지력)★

[뜻음] 뛰어날 절, 사람 인, 갈 지, 힘 력.
[풀이] 남이 따를 수 없는 아주 뛰어난 힘.

絶長補短 (절장보단)★★

[뜻음] 끊을 절, 긴 장, 도울 보, 짧을 단.
[풀이] 장점이나 넉넉한 것으로 단점이나 부족한 것을 補充(보충)함. 絶은 截과 통함. 출전 孟子(맹자) 滕文公上篇(등문공상편).

切切偲偲 (절절시시)

[뜻음] 절실할 절, 책선할 시.
[풀이] 매우 깊이 생각하고, 선을 권하는 모양. 벗을 사귐에 있어 서로 懇切(간절)히 善行(선행)을 勸勉(권면)하고 激勵(격려)하는 모양.

折俎 (절조)★

[뜻음] 꺾을 절, 도마 조.
[풀이] 犧牲(희생)으로 써서 제사 지낸 소, 양 등의 고기를 뜯어 도마에 올려 손님을 대접하는 일. 출전 左傳(좌전) 宣公十七年(선공십칠년).

折足覆餗 (절족복속)★★

[뜻음] 꺾을 절, 발 족, 뒤집힐 복, 죽 속.
[풀이] 솥발을 부러뜨리면 솥 안의 음식이 엎질러진다. 小人(소인)을 大臣(대신)으로 임용하면 重責(중책)을 감당하지 못하여 나라를 뒤엎게 됨. 출전 易經(역경) 鼎卦(정괘).

切磋琢磨 (절차탁마)★★★

[뜻음] 끊을 절, 갈 차, 쫄 탁, 갈 마.
[풀이] 끊고 닦고 쪼고 갈다. 학문·도덕·기예 등을 열심히 닦음.

톱으로 자르고 줄로 쓸고, 끌로 쪼며 숫돌에 간다. 끊고 닦고 쪼고 갈다. 학문·도덕·기예 등을 열심히 닦음.
뼈나 상아나 옥돌로 물건을 만들 때, 순서를 밟아 다듬고 또 다듬어 완전무결한 물건으로 만들어 내는 것을 말한다. 학문을 닦고 수양을 쌓는 데도 똑같은 과정을 거쳐야 한다.
≪詩經(시경)≫ 衛風(위풍) 淇澳篇(기욱편)에 있는 말이다. 이 시는 학문과 덕을 쌓은 君子(군자)를 찬양해서 부른 것인데 대학에 나온 내용을 옮기면 다음과 같다.
"시에 이르기를 '찬란한 군자여, 칼로 자르듯 하고 줄로 슨 듯하며, 끌로 쪼은 듯하고 숫돌로 간 듯하도다. …' 라고 했다. 자르듯 하고 슨 듯하다는 것은 학문을 말한 것이고, 쪼은 듯하고 간 듯하다는 것은 스스로 닦는 것이다."
이 말은 ≪論語(논어)≫ 學而篇(학이편)에도 나온다. 子貢(자공)이 공자에게 물었다.
"가난해도 아첨하는 일이 없고, 부해도 교만하는 일이 없으면 어떻습니까?"
"옳은 일이긴 하나 가난해도 도를 즐기고 부해도 예를 좋아하는 것만 같지 못하다."
"詩(시)에 이르기를 '如切如磋, 如琢如磨 여절여차, 여탁여마'라고 했는데 바로 이런 것을 두고 한 말이군요"
그러자 공자는 자못 흐뭇한 표정으로,
"너야말로 참으로 함께 시를 말할 수 있다. 이미 들은 것으로 장차 있을 것까지를 아니 말이다" 하고 칭찬했다.
이 해석대로 하면 '절차'는 學文(학문)을 뜻하고 '탁마'는 修養(수양)을 말하는 것이 된다.

絶處逢生 (절처봉생)★

[뜻음] 끊을 절, 살 처, 만날 봉, 살 생.
[풀이] 몹시 쪼들리던 판에 僥倖(요행)히 살 길이 생김.

絶體絶命 (절체절명)★★

[뜻음] 끊을 절, 몸 체, 목숨 명.

[풀이] 몸과 목숨이 끊어질 지경. 아무리 하여도 어쩔 수 없는 窮迫(궁박)한 경우.

折衷 (절충)★

[뜻음] 꺾을 절, 속마음 충.
[풀이] 적당히 조화시킴. 과부족한 상태를 잘 조절하여 중간을 취함. 여러 의견을 조정하여 알맞은 것을 택함.

折衝禦侮 (절충어모)★★

[뜻음] 꺾을 절, 찌를 충, 막을 어, 업신여길 모.
[풀이] 나를 얕보는 상대방을 談判(담판)으로 꺾어 두려워하게 함. 折衝(절충)은 외교상의 談判(담판)이나 쳐들어오는 敵(적)의 銳鋒(예봉)을 꺾는다는 말.

折衝將軍 (절충장군)★★

[뜻음] 꺾을 절, 찌를 충, 장차 장, 군사 군.
[풀이] 쳐들어오는 적을 물리친 충성스러운 장수.

切齒腐心 (절치부심)★★★

[뜻음] 끊을 절, 이 치, 썩을 부, 마음 심.
[풀이] 몹시 분하여 이를 갈고 속을 썩임. 출전 史記(사기).

絶學無憂 (절학무우)★★

[뜻음] 끊을 절, 배울 학, 없을 무, 근심 우.
[풀이] 학문을 중도에서 그쳐 버리면 걱정이 없어짐. 노자가 유교의 학문을 두고 평한 말. '絶聖棄知(절성기지)'와 대를 이루는 말. 출전 老子(노자).

絶海孤島 (절해고도)★

[뜻음] 끊을 절, 바다 해, 외로울 고, 섬 도.
[풀이] 뭍에서 아주 멀리 떨어져 있는 바다 가운데의 외로운 섬. 絶島(절도).

折花攀柳 (절화반류)★

[뜻음] 꺾을 절, 꽃 화, 더위잡을 반, 버들 류.
[풀이] 꽃가지를 꺾고, 버들가지를 잡아당긴다. 花柳界(화류계)에서 노는 것.

鮎魚上竹 (점어상죽)★

[뜻음] 메기 점, 고기 어, 위 상, 대 죽.
[풀이] 메기는 비늘이 없으므로 매끄러운 대나무를 오르기는 어려우나, 입으로 댓잎을 물어 잡으면서 능히 높은 곳까지 올라간다. 어려움을 극복하여 목적을 달성함.

漸仁摩義 (점인마의)★★

[뜻음] 점차 점, 어질 인, 문지를 마, 옳을 의.
[풀이] 백성으로 하여금 차차로 仁(인)의 道(도)에 들어서게 함. 출전 漢書(한서) 董仲舒傳(동중서전).

漸入佳境 (점입가경)★★★

[뜻음] 점차 점, 들 입, 아름다울 가, 지경 경.
[풀이] 점차 아름다운 狀況(상황)으로 접어들다. 顧愷之(고개지)의 말. 들어갈수록 아주 재미가 있음. 출전 晉書(진서) 顧愷之傳(고개지전).

點滴穿石 (점적천석)★

[뜻음] 점찍을 점, 물방울 적, 뚫을 천, 돌 석.
[풀이] 낙숫물이 돌을 뚫는다. 하찮은 것이라도 모이고 쌓이면 뜻밖에 큰 것이 됨. 끊임없이 계속하면 반드시 성공함의 비유.

接鸞鳳翅 (접란봉시)★★

[뜻음] 맞댈 접, 난새 란, 봉황 봉, 날개 시.
[풀이] 鸞鳥(난조)와 鳳凰(봉황)이 날개를 맞댄다. 秀才(수재)가 함께 科擧(과거)에 及第(급제)함.

跕鳶之隅 (접연지우)★

[뜻음] 밟을 접, 솔개 연, 갈 지, 모퉁이 우.
[풀이] 땅에서 생긴 毒氣(독기)가 세차게 높이 올라가 하늘을 나는 솔개까지 떨어뜨린다는 窮僻(궁벽)한 지방. 중국 後漢(후한)의 馬援(마원)이 交趾(교지)를 칠 때의 勞苦(노고)를 말한 데서 온 말.

鄭家奴歌詩 (정가노가시)★

[뜻음] 나라 이름 정, 집 가, 종 노, 노래할 가, 시 시.
[풀이] 정가의 종들이 시를 읊는다. 환경의 영향이 큼의 비유. 후한 학자 鄭玄(정현) 집의 종들이 門下生(문하생)이 배우는 것을 어깨너머로 익혀 ≪詩經(시경)≫의 구절을 일상 대화에서 자유로이 쓰고 있었다는 옛일에서 온 말.

正經大原 (정경대원)★★

[뜻음] 바를 정, 날 경, 큰 대, 근원 원.
[풀이] 바르고 큰 원칙.

渟膏凝碧 (정고응벽)

[뜻음] 괼 정, 기름 고, 엉길 응, 푸를 벽.
[풀이] 괴어 있는 못물이 잔잔하고 아주 푸름. 정은 물이 괴어 있는 것, 고는 푸른 빛, 응벽은 짙푸른 빛. 물이 깊어 푸르고 고요한 모양.

渟膏湛碧 (정고잠벽)

[뜻음] 물괼 정, 기름 고, 가득 찰 잠, 푸를 벽.
[풀이] 기름을 띄운 것처럼 가득 차 있는 물이 깊어 짙푸르고 고요한 모양. '渟(정)'은 물이 괌. '湛碧(잠벽)'은 짙은 물빛.

正鵠 (정곡)

[뜻음] 바를 정, 과녁 곡.
[풀이] 과녁의 한 가운데 표적을 정확하게 맞히다. 핵심을 정확하게 꿰뚫음. 옛날 과녁 가운데에 표적으로 고니를 그려 붙였음.

원래는 弓術(궁술)의 전문용어로, ≪周禮(주례)≫ 天官(천관) 司裘(사구)의 注(주)에 따르면, 과녁에 있어서, "사방 열 자 되는 것을 侯(후)라 하고, 넉 자 되는 것을 鵠(곡)이라 하고, 두 자 되는 것을 正(정)이라 하고, 네 치 되는 것을 質(질)"이라고 했다.

또 ≪中庸(중용)≫ 十四(십사)장에 나오는 孔子(공자)의 말씀에,

"활 쏘는 것은 군자의 태도와 같은 점이 있다. 正鵠(정곡)을 잃으면 자기 자신에게 돌이켜 구한다"고 한 말이 있

는데 註解(주해)에 말하기를,
"베에다 그린 것이 正(정)이고, 가죽에다 그린 것이 鵠(곡)이다. 다 후의 중심으로 활 쏘는 것은 과녁이다"라고 했다.
≪禮記(예기)≫ 射義篇(사의편)에 나오는 공자의 말 중에서 "…쏘아서 정곡을 잃지 않는 것은 오직 그 어진 사람일 것이다. …"라는 말이 있다.

程孔傾蓋 (정공경개)★

[뜻음] 법 정, 구멍 공, 기울 경, 덮을 개.
[풀이] 孔子(공자)가 郯(담)으로 가는 도중에 程子(정자)를 만나 수레의 덮개를 기울여(곧, 수레를 바싹 대고) 이야기하며 한 번 보고는 마치 오래 된 옛 친구처럼 친숙해졌다는 옛일에서 이르는 말. 출전 孔子家語(공자가어).

貞觀之治 (정관지치)★

[뜻음] 곧을 정, 볼 관, 갈 지, 다스릴 치.
[풀이] 중국 唐(당)나라의 太宗(태종)은 名君(명군)에 이어서 房玄齡(방현령)·杜如晦(두여회) 등의 현명한 宰相(재상)과 魏徵(위징)·李靖(이정)·李勣(이적) 등의 名將(명장)을 써서, 그 治世(치세)가 태평하였으므로 그 연호를 따서 이른 말.

井臼巾櫛 (정구건즐)★★★

[뜻음] 우물 정, 절구 구, 수건 건, 빗 즐.
[풀이] 물을 긷고 절구질하고 수건과 빗을 받드는 일. 아내가 응당히 하여야 하는 일을 일컬음.

井臼之役 (정구지역)★★

[뜻음] 우물 정, 절구 구, 갈 지, 부릴 역.
[풀이] 물을 긷고 절구질을 하는 일. 곧, 수고스러운 집안일.

正襟端坐 (정금단좌)★

[뜻음] 바를 정, 옷깃 금, 끝 단, 앉을 좌.
[풀이] 옷매무새를 바로 하고 端正(단정)하게 앉음.

精金美玉 (정금미옥)★

[뜻음] 정밀할 정, 쇠 금, 아름다울 미, 구슬 옥.
[풀이] 정금과 미옥. '人品(인품)이나 詩文(시문)이 맑고도 아름다움'의 비유.

正其誼不謀其利 (정기의불모기리)★

[뜻음] 바를 정, 그 기, 마땅할 의, 아닐 불, 꾀 모, 이로울 이.
[풀이] 어떤 일을 함에 있어 이해관계는 묻지 않고 다만 정의에 입각하게 하는 것. 출전 漢書(한서) 董仲舒傳(동중서전).

旌旗蔽日 (정기폐일)★

[뜻음] 기 정, 기 기, 가릴 폐, 해 일.
[풀이] 군대의 깃발이 해를 가릴 정도로 군사의 수가 많음. 旌旗蔽空(정기폐공).

貞女不更二夫 (정녀불경이부)★★

[뜻음] 곧을 정, 계집 녀, 아닐 불, 다시 경, 두 이, 지아비 부.
[풀이] 절개가 굳은 여자는 다시 시집가지 아니함. 烈女不更二夫(열녀불경이부). 출전 史記(사기) 田單傳(전단전).

正大高明 (정대고명)★

[뜻음] 바를 정, 큰 대, 높을 고, 밝을 명.
[풀이] 정대하고 또한 높고 밝음. 大賢(대현)의 學德(학덕)을 형용한 말.

正大光明 (정대광명)★

[뜻음] 바를 정, 큰 대, 빛 광, 밝을 명.
[풀이] 정직하고 분명함. 光明正大(광명정대).

靖亂功臣 (정란공신)★

[뜻음] 조용히 할 정, 어지러울 란, 공 공, 신하 신.
[풀이] 국가의 난리를 平定(평정)한 데에 功績(공적)이 큰 신하.

正路之榛蕪 (정로지진무)★

[뜻음] 바를 정, 길 로, 갈 지, 덤불 진, 거칠어질 무.
[풀이] 老佛(노불: 노자 석가) 등이 孔子(공자) 孟子(맹자)의 올바른 도를 해치는 것. 출전 小學(소학) 外篇(외편) 嘉言篇(가언편).

頂門一鍼 (정문일침)★★★

[뜻음] 정수리 정, 문 문, 한 일, 침 침.
[풀이] 정수리에 침을 놓는다. 따끔한 충고나 교훈. 정수리에 鍼(침)을 한 대 놓는다는 뜻으로, 남의 급소를 찔러 통절히 경계하는 일. 頂門一針(정문일침).

頂門一針 (정문일침)★

[뜻음] 정수리 정, 문 문, 한 일, 침 침.
[풀이] 頂門一鍼(정문일침).

程門立雪 (정문입설)★

[뜻음] 법 정, 문 문, 설 입, 눈 설.
[풀이] 제자가 스승을 받들이 지극함을 이르는 말. 遊炸(유작)과 楊時(양시)가 程頤(정이)를 처음 찾아갔을 때 그는 눈을 감고 瞑想(명상)에 잠겨 있었으므로 두 사람은 서서 기다리고 있었는데, 정이천이 그들에게 물러가라고 했을 때에는 문밖에 눈이 한 자나 쌓여 있었다는 옛일에서 온 말.

精敏强幹 (정민강간)★

[뜻음] 정밀할 정, 민첩할 민, 굳셀 강, 줄기 간.
[풀이] 사리에 밝고 판단에 민첩하며, 역량과 재능이 있음.

情恕理遣 (정서이견)★

[뜻음] 뜻 정, 용서할 서, 다스릴 이, 달랠 견.
[풀이] 정으로 용서하고 이에 비추어 용서한다. 사람이나 물건을 정으로 대하여 부드럽게 함을 이르는 말. 출전 晉書(진서).

定省溫淸 (정성온정)★★★

[뜻음] 정할 정, 살필 성, 따뜻할 온, 서늘할 정.
[풀이] 자식이 부모에 대한 예의. 定(정)은 잠자리를 살펴 정하는 것, 省(성)은 安否(안부)를 살피는 것, 溫(온)은 따뜻하게 하는 것, 淸(정)

은 서늘하게 하는 것. 출전 禮記(예기) 曲禮上篇(곡례상편).

淨松汚竹 (정송오죽)★

[뜻음] 깨끗할 정, 소나무 송, 더러울 오, 대 죽.
[풀이] 소나무는 깨끗한 땅에, 대나무는 지저분한 땅에 심는다는 말.

精熟貫通 (정숙관통)★

[뜻음] 자세할 정, 익을 숙, 꿸 관, 통할 통.
[풀이] 어떤 이치에 정통하고 능숙하여 꿰뚫음.

挺身 (정신)★

[뜻음] 빼어낼 정, 몸 신.
[풀이] 전투나 위험에 처하여 남보다 먼저 나섬. 용기를 떨쳐 나아감. 도망칠 때 재빨리 달아남. 겨우 위기를 모면함.

挺身而出 (정신이출)★★

[뜻음] 빼낼 정, 몸 신, 어조사 이, 날 출.
[풀이] 몸을 빼어 달아남. 출전 舊唐書(구당서).

精神一到 (정신일도)★★★

[뜻음] 정밀할 정, 귀신 신, 한 일, 이를 도.
[풀이] 精神一到何事不成(정신일도하사불성).

> 한 가지 일에 온 정신을 다 쏟으면 세상에 안 되는 일이 없다는 말이다. 이 말은 朱子(주자)가 한 적이 있다. 즉 그는 말하기를,
> "陽氣(양기)가 발하는 곳에는 쇠와 돌도 뚫어진다. 정신이 한 번 이르면 무슨 일이 이뤄지지 않겠는가?"
> 예수도 말씀하시기를,
> "겨자씨만 한 정성만 있으면 산도 옮길 수 있다"고 했다. 維摩居士(유마거사)는 하늘나라를 좁은 방 안으로 보고 삽시간에 끌어내린 일까지 있다고 한다. 이 이야기는 ≪維摩經(유마경)≫에 나온다.

精神一到何事不成 (정신일도하사불성)★★★

[뜻음] 정신 정, 정신 신, 한 일, 이를 도, 어찌 하, 일 사, 아닐 불, 이룰 성.
[풀이] 정신을 한곳에 기울이면, 어떤 일이라도 이룰 수 있다는 말. 출전 朱子語類(주자어류).

停辛佇苦 (정신저고)

[뜻음] 머무를 정, 매울 신, 우두커니 저, 쓸 고.
[풀이] 끈기 있게 서서 기다림. 어려움을 견디어 냄.

正心工夫 (정심공부)★

[뜻음] 바를 정, 마음 심, 장인 공, 지아비 부.
[풀이] 마음을 바르게 가다듬어 배워 익히는 데 힘씀.

正心誠意 (정심성의)★

[뜻음] 바를 정, 마음 심, 정성 성, 뜻 의.
[풀이] 마음을 바르게 하고 뜻을 정성스럽게 함.

政如蒲盧 (정여포로)★

[뜻음] 정사 정, 같을 여, 창포 포, 갈대 로.
[풀이] ① 정치는 나나니벌과 같이 부지런해야 한다는 뜻. ② 바른 정치를 하면, 갈대가 빨리 자라듯이, 그 효과가 빨리 나타남. 蒲盧(포로)는 나나니벌. 출전 中庸(중용) 第二十章(제이십장).

停雲落月 (정운낙월)★

[뜻음] 머무를 정, 구름 운, 떨어질 낙, 달 월.
[풀이] 머무르는 구름과 지는 달이란 뜻으로, 사모하는 정을 나타내는 말.

鄭衛桑間 (정위상간)★★

[뜻음] 정나라 정, 위나라 위, 뽕나무 상, 사이 간.
[풀이] 정과 위 두 나라의 淫亂(음란)한 음악. 桑間(상간)은 음란한 망국의 음악임. 정위는 난세의 음악. 본래는 춘추시대 두 나라의 이름인데 그 나라 노랫소리가 음란하였으므로 인심을 현혹게 하는 음란한 음악을 정위의 소리하고 함. 鄭衛之音(정위지음). '亡國之音(망국지음)'을 보시오.

精衛塡海 (정위전해)★★★

[뜻음] 자세할 정, 지킬 위, 메울 전, 바다 해.
[풀이] 정위라는 작은 새가 바다를 메우려 한다. 정위는 염제 神農氏(신농씨)의 딸로 이름이 娃(왜)인데 동해 바닷가에서 놀다 빠져 죽어 새가 되었고, 자신의 운명이 너무나도 원통하여 매일 서산에 있는 돌과 나뭇조각을 물어다 바다에 던져 넣어 동해를 메우려 했다고 한다. 전혀 가망이 없는 일에 힘을 들이는 것. 불가능한 일을 하려고 헛수고를 하는 비유. 精衛塡海(정위진해). 출전 山海經(산해경).

鄭衛之音 (정위지음)★

[뜻음] 나라 이름 정, 나라 이름 위, 갈 지, 소리 음.
[풀이] 음란한 음악. 鄭衛桑間(정위상간). 출전 呂氏春秋(여씨춘추).

情誼慣熟 (정의관숙)★

[뜻음] 뜻 정, 옳을 의, 버릇 관, 익을 숙.
[풀이] 사귀어 두터워진 정이 가장 친밀함.

情誼相通 (정의상통)

[뜻음] 뜻 정, 옳을 의, 서로 상, 통할 통.
[풀이] 따뜻한 정과 뜻이 서로 통함.

精義入神 (정의입신)★

[뜻음] 자세할 정, 옳을 의, 들 입, 귀신 신.
[풀이] 奧妙(오묘)한 理致(이치)를 깨달아 입신의 지경에 이름. 출전 易經(역경).

正人君子 (정인군자)★

[뜻음] 바를 정, 사람 인, 임금 군, 아들 자.
[풀이] 마음씨가 올바르며 學識(학식)과 德行(덕행)이 높고 어진 사람.

政者正也 (정자정야)★★★

[뜻음] 정치 정, 놈 자, 바를 정, 어조사 야.
[풀이] '政(정)' 字(자)의 本意(본의)는 천하를 바르게 한다는 뜻임을 이름. 천하를 바로잡는 것이 정치라는 말. 출전 論語(논어) 顏淵篇(안연편).

井底之蛙 (정저지와)★★★

[뜻음] 우물 정, 밑 저, 갈 지, 개구리 와.
[풀이] 우물 안 개구리.

　　≪莊子(장자)≫ 秋水篇(추수편)에 나오는 말이다.
　　黃河(황하)의 신 河伯(하백)이 물을 따라 처음으로 바다까지 와 보았다. 끝없이 뻗어 있는 동쪽 바다를 바라보며 北海(북해)의 신인 若(약)에게 말했다.
　　"나는 지금까지 이 세상에서는 황하가 가장 넓은 줄로 알고 있었는데, 지금 이 바다를 보고서야 넓은 것 위에 보다 넓은 것이 있다는 것을 깨달았소. 내가 여기를 와 보지 않았던들 영영 識者(식자)들의 웃음거리가 될 뻔했소"
　　그러자 북해의 신이 말했다.
　　"우물 안 개구리에게 바다에 대해 말할 수 없는 것은 그들이 사는 곳에만 사로잡혀 있기 때문이다. 여름 벌레는 철만을 굳게 믿기 때문이다. 식견이 없는 선비에게 도를 말할 수 없는 것은, 그들이 배운 상식에만 묶여 있기 때문이다. 그런데 그대는 나와 큰 바다를 구경하고 자기의 부족함을 알았으니 함께 진리를 말할 수 있을 것 같다."
　　≪莊子(장자)≫에는 '井蛙(정와)'라고만 나와 있다. '井庭蛙(정정와), 井中蛙(정중와), 井底蛙(정저와), 井底之蛙(정저지와)' 등으로 쓰이기도 한다.

正正堂堂 (정정당당)★★★

[뜻음] 바를 정, 당당할 당.
[풀이] 正正之氣堂堂之陣(정정지기당당지진)의 준말. 태도가 훌륭한 모양. 출전 孫子(손자).

正正方方 (정정방방)★★

[뜻음] 바를 정, 모 방.
[풀이] 條理(조리)가 발라서 조금도 어지럽지 않음.

正正白白 (정정백백)★★

[뜻음] 바를 정, 흰 백.
[풀이] 正大(정대)하고도 純白(순백)함.

井井有條 (정정유조)★★

[뜻음] 우물 정, 있을 유, 가지 조.
[풀이] 區劃(구획)이 整然(정연)한 모양. 출전 荀子(순자) 儒効篇(유효편).

正正之氣堂堂之陣 (정정지기당당지진)★★

[뜻음] 바를 정, 갈 지, 기운 기, 당당할 당, 줄 진.
[풀이] 가지런히 늘어선 군기와 士氣(사기)를 떨치는 군진. 사기가 旺盛(왕성)하고 질서가 整然(정연)한 군대를 형용함. 正正堂堂(정정당당). 출전 孫子(손자).

鼎足之勢 (정족지세)★★

[뜻음] 솥 정, 발 족, 갈 지, 형세 세.
[풀이] 솥발처럼 세 세력이 맞서 대립한 형세.

程朱學派 (정주학파)★★★

[뜻음] 법도 정, 붉을 주, 배울 학, 물갈래 파.
[풀이] 정자와 주자의 학파이므로 性理學(성리학)을 이름.

井中觀天 (정중관천)★

[뜻음] 우물 정, 가운데 중, 볼 관, 하늘 천.
[풀이] 우물 안에 앉아서 하늘을 쳐다본다. 見聞(견문)이 썩 좁음을 이르는 말.

靜中動 (정중동)★★★

[뜻음] 고요할 정, 가운데 중, 움직일 동.
[풀이] 정 가운데 동을 감추고 있는 것이 참된 정이요, 정 가운데의 정은 참된 정이 아니라는 설. 고요한 가운데 움직임이 있다. 출전 菜根談(채근담).

定策國老門生天子 (정책국로문생천자)★

[뜻음] 정할 정, 꾀 책, 나라 국, 늙을 로, 문 문, 날 생, 하늘 천, 아들 자.
[풀이] 唐(당)나라 때 敬宗(경종)부터 宣宗(선종)까지 그 廢立(폐립)을 宦官(환관)이 恣意(자의)로 행하고 국가의 元老(원로)로 自處(자처)하였는데, 환관들이 年長(연장)의 임금을 폐하고 年少(연소)한 임금을 즉위케 하는 것을 定策(정책)이라 하고, 그 환관을 國老(국로)라 하며, 擁立(옹립)된 임금을 門生(문생)이라 함.

頂天履地 (정천이지)

[뜻음] 정수리 정, 하늘 천, 밟을 이, 땅 지.
[풀이] 하늘을 이고 땅을 밟음.

頂天立地 (정천입지)★

[뜻음] 정수리 정, 하늘 천, 설 입, 땅 지.
[풀이] 독립하여 남에게 의지하지 않음. 독립의 氣槪(기개).

淨土往生 (정토왕생)★

[뜻음] 깨끗할 정, 흙 토, 갈 왕, 날 생.
[풀이] 죽어서 極樂世界(극락세계)에 다시 태어남.

定婚納聘 (정혼납빙)★

[뜻음] 정할 정, 혼인할 혼, 바칠 납, 찾아갈 빙.
[풀이] 혼인하기로 약정하고 예물을 보냄.

庭訓 (정훈)★★★

[뜻음] 뜰 정, 가르칠 훈. 뜰에서 가르치다.
[풀이] 아버지가 자식에게 내리는 교육. 가정교육. 孔子(공자)의 제자 陳亢(진항)이 어느 날, 공자의 아들 伯魚(백어)에게 "선생님의 아들인 만큼 특별히 배우는 게 있느냐"고 물었다. 그러자 백어는 "특별히 배우는 것은 없으나 요전에 아버님이 뜰에서 '詩經(시경)과 禮記(예기)를 배우지 않으면 남과 대화를 나눌 수 없다'고 하셔서 요즈음 그 詩經(시경)을 읽고 있다"고 대답했다는 옛일에서 온 말. 출전 論語(논어) 季氏篇(계씨편).

諸葛菜 (제갈채)★

[뜻음] 모두 제, 칡 갈, 나물 채.
[풀이] 제갈량이 심어서 軍糧(군량)에 대던 무이므로 제갈채가 됨. 무는 육 개월이면 다 자라 먹을 수 있으므로 출정하면 막사를 짓고 무

를 심었다고 함.

除舊布新 (제구포신)★

[뜻음] 덜 제, 예 구, 베풀 포, 새 신.
[풀이] 묵은 것을 버리고 새것을 베푸는 일. 출전 春秋左氏傳(춘추좌씨전).

隄潰蟻穴 (제궤의혈)★

[뜻음] 방죽 제, 무너질 궤, 개미 의, 구멍 혈.
[풀이] 제방도 개미굴에서 무너질 수가 있다. 작은 일도 조심해야 함을 이르는 말.

齊東野人之語 (제동야인지어)★

[뜻음] 제나라 제, 동녘 동, 들 야, 사람 인, 갈 지, 말씀 어.
[풀이] 제나라의 東鄙(동비)사람 말로서 未開人(미개인)의 말을 뜻함. 齊(제)나라 동쪽 僻村(벽촌) 사람의 말. 또 妄說(망설)을 가리킴. 믿을 수 없는 황당한 말. 출전 孟子(맹자).

帝力何有于我哉 (제력하유우아재)★

[뜻음] 임금 제, 힘 력, 어찌 하, 있을 유, 어조사 우, 나 아, 어조사 재.
[풀이] 제왕의 힘이 어찌 내게 있으랴. 곧 자기는 제왕의 恩德(은덕)을 아무것도 입은 바가 없다는 뜻으로서, 제왕의 은덕은 너무나 크기 때문에 마치 물고기가 물의 은혜를 모르듯이 느끼지 못한다고 한 말. 중국 堯(요)임금 때 백성들이 불렀다는 擊壤歌(격양가)의 한 구절. 출전 擊壤歌(격양가).

諸門洞闢 (제문동벽)★

[뜻음] 모두 제, 문 문, 빌 동, 열 벽.
[풀이] 모든 문을 열어 놨다. 내 마음을 숨김없이 드러냈으니 허심탄회하게 힘을 합쳐 일을 하자는 뜻. 중국 宋(송)나라 太祖(태조) 조광윤이 나라를 세우고 궁궐을 지은 뒤 대소 관료들을 모아놓고 한 말.

齊眉之禮 (제미지례)★

[뜻음] 가지런할 제, 눈썹 미, 갈 지, 예도 례.
[풀이] 눈썹 높이까지 밥상을 들어 받드는 예. 삼가 남편을 섬기는 禮法(예법).

儕輩之間 (제배지간)★

[뜻음] 무리 제, 무리 배, 갈 지, 사이 간.
[풀이] 서로 제배로 사귀는 사이. 제배는 같은 또래를 나타냄.

齊聲討罪 (제성토죄)

[뜻음] 여러 제, 소리 성, 칠 토, 벌 줄 죄.
[풀이] 여러 사람이 한 사람의 죄를 둘러싸고 한꺼번에 꾸짖음.

濟世經綸 (제세경륜)★★

[뜻음] 건널 제, 세상 세, 경서 경, 인끈 륜.
[풀이] 세상을 구제할 만한 역량과 계획·포부.

濟世安民 (제세안민)★★

[뜻음] 구제할 제, 세상 세, 편안할 안, 백성 민.
[풀이] 세상을 救濟(구제)하고 백성을 편안하게 함.

濟世之才 (제세지재)★

[뜻음] 구제할 제, 세상 세, 갈 지, 재목 재.
[풀이] 세상을 잘 다스려 백성을 救濟(구제)할 만한 人才(인재).

緹縈救父 (제영구부)

[뜻음] 붉은 비단 제, 얽힐 영, 구원할 구, 아비 부.
[풀이] 중국 漢(한)나라의 淳于公(순우공)이 죄가 있어 옥에 갇히어 장차 死刑(사형)을 당하매, 그 딸 緹縈(제영)이 임금께 상서하기를 官婢(관비)가 되어 아버지의 죄를 贖(속)하겠다고 하니 임금이 그 뜻을 동정하여 사형을 감해 주었다는 고사. 출전 史記(사기) 文帝紀(문제기).

霽月光風 (제월광풍)★★★

[뜻음] 비 갤 제, 달 월, 미칠 광, 바람 풍.
[풀이] 밝은 달과 비 갠 뒤의 맑은 바람. 도량이 넓고 시원시원하거나 正大(정대)하여 마음에 거리낄 것이 없음. 수단이 공정하고 떳떳함. 기세가 당당한 모양. 출전 宋史(송사).

提耳面命 (제이면명)★

[뜻음] 끌 제, 귀 이, 낯 면, 명령 명.
[풀이] 귀를 쥐고 얼굴을 맞대어 명령한다. 친절하게 가르쳐 준다는 말. 출전 詩經(시경) 大雅(대아) 抑篇(억편).

第一江山 (제일강산)★★★

[뜻음] 차례 제, 한 일, 강 강, 뫼 산.
[풀이] 경치가 썩 좋기로 첫째갈 만한 산수. 경치가 매우 좋은 곳.

諸子百家(제자백가)★★★

[뜻음] 모두 제, 아들 자, 일백 백, 집 가.
[풀이] 중국 春秋戰國時代(춘추전국시대)의 많은 學者(학자), 學派(학파) 또는 그 학자들의 著書(저서). ① 孔子(공자) 管子(관자) 老子(노자) 孟子(맹자) 莊子(장자) 墨子(묵자) 列子(열자) 韓非子(한비자) 尹文子(윤문자) 孫子(손자) 吳子(오자) 鬼谷子(귀곡자) 등의 학파. ② 儒家(유가) 道家(도가) 墨家(묵가) 法家(법가) 名家(명가) 兵家(병가) 縱橫家(종횡가) 陰陽家(음양가) 등을 통틀어 일컬음.

濟濟多士 (제제다사)★★

[뜻음] 건널 제, 많을 다, 선비 사.
[풀이] 수많은 훌륭한 人才(인재). 위엄이 있는 차림새의 높은 인재가 많음. '多士濟濟(다사제제)'를 보시오. 출전 詩經(시경) 大雅(대아) 文王篇(문왕편).

濟濟蹌蹌 (제제창창)★★

[뜻음] 건널 제, 추창할 창.
[풀이] 몸가짐이 위엄이 있고 위풍을 떨치며 질서가 고름. '多士濟濟(다사제제)'를 보시오. 출전 詩經(시경).

祭酒生面 (제주생면)★

[뜻음] 제사 제, 술 주, 날 생, 낯 면.
[풀이] 인색한 사람이 제사를 지낸 退酒(퇴주)로 남을 대접하여 생색을 낸다. 좀스러운 사람의 행동을 비웃는 말.

綈袍戀戀 (제포연련)★

[뜻음] 깁 제, 두루마기 포, 사모할 연.

[풀이] 綈袍(제포)는 두꺼운 명주로 만든 솜옷을 말함. 綈袍之義(제포지의). 출전 史記(사기) 范須傳(범수전).

綈袍之義 (제포지의)★

[뜻음] 깁 제, 도포 포, 갈 지, 옳을 의.
[풀이] 비단 옷을 건네주는 義理(의리). 晉(진)나라의 宰相(재상)이 된 범수가 魏(위)나라의 수가에게 쌓인 한이 많았는데 수가가 진나라로 사신이 되어 왔을 때, 范雎(범저)가 須賈(수가)를 떠보느라 거지꼴로 만났는데 수가가 범수의 처지를 慰勞(위로)하며 비단옷을 건네주었다. 다음 날 범수가 수가를 容恕(용서)하고 살려 보내 준 일에서 비롯된 말. 綈袍戀戀(제포연련). 출전 史記(사기) 范須傳(범수전).

梯航述職 (제항술직)★

[뜻음] 사다리 제, 배 항, 지을 술, 벼슬 직.
[풀이] 梯航(제항)은 梯山航海(제산항해) 곧 山海(산해)를 跋涉(발섭)하는 뜻이며 述職(술직)은 朝貢(조공)의 뜻. 출전 三國史記(삼국사기).

諸行無常 (제행무상)★★

[뜻음] 모두 제, 다닐 행, 없을 무, 항상 항.
[풀이] 우주 만물은 항상 유전하여 한 모양으로 머물러 있지 않음. '人生無常(인생무상)'과 비슷한 말.

齊桓晉文 (제환진문)★

[뜻음] 제나라 제, 푯말 환, 진나라 진, 글월 문.
[풀이] 齊(제)나라의 桓公(환공)과 晉(진)나라의 文公(문공). 모두 春秋時代(춘추시대)의 五霸(오패) 중에서 가장 강한 사람임.

雕肝刻腎 (조간각신)

[뜻음] 새길 조, 간 간, 새길 각, 콩팥 신.
[풀이] 肝膽(간담)과 腎臟(신장)에 깊이 새김. 마음속 깊이 맺힘.

糟糠不厭 (조강불염)★★

[뜻음] 술지게미 조, 겨 강, 아닐 불, 싫을 염.
[풀이] 술지게미나 겨도 싫어하지 않음. 술지게미나 겨도 充分(충분)히 먹지 못함. 몹시 가난함의 형용. 출전 史記(사기) 伯夷傳(백이전).

糟糠不飽 (조강불포)★★

[뜻음] 술지게미 조, 겨 강, 아닐 불, 배부를 포.
[풀이] 조강조차도 배부르게 먹지 못함. 몹시 가난함. 糟糠不厭(조강불염).

糟糠之婦 (조강지부)★

[뜻음] 재강 조, 겨 강, 갈 지, 지어미 부.
[풀이] 糟糠之妻(조강지처).

糟糠之妻 (조강지처)★★★

[뜻음] 술지게미 조, 쌀겨 강, 갈 지, 아내 처.
[풀이] 술지게미와 쌀겨를 먹으며 고생을 함께한 아내. 몹시 가난하고 천할 때 고생을 함께 겪어 온 아내. ≪後漢書(후한서)≫ 宋弘傳(송홍전)에 나오는 이야기이다.

後漢(후한) 光武皇帝(광무황제)의 누님인 湖陽公主(호양공주)가 과부가 되었다. 광무제는 공주를 마땅한 사람에게 다시 시집을 보낼 생각으로 그녀의 의향을 물어 보았다. 그랬더니 그녀는,

"宋弘(송홍) 같은 사람이라면 남편으로 우러러보고 살 수 있겠지만, 그 밖에는 별로…"

하고 송홍이 아니면 시집가지 않을 뜻을 밝혔다.

황제는 공주를 병풍 뒤에 숨겨 두고 송홍을 불러 대화했다. 송홍을 떠보기로 하고,

"속담에 말하기를 '지위가 높아지면 친구를 바꾸고, 집이 부해지면 아내를 바꾼다' 하는데 그럴 수 있는 일인지"

그러자 송홍은 서슴지 않고 대답했다.

"신은 가난하고 천했을 때의 친구는 잊어서는 안 되고, 지게미와 쌀겨를 먹으며 고생한 아내는 집에서 내보내지 않는다고 들었습니다."

이 말을 듣자 광무는 조용히 공주 있는 쪽을 돌아보며,

"일이 틀린 것 같습니다" 하고 말했다는 것이다.

糟糠之妻不下堂 (조강지처불하당)★★★

[뜻음] 술지게미 조, 겨 강, 갈 지, 아내 처, 아닐 불, 아래 하, 집 당.
[풀이] 조강지처는 前日(전일)에 苦生(고생)하던 일을 생각하여 뒷날에 富貴(부귀)하게 된 후에도 버려서는 안 된다는 말.

朝開暮落 (조개모락)★

[뜻음] 아침 조, 열 개, 저물 모, 떨어질 락.
[풀이] 아침에 꽃이 피고 저녁에 꽃이 진다. 사람 목숨의 덧없음 또는 인생의 無常(무상)함을 비유하여 이르는 말.

朝改暮變 (조개모변)★

[뜻음] 아침 조, 고칠 개, 저물 모, 변할 변.
[풀이] 朝變夕改(조변석개).

助桀爲虐 (조걸위학)★

[뜻음] 도울 조, 걸왕 걸, 할 위, 사나울 학.
[풀이] 중국 고대 夏(하)나라의 폭군 桀(걸)을 부추겨 포학한 짓을 하게 한다는 뜻으로, 못된 사람을 부추겨 악한 짓을 더 하게 함. 助桀爲惡(조걸위악). 출전 史記(사기).

朝耕暮耘 (조경모운)★★

[뜻음] 아침 조, 밭갈 경, 저물 모, 김맬 운.
[풀이] 아침에 갈고 저녁에 김맨다. 부지런히 농사에 힘씀. 출전 輟耕錄(철경록).

祖功宗德 (조공종덕)★

[뜻음] 할아비 조, 공 공, 마루 종, 큰 덕.
[풀이] 功(공)이 있는 임금을 祖(조)라고 하고, 德(덕)이 있는 임금을 宗(종)이라고 이른다. 출전 孔子家語(공자가어).

朝過夕改 (조과석개)★

[뜻음] 아침 조, 허물 과, 저녁 석, 고칠 개.

[풀이] 아침에 잘못하고 저녁에 고침.

調過之道 (조과지도)

[뜻음] 고를 조, 지날 과, 갈 지, 길 도.
[풀이] 家業(가업)으로 살아가는 길을 講究(강구)함. 살아가는 길.

朝觀夕覽 (조관석람)

[뜻음] 아침 조, 볼 관, 저녁 석, 볼 람.
[풀이] 아침에 보고 저녁에도 봄. 아침저녁으로 관람함.

鳥久止必帶矢 (조구지필대시)★★★

[뜻음] 새 조, 오랠 구, 그칠 지, 반드시 필, 띠 대, 화살 시.
[풀이] 새가 오래 머물러 있으면 반드시 화살을 맞는다. 이로운 곳이라고 너무 오래 있으면 마침내 화를 당한다는 말.

鳥窮則啄 (조궁즉탁)★

[뜻음] 새 조, 궁할 궁, 곧 즉, 쫄 탁.
[풀이] 새가 쫓겨 막다른 곳에 이르면, 도리어 상대방에게 대들어 쫀다. 비록 약한 자라 할지라도 궁지에 몰리면 强敵(강적)을 해침의 비유. 출전 荀子(순자).

朝起三文德 (조기삼문덕)★

[뜻음] 아침 조, 일어날 기, 석 삼, 무늬 문, 덕망 덕.
[풀이] 아침에 일찍 일어나면 남보다 더 활동할 수 있으므로 三文(삼문: 서푼)의 이득이 있다는 뜻.

肇基王迹 (조기왕적)★

[뜻음] 시작할 조, 터 기, 임금 왕, 자취 적.
[풀이] 처음으로 나라를 세우는 기초. 開國(개국)의 기초.

鳥起者伏也 (조기자복야)★★

[뜻음] 새 조, 일어날 기, 놈 자, 엎드릴 복, 어조사 야.
[풀이] 하늘을 나는 새가 느닷없이 놀라 높이 날 때는 그 밑에 伏兵(복병)이 있다는 말. 하늘에 날던 새가 내려앉으려다가 갑자기 높이 날아오르는 것은 그 밑에 적의 伏兵(복병)이 있기 때문임. 鳥起者伏(조기자복). 출전 孫子(손자).

租茶談飯 (조다담반)

[뜻음] 구실 조, 차 다, 말씀 담, 밥 반.
[풀이] 질이 낮은 차를 마시고 饌(찬) 없는 밥을 먹음. 집이 가난한 것을 이름.

蜩螗沸羹 (조당비갱)

[뜻음] 매미 조, 씽씽매미 당, 끓을 비, 국 갱.
[풀이] 하는 말이 대단히 시끄러움.

祖道 (조도)★

[뜻음] 할아비 조, 길 도. 멀리 떠나는 자를 송별하는 연회.
[풀이] 조자의 해석에 대해서는 여러 설이 있으나 시작이라는 뜻이라고도 하고, 먼 곳에 간다는 뜻이라고도 하고, 또 일설에는 옛날의 黃帝(황제)의 아들 누조라는 이가 여행 중에 죽었으므로 후세 사람이 그를 도로의 신으로서 제사 지내고 그의 이름 한자를 따서 送別(송별)하는 제사의 이름으로 하였다고도 함. 출전 儀禮聘禮記(의예빙예기).

朝東暮西 (조동모서)★

[뜻음] 아침 조, 동녘 동, 저물 모, 서녘 서.
[풀이] 아침에는 동쪽, 저녁에는 서쪽이라는 뜻으로, 일정한 터전이 없이 이리저리 옮아 다님을 비유하는 말.

棗東栗西 (조동율서)★

[뜻음] 대추 조, 동녘 동, 밤 률, 서녘 서.
[풀이] 祭床(제상)에 祭物(제물)을 차리는 데 있어, 대추는 동쪽으로, 밤은 서쪽으로 놓는다는 말.

俎豆之事 (조두지사)★

[뜻음] 도마 조, 제기 두, 갈 지, 일 사.
[풀이] 조두에 관한 일이므로 제사, 제사의식 등을 나타내는 말.

蔦蘿施喬松 (조라시교송)★★★

[뜻음] 담쟁이 조, 덩굴 라, 퍼질 시, 높을 교, 소나무 송.
[풀이] 조라(담쟁이덩굴)가 큰 소나무에 드리워 있다. 천한 사람이 귀한 사람에게 의존하는 비유. 출전 詩經(시경) 小雅(소아) 頗弁篇(파변편).

朝令暮改 (조령모개)★★★

[뜻음] 아침 조, 명령 령, 저물 모, 고칠 개.
[풀이] 아침에 명령이 내려오면 저녁에는 또 다른 명령이 고쳐 내려온다. 法令(법령)을 자꾸 고쳐 갈피를 잡기 어려움.

≪史記(사기)≫ 平準書(평준서)에 보면 漢文帝(한문제) 때 匈奴(흉노)의 약탈에 대응하여 鼂錯(조조)가 獻策(헌책)을 올렸는데 이 글에 조령모개라는 말이 나온다.
"(중략) 이렇게 살기 힘든 형편에 다시 홍수와 가뭄의 災難(재난)이 밀어닥치고, 뜻하지 않은 조세와 負役(부역)에 응하지 않으면 안 된다. 조세와 부역은 일정한 시기도 없이 아침에 명령이 내려오면 저녁에는 또 다른 명령이 고쳐 내려온다. 전답 잡힐 것이 있는 사람은 반값에 팔아 없애고, 그것도 없는 사람은 돈을 빌려 원금과 같은 이자를 물게 된다. 이리하여 논밭과 집을 팔고 자식과 손자를 팔아 빚을 갚는 사람이 생겨나게 된다는 것이다."
조조의 부국강병책으로 중앙집권을 꾀한 나머지 제후들 중에 조금만 잘못이 있으면 트집을 잡아 땅을 깎아 직속 郡(군)으로 만들었기 때문에 그것이 화근이 되어 吳楚七國(오초칠국)의 반란을 불러일으키고, 조조는 그 죄로 인해 죽게 된다.

朝令夕改 (조령석개)★★

[뜻음] 아침 조, 하여금 령, 저녁 석, 고칠 개.
[풀이] 朝令暮改(조령모개).

朝露人生 (조로인생)★★

[뜻음] 아침 조, 이슬 로, 사람 인, 날 생.
[풀이] 사람의 생애란 아침의 이슬처럼 덧없고 虛無(허무)하여 마음 둘 곳이 없다는 말.

朝露之危 (조로지위)★

[뜻음] 아침 조, 이슬 로, 갈 지, 위태할 위.
[풀이] 아침이슬과 같은 위험. 절박한 위험에 처해서 생사가 불확실한 것.

祖龍之虐 (조룡지학)

[뜻음] 할아비 조, 용 룡, 갈 지, 사나울 학.
[풀이] 중국 秦(진)나라의 始皇帝(시황제)가 焚書坑儒(분서갱유)한 일을 이르는 말. 조룡은 시황제를 나타냄.

照里之戲 (조리지희)★

[뜻음] 비칠 조, 마을 리, 갈 지, 희롱할 희.
[풀이] 줄다리기. 제주도의 민속놀이. 음력 팔월 보름날 남녀가 한데 모여 노래하고 춤추다가 左右(좌우) 두 패로 갈라져 줄을 당겨 줄이 끊어지면 모두 쓰러져 웃곤 한다는 놀이. 照里戲(조리희).

趙孟之所貴趙孟能賤之 (조맹지소귀조맹능천지)★★★

[뜻음] 나라이름 조, 맏 맹, 갈 지, 바 소, 귀할 귀, 능할 능, 천할 천.
[풀이] 남의 힘에 의해서 어떤 목적을 달성한 사람은 또 그의 힘에 의해 그것을 잃게도 되므로 그것은 그리 바람직한 것이 못 된다는 뜻.

趙孟(조맹)은 晉(진)나라 六卿(육경) 중 가장 높은 권력을 쥐고 흔들던 사람이다. 그 조맹의 힘에 의해서 출세를 한 사람은 또 그 조맹에 의해 몰락할 수도 있는 것이다.

이 말은 ≪孟子(맹자)≫ 告子(고자) 上(상)에 나온 孟子(맹자)의 말이다.

"귀하고 싶은 것은 사람의 똑같은 마음이다. 사람은 누구나 귀한 것을 자기 자신에게 지니고 있다. 그것을 사람들은 얻어 내려고 애쓰지 않을 뿐이다. 자기에게 있는 것이 아닌, 남이 귀하게 만들어 주는 것은 良貴(양귀)가 아니다. 조맹이 귀하게 한 것은 조맹이 또 천하게 만들 수 있는 것이다."

맹자의 말 중 이러한 것도 있다.

"하늘이 준 벼슬이 있고, 사람이 주는 벼슬이 있다. 仁義(인의)와 忠信(충신)과 善(선)을 좋아하여 게을리하지 않는 것은 하늘이 준 벼슬이다. 公卿(공경)과 大夫(대부)는 사람이 주는 벼슬이다. (이하 생략)"

鳥面鵠形 (조면곡형)★

[뜻음] 새 조, 낯 면, 고니 곡, 모양 형.
[풀이] 굶어서 무척 야윈 形容(형용).

朝名市利 (조명시리)★★★

[뜻음] 조정 조, 이름 명, 저자 시, 이로울 이.
[풀이] 명성은 조정에서 다투고 이익은 市場(시장: 저잣거리)에서 다투라는 뜻으로, 무슨 일이든 적당한 장소에서 행하라는 말.

秦(진)나라 惠文王(혜문왕) 때(B.C.317)의 일이다. 중신 司馬錯(사마조)는 어전에서 '蜀(촉)의 오랑캐를 정벌하면 국토도 넓어지고 백성들의 재물도 쌓일 것이므로, 이야말로 一擧兩得(일거양득)'이라며 촉으로의 출병을 주장했다.

그러나 縱橫家(종횡가) 출신의 재상 張儀(장의)는 그와는 달리 혜문왕에게 이렇게 진언했다.

"진나라는 우선 魏(위)·楚(초) 두 나라와 우호 관계를 맺고, 韓(한)나라의 三川(삼천) 지방으로 출병한 후 천하의 종실인 周(주)나라의 외곽을 위협하면, 주나라는 스스로 九鼎[구정: 天子(천자)를 상징하는 솥]을 지키기 어렵다는 것을 알고 반드시 그 보물을 내놓을 것이옵니다. 그때 천자를 끼고 천하에 호령하면 누가 감히 복종하지 않겠나이까? 이것이 霸業(패업)이라는 것이옵니다. 그까짓 변경의 촉을 정벌해 봤자 군사와 백성을 疲弊(피폐)케 할 뿐 무슨 名利(명리)가 있겠나이까?

臣(신)이 듣기로는 '명성은 조정에서 다투고 이익은 저자에서 다툰다[朝名市利]'고 하옵니다. 지금 삼천 지방은 천하의 저자이옵고 주나라 皇室(황실)은 천하의 조정이옵니다. 그런데도 전하께서는 이것을 다투려 하지 않고 하찮은 오랑캐인 촉을 다투려 하시옵니다. 혹, 패업을 멀리하시려는 것은 아니옵니까?"

그러나 혜문왕은 사마조의 진언에 따라 촉의 오랑캐를 征伐(정벌)하고 국토를 넓히는 데 주력했다.

[주] 장의: 전국 시대 말엽의 종횡가. 魏(위)나라 사람. 合縱策(합종책)으로 6국의 재상을 겸임했던 蘇秦(소진)과 함께 수수께끼의 종횡가인 鬼谷先生(귀곡선생)에게 종횡의 술책을 배움. 위나라의 재상으로 있다가 秦(진)나라 혜문왕의 신임을 받아 진나라의 재상이 됨. 소진이 齊(제)나라에서 살해되자(B.C.317) 6국을 순방, 遊說(유세)하여 소진의 합종책을 깨고 連衡策(연횡책)을 성사시켜 6국으로 하여금 개별적으로 진나라를 섬기게 함. 혜문왕이 죽은 후 讒訴(참소)를 당하여 위나라에서 客死(객사)함(?~B.C.309).

朝聞道夕死可矣 (조문도석사가의)★★★

[뜻음] 아침 조, 들을 문, 도리 도, 저녁 석, 죽을 사, 가할 가, 어조사 의.
[풀이] 아침에 도를 들으면 저녁에 죽어도 좋다.

≪論語(논어)≫ 里仁篇(이인편)에 있는 공자의 말이다. 이 말은 진리를 탐구하는 공자의 애절한 念願(염원)을 나타낸 말로 풀이할 수가 있다.

道(도)에 대한 해석이 묘하다. 魏(위)나라 何晏(하안)과 王肅(왕숙)은 "공자가 머지않아 죽을 나이에 이르러, 세상에 도가 행해지고 있다는 소리를 듣지 못한 것을 한탄해서 한 말이다"라고 했다.

그렇지만 이 해석은 아마도 도덕이 땅에 떨어진 당시

를 개탄하는 자신들의 심정을 여기에 반영시킨 해석으로
보인다.
　　'可矣(가의)'를 '좋다'고 해석할 것이 아니라 '괜찮다'
고 읽어야 옳다고 주장하기도 한다.
　　위의 말을 불교적으로 해석하면 참다운 도를 깨닫는
순간 사람은 영혼의 불멸을 알게 되고 영혼의 불멸을 깨
달은 사람은 죽음이 아무런 의미를 갖지 못한다는 것이다.

朝聞夕改 (조문석개)★

[뜻음] 아침 조, 들을 문, 저녁 석, 고칠 개.
[풀이] 아침에 잘못한 일을 들으면 저녁에 고친다. 자기의 과실을 알
면 躊躇(주저)하지 않고 바로 고침을 이름. 출전 晉書(진서).

朝聞夕死 (조문석사)★

[뜻음] 아침 조, 들을 문, 저녁 석, 죽을 사.
[풀이] 朝聞道夕死可矣(조문도석사가의).

弔民伐罪 (조민벌죄)★★★

[뜻음] 조상할 조, 백성 민, 칠 벌, 허물 죄.
[풀이] 백성을 위로하고 죄인을 징벌한다는 말. 출전 千字文(천자문).

朝飯夕粥 (조반석죽)★★

[뜻음] 아침 조, 밥 반, 저녁 석, 죽 죽.
[풀이] 아침은 밥을 먹고 저녁엔 죽을 먹음. 몹시 가난한 살림을 가리
키는 말.

朝變夕改 (조변석개)★

[뜻음] 아침 조, 변할 변, 저녁 석, 고칠 개.
[풀이] 법령이나 규칙을 아침저녁으로 뜯어 고친다는 말. 朝令暮改
(조령모개).

條分縷析 (조분누석)★

[뜻음] 가지 조, 나눌 분, 실 루, 가를 석.
[풀이] 가지를 나누고 실을 쪼갠다. 理路(이로)가 整然(정연)하게 細
分(세분)함. 조목조목 정확하게 분석함.

朝不及夕 (조불급석)★

[뜻음] 아침 조, 아닐 불, 미칠 급, 저녁 석.
[풀이] 저녁까지 이르지 못한다는 뜻으로, 일이 매우 급박함을 이르
는 말. 출전 春秋左氏傳(춘추좌씨전).

朝肆暮家 (조사모가)

[뜻음] 아침 조, 가게 사, 저물 모, 집 가.
[풀이] 아침에 점포를 열고 저녁에 집으로 돌아감.

操蛇之神 (조사지신)

[뜻음] 잡을 조, 뱀 사, 갈 지, 귀신 신.
[풀이] 山神(산신)과 海神(해신)을 이름. 출전 列子(열자) 湯問篇(탕문편).

鳥散魚潰 (조산어궤)★

[뜻음] 새 조, 흩어질 산, 물고기 어, 어지러울 궤.
[풀이] 새가 날아가고 물고기가 달아나듯이, 群衆(군중)이 사방으로
흩어짐.

朝三暮四 (조삼모사)★★★

[뜻음] 아침 조, 석 삼, 저물 모, 넉 사.
[풀이] 아침에 세 개. 저녁에 네 개라는 뜻. 곧 ① 당장 눈앞의 차별만
을 알고 그 결과가 같음을 모름의 비유. ② 간사한 잔꾀로 남을 속여
희롱함을 이르는 말. 간사한 꾀로 남을 속여 농락함.

　　≪莊子(장자)≫ 齊物論(제물론)에 나오는 이야기이다.
　　宋(송)나라에 狙公(저공)이라는 사람이 있었다. 狙(저)
란 원숭이를 뜻한다. 저공은 많은 원숭이를 기르고 있었는
데 그는 가족의 양식까지 퍼다가 먹일 정도로 원숭이를
좋아했다. 그래서 원숭이들은 저공을 따랐고 마음까지 알
았다고 한다.
　　그런데 워낙 많은 원숭이를 기르다 보니 먹이를 대는
일이 날로 어려워졌다. 그래서 저공은 원숭이에게 나누어
줄 먹이를 줄이기로 했다. 그러나 먹이를 줄이면 원숭이들
이 자기를 싫어할 것 같아 그는 우선 원숭이들에게 이렇
게 말했다.
　　"너희들에게 나누어 주는 도토리를 앞으로는 '아침에
세 개, 저녁에 네 개[朝三暮四]'씩 줄 생각인데 어떠냐?"
　　그러자 원숭이들은 하나같이 화를 냈다. '아침에 도토
리 세 개로는 배가 고프다'는 불만임을 안 저공은 '됐다'
싶어 이번에는 이렇게 말했다.
　　"그럼, 아침에 네 개, 저녁에 세 개[朝四暮三]씩 주마"
　　그러자 원숭이들은 모두 기뻐했다고 한다.

早喪父母 (조상부모)★★

[뜻음] 이를 조, 죽을 상, 아비 부, 어미 모.
[풀이] 어려서 부모를 여의는 일. 早失父母(조실부모).

俎上魚不畏刀 (조상어불외도)★

[뜻음] 도마 조, 위 상, 고기 어, 아닐 불, 두려워할 외, 칼 도.
[풀이] 도마 위의 물고기가 칼을 무서워하랴. 죽음을 각오한 처지에
무엇이 무섭겠느냐는 말.

俎上之魚 (조상지어)★★

[뜻음] 도마 조, 위 상, 갈 지, 물고기 어.
[풀이] 도마 위에 오른 고기라는 뜻으로, 헤어날 수 없는 곤경에 빠져
옴짝달싹 못하고 마지막 運命(운명)만 기다리게 된 처지를 비유함.
俎上之肉(조상지육).

俎上之肉 (조상지육)★★

[뜻음] 도마 조, 위 상, 갈 지, 고기 육.
[풀이] 도마 위의 고기. ① 저항할 수 없는 무력한 존재. ② 궁지에
몰려 위기를 모면할 길이 없는 경우. ③ 운명을 남에게 지배당하고
있음. 俎上之魚(조상지어).

朝生暮沒 (조생모몰)★

[뜻음] 아침 조, 날 생, 저물 모, 빠질 몰.
[풀이] 아침에 나왔다가 저녁에 없어짐. 나왔다가 곧 사그라짐.

朝生暮死 (조생모사)★

[뜻음] 아침 조, 날 생, 저물 모, 죽을 사.
[풀이] 아침에 나서 저녁에 죽는다. 생명이 극히 짧음을 비유함.

朝夕供養 (조석공양)★

[뜻음] 아침 조, 저녁 석, 공양할 공, 기를 양.
[풀이] 아침저녁으로 부모님이 잡수실 음식을 준비하여 드시게 함.

朝鮮 (조선)★★★

[뜻음] 아침 조, 고울 선. 우리나라의 이름.
[풀이] 朝鮮(조선)은 처음으로 아침 햇빛을 鮮明(선명)하게 받는다는 뜻의 國號(국호)임. 梅誕生(매탄생)에 의하면 東方日出之地(동방일출지지)이므로 조선이라 함.

照松之勤 (조송지근)★

[뜻음] 비칠 조, 솔 송, 갈 지, 부지런할 근.
[풀이] 등불을 켤 돈이 없어 관솔불에 글을 읽는 일. 勉學(면학)에 간절함을 이르는 말. 출전 隋書(수서).

鳥獸不可與同羣 (조수불가여동군)★★★

[뜻음] 새 조, 짐승 수, 아닐 불, 가할 가, 더불 여, 한가지 동, 무리 군.
[풀이] 사람은 새나 짐승과 함께 살 수 없음. 서로 생각이 다른 사람과는 어떤 일을 圖謀(도모)할 수 없다는 말.

≪論語(논어)≫ 微子篇(미자편)에 있는 공자의 말이다. 공자가 초나라에서 채나라로 돌아올 때의 일이다. 長沮(장저)와 桀溺(걸익) 두 隱士(은사)가 함께 밭갈이하고 있는 곳을 지나게 된 공자는 子路(자로)를 시켜 그들에게 나루터로 가는 길을 물어 오라 시켰다. 장저에게 먼저 물었더니,

"그 사람이면 나루터를 알고 있을 것이 틀림없다" 하고 더는 상대를 해 주지 않았다. 그래서 걸익에게 물었더니,

"걷잡을 수 없이 흘러가는 것이 세상인데 누가 이를 바꿔 놓을 수 있겠는가. 그리고 자네도 사람을 피해 천하를 두루 돌고 있는 공구(공자)를 따라다니는 것보다는, 세상을 피해 조용히 살고 있는 우리를 따르는 것이 좋지 않겠는가"

하고는 뿌린 씨앗을 덮기에 바빴다.

자로가 돌아와 보고하자 공자는 서글픈 표정을 지으며,

"새와 짐승은 함께 무리를 같이할 수 없다. 내가 이 사람의 무리와 함께하지 않고 누구와 함께하겠는가. 천하에 도가 있다면 내가 바로잡을 필요도 없지 않겠는가"

위 이야기에서 세상을 건지려는 공자의 안타까운 심정을 엿볼 수 있다.

祖述 (조술)★

[뜻음] 조상 조, 지을 술.
[풀이] 先人(선인)의 사상이나 학술을 이어받아 서술함. 선인의 가르침이나 설을 바탕으로 서술하여 밝힘.

祖述堯舜 (조술요순)★

[뜻음] 조상 조, 지을 술, 요임금 요, 순임금 순.
[풀이] 堯舜(요순)의 도덕을 繼受(계수)하여 이를 詳述(상술)함을 이름. 출전 中庸(중용) 第三十一章(제삼십일장).

早失父母 (조실부모)★

[뜻음] 이를 조, 잃을 실, 아비 부, 어미 모.
[풀이] 어려서 부모를 여의는 것.

蚤實以蕃 (조실이번)★

[뜻음] 이를 조, 열매 실, 써 이, 많을 번.
[풀이] 蚤(조)는 무(早), 蕃(번)은 多(다). 모든 열매는 일찍 맺히면 수확이 많음을 이름.

彫心鏤骨 (조심누골)★

[뜻음] 새길 조, 마음 심, 새길 누, 뼈 골.
[풀이] ① 마음에 새기고 뼈에 사무침. 몹시 苦心(고심)함. ② 時文(시문) 등을 극히 애를 써서 다듬는 일을 비유하여 이르는 말.

爪牙之士 (조아지사)★★

[뜻음] 손톱 조, 어금니 아, 갈 지, 선비 사.
[풀이] 손톱이나 어금니와 같은 선비. 단단하고 변함없는 忠臣(충신). 출전 國語(국어).

蚤牙之士 (조아지사)★★

[뜻음] 발톱 조, 어금니 아, 갈 지, 선비 사.
[풀이] 발톱이나 어금니가 鳥獸(조수)를 보호하듯이 임금을 지키는 선비. 輔弼(보필)하는 신하를 비유하여 이르는 말. 蚤는 爪와 통용함.

朝陽鳳鳴 (조양봉명)★★

[뜻음] 아침 조, 볕 양, 봉새 봉, 울 명.
[풀이] 봉황이 산 동쪽에서 운다. 천하가 태평해질 상서로운 조짐. 鳳鳴朝陽(봉명조양).

朝陽鳳凰 (조양봉황)★★

[뜻음] 아침 조, 볕 양, 봉새 봉, 봉황 황.
[풀이] 畵題(화제)로서 아침 해에 봉황을 그린 것. 상서로움을 나타냄. 朝陽鳳鳴(조양봉명). 출전 詩經(시경) 大雅(대아).

朝如靑絲暮成雪 (조여청사모성설)★

[뜻음] 아침 조, 같을 여, 푸를 청, 실 사, 저물 모, 이룰 성, 눈 설.
[풀이] 아침에 푸른 윤기가 돌던 머리털이 저녁에는 벌써 백발이 되었다는 뜻으로, 사람의 모습이 '쉬 늙음'을 읊은 시구. 출전 李白(이백)의 시.

租庸調 (조용조)★★★

[뜻음] 구실 조, 부역 용, 고를 조.
[풀이] 唐(당)나라 때의 稅制(세제)로서 농작물을 바치는 것을 租(조)

라 하고, 부역을 시키는 것을 庸(용)이라 하고 가업에서 거두어들이는 것을 調(조)라 했음. 출전 通鑑(통감) 唐紀(당기).

朝雲暮雨 (조운모우)★★

[뜻음] 아침 조, 구름 운, 저물 모, 비 우.
[풀이] 남녀 간의 애정이 깊음. 중국 초나라 희왕의 고사. 고당에서 놀 때 꿈에 巫山仙女(무산선녀)를 만나 雲雨之樂(운우지락)을 나눈 일. '巫山之夢(무산지몽), 雲雨之情(운우지정)'을 보시오.

朝雲暮月 (조운모월)★

[뜻음] 아침 조, 구름 운, 저물 모, 달 월.
[풀이] 아침의 구름과 저녁의 달.

鳥雲之陳 (조운지진)★

[뜻음] 새 조, 구름 운, 갈 지, 늘어놓을 진.
[풀이] 새가 흩어지고 구름이 모여 들듯이, 모임과 흩어짐이 무상하고 變化無窮(변화무궁)한 陳法(진법).

棗栗梨柿 (조율이시)★★

[뜻음] 대추 조, 밤 율, 배 리, 감 시.
[풀이] 제사에 쓰는 대추, 밤, 배, 감 따위의 과실. 제사나 차례를 지낼 때 상차림 진설 순서.

釣而不綱 (조이불강)★★★

[뜻음] 낚시 조, 말 이을 이, 아닐 불, 벼리 강.
[풀이] 釣而不綱(조이불망). 釣而不網弋不射宿(조이불망 익불사숙).

≪論語(논어)≫ 述而篇(술이편)에 보면,
"공자는 낚시질은 해도 그물은 치지 않았다. 주살질을 해도 자는 새를 쏘지는 않았다"라는 말이 나온다.
공자는 젊어서 가난하게 지냈기 때문에 제사에 쓸 고기와 손님을 대접하기 위해 때로는 고기를 잡는 일이 있었지만 낚시로 필요한 양만 잡을 뿐, 많은 고기를 잡기 위해 그물을 치는 일은 없었다는 것이다. 그것이 '子釣而不綱(자조이불강) 弋不射宿(익불사숙)'이다.
'綱(강)'은 굵은 줄에 그물을 달아 냇물을 가로질러 고기를 잡는 것이라고 註釋(주석)을 하기도 하고, 혹은 주낙을 말한다고도 한다. 釣而不綱(조이불강)을 釣而不網(조이불망)이라고도 한다. 조이불망이라는 표현이 오히려 더 알기 쉽다. 弋(익)은 주살로, 화살에 명주실을 매어 쓰는 것을 말하고 射(쏠 사, 쏠 석)는 쏜다는 뜻이다.

釣而不網弋不射宿 (조이불망익불사숙)★★★

[뜻음] 낚시 조, 말 이을 이, 아닐 불, 벼리 망, 주살 익, 쏠 사, 잘 숙.
[풀이] 낚시질은 하되 그물질은 안 하고, 주살을 쏘되 잠든 새는 잡지 않는다. 인이란 '사람다운 심성'을 가리키고, '사람다운 심성'이란 남을 측은히 여기고 그의 인격을 존중하여 자신의 욕망과 충동을 자연스럽게 抑制(억제)하는 착한 마음씨이다. 이 인은 유교에서 말하는 인간의 이상적 본질과 속성으로, 인간에게 가장 중요한 덕목이며 근본적인 가치이다. 그리고 이 유교의 인은 사람에게만 적용되는 것이 아니고 자연의 모든 생명체에 적용된다. 仁(인)이라는 심성을 가장

잘 나타내는 예이다. 이 예는 공자의 체험에서 나온 말이다.

朝益暮習 (조익모습)

[뜻음] 아침 조, 더할 익, 저물 모, 익힐 습.
[풀이] 아침에 가르침을 받아 지식을 더하고, 저녁에 그것을 반복하여 익힘.

稠人廣座 (조인광좌)★★

[뜻음] 빽빽할 조, 사람 인, 넓을 광, 자리 좌.
[풀이] 여러 사람이 빽빽하게 모인 자리. 稠座(조좌).

稠人廣衆 (조인광중)★

[뜻음] 빽빽할 조, 사람 인, 넓을 광, 무리 중.
[풀이] 빽빽하게 모인 많은 사람. 출전 史記(사기).

弔者在門賀者在閭 (조자재문하자재려)★

[뜻음] 조상할 조, 놈 자, 있을 재, 문 문, 하례할 하, 마을 문 려.
[풀이] 조문하는 사람이 문 앞에 와 있을 때 축하하는 사람이 마을 어귀에 와 있다. 吉凶禍福(길흉화복)이 無常(무상)함을 이름. 閭(여)는 里門(이문).

助長 (조장)★★★

[뜻음] 도울 조, 길 장.
[풀이] 도와 자라나게 한다. 옳지 못하거나 좋지 못한 결과를 초래하게 옆에서 부추기거나 눈감아 주는 일. 쓸데없는 짓을 해서 게도 구럭도 다 잃음.

≪孟子(맹자)≫ 公孫丑上(공손추상)에 있는 浩然章(호연장)에 나오는 말이다.
공손추가 맹자에게 물었다.
"선생님은 어떤 점이 남보다 뛰어납니까?"
"나는 남이 말하는 것의 옳고 그른 것을 잘 알고 나의 浩然之氣(호연지기)를 잘 기르고 있다."
"무엇을 호연지기라고 합니까?"
"말하기 어렵다. 반드시 여기에 종사를 해도 어떤 결과를 미리 기대해서는 안 되며, 마음에 항상 잊지 말아야 하고 또 어서 자라나게 하기 위해 억지로 돕는 일도 하지 말아야 한다. 마치 송나라 사람처럼 말이다. 송나라에 어떤 사람이 자기 집 곡식이 무럭무럭 자라나지 않는 것이 안타까워, 대궁을 하나하나 뽑아 올려 길게 만들고 멍청히 집으로 돌아와 자기 집 식구들을 보고 이렇게 말했다.
'오늘은 정말 피로하다. 곡식이 자라나는 것을 내가 도와주었거든'
이리하여 곡식은 벌써 다 말라 죽었다는 것이다."

蚤腸出食 (조장출식)★

[뜻음] 벼룩 조, 창자 장, 날 출, 밥 식.
[풀이] 벼룩의 肝(간)을 내 먹는다. 극히 보잘것없는 이익을 부당하게 갉아먹는 것을 비유함.

糶糴斂散 (조적염산)★

[뜻음] 쌀 내어 팔 조, 쌀 사들일 적, 거둘 염, 흩어질 산.
[풀이] 풍년으로 穀價(곡가)가 쌀 때, 官(관)에서 사들이는 것을 糶斂 (적렴), 흉년으로 곡가가 비쌀 때 창고를 열어 싼 값으로 파는 일을 糴散(조산)이라 함.

朝廷若無人 (조정약무인)★

[뜻음] 아침 조, 조정 정, 같을 약, 없을 무, 사람 인.
[풀이] 조정에 사람이 없는 것과 같다는 뜻으로, 아무 일도 하지 않아도 천하가 잘 다스려짐의 비유. 출전 淮南子(회남자).

朝廷羽翮 (조정우핵)★

[뜻음] 아침 조, 조정 정, 깃 우, 깃촉 핵.
[풀이] 조정의 羽翼(우익)이 되어 임금의 좌우에 있어서 보좌하는 것을 이름. 출전 唐書(당서) 李程傳(이정전).

朝虀暮鹽 (조제모염)★

[뜻음] 아침 조, 버무릴 제, 저물 모, 소금 염.
[풀이] 아침에는 냉이 나물을 먹고 저녁에는 소금을 반찬으로 삼는 다. 몹시 가난한 생활을 이르는 말.

雕題黑齒 (조제흑치)★

[뜻음] 새길 조, 제목 제, 검을 흑, 이 치.
[풀이] 이마에 文身(문신)을 하고 이것을 검은색으로 염색함. 야만인의 풍속임. 출전 楚辭(초사).

曹操三笑 (조조삼소)★★

[뜻음] 성 조, 잡을 조, 석 삼, 웃을 소.
[풀이] 曹操(조조)가 세 번 웃다. 삼국시대 위나라 조조가 출정하여 싸울 때 크게 웃을 때마다 큰 곤란을 만난 일. 곧 닥칠 재앙을 알지 못하고 驕慢(교만)에 빠져 분수를 모름.

鳥足之血 (조족지혈)★★★

[뜻음] 새 조, 발 족, 갈 지, 피 혈. 새발에 피.
[풀이] 곧 극히 적은 분량의 비유.

朝種暮穫 (조종모확)

[뜻음] 아침 조, 씨 종, 저물 모, 거둘 확.
[풀이] 아침에 심었다가 저녁에 거두어들인다. 時日(시일)이 없음을 이름.

祖宗世業 (조종세업)★★

[뜻음] 할아비 조, 마루 종, 대 세, 사업 업.
[풀이] 조상들이 대대로 이어온 사업.

助紂爲虐 (조주위학)★

[뜻음] 도울 조, 주임금 주, 할 위, 잔학할 학.
[풀이] 주임금을 도와 포학한 일을 저지르다. 악독한 사람을 도와 나쁜 짓을 傍助(방조)함. 주는 은나라 폭군임.

鳥則擇木木豈能擇鳥 (조즉택목목기능택조)★★

[뜻음] 새 조, 곧 즉, 가릴 택, 나무 목, 어찌 기, 능할 능.
[풀이] 새는 나무를 골라 살지만, 나무는 자기에게 와서 사는 새를 선택할 수 없다. ① 사람은 거주지를 선택할 수는 있어도, 땅은 사람을 골라 거주시킬 수 없음. ② 신하는 섬길 군주를 선택할 수는 있으나, 임금은 부릴 신하를 마음대로 고를 수 없음. 출전 孔子家語(공자가어).

早知若此 (조지약차)★

[뜻음] 이를 조, 알 지, 같을 약, 이 차.
[풀이] 일찍이 이와 같은 것을 알았더라면 이란 말로 後悔(후회)함을 나타내는 말.

鳥之將死其鳴也悲 (조지장사기명야비)★

[뜻음] 새 조, 갈 지, 장차 장, 죽을 사, 그 기, 울 명, 어조사 야, 슬플 비.
[풀이] 새가 죽을 때에는 그 울음소리가 슬픈 것같이, 사람이 죽을 때에는 자연히 그 本性(본성)으로 돌아가서 그 하는 말이 착함. '人之將死其言也善(인지장사기언야선)'과 짝을 이룸. 출전 論語(논어) 太伯篇(태백편).

鳥盡弓藏 (조진궁장)★★★

[뜻음] 새 조, 다할 진, 활 궁, 감출 장.
[풀이] 새를 다 잡으면 활은 창고에 넣어지게 된다. 필요할 때는 소중히 여기다가 불필요하면 없애 버림. 비슷한 말로 '免死狗烹(토사구팽)'이 있음. 출전 史記(사기).

造次不離 (조차불리)★

[뜻음] 지을 조, 버금 차, 아닐 불, 떠날 리.
[풀이] 잠깐도 떠나지 않음.

造次顚沛 (조차전패)★

[뜻음] 지을 조, 버금 차, 넘어질 전, 자빠질 패.
[풀이] 倉卒(창졸)간. 별안간. 눈 깜짝할 사이. 발을 헛딛고 아차 넘어지는 사이. 조차는 창졸한 때, 전패는 엎드러지고 자빠질 때. 출전 論語(논어).

彫蟲篆刻 (조충전각)★

[뜻음] 새길 조, 벌레 충, 전자 전, 새길 각.
[풀이] 작은 벌레를 새기고 이상야릇한 글자를 아로새긴다는 뜻으로, 문장을 지을 때 지나치게 자구의 수식에만 얽매임을 말함.

朝聚暮散 (조취모산)★

[뜻음] 아침 조, 모일 취, 저물 모, 흩어질 산.
[풀이] 아침에 모였다가 저녁에 흩어짐. 離合集散(이합집산)이 무상하게 이루어짐.

蚤寢晏起 (조침안기)

[뜻음] 이를 조, 잘 침, 늦을 안, 일어날 기.
[풀이] 일찍 자고 늦게 일어남. 출전 禮記(예기).

鳥啄聲 (조탁성)

[뜻음] 새 조, 쫄 탁, 소리 성. 새가 쪼아대는 소리.
[풀이] 근거 없는 말을 듣고 잘못 옮긴 헛소문.

鳥革翬飛 (조혁휘비)★

[뜻음] 새 조, 날갯짓할 혁, 꿩 휘, 날 비.
[풀이] 새가 날개를 펴는 것 같고 꿩이 나는 것 같다는 뜻으로 훌륭한

집의 구조를 이름. 革(혁)은 翼(익), 翬(휘)는 雉(치). 출전 詩經(시경) 小雅(소아) 斯干篇(사간편).

造化無窮 (조화무궁)★★

[뜻음] 만들 조, 될 화, 없을 무, 다할 궁.
[풀이] 조화가 무궁함. 神通(신통)하게 일어나는 변화가 한없이 많음.

造化神功 (조화신공)★★

[뜻음] 지을 조, 될 화, 귀신 신, 공 공.
[풀이] 조물주의 신령스러운 공. 만물을 창조한 신의 공로.

朝花月夕 (조화월석)★

[뜻음] 아침 조, 꽃 화, 달 월, 저녁 석.
[풀이] ① 꽃 피는 아침과 달 밝은 밤. 곧, 경치가 좋은 시절을 이르는 말. ② 음력 2월 보름과 8월 보름.

鏃礪括羽 (족려괄우)★

[뜻음] 살촉 족, 숫돌 려, 다듬을 괄, 깃 우.
[풀이] 화살촉을 숫돌에 갈고 깃털을 가다듬음. 학문을 닦고 슬기를 연마하여 쓸모 있는 존재가 됨. 출전 孔子家語(공자가어).

足不履地 (족불리지)★

[뜻음] 발 족, 아닐 불, 신 리, 땅 지.
[풀이] 발이 땅에 닿지 않는다. 썩 급히 달아남을 비유함.

足音跫然 (족음공연)★

[뜻음] 발 족, 소리 음, 발자국 소리 공, 그럴 연.
[풀이] 발소리의 울리는 모양. 아주 반가운 손이 찾아옴의 비유. 출전 莊子(장자).

足足有餘 (족족유여)★

[뜻음] 넉넉할 족, 있을 유, 남을 여.
[풀이] 아주 넉넉하여 남음이 있음. 足足(족족).

足且足矣 (족차족의)

[뜻음] 넉넉할 족, 또 차, 어조사 의.
[풀이] 흡족하게 아주 넉넉함.

足脫不及 (족탈불급)★

[뜻음] 발 족, 벗을 탈, 아닐 불, 미칠 급.
[풀이] 맨발로 뛰어도 미치지 못한다. 상대방을 따라잡기 위해 맨발로 힘껏 뛰어도 따라잡을 수 없다. 능력이 모자라 따라가지 못함.

存亡之機 (존망지기)★★

[뜻음] 있을 존, 망할 망, 갈 지, 베틀 기.
[풀이] 사느냐, 죽느냐의 중대한 시기. 존속과 멸망 또는 삶과 죽음이 결정되는 절박한 때. 存亡之秋(존망지추).

存亡之秋 (존망지추)★

[뜻음] 있을 존, 망할 망, 갈 지, 가을 추.
[풀이] 사느냐, 죽느냐의 중대한 시기. 존속과 멸망 또는 삶과 죽음이 결정되는 절박한 때. 存亡之機(존망지기).

存亡禍福皆在己 (존망화복개재기)★

[뜻음] 있을 존, 망할 망, 재앙 화, 복 복, 다 개, 있을 재, 자기 기.
[풀이] 존망과 화복이 모두 자기의 善惡(선악)에 달려 있음. 출전 說苑(설원).

尊卑貴賤 (존비귀천)★★

[뜻음] 높을 존, 낮을 비, 귀할 귀, 천할 천.
[풀이] 지위나 신분 따위의 높고 낮음과 귀하고 천함.

尊姓大名 (존성대명)★

[뜻음] 높을 존, 성 성, 큰 대, 이름 명.
[풀이] 남의 성명을 높여 부름. 존칭 지위.

存心養性 (존심양성)★★★

[뜻음] 있을 존, 마음 심, 기를 양, 성품 성.
[풀이] 그 마음 즉 良心(양심)을 잃지 말고 그대로 간직하여, 그 성품, 즉 하늘이 주신 본성을 키워 나감.

≪孟子(맹자)≫ 盡心上(진심상) 맨 첫 장에 맹자는 이렇게 말하고 있다.
　"그 마음을 다하는 사람은 그 성품을 알게 되고, 그 성품을 알면 곧 하늘을 안다."
　"그 마음을 간직하고 그 성품을 기르는 것은 그것이 하늘을 섬기는 것이 된다. 일찍 죽고 오래 사는 것에 상관없이 몸을 닦아 기다리는 것은, 그것이 곧 명을 세우는 것이다."
　≪中庸(중용)≫에는 '하늘이 주신 것이 성품이다'라고 했는데, 孟子(맹자)는 "마음을 간직하고 성품을 기르는 것이 곧 하늘을 섬기는 것이다"라고 했다.
　사람이 양심의 명령대로만 하게 되면 곧 천성을 알게 되고, 천성을 안다는 것은 곧 하늘을 아는 것이다. 그러므로 양심을 잃지 말고 간직하여 하늘이 주신 타고난 성품을 올바로 키워 나가는 것이 맹자가 말하는 하늘을 섬기는 길이다. 存心養性(존심양성)을 '事天立命(사천입명)'이라고도 한다.

尊王攘夷 (존왕양이)★

[뜻음] 높을 존, 임금 왕, 물리칠 양, 오랑캐 이.
[풀이] 王室(왕실)을 높이고 오랑캐를 물리침. 尊攘(존양). 출전 論語(논어) 憲問篇(헌문편).

尊而不親 (존이불친)★

[뜻음] 높을 존, 말 이을 이, 아닐 불, 친할 친.
[풀이] ① 존경은 하나, 親愛(친애)의 정에는 이르지 않음. ② 존경은 받으나 사랑을 받지는 못함. 출전 禮記(예기).

尊主澤民 (존주택민)★

[뜻음] 높을 존, 주인 주, 윤낼 택, 백성 민.
[풀이] 임금을 높이어 그 위세를 떨치게 하고 백성에게 은덕을 미치게 함.

猝地風波 (졸지풍파)★

[뜻음] 창졸 졸, 땅 지, 바람 풍, 물결 파.
[풀이] 별안간 일어나는 풍파. 갑자기 일어난 곤란이나 파탄.

從諫如流 (종간여류)★

[뜻음] 좇을 종, 간할 간, 같을 여, 흐를 류.
[풀이] 남의 간언에 좇음이 마치 물이 흐르는 것과 같다는 뜻으로, 재빨리 順從(순종)함을 이름. 從諫若轉圜(종간약전환).

鐘鼓樂之 (종고락지)★

[뜻음] 쇠북 종, 북 고, 즐거울 락, 갈 지.
[풀이] 음악의 즐거움. 夫婦(부부) 사이의 화목한 정을 이르는 말. 鐘鼓之樂(종고지락).

從古以來 (종고이래)★

[뜻음] 따를 종, 예 고, 써 이, 올 래.
[풀이] 예로부터 내려오면서.

鐘鼓之樂 (종고지락)★★

[뜻음] 쇠북 종, 북 고, 갈 지, 즐거울 락.
[풀이] 음악의 즐거움. 夫婦(부부) 사이의 화목한 정을 이르는 말.

鐘鼓之聲 (종고지성)

[뜻음] 쇠북 종, 북 고, 갈 지, 소리 성.
[풀이] 종과 북의 소리.

種瓜得瓜 (종과득과)★

[뜻음] 심을 종, 오이 과, 얻을 득.
[풀이] 외를 심어 외를 딴다는 뜻으로, 사물에 그 因(인)이 있으면 그 果(과)가 반드시 있음을 이름.

終歸一轍 (종귀일철)★

[뜻음] 마칠 종, 돌아올 귀, 한 일, 바퀴자국 철.
[풀이] 끝판에는 서로 다 한 갈래로 같아짐을 이르는 말. 결국은 같은 데에 歸結(귀결)함.

終今以來 (종금이래)

[뜻음] 마칠 종, 이제 금, 써 이, 올 래.
[풀이] 지금으로부터 그 뒤. 현재에서 종말까지. 영구히. 출전 漢書(한서).

終南捷徑 (종남첩경)★★★

[뜻음] 마칠 종, 남녘 남, 이길 첩, 지름길 경.
[풀이] 종남산이 지름길이다. 사람 발길이 잦지 않은 곳에서 괜히 지조가 높은 체하고 은거하고 있으면 세상 사람들이 자기를 敬慕(경모)하게 되고, 虛名(허명)을 널리 알려 벼슬을 사는 지름길로 이용함을 비꼰 말. 출전 唐書(당서) 盧藏用傳(노장용전).

種豆得豆 (종두득두)★★

[뜻음] 심을 종, 콩 두, 얻을 득.
[풀이] 콩 심은 데 콩이 난다. 원인에 따라 결과가 나온다는 말. 種瓜得瓜(종과득과).

鐘路決杖 (종로결장)★

[뜻음] 종 종, 길 로, 터질 결, 지팡이 장.
[풀이] 사람이 많이 왕래하던 종로에서 탐관오리를 볼기 치던 일.

鐘樓批頰沙平反目 (종루비협사평반목)★

[뜻음] 종 종, 다락 루, 칠 비, 뺨 협, 모래 사, 평평할 평, 되돌릴 반, 눈 목.
[풀이] 종루에서 뺨맞고 사평에서 눈 흘긴다. ① 怒炎(노염)을 다른 사람에게까지 옮긴다는 말. ② 뺨 맞은 그 자리에서는 말 한마디 못 하고 다른 데 가서야 눈을 흘긴다. 기골이 약한 사람을 두고 이르는 말.

鐘鳴漏盡而夜行 (종명누진이야행)★

[뜻음] 종 종, 울 명, 물샐 누, 다할 진, 말 이을 이, 밤 야, 갈 행.
[풀이] 때를 알리는 종이 울리고 물시계의 물이 다 샌다는 뜻으로, 밤이 자꾸 깊어 감을 이름. 老衰(노쇠)하여 餘命(여명)이 얼마 남지 아니함을 이름. 출전 三國志(삼국지) 魏志(위지) 田預傳(전예전).

鐘鳴鼎食 (종명정식)★★★

[뜻음] 종 종, 울 명, 솥 정, 먹을 식.
[풀이] 종을 쳐서 집안사람을 모아 솥을 늘어놓고 먹음. 곧 가족이 많은, 富貴(부귀)한 사람의 살림을 이름. 擊鐘鼎食(격종정식).

從母兄弟 (종모형제)★

[뜻음] 따를 종, 어미 모, 맏형, 아우 제.
[풀이] 어머니의 姉妹(자매)의 아들. 姨從四寸(이종사촌) 兄弟(형제).

宗廟社稷 (종묘사직)★★

[뜻음] 마루 종, 사당 묘, 토지신 사, 곡식신 직.
[풀이] 왕실과 나라. 宗廟(종묘)는 역대 왕들의 位牌(위패)를 모신 사당, 사직은 토지신과 곡식신. 따라서 국가를 나타냄.

宗廟祭祀 (종묘제사)

[뜻음] 마루 종, 사당 묘, 제사 제, 제사 사.
[풀이] 종묘에 제사를 지냄.

終無消息 (종무소식)★

[뜻음] 마칠 종, 없을 무, 끌 소, 숨 쉴 식.
[풀이] 끝끝내 이렇다 할 아무 소식이 없음.

從門入者不是家珍 (종문입자불시가진)★

[뜻음] 좇을 종, 문 문, 들 입, 놈 자, 아닐 불, 옳을 시, 집 가, 보배 진.
[풀이] 자기 主見(주견)으로 우러난 것이 아니고, 다만 얻은 風月(풍월)로서의 見聞(견문)이란 결코 참된 힘이 될 수 없음.

鍾盤燭籥 (종반촉약)★

[뜻음] 종 종, 쟁반 반, 촛불 촉, 피리 약.
[풀이] 쟁반을 만지고 촛불을 문지르다. 장님이 해를 모르므로 쟁반같이 생겼다 하고 쟁반을 두드려 보였더니 후에 둥둥 소리가 들려오자 해가 뜬다고 이해하고 해는 매우 밝아 촛불보다 환하다고 하며 손에 초를 쥐어주며 가르쳤더니 나중에 이 장님이 피리를 만지며 '아 이것이 해로구나'라고 이해했다는 어리석음. 扣盤捫燭(구반문촉).

蟲斯詵詵 (종사선선)★

[뜻음] 메뚜기 종, 이 사, 많을 선.
[풀이] 메뚜기가 의좋게 날아 모여드는 모양. 夫婦(부부)가 화합하여 자손이 많음을 비유하여 이르는 말. 출전 詩經(시경) 周南(주남) 螽斯篇(종사편).

蟲斯之蟄蟄 (종사지칩칩)★★

[뜻음] 메뚜기 종, 이 사, 갈 지, 모일 칩.
[풀이] 메뚜기가 사이좋게 모이는 모양이라는 뜻으로, 자손이 많음을 이르는 말. 蟄蟄(칩칩)은 즐거이 모이는 모양, 많은 모양, 조용한 모양. 출전 詩經(시경) 周南(주남) 螽斯篇(종사편).

從善如登 (종선여등)★

[뜻음] 좇을 종, 착할 선, 같을 여, 오를 등.
[풀이] 善(선)을 좇기란 높은 산을 오르는 것 같이 매우 어렵다는 뜻. 출전 國語(국어).

從善如登從惡如崩 (종선여등종악여붕)★

[뜻음] 좇을 종, 착할 선, 같을 여, 오를 등, 악할 악, 무너질 붕.
[풀이] 선을 좇기란 높은 산을 오르는 것 같이 매우 어렵지만 나쁜 길로 나아가 타락하기는 눈사태가 무너지듯 순식간이라는 말.

從善如流 (종선여류)★

[뜻음] 좇을 종, 착할 선, 같을 여, 흐를 류.
[풀이] 선을 좇는 것이 물이 흘러가듯 한다. 선을 좇는 데 서슴지 않음. 출전 左傳(좌전) 昭公十三年(소공십삼년).

終食之間 (종식지간)★

[뜻음] 마칠 종, 밥 식, 갈 지, 사이 간.
[풀이] 식사를 하는 짧은 시간. 얼마 되지 않은 동안. 출전 論語(논어) 里仁篇(이인편).

終身之計 (종신지계)★

[뜻음] 마칠 종, 몸 신, 갈 지, 꾀 계.
[풀이] ① 한평생 몸을 바쳐 할 일의 計劃(계획). ② 人才(인재)를 교육하여 養成(양성)하는 일을 이름.

終身之疾 (종신지질)★

[뜻음] 마칠 종, 몸 신, 갈 지, 병 질.
[풀이] 죽을 때까지 고칠 수 없는 병. 終身病(종신병).

從心所欲 (종심소욕)★

[뜻음] 좇을 종, 마음 심, 바 소, 하고자할 욕.
[풀이] 하고 싶은 대로 함. 從心所慾不踰矩(종심소욕불유구). 출전 論語(논어).

從心所慾不踰矩 (종심소욕불유구)★★

[뜻음] 좇을 종, 마음 심, 바 소, 하고자 할 욕, 아닐 불, 넘을 유, 곱 자 구.
[풀이] 하고 싶은 대로 하여도 법도를 어기지 않았다. 공자가 나이 70에 이르렀다는 경지를 나타낸 말로, 70세를 從心(종심)이라고 함. 출전 論語(논어).

種玉之緣 (종옥지연)

[뜻음] 심을 종, 구슬 옥, 갈 지, 인연 연.
[풀이] 구슬을 심는 인연. 아름다운 여인을 아내로 맞이하는 것. 婚姻(혼인)의 인연. 種玉(종옥).

從容無爲 (종용무위)★

[뜻음] 따를 종, 얼굴 용, 없을 무, 할 위.
[풀이] 마음을 조용하고 편안하게 자연에 맡겨, 억지로 무엇을 하려고 애쓰지 않음.

從容有常 (종용유상)★

[뜻음] 따를 종, 얼굴 용, 있을 유, 떳떳할 상.
[풀이] ① 아무 하는 일 없이 조용하게 있을 때에도 法度(법도)에 벗어나는 행동을 하지 않음. ② 擧動(거동)이 법도에 맞음. 출전 禮記(예기).

從容中道 (종용중도)★

[뜻음] 따를 종, 얼굴 용, 가운데 중, 길 도.
[풀이] 마음을 쓰지 않고 자연 중에 道(도)에 合致(합치)함. 또는 擧動(거동)이 도에 맞음. 출전 中庸(중용).

蹤迹不知 (종적부지)★

[뜻음] 자취 종, 자취 적, 아닐 부, 알 지.
[풀이] 간 곳을 알 수가 없음. 숨어 있거나 피해 있는 곳을 알 수가 없음.

鐘鼎之家 (종정지가)

[뜻음] 쇠북 종, 솥 정, 갈 지, 집 가.
[풀이] 由緖(유서) 깊은 집.

從祖兄弟 (종조형제)★

[뜻음] 좇을 종, 할아비 조, 맏 형, 아우 제.
[풀이] 아버지의 사촌 형제. 조부의 형제의 아들.

宗族鄕黨 (종족향당)★

[뜻음] 마루 종, 겨레 족, 고을 향, 무리 당.
[풀이] 성과 본이 같은 겨레붙이와 자기가 태어났거나 살고 있는 시골 마을의 사람들.

終天之痛 (종천지통)★

[뜻음] 마칠 종, 하늘 천, 갈 지, 아플 통.
[풀이] ① 이 세상에서 잊을 수 없는 슬픔. 영원한 슬픔. ② 親喪(친상)을 당한 슬픔.

終天之恨 (종천지한)★

[뜻음] 마칠 종, 하늘 천, 갈 지, 원통할 한.
[풀이] 이 세상 다하도록 끊이지 않는 원한. 한평생 계속하는 슬픔. 출전 琵琶記(비파기).

從風而靡 (종풍이미)★

[뜻음] 따를 종, 바람 풍, 말 이을 이, 쓰러질 미.
[풀이] 바람을 따라서 쓰러짐.

縱橫無礙 (종횡무애)★

[뜻음] 늘어질 종, 가로 횡, 없을 무, 거리낄 애.
[풀이] 四方(사방)에 조금도 거리끼는 것이 없다는 뜻으로, 자유자재로 행동함을 이름.

縱橫無盡 (종횡무진)★★

[뜻음] 세로 종, 가로 횡, 없을 무, 다할 진.
[풀이] 자유자재하여 거침없이 마음대로 하는 상태.

縱橫自在 (종횡자재)★

[뜻음] 세로 종, 가로 횡, 스스로 자, 있을 재.
[풀이] 규정이나 규칙에 얽매이지 않고 자기 뜻대로 자유롭게 마음대로 행함.

縱橫之學 (종횡지학)★

[뜻음] 세로 종, 가로 횡, 갈 지, 배울 학.
[풀이] 戰國策士(전국책사)의 術策(술책)으로서 縱(종)은 從(종), 橫(횡)은 衡(횡)으로도 씀. 合從連衡(합종연횡)을 보시오. 출전 史記(사기) 孟子傳(맹자전).

左建外易 (좌건외역)★

[뜻음] 왼 좌, 세울 건, 밖 외, 바꿀 역.
[풀이] 창건한 일과 變易(변역)한 법이 모두 도리에 위배됨. 建立(건립)한 바가 道(도)에 어긋나고 改易(개역)한 바가 理致(이치)에 어그러짐. 출전 史記(사기) 商君傳(상군전).

左顧右眄 (좌고우면)★★★

[뜻음] 왼 좌, 돌아볼 고, 오른 우, 돌아볼 면.
[풀이] 왼쪽을 바라보고 오른쪽을 돌아다보다. 이리저리 돌아봄. 이쪽 저쪽을 둘러보고 이리저리 생각하면서 앞뒤를 재고 망설여 일을 결정짓지 못함.

　　≪孟子(맹자)≫ 梁惠王篇(양혜왕편)에 나오는 이야기이다.
　　맹자가 齊宣王(제선왕)을 찾아가 일러 말했다.
　　"왕의 신하가, 그의 처자를 친구에게 맡기고 楚(초)나라로 놀러 갔다 돌아와 보니 그 친구가 처자를 굶주리고 추위에 떨게 만들었습니다. 왕께서는 그 사람을 어떻게 하시겠습니까?"
　　"믿고 맡긴 妻子(처자)를 굶주리게 한 그런 친구라면 당장 絶交(절교)를 해야 합니다."
　　"士師(사사: 法務長官법무장관)가 그 부하를 제대로 거느리지 못하면 어떻게 하시겠습니까?"
　　"당장 그만두게 하겠습니다."
　　"그렇다면 四境(사경: 나라) 안이 제대로 다스려지지 않을 때는 어떻게 하시겠습니까?"
　　왕은 좌우를 돌아보며 다른 것을 말했다
　　본디 '顧左右而言他(고좌우이언타)'이다. 맹자는 역성혁명도 용인하는 태도를 취했다.

坐觀成敗 (좌관성패)

[뜻음] 앉을 좌, 볼 관, 이룰 성, 패할 패.
[풀이] 다만 勝敗(승패)의 돌아가는 형편을 멀리서 바라보기만 함. 출전 史記(사기) 任安傳(임안전).

左袒 (좌단)★★★

[뜻음] 왼 좌, 소매 단.
[풀이] 왼쪽 소매를 벗어 어깨를 드러내는 것을 말함.

　　≪史記(사기)≫ 呂后本紀(여후본기)에 나오는 이야기이다.
　　漢古祖(한고조: 유방)의 아들 惠帝(혜제)가 즉위한 지 七(칠) 년 만에 죽자, 그의 어머니 呂后(여후)는 소리를 내어 울기는 했으나 눈물 한 방울 흘리지 않았다. 그 후 여후에 의해 劉氏(유씨) 王(왕)들은 차례로 쫓겨나고 혹은 피살되거나 자살을 강요당했다. 그러나 여후는 집권 八(팔) 년 만에 병으로 누워 곧 죽을 것을 짐작하자 친정 사람인 趙王(조왕) 呂祿(여록)과 呂王(여왕) 呂産(여산)을 上將軍(상장군)에 임명하여 자신이 죽은 다음 경계를 게을리하지 말 것을 유언하였다.
　　여후가 죽자 陳平(진평)은 周勃(주발)을 충동하여 여씨 잔당을 제거하기 시작하였다. 이때 진평은 여록과 친하게 지내는 酈寄(여기)를 통해 여록이 상장군의 직위를 반납하게 하고 北軍(북군)의 군권을 주발에게 넘기게 하였다. 주발은 진평 사람이었고 즉시 장병들에게 영을 내렸다.
　　"여씨를 위하는 사람은 오른쪽 소매를 벗고, 유씨를 위하는 사람은 왼쪽 소매를 벗어라"
　　장병들이 유씨 편을 들자 여세를 몰아 여씨들을 모조리 죽였다.
　　'左袒(좌단)'이나 '右袒(우단)'이나 '左右袒(좌우단)'이라는 말은 거의 같은 말로, 어느 한쪽에 편든다는 뜻이다.

坐立誦讀 (좌립송독)★

[뜻음] 앉을 좌, 설 립, 욀 송, 읽을 독.
[풀이] 앉으나 서나 항상 글을 욈. 출전 蒙求(몽구).

左眄右顧 (좌면우고)★

[뜻음] 왼 좌, 곁눈질할 면, 오른 우, 돌아볼 고.
[풀이] 左顧右眄(좌고우면).

佐命之臣 (좌명지신)

[뜻음] 도울 좌, 목숨 명, 갈 지, 신하 신.
[풀이] 천자를 도와 천하 평정의 대업을 이루게 한 공신. 佐命之士(좌명지사).

左文右武 (좌문우무)★

[뜻음] 왼 좌, 문관 문, 오른 우, 무관 무.
[풀이] 文武(문무)를 併用(병용)함.

左輔右弼 (좌보우필)★

[뜻음] 왼 좌, 도울 보, 오른 우, 도울 필.
[풀이] 임금의 좌우에 있어 정치를 돕는 신하. 보필하는 신하.

座不重席 (좌부중석)★

[뜻음] 앉을 좌, 아닐 부, 무거울 중, 자리 석.
[풀이] 자리에 앉을 때, 깔개를 한 개 이상 쓰지 않는다. 검소함을 이르는 말. 출전 韓非子(한비자).

坐不垂堂 (좌불수당)★

[뜻음] 앉을 좌, 아닐 불, 가 수, 마루 당.
[풀이] 마루의 끝에 앉지 않는다는 뜻으로, 위험한 곳에 가까이 가지 않음을 이름. 출전 史記(사기).

坐不安席 (좌불안석)★★★

[뜻음] 앉을 좌, 아닐 불, 편안할 안, 자리 석.
[풀이] 마음이 불안하거나 걱정스러워서 한군데 오래 앉아 있지를 못함.

左史右史 (좌사우사)★

[뜻음] 왼 좌, 사관 사, 오른 우.
[풀이] 옛날에 君主(군주)의 좌우에 있어 군주의 언행을 기록한 사람. 좌사는 말을 기록하고 우사는 행동을 기록하였음. 출전 漢書(한서) 藝文志(예문지).

座席未煖 (좌석미난)★

[뜻음] 앉을 좌, 자리 석, 아닐 미, 따뜻할 난.
[풀이] 앉은 자리가 따뜻해질 겨를이 없다. 奔走(분주)하게 돌아다님 또는 移徙(이사)를 자주 함을 이르는 말.

坐薪懸膽 (좌신현담)★

[뜻음] 앉을 좌, 섶 신, 매달 현, 쓸개 담.
[풀이] '섶나무 위에 앉고, 쓸개를 걸어 두고 맛본다'는 뜻으로, '원수를 갚기 위하여 갖가지 애를 씀'을 이르는 말. '臥薪嘗膽(와신상담)'을 보시오. 출전 金史(금사).

左眼半斤 (좌안반근)★

[뜻음] 왼 좌, 눈 안, 반 반, 근 근.
[풀이] 右眼八兩(우안팔량)과의 對句(대구). 左右(좌우) 양쪽이 모두 한 근이 못 됨. 곧 어느 쪽도 충분하지 못함을 이름. 한 근은 十六兩(십륙량)임.

坐言起行 (좌언기행)

[뜻음] 앉을 좌, 말씀 언, 일어날 기, 행할 행.
[풀이] 앉아서 한 말을 서서 행한다. 말한 것은 반드시 실행함을 이르는 말. 출전 荀子(순자).

坐臥起居 (좌와기거)★

[뜻음] 앉을 좌, 누울 와, 일어날 기, 살 거.
[풀이] 앉음과 누움과 자고 먹고 하는 따위. 곧, '일상생활'을 이르는 말.

左往右往 (좌왕우왕)★

[뜻음] 왼 좌, 갈 왕, 오른 우.
[풀이] 왔다갔다 갈팡질팡함.

左右顧眄 (좌우고면)★

[뜻음] 왼 좌, 오른 우, 돌아볼 고, 곁눈질할 면.
[풀이] 左顧右眄(좌고우면).

左右袒 (좌우단)★

[뜻음] 왼 좌, 오른 우, 팔소매(웃통 벗을) 단.
[풀이] 左袒(좌단).

左右手 (좌우수)★

[뜻음] 왼 좌, 오른 우, 손 수.
[풀이] 왼팔과 오른 팔. 힘 있는 협조자나 조력자를 일컫는 말.

左右尊卑 (좌우존비)

[뜻음] 왼 좌, 오른 우, 높을 존, 낮을 비.
[풀이] 왼쪽은 높고 오른쪽은 낮다. 좌우의 위치에 따라 尊卑(존비)를 가르는 것.

左右衝突 (좌우충돌)★

[뜻음] 왼 좌, 오른 우, 찌를 충, 부딪칠 돌.
[풀이] 左衝右突(좌충우돌).

左宜右有 (좌의우유)★

[뜻음] 왼 좌, 마땅할 의, 오른 우, 있을 유.
[풀이] 좌에도 우에도 마땅하고 또한 있다. 君子(군자)가 才德(재덕)을 겸해서 갖춘 것을 이르는 말. 출전 詩經(시경) 小雅(소아) 裳裳者華篇(상상자화편).

坐以待旦 (좌이대단)★

[뜻음] 앉을 좌, 써 이, 기다릴 대, 아침 단.
[풀이] 밤중부터 일어나 앉아 날이 새기를 기다린다는 뜻으로, 무엇을 얻고자 하는 마음이 급함을 이르는 말. 출전 孟子(맹자) 離婁下篇(이루하편).

坐井觀天 (좌정관천)★★★

[뜻음] 앉을 좌, 우물 정, 볼 관, 하늘 천.
[풀이] 우물 속에서 하늘을 바라본다. 우물 속에 앉아서 하늘을 보고 하늘의 크기가 그것밖에 안 되는 줄 안다. 견문이 몹시 좁음. 用管窺天(용관규천).

座中有江南客 (좌중유강남객)★

[뜻음] 앉을 좌, 가운데 중, 있을 유, 강 강, 남녘 남, 손 객.
[풀이] 자리에 강남에서 온 나그네가 있다. 忌避(기피)하고 경계해야 할 인물이 있다는 말. 중국에서는 강남이라는 말이 때로 嫌惡(혐오)의 감정을 불러일으켰음. 말을 삼가야 한다는 점을 이름.

左枝右捂 (좌지우오)

[뜻음] 왼 좌, 지탱할 지, 오른 우, 닿을 오.
[풀이] 이리저리 버티어서 겨우 지탱해 감. 출전 宋史(송사) 李邴傳(이병전).

左之右之 (좌지우지)★

[뜻음] 왼 좌, 갈 지, 오른 우.
[풀이] 제 마음대로 휘두르거나 다룸.

左遷 (좌천)★★★

[뜻음] 왼 좌, 옮길 천.
[풀이] 벼슬자리가 못한 데로 떨어짐. 관등이 떨어져 중앙에서 지방으로 전출됨. 중국에서 우리나라와 비슷하게 한때 오른쪽을 重視(중시)했던 데서 온 말. 출전 史記(사기) 淮陰侯傳(회음후전).

左衝右突 (좌충우돌)★★

[뜻음] 왼 좌, 부딪칠 충, 오른 우, 부딪칠 돌.
[풀이] 좌우로 충돌함. 아무에게나 함부로 맞닥뜨림.

左脯右醯 (좌포우혜)★

[뜻음] 왼 좌, 말린 고기 포, 오른 우, 식혜 혜.
[풀이] 제사의 제물을 陳設(진설)할 때, 육포는 왼쪽에, 식혜는 오른쪽에 차리는 格式(격식).

左畫方右畫圓 (좌화방우화원)

[뜻음] 왼 좌, 그릴 화, 모 방, 오른 우, 둥글 원.
[풀이] 왼손으로는 方形(방형)을 그리고 바른 손으로는 圓形(원형)을 그림. 즉 두 가지 일을 동시에 하기가 곤란하다는 말. 출전 韓非子(한비자) 功名篇(공명편).

罪莫大焉 (죄막대언)★

[뜻음] 허물 죄, 아닐 막, 큰 대, 어조사 언.
[풀이] 이보다 더 큰 죄는 없음. 출전 春秋左氏傳(춘추좌씨전).

罪死無惜 (죄사무석)★★

[뜻음] 죄 죄, 죽을 사, 없을 무, 아낄 석.
[풀이] 죄가 무거워 죽여도 전혀 아깝지 않음.

罪悚萬萬 (죄송만만)★

[뜻음] 허물 죄, 두려워할 송, 일만 만.
[풀이] 더할 수 없이 죄송함. 罪萬(죄만).

罪重罰輕 (죄중벌경)

[뜻음] 허물 죄, 무거울 중, 벌줄 벌, 가벼울 경.
[풀이] 죄는 크고 무거운데 형벌은 가볍다는 뜻으로, 형벌이 공정하지 못함을 이르는 말.

罪之輕重 (죄지경중)★

[뜻음] 허물 죄, 갈 지, 가벼울 경, 무거울 중.
[풀이] 범죄 행위의 무거움과 가벼움.

罪之有無 (죄지유무)★

[뜻음] 허물 죄, 갈 지, 있을 유, 없을 무.
[풀이] 범죄 사실의 있고 없음.

住刻啼禽 (주각제금)★

[뜻음] 집 주, 새길 각, 울 제, 날짐승 금.
[풀이] '주걱새'를 擬聲的(의성적)으로 일컫는 말. 주걱주걱 우는 주걱새. 主穀啼禽(주곡제금).

主客一體 (주객일체)★★

[뜻음] 주인 주, 나그네 객, 한 일, 몸 체.
[풀이] 주체와 객체가 하나임.

主客顚倒 (주객전도)★★

[뜻음] 주인 주, 손님 객, 넘어질 전, 거꾸로 될 도.
[풀이] 사물의 輕重(경중)·先後(선후)·緩急(완급)이 서로 바뀜.

主客之勢 (주객지세)★

[뜻음] 주인 주, 손 객, 갈 지, 기세 세.
[풀이] 중요하지 못한 위치에 있는 사람은 아무리 하여도 중요한 지위에 있는 사람을 당해 내지 못하는 형세.

晝耕夜讀 (주경야독)★★★

[뜻음] 낮 주, 밭갈 경, 밤 야, 읽을 독.
[풀이] 낮에는 농사일을 하고 밤에는 글을 읽는다는 뜻으로, 어려운 여건 속에서도 꿋꿋이 공부함. 출전 魏書(위서).

晝耕夜誦 (주경야송)★★

[뜻음] 낮 주, 밭갈 경, 밤 야, 욀 송.
[풀이] 낮에는 농사일을 하고 밤에는 글을 읽음. 晝耕夜讀(주경야독).

主敬存誠 (주경존성)★

[뜻음] 주인 주, 공경할 경, 있을 존, 정성 성.
[풀이] 恭敬(공경)을 尊重(존중)하고 誠意(성의)를 보존함. 宋儒(송유)는 이를 修身(수신)의 根本(근본)으로 삼았음.

晝高夜卑 (주고야비)★

[뜻음] 낮 주, 높을 고, 밤 야, 낮을 비.
[풀이] 화투놀이나 골패 등에서 先(선)을 결정할 때 각각 패를 떼어서 낮에는 끗수가 높은 사람, 밤에는 끗수가 낮은 사람이 선을 하는 일.

周誥殷盤 (주고은반)★

[뜻음] 두루 주, 알릴 고, 성할 은, 소반 반.
[풀이] 周誥(주고)는 書經(서경)의 大誥(대고), 康誥(강고), 酒誥(주고), 召誥(소고), 洛誥(낙고)이고 殷盤(은고)는 同書(동서)의 盤庚(반경)의 上(상), 中(중), 下(하) 삼편. 殷周(은주)의 古典(고전).

主穀啼禽 (주곡제금)★

[뜻음] 주인 주, 곡식 곡, 울 제, 새 금.
[풀이] 住刻啼禽(주각제금).

周公三笞 (주공삼태)★

[뜻음] 두루 주, 공변될 공, 석 삼, 매질할 태.
[풀이] 주공이 세 차례 매질을 하다. 엄격하게 자식을 가르치는 것. 주나라 주공이 어린 조카 성왕을 도와 나라의 기틀을 세웠다고 함.

酒果脯醯 (주과포혜)

[뜻음] 술 주, 과일 과, 말린 고기 포, 식혜 혜.
[풀이] 술과 과실과 乾脯(건포)와 식혜 따위로, 곧 간략한 祭物(제물).

走狗烹 (주구팽)★★

[뜻음] 달릴 주, 개 구, 삶을 팽.
[풀이] 전쟁이 끝나면 功臣(공신)도 쓸모없는 것으로서 물리침을 당하는 일.

酒極則亂 (주극즉란)★

[뜻음] 술 주, 지극할 극, 곧 즉, 어지러울 란.
[풀이] 술이 도에 지나치면 마음이나 행동이 어지러워짐. 출전 史記 (사기).

周急不繼富 (주급불계부)★★★

[뜻음] 두루 주, 급할 급, 아닐 불, 이을 계, 가멸 부.
[풀이] 가난하고 위급한 사람은 도와주지만 부자는 보태주지 않는다. 군자는 급한 사람을 돕고, 부한 사람을 보태 주지 않는다.

　　'周急(주급)'은 남의 급한 것을 보살펴 도와주는 것이고 '不繼富(불계부)'는 잘사는 사람에게 더 보태 주지 않는 것을 말한다.
　　이 말은 ≪論語(논어)≫ 雍也篇(옹야편)에 나오는 孔子(공자)의 말이다.
　　공자의 제자 公西赤(공서적)이 공자의 심부름으로 齊(제)나라로 가게 되었다. 이때 재정을 맡고 있던 冉子(염자)가 공자에게 청하길, 그의 어머니가 계시니 식량을 보내 주자고 했다. 그러자 공자는, "한 釜(부)만 주어라" 하고 말했다. 부는 여섯 말 넉 되에 해당하는 말의 한 단위이다.
　　염자는 그건 너무 적으니 더 주자고 했다. 그러자 공자는 또 "한 庾(유)를 더 주어라"고 말했다. 한유는 열여섯 말이다.
　　염자는 다시 청할 수가 없어 자기 생각에 따라 다시 秉(병)을 그의 집에 보내 주었다. 한 병은 열여섯 섬(斛곡)이다. 선생님을 위해 천 리 길을 다녀오는 사람에게 그만한 성의는 보여 주는 것이 자기의 도리일 것 같아서였으리라.
　　그러자 공자는 이렇게 염자를 꾸짖었다.
　　"赤(적)이 제나라로 갈 때 살찐 말을 타고 가벼운 가죽옷을 입고 가지 않았더냐. 나는 들으니 '군자는 급한 사람을 돕고, 부한 사람을 보태 주지 않는다'라고 했다."

酒囊飯袋 (주낭반대)★

[뜻음] 술 주, 주머니 낭, 밥 반, 자루 대.
[풀이] 술과 밥을 넣는 포대. 먹고 마실 줄만 아는 무능한 자를 욕하는 말. 酒袋飯囊(주대반낭). 출전 通俗編(통속편).

酒乃百藥之長 (주내백약지장)★★★

[뜻음] 술 주, 이에 내, 일백 백, 약 약, 갈 지, 으뜸 장.
[풀이] 술은 백가지 약 중에서 으뜸가는 것.

　　前漢(전한)과 後漢(후한) 사이에 십오 년 동안의 명맥을 지니고 있던 新(신)나라의 황제가 王莽(왕망)이다. 이 왕망이 소금과 술과 쇠를 정부의 전매품으로 정하고 이 사실을 천하에 공포한 詔書(조서) 가운데,
　　"대저 소금은 먹는 반찬 가운데 장수요, 술은 백 가지 약 중에 어른이 모인 모임을 좋게 하며 쇠는 밭갈이하는

농사의 근본이다"라는 말이 있다.
　　≪漢書(한서)≫ 食貨志(식화지)에도 이 말이 나온다.
　　"술은 하늘의 아름다운 녹이다."
　　요즘 이러한 말도 있다.
　　"술에 취하면 하루가 가고, 도에 취하면 백 년이 간다."

綢緞布木 (주단포목)★

[뜻음] 명주 주, 비단 단, 베 포, 나무 목.
[풀이] 명주와 비단과 베와 무명을 통틀어 일컫는 말. 곧 온갖 織物類(직물류).

酒袋飯囊 (주대반낭)★

[뜻음] 술 주, 자루 대, 밥 반, 주머니 낭.
[풀이] 酒囊飯袋(주낭반대).

朱欄畫閣 (주란화각)★

[뜻음] 붉을 주, 난간 란, 그림 화, 누각 각.
[풀이] 단청 칠을 곱게 하여 화려하게 꾸민 樓閣(누각).

株連蔓引 (주련만인)★

[뜻음] 뿌리 주, 이을 연, 덩굴 만, 끌 인.
[풀이] 連累者(연루자)를 모두 刑罰(형벌)에 처하다. 株連(주련).

珠聯璧合 (주련벽합)★

[뜻음] 구슬 주, 잇닿을 련, 구슬옥 벽, 합할 합.
[풀이] 구슬이나 도리옥이 많이 연하여 있는 것처럼 아름다운 것이 많이 모임을 이름.

株連受累 (주련수루)★

[뜻음] 그루 주, 이을 련, 받을 수, 묶을 루.
[풀이] 다른 사람의 범죄에 連累(연루)되어 화를 입음. 언걸먹음(다른 사람 때문에 당하는 해).

酒龍詩虎 (주룡시호)

[뜻음] 술 주, 용 룡, 시 시, 범 호.
[풀이] 시와 술을 좋아하는 사람들.

誅戮之境 (주륙지경)★

[뜻음] 벨 주, 죽일 륙, 갈 지, 지경 경.
[풀이] 죄에 대한 형벌로 죽임을 당하는 지경.

朱輪華轂 (주륜화곡)★

[뜻음] 붉을 주, 바퀴 륜, 꽃 화, 바퀴 곡.
[풀이] 漢(한)나라 제도로서, 고귀한 지위에 오르게 되면 그가 타는 수레바퀴를 붉게 칠하고 속바퀴를 곱게 장식하는 것. 출전 漢書(한서) 劉向傳(유향전).

走馬加鞭 (주마가편)★★★

[뜻음] 달릴 주, 말 마, 더할 가, 채찍 편.
[풀이] 달리는 말에 채찍을 가함. 열심히 하는 사람을 더 잘하도록 권장함.

走馬看山 (주마간산)★★★

[뜻음] 달릴 주, 말 마, 볼 간, 뫼 산.
[풀이] 말을 타고 달리면서 산을 바라본다. 바빠서 그냥 휙휙 지나쳐 봄의 비유. 走馬看花(주마간화).

走馬看花 (주마간화)★

[뜻음] 달릴 주, 말 마, 볼 간, 꽃 화.
[풀이] 사물의 겉만 수박 겉핥기로 보는 비유. 走馬看山(주마간산).

走馬燈 (주마등)★★★

[뜻음] 달릴 주, 말 마, 등불 등.
[풀이] 안팎 두 겹으로 된 틀의 안쪽에 갖가지 그림을 붙여서, 그 틀이 돌아감에 따라 안에 켜 놓은 등불 때문에 그림이 종이나 천을 바른 바깥쪽에 비치게 만든 등. 사물이 덧없이 빨리 변해 돌아가는 것을 비유하는 말. 출전 荊楚歲時記(형초세시기).

酒無量不及亂 (주무량불급란)★

[뜻음] 술 주, 없을 무, 헤아릴 량, 아닐 불, 미칠 급, 어려울 난.
[풀이] 술을 마시는 분량을 제한하지는 아니하나 각자의 주량에 따라서 정신이 흐려지지 아니할 한도 내에서 마심. 출전 論語(논어) 鄕黨篇(향당편).

綢繆未雨 (주무미우)★★

[뜻음] 얽을 주, 얽을 무, 아닐 미, 비 우.
[풀이] 장마가 오기 전에 둥지를 손질한다. 미리미리 꼼꼼하고 자세하게 준비함.

綢繆束薪 (주무속신)★

[뜻음] 얽을 주, 얽을 무, 묶을 속, 섶 신.
[풀이] 땔나무를 단을 지어 묶는다. 남녀가 결혼함을 이르는 말. 출전 詩經(시경).

綢繆牖戶 (주무유호)★★

[뜻음] 얽을 주, 얽을 무, 창 유, 지게 호.
[풀이] 들창이나 지게문을 미리 꼼꼼하게 수리함. 또는 새가 둥우리를 얽어 만든다. 災禍(재화)를 미리 막음을 이르는 말. 출전 詩經(시경) 豳風(빈풍).

珠槃玉帶 (주반옥대)★

[뜻음] 구슬 주, 쟁반 반, 옥 옥, 띠 대.
[풀이] 주옥으로 장식한 쟁반. 옛날에 제후가 회맹할 때 소의 귀를 갈라 그 피를 입으로 빨았다는 고사. 소의 귀는 주반에 담고 피는 옥대에 받았음.

酒百藥之長 (주백약지장)★

[뜻음] 술 주, 일백 백, 약 약, 갈 지, 길 장.
[풀이] 술은 모든 약 중에서 제일임. 술을 讚美(찬미)하는 말. 酒乃百藥之長(주내백약지장).

晝伏夜行 (주복야행)

[뜻음] 낮 주, 엎드릴 복, 밤 야, 다닐 행.
[풀이] 낮에는 숨었다가 밤이면 길을 감. 출전 戰國策(전국책) 秦策(진책).

酒不雙杯 (주불쌍배)★

[뜻음] 술 주, 아닐 불, 쌍 쌍, 잔 배.
[풀이] 술자리에서 술을 마실 때 마시는 잔의 수효가 짝수로 마침을 싫어함을 이르는 말. 곧 3, 5와 같이 홀수로 마실 것이지 2, 4와 같은 짝수로 마시지 않는다는 말.

蛛絲馬跡 (주사마적)★

[뜻음] 거미 주, 실 사, 말 마, 자취 적.
[풀이] 行文(행문)이 은근하여 노골적으로 드러나지 않고, 거미가 줄을 뽑아내고, 말이 발자국을 남기듯이, 깊이 음미하여야 속뜻을 얻게 됨을 이르는 말. 문장의 脈絡(맥락)이 잘 갖추어짐.

晝思夜度 (주사야탁)★

[뜻음] 낮 주, 생각할 사, 밤 야, 헤아릴 탁.
[풀이] 어떻게 하면 좋을까를 밤낮으로 생각함. '度'은 '법도 도, 헤아릴 탁'

酒肆靑樓 (주사청루)★

[뜻음] 술 주, 가게 사, 푸를 청, 누각 루.
[풀이] 울긋불긋 불을 밝힌 술집. 花柳巷(화류항).

鑄山煮海 (주산자해)

[뜻음] 부어 만들 주, 뫼 산, 끓일 자, 바다 해.
[풀이] 산에서는 구리를 캐내어 돈을 만들고 바다에서는 해수를 끓이어 소금을 만듦. 나라의 産物(산물)이 극히 많음을 이름. 출전 史記(사기).

晝想夜夢 (주상야몽)

[뜻음] 낮 주, 생각 상, 밤 야, 꿈 몽.
[풀이] 낮에 생각하던 것을 밤에 꿈꿈. 출전 列子(열자).

酒色雜技 (주색잡기)★★

[뜻음] 술 주, 빛 색, 섞일 잡, 재주 기.
[풀이] 술과 여자와 여러 가지 노름.

柱石之寄 (주석지기)★

[뜻음] 기둥 주, 돌 석, 갈 지, 부칠 기.
[풀이] 기둥이나 주추가 되는, 맡은 바 임무. 가장 중요한 任務(임무).

柱石之臣 (주석지신)★

[뜻음] 기둥 주, 돌 석, 갈 지, 신하 신.
[풀이] 나라의 기둥이 되고 주추가 될 정도로 가장 중요한 구실을 하는 신하. 柱石之臣(주석신).

朱脣晧齒 (주순호치)★

[뜻음] 붉을 주, 입술 순, 흴 호, 이 치.
[풀이] 붉은 입술과 흰 이라는 뜻으로, 美人(미인)을 형용하는 말. 출전 楚辭(초사).

走尸行肉 (주시행육)★

[뜻음] 달릴 주, 시체 시, 다닐 행, 고기 육.
[풀이] 달리는 시체와 걸어 다니는 고깃덩이라는 뜻으로, 보람이 없는 사람. 아무 쓸모없는 사람을 이름. 정신이 아예 나간 사람.

畫夜汨沒 (주야골몰)★

[뜻음] 낮 주, 밤 야, 빠질 골, 빠질 몰.
[풀이] 밤낮 없이 온 정신을 기울임. 밤낮이 없이 일에 파묻힘.

畫夜不忘 (주야불망)★

[뜻음] 낮 주, 밤 야, 아닐 불, 잊을 망.
[풀이] 밤낮으로 잊지 못함.

畫夜長短 (주야장단)★★

[뜻음] 낮 주, 밤 야, 길 장, 짧을 단.
[풀이] 밤과 낮의 길고 짧음.

畫夜長川 (주야장천)★★

[뜻음] 낮 주, 밤 야, 길 장, 내 천.
[풀이] 밤낮으로 쉬지 않고 연달아. 언제나.

畫語鳥聽夜語鼠聽 (주어조청야어서청)

[뜻음] 낮 주, 말씀 어, 새 조, 들을 청, 밤 야, 쥐 서.
[풀이] 낮말은 새가 듣고 밤말은 쥐가 듣는다는 속담으로, ① 아무도 듣지 않는 곳에서라도 말조심하라는 뜻. ② 비밀히 한 말도 반드시 남의 귀에 들어가게 된다는 말.

主辱臣死 (주욕신사)★

[뜻음] 주인 주, 욕될 욕, 신하 신, 죽을 사.
[풀이] 신하는 임금의 치욕을 씻기 위하여 목숨을 바침. 출전 史記(사기).

走爲上策 (주위상책)★

[뜻음] 달릴 주, 할 위, 위 상, 꾀 책.
[풀이] 害(해)를 피하려면 달아나는 것이 상책이라는 말.

周遊四方 (주유사방)★★

[뜻음] 두루 주, 놀 유, 넉 사, 모 방.
[풀이] 여러 지방을 두루 다니면서 유람함.

周遊列國 (주유열국)★

[뜻음] 두루 주, 놀 유, 늘어놓을 열, 나라 국.
[풀이] 여러 나라를 돌아다니다. 별 소득 없이 떠돌아다님. 천하를 주유하며 유세함. 周遊天下(주유천하).

周遊天下 (주유천하)★★★

[뜻음] 두루 주, 놀 유, 하늘 천, 아래 하.
[풀이] 천하 각지를 두루 돌아다니며 구경함. 별 소득 없이 떠돌아다님. 周遊列國(주유열국).

侏儒飽欲死 (주유포욕사)

[뜻음] 난쟁이 주, 선비 유, 배부를 포, 하고자 할 욕, 죽을 사.
[풀이] 난쟁이는 어느 분량의 음식을 먹으면 배가 불러 죽을 정도로 괴로워하나, 보통 사람은 그런 양으로는 배가 고파 죽을 지경이 된다. 같은 물건이라도 쓰는 사람에 의해 그 效用(효용)이 같지 않음의 비유. 출전 漢書(한서).

注音府號 (주음부호)

[뜻음] 물 댈 주, 소리 음, 곳집 부, 부르짖을 호.

[풀이] 천구백십팔 년에 중국 정부에서 제정한 중국 表音符號(표음부호).

周而不比 (주이불비)★

[뜻음] 두루 주, 말 이을 이, 아닐 불, 견줄 비.
[풀이] 진실에 터 잡아 공평되게 사귀기는 하나, 편파적인 朋黨(붕당)은 만들지 않음. 周(주)는 普遍(보편), 比(비)는 偏黨(편당)임. 다 사람과 親厚(친후)하는 뜻이나 周(주)는 公(공)이고 比(비)는 私(사)임. 출전 論語(논어) 爲政篇(위정편).

稠人廣衆 (주인광중)★

[뜻음] 빽빽할 주, 사람 인, 넓을 광, 무리 중.
[풀이] 많은 사람. 稠人廣座(주인광좌). 출전 史記(사기) 武安侯傳(무안후전).

主人乏醬客厭羹 (주인핍장객염갱)★

[뜻음] 주인 주, 사람 인, 가난할 핍, 간장 장, 손 객, 싫을 염, 국 갱.
[풀이] 주인집 장 떨어지자 나그네 국 마단다. 일이 공교롭게 잘 맞아 들어간다는 말.

主一無適 (주일무적)★★★

[뜻음] 주인 주, 한 일, 없을 무, 갈 적.
[풀이] 마음을 한군데에 執中(집중)하여 雜念(잡념)을 버리는 일. 程朱(정주) 이후의 宋儒(송유)의 修養說(수양설)임.

酒入舌出 (주입설출)★

[뜻음] 술 주, 들 입, 혀 설, 날 출.
[풀이] 술이 들어가면 혀가 나온다는 뜻으로, 술을 마시면 수다스러워진다는 것을 형용하여 이르는 말.

朱子學 (주자학)★★★

[뜻음] 붉을 주, 아들 자, 배울 학.
[풀이] 南宋(남송) 때 朱熹(주희)가 主唱(주창)한 理氣二元論(이기이원론) 및 居敬窮理(거경궁리)의 儒學(유학). 주희의 자는 元晦(원회)이며 李侗(이동)에게 修學(수학)하였음. 敬(경)자는 주자학의 근본 요점이고 중요한 생활 태도이기도 함. 孔子(공자)의 사상을 주로 하고 있으나 往往(왕왕) 老子(노자) 佛敎(불교)의 所說(소설)과 비슷한 점이 있음. 주자학은 道學(도학)이라고도 하며 또 그 학문이 두 程子(程顥정호, 程頤정이)에 淵源(연원)을 가짐으로써 程朱學(정주학)이라고도 함.

躊躇滿志 (주저만지)

[뜻음] 머뭇거릴 주, 머뭇거릴 저, 찰 만, 뜻 지.
[풀이] 무슨 일을 끝마치고 스스로 만족해하는 형용. 출전 莊子(장자) 養生主篇(양생주편).

鑄鼎荊山下 (주정형산하)★

[뜻음] 부어 만들 주, 솥 정, 가시나무 형, 뫼 산, 아래 하.
[풀이] 형산 아래에서 솥을 鑄造(주조)하다. 黃帝(황제)의 고사. 출전 史記(사기) 封禪書(봉선서).

主酒客飯 (주주객반)★

[뜻음] 주인 주, 술 주, 손 객, 밥 반.
[풀이] 주인은 손에게 술을 권하고, 손은 주인에게 밥을 권하며 다정히 먹고 마심.

酒中仙 (주중선)★

[뜻음] 술 주, 가운데 중, 신선 선.
[풀이] 술을 마시고 세상일을 잊어버리고 사는 사람. 출전 杜甫(두보)의 시.

廚中雜物 (주중잡물)★★

[뜻음] 부엌 주, 가운데 중, 섞일 잡, 만물 물.
[풀이] 부엌이나 찬방에 두고 쓰는 부엌살림. 찬장·뒤주·솥·화로·번철·주걱·국자·석쇠·식기 따위.

舟中敵國 (주중적국)★

[뜻음] 배 주, 가운데 중, 원수 적, 나라 국.
[풀이] 배 안에도 적국이 있다. 임금이 덕을 잃으면 백성들은 적이 된다. 임금이 덕을 잃으면 바로 곁의 자기편 사람도 變節(변절)하여 적이 됨을 이름. 출전 史記(사기).

舟中之指可掬 (주중지지가국)★

[뜻음] 배 주, 가운데 중, 갈 지, 손가락 지, 옳을 가, 움킬 국.
[풀이] 敗殘兵(패잔병)들이 달아날 때 다투어 배를 붙들려고 하는 것을 먼저 올라탄 자가 마구 그 손가락을 잘랐기 때문에 손가락이 배 속에 떨어져서 양손으로 이를 움켜쥘 수 있는 정도로 많다는 뜻. 즉 敗軍(패군)의 비참한 형용. 양손으로 움켜쥐는 것을 국이라 함. 출전 左傳(좌전) 宣公十二年(선공십이년).

酒池肉林 (주지육림)★★★

[뜻음] 술 주, 못 지, 고기 육, 수풀 림.
[풀이] 술은 연못과 같고, 고기는 숲과 같이 많이 있다. 질탕하게 마시고 노는 것. 굉장하게 잘 차린 잔치의 형용. 은나라 주왕과 관련된 고사.

　　≪史記(사기)≫ 殷本紀(은본기)에 나오는 이야기이다. 暴君(폭군)의 대명사로 알려진 桀紂(걸주)의 淫亂無道(음란무도)한 생활을 표현하는 말이 주지육림이다.
　　桀(걸)은 夏(하)나라의 마지막 임금이었고, 紂(주)는 殷(은)나라의 마지막 임금이었다. ≪史記(사기)≫에는 紂(주)에 대해 말하면서,
　　"특히 妲己(달기)라는 여자를 사랑해서 그녀의 말이라면 들어주지 않는 것이 없었다. (중략) 그는 沙丘(사구)에다 큰 유원지와 별궁을 지어 두고, 많은 들짐승과 새들을 거기에 놓아길렀다. (중략)
　　술로 못을 만들고 고기를 달아 숲을 만든 다음 남녀가 벌거벗고 그 사이를 서로 쫓고 쫓기며 밤낮 없이 계속 술을 퍼마시고 즐겼다"라고 했다.
　　≪十八史略(십팔사략)≫에는 桀(걸)에 대해서도 같은 내용을 말하고 있다.
　　"고기는 산처럼 쌓이고, 포는 숲처럼 걸려 있었으며, 술로 만든 못에는 배를 띄울 수가 있었고 술지게미가 쌓여서 된 둑은 십 리까지 뻗어 있었다. 한번 북을 울리면 소가 물을 마시듯 마시는 사람이 삼천 명이나 되었다. 그것을 보고 末喜(말희)는 좋아했다"는 것이다.

朱陳之好 (주진지호)★

[뜻음] 붉을 주, 늘어놓을 진, 갈 지, 좋아할 호.
[풀이] 朱氏(주씨)와 陳氏(진씨)의 두터운 世誼(세의). 徐州(서주)의 朱陳村(주진촌)에 주씨와 진씨만이 살아 대대로 婚姻(혼인)을 하였으므로 兩家(양가)에서 대대로 通婚(통혼)하는 사이라는 말. 성이 다른 두 집안끼리 정이 두터운 경우를 일컫는 말. 朱陳之誼(주진지의).

晝出魍魎 (주출망량)★

[뜻음] 낮 주, 날 출, 도깨비 망, 도깨비 량.
[풀이] ① 낮에 나온 도깨비라는 뜻으로, 이상야릇한 옷차림을 하고 낮에 나타남을 비유하여 이르는 말. ② 도깨비는 어두운 밤에 나돌아 다니는 것으로 되어 있는데, 낮에 나돌아 다니는 염치없는 도깨비 같다는 뜻으로, 낯가죽이 두껍고 하는 짓이 無知(무지)한 사람을 욕으로 이르는 말.

晝寢夜梳 (주침야소)

[뜻음] 낮 주, 잠잘 침, 밤 야, 빗질할 소.
[풀이] 낮잠 자는 일과 밤에 빗질하는 일. 衛生(위생)에 해로운 일을 말함.

酒吞人 (주탄인)★

[뜻음] 술 주, 삼킬 탄, 사람 인.
[풀이] 술을 많이 마시는 사람은 도리어 술에 먹힘.

走坂之勢 (주판지세)★

[뜻음] 달릴 주, 비탈 판, 갈 지, 기세 세.
[풀이] 가파른 산비탈을 내리달리는 형세. 사람의 힘으로써는 어찌할 도리가 없어 되어가는 대로 맡겨 둘 수밖에 없는 형세.

舟行若窮忽又無際 (주행약궁홀우무제)★

[뜻음] 배 주, 갈 행, 같을 약, 궁할 궁, 갑자기 홀, 또 우, 없을 무, 사이 제.
[풀이] 산중의 꼬불꼬불 흐르는 내에 배를 띄우면 얼마 안 가서 수로가 막히어 더 항행할 수 없는 것 같이 생각되지만 어느덧 一轉(일전)하여 다시 아주 넓은 곳으로 이르게 됨. 이 문구는 이러한 경치를 교묘히 묘사한 것임. 출전 柳宗元(유종원)의 袁家渴記(원가갈기).

竹頭木屑 (죽두목설)★

[뜻음] 대 죽, 머리 두, 나무 목, 가루 설. 댓조각과 대팻밥.
[풀이] 쓸데없는 물건이지만 요긴하게 쓰일 때가 있으므로 소홀히 하지 말라는 뜻. 晋(진)나라의 陶侃(도간)이 댓조각과 나무 부스러기를 버리지 아니하고 잘 간수했다가 나무 부스러기는 진날 마당에 깔고, 댓조각은 배 만드는 데 못으로 요긴하게 썼다는 옛일에서 온 故事(고사). 출전 晉書(진서).

竹林七賢 (죽림칠현)★★★

[뜻음] 대 죽, 수풀 림, 일곱 칠, 어질 현.
[풀이] 晋(진)나라의 초기에 老莊(노장) 허무의 학문을 숭상한 阮籍(완적), 嵇康(혜강), 山濤(산도), 向秀(향수), 劉伶(유령), 王戎(왕융), 阮咸(완함) 등 일곱 사람. 늘 죽림에서 놀았으므로 이름. 출전 晉書(진서) 阮咸傳(완함전).

竹馬故友 (죽마고우)★★★

[뜻음] 대나무 죽, 말 마, 예 고, 벗 우.
[풀이] 죽마를 타던 벗. 어렸을 때부터의 친한 벗.

　　이 말을 어릴 때 친구라는 뜻으로 쓴 사람 중에 晋武帝 (진무제) 司馬炎(사마염)이 있다. 진무제의 아버지 司馬昭 (사마소)에게 반기를 들었다 피살된 諸葛誕(제갈탄)의 아 들 諸葛靓(제갈정)이 吳(오)나라에서 대사마로 있었는데 오가 망하고 그가 晋(진)나라로 돌아오게 되자 진무제는 그를 또 진나라 대사마에 임명했다. 그러나 아버지를 죽인 원수의 아들이 부르는 자리여서 제갈정은 나가지 않았다. 무제는 그와의 옛정을 잊지 못해 제갈정의 누님이자 자신 의 숙모인 琅邪王(낭야왕) 司馬伷(사마주)의 부인 諸葛妃 (제갈비)에게 부탁해서 그를 부르게 하고는 슬며시 그 자 리에 나타나,
　　"卿(경)도 설마 竹馬(죽마)의 옛 정을 잊은 것은 아니겠지."
　　그러자 제갈정은, "신은 숯을 머금고 몸에 옻을 칠할 수 없어, 오늘 다시 폐하를 뵙게 되었습니다" 하고 눈물이 비 오듯 흘러내렸다. 숯을 머금고 몸에 옻칠을 한다는 것 (漆身吞炭칠신탄탄)은, 전국시대 智伯(지백)의 신하였던 豫讓(예양)이 옛 주인의 원수를 갚기 위해 했던 일을 가리 켜 한 말이다.
　　무제는 그를 이해하며, 또한 자신을 후회하며 방을 나 갔다고 한다.

竹馬之友 (죽마지우)★

[뜻음] 대 죽, 말 마, 갈 지, 벗 우.
[풀이] 竹馬故友(죽마고우).

竹帛之功 (죽백지공)★

[뜻음] 대 죽, 비단 백, 갈 지, 공 공.
[풀이] 책에 기록하여 後世(후세)에 전할 만한 功(공).

粥一延命 (죽일연명)

[뜻음] 죽 죽, 하나 일, 끌 연, 목숨 명.
[풀이] 몇 숟가락 안 되는 죽으로 끼니를 이으며 근근이 목숨을 붙여 감.

竹杖芒鞋 (죽장망혜)★★

[뜻음] 대나무 죽, 지팡이 장, 까끄라기 망, 신발 혜.
[풀이] 대지팡이와 짚신. 먼 길을 떠날 때의 아주 간단한 차림.

竹苞松茂 (죽포송무)★

[뜻음] 대 죽, 밑동 포, 소나무 송, 우거질 무.
[풀이] 新築(신축) 落成(낙성)한 가옥의 하부의 堅固(견고)함은 叢生 (총생)한 대나무와 같고 상부의 緻密(치밀)함은 枝葉(지엽)이 繁茂(번 무)한 소나무와 같다. 이 집에 사는 형제는 끝까지 의좋게 지내라는 말. 落成式(낙성식)의 頌辭(송사)로 쓰임. 출전 詩經(시경) 小雅(소아) 斯干篇(사간편).

駿馬每駄痴漢走 (준마매태치한주)★★★

[뜻음] 준마 준, 말 마, 매양 매, 탈 태, 어리석을 치, 사나이 한, 달릴 주.
[풀이] 천 리를 달리는 좋은 말은 늘 바보 같은 녀석을 태우고 달린다.

　　明(명)나라 중엽의 풍류시인 唐寅(당인)이 세상만사가 모두 불공평하게 짜여 있는 것을 노래한 시의 한 구절이다.

　　駿馬(준마)는 매양 痴漢(치한)을 태우고 달리고
　　巧妻(교처)는 항상 拙夫(졸부)를 짝하고 잔다.
　　세간의 많고 적은 불공평한 일이
　　하늘이 지은 것인 줄 알지 못하거든
　　하늘이 한 짓이라고 원망하지 말라.

　　당인은 스물아홉 살에 鄕試(향시)에 首席(수석)으로 합 격을 했으나 다음 會試(회시) 때는, 같은 고향의 수험생이 뇌물을 준 사건에 휘말려 시험 볼 자격을 박탈당했다. 그 후 벼슬을 단념했다.
　　위 시는 戲弄詩(희롱시)라고 할 수도 있고 세상의 불공 평에 대한 분노를 드러낸 시 같기도 하다. 이 구절을 약해 서 '駿馬痴漢(준마치한)에 巧妻拙夫(교처졸부)'라는 문자 를 쓰기도 한다.

俊邁多技 (준매다기)★

[뜻음] 준걸 준, 뛰어날 매, 많을 다, 재주 기.
[풀이] 재주와 지혜가 썩 뛰어나고 손재주가 많음.

浚民膏澤 (준민고택)★

[뜻음] 빼앗을 준, 백성 민, 살찔 고, 못 택.
[풀이] 백성의 재물을 몹시 착취하여 백성을 괴롭힘.

遵養時晦 (준양시회)★★★

[뜻음] 따라갈 준, 기를 양, 때 시, 숨길 회.
[풀이] 道(도)를 좇아 뜻을 기르고 때가 오지 않은 때에는 말과 행동 을 삼가 나타나지 않고 숨는 것. 韜晦(도회). '韜光養晦(도광양회)'를 참조하시오. 출전 詩經(시경) 周頌(주송) 酌篇(작편).

樽俎折衝 (준조절충)★★★

[뜻음] 술통 준, 도마 조, 꺾을 절, 찌를 충.
[풀이] 술그릇과 도마가 있는 연회 자리에서 외국 사신과 담소하면서 그의 요구를 물리쳐 자국의 주장을 관철시킴. 외국과의 교섭에서 국 위를 떨침.

　　春秋時代(춘추시대), 齊(제)나라 莊公(장공)이 신하인 崔杼(최저)에게 시해되자 동생이 뒤를 잇고 景公(경공)이 라 일컬었다. 경공은 최저를 左相(좌상)에 임명하고 그를 반대하는 자는 죽이기로 맹세까지 했다. 이어 모든 신하가 맹세했다.
　　그러나 단 한 사람, 안영(晏嬰)만은 맹세하지 않고 하

늘을 우러러보며 歎息(탄식)했다고 한다.

"임금에게 충성하고 나라를 위하는 사람이라면 좋으련만"

이윽고 최저가 살해되자 경공은 안영을 相國(상국)에 임명했다. 안영은 溫厚博識(온후박식)한 인물로서 '한 벌의 호구(狐裘: 여우 겨드랑이의 흰 털가죽으로 만든 갖옷)를 30년이나 입었을[一狐裘三十年] 정도로 검소한 淸白吏(청백리)'이기도 했다. 한번은 경공이 큰 食邑(식읍)을 하사하려 하자 그는 이렇게 말하며 사양했다고 한다.

"욕심이 충족되면 망할 날이 가까워지나이다."

당시 중국에는 대국만 해도 12개국이나 있었고 소국까지 세면 100개국이 넘었다. 안영은 이들 나라를 상대로 빈틈없는 외교 수완을 발휘하여 제나라의 지위를 반석 위에 올려놓았다.

안영의 外交手腕(외교수완)에 대해 그의 언행을 수록한 ≪晏子春秋(안자춘추)≫에는 이렇게 나와 있다.

"술통과 도마 사이[樽俎間: 술자리]를 나가지 아니하고 1000里(리) 밖에서 절충한다 함은, 그것은 안자를 두고 하는 말이다."

啐啄同時 (줄탁동시)★★★

[뜻음] 부를 줄, 쫄 탁, 한가지 동, 때 시.
[풀이] 닭이 알을 깔 때 알 속의 병아리가 껍질을 깨뜨리고 나오기 위하여 껍질 안에서 쪼는 것을 줄이라 하고 어미 닭이 밖에서 쪼아 깨뜨리는 것을 탁이라 함. 이 두 가지가 동시에 행하여지므로 師弟之間(사제지간)이 될 緣分(연분)이 서로 무르익음의 비유로 쓰임. 啐는 '쵀' 나 '줄'. 啐啄同幾(줄탁동기).

中扃外閉 (중경외폐)★

[뜻음] 가운데 중, 빗장 경, 바깥 외, 닫을 폐.
[풀이] 마음속의 욕망을 겉으로 나타내지 않고, 외부의 邪惡(사악)을 마음속에 들어오지 못하게 함. 이렇게 하면 萬事(만사)가 節度(절도)를 얻어 성공한다고 한다. '扃(경)'은 문을 닫고 빗장을 지름의 뜻. 출전 文子(문자).

衆寡不敵 (중과부적)★★★

[뜻음] 무리 중, 적을 과, 아닐 부, 대적할 적.
[풀이] 적은 수효로는 많은 수효에 맞서지 못함.

≪孟子(맹자)≫ 양혜왕장구에 나오는 이야기이다.

전국 시대, 제국을 순방하며 王道論(왕도론)을 역설하던 맹자가 齊(제)나라 宣王(선왕)에게 말했다.

"전하 스스로는 放逸(방일)한 생활을 하시면서 나라를 강하게 만들고 천하의 霸權(패권)을 잡으려 드시는 것은 그야말로 '나무에 올라 물고기를 구하는 것[緣木求魚]'과 같사옵니다."

"아니, 과인의 행동이 그토록 나쁘단 말이오?"

"가령, 지금 소국인 鄒(추)나라와 대국인 楚(초)나라가 싸운다면 어느 쪽이 이기겠나이까?"

"그야, 물론 초나라가 이길 것이오."

"그렇다면 소국은 결코 대국을 이길 수 없고 소수는 다수를 대적하지 못하며[衆寡不敵], 약자는 강자에게 패하기 마련이옵니다. 지금 천하에는 1000里(리) 四方(사방)의 나라가 아홉 개 있사온데 제나라도 그중 하나이옵니다. 한 나라가 여덟 나라를 굴복시키려 하는 것은 결국 소국인 추나라가 대국인 초나라를 이기려 하는 것과 같지 않사옵니까?"

이렇게 몰아세운 다음 맹자는 예의 왕도론을 說破(설파)했다.

"왕도로써 백성을 悅服(열복)시킨다면 그들은 모두 천하의 덕에 기꺼이 굴복할 것이오며 또한 천하는 천하의 뜻에 따라 움직이게 될 것이옵니다. …"

衆口難防 (중구난방)★★★

[뜻음] 무리 중, 입 구, 어려울 난, 막을 방.
[풀이] 막기 어려울 정도로 여럿이 마구 지껄임.

≪十八史略(십팔사략)≫에 보면, 召公(소공)이 周厲王(주려왕)의 言論彈壓(언론탄압) 정책을 諫(간)하여 이렇게 말하고 있다.

"백성의 입을 막는 것은 내를 막는 것보다 더한 것이 있습니다. 내가 막혔다가 터지면 사람이 많이 상하게 됩니다. 백성들도 역시 마찬가지입니다. 그러므로 내를 다스리는 사람은 물이 흘러내리도록 하고, 백성을 다스리는 사람은 생각하는 대로 말을 하게 합니다."

그러나 여왕은 소공의 말을 듣지 않고 緘口令(함구령)을 계속 밀고 나갔다. 그로 인해 폭동을 만나 도망친 곳에서 평생을 갇혀 사는 결과를 가져왔고, 그가 갇혀 있는 동안 대신들의 합의에 의해 정치를 한다 해서 이것을 共和(공화)라 불렀다. 이것이 공화정치의 가장 오랜 역사라 볼 수 있다.

衆口鑠金 (중구삭금)★★★

[뜻음] 무리 중, 입 구, 녹일 삭, 쇠 금.
[풀이] 여러 사람의 말은 쇠도 녹인다. 楚(초)나라 屈原(굴원)의 [天問(천문)] 九章(구장) 惜誦(석송)에 나온 구절을 보면 衆口鑠金(중구삭금)은 '뭇 간신의 입이 쇠를 녹이나니'라고 표현되어 있으므로 본디 이 말은 간신들의 말에 임금이 속는 것을 뜻한다고 볼 수 있다. 지금은 이 말이 '뭇사람의 말은 쇠도 녹인다'라고 해서 여론의 위력을 나타내는 속담이 되어 쓰이고 있다.

中冓之言 (중구지언)★

[뜻음] 가운데 중, 짤 구, 갈 지, 말씀 언.
[풀이] 中冓(중구)는 집안의 깊숙한 곳. 陰祕猥褻(음비외설)의 말을 이름. 출전 詩經(시경) 邶風(패풍) 牆有茨篇(장유자편).

中肯綮 (중긍경)★

[뜻음] 가운데 중, 수긍할 긍, 힘줄 붙은 곳 경.
[풀이] 긍은 뼈에 붙은 살이고, 경은 힘줄과 뼈가 한데 엉킨 곳이다. 따라서 중긍경은 일의 急所(급소)를 찌르는 것, 요점을 정확히 捕捉(포착)하는 것을 말함. 肯綮(긍경).

重農輕商 (중농경상)★

[뜻음] 무거울 중, 농사 농, 가벼울 경, 장사 상.
[풀이] 농사를 중시하고 상업을 가볍게 여김.

仲尼不爲已甚者 (중니불위이심자)★

[뜻음] 버금 중, 산 이름 니, 아닐 불, 할 위, 이미 이, 심할 심, 놈 자.
[풀이] 孔子(공자)는 극단적인 일을 하지 않는 사람으로 그 행동은 中庸(중용)에 맞음. 仲尼(중니)는 공자의 字(자). 출전 孟子(맹자) 離婁下篇(이루하편).

仲尼栖栖突不暇黔 (중니서서돌불가검)★

[뜻음] 버금 중, 산 이름 니, 깃들일 서, 부딪칠 돌, 아닐 불, 겨를 가, 검을 검.
[풀이] 孔子(공자)가 세상을 구하는 일에 급급하여, 자기 집에서 편안히 있을 여가가 없었던 일. 栖栖(서서)는 몹시 바쁜 모양, 突(돌)은 굴뚝, 不暇黔(불가검)은 집에 있는 일이 드물었으므로, 굴뚝이 그을지 않은 일. 仲尼(중니)는 공자의 字(자). 출전 新論(신론).

仲尼之徒 (중니지도)★

[뜻음] 버금 중, 산 이름 니, 갈 지, 무리 도.
[풀이] 孔子(공자)의 문인들을 일컬음. 공자의 학문을 崇仰(숭앙)하는 사람들. 仲尼(중니)는 공자의 字(자). 출전 孟子(맹자).

仲尼之門考以四科 (중니지문고이사과)★

[뜻음] 버금 중, 산 이름 니, 갈 지, 문 문, 상고할 고, 써 이, 넉 사, 과목 과.
[풀이] 孔子(공자)의 門下(문하)에서는 德行(덕행), 政事(정사), 言語(언어), 文學(문학)의 四科(사과)로써 인재를 시험함을 이름. 출전 後漢書(후한서) 鄭玄傳(정현전).

中途改路 (중도개로)★

[뜻음] 가운데 중, 길 도, 고칠 개, 길 로.
[풀이] 일을 진행하는 중간에 방침을 바꿈.

中道而廢 (중도이폐)★

[뜻음] 가운데 중, 길 도, 말 이을 이, 그만둘 폐.
[풀이] 일을 하다가 중간에서 그만둠. 출전 論語(논어) 雍也篇(옹야편).

中流擊楫 (중류격즙)★

[뜻음] 가운데 중, 흐를 류, 칠 격, 노 즙.
[풀이] 굳은 결심을 보이느라고 강의 한복판에서 노로 뱃전을 침. 출전 晉書(진서).

中流底柱 (중류저주)★

[뜻음] 가운데 중, 흐를 류, 밑 저, 기둥 주.
[풀이] 中流砥柱(중류지주).

中流砥柱 (중류지주)★★★

[뜻음] 가운데 중, 흐를 류, 숫돌 지, 기둥 주.
[풀이] 황하 한가운데 있는 지주. 河南省(하남성) 陝州(섬주)에서 동쪽으로 사십 리 되는 黃河(황하)의 中流(중류)에 있는 주상의 돌. 위가 판판하여 숫돌 같으며 激流(격류) 속에서 우뚝 솟아 꼼짝도 하지 않으므로 亂世(난세)에 처하여 毅然(의연)히 節槪(절개)를 지키는 선비를 비유함. 굳세고 책임감 있고 절개를 지키는 사람.

中立不倚 (중립불의)★

[뜻음] 가운데 중, 설 립, 아닐 불, 의지할 의.
[풀이] 中立不偏(중립불편). 출전 中庸(중용).

中立不偏 (중립불편)★

[뜻음] 가운데 중, 설 립, 아닐 불, 치우칠 편.
[풀이] 한가운데에 있어 어느 쪽에도 치우치지 아니함.

衆目所視 (중목소시)★

[뜻음] 무리 중, 눈 목, 바 소, 볼 시.
[풀이] 여러 사람이 다 같이 보고 있는 터.

重傷謀略 (중상모략)★

[뜻음] 무거울 중, 상처 상, 꾀할 모, 다스릴 략.
[풀이] 나쁜 꾀를 써서 상대방을 겨냥하여 다치게 하는 일.

重賞下必有勇夫 (중상하필유용부)★

[뜻음] 무거울 중, 상 줄 상, 아래 하, 반드시 필, 있을 유, 날랠 용, 지아비 부.
[풀이] 상을 후하게 주면 목숨을 아끼지 아니하고 사력을 다하여 싸우는 용사가 생기는 법임. 출전 三略(삼략).

中石沒鏃 (중석몰촉)★★★

[뜻음] 가운데 · 맞을 중, 돌 석, 잠길 몰, 화살 촉.
[풀이] 쏜 화살이 돌에 깊이 박혔다는 뜻으로, 정신을 집중해서 전력을 다하면 어떤 일에도 성공할 수 있음을 이르는 말.

前漢(전한)의 李廣(이광)은 영맹한 흉노족의 땅에 인접한 隴西[농서: 감숙성(甘肅省)] 지방의 武將大家(무장 대가) 출신으로, 특히 弓術(궁술)과 기마술이 뛰어난 용장이었다. 文帝(문제) 14년(B.C.166), 이광은 肅關(숙관)을 침범한 흉노를 크게 무찌른 공으로 시종 무관이 되었다. 또 그는 황제를 호위하여 사냥을 나갔다가 혼자서 큰 호랑이를 때려잡아 천하에 勇名(용명)을 떨치기도 했다. 그 후 이광은 숙원이었던 수비대장으로 전임되자 변경의 城塞(성새)를 전전하면서 흉노를 토벌했는데 그때도 늘 이겨 常勝(상승) 장군으로 통했다. 그래서 흉노는 그를 '漢飛將軍(한비장군)'이라 부르며 감히 성새를 넘보지 못했다.

어느 날 그는 황혼녘에 초원을 지나다가 어둠 속에 몸을 웅크리고 있는 호랑이를 발견하고 一發必殺(일발필살)의 신념으로 활을 당겼다. 화살은 명중했다. 그런데 호랑이는 꼼짝하지 않았다. 가까이 다가가 보니 그것은 화살이 깊이 박혀 있는 큰 돌이었다. 그는 제자리로 돌아와서 다시 쏘았으나 화살은 돌에 명중하는 순간 튀어 올랐다. 정신을 한데 모으지 않았기 때문이다.

≪韓詩外專(한시외전)≫에도 楚(초)나라의 熊渠子(웅거자)란 사람이 역시 호랑이인 줄 알고 쏜 화살이 화살 깃까지 묻힐 정도로 돌에 깊이 박혔다[射石飮羽(사석음우)]는 이야기가 실려 있다.

衆心成城 (중심성성)★

[뜻음] 무리 중, 마음 심, 이룰 성, 성 성.
[풀이] 여러 사람의 마음이 일치하면 城壁(성벽)같이 굳음. 출전 國語(국어) 周語(주어).

中心是悼 (중심시도)★

[뜻음] 가운데 중, 마음 심, 옳을 시, 슬퍼할 도.
[풀이] 속마음으로 슬퍼함. 출전 詩經(시경) 邶風(패풍) 終風篇(종풍편).

中心如咽 (중심여열)★

[뜻음] 가운데 중, 마음 심, 같을 여, 목멜 열.
[풀이] 생각에 골똘하여 목이 멘 것 같음. 출전 詩經(시경) 王風(왕풍) 黍離篇(서리편).

衆惡必察衆好必察 (중오필찰중호필찰)★★★

[뜻음] 무리 중, 미워할 오, 반드시 필, 살필 찰, 좋아할 호.
[풀이] 많은 사람이 다 미워한다고 그 사람이 무조건 나쁜 줄로 알지 말고, 반드시 그 내용과 까닭을 살펴야 한다. 많은 사람이 좋아하더라도 무조건 상대가 훌륭한 것으로만 생각하지 말고 그 좋아하는 내용과 이유가 무엇인지를 반드시 살펴야 한다는 말.

위의 말은 ≪論語(논어)≫ 衛靈公篇(위령공편)에 있는 孔子(공자)의 말씀이다.

≪大學(대학)≫ 齊家章(제가장)에는,

"좋아하면서도 그 사람의 악한 것을 알고, 미워하면서도 그 사람의 아름다운 것을 아는 사람은 천하에 드물다"라고 나와 있다.

여러 사람이 어떤 사람을 미워하거나 싫어하면 대개 미움을 받는 사람이 나쁜 줄로 알기 쉽다. 그러나 그 반대의 경우도 있다. 군자가 뭇 소인들의 미움을 받는 경우도 있고 부지런한 사람이 게으른 사람들에게 따돌림을 당하는 경우도 있다. 이러한 상황을 잘 파악하고 올바르게 판단을 내려야 한다는 것이 '衆惡必察(중오필찰)'이다.

여러 사람이 어떤 사람을 좋아하면 무조건 따라 좋아하는 경우도 있다. 그 사람이 어떤 면을 가지고 있기에 여러 사람들이 좋아하는지, 그 사람의 잘못된 점은 무엇인지 알고 난 후에 좋아하든지 싫어하든지 아니면 다른 태도를 취하든지 결정할 일이다. 이 교훈이 '衆好必察(중호필찰)'이다.

重雍襲熙 (중옹습희)★

[뜻음] 무거울 중, 누그러질 옹, 이을 습, 기쁠 희.
[풀이] 옹희를 중습한다는 뜻으로, 太平無事(태평무사)한 세상이 오래 계속됨을 이름. 雍熙(옹희)는 和樂(화락)을 뜻함.

中庸之道 (중용지도)★★★

[뜻음] 가운데 중, 고용할 용, 갈 지, 길 도.
[풀이] 마땅하고 떳떳한 중용의 도리. 極端(극단)에 치우치지 않고 평범한 속에서의 진실한 도리.

≪中庸(중용)≫ 첫머리에 朱子(주자)는 程子(정자)의 말을 인용하여 '중용'을 이렇게 풀이하고 있다.

"편벽되지 않은 것을 中이라 말하고 바뀌지 않은 것을 庸이라 말한다. '중'이란 것은 천하의 바른 길이요, '용'이란 것은 천하의 정해진 이치다."

中(중)은 치우치지 않은 것이고 庸(용)은 떳떳하다는 뜻이 된다.

≪中庸(중용)≫의 첫머리에 공자는 말하기를,

"군자의 중용이라는 것은 군자로서 때에 맞게 하는 것이다."라고 했다. 무슨 일이든 때에 맞추어 처리하는 성인의 지혜를 중용이라고 해석하는 것이다. 지조나 용기가 없이 그때그때 상황에 대처하는 요령과는 거리가 있는 말이다.

中原之鹿 (중원지록)★★

[뜻음] 가운데 중, 벌판 원, 갈 지, 사슴 록.
[풀이] 中原(중원)의 사슴. 여러 사냥꾼이 한 마리 사슴을 잡으려고 中原(중원)을 馳驅(치구)하는 모양을 群雄(군웅)이 帝王(제왕)의 자리를 얻으려고 다투는 데 譬喩(비유)해서 나온 말로 天子(천자)의 자리 또는 競爭(경쟁)의 목적물을 이름. 출전 史記(사기) 淮陰侯傳(회음후전).

中原逐鹿 (중원축록)★★★

[뜻음] 가운데 중, 벌판 원, 쫓을 축, 사슴 록.
[풀이] 중원의 사슴을 쫓는다. ① 帝位(제위)를 다툼. ② 政權(정권)을 다툼. ③ 어떤 지위를 얻기 위해 서로 경쟁함.

漢(한)나라 高祖(고조) 11년(B.C.196), 趙(조)나라 재상이었던 陳豨(진희)가 대(代: 산서성) 땅에서 반란을 일으키자 고조는 군사를 이끌고 토벌에 나섰다. 그 틈에 진희와 내통하고 있던 淮陰侯(회음후) 韓信(한신)이 도읍 長安(장안)에서 군사를 일으키려 했으나 사전에 누설되어 呂后(여후: 고조의 황후)와 재상 蕭何(소하)에게 모살당하고 말았다. 이윽고 난을 평정하고 돌아온 고조는 여후에게 물었다.

"한신이 죽기 전에 무슨 말을 하지 않았소?"

"괴통의 말을 듣지 않은 것이 분하다고 하더이다."

蒯通(괴통)은 齊(제)나라의 언변가로서 고조 유방이 항우와 천하를 다투고 있을 때 齊王(제왕: 한신)에게 천하를 三分(삼분)하자고 권했던 사람이다. 그 후 고조 앞에 끌려 나온 괴통은 조금도 겁내는 기색 없이 당당히 말했다.

"그때 한신이 신의 말을 들었더라면 오늘날 폐하의 힘
으로도 어쩌지 못했을 것이옵니다."

고조는 크게 노했다.

"저놈을 당장 삶아 죽여라!"

그러자 괴통은 이렇게 항변했다.

"폐하, 신은 전혀 삶겨 죽을 만한 죄를 진 적이 없나이
다. 秦(진)나라의 기강이 무너지고 천하가 어지러워지자
각지의 英雄豪傑(영웅호걸)들이 일어났사옵고, 진나라가
사슴[鹿: 帝位]을 잃음으로 해서 천하는 모두 이것을 쫓았
던[逐] 것이오며, 그중 키 크고 발 빠른 걸물[傑物: 고조
유방을 가리킴]이 이것을 잡았던 것이옵니다. 그 옛날 대
악당인 '盜跖(도척)의 개가 堯(요) 임금을 보고 짖었다[跖
狗吠堯]'고 해서 요 임금이 악인이라 짖은 것은 아니옵니
다. 개란 원래 주인이 아니면 짖는 법이온데 당시 신은 오
직 한신만 알고 폐하를 몰랐기 때문에 짖었던 것이옵니다.
그런데 천하가 평정된 지금 난세에 폐하와 마찬가지로 천
하를 노렸다 해서 삶아 죽이려 하신다면 이는 도리에 어
긋나는 일이옵니다. 통촉하시옵기를…"

衆議成林 (중의성림)

[뜻음] 무리 중, 의논할 의, 이룰 성, 수풀 림.
[풀이] 여러 사람의 의론은 평지에 숲을 이룬다. 여러 사람이 말하면,
그렇지 않은 일도 그럴 듯하게 됨. 출전 淮南子(회남자).

中二千石 (중이천석)★★

[뜻음] 가운데 중, 두 이, 일천 천, 돌 석.
[풀이] 漢代(한대)의 制度(제도)에서, 官階(관계)를 石(석)으로 나타냈
는데 二千石(이천석)은 최고의 벼슬이고 中二千石(중이천석)은 이에
다음가는 벼슬임. 中(중)은 滿(만).

衆人皆醉我獨醒 (중인개취아독성)★

[뜻음] 무리 중, 사람 인, 다 개, 취할 취, 나 아, 홀로 독, 깰 성.
[풀이] 세상 사람이 다 취해 있지만 자기만이 깨어 있다는 뜻으로, 세
상 사람들이 모두 善惡(선악)을 분별하지 못하는 판국이나 자기만은
事理(사리)에 밝음을 이르는 말. 출전 굴원의 漁父詞(어부사).

衆人廣坐 (중인광좌)★

[뜻음] 무리 중, 사람 인, 넓을 광, 앉을 좌.
[풀이] 稠人廣坐(조인광좌).

衆人弗勝 (중인불승)

[뜻음] 무리 중, 사람 인, 아닐 불, 이길 승.
[풀이] 보통 사람은 감당치 못함을 이름.

衆人所視 (중인소시)★

[뜻음] 무리 중, 사람 인, 바 소, 볼 시.
[풀이] 여러 사람이 다 같이 보고 있는 터. 衆目所視(중목소시).

衆人役役 (중인역역)★

[뜻음] 무리 중, 사람 인, 부릴 역.
[풀이] 뭇사람이 지나치게 잔재주를 피움을 이름. 출전 莊子(장자) 齊
物論篇(제물론편).

中正無私 (중정무사)★

[뜻음] 가운데 중, 바를 정, 없을 무, 사사로울 사.
[풀이] 중정의 도리를 지켜 私心(사심)없이 공정함. 출전 管子(관자).

中正而無私 (중정이무사)★

[뜻음] 가운데 중, 바를 정, 말 이을 이, 없을 무, 사사로울 사.
[풀이] 君主(군주)는 마땅히 옳고 바른 도를 지켜 偏私(편사)하는 일
이 없어야 한다는 뜻. 中正無私(중정무사). 출전 管子(관자).

重重無盡 (중중무진)★

[뜻음] 거듭 중, 없을 무, 다할 진.
[풀이] 불교용어. 어떠한 세계든지 중중하고 無盡藏(무진장)하다. 어
떤 세계든지 그 속의 세계는 무진장 많고 깊다는 말. 화엄의 세계에
서 쓰는 말.

重重疊疊 (중중첩첩)★

[뜻음] 거듭 중, 거듭할 첩.
[풀이] 겹겹으로 포개져 있는 모양. 중첩된 모양.

中體西用 (중체서용)★★

[뜻음] 가운데 중, 몸 체, 서녘 서, 쓸 용.
[풀이] 중국이 體(체)이고 서양 것은 用(용)임.

仲秋明月 (중추명월)★★

[뜻음] 버금 중, 가을 추, 밝을 명, 달 월.
[풀이] 추석날 밤의 밝은 달.

衆醉獨醒 (중취독성)★★

[뜻음] 무리 중, 취할 취, 홀로 독, 깰 성.
[풀이] 모두 취한 가운데에서 홀로 깨어 있다. '滄浪之水(창랑지수)'
를 보시오.

中和之氣 (중화지기)★

[뜻음] 가운데 중, 화할 화, 갈 지, 기운 기.
[풀이] 德成(덕성)이 바르고 곧아 過不及(과불급)이 없는, 아주 和平
(화평)한 氣象(기상).

重厚少文 (중후소문)

[뜻음] 무거울 중, 두터울 후, 적을 소, 무늬 문.
[풀이] 敦厚(돈후)하고 꾸밈이 없음. 출전 史記(사기) 高祖紀(고조기).

中興之主 (중흥지주)★

[뜻음] 가운데 중, 흥할 흥, 갈 지, 주인 주.
[풀이] 쇠퇴한 나라를 중흥시킨 임금.

重熙累洽 (중희누흡)★

[뜻음] 무거울 중, 기쁠 희, 층 누, 윤택할 흡.
[풀이] 광명을 거듭하여 은택이 두루 미친다. 임금이 대대로 현명하

여 태평성대가 계속함. 출전 班固(반고)의 東都賦(동도부).

卽窮驗問 (즉궁험문)

[뜻음] 곧 즉, 다할 궁, 시험할 험, 물을 문.
[풀이] 엄하게 조사하여 자백시킴. 출전 烈女傳(열녀전).

卽鹿无虞 (즉록무우)★

[뜻음] 곧 즉, 사슴 록, 없을 무, 헤아릴 우.
[풀이] 안내자 없이 짐승을 쫓는다. 한갓 祿位(녹위)를 탐내는 자의 비유. 출전 易經(역경) 屯卦(둔괘).

卽時一杯酒 (즉시일배주)★

[뜻음] 곧 즉, 때 시, 한 일, 잔 배, 술 주.
[풀이] 지금 당장 눈앞에 있는 한 잔 술. 나중의 큰 이익보다 현재의 조그마한 이익이 더 좋다는 말. 출전 世說新語(세설신어).

卽溫聽厲 (즉온청려)

[뜻음] 곧 즉, 따뜻할 온, 들을 청, 갈 려.
[풀이] 그 몸에 가까이 가면 온화하여 친밀감이 생기고, 그 말을 들으면 엄숙하여 감히 범하기 어려운 데가 있음.

櫛風沐雨 (즐풍목우)★★

[뜻음] 빗질할 즐, 바람 풍, 목욕할 목, 비 우.
[풀이] 머리는 바람에 빗질이 되고, 몸은 비에 젖어 씻겨, 온몸이 비바람에 시달린다. 긴 세월을 객지에서 떠돌며 온갖 고생을 다 하며 일에 골몰함. 중국 舜(순) 임금 시절 禹(우)가 治水(치수) 사업을 하며 고생하던 일에서 생긴 고사. 출전 唐書(당서).

曾參殺人 (증삼살인)★

[뜻음] 일찍 증, 석 삼, 죽일 살, 사람 인.
[풀이] 입이 여럿이면 금도 녹인다. '三人成虎(삼인성호)'를 보시오. 출전 戰國策(전국책).

增綏福履 (증수복리)★

[뜻음] 더할 증, 편안할 수, 복 복, 신 리.
[풀이] 福祿(복록)을 올려 주어 心神(심신)을 편안하게 해 줌. 출전 詩經(시경) 周南(주남) 樛木篇(규목편).

繒繳之說 (증작지설)★

[뜻음] 주살 증, 주살 작, 갈 지, 말씀 설.
[풀이] 주살로 새를 잡아 맞으면 橫財(횡재)를 하듯이 만일의 僥倖(요행)을 바라고 하는 무책임한 言論(언론)을 이르는 말. 또는 자기의 이익만을 남에게 설득하는 일. 출전 韓非子(한비자).

甑中生塵 (증중생진)★

[뜻음] 시루 증, 가운데 중, 날 생, 티끌 진.
[풀이] 밥을 짓는 시루를 오래 쓰지 않아 먼지가 앉았다. 매우 가난함을 이르는 말.

甑塵釜魚 (증진부어)★

[뜻음] 시루 증, 티끌 진, 가마솥 부, 물고기 어.
[풀이] 시루에 먼지가 쌓이고 가마솥 물에 고기가 생긴다는 뜻. 甑中生塵釜中生魚(증중생진부중생어). 甑中生塵(증중생진).

紙價高 (지가고)★

[뜻음] 종이 지, 값 가, 높을 고.
[풀이] 著作物(저작물)이 인기를 끌어 잘 팔림을 이르는 말. 紙貴(지귀). '洛陽紙貴(낙양지귀)'를 보시오.

地角天涯 (지각천애)★

[뜻음] 땅 지, 뿔 각, 하늘 천, 물가 애.
[풀이] 땅의 한 모퉁이와 하늘의 끝. 서로 멀리 떨어져 있음의 비유.

止渴之計 (지갈지계)★

[뜻음] 그칠 지, 목마를 갈, 갈 지, 꾀 계.
[풀이] 목마름을 그치게 하는 꾀. 魏(위)나라 武帝(무제: 조조)가 목마른 군사들에게 前方(전방)에 매화나무 숲이 있으니 그곳까지 가면 갈증을 풀 수 있다고 호령하고 前進(전진)하게 한 고사. 臨機應變(임기응변)의 꾀를 나타냄.

舐糠及米 (지강급미)★

[뜻음] 핥을 지, 겨 강, 미칠 급, 쌀 미.
[풀이] 겨를 핥아 다 먹으면 반드시 쌀을 먹기에 이름. 곧, 외부의 侵犯(침범)이 마침내 내부에까지 미침을 비유한 말. 또는 욕심이 점점 커짐을 비유함.

祗敬待候 (지경대후)★

[뜻음] 공경할 지, 공경할 경, 기다릴 대, 시중들 후.
[풀이] 공경하는 마음으로 높은 사람의 명령을 기다림.

祗敬六德 (지경육덕)★

[뜻음] 공경할 지, 공경할 경, 여섯 육, 덕 덕.
[풀이] 여섯 가지 덕을 매우 공경하고 삼가서 받들어야 한다. 중국 堯舜(요순) 시대 고요가 禹(우)에게 한 말. 육덕은 智(지), 仁(인), 聖(성), 義(의), 忠(충), 和(화). 출전 書經(서경).

至高至上 (지고지상)★★

[뜻음] 이를 지, 높을 고, 위 상.
[풀이] 뜻이 더할 수 없이 높고 아주 존엄함.

至公無私 (지공무사)★

[뜻음] 이를 지, 공변될 공, 없을 무, 사사로울 사.
[풀이] 지극히 공평하고 사사로움이 없음.

至公至平 (지공지평)

[뜻음] 이를 지, 공변될 공, 평평할 평.
[풀이] 매우 공평함.

智過萬人 (지과만인)★

[뜻음] 슬기 지, 지날 과, 일만 만, 사람 인.
[풀이] 智略(지략)이 보통 사람보다 썩 뛰어남. 출전 淮南子(회남자).

持久之計 (지구지계)★

[뜻음] 가질 지, 오랠 구, 갈 지, 셈할 계.
[풀이] 질질 오랫동안 끌고 갈 꾀.

志鬼心火 (지귀심화)★★★

[뜻음] 뜻 지, 귀신 귀, 마음 심, 불 화.
[풀이] 신라 활리역에 사는 지귀가 선덕여왕의 행차를 보고 선덕여왕을 사모하다 황룡사 9층탑 아래 누워 있을 때 여왕이 지나가다 팔찌를 놓고 갔는데, 지귀는 나중에 심화가 일어나 불꽃이 되어 불귀신이 되었다는 설화. 출전 三國遺事(삼국유사).

枳棘非鸞鳳所棲 (지극비난봉소서)★

[뜻음] 탱자나무 지, 가시나무 극, 아닐 비, 난새 난, 봉황 봉, 바 소, 깃들 서.
[풀이] 탱자나무나 가시나무처럼 좋지 않은 나무에는 난새나 봉황 같은 靈鳥(영조)는 깃들이지 않음. 곧, 천한 자리나 낮은 지위에는 傑士(걸사)가 있을 자리가 아니라는 말.

至近地處 (지근지처)★

[뜻음] 이를 지, 가까울 근, 갈 지, 곳 처.
[풀이] 아주 가까운 곳.

志氣相合 (지기상합)★

[뜻음] 뜻 지, 기운 기, 서로 상, 합할 합.
[풀이] 두 사람의 뜻이 서로 맞음. 意氣投合(의기투합).

知其一非知其二 (지기일비지기이)★★★

[뜻음] 알 지, 그 기, 한 일, 아닐 비, 두 이.
[풀이] 하나는 알고 둘은 모른다. 사리의 한 가닥은 알지만, 다른 더 깊은 뜻이 있음은 모른다는 말. 知其一不知其二(지기일부지기이).

이 말은 ≪詩經(시경)≫ 小雅(소아) 小旻篇(소민편)에서 볼 수 있다.

감히 범을 맨손으로 잡지도 않고
감히 강을 맨몸으로 건너지도 않으나
사람은 그 하나만을 알고
그 밖의 것을 알지 못한다.

暴虐(포학)한 정치를 慨嘆(개탄)해서 부른 시이다. 비록 극단적인 짓은 하지 않더라도 눈앞에 벌어지는 일만 알고 장차 다가올 수많은 것은 알지 못하는 爲政者(위정자)들을 풍자했다.
≪史記(사기)≫ 古祖本紀(고조본기)에 漢古祖(한고조: 유방)가 군신들을 보고 "내가 천하를 얻고, 項羽(항우)가 천하를 잃은 이유가 무엇인지 말해 보라"고 하자 신하들은 두 사람의 성격을 들어서 대답했다. 이때 고조는, "경들은 그 하나는 알고 그 둘은 모른다"라고 말했다. 그 둘이라는 말은 '꼭 두 가지, 둘째 것, 하나 외의 다른 것, 둘 이상의 많은 것' 등을 뜻하므로 단순한 '둘'이 아니다.

知己知心 (지기지심)

[뜻음] 알 지, 몸 기, 알 지, 마음 심.

[풀이] 남남끼리 서로 마음이 통하여 자극하고 참되게 알아줌. 또 알아주는 마음.

知己之友 (지기지우)★★★

[뜻음] 알 지, 몸 기, 갈 지, 벗 우.
[풀이] 자기의 속마음과 가치를 잘 알아주는 참다운 친구. 知己(지기). '伯牙絶絃(백아절현), 知音(지음)'을 보시오.

指南車 (지남거)

[뜻음] 가리킬 지, 남녘 남, 수레 거.
[풀이] 방향을 가리키는 기계를 설비한 수레. 오늘날의 나침반. 指南車(지남차). 출전 古今注(고금주).

之南之北 (지남지북)★

[뜻음] 갈 지, 남녘 남, 북녘 북.
[풀이] 남쪽으로도 가고 북쪽으로도 간다는 뜻으로, 어떤 일에 主見(주견)이 없이 갈팡질팡함을 이르는 말.

至當大臣 (지당대신)★

[뜻음] 이를 지, 마땅할 당, 큰 대, 신하 신.
[풀이] 윗사람의 말에 동감하여 지극히 당연하다고만 하는 신하. 무능한 신하를 비웃어 이르는 말.

支待凡節 (지대범절)★

[뜻음] 지탱할 지, 기다릴 대, 무릇 범, 마디 절.
[풀이] 공적인 일로 지방에 나간 높은 벼슬아치의 먹을 것과 쓸 물건을 그 시골의 관아에서 이바지하는 법도와 절차.

至大至剛 (지대지강)★

[뜻음] 지극할 지, 큰 대, 굳셀 강.
[풀이] 지극히 크고 굳셈. 출전 孟子(맹자).

知德合一 (지덕합일)★★

[뜻음] 알 지, 덕행 덕, 합할 합, 한 일.
[풀이] 지식과 실행은 일치하여야 한다고 하는 소크라테스의 학설.

舐犢之憐 (지독지련)★

[뜻음] 핥을 지, 송아지 독, 갈 지, 불쌍할 련.
[풀이] 舐犢之愛(지독지애).

舐犢之愛 (지독지애)★★

[뜻음] 핥을 지, 송아지 독, 갈 지, 사랑 애.
[풀이] 어미 소가 송아지를 핥아주며 귀여워한다. 어버이가 제 자식을 사랑함. 자식을 사랑하는 나머지 훈육을 게을리하여 장래를 그르침. 자식을 깊이 사랑함을 겸손하게 이르는 말. 출전 後漢書(후한서).

指東指西 (지동지서)

[뜻음] 가리킬 지, 동녘 동, 서녘 서.
[풀이] ① 동쪽을 가리키기도 하고 서쪽을 가리키기도 함. ② 근본에는 손을 대지 못하고, 엉뚱한 것을 가지고 이러니저러니 함. ③ 말하는 要旨(요지)를 잘 모르고 엉뚱한 소리를 함.

指東劃西 (지동획서)

[뜻음] 가리킬 지, 동녘 동, 그을 획, 서녘 서.
[풀이] 동쪽을 가리키며 서쪽을 그음. 함께 일을 논의할 때 주제를 回避(회피)하여 그 언저리에 대해서만 이러쿵저러쿵 일시적으로 흐리터분하게 어루만지는 일.

至樂無樂 (지락무락)★★★

[뜻음] 지극할 지, 즐거울 락, 없을 무.
[풀이] 지극한 즐거움에는 즐거움이 없음.

이 세상에서 가장 즐거운 것은 그것이 즐거운 줄을 모르는 平溫無事(평온무사)한 것이다.
이 말은 ≪莊子(장자)≫ 至樂篇(지락편)에 나온다. 장자가 이 말을 한 본래의 뜻은 진리를 깨달은 사람의 즐거움은 즐겁다는 자각이 없는 언제나 그대로인 것임을 말하려 한 것이다. 그것은 생사도 영광도 굴욕도 슬픔도 기쁨도 다 초월한, 자기만이 가지고 있는 즐거움이라는 말이다. 장자가 말하기를,
"비록 南面(남면)을 한 임금의 즐거움도 이에서 더 즐거울 수는 없다."
장자는 즐거움에 대한 예를 들고 있다.
"魯(노)나라 임금이 들 밖에 날아 든 바닷새를 붙들어다가 좋은 음악을 들려주고 사람이 먹는 귀한 음식을 주었다. 그러나 새는 조금도 반가워하는 일이 없이 사흘을 굶은 끝에 죽고 말았다"는 것이다.
이 비유에서 至樂無樂(지락무락)이 뜻하는 바의 一端(일단)을 얻을 수 있다. '남면'이란 '南面之任(남면지임)'이므로, 임금의 지위를 나타낸다.

芝蘭生於深林 (지란생어심림)★

[뜻음] 지초 지, 난초 란, 날 생, 어조사 어, 깊을 심, 수풀 림.
[풀이] 지란은 깊은 숲 속에서 난다. 君子(군자)는 역경 속에서도 오히려 절조를 굳게 지킴을 이르는 말. 출전 孔子家語(공자가어).

芝蘭之契 (지란지계)★★★

[뜻음] 지초 지, 난초 란, 갈 지, 맺을 계.
[풀이] 영지와 난초의 사귐. 벗 사이의 맑고도 높은 사귐. 芝蘭之交(지란지교).

芝蘭之交 (지란지교)★

[뜻음] 지초 지, 난초 란, 갈 지, 사귈 교.
[풀이] 영지와 난초의 사귐. 벗 사이의 맑고도 높은 사귐.

芝蘭之室 (지란지실)★

[뜻음] 지초 지, 난초 란, 갈 지, 집 실.
[풀이] 香草(향초)가 있어 좋은 향기가 나는 방. 善人(선인), 君子(군자)를 비유함. 출전 顔氏家訓(안씨가훈).

芝蘭之化 (지란지화)★

[뜻음] 지초 지, 난초 란, 갈 지, 될 화.
[풀이] 훌륭한 벗과 사귀어서 받는 좋은 감화.

砥厲廉隅 (지려염우)★

[뜻음] 숫돌 지, 갈 려, 곧을 염, 모퉁이 우.
[풀이] 節義(절의)를 세우는 것. 廉隅(염우)는 물건의 모(角: 각). 지려는 갈아 닦는다는 뜻. 출전 禮記(예기) 儒行篇(유행편).

枝連蔓引 (지련만인)★

[뜻음] 가지 지, 잇닿을 련, 덩굴 만, 끌 인.
[풀이] 관련자를 모조리 검거함.

地靈人傑 (지령인걸)★

[뜻음] 땅 지, 신령 령, 사람 인, 뛰어날 걸.
[풀이] 산천이 수려하고 地勢(지세)가 빼어나서, 그 地氣(지기)를 띠고 태어난 그 곳에 사는 사람들도 한결 뛰어남.

持祿養交 (지록양교)★

[뜻음] 가질 지, 녹 록, 기를 양, 사귈 교.
[풀이] 小吏(소리)의 마음은 그 직분을 다함에 있는 것이 아니고, 단지 녹을 가지고 교제를 넓히는 것뿐이라는 뜻. 벼슬자리를 유지하기 위하여 끊임없이 윗자리의 사람과 교제하는 일. '養交'란 자기가 섬기고 있는 윗사람과 친분이 있는 사람의 기분을 언짢게 하지 않기 위하여 애쓰는 일. 출전 管子(관자).

指鹿爲馬 (지록위마)★★★

[뜻음] 가리킬 지, 사슴 록, 할 위, 말 마.
[풀이] 사슴을 가리켜 말이라고 함. 즉 윗사람과 아랫사람들을 농락하여 권세를 휘두르는 것을 가리킴. 진나라 승상 조고의 말.

≪史記(사기)≫ 秦二世紀(진이세기)에 나오는 이야기이다.
秦始皇(진시황) 三七年(삼십칠년) 七月(칠월) 始皇帝(시황제)가 巡行(순행) 도중 沙丘(사구)의 平臺(평대)에서 병으로 죽으면서 태자 扶蘇(부소)를 불러 장례식을 치르라고 조서를 남겼으나 환관 趙高(조고)는 李斯(이사)와 함께 진시황의 죽음을 숨기고 서울 咸陽(함양)으로 돌아와 後宮(후궁) 소생 胡亥(호해)를 황제의 자리에 앉히고 부소에게는 죽음을 내린다. 조고는 이사를 제거하고 자신이 승상이 된 다음 호해를 마음대로 부린다.
자신이 황제가 되려고 반란을 꾀했으나 군신들이 자기를 따르게 될지가 염려되었다. 그래서 사람들을 떠보기 위해 사슴을 가져다가 二世皇帝(이세황제) 호해에게 바치며,
"이것이 말이옵니다"라고 했다. 그러자 이세는 웃으며,
"승상이 실수를 하는구려, 사슴을 보고 말이라고 하니"
"아닙니다. 말이올시다."
이세는 좌우에 있는 사신들에게 물었다. 어떤 사람은 잠자코 있고, 어떤 사람은 조고의 편을 들어 말이라고 하고, 혹은 정직하게 사슴이라고 대답하기도 했다.

　　그러나 조고는 사슴이라고 말한 사람은 모조리 법률로
얽어 감옥에 넣고 말았다. 그 뒤로 모든 신하들은 조고가
무서워 그가 하는 일에 다른 의견을 말하지 못했다는 것
이다. 진시황 살아생전에 진은 오랑캐에 의해 망한다는 점
괘 때문에 만리장성을 쌓았다는 이야기가 ≪史記(사기)≫
에 나오는데, 오랑캐(胡)는 다름 아닌 호해였다.

支離滅裂 (지리멸렬)★★

[뜻음] 지탱할 지, 떠날 리, 멸할 멸, 터질 렬.
[풀이] ① 갈가리 찢기어 흩어지고 갈피를 잡을 수 없이 됨. ② 문장
따위가 散漫(산만)하고 사리에 맞지 않음.

地理不如人和 (지리불여인화)★★

[뜻음] 땅 지, 이치 리, 아닐 불, 같을 여, 사람 인, 화할 화.
[풀이] 지형 상 有利(유리)한 山川(산천)의 要害(요해)도 人心(인심)
이 一致(일치)한 것만 같지 못함.

地利勝天時 (지리승천시)★

[뜻음] 땅 지, 이로울 리, 이길 승, 하늘 천, 때 시.
[풀이] 적을 무찌를 좋은 기회를 만난다 할지라도, 地利(지리)를 얻지
못하면 승산이 없음. 하늘이 주는 좋은 기회도 地勢(지세)의 이로움
을 얻는 것보다는 못함을 이르는 말. 출전 淮南子(회남자).

持滿 (지만)★

[뜻음] 가질 지, 찰 만.
[풀이] 활시위를 한껏 당긴 채 대기하고 있는 상태. 완전히 준비를 마
치고 때를 기다림. 사물이 극점에 달한 채 그 상태를 그대로 유지하
고 있음. 正鵠(정곡)이라는 말도 활의 과녁에서 나온 말.

知命之年 (지명지년)★★

[뜻음] 알 지, 목숨 명, 갈 지, 해 년.
[풀이] 50세. 孔子(공자)가 50세에 天命(천명)을 알았다고 말한 데서
온 말. 출전 論語(논어).

智謀過人 (지모과인)★

[뜻음] 슬기 지, 꾀 모, 지날 과, 사람 인.
[풀이] 슬기로운 꾀가 보통사람보다 훨씬 뛰어남.

止謗之道 (지방지도)

[뜻음] 그칠 지, 헐뜯을 방, 갈 지, 길 도.
[풀이] 남의 비방을 멈추게 하는 방법.

知白守黑 (지백수흑)★

[뜻음] 알 지, 흰 백, 지킬 수, 검을 흑.
[풀이] '白'은 지식의 밝음을 이르고 '黑'은 침묵하여 지혜를 나타내
지 않음을 이름. 밝은 지식을 가지고 있으면서도 이를 나타내지 않고
大愚(대우)의 덕을 지키고 있는 일. 출전 老子(노자).

持斧伏闕 (지부복궐)★

[뜻음] 가질 지, 도끼 부, 엎드릴 복, 대궐 궐.
[풀이] 重難(중난)한 일을 왕에게 上疏(상소)할 때 결사의 각오로 도

끼를 가지고 闕下(궐하)에 나아가 엎드림.

知斧斫足 (지부작족)★

[뜻음] 알 지, 도끼 부, 쪼갤 작, 발 족.
[풀이] 믿는 도끼에 발등 찍힌다. ① 잘되려니 믿고 있던 일로부터 뜻
밖의 재난을 받는다는 말. ② 믿고 있던 사람에게서 도리어 배신을
당함의 비유.

脂粉氣 (지분기)★★

[뜻음] 기름 지, 가루 분, 기운 기.
[풀이] 臙脂(연지)와 粉(분)의 냄새. 여자의 냄새.

地不生無名之草 (지불생무명지초)★★

[뜻음] 땅 지, 아닐 불, 날 생, 없을 무, 이름 명, 갈 지, 풀 초.
[풀이] 땅은 이름 없는 풀을 자라게 하지 않는다. 이 세상에 아무 곳
에도 쓸모없는 물건이라고는 하나도 없음을 이르는 말.

至貧無依 (지빈무의)★★

[뜻음] 이를 지, 가난할 빈, 없을 무, 의지할 의.
[풀이] 지극히 가난하여 의탁할 곳이 없음.

之死靡他 (지사미타)★

[뜻음] 갈 지, 죽을 사, 쓰러질 미, 다를 타.
[풀이] 죽어도 마음이 변치 않음.

至死爲限 (지사위한)★

[뜻음] 이를 지, 죽을 사, 할 위, 한정 한.
[풀이] 죽을 때까지 제 의견을 굽히지 않고 뻗대어 나감. 至死不屈
(지사불굴).

志士仁人 (지사인인)★

[뜻음] 뜻 지, 선비 사, 어질 인, 사람 인.
[풀이] 志士(지사)와 仁人(인인). '志士'는 국가와 사회를 위하여 마
음을 바치는 사람. '仁人'은 仁德(인덕)이 있는 사람. 출전 論語(논어)
衛靈公篇(위령공편).

地上神仙 (지상신선)★

[뜻음] 땅 지, 위 상, 귀신 신, 신선 선.
[풀이] ① 신선이 이 세상에 있다는 말. ② 팔자 좋은 사람을 부러워
하는 말. ③ 天道教(천도교)에서 천도를 믿어 누릴 수 있는 이 세상
의 낙원을 말함.

芝仙延年 (지선연년)★

[뜻음] 지초 지, 신선 선, 끌 연, 해 년.
[풀이] 주로 靈芝(영지)·소나무·돌을 그리는 동양화의 畵題(화제).
흔히 長壽(장수)를 축하하여 그림.

至誠感天 (지성감천)★★★

[뜻음] 다할 지, 정성 성, 느낄 감, 하늘 천.
[풀이] 정성이 지극하면 하늘도 感動(감동)하게 된다. 어떤 일이나 정
성껏 하면 하늘도 움직여 아주 어려운 일도 순조롭게 되고 풀리어 좋
은 結果(결과)를 맺는다는 말.

智崇禮卑 (지숭예비)★

[뜻음] 슬기 지, 높을 숭, 예도 례, 낮을 비.
[풀이] 슬기는 높아야 하고 예는 겸손하여야 함. 이것이 천지의 도에 맞음.

知臣莫若君 (지신막약군)★

[뜻음] 알 지, 신하 신, 말 막, 같을 약, 임금 군.
[풀이] 신하를 아는 것은 임금만 한 이가 없다. 신하가 착한지 못난이 인지 잘 아는 일은 임금이 할 일이라는 말. 출전 韓非子(한비자).

至信辟金 (지신벽금)

[뜻음] 이를 지, 믿을 신, 물리칠 벽, 쇠 금.
[풀이] 믿음의 극치에 있어서는 금옥으로써 믿음을 나타낼 필요가 없음. 출전 莊子(장자).

知我者其天乎 (지아자기천호)★★★

[뜻음] 알 지, 나 아, 놈 자, 그 기, 하늘 천, 어조사 호.
[풀이] 세상 사람은 나를 몰라도 하늘은 나를 알아준다는 것.

이 말은 ≪論語(논어)≫ 憲問篇(헌문편)에 보면 孔子(공자)가 제자들이 있는 앞에서 혼자 이렇게 탄식을 했다.
"나를 알아줄 사람이 없구나"
그러자 子貢(자공)이 물었다.
"어째서 선생님을 아는 사람이 없다고 하십니까?"
"하늘을 원망하지 않고 사람을 탓하지 않으며 아래로부터 배워 위로 통하니 나를 아는 사람은 다만 하늘뿐이다."
하늘을 원망하지 않고 사람을 탓하지 않는 경지는 곧 성인의 경지라고 할 수 있다.
周遊天下(주유천하)하며 공자는 자신의 뜻을 설파하였으나 자신을 잘 받아주는 곳은 없었다. 어찌 보면 불우한 일생을 보냈다고 볼 수 있다. 나를 알아줄 사람은 하늘밖에 없다는 탄식이 저절로 나왔을 것이다.

池魚籠鳥 (지어농조)★★

[뜻음] 연못 지, 물고기 어, 대그릇 농, 새 조.
[풀이] 연못의 고기와 새장의 새. 자유롭지 못한 몸의 비유로 쓰임.

至於死境 (지어사경)★

[뜻음] 이를 지, 어조사 어, 죽을 사, 지경 경.
[풀이] 거의 죽다시피 되는 어려운 경우에 이름. 죽을 지경에 이름.

止於至善 (지어지선)★★★

[뜻음] 그칠 지, 어조사 어, 이를 지, 착할 선.
[풀이] 지극한 善(선)에 머물러 움직이지 않는다. 인간은 최고의 선에 到達(도달)하여 그 상태를 유지하는 일을 理想(이상)으로 할 것임을 가르친 말.

至善(지선)이라는 말은 ≪大學(대학)≫ 첫머리에 있는 말이다. 明德(명덕), 新民(신민), 至善(지선)을 가리켜 후세 사람들이 '三綱領(삼강령)'이라고 이름을 붙이기도 했

다. 대학 원문에는,
"대학의 길은 밝은 덕을 밝히는 데 있고, 백성을 새롭게 하는 데 있고, 지극히 착한 데 그치는 데 있다"고 나와 있다.
止於至善(지어지선)은 지극히 착한 곳에 머무른다는 뜻이다. '至於至善(지어지선)'이라는 말이 더 많이 쓰인다.
朱子(주자)는 註釋(주석)에서 말하기를,
"하늘 이치는 극진함을 다하여 한 털끝만 한 사람 욕심의 사사로움도 없다"라고 했다. 그러나 '至於至善(지어지선)'을 우리는 보통 '최선을 다하다, 완전무결하다' 등의 의미로 사용하고 있다.

池魚之殃 (지어지앙)★★★

[뜻음] 못 지, 물고기 어, 갈 지, 재앙 앙.
[풀이] 연못에 던진 보석을 찾기 위해 물을 전부 퍼내는 바람에 엉뚱한 물고기만 죽음을 당한 고사. 다른 데서 생긴 재앙으로 상관없는 데까지 억울하게 휩쓸려 화를 당하는 것.

≪呂氏春秋(여씨춘추)≫ 孝行覽(효행람)에 나오는 이야기이다.
"宋(송)나라 桓司馬(환사마)가 귀한 구슬을 가지고 있었다. 그가 죄를 짓고 도망을 가자, 왕이 사람을 시켜 그가 가지고 있던 구슬을 어디에 두었는가를 물어보게 했다. 그는 못에 던져 버렸다고 대답했다. 왕은 구슬을 찾기 위해 못이 바닥이 나도록 물을 퍼냈다. 구슬은 찾지 못하고 엉뚱한 고기만 다 죽고 말았다."
또, ≪淮南子(회남자)≫ 說山訓篇(설산훈편)에도,
"초나라 왕이 원숭이를 잃어버리자 숲의 나무가 그로 인해 절단 나고, 송나라 임금이 그 구슬을 잃어버리자 못 속의 고기가 그로 인해 다 죽었다"고 나와 있다.
또 ≪廣韻(광운)≫에는 이 말의 유래를 달리 밝히고 있다.
"옛날 池仲魚(지중어)란 사람이 있었다. 성문에 불이 나는 바람에 불에 타 죽었다. 그래서 '성문에 불이 나자 화가 池魚(지어)에게 미쳤다'라는 속담이 생기게 되었다"는 것이다.
禍(화)나 福(복)이 전혀 뜻하지 않은 곳에까지 미치게 된다는 말이다. 여기에서는 禍(화)를 말한다. '殃及池魚(앙급지어)'라고도 한다.

止於至處 (지어지처)

[뜻음] 그칠 지, 어조사 어, 이를 지, 곳 처.
[풀이] 일정한 宿所(숙소)가 없이 어디든지 이르는 곳에서 머물러 잠. 事理(사리)에 맞추어 그쳐야 옳을 자리에서 그침.

知淵中之魚者不祥 (지연중지어자불상)★

[뜻음] 알 지, 못 연, 가운데 중, 갈 지, 고기 어, 놈 자, 아닐 불, 상서

로울 상.
[풀이] 깊은 못 속의 물고기를 들여다보고 몇 마리 있는 것을 환히 아는 것은 좋지 않음. 깊은 못 속의 물고기를 환히 들여다보는 것은 상서롭지 못하다는 뜻. 잡다한 일을 세세히 알고자 하는 것은 좋지 않음. 정치는 자질구레한 일에 구애되지 아니하고 기본적인 큰 줄거리를 다스려야 함을 비유하는 말. 출전 列子(열자) 說符篇(설부편).

枝葉相持 (지엽상지)★

[뜻음] 가지 지, 잎 엽, 서로 상, 보존할 지.
[풀이] 가지와 잎이 서로 받친다. '자손들이 서로 도와 지지함'을 이르는 말. 출전 漢書(한서).

智欲圓而行欲方 (지욕원이행욕방)★

[뜻음] 슬기 지, 하고자 할 욕, 둥글 원, 말 이을 이, 다닐 행, 모 방.
[풀이] 지혜는 圓轉活脫(원전활탈)하기를 바라고, 행위는 方正嚴格(방정엄격)하여 예의에 맞기를 바람. 슬기는 둥글둥글하여 막히는 데가 없어야 하고 행실이 발라 예절에 맞아야 함. 출전 淮南子(회남자) 主術訓(주술훈).

智勇兼備 (지용겸비)★

[뜻음] 슬기 지, 날랠 용, 겸할 겸, 갖출 비.
[풀이] 슬기와 용기를 함께 갖춤.

至于今日 (지우금일)★

[뜻음] 이를 지, 어조사 우, 이제 금, 날 일.
[풀이] 예로부터 오늘에 이르기까지. 至于今(지우금).

知遇之感 (지우지감)

[뜻음] 알 지, 만날 우, 갈 지, 느낄 감.
[풀이] 자기의 인격이나 학식을 잘 알아서 후하게 대우해 준 것에 대한 고마운 마음.

至愚責人明 (지우책인명)★★★

[뜻음] 지극할 지, 어리석을 우, 꾸짖을 책, 사람 인, 밝을 명.
[풀이] 지극히 어리석은 사람도 남을 책망하는 데는 밝음.

≪宋名臣言行錄(송명신언행록)≫에 있는 范純仁(범순인)의 말이다. 그가 제자들에게 말했다.
"사람이 아무리 어리석어도 남을 꾸짖는 데는 밝고, 아무리 총명이 있어도 자기를 용서할 때는 어둡다."
또 말하기를,
"내가 평생을 통해 배운 것은 忠(충)과 恕(서) 두 글자뿐이다. 이것은 평생을 두고 사용해도 부족함이 없다"고 했다.
'忠(충)'은 거짓 없는 마음을 말하고, '恕(서)'는 그 거짓 없는 마음을 그대로 행하는 것이다.

知遠而不知近 (지원이부지근)★

[뜻음] 알 지, 멀 원, 말 이을 이, 아닐 부, 가까울 근.
[풀이] 남의 일은 잘 알면서도 제 일은 알지 못함. 知遠不知近(지원부지근).

知音 (지음)★★★

[뜻음] 알 지, 소리 음. 음악에 대한 감상능력이 있는 사람.
[풀이] 흔히 莫逆(막역)한 친구를 말함. 伯牙絶絃(백아절현).

이 이야기는 ≪列子(열자)≫ 湯問篇(탕문편)에 나온다. 伯牙(백아)는 거문고를 잘 타고, 종자기는 타는 소리의 뜻을 잘 알았다. 백아가 거문고를 들고 높은 산에 오르고 싶은 마음으로 타고 있으면, 鍾子期(종자기)는 옆에서 이렇게 말했다.
"기가 막히다. 하늘을 찌를 듯한 높은 산이 눈앞에 나타나 있구나"
또 백아가 흐르는 강물을 생각하며 거문고를 타면 종자기는,
"참으로 좋다. 도도히 흐르는 강물이 눈앞을 지나고 있는 것 같다" 하고 감탄했다.
거문고 타는 소리를 듣고 백아의 속마음을 알아주는 것이 항상 이런 정도였다.
또 ≪呂氏春秋(여씨춘추)≫ 본미편에도 같은 이야기가 실려 있는데 다음과 같은 이야기를 덧붙이고 있다.
"종자기가 죽자 백아는 거문고를 부수고 줄을 끊은 다음, 평생 거문고를 타지 않았다. 이 세상에 다시 자기 거문고 소리를 들려줄 만한 사람이 없었기 때문이다."
'知音(지음)'이란 소리를 안다는 말이고 자기를 알아주는 '知己之友(지기지우)'라는 말과 유사하다.

至人達士 (지인달사)★

[뜻음] 이를 지, 사람 인, 통달할 달, 선비 사.
[풀이] 德(덕)이 높고 이치에 밝아서 사물에 얽매어 지내지 않는 사람.

至仁無親 (지인무친)

[뜻음] 이를 지, 어질 인, 없을 무, 친할 친.
[풀이] 仁(인)의 극치를 몸소 체험하여 알게 된 사람은 친하고 가까운 것과 그렇지 않은 것과의 구별을 하지 않음. 출전 莊子(장자).

智仁勇 (지인용)★★★

[뜻음] 슬기 지, 어질 인, 날랠 용.
[풀이] 슬기와 어짊과 용기. 출전 中庸(중용) 第二十章(제이십장).

知人之鑑 (지인지감)★★★

[뜻음] 알 지, 사람 인, 갈 지, 볼 감.
[풀이] 재능이 있는지 없는지 사람을 잘 알아보는 鑑識力(감식력).

智者見於未萌 (지자견어미맹)★

[뜻음] 슬기 지, 놈 자, 볼 견, 어조사 어, 아닐 미, 싹 맹.
[풀이] 슬기로운 자는 일이 싹트기 전에 안다. 智者(지자)는 일이 일어나기 전에 미리 앎. 출전 戰國策(전국책).

知子莫若父 (지자막약부)★

[뜻음] 알 지, 아들 자, 없을 막, 같을 약, 아비 부.
[풀이] 知子莫如父(지자막여부).

ㅈ

知子莫如父 (지자막여부)★★★

[뜻음] 알 지, 아들 자, 아닐 막, 같을 여, 아비 부.
[풀이] 아들을 아는 데 그 아비만 한 이가 없다. 知子莫若父(지자막약부).

≪韓非子(한비자)≫ 十過篇(십과편)은 임금의 열 가지 허물을 들어서 말한 것인데 그중 여덟 번째에 가서 忠臣(충신)의 말을 듣지 않은 예를 다음과 같이 들고 있다.

옛날 齊桓公(제환공)이 제후들을 糾合(규합)해서 春秋五覇(춘추오패)의 으뜸이 된 것은 전부 管仲(관중)의 공이었다. 관중이 늙은 뒤 집에 있을 때 환공이 찾아가 물었다.

"仲父(중보: 관중의 존호)가 집에서 병으로 누워 있으니 불행히 일어나지 못한다면 정치를 누구에게 맡겨야 하겠소."

"늙은 신에게 물을 것이 있겠습니까. 신이 듣건대 신하를 아는 것은 임금만 한 사람이 없고, 자식을 아는 것은 아비만 한 사람이 없다고 하였습니다. 임금께서 생각하여 결정하십시오"

그러자 환공은 鮑叔牙(포숙아)가 어떠냐고 물었다. 관중은 그가 覇者(패자)의 재상될 자격이 없다고 반대했다. '管鮑之交(관포지교)'라는 말이 지금도 膾炙(회자)될 정도로 친한 친구관계이나 반대했던 것이다. 그러자 환공은 竪刁(수조)를 물었다. 관중은 그를 小人(소인)이라 하여 반대했다. 환공은 또 開方(개방)과 易牙(역아)가 어떠냐고 물었다. 관중은 그들이 다 위험한 인물이니 멀리하라고 간곡히 부탁했다.

관중이 죽자 환공은 관중이 천거한 濕朋(습붕)을 쓰지 않고 자신이 신임한 內侍(내시) 수조를 썼다. 그러나 수조는 개방과 역아 등과 공모하여 난을 일으키고 환공을 남문 寢殿(침전) 수위의 방에 가두어 굶어 죽게 했다. 환공의 여러 아들들이 환공의 뒤를 이으려고 서로 싸우는 바람에 환공의 시체는 석 달이나 放置(방치)되었고 시체에서 생긴 벌레가 문밖에까지 기어 나왔다. 환공이 관중의 말을 듣지 않은 결과는 참담했다.

知者不博 (지자불박)

[뜻음] 알 지, 놈 자, 아닐 불, 넓을 박.
[풀이] 理致(이치)를 깊이 아는 사람은 자기 專門(전문)을 깊이 파느라고 딴 잡다한 일에는 통하지 아니함. 출전 老子(노자).

知者不言 (지자불언)★

[뜻음] 알 지, 놈 자, 아닐 불, 말씀 언.
[풀이] 지식이 있는 사람은 깊이 才能(재능)을 감추고 함부로 말을 하지 아니함. 출전 老子(노자).

知者不惑 (지자불혹)★

[뜻음] 알지, 놈 자, 아닐 불, 미혹할 혹.
[풀이] 知者(지자)는 迷惑(미혹)하지 않는다. 孔子(공자)가 40세에 迷惑(미혹)되지 않는다고 했으며 여기에서 나이 40을 나타내는 '不惑(불혹)'이라는 말이 나옴. 출전 論語(논어) 子罕篇(자한편).

知者樂水 (지자요수)★★★

[뜻음] 알 지, 놈 자, 좋아할 요, 물 수.
[풀이] 지식이 많은 사람은 사리에 밝아서 마치 물이 자유로이 흐르는 것과 비슷하므로 물과 같이 빙빙 돌면서 흘러 막힘이 없기 때문에 물을 좋아함. 知者樂水仁者樂山(지자요수인자요산).

≪論語(논어)≫ 雍也篇(옹야편)에 있는 孔子(공자)의 말이다.

"知者(지자)는 물을 좋아하고, 仁者(인자)는 산을 좋아한다. 지자는 움직이고, 인자는 고요하다. 지자는 즐겁고, 인자는 壽(수)한다."

공자는 냇물에서 歎息(탄식)한 일이 있다.

"가는 것이 이 같구려. 낮과 밤은 쉬지 않는 도다."

공자는 쉼 없는 냇물을 보고 우주의 끝없는 운행을 느끼며 感懷(감회)에 젖었다.

之子于歸 (지자우귀)★

[뜻음] 갈 지, 자식 자, 어조사 우, 돌아갈 귀.
[풀이] 딸이 시집 감. 여자는 남편의 집을 자기 집으로 하므로 歸(귀)라고 한다. 출전 詩經(시경) 周南(주남) 桃天篇(도요편).

智者一失 (지자일실)★

[뜻음] 알 지, 놈 자, 한 일, 잃을 실.
[풀이] 슬기로운 사람도 많은 생각 가운데는 간혹 失策(실책)이 있음.

智者千慮必有一失 (지자천려필유일실)★

[뜻음] 알 지, 놈 자, 일천 천, 생각할 려, 반드시 필, 있을 유, 한 일, 잃을 실.
[풀이] 슬기로운 사람도 많은 생각 중에는 간혹 실수가 있음. 출전 史記(사기) 淮陰侯傳(회음후전).

智者作法而愚者制 (지자작법이우자제)★

[뜻음] 슬기 지, 놈 자, 만들 작, 법률 법, 말 이을 이, 어리석을 우, 누를 제.
[풀이] 천하의 모든 일은, 智者(지자)가 법을 만들고 愚者(우자)는 이 법에 制御(제어) 당함을 이름. 슬기로운 자는 법을 만들고 어리석은 자는 이 법에 부림을 당한다는 말. 출전 商子(상자) 更法篇(갱법편).

只在此山中 (지재차산중)★★★

[뜻음] 다만 지, 있을 재, 이 차, 뫼 산, 가운데 중.
[풀이] 오직 이 산속에 있음. 곧 사물이 일정한 범위 밖에 나가지 않음.

≪古文眞寶(고문진보)≫ 前集(전집)에 있는 無本(무본)이라는 僧侶(승려)가 지은 五言古風短篇(오언고풍단편)에 나오는 글귀이다. 그가 산속에 있는 道士(도사)를 찾아갔다가 만나지 못하고 돌아오며 지은 글이다. 이 글귀는 여운이 짙어 많은 사람들이 愛誦(애송)한다.

소나무 밑에서 아이에게 물었더니
스승은 약을 캐러 갔다고 말한다.
다만 이 산속에 있기는 한데
구름이 짙어 있는 곳을 알지 못한다.

松下問童子 송하문동자
言師探藥去 언사탐약거
只在此山中 지재차산중
雲深不知處 운심부지처

志在千里 (지재천리)★

[뜻음] 뜻 지, 있을 재, 일천 천, 거리 리.
[풀이] 품은 뜻이 遠大(원대)함. 뜻이 雄大(웅대)함.

至情之間 (지정지간)★

[뜻음] 지극할 지, 뜻 정, 갈 지, 사이 간.
[풀이] ① 지극히 가까운 정분 있는 사이. ② 썩 가까운 친척 사이.

鷙鳥累百不如一鶚 (지조루백불여일악)★

[뜻음] 맹금 지, 새 조, 묶을 루, 일백 백, 아닐 불, 같을 여, 한 일, 물수리 악.
[풀이] 사나운 새 백 마리가 물수리 한 마리만 못함. 곧 무능한 자 백인이 모여도 유능한 인사 한 사람을 당하지 못한다는 비유. 출전 後漢書(후한서).

鷙鳥不群 (지조불군)★

[뜻음] 맹금 지, 새 조, 아닐 불, 무리 군.
[풀이] 사나운 새는 무리를 짓지 않는다. 忠正(충정)한 사람은 世俗(세속)에 어울리지 않음을 이르는 말. 출전 楚辭(초사).

鷙鳥將擊卑飛斂翼 (지조장격비비염익)★

[뜻음] 맹금 지, 새 조, 장차 장, 칠 격, 낮을 비, 날 비, 거둘 염, 날개 익.
[풀이] 사나운 새는 다른 동물을 잡으려 할 때 낮게 날며 날개를 모은다. 적을 치려는 자는 우선 그 銳鋒(예봉)을 숨긴다는 비유. 출전 六韜(육도).

智足而飾非 (지족이식비)★

[뜻음] 슬기 지, 넉넉할 족, 말 이을 이, 꾸밀 식, 아닐 비.
[풀이] 지혜가 잘못을 꾸미기에 족함. 곧, 간사한 지혜는 저의 잘못을 꾸며 善(선)으로 보이게 할 수 있음. 智足飾非(지족식비). 출전 說苑(설원).

知足者富 (지족자부)★★★

[뜻음] 알 지, 넉넉할 족, 놈 자, 가멸 부.
[풀이] 만족할 줄 아는 사람은 富裕(부유)함. 가난하더라도 자기 分數(분수)를 알아 滿足(만족)하게 생각하는 사람은 항상 부유한 사람이라는 뜻. 만족할 줄 아는 사람이 부자. 富在知足(부재지족). 출전 老子(노자).

知足安分 (지족안분)★

[뜻음] 알 지, 족할 족, 편안할 안, 나눌 분.

[풀이] 족한 줄을 알아 자기의 분수에 만족함.

旨酒嘉殽 (지주가효)★

[뜻음] 맛있을 지. 술 주, 아름다울 가, 안주 효.
[풀이] 맛 좋은 술과 좋은 안주. 출전 詩經(시경).

遲遲不進 (지지부진)★

[뜻음] 더딜 지, 아닐 부, 나아갈 진.
[풀이] 일의 되어 감이 몹시 느림.

知之爲知之不知爲不知是知也 (지지위지지부지위부지시지야)★★★

[뜻음] 알 지, 갈 지, 할 위, 아닐 부, 이 시, 어조사 야.
[풀이] 아는 것을 안다고 하고, 알지 못하는 것을 알지 못한다고 하는, 참으로 이것이 아는 것이다.

　　죽죽 읽으면 흡사 제비의 울음소리 같으므로 옛날부터 제비가 논어를 읽고 있다는 말이 전해 내려오고 있다. 古典小說(고전소설) 흥부전에도 이 말이 戲語(희어)로 등장한다. 이 말은 論語(논어) 위정편에 있는 말로, 孔子(공자)가 子路(자로)에게 한 말이다. 용기가 지나친 제자 자로를 공자가 評(평)하기를,
　　"한마디로 裁判(재판)의 판결을 내릴 사람은 由(유)밖에 없다"고 했다. 그러한 자로에게,
　　"由(유)야, 네게 아는 것을 가르쳐 주마. 아는 것을 안다고 하고, 알지 못하는 것을 알지 못한다고 하는, 참으로 이것이 아는 것이다."

咫尺不辨 (지척불변)★

[뜻음] 길이 지, 자 척, 아닐 불, 분별할 변.
[풀이] 매우 어두워서 가까운 곳도 分辨(분변)하지 못함.

咫尺之地 (지척지지)★

[뜻음] 길이 지, 자 척, 갈 지, 땅 지.
[풀이] 협소한 땅. 아주 작은 땅. 매우 가까운 곳. 출전 史記(사기) 蘇秦傳(소진전).

咫尺千里 (지척천리)★★★

[뜻음] 짧을 지, 자 척, 일천 천, 거리 리.
[풀이] 서로 가까이 있으면서도 그곳에 가지 못하거나 오래 만나지 못하므로 멀리 떨어져 사는 것과 같음.

指天射魚 (지천사어)

[뜻음] 가리킬 지, 하늘 천, 쏠 사, 고기 어.
[풀이] 하늘을 향하여 물고기를 쏜다. 모처럼의 수고가 수포로 돌아감의 비유. 구하는 방법이 잘못되었음의 비유. 전혀 불가능한 소망. 指天射魚(지천사어). 출전 說苑(설원).

舐痔得車 (지치득거)

[뜻음] 핥을 지, 치질 치, 얻을 득, 수레 거.
[풀이] 남의 치질을 핥아 주고 수레를 얻는다. 천하다고 보는 직업으

로 큰 이익을 얻음의 비유. 舐痔得車(지치득차). 출전 莊子(장자).

知彼知己百戰百勝 (지피지기백전백승)★

[뜻음] 알 지, 저 피, 자기 기, 일백 백, 싸울 전, 이길 승.
[풀이] 그를 알고 나를 알면 백 번 싸워도 백 번 이김. 이 말은 본디 없는 말. 본말은 '知彼知己百戰不殆(지피지기백전불태)'

知彼知己百戰不殆 (지피지기백전불태)★★★

[뜻음] 알 지, 저 피, 몸 기, 일백 백, 싸울 전, 아닐 불, 위태로울 태.
[풀이] 그를 알고 나를 알면 백 번 싸워도 위태롭지 않음.

春秋時代(춘추시대), 吳王(오왕) 闔閭(합려)의 霸業(패업)을 도운 孫武(손무)는 전국 시대에 楚(초)나라의 병법가로서 ≪吳子(오자)≫를 쓴 吳起(오기)와 더불어 병법의 시조라 불리는데 그가 썼다는 설이 있는 ≪孫子(손자)≫ 謀攻篇(모공편)에는 다음과 같은 글이 실려 있다.
"적과 아군의 실정을 잘 비교 검토한 후 승산이 있을 때 싸운다면 백 번을 싸워도 결코 위태롭지 아니하다[知彼知己 百戰不殆]. 그리고 적의 실정은 모른 채 아군의 실정만 알고 싸운다면 승패의 확률은 반반이다[不知彼而 知己 一勝一負]. 또 적의 실정은 물론 아군의 실정까지 모르고 싸운다면 싸울 때마다 반드시 패한다[不知彼不知 己 每戰必敗]"
'知彼知己百戰百勝(지피지기백전백승)'이라는 말은 동양고전에는 나오지 않는 말이다.

紙筆硯墨 (지필연묵)★

[뜻음] 종이 지, 붓 필, 벼루 연, 먹 묵.
[풀이] 종이, 붓, 벼루, 먹. 문방사보, 文房四友(문방사우).

志學之年 (지학지년)★★

[뜻음] 뜻 지, 배울 학, 갈 지, 해 년.
15세를 이름. 공자가 15세 때 학문에 뜻을 두었다는 데에서 이르는 말. 출전 論語(논어) 爲政篇(위정편).

知行一致 (지행일치)★★

[뜻음] 알 지, 행할 행, 한 일, 이를 치.
[풀이] 지식과 행동이 한결같이 서로 맞음. 지식과 행동이 일치함.

知行合一 (지행합일)★★

[뜻음] 알 지, 행할 행, 합할 합, 한 일.
[풀이] 앎과 행함은 본래 같은 것으로서 알고서도 행하지 아니함은 모르는 것과 같다는 윤리설. 明(명)나라 왕양명의 학설.

之乎者也 (지호자야)★

[뜻음] 갈 지, 어조사 호, 놈 자, 어조사 야.
[풀이] 넉 자 전부가 助辭(조사)임.

指呼之間 (지호지간)★★

[뜻음] 손가락 지, 부를 호, 갈 지, 사이 간.
[풀이] 손가락으로 부를 수 있는 가까운 거리.

直系尊屬 (직계존속)★

[뜻음] 곧을 직, 이을 계, 높을 존, 엮을 속.
[풀이] 바로 이어진, 높은 親族(친족).

直躬證父 (직궁증부)★★

[뜻음] 곧을 직, 몸소 궁, 고할 증, 아비 부.
[풀이] 躬(궁)이라는 사람이 지나치게 正直(정직)하여 羊(양)을 훔친 아버지를 官家(관가)에 일러바쳤다는 故事(고사)에서 나온 말로, 너무 정도에 지나치게 正直(정직)함은 도리어 正道(정도)에 어긋남을 이름. 출전 莊子(장자).

織女渡河 (직녀도하)

[뜻음] 짤 직, 계집 녀, 건널 도, 강 하.
[풀이] 직녀성이 음력 7월 7일 밤에 銀河水(은하수)를 건너 牽牛星(견우성)과 서로 만나는 일. 출전 史記(사기).

直木先伐 (직목선벌)★★

[뜻음] 곧을 직, 나무 목, 먼저 선, 벨 벌.
[풀이] 곧은 나무가 먼저 베어진다. 재능이 뛰어난 사람은 그만큼 쓰임이 많아 일찍 쇠퇴한다는 말. 출전 莊子(장자).

直言骨髓 (직언골경)

[뜻음] 곧을 직, 말씀 언, 뼈 골, 걸릴 경.
[풀이] 바른말을 忌憚(기탄)없이 하는 일.

直言極諫 (직언극간)★

[뜻음] 곧을 직, 말씀 언, 다할 극, 간언할 간.
[풀이] 옳다고 생각하는 바를 기탄없이 말하며, 끝까지 버티어 간함. 출전 漢書(한서).

直而溫 (직이온)★

[뜻음] 곧을 직, 말 이을 이, 따뜻할 온.
[풀이] 正直(정직)하며 溫和(온화)함. 출전 書經(서경) 舜典篇(순전편).

直往邁進 (직왕매진)★

[뜻음] 곧을 직, 갈 왕, 갈 매, 나아갈 진.
[풀이] 주저하거나 겁내지 않고 곧장 힘차게 나아감. 곧이곧대로 빨리 나아감.

直情徑行 (직정경행)★

[뜻음] 곧을 직, 뜻 정, 지름길 경, 행할 행.
[풀이] ① 생각나는 대로 숨기거나 꾸밈없이 행동으로 나타내는 일. ② 자기가 생각한 대로만 행동하고, 예법을 돌아보지 않음. 출전 禮記(예기) 檀弓篇(단궁편).

陳談陋說 (진담누설)★

[뜻음] 늘어놓을 진, 말씀 담, 좁을 누, 말씀 설.
[풀이] 진부한 소리와 구저분한 말. 쓸데없이 길게 늘어놓는 말.

瞋目裂眦 (진목열자)★

[뜻음] 부릅뜰 진, 눈 목, 찢어질 열, 흘길 자.
[풀이] 너무나 화가 나 눈이 찢어질 듯함.

瞋目張膽 (진목장담)★

[뜻음] 부릅뜰 진, 눈 목, 넓힐 장, 쓸개 담.
[풀이] 눈을 부릅뜨고 담을 크게 한다. 勇氣(용기)를 냄. 출전 史記(사기).

盡善盡美 (진선진미)★★★

[뜻음] 다할 진, 착할 선, 아름다울 미.
[풀이] 착함과 아름다움을 다함. 完全無缺(완전무결)함.

이 말은 ≪論語(논어)≫ 八佾篇(팔일편)에 있는 孔子(공자)의 말 중에 나온다. 原文(원문)에는 眞美眞善(진미진선)이라고 나와 있다. 이 말은 공자가 舜(순) 임금의 악곡인 韶(소)와 武王(무왕)의 악곡인 武(무)를 감상한 말로, 음악에 대해 極讚(극찬)을 한 경우이다. 공자께서 韶(소)를 일러 말씀하시기를,

"아름다움을 다하고 또 착함을 다했다" 하시고 武(무)를 일러 말씀하시기를, "아름다움을 다하고 착함을 다하지 못했다"고 하셨다.

순임금은 堯(요)임금에게서 물려받아 다시 임금 자리를 禹(우)임금에게 물려주었다. 순임금의 그러한 일생을 음악에 실어 나타낸 것이 소라는 악곡이었다. 순임금이 이룬 공은 아름다웠고 그의 생애는 착한 것의 연속이었다. 그러므로 그 이상 아름다울 수도 착할 수도 없는 일이었다. 공자는 이 악곡을 들으며 석 달 동안 고기 맛을 몰랐다고 한다.

무왕은 殷(은)나라 紂(주)를 무찌르고 周(주)나라를 창건한 사람이다. 그가 세운 공은 찬란하지만 혁명이란 방법을 택하지 않으면 안 되었던 그 과정은 완전히 착한 일은 될 수 없었다. 그러므로 아름다워도 동기와 과정만은 완전히 착한 것이 될 수 없었다.

珍羞盛饌 (진수성찬)★

[뜻음] 보배 진, 맛있는 음식 수, 성할 성, 밥 찬.
[풀이] 豪華(호화)롭고 푸짐하게 차린 음식.

螓首蛾眉 (진수아미)★

[뜻음] 매미 진, 머리 수, 누에나방 아, 눈썹 미.
[풀이] 씽씽매미의 이마에 나방의 눈썹. 美人(미인)을 형용하여 이르는 말. 출전 詩經(시경) 衛風(위풍).

陳勝吳廣 (진승오광)★

[뜻음] 성씨 진, 이길 승, 성씨 오, 넓을 광.
[풀이] 둘 다 중국 楚(초)나라 사람으로 擧兵(거병)하여 秦(진)나라에 대한 반란에 先手(선수)를 썼다는 데서, 어떤 일에 선수를 써서 앞지르는 일 또는 그런 사람. 진시황의 진나라는 진승과 오광의 난으로 망하게 됨. 陳吳(진오). 출전 史記(사기).

盡信書則不如無書 (진신서즉불여무서)★★★

[뜻음] 다할 진, 믿을 신, 책 서, 곧 즉, 아닐 불, 같을 여, 없을 무.
[풀이] ≪書經(서경)≫ 중에도 틀린 곳이 있으니, 다 믿어서는 안 됨. 지금은 '書(서)'를 書籍(서적)의 뜻으로 씀. 盡信書不如無書(진신서불여무서).

≪孟子(맹자)≫ 盡心(진심) 下(하)에 보면 맹자는, "글을 다 믿는다면 글이 없는 것만 같지 못하다. 나는 武成(무성: 서경 주서의 편)에서 두세 쪽만을 받아들일 뿐이다. 어진 사람은 천하에 대적하는 사람이 없다. 지극히 어진 사람이 지극히 어질지 못한 사람을 치는데, 그 피가 절굿공이를 뜨게 하겠는가" 하고 역사 기록의 지나친 과장을 가혹하게 評(평)하고 있다.

武王(무왕)이 紂(주)를 치는데 주의 앞에 있는 군대가 무왕의 편을 들어 뒤로 돌아 후방에 있는 군대와 충돌함으로써 피가 큰 내를 이루어 절굿공이가 떠내려갔다는 기록을 두고 맹자는 이것을 과장으로 보고 전혀 믿지 않는다고 말하는 것이다.

맹자의 말을 믿어야 할지 기록을 믿어야 할지 고민되는 문제이다.

眞實無妄 (진실무망)★

[뜻음] 참 진, 열매 실, 없을 무, 망령될 망.
[풀이] 참되고 거짓이 없음.

眞實無僞 (진실무위)★

[뜻음] 참 진, 열매 실, 없을 무, 거짓 위.
[풀이] 참되어 거짓이 없음.

盡心竭力 (진심갈력)★

[뜻음] 다할 진, 마음 심, 다할 갈, 힘 력.
[풀이] 마음과 힘을 다함.

振衣彈冠 (진의탄관)★

[뜻음] 떨칠 진, 옷 의, 털 탄, 갓 관.
[풀이] 의복과 관의 먼지를 턴다. 俗世(속세)를 超脫(초탈)하고자 함을 비유하여 이르는 말.

盡人事待天命 (진인사대천명)★★★

[뜻음] 다할 진, 사람 인, 일 사, 기다릴 대, 하늘 천, 목숨 명.
[풀이] 盡人事而待天命(진인사이대천명).

盡日之力 (진일지력)★

[뜻음] 다할 진, 날 일, 갈 지, 힘 력.
[풀이] 진종일 맡은 일에 부지런히 힘쓰는 일. 진일력(盡日力).

秦磚漢瓦 (진전한와)★

[뜻음] 진나라 진, 벽돌 전, 한나라 한, 기와 와.
[풀이] 진나라는 벽돌, 한나라는 기와가 주류임. 轉(전)하여 구닥다리를 이름.

眞情所發 (진정소발)★

[뜻음] 참 진, 뜻 정, 바 소, 필 발.
[풀이] 참된 속마음에서 바라는 바.

眞情所願 (진정소원)★
[뜻음] 참 진, 뜻 정, 바 소, 바랄 원.
[풀이] 참된 속마음에서 우러나오는 소원.

陳陳相因 (진진상인)★
[뜻음] 묵을 진, 서로 상, 인할 인.
[풀이] 묵은 것이 많이 쌓였다. ① 일이 진부함을 비유하는 말. ② 케케묵어 새로운 맛이 없는 모양. ③ 태평세월에 묵은 쌀이 쌓임. 時和年豊(시화연풍)한 모양. 출전 史記(사기) 平準書(평준서).

秦晉之誼 (진진지의)★
[뜻음] 진나라 진, 진나라 진, 갈 지, 옳을 의.
[풀이] 秦(진)나라와 晉(진)나라의 우호관계. 서로 혼인하는 관계. 집안끼리 통혼하는 관계. 秦晉之好(진진지호).

秦晉之好 (진진지호)★
[뜻음] 진나라 진, 진나라 진, 갈 지, 좋을 호.
[풀이] 秦晉之誼(진진지의).

晉徵士陶潛 (진징사도잠)★
[뜻음] 나아갈 진, 부를 징, 선비 사, 질그릇 도, 잠길 잠.
[풀이] 晉(진)나라 陶潛(도잠)은 曾祖(증조) 때부터 모두 진나라 宰輔(재보: 대신)이었으므로 몸을 굽혀 他姓(타성: 다른 왕조) 섬기기를 수치로 여겨 진나라가 쇠하고 劉宋(송)의 高祖(고조)의 王業(왕업)이 점점 융성하게 되매 단연코 다시 仕官(사관)하지 않았음. 그러므로 朱子(주자)가 지은 ≪通鑑綱目(통감강목)≫ 중에서 그를 晉徵士(진징사)라 썼음. 도잠의 증조부는 '竹頭木屑(죽두목설)'에 나오는 陶侃(도간)임. 출전 通鑑綱目(통감강목).

陳蔡之厄 (진채지액)★
[뜻음] 진나라 진, 채나라 채, 갈 지, 액 액.
[풀이] 孔子(공자)가 陳(진) 나라와 蔡(채) 나라에서 당한 봉변. 출전 史記(사기).

震天動地 (진천동지)★
[뜻음] 떨릴 진, 하늘 천, 움직일 동, 땅 지.
[풀이] 하늘을 진동시키고 땅을 놀라게 한다는 뜻. 곧 세력이 대단히 크거나 음향이 굉장함의 형용. 振天駭地(진천해지). 출전 水經注(수경주).

進寸退尺 (진촌퇴척)
[뜻음] 나아갈 진, 치 촌, 물러날 퇴, 자 척.
[풀이] 한 치를 나아가다 한 자를 물러선다. 얻는 것은 적고 잃는 것은 많음의 비유. 寸進尺退(촌진척퇴).

盡忠竭力 (진충갈력)★
[뜻음] 다할 진, 충성 충, 다할 갈, 힘 력.
[풀이] 충성을 다하고 있는 힘을 다 바침.

盡忠報國 (진충보국)★★
[뜻음] 다할 진, 충성 충, 갚을 보, 나라 국.
[풀이] 忠誠(충성)을 다해서 나라의 恩惠(은혜)를 갚음. 출전 宋史(송사).

進取之計 (진취지계)★
[뜻음] 나아갈 진, 가질 취, 갈 지, 셈할 계.
[풀이] 나아가서 일을 잡아서 할 꾀. 進取(진취)하는 계책.

進退兩難 (진퇴양난)★★★
[뜻음] 나아갈 진, 물러날 퇴, 두 양, 어려울 난.
[풀이] 나아가기도 물러서기도 둘 다 어렵다. 이러기도 저러기도 어려워 입장이 곤란함. 進退維谷(진퇴유곡). 출전 詩經(시경) 大雅(대아).

進退維谷 (진퇴유곡)★★
[뜻음] 나아갈 진, 물러날 퇴, 맬 유, 골짜기 곡.
[풀이] 나아갈 길도 물러날 길도 없어 窮地(궁지)에 몰림. 곧 이러지도 저러지도 못하는 난처한 입장에 섬.

進退履繩 (진퇴이승)★
[뜻음] 나아갈 진, 물러날 퇴, 밟을 이, 노 승.
[풀이] 움직임이 먹줄을 밟는다. 행동이 절도에 맞아 바름을 이르는 말. 출전 列子(열자).

進學之道 (진학지도)★★
[뜻음] 나아갈 진, 배울 학, 갈 지, 길 도.
[풀이] 학문을 하는 방법. 출전 禮記(예기) 學記篇(학기편).

塵合泰山 (진합태산)★
[뜻음] 티끌 진, 합할 합, 클 태, 뫼 산.
[풀이] 티끌 모아 태산. 작은 물건도 많이 모이면 나중에 크게 이루어짐의 비유.

質勝文則野 (질승문즉야)★
[뜻음] 바탕 질, 이길 승, 무늬 문, 곧 즉, 야비할 야.
[풀이] 자질은 훌륭하여도 예문을 모르면 야비함. 실질 내용이 외부 수식보다 나으면 拙品(졸품)이 됨. 質(질)은 선천적인 본성, 文(문)은 후천적인 수련. '文質彬彬(문질빈빈)'을 참조하시오. 출전 論語(논어) 雍也篇(옹야편).

質而不俚 (질이불리)★
[뜻음] 바탕 질, 말 이을 이, 아닐 불, 속될 리.
[풀이] 質朴(질박)하면서도 저속하지 않음. 출전 漢書(한서).

嫉逐排斥 (질축배척)★★
[뜻음] 시기할 질, 몰아낼 축, 배척할 배, 물리칠 척.
[풀이] 猜忌(시기)하고 미워하고 排斥(배척)함.

跌蕩方言 (질탕방언)★
[뜻음] 넘어질 질, 방탕할 탕, 놓을 방, 말씀 언.
[풀이] 곁에 사람이 없는 듯이 마음대로 행동하고 큰소리침. 출전 後漢書(후한서).

疾風勁草 (질풍경초)★★
[뜻음] 병 질, 바람 풍, 굳셀 경, 풀 초.
[풀이] 바람이 세게 불어야 강한 풀을 알듯이, 危急(위급)하거나 困難(곤란)한 경우를 당해야 意志(의지)와 志操(지조)가 굳은 사람을 알 수 있음. 疾風知勁草(질풍지경초).

疾風怒濤 (질풍노도)★

[뜻음] 빠를 질, 바람 풍, 성낼 노, 큰 물결 도.
[풀이] 몹시 빠르게 부는 바람과 무섭게 소용돌이치는 큰 물결.

疾風大雨 (질풍대우)★

[뜻음] 빠를 질, 바람 풍, 큰 대, 비 우.
[풀이] '센 바람과 큰비'라는 뜻으로, 비바람이 휘몰아치는, 몹시 험한 날씨.

執巾櫛 (집건즐)★

[뜻음] 잡을 집, 수건 건, 빗 즐.
[풀이] 아내가 남편 곁에서 수건이나 빗을 가지고 儀容(의용)을 단정히 해 줌. 侍執巾櫛(시집건즐).

執羈靮 (집기적)★

[뜻음] 잡을 집, 굴레 기, 고삐 적.
[풀이] 말의 굴레와 고삐를 잡는 일을 하다. 賤役(천역)을 하는 것. 羈(기)는 말의 굴레이고 靮(적)은 말고삐임. 출전 禮記(예기) 檀弓下篇(단궁하편).

集大成 (집대성)★★★

[뜻음] 모을 집, 큰 대, 이룰 성.
[풀이] 孔子(공자)가 伯夷(백이), 伊尹(이윤), 柳下惠(유하혜) 등 세 聖人(성인)의 일을 모아서, 一大聖人(일대성인)의 일을 이루었음은 音樂(음악)에 있어서 衆音(중음)의 小成(소성)을 모아 한 大成(대성)을 이룸과 같음을 이름. 음악의 一終(일종)을 成(성)이라 함. 大成(대성). 출전 孟子(맹자) 萬章下篇(만장하편).

執事 (집사)★

[뜻음] 잡을 집, 일 사.
[풀이] 大官(대관)을 가까이 모시고 家庭(가정)을 맡아보는 사람. 직접 대관의 姓名(성명)을 말하기가 황송하여 '그의 옆에 모신 집사에게'라는 뜻으로 씀. 출전 書經(서경) 盤庚下篇(반경하편).

集腋成裘 (집액성구)★

[뜻음] 모을 집, 겨드랑이 액, 이룰 성, 갖옷 구.
[풀이] 여우의 겨드랑 밑 흰 털을 모아 가죽옷을 만든다. 여러 사람들의 힘을 모아 한 가지 일을 성취함의 비유. 集腋(집액). 출전 太平御覽(태평어람).

執牛耳 (집우이)★

[뜻음] 잡을 집, 소 우, 귀 이.
[풀이] 쇠귀를 잡는다. 同盟(동맹)의 盟主(맹주)가 됨. 동맹을 主宰(주재)함. 단체나 당파의 우두머리가 됨. 모임이나 단체를 지배함.

執者失之 (집자실지)★

[뜻음] 잡을 집, 놈 자, 잃을 실, 갈 지.
[풀이] 굳게 지키고자 애쓰는 자는 도리어 잃어버리는 결과가 됨. 출전 老子(노자).

執中有權 (집중유권)★

[뜻음] 잡을 집, 가운데 중, 있을 유, 권세 권.
[풀이] (모든 일에 있어) 中庸(중용)을 잡아야 權威(권위)를 유지한다

는 말. 경주 손씨 서백당 주인의 指針(지침). '允執厥中(윤집궐중)'을 보시오.

懲羹吹韲 (징갱취제)★★★

[뜻음] 혼날 징, 국 갱, 불 취, 나물 제.
[풀이] 뜨거운 국물에 입을 데어 놀란 나머지 찬 나물도 불면서 먹는다는 뜻으로, 한 번 실패에 겁이 나서 지나치게 조심을 함.

戰國時代(전국시대) 말엽, 秦(진)나라에 대항할 수 있는 세력은 楚(초)·齊(제) 두 나라뿐이었다. 그래서 진나라 재상 張儀(장의)는 초·제 동맹의 强化論者(강화론자)인 초나라의 三閭大夫[삼려 대부: 昭(소)·屈(굴)·景(경) 세 왕족의 族長(족장)] 屈原[굴원: 이름은 平(평), B.C.343?～277?]을 제거하기로 작정하고 기회를 노렸다. 이윽고 초나라 懷王(회왕)의 寵姬(총희) 鄭袖(정수)와 佞臣(영신) 靳尙(근상) 등이 굴원을 증오하고 있다는 정보가 들어왔다. 장의는 곧 그들을 매수하여 굴원의 실각 공작을 폈다. 드디어 굴원이 조정으로부터 축출되자 장의는 회왕에게 제나라와 단교하면 진나라의 국토 600리를 할양하겠다고 제의했다. 그래서 회왕은 제나라와 단교했으나 장의는 약속을 이행하지 않았다. 속았다는 것을 안 회왕은 분을 참지 못해 진나라로 쳐들어갔다. 그러나 대패하고 도리어 접경지역의 국토까지 빼앗겼다. 회왕은 지난 일을 후회하고 굴원을 다시 등용했다.

그 후 10년이 지난(B.C.299) 어느 날 진나라로부터 우호 증진이란 미명 아래 회왕을 초청하는 사신이 왔다. 굴원은 믿을 수 없는 진나라의 초청에 응해서는 안 된다며 극구 반대했다. 그러나 회왕은 왕자 子蘭(자란)의 强勸(강권)에 따라 진나라에 갔다가 포로가 되어 그 이듬해 客死(객사)하고 말았다.

초나라에서는 태자가 왕위에 오르고 동생인 자란이 재상이 되었다. 굴원은 회왕을 죽음에 이르게 한 자란에게 책임을 물었으나 이는 도리어 讒訴(참소)를 초래하는 결과가 되어 또다시 추방당하고 말았다. 이때 그의 나이는 46세였다.

그 후 10여 년간 오직 조국애에 불타는 굴원은 망명도 하지 않고 한결같이 洞庭湖(동정호) 주변을 방랑하다가 마침내 울분이 복받친 나머지 汨羅(멱라: 동정호 남쪽을 흐르는 강)에 몸을 던져 水中孤魂(수중고혼)이 되었다. 이 사람들은 굴원의 넋을 '멱라의 귀신[汨羅之鬼]'이라 일컫고 있다.

≪楚辭(초사)≫에 실려 있는 굴원의 작품 중 대부분은 이 방랑 시절에 쓰인 것들이다. 그는 늘 위기에 처한 조국을 걱정하고 나라를 그르치는 간신을 미워하며 그의 고고한 심정을 정열적으로 노래했는데 '징갱취제'는 ≪楚辭(초사)≫ 9장 중 [惜誦(석송)]이란 시의 한 구절이다.

...
뜨거운 국에 데어서 냉채까지 (후후) 부네
懲於羹者 而吹虀兮(징어갱자 이취제혜)
어찌하여 그 뜻(나약함)을 바꾸지 못하는가
何不變此志之也(하불변차지지야)
………

[惜誦(석송)]은 굴원이 자기 이상으로 주군을 생각하고 충성을 맹세하는 선비가 없음을 슬퍼하고, 그럼에도 불구하고 뭇사람들로부터 疏外(소외)된 것을 분노하며 더욱이 어쩔 수 없는 고독을 한탄하면서도 그 節操(절조)만은 변절하지 않겠다는 慷慨之心(강개지심)을 토로한 시이다.

懲毖 (징비)★

[뜻음] 혼날 징, 삼갈 비.
[풀이] 전에 있었던 잘못과 非理(비리)를 경계하여 삼간다. 서애 柳成龍(유성룡)이 지은 ≪懲毖錄(징비록)≫이라는 책 제목은 여기에서 나온 말. 출전 詩經(시경) 周頌(주송) 小毖篇(소비편).

懲惡而勸善 (징악이권선)★

[뜻음] 혼날 징, 악할 악, 말 이을 이, 권할 권, 착할 선.
[풀이] 악을 혼내주고 선을 권장함. 勸善懲惡(권선징악).

懲一勵百 (징일여백)★

[뜻음] 징계할 징, 한 일, 힘쓸 여, 일백 백.
[풀이] 한 사람을 懲罰(징벌)함으로써 여러 사람을 격려함.

車轂擊 (차곡격)★

[뜻음] 수레 차, 바퀴 곡, 부딪힐 격.
[풀이] 수레가 많이 왕래하여 대단히 繁華(번화)함. 출전 戰國策(전국책).

車轂擊馳(차곡격치)★

[뜻음] 수레 차, 바퀴 곡, 부딪힐 격, 달릴 치.
[풀이] 수레가 끊일 사이 없이 많이 왕래함.

差上差下(차상차하)★

[뜻음] 어긋날 차, 위 상, 아래 하.
[풀이] 조금 낫기도 하고 조금 못하기도 함. 難兄難弟(난형난제).

借書一癡 (차서일치)★

[뜻음] 빌릴 차, 글 서, 하나 일, 어리석을 치.
[풀이] 옛날에 책을 빌렸을 때와 돌려줄 때는 술 한 병을 선사함. 癡(치)는 瓻(치)를 잘못 쓴 것이며 瓻(치)는 술병임. 借書一瓻(차서일치).

車魚之歎 (차어지탄)★

[뜻음] 수레 차, 고기 어, 갈 지, 탄식할 탄.
[풀이] 齊(제)나라의 孟嘗君(맹상군)의 식객 馮驩(풍환)이 칼을 치며 밥상에 생선이 없다고 노래하고, 幸舍(행사)로 옮겨 생선이 밥상에 나오게 된 뒤에는 또 출입할 때 수레가 없다고 탄식한 고사. 욕심에는 한이 없음을 이름. 車魚之歎(거어지탄). '長鋏歸來乎(장협귀래호)'를 보시오.

此月彼月 (차월피월)★

[뜻음] 이 차, 달 월, 저 피.
[풀이] 이 달 저 달로 미룸 또는 미루는 모양.

車胤盛螢 (차윤성형)★★

[뜻음] 수레 차, 맏 윤, 담을 성, 개똥벌레 형.
[풀이] 東晉(동진)의 車胤(차윤)이 집이 가난하여 기름이 없으므로 주머니 속에 개똥벌레를 많이 잡아넣어 그 반딧불로 勉學(면학)한 고사. 겨울 밤 눈을 모아 글을 읽은 孫康(손강)과 함께 螢雪(형설)의 고사로 유명함. 출전 晉書(진서).

此一時彼一時 (차일시피일시)★★

[뜻음] 이 차, 한 일, 때 시, 저 피.
[풀이] 이때는 이때고, 저 때는 저 때다. 이때 한 일과 저 때 한 일이 서로 사정이 달라 이것도 한때 저것도 한때라는 말. 이전과 지금은 사정이 다름. 출전 孟子(맹자) 公孫丑(공손추).

此日彼日 (차일피일)★★

[뜻음] 이 차, 날 일, 저 피.
[풀이] 오늘 내일 하며 미리 정해 놓은 시기를 자꾸 물리는 모양.

此將奈何 (차장내하)★

[뜻음] 이 차, 장차 장, 어찌 내, 어찌 하.
[풀이] 어려운 일을 당하여 그 앞일이 막연할 때에, '이것을 장차 어찌하나'의 뜻으로 쓰는 말.

車載斗量 (차재두량)★

수레 차, 실을 재, 말 두, 헤아릴 량.

[풀이] 수레에 싣고 말로 된다는 뜻으로, 물건이 대단히 많음을 이름. 車載斗量(거재두량).

蹉跌 (차질)★★

[뜻음] 넘어질 차, 넘어질 질.
[풀이] 거꾸러짐. 발을 헛디뎌 넘어짐. 실패함.

車螢孫雪 (차형손설)★

[뜻음] 수레 차, 반딧불 형, 손자 손, 눈 설.
[풀이] 車胤(차윤)이 반딧불에 글을 읽고 孫康(손강)이 눈빛에 글을 읽은 고사. 苦學(고학)의 뜻으로 쓰임.

借虎威狐 (차호위호)★

[뜻음] 빌릴 차, 범 호, 위엄 위, 여우 호.
[풀이] 호랑이를 빌려 여우가 위엄을 부림. 윗사람의 권위를 빌려 恐喝(공갈)을 하는 자. 狐假虎威(호가호위). 출전 戰國策(전국책) 楚策(초책).

斲輪老手 (착륜노수)★

[뜻음] 깎을 착, 바퀴 륜, 늙을 로, 손 수.
[풀이] 수레바퀴를 깎는, 늙은 匠人(장인). 경험이 많은 사람을 이름. 출전 老子(노자).

鑿壁引光 (착벽인광)★

[뜻음] 뚫을 착, 바람벽 벽, 끌 인, 빛 광.
[풀이] 중국 前漢(전한) 때에 匡衡(광형)이란 사람이 집안이 가난하여 등불을 구할 길이 없어 벽을 뚫고 이웃집의 등불로 책을 읽었다는 옛일에서 '苦學(고학)'을 비유함. 출전 西京雜記(서경잡기).

鑿壁偸光 (착벽투광)★

[뜻음] 뚫을 착, 바람벽 벽, 훔칠 투, 빛 광.
[풀이] 鑿壁引光(착벽인광).

着先鞭 (착선편)★

[뜻음] 붙을 착, 먼저 선, 채찍 편.
[풀이] 남보다 먼저 매를 댄다. 남보다 먼저 손을 댐. 남보다 먼저 공을 세움. 先着鞭(선착편).

鑿飮耕食 (착음경식)★★

[뜻음] 뚫을 착, 마실 음, 밭갈 경, 먹을 식.
[풀이] 우물을 파서 마시고 밭을 갈아먹음. 堯(요) 임금 때의 천하가 태평한 모양.

斷朝涉之脛 (착조섭지경)★

[뜻음] 벨 착, 아침 조, 건널 섭, 갈 지, 정강이 경.
[풀이] 殷(은)나라 紂王(주왕)이 겨울 아침에 물을 건너는 자를 보고 그의 정강이가 능히 추위에 견디는 것을 이상히 생각하여 다리를 베어 보았다는 고사. 주왕은 폭군의 대명사가 됨. 출전 書經(서경) 泰誓下篇(태서하편).

燦爛陸離 (찬란육리)★

[뜻음] 찬란할 찬, 빛날 란, 뭍 육, 떠날 리.
[풀이] 빛이 영롱하고 황홀함. '陸離'는 빛이 뒤섞여 絢爛(현란)함을 이름.

燦爛照耀 (찬란조요)★

[뜻음] 빛날 찬, 문드러질 란, 비칠 조, 빛날 요.
[풀이] 빛이 밝고 눈부시게 비치어 아름다움.

鑽木取火 (찬목취화)★

[뜻음] 뚫을 찬, 나무 목, 얻을 취, 불 화.
[풀이] 나무를 뚫어 비벼 불을 얻다. 원시시대 불을 구하는 방법. 출전 한비자 오두.

餐松飮澗 (찬송음간)★

[뜻음] 먹을 찬, 소나무 송, 마실 음, 산골 물 간.
[풀이] 소나무 열매를 먹고 개울물을 마신다. 世俗(세속)을 떠나 생활함을 이르는 말.

鑽燧改火 (찬수개화)★

[뜻음] 끌 찬, 부싯돌 수, 고칠 개, 불 화.
[풀이] 철이 바뀔 때마다 그 계절의 나무를 비벼대어 새로이 불을 얻음.

篡弑之變 (찬시지변)★

[뜻음] 빼앗을 찬, 죽일 시, 갈 지, 변할 변.
[풀이] 임금을 죽이고 임금 자리를 빼앗는 괴변(怪變).

篡逆之心 (찬역지심)★

[뜻음] 빼앗을 찬, 거스를 역, 갈 지, 마음 심.
[풀이] 왕위를 빼앗으려고 음모를 꾸미는 마음.

饌玉炊金 (찬옥취금)★

[뜻음] 반찬 찬, 구슬 옥, 불 땔 취, 쇠 금.
[풀이] 玉(옥)을 반찬으로 하고 금(金)을 장작으로 땐다는 뜻으로, 珍味(진미)를 이르는 말.

刹那無常 (찰나무상)★

[뜻음] 짧은 시간 찰, 어찌 나, 없을 무, 항상 상. 불교용어.
[풀이] 찰나의 순간에도 늘 변함. 또는 모든 것이 찰나이고 무상이라는 말. 찰나는 지극히 짧은 순간.

刹那生滅 (찰나생멸)★

[뜻음] 짧은 시간 찰, 어찌 나, 날 생, 멸망할 멸.
[풀이] 불교용어. 찰나에도 생겨났다가 사라지고, 사라졌다가 생겨나면서 無限(무한)의 시간으로 이어진다. 찰나는 지극히 짧은 순간.

札瘥夭昏 (찰차요혼)★

[뜻음] 일찍 죽을 찰, 앓을 차, 어릴 요, 저물 혼.
[풀이] 병이나 불행. 札(찰)은 疫死(역사) 또는 夭折(요절), 瘥(차)는 小疫(소역). 夭(요)는 夭折(요절), 昏(혼)은 이름 짓기도 전에 죽음. 일설에는 昏(혼)은 狂惑(광혹). 출전 左傳(좌전) 昭公十九年(소공십구년).

慙愧無顔 (참괴무안)★★

[뜻음] 부끄러울 참, 부끄러워할 괴, 없을 무, 얼굴 안.
[풀이] 부끄러워 볼 낯이 없음.

慘不可言 (참불가언)

[뜻음] 참혹할 참, 아닐 불, 옳을 가, 말씀 언.
[풀이] 끔찍이 참혹하여 차마 말할 수가 없음.

慘不忍見 (참불인견)★

[뜻음] 참혹할 참, 아닐 불, 참을 인, 볼 견.
[풀이] 끔찍이 참혹하여 차마 눈으로 볼 수가 없음.

僭賞濫刑 (참상남형)★

[뜻음] 어그러질 참, 상줄 상, 넘칠 남, 형벌 형.
[풀이] 함부로 상을 주고 마구 벌을 내림. 賞罰(상벌)을 僭濫(참람)되게 施行(시행)함. 출전 春秋左氏傳(춘추좌씨전).

慘絶悲絶 (참절비절)★★

[뜻음] 참혹할 참, 끊을 절, 슬플 비.
[풀이] 참혹하기 짝이 없고 슬프기 그지없음.

斬釘截鐵 (참정절철)★

[뜻음] 벨 참, 못 정, 끊을 절, 쇠 철.
[풀이] 못과 쇠를 자르듯 일을 단행함. 전혀 의심 없이 딱 결단하여 처리함. 출전 朱子全書(주자전서).

斬草除根 (참초제근)★

[뜻음] 벨 참, 풀 초, 덜 제, 뿌리 근.
[풀이] 풀을 베고 뿌리를 제거함. 斬草不除根萌芽依舊發(참초부제근맹아의구발).

斬衰齊衰 (참최제최)★

[뜻음] 벨 참, 상복 최, 가지런할 제.
[풀이] 喪服(상복)으로서 그 아래 가를 접어서 꿰매지 않은 것을 참최라고 하고 꿰맨 것을 제최라고 함.

參差不齊 (참치부제)★★★

[뜻음] 참가할 참, 들쭉날쭉 치, 아닐 부, 가지런할 제.
[풀이] 길고 짧거나 또는 서로 가지런하지 못하여 들쭉날쭉한 모양. 差: 어긋날 차, 들쭉날쭉할 치.

慘酷殘仍 (참혹잔잉)★

[뜻음] 참혹할 참, 독할 혹, 해칠 잔, 거듭할 잉.
[풀이] 혹독하고 인정이 없고 몹시 모짊.

娼家笑婦 (창가소부)★

[뜻음] 창녀 창, 집 가, 웃을 소, 아내 부.
[풀이] 청루(靑樓: 기생집)에서 웃음을 파는 여자, 곧 娼女(창녀)를 말함.

槍劍弓矢 (창검궁시)★

[뜻음] 창 창, 칼 검, 활 궁, 화살 시.
[풀이] 창과 칼과 활과 화살. 전쟁에 쓰이는 무기.

滄浪自取 (창랑자취)★

[뜻음] 찰 창, 물결 랑, 스스로 자, 취할 취.
[풀이] 좋은 말이나 나쁜 말, 상이나 벌을 받는 것은 모두 저 할 탓이라는 뜻. 滄浪之水淸兮可以濯吾纓(창랑지수청혜가이탁오영).

滄浪之水淸兮可以濯吾纓 (창랑지수청혜가이탁오영)★★★

[뜻음] 푸를 창, 물결 랑, 갈 지, 물 수, 맑을 청, 어조사 혜, 가할 가, 써 이, 씻을 탁, 나 오, 갓끈 영.
[풀이] 창랑의 물이 맑거든 내 갓끈을 씻는다.

이 말은 ≪楚辭(초사)≫ 漁父辭(어부사)에 나온다. 초나라 忠臣(충신) 屈原(굴원)이 간신의 모함을 입고 벼슬에서 쫓겨나 강가를 거닐며 憔悴(초췌)한 모습으로 시를 읊고 있는데 고기잡이 영감이 배를 저어 지나다가 그가 굴원인 것을 알고, 어찌하여 이 꼴이 되었느냐면서 안타까워 까닭을 물었다. 굴원은 이렇게 대답했다.

"온 세상이 흐려 있는데 나만이 홀로 맑고 뭇사람이 다 취해 있는데 나만이 홀로 깨어 있다. 그래서 쫓겨난 것이다(擧世皆濁 我獨淸 衆人皆濁 我獨醒 거세개탁 아독법 중인개탁 아독성)"

어부는 굴원의 처신에 대해 오히려 꾸중을 했다.

굴원은 또,

"새로 머리를 감은 사람은 반드시 갓을 털고 새로 몸을 씻은 사람은 반드시 옷을 턴다(新沐者 必彈冠 新浴者 必振衣 신목자 필탄관 신욕자 필진의)"면서 차라리 강에 빠져 물고기 배 속에서 장사를 지내는 한이 있더라도 어떻게 깨끗한 몸으로 세상의 먼지를 쓸 수 있느냐고 했다.

어부가 노래를 불러 화답했다.

"창랑의 물이 맑거든 내 갓끈을 씻고(滄浪之水淸兮 可以濯吾纓 창랑지수청혜가이탁오영)

창랑의 물이 흐리거든 내 발을 씻으리라(滄浪之水濁兮 可以濯吾足 창랑지수탁혜가이탁오족)"

세상이 맑으면 맑게 맞춰 살고 세상이 흐리면 흐리게 살라는 말이었다. 淸濁自適(청탁자적)의 생활을 권한 것이다. '淸斯濯纓濁斯濯足(청사탁영탁사탁족)'이라고도 한다.

倉廩實而囹圄空 (창름실이영어공)★★

[뜻음] 곳집 창, 곳집 름, 열매 실, 말 이을 이, 감옥 영, 감옥 어, 빌 공.
[풀이] 쌀광이 차면 옥이 빈다. 의식이 충족되면 도둑질을 하지 않아 감옥이 빔. 출전 管子(관자).

倉廩實則知禮節 (창름실즉지예절)★★

[뜻음] 곳집 창, 곳집 름, 열매 실, 곧 즉, 알 지, 예도 예, 마디 절.
[풀이] 곳집이 차면 예절을 안다. 의식주가 충족된 후에야 예절을 차린다는 말. 출전 管子(관자).

滄桑世界 (창상세계)★★

[뜻음] 푸를 창, 뽕나무 상, 세상 세, 지경 계.
[풀이] 滄桑之變(창상지변).

滄桑之變 (창상지변)★★★

[뜻음] 푸를 창, 뽕나무 상, 갈 지, 변할 변.
[풀이] 푸른 바다가 변하여 뽕나무 밭이 된다. 세상의 변천이 심함의 비유.

푸른 바다가 뽕나무 밭으로 변했다가, 그 뽕나무 밭이 다시 푸른 바다로 변한다는 뜻이다. 덧없이 변해 가는 세상모습을 가리켜 하는 말이다. 요즘에는 '桑田碧海(상전벽해)'라는 말을 더 많이 쓴다.

이 말은 唐(당)나라 詩人(시인) 劉廷之(유정지)의 [代悲白頭翁(대비백두옹)] 즉 백발을 슬퍼하는 노인을 대신해서 읊은 長詩(장시)에 나오는 말이다. 이 말이 나와 있는 부분을 소개하면 다음과 같다.

냐양성 동쪽의 복숭아 오얏꽃은
날아오고 날아가며 뉘 집에 지는고.
낙양의 계집아이는 얼굴빛을 아끼며
가다가 떨어지는 꽃을 만나 길게 탄식한다.
금년에 꽃이 지자 얼굴빛이 바뀌었는데
명년에 꽃이 피면 다시 누가 있을까?
이미 소나무 잣나무가 부러져 땔감이 되는 것을 보았는데
다시 뽕밭이 변해 바다가 되는 것을 듣는다.

滄桑之變(창상지변)과 桑田碧海(상전벽해)가 합쳐져 '桑田滄海(상전창해), 滄海桑田(창해상전), 桑海(상해)' 등이 비슷한 뜻으로 쓰이고 있다.

彰善懲惡 (창선징악)★

[뜻음] 밝힐 창, 착할 선, 징계할 징, 악할 악.
[풀이] 착한 일은 칭찬하여 드러내고 악한 일은 징벌함.

蒼松綠竹 (창송녹죽)★

[뜻음] 푸를 창, 소나무 송, 푸를 록, 대 죽.
[풀이] 蒼松翠竹(창송취죽).

蒼松翠竹 (창송취죽)★

[뜻음] 푸를 창, 소나무 송, 푸를 취, 대 죽.
[풀이] 푸른 소나무와 푸른 대나무.

倉氏庫氏 (창씨고씨)★★

[뜻음] 곳집 창, 성 씨, 곳집 고.
[풀이] 사물이 오래도록 변하지 않음을 이르는 말. 옛날 중국에서, 倉氏(창씨)와 庫氏(고씨)가 世襲的(세습적)으로 곳집(곳간)을 맡아 본 데서 온 말.

蒼顏鶴髮 (창안학발)★

[뜻음] 푸를 창, 얼굴 안, 학 학, 터럭 발.
[풀이] 노인의 쇠한 얼굴빛과 센 머리털. 蒼顏白髮(창안백발).

昌言正論 (창언정론)★

[뜻음] 창성할 창, 말씀 언, 바를 정, 논의할 론.

[풀이] 매우 적절한 말과 정당한 言論(언론). 公明正大(공명정대)한
언론.

創業守文 (창업수문)★★

[뜻음] 비롯할 창, 사업 업, 지킬 수, 무늬 문.
[풀이] 처음으로 국가의 기틀을 세우고 이룩된 바를 지켜 나가는 일.
창업과 수문. 창업과 수성. 창업은 국가를 세우는 일을 나타냈으나
큰 사업을 세우는 것으로 전용되고 있음. 創業守成(창업수성). 創業
易守成難(창업이수성난).

創業守成 (창업수성)★★

[뜻음] 만들 창, 업 업, 지킬 수, 이룰 성.
[풀이] 나라를 세움과 이를 지켜 나가는 일. 창업은 어떤 사업을 시작
하는 것, 수성은 이미 이룩한 성과를 잘 보전해 간다는 뜻. 출전 孟子
(맹자) 梁惠王下篇(양혜왕하편).

創業垂統 (창업수통)★

[뜻음] 비롯할 창, 업 업, 드리울 수, 핏줄 통.
[풀이] 帝王(제왕)의 基業(기업)을 세우고 後孫(후손)에게 잇게 함. 출
전 孟子(맹자) 梁惠王下篇(양혜왕하편).

創業而守文難 (창업이수문난)★

[뜻음] 비롯할 창, 사업 업, 말 이을 이, 지킬 수, 무늬 문, 어려울 난.
[풀이] 창업과 수문이 어려움. 創業易守成難(창업이수성난).

創業易守成難 (창업이수성난)★★★

[뜻음] 비롯할 창, 업 업, 쉬울 이, 지킬 수, 이룰 성, 어려울 난.
[풀이] 창업은 쉽고 수성은 어렵다.

> 唐太宗(당태종)과 그의 신하들의 정치 문답을 모아 만
> 든 ≪貞觀政要(정관정요)≫라는 책에 나오는 말이다. 태
> 종이 신하들을 보고 물었다.
> "제왕의 사업은 草創(초창)이 어려운가, 守成(수성)이
> 어려운가?"
> 尙書左僕射(상서좌복야: 부총리)인 房玄齡(방현령)이
> 대답했다.
> "어지러운 세상에 많은 영웅들이 다투어 일어나, 이를
> 쳐서 깨뜨린 뒤라야 항복을 받고, 싸워 이겨야만 승리를
> 얻게 되므로 초창이 어려운 줄로 아옵니다."
> 그러자 魏徵(위징)이 말했다.
> "제왕이 처음 일어날 때는 반드시 먼저 있던 조정이 부
> 패해 있고 천하가 혼란에 빠져 있기 때문에 백성들은 무
> 도한 임금을 넘어뜨리고 새로운 천자를 기뻐 받들게 됩니
> 다. 이것은 하늘이 주시고 백성들이 따르는 것이므로 어려
> 울 것이 없습니다. 그러나 이미 천하를 얻고 나면, 마음이
> 驕慢(교만)해지고 편해져서 정사에 게으른 나머지 백성은
> 조용하기를 원하는데 負役(부역)이 쉴 사이 없고, 백성은
> 피폐할 대로 피폐되어 있는데 나라에서는 奢侈(사치)를 위
> 한 필요 없는 공사를 일으켜 세금을 거두고 부역을 시키고
> 합니다. 나라가 기울게 되는 것은 언제나 여기서부터 시작

되닙니다. 이로 미루어 볼 때 수성이 더 어려운 줄 압니다."
　創業(창업)이란 나라를 처음 세우거나 사업을 처음 시
작한다는 말이다. 수성은 이루어 놓은 것을 그대로 지켜
나간다는 말이다. 위징은 결국 창업보다 수성이 더 어렵다
고 말한 것이다. 요즘은 '守成(수성)'인지 '守城(수성)'인
지 구분하지 못하여 한때 시끌벅적한 일이 있었다. 守成
(수성)이 맞는 말이다.

創業之主 (창업지주)★

[뜻음] 비롯할 창, 사업 업, 갈 지, 임금 주.
[풀이] 나라를 처음 세운 임금.

倡而不和 (창이불화)

[뜻음] 인도할 창, 말 이을 이, 아닐 불, 화합할 화.
[풀이] 어떤 일을 앞장서서 主唱(주창)하여 引導(인도)하려 해도 사람
들이 따라오지 않음.

窓前草不除 (창전초부제)★

[뜻음] 창 창, 앞 전, 풀 초, 아닐 부, 섬돌(벨) 제.
[풀이] 창 앞의 풀을 베지 아니하고 내버려 둠. 자연에 맡겨 손을 대
지 아니함을 이름.

倉卒之間 (창졸지간)★★★

[뜻음] 갑자기 창, 갑자기 졸, 갈 지, 사이 간.
[풀이] 급작스러운 동안. 倉卒(창졸): 허둥지둥함. 썩 급함.

蹌蹌踉踉 (창창랑랑)★★

[뜻음] 흔들릴 창, 뛸 랑. 비틀거리는 모양.
[풀이] 蹌踉(창랑).

蒼蒼鬱鬱 (창창울울)★★

[뜻음] 푸를 창, 답답할 울.
[풀이] 나무가 울창하고 푸름.

滄海桑田 (창해상전)★★

[뜻음] 푸를 창, 바다 해, 뽕나무 상, 밭 전.
[풀이] 桑田碧海(상전벽해). '滄桑之變(창상지변)'을 보시오.

滄海一粟 (창해일속)★★★

[뜻음] 넓을 창, 바다 해, 한 일, 좁쌀 속.
[풀이] 망망한 바다에 뿌려진 좁쌀 한 알. 광대한 것 중의 아주 하찮
은 것. 九牛一毛(구우일모).

蒼黃罔措 (창황망조)★

[뜻음] 푸를 창, 누를 황, 없을 망, 둘 조.
[풀이] 너무 급하여 어찌할 줄을 모름. 蒼黃罔極(창황망극). 驚惶罔
措(경황망조). 唐慌罔措(당황망조). 罔知所措(망지소조).

蒼頡作字 (창힐작자)★

[뜻음] 푸를 창, 곧은 목 힐, 지을 작, 글자 자.
[풀이] 창힐이 黃帝(황제)의 신하로서 또는 伏羲(복희)의 신하로서 문

자를 처음 만들었다는 일. 출전 說文解字(설문해자) 序(서).

采菊東籬下悠然見南山 (채국동리하유연견남산)★★★

[뜻음] 딸 채, 국화 국, 동녘 동, 울타리 리, 아래 하, 멀 유, 그럴 연,
　　　볼 견, 남녘 남, 뫼 산.
[풀이] 동쪽울타리 밑에 있는 국화꽃을 따면서 유연히 남산을 본다.

　　이 말은 국화꽃을 안주로 하여 남산의 아름다운 자연
을 즐기며 혼자 술잔을 기울이겠다는 뜻이다. 대개 일 없
이 한가롭게 지내는 것이다.
　　五柳先生(오류선생) 陶淵明(도연명)의 [飮酒(음주)]라는
連作(연작) 二十首(이십수) 가운데 있는 한 수에 나온다.

　　집을 사람 사는 이웃에 지었는데
　　그래도 수레와 말의 시끄러움이 없다.
　　묻노니 그대는 어찌 능히 그러한가?
　　마음이 멀면 땅이 절로 구석지다.
　　동쪽 울타리 밑에서 국화를 따며
　　유연히 남산을 바라본다.
　　산 기운이 해저녁이 좋아
　　나는 새들이 서로 함께 돌아온다.
　　이 가운데 참 뜻이 있어
　　말하고 싶으나 이미 말을 잊었노라.

　　結廬在人境　而無車馬喧　결려재인경　이무거마훤
　　問君何能爾　心遠地自偏　문군하능이　심원지자편
　　采菊東籬下　悠然見南山　채국동리하　유연견남산
　　山氣日夕佳　飛鳥相與還　산기일석가　비조상여환
　　此中有眞意　欲辯已志言　차중유진의　욕변이지언

蔡倫作紙 (채륜작지)★

[뜻음] 성씨 채, 인륜 륜, 만들 작, 종이 지.
[풀이] 後漢(후한)의 宦者(환자)인 蔡倫(채륜)이 처음으로 종이를 製
造(제조)한 일. 출전 後漢書(후한서) 宦者傳(환자전).

采薇歌 (채미가)★★★

[뜻음] 캘 채, 고사리 미, 노래 가.
[풀이] 고사리를 캐며 부르는 노래.

　　≪史記(사기)≫ 伯夷列傳(백이열전)에서 司馬遷(사마
천)은 이렇게 적고 있다.
　　그들은 孤竹(고죽) 임금의 두 아들이었다. 아버지는 叔
齊(숙제)에게 나라를 물려주려 했다. 아버지가 죽자, 숙제
는 형인 백이에게 뒤를 이으라고 했다. 백이는 아버지의
명령이라면서 피해 숨어 버렸다. 숙제도 임금 자리에 앉기
가 달갑지 않아 피해 숨었다. 그래서 신하들은 가운데 아
들로 임금을 세웠다.
　　그러자 백이와 숙제는 西伯(서백)이 늙은이 대우를 잘

한다는 말을 듣고 周(주)나라로 갔다. 그런데 서백이 죽자,
그의 아들 武王(무왕)이 紂(주)를 쳤다. 두 형제는 무왕의
말고삐를 붙잡고 옳지 못하다는 것을 말했다. 좌우의 시신
들이 그들을 죽이려 했으나 총대장인 太公望(태공망) 呂
尙(여상: 강태공)이 '이들은 의로운 사람이다' 하고 붙들
어 돌려보냈다.
　　무왕이 紂(주)를 무찌르자 그들은 周(주)나라의 곡식을
먹을 수 없다 하고, 수양산에 숨어 고사리를 캐 먹었다. 그
들이 굶주려 죽을 무렵 노래를 지었는데,

　　그가 저 서산에 올라 고사리를 캐도다.
　　모진 것으로 모진 것을 바꾸고도
　　그것이 잘못인 줄 모르도다.
　　神農(신농)의 소박함과 禹夏(우하)의 사람이
　　하루아침에 없어지고 말았으니
　　나는 어디로 돌아갈거나.
　　아아 슬프다. 이젠 가리라
　　운명의 기박함이여.

　　登彼西山兮　采其薇矣　등피서산혜　채기미의
　　以暴易暴兮　不知其非矣　이포역포혜　부지기비의
　　神農虞夏　忽焉沒兮　신농우하　홀언몰혜
　　我安適歸矣　于嗟徂兮　아안적귀의　우차조혜
　　命之衰矣　명지쇠의

　　그러나 淸代(청대)의 유명한 고증학자 顧炎武(고염무)
의 考證(고증)에 의하면 무왕이 주를 치러 갔을 때는 백이
와 숙제는 이미 죽고 세상에 없었다고 한다.

采首陽之薇 (채수양지미)★

[뜻음] 캘 채, 머리 수, 볕 양, 갈 지, 고사리 미.
[풀이] 수양산에서 고사리를 캐 먹다. 采薇歌(채미가).

采詩謠 (채시요)★

[뜻음] 캘 채, 시 시, 노래할 요.
[풀이] 周(주)나라 때 采詩之官(채시지관)이 있어 천하를 巡行(순행)
하면서 백성이 읊는 시나 노래를 채집하였음. 이것은 각 지방의 풍속
을 알기 위한 것이었음. 출전 孔叢子(공총자).

采詩之官 (채시지관)★

[뜻음] 캘 채, 시 시, 갈 지, 벼슬 관.
[풀이] 采詩謠(채시요).

採薪之憂 (채신지우)★

[뜻음] 캘 채, 섶나무 신, 갈 지, 근심 우.
[풀이] 나물을 캐고 땔나무를 하는 근심. ① 몸이 아파서 나무를 못
하는 것이 걱정이란 뜻. ② 일설에는 나무를 하는 데 지쳐서 난 병이
라 함. ③ 자기의 病(병)의 謙稱(겸칭). 출전 孟子(맹자) 公孫丑下篇

(공손추하편).

採椽不斲 (채연불착)★

[뜻음] 캘 채, 서까래 연, 아닐 불, 깎을 착.
[풀이] ① 원목 그대로의 떡갈나무의 목재를 서까래로 사용함. 곧, 변변하지 못한 建築(건축)을 이르는 말. ② 지극히 검소한 생활. 출전 漢書(한서).

彩衣娛親 (채의오친)★

[뜻음] 무늬 채, 옷 의, 즐거워할 오, 어버이 친.
[풀이] 老萊子(노래자)가 나이 일흔에 때때옷을 입고 어린애처럼 장난을 하여 그의 母親(모친)을 기쁘게 한 故事(고사). 老萊之戲(노래지희). 戲綵娛親(희채오친). 출전 高士傳(고사전).

菜重芥薑 (채중개강)★

[뜻음] 나물 채, 소중할 중, 겨자 개, 생강 강.
[풀이] 채소 중에는 겨자와 생강을 소중하게 여긴다. 출전 千字文(천자문).

冊床兩班 (책상양반)★

[뜻음] 책 책, 책상 상, 두 량, 나눌 반.
[풀이] 상사람으로서 학문과 덕행이 고상하여 양반이 된 사람. 고지식하고 세상물정 모르는 사람.

冊床退物 (책상퇴물)★

[뜻음] 책 책, 책상 상, 물러날 퇴, 만물 물.
[풀이] 책상물림. 글만 배우던 사람으로, 산지식이 없고 세상 물정에 어두운 사람.

責人則明 (책인즉명)★

[뜻음] 꾸짖을 책, 남 인, 곧 즉, 밝을 명.
[풀이] 제 허물은 덮어놓고 남의 잘못을 밝혀 책망하는 데는 밝음.

妻不下機嫂不爲炊 (처불하기수불위취)★★★

[뜻음] 아내 처, 아닐 불, 아래 하, 틀 기, 형수 수, 할 위, 불 땔 취.
[풀이] '妻不下機(처불하기)'는 아내가 베틀에서 내려오지 않는다는 말이고, '嫂不爲炊(수불위취)'는 형수가 밥을 지어 주지 않는다는 말임.

  이 말은 세 치 혀로 하루아침에 六國(육국)의 재상을 겸하고 육국연합체인 合從會議(합종회의)의 宗約長(종약장)이 된 蘇秦(소진)이 처음에 뜻을 이루지 못하고 거지꼴이 되어 돌아왔을 때, 그 아내와 형수에게 당한 설움의 한 장면을 나타낸 말이다.
  소진은 공부를 마치고 고향 洛陽(낙양)에 돌아왔을 때 늙은 어머니와 아내, 과부 형수, 蘇代(소대)와 蘇厲(소려) 두 아우가 있었다. 소진이 집 재산을 팔아 각국을 돌며 遊說(유세)를 했지만 집 식구들이 모두 말리고 고향 주나라에서도 쓰임을 받지 못하여 다시 집으로 돌아가 온 재산을 다 팔아 좋은 옷과 수레와 말과 하인을 구해 각국을 돌며 왕들을 달래 보았지만 아무에게도 대접받지 못하고 몇 해를 허비한 채 집으로 돌아왔다.

  어머니는 그의 행색을 보고 혀를 차며 돌아앉았고, 아내가 베틀에서 내려오지 않았으며, 형수가 밥을 지어 주지 않았다.
  소진은 눈물을 흘리며 한숨을 짓고는 여기서 더욱 분발하여 鬼谷先生(귀곡선생)이 준 陰符經(음부경)을 다시 읽기 시작했다. 밤낮 없이 읽고 또 읽으며 졸음이 오면 송곳으로 다리를 찔렀다. 이렇게 일 년을 계속하자 하루아침에 세상 이치가 환히 밝아 오는 것 같았다고 한다.

妻城子獄 (처성자옥)★

[뜻음] 아내 처, 성 성, 자식 자, 감옥 옥.
[풀이] 아내와 자식이 있는 사람은 집안일에 얽매어 자유로이 활동할 수 없음을 이르는 말.

處世之術 (처세지술)★★★

[뜻음] 살 처, 세상 세, 갈 지, 꾀 술.
[풀이] 세상을 살아나가는 꾀. 處世術(처세술).

妻子眷屬 (처자권속)★★

[뜻음] 아내 처, 아들 자, 돌볼 권, 이을 속.
[풀이] 가족과 一家(일가).

凄風苦雨 (처풍고우)★

[뜻음] 쓸쓸할 처, 바람 풍, 괴로울 고, 비 우.
[풀이] 凄風은 아주 몹시 쓸쓸하고 구슬프게 부는 바람, 苦雨는 오래도록 내리는 궂은 비. 몹시 처량하고 비참한 경지를 비유함. 출전 春秋左氏傳(춘추좌씨전).

隻雞絮酒 (척계서주)★

[뜻음] 외짝 척, 닭 계, 솜 서, 술 주.
[풀이] 後漢(후한)의 徐穉(서치)가 친구인 黃瓊(황경)이 죽었을 때 닭 한 마리를 볶고, 솜을 술에 담갔다가 말려서 그 솜으로 닭을 싸 가지고 무덤 근처에 이르러 솜을 물에 담가서 술기운이 우러나게 한 다음 띠를 깔고 닭을 놓아 祭祀(제사)를 지내고는 喪主(상주)를 만나지 않은 채 돌아간 故事(고사).

跖狗吠堯 (척구폐요)★★

[뜻음] 발바닥 척, 개 구, 짖을 폐, 요임금 요.
[풀이] 도척의 개가 요임금 같은 성인을 보고도 짖는다. 도척은 요임금 시절의 흉악한 도둑. ① 사람은 각기 그 상전을 위해 선악을 가리지 않고 충성을 다한다는 말. ② 악한 자와 한패가 되어 어진 이를 미워함. '桀狗吠堯(걸구폐요)'를 보시오.

尺短寸長 (척단촌장)★

[뜻음] 자 척, 짧을 단, 마디 촌, 길 장.
[풀이] 자는 촌에 비해 길지만 간혹 짧아 보일 때가 있고, 촌은 자보다 짧지만 간혹 길어 보일 때가 있다는 뜻. 긴 것도 때로는 나쁘고 짧은 것도 때로는 좋다는 말.

倜儻不羈 (척당불기)★★

[뜻음] 기개 있을 척, 기개 있을 당, 아닐 불, 고삐 맬 기.

[풀이] 뜻이 크고 기개가 있어서 남에게 자유의 구속을 받지 아니함.

隻輪不返 (척륜불반)★

[뜻음] 외짝 척, 바퀴 륜, 아닐 불, 돌이킬 반.
[풀이] '兵車(병거)가 한 대도 돌아오지 않는다.'는 뜻으로, '慘敗(참패)'를 형용하여 이르는 말.

尺璧非寶 (척벽비보)★

[뜻음] 자 척, 둥근 옥 벽, 아닐 비, 보배 보.
[풀이] 지름이 한 자나 되는 구슬도 시간의 소중함에 견주면 보배라 할 수 없음. 출전 千字文(천자문).

斥邪律正 (척사위정)★★★

[뜻음] 내칠 척, 간사할 사, 호위할 위, 바를 정.
[풀이] 正義(정의)를 지키고, 邪氣(사기)를 배척함.

尺山尺水 (척산척수)★

[뜻음] 자 척, 뫼 산, 물 수.
[풀이] 높은 곳에서 멀리 山水(산수)를 내려다볼 때 그 작게 보이는 산과 강을 가리키는 말. 尺山寸水(척산촌수).

尺有所短寸有所長 (척유소단촌유소장)★

[뜻음] 자 척, 있을 유, 바 소, 짧을 단, 마디 촌, 길 장.
[풀이] 한 자의 길이가 때에 따라서는 짧아 걱정하는 수가 있는가 하면, 한 치의 길이도 때에 따라서는 길어서 곤란할 때가 있다는 뜻. 물건은 쓰는 데에 따라서 좋을 수도 있고, 나쁠 수도 있다는 말. 슬기가 있는 사람도 일에 따라서는 어리석은 사람만 못하고 어리석은 사람도 때에 따라서는 슬기가 있는 사람보다 나음을 비유한 말. 출전 楚辭(초사) 卜居篇(복거편).

慼弛之士 (척이지사)★

[뜻음] 해이할 척, 늦출 이, 갈 지, 선비 사.
[풀이] 跅(척)은 跅落(척락)으로 檢局(검국)이 없음을 이르며 이는 放廢(방폐)하여 예도에 따르지 않음을 이름. 節度(절도)가 없고 禮義(예의)를 모르는, 놓아먹은 사람. 출전 漢書(한서).

跖之狗吠堯 (척지구폐요)★

[뜻음] 발바닥 척, 갈 지, 개 구, 짖을 폐, 요임금 요.
[풀이] 盜跖(도척)이 기르는 개는 요임금 같은 성인에 대해서도 짖는다는 뜻으로, 사람은 제각기 기 섬기는 주인에게 충성 다함을 이름. 轉(전)하여, 惡黨(악당)에 끼어 성현을 질투함의 비유.

擲地金聲 (척지금성)★

[뜻음] 던질 척, 땅 지, 쇠 금, 소리 성.
[풀이] 땅에 던지면 쇳소리가 날 정도로 문장이 잘 지어졌다는 말. 擲地作金石聲(척지작금석성).

尺地千里 (척지천리)★

[뜻음] 자 척, 땅 지, 일천 천, 마을 리.
[풀이] 아주 가까운 곳이 천 리처럼 멂.

尺寸之功 (척촌지공)★

[뜻음] 자 척, 마디 촌, 갈 지, 공 공.

[풀이] 얼마 안 되는 功勞(공로). 약간의 공로. 尺寸之效(척촌지효).

尺寸之柄 (척촌지병)★

[뜻음] 자 척, 마디 촌, 갈 지, 자루 병.
[풀이] 얼마 되지 않는 권력. 僅少(근소)한 권력.

尺澤之鯢 (척택지예)★

[뜻음] 자 척, 못 택, 갈 지, 잔고기 예.
[풀이] 작은 못의 송사리라는 뜻으로, 所見(소견)이 좁은 사람을 비유하여 이르는 말. 비슷한 말로 坎井之蛙(감정지와), 管中窺天(관중규천). 管中窺豹(관중규표), 管中之天(관중지천), 蟬不知雪(선부지설), 燕雀不知天地之高(연작부지천지지고), 甕裏醯鷄(옹리혜계), 用管窺天(용관규천), 以管窮天(이관궁천), 以管闚天(이관규천), 以蠡測海(이려측해), 井底蛙(정저와), 井中觀天(정중관천), 井中視星(정중시성), 井中之蛙(정중지와), 坐井觀天(좌정관천), 夏蟲語氷(하충어빙), 醯鷄甕裏天(혜계옹리천) 등이 있음.

尺布斗粟之譏 (척포두속지기)★★★

[뜻음] 자 척, 베 포, 말 두, 조 속, 갈 지, 나무랄 기.
[풀이] 한 자의 베, 한 말의 좁쌀. 형제의 不和(불화)를 이르는 말. 중국 漢(한)나라 文帝(문제)의 동생 淮南王(회남왕) 長(장)이 謀反(모반)을 꾀하다가 발각되어, 문제가 죽이고자 함을 피하여 蜀(촉)나라에서 귀양살이하다가 굶어 죽으니, 세상 사람이 형제는 얼마 되지 않는 베나 좁쌀일지라도 이를 나누어 가져야 함에도 불구하고 문제는 천하를 차지하고 갖고도 동생에게 아무것도 나누어 주지를 않아 형제가 서로 용납하지 못했음을 비난한 옛일에서 온 말. 백성들이 부른 노래는 다음과 같다. "한 자의 조각 천이라도 이어서 꿰매면 입을 수 있고 한 말의 조라도 나누어 먹으면 굶어 죽지 않는데, 薄情(박정)하고나 형제가 서로 용서치 않다니…" 나중에 문제는 이 일을 크게 후회하고 유장의 네 아들을 모두 왕후로 봉했다고 한다. 출전 史記(사기).

隻分隻厘 (척푼척리)★

[뜻음] 외짝 척, 푼 푼, 리 리.
[풀이] 매우 적은 액수의 돈.

斥和洋夷 (척화양이)★

[뜻음] 배척할 척, 화할 화, 서양 양, 오랑캐 이.
[풀이] 서양 오랑캐에게 和議(화의)를 排斥(배척)함.

尺蠖屈以求信 (척확굴이구신)★

[뜻음] 자 척, 자벌레 확, 굽힐 굴, 써 이, 구할 구, 펼칠 신.
[풀이] 자벌레가 몸을 구부리는 것은 장차 펴기 위함이라는 뜻으로, 사람도 後日(후일)에 성공하기 위하여서는 艱難辛苦(간난신고)를 참고 견디어 나가야 함을 이름. 信(신)은 伸(신). 尺蠖之屈(척확지굴). 출전 易經(역경) 繫辭(계사).

尺蠖食黃卽己身黃 (척확식황즉기신황)★

[뜻음] 자 척, 자벌레 확, 먹을 식, 누를 황, 곧 즉, 그 기, 몸 신.
[풀이] 자벌레가 누런 풀을 먹으니 곧 그 몸이 누렇다. 생물의 形生(형생)은 식물에 따름. 출전 說苑(설원).

天高馬肥 (천고마비)★★★

[뜻음] 하늘 천, 높을 고, 말 마, 살찔 비.

[풀이] 가을은 높고 요새의 말도 살찐다. 가을의 특성을 형용하는 말.

하늘이 맑고 초목이 결실하는 가을의 좋은 계절.
'秋高馬肥(추고마비)'이던 것이 天高馬肥(천고마비)로 변했다.
唐(당)나라 시인 杜甫(두보)의 할아버지인 杜審言(두심언)이 參軍(참군)으로 북쪽 邊方(변방)에 가 있는 친구 蘇味道(소미도)에게 보낸 시에 나오는 글귀이다.

　　구름은 맑고 妖星(요성)도 사라져
　　가을은 높고 要塞(요새)의 말도 살찐다.
　　鞍裝(안장)을 기대면 영웅의 칼이 움직이고
　　붓을 휘두르면 깃 꽂은 글이 난다.

구름이 맑다는 것은 정세가 소용해졌다는 뜻이다. 요성은 전란이 있을 때면 나타난다는 혜성을 말한다. 그 별이 사라졌다는 것은 이제 변방이 조용해질 것이란 뜻이다. 깃을 꽂은 글, 즉 羽書(우서)는 전쟁의 승리를 알리거나 檄文(격문)을 보낼 때 빨리 날아가라는 뜻으로 닭의 깃을 꽂아 보내는 데서 생긴 말이다. 소미도가 어서 凱旋(개선)해 돌아오기를 염원하는 뜻을 담은 시다.
전혀 다른 해석도 있다. 가을이 오면 흉노족이 쳐들어와 노략질을 하는 때라서 수난의 계절이 시작된다는 의미로 썼다는 해석이다.

遷客騷人 (천객소인)★

[뜻음] 옮길 천, 나그네 객, 시끄러울 소, 사람 인.
[풀이] 詩人(시인), 墨客(묵객)을 이르는 말. 천객에게는 근심이 많고, 시인에게는 悲憤慷慨(비분강개)의 작품이 많은 까닭에 이르는 말. 천객은 귀양 사는 사람을 이름. 소인이라는 말은 굴원의 이소를 읽고 분개하는 문인이라는 말이 시인이 된 경우임.

淺見博識 (천견박식)★

[뜻음] 얕을 천, 볼 견, 엷을 박, 알 식.
[풀이] 대수롭지 않은 見聞(견문)과 지식.

天經地緯 (천경지위)★★

[뜻음] 하늘 천, 날실 경, 땅 지, 씨줄 위.
[풀이] 영원히 변하지 않는 떳떳한 理致(이치). 영원히 변하지 않는 진리나 법칙. 萬歲(만세)에 변하지 않는 常理(상리). 출전 春秋左氏傳(춘추좌씨전).

天經地義 (천경지의)★★

뜻음] 하늘 천, 길 경, 땅 지, 옳을 의.
[풀이] 하늘이 바른 길을 얻고, 땅이 적절함을 얻는 길. ① 禮(예)를 이름. ② 정당하고 변할 수 없는 道理(도리)를 이르는 말. 출전 春秋左氏傳(춘추좌씨전).

千古陋名 (천고누명)★

[뜻음] 일천 천, 예 고, 더러울 루, 이름 명.
[풀이] 영원히 지워지지 않을, 더러운 이름.

千苦萬難 (천고만난)★

[뜻음] 일천 천, 괴로울 고, 일만 만, 어려울 난.
[풀이] 온갖 괴로움과 어려움. 千辛萬苦(천신만고).

千古不朽 (천고불후)★

[뜻음] 일천 천, 예 고, 아닐 불, 썩을 후.
[풀이] 언제까지나 썩거나 사라지지 않음. 영원히 없어지지 않음. 千秋不滅(천추불멸).

千古英雄 (천고영웅)★

[뜻음] 일천 천, 오랠 고, 꽃부리 영, 수컷 웅.
[풀이] 세상에 유래가 없을 영웅.

天空海闊 (천공해활)★

[뜻음] 하늘 천, 빌 공, 바다 해, 트일 활.
[풀이] 하늘이 창창하고 바다가 광활하듯이 氣象(기상)이 爽快(상쾌)하고 度量(도량)이 넓음을 이름. 海闊天空(해활천공).

千嬌萬態 (천교만태)★

[뜻음] 일천 천, 아름다울 교, 일만 만, 태도 태.
[풀이] 모든 아름다운 태도나 아양을 떠는 태도. 千態萬嬌(천태만교)

千軍萬馬 (천군만마)★★★

[뜻음] 일천 천, 군사 군, 일만 만, 말 마.
[풀이] 엄청난 규모의 군대.

千鈞得船則浮 (천균득선즉부)★

[뜻음] 일천 천, 서른 근 균, 얻을 득, 배 선, 곧 즉, 뜰 부.
[풀이] 천균을 배에 실어도 물위에 뜸. 좋은 때를 만나서 일을 하면 무슨 일이든지 성공할 수 있다는 말. 출전 韓非子(한비자).

千金買笑 (천금매소)★★★

[뜻음] 일천 천, 쇠 금, 살 매, 웃음 소.
[풀이] 천금을 주고 웃음을 사다. 厲王(여왕)이 褒姒(포사)를 웃게 하려고 천금을 들여 봉화를 헛되이 올리게 한 일.

천금을 주고 사랑하는 여자의 웃음을 산다는 말이다. 暴君(폭군)의 대명사가 桀紂幽厲(걸주유려)이다. 桀(걸)은 夏(하)나라를 망친 마지막 임금이고 紂(주)는 商(상)나라를 망친 마지막 임금이며 幽(유)는 西周(서주)의 마지막 임금 幽王(유왕)으로 오랑캐의 칼에 맞아 죽었고, 여는 유왕의 할아버지인 여왕으로 백성들에게 내쫓긴 임금이다.
유왕은 妖姬(요희)인 褒姒(포사)에게 빠져, 王后(왕후) 申氏(신씨)와 태자 宜臼(의구)를 폐한 다음, 포사를 왕후로 세우고, 그녀가 낳은 伯服(백복)을 태자로 세웠다.
그런데 돈에 팔려 남의 속죄의 대가로 궁중에 들어온 포사는 일찍이 한 번도 웃는 일이 없었다. 유왕은 포사의 환심을 사려고 별짓을 다 하다가 포사가 비단 찢는 소리를 좋아한다고 하자 힘센 여자를 시켜 비단을 찢게 했다. 그래도 즐기기만 할 뿐 웃지 않자 유왕은 즉시 영을 내려, "궁 안과 궁 밖을 묻지 않고, 왕후로 하여금 한 번 웃게 하는 사람은 천금 상을 내리리라" 하고 선포했다. 그러자 虢石父(괵석보)가 제안을 했다. 烽火(봉화)를 올려 畿內(기내)에 있는 제후들로 하여금 군대를 동원해 밤을 새워 달려오게 한 다음, 적이 침입해 온 일이 없는 것을 알고, 어이없어 뿔뿔이 흩어져 돌아가는 것을 보면 웃지 않을 수 없을 것이라는 것이었다.

유왕이 驪山(여산) 별궁에서 놀며 저녁에 봉화를 올리자 제후들이 군대를 동원하여 달려 왔다가 어이없어하며 돌아갔다. 포사는 저도 모르게 깔깔대고 웃었다. 유왕은 괵석보에게 천금 상을 내렸다. 재미가 들린 유왕은 자주 그런 짓을 했고, 그 뒤 폐비 신씨의 친정아버지 申侯(신후)가 犬戎主(견융주: 오랑캐족 임금)를 끌어들여 유왕을 치는데, 아무리 봉화를 올려야 제후들은 아무도 오지 않아 결국 유왕은 개죽음을 당했다.

千金裘非一狐皮 (천금구비일호피)★

[뜻음] 일천 천, 쇠 금, 갖옷 구, 아닐 비, 한 일, 여우 호, 가죽 피.
[풀이] 값이 나가는 狐白裘(호백구)는 여우 한 마리의 겨드랑이 털로 만들 수 없음과 같이 나라를 잘 다스리려면 어진 이 한 사람의 힘으로는 되지 않는다는 말. 출전 史記(사기) 劉敬叔孫通傳(유경숙손통전).

千金不死百金不刑 (천금불사백금불형)★

[뜻음] 일천 천, 쇠 금, 아닐 불, 죽을 사, 일백 백, 형벌 형.
[풀이] 천금을 쓰면 사형도 면하고, 백금을 쓰면 형벌을 면할 수 있다는 말. 돈을 많이 가지고 있으면 사형도 면할 수 있다는 말. 돈만 있으면 죽음도 면할 수 있다는 말. 출전 蔚遼子(울료자).

千金買骨 (천금매골)★

[뜻음] 일천 천, 쇠 금, 팔 매, 뼈 골.
[풀이] 천금을 주고 뼈도 샀다는 예를 들어 자기부터 등용하게 한 옛일에서 온 말. 買死馬骨(매사마골). 買駿馬骨(매준마골).

千金然諾 (천금연낙)★

[뜻음] 일천 천, 쇠 금, 그럴 연, 허락할 낙.
[풀이] 천금이나 값어치 있는 허락이나 약속. 一諾千金(일락천금).

千金子不死於盜賊 (천금자불사어도적)★

[뜻음] 일천 천, 쇠 금, 자식 자, 아닐 불, 죽을 사, 어조사 어, 훔칠 도, 도적 적.
[풀이] 천금의 돈을 가진 부잣집 자식은 부모가 자식의 목숨을 중시하여 도적과 같은 하찮은 인간에게 죽지 않는다는 말.

千金子坐不垂堂 (천금자좌불수당)★

[뜻음] 일천 천, 쇠 금, 자식 자, 앉을 좌, 아닐 불, 드리울 수, 마루 당.
[풀이] 부잣집 자식은 마루에 앉아도 떨어지지 않는 곳에 앉는다. 몸을 대단히 소중히 하는 것.

千金駿馬 (천금준마)★

[뜻음] 일천 천, 쇠 금, 준마 준, 말 마.
[풀이] 값이 천금이나 하는 말.

千金之軀 (천금지구)★

[뜻음] 일천 천, 쇠 금, 갈 지, 몸 구.
[풀이] 천금같이 소중한 몸.

千金之裘 (천금지구)★

[뜻음] 일천 천, 쇠 금, 갈 지, 갓옷 구.
[풀이] 값이 매우 비싼 狐白裘(호백구). 狐白裘: 여우의 겨드랑이에 있는 흰 털이 붙은 가죽으로 만든 갓옷.

千金之裘非一狐之腋 (천금지구비일호지액)★

[뜻음] 일천 천, 쇠 금, 갈 지, 갓옷 구, 아닐 비, 한 일, 여우 호, 갈 지, 겨드랑이 액.
[풀이] 여우털 가죽옷은 한 마리의 겨드랑이털이 아니다. 귀한 狐白裘(호백구)를 만드는 데 한 마리 여우의 겨드랑이 털로는 되지 않는다. 나라를 다스리는 데 人才(인재)가 많아야 한다는 말. 출전 史記(사기).

千金之子不死於市 (천금지자불사어시)★★★

[뜻음] 일천 천, 쇠 금, 갈 지, 자식 자, 아닐 불, 죽을 사, 어조사 어, 시장 시.
[풀이] 부잣집 아들은 돈이 많아서 저자 바닥에서 죽지 않음.

이 속담은 《史記(사기)》 越世家(월세가)의 范蠡(범려)에 대한 이야기에 나온다. 범려가 陶朱公(도주공)이라는 이름으로 巨富(거부)가 된 뒤의 이야기다.

범려는 陶(도)라는 곳으로 와서 늦게 작은 아들을 보았는데, 그 아들이 장성했을 때 범려의 둘째 아들이 사람을 죽이고 초나라에 갇혀 있었다. 범려는 소식을 듣고 '천금의 자식은 시장바닥에서 죽지 않는다'고 하고 작은 아들을 시켜 가 보라고 했다. 범려가 순금 천 溢(일)을 수레에 실려 보내는데 큰아들이 간다고 설쳤다. 하는 수 없이 큰아들을 보내며 밀봉한 편지를 주며 초나라 莊先生(장 선생)을 찾아가라고 했다. 큰아들은 장선생을 만나서 천금과 편지를 주었다.

장선생은 초왕을 만나 特赦(특사)를 권유했는데 큰아들은 그동안 초나라 貴人(귀인)들과 교제하다 귀인으로부터 곧 特別赦免(특별사면)이 있을 것이라고 귀띔했다. 그러자 큰아들은 천금을 아까워하며 장 선생의 집에 가서 돈을 도로 가져왔다. 장생이 괘씸해서 초왕을 다시 찾아가 激怒(격노)하게 만들어 결국 도주공의 아들을 처형한 다음 대사령을 내렸다.

범려는 큰아들이 아비가 돈을 벌기가 얼마나 힘든지 알기 때문에 천금을 아낄 것을 알고 아예 보내지 않으려 했던 것이다.

'千金之子不死於盜賊(천금지자불사어도적)'과 유사한 말이다. 천금의 돈을 가진 부잣집 자식은 부모가 자식의 목숨을 중시하여 도적과 같은 하찮은 인간에게 죽지 않는다는 말이다.

天機漏泄 (천기누설)★★★

[뜻음] 하늘 천, 기미 기, 샐 루, 샐 설.
[풀이] 하늘의 비밀이 새어 나감. 중대한 비밀이 새어서 알려짐.

千年一淸 (천년일청)★

[뜻음] 일천 천, 해 년, 하나 일, 맑을 청.
[풀이] 중국의 黃河(황하) 같은 흐린 물이 맑아지기를 바란다. 아무리 오래되어도 사물이 이루어지기 어려움, 가능하지 않은 것을 이르는 말. 百年河淸(백년하청). 河淸難俟(하청난사).

天道無心 (천도무심)★

[뜻음] 하늘 천, 진리 도, 없을 무, 마음 심.
[풀이] 하늘이 무심함을 한탄하는 말.

天道無親常與善人 (천도무친상여선인)★

[뜻음] 하늘 천, 도리 도, 없을 무, 친할 친, 항상 항, 줄 여, 착할 선, 사람 인.
[풀이] 하늘의 도는 지극히 공평하여 누구라고 더 친절히 대하는 일이 없고 다만 항상 착한 사람에게만 친절을 베풂. 天道無親(천도무친). 출전 老子(노자).

天道是耶非耶 (천도시야비야)★★★

[뜻음] 하늘 천, 도리 도, 옳을 시, 어조사 야, 아닐 비.
[풀이] 천도가 옳은 것인가 그른 것인가. 선을 행하면 복을 받고 악을 행하면 화를 받는 것을 天道(천도)라고 하는데, 세상의 실상은 반드시 그렇지도 않은 것 같다고 疑心(의심)하여 원망하는 말.

"역사상의 인물의 생애를 보건대 반드시 천도에 부합된 것은 아니다"라고 그 모순을 한탄한 司馬遷(사마천)은 ≪史記(사기)≫에서 하늘을 원망하며 이렇게 쓰고 있다. "어진 이로 이름난 伯夷(백이) 叔齊(숙제)는 굶어 죽었고, 공자의 제자 중 으뜸인 顔回(안회)는 극빈 속에서 젊은 나이에 영양실조로 죽었다. 그러나 대악당 盜跖(도척)은 매일 죄 없는 백성을 죽여 그 살로 膾(회)를 치고 脯(포)를 떴을 만큼 온갖 악행을 일삼았는데도 장수했다. 이처럼 세상에는 선을 행하여 화를 얻고 악을 행하여 복을 얻는 일이 있는데 그래도 '天道無親(천도무친)', '天道不諂(천도부도)'라는 말을 믿어야 하는가?"

天道虧盈益謙 (천도휴영익겸)★

[뜻음] 하늘 천, 길 도, 어그러질 휴, 찰 영, 더할 익, 겸손할 겸.
[풀이] 해가 日中(일중)한 다음에는 기울어지고 달이 차면 이지러짐과 같이 인정도 가득 찬 것을 미워하고 항상 겸손한 것을 편듦.

天羅地網 (천라지망)★★★

[뜻음] 하늘 천, 그물 라, 땅 지, 그물 망.
[풀이] 하늘의 그물과 땅의 그물. 아무리 하여도 벗어날 수 없는 경계망이나 피할 길이 없는 災厄(재액).

千慮萬思 (천려만사)★

[뜻음] 일천 천, 생각할 려, 일만 만, 생각할 사.
[풀이] 千思萬慮(천사만려).

千慮一得 (천려일득)★

[뜻음] 일천 천, 생각할 려, 한 일, 얻을 득.
[풀이] 어리석은 사람이라도 많은 생각 속에는 간혹 쓸 만한 것이 있다는 말. 출전 史記(사기) 淮陰侯傳(회음후전).

千慮一失 (천려일실)★★★

[뜻음] 일천 천, 염려할 려, 한 일, 잃을 실.
[풀이] 현인도 많은 생각 중에 한 가지쯤은 잘못된 것이 있음. 아무리 어리석은 사람이라도 많은 생각 속에는 간혹 쓸 만한 것이 있다는 말인 '千慮一得(천려일득)'에 반대되는 말.

천려일실은 천 번 생각에 한 번 실수라는 말로 賢人(현인)도 많은 생각 중에 한 가지쯤은 잘못된 것이 있으니 너무 안다고 자신하지 말라는 교훈도 되고 또 실수에 대한 변명이나 위로의 말로 쓰이기도 한다.

천려일득은 천려일실에 반대되는 말로 여러 번 생각을 하다 보면 한 번쯤 맞을 수도 있다는 말이다. 아무리 어리석은 사람이라도 많은 생각 속에는 간혹 쓸 만한 것이 있다는 말이 된다.

≪史記(사기)≫ 淮陰侯列傳(회음후열전)에 나오는 말이다. 회음후 韓信(한신)이 趙(조)나라를 치면서 廣武君(광무군) 李左車(이좌거)를 얻게 된다. 이좌거는 꾀가 많아서 城安君(성안군)에게 삼만의 군대를 자기에게 주어 한신이 오게 될 좁은 길목을 끊게 해 달라고 요구했다. 그러나 성안군은 듣지 않고 한신의 군대가 다 지나가기만을 기다리다 패해 죽었다. 한신은 이좌거를 생포하여 달래고 앞으로의 계책에 대해 묻자 그는,
"나는 들으니 지혜로운 사람이 천 번 생각하면 반드시 한 번 잃는 일이 있고, 어리석은 사람이 천 번 생각하면 반드시 한 번 얻는 것이 있다(知者千慮必有一失지자천려필유일실)고 했습니다. 그러기에 말하기를, 미친 사람의 말도 성인이 택한다고 했습니다. 내 꾀가 반드시 쓸 수 있는 것이 못 되겠지만 다만 어리석은 충성을 다할 뿐입니다"라고 대답했다.

天聾地啞 (천롱지아)★

[뜻음] 하늘 천, 귀먹을 롱, 땅 지, 벙어리 아.
[풀이] 文昌帝君(문창제군)의 두 從者(종자)인 天聾(천롱)과 地啞(지아). 사람의 총명을 다 써 버리지 않으려고 함. 남의 총명을 빌리려고 하지 않음을 이르는 말. 귀먹고 벙어리인 체하는 중에 어떤 뜻을 가

짐. 文昌帝君(문창제군): 魁星(괴성)을 이름. 중국에서 사람의 祿籍(녹적)이나 文章(문장)을 맡았다는 神(신). 科擧(과거)를 보는 해 같은 때에는 특히 受驗者(수험자)들이 이를 믿었다 함. 刺潼帝君(자동제군)이라고도 함.

天六地五 (천륙지오)★

[뜻음] 하늘 천, 여섯 륙, 땅 지, 다섯 오.
[풀이] 하늘의 六氣(육기)인 陰(음)·陽(양)·風(풍)·雨(우)·晦(회)·明(명)과 땅의 五行(오행)인 金(금)·木(목)·水(수)·火(화)·土(토).

天倫之情 (천륜지정)★

[뜻음] 하늘 천, 인륜 륜, 갈 지, 뜻 정.
[풀이] 부자, 형제 사이의 마땅히 지켜야 할 정.

千里江陵一日還 (천리강릉일일환)★

[뜻음] 일천 천, 마을 리, 강 강, 큰 언덕 릉, 한 일, 날 일, 돌아갈 환.
[풀이] 천 리 강릉도 하루에 간다. 천 리나 떨어진 강릉까지 하루에 도착함, 강물이 몹시 빠르게 흘러감. '강릉'은 중국의 지명.

千里乾坤 (천리건곤)★

[뜻음] 일천 천, 마을 리, 하늘 건, 땅 곤.
[풀이] 멀고 멀리 뻗친 넓은 하늘과 땅, 썩 넓은 천지.

千里同風 (천리동풍)★★★

[뜻음] 일천 천, 마을 리, 같을 동, 바람 풍.
[풀이] 온 나라 안에 같은 바람이 분다. 세상이 태평함 또는 그러한 세상. 萬里同風(만리동풍). 百代同風(백대동풍). 출전 論衡(논형).

千里馬 (천리마)★★★

[뜻음] 일천 천, 마을 리, 말 마.
[풀이] 하루에 천 리를 갈 수 있는 명마.

千里馬常有伯樂不常有 (천리마상유백낙불상유)★

[뜻음] 일천 천, 마을 리, 말 마, 항상 상, 있을 유, 맏 백, 즐거울 낙, 아닐 불.
[풀이] 천리마는 어느 시대에나 있지만, 이를 알아볼 줄 아는 백낙과 같은 사람은 어느 시대에나 있는 것은 아니다. 세간에 인재는 많지만 이를 알아서 뽑아 쓸 줄 아는 재상은 드물다는 말.

千里萬里 (천리만리)★

[뜻음] 일천 천, 마을 리, 일만 만.
[풀이] 썩 먼 거리를 가리키는 말. 千萬里(천만리).

千里比鄰 (천리비린)★

[뜻음] 일천 천, 마을 리, 견줄 비, 이웃 린.
[풀이] 천 리나 되는 먼 곳도 가까운 이웃같이 생각된다. 교통이 매우 편리함의 비유. 天涯如比鄰(천애여비린).

千里眼 (천리안)★★★

[뜻음] 일천 천, 거리 리, 눈 안. 천 리를 내다볼 수 있는 눈.
[풀이] 세상사를 꿰뚫어 보거나 먼 곳에서 일어난 일을 미리 예지하는 능력을 지니고 있음.

≪魏書(위서)≫ 楊逸傳(양일전)에 나오는 말이다.

南北朝(남북조) 시대의 北魏(북위) 莊帝(장제) 때, 光州刺史(광주자사)로 부임해 온 楊逸(양일)은 당시 나이가 겨우 스물아홉이었고 또 명문 출신의 귀공자였지만, 조금도 驕慢(교만)한 데가 없고 백성들을 위해 그야말로 寢食(침식)을 잊는 정도였다.

그가 있는 동안 흉년이 계속되어 굶어 죽는 사람이 많이 생기자 나라의 承諾(승낙) 없이는 열지 못하는 창고를 열어 백성에게 나눠 줄 생각을 했다. 책임자가 죄를 겁내 이를 반대하자,

"나라의 근본은 사람이다. 사람은 먹지 않고는 살지 못한다. 백성들이 굶주리고 있는데 임금만이 배불리 먹을 수 있겠는가. 만일 이것에 잘못된 일이라면 내가 달게 죄를 받겠다" 하고 창고를 헐어 백성들에게 나누어 주었다.

또한 民弊(민폐)를 없애려고 감시원을 곳곳에 배치해 두는 한편, 군대나 말단 공무원들이 지방으로 나갈 때는 반드시 食糧(식량)을 가지고 가게 했다.

지방 사람들이 그들에게 식사를 제공하려 하면 그들은 누구나 할 것 없이,

"楊使君(양사군)께서는 千里眼(천리안)을 가지고 계신데 어떻게 속일 수가 있습니까" 하고 이를 거절했다고 한다.

佛家(불가)에서 쓰는 '眼通(안통)'이라는 말도 천리안과 비슷한 뜻이다.

千里之行始於足下 (천리지행시어족하)★★

[뜻음] 일천 천, 마을 리, 갈 지, 다닐 행, 처음 시, 어조사 어, 발 족, 아래 하.
[풀이] 천 리 길도 발아래에서 시작된다. ① 무슨 일이나 그 일의 시작이 중요하다는 말. ② 원대한 일도 보잘것없는 첫 시작에서 비롯한다는 말. ③ 쉬지 않고 힘쓰면 큰일을 이룸을 비유한 말. 출전 老子(노자).

千萬多幸 (천만다행)★★

[뜻음] 일천 천, 일만 만, 많을 다, 다행 행.
[풀이] 매우 다행함.

千萬不當 (천만부당)★

[뜻음] 일천 천, 일만 만, 아닐 부, 마땅할 당.
[풀이] 천 번 만 번 부당한 일. 千不當萬不當(천부당만부당).

千萬不當之說 (천만부당지설)★

[뜻음] 일천 천, 일만 만, 아닐 부, 마땅할 당, 갈 지, 말씀 설.
[풀이] 千不當萬不當(천부당만부당).

千不當萬不當 (천부당만부당)★★

[뜻음] 일천 천, 아닐 부, 마땅할 당, 일만 만.
[풀이] 얼토당토않은 말.

千萬不可 (천만불가)★

[뜻음] 일천 천, 일만 만, 아닐 불, 옳을 가.
[풀이] 조금도 이치에 닿지 않음. 아주 옳지 않음. 萬萬不可(만만불가).

千萬意外 (천만의외)★

[뜻음] 일천 천, 일만 만, 뜻 의, 바깥 외.
[풀이] 천만 뜻밖. 千萬夢外(천만몽외).

天網恢恢 (천망회회)★

[뜻음] 하늘 천, 그물 망, 넓을 회.
[풀이] 天網恢恢疎而不失(천망회회소이불실).

天網恢恢疎而不失 (천망회회소이불실)★★★

[뜻음] 하늘 천, 그물 망, 넓을 회, 트일 소, 말 이을 이, 아닐 불, 잃을 실.
[풀이] 하늘의 그물은 굉장히 넓어서 눈은 성기지만 선한 자에게 선을 주고 악한 자에게 殃禍(앙화)를 내리는 일은 조금도 빠뜨리지 아니함. 失은 一本(일본)에 '漏(누)'로 되었음. 天網恢恢疎而不漏(천망회회소이불루).

이 말은 ≪老子(노자)≫ 七十三章(칠십삼장)에 나온다.
"…하늘이 미워하는 바를 누가 그 까닭을 알리오. 이러므로 聖人(성인)도 오히려 어려워한다. 하늘의 도는 다투지 않고도 잘 이기며, 말하지 않고도 잘 대답하며, 부르지 않고도 스스로 오게 하며, 느직하면서도 잘 꾀한다. 하늘의 그물은 크고 커서, 성긴 듯하지만 빠뜨리지 않는다."
老聃(노담: 노자)이 말하기를,
"그 정치가 察察(찰찰)하면 그 백성이 鈌鈌(결결)하다고 하고 또 말하기를, 하늘 그물이 크고 커서 성기어도 새지 않는다"고 했다.
'찰찰'은 너무 세밀하게 살피는 것을 말하고 '결결'은 다칠까 봐 조마조마한 것을 말한다.

天無不覆 (천무불복)★

[뜻음] 하늘 천, 없을 무, 아닐 불, 덮을 복.
[풀이] 하늘은 크고 넓어서 만물을 모두 덮고 있다. 天道(천도)는 公平無私(공평무사)한다는 말. 天無私覆(천무사복).

天無私覆地無私載 (천무사복지무사재)★

[뜻음] 하늘 천, 없을 무, 사사로울 사, 덮을 복, 땅 지, 실을 재.
[풀이] 天道(천도)는 公平無私(공평무사)하여 사사로움이 없음. 출전 禮記(예기) 孔子閒居篇(공자한거편).

天無三日晴 (천무삼일청)★

[뜻음] 하늘 천, 없을 무, 석 삼, 날 일, 갤 청.
[풀이] 갠 날씨는 사흘씩 계속되지 않는다. 이 세상은 風波(풍파)가 많고 葛藤(갈등)이 일어나기 쉬워 평화가 오래 지속되지 않음을 이름. 花無十日紅(화무십일홍).

天無二日 (천무이일)★

[뜻음] 하늘 천, 없을 무, 두 이, 해 일.

[풀이] 하늘에는 해가 둘이 있을 수 없듯이 나라에는 임금이 하나뿐임을 비유하는 말. 출전 禮記(예기).

天文遁甲 (천문둔갑)★

[뜻음] 하늘 천, 무늬 문, 피할 둔, 껍질 갑.
[풀이] 천체의 운행에 따라 曆法(역법)을 연구하거나 길흉을 예언하는 일과, 술법을 써서 마음대로 자기 몸을 감추거나 다른 것으로 변하게 하는 일.

天門登八 (천문등팔)★

[뜻음] 하늘 천, 문 문, 오를 등, 여덟 팔.
[풀이] '벼슬길에 올라 그 지위가 극에 가까워지면 몸이 위태롭게 됨'을 비유하여 이르는 말. 晉(진)나라 陶侃(도간)이 꿈에 여덟 개의 날개를 달고 昇天(승천)하여 천문 여덟 곳을 지났으나 마지막 한 문을 통과하지 못하고 도리어 문지기의 매를 맞고 땅에 떨어져 왼쪽 날개가 부러졌다. 뒤에 八州(팔주)의 都督(도독)을 역임하고 다시 높은 자리를 바라는 마음이 생겼으나, 항상 날개가 부러진 꿈을 다시 생각하여 스스로 억제하였다는 옛일에서 온 말. 도간은 도연명의 증조부.

千門萬戶 (천문만호)★

[뜻음] 일천 천, 문 문, 일만 만, 집 호.
[풀이] 대궐 안에 궁실이 많거나, 도회지에 집이 빽빽이 들어선 것을 이름. ① 대궐에 문이 많음을 이르는 말. ② 수많은 백성들의 집. 출전 史記(사기) 封禪書(봉선서).

千方百計 (천방백계)★

[뜻음] 일천 천, 모 방, 일백 백, 셈할 계.
[풀이] 백이나 천의 方策(방책)과 計略(계략). 갖은 계책.

千方地方 (천방지방)★

[뜻음] 하늘 천, 모 방, 땅 지.
[풀이] 天方地軸(천방지축).

天方地軸 (천방지축)★★

[뜻음] 하늘 천, 모 방, 땅 지, 굴대 축.
[풀이] 못난 사람이 주책없이 덤벙거림. 매우 급하여 방향을 분별하지 못하고 함부로 날뜀. 天方地方(천방지방).

天翻地覆 (천번지복)★

[뜻음] 하늘 천, 뒤집을 번, 땅 지, 뒤집힐 복.
[풀이] 하늘과 땅이 뒤집힘. 곧, 천지에 큰 변동이 일어나 질서가 몹시 어지러움. 출전 中庸(중용) 或問(혹문).

穿僻引光 (천벽인광)★

[뜻음] 뚫을 천, 바람벽 벽, 끌 인, 빛 광.
[풀이] 벽에 구멍을 내어 빛을 끌어들임. 중국 漢(한)나라의 匡衡(광형)이 이웃집의 불빛을 받아 책을 읽은 옛일에서 온 말. 출전 西京雜記(서경잡기).

千變萬化 (천변만화)★★

[뜻음] 일천 천, 변할 변, 일만 만, 될 화.
[풀이] 무궁하게 변화함, 변화가 極甚(극심)함. 천 가지 만 가지로 변함. 출전 列子(열자) 湯問篇(탕문편).

天變地異 (천변지이)★

[뜻음] 하늘 천, 변할 변, 땅 지, 다를 이.
[풀이] 하늘과 땅의 異變(이변). 곧 日蝕(일식) 流星(유성) 地震(지진) 海溢(해일) 따위를 일컬음.

千兵萬馬 (천병만마)★★★

[뜻음] 일천 천, 군사 병, 일만 만, 말 마.
[풀이] 무수한 軍士(군사)와 軍馬(군마).

天保九如 (천보구여)★

[뜻음] 하늘 천, 보호할 보, 아홉 구, 같을 여.
[풀이] 祝壽(축수)하는 말. 하늘이 九如(구여)를 보전함. 곧 長壽(장수)를 祝福(축복)하는 말. 天保(천보)는 ≪詩經(시경)≫ 小雅(소아)의 篇名(편명)으로, 그 시 중의 長壽(장수)를 祝賀(축하)하는 구에 如(여)字(자)가 아홉 있는 데서 생긴 말. 이 시는 임금의 장수 福祿(복록)을 빌고 그 글귀 중에 如(자)가 아홉 개 있는 데서 온 말. 출전 詩經(시경) 九如(구여).

天覆地載 (천복지재)★

[뜻음] 하늘 천, 덮을 복, 땅 지, 실을 재.
[풀이] 하늘은 덮고 땅은(머리에) 임. 천지와 같은 넓고 큰 사랑을 이르는 말.

千峯萬嶽 (천봉만악)★

[뜻음] 일천 천, 봉우리 봉, 일만 만, 큰 산 악.
[풀이] 千山萬嶽(천산만악).

千峯萬壑 (천봉만학)★★★

[뜻음] 일천 천, 봉우리 봉, 일만 만, 골 학.
[풀이] 수많은 산봉우리와 산골짜기.

千不當萬不當 (천부당만부당)★★

[뜻음] 일천 천, 아닐 부, 마땅할 당, 일만 만.
[풀이] 어림없이 사리(事理)에 맞지 않거나 정당치 않음. 萬不當(만부당).

天符印 (천부인)★★★

[뜻음] 하늘 천, 부신 부, 인장 인.
[풀이] 古朝鮮(고조선) 肇國(조국)의 神話(신화)로서 하늘에 계시는 桓因天帝(환인천제)가 그 아들 桓雄(환웅)의 願(원)을 들어 천부인 세 개를 주어 인간을 다스리게 하였다는 것으로, 이는 곧 風伯(풍백), 雨師(우사), 雲師(운사)의 三神(삼신)을 거느린다는 의미의 세 개의 인수를 이름. '弘益人間(홍익인간)'을 보시오. 출전 三國遺事(삼국유사).

天府之土 (천부지토)★

[뜻음] 하늘 천, 부여할 부, 갈 지, 흙 토.
[풀이] 흙이 매우 걸어서 온갖 生産物(생산물)이 많이 나는 땅. 하늘이 부여한 땅으로 천연의 요해처나 백성이 많고 산물이 풍족한 땅.

天不生無祿之人 (천불생무록지인)★

[뜻음] 하늘 천, 아닐 불, 날 생, 없을 무, 녹 록, 갈 지, 사람 인.
[풀이] 하늘은 녹이 없는 사람을 낳지 않는다. 어떤 사람이든지 제가 먹고 살 것은 타고난다는 말.

天崩地壞 (천붕지괴)★

[뜻음] 하늘 천, 산 무너질 붕, 땅 지, 무너질 괴.
[풀이] 天崩地坼(천붕지탁).

天崩地坼 (천붕지탁)★

[뜻음] 하늘 천, 산 무너질 붕, 땅 지, 터질 탁.
[풀이] 하늘이 무너지고 땅이 갈라진다. 대변동, 대사변 또는 매우 큰 소리의 비유.

天崩之痛 (천붕지통)★

[뜻음] 하늘 천, 무너질 붕, 갈 지, 아플 통.
[풀이] 하늘이 무너지는 슬픔. 제왕이나 아버지의 喪事(상사)를 당한 슬픔.

天棐忱辭 (천비침사)★

[뜻음] 하늘 천, 도울 비, 정성 침, 말 사.
[풀이] 棐(비)는 돕는 것, 忱(침)은 精誠(정성)을 이름. 즉 천도는 誠心(성심)으로 말하는 자를 돕는다는 말. 출전 書經(서경) 大誥篇(대고편).

天賜奇緣 (천사기연)★

[뜻음] 하늘 천, 줄 사, 기이할 기, 인연 연.
[풀이] 하늘이 내려 준 기이한 인연.

千思萬慮 (천사만려)★

[뜻음] 일천 천, 생각 사, 일만 만, 생각할 려.
[풀이] 여러 가지로 곰곰이 생각함. 또는 여러 가지 걱정.

千事萬事 (천사만사)★

[뜻음] 일천 천, 일 사, 일만 만. 천만 가지의 일.
[풀이] 온갖 일. 千萬事(천만사).

千山萬嶽 (천산만악)★

[뜻음] 일천 천, 뫼 산, 일만 만, 큰 산 악.
[풀이] 千峯萬嶽(천봉만악).

千山萬壑 (천산만학)★★

[뜻음] 일천 천, 뫼 산, 일만 만, 골 학.
[풀이] 千峯萬壑(천봉만학).

千狀萬態 (천상만태)★

[뜻음] 일천 천, 형상 상, 일만 만, 모양 태.
[풀이] 各樣各色(각양각색)의 상태.

天上白玉京 (천상백옥경)★★

[뜻음] 하늘 천, 위 상, 흰 백, 구슬 옥, 서울 경.
[풀이] 玉皇上帝(옥황상제)가 산다는 天宮(천궁)을 달리 이르는 말.

天上謫仙人 (천상적선인)★★

[뜻음] 하늘 천, 위 상, 꾸짖을 적, 신선 선, 사람 인.
[풀이] 천상에서 지상으로 귀양 온 神仙(신선). 중국 唐(당)나라의 賀知章(하지장)이 李白(이백)을 가리켜서 한 말.

川上之嘆 (천상지탄)★

[뜻음] 내 천, 위 상, 갈 지, 탄식할 탄.
[풀이] 孔子(공자)가 물가에 서서 물을 바라보며 한 번 지나가면 다시 돌아오지 않는 萬物(만물)의 변화를 탄식한 옛일. 출전 論語(논어).

天上天下 (천상천하)★

[뜻음] 하늘 천, 위 상, 아래 하. 하늘 위와 하늘 아래.
[풀이] 우주의 사이. 온 세상.

天上天下唯我獨尊 (천상천하유아독존)★

[뜻음] 하늘 천, 위 상, 아래 하, 오직 유, 나 아, 홀로 독, 높을 존.
[풀이] 하늘 위와 하늘 아래, 우주의 사이사이에 내가 가장 존귀함.

天生配匹 (천생배필)★★★

[뜻음] 하늘 천, 날 생, 짝 배, 짝 필.
[풀이] 하늘이 정해 준 짝. 태어날 때부터 이미 정해진 짝. 天生緣分 (천생연분).

天生麗質 (천생여질)★★

[뜻음] 하늘 천, 날 생, 고울 려, 바탕 질.
[풀이] 타고난 아리따운 자질. 天然資質(천연자질).

天生緣分 (천생연분)★★★

[뜻음] 하늘 천, 날 생, 묶을 연, 나눌 분.
[풀이] 하늘이 配匹(배필)을 맺어 준 연분.

天生羽翼 (천생우익)★

[뜻음] 하늘 천, 살 생, 깃 우, 날개 익.
[풀이] 형제가 두 날개처럼 한마음이 되어 서로 돕는다. 형제간에 서로 친함을 이름. 출전 唐書(당서).

天生因緣 (천생인연)★

[뜻음] 하늘 천, 날 생, 인할 인, 인연 연.
[풀이] 天生緣分(천생연분).

千緒萬端 (천서만단)★

[뜻음] 일천 천, 실마리 서, 일만 만, 끝 단.
[풀이] 수없이 많은 일의 갈피. 잡다한 일. 천 가지 만 가지 단서. 雜多(잡다)한 일. 일일이 가려낼 수 없을 만큼 많은 일의 갈피.

泉石膏肓 (천석고황)★★★

[뜻음] 샘 천, 돌 석, 기름 고, 명치끝 황.
[풀이] 자연을 몹시 사랑하여 벼슬길에 나서지 않음. 自然(자연)과 痼疾(고질)이란 뜻으로 자연을 몹시 사랑함. 山水(산수)를 즐기는 것도 정도에 지나쳐 마치 불치의 痼疾(고질)과 같다는 뜻. 膏肓: 명치에 기름이 끼이면 치료가 거의 어렵다는 말로, 고치기 어려운 병이나 버릇. 출전 唐書(당서).

天性難改 (천성난개)★

[뜻음] 하늘 천, 성품 성, 어려울 난, 고칠 개.
[풀이] 타고난 性品(성품)은 고치기 어렵다는 말.

千世萬歲 (천세만세)★★

[뜻음] 일천 천, 세상 세, 일만 만, 해 세. 천년만년.
[풀이] 永遠無窮(영원무궁)하기를 축원하는 말.

千愁萬恨 (천수만한)★

[뜻음] 일천 천, 근심 수, 일만 만, 원통할 한.
[풀이] 이것저것 슬퍼하고 원망함 또는 갖가지 시름과 恨(한).

千乘之國 (천승지국)★★

[뜻음] 일천 천, 수레 승, 갈 지, 나라 국.
[풀이] 큰 나라의 諸侯(제후)는 천 대의 兵車(병거)를 내놓았으므로, 제후가 다스리는 나라를 이르는 말. 출전 孟子(맹자) 梁惠王上篇(양혜왕상편).

踐繩之節 (천승지절)★

[뜻음] 지킬 천, 노 승, 갈 지, 마디 절.
[풀이] 먹줄과 같이 곧은 것을 지키는 절개. 繩墨(승묵)을 지키는 節義(절의). 정직함을 이르는 말. 승묵은 먹줄 곧 法度(법도). 출전 呂氏春秋(여씨춘추).

天時不如地利 (천시불여지리)★★★

[뜻음] 하늘 천, 때 시, 아닐 불, 같을 여, 땅 지, 이로울 리.
[풀이] 하늘이 주는 좋은 기회도 地勢(지세)의 이로움을 얻는 것보다는 못하다는 뜻으로 敵(적)을 무찌를 좋은 기회를 만난다 할지라도 지세의 이로운 위치를 얻지 못하면 勝算(승산)이 없음을 이르는 말. 출전 孟子(맹자).

天時地利人和 (천시지리인화)★★★

[뜻음] 하늘 천, 때 시, 땅 지, 이로울 리, 사람 인, 화목할 화.
[풀이] 천시는 지리만 못하고 지리는 인화만 못하다. 하늘이 주는 운은 지리상의 이로움만 못하고, 지리상의 이로움도 사람들 사이의 一致團結(일치단결)만 못하다는 뜻.

　　孟子(맹자)≫ 公孫丑(공손추) 下(하)에 보면 맨 첫머리에,
　"천시는 지리만 못하고 지리는 인화만 못하다"고 전제한 다음, 그 까닭을 다음과 같이 말하고 있다.
　"三(삼) 리 둘레의 城(성)과 七(칠) 리 둘레의 바깥 성을 포위하여 공격을 해도 잘 이기지 못한다. 포위하여 공격할 때에는 반드시 천시를 택해서 하게 된다. 그런데도 이기지 못하는 것은 천시가 지리만 못하다는 증거이다.
　성이 높지 않은 것도 아니고, 못이 깊지 않은 것도 아니며, 군장비가 튼튼하지 않은 것도 아니고, 곡식이 많지 않은 것도 아닌데, 성을 버리고 도망치는 일이 있다. 이것은 지리가 인화만 못한 증거다."
　天時(천시)는 자연 조건을 말하는 것이다. 地利(지리)는 지리적 조건이 유리한 것을 말한다. 人和(인화)는 사람과 사람 사이의 정신적인 협력을 말한다.
　하늘이 주는 운은 지리상의 이로움만 못하고, 지리상의 이로움도 사람들 사이의 一致團結(일치단결)만 못하다는 뜻이다. 인화를 이룩하는 근본 조건은 위정자가 백성을 사

랑할 줄 알고 도리에 벗어나지 않는 올바른 정치를 하는
것이라고 결론을 내리고 있다.

天神地祇 (천신지기)★

[뜻음] 하늘 천, 귀신 신, 땅 지, 토지신 기.
[풀이] 천신과 사직. 하늘의 신령과 땅의 신령. 昊天上帝(호천상제)와
后土(후토).

　　이 말은 ≪史記(사기)≫ 淮陰侯列傳(회음후열전)에 나
오는 말이다. 蒯通(괴통)이 韓信(한신)을 달래기 위해 인
용한 것이다.
　　한신이 趙(조)나라를 깨뜨린 다음 다시 동으로 향해 齊
(제)나라 전체를 평정하고 제나라 왕이 되자 전세가 차츰
불리해진 것을 느낀 項羽(항우)는 사람을 보내 한신에게
중립을 지키는 것이 유리하다는 점을 설득시키려 했다.
　　그러나 한신은 劉邦(유방)을 배신할 생각이 없었다. 제
나라 辯士(변사)인 괴통이 한신을 찾아갔다. 천하대세가
한신의 손에 의해 좌우될 수 있다는 것을 알았기 때문이
다. 한신을 만나 천하를 三分(삼분)하여 유방, 항우, 한신
이 차지하면 천하의 기대와 여망이 다 제나라 왕인 한신
에게 올 것이라 설득하며 말했다.
　　"대개 말하기를, 하늘이 주는 것을 갖지 않으면 도리어
그 꾸중을 받고, 때가 이르러도 행하지 않으면 도리어 그
화를 받는다고 합니다. 바라건대 깊이 생각하십시오"
　　기회를 포착하는 것이 성공의 핵심이라는 말이다. 한신
은 끝까지 의리를 생각해 이 제안을 받아들이지 않았다.
후에 그는 한왕 유방에 의해 제거된다.

千辛萬苦 (천신만고)★★★

[뜻음] 일천 천, 매울 신, 일만 만, 괴로울 고.
[풀이] 천만 가지의 고통과 고생. 여러 가지로 애를 쓰는 끝없는 고생.

千巖萬壑 (천암만학)★★

[뜻음] 일천 천, 바위 암, 일만 만, 골짜기 학.
[풀이] 수없이 많은 산과 골짜기. 깊은 산속.

天壤之間 (천양지간)★★

[뜻음] 하늘 천, 흙 양, 땅 지, 사이 간.
[풀이] ① 하늘과 땅 사이와 같이 엄청난 차이. ② 서로의 차이가 썩
심함 또는 썩 심한 차이를 이르는 말.

千羊之皮不如一狐之腋 (천양지피불여일호지액)

[뜻음] 일천 천, 양 양, 갈 지, 가죽 피, 아닐 불, 같을 여, 하나 일,
　　　 여우 호, 겨드랑이 액.
[풀이] 천 마리 양의 가죽이 한 마리 여우 겨드랑이 밑 가죽보다 못하
다. 어리석은 사람이 아무리 많아도 한 사람의 현자를 따르지 못한다
는 말. 출전 史記(사기) 趙世家(조세가).

天壤之差 (천양지차)★★★

[뜻음] 하늘 천, 흙 양, 갈 지, 어긋날 차.
[풀이] 하늘과 땅 사이와 같이 엄청난 차이. 天壤之間(천양지간).

天壤之判 (천양지판)★★

[뜻음] 하늘 천, 흙 양, 갈 지, 판단할 판.
[풀이] 天壤之間(천양지간).

天壤懸隔 (천양현격)★

[뜻음] 하늘 천, 흙 양, 매달 현, 사이 뜰 격.
[풀이] 하늘과 땅이 떨어져 있음과 같이 甲(갑)과 乙(을)의 사이에 현격
한 차이가 있음을 이름. 출전 南齊書文學傳(남제서문학전).

天涯如比隣 (천애여비린)★

[뜻음] 하늘 천, 물가 애, 같을 여, 견줄 비, 이웃 린.
[풀이] 머나먼 곳에 떨어져 있어도 마치 이웃에 있는 것처럼 친밀하게
느껴진다. 썩 먼 곳도 이웃에 있는 것 같음. 교통이 매우 편리함의 비유.

天涯異域 (천애이역)

[뜻음] 하늘 천, 물가 애, 다를 이, 지경 역.
[풀이] 머나먼 남의 나라.

千言萬語 (천언만어)★★

[뜻음] 일천 천, 말씀 언, 일만 만, 말씀 어.
[풀이] 이루 헤아릴 수 없이 많은 말.

天與不取反受其咎 (천여불취반수기구)★★★

[뜻음] 하늘 천, 줄 여, 아닐 불, 취할 취, 돌이킬 반, 받을 수, 그 기, 허
　　　 물 구.
[풀이] 하늘이 주는 복을 받지 않으면, 도리어 禍(화)를 입게 된다는 말.

遷延歲月 (천연세월)★

[뜻음] 옮길 천, 끌 연, 해 세, 달 월.
[풀이] 일을 제때에 끝내지 않고 時日(시일)을 자꾸 미루어 감.

天然之德 (천연지덕)★

[뜻음] 하늘 천, 그럴 연, 갈 지, 덕 덕.
[풀이] 자연히 갖추어져 있는 덕.

川閱水成川 (천열수성천)★

[뜻음] 내 천, 고를 열, 물 수, 이룰 성.
[풀이] 川閱水以成川(천열수이성천).

川閱水以成川 (천열수이성천)★

[뜻음] 내 천, 고를 열, 물 수, 써 이, 이룰 성.
[풀이] 내는 많은 물을 모아서 내를 이룸.

天王狩河陽 (천왕수하양)★★

[뜻음] 하늘 천, 임금 왕, 사냥 수, 강 이름 하, 볕 양.
[풀이] 晉(진)나라 文公(문공)이 제후를 溫(온)에 모아 周(주)나라 襄
王(양왕)을 불렀는데 신하로서 임금을 부르는 것은 도리에 어긋나는
일이므로 공자가 春秋(춘추)를 지을 때 이런 사실을 꺼려 '狩(수)'라
고 썼음. 河陽(하양)은 溫(온)인데 온이라 쓰지 않고 하양이라고 쓴

것은 역시 딴 지명인 것처럼 하기 위함임. 출전 春秋(춘추) 僖公二十
八年(희공이십팔년).

天雨粟鬼夜哭 (천우속귀야곡)★

[뜻음] 하늘 천, 비 우, 조 속, 귀신 귀, 밤 야, 울 곡.
[풀이] 옛날 蒼頡(창힐)이 글자를 만들자 하늘은 '백성은 이로 말미암
아 本末(본말)을 그르쳐 거짓을 일삼으며 농사를 게을리하게 되어 굶
주리게 될 것'이라고 비탄한 나머지 조(粟속)를 내리게 하니 귀신이
밤중에 哭(곡)을 했다는 옛일에서 온 말. 출전 淮南子(회남자).

天佑神助 (천우신조)★★★

[뜻음] 하늘 천, 도울 우, 귀신 신, 도울 조.
[풀이] 하늘과 神靈(신령)의 도움.

天圓地方 (천원지방)★★★

[뜻음] 하늘 천, 둥글 원, 땅 지, 모 방. 하늘은 둥글고 땅은 모나다는
옛날 우주관. 출전 呂氏春秋(여씨춘추).

天衣無縫 (천의무봉)★★★

[뜻음] 하늘 천, 옷 의, 없을 무, 꿰맬 봉.
[풀이] 선녀가 만든 옷은 꿰맨 자국이 없다. 하늘나라 사람의 옷은 솔
기나 바느질한 흔적이 없다. 詩歌(시가)나 文章(문장) 등이 기교의 흔
적이 없어 자연스럽게 잘되어 있음을 이르는 말. 완전무결하여 흠이
없음을 이르는 말. 세상일에 물들지 않은 어린이의 순진성을 이르는 말.

이 말은 ≪太平廣記(태평광기)≫에 있는 郭翰(곽한)의 이
야기 가운데 나온다.
곽한이 어느 여름 밤 뜰에 누워 바람을 쏘이고 있는데, 갑
자기 일찍이 볼 수 없었던 미인이 나타나 하룻밤을 즐기
고 새벽 일찍 구름을 타고 하늘로 올라갔다. 그러더니 매
일 밤 찾아왔다. 칠월칠석이 돌아오자 그날 밤부터 나타나
지 않다가 다시 나타났다. 그녀의 옷을 살펴보니 바느질한
곳이 전연 없어 물었더니,
"하늘의 옷은 원래 바늘이나 실로 꿰매는 것이 아닙니다"
하고 대답했다.
일 년쯤 되던 어느 날 그녀는 상제가 허락한 기한이 오늘
로 끝난다며 영영 이별을 고했다.
　하늘에 있는 仙女(선녀)들이 입는 옷으로 바늘이나 실
로 꿰매 만드는 것이 아니고 전체가 처음부터 생긴 그대로
만들어져 있다는 전설에서 나온 말이다. 자연 그대로의 극
치를 이루었다는 뜻으로 인용되곤 하는데 때로는 타고난
재질이 극히 아름답다는 뜻으로 많이 쓴다. 또한 무엇인가
極讚(극찬)할 때 최고의 讚辭(찬사)로 쓰이는 말이 되었다.

天人感應 (천인감응)★

[뜻음] 하늘 천, 사람 인, 느낄 감, 응할 응.
[풀이] 하늘과 땅, 사람이 서로 연결되어 있다고 생각하는 믿음.

千人諾諾不如一士諤諤 (천인낙낙불여일사악악):★

[뜻음] 일천 천, 사람 인, 대답할 낙, 아닐 불, 같을 여, 하나 일, 선비

사, 곧은 말 할 악.
[풀이] 분별없이 왕의 명령에 盲從(맹종)하는 많은 신하보다 임금의
그릇됨을 諫(간)하여 바로잡는 한 사람의 直臣(직신)이 더 소중함. 千
人之諾諾不如一士之諤諤(천인지낙낙불여일사지악악).

天人共怒 (천인공노)★★

[뜻음] 하늘 천, 사람 인, 함께 공, 성낼 노.
[풀이] 하늘과 사람이 함께 노한다. 누구나 분노를 참을 수 없을 만큼
몹시 증오스러움.

千仞斷崖 (천인단애)★★

[뜻음] 일천 천, 길 인, 끊을 단, 낭떠러지 애.
[풀이] 천 길이나 되는, 높은 낭떠러지.

天人五衰 (천인오쇠)★

[뜻음] 하늘 천, 사람 인, 다섯 오, 쇠할 쇠.
[풀이] 天人(천인)이 福樂(복락)이 다하여 죽으려 할 때 나타나는 다
섯 가지 현상. 옷에 때가 묻고 머리에 꽃이 시들고 몸에서 나쁜 냄새
가 나고 겨드랑이에 땀이 나고 제자리가 즐겁지 않은 것.

天人謫降 (천인적강)★

[뜻음] 하늘 천, 사람 인, 유배 갈 적, 내릴 강.
[풀이] 신선이 하늘나라에서 잘못을 저질러 인간 세상에 유배 와서
태어나거나 사람으로 태어남.

千人之諾諾不如一士之諤諤

(천인지낙낙불여일사지악악)★★★

[뜻음] 일천 천, 사람 인, 갈 지, 허락할 락, 아닐 불, 같을 여, 한 일,
　　　선비 사, 곧은 말할 악.
[풀이] '千人之諾諾(천인지낙낙)'은 천이나 되는 많은 사람들이 무조
건 '네, 네' 하고 대답하는 것. '一士之諤諤(일사지악악)'은 뜻있는
사람이 나서서 반대의 의사를 말하는 것.

　둘을 합쳐 놓은 이 말은 천명의 阿附(아부)하는 소리가
한 명의 정직한 忠告(충고)만 못하다는 말이다.
　이것은 ≪史記(사기)≫ 商君列傳(상군열전)에 나오는
趙良(조량)이 商鞅(상앙)에게 한 말 가운데 나온다.
　상앙은 衛(위)나라 임금의 후궁 소생으로 公孫(공손)으
로 행세했고, 조국을 떠난 뒤부터는 衛鞅(위앙)으로 행세
를 했었다. 그 뒤 秦孝公(진효공)의 재상으로 크게 공을 세
워 商君(상군)에 봉해짐으로써 상앙이라고 부르게 되었다.
　상앙이 임금의 신임 아래 독재한 지 십 년 동안 공포정
치 속에서 나라는 富强(부강)해지고 있었다. 하루는 옛날
친구의 소개로 알게 되었던 조량이란 사람이 찾아왔다. 상
앙은 자기의 공로를 자랑하며 百里奚(백리해)와 비교해서
어느 쪽이 나으냐고 물었다. 조량이 먼저,
　"천 마리 양의 가죽이 한 마리 여우의 겨드랑이만 못하
고 천 사람의 '네! 네!' 하는 것이 한 선비의 '아니다'라고
하는 것만 같지 못합니다"라고 前提(전제)하고 곧 재앙이
닥칠 것이니 미연에 방지하라고 충고했다.

ㅊ

상앙은 조양의 충고를 무시했다가 효공이 죽자 곧 咸陽(함양) 市街(시가)에서 다섯 마리 소가 끄는 수레에 머리와 사지가 찢기어 죽는 참혹한 형을 받아 최후를 마치게 된다.

天人之道 (천인지도)★

[뜻음] 하늘 천, 사람 인, 갈 지, 길 도.
[풀이] 하느님과 인간에게 상통하는 우주 간의 근본 원리.

天仁地義 (천인지의)★

[뜻음] 하늘 천, 어질 인, 땅 지, 옳을 의.
[풀이] 하늘의 仁(인)과 땅의 義(의). 하늘과 같이 인자하고 땅과 같이 올바름을 이르는 말.

天一地二 (천일지이)★

[뜻음] 하늘 천, 하나 일, 땅 지, 둘 이.
[풀이] 天地(천지) 陰陽(음양) 自然(자연) 奇偶(기우)의 數(수). 하늘의 數(수)와 땅의 수, 그 가운데 우주의 변화를 포함한다는 말. 출전 易經(역경) 繫辭上傳(계사상전).

千姿萬態 (천자만태)★

[뜻음] 일천 천, 맵시 자, 일만 만, 태도 태.
[풀이] 여러 가지 맵시와 온갖 모양.

千紫萬紅 (천자만홍)★★

[뜻음] 일천 천, 자줏빛 자, 일만 만, 붉을 홍.
[풀이] 울긋불긋한 가지가지의 빛깔. 가지각색의 꽃이 만발한 것을 이르는 말.

天子無戲言 (천자무희언)★

[뜻음] 하늘 천, 아들 자, 없을 무, 놀 희, 말씀 언.
[풀이] 천자는 실없는 말이 없음. 곧 말한 바는 반드시 실행되어야 함. 周(주)나라 주공이 성왕이 어릴 적에 해 준 말. 출전 呂氏春秋(여씨춘추).

天子之尊 (천자지존)★

[뜻음] 하늘 천, 아들 자, 갈 지, 존귀할 존.
[풀이] 천자는 인간 사회에서 가장 존귀한 것이라는 뜻.

淺酌低唱 (천작저창)★

[뜻음] 얕을 천, 따를 작, 밑 저, 노래 창.
[풀이] 술을 조금 마시며 낮은 소리로 노래를 부름.

天作之合 (천작지합)★

[뜻음] 하늘 천, 지을 작, 갈 지, 합할 합.
[풀이] 하늘이 지은 配匹(배필). 출전 詩經(시경).

天長地久 (천장지구)★★★

[뜻음] 하늘 천, 길 장, 땅 지, 오랠 구.
[풀이] 하늘과 땅은 영원함. 천지는 유구함. 하늘과 땅처럼 영구히 변함이 없음.

千丈之堤潰自蟻穴 (천장지제궤자의혈)★★★

[뜻음] 일천 천, 길 장, 갈 지, 둑 제, 무너질 궤, 부터 자, 개미 의, 구멍 혈.
[풀이] 천길 제방이 개미구멍으로 무너진다는 말.

≪韓非子(한비자)≫의 喩老篇(유로편)에 있는 말이다. 유로라는 말은 老子(노자)를 비유로 들어 해석한다는 뜻이다. 다음은 ≪老子(노자)≫ 六十三章(육십삼장) 속에 있는 말을 비유로 풀이한 것이다.

"천하의 어려운 것을 쉬울 때 미리 대책을 세우고, 큰 것을 작을 때 처리를 해야 한다. 천 길 높은 둑도 땅강아지와 개미구멍에 의해 무너지고, 백 척이나 되는 높은 집도 굴뚝 사이로 나는 연기로 인해 타게 된다. 그러므로 治水(치수)에 공이 있었던 위나라 宰相(재상) 白圭(백규)는 둑을 돌아볼 때는 그 구멍을 미리 살펴서 막고, 노인들이 불을 조심할 때는 굴뚝 틈부터 바른다. 그러므로 백규에게는 물의 피해가 없었고, 노인이 있는 집에는 화재의 염려가 없다."

'千長隄以螻蟻之穴潰(천장제이루의지혈궤)'가 원말에 가깝다. 螻蟻(누의)는 땅강아지와 개미를 나타낸다. 우리나라 속담에 "호미로 막을 것을 가래로 막는다"는 말이 있다.

千載一時 (천재일시)★

[뜻음] 일천 천, 실을 재, 하나 일, 때 시.
[풀이] 千載一遇(천재일우).

千載一遇 (천재일우)★★★

[뜻음] 일천 천, 해 재, 한 일, 만날 우.
[풀이] 천 년이 지나야 한 번 만날 수 있다. 좀처럼 만나기 어려운 좋은 기회. 千載之會(천재지회).

이 말은 東晉(동진)의 袁宏(원굉)이 쓴 ≪三國名臣序撰(삼국명신서찬)≫에 나오는 말이다. 원굉이 삼국시절의 건국공신 스무 명을 골라 그들 한 사람 한 사람의 행장을 칭찬하는 찬을 짓고, 거기에 서문을 붙인 것이 이 책이다. 그는 이 서문에서,

"伯樂(백락)을 만나지 못하면 천년을 가도 千里馬(천리마) 하나 생겨나지 않는다"고, 훌륭한 임금과 신하가 서로 만나기 어려운 것을 비유한 다음,

"대저 만 년에 한 번 기회가 온다는 것은 사람이 살고 있는 세상의 공통된 원칙이요 천 년에 한 번 용케 만나는 것이다. 이런 기회를 만나면 그 누가 기뻐하지 않으며, 이를 놓치면 그 누가 한탄하지 않겠는가"라고 했다.

天災地變 (천재지변)★★

[뜻음] 하늘 천, 재앙 재, 땅 지, 변할 변.
[풀이] 천재와 지변. 지진이나 풍수해 등 자연계의 변화로 받는 재난.

天災地妖 (천재지요)★

[뜻음] 하늘 천, 재앙 재, 땅 지, 괴이할 요.
[풀이] 천지의 災變妖怪(재변요괴). 하늘과 땅에 일어나는 災難(재난)이나 變事(변사).

千載之會 (천재지회)★

[뜻음] 일천 천, 실을 재, 갈 지, 모일 회.
[풀이] 千載一遇(천재일우).

天定配匹 (천정배필)★★

[뜻음] 하늘 천, 정할 정, 짝 배, 짝 필.
[풀이] 하늘이 마련해서 정해 준 배필.

天井不知 (천정부지)★★★

[뜻음] 하늘 천, 우물 정, 아닐 부, 알 지.
[풀이] 물건 값이 엄청나게 자꾸 오르기만 함. 天井(천정)은 방, 마루 등의 위 되는 곳. 지붕을 일컬음.

天定緣分 (천정연분)★

[뜻음] 하늘 천, 정할 정, 인연 연, 나눌 분.
[풀이] 天生緣分(천생연분).

天造草昧 (천조초매)★

[뜻음] 하늘 천, 지을 조, 풀 초, 어두울 매.
[풀이] 하늘이 만물을 창조하기 시작한 처음. 天地開闢(천지개벽).

千種萬類 (천종만류)★

[뜻음] 일천 천, 씨 종, 일만 만, 무리 류.
[풀이] 온갖 종류. 各樣各色(각양각색)의 종류.

千種萬物 (천종만물)★

[뜻음] 일천 천, 씨 종, 일만 만, 만물 물.
[풀이] 세상의 온갖 물건.

天種萬別 (천종만별)★

[뜻음] 일천 천, 씨 종, 일만 만, 다를 별.
[풀이] 갖가지의 다양한 종류와 구별.

天縱之大聖 (천종지대성)★

[뜻음] 하늘 천, 늘어질 종, 갈 지, 큰 대, 성인 성.
[풀이] 하늘이 그 사람에게 충분히 재능을 발휘하게 한 聖人(성인)이란 뜻으로, 孔子(공자)를 이르는 말.

天縱之聖 (천종지성)★

[뜻음] 하늘 천, 늘어질 종, 갈 지, 성인 성.
[풀이] 孔子(공자)의 德化(덕화). 帝王(제왕)의 聖德(성덕)을 稱頌(칭송)하는 말.

天柱折地維缺 (천주절지유결)★

[뜻음] 하늘 천, 기둥 주, 꺾일 절, 땅 지, 밧줄 유, 이지러질 결.
[풀이] 天柱(천주)가 부러지고, 地維(지유)가 끊긴다는 뜻으로, 천하의 紛亂(분란)이 심함을 이름.

天中佳節 (천중가절)★

[뜻음] 하늘 천, 가운데 중, 아름다울 가, 마디 절.
[풀이] 좋은 명절이라는 뜻으로 端午(단오)를 달리 이르는 말.

天地開闢 (천지개벽)★★★

[뜻음] 하늘 천, 땅 지, 열 개, 열 벽.
[풀이] 하늘과 땅이 처음으로 열림. 자연계에서나 사회에서의 큰 변혁. 하늘과 땅은 원래 하나의 混沌體(혼돈체)였는데 그것이 둘로 나뉘면서 이 세상이 시작되었다는 중국 고대의 사상에서 나온 말.

天地交泰 (천지교태)★

[뜻음] 하늘 천, 땅 지, 사귈 교, 클 태.
[풀이] 천지의 음양이 조화하여 만물이 安泰(안태)함. 출전 易經(역경) 泰卦象傳(태괘상전).

天地鬼神惡滿盈 (천지귀신오만영)★

[뜻음] 하늘 천, 땅 지, 귀신 귀, 신령 신, 미워할 오, 찰 만, 찰 영.
[풀이] 천지나 귀신은 사람이 너무 충족한 것을 싫어한다는 말. 출전 顔氏家訓(안씨가훈).

天地無窮 (천지무궁)★

[뜻음] 하늘 천, 땅 지, 없을 무, 다할 궁.
[풀이] 하늘과 땅은 매우 길고 오래되어 다함이 없음.

天地不仁以萬物爲芻狗 (천지불인이만물위추구)★★★

[뜻음] 하늘 천, 땅 지, 아닐 불, 어질 인, 써 이, 일만 만, 만물 물, 할 위, 꼴 추, 개 구.
[풀이] 하늘과 땅이 어질지 못해 이 세상 모든 물건을 풀로 만든 개처럼 내버린다. 사람의 짧은 안목으로 보는 것과는 정반대의 결과가 된다는 것을 나타내는 말.

이것은 《老子(노자)》 三章(삼장)에 있는 말로, 無爲自然(무위자연)에 내맡겨 두는 것이 얼른 보기에는 사랑도 관심도 없는 것 같지만 실상은 그것이 사랑하는 이상의 좋은 결과를 나타내게 되는 것을 말한다.

芻狗(추구)는 풀로 만든 개를 말하는데 옛날 제사를 지낼 때 이것을 제단 위에 올려놓았다가 제사를 다 끝낸 다음에는 그대로 들판에 버렸다고 한다. 萬物(만물)로 추구를 삼는다는 말은 모든 것을 그대로 돌보지 않고 버려둔다는 뜻이다. 이 말 다음에 노자는,

"聖人(성인)이 어질지 못해 백성들로써 추구를 삼는다"고 말하고 있다. 이 말은 逆說(역설)이다. 聖人(성인)은 어질다고 하는 여러 일이 사실은 백성들에게 간섭이 되어 못살게 구는 일이 되므로 간섭을 백성들에게 베풀지 않고 자연스럽게 알아서 살아가도록 둔다는 말이다. 어짊을 베풀다가 백성들을 못살게 구는 일로 변질되는 일이 이 세상에 너무도 많기 때문에 이러한 말이 나오는 것이다. 여기서 '聖人不仁 以萬物爲芻狗(성인불인이만물위추구)'라는 말이 생겨났다.

天地相合 (천지상합)★

[뜻음] 하늘 천, 땅 지, 서로 상, 합할 합.
[풀이] 하늘과 땅의 氣(기)가 서로 화합함.

天地神明 (천지신명)★★★

[뜻음] 하늘 천, 땅 지, 귀신 신, 밝을 명.
[풀이] 천지의 조화를 맡은 온갖 신령.

天地人三才 (천지인삼재)★★★

[뜻음] 하늘 천, 땅 지, 사람 인, 석 삼, 재주 재.
[풀이] 우주를 주장하는 三元(삼원)인 하늘과 땅과 사람.

天地一大戲場 (천지일대희장)★

[뜻음] 하늘 천, 땅 지, 한 일, 큰 대, 놀 희, 마당 장.
[풀이] 천지간에는 興亡盛衰(흥망성쇠)로 변화가 잦아 마치 하나의
거대한 연극장 같음.

天地一色 (천지일색)★

[뜻음] 하늘 천, 땅 지, 한 일, 빛 색.
[풀이] 온 천지가 한 빛임.

天地者萬物之逆旅 (천지자만물지역려)★★

[뜻음] 하늘 천, 땅 지, 놈 자, 일만 만, 만물 물, 갈 지, 거스를 역,
　　　나그네 려.
[풀이] 하늘과 땅은 그 사이에 만물이 나타났다가는 사라지곤 하기
때문에 마치 나그네를 맞고 보내는 旅人宿(여인숙)과도 같음. 逆旅
(역려)는 나그네의 宿舍(숙사).

天地自然 (천지자연)★

[뜻음] 하늘 천, 땅 지, 스스로 자.
[풀이] 그러할 연. 하늘과 땅의 자연이라는 뜻으로 人工(인공)이 더해
지지 않은 것. 본래 그대로의 人爲(인위)를 가하지 않은 상태.

天地災變 (천지재변)★

[뜻음] 하늘 천, 땅 지, 재앙 재, 변할 변.
[풀이] 하늘과 땅 사이의 재앙. 자연의 재변.

天地造化 (천지조화)★★

[뜻음] 하늘 천, 땅 지, 지을 조, 될 화.
[풀이] 천지자연의 이치.

天地之間其猶橐籥乎 (천지지간기유탁약호)★

[뜻음] 하늘 천, 땅 지, 갈 지, 사이 간, 그 기, 마치 유, 풀무 탁, 피리
　　　약, 어조사 호.
[풀이] 하늘과 땅 사이는 풀무와 같이 그 안이 허무하면서도 만물을
만들어 낸다는 말. 橐籥(탁약)은 대장장이가 쓰는 풀무임. 출전 老子
(노자) 第五章(제오장).

天地震動 (천지진동)★

[뜻음] 하늘 천, 땅 지, 흔들릴 진, 움직일 동.
[풀이] 하늘과 땅이 뒤흔들린다. 소리가 어마어마하게 큼.

天地懸隔 (천지현격)★

[뜻음] 하늘 천, 땅 지, 매달 현, 막힐 격.
[풀이] 하늘과 땅의 간격이라는 뜻으로, 사물의 심한 격차가 있음을
이르는 말.

天地玄黃 (천지현황)★★

[뜻음] 하늘 천, 땅 지, 검을 현, 누를 황.
[풀이] 하늘은 가물가물하고 땅은 누렇다. 우주 자연의 광활함. 출전
千字文(천자문).

天地玄黃宇宙洪荒 (천지현황우주홍황)★★★

[뜻음] 하늘 천, 땅 지, 검을 현, 누를 황, 집 우, 집 주, 넓을 홍, 거칠 황.
[풀이] 하늘은 알 길 없이 가물가물하고 땅은 누런 빛깔이며 우주는
한도 끝도 없이 거칠고 무성하다는 말이다. 하늘이 가물가물하다는
것은 하늘이 현묘하다는 말이다. 땅의 빛깔은 누런색이다. 우주는 끝
없이 넓고 크다. 천지를 橫的(횡적)으로 말하면 상하 사방인 宇(우)가
되고, 縱的(종적)으로 말하면 往古來今(왕고내금)인 宙(주)가 되는데
넓고 넓어서 끝이 없다. ≪淮南子회남자≫ 齊俗訓(제속훈)에 보면
"예로부터 지금에 이르기까지가 宙(주)이고, 東西南北(동서남북) 위
와 아래가 宇(우)이다"라고 하였다. 출전 千字文(천자문).

天眞爛漫 (천진난만)★★

[뜻음] 하늘 천, 참 진, 빛날 란, 부질없을 만.
[풀이] 조금도 꾸미지 않고 있는 그대로를 말과 행동에 나타냄.

天眞無垢 (천진무구)★★

[뜻음] 하늘 천, 참 진, 없을 무, 때 구.
[풀이] 아무 흠이 없이 천진함.

淺斟低唱 (천짐저창)★

[뜻음] 얕을 천, 술 따를 짐, 낮을 저, 노래 부를 창.
[풀이] 淺酌低唱(천작저창).

千差萬別 (천차만별)★★

[뜻음] 일천 천, 어긋날 차, 일만 만, 다를 별.
[풀이] 여러 가지 사물이 모두 차이와 구별이 있음.

穿鑿 (천착)★★★

[뜻음] 뚫을 천, 뚫을 착.
[풀이] 구멍을 뚫음. 본디 꼬치꼬치 캐묻거나 억지로 이치에 맞지 않
는 말을 함의 뜻이므로 부정적인 의미를 지니고 있음. 轉(전)하여 원
인이나 내용을 파고들어 알려고 하거나 연구함.

穿鑿之學 (천착지학)★★★

[뜻음] 뚫을 천, 뚫을 착, 갈 지, 배울 학.
[풀이] 牽强附會(견강부회)하는 학문을 이름. 출전 蘇軾(소식)의 글.

天塹 (천참)★

[뜻음] 하늘 천, 해자 참.
[풀이] 교통에 지장을 주는 천연적인 하천. 양자강을 두고 하는 말.
천연의 요새.

千斬萬戮 (천참만륙)★

[뜻음] 일천 천, 벨 참, 일만 만, 죽일 륙.
[풀이] 수없이 여러 동강을 쳐서 참혹하게 죽임. 천만 동강으로 쳐서 죽임.

千瘡萬孔 (천창만공)

[뜻음] 일천 천, 부스럼 창, 일만 만, 구멍 공.
[풀이] 百孔千瘡(백공천창)을 더 강조하여 이르는 말. ① 온갖 폐단으로 엉망진창이 됨을 비유하여 이르는 말. ② 옷 따위가 여기저기 뚫어지고 갈기갈기 찢어져 입지 못하게 된 상태를 이르는 말.

千疊玉山 (천첩옥산)★★

[뜻음] 일천 천, 거듭할 첩, 구슬 옥, 뫼 산.
[풀이] 수없이 겹쳐 있는 아름다운 산.

千請萬囑 (천청만촉)

[뜻음] 일천 천, 청할 청, 일만 만, 부탁할 촉.
[풀이] 수없이 여러 번 하는 請(청)과 부탁.

千村萬落 (천촌만락)★★

[뜻음] 일천 천, 마을 촌, 일만 만, 떨어질 락.
[풀이] 수많은 村落(촌락).

千秋萬古 (천추만고)★

[뜻음] 일천 천, 가을 추, 일만 만, 예 고.
[풀이] 아주 긴 세월.

千秋萬代 (천추만대)★

[뜻음] 일천 천, 가을 추, 일만 만, 대 대.
[풀이] 몇천 년의 긴 세월. 후손 만대에 이르기까지.

千秋萬歲 (천추만세)★★

[뜻음] 일천 천, 가을 추, 일만 만, 해 세.
[풀이] 천년만년의 뜻. ① 千年萬年(천년만년) 영구한 세월. ② 오래 살기를 祝壽(축수)하는 말. ③ 後世(후세). ④ 죽은 뒤 임금이나 어른이 죽은 뒤를 높이어 일컫는 말. 출전 梁書(양서).

千秋不滅 (천추불멸)★

[뜻음] 일천 천, 가을 추, 아닐 불, 멸망할 멸.
[풀이] 영원히 없어지지 않음. 永久不滅(영구불멸).

千秋遺恨 (천추유한)★

[뜻음] 일천 천, 가을 추, 남길 유, 원망할 한.
[풀이] 천 년이 지나도 없어지지 아니하는 깊은 원한.

千態萬嬌 (천태만교)★

[뜻음] 일천 천, 태도 태, 일만 만, 아름다울 교.
[풀이] 모든 아름다운 태도나 아양을 떠는 태도.

千態萬象 (천태만상)★★

[뜻음] 일천 천, 태도 태, 일만 만, 모양 상.
[풀이] 천차만별의 형태. 천상만태.

千態萬艶 (천태만염)★

[뜻음] 일천 천, 태도 태, 일만 만, 고울 염.
[풀이] 여러 가지 모양으로 곱고 아름다운 모습.

川澤納汚 (천택납오)★

[뜻음] 내 천, 못 택, 들일 납, 더러울 오.
[풀이] 하천이나 못은 더러운 물을 받아들인다. 우두머리 되는 사람은 大小善惡(대소선악)의 사람을 널리 包容(포용)함. 國君(국군) 또는 大人(대인)은 남의 過失(과실)을 許容(허용)하며 또한 恥辱(치욕)도 참음을 이름. 출전 春秋左氏傳(춘추좌씨전).

千波萬波 (천파만파)★

[뜻음] 일천 천, 물결 파, 일만 만.
[풀이] ① 넓은 수면에 일어나는 많은 물결. ② 갈피를 잡을 수 없이 어지러운 현상을 비유하여 이르는 말.

千篇一律 (천편일률)★★★

[뜻음] 일천 천, 책 편, 한 일, 가락 률.
[풀이] 천 편이나 되는 많은 글이 모두 한 가지 운율로 짜여 있다. 개성 없이 엇비슷함. 一律千篇(일률천편). 출전 소식의 [답왕상서].

天下奇才 (천하기재)★

[뜻음] 하늘 천, 아래 하, 기이할 기, 재주 재.
[풀이] 천하의 뛰어난 재능. 또는 그 재능이 있는 사람. \《三國志演義(삼국지연의)》에서 사마중달이 제갈량을 평한 말.

天下難事必作於易 (천하난사필작어이)★

[뜻음] 하늘 천, 아래 하, 어려울 난, 일 사, 반드시 필, 만들 작, 어조사 어, 쉬울 이.
[풀이] 천하의 어려운 일은 반드시 하찮은 일에서 일어남. 출전 老子(노자).

天下大勢 (천하대세)★

[뜻음] 하늘 천, 아래 하, 큰 대, 세력 세.
[풀이] 세상이 되어 가는 큰 추세.

天下萬國 (천하만국)★

[뜻음] 하늘 천, 아래 하, 일만 만, 나라 국.
[풀이] 세상에 있는 모든 나라. 지구상의 모든 나라.

天下名唱 (천하명창)★

[뜻음] 하늘 천, 아래 하, 이름날 명, 부를 창.
[풀이] 세상에 드문, 이름난 소리꾼.

天下模楷 (천하모해)

[뜻음] 하늘 천, 아래 하, 법 모, 본보기 해.
[풀이] 천하 사람의 모범이 됨을 이름. 출전 後漢書(후한서) 李膺傳(이응전).

天下無棄物 (천하무기물)★

[뜻음] 하늘 천, 아래 하, 없을 무, 버릴 기, 만물 물.
[풀이] 세상에는 하나도 버릴 것이 없음. 무슨 물건이든 한 가지의 용

도는 있음. 출전 老子(노자).

天下無道 (천하무도)★

[뜻음] 하늘 천, 아래 하, 없을 무, 도리 도.
[풀이] 세상이 어지러워 도리(道理)가 행해지지 않음.

天下無雙 (천하무쌍)★

[뜻음] 하늘 천, 아래 하, 없을 무, 쌍 쌍.
[풀이] 천하에 비길 것이 없음. 천하에 제일 감. 출전 後漢書(후한서).

天下無寃民 (천하무원민)★

[뜻음] 하늘 천, 아래 하, 없을 무, 원통할 원, 백성 민.
[풀이] 재판을 공평히 하면 억울한 죄로 처벌되는 자가 없음을 이름.
출전 漢書(한서) 于定國傳(우정국전).

天下無敵 (천하무적)★

[뜻음] 하늘 천, 아래 하, 없을 무, 대적할 적.
[풀이] 세상에서 견주어 맞설 만한 사람이 없음.

天下文宗 (천하문종)★

[뜻음] 하늘 천, 아래 하, 글월 문, 마루 종.
[풀이] 세상에서 으뜸가는 大文章家(대문장가). 출전 舊唐書(구당서).

天下三分 (천하삼분)★

[뜻음] 하늘 천, 아래 하, 석 삼, 나눌 분.
[풀이] 세상이 셋으로 나누어짐. 중국 後漢(후한)의 삼국 시대 곧 魏
(위), 吳(오), 蜀(촉)의 三國鼎立(삼국정립)을 말함.

天下言哉 (천하언재)★★★

[뜻음] 하늘 천, 아래 하, 말씀 언, 어조사 재.
[풀이] 하늘이 말을 하더냐! 하늘은 아무 말도 하지 않지만 도는 행한
다는 것.

　　이 말은 다양하게 해석이 된다.
　　'하늘이 무슨 말을 하겠느냐'나 '하늘이 어떻게 말을
할 수 있겠느냐 귀로 들으려 하지 말고 마음으로 생각해
서 알아라'나 '하늘이 무슨 말을 하더냐. 그래도 다 할 일
을 하고 있다' 등으로 해석이 된다.
　　《論語(논어)》 陽貨篇(양화편)에 보면 孔子(공자)가
하루는 제자인 子貢(자공)이 듣는 앞에서,
　　"나는 이제 말을 하지 말았으면 한다" 하고 혼잣말처
럼 했다. 자공이 가만있을 리 萬無(만무)였다.
　　"선생님께서 말씀을 하지 않으시면 저희들이 무엇을
배울 수 있습니까?" 하고 묻자 공자는,
　　"하늘이 어디 말을 하더냐. 四時(사시)가 제대로 運行
(운행)되고 온갖 물건들이 다 생겨나지만 하늘이 어디 말을
하더냐" 하고 대답했다.
　　위의 말은 공자는 자공이 이제 자신이 말을 하지 않더
라고 스스로 진리를 깨달아야 하는 단계로 올라서야 하는
데 그러지 못한 것을 깨달으라고 한 말일 수도 있고, 공자

의 경지가 하늘과 비슷한 경지로 올라서 있음을 짐작할
수 있게 하는 말일 수도 있다.

天下英才 (천하영재)★

[뜻음] 하늘 천, 아래 하, 뛰어날 영, 재주 재.
[풀이] 보기 드물게 뛰어난 재주를 가진 사람.

天下庸工 (천하용공)★

[뜻음] 하늘 천, 아래 하, 못날 용, 장인 공.
[풀이] 가장 못생기고 재주 없고 어리석고 변변치 못한 匠人(장인).

天下有三危 (천하유삼위)★

[뜻음] 하늘 천, 아래 하, 있을 유, 석 삼, 위태로울 위.
[풀이] 이 세상의 위험한 일 세 가지. 곧 덕이 없는 이가 총애를 받고,
재능이 없는 이가 높은 지위에 있으며, 큰 공로가 없는 이가 녹을 많
이 받는 일. 출전 淮南子(회남자).

天下一家 (천하일가)★

[뜻음] 하늘 천, 아래 하, 한 일, 집 가.
[풀이] ① 세상 모든 사람이 한집안 사람처럼 和睦(화목)함. ② 천하
가 통일되어 태평하게 잘 다스려짐.

天下一色 (천하일색)★

[뜻음] 하늘 천, 아래 하, 한 일, 빛 색.
[풀이] 세상에 다시없이 뛰어난 미인. 天下絶色(천하절색). 天下國色
(천하국색).

天下一統 (천하일통)★

[뜻음] 하늘 천, 아래 하, 한 일, 합칠 통.
[풀이] 천하가 하나로 통합됨. 출전 漢書(한서).

天下一品 (천하일품)★

[뜻음] 하늘 천, 아래 하, 한 일, 품평할 품.
[풀이] ① 세상에 단 하나밖에 없는 물건. ② 비교할 수 없을 정도로
뛰어남. 또 그 물건.

天下壯士 (천하장사)★

[뜻음] 하늘 천, 아래 하, 씩씩할 장, 선비 사.
[풀이] 힘이 대단히 센 사람.

天下第一 (천하제일)★

[뜻음] 하늘 천, 아래 하, 차례 제, 한 일.
[풀이] 세상에서 견줄 만한 것이 없음. 출전 後漢書(후한서).

天下之大本 (천하지대본)★

[뜻음] 하늘 천, 아래 하, 갈 지, 큰 대, 밑 본.
[풀이] 천하의 큰 근본. 우주의 원리. 출전 中庸(중용).

天下之理恩或化讐 (천하지리은혹화수)★

[뜻음] 하늘 천, 아래 하, 갈 지, 다스릴 리, 은혜 은, 혹시 혹, 될 화, 원
　　　수 수.
[풀이] 이 세상의 도리에는 은혜가 원수가 되는 수도 있음을 이름. 출

전 關尹子(관윤자).

天下之才 (천하지재)★

[뜻음] 하늘 천, 아래 하, 갈 지, 재주 재.
[풀이] 천하에서 비견할 이가 없을 만큼 큰 재주를 가진 사람. 천하에 드문 재사.

天下之志 (천하지지)★

[뜻음] 하늘 천, 아래 하, 갈 지, 뜻 지.
[풀이] 세상 사람들의 생각. 세상 사람들의 共通(공통)된 뜻.

天下盡知秋 (천하진지추)★

[뜻음] 하늘 천, 아래 하, 다될 진, 알이지, 가을 추.
[풀이] 오동나무의 잎이 하나 떨어져 세상 사람들이 모두 가을철이 되었음을 알게 된다는 뜻.

天下眞花 (천하진화)

[뜻음] 하늘 천, 아래 하, 참 진, 꽃 화.
[풀이] 천하의 참 꽃. 모란꽃.

天下天下之天下 (천하천하지천하)★

[뜻음] 하늘 천, 아래 하, 갈이지.
[풀이] 천하는 천자의 私有物(사유물)이 아니고 천하 만민의 공유물임.

天下泰平 (천하태평)★

[뜻음] 하늘 천, 아래 하, 클 태, 평평할 평.
[풀이] ① 세상이 잘 다스려져 평화로움. ② 성질이 누져서 세상 근심을 모르는 사람을 가리키는 말. 출전 呂氏春秋(여씨춘추).

淺學短才 (천학단재)★

[뜻음] 얕을 천, 배울 학, 짧을 단, 재주 재.
[풀이] 淺學菲才(천학비재).

淺學菲才 (천학비재)★★

[뜻음] 얕을 천, 배울 학, 얕을 비, 재주 재.
[풀이] 학문이 얕고 재주가 보잘것없음. 자기의 학문을 낮추어 이르는 말. 菲(비)는 薄(박).

天香國色 (천향국색)★

[뜻음] 하늘 천, 향기 향, 나라 국, 빛 색.
[풀이] 세상에서 제일가는 미인. 天下一色(천하일색). 모란의 異稱(이칭).

天險之地 (천험지지)★

[뜻음] 하늘 천, 험할 험, 갈 지, 땅 지.
[풀이] 천연적으로 험난하고 어렵게 생긴 땅.

千呼萬喚 (천호만환)★

[뜻음] 일천 천, 부를 호, 일만 만, 부를 환.
[풀이] 수없이 여러 번 소리 질러 부름. 쉴 새 없이 자꾸 부름.

徹頭徹尾 (철두철미)★★

[뜻음] 통할 철, 머리 두, 꼬리 미.
[풀이] 머리에서 꼬리까지 투철함. 처음부터 끝까지. 철저히.

鐵面尚書 (철면상서)

[뜻음] 쇠 철, 낯 면, 높일 상, 글 서.
[풀이] 벼루(硯: 연)의 별칭.

鐵面御史 (철면어사)★

[뜻음] 쇠 철, 낯 면, 다스릴 어, 역사 사.
[풀이] 宋(송)나라 趙抃(조변)의 별명. 철면은 철면피의 약칭이며, 어사는 관명임. 사사로운 정에 구애되지 않는 어사. '鐵面無私(철면무사)'를 참조하시오.

鐵面皮 (철면피)★★★

[뜻음] 쇠 철, 얼굴 면, 가죽 피.
[풀이] ① 얼굴에 철판을 깐 듯, 羞恥(수치)를 모르는 사람을 가리킴. 厚顔(후안), 厚顔無恥(후안무치). ② 정정당당하고 강직함.

'鐵面(철면)'은 꼭 나쁜 뜻으로만 쓰인 것이 아니다. 宋代(송대)의 孫光憲(손광헌)이 지은 ≪北夢瑣言(북몽쇄언)≫이라는 책에 보면,

"진사 王光遠(왕광원)은 權門(권문) 豪族(호족)들에게 무엇을 얻어 하려고 끊임없이 찾아다니곤 했는데, 혹 회초리로 내쫓기는 모욕을 당하면서도 조금도 태도를 고치거나 후회하는 기색이 없었다. 그래서 당시 사람들이 말하기를 '광원의 얼굴은 두껍기가 열 겹 鐵甲(철갑)같다'고 했다"는 이야기가 나온다.

이것은 鐵甲(철갑)이 부끄러운 줄 모르는 破廉恥(파렴치)의 뜻으로 쓰인 예이다. 그러나 철갑이 아닌 鐵面(철면)의 경우에는, 정당하고 굳센 태도를 칭찬하는 뜻으로 쓰인 예가 많은 것 같다.

宋(송)나라 趙善의(조선의)는 崇安縣(숭안현) 지사가 되어 현의 정치를 하는데 법률을 하도 엄격하게 지켰기 때문에 사람들은 그를 趙鐵面(조철면)이라고 불렀다고 한 이야기는 私情(사정)이 없었다는 뜻으로 쓰인 예다.

또 ≪宋史(송사)≫ 趙抃傳(조변전)에 보면,

"조변이 展中侍御史(전중시어사)가 되자 권력자가 됐든, 천자가 좋아하는 사람이 됐든 용서 없이 적발했기 때문에 서울에서는 그를 鐵面御史(철면어사)라고 불렀다"고 했다. 이것은 剛直(강직)하다는 뜻으로 쓰인 예이다.

哲婦傾城 (철부경성)★

[뜻음] 총명할 철, 며느리 부, 기울 경, 성 성.
[풀이] 영리한 여자는 도리어 성을 멸망시킨다. 지나치게 영리한 여자는 화를 일으킨다는 말. 哲夫成城哲婦傾城(철부성성철부경성).

哲夫成城哲婦傾城 (철부성성철부경성)★

[뜻음] 총명할 철, 지아비 부, 이룰 성, 재 성, 며느리 부, 기울 경.
[풀이] 영리한 남자는 성을 흥하기 하지만, 영리한 여자는 도리어 성을 멸망시킨다. 지나치게 영리한 여자는 화를 일으킨다는 말. 출전 詩經(시경) 大雅(대아).

轍鮒之急 (철부지급) ★★★

[뜻음] 바퀴자국 철, 붕어 부, 갈 지, 급할 급.
[풀이] 수레바퀴가 지나간 자국에 괸 물에 있는 붕어. 매우 위급한 경우에 처하거나 困窮(곤궁)에 다다른 사람을 비유함. 涸轍鮒魚(학철부어).

이 말은 ≪莊子(장자)≫ 外物篇(외물편)에 있는 이야기에 나온다.

莊周(장주)가 집이 가난해서 監河侯(감하후)에게 양식을 꾸러 갔다. 그러자 감하후는,

"좋아요. 내 고을에서 세금이 들어오는 대로 삼백 금을 빌려 드리겠소. 그만하면 되겠지요" 하는 것이었다.

장주는 화가 치밀어 正色(정색)을 하며 말했다.

"어제 이리로 오는데 도중에 누가 나를 부르더군요. 그래 돌아보았더니 수레바퀴 지나간 자리에 붕어가 있지 않겠소. 어찌 된 일이냐고 물었더니, '나는 동해의 波臣(파신: 물고기)인데 어떻게 한두 바가지 물로 나를 살려 줄 수 없겠소' 하는 것이었습니다. 그래 내가 '알았네 내가 곧 오나라 월나라 임금을 만나게 될 테니 그때 西江(서강)의 물을 끌어다가 그대를 맞이하겠네. 괜찮겠지' 하고 대답했더니 붕어가 화를 내며 이렇게 말합디다. '나는 잠시도 없어서는 안 될 것을 잃고 당장 곤란에 빠져 있는 중이오. 한두 바가지 물만 있으면 나는 살 수 있소. 그런데 당신은 그런 태평스러운 소리만 하고 있으니 차라리 일찌감치 건어물 가게로 가서 나를 찾으시오.'"

우리 속담에 '저 돈 백 냥'이란 말이 있고, '너의 집 금송아지가 무슨 소용이 있느냐'고 하는 말이 있다.

鐵石肝腸 (철석간장) ★★

[뜻음] 쇠 철, 돌 석, 간 간, 창자 장.
[풀이] 철석같은 간장. 매우 단단한 의지.

鐵石心臟 (철석심장) ★

[뜻음] 쇠 철, 돌 석, 마음 심, 창자 장.
[풀이] 鐵石肝腸(철석간장).

啜菽飮水 (철숙음수) ★

[뜻음] 먹을 철, 콩 숙, 마실 음, 물 수.
[풀이] 콩을 먹고 물을 마신다는 뜻으로, 집이 가난하더라도 부모에게 孝道(효도)를 극진히 함을 이르는 말. 출전 禮記(예기) 檀弓篇(단궁편).

鐵心石臟 (철심석장) ★

[뜻음] 쇠 철, 마음 심, 돌 석, 내장 장.
[풀이] 철석같이 견고한 마음. 鐵石心腸(철석심장). 鐵腸石心(철장석심).

鐵硯未穿 (철연미천) ★

[뜻음] 검은 쇠 철, 벼루 연, 아닐 미, 뚫을 천.
[풀이] 중국 五代(오대) 쯥(진)나라의 桑維翰(상유한)이 쇠 벼루를 만들고 이 벼루가 헤어지지 않는 한 학업을 버리지 않겠다고 말한 옛일. 의지를 굳게 하여 종래의 業(업)을, 특히 문필의 업을 고치지 아

니함을 이름.

鐵甕山城 (철옹산성) ★★

[뜻음] 쇠 철, 독 옹, 뫼 산, 성 성.
[풀이] 쇠로 만든 독처럼 견고한 城(성)이란 뜻으로 어떤 강한 힘으로도 함락되거나 瓦解(와해)할 수 없이 방비나 단결이 튼튼한 상태를 이르는 말. 썩 튼튼히 둘러싼 것을 비유하여 이르는 말. 鐵甕城(철옹성).

鐵杵磨針 (철저마침) ★★★

[뜻음] 쇠 철, 공이 저, 갈 마, 바늘 침.
[풀이] 철 방망이를 갈아 바늘을 만든다. 모든 정성을 다 기울이면 못할 일이 없다는 말. 磨斧作針(마부작침). 水滴穿石(수적천석).

轍跡徧天下 (철적편천하) ★

[뜻음] 바퀴자국 철, 자취 적, 돌아다닐 편, 하늘 천, 아래 하.
[풀이] 수레바퀴의 자국과 말의 발자국. 곧, 車馬(거마)로 천하를 巡遊(순유)한 자취. 車轍馬跡(차철마적).

鐵中錚錚 (철중쟁쟁) ★★★

[뜻음] 쇠 철, 가운데 중, 징 쟁.
[풀이] ① 보통 사람 중에서 조금 우수한 사람을 이르는 말. 중국 後漢(후한)이 光武帝(광무제)가 徐宣(서선)을 평한 말. 錚錚은 조금 단단한 무쇠의 소리. ② 같은 쇠붙이 가운데서도 유난히 맑게 쟁그랑거리는 소리가 난다는 뜻으로, 같은 또래 중에서 가장 뛰어난 사람을 이르는 말.

≪後漢書(후한서)≫에 나오는 이야기이다.

後漢(후한) 光武帝(광무제)의 통일 천하에 있어 가장 강한 적은 赤眉(적미)였다. 前漢(전한)을 없애고 王莽(왕망)이 新(신)이라는 나라를 새로 세웠을 당시에 일어났던 대규모의 농민 반란군으로 처음은 樊崇(번숭)을 수령으로 琅邪(낭야)에서 일어나 뒤에 逢安(봉안), 徐宣(서선), 謝祿(사록) 등이 이끄는 군대까지 이에 합류되어, 산동성을 중심으로 劉盆子(유분자)를 왕으로 받들고, 그 위세가 자못 대단했었다. 그들은 한나라 왕실의 상징인 붉은 색으로 눈썹을 그려 표를 하고 다녔기 때문에 적미라고 불렸다.

적미가 장안으로 쳐들어와 광무제 劉秀(유수)와 대결해서 패하여 항복을 하자 번숭, 서선 등을 보고 광무제가 이렇게 말했다.

"그대들은 항복한 것을 후회하지 않는가? 원한다면 다시 한 번 실력으로 승부를 결정해도 좋다. 짐은 항복을 강요하고 싶지는 않다."

그러자 그들은 머리를 조아리며, 항복을 받아 주시니 그저 호랑이 입을 벗어나 사랑하는 어머니 품에 돌아온 것 같다면서 아무런 후회도 없다고 대답했다. 이 같은 대답에 광무제는 "경들이야말로 철중쟁쟁 용중교교란 것이요" 하고 칭찬을 했다. '傭中佼佼(용중교교)'는 똑같은 물건 가운데 뛰어난 것이라는 말이다.

鐵蒺藜 (철질려)★

[뜻음] 쇠 철, 납가새 질, 마름 려.
[풀이] 세모꼴로 된 뾰족한 쇠로서 땅에 꽂아서 적병의 침입을 막는 기구로, 마름처럼 생겨서 쇠꼬챙이 형태임.

徹天之讎 (철천지수)★

[뜻음] 통할 철, 하늘 천, 갈 지, 원수 수.
[풀이] 徹天之寃(철천지원).

徹天之寃 (철천지원)★

[뜻음] 통할 철, 하늘 천, 갈 지, 원통할 원.
[풀이] 하늘에 사무치는 크나큰 원한.

徹天之怨讎 (철천지원수)★

[뜻음] 통할 철, 하늘 천, 갈 지, 원망할 원, 원수 수.
[풀이] 하늘에 사무치도록 恨(한)이 맺히게 한 怨讐(원수).

徹天之恨 (철천지한)★

[뜻음] 통할 철, 하늘 천, 갈 지, 한할 한.
[풀이] 徹天之寃(철천지원).

轍環天下 (철환천하)★★

[뜻음] 바퀴자국 철, 돌 환, 하늘 천, 아래 하.
[풀이] 孔子(공자)가 敎化(교화)를 위하여 중국 천하를 돌아다닌 데에서 수레를 타고 두루 천하를 돌아다닌다는 뜻으로 세계 각지를 여행함. 천하를 두루 돌아다님.

簷溜還可以穿石 (첨류환가이천석)★

[뜻음] 처마 첨, 낙숫물 류, 돌아올 환, 옳을 가, 써 이, 통할 천, 돌 석.
[풀이] 처마에서 떨어지는 물방울도 돌을 뚫을 수 있다. 끊임없이 노력하면 무슨 일이든 성취할 수 있다는 말.

簷牙高啄 (첨아고탁)

[뜻음] 처마 첨, 어금니 아, 높을 고, 부리 탁.
[풀이] 지붕의 네 모서리의 처마가 어금니처럼 불쑥 나옴.

甛言美語 (첨언미어)★★

[뜻음] 달 첨, 말씀 언, 아름다울 미, 말씀 어.
[풀이] 듣기 좋은 말, 남을 꾀기 위한 달콤한 말. 甘言(감언).

甛言蜜語 (첨언밀어)★★

[뜻음] 달 첨, 말씀 언, 꿀 밀, 말씀 어.
[풀이] 듣기 좋은 말. 남을 꾀기 위한 달콤한 말.

諂諛之風 (첨유지풍)★

[뜻음] 아첨할 첨, 아첨할 유, 갈 지, 바람 풍.
[풀이] 아첨을 잘하는 버릇.

瞻前顧後 (첨전고후)★

[뜻음] 쳐다볼 첨, 앞 전, 돌아볼 고, 뒤 후.
[풀이] 일에 부닥쳐 용기를 내어 결단하지 못하고 앞뒤를 재어 보며 어물어물함. 출전 後漢書(후한서) 張衡傳(장형전).

妾婦之道 (첩부지도)

[뜻음] 첩 첩, 며느리 부, 갈 지, 길 도.
[풀이] 사물의 是非(시비)를 가리지 않고 그저 남을 따르는 方式(방식). 여자는 오로지 順從(순종)하는 것을 정도로 삼음. 출전 孟子(맹자) 滕文公下篇(등문공하편).

疊疊山中 (첩첩산중)★★

[뜻음] 거듭할 첩, 뫼 산, 가운데 중.
[풀이] 첩첩이 겹친 산속. 중첩한 산속.

疊疊愁心 (첩첩수심)★

[뜻음] 거듭할 첩, 근심할 수, 마음 심.
[풀이] 겹겹이 싸인 근심. 重疊(중첩)한 근심.

晴耕雨讀 (청경우독)★

[뜻음] 갤 청, 밭갈 경, 비 우, 읽을 독.
[풀이] 비가 갠 날은 논밭을 갈고 비 오는 날은 책을 읽는다. 부지런히 일하며 공부함.

晴耕雨織 (청경우직)★

[뜻음] 갤 청, 밭갈 경, 비 우, 짤 직.
[풀이] 갠 날에는 논밭 일을 하고 비 내리는 날에는 집에서 길쌈을 한다는 뜻으로, 농촌 여성들의 근면함을 이르는 말.

淸談 (청담)★★★

[뜻음] 맑을 청, 이야기 담. 맑은 이야기.
[풀이] ① 名利(명리)·名聞(명문)을 떠난 淸雅(청아)한 이야기. 고상한 이야기. 虛心坦懷(허심탄회)하고 無慾無望(무욕무망)한 이야기. ② 위진 시대에 유행한 老莊(노장)을 祖述(조술)하고 속세를 떠난 淸淨無爲(청정무위)의 空理空論(공리공론). 竹林七賢(죽림칠현)의 담화.

魏晉時代(위진 시대: 3세기 후반)는 정치가 불안정하고 사회가 혼란해서 자칫하면 목숨을 잃는 난세였다. 게다가 정치적 권력자와 그에 추종하는 세속적인 관료의 횡포도 극심했다. 그래서 당시 士大夫(사대부) 간에는 汚濁(오탁)한 속세를 등지고 산림에 隱居(은거)하여 老莊(노장)의 철학이라든지 문예 등 고상한 이야기를 하는 것이 유행이었다.

그중에서도 竹林七賢(죽림칠현), 곧 山濤(산도)·阮籍(완적)·嵆康(혜강)·阮咸(완함)·劉伶(유령)·向秀(상수)·王戎(왕융)은 도읍 洛陽(낙양) 근처의 대나무 숲에 은거하여 아침부터 밤까지 술에 취한 채 '청담', 곧 淸新奇警(청신기경: 산뜻하고 기발함)한 이야기인 세속의 名利(명리)·名聞(명문)·喜悲(희비)를 초월한 고매한 정신의 자유세계를 주제로 한 老莊(노장)의 철학을 논하며 名敎(명교: 儒敎) 도덕에 저항했다.

淸淡虛無 (청담허무)★★

[뜻음] 맑을 청, 묽을 담, 빌 허, 없을 무.
[풀이] 조촐하여 사물에 구애되지 않고 淡泊(담박)한 일.

ㅊ

靑燈紅街 (청등홍가)★

[뜻음] 푸를 청, 등잔 등, 붉을 홍, 거리 가.
[풀이] 遊興(유흥)으로 흥청거리는 거리. 花柳界(화류계)를 달리 이르는 말.

淸廉剛直 (청렴강직)★★

[뜻음] 맑을 청, 검소할 렴, 굳셀 강, 곧을 직.
[풀이] 마음이 고결하고 재물 욕심이 없고, 굳세고 꼿꼿함.

靑樓酒肆 (청루주사)★

[뜻음] 푸를 청, 다락 루, 술 주, 방자할 사.
[풀이] 술집 기생집 또는 매음굴을 통틀어 이르는 말. 紅燈街(홍등가).

聽茗聽壺聽身聽心 (청명청호청신청심)★

[뜻음] 들을 청, 차 명, 병 호, 몸 신, 마음 심.
[풀이] 차에 대해서 알게 되는 네 가지 단계. 차를 마시기 전에 차 잎을 만져 보거나 눈으로 보고 차에 대해 아는 단계, 茶壺(다호), 茶罐(다관)에서 끓을 때 우려지는 소리를 듣는 경지, 차가 내 몸에서 어떻게 작용하는지를 아는 경지, 차를 마시면 내 마음이 어떻게 변화하는가를 아는 경지. 차 전문가 손성구의 말.

淸白吏 (청백리)★★★

[뜻음] 맑을 청, 흰 백, 벼슬아치 리.
[풀이] 맑고 깨끗한 마음으로 財物(재물)을 탐하지 않는 벼슬아치. 출전 莊子(장자) 漁夫篇(어부편).

靑白眼 (청백안)★

[뜻음] 푸를 청, 흰 백, 눈 안.
[풀이] 靑眼(청안)과 白眼(백안) 곧, 친하게 대하는 눈매와 미워하는 눈초리.

淸白遺子孫 (청백유자손)

[뜻음] 맑을 청, 흰 백, 남길 유, 자식 자, 손자 손.
[풀이] 맑고 밝은 家風(가풍)을 자손에게 남김. 청백한 삶의 자세를 자손에게 남김. 출전 南史(남사).

靑紗燈籠 (청사등롱)★

[뜻음] 푸를 청, 깁 사, 등잔 등, 대그릇 롱.
[풀이] 푸른 깁으로 둘러싼 초롱. 청사초롱. 靑燈(청등).

淸斯濯纓濁斯濯足矣 (청사탁영탁사탁족의)★★★

[뜻음] 맑을 청, 이 사, 씻을 탁, 갓끈 영, 흐릴 탁, 발 족, 어조사 의.
[풀이] 물이 맑으면 갓끈을 씻고 흐리면 발을 씻는다. 영화로움이나 욕됨도 다 자신의 맑고 흐림, 옳고 그름에 由來(유래)함을 이르는 말. ‘滄浪之水淸兮(창랑지수청혜)’를 보시오. 출전 孟子(맹자).

靑山可埋骨 (청산가매골)★

[뜻음] 푸를 청, 뫼 산, 옳을 가, 매장할 매, 뼈 골.
[풀이] 도처에 청산이 있어서 뼈를 묻을 수 있음. 대장부는 반드시 고향에서 죽어야 한다고 생각해서는 안 된다는 말. 출전 蘇軾(소식)의 글.

靑山綠水 (청산녹수) ★

[뜻음] 푸를 청, 뫼 산, 푸를 록, 물 수.

[풀이] 푸른 산과 푸른 물.

靑山流水 (청산유수)★★

[뜻음] 푸를 청, 뫼 산, 흐를 류, 물 수.
[풀이] 숲이 우거져 푸른 산과 맑은 물. 또는 말을 막힘없이 잘함을 비유하는 말.

靑孀寡婦 (청상과부)★

[뜻음] 푸를 청, 과부 상, 적을 과, 며느리 부.
[풀이] 나이가 젊었을 때 남편을 여읜 여자. 나이 젊은 과부. 靑孀寡守(청상과수).

靑孀寡守 (청상과수)★

[뜻음] 푸를 청, 과부 상, 적을 과, 지킬 수.
[풀이] 靑孀寡婦(청상과부).

靑松綠竹 (청송녹죽)★

[뜻음] 푸를 청, 소나무 송, 푸를 록, 대나무 죽.
[풀이] 푸른 소나무와 푸른 대나무.

靑松白沙 (청송백사)★

[뜻음] 푸를 청, 소나무 송, 흰 백, 모래 사.
[풀이] 푸른 소나무와 흰 모랫빌. 바닷가의 아름다운 풍경.

淸水無大魚 (청수무대어)★

[뜻음] 맑을 청, 물 수, 없을 무, 큰 대, 고기 어.
[풀이] 물이 너무 맑으면 큰 고기가 없다. 사람도 너무 嚴格(엄격)하거나 지나치게 潔白(결백)하면 친해질 수 없음의 비유.

聽水狐 (청수호)★

[뜻음] 들을 청, 물 수, 여우 호.
[풀이] 여우는 의심이 많아 얼음이 언 강을 건널 때 물소리를 들은 후에 건넘을 이름. 출전 溫庭筠(온정균)의 詩(시).

靑蠅染白 (청승염백)★

[뜻음] 푸를 청, 파리 승, 물들일 염, 흰 백.
[풀이] 금파리가 흰 것을 더럽힌다. 소인이 군자를 謀陷(모함)하여 해침, 사욕이 절의를 더럽힘을 비유하여 이르는 말.

靑蠅弔客 (청승조객)★

[뜻음] 푸를 청, 파리 승, 조상할 조, 손 객.
[풀이] 금파리의 조객. 죽어서 아무도 弔喪(조상)하는 사람이 없고 다만 금파리만이 조문함.

靑蠅橫生 (청승횡생)

[뜻음] 푸를 청, 파리 승, 가로 횡, 날 생.
[풀이] 가증스러운 소인배가 잇달아 생겨남.

淸新俊逸 (청신준일)★

[뜻음] 맑을 청, 새 신, 준걸 준, 빼어날 일.
[풀이] 새롭고 산뜻하여 재능이 뛰어남.

靑眼視 (청안시)★★

[뜻음] 푸를 청, 눈 안, 볼 시.
[풀이] 親密(친밀)한 감정으로 대하는 눈매. 중국 진나라의 완적이 자기와 친한 사람은 靑眼(청안)으로 대하고 倨慢(거만)하거나 마음에 들지 않는 사람은 白眼(백안)으로 대하였다는 옛일에서 온 말. 靑眼(청안). '白眼視(백안시)'를 보시오. 출전 晉書(진서).

聽於無聲 (청어무성)

[뜻음] 들을 청, 어조사 어, 없을 무, 소리 성.
[풀이] 소리 없이 들음. 곧 자식이 어버이를 섬기는 데 至極(지극)한 주의를 기울여서 함을 이름.

聽於無聲視於無形 (청어무성시어무형)★

[뜻음] 들을 청, 어조사 어, 없을 무, 소리 성, 볼 시, 모양 형.
[풀이] 소리 없는 데서 듣고, 형체 없는 데서 본다. 자식은 부모의 뜻을 면밀히 살펴 효양하라는 말. 주의가 구석구석까지 미침을 이름. 출전 禮記(예기) 曲禮上篇(곡례상편).

靑雲萬里 (청운만리)★

[뜻음] 푸를 청, 구름 운, 일만 만, 거리 리.
[풀이] 원대한 포부와 이상. 立身出世(입신출세)의 큰 꿈.

靑雲心 (청운심)

[뜻음] 푸를 청, 구름 운, 마음 심.
[풀이] 功名(공명)을 세우려는 뜻. 出世(출세)하려는 뜻.

靑雲之交 (청운지교)★

[뜻음] 푸를 청, 구름 운, 갈 지, 사귈 교.
[풀이] 같이 벼슬한 동료와의 교분. 학덕을 갖춘 高官(고관)과의 교제.

靑雲之士 (청운지사)★

[뜻음] 푸를 청, 구름 운, 갈 지, 선비 사.
[풀이] ① 學德(학덕)이 높은 사람. ② 고위 고관에 오른 사람.

靑雲之志 (청운지지)★★★

[뜻음] 푸를 청, 구름 운, 갈 지, 뜻 지.
[풀이] 푸른 구름과 같은 뜻, 즉 출세하고자 하는 야망. ① 덕을 닦아 聖賢(성현)의 자리에 이르려는 뜻. 立身出世(입신출세)하려는 뜻. 功名(공명)을 세우고자 하는 마음. ② 고결하고 세상 밖에 초연한 志操(지조). 隱者(은자)가 되는 뜻. 靑雲(청운).

푸른 구름은 귀한 구름이다. 신선이 있는 곳이나 천자가 될 사람이 있는 곳에는 푸른 구름과 오색구름이 떠 있다고 한다. 그래서 청운의 꿈을 꾼다는 말은 남보다 훌륭하게 출세할 뜻을 갖고 있다는 말이다. 다음은 張九齡(장구령)의 시이다.

그 옛날 靑雲(청운)의 뜻이
이루지 못한 白髮(백발)의 나이에
뉘가 알리오 밝은 거울 속
얼굴과 그림자가 절로 서로 안타까워함을.

장구령은 唐(당)나라 玄宗(현종) 때 어진 재상으로 李林甫(이림보)의 謀略(모략)에 밀려나 草野(초야)에서 餘生(여생)을 보낸 사람이다. 이 시는 재상의 자리를 물러났을 때의 感懷(감회)를 읊은 것이다.

≪史記(사기)≫ 伯夷列傳(백이열전)에서 太史公(태사공: 사마천)은 孔子(공자)를 靑雲之士(청운지사)로 평했고, 주석을 보면 이 말은 덕이 높은 사람, 지위가 높은 사람, 뜻이 높은 사람에게 두루 쓰인다.

靑雲秋月 (청운추월)★

[뜻음] 푸를 청, 구름 운, 가을 추, 달 월.
[풀이] 맑은 하늘에 비치는 가을의 달. 깨끗한 마음. 마음속이 灑落(쇄락)함.

聽音接辭 (청음접사)★

[뜻음] 들을 청, 소리 음, 사귈 접, 말 사.
[풀이] 만나서 직접 그 사람의 音聲(음성)이나 말을 들음.

聽而不聞 (청이불문)★

[뜻음] 들을 청, 말 이을 이, 아닐 불, 들을 문.
[풀이] ① 아무리 귀를 기울여 들으려고 해도 들리지 않음. 聽(청)은 유심히 듣는 것, 聞(문)은 저절로 들려오는 것을 이름. ② 듣고도 못 들은 체함.

淸酌庶羞 (청작서수)★

[뜻음] 맑을 청, 따를 작, 여러 서, 음식물 수.
[풀이] 祭酒(제주)와 祭需(제수). 祭祀(제사)에 쓰는 술과 음식.

靑氈舊物 (청전구물)

[뜻음] 푸를 청, 담요 전, 오랠 구, 만물 물.
[풀이] ① 대대로 전하여 내려오는 오래된 家寶(가보). ② 대대로 전해 내려오는 오래된 물건을 이르는 말.

靑氈舊業 (청전구업)★

[뜻음] 푸를 청, 양탄자 전, 예 구, 사업 업.
[풀이] 대대로 전하여 오는, 예부터 모은 재산.

淸淨無垢 (청정무구)★★

[뜻음] 맑을 청, 깨끗할 정, 없을 무, 때 구.
[풀이] 맑고 깨끗하여 때가 없는 경지.

蜻蛉接囊 (청정접랑)★

[뜻음] 잠자리 청, 잠자리 정, 댈 접, 주머니 낭.
[풀이] 잠자리 꼬리 맞추기란 뜻. ① 일이 오래갈 수 없음. ② 한곳에 오래 머물지 않고 곧 떠나 여기저기 돌아다님을 이르는 말.

靑州從事 (청주종사)★

[뜻음] 푸를 청, 고을 주, 따를 종, 일 사.
[풀이] 좋은 술, 米酒(미주)의 딴 이름. 출전 世說新語(세설신어).

靑天白日 (청천백일)★★★

[뜻음] 푸를 청, 하늘 천, 흰 백, 날 일.
[풀이] 맑게 갠 대낮. 快晴(쾌청)한 하늘. 맑게 갠 대낮. 快晴(쾌청)한 하늘. 맑게 갠 하늘에서 밝게 비치는 해. 하는 일이 뒤가 깨끗하다든가, 억울한 것이 판명되어 죄에서 풀려 누명을 벗게 된다든가 하는 따위. 靑天白日下(청천백일하).

韓愈(한유)는 그의 친우인 崔群(최군)에게 보낸 편지 가운데서,
"청천백일은 노예들도 또한 그것이 맑고 밝은 것을 안다"고 했다.
이것은 최군의 맑은 인품을 모르는 사람이 없다는 것을 비유해 쓴 말이다. 누구나 다 알고 있다는 뜻으로 쓰인 말이다.
≪朱子全書(주자전서)≫에는 주자가 孟子(맹자)를 평하여 "청천백일과 같이 씻어 낼 때도 없고, 찾아 낼 흠도 없다"라고 했다. 이것은 순결무구의 뜻으로 쓰인 것이다.
우리나라에서는 보통 '靑天白日下(청천백일하)에 드러났다'라는 말을 쓰는데 여기에서 청천백일은 본래의 뜻 그대로 '흰히 밝다'는 말이다.

靑天霹靂 (청천벽력)★★★

[뜻음] 푸를 청, 하늘 천, 벼락 벽, 벼락 력.
[풀이] 마른하늘에 날벼락. 예기치 못한 큰 사고. 청천의 雷鳴(뇌명)이라는 뜻으로, 筆勢(필세)의 飛動(비동)함의 형용. 또 뜻밖에 생기는 일. 變(변).

南宋(남송)의 시인 陸遊(육유)는 자신의 뛰어난 筆致(필치)를 가리켜 "푸른 하늘에 霹靂(벽력)을 날리듯 한다고 했다." 육유의 시 중에서 유명한 [釵斗鳳(차두봉)]을 보자.

붉고 보드라운 손, 누런 황등주
성 가득히 만연한 봄날, 궁벽의 버드나무
짓궂은 동풍에 기쁜 마음은 어디론가 흩어져 사라지고
한번 수심에 젖은 후 어언 몇 해나 떨어져 있었던가?
아 잘못이어라 잘못이어라 잘못이어라
봄은 예나 같으나 사람만이 홀로 야위어
연지 바른 얼굴을 붉은 눈물로 적시네.
도화꽃은 떨어지고 못가의 누각도 한가로운데
굳게 맹세한다 한들 비단에 쓴 글 전하기 어려우니
아, 끝이로구나 끝이로구나 끝이로구나.

초년 시절 헤어진 아내 唐宛(당완)과의 이별을 슬퍼하는 시이다. 과연 푸른 하늘에 벽력을 날리듯 한다. 우리나라에서는 '청천벽력도 유분수지'라는 말이 있다.

淸淸百百 (청청백백)

[뜻음] 맑을 청, 흰 백.
[풀이] 몹시 청렴하고 결백함.

淸淸冷冷 (청청영령)

[뜻음] 맑을 청, 서늘할 영.
[풀이] 맑고 시원한 모양.

靑出於藍 (청출어람)★★★

[뜻음] 푸를 청, 날 출, 어조사 어, 쪽 풀 람.
[풀이] 푸른빛이 쪽 풀에서 나왔는데 쪽빛보다 더 푸르다. 제자가 스승보다 나음. 出藍(출람). 出藍之譽(출람지예).

본말은 '靑出於藍而靑於藍(청출어람이청어람)'이다. 제자가 스승보다 낫다는 평을 듣는 것을 이른다. '藍'은 쪽이다. 쪽에서 쪽빛 물감을 얻어내는데 이 물감 색깔이 쪽보다 푸르다는 말이다.
≪荀子(순자≫ 勸學篇(권학편) 맨 첫머리에 이렇게 말한다.
"학문은 잠시도 쉬어서는 안 된다. 푸른 색깔은 쪽에서 나오지만 쪽보다 더 푸르고 얼음은 물이 만들지만 물보다 더 차다."

靑出於藍而靑於藍 (청출어람이청어람)★

[뜻음] 푸를 청, 날 출, 어조사 어, 쪽 풀 람, 말이 을 이.
[풀이] 靑出於藍(청출어람).

淸平世界 (청평세계)★

[뜻음] 맑을 청, 평탄할 평, 세상 세, 지경 계.
[풀이] 和平(화평)한 사회. 평화스러운 세상. 맑고 태평한 세상.

淸風朗月不用一錢買 (청풍낭월불용일전매)★

[뜻음] 맑을 청, 바람 풍, 밝을 낭, 달 월, 아닐 불, 쓸 용, 한 일, 돈 전, 살 매.
[풀이] 맑은 바람과 밝은 달을 玩賞(완상)하여 즐기는 데는 돈 한 푼도 들지 않음. 그러므로 스스럼없이 마음껏 自然(자연)을 즐길 것이라는 뜻.

淸風明月 (청풍명월)★

[뜻음] 맑을 청, 바람 풍, 밝을 명, 달 월.
[풀이] ① 맑은 바람과 밝은 달. 아름다운 자연. ② 충청도 사람의 결백하고 온건한 성격을 평하는 말 '泥田鬪狗(이전투구)'를 보시오.

淸風兩袖 (청풍양수)★

[뜻음] 맑을 청, 바람 풍, 두 량, 소매 수.
[풀이] 양 소맷자락에 맑은 바람이 가득하다. 관리나 선비들이 청렴결백한 것을 비유함.

淸虛洞天 (청허동천)★

[뜻음] 맑을 청, 빌 허, 골짜기 동, 하늘 천.
[풀이] 淸虛境(청허경).

晴鞵布襪 (청혜포말)★

[뜻음] 갤 청, 생가죽신 혜, 베 포, 버선 말.
[풀이] 짚신과 무명 버선이란 뜻으로, ① 野人(야인)의 옷. ② 벼슬을 버리고 은둔함을 이르는 말.

晴好雨奇 (청호우기)

[뜻음] 갤 청, 좋을 호, 비 우, 기이할 기.
[풀이] 山水(산수)의 경치가 맑은 때나 비 올 때나 다 아름다움. 산수의 경치가 청천이나 우천에도 다 좋음.

青黃不接 (청황부접)★

[뜻음] 푸를 청, 누를 황, 아닐 부, 사귈 접.
[풀이] 봄과 가을의 사이. 묵은 곡식이 떨어지고, 아직 햇곡식은 나지 않은 때. 보릿고개. 한때 생활고를 겪음의 비유.

青黃不接之候 (청황부접지후)★

[뜻음] 푸를 청, 누를 황, 아닐 부, 접할 접, 갈 지, 절기 후.
[풀이] ① 青은 햇곡식 黃은 묵은 곡식. 묵은 곡식이 떨어지고 햇곡식이 아직 나기 전 보릿고개. ② 連結(연결)이 끊김을 비유하여 이르는 말. ③ 舊貨(구화)가 賣盡(매진)되고 新荷(신하)가 入荷(입하)되지 않는 일.

體國經野 (체국경야)★

[뜻음] 나눌 체, 나라 국, 날실 경, 들 야.
[풀이] 都市(도시)를 정하고 邑里(읍리)를 區劃(구획)함. 體(체)는 나눔. 國(국)은 城中(성중). 經(경)은 里數(이수)를 정함.

體大思精 (체대사정)★

[뜻음] 몸 체, 큰 대, 생각 사, 정밀할 정.
[풀이] 포용력이 크고 思慮(사려)가 매우 찬찬하고 허술한 구석이 없음.

棣鄂之情 (체악지정)★★

[뜻음] 산앵두나무 체, 땅 악, 갈 지, 뜻 정.
[풀이] 만발한 산앵두의 모습에서 느끼는 정. 형제의 두터운 우애. 출전 詩經(시경) 小雅(소아).

體用一原 (체용일원)★★★

[뜻음] 몸 체, 쓸 용, 한 일, 근본 원.
[풀이] 도의 本體(본체)와 作用(작용)과는 근원은 하나임. 마음의 본체와 작용은 같다는 말.

體元居正 (체원거정)★

[뜻음] 몸 체, 으뜸 원, 살 거, 바를 정.
[풀이] 善(선)을 근본하여 올바름에 處(처)함. 《春秋左氏傳(춘추좌씨전)》에 그 첫해를 元年(원년) 一月(일월)을 正月(정월)이라고 한 것도 임금이 즉위 초에 體元居正(체원거정)하고자 한 마음에서라고 함.

滯滯泥泥 (체체이니)★

[뜻음] 막힐 체, 진흙 니.
[풀이] 한 가지 일에 拘礙(구애)하여 融通性(융통성)이 없음.

棣華之情 (체화지정)★

[뜻음] 산앵두나무 체, 꽃 화, 갈 지, 뜻 정.

[풀이] 棣鄂之情(체악지정).

草家三間 (초가삼간)★

[뜻음] 풀 초, 집 가, 석 삼, 사이 간.
[풀이] 세 칸의 초가. 곧 썩 작은 초가를 이르는 말. 삼간초가.

楚狂接輿 (초광접여)★

[뜻음] 초나라 초, 미칠 광, 사귈 접, 수레 여.
[풀이] 노래를 부르며 孔子(공자) 앞을 지나간 楚(초)나라의 미친 사람 接輿(접여)를 이름. 그는 狂人(광인)이 아니고 隱士(은사)였다고 함. 출전 論語(논어) 微子篇(미자편).

草根木皮 (초근목피)★★

[뜻음] 풀 초, 뿌리 근, 나무 목, 가죽 피.
[풀이] ① 풀뿌리와 나무껍질. ② 韓方藥(한방약)의 원료. ③ 험한 음식을 일컫는 말. 출전 金史(금사).

燋金爍石 (초금삭석)★

[뜻음] 그을릴 초, 쇠 금, 녹일 삭, 돌 석.
[풀이] 쇠를 태우고 돌을 녹인다. 지독한 더위를 형용하여 이르는 말.

初年苦生 (초년고생)★★

[뜻음] 처음 초, 해 년, 괴로울 고, 날 생.
[풀이] 젊어서 하는 고생.

樵童汲婦 (초동급부)★★★

[뜻음] 나무할 초, 아이 동, 물길을 급, 지어미 부.
[풀이] 땔나무 하는 아이와 물을 긷는 아낙네. 곧 평범한 사람들. 비슷한 말로 甲男乙女(갑남을녀), 張三李四(장삼이사), 匹夫匹婦(필부필부) 등이 있음.

樵童牧豎 (초동목수)★

[뜻음] 나무할 초, 아이 동, 칠 목, 더벅머리 수.
[풀이] ① 산에 가서 땔나무를 하는 아이와 가축을 치는 아이. ② 識見(식견)이 좁은 사람을 비유하여 이르는 말. 樵童汲婦(초동급부).

焦頭爛額 (초두난액)★

[뜻음] 그을릴 초, 머리 두, 익을 란, 이마 액.
[풀이] 불에 머리를 태우고 이마를 그을린다는 뜻으로 어려운 일을 당하여 몹시 애를 씀을 이르는 말. 焦頭爛額爲上客(초두난액위상객).

焦頭爛額爲上客 (초두난액위상객)★★★

[뜻음] 그을릴 초, 머리 두, 익을 란, 이마 액, 될 위, 위 상, 손님 객.
[풀이] 火災(화재)의 豫防策(예방책)을 講究(강구)한 사람은 賞(상)을 받지 못하고, 불난 뒤에 화재를 끈 사람은 상을 받는다는 뜻으로, 本末(본말)이 顚倒(전도)됨을 비유하는 말.

《十八史略(십팔사략)》이나 《統監(통감)》 등에 나오는 이야기이다.
　西漢(서한) 宣帝(선제) 때 있은 조정의 처사에 대해 시정을 요구하는 상소문 가운데 있는 말이다. 정부의 강력한 새 경제정책을 들고 나와 백성을 괴롭혀 온 재상이 밀려

나고 새로운 인물들이 등장했을 때의 일이다. 당초 그 정책을 반대하여 재상을 처벌하라고 주장해 온 사람이 있었으나 그는 잊힌 채 있었다. 이를 위해 올린 상소문 가운데에 이 말이 나온다.

이것과 대조적으로 나오는 말이 '曲突徙薪無恩澤(곡돌사신무은택)'이라는 문자다. 어떤 사람이 방을 새로 뜯어 고치면서 굴뚝을 아궁이와 일직선이 되게 만들고 또 굴뚝 옆에다가 땔감을 쌓아 두었다. 이것을 본 어떤 사람이 화재의 염려가 있으니 굴뚝을 꼬부려 옆으로 돌리고 땔감은 옮기라고 충고했다. 그러나 주인은 무시했다.

어느 날 불이 나서 옮겨 붙었으나 곧 잡히고 큰 피해는 없었다. 주인은 불을 끄느라 애쓴 마을 사람들을 위해 술자리를 베풀었다. 머리가 불에 타고 이마가 덴 사람들을 윗자리로 모셨다. 이것이 '초두난액 위상객'이다. 당연한 일이다. 그런데 화재가 날 것을 미리 걱정하며, 굴뚝을 꼬부리고 땔감을 옮기라고 충고해 준 사람은 술 한 잔도 대접하지 않았다. 이것이 '곡돌사신무은택'이다.

草廬三顧 (초려삼고)★★

[뜻음] 풀 초, 오두막집 려, 석 삼, 돌아볼 고.
[풀이] 蜀漢(촉한)의 劉備(유비)가 몸을 낮추어 諸葛孔明(제갈공명)의 집을 세 번 찾은 고사. '三顧草廬(삼고초려)'를 보시오.

草露人生 (초로인생)★★

[뜻음] 풀 초, 이슬 로, 사람 인, 날 생.
[풀이] 풀잎에 맺힌 이슬처럼 덧없는 인생.

草綠同色 (초록동색)★★★

[뜻음] 풀 초, 푸를 록, 같을 동, 빛 색.
[풀이] 풀과 녹색은 같은 색이다. 같은 처지나 부류의 사람들끼리 함께함.

鷦鷯巢林不過一枝 (초료소림불과일지)★

[뜻음] 뱁새 초, 굴뚝새 료, 둥지 소, 수풀 림, 아닐 불, 지날 과, 한 일, 가지 지.
[풀이] 뱁새가 숲에 보금자리를 만드는 데 필요한 것은 나무 한 가지에 불과함. 사람은 각각 자기 분수에 만족하여야 한다는 비유. 출전 莊子(장자) 逍遙遊篇(소요유편).

草滿囹圄 (초만영어)★

[뜻음] 풀 초, 찰 만, 감옥 영, 감옥 어.
[풀이] 감옥에 잡초가 우거진다는 뜻으로, 나라가 잘 다스려져 죄인이 없음을 비유하는 말. 출전 隋書(수서).

草莽之臣 (초망지신)★

[뜻음] 풀 초, 잡초 망, 갈 지, 신하 신.
[풀이] 벼슬하지 아니하고 민간에 묻혀 사는 사람. 출전 孟子(맹자) 萬章(만장).

草網着虎 (초망착호)★

[뜻음] 풀 초, 그물 망, 붙을 착, 범 호.
[풀이] 썩은 새끼줄로 엮은 그물로 범을 잡는다는 뜻으로, 되지도 않을 일을 허황되게 꾀함을 이르는 말.

初面不知 (초면부지)★

[뜻음] 처음 초, 낯 면, 아닐 부, 알 지.
[풀이] 처음으로 얼굴을 대하므로 알지 못함.

初面親舊 (초면친구)★

[뜻음] 처음 초, 낯 면, 친할 친, 예 구.
[풀이] 처음으로 대하여 보는 벗.

草茅危言 (초모위언)★

[뜻음] 풀 초, 띠 모, 위태로울 위, 말씀 언.
[풀이] 민간에 있으면서 國政(국정)을 통렬하게 공박함. 在野人士(재야인사)로서 直言(직언)함. 在野(재야)하여 국정을 통렬히 批判(비판)함.

草茅之臣 (초모지신)★

[뜻음] 풀 초, 띠 모, 갈 지, 신하 신.
[풀이] 자기 자신을 겸손하여 이르는 말로 벼슬하지 않고 민간에 묻혀 있는 신하. 在野(재야)의 신하. 草莽之臣(초망지신).

草木皆兵 (초목개병)★★

[뜻음] 풀 초, 나무 목, 다 개, 군사 병.
[풀이] 적이 優勢(우세)한 데 겁을 먹어 초목이 모두 군사로 보임을 이름. '風聲鶴唳(풍성학려)'를 보시오.

草木俱朽 (초목구후)★

[뜻음] 풀 초, 나무 목, 함께 구, 썩을 후.
[풀이] 초목과 함께 썩어 없어진다. 세상에 알려지지 못하고 이름을 남기지 못하고 허무하게 죽음을 비유함. 출전 後漢書(후한서).

草木禽獸 (초목금수)★

[뜻음] 풀 초, 나무 목, 새 금, 짐승 수.
[풀이] 풀과 나무, 날짐승과 길짐승을 통틀어 이르는 말.

草木怒生 (초목노생)★

[뜻음] 풀 초, 나무 목, 갑자기 노, 살 생.
[풀이] 봄이 되어 초목이 싱싱하게 싹이 틈. 초목이 봄을 맞아 갑자기 싹틈. 怒生(노생)은 갑자기 발생한다는 뜻. 출전 莊子(장자) 外物篇(외물편).

草木同腐 (초목동부)★

[뜻음] 풀 초, 나무 목, 같을 동, 썩을 부.
[풀이] 초목과 함께 썩어 없어진다는 뜻으로 세상에 알려지지 못하고 이름을 남기지 못하고 허무하게 죽음을 비유하여 이르는 말. 草木俱朽(초목구후).

草木山川 (초목산천)★

[뜻음] 풀 초, 나무 목, 뫼 산, 내 천.
[풀이] 풀과 나무와 산과 내. 곧, 자연을 가리키는 말.

焦尾琴 (초미금)★★

[뜻음] 그을릴 초, 꼬리 미, 거문고 금.
[풀이] 거문고의 딴 이름. 중국 後漢(후한)의 蔡邕(채옹)이 이웃 사람이 오동나무를 태우는 소리를 듣고 질이 좋은 材木(재목)임을 알고 그 타다 남은 오동나무를 얻어 와서 만든 거문고. 그 꼬리 부분이 타 있는 데서 붙인 이름.

焦尾宴 (초미연)★★

[뜻음] 그을릴 초, 꼬리 미, 잔치 연.
[풀이] 중국 唐(당)나라 때 처음으로 宰相(재상)이 되었을 때 임금에게 음식을 바치거나, 선비의 아들이 進士(진사)에 급제하여 베푸는 잔치. 焦尾(초미)란 새로운 羊(양)이 양의 무리 속에 들어가면 이를 떠받아 못 견디게 하는데 그 꼬리를 불사르면 진정한다는 데서 온 말. 入社(입사)의 宴會(연회).

焦眉之急 (초미지급)★★★

[뜻음] 탈 초, 눈썹 미, 갈 지, 급할 급.
[풀이] 눈썹이 타 들어가는 듯이 危急(위급)한 상황. 매우 위급함. 落眉之厄(낙미지액). 燒眉之急(소미지급). 燃眉之急(연미지급). 焦眉之厄(초미지액).

金陵(금릉) 蔣山(장산)의 法泉佛慧禪寺(법천불혜선사)는 만년에 나라의 御命(어명)으로 大相國智海禪寺(대상국지해선사)의 住持(주지)로 임명되었을 때, 중들을 보고 물었다.
"주지로 가는 것이 옳겠는가, 이곳 장산에 머물러 있는 것이 옳겠는가?"
아무도 대답을 하지 않았다. 그러자 선사는 붓을 들어 偈(게)를 쓰고 앉은 채 그대로 세상을 떠났다고 한다.
이 禪師(선사)가 隨州(수주)에 있을 때 그곳 중들로부터 여러 가지 질문을 받고 대답한 말 가운데 이런 것이 있다.
"어느 것이 가장 急迫(급박)한 글귀가 될 수 있습니까"
"불이 눈썹을 태우는 것이다."
이 이야기는 ≪五燈會元(오등회원)≫에 나온다. 火燒眉毛(화소미모)라는 말에서 燒眉之急(소미지급)이 생겨나고 燒眉之急(소미지급)에서 焦眉之急(초미지급)이 나온 듯하다.

焦眉之厄 (초미지액)★

[뜻음] 그을릴 초, 눈썹 미, 갈 지, 재앙 액.
[풀이] 焦眉之急(초미지급).

初發芙蓉 (초발부용)

[뜻음] 처음 초, 필 발, 연꽃 부, 연꽃 용.
[풀이] 갓 핀 연꽃. 詩(시)가 맑고 새로움.

椒房之親 (초방지친)★

[뜻음] 산초나무 초, 방 방, 갈 지, 친할 친.
[풀이] 后妃(후비)의 親庭(친정)의 핏줄. 椒房(초방)이란 椒壁(초벽)을 두른 后妃(후비)의 房(방)이므로 후비를 나타냄. 출전 後漢書(후한서).

超凡入聖 (초범입성)★

[뜻음] 뛰어넘을 초, 무릇 범, 들 입, 성인 성.
[풀이] 평범한 사람을 변화시켜 일약 聖子(성자)가 되게 함.

貂不足狗尾續 (초부족구미속)★★

[뜻음] 담비 초, 아닐 부, 족할 족, 개 구, 꼬리 미, 이을 속.
[풀이] 관작을 함부로 授與(수여)하여 군자가 소인과 同席(동석)한다는 뜻. 狗尾續貂(구미속초). 출전 晉書(진서).

楚妃守符 (초비수부)★

[뜻음] 초나라 초, 왕비 비, 지킬 수, 부신 부.
[풀이] 楚(초)나라 昭王(소왕)의 부인이 漸臺(점대) 위에서 놀다가 강물이 불으니 왕이 使者(사자)를 시켜 데리러 보냈는데 사자가 깜빡 잊고 宮人(궁인)을 모시러 갈 때는 반드시 携帶(휴대)하여야 할 符(부)를 빼놓고 갔기 때문에 부인이 따라가기를 거절하자, 사자가 다시 급히 符(부)를 가지러 가는 사이에 부인은 물에 떠 밀려가 죽었다는 것. 출전 劉向(유향)의 烈女傳(열녀전).

初三月慧婦覿 (초삼월혜부적)★

[뜻음] 처음 초, 석 삼, 달 월, 슬기로울 혜, 며느리 부, 볼 적.
[풀이] 음력 초사흘 달은 초저녁에 잠깐 나왔다가 지므로 행동이 민활하고 예민한 며느리만 본다. 敏捷(민첩)한 사람만이 작은 기미를 살필 수 있다는 말.

招世之才 (초세지재)★

[뜻음] 부를 초, 대 세, 갈 지, 재주 재.
[풀이] 일세에 뛰어난 재능. 또는 그러한 인재.

焦脣乾舌 (초순건설)★★★

[뜻음] 그을릴 초, 입술 순, 마를 건, 혀 설.
[풀이] 입술이 타고 혀가 마를 정도로 빨리 말한다. 매우 잘 지껄임. 매우 초조함을 이름.

이 말은 ≪史記(사기)≫ 仲尼弟子列傳(중니제자열전)에 있다.
공자의 제자 子貢(자공)이 스승의 부탁을 받고 魯(노)나라를 침략해 오는 齊(제)나라 군사를 물리치기 위해서, 齊(제) 吳(오) 越(월) 晉(진) 등 각국을 돌아다니다 월나라로 갔을 때 월왕 句踐(구천)이 자공을 들 밖에까지 나와 맞으며 致賀(치하)하자, 자공은 월왕의 심중에 있는 말을 지적해 내며 그의 마음을 激動(격동)시켰다.
그러자 월왕 구천은 머리를 조아려 절을 하며,
"내 일찍이 힘을 헤아리지 못하고 오나라와 싸워 會稽(회계)에서 패하고 이로 인한 굴욕과 고통이 骨髓(골수)에까지 사무쳐, 낮이나 밤이나 입술을 타게 하고 혀를 마르게 하며, 그저 오왕과 함께 죽기가 소원입니다."
乾舌(건설)의 乾(건)은 마르다는 뜻이므로 '간'이라 읽어야 옳은 것이지만 '간조'가 乾燥(건조)가 되고 '간초'가 '乾草(건초)'로 되듯, 음이 변하고 말았다.

楚王失弓楚人得之 (초왕실궁초인득지)★★★

[뜻음] 초나라 초, 임금 왕, 잃을 실, 활 궁, 사람 인, 얻을 득, 이 지.
[풀이] 활을 잃어버린 사람은 楚(초)나라 임금이고 이것을 주운 사람은 초나라 사람인 고로, 대국적으로 보면 損失(손실)이 없다는 말. 楚(초)나라 共王(공왕)이 사냥터에 두고 온 활을 신하가 찾으러 가려 하자 "놔둬라 '초왕이 잃은 활을 초인이 주울 텐데' 뭘 찾으려 하느냐"며 말렸다. 그래서 모두 너그러운 임금이라고 칭송했는데 훗날 이 이야기를 들은 孔子(공자)는 "도량이 좁구나, 초나라에 한정하지 말고 '사람이 잃은 것을 사람이 주울 것'이라 하지 않고…"라고 말했다는 옛일에서 온 말.

楚王好細腰宮中多餓死 (초왕호세요궁중다아사)★

[뜻음] 초나라 초, 임금 왕, 좋을 호, 가늘 세, 허리 요, 집 궁, 가운데 중, 많을 다, 굶주릴 아, 죽을 사.
[풀이] 초나라 영왕이 허리 가는 궁녀를 사랑하여 굶어서 餓死(아사)하는 여자가 많았다. 윗사람이 偏僻(편벽)되게 좋아하는 일을 아랫사람이 따라 하느라고 弊端(폐단)이 생긴다는 말. 출전 荀子(순자).

稍蠶食之 (초잠식지)★

[뜻음] 점점 초, 누에 잠, 먹을 식, 갈 지.
[풀이] 조금씩 조금씩 먹어 들어감. 점차로 침략하여 들어감. 蠶食(잠식).

楚材晉用 (초재진용)★

[뜻음] 초나라 초, 재목 재, 진나라 진, 쓸 용.
[풀이] 초나라 인재를 진나라에서 쓴다. 딴 사람의 것을 자기가 이용함. 타국의 인재를 등용함. 출전 春秋左氏傳(춘추좌씨전).

初終凡節 (초종범절)★★

[뜻음] 처음 초, 마칠 종, 대강 범, 마디 절.
[풀이] 初喪(초상)을 치르는 데에 관한 모든 절차.

初終葬事 (초종장사)★

[뜻음] 처음 초, 마칠 종, 장사 지낼 장, 일 사.
[풀이] 초상이 난 때부터 졸곡까지를 이르는 말.

楚之狂者楚言 (초지광자초언)★

[뜻음] 초나라 초, 갈 지, 미칠 광, 놈 자, 말씀 언.
[풀이] 초나라 사람은 미쳐도 초나라 말을 쓴다. 몸에 밴 제 나라 말이나 습관은 버리기 어려움의 비유. 楚狂者楚言(초광자초언).

招之不來 (초지불래)★

[뜻음] 부를 초, 갈 지, 아닐 불, 올 래.
[풀이] 청하여 불러도 오지 않음. 위인이 꼿꼿하고 고상하여 威力(위력)에 屈(굴)치 않음.

初志一貫 (초지일관)★★★

[뜻음] 처음 초, 뜻 지, 한 일, 꿸 관.
[풀이] 처음에 먹은 조금씩 조금씩 먹어 들어감.

俏擺春風 (초파춘풍)★

[뜻음] 어여쁠 초, 열릴 파, 봄 춘, 바람 풍.
[풀이] 멋진 걸음걸이.

燭刻場中 (촉각장중)

[뜻음] 촛불 촉, 새길 각, 마당 장, 가운데 중.
[풀이] 불을 켜 놓은 초에 금을 그어 글 짓는 시간을 제한하는 科場(과장) 안. 정한 기한이 바싹 다가옴을 이르는 말. 현재 '촉각을 다툰다'는 말이 잘 쓰이고 있음.

蜀犬吠日 (촉견폐일)★★★

[뜻음] 촉나라 촉, 개 견, 짖을 폐, 해 일.
[풀이] 촉나라에 해가 뜨면 개가 이상히 여기어 짖는다는 뜻. 식견이 좁아서 예삿일을 보고도 크게 놀람의 비유. 촉나라는 산이 높고 늘 안개가 짙어 해를 보기가 어려웠다. 그래서 개들이 해를 보면 이상히 여겨 짖었다는 옛이야기에서 온 말.

蜀道難 (촉도난)★★

[뜻음] 나라 이름 촉, 길 도, 어려울 난.
[풀이] 唐(당)나라 李白(이백)이 지은 악부의 이름. 그는 촉나라 사람으로서 촉도의 험함을 알고 이를 상세히 진술하여 현종황제가 西幸(서행)하는 일이 불리한 일이라는 것을 풍자함.

觸目傷心 (촉목상심)

[뜻음] 닿을 촉, 눈 목, 상처 상, 마음 심.
[풀이] 사물이 눈에 보이는 대로 슬픔을 자아내어 마음이 아픔.

觸藩羝羊 (촉번저양)★

[뜻음] 닿을 촉, 덮을 번, 숫양 저, 양 양.
[풀이] 羝羊觸藩(저양촉번).

燭不現跋 (촉불현발)★★

[뜻음] 촛불 촉, 아닐 불, 나타날 현, 밟을 발.
[풀이] 초가 아직 밑동을 나타내지 않았다. 밤이 아직 깊지 않음. 跋(발)은 횃불의 밑동으로서 손으로 쥐는 곳임. 옛날에는 아직 초가 없어서 다만 횃불을 초라고 불렀음. 횃불은 잘 타는데 타다 남은 밑동은 손님에게 보이지 않는 것이 예의임. 왜냐하면 밤이 깊어지면 타다 남은 횃불이 여러 개 쌓이는데 이것을 그냥 두면 손님은 밤이 깊은 줄 알고 돌아가려 하기 때문임. 출전 禮記(예기) 曲禮上篇(곡례상편).

蜀帝化杜鵑 (촉제화두견)★

[뜻음] 나라이름 촉, 임금 제, 될 화, 팥배나무 두, 두견이 견.
[풀이] 중국 촉나라의 망제는 죽어 혼백이 변해서 두견새가 되었다는 전설. 歸蜀道(귀촉도).

村鷄官廳 (촌계관청)★

[뜻음] 마을 촌, 닭 계, 벼슬 관, 관청 청.
[풀이] 촌닭 관청에 잡아다 놓은 것 같다. 어리둥절하고 당황한 모양.

寸膠不能治黃河 (촌교불능치황하)★

[뜻음] 마디 촌, 아교 교, 아닐 불, 능할 능, 다스릴 치, 누를 황, 강 하.
[풀이] 아교는 물이 흐리는 것을 막을 수는 있으나, 한 치밖에 되지 않는 아교로써 큰 황하 같은 강물을 맑게 할 수는 없다. 작은 힘으로 큰일을 해낼 수 없음을 이름. 출전 抱朴子(포박자).

寸量銖秤 (촌량수칭)★

[뜻음] 마디 촌, 헤아릴 량, 무게단위 수, 저울 칭.

[풀이] 한 치의 길이, 한 銖(수)의 무게도 재고 닮. 곧 작은 일까지 調査(조사)함.

寸夫子 (촌부자)★

[뜻음] 마디 촌, 지아비 부, 아들 자.
[풀이] 시골에 사는 學者(학자). 夫子(부자)는 先生(선생)임.

寸善尺魔 (촌선척마)

[뜻음] 마디 촌, 착할 선, 자 척, 마귀 마.
[풀이] 좋은 일은 얼마 안 되고 나쁜 일은 많다는 뜻.

寸陰若歲 (촌음약세)

[뜻음] 마디 촌, 그늘 음, 같을 약, 해 세.
[풀이] 아주 짧은 시간도 일 년 같다는 뜻으로, 대단히 초조하게 기다림을 말함. 一刻如三秋(일각여삼추). 一日三秋(일일삼추).

寸而度之至丈必差 (촌이탁지지장필차)★

[뜻음] 마디 촌, 말 이을 이, 헤아릴 탁, 갈 지, 이를 지, 길 장, 반드시 필, 어긋날 차.
[풀이] 먼 길이를 한 번에 재지 않고 조금씩 재어 가면 나중에 가서는 반드시 차이가 생긴다는 것. 출전 孔叢子(공총자).

寸田尺宅 (촌전척택)★

[뜻음] 마디 촌, 밭 전, 자 척, 집 택.
[풀이] 촌전은 미간, 척은 안면. ① 眉間(미간)과 顔面(안면). ② 얼마 안 되는 田土(전토).

寸田尺土 (촌전척토)★

[뜻음] 마디 촌, 밭 전, 자 척, 흙 토.
[풀이] 얼마 되지 않는 토지.

寸指測淵 (촌지측연)★

[뜻음] 마디 촌, 손가락 지, 헤아릴 측, 못 연.
[풀이] 한 치의 손가락으로 못의 깊이를 재려 한다. 실현 가능성이 없음의 비유. 어리석음의 비유.

村店濁酒 (촌점탁주)★

[뜻음] 시골 촌, 가게 점, 흐릴 탁, 술 주.
[풀이] 시골의 주막. 시골의 상점.

寸鐵殺人 (촌철살인)★★★

[뜻음] 마디 촌, 쇠 철, 죽일 살, 사람 인.
[풀이] 촌철로 사람을 죽인다. 짤막한 경구로 사람의 마음을 크게 뒤흔듦.

'비유하면 사람이 수레에 무기를 싣고 와서, 이것도 꺼내 써 보고, 저것도 꺼내 써 보는 것은 올바른 살인수단이 되지 못한다. 나는 오직 촌철이 있을 뿐, 그것으로 사람을 당장 죽일 수 있다.'"
　　종고는 北宋(북송) 臨濟宗(임제종)의 禪僧(선승)으로 大慧禪師(대혜선사)라고 불렸다. 그가 여기서 말한 殺人(살인)은 사람의 마음속을 점령하고 있는 속된 생각을 완전히 좇아 없애는 것이지 사람을 죽인다는 말이 아니다.

寸草春暉 (촌초춘휘)★

[뜻음] 마디 촌, 풀 초, 봄 춘, 빛날 휘.
[풀이] 한낱 풀포기 하나가 그를 길러 준 봄날의 햇볕에 어떻게 보답할 수 있겠는가. 부모의 은혜는 만분의 일도 보답하기 어려움. 春草之心(춘초지심).

村村乞食 (촌촌걸식)★

[뜻음] 마을 촌, 빌 걸, 먹을 식.
[풀이] 마을마다 돌아다니며 이리저리 밥을 빌어먹음.

總角之好 (총각지호)★

[뜻음] 묶을 총, 뿔 각, 갈 지, 좋을 호.
[풀이] 어린아이의 두발을 머리 양쪽으로 모아서 모가 나게 매는 것을 총각이라 함. 따라서 어렸을 때부터의 친한 벗. 어릴 적의 親交(친교).

叢輕折軸 (총경절축)★★

[뜻음] 모일 총, 가벼울 경, 꺾일 절, 굴대 축.
[풀이] 가벼운 것도 모이면 차축을 부러뜨린다. 작은 것이 쌓여 큰 것이 됨의 비유. 작은 것이라도 모이고 쌓이면 큰 힘을 발휘함의 비유. 羣輕折軸(군경절축). 출전 漢書(한서).

叢攬權綱 (총람권강)★

[뜻음] 모일 총, 잡을 람, 권세 권, 벼리 강.
[풀이] 가장 높은 권력을 죄다 잡음.

聰明不如鈍筆 (총명불여둔필)★★

[뜻음] 귀 밝을 총, 밝을 명, 아닐 불, 같을 여, 무딜 둔, 붓 필.
[풀이] 아무리 똑똑하고 기억이 좋더라도 못난 글씨나마 적어 놓는 것을 당하지 못한다. 아무리 기억력이 좋다고 하여도 그때그때 적어 두는 것만 못하다는 말.

聰明叡智 (총명예지)★★

[뜻음] 귀 밝을 총, 밝을 명, 밝을 예, 슬기 지.
[풀이] 성인의 四德(사덕). 총명과 예지. 叡(예)는 사리에 밝은 것, 智(지)는 모든 것을 앎을 이름. 출전 易經(역경) 繫辭上傳(계사상전).

聰明自誤 (총명자오)★

[뜻음] 귀 밝을 총, 밝을 명, 스스로 자, 그릇될 오.
[풀이] 총명하기 때문에 자기의 한평생을 그르침.

聰明好學 (총명호학)★

[뜻음] 귀 밝을 총, 밝을 명, 좋을 호, 배울 학.

[풀이] 재질이 총명하고 학문을 좋아함.

寵辱不驚 (총욕불경)★

[뜻음] 괼 총, 욕될 욕, 아닐 불, 놀랄 경.
[풀이] 굄을 받거나 곤욕을 당함을 조금도 마음에 두지 않음. 利害得失(이해득실)을 超越(초월)함. 출전 唐書(당서).

寵辱若驚 (총욕약경)★

[뜻음] 괼 총, 욕될 욕, 같을 약, 두려워할 경.
[풀이] 達人(달인)은 寵榮(총영)에 놀람이 困辱(곤욕)에 놀람과 같음. 평범한 사람은 사소한 총영이나 곤욕을 받으면 놀라고 중시하나, 달인은 福(복)이 禍(화)의 근원임을 알고 총영을 받아도 警戒(경계)한다는 말. 출전 老子(노자).

冢中枯骨 (총중고골)★

[뜻음] 무덤 총, 가운데 중, 마를 고, 뼈 골.
[풀이] 무덤 속 白骨(백골). 無能(무능)한 사람을 일컫는 말. 몹시 여윈 사람을 조롱하여 이르는 말.

悤悤忙忙 (총총망망)★★★

[뜻음] 바쁠 총, 바쁠 망.
[풀이] 몹시 바쁨. 悤忙(총망).

摧枯拉朽 (최고납후)★

[뜻음] 꺾을 최, 마를 고, 부러뜨릴 납, 썩을 후.
[풀이] 마른 나무를 꺾고 썩은 나무를 부러뜨림. 일이 대단히 容易(용이)함. 출전 宋史(송사).

最後通牒 (최후통첩)★★★

[뜻음] 가장 최, 뒤 후, 통할 통, 서판 첩.
[풀이] 가장 뒤에 보내는 서판. 마지막 알림 편지. 마지막 통지서.

醜腔惡態 (추강악태)

[뜻음] 추할 추, 가락 강, 악할 악, 모양 태.
[풀이] 천한 창법으로 노래를 부르며 추한 몸짓을 함.

椎輕釘聳 (추경정용)★

[뜻음] 망치 추, 가벼울 경, 못 정, 솟을 용.
[풀이] 망치가 가벼우면 못이 솟는다. 윗사람이 威嚴(위엄)이 없으면 아랫사람이 反抗(반항)한다는 말. 槌輕釘聳(퇴경정용).

秋高馬肥 (추고마비)★★

[뜻음] 가을 추, 높을 고, 말 마, 살찔 비.
[풀이] 가을 하늘은 맑아서 높으며 말은 살쪄서 기운이 좋다는 뜻. 天高馬肥(천고마비).

秋仇知宅 (추구지택)★

[뜻음] 가을 추, 짝 구, 알 지, 집 택.
[풀이] 신라 제 사십 구대 憲康王(헌강왕) 때, 여름에 귀족들이 유흥하던 별장 이름. 四節遊宅(사절유택).

推己及人 (추기급인)★

[뜻음] 옮길 추, 나 기, 미칠 급, 남 인.

[풀이] 자기의 활동범위를 남에게까지 확대하는 것. 孟子(맹자)가 齊(제)나라 宣王(선왕)에게 말하는 忠恕(충서)의 實踐(실천).

錐刀之利 (추도지리)★

[뜻음] 송곳 추, 칼 도, 갈 지, 이로울 리.
[풀이] 송곳만 한 이익. 사소한 이익. 적은 이익. 출전 後漢書(후한서).

麤糲之積 (추려지적)★

[뜻음] 거칠 추, 현미 려, 갈 지, 쌓을 적.
[풀이] 거친 음식을 늘 먹음.

鄒魯大儒 (추로대유)★★★

[뜻음] 추나라 추, 노나라 노, 큰 대, 선비 유.
[풀이] 추나라 노나라의 대학자. 孟子(맹자)와 孔子(공자). '鄒魯之鄕(추로지향)'을 보시오.

鄒魯遺風 (추로유풍)★★★

[뜻음] 추나라 추, 노나라 노, 남길 유, 풍속 풍.
[풀이] 추나라 맹자, 노나라 공자의 유풍. 鄒魯之鄕(추로지향). 출전 梁書(양서).

鄒魯之鄕 (추로지향)★★★

[뜻음] 나라 이름 추, 나라 이름 로, 갈 지, 시골 향.
[풀이] 공자의 고향인 노나라와 맹자의 고향인 추나라. 예절을 알고 학문이 왕성한 곳. 우리나라의 경우 경상북도 安東(안동)과 전라북도 全州(전주)를 지칭한다고 보면 됨.

秋無儋石 (추무담석)★

[뜻음] 가을 추, 없을 무, 단위 담, 단위 석.
[풀이] 중국 周(주)나라 때 분량의 단위. 담은 2섬, 석은 1섬으로 적은 수량이라는 말로, 집이 가난하여 가을에도 수확할 것이 아무것도 없음을 이름.

騅不逝兮 (추불서혜)★

[뜻음] 오추마 추, 아닐 불, 갈 서, 어조사 혜.
[풀이] 초한 전쟁 때 項羽(항우)의 愛馬(애마)인 騅(추)도 앞으로 나아가지 않는다. 곤경에 빠져 움직일 수 없게 된 처지를 恨歎(한탄)함.

趨數煩志 (추삭번지)★

[뜻음] 달릴 추, 자주 삭, 번거로울 번, 뜻 지.
[풀이] 음조가 급하고 번거로움을 이름. 출전 禮記(예기) 樂記篇(악기편).

秋霜烈日 (추상열일)★★

[뜻음] 가을 추, 서리 상, 더울 열, 날 일.
[풀이] 가을의 찬 서리와 여름의 강렬한 햇빛. 늦가을의 된서리와 한여름의 불볕같이 형벌이 극히 嚴正(엄정)하고 강력함의 비유. 지위, 분노 등이 견고하고 激烈(격렬)함의 비유.

秋霜之戒 (추상지계)★★

[뜻음] 가을 추, 서리 상, 갈 지, 경계할 계.
[풀이] 서리가 내리면 멀지 않아 얼음이 얼므로, 어떤 兆朕(조짐)을 보고 앞날의 화를 경계하라는 훈계의 말.

趨翔閑雅 (추상한아)★

[뜻음] 달릴 추, 빙빙 날 상, 한가할 한, 우아할 아.
[풀이] 起居動作(기거동작)이 단정하고 품위가 있음. 출전 呂氏春秋(여씨춘추).

秋扇 (추선)★★

[뜻음] 가을 추, 부채 선.
[풀이] 가을 부채. 秋風扇(추풍선). 夏爐冬扇(하로동선).

秋陽以暴之 (추양이폭지)★

[뜻음] 가을 추, 볕 양, 써 이, 볕 쪼일 폭, 갈 지.
[풀이] 가을의 강렬한 햇볕에 물건을 쬐어 淸潔(청결)하게 함. 출전 孟子(맹자) 滕文公上篇(등문공상편).

麤言細語 (추언세어)

[뜻음] 거칠 추, 말씀 언, 가늘 세. 말씀 어.
[풀이] 거친 말과 찬찬한 말. 소루한 말과 세밀한 말.

芻蕘之說 (추요지설)★

[뜻음] 꼴 추, 땔나무 요, 갈 지, 말씀 설.
[풀이] 꼴꾼과 나무꾼의 말. 곧 淳朴(순박)한 말, 固陋(고루)하고 촌스러운 말.

追友江南 (추우강남)★

[뜻음] 따를 추, 벗 우, 강 강, 남녘 남.
[풀이] 벗 따라 강남 간다. 벗이 가면 먼 길이라도 따라감. 하기 싫어도 남이 권하므로 결국 따라 하게 됨.

追遠報本 (추원보본)★★★

[뜻음] 좇을 추, 멀 원, 갚을 보, 근본 본.
[풀이] 조상의 덕을 追慕(추모)하여 제사를 지내고, 자기의 태어난 근본을 잊지 않고 恩惠(은혜)를 갚음.

秋月寒江 (추월한강)★

[뜻음] 가을 추, 달 월, 찰 한, 강 강.
[풀이] 遺德(유덕)한 사람은 그 마음이 맑기가 가을 달과 찬 강물 같다는 말.

追二免不得一免 (추이토부득일토)★

[뜻음] 쫓을 추, 두 이, 토끼 토, 아닐 부, 얻을 득, 하나 일.
[풀이] 두 마리의 토끼를 쫓다가는 한 마리의 토끼도 잡지 못한다는 말.

墜茵落溷 (추인낙혼)★

[뜻음] 떨어질 추, 자리 인, 떨어질 낙, 뒷간 혼.
[풀이] 한 나무의 꽃이 바람에 날리어 또는 이불 위(茵席: 인석)에 떨어지기도 하고 또는 뒷간에 떨어지기도 한다. 이러한 것이 모두 자연의 법칙으로서 처음부터 원인 결과의 약속이 있는 것이 아님을 이름. 사람에게는 때를 만남과 때를 만나지 못함이 있음을 비유함. 출전 南史(남사).

推一事可知 (추일사가지)★

[뜻음] 옮을 추, 한 일, 일 사, 옳을 가, 알 지.
[풀이] 한 가지 일로 미루어 다른 일을 알 수 있음.

麤糙紕薄 (추조비박)★★

[뜻음] 거칠 추, 매조미쌀 조, 삭은 비단 비, 천할 박.
[풀이] 麤糙(추조)는 직물의 짜임이 정밀하지 않은 것. 紕薄(비박)은 직물의 바탕이 나쁜 것을 이름. 엉성하고 질이 떨어지는 것을 비유함.

錐處囊中 (추처낭중)★★

[뜻음] 송곳 추, 살 처, 주머니 낭, 가운데 중.
[풀이] 송곳을 주머니 속에 넣으면 끝이 주머니 밖에 꿰져 나온다. 재주와 슬기가 있는 사람이 그 재주를 발휘할 만한 지위에 앉음의 비유. 출전 史記(사기) 平原君傳(평원군전).

秋波 (추파)★★★

[뜻음] 가을 추, 물결 파.
[풀이] 여자의 은근한 정을 나타내는 눈치. 즉, 곁눈질이 水波(수파)의 橫流(횡류)와 같다는 뜻. 출전 楚辭(초사) 招魂(초혼).

秋風過耳 (추풍과이)★

[뜻음] 가을 추, 바람 풍, 지날 과, 귀 이.
[풀이] 가을바람이 귀를 스쳐 간다. 아무 관심을 두지 않음. 馬耳東風(마이동풍). 출전 吳越春秋(오월춘추).

秋風落葉 (추풍낙엽)★

[뜻음] 가을 추, 바람 풍, 떨어질 낙, 잎사귀 엽.
[풀이] 가을바람에 흩어져 떨어지는 잎이나 낙엽처럼, 어떤 형세나 판국, 세력 등이 시들어 떨어짐.

秋風團扇 (추풍단선)★

[뜻음] 가을 추, 바람 풍, 둥글 단, 부채 선.
[풀이] 秋風扇(추풍선).

秋風索莫 (추풍삭막)★

[뜻음] 가을 추, 바람 풍, 동아줄 삭, 없을 막.
[풀이] 예전의 權勢(권세)는 간 곳 없고 초라한 모양을 이름.

秋風扇 (추풍선)★★

[뜻음] 가을 추, 바람 풍, 부채 선.
[풀이] 가을철의 부채. 쓸모없이 된 물건. 남자의 사랑을 잃은 여자. 秋扇(추선).

秋風豪鷹 (추풍호응)★

[뜻음] 가을 추, 바람 풍, 호걸 호, 매 응.
[풀이] 가을바람에 豪氣(호기) 있는 매.

秋毫 (추호)★★★

[뜻음] 가을 추, 터럭 호. 가을날의 기러기 터럭.
[풀이] 아주 작고 사소한 것. 기러기는 가을이 되면 겨울에 대비하여 털갈이를 한다. 가늘고 짧은 털로 촘촘하게 새로 난다. 그중의 터럭 하나.

秋毫不犯 (추호불범)★

[뜻음] 가을 추, 가는 털 호, 아닐 불, 범할 범.
[풀이] 몹시 청렴하여 남의 것을 조금도 범하지 않음. 軍隊(군대)의 紀綱(기강)이 嚴格(엄격)한 것을 일컬음.

抽黃對白 (추황대백)★

[뜻음] 당길 추, 누를 황, 대할 대, 흰 백.
[풀이] 황・백 등 갖가지 빛을 늘어놓음. 아름다운 文句(문구)를 늘어놓음. 四六文(사륙문)이 對句(대구)를 이룸.

逐客令 (축객령)★

[뜻음] 쫓을 축, 나그네 객, 명령 령.
[풀이] 나그네를 추방한다는 명령. 외국인을 미워하여 추방하는 것을 비유함.

逐鷄望籬 (축계망리)★

[뜻음] 쫓을 축, 닭 계, 바라볼 망, 울 리.
[풀이] 닭 쫓던 개 지붕 쳐다보듯 한다. 어찌할 도리가 없어 맥이 빠짐.

蓄狗噬踵 (축구서종)★

[뜻음] 모을 축, 개 구, 깨물 서, 발꿈치 종.
[풀이] 기르는 개가 발꿈치를 문다. 背恩忘德(배은망덕)함의 비유.

逐鹿者不見山 (축록자불견산)★★★

[뜻음] 쫓을 축, 사슴 록, 놈 자, 아닐 불, 볼 견, 뫼 산.
[풀이] 사슴을 쫓는 자는 산악의 험악함도 眼中(안중)에 없다는 뜻. 利慾(이욕)에 눈이 어둡거나 한 가지 일에 熱中(열중)하는 자는 다른 일을 돌보지 않음을 비유함.

逐鹿者不顧兎 (축록자불고토)★★★

[뜻음] 쫓을 축, 사슴 록, 놈 자, 아닐 불, 돌아볼 고, 토끼 토.
[풀이] 사슴을 쫓는 자가 토끼를 돌아보지 않는다는 뜻으로, 큰 것을 구하는 사람은 작은 것을 돌보지 않음을 이름.

≪淮南子(회남자)≫ 說林訓(설림훈)에 나오는 말이다.
"사슴을 쫓는 사람은 토끼를 돌아보지 않고, 천금의 물건을 흥정하는 사람은 몇 돈 몇 냥의 값을 놓고 다투지 않는다"라고 했는데, 결국 큰 것에 뜻이 있는 사람은 사소한 일에 구애되지 않는다는 말이다.
또 이와 반대로 說林訓(설림훈)에,
"짐승을 쫓는 사람은 눈이 태산을 보지 못한다. 왜냐하면 욕심이 밖에 있으면 밝은 것이 가리기 때문이다"라고 했다.
≪史記(사기)≫ 淮陰侯列傳(회음후열전)에 있는 蒯通(괴통)의 말에,
"진나라가 그 사슴을 잃은지라 천하가 함께 쫓았다"라는 말에서 사슴은 곧 황제의 자리를 나타냄을 알 수 있다.
위 말은 '逐鹿者不見山(축록자불견산)'이라는 말과 같다. 곧 사슴을 쫓는 자는 산악의 험악함도 眼中(안중)에 없다는 뜻이다. 利慾(이욕)에 눈이 어둡거나 한 일에 熱中(열중)하는 자는 다른 일을 돌보지 않음을 비유할 때 쓰는 말이다.

逐鹿場裏 (축록장리)★

[뜻음] 쫓을 축, 사슴 록, 마당 장, 속 리.
[풀이] 사슴을 쫓아 競爭(경쟁)하는 한가운데. 정권을 다투는 장소의 한가운데.

逐麋之狗不顧兎 (축미지구불고토)★

[뜻음] 쫓을 축, 큰사슴 미, 갈 지, 개 구, 아닐 불, 돌아볼 고, 토끼 토.
[풀이] 고라니를 쫓는 개는 토끼를 돌아보지 않는다. 큰 것을 구하는 사람은 작은 것을 돌보지 않음을 이름. 逐鹿者不顧兎(축록자불고토).

築室道謀 (축실도모)★

[뜻음] 집 지을 축, 집 실, 길 도, 꾀할 모.
[풀이] 집을 짓는데, 길손을 붙들고 의논하였더니 사람마다 딴소리를 하여 집을 완성하지 못함. 쓸데없는 議論(의논)을 하여 실패함. 출전 詩經(시경).

縮地補天 (축지보천)★

[뜻음] 수축할 축, 땅 지, 기울 보, 하늘 천.
[풀이] 땅을 줄여 하늘을 깁는다는 뜻으로, 天子(천자)가 천하를 改造(개조)함을 이름. 출전 舊唐書(구당서).

畜池魚必去獱獺 (축지어필거편달)★

[뜻음] 쌓을 축, 못 지, 물고기 어, 반드시 필, 제거할 거, 수달 편, 수달 달.
[풀이] 물고기를 기르자면 반드시 수달을 제거해야 한다. 患害(환해)를 예방함의 비유. 출전 淮南子(회남자).

縮地之術 (축지지술)★

[뜻음] 수축할 축, 땅 지, 갈 지, 꾀 술.
[풀이] 仙人(선인)의 술수로 수천 리의 먼 곳을 눈앞에 모아 보는 것. 縮地術(축지술). 출전 神仙傳(신선전).

逐出境外 (축출경외)★

[뜻음] 쫓을 축, 날 출, 지경 경, 바깥 외.
[풀이] 죄를 진 사람처럼, 治安(치안)을 방해하는 사람을 다른 지방으로 내쫓음.

春耕秋穫 (춘경추확)★★

[뜻음] 봄 춘, 밭갈 경, 가을 추, 거둘 확.
[풀이] 봄에 밭을 갈고 가을에 거둠.

春閨夢裏人 (춘규몽리인)

[뜻음] 봄 춘, 규방 규, 꿈 몽, 속 리, 사람 인.
[풀이] 빈 방을 지키는 아내의 꿈에 보인 사람. 흔히 戰死(전사)한 男便(남편)을 이름.

春氣發揚 (춘기발양)★★

[뜻음] 봄 춘, 기운 기, 일어날 발, 오를 양.
[풀이] 異性(이성)을 그리워하는 마음이 일어남.

春祈秋報 (춘기추보)

[뜻음] 봄 춘, 빌 기, 가을 추, 알릴 보.
[풀이] 봄의 祈年祭(기년제)와 가을의 新穀(신곡)을 올리는 제사. 출

전 詩序(시서).

春東野宅 (춘동야택)★

[뜻음] 봄 춘, 동녘 동, 들 야, 집 택.
[풀이] 신라 憲康王(헌강왕) 때, 봄에 귀족들이 유흥하던 별장 이름.

春蘭秋菊 (춘란추국)★

[뜻음] 봄 춘, 난초 란, 가을 추, 국화 국.
[풀이] 봄의 난초와 가을의 국화. 출전 太平廣記(태평광기).

春來不似春 (춘래불사춘)★★★

[뜻음] 봄 춘, 올 래, 아닐 불, 비슷할 사.
[풀이] 봄은 왔지만 봄 같지 않다. 전한시대 왕소군과 관련된 시구.

　　王昭君(왕소군)을 두고 지은 詩(시) 가운데 있는 글귀다. 왕소군은 前漢(전한) 元帝(원제)의 宮女(궁녀)로 이름은 嬙(장)이었고, 소군은 그의 字(자)였다. 그녀는 絶世(절세)의 美人(미인)이었으나 흉노와의 和親(화친)정책에 의해 흉노 왕에게 시집을 가게 된 不運(불운)한 여자였다. 그 여자를 두고 지은 李伯(이백)의 시에 이러한 구절이 나온다.

　　이 땅에 꽃과 풀이 없으니
　　봄이 와도 봄 같지 않다.

　　胡地無花草 호지무화초
　　春來不似春 춘래불사춘

　　이 시구에서 '秋來不似秋(추래불사추)' '冬來不似冬(동래불사동)'라는 말이 나왔다.

春眠不覺曉 (춘면불각효)★★★

[뜻음] 봄 춘, 잠잘 면, 아닐 불, 깨달을 각, 새벽 효.
[풀이] 봄잠으로 새벽을 깨닫지 못한다.

　　[春曉(춘효)]라는 孟浩然(맹호연)의 유명한 시의 첫 글귀에 이 말이 나온다. 한가한 봄날 새벽이 된 줄도 모르고 늦게까지 깊은 잠이 들어 있었다는 뜻이다. 오언절구로 된 이 시를 소개하면 다음과 같다.

　　봄잠이 새벽을 깨닫지 못하니
　　곳곳에 우는 새소리를 듣는다.
　　밤에 온 비바람 소리에
　　꽃이 얼마나 떨어졌을까를 안다.

　　春眠不覺曉 춘면불각효
　　處處聞啼鳥 처처문제조
　　夜來風雨聲 야래풍우성
　　花落知多少 화락지다소

　　이 시는 봄의 한가함을 나타낸 시로 알려져 있지만, 실상 그 속에는 봄을 시샘하는 비바람과 덧없이 지고 만 꽃의 허무함을 무감각하게 현실로 바라보는 서글픔과 達觀(달관)이 함께 깃들어 있다.

春山雉自鳴死 (춘산치자명사)★

[뜻음] 봄 춘, 뫼 산, 꿩 치, 스스로 자, 울 명, 죽을 사.
[풀이] 봄 꿩이 스스로 울어 '제 울음에 죽는다'는 말. 공연히 제 허물을 드러내어 화를 自招(자초)함. 春雉自鳴(춘치자명).

春宵一刻値千金 (춘소일각치천금)★★★

[뜻음] 봄 춘, 밤 소, 하나 일, 새길 각, 값 치, 일천 천, 쇠 금.
[풀이] 봄밤의 한 시각의 경치는 천금과 비길 만한 가치가 있다는 말. 蘇軾(소식)의 [春夜詩(춘야시)] 한 句節(구절).

　　蘇東坡(소동파)가 지은 것으로 알려져 있는 '春夜(춘야)'라는 칠언절구에 나온다. 소동파는 선비이자 도교나 불교에도 造詣(조예)가 깊은 시인으로, 우리나라의 추사 김정희 선생이 가장 崇慕(숭모)하던 문인이기도 하다. 그의 시를 소개하면 다음과 같다.

　　봄밤의 한 시각은 값이 천금
　　꽃에는 맑은 향기가 있고 달에는 그늘이 있다.
　　노래와 피리의 누대는 소리가 가늘고 또 가늘어
　　그네 뛰던 안뜰에는 밤이 깊고 또 깊다.

　　이 말은 뜻이 확대되어, 마침 얻게 된 즐거운 시간을 아끼는 뜻으로도 쓰이고, 시간을 보람 있고 즐겁게 보내자는 말로도 쓰인다.

春誦夏絃 (춘송하현)★

[뜻음] 봄 춘, 욀 송, 여름 하, 악기 줄 현.
[풀이] 봄에는 歌樂(가악)의 篇章(편장)을 읊고, 여름에는 거문고를 탄다. 학문을 닦는다는 말. 옛날에는 계절에 따라 공부하는 학과가 달라서 봄에는 가악의 편장을 읊고, 여름에는 거문고를 가지고 詩章(시장)을 음절에 맞추어 탄 일.

春水滿四澤 (춘수만사택)★

[뜻음] 봄 춘, 물 수, 찰 만, 넉 사, 못 택.
[풀이] 봄철에 사방의 못이 봄물로 가득 참. 도연명의 시구.

春樹暮雲情 (춘수모운정)★

[뜻음] 봄 춘, 나무 수, 저물 모, 구름 운, 뜻 정.
[풀이] 봄에 나무와 저녁 구름을 보고 느끼는 정. 먼 곳의 벗을 그리워하는 정. 두보의 시구.

春蒐秋獮 (춘수추미)★

[뜻음] 봄 춘, 사냥할 수, 가을 추, 원숭이 미.
[풀이] 蒐(수)와 獮(미)는 모두 짐승을 사냥하는 것인데 蒐(수)는 봄에

새끼 배지 않은 놈을 찾아 하는 사냥이고, 獮(미)는 가을에 보는 대로 잡는 사냥임. 春蒐秋獮(춘수추선). 출전 左傳(좌전) 隱公五年(은공오년).

春雨數來 (춘우삭래)

[뜻음] 봄 춘, 비 우, 자주 삭, 올 래.
[풀이] 봄비가 자주 온다. 無益(무익)함의 비유.

春日遲遲 (춘일지지)★

[뜻음] 봄 춘, 날 일, 더딜 지.
[풀이] 봄날이 和暢(화창)하고 조용함. 출전 詩經(시경) 豳風(빈풍) 七月篇(칠월편).

春在枝頭已十分 (춘재지두이십분)★★★

[뜻음] 봄 춘, 있을 재, 가지 지, 머리 두, 이미 이, 열 십, 나눌 분.
[풀이] 봄은 가지 머리에 벌써 와 있은 지 오래였다.

　　戴益(대익)의 [探春詩(탐춘시)]에 있는 句節(구절)이다. 사람들이 알지 못하는 사이에 어느덧 봄은 벌써 나뭇가지 끝에 와 있었다는 뜻이다. 사람이 찾는 것은 대개 멀리 있는 것이 아니고 바로 자기 周邊(주변)에 있다는 뜻으로 쓰이고 있다.

　　온종일 봄을 찾아 봄을 보지 못하고
아득한 좁은 길로 언덕 위 구름 있는 곳까지 두루 헤맨 끝에,
돌아와 마침 매화나무 밑을 지나노라니
봄은 가지 머리에 벌써 와 있은 지 오래였다.

　　이 말은 '진리는 가까운 데 있다'는 뜻으로도 쓰인다.

春秋無將 (춘추무장)★★

[뜻음] 봄 춘, 가을 추, 없을 무, 장차 장.
[풀이] 孔子(공자)가 지은 ≪春秋(춘추)≫에서 亂臣賊子(난신적자)의 사실을 기술하였는데 조금이라도 惡意(악의)가 있으면, 실행하지 않았더라도 가차 없이 筆誅(필주: 글로 적어 벌을 줌)를 가한 일. 출전 春秋公羊傳(춘추공양전) 莊公三十二年(장공삼십이년).

春秋時代 (춘추시대)★★

[뜻음] 봄 춘, 가을 추, 때 시, 대신할 대.
[풀이] ≪春秋(춘추)≫에 記載(기재)되어 있는 시대. 周(주)나라 平王(평왕)의 東遷(동천)부터 威烈王(위열왕)까지의 280년간.≪春秋(춘추)≫는 孔子(공자)가 엮은 역사서.

春秋十二列國 (춘추십이열국)★

[뜻음] 봄 춘, 가을 추, 열 십, 두 이, 벌일 열, 나라 국.
[풀이] 春秋時代(춘추시대)에 割據(할거)한 열두 제후국. 周(주)와 同姓(동성)의 나라인 魯(노) 衛(위) 鄭(정) 晉(진) 曹(조) 蔡(채) 燕(연)과, 周(주)와 異姓(이성)의 나라인 宋(송) 齊(제) 陳(진) 楚(초) 秦(진).

春秋五覇 (춘추오패)★

[뜻음] 봄 춘, 가을 추, 다섯 오, 으뜸 패.

[풀이] 춘추시대에 패권을 쥐었던 다섯 나라. 예를 들어 제나라 환공, 진나라 문공 등.

春秋一字褒貶 (춘추일자포폄)★★★

[뜻음] 봄 춘, 가을 추, 한 일, 글자 자, 기릴 포, 깎아내릴 폄.
[풀이] 孔子(공자)의 저서 ≪春秋(춘추)≫의 書法(서법)으로서, 한 자에도 褒貶(포폄)의 뜻이 있는 일. 예컨대 칭찬할 때는 그 사람의 字(자)를, 깎아 말할 때는 그 사람의 이름을 쓰는 따위. 一字褒貶(일자포폄).

春秋戰國時代 (춘추전국시대)★

[뜻음] 봄 춘, 가을 추, 싸울 전, 나라 국, 때 시, 대신할 대.
[풀이] 周(주)나라 平王(평왕)의 東遷(동천)부터 威烈王(위열왕)까지의 280년간을 춘추시대라고 하고, 이후부터 秦始皇(진시황)의 통일 전까지를 戰國時代(전국시대)라고 함.

春秋筆法 (춘추필법)★★★

[뜻음] 봄 춘, 가을 추, 붓 필, 법 법.
[풀이] ≪春秋(춘추)≫와 같이 엄정한 필법. 一字褒貶(일자포폄). 春秋一字褒貶(춘추일자포폄).

春雉自鳴 (춘치자명)★

[뜻음] 봄 춘, 꿩 치, 스스로 자, 울 명.
[풀이] 봄 꿩이 스스로 울어 '제 울음에 죽는다'는 말. 공연히 제 허물을 드러내어 화를 自招(자초)함.

春波投石 (춘파투석)★

[뜻음] 봄 춘, 물결 파, 던질 투, 돌 석.
[풀이] 봄 물결에 던져진 돌멩이. 삼봉 정도전이 황해도 사람들을 평한 말. '泥田鬪狗(니전투구)'를 보시오.

春風一度 (춘풍일도)

[뜻음] 봄 춘, 바람 풍, 한 일, 법도 도.
[풀이] 춘풍이 한 번 지나감. 남녀가 한 번 交接(교접)함.

春夏之交 (춘하지교)

[뜻음] 봄 춘, 여름 하, 갈 지, 사귈 교.
[풀이] 봄과 여름이 바뀌는 때.

春夏秋冬 (춘하추동)★

[뜻음] 봄 춘, 여름 하, 가을 추, 겨울 동.
[풀이] 봄 여름 가을 겨울. 일 년 四時(사시).

春寒老健 (춘한노건)★★

[뜻음] 봄 춘, 찰 한, 늙을 로, 건강할 건.
[풀이] 봄추위와 노인의 건강. 사물이 오래가지 못하여 믿지 못할 것을 말함.

出嫁外人 (출가외인)★★

[뜻음] 날 출, 시집갈 가, 바깥 외, 사람 인.
[풀이] 시집 간 딸은 자기 집 사람이 아니고 남이나 다름없다는 말.

出告反面 (출고반면)★★★

[뜻음] 날 출, 고할 고, 돌이킬 반, 낯 면.
[풀이] 자식 된 도리는 외출할 때 반드시 부모에게 아뢰고, 돌아와서는 반드시 부모 앞에 나갔다 돌아왔음을 아뢰는 것임. 출전 禮記(예기).

出頭天 (출두천)★

[뜻음] 날 출, 머리 두, 하늘 천.
[풀이] '하늘 天(천)' 자 위에 머리가 났다. 곧 '지아비 夫(부)'자로, 남편을 가리키는 隱語(은어). 하늘 천 자가 머리를 내밀면 지아비 부자가 되므로 생긴 戲語(희어).

出藍 (출람)★★

[뜻음] 날 출, 쪽 람.
[풀이] 쪽에서 뽑아낸 청색이 쪽빛보다 더 푸름. 제자가 스승보다 더 뛰어남. 靑出於藍(청출어람).

出類拔群 (출류발군)★

[뜻음] 날 출, 무리 류, 뺄 발, 무리 군.
[풀이] 出類拔萃(출류발췌).

出類拔萃 (출류발췌)★★

[뜻음] 날 출, 무리 류, 뺄 발, 모일 취.
[풀이] 拔萃(발췌)한 듯 무리 중에서 출중함. 평범한 종류보다 훨씬 뛰어남. 出萃(출췌).

出沒京鄕 (출몰경향)★

[뜻음] 날 출, 가라앉을 몰, 서울 경, 시골 향.
[풀이] 서울과 시골로 왔다 갔다 함.

出沒無雙 (출몰무쌍)★

[뜻음] 날 출, 잠길 몰, 없을 무, 쌍 쌍.
[풀이] 나타났다가 없어졌다가 하는 것이 비길 데 없이 심함.

出師表 (출사표)★★★

[뜻음] 날 출, 군사 사, 드러낼 표.
[풀이] 蜀漢(촉한)의 諸葛亮(제갈량)이 魏(위)나라를 치려고 出兵(출병)할 때 後主(후주) 劉禪(유선)에게 올린 글. 前後(전후)의 두 表(표)가 있는데 李密(이밀)의 陳情表(진정표), 韓愈(한유)의 祭十二郎文(제십이랑문)과 나란히 일컬어짐.

出於類拔乎萃 (출어류발호췌)★

[뜻음] 날 출, 어조사 어, 무리 류, 빼어날 발, 어조사 호, 무리 췌.
[풀이] 무리 중에서 출중하고, 모임 중에서 拔群(발군)임. 出類拔萃(출류발췌). 출전 孟子(맹자).

出於何典 (출어하전)★

[뜻음] 날 출, 어조사 어, 어찌 하, 법 전.
[풀이] 어떤 책에 나온 것이냐고 묻는 말. 出典(출전). 출전 後漢書(후한서) 文苑傳(문원전).

出言有章 (출언유장)★

[뜻음] 날 출, 말씀 언, 있을 유, 무늬 장.
[풀이] 하는 말이 아름답고 훌륭함. 章(장)은 무늬나 문채나 법도. 출

전 詩經(시경) 小雅(소아).

出爾反爾 (출이반이)★

[뜻음] 날 출, 너 이, 돌이킬 반.
[풀이] 너에게서 나간 것은 너에게로 돌아온다. 자기가 행한 일은 자기가 다 결과를 받는다. 선악이나 화복은 다 자기가 自招(자초)하는 일임을 나타냄. 出乎爾者反乎爾(출호이자반호이). 출전 孟子(맹자) 梁惠王(양혜왕).

出將入相 (출장입상)★★★

[뜻음] 날 출, 장수 장, 들 입, 재상 상.
[풀이] 文武(문무)를 다 갖추어 將相(장상)의 벼슬을 모두 지냄. 전장에 나아가서는 장수가 되고, 朝廷(조정)에 들어와서는 宰相(재상)이 됨.

出震向離之象 (출진향리지상)★

[뜻음] 날 출, 벼락 진, 향할 향, 떼놓을 리, 갈 지, 모양 상.
[풀이] 王者(왕자)가 南面(남면)하여 政事(정사)를 할 占卦(점괘). 출전 易經(역경) 說卦傳(설괘전).

出處語黙 (출처어묵)★

[뜻음] 날 출, 살 처, 말씀 어, 침묵할 묵.
[풀이] 출과 처와 어와 묵. 나아가 벼슬하는 일과 물러나 집에 있는 일과 의견을 발표하는 일과 침묵을 지키는 일. 곧 사람이 處世(처세)하는 데 근본이 되는 일. 출전 易經(역경).

黜陟幽明 (출척유명)★★

[뜻음] 물리칠 출, 올릴 척, 그윽할 유, 밝을 명.
[풀이] 관원의 성적이 좋은 사람을 昇進(승진)시키고, 공적이 없는 사람을 내쫓음. 明(명)은 공적이 있는 사람, 幽(유)는 공적이 없는 사람. 출전 書經(서경) 舜典篇(순전편).

出天烈女 (출천열녀)

[뜻음] 날 출, 하늘 천, 매울 열, 계집 녀.
[풀이] 하늘이 낸 열녀. 매우 節槪(절개)가 굳은 열녀.

出天之孝 (출천지효)★

[뜻음] 날 출, 하늘 천, 갈 지, 효도 효.
[풀이] 하늘이 내린 효자.

出必告反必面 (출필고반필면)★

[뜻음] 날 출, 반드시 필, 알릴 고, 되돌릴 반, 낯 면.
[풀이] 외출할 때는 고하고 돌아와서는 부모님 얼굴을 뵙고 알려야 한다는 말. 出告反面(출고반면).

出乎爾者反乎爾 (출호이자반호이)★★★

[뜻음] 날 출, 어조사 호, 너 이, 놈 자, 돌이킬 반.
[풀이] 너에게서 나간 것은 너에게로 돌아온다. 자기가 행한 일은 자기가 다 결과를 받는다는 말. 선악이나 화복은 다 자기가 自招(자초)하는 일. 出爾反爾(출이반이). 出乎爾反乎爾(출호이반호이).

《孟子(맹자)》 梁惠王下(양혜왕하)에 있는 맹자의 말 가운데 나오는 曾子(증자)의 말이다.
鄒穆公(추목공)이 맹자에게 물었다.

“우리나라가 魯(노)나라와의 충돌에 있어서, 지휘자들이 서른세 명이나 죽었는데 그 밑에 있는 백성들은 한 사람도 죽지 않았습니다. 상관이 죽는 것을 바라보고만 있는 그들을 모조리 처벌하려니 수가 너무 많아 손을 댈 수가 없고, 그냥 버려두면 앞으로도 윗사람이 죽는 것을 미운 놈 바라보듯 하고 있을 터이니 이를 어찌하면 좋겠습니까?”

맹자는,

“(중략) 曾子(증자)가 말하기를 ‘네게서 나온 것이 네게로 돌아간다’고 하였습니다. 백성들은 그들이 받은 푸대접을 지금에 와서 돌려준 것뿐입니다. 임금께서 어진 정치를 하시면, 지금 그 백성들이 그들 상관의 고마움에 보답하기 위해 앞장서서 죽게 될 것입니다”라고 대답했다. 主從(주종)의 관계는 義(의)에 있다고 맹자가 지적한 것이다.

衝口而出 (충구이출)

[뜻음] 찌를 충, 입 구, 말 이을 이, 날 출.
[풀이] 마음에 떠오르는 대로 척척 말함. 말이 술술 나옴.

忠君愛國 (충군애국)★

[뜻음] 충성 충, 임금 군, 사랑 애, 나라 국.
[풀이] 임금에게 충성을 다하고 나라를 사랑함.

忠君愛民 (충군애민)★

[뜻음] 충성 충, 임금 군, 사랑 애, 백성 민.
[풀이] 임금에게 충성을 다하고 백성을 사랑함.

充閭之慶 (충려지경)★

[뜻음] 찰 충, 문설주 려, 갈 지, 경사 경.
[풀이] 손님이 문설주에 가득 참. 집이 번성하는 경사. 사내아이를 낳은 것을 축하하는 말.

蟲臂鼠肝 (충비서간)

[뜻음] 벌레 충, 팔 비, 쥐 서, 간 간.
[풀이] 벌레의 앞발과 쥐의 간. 썩 작은 물건의 비유. 출전 莊子(장자).

蟲霜水旱 (충상수한)★★

[뜻음] 벌레 충, 서리 상, 물 수, 가물 한.
[풀이] 蟲害(충해) 霜害(상해) 水害(수해) 旱災(한재)를 아울러 이르는 말. 다 농작물에 해가 되는 것. 薄命不遇(박명불우)함을 이름.

忠信樂易 (충신낙이)★

[뜻음] 충성 충, 믿을 신, 즐거울 낙, 온화할 이.
[풀이] 성실하며 마음이 즐겁고 온화함.

忠臣篤敬 (충신독경)★

[뜻음] 충성 충, 신하 신, 삼갈 독, 공경할 경.
[풀이] 성실하며 말과 행실을 착실하게 하고 삼감. 출전 論語(논어) 衛靈公篇(위령공편).

忠臣不事二君 (충신불사이군)★★★

[뜻음] 충성 충, 신하 신, 아닐 불, 섬길 사, 두 이, 임금 군.
[풀이] 忠臣(충신)은 두 王朝(왕조)의 임금을 섬기지 않고 忠節(충절)을 지킨다는 말. ‘烈女不更二夫(열녀불경이부)’와 대를 이룸.

이 말은 戰國時代(전국시대) 제나라 忠臣(충신) 王燭(왕촉)이 옛날부터 전해 내려온 말을 인용해서 자기의 뜻을 밝힌 것이다.

그런데 사람들은 이 말을 마치 孔子(공자)나 孟子(맹자)가 한 것으로 착각하는 수가 많다. 유교적인 주장이라는 해석으로 말미암아 이렇게 잘못 판단하는 것 같다. 실상은 전혀 그렇지 않다. 공자나 맹자는 이러한 말과는 반대되는 입장이라고 해도 과언이 아니다.

孔子(공자)는 反亂(반란)을 일으킨 사람과 손을 잡아 세상을 바로잡아 보려 한 일도 있었고, 孟子(맹자)는 齊宣王(제선왕)이 묻는 말에, 임금이 바른말로 諫(간)해도 듣지 않으면, 버리고 갈 수 없는 사람의 경우라면 임금을 갈아치울 수도 있다는 말을 해서 제선왕의 노여움을 산 내용도 《孟子(맹자)》에 나와 있다. 맹자에 의하면 易姓革命(역성혁명)도 정당하다는 말이다.

그러나 왕촉의 경우는 조금 달랐다. 제나라를 침략한 燕(연)나라 장군 樂毅(악의)가 그를 包攝(포섭)하여 정치적으로 이용하려 했기 때문에 그것을 謀免(모면)하기 위해 이 말을 인용했고, 결국에 가서는 자살까지 하고 말았던 것이다.

忠臣愛名 (충신애명)★

[뜻음] 충성 충, 신하 신, 사랑 애, 이름 명.
[풀이] 충신은 늘 名譽(명예)를 소중히 아낀다는 뜻. 출전 戰國策(전국책).

忠臣烈士 (충신열사)★

[뜻음] 충성 충, 신하 신, 매울 열, 선비 사.
[풀이] 충의로운 신하와 節義(절의)가 높은 사람.

忠信禮之本也 (충신예지본야)★

[뜻음] 충성 충, 믿을 신, 예도 예, 갈 지, 근본 본, 어조사 야.
[풀이] 충성스러움과 믿음은 예의 근본임. 출전 禮記(예기).

忠臣出於孝子之門 (충신출어효자지문)★

[뜻음] 충성 충, 신하 신, 날 출, 어조사 어, 효도 효, 아들 자, 갈 지, 문 문.
[풀이] 충신은 효도하는 집안에서 나옴.

忠言逆耳 (충언역이)

[뜻음] 충성 충, 말씀 언, 거스를 역, 귀 이.
[풀이] 충직한 말은 귀에 거슬림. 출전 孔子家語(공자가어).

忠義之士 (충의지사)★

[뜻음] 충성 충, 옳을 의, 갈 지, 선비 사.
[풀이] 충성스럽고 절개가 곧은 선비.

忠魂義魄 (충혼의백)★

[뜻음] 충성 충, 넋 혼, 옳을 의, 넋 백.
[풀이] 충의를 위한 참된 정신.

沖和之氣 (충화지기)★

[뜻음] 깊을 충, 화할 화, 갈 지, 기운 기.
[풀이] 天地間(천지간)의 조화된 氣(기).

忠孝兼全 (충효겸전)★

[뜻음] 충성 충, 효도 효, 겸할 겸, 온전할 전.
[풀이] 忠孝兩全(충효양전).

忠孝雙全 (충효쌍전)★

[뜻음] 충성 충, 효도 효, 쌍 쌍, 온전할 전.
[풀이] 忠孝兩全(충효양전).

忠孝兩全 (충효양전)★

[뜻음] 충성 충, 효도 효, 두 양, 온전할 전.
[풀이] 충성과 효를 兼(겸)함. 효행이 완전하면 忠義(충의)도 자연히 완전해짐.

忠孝絶義 (충효절의)★★

[뜻음] 충성 충, 효도 효, 절개 절, 옳을 의.
[풀이] 충성과 효도, 절개와 의리.

聚輕折軸 (취경절축)★

[뜻음] 모을 취, 가벼울 경, 꺾을 절, 차대 축.
[풀이] 가벼운 것도 모이면 차축을 부러뜨린다는 말. 叢輕折軸(총경절축).

炊骨易子 (취골역자)★

[뜻음] 밥 지을 취, 뼈 골, 바꿀 역, 자식 자.
[풀이] 시체의 뼈로 밥을 짓고 자기 자식을 차마 먹지 못하고 남의 자식과 바꾸어 먹음. 곧 전시에 성안에 갇혀 식량이 다 떨어진, 참혹한 상황을 형용한 말. 출전 史記(사기).

吹恐飛執恐虧 (취공비집공휴)★

[뜻음] 불 취, 두려울 공, 날 비, 잡을 집, 이지러질 휴.
[풀이] 불면 날아갈까 쥐면 터질까 두렵다. 부모가 자식을 愛之重之(애지중지)함.

炊白之夢 (취구지몽)★

[뜻음] 불 땔 취, 절구 구, 갈 지, 꿈 몽.
[풀이] 절구에 밥을 짓는 꿈. 아내를 잃음을 비유함. 절구에 밥을 짓는다 함은 솥이 없기 때문이며, 釜(부)와 婦(부)는 音(음)이 相通(상통)함에서 풀이한 것. 喪妻(상처)함.

取其所長 (취기소장)★

[뜻음] 취할 취, 그 기, 바 소, 장점 장.

[풀이] 다른 사람의 장점을 취하여 자기의 것으로 함. 長處(장처)를 취함.

醉怒醒喜 (취노성희)

[뜻음] 술 취할 취, 성낼 노, 깰 성, 기쁠 희.
[풀이] 술에 취하였을 때는 노하고 깨면 기뻐함. 출전 國語(국어).

吹毛求疵 (취모구자)★

[뜻음] 불 취, 털 모, 구할 구, 허물 자.
[풀이] 吹毛覓疵(취모멱자).

吹毛覓疵 (취모멱자)★★★

[뜻음] 불 취, 털 모, 찾을 멱, 허물 자.
[풀이] 털을 불면서 허물을 찾는다. 흉터를 찾으려고 털을 불어 헤친다. 억지로 남의 작은 허물을 들추어냄. 吹毛求疵(취모구자).

우리말에 '털어서 먼지 안 날 사람이 어디 있느냐' 하는 말이 있다. 취모멱자는 없는 먼지까지 입으로 털을 불어 가며 들추어낸다는 말이다. 吹毛覓疵(취모멱자)는 상처를 찾으려고 털을 불어 헤친다는 말이다.

이 말은 ≪韓非子(한 비자)≫ 大體篇(대체편)에 있다.
"털을 불어 작은 흉터를 찾는다."
찾는다는 말은 '求(구)'보다 '覓(멱)'이 더 강하다. 보이지 않는 것을 찾아내는 것이 멱이고, 없는 것이 있기를 바라는 것이 구다.

작은 허물을 나타내는 말은 '瑕疵(하자)'이다. 完全無缺(완전무결)하다는 것은 完璧(완벽)이다.

取蚊成雷 (취문성뢰)★

[뜻음] 모일 취, 모기 문, 이룰 성, 우레 뢰.
[풀이] 모기가 떼 지어 나는 소리가 뇌성을 이룬다. 소인의 무리가 사실을 歪曲(왜곡)하여 남을 誹謗(비방)함을 비유. 출전 南史(남사).

取捨選擇 (취사선택)★★

[뜻음] 가질 취, 버릴 사, 고를 선, 가릴 택.
[풀이] 쓸 것은 취하고 버릴 것은 버려서 골라잡음.

聚散逢別 (취산봉별)★

[뜻음] 모일 취, 흩어질 산, 만날 봉, 헤어질 별.
[풀이] 모였다가 흩어지고 만났다가 헤어짐.

聚散離合 (취산이합)★

[뜻음] 모일 취, 흩어질 산, 떼어낼 이, 합할 합.
[풀이] 聚散逢別(취산봉별).

醉生夢死 (취생몽사)★

[뜻음] 술 취할 취, 날 생, 꿈 몽, 죽을 사.
[풀이] 취한 듯이 살고 꿈꾸듯이 죽는다. 아무 의미 없이 한평생을 흐리멍덩하게 살아감. 술에 취하여 꿈을 꾸다가 죽음.

取食之計 (취식지계)★

[뜻음] 가질 취, 먹을 식, 갈 지, 꾀 계.

[풀이] 근근이 밥이나 얻어먹고 살아가는 꾀.

醉如泥 (취여니)★

[뜻음] 술 취할 취, 같을 여, 벌레 니.
[풀이] 몸을 가눌 수 없을 정도로 취함. 泥(니)는 남해에서 나는 뼈 없는 벌레. '泥醉(니취)'를 보시오.

臭如蘭 (취여란)★

[뜻음] 냄새 취, 같을 여, 난초 란.
[풀이] 꽃다운 향내가 난초의 향기와 닮았다. 여럿이 합심하여 하는 말이 다른 것에 미치는 힘은 몹시 큼. 출전 易經(역경).

驟雨不終朝 (취우부종조)★

[뜻음] 달릴 취, 비 우, 아닐 부, 끝날 종, 아침 조.
[풀이] 소나기는 하루 종일 오는 일이 없음. 소낙비는 오래 오지 않는다는 뜻이므로, 威勢(위세)를 부리는 자는 오래가지 않음을 비유한 말. 급히 서두르는 일이 오래 계속되지 아니함을 비유. 출전 老子(노자) 第二十三章(제이십삼장).

就有道而正 (취유도이정)★

[뜻음] 나아갈 취, 있을 유, 도리 도, 말 이을 이, 바를 정.
[풀이] 평소에 자기가 행하는 바가 옳은지 그른지를 학덕이 높고 도를 닦은 사람에게 나아가 자기 행실을 바로잡음. 출전 論語(논어) 學而篇(학이편).

取而不貪 (취이불탐)★

[뜻음] 취할 취, 말 이을 이, 아닐 불, 탐할 탐.
[풀이] 취할 것은 취하지만 탐하지는 않음. 출전 春秋左氏傳(춘추좌씨전).

翠以羽自殘 (취이우자잔)★

[뜻음] 쇠새 취, 써 이, 깃 우, 스스로 자, 죽을 잔.
[풀이] 비취새(쇠새)는 아름다운 날개가 있기 때문에 도리어 죽게 됨. 사람들은 아름다운 날개로 발을 짬.

就日望雲 (취일망운)

[뜻음] 나아갈 취, 해 일, 바라볼 망, 구름 운.
[풀이] 해를 따르고 구름을 바라보는 것과 같이 天子(천자)의 덕을 우러러 봄. 출전 史記(사기) 五帝紀(오제기).

取適非取魚 (취적비취어)★

[뜻음] 취할 취, 이를 적, 아닐 비, 물고기 어.
[풀이] 快適(쾌적)을 취하는 데 있으며 고기를 잡으려는 것이 아니다. 낚시질을 하는 참뜻이 고기를 잡는 데 있지 않고 세상일을 잊고자 하는 데 있다는 말. 어떤 행동의 목적이 거기에 있는 것이 아니고 다른 데 있음을 이르는 말.

醉中無天子 (취중무천자)★

[뜻음] 술 취할 취, 가운데 중, 없을 무, 하늘 천, 아들 자.
[풀이] 누구나 취중에는 두려워하거나 무서워하는 것이 없음.

醉中眞談 (취중진담)★★

[뜻음] 취할 취, 가운데 중, 참 진, 이야기 담.

[풀이] 술에 취하게 되면 자기의 속마음을 털어놓게 된다. 醉中眞情發(취중진정발).

醉中眞情發 (취중진정발)★★

[뜻음] 취할 취, 가운데 중, 참될 진, 뜻 정, 일어날 발.
[풀이] 술에 취하게 되면 평상시에 품고 있던 자기의 속마음을 모두 털어놓는다는 말. 醉中眞談(취중진담).

側肩躡足 (측견섭족)

[뜻음] 곁 측, 어깨 견, 밟을 섭, 발 족.
[풀이] 어깨를 움츠리고 발을 밟는다. 왕래가 붐비어 비좁은 데를 뚫고 나아감.

惻怛不安 (측달불안)★

[뜻음] 슬퍼할 측, 슬플 달, 아닐 불, 편안할 안.
[풀이] 불쌍히 여겨 슬퍼하는 마음으로 안정이 되지 않음. 출전 漢書(한서).

側目視之 (측목시지)★

[뜻음] 곁 측, 눈 목, 보일 시, 갈 지.
[풀이] 곁눈질하여 봄.

側目重足 (측목중족)

[뜻음] 곁 측, 눈 목, 무거울 중, 발 족.
[풀이] 곁눈질을 하며 두려워서 움츠린다는 뜻.

側席而坐 (측석이좌)

[뜻음] 곁 측, 자리 석, 말 이을 이, 앉을 좌.
[풀이] 마음속에 근심이 있어서 앉은 자리가 편하지 않음. 출전 說苑(설원).

測水深昧人心 (측수심매인심)★

[뜻음] 헤아릴 측, 물 수, 깊을 심, 어두울 매, 사람 인, 마음 심.
[풀이] 물속 깊이는 알아도 사람의 마음속은 모른다는 말.

惻隱之心 (측은지심)★★

[뜻음] 측은할 측, 불쌍할 은, 갈 지, 마음 심.
[풀이] 四端(사단)의 하나. 불쌍히 여겨 언짢아하는 마음. 가엾게 여기는 마음. '四端(사단)'을 보시오. 출전 孟子(맹자) 公孫丑上篇(공손추상편).

惻隱之心仁之端也 (측은지심인지단야)★

[뜻음] 측은할 측, 불쌍할 은, 갈 지, 마음 심, 어질 인, 실마리 단, 어조사 야.
[풀이] 남을 불쌍하게 여기는 마음은 인의 실마리. 四端(사단)을 보시오. 출전 孟子(맹자) 公孫丑上篇(공손추상편).

層巖絶壁 (층암절벽)★

[뜻음] 층 층, 바위 암, 끊을 절, 바람벽 벽.
[풀이] 몹시 험한 바위가 겹겹으로 쌓인 낭떠러지.

層層侍下 (층층시하)★★★

[뜻음] 층 층, 시중들 시, 아래 하.

[풀이] 부모와 조부모 또는 그 이상의 어른들이 다 살아 있어 모시고 있음. 위로 모셔야 할 어른이 많아서 처신이 몹시 어려움.

差强人意 (치강인의)★

[뜻음] 들쑥날쑥할 치, 굳셀 강, 사람 인, 뜻 의.
[풀이] 실로 대단하구나! 사람이나 일이 다른 사람을 흡족하게 만족시키다. 다른 사람의 마음이 든든하게 함.

雉膏不食 (치고불식)★

[뜻음] 꿩 치, 기름 고, 아닐 불, 먹을 식.
[풀이] 꿩 기름이 먹히지 않는다. 재덕이 있어도 임금에게 채용되지 않음을 비유함. 꿩 기름은 맛이 좋은 것으로 사람의 재덕에 비유함. 출전 易經(역경) 鼎卦(정괘).

治國安民 (치국안민)★

[뜻음] 다스릴 치, 나라 국, 편안할 안, 백성 민.
[풀이] 나라를 잘 다스리고 백성을 평화롭게 함.

治國若鎒田 (치국약누전)★

[뜻음] 다스릴 치, 나라 국, 같을 약, 김맬 누, 밭 전.
[풀이] 나라를 다스리는 길은 농부가 김을 매듯, 백성에게 해를 끼치는 자를 除去(제거)하는 데 있음. 출전 淮南子(회남자).

治國平天下 (치국평천하)★★★

[뜻음] 다스릴 치, 나라 국, 평평할 평, 하늘 천, 아래 하.
[풀이] 나라를 잘 다스리고 백성을 평화롭게 함. 출전 大學(대학).

治大國若烹小鮮 (치대국약팽소선)★

[뜻음] 다스릴 치, 큰 대, 나라 국, 같을 약, 삶을 팽, 작을 소, 생선 선.
[풀이] 조그만 생선을 삶는데 수저 같은 것으로 너무 휘저으면 생선이 뭉개지므로, 나라를 다스리는 데에도 政事(정사)를 번거롭게 하지 말고 자연에 맡기라는 말. 출전 韓非子(한비자) 解老篇(해로편).

治亂存亡 (치란존망)★

[뜻음] 다스릴 치, 어지러울 란, 있을 존, 망할 망.
[풀이] 治亂興亡(치란흥망).

治亂之藥石 (치란지약석)

[뜻음] 다스릴 치, 어지러울 란, 갈 지, 약 약, 돌 석.
[풀이] 난리를 다스리는 약돌. 刑罰(형벌)의 비유.

治亂興亡 (치란흥망)★

[뜻음] 다스릴 치, 어지러울 란, 흥할 흥, 망할 망.
[풀이] 나라가 잘 다스려짐과 어지러움과 흥함과 망함. 출전 呂氏春秋(여씨춘추).

緇林杏壇 (치림행단)★★★

[뜻음] 검은 비단 치, 수풀 림, 살구나무 행, 단 단.
[풀이] 검은 휘장을 친 것처럼 나무들이 울창한 숲과, 살구꽃이 피어 있는 단. 孔子(공자)가 緇林(치림)에서 놀고 杏壇(행단)에서 쉬었다는 옛일. 學問(학문)을 가르치는 곳을 이름. 출전 莊子(장자).

齒亡舌存 (치망설존)★

[뜻음] 이 치, 망할 망, 혀 설, 있을 존.
[풀이] 이는 빠져도 혀는 남음. 곧 剛(강)한 자가 먼저 망하고 柔(유)한 자가 나중까지 남음을 이름. 모진 사람이 망하기 쉽고 순한 사람이 길이 남음의 비유.

鴟目大而視不若鼠 (치목대이시불약서)★

[뜻음] 올빼미 치, 눈 목, 큰 대, 말 이을 이, 볼 시, 아닐 불, 같을 약, 쥐 서.
[풀이] 올빼미의 눈은 크지만 보는 것은 쥐를 따르지 못한다. 큰 것이 작은 것만 같지 못하고, 많은 것이 적은 것을 따르지 못함을 비유함. 출전 淮南子(회남자).

治兵振旅 (치병진려)★

[뜻음] 다스릴 치, 군사 병, 떨칠 진, 군사 려.
[풀이] 治兵(치병)은 군대를 훈련하는 일이고, 振旅(진려)는 군사를 정렬하여 돌아오는 일. 출전 左傳(좌전) 隱公五年(은공오년).

治山治水 (치산치수)★★

[뜻음] 다스릴 치, 뫼 산, 물 수.
[풀이] 산천을 손질하여 잘 다스림으로써 홍수나 사태 등 災害(재해)를 防止(방지)함.

治鼠而壞里閭 (치서이괴리려)★

[뜻음] 다스릴 치, 쥐 서, 말 이을 이, 무너질 괴, 마을 리,이문 려.
[풀이] 쥐를 잡기 위하여 洞內(동내) 門(문)을 부순다는 뜻으로 작은 일을 하기 위하여 큰일을 그르침의 비유. 출전 淮南子(회남자).

致誠則無他事 (치성즉무타사)★

[뜻음] 다할 치, 정성 성, 곧 즉, 없을 무, 다를 타, 일 사.
[풀이] 사람은 至誠(지성) 이외에 아무것도 없음. 출전 荀子(순자) 不苟篇(불구편).

治世之能臣 (치세지능신)★

[뜻음] 다스릴 치, 세상 세, 갈 지, 능할 능, 신하 신.
[풀이] 태평한 때의 재능 있는 신하. 출전 三國志(삼국지) 魏志(위지) 武帝紀(무제기).

治世之道 (치세지도)★★

[뜻음] 다스릴 치, 세상 세, 갈 지, 도리 도.
[풀이] 세상을 다스리는 道理(도리).

治世之術 (치세지술)★

[뜻음] 다스릴 치, 세상 세, 갈 지, 술책 술.
[풀이] 세상을 다스리는 꾀.

治水英雄 (치수영웅)★★★

[뜻음] 다스릴 치, 물 수, 꽃부리 영, 수컷 웅.
[풀이] 물을 다스린 영웅.

　　아버지의 뱃속에서 튀어나온 우는 아버지 곤의 뒤를 이어 치수작업을 담당하게 되었다. 그는 아버지 鯀(곤)이 물을 막는 방법을 사용하다가 실패한 것을 보고 물길을 트는 방법을 사용하기로 하였다. 물을 막아 흐르지 못하게 막는 것보다는 물길을 가로막고 있는 높은 산 등을 뚫어 물이 잘 흘러가도록 하는 것이 낫다고 생각했던 것이다. 우임금은 치수작업에 자신의 모든 것을 걸었다. 천제는 그를 돕기 위해 應龍(응룡)을 보내어 물길을 트게 하였고 치수작업을 하다가 황하에서 만나게 된 河伯(하백)은 황하의 물줄기가 그려진 그림, 즉 河圖(하도)를 건네주었다. 치수작업에 힘을 기울이느라 우는 나이 30세가 되도록 결혼을 하지 못하고 있었다고 한다. 그러다가 지금의 浙江省(절강성) 紹興縣(소흥현) 남쪽의 塗山(도산)에서 치수작업을 할 때 만난 塗山氏(도산씨) 여자와 드디어 결혼을 하였다. 그러나 결혼한 지 겨우 나흘째 되던 날, 그는 그녀를 남겨둔 채 치수작업을 하러 떠난다. 치수작업을 하느라고 무려 13년을 밖에서 지내면서 집 앞을 몇 차례나 지나쳤지만 단 한 번도 집 안에 들어가지 않았다고 한다.

治室之訓 (치실지훈)★

[뜻음] 다스릴 치, 집 실, 갈 지, 가르칠 훈.
[풀이] 가정을 다스리는 교훈. 출전 孔叢子(공총자).

致良知說 (치양지설)★

[뜻음] 궁구할 치, 어질 양, 알 지, 말씀 설.
[풀이] 양명학을 이름. 陽明學(양명학)은 明(명)나라 양명 王守仁(왕수인)이 주창한 儒敎(유교)의 학파로서, 宋儒(송유)의 性理學(성리학)에 만족하지 않고 知行合一(지행합일)의 실천을 위주로 하는 致良知說(치양지설)을 주장하였음.

癡牛騃女 (치우애녀)★

[뜻음] 어리석을 치, 견우 우, 어리석을 애, 직녀 녀.
[풀이] 어리석은 남녀. 일은 하지 않고 밤낮 淫蕩(음탕)한 생각에 젖어 서로 사모함을 牽牛(견우)와 織女(직녀)에 비유하는 말.

致遠恐泥 (치원공니)★

[뜻음] 보낼 치, 멀 원, 두려울 공, 진흙 니.
[풀이] 君子(군자)가 農圃醫卜(농포의복: 농사, 의술, 점술) 등 雜術(잡술)에 힘을 쓰면 儒道(유도)를 닦는 데 지장이 있다고 훈계한 말. 출전 論語(논어) 子張篇(자장편).

癡猿捉月 (치원착월)★

[뜻음] 어리석을 치, 원숭이 원, 잡을 착, 달 월.
[풀이] 어리석은 원숭이가 물에 비친 달을 잡으려고 한다. 無謀(무모)하고 無知(무지)한 일.

治而不忘亂 (치이불망난)★

[뜻음] 다스릴 치, 말 이을 이, 아닐 불, 잊을 망, 어려울 난.
[풀이] 治世(치세)에도 亂世(난세)를 잊지 않는다. 君子(군자)는 먼 앞

일을 생각한다는 뜻. 출전 易經(역경) 繫辭下傳(계사하전).

鴟夷子皮 (치이자피)★

[뜻음] 솔개 치, 오랑캐 이, 아들 자, 가죽 피.
[풀이] 范蠡(범려)가 월나라를 버리고 齊(제)나라에 가서 장사하면서 자신의 이름을 치이자피로 바꾸고 활동하였음. '陶朱猗頓之富(도주의돈지부), 范蠡(범려)'를 찾아보시오.

癡人面前說夢 (치인면전설몽)★

[뜻음] 어리석을 치, 사람 인, 낯 면, 앞 전, 말씀 설, 꿈 몽.
[풀이] 바보에게 꿈의 이야기를 함. 곧 하는 말도 荒唐(황당)하거니와 듣는 사람도 알아듣지 못함을 이름. 痴人說夢(치인설몽).

痴人說夢 (치인설몽)★★★

[뜻음] 어리석을 치, 사람 인, 말씀 설, 꿈 몽.
[풀이] 어리석은 사람이 꿈 이야기를 한다. 이야기가 조리가 닿지 아니함을 이름.

　　어리석은 사람은 꿈에 본 이야기를 하면 그것을 사실인 줄 알고 엉뚱하게 전한다는 것이다. 癡人(치인)은 天痴(천치)니 白痴(백치)니 하는 바보를 나타내기도 하고 사람들이 자기 자신을 겸손하게 칭하는 경우를 나타낸다.
　　南宋(남송)의 중 慧洪(혜홍)이 지은 ≪冷齋夜話(냉제야화)≫에 다음과 같은 이야기가 있다.
　　唐(당)나라 때 西域(서역)의 高僧(고승)이었던 僧伽(승가)가 지금의 安徽省(안휘성) 근처를 여행하고 있을 때다.
　　그의 하는 일이 남다른 것이 많았기 때문에 어떤 사람이,
　　"당신은 姓(성)이 무엇이오" 하고 묻자, "내 성은 무엇이오" 하고 대답했다. "어느 나라 사람이오" 하고 묻자, "어느 나라 사람입니다"라고 대답했다.
　　뒷날 당나라의 文人(문인) 李邕(이옹)이 승가를 위해 碑文(비문)을 썼을 때, 그는 승가가 농담으로 받아넘긴 대답인 줄을 모르고 비문에 쓰기를,
　　"大師(대사)의 성은 何(하)이고, 何國(하국) 사람이었다"고 했다는 것이다.
　　이상과 같은 이야기를 쓴 다음 혜홍은 이옹에 대해 이렇게 評(평)을 내리고 있다.
　　"이것이 바로 이른바 어리석은 사람을 대하고서는 꿈을 이야기한다는 것이다. 이옹은 마침내 꿈을 참인 줄로 생각하고 있었으니 참으로 그보다 더 바보일 수가 없다."

雉入大水爲蜃 (치입대수위신)★

[뜻음] 꿩 치, 들 입, 큰 대, 물 수, 될 위, 대합 신.
[풀이] 꿩이 물속에 들어가 대합조개가 됨. 蜃氣樓(신기루)의 語源(어원)임. 출전 禮記(예기) 月令篇(월령편).

癡者多笑 (치자다소)★

[뜻음] 어리석을 치, 놈 자, 많을 다, 웃을 소.
[풀이] 어리석고 못난 사람이 잘 웃는다. 아무렇지도 않은 일에도 싱

겁게 웃기를 잘하는 사람을 비웃는 말.

置酒高會 (치주고회)★

[뜻음] 둘 치, 술 주, 높을 고, 모일 회.
[풀이] 酒宴(주연)을 성대히 베풂. 출전 漢書(한서).

卮酒安足辭 (치주안족사)★★★

[뜻음] 술잔 치, 술 주, 어찌 안, 족할 족, 사양할 사.
[풀이] 한 잔 술쯤은 사양하고 말 것조차 없다.

이 말은 ≪十八史略(십팔사략)≫ 西漢(서한) 高祖(고조)에 나오는 말로 이른바 鴻門宴(홍문연) 잔치에서 樊噲(번쾌)가 項羽(항우)를 보고 한 말이다.
　홍문연 잔치에서 張良(장량)에게 沛公(패공)의 신변이 위급하다는 말을 들은 번쾌는 들어가지 못하게 가로막는 수위 장교들을 한 팔로 밀어 버리고 장막을 들추며 항우 앞에 썩 나타나자, 항우는 그를 壯士(장사)라고 칭찬한 다음 큰 잔의 술과 돼지 한쪽 어깨를 주게 했다. 잔을 들어 쭉 들이켠 번쾌는 칼을 쑥 뽑아 고기를 썰어 다 먹어 치운다. 항우가,
　"더 마실 수 있겠는가" 하고 묻자, 번쾌는 "죽음도 사양하지 않을 터인데 한 잔 술쯤은 사양하고 말 것조차 없소" 하고, 항우가 패공을 죽이려고 하는 생각이 잘못된 것임을 위압적으로 지적하여 항우의 생각을 바꾸어 놓는다.
　'卮酒(치주)'는 큰 잔에 찬 한 잔 술이라는 뜻이다. 따라서 한 잔 술쯤은 사양하고 말 것조차 없다는 말이다. 이 말은 술꾼들이 억지로 권하는 잔을 받아 마실 때나 혹은 권할 때 쓰는 文字(문자)이다.

致知格物 (치지격물)★★

[뜻음] 이를 치, 알 지, 바로잡을 격, 만물 물.
[풀이] 格物致知(격물치지)를 보시오.

置之度外 (치지도외)★★★

[뜻음] 둘 치, 갈 지, 법도 도, 바깥 외.
[풀이] 생각 밖에 내버려 두고 문제로 삼지 않음. 意中(의중)에 두지 않음. 度外視(도외시)함. 출전 後漢書(후한서).

置之亡地而後存 (치지망지이후존)★

[뜻음] 둘 치, 갈 지, 망할 망, 땅 지, 말 이을 이, 뒤 후, 있을 존.
[풀이] 軍隊(군대)는 死地(사지)에 놓이게 되면 死力(사력)을 다하기 때문에 살아남을 수 있음. 출전 史記(사기) 淮陰侯傳(회음후전).

置之死地 (치지사지)

[뜻음] 둘 치, 갈 지, 죽을 사, 땅 지.
[풀이] 죽을 지경에 놓였다는 뜻.

置錐之地 (치추지지)★

[뜻음] 둘 치, 송곳 추, 갈 지, 땅 지.
[풀이] 겨우 송곳을 꽂을 정도의 좁은 땅. 立錐之地(입추지지)와 같

음. "堯舜(요순)은 천하를 지배했었으나 그 자손은 '置錐之地(치추지지)'도 소유하고 있지 않다"고 적은 ≪莊子(장자)≫에서 온 말. 錐(추)는 송곳, 바늘을 뜻함.

齒墮舌存 (치타설존)★

[뜻음] 이 치, 부서질 타, 혀 설, 있을 존.
[풀이] 굳은 이는 빠져도 부드러운 혀는 길이 남는다. 강한 자는 망해도 부드러운 자는 나중까지 남아 몸을 보전함.

治行等節 (치행등절)★

[뜻음] 다스릴 치, 갈 행, 가지런할 등, 마디 절.
[풀이] 길 떠날 行狀(행장)을 수습하고 차리는 등의 절차.

親親之道 (친친지도)

[뜻음] 친할 친, 갈 지, 도리 도.
[풀이] 친척을 친애하는 도리. 출전 春秋穀梁傳(춘추곡량전).

親痛仇快 (친통구쾌)

[뜻음] 친할 친, 아플 통, 원수 구, 통쾌할 쾌.
[풀이] 자기편은 아프고 적들은 통쾌하다. 자기편 사람들은 가슴 아파하고 적들은 좋아할 일 처리를 비유하는 말.

七去之惡 (칠거지악)★★★

[뜻음] 일곱 칠, 쫓아낼 거, 갈 지, 나쁠 악.
[풀이] 儒敎(유교)에서 아내를 내쫓아야 할 일곱 가지 조건.

大戴禮記(대대례기)에 나오는 말로 不順(불순), 誣告(무고), 無子(무자), 淫行(음행), 嫉妬(질투), 惡疾(악질), 口舌(구설), 竊盜(절도) 등이다.

不順(불순): 시부모에게 순종하지 않는다는 말.
誣告(무고): 거짓으로 일러바침.
無子(무자): 자식을 낳지 못함.
淫行(음행): 부정하고 음란한 행동.
嫉妬(질투): 시기심이 많고 강짜를 부리는 경우.
惡疾(악질): 전염병이나 불치병에 걸린 경우.
口舌(구설): 말이 많아서 구설수에 자주 오르는 경우.
竊盜(절도): 손이 거칠어 남의 물건에 손을 대는 경우.

그렇지만 여자를 내치지 못하는 경우도 있다. 이른바 '三不去(삼불거)'라는 것이다. 부모들이 그 며느리를 사랑하는 경우는 보내지 않는다. 처음 시집와서 몹시 가난하고 어렵게 살다가 뒤에 부자가 되고 지위가 높아졌을 경우에도 내치지 못한다. 돌아갈 곳이 없는 여자는 내보내서는 안 된다고 했다.

七去學文 (칠거학문)★

[뜻음] 일곱 칠, 갈 거, 배울 학, 글월 문.
[풀이] 七去之惡(칠거지악)을 아는 정도의 학문으로, 여자가 기초적 교양을 배운 것을 말함. 小學(소학) 정도를 깨친 학문.

七難八苦 (칠난팔고)★

[뜻음] 일곱 칠, 어려울 난, 여덟 팔, 괴로울 고.
[풀이] 갖은 고난.

七年大旱 (칠년대한)★★

[뜻음] 일곱 칠, 해 년, 큰 대, 가물 한.
[풀이] 칠 년 동안이나 계속되는 큰 가뭄.

七零八落 (칠령팔락)★

[뜻음] 일곱 칠, 떨어질 령, 여덟 팔, 떨어질 락.
[풀이] 사물이 서로 연락되지 못하고 고르지도 못함. 제각각 뿔뿔이 흩어짐. 영락함.

七寶丹粧 (칠보단장)★★

[뜻음] 일곱 칠, 보물 보, 붉을 단, 단장할 장.
[풀이] 여러 가지 패물로 몸단장을 함.

七步詩 (칠보시)★

[뜻음] 일곱 칠, 걸을 보, 시 시.
[풀이] 七步才(칠보재). 출전 世說新語(세설신어).

七寶莊嚴 (칠보장엄)

[뜻음] 일곱 칠, 보배 보, 장엄할 장, 엄할 엄.
[풀이] 일곱 가지 보석으로 장중하게 장식함. 출전 隋書(수서).

七步才 (칠보재)★★★

[뜻음] 일곱 칠, 걸음 보, 재주 재.
[풀이] 일곱 걸음을 걷는 사이에 시 한 수를 짓는 재능. 걸작의 시문을 빨리 짓는 재주. 조식이 즉석에서 풍자시를 지은 고사.

　≪世說新語(세설신어)≫ 文學篇(문학편)에 나오는 이야기이다. 魏(위)나라 文帝(문제) 曹丕(조비)가 아우 曹植(조식)을 꺼렸다. 조비는 천자가 된 뒤에도 조식에 대한 시기가 많았다. 조식의 詩才(시재)를 시기했는데 아버지가 죽은 후 늘 감시를 하다가 후환을 없애고자 죽이려고 불렀던 것이다. 조식은 "일곱 걸음을 걷는 동안에 시 한 수를 지어라. 만일 못 지으면 처형하겠다"고 명하니 조식이 즉석에서 七步詩(칠보시: 일곱 걸음 동안 짓는 시)를 지었다. 조식이 지었다는 이른바 '칠보시'는 다음과 같다.

　　콩을 볶으며 콩대를 땐다.
　　콩은 솥 안에서 운다.
　　본래 한 무리에서 난 것인데
　　마주 볶는 것이 어찌 이다지 급하뇨.

　조식 자신을 콩에다 비유하고, 자신을 괴롭히는 형을 콩대에다 비유했다. 콩대와 콩은 본디 한 몸이었다. 형제 지간에 아버지가 돌아가시자마자 형이 아우를 죽이려고 볶아 댄다는 것을 풍자하는 시이다. 이 시를 짓자 조비는

조식을 살려 두었다. 조식은 文才(문재)가 뛰어나 아버지 曹操(조조)의 사랑을 많이 받았다고 하며, 일설에는 자신의 형수를 사랑한 시동생으로도 알려져 있다.

七步之詩 (칠보지시)★

[뜻음] 일곱 칠, 걸음 보, 갈 지, 시 시.
[풀이] 七步詩(칠보시).

七寶紅顔 (칠보홍안)★

[뜻음] 일곱 칠, 보배 보, 붉을 홍, 얼굴 안.
[풀이] 여러 佩物(패물)로 몸을 장식한 젊은 여자의 고운 얼굴. 七寶丹粧(칠보단장).

漆身爲癩 (칠신위라)★

[뜻음] 옻 칠, 몸 신, 할 위, 문둥이 라.
[풀이] 몸에 옻칠을 하여 문둥이같이 꾸밈. 예양이 怨讐(원수)를 갚기 위해 한 일. 원수를 갚으려고 용모를 바꾸며 갖은 고생을 마다하지 않음. '國士遇之國士報之(국사우지국사보지)'를 보시오.

漆身吞炭 (칠신탄탄)★

[뜻음] 옻 칠, 몸 신, 삼킬 탄, 숯 탄.
[풀이] 몸에 옻칠을 하여 문둥이같이 꾸미고 숯을 삼켜 일부러 벙어리가 되어 남이 알아보지 못하게 한 후 복수를 하려 하다. 예양이 원수를 갚기 위해 한 일. 怨讐(원수)를 갚으려고 용모를 바꾸며 갖은 고생을 마다하지 않음. 漆身爲癩(칠신위라). '國士遇之國士報之(국사우지국사보지)'를 보시오. 출전 戰國策(전국책).

漆室之憂 (칠실지우)★

[뜻음] 옻 칠, 방 실, 갈 지, 근심 우.
[풀이] 깜깜한 방 아녀자의 근심. 신분에 지나친 근심을 이름. 옛날 魯(노)나라의 천한 아낙이 깜깜한 방 속에서 나랏일을 근심하였다는 고사에서 나온 말.

七十二弟子 (칠십이제자)★

[뜻음] 일곱 칠, 열 십, 두 이, 아우 제, 자식 자.
[풀이] 孔子(공자)의 제자 중에서 六藝(육예)에 통한 일흔 두 사람을 일컬음.

七言絶句 (칠언절구)★

[뜻음] 일곱 칠, 말씀 언, 끊을 절, 구절 구.
[풀이] 칠언 네 구로 된 한 시.

漆者不畫 (칠자불화)

[뜻음] 옻 칠, 놈 자, 아닐 불, 그림 화.
[풀이] 옻칠을 하는 사람은 그림을 그리지 아니함. 한 사람이 두 가지 技藝(기예)를 배우지 않는다는 뜻. 출전 淮南子(회남자).

七子八壻 (칠자팔서)★

[뜻음] 일곱 칠, 아들 자, 여덟 팔, 사위 서.
[풀이] 아들 일곱과 사위 여덟. 家門(가문)이 繁昌(번창)함.

七顚八起 (칠전팔기)★★★

[뜻음] 일곱 칠, 넘어질 전, 여덟 팔, 일어날 기.
[풀이] 일곱 번 넘어져도 여덟 번 일어섬. 여러 번 실패해도 굽히지 않고 꾸준히 노력함. 출전 唐書(당서).

七顚八倒 (칠전팔도)★

[뜻음] 일곱 칠, 넘어질 전, 여덟 팔, 넘어질 도.
[풀이] 일곱 번 여덟 번 넘어짐. 실패를 거듭하거나 몹시 고생함.

七縱七擒 (칠종칠금)★★★

[뜻음] 일곱 칠, 놓아줄 종, 잡을 금.
[풀이] 諸葛亮(제갈량)이 猛獲(맹획)을 일곱 번 놓아주고 일곱 번 사로잡았다는 옛일. 마음대로 다룸. 쥐락펴락함.

≪三國志(삼국지)≫ 蜀志(촉지) 諸葛亮傳(제갈량전)에 나오는 이야기이다.
　三國時代(삼국시대) 蜀(촉)나라의 劉備(유비)가 죽고 劉禪(유선)이 왕으로 올랐을 때 제갈량이 남쪽 오랑캐를 토벌하러 나섰다. 오랑캐의 두목은 옹개였는데 제갈량은 오랑캐들이 내분을 일으키게 만들어 옹개를 죽게 했고 곧 맹획이 오랑캐 장수가 되었다. 猛獲(맹획)은 아주 강직하고 용감한 남방의 새로운 領袖(영수)로, 제갈량에게 사로잡히자 비겁한 방식으로 사로잡힌 바 되었다고 마음으로 승복하지 않았다. 제갈량은 맹획을 생포했다가 살려 보내기를 일곱 차례나 했다. 결국 强暴(강포)한 맹획도 진심으로 승복하면서 다시는 촉한에 대항하지 않겠다고 맹세하였다. 제갈량은 맹획에게 촉한의 관직을 주었는데, 나중에는 그의 벼슬이 御史中丞(어사중승)에 이르렀다고 한다.
　이 말은 마음대로 다룸, 쥐락펴락함 등을 나타내며, '七縱八擒(칠종팔금)'이라고도 한다.

七縱八擒 (칠종팔금)★

[뜻음] 일곱 칠, 놓아줄 종, 여덟 팔, 잡을 금.
[풀이] 七縱七擒(칠종칠금).

枕流漱石 (침류수석)★★★

[뜻음] 베개 침, 흐를 류, 양치질할 수, 돌 석.
[풀이] 억지를 부리고 둘러대다. 晉(진)나라의 孫楚(손초)가 은거하여 돌을 베개 삼고 흐르는 물로 양치질한다고 할 것을, 흐르는 물을 베개 삼고 돌로 양치질한다고 말하므로, 王濟(왕제)가 이를 나무랐던 바, 손초는 흐르는 물을 베개 삼는다는 것은 귀를 씻기 위함이요, 돌로 양치질하는 것은 이를 닦기 위함이라고 교묘히 변명했다는 고사에서 온 말. 본디 제대로 된 표현은 '枕石漱流(침석수류)'이다. 지기 싫어하는 버릇. 好勝之癖(호승지벽).

寢不安席 (침불안석)★

[뜻음] 잠잘 침, 아닐 불, 편안할 안, 자리 석.
[풀이] 걱정이 많아서 편안히 자지 못함.

寢不安食不甘 (침불안식불감)★

[뜻음] 잠잘 침, 아닐 불, 편안할 안, 먹을 식, 달 감.
[풀이] 걱정이 많아서 잠을 자도 편안하지 않고 먹어도 달지 않음.

枕石漱流 (침석수류)★

[뜻음] 베개 침, 돌 석, 양치질할 수, 흐를 류.
[풀이] 돌을 베개 삼고 시냇물로 양치질한다. 산림 속에 隱居(은거)함을 이름. '枕流漱石(침류수석)'을 참조하시오. 출전 晉書(진서).

針線紡績 (침선방적)★

[뜻음] 바늘 침, 줄 선, 실 뽑을 방, 길쌈 적.
[풀이] 바느질과 길쌈.

沈船破釜 (침선파부)★

[뜻음] 가라앉을 침, 배 선, 깨뜨릴 파, 솥 부.
[풀이] 배를 가라앉히고 솥을 깸. 살아 돌아갈 생각을 하지 않고 목숨을 걸고 싸움을 이름.

針小棒大 (침소봉대)★★

[뜻음] 바늘 침, 작을 소, 막대기 봉, 큰 대.
[풀이] 바늘만 한 작은 것을 몽둥이처럼 크다고 말함. 작은 일을 크게 불리어 말함.

寢食不甘 (침식불감)★

[뜻음] 잠잘 침, 먹을 식, 아닐 불, 달 감.
[풀이] 온갖 걱정으로 잠자는 일과 먹는 일이 달지 않음. 출전 史記(사기).

寢食不安 (침식불안)★

[뜻음] 잠잘 침, 먹을 식, 아닐 불, 편안할 안.
[풀이] 근심이 많아서 침식이 편하지 못함.

沈魚落雁 (침어낙안)★★★

[뜻음] 가라앉을 침, 물고기 어, 떨어질 낙, 기러기 안.
[풀이] 고기는 부끄러워서 물속으로 들어가고 기러기는 부끄러워서 땅에 떨어진다.

　여자의 아름다움을 나타내는 말이다. 물고기를 물속으로 가라앉게 하고 기러기를 땅으로 떨어지게 할 만큼 그렇게 아름답다는 뜻이 되겠는데 처음부터 이러한 뜻을 지니게 된 것은 아니다.
　≪莊子(장자)≫ 齊物論(제물론)에 齧缺(설결)과의 대화에서 王倪(왕예)가 말한 이야기로 다음과 같은 것이 있다.
　"사람은 소와 돼지를 먹고, 사슴은 풀을 먹으며, 지네는 뱀을 맛있어 하고, 솔개와 까마귀는 쥐를 즐겨 먹는다. 이것은 타고난 천성으로 어느 쪽이 과연 올바른 맛을 알고 있는지는 모른다. 원숭이는 猵狙(편저)라는 보기 싫은 다른 종류의 원숭이를 암컷으로 삼고, 큰 사슴은 작은 사슴 종류와 交尾(교미)를 하며 미꾸라지는 다른 물고기와 함께 논다. 毛嬙(모장)과 麗姬(여희)는 사람들이 다 좋아하는 絶世

美人(절세미인)이다. 그런데 물고기는 그녀들을 보면 물속으로 깊게 숨어 버리고, 새들은 높이 날아가 버리며 사슴들은 뛰어 달아난다. 이들 네 가지 중에 과연 어느 쪽이 천하의 올바른 美(미)를 알고 있다고 하겠는가. 내가 볼 때 仁義(인의)니 是非(시비)니 하는 것도 그 방법과 한계라는 것이 서로 뒤섞여 있어서 도저히 분별해 낼 수가 없다."

물고기가 물속으로 들어가고 새가 높이 나는 것은 그것이 사람이기 때문에 피해 달아나는 것이지, 미인이라서 그런 것도 아니고 미인이 아니라서 그런 것도 아니다. 그런데 미인이라서 그런 것으로 바꾸어 쓰게 되었고, 이 말의 對句(대구)로 '閉月羞花(폐월수화)'라는 말이 생겨났다. 달을 구름 속에 숨게 하고 꽃을 부끄럽게 만든다는 뜻이다. 둘 다 미인을 형용하는 말로 굳어졌다.

沈於樂者反於憂 (침어낙자반어우)★

[뜻음] 가라앉을 침, 어조사 어, 즐거울 낙, 놈 자, 돌이킬 반, 근심 우.
[풀이] 즐거움이 극에 달하면 근심으로 되돌아감. 출전 呂氏春秋(여씨춘추).

沈於酒色 (침어주색)★

[뜻음] 가라앉을 침, 어조사 어, 술 주, 빛 색.
[풀이] 술과 여자에 푹 빠짐.

寢牛起馬 (침우기마)

[뜻음] 잠잘 침, 소 우, 일어날 기, 말 마.
[풀이] 소는 눕는 것을 좋아하고, 말은 서 있는 것을 좋아한다. 사람마다 제각기 趣味(취미)가 다름을 이르는 말.

浸潤之言 (침윤지언)★

[뜻음] 스며들 침, 젖을 윤, 갈 지, 말씀 언.
[풀이] 浸潤之譖(침윤지참).

沈潤之譖 (침윤지참)★★★

[뜻음] 스며들 침, 젖을 윤, 갈 지, 참소할 참.
[풀이] 물이 스며들 듯하는 참소. 浸潤之譖(침윤지참).

이 말은 ≪論語(논어)≫ 顔淵篇(안연편)에 있는 孔子(공자)의 말이다.

공자의 제자 子張(자장)이 공자에게 "어떤 것을 가리켜 밝다고 합니까" 하고 물었다. 그러자 공자는 "물이 스며들 듯하는 참소와 피부로 직접 느끼는 호소가 행해지지 않으면 마음이 밝다고 말할 수 있고, 또 생각이 멀다고 말할 수 있다"고 했다.

'浸潤之譖(침윤지참)'은 물이 차츰차츰 배어 들어가듯이 남을 여러 번 차츰차츰 헐뜯어서 곧이듣게 하는 譖訴(참소)이다. 물이 서서히 표가 나지 않게 스며들 듯 어떤 상대를 중상하고 謀略(모략)하면 呪術(주술)과 비슷한 결과를 낳는다. '膚受之愬(부수지소)'는 듣는 사람의 피부를 송곳으로 찌르듯 이성을 잃게 만드는 그런 충격적인 호소를 말한다. 윗사람에게 지극히 총애를 받다 보면 그 주위에는 참소하는 사람이 나타난다. 윗사람은 태산같이 믿던 사람도 누군가 오랫동안 그 사람에 대해 좋지 못한 평을 하게 되면 결국 믿던 사람을 의심하고 버리게 된다.

浸潤之譖 (침윤지참)★★★

[뜻음] 스며들 침, 젖을 윤, 갈 지, 참소할 참.
[풀이] 물이 차츰차츰 배어 들어가듯이 남을 여러 번 차츰차츰 헐뜯어서 곧이듣게 하는 譖訴(참소). 浸潤之譖(침윤지참). 출전 漢書(한서).

沈吟良久 (침음양구)★★

[뜻음] 잠길 침, 읊조릴 음, 잠깐 양, 오랠 구.
[풀이] 속으로 깊이 생각한 지 매우 오랜 뒤. 良久(양구): 한참 지남.

沈槽産蠅 (침조산와)★

[뜻음] 가라앉을 침, 구유 조, 낳을 산, 개구리 와.
[풀이] 智伯(지백)이 趙襄子(조양자)의 城(성)을 水攻(수공)할 때, 城中(성중)이 물바다가 되어 솥이 물속에 오랫동안 가라앉아서 마침내 개구리가 그 안에 들끓게 되었다는 故事(고사). 출전 國語(국어).

稱病不出 (칭병불출)★

[뜻음] 일컬을 칭, 질병 병, 아닐 불, 날 출.
[풀이] 병을 핑계로 나가지 않음.

稱讚不已 (칭찬불이)★

[뜻음] 일컬을 칭, 기릴 찬, 아닐 불, 그칠 이.
[풀이] 칭찬하여 마지않음.

快刀亂麻 (쾌도난마)★★★

[뜻음] 통쾌할 쾌, 칼 도, 어지러울 난, 삼 마.
[풀이] 잘 드는 칼로 헝클어진 삼 가닥을 자른다. 어지럽게 뒤얽힌 사물을 큰 힘으로 명쾌히 처리함.

快刀斬亂麻 (쾌도참난마)★

[뜻음] 통쾌할 쾌, 칼 도, 벨 참, 어지러울 난, 삼 마.
[풀이] 快刀亂麻(쾌도난마).

快犢破車 (쾌독파차)★

[뜻음] 통쾌할 쾌, 송아지 독, 깨뜨릴 파, 수레 차.
[풀이] 팔팔한 송아지가 수레를 부순다. 난폭한 소년은 장차 큰 인물이 될 가능성이 있음의 비유. 장차 성공하기 바라는 소년은 스스로 참고 謹愼(근신)해야 함의 비유. 출전 晉書(진서).

快人快事 (쾌인쾌사)★

[뜻음] 유쾌할 쾌, 사람 인, 일 사.
[풀이] 씩씩한 사람의 시원스런 행동.

快行無好步 (쾌행무호보)★

[뜻음] 시원할 쾌, 갈 행, 없을 무, 좋을 호, 걸을 보.
[풀이] 빠르게 걸으면 발걸음이 고르지 않다. 급하게 일을 하면 결과가 거칠고 엉성함. 출전 通俗編(통속편).

他弓莫挽 (타궁막만)★

[뜻음] 다를 타, 활 궁, 말 막, 당길 만.
[풀이] 남의 활을 쏘지 말라. 무익한 일은 하지 말라는 말. 자기가 닦는 바를 지켜 마음을 딴 데 쓰지 말라는 뜻.

惰氣滿滿 (타기만만)

[뜻음] 게으를 타, 기운 기, 찰 만.
[풀이] 게으른 기분이 가득함. 몹시 게으름.

唾面自乾 (타면자건)★★

[뜻음] 침 뱉을 타, 낯 면, 스스로 자, 마를 건.
[풀이] 남이 나의 얼굴에 침을 뱉었을 때 이를 닦으면 그 사람의 뜻을 거스르는 것이므로 절로 마를 때까지 기다린다는 뜻으로, 處世(처세)에는 인내가 필요함을 강조한 말. 출전 唐書(당서).

他山之石 (타산지석)★★★

[뜻음] 남 타, 뫼 산, 갈 지, 돌 석.
[풀이] 다른 산에서 난 나쁜 돌이라도 자신의 옥돌을 가는 데 소용이 됨. 하찮은 남의 언행, 缺點(결점)도 자신의 수양에 도움이 됨.

　　옥돌을 곱게 갈려면 같은 옥돌로는 잘 갈아지지 않는다. 강도가 서로 다른 돌로 갈아야 한다.
　　≪詩經(시경)≫ 小雅(소아) 鶴鳴(학명)이라는 詩(시)에, 草野(초야)에 있는 어진 사람들을 데려다가 임금의 덕을 더욱 아름답게 만드는 재료로 삼으라는 뜻을 전달하는 시로,

　　다른 산의 돌은,
　　그로써 옥을 갈 수 있다.

고 끝을 맺고 있다.

　　草野(초야)에 있는 어진 사람들이 옥을 가는데, 곧 나라의 기틀을 튼튼히 하는 데 유용하다고 말하는 시이다. 더 나아가 자기만 못한 다른 사람의 말이나 행동이 자신의 학문과 덕을 닦는 좋은 참고가 될 수 있다는 뜻으로 이 말을 쓰게 된다. 남의 결점이나 잘못이 나의 일에 교훈이 될 수 있다는 말이다.

唾手可得 (타수가득)★

[뜻음] 침 타, 손 수, 가할 가, 얻을 득.
[풀이] 침이 손바닥에 닿는 것과 같이, 어렵지 않게 일이 잘되기를 기약할 수 있음.

打鴨驚鴛鴦 (타압경원앙)★

[뜻음] 칠 타, 오리 압, 놀랄 경, 원앙 원, 원앙 앙.
[풀이] 오리를 때려서 원앙을 놀라게 한다. 하찮은 물오리를 잡으려다가 아름다운 원앙새를 놀래어 달아나게 함. 한 사람을 그릇 處刑(처형)하여 善良(선량)한 뭇사람을 戰戰兢兢(전전긍긍)하게 함의 譬喩(비유).

他人之宴曰梨曰栗 (타인지연왈리왈률)★

[뜻음] 남 타, 사람 인, 갈 지, 잔치 연, 아뢸 왈, 배 리, 밤 률.
[풀이] 他人之宴曰梨曰柿(타인지연왈리왈시).

他人之宴曰梨曰柿 (타인지연왈리왈시)★★

[뜻음] 남 타, 사람 인, 갈 지, 잔치 연, 아뢸 왈, 배 리, 감 시.
[풀이] 남의 잔치에 배 놓아라 감 놓아라 한다. 남의 일에 자격도 없이 참견함.

墮甑不顧 (타증불고)★

[뜻음] 부서질 타, 시루 증, 아닐 불, 돌아볼 고.
[풀이] 이미 깨어진 시루는 돌아보지 않는다. 깨끗하게 斷念(단념)함. 출전 後漢書(후한서).

打草驚蛇 (타초경사)★

[뜻음] 때릴 타, 풀 초, 놀랄 경, 뱀 사.
[풀이] 풀을 쳐서 뱀을 놀라게 한다. 변죽을 울려 적의 정체를 드러내게 함의 비유. 한쪽을 懲罰(징벌)함으로써 딴 쪽을 警戒(경계)함.

他鄕遇故知 (타향우고지)★

[뜻음] 다를 타, 고을 향, 만날 우, 연고 고, 알 지.
[풀이] 타향에 가서 옛날 지기를 만남. 인생에서 기쁜 일의 한 가지.

濯錦以魚 (탁금이어)

[뜻음] 씻을 탁, 비단 금, 써 이, 물고기 어.
[풀이] 비단을 씻는데 물고기로써 한다. 천한 것으로써 귀한 것을 다스림의 비유. 출전 潛夫論(잠부론).

託驥尾 (탁기미)★

[뜻음] 의탁할 탁, 천리마 기, 꼬리 미.
[풀이] 훌륭한 사람의 꼬리에 붙어서 다님. ‘附驥尾(부기미)’를 보시오. 출전 後漢書(후한서).

度德量力 (탁덕양력)★

[뜻음] 헤아릴 탁, 덕망 덕, 헤아릴 양, 힘 력.
[풀이] 자기의 德望(덕망)과 力量(역량)을 헤아려 일을 행함. 度(탁)은 ‘헤아릴 탁, 법도 도.’

涿鹿戰爭 (탁록전쟁)★★★

[뜻음] 떨어질 탁, 사슴 록, 싸울 전, 다툴 쟁.
[풀이] 상고시대 제왕들의 탁록벌 싸움.

　　치우는 炎帝(염제)가 黃帝(황제)와 싸워 패한 후에 염제에게 싸우라고 했지만 염제는 듣지 않았다. 이에 치우는 자신의 형제들을 불러 모으고 평소에 황제에게 불만을 품고 있던 남방의 苗族(묘족)을 부추겨 같이 싸우자고 했다. 그리고 남방의 수풀과 물가에 사는 도깨비와 요괴인 이매, 망량 등도 함께 모여 황제에게 대항하기로 결정했다. 그들은 남방에서부터 진격을 시작하여 순식간에 북방 涿鹿(탁록)의 들판에 도착했다. 치우 군대의 기세가 등등하여 황제의 군사들은 패퇴를 거듭했다. 자욱한 안개를 피우고 풍

백과 우사를 불러다가 비바람을 몰아치게 하는 치우 앞에
서 황제의 군사들은 방향을 잃고 공격을 할 수가 없었다.
그러나 황제의 신하 風后(풍후)가 안개 속에서도 남쪽을
분별해 낼 수 있는 指南車(지남차)를 만들어 내어 안개를
헤쳐 나갈 수 있게 되었고, 몸속에 거대한 불덩어리를 지
닌 황제의 딸 魃(발)이 나타나 비바람을 물리치는 바람에
황제의 군사들은 승리를 거둘 수 있게 되었다. 그리고 황
제는 다리가 한 개밖에 없는 夔(기)라는 동물을 잡아다가
그 껍질을 벗겨 북을 만들었고, 雷澤(뇌택)에서 살며 천둥
소리를 내는 雷神(뇌신)을 잡아다가 그 몸속에서 가장 큰
뼈를 꺼내 북채를 만들었다. 북을 두드려 천지가 무너지는
북소리를 내니 치우의 병사들이 魂飛魄散(혼비백산)하여
흩어졌고 황제의 병사들은 확실한 승리를 거두게 되었다
고 한다.

濯鱗淸流 (탁린청류)★

[뜻음] 씻을 탁, 비늘 린, 맑을 청, 흐를 류.
[풀이] 비늘을 맑은 흐름에 씻는다. 높은 지위와 명예를 얻음을 이르
는 말.

卓文君嫁司馬相如 (탁문군가사마상여)★

[뜻음] 높을 탁, 무늬 문, 임금 군, 시집갈 가, 맡을 사, 말 마, 서로
      상, 같을 여.
[풀이] 卓文君(탁문군)이 과부가 되었을 때, 司馬相如(사마상여)의
거문고소리를 듣고 반해서 夜半逃走(야반도주)한 후 아내가 된 일.
'家徒四壁(가도사벽)'을 보시오.

濯髮雲漢 (탁발운한)★

[뜻음] 씻을 탁, 터럭 발, 구름 운, 은하수 한.
[풀이] 머리를 은하수에 감는다. 벼슬하여 출세함을 이름. 雲漢(운한)
이나 銀漢(은한)은 銀河水(은하수)를 나타냄. 출전 晉書(진서).

卓上空論 (탁상공론)★★★

[뜻음] 높을 탁, 위 상, 빌 공, 논의할 론.
[풀이] 현실성이나 실천 가능성이 없는 虛荒(허황)한 이론.

濁酒三杯豪氣發 (탁주삼배호기발)★

[뜻음] 흐릴 탁, 술 주, 석 삼, 잔 배, 호걸 호, 기운 기, 일어날 발.
[풀이] 탁주 석 잔에 호기롭고 씩씩한 기운이 일어남.

濁質凡姿 (탁질범자)★

[뜻음] 흐릴 탁, 바탕 질, 무릇 범, 맵시 자.
[풀이] 흐린 성질에 평범한 외모. 자기를 謙遜(겸손)하게 이르는 말.

殫極之綆斷幹 (탄극지경단간)★

[뜻음] 다할 탄, 다할 극, 갈 지, 두레박줄 경, 끊을 단, 난간 간.
[풀이] 두레박줄이 우물 난간에 자꾸 닿아 두레박줄도 닳아 끊어지지
마는 우물 난간도 또한 닳아 끊어진다는 뜻, 곧 微力(미력)이나마 무
슨 일을 힘써 하면 成事(성사)할 수 있다는 의미. 太山之霤穿石(태산
지유천석)과 대가 됨.

呑刀刮腸 (탄도괄장)

[뜻음] 삼킬 탄, 칼 도, 깎을 괄, 창자 장.
[풀이] 칼을 삼켜 창자를 도려낸다. 잘못된 마음을 없애고 새 사람이
됨. 출전 南史(남사).

呑刀吐火 (탄도토화)★

[뜻음] 삼킬 탄, 칼 도, 토할 토, 불 화.
[풀이] 칼을 삼키고 불을 토하는 妙妓(묘기).

嘆銅駝在荊棘 (탄동타재형극)★

[뜻음] 한탄할 탄, 구리 동, 낙타 타, 있을 재, 가시나무 형, 가시나무 극.
[풀이] 宮門(궁문) 앞에 구리로 만든 낙타가 있었는데 나라가 망하니
궁전은 파괴되고 그 터에 가시나무가 우거져서 낙타의 銅像(동상)이
가시덤불 속에 있는 것을 보고 한탄한 것. 銅駝荊棘(동타형극). 출전
晉書(진서).

炭婦羞 (탄부수)

[뜻음] 숯 탄, 여자 부, 부끄러울 수.
[풀이] 중국 後漢(후한)의 道士(도사) 張道陵(장도릉)이 숯으로 아름
다운 여자를 만들어 門徒(문도)를 시험하였을 때 이에 마음이 끌린
사람은 모두 검게 물들었다는 옛일에서, 道心(도심)이 堅固(견고)하
지 않음을 비유함.

呑牛之氣 (탄우지기)★

[뜻음] 삼킬 탄, 소 우, 갈 지, 기운 기.
[풀이] 소를 삼킬 만한 壯大(장대)한 氣像(기상).

呑舟之魚 (탄주지어)★

[뜻음] 삼킬 탄, 배 주, 갈 지, 물고기 어.
[풀이] 배를 통째로 삼킬 수 있는 물고기. 큰 인물이나 大惡人(대악인).

呑舟之魚不游枝流 (탄주지어불유지류)★

[뜻음] 삼킬 탄, 배 주, 갈 지, 물고기 어, 아닐 불, 놀 유, 가
      지 지, 흐를 류.
[풀이] 배를 통째로 삼킬 수 있는 물고기는 작은 시내에서 놀지 않는
다. 큰 인물은 高尙(고상)한 뜻을 갖는다는 말. 출전 列子(열자) 楊朱
篇(양주편).

彈指之間 (탄지지간)

[뜻음] 탄알 탄, 손가락 지, 갈 지, 사이 간.
[풀이] 손가락을 튀길 사이. 아주 짧은 시간을 이르는 말.

坦坦大路 (탄탄대로)★★★

[뜻음] 평평할 탄, 큰 대, 길 로.
[풀이] 높은 데가 없이 편평하고 넓은 길. 장래가 아무 어려움이 없이
수월함의 비유.

呑吐出沒 (탄토출몰)

[뜻음] 삼킬 탄, 토할 토, 날 출, 가라앉을 몰.
[풀이] 삼키기도 하고 뱉기도 하고 또 나타나기도 하고 숨기기도 함.

彈劾 (탄핵)★★

[뜻음] 탄알 탄, 캐물을 핵.
[풀이] 남의 죄악을 責望(책망)하여 밝힘. 관리의 罪狀(죄상)을 조사하여 고발함.

彈丸之地 (탄환지지)★

[뜻음] 탄알 탄, 알 환, 갈 지, 땅 지.
[풀이] 사방이 敵國(적국)에 둘러싸 攻擊(공격)의 대상이 되는 썩 좁은 땅. 탄알같이 아주 좁은 땅. 출전 戰國策(전국책).

奪錦之人 (탈금지인)★

[뜻음] 빼앗을 탈, 비단 금, 갈 지, 사람 인.
[풀이] 비단옷을 빼앗은 사람. 곧 관리 등용 시험에 급제한 사람.

脫俗非凡 (탈속비범)★★

[뜻음] 벗을 탈, 풍속 속, 아닐 비, 무릇 범.
[풀이] 속된 기운을 떨쳐 버리고 보통 수준을 넘어섬.

脫粟之飯 (탈속지반)

[뜻음] 벗을 탈, 조 속, 갈 지, 밥 반.
[풀이] 겨를 벗긴 정도의 거친 현미밥. 출전 史記(사기).

脫身逃走 (탈신도주)★

[뜻음] 벗을 탈, 몸 신, 달아날 도, 달릴 주.
[풀이] 관련된 일에서 몸을 빼고 달아남.

奪胎換骨 (탈태환골)★★

[뜻음] 빼앗을 탈, 아이 밸 태, 바꿀 환, 뼈 골.
[풀이] 換骨奪胎(환골탈태).

脫兎之勢 (탈토지세)★★

[뜻음] 벗을 탈, 토끼 토, 갈 지, 형세 세.
[풀이] 우리를 도망쳐 나가는 토끼의 형세. 동작이 매우 재빠름. 출전 孫子(손자) 九地篇(구지편).

貪官汚吏 (탐관오리)★★★

[뜻음] 탐낼 탐, 벼슬 관, 더러울 오, 벼슬아치 리.
[풀이] 벼슬을 탐내는 추잡한 벼슬아치.

探囊中之物 (탐낭중지물)★

[뜻음] 찾을 탐, 주머니 낭, 가운데 중, 갈 지, 만물 물.
[풀이] 주머니 속의 물건을 찾아 갖는다는 뜻. 일이 매우 쉬움.

探驪得珠 (탐려득주)★

[뜻음] 찾을 탐, 검을 려, 얻을 득, 구슬 주.
[풀이] 흑룡을 찾아 진주를 얻다. 글을 지을 때 그 핵심을 정확하게 간파하는 것. 驪(려)는 驪龍(려용: 검은 용).

探驪龍 (탐여룡)★

[뜻음] 찾을 탐, 검을 여, 용 룡.
[풀이] 검은 용의 턱 밑을 더듬어서 거기 붙은 구슬을 얻는다는 말. 위험을 무릅쓰고 큰 이익을 얻음을 비유한 말. 探龍頷(탐용함). 探驪獲珠(탐리획주).

貪戀官爵 (탐련관작)

[뜻음] 탐할 탐, 사모할 련, 벼슬 관, 작위 작.
[풀이] 관직과 작위를 탐하여 늘 잊지 못함.

探驪獲珠 (탐려획주)

[뜻음] 찾을 탐, 가라말 려, 획득할 획, 구슬 주.
[풀이] 흑룡의 턱밑을 더듬어 여의주를 얻는다. 위험을 무릅써 큰 이득을 얻는다. 문장의 요령을 얻음. 探驪得珠(탐려득주).

貪名愛利 (탐명애리)★

[뜻음] 탐할 탐, 이름 명, 사랑 애, 이로울 리.
[풀이] 명예를 탐내고 이익에 마음이 쏠려 잊지 않음.

貪夫徇財 (탐부순재)★

[뜻음] 탐할 탐, 지아비 부, 따라 죽을 순, 재물 재.
[풀이] 욕심이 많은 자는 재물 때문에 목숨을 버림. 탐욕스런 사람은 재물을 얻기 위해 어떠한 위험도 돌보지 않음.

貪小失大 (탐소실대)★

[뜻음] 탐할 탐, 작을 소, 잃을 실, 큰 대.
[풀이] 작은 것을 탐내다 큰 것을 잃는다. 小貪大失(소탐대실).

貪財壞印 (탐재괴인)★

[뜻음] 탐할 탐, 재물 재, 무너질 괴, 도장 찍을 인.
[풀이] 재물을 탐하면 학문이 무너짐.

貪財好色 (탐재호색)★

[뜻음] 탐할 탐, 재물 재, 좋아할 호, 빛 색.
[풀이] 재물을 탐하고 여색을 좋아함.

探花蜂蝶 (탐화봉접)★

[뜻음] 찾을 탐, 꽃 화, 벌 봉, 나비 접.
[풀이] 꽃을 찾아다니는 벌과 나비. 여색을 탐하여 찾아다니는 남자. 探香蜂蝶(탐향봉접).

榻前定奪 (탑전정탈)

[뜻음] 임금 자리 탑, 앞 전, 정할 정, 빼앗을 탈.
[풀이] 임금이 즉석에서 옳고 그름을 가려 결정함.

榻前下敎 (탑전하교)★

[뜻음] 임금 자리 탑, 앞 전, 아래 하, 가르칠 교.
[풀이] 임금이 즉석에서 명령을 함.

湯武放伐 (탕무방벌)★

[뜻음] 탕왕 탕, 무왕 무, 놓을 방, 칠 벌.
[풀이] 중국 殷(은)나라의 湯(탕)왕이 夏(하)나라의 桀王(걸왕)을 내치고, 周(주)나라의 武王(무왕)이 은나라 紂王(주왕)을 친 일.

湯武逆取順守 (탕무역취순수)★

[뜻음] 탕왕 탕, 무왕 무, 거스를 역, 취할 취, 좇을 순, 지킬 수.
[풀이] 殷(은)나라 湯王(탕왕)과 周(주)나라 武王(무왕)은 그들이 섬기던 임금을 내쫓고 천하를 얻었으나 仁義(인의)로써 나라를 다스렸다는 것. 출전 史記(사기) 陸賈傳(육가전).

湯武以諤諤而昌 (탕무이악악이창)★

[뜻음] 탕왕 탕, 무왕 무, 써 이, 바른말 할 악, 말 이을 이, 창성할 창.
[풀이] 중국 殷(은)나라의 湯王(탕왕)과 周(주)나라의 武王(무왕)은 충신이 極力(극력)으로 간하는 것을 받아들였기에 그 나라가 크게 隆昌(융창)하였음. 諤(악)은 直言(직언). 출전 孔子家語(공자가어).

湯之盤銘 (탕지반명)★

[뜻음] 탕왕 탕, 갈 지, 소반 반, 새길 명.
[풀이] 殷(은)나라 湯王(탕왕)이 쓰던 錚盤(쟁반)에 새긴 銘(명). 湯銘(탕명). 출전 大學(대학).

蕩盡家産 (탕진가산)★

[뜻음] 방탕할 탕, 다할 진, 집 가, 낳을 산.
[풀이] 집안의 재산을 죄다 헛되이 없애 버림.

蕩蕩平平 (탕탕평평)★

[뜻음] 방탕할 탕, 바를 평.
[풀이] 싸움, 是非(시비), 論爭(논쟁) 따위에서 어느 쪽에도 치우치지 않음. 蕩平(탕평).

湯鑊甘如飴 (탕확감여이)★

[뜻음] 물 끓을 탕, 가마솥 확, 달 감, 같을 여, 먹이 이.
[풀이] 가마솥에 삶아 죽이는 極刑(극형)도 달게 받음. 가마솥에 삶아 죽이는 형벌을 烹刑(팽형)이라고도 함.

湯鑊之罪 (탕확지죄)★

[뜻음] 물 끓을 탕, 가마솥 확, 갈 지, 허물 죄.
[풀이] 가마솥에 끓여 죽일 만한 지극히 중한 죄. 출전 史記(사기).

太剛則折 (태강즉절)★

[뜻음] 클 태, 굳셀 강, 곧 즉, 꺾일 절.
[풀이] 지나치게 세거나 뻣뻣하면 꺾어지기가 쉬움.

太古順民 (태고순민)★

[뜻음] 클 태, 예 고, 순할 순, 백성 민.
[풀이] 오랜 옛적의 어질고 순한 백성. 太古之民(태고지민).

太古之民 (태고지민)★

[뜻음] 클 태, 예 고, 갈 지, 백성 민.
[풀이] 오랜 옛적의 어질고 순한 백성. 太古順民(태고순민).

太極圖說 (태극도설)★

[뜻음] 클 태, 다할 극, 그림 도, 말씀 설.
[풀이] 宋(송)나라 周敦頤(주돈이)의 학설. 無極(무극)인 太極(태극)에서 陰陽(음양) 五行(오행)과 만물이 생성하는 발전 과정을 설명한 것임. 송학의 근원으로서 朱子(주자)의 ≪近思錄(근사록)≫의 개권 첫머리에 실었음.

太極否來 (태극비래)★★

[뜻음] 클 태, 다할 극, 막힐 비, 올 래.
[풀이] 편안하고 태평함이 극도에 달하면, 이윽고 재난이 옴. 출전 易經(역경).

太牢滋味 (태뢰자미)★

[뜻음] 클 태, 우리 뢰, 불을 자, 맛 미.
[풀이] 소, 양, 돼지 세 짐승의 고기를 모두 사용한 요리의 맛.

太白捉月 (태백착월)★

[뜻음] 클 태, 흰 백, 잡을 착, 달 월.
[풀이] 唐(당)나라의 시인 李白(이백)이 술에 만취하여 채석강 뱃놀이 때 물 위에 비친 달을 잡으려다 溺死(익사)한 일을 이르는 말.

泰山鳴動鼠一匹 (태산명동서일필)★★★

[뜻음] 클 태, 뫼 산, 울 명, 움직일 동, 쥐 서, 한 일, 짝 필.
[풀이] 태산을 울리어 세상을 떠들썩하게 움직이는데 나타난 것은 고작 쥐 한 마리. 요란하게 일을 벌였으나 별로 신통한 결과를 얻지 못한 경우. 이 성어는 로마의 桂冠詩人(계관시인) 호라티우스(B.C.65∼B.C.8)가 "산들이 산고 끝에 우스꽝스러운 생쥐 한 마리를 낳았다"라고 한 말을 중국에서 한문으로 意譯(의역)한 것으로 알려짐.

泰山北斗 (태산북두)★★★

[뜻음] 클 태, 뫼 산, 북녘 북, 별이름 두.
[풀이] 태산과 북두칠성. 당나라 때 文人(문인) 한유를 일컬음. 세상 사람에게 존경받는 사람의 비유. 泰斗(태두).

'泰山(태산)'은 중국 문화 중심지인 黃河(황하) 유역에서 멀리 동쪽으로 어디서나 우러러보게 되는 높은 산이다. '北斗(북두)'는 北斗七星(북두칠성)이므로 북쪽 하늘에 위치하여 모든 사람들이 누구나 우러러보는 별이다. 그러므로 이 말은 태산처럼 북두칠성처럼 사람들이 우러러보는 그런 존재란 뜻이다. 어떤 계통의 權威者(권위자)를 가리켜 '태두'라는 말을 쓴다.

韓愈(한유)는 唐宋(당송) 八大文章家(팔대문장가) 가운데 첫손 꼽히는 사람이기도 하며 道敎(도교)와 佛敎(불교)를 排斥(배척)하고 儒敎(유교)를 높이 떠받든 것으로도 유명하다. 이 한유에 대해 ≪唐書(당서)≫ 韓愈傳(한유전)의 찬은, 그가 六經(육경)의 문장으로 모든 학자들의 스승이 되어, 老莊(노장)의 도와 불교를 배척하고 유교를 높이 昻揚(앙양)시킨 점을 말하고 나서,

"한유가 죽은 뒤로, 그의 학설이 크게 세상에 행해지고 있어, 학자들이 그를 우러러보기를 태산북두처럼 한다"고 했다.

泰山不讓土壤 (태산불양토양)★★★

[뜻음] 클 태, 뫼 산, 아닐 불, 사양할 양, 흙 토, 흙 양.
[풀이] 태산은 작은 흙덩어리라도 싫어하지 않고 包容(포용)하기 때문에 큰 산이 되어 있다는 뜻으로, 사람도 마음을 크고 넓게 가져 어떠한 사람이라도 받아들여야만 큰 인물이 될 수 있다는 비유. 출전 管子(관자).

泰山不讓土壤故能成其大 (태산불양토양고능성기대)★★★

[뜻음] 클 태, 뫼 산, 아닐 불, 사양할 양, 흙 토, 흙 양, 연고 고, 능할

능, 이룰 성, 그 기, 큰 대.
[풀이] 태산은 작은 흙덩어리라도 싫어하지 않고 包容(포용)하기 때문에 지금처럼 큰 산이 되어 있다. 泰山不讓土壤(태산불양토양).

泰山崩於前而色不變 (태산붕어전이색불변)★

[뜻음] 클 태, 뫼 산, 무너질 붕, 어조사 어, 앞 전, 말 이을 이, 빛 색, 아닐 불, 변할 변.
[풀이] 태산이 눈앞에서 무너져도 눈 하나 깜박하지 않음. 태산이 눈앞에서 무너져도 조금도 顔色(안색)이 변하지 아니함. 泰然自若(태연자약)함을 이름. 太山崩於前色不變(태산붕어전색불변). 출전 蘇洵(소순)의 글.

泰山壓卵 (태산압란)★

[뜻음] 클 태, 뫼 산, 누를 압, 알 란.
[풀이] 큰 산이 알을 누른다. 일이 대단히 쉬운 것을 비유함. 출전 晉書(진서).

泰山峻嶺 (태산준령)★★

[뜻음] 클 태, 뫼 산, 높을 준, 재 령.
[풀이] 큰 山(산)과 險(험)한 재.

泰山之霤穿石 (태산지류천석)★

[뜻음] 클 태, 뫼 산, 갈 지, 물방울 류, 뚫을 천, 돌 석.
[풀이] 태산의 물방울이 옛날부터 끊이지 않고 떨어져서 돌에 구멍을 뚫는 것과 같이 작은 힘이라도 자꾸 쌓으면 큰 공을 이룬다는 비유. '殫極之綆斷幹(탄극지경단간)'과 對(대)가 됨.

泰山頹梁木折 (태산퇴양목절)★

[뜻음] 클 태, 뫼 산, 무너질 퇴, 들보 양, 나무 목, 꺾일 절.
[풀이] 태산이 무너지고 대들보가 부러진다. 一代(일대)의 賢人(현인)이나 君子(군자)가 죽음을 이름. 출전 禮記(예기).

泰山鴻毛 (태산홍모)★

[뜻음] 클 태, 뫼 산, 큰기러기 홍, 털 모.
[풀이] 태산과 기러기 털. 아주 무거운 것과 아주 가벼운 것의 비유. 죽음의 무게를 따지며 쓰는 말. 출전 사마천의 [보임안서].

太上老君 (태상노군)★

[뜻음] 클 태, 위 상, 늙을 노, 임금 군.
[풀이] 道敎(도교)에서 老子(노자)를 높이어 부르는 稱號(칭호).

泰然自若 (태연자약)★★

[뜻음] 클 태, 그러할 연, 스스로 자, 같을 약.
[풀이] 沈着(침착)하여 조금도 마음이 動搖(동요)되지 아니하는 모양.

太乙仙女 (태을선녀)★

[뜻음] 클 태, 새 을, 신선 선, 여자 녀.
[풀이] 하늘에 있는 仙女(선녀).

太乙眞人 (태을진인)★

[뜻음] 클 태, 새 을, 참 진, 사람 인.
[풀이] 하늘에 있는 眞仙(진선). 출전 史記(사기) 封禪書(봉선서).

殆哉岌岌 (태재급급)★

[뜻음] 위태할 태, 어조사 재, 높을 급.
[풀이] 殆哉(태재)를 강조하여 이르는 말. 殆哉(태재)는 몹시 위태하다는 말.

太宗呑蝗 (태종탄황)★

[뜻음] 클 태, 마루 종, 삼킬 탄, 메뚜기 황.
[풀이] 태종이 메뚜기를 삼키다. 唐(당)나라 태종이 백성을 몹시 사랑한 일. 출전 貞觀政要(정관정요) 辭務篇(사무편).

太倉稊米 (태창제미)★

[뜻음] 클 태, 곳집 창, 돌피 제, 쌀 미. 큰 곳간 안의 돌피.
[풀이] 태창은 나라의 쌀 창고. 제는 피의 일종. 아주 큰 물건 속에 있는 아주 작은 물건을 이름. 滄海一粟(창해일속). 출전 莊子(장자).

太平無象 (태평무상)★

[뜻음] 클 태, 평평할 평, 없을 무, 모양 상.
[풀이] 천하가 태평할 때에는 이렇다 할 특별한 조짐이 나타나지 않는다는 뜻으로, 이것이 곧 태평의 證據(증거)라는 말.

太平聖代 (태평성대)★★

[뜻음] 클 태, 평평할 평, 성스러울 성, 대 대.
[풀이] 어질고 착한 임금이 다스리는 태평한 세상.

太平歲月 (태평세월)★

[뜻음] 클 태, 평평할 평, 해 세, 달 월.
[풀이] 태평한 시절.

太平烟月 (태평연월)★★

[뜻음] 클 태, 평평할 평, 연기 연, 세월 월.
[풀이] 편안하고 즐거운 세월. 烟(연)은 煙(연). 연월은 편안한 세월.

太平之業 (태평지업)★

[뜻음] 클 태, 평평할 평, 갈 지, 업 업.
[풀이] 백성이 걱정 없이 편안히 살 수 있도록 나라를 잘 다스리는 일.

擇言擇行 (택언택행)★

[뜻음] 가릴 택, 말씀 언, 갈 행.
[풀이] 선과 악을 가려서 해야 할 말이나 행동. 출전 孝經(효경).

擇日成禮 (택일성례)★

[뜻음] 가릴 택, 날 일, 이룰 성, 예도 례.
[풀이] 좋은 날짜를 골라 婚禮(혼례)를 치름.

擇日出師 (택일출사)

[뜻음] 가릴 택, 날 일, 날 출, 군사 사.
[풀이] 날을 가려 군대를 이끌고 전쟁터로 나감.

擇子莫如父 (택자막여부)★

[뜻음] 가릴 택, 자식 자, 없을 막, 같을 여, 아비 부.
[풀이] 자식을 택하는 데에는 아버지만 함이 없다. 아버지는 누구보다도 아들의 현명함과 어리석음을 잘 알아 가려냄. 출전 春秋左氏傳(춘추좌씨전).

澤被蒼生 (택피창생)★

[뜻음] 못 택, 미칠 피, 푸를 창, 날 생.
[풀이] 德澤(덕택)이 萬民(만민)에게 미침. 창생은 億兆蒼生(억조창생), 億萬蒼生(억만창생).

兎角龜毛 (토각귀모)★

[뜻음] 토끼 토, 뿔 각, 거북 귀, 털 모.
[풀이] 토끼의 뿔과 거북이의 털. 이 세상에 존재하지 않는 것을 비유하는 말.

吐剛茹柔 (토강여유)★

[뜻음] 토할 토, 굳셀 강, 먹을 여, 부드러울 유.
[풀이] 딱딱한 것을 뱉고 부드러운 것을 먹는다. 强者(강자)를 두려워하고 弱者(약자)를 깔봄.

吐故納新 (토고납신)★

[뜻음] 토할 토, 연고 고, 들일 납, 새 신.
[풀이] 묵은 숨을 내쉬고 새로운 숨을 들이킴. 심호흡법. 출전 莊子(장자).

兎起鶻落 (토기골락)★

[뜻음] 토끼 토, 내달을 기, 송골매 골, 떨어질 락.
[풀이] 토끼가 내닫고 송골매가 떨어진다. 글씨의 筆勢(필세)가 遒勁(주경: 씩씩하고 굳셈)함을 형용하는 말.

兎羅雉罹 (토라치리)★

[뜻음] 토끼 토, 그물 라, 꿩 치, 걸릴 리.
[풀이] 토끼를 잡으려고 쳐 놓은 그물에 꿩이 걸린다. 소인이 計考(계고)를 써서 죄를 벗어나고 君子(군자)가 도리어 禍(화)를 입는 경우를 비유함.

土木形骸 (토목형해)

[뜻음] 흙 토, 나무 목, 육체 형, 뼈 해.
[풀이] 사람의 몸과 뼈를 흙과 나무로 한다. 外貌(외모)를 꾸미지 않음을 나타냄. 출전 晉書(진서).

討門不入 (토문불입)

[뜻음] 칠 토, 문 문, 아닐 불, 들 입.
[풀이] 자기 문 앞을 지나가면서도 들어가지 않다. 公務(공무)에 바빠 사사로운 감정은 접어두는 태도를 비유함. '過門不入(과문불입)'을 보시오.

土崩瓦解 (토붕와해)★★

[뜻음] 흙 토, 무너질 붕, 기와 와, 풀어질 해.
[풀이] 흙이 무너지고 기와가 깨진다. 일이 근본부터 뒤엉켜 도저히 어찌할 도리가 없음. 출전 史記(사기) 秦始皇本紀(진시황본기).

兎死狗烹 (토사구팽)★★★

[뜻음] 토끼 토, 죽을 사, 개 구, 삶을 팽.
[풀이] 빠른 토끼가 죽을 것 같으면 토끼를 잡던 사냥개도 필요가 없으므로 가마솥에 삶는다. 즉 적국이 망하면 공이 있는 謀臣(모신)을 죽인다. 필요할 때는 요긴하게 사용하고 필요 없을 때는 假借(가차) 없이 버린다는 뜻. 한나라 유방과 한신의 고사. 兎(토)는 免(토)와 같

兎絲附如蘿 (토사부여라)★

[뜻음] 토끼 토, 실 사, 붙을 부, 담쟁이 여, 담쟁이 라.
[풀이] 새삼 덩굴이 여라(담쟁이덩굴)에 감겼다. 부부간의 애정이 얽히고설킴. 부부의 因緣(인연)을 말함. 兎絲附女蘿(토사부녀라).

吐絲自縛 (토사자박)★

[뜻음] 토할 토, 실 사, 스스로 자, 묶을 박.
[풀이] 누에가 실을 토하여 고치를 지어서는 스스로 그 속에 갇힌다. 주위와 관계를 끊어 參禪(참선)의 三昧境(삼매경)에 듦.

兎死狐悲 (토사호비)★

[뜻음] 토끼 토, 죽을 사, 여우 호, 슬플 비.
[풀이] 토끼가 죽으니 여우가 슬퍼함. 同類(동류)의 不運(불운)을 슬퍼함.

土壤細流 (토양세류)★

[뜻음] 흙 토, 흙 양, 가늘 세, 흐를 류.
[풀이] 작은 흙덩이와 가느다란 내. '泰山不讓土壤(태산불양토양), 河海不擇細流(하해불택세류)'를 보시오. 출전 戰國策(전국책).

兎營三窟 (토영삼굴)★

[뜻음] 토끼 토, 지을 영, 석 삼, 굴 굴.
[풀이] 토끼가 危難(위난)을 피하기 위해 세 개의 굴을 파 놓는다. 자기의 안전을 위해 미리 몇 가지 방책을 짜 놓음.

土旺之節 (토왕지절)★

[뜻음] 흙 토, 왕성할 왕, 갈 지, 마디 절.
[풀이] 오행에 나오는, 토기가 성한 절기. 춘하추동에 각 한 절기씩 일 년에 네 번 있고, 한 節氣(절기)는 18일 동안이며 이날은 흙일을 禁(금)한다.

土牛木馬 (토우목마)

[뜻음] 흙 토, 소 우, 나무 목, 말 마.
[풀이] 흙으로 만든 소와 나무로 만든 말. 外觀(외관)만은 좋으나 실속이 없는 것의 비유. 출전 周書(주서).

吐哺握髮 (토포악발)★★★

[뜻음] 토할 토, 머금을 포, 잡을 악, 머리카락 발.
[풀이] 먹던 것을 뱉고 감던 머리를 움켜쥐다. 주나라 주공이 賢人(현인)을 모시기 위해 손님이 찾아오면 성의를 다하던 정성과 자세. 握髮吐哺(악발토포). 吐哺捉髮(토포착발). 출전 韓詩外傳(한시외전).

吐哺捉髮 (토포착발)★

[뜻음] 토할 토, 머금을 포, 잡을 착, 터럭 발.
[풀이] 밥을 먹거나 머리를 감을 때에 손님이 오면 먹던 밥은 뱉고 감던 머리는 쥐고 바로 나가 마중함. 吐哺握髮(토포악발). 握髮吐哺(악발토포). 출전 史記(사기).

土豪劣紳 (토호열신)★

[뜻음] 흙 토, 호걸 호, 열등할 열, 큰 띠 신.
[풀이] 토지의 세력자와 不正(부정)한 紳士(신사)란 뜻. 官僚(관료)나

軍閥(군벌)과 손을 잡고 일반 백성들을 不當(부당)하게 학대하고 못 살게 구는 地方(지방)의 地主(지주) 및 資産家(자산가).

通家之誼 (통가지의)

[뜻음] 통할 통, 집 가, 갈 지, 정 의.
[풀이] 절친한 친구 사이에 친척처럼 내외를 트고 지내는 情誼(정의).

痛哭再拜 (통곡재배)★

[뜻음] 아플 통, 울 곡, 두 재, 절할 배.
[풀이] 슬피 울며 두 번 절함.

通過儀禮 (통과의례)★★★

[뜻음] 통할 통, 지날 과, 의례 의, 예도 례.
[풀이] 일정한 시기나 과정을 통과하기 위해 거쳐야 할 의례적 절차.

通過祭儀 (통과제의)★★★

[뜻음] 통할 통, 지날 과, 제사 제, 의례 의.
[풀이] 通過儀禮(통과의례).

通理君子 (통리군자)★

[뜻음] 통할 통, 이치 리, 임금 군, 아들 자.
[풀이] 事理(사리)에 通達(통달)한 학자.

痛飲黃龍 (통음황룡)★

[뜻음] 아플 통, 마실 음, 누를 황, 용 룡.
[풀이] 황룡에 들어가서 마음껏 술을 마시다. 적들의 소굴을 가차 없이 쳐부수고 실컷 즐긴다는 말.

恫疑虛喝 (통의허갈)

[뜻음] 두려워할 통, 의심할 의, 빌 허, 꾸짖을 갈.
[풀이] 속으로는 떨면서 겉으로 위협함. 숨을 헐떡거리며 두려워하는 일. 출전 史記(사기).

統而計之 (통이계지)★

[뜻음] 거느릴 통, 말 이을 이, 셈할 계, 갈 지.
[풀이] 모두 합쳐서 계산함.

痛入骨髓 (통입골수)★

[뜻음] 아플 통, 들 입, 뼈 골, 골수 수.
[풀이] 원통한 일이 깊이 사무쳐 골수에 맺힘.

痛定思痛 (통정사통)★

[뜻음] 아플 통, 정할 정, 생각할 사.
[풀이] 아픔이 가라앉은 뒤에 전의 아픔을 돌이켜 생각한다. 지난날의 苦痛(고통)이나 失敗(실패)를 反省(반성)함.

通天之數 (통천지수)★

[뜻음] 통할 통, 하늘 천, 갈 지, 운수 수.
[풀이] 하늘을 통하는 운수. 매우 좋은 운수.

槌輕釘聳 (퇴경정용)★

[뜻음] 망치 퇴, 가벼울 경, 못 정, 솟을 용.
[풀이] 망치가 가벼우면 못이 솟는다. 윗사람이 위엄이 없으면 아랫

사람이 反抗(반항)한다는 말. 椎輕釘聳(추경정용).

推敲 (퇴고)★★★

[뜻음] 밀 퇴, 두드릴 고.
[풀이] '밀다'의 한자를 쓸 것인가, '두드린다'의 한자를 쓸 것인가 고민하다. 詩文(시문)을 여러 번 생각하여 고침. 원고를 마지막으로 가다듬음.

문장을 다듬고 또 다듬어 비슷한 말이라도 어느 것이 더 적절한가를 살피고 생각하는 것을 말한다. ≪唐書(당서)≫ 가도전에 나오는 이야기이다.

唐(당)나라 때의 詩人(시인) 賈島(가도)가 나귀를 타고 가다 詩想(시상)이 떠올랐다. 첫째 구절을 마치고 둘째 구절을 지었다.

새는 못가 나무에 자고
중은 달 아래 문을 두들긴다.

鳥宿池邊樹 조숙지변수
僧敲月下門 승고월하문

그런데 중이 달 아래 문을 두들긴다는 말보다는 민다고 하는 것이 어떨까 고민하고 생각에 잠겼다.

나귀를 탄 채 두 글자를 놓고 '밀었다 두들겼다' 하며 가다가 貴人(귀인)의 행차에 걸리고 말았다. 행차는 공교롭게도 京兆尹(경조윤) 韓愈(한유)의 행차였다.

행차 길을 침범한 혐의로 한유 앞으로 끌려 나간 그는 사실대로 이야기를 했다. 그러자 한유는 노여워하는 대신 한참 생각하고 있더니,

"역시 민다는 推(퇴)보다는 두들긴다는 敲(고)가 좋겠군" 하며 가도와 나란히 행차를 계속했다. 그 뒤로 두 사람은 문학을 나누는 친구가 되었다고 한다.

'推(추)'는 가린다고 할 때는 '추'라고 읽고 민다고 할 때는 '퇴'라고 읽는다.

退避三舍 (퇴피삼사)★

[뜻음] 물러날 퇴, 피할 피, 석 삼, 삼십 리 행정 사.
[풀이] 물러나 90리를 피하다. 남에게 자리를 양보하거나 멀찌감치 물러앉는 것을 비유함. 출전 春秋左氏傳(춘추좌씨전).

投瓜得瓊 (투과득경)★

[뜻음] 던질 투, 오이 과, 얻을 득, 옥 경.
[풀이] 木瓜(모과) 열매를 선사하고 珠玉(주옥)을 返禮(반례)로 받는다. 적은 물건을 주고 후한 답례를 받음. 애정의 교환. 약혼. ① 한 번 망했다가 재흥한 衛(위)나라의 백성들이 재흥을 도와준 齊(제)나라 桓公(환공)을 칭송하는 노래에서 온 말. ② 중국의 고대 풍습의 하나로, 여자가 사모하는 남자에게 과일을 던지면 남자는 허리에 띠고 있던 구슬을 보내어 부부의 약속을 했다는 옛일에서 온 말. 출전 詩經(시경) 衛風(위풍) 木瓜篇(목과편).

投桃報李 (투도보리)

[뜻음] 보낼 투, 복숭아 도, 갚을 보, 자두 리.
[풀이] 복숭아를 보내온 보답으로 자두를 보낸다. 내가 은혜와 덕을 베풀면 남도 이를 본보기로 함. 출전 詩經(시경).

投鼠忌器 (투서기기)★

[뜻음] 던질 투, 쥐 서, 꺼릴 기, 그릇 기.
[풀이] 쥐에게 물건을 던져서 때려잡고 싶으나 곁에 있는 그릇을 깰까 두려워한다. 임금 곁의 奸臣(간신)을 除去(제거)하려 하여도 임금에게 累(누)가 미칠까 두려워한다는 말.

鬪志滿滿 (투지만만)★★

[뜻음] 싸울 투, 뜻 지, 찰 만.
[풀이] 싸우고자 하는 굳센 의지로 가득 차 있음.

投之亡地然後存 (투지망지연후존)

[뜻음] 던질 투, 갈 지, 죽을 망, 땅 지, 그러할 연, 뒤 후, 있을 존.
[풀이] 일단 死地(사지)에 빠진 후에야 活路(활로)를 얻음. 죽을 각오를 한 후에야 살길이 열림. 출전 孫子(손자).

投鞭斷流 (투편단류)★

[뜻음] 던질 투, 채찍 편, 끊을 단, 흐를 류.
[풀이] 채찍을 던져서 江流(강류)를 막는다는 뜻으로, 剛(강)을 건너는 騎兵(기병)의 수가 많음을 비유함.

投筆成字 (투필성자)★

[뜻음] 던질 투, 붓 필, 이룰 성, 글자 자.
[풀이] 글씨를 잘 쓰는 사람은 정성을 들이지 않고 붓을 아무렇게나 던져도 글씨가 잘 써진다는 말.

投筆從戎 (투필종융)★

[뜻음] 던질 투, 붓 필, 좇을 종, 군사 융.
[풀이] 붓을 던지고 전쟁터로 나아감.

偸香 (투향)★

[뜻음] 훔칠 투, 향기 향. 향을 훔치다.
[풀이] 남녀가 사사로이 정을 통하는 것을 말함. 출전 요재지이.

特立獨行 (특립독행)★

[뜻음] 황소 특, 설 립, 홀로 독, 다닐 행.
[풀이] 자신의 主觀(주관)과 所信(소신)을 확고부동하게 세우고 관철시켜서 남의 도움이 없이 떳떳하게 세상에 나가는 것. 출전 禮記(예기) 儒行篇(유행편).

特立之士 (특립지사)★

[뜻음] 황소 특, 설 립, 갈 지, 선비 사.
[풀이] 세속 밖에 홀로 우뚝한, 훌륭한 사람.

特筆大書 (특필대서)★

[뜻음] 수컷 특, 붓 필, 큰 대, 글 서.
[풀이] 大書特筆(대서특필).

破家瀦宅 (파가저택)★

[뜻음] 깨뜨릴 파, 집 가, 웅덩이 저, 집 택.
[풀이] 큰 죄인의 집을 헐어 없애고, 그 터를 파서 물을 대어 못을 만드는 형벌.

破鏡 (파경)★★★

[뜻음] 깰 파, 거울 경.
[풀이] 거울이 깨지다.

《太平廣記(태평광기)》 百六十六(백육십육) 권 義氣(의기)라는 항목에 나오는 말이다. 南北朝(남북조) 시대 남조의 마지막 왕조인 陳(진)이 망하게 되었을 때 太子舍人(태자사인)이었던 徐德言(서덕언)은 隋(수)나라 대군이 양자강 북쪽 기슭에 도착하자 만일의 경우를 생각해서 아내를 불러 사태가 예측하기 힘들어 이별하게 될 것이라고 말했다. 앞으로 당신은 얼굴과 재주가 뛰어나므로 적의 수중으로 넘어가 귀한 집에서 살게 될 것이므로 다시 만날 수 없겠지만 혹시 다시 만나게 된다면 거울로 증표를 삼자고 하며, 거울을 둘로 잘라 한쪽을 아내에게 주었다.

수나라 대군이 강을 건너자 진나라는 곧 망하고 서덕언의 아내는 적에게 붙잡혀 가서 樂昌公主(낙창공주)에 봉해졌다. 그녀는 隋文帝(수문제) 楊堅(양견)의 오른팔로, 건국 제일공신인 越國公(월국공) 楊素(양소)의 집으로 들어가게 되었다.

서덕언은 겨우 살아나 일 년 후 長安(장안)으로 가서 약속한 정월 보름날 시장으로 가서 깨진 거울을 파는 사나이를 만나 거울을 맞추어 합치고 그 뒤에 시를 적어 사나이에게 보냈다.

거울은 사람과 더불어 함께 가더니
거울만 돌아오고 사람은 돌아오지 않누나.
다시 姮娥(항아)의 그림자는 없이
헛되이 밝은 달빛만 멈추노나.

서덕언의 아내는 그 거울을 본 후 먹지도 않고 울기만 하자 양소는 사연을 캐물어 사연을 다 듣자 여인을 돌아가게 해 주었다.

이 이야기에서 생이별한 부부가 다시 만나게 되는 것을 ‘破鏡重圓(파경중원)’이라고 부르게 되었다. 깨진 거울이 거듭 둥글게 되었다는 말이다.

破鏡不照 (파경부조)★

[뜻음] 깨어질 파, 거울 경, 아닐 부, 비출 조.
[풀이] 깨진 거울은 다시 비치지 않음. 부부간의 이별이나 離婚(이혼)을 말함. 헤어진 부부는 다시 결합하기 힘듦.

破鏡重圓 (파경중원)★

[뜻음] 깰 파, 거울 경, 다시 중, 둥글 원.
[풀이] 깨졌던 거울이 다시 둥글게 되다. 헤어졌던 夫婦(부부)가 다시 만난 것을 일컫는 말.

破戒無慙 (파계무참)★

[뜻음] 깨뜨릴 파, 경계 계, 없을 무, 부끄러울 참.
[풀이] 戒律(계율)을 어기고도 부끄러워하지 아니함.

破瓜之年 (파과지년)★★★

[뜻음] 깨뜨릴 파, 참외 과, 갈 지, 해 년.
[풀이] 팔 더하기 팔은 16. 16세. 옛날 결혼 적령기. ‘瓜(과)’를 破字(파자)하면 16이 됨. 팔 곱하기 팔로 해석하여 남자의 나이 64세를 나타내기도 함.

참외를 깨는 나이란 뜻이다. 이 말은 여자의 열여섯 살을 가리키기도 하고, 첫 經度(경도)가 있게 되는 나이란 뜻도 된다.

瓜(과)란 글자를 破字(파자)를 하면 팔(八)이 둘로 된다. 여덟이 둘이면 열여섯이 된다. 그래서 여자를 참외에다 비유하고 또 그것을 깨면 열여섯이 되기 때문에 여자의 열여섯 나이를 가리키게 된 것이라고 본다.

여자의 자궁을 참외와 같이 생긴 것으로 보고 경도가 처음 있어 피가 나오게 되는 것을 파과라고도 하고 또 여자가 육체적으로 처녀를 잃게 되는 것을 破瓜(파과)라고 한다.

이 말은 晋(진)나라 孫綽(손탁)의 [情人碧玉歌(정인벽옥가)]라는 시에 보인다.

푸른 구슬 참외를 깰 때에
님은 사랑을 못 견디어 넘어져 궁글었네.
님에게 감격하여 부끄러워 붉히지도 않고
몸을 돌려 님의 품에 안겼네.

灞橋驢上 (파교여상)★

[뜻음] 강 이름 파, 다리 교, 당나귀 여, 위 상.
[풀이] 灞水(파수) 위에 걸린 다리 위를 가는 당나귀 위. 詩想(시상)을 짜기에 가장 적당한 곳. 파교는 장안 동쪽 파수에 걸린 다리 이름인데, 옛날 사람들이 이 다리에 이르러 버들가지를 꺾어 송별의 뜻을 전하였음. 시상을 떠올리기 가장 좋은 곳. ‘灞橋折柳(파교절류), 灞橋之詩思(파교지시사)’를 참조하시오. 출전 北夢瑣言(북몽쇄언).

灞橋折柳 (파교절류)★

[뜻음] 강 이름 파, 다리 교, 꺾을 절, 버들 류.
[풀이] 灞水(파수) 위에 걸린 다리에 이르러 버들가지를 꺾어 송별의 뜻을 전하였음. 시상을 떠올리기 가장 좋은 곳. ‘灞橋驢上(파교여상), 灞橋之詩思(파교지시사)’를 참조하시오.

灞橋之詩思 (파교지시사)★

[뜻음] 강 이름 파, 다리 교, 갈 지, 시 시, 생각할 사.
[풀이] 시상을 얻는 데에는 적당한 장소가 필요함. 어떤 사람이 중국 唐(당)나라의 正卿(정경)에게 요즈음 좋은 詩作(시작)이 있느냐고 묻자, 詩想(시상)은 灞橋風雪中驢子上(파교풍설중려자상)에 있다고 대답하며 현재와 같이 俗事(속사)에 얽매여 있을 때는 결코 좋은 시상이 떠오르지 않는다고 말한 옛일에서 온 말.

爬羅剔抉 (파라척결)★

[뜻음] 긁을 파, 새그물 라, 바를 척, 들추어낼 결.
[풀이] 파는 긁음(搔(소)), 라는 網羅(망라), 척은 뼈를 발라냄, 결은 후벼낸다는 말이니, 人材(인재)를 널리 찾아 등용함. 남의 秘密(비밀)이나 缺點(결점)을 샅샅이 들춤.

破落戶 (파락호)★★★

[뜻음] 깨어질 파, 떨어질 락, 집 호.
[풀이] 沒落(몰락)한 세도 집안의 子弟(자제)를 이르던 말. 만판 놀고 먹는 건달. 無賴漢(무뢰한).

波瀾曲折 (파란곡절)★★

[뜻음] 물결 파, 물결 란, 굽을 곡, 꺾을 절.
[풀이] 생활 또는 일의 진행에서 일어나는 많은 困難(곤란)과 변화.

波瀾萬丈 (파란만장)★★★

[뜻음] 물결 파, 큰 물결 란, 일만 만, 길 장.
[풀이] 물결의 起伏(기복)이 심하듯이 일의 진행이나 살아가는 데 기복, 변화가 매우 심함. 波瀾曲折(파란곡절).

波瀾不驚 (파란불경)

[뜻음] 물결 파, 큰 물결 란, 아닐 불, 놀랄 경.
[풀이] 물결이 일지 않아 수면이 잔잔함.

波瀾重疊 (파란중첩)★

[뜻음] 물결 파, 큰 물결 란, 무거울 중, 겹칠 첩.
[풀이] 일의 진행에 있어서 온갖 변화와 난관이 많음.

破廉恥 (파렴치)★★★

[뜻음] 깨어질 파, 청렴할 렴, 부끄러울 치.
[풀이] 염치가 없어서 도무지 부끄러움을 모르는 사람. 沒廉恥(몰염치). 厚顔無恥(후안무치). 출전 管子(관자) 牧民篇(목민편).

破麥剖梨 (파맥부리)★

[뜻음] 깨뜨릴 파, 보리 맥, 쪼갤 부, 배 리.
[풀이] 잃었던 남편과 자식을 다시 만나는 일. 보리(麥)를 찧으면 기울(麩)이 생기고 배(梨)를 쪼개면 씨(種)가 나오는 데서 麩(부)와 夫(부), 種(종)과 子(자)를 관련지어 이르는 말.

把盃腕不外曲 (파배완불외곡)★

[뜻음] 잡을 파, 잔 배, 팔 완, 아닐 불, 바깥 외, 굽을 곡.
[풀이] 잔 잡은 팔은 밖으로 굽지 않는다. 자기에게 후한 사람에게는 자연 정이 쏠림.

破僻 (파벽)★★

[뜻음] 깨뜨릴 파, 치우칠 벽.
[풀이] 破天荒(파천황).

破壁飛去 (파벽비거)★

[뜻음] 깨뜨릴 파, 벽 벽, 날 비, 갈 거.
[풀이] 중국 양나라의 장승요가 금릉 안락사의 벽에 용을 그리고 여기에 눈동자를 그려 넣었더니 갑자기 용이 벽을 부수고 하늘로 날아갔다는 옛일. 사물의 緊要(긴요)한 곳을 완성함. 요점을 찾아 해결함. 조그만 일로 전체가 활기를 띰. '畵龍點睛(화룡점정)'을 보시오.

破釜甑 (파부증)★

[뜻음] 깨뜨릴 파, 솥 부, 시루 증.
[풀이] 破釜沈船(파부침선). 출전 後漢書(후한서).

破釜沈船 (파부침선)★★★

[뜻음] 깨뜨릴 파, 솥 부, 가라앉을 침, 배 선.
[풀이] 솥을 깨어 버리고 배를 가라앉힌다. 出陣(출진)에 앞서 살아 돌아가지 않고 크게 싸우겠다는 覺悟(각오)를 말함. 秦(진)나라를 치기 위해 군사를 일으킨 項羽(항우)가 鉅鹿(거록)의 싸움에서 타고 온 배를 가라앉히고 쓰고 있던 솥을 깨부쉈다는 일에서 온 말.

破邪顯正 (파사현정)★★

[뜻음] 깨뜨릴 파, 간사할 사, 나타낼 현, 바를 정.
[풀이] 邪道(사도)를 쳐부수고 正法(정법)을 나타내어 널리 폄. 그릇된 견해를 타파하고 정도를 나타냄.

破顔大笑 (파안대소)★★

[뜻음] 깨어질 파, 얼굴 안, 클 대, 웃을 소.
[풀이] 얼굴빛을 부드럽게 하여 한바탕 크게 웃음.

破顔一笑 (파안일소)★

[뜻음] 깨어질 파, 얼굴 안, 한 일, 웃을 소.
[풀이] 破顔大笑(파안대소).

破獄逃走 (파옥도주)

[뜻음] 깨뜨릴 파, 감옥 옥, 달아날 도, 달릴 주.
[풀이] 갇혔던 죄수가 옥을 깨뜨리고 도망함.

把酒臨風 (파주임풍)

[뜻음] 잡을 파, 술 주, 임할 임, 풍광 풍.
[풀이] 술잔을 손에 잡고, 때마침 불어오는 맑은 바람에 대한다. 自適(자적)의 경지. 풍은 풍광의 뜻.

破竹之勢 (파죽지세)★★★

[뜻음] 깰 파, 대나무 죽, 갈 지, 기세 세.
[풀이] 대나무를 쪼개는 듯한 왕성한 기운. 걷잡을 수 없이 나아가는 猛烈(맹렬)한 氣勢(기세).

≪晉書(진서)≫ 杜預傳(두예전)에 나오는 이야기이다.
三國時代(삼국시대)는 司馬炎(사마염)의 晉(진)나라 건국으로 막이 내린 셈이지만, 삼국 중의 하나인 吳(오)나라는 십오 년 동안이나 그 명맥을 유지하고 있었다. 그 오나라를 치기 위해 내려온 鎭南大將軍(진남대장군) 杜預(두예)가 이십만 대군으로 荊州(형주)를 완전 점령하고 마지막 총공격을 위한 작전회의를 하게 되었을 때이다. 한 사람이 의견을 개진했다.

"지금 당장 완전승리를 거두기는 어렵습니다. 더구나 봄철이라 비가 잦고 전염병까지 발생하기 쉬우니, 일단 작전을 중지하고 다음 겨울이 올 때까지 기다리는 것이 어떻겠습니까?"

그러자 두예는,

"…지금 군사의 威嚴(위엄)은 이미 떨쳐져 있다. 그것은 마치 대나무를 쪼개는 것과 같다. 몇 마디 뒤까지가 칼날을 맞이하여 벌어지므로 다시 손댈 곳이 없다"라고 했다.

두예는 곧장 吳(오)나라 首都(수도)를 향해 進軍(진군)할 것을 명령했다. 오나라 군대는 抵抗(저항)을 抛棄(포기)하고 모두 降伏(항복)했다.

破甑不顧 (파증불고)★
[뜻음] 깰 파, 질그릇 증, 아닐 불, 돌아볼 고.
[풀이] 이미 깨진 질그릇을 돌아볼 필요는 없다. 挽回(만회)할 수 없는 일을 가지고 아쉬워하거나 悲痛(비통)해 할 필요는 없다는 말.

破天荒 (파천황)★★★
[뜻음] 깰 파, 하늘 천, 거칠 황.
[풀이] 천지가 아직 열리지 않은 혼돈한 상태를 천황이라고 한다. 이런 상황을 깨뜨리고 새로운 세상을 만든다는 말. 唐(당)나라 荊州(형주) 지방에 사는 유세가 처음 진사에 합격한 데에서 생긴 말. ① 이전에 아무도 못 한 일을 처음으로 함. ② 破僻(파벽). 썩 드문 성의 집단이나 또는 양반 없는 시골에서 인재가 나서 본래의 미천한 상태를 벗어나는 것. 출전 北夢瑣言(북몽쇄언).

皤皤國老 (파파국로)★
[뜻음] 머리 하얀 파, 나라 국, 늙을 로.
[풀이] 머리털이 하얗게 센 국가의 중신, 원로.

皤皤老人 (파파노인)★
[뜻음] 머리 하얀 파, 늙을 로, 사람 인.
[풀이] 머리가 허옇게 센 늙은이.

判官使令 (판관사령)
[뜻음] 판단할 판, 벼슬 관, 부릴 사, 수령 령.
[풀이] 아내의 말을 잘 따르는 사람을 농으로 이르는 말.

販賤賣貴 (판천매귀)
[뜻음] 살 판, 값 낮을 천, 팔 매, 비쌀 귀.
[풀이] 헐값에 사서 비싸게 팖.

板蕩識誠臣 (판탕식성신)★
[뜻음] 널빤지 판, 쓸어버릴 탕, 알 식, 정성 성, 신하 신.
[풀이] 板蕩(판탕)이란 국가가 어지러움을 이름. ≪詩經(시경)≫에

板篇(판편)과 蕩篇(탕편)이 있어 정치의 혼란을 말한 데서 나온 말임. 천하가 어지러울 때에야 비로소 진실한 신하를 알 수 있음. 출전 後漢書(후한서) 楊震傳(양진전).

八家一井 (팔가일정)★
[뜻음] 여덟 팔, 집 가, 하나 일, 면적단위 정.
[풀이] 井(정)은 사방이 십 리 되는 井田(정전)으로서, 이 정전의 안에서 여덟 세대가 사는 것을 이름. 출전 說文解字(설문해자).

八年兵火 (팔년병화)★
[뜻음] 여덟 팔, 해 년, 군사 병, 불 화.
[풀이] 八年風塵(팔년풍진).

八年風塵 (팔년풍진)★
[뜻음] 여덟 팔, 해 년, 바람 풍, 티끌 진.
[풀이] 팔 년간의 전쟁. 옛날 중국 楚(초)나라의 항우와 漢(한)나라의 유방이 싸운 초한전쟁. 패공 유방이 항우를 멸함. 전쟁으로 여러 해 고생을 겪음. 八年兵火(팔년병화).

八方美人 (팔방미인)★★★
[뜻음] 여덟 팔, 모 방, 아름다울 미, 사람 인.
[풀이] 어느 모로 보아도 아름다운 사람. 여러 방면의 일에 能通(능통)한 사람. 누구에게나 잘 보이려고 처세를 잘하는 사람. 八面玲瓏(팔면영롱).

八拜之交 (팔배지교)
[뜻음] 여덟 팔, 절 배, 갈 지, 사귈 교.
[풀이] 성이 다른 사람이 서로 형제의 의를 맺고 사귐.

八不用 (팔불용)★★
[뜻음] 여덟 팔, 아닐 불, 쓸 용.
[풀이] 어느 모로나 쓸데가 없다. 몹시 어리석은 사람.

八不出 (팔불출)★★★
[뜻음] 여덟 팔, 아닐 불, 날 출.
[풀이] 八不用(팔불용).

八不取 (팔불취)★★
[뜻음] 여덟 팔, 아닐 불, 취할 취.
[풀이] 八不用(팔불용).

八音五色 (팔음오색)★★
[뜻음] 여덟 팔, 소리 음, 다섯 오, 빛 색.
[풀이] 金(금), 石(석), 絲(사), 竹(죽), 匏(포), 土(토), 革(혁), 木(목)의 팔음과 靑(청), 黃(황), 赤(적), 白(백), 黑(흑)의 오색을 이름. 출전 馮異(풍이)의 글.

八字靑山 (팔자청산)★
[뜻음] 여덟 팔, 글자 자, 푸를 청, 뫼 산.
[풀이] 미인의 고운 눈썹을 비유하여 일컫는 말. 八字春山(팔자춘산).

八字春山 (팔자춘산)★
[뜻음] 여덟 팔, 글자 자, 봄 춘, 뫼 산.

[풀이] 미인의 고운 눈썹. 八字靑山(팔자청산).

八字打鈴 (팔자타령)★★

[뜻음] 여덟 팔, 글자 자, 칠 타, 방울 령.
[풀이] 팔자를 한탄하거나 怨望(원망)하는 일. 자기가 불행하게 된 신세를 恨歎(한탄)함.

八珍盛饌 (팔진성찬)★

[뜻음] 여덟 팔, 진귀할 진, 담을 성, 반찬 찬.
[풀이] 여러 가지 이름난, 맛있는 음식을 다 갖춤.

八珍之味 (팔진지미)★

[뜻음] 여덟 팔, 진귀할 진, 갈 지, 맛 미.
[풀이] 여러 가지 이름난, 맛있는 음식.

八包大商 (팔포대상)★

[뜻음] 여덟 팔, 꾸러미 포, 큰 대, 장사 상.
[풀이] 생활에 걱정이 없는 사람을 이름. 중국으로 가는 使臣(사신)을 따라 가서 紅蔘(홍삼)을 팔 수 있도록 허가된, 義州(의주)의 商人(상인).

敗家亡身 (패가망신)★★

[뜻음] 패할 패, 집 가, 망할 망, 몸 신.
[풀이] 집안의 재산을 다 써 없애고 몸을 망침.

稗官文學 (패관문학)★★

[뜻음] 자잘할 패, 벼슬 관, 글월 문, 배울 학.
[풀이] 거리에 떠도는 이야기를 모아서 문학을 이룬 것이나 그런 수준의 문학. 패관이란 거리에 떠도는 온갖 이야기를 모아서 보고하는 관리.

稗官小說 (패관소설)★★

[뜻음] 자잘할 패, 벼슬 관, 작을 소, 말씀 설.
[풀이] 민간의 傳說(전설), 巷談(항담) 등을 주제로 한 소설.

敗軍將兵不語 (패군장병불어)★★

[뜻음] 패할 패, 군사 군, 장수 장, 병사 병, 아닐 불, 말씀 어.
[풀이] 패한 장수는 兵法(병법)에 대해 말하지 않는 법. 실패한 사람은 나중에 그 일에 대해 변명하지 않는다는 말. 敗軍將不可以言勇(패군장불가이언용).

敗軍將不可以言勇 (패군장불가이언용)★★★

[뜻음] 패할 패, 군사 군, 장수 장, 아닐 불, 가할 가, 써 이, 말씀 언, 날랠 용.
[풀이] 싸움에 패한 장수는 용맹을 말할 수 없다. 敗軍之將不可以言勇(패군지장불가이언용).

이 말은 ≪史記(사기)≫ 淮陰侯列傳(회음후열전)에 있는 廣武君(광무군) 李左車(이좌거)가 인용한 말이다.
韓信(한신)이 趙(조)나라를 쳐서 이긴 뒤 조나라의 뛰어난 謀士(모사)였던 이좌거를 스승으로 모시고 그에게 앞으로 취해야 할 방법을 가르쳐 달라고 청하자 이좌거는 이를 辭讓(사양)하며 이렇게 말했다.

"나는 싸움에 패한 장수는 용맹을 말해서는 아니 되며, 나라를 망친 대신은 나라를 보존하는 일을 꾀해서는 안 된다고 들었습니다. 지금 나는 싸움에 패하고 나라를 망하게 한 포로가 아닙니까? 어떻게 나 같은 사람이 큰일을 꾀할 수 있겠습니까."
이 말은 옛날부터 흔히 쓰이던 말인데 이좌거가 인용을 한 것이다. 이좌거는 후에 한신을 도와 좋은 꾀를 일러 주게 된다.

佩錦而還鄕 (패금이환향)

[뜻음] 찰 패, 비단 금, 말 이을 이, 돌아갈 환, 고을 향.
[풀이] 비단옷을 입고 고향으로 돌아간다. 벼슬을 하거나 출세하여 고향으로 돌아감. 錦衣還鄕(금의환향).

霸氣滿滿 (패기만만)★★

[뜻음] 으뜸 패, 기운 기, 찰 만.
[풀이] 어떤 어려운 일이라도 이루어 낼 만큼 氣魄(기백)이 넘침. 패기가 가득함.

霸氣勃勃 (패기발발)★★

[뜻음] 으뜸 패, 기운 기, 우쩍 일어날 발.
[풀이] 성격이 매우 진취적이고 패기가 한창 일어나는 모양. 모험이나 투기를 좋아하는 마음이나 사업에의 야심이 불같이 旺盛(왕성)한 모양.

霸道 (패도)★★★

[뜻음] 으뜸갈 패, 법도 도.
[풀이] 仁義(인의)를 무시하고 무력이나 權謀術數(권모술수)로써 나라를 다스리는 일. 王道(왕도)의 對(대). 출전 孟子(맹자).

敗亡衰微 (패망쇠미)★

[뜻음] 패할 패, 망할 망, 쇠할 쇠, 작을 미.
[풀이] 패망하여 쇠미함. 패하여 쇠잔해짐.

敗北主義 (패배주의)

[뜻음] 질 패, 달아날 배, 주인 주, 옳을 의.
[풀이] 성공이나 승리에 대한 자신감이 없고 무슨 일이든 해 보지도 않고 겁부터 집어먹고 自暴自棄(자포자기)하는 경향.

悖逆無道 (패역무도)★★

[뜻음] 어그러질 패, 거스를 역, 없을 무, 도리 도.
[풀이] 도리에 어긋나고 凶惡(흉악)하여 인간 같지 않음.

霸王之業 (패왕지업)★★

[뜻음] 으뜸 패, 임금 왕, 갈 지, 사업 업.
[풀이] 霸者(패자)나 王者(왕자)로 되는 사업. 출전 戰國策(전국책).

霸王之資 (패왕지자)

[뜻음] 으뜸 패, 임금 왕, 갈 지, 자질 자.
[풀이] 霸者(패자)나 王者(왕자)가 될 자격.

佩韋佩弦 (패위패현)★

[뜻음] 찰 패, 가죽 위, 활시위 현.
[풀이] 성질이 급한 사람은 부드러운 가죽을 차고, 성질이 느린 사람은 팽팽한 활시위를 차서 스스로 反省(반성)하고 修養(수양)함. 西門豹(서문표)의 고사. 출전 韓非子(한비자).

悖入悖出 (패입패출)★

[뜻음] 어그러질 패, 들 입, 날 출.
[풀이] 不淨(부정)하게 얻은 재물은 부정하게 나간다. 道理(도리)에 거슬러 얻은 부정한 재물은 반드시 그와 같이 부정한 일에 쓰임. 출전 大學(대학).

烹羊炮羔 (팽양포고)★

[뜻음] 삶을 팽, 양 양, 통째로 구울 포, 염소 고.
[풀이] 설 같은 명절에 양, 염소 따위를 잡아 잔치를 베풂. 출전 漢書(한서).

烹魚煩碎 (팽어번쇄)★

[뜻음] 삶을 팽, 물고기 어, 번거로울 번, 부술 쇄.
[풀이] 고기를 지지는데 젓가락 같은 것으로 자주 저으면 부서진다. 백성을 다스리는데 너더분하고 자차분하면 도리어 백성을 해친다는 말. 출전 詩經(시경).

彭祖之壽 (팽조지수)★

[뜻음] 성 팽, 조상 조, 갈 지, 목숨 수.
[풀이] 彭祖(팽조)는 중국 堯(요)임금 때부터 殷(은)나라의 말년까지 무려 700년을 살았다는 사람. 長壽(장수)를 비유함.

偏母膝下 (편모슬하)★

[뜻음] 치우칠 편, 어미 모, 무릎 슬, 아래 하.
[풀이] 홀로 남은 어머니를 모시고 있는 처지.

偏母侍下 (편모시하)★

[뜻음] 치우칠 편, 어미 모, 모실 시, 아래 하.
[풀이] 홀로 남은 어머니를 모시고 있는 처지. 慈侍下(자시하).

偏僻孤陋 (편벽고루)★★

[뜻음] 치우칠 편, 궁벽할 벽, 외로울 고, 좁을 루.
[풀이] 외롭게 자라서 견문이 좁고 한쪽으로만 치우침.

蝙蝠之役 (편복지역)★

[뜻음] 박쥐 편, 박쥐 복, 갈 지, 부릴 역.
[풀이] 박쥐의 구실. 이익이 없으면 이 핑계 저 핑계로 회피하나, 이익이 보이면 서슴없이 붙좇는 機會主義者(기회주의자)의 비유.

鞭死屍 (편사시)★

[뜻음] 채찍 편, 죽을 사, 주검 시.
[풀이] 시체에 매질하여 생전의 怨恨(원한)을 품. 죽은 사람의 언론 행위를 復讐(복수)하고자 시체를 공격함. '掘墓鞭屍(굴묘편시)'를 보시오.

片詞隻句 (편사척구)★

[뜻음] 조각 편, 말씀 사, 새 한 마리 척, 글귀 구.

[풀이] 片言隻辭(편언척사).

遍山滿野 (편산만야)★

[뜻음] 두루 미칠 편, 뫼 산, 찰 만, 들 야.
[풀이] 산과 들에 가득히 덮여 있음.

遍身綺羅者不是養蠶人 (편신기라자불시양잠인)★★★

[뜻음] 두루 편, 몸 신, 비단 기, 새 그물 라, 놈 자, 아닐 불, 옳을 시, 기를 양, 누에 잠, 사람 인.
[풀이] 온몸에 비단옷을 감고 다니는 사람은, 실상 비단옷을 만들기 위해 누에를 기르고 베를 짜고 한 사람이 아니다.

　《古文眞寶(고문진보)》 前集(전집)에 無名氏(무명씨)의 작품으로 되어 있는 [蠶婦(잠부)]에 나온다.

어제 성 밖에 갔다가
돌아와 눈물이 수건을 적시었다.
온 몸에 비단을 두른 사람은
곧 누에를 기른 사람이 아니었다.

　여기에 나오는 서정적 자아는 늘 누에만 기르고 비단옷은 입어 보지 못한 사람이라고 여기면 이 시에 어울릴 것 같다. 우리 속담에 '대장장이 부엌에 식칼이 없고, 짚신 장수 마누라 맨발로 다닌다'라는 말이 있다.

片言折獄 (편언절옥)

[뜻음] 조각 편, 말씀 언, 꺾을 절, 송사 옥.
[풀이] 한마디의 말로 訟事(송사)를 決定(결정)함. 簡單(간단)한 말로 소송의 判斷(판단)을 내림. 판결이 공정함. 출전 論語(논어) 顏淵篇(안연편).

片言隻句 (편언척구)★

[뜻음] 조각 편, 말씀 언, 새 한 마리 척, 글귀 구.
[풀이] 片言隻辭(편언척사).

片言隻辭 (편언척사)★

[뜻음] 조각 편, 말씀 언, 새 한 마리 척, 말씀 사.
[풀이] 짤막한 말. 一言半句(일언반구).

片言隻字 (편언척자)★

[뜻음] 조각 편, 말씀 언, 새 한 마리 척, 글자 자.
[풀이] 한마디의 말과 몇 글자. 짤막한 말과 글자.

便宜行事 (편의행사)★

[뜻음] 편할 편, 마땅할 의, 갈 행, 일 사.
[풀이] 그때그때의 형편에 따라 적당히 처리함. 출전 史記(사기) 蕭相國世家(소상국세가).

鞭長莫及 (편장막급)★

[뜻음] 채찍 편, 길 장, 아닐 막, 미칠 급.
[풀이] 채찍이 길어도 닿지 않는다. 힘이 미치기 어렵거나 힘이 있어

도 周到綿密(주도면밀)하게 빠짐없이 생각하기 어려운 것을 말함.

偏聽生姦 (편청생간)

[뜻음] 치우칠 편, 들을 청, 날 생, 간사할 간.
[풀이] 어느 한쪽 이야기만을 듣고 처리하면 불공평할 뿐 아니라 좋지 않은 결과를 가져옴.

片片弱骨 (편편약골)★★

[뜻음] 조각 편, 약할 약, 뼈 골.
[풀이] 온몸이 다 허약한 체질임. 또는 그런 사람. 片片弱質(편편약질).

片片弱質 (편편약질)★★

[뜻음] 조각 편, 약할 약, 바탕 질.
[풀이] 片片弱骨(편편약골).

片片沃土 (편편옥토)★

[뜻음] 조각 편, 기름질 옥, 흙 토.
[풀이] 어느 땅이나 모두 기름짐.

平氣督郵 (평기독우)★

[뜻음] 평평할 평, 기운 기, 살펴볼 독, 역참 우.
[풀이] 질 나쁜 술. 平原督郵(평원독우).

平氣虛心 (평기허심)★

[뜻음] 평안할 평, 기운 기, 빌 허, 마음 심.
[풀이] 마음이 평온하고 걸리는 일이 없음. 출전 莊子(장자).

平隴望蜀 (평롱망촉)★★

[뜻음] 평평할 평, 고개 이름 롱, 바라볼 망, 나라 이름 촉.
[풀이] 漢(한)나라 때 광무제가 농주 땅을 정복하고 난 뒤 촉나라를 탐냈다는 말로, 끝없는 욕심을 말함. '得隴望蜀(득롱망촉)'을 보시오.

平沙落雁 (평사낙안)★★★

[뜻음] 평평할 평, 모래 사, 떨어질 낙, 기러기 안.
[풀이] 모래톱에 날아와 앉은 기러기. ① 글씨의 잘 쓴 솜씨. ② 소상 팔경의 하나. ③ 거문고의 곡조 이름. ④ 菊花(국화)의 일종.

平生之計 (평생지계)★

[뜻음] 평평할 평, 날 생, 갈 지, 꾀 계.
[풀이] 일생의 생활계획.

平心舒氣 (평심서기)★

[뜻음] 고를 평, 마음 심, 펼 서, 기운 기.
[풀이] 마음을 평온히 하고 기분을 순화롭게 함. 평온하고 활짝 펴진 마음.

平穩無事 (평온무사)★

[뜻음] 평평할 평, 평온할 온, 없을 무, 일 사.
[풀이] 평온하여 아무 일이 없음.

平原督郵 (평원독우)★★

[뜻음] 평평할 평, 들 원, 살펴볼 독, 역참 우.
[풀이] 惡酒(악주), 곧 나쁜 술을 일컬음. 晉(진)나라 桓溫(환온)의 屬

官(속관) 某(모)가 美酒(미주)를 靑州從事(청주종사), 惡酒(악주)를 平原督郵(평원독우)라고 한 故事(고사)에서 나온 말. 출전 世說新語(세설신어).

平允之士 (평윤지사)★

[뜻음] 평평할 평, 진실로 윤, 갈 지, 선비 사.
[풀이] 공평 성실하고 苛酷(가혹)하지 않는 사람. 平允(평윤)은 差別(차별)을 두지 않고 성실하다는 말. 출전 宋史(송사).

平易近人 (평이근인)★

[뜻음] 평평할 평, 쉬울 이, 가까울 근, 사람 인.
[풀이] 정치를 쉽게 하여 백성들에게 친근함. 출전 史記(사기).

平易淡白 (평이담백)★

[뜻음] 곧을 평, 쉬울 이, 맑을 담, 흰 백.
[풀이] 마음이 고요하고 利慾(이욕)의 생각이 없음.

平易正直 (평이정직)★

[뜻음] 평평할 평, 쉬울 이, 바를 정, 곧을 직.
[풀이] 性質(성질)이 平坦(평탄), 簡易(간이), 中正(중정), 眞直(진직)함을 이름. 출전 後漢書(후한서) 班彪傳(반표전).

平章雨 (평장우)★

[뜻음] 고를 평, 밝을 장, 비 우.
[풀이] 평장사 王伯勝(왕백승)이 기도한 덕분에 내린 비. 백성들의 행복을 위해 노력하는 벼슬아치의 노고와 정성을 비유함.

平地起波瀾 (평지기파란)★★

[뜻음] 평평할 평, 땅 지, 일어날 기, 물결 파, 물결 란.
[풀이] 평지에 風波(풍파)를 일으킴. 평온한 곳에 파란을 일으킴. 곧 일을 좋아하여 부질없이 分爭(분쟁)을 일으킴. 平地風波(평지풍파).

平地落傷 (평지낙상)★★

[뜻음] 고를 평, 땅 지, 떨어질 낙, 다칠 상.
[풀이] 평지에서 넘어져 다친다는 뜻으로, 뜻밖에 불행한 일을 당함을 비유함.

平地突出 (평지돌출)★

[뜻음] 평평할 평, 땅 지, 갑자기 돌, 날 출.
[풀이] 평지에 산이 우뚝 솟는다. 변변하지 못한 집안에 태어나 크게 출세함.

平地波瀾 (평지파란)★

[뜻음] 평평할 평, 땅 지, 물결 파, 물결 란.
[풀이] 平地風波(평지풍파).

平地風波 (평지풍파)★★★

[뜻음] 평평할 평, 땅 지, 바람 풍, 물결 파.
[풀이] 평지에 파란을 일으킨다. 평온한 자리에서 뜻밖에 일어나는 다툼질. 平地起波瀾(평지기파란).

그대로 두면 아무렇지도 않을 것을 일부러 일을 꾸며 더욱 소란을 피운다는 의미이다.

唐(당)나라 詩人(시인) 劉禹錫(유우석, 772~843)의 [竹枝詞(죽지사)]를 보면,

瞿塘(구당)의 시끄러운 열두 여울
사람들은 말한다. 길이 예부터 어렵다고.
못내 안타까워하노라, 인심이 물만도 못하여
함부로 평지에 풍파를 일으키는 것을.

죽지사는 당시의 民謠(민요)를 바탕으로 지은 것인데 作者(작자)가 夔州刺史(기주자사)로 赴任(부임)해 갔을 때 그곳 민요를 듣고 그 곡에 맞추어 지은 것이라고 한다. 그리고 瞿塘(구당)은 산이 험하기로 유명한 三峽(삼협)의 하나로 배가 다니기 아주 힘든 곳이다.

平平凡凡 (평평범범)★

[뜻음] 평평할 평, 무릇 범.
[풀이] 뛰어나거나 색다른 점이 없이 보통임. 평범함.

平平坦坦 (평평탄탄)★

[뜻음] 평평할 평, 평탄할 탄.
[풀이] ① 지극히 평탄한 모양. ② 일이 잘 진척되는 모양.

閉箝天下之口 (폐겸천하지구)★

[뜻음] 닫을 폐, 자갈물릴 겸, 하늘 천, 아래 하, 갈 지, 입 구.
[풀이] 천하 사람들의 입에 재갈을 물림. 言論(언론)의 自由(자유)를 壓迫(압박)함. 출전 漢書(한서).

閉口不言 (폐구불언)★

[뜻음] 닫을 폐, 입 구, 아닐 불, 말씀 언.
[풀이] 입을 다물고 말을 하지 않음.

閉門卻掃 (폐문각소)★

[뜻음] 닫을 폐, 문 문, 그칠 각, 쓸 소.
[풀이] 문을 닫고 청소를 그침. 외부와의 교제를 끊는 일.

肺腑之言 (폐부지언)

[뜻음] 허파 폐, 오장 부, 갈 지, 말씀 언.
[풀이] 마음속에서 우러나오는, 진실에 찬 말.

肺腑之親 (폐부지친)★

[뜻음] 허파 폐, 오장 부, 갈 지, 친족 친.
[풀이] 왕실의 가까운 친족.

肺石風情 (폐석풍정)★

[뜻음] 부아 폐, 돌 석, 바람 풍, 뜻 정.
[풀이] 폐석이 서 있고 맑은 바람이 불고 있다. 재판의 공정함을 이름. 폐석은 붉은 돌로, 중국 周(주)나라 때에 이 돌을 조정에 세워, 遠近(원근)의 老幼(노유)가 상감에게 아뢸 일이 있을 때에는 이 돌 위에

앉게 하였다 함.

蔽月羞花 (폐월수화)★

[뜻음] 덮을 폐, 달 월, 부끄러울 수, 꽃 화.
[풀이] '沈魚落雁(침어낙안)'을 보시오.

廢蓼莪篇 (폐육아편)★★

[뜻음] 그만둘 폐, 여뀌 육, 지칭개 아, 책 편.
[풀이] '육아편'을 덮어 버리다. 孝子(효자)가 父母(부모)를 여읜 뒤, 그 부모를 생각하는 나머지 차마 ≪詩經(시경)≫의 蓼莪(육아)에 나온 詩(시)를 읽지 못한 고사. 출전 晉書(진서).

敝衣破冠 (폐의파관)★

[뜻음] 낡을 폐, 옷 의, 깨뜨릴 파, 갓 관.
[풀이] 해진 옷과 부서진 갓. 너절하고 구차한 옷차림. 敝衣破笠(폐의파립).

敝衣破笠 (폐의파립)★

[뜻음] 해질 폐, 옷 의, 깨뜨릴 파, 삿갓 립.
[풀이] 해진 옷과 부서진 갓. 너절하고 구차한 옷차림.

蔽一言 (폐일언)★★★

[뜻음] 가릴 폐, 한 일, 말씀 언.
[풀이] 한마디로 말하면. 이러니저러니 할 것 없이 한마디 말로 휩싸서 말함.

吠日之怪 (폐일지괴)

[뜻음] 짖을 폐, 해 일, 갈 지, 괴이할 괴.
[풀이] 중국 蜀(촉)나라, 지금의 사천성 지방은 비가 오는 날이 많아, 해를 보는 날이 드문 까닭에 개가 해를 보면 괴이하게 여겨 짖는다는 말. 신기한 것을 보고 놀람. '蜀犬吠日(촉견폐일)'을 보시오.

廢寢忘食 (폐침망식)★

[뜻음] 덮을 폐, 잘 침, 잊을 망, 먹을 식.
[풀이] 廢寢忘餐(폐침망찬).

弊袍破笠 (폐포파립)★★★

[뜻음] 낡을 폐, 도포 포, 깨뜨릴 파, 삿갓 립.
[풀이] 해진 옷과 부러진 갓. 너절하고 구차한 차림새. 弊衣破冠(폐의파관).

廢學如斷機 (폐학여단기)★

[뜻음] 그만둘 폐, 배울 학, 같을 여, 끊을 단, 베틀 기.
[풀이] 학업을 중도에서 그만두는 것은, 짜던 베를 中途(중도)에서 끊는 것과 같다. '斷機之戒(단기지계)'를 보시오. 출전 烈女傳(열녀전).

布穀隱士 (포곡은사)★★★

[뜻음] 베 포, 곡식 곡, 숨길 은, 선비 사.
[풀이] 자기가 은거하고 있는 곳을 뻐꾹새 울듯이 울어 대며 알려 주어 사람들이 찾아오라고 은근히 呼訴(호소)하는 은둔 선비. 가짜 은둔자. 布穀鳥(포곡조)는 뻐꾹새.

飽喫惠州飯 (포끽혜주반)★

[뜻음] 배부를 포, 마실 끽, 은혜 혜, 고을 주, 밥 반.
[풀이] 혜주 땅의 밥을 배불리 먹는다. 蘇東坡(소동파)가 혜주로 左遷(좌천)된 일.

飽煖生淫欲 (포난생음욕)

[뜻음] 배부를 포, 따뜻할 난, 날 생, 음란할 음, 욕심 욕.
[풀이] 배불리 먹고 따뜻하게 입어 安逸(안일)하면 자연히 淫慾(음욕)이 생김.

抱德煬和 (포덕양화)

[뜻음] 안을 포, 덕망 덕, 불 땔 양, 화할 화.
[풀이] 덕을 간직하고 和氣(화기)를 기름. 출전 莊子(장자).

捕盜譏察 (포도기찰)★

[뜻음] 잡을 포, 도둑 도, 나무랄 기, 살필 찰.
[풀이] 범죄자를 잡기 위해 살핌.

捕盜大將 (포도대장)★★★

[뜻음] 잡을 포, 도둑 도, 큰 대, 장수 장.
[풀이] 도둑 잡는 일을 맡은 포도청의 우두머리.

炮烙之刑 (포락지형)★★★

[뜻음] 통째로 구울 포, 지질 락, 갈 지, 형벌 형.
[풀이] 불에 통째로 굽거나 불로 지지는 형벌. 殷(은)나라 紂王(주왕) 때의 잔인한 사형 방법임. 기름칠한 구리 막대를 숯불 위에 걸쳐 놓고 그 위로 건너가게 하는 형벌로, 특히 옳은 말을 아뢰는 사람은 모두 이 형에 처해졌다고 함. 출전 史記(사기) 殷本紀(은본기).

蒲柳之姿 (포류지자)★

[뜻음] 부들 포, 버들 류, 갈 지, 맵시 자.
[풀이] 부들이나 버들처럼 가늘고 纖弱(섬약)한 체질. 蒲柳(포류)

蒲柳之質 (포류지질)★★★

[뜻음] 부들 포, 버들 류, 갈 지, 바탕 질.
[풀이] 시냇가 같은 곳에 나는 땅버들. 부들이나 버들처럼 가늘고 섬약한 체질. 蒲柳(포류). 蒲柳質(포류질). 蒲柳之姿(포류지자).

《世說新語(세설신어)》言語篇(언어편)에 나오는 이야기이다.
顧悅之(고열지)는 簡文帝(간문제)와 同甲(동갑)이었는데도 일찍 머리가 하얗게 세어 있었다. 그래서 간문제가,
"경은 어째서 나보다 먼저 머리털이 세고 말았는가" 하고 물었다.
그러자 그는,
"땅버들의 형상은 가을이 오기 전에 먼저 잎이 떨어지고, 소나무 잣나무의 바탕은 서리를 지나 더욱 무성하옵니다" 하고 대답했다. 자신을 蒲柳(포류)에 比(비)하고 간문제를 松柏(송백)에 譬喩(비유)한 것이다.
여기에 나오는 '蒲柳之姿(포류지자)'가 다음에 있는

'松柏之質(송백지질)'의 '質(질)'을 따서 '蒲柳之質(포류지질)'로 바뀐 것인데, 고열지의 대답은 참으로 재치 있고 멋진 표현으로 定評(정평)이 나 있다. 고열지는 머리가 일찍부터 세었지만 마음은 松柏(송백)과 같아서 權勢(권세)에 아부하지 않았다. 그의 벼슬은 尙書右丞(상서우승)에 그쳤다. 文人畵(문인화)의 始祖(시조)로 알려진 그 유명한 顧愷之(고개지)는 바로 고열지의 아들이다. 고개지는 '漸入佳境(점입가경)'이라는 말로도 유명하다.

暴慢無禮 (포만무례)★

[뜻음] 사나울 포, 게으를 만, 없을 무, 예도 례.
[풀이] 하는 짓이 몹시 난폭하고 倨慢(거만)하여 무례함.

布帆無恙 (포범무양)★

[뜻음] 펼 포, 돛 범, 없을 무, 근심 양.
[풀이] 뱃길이 무사함. 배를 타고 무사히 감. 출전 晉書(진서).

抱璧有罪 (포벽유죄)★★★

[뜻음] 안을 포, 둥근 옥 벽, 있을 유, 허물 죄.
[풀이] 값진 보물을 안고 있으면 죄가 없어도 抑鬱(억울)하게 재앙을 당하게 된다는 말.

이 말은 《春秋左氏傳(춘추좌씨전)》桓公(환공) 10년 대목에 나온다.
虞(우)나라 임금의 아우인 虞叔(우숙)이 玉(옥)을 가지고 있었다. 그 옥이 탐이 나서 형인 虞公(우공)이 달라고 하자 우숙은 이를 거절했다. 그러나 곧 후회하여 말하기를,
"周(주)나라 속담에 이르기를, 匹夫(필부)는 비록 죄가 없어도 구슬을 가지고 있으면 그것이 곧 죄가 된다고 했다. 내가 공연히 이런 걸 가지고 있다가 화를 부를 필요는 없다" 하고, 자진해서 그 구슬을 바쳤다. 그러자 얼마 후에 또 그가 가지고 있는 寶劍(보검)을 달라고 요구했다. 이때 우숙은,
"형은 만족이라는 것을 모른다. 만족을 모르면 머지않아 내 목숨까지 달라고 할 것이다" 하고 반란을 일으켜 우공을 쳤다. 그로 인해 우공은 洪池(홍지)로 도망을 치게 되었다.
본디 '懷璧其罪(회벽기죄)'로 되어 있는데 '包璧有罪(포벽유죄)'로 바뀌어서 같은 말로 쓰이고 있다.

匍匐救之 (포복구지)★

[뜻음] 힘 다할 포, 길 복, 건질 구, 갈 지.
[풀이] 남의 喪事(상사)가 있을 때 힘을 다하여 도움. 匍匐(포복)은 손과 발이 함께 간다는 뜻으로, 급히 서두르는 모양을 이름. 출전 詩經(시경) 邶風(패풍) 俗風篇(속풍편).

抱腹絶倒 (포복절도)★★★

[뜻음] 안을 포, 배 복, 끊을 절, 넘어질 도.

[풀이] 배를 안고 몸을 가누지 못할 정도로 몹시 웃음. 捧腹絶倒(봉복절도).

炮鳳烹龍 (포봉팽룡)

[뜻음] 통째로 구울 포, 봉새 봉, 삶을 팽, 용 룡.
[풀이] 구운 봉새의 고기와 삶은 용의 고기. 큰 儀式(의식) 때 차린 음식을 이름.

包羞忍恥 (포수인치)

[뜻음] 용납할 포, 수치 수, 참을 인, 치욕 치.
[풀이] 수치스러운 일을 참고 용납함.

飽食暖衣 (포식난의)★★

[뜻음] 배부를 포, 밥 식, 따뜻할 난, 옷 의.
[풀이] 배불리 먹고 옷을 따뜻하게 입음. 의식이 넉넉함. 출전 孟子(맹자) 滕文公上篇(등문공상편).

飽食終日無所用心難矣哉 (포식종일무소용심난의재)★★★

[뜻음] 배부를 포, 먹을 식, 마칠 종, 날 일, 없을 무, 바 소, 쓸 용, 마음 심, 어려울 난, 어조사 의, 어조사 재.
[풀이] 온종일 배불리 먹고 마음을 쓰는 바가 없으면 곤란한 일이다.

　　　이 말은 ≪論語(논어)≫ 陽貨篇(양화편)에 나오는 孔子(공자)의 말씀이다.
　　　"온종일 배불리 먹고 마음을 쓰는 바가 없으면 곤란한 일이다. 장기를 두고 바둑을 두는 사람이 있지 아니하냐. 그런 것이라도 하고 있는 것이 오히려 노는 것보다는 낫다."
　　　'飽食終日(포식종일)'은 온종일 배불리 먹는다는 뜻이고, '無所用心(무소용심)'은 마음을 일정한 곳에 쏟지 못하고 그저 빈둥빈둥 시간을 보내는 것을 말한다. '難矣哉(난의재)'는 참으로 딱하다는 탄식의 말이다.
　　　요즘 사람들은 은연중에 이 공자의 말을 갖다 쓰며 바둑이나 장기나 雜技(잡기)에 몰두하는 자신이나 남을 합리화하는 데 쓴다. 그러나 공자는 생활의 무의미한 것을 강조한 것일 뿐, 결코 장기, 바둑을 옹호하는 말은 아니다.

抱薪救火 (포신구화)★

[뜻음] 안을 포, 땔나무 신, 건질 구, 불 화.
[풀이] 땔나무를 가지고 불을 끈다는 뜻으로, 害(해)를 없앤다는 것이 도리어 더욱 해롭게 함을 이름. 출전 淮南子(회남자).

鮑魚之肆 (포어지사)

[뜻음] 절인 어물 포, 물고기 어, 갈 지, 가게 사.
[풀이] 鮑肆(포사). 어물 가게. 鮑(포)는 절인 생선. 臭氣紛紛(취기분분)한 생선가게. 轉(전)하여 小人(소인), 惡人(악인)들이 모이는 곳. 출전 孔子家語(공자가어).

砲烟彈雨 (포연탄우)★

[뜻음] 대포 포, 연기 연, 탄알 탄, 비 우.
[풀이] 대포의 연기와 비 오듯 하는 탄환이라는 뜻으로, 격렬한 戰爭(전쟁)을 형용하는 말.

哺乳動物 (포유동물)★

[뜻음] 먹을 포, 젖 유, 움직일 동, 만물 물.
[풀이] 어미의 젖을 먹고 자라는 동물. 사람·짐승 따위의 고등 태생 동물.

褒衣博帶 (포의박대)★

[뜻음] 기릴 포, 옷 의, 넓을 박, 띠 대.
[풀이] 소매가 큰 옷과 폭이 넓은 띠. 옷자락이 넓은 옷을 입고 넓은 띠를 맴. 선비의 옷차림. 출전 漢書(한서).

布衣之交 (포의지교)★★

[뜻음] 베 포, 옷 의, 갈 지, 사귈 교.
[풀이] 베옷을 입을 때의 사귐. ① 벼슬을 하지 않던 貧賤(빈천)할 때부터의 사귐. ② 貴賤(귀천)을 떠난 사귐. 地位(지위)의 高下(고하)를 따지지 않고 하는 사귐. 출전 史記(사기).

布衣之友 (포의지우)★

[뜻음] 베 포, 옷 의, 갈 지, 벗 우.
[풀이] 귀천을 떠나서 참된 友情(우정)으로 사귀는 벗.

布衣之士 (포의지사)★★★

[뜻음] 베 포, 옷 의, 갈 지, 선비 사.
[풀이] 베옷 입은 선비. 벼슬이 없는 寒微(한미)한 선비.

布衣寒士 (포의한사)★★

[뜻음] 베 포, 옷 의, 차가울 한, 선비 사.
[풀이] 벼슬길에 오르지 못한 가난한 선비.

抱殘守缺 (포잔수결)★

[뜻음] 안을 포, 남을 잔, 지킬 수, 이지러질 결.
[풀이] 얼마 남지 않은 책이나, 殘缺(잔결)된 古代(고대)의 書冊(서책)을 귀중히 보존함.

庖丁解牛 (포정해우)★★★

[뜻음] 부엌 포, 장정 정, 가를 해, 소 우.
[풀이] 포정은 옛날 유명한 요리사의 이름으로 그가 소를 잡는데 쇠고기를 교묘하게 발라낸 고사로, 기술의 묘를 찬미할 때 쓰는 말이기도 함. 출전 莊子(장자).

布置按排 (포치안배)★★

[뜻음] 펼 포, 둘 치, 당길 안, 물리칠 배.
[풀이] 물건을 적당한 위치에 순서 있게 벌여 놓는 일.

抱炭希涼 (포탄희량)

[뜻음] 안을 포, 숯 탄, 바랄 희, 서늘할 량.
[풀이] 숯불을 안고 시원하기를 바람. 곧 행하는 바와 바라는 바가 반대됨을 이름. 출전 三國志(삼국지) 魏志(위지).

蒲鞭之罰 (포편지벌)★★

[뜻음] 부들 포, 채찍 편, 갈 지, 형벌 벌.
[풀이] 부들 채찍으로 매질하는 일. 겉으로 형벌을 내릴 뿐 실제로는 고통이 없는 형벌. 寬厚(관후)한 정치를 이름. 출전 後漢書(후한서).

蒲鞭之政 (포편지정)★

[뜻음] 부들 포, 채찍 편, 갈 지, 정사 정.
[풀이] 蒲鞭之罰 (포편지벌).

襃貶坐起 (포폄좌기)★★

[뜻음] 기릴 포, 떨어뜨릴 폄, 앉을 좌, 일어설 기.
[풀이] 공식적인 자리를 열어 옳고 그름을 가려 상을 주고 벌을 주는 일을 함.

捕風捉影 (포풍착영)★

[뜻음] 사로잡을 포, 바람 풍, 잡을 착, 그림자 영.
[풀이] 바람을 잡고 그림자를 붙든다. 虛妄(허망)한 언행을 이르는 말. 헛된 일.

暴虐君主 (포학군주)★

[뜻음] 사나울 포, 잔인할 학, 임금 군, 주인 주.
[풀이] 횡포하고 잔학한 군주.

暴虐無道 (포학무도)★★

[뜻음] 사나울 포, 잔인할 학, 없을 무, 이치 도.
[풀이] 성질이 포학하고 잔인하여 도리에 어긋남.

暴虎馮河 (포호빙하)★★★

[뜻음] 해칠 포, 범 호, 넘볼 빙, 강 하.
[풀이] 맨손으로 범을 잡고, 헤엄쳐 황하를 건너. 暴虎馮河(폭호빙하).

《詩經(시경)》 小雅(소아) 小旻篇(소민편)에 나오는 말이다.

감히 포호는 하지 않고
감히 빙하는 하지 않지만
사람은 그 하나만을 알고
그 밖의 것은 알지 못한다.

위 시는 惡政(악정)을 개탄해서 지은 시이다. 爲政者(위정자)가 엄청나게 무모한 짓은 하지 않지만, 눈앞의 이해에만 정신이 팔려 앞으로 어떤 결과가 온다는 것을 생각하지 못하고 있다는 말이다.
이 말은 《論語(논어)》 述而篇(술이편)에도 나오는데 공자가 용기만 믿는 子路(자로)의 태도를 꾸짖으며,
"맨손으로 범을 잡고, 헤엄쳐 황하를 건너 죽어도 후회가 없는 사람을 나는 함께 하지 않는다. 반드시 일을 하는 데 있어서 두려운 생각을 갖고 꾀를 쓰기를 좋아하여 일을 성공시키는 사람과 함께 할 것이다"라고 했다. 여기에는 '好謀而成(호모이성)'이라는 말도 나온다. 이 말은 꾀를 쓰기를 좋아하여 일을 성공시킨다는 말이다.

咆虎陷浦 (포호함포)★

[뜻음] 으르렁거릴 포, 범 호, 빠질 함, 갯벌 포.

[풀이] 개펄에 빠진 호랑이가 으르렁거린다. 으르렁거리는 호랑이 개펄에 빠지다. 떠들기만 하고 성취함이 없음의 비유.

抱火臥薪 (포화와신)★

[뜻음] 안을 포, 불 화, 누울 와, 섶 신.
[풀이] 불을 안고 섶나무 위에 눕는다. 抱薪救火(포신구화).

暴戾恣睢 (폭려자휴)★

[뜻음] 사나울 폭, 어그러질 려, 방자할 자, 눈 부릅뜰 휴.
[풀이] 凶暴惡戾(흉포악려)하여 눈을 부릅뜨고 봄. 출전 史記(사기) 伯夷傳(백이전).

輻輳幷臻 (폭주병진)★★

[뜻음] 바퀴살통 폭, 모일 주, 아우를 병, 모일 진.
[풀이] 수레의 바퀴통에 바퀴살이 모이듯 모인다. 사물이 한곳으로 모여듦을 이르는 말.

暴虎馮河 (폭호빙하)★

[뜻음] 사나울 폭, 범 호, 건널 빙, 강 하.
[풀이] 용기가 지나쳐 범을 맨손으로 쳐 죽이고, 황하를 도섭한다. 무모하게 위험한 짓을 함. '暴虎馮河(포호빙하)'를 보시오.

標同伐異 (표동벌이)

[뜻음] 우듬지 표, 같을 동, 칠 벌, 다를 이.
[풀이] 자기와 같은 사람을 표창하고 다른 사람을 침. 黨同伐異(당동벌이). 출전 世說新語(세설신어).

表裏不同 (표리부동)★★★

[뜻음] 겉 표, 속 리, 아닐 부, 같을 동.
[풀이] 마음이 음충맞아서 겉과 속이 다름.

表裏相應 (표리상응)★

[뜻음] 겉 표, 속 리, 서로 상, 응할 응.
[풀이] 안과 밖이 서로 응하여 도움. 表裏相依(표리상의). 출전 漢書(한서).

表裏一體 (표리일체)★

[뜻음] 겉 표, 속 리, 하나 일, 몸 체.
[풀이] 겉과 속이 한 몸임.

表裏精粗 (표리정조)★

[뜻음] 겉 표, 속 리, 세밀할 정, 거칠 조.
[풀이] 표면과 이면과 정밀한 곳과 거친 곳. 하나도 빠짐없이 샅샅이. 출전 朱熹(주희)가 쓴 《大學(대학)》의 補傳(보전).

豹變 (표변)★★★

[뜻음] 표범 표, 변할 변.
[풀이] 표범의 무늬가 변한다.

태도나 행동이 突變(돌변)하는 것을 가리켜 豹變(표변)이라고 한다. 信義(신의)와 約束(약속)을 전연 무시하는 좋지 못한 태도를 지칭하는 말이다. 그러나 본래의 뜻은

긍정적 의미를 지니고 있었다. 표범의 무늬가 가을이 되면 아름다워지듯, 지난날의 잘못을 벗고 새로 훌륭한 사람이 되는 것을 가리켜 말한다.

이 말은 ≪易經(역경)≫六十四(육십사) 卦(괘) 중의 하나인 革(혁)이라는 괘에 나온다. 혁은 變革(변혁), 革命(혁명), 革新(혁신) 등으로, 달라지는 것을 말한다.

革卦(혁괘)의 다섯 번째 爻(효)와 맨 위에 있는 여섯 번째 효의 爻辭(효사)는 다음과 같다.

"다섯 번째 陽爻(양효)는 큰 사람이 호랑이처럼 변하는 것이니, 점을 하지 않아도 믿음이 있다. 맨 위의 陰爻(음효)는, 君子(군자)는 표범처럼 변하고, 小人(소인)은 얼굴을 바꾼다. 계속 밀고 나가면 나쁘고, 가만히 있으면 바르고 좋다."

여기에는 '君子豹變(군자표변)'이라는 말로 나온다. 군자표변을 따를 것인지 아니면 소인처럼 얼굴만 바꿀 것인지 한번 생각해 볼 일이다. 표변은 '虎變(호변)'으로도 쓰인다. 이 표변이라는 말은 아주 좋은 뜻이 아주 나쁜 뜻으로 변해서 쓰이는 말 중에 하나이다.

豹死留皮人死留名 (표사유피인사유명)★★★

[뜻음] 표범 표, 죽을 사, 남길 유, 가죽 피, 사람 인, 있을 유, 이름 명.
[풀이] 범은 죽어서 가죽을 남기고 사람은 죽어서 이름을 남긴다는 말. 虎死留皮 人死留名(호사유피인사유명).

歐陽修(구양수)가 쓴 ≪新五代史(신오대사)≫ 列傳(열전) 死節傳(사절전)에서 세 사람의 忠節(충절)을 기록하고 있는데, 이 중에서 특히 王彦章(왕언장)을 높이 평가하고 있다.

왕언장은 한갓 병졸에 불과한 몸으로부터 출발하여 後梁(후량) 太祖(태조) 朱全忠(주전충)의 장군이 되었던 사람이다. 그는 용맹스럽고 힘이 장사로 쇠창을 옆에 끼고 적을 무찔러서 군사들은 그를 王鐵槍(왕철창)이라고 불렀다.

후량이 망했을 때 그는 포로가 되었다. 後唐(후당)의 莊宗(장종) 李存勗(이존욱)은 그의 武勇(무용)을 嘉尙(가상)히 여겨 그를 자기 부하에 두려 했다. 그러나 그는,

"(중략) 신은 양나라의 은혜를 입은 몸으로 죽음이 아니면 무엇으로 그 은혜를 갚겠습니까. 또 아침에 양나라를 섬기던 몸이 저녁에 진나라를 섬길 수 있겠습니까. 이제 살아서 무슨 면목으로 세상 사람들을 대하겠습니까" 하고 죽음을 택했다. 이러한 그가 입버릇처럼 잘 쓰는 말은,

'표범이 죽으면 가죽을 남기고 사람이 죽으면 이름을 남긴다. 豹死留皮 人死留名(표사유피인사유명)'는 속담이었다. '豹死留皮(표사유피)'는 전제일 뿐이다. 중요한 말은 人死留名(인사유명)이다. 표사유피는 '虎死留皮(호사유피)'라고도 한다.

猋氏之風 (표씨지풍)★

[뜻음] 개 달릴 표, 각시 씨, 갈 지, 풍간할 풍.
[풀이] 無爲(무위)의 정사를 베풀었던 고대 제왕의 가르침. 風(풍)은 諷(풍)의 뜻. 출전 莊子(장자).

標的搜査 (표적수사)★

[뜻음] 표 표, 적중할 적, 찾을 수, 조사할 사.
[풀이] 標的(표적)을 미리 정해 놓고 하는 수사.

剽疾輕悍 (표질경한)★

[뜻음] 빠를 표, 빠를 질, 가벼울 경, 세찰 한.
[풀이] 재빠르고 강함.

飄蕩奔逸 (표탕분일)★★

[뜻음] 회오리바람 표, 쓸어버릴 탕, 달릴 분, 달아날 일.
[풀이] 목표도 없이 그냥 분주히 떠돌아다님. 배가 물 위에 떠 있고 말이 뛰어 돌아다니는 것과 같이 매 놓은 것이 없음.

飄飄蕩蕩 (표표탕탕)★★

[뜻음] 회오리바람 표, 쓸어버릴 탕.
[풀이] 바람이나 물결에 나부끼거나 흔들림. 정처 없이 떠돌아다님.

慓悍猾賊 (표한활적)

[뜻음] 날랠 표, 사나울 한, 교활할 활, 도적 적.
[풀이] 날래고 사납고 교활하여 사람을 해침. 출전 史記(사기) 古祖紀(고조기).

風過耳 (풍과이)★

[뜻음] 바람 풍, 지날 과, 귀 이.
[풀이] 귀를 스쳐 가는 바람처럼, 듣고도 흘려보냄. 馬耳東風(마이동풍). 출전 吳越春秋(오월춘추).

風光明媚 (풍광명미)★

[뜻음] 바람 풍, 빛 광, 밝을 명, 아름다울 미.
[풀이] 산수의 경치가 맑고 아름다움.

豐筋多力 (풍근다력)★

[뜻음] 넉넉할 풍, 힘줄 근, 많을 다, 힘 력.
[풀이] 글씨의 획이 굵고 힘참을 이름.

風紀紊亂 (풍기문란)★★

[뜻음] 풍속 풍, 벼리 기, 어지러울 문, 어지러울 란.
[풀이] 풍속, 풍습 등 사회도덕에 대한 紀律(기율) 등이 서 있지 않고 어지러움.

風紀頹廢 (풍기퇴폐)★

[뜻음] 풍속 풍, 벼리 기, 무너질 퇴, 폐할 폐.
[풀이] 풍기가 낡고 피폐해짐.

豊年花子 (풍년화자)★★

[뜻음] 풍년 풍, 해 년, 꽃 화, 아들 자.
[풀이] 풍년거지. 화자는 중국 白話(백화)로 거지라는 뜻. 여러 사람이 모두 利益(이익)을 볼 때 혼자 빠져 이익을 보지 못하는 사람.

風流警拔 (풍류경발)★

[뜻음] 바람 풍, 흐를 류, 경계할 경, 뺄 발.
[풀이] 풍류가 있으면서 기발함. 풍류가 高尙(고상)하고 英特(영특)하고 민첩한 일. 출전 北齊書(북제서).

風流公案 (풍류공안)★

[뜻음] 바람 풍, 흐를 류, 공변될 공, 책상 안.
[풀이] 남녀의 情事(정사)에 관한 사건.

風流男子 (풍류남자)★

[뜻음] 바람 풍, 흐를 류, 사내 남, 아들 자.
[풀이] 풍치 있고 멋진 남자.

風流郞 (풍류랑)★

[뜻음] 바람 풍, 흐를 류, 사내 랑.
[풀이] 風流男子(풍류남자).

風流三昧 (풍류삼매)★

[뜻음] 바람 풍, 흐를 류, 석 삼, 탐할 매.
[풀이] 풍류에 몰입하여 다른 일을 돌보지 않음.

風流宰相 (풍류재상)

[뜻음] 바람 풍, 흐를 류, 재상 재, 서로 상.
[풀이] 풍류가 있는 宰相(재상).

風流罪過 (풍류죄과)

[뜻음] 바람 풍, 흐를 류, 허물 죄, 허물 과.
[풀이] 법률상의 허물이 되지 아니하는 風雅(풍아)한 죄. 출전 北齊書 (북제서).

風林火山 (풍림화산)★★★

[뜻음] 바람 풍, 수풀 림, 불 화, 뫼 산.
[풀이] 바람처럼 빠르게, 숲처럼 고요하게, 불처럼 맹렬하게, 산처럼 묵직하게 적을 掩襲(엄습)해서 공략한다. 기회가 왔을 때 이를 가장 적절하게 이용해서 승리를 거두라는 말. 출전 孫子(손자).

風馬不接 (풍마부접)★

[뜻음] 바람 풍, 말 마, 아닐 부, 사귈 접.
[풀이] 아무 관계가 없음. 風馬牛不相及(풍마우불상급).

風馬牛不相及 (풍마우불상급)★★★

[뜻음] 바람 풍, 말 마, 소 우, 아닐 불, 서로 상, 미칠 급.
[풀이] 암내가 난 말이나 소가 서로 오고 갈 수 없다. 放逸(방일)한 소나 말의 암컷과 수컷이 서로 찾아도 이를 수 없다는 뜻으로, 서로 멀리 떨어져 있음을 이름.

'전연 상관이 없다'는 뜻으로 쓰인다.
　春秋時代(춘추시대) 五覇(오패)의 한 사람인 齊桓公 (제환공)이 여러 나라 군대들을 거느리고 楚(초)나라로 향하자 이에 놀란 楚成王(초성왕)은 사신을 연합군 진영으로 보내 제환공에게 이유를 묻게 했다.
　"임금은 북쪽 바다에 있고 과인은 남쪽 바다에 살고 있어서, 바람난 말과 소도 서로 미치지 못하는데, 뜻밖에 임금께서 우리 땅에 오시게 된 것은 무슨 까닭이오."
　그러자 管仲(관중)이 환공을 대신해서, 天子(천자)에게 朝貢(조공)을 바치지 않는 까닭을 묻기 위해 왔다고 대답했다.
　이리하여 초성왕은 屈完(굴완)을 특사로 보내 화평조약을 맺게 함으로써 충돌을 피했고, 환공은 名實相符(명실상부)한 覇者(패자)가 된다.

風木之悲 (풍목지비)★

[뜻음] 바람 풍, 나무 목, 갈 지, 슬플 비.
[풀이] 부모가 이미 돌아가셔서 효양하지 못하여 歎息(탄식)함. 風樹之嘆(풍수지탄).

風伯雨師 (풍백우사)★

[뜻음] 바람 풍, 맏 백, 비 우, 스승 사.
[풀이] 바람의 神(신)과 비의 신. 출전 史記(사기).

風不鳴枝 (풍불명지)

[뜻음] 바람 풍, 아닐 불, 울 명, 가지 지.
[풀이] 부는 바람도 나뭇가지가 울지 않도록 조용히 분다. 세상이 태평한 상태. 세상이 無事泰平(무사태평)함의 비유. 출전 論衡(논형).

風飛雹散 (풍비박산)★★

[뜻음] 바람 풍, 날 비, 우박 박, 흩어질 산.
[풀이] 사방으로 날아 흩어짐.

風斯在下 (풍사재하)

[뜻음] 바람 풍, 이 사, 있을 재, 아래 하.
[풀이] 높은 곳에 오름을 이름. 새가 높이 날 때는 바람이 그 밑에 있다는 말. 출전 莊子(장자) 逍遙遊篇(소요유편).

風霜高潔 (풍상고결)★

[뜻음] 바람 풍, 서리 상, 높을 고, 깨끗할 결.
[풀이] 바람은 높이 불고, 서리는 희고 깨끗함. 가을 경치.

風霜苦楚 (풍상고초)★★

[뜻음] 바람 풍, 서리 상, 쓸 고, 가시나무 초.
[풀이] 많이 겪은 세상의 고난이나 고통.

風霜雨露 (풍상우로)★

[뜻음] 바람 풍, 서리 상, 비 우, 이슬 로.
[풀이] 바람과 서리와 비와 이슬.

風霜之任 (풍상지임)★★

[뜻음] 바람 풍, 서리 상, 갈 지, 맡길 임.
[풀이] 엄숙하고 私情(사정) 없는 임무. 곧 御使(어사) · 사법관을 이름.

風聲鶴唳 (풍성학려)★★★

[뜻음] 바람 풍, 소리 성, 학 학, 울 려.
[풀이] 중국 前秦(전진) 시대 진나라 符堅(부견)이 淝水(비수)에서 크게 패하고 바람소리와 학의 울음소리를 듣고도 적군이 쫓아오는 것이 아닌가 하고 놀랐다는 故事(고사). 겁을 먹은 사람이 하찮은 일에도 놀람.

《晉書(진서)》 謝玄傳(사현전)에 나오는 말이다.

東晉(동진) 孝武帝(효무제) 太元(태원) 팔 년 십일월 북쪽의 秦王(진왕) 符堅(부견)이 직접 이끌고 내려온 백만에 가까운 군사를 맞아 겨우 십분의 일밖에 안 되는 적은 군사로, 동진의 名將(명장) 謝玄(사현)은 이를 淮河(회하) 상류인 淝水(비수)에서 거의 전멸시키다시피 한 大勝(대승)을 거두었다.

전투에 임할 때 사현은 적의 총지휘관인 符融(부융)에게 使者(사자)를 보내 이렇게 청했다.

"귀하의 군대를 조금만 뒤로 후퇴시켜 주시오. 그러면 우리가 물을 건너가 한 번 싸움으로 승부를 하겠습니다."

상대를 무시하고 있던 부견과 부융은 적이 물을 반쯤 건너왔을 때 기습 작전으로 간단히 해치울 생각으로 이 청을 들어주었다.

북군이 후퇴를 개시하고 남군이 강을 건너기 시작했을 때 혼란이 일어나 뒤에 있는 군사들이 싸움에 패해 물러나는 것으로 誤認(오인)하고 다투어 달아나다가 진이 무너지며 自滅(자멸)하기에 이르렀다. 남은 병사들은 밤을 새워 달아나다 바람소리와 학의 울음소리만 들어도 晉(진)나라 군사가 쫓아온 것으로 알고 도망치다 거의 팔 할이나 죽었다는 것이다.

이 말은 '草木皆兵(초목개병)'이라는 말로도 쓰인다. 우리나라 속담에 '자라 보고 놀란 가슴 솥뚜껑 보고 놀란다'는 말이 있다.

風勢大作 (풍세대작)★

[뜻음] 바람 풍, 기세 세, 큰 대, 지을 작.
[풀이] 바람의 기세가 크게 일어남.

風蕭蕭兮易水寒 (풍소소혜역수한)★★

[뜻음] 바람 풍, 쓸쓸할 소, 어조사 혜, 바꿀 역, 물 수, 찰 한.
[풀이] 바람은 쓸쓸하고 역수는 차기도 하다. 중국 燕(연)나라의 태자 丹(단)이 고용한 刺客(자객)으로, 秦始皇(진시황)을 죽이러 가는 荊軻(형가)가 역수를 지나면서 읊은 詩句(시구). 출전 史記(사기).

風騷之士 (풍소지사)★★

[뜻음] 바람 풍, 떠들 소, 갈 지, 선비 사.

[풀이] 풍류가 있고 시를 짓는 선비. 굴원의 이소를 읽고 悲憤慷慨(비분강개)하는 지사.

風樹之感 (풍수지감)★

[뜻음] 바람 풍, 나무 수, 갈 지, 느낄 감.
[풀이] 風樹之嘆(풍수지탄).

風樹之嘆 (풍수지탄)★★★

[뜻음] 바람 풍, 나무 수, 갈 지, 탄식할 탄.
[풀이] 가지 많은 나무에 바람 잘 날 없다고 탄식함. 효도를 다하지 못한 채 부모를 여읜 자식의 슬픔. 風木之悲(풍목지비). 출전 韓詩外傳(한시외전).

風岸孤峭 (풍안고초)

[뜻음] 바람 풍, 언덕 안, 외로울 고, 가파를 초.
[풀이] 인품이 엄격하고 性情(성정)이 과격하기 때문에 고독하게 지내는 일.

風雨對牀 (풍우대상)★★

[뜻음] 바람 풍, 비 우, 대할 대, 평상 상.
[풀이] 비바람 치는 밤에 형제가 오래간만에 서로 만나 이야기하는 다정스러운 정경. 唐(당)나라의 韋蘇州(위소주)가 그의 아우에게 보낸 시에 風雨對牀(풍우대상)이라는 글귀가 있어 이에 깊이 감격하여 자기 아우 子由(자유)에게 보낸 詩(시)에도 역시 이 넉 자를 썼음. 이로 인하여 형제가 서로 만나는 고사가 됨. 출전 韋應物(위응물)의 贈弟詩(증제시).

風雨大作 (풍우대작)★

[뜻음] 바람 풍, 비 우, 큰 대, 지을 작.
[풀이] 바람이 몹시 불고 비가 많이 쏟아짐.

風雲才子 (풍운재자)★

[뜻음] 바람 풍, 구름 운, 재주 재, 아들 자.
[풀이] 어지러운 세상에 처하여, 危急(위급)하고 困難(곤란)한 경우를 무릅쓰고 활약하여 공명을 세우는 사람. 전도양양한 청년. 風雲兒(풍운아).

風雲之器 (풍운지기)

[뜻음] 바람 풍, 구름 운, 갈 지, 그릇 기.
[풀이] 온갖 事變(사변)으로 인하여 일어나는 난세를 만나 功名(공명)을 이룰 능력이 있는 사람.

風雲之志 (풍운지지)★★

[뜻음] 바람 풍, 구름 운, 갈 지, 뜻 지.
[풀이] 용이 바람과 구름을 얻어서 하늘에 오르고 뜻을 이룸. 英雄(영웅)이 어진 임금이나 때를 얻어 재능을 발휘하고 富貴功名(부귀공명)을 이룸.

風雲之會 (풍운지회)★★

[뜻음] 바람 풍, 구름 운, 갈 지, 만날 회.
[풀이] ① 龍虎(용호)가 풍운을 만나 득세하는 것처럼 明君(명군)과 賢臣(현신)이 際會(제회)함을 이름. ② 英雄(영웅)이 때를 만나 뜻을 이룸을 이름. ③ 戰亂(전란) 때를 이름.

風月主人 (풍월주인)★★★

[뜻음] 바람 풍, 달 월, 주인 주, 사람 인.
[풀이] 맑은 바람과 밝은 달 따위의 아름다운 자연을 즐기는 사람. 소동파의 말.

風檣陣馬 (풍장진마)

[뜻음] 바람 풍, 돛대 장, 줄 진, 말 마.
[풀이] 배가 돛에 순풍을 받아 쏜살같이 가며 武士(무사)가 駿馬(준마)를 타고 늠름히 陣頭(진두)에 선다. 문장이 웅건하거나 필체가 遒勁(주경)함을 이름.

風前燈燭 (풍전등촉)★

[뜻음] 바람 풍, 앞 전, 등불 등, 촛불 촉.
[풀이] 風前燈火(풍전등화).

風前燈火 (풍전등화)★★★

[뜻음] 바람 풍, 앞 전, 등불 등, 불 화.
[풀이] 바람 앞에 등불. ① 매우 위태로운 처지에 있음. ② 사물의 덧없음.

風前細柳 (풍전세류)★★★

[뜻음] 바람 풍, 앞 전, 가늘 세, 버들 류.
[풀이] 바람 앞에 하늘거리는, 가는 버드나무. 삼봉 정도전이 전라도 사람들을 평한 말. '泥田鬪狗(니전투구)'를 보시오.

風定浪息 (풍정낭식)★

[뜻음] 바람 풍, 가라앉을 정, 물결 낭, 숨 쉴 식.
[풀이] 바람이 자고 파도가 잔잔해진다. 들떠서 어수선하던 것이 가라앉음의 비유.

風朝雨夕 (풍조우석)★

[뜻음] 바람 풍, 아침 조, 비 우, 저녁 석.
[풀이] 바람 부는 아침과 비 오는 저녁.

風調雨順 (풍조우순)★

[뜻음] 바람 풍, 고를 조, 비 우, 순할 순.
[풀이] 비바람이 순조로움. 雨順風調(우순풍조). 출전 通俗編(통속편).

風從虎雲從龍 (풍종호운종룡)★

[뜻음] 바람 풍, 따를 종, 범 호, 구름 운, 용 룡.
[풀이] 바람은 호랑이를 따라 불고, 구름은 용을 따라 인다. 君臣(군신)이 서로 만나야 함을 이름.

風櫛雨沐 (풍즐우목)★

[뜻음] 바람 풍, 빗 즐, 비 우, 머리 감을 목.
[풀이] 바람에 머리를 빗고 비에 머리를 씻는다는 뜻으로, 風塵(풍진) 속에서 분주히 돌아다니며 고생함을 이름. 출전 元史(원사).

風地雹散 (풍지박산)★★

[뜻음] 바람 풍, 땅 지, 우박 박, 흩어질 산.
[풀이] 風飛雹散(풍비박산)이 맞는 말임. '風飛雹散(풍비박산)'을 보시오.

風塵世界 (풍진세계)★

[뜻음] 바람 풍, 티끌 진, 세상 세, 경계 계.
[풀이] 늘 바람에 티끌이 이는 속세. 전쟁 등으로 인하여 편안한 나날이 없는 세상. 난리가 난 세상.

風塵之警 (풍진지경)★

[뜻음] 바람 풍, 티끌 진, 갈 지, 경계할 경.
[풀이] 兵亂(병란)이 일어났다고 알리는 보도. 출전 漢書(한서).

風塵之會 (풍진지회)★

[뜻음] 바람 풍, 먼지 진, 갈 지, 모일 회.
[풀이] 兵亂(병란).

風餐露宿 (풍찬노숙)★★★

[뜻음] 바람 풍, 음식 찬, 이슬 로, 잠잘 숙.
[풀이] 바람과 이슬을 무릅쓰고 한데서 먹고 잠. 큰일을 이루려는 사람들이 苦草(고초)를 겪음.

風燭殘年 (풍촉잔년)★

[뜻음] 바람 풍, 촛불 촉, 남을 잔, 해 년.
[풀이] 바람 앞의 촛불처럼, 나이가 많아 여생이 얼마 남지 않은 것을 비유함.

風致地區 (풍치지구)★

[뜻음] 바람 풍, 보낼 치, 땅 지, 지경 구.
[풀이] 훌륭하고 멋스런 경치가 있는 지역.

風打浪打 (풍타낭타)★

[뜻음] 바람 풍, 칠 타, 물결칠 낭.
[풀이] 일정한 주의 주장 없이 그저 되는 대로 형편에 따라 행동함의 비유.

風標公子 (풍표공자)★

[뜻음] 바람 풍, 우듬지 표, 공변될 공, 아들 자.
[풀이] 白鷺(백로)의 다른 이름. 백로는 해오라기이다. 하야로비, 해오라기라고도 부른다. 눈처럼 흰 깃에 눈길을 준 이름이고 풍채가 빼어나다 해서 풍표공자로 부름.

風寒暑濕 (풍한서습)★

[뜻음] 바람 풍, 찰 한, 더울 서, 젖을 습.
[풀이] 바람, 추위, 더위, 습기. 모두 병의 원인이 되는 것.

風行霜烈 (풍행상렬)

[뜻음] 바람 풍, 갈 행, 서리 상, 세찰 렬.
[풀이] 바람처럼 빠르고 서리처럼 모질다. 기세가 맹렬함. 風飄電激(풍표전격). 출전 後漢書(후한서).

風行草偃 (풍행초언)★

[뜻음] 바람 풍, 갈 행, 풀 초, 쓰러질 언.
[풀이] 바람이 부니 풀이 눕는다. 임금이 덕으로써 백성을 교화함을 비유하는 말. 출전 周書(주서).

豐亨豫大 (풍형예대)★

[뜻음] 풍년 풍, 형통할 형, 즐길 예, 큰 대.
[풀이] 豐亨(풍형)은 모두 육십사괘의 하나. 풍은 성대한 모양, 豫(예)는 和樂(화락)한 모양. 곧 천하가 태평하여 백성들의 향락이 극도에 이름을 뜻함. 출전 宋史(송사).

被褐懷玉 (피갈회옥)★

[뜻음] 입을 피, 베옷 갈, 품을 회, 구슬 옥.
[풀이] 굵은 베옷을 입고 옥을 품음. 곧 智德(지덕)을 갖추고도 출세하기를 원하지 아니함을 이름. 출전 老子(노자).

避坎落井 (피감낙정)★

[뜻음] 피할 피, 구덩이 감, 떨어질 낙, 우물 정.
[풀이] 구덩이에 빠지는 것을 피하자 우물에 빠졌다는 말. 避坑落井(피갱낙정).

避坑落井 (피갱낙정)★

[뜻음] 피할 피, 구덩이 갱, 떨어질 낙, 우물 정.
[풀이] 구덩이를 피해 가다가 우물에 빠진다. 한 가지 위험을 피했으나 더 큰 피해를 본다는 말. 避坎落井(피감낙정).

皮骨相連 (피골상련)★

[뜻음] 가죽 피, 뼈 골, 서로 상, 이을 련.
[풀이] 皮骨相接(피골상접).

皮骨相接 (피골상접)★

[뜻음] 가죽 피, 뼈 골, 서로 상, 맞닿을 접.
[풀이] 살갗과 뼈가 맞닿을 程度(정도)로 몸이 몹시 여윔.

疲勞困憊 (피로곤비)★

[뜻음] 지칠 피, 수고할 로, 곤할 곤, 고달플 비.
[풀이] 몹시 지쳐 괴롭고 나른함. 피로하고 피곤함.

皮裏陽秋 (피리양추)★

[뜻음] 가죽 피, 속 리, 볕 양, 가을 추.
[풀이] 저마다 ≪춘추≫를 품음. 사람마다 각각 마음속에 속셈과 분별력이 있음. 입 밖에 내지 않는 일. 皮裏(피리)는 피부의 안 곧 심중이고 陽秋(양추)는 孔子(공자)가 지은 ≪춘추≫로, 중국 晉(진)나라 簡文后(간문후)의 諱(휘)인 春(춘)을 피한 것. 皮裏春秋(피리춘추). 출전 晉書(진서).

皮裏春秋 (피리춘추)★

[뜻음] 가죽 피, 속 리, 봄 춘, 가을 추.
[풀이] 皮裏陽秋(피리양추).

跛立箕坐 (피립기좌)

[뜻음] 절뚝발이 피, 설 립, 키 기, 앉을 좌.
[풀이] 跛立(피립)은 한쪽 발로 서는 일. 箕坐(기좌)는 두 다리를 뻗고 가랑이를 벌려 앉는 일. 無禮(무례)한 태도를 말함. 출전 禮記(예기) 曲禮上篇(곡례상편).

疲馬不畏鞭箠 (피마불외편추)★

[뜻음] 지칠 피, 말 마, 아닐 불, 두려워할 외, 채찍 편, 채찍 추.

[풀이] 疲勞(피로)한 말은 채찍질을 두려워하지 아니함. 곧 피로한 말은 아무리 채찍질하여도 달리지 아니한다는 뜻으로, 疲弊(피폐)한 백성은 刑罰(형벌)을 두려워하지 않고 罪惡(죄악)을 犯(범)하게 된다는 譬喩(비유). 출전 鹽鐵論(염철론).

披麻皴 (피마준)★★

[뜻음] 나눌 피, 삼 마, 주름 준.
[풀이] 畵家(화가)의 術語(술어)로, 돌의 주름을 그리는데 삼의 잎을 펼친 것과 같이 그리는 것을 이름. 또 斧劈皴(부벽준)은 산 또는 돌을 그리는데 도끼로 나무를 쪼갠 것과 같이 선을 긋는 것을 말하며 大斧劈(대부벽), 小斧劈(소부벽)의 명칭이 있음.

皮膚之見 (피부지견)★

[뜻음] 가죽 피, 살갗 부, 갈 지, 볼 견.
[풀이] 겉만 보고 성급히 내리는, 얕은 견해. 皮肉之見(피육지견).

皮相之見 (피상지견)★

[뜻음] 가죽 피, 서로 상, 갈 지, 볼 견.
[풀이] 겉모양만 보고 속마음을 깊이 살피지 못하는 일. 천박한 견해. 皮膚之見(피부지견).

皮相之士 (피상지사)★

[뜻음] 가죽 피, 서로 상, 갈 지, 선비 사.
[풀이] 겉만 보고 내정은 잘 알지 못하는 사람. 皮相之見(피상지견)을 가진 사람. 출전 韓詩外傳(한시외전).

彼黍離離 (피서이리)★

[뜻음] 저 피, 기장 서, 떼 놓을 이.
[풀이] 나라가 망하여 성터에 기장과 피만 무성함. '黍離之歎(서리지탄)'을 보시오. 출전 詩經(시경).

罷軟不勝任 (피연불승임)★

[뜻음] 고달플 피, 연할 연, 아닐 불, 이길 승, 맡길 임.
[풀이] 몸과 마음이 쇠약하여 그 맡은 바를 감당하지 못한다. 직무에서 물러남을 이름. 출전 漢書(한서).

彼一時此一時 (피일시차일시)★★★

[뜻음] 저 피, 한 일, 때 시, 이 차.
[풀이] 그때 그렇게 한 것도 하나의 경우였고, 이때 이렇게 한 것도 또한 하나의 경우여서 그때그때의 경우에 적응해서 한 것이므로 결코 모순되지 않음. 그때와 지금은 사정이 다르다는 뜻으로 쓰임.

　이 말은 ≪孟子(맹자)≫ 公孫丑下(공손추하)에 나오는 맹자의 말이다.
　맹자가 齊(제)나라를 떠나게 되었을 때이다.
　充虞(충우)라는 제자가 맹자를 모시고 함께 오다가 路上(노상)에서 물었다.
　"선생님께서 매우 언짢으신 기색이십니다. 전에 선생님께서 말씀하시기를, 군자는 하늘도 원망하지 않고 사람도 허물하지 않는다고 하시지 않았습니까?"
　그러자 맹자는,

"그것도 한때요, 이것도 한때라" 하고 한 다음,

"오백 년마다 統一天下(통일천하)하는 王者(왕자)가 일어난 것이 지금까지의 역사였다. 그 왕자가 일어나면 반드시 세상에 이름을 남기는 사람이 있기 마련이다. 周(주)나라가 일어난 지 지금 칠백 년이 지났다. 오백이란 수도 훨씬 지났지만 세상 형편으로 보아서는 지금이 그 시기다. 하늘이 천하를 바로잡으려 하지 않고 있다. 만일 바로잡기로 말하면 지금 세상에 나를 버리고 또 누가 있겠는가. 내가 어떻게 마음이 좋을 수 있겠느냐?"

맹자도 어지러운 세상을 버려두는 하늘을 원망하고 있다. 이 말은 自家撞着(자가당착)에 빠져서 一貫性(일관성) 없는 처사에 대한 자기변명으로 흔히 쓰이는 말이다. 물론 답변에 궁한 상대방을 변호하거나 위로하기 위한 말로 쓰일 수도 있다.

避獐逢虎 (피장봉호)

[뜻음] 피할 피, 노루 장, 만날 봉, 범 호.
[풀이] 노루를 피하다 범을 만난다. 작은 해를 피하려다 큰 화를 당함의 비유.

彼丈夫我丈夫 (피장부아장부)★★

[뜻음] 저 피, 어른 장, 지아비 부, 나 아.
[풀이] 그도 장부고 나도 장부이다. 남보다 못할 것이 없는 만큼 굽히지 않음. 사람은 누구나 노력하면 훌륭하게 될 수 있음. 출전 孟子(맹자).

皮匠花草 (피장화초)

[뜻음] 가죽 피, 장인 장, 꽃 화, 풀 초.
[풀이] 아무 실속도 없는 겉치장만 미끈하게 꾸밈.

彼哉彼哉 (피재피재)★

[뜻음] 저 피, 어조사 재.
[풀이] 그 사람이구나, 그 사람이야. 남을 輕蔑(경멸)하여 度外視(도외시)하는 태도로 일컫는 말. 출전 論語(논어) 憲問篇(헌문편).

彼此一般 (피차일반)★

[뜻음] 저 피, 이 차, 한 일, 일반 반.
[풀이] 두 편이 서로 같음.

彼出於此 (피출어차)★

[뜻음] 저 피, 날 출, 어조사 어, 이 차.
[풀이] 저라는 개념은 이라는 개념이 있기 때문에 생기는 것임. 개념이 상대적 관계에 의하여 생겨남을 이름. 출전 莊子(장자).

筆耕硯田 (필경연전)★★

[뜻음] 붓 필, 밭갈 경, 벼루 연, 밭 전.
[풀이] 붓으로 쟁기질하고 벼루로 밭을 일굼. 文筆(문필)로 생활을 함.

筆大如椽 (필대여연)★

[뜻음] 붓 필, 큰 대, 같을 여, 서까래 연.
[풀이] 붓의 크기가 서까래와 같다. 대문장가를 이름. 출전 晉書(진서).

筆頭生花 (필두생화)★

[뜻음] 붓 필, 머리 두, 날 생, 꽃 화.
[풀이] 중국 唐(당)나라의 李白(이백)이 어렸을 때 붓끝에 꽃이 핀 꿈을 꾼 뒤부터 글재주가 크게 進步(진보)했다는 옛일. 文筆(문필)의 재주가 있음을 이름.

筆力扛鼎 (필력강정)★

[뜻음] 붓 필, 힘 력, 들 강, 솥 정.
[풀이] 필력으로 솥을 마주 들 정도임. 문장이 아주 힘참을 이름.

筆力縱橫 (필력종횡)★

[뜻음] 붓 필, 힘 력, 세로 종, 가로 횡.
[풀이] 詩文(시문)을 自由自在(자유자재)로 지음을 이름.

匹馬單騎 (필마단기)★★

[뜻음] 짝 필, 말 마, 홀 단, 말 탈 기.
[풀이] 홀몸으로 한 필의 말을 탐. 또는 그 사람. 외롭게 혼자서 말을 달림. 용기 있게 혼자서 말을 달림.

匹馬隻輪 (필마척륜)★

[뜻음] 짝 필, 말 마, 새 한 마리 척, 수레 륜.
[풀이] 한 필의 말과 한 대의 수레.

筆墨紙硯 (필묵지연)★

[뜻음] 붓 필, 먹 묵, 종이 지, 벼루 연.
[풀이] 文房四友(문방사우)인 紙筆墨硯(지필묵연). 붓·먹·종이·벼루.

筆問筆答 (필문필답)★

[뜻음] 붓 필, 물을 문, 답할 답.
[풀이] 질문을 글로 쓰고 회답도 글로 써서 보이는 일. 입으로 말하지 못하고 글을 써서 문답함.

匹夫不可奪志 (필부불가탈지)★★★

[뜻음] 짝 필, 지아비 부, 아닐 불, 가할 가, 빼앗을 탈, 뜻 지.
[풀이] 지체 낮은 사나이일지라도, 그 뜻이 굳으면 이를 빼앗을 수 없다는 말. '필부'란 보잘것없는 못난 사람이라는 말.

≪論語(논어)≫ 子罕篇(자한편)에 있는 孔子(공자)의 말 중에,

"三軍(삼군)의 장수는 빼앗을 수 있지만 한 지아비의 뜻은 빼앗을 수가 없다"라는 말이 있다.

삼군은 제후들이 가질 수 있는 가장 많은 군대이다. 일군이 일만 이천오백 명이었으니 삼군이라면 삼만 칠천오백 명이다. 이 군대의 총대장도 이를 가져올 수 있다. 그러나 보잘것없는 못난 사람도 그의 마음속에 품고 있는 뜻을 내 마음대로 바꿀 수는 없다. 사람의 마음이란 폭력이나 위력으로 좌우될 수 없기 때문이다.

공자의 이 말씀은 인간의 존엄성을 가리킨 것이다. 필부라도 침범할 수 없는 마음이 있으므로 남의 인격을 존

중하라는 말이다. 우리 속담에도 마음과 관련된 말이 많이 있는데 그중에서 '자식을 낳으면 겉을 낳지, 속까지 낳을 수 있느냐'는 말이 있다. 아무리 부모라도 자식의 마음만은 어찌할 수가 없다는 말이다.

匹夫之勇 (필부지용)★★★

[뜻음] 짝 필, 지아비 부, 갈 지, 용기 용.
[풀이] 깊은 생각 없이 혈기만 믿고 함부로 뽐내는 小人(소인)의 용기. 쓸데없는 용기. 출전 史記(사기) 淮陰侯傳(회음후전).

匹夫匹婦 (필부필부)★★★

[뜻음] 짝 필, 지아비 부, 지어미 부. 평범한 남녀.
[풀이] 비슷한 말로 甲男乙女(갑남을녀), 張三李四(장삼이사), 樵童汲婦(초동급부) 등이 있음. 출전 孟子(맹자) 萬章(만장).

必死則生必生則死 (필사즉생필생즉사)★

[뜻음] 반드시 필, 죽을 사, 곧 즉, 살 생.
[풀이] 죽기로 싸우면 반드시 살고, 살려고 비겁하면 반드시 죽는다. 위기에 처한 나라를 구하려는 충신의 覺悟(각오)를 吐露(토로)한 말.

筆削褒貶 (필삭포폄)★★

[뜻음] 붓 필, 깎을 삭, 기릴 포, 떨어트릴 폄.
[풀이] 써 넣어야 할 곳은 써 넣고 지워야 할 곳은 지우고, 칭찬해야 할 곳은 칭찬하고, 나무랄 곳은 나무란다. 削은 칼로 간독의 문자를 깎아 버리는 일. 孔子(공자)의 春秋筆法(춘추필법)임. '春秋筆法(춘추필법)'을 보시오.

匹上不足 (필상부족)★

[뜻음] 짝 필, 위 상, 아닐 부, 족할 족.
[풀이] 匹下有餘(필하유여)에 對(대)해서 쓰이는 말. 위로 짝하려니 모자라고 아래로 짝하려니 남아서 어느 쪽에도 치우치지 않는 圓轉滑脫(원전활탈)의 묘를 이름.

必先苦其心志 (필선고기심지)★★★

[뜻음] 반드시 필, 앞 선, 쓸 고, 그 기, 마음 심, 뜻 지.
[풀이] 반드시 먼저 그의 마음과 생각을 고달프게 한다는 말이다. 즉 앞으로 큰일을 할 사람은, 그 큰일을 감당해 나갈 만한 굳은 의지를 갖기 위해 먼저 心身鍛鍊(심신단련)에 필요한 고생을 하게 된다는 뜻이다.

　　≪孟子(맹자)≫ 告子 下(고자 하)에서 孟子(맹자)는,
　　"舜(순)임금 같은 聖君(성군)도 밭농사에서부터 출발했고 傅說(부열) 같은 殷(은)나라의 명재상도 성벽을 쌓는 인부에서 등용되었으며, 膠鬲(교격) 같은 어진 신하도 생선장수의 몸으로 文王(문왕)에게 拔擢(발탁)되었고, 齊桓公(제환공)을 도와 패천하를 한 管仲(관중)도 옥중에 갇혀 있던 몸으로 등용되었으며 楚莊王(초장왕)을 도와 覇天下(패천하)를 한 孫叔敖(손숙오)도 바닷가에 숨어 사는 가난한 선비로 천거를 받았고, 秦穆公(진목공)을 도와 패천하를 한 百里奚(백리해)는 팔려 다니던 몸이었다.

그러므로 하늘이 장차 큰 소임을 사람에게 내리려 하면 반드시 먼저 그 마음과 뜻을 괴롭게 하고 그 힘줄과 뼈를 고달프게 하며, 그 몸과 살을 주리게 하며, 그 몸을 비고 모자라게 하며, 행하는 데 있어 그의 하는 일을 거스르고 어지럽게 한다. 그의 마음을 흔들어 놓고 성품을 참게 만들어, 그가 능히 하지 못하는 일을 잘할 수 있게 하기 위해서이다."

　　맹자는 다시 끝에 가서,
　　"이로 미루어 보아 사람은, 우환에 살고, 안락에서 죽는다는 것을 알 수 있다"고 했다.

必勝不敗 (필승불패)★

[뜻음] 반드시 필, 이길 승, 아닐 불, 패할 패.
[풀이] 지지 않고 반드시 이김.

必也使無訟 (필야사무송)★

[뜻음] 반드시 필, 어조사 야, 하여금 사, 없을 무, 송사 송.
[풀이] 백성 사이에 벌어지는 재판은 반드시 없도록 해야 한다. 訟事(송사)가 생기지 않도록 화합하고 讓步(양보)하는 사회를 만들어야 한다는 孔子(공자)의 말.

必有曲折 (필유곡절)★★

[뜻음] 반드시 필, 있을 유, 굽을 곡, 꺾을 절.
[풀이] 반드시 무슨 까닭이 있음. 曲折(곡절)은 까닭.

必有事端 (필유사단)★

[뜻음] 반드시 필, 있을 유, 일 사, 실마리 단.
[풀이] 必有曲折(필유곡절).

筆精妙入神 (필정묘입신)★

[뜻음] 붓 필, 세밀할 정, 오묘할 묘, 들 입, 정신 신.
[풀이] 써 놓은 글씨의 글자 모양이나 그 솜씨가 뛰어나서 신의 경지에 들어감.

筆誅墨伐 (필주묵벌)★

[뜻음] 붓 필, 벨 주, 먹 묵, 칠 벌.
[풀이] 남의 罪過(죄과)를 글로 써서 공격함.

筆翰如流 (필한여류)★

[뜻음] 붓 필, 문서 한, 같을 여, 흐를 류.
[풀이] 물 흐르듯 글을 써 내려감. 문장을 거침없이 계속하여 죽 내리 씀. 運筆(운필)이 막힘없음. 문장을 빨리 草(초)함. 출전 晉書(진서).

夏葛冬裘 (하갈동구)★

[뜻음] 여름 하, 갈포 갈, 겨울 동, 가죽 구.
[풀이] 여름의 서늘한 갈포 옷과 겨울의 따뜻한 가죽 옷. 격에 맞음을 이름.

下公門式路馬 (하공문식노마)★

[뜻음] 아래 하, 공변될 공, 문 문, 격식 식, 길 로, 말 마.
[풀이] 임금의 문 앞을 지날 때는 말에서 내려 걸어가고, 차 속에서 임금이 탄 말을 보면 차의 橫木(횡목)에 머리를 수그린다는 뜻. 모두 가 임금께 경례함을 이름. 출전 禮記(예기) 曲禮上篇(곡례상편).

荷校滅耳 (하교멸이)

[뜻음] 번거로울 하, 가르칠 교, 멸할 멸, 귀 이.
[풀이] 귀를 가릴 정도로 칼이 씌워져서 들을 수가 없음.

荷簣而過孔氏 (하궤이과공씨)★

[뜻음] 멜 하, 삼태기 궤, 말 이을 이, 지날 과, 공자 공, 성씨 씨.
[풀이] 隱者(은자)가 삼태기를 지고 孔子(공자)의 門前(문전)을 지나 며 공자를 譏弄(기롱)한 고사. 簣(궤)는 說文(설문)에 草器也(초기야) 라 함. 곧 삼태기. 출전 論語(논어) 憲問篇(헌문편).

下剋上 (하극상)★★★

[뜻음] 아래 하, 이길 극, 위 상.
[풀이] 아래가 위를 凌犯(능범)한다. 臣下(신하)가 君主(군주)보다 권 력이 셈.

下氣怡聲 (하기이성)★

[뜻음] 아래 하, 기운 기, 기쁠 이, 소리 성.
[풀이] 기를 낮추고 음성을 부드럽게 한다. 자식이 부모를 섬기는 도 리를 이름. 출전 禮記(예기).

何待明年 (하대명년)★

[뜻음] 어찌 하, 기다릴 대, 밝을 명, 해 년.
[풀이] 어찌 명년을 기다리랴. 기다리기가 몹시 지루함을 이르는 말. 명년은 내년을 이름.

河圖洛書 (하도낙서)★★★

[뜻음] 물 이름 하, 그림 도, 물 이름 낙, 책 서.
[풀이] 황하와 낙수에서 나온, 비밀스런 내용을 담고 있는 그림과 도 서. '하도'는 옛날 중국 복희씨 때에 황하에서 龍馬(용마)가 지고 나 왔다는 쉰다섯 점의 그림이며, '낙서'는 옛 중국 夏(하)나라 禹(우) 임 금이 황하의 범람을 다스릴 때에 낙수에서 나온, 거북이 등에 있었다 는 마흔다섯 개의 점. 周易(주역)과 홍범구주의 근거가 된 도서. 이를 바탕으로 중국에서는 數理學(수리학)이 발달했다고 하며 圖書館(도 서관)이라는 말이 생김. 출전 易經(역경) 繫辭傳(계사전).

河東獅子吼 (하동사자후)★★

[뜻음] 황하 하, 동녘 동, 사자 사, 아들 자, 울부짖을 후.
[풀이] 黃河(황하)의 東岸(동안)에서 獅子(사자)가 으르렁거린다는 뜻 으로, 아내가 사나운 남편에게 큰 소리로 욕설을 함을 이름. '獅子吼 (사자후)'를 보시오.

河梁別 (하량별)★

[뜻음] 강 이름 하, 다리 량, 헤어질 별.
[풀이] 사람과 작별하는 것을 말함. 梁(양)은 다리를 말하며, 하천의 다리 근방에 이르러 작별하는 데서 생긴 말. 河梁之吟(하량지음)을 참조하시오. 출전 漢書(한서) 李陵傳(이릉전).

河梁之吟 (하량지음)★★

[뜻음] 강 이름 하, 다리 량, 갈 지, 읊을 음.
[풀이] 匈奴(흉노)에게 使臣(사신)으로 갔다가 잡힌 蘇武(소무)가 漢 (한)나라와 匈奴(흉노)가 和親(화친)을 맺어 본국으로 돌아가게 되었 을 때 흉노에게 항복하여 그 밑에서 신하노릇 하던 李陵(이릉)이 소 무에게 지어 준 送別(송별)의 五言詩(오언시). 출전 漢書(한서) 李陵 傳(이릉전).

夏爐冬扇 (하로동선)★★

[뜻음] 여름 하, 화로 로, 겨울 동, 부채 선.
[풀이] 여름의 화로와 겨울의 부채 곧 쓸데없는 사물, 버려지는 신세, 한가한 신세를 비유함. 冬扇夏爐(동선하로). 출전 論衡(논형) 逢遇篇 (봉우편).

夏鑪炙濕冬扇翣火 (하로적습동선삽화)★

[뜻음] 여름 하, 화로 로, 고기 구울 적, 축축할 습, 겨울 동, 부채 선, 부채 삽, 불 화.
[풀이] 여름 화로는 습기를 말리는 데 쓰이고 겨울 부채는 불을 피우 는 데 쓰인다. 물건은 제각기 때에 따라 그 쓰임이 있으며 다르다는 말. 출전 論衡(논형) 逢遇篇(봉우편).

下凌上替 (하릉상체)★

[뜻음] 아래 하, 깔볼 릉, 위 상, 쇠퇴할 체.
[풀이] 아랫사람이 윗사람을 凌犯(능범)하여 윗사람의 權威(권위)가 땅에 떨어짐. 凌替(능체). 출전 後漢書(후한서).

下里巴人 (하리파인)★

[뜻음] 아래 하, 마을 리, 땅이름 파, 사람 인.
[풀이] 상스러운 俗謠(속요). 출전 楚辭(초사).

下馬碑 (하마비)★★★

[뜻음] 내릴 하, 말 마, 돌기둥 비.
[풀이] 누구든지 그 앞을 지날 때에는 말에서 내리라는 뜻을 새긴 푯돌.

下馬評 (하마평)★★★

[뜻음] 내릴 하, 말 마, 평할 평.
[풀이] 한 인물이 큰 지위에 오르게 되면 이러저러한 평가를 내리는 데 그 평가를 이름.

何面目見之 (하면목견지)

[뜻음] 어찌 하, 낯 면, 눈 목, 볼 견, 갈 지.
[풀이] 무슨 면목으로 사람들을 대하랴. 사람들을 볼 낯이 없다는 말. 楚(초)나라 項羽(항우)가 강동 子弟(자제) 팔천 명도 다 잃고 고향으 로 돌아갈 면목이 없어, 自暴自棄(자포자기)하면서 한 말.

下問不恥 (하문불치)★

[뜻음] 아래 하, 물을 문, 아닐 불, 부끄러울 치.

[풀이] 不恥下問(불치하문).

河伯從事 (하백종사)★

[뜻음] 강 이름 하, 맏 백, 따를 종, 일 사.
[풀이] ① 자라의 딴 이름. ② 오징어의 딴 이름. ③ 물의 신 河伯(하백).

河汾門下 (하분문하)

[뜻음] 강 이름 하, 물 이름 분, 문 문, 아래 하.
[풀이] 하분 지방의 문하생. 좋은 학교와 훌륭한 교사가 구비되어야 훌륭한 인재를 배출할 수 있다. 隋(수)나라 말기 王通(왕통)이 河汾(하분) 지방에서 자리 잡고 문하생을 모집하여 훌륭한 인물이 숱하게 나온 데서 생긴 말.

瑕不揜瑜 (하불엄유)

[뜻음] 티 하, 아닐 불, 덮을 엄, 미옥 유.
[풀이] 일부분의 흠으로 말미암아 전체를 해하지 못함.

河不出圖 (하불출도)★

[뜻음] 황하 하, 아닐 불, 날 출, 그림 도.
[풀이] 聖代(성대)에는 黃河(황하)에서 그림이 나왔으나 지금은 亂世(난세)이어서 그러한 祥瑞(상서)가 나타나지 않는다고 孔子(공자)가 歎息(탄식)한 말. 출전 論語(논어).

河山帶礪 (하산대려)★

[뜻음] 강 이름 하, 뫼 산, 띠 대, 숫돌 려.
[풀이] 帶礪之誓(대려지서).

下山之勢 (하산지세)★

[뜻음] 내릴 하, 뫼 산, 갈 지, 지세 세.
[풀이] 가파른 산비탈을 내리닫는 맹렬한 형세. 사람의 힘으로는 어찌할 수 없는 형세.

何常師之有 (하상사지유)★

[뜻음] 어찌 하, 항상 상, 스승 사, 갈 지, 있을 유.
[풀이] 어찌 일정한 스승이 있으리오. 聖人(성인)에게는 일정한 스승이 없음을 이름. 출전 論語(논어).

霞舒雲卷 (하서운권)

[뜻음] 노을 하, 펼 서, 구름 운, 말릴 권.
[풀이] 놀같이 펴고 구름같이 말린다. 그림의 筆法(필법)과 着色(착색) 등이 아주 묘함을 이름.

下石上臺 (하석상대)★★★

[뜻음] 아래 하, 돌 석, 위 상, 누대 대.
[풀이] 아랫돌을 빼서 윗돌을 괴고 윗돌을 빼서 아랫돌을 굄. 臨時變通(임시변통)으로 이리저리 둘러맞춤. 彌縫策(미봉책).

夏扇冬曆 (하선동력)★

[뜻음] 여름 하, 부채 선, 겨울 동, 책력 력.
[풀이] 여름의 부채와 겨울의 새해 책력. 곧 선사하는 물건이 철에 들어맞음을 이름.

河魚腹疾 (하어복질)★

[뜻음] 강 하, 물고기 어, 배 복, 병 질.
[풀이] 뱃속의 병. 배앓이. 腹痛(복통). 물고기는 배부터 썩어 들기 때문에 이르는 말.

河魚之疾 (하어지질)★

[뜻음] 강 하, 물고기 어, 갈 지, 병 질.
[풀이] 腹痛(복통). 河魚腹疾(하어복질).

夏五郭公 (하오곽공)★

[뜻음] 여름 하, 다섯 오, 성곽 곽, 귀인 공.
[풀이] ≪春秋(춘추)≫에 '桓公(환공) 十三年 夏五(십삼년 하오)'라 쓰고 月(월) 자가 빠지고 '莊公(장공) 二十四年(이십사년)에 郭公(곽공)'이 하고 밑에 記事(기사)가 없는 데서, 글자가 빠짐을 이름. 闕文(궐문)을 이름. ≪春秋(춘추)≫는 孔子(공자)의 著書(저서).

夏雲多奇峯 (하운다기봉)★

[뜻음] 여름 하, 구름 운, 많을 다, 기이할 기, 봉우리 봉.
[풀이] 여름 구름이 기이한 산봉우리처럼 솟아 있는 모양을 형용한 詩句(시구). 여름에 흔히 볼 수 있는 峰萬象(봉만상)의 구름을 이름.

夏月飛霜 (하월비상)★★

[뜻음] 여름 하, 달 월, 날 비, 서리 상.
[풀이] 중국 夏(하)나라의 桀王(걸왕)이나 周(주)나라의 幽王(유왕) 등이 暴惡(포악) 無道(무도)하였으므로, 여름철에도 서리가 내리는 天變(천변)이 있었음을 이르는 말.

下育妻子 (하육처자)★

[뜻음] 아래 하, 기를 육, 아내 처, 자식 자.
[풀이] 아래로 아내와 자식을 기름.

下意上達 (하의상달)★

[뜻음] 아래 하, 뜻 의, 위 상, 미칠 달.
[풀이] 아랫사람의 뜻을 윗사람에게 전달함. 下情上達(하정상달).

瑕疵 (하자)★★★

[뜻음] 티 하, 흠 자.
[풀이] 옥에 티. 흠. 아무리 값진 보배라도 작은 허물이 있으면 제 값어치를 하지 못한다는 말. 출전 淮南子(회남자) 說林訓(설림훈).

下穽投石 (하정투석)★

[뜻음] 아래 하, 구덩이 정, 던질 투, 돌 석.
[풀이] 구덩이에 떨어진 것을 보고 돌을 쳐 넣는다. 거의 죽어 쓰러지는 사람의 등에 칼을 꽂는다는 말. 落穽下石(낙정하석).

下種賤人 (하종천인)

[뜻음] 아래 하, 씨 종, 천할 천, 사람 인.
[풀이] 품위가 천한 賤民(천민). 천민을 욕하는 말.

河淸難俟 (하청난사)★

[뜻음] 황하 하, 맑을 청, 어려울 난, 기다릴 사.
[풀이] 황하가 맑아지기를 기다리기는 어려움. 黃河(황하)는 언제나 흐려, 천 년에 한 번 맑아진다는 말이 있음. '百年河淸(백년하청)'을

보시오. 출전 春秋左氏傳(춘추좌씨전).

河淸之會 (하청지회)★

[뜻음] 황하 하, 맑을 청, 갈 지, 만날 회.
[풀이] 百年河淸(백년하청) 같은 만남. 드물게 만남을 비유하는 말.
'百年河淸(백년하청)'을 보시오.

河淸海晏 (하청해안)★

[뜻음] 황하 하, 맑을 청, 바다 해, 편안할 안.
[풀이] 황하의 물이 맑아지고 바다가 잔잔함. 태평한 세상의 조짐. 聖君(성군)이 나서 세상이 편안해짐.

夏蟲不可以語於氷 (하충불가이어어빙)★

[뜻음] 여름 하, 벌레 충, 아닐 불, 가할 가, 써 이, 말씀 어, 어조사 어, 얼음 빙.
[풀이] 여름에만 사는 벌레가 어찌 얼음에 대해 말할 수 있으랴. 夏蟲疑氷(하충의빙).

夏蟲疑氷 (하충의빙)★

[뜻음] 여름 하, 벌레 충, 의심할 의, 얼음 빙.
[풀이] 여름에만 사는 벌레는 얼음이 어는 것을 疑心(의심)한다는 뜻으로, 見聞(견문)이 좁은 사람이 공연스레 의심함을 비유하는 말

下筆成章 (하필성장)★

[뜻음] 아래 하, 붓 필, 이룰 성, 글 장.
[풀이] 붓만 대면 문장이 됨. 글을 짓는 것이 빠름을 비유하는 말. 下筆成文(하필성문). 출전 三國志(삼국지) 魏志(위지).

何必日利 (하필왈리)★★★

[뜻음] 어찌 하, 반드시 필, 아뢸 왈, 이로울 리.
[풀이] 하필이면 왜 이익이 되는 것만을 말하느냐. 하필이란 어찌 반드시라는 말이다. 위의 말은 ≪孟子(맹자)≫ 맨 첫 장에 나온다.

　　孟子(맹자)가 梁惠王(양혜왕)의 초청을 받아 처음 혜왕을 만났을 때다. 혜왕은 인사말 겸,
　　"천 리를 멀다 하지 않고 와 주셨으니 장차 우리 나라를 이롭게 해 주시겠습니까?" 하고 물었다. 그러자 맹자는,
　　"왕께서는 하필 利(이)를 말씀하십니까? 다만 仁義(인의)가 있을 뿐입니다" 하고 전제한 다음,
　　"萬乘(만승)의 나라에서 그 임금을 죽이는 사람은 언제나 千乘(천승)의 祿(녹)을 받는 대신 집이요, 천승의 나라에서 그 임금을 죽이는 사람은 언제나 百乘(백승)의 녹을 받는 대신 집입니다. 만에서 천을 받고, 천에서 백을 받는 것이 많지 않은 것이 아니지만 참으로 義(의)를 뒤로 하고 利(이)를 먼저 하면 빼앗지 않고서는 만족하지 못하는 법입니다" 하고 다시 끝에 가서,
　　"왕께서는 역시 인의를 말씀하셔야 할 터인데 하필 이를 말씀하십니까" 하고 거듭 강조했다.
　　지금은 이 말이 '더 좋은 말이 있을 텐데 왜 하필 그런 말을 하느냐' 하는 뜻으로 쓰인다.

下學而上達 (하학이상달)★★★

[뜻음] 아래 하, 배울 학, 말 이을 이, 위 상, 미칠 달.
[풀이] 아래를 배워 위에 달한다. 밑에서부터 차츰 배워 올라가서 위에까지 도달한다. 낮고 쉬운 것을 배워 깊고 어려운 것을 깨달음.

　　이 말은 일상생활을 올바르게 함으로써 자연 오묘한 우주의 진리까지 깨치게 된다는 뜻으로 풀이할 수 있다.
　　'學(학)'은 여기에서 지식을 배우는 글공부 같은 것을 말하는 것이 아니다. 자기가 옳다고 생각하는 것을 실천하는 공부를 말한다.
　　≪論語(논어)≫ 學而篇(학이편)에서 孔子(공자)가 말하기를,
　　"먹는데 배부른 것을 찾지 않고, 거처하는데 편한 것을 찾지 않으며 일에 민첩하고 말에 조심하여 도 있는 사람에게 나아가 옳고 그른 것을 바로잡으면 배움을 좋아한다고 말할 수 있다"고 했다.
　　이 말은 實踐(실천)을 통한 修養(수양)이 참다운 배움이라는 말이다. 그러나 儒敎(유교)는 행동을 위주로 하는 관계로 현실주의로 해석되고, 그 방향으로 나아가는 경향을 띠고 있다. 즉 下學(하학)이 주가 되고 上達(상달)이 무시되고 있는 것이다. 그래서 공자는 자신을 가리켜,
　　"하늘을 원망하지 않고 사람을 허물하지 않으며, 밑으로 배워 위로 통달하니 나를 아는 사람은 하늘뿐이다"라고 했다.

河海不擇細流 (하해불택세류)★★★

[뜻음] 강 하, 바다 해, 아닐 불, 가릴 택, 가늘 세, 흐를 류.
[풀이] 강과 바다는 조그마한 시냇물도 모두 받아들이므로 크다는 뜻으로서, 사람도 도량이 커서 사람을 잘 容納(용납)하여야 한다는 말. 출전 戰國策(전국책).

河海之澤 (하해지택)★

[뜻음] 강 하, 바다 해, 갈 지, 못 택.
[풀이] 큰 강이나 바다와 같이 크고 넓은 은혜.

何興之暴 (하흥지포)

[뜻음] 어찌 하, 일어날 흥, 갈 지, 갑자기 포.
[풀이] 英雄(영웅)이 倉卒間(창졸간)에 勃興(발흥)함을 이름. 暴(포)는 猝(졸)과 같은 뜻. 출전 사기 항우기.

夏侯妓衣 (하후기의)★

[뜻음] 여름 하, 과녁 후, 기생 기, 옷 의.
[풀이] 발(簾: 렴)의 異名(이명). 夏侯亶(하후단)이 너무도 吝嗇(인색)하여 家妓(가기) 수십 인을 두어도 단장할 의복이 없어서 객이 오면 발로 가리고 음악을 하게 하였으므로 발을 사람들이 하후의 집 妓生(기생)의 의복이라 하였다는 고사. 출전 世說新語(세설신어) 儉嗇篇(검색편).

下厚上薄 (하후상박)★

[뜻음] 아래 하, 두터울 후, 위 상, 엷을 박.
[풀이] 아랫사람에게 후하고 윗사람에게 박함.

鶴脛不可斷 (학경불가단)★★

[뜻음] 학 학, 다리 경, 아닐 불, 옳을 가, 끊을 단.
[풀이] 학의 다리가 길다고 자르지 말라는 말. 鶴脛雖長斷之必悲(학경수장단지필비).

鶴脛雖長斷之必悲 (학경수장단지필비)★★★

[뜻음] 학 학, 다리 경, 비록 수, 길 장, 끊을 단, 갈 지, 반드시 필, 슬플 비.
[풀이] 학의 다리가 길다 하여 끊어서 짧게 한다면, 학은 필시 슬퍼할 것이다. 사물은 각각 특성이 있으니 人力(인력)으로 함부로 損益加減(손익가감)하여서는 안 된다는 비유. 출전 莊子(장자).

鶯鳩笑大鵬 (학구소대붕)★

[뜻음] 작은 비둘기 학, 비둘기 구, 웃을 소, 큰 대, 붕새 붕.
[풀이] 작은 비둘기가 큰 붕새를 비웃는다. 소인이 도리어 偉人(위인)을 비웃음.

學老於年 (학노어년)★

[뜻음] 배울 학, 늙을 노, 어조사 어, 해 년.
[풀이] 나이가 젊은 데 비해서는 학문이 노성함. 출전 宋史(송사).

鶴立鷄群 (학립계군)★

[뜻음] 학 학, 설 립, 닭 계, 무리 군.
[풀이] 많은 닭 무리 중에 한 마리 학이 우뚝 서 있다는 뜻으로, 豪傑(호걸)이 뭇 사람 가운데에서 뚜렷이 頭角(두각)을 나타냄의 비유. 鷄群一鶴(계군일학). 群鷄一鶴(군계일학).

鶴鳴之士 (학명지사)★

[뜻음] 학 학, 울 명, 갈 지, 선비 사.
[풀이] 많은 사람으로부터 신뢰와 尊敬(존경)을 받는 인물. 벼슬하지 못한 채 草野(초야)에서 살아가는 선비의 비유.

鶴鳴之歎 (학명지탄)★

[뜻음] 학 학, 울 명, 갈 지, 탄식할 탄.
[풀이] 벼슬하여 뜻을 펴지 못하고 草野(초야)에 묻혀 탄식함. 출전 後漢書(후한서).

鶴髮童顔 (학발동안)★

[뜻음] 학 학, 터럭 발, 아이 동, 얼굴 안.
[풀이] 머리는 백발이나 얼굴은 붉고 윤기가 돌아 아이들 같다. 신선의 모습.

鶴髮雙親 (학발쌍친)★

[뜻음] 학 학, 터럭 발, 쌍 쌍, 어버이 친.
[풀이] 머리가 하얗게 센 부모.

學步於邯鄲 (학보어한단)

[뜻음] 배울 학, 걸음 보, 어조사 어, 고을 이름 한, 조나라 서울 단.
[풀이] 한단은 조나라의 서울로 步行(보행)에 능한 습속이 있었는데 연나라의 소년이 와서 그 보행법을 배우려다가 배우지 못하고 오히려 자기 고유의 보행법도 잊어버렸다는 고사. 자기의 本分(본분)을 버리고 다른 사람의 행위를 본뜨려다가는 도리어 양쪽을 다 잃게 됨을 비유한 말. '邯鄲學步(한단학보)'를 보시오.

學不可已 (학불가이)★★★

[뜻음] 배울 학, 아닐 불, 옳을 가, 이미 이.
[풀이] 학문은 잠시도 그쳐서는 안 됨.

學不厭而教不倦 (학불염이교불권)★★★

[뜻음] 배울 학, 아닐 불, 싫을 염, 말 이을 이, 가르칠 교, 게으를 권.
[풀이] 배우기를 싫어하지 아니하며, 남을 가르치기를 게을리하지 않는다.

≪孟子(맹자)≫公孫丑 上(공손추 상)에 있는 孟子(맹자)의 말 가운데 나오는 孔子(공자)에 대한 이야기이다.
공손추가 이야기 끝에 맹자에게,
"그러시면 선생님은 벌써 聖人(성인)이십니다" 하고 말하자, 맹자는 이를 사양하여,
"옛날에 자공이 공자에게 '선생님은 성인이십니다' 하고 말하자, 공자께서 말씀하시기를 성인은 내가 되지 못하지만, 나는 배우기를 싫어하지 않고 가르치기를 게을리하지 않는다고 하셨다…·성인은 공자 같은 성인도 자처하신 일이 없는데, 그게 무슨 소리냐…." 하고 否認(부인)도 是認(시인)도 아닌 말을 했다.
이 이야기 속의 공자의 말은 ≪論語(논어)≫ 述而篇(술이편)에 나온다.
공자가 자신을 가리켜,
"말이 없이 마음속으로 깨닫고, 배우기를 싫어하지 아니하며, 남을 가르치기를 게을리하지 않으니, 무엇이 내게 있으리오" 하고 말했다.
이 말은 공자가 謙辭(겸사)의 뜻으로 쓴 것 같기도 하고 그것은 내게 있어서 별로 문제될 것이 없다고 自負(자부)하는 말로도 풀이할 수 있겠다.

鶴首苦待 (학수고대)★★★

[뜻음] 두루미 학, 머리 수, 괴로울 고, 기다릴 대.
[풀이] 학의 목처럼 길게 늘여 기다린다. 몹시 기다림.

鶴壽千歲 (학수천세)

[뜻음] 학 학, 목숨 수, 일천 천, 해 세.
[풀이] 학이 천 년까지 長壽(장수)한다는 말. 출전 淮南子(회남자).

學如不及 (학여불급)★★★

[뜻음] 배울 학, 같을 여, 아닐 불, 미칠 급.
[풀이] 학문은 쉬지 않고 노력해도 따라갈 수 없다는 뜻. 곧 학문은 잠시라도 게을리해서는 안 된다는 말. 출전 論語(논어) 太伯篇(태백편).

學如穿井 (학여천정)★

[뜻음] 배울 학, 같을 여, 뚫을 천, 우물 정.
[풀이] 학문은 우물을 파는 것과 같다. 하면 할수록 어려워지는 것이

학문이라는 말.

學于古訓 (학우고훈)★

[뜻음] 배울 학, 어조사 우, 옛 고, 가르칠 훈.
[풀이] 옛 聖王(성왕)들의 가르침을 공부하는 것. 출전 書經(서경) 說命下篇(열명하편).

學原於思 (학원어사)★

[뜻음] 배울 학, 근본 원, 어조사 어, 생각할 사.
[풀이] 학문은 思索(사색)하는 일이 근본임. 학문은 생각하는 데서 비롯됨.

學而不思則罔 (학이불사즉망)★

[뜻음] 배울 학, 말 이을 이, 아닐 불, 생각 사, 곧 즉, 잊을 망.
[풀이] 學問(학문)을 닦아도 깊이 思索(사색)을 하지 아니하면 昏昧(혼매)하여 밝지 못함. 출전 論語(논어) 爲政篇(위정편).

學而時習 (학이시습)★★★

[뜻음] 배울 학, 말 이을 이, 때 시, 익힐 습.
[풀이] 배우고 때때로 익힘. 선배에게 길을 배우고 그리하여 언제나 반복 연습함.

이 말은 ≪論語(논어)≫ 맨 첫머리에 나온다. 맨 첫머리에 이 말이 쓰인 것은 특별한 의미가 있다. 듣고 보고 알고 깨닫고 느끼고 한 것을 기회 있을 때마다 실지로 그것을 행해 보고 실험해 본다는 뜻이다. 그렇게 해서 배우고 듣고 느끼고 한 것이 올바른 내 지식이 될 수 있으며 자기 수양이 될 수 있고, 나아가 인격을 이루게 된다는 말이기 때문에 이 말이 논어의 맨 앞에 나온 것이다.

이 말의 원말은 "學而時習之不亦說乎(학이시습지불역열호: 배우고 때로 익히면 또한 기쁘지 아니하냐"이다.

이 말 다음에는

"有朋自遠方來不亦樂乎(유붕자원방래불역낙호: 벗이 있어 먼 곳으로부터 오면 또한 즐겁지 아니하냐"가 나온다.

이 말 다음에는

"人不知而不慍不亦君子乎(인부지이불온불역군자호: 사람이 몰라도 노여워하지 않으면 또한 군자가 아니겠느냐)"라는 말이 나온다.

學而知之 (학이지지)★

[뜻음] 배울 학, 말 이을 이, 알 지, 이 지.
[풀이] 배워서 앎.

學者三多 (학자삼다)★★

[뜻음] 배울 학, 놈 자, 석 삼, 많을 다.
[풀이] 학자가 되기 위해서는 讀書(독서)와 持論(지론)과 著述(저술) 등 이 세 가지가 많아야 함.

學者如登山 (학자여등산)★★

[뜻음] 배울 학, 놈 자, 같을 여, 오를 등, 뫼 산.

[풀이] 학문이란 등산하는 것과 같아서 오르면 오를수록 더욱 높음을 깨닫게 된다는 말.

鶴汀鳧渚 (학정부저)

[뜻음] 학 학, 물가 정, 물오리 부, 물가 저.
[풀이] 학과 물오리가 노는 물가. 곧 幽靜(유정)한 물가. 고요한 물가의 경치를 이름.

涸轍鮒魚 (학철부어)★★★

[뜻음] 마를 학, 바퀴자국 철, 붕어 부, 물고기 어.
[풀이] 수레바퀴가 지나간 자국에 괸 물에 있는 붕어. 매우 곤궁한 처지에 다다른 사람.

戰國時代(전국시대) 無爲自然(무위자연)을 주장했던 莊子(장자)의 이야기로 ≪莊子(장자)≫에 나오는 말이다. 그는 王侯(왕후)에게 무릎을 굽혀 안정된 생활을 하기보다는 어느 누구에게도 구속받지 않는 자유로운 생활을 즐겼다. 그러다 보니 가난한 그는 끼니조차 잇기가 어려웠다. 어느 날 장자는 굶다 못해 監河侯(감하후)를 찾아가 약간의 식대를 꾸어 달라고 했다. 그러자 감하후는 친구의 부탁을 딱 잘라 거절할 수가 없어 이렇게 핑계를 댔다.

"빌려 주지. 2, 3일만 있으면 食邑(식읍)에서 세금이 올라오는데 그때 三百金(삼백 금)쯤 융통해 줄 테니 기다리게."

"당장 배가 고파 죽을 지경인데 2, 3일 뒤에 巨金(거금) 삼백 금이 무슨 소용이 있단 말인가."

체면 불고하고 찾아온 자기 자신에게 화가 난 장자는 내뱉듯이 말했다.

"고맙군, 하지만 그땐 아무 소용없네."

그리고 이어 장자 특유의 비아냥조(調)로 이렇게 敷衍(부연)했다.

"내가 여기 오느라고 걷고 있는데 누가 나를 부르지 않겠나. 그래서 주위를 둘러보니 수레바퀴 자국에 괸 물에 붕어가 한 마리 있더군[涸轍鮒魚]. '왜 불렀느냐'고 묻자 붕어는 '당장 말라 죽을 지경이니 물 몇 잔만 떠다가 살려 달라'는 거야. 그래서 나는 귀찮은 나머지 이렇게 말해 주었지. '그래. 나는 2, 3일 안으로 남쪽 吳(오)나라와 越(월)나라로 유세를 떠나는데 가는 길에 西江(서강)의 맑은 물을 잔뜩 길러다 줄 테니 그 때까지 기다리라'고. 그랬더니 붕어는 화가 잔뜩 나서 '나는 지금 물 몇 잔만 있으면 살수 있는데 당신이 기다리라고 하니 이젠 틀렸소. 나중에 乾魚物塵(건어물전)으로 내 시체나 찾으러 와 달라'고 하더니 그만 눈을 감고 말더군. 자, 그럼 실례했네."

涸轍之鮒 (학철지부)★

[뜻음] 마를 학, 바퀴자국 철, 갈 지, 붕어 부.
[풀이] 涸轍鮒魚(학철부어).

寒江獨釣 (한강독조)★★

[뜻음] 찰 한, 강 강, 홀로 독, 낚시 조.
[풀이] 추운 강변에서 홀로 고기를 낚음. 무욕의 경지를 이름.

漢江投石 (한강투석)★★

[뜻음] 한수 한, 강 강, 던질 투, 돌 석.
[풀이] 한강에 돌 던지기. 아무리 해도 헛일을 하는 어리석은 행동.
가당치 않은 일을 주책없이 할 경우.

寒暖飢飽 (한난기포)★

[뜻음] 차가울 한, 따뜻할 난, 굶주릴 기, 배부를 포.
[풀이] 춥고 따뜻함과 주리고 배부름을 통틀어 이름.

閑茶悶酒 (한다민주)

[뜻음] 한가할 한, 차 다, 번민할 민, 술 주.
[풀이] 한가로울 때는 차, 고민풀이에는 술.

韓多悲白多樂 (한다비백다락)★

[뜻음] 나라이름 한, 많을 다, 슬플 비, 흰 백, 즐거울 락.
[풀이] 韓愈(한유)의 시에는 悲觀的(비관적)인 것이 많고, 白居易(백거이)의 시에는 樂觀的(낙관적)인 것이 많음.

邯鄲之夢 (한단지몽)★★★

[뜻음] 조나라 서울 한, 조나라 서울 단, 갈 지, 꿈 몽.
[풀이] 한단에서 꾼 꿈. 盧生(노생)이 邯鄲(한단)에서 道士(도사) 呂翁(여옹)의 베개를 빌려 잠깐 눈을 붙인 사이에 富貴榮華(부귀영화)의 꿈을 꾼 고사. 轉(전)하여 부귀공명의 덧없음.

이 말은 唐(당)나라 沈旣濟(심기제)가 쓴 ≪枕中記(침중기)≫라는 傳奇小說(전기소설) 가운데 나오는 이야기에서 온 말이다.

당 玄宗(현종) 開元(개원) 연간에 있었던 일이다. 道士(도사) 呂翁(여옹)이 한단의 주막에서 쉴 때 盧生(노생)이 같이 쉬게 되었다. 노생은 자신의 생이 고단하다고 하며 부귀영화를 원한다고 대화를 나누다 졸음이 왔다. 그때 주막 주인은 메조를 씻어 솥에 넣고 밥을 지으려 했다. 도사가 靑瓷(청자)로 된 베개를 주니 여옹의 베개를 빌려 잠을 자며 꿈속에서 최 부잣집 딸과 결혼하고 과거에 급제하여 원이 되고 수도 장관으로 승진하여 장안으로 부임했고, 다시 절도사가 되어 큰 공을 세우고 재상까지 되었는데 그때 간신의 모함을 받아 잡혀갈 처지에 놓였다. 자살을 하려다 아내가 말려 못 했다. 다행히 사형을 면하고 무죄임이 밝혀져 다시 재상이 되고 다섯 아들에 손자가 열 명이었고 이렇게 50여 년 부귀를 다 누리고 세상을 떴다. 노생은 기지개를 켜며 깨어났는데 여관 주인이 아직도 식사를 준비하는 사이였다.

이 이야기에서 덧없는 일생을 비유하여 한단지몽이라 하게 되었고, '邯鄲夢(한단몽), 黃粱之夢(황량지몽), 黃粱夢(황량몽), 呂翁枕(여옹침), 盧生之夢(노생지몽), 黃粱一炊之夢(황량일취지몽), 一炊之夢(일취지몽)'이니 하는 말도 쓴다. '황량'은 메조(거친 기장)이다. '일취'는 밥 한 번 하는 시간이다.

邯鄲之步 (한단지보)★

[뜻음] 조나라 서울 한, 조나라 서울 단, 갈 지, 걸음 보.
[풀이] 邯鄲學步(한단학보).

邯鄲學步 (한단학보)★★★

[뜻음] 조나라 서울 한, 조나라 서울 단, 배울 학, 걸음 보.
[풀이] 한단에서 걸음걸이를 배우다.

≪莊子(장자)≫ 秋水篇(추수편)에 나오는 이야기에서 생겨난 말이다.

莊子(장자)의 선배인 魏牟(위모)와 名家(명가)인 公孫龍(공손룡)과의 문답 형식으로 된 이야기 가운데, 위모가 공손룡을 보고 이렇게 말했다.

"당신은 水陵(수릉)의 젊은 사람이 趙(조)나라 서울 한단으로 걸음걸이를 배우러 갔던 이야기를 알고 계시겠지. 그 젊은 사람은 아직 조나라 걸음걸이를 다 배우기도 전에 원래 걷고 있던 걸음걸이마저 잊고 설설 기며 겨우 고향으로 돌아갔다지 않는가?"

燕(연)나라의 한 소년이 조나라의 서울 한단에 가서 우아한 걸음걸이를 보고 배웠으나 완전하게 배우지 못하고 돌아와 자기 고향의 걸음걸이도 잊고 제대로 걸을 수 없었다는 말이다. 조나라는 큰 나라, 연나라는 작은 나라다. 한단은 대도시이고, 수릉은 연나라의 수도이며 자그마한 도시라고 할 수 있다.

자기의 근본도 잊고 남의 흉내를 내는 어리석음을 경계하는 말이다. '邯鄲之步(한단지보)'라고도 한다.

閑談客說 (한담객설)★★

[뜻음] 한가할 한, 말씀 담, 손님 객, 말씀 설.
[풀이] 심심풀이로 하는 군말. 閑談屑話(한담설화).

閑談漫文 (한담만문)★

[뜻음] 한가할 한, 말씀 담, 질펀할 만, 글월 문.
[풀이] 그리 긴요하지도 않고 일정한 중심 사상이 없는 글.

閑談屑話 (한담설화)★★

[뜻음] 한가할 한, 말씀 담, 가루 설, 말씀 화.
[풀이] 심심풀이로 하는 쓸데없는 잔 말.

汗流浹背 (한류협배)★

[뜻음] 땀 한, 흐를 류, 두루 미칠 협, 등 배.
[풀이] 무서워하거나 부끄러워하여 땀이 나서 등에 흠씬 뱀. 汗出沾背(한출첨배). 출전 後漢書(후한서).

翰林學士 (한림학사)★★★

[뜻음] 붓 한, 수풀 림, 배울 학, 선비 사.
[풀이] 唐(당)나라 때 詔勅(조칙)을 초하는 것을 맡은 벼슬. 임금의 詔書(조서)를 짓는 일을 맡던 翰林院(한림원)의 벼슬. 한림이란 문필이 성하여 문장가가 숲을 이룬다는 말.

汗馬之勞 (한마지로)★★

[뜻음] 땀 한, 말 마, 갈 지, 수고로울 로.
[풀이] 말을 달려 싸움터에서 힘을 다해 싸운 공로. 출전 戰國策(전국책).

漢武得鼎以名其年 (한무득정이명기년)★

[뜻음] 나라이름 한, 굳셀 무, 얻을 득, 솥 정, 써 이, 이름 명, 그 기, 해 년.
[풀이] 漢(한)나라 武帝(무제)가 汾水(분수)에서 寶鼎(보정)을 얻고 연호를 元鼎(원정)으로 고쳤다는 고사. 이 보정은 禹王(우왕)이 주조한 九鼎(구정)의 하나로 周(주)나라 末(말)에 분실되었던 것임. 출전 蘇軾(소식)의 글.

漢北正脈 (한북정맥)★

[뜻음] 한나라 한, 북녘 북, 바를 정, 맥 맥.
[풀이] 백두대간 큰 줄기가 내려오다가 강원도 평강 현에 이르러 갈라져 도봉산과 삼각산으로 이어진 산맥. 출전 산경표.

汗衫袴衣 (한삼고의)★

[뜻음] 땀 한, 적삼 삼, 바지 고, 옷 의.
[풀이] 모시 적삼과 남자의 여름 홑바지.

恨晨光之熹微 (한신광지희미)

[뜻음] 한스러울 한, 새벽 신, 빛 광, 갈 지, 희미할 희, 작을 미.
[풀이] 아침 햇빛이 희미해진 것을 한탄한다. 아침 해가 어느덧 저녁 해가 되어 어둠침침해졌으나, 갈 길은 아직 먼 것을 한탄함. 출전 歸去來辭(귀거래사).

韓信出袴下 (한신출과하)★

[뜻음] 나라이름 한, 믿을 신, 날 출, 사타구니 과, 아래 하.
[풀이] '袴下辱(과하욕)'을 보시오. 출전 史記(사기).

寒烟荒草 (한연황초)

[뜻음] 찰 한, 연기 연, 거칠 황, 풀 초.
[풀이] 쓸쓸한 연기와 거친 풀. 古跡(고적) 따위의 荒凉(황량)한 모양.

寒熱往來 (한열왕래)★

[뜻음] 찰 한, 더울 열, 갈 왕, 올 래.
[풀이] 病中(병중)에 寒氣(한기)와 熱氣(열기)가 번갈아 일어남. 앓는 사람에게서 한기와 열기가 번갈아 일어남.

寒往暑來 (한왕서래)★

[뜻음] 차가울 한, 갈 왕, 더울 서, 올 래.
[풀이] 세월이 흘러감을 말함. 출전 易經(역경) 繫辭下傳(계사하전).

汗牛充棟 (한우충동)★★★

[뜻음] 땀 한, 소 우, 채울 충, 마룻대 동.
[풀이] 수레에 실어 끌리면 마소가 땀을 흘리고 쌓아 올리면 들보에

닿을 만하다. 藏書(장서)가 매우 많음. 책이 매우 많음을 비유.

　　唐(당)나라 양대 문장가의 하나인 柳宗元(유종원)이 [陸文通先生墓表육문통선생묘표]라는 글 가운데 다음과 같이 쓰고 있다.
　　"孔子(공자)가 春秋(춘추)를 지은 지 천오백 년이 된다. 춘추전을 지은 사람이 다섯 사람이었는데, 지금 그 셋이 통용되고 있다. …온갖 註釋(주석)을 하는 학자들이 백 명, 천 명에 달한다. …그들이 지은 책이 집에 두면 대들보까지 꽉 차고, 밖으로 내보내면 소와 말이 땀을 낸다…"
　　육문통 선생은 보통 학자가 아니고 공자가 지은 본래의 뜻을 알고 있는 훌륭한 학자라는 것을 강조하기 위해, 그 밖의 많은 학자들이 春秋(춘추)에 관한 著書(저서)를 너무 많이 써내서 오히려 무익하다는 것을 과장해서 표현했다. 본디 '充棟宇(충동우), 汗牛馬(한우마)'라고 쓴 것이 '한우충동'이 되었다.
　　지금은 이 말이 좋은 뜻으로 쓰이고 있는데, 원래 이 말을 썼을 때는 無益(무익)한 책이 너무 많다는 것을 지적한 말이었다.

閑雲野鶴 (한운야학)★

[뜻음] 한가할 한, 구름 운, 들 야, 두루미 학.
[풀이] 한가로이 떠도는 구름과 들녘의 두루미. 悠悠自適(유유자적)하면서 속세 밖에 超然(초연)한 모양.

閑人勿入 (한인물입)★

[뜻음] 한가할 한, 사람 인, 말 물, 들 입.
[풀이] 일 없는 사람은 들어오지 말라는 文句(문구).

恨入骨髓 (한입골수)★

[뜻음] 한스러울 한, 들 입, 뼈 골, 골수 수.
[풀이] 怨恨(원한)이 골수에 사무침.

閑中眞味 (한중진미)★★

[뜻음] 한가할 한, 가운데 중, 참 진, 맛 미.
[풀이] 한가한 가운데 깃들이는 참다운 맛.

汗出沾背 (한출첨배)★★★

[뜻음] 땀 한, 날 출, 적실 첨, 등 배.
[풀이] (크게 겁을 먹어서) 땀이 솟아나서 등을 적신다. 漢(한)나라 文帝(문제)가 재상 周勃(주발)에게 일 년간의 수입과 지출액을 묻자 이를 모르는 주발이 등에 식은땀을 흘리며 대답을 못 했다는 옛일에 나오는데, 그 후 주발은 자진해서 재상 자리를 물러나고 진평이 一任(일임)하게 되었음. 출전 史記(사기).

汗血馬 (한혈마)★★★

[뜻음] 땀 한, 피 혈, 말 마.
[풀이] 피와 같은 땀을 흘리는 駿馬(준마). 아라비아 말을 이름. 출전 漢書(한서) 武帝紀(무제기).

閑話休題 (한화휴제)★★

[뜻음] 막을 한, 말씀 화, 쉴 휴, 표제 제.
[풀이] 쓸데없는 말은 그만두고. 화제를 돌릴 때 쓰는 말. 다른 내용을 말하다가 다시 본론으로 돌아감.

寒喧之禮 (한훤지례)★

[뜻음] 찰 한, 떠들 훤, 갈 지, 예도 례.
[풀이] 서로 만나서 安否(안부)를 물으며 인사하는 예.

割鷄焉用牛刀 (할계언용우도)★★★

[뜻음] 벨 할, 닭 계, 어찌 언, 쓸 용, 소 우, 칼 도.
[풀이] 닭을 잡는 데 어찌 소 잡는 칼을 쓰랴. 작은 일을 처리하는 데 큰 인물이 필요치 않다는 말.

> ≪論語(논어)≫ 陽貨篇(양화편)에 있는 孔子(공자)와 공자의 제자 子遊(자유)와의 사이에 오고간 말 가운데 나오는 말이다.
> 자유가 武城(무성) 지방의 원으로 있을 때 공자가 제자들과 찾아갔는데 여기저기서 음악 소리가 들려왔고 공자는 마음이 매우 흡족해진 모양이었다.
> 자유는 음악으로 사람의 마음을 순화시켜 자발적으로 착한 일을 힘쓰게 만드는 그런 정책을 쓰고 있었던 것 같다.
> 공자는 그 음악 소리에 만족스런 미소를 띠우며,
> "닭을 베는 데 어찌 소 잡는 칼을 쓰리오" 하고 제자들을 돌아보았다.
> 이 말은, 조그만 고을 하나를 다스리는 데 나라와 천하를 다스리기에도 충분한 禮樂(예악)을 쓸 것까지야 없지 않으냐 하는 뜻으로 한 말이다. 자유의 재주를 아까워하는 말이자 그를 못내 자랑스럽게 생각한 데서 나온 말이었다. 그러자 자유가,
> "선생님께서 일찍이 말씀하시기를, 군자는 도를 배우면 사람을 사랑하게 되고, 소인은 도를 배우면 부리기가 쉽다고 하셨습니다."
> 군자나 소인에게 다 도가 필요하듯 다스리는 곳이 크거나 작거나 간에 다 禮樂(예악)이 필요하지 않겠느냐고 말한 것이다.
> 공자가 제자들을 돌아보며,
> "애들아, 자유의 말이 옳다. 아까 한 말은 농담이었느니라" 하고 밝혔다.

割股啖腹 (할고담복)★

[뜻음] 가를 할, 넓적다리 고, 먹일 담, 배 복.
[풀이] 넓적다리의 살을 베어서 자기 배에 먹인다. 마침내 자기의 損失(손실)이 되고 만다는 뜻. 출전 貞觀政要(정관정요).

割股療親 (할고료친)★

[뜻음] 벨 할, 넓적다리 고, 병 고칠 료, 어버이 친.
[풀] 허벅지의 살을 잘라 내어 병든 부모를 치료한다는 뜻. 지극한

효행.

割剝之政 (할박지정)★

[뜻음] 가를 할, 벗길 박, 갈 지, 정사 정.
[풀이] 배를 가르고 가죽을 벗기는 정치. 苛斂誅求(가렴주구)하는 政治(정치).

割半之痛 (할반지통)★

[뜻음] 가를 할, 반 반, 갈 지, 아플 통.
[풀이] 반으로 갈라지는 고통. 兄弟姉妹(형제자매)가 죽어서 몹시 슬퍼함.

函蓋相應 (함개상응)★

[뜻음] 상자 함, 덮개 개, 서로 상, 응할 응.
[풀이] 상자와 상자뚜껑이 꼭 맞는다는 뜻으로, 서로 잘 어울림을 이름.

函谷雞鳴 (함곡계명)★

[뜻음] 휩쌀 함, 골 곡, 닭 계, 울 명.
[풀이] 함곡관의 닭울음소리. '鷄鳴狗盜(계명구도)'를 보시오. 출전 史記(사기).

緘口無言 (함구무언)★

[뜻음] 봉할 함, 입 구, 없을 무, 말씀 언.
[풀이] 입을 다물고 아무런 말이 없음. 緘口不言(함구불언).

緘口勿說 (함구물설)★

[뜻음] 봉할 함, 입 구, 말 물, 말씀 설.
[풀이] 입을 다물고 말을 하지 못하게 함.

銜橛之變 (함궐지변)★

[뜻음] 재갈 함, 말뚝 궐, 갈 지, 변할 변.
[풀이] 말이 성을 내어 재갈이 벗겨지고 굴대가 부러져 수레가 顚覆(전복)하는 변고. 銜橛(함궐)은 마차의 鉤心(구심)을 이름.

銜膽栖冰 (함담서빙)★

[뜻음] 머금을 함, 쓸개 담, 깃들 서, 얼음 빙.
[풀이] 쓸개를 물고 얼음 위에 거처한다. 원수를 갚으려고 갖은 고생을 참는 것을 비유함. 출전 晉書(진서).

銜尾相隨 (함미상수)★

[뜻음] 재갈 함, 꼬리 미, 서로 상, 따를 수.
[풀이] 뒤따르는 말의 재갈이 앞 말의 꼬리를 따른다는 뜻. 길이 험하여 나란히 가지 못하고 騎馬(기마)가 縱列(종렬)로 바짝 붙어 감을 이름. 漢書(한서) 匈奴傳(흉노전).

銜璧輿櫬 (함벽여츤)★

[뜻음] 재갈 함, 둥근 옥 벽, 수레 여, 오동나무 관 츤.
[풀이] 옛날에 항복할 때의 禮(예). 손을 묶였으므로 옥을 입에 물고 棺(관)을 등에 진다는 뜻. 출전 春秋左氏傳(춘추좌씨전).

含憤蓄怨 (함분축원)★★

[뜻음] 머금을 함, 분할 분, 쌓을 축, 원망할 원.
[풀이] 분을 품고 원한을 쌓음.

含沙射人影 (함사사인영)★

[뜻음] 머금을 함, 모래 사, 쏠 사, 사람 인, 그림자 영.
[풀이] 含沙蜮(함사역)이 사람의 그림자를 쏜다. 小人(소인)이 暗暗裡(암암리)에 사람을 해치는 것을 이름. 함사역은 중국 남쪽에 있다는 괴물. 모래를 머금고 사람의 그림자를 쏘면 그 사람은 틀림없이 병이 나서 죽는다고 함.

涵養薰陶 (함양훈도)★★

[뜻음] 적실 함, 기를 양, 향기 훈, 질그릇 도.
[풀이] 사람을 훈도하여 재덕을 이루게 함.

咸與惟新 (함여유신)★★

[뜻음] 다 함, 줄 여, 어조사 유, 새 신.
[풀이] 다함께 새롭게 하자. 몸에 배어 있는 나쁜 습속을 말끔히 없애고 새롭게 됨. 모든 일을 새롭게 고침. 惟(유)는 維(유)와 같은 뜻. 維新(유신). 출전 書經(서경) 夏書(하서) 胤征篇(윤정편).

咸有一德 (함유일덕)★

[뜻음] 다 함, 있을 유, 한 일, 덕망 덕.
[풀이] 군신이 모두 순수한 덕이 있음.

陷地死地 (함지사지)★

[뜻음] 빠질 함, 땅 지, 죽을 사.
[풀이] 목숨이 위태로운 곳에 빠짐. 아주 위험한 곳에 빠뜨림.

陷之死地然後生 (함지사지연후생)★★★

[뜻음] 빠질 함, 갈 지, 죽을 사, 땅 지, 그러할 연, 뒤 후, 살 생.
[풀이] 병졸을 위험에 내보내 각자가 분발하여 살아나게 함. 陷之亡地然後存(함지망지연후존).

≪史記(사기)≫ 淮陰侯列傳(회음후열전)에 나오는 韓信(한신)이 인용한 兵法(병법)에 있는 말이다. '背水陣(배수진)'이라는 계책으로 유명한 한신은 얼마 안 되는 군사로 趙(조)나라의 이십만 대군을 맞아 싸울 때 배수진을 이용하여 대승을 거두었다.

이때 부하 장수들이 한신에게 물었다.

"병법에 말하기를, 산과 언덕을 뒤로 하고 물과 들을 앞으로 하라고 했는데, 지금 장군께선 배수진으로 조나라 군사를 깨뜨렸으니 이것은 도대체 무슨 戰法(전법)입니까?" 그러자 한신은,

"이것도 역시 병법에 있는 거야. 그것을 제군들이 미처 깨닫지 못했을 뿐이지. 왜 이런 말이 있지 않은가. '죽을 땅에 빠뜨린 뒤에 살고 망할 땅에 놓은 뒤에 다시 일어난다'고 말이다. 더구나 이 한신은 아직 간부들과 한마음 한 뜻이 되지 않은, 이른바 시장바닥 사람들을 몰고 와서 싸우는 터이므로 자연 그들을 死地(사지)에 몰아넣어 죽을 땅에 두어 각자가 자진해서 싸우게 만들지 않으면 안 되었던 거야. 만일 살아갈 땅을 주게 되면 전부가 다 달아나 버릴 것이니 어떻게 그들을 데리고 싸울 수 있겠는가?"

含哺鼓腹 (함포고복)★★★

[뜻음] 머금을 함, 머금을 포, 두드릴 고, 배 복.
[풀이] 배불리 먹고 배를 두드림. 풍족하여 즐겁게 지냄. 출전 十八史略(십팔사략).

頷下之物 (함하지물)★

[뜻음] 턱 함, 아래 하, 갈 지, 만물 물.
[풀이] 남이 먹고 남은 물건. 턱찌끼. 頷下(함하).

喊喧酬酌 (함훤수작)★

[뜻음] 고함칠 함, 의젓할 훤, 갚을 수, 따를 작.
[풀이] 큰 소리로 외치며 하는 수작. 큰 소리로 말을 주고받음.

咸興差使 (함흥차사)★★★

[뜻음] 다 함, 일어날 흥, 어긋날 차, 시킬 사.
[풀이] 함흥으로 심부름을 간 차사는 돌아오지 못하고 소식도 끊김. 심부름 가서 아무 소식이 없거나 돌아오지 않음. 朝鮮(조선) 太祖(태조) 이성계가 禪位(선위)하고 함흥에 있을 때, 태종이 사람을 보내 아버지의 마음을 달래고 한양으로 돌아오게 하려고 차사를 보냈으나 번번이 태조가 죽여서 돌아오지 못함. 출전 소대기년.

合掌拜禮 (합장배례)★

[뜻음] 합할 합, 손바닥 장, 절 배, 예도 례.
[풀이] 손을 모아 인사하고 절하는 예절.

合從連衡 (합종연횡)★★★

[뜻음] 합할 합, 좇을 종, 이을 연, 가로 횡.
[풀이] 서로 상반된 외교술.

중국 전국시대 합종가와 연횡가들에 의해 주장된 외교술로 주로 소진과 장의가 유명함. 이익과 노선에 따라 離合集散(이합집산)함.

≪史記(사기)≫ 蘇秦張儀列傳(소진장의열전)에 나오는 말이다.

合從(합종)과 連衡(연횡)의 두 외교정책을 합한 말로, 국제무대에서의 외교적 角逐戰(각축전)을 가리켜 쓰는 말이다.

합종의 '종'은 縱(종)의 뜻으로 南北(남북)을 뜻하고, 연횡의 '횡'은 橫(횡)의 뜻으로 東西(동서)를 말한다. 이 말을 처음으로 들고 나온 것은 전국시대 蘇秦(소진)과 張儀(장의)였다.

소진과 장의는 같은 鬼谷子(귀곡자)의 제자였다. 소진이 먼저 남북으로 합작해서 방위동맹을 맺어 秦(진)나라에 대항하는 것이 공존공영의 길이라는 「합종책」을 들고 나와 六國(육국)의 군사동맹을 성공시킨 다음, 그 공로로 六國(육국)의 재상직을 한 몸에 겸하고, 자신은 從約長(종약장)이 되어 육국의 왕들이 모인 자리에서 의장 노릇을 하게 되었다.

소진의 이 정책을 깨뜨리기 위해 각국을 개별적으로

찾아다니며 진나라와의 연합책만이 안전한 길이란 것을 설득시켜 소진의 합종책이 사실상 그 효력을 발휘할 수 없게 만든 것이 장의였다.

　　두 사람으로 인하여 '蘇秦張儀(소진장의)'라는 말도 생겨났다. 외교무대에서 활약하는 사람을 從橫家(종횡가)라고 부르게 되었다. 우리나라에서는 선거철만 되면 국회의원들이 이익과 노선에 따라 離合集散(이합집산)하는데 이것을 합종연횡이라고 표현한다.

呷醋節帥 (합초절수)★

[뜻음] 마실 합, 식초 초, 마디 절, 장수 수.
[풀이] 중국 唐(당)나라의 절도사 任迪簡(임적간)을 가리키는 말. 부하가 술을 붓는다는 것을 잘못하여 초를 따랐는데, 임적간은 굳이 초를 술처럼 마시고 부하의 잘못을 구해 주었다는 옛일.

合浦珠還 (합포주환)★

[뜻음] 합할 합, 개 포, 구슬 주, 돌아올 환.
[풀이] 합포에서 구슬이 나는데, 貪慾(탐욕)한 태수가 많아 구슬이 얼마 동안 나지 않다가 맹상이라는 淸廉(청렴)한 태수가 赴任(부임)하자 구슬이 다시 났다는 옛일. 잃어버린 물건이 다시 수중에 들어옴의 비유. 善政(선정)이 베풀어지고 흩어졌던 백성들이 본래의 生業(생업)으로 되돌아옴의 비유. 출전 後漢書(후한서).

抗拒不承 (항거불승)★

[뜻음] 막을 항, 막을 거, 아닐 불, 이을 승.
[풀이] 순종하지 않고 막아 내기 위하여 반항하며 따르지 않음.

恒久如一 (항구여일)★★

[뜻음] 항상 항, 오랠 구, 같을 여, 한 일.
[풀이] 오래도록 변함이 없음.

恒茶飯事 (항다반사)★★★

[뜻음] 항상 항, 차 다, 밥 반, 일 사.
[풀이] 늘 차를 마시고 밥을 먹는 일처럼 예사롭고 일상적인 일.

亢龍有悔 (항룡유회)★★★

[뜻음] 오를 항, 용 룡, 있을 유, 후회할 회.
[풀이] 하늘 끝까지 올라가 내려올 줄 모르는 용은 후회할 때가 있다. 극히 존귀한 지위에 올라간 자가 겸손히 은퇴할 줄 모르면 반드시 敗家亡身(패가망신)하게 됨.

　　적당한 곳에서 만족할 줄 모르고 무작정 밀고 나가다가 도리어 실패를 가져오게 되는 것을 비유해서 하는 말이다. '亢龍(항룡)'은 하늘 끝까지 올라간 용이란 뜻이다. 너무 자꾸만 올라가다가 하늘 끝에 가 닿아서 후회를 하게 된다는 말이다.
　　≪周易(주역)≫ 乾卦(건괘) 맨 위에 있는 六爻(육효)의 爻辭(효사)에 있는 말이다. 맨 아래에 있는 爻(효)는 지위가 가장 낮다든가 일을 처음 시작한다든가 하는 뜻이고,

맨 위에 있는 효는 극도에까지 미친 것을 말한다. 그러므로 건괘 첫 효에는 효사가 '潛龍勿用(잠룡물용)'이라고 나와 있다. 땅속 깊이 있는 용이니 꼼짝 말고 가만히 있으라는 뜻이다.
　　'亢龍有悔(항룡유회)'는 더 이상 진전하지 말고 謙遜自重(겸손자중)하라는 뜻이다. 오를 대로 올라갔으니 만족할 줄 알아야 하며 그렇지 않으면 후회할 일이 생긴다는 말이다.
　　이 말도 우리나라의 경우 선거철만 되면 유력한 인물에 대해 평을 하면서 으레 나오는 말이다.

巷伯之悲 (항백지비)★

[뜻음] 거리 항, 맏 백, 갈 지, 슬플 비.
[풀이] 巷(항)은 宮內(궁내)의 길, 즉 永巷(영항), 伯(백)은 장. 궁구내의 길을 맡은 관리의 우두머리, 즉 寺人(시인)을 항백이라 하는데 ≪詩經(시경)≫에 巷伯篇(항백편)이 있음. 참소로 宮刑(궁형)을 받고 항백이 된 자의 作(작)임. 따라서 讒言(참언)으로 말미암아 죄에 빠진 사람의 슬픔. 참언한 자와 만나는 心痛(심통). 巷伯之傷(항백지상). 출전 詩經(시경) 小雅(소아) 巷伯篇(항백편).

巷伯之傷 (항백지상)★

[뜻음] 거리 항, 맏 백, 갈 지, 다칠 상.
[풀이] 巷伯之悲(항백지비).

姮娥奔月 (항아분월)★

[뜻음] 항아 항, 예쁠 아, 달아날 분, 달 월.
[풀이] 羿(예)의 처 姮娥(항아)가 不死(불사)의 약을 도적질해 가지고 달나라로 도망갔다는 신화. 출전 淮南子(회남자) 覽冥訓(람명훈).

項羽壯士 (항우장사)★

[뜻음] 목 항, 깃 우, 장사 장, 선비 사.
[풀이] 항우와 같이 힘이 아주 센 사람. 웬만한 일에 끄덕 않는 꿋꿋한 사람.

降者不殺 (항자불살)★

[뜻음] 항복할 항, 놈 자, 아닐 불, 죽일 살.
[풀이] 항복하는 적은 죽이지 않음. 진실로 뉘우치는 죄인은 관대하게 容恕(용서)한다는 말.

項莊舞劍 (항장무검)★

[뜻음] 목덜미 항, 엄할 장, 춤출 무, 칼 검.
[풀이] 항장이 칼춤을 추다. 일을 하는데 실제 목적은 다른 곳에 숨겨져 있는 것을 비유하는 말. 項莊(항장)은 초패왕 項羽(항우)의 사촌.

抗敵必死 (항적필사)★

[뜻음] 대적할 항, 원수 적, 반드시 필, 죽을 사.
[풀이] 죽기로 각오하고 대적하여 싸움.

恒河沙 (항하사)★★★

[뜻음] 항상 항, 강 이름 하, 모래 사.
[풀이] 인도 갠지스 강의 모래. 수없이 많음을 이름. 출전 張陽(장양)

의 詩(시).

蟹筐俱失 (해광구실)★

[뜻음] 게 해, 광주리 광, 함께 구, 잃을 실.
[풀이] 게와 광주리를 모두 잃었다. 이익을 보려다가 도리어 밑천까지 잃음. 蟹網俱失(해망구실).

蟹匡蟬緌 (해광선유)★

[뜻음] 게 해, 광주리 광, 매미 선, 갓끈 유.
[풀이] 광주리 같은 게의 등과 갓끈 같은 매미의 주둥이. 게딱지는 광주리 모양을 하고 있으나, 이것은 누에가 고치를 짓기 위하여 마련된 것이 아니고, 매미의 주둥이에는 갓끈이 있으나, 이것은 冠(관)은 있어도 갓끈 같은 것이 없는 벌(蜂: 봉)을 위하여 마련된 것이 아님을 이름. 옛날 중국 成(성) 땅의 어떤 사람이 兄(형)의 喪(상)에 服(복)을 입지 않았다가 孝誠(효성)이 지극한 성 땅의 首領(수령)의 처벌을 두려워하여 복을 입었으므로 그때 사람들이 평한 말.

駭怪罔測 (해괴망측)★★

[뜻음] 놀랄 해, 기이할 괴, 없을 망, 헤아릴 측.
[풀이] 헤아려 말할 수 없이 매우 괴상하고 이상야릇함.

害群之馬 (해군지마)

[뜻음] 해로울 해, 무리 군, 갈 지, 말 마.
[풀이] 무리지은 말에게 해를 끼치다. 집단이나 조직에 해를 끼치는 邪惡(사악)한 존재. 출전 莊子(장자) 徐無鬼篇(서무귀편).

海內冠冕 (해내관면)★★

[뜻음] 바다 해, 안 내, 갓 관, 면류관 면.
[풀이] 천하제일이라는 뜻.

海內奇士 (해내기사)★

[뜻음] 바다 해, 안 내, 기이할 기, 선비 사.
[풀이] 천하에 비길 데 없는 기행의 선비. 奇士(기사)이면서 언행이 出衆(출중)한 인물. 출전 後漢書(후한서).

海內無雙 (해내무쌍)★

[뜻음] 바다 해, 안 내, 없을 무, 쌍 쌍.
[풀이] 천하에 둘도 없음. 천하제일.

海東曾子 (해동증자)★★

[뜻음] 바다 해, 동녘 동, 일찍이 증, 아들 자.
[풀이] 우리나라 삼국시대에 百濟(백제)에서 卽位(즉위) 초기에 학문이 높았던 義慈王(의자왕)을 기리던 말. 중국의 증자처럼 학문과 도덕이 뛰어나다고 붙인 이름.

偕老同穴 (해로동혈)★★★

[뜻음] 함께할 해, 늙을 로, 같을 동, 구멍 혈.
[풀이] 夫婦(부부)가 한평생 같이 지내며 같이 늙고 죽어서는 무덤을 같이한다. 부부가 평생을 같이하려는 사랑의 맹세.

이 말의 출처는 ≪詩經(시경)≫인데, '偕老(해로)'란 말은 邶風(패풍)의 [擊鼓(격고)]와 鄘風(용풍)의 [君子偕老(군자해로)]와 衛風(위풍)의 [氓(맹)]에서 볼 수 있고, 同

穴(동혈)이란 말은 王風(왕풍)의 [大車(대거)]에 나온다.
衛風(위풍)의 [氓(맹)]에 있는 해로를 소개하면 다음과 같다. 맹이라는 시는 行商(행상) 온 남자를 따라가 그의 아내가 되었으나 고생살이 끝에 결국은 버림을 받는 여자의 한탄으로 된 시다. 마지막 장만 보면,

그대와 함께 늙자 했더니
늙어서는 나를 원망하게 만드누나.
강에도 언덕이 있고
못에도 둔덕이 있는데.
총각 시절의 즐거움은
말과 웃음이 평화로웠네.
마음 놓고 믿고 맹세하여
이렇게 뒤집힐 줄은 생각지 못했네.
뒤집히리라 생각지 않았으면
역시 하는 수 없네.

王風(왕풍)의 [大車(대거)]라는 시는 사랑을 맹세하는 노래이다. 삼장으로 된 마지막 장에 同穴(동혈)이라는 말이 나온다.

살아서는 방을 달리해도
죽으면 무덤을 같이하리라.
나를 참되지 않다지만
저 해를 두고 맹세하리.

'有如皦日(유여교일: 저 해를 두고 맹세하리)'은 자기 마음이 맑은 해처럼 분명하다고 해석되기도 한다. 해를 두고 맹세할 때도 흔히 쓰는 말로, 만일 거짓이 있으면 저 해처럼 없어지고 만다는 뜻으로 풀이되기도 한다.

薤露蒿里 (해로호리)★★

[뜻음] 부추 해, 이슬 로, 쑥 호, 마을 리.
[풀이] 해로와 호리는 모두 상여를 끌 때 부르는 노래임. 인생무상을 읊은 상여노래로, 해로가와 호리가. 출전 世說新語(세설신어) 任誕篇(임탄편).

海陸珍味 (해륙진미)★

[뜻음] 바다 해, 뭍 륙, 진귀할 진, 맛 미.
[풀이] 바다와 뭍에서 나는 산물을 다 갖추어 잘 차린, 진귀한 음식.

海不揚波 (해불양파)★★

[뜻음] 바다 해, 아닐 불, 떨칠 양, 물결 파.
[풀이] 바다에 잔파도도 일지 않아 잔잔하다. 태평세월을 말함. 출전 韓詩外傳(한시외전).

薤上露 (해상로)★

[뜻음] 염교 해, 위 상, 이슬 로.

[풀이] 염교에 내린 이슬. 인생의 허무함을 비유하는 말. 염교는 부추와 비슷한 여러해살이 풀.

海市蜃樓 (해시신루)★★

[뜻음] 바다 해, 저자 시, 무명조개 신, 다락 루.
[풀이] 海市(해시). 공허한 환상의 믿을 수 없음을 이름. 海市(해시). 蜃氣樓(신기루).

亥豕之誤 (해시지오)★

[뜻음] 돼지 해, 돼지 시, 갈 지, 오해할 오.
[풀이] 亥豕之譌(해시지와).

亥豕之譌 (해시지와)★

[뜻음] 돼지 해, 돼지 시, 갈 지, 바뀔 와.
[풀이] 亥와 豕를 잘못 읽음. 誤讀(오독), 誤解(오해). 魯魚之誤(노어지오). 출전 孔子家語(공자가어).

解語花 (해어화)★★★

[뜻음] 풀 해, 말씀 어, 꽃 화.
[풀이] 말을 알아듣는 꽃. 중국 唐(당)나라 때 玄宗(현종)이 楊貴妃(양귀비)를 지칭하여 한 말. 轉(전)하여 妓生(기생). 美人(미인). 花柳界(화류계)의 여인. 출전 開元天寶遺事(개원천보유사).

海翁好鷗 (해옹호구)★

[뜻음] 바다 해, 늙은이 옹, 좋아할 호, 갈매기 구.
[풀이] 바닷가에 사는 늙은이가 갈매기를 좋아한다. 갈매기를 잡으려는 黑心(흑심)을 가지면 평소에 갈매기와 놀던 늙은이도 갈매기가 이미 그 마음을 알고 멀리한다는 말.

孩提之童 (해제지동)★

[뜻음] 어린아이 해, 끌 제, 갈 지, 아이 동.
[풀이] 해제는 孩子(해자), 곧 두서너 살 된 어린아이. 어린애. 출전 孟子(맹자).

海中孤魂 (해중고혼)★

[뜻음] 바다 해, 가운데 중, 외로울 고, 넋 혼.
[풀이] 바다 속에 빠져 죽은 외로운 물귀신.

咳唾成珠 (해타성주)★★★

[뜻음] 기침할 해, 침 타, 이룰 성, 구슬 주.
[풀이] 기침과 침이 모두 珠玉(주옥)이 된다는 뜻으로, 權勢(권세) 있는 사람의 말이 잘 통함을 이름. 詩文(시문)의 재주가 있음을 이름.

欬唾成珠 (해타성주)★

[뜻음] 기침 해, 침 타, 이룰 성, 구슬 주.
[풀이] 咳唾成珠(해타성주).

海闊之澤 (해활지택)★

[뜻음] 바다 해, 트일 활, 갈 지, 은택 택.
[풀이] 바다같이 넓고 큰 은혜.

解弦更張 (해현경장)★

[뜻음] 풀 해, 악기 줄 현, 고칠 경, 베풀 장.

[풀이] 거문고의 줄을 바꿔 맨다. 정치적 改革(개혁)을 단행한다는 말. 출전 漢書(한서) 董仲舒傳(동중서전).

海闊從魚躍 (해활종어약)★

[뜻음] 바다 해, 트일 활, 좇을 종, 물고기 어, 뛸 약.
[풀이] 바다는 넓어 물고기가 멋대로 뛰놀게 내버려 둔다는 뜻. 마음이 넓은 것. 度量(도량)이 넓어 행동이 자유스러움을 비유함. 海闊委魚躍(해활위어약).

海闊天空 (해활천공)★

[뜻음] 바다 해, 트일 활, 하늘 천, 빌 공.
[풀이] 바다가 廣闊(광활)하고 하늘이 창창하여 끝없는 것과 같이 마음이 넓은 것을 비유함. 출전 古今詩話(고금시화).

邂逅相逢 (해후상봉)★

[뜻음] 우연히 만날 해, 만날 후, 서로 상, 만날 봉.
[풀이] 오랫동안 갈라졌던 사이에서 우연히 서로 만남.

行軍吹打 (행군취타)★

[뜻음] 다닐 행, 군사 군, 불 취, 칠 타.
[풀이] 이동하는 군대에서 나발, 소라, 대각, 호적 등을 불고 징, 북, 바라 등을 치는 군악.

杏壇春風 (행단춘풍)★★

[뜻음] 은행나무 행, 단 단, 봄 춘, 바람 풍.
[풀이] 孔子(공자)가 은행나무 단 위에서 講學(강학)을 하였다는 고사에서 온 말로, 봄에 학문을 닦는 곳을 일컬음.

杏臉桃腮 (행검도시)★

[뜻음] 살구나무 행, 얼굴 검, 복숭아나무 도, 뺨 시.
[풀이] 살구꽃처럼 흰 얼굴과 복숭아처럼 붉은 뺨. 美人(미인)의 얼굴.

行動擧止 (행동거지)★

[뜻음] 갈 행, 움직일 동, 들 거, 그칠 지.
[풀이] 몸의 온갖 동작, 행위.

行旅病死 (행려병사)★★

[뜻음] 다닐 행, 나그네 려, 병들 병, 죽을 사.
[풀이] 여행 중 他鄕(타향)에서 병들어 죽음.

行旅病人 (행려병인)★

[뜻음] 다닐 행, 나그네 려, 병들 병, 사람 인.
[풀이] 나그네의 몸으로 병이 나고 治療(치료)할 길이 없는 사람.

行路難 (행로난)★

[뜻음] 갈 행, 길 로, 어려울 난.
[풀이] 세상살이의 어려움을 길의 험난함에 비유한 말. 세상만사가 뜻대로 되지 않는 일.

行路心 (행로심)★

[뜻음] 갈 행, 길 로, 마음 심.
[풀이] 길 가는 사람의 마음. 아무 상관을 하지 않는 마음을 이름.

行路之人 (행로지인)★

[뜻음] 갈 행, 길 로, 갈 지, 사람 인.
[풀이] 오다가다 길에서 만난 사람. 자기와 無關(무관)한 사람을 이르는 말.

杏林春滿 (행림춘만)★★

[뜻음] 살구나무 행, 수풀 림, 봄 춘, 찰 만.
[풀이] 살구나무 숲에 봄빛이 가득 차다. 醫術(의술)이 아주 빼어난 것을 비유함. 神仙(신선) 董奉(동봉)이 인간계에서 醫術(의술)을 베풀며 살구나무를 심게 해서 숲을 이루었다는 기록에서 온 말. 출전 神仙傳(신선전) 董奉篇(동봉편).

行百里者半於九十 (행백리자반어구십)★★★

[뜻음] 갈 행, 일백 백, 거리 리, 놈 자, 반 반, 아홉 구, 열 십.
[풀이] 길을 감에는 처음 90리와 나머지 10리가 맞먹는다. 무슨 일이나 처음은 쉽고 끝맺기가 어려움. 行百里者半九十里(행백리자반구십리).

이 말은 ≪戰國策(전국책)≫ 秦策(진책)에 있는 말이다.
秦武王(진무왕)에게 어떤 사람이 말했다.
"신은 마음속으로 임금께서 제나라를 가볍게 알고 초나라를 업신여기며, 한나라를 속국으로 취급하는 것을 염려하고 있습니다. 신이 듣건대, '王者(왕자)의 군사는 싸워 이겨도 교만하지 않고, 覇者(패자)는 궁지에 빠져 있어도 노여워하지 않는다'고 합니다.…임금께서 만일 여기서 좋은 결과를 맺게 되면 고금을 통해 가장 위대한 임금이 되실 수 있지만, 만일 그렇지 못하면 제후들과 齊(제)나라, 宋(송)나라 인재들이 임금님을 궁지로 몰아넣지 않을까 걱정되옵니다."
그는 다시 계속해서,
"<詩(시)>에 말하기를 '백 리를 가는 사람은 구십을 반으로 한다' 했습니다. 이것은 마지막 길이 어렵다는 것을 말한 것입니다" 하고 충고했다.

行方不明 (행방불명)★★

[뜻음] 다닐 행, 방향 방, 아닐 불, 밝을 명.
[풀이] 여행 중 他鄕(타향)에서 병들어 죽거나 생사가 불명해짐.

行不由徑 (행불유경)★★

[뜻음] 다닐 행, 아닐 불, 말미암을 유, 지름길 경.
[풀이] 다니는데 샛길로 아니 감. 行爲(행위)가 方正(방정)함의 비유.

이 말은 ≪論語(논어)≫ 雍也篇(옹야편)에 있는 子遊(자유)의 말이다.
자유가 武城(무성)고을 원이 되었을 때 공자는 무성으로 가서 자유를 보고,
"네가 훌륭한 일꾼을 얻었느냐" 하고 물었다. 그러자 자유는,

"澹臺滅明(담대멸명)이라는 사람이 있는데, 다닐 때 지름길로 가지 않고 公事(공사)가 아니면 일찍이 제 방에 들어온 일이 없습니다" 하고 대답했다.
지름길로 가지 않는다는 말은 그가 공적인 사무가 아니면 하지 않고, 자기 맡은 일에 충실했다는 점을 말해 주고 있는 것이다. 사사로운 청을 하거나 남이 알지 못하는 비밀을 속삭일 필요가 없는 그였기 때문이다.

行秘書 (행비서)★

[뜻음] 갈 행, 숨길 비, 글 서.
[풀이] 박식하고 기억력이 썩 뛰어난 사람을 이르는 말. 唐(당)나라 太宗(태종)이 行幸(행행)하려 하자 수행하는 신하가 副書(부서: 필사본)를 챙겼다. 그러자 태종은 "그럴 필요 없다. 움직이는 비서(문서를 관장하는 벼슬) 虞世南(우세남)이 있지 않은가"라고 말했다는 옛일에서 온 말.

行尸走肉 (행시주육)★

[뜻음] 갈 행, 시체 시, 달릴 주, 고기 육.
[풀이] 걸어가는 시체와 달리는 육체. 無識(무식)하고 未練(미련)한 사람을 辱(욕)하는 말.

行雲流水 (행운유수)★★

[뜻음] 다닐 행, 구름 운, 흐를 유, 물 수.
[풀이] 떠가는 구름과 흐르는 물처럼 일을 빨리 진행함. 자연스럽고 거침이 없음. 출전 宋史(송사).

行遠必自邇 (행원필자이)★

[뜻음] 다닐 행, 멀 원, 반드시 필, 부터 자, 가까울 이.
[풀이] 먼 길도 반드시 가까운 곳에서부터 시작됨. 출전 中庸(중용) 第十二章(제십이장).

行爲不正 (행위부정)★

[뜻음] 다닐 행, 할 위, 아닐 부, 바를 정.
[풀이] 하는 짓이 바르지 않음.

行有餘力 (행유여력)★

[뜻음] 갈 행, 있을 유, 남을 여, 힘 력.
[풀이] 일을 다 하고도 오히려 힘이 남음. 출전 論語(논어) 學而篇(학이편).

行有餘力則以學文 (행유여력즉이학문)★

[뜻음] 갈 행, 있을 유, 남을 여, 힘 력, 곧 즉, 써 이, 배울 학, 글월 문.
[풀이] 自制(자제)된 자는 각각 그 맡은 바 임무를 다하고 그러고도 힘이 남으면 글을 배울 것이라는 말. 출전 論語(논어) 學而篇(학이편).

行而不流 (행이불류)★

[뜻음] 다닐 행, 말 이을 이, 아닐 불, 흐를 류.
[풀이] 義(의)로써 制御(제어)하므로 하는 대로 맡겨 두어도 放縱(방종)에 흐르지 않음. 출전 春秋左氏傳(춘추좌씨전).

行易知難 (행이지난)★

[뜻음] 행할 행, 쉬울 이, 알 지, 어려울 난.
[풀이] 앎을 얻는다는 것은 극히 어려우나, 이미 앎에 이르러서는, 그 아는 바에 의하여 이를 행하는 것은 어렵지 않음. 손문이 著述(저술)한 ≪건국방략≫ 중의 심리건설에 관한 학설.

幸災樂禍 (행재낙화)★

[뜻음] 다행 행, 재난 재, 즐거울 낙, 재앙 화.
[풀이] 남의 재난이나 불행을 다행스럽게 여기고 좋아하다. 행재와 낙화는 같은 말임. 幸災樂禍(행재요화).

幸災樂禍 (행재요화)★

[뜻음] 다행 행, 재난 재, 좋아할 요, 재앙 화.
[풀이] 남이 재화를 입음을 보고 기뻐함. 幸災樂禍(행재낙화). 출전 顔氏家訓(안씨가훈).

行住坐臥 (행주좌와)★

[뜻음] 다닐 행, 머물 주, 앉을 좌, 누울 와.
[풀이] 나다니면 머무르고 싶고 앉으면 눕고 싶음. 곧 사람의 행동의 네 가지 威儀(위의).

行必誠實 (행필성실)★

[뜻음] 갈 행, 반드시 필, 정성 성, 열매 실.
[풀이] 행하되 반드시 성실하게 함.

行必誠義 (행필성의)★

[뜻음] 갈 행, 반드시 필, 정성 성, 옳을 의.
[풀이] 행하면 반드시 의를 실천함. 출전 呂氏春秋(여씨춘추).

行夏之時 (행하지시)★

[뜻음] 갈 행, 하나라 하, 갈 지, 때 시.
[풀이] 夏(하)나라의 달력을 씀. 夏(하) 殷(은) 周(주) 三代(삼대)가 각각 그 歲首(세수)를 달리하였는데, 하나라의 달력은 斗柄(두병)이 初昏(초혼)에 寅(인)을 가리키는 달로 세수를 삼았음. 출전 論語(논어) 衛靈公篇(위령공편).

行或使之止或尼之 (행혹사지지혹니지)★

[뜻음] 갈 행, 혹 혹, 부릴 사, 갈 지, 그칠지, 성 니.
[풀이] 가는 것과 멈추는 것이 모두 天命(천명)에 달려 있는 것으로, 人力(인력)에 의함이 아님. 출전 孟子(맹자) 梁惠王下篇(양혜왕하편).

杏花春風 (행화춘풍)★

[뜻음] 살구나무 행, 꽃 화, 봄 춘, 바람 풍.
[풀이] 살구꽃과 봄바람. 봄날의 화창한 풍경.

鄕曲秀才 (향곡수재)★

[뜻음] 시골 향, 구석 곡, 빼어날 수, 재주 재.
[풀이] 시골에서 재주가 뛰어난 사람. 혹은 지방에서 관리를 뽑는 시험 과목. 향곡은 시골 구석.

鄕黨尙齒 (향당상치)★★

[뜻음] 시골 향, 무리 당, 높일 상, 이 치.
[풀이] 향당에 있어서는 나이가 많은 사람을 높임. 향리에서는 나이 많은 사람을 높이 대접함. 출전 孟子(맹자) 公孫丑上篇(공손추상편).

香奩體 (향렴체)★

[뜻음] 향기 향, 화장 상자 렴, 몸 체.
[풀이] 부녀자의 姿態(자태)를 묘사하는 詩體(시체)를 이름. 奩(렴)은 거울을 넣은 갑 혹은 향을 넣은 그릇이라고도 함.

響不辭聲 (향불사성)★

[뜻음] 울림 향, 아닐 불, 사양할 사, 소리 성.
[풀이] 울림은 소리를 사양하지 않음. 울림은 어떤 소리에도 따라 일어난다. 공을 세우면 명예는 자연히 따르게 마련임을 비유함. 여줄가리는 근본을 따르지 못함의 비유. 출전 說苑(설원).

響遏行雲 (향알행운)★

[뜻음] 울림 향, 막을 알, 갈 행, 구름 운.
[풀이] 노랫소리가 지나가는 구름을 멈추게 한다. 지나가는 구름도 잠깐 머물러 귀를 기울일 만큼 노랫소리가 아름다움. 출전 列子(열자).

向陽花木 (향양화목)★

[뜻음] 향할 향, 볕 양, 꽃 화, 나무 목.
[풀이] 볕을 받는 꽃나무. 立身出世(입신출세)하기 쉬운 조건을 갖춘 사람을 가리키는 말.

向隅之歎 (향우지탄)★

[뜻음] 향할 향, 모퉁이 우, 갈 지, 탄식할 탄.
[풀이] 방의 구석을 향한다. 평등한 대우를 받지 못하고 따돌림을 당하여 슬퍼함. 좋은 때를 만나지 못한 한탄.

向學之誠 (향학지성)★★

[뜻음] 향할 향, 배울 학, 갈 지, 정성 성.
[풀이] 학문에 專心(전심)하는 정성.

向火乞兒 (향화걸아)★

[뜻음] 향할 향, 불 화, 빌 걸, 아이 아.
[풀이] 불을 향해 모여드는 거지. 勢利(세리)를 붙좇는 小人(소인)을 꾸짖는 말. 출전 開元天寶遺事(개원천보유사).

香火兄弟 (향화형제)★

[뜻음] 향기 향, 불 화, 맏 형, 아우 제.
[풀이] 서로 마음이 맞는 妓女(기녀)들끼리 맺은 의형제.

虛構捏造 (허구날조)★★

[뜻음] 빌 허, 얽을 구, 반죽할 날, 지을 조.
[풀이] 터무니없는 말을 지어 냄.

虛氣平心 (허기평심)★

[뜻음] 빌 허, 기운 기, 평평할 평, 마음 심.
[풀이] 기를 가라앉히고 마음을 조용히 가짐. 출전 管子(관자).

虛浪放蕩 (허랑방탕)★★

[뜻음] 빌 허, 물결 랑, 놓을 방, 방탕할 탕.
[풀이] 허랑하고 방탕함. 언행이 실답지 못하고 酒色(주색)잡기에 빠져 있음.

虛靈不昧 (허령불매)★

[뜻음] 빌 허, 신령 령, 아닐 불, 어두울 매.
[풀이] 마음은 공허하여 形體(형체)가 없으나, 그 기능은 맑고 환하여 거울이 물건을 비추는 것과 같음.

虛禮虛飾 (허례허식)★

[뜻음] 공허할 허, 예도 례, 꾸밀 식.
[풀이] 예절 법식을 번드르르하게 꾸미고 실속이 없음.

虛妄之說 (허망지설)★

[뜻음] 빌 허, 망령될 망, 갈 지, 말씀 설.
[풀이] 거짓이 많아 미덥지 않은 말.

虛名無實 (허명무실)★

[뜻음] 빌 허, 이름 명, 없을 무, 열매 실.
[풀이] 헛된 이름만 있고 실상이 없음.

虛無孟浪 (허무맹랑)★

[뜻음] 빌 허, 없을 무, 맏 맹, 물결 랑.
[풀이] 터무니없이 허황하고 실속이 없음.

虛無恬淡 (허무염담)★★

[뜻음] 빌 허, 없을 무, 편안할 염, 담담할 담.
[풀이] 사심이 없고 사물에 얽매이지 않는 일. 스스로 恭賀(공하)하게 하여 마음에 품는 바가 없고 淡泊無爲(담박무위)한 일. 老莊(노장) 사상의 근본. 출전 莊子(장자).

虛無因應 (허무인응)★

[뜻음] 빌 허, 없을 무, 인할 인, 응할 응.
[풀이] 老子(노자)의 학설. 허무는 體(체), 인응은 用(용). 因應(인응)이란 인하여 이에 응함의 뜻. 출전 史記(사기) 老子傳(노자전).

虛無寂滅 (허무적멸)★

[뜻음] 빌 허, 없을 무, 고요할 적, 멸할 멸.
[풀이] 生死(생사)의 경지를 超越(초월)한 상태. 道敎(도교)의 허무와 佛敎(불교)의 적멸.

虛送歲月 (허송세월)★★

[뜻음] 빌 허, 보낼 송, 해 세, 달 월.
[풀이] 하는 일 없이 세월을 헛되이 보냄.

虛實相配 (허실상배)★

[뜻음] 빌 허, 충실할 실, 서로 상, 짝지을 배.
[풀이] 허와 실이 서로 조화를 이루다. 옛날에 詩(시)를 짓는 데 있어 虛構(허구)와 實際(실제)가 적절하게 균형을 이뤄야 좋은 작품이 된다는 이론.

虛室生白 (허실생백)★

[뜻음] 빌 허, 집 실, 날 생, 흰 백.
[풀이] 방이 비면 햇빛이 쏟아져 들어와 환하게 밝아진다는 뜻. 마음을 비우는 자에게는 복이 있음의 비유. 마음이 無想無念(무상무념)이면 진리에 도달할 수 있음. 출전 莊子(장자) 人間世篇(인간세편).

虛心坦懷 (허심탄회)★★★

[뜻음] 빌 허, 마음 심, 평평할 탄, 품을 회.
[풀이] 마음에 邪念(사념)이 없이 平靜(평정)하고 평탄함. 坦懷(탄회)는 아무 거리낌이 없는 마음, 眞率(진솔)한 마음을 나타냄.

虛心平意 (허심평의)★

[뜻음] 빌 허, 마음 심, 평평할 평, 뜻 의.
[풀이] 마음에 아무 일도 생각하지 않고, 고요하게 있음. 愛憎好惡(애증호오)의 생각이 없고 公平無私(공평무사)한 태도. 출전 管子(관자).

許由掛瓢 (허유괘표)★★

[뜻음] 허락할 허, 말미암을 유, 걸 괘, 표주박 표.
[풀이] 속세를 떠나 淸廉(청렴)하게 살아가는 모양. 중국 堯(요)임금 때 箕山(기산)에 隱居(은거)하는 허유가 그릇이 없어 손으로 물을 떠 마시는 것을 본 나무꾼이 표주박 하나를 주었다. 허유는 그것을 나뭇가지에 걸어 놓았으나 바람에 흔들리는 소리가 시끄럽다 하여 내버리고 말았다는 옛일에서 온 말. '巢父許由(소부허유), 箕山潁水(기산영수)'를 참조하시오.

許由巢甫 (허유소보)★★

[뜻음] 허락할 허, 말미암을 유, 새둥지 소, 남자미칭 보.
[풀이] 허유와 소보. 중국 고대의 隱士(은사). 堯(요) 임금이 나라를 물려주려 하자 몸을 피했다는 은둔자. 성천자라고 추앙을 받는 요임금이 허유에게 천하를 물려주려 하니, 더러운 말을 들었다 하여 영천에서 귀를 씻고, 기산으로 들어가 숨었고, 소를 끌고 온 소보는 이를 보고 그렇게 더러워진 물은 소에게도 먹일 수 없다고 하고 돌아갔다 함. '巢父許由(소부허유), 箕山潁水(기산영수)'를 참조하시오.

虛而實 (허이실)★

[뜻음] 빌 허, 말 이을 이, 열매 실.
[풀이] 허하면서도 실함. 속이 빈 듯이 보이나 정작은 차 있음.

虛張聲勢 (허장성세)★

[뜻음] 빌 허, 베풀 장, 소리 성, 기세 세.
[풀이] 헛소문과 허세만 떠벌림.

虛靜恬淡 (허정염담)★★

[뜻음] 빌 허, 고요할 정, 편안할 염, 담담할 담.
[풀이] 마음 속에 티끌 만큼의 사심도 머무름 없이 깨끗하게 비워 고요하게 처함. 출전 莊子(장자).

虛虛實實 (허허실실)★★★

[뜻음] 빌 허, 열매 실.
[풀이] 虛實(허실)의 계책을 써서 싸움. 서로 計略(계략)이나 기량을 다하여 敵(적)의 實(실)을 피하고 虛(허)를 틈타 싸움.

虛荒之說 (허황지설)★

[뜻음] 빌 허, 거칠 황, 갈 지, 말씀 설.
[풀이] 허황한 이야기. 荒唐(황당)하여 미덥지 않은 말.

歔欷歎息 (허희탄식)★

[뜻음] 한숨쉴 허, 한숨쉴 희, 탄식할 탄, 숨 쉴 식.
[풀이] 한숨을 지으며 탄식함.

獻芹之意 (헌근지의)★★

[뜻음] 바칠 헌, 미나리 근, 갈 지, 뜻 의.
[풀이] 변변치 못한 미나리를 바친다는 뜻. 윗사람에게 물건을 선사할 때 겸사하여 이르는 말. 옛날 중국에서 가난한 한 농부가 자작한 미나리를 먹어 보니 아주 맛이 좋았다. 그래서 농부는 '이렇게 맛있는 것을 내가 먹을 수 없다'며 임금에게 進上(진상)했다는 옛일에서 온 말.

軒軒丈夫 (헌헌장부)★★

[뜻음] 높을 헌, 장부 장, 지아비 부.
[풀이] 외모가 俊秀(준수)하고 쾌활한 남자. 軒軒(헌헌)은 춤추는 모양이나 득의한 모양, 출중한 모양을 나타냄.

革故鼎新 (혁고정신)★★

[뜻음] 고칠 혁, 옛 고, 솥 정, 새 신.
[풀이] 옛것을 뜯어고치고 솥을 새것으로 바꾼다. 묵은 것을 버리고 새것을 취함.

革凡成聖 (혁범성성)★

[뜻음] 고칠 혁, 무릇 범, 이룰 성, 성인 성.
[풀이] 평범한 사람을 변화시켜서 일약 聖人(성인)이 되게 함.

赫赫炎炎 (혁혁염염)★

[뜻음] 빛날 혁, 불탈 염.
[풀이] 불이 활활 타오르는 모양. 태양의 열기가 대단한 모양. 출전 詩經(시경).

赫赫之功 (혁혁지공)★★

[뜻음] 빛날 혁, 갈 지, 공 공.
[풀이] 훌륭한 공적. 뛰어난 功勳(공훈). 출전 荀子(순자).

絃歌不輟 (현가불철)★★

[뜻음] 악기 줄 현, 노래 가, 아닐 불, 그칠 철.
[풀이] 거문고를 타며 노래를 그치지 않음. 孔子(공자)가 陳(진), 蔡(채), 匡(광) 땅에서 뜻밖에 災厄(재액)을 당했을 때 絃歌(현가)를 그치지 않고 계속했다는 뜻. 어려움을 당해도 학문을 계속함을 이르는 말. 출전 莊子(장자).

懸車 (현거)★

[뜻음] 매달 현, 수레 거.
[풀이] 수레를 매달다. 前漢(전한) 시대 薛廣德(설광덕)이 나이가 많아 벼슬을 그만두자 天子(천자)가 安車(안거)를 下賜(하사)했는데 고향으로 돌아와 안거를 집 앞에 걸어 놓고 길이 자손에게 전하도록 한 일.

懸車之年 (현거지년)★

[뜻음] 매달 현, 수레 거, 갈 지, 해 년.
[풀이] 벼슬에서 물러나야 하는 나이. 곧 일흔 살. 懸車之年(현차지년). 출전 晉書(진서).

顯考祖考 (현고조고)★★★

[뜻음] 높을 현, 상고할 고, 조상 조.
[풀이] 돌아가신 고조할아버지의 神主(신주) 첫머리에 쓰는 말.

懸軍孤鬪 (현군고투)★

[뜻음] 멀리 현, 군사 군, 외로울 고, 싸울 투.
[풀이] 本隊(본대)를 떠나 敵陣(적진) 깊이 들어간 현군이 외롭게 싸움. 孤軍奮鬪(고군분투).

懸軍萬里 (현군만리)★

[뜻음] 멀리 현, 군사 군, 일만 만, 마을 리.
[풀이] 軍隊(군대)를 만 리 밖까지 내보냄.

懸權而動 (현권이동)★

[뜻음] 매달 현, 저울추 권, 말 이을 이, 움직일 동.
[풀이] 추를 저울에 걸어 무게를 달듯이, 일의 輕重(경중)을 잘 헤아린 뒤에 행동함.

見頭角 (현두각)★★★

[뜻음] 나타날 현, 머리 두, 뿔 각. 두각을 드러내다.
[풀이] 頭角(두각)을 나타낸다. 머리끝을 쳐들고 우뚝 일어나 서 있다. 젊은 사람이 남보다 뛰어난 재질을 드러내 주목을 받음.

韓愈(한유)의 [柳子厚墓誌銘 유자후묘지명]에 나오는 말이다.
子厚(자후)는 柳宗元(유종원)의 字(자)이다. 한유와 함께 唐(당)나라 兩大(양대) 文章(문장)으로 손꼽히며 한유와는 둘도 없는 知己(지기)였다.
이 글은 유종원의 遺言(유언)에 의해 쓰인 것이다. 墓誌銘(묘지명)은 故人(고인)의 有德(유덕)을 칭찬하는 글을 돌에 새겨 널과 함께 땅에 묻는 것이다. 유종원은 스물한 살에 진사가 되고, 스물여섯 살 때 博士宏詞科(박사굉사과)에 급제했다. 한유는 이 시험을 세 번이나 치렀으나 합격이 되지 못했다. 유종원은 서른세 살 때 그가 속해 있는 朋黨(붕당)이 밀려남으로써 그도 永州(영주)라는 고을의 사마로 좌천이 된다. 그 뒤 다시 중앙에 올라오지 못하고 柳州(유주) 지방의 자사로 있다가 거기서 마흔일곱 살로 마침내 세상을 떠난다.
韓愈(한유)는 자후가 죽자 그의 묘지명에서,
"…그의 아버지 때 이르러, 비록 나이 어리나 이미 스스로 성인이 되어 진사 시험에 능히 합격을 하고 높이 두각을 나타내었다"라고 썼다.
두각을 드러낸다는 말은 젊은 사람이 남보다 뛰어난 재질을 드러내 주목을 받는 경우를 가리킨다. 두각은 머리뿔이 아니라 머리끝을 가리켜 하는 말이다.

懸頭刺股 (현두자고)★★

[뜻음] 매달 현, 머리 두, 찌를 자, 넓적다리 고.
[풀이] 楚(초)나라 孫敬(손경)이 새끼줄로 상투를 대들보에 걸어 매고, 戰國時代(전국시대)의 蘇秦(소진)이 송곳으로 무릎을 찔러 가며 졸음을 깨워서 苦學(고학)했다는 故事(고사). 출전 戰國策(전국책).

絢爛之極造於平淡 (현란지극조어평담)★

[뜻음] 무늬 현, 문드러질 란, 갈 지, 다할 극, 만들 조, 어조사 어, 평평할 평, 싱거울 담.
[풀이] 현란의 극은 平易(평이) 淡泊(담박)하게 됨. 詩文(시문)을 짓는 데는 처음에는 字句(자구)를 몹시 꾸미나, 老熟(노숙)해짐을 따라 평이하고 담박한 佳境(가경)에 들게 됨을 이르는 말.

賢良方正 (현량방정)★★

[뜻음] 어질 현, 착할 량, 모 방, 바를 정.
[풀이] 어질고 착하며 방정함.

緣網罝罦 (현망저부)★

[뜻음] 얽을 현, 그물 망, 짐승그물 저, 그물 부.
[풀이] 모두 짐승을 잡는 그물 종류. 출전 呂氏春秋(여씨춘추).

賢母良妻 (현모양처)★★★

[뜻음] 어질 현, 어미 모, 좋을 양, 아내 처.
[풀이] 어진 어머니이자 착한 아내. 良妻賢母(양처현모).

賢問愚答 (현문우답)★★

[뜻음] 어질 현, 물을 문, 어리석을 우, 답할 답.
[풀이] 현명한 물음에 대한 어리석은 대답.

蠉飛蜎動 (현비연동)★

[뜻음] 장구벌레 현, 날 비, 굼실거릴 연, 움직일 동.
[풀이] 벌레가 굼실거리며 기어 다니는 모양. 蜎은 '연'이나 '윤', 출전 淮南子(회남자).

賢相良佐 (현상양좌)★

[뜻음] 어질 현, 재상 상, 착할 양, 보좌할 좌.
[풀이] 어질고 유능하여 임금을 잘 보좌하는 신하.

玄裳縞衣 (현상호의)★

[뜻음] 검을 현, 치마 상, 흰 호, 옷 의.
[풀이] 검은 치마에 흰 저고리라는 뜻으로, 鶴(학)의 모양을 이름.

懸鶉百結 (현순백결)★★

[뜻음] 매달 현, 메추라기 순, 일백 백, 맺을 결.
[풀이] 누덕누덕 여러 번 기운 아주 낡은 옷. '현순'은 옷이 해져서 너덜너덜한 것이 메추리의 꽁지깃이 빠진 것과 같다는 뜻으로, 해진 옷을 말함.

懸羊頭賣狗肉 (현양두매구육)★

[뜻음] 매달 현, 양 양. 머리 두, 팔 매, 개 구, 고기 육.
[풀이] 羊頭狗肉(양두구육).

懸腕直筆 (현완직필)★★

[뜻음] 매달 현, 팔 완, 곧을 직, 붓 필.
[풀이] 붓글씨를 쓸 때, 팔목을 바닥에 대지 않고 붓을 곧게 쥐어 쓰는 몸가짐.

懸腕枕腕 (현완침완)★★

[뜻음] 매달 현, 팔 완, 베개 침.
[풀이] 붓글씨를 쓸 때, 현완은 팔을 올려 글씨를 쓰는 것이고, 枕腕(침완)은 왼손을 베개 삼아 오른손을 올려놓고 글씨를 쓰는 것임. 출전 古今法書苑(고금법서원).

懸牛首賣馬肉 (현우수매마육)★

[뜻음] 매달 현, 소 우, 머리 수, 팔 매, 말 마, 고기 육.
[풀이] 가게 앞에 소대가리를 걸어 쇠고기를 파는 것처럼 차려 놓고서 실제로는 말고기를 팖. 表裏不同(표리부동)함을 이름. 羊頭狗肉(양두구육). 출전 晏子春秋(안자춘추).

賢人君子 (현인군자)★

[뜻음] 어질 현, 사람 인, 임금 군, 아들 자.
[풀이] 현인과 군자. 어질고 德望(덕망)이 높은 사람을 두루 이르는 말.

鞬靷鞅靽 (현인앙반)★

[뜻음] 말뱃대끈 현, 가슴걸이 인, 가슴걸이 앙, 밀치끈 반.
[풀이] 驂馬(참마)의 가죽 장식으로 등에 댄 것을 鞬(현), 가슴을 죄는 것을 靷(인)이라 하며 뱃대를 鞅(앙), 발을 매는 것을 靽(반)이라고 함. 출전 春秋左氏傳(춘추좌씨전).

顯曾祖考 (현증조고)★

[뜻음] 높을 현, 일찍 증, 조상 조, 상고할 고.
[풀이] 돌아가신 曾祖父(증조부)의 神主(신주) 첫머리에 쓰는 말.

顯曾祖妣 (현증조비)★

[뜻음] 높을 현, 일찍 증, 조상 조, 죽은 어미 비.
[풀이] 돌아가신 曾祖母(증조모)의 神主(신주) 첫머리에 쓰는 말.

懸河口辯 (현하구변)★★

[뜻음] 매달릴 현, 큰물 하, 입 구, 말 잘할 변.
[풀이] 물 흐르듯 거침없이 잘하는 말.

懸河之辯 (현하지변)★★

[뜻음] 매달릴 현, 큰물 하, 갈 지, 말 잘할 변.
[풀이] 물 흐르듯 거침없이 잘하는 말. 懸河口辯(현하구변). 출전 晉書(진서).

賢賢易色 (현현역색)★

[뜻음] 현명할 현, 바꿀 역, 빛 색.
[풀이] 다른 사람의 현명을 좋아하기를 색을 좋아하듯 함. 평소의 낯빛을 고쳐 삼가 賢人(현인)을 尊敬(존경)함. 부부 사이에 있어서 마음씨 착함을 중히 여기고, 容貌(용모)에 치중하지 않음. 출전 論語(논어) 述而篇(술이편).

懸弧之辰 (현호지신)★

[뜻음] 매달 현, 활 호, 갈 지, 날 신.
[풀이] 사내아이가 태어난 날. 남자가 태어나면 활을 잘 쏘는 사람이 되라는 祈願(기원)으로, 활을 문에 걸어 두는 데서 유래한 말. 출전 禮記(예기) 郊特牲篇(교특생편).

穴居野處 (혈거야처)★

[뜻음] 굴 혈, 살 거, 들 야, 살 처.
[풀이] 上古(상고) 시대의 주민들이 居室(거실)이 없이 굴이나 들에서

생활하던 일.

絜矩之道 (혈구지도)★★★

[뜻음] 잴 혈, 곱자 구, 갈 지, 길 도.
[풀이] 사람을 推度(추탁)하여 方正(방정)하게 만드는 도. 儒家(유가)에서 사람이 자기의 행동을 調節(조절)하기 위하여 스스로를 尺度(척도)로 삼는다는 원리.

유가에서 사람이 자기의 행동을 조절하기 위하여 스스로를 척도로 삼는다는 원리.

≪大學(대학)≫ 마지막 장에 나오는 말이다. '絜(혈)'은 잰다는 뜻이고 '矩(구)'는 곡척을 말한다. 자는 물건을 재듯이 내 마음을 '자'로 삼아 남의 마음을 재고, 내 처지를 생각해서 남의 처지를 헤아리는 것이 '혈구지도', 즉 '자를 재는 방법'이다.

≪大學(대학)≫에는 '혈구지도'를 이렇게 설명하고 있다. "윗사람이 내게 해서 싫은 것을 아랫사람에게 하지 말고, 아랫사람이 내게 해서 싫은 것을 윗사람에게 하지 말며, 앞사람이 내게 해서 싫은 것을 뒷사람에게 하지 말고, 뒷사람이 내게 해서 싫은 것을 앞사람에게 하지 말며, 오른쪽에 있는 사람이 내게 해서 싫은 것을 왼쪽 사람에게 하지 말고, 왼쪽 사람이 내게 해서 싫은 것을 오른쪽 사람에게 하지 않는 것이 바로 혈구지도라고 하는 것이다."

孔子(공자)는 ≪論語(논어)≫에서, "내가 원하지 않는 것을 남에게 베풀지 않으면 그것이 어진 일을 하는 방법이라고 말할 수 있다"고 했고, 子貢(자공)은, "남이 내게 하지 말았으면 하는 것을 나도 남에게 하지 않겠습니다"라고 말했을 때, 공자는 "네가 할 수 없는 일이다"라고 했다.

血氣方壯 (혈기방장)★★

[뜻음] 피 혈, 기운 기, 바야흐로 방, 씩씩할 장.
[풀이] 혈기가 한창 성함.

血氣旺盛 (혈기왕성)★★

[뜻음] 피 혈, 기운 기, 성할 왕, 담을 성.
[풀이] 혈기가 왕성함. 血氣方壯(혈기방장).

血流漂杵 (혈류표저)★★

[뜻음] 피 혈, 흐를 류, 떠돌 표, 공이 저.
[풀이] 전쟁이 참혹하여 피가 강을 이루어 무거운 절굿공이를 띄운다. 전쟁터에서 죽은 사람이 많음. 싸움에 죽은 사람의 피가 많이 흘러 방패가 뜬다는 뜻. 출전 書經(서경) 武成篇(무성편).

血脈貫通 (혈맥관통)★

[뜻음] 피 혈, 맥 맥, 꿸 관, 통할 통.
[풀이] 血脈相通(혈맥상통).

血脈相通 (혈맥상통)★★

[뜻음] 피 혈, 맥 맥, 서로 상, 통할 통.
[풀이] 신체 내에 혈맥이 서로 통해 있다. 骨肉(골육)의 관계, 의지가

부합되는 친구 사이. 한편의 문장이 주제를 위하여 긴밀하게 연락되어 있음. 출전 大學(대학).

血食千秋 (혈식천추)★

[뜻음] 피 혈, 밥 식, 일천 천, 가을 추.
[풀이] 조상에게 제사지내는 일이 천년을 지속됨. 나라의 儀式(의식)으로 지내는 제사가 오래도록 끊이지 않음.

血肉之身 (혈육지신)★

[뜻음] 피 혈, 고기 육, 갈 지, 몸 신.
[풀이] 피와 살을 가진 몸. 血肉(혈육).

血風血雨 (혈풍혈우)★

[뜻음] 피 혈, 바람 풍, 비 우.
[풀이] 피바람과 피비. 激甚(격심)한 血戰(혈전).

孑孑單身 (혈혈단신)★★

[뜻음] 외로울 혈, 홀 단, 몸 신.
[풀이] 아무에게도 의지할 곳이 없는 홀몸. 孑孑無依(혈혈무의).

孑孑無依 (혈혈무의)★

[뜻음] 외로울 혈, 없을 무, 의지할 의.
[풀이] 외로워서 의지할 곳이 없음.

脅肩諂笑 (협견첨소)★

[뜻음] 으를 협, 어깨 견, 아첨할 첨, 웃을 소.
[풀이] 어깨를 간들거리며 아양을 부려 웃음. 阿附(아부)하는 모양.

挾泰山以越北海 (협태산이월북해)★

[뜻음] 낄 협, 클 태, 뫼 산, 써 이, 넘을 월, 북녘 북, 바다 해.
[풀이] 태산을 옆구리에 끼고 渤海(발해)를 뛰어넘는다. 불가능한 일을 하려 함의 비유. 挾泰山超北海(협태산초북해).

荊棘銅駝 (형극동타)★

[뜻음] 가시나무 형, 멧대추나무 극, 구리 동, 낙타 타.
[풀이] 구리로 만든 낙타가 가시덤불 속에 묻혀 있다. 궁전이나 왕족들의 산소, 나라의 동산이 폐허가 됨을 비유함.

刑期于無刑 (형기우무형)★★

[뜻음] 형벌 형, 기약할 기, 어조사 우, 없을 무.
[풀이] 형벌을 만드는 所以(소이)는 악인을 懲戒(징계)하여 또다시 죄를 범하여 형벌을 받지 않도록 하기 위한 것임. 형벌을 쓸 필요가 없는 것에 理想(이상)을 두는 것이 형벌임. 刑期無刑(형기무형). 출전 書經(서경) 大禹謨篇(대우모편).

形單影隻 (형단영척)★

[뜻음] 모양 형, 홀 단, 그림자 영, 외 척.
[풀이] 몸도 하나 그림자도 하나라는 뜻으로, 곧 의지할 곳 없는 외로운 몸을 이름.

刑名之學 (형명지학)★

[뜻음] 형벌 형, 이름 명, 갈 지, 배울 학.
[풀이] 중국 韓非子(한비자) 등이 제창한 법을 가지고 나라를 다스려

야 한다는 학설. 출전 韓非子(한비자) 主道篇(주도편).

形名參同 (형명참동)★

[뜻음] 모양 형, 이름 명, 참여할 참, 같을 동.
[풀이] 부하가 한 말(名)과 실제의 행동(形)을 대조 평가하여 상벌을 주어야 한다는 뜻.

刑不厭輕 (형불염경)★★

[뜻음] 형벌 형, 아닐 불, 싫어할 염, 가벼울 경.
[풀이] 형벌에는 가벼운 것을 싫어하지 않는다. 형벌은 중하게 내리는 편보다 가벼이 내리는 것이 좋음.

形象文字 (형상문자)★

[뜻음] 모양 형, 모양 상, 본뜰 문, 글자 자.
[풀이] 사물의 모양을 본떠서 지은 글자. 象形文字(상형문자).

衡石程書 (형석정서)★

[뜻음] 저울대 형, 돌 석, 단위 정, 쓸 서.
[풀이] 上奏(상주)한 서류의 중량으로 日課(일과)를 정한다는 뜻. 衡(형)은 저울대이며 石(석)은 저울추임. 출전 史記(사기) 秦記(진기).

螢雪之功 (형설지공)★★★

[뜻음] 반딧불 형, 눈 설, 갈 지, 공 공.
[풀이] 반딧불과 눈빛으로 글을 읽어 이룬 공. 중국 晋(진)나라 車胤(차윤)이 반딧불로 글을 읽고 孫康(손강)이 눈빛으로 글을 읽었다는 옛일. 가난으로 고생을 하면서 공부하여 얻은 보람.

　　後晋(후진)의 李瀚(이한)이 지은 《蒙求(몽구)》라는 책에 나오는 이야기다.
　　"孫康(손강)은 집이 가난해서 기름 살 돈이 없었다. 그는 항상 눈빛으로 글을 읽었다. 그는 젊었을 때부터 淸廉潔白(청렴결백)해서 친구를 사귀어도 함부로 사귀는 일이 없었다. 뒤에 御史大夫(어사대부: 감찰원장)에까지 벼슬이 올랐다."
　　"진나라 車胤(차윤)은 … 집이 가난해서 기름을 구할 수 없었다. 여름이면 비단 주머니에 수십 마리의 반딧불을 담아 글을 비추어 밤을 새우며 공부를 계속했다. … 그는 마침내 吏部尙書(이부상서: 내무장관)에까지 벼슬이 올랐다."
　　이 이야기에서 苦學(고학)하는 것을 가리켜 '螢雪(형설)'이니 형설지공이니 말하고 공부하는 書齋(서재)를 가리켜 '螢窓雪案(형창설안)'이라고 한다. '반딧불 창에 눈 책상'이라는 말이다.

形勝之國 (형승지국)★

[뜻음] 모양 형, 이길 승, 갈 지, 나라 국.
[풀이] 地勢(지세)가 좋아서 승리를 얻기에 편리한 위치에 있는 나라. 출전 史記(사기) 高帝紀(고제기).

形勝之地 (형승지지)★

[뜻음] 모양 형, 이길 승, 갈 지, 땅 지.

[풀이] 지세나 풍경이 아주 뛰어난 땅. 경치가 매우 아름다운 땅.

形影相同 (형영상동)★

[뜻음] 형체 형, 그림자 영, 서로 상, 같을 동.
[풀이] 형상과 그림자는 서로 같다. 그림자가 형체의 변화에 따라 변하듯이 마음의 선악은 그 행위에 나타남. 마음이 바른 사람은 행동도 바름. 마음의 선악이 행동으로 나타남의 비유. 출전 列子(열자).

形影相照 (형영상조)★

[뜻음] 모양 형, 그림자 영, 서로 상, 비출 조.
[풀이] 자기 몸과 그림자가 서로 비춘다. 매우 외로워서 의지할 곳이 없음을 비유하는 말. 形影相憐(형영상련).

形而上 (형이상)★★★

[뜻음] 모양 형, 말 이을 이, 위 상.
[풀이] 형체가 없는 것. 무형의 것. 추상적인 것. 현상을 초월한 경계. 인간의 도리. 정신. 정신적인 것. 초경험적인 것. 이성적인 思惟(사유)나 직관에 의해서만 얻을 수 있는 성질을 가지고 있는 것. 출전 易經(역경) 繫辭上傳(계사상전).

形而上學 (형이상학)★★★

[뜻음] 모양 형, 어조사 이, 위 상, 배울 학.
[풀이] 눈으로 볼 수 있는 것 이상. 정신적인 차원의 것. 무형. 道(도). 사물의 본질·존재의 근본 원리를 사유나 직관에 의해 탐구하는 학문. 형이상을 연구하는 학문.

形而下 (형이하)★★★

[뜻음] 모양 형, 말 이을 이, 아래 하.
[풀이] 형체가 있는 것. 유형의 것. 구체적인 것. 감각으로 인식되는 것. 물질적인 것. 현존하는 물질. 자연 현상. 철학용어로 쓰일 때는 자연 일반, 감성적 현상을 말함.

形而下學 (형이하학)★★★

[뜻음] 모양 형, 말 이을 이, 아래 하, 배울 학.
[풀이] 유형물을 대상으로 하는 과학. 동식물학, 이화학 따위. 형이하를 연구하는 학문.

兄弟爲手足 (형제위수족)★

[뜻음] 맏 형, 아우 제, 될 위, 손 수, 발 족.
[풀이] 형제 사이는 손발과 같다. 형제는 우애 있게 지내야 함. 형제는 한번 잃으면 다시 찾지 못함. 출전 莊子(장자).

兄弟怡怡 (형제이이)★

[뜻음] 형 형, 아우 제, 기쁠 이.
[풀이] 형제는 서로 和睦(화목)하고 정다운 피붙이라는 뜻.

兄弟鬩墻外禦其務 (형제혁장외어기모)★

[뜻음] 형 형, 아우 제, 다툴 혁, 담장 장, 바깥 외, 막을 어, 그 기, 업신여길 모.
[풀이] 형제가 울안에서는 서로 싸우나 바깥에서 모멸을 받았을 때는 서로 일치하여 이것을 막아 냄. 務(무)는 侮(모)임. 출전 詩經(시경) 常棣篇(상체편).

刑措不用 (형조불용)★

[뜻음] 형벌 형, 그만둘 조, 아닐 불, 쓸 용.
[풀이] 刑法(형법)을 폐하고 쓰지 않는다. 백성들이 죄를 저지르지 않아서, 형법을 적용하지 않으니 곧 나라가 잘 다스려지고 平安(평안)하다는 말.

荊釵布裙 (형차포군)★

[뜻음] 가시나무 형, 비녀 차, 베 포, 치마 군.
[풀이] 가시나무 비녀와 베치마. 부인의 儉素(검소)한 차림. 後漢(후한) 시대 梁鴻(양홍)의 妻(처)인 孟光(맹광)의 고사에서 나옴. 출전 烈女傳(열녀전).

螢窓雪案 (형창설안)★★★

[뜻음] 반딧불 형, 창 창, 눈 설, 책상 안.
[풀이] 車胤(차윤)은 반딧불에, 孫康(손강)은 눈빛에 글을 읽었다는 고사에서 유래함. 부지런히 면학함. 螢雪(형설). '螢雪之功(형설지공)'을 보시오.

荊楚學派 (형초학파)★★

[뜻음] 모형나무 형, 모형나무 초, 배울 학, 물갈래 파.
[풀이] 荊(형)은 莊子(장자), 楚(초)는 老子(노자)의 출생지. 老莊學派(노장학파)의 별칭.

形骸之內 (형해지내)★

[뜻음] 모양 형, 뼈 해, 갈 지, 안 내.
[풀이] 육체의 내부. 정신, 마음, 도덕 등.

形骸之外 (형해지외)★

[뜻음] 모양 형, 뼈 해, 갈 지, 바깥 외.
[풀이] 외형. 형해의 바깥인 살과 피부.

熒熒不滅炎炎奈何 (형형불멸염염내하)★

[뜻음] 등불 형, 아닐 불, 제거할 멸, 불탈 염, 이에 내, 어찌 하.
[풀이] 작은 불일 때 끄지 않으면 활활 타오른 다음에는 어찌할 도리가 없다. 재앙이 될 만한 일이나 나쁜 일은 始初(시초)에 제거해야 함을 비유함. 출전 說苑(설원).

槥車相望 (혜거상망)★

[뜻음] 작은 관 혜, 수레 거, 서로 상, 바라볼 망.
[풀이] 전쟁에 나갔다가 죽은 자는 작은 관에 시체를 넣어 수레에 실어서 고향에 보내므로 戰死者(전사자)가 많다는 말. 출전 漢書(한서).

醯鷄甕裏天 (혜계옹리천)★

[뜻음] 식초 혜, 닭 계, 독 옹, 속 리, 하늘 천.
[풀이] 초파리가 술독 안을 하늘로 여긴다. 견문이 매우 좁음.

嵇侍中血 (혜시중혈)★

[뜻음] 산 이름 혜, 시중들 시, 가운데 중, 피 혈.
[풀이] 晉(진)나라의 惠帝(혜제)가 蕩陰(탕음)의 싸움에 敗(패)하여 守護(수호)하던 軍隊(군대)가 흩어져 버렸을 때, 侍中(시중) 嵇紹(혜소)만이 홀로 惠帝(혜제)가 탄 輦(연)을 지키다가 적에게 被殺(피살)을 당하여 그의 피가 혜제의 옷에 묻었는바, 후에 左右(좌우)에서 그 피를 씻으려 하매 "혜시중의 피는 씻지 말라"고 하였다는 故事(고사).

蕙心紈質 (혜심환질)★

[뜻음] 혜초 혜, 마음 심, 흰 비단 환, 바탕 질.
[풀이] 미인의 마음과 몸이 아울러 아름다움을 형용하는 말.

惠而不知爲政 (혜이부지위정)★★★

[뜻음] 은혜 혜, 말 이을 이, 아닐 부, 알 지, 할 위, 정사 정.
[풀이] 은혜롭기는 하지만 정치는 할 줄 모른다는 말.

孟子(맹자)가 鄭(정)나라 宰相(재상) 子産(자산)을 평해서 한 말이다. 백성들에게 은혜롭기만 했지 정치할 줄을 몰랐다는 말이다.

≪孟子(맹자)≫ 離婁 下(이루 하)에 있는 말을 보면 다음과 같다.

자산이 정나라 재상으로 있을 때 수레를 타고 지나다가 발을 벗고 물을 건너가는 사람을 보고 수레에 태워 건네준 일이 있었다.

맹자는 이 기록을 보고 이렇게 評(평)했다.

"자산은 인정은 많았지만 정치는 할 줄 몰랐다. 늦가을인 십일월에는 사람이 건너다닐 수 있는 다리를 놓고, 첫 겨울인 십이월에는 수레가 지나다닐 수 있는 다리를 놓는다. 그러면 백성들은 물을 건너는 데 고통을 느끼지 않는다. 군자가 정치를 바르게 하면, 밖에 나갈 때 사람을 피하게 하는 것도 당연한 일이다. 그런데 어떻게 모든 사람을 일일이 건네줄 수 있겠는가. 그렇기 때문에 정치하는 사람이 사람마다 기쁘게 해 주려면 날이 또한 부족한 법이다."

자산은 명재상이다. 정나라에서 그가 죽었을 때는 임금과 온 백성이 다 슬퍼했다 한다. 그러나 맹자만큼은 평가가 다르다. 이 부분에 대한 평가에 한정할 일이다.

惠而不費 (혜이불비)★

[뜻음] 은혜 혜, 말 이을 이, 아닐 불, 쓸 비.
[풀이] 爲政者(위정자)는 백성에게 은혜를 베풀되 浪費(낭비)를 말아야 한다는 뜻. 출전 論語(논어) 堯曰篇(요왈편).

蹊田奪牛 (혜전탈우)★★★

[뜻음] 지날 혜, 밭 전, 빼앗을 탈, 소 우.
[풀이] 소를 몰고 남의 田畓(전답)을 질러갔다고 해서 그 벌로 소를 빼앗는다. 죄보다 벌이 지나치게 무거움을 이르는 말. 출전 春秋左氏傳(춘추좌씨전).

胡笳一曲斷人腸 (호가일곡단인장)★

[뜻음] 오랑캐 호, 갈잎피리 가, 한 일, 굽을 곡, 끊을 단, 사람 인, 창자 장.
[풀이] 날라리의 가락이 애원 처량하여 무한한 심사가 잠겨 있음을 이르는 말.

狐假虎威 (호가호위)★★★

[뜻음] 여우 호, 빌릴 가, 호랑이 호, 위세 위.
[풀이] 남의 權勢(권세)를 빌려 威勢(위세)를 부림.

여우가 호랑이의 위세를 빌려 행세하다. 남의 권세를 빌려 위세를 부림.

《戰國策(전국책)》 楚策(초책)에 나오는 이야기다. 魏(위)나라 출신인 江乙(강을)이라는 辯士(변사)가 楚宣王(초선왕) 밑에서 벼슬을 할 때이다. 초나라에서는 三閭(삼려)로 불리는 세 세도 집안이 실권을 쥐고 있었고 그중에서 昭奚恤(소해휼)이 정권과 군권을 장악하고 있었다.

하루는 초선왕이 여러 신하들이 있는 데서 이렇게 물었다.

"초나라 북쪽에 있는 모든 나라들이 소해휼을 퍽 두려워하고 있다는데 그 말이 사실인가?"

소해휼이 두려워 아무도 대답하지 않았다. 그러자 강을이 일어나 대답했다.

"호랑이는 모든 짐승을 찾아 잡아먹습니다. 한번은 여우를 잡았는데 여우가 호랑이를 보고 이렇게 말했습니다. '그대는 감히 나를 잡아먹지 못하리라. 옥황상제께서는 나를 백수의 어른으로 만들었다. 만일 그대가 나를 잡아먹으면 이것은 하늘을 거역하는 것이 된다. 만일 내 말이 믿어지지 않거든, 내가 그대를 위해 앞장서서 갈 터이니, 그대는 내 뒤를 따라오며 보라. 모든 짐승들이 나를 보고 감히 달아나지 않는 놈이 있는가를.' (중략)

지금 대왕께서는 오천 리나 되는 땅과 완전무장을 한 백만 명의 군대를 소해휼 한 사람에게 완전히 맡겨 두고 계십니다. 그러므로 모든 나라들이 소해휼을 두려워하는 것은, 사실은 임금님의 무장한 군대를 무서워하고 있는 것입니다. 마치 모든 짐승들이 호랑이를 무서워하듯 말입니다."

互角之勢 (호각지세)★★

[뜻음] 서로 호, 뿔 각, 갈 지, 지세 세.
[풀이] 쇠뿔의 양쪽이 서로 길이나 크기가 같다. 서로 비슷비슷한 위세.

虎踞龍盤 (호거용반)★

[뜻음] 범 호, 웅크릴 거, 용 용, 서릴 반.
[풀이] 범이 웅크리고 용이 서려 있다. 웅장한 山勢(산세)를 이름.

豪傑男子 (호걸남자)★★

[뜻음] 호걸 호, 호걸 걸, 사내 남, 아들 자.
[풀이] 호걸의 성품을 지닌 남자.

虎溪三笑 (호계삼소)★★★

[뜻음] 범 호, 시내 계, 석 삼, 웃을 소.
[풀이] 虎溪(호계)라는 시냇가에서 세 사람이 웃는다는 뜻이다. 이것은 儒佛道(유불도)의 진리가 그 근본에 있어 하나라는 것을 상징한 이야기였는데, 虎溪三笑(호계삼소)를 그린 그림을 '虎溪三笑圖(호계삼소도)'라고 하여 많은 화가들에 의해 그려지곤 했다.

이 이야기는 宋(송)나라 陳聖兪(진성유)가 지은 [廬山記(여산기)]에 있는 이야기다.

東晋(동진)의 高僧(고승) 慧遠(혜원)은 중국 淨土敎(정토교)의 開祖(개조)로 알려져 있는데 보통 여산의 혜원이라고 부른다.

그는 처음에는 儒學(유학)을 배웠고, 이어 道敎(도교)에 심취했었는데, 스무 살이 지난 뒤에 중이 되어 여산에 東林精舍(동림정사)를 지어 불경 번역에 종사하는 한편 元興(원흥) 원년에는 이 정사에 동지들을 모아 白蓮寺(백련사)를 차렸다.

혜원이 있던 이 동림정사 밑에는 호계라 불리는 시내가 흐르고 있었다. 혜원은 찾아온 손님을 보낼 때는 이 호계까지 와서 작별하도록 정해져 있어 절대로 내를 건너가는 일이 없었다.

그런데 어느 때인가 유학자 시인인 陶淵明(도연명)과 道士(도사)인 陸修靜(육수정)을 보내며 서로 이야기를 나누는 가운데 무심코 이 호계를 지나고 말았다. 문득 생각이 나 이 사실을 안 세 사람은 마주보며 껄껄 웃음을 터뜨렸다.

戶告人曉 (호고인효)★

[뜻음] 지게문 호, 고할 고, 사람 인, 깨달을 효.
[풀이] 집마다 찾아다니며 고하고, 사람마다 알아듣게 타이름. 출전 烈女傳(열녀전).

虎口 (호구)★★★

[뜻음] 범 호, 입 구.
[풀이] 범의 아가리. 매우 위험한 장소나 경우를 나타냄. 바둑에서 상대방의 바둑 석 점이 이미 싸고 있는 그 속.

戶口巨里 (호구거리)★

[뜻음] 집 호, 입 구, 클 거, 마을 리.
[풀이] 한국 민속에서 천연두를 몰고 오는 '호구'가 탈 부리지 못하게 하는 굿. 천연두가 순하게 지나가길 기원하는 祝願(축원).

狐裘羔袖 (호구고수)★

[뜻음] 여우 호, 갖옷 구, 새끼 양 고, 소매 수.
[풀이] 여우 갖옷은 아름다우나 양 새끼의 가죽으로 소매를 달면 보기 흉하다. 대체로는 좋으나 나쁜 곳이 조금 있을 때 쓰는 말. 갖옷은 가죽옷을 말함. 狐裘而羔袖(호구이고수). 출전 春秋左氏傳(춘추좌씨전).

戶口萬明 (호구만명)★

[뜻음] 지게문 호, 입 구, 일만 만, 밝을 명.
[풀이] 천연두에 걸려 죽은 귀신을 가리켜 하던 말.

戶口別星 (호구별성)★

[뜻음] 집 호, 입 구, 다를 별, 별 성.
[풀이] 집집이 찾아다니며 천연두를 앓게 한다는 여자 귀신. 강남으로부터 특별한 사명을 띠고, 거의 주기적으로 찾아와서 痘瘡(두창)을

치르게 한다는 客星(객성).

狐裘三十年 (호구삼십년)★

[뜻음] 여우 호, 갖옷 구, 석 삼, 열 십, 해 년.
[풀이] 春秋時代(춘추시대) 齊(제)나라 晏子(안자: 안영)가 한 벌의 갖옷을 30년이나 입었다는 것으로, 그 儉約(검약)함을 기리는 말. 출전 禮記(예기) 檀弓篇(단궁편).

糊口之計 (호구지계)★

[뜻음] 입에 풀칠할 호, 입 구, 갈 지, 꾀 계.
[풀이] 糊口之策(호구지책).

狐丘之戒 (호구지계)★

[뜻음] 여우 호, 언덕 구, 갈 지, 경계할 계.
[풀이] 남에게 원한을 사는 일이 없도록 특히 조심하라는 교훈. 戰國時代(전국시대) 호구라는 마을의 한 노인이 楚(초)나라의 대부 孫叔敖(손숙오)에게 "사람에게는 세 가지 원한, 곧 高官(고관)에 대한 세인의 질투, 賢臣(현신)에 대한 君主(군주)의 憎惡(증오), 祿(녹)이 많은 고관에 대한 원한이 있으니 조심하라"고 충고했다는 옛일에서 온 말.

虎口之厄 (호구지액)★★

[뜻음] 범 호, 입 구, 갈 지, 재난 액.
[풀이] 범의 입을 맞대함과 같은 대단한 위험.

糊口之策 (호구지책)★★★

[뜻음] 풀칠할 호, 입 구, 갈 지, 꾀 책.
[풀이] 입에 풀칠할 계책. 겨우 먹고살아 갈 수 있는 방법. 糊口之計(호구지계).

胡鬼別星 (호귀별성)★

[뜻음] 오랑캐 호, 귀신 귀, 다를 별, 별 성.
[풀이] 戶口別星(호구별성).

豪氣滿發 (호기만발)★★

[뜻음] 호걸 호, 기운 기, 찰 만, 필 발.
[풀이] 꺼드럭거리며 뽐내는 기운이 온몸에 차서 겉모습에 가득 나타나 있음.

豪氣萬丈 (호기만장)★★

[뜻음] 호걸 호, 기운 기, 일만 만, 한길 장.
[풀이] 호기로운 기세가 몹시 높음. 豪氣滿發(호기만발).

胡奴子息 (호노자식)★

[뜻음] 오랑캐 호, 종 노, 아들 자, 자식 식.
[풀이] 胡奴子息(호로자식).

豪奴悍僕 (호노한복)★

[뜻음] 호걸 호, 종 노, 사나울 한, 시중꾼 복.
[풀이] 上典(상전)의 처지에서 볼 때 고분고분한 데가 없고 몹시 사나운 종.

護短 (호단)★

[뜻음] 보호할 호, 짧을 단.

[풀이] 자기의 단점, 결점을 드러나지 않도록 지킨다. 비 오는 날 孔子(공자)가 제자 子夏(자하)에게 우산을 빌리지 않았던 것은, 吝嗇(인색)한 그에게 부탁하는 것도 싫었지만, 자기에게 우산이 없는 缺點(결점)을 드러내지 않기 위해서였다는 옛 일에서 온 말.

糊塗 (호도)★★

[뜻음] 풀 호, 칠할 도.
[풀이] 적당히 속임. 曖昧模糊(애매모호)하게 덮어 버림.

虎狼之國 (호랑지국)★

[뜻음] 범 호, 이리 랑, 갈 지, 나라 국.
[풀이] 호랑이와 늑대의 나라. 중국 전국시대 秦(진)나라는 법가를 바탕으로 통치하여 무자비하고 무력적인 나라로 모든 경쟁국을 정복하고 중국을 최초로 통일하는 데 성공하였는데 이 진나라를 '호랑지국'이라 부르게 됨.

虎狼之心 (호랑지심)★★

[뜻음] 범 호, 이리 랑, 갈 지, 마음 심.
[풀이] 호랑이와 이리 같은 마음. 사납고 인정이 없는 마음. 출전 說苑(설원).

濠梁之想 (호량지상)★

[뜻음] 해자 호, 들보 량, 갈 지, 생각할 상.
[풀이] 호와 양에서 생각함. 한정한 경지에서의 조용한 즐거움. 濠濮間想(호복한상).

號令號令 (호령호령)★★

[뜻음] 부르짖을 호, 영 령.
[풀이] 정신 차릴 틈을 주지 않고 연달아 큰 소리로 꾸짖음.

胡奴子息 (호로자식)★★

[뜻음] 오랑캐 호, 종 로, 아들 자, 자식 식.
[풀이] 제풀로 자란, 교양이 없는 사람을 욕하는 말. 버릇없는 놈. 호노자식. 호래자식.

壺裏乾坤 (호리건곤)★

[뜻음] 병 호, 속 리, 하늘 건, 땅 곤.
[풀이] 호리병 속의 천지. 늘 술에 취해 있음을 이르는 말.

毫釐不差 (호리불차)★

[뜻음] 눈금 호, 눈금 리, 아닐 불, 어긋날 차.
[풀이] 조금도 틀리지 아니함. 毫(호)나 釐(리)는 자나 저울의 눈금. 毫(호)는 1釐(리)의 10분의 1.

毫釐之計 (호리지계)★

[뜻음] 저울눈금 호, 눈금 리, 갈 지, 꾀 계.
[풀이] 사소한 계략. 출전 淮南子(회남자).

毫釐之失差以千里 (호리지실차이천리)★

[뜻음] 저울눈금 호, 단위 리, 갈 지, 잃을 실, 어긋날 차, 써 이, 일천 천, 마을 리.
[풀이] 호리의 실수가 천리의 차이를 낸다. 처음에 조금 틀리면 나중에 큰 차이가 난다는 말. 출전 晉書(진서).

胡馬依北風 (호마의북풍)★

[뜻음] 오랑캐 호, 말 마, 의지할 의, 북녘 북, 바람 풍.
[풀이] 북쪽의 말은 남쪽에 와서 북풍을 만나면 머리를 들어 북쪽을 바라본다는 뜻. 곧 고향을 그리워함의 비유.

毫末之利 (호말지리)★

[뜻음] 가는 털 호, 끝 말, 갈 지, 이로울 리.
[풀이] 터럭 끝만 한 이익. 썩 적은 이익.

狐埋之而狐搰之 (호매지이호골지)★

[뜻음] 여우 호, 묻을 매, 갈 지, 말 이을 이, 파낼 골.
[풀이] 여우는 의심이 많아서 일단 묻었다가 다시 파 본다. 지나치게 의심하기 때문에 성공하지 못함을 이르는 말. 출전 國語(국어).

好名之人能讓千乘之國 (호명지인능양천승지국)★★★

[뜻음] 좋아할 호, 이름 명, 갈 지, 사람 인, 능할 능, 사양할 양, 일천 천, 탈 승, 나라 국.
[풀이] 名譽(명예)를 좋아하는 사람은 천승의 나라도 양보할 수 있다.

　"부귀 이상으로 좋은 이름을 원하는 사람이 있다. 그런 사람을 가리켜 好名之人(호명지인)이라고 한다. 그 호명지인은 능히 천승의 나라도 사양할 수 있다."
　이 말은 ≪孟子(맹자)≫ 盡心下(진심하)에 있는 맹자의 말이다.
　"이름을 좋아하는 사람은 능히 천승 나라도 사양할 수 있다. 그러나 진실로 그럴 사람이 아니면 한 그릇 밥과 한 대접 국에 본색이 드러나고 만다."
　伯夷(백이) 叔齊(숙제)와 같은 사람이 이름을 얻고 싶어 하고 俗人(속인)의 마음을 버리지 못한 사람이 道人(도인)의 이름을 얻고 싶어 한다. 그들은 세상이 다 알아 줄 수 있는 일이라면 모처럼 얻을 수 있는 부귀도 헌신짝 버리듯 버릴 수 있는 것이다.
　그러나 사람들은 세상 사람들이 모르는 일에서는 사소한 이해관계로 얼굴을 붉히며 다툰다. 공공연한 자리에서는 점잖은 척해도 사석이나 은밀한 자리에서는 남에게 손가락질당할 만한 일을 서슴지 않고 하는 것이 인간인 것이다.
　맹자는 인간 내면에 자리 잡고 있는 위선과 욕망을 꼬집는다. 지금 세상이 떠들썩하게 이름난 사람들을 살펴보면 이 사람들이 반드시 훌륭한 사람은 아니다. 그중에는 僞善者(위선자)가 많다. 그 사람의 참다운 인격을 알고 싶다면 맹자의 주장대로 그가 무심코 하는 하찮은 일을 살펴볼 필요가 있다.

毫毛不掇將成斧柯 (호모불철장성부가)★

[뜻음] 가는 털 호, 털 모, 아닐 불, 깎을 철, 장차 장, 이룰 성, 도끼 부, 자루 가.
[풀이] 어린싹을 뽑아 버리지 않으면 마침내 큰 나무가 된다. 禍根(화근)은 작을 때 없애 버리지 않으면 장차 어찌할 수 없을 정도로 큰 화를 낳게 됨. 또는 나쁜 버릇은 어릴 때 바로잡아야 함을 비유함. '豪毛(호모)'는 초목의 싹틈, '斧柯(부가)'는 도끼자루, 큰 나무를 비유함. 출전 逸周書(일주서).

好問則裕 (호문즉유)★★★

[뜻음] 좋아할 호, 물을 문, 곧 즉, 넉넉할 유.
[풀이] 모르는 것을 묻기를 좋아하면 얻는 것이 많아 學識(학식)이 넉넉함.

虎尾春氷 (호미춘빙)★

[뜻음] 범 호, 꼬리 미, 봄 춘, 얼음 빙.
[풀이] 범의 꼬리와 봄철의 얼음. 몹시 위험함을 이르는 말. 출전 書經(서경) 君牙篇(군아편).

豪放磊落 (호방뇌락)★★★

[뜻음] 호걸 호, 놓을 방, 돌무더기 뇌, 떨어질 락.
[풀이] 氣槪(기개)가 장하고 마음이 활달하여 작은 일에 거리끼거나 구애하지 않음. 호방하고 뇌락함. 뇌락에는 돌무더기가 와르르 떨어진다는 의미도 있음.

虎變鼠 (호변서)★

[뜻음] 범 호, 변할 변, 쥐 서.
[풀이] 호랑이가 쥐로 변한다. 임금도 權勢(권세)를 잃으면 신하에게 업신여김을 받는 존재가 됨을 이르는 말.

濠濮間想 (호복간상)★★

[뜻음] 해자 호, 물 이름 복, 사이 간, 생각할 상.
[풀이] 濠濮閒想(호복한상). 濠梁之想(호량지상).

濠濮閒想 (호복한상)★★★

[뜻음] 물 이름 호, 물 이름 복, 한가할 한, 생각 상.
[풀이] 俗世(속세)를 떠나서 자연을 즐기는 마음. 莊子(장자)가 濠梁(호량) 위에서 물고기 노는 것을 보고 즐거워하고 또 濮水(복수)에서 낚시질을 하면서 楚王(초왕)이 부르는데도 응하지 않았다는 고사에서 나온 말임. 濠梁之想(호량지상). 濠濮間想(호복간상). 출전 世說新語(세설신어).

呼父呼兄 (호부호형)★★

[뜻음] 부를 호, 아비 부, 형 형.
[풀이] 아버지를 아버지라 부르고 형을 형이라 부름.

毫分縷析 (호분누석)★

[뜻음] 저울눈금 호, 나눌 분, 실 누, 쪼갤 석.
[풀이] 터럭을 나누고 실을 쪼갠다. 썩 잘게 분석함.

胡思亂量 (호사난량)★

[뜻음] 오랑캐 호, 생각 사, 어지러울 난, 헤아릴 량.
[풀이] 터무니없는 생각.

胡思亂想 (호사난상)★

[뜻음] 어찌 호, 생각할 사, 어지러울 난, 생각할 상.
[풀이] ① 까닭을 알 수 없는 생각. ② 이것저것 쓸데없는 생각을 함.

출전 朱子全書(주자전서).

好事多魔 (호사다마)★★★

[뜻음] 좋아할 호, 일 사, 많을 다, 마귀 마.
[풀이] 좋은 일에는 마가 낀다. 좋은 일에는 흔히 방해되는 일이 많음. 출전 琵琶記(비파기).

好事不如無 (호사불여무)★

[뜻음] 좋을 호, 일 사, 아닐 불, 같을 여, 없을 무.
[풀이] 좋은 일이 있으면 흔히 나쁜 일이 뒤따르므로, 차라리 처음부터 좋은 일이 없는 것이 낫다는 말.

好事不出門惡事行千里 (호사불출문악사행천리)★

[뜻음] 좋을 호, 일 사, 아닐 불, 날 출, 문 문, 악할 악, 갈 행, 일천 천, 마을 리.
[풀이] 좋은 일은 문밖으로 나가지 않고 나쁜 일은 천 리를 간다. 좋은 일은 알려지기 어렵고 나쁜 일은 빨리 流布(유포)됨.

狐死首丘 (호사수구)★★

[뜻음] 여우 호, 죽을 사, 머리 수, 언덕 구.
[풀이] 여우는 죽을 때에도 제가 살던 언덕으로 머리를 돌린다. 根本(근본)을 잊지 않음, 고향을 그리워함을 비유. 首丘初心(수구초심). 狐死必首丘(호사필수구). 출전 禮記(예기) 檀弓篇(단궁편).

虎死留皮人死留名 (호사유피인사유명)★

[뜻음] 범 호, 죽을 사, 머무를 유, 가죽 피, 사람 인, 이름 명.
[풀이] 범은 죽어 가죽을 남기고 사람은 죽어서 名聲(명성)을 남긴다. 인생의 목적은 좋은 일을 하여 이름을 후세에 남기는 데 있다. '豹死留皮人死留名(표사유피인사유명)'을 보시오.

狐死兎悲 (호사토비)★

[뜻음] 여우 호, 죽을 사, 토끼 토, 슬플 비.
[풀이] 狐死兎泣(호사토읍).

狐死兎泣 (호사토읍)★

[뜻음] 여우 호, 죽을 사, 토끼 토, 울 읍.
[풀이] 여우의 죽음에 토끼가 운다. ① 凶兆(흉조)의 비유. ② 同類(동류)의 불행을 슬퍼함을 이르는 말. 狐死兎悲(호사토비).

好色放蕩 (호색방탕)★★★

[뜻음] 좋아할 호, 빛 색, 놓을 방, 쓸어버릴 탕.
[풀이] 여색을 좋아하며 행실이 좋지 못함.

好色不淫 (호색불음)★

[뜻음] 좋아할 호, 빛 색, 아닐 불, 음탕할 음.
[풀이] 女色(여색)을 좋아하나 亂雜(난잡)하지 않음. 《詩經(시경)》의 國風(국풍)을 평한 말.

好色之徒 (호색지도)★

[뜻음] 좋아할 호, 빛 색, 갈 지, 무리 도.
[풀이] 女色(여색)을 특히 좋아하는 무리.

好生惡死 (호생오사)★

[뜻음] 좋아할 호, 살 생, 미워할 오, 죽을 사.
[풀이] 모든 생물은 살기를 좋아하고 죽기를 꺼림.

好生之德 (호생지덕)★★★

[뜻음] 좋아할 호, 날 생, 갈 지, 큰 덕.
[풀이] 殺傷(살상)을 싫어하고 仁愛(인애)하는 덕. 죽을 목숨을 살려 주는 덕. 사형수를 特赦(특사)하여 살려 주는 제왕의 덕. 출전 書經(서경) 大禹謨篇(대우모편).

胡孫入袋 (호손입대)★

[뜻음] 오랑캐 호, 자손 손, 들 입, 자루 대.
[풀이] 胡孫入布袋(호손입포대). 猢猻入袋(호손입대). 猢猻入布袋(호손입포대).

胡孫入布袋 (호손입포대)★

[뜻음] 오랑캐 호, 자손 손, 들 입, 베 포, 자루 대.
[풀이] 원숭이가 포대 속에 들어갔다는 뜻으로, 野性的(야성적)인 사람이 束縛(속박)을 받는 비유로 쓰임. 원숭이의 이칭은 호손임. 그 생김새가 胡人(호인)을 닮았다는 데서 이른 말. 猢猻入布袋(호손입포대).

好勝之心 (호승지심)★★

[뜻음] 좋아할 호, 이길 승, 갈 지, 마음 심.
[풀이] 남한테 이기기를 좋아하는 마음.

好勝之癖 (호승지벽)★★

[뜻음] 좋아할 호, 이길 승, 갈 지, 버릇 벽.
[풀이] 남과 겨루어서 꼭 이기기를 남달리 즐기는 性癖(성벽).

虎視耽耽 (호시탐탐)★★★

[뜻음] 범 호, 볼 시, 노려볼 탐.
[풀이] 범이 눈을 부릅뜨고 먹이를 노려보고 있음. 공격이나 침략의 기회를 노리고 있는 모양. 야망을 이룰 기회를 노리고 가만히 정세를 관망함.

耽耽(탐탐)이라는 말은 노려본다는 말이다. 사람이 욕망을 채우기 위해 기회를 노리며 정세를 관망하고 있는 것을 비유해서 쓰는 말이다.

이 말은 《周易(주역)》 頤卦(이괘) 四爻(사효)의 爻辭(효사)에 나오는 말이다.

'頤(이)'는 아래턱이라는 말인데 기른다는 뜻도 된다. 이 괘는 위가 艮(간)이고 아래는 震(진)이다. 간은 산이라는 말이고 진은 우뢰를 말한다. 괘의 전체 모양은 위아래는 막혀 있고 복판이 열려 있어 사람의 입속을 상징하고 있다. 산은 움직이지 않고 우뢰는 움직이는 성질을 가지고 있다. 위는 가만히 있고 아래만 움직이는 것이 사람이 음식을 먹을 때의 입 모양이다. 그러므로 頤卦(이괘)는 음식을 먹고 생명을 보존하는 뜻이 된다.

그러나 음식을 먹고 몸을 기르는 데도 여러 가지 방법이 있고 처지가 다르다. 그래서 각 효마다 뜻이 다른 말로

써 이를 나타내고 있는 것이다. 四爻(사효)에는,

"거꾸로 길러져도 좋다. 범처럼 노려보고 그 욕심이 한이 없더라도 상관없다"고 했다.

부모는 자식이 다 크면 범의 위엄을 갖추고 자식들의 봉양을 계속 받아도 좋은 것이다. 나라가 태평하면 임금이 나라의 권위를 유지하여 사치를 하는 것도 나쁠 것이 없다는 뜻이다.

虎牙鷹爪 (호아응조)★

[뜻음] 범 호, 어금니 아, 매 응, 발톱 조.
[풀이] 범의 어금니와 매의 발톱과 같이 일신상의 가장 依賴(의뢰)가 되는 利器(이기).

豪言壯談 (호언장담)★★★

[뜻음] 호걸 호, 말씀 언, 씩씩할 장, 말씀 담.
[풀이] 제 분수에 당치 않는 말을 희떱게 지껄임. 또는 그러한 말. 큰소리.

浩然之氣 (호연지기)★★★

[뜻음] 클 호, 그럴 연, 갈 지, 기운 기.
[풀이] ① 온 세상에 가득 찬 넓고 큰 元氣(원기). ② 사람의 마음에 가득 차 있는 너르고 크고 올바른 기운. 중국 哲學者(철학자) 馮友蘭(풍우란)이 해석한 바는 至大(지대), 至剛(지강)한 氣(기). 浩然(호연)은 물이 세차게 흐르는 모양.

≪孟子(맹자)≫ 公孫丑 上(공손추 상)에 보면 맹자의 제자 공손추가 不動心(부동심)에 대한 긴 이야기 끝에,

"선생님은 어떤 점에 특히 뛰어나십니까" 하고 묻자 맹자는,

"나는 나의 호연지기를 잘 기르고 있다"고 대답했다. 그러자 공손추는 다시, "감히 무엇을 가리켜 호연지기라고 하는지 듣고 싶습니다" 하고 물었다. 맹자는 말로 표현하기 어렵다고 전제하고 다음과 같이 설명하고 있다.

"그 기운 됨이 지극히 크고 지극히 강해서 그것을 올바르게 길러 상하게 하는 일이 없으면 하늘과 땅 사이에 꽉 차게 된다.

그 기운 됨이 의와 도를 함께 짝하게 되어 있다. 의와 도가 없으면 그 기운은 그대로 시들어 없어지게 된다.

이것은 의를 쌓고 쌓아 생겨나는 것으로 하루아침에 의를 한다고 해서 얻어지는 것이 아니다. 일생생활에 조금이라도 양심에 개운치 못한 것이 있으면 그 기운은 곧 시들고 만다."

중국 哲學者(철학자) 馮友蘭(풍우란)이 호연지기를 해석한 바는 至大(지대) 至剛(지강)한 氣(기)이고, 일석 이희승 씨는 도의에 뿌리를 박고, 공명정대하여 조금도 부끄러울 바가 없는 도덕적 용기, 하늘과 땅 사이에 넘치게 가득 찬 넓고도 큰 원기, 사물에서 해방되어 자유스럽고 유쾌한 마음 등으로 해석했다.

胡越一家 (호월일가)★

[뜻음] 오랑캐 호, 월나라 월, 한 일, 집 가.
[풀이] 중국 북방의 이민족(胡)과 남방의 이민족(越)이 한집안이 되었다는 뜻. 중원의 漢族(한족)을 중심으로 천하가 통일됨. 멀리 떨어져 있거나 타향 사람끼리 한곳에 모임. 四海(사해)가 다 통일됨.

胡越之意 (호월지의)★

[뜻음] 오랑캐 호, 월나라 월, 갈 지, 뜻 의.
[풀이] 서로 멀리 떨어져 있음의 비유. 매우 疏遠(소원)함의 비유. 서로 마음이 전혀 맞지 않음의 비유. 胡越之隔(호월지격).

狐濡其尾 (호유기미)★

[뜻음] 여우 호, 적실 유, 그 기, 꼬리 미.
[풀이] 狐濡尾(호유미). 출전 易經(역경) 未濟(미제).

狐濡尾 (호유미)★★

[뜻음] 여우 호, 적실 유, 꼬리 미.
[풀이] 여우는 머리가 가볍고 꼬리가 무겁기 때문에 꼬리를 등에 얹고 냇물을 건너는 습성이 있다고 하는데 도중에 힘이 빠져 꼬리가 물에 젖어 건너지 못했다는 옛이야기에서 온 말. 일을 시작하기는 쉬우나 끝마무리를 잘하기가 어려움을 비유함. 소인의 재주로 큰일을 감당하기 어려움을 비유함. 狐濡其尾(호유기미). 출전 易經(역경) 未濟(미제).

胡爲乎泥中 (호위호니중)★

[뜻음] 어찌 호, 할 위, 어조사 호, 진흙 니, 가운데 중.
[풀이] 어쩌다가 진흙에 빠졌는가? 정현이 학문을 좋아하여 그 집에 사는 종들도 시경의 구절을 줄줄 외워 썼다는 고사에서 나온 말로, 종이 표현한 구절. 출전 詩經(시경) 式微章(식미장).

狐疑不決 (호의불결)★

[뜻음] 여우 호, 의심할 의, 아닐 불, 결정할 결.
[풀이] 여우가 의심이 많아 결단을 내리지 못함. 의심하여 결행하지 못하는 것을 뜻하는 말.

狐疑逡巡 (호의준순)★

[뜻음] 여우 호, 의심할 의, 뒷걸음질 칠 준, 돌 순.
[풀이] 여우처럼 의심하고 주저한다. 어떤 일을 선뜻 결정하지 못하고 망설인다는 말.

縞衣玄裳 (호의현상)★

[뜻음] 흰 비단 호, 옷 의, 검을 현, 치마 상.
[풀이] 흰 옷과 검은 치마. 두루미의 깨끗하고 아름다운 모습.

好衣好食 (호의호식)★★

[뜻음] 좋을 호, 옷 의, 밥 식.
[풀이] 잘 입고 잘 먹음.

好而知其惡 (호이지기악)★★★

[뜻음] 좋아할 호, 말 이을 이, 알 지, 그 기, 악할 악.
[풀이] 좋아하면서도 그 사람의 옳지 못한 점을 안다는 말.

≪大學(대학)≫ 八章(팔장) 修身齊家(수신제가)에 대한 설명 속에 나오는 말이다. 그 全文(전문)을 소개하면 다음과 같다.

"이른바 그 집을 가지런히 하는 것이 그 몸을 닦는 데 있다는 것은, 그 천하고 사랑하는 바에 치우치게 되고, 그 업신여기고 미워하는 바에 치우치게 되고, 그 두려워하고 공경하는 바에 치우치게 되고 그 슬퍼하고 불쌍히 여기는 바에 치우치게 되고 그 거만하고 게으른 바에 치우치게 된다. 그러므로 좋아하면서도 그 나쁜 것을 알고, 미워하면서도 그 아름다운 것을 아는 사람이 천하에 적다.

그러므로 俗談(속담)에 말하기를 '사람은 자기 자식의 나쁜 것을 알지 못하고, 자기 곡식이 큰 것을 알지 못한다'고 했다. 이것이 이른바 몸이 닦이지 못하면 그 집을 가지런히 하지 못한다는 것이다."

가정에서의 감정에 의한 불공평한 일이 모두 자기 자신의 수양 부족에서 비롯되고 그것은 곧 가정 不和(불화)를 불러일으키고 자식들에게 惡影響(악영향)을 미치게 되는 것을 말한다.

胡蝶夢 (호접몽)★★★

[뜻음] 오랑캐 호, 나비 접, 꿈 몽.
[풀이] 중국의 장자가 꿈에 나비가 되어 즐겁게 놀았다는 고사. 나와 사물은 결국 하나라는 뜻. 胡蝶春夢(호접춘몽).

≪莊子(장자)≫ 齊物論(제물론)에서 장자는 말하고 있다.
"언젠가 내가 꿈에 나비가 되었다. 훨훨 나는 나비였다. 내 스스로 아주 기분이 좋아 내가 사람이었다는 것을 모르고 있었다. 이윽고 잠을 깨니 틀림없는 인간 나였다. 도대체 인간인 내가 꿈에 나비가 된 것일까. 아니면 나비가 꿈에 이 인간인 나로 변해 있는 것일까. 인간 莊周(장주)와 나비와는 분명코 구별이 있다. 이것이 이른바 만물의 변화인 物化(물화)라는 것이다." 장자는 또
"하늘과 땅은 나와 같이 생기고, 만물은 나와 함께 하나가 되어 있다"고 말했다. 그러한 만물이 하나로 된 絶對(절대)의 경지에 서 있게 되면, 인간인 장주가 곧 나비일 수 있고 나비가 곧 장주일 수도 있다. 꿈도 현실도 죽음도 삶도 구별이 없다. 우리가 눈으로 보고 생각으로 느끼고 하는 것은 한낱 만물의 變化(변화)에 불과한 것이다. '胡蝶春夢(호접춘몽), 莊周之夢(장주지몽)'이라고도 한다.

壺中天地 (호중천지)★★

[뜻음] 병 호, 가운데 중, 하늘 천, 땅 지.
[풀이] 神仙(신선) 壺公(호공)의 고사에서 생겨난 말로, 別天地(별천지), 別世界(별세계), 仙境(선경) 등을 뜻함. 後漢(후한) 시대, 관리인 費長房(비장방)이 壺公(호공)이라는 약장수 노인을 따라 그의 거처인 항아리 속에 들어가 보았더니 그곳에는 고래 등 같은 기와집에 珍羞盛饌(진수성찬)이 차려져 있었다. 그래서 그 음식을 맛있게 먹고 나

왔다는 옛일에서 온 말. 壺天(호천). 壺中天(호중천). 壺中之天(호중지천). 一壺之天(일호지천). 출전 漢書(한서).

昊天罔極 (호천망극)★★

[뜻음] 하늘 호, 하늘 천, 없을 망, 다할 극.
[풀이] 하늘이 넓고 크며 끝이 없음. 부모의 은혜가 넓고 커서 다함이 없음. 유교식 제사에서 祝文(축문)에 쓰이는 말.

昊天上帝 (호천상제)★

[뜻음] 하늘 호, 하늘 천, 위 상, 임금 제.
[풀이] 宇宙(우주)의 主宰者(주재자). 上帝(상제). 天帝(천제).

呼天痛哭 (호천통곡)★★

[뜻음] 부를 호, 하늘 천, 아플 통, 울 곡.
[풀이] 하늘을 우러러보며 큰 소리로 슬피 욺.

戶樞不蠹 (호추부두)★

[뜻음] 출입문 호, 지도리 추, 아닐 부, 좀 두.
[풀이] 여닫는 문지도리는 좀이 아니 먹는다. 사람도 늘 활동하면 건강하다는 비유.

皓齒丹脣 (호치단순)★

[뜻음] 흴 호, 이 치, 붉을 단, 입술 순.
[풀이] 흰 이와 붉은 입술. 美人(미인)을 형용한 말.

豪宕不羈 (호탕불기)★★

[뜻음] 호걸 호, 대범할 탕, 아닐 불, 굴레 기.
[풀이] 사람됨이 氣槪(기개)가 세차고 豪傑(호걸)스러워서 些少(사소)한 일에 얽매이지 않음. 豪宕(호탕).

呼風喚雨 (호풍환우)★

[뜻음] 부를 호, 바람 풍, 부를 환, 비 우.
[풀이] 새가 비바람 속에서 서로 호응함. 術法(술법)으로 바람을 불게 하고 비를 오게 함.

好學近乎知 (호학근호지)★★

[뜻음] 좋아할 호, 배울 학, 가까울 근, 어조사 호, 알 지.
[풀이] 학문은 知(지)를 닦는 길이므로 학문을 즐기는 것 자체가 知者(지자)에 가깝다는 말. 출전 中庸(중용) 第二十章(제이십장).

好學不倦 (호학불권)★★

[뜻음] 좋아할 호, 배울 학, 아닐 불, 게으를 권.
[풀이] 배우기를 즐겨 게을리하지 않음. 학문에 熱中(열중)함.

湖海之士 (호해지사)★

[뜻음] 호수 호, 바다 해, 갈 지, 선비 사.
[풀이] 豪傑(호걸)의 氣風(기풍)이 있는 在野(재야)의 人士(인사). 민간에 있는 훌륭한 선비.

好行小慧 (호행소혜)★★

[뜻음] 좋아할 호, 행할 행, 작을 소, 지혜 혜.
[풀이] 얄팍하고 옳지 못한 꾀를 쓰기를 좋아한다.

≪論語(논어)≫ 衛靈公篇(위령공편)에 있는 孔子(공자)의 말씀 가운데 나오는 말이다.

"뭇사람이 함께 어울려 있으면서, 하루 종일 옳은 일에 대해서는 한마디 언급도 없이 사리사욕을 위한 얄팍한 꾀를 쓰기만을 좋아한다면, 이보다 더 위험한 일이 없다."

呼兄呼弟 (호형호제)★★★

[뜻음] 부를 호, 맏 형, 아우 제.
[풀이] 서로 형이니 아우니 하고 부른다. 매우 가까운 친구 사이.

浩浩茫茫 (호호망망)★

[뜻음] 넓을 호, 망망할 망.
[풀이] 바다, 호수 따위가 한없이 넓고 멀어 아득함.

戶戶訪問 (호호방문)★

[뜻음] 지게 호, 찾을 방, 물을 문.
[풀이] 집집마다 찾아다님.

晧晧白髮 (호호백발)★

[뜻음] 흴 호, 흰 백, 터럭 발.
[풀이] 온통 하얗게 센 머리. 노인.

好好先生 (호호선생)★★

[뜻음] 좋아할 호, 먼저 선, 날 생.
[풀이] 마음씨가 너그럽고 좋은 선생. 남의 말에 무조건 옳다고 하는 사람.

浩浩蕩蕩 (호호탕탕)★★

[뜻음] 넓을 호, 넓고 클 탕.
[풀이] 물이 한없이 넓게 흐르는 모양. 아주 넓어서 끝이 없음. 즐거움이나 흥이 넘쳐흐름. 자연의 생기 넘치는 모습, 세차게 내달리는 듯한 기세가 있음.

好畵未見龍 (호화미견룡)★

[뜻음] 좋아할 호, 그릴 화, 아닐 미, 볼 견, 용 룡.
[풀이] 보지도 않은 용을 그리려 한다. 이룰 수 없는 일을 强行(강행)하려 함의 비유. 그러나 용처럼 눈으로 보지 못하는 것을 그리는 것이 가장 쉽다고 한 중국의 화가도 있음.

豪華子弟 (호화자제)★

[뜻음] 호걸 호, 빛날 화, 아들 자, 아우 제.
[풀이] 호화로운 집안에서 자라는 자제.

豪華燦爛 (호화찬란)★★

[뜻음] 호걸 호, 빛날 화, 빛날 찬, 빛날 란.
[풀이] 눈부시도록 빛나고 호화로움.

虎患媽媽 (호환마마)★

[뜻음] 범 호, 근심 환, 암말 마.
[풀이] 한국 민속에서, 천연두를 민간에서 부르던 말.

或繫之牛 (혹계지우)★

[뜻음] 혹시 혹, 매달 계, 갈 지, 소 우.
[풀이] 무망 卦二(괘이) 爻辭(효사) 풀이 중에 三爻(삼음)에 대한 해설에서 누가 매어 둔 소를 길 가던 사람이 훔쳐 가 버렸는데 아무 죄도 없는 그 동네 사람들에게 혐의가 쓰인다는 풀이. 출전 周易(주역).

惑世誣民 (혹세무민)★★

[뜻음] 미혹할 혹, 세상 세, 속일 무, 백성 민.
[풀이] 세상을 어지럽히고 백성을 미혹하게 하여 속임.

或是或非 (혹시혹비)★

[뜻음] 혹 혹, 옳을 시, 아닐 비.
[풀이] 어떤 것은 옳고 어떤 것은 그름. 혹은 옳은 것도 같고 혹은 그른 것도 같아 옳고 그름이 잘 분간되지 못함.

渾沌死七竅 (혼돈사칠규)★★

[뜻음] 흐릴 혼, 어두울 돈, 죽을 사, 일곱 칠, 구멍 규.
[풀이] 혼돈이 칠규로 인해 죽다. 인간이 똑똑한 체 행동하지만 그것은 무한히 풍부한 자연의 작용에 대한 殺戮行爲(살육행위)와 같음. 출전 莊子(장자).

渾沌世界 (혼돈세계)★★

[뜻음] 흐릴 혼, 어두울 돈, 세상 세, 경계 계.
[풀이] 천지가 개벽할 때에 사물의 구별이 판연하지 않은 판. 의식이 몽롱한 판의 비유. 鴻濛世界(홍몽세계).

『莊子(장자)』 응제왕편에 나온 이야기이다.
남해의 왕은 儵(숙)이라 하고 북해의 왕은 忽(홀)이라 하며 중앙의 왕은 혼돈이라 한다. 숙과 홀이 때때로 혼돈의 땅에서 서로 만났는데, 혼돈이 그들을 아주 잘 대접하였다. 숙과 홀은 혼돈의 은혜에 보답하고자 말하길, "사람은 누구나 일곱 구멍이 있어 보고 듣고 먹고 숨을 쉬는데, 오직 혼돈에게만 없으니 우리가 시험 삼아 그에게 구멍을 뚫어 주자"고 하였다. 매일 한 구멍씩 뚫었는데 7일이 지나자 혼돈은 죽고 말았다.
이처럼 혼돈은 구멍도 얼굴도 없는 마치 주머니와 같은 모습으로 묘사되고 있다.
『山海經(산해경)』 서차삼경에 혼돈에 관한 기록이 또 나온다.
어떤 신이 있었는데, 그 형상이 누런 자루 같은데 붉기가 빨간 불꽃 같고 여섯 개의 다리와 네 개의 날개를 갖고 있으며 얼굴이 전혀 없다. 가무를 이해할 줄 아는 이 신이 바로 帝江(제강)이다.
눈, 코, 귀가 없는 얼굴에 두루뭉술한 자루의 모습을 하고 있는 신 제강은 바로 홍몽한 원기인 혼돈의 모습을 이미지화한 것으로 볼 수 있다.
『楚辭(초사)』 천문은 다음과 같은 물음으로 시작된다.
태고의 처음 일을 누가 전해 주었을까? 천지가 이루어지기 전에 어디에서 천지가 나왔을까? 천지와 일월의 이치는 어두워서 모르는데 누가 그 이치를 따져 알 수 있었을까? 천지가 형성되지 않았을 때를 상상할 뿐인데 어떻게 알게 되었을까? 음양의 명암, 이것이 어떻게 만들어졌을까?

아마도 천지 창조 이전에는 음양이 갈리지 않고 어둠의 혼돈만이 있었을 것임을 의미하고 있다.

혼돈신화는 중국 소수민족의 구전고사에도 많이 남아 있으니 고대 중국에 널리 퍼져 있음을 확인할 수 있다. 渾天(혼천)이란 달걀껍질이 노른자를 둘러싸듯, 하늘은 그 모습이 둥글고 끝없이 日周運動(일주운동)을 한다는 말이고 여기에서 혼천의라는 말이 생겼다. 혼돈은 카오스라고 한다.

魂飛魄散 (혼비백산)★★

[뜻음] 넋 혼, 날 비, 넋 백, 흩어질 산.
[풀이] 혼백이 이리저리 흩어진다. 몹시 놀라거나 두려워서 넋을 잃음. 魂不附身(혼불부신).

渾然一體 (혼연일체)★★

[뜻음] 한데 섞일 혼, 그럴 연, 한 일, 몸 체.
[풀이] 사람들의 행동이나 사상이 조그만 龜裂(균열)도 없이 한 몸이 됨.

渾然一致 (혼연일치)★★

[뜻음] 한데 섞일 혼, 그럴 연, 한 일, 이를 치.
[풀이] 그만 차별이나 구별 없이 한 가지로 合致(합치)함.

昏定晨省 (혼정신성)★★★

[뜻음] 저물 혼, 정할 정, 새벽 신, 살필 성.
[풀이] 저녁에는 부모님의 잠자리를 살펴 드리고, 새벽에는 문안을 드림. 아침과 저녁으로 부모의 안부를 물어 살핌. 출전 禮記(예기) 曲禮篇(곡례편).

渾天時計 (혼천시계)★

[뜻음] 흐릴 혼, 하늘 천, 때 시, 계산할 계.
[풀이] 조선 효종 때에 송이영이 제작한 기계식 자동 시계. 서양에서 도입된 자명종의 원리를 이용하여 혼천의를 제작함.

渾渾噩噩 (혼혼악악)★

[뜻음] 흐릴 혼, 놀랄 악.
[풀이] 唐(당: 요임금), 虞(우: 순임금), 三代(삼대)의 글을 評(평)하는 말. 渾渾(혼혼)은 알기 어려운 모양. 噩噩(악악)은 明直(명직)한 모양. 출전 揚子(양자) 法言問神篇(법언문신편).

圖圇吞棗 (홀륜탄조)★

[뜻음] 덩어리 홀, 덩어리 륜, 삼킬 탄, 대추나무 조.
[풀이] 대추를 통째로 삼키면 맛을 모른다. ① 일을 소홀히 함. ② 임시방편으로 우물쭈물하여 넘김을 이르는 말. ③ 무엇이나 그 속을 헤쳐 보지 않고서는 속을 모른다는 뜻.

忽弱忽弱 (홀약홀약)★★

[뜻음] 문득 홀, 약할 약.
[풀이] 쉽게. 쉽사리. 성격이 만만하고 능력이 없는 모양. 호락호락.

忽顯忽沒 (홀현홀몰)★

[뜻음] 문득 홀, 나타날 현, 사라질 몰.
[풀이] 문득 나타났다가 문득 없어짐.

鴻鵠之志 (홍곡지지)★★

[뜻음] 큰기러기 홍, 고니 곡, 갈 지, 뜻 지.
[풀이] 큰기러기와 고니의 뜻. 크고 원대한 뜻. '鷰雀安知鴻鵠之志(연작안지홍곡지지)'를 참조하시오. 출전 史記(사기).

鴻溝爲界 (홍구위계)★

[뜻음] 큰기러기 홍, 도랑 구, 할 위, 경계 계.
[풀이] 鴻溝(홍구)를 경계로 나누다. 초한전 때 유방과 항우가 홍구를 경계로 나누었다가 유방이 항우를 쳐 죽인 고사. '乾坤一擲(건곤일척)'을 보시오.

紅東白西 (홍동백서)★★

[뜻음] 붉을 홍, 동녘 동, 흰 백, 서녘 서.
[풀이] 祭物(제물)을 차리는 위치. 붉은 과일은 동쪽, 흰빛의 것은 서쪽에 늘어놓음. 참고로 頭西眉東(두서미동), 麫西餠東(면서병동), 魚東肉西(어동육서), 棗栗梨柹(조율이시), 左脯右醢(좌포우혜) 등이 있음.

紅燈綠酒 (홍등녹주)★

[뜻음] 붉을 홍, 등불 등, 푸를 녹, 술 주.
[풀이] 붉은 등불과 푸른 술. 곧 花柳界(화류계). 술집을 이름.

紅爐上一點雪 (홍로상일점설)★

[뜻음] 붉을 홍, 화로 로, 위 상, 한 일, 점 점, 눈 설.
[풀이] 빨갛게 타는 화로 위에 한 점의 눈을 놓으면 대번에 녹는다. 수양이 되어 私慾(사욕)을 용이하게 克服(극복)함을 비유한 말.

紅爐點雪 (홍로점설)★★

[뜻음] 붉을 홍, 화로 로, 점 점, 눈 설.
[풀이] 뜨거운 화로에 눈을 뿌린 것과 같다는 뜻으로, 사욕이 일시에 없어지고 마음이 탁 트여 맑은 상태를 일컫는 말. 또는 큰일에 작은 힘은 보태어도 아무 보람도 없다는 말. 紅爐一點雪(홍로일점설). 紅爐上一點雪(홍로상일점설).

鴻濛世界 (홍몽세계)★

[뜻음] 클 홍, 흐릿할 몽, 세상 세, 지경 계.
[풀이] 천지가 개벽할 때에 사물의 구별이 판연하지 않은 판. 의식이 몽롱한 판의 비유. 渾沌世界(혼돈세계).

鴻門玉斗 (홍문옥두)★

[뜻음] 클 홍, 문 문, 구슬 옥, 말 두.
[풀이] 陝西省(섬서성) 臨潼縣(임동현)의 鴻門(홍문)에서 漢高祖(한고조) 劉邦(유방)이 楚(초)나라의 項羽(항우)와 회견하였을 때 한고조가 항우의 신하 范增(범증)에게 玉(옥)으로 만든 구기(斗) 한 쌍을 선사하였는데, 범증이 칼을 빼어 이것을 깨뜨린 故事(고사).

鴻門之會 (홍문지회)★

[뜻음] 클 홍, 문 문, 갈 지, 모일 회.

[풀이] 陝西省(섬서성) 臨潼縣(임동현)의 鴻門(홍문)에서 漢高祖(한고조) 유방과 楚王(초왕) 項羽(항우)가 베푼 잔치. 항우가 范增(범증)의 권유로 유방을 죽이고자 하였으나 張良(장량)이 計策(계책)을 잘 써서 유방이 樊噲(번쾌)를 데리고 무사히 도망한, 역사상 유명한 會合(회합)임. 출전 史記(사기) 項羽本紀(항우본기).

洪範九疇 (홍범구주)★★★

[뜻음] 넓을 홍, 법 범, 아홉 구, 경계 주.
[풀이] 중국 上古(상고)시대에 夏(하)나라의 禹(우) 왕이 堯舜(요순) 이래의 사상을 集大成(집대성)한 천지의 大法(대법). 즉 정치 도덕의 기본적 아홉 법칙. 출전 書經(서경).

紅顔美少年 (홍안미소년)★

[뜻음] 붉을 홍, 얼굴 안, 아름다울 미, 적을 소, 해 년.
[풀이] 아름다운 얼굴의 젊은이.

紅顔薄命 (홍안박명)★★★

[뜻음] 붉을 홍, 얼굴 안, 엷을 박, 목숨 명.
[풀이] ① 얼굴빛이 桃紅色(도홍색)인 여자는 팔자가 사납다는 뜻으로 하는 말. ② 썩 예쁜 여자는 팔자가 사납다는 뜻으로 하는 말.

紅顔白髮 (홍안백발)★

[뜻음] 붉을 홍, 얼굴 안, 흰 백, 터럭 발.
[풀이] 늙어서 머리는 세었으나 얼굴은 붉고 윤이 난다는 말.

哄然大笑 (홍연대소)★

[뜻음] 떠들 홍, 그럴 연, 큰 대, 웃음 소.
[풀이] 큰 소리로 껄껄 웃음. 哄笑(홍소).

弘益人間 (홍익인간)★★★

[뜻음] 넓을 홍, 더할 익, 사람 인, 사이 간.
[풀이] 널리 인간 세상을 이롭게 한다. 國祖(국조) 檀君(단군)의 개국 이념.

이 말은 《三國遺事(삼국유사)》 紀異第一(기이제일) 古朝鮮(고조선) 建國神話(건국신화)에 나오는 말이다.
魏書(위서)에 말하기를, "지금으로부터 이천 년 전에 단군 王儉(왕검)이란 사람이 있어서 도읍을 阿斯達(아사달)에 세우고, 나라를 처음 만들어 이름을 朝鮮(조선)이라 불렀다"고 했다.
古記(고기)에는 말하기를 "옛날 桓因(환인)의 서자 桓雄(환웅)이 자주 천하에 뜻을 두고 인간 세상을 탐내어 찾았다. 아버지가 아들의 뜻을 알고, 아래로 三危太伯(삼위태백)을 굽어보니 인간을 널리 유익하게 할 수 있었다. 그래서 天符印(천부인) 세 개를 주어 그곳으로 보내 다스리게 했다. 환웅은 부하 삼천 명을 거느리고 태백산 꼭대기의 신단나무 아래로 내려와 이름하여 神市(신시)라 했다. 이를 일러 桓雄天王(환웅천왕)이라 한다. 그는 風伯(풍백)·雨師(우사)·雲師(운사)를 거느리고 곡식·수명·질병·형벌·선악 등을 주관하고, 인간의 360여 가지 일을 주관하여 인간세계를 다스려 교화시켰다.
그때 곰 한 마리와 호랑이 한 마리가 같은 굴속에 살고 있었는데, 항상 神雄(신웅)에게 빌어 사람이 되기를 원했다. 그때 神(신: 桓雄(환웅))이 신령스런 쑥 심지 1개와 마늘 20개를 주면서 '너희들은 이것을 먹고 1백 일 동안 햇빛을 보지 않으면 곧 변하여 사람이 될 것이다'라고 하였다. 곰과 호랑이는 이것을 받아먹었는데, 금기한 지 三七日(삼칠일: 21일) 만에 곰은 여자의 몸이 되었으나, 호랑이는 그 금기를 참을 수 없어 사람이 되지 못하였다. 곰녀는 더불어 혼인할 사람이 없으므로 매일 단수 밑에서 아기 배기를 축원하였다. 이에 雄(웅: 桓雄(환웅))이 잠깐 변하여 혼인하니, 잉태하여 아들을 낳았다. 이름을 壇君王儉(단군왕검)이라 하였다(이하 생략)"고 했다.
홍익인간이라는 말은 國祖(국조) 檀君(단군)의 개국 이념이자 고조선의 개국 이래 우리나라 정치 교육의 기본정신이 되어 왔다. 인간세계를 이롭게 하려는 나라가 우리나라이다.

紅一點 (홍일점)★★★

[뜻음] 붉을 홍, 한 일, 점 점.
[풀이] 하나의 붉은 점. 많은 남자들 틈에 낀 여자 한 사람을 가리키기도 하고, 여럿 가운데서 뛰어난 하나를 가리킴.

많은 남자들 속에 여자 하나가 끼어 있는 것을 가리켜 흔히 홍일점이라고 말한다. 불타는 것은 꽃을 뜻하기 때문에 그것은 곧 아름다운 여인을 말하게 되는 것이다. 이 홍일점이란 말은 원래 '萬綠叢中紅一點(만록총중홍일점)'이란 말의 끝 부분만을 따서 된 말이다. 온통 새파란 덤불 속에 빨간 꽃이 한 송이 피어 있다는 뜻이다. 이것은 왕안석의 [석류시]에 나오는, '만록총중의 붉은 한 점은 사람을 움직이는 봄빛이 많음을 필요치 않게 한다'는 시 구절에서 따온 것이다. 이 말에 대하여 '靑一點(청일점)'이라는 말도 생겨났다. 많은 여자 중에 끼어 있는 한 남자를 나타낼 때 쓴다.

鴻漸之翼 (홍점지익)★★

[뜻음] 큰기러기 홍, 점차 점, 갈 지, 날개 익.
[풀이] 큰기러기의 날개는 커서 천 리의 먼 길도 날아갈 수 있으므로, 當世(당세)의 儀表(의표)가 될 만한 器局(기국)의 비유. 차차 높은 자리로 올라갈 재능이 있음의 비유. 큰 사업을 이룰 기량이 있음의 비유. 출전 漢書(한서).

紅塵萬丈 (홍진만장)★

[뜻음] 붉을 홍, 티끌 진, 일만 만, 길이단위 장.
[풀이] ① 햇빛에 비쳐 붉게 된 티끌이 높이 솟아오름. ② 한없이 구차스럽고 속된 이 세상.

紅塵世界 (홍진세계)★

[뜻음] 붉을 홍, 티끌 진, 세상 세, 지경 계.
[풀이] 붉은 티끌 같은 세상. 어지럽고 속된 세상. 紅塵萬丈(홍진만장).

花街柳巷 (화가유항)★

[뜻음] 꽃 화, 거리 가, 버들 유, 거리 항.
[풀이] 꽃과 버들가지의 거리. 지난날 遊廓(유곽)을 달리 이르던 말.

花間蝶舞 (화간접무)★

[뜻음] 꽃 화, 사이 간, 나비 접, 춤출 무.
[풀이] 나비가 꽃 사이를 춤추며 날아다님.

華甲之週 (화갑지주)★★

[뜻음] 빛날 화, 첫째 천간 갑, 갈 지, 주일 주.
[풀이] 干支(간지)의 一週(일주)가 돌고 다시 첫해가 됨. 華를 쪼개면 十이 여섯에다가 一이 있는 고로, 61세 還甲(환갑)을 이름. 甲은 환갑.

和羹鹽梅 (화갱염매)★★★

[뜻음] 화할 화, 국 갱, 소금 염, 매실 매.
[풀이] 화갱은 여러 가지 양념을 하고 간을 맞춘 국. 염매는 소금에 절인 매실로, 간을 맞출 때 사용하는 음식 재료. 훌륭한 신하가 임금을 도와서 덕을 이루게 한다는 뜻. 출전 書經(서경).

火耕水耨 (화경수누)★★★

[뜻음] 불 화, 밭갈 경, 물 수, 김맬 누.
[풀이] 옛날의 耕耘法(경운법: 밭 갈고 김매는 법)의 하나로, 나무와 풀을 태우고 물을 대어 김매는 것을 대신한 것. 출전 漢書(한서) 貨殖志(화식지).

和光同塵 (화광동진)★★★

[뜻음] 화합할 화, 빛 광, 같을 동, 먼지 진.
[풀이] 빛을 감추고 俗塵(속진)에 섞임. 곧 자기의 뛰어난 才德(재덕)을 나타내지 않고 世俗(세속)을 따른다는 뜻.

'和光(화광)'은 빛을 부드럽게 한다는 뜻이고 '同塵(동진)'은 세상 사람들과 함께하는 것을 말한다. 지혜 같은 것을 자랑하는 일이 없이 오히려 그것을 흐리고 보이지 않게 하여 俗世(속세) 사람들 속에 묻혀 버리는 것이다.

《老子(노자)》 제五十六章(오십륙장)의 것을 보면 다음과 같다.

"아는 사람은 말하지 않고, 말하는 사람은 알지 못한다. 그 열린 것(귀, 눈, 코, 입)을 막고, 그 문을 닫고, 그 날카로움을 무디게 하고, 그 얽힌 것을 풀고, 그 빛을 흐리게 하고, 그 티끌을 같이한다. 이것을 玄同(현동)이라 한다."

'玄同(현동)'은 玄妙(현묘)하게 같은 것이라는 뜻이다. 불교에서 부처가 衆生(중생)을 濟度(제도)하기 위해 부처의 本色(본색)을 감추고 속세에 나타나는 것을 和光同塵(화광동진)이라고도 하는데 그것은 불교가 중국에 전해진 뒤부터 이 老子(노자)의 말을 받아들여 썼다고 보아야 한다.

火光衝天 (화광충천)★

[뜻음] 불 화, 빛 광, 부딪칠 충, 하늘 천.
[풀이] 불길이 크게 솟아올라 하늘에 닿을 듯함.

禍起蕭墻 (화기소장)★

[뜻음] 재앙 화, 일어날 기, 고요할 소, 담장 장.
[풀이] 재앙은 궁궐이나 가정 안에서 일어난다. 내분이나 內亂(내란)이 일어나는 것.

和氣靄靄 (화기애애)★

[뜻음] 온화할 화, 기운 기, 아지랑이 애.
[풀이] 여럿이 모인 자리에 따스하고 부드러운 기운이 넘쳐흐르는 듯함.

禍亂生於所忽 (화란생어소홀)★

[뜻음] 재앙 화, 어지러울 란, 날 생, 어조사 어, 바 소, 갑자기 홀.
[풀이] 태평무사에 젖어 경계함이 없는데, 소홀한 데에서 兵禍(병화)와 戰亂(전란)이 일어남. 출전 十八史略(십팔사략).

畵龍不成反爲狗 (화룡불성반위구)★

[뜻음] 그릴 화, 용 룡, 아닐 불, 이룰 성, 돌이킬 반, 될 위, 개 구.
[풀이] 용을 그리다 성취하지 못할 때는 개가 된다. 모든 것이 실패로 돌아가고 한 작은 일도 이루지 못함을 이르는 말. 출전 後漢書(후한서).

畵龍點睛 (화룡점정)★★★

[뜻음] 그릴 화, 용 룡, 점 점, 눈동자 정.
[풀이] 용을 그리고 마지막으로 눈동자를 그린다. 용을 그리고 마지막에 눈에 점을 찍는다. 사물의 眼目(안목)이 되는 곳 또는 약간의 語句(어구)나 事物(사물)을 첨가하여 전체가 활기를 띠는 일 또는 일을 완전히 성취함을 이름.

南北朝(남북조) 시대의 梁(양)나라 張僧繇(장승유)는 右軍將軍(우군장군)과 吳興太守(오흥태수) 등을 歷任(역임)한 사람이었지만, 일반적으로는 畵家(화가)로 알려져 있을 정도로 그림에 대한 逸話(일화)들이 많다.

그가 언젠가 서울인 金陵(금릉: 南京(남경))에 있는 安樂寺(안락사) 벽에다가 네 마리의 용을 그렸는데 눈동자를 그리지 않았다. 그래서 사람들이 그 까닭을 묻자,

"눈동자를 그리면 날아가 버리기 때문이야" 하고 대답했다.

그러나 사람들은 그의 말을 믿지 않았다. 그래서 그는 용 한 마리에 눈동자를 그려 넣었다. 그러자 갑자기 천둥이 울리고 번개가 치더니 그 용이 벽을 차고 뛰어나가 하늘로 올라가 버리고 말았다. 나중에 보니 눈동자를 그리지 않은 용은 그대로 남아 있었다는 것이다.

위 이야기는 《水衡記(수형기)》라는 책에 실려 있다. 《歷代名畵記(역대명화기)》라는 책에도 실려 있다.

花柳東風 (화류동풍)★

[뜻음] 꽃 화, 버들 류, 동녘 동, 바람풍.
[풀이] 꽃과 버들과 봄바람.

花無百日紅 (화무백일홍)★★

[뜻음] 꽃 화, 없을 무, 일백 백, 날 일, 붉을 홍.
[풀이] 백 일 동안 붉은 꽃은 없다. 花無十日紅(화무십일홍). 출전 通俗編(통속편).

花無十日紅 (화무십일홍)★★★

[뜻음] 꽃 화, 없을 무, 열 십, 날 일, 붉을 홍.
[풀이] 열흘 붉은 꽃이 없다. 한번 성하면 반드시 쇠하여짐을 비유함. 權不十年(권불십년).

化民成俗 (화민성속)★

[뜻음] 될 화, 백성 민, 이룰 성, 풍속 속.
[풀이] 백성을 敎化(교화)하여 좋은 풍속을 이룸. 출전 禮記(예기) 樂記篇(악기편).

禍福糾纆 (화복규묵)★★

[뜻음] 재앙 화, 복 복, 얽힐 규, 노 묵.
[풀이] 화와 복은 꼬여 있는 노와 같다. 행복과 불행은 表裏一體(표리일체)라는 말. 禍福糾繩(화복규승). 禍福若糾纆(화복약규묵).

禍福糾繩 (화복규승)★

[뜻음] 재앙 화, 복 복, 얽힐 규, 줄 승.
[풀이] 화복은 꼬아 놓은 새끼와 같다. 행복과 불행은 表裏一體(표리일체)라는 말. 禍福糾纆(화복규묵). 禍福若糾纆(화복약규묵).

禍福同門 (화복동문)★

[뜻음] 재앙 화, 복 복, 같을 동, 문 문.
[풀이] 禍(화)나 福(복)은 다 사람이 자기 스스로 불러들이는 것임.

禍福無門 (화복무문)★

[뜻음] 불행 화, 복 복, 없을 무, 문 문.
[풀이] 화복이 오는 길에는 문이 따로 없다. 재앙이나 복은 모두 사람이 自招(자초)하는 것임. 禍福同門(화복동문).

禍福相貫 (화복상관)★

[뜻음] 불행 화, 복 복, 서로 상, 꿸 관.
[풀이] 화와 복은 서로 통하여 한쪽으로 치우쳐서 있지 않음. 출전 戰國策(전국책).

禍福所倚 (화복소의)★

[뜻음] 재앙 화, 복 복, 바 소, 의지할 의.
[풀이] 화와 복은 서로 의지한다. 禍(화) 가운데 福(복)이 있고 복 가운데 화가 있어, 화와 복은 항상 돌고 도는 것임. 禍福相倚(화복상의). 禍福倚伏(화복의복).

禍福若糾纆 (화복약규묵)★

[뜻음] 재앙 화, 복 복, 같을 약, 얽힐 규, 노 묵.
[풀이] 화복은 꼰 노와 같이 서로 얽혀서 災殃(재앙)이 있으면 福(복)이 있고 복이 있으면 재앙이 있는 법임.

禍福之轉 (화복지전)★

[뜻음] 재앙 화, 복 복, 갈 지, 구를 전.
[풀이] 禍(화)와 福(복)이 뒤바뀌고 변하는 일.

華封三祝 (화봉삼축)★

[뜻음] 꽃 화, 봉토 봉, 석 삼, 빌 축.
[풀이] 華地(화지)의 封境(봉경)을 관리하는 사람이 壽(수), 富(부), 多男子(다남자)의 세 가지로써 堯帝(요제: 요임금)를 축하한 고사. 남에게 祝賀(축하)할 때 쓰는 말. 출전 莊子(장자) 天地篇(천지편).

禍不單行 (화불단행)★★

[뜻음] 재앙 화, 아닐 불, 홀로 단, 다닐 행.
[풀이] 禍(화)는 하나로 그치지 않고 잇달아 옴을 이르는 말. 불행한 일이 겹치는 경우.

畵蛇添足 (화사첨족)★

[뜻음] 그림 화, 뱀 사, 더할 첨, 발 족.
[풀이] 뱀을 그리고 발을 그려 넣다. 쓸데없는 짓을 덧붙여 하다가 도리어 失敗(실패)함의 비유. '蛇足(사족)'을 보시오. 출전 戰國策(전국책).

火上添油 (화상첨유)★

[뜻음] 불 화, 위 상, 더할 첨, 기름 유.
[풀이] 불난 데 기름을 끼얹는다는 뜻으로, 재앙과 난리 따위를 조장함을 비유하여 이르는 말. 火上加油(화상가유), 火上注油(화상주유).

禍生於忽 (화생어홀)★

[뜻음] 재앙 화, 날 생, 어조사 어, 소홀할 홀.
[풀이] 禍(화)는 소홀히 여기는 데서 일어남. 禍生織織(화생섬섬). 출전 說苑(설원).

禾黍油油 (화서유유)★

[뜻음] 벼 화, 기장 서, 기름 유.
[풀이] 벼나 기장이 번드르르하게 잘 자라는 모양. 출전 史記(사기).

華胥之國 (화서지국)★

[뜻음] 꽃 화, 서로 서, 갈 지, 나라 국.
[풀이] 태평한 나라. 華胥之夢(화서지몽). 출전 列子(열자) 黃帝篇(황제편).

華胥之夢 (화서지몽)★★★

[뜻음] 꽃 화, 서로 서, 갈 지, 꿈 몽.
[풀이] 黃帝(황제)가 낮잠을 자다가 꿈에 화서의 나라에 가서 그 나라가 이상적으로 잘 다스려진 狀況(상황)을 보았다는 故事(고사)에서 나온 말.

　華胥(화서)는 나라 이름이다. 黃帝(황제: 헌원씨)가 꿈에 華胥氏(화서씨)의 나라로 가서 진리를 깨닫게 되었다는 고사에서 좋은 꿈을 가리켜 화서지몽이라고도 하고, 낮잠을 자다가 이 꿈을 꾸었다 해서 낮잠을 자는 것을 가리켜 화서의 꿈을 꾼다고 한다.
　≪列子(열자)≫ 黃帝篇(황제편) 첫머리에 나오는 이야기다.
　"황제는 一五년 동안 천하가 자기를 떠받드는 것을 기뻐하며 이제 좀 몸을 편안히 하려고 오관의 즐거움을 좇아 생활했다. 그러나 몸은 점점 여위어 가고 정신은 자꾸

만 흐려져 갔다.

그래서 황제는 생각을 달리하여 정치에서 완전히 손을 떼고 대궐에서 물러나와, 음식도 검소하게 하며, 태고시절의 無爲(무위)의 帝王(제왕)인 大庭氏(대정씨)가 있던 집에 들어앉아 마음을 깨끗이 하고 몸을 가다듬어 석 달 동안 가만히 있었다.

그때 황제는 낮잠을 자는 동안 태고 시절 무위의 제왕인 화서씨의 나라로 가서 놀게 되었다. 이 나라는 지배자가 없이 자연 그대로였다. 사람들은 욕심도 없고 자기를 위하는 일도, 남을 멀리하는 일도 없기 때문에 사랑이니 미움이니 하는 것이 없었다.

황제는 꿈에서 깨어나자 맑은 정신으로 진리를 훤히 깨달을 수 있었다."

이 화서의 나라는 道家(도가)의 이상사회를 그린 것으로 無心無爲(무심무위)가 도의 極致(극치)라는 것을 주장하고 있는 것이다.

花晨月夕 (화신월석)★

[뜻음] 꽃 화, 새벽 신, 달 월, 저녁 석.
[풀이] 花朝月夕(화조월석).

花信風 (화신풍)★★★

[뜻음] 꽃 화, 믿을 신, 바람 풍.
[풀이] 春三月(춘삼월)경 꽃이 피려 함을 알리는 바람. 小寒(소한)부터 穀雨(곡우)까지의 넉 달. 八氣(팔기) 二十四候(이십사후) 중 매월 五日(오일)마다 한 꽃이 피려 함을 알리는 바람. 일 년 중 꽃 필 무렵 부는 바람. 한 달에 두 번씩 불어온다고 함. 출전 演繁露(연번로).

華實相稱 (화실상칭)★

[뜻음] 빛날 화, 충실할 실, 서로 상, 걸맞을 칭.
[풀이] 華(화)는 詞章(사장). 實(실)은 操行(조행)임. 화실이 모두 훌륭하여야 비로소 완전한 사람이 된다는 말. 화려함과 성실함이 서로 일치함. 선비가 갖추어야 할 바람직한 면모.

和氏之璧 (화씨지벽)★★★

[뜻음] 화할 화, 성씨 씨, 갈 지, 둥근 옥 벽.
[풀이] 화씨가 발견한 구슬. 卞和(변화)가 楚(초)나라의 厲王(여왕)에게 바친 玉(옥). 和氏璧(화씨벽).

화씨가 발견한 구슬이라고 해서 화씨벽이다. 춘추전국 시대를 통해서 가장 비싼 보물로 膾炙(회자)되어 왔고, 藺相如(인상여)는 벼락출세를 하며 '完璧(완벽)'이라는 말이 생겨났고, 張儀(장의)는 죽도록 맞아서 '吾舌尙在(오설상재)'라는 말도 생겨났다.

그러나 이 화씨벽이 세상에 나오기까지 기막힌 사연이 얽혀 있었다.

楚(초)나라 화씨가 옥돌 原石(원석)을 厲王(여왕)에게 바쳤다. 여왕은 玉工(옥공)에게 감정을 하게 했고 돌로 판

정이 되어, 임금을 속인 죄로 화씨의 왼쪽 다리를 자르게 했다. 여왕이 죽고 武王(무왕)이 즉위하자 화씨는 다시 원석을 바쳤다. 다시 돌로 판정이 내려져 이번에는 그의 오른발을 자르게 했다.

무왕이 죽고 문왕이 즉위했다. 그러자 화씨는 그 원석을 품에 안고 밤낮 사흘을 소리 내어 울었다. 눈물이 마르자 피가 잇달아 흘렀다. 문왕은 이 소문을 듣고 사람을 시켜 그 까닭을 묻게 했다.

"세상에 발을 잘린 죄인이 많은데 그대만 유독 슬프게 우는 까닭은 무엇인가?" 그러자 화씨는 "다리가 잘린 것이 슬퍼 우는 것이 아닙니다. 보배구슬이 돌로 불리고 곧은 선비가 속이는 사람이 된 것이 슬퍼 우는 것입니다" 하고 대답했다.

이리하여 문왕은 옥공에게 원석을 다듬고 갈게 하여, 천하에 둘도 없는 보물을 얻게 된다.

花顔月貌 (화안월모)★

[뜻음] 꽃 화, 얼굴 안, 달 월, 모양 모.
[풀이] 花容月態(화용월태).

花押 (화압)★★

[뜻음] 꽃 화, 누를 압.
[풀이] 문서 끝에 자기 이름을 쓰고 그 밑에 自筆(자필)로 쓴 標識(표지)로, 印章(인장) 대신 독특한 字體(자체)로 쓰는 것. 출전 古今原始(고금원시).

化若偃草 (화약언초)★

[뜻음] 될 화, 같을 약, 누울 언, 풀 초.
[풀이] 풀이 눕듯 교화됨. 풀이 바람 부는 방향으로 쏠리어 눕듯이 백성이 어진 君主(군주)의 教化(교화)를 따름. 출전 論語(논어).

花樣年華 (화양년화)★★★

[뜻음] 꽃 화, 모양 양, 해 년, 빛날 화.
[풀이] 인생에서 가장 아름다운 순간. 花樣年華(화양연화).

花言巧語 (화언교어)★

[뜻음] 꽃 화, 말씀 언, 공교할 교, 말씀 어.
[풀이] 듣기 좋은 말로 사람을 속인다. 화언과 교어는 같은 뜻. 甘言利說(감언이설).

和如琴瑟 (화여금슬)★

[뜻음] 화할 화, 같을 여, 거문고 금, 큰 거문고 슬.
[풀이] 夫婦(부부) 사이가 和樂(화락)함. 琴瑟(금슬). 출전 詩經(시경).

花如桃李 (화여도리)★

[뜻음] 꽃 화, 같을 여, 복숭아 도, 자두 리.
[풀이] 얼굴의 아름다움이 마치 복숭아나 자두의 꽃과 같다는 말. 출전 詩經(시경) 召南(소남) 何彼穠矣篇(하피농의편).

火旺之節 (화왕지절)★

[뜻음] 불 화, 왕성할 왕, 갈 지, 마디 절.
[풀이] 五行(오행)의 火(화)가 왕성한 절기. 곧 여름.

花容月態 (화용월태)★

[뜻음] 꽃 화, 용모 용, 달 월, 태도 태.
[풀이] 아름다운 여자의 고운 용태를 가리킴.

火牛計 (화우계)★

[뜻음] 불 화, 소 우, 셈할 계.
[풀이] 兵法(병법)의 한 가지. 火牛之計(화우지계). 출전 後漢書(후한서).

火牛之計 (화우지계)★★★

[뜻음] 불 화, 소 우, 갈 지, 셈할 계.
[풀이] 소에게 불을 붙여 날뛰게 하는 전략. 火牛之計(화우계).

戰國時代(전국시대) 말기 齊(제)나라 田單(전단)이 쓴 戰法(전법)의 하나이다.

쇠꼬리에 불을 붙여 어두운 밤중에 잠들어 있는 적의 진지를 습격해 들어가 적을 혼란에 빠뜨림으로써 멸망 직전에 있던 제나라를 구한, 前無後無(전무후무)한 전법이었다.

燕昭王(연소왕)은 樂毅(악의)를 총대장으로 이웃나라의 도움을 빌려 제나라 칠십여 성을 다 함락시키고 망명간 齊湣王(제민왕)을 죽게 만든 다음 오직 卽墨(즉묵)과 莒(거) 두 성을 남겨 둔 채 항복하기만을 기다리고 있었다.

그러자 소왕이 죽고, 즉묵에서는 민중들의 추대에 의해 전단이 등장하게 된다. 전단은 먼저 간첩을 보내 새로 즉위한 燕惠王(연혜왕)으로 하여금 악의를 해임시키고 騎劫(기겁)이라는 장수를 총대장으로 임명하게 한다. 은밀히 反間計(반간계)를 쓴 것이다. 전단은 다시 간첩 공작을 써서 제나라 민중들을 激憤(격분)하게 만드는, 무모한 짓을 하게 만들고 곧 항복한다는 헛소문을 퍼뜨리며 기겁의 군대를 放心(방심)하게 만들었다. 전단은 성 밑을 파서 지하도를 만든 후에 천여 마리의 소를 붉은 비단으로 옷을 만들어 입히고, 거기에 五色(오색)으로 용의 그림을 그린 다음, 양쪽 뿔에 칼을 붙들어 매고 꼬리에는 기름이 묻은 갈대를 매달았다. 적을 다 취하게 만든 후에 神將(신장)처럼 꾸민 장사 오천 명이 칼을 들고 뒤따르며 쇠꼬리에 불을 붙여 소가 날뛰도록 하여 연나라는 대패하고 기겁은 죽었으며 전단은 칠십여 성을 모두 회복하게 되었다.

和而不同 (화이부동)★★★

[뜻음] 화목할 화, 어조사 이, 아닐 부, 같을 동.
[풀이] 남과 사이좋게 지내기는 하나 무턱대고 어울리지는 않음. 이익을 위해 도리를 저버리면서까지 남에게 附和雷同(부화뇌동)하지 않음. 君子(군자)의 태도. 출전 論語(논어).

和而不壯 (화이부장)★

[뜻음] 화목할 화, 말 이을 이, 아닐 부, 씩씩할 장.
[풀이] 온화하나 웅장하지 못함. 闇於自見(암어자견)과 짝을 이룸. 闇於自見(암어자견): 自我觀察(자아관찰)에 어두운 것을 이름.

華而不實 (화이불실)★

[뜻음] 빛날 화, 말 이을 이, 아닐 불, 열매 실.
[풀이] 겉은 화려하면서도 실속은 없다. 말은 번드르르하게 하나 행동은 보잘것없음.

和而不唱 (화이불창)★

[뜻음] 화목할 화, 말 이을 이, 아닐 불, 주장할 창.
[풀이] 남의 이론과 설에는 찬성하지만 자기의 학설은 적극적으로 주장하지 않음. 출전 莊子(장자).

禍轉爲福 (화전위복)★

[뜻음] 재앙 화, 구를 전, 할 위, 복 복.
[풀이] 언짢은 일이 원인이 되어 오히려 다른 좋은 일을 보게 됨을 이르는 말. 轉禍爲福(전화위복).

花朝月夕 (화조월석)★★

[뜻음] 꽃 화, 아침 조, 달 월, 저녁 석.
[풀이] 꽃 피는 아침(2월 15일)과 달 밝은 밤(8월 15일). 경치가 좋은 때. 출전 舊唐書(구당서).

花中君子 (화중군자)★

[뜻음] 꽃 화, 가운데 중, 임금 군, 아들 자.
[풀이] 꽃 중의 君子(군자)라는 뜻으로, 연꽃을 달리 이르는 말.

花中神仙 (화중신선)★

[뜻음] 꽃 화, 가운데 중, 귀신 신, 신선 선.
[풀이] 꽃 중의 神仙(신선)이라는 뜻으로, 海棠花(해당화)를 달리 이르는 말. 花仙(화선).

畫中之餠 (화중지병)★★

[뜻음] 그림 화, 가운데 중, 갈 지, 떡 병.
[풀이] 그림 속의 떡. 바라만 보았지 쓸모가 없음. 畫餠(화병).

花之君子 (화지군자)★

[뜻음] 꽃 화, 갈 지, 임금 군, 자식 자.
[풀이] 꽃 중의 군자. 연꽃을 일컬음. 花中君子(화중군자). 출전 주돈이의 [애련설].

畫脂鏤氷 (화지누빙)★

[뜻음] 그릴 화, 기름 지, 새길 누, 얼음 빙.
[풀이] 기름에 그림을 그리고 얼음에 彫刻(조각)을 함. 헛수고를 하거나, 外觀(외관)만 있고 實質(실질)이 없음을 비유함.

華燭洞房 (화촉동방)★★

[뜻음] 빛날 화, 촛불 촉, 골 동, 방 방.
[풀이] 결혼 첫날밤 신혼부부가 자는 방.

和平崛起 (화평굴기)★

[뜻음] 온화할 화, 평평할 평, 우뚝 솟을 굴, 일어날 기.
[풀이] 화평하게 우뚝 일어선다는 말.

和風甘雨 (화풍감우)★★

[뜻음] 화할 화, 바람 풍, 달 감. 비 우.
[풀이] 부드러운 바람과 알맞게 내리는 비.

和風暖陽 (화풍난양)★★

[뜻음] 온화할 화, 바람 풍, 따뜻할 난, 볕 양.
[풀이] 화창한 바람과 따스한 햇볕.

化被萬方 (화피만방)★

[뜻음] 화할 화, 입을 피, 일만 만, 모 방.
[풀이] 敎化(교화)가 멀리 八方(팔방)에 두루 미침.

華夏夷狄 (화하이적)★

[뜻음] 꽃피울 화, 하나라 하, 오랑캐 이, 오랑캐 적.
[풀이] 華夏(화하)와 夷狄(이적). 중국과 야만인. 고대로부터 중국 사람들은 화하와 이적을 嚴格(엄격)히 區分(구분)함.

畫虎不成反類狗 (화호불성반류구)★★★

[뜻음] 그림 화, 범 호, 아닐 불, 이룰 성, 도리어 반, 무리 류, 개 구.
[풀이] 범을 그리다가 이루지 못하면 도리어 개처럼 되고 만다.

≪後漢書(후한서)≫ 馬援傳(마원전)에 나오는 말이다.
후한 光武帝(광무제) 때 용맹을 날렸던 伏波將軍(복파장군) 馬援(마원)이, 그가 싸우고 있던 交阯(교지)에서 그의 조카 馬嚴(마엄)과 馬敦(마돈)에게 편지로써 타이른 말 가운데 나오는 문자다. 두 조카는 남을 비평하기를 좋아하고 협객으로 자처하며 철이 없었다. 그래서 馬援(마원)이 형의 아들을 訓戒(훈계)하려고 편지를 썼다.
"나는 너희들이 남의 잘못을 들었을 때는 부모의 이름을 들었을 때처럼 귀로 들을지라도 입으로 말하지 않기를 바란다. 남의 장단점을 즐겨 비평하거나 나라의 정사를 함부로 비판하는 것은 내가 가장 싫어하는 바다. … 龍伯高(용백고)는 착실하고 신중하여 필요 없는 말을 입 밖에 내지 않으며 겸손하고 청렴 공정하여 위엄이 있는 사람이다. … 너희들이 이 사람을 본받기를 나는 바란다. 杜季良(두계량)은 호협하여 남의 걱정을 내 걱정으로 하고 남의 즐거움을 내 즐거움으로 하고 있어…그의 부친 초상에는 몇 고을 사람들이 다 모였었다. 나는 이 사람을 사랑하고 존경한다. 그러나 너희들이 이 사람을 배우는 것을 원치 않는다.
龍伯高(용백고)를 배우면 비록 그와 같이 되지 못하더라도 근실하고 정직한 사람이 될 수 있다. 이른바 기러기를 새기다가 제대로 못 되면 그대로 집오리처럼은 된다는 것이다. 그러나 만일 杜季良(두계량)을 배우다가 그처럼 되지 못하면 천하의 각박한 인간이 되고 만다. 이른바 범

을 그리다가 이루지 못하면 도리어 개처럼 되고 만다."
이 말은 너무 큰 것을 욕심내다가 실패하면 망신만 당하고 만다는 말이다. 豪傑(호걸)을 본받다가 도리어 輕薄(경박)에 떨어짐을 비유하는 말이다. '畫虎類狗(화호유구)'라고 쓰기도 한다. 위 이야기에는 '刻鵠不成尙類鶩(각곡불성상류목)'이라는 말도 나온다. 고니를 새기다가 이루지 못해도 오히려 집오리는 닮게 된다는 말이다. 몸가짐을 삼가는 선비를 본받으면 그와 같이는 못 될지라도 착한 사람 될 수 있다는 비유로 쓰인다.

畫虎類狗 (화호유구)★

[뜻음] 그림 화, 범 호, 무리 류, 개 구.
[풀이] 畫虎不成反類狗(화호불성반류구).

和魂洋才 (화혼양재)★

[뜻음] 화할 화, 넋 혼, 바다 양, 재주 재.
[풀이] 일본의 자국 것이 魂(혼)이고 서양 것을 才(재)로 삼는다. 근대화 시기 일본의 口號(구호).

花紅柳綠 (화홍유록)★

[뜻음] 꽃 화, 붉을 홍, 버드나무 유, 푸를 록.
[풀이] 꽃은 붉고 버들은 푸르다는 뜻으로, 봄의 자연 경치의 아름다움을 이르는 말. 자연 그대로이며 조금도 人工(인공)을 더하지 않았음을 비유로 쓰이는 禪語(선어).

確固不動 (확고부동)★

[뜻음] 확실할 확, 굳을 고, 아닐 부, 움직일 동.
[풀이] 확고하여 흔들리거나 움직이지 않음. 매우 든든하고 굳세어서 흔들리지 않음.

擴而充之 (확이충지)★

[뜻음] 넓힐 확, 말 이을 이, 가득할 충, 갈 지.
[풀이] 확장하여 충실하게 함. 확장하여 充足(충족)함.

廓揮乾斷 (확휘건단)★★

[뜻음] 클 확, 휘두를 휘, 하늘 건, 끊을 단.
[풀이] 과단성 있는 정치를 행함. 건단이란 天子(천자)가 스스로 政事(정사)를 裁決(재결)한다는 말.

換骨羽化 (환골우화)★

[뜻음] 바꿀 환, 뼈 골, 깃 우, 될 화.
[풀이] 道家(도가)에서, 인간이 俗骨(속골)을 仙骨(선골)로 바꾸어 몸에 털이 나는 일, 즉 神仙(신선)이 되는 일. 換骨(환골).

換骨奪胎 (환골탈태)★★★

[뜻음] 바꿀 환, 뼈 골, 빼앗을 탈, 아이 밸 태.
[풀이] 뼈를 바꿔 넣고 탈을 달리 쓴다. ① 古人(고인)의 시문을 형식을 약간 바꾸어 意趣(의취)를 새롭게 하는 일. ② 容貌(용모)가 환하게 트이고 아름다워져 전혀 딴사람처럼 되는 것.

원래는 이 말이 仙家(선가)에서 나온 말로, 鍊丹法(연단법)에 의해 새로운 사람이 되는 것을 말하는 것이었다.

黃庭堅(황정견: 호는 山谷산곡)은 蘇軾(소식: 호는 東坡동파)과 함께 北宋(북송)을 대표하는 시인이었다. 황정견은 博識(박식)으로 알려져 있지만, 박식을 자랑하여 함부로 引用(인용)하는 일이 없고, 그것을 완전히 소화시켜 내 것처럼 자유롭게 씀으로써 독자적인 세계를 이루었던 것이다. 그가 그 같은 수법을 도가의 용어를 빌려 표현한 것이 '환골탈태'이다.

南宋(남송)의 승려 惠洪(혜홍)이 쓴 ≪冷齊夜話(냉제야화)≫에 있는 이야기다.

황산곡이 말했다. "시의 뜻은 무궁한데 사람의 재주는 한이 있다. 한이 있는 재주로 무궁한 뜻을 좇는다는 것은 陶淵明(도연명)과 杜子美(두자미)라 할지라도 잘될 수 없다. 그러나 그 뜻을 바꾸지 않고 그 말을 한다는 것을 일러 換骨法(환골법)이라 하고, 그 뜻을 본받아 형용하는 것을 일러 奪胎法(탈태법)이라고 한다."

환골탈태의 文章法(문장법)은 남이 애써 지은 글을 剽竊(표절)하는 것과는 다르다. 그것을 이용하여 보다 뜻이 살고 보다 절실한 표현을 얻게 되는 것을 말한다.

鰥寡孤獨 (환과고독)★

[뜻음] 홀아비 환, 과부 과, 외로울 고, 홀로 독.
[풀이] 홀아비와 과부와 고아와 늙어서 자식이 없는 사람. 孟子(맹자)가 말한 窮民(궁민)으로, 의지할 곳이 없이 외로운 처지에 있는 사람. 출전 孟子(맹자) 梁惠王下篇(양혜왕하편).

紈袴子弟 (환과자제)★

[뜻음] 흰 비단 환, 사타구니 과, 아들 자, 아우 제.
[풀이] 지위가 높고 귀한 집안의 자제 또는 귀족의 자제를 輕蔑(경멸)하여 이르는 말.

還歸故國 (환귀고국)★

[뜻음] 돌아올 환, 돌아올 귀, 연고 고, 나라 국.
[풀이] 고국으로 돌아옴. 출전 宋史(송사).

患難相救 (환난상구)★

[뜻음] 근심 환, 어려울 난, 서로 상, 구원할 구.
[풀이] 어려운 일을 당했을 때 서로 구해 줌. 患難相顧(환난상고). 患難相恤(환난상휼).

患難相恤 (환난상휼)★

[뜻음] 근심 환, 어려울 난, 서로 상, 구휼할 휼.
[풀이] 患難相救(환난상구).

丸泥封關谷 (환니봉관곡)★

[뜻음] 알 환, 진흙 니, 봉할 봉, 빗장 관, 골 곡.
[풀이] 한 덩이의 흙으로 函谷關(함곡관)을 봉쇄한다. 중국 後漢(후한)의 王元(왕원)의 옛일에서 따온 말로, 적은 군대로 要處(요처)를

굳게 지킴을 이르는 말.

歡樂極兮哀情多 (환락극혜애정다)★

[뜻음] 기쁠 환, 즐거울 락, 다할 극, 어조사 혜, 슬플 애, 뜻 정, 많을 다.
[풀이] 歡樂(환락)이 극도에 이르면 悲哀(비애)가 많이 생김.

宦路風波 (환로풍파)★★

[뜻음] 벼슬 환, 길 로, 바람 풍, 물결 파.
[풀이] 벼슬길에 나아가 지내면서 겪는 온갖 어려움. 宦海風波(환해풍파).

換父易祖 (환부역조)★

[뜻음] 바꿀 환, 아비 부, 바꿀 역, 조상 조.
[풀이] 門閥(문벌)을 높이기 위하여 不正(부정)한 手段(수단)으로 絶孫(절손)된 兩班(양반)의 집을 이어 자기의 조상을 바꾸는 일.

換腐作新 (환부작신)★

[뜻음] 바꿀 환, 썩을 부, 지을 작, 새 신.
[풀이] 썩은 것을 싱싱한 것으로 바꾸어 만듦.

渙然氷釋 (환연빙석)★

[뜻음] 흩어질 환, 그럴 연, 얼음 빙, 풀릴 석.
[풀이] 얼음이 녹아 없어지듯이 疑惑(의혹)이나 疑問(의문)이 풀리는 모양.

換腸之境 (환장지경)★

[뜻음] 바꿀 환, 창자 장, 갈 지, 지경 경.
[풀이] 정상적인 정신 상태에서 벗어나게 마음이 뒤바뀌어 아주 달라진 지경.

宦海風波 (환해풍파)★★

[뜻음] 벼슬 환, 바다 해, 바람 풍, 물결 파.
[풀이] 벼슬살이를 함으로써 겪는 온갖 어지러운 일. 宦路風波(환로풍파).

歡呼雀躍 (환호작약)★

[뜻음] 기쁠 환, 부를 호, 뛸 작, 뛸 약.
[풀이] 기뻐서 소리치며 날뜀.

豁達大度 (활달대도)★

[뜻음] 클 활, 통달할 달, 큰 대, 법도 도.
[풀이] 도량이 큼.

活剝生呑 (활박생탄)★

[뜻음] 살 활, 벗길 박, 날 생, 삼킬 탄.
[풀이] 타인의 詩文(시문)을 그대로 따서 자기의 작품으로 삼음.

豁然貫通 (활연관통)★

[뜻음] 트일 활, 그럴 연, 꿸 관, 통달할 통.
[풀이] 도를 환히 깨달음.

豁然大悟 (활연대오)★

[뜻음] 트일 활, 그럴 연, 큰 대, 깨달을 오.

[풀이] 마음이 활짝 열리듯 크게 깨달음을 얻는 일. 주로 佛家(불가)에서 쓰는 말.

活人之方 (활인지방)★

[뜻음] 살 활, 사람 인, 갈 지, 모 방.
[풀이] ① 사람을 도와 목숨을 구해 주는 방법. ② 위험을 피해 살 수 있는 지방.

黃絹幼婦 (황견유부)★

[뜻음] 누를 황, 명주 견, 어릴 유, 며느리 부.
[풀이] 黃絹幼婦外孫虀臼(황견유부외손제구).

黃絹幼婦外孫虀臼 (황견유부외손제구)★★★

[뜻음] 누를 황, 명주 견, 어릴 유, 며느리 부, 밖 외, 손자 손, 버무릴 제, 절구 구.
[풀이] '絶妙(절묘)'라는 뜻의 隱語(은어). 黃絹(황견)은 색실로 짠 것이므로 곧 絶(절) 자, 幼婦(유부)는 연소한 여자 곧 妙(묘) 자. 삼국시대 魏(위)나라 曹操(조조)가 젊었을 때 친구인 楊修(양수)와 함께 강남을 여행하다가 孝婦(효부) 曹娥(조아)의 비석을 보니 뒷면에 黃絹幼婦外孫虀臼(황견유부외손제구)의 여덟 자가 새겨져 있었다. 조조가 그 뜻을 몰라 양수에게 '아느냐'고 묻자 '안다'고 대답했다. 잠시 설명을 보류시킨 조조는 삼십 리나 걸어간 후에야 '이제 알았다'며 그 뜻을 양수에게 설명하자 두 사람의 해석이 일치했다는 옛일에서 온 말.

이 여덟 자는 後漢(후한) 蔡邕(채옹)이, 邯鄲淳(한단순)이 지은 조아의 碑文(비문)을 칭송한 수수께끼 같은 隱語(은어)인데 조조는 '黃絹(누른 비단)'은 '色絲(색사: 색실)'를 뜻하므로 두 자를 조합하면 '絶(절)', '幼婦(유부: 나이 어린 지어미)'는 소녀를 뜻하므로 妙(묘), 外孫(외손)은 女(여)의 子(자: 자식)를 뜻하므로 好(호), 虀臼(제구)는 辛(신: 매운 것)을, 臼(구: 절구)로 찧는다, 즉 辛(신)을 受(수: 받는다)한다는 뜻이므로 辭(사)가 된다. 따라서 이 여덟 자는 絶妙好辭(절묘호사: 절묘하게 좋은 말)라 해석했다고 함. 그 이후 황견유부는 절묘를 나타내는 은어가 되었다. 영웅들의 말놀이가 흥미 있게 펼쳐진 고사인데, 양수는 나중에 조조의 參謀(참모)로 활약하게 되나 잘난 체하다가 조조에게 猜忌心(시기심)을 사서 곧 제거된다.

惶恐無地 (황공무지)★

[뜻음] 두려워할 황, 두려울 공, 없을 무, 땅 지.
[풀이] 매우 황공하여 몸 둘 자리를 모름.

惶恐再拜 (황공재배)★

[뜻음] 두려워할 황, 두려울 공, 두 재, 절 배.
[풀이] ① 황송하여 다시 절함. ② 편지 끝에 써서 敬意(경의)를 표하는 말.

黃口書生 (황구서생)★

[뜻음] 누를 황, 입 구, 글 서, 날 생.
[풀이] 어리고 젖내 나는 선비라는 뜻으로, 젊은 서생을 貶下(폄하)하여 이르는 말. 제비의 새끼는 주둥이가 누런 데서 유래됨.

黃口小兒 (황구소아)★★

[뜻음] 누를 황, 입 구, 작을 소, 아이 아.
[풀이] 철없는 어린아이. 새 새끼의 주둥이가 노랗다는 뜻에서, ① 어린아이를 이르는 말. ② 젊고 미숙한 사람을 홀하게 이르는 말. 黃口(황구). 출전 北史(북사).

黃口小雀 (황구소작)★

[뜻음] 누를 황, 입 구, 작을 소, 참새 작.
[풀이] 黃口小兒(황구소아).

黃口幼兒 (황구유아)★

[뜻음] 누를 황, 입 구, 어릴 유, 아이 아.
[풀이] 黃口小兒(황구소아).

黃口乳臭 (황구유취)

[뜻음] 누를 황, 입 구, 젖 유, 냄새 취.
[풀이] 남을 어리고 하잘것없다고 욕하는 말. 黃口小兒(황구소아).

黃金萬能 (황금만능)★★★

[뜻음] 누를 황, 쇠 금, 일만 만, 능할 능.
[풀이] 황금이면 무엇이든 할 수 있음. 돈을 무엇보다 貴重(귀중)히 여김.

黃金屋自在書中 (황금옥자재서중)★

[뜻음] 누를 황, 쇠 금, 집 옥, 스스로 자, 있을 재, 글 서, 가운데 중.
[풀이] 대장부의 뜻을 이루어 부귀한 몸이 되려면 독서를 게을리해서는 안 된다는 뜻.

黃金用盡還疎索 (황금용진환소삭)★

[뜻음] 누를 황, 쇠 금, 쓸 용, 다할 진, 돌아올 환, 멀 소, 삭막할 삭.
[풀이] 황금을 다 쓰고 나면 다시 사이는 소원해진다. 세상의 인간관계가 결국 금전적인 상황에 따라 달라짐을 뜻함.

荒唐無稽 (황당무계)★★★

[뜻음] 거칠 황, 황당할 당, 없을 무, 헤아릴 계.
[풀이] 하는 말이 허황되고 頭緖(두서)가 없음. 엉터리. 황당함은 언행이 거칠고 줏대가 없어서 취할 만한 것이 없다는 말이고, 무계는 類例(유례)를 찾아볼 수 없다는 뜻. 출전 莊子(장자) 天下篇(천하편).

荒唐之說 (황당지설)★

[뜻음] 거칠 황, 허풍 당, 갈 지, 말씀 설.
[풀이] 황당한 말. 터무니없는 말. 荒說(황설). 출전 莊子(장자) 天下篇(천하편).

黃道吉日 (황도길일)★★

[뜻음] 누를 황, 길 도, 길할 길, 날 일.
[풀이] 음양오행설에 따라 어떤 일을 하기에 좋은 날.

黃粱一炊夢 (황량일취몽)★

[뜻음] 누를 황, 기장 량, 한 일, 불 땔 취, 꿈 몽.
[풀이] 唐(당)나라 盧生(노생)이 道士(도사) 呂翁(여옹)의 베개를 빌려 잠을 잤더니 메조 밥을 한 번 짓는 동안에 富貴功名(부귀공명)을 다 누린 꿈을 꾸었다는 데서, 부귀공명이 덧없음을 비유함. 邯鄲之夢(한단지몽).

黃裳綠衣 (황상녹의)★

[뜻음] 누를 황, 치마 상, 푸를 녹, 옷 의.
[풀이] 本妻(본처)가 밀려나고 妾(첩)이 득세함을 이르는 말. 衣(의)는 위에 입는 上衣(상의), 裳(상)은 아래에 입는 치마. 황색은 正色(정색)으로 귀하고, 녹색은 間色(간색)으로 천한 것인데, 정색인 黃(황)이 아래로 가야 될 치마로 쓰이고 있다는 뜻에서 그 상하의 위치가 바뀌었으므로 이에 나온 말임.

黃悚無地 (황송무지)★

[뜻음] 두려워할 황, 두려워할 송, 없을 무, 땅 지.
[풀이] 惶恐無地(황공무지).

荒淫無道 (황음무도)★★

[뜻음] 거칠 황, 음란할 음, 없을 무, 도리 도.
[풀이] 술과 계집에 깊이 빠져 사람으로서 마땅히 할 道理(도리)를 잃어버림.

荒淫酒色 (황음주색)★

[뜻음] 거칠 황, 음란할 음, 술 주, 여색 색.
[풀이] 술과 여색을 즐기며 함부로 음탕한 짓을 함.

黃雀伺蟬 (황작사선)★

[뜻음] 누를 황, 참새 작, 엿볼 사, 매미 선.
[풀이] 매미를 잡으려고 사마귀가 노리고 있고, 그 사마귀를 쫓으려고 참새가 노리고 있으며, 그 밑에 총알이 참새를 겨누고 있음에도 이를 깨닫지 못함. 危害(위해)가 닥쳐 있음을 알지 못함을 비유하여 이르는 말.

黃鐘毀棄瓦釜雷鳴 (황종훼기와부뇌명)★

[뜻음] 누를 황, 종 종, 헐 훼, 버릴 기, 기와 와, 솥 부, 우레 뇌, 울 명.
[풀이] 君子(군자)는 버림을 받고 小人(소인)이 跋扈(발호)함을 비유한 말. 黃鐘(황종)은 십이율의 하나임. 君子(군자)가 排斥(배척)당함의 비유. 출전 楚辭(초사) 卜居篇(복거편).

黃塵萬丈 (황진만장)★

[뜻음] 누를 황, 티끌 진, 일만 만, 길이단위 장.
[풀이] 누런 흙먼지가 바람에 날려 하늘 높이 치솟는 모양. 俗世(속세)의 너절하고 귀찮은 현상을 이르는 말.

皇天后土 (황천후토)★

[뜻음] 임금 황, 하늘 천, 임금 후, 흙 토.
[풀이] 하늘의 신과 땅의 신. 天神(천신)과 地祇(지기). 天地神祇(천지신기). 皇(황)과 后(후)는 敬語(경어)임.

荒誕無稽 (황탄무계)★

[뜻음] 거칠 황, 허황할 탄, 없을 무, 상고할 계.
[풀이] 荒唐無稽(황당무계).

黃河如帶泰山若厲 (황하여대태산약려)★

[뜻음] 누를 황, 물 하, 같을 여, 띠 대, 클 태, 뫼 산, 같을 약, 숫돌 려.
[풀이] 黃河(황하)가 띠처럼 가늘게 되고, 태산이 숫돌만큼 작아진다는 뜻으로, 절대로 있을 수 없는 일을 비유함. 출전 史記(사기).

黃河淸 (황하청)★

[뜻음] 누를 황, 강 하, 맑을 청.
[풀이] 百年河淸(백년하청).

黃花晚節 (황화만절)★

[뜻음] 누를 황, 꽃 화, 늦을 만, 마디 절.
[풀이] '국화'를 달리 이르는 말. 年老(연로)하여 健壯(건장)함을 비유함.

惶惶怯怯 (황황겁겁)★

[뜻음] 두려워할 황, 겁낼 겁.
[풀이] 몹시 두렵고 겁이 남.

惶惶汲汲 (황황급급)★

[뜻음] 당황할 황, 물길을 급.
[풀이] 貧困(빈곤)에 허덕임. 살림에 쪼들려 안달함.

遑遑急急 (황황급급)★

[뜻음] 허둥지둥할 황, 급할 급.
[풀이] 몹시 황급함.

遑遑罔極 (황황망극)

[뜻음] 허둥지둥할 황, 없을 망, 지극할 극.
[풀이] 황황하기 그지없음.

遑遑罔措 (황황망조)★

[뜻음] 허둥지둥할 황, 없을 망, 놓을 조.
[풀이] 썩 황급하여 어찌할 줄을 모르고 갈팡질팡함. 皇皇怯怯(황황겁겁). 惶怯(황겁).

會稽之恥 (회계지치)★

[뜻음] 모일 회, 상고할 계, 갈 지, 부끄러워할 치.
[풀이] 敗戰(패전)하여 받은 잊을 수 없는 羞恥(수치). 吳王(오왕) 夫差(부차)와 會稽山(회계산)에서 싸우다가 지고 잡혀 받은 屈辱(굴욕)을 잊지 않기 위해 越王(월왕) 句踐(구천)이 臥薪嘗膽(와신상담)한 끝에 마침내 부차와 싸워 이겨서 雪恥(설치)한 故事(고사)에서 나옴. '臥薪嘗膽(와신상담)'을 보시오. 출전 史記(사기).

悔過遷善 (회과천선)★

[뜻음] 뉘우칠 회, 허물 과, 옮길 천, 착할 선.
[풀이] 지난날의 잘못을 뉘우치고 착한 일을 하게 됨.

回光返照 (회광반조)★

[뜻음] 돌 회, 빛 광, 돌이킬 반, 비출 조.
[풀이] 빛을 돌이켜 거꾸로 비춘다. 자신을 반성해서 곧바로 자기 심성의 신령한 성품을 비쳐 보는 것. 廻光返照(회광반조).

懷橘墮地 (회귤타지)★

[뜻음] 품을 회, 귤 귤, 떨어질 타, 땅 지.
[풀이] 孝子(효자)의 정성을 이르는 말. 중국 後漢(후한)의 陸績(육적)이 여섯 살 때 袁術(원술)을 찾아가서 차려 내온 귤에서 세 개를 옷속에 품었다가, 하직 인사를 할 때 그만 땅에 떨어뜨렸으므로 원술이 이상히 여겨 물으니, 돌아가 어머니에게 드리려 하였다고 대답한 옛일에서 온 말. 陸績懷橘(육적회귤).

誨盜誨淫 (회도회음)★

[뜻음] 가르칠 회, 도적 도, 음란할 음.
[풀이] 재물의 간수를 소홀히 하면 도둑을 부르게 되고, 여자의 맵시를 妖艶(요염)하게 꾸미면 淫蕩(음탕)한 짓을 하게 된다는 뜻. 誨(회)는 '부르다, 가르쳐 인도하다'의 뜻. 출전 易經(역경).

回祿之災 (회록지재)★

[뜻음] 돌아올 회, 복 록, 갈 지, 재앙 재.
[풀이] 回祿(회록)은 화재를 맡은 神(신). ① 火災(화재). ② 불의 신. 출전 春秋左氏傳(춘추좌씨전).

賄賂公行 (회뢰공행)★

[뜻음] 뇌물 회, 뇌물 줄 뢰, 공변될 공, 갈 행.
[풀이] 뇌물을 주고받음이 아무 거리낌 없이 공공연히 행해짐.

灰滅之咎 (회멸지구)★

[뜻음] 재 회, 멸망할 멸, 갈 지, 허물 구.
[풀이] 灰滅(회멸)은 타서 없어진다는 뜻으로, 한 가족이 망하여 없어지게 되는 무거운 형벌. 출전 後漢書(후한서).

回賓作主 (회빈작주)★

[뜻음] 돌아올 회, 손 빈, 지을 작, 주인 주.
[풀이] 손님을 돌려 주인을 만든다. 남의 의견이나 주장하는 사람을 제쳐 놓고 제멋대로 함을 이르는 말.

繪事後素 (회사후소)★★

[뜻음] 그릴 회, 일 사, 뒤 후, 바탕 소.
[풀이] 그림을 그리는 일은 바탕이 있은 뒤에야 가능하다. 본래 素(소)란 바탕을 말하는 것이고, 그 바탕이란 아무것도 칠하지 않은 순수한 것. 세상의 모든 일이란 바탕이 있고 나서야 가능한 것. 따라서 사람은 좋은 바탕을 먼저 기른 뒤에 文飾(문식)을 더해야 한다는 말. 출전 論語(논어).

回生之望 (회생지망)★

[뜻음] 돌아올 회, 살 생, 갈 지, 바랄 망.
[풀이] 다시 살아날 수 있는 가망.

回心向道 (회심향도)★

[뜻음] 돌아올 회, 마음 심, 향할 향, 길 도.
[풀이] 마음을 바로잡고 道(도)로 들어섬.

懷玉其罪 (회옥기죄)★

[뜻음] 품을 회, 구슬 옥, 그 기, 허물 죄.
[풀이] 玉(옥)을 가지고 있어 오히려 禍(화)를 부름. 懷璧其罪(회벽기죄).

誨人不倦 (회인불권)★

[뜻음] 가르칠 회, 사람 인, 아닐 불, 게으를 권.
[풀이] 사람을 조금도 倦怠(권태)를 느끼지 않고 誠心(성심), 誠意(성의)로 敎誨(교회)함. 출전 論語(논어) 述而篇(술이편).

懷刺不適 (회자부적)★

[뜻음] 품을 회, 명함 자, 아닐 부, 만날 적.
[풀이] 명함을 품고 다녔지만 아무도 만나지 못하다. 존경할 만한 사람을 만나지 못했거나 만날 수 없는 경우를 가리키는 말.

膾炙人口 (회자인구)★

[뜻음] 날고기 회, 구운 고기 자, 사람 인, 입 구.
[풀이] 잘게 썬 고기를 구운 요리는 사람들의 입에 자주 오르내림. 사람 입에 자주 오르내림. 누구나 다 칭찬해서 마지않음. 널리 사람들에게 이야기되다. 膾炙(회자)는 잘게 썬 고기를 구운 요리. 출전 맹자 진심장구.

會者定離 (회자정리)★

[뜻음] 모일 회, 놈 자, 정할 정, 헤어질 리.
[풀이] 만나는 사람은 반드시 헤어지게 됨. 會者定離去者必返(회자정리거자필반).

會者定離去者必返 (회자정리거자필반)★★

[뜻음] 모일 회, 놈 자, 정할 정, 헤어질 리, 갈 거, 반드시 필, 돌아올 반.
[풀이] 만나는 사람은 반드시 헤어지게 되고, 떠난 자는 반드시 돌아온다는 말. 출전 法華經(법화경).

悔之莫及 (회지막급)★

[뜻음] 뉘우칠 회, 갈 지, 아닐 막, 미칠 급.
[풀이] 몹시 뉘우침. 後悔莫及(후회막급).

廻天倒日之力 (회천도일지력)★

[뜻음] 돌릴 회, 하늘 천, 거꾸로 도, 해 일, 갈 지, 힘 력.
[풀이] 하늘을 돌리고 해를 거꾸로 하는 힘. 극히 큰 힘을 이름.

回天之力 (회천지력)★

[뜻음] 돌 회, 하늘 천, 갈 지, 힘 력.
[풀이] 天子(천자)가 무슨 일을 하려고 하는 마음을 諫(간)하여 돌리는 힘. 천자의 마음을 바른 데로 인도하는 힘. 衰殘(쇠잔)한 國勢(국세) 또는 어지러운 時局(시국)을 挽回(만회)하는 힘. 출전 唐書(당서).

懷寵尸位 (회총시위)★

[뜻음] 품을 회, 사랑할 총, 주검 시, 자리 위.
[풀이] 임금의 총애를 받다가 물러나야 할 때에 물러나지 않고 계속해서 벼슬자리를 지키는 것. 중국 秦始皇(진시황) 때 丞相(승상) 이사를 두고 하는 말. '指鹿爲馬(지록위마)'를 참조하시오. 출전 孝經(효경).

劃地而趨 (획지이추)★

[뜻음] 그을 획, 땅 지, 말 이을 이, 달릴 추.
[풀이] 땅에 금을 긋고 그 금 안에서 행동한다는 뜻으로, 예법에 구속되어 스스로 고생함을 비유함. '추'는 종종걸음으로, 예식에서 항상 쓰이는 걸음걸이. 출전 莊子(장자).

橫來之厄 (횡래지액)★

[뜻음] 가로 횡, 올 래, 갈 지, 재앙 액.
[풀이] 뜻밖에 닥쳐오는 모질고 사나운 일. 橫厄(횡액).

橫目縱鼻 (횡목종비)★

[뜻음] 가로 횡, 눈 목, 세로 종, 코 비.
[풀이] 눈은 가로, 코는 세로 붙었다. 사람의 面相(면상)을 이르는 말.

横步行好去京 (횡보행호거경)★

[뜻음] 가로 횡, 걸을 보, 갈 행, 좋을 호, 갈 거, 서울 경.
[풀이] 모로 걸어가도 서울만 가면 된다. 수단은 어떻든 목적만 달성하면 된다는 속담. 출전 青莊館全書(청장관전서).

橫槊賦詩 (횡삭부시)★

[뜻음] 가로놓을 횡, 창 삭, 시 부, 시 시.
[풀이] 陣中(진중)에서 豪氣(호기)와 風流(풍류)가 넘치도록 詩歌(시가)를 읊다. 馬上(마상)에서 槍(창)을 뉘어 놓고 시를 지음. 魏(위)나라 曹操(조조)가 吳(오)나라를 칠 때 赤壁(적벽)에서 시를 지은 고사에서 나온 말. 출전 三國志演義(삼국지연의).

橫說竪說 (횡설수설)★

[뜻음] 가로 횡, 말씀 설, 세로 수.
[풀이] 가로로 말했다 세로로 말함. 조리가 없는 말을 되는 대로 이러쿵저러쿵 지껄임. 竪는 豎의 俗字(속자).

橫竪說話 (횡수설화)★

[뜻음] 가로 횡, 세로 수, 말씀 설, 말씀 화.
[풀이] 橫說竪說(횡설수설).

橫行介士 (횡행개사)★

[뜻음] 멋대로 횡, 다닐 행, 갑옷 개, 선비 사.
[풀이] 거리낌 없이 멋대로, 가로로 다니는 게나, 임금 앞에서도 거리낌 없이 바른말을 하는 강직한 선비.

橫行公子 (횡행공자)★

[뜻음] 가로 횡, 다닐 행, 공변될 공, 아들 자.
[풀이] '게'를 풍아하게 일컫는 말.

橫行天下 (횡행천하)★★

[뜻음] 멋대로 행, 갈 행, 하늘 천, 아래 하.
[풀이] 세상에서 제멋대로 날뜀. 출전 史記(사기) 伯夷傳(백이전).

橫行闊步 (횡행활보)★★

[뜻음] 멋대로 횡, 다닐 행, 넓을 활, 걸음 보.
[풀이] 두 손을 내두르며 껑충껑충 걸음. 무람없이 멋대로 행동함.

皛飯毳飯 (효반취반)★

[뜻음] 나타날 효, 밥 반, 솜털 취.
[풀이] 蘇軾(소식)이 劉貢父(유공보)에게서 한 움큼의 소금, 한 접시의 무, 한 주발의 밥(세 가지가 다 희니 三白[삼백], 곧 '皛'의 뜻)을 皛飯(효반)이란 이름으로 대접받고 다음 날 유공보를 초청하여 毳飯(취반)을 대접하겠다 하였는데, 때가 지나도 밥상을 차려 내오지 않고 소금도, 무도, 밥도 없으니, 이것이 곧 毳飯(취반)이 아니냐고 했다는 옛일에서 온 말. '毛'는 '無'의 뜻.

孝百行之本 (효백행지본)★

[뜻음] 효도 효, 일백 백, 갈 행, 갈 지, 근본 본.
[풀이] 효는 모든 덕행의 근본이라는 말. 孝者德之本(효자덕지본).

效顰 (효빈)★★

[뜻음] 본받을 효, 찡그릴 빈.

[풀이] 눈을 찡그려도 예쁜 서시를 따라 자신도 흉내를 냄. '東施效顰(동시효빈)'을 보시오.

梟首警衆 (효수경중)★

[뜻음] 목베어달 효, 머리 수, 경계할 경, 무리 중.
[풀이] 효수를 행하여 뭇사람을 경계함. 梟(효)는 '올빼미'나 '목을 베어 매달다'의 뜻.

嚆矢 (효시)★★★

[뜻음] 울릴 효, 화살 시.
[풀이] 옛날에 전쟁을 시작할 때 소리가 나는 화살을 쏘아 올려 신호 삼아 전투를 開始(개시)함. 사물의 맨 처음. 비슷한 말로 濫觴(남상), 鼻祖(비조) 등이 있음.

　嚆矢(효시)는 소리가 나는 화살을 말한다. '響箭(향전)'이라고도 한다.
　옛날 중국에서는 이 우는 화살을 적진에 쏘아 보냄으로써 개전 신호를 삼았다 한다. 그래서 모든 것의 始初(시초)나 先例(선례)를 가리키게 되었다.
　이 말은 ≪莊子(장자)≫ 在宥篇(재유편)에 나온다.
　"… 나는 聖人(성인)의 智慧(지혜)가 罪人(죄인)의 목에 거는 큰 칼과 발에 거는 차꼬가 되지 않고, 또 이른바 仁(인)이니 義(의)니 하는 것이 차꼬와 수갑의 빗장이 되지 않은 예를 알지 못한다. 孝道(효도)로 유명한 曾參(증삼)과 剛直(강직)하기로 유명한 史鰌(사유)가 暴君(폭군)인 桀(걸)과 가장 큰 도둑인 跖(척)의 嚆矢(효시)가 아니란 것을 어떻게 알 수 있겠는가. 그러므로 聖(성)을 끊고 知(지)를 버려야 천하가 크게 다스려진다고 말하는 것이다."

梟愛其子 (효애기자)★

[뜻음] 올빼미 효, 사랑 애, 그 기, 아들 자.
[풀이] 올빼미는 그 새끼를 사랑하지만, 새끼는 자란 후에 그 어미를 잡아먹는 데서, '은혜를 원수로 갚음'을 이르는 말. 출전 呂氏春秋(여씨춘추).

孝者德之本 (효자덕지본)★

[뜻음] 효도 효, 놈 자, 덕망 덕, 갈 지, 근본 본.
[풀이] 효는 모든 덕행의 근본이라는 말. 孝百行之本(효백행지본).

孝子不匱 (효자불궤)★

[뜻음] 효도 효, 아들 자, 아닐 불, 다할 궤.
[풀이] 효자의 효성은 지극하여 한이 없음. 한 사람이 효도를 하면 다른 사람이 이에 감화되어 따라 효도를 하여 효자가 연달아 생김.

孝子愛日 (효자애일)★

[뜻음] 효도 효, 자식 자, 사랑 애, 날 일.
[풀이] 효자는 날을 아낀다. 될 수 있는 한 오래 부모에게 효성을 다하여 섬기고자 하는 마음을 이름.

孝子之門 (효자지문)★

[뜻음] 효도 효, 아들 자, 갈 지, 문 문.

[풀이] 효자가 난 가문.

孝悌忠信 (효제충신)★★

[뜻음] 효도 효, 공경할 제, 충성 충, 믿을 신.
[풀이] 부모에게 효도하는 것, 형제간에 우애 있는 것, 임금에게 충성하는 것, 벗 사이에 믿음 있는 것.

梟破獍 (효파경)★

[뜻음] 올빼미 효, 깨뜨릴 파, 짐승 이름 경.
[풀이] 올빼미는 어미 새를 잡아먹는 새임, 파경은 아비 짐승을 잡아먹는 짐승이란 뜻으로, 凶惡無道(흉악무도)한 惡人(악인)을 이르는 말. 梟獍(효경). 출전 漢書(한서).

斅學半 (효학반)★★

[뜻음] 가르칠 효, 배울 학, 반 반.
[풀이] 남을 가르치는 일이 자기 학업의 반을 차지한다. 학업의 반은 남을 가르치는 동안에 이루어진다는 말. 출전 書經(서경) 說命(열명).

斅學相長 (효학상장)★★

[뜻음] 가르칠 효, 배울 학, 서로 상, 길 장.
[풀이] 남에게 가르치는 일과 자신의 학문을 닦는 일은 서로 도움이 됨. 教學相長(교학상장).

後車誡 (후거계)★

[뜻음] 뒤 후, 수레 거, 경계할 계.
[풀이] 앞에 가는 수레가 뒤집히는 것을 보고, 뒤에 가는 수레가 警戒(경계)로 삼음. 前者(전자)의 실패를 보고 경계로 삼음. 곧 다른 사람의 경험을 교훈으로 삼으면 그런 잘못을 거듭 저지르지 않는다는 뜻으로 이르는 말. 출전 漢書(한서).

厚德君子 (후덕군자)★

[뜻음] 두터울 후, 덕망 덕, 임금 군, 아들 자.
[풀이] 덕행이 두텁고 점잖은 사람. 후덕한 군자.

後來三杯 (후래삼배)★★

[뜻음] 뒤 후, 올 래, 석 삼, 잔 배.
[풀이] 술자리에서 늦게 온 사람에게 권하는 석 잔의 술. 後來者三盃(후래자삼배).

後來先杯 (후래선배)★

[뜻음] 뒤 후, 올 래, 먼저 선, 잔 배.
[풀이] 술자리에서 늦게 온 사람에게 巡杯(순배)가 끝나든 안 끝나든 간에 술잔을 먼저 권할 때 쓰는 말.

後來者居上 (후래자거상)★

[뜻음] 뒤 후, 올 래, 놈 자, 있을 거, 위 상.
[풀이] 신참자가 고참자의 윗자리에 있음. 출전 史記(사기).

朽木難雕 (후목난조)★

[뜻음] 썩을 후, 나무 목, 어려울 난, 새길 조.
[풀이] 썩은 나무는 조각할 수 없다. 朽木糞牆(후목분장). 朽木不可雕(후목불가조).

朽木糞牆 (후목분장)★★★

[뜻음] 썩을 후, 나무 목, 똥 분, 담장 장.
[풀이] 썩은 나무와 부패한 담장. 썩은 나무는 조각할 수 없고, 낡은 담은 고칠 수가 없다. ① 마음이 썩어 배우고자 하는 뜻이 없는 사람은 가르칠 수 없다. ② 人道(인도)가 땅에 떨어진 세상을 비유함. 朽木糞土(후목분토). 출전 論語(논어) 公冶長篇(공야장편).

朽木糞土 (후목분토)★

[뜻음] 썩을 후, 나무 목, 똥 분, 흙 토.
[풀이] 朽木糞牆(후목분장).

朽木不可雕 (후목불가조)★

[뜻음] 썩을 후, 나무 목, 아닐 불, 가할 가, 새길 조.
[풀이] 썩은 나무는 조각할 수 없다. 朽木糞牆(후목분장).

後生可畏 (후생가외)★★★

[뜻음] 뒤 후, 날 생, 가할 가, 두려워할 외.
[풀이] 後生(후생)은 뒤에 난 사람, 즉 자기보다 나이가 어린 사람을 말한다. 後生可畏(후생가외)라는 말은 이제 자라나는 어린 사람이나, 修養(수양) 과정에 있는 젊은 사람들이 두렵다는 말이다.

이 말은 ≪論語(논어)≫ 子罕篇(자한편)에 있는 孔子(공자)의 말씀이다. 두렵다는 것은 무섭다는 뜻이 아니고 尊敬(존경)한다는 뜻이 있다.
"뒤에 난 사람이 두렵다. 어떻게 앞으로 오는 사람들이 지금만 못할 줄을 알 수 있겠는가. 나이 四, 五○이 되었는데도 이렇다 할 이름이 알려져 있지 않는 사람은 별로 두려워할 것이 못 된다."
공자의 이 말은 공자보다 서른 살이 아래인 顔子(안자)의 재주와 덕을 칭찬해서 한 말이라고도 한다. 顔子(안자)는 顔淵(안연)이다. 젊은 나이에 세상을 떴다.
공자의 이 말은 역시 하나의 진리가 아닐 수 없다. 未知數(미지수)란, 항상 커 나가는 사람, 커 나가는 세력에 있는 것이다. 하찮게 여겼던 사람이 커서 자기보다 훌륭하게 된 예는 주변에 흔하다.

後生角高 (후생각고)★

[뜻음] 뒤 후, 날 생, 뿔 각, 높을 고.
[풀이] 뒤에 난 뿔이 우뚝하다. 제자나 후배가 스승이나 선배보다 훨씬 나을 때 이르는 말.

喉舌之官 (후설지관)★

[뜻음] 목구멍 후, 혀 설, 갈 지, 벼슬 관.
[풀이] 목과 혀 노릇을 하는 신하. 대변인. 임금의 말을 기록하는 관원.

喉舌之臣 (후설지신)★

[뜻음] 목구멍 후, 혀 설, 갈 지, 신하 신.
[풀이] 목구멍과 혀의 역할을 하는 신하. 대변인을 일컬음. 喉舌(후설). 출전 詩經(시경) 大雅(대아) 烝民篇(증민편).

喉舌之任 (후설지임)★

[뜻음] 목구멍 후, 혀 설, 갈 지, 맡길 임.
[풀이] ‘承旨(승지)’의 職任(직임)을 이르는 말. 喉舌之臣(후설지신).

後時之嘆 (후시지탄)★

[뜻음] 뒤 후, 때 시, 갈 지, 탄식할 탄.
[풀이] 時機(시기)나 기회를 놓쳐 안타까움.

後身外己 (후신외기)★

[뜻음] 뒤 후, 몸 신, 바깥 외, 몸 기.
[풀이] 내 몸을 뒤로하고 자기를 밖으로 한다. 자기의 일은 뒷전으로 돌리고, 남을 위하여 힘을 다함을 이르는 말. 출전 顏氏家訓(안씨가훈).

厚顏無恥 (후안무치)★★

[뜻음] 두터울 후, 얼굴 안, 없을 무, 부끄러울 치.
[풀이] 얼굴이 두껍고 부끄러워할 줄 모름.

朽條腐索 (후조부삭)★

[뜻음] 썩을 후, 가지 조, 썩을 부, 새끼줄 삭.
[풀이] 썩은 끈과 썩은 새끼. 아무 소용이 없는 것.

酗酒雜技 (후주잡기)★

[뜻음] 주정할 후, 술 주, 섞일 잡, 재주 기.
[풀이] 술 마시고 주정하는 짓과 잡된 노름.

後悔莫及 (후회막급)★★

[뜻음] 뒤 후, 뉘우칠 회, 아닐 막, 미칠 급.
[풀이] 이미 잘못된 뒤에 아무리 후회하여도 어찌할 수가 없음.

後悔噬臍 (후회서제)★

[뜻음] 뒤 후, 뉘우칠 회, 씹을 서, 배꼽 제.
[풀이] 일이 일어난 후에 아무리 후회해도 소용이 없음. ‘噬臍’는 배꼽을 문다는 뜻으로, ‘미칠 수 없음’을 이름. 출전 春秋左氏傳(춘추좌씨전).

熏腐之餘 (훈부지여)★

[뜻음] 그을릴 훈, 썩을 부, 갈 지, 남을 여.
[풀이] 宦官(환관), 內侍(내시), 熏子(훈자). 熏子(훈자)는 궁형을 당하고 후궁에 출사하는 사람. 一名(일명) 고자대감.

薰蕕不同器 (훈유부동기)★★

[뜻음] 향 풀 훈, 누린내풀 유, 아닐 부, 같을 동, 그릇 기.
[풀이] 향내 나는 풀과 나쁜 냄새가 나는 풀이 같은 그릇에 담겨 있을 수 없다. 善人(선인)과 惡人(악인)은 같은 자리에 있을 수 없음.

薰以香自燒 (훈이향자소)★

[뜻음] 향 풀 훈, 써 이, 향기 향, 스스로 자, 불태울 소.
[풀이] 훈초는 향기를 가짐으로써 불태워지는 재난을 만난다. 재주 있는 사람이 그 재주를 감추지 못함으로써 도리어 그 몸을 망침. 출전 漢書(한서).

壎篪相和 (훈지상화)★★★

[뜻음] 질나발 훈, 피리 지, 서로 상, 화할 화.

[풀이] 훈을 불면 지가 화답한다. 형은 질나발을 불고 아우는 이에 和答(화답)하여 지를 분다. 훈과 지는 피리에 속한 악기의 이름. 壎(훈)은 흙으로 만들어 소리가 외치는 소리 같고, 篪(지)는 대로 만든 횡적의 일종이며 길이 일 척 사 촌 또는 일 척 이 촌으로, 八孔(팔공)이 있고 소리가 어린애 울음소리 같음. 형이 훈을 불고 아우가 지를 불어 합주한다는 뜻이므로, 兄弟(형제)가 서로 和睦(화목)함을 이름. 출전 詩經(시경) 小雅(소아).

壎篪雅奏 (훈지아주)★

[뜻음] 질나발 훈, 저 지, 고아할 아, 연주할 주.
[풀이] 壎篪相和(훈지상화).

喧譁之聲 (훤화지성)★

[뜻음] 시끄러울 훤, 지껄일 화, 갈 지, 소리 성.
[풀이] 시끄럽게 지껄여 떠드는 소리.

毁家黜洞 (훼가출동)★★

[뜻음] 헐 훼, 집 가, 내칠 출, 고을 동.
[풀이] 한 고을이나 한 동네에서 풍속을 어지럽힌 사람의 집을 헐어 버리고 동네 밖으로 내쫓음. 毁家黜送(훼가출송).

毁家黜送 (훼가출송)★★

[뜻음] 헐 훼, 집 가, 내칠 출, 보낼 송.
[풀이] 한 고을 한 동네의 風紀(풍기)를 어지럽게 한 사람의 집을 헐고 다른 곳으로 내쫓음. 毁家黜洞(훼가출동).

毁譽褒貶 (훼예포폄)★

[뜻음] 헐 훼, 기릴 예, 기릴 포, 깎아 내릴 폄.
[풀이] 毁譽(훼예). 誹謗(비방)함과 칭찬함. 비난과 명예.

喙長三尺 (훼장삼척)★

[뜻음] 부리 훼, 길 장, 석 삼, 자 척.
[풀이] 주둥이가 삼 척이나 된다. 허물이 드러나 감추려 해도 감출 수가 없다. 말을 썩 잘함. 언론이 썩 능함을 비유함. 출전 唐書(당서).

毁瘠骨立 (훼척골립)★

[뜻음] 헐 훼, 파리할 척, 뼈 골, 설 립.
[풀이] 바싹 말라서 뼈만 앙상하게 드러남. 毁瘠(훼척)은 瘦瘠(수척).

揮淚斬馬謖 (휘루참마속)★

[뜻음] 휘두를 휘, 눈물 루, 벨 참, 말 마, 일어날 속.
[풀이] 諸葛亮(제갈량)의 장수 馬謖(마속)이 亮(양)의 명령을 거슬러 街亭(가정)의 싸움에 패하였으므로 亮(양)이 눈물을 머금고 謖(속)을 베어 그 죄를 다스린 고사. 정에 흐르지 않고 법대로 벌할 것은 벌함. ‘泣斬馬謖(읍참마속)’을 보시오.

諱之祕之 (휘지비지)★★

[뜻음] 꺼릴 휘, 갈 지, 숨길 비.
[풀이] 자꾸 입에 오르내리는 것이 꺼려져 드러나지 않도록 감춘다. ‘흐지부지’라는 말로 바뀜. 諱祕(휘비).

麾下 (휘하)★

[뜻음] 대장기 휘, 아래 하.

[풀이] 대장에 직속된 사람. 휘는 옛날 군대에서 대장이 가진 깃발. 출전 史記(사기) 淮陰侯傳(회음후전).

輝煌燦爛 (휘황찬란)★

[뜻음] 빛날 휘, 빛날 황, 빛날 찬, 빛날 란.
[풀이] 光彩(광채)가 빛나서 눈이 부시게 번쩍임. 못된 꾀가 많아서 야단스럽기만 하고 믿을 수 없음.

虧盈而益謙 (휴영이익겸)★

[뜻음] 이지러질 휴, 찰 영, 말 이을 이, 더할 익, 덜 겸.
[풀이] 천지자연의 가득 찬 것을 덜어서 감소한 것에 더함. 해는 정중에서 기울고, 달은 차면 이지러지는 따위를 이르는 말. 출전 易經(역경).

睢睢盱盱 (휴휴우우)★

[뜻음] 눈 부릅뜰 휴, 눈 부릅뜰 우.
[풀이] ① 天地開闢(천지개벽) 초에 천지의 기운이 아직 나뉘지 않은 상태. 천지의 원기가 분명하지 않은 모양. ② 제멋대로 하는 모양. 방자한 모양. 驕慢(교만). ③ 눈을 크게 뜨고 봄. 유의하여 보거나 듣거나 함. 출전 莊子(장자).

鷸蚌相爭 (휼방상쟁)★

[뜻음] 도요새 휼, 민물조개 방, 서로 상, 다툴 쟁.
[풀이] 鷸蚌之爭(휼방지쟁). 漁父之利(어부지리).

鷸蚌之爭 (휼방지쟁)★★

[뜻음] 도요새 휼, 민물조개 방, 갈 지, 다툴 쟁.
[풀이] 도요새와 민물조개가 서로 막상막하로 다투다가 둘 다 어부에게 잡히는 몸이 됨. 비슷한 말로, 犬兔之爭(견토지쟁), 蚌鷸地勢(방휼지세), 漁人之功(어인지공), 田父之功(전부지공), 坐收漁人之功(좌수어인지공), 漁父之利(어부지리) 등이 있음. 출전 戰國策(전국책) 燕策(연책).

匈奴冒頓 (흉노묵특)★

[뜻음] 오랑캐 흉, 종 노, 선우이름 묵, 오랑캐이름 특.
[풀이] 묵특은 冒頓(묵돌)의 달리 읽는 音(음). ① 冒頓單于(묵돌선우)를 匈奴(흉노)로서 일컫는 이름. ② 凶惡無道(흉악무도)한 사람을 이르는 말.

凶夢大吉 (흉몽대길)★

[뜻음] 흉할 흉, 꿈 몽, 큰 대, 길할 길.
[풀이] 불길한 꿈을 꾸었을 때, 꿈은 사실과 반대로 나타나는 것이니 오히려 길할 징조라고 위로하는 말.

凶惡罔測 (흉악망측)★

[뜻음] 흉할 흉, 악할 악, 없을 망, 측량할 측.
[풀이] 몹시 흉악함. 凶測(흉측).

凶惡無道 (흉악무도)★

[뜻음] 흉할 흉, 악할 악, 없을 무, 도리 도.
[풀이] 성질이 사납고 악하며 道義心(도의심)이 없음.

胸有成竹 (흉유성죽)★

[뜻음] 가슴 흉, 있을 유, 이룰 성, 대 죽.

[풀이] 가슴속에 대나무가 이루어져 있다. ① 어떤 문제에 逢着(봉착)했을 때 마음속에 성숙된 주장이나 해결방법이 진작 있음을 일컫는 말. ② 대나무 그림을 그릴 때 이미 마음속에 대나무가 완성되어 있어야 한다는 文同(문동)의 말.

胸中生塵 (흉중생진)★

[뜻음] 가슴 흉, 가운데 중, 날 생, 티끌 진.
[풀이] ① 마음속에 고통·비애 따위의 감정이 일어남을 이르는 말. ② 오랫동안 남을 그리워하면서 만나지 못하고 있음.

胸中麟甲 (흉중인갑)★

[뜻음] 가슴 흉, 가운데 중, 기린 인, 갑옷 갑.
[풀이] 가슴속에 기린 갑옷을 둠. 남과 다툴 마음을 품음을 이름. 출전 宋史(송사).

凶則大吉 (흉즉대길)★

[뜻음] 흉할 흉, 곧 즉, 큰 대, 길할 길.
[풀이] 占卦(점괘)나 四柱(사주)풀이, 土亭秘訣(토정비결) 등에서 나타난 신수가 아주 나쁠 때에는 오히려 정반대로 大吉(대길)하다는 말.

凶暴惡戾 (흉포악려)★

[뜻음] 흉할 흉, 사나울 포, 악할 악, 사나울 려.
[풀이] 흉악하고 포악하고 사나움. 暴戾恣睢(폭려자휴). 출전 史記(사기) 伯夷傳(백이전).

黑狗逐彘 (흑구축체)★

[뜻음] 검을 흑, 개 구, 쫓을 축, 돼지 체.
[풀이] 검정개가 돼지를 쫓는다. 서로 인격이나 학식이 비슷한 사람끼리 사귀어 모임을 이르는 말.

黑白分明 (흑백분명)★

[뜻음] 검을 흑, 흰 백, 나눌 분, 밝을 명.
[풀이] 善惡(선악)의 구별이 분명함. 출전 春秋繁露(춘추번로).

黑白不分 (흑백불분)★

[뜻음] 검을 흑, 흰 백, 아닐 불, 나눌 분.
[풀이] ① 검은 것과 흰 것을 분간하지 못함. ② 잘못이 분명하지 않음.

黑白顚倒 (흑백전도)★

[뜻음] 검을 흑, 흰 백, 넘어질 전, 넘어질 도.
[풀이] 黑白(흑백)이 뒤집혔다. 시비가 전도됨. 是非顚倒(시비전도). 混淆黑白(혼효흑백). 反白爲黑(반백위흑).

黑齒雕題 (흑치조제)★

[뜻음] 검을 흑, 이 치, 새길 조, 지을 제.
[풀이] 이를 검게 염색하고 이마에 刺文(자문)을 함. 野蠻(야만)의 風俗(풍속).

掀動一世 (흔동일세)★

[뜻음] 치켜들 흔, 움직일 동, 한 일, 세상 세.
[풀이] 名聲(명성)이 널리 세상에 알려짐. 떨치는 威勢(위세)가 당당하여 한 세상을 뒤흔듦.

欣然待接 (흔연대접)★

[뜻음] 기뻐할 흔, 그럴 연, 기다릴 대, 대접할 접.
[풀이] 기쁜 마음으로 대접함. 기꺼이 잘 대접함.

釁鍾 (흔종)★★

[뜻음] 피 바를 흔, 종 종.
[풀이] 새로 종을 만들 때 犧牲(희생)을 잡아 그 피로 종에 바르고 제사 지냄을 이름. '犧牲(희생)'을 참고하시오. 출전 孟子(맹자) 梁惠王上篇(양혜왕상편).

欣欣樂樂 (흔흔낙락)★

[뜻음] 기뻐할 흔, 즐거울 락.
[풀이] 매우 기뻐하며 즐거워함.

欣欣向榮 (흔흔향영)★

[뜻음] 기뻐할 흔, 향할 향, 성할 영.
[풀이] 초목이 무성하게 자라다. 사업이 날로 발전하고 융성하는 것.

欽明文思 (흠명문사)★

[뜻음] 공경할 흠, 밝을 명, 글월 문, 생각할 사.
[풀이] 堯(요)임금의 덕을 稱頌(칭송)한 말. 몸을 삼가는 것이 欽(흠), 이치에 환한 것이 明(명), 문장이 빛나는 것이 文(문), 생각이 깊은 것이 思(사)인데 요임금은 이 네 가지를 갖추었다는 말. 출전 書經(서경).

欽恤之典 (흠휼지전)★

[뜻음] 공경할 흠, 구휼할 휼, 갈 지, 법 전.
[풀이] 죄를 저지른 사람에게 대하여 신중히 審議(심의)하라는 뜻의 恩典(은전).

興國强兵 (흥국강병)★

[뜻음] 일어날 흥, 나라 국, 굳셀 강, 군사 병.
[풀이] 나라를 일으키고 군사를 강하게 함.

興亡盛衰 (흥망성쇠)★

[뜻음] 일어날 흥, 망할 망, 성할 성, 쇠잔할 쇠.
[풀이] 흥망과 성쇠. 흥하여 일어남과 쇠하여 멸망함.

興亡治亂 (흥망치란)★

[뜻음] 일어날 흥, 망할 망, 다스릴 치, 어지러울 란.
[풀이] 나라가 흥하고 망하는 일과, 세상이 잘 다스려져 평화로움과 그렇지 못하여 어지러운 일.

興味津津 (흥미진진)★

[뜻음] 일어날 흥, 맛 미, 넘칠 진.
[풀이] 흥미가 넘침. 매우 흥미 있게 여겨짐. 津津(진진)은 넘쳐흐르는 모양, 맛이 아주 좋거나 퍽 재미가 있는 모양, 악한 모양, 나쁜 모양 등을 나타냄.

興盛興盛 (흥성흥성)★

[뜻음] 일어날 흥, 성할 성.
[풀이] 활기차게 번성하여 보기에 질번질번한 모양.

興訛做訕 (흥와주산)★

[뜻음] 일어날 흥, 거짓말 와, 지을 주, 비방할 산.
[풀이] 있는 말 없는 말을 보태어 함부로 남을 비방함.

興盡悲來 (흥진비래)★★★

[뜻음] 일어날 흥, 다할 진, 슬플 비, 올 래.
[풀이] 즐거운 일을 다 하면 슬픈 일이 옴. 苦盡甘來(고진감래)와 對(대)가 됨.

興淸亡淸 (흥청망청)★★★

[뜻음] 일어날 흥, 맑을 청, 망할 망.
[풀이] 마구 낭비하고 마구 행동하면 망한다. 朝鮮(조선) 燕山君(연산군) 시절 연산군이 흥청을 시켜 전국의 美女(미녀)들을 모아 놀다가 中宗反正(중종반정)으로 실각해서 생긴 말. 흥청으로 인해서 망했다는 말.

喜怒哀樂 (희로애락)★★

[뜻음] 기쁠 희, 성낼 로, 슬플 애, 즐거울 락.
[풀이] 기뻐하고 성내고 슬퍼하고 즐거워함. '四端(사단)'을 보시오.

稀代未聞 (희대미문)★

[뜻음] 드물 희, 시대 대, 아닐 미, 들을 문.
[풀이] 지극히 드물어 좀처럼 듣지 못함.

喜怒哀樂 (희로애락)★

[뜻음] 기쁠 희, 성낼 로, 슬플 애, 즐거울 락.
[풀이] 기쁨과 노여움과 슬픔과 즐거움. 곧 사람의 온갖 감정.

喜悲哀樂 (희비애락)★

[뜻음] 기쁠 희, 슬플 비, 슬플 애, 즐거울 락.
[풀이] 기쁨과 슬픔과 애처로움과 즐거움.

喜悲哀歡 (희비애환)★

[뜻음] 기쁠 희, 슬플 비, 슬플 애, 기쁠 환.
[풀이] 喜悲哀樂(희비애락).

喜色滿面 (희색만면)★

[뜻음] 기쁠 희, 빛 색, 가득 찰 만, 낯 면.
[풀이] 기쁜 빛이 얼굴에 가득함.

犧牲 (희생)★★★

[뜻음] 희생 희, 희생 생.
[풀이] 천지나 종묘에 제사를 지낼 때 제물로 쓰는 살아 있는 소. 남을 위해 자신의 목숨이나 재물 또는 권리를 포기하는 일. 색이 순수한 것을 희, 길함을 얻지 못해 죽이는 것을 생.

　　본디 天地(천지)나 宗廟(종묘)에 제사를 지낼 때 제물로 쓰는 살아 있는 소를 일컫는 말이었다. 색이 순수한 것을 犧(희)라고 하며, 길함을 얻지 못해 죽이는 것을 牲(생)이라고 하였다. ≪周禮(주례)≫ 地官牧人(지관목인)에 "무릇 제사를 지낼 때는 그 희생을 함께 하는데 충인에게 주어서 이를 묶게 한다. 凡祭祀共其犧牲 以授充人繫之

(범제사공기희생 이수충인계지)"라는 말이 보이며, 또 ≪左傳(좌전)≫에서는 "생은 다섯이고 희는 셋이다. 五牲三犧(오생삼희)"라고 하였다.

≪尉繚子(울료자)≫에는 "야생 짐승은 희생으로 쓰지 않는다野物不爲犧牲(야물불위희생)"는 말이 있고, ≪呂覽(여람)≫에 보면 다음과 같은 기록이 있다.

"은나라 湯王(탕왕)이 하나라를 물리치고 천하에서 왕노릇을 하였다. 그런데 5년이 지나도록 비가 내리지 않자 탕왕은 몸소 상림에 나가 기도하였다. 머리카락을 덮고 손톱을 잘라서 스스로 희생물이 되고자 하며 하느님에게 복을 기구하였다. 그러자 큰비가 하늘에서 내리기 시작하였다."

흔히 '희생양'이라는 말을 많이 쓴다. 서양 문화에서 온 말로, 희생의 제물로 바쳐진 양을 뜻하는 말이다. 그러나 희생의 제물로 서양에서 바친 것은 양이 아니고 염소였다. 염소는 눈의 생김새 때문에 惡(악)을 상징하게 되었다. 희생양은 사실 '희생염소'인 것이다. 우리나라에서는 염소를 한자어로 바꾸면 山羊(산양)이 된다. 어쩌면 희생양이라는 말이 확실히 틀렸다고 말하기도 힘들다.

希聖希賢 (희성희현)★

[뜻음] 바랄 희, 성인 성, 어질 현.
[풀이] 聖賢(성현) 되기를 바람. 사람은 자기보다 더욱 뛰어난 사람을 理想(이상)으로 삼을 것임을 이르는 말.

稀世之才 (희세지재)★

[뜻음] 드물 희, 세상 세, 갈 지, 재주 재.

[풀이] 세상에 드문 才智(재지). 또는 그런 재지를 지닌 사람.

戲綵娛親 (희채오친)★

[뜻음] 희롱할 희, 비단 채, 즐거워할 오, 어버이 친.
[풀이] 어버이의 마음을 즐겁게 하는 일. 老萊子(노래자)가 일흔 살에 오색 옷을 입고 어버이 앞에서 어린애 짓을 하여 어버이를 즐겁게 하였다는 옛일에서 온 말. 老萊之戲(노래지희). 班衣之戲(반의지희). 彩衣娛親(채의오친).

熙皞世界 (희호세계)★

[뜻음] 빛날 희, 밝을 호, 세상 세, 지경 계.
[풀이] 백성이 和樂(화락)하고 나라가 태평한 세상.

羲皇上人 (희황상인)★

[뜻음] 복희 희, 임금 황, 위 상, 사람 인.
[풀이] 伏羲(복희)씨 시대인 太古(태고)적의 사람이라는 뜻으로, 속세를 떠나 閑暇(한가)히 지내는 사람을 이름. 출전 晉書(진서).

羲皇世界 (희황세계)★

[뜻음] 복희 희, 임금 황, 세상 세, 지경 계.
[풀이] 아득한 옛적, 伏羲(복희) 황제 시절. 곧 태평한 시대를 말함. 백성이 편안하고 閑暇(한가)한 세상.

喜喜樂樂 (희희낙락)★

[뜻음] 기쁠 희, 즐거울 락.
[풀이] 매우 기뻐하고 즐거워함.

詰屈聱牙 (힐굴오아)★

[뜻음] 물을 힐, 굽을 굴, 못 알아들을 오, 어금니 아.
[풀이] 문장이 어려워 읽기 힘듦. 佶屈聱牙(길굴오아).

출전

(책 표시 ≪≫는 생략함)

鶡冠子(갈관자).
開元天寶遺事(개원천보유사).
芥子園畫譜序(개자원화보서).
古今詩話(고금시화).
古今注(고금주).
高士傳(고사전).
古樂府(고악부).
公孫龍子(공손룡자) 跡府(적부).
孔子家語(공자가어).
孔叢子(공총자).
關尹子(관윤자).
管子(관자).
舊唐書(구당서).
國語(국어).
鬼谷子(귀곡자).
近思錄(근사록).
今文尙書(금문상서).
金史(금사).
南柯記(남가기).
南史(남사).
南齊書(남제서).
老子(노자).
論語(논어).
論衡(논형).
唐書(당서).
棠陰秘事(당음비사).
大唐新語(대당신어).
大戴禮記(대대례기).
大寶積經(대보적경).
大學(대학).
東言解(동언해).
東醫寶鑑(동의보감).
東坡集(동파집).
鄧析子(등석자).
孟子(맹자).
名臣傳(명신전).
名臣言行錄(명신언행록).

明心寶鑑(명심보감).
毛傳(모전).
夢溪筆談(몽계필담).
蒙求(몽구).
墨子(묵자).
文選(문선).
文心雕龍(문심조룡).
文子(문자).
文中子(문중자).
法言(법언).
北夢瑣言(북몽쇄언).
北史(북사).
北齊書(북제서).
琵琶記(비파기).
賓退錄(빈퇴록).
史記(사기).
事林廣記(사림광기).
事文類聚(사문유취).
事物紀原(사물기원).
山堂肆考(산당사고).
山海經(산해경).
三國史記(삼국사기).
三國遺事(삼국유사).
三國志(삼국지).
三國志演義(삼국지연의).
三國志(삼국지).
湘山野錄(상산야록).
商子(상자).
書經(서경).
西京雜記(서경잡기).
書言故事(서언고사).
說苑(설원).
世說新語(세설신어).
小學(소학).
續孟子(속맹자).
續資治通鑑(속자치통감).
孫子(손자).

宋名臣言行錄(송명신언행록).
宋史(송사).
水經注(수경주).
隋書(수서).
搜神記(수신기).
殊異傳(수이전).
水滸傳(수호전).
旬五志(순오지).
荀子(순자).
述異記(술이기).
拾遺記(습유기).
詩經(시경).
詩品(시품).
詩話總龜(시화총귀).
新唐書(신당서).
新論(신론).
新書(신서).
神仙傳(신선전).
愼子(신자).
沈約(심약)의 글.
十八史略(십팔사략).
顔氏家訓(안씨가훈).
晏子(안자).
晏子春秋(안자춘추).
梁書(양서).
揚子(양자).
呂覽(여람).
呂氏春秋(여씨춘추).
易經(역경)
易林(역림).
烈女傳(열녀전).
涅槃經(열반경).
列仙傳(열선전).
列子(열자).
鹽鐵論(염철론).
禮記(예기).
五代史(오대사).

五燈會元(오등회원).
吳越春秋(오월춘추).
五雜組(오잡저).
容齋隨筆(용재수필).
元史(원사).
越絕書(월절서).
蔚遼子(울료자).
魏略(위략).
魏書(위서).
幽冥錄(유명록).
六韜(육도).
六韜三略(육도삼략).
逸周書(일주서).
慈恩傳(자은전).
資治通鑑(자치통감).
潛夫論(잠부론).
莊子(장자).
戰國策(전국책).
戰國策(전국책)
傳燈錄(전등록).
典論(전론).
傳習錄(전습록).
貞觀政要(정관정요).
齊書(제서)

曹植(조식)의 글.
從政遺規(종정유규).
左傳(좌전).
周禮(주례).
周書(주서).
朱子語錄(주자어록).
朱子語類(주자어류).
朱子全書(주자전서).
中論(중론).
中庸(중용).
證道歌(증도가).
芝峯類說(지봉유설)
陳書(진서).
晉書(진서).
滄浪詩話(창랑시화).
菜根談(채근담).
天寶遺事(천보유사).
千字文(천자문).
輟耕錄(철경록).
青莊館全書(청장관전서).
楚辭(초사).
初學記(초학기).
春香傳(춘향전).
春秋穀梁傳(춘추곡량전).

春秋公羊傳(춘추공양전).
春秋繁露(춘추번로).
春秋左氏傳(춘추좌씨전).
沈中記(침중기).
太極圖說(태극도설).
太平御覽(태평어람).
太平廣記(태평광기).
通鑑周紀(통감주기).
通俗編(통속편).
通典(통전)
抱朴子(포박자).
風俗通(풍속통).
鶴林玉露(학림옥로).
韓非子(한비자).
漢書(한서).
韓詩外傳(한시외전).
荊州記(형주기).
荊楚歲時記(형초세시기).
紅樓夢(홍루몽).
黃帝內經(황제내경).
孝經(효경).
孝子傳(효자전).
後漢書(후한서).
淮南子(회남자).

찾아보기

「ㄱ」

賈島(가도)　231, 327, 340, 358, 593
街亭(가정)　433, 653
角里先生(각리선생)　289
簡文后(간문후)　609
甘茂(감무)　332
甘肅省(감숙성)　153
慷慨(강개)　30
江南(강남)　30, 487
綱常(강상)　31
江西省(강서성)　218
江蘇省(강소성)　100
江乙(강을)　633
鋼鐵(강철)　33
介子推(개자추)　402, 431
建業(건업)　112
桀王(걸왕)　287, 333, 402, 429, 430, 476,
　　589, 614
桀紂(걸주)　517
格物致知(격물치지)　35, 340, 580
牽牛(견우)　432, 579
牽牛星(견우성)　531
磬(경)　100
頃刻(경각)　450
景公(경공)　52, 421, 439, 518
京官(경관)　120
景鸞(경란)　108
經綸(경륜)　47, 51, 127, 416
涇水(경수)　49
景帝(경제)　62
京兆尹(경조윤)　593
經學(경학)　48
景鴻(경홍)　108
顧愷之(고개지)　54, 98, 496, 602
古公亶父(고공단보)　491
高柴(고시)　433
古冶子(고야자)　439
告子(고자)　239, 305, 503
고점리　214, 247, 482
高祖(고조: 漢)→劉邦(유방)　301

孤竹君(고죽군)　223
膏肓(고황)　61
崑崙山(곤륜산)　100, 120, 391, 399
崑山(곤산)→崑崙山(곤륜산)　97, 100
共姜(공강)　224
共工氏(공공씨)　374
公孫卿(공손경)　82
公孫龍(공손룡)　43, 69, 618
公孫弘(공손홍)　62, 65
龔遂(공수)　142
孔子(공자)　21, 27, 33, 37, 49, 50, 52, 54,
　　57, 62, 64, 68, 69, 73~75, 82, 83,
　　97, 100, 103, 124, 133, 140, 141,
　　145, 146, 148, 155, 174, 180, 186,
　　193, 197, 200, 202, 207, 226,
　　235~237, 242, 246, 250, 253, 254,
　　256, 271, 273, 279, 281, 284, 287,
　　288, 293, 297, 298, 305, 316, 318,
　　322, 326, 329, 332, 337, 342, 348,
　　353, 358, 360, 370, 376, 381, 383,
　　392, 393, 396, 400, 415, 416, 418,
　　419, 421, 426, 427, 431, 433, 440,
　　448, 454, 458, 466, 467, 476, 477,
　　480, 486, 492, 494, 496, 497, 499,
　　500, 514, 516, 520, 521, 526, 527,
　　529, 530, 532~534, 550, 554, 557,
　　560, 562, 564, 567, 569, 573, 575,
　　578, 581, 583, 603, 609~611,
　　613~616, 619, 620, 624, 628, 630,
　　634, 639, 652
孔子家語(공자가어)　70, 90, 91, 119, 134,
　　148, 189, 208, 276, 283, 287, 310,
　　322, 337, 360, 370, 476, 486, 497,
　　501, 507, 508, 525, 575, 590, 603,
　　624
公州(공주)　342
孔穿(공천)　43
顆(과)　45
郭公(곽공)　614
郭隗(곽외)　267, 299

郭元振(곽원진)　44
郭子儀(곽자의)　69
關東(관동)　71
關羽(관우)　149, 319
觀音菩薩(관음보살)　142
管仲(관중)　122, 473, 477, 529, 606, 611
匡衡(광형)　537, 548
槐安國(괴안국)　115
蛟龍(교룡)　33, 430, 439
交趾(교지)　166, 437, 496
歐陽修(구양수)　23, 54, 74, 93, 131, 137,
　　161, 605
九五(구오)　81
九族(구족)　239
句踐(구천)　150, 389, 394, 566, 649
굴대　27, 87, 487, 548, 620
屈原(굴원)　155, 179, 263, 282, 312, 363,
　　368, 409, 519, 539
宮刑(궁형)　81, 82, 145, 440, 450, 622
歸去來辭(귀거래사)　95, 186, 384, 619
鬼谷子(귀곡자)　183, 374, 493, 500, 621
鈞(균)　202
郤詵(극선)　52, 97
글강　48
金剛山(금강산)　172
金鷄村(금계촌)　342
金堂洞(금당동)　342
金陵(금릉)　566
金沙江(금사강)　100, 369
綺里季(기리계)　289
麒麟(기린)　235, 405
箕山(기산)　106, 627
祁山(기산)　433
箕星(기성)　116, 414
沂水(기수)　400
箕子(기자)　105, 108, 177
忌諱(기휘)　405

「ㄴ」

洛陽(낙양)　21, 51, 111, 112, 378, 467,

542, 560
難陀(난타) 262
南柯郡(남가군) 115, 116
南柯記(남가기) 115
南蠻(남만) 172
南面(남면) 117, 525, 574
南冥, 南溟(남명) 126
南陽(남양) 280
南夷(남이) 176
老萊子(노래자) 542, 656
盧生(노생) 618, 648
魯肅(노숙) 390
老子(노자) 62, 65, 84, 85, 114, 125, 132,
    138~141, 143, 150, 185, 194, 205,
    209, 212, 231, 252, 287, 289, 293,
    301, 302, 305, 309, 315, 335, 365,
    378, 389, 418, 430, 477, 494, 496,
    500, 516, 526, 529, 530, 534, 537,
    546~548, 553~557, 569, 577, 591,
    609, 627, 632, 642
老莊(노장) 51, 135, 222, 318, 560, 590
論語(논어) 20, 32, 37, 43, 44, 49, 53, 57,
    59~61, 68, 70, 71, 73~75, 83,
    87~90, 98, 107, 121, 129, 145,
    160, 193, 203, 248, 250, 252~254,
    256~258, 262, 269, 270, 273, 299,
    308, 313, 326, 337, 342, 347, 351,
    353, 354, 370, 381~383, 386, 389,
    392, 396, 399, 400, 402, 405,
    415~417, 419, 421, 423, 424, 426,
    427, 495, 498, 499, 550, 557, 564,
    575, 577, 579, 583, 599, 603, 610,
    650, 652

「ㄷ」
段干木(단간목) 26
丹朱(단주) 398
妲己(달기) 430, 517
達磨(달마) 179
澹臺滅明(담대멸명) 135, 625
戴逵(대규) 328
代宗(대종) 69
大波神陽侯(대파신양후) 135
大寒(대한) 443
道家(도가) 166, 193, 215, 254, 261, 341,
    384, 407, 500, 644, 646
陶侃(도간) 145, 494, 517, 533, 548
陶淵明(도연명) 95, 189, 223, 254, 308,
384, 541, 633, 647
陶朱公(도주공) 545
盜跖(도척) 39, 446, 522, 543, 546
桃花源記(도화원기) 189
督亢(독항) 146
돌피 58, 591
동개 378
東園公(동원공) 289
東夷(동이) 172, 176
洞庭湖(동정호) 38, 534
두렁허리 327
頭流山(두류산) 342
杜牧(두목) 31, 94, 290, 411
竇璠(두번) 123
杜甫(두보) 19, 22, 26, 33, 50, 61, 81, 86,
    113, 153, 158, 161, 168, 184, 224,
    226, 234, 256, 273, 390, 396, 430,
    437, 440, 517, 544
杜審言(두심언) 544
杜如晦(두여회) 214, 497
杜預(두예) 160, 597
杜回(두회) 45
鄧析(등석) 43

「ㅁ」
麻姑(마고) 165
麻谷(마곡) 342
馬良(마량) 219
馬謖(마속) 433, 653
馬遠(마원) 480
馬援(마원) 166, 437, 496, 646
萬壽洞(만수동) 342
萬乘(만승) 615
梅花村(매화촌) 111
孟嘉(맹가) 177
孟光(맹광) 36, 632
孟賁(맹분) 238
孟嘗君(맹상군) 36, 52, 411, 485, 537
孟說(맹열) 38
孟子(맹자) 18, 21, 27, 36, 42, 46, 48, 53,
    58, 62, 64, 65, 67, 69, 74, 75, 83,
    88, 89, 90, 93, 100, 114, 116, 122,
    127, 133, 134, 137, 140, 153, 156,
    163, 166, 172, 178, 183, 195, 196,
    214, 216, 221, 238, 240, 241, 249,
    253, 255, 256, 258, 262, 266,
    270~273, 280, 283, 285, 289, 291,
    300, 305, 317, 319~321, 325, 328,
329, 330~332, 334, 339, 340, 343,
    350, 351, 353, 357, 361, 363, 365,
    368, 372, 374, 379, 382, 383, 385,
    386, 444, 449, 453, 495, 497, 500,
    550, 560, 561, 563, 565, 598, 603,
    609, 610, 611, 647, 655
名家(명가) 43, 500, 618
明帝(명제) 433
蓂莢(명협) 277
毛遂(모수) 119, 286, 453
毛詩(모시) 295
穆公(목공) 187, 261, 383, 407, 411
穆生(목생) 383
穆王(목왕) 126, 399, 413
目夷(목이) 314
廟(묘) 236
廟堂(묘당) 119, 138, 382
妙齡(묘령) 374
無極(무극) 590
巫山(무산) 409
武三思(무삼사) 475
無鹽(무염) 24
武王(무왕: 周) 95
武王(무왕: 泰) 38
武帝(무제: 魏)→曹操(조조) 161
武帝(무제: 前漢) 156
武帝(무제: 晋) 53
茂朱(무주) 342
武昌(무창) 116
茂豊(무풍) 342
墨家(묵가) 188, 198, 282, 500
冒頓單于(묵돌선우) 654
墨子(묵자) 61, 123, 197, 198, 206, 227,
    253, 358, 362, 500
墨翟(묵적)→墨子(묵자) 197
文公(문공) 57, 187, 402, 501, 551
文王(문왕) 71, 132, 199, 204, 224, 296,
    379, 417, 427, 430, 446, 455, 469,
    472, 484, 611
文帝(문제) 109, 224, 458, 465, 520, 581,
    619
文昌帝君(문창제군) 546
文侯(문후) 295, 376
彌子瑕(미자하) 367, 444
閔子騫(민자건) 64
閩中(민중) 111

「ㅂ」

班固(반고) 30, 34, 112, 224, 254, 420, 523
班輸(반수) 211
潘岳(반악) 48, 212
般若心經(반야심경) 66, 293
班超(반초) 254
反哺(반포) 389
渤海(발해) 142, 630
渤海灣(발해만) 168
方相氏(방상시) 78, 147
龐統(방통) 233, 377
房玄齡(방현령) 214, 497, 540
裵宣明(배선명) 108
白居易(백거이) 29, 41, 50, 72, 92, 93, 96, 121, 142, 192, 440, 448, 618
白圭(백규) 217, 449, 553
白起(백기) 71
伯樂(백락) 553
百里奚(백리해) 301, 383, 407, 412, 552, 611
伯服(백복) 544
伯牙(백아) 55, 57, 222, 528
伯魚(백어) 329, 499
伯夷(백이) 56, 140, 206, 249, 252, 253, 425, 431, 446, 534, 546, 635
樊噲(번쾌) 321, 357, 371, 580, 641
范睢(범저) 501
范仲淹(범중엄) 177, 300
范增(범증) 40, 321, 409, 640
法家(법가) 500
變宮(변궁) 430
邊山(변산) 342
卞和(변화) 100, 644
兵家(병가) 94, 328, 500
丙吉(병길) 71, 219
報恩(보은) 342, 460
卜筮(복서) 34, 234, 246, 432
濮水(복수) 205, 233, 287, 635
伏羲氏(복희씨) 113, 272, 286
本貫(본관) 157
鳳(봉)→鳳凰(봉황) 105, 133, 235
蓬萊山(봉래산) 235
봉새→鳳凰(봉황) 114, 211, 235, 236, 304
鳳凰(봉황) 105, 133, 235, 359, 375, 496
符堅(부견) 607
扶安(부안) 342

斧鉞(부월) 143, 270
符節(부절) 357
不周山(부주산) 374
夫差(부차) 295, 389, 394
부처→釋迦牟尼(석가모니) 26, 44, 148, 204, 297, 298
北斗星(북두성) 116
北夷(북이) 176
北狄(북적) 172
焚書坑儒(분서갱유) 35, 503
朋黨(붕당) 516, 628
比干(비간) 27, 402
淝水(비수) 607
比翼鳥(비익조) 260
費長房(비장방) 471, 638

「ㅅ」

師曠(사광) 233, 265
史記(사기) 19, 20, 25, 27, 31, 35, 39, 41, 44, 47~49, 51, 52, 54, 56, 59, 61, 63, 65, 66, 69, 71, 76, 102, 104, 105, 150, 154, 155, 198, 200, 201, 206, 209, 251, 255, 261, 267~272, 297, 299, 301~303, 313, 317, 318, 320, 340, 342, 346, 349, 351, 352, 394, 395, 397, 398, 445, 447, 449, 450, 493, 496, 497, 501, 545, 546, 548, 551, 552, 598~600, 602, 649, 651, 652, 654
四端(사단) 272, 320, 577, 655
四德(사덕) 453, 568
思悼世子(사도세자) 204
謝道韞(사도온) 422
駟馬(사마) 268, 276
司馬光(사마광) 42, 378, 411
司馬相如(사마상여) 18, 155, 165, 166, 588
司馬炎(사마염) 51, 518, 596
司馬懿(사마의) 265, 332, 360
司馬仲達(사마중달)→司馬懿(사마의) 265, 332
司馬遷(사마천) 35, 147, 155, 199, 201, 277, 440, 450, 541, 546
四聲(사성) 352
泗水(사수) 271
謝安(사안) 157, 421
四川省(사천성) 33, 40
山濤(산도) 51, 517, 560

山東省(산동성) 27
山西省(산서성) 25, 293
三綱(삼강) 31, 242, 280
三公(삼공) 65, 74, 97, 280
三國志(삼국지) 32, 34, 37, 43, 55, 65, 69, 72, 73, 95, 99, 109, 119~121, 126, 133, 147, 149, 152, 154, 172, 192, 210, 217, 220, 229, 233, 259, 261, 265, 268, 279, 317, 319, 332, 333, 364, 369, 379, 380, 390, 402, 413, 429, 433, 442, 509, 578, 582, 603, 615
三都賦(삼도부) 112, 391
三伏(삼복) 120, 308
三生(삼생) 283
參星(삼성) 158, 283, 414
三王(삼왕) 284
三族(삼족) 285
常山(상산) 289, 317
向秀(상수) 51, 560
商鞅(상앙) 148, 227, 268, 552
書經(서경) 19, 33, 38, 51, 54, 57, 65, 66, 70, 104, 120, 126, 127, 207, 215, 222, 226, 233, 237, 296, 313, 315, 316, 327, 329, 330, 333, 334, 345, 351, 357, 378, 379, 382, 386, 391, 444, 445, 463, 513, 523, 531, 532, 534, 537, 549, 574, 617, 621, 630, 635, 636, 641, 642, 652, 655
徐國(서국) 54
徐德言(서덕언) 595
西門豹(서문표) 295, 418, 599
徐宣(서선) 559
西施(서시) 185, 295
西域(서역) 387, 579
西王母(서왕모) 211, 399
西戎(서융) 172
徐穉(서치) 542
西河(서하) 62, 485
釋迦牟尼(석가모니) 148, 204, 297, 298
石崇(석숭) 99
宣王(선왕) 24, 90, 127, 378, 519, 569
禪定(선정) 300, 429
宣帝(선제) 109, 142, 564
說苑(설원) 27, 33, 57, 59, 69, 82, 95, 107, 141, 170, 178, 223, 268, 282, 290, 321, 392, 432, 445, 469, 488, 508, 530, 543, 577, 626, 632, 634,

643

陝西省(섬서성) 289, 640

聶隱(섭은) 165

攝政(섭정) 236

成均館(성균관) 351

聲律(성률) 313

成王(성왕) 158, 202

星州(성주) 342

世祖(세조) 21

蘇武(소무) 348, 451, 487, 613

簫文琰(소문염) 41

蘇味道(소미도) 544

巢父(소보) 106

蘇洵(소순) 137, 591

蘇軾(소식) 32, 36, 94, 137, 455, 555, 561, 572, 619, 651

昭王(소왕: 秦) 36, 52

昭王(소왕: 燕) 267

少正卯(소정묘) 70

昭帝(소제) 348

蘇秦(소진) 60, 235, 363, 380, 387, 475, 493, 503, 542, 621, 628

蘇轍(소철) 137

蕭何(소하) 71, 85, 309, 409, 521

少昊(소호) 286

俗離山(속리산) 342

孫康(손강) 313, 379, 537, 631, 632

孫敬(손경) 475, 628

孫權(손권) 113, 390, 487

孫武(손무)→孫子(손자) 313

孫文(손문) 139

孫叔敖(손숙오) 611, 634

孫莘老(손신로) 133

孫子(손자) 88, 102, 159, 224, 230, 231, 278, 289, 320, 389, 445, 462, 483, 499, 500, 502, 531, 589, 594, 606

孫楚(손초) 318, 582

宋學(송학) 378, 435

須賈(수가) 411, 501

垂拱(수공) 315

首陽山(수양산) 223

燧人氏(수인씨) 286

叔齊(숙제) 56, 249, 252, 431, 446, 541, 546, 635

肅宗(숙종) 69

舜(순) 임금 258, 430, 523, 532

旬朔(순삭) 277

淳于髡(순우곤) 460

淳于棼(순우분) 115

荀子(순자) 24, 29, 34, 37, 38, 43, 48, 53, 65, 82, 91, 115, 117, 122, 132, 151, 206, 236, 300, 312, 316, 326, 330, 349, 366, 386, 396, 407, 426, 427, 440, 441, 499, 502, 512, 567, 578, 628

詩經(시경) 24, 27~29, 56, 57, 62, 66, 70, 101, 113, 117, 119, 121, 203, 205, 209, 213, 214, 217, 218, 224, 226, 228, 231, 234, 235, 239, 242, 244, 298, 304, 311, 314, 322, 324, 327, 329, 337~339, 345, 346, 355, 357, 362, 369, 370, 446, 455, 456, 461, 494~496, 499, 549, 553, 558, 564, 571, 597, 599, 601, 602, 604, 609, 652

尸童(시동) 330, 331

諡號(시호) 277, 432

始皇帝(시황제)→秦始皇(진시황) 35

息壤(식양) 332

神農氏(신농씨) 286, 334, 498

信陵君(신릉군) 411, 494

神宗(신종) 407

申侯(신후) 545

「ㅇ」

娥皇(아황) 117

樂記(악기) 174

岳飛(악비) 29

樂毅(악의) 227, 268, 299, 575, 645

安祿山(안녹산) 185

安樂寺(안락사) 642

顔叔子(안숙자) 349

顔淵(안연)→顔回(안회) 晏嬰(안영)→晏子(안자) 64, 68, 97, 124

顔子(안자)→顔回(안회) 顔眞卿(안진경) 64, 98

顔回(안회) 103, 200, 348, 350, 546

安徽省(안휘성) 579

哀公(애공) 107, 427

哀帝(애제) 201, 301

藥石(약석) 357

弱水(약수) 235

楊國忠(양국충) 429

楊貴妃(양귀비) 398, 448, 457, 624

陽明學(양명학) 289, 579

陽報(양보) 425

楊時(양시) 497

養由基(양유기) 220, 361

楊子(양자) 131, 253

楊朱(양주)→楊子(양자) 楊洲(양주) 131

楊震(양진) 275

梁鴻(양홍) 36, 178, 632

御者(어자) 136, 350

嚴子陵(엄자릉) 21

呂蒙(여몽) 390

呂不韋(여불위) 109, 467

驪山(여산) 545

呂尙(여상) 224, 233, 360, 417, 445

呂氏春秋(여씨춘추) 24, 28, 34, 110, 129, 143, 158, 195, 227, 258, 270, 271, 281, 308, 329, 366, 373, 381, 400, 423, 436, 462, 467, 550, 552, 553, 558, 570, 578, 583, 626, 629, 651

女英(여영) 117

呂翁(여옹) 618, 648

厲王(여왕) 431, 544, 644

易經(역경) 24, 26, 34, 38, 39, 44, 49, 54, 58, 81, 91, 92, 94, 95, 99, 105, 113, 119, 121, 144, 155, 157, 170, 171, 173, 187, 207, 208, 229, 234, 244, 257, 261, 265, 276, 297, 298, 311, 312, 316, 321, 325, 334, 348, 349, 353, 356, 365, 366, 375, 409, 412, 413, 445, 463, 465, 468, 474, 481, 487, 488, 495, 498, 523, 543, 553, 554, 568, 574, 577, 578, 579, 590, 605, 613, 619, 631, 637, 650, 654

易水(역수) 363, 482

疫神(역신) 372

燕姞(연길) 187

連理枝(연리지) 260, 289, 486

濂溪(염계) 378

염교 623

炎帝(염제) 587

廉頗(염파) 76, 146

靈公(영공) 159, 205, 233, 334

靈王(영왕) 97

寧越(영월) 342

靈帝(영제) 136

甯戚(영척) 212, 381

靈輒(영첩) 159

禮記(예기) 19~21, 26, 32, 34, 35, 53, 58, 62, 75, 78, 80, 83, 88, 95, 98,

100, 104, 105, 116, 118, 129, 138, 139, 154, 157, 158, 174, 209, 250, 252, 253, 255, 256, 262, 276, 279, 282, 285, 287, 290, 297, 300, 306, 312, 316, 321, 324, 325, 336, 346, 347, 352, 354, 356, 398, 415, 419, 427, 428, 431~433, 438, 440, 444, 450, 497~499, 507, 548, 559, 562, 567, 569, 574, 575, 579, 591, 594, 609, 613, 629, 634, 636, 640, 643

예수　498

豫讓(예양)　85, 518

醴泉(예천)　342

烏江(오강)　31, 190

五經(오경)　383

五穀(오곡)　217

吳起(오기)　303, 376, 485, 531

오뇌　72, 448

五柳先生(오류선생)→ 陶淵明(도연명)　95, 189, 223, 254, 308

五倫(오륜)　88, 180, 240, 280, 484

五常(오상)　31, 180, 280, 453

吳子(오자)　500, 531

伍子胥(오자서)　91

烏獲(오획)　202

溫庭筠(온정균)　53, 561

雍齒(옹치)　393

阮籍(완적)　31, 51, 61, 72, 222, 517, 560

阮咸(완함)　51, 517, 560

王郎(왕랑)　390

王莽(왕망)　21, 64, 126, 149, 222, 397, 514, 559

王戊(왕무)　383

王勃(왕발)　340

王祥(왕상)　343, 396

王安石(왕안석)　53, 100, 133, 137

王陽明(왕양명)　41, 340, 429, 439

王元(왕원)　647

王維(왕유)　57, 167

王戎(왕융)　51, 517, 560

王凝之(왕응지)　422

王子喬(왕자교)　75

王翦(왕전)　71, 296

王獻之(왕헌지)　449

王弘(왕홍)　223

王羲之(왕희지)　114, 265, 328, 404, 449

外官(외관)　120

外朝(외조)　280

堯舜(요순)　366, 400, 505, 523, 580, 641

姚崇(요숭)　212

堯(요) 임금　398, 430, 522, 537

冗官(용관)　418

龍門(용문)　163, 446

冗兵(용병)　418

冗費(용비)　418

愚公(우공)　404

優孟(우맹)　405

宇文覬(우문굉)　123

虞美人(우미인)　372

羽書(우서)　405, 544

禹王(우왕)　280, 446, 456, 457, 619

雲南(운남)　32

雲峯(운봉)　342

菀柳(울류)　410

轅固(원고)　62

元微之(원미지)　77

袁術(원술)　429, 649

元王(원왕)　383

元帝(원제)　151, 572

元帝(원제)→ 司馬叡(사마예)　151

袁虎(원호)　435

月下老人(월하노인)　415

刖刑(월형)　84, 145

韋固(위고)　415

魏顆(위과)　45, 415

魏文侯(위문후)→ 文侯(문후)　62, 238

魏相(위상)　71

渭水(위수)　49, 360, 368, 417, 433

韋說(위열)　457

威王(위왕)　387, 460

魏徵(위징)　497, 540

韋賢(위현)　457

儒家(유가)　186, 269, 358, 500, 630

劉琨(유곤)　302

劉貢父(유공보)　651

維鳩(유구)　342

流内官(유내관)　22

劉伶(유령)　51, 517, 560

劉邦(유방)　38, 39, 47, 77, 85, 102, 112, 131, 168, 235, 268, 301, 357, 360, 372, 390, 407, 470, 551, 640

劉備(유비)　52, 118, 149, 259, 345, 487, 565, 582

劉秀(유수)→ 光武帝(광무제)　21, 64, 126, 149

庾亮(유양)　116, 391

幽王(유왕)　544, 614

柳宗元(유종원)　41, 137, 184, 440, 517, 619, 628

幽州(유주)　185

柳下惠(유하혜)　140, 253, 425, 431, 534

六經(육경)　50, 428, 590

陸九淵(육구연)　289, 428, 429

肉談(육담)　429

陸修靜(육수정)　633

陸績(육적)　649

尹文子(윤문자)　500

隱公(은공)　142

蔭官(음관)　29

陰陽家(음양가)　489, 500

揖讓(읍양)　433

宜臼(의구)　544

猗頓(의돈)　150

李公佐(이공좌)　115

李廣(이광)　71, 81, 147, 271, 402, 520

異端(이단)　228, 253, 269, 439

離婁(이루)　272, 317, 372, 439, 479

李陵(이릉)　82, 451

李謐(이밀)　117

李密(이밀)　106, 574

李白(이백)　27, 99, 130, 140, 166, 187, 258, 331, 440, 461, 484, 505, 549, 567, 590, 610

李斯(이사)　35, 245, 427, 476, 525

伊尹(이윤)　140, 224, 280, 360, 407, 425, 438, 534

李膺(이응)　136, 163

李珥(이이)　194

李勣(이적)　497

益州(익주)　416

인끈　103, 500

藺相如(인상여)　76, 146, 395, 644

姻婭(인아)　452

寅日(인일)　450

林滋(임자)　208

任迪簡(임적간)　622

[ㅈ]

子貢(자공)　37, 64, 68, 200, 270, 287, 393, 466, 495, 527, 557, 566, 630

子路(자로)　21, 69, 117, 256, 381, 393, 419, 476, 505, 530, 604

子房(자방)　477

子楚(자초)　109

子夏(자하)　62, 64, 68, 238, 283, 288, 297, 400, 634
張騫(장건)　387, 399
莊公(장공)　71, 136, 142, 296, 297, 518, 614
張公藝(장공예)　80
張道陵(장도릉)　588
張良(장량)　40, 209, 477, 482
장부　33, 142, 383, 389, 439, 484, 610, 628
張飛(장비)　149, 227, 319, 482
長安(장안)　61, 64, 77, 356, 399, 415, 521, 595
莊王(장왕)　202, 296
張儀(장의)　51, 60, 142, 228, 235, 387, 456, 503, 534, 621, 644
莊子(장자)　25, 26, 28, 29, 33, 43, 45, 56, 57, 59, 63, 66, 67, 69, 79, 89, 94, 103, 105, 120, 124, 206, 209, 212, 227, 229, 232, 237, 243, 244, 250, 310, 317, 320, 322, 332, 340, 347, 351, 355, 356, 365, 368, 369, 373, 382, 383, 394, 399, 401, 403, 446, 447, 452, 499, 500, 504, 559, 561, 565, 575, 648, 650, 651, 654
張載(장재)　378
張敞(장창)　389
張昌宗(장창종)　377
張翰(장한)　31
張郃(장합)　433
張衡(장형)　42, 95, 112
齋戒(재계)　331, 368
狙公(저공)　504
翟公(적공)　202
赤壁(적벽)　407, 651
赤松子(적송자)　75, 314
田單(전단)　73, 227, 645
前生(전생)　262, 283, 491
顓頊(전욱)　286
浙江省(절강성)　398, 579
正東上流(정동상류)　342
鄭誠(정성)　208
定王(정왕)　202
丁謂(정위)　251
程頤(정이)　111, 446, 497
程伊川(정이천)　283
程子(정자)　497, 521
程朱(정주)　111, 516

鄭玄(정현)　209, 392, 474, 496
程顥(정호)　111, 181, 446
諸葛孔明(제갈공명)→ 諸葛亮(제갈량)　332
諸葛亮(제갈량)　83, 85, 88, 98, 186, 224, 233, 280, 319, 360, 394, 452, 574, 582
諸葛誕(제갈탄)　518
帝嚳(제곡)　287
濟度(제도)　313, 642
濟水(제수)　81
諸子百家(제자백가)　500
제주도　281, 503
趙高(조고)　525
趙括(조괄)　76, 146, 230
造父(조보)　268
曹不興(조불흥)　113
曹丕(조비)　113, 201, 224, 268
朝聘(조빙)　407
祖生(조생)　302
趙盾(조순)　291
曹植(조식)　96, 113, 130
趙襄子(조양자)　85, 583
趙王(조왕)　28, 407
趙王倫(조왕륜)　79
祖逖(조적)　145, 302
曹操(조조)　47, 52, 152, 174, 260, 333, 377, 389, 413, 487, 507, 648, 651
曹參(조참)　71, 309
趙充國(조충국)　71, 219
終南山(종남산)　117
鍾離春(종리춘)　24, 193
鍾子期(종자기)　55, 528
鐘鼎(종정)　23, 129
縱橫家(종횡가)　60, 500, 503
周公(주공)　158, 347, 460
朱公(주공)　150, 221
周敦頤(주돈이)　73, 378, 590
株連(주련)　514
周禮(주례)　63, 97, 496, 655
朱買臣(주매신)　176
周勃(주발)　619
主簿(주부)　216
朱叟(주수)　221
周易(주역)　145, 253, 257, 271, 367, 372, 413, 418, 425, 475, 613, 622, 636, 639
紂王(주왕)　27, 66, 108, 205, 223, 287, 402, 429, 430, 476, 491, 537, 589,

602
周瑜(주유)　54, 330, 377
朱子(주자)　1, 126, 152, 218, 300, 341, 370, 393, 494, 498, 521, 527, 533, 590
朱子學(주자학)　35, 289, 439
주추　515
朱桓(주환)　115
朱熹(주희)→ 朱子(주자)　62, 89, 106, 126, 204, 341
竹馬(죽마)　518
竹帛(죽백)　317
仲弓(중궁)　37, 64
中山(중산)　238
中庸(중용)　35, 37, 61, 67, 93, 94, 139, 156, 162, 210, 226, 251, 260, 271, 281, 306, 314, 373, 384, 392, 425, 427, 431, 434, 466, 476, 496, 498, 505, 508, 510, 520, 521, 528, 534, 548, 557, 625, 638
中原(중원)　145, 149, 421, 521
中正(중정)　600
曾參(증삼)→ 曾子(증자)　206
曾子(증자)　64, 68, 239, 254, 284, 341, 373, 376, 423, 454, 466, 574
智伯(지백)　85, 518, 583
地啞(지아)　546
地皇氏(지황씨)　286
織女(직녀)　432, 579
陳琳(진림)　42
陳勝(진승)　375, 470
秦始皇(진시황)　102, 110, 209, 245, 289, 427, 467, 470, 482, 483, 525, 573, 607, 650
眞如(진여)　211
秦王(진왕)　146, 214, 357, 384, 607
陳平(진평)　40, 77
짐새　375
쪽　26, 362, 394, 397, 501, 512, 519, 520, 552, 563, 574, 582, 590, 611

[ㅊ]
車胤(차윤)　120, 373, 537, 631, 632
昌邑王(창읍왕)　438
蒼頡(창힐)　552
蔡經(채경)　165
蔡邕(채옹)　566, 648
戚夫人(척부인)　407

天道敎(천도교) 526
天聾(천롱) 546
천상바라기 38
天竺(천축) 176
天皇氏(천황씨) 286
椒房(초방) 566
楚辭(초사) 19, 63, 83, 87, 237, 263, 294,
　　338, 345, 383, 392, 394, 409, 419,
　　433, 507, 515, 530, 534, 539, 543,
　　570, 613, 639, 649
楚王(초왕) 123, 131, 177, 360, 635, 641
초회왕 191, 409
春申君(춘신군) 411
春陽(춘양) 342
春秋(춘추) 55, 77, 111, 133, 331, 428,
　　467, 551, 573, 614, 619
春秋經解(춘추경해) 133
春秋公羊傳(춘추공양전) 37, 184, 239,
　　573
蚩尤(치우) 84, 156

[ㅌ]
涿鹿(탁록) 587
卓文君(탁문군) 18, 588
湯王(탕왕) 280, 288, 304, 407, 445, 446,
　　459, 589, 590, 656
太甲(태갑) 425
太公望(태공망) 233, 417, 477, 541
太極(태극) 590
泰山(태산) 21, 87, 140, 222, 236, 590
殆哉(태재) 591
太宗(태종: 淸) 130
太宗(태종: 宋) 211
笞刑(태형) 429
吐蕃(토번) 69

[ㅍ]
八苦(팔고) 80
八大地獄(팔대지옥) 188
沛公(패공) 357, 360, 372, 470, 580
佩玉(패옥) 34
彭祖(팽조) 599
扁鵲(편작) 427
平原君(평원군) 43, 73, 286, 411, 453
鮑叔牙(포숙아) 529
豊基(풍기) 342
風化(풍화) 91
馮驩(풍환) 36, 485, 537

畢星(필성) 414

[ㅎ]
河南(하남) 97, 385
遐齡(하령) 326
河北(하북) 398
下邳(하비) 260
河神(하신) 135
何晏(하안) 351, 503
賀知章(하지장) 99, 549
夏黃公(하황공) 289
何休(하휴) 198, 474
邯鄲(한단) 109, 125, 284, 398, 453, 494,
　　618
韓伯俞(한백유) 223
韓非子(한비자) 23, 30, 34, 43, 75, 95,
　　98, 122, 132, 148, 161, 174, 176,
　　183, 184, 206, 230, 246, 257, 258,
　　263, 265, 273, 290, 294, 295, 299,
　　319, 322, 327, 355, 366, 367, 371,
　　405, 411, 414, 418, 434, 444, 445,
　　461, 483, 493, 500, 512, 513, 523,
　　527, 529, 544, 553, 578, 599, 630
韓信(한신) 39, 69, 77, 85, 112, 119, 131,
　　168, 216, 316, 319, 371, 409, 460,
　　521, 546, 551, 598, 621
韓愈(한유) 17, 28, 36, 38, 46, 51, 62, 63,
　　65, 72, 82, 92, 95, 110, 113, 135,
　　137, 155, 160, 161, 197, 199, 327,
　　357, 367, 440, 462, 563, 574, 590,
　　593, 618, 628
函谷關(함곡관) 53, 104, 647
咸陽(함양) 35, 102, 304, 357, 525
咸池(함지) 459
闔閭(합려) 394, 531
亢龍(항룡) 622
姮娥(항아) 413, 595, 622
項羽(항우) 31, 38, 40, 41, 77, 85, 94,
　　102, 190, 213, 246, 260, 268, 301,
　　321, 372, 409, 410, 524, 551, 569,
　　580, 596, 613, 622, 640, 641
杭州(항주) 20
恒河(항하) 173
海市(해시) 65, 624
垓下(해하) 190, 268, 372
許由(허유) 105, 318, 379
玄宗(현종) 27, 69, 99, 184, 212, 387,

　　444, 562, 618, 624
荊軻(형가) 146, 214, 247, 482, 607
嵇康(혜강) 51, 222, 560
惠文王(혜문왕) 60, 73, 119, 363, 395,
　　456, 503
惠施(혜시) 43
惠王(혜왕) 284
惠帝(혜제) 288, 632
虎溪(호계) 633
壺公(호공) 638
狐白裘(호백구) 545
胡亥(호해) 525
鴻門(홍문) 102, 640
華胥(화서) 643
和氏璧(화씨벽) 100, 387, 644
桓公(환공) 66, 71, 122, 142, 212, 307,
　　381, 501, 593, 602, 614
桓溫(환온) 134, 600
桓帝(환제) 136, 143
黃庭堅(황정견) 73, 104
黃帝(황제) 92, 110, 286, 427, 502, 516,
　　540, 587, 643
黃泉(황천) 297
黃河(황하) 45, 64, 140, 218, 222, 422,
　　499, 520, 546, 590, 613, 614, 649
會稽(회계) 289, 301, 566
淮南王(회남왕) 543
淮南子(회남자) 28, 40, 41, 61, 80, 96,
　　104, 127, 136, 144, 150, 169, 172,
　　174, 176, 178, 186, 191, 197, 199,
　　205, 221, 236, 244, 251, 259, 270,
　　292, 300, 302, 305, 334, 336, 355,
　　357, 361, 363, 369, 384, 392, 411,
　　421, 425, 440, 442, 446, 450, 457,
　　460, 464, 472, 474, 486, 489, 492,
　　507, 522, 523, 526, 527, 528, 552,
　　557, 571, 578, 581, 603, 616, 629
懷王(회왕) 228, 534
孝經(효경) 65, 134, 181, 247, 267, 283,
　　336, 474, 591, 650
孝公(효공) 440
孝宣帝(효선제) 438
侯嬴(후영) 494
訓詁學(훈고학) 481
葷菜(훈채) 255
犧牲(희생) 231, 255, 279, 397, 444, 495,
　　655
羲和(희화) 392

조기형 ―――――――――――――――――――――――――――――――――――

서강대학교 국어국문학과 졸업
현) 한문교사

『고사·명언 화전 600』
『새천년형 천자문』
『한자능력검정시험 한방에 3500』

이상억 ―――――――――――――――――――――――――――――――――――

서강대학교 국어국문학과 졸업
현) 파주 예술마을 헤이리 운경재 대표

『고사·명언 화전 600』

名士들이 쓰는
漢字成語
10,000어

초 판 인 쇄 | 2010년 12월 1일
초 판 발 행 | 2010년 12월 1일

엮 은 이 | 조기형, 이상억
펴 낸 이 | 채종준
펴 낸 곳 | 한국학술정보㈜
주　　 소 | 경기도 파주시 교하읍 문발리 파주출판문화정보산업단지 513-5
전　　 화 | 031) 908-3181(대표)
팩　　 스 | 031) 908-3189
홈 페 이 지 | http://ebook.kstudy.com
E - m a i l | 출판사업부 publish@kstudy.com
등　　 록 | 제일산-115호(2000. 6. 19)

ISBN　　978-89-268-1717-9 13710 (Paper Book)
　　　　978-89-268-1718-6 18710 (e-Book)

이담 은 한국학술정보(주)의 지식실용서 브랜드입니다.